U0625690

བྱང་ངོས་སྤྲུལ་པ་སྟེ་ཡི་ལྷ་ཁང་དུ། །གནས་ལྔ་རིག་པའི་མཐར་སོན་འཛམ་པའི་དབྱངས། །
དེགས་ལྡན་གྲོལ་བ་འཛོམས་པའི་དཔའ་བོ་ཆེ། །ས་སྐྱ་པཎ་ཆེན་ཞབས་ལ་གསོལ་བ་འདེབས། །

ཚར་ཆེན་བློ་གསལ་རྒྱ་མཚོས།

༄༅། །དཔལ་ས་སྐྱའི་སྡོམ་གསུམ་ཕྱོགས་བསྒྲིགས་བཞུགས་སོ།།

པོད་ལྔ་པ།

མདའ་རིས་པ་དོན་ཡོད་གྲུབ་པ་སོགས་ཀྱིས་མཛད།

སི་ཁྲོན་བོད་ཡིག་དཔེ་རྙིང་བསྡུ་སྒྲིག་ཁང་གིས་བསྒྲིགས།

རྒྱལ་ཁབ་དཔེ་མཛོད་དཔེ་སྐྲུན་ཁང་།

དཀར་ཆག

༄༅། །སྡོམ་པ་གསུམ་གྱི་རབ་ཏུ་དབྱེ་བའི་ཊཱི་ཀ་བསྟན་པའི་སྒྲོན་མེ་ལས་སོ་ཐར་སྡོམ་པའི་རྣམ་བཤད་བཞུགས་སོ། །

མངའ་རིས་དགེ་སློང་དོན་ཡོད་གྲུབ་པ།

ཨོཾ་སྭ་སྟི། དཔལ་ལྡན་ཚོགས་གཉིས་ཆུ་གཏེར་ལས་འཁྲུངས་བསྟུ་དངོས་བཞི་ཡི་བང་རིམ་ཅན། །སྟོབས་བཅུའི་གོ་འཕང་མཐོན་པོས་རབ་བརྗིད་མཁྱེན་བརྩེའི་ཉི་ཟླ་ཟུང་གིས་མཛེས། །ཕས་རྒོལ་རི་གཞན་མཐོན་པོས་མི་ནོན་གདུལ་བྱ་གླིང་བཞིའི་དབུས་ན་བརྗིད། །འཕྲིན་ལས་རིན་ཆེན་རྣམ་བཞིའི་མདངས་ལྡན་ཐུབ་དབང་སྐྱ་བའི་ལྷུན་པོ་རྒྱལ། །གང་གིས་ཆོས་ཀུན་མཁྱེན་པའི་ཉི་མ་ཡིས། །བསྟན་པའི་དགའ་ཚལ་མཆོག་ཏུ་རྒྱས་པ་དང་། །ཆོས་ལོག་མུན་པའི་ཚོགས་ལས་རྣམ་རྒྱལ་བས། །གངས་ཅན་ལྗོངས་འདིར་གནས་ལྷ་རིག་པའི་མཚན། །དང་པོར་བརྙེས་པ་གང་དེ་རྒྱལ་གྱུར་ཅིག །ཤཱཀྱའི་བསྟན་འཛིན་ཀུན་གྱི་མཆོག་གྱུར་མཆོག་ཏུ་སྣན་པའི་དབྱངས་ལྡན་པ། །དྲི་མེད་ལེགས་ལམ་བསྟེན་ལ་མཁས་པས་མཁས་པ་ཀུན་གྱི་ཡིད་འཕྲོག་པའི། །གང་གི་བློ་གྲོས་འཇམ་པའི་དབྱངས་དང་དབྱངས་ཅན་ཇི་བཞིན་རབ་ཏུ་དཀར། །གངས་ཅན་ལྗོངས་འདིར་བསྟན་པའི་ཀ་ཆེན་པཎ་ཆེན་གཉིས་པ་གང་དེ་རྒྱལ། །གཞུང་འདིའི་རྣམ་བཤད་མང་མོད་ཀྱི། །ལ་ལས་ཚིག་ཟུར་མ་ཕྱིན་ཞིང་། །འགའ་ཞིག་ལོག་པར་འཆད་དེ་དག །རྣམ་པར་སྤྲངས་ནས་རྒྱན་དྲུག་གི །གཞུང་བཞིན་འཆད་ལ་སྤྲོ་བ་སྐྱེས། །

ཞེས་མཆོད་པར་བརྗོད་ཅིང་རྩོམ་པར་དམ་བཅའ་བ་སྔོན་དུ་བཏང་ནས། འདིར་གང་བཤད་པར་བྱ་བའི་ཆོས་ནི། ཆོས་དང་ཆོས་མ་ཡིན་པ་རྣམ་པར་འབྱེད་པའི་བསྟན་བཅོས་སྡོམ་པ་གསུམ་གྱི་རབ་ཏུ་དབྱེ་བ་ཞེས་ཉི་མ་ལྟར་གྲགས་པ་འདིའོ། །

འདི་འཆད་པ་ནི་བསྡུས་དོན་གསེར་གྱི་སྐུད་པ་འཇམ་པོ་ལ། ཚིག་དོན་ནོར་བུའི་འཕྲེང་བ་སྦྲེལ་ནས་འཆད་པའི་ཚུལ་ལ་གསུམ་སྟེ། བསྟན་བཅོས་ཀྱི་མཚན་ཐོག་མར་བཀོད་པས་བརྗོད་བྱའི་དོན་ལ་སྤྲོ་བ་སྐྱེད། དོན་ལྡན་གྱི་བསྟན་བཅོས་དངོས་བཤད་པས་སྐབས་ཀྱི་དོན་ལ་ངེས་པ་སྐྲུན། རྩོམ་པ་པོའི་མཚན་བསྟན་པས

མཇུག་ཤིས་པ་བརྗོད་པའོ། །དང་པོ་ནི། སྡོམ་པ་གསུམ་གྱི་རབ་ཏུ་དབྱེ་བ་ཞེས་བྱ་བ་ཞེས་པས་བསྟན་ཏེ། འདི་ལ་སྡེ་སྣོད་གསུམ་དང་རྒྱུད་སྡེ་བཞིའི་རབ་ཏུ་དབྱེ་བ་ཞེས་པར་འགྱུར་རོ། །ཞེས་བདག་ཅག་གི་འདྲེན་པ་དམ་པ་གསུང་ངོ་། །དེའི་ཤེས་བྱེད་སོ་སོར་ཐར་པའི་སྡོམ་པས་མཚོན་ནས། འདུལ་བ་དང་། མངོན་པའི་དོན་གཏན་ལ་འབེབས་ཤིང་། བྱང་སེམས་ཀྱི་སྡོམ་པས་མཚོན་ནས་མདོ་སྡེའི་སྡེ་སྣོད་དང་། སྔགས་ཀྱི་སྡོམ་པས་མཚོན་ནས་རྒྱུད་སྡེ་བཞིའི་དོན་གཏན་ལ་འབེབས་པའི་ཕྱིར་རོ། །གཞུང་གི་ཚད་ནི་ཤློ་ཀ་སྟོང་ཡོད་དོ་ཞེས། རྣམ་བཤད་མཛད་པ་ཀུ་མཱ་ར་གསུང་བ་དེ་ཇི་བཞིན་དུ་སྣང་ངོ་། །

གཉིས་པ་ལ་གསུམ་སྟེ། ཐོག་མར་དགེ་བ་གོང་མའི་ཡོན་ཏན་དྲན་པས་བར་ཆད་ཞི་བའི་སླད་དུ་ཕྱག་བྱ་བ༑ བར་དུ་དགེ་བ་བསྟན་བཅོས་རྩོམ་པའི་རྒྱུ་བསྟན་པའི་སྒོ་ནས་བརྩམ་བྱ་གཞུང་གི་རང་བཞིན་བཤད། ཐ་མར་དགེ་བ་བཀའ་དྲིན་དྲན་པའི་ཕྱག་བྱ་བས་རྗེས་དགའ་བ་བསྒོམ་པའོ། །དང་པོ་ལ། རྩ་བའི་བླ་མ་ལ་ཕྱག་བྱ་བ་དང་། བརྒྱུད་པའི་བླ་མ་ལ་ཕྱག་བྱ་བའོ། །དང་པོ་ལ། ཕྱག་བྱ་བ་དང་། དད་པ་བསྐྱེད་པ་གཉིས། དང་པོ་ནི། བླ་མ་དམ་པའི་ཞབས་ལ་གུས་པས་ཕྱག་འཚལ་ལོ། །ཞེས་པས་བསྟན་ཏེ། དེ་ཡང་ཕྱག་འཚལ་བ་ནི། ནམཿཞེས་པའི་སྒྲ་ལས་དྲངས་ན་འདུད་པའི་དོན་ཏེ། ཎ་མ་རབ་ཏུ་འདུད་པ་ལའོ། །ཞེས་པའི་བྱིངས་ལས་བསྒྲུབས་པས་སོ། །བླ་མ་ནི་གུ་རུ་ཞེས་པའི་སྒྲ་ལས་དྲངས་ན། ཡོན་ཏན་གྱི་ཁུར་གྱིས་ལྕི་བས་ན་བླ་མ་ཞེས་སོ། །དམ་པ་ནི་ཐེག་པ་ཐུན་མོང་བ་ལྟར་ན། དགེ་བ་ལ་འཇུག་པས་ན་དམ་པའོ། །དེ་སྐད་དུ་ཡང་། མཛོད་ལས། དམ་པ་དམ་མིན་འཇུག་མི་འཇུག །ཅེས་སོ། །ཐུན་མོང་མ་ཡིན་པ་ལྟར་ན། ཕྱི་སྒྲོ་འདོགས་གཅོད་པའི་བླ་མ། ནང་རང་བྱུང་གི་ཡེ་ཤེས་སྟོན་པའི་བླ་མ། གསང་བ་ལྷན་ཅིག་སྐྱེས་པའི་ཡེ་ཤེས་སྟོན་པའི་བླ་མ། མཐར་ཐུག་རྣམ་པར་དག་པའི་དེ་ཁོ་ན་ཉིད་སྟོན་པའི་བླ་མ་ཞེས་པ། ངོ་བོ་གཅིག་ལ་ལྡོག་པས་ཕྱེ་བ་སྟེ། ལམ་འབྲས་བུ་དང་བཅས་པའི་མན་ངག་ལས་འབྱུང་ངོ་། །

གཉིས་པ་ནི།བདེ་བར་གཤེགས་པའི་བསྟན་པ་སྡེ་སྣོད་གསུམ་དང་རྒྱུད་སྡེ་བཞི་ཡིས་བསྡུས་པའི་གསུང་རབ་ལ་མི་འཇིགས་པའི་སྤོབས་པ་ཐོབ་པས་ན་སེང་གེ་སྟེ། རྒྱུད་བླ་མ་ལས། མི་འཇིགས་ཉིད་ནི་འཁོར་དུ་སེང་གེ་བཞིན། །ཞེས་སོ། །བདུད་དང་མུ་སྟེགས་ལ་སོགས་པ་ལྟ་བ་ངན་པའི་རི་དྭགས་ཀྱི་ཚོགས་མཐའ་དག་སྐྲག་པར་མཛད་པས་ན་སེང་གེའི་སྒྲ་སྟེ། ཇི་སྐད་དུ། བདག་མེད་སེང་གེའི་སྒྲ་དང་ལྡན། །མུ་སྟེགས་རི་དྭགས་ངན་འཇིགས་བྱེད། །ཅེས་པ་ལྟར་རོ། །འདི་ནི་གཟུགས་ཅན་གྱི་རྒྱན་ཏེ། ཚིག་རྒྱན་གྱི་བསྟན་བཅོས་མེ་ལོང་ལས། དཔེ་ཉིད་སྣང་བ་མིན་པ་ཡིས། །ཕྱེ་བ་དག་ནི་གཟུགས་ཅན་འདོད། །ཅེས་སོ། །ཡང་རྗེ་བཙུན་གྲགས་པ་ཆོས

ཅན། མཚུངས་མེད་བླ་མ་ཞེས་བྱ་སྟེ། མདོ་རྒྱུད་ཀྱི་དོན་ལ་ཐོས་བསམ་སྒོམ་གསུམ་གྱི་རིམ་པ་རྣམས། སངས་རྒྱས་ཀྱི་དགོངས་པ་ཇི་ལྟ་བ་བཞིན་དུ་ལེགས་པར་སྒྲུབ་པས་སོ། །རྒྱུ་མཚན་དེས་ན། དེ་ལ་བསྟན་བཅོས་རྩོམ་པ་པོ་བདག་ཅག་དད་ཅེས་པའོ། །འདི་དང་རིགས་གཉེར་དུ། འཇམ་མགོན་བླ་མ་ཞེས་པ་དང་། མཁས་པ་འཇུག་པའི་སྒོར། བླ་མ་དང་མགོན་པོ་འཇམ་པའི་དབྱངས་ཞེས་གསུངས་པ་རྣམས་ནི། རྗེ་བཙུན་གྲགས་པའི་ཞབས་ཉིད་ལ་བྱ་སྟེ། ཇི་སྐད་དུ། རྗེ་བཙུན་བླ་མ་འཇམ་པའི་དབྱངས་སུ་གཟིགས། །ཞེས་པ་ལྟར་རོ། །གཉིས་པ་ནི་ཕྱག་འཚལ་ལོ། །གང་ལ་ན། འགྲོ་བའི་བླ་མ་སྟོན་པ་སངས་རྒྱས་ཀྱི་ཞབས་ལའོ། །དེ་ལ་ཡོན་ཏན་གྱི་ཁྱད་པར་ཅི་ཞིག་མངའ་ཞེ་ན། སྐྱོན་སྒྲིབ་གཉིས་བག་ཆགས་དང་བཅས་པ་མེད་ཅིང་། སྟོབས་སོགས་ཡོན་ཏན་ཀུན་གྱི་མཛོད་ལ་དབང་འབྱོར་བ་མངའ་བས་སོ། །ངག་དོན་བསྟན་བཅོས་རྩོམ་པའི་ཐོག་མར་མཆོད་བརྗོད་མཛད་པ་ཆོས་ཅན། དགོས་པ་ཡོད་དེ། རང་ཉིད་དམ་པར་རྟོགས་ཤིང་བསྟན་བཅོས་རྩོམ་པ་ལ་བར་ཆད་མི་འབྱུང་བར་བྱ་བའི་ཆེད་ཡིན་པའི་ཕྱིར།

གཉིས་པ། བར་དུ་དགེ་བ་བསྟན་བཅོས་རྩོམ་པའི་རྒྱུ་མཚན་བསྟན་ནས་བརྩམ་བྱ་གཞུང་གི་རང་བཞིན་བཤད་པ་ལ། རྩོམ་པར་དམ་བཅའ་བ། ཇི་ལྟར་བརྩམས་པའི་ཚུལ། བརྩམ་དགོས་པའི་རྒྱུ་མཚན། བརྩམས་པའི་བསྟན་བཅོས་དངོས་བཤད་པའོ། །དང་པོ་ནི། ནས་ཞེས་པ་འབྱུང་ཁུངས་ཀྱི་ཚིག་སྟེ། ཕྱག་བཙལ་ནས་ཅི་ཞིག་བྱ་ཞེ་ན། བཤད་ཅེས་དྲང་ངོ་། །གང་ན་སྡོམ་པ་གསུམ་གྱི་རབ་ཏུ་དབྱེ་བའོ། །གང་གིས་ན། བསྟན་བཅོས་རྩོམ་པ་པོ་བདག་གིས་སོ། །གང་ལ་ན། ཡིད་ཆེས་པ་དང་། དང་བ་དང་། འདོད་པའི་དད་པ་གསུམ་དང་ལྡན་པ་སངས་རྒྱས་ཀྱི་གསུང་བཞིན་བསྒྲུབ་པར་འདོད་པ་དེ་ལའོ། །དམ་བཅས་པའི་དགོས་པ་ནི། རྩོམ་པ་མཐར་ཕྱིན་པའི་ཆེད་དུའོ། །དམ་བཅས་པས་མཐར་ཕྱིན་པའི་ངེས་པ་མེད་སྙམ་ན། སྐྱེས་བུ་དམ་པ་རྣམས་ནི་རང་གི་དམ་བཅའ་མཐར་ཕྱིན་པར་བྱེད་དེ། ཇི་སྐད་དུ། ཤེས་རབ་སྡོང་བུ་ཞེས་བྱ་བ་ལུགས་ཀྱི་བསྟན་བཅོས་ལས། དམ་པ་ཁས་འཆེ་མང་པོ་མི་བྱེད་ལ། །གལ་ཏེ་དཀའ་བས་ཁས་ནི་བླངས་གྱུར་ན། །རྡོ་ལ་རི་མོ་བྲིས་པ་བཞིན་དུ་ནི༑ །ཤི་ཡང་གཞན་དུ་བྱེད་པར་མི་འགྱུར་རོ། །ཞེས་གསུངས་པའི་ཕྱིར།

གཉིས་པ་ནི། འོན་བསྟན་བཅོས་རྩོམ་པ་པོ་རིག་པའི་གནས་མཐའ་དག་ལ་མཁས་པར་ཁས་ལེན་ན། བསྟན་བཅོས་འདི། ཚིག་རྒྱན་དང་། སྡེབ་སྦྱོར་ལ་སོགས་པའི་སྒོ་ནས་མི་རྩོམ་པ་ཅི་ཞེ་ན། མཁས་པ་རྣམས་དགའ་བའི་སྡེབ་སྦྱོར་མེ་ཏོག་འཕྲེང་མཛེས་ལ་སོགས་པ་ནི། བླུན་པོ་རྣམས་ཀྱིས་གོ་བར་དཀའ་བས་ཚིག་གི་རྒྱན་དང་། ཡི་གེ་ལྷི་ཡང་སྡེབ་པ་ལ་སོགས་པའི་སྦྱོར་བ་སྤངས་ནས་ཀྱང་། གོ་བདེ་བའི་ངག་གིས་བཤད་པ

ཆོས་ཅན། དགོས་པ་ཡོད་དེ། མཁས་སློངས་ཀུན་གྱིས་གོ་བར་བྱ་བའི་ཆེད་ཡིན་པའི་ཕྱིར་རོ། །འདིར་རྣམ་བཤད་མཛད་པ་ཀུ་མ་ར་ནི། འདི་རབ་དགའི་སྡེབ་སྦྱོར་དུ་ཡོད་དོ་ཞེས་གསུངས་མོད། ཚིག་དབར་བདུན་མ་ཡིན་པ་རྒྱུ་མཚན་དུ་མཛད་པས་ངེས་པ་མི་སྣང་ངོ་། །

གསུམ་པ་ནི། འོ་ན་བསྟན་བཅོས་འདིར། ཀྱེ་མ་བླུན་པོ་སྙིང་ཁམས་ཅན་ཞེས་སོགས་རྩུབ་པའི་ཚིག་མང་དུ་འབྱུང་བས། གཞན་ལ་ཁྲེད་གསོད་ཀྱི་དབང་གིས་བརྩམས་པ་མ་ཡིན་ནམ་ཞེ་ན། རྩོམ་པ་པོ་བདག་ནི་སངས་རྒྱས་ཀྱི་བསྟན་པ་ལ་མི་ཕྱེད་པས་ཧེ་རྗེན་གྱིས་མི་འཕྲོག་པའི་དད་པ་ཡོད་མོད། འོན་ཀྱང་བསྟན་བཅོས་འདི་བརྩམས་པ་ཆོས་ཅན། དགོས་པ་ཡོད་དེ། སངས་རྒྱས་ཀྱི་ལུང་རྟོགས་ཀྱི་བསྟན་པ་ལ་འཁྲུལ་པར་སྤྱོད་པ་རྣམས་ལ་བདག་མ་དད་པས། འཁྲུལ་པ་དེ་སུན་དབྱུང་བར་བྱ་བའི་ཆེད་ཡིན་པའི་ཕྱིར། འདིར་ཆོས་ལོག་སུན་འབྱིན་པ་ནི་མཁས་པ་རྣམས་ཀྱི་སྲོལ་ལུགས་ཡིན་ཏེ། གཞུང་འདི་ཉིད་ལས། སངས་རྒྱས་འཇིག་རྟེན་བྱོན་པ་དང་། །མཁས་རྣམས་བཤད་པ་བྱེད་པ་ལ། །འབྲས་བུ་རྣམ་གསུམ་འབྱུང་བ་འདི། །སངས་རྒྱས་བསྟན་པའི་སྲོལ་ལུགས་ཡིན། །མ་ཁོལ་གྱིས་ཀྱང་འདི་སྐད་གསུངས། །དཔའ་བོ་ཁྱོད་ཀྱི་བསྟན་པ་ནི། །མུ་སྟེགས་ཐམས་ཅད་སྐྲག་མཛད་ཅིང་། །བདུད་ནི་སེམས་ཁོང་ཆུད་པར་མཛད། །ལྷ་དང་མི་རྣམས་དབུགས་ཀྱང་འབྱིན། །ཞེས་གསུངས་དེང་ཡང་འདི་ན་ཡང་། །མཁས་པ་རྣམས་ཀྱིས་ཆོས་བཤད་ན། །ཆོས་ལོག་སྤྱོད་པ་ཕམ་བྱེད་ཅིང་། །བདུད་རིགས་ཐམས་ཅད་ཡི་མུག་འགྱུར། །མཁས་པ་ཐམས་ཅད་དགའ་བར་བྱེད། །འདི་འདྲས་བསྟན་པ་འཛིན་པར་ནུས། །ཞེས་གསུངས་ལ། དེ་ཡང་མདོ་ཙམ་ཞིག་བརྗོད་ན། འོད་སྲུངས་ལ་སོགས་པས་བཀའ་བསྡུ་བ་དང་པོ་མཛད་རྗེས་སུ་བསྟན་པ་དག་པར་གནས་པ་ལས། སྟོན་པ་མྱ་ངན་ལས་འདས་ནས་ལོ་བརྒྱ་དང་བཅུ་སོང་བ་ན། ཡངས་པ་ཅན་དུ་རུང་བ་མ་ཡིན་པའི་གཞི་བཅུ་བྱུང་བ་རྣམས། དགྲ་བཅོམ་པ་བདུན་བརྒྱས་ལེགས་པར་སུན་ཕྱུང་ནས་བཀའ་བསྡུ་གཉིས་པ་མཛད། དེ་ནས་དགེ་སློང་ལྷ་ཆེན་པོས་སྡེ་པ་བཅོ་བརྒྱད་ཀྱི་ཆོས་ལ་བསྙེ་བསླད་བྱས་པ་རྣམས། སྟོན་པ་མྱ་ངན་ལས་འདས་ནས་ལོ་ཉིས་བརྒྱ་སོང་བ་ན། དགྲ་བཅོམ་རྣམས་ཀྱིས་སུན་ཕྱུང་ནས་བཀའ་བསྡུ་གསུམ་པ་མཛད། ཡང་བར་སྐབས་སུ་ཐེག་པ་ཆེན་པོའི་ཆོས་ལ་འཕེལ་འགྲིབ་བྱུང་བ་ན། འཕགས་པ་ཐོགས་མེད་ཀྱིས་དགའ་ལྡན་ནས་བྱམས་ཆོས་ལྔ་མིའི་ཡུལ་དུ་སྤྱན་དྲངས་ནས། ཐེག་པ་ཆེན་པོའི་བསྟན་པ་རྒྱས་པར་མཛད་དོ། །འཕགས་ཡུལ་དུ་བསྟན་པ་ལོ་ཉིས་སྟོང་ཙམ་སོང་ནས། བོད་ཀྱི་ཆོས་རྒྱལ་མེས་དབོན་རྣམ་གསུམ་གྱི་རིང་ལ་བོད་དུ་བསྟན་པ་དར་རྒྱས་སུ་མཛད་པ་ལ་བསྟན་པ་སྔ་དར་ཞེས་བྱ་ལ། སྐབས་དེར་རྒྱ་ནག་མཁན་པོའི་ཅིག་ཅར་བའི་ཆོས་ལུགས་བྱུང་བ་རྣམས། མཁས་པའི་དབང་པོ་ཀ་མ་ལ་ཤཱི་ལས་སུན་ཕྱུང་ངོ་། །དེའི་

རྗེས་སུ་རྒྱལ་པོ་དར་མས་བསྟན་པ་བསྣུབས་པའི་རྗེས་ནས། སྦྱོར་སྒྲོལ་སྦྲ་ཧི་བཞིན་དུ་སླ་བ་སོགས་ཆོས་ལོག་དུ་མ་འཕེལ་བ་རྣམས། ལོ་ཙཱ་བ་རིན་ཆེན་བཟང་པོས་སུན་ཕྱུང་། དེ་རྗེས་ཆོས་ལོག་ཅུང་ཟད་འཕེལ་བ་རྣམས་འགོས་ལོ་ཙཱ་བས་སུན་ཕྱུང་། དེ་ནས་རྗེ་བཙུན་ས་སྐྱ་པ། །ཆེན་པོ་བཞུགས་པ་ཡན་ཆད་དུ། །ཆོས་ལོག་སྤྱོད་པ་ཉུང་ཞེས་ཐོས། །ཞེས་གསུངས་ཤིང་། དེའི་རྗེས་སུ་བཀའ་གདམས་པ་དང་། ཕྱག་རྒྱ་བ་དང་། རྫོགས་ཆེན་པ་རྣམས་ལ་འཁྲུལ་པ་ཅི་རིགས་བྱུང་བ་རྣམས་ནི་གཞུང་འདིར་འགོག་པར་མཛད་དོ། །

དེ་ཡང་བསྟན་བཅོས་རྩོམ་པ་པོའི་ཆེ་བའི་ཁྱད་པར་ནི། རྗེ་བཙུན་འཇམ་པའི་དབྱངས་ཀྱི་སྤྲུལ་པ་ཡིན་ཏེ། ཇོ་བོ་རྗེས་ས་སྐྱར་འཇམ་དབྱངས་བདུན་བརྒྱུད་འབྱུང་བར་ལུང་བསྟན་པ་དང་། ཁ་ཆེ་པཎ་ཆེན་བོད་ལ་འབྱོན་པའི་ཚེ། སེང་ག་ལའི་དགྲ་བཅོམ་པས་མེ་ཏོག་སེར་པོ་གཅིག་བསྐུར་ཏེ་འདི་གང་དུ་ཁ་ཕྱེ་བ་དེར། འཇམ་དབྱངས་ཀྱི་སྤྲུལ་པ་གཅིག་འབྱུང་ཞེས་གསུངས་པ་ལས། ཕྱིས་ཆོས་རྗེ་དང་མཇལ་བ་ན་ཁ་བྱེ་བ་དང་། ཆོས་རྗེ་ལིང་ཚུ་རྩེ་ཁབ་ན་བཞུགས་པ་ན། མི་མང་པོས་རྒྱ་ནག་རི་བོ་རྩེ་ལྔ་ལ་མཇལ་དུ་ཕྱིན་པས། དེ་ནུབ་ཐམས་ཅད་ལ་རྨི་ལམ་མཐུན་པར། ད་ལྟ་རྗེ་བཙུན་འཇམ་དབྱངས་རྩེ་ལྔ་ན་མི་བཞུགས། ལིང་ཚུ་རྩེ་ཁབ་ན་ཆོས་གསུང་གིན་ཡོད་དོ་ཟེར་བ་རྨིས་པས། སང་ཐམས་ཅད་ཀྱིས་ལིང་ཚུ་ལ་ཕྱིན་པས་ཆོས་རྗེ་ཆོས་གསུང་བ་དང་མཇལ་བ་དང་། གཞན་ཡང་བོ་དོང་རིན་པོ་ཆེ་དང་། ཡར་ཀླུང་པ་གྲགས་པ་རྒྱལ་མཚན་རྣམས་ཀྱིས་འཇམ་དབྱངས་དངོས་སུ་མཐོང་བར་རྣམ་ཐར་ལས་འབྱུང་ངོ་། །དེ་ཡང་འདི་སྐད་ཐོས་ཏེ། ཆོས་རྗེ་པཎྜི་ཏ་འདི་ནི་སྟོན་པ་སྐུ་བལྟམས་ནས་ལོ་སུམ་སྟོང་དང་སུམ་བརྒྱ་དྲུག་ཅུ་རེ་ལྔ་ལོན་པ། དགེ་བྱེད་ཅེས་པ་ཆུ་ཕོ་སྟག་གི་ལོ་ལ་སྐུ་འཁྲུངས། སྤྱིར་སྡེ་སྣོད་གསུམ་དང་རྒྱུད་སྡེ་བཞི་དགོངས་འགྲེལ་དང་བཅས་པ་དང་། རིག་གནས་ཆེ་བ་ལྔ། ཆུང་བ་ལྔ། ཕྱི་ནང་གི་རྩིས་ལ་སོགས་པ་མཐའ་དག་ལ་མཁས་པར་མཛད། བྱེ་བྲག་ཏུ་ཡབ་མེས་ཀྱི་གསུང་རབ་མཐའ་དག་ལ་བྱང་ཆུབ་པར་མཛད། དེ་སྐབས་སུ་ཆོས་རྗེ་ལ་ཐམས་ཅད་ཀྱིས་མཐུན་པར་པཎྜི་ཏའི་མཚན་གསོལ། དེ་ཡང་རིག་གནས་ཐུན་མོང་བ་རྣམས་ལས། སྒྲ་དང་། སྙན་ངག་དང་། སྡེབ་སྦྱོར་དང་། མངོན་བརྗོད། ཟློས་གར་རྣམས་ནི་དེ་གོང་དུ་བོད་དུ་མ་འགྱུར་བས། རྒྱ་དཔེ་ཉིད་ལ་བསླབ་སྦྱང་མཐར་ཕྱིན་པ་མཛད། པཎྜི་ཏ་ལ་མ་ལྟོས་པའི་འགྱུར་ཡང་མང་དུ་མཛད། སྒྲ་ཉེར་མཁོ་བསྡུས་པ་དང་། གསོ་བ་རིག་པའི་བསྟན་བཅོས་དང་། སྡེབ་སྦྱོར་མེ་ཏོག་གི་ཆུན་པོ་དང་། སྙན་ངག་མཁས་པའི་ཁ་རྒྱན་དང་། མངོན་བརྗོད་ཚིག་གཏེར་དང་། ཟློས་གར་གྱི་བསྟན་བཅོས་རབ་དགའི་འཇུག་པ་དང་། ལུགས་ཀྱི་བསྟན་བཅོས་ལེགས་པར་བཤད་པ་རིན་པོ་ཆེའི་གཏེར་རྣམས་མཛད། དེ་དག་གི་སྐབས་སུ། སྒྲ་པ་ང་ཡིན་རྟོག་གེ་པ་ང་སྨྲ་བ་ངན་འཛོམས་ང་འདྲ་མེད། །སྡེབ་

སྒྱུར་ངས་ཤེས་སྐྱན་ངག་ང་ཉིད་མངོན་བརྗོད་འཆད་ལ་འགྲན་མེད་ང་། །དུས་སྒྱུར་ངས་ཤེས་ཕྱི་ནང་ཀུན་རིག་རྣམ་དབྱོད་བློ་གྲོས་མཚུངས་མེད་ང་། །དེ་འདྲ་གང་ཡིན་ས་སྐྱ་པ་སྟེ་མཁས་པ་གཞན་དག་གཟུགས་བརྙན་ཡིན། །ཞེས་པ་རྣ་འགྲེལ་མཛད། དགུང་ལོ་ཉེར་བདུན་པ་ལ་ཁ་ཆེ་པཎ་ཆེན་ལས་རབ་ཏུ་བྱུང་ཞིང་བསྙེན་པར་རྫོགས། མཚན་ཀུན་དགའ་རྒྱལ་མཚན་དཔལ་བཟང་པོ་ཞེས་པར་བཏགས་སོ། །

སྤྱིར་རྗེ་འདིས་མདོ་སྔགས་གཉིས་ཀྱི་ནང་ནས་སྔགས་གཙོ་བོར་མཛད། སྔགས་ལ་ཡང་ཐོས་བསམ་སྒོམ་གསུམ་གྱི་ནང་ནས་སྒོམ་གཙོ་བོར་མཛད། དེའི་གྲུབ་རྟགས་སུ། རྗེ་རྗེའི་ལུས་ཀྱི་གནས་ཚུལ་མངོན་སུམ་དུ་གཟིགས་ནས་དེའི་བསྟན་བཅོས་ཀྱང་མཛད་པ་དང་། གཞན་ཡང་སྦྱིན་མཚམས་ཀྱི་མཛོད་སྤྱུ་ཁ་བ་དུང་ལྟར་འཁྱིལ་བ་དང་། གསང་བའི་གནས་བལྟ་བས་མི་མངོན་པ་དང་། དབུའི་གཙུག་ཏོར་རྣམས་སྐྱེ་བོ་ཐ་མལ་པ་རྣམས་ལའང་མངོན་དུ་གྱུར་པས། མཁས་བཙུན་བཟང་གསུམ་གྱི་སྐྱན་པས་སའི་སྟེང་མ་ལུས་པ་ཁྱབ། དེ་སྐབས་སུ་འཕྲོག་བྱེད་དགའ་བོ་སློབ་མའི་ཚོགས་དང་བཅས་པ་ཡང་རིགས་པ་ཡང་དག་གིས་ཕམ་པར་མཛད་ནས། སངས་རྒྱས་ཀྱི་བསྟན་པ་ལ་འཇུག་པར་མཛད་དོ། །

ཡང་ཁ་བ་ཅན་གྱི་ལྗོངས་འདིར་ཚད་མའི་བསྟན་བཅོས་ནི། སྔ་འགྱུར་རྨ་དགེ་བའི་བློ་གྲོས་ཀྱིས་བསྒྱུར་ཡང་བཤད་ཉན་དར་རྒྱས་ཆེར་མ་བྱུང་། དེ་རྗེས་རྔོག་ལོ་ཆེན་པོས་རྣམ་འགྲེལ། རྒྱན་སྟོང་ཕྲག་བཅོ་བརྒྱད་པ་དང་བཅས་པ་བསྒྱུར། སྡེ་བདུན་ཀ་ལ་རྣམ་བཤད་མཛད། བཤད་ཉན་གྱི་མཐིལ་རྣམ་ངེས་ལ་མཛད། དེའི་དབུ་ཚད་ཀྱི་བཀའ་བབས་ཕྱུང་རིན་ཆེན་གྲགས་ལ་བྱུང་། དེའི་སློབ་མ་རྔོག་སྐྱ་བོ་དང་། མེས་ལྷང་ཚེར། གངས་པ་ཤེའུ། གོང་བུ་རུ་ཅན་ལ་སོགས་པ་རྣམས་དང་། ཡང་ལོ་ཙྪ་བའི་ཉེད་སློབ་ཕྱུ་པ་ཆོས་ཀྱི་སེང་གེ། དེའི་སློབ་མ་སེང་ཆེན་བརྒྱད་ལ་སོགས་པ་རྣམས་ཀྱིས་ལོ་བརྒྱ་ཙམ་གྱི་བར་དུ། མདོ་སེམས་ཀྱི་གཞུང་དང་མི་མཐུན་པའི་ཚད་བསྡུས་ཀྱི་བཤད་པ་དར་བར་མཛད་དོ། །དེ་དག་གི་འཁྲུལ་པ་རྣམས་སུན་འབྱིན་པ་ལ་རིགས་པའི་གཏེར་མཛད་དེ། ཇི་སྐད་དུ། ཐུབ་པ་སེར་སྐྱ་ཀཎ་མིག་པ་དང་འུག་པའི་བུ། །མཁའ་གོས་ཅན་དང་ཚུ་རོལ་མཛེས་པའི་གཞུང་འཛིན་པ། །ཐོས་སྒྲོག་པ་དང་གངས་རིའི་ཁྲོད་ན་སླུ་རྣམས་ཀྱི། །རྟོག་གེ་ངན་འཛོམས་བསྟན་བཅོས་ཆེན་པོ་འདི་བྱས་སོ། །ཞེས་གསུངས་སོ། །

བྱེ་བྲག་ཏུ་བསྟན་བཅོས་འདི་ཉིད་བརྩམས་པའི་ཚུལ་ནི། ཕྱིས་གངས་རིའི་ཁྲོད་འདིར་ཆོས་ལོག་དུ་མ་འཕེལ་བ་རྣམས་ཀྱིས་བསྟན་པ་ལ་གནོད་པར་དགོངས་ནས། དེ་དག་སུན་འབྱིན་པའི་ཕྱིར་དུ་བསྟན་བཅོས་འདི་བརྩམས་པར་མཛད་ལ། འདི་ཕྱེད་ཙམ་བརྩམས་ཚར་བ་ན། ས་སྐྱ་པས་ཆགས་སྡང་གིས་བསྟན་བཅོས

བརྩམས་སོ་ཟེར་བ་མང་དུ་བྱུང་། དེ་སྐབས་སུ་བླ་མ་ཟངས་ཚས། འདི་རང་རེའི་འཕྲིན་ལས་ལ་གནོད་པར་འདུག་པས་མི་རྩོམ་པར་ཞུ་ཞུས་པས། ངེད་རང་གིས་བསྟན་པ་ལ་ཕན་པའི་ཕྱིར་དུ་བརྩམས་པ་ཡིན་ཏེ། ད་ཐམས་ཅད་མི་དགའ་ན་བཞག་པ་ལས་འོས་མེད་གསུངས་ནས་བཞག །དེ་སྐབས་སུ་ནུབ་གཅིག་མནལ་ལམ་ན༑ སྟོན་པའི་སྐུ་གཅིག་མི་གཙང་བའི་གསེབ་ན་འདུག་པ་དེ་ཕྱི་དོར་མཛད་པས། མི་མང་པོ་མི་དགའ་བའི་རྣམ་འགྱུར་བྱེད་ཀྱིན་འདུག་ནས་བཞག །སླར་ཡང་མི་གཙང་བས་བྱུག་པ་མང་དུ་སོང་ནས་མནལ་སད་པ་ན། གཞན་གྱི་ངོ་སྲུང་ལ་བསྟན་བཅོས་རྩོམ་འཕྲོ་བཞག་ན་སླར་ཡང་ཆོས་ལོག་ཇེ་འཕེལ་དུ་འགྲོ་བར་དགོངས་ནས། སྟར་མི་རྩོམ་པར་ཞལ་གྱིས་བཞེས་པའི་ཉེས་པ་དཀོན་མཆོག་གི་དྲུང་དུ་བཤགས་ནས་ཡོངས་སུ་རྫོགས་པ་རྩོམ་པར་མཛད་དོ། །

བསྟན་བཅོས་འདི་ལ་འགྲེལ་པ་བཅུ་བདུན་ཙམ་བྱུང་བར་གྲགས་ལ། དེ་དག་གི་ནང་ནས་གཙོ་བོ་ནི། ལྷ་བཙུན་བསམ་ཡས་པའི་ཊཱི་ཀ་དང་། སྤོས་ཁང་པ་འཇམ་དབྱངས་རིན་ཆེན་རྒྱལ་མཚན་པས་མཛད་པ་དང་། གདན་སའི་ལས་ཆེན་གཞོན་ནུ་བས་མཛད་པ་དང་། སྣ་གདོང་པའི་འགྲེལ་ཆེན་ཏེ་བཞི་པོ་འདི་ལ། ལེགས་བཤད་གསེར་གྱི་ཐུར་མ་ལས་ཚད་ཐུབ་འགྲེལ་ཆེན་བཞི་ཞེས་གསུངས་སོ། །ཡང་དུས་ཕྱིས་ཆོས་རྗེ་ཤེར་རིན་པས་ཊཱི་ཀ་མཛད་པ་ཞིག་མཐོང་བ་ནི་ཤིན་ཏུ་ནུས་པ་ཆེ་བར་སྣང་ལ་གོ་རམས་པས་དཀའ་འགྲེལ་ཙམ་ཞིག་མཛད་སྣང་བ་དེ་ན། སྣ་གདོང་པའི་ཊཱི་ཀར་ལྟོ་བའི་ཆོས་བརྒྱུད་འཛིན་ཚུལ་ནོར་བ་ལ་སྙིང་སྨྲད་མཛད་མོད། གཏམ་རྒྱུད་དང་ལུང་འདྲེན་དགོས་པ་རྣམས་དང་། འབྲུ་གནོན་ཕོ་རེ་བ་མཛད་པ་རྣམས་ནི་སྣ་གདོང་པའི་ཊཱི་ཀ་ཆེན་ནས་ཁྲིས་བཤུས་མཛད་ཅིང་། ས་བཅད་རྣམས་ནི་སྣ་གདོང་པའི་དཀའ་འགྲེལ་འབྲིང་པོ་ལས་བཤུས་པར་སྣང་ངོ༎ །

ཡང་ལེགས་བཤད་གསེར་གྱི་ཐུར་མའི་ལོ་རྒྱུས་ནི་རྩོམ་པ་པོ་འདི་བཙུན་པ་ཧ་དབྱངས་ཀྱི་སྤྲུལ་པ་ཡིན་པར་གྲུབ་ཆེན་མཚོ་སྐྱེས་ཀྱིས་ལུང་བསྟན་ཅིང་། སྟོན་པ་སྐུ་བལྟམས་ནས་ལོ་སུམ་སྟོང་དང་དྲུག་བརྒྱ་སུམ་ཅུ་རྩ་གཉིས་སོང་ཞིང་། ཆོས་རྗེ་ས་པཎ་སྐུ་བལྟམས་ནས་ལོ་ཉིས་བརྒྱ་དང་ཞེ་དྲུག་སོང་བ། ཕུར་བུ་ཞེས་པ་ས་ཕོ་སྤྲེའུའི་ལོ་ལ། དཔལ་ལྡན་གསང་ཕུའི་བྱང་ཕྱོགས་བང་རིམ་ས་ཞེས་པར་ཆེན་པོའི་རིགས་སུ་སྐུ་བལྟམས། དགུང་ལོ་བཅུ་པ་ལ་རོང་ཆེན་ཐམས་ཅད་མཁྱེན་པའི་དྲུང་དུ་རབ་ཏུ་བྱུང་ནས་རིག་པའི་གནས་ལྔ་པོ་མཐའ་དག་ལ་མཁས་པར་སྦྱངས། བཅོ་བརྒྱད་པ་ལ་གསང་ཕུའི་སློབ་དཔོན་མཛད། ཉེར་ལྔ་པ་ལ་ངོར་པ་རྡོ་རྗེ་འཆང་གི་དྲུང་དུ་བསྙེན་པར་རྫོགས་ནས། རྒྱུད་གསུམ་མན་ངག་དང་བཅས་པ་གསན་ཅིང་། ཉེར་བརྒྱད་པ་ལ་རྗེ་ངོར་

པའི་བཀའ་ལུང་ལ་བརྟེན། དཔལ་ལྡན་ས་སྐྱར་རིག་པའི་གནས་མཐའ་དག་གི་གྲྭ་སྐོར་མཛད། དེ་སྐབས་སུ་དཔལ་ལྡན་ས་སྐྱའི་གནས་དང་གང་ཟག་ལ་སྨྲ་ལས་དྲངས་པའི་བསྟོད་པ་དང་། གཞན་ཡང་བླ་མ་དམ་པ་བཅུ་ཕྲག་བཞི་བསྟེན་ནས། མདོ་རྒྱུད་མན་ངག་རིག་གནས་མཐའ་དག་གསན་ཞིང་ཐུགས་ཉམས་སུ་བཞེས་པས། མཁས་བཙུན་བཟང་གསུམ་གྱི་སྟེང་པས་སའི་སྟེང་མ་ལུས་པ་ཁྱབ། དེ་དོན་གྱིས་རྒྱ་གར་ལྷོ་ཕྱོགས་ཧ་རི་ཕུཎྜ་ཞེས་པ་ནས་ཀྱང་། དགེ་སློང་པཎྜི་ཏ་གཉིས་ཀྱིས་དུས་འཁོར་གྱི་དབང་ཞུས་ནས་ཐེགས་པ་སོགས་མཐའ་ཡས་སོ༔ །མདོར་ན་མཁས་པའི་བྱ་བ་རྣམ་པ་གསུམ་གྱིས་རྒྱལ་བའི་བསྟན་པ་ཉིན་མོ་ལྟར་གསལ་བར་མཛད་པ་ལ། གཟེངས་བསྟོད་པ་དང་གཞན་དག་སྤྲོ་བ་བསྐྱེད་པའི་ཕྱིར་དུ། དེ་སྐད་སྨྲ་བ་ང་ཡིན། ཞེས་སོགས་ང་བརྒྱད་མ་ཡང་གྲྭ་སྐོར་གྱི་དུས་དེར་མཛད་དོ། །ཡང་དགུང་ལོ་དྲུག་ཅུ་རེ་བརྒྱད་བཞེས་པའི་ཚེ། དགེ་འདུན་ཕྱེད་དང་ཉིས་སྟོང་ཙམ་གྱི་ཚོགས་དབུ་མཛད་ནས་ཆོས་འཁོར་རྒྱ་ཆེན་པོ་མཛད་ལ། རྫོམ་པ་ནི་པོ་ཏི་བཅུ་གསུམ་དུ་ལོངས་པ་མཛད། བཤད་པ་ནི་དགུང་ལོ་བཅོ་བརྒྱད་ནས་བརྒྱད་ཅུའི་བར་བར་མ་ཆད་པར་མཛད་པས། ཁ་བ་ཅན་གྱི་ལྗོངས་འདིར་བཤད་ཉན་གྱི་རྒྱུན་འདི་པ་ལས་རིང་བ་མ་བྱུང་ངོ་། །ཡང་དགུང་ལོ་སུམ་ཅུ་རྩ་བཞི་ཙམ་བཞེས་པའི་ཚེ། མངའ་རིས་སྨད་ཀྱི་སའི་ཐིག་ལེ་ཐུབ་བསྟན་དར་རྒྱས་གླིང་དུ། བསྟན་པའི་སྦྱིན་བདག་ས་སྐྱོང་བཀྲ་ཤིས་མགོན་གྱིས་གདན་དྲངས་ནས་ཆོས་འཁོར་རྒྱ་ཆེན་པོ་བསྐོར་བར་མཛད་ལ། སྐབས་དེ་དག་ཏུ་བསྟན་བཅོས་འདི་ལ་འབེལ་གཏམ་དུ་བྱེད་པ་རྣམས་ནི། སྡོམ་གསུམ་རྒྱུད་ལྡན་གྱི་གསུམ་པོ་ཁྱབ་མཉམ་མི་མཉམ་མ་གཏོགས། གཞུང་གི་དཀྱུས་ལ་ཡོད་པའི་འབེལ་གཏམ་ཅུང་ཟད་ཀྱང་བརྗོད་བྱའི་ལམ་དུ་མི་འབྱུང་ཞིང་། གལ་ཏེ་ངེས་དོན་གྱི་ཕྱོགས་ཅུང་ཟད་སྨྲ་ན། ཅོང་ཁ་པས་འཇམ་དབྱངས་ནས་གསན་ཟེར་བའི་གསང་ཚིག་རྣམས་ལ་རྟེས་བློས་བྱེད་པ་མ་གཏོགས། རང་ལུགས་ཐུབ་པ་མ་བྱུང་བས། སྐབས་དེར་གཞུང་འདིའི་རྟེས་འཇུག་ཏུ་ཁས་འཆེ་བ་རྣམས་ལ། རྣམ་དཔྱོད་བསྐྱེད་པའི་ཆེད་དུ་དྲི་བ་བརྒྱ་དང་བརྒྱད་མཛད་པ་ན། མཁས་རློམ་ཕལ་ཆེར་མི་སྨྲ་བའི་བརྟུལ་ཞུགས་ལ་བཀོད་ཅིང་། ཕྲག་དོག་གི་དུག་ཆུས་མྱོས་པ་འགའ་ཞིག་ནི། གཞུང་འདི་བཀག་པ་ཡིན་ནོ་ཞེས་སྨྲ་སྡུགས་འདོན་པར་བྱེད་མོད། དེ་དག་ནི་གསུང་རབ་བརྒྱལ་ལན་གྱིས་གདན་ལ་འབེབས་པའི་ཚུལ་ལ་མ་རྨོངས་པ་ཡིན་ཏེ། དེ་ལྟན་སློན་དཔོན་སེང་གེ་བཟང་པོས། དེ་ལྟར་ཕྱག་འཚལ་བ་དང་བསྟོད་པ། ཞེས་སོགས་ཀྱི་གཞུང་དེས་ཀྱང་རྒྱན་གྱི་མཆོད་བརྗོད་བཀག་པར་འགྱུར་རོ། །དེ་མི་འགྱུར་ཏེ། དེ་ནི་མ་ཡིན་ཏེ། ཞེས་སོགས་ཀྱིས་ལན་བཏབ་པས་སོ་ཞེ་ན། འདིར་ཡང་མཚུངས་པ་མ་ཡིན་ནམ། ཡང་གཞན་དག་གིས་ནི། རྗེས་འཇུག་འགའ་ཞིག་གིས་དབང་མེད་དུ་བསྐུལ་བ་དང་། རང་ཡང་རློམ་པས་ཁེངས་ནས་ཚིག་རྩུབ་ཀྱི་འཕྲེང་

བསྒྱུར་ལ་བརྒྱུས་པའི་ལན་བྱུས་མོད། དེང་སང་ནི་དེའི་རྗེས་འཇུག་གསུང་རབ་ལ་བློ་ཁ་ཕྱོགས་པ་རྣམས་ཀྱིས་མ་བཟོད་ནས། འདི་ནི་བདག་ཅག་གི་བླ་མ་དེས་མཛད་པ་མ་ཡིན་ནོ་ཞེས་གསང་བའི་གནས་བཞིན་དུ་སྦེད་པར་བྱེད། དད་པའི་རྗེས་འབྲང་རྣམ་དབྱེ་མ་ཕྱེད་པ་རྣམས་ནི། འདི་ནི་བདག་ཅག་གི་བླ་མའི་གསུང་ངོ་། །ཞེས་ལུང་ཙམ་རེ་གློག་པའི་ངལ་བ་བྱེད་དོ། །

དེ་དག་ལ་ནི་གསེར་གྱི་ཐུར་མར། ཚད་ཐུབ་འགྲེལ་ཆེན་བཞི་དང་གཞུང་ཉིད་དུ། །ཚིག་ཟུར་ཇི་བཞིན་མ་ཕྱིན་འདིར་དཔྱད་ཀྱི། །ཚངས་པར་རློམ་པའི་ཅོལ་ཆུང་བགྲང་ཡས་དག །དཔྱད་ཡུལ་མིན་ཕྱིར་བདེ་བར་གཉིད་ཐྲོམས་ཤིག །ཅེས་གསུངས་ཀྱང་དད་དུང་གཉིད་མ་ཁུགས་པར་ཟད་དོ། །ཡང་མཁས་པ་བློ་གཟུ་བོར་གནས་པ་རྣམས་ཀྱིས་ནི། བསམ་པ་ཇི་བཞིན་མི་ཤེས་ན། །སླར་ཡང་འདྲི་པོ་ཉིད་ལ་དྲིས། །ཞེས་གསུངས་པ་གཟིགས་ནས། རྗེ་ཉིད་ལ་གསོལ་བ་བཏབ་པས། དགུང་ལོ་ལྔ་བཅུ་རྩ་བཞི་པ་ལ་ལེགས་བཤད་གསེར་གྱི་ཐུར་མ་མཛད་ནས། བསྟན་བཅོས་འདིའི་རྗེས་འཇུག་ཏུ་ཁས་འཆེ་བ་བློ་གྲོས་ཀྱི་མིག་མ་ལུས་པ་མི་ཤེས་པའི་རབ་རིབ་ཀྱིས་གཡོགས་པ་རྣམས་ཀྱི་རབ་རིབ་བསལ་ནས། གཞུང་གི་དོན་ཉིན་མོ་ལྟར་མཛད་པ་ཡིན་ནོ། །དེ་དག་ནི་ལེགས་པར་བཤད་པ་རིན་པོ་ཆེའི་གཏེར་ལས། ཤེས་རབ་ལྡན་པས་ཉེས་པ་དག །སེལ་བར་ནུས་ཀྱི་ བླུན་པོས་མིན། །ནམ་མཁའ་ལྡིང་གིས་དུག་ཅན་སྦྲུལ། །གསོད་པར་ནུས་ཀྱི་ཁྭ་ཏས་མིན། །ཞེས་གསུངས་པ་ལྟར་རོ། །འདིར་ནི་དགོས་པའི་དབང་གིས་མདོར་བསྡུས་པ་ཙམ་ཞིག་བཀོད་ལ། རྣམ་ཐར་རྒྱས་པ་ནི་སངས་རྒྱས་དཔོན་གྱིས་མཛད་པའི་པདྨ་དཀར་པོའི་འཕྲེང་བར་བལྟ་བར་བྱའོ། །གང་གི་མཁྱེན་པའི་ཉི་མ་ཡིས། །ལོག་རྟོག་མུན་པ་སེལ་བ་དང་། །མི་ཤེས་ཀུ་མུད་ཟུམ་པ་དང་། །བསྟན་པའི་པད་ཚལ་རྒྱས་པ་མཚར། །

ད་ནི་དགུས་མ་ཉིད་བཤད་པར་བྱ་སྟེ། བཞི་པ། བརྩམས་པའི་བསྟན་བཅོས་དངོས་བཤད་པ་ལ། ལུས་རྣམ་པར་བཞག་པས་བསྟན་བཅོས་ཀྱི་དོན་རགས་པ་ལ་ངེས་པ་བསྐྱབ། ཡན་ལག་རྒྱས་པར་བཤད་པས་ལུང་རིགས་ཀྱི་མཐའ་དཔྱད། བསྟན་བཅོས་རྩོམ་པའི་རྒྱུ་མི་ཤེས་པ་དང་ཐྲག་དོག་མ་ཡིན་པར་བསྟན་པས་མཇུག་བསྡུ་བའོ། །དང་པོ་ནི། སྟོད་ཀྱི་སྐྱོན་གསུམ་སྤྲངས་ཏེ་ཉོན་ཅིག་ཅེས་དྲང་ངོ་། །གང་ན། སོ་སོར་ཐར་པའི་སྡོམ་པ་ལུགས་གཉིས་དང་། བྱང་ཆུབ་སེམས་དཔའི་སེམས་བསྐྱེད་ཀྱི་སྡོམ་པ་ལུགས་གཉིས་དང་། གསང་སྔགས་ཀྱི་དབང་བསྐུར་གྱིས་མཚོན་པའི་སྡོམ་པ་དང་། སྡོམ་པ་གསུམ་པོ་དེ་དག་གི་ནི་ཆོ་ག་དང་། སྡོམ་པ་གསུམ་པོ་སོ་སོའི་བསླབ་པར་བྱ་བ་དང་སེམས་བསྐྱེད་པའི་གནད་བདག་གཞན་བརྗེ་བ་དང་། བསྔོ་བ་དང་སྨོན་ལམ་རྣམས་དང་། སྟོང་ཉིད་སྙིང་རྗེའི་སྙིང་པོ་ཅན་སྒོམ་པའི་ཚུལ་དང་། སྔ་མ་ཀུན་རྫོབ་སེམས་བསྐྱེད་དང་། ཕྱི་མ་

དོན་དམ་སེམས་བསྐྱེད་སློམ་ཚུལ་ལོ། །སྔགས་ཀྱི་ཉམས་ལེན་བསྐྱེད་པའི་རིམ་པ་དང་རྫོགས་པའི་རིམ་པ་གཉིས་ཀྱི་གནད། ཐེག་པ་འོག་མ་ལས་གསང་བའི་ཚིག་དང་། ཡེ་ཤེས་ཕྱག་རྒྱ་ཆེན་པོའི་ངོས་འཛིན་དང་། སྡོམ་གསུམ་ཐུན་མོང་བ་ཕྱི་དང་། གསང་སྔགས་ནང་གི་རྟེན་འབྲེལ་དང་། ས་བཅུ་དང་། ལམ་ལྔའི་རྣམ་གཞག་གི་རྣམ་པར་དབྱེ་བ་བཤད་ཀྱིས་ཞེས་པའོ། །འདིར་རྣམ་བཤད་མཛད་པ་ཀུ་མ་ར་ནི། བསྟན་བཅོས་འདིའི་ལུས་རྣམ་གཞག་གསུམ་དུ་འགྱུར་ཏེ། དང་པོ་ནི། སོ་སོར་ཐར་པའི་སྡོམ་པ་དང་། །དེ་དག་གི་ནི་ཆོག་དང་། །སོ་སོའི་བསླབ་པར་བྱ་བ་དང་། །ས་དང་ལམ་གྱི་རྣམ་གཞག་གི །རྣམ་པར་དབྱེ་བ་བཤད་ཀྱིས་ཉོན། །ཞེས་དང་། གཉིས་པ་ནི། བྱང་ཆུབ་སེམས་དཔའི་སེམས་བསྐྱེད་དང་། །དེ་དག་གི་ནི་ཆོག་དང་། །སོ་སོའི་བསླབ་པར་བྱ་བ་དང་། །སེམས་བསྐྱེད་པ་ཡི་གནད་རྣམས་དང་། །སྟོང་ཉིད་སྙིང་རྗེའི་སྙིང་པོ་དང་། །ས་དང་ལམ་གྱི་རྣམ་གཞག་གི །རྣམ་པར་དབྱེ་བ་བཤད་ཀྱིས་ཉོན། །ཞེས་དང་། གསུམ་པ་ནི། གསང་སྔགས་ཀྱི་ནི་དབང་བསྐུར་དང་། །དེ་དག་གི་ནི་ཆོག་དང་། །སོ་སོའི་བསླབ་པར་བྱ་བ་དང་། །རིམ་པ་གཉིས་ཀྱི་གསང་ཚིག་དང་། །ཡེ་ཤེས་ཕྱག་རྒྱ་ཆེན་པོ་དང་། །ཕྱི་དང་ནང་གི་རྟེན་འབྲེལ་དང་། །ས་དང་ལམ་གྱི་རྣམ་གཞག་གི །རྣམ་པར་དབྱེ་བ་བཤད་ཀྱིས་ཉོན། །ཞེས་འཆད་དེ་ལེགས་པར་སྣང་ངོ་། །ངག་དོན་ནི། ལུས་རྣམ་གཞག་གི་ཚིགས་སུ་བཅད་པ་མཛད་པ་ཆོས་ཅན། དགོས་པ་ཡོད་དེ། ཚིག་ཉུང་ངུས་བསྟན་བཅོས་ཀྱི་དོན་རགས་པ་བདེ་བླག་ཏུ་རྟོགས་པར་བྱ་བའི་ཆེད་ཡིན་པའི་ཕྱིར།

གཉིས་པ་ལ། བསྟན་པའི་ཚིག་དོན་ལ་འཁྲུལ་པ་འགོག་བྱེད་ཀྱི་ལུང་རིགས་རྒྱས་པར་བཤད། བསྟན་པ་ལ་ཕྱི་དོར་བྱེད་པ་བསྟན་འཛིན་གྱི་སྐྱེ་ལུགས་ཡིན་པར་བསྟན་པས་མཇུག་བསྡུ་བའོ། །དང་པོ་ལ། བརྗོད་བྱའི་དོན་ལ་འཁྲུལ་པ་དགག །རྗོད་བྱེད་ཀྱི་ཚིག་ལ་འཁྲུལ་པ་དགག་པའོ། །དང་པོ་ལ། རྟོགས་པའི་བསྟན་པ་ལ་འཁྲུལ་པ་དགག །ལུང་གི་བསྟན་པ་ལ་འཁྲུལ་པ་དགག །ལུང་རྟོགས་ལྟར་སྣང་ལ་ཡང་དག་ཏུ་འཁྲུལ་བའི་འཁྲུལ་གཞི་དཔྱད་པའོ། །དང་པོ། བསྟན་པའི་གནད་མ་འཁྲུལ་བ་གཙོ་བོར་བསྟན། འཁྲུལ་པའི་གྲུབ་མཐའ་སུན་འབྱིན་པའི་མན་ངག་གཉིས། དང་པོ། བསྟན་པའི་གནད་ལ་འཁྲུལ་པ་འགོག་བྱེད་ཀྱི་ལུང་རིགས་རྒྱས་པར་བཤད། ཐེག་པ་རང་ས་ནས་བདེན་པའི་རྒྱུ་མཚན་གྱིས་འཁྲུལ་མ་འཁྲུལ་གྱི་དབྱེ་བ་མི་འཐད་པའི་རྩོད་པ་སྤྱང་། གནད་ལ་འཁྲུལ་ཚུལ་དཔེས་བསྟན་པས་མཇུག་བསྡུ་བའོ། །དང་པོ་ལ། སོ་ཐར་སྡོམ་པ་འདུལ་བ་བཞིན་བཤད། བྱང་སེམས་ཀྱི་སྡོམ་པའི་རྣམ་གཞག་མདོ་སྡེ་བཞིན་བཤད། སྔགས་སྡོམ་བླ་མེད་ཀྱི་གཞུང་བཞིན་གཙོ་བོར་བཤད་པའོ། །དང་པོ་ལ། སྡོམ་པའི་ངོ་བོ་དང་རྣམ་གཞག་སྡེ་སྣོད་བཞིན་ཁས་ལེན་དགོས་པར

བསྟན་ནས། སྨེ་སྨོན་ལ་ཐོས་བསམ་བྱེད་དགོས་པར་བསྟན། དེ་ལྟར་བྱེད་པ་སངས་རྒྱས་ཀྱི་བསྟན་པ་ཡིན་པར་བསྟན་པས་མཇུག་བསྡུ་བ་གཉིས། དང་པོ་ལ། དངོས་དང་། སྨེ་སྨོན་ལ་ཐོས་བསམ་མི་དགོས་པར་འདོད་པ་དགག་པ་གཉིས། དང་པོ་ལ། སྡོམ་པའི་ངོ་བོ་དང་གཏོང་ཐོབ་འདུལ་བ་བཞིན་ཁས་ལེན་དགོས་པར་བསྟན། སྡོམ་པ་ལ་གནས་ནས་སྤང་བླང་ཇི་ལྟར་བྱ་བའི་ཚུལ་གཉིས། དང་པོ་ལ། དབྱེ་བའི་སྒོ་ནས་མདོར་བསྟན། ཐོབ་གཏོང་གི་སྒོ་ནས་རྒྱས་པར་བཤད་པའོ། །དང་པོ་ནི། འོན་སོ་སོར་ཐར་པའི་སྡོམ་པ་ཉན་ཐོས་ཀྱི་ལུགས་ཁོ་ནར་ངེས་སམ་ཞེ་ན། སོ་སོར་ཐར་པའི་སྡོམ་པ་ཆོས་ཅན། ཁྱོད་ལ་ཉན་ཐོས་ཀྱི་ལུགས་ཁོ་ནར་མ་ངེས་ཏེ། ཁྱོད་ལ་བསམ་པའི་སྒོ་ནས་ཉན་ཐོས་ཀྱི་ལུགས་དང་། ཐེག་པ་ཆེན་པོའི་ལུགས་གཉིས་སུ་ཡོད་པའི་ཕྱིར། སྐབས་འདིར་སོ་ཐར་སྡོམ་པའི་རྣམ་གཞག་ལ་དགག་བཞག་གཉིས་ལས། དང་པོ་ནི། དེང་སང་ཕལ་ཆེ་བ་དག །གཞན་ལ་གནོད་པ་གཞི་བཅས་སྤོང་བའི་སེམས་པ་དབང་ལྡན་རྒྱུན་ཆགས་པ་གང་ཞིག །ངེས་འབྱུང་གི་བསམ་པས་ཀུན་ནས་བསླངས་བ་ཞེས་ཟེར། དེ་ལྟ་ན་བར་མ་རབ་བྱུང་གི་ངོ་བོར་གྱུར་པའི་སེམས་པ་དབང་ལྡན་རྒྱུན་ཆགས་པ་ཆོས་ཅན། སོ་སོར་ཐར་པའི་སྡོམ་པར་ཐལ། མཚན་ཉིད་དེའི་ཕྱིར། འདོད་མི་ནུས་ཏེ་བར་མ་ཡིན་པའི་ཕྱིར། གཞན་ཡང་སོ་ཐར་སྡོམ་པའི་ངོ་བོར་གྱུར་པའི་སེམས་པ་མངོན་གྱུར་ཡོད་དམ་མེད། མེད་ན་སོ་ཐར་སྡོམ་པ་མངོན་གྱུར་དུ་རྒྱུད་ལ་ཡོད་པ་མི་སྲིད་པར་འགྱུར་རོ། །ཡོད་ན་དེ་ཆོས་ཅན། སེམས་པ་དབང་ལྡན་ཡིན་པར་ཐལ། སོ་ཐར་སྡོམ་པ་ཡིན་པའི་ཕྱིར། འདོད་ན་ལྡན་རྟེས་ཀྱི་རྣམ་དབྱེ་མི་ཤེས་པར་ཟད་དོ། །

འདི་འགོག་ཚུལ་རྒྱས་པར་ནི། རྗེ་བླ་མའི་གསུང་རབ་གཞན་དུ་བཀོད་པ་ལས་བལྟ་བར་བྱ་ལ། འདིར་ནི་གཞུང་གི་འབྲུ་ཙམ་གཙོ་བོར་དགོད་པར་འདོད་དོ། །འོན་ཀྱང་དེང་སང་གཞན་དག་གིས་པར་དུ་བཏབ་པའི་ཡི་གེ་ལས་གཞན་ལ་གནོད་པ་གཞི་བཅས་སྤོང་བའི་སེམས་པ་མཚུངས་ལྡན་དང་བཅས་པ་གང་ཞིག །ངེས་འབྱུང་གི་བསམ་པས་ཀུན་ནས་བསླངས་བ་དེ་སོ་ཐར་སྡོམ་པའི་མཚན་ཉིད། ཅེས་ཟེར་བ་ནི་མི་ཤེས་པས་ཀུན་ནས་བསླངས་བ་སྟེ། དེ་ལྟར་ན་སོ་ཐར་སྡོམ་པའི་ངོ་བོར་གྱུར་པའི་སེམས་པ་དང་མཚུངས་ལྡན་དུ་བྱུང་བའི་ཚོར་བ་དང་། འདུ་ཤེས་དང་། གཙོ་བོ་སེམས་ཀྱང་སོ་ཐར་སྡོམ་པར་ཁས་བླངས་པས། ཐེག་པ་ཆེ་ཆུང་གི་སྨེ་སྨོད་གང་དང་ཡང་མི་མཐུན་ཏེ། མདོ་སྡེ་པ་ཡན་ཆད་གྲུབ་མཐའ་སྨྲ་བ་གསུམ་གྱིས་ལས་ཀྱི་ངོ་བོ་སེམས་པ་ལ་འདོད་ཅིང་། ལས་གྲུབ་པའི་རབ་ཏུ་བྱེད་པ་ལས། སེམས་པ་ས་བོན་དང་བཅས་པ་ཞེས་པའི་ཞིབ་ཆ་ཙུང་ཟད་ཅིག་གསུངས་ལ་བྱེ་སྨྲའི་གཞུང་ལས་ནི། ལུས་ངག་གི་ལས་ཀྱི་ངོ་བོ་གཟུགས་ཅན་དུ་བཤད་པའི་ཕྱིར། སྨེ་སྨོད་དང་མ་མཐུན་ཡང་ས་པཎ་གྱི་དགོངས་པའོ། །ཞེས་ཟེར་བར་སྣང་བ་དེ་དག་གིས་ནི་ས་པཎ་གྱི་ཞབས་ལ་ཐག་པ་མ་

ཐོགས་ཤིག །ཡང་སྔགས་ཀྱི་ཐེག་པར་བདེ་ཆེན་ཡེ་ཤེས་ཀྱི་ངོ་བོར་གྱུར་པའི་སྡོམ་པ་གསུངས་པ་ནི་ཐུན་མོང་མ་ཡིན་པའི་གནས་སྐབས་སོ། །

གཉིས་པ། རང་ལུགས་ལ། སོ་ཐར་སྡོམ་པའི་མཚན་ཉིད་དང་། དབྱེ་བའོ། །དང་པོ་ནི། ཆོས་འདི་པ་དག་གི་ལུས་ངག་གང་རུང་དུ་གཏོགས་པའི་ཉེས་སྤྱོད་སྡོམ་པའི་ཚུལ་ཁྲིམས་གང་ཞིག །ཤི་འཕོས་པས་གཏོང་བའོ། །དེ་ཡང་ཐུན་དང་པོས་ཕྱི་རོལ་པའི་ཚུལ་ཁྲིམས་ལས་བཀར་བ་དང་། གཉིས་པས་བྱང་སེམས་ཀྱི་སྡོམ་པ་ལས་བཀར་བ་དང་གསུམ་པས་བསམ་གཏན་དང་ཟག་མེད་ཀྱི་སྡོམ་པ་ལས་ལོགས་སུ་བཀར་བ་ཡིན་ནོ། །ཐུན་དང་པོ་ནི་མཛོད་འགྲེལ་ལས། སོ་སོར་ཐར་པའི་སྡོམ་པ་ནི་འདི་པ་དག་གི་འདོད་པ་ན་སྤྱོད་པའི་ཚུལ་ཁྲིམས་སོ། །ཞེས་གསུངས། ཐུན་གཉིས་པ་ནི། འོད་ལྡན་ལས། སོ་སོར་ཐར་པའི་སྡོམ་པ་ལ་ཡིད་ཀྱི་སྡོམ་པ་མེད་པས། ཞེས་གསུངས་ལ། གསུམ་པ་ནི། ཐ་མ་གཉིས་ནི་སེམས་རྗེས་འབྲང་། །ཞེས་གསུངས་སོ། །སྡོམ་པའི་ངོ་བོ་བྱེ་བྲག་ཏུ་སྨྲ་བས་རིག་བྱེད་མ་ཡིན་པའི་གཟུགས་སུ་འདོད་ལ། མདོ་སྡེ་པས་རྒྱུད་ཡོངས་སུ་འགྱུར་བའི་ཁྱད་པར་ཞེས་པ་སེམས་བྱུང་སེམས་པ་ཞིག་ལ་འདོད། སེམས་ཙམ་པས་སེམས་པ་ས་བོན་དང་བཅས་པ་ལ་འདོད། སྤྱོད་འཇུག་ལས་ཀྱང་། སྤོང་བའི་སེམས་ནི་ཐོབ་པ་ལས། །ཚུལ་ཁྲིམས་ཕ་རོལ་ཕྱིན་པ་བཤད། །ཅེས་པས་ཀྱང་སེམས་བྱུང་སེམས་པ་ལ་བཤད་དོ། །

གཉིས་པ། དབྱེ་བ་ལ། དངོས་བཏགས་མ་ཕྱེ་ན་རིགས་བརྒྱད་དེ། བསྙེན་གནས་ཀྱི་སྡོམ་པ། དགེ་བསྙེན་ཕ་མའི་སྡོམ་པ་གཉིས། དགེ་ཚུལ་ཕ་མའི་སྡོམ་པ་གཉིས། དགེ་སློབ་མའི་སྡོམ་པ། དགེ་སློང་ཕ་མའི་སྡོམ་པ་གཉིས་ཏེ་བརྒྱད་དོ། །བསྙེན་གནས་ཀྱི་སྡོམ་པ་ལ་མཚན་ཉིད་ནི། ཁྱིམ་པའི་ཕྱོགས་སུ་གཏོགས་པའི་སོ་སོར་ཐར་པའི་ཚུལ་ཁྲིམས་ཡན་ལག་བརྒྱད་ལྡན་ནོ། །ཡན་ལག་བརྒྱད་ནི། ཚུལ་ཁྲིམས་ཀྱི་ཡན་ལག་བཞི། བག་ཡོད་ཀྱི་ཡན་ལག་གཅིག །བརྟུལ་ཞུགས་ཀྱི་ཡན་ལག་གསུམ་མོ། །དང་པོ་ནི། སྲོག་གཅོད་སྤོང་བ། མ་བྱིན་པར་ལེན་པ་སྤོང་བ། མི་ཚངས་པར་སྤྱོད་པ་སྤོང་བ། རྫུན་དུ་སྨྲ་བ་སྤོང་བ་དང་བཞི་ལ་ཚུལ་ཁྲིམས་ཀྱི་ཡན་ལག་ཅེས་བྱ་སྟེ། འཆལ་ཚུལ་གྱི་གཉེན་པོ་བྱེད་པའི་ཕྱིར། ཆང་སྤོང་བ་དེ་ལ་བག་ཡོད་ཀྱི་ཡན་ལག་ཅེས་བྱ་སྟེ། དྲན་པ་ཉམས་པ་སྤོང་བའི་ཕྱིར། གར་སོགས་གསུམ་དང་འཕྲེང་སོགས་གསུམ་སྤོང་བ་ཡན་ལག་གཅིག་ཏུ་བྱས་པ་དང་། མལ་ཆེན་མཐོ་བ་སྤོང་བ་དང་། ཕྱི་དྲོའི་ཁ་ཟས་སྤོང་བ་རྣམས་ལ་བརྟུལ་ཞུགས་ཀྱི་ཡན་ལག་ཅེས་བྱ་སྟེ༔ དྲེགས་པར་འགྱུར་བ་སྤོང་བའི་ཕྱིར་རོ། །

སྤྱིར་བསྙེན་གནས་ཙམ་ལ་འདུལ་བ་ནས་བཤད་པ། མདོ་སྡེ་ནས་བཤད་པ། རྒྱུད་སྡེ་ནས་བཤད་པའོ། །དང་

པོ་ནི། བཤད་མ་ཐག་པ་དེ་ཡིན་ལ། གཉིས་པ་ནི། ཀླུ་ཙམ་པ་ཞེས་པས་བསྙེན་གནས་བླངས་པར་གསུངས་པ་ལྟ་བུ། གསུམ་པ་ནི། དོན་ཞགས་ནས་གསུངས་པ་ལྟ་བུ་ཡིན་ནོ། །གཉིས་པ་ནི། དགེ་བསྙེན་ལ་ཁྱིམ་པའི་ཕྱོགས་སུ་གཏོགས་པའི་ཇི་སྲིད་འཚོ་བའི་བར་གྱི་སོ་སོར་ཐར་པའི་ཚུལ་ཁྲིམས་ཡན་ལག་ལྔ་ལྡན་དེ། དགེ་བསྙེན་གྱི་སྡོམ་པའི་མཚན་ཉིད། སྤྱིར་དགེ་བསྙེན་ལ། སྐྱབས་གསུམ་འཛིན་པའི་དང་། སྣ་གཅིག་སྤྱོད་པ། སྣ་འགའ་སྤྱོད་པ། ཕལ་ཆེར་སྤྱོད་པ། ཡོངས་རྫོགས། ཚངས་སྤྱོད། གོ་མིའི་དགེ་བསྙེན་དང་བདུན་གསུངས་སོ། །དང་པོ་ནི། ཁྱིམ་པས་ཇི་སྲིད་འཚོའི་བར་དུ་དཀོན་མཆོག་གསུམ་ལ་སྐྱབས་འགྲོ་ཙམ་ཞིག་བླངས་པ་ལྟ་བུའོ། །གཉིས་པ་ནི༑ དེའི་སྟེང་དུ་བསླབ་པའི་ཡན་ལག་གཅིག་ཙམ་ཞིག་བསྲུང་བར་ཁས་བླངས་པའོ། །གསུམ་པ་ནི། བསླབ་པའི་ཡན་ལག་གཉིས་སམ་གསུམ་ཙམ་ཞིག་བསྲུང་བར་ཁས་བླངས་པ་ལྟ་བུ་དང་། བཞི་པ་ནི། བསླབ་པའི་ཡན་ལག་བཞི་ཙམ་ཞིག་བསྲུང་བར་ཁས་བླངས་པ་ལྟ་བུ། ལྔ་པ་ནི། རྩ་བ་བཞི་ཆང་དང་ལྔ་བསྲུང་བར་ཁས་བླངས་པ་དང་། དྲུག་པ་ནི། རྟེན་དེ་ཉིད་ལ་མི་ཚངས་སྤྱོད་རིལ་པོ་བསྲུང་བར་ཁས་བླངས་པ་ལྟ་བུ། བདུན་པ་ནི༑ ཁྱིམ་པས་ཇི་སྲིད་འཚོའི་བར་དུ་བསྙེན་གནས་ཡན་ལག་བརྒྱད་བསྲུང་བར་ཁས་བླངས་པ་ལྟ་བུའོ། །དེ་དག་ལས་དང་པོ་ནི་བརྒྱད་སྟོང་འགྲེལ་ཆེན་ལས་གསུངས། སྣ་གཅིག་སྤྱོད་པ་ནས་སྣ་འགའ་སྤྱོད་པའི་བར་མིང་ཆེན་གྱི་མདོ་ལས་གསུངས། ཡོངས་རྫོགས་དགེ་བསྙེན་འདུལ་བ་ལས་གསུངས། ཚངས་སྤྱོད་མདོ་སྡེ་ནས་གསུངས། འདི་ནི་འདུལ་བ་ལས་ཀྱང་གསུངས་ཏེ། མདོ་རྩ་བར། ཚངས་པར་སྤྱོད་པ་ལ་གནས་པ་དང་། ཞེས་དང་། དེའི་འགྲེལ་པར། ཁྱིམ་པ་ལ་ཡང་ཇི་སྲིད་འཚོའི་བར་དུ་གྲོང་པའི་ཆོས་ལས་ཕྱིར་ལྡོག་པའོ། །ཞེས་གསུངས། གོ་མིའི་དགེ་བསྙེན་འཕགས་པ་གནས་བརྟན་པའི་མན་ངག་ལས་འབྱུང་ངོ་། །ཡང་མཛོད་ལས། སྣ་གཅིག་སྤྱོད་སོགས་ཇི་ལྟ་བུ། །དེ་བསྲུང་བ་ལ་གསུངས་ཞེས་གྲགས། །ཅེས་གསུངས་པ་ལ། གྲགས་ཞེས་པའི་ཟུར་ལ་བརྟེན་ནས། འགྲེལ་པར། ཡོངས་རྫོགས་ཁོ་ན་དགེ་བསྙེན་མཚན་ཉིད་པ་ཡིན་པར་གསུངས་སོ། །

ཡང་དགེ་བསྙེན་ལ། འདུལ་བ་ལས་གསུངས་པ། མདོ་སྡེ་ནས་གསུངས་པ། རྒྱུད་སྡེ་ནས་གསུངས་པའོ། །དང་པོ་ནི། ཡོངས་རྫོགས་དགེ་བསྙེན། གཉིས་པ་ནི། མདོ་སྡེ་ལས་ལྔའི་དགེ་བསྙེན་ཞེས་གསུངས་པ་དེའོ། །གསུམ་པ་ནི། དུས་ཀྱི་འཁོར་ལོར་བྱིས་པའི་དབང་བདུན་ཐོབ་པ་ལ། སྔགས་ཀྱི་ཚུལ་ལ་དགེ་བསྙེན་དུ་འགྱུར་རོ། །ཞེས་པ་དེའོ། །

གཉིས་པ་དགེ་ཚུལ་གྱི་སྡོམ་པ་ལ་མཚན་ཉིད་ནི། རབ་ཏུ་བྱུང་བའི་ཕྱོགས་སུ་གཏོགས་པའི་སོ་སོར་ཐར་པའི་ཚུལ་ཁྲིམས་ཡན་ལག་བཅུ་ལྡན་དེའོ། །ཡན་ལག་བཅུ་ནི། སུམ་བརྒྱ་པ་ལས། གང་ཞིག་སྲོག་གཅོད་

གཞན་གྱི་ནོར་འཕྲོག་དང་། །མི་ཚངས་སྤྱོད་བརྫུན་བཅོས་མའི་ཆང་ལ་སོགས། །གར་སོགས་འཕྲེང་སོགས་མལ་སྟན་མཐོ་བ་དང་། །ཕྱི་དྲོའི་ཁ་ཟས་གསེར་དངུལ་ལེན་པ་སྤང་། །ཞེས་གསུངས་སོ། །སྤྱིར་དགེ་ཚུལ་ཙམ་ལ་དབྱེ་ན། འདུལ་བ་ནས་བཤད་པ་དང་། རྒྱུད་སྡེ་ནས་བཤད་པའོ། །དང་པོ་ནི། བཤད་མ་ཐག་པ་དེ་ཡིན་ལ། གཉིས་པ་ནི། དུས་ཀྱི་འཁོར་ལོའི་ཕྱུམ་དབང་ཐོབ་པ་ལ། སྔགས་ཀྱི་ཚུལ་ལ་དགེ་ཚུལ་དུ་འགྱུར་ཞེས་པའོ། །

བཅུ་གཉིས་སྲུང་བྱེད་ཀྱི་བསླབ་པ་གང་ཞིག །ལོ་གཉིས་ཀྱི་མཐའ་ཅན་དེ་དགེ་སློབ་མའི་སྡོམ་པའི་མཚན་ཉིད་དོ། །བཅུ་གཉིས་ནི། རྩ་བའི་ཆོས་དྲུག་དང་། རྗེས་མཐུན་གྱི་ཆོས་དྲུག་གོ །དང་པོ་ནི། སྐྱེས་པ་དང་ནི་རེག་མི་བྱ། །སྐྱེས་པ་དང་ནི་འདུག་མི་བྱ། །གཅིག་པུར་ལམ་དུ་འགྲོ་མི་བྱ། །ཆུ་བོའི་ཕ་རོལ་བརྒལ་མི་བྱ། །སྨྱན་དུ་འགྱུར་བ་མི་བྱ་ཞིང་། །ཁ་ན་མ་ཐོ་བཅས་མི་བྱ། །ཞེས་པའོ། །རྗེས་མཐུན་གྱི་ཆོས་ནི། གསེར་ལ་གཟུང་བར་མི་བྱ་ཞིང་། །འདོམས་ཀྱི་སྤུ་ནི་འབྲེག་མི་བྱ། །རྩ་སྔོན་དག་ཀྱང་གཅད་མི་བྱ། །ས་ནི་བརྐོ་བར་མི་བྱ་ཞིང་། །བྱིན་ལེན་མ་བྱས་བཟའ་མི་བྱ། །དེ་བཞིན་གསོག་འཛོག་བཟའ་མི་བྱ། །ཞེས་གསུངས། འདི་ལ་བར་སློབ་མ་ཞེས་ཀྱང་འབྱུང་ངོ་། །འདི་ནི་བར་མ་མཚན་ཉིད་པ་དང་། སྡོམ་པ་བཏགས་པ་བ་ཡིན་ནོ་ཞེས། རྒྱ་འདུལ་དང་། བྱ་འདུལ་དང་། ཤ་མི་གསུམ་མཐུན་པར་གསུངས་སོ། །དེང་སང་ནི་དགེ་སློབ་མའི་སྡོམ་པ་ཅི་ལ་ཟེར་མི་ཤེས་བཞིན་སྡོམ་པ་ཡིན་མིན་གྱི་བཤད་པ་བྱེད་པར་ཟད་དོ། །

དགེ་སློང་གི་སྡོམ་པའི་མཚན་ཉིད་ནི། སྤོང་བདུན་འཁོར་བཅས་ཀྱི་ཚུལ་ཁྲིམས་སོ། །དེ་ཡང་དགེ་བསྙེན། དགེ་ཚུལ། དགེ་སློང་གསུམ་ཀ་ལ་རྟེན་གྱི་སྒོ་ནས་ཕ་མ་གཉིས་གཉིས་སུ་ཡོད་ལ། བསྙེན་གནས་ནི་ཡུན་ཐུང་བ་ལ་དགོངས་ནས་ཕ་མ་གཉིས་སུ་མ་ཕྱེའོ། །དགེ་སློང་ཕ་ལ་ཁྲིམས་ཉིས་བརྒྱ་ལྔ་བཅུ་རྩ་གསུམ། མ་ལ་སུམ་བརྒྱ་དྲུག་ཅུ་རྩ་བཞིའོ། །དང་པོ་ནི། ཕམ་པ་བཞི། ལྷག་མ་བཅུ་གསུམ། སྤང་ལྟུང་སུམ་ཅུ། ལྟུང་བྱེད་འབའ་ཞིག་པ་དགུ་བཅུ། སོ་སོར་བཤགས་པར་བྱ་བ་བཞི། ཉེས་བྱས་བརྒྱ་དང་བཅུ་གཉིས་རྣམས་སོ། །གཉིས་པ་ནི། ཕམ་པ་བརྒྱད། ལྷག་མ་ཉི་ཤུ། སྤང་ལྟུང་སུམ་ཅུ་རྩ་གསུམ། ལྟུང་བྱེད་འབའ་ཞིག་པ་བརྒྱ་དང་བརྒྱད་ཅུ། སོ་སོར་བཤགས་པར་བྱ་བ་བཅུ་གཅིག །ཉེས་བྱས་བརྒྱ་དང་བཅུ་གཉིས་རྣམས་སོ། །སྨན་བླའི་མདོ་བརྒྱད་བརྒྱ་པ་ལས་ནི། དགེ་སློང་མའི་ཁྲིམས་ལྔ་བརྒྱ་ཞེས་འབྱུང་ངོ་། །ཡང་དགེ་སློང་ཙམ་ལ་འདུལ་བ་ནས་བཤད་པ། མདོ་སྡེ་ནས་བཤད་པ། རྒྱུད་སྡེ་ནས་བཤད་པའོ། །དང་པོ་ནི། གསོལ་བཞིའི་ལས་ཀྱིས་བསྙེན་པར་རྫོགས་པ་ལ་བྱེད་དོ། །གཉིས་པ་ནི། དོན་དམ་པའི་དགེ་སློང་ཞེས་གསུངས་པ་ལྟ་བུའོ། །གསུམ་པ་ནི། དུས་ཀྱི་འཁོར་ལོར་གསང་བའི་དབང་བསྐུར་ཐོབ་པ་ལ། སྔགས་ཀྱི་ཚུལ་ལ་དགེ་སློང་དུ་འགྱུར་རོ། །ཞེས་གསུངས་པ་ལྟ་

བྱའོ། །དེ་དང་དེ་མཚན་ཉིད་པ་ནི་འདུལ་བ་ནས་བཤད་པ་དེ་ལ་འཆད་དགོས་ཏེ། སོ་སོར་ཐར་པ་འདུལ་བ་བཞིན། །ཞེས་གསུངས་པའི་ཕྱིར་རོ། །དུས་ཀྱི་འཁོར་ལོ་ལས་ཀྱང་དགེ་སློང་གོ་ཆོད་པོ་ནི་འདུལ་བ་ནས་བཤད་པ་ཁོ་ན་ལ་གསུངས་ཏེ། རྩ་རྒྱུད་ལས། གང་གིས་དུར་ཁྲིག་མཐོང་ཙམ་གྱིས། །ལྷ་མིན་ས་ཡི་འོག་ཏུ་འགྲོ། །དགེ་སློང་རྡོ་རྗེ་འཛིན་པ་མཆོག །ཅེས་དང་། དེ་ཉིད་གསུམ་ནི་ཡོངས་ཤེས་པ། །གསུམ་ལ་དགེ་སློང་མཆོག་ཡིན་ཏེ། །འབྲིང་པོ་དགེ་ཚུལ་ཞེས་བྱའོ། །ཁྱིམ་གནས་དེ་ལས་ཐ་མ་འོ། །ཞེས་གསུངས་པའི་ཕྱིར། ཤིན་ཏུ་སྤྲོས་པས་ཆོག་གོ། །ཡང་ཐེག་དམན་སོ་ཐར་དང་། ཐེག་ཆེན་སོ་ཐར་གྱི་ཁྱད་པར་ནི། སོ་ཐར་སྡོམ་པ་གཞིར་བྱས་པ་ལ། ཐེག་དམན་གྱི་སེམས་བསྐྱེད་ཀྱིས་ཟིན་པ་དང་། ཐེག་ཆེན་སེམས་བསྐྱེད་ཀྱིས་ཟིན་པའོ། །

དེང་སང་བླུན་པོ་དད་པའི་རྗེས་འབྲང་འགའ་ཞིག །འདུལ་བ་ནས་བཤད་པའི་སོ་ཐར་སྡོམ་པ་ཡིན་ན་ཐེག་དམན་སོ་ཐར་ཡིན་དགོས་སོ། །ཞེས་ཟེར་བ་ནི་ཤིན་ཏུ་མི་ཤེས་པས་ཀུན་ནས་བསླངས་པ་ཡིན་ཏེ། དེ་ལྟ་ན་སྟོན་པ་སངས་རྒྱས་རང་བྱུང་གིས་བསྙེན་པར་རྫོགས་པའི་སྡོམ་པ་ཆོས་ཅན། དེར་ཐལ། དེའི་ཕྱིར། འདོད་མི་ནུས་ཏེ། ཐེག་ཆེན་སོ་ཐར་ཡིན་པའི་ཕྱིར་ཏེ། བསམ་པ་ཐེག་ཆེན་སེམས་བསྐྱེད་ཀྱིས་ཟིན་པའི་སོ་ཐར་སྡོམ་པ་ཡིན་པའི་ཕྱིར་རོ། །དེས་ན་དེ་དག་ནི་སྨྲ་བ་ཞུང་ན་མཛེས་སོ། །འདིར་སོ་ཐར་སྡོམ་པའི་སྒྲ་བཤད་ནི། པྲ་ཏི་མོཀྵ་ཞེས་པའི་སྒྲ་ལས་དྲངས་ན། སྡིག་པ་ལས་དང་པོར་ཐར་བས་ན་སོ་སོ་ཐར་པའོ། །

གཉིས་པ། ཐོབ་གཏོང་གི་སྒོ་ནས་རྒྱས་པར་བཤད་པ་ལ། ཉན་ཐོས་ཀྱི་ལུགས་དང་། ཐེག་ཆེན་གྱི་ལུགས། དེ་གཉིས་ཀའི་དོན་བསྡུ་བའོ། །དང་པོ་ལ། ཐོབ་གཏོང་ལུང་དང་སྦྱར་བའི་སྒོ་ནས་རང་ལུགས་བཞག །དེ་ལ་གཞན་གྱི་ཀླན་ཀ་སྤྱངས་བའི་སྒོ་ནས་གཞན་ལུགས་དགག་པའོ། །དང་པོ་ལ། དམ་བཅའ་བཞག་པ་དང་། དེའི་ཤེས་བྱེད་དགོད་པའོ། །དང་པོ་ལ། སོ་ཐར་སྡོམ་པ་ལེན་པའི་དུས་མཐའ་ངེས་བཟུང་སྟེ་གཏོང་རྒྱུ་བཤད་པ་དང་། གཏོང་རྒྱུ་དེས་བྱང་སེམས་སྡོམ་པ་མི་གཏོང་བའི་དམ་བཅའ་ཞར་ལ་བཤད་པའོ། །དང་པོ་ནི། ཉན་ཐོས་རྣམས་ཏེ། ཉན་ཐོས་དང་ཐུན་མོང་གི་འདུལ་བ་ནས་བཤད་པའི་སྐབས་འགྲོ་ནས། བསྙེན་གནས་མ་གཏོགས་པ་དགེ་སློང་གི་ནི་སྡོམ་པའི་བར་ཇི་སྲིད་འཚོའི་བར་དུ་བླངས་པ་ཡིན་ལ། དེས་ན་ཤི་བའི་ཚེ་ན་སོ་སོར་ཐར་པའི་སྡོམ་པ་གཏོང་ངོ་། །འདིར་བསྙེན་གནས་ཀྱི་སྡོམ་པ་ནི་ཤི་བས་གཏོང་ཡང་ཇི་སྲིད་འཚོ་བ་མ་ཡིན་ལ། སྐབས་འགྲོ་ནི་ཇི་སྲིད་འཚོ་བ་ཡིན་ཡང་སྡོམ་པ་མ་ཡིན་ནོ། །སོ་སོར་ཐར་པའི་སྡོམ་པ་རྣམས་ཀྱི་རྣམ་སྨིན་གྱི་འབྲས་བུ་ནི་ཚེ་འཕོས་ནས་ནི་འབྱུང་བར་འགྱུར་ཏེ། དེའི་རྣམ་སྨིན་གྱི་གཙོ་བོ་ནི་འདོད་པའི་ལྷ་ཡིན་པའི་ཕྱིར། དེ་སྐད་དུ་ཡང་། བཤེས་སྤྲིང་ལས། གསོ་སྦྱོང་འདོད་སྦྱོད་ལྷ་ལུས་ཡིད་འོང་བ། །ཞེས་གསུངས་

སོ༎ །གཉིས་པ་ནི། བྱང་ཆུབ་སེམས་དཔའི་སྡོམ་པ་རྣམས་ནི་ཤི་བས་མི་གཏོང་སྟེ། ཤི་འཕོས་ནས་ཀྱང་རྗེས་སུ་འབྲང་བས་སོ། །

གཉིས་པ་ལ། དམ་བཅའ་དང་པོའི་ཤེས་བྱེད་དང་། གཉིས་པའི་ཤེས་བྱེད་དགོད་པའོ། །དང་པོ་ལ། ཐུན་མོང་མ་ཡིན་པ་ཉན་ཐོས་སྡེ་པའི་རིགས་པས་ནང་འགལ་བསྟན། ཐུན་མོང་བ་མདོན་པའི་ལུང་དྲང་བའོ། །དང་པོ་ནི། སོ་སོར་ཐར་པའི་སྡོམ་པ་ཤི་འཕོས་པས་གཏོང་བ་དེ་དག་གི་ནི་རྒྱུ་མཚན་ཡང་། ཉན་ཐོས་ཏེ་བྱེ་བྲག་ཏུ་སྨྲ་བས་ནི། སོ་ཐར་སྡོམ་པའི་ངོ་བོ་རྣམ་པར་རིག་བྱེད་མ་ཡིན་པའི་གཟུགས་སུ་འདོད་ལ། དེ་ཡང་ལུས་ངག་ལས་ནི་སྐྱེ་བ་སྟེ་ལུས་ངག་གི་རིག་བྱེད་ལ་རག་ལས་པར་འདོད་དོ། །འདིར་འབྲི་ཁུང་པས་ཀྱང་སོ་ཐར་སྡོམ་པའི་ངོ་བོ་བྱེ་སྨྲ་དང་མཐུན་པར་ཁས་བླངས་ནས། ཤི་འཕོས་པས་མི་གཏོང་ཞེས་པ་ལ་ནང་འགལ་སྟོན་པ་ནི། སོ་ཐར་སྡོམ་པ་ཆོས་ཅན། ཤི་བའི་ཚེ་ན་གཏོང་སྟེ། ལུས་ངག་གི་རྗེས་སུ་འབྲང་བའི་གཟུགས་ཅན་དུ་གྱུར་པའི་སྡོམ་པ་ཡིན་པའི་ཕྱིར་རོ། །ཕྱོགས་སྔ་ནི་དགོངས་གཅིག་ལས། ཡང་རྗེ་རྗེའི་གསུང་། སྡོམ་པའི་ངོ་བོ་རྣམ་པར་རིག་བྱེད་མ་ཡིན་པའི་གཟུགས་ཞེས་བྱ་བ་འདི་བཞུགས། ཞེས་དང་། ཤི་འཕོས་པ་དང་། ཆོས་ནུབ་པ་དང་། མཚན་འདས་ཀྱིས་ཕྱེད་གཏོང་ཕྱེད་མི་གཏོང་ཞེས་དང་། མི་གཏོང་བའི་ཤེས་བྱེད། ལུང་དང་རིགས་པ་གཉིས་ལས། ལུང་ནི། ཁྲི་ཀྲང་པ་རིང་པོ་འཚོས་པའི་ལྟུང་བྱེད་ཀྱི་གླེང་གཞི་ལས། དགེ་སློང་ཞིག་ཤི་ནས་ལྷར་སྐྱེས་པ་ན་དགེ་སློང་གི་འདུ་ཤེས་དང་མ་བྲལ་བར་བཤད་པ་དང་། རིགས་པ་ནི། ཤི་བས་གཏོང་ན་དགོས་དུས་སུ་མ་ཕན་པར་ཐལ་ལོ། །ཟེར་བ་དེ་འགོག་པའོ། །འདི་ལ་ནི་ཤི་འཕོས་པས་གཏོང་བའི་སྡོམ་པ་གཅིག་ཀྱང་ཁས་བླངས་པས་དེ་ཆོས་ཅན། དགོས་དུས་སུ་མ་ཕན་པར་ཐལ། ཤི་འཕོས་པས་གཏོང་བའི་ཕྱིར། འདི་ནི་ཁོ་བོའི་རིགས་པའོ༎

ཡང་སྐབས་འདིར། རྣམ་རིག་མིན་ཞེས་པའི་དོན་ལ། རྣམ་བཤད་མཛད་པ་བསམ་ཡས་པ། སོ་ཐར་སྡོམ་པའི་ངོ་བོ་ལ་རིག་བྱེད་དང་རིག་བྱེད་མ་ཡིན་པ་གཉིས་ཀ་ཡོད་པར་འཆད་པ་དང་། སྒྲོས་ཁང་པ། སོ་ཐར་སྡོམ་པ་སྐད་ཅིག་མ་དང་པོ་རིག་བྱེད་ཀྱི་གཟུགས་སུ་སྐྱེ། གཉིས་པ་ཡན་ཆད་རིག་བྱེད་མ་ཡིན་པའི་གཟུགས་སུ་སྐྱེའོ། །ཞེས་འཆད་པ་དང་། སྣ་གདོང་པ། རིག་བྱེད་མ་ཡིན་པའི་གཟུགས་གཙོ་ཆེ་ཞེས་འཆད། གོ་ཊྚི་ཀ་ལས་ནི༎ དེའི་རྗེས་བཟློས་བྱེད་མེད། དེ་དག་འགོག་ཚུལ་རྒྱས་པ་ནི། གསེར་གྱི་ཐུར་མར་བཤད་ཟིན་པ་ལ་བལྟ་བར་བྱ་ཞིང་། འོན་ཀྱང་དེང་སང་སྡེ་སྣོད་ཀྱི་བཤད་པ་ནུབ་པ་ལྟ་བུར་གྱུར་པས། རིག་བྱེད་དང་རིག་བྱེད་མ་ཡིན་པ་ཅི་ལ་ཟེར་མི་ཤེས་པར་སྣང་བས། ཅུང་ཟད་བཤད་ན། རིག་བྱེད་ཅེས་བྱ་བ་ནི། རང་གི་ཀུན་སློང་གཞན་ལས

རིག་པར་བྱེད་པ་སྟེ། དེ་ལ་ལུས་ཀྱི་རིག་བྱེད་དང་། ངག་གི་རིག་བྱེད་གཉིས་སོ། །དང་པོ་ནི། བསྙེན་པར་རྫོགས་པའི་བསྒྲུབ་བྱ་དགེ་འདུན་གྱི་དབུས་སུ་ཐལ་མོ་སྦྱར། ཅོག་པུར་འདུག་པའི་སྤྱི་གཙུག་ནས་རྐང་མཐིལ་གྱི་བར་གྱི་རྟུལ་ཕྲ་རབ་ཀྱི་བཀོད་པ་གསར་དུ་སྐྱེས་པ་ལྟ་བུ་ལ་ལུས་ཀྱི་རིག་བྱེད་ཅེས་བྱ་སྟེ། ཇི་སྐད་དུ། ལུས་རྣམ་རིག་བྱེད་དབྱིབས་སུ་འདོད། །ཅེས་གསུངས་སོ། །ངག་གི་རིག་བྱེད་ནི། བསྒྲུབ་བྱ་དེས་བདག་བསྙེན་པར་རྫོགས་པར་མཛད་དུ་གསོལ་ཞེས་པ་ལྟ་བུའི་ངག་སྒྲ་ལྷང་ལྷང་པོ་དེ་ལ་བྱ་བ་ཡིན་ཏེ། ཇི་སྐད་དུ། ངག་རྣམ་རིག་བྱེད་ནི་ངག་སྒྲ། །ཞེས་པ་ལྟར་རོ། །དེས་ན་མིག་གིས་མཐོང་བཞིན་པའི་ལུས་ཀྱི་དབྱིབས་དང་། རྣ་བས་ཐོས་བཞིན་པའི་ངག་སྒྲ་ལ་སྡོམ་པར་འདོད་པ་ནི། བྱེ་སྨྲའི་གྲུབ་མཐའ་མི་མཁྱེན་པར་ཟད་དོ། །

གཉིས་པ། རིག་བྱེད་མ་ཡིན་པའི་གཟུགས་ནི། རྟུལ་ཕྲན་བསགས་པ་མ་ཡིན་པས་གདན་མེད་ཐོགས་མེད་ཅེས་བྱ། དེ་ཡང་ལུང་མ་བསྟན་གྱི་སེམས་ཀྱིས་རིག་བྱེད་མ་ཡིན་པ་ཀུན་ནས་སློང་བར་མི་ནུས་པས། དགེ་མི་དགེ་གང་རུང་དུ་ལུང་དུ་བསྟན་པ་གཅིག་དགོས་སོ། །དེས་ན་ལུང་དུ་བསྟན་ཅིང་ཐོགས་པ་མེད་པའི་གཟུགས་ནི་རིག་བྱེད་མ་ཡིན་པའི་གཟུགས་ཀྱི་མཚན་ཉིད་དོ། །དེ་ཙམ་བཤད་མི་དགོས་སོ་སྙམ་ན། དེང་སང་ནི་སྔ་སྟོད་མི་ཤེས་པར་གཞུང་འདི་ལ་འཛུག་པ་མང་བར་སྣང་བས། དེ་མ་བཤད་ན། རྣམ་རིག་མིན་ཞེས་པའི་དོན། ཤེས་པ་མིན་ཞེས་པར་འཆད་པ་དང་། གཞུང་དེ་སྒྲ་ཇི་བཞིན་དུ་ཁས་ལེན་མི་ནུས་འདུག་པའི་ཕྱིར་རོ། །འདིར་རྣམ་བཤད་མཛད་པ་ཀུ་མ་ར་ནི་གཞུང་འདི་སྒྲ་ཇི་བཞིན་དུ་འཆད་དོ། །ཡང་ལུང་གི་ཤེས་བྱེད་ཅུང་ཟད་གོ་བདེ་བར་བཀོད་ན། མཛོད་ཀྱི་རང་འགྲེལ་ལས། སོ་སོར་ཐར་པའི་སྡོམ་པ་ནི་འབྱུང་བ་གཞན་དང་གཞན་དག་རྒྱུར་བྱས་ནས་རིག་བྱེད་མ་ཡིན་པའི་གཟུགས་རྫས་བདུན་སྐྱེའོ། །ཞེས་དང་། ཡང་། ཤེས་བཞིན་དང་ནི་དྲན་དག་གཉིས། །ཞེས་པའི་སྤྱ་འགྲེལ་དུ་གང་སྤེལ་ལས། ལུས་དང་ངག་གི་སྡོམ་པ་ནི་རིག་བྱེད་མ་ཡིན་པ་ཁོ་ནར་བཤད་ན་ཞེས་ལུས་ངག་གི་རིག་བྱེད་ལ་སྡོམ་པ་མི་སྲིད་པར་བཤད་པས་སོ། །

ཡང་ཁ་ཅིག །ལུས་ངག་ལས་སྐྱེས་ཞེས་པའི་དོན། ཉེར་ལེན་ལུས་ངག་ལས་སྐྱེས་ཞེས་འཆད་པ་དང་། མཁན་སློབ་ཀྱི་ལུས་ངག་ལས་སྐྱེས་ཞེས་འཆད་མོད། དང་པོ་མི་འཐད་དེ། འབྱུང་འགྱུར་དེ་འབྱུང་བའི་ཉེར་ལེན་ལས་སྐྱེ་བར་གསུངས་ཀྱི། འབྱུང་འགྱུར་གྱི་ཉེར་ལེན་ལས་སྐྱེ་བར་མ་གསུངས་པའི་ཕྱིར། གཉིས་པ་མི་འཐད་དེ། སྟོན་པ་སངས་རྒྱས་རང་བྱུང་གིས་བསྙེན་པར་རྫོགས་པའི་སྡོམ་པ་ལྟ་བུ་མཁན་སློབ་ཀྱི་ལུས་ངག་ལས་སྐྱེ་བ་མི་སྲིད་པའི་ཕྱིར། ཡང་སྐབས་འདིར། ཆོས་རྗེ་གོ་བོའི་དྲི་ལན་དུ། བསམ་གཏན་དང་ཟག་མེད་ཀྱི་སྡོམ་པ་ཤི་འཕོས་པས་གཏོང་བར་ཐལ་བ་ལ། འདོད་ལན་བཏབ་པ་ནི་ཆོས་མངོན་པ་ལ་འདྲིས་ཆུང་བར་ཟད་

དོ༔ ༔

གཉིས་པ། ཐུན་མོང་བ་མངོན་པའི་ལུང་དྲང་བ་ནི། སོ་ཐར་སྡོམ་པ་ཤི་འཕོས་པས་གཏོང་བ་འདི་ནི། ཆོས་མངོན་པའི་མཛོད་ལས་ཀྱང་གསུངས་ཏེ། དེ་ཡང་བསླབ་པ་ཕུལ་བས་གཏོང་སྟེ། ཡང་དག་པར་བླངས་པ་དང་འགལ་བའི་རིག་བྱེད་རྒྱུད་ལ་སྐྱེས་པའི་ཕྱིར། ཤི་འཕོས་པས་གཏོང་སྟེ། རྟེན་བོར་བའི་ཕྱིར། མཚན་གཉིས་ཅིག་ཅར་དུ་བྱུང་བས་གཏོང་སྟེ། རྟེན་ཉམས་པའི་ཕྱིར། དགེ་རྩ་ཆད་པས་གཏོང་སྟེ། གཞི་ཆད་པའི་ཕྱིར། བྱེ་བྲག་ཏུ་བསྙེན་གནས་ཀྱི་སྡོམ་པ་ནི་མཚན་མོ་འདས་པས་གཏོང་སྟེ། ཁས་བླངས་པ་དུས་ལས་འདས་པའི་ཕྱིར། དེས་ན་གཏོང་རྒྱུ་དེ་དག་གིས་སོ་སོར་ཐར་པའི་འདུལ་བ་སྟེ་སྡོམ་པ་གཏོང་ཞེས་གསུངས་པ་དེ། སོ་ཐར་གྱི་གཏོང་རྒྱུ་འཆད་པའི་སྐབས་འདི་ལ་ལུང་ཚད་མ་ཡིན་པའི་ཕྱིར། དམ་བཅའ་གཉིས་པའི་ཤེས་བྱེད་བཀོད་པ་ལ༔ ཐེག་ཆེན་ཐུན་མོང་མ་ཡིན་པའི་རིགས་པ་དང་། ཀུན་ལ་གྲགས་པ་ལུང་གི་སྒྲུབ་བྱེད་གཉིས་སོ། །དང་པོ་ནི༔ བྱང་ཆུབ་སེམས་དཔའི་སྡོམ་པ་ནི་ཆོས་ཅན། ཤི་འཕོས་པས་མི་གཏོང་སྟེ། ཇི་སྲིད་བྱང་ཆུབ་མ་ཐོབ་བར་དུ་ལེན་པའི་སེམས་ལས་སྐྱེས་པའི་ཕྱིར་དང་། ལུས་ངག་གི་རྗེས་སུ་འབྲང་བའི་གཟུགས་ཅན་མ་ཡིན་པའི་ཕྱིར། དེས་ན་ཇི་སྲིད་སྨོན་སེམས་མ་ཉམས་པ་དེའི་བར་དུ་སྡོམ་པ་ཡོད་པའི་ཕྱིར་རོ། །

གཉིས་པ་ནི། མདོ་རྒྱུད་བསྟན་བཅོས་ཐམས་ཅད་ཀྱི་དགོངས་པ་ཡང་ནི། བྱང་སེམས་ཀྱི་སྡོམ་པ་བྱང་ཆུབ་མ་ཐོབ་བར་དུ་ལེན་པ་དེ་ཉིད་ཡིན་ཏེ། འཇམ་དཔལ་གྱི་ཞིང་བཀོད་པའི་མདོ་ལས། བདག་ནི་བྱང་ཆུབ་རིངས་ཚུལ་དུ། །འཚང་རྒྱར་མོས་ཤིང་སྤྲོ་བ་མེད། །ཕྱི་མཐར་ཐུག་གི་བར་དུ་ཡང་། །སེམས་ཅན་གཅིག་ཕྱིར་སྤྱོད་པར་བགྱིའོ། །ཞེས་དང་། གསང་བ་ནོར་བུའི་ཐིག་ལེའི་རྒྱུད་ལས། བདག་མིང་ཆེ་གེ་ཞེས་བགྱི་བ་དུས་འདི་ནས་བཟུང་སྟེ། ཇི་སྲིད་སྙིང་པོ་བྱང་ཆུབ་ལ་ཐུག་གི་བར་དུ། ཇི་ལྟར་དུས་གསུམ་མགོན་པོ་རྣམས། །བྱང་ཆུབ་ཏུ་ནི་ངེས་མཛད་པའི། །བྱང་ཆུབ་སེམས་ནི་བླ་ན་མེད། །དམ་པ་བདག་གིས་བསྐྱེད་པར་བགྱི། །ཞེས་དང་། བྱང་ཆུབ་སེམས་འགྲེལ་ལས་ཀྱང་། དུས་འདི་ནས་བཟུང་སྟེ་ཇི་སྲིད་སྙིང་པོ་བྱང་ཆུབ་ལ་མཆིས་ཀྱི་བར་དུ་བྱང་ཆུབ་ཆེན་པོར་སེམས་བསྐྱེད་པར་བགྱིའོ། །ཞེས་གསུངས།

གཉིས་པ། དེ་ལ་གཞན་གྱི་ཀླན་ཀ་སྤངས་པའི་སྒོ་ནས་གཞན་ལུགས་དགག་པ་ལ། སོ་ཐར་སྡོམ་པ་ཙམ་གྱི་ཐོབ་གཏོང་ལ་འཁྲུལ་པ་དགག །བྱེ་བྲག་བསྙེན་གནས་ཀྱི་སྡོམ་པའི་ཐོབ་གཏོང་ལ་འཁྲུལ་པ་དགག་པའོ། །དང་པོ་ལ། ཕྱོགས་སྔ་བརྗོད་པ་དང་། དེ་དགག་པའོ། །དང་པོ་ནི། འབྲི་ཁུང་པ་ཁ་ཅིག །ཇི་སྲིད་འཚོ་བར་གྱི་སྡོམ་པ་ཡིན་ན་ཤི་འཕོས་པས་གཏོང་བས་མ་ཁྱབ་སྟེ། ཇི་སྲིད་འཚོའི་སྒྲ་ལ། ལུས་ཇི་སྲིད་འཚོ་དང

སེམས་ཇི་སྲིད་འཚོ་གཉིས་ཡོད་པ་ལས། འདིར་སེམས་ཇི་སྲིད་འཚོ་ལ་དགོངས་སོ་ཞེས་ཟེར། གཉིས་པ་ལ། ལུང་རིགས་དང་འགལ་བ་དངོས་དང་། དེའི་ཉེས་སྤྲོང་དགག་པའོ། །དང་པོ་ལ། ལུང་གིས་དགག །རིགས་པས་དགག་པའོ། །དང་པོ་ནི། ཇི་སྲིད་འཚོ་ལ་གཉིས་སུ་འབྱེད་པ་དེ་འདྲ་མི་འཐད་དེ། སངས་རྒྱས་ཀྱི་མདོ་རྒྱུད་ཀྱི་དགོངས་པ་མ་ཡིན་ཞིང་། རྒྱན་དྲུག་ལ་སོགས་པའི་མཁས་པའི་གཞུང་ལས་དེ་མ་བཤད་པའི་ཕྱིར་རོ། །གཉིས་པ་ནི། སོ་ཐར་སྡོམ་པ་སེམས་ཇི་སྲིད་འཚོ་བར་དུ་གནས་པ་དེ་ལྟ་ཡིན་ན། ཉན་ཐོས་དང་ཐུན་མོང་གི་སོ་ཐར་སྡོམ་པ་དང་། ཐེག་ཆེན་གྱི་བྱང་སེམས་སྡོམ་པ་ཁྱད་པར་མེད་པར་འགྱུར་བ་དང་། ཉན་ཐོས་དང་ཐུན་མོང་བ་ཇི་སྲིད་འཚོ་བར་གྱི་སྐྱབས་འགྲོ་དང་། ཐུན་མོང་མ་ཡིན་པ་བྱང་ཆུབ་མ་ཐོབ་བར་གྱི་སྐྱབས་འགྲོ་གཉིས་སུ་དབྱེར་མི་རུང་བར་ཐལ་བ་དང་། སྡོམ་པ་དེ་གཉིས་འབོགས་པའི་ཆོ་ག་དང་། དེ་གཉིས་མི་ཉམས་པར་བསྲུང་བའི་བསླབ་བྱ་འང་གཅིག་ཏུ་ཐལ་བར་འགྱུར་ཏེ། གཉིས་ཀ་སེམས་ཇི་སྲིད་འཚོ་བར་མཚུངས་པའི་ཕྱིར་རོ། །རྟེན་གྱི་གང་ཟག་ཤི་ཡང་དགེ་སློང་གི་སྡོམ་པ་མི་འདོར་ན། བསླབ་པ་ཕུལ་བ་དང་། ལ་སོགས་པ་མཚན་གཉིས་ཅིག་ཅར་དུ་བྱུང་བ་དང་། དགེ་བའི་རྩ་བ་ཆད་པ་སོགས་སོ་ཐར་སྡོམ་པའི་གཏོང་རྒྱུ་གཞན་གྱིས་ཀྱང་སྡོམ་པ་གཏོང་བ་མི་སྲིད་པར་འགྱུར་ཏེ། དེ་དག་གཏོང་རྒྱུར་མཚུངས་པ་ལ་ཤི་འཕོས་པས་མི་གཏོང་བས་སོ། །

གཉིས་པ། དེའི་ཉེས་སྤྲོང་དགག་པ་ལ། འདོད་པ་བརྗོད་པ། དེ་དགག་པའོ། །དང་པོ་ནི། དེའི་ལན་ལ། བཀའ་གདམས་པ་ཁ་ཅིག །འདི་སྐད་སྨྲ་སྟེ། བསམ་པ་ཐེག་ཆེན་སེམས་བསྐྱེད་ཀྱིས་ནི་མ་ཟིན་པའི་སྡོམ་པ་གལ་ཏེ་གཏོང་ན་ཡང་། བྱང་ཆུབ་མཆོག་ཏུ་སེམས་བསྐྱེད་པས་ཟིན་པའི་སོ་ཐར་སྡོམ་པ་གཏོང་བ་མི་སྲིད་དོ་ཡོ། །གཉིས་པ་ལ། ཇི་སྲིད་འཚོ་བའི་སྡོམ་པ་མི་འཐད་པར་ཐལ་བ། ཉིན་ཞག་གཅིག་པའི་སྡོམ་པ་མི་འཐད་པར་ཐལ་བ། དེ་གཉིས་ཀའི་དོན་བསྡུ་བའོ། །དང་པོ་ནི། འོ་ན་ཞེས་པ་གཞན་གྱི་འདོད་པ་ཁོང་དུ་ཆུད་པའི་ཚིག་ཡིན་ལ། བསམ་པ་ཐེག་ཆེན་སེམས་བསྐྱེད་ཀྱིས་ཟིན་པའི་དགེ་སློང་དང་ལ་སོགས་པ། དགེ་ཚུལ་དང་དགེ་བསྙེན་གྱི་སྡོམ་པ་རྣམས་བསླབ་པ་ཕུལ་བ་དང་། ཤི་འཕོས་པ་དང་། དགེ་བའི་རྩ་བ་ཆད་པ་དང་། ལ་སོགས་པས་མཚན་གཉིས་ཅིག་ཅར་དུ་བྱུང་བ་ལ་སོགས་པ་གཏོང་རྒྱུ་ཀུན་གྱིས་མི་གཏོང་བར་འགྱུར་ཏེ། ཐེག་ཆེན་སེམས་བསྐྱེད་ཀྱིས་ཟིན་པའི་སྡོམ་པ་ཡིན་པའི་ཕྱིར་རོ། །ཁྱབ་པ་ཁས་བླངས་སོ། །འདོད་པ་དེ་ལྟ་ཡིན་ན། སེམས་བསྐྱེད་ཀྱིས་ཟིན་པའི་དགེ་སློང་གི་སྡོམ་པ་ཕུལ་ཡང་བསྲུང་དགོས་པར་འགྱུར་ཏེ། དེ་མ་བཏང་བར་ཡོད་པའི་ཕྱིར་རོ། །གལ་ཏེ་མ་བསྲུངས་ན་དགེ་སློང་ཉམས་པར་འགྱུར་ཏེ། དགེ་སློང་གི་སྡོམ་པ་ཡོད་བཞིན་དུ་མ་བསྲུངས་པའི་ཕྱིར་རོ། །རྟེན་གྱི་གང་ཟག་དེ་ཤི་འཕོས་ནས་ཀྱང་དགེ་སློང་དུ་ཐལ་བར་འགྱུར་ཏེ་དེ་ལ་དགེ་སློང་གི་སྡོམ་པ་མ་བཏང་བར་ཡོད་

པའི་ཕྱིར་རོ། །འདོད་ན། གལ་ཏེ་དགེ་སློང་དེ་ནི་ལྷར་སྐྱེས་ན། ལྷའི་དགེ་སློང་སྲིད་པར་འགྱུར་ཏེ། ལྷར་སྐྱེས་པའི་ཚེ་དགེ་སློང་གི་སྡོམ་པ་མ་བཏང་བར་ཡོད་པས་སོ། །འདིར་འབྲི་ཁུང་པ་ལྷའི་དགེ་སློང་སྲིད་པའི་ཤེས་བྱེད་དུ།། དགེ་སློང་ཞིག་ལྷར་སྐྱེས་པ་ན་དགེ་སློང་གི་འདུ་ཤེས་དང་མ་བྲལ་བས་སོ། །ཞེས་ཟེར་མོད། དགེ་སློང་གི་འདུ་ཤེས་དང་མ་བྲལ་ཙམ་གྱིས་དགེ་སློང་དུ་མི་འགྲུབ་སྟེ། མ་ཆགས་པ་ལྟུང་བ་ལ་སྦྱོར་ན་ཉེས་བྱས་སོ། །ཞེས་གསུངས་པས་སོ། །ཡང་དེ་འདྲ་དེ་ཤི་ནས་མིར་སྐྱེས་ན་ཡང་བྱིས་པ་ལོ་ཉི་ཤུ་མ་ལོན་པ་ལ་མ་ལོན་པར་འདུ་ཤེས་པའི་ཚེ། སྡོམ་པ་བླང་མི་དགོས་པར་དགེ་སློང་དུ་ཐལ་བར་འགྱུར་ཏེ། སྔ་མའི་སྡོམ་པ་དེ་མ་བཏང་བས་སོ། །འདོད་ན་དེ་ལ་ལྟུང་བ་བྱུང་བ་དེ་རྩ་ལྟུང་ལ་སྦྱར་ན་དེའི་དགེ་སློང་གི་སྡོམ་པ་ཉམས་པར་འགྱུར་ལ། འདོད་ན། དེ་ལ་ཉི་ཤུ་ལོན་ནས་བསྙེན་པར་རྫོགས་ན་སྡོམ་པ་མི་སྐྱེ་བར་ཐལ་ཏེ། རྩ་ལྟུང་གིས་ཉམས་ནས་འཆབ་པའི་སེམས་སྐྱེས་པ་ལ་སླར་ཡང་བླང་དུ་མེད་པར་གསུངས་པའི་ཕྱིར། དེ་སྐད་དུ་ཡང་། ལུང་གཞི་ལས། དེའི་དགེ་སློང་གི་ཚུལ་ཕྱིར་བླང་དུ་མེད་པར་འགྱུར་རོ། །ཞེས་གསུངས་པའི་ཕྱིར། ལྷ་དང་བྱིས་པའི་དགེ་སློང་ནི་འདུལ་བའི་སྡེ་སྣོད་རྣམས་ལས་བཀག་སྟེ། མདོ་རྩ་བ་ལས། མི་མ་ཡིན་པའི་འགྲོ་བ་དང་། བྱང་གི་སྒྲ་མི་སྙན་པ་གཉིས་ནི་སྡོམ་པའི་ཞིང་ཉིད་མ་ཡིན་ནོ། །ཞེས་པས་ལྷའི་དགེ་སློང་བཀག་ལ། དེ་ཤེས་ན་ནི་ཞིག་གོ་ཞེས་པས་བྱིས་པའི་དགེ་སློང་བཀག་པའི་ཕྱིར་རོ། །

གཉིས་པ། ཉིན་ཞག་གི་སྡོམ་པ་མི་འཐད་པར་ཐལ་བ་ནི། སེམས་བསྐྱེད་ལྡན་པས་ཏེ། དེས་ཟིན་པའི་བསྙེན་གནས་ཀྱི་སྡོམ་པ་ཡང་བླངས་པའི་ནང་པར་ཕན་ཆད་ཀྱང་དེ་ཡོད་པར་ཁས་ལེན་དགོས་པའི་ཕྱིར། གང་ཟག་དེས་རྟག་ཏུ་བསྙེན་གནས་བསྲུང་དགོས་པར་འགྱུར་ལ། བསྲུངས་པ་དེ་ལྟ་མིན་ན་དེའི་བསྙེན་གནས་ཀྱི་སྡོམ་པ་ཉམས་པར་འགྱུར་ཏེ། སྡོམ་པ་རྒྱུད་ལ་ཡོད་བཞིན་དུ་མ་བསྲུངས་པའི་ཕྱིར། གལ་ཏེ་དེ་ལྟར་མི་འགྱུར་ཏེ།། བསྙེན་གནས་བླངས་པའི་ནང་པར་ཉི་མ་ཤར་བ་ན་གཏོང་བའི་ཕྱིར་སྙམ་ན་ནི། ཐེག་ཆེན་སེམས་བསྐྱེད་ཀྱིས་ཟིན་པའི་སྡོམ་པ་རྒྱུན་དུ་འབྱུང་བར་ཁས་བླངས་པ་དང་འགལ་ལོ། །གསུམ་པ་དོན་བསྡུ་བ་ནི། རྒྱུ་མཚན་དེས་ན་སྐབས་འདིའི་ཕྱོགས་སྔ་སྨྲ་བ་པོ་དེ་ཆོས་ཅན། ཁྱོད་ལ་ཐེག་པ་ཆེ་ཆུང་གང་གི་ཡང་སྡེ་སྣོད་ཀྱི་རྣམ་དབྱེ་མེད་པར་ཟད་དེ། སོ་སོར་ཐར་པའི་སྡོམ་པ་ཤི་འཕོས་ནས་ཀྱང་མ་བཏང་བར་ཡོད་དོ། །ཞེས་སྨྲ་བའི་སྐྱེས་བུ་ཡིན་པའི་ཕྱིར་རོ། །དེང་སང་གོ་བོ་རབ་འབྱམས་པ་རྗེས་འབྲང་དང་བཅས་པ་ནི། གཞུང་འདི་དག་གི་ཕྱོགས་སྔ་མ་ལུས་པ་ཁས་བླངས་ནས་ས་སྐྱ་པ་གཙང་མར་ཁས་ལེན་པ་ནི་རང་ཚིག་འགལ་བ་ཡིན་ཏེ། འདི་ལྟར་ཐོག་མར་གསོལ་བཞིའི་ཆོ་གས་བསྙེན་པར་རྫོགས་ནས། དེའི་རྗེས་སུ་བྱང་སེམས་ཀྱི་སྡོམ་པ་བླངས་པའི་དགེ་སློང་གི་

སྡོམ་པ་དེ་ཆོས་ཅན། ཤི་འཕོས་པས་མི་གཏོང་བར་ཐལ། བྱང་སེམས་ཀྱི་སྡོམ་པ་ཡིན་པའི་ཕྱིར། ཁྱབ་པ། དེས་ན་ཇི་སྲིད་སེམས་མ་ཉམས། །ཞེས་པའི་གོ་ཊཱི་ཀ་ཏུ་ཁས་བླངས་ཤིང་། གཞུང་གིས་ཀྱང་འགྲུབ་བོ། །རྟགས་ཁས་བླངས་ཏེ། བྱང་སེམས་ཀྱི་སྡོམ་པར་གནས་གྱུར་པའི་ཕྱིར་རོ། །གསུམ་ཆར་ཁས་བླངས་སོ། །རྩ་བར་འདོད་དོ༑ །ཟེར་ན། འོན་སེམས་བསྐྱེད་ཀྱིས་ཟིན་པའི། །དགེ་སློང་ལ་སོགས་སྡོམ་པ་རྣམས། །བསླབ་པ་ཕུལ་དང་ཤི་འཕོས་དང་། །རྩ་བ་ཆད་པ་ལ་སོགས་པ། །གཏོང་རྒྱུ་ཀུན་གྱིས་མི་གཏོང་འགྱུར། །ཞེས་པ་ལ་འདོད་ལན་འདེབས་སམ། མི་སྨྲ་བའི་བརྟུལ་ཞུགས་འཛིན། དང་པོ་ལྟར་ན། གཞུང་ནས་གསུངས་པའི་ཐལ་འགྱུར་དབང་པོའི་རྡོ་རྗེས། ངན་རྟོག་གི་བྲག་རི་ཕྱེ་མར་འཐག་པར་བྱ་སྟེ། དེ་འདྲའི་དགེ་སློང་གིས་བསླབ་པ་ཕུལ་ཡང་བསྲུང་དགོས་པར་འགྱུར་ཏེ། བསླབ་པ་ཕུལ་ཡང་སྡོམ་པ་མ་བཏང་བར་ཡོད་པའི་ཕྱིར། རྟགས་ཁས་བླངས། ཁྱབ་པ་ཚད་མས་གྲུབ། དམ་བཅའ་ལ་ཚད་མའི་བསལ་བ་ཞུགས་པ་སྟེ། འཁོར་གསུམ་ཚང་བའི་ཐལ་འགྱུར་དང་པོའོ། །ཡང་དེས་དགེ་སློང་གི་བསླབ་པ་མ་བསྲུངས་ན་ཉམས་པར་འགྱུར་ཏེ། དེ་ལ་དགེ་སློང་གི་བསླབ་པ་ཕུལ་ཡང་རྒྱུད་ལ་ཡོད་པའི་ཕྱིར། འཁོར་གསུམ་ཚང་བ་གཉིས་པའོ། །ཡང་དེ་འདྲའི་དགེ་སློང་དེ་ཤི་འཕོས་ནས་དགེ་སློང་དུ་ཐལ། དེའི་རྒྱུད་ལ་ཤི་ནས་ཀྱང་དགེ་སློང་གི་སྡོམ་པ་མ་བཏང་བར་ཡོད་པའི་ཕྱིར། གནམ་ལྕགས་འབར་བ་གསུམ་པའོ། །ཡང་དགེ་སློང་དེ་ལྷར་སྐྱེས་པའི་ཚེ་ལྷའི་དགེ་སློང་སྲིད་པར་ཐལ། ལྷར་སྐྱེས་པ་ན་སྡོམ་པ་དེ་མ་བཏང་བར་ཡོད་པའི་ཕྱིར། དབང་པོའི་རྡོ་རྗེ་བཞི་པའོ། །ཡང་དེ་ཤི་ནས་མིར་སྐྱེས་པ་ན་བྱིས་པ་བཙས་མ་ཐག་པའི་ཚེ་དགེ་སློང་དུ་ཐལ། དེའི་རྒྱུད་ལ་དགེ་སློང་གི་སྡོམ་པ་ཡོད་པའི་ཕྱིར། འཁོར་གསུམ་ཚང་བའི་ཐལ་འགྱུར་ལྔ་པའོ། །ཡང་། ལྷ་དང་བྱིས་པའི་དགེ་སློང་འདུལ་བའི་སྡེ་སྣོད་ནས་བཀག་ཀྱང་། སྡོམ་གསུམ་གྱི་ལུགས་ལ་ཁས་ལེན་ནོ་ཞེ་ན། འོན་སོ་སོར་ཐར་པ་འདུལ་བ་བཞིན། །ཞེས་གསུངས་པ་མ་ཡིན་ནམ། དྲན་པ་ཉེ་བར་ཞོག་ཅིག །གཞན་ཡང་ཁྱེད་ཅག་འཁོར་དང་བཅས་པ་ཆོས་ཅན། སྡེ་སྣོད་ཀྱི་རྣམ་དབྱེ་ལ་མི་མཁས་པར་ཟད་དེ། སོ་སོར་ཐར་པ་ཡི་སྡོམ་པ་རྟེན་གྱི་གང་ཟག་ཤི་འཕོས་ནས་ཀྱང་ཡོད་ཞེས་སྨྲ་བའི་སྐྱེས་བུ་ཡིན་པའི་ཕྱིར་རོ༑ །འདིའི་རྟགས་ཁས་བླངས། ཁྱབ་པ་གཞུང་གིས་གྲུབ། འདོད་པ་ལས་འོས་མི་འདུག་པས། ད་ཕྱིན་ཆད་མདོ་སྔགས་ཀྱི་བདག་པོར་ཁས་མ་ལེན་ཞིག །དེས་ན་མི་སྨྲ་བའི་བརྟུལ་ཞུགས་ལ་གནས་ན་མཛེས་སོ། །གལ་ཏེ་དེད་ལ་ཡང་སྨྲ་རྒྱུ་ཡོད་དེ། ཁྱབ་པ་དེ་དག་ཐེག་དམན་སོ་ཐར་ལ་དགོངས་སོ་ཞེ་ན། དེ་ནི་མ་ཡིན་ཏེ། གོང་དུ། འོན་སེམས་བསྐྱེད་ཀྱིས་ཟིན་པའི། །ཞེས་ཐེག་ཆེན་སེམས་བསྐྱེད་ཀྱིས་ཟིན་པའི་སྡོམ་པ་ཆོས་ཅན་དུ་བཟུང་ནས་ཐལ་བ་དེ་དག་འཕངས་པ་མ་ཡིན་ནམ། ཡང་ཐེག་ཆེན་སེམས་བསྐྱེད་ཀྱིས་ཟིན་པའི་སོ་ཐར་དེ། ཐེག་

དམན་སོ་ཐར་ཡིན་ན་ནི་དེ་བས་ཆོས་འདི་ངོ་མཚར་ཆེའོ། །ཡང་འདི་པས། སོ་སོར་ཐར་པའི་སྡོམ་པ་ཤི་འཕོས་པས་གཏོང་བར་གཞུང་ལས་བཤད་བཞིན་དུ་ཁས་མི་ལེན་ལ། བསམ་གཏན་དང་ཟག་མེད་ཀྱི་སྡོམ་པ་ཤི་འཕོས་པས་གཏོང་བར་ཁས་ལེན་པ་ནི་ཅིར་འགྱུར་བརྟག་དགོས་སོ། །སྔོ་སྔོད་གཞུང་ལ་སྦྱངས་པ་མ་བྱས་ཀྱང་། །མང་པོའི་དབུས་སུ་ཀུན་མཁྱེན་ཡིན་ནོ་ཞེས། །ཁས་ལེན་བྱེད་པའི་སྙིང་སྟོབས་ཆེ་ལྡན་དག །བླུན་པོས་བཅོས་པའི་དུག་གི་ཆང་འཐུངས་ནས། །འཇེམས་མེད་སྨྲ་བའི་གོམ་སྟབས་ཡོན་པོ་ཡིས། །སྡོམ་གསུམ་བཤད་མོའི་སྙིང་ཚལ་ཆུད་གསོན་གྱི། །ཀྱེ་མ་གྲོགས་དག་དུས་འདིར་བག་ཡོད་གྱིས། །

གཉིས་པ། བྱེ་བྲག་བསྙེན་གནས་ཀྱི་སྡོམ་པའི་ཐོབ་གཏོང་ལ་འཁྲུལ་པ་དགག་པ་ལ་གཉིས་ཏེ། རང་ལུགས་ཀྱི་བསྙེན་གནས་ལེན་ཚུལ་མདོར་བསྟན། གཞན་གྱི་འཁྲུལ་པ་འགོག་ཚུལ་རྒྱས་པར་བཤད་པའོ། །དང་པོ་ནི། བྱེ་བྲག་སྨྲ་བ་སྟེ་འདུལ་བ་ནས་བཤད་པའི་བསྙེན་གནས་ཀྱི་སྡོམ་པ་དེ་ཡུལ་དགེ་སློང་ཞིག་ལས་ལེན་དགོས་ཏེ། མཛོད་ལས། སོ་སོར་ཐར་ཅེས་པ། གཞན་གྱི་རྣམ་རིག་བྱེད། ཅེས་གསུངས་ལ། གཞན་དེ་ཡང་དགེ་སློང་ལས་གཞན་ལ་མ་གསུངས་པའི་ཕྱིར་དང་། ཡང་སོ་ཐར་རིས་བརྒྱད་ཀྱི་མ་མཐའ་ཡོངས་རྫོགས་དགེ་བསྙེན་ཡིན་ལ། དེ་ཡང་དགེ་སློང་ལས་ལེན་དགོས་པར་གསུངས་པའི་ཕྱིར་ཏེ། མདོ་རྩ་བ་ལས། རང་གི་དགེ་བསྙེན་ཉིད་དུ་ཉེ་བར་བསྒྲུབས་ནས་ཞེས་བཤད་པའི་ཕྱིར། རྣམ་བཤད་མཛད་པ་སྔ་མ་རྣམས་ཀྱིས་ནི་འདིའི་ལུང་ཇི་ལྟ་བ་བཞིན་མ་རྟོགས་པར་སྣང་ངོ་། ཡང་འདིར། བུ་སྟོན་རིན་པོ་ཆེ་ན་རེ། འདུལ་བའི་བསྙེན་གནས་དགེ་སློང་ལས་ལེན་པའི་ངེས་པ་མི་སྣང་སྟེ། ལུང་ལས་ཁྱིམ་བདག་མགོན་མེད་ཟས་སྦྱིན་གྱིས་གཞན་ལ་བསྙེན་གནས་ཐོབ་པར་བཤད་པའི་ཕྱིར། ཞེས་གསུངས་ལ། དེ་ལ་རྣམ་བཤད་མཛད་པ་སྔ་མ་རྣམས་ཀྱིས་ལན་འདེབས་རྒྱ་མི་སྣང་ཞིང་། ལེགས་བཤད་གསེར་གྱི་ཐུར་མ་ལས། དེ་ནི་ལེགས་སྤྱད་ཙམ་ལ་དགོངས་པ་ཡིན་ཏེ། མཛོད་འགྲེལ་ལས། གཞན་ལས་མནོས་པ་ནི་ལེགས་པར་སྤྱད་པ་ཙམ་དུ་འགྱུར་གྱི། བསྙེན་གནས་ཀྱི་སྡོམ་པ་ནི་མ་ཡིན་ནོ། །ཞེས་གསུངས་པས་སོ། །ཞེས་པས་ལན་ལེགས་པར་བཏབ་བོ། །གང་ལ་སྐྱེ་བའི་རྟེན་གྱི་གང་ཟག་ནི། གླིང་གསུམ་གྱི་སྐྱེས་པ་དང་བུད་མེད་གང་རུང་དུ་ངེས་ཏེ། དེ་ལས་གཞན་པའི་འགྲོ་བ་ལ་བསྙེན་གནས་ཀྱི་སྡོམ་པ་སྐྱེ་བ་བཀག་པའི་ཕྱིར། དེ་ཡང་མཛོད་ལས། ཟ་མ་མ་ནིང་སྒྲ་མི་སྙན། །མཚན་གཉིས་མ་གཏོགས་མི་རྣམས་ལ། །ཞེས་བཤད་དོ། །འདིའི་སྟགས་ཚིག་ལུང་ལས་དངོས་སུ་མ་གསུངས་ཀྱང་རུང་མཐུན་སྦྱར་བས་ཆོག་སྟེ། དཔེར་ན་དགེ་ཚུལ་གྱི་གསོ་སྦྱོང་གི་སྟགས་ཚིག་བཞིན་ནོ། །ཇི་ལྟར་ལེན་ཚུལ་ནི། མཛོད་ལས། དམའ་བར་འདུག་སྨྲས་བཟླས་པ་ཡིས། །མི་བརྒྱན་ནམ་ནི་ལང་བར་དུ། །བསྙེན་གནས་ཡན་ལག་ཚང་

བར་ནི། །ནངས་པར་གཞན་ལས་ནོད་པར་བྱ། །ཞེས་གསུངས་སོ། །དེའི་དོན་ནི། ནོད་པ་པོ་གདན་དམའ་བ་ལ་འདུག་ཅིང་། འབོགས་པ་པོའི་རྗེས་ཟློས་ལན་གསུམ་བྱེད་པ་དང་། རྒྱན་གསར་པ་མི་གདགས། དེ་ཡང་ཚོ་ག་སྐྱབས་འགྲོ་རྗོམ་བྱེད་དུ་བྱེད་དགོས་ཏེ། སྐྱབས་སུ་མ་སོང་བ་ལ་མེད། །ཅེས་གསུངས། ཁས་ལེན་ལན་གསུམ་བྱ་དགོས་ཏེ། དགེ་བསྙེན་གྱི་ཚིག་བཞིན་ནོ། །བསླབ་པ་བརྗོད་པ་ནི་གཅིག་ཁོ་ནའོ། །དུས་ནི་སང་ཉི་མ་མ་ཤར་བར་དུའོ། །ནངས་པར་ཞེས་པ་ནི་ཟན་མ་ཟོས་གོང་དུའོ། །དམིགས་བསལ་ནི། གང་གིས་དུས་རྟག་ཏུ་ཚེས་བརྒྱད་སོགས་ལ་བསྙེན་གནས་དམ་བཅས་པ་དེས་ཟན་ཟོས་ནས་ཀྱང་བླངས་པས་ཆོག་གོ །ཅིའི་ཕྱིར་བསྙེན་གནས་ཞེས་བྱ་ན། དགྲ་བཅོམ་པ་ལ་ཉེ་བར་གནས་པས་ན་བསྙེན་གནས་སོ། །དེ་ཡང་རྒྱུ་མཐུན་གྱི་འབྲས་བུ་འདོད་པའི་ལྷ་དང་། བྲལ་བའི་འབྲས་བུ་སངས་རྒྱས་ཐོབ་པར་གསུངས་ཏེ། བྱམས་པ་ལུང་བསྟན་པའི་མདོ་ལས། བརྒྱ་བྱིན་གྱིས། ཟླ་བ་ཡར་གྱི་ཚེས་བརྒྱད་དང་། །ཆོ་འཕྲུལ་གྱི་ནི་ཡར་ངོ་ལ། །བསྙེན་གནས་ཡན་ལག་བརྒྱད་བསྲུང་ན། །དེ་ནི་ང་དང་འདྲ་བར་འགྱུར། །ཞེས་སྨྲས་པ། བཅོམ་ལྡན་འདས་ཀྱིས། ཀཽ་ཤི་ཀ་ཁྱོད་དེ་སྐད་མ་ཟེར་ཅིག །ཟླ་བ་ཡར་གྱི་ཚེས་བརྒྱད་དང་། །ཆོ་འཕྲུལ་གྱི་ནི་ཡར་ངོ་ལ། །བསྙེན་གནས་ཡན་ལག་བརྒྱད་བསྲུང་ན། །དེ་ནི་ང་དང་འདྲ་བར་འགྱུར། །ཞེས་སོ། །

མདོ་སྡེ་པ་སྡེ་སྐྱེས་རབས་ལ་སོགས་པའི་མདོ་སྡེ་རྣམས་ལས། རི་བོང་དང་སྤྲམ་ལ་སོགས་པ་མི་མ་ཡིན་པའི་དུད་འགྲོ་སོགས་གཞན་ལའང་སྐྱེ་བར་བཤད་ལ། གང་ལ་བླང་བའི་ཡུལ་ཡང་། དགེ་བསྙེན་ལ་སོགས་པ་གང་ཡང་རུང་བ་ལས་བླངས་པས་ཆོག་པར་གསུངས་ཏེ། ལུང་ལས་ཁྱིམ་བདག་མགོན་མེད་ཟས་སྦྱིན་གྱིས་གཞན་ལ་བསྙེན་གནས་ཕོག་པར་བཤད་པ་དང་། མདོ་སྡེ་མཛངས་བླུན་ལས། ཀླུ་ཞིག་གིས་བསྙེན་གནས་ཀྱི་ཡི་གེ་ཙམ་ལ་བརྟེན་ནས་བླངས་པ་དང་། གནས་འཇོག་གི་མདོ་ལས། དགེ་སློང་ངམ་བྲམ་ཟེའམ། ཁྱིམ་པའམ། རབ་ཏུ་བྱུང་བ་གང་ཡང་རུང་བ་ཚོག་ཤེས་པ་གཅིག་གི་མདུན་དུ་འདུག་སྟེ། ཞེས་གསུངས་སོ། །དེས་ན་གཞུང་འདི་ལྟར་འདོན་ཏེ། འདུལ་བའི་བསྙེན་གནས་དགེ་སློང་ལས། །ལེན་ཞིང་མི་ཡི་རྟེན་དུ་བཤད། །མདོ་སྡེ་རྣམས་ལས་དུད་འགྲོ་སོགས། །འགྲོ་བ་གཞན་ལའང་སྐྱེ་བར་བཤད། །ཅེས་བཏོན་ན་ལེགས་སོ། །གཞུང་འདོན་ཚུལ་འདི་ལྟར་སྦྱར་བ་ལ། བླུན་པོ་འགའ་ཞིག་གཞུང་གི་འགྱུར་བཅོས་སོ་ཞེས་རྐྱོལ་བ་ནི། མཁས་པ་ལ་སྐྲག་མི་ཤེས་པ་ཡིན་ཏེ་འགྱུར་བཅོས་པ་དང་། གཞུང་བཅོས་པའི་ཁྱད་པར་ཡང་མ་ཕྱེད་པར་སྨྲས་པའི་ཕྱིར་རོ། །གཞན་ཡང་ཁྱོད་རིགས་གཏེར་འཆད་པའི་ཚེ། སྒྲ་རྟོག་ཐམས་ཅད་གཞན་སེལ་ཡིན། །ཞེས་པའི་དོན། སྒྲ་དང་རྟོག་པ་གཞན་སེལ་དུ་ཁས་ལེན་ནམ་ཅི། གལ་ཏེ་དེའི་དོན། །སྒྲ་རྟོག་ཐམས་ཅད་སེལ་འཇུག་ཡིན། །ཞེས་འཆད་ན།

ཁྱོད་ཀྱིས་ཀྱང་གཞུང་མ་འཚོས་ཤིག །དེས་ན་འདི་དག་ནི། རང་གི་གཞུང་ལ་འཆད་ཉན་བྱེད་མ་མྱོང་བར་གསལ་ལོ། །གཞན་ཡང་འདིའི་མདོ་སྡེ་པ་ཞེས་པ། ཉན་ཐོས་མདོ་སྡེ་པ་ནི་མ་ཡིན་ཏེ། དེས་ནི་སྡོམ་པའི་ངོ་བོ་རྣམ་གཞག་འདུལ་བ་བཞིན་ཁས་ལེན་པའི་ཕྱིར། ཉན་ཐོས་ཀྱི་འདུལ་བ་ནས་བཤད་པའི་བསྙེན་གནས་དང་། ཐེག་ཆེན་ཐུན་མོང་མ་ཡིན་པའི་བསྙེན་གནས་ཀྱི་ཆོ་ག་ལ་ཁྱད་པར་ཡོད་དེ། ཉན་ཐོས་རྣམས་ནི་འདུལ་བའི་བསྙེན་གནས་ཀྱི་ཆོ་ག་ཡང་སྐྱབས་སུ་འགྲོ་བ་རྫོམ་བྱེད་དུ་བྱས་པའི་ཚུལ་གྱིས་འབོགས་ཏེ། སྐྱབས་སུ་མ་སོང་བ་ལ་མེད། །ཅེས་པ་དང་། དོན་ཡོད་ཞགས་པའི་རྟོག་པ་ཆེ་བ་ཆོ་ག་ཞིབ་མོ་ལས། བསྙེན་གནས་རང་གིས་བླང་བའི་ཆོ་ག་སེམས་བསྐྱེད་ལེན་ཚུལ་དང་འདྲ་བར་གསུངས་པ་དེས་ནའོ། །འདི་ཡང་རབ་བྱུང་སྡོམ་ལྡན་གྱིས་ལེན་དུ་རུང་བ་ནི་མ་ཡིན་ཏེ། སླན་བླ་དང་། དྲི་མེད་ཀྱི་ཆོ་ག་ལས། ཁྱིམ་པ་ཞིག་ཡིན་ན་བསྙེན་གནས་ཀྱི་ཁྲིམས་གཟུང་། ཞེས་གསུངས་པའི་ཕྱིར། སྐབས་འདིའི་སྐྱ་གདོང་པའི་རྣམ་བཤད་ལས་དེས་དེ་ལེན་པའི་ཤེས་བྱེད་དུ། དོན་ཞགས་ཆོ་ག་ལས། དགེ་བསྙེན་ནམ་དགེ་ཚུལ་ལམ་དགེ་སློང་གིས་དཀོན་མཆོག་གི་རྟེན་གྱི་དྲུང་དུ་སྨྱུང་བར་གནས་པར་བྱེད་པར་བཤད་དོ། །ཞེས་གསུངས་པ་ནི། བསྙེན་གནས་དང་། སྨྱུང་གནས་གཅིག་ཏུ་འཁྲུལ་བར་ཟད་དོ། །

གཉིས་པ། གཞན་གྱི་འཁྲུལ་པ་འགོག་ཚུལ་རྒྱས་པར་བཤད་པ་ལ་གཉིས་ཏེ། བསྙེན་གནས་འབུལ་བ་དང་འཚོལ་བ་བཀག་པའི་སྒོ་ནས་གཏོང་ཚུལ་ལ་འཁྲུལ་པ་དགག །ལྷ་སྒོམ་ཐ་དད་དགོས་པ་བཀག་པའི་སྒོ་ནས་ལེན་ཚུལ་ལ་འཁྲུལ་པ་དགག་པའོ། །དང་པོ་ལ་གཉིས་ལས། དང་པོ། འབུལ་བ་དགག་པ་ནི། དགོངས་གཅིག་ལས། བསྙེན་གནས་མཚན་མོ་འདས་པས་མི་གཏོང་བ་ཡང་ཡོད་དེ། རྡོ་བོ་རྗེའི་ཕྱག་བཞེས་བཞིན་ནོ༑ ༑ཞེས་དང་། ཡང་དེ་ཉིད་ལས། ཟླ་བ་བྱུང་ངོ་ཅོག་གི་དུས་བཟང་རྣམས་སུ་དམ་བཅས་ནས། དུས་གཅིག་ལེན་པ་འདི་ཡང་བརྟགས་ན། མངོན་འགྱུར་བཅས་པ་དེ་གཏོང་། ས་བོན་བག་ཆགས་དེ་མི་གཏོང་ཞེས་གསུངས། དེ་འགོག་པ་ལ། བཀའ་གདམས་པའམ་ཕྱག་རྒྱ་བ་ལ་ལ། བསྙེན་གནས་བསྲུངས་པ་ཡིས་ནངས་པར་བསྙེན་གནས་གཞན་ལ་འབུལ་དགོས་ཏེ་མ་ཕུལ་ན་ཉམས་པར་འགྱུར་རོ་ཞེ་ན། བསྙེན་གནས་ཀྱི་སྡོམ་པ་གཏོང་བའི་ཚུལ་འདི་ལ་ཆོས་ཅན། དེ་རིང་བསྙེན་གནས་བསྲུངས་པ་ཡིས་ནངས་པར་འབུལ་མི་དགོས་ཏེ། བསྙེན་གནས་དེ་མཚན་མོ་འདས་པ་ན་གཏོང་བའི་ཕྱིར། མདོ་སྡེ་པ་སྟེ། མདོ་སྡེ་ལས་གསུངས་པའི་ལུགས་བཞིན་དུ། ཟླ་བ་བྱུང་ངོ་ཅོག་གི་ཆོས་བརྒྱད་སོགས་ལ། བསྙེན་གནས་པར་དམ་བཅས་ནས། ནམ་བསྲུང་བར་འདོད་པའི་ཉིན་བར་གྱི་ཚེ་ལེན་ན་ཡང་། དེའི་ནངས་པར་འབུལ་མི་དགོས་ཏེ། དེའི་ནངས་པར་ཏེ་ཚེས་དགུ་ལ་

སོགས་ཕན་ཆད་བསྲུང་བའི་བསམ་པ་མེད་པའི་ཕྱིར། སྡོམ་པ་གཏོང་བ་དེའི་ཕྱིར་ནའོ། །ཡང་མདོ་སྡེ་པའི་གྲུབ་མཐའ་ལ་སྦྱོར་ན་མདོ་སྡེ་པའི་ལུགས་བཞིན་དུ་ཞག་ལྔའམ་བཅུ་ལ་སོགས་པ་ཇི་ལྟར་འདོད་པ་བཞིན་དུ་ལེན་ན་ཡང་། བསྲུངས་ཟིན་པའི་ནངས་པར་ཆོས་བཅུ་གཅིག་ལ་སོགས་པ་ལ་བསྲུང་བའི་བསམ་པ་མེད་པའི་ཕྱིར་ན་སྡོམ་པ་གཏོང་ལ། དེའི་ཕྱིར་ན་བསྲུངས་ཟིན་པའི་ཕྱི་ཉིན་སྡོམ་པ་འབུལ་མི་དགོས་སོ། །དེ་ནི་མཛོད་འགྲེལ་དུ། ཡང་ཉིན་ཞག་གི་འོག་ཞག་ལྔའམ་ཞག་བཅུ་ཡང་རུང་སྟེ། བསྙེན་གནས་ཀྱི་སྡོམ་པ་ཡང་དག་པར་བླངས་པའི་བསྙེན་གནས་ཀྱི་སྡོམ་པ་མང་པོ་སྐྱེ་བ་ལ་སུ་ཞིག་གེགས་བྱེད། ཅེས་གསུངས་པའི་དོན་ཏེ། འདི་ནི་ཁོ་བོའི་བླ་མ་ཁོ་ནའི་ལེགས་བཤད་ཡིན་གྱི། གཞན་གྱིས་ནི་མ་རྟོགས་སོ། །

གཉིས་པ། འཆོལ་བ་དགག་པ་ནི། འདོད་ཡོན་ལ་སྲེད་པ་ཆེ་བ་ལ་ལ་ན་རེ། ཆང་འཐུང་བ་ལྷ་བུའི་ཚོན་བསྙེན་གནས་འཆོལ་བ་ཡིན་ནོ་ཞེས་ཟེར་བ་ཐོས་སོ། །དེ་ནི་མི་འཐད་དེ། བསྙེན་གནས་འཆོལ་བ་འདི་འདྲ་མདོ་རྒྱུད་བསྟན་བཅོས་དག་ནས་ཀྱང་མ་བཤད་པའི་ཕྱིར་རོ། །གཉིས་པ། ལྷ་སྒོམ་ཐ་དད་དགོས་པ་བཀག་པའི་སྒོ་ནས་ལེན་ཚུལ་ལ་འཁྲུལ་པ་དགག་པ་ལ་གཉིས་ཏེ། འདུལ་བའི་ལུགས་ཀྱི་བསྙེན་གནས་ལ་ལྷ་བསྒོམ་པ་མེད་མི་རུང་གི་ཡན་ལག་ཏུ་མི་དགོས་པར་བསྟན། སྔགས་ལུགས་ཀྱི་བསྙེན་གནས་ལ་ལྷ་བསྒོམ་པ་མེད་མི་རུང་གི་ཡན་ལག་ཏུ་མི་དགོས་ཀྱང་ཡི་དམ་བསྒོམ་པ་བསོད་ནམས་ཆེ་བར་བསྟན་པའོ། །དང་པོ་ནི། བྱ་ཡུལ་བ་ཁ་ཅིག་བསྙེན་གནས་འབོགས་པའི་ཚེ། ཉ་ལ་སངས་རྒྱས་སྣང་བ་མཐའ་ཡས་དང་། གནམ་སྟོང་ལ་སྨན་བླ། ཚེས་བརྒྱད་ལ་ཤཱཀྱ་ཐུབ་པ་ལྷ་བུ་ལྷ་སྒོམ་ཐ་དད་མ་བྱས་ན། བསྙེན་གནས་བསྲུང་དུ་མི་འདོད། ཅེས་ཟེར་རོ། །འདི་ཡང་རེ་ཞིག་བརྟག་པར་བྱ་དགོས་ཏེ། ལྷ་སྒོམ་ཐ་དད་པ་དེ་ལྷ་བུམ་བྱས་ཀྱང་བསྙེན་གནས་ཉམས་པའི་སྐྱོན་དུ་འགྱུར་བ་མེད་དེ། བསྙེན་གནས་ནི་སོ་སོར་ཐར་པའི་འདུལ་བའི་ལུགས་ཡིན་ལ། དེ་ཡང་གཙོ་ཆེར་ཉན་ཐོས་ཀྱི་གཞུང་ལུགས་ཡིན་ཞིང་། ཡི་དམ་གྱི་ལྷ་བསྒོམ་པ་དང་དེའི་སྔགས་བཟླས་པ་ནི་གསང་སྔགས་པའི་གདམས་ངག་ཡིན་གྱི། ཉན་ཐོས་ཀྱི་གཞུང་ལས་བཤད་པ་མེད་པ་དེས་ནའོ། །འོན་ལུང་སྨན་གྱི་གཞི་ལས། དགེ་སློང་ས་རིའི་དུག་ཞི་བའི་ཕྱིར་དུ། རྨ་བྱ་ཆེན་མོའི་རིག་སྔགས་གསུངས་པ་དང་། ཡང་ཡངས་པ་ཅན་དུ་ཡམས་ནད་ཞི་བའི་ཕྱིར་དུ། ཡངས་པ་ཅན་གྱི་གྲོང་ཁྱེར་དུ་འཇུག་པའི་གཟུངས་གསུངས་པ་དང་། གནས་མལ་གྱི་གཞི་ཕྲན་ཚོགས་ལས། གསང་སྔགས་ཕན་པར་བྱ་བ་བཟུང་བར་བྱའོ། །སྦྱར་བར་བྱའོ། །ཞེས་གསུངས་པ་དང་འགལ་ལོ་སྙམ་ན། དེ་ནི་ནད་ལ་སོགས་པ་ཞི་བའི་ཐབས་སུ་སྔགས་ཀྱི་ཡིག་འབྲུ་ཙམ་བཟླ་བར་གསུངས་པ་ཡིན་གྱི། ཡི་དམ་གྱི་ལྷ་བསྒོམ་པ་དང་དེའི་སྔགས་བཟླ་བ་སོགས་མ་གསུངས་པས་སྐྱོན་མེད་དོ། །

གཉིས་པ་ནི། འོན་ཡི་དམ་གྱི་ལྷ་བསྒོམ་པ་དང་། བསྙེན་གནས་བསྲུང་བ་འགལ་ལམ་ཞེ་ན། མི་འགལ་ཏེ༑ འོན་ཀྱང་གསང་སྔགས་ལུགས་ཏེ་ཁྱིམ་པ་རྡོ་རྗེ་འཛིན་པ་ལྟ་བུས། ཡི་དམ་གྱི་ལྷ་བསྒོམས་པའི་ངང་ནས་བསྙེན་གནས་བསྲུང་བར་བྱེད་ན། དམན་པའི་སེམས་བསྐྱེད་ལ་གནས་པའི་བསྙེན་གནས་ལས་བསོད་ནམས་ཆེ་བའི་ཕྱིར་རོ། །སྐབས་འདིར་ལེགས་བཤད་གསེར་གྱི་ཐུར་མའི་དྲི་བ་བརྒྱད་པར། གསང་སྔགས་ལུགས་ཀྱི་བསྙེན་གནས་ལ། །ཡི་དམ་བསྒོམ་པ་མཆོག་ཡིན་ན། །ལྷ་དེ་བདག་མདུན་གང་ཡིན་བརྟག །བདག་བསྐྱེད་ཡིན་ན་བྱ་རྒྱུད་ཀྱི། །རང་རྐང་བདག་བསྐྱེད་མེད་པ་ཅི། །མདུན་བསྐྱེད་ཡིན་ན་རྣམ་རྒྱལ་སོགས། །མ་བསྐྱེད་གོང་དུ་གསོ་སྦྱོང་གི །སྡོམ་པ་ལེན་པར་མཛད་དེ་ཅི། །ཞེས་གསུངས་པ་ལ། གོ་བོ་རབ་འབྱམས་པ་ན་རེ། འདིར་གསང་སྔགས་ལུགས་ཀྱི་བསྙེན་གནས་ལ་འཆད་རྒྱུ་མ་ཡིན་པས་གཞུང་གི་དགོངས་པ་མ་ལོན་པ་དང་། ལྷ་དེ་བདག་མདུན་གང་ཡིན་བརྟག ཅེས་པའི་དྲི་བ་ཐུག་མེད་ཡིན་ཏེ། དེ་ལྟ་ན། བསྙེན་གནས་པས་དགེ་འདུན་ལ་བསྙེན་བཀུར་བྱས་པ་བསོད་ནམས་ཆེ་ཞེས་སྨྲས་པ་ལ། དེ་གདན་ནོན་ཡིན་ནམ་མང་ཇ་ཡིན། ཇ་དེ་རྒྱ་ཇ་ཡིན་ནམ་ཁམས་ཇ་ཡིན། མར་དེ་འབྲི་མར་ཡིན་ནམ་བ་མར་ཡིན། ཞེས་འདྲི་དགོས་པར་ཐལ་བ་དང་། ཡང་། བདག་བསྐྱེད་ཡིན་ན་བྱ་རྒྱུད་ཀྱི། །རང་རྐང་བདག་བསྐྱེད་མེད་པ་ཅི། །ཞེས་པ་ལ། འོན་བདེ་ཀྱཻ་སོགས་ཀྱི་བསྐྱེད་རྫོགས་ཀྱི་ཉམས་ལེན་ཆོས་ཅན། །བྱ་རྒྱུད་རང་རྐང་ལ་ཡོད་པར་ཐལ། བྱ་རྒྱུད་ཀྱི་བསྙེན་གནས་པས་བསྒོམས་ན་བསོད་ནམས་ཆེ་བའི་ཕྱིར། མདུན་བསྐྱེད་ཡིན་ན་རྣམ་རྒྱལ་སོགས། །མ་བསྐྱེད་གོང་དུ་གསོ་སྦྱོང་གི། །སྡོམ་པ་ལེན་པར་མཛད་དེ་ཅི། །ཞེས་པའི་ལན་ནི། ཐོག་མར་གསོ་སྦྱོང་བླངས་ནས། རྣམ་རྒྱལ་སོགས་བསྒོམ་པ་དེ་ཉིད་ཡིན་པས་འདྲི་རྒྱུ་ཅི་ཡོད། ཞེས་གྱ་ཅོམ་དུ་སྨྲ་བར་བྱེད་དོ། །

འདི་མི་འཐད་པ་ལ་གསུམ་སྟེ། དྲི་བའི་བསམ་པ་མ་ལོངས་པའི་ཉེས་པ། ཁས་ལེན་མེད་པའི་ཐལ་འགྱུར་འཕངས་པའི་ཉེས་པ། མ་གྲུབ་པ་སྒྲུབ་བྱེད་དུ་བཀོད་པའི་ཉེས་པའོ། །དང་པོ་ནི། དྲི་བ་འདི་དག་ནི། འོན་ཀྱང་གསང་སྔགས་ལུགས་བྱེད་ན། །ཞེས་པའི་དོན། བསམ་ཡས་པའི་ཊཱི་ཀ་ལས། དོན་ཞགས་ནས་གསུངས་པའི་ལུགས་བཞིན་བྱེད་ན་ཞེས་བཤད་པ་དང་། དེང་སང་ཕྱག་ལེན་པ་རྣམས་ནི། ཐོ་རངས་ཀྱི་དུས་སུ་གསོ་སྦྱོང་བླངས་ནས། དེའི་རྗེས་སུ་ལྷ་བསྐྱེད་པར་བྱེད་པ་དེ་དག་ལ་འདྲི་བ་ཡིན་གྱི། ཁྱེད་ལ་འདྲི་བ་མ་ཡིན་པས་ཁྱེད་རང་མནལ་མཛད་ན་ལེགས་སོ། །ལུགས་སྔ་མ་ལ་སྐྱོན་དེ་དག་འཇུག་པའི་རྒྱུ་མཚན་ནི། དོན་ཞགས་ཀྱི་ལུགས་ལ་བསྙེན་གནས་པས་ལྷ་བསྒོམ་པ་དེ་བདག་བསྐྱེད་ཡིན་ན། བྱ་རྒྱུད་རང་རྐང་ལ་བདག་བསྐྱེད་ཡོད་པར་འགྱུར་ལ། དེ་མདུན་བསྐྱེད་ཡིན་པ་ལས་འོས་མེད་པས་སྐྱོན་མི་འཇུག་གོ་སྙམ་ན། གཞུང་དུ་ནི་བསྙེན་

གནས་ལེན་པའི་ཆོ་གའི་ཡན་ལག་ཏུ་ལྷ་བསྒོམ་པ་དགོས་མི་དགོས་རྩོད་གཞི་ཡིན་ལ། དེང་སང་ནི་བསྙེན་གནས་བླངས་ཟིན་ནས་ལྷ་བསྒོམ་པ་འདི་དང་ཇི་ལྟར་འབྲེལ་ཞེས་པའི་དོན་ཡིན་ནོ། །

གཉིས་པ་ནི། ཐལ་འགྱུར་དེའི་ཁྱབ་པ་ཁས་བླངས་པ་ནི་མེད་ལ། ཚད་མས་གྲུབ་པ་ཡིན་ན་ཁྱོད་རང་ལ་ཡང་། དེར་ཐལ། དེའི་ཕྱིར་ཞེས་བརྗོད་ན་འཁོར་གསུམ་མོ། དེས་ན་ཁས་ལེན་མེད་པའི་ཐལ་འགྱུར་དེ་ལྟ་བུ་ལ་ནི་བསྙོན་དོར་ཞེས་བྱའོ། །ཡང་མདུན་བསྐྱེད་ཡིན་ན། ཞེས་སོགས་ཀྱི་ལན་ནི་རྣམ་རྒྱལ་སོགས་མ་བསྐྱེད་གོང་དུ་གསོ་སྦྱོང་ལེན་པ་དེ་ཉིད། དེ་ཉིད་ཀྱི་སྒྲུབ་བྱེད་ཡིན་ནོ་ཞེས་ཟེར་བ་ནི། ང་ལ་སྨྲ་རྒྱུ་མེད་དོ་ཞེས་པ་ཡིན་ཏེ༑ དཔེར་ན་དམུས་ལོང་ལ་གཟུགས་ལེགས་ཉེས་དྲིས་པ་བཞིན་ནོ། །ལེགས་བཤད་འོད་སྟོང་བདག་པོ་ཡིས། །འཛམ་གླིང་མུན་པ་བསལ་བྱས་ཀྱང་། །ཕྲག་དོག་འབྱུང་པོའི་བྱ་ཚོགས་ནི། །མུན་པའི་མལ་ཉིད་འཛིན་པར་བྱེད། །ཀྱེ་མ་གྲོགས་དག་ཕྲག་དོག་གི །དུག་ཅན་ཁ་ཟས་དེ་སྤོངས་ལ། །མཁས་པའི་གསུང་གི་བདུད་རྩི་ནི། །ངོམས་པར་འཐུངས་ན་ལེགས་བཤད་ཀྱི། །འཆི་མེད་དཔལ་དེ་ལག་ཏུ་འོང་། །ཞེས་སྨྲས་པ་ཡིན་ནོ། །

གཉིས་པ། ཐེག་ཆེན་སོ་ཐར་ལ། དང་པོ་ལེན་པའི་ཚུལ། བར་དུ་བསྲུང་ཚུལ། དང་པོ་ལ། ཐེག་ཆེན་སོ་ཐར་གྱི་ཆོ་ག་ནུབ་མ་ནུབ་ཀྱི་དབྱེ་བ་སྤྱིར་བཤད། བསམ་པའི་ཁྱད་པར་དམིགས་ཀྱིས་བསལ་ཏེ་རང་ལུགས་ཀྱི་ཐེག་ཆེན་སོ་ཐར་ལེན་པའི་ཆོ་ག་ངོས་བཟུང་བའོ། །དང་པོ་ལ། བསྙེན་གནས་ཀྱི་ཆོ་ག་ཐེག་ཆེན་ཐུན་མོང་མ་ཡིན་པའི་གཞུང་བཞིན་བྱར་རུང་བར་བསྟན་པ་དང་། དགེ་བསྙེན་སོགས་དེ་ལྟར་བྱར་མི་རུང་བར་བསྟན་པའོ། །དང་པོ་ལ༑ མཚམས་སྦྱར་བ་ནི། ཐེག་དམན་སོ་ཐར་བཤད་ཟིན་པ་དེའི་འོག་ཏུ། ཐེག་པ་ཆེན་པོའི་གཞུང་ལུགས་ལས་བྱུང་བའི་སོ་སོར་ཐར་པ་བཤད་ཀྱིས་ཉོན་ཅིག་ཅེས་གདམས་ནས། དངོས་ཀྱི་དོན་ནི། བྱང་ཆུབ་སེམས་དཔའ་ཉིད་ལ་ཡང་ཐེག་ཆེན་སོ་ཐར་འབོགས་པ་ཡི་ཆོ་ག་ཉན་ཐོས་ཀྱི་གཞུང་ལས་བཤད་པ་དང་འདྲ་བ་འགའ་ཞིག་ཡོད་མོད་ཀྱི། དེའི་ཆོ་ག་ཕལ་ཆེར་དེང་སང་གི་དུས་སུ་ནུབ་ལ། འོན་ཀྱང་གསོ་སྦྱོང་རང་གིས་བླང་བ་དང་སོགས་པའི་སྨྲས་བསྡུས་པ་ཇི་སྲིད་འཚོ་བར་ཚངས་པར་སྤྱོད་པ་དང་སྐྱབས་སུ་འགྲོ་བ་ལྟ་བུའི་ཆོ་གའི་ལག་ལེན་འགའ་ཞིག་ཡོད་དེ། དཀོན་མཆོག་བརྩེགས་པའི་མདོ་ལས། རྒྱལ་པོ་ཡི་བུ་སྙིང་རྗེ་ཆེར་སེམས་ཀྱིས། །རབ་བྱུང་ཡོན་ཏན་དུ་མ་བསྔགས་པ་ཞེས། །དེ་བཞིན་གཤེགས་པ་རྣམས་ཀྱིས་གསུངས་མོད་ཀྱི། །དེ་ལྟ་ལགས་ཀྱང་སྙིང་རྗེར་གྱུར་པས་ན། །འགྲོ་ལ་ཕན་ཕྱིར་རྒྱལ་སྲིད་བདག་གིས་བསླབས། །ཇི་སྲིད་འཚོ་བར་བདག་ནི་ཚངས་སྤྱོད་ཅིང་། །གསོ་སྦྱོང་ཡན་ལག་བརྒྱད་པ་བླང་བར་བྱ། །ཞེས་གསུངས་སོ། །

གཉིས་པ་ནི། དགེ་སློང་སོགས་ལ་ཐེག་ཆེན་ཐུན་མོང་མ་ཡིན་པའི་ཆོ་ག་ད་ལྟ་བྱར་མི་རུང་སྟེ། དཀོན་

བརྩེགས་ལས། རྒྱལ་སྲས་བྱམས་པ་དང་། འཇམ་དབྱངས་ཏེ། བློ་གྲོས་རྣམ་དག་ལ་སོགས་པ་ཁྱིམ་པའི་ཆ་ལུགས་ཅན་གྱི་བདག་ཉིད་ཆེན་པོ་འགའ་ཞིག་གིས་མཁན་པོ་མཛད་ནས་འགྲོ་བ་མང་པོ་ལ་བསྙེན་པར་རྫོགས་པར་མཛད་དོ། །ཞེས་པའི་ཚིག་འབྲུ་ཙམ་ཞིག་གསུངས་མོད་ཀྱི། འོན་ཀྱང་ཚིག་འདི་ལྟ་བུ་ཞིག་མཛད་དོ། །ཞེས་བསྙེན་རྫོགས་དེའི་ཆོ་ག་མདོ་ལས་གསུངས་པ་ངས་མ་མཐོང་བའི་ཕྱིར། དེ་ཡང་དྲག་ཤུལ་ཅན་གྱིས་ཞུས་པ་ལས། བཅོམ་ལྡན་འདས་ཀྱིས། ཁྱིམ་པ་དང་རབ་ཏུ་བྱུང་བའི་ཉེས་དམིགས་དང་ཕན་ཡོན་གསུངས་པ་ན། ཁྱིམ་བདག་མང་པོས། བཅོམ་ལྡན་འདས་བདག་ཅག་རྣམས་རབ་ཏུ་བྱུང་སྟེ་ལེགས་པར་བཤད་པའི་ཆོས་འདུལ་བ་ལས་བསྙེན་པར་རྫོགས་པར་མཛད་དུ་གསོལ། ཞེས་ཞུས་པས། བཅོམ་ལྡན་འདས་ཀྱིས་བྱང་ཆུབ་སེམས་དཔའ་བྱམས་པ་དང་། བྱང་ཆུབ་སེམས་དཔའ་བློ་གྲོས་ཤིན་ཏུ་རྣམ་དག་ལ་བཀའ་བསྩལ་པ། སྐྱེས་བུ་དམ་པ་ཁྱེད་གཉིས་ཀྱིས་ཁྱིམ་བདག་འདི་རྣམས་རབ་ཏུ་བྱུང་ལ་བསྙེན་པར་རྫོགས་པར་གྱིས་ཤིག །ཅེས་གསུངས་ནས། བྱམས་པས་ནི་ཁྱིམ་བདག་དགུ་སྟོང་། བློ་གྲོས་ཤིན་ཏུ་རྣམ་པར་དག་པས་བདུན་སྟོང་རབ་ཏུ་བྱུང་ངོ་། །ཞེས་གསུངས་པ་ལྟ་བུའོ། །རྣམ་པར་གཏན་ལ་དབབ་པ་བསྡུ་བ་ལས་ནི། ལ་ལ་ནི་རང་ཁོ་ནས་ལེན་པར་བྱེད་དེ། དགེ་སློང་གི་སྡོམ་པ་ནི་མ་གཏོགས་སོ། །ཞེས་གསུངས་པས་དགེ་བསྙེན་དང་དགེ་ཚུལ་ཡང་རང་གིས་ལེན་པ་གཅིག་བཤད་དོ། །དེས་ན་ཁྱིམ་པའི་ཆ་ལུགས་ཅན་གྱི་བསྙེན་པར་རྫོགས་པའི་མཁན་པོ་མཛད་པ་འདི་འདྲ་སྟོན་གྱི་ཆོ་ག་སྟེ་འཕགས་པ་རྣམས་ཀྱི་སྤྱོད་ཡུལ་ཡིན་གྱི། ད་ལྟ་སོ་སོ་སྐྱེ་བོས་བྱར་མི་རུང་ངོ་། །

གཉིས་པ། བསམ་པའི་ཁྱད་པར་དམིགས་ཀྱིས་བསལ་ཏེ་རང་ལུགས་ཀྱི་ཐེག་ཆེན་སོ་ཐར་ལེན་པའི་ཆོ་ག་ངོས་བཟུང་བ་ནི། འོན་ད་ལྟ་ཐེག་ཆེན་སོ་ཐར་ལེན་པའི་ཆོ་ག་མེད་དམ་ཞེ་ན། མེད་པ་ནི་མ་ཡིན་ཏེ། ད་ལྟའི་ཆོ་ག་ནི་བསམ་པ་ཐེག་ཆེན་སེམས་བསྐྱེད་ཀྱིས་ཟིན་པའི་སྒོ་ནས། ཆོ་ག་ཉན་ཐོས་ཀྱི་འདུལ་བ་ནས་འབྱུང་བའི་ལུགས་བཞིན་གྱིས་ཤིག་སྟེ། དེ་ལྟར་བྱས་པས་སྡོམ་པ་ཐོབ་པའི་ཕྱིར་ཏེ། སྟོན་ཆོག་དེ་ད་ལྟ་མི་རུང་བ་དེས་ནའོ། །ཆོ་ག་དེ་ལྟར་བྱས་ན་སོ་སོ་ཐར་པ་རིགས་བརྒྱད་པོ་དེ་བྱང་སེམས་སོ་སོར་ཐར་པར་འགྱུར་རོ། །དེའི་ཤེས་བྱེད། བསམ་པ་ཐེག་ཆེན་སེམས་བསྐྱེད་ཀྱིས་ཟིན་པའི་སོ་ཐར་སྡོམ་པ་ཡིན་པས་སོ། །དེས་ན་གཞུང་འདིས་ནི་ཐེག་ཆེན་སོ་ཐར་དུ་འགྱུར་པའི་བསྙེན་གནས་ཀྱང་ད་ལྟར་གྱི་དུས་སུ་འདུལ་བ་ནས་བཤད་པའི་ཆོ་གས་ལེན་དགོས་པར་བསྟན་ནོ། །འོན་གོང་དུ། ཆོ་གའི་ལག་ལེན་འགའ་ཞིག་ཡོད། །ཅེས་གསུངས་པ་དེ་ཅི་ཞེ་ན། དེ་ནི་སྟོན་ཆོག་གི་དབང་དུ་བྱས་པར་གསལ་ལོ། །དེ་ལྟར་བཤད་ན། སོ་སོར་ཐར་པ་འདུལ་བ་བཞིན། །ཞེས་གསུངས་པ་དེ་ཡང་ལེགས་པར་འཁྲོར་བར་འགྱུར་རོ། །

གཉིས་པ། བར་དུ་བསྲུང་ཚུལ་ནི། སོ་ཐར་གཉིས་ཀུན་སློང་མི་འདྲ་བ་དེས་ན། བྱང་ཆུབ་སེམས་དཔའི་སོ་སོར་ཐར་པའི་བསླབ་བྱའི་ཁྱད་པར་ཉན་ཐོས་དང་མི་འདྲ་བ་ཅུང་ཟད་བཤད་ཀྱིས་ཉོན་ཞིག །ཅེས་གདམས་ནས། བྱང་ཆུབ་སེམས་དཔའི་སོ་ཐར་འདི་ལ་སྡིག་ཏོ་མི་དགེ་བའི་ཕྱོགས་རང་བཞིན་གྱི་ཁ་ན་མ་ཐོ་བ་རྣམས་ནི་གཙོ་ཆེར་ཉན་ཐོས་ལུགས་བཞིན་བསྲུང་དགོས་ལ་གཙོ་ཆེར་ཞེས་པས་རྒྱ་བ་ཁོ་ནས་མི་ཚངས་པར་སྤྱོད་པར་གནང་བ་ནི་མ་གཏོགས་སོ། །འདོད་པས་དབེན་པའི་ལྟུང་བ་བཅས་པའི་ཁ་ན་མ་ཐོ་བ་རྣམས་འགའ་ཞིག་ནི་བྱང་ཆུབ་སེམས་དཔའི་ལུགས་བཞིན་བསྲུང་ལ། འཇིག་རྟེན་མ་དད་གྱུར་པའི་ཆ་ཐེག་པ་ཆེ་ཆུང་གཉིས་ཀ་མཐུན་པ་རྣམས་འབད་པས་བསྲུང་དགོས་ཏེ། འདུལ་བ་ལས་ཁྱིམ་སུན་འབྱིན་པ་ལ་ལྟུང་བ་ལྔི་བར་བཅས་ཤིང་། སྤྱོད་འཇུག་ལས་ཀྱང་། འཇིག་རྟེན་མ་དད་གྱུར་པ་ཀུན། །མཐོང་དང་དྲིས་ཏེ་སྤང་བར་བྱ། །ཞེས་གསུངས་པས་སོ༑ ༑འཇིག་རྟེན་པ་བསྟན་པ་ལ་འཇུག་པའི་རྒྱུར་འགྱུར་ན། ཐེག་ཆེན་སོ་སོར་ཐར་པ་ལ་གནང་སྟེ། སྤྱོད་འཇུག་ལས། ཐུགས་རྗེ་མངའ་བ་རིང་གཟིགས་ནས། །བཀག་པ་རྣམས་ཀྱང་དེ་ལ་གནང་། །ཞེས་གསུངས་པས་སོ། །དཔེར་ན་ཉན་ཐོས་དགེ་སློང་ནི་གསེར་དངུལ་ལེན་པ་ཐུབ་པས་སྤང་ལྟུང་དུ་བཅས་པས་བཀག་ལ། བྱང་ཆུབ་སེམས་དཔའི་དགེ་སློང་ལ་གཞན་དོན་དུ་འགྱུར་ན་གསེར་དངུལ་ལེན་པ་ལ་ལྟུང་བ་མེད་དེ། བྱང་ས་ལས། གསེར་དངུལ་སྲང་བྱེ་བ་འབུམ་ལས་ལྷག་པ་ཡང་བདག་གིར་བྱའོ། །ཞེས་གསུངས་པས་སོ། །ཡང་ཉན་ཐོས་ནི་སེམས་ཅན་གྱི་དོན་ཡིན་ཡང་འདོད་ཆེན་པ་ལ་ལྟུང་བ་འབྱུང་སྟེ། འཚོ་བར་བྱེད་པ་ལྷག་པ་ཁམ་གཅིག་ཙམ་ལེན་པ་དང་ཟ་བ་ནི་དད་པས་བྱིན་པ་ཆུད་གསོན་པ་ཡིན་ནོ། །ཞེས་གསུངས་པའོ། །ཐེག་ཆེན་པ་ནི་གཞན་གྱི་དོན་ཡིན་ན་འདོད་ཆེན་པ་ལ་ལྟུང་བ་མེད་དེ། བྱང་ས་ལས། འདི་ལྟར་བྱང་ཆུབ་སེམས་དཔས་གཞན་དག་གི་དོན་དུ། གོས་བརྒྱ་རྙེད་དང་སྟོང་རྙེད་ཉེ་དུར་མི་འོང་བའི་ཁྲམ་ཟེ་དང་ཁྱིམ་བདག་རྣམས་ལས་བཙལ་བར་བྱས་ཏེ༑ ཞེས་གསུངས་པས་སོ། །

གསུམ་པ། གཉིས་ཀའི་དོན་བསྡུ་བ་ནི། སོ་སོར་ཐར་པ་ལུགས་གཉིས་པོའི་བསླབ་བྱ་མི་འདྲ་བ་དེ་འདྲའི་རྣམ་དབྱེ་ཤེས་པར་བྱ་སྟེ། སྡོམ་འདུལ་བ་ནས་བཤད་པ་བཞིན་ཤེས་དགོས་ལ། ཁྱིམ་དཀོན་བརྩེགས་ཀྱི་ཉེ་བར་འཁོར་གྱིས་ཞུས་པ་ལས་གསུངས་པ་ལྟར་ཤེས་དགོས་པའི་ཕྱིར། འོན་ཐེག་ཆེན་སོ་ཐར་དེ་ཐེག་ཆེན་སེམས་བསྐྱེད་ཀྱིས་ཟིན་པས་ཤི་འཕོས་པས་མི་གཏོང་ངམ་ཞེ་ན། ཐེག་ཆེན་སོ་སོར་ཐར་པ་ཡིན་ཡང་དེར་གྱུར་པའི་དགེ་སློང་ལ་སོགས་པ་སྡོམ་པའི་རིགས་བརྒྱད་ཀྱི་ལྡོག་པ་སྟེ་སོ་ཐར་སྡོམ་པ་ཡིན་པའི་ཆ་དེ་ཤི་བའི་ཚེ་ན་གཏོང་སྟེ། ཚོ་ག་ཉན་ཐོས་ཀྱི་ལུགས་ལྟར་བྱས་པ་ལས་ཐོབ་པའི་སོ་ཐར་སྡོམ་པ་ཡིན་པའི་ཕྱིར། བྱང་ཆུབ་

སེམས་ཀྱི་ལྟོག་པ་སྟེ་བྱང་སེམས་ཀྱི་སྡོམ་པ་ཤི་བས་མི་གཏོང་སྟེ། བྱང་ཆུབ་མ་ཐོབ་བར་དུ་བླངས་པའི་སྡོམ་པ་ཡིན་པའི་ཕྱིར་དང་། དེའི་འབྲས་བུ་ཤི་ནས་ཀྱང་འབྱུང་སྟེ་རྫོགས་བྱང་དུ་བསྔོས་པའི་དགེ་རྩ་ཡིན་པའི་ཕྱིར་རོ། །དེ་སྐད་དུ་ཡང་། སྤྱོད་འཇུག་ལས། བྱང་ཆུབ་སེམས་ཀྱི་ལྗོན་ཤིང་རྟག་པར་ཡང་། །འབྲས་བུ་འབྱིན་པས་མི་ཟད་འཕེལ་བར་འགྱུར། །ཞེས་གསུངས་སོ། །སྐབས་འདིར་གོ་ཊཱི་ཀ་ལས། ཐེག་ཆེན་སོ་ཐར་དུ་གྱུར་པའི་དགེ་སློང་གི་སྡོམ་པའི་ངོ་བོ་ཤི་འཕོས་པས་མི་གཏོང་ན། ཤི་ཡང་དགེ་སློང་མི་འདོར་ན། །ཞེས་སོགས་ཀྱི་གནོད་པ་མཐའ་དག་འབབ་པར་འགྱུར་རོ་ཞེས་ཟེར། དེ་ནི་ཁྱེད་ཀྱིས་ལེགས་པར་བཤད་པ་ཡིན་དུ་ཆུག །ཁྱེད་ལ་ནང་འགལ་འདི་ལྟར་འབྱུང་སྟེ། གསུམ་ལྡན་དགེ་སློང་གི་རྒྱུད་ཀྱི་དགེ་སློང་གི་སྡོམ་པའི་ངོ་བོ་ཤི་འཕོས་པས་གཏོང་ངམ་མི་གཏོང་། ཕྱི་མ་ལྟར་ན་དངོས་འགལ། གཏོང་ན་དེ་ཆོས་ཅན། ཤི་འཕོས་པས་མི་གཏོང་བར་ཐལ། བྱང་སེམས་ཀྱི་སྡོམ་པ་ཡིན་པའི་ཕྱིར། གསུམ་ཆར་དངོས་འགལ། རྟགས་སྤྱི་དོན་དུ་ཁས་བླངས་སོ། །

གཉིས་པ། སྡོམ་པ་ལ་གནས་ནས་སྤང་བླང་ཇི་ལྟར་བྱ་བའི་ཚུལ་ལ། རང་བཞིན་གྱི་དགེ་མི་དགེ་མངོན་པའི་ལུགས་བཞིན་ཡིན་པར་བསྟན་པ། བཅས་པའི་སྤང་བླང་འདུལ་བ་བཞིན་ཡིན་པར་བསྟན་པའོ། །དང་པོ་ལ༑ འབྲས་བུ་བདེ་སྡུག་སྐྱེད་པའི་འདུས་བྱས་ལ་དགེ་མི་དགེར་འཇོག་པ་མངོན་པའི་ལུགས་བཞིན་ཡིན་པར་བསྟན་པ། འདུས་མ་བྱས་བསྔོ་རྒྱུའི་དགེ་རྩར་འཇོག་པ་མདོ་བསྟན་བཅོས་ཀུན་དང་འགལ་བར་བསྟན་པ། རང་བཞིན་གྱི་དགེ་མི་དགེ་ལ་དཀར་ནག་བཟང་ཐལ་དུ་འདོད་པ་ངེས་དོན་གྱི་ལུང་དང་འགལ་བར་བསྟན་པའོ། །དང་པོ་ལ། མདོར་བསྟན་པ། རྒྱས་པར་བཤད་པ། དོན་བསྡུ་བའོ། །དང་པོ་ནི། དེ་ནས་ལས་དང་ཞེས་པས་བསྟན་ཏེ༑ སྡོམ་པ་ཐོབ་པ་དེ་ནས་ལས་དགེ་སྡིག་དང་། འབྲས་བུ་བདེ་སྡུག་སོགས་ཀྱི་རྣམ་པར་དབྱེ་བ་བཤད་ཀྱིས་ཉོན་ཅིག་སྟེ། སྡོམ་པ་ལ་གནས་ནས་དགེ་སྡིག་གི་བླང་དོར་ལ་འབད་དགོས་པའི་ཕྱིར། གཉིས་པ་ལ་ལྔ་སྟེ། དགེ་མི་དགེ་ལུང་མ་བསྟན་གསུམ་གྱི་དོན་ལྟོག་ངོས་བཟུང་སྟེ་དེ་ཆོས་དབྱིངས་ལ་མི་རུང་བར་བསྟན། སེམས་པ་དང་བསམ་པའི་དོན་ལྟོག་ངོས་བཟུང་སྟེ་དེ་ཆོས་དབྱིངས་ལ་མི་རུང་བར་བསྟན། དཀར་ནག་བཞིར་ཕྱེ་སྟེ་དེ་ཆོས་དབྱིངས་ལ་མི་རུང་བར་བསྟན། འཕེན་རྫོགས་མུ་བཞིར་ཕྱེ་སྟེ་དེ་ཆོས་དབྱིངས་ལ་མི་རུང་བར་བསྟན། དཀར་ནག་འདྲེས་མ་གསུམ་དུ་ཕྱེ་སྟེ་དེ་ཆོས་དབྱིངས་ལ་མི་རུང་བར་བསྟན་པའོ། །དང་པོ་ནི། ལས་ལ་དགེ་བའི་ལས་དང་། མི་དགེ་བའི་ལས་དང་། ལུང་མ་བསྟན་གསུམ་དུ་ངེས་པ་ཡིན་ནོ་ཞེས་བདུད་བཞི་ལས་རྒྱལ་བས་མདོ་ལས་གསུངས། མཛོད་འགྲེལ་དུ་མདོ་དྲངས་པ་ལས། ལས་ནི་གསུམ་སྟེ། དགེ་བའི་ལས་དང་། མི་དགེ་བའི་ལས་དང་། ལུང་དུ་མ་བསྟན་པའི་ལས་སོ། །ཞེས་འབྱུང་བ་དེ་ལས་ཤེས་སོ། །དེ་ཡང་ཟག་བཅས་ཀྱི་

དགེ་བ་ལེགས་པར་སྤྱད་པ་དེས་མཐོ་རིས་ཀྱི་རྟེན་ལ་རྣམ་སྨིན་བདེ་བ་སྐྱེད་པ་ཡིན་ཞིང་། སྡིག་པ་ཉེས་པར་སྤྱད་པ་དེས་ངན་སོང་གི་རྟེན་ལ་རྣམ་སྨིན་སྡུག་བསྔལ་སྐྱེད་པར་བྱེད་ལ། བཏང་སྙོམས་མྱོང་འགྱུར་གྱི་ལས་ནི། བདེ་བ་མྱོང་འགྱུར་དང་། སྡུག་བསྔལ་མྱོང་འགྱུར་གཉིས་ཀ་སྟེ་གང་རུང་མ་ཡིན་པས་རྣམ་པར་སྨིན་པའང་གཉིས་ཀ་མ་ཡིན་པ་སྟེ། ཚོར་བ་བཏང་སྙོམས་ཡིན་པས་སོ། །འདིར་བཏང་སྙོམས་ཞེས་པ། རྣམ་བཤད་སྔ་མ་རྣམས་སུ་ལུང་མ་བསྟན་ལ་འབྲུ་བསྣན་པ་མི་ལེགས་ཏེ། ལུང་མ་བསྟན་ལ་བཏང་སྙོམས་ཀྱི་ཐ་སྙད་གཞུང་གང་ནས་ཀྱང་མ་བཤད་པའི་ཕྱིར་རོ། །དེས་ན་འདི་ནི་མཛོད་ལས། བསམ་གཏན་གསུམ་པའི་བར་དགེ་བ། །བདེ་བ་མྱོང་འགྱུར་དེ་ཡན་ཆད། །སྡུག་མིན་བདེ་མིན་མྱོང་འགྱུར་བའོ། །ཞེས་གསུངས་པ་དེའི་དོན་ཡིན་ནོ། །སྐབས་འདིར་གོ་བོས་མཛད་པའི་དྲི་ལན་ལས་བཏང་སྙོམས་གང་ཡིན་ཚོར་བ་བཏང་སྙོམས་སུ་མ་ངེས་ཏེ། འདུ་བྱེད་བཏང་སྙོམས་ཀྱང་ཡོད་པའི་ཕྱིར་རོ། །ཞེས་ཟེར། དེ་ནི་གསན་རྒྱ་ཆུང་བ་ཡིན་ཏེ། །འོན་དེ་གཉིས་སུ་ཡང་མ་ངེས་ཏེ། ཚད་མེད་བཏང་སྙོམས་ཀྱང་ཡོད་པའི་ཕྱིར་རོ། །དེ་གཉིས་སུ་ངེས་པར་སུས་སླུས་ཞེ་ན། སྔ་མ་ཡང་སུ་ཞིག་གིས་སླུས། ཡང་སྐབས་འདིར། དགེ་བ་གང་ཡིན་ཐམས་ཅད་ཀྱིས། །རྣམ་སྨིན་བདེ་བ་བསྐྱེད་ན་ནི། །ཟག་མེད་དགེ་བའི་རྣམ་སྨིན་ཅི། །ཞེས་པའི་ལན་ལ། འབྲས་བུ་ཆོས་སྐུ་དེ་ཟག་མེད་དགེ་བའི་རྣམ་སྨིན་ཡིན་ཏེ། དེ་མཐའ་དེ་ཡི་རྣམ་སྨིན་ཏེ། །ཞེས་བཤད་པས་སོ་ཞེ་ན། འོན་སྒོམ་སྤྱངས་ཤེས་སྒྲིབ་རྟོག་པ་བརྒྱ་རྩ་བརྒྱད་པོ་དེ་ཡམས་ནད་ཡིན་པར་ཐལ། ཡམས་ནད་འདི་རྣམས་ཟད་ནས་ནི། །ཞེས་བཤད་པས་སོ། །དེ་འཚོ་བར་བྱེད་པ་ལ་ཡམས་ནད་ཅེས་བཏགས་སོ་ཞེ་ན། འོན་སྔ་མ་ཡང་འབྲས་བུ་ཡིན་པ་ཙམ་ལ་རྣམ་སྨིན་ཞེས་བཏགས་སོ། །ཡང་སྐབས་འདིར་མངོན་པ་ནས་འབྱུང་བ་བཞིན་ཁས་མི་ལེན་ནོ་ཞེས་ཟེར་མོད། ཁྱེད་རང་ཁས་མི་ལེན་ཡང་བསྟན་བཅོས་མཛད་པ་འདིས་ནི་ལས་འབྲས་ཀྱི་རྣམ་གཞག་མངོན་པ་བཞིན་མཛད་པར་གསལ་ལོ། །ཡང་འདིར་མངོན་པ་གོང་མ་ལས་ནི། རྣམ་སྨིན་སྐྱེད་བྱེད་ཀུན་གཞིའི་སྟེང་གི་བག་ཆགས་ལུང་མ་བསྟན་རྣམས་ཀྱང་ཡིན་པར་བཤད་མོད། དེ་ལ་རྣམ་སྨིན་གྱི་རྒྱུའི་ཐ་སྙད་ནི་མཛད་དོ། །གསུམ་པོ་འདི་དག་ནི་རྒྱུ་རྐྱེན་གྱིས་བྱས་པའི་ལས་ཡིན་པས་འདུས་བྱས་ཡིན་པར་ཤེས་པར་བྱ་དགོས་ལ། ཆོས་ཀྱི་དབྱིངས་ནི་ཆོས་ཅན། དགེ་བའི་ལས་དང་སྡིག་པ་གང་རུང་མ་ཡིན་ཏེ། འདུས་མ་བྱས་ཡིན་པ་དེས་ན་འོ། །སྐབས་འདིར་མི་དགེ་བ་བཅུ་ནི། མཛོད་ལས། སྲོག་གཅོད་པ་ནི་བསམ་བཞིན་དུ། །མ་ནོར་བར་ནི་གཞན་བསད་པའོ། །མ་བྱིན་ལེན་པ་གཞན་གྱི་ནོར། །མཐུ་དང་འཇབ་བུས་བདག་གིར་བྱེད། །བགྲོད་མིན་འགྲོ་བར་འདོད་པ་ཡི། །ལོག་པར་གཡེམ་པ་རྣམ་པ་བཞི། །བརྫུན་ཚིག་འདུ་ཤེས་གཞན་བསྒྱུར་བའི། །ཚིག་དོན་མངོན་པར་གོ་བའོ། །ཕྲ་མ་ཕ་རོལ་དབྱེ་བའི་ཕྱིར། །ཉོན་མོངས་ཅན

གྱི་སེམས་ཀྱི་ཚིག །ཚིག་རྩུབ་པོ་ནི་མི་སྙན་པ། །ཉོན་མོངས་ཅན་ཀུན་བཀྱལ་བ་ཡིན། །གཞན་ནི་དེ་ལས་གཞན་ཉོན་མོངས། །ཁ་གསག་གླུ་དང་ཟློས་གར་བཞིན། །བསྟན་བཅོས་ངན་བཞིན་བརྣབ་སེམས་ནི། །ལོག་པས་གཞན་གྱི་ནོར་ལ་ཆགས། །གནོད་སེམས་སེམས་ཅན་ལ་སྡང་བ། །དགེ་དང་མི་དགེ་མེད་ལྟ་བ། །ལོག་པར་ལྟ་བ་ཡིན་འདི་ལ། །ཞེས་གསུངས་ལ་དགེ་བ་བཅུ་ནི། དེ་དག་གི་གཉེན་པོ་སྲོག་གཅོད་སྤོང་བ་སོགས་བཅུའོ། །དེ་དག་གི་འབྲས་བུ་ནི། ཐམས་ཅད་བདག་པོ་རྒྱུ་མཐུན་དང་། །རྣམ་སྨིན་འབྲས་བུ་འབྱིན་པར་འདོད། །ཅེས་གསུངས་སོ། །དེ་ཡང་མི་དགེ་བའི་འབྲས་བུ་ལ་གསུམ་ལས། མི་དགེ་བ་ཆེན་པོའི་རྣམ་སྨིན་དམྱལ་བ་དང་། འབྲིང་གི་ཡི་དྭགས་ཞེས་ཁ་ཅིག་ལས་གསུངས་ལ། མདོ་ཕལ་ཆེར་ལས། འབྲིང་གིས་དུད་འགྲོ། ཆུང་ངུས་ཡི་དྭགས་སུ་སྐྱེ་བར་གསུངས་སོ། །རྒྱུ་མཐུན་གྱི་འབྲས་བུ་ནི། རིན་ཆེན་འཕྲེང་བ་ལས། སྲོག་གཅོད་པས་ནི་ཚེ་ཐུང་འགྱུར། །རྐུ་བ་ཡིས་ནི་ལོངས་སྤྱོད་འཕོངས། །ཕྱི་པོ་བྱེད་པ་དགྲ་དང་བཅས། །བརྫུན་དུ་སྨྲ་བས་སྐུར་བ་མང་། །ཕྲ་མ་ཡིས་ནི་བཤེས་དང་འབྱེད། །ཚིག་རྩུབ་པོས་ནི་མི་སྙན་ཐོས། །མ་འབྲེལ་བས་ནི་ཚིག་མི་བཙུན། །བརྣབ་སེམས་ཡིད་ལ་རེ་བ་འཇོམས། །གནོད་སེམས་འཇིགས་པ་སྦྱིན་པར་བཤད། །ལོག་པར་ལྟ་བ་ལྟ་ངན་ཉིད། །མི་ཉིད་ལ་ནི་འབྲས་བུ་སྟེ། །ཞེས་སོ། །བདག་འབྲས་ནི། ཕྱི་རོལ་མཐུ་ཆུང་གནོད་པ་མང་། །རྡུལ་འཁྲིགས་དྲི་ང་མཐོ་དམན་ཅན། །ཚ་སྒོ་ཅན་སོགས་དུས་ལོག་གོ། །འབྲས་བུ་ཕྲ་ཁ་ཆུང་དང་མེད། །ཕྱི་རོལ་དངོས་པོ་འགྱུར་བ་ནི། །མི་དགེ་ལས་ཀྱི་བདག་འབྲས་བཅུ། །ཞེས་པའོ། །དགེ་བའི་ནི། ཆུང་ངུའི་མི། འབྲིང་གི་རྣམ་སྨིན་འདོད་ལྷ། ཆེན་པོའི་ཁམས་གོང་གི་ལྷའོ། །དེ་བཞིན་དུ་ཚེ་རིང་བ་ལ་སོགས་པ་བཅུ་དང་། བདག་འབྲས་ལོ་ཐོག་མཐུ་ཆེ་བ་ལ་སོགས་པའོ། །དེ་སྐད་དུ་ཡང་། རིན་ཆེན་འཕྲེང་བ་ལས། མི་དགེ་ཞེས་བྱ་དེ་དག་གི །རྣམ་སྨིན་བཟང་བ་གང་ཡིན་པ། །དགེ་བ་དག་ནི་ཐམས་ཅད་ལ། །འབྲས་བུ་དེ་ནི་ལོག་སྟེ་འབྱུང་། །ཞེས་གསུངས་སོ༎ ༎གཉིས་པ། སེམས་བསམ་གཉིས་སུ་ཕྱེ་ནས་དེ་ཆོས་དབྱིངས་ལ་མི་རུང་བར་བསྟན་པ་ནི། ཡང་ལས་དེ་ལ་ཐུབ་པ་བཅོམ་ལྡན་འདས་ཀྱིས་རྣམ་པ་གཉིས་སུ་མདོ་ལས་གསུངས་ཏེ། དགེ་སློང་དག་ང་ནི་སེམས་པ་དང་བསམ་པའི་ལས་ཞེས་སྨྲའོ། །ཞེས་སོ། །འདིར་ཐུབ་པ་ནི་གསུམ་སྟེ། ལུས་ངག་ཡིད་གསུམ་མི་དགེ་བ་ལས་ཐུབ་པ་ནི། ཕྱི་རོལ་པའི་དྲང་སྲོང་འགའ་ཞིག་ལ་ཡང་ཡོད། ཉོན་མོངས་པ་སྤངས་པའི་ཐུབ་པ་ནི་ཐེག་དམན་གྱི་དགྲ་བཅོམ་པ་ལ་ཡང་ཡོད། སྐབས་འདིར་ནི་བག་ཆགས་མ་ལུས་པར་སྤངས་པ་ལ་བྱའོ། །སེམས་པ་ནི་ཡིད་ཀྱི་ལས་ལ་བྱ་བ་ཡིན་ཏེ། མཛོད་ལས། སེམས་པ་ཡིད་ཀྱི་ལས་ཡིན་ཏེ། །ཞེས་སོ། །བསམ་པའི་ལས་དེ་ནི་ལུས་ངག་གི་ལས་ལ་བྱ་བ་ཡིན་ཏེ། དེ་ཉིད་ལས། དེས་སྐྱེད་ལུས་དང་ངག་གི་ལས། །ཞེས་གསུངས་སོ། །བྱེ་བྲག་ལྟར

ན༑ ཡིད་ཀྱི་ལས་ནི་སེམས་པ་ཞིག་ལ་འདོད་ཅིང་། ལུས་ངག་གི་ལས་གཟུགས་ཅན་དུ་འདོད། ཡང་འདིར་གོ་ཊཱི་ཀ་ལས། བྱེ་སྨྲའི་ལུགས་ལ་ལུས་ངག་གི་ལས་ལ་རིག་བྱེད་ཀྱི་གཟུགས་ཀྱིས་ཁྱབ་སྟེ། ལུས་རྣམ་རིག་བྱེད་དབྱིབས་སུ་འདོད། །ཅེས་པས་ལུས་ཀྱི་ལས་ངོས་བཟུང་བ་དང་། ངག་རྣམ་རིག་བྱེད་ནི་ངག་སྒྲ། །ཞེས་པས་ངག་གི་ལས་ངོས་བཟུང་བའི་ཕྱིར། ཞེས་གསུངས་པ་ནི། ཤིན་ཏུ་རྩིང་པོ་སྟེ། ལུས་ངག་གི་ལས་ངོས་འཛིན་པ་ན༑ དེ་དག་རྣམ་རིག་རྣམ་རིག་མིན། །ཞེས་གསུངས་པ་མ་མཐོང་བར་སྨྲས་པའི་ཕྱིར། གཞན་ཡང་ཉན་ཐོས་སྡོམ་པ་རྣམ་རིག་མིན། །ཞེས་པའི་སྐབས་ནས་བསྟན་པའི་རིག་བྱེད་མིན་པའི་གཟུགས་ཆོས་ཅན། ལུས་ངག་གི་ལས་ཡིན་པར་ཐལ། བསམ་པའི་ལས་ཡིན་པའི་ཕྱིར། འདོད་ན། རིག་བྱེད་ཀྱི་གཟུགས་སུ་ཐལ། ལུས་ངག་གི་ལས་ཡིན་པའི་ཕྱིར། གསུམ་ཆར་ཁས་བླངས་སོ། །དེས་ན་དེ་འདྲའི་ཤོབ་ཤོབ་མི་གསུང་བ་ཞུ། ཞར་ལས་བྱུང་བ་བཤད་ནས། ཆོས་ཀྱི་དབྱིངས་ནི་ཆོས་ཅན། དགེ་བ་དང་སྡིག་པའི་ལས་ལས་གྲོལ་ཏེ། སེམས་བསམ་གཉིས་ཀ་སྟེ་གང་རུང་མ་ཡིན་པ་དེའི་ཕྱིར།

གསུམ་པ། དཀར་ནག་བཞིར་ཕྱེ་སྟེ་དེ་ཆོས་དབྱིངས་ལ་མི་རུང་བར་བསྟན་པ་ནི། གཞན་ཡང་ཐུབ་པས་ལས་དེ་ལ་རྣམ་པ་བཞི་གསུངས་ཏེ། ལས་དཀར་ལ་རྣམ་པར་སྨིན་པ་དཀར་བ་དང་། ལས་གནག་ལ་རྣམ་པར་སྨིན་པ་གནག་པ་དང་། ལས་དཀར་ལ་རྣམ་སྨིན་གནག་པ་དང་། ལས་གནག་ལ་རྣམ་པར་སྨིན་པ་དཀར་བའོ། །བསམ་པ་དག་པ་དགེ་བའི་སེམས་ཀྱིས་སྦྱིན་པ་གཏོང་བའི་ལས་སོགས་ཆོས་ཅན། མཁས་པས་འབད་དེ་བྱ་དགོས་ཏེ། ལས་དང་རྣམ་སྨིན་གཉིས་ཀ་དཀར་བས་སོ། །རང་ཉིད་ཤ་ཟ་བའི་དོན་དུ་གསོད་པ་དང་རྐུ་བ་སོགས་ཆོས་ཅན། ལས་འབྲས་ལ་མཁས་པས་སྤང་དགོས་ཏེ། ལས་དང་རྣམ་སྨིན་གཉིས་ཀ་གནག་པས་སོ། །སྐྱེ་བོ་མང་པོ་བསྐྱབ་པའི་ཕྱིར་གཅིག་གསོད་པ། དེད་དཔོན་སྙིང་རྗེ་ཆེན་པོས་མཚོང་པ་གཡོ་ཅན་བསད་པ་ཆོས་ཅན། མཁས་པས་བྱ་དགོས་ཏེ། ལས་གནག་པ་སྟེ་སྦྱོར་བ་གནག་ཀྱང་བསམ་པ་དཀར་བའི་རྒྱུ་མཚན་གྱིས་རྣམ་སྨིན་དཀར་བས་ནའོ། །གཞན་གསོད་པའི་ཕྱིར་སྦྱིན་པ་གཏོང་བ་སོགས་ཆོས་ཅན། མཁས་པས་སྤང་དགོས་ཏེ། ལས་དཀར་བ་སྟེ་སྦྱོར་བ་དཀར་ཡང་བསམ་པ་གནག་པའི་རྒྱུ་མཚན་གྱིས་རྣམ་སྨིན་གནག་པས་ནའོ། །དེ་སྐད་དུ་ཡང་། ཆོས་མངོན་པ་ཀུན་ལས་བཏུས་ལས། གནག་ལ་རྣམ་པར་སྨིན་པ་གནག་པའི་ལས་གང་ཞེ་ན། གང་མི་དགེ་བའོ། །དཀར་ལ་རྣམ་པར་སྨིན་པ་དཀར་བའི་ལས་གང་ཞེ་ན། གང་ཁམས་གསུམ་པའི་དགེ་བའོ། །དཀར་ནག་ཏུ་འདྲེས་ལ་རྣམ་པར་སྨིན་པ་དཀར་ནག་ཏུ་འདྲེས་པ་གང་ཞེ་ན། གང་འདོད་པ་དང་རབ་ཏུ་ལྡན་པའི་འདྲེས་མ་སྟེ། བསམ་པས་གནག་ལ་སྦྱོར་བས་དཀར་བའམ། སྦྱོར་བས་གནག

ལ་བསམ་པས་དཀར་བའོ། །མི་གནག་ཅིང་མི་དཀར་ལ་རྣམ་པར་སྨིན་པར་མི་འགྱུར་ཞིང་ལས་ཟད་པར་འགྱུར་བའི་ལས་གང་ཞེ་ན། སྦྱོར་བ་དང་བར་ཆད་མེད་པའི་ལམ་རྣམས་ལ་ཟག་པ་མེད་པའི་ལས་སོ། །ཞེས་གསུངས་སོ། །འདིར་གོ་བོའི་དྲི་ལན་ལས། གསོད་ཕྱིར་སྦྱིན་པ་གཏོང་བ་ལྟ་བུ་ལས་དཀར་བཏགས་པ་བ་ཡིན་གྱི༑ དོན་ལ་རྒྱུ་དུས་དང་དེ་དུས་ཀྱི་ཀུན་སློང་གཉིས་ཀ་གནག་པས་ལས་གནག་ཡིན་ནོ་ཞེས་ཟེར་བ་ནི། བསམ་པས་གནག་ལ་སྦྱོར་བས་དཀར་བ་ཞེས་གསུངས་པ་མ་གོ་བར་ཟད་དོ། །

བཞི་པ། འཕེན་རྫོགས་མུ་བཞིར་བྱ་བ་ནི། གཞན་ཡང་ལས་དེ་ལ་ཐུབ་པས་རྣམ་གཉིས་སུ་གསུངས་ཏེ། རྣམ་སྨིན་གྱི་ངོ་བོ་འཕེན་པར་བྱེད་པའི་ལས་དང་། ཁྱད་པར་རྫོགས་པར་བྱེད་པའི་ལས་གཉིས་གསུངས་པའི་ཕྱིར་རོ། །དེ་གཉིས་ཀྱི་དཔེ་ནི། མཛོད་འགྲེལ་དུ། རི་མོ་མཁན་གྱིས་སྐྱ་རིས་དང་ཚོན་རྫོགས་བཀྱེ་བ་ལྟ་བུའོ། །ཞེས་གསུངས་སོ། །རྒྱས་པར་ཕྱེ་ན་དེ་དག་གི་གསལ་བའི་དབྱེ་བ་མུ་བཞིར་འགྱུར་ཏེ། འཕེན་བྱེད་དགེ་བས་འཕངས་པ་ལ། རྫོགས་བྱེད་ཀྱང་ནི་དགེ་བས་རྫོགས་པ་དང་། འཕེན་བྱེད་སྡིག་པས་འཕངས་པ་ལ། རྫོགས་བྱེད་ཀྱང་ནི་སྡིག་པས་རྫོགས་པ་དང་། །འཕེན་བྱེད་དགེ་ལ་རྫོགས་བྱེད་སྡིག་པ་ཡིན་པ་དང་། །འཕེན་བྱེད་སྡིག་པ་ལ་རྫོགས་བྱེད་དགེ་བའོ། །མུ་བཞི་པོ་དེ་དག་གི་དཔེར་བརྗོད་མདོར་བསྡུས་པ་བཤད་པར་བྱ་ཡིས་ཡིད་ལ་ཟུང་ཞིག་ཅེས་གདམས་ནས། དང་པོ་ནི། མཐོ་རིས་ཀྱི་ལྷ་དང་མི་དང་ལྷ་མ་ཡིན་གསུམ་པོར་རྣམ་སྨིན་གྲུབ་པ་ནི། འཕེན་བྱེད་དགེ་བའི་ལས་ཀྱིས་འཕངས་པ་ཡིན་ལ། གསུམ་པོ་དེ་དག་ཏུ་བདེ་བ་འབྱུང་བ་ནི་རྫོགས་བྱེད་དགེ་བས་རྫོགས་པ་ཡིན་པའི་ཕྱིར་རོ། །དེར་ལྷ་མ་ཡིན་ནི། ས་སྐྱེ་ལས། ལྷའི་ནང་དུ་གཏོགས་ཀྱང་། ཨ་སུ་ར་ཞེས་པའི་སྒྲ་ལས་དྲངས་ན། བདུད་རྩི་མ་ཐོབ་པས་ན་ལྷ་མ་ཡིན་ཞེས་དམན་པ་ལ་དགག་སྒྲ་སྦྱར་བའོ། །མདོ་ལས་ངན་འགྲོར་བཤད་པ་ནི་བསམ་སྦྱོར་ངན་པའི་ཆ་ནས་སོ། །འཕེན་རྫོགས་གཉིས་ཀ་དགེ་བས་བྱས་པ་ནི་མཐོ་རིས་ཀྱི་ཡོན་ཏན་བདུན་ལྡན་ཏེ། བདུན་ནི། ཚེ་རིང་དེ་བཞིན་ནད་མེད་དང་། །གཟུགས་དང་སྐལ་བ་བཟང་རིགས་མཐོ། །ནོར་དང་ཤེས་རབ་དག་དང་བདུན། །ཞེས་གསུངས་པའོ། །དེའི་རྒྱུ་ནི། དད་པ་ཅན་བླང་དོར་གྱི་གནས་འདྲི་བ་ལ་དམ་པའི་ཆོས་སྦྱིན་པས་ཡོན་ཏན་བདུན་ཀ་དང་ལྡན་པར་འགྱུར་རོ། །ཞེས་དབྱིག་གཉེན་གྱིས་བཤད་དོ། །གཉིས་པ་ནི། ངན་སོང་དམྱལ་བ་དང་ཡི་དྭགས་དང་དུད་འགྲོ་གསུམ་དུ་སྐྱེ་བ་ནི། འཕེན་བྱེད་ཀྱི་ལས་སྡིག་པས་འཕངས་པ་ཡིན་པར་གསུངས་ལ། གསུམ་པོ་དེའི་སྡུག་བསྔལ་གྱི་བྱེ་བྲག་ཚ་གྲང་བཀྲེས་སྐོམ་དང་གླེན་ཞིང་གཏི་མུག་པ་ལ་སོགས་པ་ཀུན་རྫོགས་བྱེད་སྡིག་པ་ཡིན་པར་གསུངས་སོ། །ལས་ནི་ཞེས་པ་ཚིགས་བཅད་ཁ་སྐོང་བའོ། །གསུམ་པ་ནི། མཐོ་རིས་དགེ་བས་འཕངས་མོད་ཀྱི། མཐོ་རིས་དེའི་རྟེན་ལ་ནད་

དང་། རྒྱལ་པོ་དང་ཆོམ་རྐུན་ལ་སོགས་པའི་གནོད་པ་འབྱུང་བ་ཀུན་རྫོགས་པར་བྱེད་པའི་ལས་ནི་སྡིག་པ་ཡིན་པར་གསུངས་སོ། །མུ་བཞི་པ་ནི། ངན་འགྲོའི་རྣམ་སྨིན་འཕེན་བྱེད་སྡིག་པ་ཡིན་ཡང་། ངན་འགྲོ་དེའི་ལུས་དང་སེམས་བདེ་བ་ཡི་གནས་སྐབས་དགེ་བས་འཕངས་པས་ཏེ་རྫོགས་པར་གསུངས་སོ། །དེ་ཡང་གྲོ་བཞིན་སྐྱེས་ཀྱི་རྟོགས་བརྗོད་ལས། ཉི་ཚེ་དམྱལ་བའི་རྟེན་ལ་ལུས་དང་ལོངས་སྤྱོད་ལྷ་དང་འདྲ་བར་གསུངས་སོ། །

ལྔ་པ། དཀར་ནག་འདྲེས་མ་གསུམ་དུ་ཕྱེ་སྟེ་དེ་ཆོས་དབྱིངས་ལ་མི་རུང་བར་བསྟན་པ་ནི། གཞན་ཡང་ཐུབ་པས་ལས་ལ་མཐའ་གཅིག་ཏུ་དཀར་བ་དང་། གཅིག་ཏུ་གནག་པ་དང་། འདྲེས་མའི་ལས་རྣམ་པ་གསུམ་དུ་གསུངས་ལ། དེ་ཡང་གཅིག་ཏུ་དཀར་བ་ཁམས་གོང་མ་བསམ་གཏན་དང་པོ་ལྟ་བུར་འཕེན་བྱེད་ཀྱི་དགེ་བས་ནི་བདེ་བ་ཁོ་ན་སྐྱེད་ལ། གཅིག་ཏུ་གནག་པ་མི་དགེ་བས་ནི་སྡུག་བསྔལ་ཁོ་ན་སྐྱེད་ཅིང་། འདྲེས་མ་ཞེས་པ་འདོད་པའི་སས་བསྡུས་ཀྱི་དགེ་བའི་ལས་ཀྱིས་ནི་རྣམ་སྨིན་བདེ་བ་དང་སྡུག་བསྔལ་འདྲེས་མ་སྐྱེད་པར་གསུངས་སོ། །འདུལ་བ་དང་མདོ་སྡེ་གཉིས་ཀ་ལས། དགེ་སློང་དག་ལས་གཅིག་ཏུ་དཀར་བ་རྣམས་ཀྱི་རྣམ་པར་སྨིན་པ་ཡང་གཅིག་ཏུ་དཀར་བ་ཡིན་ལ། གཅིག་ཏུ་གནག་པ་རྣམས་ཀྱི་རྣམ་པར་སྨིན་པ་ཡང་གཅིག་ཏུ་གནག་པ་ཡིན་ཞིང་། འདྲེས་མ་རྣམས་ཀྱི་རྣམ་པར་སྨིན་པ་ཡང་འདྲེས་མ་ཡིན་པས། དེ་ལྟ་བས་ན་གཅིག་ཏུ་གནག་པ་དང་འདྲེས་མ་རྣམས་སྤངས་ཏེ། གཅིག་ཏུ་དཀར་བ་རྣམས་བཙལ་བར་བྱའོ། །ཞེས་པ་དང་། མཛོད་ལས། མི་དགེ་གཟུགས་དང་འདོད་གཏོགས་པའི། །དགེ་བ་རྣམས་ནི་གོ་རིམ་བཞིན། །གནག་དང་དཀར་དང་གཉིས་ཀའི་ལས། །ཞེས་གསུངས་པ་ལྟར་རོ། །གསུམ་པ་དོན་བསྡུ་བ་ནི། དེ་ལྟར་བཤད་མ་ཐག་པ་འདི་འདྲའི་ལས་དང་རྣམ་སྨིན་གྱི་རྣམ་པར་དབྱེ་བ་ཤེས་པར་གྱུར་པ་ན་ཆོས་ཅན། དགོས་པ་ཡོད་དེ། རང་ཉིད་དུ་གཟོད་ལས་ཀྱི་རྒྱུ་འབྲས་ལ་ཤིན་ཏུ་མཁས་པ་ཉིད་དུ་འགྱུར་བའི་ཕྱིར་ཏེ། མཐར་ལས་བདག་གིར་བྱ་བ་མཁྱེན་པའི་སྟོབས་སུ་འགྱུར་རོ། །

གཉིས་པ། འདུས་མ་བྱས་བསྔོ་རྒྱུའི་དགེ་རྩར་འདོད་པ་མདོ་བསྟན་བཅོས་ཀུན་དང་འགལ་བར་བསྟན་པ་ལ། གཞན་ལུགས་ཀྱི་བསྔོ་བའི་རྒྱུ་དང་བསྔོ་བའི་ལག་ལེན་ལ་འཁྲུལ་པ་དགག །རང་ལུགས་ཀྱི་བསྔོ་བའི་དབྱེ་བ་དང་བསྔོ་རྒྱུའི་རྫས་ངོས་བཟུང་བའོ། །དང་པོ་ལ། །བསྔོ་བའི་རྒྱུ་ལ་འཁྲུལ་པ་དགག་པ་དང་། བསྔོ་བའི་ལག་ལེན་ལ་འཁྲུལ་པ་དགག་པའོ། །དང་པོ་ལ། ཆོས་དབྱིངས་ཡོད་དགེ་དང་བདེ་གཤེགས་སྙིང་པོར་འདོད་པའི་ཕྱོགས་སྔ་བརྗོད་པ་དང་། དེ་སུན་དབྱུང་བའོ། །དང་པོ་ལ། དཔེ་གྲངས་ཅན་གྱི་འདོད་པ་བརྗོད་པ་དང་། དོན་ཕྱོགས་སྔ་མཁན་པོའི་འདོད་པ་བརྗོད་པའོ། །དང་པོ་ནི། འདིར་མུ་སྟེགས་ཞེས་པ་ནི། ཏཻརྠི་ཀ་ཞེས་པའི་སྒྲ

ལས་དྲངས་ན། གང་དག་ཆོས་ཀྱི་ཕྱིར་འཇུག་ངོགས་སུ་འཇུག་པས་ན་མུ་སྟེགས་ཞེས་སྤྱན་རས་གཟིགས་བརྟུལ་ཞུགས་ལས་བཤད་ལ། དེ་ལ་རྟོག་གེ་སྦྱེ་ལྔ་ལས། དྲང་སྲོང་ཆེན་པོ་སེར་སྐྱའི་རྗེས་སུ་འབྲང་ཞིང་ཤེས་བྱ་ལ་ཉི་ཤུ་རྩ་ལྔར་གྲངས་ངེས་པར་འདོད་པས་གྲངས་ཅན་པ་ཞེས་བྱ་ལ། དེའི་ལུགས་ལ་གནས་པ་རྣམས་ནི་གཤིས་ལ་དགེ་བ་ཡོད་ཅེས་ཟེར་ཞིང་། རྒྱུ་ལ་འབྲས་བུ་གནས་པར་འདོད་དེ། དེའི་གཞུང་ལས། དགེ་དང་མི་དགེ་ཇི་སྙེད་པ། །འཁོར་བ་དང་ནི་གྲོལ་བ་ཡང་། །གཙོ་བོའི་ངང་དུ་གདོད་ནས་ཡོད། །འོན་ཀྱང་ཐབས་ཀྱིས་གསལ་བར་འབྱིན། །འོ་མའི་དུས་ན་ཞོ་གང་དང་། །ཞོའི་དུས་ན་མར་ཉིད་གང་། །དྲག་པོ་ལེན་གྱིས་བཤད་པ་སྟེ༔ ༔འབིགས་བྱེད་གནས་པའང་དེ་སྐད་སྨྲ། །ཞེས་བཤད་དོ། །གཉིས་པ་ལ། གཤིས་ལ་དགེ་བ་ཡོད་པར་འདོད་པ་དང་། རྒྱུ་ལ་འབྲས་བུ་གནས་པར་འདོད་པའི་ཕྱོགས་སྔ་བརྗོད་པ་གཉིས། དང་པོ་ནི། བོད་ཀྱི་འབྲི་ཁུང་པ་དང་། སྟག་ལུང་པ་དང་། རྐོད་ཚང་པ་སོགས་ལ་ལ་དེའི་རྗེས་སུ་འབྲངས་ཏེ། ཕལ་པོ་ཆེའི་མདོར་རྡོ་རྗེ་རྒྱལ་མཚན་གྱི་བསྔོ་བའི་ལེའུ་ལས། འགྲོ་ཀུན་དགེ་བ་ཇི་སྙེད་ཡོད་པ་དང་། །བྱས་དང་བྱ་འགྱུར་དེ་བཞིན་བྱེད་པ་དང་། །བཟང་པོར་སྤྱོད་ཅིང་དེ་འདྲའི་ས་དག་ལ། །ཀུན་ཀྱང་ཀུན་ཏུ་བཟང་པོར་རེག་གྱུར་ཅིག །ཅེས་གསུངས་པའི་དགོངས་པ་འཆད་པ་ལ། འབྲི་ཁུང་པ་ཁ་ཅིག །གྲངས་ཅན་གྱི་ལུགས་བཞིན་དུ་སེམས་ཅན་ཐམས་ཅད་ཀྱི་རྒྱུད་ལ་བདེ་བར་གཤེགས་པའི་སྙིང་པོ་ཞེས་བྱ་བ་སྟོབས་སོགས་ཡོན་ཏན་ཀུན་གྱིས་བརྒྱན་པའི་ཆོས་སྐུ་གདོད་མ་ནས་ལྷུན་གྲུབ་ཏུ་ཡོད་པ་དེ་ལ་ཡོད་པའི་དགེ་བ་ཞེས་བྱ་ལ། དེ་རྗོགས་བྱང་དུ་བསྔོ་དགོས་ཏེ། མདོ་ལས། བདེ་གཤེགས་སྙིང་པོའི་ཁམས་དགེ་བ། །བསྔོས་ན་འབྲས་བུ་སྨིན་པར་འགྱུར། །ཞེས་གསུངས་པ་དང་། རང་བྱུང་དུ་ནི་གྲུབ་པ་དེ་སེམས་ཅན་རྣམས་ཀྱིས་དེ་ལྟར་མ་རྟོགས་པ་རྟོགས་པར་བྱ་བའི་ཕྱིར་དུ་ཁམས་ཀྱི་དྲི་མ་སྦྱང་དགོས་པའི་ཕྱིར། ཞེས་འདོད། ཡང་རྐོད་ཚང་པ་ནི་གནས་པའི་དགེ་བ་ཞེས་ཟེར། སྟག་ལུང་པ་རང་བཞིན་གྱི་དགེ་བ་ཞེས་ཟེར་རོ། །

གཉིས་པ་ནི། ཡོད་པའི་དགེ་བ་དེ་ལ་བདེ་གཤེགས་སྙིང་པོ་ཞེས་ཟེར་ཏེ། ཞང་ཚལ་པ་ན་རེ། རྒྱུ་ཡི་དུས་སུ་འབྲས་བུ་ཡོད། །ལས་འཕྲོ་ཅན་གྱིས་རྟོགས་པར་འགྱུར། །ཞེས་ཟེར་རོ། །

གཉིས་པ། དེ་སུན་དབྱུང་བ་ལ། ཆོས་དབྱིངས་ཡོད་དགེ་ཡིན་པ་དགག་པའི་སྒོ་ནས་གཤིས་ལ་དགེ་བ་ཡོད་པ་དགག །སེམས་ཅན་ཐམས་ཅད་དེ་བཞིན་གཤེགས་པའི་སྙིང་པོ་ཅན་དུ་གསུངས་པ་དགོངས་པ་ཅན་དུ་བསྟན་པའི་སྒོ་ནས་རྒྱུ་ལ་འབྲས་བུ་གནས་པ་དགག་པའོ། །དང་པོ་ལ། ཆོས་ཉིད་ཙམ་པོ་ཡོད་དགེ་དང་བདེ་གཤེགས་སྙིང་པོར་འདོད་པ་དགག་པ་དང་། དེའི་ཉེས་སྤོང་དུ་སེམས་ཅན་གྱི་ཁམས་དང་ཆོས་ཉིད་ཁྱད་པར

ཅན་བདེ་གཤེགས་སྙིང་པོར་འདོད་པ་དགག་པའོ། །དང་པོ་ལ། མཚམས་སྦྱར། ཆོས་དབྱིངས་ཡོད་དགེ་མ་ཡིན་པའི་ལུང་རིགས་རྒྱས་པར་བཤད། ཡོད་དགེ་མ་ཡིན་ཡང་བྱང་ཆུབ་སེམས་དཔའི་བློ་སྦྱོང་ལ་བསྔོས་ཀྱང་ཉེས་པ་མེད་པའི་ལན་དགག་པའོ། །དང་པོ་ནི། སེམས་ཅན་ཐམས་ཅད་ཀྱི་རྒྱུད་ལ་སྟོབས་སོགས་ཡོན་ཏན་གྱིས་བརྒྱན་པའི་སངས་རྒྱས་གདོད་མ་ནས་ལྷུན་གྲུབ་ཏུ་ཡོད་དོ་ཞེས་པ་གྲངས་ཅན་གྱི་ལུགས་དང་མཚུངས་པ་འདི་ཆོས་ཅན། མི་འཐད་དེ་ལུང་དང་རིགས་པས་དགག་པར་བྱ་བ་ཡིན་པས་སོ། །

གཉིས་པ་ལ་དྲུག་ལས། ཆོས་དབྱིངས་དགེ་བ་མ་ཡིན་པ་ལ་ལུང་གི་སྒྲུབ་བྱེད། ཡིན་པ་ལ་རིགས་པའི་གནོད་བྱེད། ཡང་ཡིན་པ་ལ་ལུང་གི་གནོད་བྱེད། མ་ཡིན་པ་ལ་རིགས་པའི་སྒྲུབ་བྱེད། རང་ལུགས་ཀྱི་ཡོད་དགེ་གསུངས་པའི་ལུང་གི་དགོངས་པ་བཤད། སླར་ཡང་གཞན་ལ་གནོད་བྱེད་ཀྱི་ལུང་རིགས་མདོར་བསྡུས་ནས་བརྗོད་པའོ། །དང་པོ་ལ། ལུང་གི་སྒྲུབ་བྱེད་དངོས་དང་། དེ་ཉིད་ལ་མངོན་པའི་ལུང་དང་འགལ་བ་སྤང་བ་གཉིས། དང་པོ་ལ། བདེ་གཤེགས་སྙིང་པོ་ཡོད་དགེ་མ་ཡིན་པའི་ལུང་དང་། སྟོང་ཉིད་སྙིང་རྗེའི་སྙིང་པོ་ཅན་བདེ་གཤེགས་སྙིང་པོར་འདོད་པའི་གཟུར་གནས་ཀྱི་རྐྱལ་བ་གཞན་གྱི་འདོད་པ་དགག་པའོ། །དང་པོ་ལ། རྒྱུད་བླ་མའི་ལུང་དྲང་བ་ནི། རང་ཉིད་ཀྱི་ཆོས་ཉིད་བསྔོ་རྒྱུའི་དགེ་རྩ་མ་ཡིན་ཏེ། དེ་འགྱུར་མེད་ཡིན་པའི་ཕྱིར། དེ་སྐད་དུ་ཡང་རྒྱུད་བླ་མ་ལས། སེམས་ཀྱི་རང་བཞིན་འོད་གསལ་གང་ཡིན་པ། །དེ་ནི་ནམ་མཁའ་བཞིན་དུ་འགྱུར་མེད་དེ། །ཡང་དག་མིན་རྟོག་ལས་བྱུང་འདོད་ཆགས་སོགས། །གློ་བུར་དྲི་མས་དེ་ཉོན་མོངས་མི་འགྱུར། །ཞེས་གསུངས་སོ། །དེ་བཞིན་གཤེགས་པའི་སྙིང་པོའི་མདོའི་ལུང་དྲང་བ་ནི། བདེ་གཤེགས་སྙིང་པོ་བསྔོ་རྒྱུའི་དགེ་རྩ་མ་ཡིན་ཏེ། དེ་བཞིན་གཤེགས་པའི་སྙིང་པོའི་མདོ་ལས། དེ་བཞིན་གཤེགས་པའི་སྙིང་པོ་འགྱུར་བ་མེད་པ་ཡིན། །ཞེས་བཤད་པའི་ཕྱིར་ཏེ། བཅོམ་ལྡན་འདས་དེ་བཞིན་གཤེགས་པའི་སྙིང་པོ་ནི་འདུས་བྱས་ཀྱི་མཚན་ཉིད་ཀྱི་ཡུལ་ལས་འདས་པ་ལགས་སོ། །བཅོམ་ལྡན་འདས་དེ་བཞིན་གཤེགས་པའི་སྙིང་པོ་ནི་རྟག་པ་བརྟན་པ་ཐེར་ཟུག་ལགས་སོ། །ཞེས་གསུངས་སོ། །ཤེ་བ་ཤེས་རབ་ཀྱི་ལུང་དྲང་བ་ནི། འཕགས་པ་ཀླུ་སྒྲུབ་ཀྱིས་ཀྱང་དབུ་མ་ལས། དེ་བཞིན་གཤེགས་པའི་རང་བཞིན་གང་། །དེ་ནི་འགྲོ་བའི་རང་བཞིན་ཡིན། །དེ་བཞིན་གཤེགས་པའི་རང་བཞིན་མེད། །འགྲོ་བ་འདི་ཡི་རང་བཞིན་མེད། །ཅེས་གསུངས་པ་ཡང་ཆོས་དབྱིངས་འགྱུར་མེད་ཡིན་པ་དེ་ཉིད་ལ་དགོངས་པ་ཡིན་པའི་ཕྱིར། གཞན་ཡང་ཤེས་རབ་ཀྱི་ཕ་རོལ་ཏུ་ཕྱིན་པའི་མདོ་ལས། ཆོས་ཀྱི་དབྱིངས་ནི་འདས་པ་མ་ཡིན། མ་འོངས་པ་མ་ཡིན། ད་ལྟར་བྱུང་བ་མ་ཡིན། ཞེས་པས། དུས་གསུམ་དང་། འདོད་པའི་ཁམས་སུ་གཏོགས་པ་མ་ཡིན། གཟུགས་ཀྱི་ཁམས་སུ་གཏོགས་པ་མ་ཡིན། གཟུགས

མེད་པའི་ཁམས་སུ་གཏོགས་པ་མ་ཡིན། ཞེས་པས་ཁམས་གསུམ་དང་། ཡང་ཐེག་པ་ཆེན་པོ་འདི་ཡང་དགེ་བ་མ་ཡིན། མི་དགེ་བ་མ་ཡིན། ལུང་དུ་མ་བསྟན་པ་མ་ཡིན། ཞེས་པས་ནི། དགེ་སྡིག་ལས་རྣམ་པར་གྲོལ་བ་ཡིན་ཞེས་བཤད་པའི་ཕྱིར། འདིར་རྣམ་བཤད་མཛད་པ་སྔ་མ་རྣམས་ཀྱིས་ནི། ཁམས་གསུམ་དུ་མི་གཏོགས་པ་དང་། དགེ་སྡིག་ལས་གྲོལ་བའི་ལུང་དྲང་རྒྱུ་མི་སྣང་ལ། འདིར་ནི། ཁམས་གསུམ་གཏོགས་པ་མ་ཡིན་དང་། །ཞེས་པའི་མདོར། འདོད་པའི་ཁམས་སུ་ལྟུང་པ་མིན། །ཞེས་སོགས་གསུངས་ལ། དགེ་སྡིག་ལས་གྲོལ་བ་ནི། ངེས་འབྱུང་བསླབ་པའི་སྐབས་སུ་གསུངས་སོ། །རྒྱུ་མཚན་དེས་ན། འབུམ་ལས། ཆོས་ཀྱི་དབྱིངས་ལ་ནི་ཡོངས་སུ་བསྔོ་བ་མེད་དོ། །ཞེས་བདུད་བཞི་ལས་རྒྱལ་བས་བཤད་དོ། །རྒྱུད་ཀྱི་ལུང་དྲང་བ་ནི། ཡང་དག་སྦྱོར་བ་སྟེ་སཾ་པུ་ཊའི་རྒྱུད་ལས་ཀྱང་། དེའི་སྡིག་དང་བསོད་ནམས་ཀྱི་ཆ་གཉིས་སུ་འཛིན་པ་རྣམ་པར་རྟོག་པ་སྟེ། དེས་ན་མཁས་པས་དགེ་སྡིག་ཏུ་འཛིན་པ་འདི་གཉིས་སྤང་། ཞེས་གསུངས་ཏེ། ཇི་སྐད་དུ། སྟོང་དང་སྟོང་མིན་བཟུང་བ་ལས། །རྟོག་པ་ཞུང་མིན་སྐྱེ་བར་འགྱུར། །ཡོངས་སུ་སྤངས་པས་ཀུན་རྟོག་སྟེ། །དེ་ཕྱིར་གཉིས་པོ་འདི་དག་སྤང་། །ཞེས་སོ། །དེ་བཞིན་དུ་གསང་འདུས་ལེའུ་བཅུ་བདུན་པ་ལས། ཆོས་ཐམས་ཅད་ནམ་མཁའ་རྡོ་རྗེའི་ཚིག་ཏུ་མཚོན་པའི་ཕྱིར། གཟུགས་ཀྱི་ཕུང་པོ་མ་ཡིན་ཞེས་པ་ནས། ཆོས་མ་ཡིན་ཆོས་མ་ཡིན་པ་ཡང་མ་ཡིན། ཞེས་གསུངས་པ་ལ་སོགས་པས་ཕྱག་ན་རྡོ་རྗེ་དབང་བསྐུར་བའི་རྒྱུད་སྟེ་ལས། རིགས་ཀྱི་བུ་ཆོས་ཉིད་གང་ཡིན་པ་དེ་ལ་ནི། ཞེས་པ་ནས། བསོད་ནམས་ཞེས་བྱ་བའམ་བསོད་ནམས་མ་ཡིན་ཞེས་བྱ་བའམ། འཁོར་བ་ཞེས་བྱ་བའམ། མྱ་ངན་ལས་འདས་པ་ཞེས་བྱ་བའམ། འཆིང་བ་ཞེས་བྱ་བའམ། ཐར་པ་ཞེས་བྱ་བ་མེད་དོ། །ཞེས་སོགས་ཀུན་ལས་གསུངས་སོ། །རིན་ཆེན་འཕྲེང་བའི་ལུང་གཉིས་ལས། དང་པོ་ནི། འཕགས་པ་ཀླུ་སྒྲུབ་ཉིད་ཀྱིས་ཀྱང་། རྒྱལ་པོ་ལ་གདམས་དུ་བྱ་བ་རིན་ཆེན་འཕྲེང་བ་ལས། ཆོས་དབྱིངས་ཟབ་མོ་དེ་སྡིག་པ་དང་བསོད་ནམས་ཀྱི་བྱ་བ་ལས་འདས་ཤིང་། དངོས་པོར་སྨྲ་བ་རྣམས་ལ་བཀོལ་བའི་དོན་དང་ལྡན་ཏེ། མུ་སྟེགས་གཞན་དང་རང་ཉིད་ཀྱི་འང་དངོས་པོར་སྨྲ་བ་རྣམས་ཀྱི་གནས་མ་ཡིན་ཞིང་། དེ་དག་ཟབ་མོ་དེ་ལ་སྐྲག་པས་དེའི་དོན་མ་མྱངས་པའི་ཕྱིར། ཞེས་གསུངས་སོ། །འདིར་གཞུང་ཕལ་ཆེར་དུ། ཟབ་མོ་བཀྲོལ་བ་ཞེས་འབྱུང་བ་ནི་མ་དག་ཅིང་། རྣམ་བཤད་མཛད་པ་སྣ་གདོང་པ་དང་ཀུ་མཱ་ར་སོགས་ཀྱིས་མ་དག་པ་དེ་ཉིད་དྲངས་ནས་འབྲུ་མ་བསྟན། མི་ཕམ་བཤེས་གཉེན་གྱིས་བྱས་ཟེར་བའི་འགྲེལ་པར་བཀྲོལ་བའི་དོན་དུ་བཤད་ཀྱང་རྩོད་བཅས་ཡིན་ལ། རིན་ཆེན་འཕྲེང་བའི་གཞུང་དག་པ་རྣམས་ལས་བཀོལ་བ་ཞེས་བྱ་བ་འབྱུང་ལ། ལྷ་བཙུན་བསམ་ཡས་པའི་ཊཱི་ཀ་ལས་ནི་བཀོལ་བའི་འབྲུ་སྣོན་མཛད་ཅིང་། ལེགས་བཤད་གསེར་གྱི་ཐུར་མར་ནི་བཀོལ་བའི་དོན་དང་།

བཀོལ་དགོས་པའི་རྒྱུ་མཚན་གཉིས་གསུངས། དང་པོ་ནི། མུ་སྟེགས་གཞན་དང་རང་ཉིད་ཀྱི་འང་། །གནས་མིན་སྨྲག་པས་མ་མྱངས་པས། །ཞེས་པས་བསྟན་ལ། གཉིས་པ་ནི། ཡོད་དང་མེད་ལས་མ་འདས་པས། །མི་མཁས་རྣམས་ནི་ཕྱུང་བར་འགྱུར། །ཞེས་པའི་ཉེས་པར་འགྱུར་རོ། །འདི་ར་གོ་ཊཱི་ཀ་ལས་གཞུང་མ་དག་པ་དེ་སོར་བཞག་ནས། སོ་སོ་སྐྱེ་བོའི་ཚིག་ཙམ་གྱི་སྒོ་ནས་བཀྲོལ་བ་ཞེས་ཟེར་བ་ནི་ཚིག་དོན་གང་ལ་ཡང་མ་ཞུགས་སོ༑ ༑ལུང་གཉིས་པ་ནི། གཞན་ཡང་རིན་ཆེན་འཕྲེང་བ་དེ་ཉིད་ལས། ཤེས་པས་ཡོད་དང་མེད་ཞིའི་ཕྱིར། །སྡིག་དང་བསོད་ནམས་ལས་འདས་པ། །དེ་ཡི་བདེ་འགྲོ་ངན་འགྲོ་ལས། །དེ་ནི་ཐར་པ་དམ་པར་བཞེད། །ཅེས་གསུངས་པ་ཡང་། ཆོས་ཀྱི་དབྱིངས་ལ་དགེ་སྡིག་མེད་པའི་ལུང་ཡིན་ནོ། །སྐབས་འདིར་ཆོས་དབྱིངས་དགེ་བ་མ་ཡིན་པར་བཤད་པ་ནི། རང་སྟོང་སྨྲ་བའི་ལྟ་བ་མཐར་ཐུག་གི་དབང་དུ་བྱས་ཏེ། སྐབས་དེར་ནི་ཆོས་དབྱིངས་ཡོད་པར་ཡང་ཁས་མི་ལེན་པས་སོ། །རྒྱུད་བླ་མར། དགེ་དང་རྣམ་པར་དག་པའི་ཕྱིར། །ཞེས་དང་། དབུས་མཐར། དགེ་གཉིས་ཐོབ་པར་བྱ་བའི་ཕྱིར། །ཞེས་བཤད་པ་རྣམས་ནི། གཞན་སྟོང་སྨྲ་བའི་དབང་དུ་བྱས་སོ། །སྐབས་དེར་ཡང་བསྔོ་རྒྱུའི་དགེ་རྩ་ནི་ཁས་མི་ལེན་ཏེ། འདུས་མ་བྱས་ཡིན་པའི་ཕྱིར། འོ་ན་དགེ་བ་བཏགས་པ་བར་བཤད་པ་མ་ཡིན་ནམ་ཞེ་ན། དེ་ནི་ཆོས་དབྱིངས་མེད་དགག་ཏུ་འཆད་པའི་དབང་དུ་བྱས་སོ། །ཆོས་མངོན་པར་ནི་དེ་བཞིན་ཉིད་དེ་དངོས་པོར་བཤད་ཅིང་། དེ་དགེ་བ་ཡིན་པ་ལ་དངོས་ལ་གནོད་བྱེད་གསུངས་པ་མེད་དོ། །ཡང་འདི་ར་གོ་བོའི་དྲིས་ལན་ལས། མངོན་རྟོགས་རྒྱན་དུ་ཆོས་དབྱིངས་དགེ་བར་བཤད་པ་མེད་དོ་ཞེས་ཟེར་བ་ནི་མི་འཐད་དེ། ཐེག་ཆེན་སྒྲུབ་པའི་དམིགས་པ་ལ་དགེ་སོགས་གསུམ་པོ་གང་རུང་གིས་ཁྱབ་པར་བཤད་པའི་ཕྱིར། གཞན་དུ་ན། ངོ་བོ་ཉིད་ཀྱི་སྐུ་ཡང་དགེ་བ་མ་ཡིན་པར་འགྱུར་ལ། དེ་ལྟ་ན་སངས་རྒྱས་ཡིན་པ་ལ་ཡང་ཤེས་བྱེད་འཆད་རྒྱུ་མེད་དོ། །འདུས་མ་བྱས་ཡིན་པས་དགེ་བ་མ་ཡིན་པར་འགྱུར་ན་ནི། འདུས་མ་བྱས་ཤིང་ལྷུན་གྱིས་གྲུབ། །ཅེས་པའི་སྐབས་ནས་བསྟན་པའི་སངས་རྒྱས་དེ་ཡང་དགེ་བ་མ་ཡིན་པར་འགྱུར་ལ། དེ་ལྟ་ན། གང་ལ་དཀོན་མཆོག་དགེ་བ་གསུམ་འབྱུང་བ། །ཞེས་གསུངས་པ་དང་འགལ་ལོ། །གཞན་ཡང་ངོ་བོ་ཉིད་སྐུ་དགེ་བ་མ་ཡིན་ན། སངས་རྒྱས་ཀྱི་ས་ན་དགེ་བ་མེད་པར་འགྱུར་ཏེ། སངས་རྒྱས་ཀྱི་སའི་ཆོས་ཐམས་ཅད་ངོ་བོ་ཉིད་སྐུར་རོ་གཅིག་ཅིང་། དེ་དགེ་བ་མ་ཡིན་པས་སོ། །འདོད་ན། སངས་རྒྱས་ལ་སྐུར་པ་མ་འདེབས་ཤིག །འོ་ན་གཞན་སྟོང་སྨྲ་བས་ཆོས་དབྱིངས་དགེ་བར་འདོད་ན། འདིར་ཆོས་དབྱིངས་དགེ་བ་མ་ཡིན་པའི་སྒྲུབ་བྱེད་དུ། རྒྱུད་ཀྱི་ལུང་དྲངས་པ་དང་འགལ་ཏེ། ཁྱེད་ཀྱི་རྒྱུད་ཀྱི་དགོངས་པ་གཞན་སྟོང་དུ་ཁས་བླངས་པས་སོ་ཞེ་ན། དེའི་ཉེས་པ་མེད་དེ། རྒྱུད་ཐམས་ཅད་ལས། ལྟ་བས་སྤྲོས་པ་གཅོད་པའི་དབང་དུ་བྱས་པ་དང་། སྒོམ་པས་ཉམས་ལེན་གྱི་

དབང་དུ་བྱས་པ་གཉིས་འབྱུང་ལ། དེ་ཡང་ཀྱེ་རྡོ་རྗེ་ལས། བསྒོམ་མེད་སྒོམ་པ་པོ་ཡང་མེད། །ཅེས་གསུངས་པ་ནི༑ ལྟ་བས་སྤྲོས་པ་གཅོད་པའི་དབང་དུ་བྱས་ལ། དེའི་ཚེ་ན་ཆོས་དབྱིངས་དགེ་བ་ཡིན་པ་ལྟ་ཅི་སྨོས་ཡོད་པ་ཡང་ཁས་མི་ལེན་པས་སོ། །སྒོམ་པས་ཉམས་མྱོང་གི་ཚེ་ཆོས་དབྱིངས་དགེ་བར་བཤད་དེ། སྒྱུ་འཕྲུལ་དྲ་བའི་རྒྱུད་ལས། ཐོག་མ་བར་དང་མཐར་དགེ་བ། །ཞེས་དོན་དམ་པའི་འཇམ་དཔལ་ཡེ་ཤེས་སེམས་དཔའ་དེ་དགེ་བར་བཤད་པས་སོ། །རྣམ་དཔྱོད་ངང་པའི་བུ་མོ་ནི། །ལེགས་བཤད་དབྱངས་ཀྱི་དར་དིར་ཅན། །ལུང་རིགས་རླབས་ཀྱིས་ཉེར་འཕྲུད་པའི། །ངེས་དོན་འོ་མའི་མཚོ་ལ་རོལ། །

གཉིས་པ། སྟོང་ཉིད་སྙིང་རྗེའི་སྙིང་པོ་ཅན་བདེ་གཤེགས་སྙིང་པོར་འདོད་པའི་གཟུར་གནས་ཀྱི་རྒོལ་བ་གཞན་གྱི་འདོད་པ་དགག་པ་ནི། སྟོད་ལུང་རྒྱ་དམར་བ་ལ་སོགས་པ་ཁ་ཅིག །བདེ་གཤེགས་སྙིང་པོའི་སྒྲ་གང་ལ་འཇུག་པའི་གཞི་ནི། སྟོང་ཉིད་སྙིང་རྗེའི་སྙིང་པོ་ཅན་གྱི་བྱང་ཆུབ་ཀྱི་སེམས་ལ་འདོད་དོ། །དེ་ཡང་མི་འཐད་དེ༑ །སྟོང་ཉིད་སྙིང་རྗེའི་སྙིང་པོ་ཅན་འདི་ནི་ཁམས་བདེ་བར་གཤེགས་པའི་སྙིང་པོའི་དྲི་མ་སྦྱོང་བྱེད་ཀྱི་ཐབས་ཡིན་གྱི། ཁམས་དངོས་མ་ཡིན་པའི་ཕྱིར་ཏེ་དེ་སྐད་དུ་ཡང་། ཚད་མ་རྣམ་འགྲེལ་ལས། སྒྲུབ་བྱེད་ཐུགས་རྗེ་གོམས་ལས་ཏེ། །ཞེས་ཐུགས་རྗེ་ཆེན་པོ་སྐྱེ་བ་དུ་མར་གོམས་པ་དེ་ཚད་མའི་སྐྱེས་བུ་སྒྲུབ་བྱེད་ཀྱི་ཐབས་སུ་གསུངས་པའི་ཕྱིར་དང་། དེ་བཞིན་དུ་བསླབ་པ་ཀུན་ལས་བཏུས་ཉིད་ལས་ཀྱང་། སྟོང་ཉིད་སྙིང་རྗེའི་སྙིང་པོ་ཅན་རྒྱུད་ལ་སྐྱེས་པས་བསོད་ནམས་ཀྱི་ཚོགས་ཀྱི་མཐོན་ཞེན་དང་། དངོས་པོར་འཛིན་པའི་དྲི་མ་དག་པར་འགྱུར་རོ། །ཞེས་གསུངས་པའི་ཕྱིར་དང་། དེ་བཞིན་དུ་སྡུད་པ་ལ་སོགས་པའི་མདོ་སྡེ་དང་རྒྱུད་ཀུན་ལས་ཀྱང་སྟོང་ཉིད་སྙིང་རྗེའི་སྙིང་པོ་ཅན་དེ་ཁམས་ཀྱི་དྲི་མ་སྦྱོང་བྱེད་ཀྱི་ཐབས་ཡིན་པ་དེ་སྐད་དུ་གསུངས་པའི་ཕྱིར་རོ། །དེ་ཡང་རྒྱུད་ལས། དེ་ཉིད་ཐབས་དང་ཤེས་རབ་མཆོག་གིས་ཡོངས་ཟིན་ན། །མ་ཉམས་དེ་བཞིན་གཤེགས་ཀྱི་བྱང་ཆུབ་རེག་པར་འགྱུར། །ཞེས་དང་། རྡོ་རྗེ་གུར་ལས། སྟོང་ཉིད་སྙིང་རྗེ་ཐ་དད་མེད། །གང་ལ་སེམས་ནི་རབ་སྒོམ་པ། །དེ་ནི་སངས་རྒྱས་ཆོས་དང་ནི། །དགེ་འདུན་གྱི་ཡང་བསྟན་པ་ཡིན། །ཞེས་གསུངས་སོ། །

གཉིས་པ། དེ་ཉིད་མདོན་པའི་ལུང་དང་འགལ་བ་སྤང་བ་ནི། གཤིས་ལ་དགེ་བ་མེད་ན་ཆོས་མངོན་པ་ལས་ངོ་བོ་ཉིད་ཀྱི་དགེ་བ་ཞེས་བཤད་པ་དང་འགལ་ལོ་ཞེ་ན། མི་འགལ་ཏེ། མངོན་པ་གོང་མའི་གཞུང་ལས། ངོ་བོ་ཉིད་ཀྱི་དགེ་བ་གང་ཞེ་ན། དད་པ་ལ་སོགས་པ་སེམས་ལས་བྱུང་བའི་ཆོས་བཅུ་གཅིག་གོ །ཞེས་བཅུ་གཅིག་པོ་ཁོ་ན་ཡིན་པར་བཤད་པའི་ཕྱིར་རོ། །ཡང་འདུས་མ་བྱས་ཀྱི་དགེ་བ་མི་སྲིད་ན། དོན་དམ་པའི་དགེ་སོགས་གསུམ་བཤད་པ་དང་འགལ་ལོ་ཞེ་ན། དེ་ཡང་མི་འགལ་ཏེ། དོན་དམ་པའི་དགེ་བ་ཞེས་བཤད་པ་དེ་དེ་

བཞིན་ཉིད་ལ་གསུངས་པ་ཡིན་ལ། དོན་དམ་སྡིག་པ་འཁོར་བའི་ཆོས་ཀུན་ལ་གསུངས་པ་དང་། ནམ་མཁའ་དང་སོ་སོར་བརྟགས་མིན་གྱི་འགོག་པ་གཉིས་ལ། དོན་དམ་པའི་ལུང་མ་བསྟན་ཞེས་བཤད་དེ། མངོན་པ་ཀུན་ལས་བཏུས་ལས། དོན་དམ་པའི་དགེ་བའི་དགེ་བ་གང་ཞེ་ན་དེ་བཞིན་ཉིད་དོ། །ཞེས་དང་། དོན་དམ་པའི་མི་དགེ་བ་གང་ཞེ་ན་འཁོར་བ་ཐམས་ཅད་དོ། །ཞེས་དང་། དོན་དམ་པའི་ལུང་མ་བསྟན་གང་ཞེ་ན། ནམ་མཁའ་དང་། སོ་སོར་བརྟགས་པ་མ་ཡིན་པའི་འགོག་པའོ། །ཞེས་གསུངས་སོ། །དེ་དག་ལས་དེ་བཞིན་ཉིད་ལ་དགེ་བ་ཞེས་བཤད་པའི་དགོངས་པ་འདི་ལྟར་ཡིན་ཏེ། དཔེར་ན་ནད་དང་བྲལ་བའི་ལུས་བདེ་བ་དང་། སེམས་མྱ་ངན་མེད་པ་ལ་སེམས་བདེ་ཞེས་ནི་འཇིག་རྟེན་ན་ཟེར་ཡང་། འདི་དག་ལ་སྡུག་བསྔལ་མེད་པ་ཙམ་ལས་གཞན་པའི་ཚོར་བ་བདེ་བ་མེད་མོད་ཀྱི། འོན་ཀྱང་སྡུག་བསྔལ་མེད་པ་ཙམ་ལ་བདེ་བ་ཡིན་ནོ་ཞེས་འཇིག་རྟེན་ཀུན་ལ་གྲགས་སོ། །དེ་བཞིན་དུ་ཆོས་ཀྱི་དབྱིངས་ལ་ཡང་། སྡིག་པ་མེད་པ་ཙམ་ཞིག་ལས་ལྷག་པའི་དགེ་བ་མེད་མོད་ཀྱི༑ འོན་ཀྱང་དགེ་བ་ཡིན་ནོ་ཞེས་བཏགས་པར་ཟད་པའི་ཕྱིར་རོ། །འདི་ནི་འཇིག་རྟེན་ལ་གྲགས་པའི་དཔེའོ། །བསྟན་བཅོས་ལ་གྲགས་པའི་དཔེ་ནི། གཞན་ཡང་མདོན་པའི་གཞུང་རྣམས་ལས། ཟས་ཀྱིས་འགྲངས་པ་ལ་ཉེ་བར་བརྟེན་པས་འདོད་ཆགས་དང་བྲལ་བ་ཞེས་གསུངས་ཤིང་། འཁྲིག་པ་སྤྱད་ནས་གདུང་བ་དང་བྲལ་བ་ལ་ཕྱིས་མི་འཕྲོད་པར་འཛིན་པ་ནི། གནོད་པས་འདོད་ཆགས་དང་བྲལ་བ་ཞེས་སོགས་ཆགས་བྲལ་གྱི་དབྱེ་བ་བཅུ་ལ། འདོད་ཆགས་དང་བྲལ་བར་གསུངས་མོད་ཀྱི། འོན་ཀྱང་གཏན་ནས་ཏེ་ས་བོན་སྤངས་པའི་ཚུལ་གྱིས་བྲལ་བ་ཡི་འདོད་ཆགས་དང་བྲལ་བ་ནི་མ་ཡིན་នོ། །དཔེ་དེ་བཞིན་དུ་ཆོས་ཀྱི་དབྱིངས་ལ་ཡང་དགེ་བ་ཡིན་ཞེས་མངོན་པ་ལས་གསུངས་པར་གྱུར་ཀྱང་། འབྲས་བུ་བདེ་བ་སྐྱེད་པའི་དགེ་བ་དངོས་ནི་མ་ཡིན་ཏེ། འདུས་མ་བྱས་པའི་ཕྱིར་རོ། །དེས་ན་གཞུང་འདི་ལྟར་འདོན་དགོས་ཏེ། མངོན་པའི་གཞུང་ལུགས་དག་ལས་ནི། །ངོ་བོ་ཉིད་ཀྱི་དགེ་བ་ཞེས། །ཞེས་འཆད་དགོས་ཀྱི། ཉན་ཐོས་རྣམས་ཞེས་པ་མ་དག་སྟེ། ཉན་ཐོས་ཀྱི་མངོན་པ་མཛོད་ལས་ནི། ངོ་བོ་ཉིད་ཀྱི་དགེ་བ་བཅུ་གཅིག་ཏུ་བཤད་པ་མེད་ལ། དེ་བཞིན་ཉིད་ཀྱི་ཐ་སྙད་ཀྱང་མ་བཤད་པའི་ཕྱིར་རོ། །སྐབས་འདིར་རྣམ་བཤད་མཛད་པ་ཀུ་མ་ར། འདི་ཉན་ཐོས་ཁོ་ན་ལ་སྦྱར་དགོས་ཏེ། འདིར་དེ་བཞིན་ཉིད་རྫས་གྲུབ་ཏུ་བཤད་ཅིང་། ཐེག་པ་ཆེན་པོ་ལས་ནི། དེ་བཞིན་ཉིད་རྫས་གྲུབ་འགོག་པའི་ཕྱིར་ཏེ། དབུས་མཐའ་ལས་དེ་བཞིན་ཉིད་དེ་སྟོང་པ་ཉིད་དང་དོན་གཅིག་པར་བཤད་པའི་ཕྱིར། ཞེས་གསུངས་པ་ནི་མི་འཐད་དེ། དབུས་མཐའ་ལས་སྟོང་ཉིད་དངོས་པོར་བཤད་པའི་ཕྱིར་ཏེ། གཉིས་དངོས་མེད་པའི་དངོས་མེད་པའི། །དངོས་པོ་སྟོང་པའི་མཚན་ཉིད་དོ། །ཞེས་གསུངས་ལ། ཀུན་ལས་བཏུས་ལས་

འདུས་མ་བྱས་པའི་དངོས་པོ་བརྒྱད་གསུངས་པ་ཡང་ཐེག་པ་ཆེན་པོའི་ལུགས་ཡིན་པའི་ཕྱིར་རོ། །ཡང་གོ་ཊི་ཀ་ལས། འདིར་ཉན་ཐོས་ཞེས་པ། མངོན་རྟོགས་ལྗོན་ཤིང་ལས། ཀུན་ལས་བཏུས་མདོ་སྡེ་པའི་གཞུང་ཡིན་པར་གསུངས་པ་དང་དོན་གཅིག་གོ །ཞེས་ཟེར་མོད། དེ་ཡང་མི་འཐད་དེ། དེ་ལྟར་གསུངས་པ་དེ་ཐེག་པ་ཆེན་པོའི་མདོ་སྡེ་པ་ལ་དགོངས་པའི་ཕྱིར་ཏེ། སྐབས་དེར་མདོ་སྡེ་པས་སྐུ་གསུམ་དང་། སྟོང་ཉིད་བཅུ་དྲུག་སོགས་ཁས་ལེན་པར་གསུངས་ལ། ཉན་ཐོས་སྡེ་གཉིས་ཀྱིས་དེ་ལྟར་ཁས་མི་ལེན་པའི་ཕྱིར། མདོ་སྡེ་པ་ལ་ཐེག་པ་ཆེ་ཆུང་གཉིས་ཡོད་པར་ཡང་ལྗོན་ཤིང་ལས་གསུངས་སོ། །

གཉིས་པ། ཆོས་དབྱིངས་དགེ་བ་ཡིན་པ་ལ་རིགས་པའི་གནོད་བྱེད་ལ། ཆོས་ཉིད་དགེ་བ་ཡིན་ན་ཧ་ཅང་ཐལ་བ་དང་། དེའི་ཉེས་སྤོང་དུ་བྱམས་སྙིང་རྗེ་གཞིས་ཀྱི་དགེ་བར་འདོད་པ་དགག་པའོ། །དང་པོ་ལ། སྡིག་པ་དང་ལུང་མ་བསྟན་གྱི་ཆོས་ཉིད་འབྲས་བུ་བདེ་བ་སྐྱེད་བྱེད་དུ་ཐལ་བ། ཁམས་བདེ་གཤེགས་སྙིང་པོ་ཅན་ངན་འགྲོར་འགྲོ་བ་མི་སྲིད་པར་ཐལ་བའོ། །དང་པོ་ནི། འདིའི་ཕྱོགས་སྔ་མས་རྣལ་འབྱོར་སྤྱོད་པ་དང་མཐུན་པར། ཆོས་དབྱིངས་ཀྱི་ངོ་བོ་ཤེས་པར་འདོད་ལ། དེ་ཡང་དགེ་བར་འདོད་ཅིང་། ཐ་སྙད་དང་དོན་དམ་གཉིས་ཀར་དུ་ཡང་ཆོས་ཀྱི་དབྱིངས་ལས་མ་གཏོགས་པའི་ཆོས་གཞན་མེད་པར་འདོད་དེ། མདོ་སྡེ་རྒྱན་ལས། ཆོས་ཀྱི་དབྱིངས་ལས་མ་གཏོགས་པའི། །གང་ཕྱིར་ཆོས་མེད་དེ་ཡི་ཕྱིར། །ཞེས་དང་། དབུས་མཐའ་ལས་ཀྱང་དེ་ལྟར་གསུངས་པའི་ཕྱིར་ཞེས་ཟེར་ཞིང་། ཐ་སྙད་ཀྱི་བདེན་པ་ཡང་རིགས་པས་དཔྱད་ནས་འཇོག་པས་ན་ཐ་སྙད་དུ་ཡང་དེ་ལྟར་ཆོས་དབྱིངས་ལས་མ་གཏོགས་པའི་ཆོས་གཞན་མེད་པར་ཁས་ལེན་ནོ། །དེ་འགོག་པ་ལ་རིགས་པ་གཉིས་ལས། དང་པོ་ནི། ཐ་སྙད་དུ་ཡང་སྡིག་པ་དང་ལུང་མ་བསྟན་མེད་པར་ཐལ། ཐ་སྙད་དུ་ཡང་ཆོས་ཀྱི་དབྱིངས་ལས་མ་གཏོགས་པའི་ཆོས་གཞན་མེད་པའི་ཕྱིར། འདོད་ན་སེམས་ཅན་ཀུན་ངན་འགྲོར་འགྲོ་བ་མི་སྲིད་པར་ཐར་ལོ། །དངོས་བསྟན་གྱི་འབྲུ་ནི། ཅི་ནས་ཆོས་ཀྱི་དབྱིངས་དགེ་བ་ཉིད་ཡིན་པར་ཁས་ལེན་ན། ཧ་ཅང་ཐལ་བ་གཉིས་འཇུག་པར་འགྱུར་ཏེ། སྡིག་པ་དང་ལུང་མ་བསྟན་གྱི་ངོ་བོ་དགེ་བར་ཐལ། དེ་གཉིས་ཀྱི་དོན་དམ་པའི་ངོ་བོ་དགེ་བ་ཡིན་པ་གང་ཞིག །ཀུན་རྫོབ་ཀྱི་ངོ་བོ་ཐ་སྙད་དུ་ཡང་མེད་པའི་ཕྱིར། རྟགས་དང་པོ་ཁས་བླངས་ཏེ། དེ་གཉིས་ཀྱི་དོན་དམ་པའི་ངོ་བོ་ཆོས་དབྱིངས་ཡིན་ཞིང་། ཆོས་དབྱིངས་དགེ་བར་ཁས་བླངས་པའི་ཕྱིར། གཉིས་པ་ཁས་བླངས་ཏེ། ཐ་སྙད་དུ་ཡང་ཆོས་ཀྱི་དབྱིངས་ལས་མ་གཏོགས་པའི་ཆོས་གཞན་མེད་པའི་ཕྱིར་རོ། །རྟགས་རྣལ་འབྱོར་སྤྱོད་པའི་གྲུབ་པའི་མཐའ་ལ་ཁས་བླངས་སོ། །གཉིས་པ་ནི། འདོད་པ་དེ་ལྟ་ཡིན་ན་ཁམས་བདེ་བར་གཤེགས་པའི་སྙིང་པོ་ཅན་གྱི་སེམས་ཅན་ཀུན་ངན་འགྲོར་འགྲོ་བ་མི་སྲིད་དོ་སྙེ་མི་སྲིད

པར་ཐལ་ལོ། །གཞུང་འདིའི་དོན་ནི་ཤིན་ཏུ་དཀའ་བར་སྣང་བས། ཊཱི་ཀ་བྱེད་པ་སྔ་མ་རྣམས་ཀྱིས་ནི། ཡོད་ན་ཆོས་དབྱིངས་ཡིན་པས་ཁྱབ་པ་དང་། སེམས་ཅན་ངན་འགྲོར་འགྲོ་བ་ཡོད་པ་དང་། ཆོས་དབྱིངས་ཡིན་ན་ཡོད་པ་མ་ཡིན་དགོས་པ་རྣམས་སྔ་རྗེ་བཞིན་དུ་ཁས་བླངས་པས་འགལ་འདུ་འབའ་ཞིག་འབྱུང་ལ། གོ་ཊཱི་ཀ་ལས་ནི་འཆད་ཚུལ་སྔ་མ་རྣམས་ཁས་བླངས་ན་འགལ་འདུ་འབྱུང་ཞིང་། འཆད་ཚུལ་གཞན་ཡང་མ་མཁྱེན་པས་སྐབས་འདིར་ཅིའང་མི་གསུང་ངོ་། །གཉིས་པ་ནི། བཀའ་གདམས་པ་ལ་ལ། བྱམས་པ་དང་སྙིང་རྗེ་དང་སོགས་པས་སྦྱིན་པ་ལ་སོགས་གཞིས་ཀྱི་དགེ་བ་ཡིན་ནོ། །ཞེས་ཟེར་རོ། །འདི་ཡང་དེ་ལྟར་མཐའ་གཅིག་ཏུ་ངེས་པ་མེད་དེ་གཞན་དོན་གྱི་ཐབས་ལ་མི་མཁས་པའི་བྱམས་པ་དང་སྙིང་རྗེ་སོགས་ངན་སོང་གི་རྒྱུ་རུ་ཐུབ་པས་གསུངས་པའི་ཕྱིར་རོ། །དེ་ཡང་མདོ་སྡེ་མཛངས་བླུན་ལས། སངས་རྒྱས་འོད་སྲུངས་ཀྱི་དུས་སུ། ཞལ་ཏ་བ་མ་ལི་ཏ་ཞེས་པས་དགེ་འདུན་གྱི་རྫས་རྣམས་རང་གི་ཉེ་དུ་ལ་སྦྱིན་པས། རང་ཉིད་ཤིང་ལྡོན་པ་ལྷ་བུའི་དམྱལ་བ་དང་། ཉེ་དུ་རྣམས་དེ་ལ་ཟ་བའི་སྲིན་འབུར་སྐྱེས་པར་གསུངས་པ་ལྟ་བུའོ། །འདི་ཡང་ཞིབ་མོར་ན། དགེ་འདུན་གྱི་འདུ་བའི་སྒོ་གྲོགས་པའི་ཆ་ནས་དམྱལ་བའི་རྒྱུར་སོང་བ་ཡིན་གྱི། ཉེ་དུ་ལ་བྱམས་པའི་ཆ་ནས་སོང་བ་ནི་མ་ཡིན་ནོ། །རྒྱུ་མཚན་དེས་ན། ཐབས་ལ་མཁས་པའི་བྱམས་སྙིང་རྗེ་ལ་དགོངས་ནས། བྱམས་སྙིང་རྗེ་དགེ་བར་གསུངས་པ་ཡིན་ཏེ། ཆོས་ཡང་དག་པར་སྡུད་པའི་མདོ་ལས། ཆོས་གཅིག་ལག་མཐིལ་དུ་མཆིས་ན་སངས་རྒྱས་ཀྱི་ཆོས་ཐམས་ཅད་ལག་མཐིལ་དུ་མཆིས་པ་ཞེས་བགྱི་སྟེ། གཅིག་གང་ཞེ་ན། སྙིང་རྗེ་ཆེན་པོའོ། །ཞེས་གསུངས་སོ། །

གསུམ་པ། ཆོས་དབྱིངས་དགེ་བ་ཡིན་པ་ལ་ལུང་གི་གནོད་བྱེད་ནི། ཆོས་དབྱིངས་ཡོད་དགེར་མི་འཐད་པ་དེས་ན། འགྲོ་བ་ཐམས་ཅད་ཀྱིས་བྱས་པའི་དགེ་བ་ལ་དགོངས་ནས། འགྲོ་ཀུན་དགེ་བ་ཇི་སྙེད་ཡོད་པ་དང་ཞེས་བྱ་བའི་ཚིག་གིས་གསུངས་པ་ཡིན་ཏེ། གལ་ཏེ་ཇི་སྙེད་ཡོད་པ་ཞེས་པ་དེ་ཆོས་དབྱིངས་ཡིན་ན། ཇི་སྙེད་ཅེས་བྱའི་སྒྲ་མི་འཐད་ཅིང་། ཡོད་པ་ཞེས་བྱ་བའི་སྒྲ་དང་ཡང་འགལ་ཏེ། དེའི་རྒྱུ་མཚན་འདི་ལྟར་ཡིན་ཏེ། ཆོས་ཀྱི་དབྱིངས་ལ་མང་ཉུང་མེད་པས་ཏེ། མང་ཉུང་གི་སྤྲོས་པ་དང་བྲལ་བ་ཡིན་པའི་ཕྱིར་རོ། །དེའི་ཁྱབ་འབྲེལ། ཇི་སྙེད་ཅེས་བྱའི་སྒྲ་དེ་མང་པོའི་སྒྲ་ཡིན་པའི་ཕྱིར་རོ། །ཇི་སྙེད་ཅེས་བྱའི་སྒྲ་མི་འཐད། །ཅེས་པའི་གོ་ཊཱི་ཀ་ལས། ཇི་སྙེད་ཅེས་བྱའི་སྒྲ་མི་འཐད་པར་ཐལ་བ་ཞེས་པའི་ས་བཅད་བྱས་འདུག་ཅིང་། འདི་འདྲའི་རིགས་ཅན་མང་པོ་སྣང་བ་ནི། ཐལ་འགྱུར་དང་རང་རྒྱུད་ཀྱི་ཤན་མ་ཕྱེད་པར་སྣང་ཞིང་། ཕྱིས་ཀྱི་ཊཱི་ཀ་ཕལ་ཆེར་ན་འདི་འདྲ་སྣང་བ་ནི། རིགས་པའི་རྣམ་གཞག་གཞུང་ནས་བཤད་པ་རྣམས་ནུབ་པའི་བརྡ་སྟོན་དུ་གོ་བར་བྱའོ། །གཉིས་པ། ཡོད་ཅེས་བྱ་བའི་སྒྲ་ཡང་འགལ། །ཞེས་པའི་སྒྲུབ་བྱེད་ནི། ཆོས་དབྱིངས་དེ་ཡོད་པའང་མ་ཡིན་ཏེ། ཡོད་པ་ལ་

མི་རྟག་པས་ཁྱབ་པར་ཆོས་ཀྱི་གྲགས་པས་ལེགས་པར་གསུངས་པའི་ཕྱིར་རོ། །གང་ལས་གསུངས་ན་རྩོད་རིགས་ལས། ཡོད་པ་ཉིད་ཀྱི་མཚན་ཉིད་ནི་དོན་བྱེད་ནུས་པ་ཡིན་ལ། དེ་ལས་ལྡོག་པའི་ཕྱིར་མེད་པ་ཁོ་ནར་འགྱུར་ཏེ། ཞེས་གསུངས་པ་དང་། རིགས་ཐིགས་ལས་གང་ཡོད་པའི་བྱས་པ་དེ་ཐམས་ཅད་ནི་མི་རྟག་པ་སྟེ། ཞེས་གསུངས་སོ། །འདིར་རྣམ་བཤད་མཛད་པ་བསམ་ཡས་པ་དང་། ཀུ་མྨ་ར་གཉིས་ཡོད་ཙམ་ལ་མི་རྟག་པས་ཁྱབ་པ་སྣྲ་ཧི་བཞིན་དུ་འཆད། སྣ་གདོང་པ་དངོས་པོར་ཡོད་པ་དང་དོན་ལ་ཡོད་པ་ལ་མི་རྟག་པས་ཁྱབ་པ་ཡིན་གྱི༑ ཡོད་པ་ཙམ་ལ་མི་རྟག་པས་མ་ཁྱབ་སྟེ། ནམ་མཁའ་ལ་སོགས་པ་ཡོད་པའི་ཕྱིར། ཞེས་གསུངས། གོ་ཊཱི་ཀ་པ་ཡང་དེའི་ཁ་ཕྱིར་འབྲང་། ལུགས་ཕྱི་མ་འདི་མི་འཐད་དེ། དེ་ལྟ་ན། དངོས་མེད་ཀྱང་ཡོད་པར་འགྱུར་ལ། འདོད་ན། རིགས་གཏེར་རང་འགྲེལ་ལས། ཡང་བོད་ཕལ་ཆེར་དངོས་མེད་ཀྱང་ཡོད་པར་འདོད་ལ། དེ་ལྟ་ན་ཡོད་པས་མི་རྟག་པ་སྒྲུབ་པ་མ་ངེས་པར་འགྱུར་ཏེ་དངོས་པོ་དང་དངོས་མེད་གཉིས་ཀ་ལ་རྟགས་ཡོད་པར་མཚུངས་པའི་ཕྱིར་རོ། །གལ་ཏེ་ཡོད་ཙམ་ལ་དངོས་པོའི་ཡོད་པ་དང་དངོས་མེད་ཀྱི་ཡོད་པ་གཉིས་ཡོད་དོ་ཞེ་ན། དངོས་མེད་ཀྱི་ཡོད་པ་དེ་ཅི། དོན་བྱེད་ནུས་ན་དངོས་པོར་འགྱུར་ལ། མི་ནུས་ན་ཅི་ཡང་མེད་པས་ཡོད་པར་མིང་བཏགས་ཀྱང་མེད་པ་ཉིད་ཡིན་ནོ། །ཡང་རྟགས་འགོད་པ་ན་ཡོད་ཙམ་མ་ངེས་པས། དངོས་པོའི་ཡོད་པ་ཡིན་པའི་ཕྱིར་ཞེས་དགོད་དགོས་པར་འགྱུར་རོ། །ཆོས་ཀྱི་གྲགས་པའི་རིགས་པ་དྲི་མ་མེད་པ་ལ་ངན་རྟོག་གི་རྟོག་པ་འདི་ཙམ་ཞིག་སློང་བ་བླུན་པོ་དེ་དག་གི་སྙིང་ལ་ཅི་ཞིག་ཞུགས། གསུམ་པ་རང་གི་ལུགས་ནི། ཡོད་པའི་མཚན་ཉིད་དོན་བྱེད་ནུས་པ་ཞེས་ཆོས་ཀྱི་གྲགས་པས་གསུངས་པ་དེ་ཉིད་ཡིན་ནོ། །ཞེས་གསུངས་པ་དང་འགལ་བས་སློབ་དཔོན་ངན་པའི་དུག་ཆུས་བསླད་པ་ཡིན་ནོ། །ཡང་ཡོད་ཙམ་ལ་མི་རྟག་པས་ཁྱབ་པ་ཡང་སྣྲ་ཧི་བཞིན་པ་མ་ཡིན་ཏེ། གཙོ་བོའི་སྒྲ་དོན་དེ་ཡོད་ཙམ་དུ་གསུངས་པའི་ཕྱིར་ཏེ། དེ་འདྲ་བ་ཡང་བཀག་པ་མེད། །ཅེས་དང་། མེད་པ་མ་ཡིན་སྒྲ་སྦྱོར་ཕྱིར། །ཞེས་དང་། རྣམ་ངེས་ལས། ཆོས་འགའ་ཞིག་ཡོད་དོ་ཞེས་དངོས་པོ་ཙམ་གྱི་ཁྱད་པར་སྒྲུབ་པའི་རང་བཞིན་གྱི་ཁྱད་པར་མ་བསྟན་པ་འགའ་ཞིག་ཡོད་པ་ཙམ་ལ་འགལ་བ་མེད་པའི་ཕྱིར། ཞེས་གསུངས་སོ། །འོ་ན་འདིར་ཡོད་ཙམ་ཞེས་གསུངས་པ་མ་ཡིན་ནམ་ཞེ་ན། དེ་ནི་ཡོད་པའི་རང་ལྡོག་ནས་རྟགས་སུ་དགོད་དགོས་ཞེས་པའི་དོན་ཡིན་ཏེ། དངོས་པོ་ཙམ་ཞིག་སྒྲུབ་པ་ན། །ཞེས་པ་ལྟ་བུའོ། །ཡང་སྐབས་འདིའི་གོ་ཊཱི་ཀ་ཏུ། དངོས་པོར་ཡོད་ན་མི་རྟག་པས་ཁྱབ་པ་ཡིན་གྱི། ཡོད་ན་མི་རྟག་པས་ཁྱབ་པོ་ཞེས་སྨྲས་ནས། དེས་མཛད་པའི་དྲི་ལན་དུ། ཡོད་ཙམ་ལ་མི་རྟག་པས་ཁྱབ་པའི་ཤེས་བྱེད་དུ། འཇིག་པ་ཡོད་ཙམ་འབྲེལ་བ་ཅན། །ཞེས་པ་བཀོད་པ་ནི། རྣམ་རྟོག་གཏིང་མ་ཚུགས་པ་དང་། ཐུར་ཁྱབ་དང་། རྗེས་ཁྱབ་ཤན་མ་ཕྱེད་པར

སྣང་ངོ་། །

ཡང་འདིར། ཆོས་ཀྱི་གྲགས་པའི་ལུགས་ལ་ཆོས་དབྱིངས་ཡོད་པ་མ་ཡིན་པར་ཁས་ལེན་པ་ནི་མ་ཡིན་ཏེ༑ དེས་ཆོས་དབྱིངས་ཀྱི་ངོ་བོ་གཟུང་འཛིན་གཉིས་མེད་ཀྱི་ཡེ་ཤེས་སུ་འདོད་པའི་ཕྱིར་དང་། སྐབས་འདིར་ཆོས་དབྱིངས་ཡོད་པ་མ་ཡིན་པར་བཤད་པ་ནི། ལྟ་བས་སྤྲོས་པ་གཅོད་པའི་དབང་དུ་བྱས་པ་ཡིན་ལ། ཅིག་ཤོས་ནི་སྒོམ་པས་ཉམས་མྱོང་གི་དབང་དུ་བྱས་པའི་ཕྱིར། ཡང་གོ་ཊཱི་ཀ་ཏུ། སྒོམ་པས་ཉམས་མྱོང་གི་ཚེ་ཡང་ཆོས་དབྱིངས་ཤེས་པར་ཁས་བླངས་ན་རྟག་པའི་མཐར་ལྷུང་ངོ་ཞེས་ཟེར་ཞིང་། རང་གི་བླ་མ་དང་ཆོས་གཉིས་ཀ་སྤོང་བ་འགའ་ཞིག་ཀྱང་དེའི་རྗེས་སུ་འབྲངས་ནས། ཆོས་དབྱིངས་ཤེས་པར་ཁས་ལེན་པ་ལ། དོན་དམ་རྟག་པར་སྨྲ་བའི་རྟག་སྨྲ་དང་། ཀུན་རྫོབ་ཆད་པར་སྨྲ་བའི་ཆད་སྨྲ་སྟེ། ཟུང་འཇུག་སྤྱངས་པའི་དབུ་མ་འདི་ངོ་མཚར་ཞེས་སྨྲ་པ་འདེབས་པ་ནི། ཁྱི་རྣན་ཀུ་ཙོ་འདོན་པ་ན་རྒྱ་མཚན་མེད་པར་གཞན་དག་རྒྱུག་པ་ཡིན་མོད། འཐད་པ་ནི་མ་ཡིན་ཏེ། ཐེག་པ་ཀུན་གྱི་རྩེ་མོ་རྡོ་རྗེའི་ཐེག་པར་ཡང་། ཆོས་དབྱིངས་ཤེས་པར་བཤད་པས་རྟག་པའི་མཐར་ལྷུང་བར་འགྱུར་རོ། །དེ་མ་བཤད་དོ་སྙམ་ན། ལམ་འབྲས་ཀྱི་གཞུང་བཤད་སྲས་དོན་མར། རྣམ་ཀུན་མཆོག་ལྡན་གྱི་སྟོང་པ་ཉིད་ནི་ཆོས་ཀྱི་སྐུའི་ཡེ་ཤེས་སོ། །ཞེས་གསུངས་པ་དེ་མ་མཐོང་བར་ཟད་པས། ཁྱེད་རྣམས་ལམ་འབྲས་འཆད་པར་རློམ་པ་ཡང་ཤིན་ཏུ་ངོ་ཚའོ། །གཞན་ཡང་རྣམ་བཤད་ཟླ་ཟེར་ལས། དོན་དམ་བདེན་པ་ཡེ་ཤེས་སུ་བཤད་པ་ཙམ་གྱིས་སེམས་ཙམ་དུ་འགྱུར་ན། གསང་བ་འདུས་པ་ལ་ཡང་དེར་ཐལ་བར་འགྱུར་རོ། །ཞེས་གསུངས་ཤིང་། དེ་ཇི་ལྟར་བཤད་ན། སྒྲོན་གསལ་ལས། གང་ལ་རྟོག་པ་མེད་པ་དེ་ནི་ཡེ་ཤེས་སོ༑ ༑དེ་གང་ཞེ་ན། དོན་དམ་པའི་བདེན་པ་བརྗོད་དུ་མེད་པ་དེ་ཉིད་ཡིན་ནོ། །ཞེས་གསུངས་སོ། །དེ་དག་ཁས་མི་ལེན་བཞིན་དུ། ངོར་པ་གཙང་མར་ཁས་ལེན་པ་ཡང་ཤིན་ཏུ་འབྲེལ་མེད་པ་ཡིན་ནོ། །གཞན་ཡང་ཁྱོད་ཀྱིས་ཀྱང་། ཀུན་རྫོབ་ཡོད་པ་དང་། དོན་དམ་ཡོད་པ་མ་ཡིན་པར་ཁས་བླངས་པས། འདི་སྐད་ཅེས། ཀུན་རྫོབ་རྟག་པར་སྨྲ་བའི་རྟག་སྨྲ་དང་། །དོན་དམ་ཆད་པར་སྨྲ་བའི་ཆད་སྨྲ་སྟེ། །ཟུང་འཇུག་སྤྱངས་པའི་དབུ་མ་དེ་བས་མཚར། །ཞེས་བརྗོད་ན་འཁོར་གསུམ། གཞན་གྱི་ཟེར་སྒྲོས་འཁྲུམ་པོ་ལ་བརྟེན་ནས། །ཆོས་དང་བླ་མ་མཐའ་དག་སྤོང་བྱེད་པའི། །རང་གི་གཏམ་ངན་ངོ་སོར་བྱེད་དེ་དག །མནར་མེད་མེ་ཡི་བུད་ཤིང་ཡིན་པར་ངེས། །ད་ནི་དགྲུས་མ་ཉིད་བཤད་པར་བྱའོ། །གཞན་ཡང་ཆོས་དབྱིངས་དེ་དངོས་པོར་ཐལ། དེ་ཡོད་པའི་ཕྱིར། འདོད་མི་ནུས་ཏེ། འཕགས་པ་ཀླུ་སྒྲུབ་ཉིད་ཀྱིས་ཀྱང་རྩ་བ་ཤེས་རབ་ཀྱི་རབ་བྱེད་ཉེར་ལྔ་པ་ལས། གལ་ཏེ་མྱ་ངན་འདས་དངོས་ན། །མྱ་ངན་འདས་པ་འདུས་བྱས་འགྱུར། །དངོས་པོ་འདུས་བྱས་མ་ཡིན་པ། །འགའ་ཡང་གང་ནའང་

ཡོད་པ་མིན། །ཞེས་གསུངས་པའི་ཕྱིར། །འདིར་ཆོས་ཉིད་དངོས་མེད་དུ་ཁས་ལེན་པ་རྣམས་ལ་ནི། འདུས་བྱས་སུ་ཐལ་བ་བཟློག་ཏུ་མེད་དེ། དངོས་དང་དངོས་མེད་འདུས་བྱས་ཡིན། །ཞེས་དངོས་མེད་ལ་འདུས་བྱས་ཀྱིས་ཁྱབ་པར་བཤད་པའི་ཕྱིར། གཞན་ཡང་རྩ་བ་ཤེས་རབ་དེ་ཉིད་ཀྱི་རབ་བྱེད་བཅོ་ལྔ་པ་ལས། གང་དག་རང་བཞིན་གཞན་དངོས་དང་། །དངོས་དང་དངོས་མེད་ཉིད་ལྟ་བ། །དེ་དག་སངས་རྒྱས་བསྟན་པ་ལ། །དེ་ཉིད་མཐོང་བ་མ་ཡིན་ནོ། །ཞེས་གསུངས་པ་དང་། གཞན་ཡང་རབ་བྱེད་དེ་ཉིད་ལས། བཅོམ་ལྡན་དངོས་དང་དངོས་མེད་པ། །མཁྱེན་པས་ཀཱ་ཏྱཱ་ཡ་ན་ཡི། །གདམས་ངག་ལས་ནི་ཡོད་པ་དང་། །མེད་པ་གཉིས་ཀ་དགག་པར་མཛད། །ཅེས་གསུངས་པའི་ཕྱིར། འདིའི་ལུང་ཁུངས་ནི། ལུང་ཕྲན་ཚེགས་ལས། ཀཱ་ཏྱཱ་ན། འཇིག་རྟེན་འདི་ནི་ཕལ་ཆེར་ཡོད་པ་དང་མེད་པ་ལ་མངོན་པར་ཞེན་ཏེ། དེ་ནི་སྐྱེ་བ་དང་། རྒ་བ་དང་། ན་བ་དང་། འཆི་བ་དང་། མྱ་ངན་དང་། སྨྲེ་སྔགས་འདོན་པ་དང་། སྡུག་བསྔལ་བ་དང་། ཡིད་མི་བདེ་བ་དང་། འཁྲུག་པ་ལས་ཡོངས་སུ་མི་གྲོལ། འགྲོ་བ་ལྔའི་འཁོར་བ་ལས་ཡོངས་སུ་མི་གྲོལ། །ཞེས་གསུངས་པས་ཀྱང་ཆོས་དབྱིངས་ཡོད་མེད་ལས་འདས་པར་གསུངས་པ་དང་། ཡང་རབ་བྱེད་དེ་ཉིད་ལས། ཡོད་ཅེས་བྱ་བ་རྟག་པར་འཛིན། །མེད་ཅེས་བྱ་བ་ཆད་པར་ལྟ། །དེ་ཕྱིར་ཡོད་དང་མེད་པ་ལ། །མཁས་པས་གནས་པར་མི་བྱའོ། །ཞེས་གསུངས་པ་ཡང་། ཆོས་ཀྱི་དབྱིངས་ཡོད་མེད་གཉིས་ཀ་མ་ཡིན་པའི་ལུང་ཡིན་ཏེ། ཡོད་མེད་དུ་བཟུང་ན་རྟག་ཆད་ཀྱི་མཐར་ལྷུང་བར་གསུངས་པའི་ཕྱིར་རོ། །དེས་ན་སངས་རྒྱས་ཀྱི་བསྟན་པའི་ངེས་དོན་ལ་གུས་པར་བྱེད་ན། ཆོས་ཀྱི་དབྱིངས་ཡོད་མེད་གཉིས་ཀར་མ་ཟུང་ཞིག་སྟེ། དེར་བཟུང་ན་རྟག་ཆད་ཀྱི་མཐར་ལྷུང་བའི་ཕྱིར། འདི་ལྟ་བ་ཀུན་ཟློག་གི་ཚེ་ཡིན་གྱི། བར་དུ་བདག་ཟློག་གི་ཚེ་ནི། ཆོས་ཉིད་བདེན་གྲུབ་ཏུ་བཤད་པའི་ཕྱིར་ཏེ། རིགས་པ་དྲུག་ཅུ་པ་ལས། མྱ་ངན་འདས་པ་བདེན་གཅིག་པུ། །ཞེས་བཤད་པའི་ཕྱིར། རྗེ་བཙུན་གྱི་མངོན་རྟོགས་ལྗོན་ཤིང་ལས་ཀྱང་། ཆོས་ཉིད་མྱ་ངན་ལས་འདས་པ་ནི་ཆོས་ཅན། དོན་དམ་པའི་བདེན་པ་ཡིན་ཏེ། བློ་དོན་དམ་པའི་ངོར་བདེན་པའི་ཕྱིར། ཞེས་གསུངས་པ་དང་། མདོ་སྡེ་དང་རྒྱུད་སྡེ་ཐམས་ཅད་ཀྱི་རྟོགས་བྱའི་དེ་ཁོ་ན་ཉིད་དེ༑ གཉིས་མེད་ཡེ་ཤེས་ལ་བྱེད་པར་བཤད་པའི་ཕྱིར། དེས་ན་ཕྱོགས་རེའི་མིག་ཅན་རྣམས་སླ་བ་ཞུང་ན་མཛེས་སོ༑ ༑

བཞི་པ། མ་ཡིན་པ་ལ་རིགས་པའི་སྒྲུབ་བྱེད་ལ་གཉིས་ཏེ། དོན་བྱེད་མི་ནུས་པའི་རིགས་པ་དང་། ཆོས་ཐམས་ཅད་བསྔོ་རྒྱུའི་དགེ་རྩ་ཅན་དུ་ཐལ་བའི་རིགས་པའོ། །དང་པོ་ནི། ལུང་དུ་མ་ཟད་རིགས་པས་ཀྱང་ནི་ཆོས་དབྱིངས་ཡོད་པ་མ་ཡིན་པ་འདི་འགྲུབ་སྟེ། གལ་ཏེ་ཡོད་ན་དོན་བྱེད་ནུས་དགོས་པའི་ཕྱིར་རོ། །ཆོས

དབྱིངས་དོན་བྱེད་ནུས་པ་མ་ཡིན་ཏེ། ཆོས་ཀྱི་དབྱིངས་ལ་ནི་བྱ་བྱེད་ཀྱི་སྤྲོས་པ་དང་བྲལ་བ་ཡིན་པའི་ཕྱིར་རོ། །དེས་ན་གཞུང་འདི་ལྟར་འདོན་ཏེ། ཡོད་ན་དོན་བྱེད་ནུས་ཕྱིར་རོ། །ཆོས་ཀྱི་དབྱིངས་ནི་བྱ་བྱེད་ཀྱི། །སྤྲོས་དང་བྲལ་བ་ཡིན་ཕྱིར་རོ། །ཞེས་སྒྱུར་རོ། །སྐབས་འདིའི་བསམ་ཡས་པའི་ཊཱི་ཀར། ཆོས་ཀྱི་དབྱིངས་ལ་མང་ཉུང་མེད། །ཅེས་བརྗོད་ནས། གཞུང་སྔ་མ་དང་མི་ལྡོས་ཏེ་སྔ་མ་ལུང་གི་སྐབས་དང་། འདི་རིགས་པའི་སྐབས་ཡིན་པའི་ཕྱིར། ཞེས་གསུང་ཡང་དེ་ནི་མི་འཐད་དེ། ཆོས་དབྱིངས་དོན་བྱེད་ནུས་པ་འགོག་པའི་སྐབས་དང་མ་འབྲེལ་བའི་ཕྱིར་རོ། །གཉིས་པ་ནི། གཞན་ཡང་ཡོད་པའི་དགེ་བ་ཞེས་གསུངས་པ་དེ་ནི་ཆོས་ཉིད་ལ་བྱེད་པ་ཡིན་ན། འགྲོ་བ་ཀུན་གྱི་དགེ་བ་ཞེས་བྱ་བ་སྨོས་ཅི་ཞིག་དགོས་ཏེ་མི་དགོས་པར་ཐལ། ཐེམ་པོ་དང་ནི་དངོས་མེད་དང་འཕགས་པ་རྣམས་ཀྱི་ཆོས་ཉིད་ཀྱང་ཅིའི་ཕྱིར་མི་བསྔོ་སྟེ་བསྔོ་རིགས་པར་འགྱུར་བའི་ཕྱིར་ཏེ། ཆོས་ཉིད་ཐམས་ཅད་བསྔོ་རྒྱུའི་དགེ་རྩ་ཡིན་པར་མཚུངས་པར་ཁས་ལེན་དགོས་པའི་ཕྱིར་རོ། །ལྔ་པ། རང་ལུགས་ཀྱི་ཡོད་དགེ་གསུངས་པའི་ལུང་གི་དགོངས་པ་བཤད་པ་ནི། ཆོས་དབྱིངས་ཡོད་དགེ་ཡིན་པ་ལུང་དང་རིགས་པས་མི་འཐད་པ་དེས་ན། འགྲོ་ཀུན་དགེ་བ་ཇི་སྙེད་ཡོད་པ་དང་། །ཞེས་སོགས་ཀྱི་གཞུང་དེའི་དགོངས་པ་ལེགས་པར་བཤད་ཀྱིས་འདི་ལྟར་ཟུང་ཞིག་ཅེས་གདམས་ནས།

འདི་ལ་འཆད་ཚུལ་གསུམ་ལས། དང་པོ་ནི། འགྲོ་བ་ཀུན་གྱིས་བྱས་པ་ཡི། །དགེ་བ་ཇི་སྙེད་ཡོད་པ་དང་། །ཞེས་བྱ་བའི་སྒྲ་ནི། དུས་དང་བྱེད་པ་པོ་སོ་སོར་མ་ཕྱེ་བའི་སྤྱིར་བསྟན་པ་ཡིན་ལ། འདས་པའི་དུས་ན་བྱས་པ་དང་། མ་འོངས་པའི་དུས་ན་བྱ་བར་འགྱུར་བ་དང་། དེ་བཞིན་དུ་ད་ལྟར་གྱི་དུས་སུ་བྱེད་བཞིན་པ་ཞེས་དུས་གསུམ་དུ་དབྱེ་བ་ནི་དམིགས་ཀྱིས་བསལ་བ་ཡིན་ནོ། །གཉིས་པ་ནི། དེ་ལས་ཡང་ན་རྐང་པ་དང་པོའི་དོན། འགྲོ་བ་གཞན་གྱིས་བྱས་པ་ཡི། །དགེ་བ་ཇི་སྙེད་ཡོད་པ་དང་། །རྐང་པ་གཉིས་པའི་དོན། རྡོ་རྗེ་རྒྱལ་མཚན་རང་ཉིད་ཀྱིས་ཀྱང་བྱས་པ་དང་། བྱ་བར་འགྱུར་བ་དང་། བྱེད་བཞིན་པ་ཞེས་བཤད་ཀྱང་མདོ་དང་འགལ་བ་མེད་དོ། །གསུམ་པ་ནི། ཡང་ན་རྐང་པ་སྔ་མ་མདོར་བསྟན་དང་། ཕྱི་མ་རྣམས་རྒྱས་བཤད་དོ། །འཆད་ཚུལ་སྔ་མའི་དཔེར་བརྗོད་ནི། དཔེར་ན་བཤགས་པ་བྱེད་པའི་ཚེ། འགྲོ་བ་ཀུན་གྱི་སྡིག་པ་ཇི་སྙེད་ཡོད་པ་བྱས་པ་དང་། རྡོ་རྗེ་རྒྱལ་མཚན་རང་ཉིད་ཀྱིས་ཀྱང་བྱས་པ་དང་། བྱ་བར་འགྱུར་བ་དང་། བྱེད་བཞིན་པའི་སྡིག་པ་རྣམས། རྒྱལ་བའི་མདུན་དུ་བཤགས་པར་ཞོག་ཅེས་བྱ་བའི་ཚིག་དང་མཚུངས་པ་ཡིན་ལ། དཔེའི་སྐབས་འདི་ལ། དུས་གསུམ་ལས་གཞན་པའི་ཡོད་པའི་སྡིག་པ་བཤག་རྒྱུ་གང་ཡང་མེད་ལ། དོན་གྱི་སྐབས་འདི་ལའང་དེ་བཞིན་དུ་དུས་གསུམ་ལས་གཞན་པའི་ཡོད་པའི་དགེ་བ་ཞེས་བྱ་བ་འདུས་མ་བྱས་ཤིག་སྲིད་པ་མ་ཡིན་ནོ། །གཞན་ཡང་ཡོད་པའི་དགེ་བ་

ཞེས་བྱ་བ་དེ་ཆོས་ཉིད་ལ་བྱེད་པ་མ་ཡིན་ཏེ། རྡོ་རྗེ་རྒྱལ་མཚན་གྱི་བསྔོ་བའི་ལེའུ་ཉིད་ལས་ཀྱང་། ཡོད་པའི་དགེ་བ་ཞེས་བྱ་བ་དེ་གསར་དུ་བསྒྲུབས་པའི་དགེ་བ་ལ་གསུངས་པའི་ཕྱིར། འདིར་སྒྲུབ་པར་གསུངས་ཞེས་པ་གཞུང་མ་དག་པ་ཡིན་ཡང་། རྣམ་བཤད་མཛད་པ་སྣ་གདོང་པ་དང་། ཀུ་མྣ་ར་དང་། གོ་བོ་རྣམས་ཀྱིས་མ་དག་པ་དེ་ཉིད་སོར་བཞག་ནས་འབྲུ་སྣོན་བྱས་མོད། ལུང་རིགས་གཉིས་ཀ་དང་མི་མཐུན་ཏེ། མདོ་སྡེ་ལས། ཕྱོགས་བཅུའི་འཇིག་རྟེན་ཁམས་ན་གང་ཡོད་པའི། །དགེ་བ་དེ་དག་ཡང་དག་བསྒྲུབས་པས་ན། །འགྲོ་བ་ཀུན་ལ་ཕན་དང་བདེ་སེམས་ཀྱིས། །ཡེ་ཤེས་མཁས་པ་དེ་དག་ཡོངས་སུ་བསྔོ། །ཞེས་བཤད་པའི་ཕྱིར་དང་། རིགས་པ་ནི། ཡོད་དགེ་དེ་ཆོས་དབྱིངས་མ་ཡིན་ཏེ། སྒྲུབ་པ་ཡིན་པའི་ཕྱིར། ཞེས་བཀོད་ན། ཕྱོགས་སྔ་མས་ཆོས་དབྱིངས་དངོས་པོར་འདོད་པ་ལ་གནོད་བྱེད་དུ་མི་འཇུག་པའི་ཕྱིར་རོ། །

ཡང་སྐབས་འདིར། བྱ་འགྱུར་དེ་བཞིན་བྱེད་པ་རྣམས། །རྒྱལ་བའི་མདུན་དུ་བཤགས་པར་བགྱི། །ཅེས་གསུངས་པ་ལ། གོ་ཊཱི་ཀ་ལས། མ་འོངས་པའི་སྡིག་པ་བཤགས་ཚུལ་འདི་མི་འཐད་དེ་ཕྱི་མ་ལ་སྡོམ་སེམས་མེད་ན་མི་འདག་པའི་ཕྱིར། ཞེས་འགོག་པར་བྱེད་དོ། །དེ་ནི་མི་འཐད་དེ། འོ་ན་དུས་གསུམ་གྱི་སྡིག་པ་ཐམས་ཅད་བཤགས་པའི་ཚིག་མི་འཐད་པར་ཐལ། མ་འོངས་པའི་སྡིག་པ་བཤགས་པའི་ཚིག་མི་འཐད་པའི་ཕྱིར། འདོད་ན༑ སྡིག་པ་ཐམས་ཅད་སོ་སོར་བཤགས། །ཞེས་ངག་འདོན་བྱེད་པ་དང་འགལ་ལོ། །དེར་མ་འོངས་པའི་སྡིག་པ་མ་འདུས་ན། མ་འོངས་པའི་སྡིག་པ་སྡིག་པ་མ་ཡིན་པར་ཁས་བླངས་པས། ཕྱིན་ཆད་ལ་སྡོམ་སེམས་མེད་པར་གསལ་ལོ། །

དྲུག་པ། སྐབས་ཡང་གཞན་ལ་ལུང་རིགས་ཀྱི་གནོད་བྱེད་མདོར་བསྡུས་ནས་བརྗོད་པ་ནི། ཆོས་དབྱིངས་དགེ་བར་བྱས་ནས་ནི་དེ་ལ་བསྔོ་བའི་རྒྱུར་བྱེད་པ་མི་འཐད་དེ། བསྔོ་བས་གཞན་དུ་འགྱུར་ན་ཆོས་དབྱིངས་དེ་འདུས་བྱས་སུ་འགྱུར་ལ། མི་འགྱུར་ན་ཆོས་དབྱིངས་བསྔོ་རྒྱུར་བྱས་པའི་བསྔོ་བ་དེ་དོན་མེད་པར་འགྱུར་རོ། །ཆོས་དབྱིངས་བསྔོ་བས་བསྒྱུར་བ་ཡང་མི་འཐད་དེ། མདོ་སྡེ་རྣམས་ལས་ཆོས་ཀྱི་དབྱིངས་འགྱུར་བ་མེད་པ་ཡིན་ཞེས་གསུངས་པའི་ཕྱིར། ལུང་ནི་སྔར་བཤད་ཟིན་པའི་ཕྱིར། ཡང་མི་སྦྲོའོ། །མདོ་ལས་གསུངས་པར་མ་ཟད། རྩ་བ་ཤེས་རབ་ཉིད་ལས་ཀྱང་ཆོས་ཉིད་འགྱུར་མེད་དུ་བཤད་དེ། རང་བཞིན་དེ་འགྱུར་མེད་དུ་བཤད་པའི་ཕྱིར་ཏེ། རང་བཞིན་དེ་ཁྱད་པར་གསུམ་ལྡན་དུ་བཤད་པའི་ཕྱིར།

ཁྱད་པར་གསུམ་ནི། ངོ་བོ་ཉིད་རྐྱེན་གྱིས་མ་བཅོས་པ། རྣམ་འཇོག་གཞན་ལ་མི་ལྟོས་པ། རང་བཞིན་གཞན་དུ་མི་འགྱུར་བའོ། །དང་པོ་ནི། རང་བཞིན་རྒྱུ་དང་རྐྱེན་ལས་ནི། །འབྱུང་བར་རིགས་པ་མ་ཡིན་ནོ། །རྒྱུ

དང་རྐྱེན་ལས་བྱུང་བ་ཡི། །རང་བཞིན་བྱས་པ་ཅན་དུ་འགྱུར། །རང་བཞིན་བྱས་པ་ཅན་ཞེས་བྱར། །ཇི་ལྟ་བུར་ན་རུང་བར་འགྱུར། །རང་བཞིན་དག་ནི་བཅོས་མིན་དང་། །ཞེས་སོ། །དེ་ཡང་དཔེར་ན་འཇིག་རྟེན་ན་ཚ་བ་མེའི་རང་བཞིན་ཡིན་པའི་རྒྱུ་མཚན་གྱིས། མེའི་ཚ་བ་དེ་གསར་དུ་བཅོས་པ་མ་ཡིན་ལ། ཆུའི་ཚ་བ་གསར་དུ་བཅོས་པ་ཡིན་པ་བཞིན་ནོ། །གཉིས་པ་ནི། གཞན་ལ་ལྟོས་པ་མེད་པ་ཡིན། །ཞེས་གསུངས་པ་ལ། དེ་ནི་དཔེར་ན་ཚ་བ་མེའི་རང་བཞིན་ཡིན་པའི་རྒྱུ་མཚན་གྱིས། མེའི་ཚ་བ་ཆུ་སོགས་གཞན་ལ་མི་ལྟོས་ལ། ཆུའི་ཚ་བ་ནི་མེ་སོགས་གཞན་ལ་ལྟོས་པ་བཞིན་ནོ། །འདི་ཡང་འཇིག་རྟེན་ལ་གྲགས་པ་ཡིན་གྱི། དབུ་མ་པས་ནི་མེའི་ཚ་བ་ཡང་ལྟོས་གྲུབ་ཏུ་འདོད་པར་གསལ་ལོ། །གསུམ་པ་ནི། གཞན་ཡང་རྩ་བ་ཤེས་རབ་དེ་ཉིད་ལས། གལ་ཏེ་རང་བཞིན་གྱིས་ཡོད་ན། །དེ་ནི་མེད་ཉིད་མི་འགྱུར་རོ། །རང་བཞིན་གཞན་དུ་འགྱུར་བ་ནི། །ནམ་ཡང་འཐད་པར་མི་འགྱུར་རོ། །ཞེས་གསུངས་པའི་ཕྱིར། དེ་ལ་སོགས་པའི་ལུང་དང་རིགས་པ་རྣམས་ཀྱིས་ཆོས་ཀྱི་དབྱིངས་དེ་བསྔོ་རྒྱུའི་དགེ་རྩ་མ་ཡིན་པར་གསུངས་ཏེ། ཆོས་དབྱིངས་དེ་འགྱུར་མེད་དུ་གསུངས་པའི་ཕྱིར་རོ། །

གཉིས་པ། ཆོས་དབྱིངས་དགེ་བ་མ་ཡིན་ཡང་བྱང་ཆུབ་སེམས་དཔའི་བློ་སྦྱོང་ལ་བསྔོས་ཀྱང་ཉེས་པ་མེད་པའི་ལན་དགག་པ་ལ། འདོད་པ་བརྗོད་པ་དང་། དེ་དགག་པ་གཉིས། དང་པོ་ནི། གལ་ཏེ་ཆོས་ཉིད་དེ་བཞིན་ཉིད་དེ་བསྔོ་བར་བྱ་རྒྱུའི་དགེ་བ་མ་ཡིན་མོད། བྱང་ཆུབ་སེམས་དཔའི་བློ་སྦྱོང་ཙམ་ལ་ཆོས་དབྱིངས་དེ་བསྔོ་རྒྱུའི་དགེ་རྩར་བྱས་ནས་བསྔོས་ཀྱང་ཉེས་པ་མེད་དོ་སྙམ་ན། གཉིས་པ་ལ། སྤྱིར་བསྟན་པ་དང་། རྒྱས་པར་བཤད་པའོ། །དང་པོ་ནི། མ་ཡིན་ཏེ། དེ་བསྔོ་རྒྱུར་བྱས་པ་འདི་ལ་ཉེས་པ་ཡོད་པའི་ཕྱིར། དེ་ལྟར་བྱས་པ་ལ་མཚན་མར་དམིགས་པའི་འདུ་ཤེས་ཡོད་པའི་ཕྱིར་ཏེ། མཚན་མར་དམིགས་པའི་འདུ་ཤེས་ཀྱིས་བསྔོ་བ་དུག་དང་བཅས་པར་འགྱུར་བའི་ཕྱིར། དེས་ན་བཤད་མ་ཐག་པ་འདི་འདྲའི་བསྔོ་བ་བྱས་པར་གྱུར་ན། ཆེད་དུ་བྱ་བ་དང་བསྔོ་བ་མ་ནོར་བའི་བསྔོ་བ་གཞན་ཐམས་ཅད་ཀྱང་འཇིག་པར་འགྱུར་ཏེ། དཔེར་ན་སྦྲལ་པ་སྨ་ཅན་གཅིག་སྦྲལ་པ་གཞན་དང་ལྷན་ཅིག་ཏུ་སྦྲལ་དོང་དུ་ཞུགས་ན། སྦྲལ་པ་གཞན་རྨུས་ཤིང་རུལ་ནས་འཆི་བ་ཇི་བཞིན་ནོ། །

གཉིས་པ་ལ། བློ་སྦྱོང་གི་བསྔོ་བ་ངོས་བཟུང་། ཆོས་ཉིད་བསྔོ་རྒྱུར་བྱེད་ན་བྱང་ཆུབ་སེམས་དཔའི་བློ་སྦྱོང་དུ་ཡང་མི་རུང་བར་བསྟན་པའོ། །དང་པོ་ནི། ཆོས་ཉིད་སྤྲོས་བྲལ་གྱི་ངང་ནས་ནི་རྨི་ལམ་དང་། སྒྱུ་མ་ལྟ་བུའི་དགེ་བ་ཇི་སྙེད་བྱས་པ་རྣམས་གནས་ཀྱི་སྒོ་ནས་འགྲུབ་པའམ། གལ་ཏེ་གནས་མིན་གྱི་སྒོ་ནས་མི་འགྲུབ་ཀྱང་རུང་སྟེ། འགྲོ་བ་ལ་ཕན་བདེའི་དོན་དུ་བསྔོ་བར་བྱེད་ན་བྱང་ཆུབ་སེམས་དཔའི་བློ་སྦྱོང་ལ་མཁས་པའི་བློ་སྦྱོང་ཡིན་ནོ། །གཉིས་པ་ལ། ལུང་དང་འགལ་བས་དེར་མི་རུང་བར་བསྟན། རིགས་པ་དང་འགལ་བས་དེར་མི་

རུང་བར་བསྟན། ཁས་བླངས་དང་འགལ་བས་དེ་ར་མི་རུང་བར་བསྟན་པའོ། །དང་པོ་ནི། ཆོས་ཉིད་བསྔོ་རྒྱུར་བྱེད་ན་ནི་བྱང་ཆུབ་སེམས་དཔའི་བློ་སྦྱོང་དུ་ཡང་མི་རུང་སྟེ། དེའི་རྒྱུ་མཚན་འདི་ལྟར་ཡིན་ཏེ། ཆོས་དབྱིངས་དེ་སྤྲོས་པ་ཐམས་ཅད་དང་བྲལ་བ་ལ་བསྔོ་རྒྱུའི་དགེ་བར་བྱེད་ན། དམིགས་པ་དང་བཅས་པར་འགྱུར་བའི་ཕྱིར་རོ། །ཁྱབ་སྟེ་དམིགས་པ་དང་བཅས་པའི་འདུ་ཤེས་ཀྱིས་བསྔོ་བ་དེ་དུག་དང་བཅས་པར་གསུངས་པའི་ཕྱིར་རོ། །ཇི་ལྟར་གསུངས་ན། མདོ་སྡུད་པ་ལས། དཔེར་ན་དུག་དང་འདྲེས་པའི་ཁ་ཟས་བཟང་ཟ་བ། །དཀར་པོའི་ཆོས་ལ་དམིགས་པའང་དེ་འདྲར་རྒྱལ་བས་གསུངས། །ཞེས་དང་། གཞན་ཡང་། མངོན་རྟོགས་རྒྱན་གྱི་བསྔོ་བ་སྐབས་ལས་ཀྱི་སྐབས་ལས་ཀྱང་། ཡོངས་སུ་བསྔོ་བ་ཁྱད་པར་ཅན། །དེ་ཡི་བྱེད་པ་མཆོག་ཡིན་ནོ། །དེ་ནི་དམིགས་མེད་རྣམ་པ་ཅན། །ཕྱིན་ཅི་མ་ལོག་མཚན་ཉིད་དོ། །ཞེས་པས་ཀྱང་། འཁོར་གསུམ་མི་དམིགས་པས་ཟིན་དགོས་པར་གསུངས་ལ། དེ་བཞིན་མདོ་རྒྱུད་ཐམས་ཅད་ལས་མཐུན་པར་གསུངས་ཏེ། བརྒྱད་སྟོང་པ་ལས། དཔེར་ན་ཁ་ཟས་དུག་དང་བཅས་པ་དེ་བཞིན་དུ། དམིགས་པའི་འདུ་ཤེས་ཅན་ལ་ཡོངས་སུ་བསྔོ་བ་མེད་དོ། །ཞེས་དང་། རྒྱུད་ལས། རྣམ་རྟོག་མ་རིག་ཆེན་པོ་སྟེ། །འཁོར་བའི་རྒྱ་མཚོར་ལྟུང་བྱེད་ཡིན། །མི་རྟོག་ཏིང་འཛིན་ལ་གནས་ན། །མཁའ་བཞིན་དྲི་མ་མེད་པར་འགྱུར། །ཞེས་གསུངས་པའི་ཕྱིར། གཉིས་པ་ནི། ཕྱག་རྒྱ་བ་གང་དག་དམིགས་པ་མེད་པའི་ཆོས་ཀྱི་དབྱིངས་སྤྲོས་བྲལ་ལ་ཡང་ཡོད་པ་ཡི་དགེ་བ་ཡིན་ཞེས་བྱ་བར་དམིགས་པར་བྱེད་ན༑ དེ་ཡིས་ཆོས་ཅན་སྤྲོས་བཅས་གཞན་དག་ལ་དམིགས་པར་འགྱུར་བ་ལྟ་ཅི་སྨོས་ཏེ། དཔེར་ན་བྱི་བས་སྣུམ་འཁུར་བརྒྱུས་པའི་དབྱུག་པ་ཟོས་པར་གྱུར་ན། སྣུམ་འཁུར་ཟོས་པ་སྨོས་ཅི་དགོས་པ་དང་མཚུངས་པའི་ཕྱིར། གསུམ་པ་ནི། གཞན་ཡང་ཆོས་ཉིད་དེ་བཞིན་ཉིད་བསྔོ་བའི་ཡུལ་ཏེ་རྒྱུར་བྱེད་པ་དང་། ཆོས་ཉིད་མི་འགྱུར་བདེན་པའི་གྲུབ་མཐའ་དང་། །ཞེས་ཟེར་བ་གོང་འོག་འགལ་བ་ཡིན་ཏེ། བསྔོ་རྒྱུའི་དགེ་རྩ་ཡིན་ན་བསྒྱུར་མི་ནུས་པར་འགལ་བའི་ཕྱིར་རོ། །རྒྱུ་མཚན་དེས་ན་ལེགས་པར་སེམས་ལ་སློབས་ཤིག་སྟེ། མ་བསམས་ན་བབ་ཅོལ་དུ་འགྱུར་བའི་ཉེས་པ་ཡོད་པའི་ཕྱིར་རོ། །

གཉིས་པ། དེའི་ཉེས་སྤོང་དུ་སེམས་ཅན་གྱི་ཁམས་དང་ཆོས་ཉིད་ཁྱད་པར་བདེ་གཤེགས་སྙིང་པོར་འདོད་པ་དགག་པ་ལ། སེམས་ཅན་གྱི་ཁམས་བདེ་གཤེགས་སྙིང་པོར་འདོད་པ་དགག་པ་དང་། སེམས་ཅན་གྱི་ཆོས་ཉིད་བདེ་གཤེགས་སྙིང་པོར་འདོད་པ་དགག་པའོ། །དང་པོ་ལ། འདོད་པ་བརྗོད་པ་དང་། དེ་དགག་པ་གཉིས་ལས། དང་པོ་ནི། བོད་ལ་ལ་བདེ་གཤེགས་སྙིང་པོའི་སྒྲ་གང་ལ་འཇུག་པའི་གཞི་དེ་ཆོས་དབྱིངས་ལ་མི་ཟེར་བར། སེམས་ཅན་རྣམས་ཁོ་ནའི་ཁམས་ལ་འདོད་དོ། །

གཉིས་པ། དེ་དགག་པ་ལ། བརྟག་པ་སྤྱིར་བསྟན་པ་དང་། ཁས་ལེན་སོ་སོར་དགག་པའོ། །དང་པོ་ནི། སེམས་ཅན་གྱི་ཁམས་བདེ་གཤེགས་སྙིང་པོ་ཡིན་ན། ཁམས་དེ་དངོས་པོའམ་དངོས་མེད་དམ། གཉིས་ཀ་མ་ཡིན་པའི་སྤྲོས་བྲལ་ཞིག་ཡིན་ཞེས་བརྟག་པར་བྱ་སྟེ། རྣམ་པ་གསུམ་པོ་དེ་ལས་གཞན་མི་སྲིད་པའི་ཕྱིར། གཉིས་པ་ལ། སེམས་ཅན་གྱི་ཁམས་དེ་དངོས་པོར་འདོད་པ་མི་འཐད། དངོས་མེད་ཡིན་ན་དགག་བར་འགལ་བ། ཆོས་ཉིད་ཡིན་པ་སྤྱིར་འཐད་དུ་ཆུག་ཀྱང་ཡོད་དགོར་མི་འཐད་པའོ། །དང་པོ་ནི། ཁམས་དེ་དངོས་པོ་ཡིན་ནོ་ཞེ་ན་བེམ་པོ་དང་རིག་པ་གང་རུང་དུ་ཐལ། དངོས་པོ་ཡིན་པའི་ཕྱིར། ཁྱབ་སྟེ། དངོས་པོ་ལ་དེ་གཉིས་སུ་ཁ་ཚོན་ཆོད་པའི་ཕྱིར་རོ། །སྐབས་འདིར་སྣ་གདོང་པ་གྲངས་ངེས་པ་ཁྱབ་པ་མི་འཛིན་པ་གསུང་རབ་སྤྱིའི་དགོངས་པ་ཡིན་ནོ། །ཞེས་དང་། བོ་དོང་བ་པཎ་ཆེན་འཇིགས་མེད་གྲགས་པ་དང་། དར་ཊཱི་ཀ་པ་རྣམས་དངོས་པོ་ཙམ་པོས་མ་ངེས་སོ། །ཞེས་ཟེར་མོད། དེ་དག་ནི་གཞན་སེལ་གྱི་གནད་མ་དགོངས་པས། ལྡོག་པའི་ཕུང་གསུམ་རྒྱུ་མཚན་དུ་བྱས་ནས། རྫས་ཀྱི་གྲངས་བཞིག་པ་ཡིན་མོད། དེ་ལྟར་ན་མདུན་གྱི་སྐྱེས་བུ་ལན་འདེབས་པའི་ལག་པ་ལ་ལག་པ་གཡས་གཡོན་གང་རུང་གིས་མ་ཁྱབ་པར་འགྱུར་ལ། དེ་ལྟར་ན་མདུན་གྱི་སྐྱེས་བུ་ལན་འདེབས་པ་ལ་ལག་པ་གསུམ་ཡོད་པར་འགྱུར་རོ། །དོན་འདི་ལ་དགོངས་ནས། མི་ཕམ་གཡག་གི་མཚན་ཅན་གྱིས། དངོས་པོ་ཙམ་པོ་དེ་རྟག་པ་ཡིན་ནོ་ཞེས་གསུངས་ལ། དེའང་རྟོག་ངོར་ཕུང་གསུམ་སྲིད་པ་མ་དགོངས་པ་ཡིན་ནོ༔ །རྫས་ཀྱི་སྟེང་ནས་དེ་གཉིས་སུ་གྲངས་ངེས་ཏེ། ལྡན་མིན་འདུ་བྱེད་ནི་བཏགས་ཡོད་ཡིན་པའི་ཕྱིར་རོ། །བེམ་པོ་ཡིན་ནོ་ཞེ་ན། བེམ་པོ་སེམས་ཅན་གྱི་ཁམས་སུ་འདོད་པ་མི་འཐད་དེ། དེ་ལྟ་ཉིད་དུ་འདོད་པ་ནི་མུ་སྟེགས་བྱེ་བྲག་པ་སོགས་འགའི་ལུགས་ཡིན་གྱི་སངས་རྒྱས་པ་ལ་དེ་ལྟར་འདོད་པ་མེད་པའི་ཕྱིར་རོ། །དེ་ཡང་བྱེ་བྲག་པའི་གཞུང་ལས། གཞན་དག་ཀྱང་ནི་འདིར་བརྟག་སྟེ། །འདོད་དང་སྡང་སོགས་ཡོན་ཏན་ཅན། །རྟེན་དང་ཀུན་འཇུག་ཟད་བྱེད་པ། །རང་ཉིད་བེམ་པོའི་ངོ་བོར་འདོད། །ཅེས་བདག་དེ་ཆོས་དགུ་ལྡན་བེམ་པོ་ཞིག་ལ་འདོད་ལ༔ རྒྱང་འཕེན་པ་ས་ལ་ཤེས་པ་ཡོད་པར་འདོད། གཅེར་བུ་པ་ཤིང་སེམས་ལྡན་དུ་འདོད་པ་རྣམས་ལ་དགོངས་སོ༔ །ཡང་རྣམ་བཤད་མཛད་པ་བསམ་ཡས་པར། བདག་བེམ་པོར་འདོད་པའི་མུ་སྟེགས་བྱེད་ཡོད་པར་བཤད་ཀྱང་། བེམ་པོ་སེམས་ཅན་གྱི་ཁམས་སུ་བཤད་པ་མ་མཐོང་ངོ་། །ཞེས་གསུངས་མོད། འདིར་བདག་དང་སེམས་ཅན་མིང་གི་རྣམ་གྲངས་ཡིན་པའི་དབང་དུ་མཛད་དོ། །རིག་པ་ཡིན་ནོ་ཞེ་ན། རྣམ་ཤེས་ཚོགས་བརྒྱད་གང་རུང་དུ་ཐལ། ཆོས་དབྱིངས་མ་ཡིན་པའི་རིག་པ་ཡིན་པའི་ཕྱིར། ཁྱབ་སྟེ། ཆོས་ཉིད་མ་ཡིན་པའི་རིག་པ་ལ་ཚོགས་བརྒྱད་འཁོར་བཅས་གང་རུང་ལས་འདའ་བ་མེད་པའི་ཕྱིར་རོ། །འདོད་མི་ནུས་ཏེ། རྣམ་ཤེས་ཚོགས་བརྒྱད་ནི་

འདུས་བྱས་ཡིན་པའི་ཕྱིར། བདེ་གཤེགས་སྙིང་པོར་མི་འཐད་དོ་སྙེ་དེར་འགལ་བའི་ཕྱིར་ཏེ། དེ་བཞིན་གཤེགས་པའི་སྙིང་པོའི་མདོ་ལས། བདེ་བར་གཤེགས་པའི་སྙིང་པོ་ནི་འདུས་མ་བྱས་སུ་གསུངས་པའི་ཕྱིར་རོ༑ ༑སྐབས་འདིར་གོ་ཊཱི་ཀ་ལས། ཤེས་པ་ཡིན་ན་རྣམ་ཤེས་ཚོགས་བརྒྱད་དང་། སེམས་བྱུང་གང་རུང་ཡིན་དགོས་སོ་ཞེས་ཟེར་བ་ནི། རྣམ་ཤེས་དང་ཡེ་ཤེས་ཤན་མ་ཕྱེད་པའི་གཏམ་ཡིན་པས་མི་འཐད་དེ། མདོ་ལས། རྣམ་ཤེས་ལ་མི་རྟོན་ཡེ་ཤེས་ལ་རྟོན་པར་གསུངས་པ་དང་འགལ་བའི་ཕྱིར་དང་། ཐུབ་པ་དགོངས་གསལ་དུ། སངས་རྒྱས་ཀྱི་ས་ན་ཡེ་ཤེས་ཡོད་མེད་དཔྱད་པའི་སྐབས་ན། ཡེ་ཤེས་དེ་སེམས་བྱུང་ལ་འཆད་ན། སངས་རྒྱས་ཀྱི་ས་ན་དེ་མེད་དེ། འཕྲུལ་པ་ཟད་པའི་ཕྱིར་རོ། །ཞེས་གསུངས་པ་དང་འགལ་བ་དང་། ཡང་བླ་མ་ཅོང་ཁ་པས། རྣམ་ཤེས་དང་ཡེ་ཤེས་ལ་ཁྱད་པར་འབྱེད་པ་ནི་རྨོངས་པ་མཚར་སྐྱེད་ཡིན་ནོ། །ཞེས་ཟེར་བ་དེའི་རྗེས་སུ་འབྲང་བར་ཟད་དོ། །གཞན་ཡང་གཙོ་བོ་སེམས་གནས་གྱུར་པའི་ཡེ་ཤེས་དེ་གཙོ་བོ་སེམས་སུ་ཁས་ལེན་ན། ཉོན་ཡིད་གནས་གྱུར་པའི་ཡེ་ཤེས་དེ་ཡང་ཉོན་ཡིད་དུ་ཐལ་བར་འགྱུར་རོ། །མདོ་འགའ་ལས། བདེ་གཤེགས་སྙིང་པོས་འགྲོ་ཀུན་ཡོངས་ལ་ཁྱབ། །དྲི་མ་མེད་པའི་ཡིད་ལ་རབ་ཏུ་བརྟེན། །ཞེས་ཟག་མེད་ཀྱི་སེམས་རྒྱུད་ཅེས་གསུངས་པ་དེ་ཅི་ཞེ་ན། དེ་ནི་ཀུན་གཞིའི་རྣམ་ཤེས་ཀྱི་སྟེང་གི་གསལ་རིག་གི་ཆ་ཉིད་ལ་དགོངས་པ་ཡིན་ལ། དེ་ཀུན་གཞིའི་རྣམ་ཤེས་ནི་མ་ཡིན་ཏེ། གལ་ཏེ་ཡིན་ན་ཀུན་གཞི་རྣམ་ཤེས་དེ་ནི་མ་སྒྲིབ་ལུང་མ་བསྟན་ཡིན་པའི་ཕྱིར། དེ་ལ་དགེ་བའི་ཐ་སྙད་མེད་དགོས་ལ། ཟག་མེད་ཀྱི་སེམས་རྒྱུད་ཇི་སྲིད་ཁས་ལེན་པ་དེ་སྲིད་དུ། དོན་དམ་པའི་དགེ་བར་ཁས་ལེན་དགོས་པའི་ཕྱིར་རོ། །འདིར་རྣམ་བཤད་མཛད་པ་སྔ་མ་རྣམས་ཀྱིས། ཀུན་གཞིའི་སྟེང་གི་གསལ་རིག་གི་ཆ་དེ་ཀུན་གཞིའི་རྣམ་ཤེས་སུ་འཆད་པ་ནི་མི་འཐད་དེ། དེ་ལ་ནི་ཟག་པ་མེད་པའི་ས་བོན་དང་། རང་བཞིན་གནས་རིགས་དང་། སེམས་རང་བཞིན་གྱིས་འོད་གསལ་བ་དང་། ཀུན་གཞིའི་རྒྱུ་རྒྱུད་དང་། སེམས་ཀྱི་རྡོ་རྗེ་ཞེས་དགོངས་འགྲེལ་གྱི་འགྲེལ་པ་དང་། མཁའ་འགྲོ་རྒྱ་མཚོའི་འགྲེལ་པར། ཀུན་གཞིའི་ཡེ་ཤེས་ལ་སོགས་པའི་མིང་གིས་གསུངས་པའི་ཕྱིར་རོ། །ཡང་ཐེག་པ་ཆེན་པོ་བསྡུས་པ་ལས་ཐོས་པའི་བག་ཆགས་ཞེས་གསུངས་པ་དེ་ཡང་། འདི་ལ་འཆད་དགོས་ཏེ། བཤད་སྦྱར་ལས། སངས་རྒྱས་རྣམས་ཀྱི་བྱང་ཆུབ་ལ་བརྟེན་ནས་ཞེས་བྱ་བ་ནི། ཡེ་ཤེས་དྲི་མ་མེད་ཅིང་ཐོགས་པ་མེད་པ་སྟེ། མདོ་ལ་སོགས་པ་བསྟན་པའི་ཆོས་ཐོས་པའི་བག་ཆགས་ཀྱི་གནས། ཀུན་གཞིའི་རྣམ་པར་ཤེས་པ་ནི་མ་ཡིན་གྱི། དེ་དང་ལྷན་ཅིག་ཏུ་ནི་འཇུག་གོ༑ ༑ཞེས་དང་། ཡང་ཀུན་གཞིའི་རྣམ་པར་ཤེས་པ་བཞིན་དུ་ས་བོན་ཏེ། ཞེས་པའི་འགྲེལ་པར། ཇི་ལྟར་ཀུན་གཞིའི་རྣམ་པར་ཤེས་པ་འདི་ཀུན་ནས་ཉོན་མོངས་པའི་ཆོས་རྣམས་ཀྱི་རྒྱུ་ཡིན་པ་དེ་བཞིན་དུ། གནས་འདི་ཡང་

རྣམ་པར་བྱང་བའི་ཆོས་རྣམས་ཀྱི་རྒྱུ་ཡིན་ནོ། །ཞེས་གསུངས་པ་དང་། རྒྱུད་བླ་མར། ལུས་ཅན་ལ་ཡོད་ཟག་པ་མེད་པའི་ཤེས་པ་སྲུང་མའི་རྩེ་དང་འདྲ། །ཞེས་གསུངས་པ་རྣམས་དོན་གཅིག་གོ །ཐོས་ཆུང་རྣམས་ཀྱིས་ནི་འདི་དག་མ་མཐོང་བར། ཀུན་གཞིའི་ཡེ་ཤེས་ཀྱི་ཐ་སྙད་གསུང་རབ་ལས་མ་བཤད་དོ། །ཞེས་ཐེག་པ་ཆེན་པོའི་ཆོས་ཀྱི་རྩ་བ་སྤོང་བར་བྱེད་དོ། །ད་ནི་དཀྲུགས་མ་བཤད་པར་བྱ་སྟེ། འོན་ཏེ་ཟག་མེད་ཀྱི་སེམས་རྒྱུད་ཅེས་པ་ཆོས་ཉིད་ཀྱང་མ་ཡིན་ལ། རྣམ་ཤེས་ཚོགས་བརྒྱད་ལས་གཞན་པའི་ཤེས་པ་གཅིག་ཡོད་ན། དེའི་ཚེ་རྣམ་ཤེས་ཚོགས་དགུར་ཐལ་བར་འགྱུར་རོ། །དེས་ན་ཆོས་ཉིད་ཀྱི་ཤེས་པ་ཡང་མ་ཡིན། ཚོགས་བརྒྱད་ལས་གཞན་པ་ཡང་ཡིན་པའི་ཟག་མེད་ཀྱི་སེམས་རྒྱུད་ཅེས་པ་མི་འཐད་དོ། །འདི་ར་ཁ་ཅིག །ཚོགས་བརྒྱད་དུ་མ་འདུས་པའི་ཤེས་པ་ཁས་བླངས་ན། གཞུང་གི་དངོས་བསྟན་དང་འགལ་ལོ་ཞེ་ན། འོ་ན་ཁྱོད་ཀྱིས་ཀྱང་སེམས་བྱུང་རྣམས་ཚོགས་བརྒྱད་དུ་མ་འདུས་པར་ཁས་བླངས་པས། སེམས་བྱུང་རྣམས་ཆོས་ཅན། ཚོགས་བརྒྱད་གང་རུང་དུ་ཐལ། ཤེས་པ་ཡིན་པའི་ཕྱིར་རོ། །གསུམ་ཆར་ཁས་བླངས་སོ། །གཉིས་པ། དངོས་མེད་ཡིན་ན་དགེ་བར་འགལ་བ་ནི། གལ་ཏེ་ཁམས་དེ་དངོས་མེད་ཡིན་ནོ་ཞེ་ན། འོ་ན་དེ་ཆོས་ཅན། ཁྱོད་ལ་དགེ་བ་དང་སྡིག་པའི་ཐ་སྙད་འཐད་པ་མ་ཡིན་ཏེ། དོན་བྱེད་པའི་ནུས་པ་མེད་པའི་ཕྱིར་རོ། །

གསུམ་པ། ཆོས་ཉིད་ཡིན་པ་འཐད་དུ་ཆུག་ཀྱང་ཡོད་དགེར་མི་འཐད་པ་ནི། གལ་ཏེ་ཁམས་དེ་སྤྲོས་བྲལ་ཡིན་ནོ་ཞེ་ན། སྔར་གོང་དུ་བཤད་པའི་ཆོས་ཀྱི་དབྱིངས་ལས་འདའ་བ་མེད་མོད། དེ་ལྟ་ཡིན་ན་ཆོས་ཀྱི་དབྱིངས་ཡིན་པས་ཁམས་དེ་ཡོད་དགེར་མི་འཐད་དེ། ཆོས་དབྱིངས་ལ་དགེ་བ་དང་སྡིག་པའི་ཐ་སྙད་མེད་པར་བཤད་ཟིན་པའི་ཕྱིར་རོ། །ཞེས་སྐབས་དོན་རྗོགས་པའི་ཚིག་གོ །གཉིས་པ། སེམས་ཅན་གྱི་ཆོས་ཉིད་བདེ་གཤེགས་སྙིང་པོར་འདོད་པ་དགག་པ་ལ་འདོད་པ་བརྗོད་པ་དང་། དེ་སུན་དབྱུང་བ་གཉིས། དང་པོ་ནི། གལ་ཏེ་བེམ་པོའི་ཆོས་ཀྱི་དབྱིངས་བདེ་གཤེགས་སྙིང་པོ་མ་ཡིན་ཡང་། སེམས་ཅན་རྣམས་ཁོ་ནའི་ཆོས་ཀྱི་དབྱིངས་བདེ་གཤེགས་སྙིང་པོ་ཡིན་ནོ་སྙམ་ན། གཉིས་པ་ལ། སེམས་ཅན་དང་སེམས་ཅན་མ་ཡིན་པའི་ཆོས་དབྱིངས་ལ་སྙིང་པོ་ཡིན་མིན་གྱི་དབྱེ་བ་མི་རུང་བས་དགག །དེ་ལྟ་ན་སེམས་ཅན་ཐམས་ཅད་དེ་བཞིན་གཤེགས་པའི་སྙིང་པོ་ཅན་དུ་གསུངས་པ་དང་འགལ་བ་སྤང་བའོ། །དང་པོ་ནི། འཐད་པ་མ་ཡིན་ཏེ། ཆོས་ཀྱི་དབྱིངས་ཀྱི་རང་གི་ངོ་བོ་རང་བཞིན་རྣམ་དག་དེ་ལ་ནི། དབྱེ་བ་མེད་པར་རྒྱལ་བས་མདོ་ལས་གསུངས་པའི་ཕྱིར་རོ། །ཇི་ལྟར་གསུངས་ན། བརྒྱད་སྟོང་པ་ལས། རིགས་ཀྱི་བུ་ཆོས་འདི་དག་གི་དེ་བཞིན་ཉིད་གང་ཡིན་པ་དང་། དེ་བཞིན་གཤེགས་པའི་དེ་བཞིན་ཉིད་གང་ཡིན་པ་འདི་ནི་དེ་བཞིན་ཉིད་གཅིག་པས་ཏེ། རིགས་ཀྱི་བུ་དེ་བཞིན་ཉིད་ལ

དབྱེར་མེད་དོ། །ཞེས་གསུངས་སོ། །ལུང་དུ་མ་ཟད་རིགས་པས་ཀྱང་ནི་ཆོས་དབྱིངས་ལ་དབྱེ་བ་མེད་པ་འདི་འགྲུབ་པོ་སྟེ། ཆོས་དབྱིངས་ཀྱི་ངོ་བོ་སྤྲོས་བྲལ་ནམ་མཁའ་ལྟ་བུ་ལ་སྙིང་པོ་ཡིན་མིན་གྱི་དབྱེ་བ་མི་འཐད་པའི་ཕྱིར་རོ། །འདི་ནི་རང་སྟོང་མེད་དགག་གི་དབང་དུ་བྱས་སོ། །

གཉིས་པ་ལ། སྙིང་པོའི་དགོངས་གཞི་སྤྲོས་བྲལ་ཡིན་པའི་རྒྱུ་མཚན་གྱིས་དེ་ལྟར་གསུངས་པ་རིགས་པས་སྒྲུབ། དེ་ཉིད་མགོན་པོ་ཀླུ་སྒྲུབ་ཀྱི་ལུང་གིས་སྒྲུབ། ལུང་རིགས་དེ་གཉིས་ལ་བརྟེན་ནས་རྒྱུད་བླ་མར། རིགས་ལ་དགོངས་ནས་བདེ་གཤེགས་སྙིང་པོ་སེམས་ཅན་ཐམས་ཅད་ལ་ཡོད་པར་གསུངས་པའི་དགོངས་པ་དང་གྲུབ་པའོ། །དང་པོ་ནི། དེས་ན་དེ་བཞིན་གཤེགས་པའི་སྙིང་པོ་དེ་དོན་དམ་པར་སྤྲོས་བྲལ་ཡིན་པའི་ཕྱིར་ན༔ ཐ་སྙད་དུ་སེམས་ཅན་རྣམས་ལ་སངས་རྒྱས་དང་འཁོར་བ་གཉིས་ཀ་འབྱུང་བ་འཐད་དེ། དོན་དམ་པར་སྤྲོས་པ་དང་བྲལ་བ་ལ། ཐ་སྙད་དུ་ལམ་སྒོམ་ན་སངས་རྒྱས་དང་། ལམ་མ་སྒོམ་ན་འཁོར་བ་འབྱུང་བ་ལ་དགོངས་ནས། སེམས་ཅན་ཐམས་ཅད་དེ་བཞིན་གཤེགས་པའི་སྙིང་པོ་ཅན་དུ་གསུངས་ཞེས་པའོ། །གཉིས་པ་ནི༔ འཕགས་པ་ཀླུ་སྒྲུབ་སློབ་པ་ཉིད་ཀྱིས། རྩ་བ་ཤེས་རབ་ཀྱི་རབ་བྱེད་ཉེར་བཞི་པ་ལས། གང་ལ་སྟོང་པ་ཉིད་རུང་བ། །དེ་ལ་ཐམས་ཅད་རུང་བ་ཡིན། །གང་ལ་སྟོང་ཉིད་མི་རུང་བ། །དེ་ལ་ཐམས་ཅད་རུང་མ་ཡིན། །ཞེས་གསུངས་པའང་དོན་འདི་ལ་དགོངས་པ་ཡིན་པའི་ཕྱིར། དེ་ཉིད་ལས། གལ་ཏེ་འདི་ཀུན་མི་སྟོང་ན། །འབྱུང་བ་མེད་ཅིང་འཇིག་པ་མེད། །འཕགས་པའི་བདེན་པ་བཞི་པོ་དག །ཁྱོད་ལ་མེད་པར་ཐལ་བར་འགྱུར། །ཞེས་ཀྱང་གསུངས་སོ། །ངེས་འབྱུང་སྒྲུབ་པའི་སྐབས་ཀྱི་མདོ་ལས། གཟུགས་རྟག་ཅིང་བརྟན་ལ་མི་འགྱུར་བའི་ཆོས་ཅན་གྱི་དངོས་པོ་ཞིག་ཡིན་ན། ཐེག་པ་ཆེན་པོ་འདིས་ཀྱང་ལྷ་དང་། མི་དང་། ལྷ་མ་ཡིན་དུ་བཅས་པའི་འཇིག་རྟེན་ཟིལ་གྱིས་མནན་ཅིང་། འབྱུང་བར་མི་འགྱུར་ལ། གཟུགས་མི་རྟག་ཅིང་མི་བརྟན་པ། དངོས་པོ་མེད་པ་དེའི་ཕྱིར། ཐེག་པ་ཆེན་པོ་འདིས་ཀྱང་ལྷ་དང་། མི་དང་། ལྷ་མ་ཡིན་དུ་བཅས་པའི་འཇིག་རྟེན་ཟིལ་གྱིས་མནན་ཅིང་འབྱུང་བ་ཡིན་ནོ། །ཞེས་པ་ཡང་དོན་དེ་ལ་དགོངས་སོ། །

གསུམ་པ་ལ། སེམས་རང་གནས་མྱང་འདས་ཀྱི་མིང་ཅན་བདེ་གཤེགས་སྙིང་པོ་ལ་སྙེག་པའི་རྒྱུ་མཚན་གྱིས་རིགས་དེ་བདེ་གཤེགས་སྙིང་པོའི་སྒྲུབ་བྱེད་དུ་འབྲེལ་བར་བསྟན། དེ་ཉིད་བརྒྱུད་སྟོང་པར་དེ་བཞིན་གཤེགས་པ་རང་གི་སེམས་ལ་གནས་པར་གསུངས་པའི་ལུང་རིགས་ཀྱིས་འགྲུབ་པའོ། །དང་པོ་ནི། ཐེག་པ་ཆེན་པོ་རྒྱུད་བླ་མར་རིགས་ཡོད་པ་ལ་དགོངས་ནས། བདེ་བར་གཤེགས་པའི་ཁམས་ཀྱིས་སེམས་ཅན་ཐམས་ཅད་ལ་ཁྱབ་པའི་སྒྲུབ་བྱེད་དུ། ཁམས་ཀྱི་བྱེད་ལས་འཆད་པ་ན། །གལ་ཏེ་སངས་རྒྱས་ཁམས་མེད་ན། །སྡུག

ལ་སྐྱོ་བར་མི་འགྱུར་ཞིང་། །མྱ་ངན་འདས་ལ་འདོད་པ་དང་། །དོན་གཉེར་སྨོན་པའང་མེད་པར་འགྱུར། །ཞེས་གསུངས་པ་ཡང་། སེམས་ཅན་ལ་རིགས་ཡོད་པ་འདི་ཉིད་ལ་དགོངས་པ་ཡིན་པའི་ཕྱིར་རོ། །མེའི་སྐྲུབ་བྱེད་དེ་རང་བཞིན་ཚ་བ་ཡིན་པ་ལྟར། རིགས་དེ་བདེ་གཤེགས་ཁམས་ཀྱི་སྒྲུབ་བྱེད་དུ་འཐད་དེ། ཉེ་བར་ལེན་པའི་ཕུང་པོ་ལྔ་སྡུག་བསྔལ་ཡིན་ཞིང་། མྱ་ངན་འདས་པ་བདེ་བ་ཡིན་པས་ན། བྱ་ཚང་དུ་བསྒྲིག་པ་ལྟར་སེམས་ནི་རང་གནས་མྱང་འདས་ཀྱི་མིང་ཅན་བདེ་གཤེགས་སྙིང་པོ་ལ་བསྒྲིག་པའི་ཕྱིར་རོ། །ཡང་བསམ་ཡས་པའི་ཊཱི་ཀར་གཞུང་འདི་དག་གི་དོན་ནི་ཤིན་ཏུ་ཤེས་པར་དཀའ་འོ་ཞེས་གསུངས་ལ། ལེགས་བཤད་གསེར་གྱི་ཐུར་མར་གཞུང་འདི་དག་གི་ངག་དོན་འདི་ལྟར་གསུངས་ཏེ། ཁམས་དེ་སངས་རྒྱས་སྙིང་པོ་ཡི། །དགོངས་གཞིར་འཆད་པའི་སྒྲུབ་བྱེད་དུ། །མྱ་ངན་འདས་པ་དོན་གཉེར་བ། །ཁམས་ཀྱི་བྱེད་ལས་ཡིན་པར་བཤད། །མེ་ཡི་རང་བཞིན་ཚ་བ་ལྟར། །ཁམས་ཀྱི་རང་བཞིན་མི་གནས་པའི། །མྱ་ངན་འདས་པ་ཡིན་པས་ན། །ཁམས་དེ་སྙིང་པོའི་དགོངས་གཞིར་བཤད། །ཅེས་གསུངས་སོ། །མདོར་ན་སེམས་རང་བཞིན་འོད་གསལ་དེ། སངས་རྒྱས་ཀྱི་སྙིང་པོའི་དགོངས་གཞིར་འཆད་པའི་རྒྱུ་མཚན་ནི། དེ་མཐར་མི་གནས་པའི་མྱང་འདས་སུ་འགྲོ་བའམ་སྒྲིག་པའི་ཕྱིར། དེའི་ཤེས་བྱེད་མྱང་འདས་སེམས་ཀྱི་རང་བཞིན་དུ་འཇུག་ལ། སྡུག་བསྔལ་དེར་མི་འཇུག་པས་སོ། །སྐབས་འདིར་གོ་ཊཱི་ཀ་ལས། སེམས་ཀྱི་རང་བཞིན་སྤྲོས་བྲལ་ཡོད་དེ། སྤྲོས་བྲལ་རྟོགས་པ་ལ་དོན་གཉེར་གྱི་བློ་སྐྱེ་ཞིང་། སྤྲོས་པ་ལ་སྐྱོ་བ་སྐྱེ་བའི་ཕྱིར། ཞེས་ཟེར་ལ། གཞན་དག་དེའི་ཁ་ཕྱིར་འབྲང་བར་བྱེད་དོ། །འོན་སེམས་ཀྱི་རང་བཞིན་སྤྲོས་བྲལ་དེ་སྤྲོས་བྲལ་ཡིན་ནམ་མ་ཡིན། ཡིན་ན་དེ་ཆོས་ཅན། ཆོས་དབྱིངས་ཡིན་པར་ཐལ། སྤྲོས་བྲལ་ཡིན་པའི་ཕྱིར། ཁྱབ་པ་ནི། སྤྲོས་བྲལ་ཡིན་ན་སྔར་བཤད་པའི། །ཆོས་ཀྱི་དབྱིངས་ལས་འདའ་བ་མེད། །ཅེས་པའི་འབྲུ་སྣོན་དུ་ཁས་བླངས་སོ། །འདོད་ན་དེ་ཆོས་ཅན། ཡོད་པ་མ་ཡིན་པར་ཐལ། ཆོས་དབྱིངས་ཡིན་པའི་ཕྱིར། གསུམ་ཆར་ཁས་བླངས། གཞན་ཡང་དེ་ཆོས་ཅན། འདུས་བྱས་ཡིན་པར་ཐལ། དངོས་པོ་ཡིན་པའི་ཕྱིར། མ་གྲུབ་ན། དེར་ཐལ། ཡོད་པའི་ཕྱིར། གསུམ་ཆར་ཁས་བླངས་ཏེ། འདིའི་ཁྱབ་པ་ནི་གོང་དུ་ཡོད་པ་དང་། དངོས་པོ་དོན་གཅིག་ལ། དེ་ལ་འདུས་བྱས་ཀྱིས་ཁྱབ་པས་ན་ཆོས་དབྱིངས་ཡོད་པ་མ་ཡིན་པར་བསྟན་ནོ་ཞེས་མ་སྨྲས་སམ་ལེགས་པར་སོམས་ཤིག །

གཉིས་པ་ནི། སེམས་ཀྱི་རང་བཞིན་སྤྲོས་བྲལ་ཡིན་པའི་རྒྱུ་མཚན་གྱིས། སེམས་ཅན་ཐམས་ཅད་དེ་བཞིན་གཤེགས་པའི་སྙིང་པོ་ཅན་དུ་གསུངས་པ་རིགས་པས་བསྒྲུབ་པ་འདིའི་དོན་རྒྱས་པ། བརྒྱད་སྟོང་པའི་འཕགས་པ་ཆོས་འཕགས་ཀྱི་ལེའུར་ལྟོས་ཤིག་སྟེ། དེ་ཉིད་ལས། རིགས་ཀྱི་བུ་སྟོང་པ་ཉིད་ལ་ནི་འོང་བའམ་

འགྲོ་བ་མེད་དེ། སྟོང་པ་ཉིད་གང་ཡིན་པ་དེ་ནི་དེ་བཞིན་གཤེགས་པའོ། །ཞེས་གསུངས་ལ། དེའི་དོན་སེམས་ཀྱི་རྒྱུད་ལ་རང་བཞིན་ཆོས་སྐུ་ཡོད་པས། དེ་བཞིན་གཤེགས་པ་ཐ་སྙད་དུ་འབྱུང་དུ་རུང་བ་ལ་དགོངས་སོ། །

གཉིས་པ། སེམས་ཅན་ཐམས་ཅད་དེ་བཞིན་གཤེགས་པའི་སྙིང་པོ་ཅན་དུ་གསུངས་པ་དགོངས་པ་ཅན་དུ་བསྟན་པའི་སྒོ་ནས་རྒྱུ་ལ་འབྲས་བུ་གནས་པ་དགག་པ་ལ། དངོས་དང་། དེའི་ཤེས་བྱེད་ཀྱི་ལུང་དགོད་པའོ། །དང་པོ་ནི། སྟོང་པ་ཉིད་རིགས་ལ་དགོངས་ནས་སེམས་ཅན་ཐམས་ཅད་དེ་བཞིན་གཤེགས་པའི་སྙིང་པོ་ཅན་དུ་གསུངས་ན། མདོ་ལས་དེ་ལྟར་གསུངས་པ་ལ་དགོས་པ་མེད་དོ་ཞེ་ན། དེ་ལྟ་ཡིན་པ་འོན་ཀྱང་། དཔལ་འཕྲེང་གི་མདོ་སོགས་མདོ་སྡེ་འགའ་ཞིག་དང་། ཐེག་པ་ཆེན་པོ་རྒྱུད་བླ་མར་མདོའི་དངོས་བསྟན་བཀོད་པ་དང་། དེ་རྗེ་བཙུན་གྱིས་དགོངས་པ་ཅན་དུ་གཏན་ལ་ཕབ་པ་གཉིས་ཡོད་པ་ལས། དང་པོའི་སྐབས་སུ་གོས་ངན་ཏེ་གོས་རྩལ་གྱི་ནང་ན་རྒྱལ་བའི་སྐུ་རིན་པོ་ཆེ་ཡོད་པ་ལྟར་ཏེ། དཔེ་དགུའི་སྒོ་ནས་སེམས་ཅན་རྣམས་ལ་སངས་རྒྱས་ཀྱི་སྙིང་པོ་ཡོད་པར་གསུངས་པ་ནི་དགོངས་པ་ཅན་ཡིན་པར་ཤེས་པར་བྱ་སྟེ། དགོངས་གཞི། དགོས་པ། དངོས་ལ་གནོད་བྱེད་གསུམ་ཚང་བའི་ཕྱིར་རོ། །དེའི་དགོངས་གཞི་སྟོང་པ་ཉིད་ཡིན་ཏེ། ལང་ཀར་གཤེགས་པ་ལས། བློ་གྲོས་ཆེན་པོ་དེ་བཞིན་གཤེགས་པ་དགྲ་བཅོམ་པ་ཡང་དག་པར་རྫོགས་པའི་སངས་རྒྱས་རྣམས་ནི། སྟོང་པ་ཉིད་དང་། ཡང་དག་པའི་མཐའ་དང་། མྱ་ངན་ལས་འདས་པ་དང་། མ་སྐྱེས་པ་དང་། མཚན་མ་མེད་པ་དང་། སྨོན་པ་མེད་པ་ལ་སོགས་པའི་ཚིག་གི་དོན་རྣམས་ལ། དེ་བཞིན་གཤེགས་པའི་སྙིང་པོ་བསྟན་པར་བྱས་ནས་ཞེས་གསུངས་པའི་ཕྱིར་རོ། །དགོས་པ་སྐྱོན་ལྔ་སྤང་བའི་ཕྱིར་གསུངས་ཏེ། རྒྱུད་བླ་མར། སེམས་ཞུམ་སེམས་ཅན་དམན་ལ་བརྙས་པ་དང་། །ཡང་དག་མི་འཛིན་ཡང་དག་ཆོས་ལ་སྐུར། །བདག་ཆགས་ལྷག་པའི་སྐྱོན་ལྔ་གང་དག་ལ། །ཡོད་པ་དེ་དག་དེ་སྤང་དོན་དུ་གསུངས། །ཞེས་གསུངས་སོ། །དངོས་ལ་གནོད་བྱེད་ཀྱི་ཚད་མ་ནི། དེ་འདྲའི་སངས་རྒྱས་ཀྱི་ཁམས་ཆོས་སྐུ་རྟག་བརྟན་ཞིག་སེམས་ཅན་གྱི་རྒྱུད་ལ་ཡོད་ན། མུ་སྟེགས་ཀྱིས་བདག་ཤེས་རིག་འཁོར་བའི་གནས་སྐབས་ན་མི་གསལ་བ་དང་། ཐར་པའི་གནས་སྐབས་ན་གསལ་བར་འདོད་པ་དང་མཚུངས་པ་དང་། མདོ་དེ་སྒྲ་ཇི་བཞིན་པར་ཁས་བླངས་ན་སྙིང་པོ་དེ་བདེན་པའི་དངོས་པོར་འགྱུར་བའི་ཕྱིར་དང་། དེ་ལྟ་ན་ངེས་པའི་དོན་གྱི་མདོ་སྡེ་ལས། ཆོས་རྣམས་ཐམས་ཅད་རང་བཞིན་མེད་པར་གསུངས་པ་དང་རྣམ་པ་ཀུན་ཏུ་འགལ་བའི་ཕྱིར་རོ། །འོན་ཕྱིད་ཀྱིས་སྐབས་གཞན་དུ་བདེན་དངོས་ཁས་བླངས་པ་མ་ཡིན་ནམ་ཞེ་ན། དེ་ནི་སྒོམ་པའི་ཉམས་མྱོང་གི་ཚེ་ཡིན་ལ། བདེན་པའི་དངོས་པོར་འགྱུར་ཕྱིར་དང་། །ཞེས་པ་ནི། ལྟ་བས་སྤྲོས་པ་གཅོད་པའི་དབང་དུ་བྱས་སོ། །སྔགས་ཀྱི་ཐེག་པར་སྒོམ་པའི་ཉམས་མྱོང་

གི་ཚེ། བདེན་གྲུབ་ཁས་ལེན་པ་ལ་ཤེས་བྱེད་ཀྱི་ལུང་མེད་དོ་ཞེས་ཟེར་མོད། དེ་ནི་རང་ཉིད་ཐོས་རྒྱ་ཆུང་བས་ལན་པ་ཡིན་ཏེ། འོ་ན་ཇི་ལྟར་གསུང་ཞེ་ན། སྒྲོན་གསལ་གྱི་འགྲེལ་བཤད་སྐལ་ལྡན་གྲགས་པས་མཛད་པ་ལས། རང་བཞིན་གྱིས་གྲུབ་པ་ཞེས་བྱ་བ་ནི། ཆོས་ཀྱི་དབྱིངས་ཀྱི་ངོ་བོ་ཉིད་ཡིན་པས་སོ། །ཞེས་གསུངས་སོ། །དེས་ན་དོན་དམ་བདེན་པ་ཁས་བླངས་ནས། བདེན་གྲུབ་ཁས་མི་ལེན་པ་ནི། ཙོང་ཁ་པ་རྗེས་འབྲང་དང་བཅས་པའི་གསང་ཚིག་ཡིན་ཡང་། དེ་ལ་སྨྲ་བ་རྣམས་ཀྱང་དེའི་རྗེས་སུ་འབྲང་བ་ནི་བླུན་པོའི་རྣམ་ཐར་རོ། །ཡང་ཐེག་པ་ཆེན་པོ་རྒྱུད་བླ་མར་སེམས་ཅན་ཐམས་ཅད་དེ་བཞིན་གཤེགས་པའི་སྙིང་པོ་ཅན་དུ་སྟོན་པའི་མདོ་དེ་དགོངས་པ་ཅན་དུ་བཤད་པ་མེད་དོ་ཞེ་ན། དེ་ཡང་ཁྱོད་ཀྱིས་ལེགས་པར་མ་བསླབས་པ་ཡིན་ནོ། །

དེ་ཇི་ལྟར་གསུང་ཞེ་ན། དེ་ལ་དགོངས་གཞི། དགོས་པ། དངོས་ལ་གནོད་བྱེད་གསུམ་ལས། དང་པོ་ལ། དོན་རྣམ་པ་གསུམ་ལ་དགོངས་པ། རྣམ་དག་རྣམ་པ་བཅུ་ལ་དགོངས་པ། དོན་དགུ་ལ་དགོངས་པའི་ཚུལ་ལོ། །དང་པོ་ནི། ཇི་སྐད་དུ། སེམས་ཅན་ཐམས་ཅད་ནི་དེ་བཞིན་གཤེགས་པའི་སྙིང་པོ་ཅན་ནོ། །ཞེས་གསུངས་པ་དེ་ལ་དགོངས་པ་གང་ཡིན་ཞེ་ན། རྫོགས་སངས་སྐུ་ནི་འཕྲོ་ཕྱིར་དང་། །དེ་བཞིན་ཉིད་དབྱེར་མེད་ཕྱིར་དང་། །རིགས་ཡོད་ཕྱིར་ན་ལུས་ཅན་ཀུན། །རྟག་ཏུ་སངས་རྒྱས་སྙིང་པོ་ཅན། །ཞེས་གསུངས། དེའི་དོན་ནི། མདོ་ལས་སེམས་ཅན་ཐམས་ཅད་དེ་བཞིན་གཤེགས་པའི་སྙིང་པོ་ཅན་དུ་གསུངས་པའི་རྒྱུ་མཚན་ཡོད་དེ། རྫོགས་པའི་སངས་རྒྱས་ཀྱི་ཆོས་ཀྱི་སྐུ་འཕྲོ་བའི་ཕྱིར། དེ་འཕྲོར་རུང་སྟེ། སེམས་ཅན་གྱི་དེ་བཞིན་ཉིད་དང་། སངས་རྒྱས་ཀྱི་དེ་བཞིན་ཉིད་ལ་དབྱེ་བ་མེད་པའི་ཕྱིར། དེ་ཡིན་ཏེ། དེ་ལ་སངས་རྒྱས་ཀྱི་རིགས་ཡོད་པའི་ཕྱིར་རོ། །ཞེས་པའི་དོན་ཡིན་ཏེ། དེའི་འགྲེལ་པར་མདོ་དྲངས་པ་ལས། སངས་རྒྱས་ཡེ་ཤེས་སེམས་ཅན་ཚོགས་ཞུགས་ཕྱིར། །རང་བཞིན་དྲི་མེད་དེ་ནི་གཉིས་མེད་དེ། །སངས་རྒྱས་རིགས་ལ་དེ་འབྲས་ཉེར་བཏགས་ཕྱིར། །འགྲོ་ཀུན་དེ་ཡི་སྙིང་པོ་ཅན་དུ་གསུངས། །ཞེས་གསུངས་སོ། །

འདིར་ཆོས་སྐུ་འཕྲོ་བའི་དོན་ནི། རྒྱུད་བླ་མར་ཆོས་ཀྱི་སྐུ་ལ། བསྟན་པ་ཆོས་སྐུ་དང་། རྟོགས་པ་ཆོས་སྐུ་གཉིས་གསུངས་ལ། དང་པོ་ནི། སངས་རྒྱས་ཀྱི་སའི་བཀའ་བརྒྱུད་སྟོང་པ་ལྟ་བུ་ཡིན་ལ། དེའི་རིགས་འདྲ་སེམས་ཅན་གྱི་རྒྱུད་ལ་འབྱུང་དུ་རུང་བས་ཏེ། དེ་དང་ཉན་ཐོས་འཕགས་པའི་རྒྱུད་ཀྱི་བརྒྱུད་སྟོང་པ་དེ་བཀའ་ཙམ་གྱི་ངོ་བོར་ཁྱད་པར་མེད་པ་བཞིན་ནོ། །དེ་ལས་གཞན་དུ་སེམས་ཅན་གྱི་རྒྱུད་ལ་ཆོས་སྐུ་ཡོད་པའི་དོན་དུ་འཆད་ན། མ་གྲུབ་པ་སྒྲུབ་བྱེད་དུ་འགྱུར་རོ། །ཡང་འགའ་ཞིག་དེ་བཞིན་གཤེགས་པའི་སྙིང་པོའི་ངོས་འཛིན་དྲི་བཅས་ཀྱི་སེམས་བདེན་སྟོང་ལ་བྱས་ནས་དེ་སེམས་ཅན་ལ་ཡོད་པར་བཤད་པས། དགོས་པ་སྐྱོན་ལྔ་སྤོང་བ་ནི་

མི་འཐད་དེ། སེམས་ཅན་ལ་སེམས་བདེན་སྟོང་ཡོད་པར་བཤད་པས། དེ་ལ་སྟོན་པ་བཞིན་དུ་གྲུས་པ་ཇི་ལྟར་འབྱུང་བསམ་དགོས་སོ། །འོ་ན་རྒྱུད་བླར་དགོངས་གཞི་དང་། དགོས་པ་གཉིས་གསུངས་མོད། དངོས་ལ་གནོད་བྱེད་ཇི་ལྟར་གསུངས་ཞེ་ན། དེ་ནི་ཇི་སྐད་དུ། གང་ཕྱིར་དེ་ནི་ཆོས་སྐུ་དེ་ནི་དེ་བཞིན་གཤེགས། །དེ་ནི་འཕགས་པའི་བདེན་པ་དོན་དམ་མྱ་ངན་འདས། །དེ་ཕྱིར་ཉི་དང་ཟེར་བཞིན་ཡོན་ཏན་དབྱེར་མེད་པས། །སངས་རྒྱས་ཉིད་ལས་མ་གཏོགས་མྱ་ངན་འདས་པ་མེད། །ཅེས་པས། དམན་པའི་མྱང་འདས་དེ་གློ་བུར་རྣམ་དག་གི་མྱང་འདས་མ་ཡིན་པའི་ཤེས་བྱེད་དུ། སྟོབས་སོགས་ཡོན་ཏན་གྱི་ཆོས་དང་མི་ལྡན་པའི་ཕྱིར། ཞེས་པ་ཡིན་ལ། གཞུང་འདིས་ཆོས་སྐུ་དང་། གློ་བུར་རྣམ་དག་གི་མྱང་འདས་དང་། བདེ་གཤེགས་སྙིང་པོ་རྣམས་དོན་གཅིག་པར་བཤད་པའི་ཕྱིར་རོ། །དེར་མ་ཟད་མྱ་ངན་ལས་འདས་པའི་མདོ་སྡེ་ལས་ཀྱང་། སྙིང་པོའི་མདོ་དགོངས་པ་ཅན་དུ་གསུངས་ཏེ། ཇི་སྐད་དུ། དེ་ལ་སེམས་ཅན་ཐམས་ཅད་མ་འོངས་པའི་དུས་ན། བླ་ན་མེད་པ་ཡང་དག་པར་རྫོགས་པའི་བྱང་ཆུབ་ཡོད་པའི་ཕྱིར་སངས་རྒྱས་ཀྱི་རང་བཞིན་ཞེས་བྱའོ། །ཞེས་དང་། སེམས་ཅན་ལ་ད་ལྟར་ཀུན་ནས་ཉོན་མོངས་པ་རྣམས་ཡོད་པ་དེའི་ཕྱིར། ད་ལྟ་མཚན་བཟང་པོ་སུམ་ཅུ་རྩ་གཉིས་དང་། དཔེ་བྱད་བཟང་པོ་བརྒྱད་ཅུ་མེད་དོ། །རིགས་ཀྱི་བུ་ངས་འོ་མའི་ནང་ན་ཞོ་ཡོད་དོ་ཞེས་མ་གསུངས་ཀྱི། འོ་མ་ལས་ཞོ་འབྱུང་བའི་ཕྱིར་ཞོ་ཡོད་དོ་ཞེས་བྱས་སོ། །མདོ་དེའི་དོན་ནི། མ་འོངས་པ་ན་འབྱུང་རུང་ཙམ་ལ་དགོངས་ནས། སེམས་ཅན་ལ་སངས་རྒྱས་ཀྱི་སྙིང་པོ་ཡོད་པར་གསུངས་ཞེས་པའི་དོན་ཡིན་ལ། གཞུང་འདིར་ཡང་། དེས་ན་དེ་བཞིན་གཤེགས་པ་ཡི། །སྙིང་པོ་སྤྲོས་བྲལ་ཡིན་པའི་ཕྱིར། །སེམས་ཅན་རྣམས་ལ་སངས་རྒྱས་དང་། །འཁོར་བ་གཉིས་ཀ་འབྱུང་བ་འཐད། །ཅེས་གསུངས་མོད། རྣམ་བཤད་མཛད་པ་ཕལ་ཆེར་གྱིས་ལུང་དེ་དག་གཟིགས་ནས་དོན་མ་དགོངས་པ་འདྲའོ། །མདོར་ན་བོད་ཁ་བ་ཅན་གྱི་ལྗོངས་འདིར། བདེ་བར་གཤེགས་པའི་སྙིང་པོའི་རྣམ་གཞག་ལ་བཤད་སྲོལ་མི་འདྲ་བ་དུ་མ་ཞིག་བྱུང་བའི་ནང་ནས། ཆེས་ཤིན་ཏུ་མཁས་པར་གྲགས་པའི་བཤད་སྲོལ་མི་འདྲ་བ་གསུམ་ལས་བདག་ཉིད་ཆེན་པོ་རྣོག་ལོ་ཙྪ་བ་ནི། སྙིང་པོའི་ངོས་འཛིན་སྟོང་ཉིད་མེད་དགག་གི་ཆ་ལ་བཤད་ནས། དེ་སེམས་ཅན་དང་སངས་རྒྱས་གཉིས་ཀའི་རྒྱུད་ལ་ཡོད་པར་འཆད་ཅིང་། དེ་ཡང་ཐེག་པ་ཆེན་པོ་རྒྱུད་བླ་མའི་དགོངས་པར་འཆད།

མཁས་པའི་གཙུག་རྒྱན་ས་སྐྱ་པ་ནི། སྙིང་པོའི་ངོས་འཛིན་སྟོབས་སོགས་ཡོན་ཏན་གྱིས་བརྒྱན་པའི་ཆོས་ཀྱི་སྐུ་ལ་བཤད་ནས། དེ་སེམས་ཅན་ལ་ཡོད་པར་གསུངས་པ་དེ་དགོངས་པ་ཅན་དུ་འཆད། ཀུན་མཁྱེན་ཆེན་པོ་དོལ་བུ་བ་ནི། སྙིང་པོའི་ངོས་འཛིན་ཆོས་ཀྱི་སྐུ་ལ་བཤད་ནས། དེ་སེམས་ཅན་ལ་ཡོད་པར་གསུངས་པ

དེ་སྐྲ་ཧི་བཞིན་དུ་འཆད། བུ་སྟོན་རིན་པོ་ཆེ་ནི། སྙིང་པོའི་མཛེས་རྒྱན་ཞེས་བྱ་བའི་བསྟན་བཅོས་མཛད་ནས་བཤད་སྲོལ་བར་པ་དང་མཐུན་པར་མཛད། མཁས་པ་གཡག་རོང་གཉིས་ནི་ལོ་ཆེན་དང་མཐུན་པར་མཛད་དེ། ཆོས་རྗེ་གཡག་པས་མཛད་པའི་སྙིང་པོའི་གསལ་བྱེད་ཅེས་པར། སྤྱིར་ས་ལོའི་རྗེས་སུ་འཇུག་ཀྱང་། དོན་འདི་ལ་བློ་ལྡན་ཤེས་རབ་ཀྱི་རྗེས་སུ་འབྲང་། ཞེས་གསུངས། གཞུང་འདིའི་རྣམ་བཤད་མཛད་པ་ལྷ་བཙུན་བསམ་ཡས་པ་དང་། སྣ་གདོང་པ་དང་ཀུ་མ་ར་རྣམས་ཀྱང་། སེམས་ཅན་ལ་སངས་རྒྱས་ཡོད་པར་གསུངས་པ་དེ་དགོངས་པ་ཅན་ཡིན་གྱི་སྙིང་པོ་ཡོད་པ་ཡིན་ནོ། །ཞེས་གསུངས་མོད། གཞུང་ལས། སྙིང་པོ་ཡོད་པར་གསུངས་པ་ནི། །དགོངས་པ་ཡིན་པར་ཤེས་པར་བྱ། ཞེས་གསུངས་བཞིན་དུ། མདོ་དེ་སྐྲ་ཧི་བཞིན་དུ་འདོད་པ་ནི། གླང་པོ་ཆེ་རྙེད་ནས་གླང་པོའི་རྗེས་འཚོལ་བ་དང་མཚུངས་ལ། དེ་ལྟར་མཁས་པའི་སྲོལ་གསུམ་ལས། ལོ་ཆེན་གྱི་ལུགས་དེ་རྒྱུད་བླ་མའི་དགོངས་པ་མ་ཡིན་ཏེ། རྒྱུད་བླ་ཙ་འགྲེལ་ན་སྙིང་པོའི་ངོས་འཛིན་ཤེས་པ་ལ་བཤད་པ་ཤ་སྟག་སྣང་གི མེད་དགག་ཏུ་བཤད་པ་གཅིག་ཀྱང་མི་སྣང་བའི་ཕྱིར། ཁྱད་པར་གཞུང་འདིའི་རྗེས་འཇུག་རྣམས་ཀྱིས་དེ་ལྟར་ཁས་བླངས་ན། ཐམ་པོའི་ཆོས་དབྱིངས་བདེ་གཤེགས་སྙིང་པོ་མ་ཡིན་པ་དང་། སེམས་ཅན་གྱི་ཆོས་དབྱིངས་བདེ་གཤེགས་སྙིང་པོ་ཡིན་པར་ཁས་བླངས་པས། མ་ཡིན་ཆོས་ཀྱི་དབྱིངས་ལ་ནི། །ཞེས་པའི་ཕྱོགས་སྔ་ཁས་ལེན་པར་ཟད་དོ། །

གོ་ཊཱི་ཀ་པ་ནི། སྙིང་པོའི་ངོས་འཛིན་རིག་སྟོང་ཟུང་འཇུག་ལ་བྱེད་ཅིང་། དེ་སེམས་ཅན་དང་སངས་རྒྱས་གཉིས་ཀ་ལ་ཡོད་པར་འཆད་པ་ནི། སྣ་གདོང་པའི་ཊཱི་ཀའི་རྗེས་ཟློས་ཙམ་དུ་ཟད་དོ། །ཡང་དར་ཊཱི་ཀ་པ་སྙིང་པོའི་དོན་ནི་རྒྱུའི་དོན་ཡིན་པས། སེམས་ཅན་ལ་ཡོད་ཀྱི་སངས་རྒྱས་ལ་མེད་དོ་ཞེས་ཟེར། དེ་ནི་གོང་དུ་བཤད་པའི་སྲོལ་གསུམ་པོ་གང་དུ་ཡང་མི་གཏོགས་ཤིང་། རྒྱུད་བླའི་འགྲེལ་པར་ཁམས་ཀྱི་དོན་ནི་རྒྱུའི་དོན་ནོ་ཞེས་གསུངས་པ་དེ་ཤེས་བྱེད་དུ་འདྲེན་མོད། །དེ་ནི་སྙིང་པོའི་དགོངས་གཞི་ལ་སྙིང་པོར་འཕྲུལ་བ་ཡིན་པས་ཡིད་རྟོན་དུ་མི་རུང་ངོ་། །ཡང་ཀུན་མཁྱེན་ཆེན་པོ་དོལ་བུ་ པའི་བཞེད་པ་དེ་ཡང་། སྨྲ་བ་པོའི་བློ་ངོར་ཡིན་ན་མ་གཏོགས། གཞན་དུ་ན་དུས་ཀྱི་འཁོར་ལོའི་འགྲེལ་པ་དང་འགལ་ཏེ། དེ་ཉིད་ལས། གང་གི་ཚེ་བདུད་ཡོད་པ་དེའི་ཚེ་སངས་རྒྱས་ཉིད་མ་ཡིན་ཏེ། སེམས་སྒྲིབ་པ་དང་བཅས་པའི་ཕྱིར་རོ། །གང་གི་ཚེ་སངས་རྒྱས་ཉིད་ཡིན་པ་དེའི་ཚེ་བདུད་མེད་དེ། སེམས་སྒྲིབ་པ་དང་བྲལ་བའི་ཕྱིར་རོ། །ཞེས་དང་། བདུད་ཅེས་བྱ་བ་ནི་སེམས་ཅན་རྣམས་ཀྱི་བག་ཆགས་ཀྱི་དྲི་མའོ། །སངས་རྒྱས་ཉིད་ཅེས་བྱ་བའི་དོན་ནི་འཁོར་བའི་བག་ཆགས་དང་བྲལ་བའི་སེམས་སོ། །ཞེས་དང་། དེའི་ཕྱིར་བདུད་ནི་དྲི་མ་དང་བཅས་པའི་སེམས་སོ། །སངས་རྒྱས་ནི་དྲི་མ་མེད་པའི་

སེམས་ཡིན་ནོ། །ཞེས་གསུངས་པ་དང་འགལ་བའི་ཕྱིར་རོ། །འོ་ན། སེམས་ཅན་རྣམས་ནི་སངས་རྒྱས་ཉིད་དེ་ཆེན་པོའི་སངས་རྒྱས་འཇིག་རྟེན་ཁམས་འདིར་གཞན་ཡོད་མིན། ཞེས་གསུངས་པ་ཇི་ལྟ་བུ་ཞེ་ན། དེ་ནི་རང་བཞིན་རྣམ་དག་ལ་དགོངས་པ་ཡིན་ཏེ། དཔེར་ན། ཀྱཻ་རྡོ་རྗེ་བརྟག་པ་གཉིས་པ་ལས། སེམས་ཅན་རྣམས་ནི་སངས་རྒྱས་ཉིད། །ཞེས་དང་། སངས་རྒྱས་མ་གཏོགས་སེམས་ཅན་ནི། །གཅིག་ཀྱང་ཡོད་པ་མ་ཡིན་ནོ། །ཞེས་དང་། རྒྱུད་བླ་མར། ཉོན་མོངས་གདོད་ནས་ཟད་ཕྱིར་རོ། །ཞེས་གསུངས་སོ། །

དེ་ཡང་རང་བཞིན་རྣམ་དག་གི་དབང་དུ་བྱས་ན། དྲི་མ་གདོད་མ་ནས་ཡོད་མ་མྱོང་བས་འདིར། སེམས་ཅན་རྣམས་ནི་སངས་རྒྱས་ཉིད། །ཅེས་པ་སེམས་ཅན་གྱི་ཆོས་ཉིད་དེ་གདོད་མ་ནས་སངས་རྒྱས་ཟིན་ཞེས་པའི་དོན་ཏེ། དྲི་མ་བསལ་རྒྱུ་མེད། ཡོན་ཏན་གསར་དུ་བཞག་ཏུ་མེད་པས་སོ། །དེའི་ཚེ་སེམས་ཅན་གྱི་ཆོས་ཉིད་དྲི་བཅས་སུ་ཁས་མི་ལེན་ཏེ། དྲི་མ་དང་བཅས་ན་སངས་པའི་དོན་མ་ཚང་བའི་ཕྱིར་རོ། །དེའི་ཚེ་སངས་རྒྱས་ལས་མ་གཏོགས་པའི་ཆོས་མེད་དེ། ཆོས་དབྱིངས་ལས་མ་གཏོགས་པའི་ཆོས་མེད་ལ། ཆོས་དབྱིངས་ཐམས་ཅད་གདོད་མ་ནས་སངས་རྒྱས་ཟིན་པའི་ཕྱིར། འོ་ན་བེམ་པོའི་ཆོས་དབྱིངས་ཀྱང་སངས་རྒྱས་ཡིན་ནམ་ཞེ་ན། འདིར་ནི་རྒྱུད་ཀྱིས་མ་བསྟུས་པའི་ཆོས་དབྱིངས་ཁས་མི་ལེན་ཏེ། ཆོས་དབྱིངས་ཀྱི་ངོ་བོ་ཡེ་ཤེས་སུ་ཁས་ལེན་པའི་སྐབས་ཡིན་པའི་ཕྱིར་རོ། །འོ་ན་སྒྲིབ་པ་མ་སྤྱངས་པའི་སངས་རྒྱས་ངོ་མཚར་སྙམ་ན། སྒྲིབ་པ་གདོད་མ་ནས་ཡོད་མ་མྱོང་ཞེས་སློས་ཟིན་པས་དྲན་པ་ཉེ་བར་ཞོག་ཅིག །འོ་ན་ས་ལམ་མ་བགྲོད་པའི་སངས་རྒྱས་མི་སྲིད་དོ་སྙམ་ན། དེ་ནི་དང་པོའི་སངས་རྒྱས་ཀྱི་དོན་མ་གོ་བ་ཞིག་སྟེ། ཇི་སྐད་དུ། ཕྱག་རྒྱ་ཆེན་པོ་ཐིག་ཆེད་ལ། །ས་ལམ་བཅུ་བ་རྫོངས་པ་འཁྲུལ། །ཞེས་མ་གསུངས་སམ། དེ་ཕྱོགས་སྔ་ཡིན་ནོ་སྙམ་ན། དེ་ནི་དྭ་ཏའི་གཞུང་ཡིན་པས་མ་འགོག་ཅིག །འོ་ན་མདོ་རྒྱུད་ལས་ས་ལམ་གྱི་རྣམ་གཞག་གསུངས་པ་རྣམས་འདོར་དགོས་པ་དང་། གོང་དུ་སེམས་ཅན་ལ་སྙིང་པོ་ཡོད་པར་གསུངས་པ་དགོངས་པ་ཅན་དུ་བཤད་པ་དང་འགལ་ལོ་སྙམ་ན། དེ་དག་ནི་རྣམ་ཤེས་དབང་བཙན་པ་དང་། གློ་བུར་རྣམ་དག་གི་དབང་དུ་བྱས་ལ། འདིར་ནི་ཡེ་ཤེས་དབང་བཙན་པ་དང་། རང་བཞིན་རྣམ་དག་གི་དབང་དུ་བྱས་པས་མི་འགལ་ལོ། །འདི་དག་ནི་དཔལ་དང་པོའི་སངས་རྒྱས་རབ་ཏུ་གྲུབ་པ་ཞེས་བྱ་བའི་བསྟན་བཅོས་ལས་གསུངས་པ་དེ་འདིར་བཀོད་པ་ཡིན་ནོ། །མདོ་རྒྱུད་རྒྱ་མཚོ་བསྡུས་པ་ལས། །བྱུང་བའི་བདུད་རྩི་ཤེལ་བུམ་འདི། །གང་གི་ལག་ཏུ་ཐོབ་པ་དེ། །རྣམ་དཔྱོད་མཁའ་ལྡིང་དབང་པོར་མཆོན། །མདོར་ན་བསྟན་བཅོས་མཛད་པ་འདིས་ནི། གཞུང་འདིར་མ་ཟད་ཕྱོགས་བཅུ་སངས་རྒྱས་ཀྱི་ཞུ་འཕྲིན་ལས་ཀྱང་། ཁྱོད་ཀྱི་བདེ་གཤེགས་སྙིང་པོའི་སྒྲ། །ཁ་ཅིག་ངེས་པའི་དོན་དུ་འཆད། །བདག་གིས་དྲང་

བའི་དོན་དུ་ནི། །ལུང་དང་རིགས་པས་འབད་དེ་བསྒྲུབས། །ཞེས་དང་། མཁས་པ་འཇུག་པའི་སྒོ་ལས། དེ་བཞིན་གཤེགས་པའི་སྙིང་པོ་སོགས། །བདག་འཛིན་ཅན་རྣམས་དྲང་ཕྱིར་ཡིན། །ཞེས་དང་། དེ་བཞིན་དུ་ཐུབ་པ་དགོངས་གསལ་སོགས་ལས་ཀྱང་རྒྱས་པར་གསུངས་མོད། དེང་སང་ནི་གཞུང་འདིའི་རྗེས་འཇུག་ཏུ་ཁས་ལེན་པ་ཕལ་ཆེར་གཞུང་ལས་ཕྱི་རོལ་ཏུ་གྱུར་པར་ཟད་དོ། །

གཉིས་པ། ཤེས་བྱེད་དགོད་པ་ལ། བདེ་གཤེགས་སྙིང་པོ་མཚན་དཔེ་སྟོབས་སོགས་ཀྱིས་བརྒྱན་པའི་ཆོས་སྐུ་ལ་འཆད་དགོས་པའི་ཤེས་བྱེད་ཀྱི་ལུང་སློས་པ་དང་། སྙིང་པོའི་མདོ་དྲང་དོན་དུ་འཆད་པའི་བསྟན་བཅོས་མཁན་པོའི་ལུང་དྲང་བའོ། །དང་པོ་ནི། བདེ་གཤེགས་སྙིང་པོའི་ངོས་འཛིན་སྟོབས་སོགས་ཡོན་ཏན་གྱིས་བརྒྱན་པའི་ཆོས་སྐུ་ལ་འཆད་དགོས་པས། སྙིང་པོའི་མདོ་དགོངས་པ་ཅན་ཡིན་པ་འདིའི་དོན། དེ་བཞིན་གཤེགས་པའི་སྙིང་པོའི་ལེའུ་ཡི་མདོ་སྡེ་ལྟོས་ཤིག་སྟེ། མདོ་དེ་ལས། ཇི་སྐད་དུ། རིགས་ཀྱི་བུ་གཞན་ཡང་འདི་ལྟ་སྟེ་དཔེར་ན། དབུལ་པོ་ཞིག་གི་མཛོད་ཀྱི་འོག་གི་ས་ལ་གཏེར་ཆེན་པོ་དབྱིག་དང་། གསེར་གྱིས་གང་བ་མཛོད་ཀྱི་ཚད་ཙམ་ཞིག་མི་བདུན་སྲིད་ཀྱི་སས་གཡོགས་པའི་འོག་ན་ཡོད་ལ། གཏེར་ཆེན་པོ་དེས་མི་དབུལ་པོ་དེ་ལ་འདི་སྐད་དུ། ཀྱེ་མི། ང་ནི་གཏེར་ཆེན་པོ་སྟེ་སས་གཡོགས་ཤིང་འདུག་ཅེས་མི་སྨྲ་སྟེ། འདི་ལྟ་སྟེ་གཏེར་ཆེན་པོ་ནི་སེམས་ཀྱི་ངོ་བོ་སྟེ་སེམས་ཅན་མ་ཡིན་នོ། །མི་དབུལ་པོ་ཁྲིམ་གྱི་བདག་པོ་དེ་ནི། དབུལ་བའི་སེམས་ཀྱིས་རྗེས་སུ་སེམས་ཤིང་། དེ་ཉིད་ཀྱི་སྟེང་ན་རྣམ་པར་རྒྱུ་ཡང་། སའི་འོག་ན་གཏེར་ཆེན་པོ་ཡོད་པ་དེ་མ་ཤེས་མ་ཐོས་མ་མཐོང་ངོ་། །རིགས་ཀྱི་བུ་དག་དེ་བཞིན་དུ། སེམས་ཅན་ཐམས་ཅད་ཀྱི་མངོན་པར་ཞེན་པའི་ཡིད་ལ་བྱེད་པའི་ཁྲིམ་ལྟ་བུར་གྱུར་པའི་འོག་ན། དེ་བཞིན་གཤེགས་པའི་སྙིང་པོ་སྟོབས་དང་མི་འཇིགས་པ་དང་། མ་འདྲེས་པ་དང་། སངས་རྒྱས་ཀྱི་ཆོས་ཐམས་ཅད་ཀྱི་མཛོད་ཀྱི་གཏེར་ཆེན་པོ་ཡོད་ཀྱང་། སེམས་ཅན་དེ་དག་གཟུགས་དང་། སྒྲ་དང་། དྲི་དང་། རོ་དང་། རེག་པ་ལ་ཆགས་པས། སྡུག་བསྔལ་ཞིང་འཁོར་བ་ན་འཁོར་ཏེ། ཆོས་ཀྱི་གཏེར་ཆེན་པོ་དེ་མ་ཐོས་པས་ཐོབ་པར་མ་གྱུར་ཅིང་། ཡོངས་སུ་སྦྱང་བའི་ཕྱིར་བརྩོན་པར་ཡང་མི་བྱེད་དོ༑ །རིགས་ཀྱི་བུ་དག །དེ་ནས་དེ་བཞིན་གཤེགས་པ་འཇིག་རྟེན་དུ་བྱུང་སྟེ། བྱང་ཆུབ་སེམས་དཔའི་ནང་དུ་འདི་ལྟ་བུའི་ཆོས་ཀྱི་གཏེར་ཆེན་པོ་ཡང་དག་པར་རབ་ཏུ་སྟོན་ཏེ། ཡང་། རྣམ་དབྱེར་མེད་པའི་མཚན་ཉིད་ཅན། །བློ་མེད་ཆོས་ཀྱིས་སྟོང་མ་ཡིན། །ཞེས་པའི་འགྲེལ་པར་དཔལ་འཕྲེང་གི་མདོ་དྲངས་པ་ལས། རྣམ་པར་དབྱེར་མེད་པ་བསམ་གྱིས་མི་ཁྱབ་པའི་སངས་རྒྱས་ཀྱི་ཆོས། གངྒཱའི་ཀླུང་གི་བྱེ་མ་ལས་འདས་པ་དང་ལྡན་པ་དེ་བཞིན་གཤེགས་པའི་ཆོས་ཀྱི་སྐུར་བསྟན་ཏེ། བཅོམ་ལྡན་འདས་དེ་བཞིན་གཤེགས་པའི་ཆོས་ཀྱི་སྐུ་འདི་ཉིད། ཉོན་

མོངས་པའི་སྦུབས་ལས་མ་གྲོལ་བ་ནི་དེ་བཞིན་གཤེགས་པའི་སྙིང་པོ་ཞེས་བྱའོ། །ཞེས་གསུངས་སོ། །

གཉིས་པ། སྙིང་པོ་དྲང་དོན་དུ་སྟོན་པའི་བསྟན་བཅོས་མཁན་པོའི་ལུང་དྲང་བ་ནི། སློབ་དཔོན་ཟླ་བ་གྲགས་པས་ཀྱང་། དབུ་མ་ལ་ནི་འཇུག་པ་ལས་བདེ་གཤེགས་སྙིང་པོ་དྲང་དོན་དུ་གསུངས་པ་དེ་ཡང་ཤེས་པར་གྱིས་ཤིག་སྟེ། དེ་ཡང་། རྣམ་པ་དེ་ལྟའི་མདོ་སྡེ་གཞན་ཡང་ནི། །དྲང་དོན་ཉིད་དུ་ལུང་འདིས་གསལ་བར་བྱེད། །ཅེས་པའི་འགྲེལ་པར་མདོ་དྲངས་པ་ནི། བློ་གྲོས་ཆེན་པོ་དེ་བཞིན་གཤེགས་པ་དགྲ་བཅོམ་པ་ཡང་དག་པར་རྫོགས་པའི་སངས་རྒྱས་རྣམས་ནི་སྟོང་པ་ཉིད་དང་། ཡང་དག་པའི་མཐའ་དང་། མྱ་ངན་ལས་འདས་པ་དང་། མ་སྐྱེས་པ་དང་། མཚན་མ་མེད་པ་དང་། སྨོན་པ་མེད་པ་ལ་སོགས་པའི་ཚིག་གི་དོན་རྣམས་ལ་དེ་བཞིན་གཤེགས་པའི་སྙིང་པོ་བསྟན་པར་བྱས་ནས། བྱིས་པ་རྣམས་བདག་མེད་པས་འཇིགས་པར་འགྱུར་བའི་གནས་རྣམས་སྤང་བའི་དོན་དུ། ཞེས་དང་། བློ་གྲོས་ཆེན་པོ་ངས་དེ་བཞིན་གཤེགས་པའི་སྙིང་པོ་བསྟན་པས་མུ་སྟེགས་བྱེད་ཀྱི་བདག་ཏུ་སྨྲ་བ་བསྟན་པ་དང་མི་འདྲའོ། །ཞེས་གསུངས། དེའི་དོན་ནི། མདོ་གཞན་དུ་སེམས་ཅན་ཐམས་ཅད་དེ་བཞིན་གཤེགས་པའི་སྙིང་པོ་ཅན་དུ་གསུངས་པ་དེ་ལ། དགོངས་གཞི། དགོས་པ། དངོས་ལ་གནོད་བྱེད་དང་གསུམ་ལས། དང་པོ་སྟོང་པ་ཉིད་ལ་དགོངས་པ་དང་། དགོས་པ་མུ་སྟེགས་བྱེད་ཁ་དྲང་བའི་ཕྱིར་དང་། དངོས་ལ་གནོད་བྱེད། དེ་སྐྲ་ཇི་བཞིན་པ་ཡིན་ན་མུ་སྟེགས་ཀྱི་བདག་དང་མཚུངས་ཞེས་པའོ། །གཞུང་འདིའི་ཊཱི་ཀ་བྱེད་པ་ཕལ་ཆེར་གྱིས། སེམས་ལ་སྙིང་པོ་ཡོད་པར་གསུངས་པ་དེ་སྒྲ་ཇི་བཞིན་དུ་ཁས་བླངས་ནས་དེ་ལ་དགོངས་གཞི། དགོས་པ། དངོས་ལ་གནོད་བྱེད་དང་གསུམ་འཆད་པ་ནི། ངའི་མ་མོ་གཤམ་མོ་ཞེས་པ་དང་མཚུངས་སོ། །དེས་ན་སྙིང་པོའི་རྣམ་གཞག་རྒྱས་པ་ནི། ལེགས་བཤད་གསེར་གྱི་ཐུར་མ་དང་། ངེས་དོན་རབ་གསལ་དང་། སྟོང་ཐུན་གྱི་ལེའུ་དང་པོ་དང་། ཕར་ཕྱིན་གྱི་སྤྱི་དོན་ཆེ་ཆུང་གཉིས་དང་། བདེ་མཆོག་རྣམ་བཤད་རྣམས་སུ་བལྟ་བར་བྱའི། འདིར་ཚིག་མངས་སུ་དོགས་ནས་མ་བྲིས་སོ། །

གཉིས་པ། བསྔོ་བའི་ལག་ལེན་ལ་འཁྲུལ་པ་དགག་པ་ནི། སྟོད་འདུལ་བ་དང་། བལ་པོ་འདུལ་འཛིན་འགའ་ཞིག །སྦྱིན་བདག་གི་ཡོན་བསྔོ་བ་བྱེད་པའི་ཚེ་ན། རིལ་བ་སྤྱི་བླུགས་ནས་སློང་བ་པོའི་ལག་པར་ཆུ་སྦྲིང་བའི་ལག་ལེན་བྱེད་པ་ལ་སྨྲ་ཅབ་བྲིམ་པ་ཞེས་གྲག་གོ །འདི་ནི་འདུལ་བའི་བསླབ་བྱ་མ་ཡིན་ཏེ། མུ་སྟེགས་རིག་བྱེད་པའི་ལུགས་ཡིན་གྱི། སངས་རྒྱས་པའི་བསླབ་བྱ་ལ་དེ་ལྟར་གསུངས་པ་མེད་པའི་ཕྱིར་རོ། །འདི་ལ་ལེགས་བཤད་གསེར་གྱི་ཐུར་མར། བསྔོ་བའི་ཚེ་ན་ཆུ་སྦྲིང་བ། །རང་ལུགས་མིན་ན་འདུལ་བ་ལས། །ལག་ཆུ་བཟེད་པར་གསུངས་དེ་ཅི། །ཞེས་པ་དེའི་དོན་ནི། འོ་ན་མདོ་རྩ་བར། ཟན་གྱི་ཕྱིར་སོན་པ་ཉིད་ན། ལག་ཆུ

དྲངས་པའི་ཚིག་ལ་ཧེ་དྲུས་ཡོད་ནའོ། །ཞེས་དང་། བཙུན་པ་བདག་གི་ཁྱིམ་དུ་ཞུགས་ཤིག །སྟན་ལ་འདུག་ཅིག །ལག་ཆུ་བཟེད་ཅིག །ཅེས་དང་། གོས་སློང་བའི་ལྟུང་བྱེད་ཀྱི་སྐབས་སུ་གསུངས་པ་རྣམས་དང་འགལ་ལོ་ཞེ་ན། དེ་ནི་རྒྱ་གར་ན། འཇིག་རྟེན་པ་རྣམས་ལ་བསམ་པ་དག་པ་ནས་སྦྱིན་པ་མཆོད་པའི་ཕྱིར། ལག་ཆུ་བྲིམ་པ་ཞེས་གྲགས་པ་དེ་ནི། རིག་བྱེད་ཀྱི་གཞུང་ནས་བྱུང་བ་དེ་སོར་བཞག་པ་ཡིན་གྱི། འདུལ་བ་ནས་ཟས་ཀྱི་སྔ་རོལ་དུ་ལག་ཆུ་མ་བྲིམས་པ་ལ་ལྟུང་བ་བཤད་པ་མེད་པས་མི་འགལ་ཞེས་པའི་དོན་ནོ། །འདི་ར་རྣམ་བཤད་མཛད་པ་བསམ་ཡས་པ་དང་། སྣ་གདོང་པ་དང་སྒོས་ཁང་པ་གསུམ་ཆར་གྱིས། སྦྱིན་བ་པོ་དང་སློང་བ་པོ་གཉིས་ཕན་ཚུན་གྱིས་ཆུ་སྦྱིན་པའི་ལག་ལེན་བྱེད་པ་དེ་ཐམས་ཅད་སྒྲོལ་གྱི་སྐྱེས་རབས་ཀྱིས་འཕྲུལ་གཞི་བྱས་ཏེ། སྐྱེས་རབས་དེ་ལས། དེ་ཡིས་བསྒྲིམས་པའི་མཐུ་དག་གིས། །ལག་པ་ལས་ནི་ཆུ་བྱུང་སྟེ། །མིག་ནི་པདྨ་དམར་འདྲ་ལས། །མ་བསྒྲིམས་པར་ཡང་མཆི་མ་བྱུང་། །ཞེས་དང་། བྲམ་ཟེ་རིལ་བ་སྤྱི་བླུགས་དབྱིག་པ་ལ་བཏགས་པ་ཕྲག་པ་ལ་ཐོགས་ཞེས་འབྱུང་བས། ལེན་པ་པོས་ཀྱང་ཆུ་སྦྲིང་བར་མངོན་ནོ་ཞེས་གསུང་བ་ནི་རང་བཟོའི་བཤད་པ་སྟེ། ཕྱོགས་སྔ་མའི་ཕྲུག་ལེན་དེ་ནི། གོང་དུ་དྲངས་མ་ཐག་པའི་འདུལ་བའི་གཞུང་ཚིག་དེ་དག་ལ་བརྟེན་པ་ཡིན་གྱི། སྐྱེས་རབས་ལས་གསུངས་པ་ཤེས་བྱེད་དུ་མི་འགོད་པ་དང་། ལེན་པ་པོས་ཆུ་སྦྲིང་བ་ཕྱོགས་སྔ་མས་ཁས་མ་བླངས་ཤིང་། ལེན་པ་པོས་རིལ་བ་ཐོགས་པ་ཙམ་གྱིས་ཆུ་སྦྲིང་བར་མི་འགྲུབ་པའི་ཕྱིར་རོ། །དོན་འདི་ལ་གོ་ཊཱི་ཀ་པ་ནི་སྣ་གདོང་པའི་རྗེས་ཟློས་ཙམ་བྱེད་པར་ཟད་དོ། །དེས་ན་ལག་ལེན་གང་དང་གང་བྱེད་པ་ཐམས་ཅད་སངས་རྒྱས་ཀྱི་གསུང་བཞིན་གྲུས་པས་སྒྲུབས་ཤིག་སྟེ། གསུང་དང་མི་མཐུན་པའི་ལག་ལེན་གྱིས་བསྟན་པ་ལ་གནོད་པས་སོ། །

གཉིས་པ། རང་ལུགས་ཀྱི་བསྔོ་བའི་དགེ་བ་དང་བསྔོ་རྒྱུའི་རྫས་ངོས་བཟུང་བ་ལ། བསྔོ་བའི་དགེ་བ་བཤད་པ་དང་། བསྔོ་རྒྱུའི་རྫས་ངོས་བཟུང་བའོ། །དང་པོ་ལ། དངོས་བཏགས་མ་ཕྱེ་བའི་དགེ་བ་མདོར་བསྟན། མདོ་དང་སྦྱར་ནས་དངོས་བཏགས་སོ་སོར་ཕྱེ་བའོ། །དང་པོ་ནི། བསྔོ་བ་སྨོན་ལམ་དེ་ཡང་མདོར་བསྡུ་ན། བཏབ་ན་འགྲུབ་པ་གནས་དང་། བཏབ་ན་མི་འགྲུབ་ཀྱང་བསོད་ནམས་ཆེན་པོ་འབྱུང་བ་གནས་མ་ཡིན་པ་གཉིས་སོ། །དེ་ལ་གནས་ཀྱི་བསྔོ་བ་འགྲུབ་པར་གསུངས་ལ། གནས་མིན་གྱི་བསྔོ་བ་སྨོན་ལམ་ནི། བསྔོས་པ་སྨོན་ཀྱང་འགྲུབ་པར་མི་འགྱུར་རོ། །གཉིས་པ་ནི། སྨོན་ལམ་གྱི་དགེ་བ་འདི་དག་གཉིས་ཀ་མདོ་ལས་གསུངས་ཏེ། འཕགས་པ་འཇམ་དཔལ་གྱི་སངས་རྒྱས་ཀྱི་ཞིང་གི་བཀོད་པའི་ཡོན་ཏན་བསྟན་པའི་མདོ་ལས་ནི། ཆོས་རྣམས་ཐམས་ཅད་རྐྱེན་བཞིན་ཏེ། །འདུན་པའི་རྩ་ལ་རབ་ཏུ་གནས། །གང་གིས་སྨོན་ལམ་ཅི་བཏབ་པ། །དེ་

འདྲའི་འབྲས་བུ་འགྱུབ་པར་འགྱུར། །ཞེས་གསུངས། འདི་ནི་གནས་ཀྱི་སྨོན་ལམ་ལ་དགོངས་ཏེ། ཇི་ལྟར་བཏབ་པ་བཞིན་དུ་འགྲུབ་པའི་སྨོན་ལམ་ཡིན་པའི་ཕྱིར་རོ། །དཀོན་མཆོག་བརྩེགས་པའི་བུ་མོ་དྲི་མེད་བྱིན་གྱིས་ཞུས་པའི་མདོར། ཆོས་རྣམས་ཀྱི་ཆོས་ཉིད་བསྔོ་བ་ཡིས་མི་འགྱུར་ཏེ། གལ་ཏེ་འགྱུར་ན་ནི། དང་པོའི་སངས་རྒྱས་ཉིད་ཀྱི་བསྔོ་བ་སྔེ་སྨོན་ལམ་ཐམས་ཅད་དེང་སང་ཅིས་མི་འགྲུབ་སྟེ་འགྲུབ་པར་ཐལ་བའི་ཕྱིར་རོ། །ཞེས་གསུངས། འདི་ནི་གནས་མིན་གྱི་བསྔོ་བ་སྟེ་སྨོན་ལམ་ཉིད་ལ་དགོངས་པ་ཡིན་པའི་ཕྱིར། དེ་ནི་མདོའི་ངག་དོན་བཀོད་པ་ཡིན་ལ། མདོ་ཚིག་ནི། དེ་ཉིད་ལས། བུ་མོས་སྨྲས་པ། རིགས་ཀྱི་བུ་ཆོས་རྣམས་ཀྱི་ཆོས་ཀྱི་ཆོས་ཉིད་ནི་སྨོན་ལམ་གྱི་དབང་གིས་བསྒྱུར་བར་མི་ནུས་སོ། །གལ་ཏེ་ནུས་པར་གྱུར་ན་དེ་བཞིན་གཤེགས་པ་རེ་རེའི་དགོངས་པ་དེ། སྨོན་ལམ་གྱི་དབང་གིས་ཇི་ལྟར་མི་འགྲུབ་སྟེ། རྣམ་གྲངས་འདིས་ན་སྨོན་ལམ་གྱི་དབང་གིས་བསྒྱུར་བར་མི་ནུས་པར་རིག་པར་བྱའོ། །ཞེས་གསུངས་སོ། །

གཉིས་པ་ལ། དགེ་སྡིག་གཉིས་ཀ་བྱས་པར་བསྟན། དེའི་རྣམ་གཞག་རྒྱས་པར་བཤད་པའོ། །དང་པོ་ནི༑ རྒྱུ་མཚན་དེས་ན་བསྔོ་རྒྱུའི་དགེ་རྩ་དང་། བཤག་པར་བྱ་བའི་སྡིག་པ་གཉིས་ཀ་ཡང་གསར་དུ་བྱས་པའི་དགེ་སྡིག་ཡིན་མོད་ཀྱི་སྔེ་མ་བྱས་པ་ལ་བསྔོ་རྒྱུའི་དགེ་བ་དང་། བཤག་བྱའི་སྡིག་པའི་རྣམ་གཞག་མེད་པའི་ཕྱིར། དེ་ལས་ཀྱང་འདིར་བསྔོ་རྒྱུའི་དགེ་རྩ་ལ་ནི། རང་གིས་བྱས་པའི་དགེ་བ་ཞིག་བསྔོ་དགོས་ཏེ། གཞན་གྱིས་བྱས་པའི་དགེ་རྩ་བདག་ཉིད་ཀྱི་སངས་རྒྱས་ཀྱི་རྒྱུར་བསྔོ་མི་ནུས་པའི་ཕྱིར། འོ་ན་དེང་སང་བསྔོ་བ་ཞུ་བ་ཞེས་པའི་ཐ་སྙད་འདི་མ་དག་པ་ཡིན་ནམ་ཞེ་ན། དེ་ནི་སྦྱིན་བདག་རང་གིས་ཇི་ལྟར་བསྔོ་བའི་ཚུལ་མི་ཤེས་པ་ལ། ཡོན་གནས་ཀྱིས་བསྔོ་བའི་མཐུན་འགྱུར་ཙམ་ཞིག་བྱེད་པའི་དབང་དུ་བྱས་པ་ཡིན་ཏེ། དཔེར་ན། དུས་གསུམ་གཤེགས་པའི་རྒྱལ་བ་ཐམས་ཅད་ཀྱིས། །བསྔོ་བ་གང་ལ་མཆོག་ཏུ་བསྔགས་པ་དེས། །བདག་གི་དགེ་བའི་རྩ་བ་འདི་ཀུན་ཀྱང་། །བཟང་པོར་སྤྱོད་ཕྱིར་ཡོངས་སུ་བསྔོ་བར་བགྱི། །ཞེས་པ་ལྟར་རོ། །འདིར་མི་ཤེས་བཞིན་དུ་མཁས་པར་རློམ་པ་ཁ་ཅིག གཞན་གྱིས་བྱས་པའི་དགེ་རྩ་བསྔོར་མི་རུང་ན། ཆོས་རྗེ་འདི་ཉིད་ཀྱིས་ཚུ་ཤུལ་གྲུ་སོ་སྐད་དུ། བསྔོ་བ་དུག་མེད་ཇི་ལྟར་བྱེད་ཞུས་པའི་ལན་དུ། བདག་དང་གཞན་གྱིས་དགེ་བ་ཅི་བསགས་པ། །འཁོར་གསུམ་ཡོངས་སུ་དག་པའི་ཤེས་རབ་ཀྱིས། །ཡོད་མེད་ལ་སོགས་དམིགས་པའི་དུག་སྤངས་ཏེ། །འཁོར་དང་མྱ་ངན་འདས་ལ་མི་སྨོན་པར། །འགྲོ་བའི་དོན་དུ་སངས་རྒྱས་ཐོབ་ཕྱིར་བསྔོ། །ཞེས་པ་དང་འགལ་ཞེང་། ཉམས་ལེན་གྱི་རྩ་བ་ལ་གནོད་པར་སྣང་ངོ་ཞེས་ཟེར་རོ། །དེ་ནི་ཁྱོད་ཉིད་ཤེས་རབ་ཆུང་བས་ལན་པ་ཡིན་ཏེ། གཞན་གྱི་དགེ་རྩ་ལ་རྗེས་སུ་ཡི་རང་བར་བྱས་ནས་དེ་བསྔོ་བའི་དབང་དུ་བྱས་པའི་ཕྱིར་རོ། །དེ་ཡང་ཆོས་རྗེས་མཛད་པའི་

བསྔོ་བའི་གཞུང་ལས། རང་གཅིག་པུས་བྱས་པའི་དགེ་བ་འཕེལ་ཆུང་ཞིང་ནུས་པ་ཆུང་བས། ལུད་མེད་པའི་ཞིང་དང་འདྲ་བས། དགེ་བ་ཐམས་ཅད་ལ་དགའ་བའི་བློས་རྗེས་སུ་ཡི་རང་བའི་བློས་འཕེལ་བར་བྱེད་པ་ཡིན། ཞེས་གསུངས་པ་དེ་མ་མཐོང་བའམ་མཐོང་ན་ཡང་མ་གོ་བར་ཟད་དོ། །གཞན་ཡང་བདག་གིས་བྱས་པའི་དགེ་རྩ་ཁོན་བསྔོས་པས་ཉམས་ལེན་ལ་གནོད་ན། ཇི་སྐད་དུ། དགེ་བ་ཅུང་ཟད་བདག་གིས་ཅི་བསགས་པ། །ཐམས་ཅད་རྫོགས་པའི་བྱང་ཆུབ་ཕྱིར་བསྔོའོ། །ཞེས་པ་འདིས་ཀྱང་ཉམས་ལེན་ལ་གནོད་པར་འགྱུར་རོ། །དེས་ན་བླུན་པོ་སྨྲ་བ་ཞུང་ན་མཛེས་སོ། །ཡང་འདིར་སྨོན་ལམ་ལ་གཉིས་སུ་འབྱེད་པ་ལ་དགོངས་པ་ཡིན་གྱི། བསྔོ་བ་ལ་གཉིས་སུ་འབྱེད་པ་ནི་དགོངས་པ་མ་ཡིན་ཏེ། གནས་མ་ཡིན་གྱི་སྨོན་ལམ་དེ་བསྔོ་བར་བྱས་ན་དེ་མི་འགྲུབ་པར་གསུངས་པས། མི་འགྱུར་བསྔོ་བ་དོན་མེད་ཡིན། །ཞེས་པའི་ཉེས་པར་འགྱུར་བ་དང་། མདོ་དེ་དག་ལས་ཀྱང་སྨོན་ལམ་ཞེས་གསུངས་ཀྱི་བསྔོ་བ་ཞེས་མ་གསུངས་སོ། །དེའི་ཤེས་བྱེད་ཀྱང་། བསྔོ་བ་ལ་ནི་བསྔོ་རྒྱུའི་རྫས་ཤིག་ངེས་པར་དགོས་ལ། བསྔོ་རྒྱུའི་རྫས་ཡོད་དམ་མེད་ཀྱང་། འདོད་བྱའི་དངོས་པོ་ཞིག་དོན་དུ་གཉེར་བ་ནི་སྨོན་ལམ་ཞེས་བྱའོ། །དེས་ན་གཞུང་འདི་ལྟར་འདོན་ཏེ། སྨོན་ལམ་དེ་ཡང་མདོར་བསྡུ་ན། །གནས་དང་གནས་མ་ཡིན་པ་གཉིས། །གནས་ཀྱི་སྨོན་ལམ་འགྲུབ་པར་གསུངས། །གནས་མིན་སྨོན་ཀྱང་འགྲུབ་མི་འགྱུར། །འདི་དག་གཉིས་ཀ་མདོ་ལས་གསུངས། །འཇམ་དཔལ་སངས་རྒྱས་ཞིང་ལས་ནི། །ཆོས་རྣམས་ཐམས་ཅད་རྐྱེན་བཞིན་ཏེ། །འདུན་པའི་རྩེ་ལ་རབ་ཏུ་གནས། །གང་གིས་སྨོན་ལམ་ཅི་བཏབ་པ། །དེ་ཡི་འབྲས་བུ་ཐོབ་པར་འགྱུར། །ཞེས་གསུངས་འདི་ནི་གནས་ལ་དགོངས། དྲི་མེད་བྱིན་གྱིས་ཞུས་པའི་མདོར། །ཆོས་རྣམས་ཆོས་ཉིད་སྨོན་ལམ་གྱིས། །མི་འགྱུར་གལ་ཏེ་འགྱུར་ན་ནི། །དང་པོའི་སངས་རྒྱས་གཅིག་ཉིད་ཀྱིས། །སྨོན་ལམ་དེང་སང་ཅིས་མི་འགྲུབ། །ཅེས་གསུངས་འདི་ནི་གནས་མིན་གྱི། །སྨོན་ལམ་ཉིད་ལ་དགོངས་པ་ཡིན། །དེས་ན་བསྔོ་རྒྱུའི་དགེ་བ་ནི། །རང་གིས་བྱས་པའི་དགེ་ཡིན་ཕྱིར། །གནས་ཀྱི་སྨོན་ལམ་དག་ཏུ་འདོད། །ཅེས་བཏོན་ན་དོན་གྱི་ཁོག་ཕྲོལ་བར་འགྱུར་རོ། །དོན་འདི་དག་ལ་རྣམ་བཤད་མཛད་པ་སྔ་མ་རྣམས་ཀྱིས་རྟོག་དཔྱོད་མ་བཅུག་པར་སྣང་ངོ་། །

གཉིས་པ། དེའི་རྣམ་གཞག་རྒྱས་པར་བཤད་པ་ལ། རྩ་བ་གསུམ་གྱིས་དགེ་མི་དགེར་འཇོག་ཚུལ་སྤྱིར་བསྟན། ཐེག་པ་གསུམ་གྱི་དགེ་མི་དགེའི་རྣམ་གཞག་དམིགས་ཀྱིས་བསལ་བའོ། །དང་པོ་ནི། དགེ་སྡིག་དེའི་རྣམ་གཞག་བཤད་ཀྱིས་ཉོན་ཅིག་སྟེ། རྒྱལ་པོ་ལ་གདམས་དུ་བྱ་བ་རིན་པོ་ཆེའི་འཕྲེང་བ་ལས། འདོད་པའི་འདོད་ཆགས་ཞེ་སྡང་གཏི་མུག་གསུམ་པོ་དེས་བསྐྱེད་ཅིང་ཀུན་ནས་བསླངས་པའི་ལས་ལ་ནི་མི་དགེ་བ་དང་། མ་

ཆགས་པ་དང་། ཞེ་སྡང་མེད་པ་དང་། གཏི་མུག་མེད་པའི་དགེ་བའི་རྩ་བ་གསུམ་གྱིས་བསྐྱེད་ཅིང་ཀུན་ནས་བསླངས་པའི་ལས་ནི་དགེ་བའོ། །ཞེས་གསུངས་པའི་དགོངས་པ་ཤེས་ནས་ནི་མཁས་པ་རྣམས་ཀྱིས་དཔྱད་པར་བྱ་དགོས་ཏེ་དཔྱད་པ་ན་འདུས་མ་བྱས་བསྔོ་རྒྱུའི་དགེ་རྩར་འགྱུར་བའི་སྐབས་མི་སྲིད་པའི་ཕྱིར་རོ། །འདི་དག་ཀྱང་འདོད་པ་ཁམས་ཀྱི་དབང་དུ་བྱས་པ་དང་། དུས་ཀྱི་ཀུན་སློང་གཙོ་ཆེ་བའི་དབང་དུ་བྱས་ཀྱི། དེ་ལས་གཞན་དུ་ན། བདེ་འགྲོར་འཕེན་བྱེད་ཀྱི་ལས་རྣམས་ཀྱང་མ་རིག་པས་ཀུན་ནས་བསླངས་པ་ཡིན་པས་མི་དགེ་བར་ཐལ་བར་འགྱུར་རོ། །འདིར་དུས་ཀྱི་ཀུན་སློང་གཙོ་ཆེ་བ་ནི། ལས་ཀྱི་ངོ་བོ་སེམས་པར་འཆད་པའི་དབང་དུ་བྱས་ལ། མངོན་པ་འོག་མར་ནི་ལས་ལམ་དངོས་གཞི་རིག་བྱེད་མ་ཡིན་པའི་གཟུགས་སུ་འདོད་པའི་དབང་དུ་བྱས་ནས། རྒྱུའི་ཀུན་སློང་གཙོ་ཆེ་བར་བཤད་དོ། །གཉིས་པ་ལ། དམ་བཅའ་མདོར་བསྟན། སྒྲུབ་བྱེད་རྒྱས་པར་བཤད་པའོ། །དང་པོ་ནི། ཉན་ཐོས་དང་བྱང་སེམས་ཀྱི་དགེ་སྡིག་གི་རྣམ་གཞག་མཐའ་གཅིག་ཏུ་མི་མཚུངས་ཏེ། ཉན་ཐོས་ཀྱིས་ཐར་པར་བསྔོས་པའི་དགེ་བ་ཕལ་ཆེར་ཡང་བྱང་ཆུབ་སེམས་དཔའི་སྡིག་པར་འགྱུར་ཏེ། རང་དོན་ཡིད་བྱེད་ཀྱི་བསམ་པས་ཀུན་ནས་བསླངས་པའི་ཕྱིར། བྱང་ཆུབ་སེམས་དཔའི་སྙིང་རྗེས་ཀུན་ནས་བསླངས་ཏེ་སྲོག་བཅད་པ་ལྟ་བུ་ཡང་ཉན་ཐོས་ལ་སྡིག་ཏུ་འགྱུར་བར་གསུངས་སོ། །

གཉིས་པ། སྒྲུབ་བྱེད་ཀྱི་དཔེ་བཤད་པ་ལ། བྱང་ཆུབ་སེམས་པའི་དགེ་སློང་གིས་དམན་པར་སེམས་བསྐྱེད་ན་བྱང་སེམས་ཀྱི་སྡོམ་པ་གཏོང་ཞིང་དགེ་སློང་གི་སྡོམ་པ་འཕེལ་བར་བསྟན། དེས་གཞན་དོན་དུ་ཕམ་པ་བཞི་སྤྱད་ན་ཉན་ཐོས་ཀྱི་སྡོམ་པ་ཉམས་ཤིང་བྱང་སེམས་ཀྱི་སྡོམ་པ་འཕེལ་བར་བསྟན་པའོ། །དང་པོ་ནི། དཔེར་ན་བསྐལ་པ་དུ་མར་དགེ་བ་སྤྱད་ཀྱང་ཉན་ཐོས་ཀྱི་ས་རུ་སེམས་བསྐྱེད་ན་བྱང་ཆུབ་སེམས་དཔའི་སྡིག་པ་ལྕི་བ་ཡིན་ཏེ་མདོ་སྡུད་པར། གལ་ཏེ་བསྐལ་པ་དུ་མར་དགེ་བའི་ལས་ལམ་བཅུ། །སྤྱོད་ཀྱང་རང་རྒྱལ་དགྲ་བཅོམ་ཉིད་ལ་འདོད་བསྐྱེད་ན། །དེ་ཚེ་ཚུལ་ཁྲིམས་སྐྱོན་བྱུང་ཚུལ་ཁྲིམས་ཉམས་པ་ཡིན། །སེམས་བསྐྱེད་དེ་ནི་ཕས་ཕམ་པས་ཀྱང་ཤིན་ཏུ་ལྕི། །ཞེས་གསུངས་སོ། །དེ་ནི་ཉན་ཐོས་དགེ་ཆེན་ཡིན་ཏེ། ཉན་ཐོས་ཀྱི་བྱང་ཆུབ་ཀྱི་རྒྱུར་འགྱུར་བའི་ཕྱིར། ཡང་འདོད་པའི་ཡོན་ཏན་ལྔ་ལ་ཅི་བདེར་སྤྱོད་ཀྱང་སེམས་ཅན་སྨིན་པའི་ཐབས་ལ་མཁས་ཤིང་བྱང་ཆུབ་ཀྱི་སེམས་དང་ལྡན་ན། རྒྱལ་བའི་གདུང་འཚོབ་པའི་སྲས་བྱང་ཆུབ་སེམས་དཔའ་རྣམས་ཀྱི་དགེ་ཆེན་ཡིན་ཏེ། སེམས་ཅན་སྨིན་པའི་ཐབས་ཡིན་པའི་ཕྱིར། མདོ་སྡུད་པ་ལས། གལ་ཏེ་བྱང་ཆུབ་སེམས་དཔའ་འདོད་ཡོན་ལྔ་སྤྱོད་ཀྱང་། །སངས་རྒྱས་ཆོས་དང་འཕགས་པའི་དགེ་འདུན་སྐྱབས་སོང་སྟེ། །སངས་རྒྱས་བསྒྲུབ་བྱ་སྙམ་དུ་ཀུན་མཁྱེན་ཡིད་བྱེད་ན། །མཁས་པ་ཚུལ་ཁྲིམས་ཕ་རོལ་ཕྱིན་གནས་རིག་པར་བྱ། །ཞེས་དང་།

བྲམ་ཟེའི་ཁྱེའུ་སྐར་མས་ལོ་དུ་མར་ཚངས་སྤྱོད་བསྲུངས་ཀྱང་། ཚོང་དཔོན་གྱི་བུ་མོ་ལ་སྙིང་བརྩེ་བས་བསླབ་པ་ཕུལ་ཏེ། ལོ་བཅུ་གཉིས་ཁྱིམ་ཐབ་བྱས་པས་བསྐལ་པ་དགུ་ཁྲིའི་འཁོར་བ་ཕྱིར་བསྐྱིལ་བ་ལྟ་བུའོ། །ཉན་ཐོས་རྣམས་ཀྱི་སྡིག་པར་གསུངས་ཏེ། འདོད་པ་བསོད་ཉམས་ཀྱི་མཐའ་སྤོང་དགོས་པས་སོ། །གཉིས་པ་ནི། གཞན་གྱི་དོན་གྱི་སེམས་བརྟན་པོས་ཀུན་ནས་བསླངས་ཏེ་ཕམ་པ་བཞི་པོ་སྤྱད་ན་ཡང་བྱང་ཆུབ་སེམས་དཔའི་དགེ་བ་སྟེ༔ ཐབས་ལ་མཁས་པའི་མདོ་ལས། དེ་ཡང་རིགས་ཀྱི་བུ་བརྟག་པ་ཡོངས་སུ་བཟུང་སྟེ། གལ་ཏེ་རབ་ཏུ་བྱུང་བའི་བྱང་ཆུབ་སེམས་དཔའ་ལྟུང་བའི་རྩ་བ་བཞི་པོ་ཐམས་ཅད་འདས་པར་གྱུར་ཀྱང་། ཐབས་མཁས་པ་འདིས་སྦྱོང་བར་བྱེད་ན་བྱང་ཆུབ་སེམས་དཔའི་ལྟུང་བར་མི་འགྱུར་བར་བཤད་དོ། །ཞེས་གསུངས་སོ། །དེ་ནི་ཉན་ཐོས་རྣམས་ཀྱི་སྡིག་པར་འདུལ་བ་ལས་གསུངས་སོ། །འཁོར་བའི་འགྲོ་བའམ་སྲིད་པ་ལ་ཆགས་པ་ནི། གཞན་དོན་ཡིན་ཡང་ཉན་ཐོས་ཀྱི་སྡིག་པ་ཡིན་ཏེ། ཉན་ཐོས་ནི་འཁོར་བ་སྤངས་པའི་ཐར་པ་དོན་དུ་གཉེར་བའི་ཕྱིར། དེ་ཉིད་རྒྱལ་སྲས་རྣམས་ཀྱི་དགེ་བ་ཡིན་པར་ཤེས་པར་བྱ་སྟེ། གཞན་དོན་དུ་སྲིད་པར་སྐྱེ་བ་དོན་དུ་གཉེར་བའི་ཕྱིར་རོ། །

གཉིས་པ། རང་བཞིན་གྱི་དགེ་མི་དགེ་དཀར་ནག་བཟང་ཐལ་དུ་འདོད་པ་ལ། འདོད་པ་བརྗོད་པ་དང་། དེ་སུན་ཕྱུང་བ་གཉིས། དང་པོ་ནི། འབྲི་ཁུང་པ་ཁ་ཅིག །ལས་དཀར་ནག་བཟང་ཐལ་ཞེས་བྱ་བའི་ཆོས་སྐད་ངོ་མཚར་ཆེ་བར་གྲག་སྟེ། ནག་པོ་བཟང་ཐལ་ནི། མི་དགེ་བའི་རྣམ་སྨིན་སངས་རྒྱས་ཀྱིས་ཀྱང་མྱོང་དགོས་ཏེ། དགོངས་གཅིག་ལས། རྡོ་རྗེའི་གསུང་ལས། ཤཱཀྱ་ཐུབ་པ་ལ། ལྷས་བྱིན་གྱིས་སྒྲོགས་རྡོ་འཕངས་པས་ཞབས་ཀྱི་མཐེ་བོང་ལ་རྨ་བྱུང་སྟེ། ཞལ་སྔ་ནས། གང་དུ་གནས་ཀྱང་ལས་ཀྱིས་མི་ཚུགས་པའི། །ས་ཕྱོགས་དེ་ནི་ཡོད་པ་མ་ཡིན་ཏེ། །བར་སྣང་ན་མེད་རྒྱ་མཚོའི་གཏིང་ན་མེད། །རིའམ་ཕུག་ནའང་ཡོད་པ་མ་ཡིན་ནོ། །ཞེས་གསུངས་པས་སོ། །ཞེས་ཟེར།

གཉིས་པ། དེ་དགག་པ་ལ། མཚམས་སྦྱར། སངས་རྒྱས་ལ་ལས་ངན་སྨིན་པར་གསུངས་པའི་མདོ་དེ་དགོངས་པ་ཅན་དུ་མདོ་ཉིད་ཀྱིས་སྒྲུབ། དགོངས་པ་ཅན་མ་ཡིན་པ་ལ་གནོད་བྱེད་བརྗོད། དོན་བསྡུ་བའོ། །དང་པོ་ནི། འབྲི་ཁུང་པ་དེ་དག་གིས་ནི། དྲང་དོན་གྱི་མདོ་ལ་ངེས་དོན་གྱི་མདོར་འཁྲུལ་བར་ཟད་དེ། དེ་ལྟར་གསུངས་པ་དེ་དྲང་དོན་དུ་མདོ་ཉིད་ལས་གསུངས་པའི་ཕྱིར། ཡང་འདིར་འབྲི་ཁུང་དགོངས་གཅིག་ལས། སངས་རྒྱས་ཀྱི་གསུང་ཐམས་ཅད་ངེས་དོན་ཡིན་གྱི། དྲང་དོན་ནི་མེད་དེ། འདི་ལ་ལུང་དང་རིགས་པ་གཉིས་ལས། ལུང་ནི་ཏིང་ངེ་འཛིན་རྒྱལ་པོ་ལས། འཇིག་རྟེན་ཁམས་ནི་སྟོང་ཕྲག་ཏུ། །ང་ཡིས་མདོ་རྣམས་གང་

གསུངས་པ། །ཡི་གེ་ཐ་དད་དོན་གཅིག་སྟེ། །ཞེས་གསུངས། རིགས་པ་ནི། རྫོགས་པའི་སངས་རྒྱས་བརྫུན་མི་གསུང་བའི་ཕྱིར། འདི་ཡང་འོ་སྐོལ་གྱི་སངས་རྒྱས་འདི་གཅིག་པུའི་ལུགས་མ་ཡིན་གྱི། སངས་རྒྱས་ཐམས་ཅད་དགོངས་པ་གཅིག་པས་ན། ཆོས་འདི་ལ་ཡང་དགོངས་གཅིག་ཞེས་པའི་མཚན་འདོགས་སོ། །ཞེས་ཟེར་རོ། །

གཉིས་པ་ལ། དགོངས་གཞི་དེས་གདུལ་བའི་སྐྱེ་བོ་ལ་སྣང་བ་ཉིད་ལ་དགོངས་པར་མདོ་ཉིད་ཀྱིས་སྒྲུབ། དང་པོ་ལ། གནོད་བྱེད་ཉན་རང་དང་ཁྱད་མེད་དུ་ཐལ་བ་དགོས་པ་གདུལ་བྱ་སྨིན་པའི་ཕྱིར་ཡིན་པར་བསྟན་པའོ། །དང་པོ་ནི། དེད་དཔོན་སྙིང་རྗེ་ཆེན་པོ་ཡིས་ཚོང་པ་ལྔ་བརྒྱ་བསྐྱབ་པའི་ཕྱིར་ཚོང་པ་གཡོན་ཅན་བསད་པའི་ལས་ཀྱིས་དང་པོར་དམྱལ་བར་སྐྱེས་ཤིང་། དེའི་ལས་ཀྱི་ལྷག་མས་རྫོགས་པའི་སངས་རྒྱས་སུ་གྱུར་པ་ན་ཡང་ཞབས་ལ་སེང་ལྡེང་གི་ཚལ་པ་ཟུག་པ་དང་། བྲམ་ཟེའི་ཁྱིའུ་བློ་མའམ་འོད་ཟེར་འཕྲེང་གིས། དགེ་སློང་མགོ་རིག་ལ་བྱང་ཆུབ་ག་ལ་ཡོད་ཅེས་སངས་རྒྱས་འོད་སྲུང་ལ་སྐུར་པ་བཏབ་པས། ནི་རཉྫ་ནའི་འགྲམ་དུ་ལོ་དྲུག་དཀའ་བ་སྤྱད་པ་དང་། བྲམ་ཟེའི་སློབ་དཔོན་གྱིས་སངས་རྒྱས་རྣམ་གཟིགས་འཁོར་བཅས་ལ། འདི་དག་ནི་རྟ་ཆས་རུལ་པ་ཟ་བར་འོས་སོ་ཞེས་སྨྲས་པས་ཡུལ་དགྲ་མཐའམ་ཉོན་མོངས་མེད་ཀྱི་ལྗོངས་སུ་དགེ་སློང་ལྔ་བརྒྱ་གཅིག་གིས་མཚང་བ་དང་བཅས་པས་ཟླ་བ་གསུམ་རྟ་ཆས་རུལ་པ་གསོལ་བ་དང་། དགེ་སློང་བ་ར་ཧྲ་ཛས་རང་གི་ཕུ་བོ་གནས་འཛོག་ཅེས་པ་དགྲ་བཅོམ་པ་ཞིག་ལ་འཕྲིག་པའི་སྐུར་པ་བཏབ་པས། བྲམ་ཟེའི་བུ་མོ་ཙཉྩ་མིས་སྐུར་པ་བཏབ་པ་དང་། སྔོན་དྲང་སྲོང་དུ་གྱུར་པ་ན་དྲང་སྲོང་གཞན་གྱི་འཁོར་ཕྱེ་བས། ལྷས་བྱིན་གྱིས་དགེ་འདུན་གྱི་དབྱེན་འབྱེད་པའི་རྒྱུར་གྱུར་པ་དང་། ལ་སོགས་པས་བྲམ་ཟེ་ཞིག་གིས་རང་སངས་རྒྱས་ཀྱི་བསོད་སྙོམས་ས་ལ་ཕོ་ཞིང་རྫོག་པས་བརྫིས་པས། ས་ལའི་གྲོང་དུ་བདུད་སྡིག་ཅན་གྱིས་བྲམ་ཟེ་དང་ཁྱིམ་བདག་རྣམས་ཀྱི་སེམས་བསྒྱུར་ནས་འཁོར་དང་བཅས་པས་བསོད་སྙོམས་མ་རྙེད་པ་དང་། སྔོན་སྨན་པར་གྱུར་པའི་ཚེ་མི་ཞིག་ལ་སྨན་མ་ཡིན་པ་བྱིན་པས། འབྲུ་བའི་སྨྲན་གྱིས་ཐེབས་པ་ལ་སོགས་པ། ཐུབ་པའི་སྐུ་ཚེ་སྟོ་མ་ཡི་ལས་ངན་གྱི་རྒྱུ་མཐུན་སྨིན་པར་འདུལ་བ་ལུང་སོགས་ལས་གསུངས་པ་ནི་ཆོས་ཅན། དགོངས་པ་ཅན་ཡིན་ཏེ༑ དགོངས་གཞི། དགོས་པ། དངོས་ལ་གནོད་བྱེད་གསུམ་ཚང་བའི་ཕྱིར། དགོངས་གཞི་ནི། དེ་ལྟར་བསྟན་པ་དེས་འདུལ་བའི་སྐྱེ་བོ་སྐལ་པ་ཅུང་ཟད་ཡོད་ཀྱང་བློ་དམན་པ་ལ་དེ་ལྟར་སྣང་བ་ལ་དགོངས་པའི་དབང་གིས་གསུངས་པ་ཡིན་ཏེ། དེ་དག་སངས་རྒྱས་ལའང་ལས་ངན་སྨིན་ན་གཞན་ལ་ལྟ་ཅི་སྨོས་སྙམ་ནས་སྡིག་པ་ལས་ལྡོག་པའོ། །དེའི་ཤེས་བྱེད་ཀྱི་ལུང་ནི་ཐབས་ལ་མཁས་པའི་མདོ་སྡེ་ལྟོས་ཤིག་སྟེ། གསང་ཆེན་ཐབས་ལ་མཁས་པ་དེ་ནི་ངེས་དོན་གྱི་མདོ་སྡེ་ཡིན་ལ། དྲང་བའི་དོན་ལ་ཡིད་མ་རྟོན་ཅིག །ཅེས་དཀོན་བརྩེགས་དང་། བློ་གྲོས

མི་ཟད་པའི་མདོ་ལས་གསུངས་པའི་ཕྱིར། དེ་གཉིས་ལས། གང་ཟག་ལ་མི་རྟོན་ཆོས་ལ་རྟོན། ཚིག་ལ་མི་རྟོན་དོན་ལ་རྟོན། དྲང་དོན་ལ་མི་རྟོན་ངེས་དོན་ལ་རྟོན། རྣམ་ཤེས་ལ་མི་རྟོན་ཡེ་ཤེས་ལ་རྟོན། ཞེས་གསུངས་པས་སོ༔ ༔གནས་སྐབས་སུ་ནི་སྔ་མ་སྔ་མ་ལ་རྟོན་དགོས་པ་ཡོད་དེ། མདོ་སྡུད་པ་ལས། སློབ་མ་བཟང་པོ་བླ་མར་གུས་ལྡན་དེ་དག་གིས། །བླ་མ་མཁས་པ་དག་ལ་རྟག་ཏུ་བསྟེན་པར་བྱ། །ཅི་ཕྱིར་ཞེ་ན་མཁས་པའི་ཡོན་ཏན་དེ་ལས་འབྱུང་། །ཞེས་པས་གང་ཟག་ལ་རྟོན་པར་གསུངས་པ་དང་། མདོ་སྡེ་རྒྱན་ལས། འདི་ན་དང་པོར་ཐོས་ལ་བརྟེན་ནས་ཚུལ་བཞིན་ཡིད་ལ་བྱེད་པ་འབྱུང་། །ཞེས་པས་ཐོག་མར་ཚིག་ལ་རྟོན་པ་དང་། ཐ་སྙད་ལ་ནི་མ་བརྟེན་པར། །དམ་པའི་དོན་ནི་རྟོགས་མི་ནུས། །ཞེས་པས། དྲང་དོན་དང་རྣམ་ཤེས་ལ་རྟོན་དགོས་པར་ཡང་བསྟན་ནོ། །སྔ་མ་ནི་མཐར་ཐུག་གི་དབང་དུ་བྱས་སོ། །ཞེས་པ་འདི་ཡང་དབུ་མ་རྣམ་པར་ངེས་པའི་བང་མཛོད་ལས་གསུངས་སོ། །འདིར་རྟོན་པ་ཞེས་པ་ནི་ཡིད་ཆེས་པའི་དོན་ནོ། །དེས་འདུལ་བའི་སྐྱེ་བོ་གང་ཞེ་ན། སྤྱིར་ལས་ཀྱི་རྣམ་སྨིན་ལ་མ་དད་པ་རྣམས་ལ་དེ་ལྟར་བསྟན་པས། དེ་བཞིན་གཤེགས་པ་ལ་ཡང་ལས་ཀྱི་རྣམ་སྨིན་འབྱུང་ན་གཞན་རྣམས་ལ་ལྟ་ཅི་སྨོས་ཞེས་ཤེས་པར་བྱ་བའི་ཕྱིར་དང་། ཁྱད་པར་མཚན་ཡོད་ན་མི་སྲིད་པ་ཐ་མ་བ་ཉི་ཤུ་ལ། དགྲ་བོ་ཉི་ཤུ་གྲོགས་པོའི་ཟོལ་གྱིས་གསོད་པར་བརྩམས་པ་ན། སེང་ལྡེང་གི་ཚལ་པ་ཟུག་པ་ལྟར་བསྟན་ནས། དེ་དག་ལ་ཆོས་བསྟན་ནས་མི་དགེ་བ་ལས་བཟློག་ཅིང་། མི་བཞི་བཅུ་པོ་དང་། གཞན་སྲོག་ཆགས་བཞི་ཁྲིས་བདེན་པ་མཐོང་གི །དེ་བཞིན་གཤེགས་པའི་སྐུ་རྡོ་རྗེ་ལྟར་སྲ་བ་ཡིན་པས། སེང་ལྡེང་གི་ཚལ་པ་ཟུག་པའི་སྐབས་མེད་དོ། །དེད་དཔོན་གྱིས་མཚོང་པ་གཡོན་ཅན་བསད་པས། བསྐལ་པ་བཞི་འབུམ་གྱི་འཁོར་བ་བསྐྱིལ་བར་བཤད་དོ། །ཡོ་དྲུག་དཀའ་བ་སྤྱད་པ་ཡང་། དཀའ་ཐུབ་ཙམ་གྱིས་གྲོལ་བར་འཛིན་པ་དགག་པའི་ཕྱིར་དང་དངོས་སུ་ལྷ་དང་ཕྱི་རོལ་པའི་དྲང་སྲོང་ངན་པ་ལ་མངོན་པར་ཞེན་པ་སུམ་ཡ་ཕྲག་བཞི་དང་འབུམ་ཕྲག་བཞི། བཅོམ་ལྡན་འདས་ཀྱི་དཀའ་ཐུབ་ཀྱི་རྗེས་སུ་ཞུགས་པས་སེམས་ལས་སུ་རུང་བར་གྱུར་ནས། སྟོན་པས་ཆོས་བསྟན་པས་བདེན་པ་མཐོང་བས་དེ་ལྟར་མཛད་ཀྱི་ལས་ངན་གྱི་འབྲས་བུ་ནི་མ་ཡིན་ནོ། །བྲམ་ཟེའི་ཁྱེའུ་བླ་མས་དགེ་སློང་མགོ་རེག་ལ་བྱང་ཆུབ་ག་ལ་ཡོད་ཅེས་སྨྲ་བ་ཡང་། གྲོགས་མུ་སྟེགས་ཀྱི་ལྟ་བ་ལ་མངོན་པར་ཞེན་པ་འགའ་ཞིག་བསྟན་པ་ལ་གཞུག་པ་ལ་དང་པོར་ཡིད་ཆེས་པའི་ཕྱིར་དུ་ཡིན་གྱི། སངས་རྒྱས་ལ་མ་དད་པ་མ་ཡིན་པ་དང་། ཕྱིས་དེ་དག་སངས་རྒྱས་ལ་དད་པ་ཐོབ་བོ། །རྟ་ཆས་རྫུལ་བ་གསོལ་བ་ཡང་། བྱང་ཆུབ་སེམས་དཔའ་ལྔ་བརྒྱ་བསླབ་པ་ལས་འགལ་ཏེ་རྟ་རྫས་སྐྱེས་པ་དེ་དག་གི་རྟ་ཆས་ཕྱེད་ཕྱེད་བདག་པོས་ཕུལ་བས། དེ་དག་ཤི་འཕོས་ནས་དགའ་ལྡན་དུ་སྐྱེས་པ་དང་། དགེ་སློང་དེ་དག་གི་ནང་ནས་བཞི་བཅུ་ནི་འདོད་ཆགས་ཤས

ཆེ་བ་ཡིན་པས་ཟས་བཟང་པོ་ཟོས་ན། དགྲ་བཅོམ་པ་ཐོབ་པའི་གེགས་སུ་འགྱུར་བར་དགོངས་ནས་དེ་ལྟར་མཛད་དོ། །བྲམ་ཟེའི་བུ་མོས་སྐུར་པ་བཏབ་པ་ནི། མ་འོངས་པ་ན་དགེ་སློང་ལ་སྐུར་པ་འདེབས་པ་བྱུང་བའི་ཚེ། སྟོན་པ་ལ་ཡང་དེ་ལྟར་བྱུང་ན་བདག་ལ་ལྟ་ཅི་སྨོས་ཞེས་ཞུམ་པ་སེལ་བའི་ཕྱིར་ཡིན་ནོ། །འོན་བྲམ་ཟེའི་བུ་མོས་དེ་ལྟར་བྱེད་པ་མི་འགོག་པ་ཅི་ཞེ་ན། མདོ་ལས། རིགས་ཀྱི་བུ། གལ་ཏེ་དེ་བཞིན་གཤེགས་པས་ཐབས་འགའ་ཞིག་གིས་མི་དགེ་བའི་ལས་མངོན་པར་འདུ་བྱེད་པ་དེ་ལས་ལྡོག་པར་སྤྱོད་ན་ནི་བཟློག་པར་ཡང་མཛད། དེ་བཞིན་གཤེགས་པས་བསྲུང་བར་སྤྱོད་ན་བསྲུང་བར་མཛད་དོ། །ཞེས་པ་ལྟར་བྱེད་པར་ངེས་པ་ཡིན་པས། སྟོན་པས་ཀྱང་དགག་པར་མི་སྤྱོད་པའོ། །ལྷས་བྱིན་གྱིས་དགེ་འདུན་གྱི་དབྱེན་ཕྱེས་པ་དང་། སྒྲོགས་འཕངས་པ་སོགས་ཀྱང་དེ་ལྟར་བྱས་པས་སྟོན་པ་ཟིལ་གྱིས་གནོན་པར་མ་ནུས་པ་ན་སེམས་ཅན་མང་པོ་དད་ནས་ཆོས་ལ་འཇུག་པའི་ཕྱིར་སྤྲུལ་པ་ཡིན་ཏེ། སྤྲིན་ཆེན་པོ་སྟོང་ཕྲག་བཅུ་པ་ལས། ལྷས་བྱིན་གྱི་བསྔགས་པ་མང་དུ་གསུངས་སོ། །ས་ལའི་གྲོང་དུ་བསོད་སྙོམས་མ་སྙེད་པ་མ་འོངས་པའི་དགེ་སློང་བསོད་སྙོམས་མ་རྙེད་པ་རྣམས་ཞུམ་པ་བསལ་བའི་ཕྱིར་དང་། དེ་ལྟར་བསོད་སྙོམས་མ་རྙེད་ཀྱང་སྟོན་པ་འཁོར་བཅས་ཀྱི་ཐུགས་ལ་ཞུམ་པ་མ་མཐོང་ནས། ལྷའི་བུ་བདུན་ཁྲི་ཉིས་སྟོང་དད་པ་ཐོབ་ཅིང་། གཞན་ལྔ་མི་ཁྲི་ཉིས་སྟོང་དང་བཅས་པ་ལ་ཆོས་བསྟན་པས་བདེན་པ་མཐོང་བ་ཡིན་ནོ། །དེ་ལ་སོགས་པ་མང་དུ་གསུངས་མོད། འདིར་ཡི་གེ་མངས་ཀྱིས་དོགས་པས་མ་བྲིས་སོ། །

གཉིས་པ། དངོས་ལ་གནོད་བྱེད་ཉན་རང་དང་ཁྱད་མེད་དུ་ཐལ་བ་ནི། གལ་ཏེ་རྫོགས་པའི་སངས་རྒྱས་ལ་ལས་ངན་གྱི་འབྲས་བུ་སྨིན་པ་བདེན་ན་ནི། ཚོགས་གཉིས་རྫོགས་པ་དོན་མེད་ཅིང་སྒྲིབ་གཉིས་སྤངས་པ་མ་ཡིན་པར་འགྱུར་རོ། །དེའི་རྒྱུ་མཚན་བསོད་ནམས་ཀྱི་ཚོགས་ཀྱིས་སྡིག་པའི་འབྲས་བུ་ཟིལ་གྱིས་གནོན་ཅིང་། ཡེ་ཤེས་ཀྱི་ཚོགས་ཀྱིས་སྡིག་པའི་ས་བོན་བག་ཆགས་དང་བཅས་པ་སྤངས་ཟིན་པས་སོ། །དེ་ནས་སངས་རྒྱས་ལ་ལས་ངན་གྱི་འབྲས་བུ་མི་འབྱུང་སྟེ། བདེ་བ་དམ་པའི་ཕ་རོལ་ཏུ་ཕྱིན་པ་ཐོབ་པའི་ཕྱིར། དེ་སྐད་དུ་ཡང་རྒྱུད་བླ་མར། ཡིད་ཀྱི་རང་བཞིན་ཕུང་པོ་དང་། །དེ་རྒྱུ་ལོག་ཕྱིར་བདེ་བ་ཉིད། །ཅེས་གསུངས་སོ། །འདིའི་ལུང་ནི་འདི་ཁོ་ན་འགྲོ་བར་ཁོ་བོས་རྟོགས་སོ། །ཉན་རང་དགྲ་བཅོམ་དང་ཡང་འདྲ་བར་འགྱུར་ཏེ། སྤྱོད་འཇུག་ལས། ཉོན་མོངས་མེད་ཀྱང་དེ་དག་ལ། །ལས་ཀྱི་ནུས་པ་མཐོང་བ་ཡིན། །ཞེས་གསུངས་ལ། འདིར་ཡང་། སྒྲིབ་གཉིས་སྤངས་ཀྱང་དེ་དག་ལ། །ལས་ཀྱི་ནུས་པ་མཐོང་བར་འགྱུར། །ཞེས་མཚུངས་པར་འགྱུར་བའི་ཕྱིར་རོ། །སྐུ་གསུམ་གྱི་རྣམ་གཞག་ཀྱང་བྱར་མི་རུང་བར་འགྱུར་ཏེ། ཟས་གཙང་གི་སྲས་སུ་འཁྲུངས་ཚུལ་བསྟན་པའི་ཤཱཀྱ་

སེང་གེ་དེ་སྤྲུལ་པ་མ་ཡིན་པར་ཁས་ལེན་དགོས་པའི་ཕྱིར་རོ། །

གསུམ་པ། དགོས་པ་གདུལ་བྱ་སྨིན་པའི་ཕྱིར་ཡིན་པར་བསྟན་པ་ནི། དེའི་འཐད་པ་སྟེ་ཁྱབ་སྒྲུབ་ཀྱི་རིགས་པ་བཤད་ཀྱིས་ཉོན་ཅིག་སྟེ། ཚོགས་གཉིས་རྫོགས་པའི་སངས་རྒྱས་ཀྱི་གཟུགས་ཀྱི་སྐུ་རང་རྒྱུད་པ་ནི་འོག་མིན་སྟུག་པོ་བཀོད་པར་སངས་རྒྱས་པའི་ལོངས་སྤྱོད་རྫོགས་སྐུ་ཉིད་ཡིན་ལ། དེའི་སྤྲུལ་པའི་སྐུ་ཉིད་ནི་རྒྱལ་པོ་ཟས་གཙང་མའི་སྲས་སུ་འཁྲུངས་ཚུལ་བསྟན་པའི་ཤཱཀྱ་སེང་གེ་འདི་ཡིན་ནོ་སྟེ་ཡིན་པའི་ཕྱིར། སྔ་མ་ལ་ངེས་པ་ལྔ་ལྡན་དང་། ཕྱི་མ་ལ་ངེས་པ་ལྔ་བྲལ་གྱི་གཟུགས་སྐུ་ཞེས་འཆད་དོ། །འདིར་འོག་མིན་གྱི་ངོས་འཛིན་ལ་ཁ་ཅིག འོག་མིན་གནས་གཙང་མའི་ཡ་གྱལ་ལ་འདོད་པ་ནི། ལང་གཤེགས་སུ། གཙང་མའི་གནས་ཀྱང་སྤངས་པ་ཡི། །ཞེས་པ་དང་། འཕགས་པ་ཐོགས་མེད་དང་ཀ་མ་ལ་ཤཱི་ལ་ནི། གནས་གཙང་མའི་འོག་མིན་གྱི་གོང་ན། དབང་ཕྱུག་ཆེན་པོའི་གནས་ཞེས་པ་གཅིག་ཡོད་པར་འདོད་ལ། དེ་ཡང་གཟུགས་ཁམས་སུ་གཏོགས་པར་བཞེད་དེ། ལང་གཤེགས་སུ། གཙང་མའི་གནས་དག་སྤངས་པ་ཡི། །འོག་མིན་གནས་མཆོག་ཉམས་དགའ་བར། །ཡང་དག་རྫོགས་སངས་དེར་སངས་རྒྱས། །སྤྲུལ་པ་པོ་གཅིག་འདིར་འཚང་རྒྱ། །ཞེས་དང་། འདོད་པའི་ཁམས་དང་གཟུགས་མེད་དུ། །སངས་རྒྱས་རྣམ་པར་འཚང་མི་རྒྱ། །གཟུགས་ཀྱི་ཁམས་ཀྱི་འོག་མིན་དུ། །འདོད་ཆགས་བྲལ་ཁྱོད་འཚང་རྒྱའོ། །ཞེས་པ་ལ་བརྟེན་པར་སྣང་ལ། རྗེ་བཙུན་གོང་མ་རྣམས་ནི། འོག་མིན་སྟུག་པོ་ཉམས་དགའ་འདི། །སྟུག་པོའི་ཞིང་ཁམས་འཇིག་མེད་པ། །དེ་ན་སངས་རྒྱས་རྣམས་ཀྱི་ཚོས། །རྫོགས་པར་ལོངས་སྤྱོད་ཚུལ་འདི་འབྱུང་། །ཞེས་དང་། ཕལ་པོ་ཆེའི་མདོ་ལྟར་ན། མི་མཇེད་ལ་སོགས་པ་འཇིག་རྟེན་གྱི་ཁམས་བསམ་གྱིས་མི་ཁྱབ་པ་ནང་དུ་ཚུད་པ་ནི། གཞི་དང་སྙིང་པོ་མེ་ཏོག་གིས་བརྒྱན་པ་ཞེས་བྱ་བ་ཡིན་ལ། དེ་ལྟ་བུ་བསམ་གྱིས་མི་ཁྱབ་པ་ནང་དུ་ཚུད་པ་ནི། འཇིག་རྟེན་གྱི་ཁམས་རྒྱ་མཚོ་ཞེས་བྱ་བ་ཡིན་ནོ། །དེ་ནི་རྣམ་པར་སྣང་མཛད་གངས་ཆེན་མཚོའི་ཕྱག་མཐིལ་ན་གནས་ཤིང་། དེ་འཁོར་དང་བཅས་པ་བཞུགས་པ་དེའོ། །ཞེས་གསུངས་ཏེ། དེ་ནི་ཁམས་གསུམ་ལས་འདས་པ། འཇིག་པ་མེད་པ་ཞིག་ཡིན་པར་བཤད་དོ། །དེ་ཉིད་འདུས་པར། བཅོམ་ལྡན་འདས་འོག་མིན་ལྷའི་རྒྱལ་པོའི་གནས་ན་བཞུགས་ཏེ། ཞེས་གསུངས་ཤིང་། དེའི་འགྲེལ་པར་སློབ་དཔོན་ཀུན་དགའ་སྙིང་པོས། འོག་མིན་གྱི་ལྷ་ཞེས་བྱ་བ་ནི་ཐོག་མའི་ལྷ་སྟེ། བཅོམ་ལྡན་འདས་རྣམ་པར་སྣང་མཛད་ཀྱི་སྲས་ཀྱི་ཐུ་བོ་བྱང་ཆུབ་སེམས་དཔའ་དེའི་གནས་ནི་ཐོག་མར་འཚང་རྒྱ་བའི་གནས་སོ། །ཞེས་གསུངས། དེ་བཞིན་དུ་ཕྱག་ན་རྡོ་རྗེ་དབང་བསྐུར་བའི་རྒྱུད་ལས་ཀྱང་དེ་དང་མཐུན་པར་གསུངས་སོ། །དེས་ན་འོག་མིན་སྟུག་པོ་བཀོད་པ་འདིའི་ཚད་ནི་སངས་རྒྱས་ཀྱིས་ཀྱང་བཟུང་བར་མི་ནུས་སོ། །ཞེས་བདག་ཅག་གི་

འདྲེན་པ་དམ་པ་གསུངས་སོ། །ཤཱཀྱ་སེང་གེ་འདི་ནི་གདུལ་བྱ་རྒྱུད་སྨིན་པ་རྣམས་གྲོལ་བའི་ཕྱིར་དུ། བྱ་རྒོད་ཕུང་པོ་སོགས་སུ་གཤེགས་པ་དང་། དྲི་གཙང་ཁང་གི་ནང་དུ་ཏིང་ངེ་འཛིན་ལ་བཞུགས་པ་དང་། འོད་སྲུང་ལ་སོགས་པ་ལ་ང་ནི་སྐྱ་མཉེལ་ཏེ། ཁྱོད་ཀྱིས་ཆོས་སྟོན་ཅིག་གསུངས་ནས་མནལ་གཟིམས་པ་དང་། མུ་གེ་བྱུང་བའི་གྲོང་དུ་བསོད་སྙོམས་ལ་གཤེགས་པ་ན། གྲོང་དཔོན་གྱི་བུ་གཅེར་བུ་པ་རལ་དྲི་ཐོགས་པ་ཞིག་གིས་ལོ་ཉེས་འདི་ལྟ་བུ་ལ། གཽ་ཏ་མ་ཁྱོད་འཁོར་མང་པོ་དང་ལྡན་པ་གྲོང་ཁྱེར་དུ་འོངས་ནས། ཁྱིམ་རྣམས་ཕུང་བར་བྱེད་པ་ཡིན་ནམ་ཟེར་ཞིང་བཀག་པ་ན། ངས་བསྐལ་པ་དགུ་བཅུ་རྩ་གཅིག་ཙུན་ཆད་དྲན་ཏེ། ཟས་སྦྱིན་པ་སྐྱེར་དུ་གཞུག་པའི་དོན་དུ་ཁྱིམ་འགའ་ཞིག་ལ་ཡང་གནོད་པའི་ལས་མི་མཁྱེན་ཏོ། །ཞེས་གསུངས་པ་དང་། ས་ལའི་གྲོང་དུ་བསོད་སྙོམས་མ་རྙེད་པར་ལྷུང་བཟེད་སྟོང་པར་བྱོན་པ་དང་། རྒྱལ་པོ་གཟུགས་ཅན་སྙིང་པོ་དང་མགོན་མེད་ཟས་སྦྱིན་གྱི་ཁྱིམ་སོགས་སུ་བསོད་སྙོམས་མང་དུ་རྙེད་པ་དང་། ལྷས་བྱིན་སོགས་དགྲ་དང་། སྲས་སྒྲ་གཅན་འཛིན་སོགས་ཉེ་དུའི་འབྲེལ་བ་དང་། འགྲོག་གནས་གདུལ་བའི་ཕྱིར་བྱོན་པའི་ཚེ། ས་གཞི་བ་གླང་མང་པོའི་རྨིག་པས་རད་རོད་ཅན་དུ་གྱུར་པར་གཟིམས་པ་དང་། ཀླུའི་རྒྱལ་པོ་མ་དྲོས་པས་གདན་དྲངས་པའི་ཚེ་ལྷ་བུ་རེས་འགའ་སྐྱོང་བར་གཤེགས་པ་དང་། གྲོང་ཁྱེར་བཟང་བྱེད་ན་གནས་པའི་མུ་སྟེགས་རྣམས་ཀྱིས་དགེ་སློང་གཽ་ཏ་མ་འཁོར་དང་བཅས་པ་སྤྱུ་གྲིའི་སེར་བ་འབེབས་ཤིང་འོངས་ནས། ཁྱེད་ཅག་འགའ་ཞིག་གི་ནི་བུ་མེད་པར་བྱེད། འགའ་ཞིག་གི་ནི་ཁྱོ་མེད་པར་བྱེད་དོ། །ཞེས་དང་། ཡང་དགེ་སློང་གཽ་ཏ་མ་སྐྱེས་ནས་ཞག་བདུན་ནས་མ་ཤི་བར་གྱུར། ཕ་མའི་ངག་བཅག་ནས་ཡིད་མི་བདེ་བར་གྱུར་པས་བྱས་པ་མི་གཟོ་བ་ཡིན་ནོ། །ཞེས་དང་། དགེ་སློང་གཽ་ཏ་མས་སྒྱུ་མ་བསླབས་ཏེ་འཇིག་རྟེན་ཐམས་ཅད་བསླུས་སོ། །ཞེས་སོགས་གཞན་གྱིས་སྒྲོ་སྐུར་སྣ་ཚོགས་དང་། མཉན་ཡོད་དུ་ཆོ་འཕྲུལ་ཆེན་པོ་དང་སེར་སྐྱར་ཡབ་སྲས་མཇལ་བ་དང་། གསལ་ལྡན་དུ་ལྷ་ལས་བབས་པ་དང་། ལྷིང་རྒྱས་འོད་སྲུང་འཁོར་དང་བཅས་པ་དང་། སོར་མོའི་འཕྲེང་བ་ཅན་དང་། རྒྱལ་པོ་ཀ་པི་ན་འཁོར་དང་བཅས་པ་བཏུལ་བ་ལ་སོགས་པ་རེས་འགའ་སྟོན་པའི་བ་དན་འཇིག་རྟེན་གསུམ་ན་གྲགས་པ་དང་། སྐྱ་བདེ་བ་དང་། ཐུགས་དགྱེས་པར་སྤྱོད་པ་ལ་སོགས་པས་རེས་འགའ་བར་མར་མཛད་པ་སོགས་རྣམ་པ་སྣ་ཚོགས་སྟོན་པ་ནི་སྤྲུལ་པ་ཡིན་གྱི། གཟུགས་སྐུ་རང་རྒྱུད་པ་མ་ཡིན་ནོ། །སྨིན་པའི་ཕྱིར་ཞེས་པ་དེ་ལྟར་ཡིན་གྱི། ད་སྨིན་པར་བྱེད་དགོས་ན་སངས་རྒྱས་ནས་རྫོགས་སྨིན་སྦྱང་གསུམ་བྱེད་དགོས་པར་ཐལ་ལོ། །དེས་ན་རྣམ་བཤད་སྔ་མ་རྣམས་ཀྱིས་ཞིབ་ཆམ་བརྟོན་པར་སྣང་ངོ། །

གཉིས་པ། དགོངས་པ་ཅན་མ་ཡིན་པ་ལ་གནོད་བྱེད་བརྗོད་པ་ལ། དོན་གྱི་རིགས་པ་བསྟན་བཅོས་དང་

མཐུན་པར་བཤད། དཔེའི་རིགས་པ་འཇིག་རྟེན་དང་མཐུན་པར་བཤད་པས་སོ། །དང་པོ་ནི། གལ་ཏེ་སངས་རྒྱས་དངོས་ལ་ནི་ལས་ངན་སྨིན་པར་འདོད་ན་ཡང་། ལོངས་སྤྱོད་རྫོགས་པའི་སྐུ་ཉིད་ལ་སྨིན་པར་རིགས་ཀྱི། དེའི་སྤྲུལ་པའི་སྐུ་ཤཱཀྱ་སེང་གེ་ལ་སོགས་ལ་སྨིན་པར་འདོད་པ་ནི་ཆོས་ཅན། མི་འཐད་དེ། དྲང་ངེས་ཀྱི་རྣམ་གཞག་མི་ཤེས་པའི་མུན་པས་སྤྲུལ་བའི་ཚིག་ཡིན་པའི་ཕྱིར་རོ། །གཉིས་པ་ནི། དཔེར་ན་སྒྱུ་མའི་མཁན་པོས་བྱས་པའི་ལས་ངན་གྱི་འབྲས་བུ་སྒྱུ་མའི་མཁན་པོ་ལ་འབྱུང་གི དེས་སྤྲུལ་བའི་སྒྱུ་མའི་རྟ་གླང་སོགས་ལ་མི་འབྱུང་བ་བཞིན་ནོ། །འདིར་སྐབས་ཚུལ་གྱི་ལོངས་སྤྲུལ་གཉིས་ལ། སངས་རྒྱས་ཡིན་མིན་གྱི་ཁྱད་པར་བཤད་པ་ནི༑ གཟུགས་སྐུ་རང་རྒྱུད་པ་དང་སྤྲུལ་པ་གཉིས་ཀྱི་ཁྱད་པར་ལས་ཕྱེ་བ་ཡིན་ཏེ། ཇི་སྐད་དུ། རྒྱུད་བླ་མར། དག་ལ་ཉེ་དང་རིགས་རྣམས་ལས། །འཇིག་རྟེན་རྒྱལ་བའི་དཀྱིལ་འཁོར་དུ། །ཆུ་དང་ནམ་མཁའི་ཟླ་གཟུགས་བཞིན། །དེ་མཐོང་བ་ནི་རྣམ་པ་གཉིས། །ཞེས་གསུངས་སོ། །ངེས་དོན་གྱི་དབང་དུ་བྱས་ན། ལོངས་སྤྲུལ་གཉིས་ཀ་ལ་གནས་ཚུལ་དང་སྣང་ཚུལ་གཉིས་སུ་ཕྱེ་ནས། དང་པོ་གཉིས་ནི་མེ་ལོང་ལྟ་བུའི་ཡེ་ཤེས་དང་། བྱ་བ་གྲུབ་པའི་ཡེ་ཤེས་གཉིས་ལ་སོ་སོར་བཤད་ལ། ཕྱི་མ་གཉིས་ནི་གདུལ་བྱའི་ཤེས་རྒྱུད་ཀྱིས་བསྡུས་པའི་ཕྱིར་སངས་རྒྱས་དངོས་མ་ཡིན་ཏེ། རྒྱུད་བླ་མར། འདི་ནི་རང་སེམས་སྣང་བ་ཞེས། །སོ་སོ་སྐྱེ་བོས་མི་ཤེས་མོད། །དེ་ལྟ་ན་ཡང་གཟུགས་མཐོང་སྟེ། །དེ་དག་ལ་ནི་དོན་ཡོད་འགྱུར། །རིམ་གྱིས་དེ་མཐོང་ལ་བརྟེན་ནས། །ནང་གི་དམ་པ་ཆོས་སྐུ་ནི། །ཡེ་ཤེས་མིག་གིས་མཐོང་བར་འགྱུར། །ཞེས་དང་། བརྒྱད་སྟོང་འགྲེལ་ཆེན་དུ། རང་གི་ཤེས་པའི་གཟུགས་བརྙན་གཟུགས་ཀྱི་སྐུ་ལ་དེ་བཞིན་གཤེགས་པ་འགྲོ་བའི་བླ་མ་ཡིན་པར་མངོན་པར་ཞེན་པའི་སྒོ་ནས་སྒྲུབ་པ་སྙིང་པོར་འགྱུར་བས་དད་པར་བྱའོ། །ཞེས་གསུངས་པའི་དོན། དེ་དག་རང་སེམས་ཡིན་ཡང་དེ་དག་ལ་དད་པ་བྱས་པས་སངས་རྒྱས་དངོས་དེ་འཐོབ་པའི་རྒྱུར་འགྱུར་ཞེས་པའི་དོན་ཡིན་པའི་ཕྱིར་རོ། །ཁྱེ་བྲག་ཏུ་སྨྲ་བས་ནི། ལོངས་སྐུ་དང་། ངོ་བོ་ཉིད་སྐུའི་ཐ་སྙད་མི་འདོད་ཅིང་། ཟས་གཙང་གི་སྲས་ཤཱཀྱ་སེང་གེ་ཡང་གཟུགས་སྐུ་རང་རྒྱུད་པར་འདོད་ཀྱི། སྤྲུལ་པ་ཡིན་པར་ནི་མི་འདོད་ལ། དེས་ན་སྐུ་ལ་གཟུགས་སྐུ་དང་ཆོས་སྐུ་གཉིས་ཀྱི་ཐ་སྙད་བྱེད་ཅིང་། གཟུགས་སྐུ་སངས་རྒྱས་བཏགས་པ་བ་དང་། ཆོས་སྐུ་སངས་རྒྱས་མཚན་ཉིད་པར་འདོད་དོ། །ཡང་འདིར་གོ་ཊཱི་ཀ་ལས། སྤྲུལ་སྐུ་ལ་རྣམ་སྨིན་མི་འབྱུང་བར་བཤད་ནས། དྲི་ལན་དུ། ཟག་མེད་དགེ་བའི་ལས་ཀྱི་རྣམ་སྨིན་མཚན་ཉིད་པར་འདོད་པ་ནི་འགལ་འདུའི་ཕུང་པོ་སྟེ། འདི་ལྟར། གལ་ཏེ་རྫོགས་པའི་སངས་རྒྱས་ལ། །རྣམ་སྨིན་འབྱུང་བ་བདེན་ན་ནི། །ལོངས་སྤྱོད་རྫོགས་པའི་སྐུ་ཉིད་ལ། །སྨིན་པར་རིགས་ཀྱི་སྤྲུལ་པའི་སྐུ། །ཤཱཀྱ་སེང་གེ་ལ་སོགས་ལ། །སྨིན་པར་འདོད་པ་མུན་སྤྲུལ་ཡིན། །ཞེས་བརྗོད་ན་

འཁོར་གསུམ་མོ། །དེང་སང་ནི་གཞུང་འདིའི་རྗེས་འཇུག་ཏུ་ཁས་ལེན་པ་ཕལ་ཆེར་གྱིས། སྣང་ཚུལ་གྱི་སྤྲུལ་སྐུ་འདི་སངས་རྒྱས་སུ་ཁས་ལེན་པ་ལ་ཐེ་ཚོམ་མ་མཆིས་སོ། །གཞུང་འདིའི་རྗེས་འཇུག་བླུན་པོ་འགའ། །ཉིན་ཡང་མུན་པའི་ལམ་དུ་འཇུག །ལེགས་པར་བཤད་པའི་གཏེར་རྙེད་ཀྱང་། །ལོག་པར་བཤད་པའི་ཟས་ཀྱིས་འཚོ། །ཆུ་ནི་གྱེན་དུ་དྲངས་གྱུར་ཀྱང་། །ངང་གིས་ཐུར་དུ་འབབ་པ་བཞིན། །རྒྱུ་མཚན་དེས་ན་དྲང་དོན་གྱི། །མདོ་ཡི་དགོངས་པ་ཤེས་དགོས་ཏེ། །སྒྲ་ཇི་བཞིན་དུ་བཟུང་ན་ཉེས་པར་འགྱུར་བའི་ཕྱིར་རོ། །འདི་དག་གི་ཤེས་བྱེད་ཀྱི་ལུང་དང་རིགས་པ་རྣམས་ནི། སློབ་དཔོན་དབྱིག་གཉེན་གྱི་རྣམ་བཤད་རིགས་པ་དང་། ལེགས་ལྡན་འབྱེད་ཀྱི་རྟོག་གེ་ལ་འབབ་པ་དང་། ཚད་མ་རྣམ་འགྲེལ་ལ་སོགས་པ་རྒྱ་གར་མཁས་པའི་གཞུང་བཞིན་ཤེས་པར་གྱིས་ཤིག་སྟེ། དེ་ཡང་རྣམ་བཤད་རིགས་པ་ལས། མདོའི་དོན་སྒྲ་ཇི་བཞིན་དུ་བཟུང་དུ་མི་རུང་བའི་ལུང་ནི། ཀུན་ཏུ་སྣང་བའི་མདོ་ལས་ཀྱང་། སྒྲ་ཇི་བཞིན་དུ་འཛིན་པ་ལ་ཉེས་པ་ལྔ་ཡོད་དེ། ལྔ་གང་ཞེ་ན། མི་མོས་པའི་གནས་སུ་འགྱུར་བའི་ཉེས་པ་དང་། དུལ་བ་ཉམས་པའི་ཉེས་པ་དང་། གཞན་ལ་བསླུ་བར་བྱེད་པའི་ཉེས་པ་དང་། སྟོན་པ་ལ་སྐུར་པ་འདེབས་པའི་ཉེས་པ་དང་། ཆོས་སྤོང་བའི་ཉེས་པའོ། །ཞེས་པ་ནི་རང་གི་སྒྲས་བསྟན་ལ། ཡང་རྣམ་བཤད་རིགས་པ་དང་རྟོག་གེ་ལ་འབབ་པ་གཉིས་ཀ་ལས་གསུངས་པ་ལྔ་བཙུན་བསམ་ཡས་པའི་ཊཱི་ཀར་ཆིགས་བཅད་དུ་བསྡེབས་པ་ནི། ཞིང་འདིར་ཐུབ་པའི་མཛད་པ་དག །གལ་ཏེ་སྤྲུལ་པ་མ་ཡིན་ཞིང་། །མདོ་སོགས་སྒྲ་ནི་ཇི་བཞིན་དུ། །ཁས་ལེན་པ་ལ་འགལ་བ་ནི། །རྒྱལ་སྲས་སྲིད་པ་ཐ་མ་བ། །འདོད་པ་བསྟེན་ན་ཚུལ་ཁྲིམས་འཆལ། །ཞེས་པ་གཞུང་སྔ་མ་ཁོ་ན་ནས་གསུངས་ལ། དང་པོ་བལྟམས་པར་གྱུར་མ་ཐག །སྟོང་གསུམ་འོད་ཀྱིས་སྣང་བ་དང་། །ཕྱོགས་ཕྱོགས་གོམ་པ་དོར་བ་དང་། །སྨྲ་བའི་ཐ་མ་གསུངས་པ་དང་། །དགའ་ལྡན་གནས་ནས་འཕོ་བ་དང་། །ལྷ་རིགས་དྲུག་ལ་བཀའ་བསྒྲུལ་ནས། །ཉོན་མོངས་དབང་གིས་སྐྱེ་བ་དང་། །རྒ་ན་འཆི་བ་མ་མཁྱེན་དང་། །མུ་སྟེགས་བྱེད་ལས་ཐར་ལམ་འཚོལ། །དཀའ་ཐུབ་དྲག་པོས་གདུང་བྱེད་པ། །ཇི་ལྟ་བུར་ན་འགལ་མི་འགྱུར། །བྱང་སེམས་སེམས་ཅན་གདུལ་དོན་དུ། །ཆེད་དུ་བསམས་ན་བསྟན་ཅེ་ན། །སྤྲུལ་པས་དོན་དེ་མི་འགྲུབ་ཅི། །ཞེས་པ་རྣམས་གཞུང་གཉིས་ཀ་ནས་འབྱུང་བ་དང་། བདུད་བཞི་ལས་ནི་རྒྱལ་བ་དང་། །གཤིན་རྗེའི་དབང་དུ་གྱུར་པ་ཡིས། །འཁོར་གྱིས་འཕགས་པའི་གང་ཟག་རྣམས། །མྱ་ངན་ཆེན་པོ་བྱེད་པ་དང་། །བསྐལ་པ་གྲངས་མེད་གསུམ་དག་ཏུ། །སྐུ་ཚེ་རིང་བའི་རྒྱུ་བསྟེན་ནས། །སྐྱེ་བོ་ཕལ་པའི་ཚེ་ཙམ་ཡང་། །མ་ཐུབ་གྱུར་པ་འདི་ཡང་འགལ། །སྔོན་གྱི་འཕྲིན་ལས་ཉེས་པ་ཡིས། །དེ་ལྟར་གྱུར་ཞེས་སྨྲ་བ་དང་། །འཇིགས་པ་ཀུན་དང་བྲལ་བ་འགལ། །གནས་བརྟན་ཆེན་པོ་བ་ཀུ་ལ། །ཁོ་བོ་བསྙེན་པར་རྫོགས་ནས་ལོ། །བརྒྱད་ཅུ་ལོན་ཡང་མགོ

པོ་ཙམ། །ན་བར་མ་དྲན་གང་ཡིན་པ། །ཨ་རུ་ར་གཅིག་ནད་པ་ལ། །སྦྱིན་པའི་འབྲས་བུ་ཉིད་ཡིན་ན། །སངས་རྒྱས་སྦྱིན་པའི་མཐར་སོན་ནས། །སྐུ་ལ་ལས་ངན་འབྱུང་བ་ཡི། །སྟོན་གྱིས་བཏབ་པ་ཤིན་དུ་འགལ། །ཞེས་རྟོག་གེ་ལ་འབབ་བ་ཉིད་ལས་གསུངས། རྣམ་འགྲེལ་ལས། དེས་ན་ཐུགས་ཀྱང་གསལ་བའི་ཕྱིར། །རྒྱུ་ཡི་བག་ཆགས་སྤངས་པ་ཡིན། །ཞེས་གསུངས་སོ། །ཡང་རྣམ་བཤད་རིགས་པ་ལས། ཐེག་པ་ཆེན་པོ་ལ་ཤཱཀྱ་ཐུབ་པ་སྤྲུལ་པ་ཡིན་པར་བསྟན་ནས། ཐེག་དམན་ལ་དེ་ལྟར་མི་སྟོན་པ་ནི་རྒྱ་ཆེན་པོ་ལ་མོས་མི་མོས་ཀྱི་དབང་གིས་ཡིན་པར་བཤད་དོ། །

གཉིས་པ། བཅས་པའི་སྤང་བླང་འདུལ་བ་དང་མཐུན་པར་བསྟན་པ་ལ། ཡེ་བཀག་ཡེ་གནང་གི་རྣམ་གཞག་དགག །མདོ་བསྐུལ་འཁྲུལ་བས་འདུལ་བའི་ལག་ལེན་གཞན་ཡང་འཁྲུལ་བར་མཚོན་པའོ། །དང་པོ་ལ; མ་བཅས་པ་ལ་ལྟུང་བ་མེད་པར་བསྟན། བཅས་པ་ཕྲན་ཚེགས་ཁྱད་དུ་གསོད་ན་བསྟན་པ་ལ་གནོད་པར་བསྟན། དང་པོ་ལ། དངོས་དང་། དེ་ལྟར་ན་བདེ་སྡུག་གི་བྱེད་པ་པོ་རྫོགས་པའི་སངས་རྒྱས་སུ་ཐལ་བའི་རྩོད་པ་སྤང་བའོ། །དང་པོ་ལ། ཁ་ན་མ་ཐོ་བ་ཐམས་ཅད་ཡེ་བཀག་ཏུ་འདོད་པ་དགག །བརྟུལ་ཞུགས་ལ་ཡེ་བཀག་ཡེ་གནང་བརྩི་བ་དགག་པའོ། །དང་པོ་ལ། མདོར་བསྟན་པས་ལུང་བཞིན་འཆད་པར་བསྟན། རྒྱས་པར་བཤད་པས་ལུང་བཞིན་འཆད་པར་བསྟན་པའོ། །དང་པོ་ནི། དགོངས་གཅིག་ལས། རྡོ་རྗེའི་གསུང་སྒྲིར་བཀག་པ་ཐམས་ཅད་ཡེ་བཀག་ཡིན། གནང་བ་ཐམས་ཅད་ཡེ་གནང་ཡིན་བྱ་བ་འདི་བཞུགས་ཞེས་དང་། ཞལ་སྔ་ནས། བཅས་པ་དང་རང་བཞིན་གྱི་ཁ་ན་མ་ཐོ་བ་གཅིག་པའི་ཕྱིར། བཅས་པ་ཐམས་ཅད་འགྲོ་བ་སྤྱི་ལ་བཅས་པའི་གནད་ཀྱིས། སྡིག་ལྟུང་ཡང་ཐ་དད་མེད་ཅིང་གཅིག་པ་ཡིན་ཏེ། སྡིག་པས་ངན་སོང་དུ་འགྲོ་ཞིང་ལྟུང་བས་ཀྱང་ངན་སོང་དུ་འགྲོ་བས་ཁྱད་པར་མེད་དེ། ལུང་རྣམ་འབྱེད་ལས། ལྟུང་བ་ལྟུང་བ་ཞེས་བྱ་བ་ནི། སེམས་ཅན་དམྱལ་བ་དང་། དུད་འགྲོའི་སྐྱེ་གནས་དང་། གཤིན་རྗེའི་འཇིག་རྟེན་དུ་ལྟུང་བར་བྱེད་པས་ན་ལྟུང་བ་ཞེས་བྱའོ། །ཞེས་གསུངས་ཤིང་། ཡང་དེ་ཉིད་ལས། སྡིག་པ་དང་ལྟུང་བ་ནི། ཟན་དང་བཤོས་ཀྱི་སླ་ལྡོག་དང་མཚུངས། ཡ་རབས་ལ་འདྲེན་ན་བཤོས་ཟེར། མ་རབས་ལ་འདྲེན་ན་ཟན་ཟེར་བ་བཞིན་དུ། བཅས་པའི་རྗེན་གྱིས་མི་དགེ་བ་བྱས་ན་ལྟུང་བར་མིང་འདོགས། དེ་མ་ཡིན་པས་མི་དགེ་བ་བྱས་ན་སྡིག་པར་མིང་འདོགས་ཏེ་མིང་གི་རྣམ་གྲངས་ཡིན། དེ་ལྟར་ན་ཁྲིམས་པ་དང་། རབ་ཏུ་བྱུང་བ་གང་གིས་མི་དགེ་བ་བྱས་ཀྱང་དོན་ལ་ཁྱད་པར་མེད་དོ; ;ཞེས་བཤད་དོ། །དེ་སྐད་ཅེས་བྱ་བ་འདི་ཡང་སངས་རྒྱས་ཀྱི་བསྟན་པ་སྤྱི་སྡོད་དང་མཐུན་པ་མ་ཡིན་ཏེ། ཉན་ཐོས་རྣམས་དང་། ཐེག་ཆེན་པ་རྣམས་ཀྱི་གནང་བཀག་ཐམས་ཅད་གཅིག་ཏུ་མེད་པའི་ཕྱིར། དེས་ན་ཉན་

ཐོས་ཀྱི་སྡེ་སྣོད་ལྟ་བུ་ལ་ལར་གནང་བ་ནི། ཐེག་ཆེན་ལྟ་བུ་ལ་ལའི་བཀག་པ་ཉིད་དུ་འགྱུར་རོ། །དེ་ལྟར་འགྱུར་བ་དེའི་འཐད་པ་འདི་ལྟར་ཡིན་པའི་ཚུལ་རྣམ་དག་གི་ལུང་ཐེག་པ་ཆེ་ཆུང་གི་སྡེ་སྣོད་ལས་འབྱུང་བ་བཞིན་བཤད་ཀྱིས་ཉོན་ཅིག་ཅེས་གདམས་པའོ། །

གཉིས་པ་ལ། གནང་བཀག་ཐམས་ཅད་གཅིག་ཏུ་ངེས་པ་དགག །ཉན་ཐོས་རྣམ་གསུམ་སོགས་ཀྱིས་མ་ངེས་པའི་སྐྱབ་བྱེད་བཤད། ཁྲིམ་པ་ལས་རབ་ཏུ་བྱུང་བ་ཉེས་པ་བསྲུང་དགོས་ཡང་བ་ལ་རྟོད་པ་སྤང་བའོ། །དང་པོ་ལ༑ སྡེ་པ་བཅོ་བརྒྱད་ཀྱི་བཅས་པ་མཚུངས་པར་ཐལ་བ། ཁྱིམ་པས་དགེ་སློང་གི་བཅས་པ་བསྲུང་དགོས་པར་ཐལ་བའོ། །དང་པོ་ལ། དངོས་དང་། ཉེས་སྤོང་དགག་པའོ། དང་པོ་ནི། ཉན་ཐོས་ནི་ཤྲ་བ་ཀ་ཞེས་པའི་སྒྲ་ལས་དྲངས་ན། ཐེག་ཆེན་གྱི་ལམ་རང་གིས་ཐོས་པ་རང་ཉམས་སུ་མི་ལེན་པར་གཞན་ལ་སྒྲོག་པས་ན་ཐོས་སྒྲོག་སྟེ་ཉན་ཐོས་སོ། །དམ་ཆོས་པད་དཀར་ལས། མགོན་པོ་དེ་རིང་བདག་ཅག་ཉན་ཐོས་གྱུར། །བྱང་ཆུབ་དམ་པ་ཡང་དག་བསྒྲག་པར་བགྱི། །བྱང་ཆུབ་པ་ཡི་སྒྲ་ཡང་རབ་ཏུ་བརྗོད། །དེ་བས་བདག་ཅག་ཉན་ཐོས་མི་ཟད་འདྲ། །ཞེས་སོགས། ཉན་ཐོས་ལ་སྤྲུལ་པའི་དང་། རྟོགས་བྱང་དུ་འགྱུར་བ་དང་། ཞི་བ་བགྲོད་པ། གྲུབ་མཐའ་འཛིན་པའི་ཉན་ཐོས་དང་བཞི་ལས་ཐ་མའོ། །ཞེས་བསམ་ཡས་པ་གསུང་ཡང་བརྟག་དགོས་ཏེ། དེ་ལྟ་ན། རྗོ་བོ་རྗེ་ཕལ་ཆེན་པའི་སྡེ་པ་ཡིན་པས། ཉན་ཐོས་ཀྱི་གྲུབ་མཐའ་འཛིན་པར་ཐལ་བ་སོགས་འཇུག་གོ །དེས་ན་འདུལ་བའི་ཕྲག་ལེན་གྱི་སྣོ་ནས་བཞི་པོ་དེ་ལ་རྩ་བའི་སྡེ་བཞི་སྟེ། སྡེ་པ་བཞི་ཀའི་གྲེས་གཞི་དང་། དུས་གསུམ་རྫས་ཡོད་དུ་སྨྲ་བས་ན་གཞི་ཐམས་ཅད་ཡོད་སྨྲ་དང་། གནས་བརྟན་འཕགས་པའི་རིགས་ཀྱི་རྗེས་སུ་འབྲང་བས་ན་གནས་བརྟན་པ། འཕགས་པའི་དགེ་འདུན་ཡང་ཡིན་ལ་དེ་ཉིད་ཕལ་ཆེན་པ་ཡིན་པས་ཕལ་ཆེན་པ་དང་། མང་པོས་བཀུར་བའི་སློབ་དཔོན་གྱི་རྗེས་སུ་འབྲང་བས་ན་མང་བཀུར་བ་སྟེ་བཞི་ལ་འདུལ་བ་མི་འདྲ་བ་རྣམ་པ་བཞི་ཡོད། །ཁ་ཆེ་པཎ་ཆེན་གྱི་གསུང་སྒྲོས་ལས། ཐམས་ཅད་ཡོད་སྨྲ་ནི། མཁན་པོ་རྒྱལ་རིགས་བསླབ་པ་ལ་གུས་པའི་མཆོག་སྒྲ་གཅན་འཛིན་བཟང་པོའི་རྗེས་སུ་འབྲང་བ་སྐད་ཀྱང་། ལེགས་པར་སྦྱར་བ་སཾསྐྲྀ་ཏའི་སྐད་དུ་སོ་ཐར་གྱི་མདོ་འདོན་པ། སྣམ་སྦྱར་སྣམ་ཕྲན་ཉེར་དགུ་པ་ནས་ཉེར་ལྔའི་བར་ཟུང་སྤངས་པ། རྟགས་མེ་ཏོག་ཨུཏྤལ་དང་། པདྨ་དང་། རིན་པོ་ཆེ་དང་། ཤིང་ལོ་དང་། གཞུང་འདིར་འབྱུང་བ་ནི། བུ་རམ་ཕྱི་དྲྭ་ཟ་བ། སྨིན་མའི་སྤྱི་བཞར་ན་ལྷུང་བ། མིར་ཆགས་བསད་ན་ཕམ་པ། བྱིན་ལེན་ལག་པ་བཀན་པ། གསོལ་བཞིའི་ལས་ཀྱིས་དགེ་སློང་གི་སྡོམ་པ་སྐྱེ་བ་རྣམས་སོ། །གནས་བརྟན་པ་ནི། མཁན་པོ་རྗེ་རིགས་མཐའ་འཁོབ་འདུལ་བའི་མཆོག་ཀཱ་ཏྱཱ་ནའི་རྗེས་སུ་འབྲང་བ། སྐད་རང་བཞིན་ཕལ་པའི་སྐད་ཀྱིས་མདོ་འདོན། སྣམ་སྦྱར་སྣམ་ཕྲན་ལྔ་

ནས་ཉེར་གཅིག་གི་བར། རྟགས་དྲུང་། ལེགས་སྦྱར་གྱི་སྐད་ཀྱིས་མདོ་བཏོན་ན་ལྟུང་བ། བུ་རམ་ཕྱི་དྲོ་ཟོས་པ་ལྟུང་བ། སྨིན་མའི་སྤྱུ་མ་བཞར་ན་ལྟུང་བ། མིར་ཆགས་པ་བསད་པ་ལ་ཕམ་པ་མེད་པ། བྱིན་ལེན་ལག་པ་སྟེང་འོག་ཏུ་བྱེད་པ། གསོལ་བཞིའི་ཚོགས་སྡོམ་པ་མི་སྐྱེ་བའོ། །ཕལ་ཆེན་པ་ནི། མཁན་པོ་བྲམ་ཟེའི་རིགས་སྦྱངས་པའི་ཡོན་ཏན་ལ་གནས་པའི་མཆོག་འོད་སྲུང་ཆེན་པོའི་རྗེས་སུ་འབྲང་བ། ཟུར་ཆག་གི་སྐད་ཀྱིས་མདོ་འདོན་པ༑ སྣམ་སྦྱར་སྣམ་ཕྲན་བདུན་པ་ནས་ཉེར་གསུམ་གྱི་བར། རྟགས་གཡུང་དྲུང་རིས་དང་། དཔལ་བེའུ། བུ་རམ་ཕྱི་དྲོ་འགོག་གོ །སྨིན་མའི་སྤྱུ་བཞར་ན་ལྟུང་བ། མིར་ཆགས་བསད་པ་ལ་ཕམ་པ་མེད། ལྟུང་བཟེད་ལ་བྱིན་ལེན་བྱེད། ཆང་རྩ་བ་ལྟ་བ། གསོལ་བཞིའི་ཚོགས་སྡོམ་པ་མི་སྐྱེ་བའོ། །མང་བཀུར་བ་ནི། མཁན་པོ་དམངས་རིགས་འདུལ་བ་འཛིན་པའི་མཆོག་ཉེ་བ་འཁོར་གྱི་སློབ་བརྒྱུད། སྐད་ཤ་ཟའི་སྐད་དུ་མདོ་འདོན། སྣམ་སྦྱར་སོགས་གནས་བརྟན་པ་དང་མཐུན། ཨ་ཏི་ཤའི་གསུང་སྒྲོས་ལས། སྡེ་པ་བཞིའི་ཐམས་ཅད་ཡོད་སྨྲ། ཁྲུ་ཕྱེད་དང་དགུས་བར་དུ་ཆོད་ན་ནུབ་ལྷག་ཐུབ། ཕལ་ཆེན་པ་ཡོལ་བ་དང་། གནས་བརྟན་པ་རི་མོ་དང་། མང་བཀུར་བ་ཐག་པས་ཆོད་ན་ཐུབ་པར་འདོད་ཅེས་གྲག་གོ །དེ་ལས་གྲེས་པ་བཅོ་བརྒྱད་ལའང་འདུལ་བའི་དབྱེ་བའང་མི་འདྲ་བ་བཅོ་བརྒྱད་ཡོད་དེ། འདུལ་བ་འོད་ལྡན་ལྟར་ན། བཀའ་བསྡུ་གསུམ་པའི་ཚེ་གྲེས་པ་བཅུ་བདུན་པོ་ཐམས་ཅད་བཀར་བསྒྲུབ་པར་གསུངས་ལ། དེ་ཡང་། འདུལ་བ་ལ་སྣང་། མདོ་སྡེ་ལ་འཇུག ཆོས་ཉིད་དང་མི་འགལ་བ་གསུམ་གྱི་སྒོ་ནས་བསྒྲུབ་པར་གསུངས་པས་ན་འདུལ་བའི་དབྱེ་བ་མི་འདྲ་བ་བཅོ་བརྒྱད་བཀར་བསྒྲུབ་པ་ལས་འོས་མེད་པའི་ཕྱིར། འདིར་འདུལ་འཛིན་ཆེན་པོ་འགའ་ཞིག སྡེ་པ་ཐ་དད་བཀླག་པའི་འཁོར་ལོ་ལས། གནས་བརྟན་པའི་སྡེ་པ་གསུམ་དང་། ཀུན་གྱིས་བཀུར་བའི་སྡེ་པ་གསུམ་ལྔ་བ་མཐུན་པར་བཤད་པས་གྲེས་པ་བཅོ་བརྒྱད་ལ་འདུལ་བའི་དབྱེ་བ་བཅོ་བརྒྱད་མི་རིགས་སོ། །ཞེས་འགོག་པ་ལ། བསམ་ཡས་པའི་ཊཱི་ཀར་ལན་འདེབས་པ་ན། འདི་དག་གི་དབྱེ་བ་སྟོན་པའི་གཞུང་ན་མི་འདྲ་བ་སྣང་བས། འདི་ཁོ་ན་བདེན་གྱི་གཞན་ནི་མི་རིགས་སོ་ཞེས་བཤད་དཀའ་བས། ཆོས་རྗེའི་གསུང་ལ་ནོར་བའི་གོ་སྐབས་ག་ལ་ཡོད། ཅེས་པ་ཙམ་ཞིག་འབྱུང་ཡང་། དེས་ལན་མི་ཐེབས་སོ། །ཡང་ཊཱི་ཀ་བྱེད་པ་གཞན་གྱི་ནི་འདི་ལ་ལན་འདེབས་པའི་སྤྲོབས་པ་མི་སྣང་ཞིང་། ལེགས་བཤད་གསེར་གྱི་ཐུར་མར། ལུང་དང་རིགས་པ་གཉིས་ཀྱི་སྒོ་ནས་བསྒྲུབས་པ་ལས། སྡེ་པ་ཐ་དད་བཀླག་པའི་འཁོར་ལོར། ཡུལ་དོན་སློབ་དཔོན་བྱེ་བྲག་གིས། །ཐ་དད་རྣམ་པ་བཅོ་བརྒྱད་དོ༑ །ཤཱཀྱ་སེང་གེའི་བསྟན་པ་ནི། །དེ་ལྟར་བྱེ་བྲག་བཅོ་བརྒྱད་དུ། །གྱུར་དེ་འགྲོ་བའི་བླ་མ་དེའི། །སྔོན་གྱི་འཕྲིན་ལས་ཡིན་པར་ངེས། །ཞེས་པ་ནི། དགེ་སློང་གི་ལོ་དྲི་བ་ལས་གསུངས་པས་ན། འདུལ་བའི་ལས་ཐ་དད་

དང་། སོ་སོར་ཐར་པའི་མདོ་འདོན་ཚུལ་མི་འདྲ་བའི་གྱེས་པར་བཤད་པས་སོ། །ཞེས་གསུངས་ལ། རིགས་པ་ནི༑ བཅོ་བརྒྱད་པོ་བཀར་སྐྲུབ་པ་ན་བཀའ་མི་འདྲ་བ་བཅོ་བརྒྱད་ཡོད་དགོས་པས། དེ་ཡང་འདུལ་བའི་དབང་དུ་བྱས་པ་གཙོ་ཆེ་བ་ཡིན་ཏེ། འདིར་སྡེ་ཚན་བཅོ་བརྒྱད་ནི་འདུལ་བའི་ལས་མི་འདྲ་བའི་དབང་གིས་ཡིན་པའི་ཕྱིར། ཞེས་གསུངས། བུ་སྟོན་རིན་པོ་ཆེ་ཡང་དེ་དང་མཐུན་གསུང་ངོ་། །ཡང་བདག་གི་བློ་ལ་ཤར་བ་ནི། འདིར་སྡེ་བཞི་དང་བཅོ་བརྒྱད་ལ་སོགས་པ་འདུལ་བ་མི་འདྲ་བའི་དབང་གིས་ཡིན་གྱི། གྲུབ་མཐའ་དང་ལྟ་བའི་དབང་གིས་མ་ཡིན་ཏེ། གལ་ཏེ་ཡིན་ན་གཞི་ཐམས་ཅད་ཡོད་སྨྲ་ལ་གྲུབ་མཐའ་སྨྲ་བ་བཞི་མེད་པར་འགྱུར་ལ། དེ་ལྟ་ན་དེ་ལ་ཉན་ཐོས་ཀྱི་གྲུབ་མཐའ་སྨྲ་བས་ཁྱབ་པར་འགྱུར་རོ། །འདོད་ན། གནས་བརྟན་ཆོས་སྐྱོང་། སློབ་དཔོན་དབྱིག་གཉེན་དང་། འཕགས་པ་ཀླུ་སྒྲུབ་དང་། སྒྲ་གཅན་འཛིན་བཟང་པོ་ལ་སོགས་པ་གཞི་ཐམས་ཅད་ཡོད་པར་སྨྲ་བ་མིན་པར་འགྱུར་ལ། འདོད་ན། ཐམས་ཅད་ཡོད་སྨྲའི་མཁན་བརྒྱུད་ཀྱང་དཀའ་བར་གནས་སོ། །ལྟ་བས་འབྱེད་པ་ལ་ཡང་སྐྱོན་དེ་ཉིད་དོ། །འོན་དེ་དག་དུས་གསུམ་རྫས་ཡོད་དུ་སྨྲ་བར་འགྱུར་རོ་ཞེ་ན། སྒྲ་བཤད་ལ་ཁྱབ་པ་བརྩིས་པས་རྣམ་པར་འཁྲུམས་ཏེ། འོ་ན་སློབ་དཔོན་འཕགས་པ་ལྷ་ཆོས་ཅན། མང་དུ་ཐོས་པའི་སྡེ་པ་ཡིན་པར་ཐལ། མང་དུ་ཐོས་པའི་སློབ་དཔོན་གྱི་རྗེས་སུ་འབྲང་བའི་ཕྱིར། ཁྱབ་པ་སྒྲ་བཤད་ཀྱི་སྟེང་དུ་ཁས་བླངས། རྟགས་གེ་ལ་འབར་བར་མང་དུ་ཐོས་པའི་སློབ་དཔོན་གྱི་རྗེས་སུ་སྟོན་པའི་ཕྱིར། མང་དུ་ཐོས་པའོ། །ཞེས་པས་སོ། །རྒྱས་པར་གསེར་ཐུར་ལས་བལྟ་བར་བྱའོ། །དེས་ན་སྡེ་པ་བཅོ་བརྒྱད་པོ་དང་པོར་སྡོམ་པ་ལེན་ཚུལ་མི་འདྲ་བ་དང་། བར་དུ་བསྲུང་ཚུལ་མི་འདྲ་བ་དང་། ཉམས་ན་ཕྱིར་བཅོས་ཚུལ་མི་འདྲ་བ་དང་། སོ་སོར་ཐར་པའི་མདོ་འདོན་ཚུལ་མི་འདྲ་བ་དང་། ཐ་མར་སྡོམ་པ་གཏོང་ཚུལ་རྣམས་སྡེ་པ་ཐམས་ཅད་མི་མཚུངས་པས་ན་གཅིག་གི་གཞུང་ལས་བཀག་པ་དེ་གཅིག་གི་གཞུང་ལས་གནང་བས་ན། གནང་བཀག་ཐམས་ཅད་གཅིག་ཏུ་ངེས་པ་མི་འཐད་དོ། །

གཉིས་པ། དེའི་ཉེས་སྤོང་དགག་པ་ལ། སྡེ་པ་གཅིག་ཁོ་ན་བདེན་པ་དགག སྡེ་པ་ཀུན་གྱི་བསླབ་པ་ཤེས་ན་གཅིག་ཡིན་པ་དགག་པའོ། །དང་པོ་ནི། གལ་ཏེ་སྡེ་པ་གཅིག་ཁོ་ན་བདེན་གྱི་དེ་ལས་གཞན་པ་ཐམས་ཅད་བརྫུན་ཡིན་ཏེ། འགལ་བ་ལ་མི་འཁྲུལ་བའི་ཚད་མ་མི་སྲིད་པའི་ཕྱིར་སྙམ་ན། མི་འཐད་དེ། རྒྱལ་པོ་ཀྲི་ཀྲིའི་རྨི་ལམ་ལུང་སྟོན་པའི་མདོ་ལྟར་སྡེ་པ་བཅོ་བརྒྱད་པ་ཐམས་ཅད་བདེན་པར་གསུངས་པའི་ཕྱིར། དེ་ཡང་མདོ་དེ་ལས། མི་བཅོ་བརྒྱད་ཀྱིས་རས་ཡུག་གཅིག་དྲས་ཀྱང་རལ་བར་མ་གྱུར་པ་དེ་ནི། དེ་བཞིན་གཤེགས་པ་ཤཱཀྱ་ཐུབ་པའི་བསྟན་པ་རྣམ་པ་བཅོ་བརྒྱད་དུ་གྱུར་ཀྱང་། རྣམ་པར་གྲོལ་བའི་རས་ཡུག་ནི་ཉམས་པར་མི་

འགྱུར་རོ། །ཞེས་གསུངས། མདོ་དེ་དང་། མཛོད་ཀྱི་འགྲེལ་བཤད་དང་། སྙན་ངག་དཔག་བསམ་འཁྲི་ཤིང་རྣམས་སུ་མི་ལྔས་བཅུ་གསུངས་ལ། དེ་ཡང་དཔག་བསམ་འཁྲི་ཤིང་ལས། གླང་ཆེན་རྒྱ་སྐར་ནས་འཕོན་པ། །ཛ་མ་དེ་ལ་ཐོགས་པ་དང་། །དེ་བཞིན་རྨོམ་པའི་ཕྱི་རྗེས་ནས། །ཁྲོན་པ་བརྒྱུག་པ་བདག་གིས་མཐོང་། །ཕྱེ་ནི་ཁྲི་གང་དག་ལ་ཡང་། །མུ་ཏིག་ཁྲི་གང་འཚོང་བ་མཐོང་། །ངན་པའི་ཤིང་དང་ཙན་དན་ནི། །རྨོངས་པ་དག་ཏུ་བྱེད་པ་མཐོང་། །དེ་བཞིན་གཡུལ་དུ་གླང་ཕྲུག་གིས། །གླང་པོ་ཆེན་པོ་ཡང་དག་འབོད། །མི་གཙང་བ་ཡིས་ལུས་བྲུགས་པའི། །སྤྲེའུ་འབར་ཞིང་གཞན་ལ་འབྲུག །སྤྲེའུ་ངན་པ་གཡོ་བའི་གཏེར། །རྒྱལ་སྲིད་རྒྱས་ལ་མངོན་དབང་བསྐུར། །རས་ཡུག་སྐྱེས་བུ་བཅོ་བརྒྱད་ཀྱིས། །དྲས་ཀྱང་ཀུན་ཏུ་ཉམས་པ་མེད། །མེ་ཏོག་འབྲས་བུའི་དགའ་ཚལ་ནི། །དགའ་བ་ཅོམ་རྐུན་དག་གིས་དཀྲུགས། །ཞེ་སྡང་བཞད་གད་རྩོད་པ་ལ། །སྐྱེ་བོ་མང་པོ་ཆགས་པ་སྟེ། །རྨད་བྱུང་རྨི་ལམ་འདི་དག་ནི། །འབྲས་བུ་ཤིན་ཏུ་འཇིགས་རུང་རྣམ། །ཞེས་པ་ས་བདག་གིས་དྲིས་ལ། །བཅོམ་ལྡན་འདས་འོད་སྲུངས་ཀྱིས་གསུངས་པ། །སྐྱེ་བོའི་ཚེ་ལོ་བརྒྱ་པའི་ཚེ། །སྟོན་པ་ཞི་བ་ཤཱཀྱ་ཐུབ། །རྒྱལ་བ་བདུད་རྩིའི་ཆུ་གཏེར་འབྱུང་། །དེ་ནི་ཁྱོད་ཀྱིས་གླང་པོར་མཐོང་། །དེ་ཡི་ཉན་ཐོས་ཐ་མ་ཡི། །དུས་སུ་རྩོད་པ་ལ་བརྟེན་ནས། །ཚུལ་ཁྲིམས་ཡོན་ཏན་ཀུན་སྤྱོད་བཏང་། །བསླད་པ་དང་བཅས་འབྱུང་བར་འགྱུར། །དེ་དག་སྟོབས་ཀྱིས་ཁྱིམ་ན་གནས། །དབེན་པ་མ་སླིན་ཚུང་རྣམས་ལ། །རང་གིས་བརྟེན་པ་ལ་བརྟེན་ཅིང་། །བསྟན་པ་དག་ནི་བྱེད་པར་འགྱུར། །གང་ཕྱིར་ཞུ་བྱ་ཞུ་བྱེད་ཀྱི། །དངོས་པོ་རྟེན་པ་དག་ལ་རྒྱུག །དེ་སློད་རྨོམ་པའི་ཕྱི་ནས་ནི༑ ༑ཁྲོན་པ་འགྲོ་བ་རྣམ་པར་མཐོང་། །ཆགས་པས་ལོང་ཞིང་ཀུན་རྨོངས་ཀྱིས། །བཅོམ་པ་དེ་དག་བྱང་ཆུབ་ཀྱི༑ ༑ཡན་ལག་མུ་ཏིག་ཁྲི་གང་དག །ཕྱེ་ཁྲི་གང་ལ་འཚོང་བར་འགྱུར། །མུ་སྟེགས་ཚིག་ནི་ཤིང་ངན་དང་། །སངས་རྒྱས་ཀྱིས་གསུངས་ཙན་དན་དག །རྨོངས་པས་ཁྱད་པར་མི་ཤེས་པས། །དེ་དག་གི་ནི་མཚུངས་བྱེད་འགྱུར། །འདུལ་བའི་དགེ་སློང་གླང་པོ་ཆེ། །བཟང་པོ་ཐོབ་ནས་འགའ་ཞིག་ཏུ། །དགེ་སློང་ཁྲིམས་འཆལ་གླང་ཕྲུག་གིས། །འགྲན་ཞིང་སློད་པ་བྱེད་པར་འགྱུར། །གཡོ་བ་མི་གཙང་གིས་བྲུགས་ལུས། །དགེ་སློང་སྤྲེའུས་ཁྲིམས་བཟང་རྣམས། །རང་གི་སྐྱོན་གྱིས་བསྒོ་བྱེད་ཅིང་། །བདག་ཉིད་མཚུངས་པ་བྱེད་པར་འགྱུར། །སྤྲེའུ་བཞིན་དུ་རིགས་འཁྲུམ་པ། །མངོན་པར་དབང་ནི་བསྐུར་བར་འགྱུར། །རྫོགས་པའི་སངས་རྒྱས་ཀྱིས་བསྟན་པའི། །རས་ཡུག་དྲས་ཀྱང་ཉམས་མི་འགྱུར། །དགེ་འདུན་རྫས་ནི་འབྲས་བུ་ཡི། །དགའ་ཚལ་དག་ཀྱང་བརྐུ་བར་འགྱུར། །ཕན་ཚུན་སྐྱོན་ནས་བརྗོད་བྱེད་ཅིང་། །འཐབ་མོའི་ངང་ཚུལ་དག་ཏུ་འགྱུར། །ཁྱོད་ཀྱི་རྨི་ལམ་རྣམ་སྨིན་མཐར། །འབྲས་བུ་འདི་དག་ས་ལ་འབྱུང་། །ཞེས་གསུངས་ཏེ། ཡང་བསྟན་པ་སྣ་དར་གྱི་ཆོས་ཀྱི་བརྗེད

བྱང་ལས། དེ་དག་ཏུ་མ་འདུས་པ་བརྒྱད་གསུངས་པ་ནི། མི་རྟོག་དག་ནི་ཆོད་ཅིག་ཅེས་ནི་བསྐུལ། །རྗེ་དུས་གསུམ་གྱི་བར་མ་སྟོང་པར་མཐོང་། །ཐན་པོ་སྤྱི་ཕེར་དུ་ནི་གནས་པ་དང་། །རྟ་ཡི་ཁ་འཕོངས་གཉིས་ཀས་ཟ་བ་དང་། །ཆེ་བའི་བྱི་བས་ཆུང་བ་ཁ་ནི་དྲག །བེ་འུ་སྐྱེས་མ་ཐག་ཏུ་བ་ལ་ནུ། །སྤྲ་དྲི་གཞོན་ནུའི་མི་ནི་ཕྱི་དྲོ་ཐུས། །སེང་གེའི་རོ་ནི་རང་གི་སྲིན་བུས་ཟོས། །ཞེས་འབྱུང་ཡང་བརྟག་དགོས་སོ་ཞེས་ལྷ་བཙུན་བསམ་ཡས་པ་གསུང་ངོ་། །

སྡེ་པ་བཅོ་བརྒྱད་པོ་གནང་བཀག་མི་མཐུན་པ་འདིའི་དོན་རྒྱས་པར་སྡེ་པ་ནི་ཐ་དད་བཀླག་པའི་འཁོར་ལོ་ཞེས་པ་བཙུན་པ་དབྱིག་གཉེན་གྱིས་མཛད་པ་ལས་བསྡུས་ནས། སྡེ་པ་ཐ་དད་བསྟན་པ་བསྡུས་པ་ཞེས་པ་སློབ་དཔོན་དུལ་བའི་ལྷས་མཛད་པ་དང་། སློབ་དཔོན་ཤཱཀྱ་འོད་ཀྱིས་མཛད་པའི་སུམ་བརྒྱ་པའི་རང་འགྲེལ་འདུལ་བ་འོད་ལྡན་དང་། ལ་སོགས་པས་རྟོག་གེ་ལ་འབར་བ་དང་། དགེ་སློང་གི་དང་པོའི་ལོ་དྲི་བ་རྣམས་ལ་ལྟོས་ཤིག་སྟེ། ལུང་དང་པོ་ལས། ཤར་དང་ནུབ་དང་གངས་རི་ར་གནས། །འཇིག་རྟེན་འདས་པར་སྨྲ་བའི་སྡེ། །རྟག་པ་སྨྲ་བའི་སྡེ་པ་དང་། །ལྷ་ཆེན་དགེ་འདུན་ཕལ་ཆེན་པ། །བཞི་པ་དང་ནི་འོད་སྲུང་སྡེ། །ས་སྟོན་སྡེ་དང་ཆོས་སྲུང་སྡེ། །མང་ཐོས་གོས་དམར་སློབ་མའི་སྡེ། །རྣམ་པར་ཕྱེ་སྟེ་སྨྲ་བའི་སྡེ། །ཐམས་ཅད་ཡོད་པར་སྨྲ་བ་ཡིན། །རྒྱལ་བྱེད་ཚལ་གནས་འཇིགས་མེད་གནས། །གཙུག་ལག་ཁང་ཆེན་གནས་བརྟན་པ། །ས་སྐྲོག་རིགས་དང་བསྲུང་བ་པ། །གནས་མ་བུ་ཡི་སྡེ་རྣམས་ནི། །ཀུན་གྱིས་བཀུར་བ་རྣམ་པ་གསུམ། །ཡུལ་དོན་སློབ་དཔོན་བྱེ་བྲག་གིས། །ཐ་དད་རྣམ་པ་བཅོ་བརྒྱད་དོ། །ཞེས་སོ། །དགེ་སློང་གི་ལོ་དྲི་ལས། རྩ་བའི་སྡེ་བཞི་སྟེ་མ་དང་མཐུན་ལ། ཕྱེས་པ་བཅོ་བརྒྱད་ནི། ཐམས་ཅད་ཡོད་སྨྲ་བ་བཞི། ཕལ་ཆེན་པ་དྲུག །མང་བཀུར་བ་ལྔ། གནས་བརྟན་པ་གསུམ་གསུངས་སོ། །འདུལ་བ་འོད་ལྡན་ལས། རྩ་བའི་སྡེ་བཞི་ཐམས་ཅད་ཡོད་པར་སྨྲ་བ་ལ་ལྷག་མ་བཅུ་བདུན་ཕྱེས་པར་བཤད་དོ། །སློབ་དཔོན་ལེགས་ལྡན་འབྱེད་ཀྱི་རྟོག་གེ་ལ་འབར་བར། རྩ་བའི་སྡེ་གནས་བརྟན་པ་དང་ཕལ་ཆེན་པ་ལས། གནས་བརྟན་པ་ལ་བཅུར་ཕྱེས་པ་དང་། ཕལ་ཆེན་པ་ལ་བརྒྱད་དུ་ཕྱེས་པར་གསུངས་པ་དང་། ཡང་རྩ་བའི་སྡེ་གཉིས་པོ་དེ་ལ་ཕྱེས་ཚུལ་མི་འདྲ་བ་གཅིག་དང་། ཡང་རྩ་བའི་སྡེ་གནས་བརྟན་པ། ཕལ་ཆེན་པ་རྣམ་པར་ཕྱེ་སྟེ་སྨྲ་བ་གསུམ་ལ་ཕྱེས་ཚུལ་མི་འདྲ་བ་གཅིག་དང་། སྒྲ་བཤད་དང་བཅས་པ་གསུངས་པ་ནི་ཡི་གེ་མངས་ཀྱིས་དོགས་པས་འདིར་མ་བཀོད་དོ། །རྩ་བའི་སྡེ་བཞི་ཡིན་པར་ཀྱེ་རྡོ་རྗེའི་རྒྱུད་ལས་གསུངས་སོ། །

གཉིས་པ། སྡེ་པ་ཀུན་གྱི་བསླབ་པ་ཤེས་ན་གཅིག་ཡིན་པ་དགག་པ་ནི། གལ་ཏེ་སྡེ་པ་ཀུན་གྱི་བསླབ་པ་

ཡང་ཤེས་ན་གནང་བཀག་གཅིག་ཏུ་འགྱུར་རོ་ཞེ་ན། ཤེས་ཀྱང་ཕལ་ཆེར་ཐ་དད་པ་ཡིན་ཏེ། དཔེར་ན་ཐམས་ཅད་ཡོད་སྨྲ་ལེགས་སྦྱར་གྱི་སྐད་དུ་མདོ་སྡེ་བཏོན་ན་ལྟུང་བ་མེད་དེ། དེའི་མདོ་སྡེ་ལེགས་སྦྱར་གྱི་སྐད་དུ་ཡོད་པས་སོ། །གནས་བརྟན་པ་དག་ལེགས་སྦྱར་གྱིས་མདོ་སྡེ་བཏོན་ན་ལྟུང་བར་བྱེད་པ་ནི། དེའི་མདོ་སྡེ་རང་བཞིན་ཕལ་སྐད་དུ་ཡོད་པས་སོ། །ཐམས་ཅད་ཡོད་སྨྲ་རང་ཉིད་ཀྱི་གཞུང་ལས་འབྱུང་བའི་གསོལ་བཞིའི་ཆོ་གས་སྡོམ་པ་སྐྱེ་ལ། དེའི་ཆོ་ག་བཞིན་བྱས་ན་སྡེ་པ་གཞན་གནས་བརྟན་པ་སོགས་ཀྱི་དགེ་སློང་འཛིན་པ་སྡེ་མི་སྐྱེ་བས་སོ། །ཐམས་ཅད་ཡོད་སྨྲ་སྨིན་མའི་སྤུ་བཞར་ན་ལྟུང་བ་ཡིན་ཏེ། མདོ་རྩ་བ་ལས། ལུས་གཞན་གྱི་ཡང་མི་བྱའོ། །ཞེས་གསུངས་པས་སོ། །ཕལ་ཆེན་པ་ལ་སོགས་པའི་སྡེ་པ་འགའ་སྨིན་མའི་སྤུ་མ་བཞར་ན་ནི་ལྟུང་བར་འདོད་པ་དང་། ཕལ་ཆེན་པ་སོགས་ལ་ལ་བུ་རམ་ཕྱི་དྲོ་འགོག་ལ། ཐམས་ཅད་ཡོད་སྨྲ་ཁ་ཅིག་ལྟུང་བ་མེད་ཅེས་ཟེར་ཏེ། དེ་ཞག་བདུན་པའི་སྨན་དུ་འདོད་པས་སོ། །ཐམས་ཅད་ཡོད་སྨྲ་སོགས་ལ་ལ་བྱིན་ལེན་བྱེད་པ་ན་བཀག་པས་ཏེ་གན་རྐྱལ་དུ་བྱེད་དེ། མདོ་རྩ་བ་ལས། ལག་པ་བཀན་པས་ཞེས་གསུངས་པས་སོ། །གནས་བརྟན་པ་ལ་སོགས་པ་དེ་ལས་གཞན་དུ་བྱེད་དེ། ལག་པ་སྟེང་འོག་ཏུ་བྱེད་པའམ་སྐྱུར་ཐབས་སུ་བྱེད་པའི་ཕྱིར་ཕལ་ཆེན་པ་ལ་སོགས་པའི་སྡེ་པ་འགའ་ཞིག་ལྟུང་བཟེད་བྱིན་ལེན་བྱེད་ལ། ཐམས་ཅད་ཡོད་སྨྲ་སོགས་ལ་ལ་ལྟུང་བཟེད་བྱིན་ལེན་འགོག་པ་དང་། ཐམས་ཅད་ཡོད་སྨྲ་སོགས་ཁ་ཅིག་མིར་ཆགས་པ་སྡེ་མདལ་ན་གནས་པ་བསད་པ་ལ་ཕམ་པ་འབྱུང་བར་འདོད་དེ། འོད་ལྡན་ལས། མི་ནི་བཙས་པའི་གནས་སྐབས་སོ། །མིར་ཆགས་པ་ནི་མངལ་གྱི་གནས་སྐབས་སོ། །དེ་གཉིས་ཀ་བསྡུ་བའི་ཕྱིར་མིར་གྱུར་པ་ཞེས་སྨོས་སོ། །ཞེས་གསུངས་སོ། །གནས་བརྟན་པ་སོགས་དེ་ལ་ཕམ་པ་མེད་ཅེས་ཟེར་རོ། །མང་བཀུར་བ་ལ་སོགས་པ་ལ་ལའི་སོ་སོར་ཐར་པ་ལ་གླེང་གཞིའི་ཚིགས་བཅད་གཅིག་ལས་མེད་ལ། ཐམས་ཅད་ཡོད་སྨྲ་སོགས་ལ་ལའི་རིང་ཐུང་དེ་ལས་གཞན་དུ་ཡོད་དོ༎ །དེ་ཡང་ཐམས་ཅད་ཡོད་སྨྲའི་སོ་ཐར་གྱི་གླེང་གཞི་ལ་ཚིགས་བཅད་ལྔ་ཡོད་པ་ལྟ་བུའོ། །འདིར་ལྷ་བཙུན་བསམ་ཡས་པའི་ཊཱི་ཀ་ལས། ཐམས་ཅད་ཡོད་སྨྲའི་སོ་ཐར་གྱི་གླེང་གཞི་ལ་ཚིགས་བཅད་བཅུ་གཅིག་ཡོད་ཅེས་གསུང་ཡང་གཞུང་ན་མི་སྣང་ངོ་། །སྐབས་འདིར། ཉན་ཐོས་གྱིས་པ་བཅོ་བརྒྱད་ལ། །འདུལ་བ་བཅོ་བརྒྱད་ཡོད་ཅེས་པའི། །ལུང་ཁུངས་གསལ་པོ་གང་ན་ཡོད། །ཅེས་པ་ལ་དོན་གྱི་ལན་ནི། ལེགས་བཤད་གསེར་གྱི་ཐུར་མ་ལས་བཏབ་ཟིན་མོད། འོན་ཀྱང་གནས་བརྟན་པ་ལེགས་སྦྱར་གྱིས་མདོ་བཏོན་ན་ལྟུང་བར་བྱེད་པ་ནས། མང་བཀུར་བའི་སོ་སོར་ཐར་པ་ལ་གླེང་གཞིའི་ཚིགས་བཅད་གཅིག་ལས་མེད་པ་སོགས་ལ། སྡེ་པ་དེ་དང་དེའི་ལུང་ལས་འདི་ལྟར་བཤད་ཅེས་པ་ད་ལྟ་བོད་དུ་བསྒྱུར་བའི་གསུང་རབ་ནས་ཚིག་གསལ་པོ་དྲང་རྒྱུ་མི་སྣང་བས

ཇི་ལྟར་ཡིན་སྙམ་ན། བདག་གི་བློ་ལ་འདི་ལྟར་ཤར་ཏེ། སྡེ་པ་གཞན་གྱི་འདུལ་བའི་ལུང་དང་བསྟན་བཅོས་བོད་དུ་མ་བསྒྱུར་ཡང་། བསྟན་བཅོས་མཛད་པ་འདིས་ནི་ཁ་ཆེ་པཎ་ཆེན་སོགས་རྒྱ་གར་གྱི་པཎྜི་ཏ་མང་པོ་ལ་བོད་དུ་མ་བསྒྱུར་བའི་གསུང་རབ་མང་པོ་གསན་པ་དང་། རྒྱ་དཔེ་བོད་དུ་མ་བསྒྱུར་བ་རྣམས་ལ་གཟིགས་རྟོག་མཛད་པ་ལས་འདི་དག་འབྱུང་བར་གདོན་མི་ཟའོ། །དེ་ཡང་དཔེར་ན་མཁས་པ་འཇུག་པའི་སྒོར། དབྱངས་ཅན་གྱི་མགུལ་རྒྱན་གྱི་ལུང་མང་དུ་དྲངས་ཀྱང་དེང་སང་བོད་དུ་མ་བསྒྱུར་བ་བཞིན་ནོ། །དེ་བཞིན་དུ་གཞན་ལ་ཡང་ཤེས་པར་བྱའོ། །མདོར་བསྟན་ཕམ་པ་བཞི་པོ་ནས་བརྩམས་ཏེ་བསླབ་པར་བྱ་བ་ཀུན་སྡེ་པ་བཅོ་བརྒྱད་པོ་ཐམས་ཅད་མི་མཐུན་པས། སྡེ་པ་གང་གིས་བཀག་པ་ཡེ་བཀག་ཡིན་ལ། གང་གིས་གནང་བ་ཡེ་གནང་ཡིན་ཏེ་ཕན་ཚུན་འགལ་བས་སོ། །ཇི་ལྟར་ཞེ་ན། དཔེར་ན་བུ་རམ་ཕྱི་དྲོའི་ཁ་ཟས་སུ་བྱེད་པ་དེ་ཡེ་གནང་ཡིན་ན། སྡེ་པ་གཞན་གྱི་དགེ་སློང་ལྟུང་བ་དག་དང་བཅས་པར་འགྱུར་ཏེ། གནང་བ་ལས་བཀག་གོ་ཞེས་བརྗུན་དུ་སླུས་པའི་ཕྱིར། འདིར་བསམ་ཡས་པ་ལྟུང་བ་དང་བཅས་པར་འགྱུར་ཞེས་པའི་ལོག་པར་སླུ་བར་འགྱུར་ཞེས་གསུངས། ཀུ་མཱ་ར་སྡེ་པ་གཞན་ལྟུང་བར་བཅས་པར་འགྱུར་ཏེ་དེ་ཡེ་གནང་ཡིན་པས་སོ། །ཞེས་གསུངས་མོད། གནང་བ་ལས་མ་སྤྱད་པས་ལྟུང་བ་དང་བཅས་པར་འགྱུར་ན། ཐམས་ཅད་ཡོད་སྨྲའི་དགེ་སློང་གིས་བུ་རམ་མ་ཟོས་ན་ལྟུང་བ་དང་བཅས་པར་འགྱུར་རོ། །ཡེ་བཀག་ཡིན་ན་ཐམས་ཅད་ཡོད་སྨྲའི་དགེ་སློང་གིས་བུ་རམ་ཟོས་ན་ལྟུང་བ་ཅན་དུ་འགྱུར་རོ། །

གཉིས་པ། ཁྲིམ་པས་དགེ་སློང་གི་བཅས་པ་བསྲུང་དགོས་པར་ཐལ་བ་ལ། ཧ་ཅང་ཐལ་བ་དངོས་དང་། འདོད་པ་ལ་འདུལ་བ་དང་མི་མཐུན་པའི་ཉེས་པ་བརྗོད་པ། མཐོ་རིས་ཀྱང་མི་འབྱུང་བའི་ཉེས་པ་བརྗོད་པའོ། དང་པོ་ནི། འབྲི་ཁུང་པ་ཁ་ཅིག །བཅས་པ་ཐམས་ཅད་འགྲོ་བ་སྤྱི་ལ་བཅས་པས། བྱིན་ལེན་མ་བྱས་པར་ཟ་བའི་ལྟུང་བ་དགེ་སློང་ལ་འབྱུང་ན་མི་སྐྱ་ལའང་འབྱུང་ཞེ་ན། མི་སྐྱའང་དགེ་སློང་ཉིད་དུ་ཐལ་བར་འགྱུར་ཏེ། དགེ་སློང་རྣམ་དག་ལ་བཅས་པ་གང་ཡོད་ཀྱི་ལྟུང་བའི་རྟེན་དུ་རུང་བའི་ཕྱིར། འདིར་རྣམ་བཤད་མཛད་པ་བསམ་ཡས་པ་མི་སྐྱའང་དགེ་སློང་ཕ་མ་དང་། དགེ་སློབ་མ་གང་རུང་དུ་འགྱུར་ཞེས་ཞིབ་ཆ་མཛད་མོད། དེ་གཏན་ཚིགས་སྦྱོར་མ་ལྟར་ཡིན་པ་མ་དགོངས་པས། དགེ་སློང་ཉིད་དུ་ཞེས་པ་རྩིང་ངམ་སྙམ་པ་ཡིན་ལ། ཀུ་མཱ་ར་དང་སྣ་གདོང་པ་ནི། བྱིན་ལེན་མ་བྱས་པར་ཟ་བའི་ལྟུང་བའི་རྟེན་དུ་རུང་ན་དགེ་སློང་ཡིན་པས་ཁྱབ་པར་ཁས་བླངས་པས། དགེ་སློབ་མ་ལ་ལྟུང་བ་དེ་འབྱུང་བ་མ་དགོངས་པའོ། །དེ་ལ་དེ་འབྱུང་སྟེ། བྱིན་ལེན་མ་བྱས་བཟའ་མི་བྱ། །ཞེས་གསུངས་པས་སོ། །མི་སྐྱས་དགེ་སློང་ལ་བྱིན་ལེན་སྟོབ་པ་པོ་བྱས་ན་ཡང་། དགེ་སློང་གིས་

དགེ་སློང་ལ་བྱིན་ལེན་བྱས་པ་ཇི་བཞིན་དུ་བཟའ་བར་རུང་བར་མི་འགྱུར་རོ། །འདིར་དགེ་སློང་གི་དགེ་སློང་ལ་བྱིན་ལེན་ཆགས་པ་མེད་པ་ནི་མ་ཡིན་ཏེ། དགེ་སློང་བསླབ་བྱིན་གྱིས་དགེ་སློང་རྣམ་དག་ལ་བྱིན་ལེན་ཆགས་པ་དང་། དགེ་སློང་བསླབ་པ་ལ་གཡེལ་བས་དགེ་སློང་བསླབ་པ་ལ་གཅེས་སྤྲས་སུ་བྱེད་བྱེད་པ་ལ་བྱིན་ལེན་ཆགས་པ་དང་། དགེ་སློང་ཕ་མ་ཕན་ཚུན་བྱིན་ཆགས་པའི་ཕྱིར་ཏེ། མདོ་རྩ་བ་ལས། བསླབ་པ་བྱིན་པ་ནི་འདྲ་བ་ཉིད་དོ། །བསྙེན་པར་མ་རྫོགས་པ་དང་ལྡན་པ་ཉིད་ཀྱང་ངོ་། །ཞེས་དང་། གཡེལ་བས་ལག་ཉར་བླངས་པ་དང་བྱིན་ལེན་བླངས་པ་ཉིད་ནི་མ་ཡིན་ནོ། །ཞེས་དང་། སྐྱེས་པ་དང་བུད་མེད་དག་ནི་ཕན་ཚུན་ཁྱིམ་པ་དང་འདྲའོ། །ཞེས་གསུངས་པའི་ཕྱིར་རོ། །འོན་འདིར་གསུངས་པ་དང་འགལ་ལོ་ཞེ་ན། འདིར་ནི་སྤྱིར་བཏང་གི་དབང་དུ་བྱས་ཏེ། དཔེར་ན་འདིར་དགེ་སློང་ཕྱི་དྲོ་ཟ་བ་དེ་ཆོས་དང་འགལ་བར་བཤད་ཀྱང་དགེ་སློང་ནད་པ་ལ་གནང་བ་ལྟ་བུའོ། །དེ་བཞིན་དུ་ཁྱིམ་པ་དེས་བསྙེན་པར་མ་རྫོགས་པ་དང་ལྡན་ཅིག་ནུབ་གསུམ་ལ་སོགས་པ་ཉལ་ན་ལྟུང་བ་འབྱུང་བ་སོགས་ཀུན་ལ་སྦྱར་བར་བྱའོ། །

གཉིས་པ་ནི། འབྲི་ཁུང་པ་ཁ་ཅིག །རབ་ཏུ་བྱུང་བ་རྣམས་ལ་བཅས་པ་དང་འགལ་བའི་ལྟུང་བ་ཇི་སྙེད་བྱུང་བ་དེ། ཁྱིམ་པ་ནས་ནི་དམྱལ་བའི་བར་དུད་འགྲོ་ལ་སོགས་པ་འགྲོ་བ་ཐམས་ཅད་ལ་ལྟུང་བ་མཚུངས་པར་འབྱུང་ཞེས་ཟེར་ཏེ། དགོངས་པ་གཅིག་ལས། དུད་འགྲོ་ལ་བཅས་པ་ཡོད་དེ། ཡང་རྡོ་རྗེའི་གསུང་ཁམས་གསུམ་ཆོས་ཀྱི་རྒྱལ་པོས་འགྲོ་བ་སྤྱི་ལ་བཅས་བྱ་བ་བཞུགས། ཞེས་བཤད་པས་སོ། །འདི་ནི་སངས་རྒྱས་ཀྱི་དགོངས་པ་མ་ཡིན་ནོ། །རྒྱུ་མཚན་ཅིའི་ཕྱིར་ཞེ་ན། ལྟུང་བ་དེ་བཅས་པ་མཛད་ཕན་ཆད་འབྱུང་མོད་ཀྱི། མ་བཅས་པས་ཉེས་པ་དེ་བྱས་ཀྱང་ལྟུང་བ་མེད་པའི་ཕྱིར་ཏེ། རྒྱུ་མཚན་དེས་ན་ཐུབ་པས་ཡང་དང་ཡང་དུ་ལས་དང་པོ་པས་ཉེས་པ་བྱས་ཀྱང་ལྟུང་བ་མེད་པར་གསུངས་སོ། །ཇི་སྐད་དུ། ལས་དང་པོ་པ་དང་སྨྱོས་པ་དང་སེམས་འཁྲུགས་པ་དང་། ཚོར་བས་གཟིར་བ་དག་ལ་ལྟུང་བ་མེད་དོ། །ཞེས་གསུངས་པའི་ཕྱིར། གསུམ་པ་ནི། དེ་ལྟ་མ་ཡིན་པར་འགྲོ་བ་ཐམས་ཅད་ལ་གལ་ཏེ་ལྟུང་བ་སྡེ་ལྔ་པོ་ཀུན་འབྱུང་ན། འགྲོ་བ་ཀུན་ལྟུང་བ་དང་བཅས་པས་ན་ཕྱིར་བཅོས་པའི་ཐབས་ཀྱང་མེད་པར་ཁས་ལེན་དགོས་པས། ཐར་པ་ཐོབ་པ་ལྟ་ཅི་སྨོས་མཐོ་རིས་ཀྱང་ནི་འབྱུང་རེ་སྐན་ཏེ་མི་འབྱུང་ངོ་། །

གཉིས་པ། ཉན་ཐོས་རྣམ་གསུམ་གྱིས་མ་ངེས་པའི་སྒྲུབ་བྱེད་བཤད་པ་ནི། གཞན་ཡང་གནང་བཀག་ཐམས་ཅད་གཅིག་ཏུ་མ་ངེས་ཏེ། ཐེག་པ་ཆེ་ཆུང་གནང་བཀག་ཐ་དད་པའི་ཕྱིར། དཔེར་ན་ཉན་ཐོས་ཀྱི་གཞུང་ལས། བསྔོས་ཤ་ཡིན་པར་མཐོང་ཐོས་དོགས་པའི་རྣམ་པ་གསུམ་གྱིས་དག་པའི་ཤ་བཟར་རུང་སྟེ། གལ་ཏེ་

འདག་གྲོལ་གྱི་བློས་མི་ཟ་ན། དགེ་སློང་ལྔས་བྱིན་གྱི་ནི་བརྟུལ་ཞུགས་བཟུང་བར་འགྱུར་ཏེ། དེའི་བརྟུལ་ཞུགས་ལྔ་ནི་དགེ་སློང་གོ་ཏ་མ་ནི་ཤ་ཟ། བདག་ཅག་གིས་ནི་བཟའ་བར་མི་བྱ་སྟེ། གཞི་དེ་ལས་སྲོག་ཆགས་ལ་གནོད་པའི་ཕྱིར་རོ། །གོ་ཏ་མ་ནི་འོ་མ་འཐུང་། བདག་ཅག་གིས་བཏུང་བར་མི་བྱ་སྟེ། གཞི་དེ་ལས་བེའུ་ལ་གནོད་པའི་ཕྱིར་རོ། །གོ་ཏ་མ་ནི་ལན་ཚྭ་ཟ། བདག་ཅག་གིས་ནི་བཟའ་བར་མི་བྱ་སྟེ། དབང་ཕྱུག་གི་ཁུ་བ་ལས་གྱུར་པའི་ཕྱིར། གོ་ཏ་མ་གོས་དྲས་པ་གྱོན། བདག་ཅག་གིས་གྱོན་པར་མི་བྱ་སྟེ། དད་པས་བྱིན་པ་ཆུད་ཟོས་པའི་ཕྱིར་རོ། །གོ་ཏ་མ་དགོན་པ་ན་གནས། བདག་ཅག་གིས་གནས་པར་མི་བྱ་སྟེ། སེམས་ཅན་གྱི་དོན་མ་བྱས་པར་འགྱུར་བའི་ཕྱིར། ཞེས་པའོ། །དེ་ལ་དགེ་འདུན་དབྱེན་དུ་གཏོགས་པའི་སྡོམ་པོར་འགྱུར་རོ། །རྣམ་གསུམ་དག་པའི་ཤ་ནི། ལང་ཀར་གཤེགས་པ་ལས། རྣམ་གསུམ་དག་པའི་ཤ་རྣམས་ནི། །མ་བླུས་པ་དང་མ་བསླང་བ། །མ་བརྟགས་པ་དང་ཡོང་མེད་པས། །དེས་ན་ཤ་ནི་མི་བཟའ་འོ། །ཞེས་གསུངས་པའི་དོན་ནི། ཤ་བྱིན་ཅིག་ཅེས་མ་སླུས་པ་དང་། །དངོས་སུ་མ་བརྗོད་ཀྱང་དོན་གྱིས་གོ་བའི་ཕྱིར་ལུས་ཀྱི་རྣམ་འགྱུར་མ་བསྟན་པ་དང་། ཤ་བྱིན་ན་ཅི་མ་རུང་སྙམ་དུ་མ་བརྟགས་པ་ལ་ཟེར་བར་མངོན་ཞིང་། བོད་ཁ་ཅིག །ངོ་བོ་དག་པ་སྟོབས་ལྡན་བཞིའི་ཤ་མ་ཡིན་པ། བསམ་པ་དག་པ་བསྔོས་ཤ་མ་ཡིན་པ། ཚོགས་དག་པ་གསོག་འཇོག་ཅན་ལ་སོགས་པ་མ་ཡིན་པ་ཞེས་ཟེར་བ་ལ་ཁུངས་མི་སྣང་ངོ་། །དེས་ན་འདུལ་བ་ཚིག་ལེ་ལས། གང་ཕྱིར་ཆེད་དུ་བྱས་པའི་ཤ །མཐོང་ངམ་ཐོས་སམ་དོགས་པ་ནི། །ནམ་ཡང་བཟའ་བར་བྱ་མིན་པར། །འགྲོ་ཀུན་ཕན་པར་བཞེད་པས་གསུངས། །ཞེས་པ་ལྟར། རང་གི་ཆེད་དུ་བསྔོས་པའི་མཐོང་ཐོས་དོགས་མེད་པ་ལ་འཆད་དགོས་སོ། །ཐེག་པ་ཆེན་པོའི་གཞུང་ལས་ཤ་རྣམས་ཟ་བ་བཀག་ཅིང་། བཟས་ན་ངན་འགྲོའི་རྒྱུ་རུ་གསུངས་ཏེ། མདོ་སྡེ་གླང་པོའི་རྩལ་དང་། མྱང་འདས་དང་། སྤྲིན་ཆེན་དང་། སོར་འཕྲེང་དང་། ལང་གཤེགས་ལས། ངས་ནི་ཤ་རྣམས་རྣམ་པར་སྨད། །སངས་རྒྱས་བྱང་ཆུབ་སེམས་དཔའ་དང་། །ཉན་ཐོས་རྣམས་ཀྱིས་སྨད་པ་ལ། །ངོ་མི་ཚ་བར་ཟ་བ་ནི། །རྟག་ཏུ་སྨྱོན་པར་སྐྱེ་བར་འགྱུར། །ཞེས་གསུངས་སོ། །གསང་སྔགས་རྣལ་འབྱོར་རྒྱུད་མན་ཆད་ལས་ཤ་བཀག་སྟེ། ཤ་ལ་སོགས་པ་ཟ་མི་བྱ། །ཞེས་སོ། །བླ་མེད་ཀྱི་རྒྱུད་ལས་གནང་བ་ལྟ་བུར་བཤད་པ་ནི། སྣང་རྟོགས་སྣར་གསུམ་གྱི་ནུས་པ་ཡོད་པའི་དབང་དུ་བྱས་པ་དང་། འཇིག་རྟེན་པའི་མཁའ་འགྲོ་ལ་སོགས་པ་མཉེས་པའི་ཕྱིར་ཡིན་ནོ། །ཡང་འཇམ་དཔལ་གྱི་རང་གི་ལྟ་བའི་འདོད་པ་མདོར་བསྟན་པ་ལས། ཤ་ཟ་བ་ཡི་མི་གང་ཞིག དང་པོ་ཡི་དྭགས་འགྲོ་བ་སྟེ། །ཕྱིས་ནི་དུ་འབོད་འགྲོ་བ་ཡིན། །ཞེས་དང་། གསོད་པོ་ནོར་ལ་སྲེད་པ་དག །བསྐལ་པ་འབུམ་དུ་འཚོད་པར་འགྱུར། །ཟ་པོ་ཤ་ལ་སྲེད་པ་དག །བསྐལ་པ་བྱེ་བར་འཚོད་པ་ཡིན། །ཞེས་གསུངས་སོ། །

ཆོས་རྗེ་ངོར་པ་རྡོ་རྗེ་འཆང་གིས་སློབ་སྤྱིར་དུ་ཤའི་ཉེས་དམིགས་གསུངས་པའི་སྐབས་སུ། འདུལ་བ་ནས་ཤ་མ་གནང་བ་ལྟ་བུར་གསུངས་པ་ལ། ཆོས་རྗེ་ཆོས་འཁོར་བའི་འདུལ་བའི་ཊཱི་ཀར་དགག་པ་མཛད་དོ། །སློབ་སྤྱིར་ནི་ཐེག་པ་ཆེན་པོའི་དབང་དུ་མཛད་པས་ཉེས་པ་དེ་མི་འཇུག་སྟེ། འཇུག་ན་ལང་གཤེགས་སོགས་ལ་ཡང་འཇུག་པར་འགྱུར་རོ། །ཡང་རྟོག་གེ་ལ་འབར་བ་ལས་ནི། ཉན་ཐོས་ཐེག་པའི་གཞུང་ལས་ནི། རྣམ་གསུམ་དག་པའི་ཤ་གང་དག །ཟོས་ཀྱང་སྡིག་ཏུ་མི་འགྱུར་ཏེ། །དྲངས་མ་སོགས་སུ་འགྱུར་བའི་ཕྱིར། །སློང་མོའི་ཟས་ལ་སྡིག་མེད་བཞིན། །ཞེས་གསུངས་སོ། །དེ་བཞིན་ཕ་རོལ་ཕྱིན་པ་དང་གསང་སྔགས་ཀྱི་གཞུང་ལས་བཤད་པའི་ལྟུང་བ་ལ་གནང་བཀག་ཐ་དད་པ་འགའ་ཞིག་ཡོད་དེ། དཔེར་ན་རྩ་ལྟུང་བཅུ་བཞི་གསུངས་པ་ལས་བརྒྱད་པ་དང་། བཅུ་གསུམ་པ་དང་བཅུ་བཞི་པ་ལྟ་བུ་གནང་བཀག་མི་མཐུན་པ་བཞིན་ནོ། །བཤད་མ་ཐག་པ་དེ་འདྲའི་འགལ་བ་ལྟག་སྤྱོད་ལ་ཡེ་བཀག་ཡེ་གནང་ཇི་ལྟར་བརྩི་སྙེ་བརྩི་བར་མི་ནུས་པ་དེས་ན། ཡེ་བཀག་དང་ཡེ་གནང་ཞེས་པ་གནང་བཀག་ཕྱོགས་གཅིག་ཏུ་ངེས་པའི་རྣམ་གཞག་བྱར་མི་རུང་ངོ་། །དཔེར་ན་མེ་ཏོག་པདྨའི་སོ་ནམ་བྱེད་པ་ལ། ས་གཞི་དེར་རྟག་ཏུ་འདམ་དང་ལྡན་ལྡིན་ཡོད་པ་དགོས་ཤིང་། ས་བོན་དེ་ཤུ་དག་དང་སོགས་པ་སྙིལ་གཤེར་ལ་སོགས་རྟོ་ཤིང་ཙུང་ཟད་ཚ་བའི་རྫས་ཀྱིས་བསྐོར་ན་སྐྱེ་ལ། མེ་ཏོག་ཀུ་མུད་སོགས་གཞན་ལ་དེ་མི་དགོས་སོ། །དེས་ན་ཆུ་ལས་སྐྱེ་བའི་རྫས་ལ་སྐམ་པ་དགྲ་ཡིན་ཞིང་། སྐམ་པར་སྐྱེ་བ་མེ་ཏོག་ཨུག་ཆོས་ལྟ་བུ་ལ་ཧ་ཅང་བརླན་ཆེས་པ་དགྲ་ཡིན་པ་དང་། གྲང་བའི་ས་བོད་ལྟ་བུར་དྲོ་སར་སྐྱེ་བའི་རྫས་འབྲས་ལྟ་བུ་མི་སྨིན་ཞིང་། དྲོ་ས་འཕགས་ཡུལ་ལྟ་བུར་བསིལ་བ་གངས་ལྟ་བུ་འཐད་པ་མ་ཡིན་ནོ། །དེས་ན་ཆོས་དང་འཇིག་རྟེན་གྱི་བྱ་བ་གང་ཅི་ཡང་རུང་རང་རང་གི་ལུགས་བཞིན་བྱས་ན་འགྲུབ་ཀྱི། དེ་ལས་བཟློག་པའི་ལུགས་བྱས་ན་ཕལ་ཆེར་མི་འགྲུབ་ལ། བརྒྱ་ལ་གྲུབ་ཀྱང་བཟང་པོ་འབྱུང་བ་དཀའ་བས་སོ། །དེ་བཞིན་དུ་ཐེག་པ་ཆེ་ཆུང་གནང་བཀག་ཐམས་ཅད་རང་རང་གི་གཞུང་ལུགས་བཞིན་བྱས་ན་འགྲུབ་ཀྱི། དེ་ལས་བཟློག་ན་མི་འགྲུབ་བོ། །

གསུམ་པ། ཁྲིམས་པ་ལས་རབ་ཏུ་བྱུང་བ་ཉེས་པ་བསྲུང་དགོས་པ་ཡང་བ་ལ་རྩོད་པ་སྤང་བ་ནི། འབྲི་ཁུང་པ་ཁ་ཅིག །གལ་ཏེ་སྡོམ་པ་མ་བླངས་པའི་ཁྲིམས་པས་ཕྱི་དྲོའི་ཁ་ཟས་ཟོས་པ་ན་ལྟུང་བའི་ཐ་སྙད་མི་ཐོབ་ཀྱང་། རབ་ཏུ་བྱུང་བ་ལ་བཅས་པ་དང་འགལ་བའི་སྡིག་པ་ཁྲིམས་པ་ལ་ཡང་འབྱུང་སྟེ། དེ་ལྟ་མིན་པར་ཐུབ་པས་ཁྲིམས་པ་ལ་མི་འབྱུང་བའི་སྡིག་པ་རབ་ཏུ་བྱུང་བ་ལ་ཆེད་དུ་བྱས་ནས་བསྒོ་ན། ཐུབ་པས་རབ་ཏུ་བྱུང་བ་ལ་སྙིང་ནད་བྱས་པར་འགྱུར་རོ། །ཞེས་ཟེར་ཏེ་དགོངས་གཅིག་ལས། བཅས་པ་བསྲུངས་པའི་ཕན་ཡོན་དང་། བཅས་པ་ལས

འདས་པའི་ཉེས་དམིགས་མཐོ་དམན་ཀུན་ལ་འབྱུང་ངོ་། །དེ་ལྟ་མིན་པར། སྤྱིར་རྗེས་འབྲང་གི་ཁྲུས་དང་བྲེ་བྲག་དགེ་སློང་ཁོ་ན་ལ་བཅས་ན་བཅོམ་ལྡན་འདས་ཆ་དང་དབང་ཕྱུག་ཏུ་འགྱུར་ཞེས་དང་། ཉེ་ཕྱུང་དུ་ཡང་འགྱུར་ཏེ་ཚུར་ཉེ་བའི་དགེ་སློང་ལ་རང་བཞིན་རྒྱབ་ཁལ་གྱི་སྟེང་དུ་བཅས་པའི་གོང་ཚད་བཀལ་བས་མཛོ་རྒྱན་གྱི་སྙིད་པ་ཆག་ནས་ཤི་བ་དང་འདྲ་བར་རང་བཞིན་གྱི་སྡིག་པའི་སྟེང་དུ་བཅས་པ་དང་འགལ་བའི་ཉེས་པས་ངན་སོང་གསུམ་དུ་ལྟུང་བར་འགྱུར་བས་སོ། །ཞེས་བཤད་དོ། །འདི་ལ་མགོ་མཚུངས་ནི། བཤད་མ་ཐག་པ་འདི་འདྲའི་རིགས་པ་གཟུ་ལུམ་མམ་ཨུ་ཚུགས་ཡིན་ནོ། །འོན་ཞིང་ཡོད་པ་རྣམས་ལ་ཡང་སེར་བ་དང་ཐན་པ་ལ་སོགས་པ་འབྱུང་ཞིང་། ཞིང་མེད་པ་རྣམས་ལ་སེར་བ་སོགས་ཀྱིས་གནོད་པ་མི་འབྱུང་བས། ཞིང་བཟང་པོ་སྨིན་ཡང་སྙིང་ནད་བྱས་པར་འགྱུར་རོ། །རྒྱུ་མཚན་དེས་ན་ཞིང་ལ་དགྲ་ཡོད་ཀྱང་སྟོན་ཀ་ལོ་ཏོག་འབྱུང་བའི་ཕན་ཡོན་ཡོད་པ་དེ་བཞིན་དུ། རབ་ཏུ་བྱུང་བ་ལའང་བཅས་པ་དང་འགལ་བའི་ལྟུང་བ་འབྱུང་སྲིད་མོད། གནས་སྐབས་མཐོ་རིས་དང་མཐར་ཐུག་མྱང་འདས་ཐོབ་པའི་ཕན་ཡོན་ཆེ་བས་སོ། །དཔེར་ན་སྤྲང་པོ་སེར་བ་སོགས་ཀྱིས་ཞིང་ལ་གནོད་ཀྱིས་དོགས་ནས་མི་འཛིགས་མོད། ལོ་ཏོག་འབྱུང་བའི་ཕན་ཡོན་ཡང་མེད་དོ། །དེ་བཞིན་དུ་ཁྱིམ་པ་རྣམས་ལ་ཡང་ལྟུང་བ་མེད་མོད། །རབ་ཏུ་བྱུང་བའི་སྡོམ་པ་ལས་བྱུང་བའི་དགེ་བ་མི་འབྱུང་ངོ་། །རྣལ་མའི་ལན་ནི། རྒྱུ་མཚན་དེས་ན་བཅས་རང་གི་ཁྱད་པར་ཤེས་དགོས་ཏེ། རྒྱལ་བའི་མདོ་དང་མདོ་རྩ་བ་ལ་སོགས་པའི་བསྟན་བཅོས་ལས། ཁ་ན་མ་ཐོ་བ་ཐམས་ཅད་རང་བཞིན་གྱི་ཁ་ན་མ་ཐོ་བ་དང་བཅས་པའི་ཁ་ན་མ་ཐོ་བ་རྣམ་པ་གཉིས་སུ་བསྡུས་ཏེ་གསུངས་སོ། །ཇི་ལྟར་གསུངས་ན། བཅས་པའི་ཁ་ན་མ་ཐོ་བ། །ཞེས་པའི་འགྲེལ་པར། རང་བཞིན་གྱི་ཁ་ན་མ་ཐོ་བ་ནི་ཉོན་མོངས་པ་ཅན་ཁོ་ནས་སྤྱོད་པའོ། །ཚང་ནི་ཇི་སྲིད་སྨྱོས་པར་མི་འགྱུར་བ་དེ་སྲིད་དུ་གཉེན་པོའི་བློས་ཀྱང་བཏུང་བར་ནུས་སོ། །ཞེས་སོ། །དེ་ལ་རང་བཞིན་གྱི་ཁ་ན་མ་ཐོ་བ་ནི། བསླབ་པ་བཅས་མ་བཅས་ཀྱི་སེམས་ཅན་ཀུན་ལ་སྤྱད་ཙམ་ནས་སྡིག་པར་འགྱུར་བས་ཏེ། དཔེར་ན་སྲོག་གཅོད་པའི་ཁ་ན་མ་ཐོ་བ་ལྟ་བུའོ། །བཅས་པའི་ཁ་ན་མ་ཐོ་བ་ནི་བཅས་པ་མཛད་ཕྱིན་ཆད་ཀྱི་རབ་ཏུ་བྱུང་བ་རྣམས་ཀྱིས་སྤྱད་ན་ལྟུང་བར་འགྱུར་བ་སྐྱེ་ས་བརྐོ་བ་ལྟ་བུའོ། །འདིར་རང་བཞིན་དང་བཅས་པ་ལ་མུ་བཞིར་འགྱུར་ཏེ། རང་བཞིན་ཡིན་ལ་བཅས་པ་མ་ཡིན་པ་ནི་ཁྱིམ་པའི་རྒྱུད་ཀྱི་མི་དགེ་བ་ལྟ་བུའོ། །བཅས་པ་ཡིན་ལ་རང་བཞིན་མ་ཡིན་པ་ནི་ས་བརྐོ་བའི་ལྟུང་བ་ལྟ་བུའོ། །གཉིས་ཀ་ཡིན་པ་ནི་སྲོག་གཅོད་ཕམ་པ་ལྟ་བུའོ། །གཉིས་ཀ་མ་ཡིན་པ་ནི་དགེ་སློང་མའི་འཆབ་ཕམ་ལྟ་བུའོ། །འདི་ནི་ལུས་ངག་ཏུ་དངོས་སུ་མ་ཐོན་པ་ལ་དགོངས་པ་ཡིན་གྱི༑ སྤྱིར་ནི་བཅས་པར་ཁས་ལེན་དགོས་སོ། །ཡང་བཅས་པ་དང་འབྲེལ་བའི་རང་བཞིན་གྱི་ཁ་ན་མ་ཐོ་བ་དང་།

བཅས་རྐྱང་གི་ཁྱད་པར་ནི་ལྟུང་བ་དེའི་ཀུན་སློང་ཉོན་མོངས་ཅན་ཁོ་ནས་བྱེད་དགོས་པ་དང་། ལུང་མ་བསྟན་གྱིས་ཀྱང་བྱེད་སྲིད་པའོ། །ཡང་འདིར་གོ་རམ་པ། བཅས་ལྟུང་ལ་རང་བཞིན་གྱི་མི་དགེ་བ་ཡོད་པ་དགག་པ་ཞེས་པའི་ས་བཅད་བྱས་ནས། བཅས་རང་འགལ་བར་སྨྲ་བ་ནི་འདུལ་བ་མི་ཤེས་པའི་རྟགས་ཡང་དག་ཡིན་ཏེ། འོན་སྲོག་གཅོད་ཕམ་པ་ཆོས་ཅན། བཅས་ལྟུང་མ་ཡིན་པར་ཐལ། རང་བཞིན་གྱི་ཁ་ན་མ་ཐོ་བ་ཡིན་པའི་ཕྱིར། མ་གྲུབ་ན། དེ་ཆོས་ཅན། བཅས་རྐྱང་གི་ལྟུང་བར་ཐལ། ལྟུང་བ་གང་ཞིག་རང་བཞིན་གྱི་ཁ་ན་མ་ཐོ་བ་ཡིན་པའི་ཕྱིར། འདོད་ན་ནད་པ་ལ་དེ་གནང་བའི་སྐབས་ཡོད་པར་ཐལ། ནད་པ་ལ་ཆང་མ་གཏོགས་པའི་བཅས་རྐྱང་མཐའ་དག་གནང་བ་གང་ཞིག །དེ་བཅས་རྐྱང་ཡིན་པའི་ཕྱིར། དེ་བཅས་ལྟུང་མ་ཡིན་པ་འདོད་ན། ཁྲིམས་ཉིས་བརྒྱ་ལྔ་བཅུ་རྩ་གསུམ་མ་བཅས་པར་ཐལ་བ་སོགས་མཐའ་ཡས་སོ། འོན་ཀྱང་མི་མཁྱེན་ན་བྱ་ཐབས་མེད་དོ༔ །རང་ལ་ཡིད་རྟོན་མེད་བཞིན་དུ། །རང་གི་རྗེས་འཇུག་བསླུ་བའི་ཕྱིར། །རང་བཞིན་བཅས་པ་འགལ་ཞེས་པས། །རང་མཚན་སྟོན་པ་འགག་མེད་དམ། །

གཉིས་པ། བརྟུལ་ཞུགས་ལ་ཡེ་བཀག་ཡེ་གནང་གཉིས་དགག་པ་ལ། ཁྲིམ་པའི་ཆ་ལུགས་འཛིན་པ་ཡེ་བཀག་གི་ཁ་ན་མ་ཐོ་བ་ཡིན་པ་རིགས་པས་དགག །རབ་བྱུང་གི་ཆ་ལུགས་ཙམ་ཡེ་གནང་གི་དགེ་བ་མ་ཡིན་པར་ལུང་གིས་སྒྲུབ་པའོ། །དང་པོ་ནི། དེ་ལྟ་མ་ཡིན་པར་མ་བཅས་ཀྱང་སེམས་ཅན་ཀུན་ལ་བཅས་པའི་ཁ་ན་མ་ཐོ་བ་ཀུན་ཅི་ནས་སྡིག་པ་སྐྱེ་ལྟུང་བར་འགྱུར་ན་ནི། རྒྱལ་བ་རིགས་ལྔ་དང་སོགས་པས་རིགས་དྲུག་པ་རྡོ་རྗེ་འཆང་ལྟ་བུ་ལོངས་སྤྱོད་རྫོགས་པའི་སྐུ་རྣམས་དང་། སངས་རྒྱས་ལ་ལྷག་པར་ཉེ་བའི་སྲས་སའི་སྙིང་པོ། བྱམས་པ། སྤྱན་རས་གཟིགས། ནམ་མཁའི་སྙིང་པོ། ཀུན་ཏུ་བཟང་པོ། ཕྱག་ན་རྡོ་རྗེ། འཇམ་པའི་དབྱངས། སྒྲིབ་པ་རྣམ་སེལ་ཏེ་བརྒྱད་དང་། ལ་སོགས་པས་མཐུ་ཆེན་ཐོབ། ཡེ་ཤེས་བླ་མ། འོད་ཀྱི་ཏོག སྨོན་ལམ་བློ་གྲོས། དཔང་པོ་ཞི་ལ་སོགས་པ་བྱང་ཆུབ་སེམས་དཔའ་ཕལ་ཆེར་ཡང་དབུ་སྐྲ་རིང་ཞིང་། རིན་པོ་ཆེའི་རྒྱན་དང་བཅས་པ་དང་། སྔོ་སེར་དཀར་དམར་ལ་སོགས་པ་ཁ་དོག་སྣ་ཚོགས་པའི་དར་གྱི་ན་བཟའ་ཅན་དང་། རྡོ་རྗེ་རལ་གྲི་སོགས་ཕྱག་མཚན་སྣ་ཚོགས་འཛིན་པ་རྣམས་ཀྱང་ཁྱེད་ལྟར་ན། ཡེ་ནས་བཀག་པ་ལ་སྤྱོད་པའི་ཕྱིར་ན་གཤིས་ཀྱི་མི་དགེ་བ་ཅན་དུ་འགྱུར་རོ། །ཕལ་ཆེར་ཞེས་པས་བྱང་སེམས་འགའ་ཞིག་རབ་བྱུང་གི་ཆ་ལུགས་འཛིན་པར་བཤད་དོ། །གཞན་ཡང་རྣལ་འབྱོར་དབང་ཕྱུག་བདག་ཉིད་ཀྱིས་ངན་པར་ཞལ་གྱིས་བཞེས་པས་ན་བིརྺ་པས་ཏེ། བོད་སྐད་དུ་ངན་པ་ཞེས་པ་དང་། ཏི་ལོ་པ་ཏིལ་རྡུང་དང་ནཱ་རོ་པ་ཞེས་པ་བྲམ་ཟེའི་རིགས་གཅིག་དང་། ལ་སོགས་པས་ས་ར་ཧ་དང་མཻ་ཏྲི་པ་ལ་སོགས་པ་དགེ་སློང་གི་བརྟུལ་ཞུགས་བོར་བ་ཡི་གྲུབ་ཐོབ་རྣམས

རྒྱན་དང་། ཐོད་པ་དང་ཅང་ཏེའུ་སོགས་འཛིན་པ་རྣམས་ཀྱང་སྡིག་ཅན་ཏེ་ལྟུང་བ་ཅན་དུ་འགྱུར་ཏེ་ཡེ་བཀག་པ་ལ་སྤྱོད་པའི་ཕྱིར་ཏེ། སྤྱོད་པ་དེ་དག་རབ་བྱུང་ལ་བཀག་པའི་ཕྱིར་རོ། །འདིར་གཞུང་འགའ་ཞིག་ལས། ལྷས་བལྟས་ཞེས་བྱའི་འཇིག་རྟེན་གྱི། །ཞེས་འབྱུང་ཞིང་། འགའ་ཞིག་ལས། ཙན་དན་སྤོས་ཀྱི་ངད་ལྡན་པའི་དགེ་སློང་ཇི་སྙེད་ཡོད་པ་ཐམས་ཅད་ཀྱང་རིན་པོ་ཆེའི་རྒྱན་དང་བཅས་ཤིང་གོས་དཀར་པོ་གྱོན་པ་དེ་དག་ཀྱང་སྡིག་པ་སྟེ་ལྟུང་བ་ཅན་དུ་འགྱུར་ཏེ། གཤིས་ཀྱི་མི་དགེ་སྤྱོད་པའི་ཕྱིར་རོ། །དཀོན་མཆོག་བརྩེགས་པའི་གཙུག་ན་རིན་པོ་ཆེས་ཞུས་པ་ལས། སྔོན་བསྐལ་པ་གྲངས་མེད་པའི་གོང་རོལ་དུ། བསྐལ་པ་དགའ་བར་གྱུར་པ་ཞེས་པ་ལ༑ འཇིག་རྟེན་གྱི་ཁམས་ལྷ་ཐམས་ཅད་ཀྱིས་བལྟས་ཤིང་བརྟགས་ཀྱང་ངོམ་པར་མི་འགྱུར་བས་ལྷས་རྣམ་པར་བལྟས་པ་ཞེས་བྱ་བར། ས་གཞི་ཙན་དན་སྦྲུལ་གྱི་སྙིང་པོའི་རང་བཞིན་ལས་འགྲུབ་པའི་དྲི་ངད་ཀྱིས་འཇིག་རྟེན་གྱི་ཁམས་ཚད་མེད་པ་ཁྱབ་པར་བྱེད་པ་ཞིག་ཏུ། དེ་བཞིན་གཤེགས་པ་འཇིག་རྟེན་ཐམས་ཅད་མངོན་པར་དགའ་བ་ཞེས་པ་བྱུང་སྟེ། དེ་ན་ཐེག་པ་གཞན་གྱི་མིང་ཡང་མེད་ཅིང་། མི་ཐམས་ཅད་གསེར་གྱི་རྒྱན་དང་ལྷའི་ཁ་དོག་དང་ལྡན་པ། བསམ་གཏན་དང་མངོན་ཤེས་ཀྱི་ཟས་ཅན་ཤ་སྟག་སྟེ། ཉོན་མོངས་པ་དང་བྲལ་བ་ཉིད་དེ་དག་རབ་བྱུང་ཡིན་གྱི། དེ་དག་ལ་གོས་ངུར་སྨྲིག་ཏུ་བཀའ་བསྒྱུལ་བ་ཡང་མེད་དེ། འདི་ལྟར་སེམས་ལ་རྙོག་པ་མེད་པའི་ཕྱིར་རོ། །ཞེས་གསུངས་པས་སོ། །གཞན་ཡང་དགེ་བསྙེན་དང་དགེ་ཚུལ་རང་གི་བསླབ་པ་དང་མི་འགལ་བའི་སྡོམ་བརྩོན་ལའང་སྡིག་མེད་དེ་ལྟུང་མེད་སྲིད་པར་མི་འགྱུར་ཏེ། དེ་དག་ལ་ཡང་དགེ་སློང་གི་བསླབ་པ་དང་འགལ་བ་འཆང་འབྲལ་འཛོག་གསུམ་ལ་སོགས་པའི་ལྟུང་བ་འབྱུང་བར་ཁས་བླངས་པའི་ཕྱིར་རོ༑ །སྐབས་འདི་དག་ཏུ་སྡིག་པ་དང་ལྟུང་བའི་ཁྱད་པར་མ་ཕྱེ་བར་ལྟུང་བ་ལ་སྡིག་པས་ཁྱབ་པ་ལྟ་བུར་བཤད་པ་ནི། ཕྱོགས་སྔའི་འདོད་པ་སོར་བཞག་ཡིན་མོད། ཊཱི་ཀ་རྣམས་ཀྱིས་ཞིབ་ཆ་ཐོན་པར་འཆད་དགོས་ཏེ། རྗེ་བཙུན་གྱི་འཁྲུལ་སྤོང་དུ་བཅས་རྐྱང་གི་ལྟུང་བ་ལུང་མ་བསྟན་དུ་བཤད་པ་དང་། ཆོས་རྗེས་མཛད་པའི་སེམས་བསྐྱེད་ཀྱི་ཆོ་ག་ཆེན་མོར་བཅས་རྐྱང་གི་ལྟུང་བ་དང་དགེ་བའི་གཞི་མཐུན་ཡང་བཤད་པ་རྣམས་དང་འགལ་བར་འགྱུར་བས་སོ། །གོ་ཊཱི་ཀ་པ་བཅས་རང་འགལ་བར་སྨྲ་བ་དང་། བཅས་ལྟུང་ལ་སྡིག་པས་ཁྱབ་པར་འདོད་པ་ཡང་ནང་འགལ་ལོ། །དེས་ན་འདི་འདྲ་གང་དག་སུ་ཟེར་བ་དེ་ཡིས་རང་གི་རྩ་བའི་བླ་མ་དང་། བརྒྱུད་པའི་བླ་མ་མར་པ་ལྟ་བུ་ཁྱིམ་པའི་ཆ་ལུགས་འཛིན་པའམ། རྗེ་མི་ལ་ལྟ་བུ་དགེ་བསྙེན་ནམ་ཏེ་ལོ་ནཱ་རོ་སོགས་རྣལ་འབྱོར་པ་རུ་གང་བཞུགས་པ་དེ་དག་ཐམས་ཅད་སྨད་པར་འགྱུར་ཏེ། གཤིས་ཀྱི་མི་དགེ་མཛད་པའི་ཕྱིར་རབ་ཏུ་བྱུང་བའི་ལྟུང་བ་ཐམས་ཅད་སྤྱོད་པའི་ཕྱིར་རྟགས་ཁས་བླངས་སོ། །

གཉིས་པ། རབ་ཏུ་བྱུང་བའི་ཆ་ལུགས་ཙམ་ཡེ་གནང་གི་དགེ་བ་མ་ཡིན་པར་ལུང་གིས་སྒྲུབ་པ་ནི། དེས་ན་མདོ་ལས་བརྟུལ་ཞུགས་ལ་མཐའ་གཅིག་ཏུ་དགེ་བ་དང་སྡིག་པ་གཉིས་ཀ་མེད་པར་གསུངས་ཏེ་ལུང་ནི་འོག་ཏུ་དྲང་ངོ་། །འོ་ན་བརྟུལ་ཞུགས་དགོས་པ་མེད་དོ་སྙམ་ན་མ་ཡིན་ནོ། །ཞིང་གི་ལོ་ཐོག་བསྲུང་བ་ལ་གྲུབ་བམ་རིབ་མ་བཞིན་དུ། ཚུལ་ཁྲིམས་ལ་གུས་པས་བསྲུང་བའི་རྒྱུ་རུ་གསུངས་པར་ཟད་པའི་ཕྱིར་རོ། །འདུལ་བ་ལ་བསྟོད་པ་ལས། རབ་མཚམས་ཀྱི་འོབས་དང་འདྲ་བ་ཡི། །གང་ཟག་ཀུན་གྱི་ཆུ་ལོན་འདུལ་བ་ཡིན། །ཞེས་དང་། སུམ་བརྒྱ་པ་ལས། དགེ་ཚུལ་བརྟུལ་ཞུགས་ཆུ་ལོན་རྩིག་པ་ཡིན། །ཞེས་སོ། །དེས་ན་འདོད་པས་དབེན་པ་བུ་དང་ཆུང་མ་སོགས་སྤོང་བ་དང་། སྡིག་ཏོ་མི་དགེའི་ཆོས་ཀྱིས་དབེན་པ་མི་དགེ་བ་བཅུ་སྤོང་བ་ལྟ་བུ་རྣམ་པ་གཉིས་གསུངས་ཏེ། ཟླ་བ་སྒྲོན་མ་ལས། གང་དག་འདོད་པ་ལྕི་སྙོམ་མེ་བཞིན་སྤོང་། །བུ་དང་ཆུང་མ་རྣམས་ལ་སྲེད་སྤངས་ནས། །ཁྱིམ་གྱིས་སྐྲག་ནས་ཁྱིམ་ནས་མངོན་བྱུང་བ། །བྱང་ཆུབ་ཞི་བ་མཆོག་འདི་རྙེད་མི་དཀའ། །ཞེས་པས་སྔ་མ་དང་། དགེ་བསྙེན་སྟོན་པ་གཞན་ལ་མི་རྟོན་ཆོས་དགེ་བ་བཅུ་སྤྱོད་པ། ཞེས་པས་ཕྱི་མ་བསྟན་ནོ། །དེས་ན་ཐུབ་པའི་དགོངས་པ་ཇི་ལྟ་བ་བཞིན་ཟུར་ཞིག་ཙམ་པའོ། །དེ་ཡང་བུ་མོ་གསེར་མཆོག་འོད་དཔལ་གྱིས་བློ་གྲོས་ཆེན་པོ་འཕགས་པ་འཇམ་དཔལ་ལ་རབ་ཏུ་བྱུང་བར་ཞུས་པའི་ཚེ། ལུས་ཀྱི་རབ་བྱུང་བཀག་ནས་ནི་སེམས་ཀྱི་རབ་ཏུ་བྱུང་བ་ཐོབ་པར་མཛད་དེ། མདོ་ལས། བུ་མོ་ལུས་རབ་ཏུ་བྱུང་བས་བྱུང་བ་མ་ཡིན་གྱི། སེམས་རབ་ཏུ་བྱུང་བས་རབ་ཏུ་བྱུང་བ་ཡིན་ནོ། །ཞེས་སོགས་རྒྱས་པར་གསུངས་སོ། །གལ་ཏེ་གཞིས་ལ་དགེ་བ་ཡོད་ཅིང་དེ་ཡང་ཆ་ལུགས་ཙམ་ལ་བྱེད་ན། བུ་མོ་དེའི་ལུས་ལ་དུར་སྨྲིག་ཅེས་མི་བསྒོན་ཏེ་བསྒོན་རིགས་པར་ཐལ་ལོ། །མདོ་དེ་ལས། བུ་མོ་གང་དུར་སྨྲིག་འཆང་བ་དེ་ནི་བྱང་ཆུབ་སེམས་དཔའི་རབ་ཏུ་བྱུང་བ་མ་ཡིན་ནོ། །ཞེས་གསུངས། འདི་ནི་འཇམ་དཔལ་རྣམ་པར་རོལ་པ་ལས་གསུངས་སོ། །གཞན་ཡང་དཀོན་མཆོག་བརྩེགས་པའི་མདོ་སྡེ་འོད་སྲུངས་ཀྱིས་ཞུས་པའི་ལེའུ་ལས། དད་རྫས་ཟ་བའི་ཉེས་དམིགས་མཐོང་ནས་དགེ་སློང་ལྔ་བརྒྱས་སྡོམ་པ་ཕུལ་བ་དེ་ལ་ཐུབ་པས་ལེགས་སོ་ཞེས་གསུངས་ནས། འཕགས་པ་བྱམས་པ་སངས་རྒྱས་པའི་བསྟན་པ་ལ་འདུས་པ་དང་པོར་འགྱུར་རོ་ཞེས་ལུང་བསྟན་ནོ། །དེ་ཡང་ཇི་སྐད་དུ། བསྟན་པ་འདི་བཤད་པ་ན་དགེ་སློང་རྣལ་འབྱོར་སྤྱོད་པ་ལྔ་བརྒྱས། བདག་ཅག་ཚུལ་ཁྲིམས་ཡོངས་སུ་མ་དག་བཞིན་དུ་དད་པའི་བྱིན་པ་སྤྱད་པར་གྱུར་ན་མི་རུང་ངོ་། །ཞེས་ཉམས་པར་བྱས་ཏེ་སླར་ཁྱིམ་དུ་དོང་ངོ་། །དེ་ལ་དགེ་སློང་གཞན་དག་གཅིག་འདི་སྐད་དུ་དགེ་སློང་ཆེ་བའི་བདག་ཉིད་ཅན་རྣལ་འབྱོར་སྤྱོད་པ་འདི་དག་བསྟན་པ་ལས་ཉམས་པ་ནི་ཤིན་ཏུ་མ་ལེགས་སོ་ཞེས་འཕྱོའོ། །བཅོམ་ལྡན་འདས་ཀྱིས་དགེ་སློང་དེ་དག་ལ་འདི་སྐད་ཅེས་བཀའ་བསྩལ་ཏེ། དགེ་

སློང་དག་ཁྱེད་འདི་སྐད་དུ། དགེ་སློང་ཆེ་བའི་བདག་ཉིད་ཅན་འདི་དག་ནི། འདི་ལྟར་བསྟན་པ་ལས་ཤིན་ཏུ་ཉམས་པ་འདི་ནི་ཤིན་ཏུ་མ་ལེགས་ཞེས་མ་སྨྲ་ཞིག །དེ་ཅིའི་ཕྱིར་ཞེ་ན། དགེ་སློང་དག་མངོན་པར་མི་དགའ་ནས། ཁྱིམ་ན་གནས་པ་འདི་ནི་དད་པ་ཅན་རྣམས་ཀྱི་ཆོས་ཡིན་ཏེ། དགེ་སློང་དད་པ་དང་མོས་པ་མང་བ་འགྱོད་པ་དང་ལྡན་པ་འདི་དག་གིས་བསྟན་པ་འདི་ཐོས་ནས། བདག་ཅག་ཚུལ་ཁྲིམས་ཡོངས་སུ་མ་དག་བཞིན་དུ་དད་པས་བྱིན་པ་ཡོངས་སུ་སྤྱད་ན་མི་རུང་ངོ་ཞེས་ཉམས་པར་གྱུར་ཏོ། །འོད་སྲུངས་ང་ལུང་སྟོན་ཏེ། དགེ་སློང་འདི་དག་ནི་འདི་ནས་ཤི་འཕོས་ནས་དགའ་ལྡན་གྱི་ལྷའི་རིགས་སུ་སྐྱེ་བར་འགྱུར་ཏེ། དེ་དག་དེ་བཞིན་གཤེགས་པ་བྱམས་པའི་ཉན་ཐོས་ཐོག་མར་འདུས་པའི་གྲངས་སུ་ཆུད་པར་འགྱུར་རོ། །ཞེས་གསུངས་སོ། །དེས་ན་སྡོམ་པ་དགེ་བ་ཡིན་གྱི་ཆ་ལུགས་ཙམ་ལ་དགེ་བ་མེད་དེ། འདི་ལྟར་རབ་ཏུ་བྱུང་བའི་སྡོམ་པ་མེད་པའི་རབ་ཏུ་བྱུང་བའི་ཆ་ལུགས་ཀུན། རྒྱལ་བའི་མདོ་དང་དགོངས་འགྲེལ་གྱི་བསྟན་བཅོས་རྣམས་ལས་བཀག་པའི་ཕྱིར་རོ། །དེ་ཡང་། དགེ་སློང་ལ་རབ་ཏུ་གཅེས་པའི་མདོ་ལས། །མི་དེ་རྟགས་ཙམ་ཡུན་རིང་ན། །ཁ་ན་མ་ཐོ་གཏམ་འཕེལ་དང་། །སྡིག་པ་དག་ནི་འཕེལ་བར་བཤད། །ཅེས་དང་། མདོ་རྩ་བ་ལས། དེ་ལྟ་བུའི་རྟགས་ཅན་བསྙིལ་བར་བྱའོ། །ཞེས་སོ། །གལ་ཏེ་གཤིས་ལ་དགེ་བ་ཡོད་ན་སྡོམ་པ་མེད་ཀྱང་རབ་བྱུང་གི་ཆ་ལུགས་ཙམ་རེ་རྒྱུ་མཚན་ཅིས་མི་བཟུང་སྙེ་འཛིན་པར་རིགས་སོ། །དེས་ན་འདི་འདྲའི་ཆོས་ལུགས་ནི་སངས་རྒྱས་ཀྱི་བསྟན་པ་མ་ཡིན་ནོ། །འོན་རབ་བྱུང་གི་ཆ་ལུགས་བླངས་ཙམ་ལ་དགེ་བ་མེད་ན། བར་མ་ཡང་དག་པར་བླངས་པ་གསུམ་གྱི་ནང་ན་རབ་ཏུ་བྱུང་བའི་རྟགས་ཡང་དག་པར་བླངས་པ་ལས་ཐོབ་པ་དེ་དགེ་བ་མ་ཡིན་པར་འགྱུར་རོ་སྙམ་ན། ཉེས་པ་དེ་མེད་དེ། བར་མ་དགེ་བར་གསུངས་པ་ནི་རབ་བྱུང་གི་རྟགས་མི་ཉམས་པར་བསྲུང་བར་ཁས་བླངས་པ་ལས་ཐོབ་པའི་སེམས་པའམ། བྱེ་སྨྲ་ལྟར་ན། དེ་འདྲའི་རིག་བྱེད་དང་རིག་བྱེད་མ་ཡིན་པའི་གཟུགས་ཤིག་ལ་བྱ་ལ། འདིར་ནི་ཁྱིམ་པས་དགེ་སློང་གི་ཆོས་གོས་རྣམ་གསུམ་གྱོན་པ་ལྟ་བུ་ལ་དགེ་བ་མེད་པའི་དོན་ནོ། །

གཉིས་པ། བདེ་སྡུག་གི་བྱེད་པ་པོ་རྫོགས་པའི་སངས་རྒྱས་སུ་ཐལ་བའི་རྩོད་པ་སྤང་བ་ནི། དེ་ལ་འབྲི་ཁུང་པ་ཁ་ཅིག །འདི་སྐད་དུ། གལ་ཏེ་གཤིས་ལ་དགེ་བ་དང་སྡིག་པ་གཉིས་མེད་པ་ལ་ཐུབ་པས་ལྷུང་བ་འཆའ་ན་ནི། བདེ་བ་དང་སྡུག་བསྔལ་ཀུན་གྱི་བྱེད་པ་པོ་རྫོགས་པའི་སངས་རྒྱས་ཡིན་པར་འགྱུར་ཏེ། དཔེར་ན་མུ་སྟེགས་བྱེད་ཆ་དང་དབང་ཕྱུག་ལ་སོགས་པ་བྱེད་པ་པོར་འདོད་པ་བཞིན་ནོ་ཞེ་ན། རྩོད་པ་འདིའི་ལན་ལ་མགོ་བསྒྲེའི་ལན་དང་། རྣལ་མའམ་དངོས་པོའི་ལན་རྣམ་པ་གཉིས་ལས། དང་པོ་མགོ་བསྒྲེའི་ལན་ནི། འདི་ལྟར་ཡིན་ཏེ། གལ་ཏེ་གཤིས་ལ་དགེ་བ་དང་སྡིག་པ་ཡོད་པས་ཏེ། ཁྱིམ་པ་ལ་ཡང་ཆོས་གོས་དང་བྲལ་བའི་ལྷུང་བ

ཡོད་པར་ཁས་ལེན་ན་ནི། ཁྱེད་ཀྱང་མུ་སྟེགས་ཆད་སྨྲ་བ་འགའ་ཞིག འབྱུང་ལྟ་ཉེ་མ་ཟླ་བ་དང་། །ཁ་བ་དང་ནི་མངར་བ་ལྟར། །དགེ་བ་སྡིག་པ་ཐམས་ཅད་ཀྱང་། །སུས་ཀྱང་མ་བྱས་ངོ་བོས་གྲུབ། །ཅེས་ཟེར་བ་ལྟར་ངོ་བོ་ཉིད་རྒྱུར་སྨྲ་བར་འགྱུར་རོ། །འདིར་རྣམ་བཤད་མཛད་པ་སྣ་གདོང་པ། །ངོ་བོ་ཉིད་རྒྱུར་སྨྲ་བ་ནི་གྲངས་ཅན་ལ་འཆད་དགོས་ཏེ། ཆད་སྨྲ་ལ་བཤད་ན་རྒྱུ་མེད་དུ་སྨྲ་བ་དང་། ངོ་བོ་ཉིད་རྒྱུར་སྨྲ་བ་འགལ་བའི་ཕྱིར་རོ། །ཞེས་གསུངས་ཤིང་གོ་ཊཱི་ཀ་པ་ནི་དེའི་རྗེས་སློས་བྱེད་དོ། །དེ་ནི་མི་འཐད་དེ། གྲངས་ཅན། སྤྱི་གཙོ་བོ་རྒྱུར་འདོད་པ་ཡིན་ལ། དེ་ནི་ངོ་བོ་ཉིད་རྒྱུར་སྨྲ་བ་དང་དོན་མི་གཅིག་སྟེ། རིགས་པའི་གཏེར་ལས། ངོ་བོ་ཉིད་དང་དབང་ཕྱུག་དང་། །གཙོ་བོ་རྡུལ་དང་རྣམ་རིག་དང་། །ཞེས་དེ་གཉིས་མི་གཅིག་པར་གསུངས་ཤིང་། རྒྱུ་མེད་དུ་སྨྲ་བ་དང་ངོ་བོ་ཉིད་རྒྱུར་སྨྲ་བ་མི་འགལ་ཏེ། དཔེར་ན་ནམ་མཁའི་གོས་ཅན་དང་གོས་མེད་པའམ་གཅེར་བུ་པ་མི་འགལ་བ་བཞིན་ནོ། །དེས་ན་སྣ་གདོང་པའི་ཊཱི་ཀ་ཚིག་རིས་བཞིན་བཤུས་ན་ཡིད་བརྟན་མི་འདུག་སྟེ། ལྡི་བའི་ཆོས་བརྒྱད་ཀྱི་ངོས་འཛིན་ནོར་བར་ཁྱེད་རང་གིས་མཁྱེན་པ་བཞིན་ནོ། །

གཉིས་པ། དངོས་པོའི་ལན་ལ་ནི། གཤིས་ལ་དགེ་བ་དང་སྡིག་པ་མེད་ཀྱང་བདེ་སྡུག་ལས་ཀྱིས་བྱས་པ་ཡིན་ཏེ། འཇིག་རྟེན་སྣ་ཚོགས་ལས་ལས་སྐྱེས། །ཞེས་གསུངས་པས་སོ། །ལས་བྱེད་པ་པོ་སེམས་ཉིད་ཡིན་ཏེ། མདོ་ལས། འཇིག་རྟེན་སེམས་ཀྱིས་ཁྲིད་པ་སྟེ། །ཞེས་གསུངས་པས་སོ། །སེམས་ཉིད་དད་སོགས་དགེ་བ་དང་འདོད་ཆགས་སོགས་མི་དགེ་བའི་སྟོབས་ཀྱིས་ལས་ལ་བཟང་བ་དང་ངན་པ་སྟེ་དགེ་སྡིག་འབྱུང་བ་ལ། བཟང་ངན་དེ་ལས་རིམ་བཞིན་དུ་འབྲས་བུ་བདེ་སྡུག་འབྱུང་ངོ་། །ལས་བཟང་ངན་དེ་དག་བླང་དོར་བྱེད་པའི་ཐབས་ནི་ཉེས་སྤྱོད་སྡོམ་པའི་ཚུལ་ཁྲིམས་ཡིན་ལ། སྐྲ་དང་ཁ་སྤུ་བྲེག་པ་དང་གོས་ངུར་སྨྲིག་གྱོན་པ་ལ་སོགས་པའི་བརྟུལ་ཞུགས་ནི་ཚུལ་ཁྲིམས་བསྲུང་བའི་ཐབས་ཡིན་ཏེ། ལུང་གཞི་ལས། ངུར་སྨྲིག་གོས་འཆང་མཁས་པ་ཚུལ་ལས་ཉམས་པ་དཀའ། །ཞེས་གསུངས་པས་སོ། །ཚུལ་ཁྲིམས་དང་བརྟུལ་ཞུགས་བསྲུང་བ་དེ་ལ། གང་ཟག་གང་ལ་བསླབ་པ་གང་སློབ་དགོས་པའི་བསླབ་པ་དེ་འཆའ་བའི་བྱེད་པ་པོ་རྫོགས་པའི་སངས་རྒྱས་ཉག་གཅིག་ཡིན་ཏེ། ཤཱ་རིའི་བུ་ལ་སོགས་པ་ལའང་བསླབ་པ་འཆའ་བའི་དབང་མེད་ན་གཞན་ལྟ་སྨོས་ཀྱང་ཅི་དགོས་ཞེས་གསུངས་པ་ལྟ་བུའོ། །འདིར་རྨ་ཆོ་འདུལ་འཛིན། འདུལ་བ་བཅས་པ་ཡིན། བཅས་པ་ཆོས་ཉིད་ཡིན། ཆོས་ཉིད་ཐམས་ཅད་མཁྱེན་པ་ཁོ་ནའི་ཡུལ་ཡིན་གསུང་བར་གྲགས་སོ། །དེའི་ཕྱིར་ལོ་ཙཱ་བ་རྣམས་ཀྱིས་འདུལ་བའི་སྡེ་སྣོད་དུ་གཏོགས་པ་རྣམས་བསྒྱུར་བའི་ཐོག་མར་ཐམས་ཅད་མཁྱེན་པ་ལ་ཕྱག་འཚལ་བར་བཀས་བཅད་པ་ཡིན་ནོ། །དེས་ན་བསམ་པ་ཉོན་མོངས་པ་ཆེ་ཆུང་གི་ཁྱད་པར་གྱིས་གཉེན་པོའི་བྱེ་བྲག་མི་འདྲ་བ་དུ་མ་ཡོད་ལ།

སྤྱང་གཉེན་དེའི་བླང་དོར་གྱི་ཐབས་སུ་བརྟུལ་ཞུགས་བཅས་པ་མི་འདྲ་བ། དགེ་སློང་ཕ་ལ་ཁྲིམས་ཉིས་བརྒྱ་ལྔ་བཅུ་རྩ་གསུམ་དང་། མ་ལ་སུམ་བརྒྱ་དྲུག་ཅུ་རྩ་བཞི་ལ་སོགས་པ་མཛད་པའི་རྒྱུ་མཚན་དེ་ལྟར་ཡིན་ནོ། །དེས་ན་བདེ་བ་དང་སྡུག་བསྔལ་ཀུན་གྱི་བྱེད་པ་པོ་རྫོགས་པའི་སངས་རྒྱས་མ་ཡིན་ཡང་། འདུལ་བར་གདོགས་པའི་བསླབ་པ་འཆའ་བ་དང་། གསང་སྔགས་ནི་མནྟྲ་ཞེས་པའི་སྒྲ་ལས་དྲངས་ན། མན་ཡིད་དང་། ཏྲ་ཡ་སྐྱོབ་པ་སྟེ། ཡིད་མཚན་རྟོག་ལས་སྐྱོབ་པར་བྱེད་པས་ན་གསང་སྔགས་ཏེ། རྣམ་པར་མི་རྟོག་པའི་ཡེ་ཤེས་སོ། །དེ་ལས་བྱུང་བའི་ཞི་རྒྱས་དབང་དྲག་གི་འཕྲིན་ལས་སྒྲུབ་པའི་མིང་ཚིག་ཡི་གེའི་ཚོགས་ལ་ཡང་སྔགས་ཀྱི་འབྲས་བུ་ལ་སྔགས་ཞེས་བཏགས་པ་ཡིན། དེ་སྦྱོར་ཞིང་རྩོམ་པའི་བྱེད་པ་པོ་སངས་རྒྱས་ཉིད་ཡིན་པར་གསུངས་ཏེ། དེ་ཡང་འདུལ་བ་ལས། དེ་བཞིན་གཤེགས་པས་ཕན་ཡོན་བཅུ་གཟིགས་ནས་བསླབ་པའི་གཞི་བཅའ་བར་མཛད་དེ། ཞེས་གསུངས་སོ། །

གཉིས་པ། སྨན་བླའི་མདོ་ལས། བཅོམ་ལྡན་འདས་ཉིད་ཀྱི་དཔལ་གྱི་མགྲུར་ནས་ཚངས་པའི་གསུངས་གིས་བཻ་ཌཱུརྻའི་འོད་ཅེས་བྱ་བའི་གཟུངས་འདི་གསུངས་ཞེས་སོ། །རྣམ་འཇོམས་ལས། རྡོ་རྗེ་སྙིང་པོས་རབ་ཏུ་སྨྲས་སོ། །ཞེས་གསུངས་པ་མ་ཡིན་ནམ་ཞེ་ན། དེ་ཡང་དེའི་གོང་དུ། སངས་རྒྱས་ཀྱི་མཐུས་ལག་ན་རྡོ་རྗེས་ཞེས་གསུངས། སངས་རྒྱས་ཀྱིས་བྱིན་གྱིས་བརླབས་པའོ། །ཡང་ན་འདིར་སྔགས་ནི་འདུལ་བའི་སྔགས་ཚིག་སྟེ་བསླབ་པ་འཆའ་དང་ཞེས་པ་དང་འབྲེལ་བས་སོ། །དེའི་བྱེད་པ་པོ་ཡང་སངས་རྒྱས་ཉིད་ཡིན་ཏེ། ཚིག་འབྲུ་དེ་ཉིད་མ་ཡིན་པ་ལ་གྲུས་པར་མི་བྱའོ། །ཞེས་གསུངས་སོ། །འདི་བསམ་ཡས་པས་གསང་སྔགས་ལ་སྦྱར་སྣང་ཞིང་། ཊཱི་ཀ་གཞན་རྣམས་ཀྱིས་གསལ་ཁ་མ་མཛད་དོ། །

གཉིས་པ། བཅས་པ་ཕྲན་ཚེགས་ཁྱད་དུ་གསོད་ན་བསྟན་པ་ལ་གནོད་པར་བསྟན་པ་ནི། གོས་ཕུ་ཐུང་མ་ལྷ་བུ་སྦྲུ་གུ་ཅན་དང་། ཕྲུམ་ཅེ་ལྷ་བུ་གོང་བ་ཅན་གྱོན་པ་དང་། རྟ་ལ་ཞོན་པ་དང་། སོགས་པས་གླང་པོ་ཆེ་སོགས་བསྡུས་སོ། །འདི་ཡང་རྒན་པོ་དང་ནད་པ་ལ་གནང་ཞིང་། དེ་དག་གིས་ཀྱང་སྙིག་པའི་སེམས་ཀྱིས་ཞོན་པ་ནི་བཀག་གོ །ཟས་དངོས་སམ་དེའི་སྔ་གོན་དུ་གནས་པ་ལ་བྱིན་ལེན་མ་བྱས་པར་དགེ་སློང་རང་ངམ་རང་འདྲ་བས་རེག་པ་ནི་ལག་ཉར་ཅན་ཞེས་བྱ་ལ། དེ་ཟོས་ན་ཉེས་བྱས་སུ་འགྱུར་བས་དེ་བྱས་པ་དང་། བསྙེན་པར་མ་རྫོགས་པ་དང་ནུབ་གསུམ་ཚང་བར་ལྷན་ཅིག་ཏུ་ཉལ་བ་ལ་སོགས་པས་བྱིན་ལེན་མ་བྱས་པར་ཟ་བ་དང་། གསོག་འཇོག་ཅན་ཟ་བ་དང་མཆིལ་ལྷམ་དང་བཅས་བཞིན་དུ་ཟ་བ་ལ་སོགས་པ་འདུལ་བའི་སྤྱོད་པ་མ་ཡིན་པ་བྱས་པ་ཀུན་ལ་གནོང་ཞིང་འགྱོད་པའི་ཚུལ་གྱིས་ལྟུང་བ་རིགས་མཐུན་མེད་པའི་དགེ་སློང་གི་མདུན་དུ་བཤག

པ་ལེགས་པར་བྱའོ། །དེ་དག་ལྟུང་བ་མེད་དོ་ཞེས་ཁྱད་དུ་བསད་ནས་སྨྲ་ན་སངས་རྒྱས་ཀྱི་བསྟན་པ་ལ་གནོད་པ་ཡིན། གཞན་ཡང་རབ་ཏུ་བྱུང་བ་ཁྱིམ་པར་འབབ་པ་དང་། སྡེ་པ་ཕན་ཚུན་ནོར་གྱི་ཕྱིར་རྩོད་པ་དང་། དམ་པའི་ཆོས་ཀྱི་གླེགས་བམ་ཉོ་འཚོང་བྱེད་པ་དང་། དགེ་སློང་ཕྱི་དྲོ་དུས་རུང་གི་ཟས་ཟ་བ་དང་། ཆང་འཐུང་བ་དང་ལ་སོགས་པས་ས་བརྐོ་བ་དང་། མི་ལ་རེག་པ་དང་། ཆོས་གོས་ལྟུང་བཟེད་མེད་པ་སོགས་པས་འཚོ་བའི་ཡོ་བྱད་གཞན་གདིང་བ་སོགས་མེད་པ་ལྟ་བུ་ཆོས་དང་འགལ་བའི་སྤྱོད་པ་ཀུན་འདི་དག་ལ་ལྟུང་བ་མེད་ཅེས་སྒྲོག་པ་དང་། སྡེ་པ་ཕན་ཚུན་ཆགས་སྡང་གི་དབང་གིས་རྩོད་པ་བླ་མའི་ཞབས་ཏོག་ཡིན་པ་དང་། སངས་རྒྱས་ཀྱི་བསྟན་པ་ལ་ཕན་པ་དང་། བབ་ཅོལ་དུ་ཆང་འཐུང་བ་ལྟ་བུས་ལུས་ཀྱི་ལྷ་མཆོད་པས་བསོད་ནམས་སུ་འགྱུར་རོ་ཞེས་སྨྲ་བ་སོགས་ནི་བསྟན་པ་སྤྱི་ལ་གནོད་པ་ཡིན་ནོ། །རང་གི་གཉེན་པོ་དན་པས་སྒྲུབ་པར་མ་ནུས་པའི་སྡོན་གྱི་ལས་ངན་ཡིན་ཞེས་སྨྲ་ན་རང་ལ་གནོད་ཀྱི་བསྟན་པ་ལ་གནོད་པ་མིན་ནོ། །གལ་ཏེ་སྐྱེ་བ་སྔ་མའི་བྱེད་པར་ངེས་པའི་ལས་ངན་སྨིན་པའི་ཤུགས་ཉིད་ལས་ཆོས་དང་འགལ་བའི་སྤྱོད་པ་ཀུན་གཞན་གྱིས་དབང་མེད་དུ་བྱ་དགོས་པ་བྱུང་ན་ཡང་། འདི་ནི་མདོ་སྡེ་དང་མི་མཐུན་པས་ཆོས་མ་ཡིན། ཚུལ་ཁྲིམས་དང་འགལ་བས་འདུལ་བ་མ་ཡིན། རྟེན་ཅིང་འབྲེལ་བར་འབྱུང་བའི་ཆོས་ཉིད་དང་འགལ་བས་སངས་རྒྱས་ཀྱི་བསྟན་པ་མིན་ནོ། །ཞེས་གནོང་བའི་ཚུལ་གྱིས་བཤགས་པ་ལེགས་པར་བྱའོ། །དེང་སང་འདི་རྣམས་ངོ་སོ་མཐོའོ། །འདི་དག་ཆོས་དང་མི་འགལ་ཞིང་སངས་རྒྱས་ཀྱི་བསྟན་པ་ཡིན་ནོ་ཞེས་སྨྲ་ན་སངས་རྒྱས་ཀྱི་བསྟན་ལ་གནོད་ལ། དེས་ན་སངས་རྒྱས་ཀྱི་བསྟན་པའི་སྒོར་ཞུགས་ནས། སངས་རྒྱས་ཀྱི་བསྟན་ལ་འཆད་རྩོད་རྩོམ་གསུམ་དང་། ཐོས་བསམ་སྒོམ་གསུམ་གྱི་སྒོ་ནས་མ་ཕན་ཡང་། དགེ་འདུན་གྱི་སྡེ་འབྲུག་པ་ལ་སོགས་པའི་སྒོ་ནས་རྣམ་པ་ཀུན་ཏུ་གནོད་པ་མི་བྱ་སྟེ། ཇི་སྐད་དུ། དཔའ་བོས་དགྲ་སྡེ་མ་གསོད་ཀྱང་། །རང་ཕྱོགས་གསོད་པར་བྱེད་དམ་ཅི། །ཞེས་པ་ལྟར་རོ། །

གཉིས་པ། མདོ་བསྐུལ་འབྲུལ་བས་འདུལ་བའི་ལག་ལེན་འཁྲུལ་པ་གཞན་ཡང་མི་རིགས་པར་མཚོན་པ་ནི་མདོ་བསྐུལ་ལ་སོགས་པའི་བྱ་བ་ཀུན་འདུལ་བའི་གཞུང་དང་མཐུན་པར་གྱིས་ཤིག་སྟེ། མདོ་རྩ་བ་ལས། དགེ་འདུན་གྱི་གནས་བརྟན་གྱིས་སྒྲིག་མའི་ཐུར་མ་སྐྱུད་པ་ལ་བརྒྱུས་པ་སྒྱོ་བས་ཉི་མ་བགྲང་བར་བྱའོ། །དགེ་བསྐོས་ཀྱིས་དེ་ལ་བརྟགས་ཏེ་དགེ་འདུན་ལ་བརྗོད་པར་བྱའོ། །ཁྱེ་བྲག་ཏུ་བྱས་པའིའོ། །ངོ་བོའི་དབྱེ་བས་སོ༔ །གཙུག་ལག་ཁང་གི་བདག་པོ་དང་ལྷའི་ཕྱིར་ཚིགས་སུ་བཅད་པ་གདོན་པར་བསྐུལ་བའི་ཚིག་ཀྱང་བྱའོ། །དེ་དང་ནི་མར་གྱི་ངོའི་ཚེས་གཅིག་ལགས་ཏེ། གཙུག་ལག་ཁང་གི་བདག་པོ་དང་། གཙུག་ལག་ཁང་གི་ལྷ་རྣམས

གྱི་སྐད་དུ་ཞལ་ནས་གསུངས་པའི་ཚིགས་སུ་བཅད་པ་རེ་བཀླག་ཏུ་གསོལ། ཞེས་གསུངས་སོ། །དེང་སང་ནི་བཀའ་གདམས་པའི་འདུལ་འཛིན་རྒྱ་མ་བ་ཁ་ཅིག་མདོ་བསྐུལ་རིང་མོ་ཞེས་བྱ་བ་བརྗོད་རྒྱུ་མང་བས་དཀའ་ལས་ཆེ་ལ། འདུལ་བའི་སྔགས་ཚིག་དང་མི་མཐུན་པས་ནོར་བ་བྱེད་པ་མཐོང་སྟེ། འདི་སྐད་དུ། ཀྱེ། གསོན་ཅིག་དགེ་འདུན་བཙུན་པ་རྣམས། །ཚངས་པ་བརྒྱ་བྱིན་རྒྱལ་ཆེན་དང་། །ཆོས་སྐྱོང་གཙུག་ལག་སྲུང་མ་དང་། །ལྷ་ཀླུ་ལ་སོགས་སྡེ་བརྒྱད་དང་། །ཆོས་རྒྱལ་རྗེ་བློན་ཡོན་བདག་དང་། །ཕ་མ་མཁན་པོ་སློབ་དཔོན་དང་། །མཐའ་ཡས་སེམས་ཅན་དོན་སླད་དུ། །ཞལ་ནས་གསུངས་པའི་མདོ་བརྗོད་ཞུ། །ཞེས་ཟེར་བ་སོགས་མང་དུ་སྣང་སྟེ་ཡི་གེ་མངས་དོགས་པས་མ་བྲིས་སོ། །དེང་སང་ཕྱག་ལེན་བྱེད་པར་རློམ་པ་རྣམས་ཀྱང་གཞུང་དང་མི་མཐུན་པ་ཁོན་བྱེད་པར་སྣང་། དུས་ཀྱི་ཤུགས་ཀྱིས་བཟློག་པར་མ་ནུས་ལ། རབ་བྱུང་གི་སྡེ་ཕལ་ཆེར་ནི་ཕྱག་ལེན་མིང་ཙམ་ཡང་མི་སྣང་ངོ་། །མདོ་རྒྱུད་ཀུན་ལས་འདི་མ་གསུངས་ཤིང་། ཕྱག་ལེན་འཁྲུལ་པ་འདི་འདྲའི་རིགས་ཀྱི་ཆོས་འཕེལ་ན་བསྟན་པའི་རྩ་བ་འདུལ་བ་ནུབ་པར་འགྱུར་ཏེ། འདུལ་བ་ནི་ཕྱག་ལེན་རྣམ་པར་དག་པས་རབ་ཏུ་ཕྱེ་ལ། དེང་སང་དེ་ལས་ལྡོག་པའི་ཕྱིར་རོ། །སངས་རྒྱས་ཀྱིས་གསུངས་པའི་ཚིག་གོང་དུ་བཤད་པ་དེ་དག་ཀུན་སླ་བར་གྱུར་ཀྱང་མི་བྱེད་ལ། སངས་རྒྱས་ཀྱིས་མ་གསུངས་པའི་མདོ་བསྐུལ་རིང་མོ་ལྟ་བུ་ཚིག་མང་ལ་བརྗོད་དཀའ་ཡང་འབད་ནས་བྱེད་པ་ངོ་མཚར་ཞེས་པའོ། །དེ་ལ་ནི་བསྡིང་ཚིག་ཅེས་བྱ། སངས་རྒྱས་ཀྱི་གསུང་དང་མི་མཐུན་ཡང་འདི་འདྲ་བྱས་པས་སྐྱོན་དུ་མི་འགྱུར་སྙམ་བདེན་པར་འདོད་ན་ནི། ལག་ལེན་ཕྱིན་ཅི་ལོག་གཞན་རུང་བ་མ་ཡིན་པའི་གཞི་བཅུ་ལྟ་བུ་ཡང་འཁྲུལ་ཞེས་བརྗོད་པར་མི་ནུས་ཏེ། ལུང་རྣམ་དག་དང་འགལ་བའི་ཆོས་ཡིན་པར་རང་བཟོར་ཐམས་ཅད་མཚུངས་པ་ལ། འགའ་ཞིག་བདེན་ལ། འགའ་ཞིག་ནི་བརྫུན་པ་ཡིན་ཞེས་དཔྱད་པར་མི་ནུས་ཏེ། དེ་དག་བདེན་ན་བདེན་མཉམ་དང་། བརྫུན་ན་བརྫུན་མཉམ་དུ་མཚུངས་པའི་ཕྱིར་རོ། །མུ་སྟེགས་བྱེད་པར་སིག་པ་མ་དང་སྲིང་མོ་ལ་བགྲོད་པའི་ཆོས་ལོག་སོགས་ཀྱང་སུན་དབྱུང་བར་ནི་མི་ནུས་ཏེ། སྐྲུབ་བྱེད་ཀྱི་ལུང་དང་རིགས་པ་མེད་པར་མཚུངས་ལ། བདེན་པ་དང་བརྫུན་པ་ཡིན་པའི་ཁྱད་པར་དབྱེ་བ་མི་འཐད་པའི་ཕྱིར་རོ། །སྐབས་འདིར་སྐབ་གདོང་པའི་ཊཱི་ཀར། ལག་ལེན་ཕྱིན་ཅི་ལོག་གི་མཚན་གཞི་ལ། སྡོམ་པ་ཐག་རྒྱ་མ་དང་ཞེས་བཤད་ཅིང་། གོ་ཊཱི་ཀ་པ་ཡང་དེའི་རྗེས་ཟློས་བྱེད་དོ། །དེ་ནི་མདོ་ལུང་གི་རྒྱས་ཆུང་ཞིང་འདུལ་བའི་ཆོས་འབྱུང་ཙམ་རེ་ཡང་གློག་མ་མྱོང་བས། བོད་ཀྱི་འདུལ་བ་འཛིན་པ་ཆེན་པོ་དག་གི་ཕྱག་ལེན་རྣམ་པར་དག་པ་ལ་སྐུར་པ་བཏབ་པ་ཡིན་ཏེ། དེའི་རྒྱུ་མཚན་ཐག་རྒྱ་མ་ཞེས་པ་ནི་ལུང་ཞུ་བ་ནས། བསྒྲུབ་བྱ་ཚོགས་ལོང་དུ་མ་ཕྱོགས་གཅིག་ཏུ་བསྐྱེན་པར་རྫོགས་དགོས་པའི་ཚེ། ཐག་པའི་སྲད་བུས

མཚམས་སོ་སོར་བཅད་པའི་ནང་དུ་གསུམ་ཚན་གསུམ་ཚན་བཞག་ནས། མཚམས་དེ་ཐམས་ཅད་ལས་བྱེད་པ་པོས་ཇོན་པར་བྱས་ནས་གསོལ་བཞིའི་ལས་གཅིག་གིས་བསྙེན་པར་རྫོགས་པར་བྱེད་པ་ལ་དཔལ་ཆེན་གྱི་ཐག་རྒྱ་མ་ཞེས་གྲགས་པ་དེ་མ་མཁྱེན་པས་ཀུན་ནས་བསླངས་པ་ཡིན་པའི་ཕྱིར་རོ། །དེས་ན་ཆ་མེད་ཀྱི་རྒྱུས་གཏམ་མ་གསུངས་ཤིག །

གཉིས་པ། སྟེ་སྡོད་ལ་ཐོས་བསམ་མི་དགོས་པར་འདོད་པ་དགག་པ་ནི། ཞང་ཚལ་པའམ་ཧྭ་ཤང་གི་སྟོན་པ་ཅང་ལ་ཏ་ལ་ལ། རྫོགས་པའི་སངས་རྒྱས་ཀྱི་གསུང་རབ་ཚིག་དོན་ཟབ་མོ་མདོ་རྒྱུད་རྣམས་དང་གྲུབ་ཐོབ་རྣལ་འབྱོར་གྱི་དབང་ཕྱུག་རྣམས་ཀྱིས་མཛད་པའི་གྲུབ་པ་སྡེ་བདུན་ཞེས་གྲགས་ཏེ། སློབ་དཔོན་པདྨ་བཛྲ་གྱི་གསང་བ་གྲུབ་པ། ཨིནྡྲ་བྷཱུ་ཏིའི་ཡེ་ཤེས་གྲུབ་པ། བིརྺ་པའི་འཆི་མེད་གྲུབ་པ། ཊོཾ་བི་ཧེ་རུ་ཀའི་ལྷན་སྐྱེས་གྲུབ་པ། ས་ར་ཧའི་བདག་བྱིན་གྱིས་བརླབས་པ་གྲུབ་པ། ཡན་ལག་མེད་པའི་རྡོ་རྗེའི་ཐབས་དང་ཤེས་རབ་གཏན་ལ་དབབ་པ་གྲུབ་པ། ལཀྵྨཱི་མིས་མཛད་པའི་གཉིས་མེད་གྲུབ་པ། རྒྱན་དྲུག་ལ་སོགས་པའི་མཁས་པ་རྣམས་ཀྱིས་སྡེ་སྣོད་ཀྱི་དོན་རིགས་པས་ཤིན་ཏུ་ལེགས་པར་དཔྱད་ཅིང་གཏན་ལ་ཕབ་པའི་ཆོས་དབུ་མ་རིགས་ཚོགས་དང་། ཚད་མ་སྡེ་བདུན་སོགས་ཚིག་གི་ན་ཡ་ཡིན་པས་ན་ཡང་དག་པའི་དོན་བསྒོམ་པ་ལ་དེ་དག་དགོས་པ་མེད་པས་དོར་བྱ་ཡིན་ནོ་ཞེས་ཟེར་རོ། །ཡང་རྗོད་བྱེད་ཀྱི་ཚིག་ཀྱང་སྙིག་ལེགས་པོ་མི་ཤེས་ན་བརྗོད་བྱའི་དོན་བཟང་པོ་སློས་ཀྱང་ཅི་དགོས་པའི་བླུན་པོ་རྣམས་ཀྱིས་རང་དགའ་ཅི་དྲན་དྲན་བྲིས་པའི་ཚིག །མཁས་པ་རྣམས་བཞད་གད་སྐྱེ་བའི་རྒྱུ་འབྲེལ་མེད་སྣ་ཚོགས་བྲིས་པ་ལ། འཚང་རྒྱ་བའི་ལམ་ཟབ་མོ་སྟོན་པའི་བསྟན་བཅོས་ཡིན་ཞེས་ཉན་བཤད་བྱེད་མོད། དེ་འདྲས་བླུན་པོ་རྣམས་དགའ་བ་སྐྱེད་ནུས་ཀྱི། མཁས་པ་རྣམས་དགའ་བ་སྐྱེད་མི་ནུས་ལ། དེ་འདྲ་ལ་ཐོས་བསམ་བྱས་ན་དེའི་བར་གྱི་དུས་དང་བློ་གྲོས་གྲོན་དུ་འགྱུར་རོ། །དེང་སང་ནི་ཚད་མ་སྐྱེད་པ་ལ་མི་ཕན། ལོག་རྟོག་ལྡོག་པ་ལ་ཡང་མི་ཕན་པའི་རིགས་པ་ལྟར་སྣང་འབའ་ཞིག་ལ་ཁ་ཏོན་བྱེད་པར་སྣང་ངོ་། །ཀྱེ་མ་ཞེས་པ་ངོ་མཚར་བའི་བརྗེ་བའི་ཚིག་སྟེ། སངས་རྒྱས་ཀྱི་བསྟན་པ་ནི་ད་ལྟ་རང་ནས་འདི་ལྟ་བུར་གྱུར་པ་ད་གཟོད་གོ་སྟེ་ཇི་ལྟ་བུར་འགྱུར་སྙམ་པའོ། །

གཉིས་པ། སྡེ་སྣོད་ལ་ཐོས་བསམ་བྱེད་པ་སངས་རྒྱས་ཀྱི་བསྟན་པ་ཡིན་པར་བསྟན་པས་མཇུག་བསྡུ་བ་ནི། དེས་ན་སངས་རྒྱས་ཀྱི་གསུང་རབ་མདོ་རྒྱུད་དང་། རྒྱ་བོད་མཁས་པ་རྣམས་ཀྱི་བསྟན་བཅོས་ཀྱི་ཚིག་དོན་ལ་ནི་བྱིན་རླབས་ཡོད་དེ། ཚིག་ཐོས་པས་རིགས་སད་པར་བྱེད་ལ། དོན་ཉམས་སུ་བླངས་པས་འཁོར་བ་ལས་གྲོལ་བར་བྱེད་པས་སོ། །འདི་འདྲ་ཉན་བཤད་བྱེད་པ་ལ་ཐོས་པ་ཞེས་ནི་བརྗོད་པ་ཡིན་ལ། དེའི་དོན་རིགས་

པས་དཔྱོད་པ་བསམ་པ་ཡིན་ཞིང་། གཏན་ལ་ཕབ་པའི་དོན་ནན་ཏན་གྱིས་ནི་དེ་སྒྲུབ་པར་བྱེད་པ་སྒོམ་པ་ཡིན་པར་ཤེས་པར་བྱའོ། །ཐོས་བསམ་སྒོམ་གསུམ་དེ་ལྟར་བྱ་དགོས་ཏེ། དེ་ལྟར་བྱེད་པ་དེ་སངས་རྒྱས་ཀྱི་བསྟན་པ་ཡིན་པའི་ཕྱིར་རོ། །དེ་ཡང་ཐུབ་པ་དགོངས་གསལ་ལས། མདོར་ན་སངས་རྒྱས་ཀྱིས་གསུངས། སྡུད་པ་པོས་བསྡུས། གྲུབ་ཐོབ་རྣམས་ཀྱིས་བསྒོམས། པཎྜི་ཏས་བཤད། ལོ་ཙཱ་བས་བསྒྱུར། མཁས་པ་རྣམས་ལ་གྲགས་པ་གཅིག་སངས་རྒྱས་ཀྱི་བསྟན་པ་ཡིན་པས། དེ་ལ་ཉན་བཤད་སྒོམ་སྒྲུབ་བྱེད་དགོས་སོ། །ཞེས་གསུངས་པས་སོ། །སྡོམ་པ་གསུམ་གྱི་རབ་ཏུ་དབྱེ་བའི་རྣམ་བཤད་བསྟན་པའི་སྒྲོན་མེ་ལས། སོ་སོར་ཐར་པའི་སྡོམ་པའི་སྐབས་ཏེ་དང་པོའི་རྣམ་པར་བཤད་པའོ། །ཐོས་པའི་གྲུ་ཆེན་ལེགས་བཤམས་ཤིང་། །རྣམ་དཔྱོད་སྐྱ་བ་འདི་བཟུང་ནས། །མཁས་པའི་དེད་དཔོན་ལ་བརྟེན་ཏེ། །གཞུང་འདི་རྒྱ་ཆེ་གཏིང་ཟབ་ཀྱང་། །ལེགས་བཤད་རིན་ཆེན་ངང་གིས་རྙེད།། །།ཅེས་སྨྲར་བ་ཡིན་ནོ།། །།

༄༅། །སྡོམ་པ་གསུམ་གྱི་རབ་ཏུ་དབྱེ་བའི་ཊཱི་ཀ་བསྟན་པའི་སྒྲོན་མེ་ལས་བྱང་སེམས་སྡོམ་པའི་རྣམ་བཤད་བཞུགས་སོ། །

གང་གིས་འཁོར་བའི་སྐྱོན་སྤངས་ཀྱང་། །འཁོར་བའི་གནས་སུ་རྟག་བཞུགས་ནས། །འགྲོ་ལ་བུ་ལྟར་བརྩེ་བ་ཡི། །བད་དཀར་འཛིན་དེ་རྟག་པར་རྒྱལ། །སྟག་མོ་ཡང་ནི་ཁོང་ནས་དུལ་ཞིང་མིག་ནི་རབ་བཙུམས་རི་དྭགས་ཕྲུ་གུ་རྣམས་ནི་ལྟག་པར་བྱེད། །མཉེས་གཤིན་རབ་དགའ་གཙུག་ཕུད་ཅན་ནི་མདོངས་རྣམས་རབ་བརྒྱངས་ལྡིང་ཀ་རྣམས་ནི་ཚ་བ་བསྐྱབ་ཕྱིར་སྐྱོང་། །སེང་གེ་ཡང་ནི་གླང་མོ་གང་ཞིག་སོང་བའི་ཕྲུ་གུ་རྣམས་ནི་རང་གི་བུ་བཞིན་སྲུང་བར་བྱེད། །གང་རྣམས་ཀྱིས་ནི་བྱམས་པའི་གནས་བཅས་ནགས་དང་རི་བོའི་ཕུག་ན་རྣམ་པར་གནས་པ་དེ་རྣམས་རྒྱལ། །ཞེས་མཆོད་པར་བརྗོད་ནས།

གཉིས་པ། བྱང་སེམས་སྡོམ་པ་མདོ་སྙེ་བཞིན་བཤད་པ་ལ་སེམས་བསྐྱེད་ལ་ཉན་ཐོས་དང་ཐེག་ཆེན་གྱི་ལུགས་གཉིས་དང་སོ་སོའི་དབྱེ་བ་བསྟན་པས་མཚམས་སྦྱར། ཐེག་ཆེན་ལུགས་གཉིས་ཀྱི་ཐུགས་བསྐྱེད་ཚུལ་མ་འདྲེས་པའི་ཚུལ་གྱིས་རྒྱས་པར་བཤད། གསུང་རབ་དང་མཐུན་པའི་ཐོས་བསམ་སྒོམ་གསུམ་སངས་རྒྱས་ཀྱི་བསྟན་པ་ཡིན་པར་བསྟན་པས་མཇུག་བསྡུ་བའོ། །དང་པོ་ནི། སེམས་བསྐྱེད་ནི་བྱང་ཆུབ་ཐོབ་འདོད་ཀྱི་སེམས་ཤིག་ལ་བྱེད་ལ། དེ་ལ་ནི་ཉན་ཐོས་ཀྱི་གཞུང་ལུགས་ནས་བཤད་པ་དང་། ཐེག་པ་ཆེན་པོའི་གཞུང་ལུགས་ནས་བཤད་པ་ཐེག་ཆེན་སེམས་བསྐྱེད་གཉིས་ཡོད་ལ། ཉན་ཐོས་རྣམས་ཏེ་ཉན་ཐོས་ཀྱི་གཞུང་ནས་བཤད་པ་ལ་ཡང་གསུམ་སྟེ། ཉན་ཐོས་དགྲ་བཅོམ་དུ་སེམས་བསྐྱེད་པ་དང་། རང་རྒྱལ་གྱི་བྱང་ཆུབ་ཏུ་སེམས་བསྐྱེད་པ་དང་། སངས་རྒྱས་སུ་སེམས་བསྐྱེད་པའོ། །འདུལ་བ་ལུང་ལས། ཁ་ཅིག་ནི་ཉན་ཐོས་སུ་སེམས་བསྐྱེད་དོ། །ཁ་ཅིག་ནི་རང་སངས་རྒྱས་སུ་སེམས་བསྐྱེད་དོ། །ཁ་ཅིག་ནི་སངས་རྒྱས་སུ་སེམས་བསྐྱེད་དོ། །ཞེས་གསུངས་སོ། །རྣམ་བཤད་མཛད་པ་ཀུ་མཱ་ར་ནི་ཉན་ཐོས་རང་རྒྱུད་པའི་སེམས་བསྐྱེད་ལ་རིགས་ངེས་མ་ངེས་ཀྱི་སྒོ་ནས་གསུམ་དུ་འབྱེད་མོད། དེ་ལྟ་ན་གཞན་གཉིས་ལ་ཡང་གསུམ་དུ་འབྱེད་པར་མཚུངས་སོ། །ཉན་ཐོས་ཀྱི་བསྟན་པ་གཞུང་ཇི་ལྟ་བ་བཞིན་ཉམས་སུ་ལེན་པ་ནི་དེང་སང་ཕལ་ཆེར་ནུབ་པས་ན། དེའི་སེམས་བསྐྱེད་ཀྱི་ཆོ་ག་སྒྲུབ་པ་ཉུང་བའོ། །ཐེག་པ་ཆེན་པོའི་སེམས་བསྐྱེད་ཀྱི་སྡོམ་པ་ཆོས་ཅན། ཁྱོད་ལ་རྣམ་པ་གཉིས་སུ་ཡོད་དེ། ཁྱོད་ལ་དབུ་མ་ལུགས་ཀྱི་སེམས་བསྐྱེད་ཀྱི་སྡོམ་པ་དང་། སེམས་ཙམ་ལུགས་ཀྱི་སེམས་བསྐྱེད་ཀྱི་སྡོམ་པ་གཉིས་ཡོད་པའི་

ཕྱིར་རོ། །དེ་ཡང་དང་པོ་ནི། ནམ་མཁའི་སྙིང་པོའི་མདོའི་རྗེས་སུ་འབྲངས་ཏེ། རྗེ་བཙུན་འཇམ་དབྱངས་ནས། རྒྱལ་སྲས་ཞི་བ་ལྷ་དང་། སློབ་དཔོན་ཛེ་ཏ་རི་དང་། ཇོ་བོ་དཱི་པཾ་ཀ་ར་ལ་སོགས་པའི་ཕྱག་ལེན། དཔལ་ལྡན་ས་སྐྱ་པའི་ཕྱག་ལེན་དུ་མཛད་པ་འདི་ཡིན་ལ། གཞུང་ནི་བསླབ་བཏུས་དང་། སྤྱོད་འཇུག་དང་། ཡི་དམ་བླང་བའི་ཆོ་ག་རྣམས་ལས་གསུངས་པའོ། །གཉིས་པ་ནི། བྱང་ཆུབ་སེམས་དཔའི་སྡེ་སྣོད་འགའ་ཞིག་གི་རྗེས་སུ་འབྲངས་ཏེ། རྗེ་བཙུན་བྱམས་པ་ནས། འཕགས་པ་ཐོགས་མེད་ལས་བརྒྱུད་དེ། སློབ་དཔོན་ཙནྡྲ་གོ་མིའི་རྗེས་སུ་འབྲངས་ནས། ཇོ་བོ་རྗེའི་ཕྱག་ལེན་དགེ་བའི་བཤེས་གཉེན་བཀའ་གདམས་པ་ལ་སོགས་པས་མཛད་པ་འདི་ཡིན་ནོ། །

གཉིས་པ་ལ། རྫོགས་པའི་སངས་རྒྱས་ཀྱི་རྒྱུའི་གཙོ་བོ་ཐབས་མཁས་ཡིན་པར་བསྟན། ཐབས་ལྟར་སྣང་ལ་ཡང་དག་ཏུ་འཁྲུལ་བ་དགག་པའོ། །དང་པོ་ལ། ཐེག་ཆེན་སེམས་བསྐྱེད་ཐབས་ཀྱི་གཙོ་བོར་བསྟན། ཐབས་གཞན་དང་འབྲེལ་བའི་ཤེས་རབ་ཀྱིས་རྫོགས་བྱང་མི་ཐོབ་པར་བསྟན་པའོ། །དང་པོ་ལ། དང་པོར་བྱང་ཆུབ་ཏུ་ཐུགས་བསྐྱེད་ཚུལ་ལ་འཁྲུལ་པ་དགག །བར་དུ་བསྲུང་ཚུལ་གྱི་ལྟུང་བའི་རྣམ་གཞག་བསྡུས་ཏེ་བསྟན། ཐ་མར་ཉམས་ལེན་གྱི་གནད་ལ་འཁྲུལ་པ་དགག་པའོ། །དང་པོ་ལ། ཀུན་རྫོབ་བྱང་ཆུབ་ཏུ་ཐུགས་བསྐྱེད་ཚུལ་ལ་འཁྲུལ་པ་དགག །དོན་དམ་བྱང་ཆུབ་ཏུ་ཐུགས་བསྐྱེད་ཚུལ་ལ་འཁྲུལ་པ་དགག་པའོ། །དང་པོ་ལ། དབུ་སེམས་ཀྱི་ལུགས་གཉིས་སོ་སོར་ངེས་པའི་ཤེས་བྱེད་དགོད། སེམས་ཙམ་གྱི་ལུགས་དེ་སྐྱེ་བོ་ཕལ་པོ་ཆེ་ལ་བྱས་ཀྱང་མི་སྐྱེ་བར་བསྟན། དབུ་མའི་ལུགས་དེ་སྐྱེ་བོ་ཕལ་པོ་ཆེ་ལ་བྱས་ན་སྐྱེ་བའི་ཤེས་བྱེད་བསྟན། ཤེས་བྱེད་དེ་སེམས་ཙམ་ལུགས་ལ་མཚུངས་པའི་རྩོད་པ་སྤང་། སེམས་ཙམ་ལུགས་ཀྱི་སེམས་བསྐྱེད་ལེན་ཚུལ་དངོས་བསྟན་པ་དང་ལྔའོ། །དང་པོ་ནི། དབུ་སེམས་དེ་གཉིས་ལྟ་བ་གོང་འོག་ཐ་དད་པས། དེ་དང་རྗེས་སུ་སྦྲེལ་རྒྱུའི་སེམས་ཀྱི་ཆོ་ག་ཡང་ནི་ཐ་དད་པ་ཡིན་ཏེ། དེ་ཡང་སེམས་ཙམ་ལུགས་ཀྱི་སེམས་བསྐྱེད་ཀྱི་སྡོམ་པ་ཡིན་ན། འཇུག་པ་སེམས་བསྐྱེད་ཀྱི་སྡོམ་པ་ཡིན་དགོས་ལ། དབུ་མ་ལུགས་ལ་ནི་སྨོན་འཇུག་གཉིས་ཀའི་སྡོམ་པ་སྲིད་ཅིང་། སེམས་ཙམ་གྱི་ལྟ་བ་ནི་འཇུག་སྡོམ་དང་ཟུང་དུ་མ་འབྲེལ་ན་དམན་པར་ལྟུང་སྲིད་ལ། ཅིག་ཤོས་དབུ་མའི་ལྟ་བ་ནི་སྨོན་པའི་སྡོམ་པ་ཙམ་དང་སྦྲེལ་བས་ཀྱང་དམན་པར་མི་ལྟུང་སྟེ། སྤྲོས་མེད་རྡོ་རྗེའི་ཚིགས་རྐང་ལས། །ཆོས་ཀུན་སྟོང་ཉིད་རྟོགས་པ་ན། །འགྲོ་ལ་སྙིང་རྗེ་རྒྱུན་མི་འཆད། །ཅེས་གསུངས་པས་སོ། །འདི་ནི་བོ་བོའི་བླ་མ་འབའ་ཞིག་གི་ལེགས་པར་བཤད་པ་སྟེ། རྣམ་བཤད་མཛད་པ་གཞན་སུས་ཀྱང་མ་རྟོགས་སོ། །དེ་ལྟར་འཆད་ཤེས་ན། ཙོང་ཁ་པས་གཞུང་འདི་ལ་སྐྱོན་བརྗོད་པ་དེ་དག་ཀྱང་མི་འཇུག་པར་གྲུབ་བོ། །ཚིག་ཐ་

དད་པའི་ཚུལ་ནི། དབུ་མ་ལུགས་ལ་སྦྱོར་བའི་དུས་སུ་ཡན་ལག་བདུན་པ་སྔོན་དུ་འགྲོ་དགོས་ལ། ཅིག་ཤོས་ལ་མི་དགོས། སེམས་ཙམ་ལུགས་ལ་སྦྱོར་བའི་དུས་སུ་བར་ཆད་དྲི་བ་སྔོན་དུ་འགྲོ་དགོས། ཅིག་ཤོས་ལ་མི་དགོས། དངོས་གཞི་ལ་དབུ་མ་ལུགས་ལ་སྨོན་འཇུག་གི་སྡོམ་པ་ཆབས་ཅིག་ཏུ་ལེན་ལ་སེམས་ཙམ་ལུགས་ལ་འཇུག་པའི་སྡོམ་པ་ཁོ་ན་ལེན་པར་བྱེད་དོ། །

མཇུག་གི་ཆོག་ལ། དབུ་མ་ལུགས་ལ་རང་གཞན་དགའ་བ་བསྒོམ་དུ་གཞུག་པ་རྣམས་བྱེད་ལ། སེམས་ཙམ་ལུགས་ལ་མཁྱེན་པར་གསོལ་བ་ཙམ་མཛད་དོ། །འདིར་གོ་ཊཱི་ཀ་པ། སེམས་ཙམ་པའི་ལུགས་ལ་ཐོག་མར་སྨོན་པའི་སྡོམ་པ་བླངས་ནས། དེའི་རྗེས་སུ་འཇུག་སྡོམ་ལེན་ནོ་ཞེས་ཟེར་མོད། དེ་ལྟ་ན་ལུགས་གཉིས་ཀྱིས་སེམས་བསྐྱེད་སྡོམ་པའི་ངོ་བོ་ལ་ཁྱད་པར་མེད་པར་ཐལ་བ་དང་། སེམས་ཙམ་པས་སྨོན་སེམས་བཏང་བ་རྒྱ་ལྟར་དུ་བཞེད་པར་ཐལ་བ་དང་། ལྟ་བ་ཐ་དད་པས་ཆོ་ག་ཐ་དད་དུ་འཇོག་པ་ལ་འབྲེལ་མེད་པར་འགྱུར་བས། ཅོང་ཁ་པའི་རྗེས་སུ་འཇུག་པར་གསལ་ལོ། །གང་ལས་བླང་བའི་ཡུལ་མི་འདྲ་བ་ནི༑ སེམས་ཙམ་པ། བླ་མ་སྡོམ་ལ་གནས་ཤིང་མཁས། །ནུས་དང་ལྡན་ལས་བླང་བར་བྱ། །ཞེས་པའི་ཁྱད་ཆོས་དང་ལྡན་པ་དགོས་ལ། ནུས་དང་ལྡན་པ་ཞེས་པའི་དོན་ནི། ཆོ་གའི་སྐབས་སུ་ཕྱོགས་བཅུའི་སངས་རྒྱས་ལ་ཕྱག་འཚལ་བ་དང་། མེ་ཏོག་འཐོར་བ་ལ་སོགས་པའི་ཆོ་ག །ཤེས་པ་དང་ནུབ་ལ་སོགས་པའི་དབང་གིས་མི་ནུས་པ་མ་ཡིན་པའོ། །དབུ་མ་ལུགས་ནི། སྤྱོད་འཇུག་ལས། རྟག་པར་དགེ་བའི་བཤེས་གཉེན་ནི། །ཐེག་ཆེན་དོན་ལ་མཁས་པ་དང་། །བྱང་ཆུབ་སེམས་དཔའི་བརྟུལ་ཞུགས་མཆོག །ཅེས་སོ། །རྒྱུད་དཔེ་ལས། བརྟུལ་ཞུགས་འཛིན་ཞེས་པར་ཡོད་དོ་གསུངས། སྲོག་གི་ཕྱིར་ཡང་མི་གཏོང་ངོ་། །ཞེས་པ་ནི། གང་གིས་མཚན་ཉིད་དེ་དག་དང་ལྡན་པ་དེ་སྲོག་གི་ཕྱིར་ཡང་མི་སྤོང་ཞེས་པའི་དོན་ནོ། །དམིགས་བསལ་ལ་ལུགས་གཉིས་ཀ་ལ་ཡང་། སྐུ་གཟུགས་སམ་རྒྱལ་བ་སྲས་བཅས་ལ་བསམས་ཏེ་བླང་དུ་རུང་བར་གསུངས་སོ། །གང་གིས་ལེན་པའི་གང་ཟག་གི་ཁྱད་པར་ནི། དབུ་མ་ལུགས་ནི་སྡོམ་མིན་ཅན་སོགས་འགྲོ་བ་ཀུན་ལ་སྐྱེ་རུང་ལ། སེམས་ཙམ་ལུགས་ལ་ནི་སོ་ཐར་རིས་བདུན་གང་རུང་དང་ལྡན་པ། བྱང་ཆུབ་སེམས་དཔའི་སྡེ་སྣོད་ལ་མཁས་པ། བྱང་ཆུབ་མཆོག་ཏུ་སེམས་བསྐྱེད་པ་ཞིག་དགོས་སོ། །འོན་དབུ་མའི་ལུགས་ལ་དངོས་གཞིའི་དུས་སུ་སྨོན་འཇུག་ཆབས་ཅིག་ཏུ་ལེན་པས་ཁྱབ་བམ་ཞེ་ན། མ་ཡིན་ཏེ། ཇི་ཙམ་བསྲུང་བར་ནུས་པ་དེ་ཙམ་ཞིག་བླངས་ནས་བསྲུངས་པས་ཆོག་པར་གསུངས་པའི་ཕྱིར། བསླབ་བཏུས་ལས། དེ་ཡང་བསླབ་པ་གཅིག་བསྲུབས་པ་ན། བསླབ་པ་གཞན་བསྲུང་བར་མ་ནུས་ཀྱང་ལྟུང་བར་མི་འགྱུར་ཏེ། དེ་སྐད་དུ། བློ་གྲོས་མི་ཟད་པས་ཞུས་པའི་མདོ་ལས། སྦྱིན་པའི་དུས

སུ་ཚུལ་ཁྲིམས་ལ་བརྟུལ་བ་བཏང་སྙོམས་ལ་སོགས་པ་རྒྱ་ཆེར་གསུངས་པ་ཡིན་ནོ། །ཞེས་དང་། བསླབ་པ་འདིའི་ནང་ནས་བསླབ་པ་གང་ཡང་རུང་བ་བསྒྲུབ་པར་འདོད་པས་ཡང་དག་པར་ལེན་པར་བྱེད་དོ། །ཞེས་དང་། སྡོམ་པ་བདག་ཉིད་ཀྱི་སྟོབས་དང་ཡང་སྦྱར་ཏེ་བླངས་ནས་སྡོམ་པ་གཟུང་བར་བྱའོ། །ཞེས་གསུངས་པ་ཡིན་ནོ། །དེས་ན་དབུ་མ་ལུགས་ཀྱི་འཇུག་སྡོམ་ལ་ཡང་། ཉེས་སྤྱོད་སྡོམ་པ་དང་། དགེ་བ་ཆོས་སྡུད་དང་། སེམས་ཅན་དོན་བྱེད་དང་གསུམ་ལས། དང་པོ་ལ་སྲོག་གཅོད་ཙམ་སྤོང་བ་དང་། གཉིས་པ་ལ་སྦྱིན་པ་ཙམ་སྒྲུབ་པ་ལྟ་བུ་དང་། གསུམ་པ་ལ་སེམས་ཅན་ཉི་ཚེ་བའི་དོན་བྱེད་པ་ལྟ་བུ་ཉི་ཚེ་བའི་ཚུལ་ཁྲིམས་ཡོད་པ་ནི། གོང་དུ་དྲངས་པའི་ལུང་དེ་དག་གིས་གྲུབ་བོ། །

འདིར་གོ་རམ་པས་མཛད་པའི་སྤྱི་དོན་ལས། བྱང་སེམས་ཀྱི་སྡོམ་པ་འདི་ལ་རྣམ་དབྱེ་ཤེས་པའི་ཕྱིར་དུ་ཆོ་གའི་སྒོ་ནས་དབྱེ་ན། སོ་ཐར་དང་ཆོ་ག་ཐུན་མོང་བའི་བྱང་སྡོམ། ཆོ་ག་ཐུན་མོང་མ་ཡིན་པའི་བྱང་སྡོམ། དབང་བསྐུར་དང་ཆོ་ག་ཐུན་མོང་བའི་བྱང་སྡོམ་དང་གསུམ་ལས། དང་པོ་ནི། སྔར་བཤད་པའི་ཐེག་ཆེན་སོ་ཐར་ཐམས་ཅད་དོ། །དེས་ན་ཉན་ཐོས་ཀྱི་སོ་ཐར་དང་བྱང་སེམས་ཀྱི་སྡོམ་པ་གཉིས་རྣམ་པ་ཐམས་ཅད་དུ་འགལ་ཡང་། བྱང་སེམས་ཀྱི་སོ་ཐར་དང་མི་འགལ་ཏེ། གང་ལ་ཐེག་ཆེན་སོ་ཐར་གྱི་མཚན་ཉིད་ཚང་བ་དེ་ལ་བྱང་སེམས་ཀྱི་སྡོམ་པའི་མཚན་ཉིད་ཀྱང་ཚང་ལ། གང་ལ་བྱང་སེམས་ཀྱི་སྡོམ་པའི་མཚན་ཉིད་ཚང་བ་དེ་ལ་ཐེག་ཆེན་སོ་ཐར་གྱི་མཚན་ཉིད་ཀྱང་ཚང་བའི་ཕྱིར་ཏེ། སེམས་ཅན་ཐམས་ཅད་ཀྱི་དོན་དུ་སངས་རྒྱས་ཐོབ་ཕྱིར་དུ་བསྲུང་བའི་སྡོམ་པ་ཡིན་ན་བྱང་སེམས་ཀྱི་སྡོམ་པ་ཡིན་དགོས་ཤིང་། གཞན་ལ་ཕན་པ་ཁྱད་པར་ཅན་སྒྲུབ་པ་ལ༑ གཞན་ལ་གནོད་པ་སྤོང་བས་ཁྱབ་པའི་ཕྱིར་རོ། །གཉིས་པ་ནི། དབུ་སེམས་ཀྱི་ཆོ་ག་ལས་ཐོབ་པའི་སྨོན་འཇུག་གི་སྡོམ་པ་ལྟ་བུའོ། །གསུམ་པ་ནི། དབང་བསྐུར་གྱི་སྔ་གོན་གྱི་དུས་སུ་ཐོབ་པའི་བྱང་སེམས་ཀྱི་སྡོམ་པ་དང་། དབང་བསྐུར་དངོས་གཞིའི་དུས་སུ་ཐོབ་པའི་སྔགས་སྡོམ་ལྟ་བུའོ། །ཞེས་སྨྲས་པ་དང་བཅས་ཏེ་འཆད་དོ། །འདི་ལྟ་བུའི་རྣམ་དབྱེ་ནི་རྗེ་བཙུན་ས་སྐྱ་པའི་དགོངས་པ་ལྟ་ཅི་སྨོས། གསུང་རབ་ལ་བློ་ཁ་ཙུང་ཟད་ཕྱོགས་པ་ལ་ཡང་མི་འབྱུང་ཞིང་། རང་ཉིད་ཀྱི་རྣམ་པར་རྟོག་པའི་རྟ་དམུ་རྒོད་ལུང་རིགས་ཀྱི་སྲབ་ཀྱིས་མ་འཆུན་པར་ཁ་ཡན་དུ་འཕྱན་པས། གསུང་རབ་ཀྱི་སྙིང་ཚལ་ཆུད་སོན་པར་བྱེད་པ་ཡིན་པས། རང་གིས་ཁས་བླངས་པ་དང་འགལ་བས་དགག་པར་བྱ་སྟེ། འོ་ན་བསམ་པ་ཐེག་ཆེན་སེམས་བསྐྱེད་ཀྱིས་ཟིན་ཅིང་ཆོ་ག་ཉན་ཐོས་ཀྱི་ལུགས་ལྟར་བྱས་པ་ལས་ཐོབ་པའི་དགེ་སློང་གི་སྡོམ་པ་ཆོས་ཅན། ཤི་འཕོས་པས་མི་གཏོང་བར་ཐལ། བྱང་སེམས་ཀྱི་སྡོམ་པ་ཡིན་པའི་ཕྱིར། ཁྱབ་པ་ནི། ཁྱེད་རང་གི་ཊཱི་ཀའི་ཤོག་བུ་བཅོ་ལྔ་པར། དེ་ལྟ་བུའི་སོ་སོར

ཐར་པ་ནི་སྡོམ་པ་གཞན་གཉིས་མ་བཏང་གི་བར་དུ་ཡོད་པའི་ཕྱིར། ཞེས་ཁས་བླངས་སོ། །མ་གྲུབ་ན་དེར་ཐལ། ཐེག་ཆེན་སོ་ཐར་ཡིན་པའི་ཕྱིར་རོ། །གསུམ་ཆར་ཁས་བླངས། ད་དུང་མ་གྲུབ་ན་དངོས་འགལ་ཡིན་མོད། དེར་ཐལ། སེམས་ཅན་ཐམས་ཅད་ཀྱི་དོན་དུ་སངས་རྒྱས་ཐོབ་ཕྱིར་དུ་གཞན་ལ་གནོད་པ་གཞི་བཅས་སྤོང་བའི་སེམས་པ་མཚུངས་ལྡན་དང་བཅས་པ་ཡིན་པའི་ཕྱིར། ཁྱབ་པ་སྤྱི་དོན་དུ་ཁས་བླངས། འདོད་ན་ཤི་འཕོས་པས་གཏོང་བར་ཐལ། ཇི་སྲིད་འཚོ་དང་ཉིན་ཞག་གང་རུང་གི་མཐའ་ཅན་གྱི་སྡོམ་པ་ཡིན་པའི་ཕྱིར། གསུམ་ཆར་ཁས་བླངས་ཏེ། རྟགས་དང་ཁྱབ་པ་ནི། ཁྱེད་རང་གི་ཊཱི་ཀའི་ཤོག་བུ་བཅུ་བདུན་པའི་ནང་ལོག་ཏུ། བསམ་པ་སེམས་བསྐྱེད་ཀྱིས་ཟིན་པའི་སོ་ཐར་རིས་བརྒྱད་པོ་ལ་སྡོམ་པའི་ལྡོག་པ་དང་། ཀུན་སློང་བྱང་ཆུབ་སེམས་ཀྱི་ལྡོག་པ་གཉིས་ལས། དང་པོ་ནི། ཤི་འཕོས་པའི་ཚེ་གཏོང་སྟེ། ཇི་སྲིད་འཚོ་དང་ཉིན་ཞག་གང་རུང་གི་མཐའ་ཅན་གྱི་སྡོམ་པ་ཡིན་པའི་ཕྱིར། ཞེས་མ་བཤད་དམ། གཞན་ཡང་དེ་ཆོས་ཅན། ཤི་འཕོས་པས་མི་གཏོང་བར་ཐལ། ཇི་སྲིད་སྙིང་སེམས་མ་ཉམས་ཀྱི་བར་དུ་ཡོད་པའི་ཕྱིར། བྱང་སེམས་ཀྱི་སྡོམ་པ་ཡིན་པའི་ཕྱིར། གསུམ་ཆར་ཁས་བླངས། འདོད་ན་དངོས་འགལ་ཡིན་ཏེ། དགེ་སློང་ལ་སོགས་སྡོམ་པ་རྣམས། །ལྡོག་པ་ཤི་བའི་ཚེ་ན་གཏོང་། །ཞེས་པའི་ཊཱི་ཀར། གཞན་དག་དགེ་སློང་གི་སྡོམ་པའི་ལྡོག་པ་གཏོང་། ངོ་བོ་མི་གཏོང་བར་འདོད་པ་ལ་ནི། ཤི་ཡང་དགེ་སློང་མི་འདོར་ན། །ཞེས་སོགས་ཀྱི་གནོད་པ་མཐའ་དག་འབབ་པར་འགྱུར་བས་བག་ཡོད་པར་གྱིས་ཤིག །ཅེས་མ་སྨྲས་སམ། གཞན་ཡང་བསམ་པ་ཐེག་ཆེན་སེམས་བསྐྱེད་ཀྱིས་ཟིན་པའི་བསྙེན་གནས་ཀྱི་སྡོམ་པ་དེ་མཚན་མོ་འདས་པས་གཏོང་ངམ་མི་གཏོང་། མི་གཏོང་ན། སེམས་བསྐྱེད་ལྡན་པའི་བསྙེན་གནས་ཀྱང་། །ནང་པར་ཕན་ཆད་ཡོད་པའི་ཕྱིར། །རྟག་ཏུ་བསྙེན་གནས་བསྲུང་དགོས་འགྱུར། །ཞེས་པའི་ཉེས་པ་མཐའ་དག་འབབ་པར་འགྱུར་རོ། །གཏོང་ན་དེ་ཆོས་ཅན། མཚན་མོ་འདས་པ་ཙམ་གྱིས་མི་གཏོང་བར་ཐལ། བྱང་སེམས་ཀྱི་སྡོམ་པ་ཡིན་པའི་ཕྱིར་ཏེ། ཐེག་ཆེན་སོ་ཐར་ཡིན་པའི་ཕྱིར། གསུམ་ཆར་ཁས་བླངས་སོ། །ཡང་བཤན་པ་ལ་སོགས་པ་སྡོམ་མིན་ཅན་རྣམས་སེམས་ཙམ་ལུགས་ཀྱི་སེམས་བསྐྱེད་ཀྱི་སྡོམ་པའི་རྟེན་དུ་རུང་བར་ཐལ། དེ་སོ་ཐར་སྡོམ་པའི་རྟེན་དུ་རུང་བའི་ཕྱིར། འདོད་ན། སེམས་བསྐྱེད་སྡིག་ཅན་ལ་མི་སྐྱེ། །ཞེས་པ་དང་འགལ་ལོ། །གཞན་ཡང་། རྒྱལ་བ་ཐན་བཞེད་ཉིན་གཅིག་གི །སྲོག་གཅོད་སྡོམ་པ་བླངས་པ་ལ། །བྱང་ཆུབ་སེམས་དཔའི་སེམས་བསྐྱེད་མཛད། །དེ་ནི་སོ་སོར་ཐར་པ་མིན། །ཞེས་པ་སྟེ། དེ་ནི་སོ་སོར་ཐར་པ་ཡིན། །ཞེས་འདོན་རིགས་པར་ཐལ། དེ་འདྲའི་སེམས་བསྐྱེད་ཀྱི་སྡོམ་པ་དེ་སོ་སོར་ཐར་པ་ཡིན་པའི་ཕྱིར། ཡང་སྔར་གསོལ་བཞིའི་ལས་ཀྱིས་བསྙེན་པར་རྫོགས་པའི་སྡོམ་པ་བླངས་ནས། ཕྱིས་བྱང་སེམས་ཀྱི་སྡོམ་པ་བླང་དུས་ཀྱི་དགེ་

སློང་གི་སྡོམ་པ་དེ་བྱང་སེམས་ཀྱི་སྡོམ་པ་མ་བླངས་གོང་དུ་ཐོབ་པར་ཐལ། དགེ་སློང་དེའི་རྒྱུད་ལ་སྔར་དགེ་སློང་གི་སྡོམ་པ་སྐྱེས་ནས་ཕྱིས་བྱང་སེམས་ཀྱི་སྡོམ་པ་སྐྱེ་བའི་ཕྱིར། འདོད་ན། དེའི་རྒྱུད་ལ་བྱང་སེམས་ཀྱི་སྡོམ་པ་མ་སྐྱེས་གོང་དུ་བྱང་སེམས་ཀྱི་སྡོམ་པ་སྐྱེ་བར་ཐལ། དེའི་རྒྱུད་ཀྱི་དགེ་སློང་གི་སྡོམ་པ་དེ་བྱང་སེམས་ཀྱི་སྡོམ་པ་མ་བླངས་གོང་དུ་ཐོབ་པ་གང་ཞིག དེ་བྱང་སེམས་ཀྱི་སྡོམ་པ་ཡིན་པའི་ཕྱིར། གཞན་ཡང་ཉན་ཐོས་ཀྱི་ཚོགས་བྱང་སེམས་ཀྱི་སྡོམ་པ་ལེན་པ་ནི་སེང་གེའི་ཕྲུ་གུ་གླང་ཆེན་ལས་འབྱུང་བ་དང་འདྲ་བས། ཁྱད་འབའ་ཞིག་གི་རྣམ་དབྱོད་ལ་ཤར་བར་གསལ་ལོ། །གཞན་ཡང་བྱང་འཕགས་ཀྱི་རྒྱུད་ཀྱི་བསམ་གཏན་དང་ཟག་མེད་ཀྱི་སྡོམ་པ་ཆོས་ཅན། བྱང་སེམས་ཀྱི་སྡོམ་པ་ཡིན་པར་ཐལ། སེམས་ཅན་ཐམས་ཅད་ཀྱི་དོན་དུ་སངས་རྒྱས་ཐོབ་ཕྱིར་དུ་བླངས་པའི་སྡོམ་པ་ཡིན་པའི་ཕྱིར། བྱང་འཕགས་ཀྱི་རྒྱུད་ཀྱི་སྡོམ་པ་ཡིན་པའི་ཕྱིར། འདོད་ན། ཚོག་ལས་ཐོབ་པར་ཐལ། བྱང་སེམས་ཀྱི་སྡོམ་པ་ཡིན་པའི་ཕྱིར། འདོད་ན། དོན་དམ་བྱང་ཆུབ་སེམས་དང་ནི། །ཟག་པ་མེད་པའི་སྡོམ་པ་དང་། །བསམ་གཏན་གྱི་ནི་སྡོམ་པ་རྣམས། །ངང་གིས་སྐྱེ་ཡིས་ཆོགས་མིན། །ཞེས་པ་དང་འགལ་ལོ༑ ༑དེས་ན་གཞུང་གི་དངོས་བསྟན་དང་། ཤུགས་བསྟན་གང་དང་ཡང་མི་མཐུན་པའི་གྲུབ་མཐའ་མང་དུ་བཞག་ནས། ཁོ་བོ་ནི་ལུགས་འདི་ལ་མི་འཕྲོག་པའི་སྤོབས་པ་ཐོབ་པའོ། །ཞེས་སྨྲ་བ་ནི་བླུན་པོ་འཕྲིད་པའི་ཕྱིར་རོ། །

འོ་ན་སེམས་བསྐྱེད་ཀྱི་སྡོམ་པ་ལེན་པའི་ཚོག་ལ་ལུགས་གཉིས་སུ་ངེས་ན། རྒྱུད་སྡེ་ནས་བཤད་པ་དེ་ལུགས་གང་དང་མཐུན་ཞེ་ན། སྤྱིར་ཡན་ལག་བདུན་པ་སྔོན་དུ་སོང་ཞིང་། དངོས་གཞིའི་དུས་སུ་སྨོན་འཇུག་ཆབས་ཅིག་ཏུ་ལེན་པ་ཞིག་སྣང་ན་དབུ་མའི་ལུགས་དང་། དེ་སྔོན་དུ་མ་སོང་བར་དངོས་གཞིའི་དུས་སུ་འཇུག་སྡོམ་རྐྱང་པ་ལེན་པ་ཞིག་སྣང་ན་སེམས་ཙམ་གྱི་ལུགས་ཞེས་བྱ་ལ། དེ་ཡང་། དཀོན་མཆོག་གསུམ་ལ་བདག་སྐྱབས་མཆི། །ཞེས་སོགས་ཤློ་ཀ་གསུམ་གྱིས་སེམས་བསྐྱེད་ཀྱི་སྡོམ་པ་ལེན་པར་ཚད་ལྡན་གྱི་རྒྱ་གཞུང་དྲུག་ཙམ་ནས་གསུངས་པ་ལྟར་ན་དེ་དབུ་མའི་ལུགས་དང་མཐུན་པར་ངེས་སོ། །ཡང་རྣམ་སྣང་མངོན་བྱང་དང་། དམ་ཚིག་གསུམ་བཀོད་སོགས་ལས་བདག་འབུལ་བའི་སྡོམ་པ་དང་། དུས་གསུམ་དུ་སྒྲིབ་པ་མེད་པའི་སྡོམ་པ་ལེན་པའི་ཚོག་གསུངས་པ་ནི་སྔགས་ཀྱི་ཐུན་མོང་མ་ཡིན་པའི་ལུགས་ཏེ། སྡོམ་པ་དེ་དག་ཀྱང་དོན་དམ་སེམས་བསྐྱེད་ཀྱི་སྡོམ་པ་ཡིན་ལ། འདིར་ལུགས་གཉིས་སུ་ངེས་པ་ནི་ཀུན་རྫོབ་སེམས་བསྐྱེད་ཀྱི་དབང་དུ་བྱས་པའོ། །

འདིར་བྱང་སེམས་སྡོམ་པའི་ངོ་བོ་ནི། སེམས་བསྐྱེད་ཀྱི་ཚོག་ཆེན་པོ་ལས་ཐེག་ཆེན་གྱི་སླུབ་པ་ཁྱད་པར་བ་གང་ཞིག །མི་མཐུན་ཕྱོགས་སྤོང་བའི་སེམས་པ་རྒྱུན་ཆགས་པ་ཞེས་གསུངས། ཁ་ཅིག་སེམས་པ་མཚུངས

ལྡན་དང་བཅས་པ་ཞེས་ཟེར་བ་ལ་ཁྱུངས་མེད་ཅིང་། ཆོས་མངོན་པ་མི་ཤེས་པས་ཀུན་ནས་བསླངས་པའོ། །ཡང་ན་འདིར་ཐེག་ཆེན་སེམས་བསྐྱེད་མི་ཉམས་པར་བསྲུང་བར་ཁས་བླངས་པ་ལས་ཐོབ་པའི་སེམས་པ་ས་བོན་དང་བཅས་པ་དེ་བྱང་སེམས་ཀྱི་སྡོམ་པ་ཙམ་གྱི་མཚན་ཉིད་དོ། །དེ་ལ་ཀུན་རྫོབ་སེམས་བསྐྱེད་ཀྱི་སྡོམ་པ་དང་། དོན་དམ་སེམས་བསྐྱེད་ཀྱི་སྡོམ་པ་གཉིས་སོ། །མཚན་ཉིད་རིམ་པ་བཞིན། ཐེག་ཆེན་ཀུན་རྫོབ་སེམས་བསྐྱེད་མི་ཉམས་པར་བསྲུང་བར་ཁས་བླངས་པ་ལས་ཐོབ་པའི་སེམས་པ་ས་བོན་དང་བཅས་པ་དང་། ཐེག་ཆེན་དོན་དམ་སེམས་བསྐྱེད་མི་ཉམས་པར་བསྲུང་བར་ཁས་བླངས་པ་ལས་ཐོབ་པའི་སེམས་པ་ས་བོན་དང་བཅས་པའོ། །དང་པོ་ལ། ཐེག་ཆེན་སྨོན་པ་སེམས་བསྐྱེད་ཀྱི་སྡོམ་པ་དང་། འཇུག་པ་སེམས་བསྐྱེད་ཀྱི་སྡོམ་པ་གཉིས་སོ༔ ༔མཚན་ཉིད་རིམ་པ་བཞིན། ཐེག་ཆེན་སྨོན་པ་སེམས་བསྐྱེད་མི་ཉམས་པར་བསྲུང་བར་ཁས་བླངས་པ་ལས་ཐོབ་པའི་སེམས་པ་ས་བོན་དང་བཅས་པ་དང་། ཐེག་ཆེན་འཇུག་པ་སེམས་བསྐྱེད་མི་ཉམས་པར་བསྲུང་བར་ཁས་བླངས་པ་ལས་ཐོབ་པའི་སེམས་པ་ས་བོན་དང་བཅས་པའོ། །ལྟུང་བ་དང་ནི་ཞེས་པ། ལྟུང་བའི་རྣམ་གཞག་ཀྱང་ཐ་དད་དུ་ཡོད་དེ། སེམས་ཙམ་ལུགས་ནི། བྱང་ས་ལས་གསུངས་པའི་དོན་སྡོམ་པ་ཉི་ཤུ་པ་ལས། ཕམ་པ་འདྲ་བའི་ཆོས་བཞི། ཉེས་བྱས་བཞི་བཅུ་རྩ་གསུམ་མོ། །དང་པོ་ནི། རྙེད་དང་བཀུར་སྟི་ཆགས་པ་ཡིས། །བདག་བསྟོད་གཞན་ལ་སྨོད་པ་དང་། །སྡུག་བསྔལ་མགོན་མེད་གྱུར་པ་ལ། །སེར་སྣས་ཆོས་ནོར་མི་སྟེར་དང་། །གཞན་གྱིས་བཤད་ཀྱང་མི་ཉན་པར། །ཁྲོས་པས་གཞན་ལ་འཚོག་པ་དང་། །ཐེག་པ་ཆེན་པོ་སྤོང་བྱེད་ཅིང་། །དམ་ཆོས་འདྲར་སྣང་སྟོན་པའོ། །ཞེས་སོ། །དེ་ལ་དང་པོ་གཉིས་ཆགས་པས་ཀུན་ནས་བསླངས་པ་དང་། །གསུམ་པ་ཞེ་སྡང་གིས་ཀུན་ནས་བསླངས་པའོ། །བཞི་པ་གཏི་མུག་གིས་ཀུན་ནས་བསླངས་པའོ། །

གཉིས་པ་ཉེས་བྱས་ནི། དཀོན་མཆོག་གསུམ་ལ་གསུམ་མི་མཆོད། །འདོད་པའི་སེམས་ཀྱི་རྗེས་སུ་འཇུག །རྒན་པ་རྣམས་ལ་གུས་མི་བྱེད། །དྲིས་པ་ལ་ནི་ལན་མི་འདེབས། །མགྲོན་པོ་བདག་གིར་མི་བྱེད་དང་། །གསེར་ལ་སོགས་པ་ལེན་མི་བྱེད། །ཆོས་འདོད་པ་ལ་སྦྱིན་མི་བྱེད། །ཚུལ་ཁྲིམས་འཆལ་བ་ཡལ་བར་འདོར། །ཕ་རོལ་དད་ཕྱིར་སློབ་མི་བྱེད། །སེམས་ཅན་དོན་ལ་བྱ་བ་ཆུང་། །འཚོ་བ་ལོག་པ་དང་དུ་ལེན། །འཕྱར་ནས་རབ་ཏུ་རྒོད་ལ་སོགས། །འཁོར་བ་གཅིག་ཏུ་བགྲོད་པར་སེམས། །གྲགས་པ་མ་ཡིན་མི་སྤོང་བ། །ཉོན་མོངས་བཅས་དང་འཚོས་མི་བྱེད། །གཤེ་ལ་ལན་དུ་གཤེ་ལ་སོགས། །ཁྲོས་པ་རྣམས་ནི་ཡལ་བར་འདོར། །ཕ་རོལ་བཤད་ཀྱིས་འཆགས་པ་སྤོང་། །ཁྲོས་པའི་སེམས་ཀྱི་རྗེས་སུ་འཇུག །རྙེད་བཀུར་འདོད་ཕྱིར་འཁོར་རྣམས་སྡུད། །ཆགས་པས་བྲེ་མོའི་གཏམ་ལ་བརྟེན། །ཉིང་ངེ་འཛིན་གྱི་དོན་མི་འཚོལ། །བསམ་གཏན་སྒྲིབ་པ་སྤོང་མི་

བྱེད། །བསམ་གཏན་རོ་ལ་ཡོན་ཏན་ལྟ། །ཉན་ཐོས་ཐེག་པ་སྤྱོད་པར་བྱེད། །རང་ཚུལ་ཡོད་བཞིན་དེ་ལ་བརྙོན། །བརྙོན་མིན་ཕྱི་རོལ་བསྟན་བཅོས་བརྙོན། །བརྙོན་པར་བྱས་ཀྱང་དེ་ལ་དགའ། །ཐེག་པ་ཆེན་པོ་སྤྱོད་པར་བྱེད། །བདག་ལ་བསྟོད་ཅིང་གཞན་ལ་སྨོད། །ཆོས་ཀྱི་དོན་དུ་འགྲོ་མི་བྱེད། །དེ་ལ་སླད་དང་ཡི་གེ་བརྟེན། །དགོས་པའི་གྲོགས་སུ་འགྲོ་མི་བྱེད། །ནད་པའི་རིམ་གྲོ་བྱ་བ་སྤོང་། །སྡུག་བསྔལ་སེལ་བར་མི་བྱེད་པ༑ ༑བག་མེད་རྣམས་ལ་རིགས་མི་སྟོན། །བྱས་ལ་ལན་དུ་ཕན་མི་འདོགས། །གཞན་གྱི་མྱ་ངན་བསང་མི་བྱེད། །ནོར་འདོད་པ་ལ་སྦྱིན་མི་བྱེད། །འཁོར་རྣམས་ཀྱི་ནི་དོན་མི་བྱེད། །གཞན་གྱི་བློ་དང་མཐུན་མི་འཇུག །རྒྱན་དུ་འབབ་པར་ཚར་མི་གཅོད། །རྫུ་འཕྲུལ་བསྡིགས་ལ་སོགས་མི་བྱེད། །ཅེས་པ་རྣམས་སོ། །གྲངས་འདྲེན་ཚུལ་ལ་ཞེ་དྲུག་ཏུ་འཆད་པ་དང་། ཞེ་ལྔར་འཆད་པ་དང་། ཞེ་བཞིར་འཆད་པ་དང་། ཞེ་གསུམ་དུ་འཆད་པ་སོགས་ཅི་རིགས་སུ་སྣང་ལ། དངོས་བསྟན་ཞེ་གསུམ་ལས་མི་སྣང་ངོ་། །མཚན་གཞི་རེ་རེ་ལ་ཡང་ཉོན་མོངས་པའི་ཉེས་པ་དང་། ཉོན་མོངས་མེད་པའི་ཉེས་པ་དང་། ཉེས་མེད་དེ་གསུམ་གསུམ་ཡིན་ལ། ཉེས་མེད་ནི། ཇི་སྐད་དུ། སྙིང་རྗེ་ལྡན་ཞིང་བྱམས་ཕྱིར་དང་། །སེམས་དགེ་བ་ལ་ཉེས་པ་མེད། །ཅེས་སོ། །དབུ་མ་ལུགས་ནི་ནམ་མཁའི་སྙིང་པོའི་མདོ་ལས། བྱང་ཆུབ་སེམས་དཔའ་རྒྱལ་པོ་ལ་ལྔ། བློན་པོ་ལ་ལྔ། ལས་དང་པོ་པ་ལ་བརྒྱད། ཐབས་ལ་མཁས་པའི་མདོ་ལས། ཐུན་མོང་སྨོན་སེམས་བཏང་བའི་རྩ་ལྟུང་གཅིག་སྟེ་བཅུ་དགུའོ། །ཞེས་སྔ་རབས་པ་རྣམས་གསུང་ངོ་། །དེ་དག་ཀྱང་རྫས་ཀྱི་སྒོ་ནས་བཅུ་བཞིར་འདུས་ཏེ། རྒྱལ་བློན་ཐུན་མོང་དུ་བཞི། ཐུན་མོང་མ་ཡིན་པ་རེ་རེ་སྟེ་དྲུག །ལས་དང་པོ་པ་ལ་བརྒྱད་དོ། །ཞེས་གསུངས་པ། ནམ་མཁའི་སྙིང་པོའི་མདོ་ལས་གསུངས་པའི་དབང་དུ་བྱས་ལ། ཐབས་ལ་མཁས་པའི་མདོ་ལས་གསུངས་པ་གཅིག་བསྣན་ན་བཅོ་ལྔའོ། །དེ་དག་བསླབ་བཏུས་ལས་ཚིགས་བཅད་དུ་བསྡེབས་ནས་གསུངས་པ་ནི་འདི་ལྟར་རོ། །རྩ་བའི་ལྟུང་བ་འདི་དག་བདེ་བླག་ཏུ་བཟུང་བ་དང་། འགའ་ཞིག་གི་ལུགས་གནས་པར་བྱ་བའི་ཕྱིར་ཚིག་ལེའུར་བྱས་པ་བརྗོད་པར་བྱའོ། །དཀོན་མཆོག་གསུམ་གྱི་དཀོར་འཕྲོག་པ། །ཕམ་པ་ཡི་ལྟུང་བར་འདོད། །དམ་པའི་ཆོས་ནི་སྤོང་བྱེད་པ། །གཉིས་པར་ཐུབ་པས་གསུངས་པ་ཡིན། །ཚུལ་ཁྲིམས་འཆལ་བའི་དགེ་སློང་ལ། །ངུར་སྨྲིག་འཕྲོག་དང་རྡེག་པ་དང་། །བཙོན་རར་འཇུག་པར་བྱེད་པ་དང་། །རབ་ཏུ་བྱུང་ལས་འབེབས་པ་དང་། །མཚམས་མེད་ལྔ་པོ་བྱེད་པ་དང་། །ལོག་པར་ལྟ་བ་འཛིན་པ་དང་། །གྲོང་ལ་སོགས་པ་འཇིག་པ་ཡང་། །རྩ་བའི་ལྟུང་བར་རྒྱལ་བས་གསུངས། །བློ་སྦྱངས་མ་བྱས་སེམས་ཅན་ལ། །སྟོང་པ་ཉིད་ནི་བརྗོད་པ་དང་། །སངས་རྒྱས་ཉིད་ལ་ཞུགས་པ་དག །རྫོགས་པའི་བྱང་ཆུབ་ལྡོག་པ་དང་། སོ་སོར་ཐར་པ་ཡོངས་སྤངས་ཏེ། །ཐེག་པ་ཆེ་ལ་སྦྱོར་བ

དང་། །སློབ་མའི་ཐེག་པས་ཆགས་ལ་སོགས། སྤོང་བར་འགྱུར་བ་མིན་ཞེས་འཛིན། །ཕ་རོལ་དག་ཀྱང་འཛིན་འཇུག་དང་། །རང་གི་ཡོན་ཏན་བརྗོད་པ་དང་། ཉེད་པ་དང་ནི་བཀུར་སྟི་དང་། །ཚིགས་བཅད་རྒྱུ་ཡིས་གཞན་སྨོད་དང་། །བདག་ནི་ཟབ་མོ་བཟོད་པའོ་ཞེས། །ལོག་པ་ཉིད་ནི་སྨྲ་བ་དང་། །དགེ་སློང་ཆད་པ་གཅོད་འཇུག་དང་། །དཀོན་མཆོག་གསུམ་གྱི་སྦྱིན་བྱེད་དང་། །སྦྱིན་པ་ལེན་པར་བྱེད་པ་དང་། །ཞི་གནས་འདོར་བར་བྱེད་པ་དང་། །ཡང་དག་འཇོག་གི་ལོངས་སྤྱོད་ནི། །ཁ་ཏོན་པ་ལ་སྦྱིན་པ་རྣམས། །དེ་དག་རྩ་བའི་ལྟུང་བ་སྟེ། །སེམས་ཅན་དམྱལ་བ་ཆེན་པོའི་རྒྱུ། །རྨི་ལམ་འཕགས་པ་ནམ་སྙིང་པོའི། །མདུན་དུ་འདུག་སྟེ་བཤག་པར་བྱ། །བྱང་ཆུབ་སེམས་ནི་ཡོངས་འདོར་དང་། །ཆགས་དང་སེར་སྣ་མི་ཟད་པས། །སློང་ལ་སྦྱིན་པར་མི་བྱེད་དང་། །ཁྲིམ་སྟེ་དགའ་བར་བྱེད་པ་ན། །སེམས་ཅན་ལ་ནི་མི་བཟོད་པར། །བྲེས་པས་སེམས་ཅན་རྡེག་པ་དང་། །ཉོན་མོངས་པ་དང་གཞན་མཐུན་པས། །ཆོས་ལྟར་བཅོས་པ་བརྗོད་པའོ། །ཞེས་གསུངས།

དེ་ཡང་། དཀོན་མཆོག་གསུམ་གྱི་དཀོར་འཕྲོག་པ་ནས་མཚམས་མེད་ལྔ་པོ་བྱེད་པ་ཞེས་པའི་བར་བཞི་ནི་རྒྱལ་བློན་གྱི་ཐུན་མོང་བ་དང་། ལོག་པར་ལྟ་བ་འཛིན་པ་རྒྱལ་པོའི་ཐུན་མོང་མ་ཡིན་པར་བཤད། གྲོང་ལ་སོགས་པ་འཇོམས་པ་བློན་པོའི་ཐུན་མོང་མ་ཡིན་པ། བློ་སྦྱངས་མ་བྱས་ཞེས་པ་ནས། ཡང་དག་འཇོག་གི་ལོངས་སྤྱོད་ཁ་ཏོན་པ་ལ་སྦྱིན་པའི་བར་བརྒྱད་ལས་དང་པོ་པའི་དང་། དེ་ནས་བྱང་ཆུབ་ཀྱི་སེམས་འདོར་བ་ཞེས་པ་ཐབས་ལ་མཁས་པའི་མདོ་ནས་གསུངས། ཆགས་དང་སེར་སྣ་ཞེས་སོགས་གསུམ་བྱང་ས་ནས་གསུངས་པ་སྟེ། འགའ་ཞིག་གི་ལུགས་གནས་པར་བྱ་བའི་ཕྱིར་ཞེས་པས་བསྟན་ནོ། །དེས་ན་བྱང་ས་ནས་གསུངས་པ་དེ་དག་བསླབ་བཏུས་ནས་གསུངས་པར་འདུ་ཡང་། བསླབ་བཏུས་ནས་གསུངས་པ་ནི་བྱང་ས་ནས་གསུངས་པར་མི་འདུས་ཏེ། དཔེར་ན་སྨོན་སེམས་བཏང་བ་དེ་བྱང་སར་རྩ་ལྟུང་དུ་མི་འཆད་པ་བཞིན་ནོ། །ཡང་འདིར་རྣམ་བཤད་མཛད་པ་སྤོས་ཁང་པ་དང་ཀུ་མྦ་ར་གཉིས་ཀྱིས། བྱང་ས་ནས་བཤད་པའི་བཞི་པོ་དེར་བསླབ་བཏུས་ནས་བཤད་པ་རྣམས་འདུས་པའི་ཤེས་བྱེད་དུ་ཨ་བྷ་ཡཱ་ཀ་རའི་ལུང་འདྲེན་པ་ནི་མི་འཐད་དེ། ལུགས་དེ་ནི་གཞུང་འདིའི་ཕྱོགས་སྔའི་གཙོ་བོ་ཡིན་པའི་ཕྱིར་ཏེ། རྗེ་བཙུན་གྱི་སྡོམ་པ་ཉི་ཤུ་པའི་རྣམ་བཤད་ལས་ཀྱང་། དེ་བཞི་པོར་འདུས་སམ་སྙམ་ན། འགའ་ཞིག་གིས་བསྡུས་པར་སྣང་ཡང་མི་འདུ་སྟེ། མདོ་ཐ་དད་ཀྱི་དགོངས་པ་ཡིན་ནོ་ཞེས་གསུངས་པའི་ཕྱིར་རོ། །ཡང་ཅོང་ཁ་པས་ལུགས་གཉིས་ལ། ཚིག་དང་ལྟུང་བ་སོགས་ཐ་དད་ཀྱི་རྣམ་གཞག་མི་འཐད་དེ། དེ་གཉིས་ཀྱི་སྡོམ་པའི་ངོ་བོ་ལ་ཁྱད་པར་མེད་པའི་ཕྱིར་དང་། ལུགས་གཉིས་པོ་དེ་ལྟ་བ་ཐ་དད་ཀྱིས་ཕྱེ་བ་ཡིན་གྱི། ཚིག་ཐ་དད་ཀྱིས་དབྱེ་བ་མེད་པའི་ཕྱིར། ཞེས་ཟེར་བ་ལ། རང་ལུགས་པ་རྣམས

ལ་སྡོམ་པའི་ངོ་བོ་ལ་རྒྱ་ཆེ་ཆུང་གི་ཁྱད་ཡོད་པའི་བཤད་པ་བྱེད་རྒྱུ་ཕལ་ཆེར་ལ་མི་སྣང་ཞིང་། འགའ་ཞིག་ལུགས་དེའི་རྗེས་སུ་འཇུག་པར་བྱེད་དོ། །དེ་དག་ནི་ཤིན་ཏུ་མི་རིགས་ཏེ། སེམས་ཙམ་ལུགས་ཀྱི་སྡོམ་པ་ལ་འཇུག་སྡོམ་ཡིན་པས་ཁྱབ་ཅིང་། དབུ་མ་ལུགས་ལ་སྨོན་འཇུག་གཉིས་ཀའི་སྡོམ་པ་བཤད་པའི་ཕྱིར་དང་། དེའི་སྟོབས་ཀྱིས་སེམས་ཙམ་ལུགས་ལ་སྨོན་སེམས་བཏང་བ་རྩ་ལྟུང་དུ་མི་བཞེད་པའི་ཕྱིར། འོ་ན་བྱང་ས་ནས་བཤད་པའི་ཚོགས་ཐོབ་པའི་སེམས་བསྐྱེད་སྡོམ་ལྡན་གྱི་ལས་དང་པོ་པ་ཆོས་ཅན། ཁྱོད་སྨོན་སེམས་བཏང་བའི་རྩ་ལྟུང་གི་རྟེན་དུ་རུང་བར་ཐལ། བྱང་སེམས་ཀྱི་སྡོམ་ལྡན་ཡིན་པའི་ཕྱིར་ཞེ་ན། འོ་ན་མིར་ཆགས་བསད་པ་ལ་ཕམ་པ་མི་འབྱུང་བར་འདོད་པ་གནས་བརྟན་པའི་སྡེ་པའི་བཙས་ལྡན་དགེ་སློང་དེ་ཆོས་ཅན། མིར་ཆགས་བསད་པའི་རྩ་ལྟུང་གི་རྟེན་དུ་རུང་བར་ཐལ། ཁྱོད་བཙས་ལྡན་དགེ་སློང་ཡིན་པའི་ཕྱིར། གཞན་ཡང་། ཅོང་ཁ་པས་མཛད་པའི་བྱང་ཆུབ་གཞུང་ལམ་དུ། ཨ་བྷྱ་ཀ་རའི་ལུང་ཤེས་བྱེད་དུ་དྲངས་ནས་ལུགས་འདི་ལ་དགག་པ་བྱེད་པ་དང་། དེར་ཨ་བྷ་ཡཱ་ཀ་རས། བསླབ་བཏུས་ནས་གསུངས་པ་རྣམས་རྩ་ལྟུང་དུ་བཞེད་པ་ལེགས་ཀྱང་། བྱང་སར་གསུངས་པ་བསྡུས་པར་འདོད་པ་ཕལ་ཆེ་བ་ལ་ཡིད་བརྟན་མི་སྣང་། ཞེས་ཟེར་བ་ཡང་འགལ་ལོ། །རྒྱས་པར་ནི་གསེར་གྱི་ཐུར་མ་དང་། དཔག་བསམ་འདོད་འཛོ་ལ་བལྟ་བར་བྱའོ། །

ཕྱིར་བཅོས་པའི་ཚུལ་ཡང་ཐ་དད་དུ་ཡོད་དེ། སེམས་ཙམ་པ་ལྟར་ན་ཀུན་དཀྲིས་ཆེན་པོ་ནས་ཀུན་ནས་བསླངས་པའི་རྩ་བའི་ལྟུང་བ་དང་། བྱང་ཆུབ་ཀྱི་སེམས་བཏང་བ་རྣམས་བྱུང་ན་སྡོམ་པ་གཏོང་བས་ན་སྡོམ་པ་བླང་དགོས་ལ་ཟག་པ་འབྲིང་གིས་ཀུན་ནས་བསླངས་པའི་རྩ་ལྟུང་བྱུང་ན་གསུམ་ལ་བཤགས་པ་དང་། ཟག་པ་ཆུང་ངུས་ཀུན་ནས་བསླངས་པའི་རྩ་ལྟུང་དང་། ཉོན་མོངས་ཅན་གྱི་ཉེས་བྱས་རྣམས་ནི་གཅིག་གི་མདུན་དུ་བཤགས་པས་འདག་ལ། ཉོན་མོངས་མེད་པའི་ཉེས་བྱས་ནི་ཕྱིས་མི་བྱ་བའི་སེམས་ཀྱིས་འདག་གོ །དེ་སྐད་དུ་ཡང་། སྡོམ་པ་སླར་ཡང་བླང་བར་བྱ། །ཟག་པ་འབྲིང་ནི་གསུམ་ལ་བཤག །གཅིག་གི་མདུན་དུ་ལྷག་མ་རྣམས། །ཉོན་མོངས་མི་མོངས་བདག་སེམས་བཞིན། །ཞེས་གསུངས་སོ། །དབུ་མ་པ་ལྟར་ན། བསླབ་བཏུས་ལས། ཐེ་ལམ་འཕགས་པ་ནམ་སྙིང་པོའི། །མདུན་དུ་འདུག་སྟེ་བཤག་པར་བྱ། །ཞེས་དང་། སྤྱོད་འཇུག་ལས། ཉིན་དང་མཚན་མོ་ལན་གསུམ་དུ། །ཕུང་པོ་གསུམ་པ་འདོན་བྱ་ཞིང་། །རྒྱལ་དང་བྱང་ཆུབ་སེམས་བརྟེན་པས། །ལྟུང་བའི་ལྷག་མ་དེ་ཞི་བྱ། །ཞེས་གསུངས་པ་ལྟར་རོ། །བསླབ་པར་བྱ་བའང་སོ་སོར་ཡོད་དེ། དབུ་མ་ལུགས་ལ་ནི། སྨོན་འཇུག་གཉིས་ཀའི་བསླབ་བྱ་ལ་སློབ་པ་དང་། སྨོན་པ་རྐྱང་པའི་བསླབ་བྱ་ལ་སློབ་པ་སོགས་ཇི་ཙམ་སྲུབ་པར་ནུས་པ་ཙམ་ལ་སློབ་པར་གསུངས་ལ། སེམས་ཙམ་ལུགས་ལ་ནི། འཇུག་པ་སེམས་བསྐྱེད་ཀྱི་སྡོམ་པ

ཡོངས་སུ་རྫོགས་པའི་བསླབ་བྱ་ལ་སློབ་པར་གསུངས་ཀྱི། ཇི་ཙམ་སྤྱོབ་ནུས་པ་ཙམ་ལ་བསླབས་པས་ཆོག་པར་མ་གསུངས་སོ། །འདིར་བསླབ་པར་བྱ་བ་སོ་སོར་ཡོད་ཚུལ་ལ། སྔ་གདོང་པ་ནི་གཞུང་རྗེན་པར་འཛོག་པ་ལས་གཞན་མི་སྣང་ལ། བསམ་ཡས་པ་བསླབ་པར་བྱ་བ་སོ་སོར་ཡོད་དེ། སྤང་བྱ་ཐ་དད་པའི་ཕྱིར་ཞེས་གསུངས། གོ་ཊཱི་ཀ་ལས། དབུ་མའི་ལུགས་ལ་སྤྱོད་འཇུག་ཏུ། ཕང་པ་བརྒྱངས་ཏེ་མི་འདུག་ཅིང་། །ཞེས་གསུངས། སེམས་ཙམ་པའི་སྡོམ་པ་ཉི་ཤུ་པར་ཉེས་བྱས་བཞི་བཅུ་རྩ་གཉིས་གསུངས་པས་སོ་ཞེས་ཟེར། ལུང་སྔ་མས་བསླབ་བྱ་ཐ་དད་དུ་མི་འགྲུབ་སྟེ། སེམས་ཙམ་ལུགས་ལ་ཕང་པ་བརྒྱངས་ཏེ་འདུག་པར་མ་གསུངས་པས་སོ། །ལུང་ཕྱི་མ་ཚིག་ལ་སྙོན་ཆགས་ཏེ། ཉེས་བྱས་བཞི་བཅུ་རྩ་གཉིས་སྤང་བྱ་ཡིན་གྱི་བསླབ་བྱ་མ་ཡིན་པས་སོ། །

གཉིས་པ། སེམས་ཙམ་ལུགས་ཀྱི་སེམས་བསྐྱེད་སྐྱེ་བོ་ཕལ་པོ་ཆེ་ལ་བྱས་ཀྱང་མི་སྐྱེ་བར་བསྟན་པ་ལ། མི་སྐྱེ་བའི་སྒྲུབ་བྱེད་དང་། སྐྱེ་བའི་སྒྲུབ་བྱེད་དགག་པ་གཉིས། དང་པོ་ནི། སེམས་ཙམ་པའི་སེམས་བསྐྱེད་ཀྱི་སྡོམ་པ་ལེན་པའི་ཆོ་ག་ནི་དེང་སང་བོད་འདི་ན་བྱེད་པ་མང་མོད་ཀྱི། དེ་ནི་སུ་ཡང་རུང་བ་ཡི་གང་ཟག་སོ་ཐར་སྡོམ་པ་དང་མི་ལྡན་པ་དང་། ལྡན་ཡང་ཐེག་ཆེན་གྱི་སྡེ་སྣོད་མི་ཤེས་པ་དང་། ཤེས་ཀྱང་བྱང་ཆུབ་ཏུ་སེམས་མ་བསྐྱེད་པ་རྣམས་ལ་བྱར་མི་རུང་སྟེ། དེ་ལྟར་ཚད་ལྡན་གྱི་གཞུང་ལས་འབྱུང་བའི་ཕྱིར་རོ། །རོང་པ་ཕྱུག་སོར་བ་སོགས་ལ་ལ། སྐྱེ་བོ་གླང་ཐང་པ་ཟེར་བ་འགའ་ཞིག་གི་སྨྲི་ལམ་དུ། རྗེ་བཙུན་བྱམས་པ་ཁྲི་མཐོན་པོ་ལ་བཞུགས་ནས་ཁྲོམ་ཆེན་པོ་ལ་སེམས་བསྐྱེད་བྱེད་པ་རྨིས་པ་དེའི་རྗེས་སུ་འབྲངས་ནས། སེམས་ཅན་ཀུན་ལ་སེམས་ཙམ་ལུགས་ཀྱི་སེམས་བསྐྱེད་ཀྱི་སྡོམ་པ་འབོགས་པའི་ཆོ་ག་བྱེད་དེ། རྨི་ལམ་དེ་བདུད་ཀྱིས་བྱིན་གྱིས་བརླབས་པ་མིན་ན་རུང་ཡང་། དེ་བདུད་ཀྱིས་བྱིན་གྱིས་བརླབས་པ་ཡིན་ཏེ་མདོ་རྒྱུད་དང་མི་མཐུན་པའི་ལམ་སྟོན་པས་སོ། །མདོ་ལས། བདུད་སྡིག་ཅན་སངས་རྒྱས་ཀྱི་ཆ་ལུགས་སུ་བྱས་ནས་ཆོས་སྟོན་པར་འགྱུར་རོ། །ཞེས་གསུངས་སོ། །དེས་ན་འདི་འདྲའི་ལུགས་དེ་སངས་རྒྱས་ཀྱི་བསྟན་པ་མིན་ཏེ། བྱང་ཆུབ་སེམས་དཔའི་ས་དང་ནི་དཔལ་མར་མེ་མཛད་ཀྱི་བྱང་ཆུབ་ལམ་སྒྲོན་ལས་ཀྱང་། སོ་ཐར་སྡོམ་པ་དང་མི་ལྡན་པ་ལ་སེམས་ཙམ་ལུགས་ཀྱི་སེམས་བསྐྱེད་འདི་བཀག་པའི་ཕྱིར། སེམས་བསྐྱེད་ཀྱི་ཆོ་ག་ལས་ཀྱང་། རིགས་ཀྱི་བུ་ཁྱོད་བྱང་ཆུབ་སེམས་དཔའ་ཡིན་ནམ། བྱང་ཆུབ་སེམས་དཔའི་སྡེ་སྣོད་ཀྱི་མ་མོ་ལ་བསླབས་སམ། ཞེས་སོགས་ཀྱིས་བྱང་ཆུབ་སེམས་དཔའི་སྡེ་སྣོད་མི་ཤེས་པ་སོགས་ལ་སེམས་བསྐྱེད་ཀྱི་ཆོ་ག་འདི་བྱར་མི་རུང་བར་གསལ་བའི་ཕྱིར། གཉིས་པ་ནི། ཕྱུག་སོར་བའི་རྗེས་འབྲང་ཁ་ཅིག །སྤྱིར་བླུན་པོ་སྡིག་ཅན་ཡིན་ཡང་སེམས་བསྐྱེད་ཀྱི་ཆོ་གའི་གྲལ་དེར་ཚོགས་པ་ཐམས་ཅད་ནི། སོ་སོར་ཐར་པའི་སྡོམ་པ་ཅན་དང་བྱང་ཆུབ་སེམས་དཔའི་སྡེ་སྣོད་ལ་

མཁས་པ་ཤ་སྟག་ཡིན་ནོ་ལོ། །ལོ་ནི་མ་རངས་པའི་ཚིག་ཅེས་མཛོད་འགྲེལ་ལས་གསུངས་སོ། །འདི་འདྲའི་ཚིག་ལ་འང་བདེན་འཛིན་ཡོད་པ་ནི་ངོ་མཚར་ཏེ། སེམས་ཡོད་རྣམས་ཀྱིས་འདི་ལ་བདེན་ནམ་བརྫུན་དཔྱོད་ཅིག དེ་ལྟར་དཔྱད་པ་ན་གལ་ཏེ་འདི་འདྲ་བའི་ཚིག་བདེན་ན། དེ་ལས་མི་བདེན་པ་གཞན་ཅི་ཞིག་ཡོད་དེ། མིའི་རང་བཞིན་བསིལ་བ་ཡིན་ནོ་ཞེས་པ་ཡང་བདེན་པར་འགྱུར་རོ། །དེས་ན་མདོ་ལ་སོགས་པའི་གསུང་རབ་ཀྱི་ཚོས་ཀྱི་རྗེས་སུ་འབྲང་བའི་མཁས་པ་རྣམས་ཀྱིས་སླན་ཆད་ལུགས་འདི་སྤོངས་ཤིག ཅེས་གདམས་སོ། །

གཉིས་པ། དབུ་མའི་ལུགས་ཀྱི་སེམས་བསྐྱེད་ཀྱི་ཆོ་ག་སྐྱེ་བོ་ཕལ་པོ་ཆེ་ལ་བྱས་ན་སྐྱེ་བར་བསྟན་པ་ལ། དམ་བཅའ་དང་། དེའི་སྒྲུབ་བྱེད་གཉིས། དང་པོ་ནི། དབུ་མའི་ལུགས་ཀྱི་སེམས་བསྐྱེད་ཀྱི་སྡོམ་པ་འདི་སེམས་ཅན་བདེ་ཤེས་ཤིང་ལེན་འདོད་ཡོད་པ་ཀུན་གྱིས་ལེགས་པར་ཐོབ་ན། རྫོགས་པའི་སངས་རྒྱས་ཀྱི་རྒྱུར་འགྱུར་ཞེས། མདོ་དང་ཚད་ལྡན་གྱི་བསྟན་བཅོས་རྣམས་ལས་གསུངས་སོ། །གཉིས་པ་ལ། ལུང་གི་སྒྲུབ་བྱེད་ཁ་འཕང་པ་དང་། རིགས་པའི་སྒྲུབ་བྱེད་དཔེའི་སྒོ་ནས་སོ་སོར་བསྟན་པའོ། །དང་པོ་ནི། ལུང་དེ་ཡང་སྡོང་པོ་བཀོད་པ་ལས། འཕགས་པ་འཇམ་དཔལ་གྱིས་གྲོང་ཁྱེར་སྐྱིད་པའི་འབྱུང་གནས་ཀྱི་ཤར་ཕྱོགས་སུ་ནགས་ཚལ་སྣ་ཚོགས་ཀྱི་རྒྱལ་མཚན་ཞེས་པར། ཆོས་ཀྱི་དབྱིངས་ཀྱི་ཚུལ་སྣང་བ་ཞེས་པའི་ཆོས་ཀྱི་རྣམ་གྲངས་བསྟན་པས་ཀླུ་མཚོའི་ཀླུ་སྟོང་ཕྲག་བཅུ་བླ་ན་མེད་པའི་བྱང་ཆུབ་ཏུ་ངེས་པར་གྱུར་ཏོ། །ཞེས་གསུངས་པ་དང་། བསྐལ་པ་བཟང་པོའི་མདོ་ལས། རྒྱལ་བ་ཕན་བཞེད་གྲོང་དཔོན་གྱུར་པའི་ཚེ། །དེ་བཞིན་གཤེགས་པ་བསོད་ནམས་འོད་དེ་ལ། །ཉིན་གཅིག་སྒྲོག་གཙོད་སྡོམ་པ་བླངས་ནས་ཀྱང་། །དང་པོར་བྱང་ཆུབ་མཆོག་ཏུ་སེམས་བསྐྱེད་དོ། །ཞེས་དང་། ནམ་མཁའི་སྙིང་པོའི་མདོ་ལས། བྱང་ཆུབ་སེམས་དཔའ་རྒྱལ་པོ་དང་བློན་པོ་ལ་འབྱུང་བའི་ལྟུང་བ་གསུངས་པ་དང་དཀོན་མཆོག་བརྩེགས་པའི་གཙུག་ན་རིན་པོ་ཆེས་ཞུས་པ་ལས། ཤེས་རབ་ཀྱི་ཕ་རོལ་ཏུ་ཕྱིན་པའི་སྤྱོད་པ་ཡོངས་སུ་དག་པ་འདི་བསྟན་པ་ན། འཁོར་དེའི་ནང་ནས་ལྷ་དང་མིའི་སྲོག་ཆགས་ཁྲི་ཉིས་སྟོང་བླ་ན་མེད་པ་ཡང་དག་པར་རྫོགས་པའི་བྱང་ཆུབ་ཏུ་སེམས་བསྐྱེད་དོ། །ཞེས་གསུངས། རྒྱལ་པོ་ལ་གདམས་པའི་མདོ་སྡེ་ལ་སོགས་རྣམས་སུ་ལྟོས་ཤིག་སྟེ། རྒྱལ་པོ་ལ་གདམས་པའི་མདོ་ལས། རྒྱལ་པོ་ཆེན་པོ་འདི་ལྟར་ཁྱེད་ནི་བྱ་བ་མང་བྱེད་པ་མང་བས། ཉིན་མཚན་དུ་སྦྱིན་པ་ནས་ཤེས་རབ་ཀྱི་བར་ལ་བསླབ་པར་མི་ནུས་ཏེ། དེ་བས་ན་རྒྱལ་པོ་ཆེན་པོ་ཁྱོད་ཡང་དག་པར་རྫོགས་པའི་བྱང་ཆུབ་ལ་དད་པ་དང་དོན་དུ་གཉེར་བ་དང་། སྨོན་པ་རྟག་པར་རྒྱུན་དུ་དྲན་པར་གྱིས་ལ་ཡིད་ལ་སྒོམས་ཤིག །གཞན་གྱི་དགེ་བ་ལ་རྗེས་སུ་ཡི་རང་བར་གྱིས་ཤིག །ཡི་རང་ནས་ཀྱང་སངས་རྒྱས་དང་བྱང་ཆུབ་སེམས་དཔའ་དང་ཉན་ཐོས་དང་རང་རྒྱལ་ཐམས་ཅད་ལ་ཕུལ་ཅིག །ཕུལ་ནས

སེམས་ཅན་ཐམས་ཅད་དང་ཐུན་མོང་དུ་གྱིས་ཤིག །དེ་ནས་སེམས་ཅན་ཐམས་ཅད་ལ་སངས་རྒྱས་ཀྱི་ཆོས་ཡོངས་སུ་རྫོགས་པར་གྱུར་པ་ཉིན་གཅིག་བཞིན་དུ་བླ་ན་མེད་པའི་བྱང་ཆུབ་ཏུ་བསྔོས་ཤིག །རྒྱལ་པོ་ཆེན་པོ་ཁྱོད་དེ་ལྟར་བྱེད་ན་རྒྱལ་པོའི་བྱ་བ་ཡང་ཡོངས་སུ་ཉམས་པར་མི་འགྱུར་ཞིང་། བྱང་ཆུབ་ཀྱི་ཚོགས་ཀྱང་ཡོངས་སུ་རྫོགས་པར་འགྱུར་རོ། །ཞེས་སོ། །སོགས་པའི་སྒྲས། ཀླུའི་རྒྱལ་པོ་རྒྱ་མཚོས་ཞུས་པ་ལས་ཀླུ་ཁྲི་ཉིས་སྟོང་གིས་བྱང་ཆུབ་ཏུ་སེམས་བསྐྱེད་པར་བཤད་དོ། །བསྟན་བཅོས་ཀྱི་ལུང་ནི། འཕགས་པ་ཀླུ་སྒྲུབ་ཀྱིས་མཛད་པའི་མདོ་ཀུན་ལས་བཏུས་དང་། རིན་ཆེན་འཕྲེང་བར་བྱང་ཆུབ་སེམས་དཔའ་རྒྱལ་པོའི་བསླབ་བྱ་གསུངས་པ་དང་། རྒྱལ་སྲས་ཞི་བ་ལྷས་མཛད་པའི་བྱང་ཆུབ་སེམས་དཔའི་སྤྱོད་པ་ལ་འཇུག་པ་དང་། ལ་སོགས་པས་སློབ་དཔོན་ཛེ་ཏཱ་རིས་མཛད་པའི་ཡི་དམ་བླང་བའི་ཆོག་ལས། རང་ཇི་ལྟར་ནུས་པ་བཞིན་བསླབ་པར་གསུངས་ཤིང་། དེ་ཙམ་ནི་སྡིག་ཅན་གྱིས་ཀྱང་སྒྲུབ་ནུས་པར་གསུངས་སོ། །

གཉིས་པ། རིགས་པའི་སྒྲུབ་བྱེད་དཔེའི་སྒོ་ནས་སོ་སོར་བསྟན་པ་ནི། ཇི་ལྟར་འབྲས་ཀྱི་ས་བོན་ནི་བོད་ལ་སོགས་པ་གྲང་བའི་ཡུལ་དུ་མི་སྐྱེ་བ་དེ་བཞིན་དུ། སེམས་ཙམ་པའི་ཡང་སེམས་བསྐྱེད་ཀྱི་སྡོམ་པ་སྡིག་ཅན་སྡོམ་མིན་ལྟ་བུ་ལ་མི་སྐྱེའོ། །ཇི་ལྟར་ནས་ཀྱི་ས་བོན་ནི་གྲང་དྲོ་གང་དུའང་སྐྱེ་བ་ལྟར། དེ་བཞིན་དུ་དབུ་མ་ལུགས་ཀྱི་སེམས་བསྐྱེད་ཀྱི་སྡོམ་པ་ཡང་། སྡིག་པ་ཡོད་མེད་བརྟེན་ཤེས་ཤིང་ལེན་སེམས་ཡོད་པ་ཀུན་ལ་སྐྱེ་བའོ། །འདིར་སྡིག་པ་ཡོད་མེད་ཀུན་ལ་སྐྱེ་བར་གསུངས་པ་ནི་སྨོན་པ་རྐྱང་པའི་སྡོམ་པ་ལ་དགོངས་པ་ཡིན་ཏེ། རྒྱལ་པོ་ལ་གདམས་པའི་མདོ་གོང་དུ་དྲངས་པ་ལས་དེ་ལྟར་གསལ་བས་སོ། །སྨོན་པ་རྐྱང་པའི་སྡོམ་པ་དེ་ནི་བྱང་ས་ནས་བཤད་པའི་ཕམ་ལྟུང་བཞི་པོས་ཀྱང་གཏོང་བར་མི་ནུས་ཏེ། བྱམས་པའི་རྣམ་པར་ཐར་པ་ལས། དཔེར་ན་རྡོ་རྗེ་རིན་པོ་ཆེ་ནི་ཆག་ཀྱང་གསེར་གྱི་རྒྱན་ཐམས་ཅད་ཟིལ་གྱིས་གནོན་ཞིང་། རྡོ་རྗེ་རིན་པོ་ཆེའི་མིང་ཡང་མི་འདོར་ལ༑ དབུལ་བ་ཡང་རྣམ་པར་བཟློག་གོ །དེ་བཞིན་དུ་ཐམས་ཅད་མཁྱེན་པར་སེམས་བསྐྱེད་པའི་རྡོ་རྗེ་རིན་པོ་ཆེ་ནན་ཏན་དང་བྲལ་ཡང་། ཉན་ཐོས་དང་རང་སངས་རྒྱས་ཀྱི་ཡོན་ཏན་ཐམས་ཅད་ཟིལ་གྱིས་གནོན་ཞིང་། བྱང་ཆུབ་སེམས་དཔའི་མིང་ཡང་མི་འདོར་ལ། འཁོར་བའི་དབུལ་བ་ཐམས་ཅད་ཀྱང་རྣམ་པར་བཟློག་གོ །ཞེས་གསུངས་པས་སོ། །

བཞི་པ། ཤེས་བྱེད་དེ་སེམས་ཙམ་ལུགས་ལ་མཚུངས་པའི་རྩོད་པ་སྤང་བ་ནི། གལ་ཏེ་སྔར་དྲངས་པའི་མདོ་དེ་དག་ལས་བཤད་པའི་གཞུང་དེ་སེམས་ཙམ་པའི་ཡང་སེམས་བསྐྱེད་ཀྱི་སྡོམ་པ་སྐྱེ་བོ་ཀུན་ལ་སྐྱེ་བའི་ལུང་དུ་ཅི་འགལ་ཏེ་མི་འགལ་ལོ་སྙམ་ན། དེ་ནི་ལུང་གི་དོན་ལ་འཁྲུལ་བ་ཡིན་ཏེ། རྒྱལ་བ་ཕན་བཞེད་འདིས

སྔོན་གྲོང་དཔོན་དུ་གྱུར་པའི་ཚེ། དེ་བཞིན་གཤེགས་པ་བསོད་ནམས་འོད་ཅེས་བྱ་བ་དེ་ལ་ཉིན་གཅིག་གི་བར་སྲོག་གཅོད་ཙམ་སྤོང་བའི་སྡོམ་པ་བླངས་ནས་ཀྱང་། སེམས་བསྐྱེད་ཀྱི་སྡོམ་པ་ལེན་པའི་ཆོ་ག་མཛད་ལ། ཉིན་གཅིག་ཙམ་སྲོག་གཅོད་ཁོ་ན་སྤོང་བ་དེ་ནི་སོ་སོར་ཐར་པའི་སྡོམ་པ་མ་ཡིན་པའི་ཕྱིར་རོ། །མདོ་ནི་གོང་དུ་དྲངས་ཟིན་ཏོ། །ཧོར་པར་ལ་ཚིག་རིང་ཐུང་མི་མཉམ་པ་བྱུང་བ་ནི་མཆན་དཀྱུས་ལ་ཞོར་བ་ཡིན་ནོ། །ཞེས་ལྷ་བཙུན་བསམ་ཡས་པ་གསུང་ངོ་། །དེ་ལ་སོགས་པ་གོང་དུ་དྲངས་པའི་འཐད་པ་རྣམས་དབུ་མའི་ལུགས་ལ་སྦྱོར་བ་འཐད་མོད་ཀྱི། སེམས་ཙམ་པའི་ལུགས་ལ་སྦྱོར་བ་འཐད་པ་མ་ཡིན་ནོ། །དེའི་ཤེས་བྱེད་སེམས་ཙམ་ལུགས་ཀྱི་སེམས་བསྐྱེད་ཀྱི་སྡོམ་པ་སྐྱེ་བའི་རྟེན་དུ་སོ་སོར་ཐར་པའི་སྡོམ་ལྡན་དགོས་པས་སོ། །

ལྔ་པ། སེམས་ཙམ་ལུགས་ཀྱི་སེམས་བསྐྱེད་ལེན་ཚུལ་དངོས་བསྟན་པ་ནི། རྒྱུ་མཚན་དེས་ན་སེམས་ཙམ་པའི་ལུགས་ཀྱི་སེམས་བསྐྱེད་ཀྱི་སྡོམ་པ་དེ་ལེན་པར་འདོད་ན་ཐོག་མར་སོ་སོར་ཐར་པའི་སྡོམ་པ་རིས་བདུན་གང་རུང་ལྡོངས་ལ། དེའི་རྗེས་སུ་བྱང་ཆུབ་སེམས་དཔའི་སྡེ་སྣོད་ལ་སློབས་ཤིག །བྱང་ཆུབ་སེམས་དཔའི་བསླབ་པ་ལ་དད་ཅིང་གཉེན་པོས་སྒྲུབ་པར་ནུས་ན་ཕྱིས་ནས་སེམས་བསྐྱེད་ཀྱི་སྡོམ་པ་ལོངས་ཤིག་ཅེས་དེ་ལྟར་བྱང་ས་དང་ལམ་སྒྲོན་ལས་གསུངས་པའི་ཕྱིར། འོན་འདིར་སོ་ཐར་རིས་བདུན་རྟེན་དུ་དགོས་པར་བཤད་པ་དང་། རྗེ་བཙུན་གྱི་སྡོམ་པ་ཉི་ཤུ་པའི་རྣམ་བཤད་ལས་མི་དགོས་པར་བཤད་པའི་ཁྱད་པར་ཅི་ཞེ་ན། འདིར་དགོས་པར་བཤད་པ་ནི་འཇུག་པ་སེམས་བསྐྱེད་ཀྱི་སྡོམ་པའི་རྟེན་ལ་དགོས་ལ། ཅིག་ཤོས་ནི་སེམས་བསྐྱེད་ཙམ་གྱི་རྟེན་ལ་མི་དགོས་པར་དགོངས་སོ། །གལ་ཏེ་སེམས་ཅན་ཐམས་ཅད་ལ་སངས་རྒྱས་ཀྱི་ས་བོན་རིགས་ཀྱི་ནུས་པ་སད་པར་བྱས་པའི་སྒོ་ནས་འཛོག་པར་འདོད་ན། སྦྱོར་དངོས་རྗེས་གསུམ་གྱི་ཆོ་ག་འཁྲུལ་པ་མེད་པ་ཡི་སྒོ་ནས་དབུ་མ་པའི་གཞུང་ལས་འབྱུང་བ་བཞིན་གྱིས་ཤིག་སྟེ། དེ་རྟེན་རྒྱ་ཆེ་བའི་ཕྱིར།

གཉིས་པ། དོན་དམ་བྱང་ཆུབ་ཏུ་ཐུགས་བསྐྱེད་ཚུལ་ལ་འཁྲུལ་པ་དགག་པ་ལ། དོན་དམ་སེམས་བསྐྱེད་ཆོ་ག་ཙམ་གྱིས་མི་སྐྱེ་བའི་དམ་བཅའ་མདོར་བསྟན། སྐྱེ་བ་ལ་གནོད་བྱེད་བརྗོད། མདོ་རྒྱུད་ལས་དོན་དམ་སེམས་བསྐྱེད་ཀྱི་ཆོ་ག་གསུངས་པ་དང་འགལ་བ་སྤང་བའོ། །དང་པོ་ནི། དོན་དམ་སེམས་བསྐྱེད་ཀྱི་སྐབས་ཀྱི་ཕྱོགས་སྔ་ནི་བཀའ་གདམས་ཀྱི་བསྟན་རིམ་འགའ་ཞིག་དང་། རྗེ་ཕག་མོ་གྲུ་པའི་དོན་དམ་སེམས་བསྐྱེད་ཀྱི་ཆོ་ག་ཞེས་བྱ་བའི་ཡི་གེ་ལས། སྟང་སྙིང་ཕྱག་རྒྱ་པར་དོན་དམ་སེམས་བསྐྱེད་ཀྱི་ཆོ་ག་ཞེས་གསུངས་པ་དེ་ལ་བརྟེན་ནས། སྔགས་ཚོག་ལན་གསུམ་བརྗོད་པ་དང་། མཇུག་ཏུ་གཟེངས་བསྟོད་པ་དང་སྨྲོ་བ་སྐྱེད་པའི་ཚིག་སྨྲར་བའི་ཆོ་ག་མཛད་ནས། ལུགས་དེ་ཕར་ཕྱིན་ཐེག་པའི་དབང་དུ་བྱས་པར་བཞེད་དོ། །དེ་འགོག་པ་ནི། དོན་

དམ་སེམས་བསྐྱེད་ཅེས་བྱ་བ་དེ་ཆོས་ཉིད་བསྒོམས་པའི་སྟོབས་ཀྱིས་སྐྱེ་མོད་ཀྱི་ཆོ་གའི་སྒོ་ནས་འདི་མི་སྐྱེ་སྟེ། སྐྱེ་བ་ལ་འཆད་པར་འགྱུར་བའི་ལུང་རིགས་ཀྱིས་གནོད་པས་སོ། །

གཉིས་པ་ལ། རིགས་པའི་གནོད་བྱེད་དང་། །ལུང་རིགས་ཀྱི་གནོད་བྱེད་དོ། །དང་པོ་ནི། གལ་ཏེ་ཆོ་གའི་སྒོ་ནས་སྐྱེ་ན་ནི། དེ་ཡང་དག་པར་བླངས་པ་བརྡ་ལས་བྱུང་བའི་སེམས་བསྐྱེད་དུ་འགྱུར་རོ། །འདི་ལ་སྦྱོར་དངོས་རྗེས་གསུམ་ཚང་བའི་ཆོ་ག་རྒྱལ་བས་གསུངས་པ་མེད་དེ། འདི་ནི་ཆོས་ཉིད་དོན་དམ་པ་བསྒོམས་པའི་སྟོབས་ཀྱིས་ཐོབ་པ་ཞེས་བྱ་བའི་སེམས་བསྐྱེད་ཡིན་པའི་ཕྱིར། །རྒྱ་བོད་ཀྱི་མཁས་པ་ཐམས་ཅད་ཀྱང་ཆོ་ག་འདི་མི་མཛད་ལ། གལ་ཏེ་མཛད་ཀྱང་དོན་དམ་སེམས་བསྐྱེད་སྐྱེད་ནུས་ཀྱི་ཆོ་གར་མི་འགྱུར་རོ། །རྒྱུ་མཚན་དེས་ན་འདི་འདྲའི་རིགས་ཅན་གྱི་ཆོས་ལུགས་ཀུན་སངས་རྒྱས་ཀྱི་བསྟན་པའི་གཟུགས་བརྙན་ཞེས་བྱ་སྟེ་ཆོས་ལྟར་བཅོས་པ་ཡིན་པས་སོ། །གཉིས་པ་ནི། དཔེར་ན་ཆུ་ལུད་དང་ས་བོན་འདེབས་པ་དང་ཡུར་མ་ལ་སོགས་པའི་སོ་ནམ་ཞིང་པས་བྱ་བར་ནུས་མོད་ཀྱི། དེའི་འབྲས་བུ་མྱུ་གུ་དང་སྡོང་བུ་དང་སྙེ་མ་སོགས་ཞིང་ལས་འབྱུང་གི། །ཞིང་པའི་མི་ལས་འབྱུང་བ་མ་ཡིན་པ་དེ་བཞིན་དུ། ཀུན་རྫོབ་བྱང་ཆུབ་ཏུ་སེམས་བསྐྱེད་པའི་སྡོམ་པ་ཆོ་གའི་སྒོ་ནས་སྐྱེད་པར་ནུས་ཀྱི། དོན་དམ་བྱང་ཆུབ་ཀྱི་སེམས་བསྐྱེད་དང་ཟག་པ་མེད་པའི་སྡོམ་པ་དང་། བསམ་གཏན་གྱི་ནི་སྡོམ་པ་དང་སོགས་པས་གཟུགས་མེད་ཀྱི་སྙོམས་འཇུག་ལྷ་བུ་དང་གིས་ཏེ་བསྒོམས་པ་ལས་སྐྱེ་ཡི། ཆོ་ག་ལས་སྐྱེ་བ་མ་ཡིན་ནོ། །འོན་ཀྱང་དོན་དམ་སེམས་བསྐྱེད་ཀྱི་ཆོ་ག་མ་གསུངས་པ་ནི་མ་ཡིན་ཏེ། རིམ་པ་ལྔ་པ་ལས། སློབ་མ་བཟང་པོ་སྐལ་ལྡན་མན་ངག་ཐོབ། །ཐལ་སྦྱར་ལག་པར་མེ་ཏོག་འཛིན་པ་ཡིས། །བྱང་ཆུབ་སེམས་ནི་དོན་དམ་ཞེས་བྱ་བ། །བླ་མ་ལས་ནི་སླར་ཡང་བླང་བར་བྱ། །ཞེས་སོགས་མང་དུ་གསུངས་ཏེ། གསེར་གྱི་ཐུར་མར་བལྟ་བར་བྱའོ། །དེ་ལྟ་ན་ཡང་ཆོ་གའི་སྒོ་ནས་སྐྱེ་བ་ནི་མེད་པས། འདི་ལ་རྗེས་ཀྱི་ཆོ་ག་མ་གསུངས་སོ༑ །འོ་ན་འདི་ལ་སྦྱོར་དངོས་རྗེས་གསུམ་གྱི་ཞེས་སྦྱོར་དངོས་ཀྱང་བཀག་པ་མ་ཡིན་ནམ་ཞེ་ན། འདིར་རྗེས་ཞེས་པ་ལ་ནུས་པ་འདོན་དགོས་ཏེ། ཐུབ་པ་དགོངས་གསལ་ལས། བླུན་པོ་དག་གིས་ཀྱང་ཆོས་ནས་བཤད་པའི་སྔོ་སྡོད་ཀྱི་རྣམ་གཞག་དང་། དབང་བསྐུར་ལ་སོགས་པ་ཆོ་ག་ཟབ་མོ་མ་མཐོང་བར་མ་བཤད་པའི་སྨོན་འཇུག་གི་སེམས་བསྐྱེད་ལ་གསང་སྔགས་ཀྱི་ལྷ་བསྒོམ་པ་དང་། དོན་དམ་སེམས་བསྐྱེད་ལ་རྗེས་བརྗོད་ཀྱི་ཆོ་ག་བྱེད་པ་སོགས་སངས་རྒྱས་ཀྱིས་མ་གསུངས་པ་བྱེད་པ་དེ་དག་བསྟན་པ་ལ་གནོད་པ་ཡིན་ཏེ། མུན་པ་མུན་ནག་ཏུ་མིག་མི་གསལ་བ་ཞུགས་པ་དང་འདྲའོ། །ཞེས་བྱམས་པས་མདོ་སྡེ་རྒྱན་ལས་གསུངས་སོ། །ཞེས་བཤད་པའོ། །དེས་ན་ཕར་ཕྱིན་ཐེག་པ་ནས་བཤད་པའི་དོན་དམ་སེམས་བསྐྱེད་ནི་དམ་པ་གསུམ་གྱིས་ཟིན་པའི

སེམས་བསྐྱེད་ཅེས་གསུངས་པ་དེ་ཡིན་ལ། སྔགས་ལུགས་ཀྱི་དོན་དམ་སེམས་བསྐྱེད་ནི། སེམས་ཀྱི་རྡོ་རྗེ་དེ་ཡུལ་ཅན་བདེ་བ་ཆེན་པོའི་ཡེ་ཤེས་ཀྱིས་མངོན་སུམ་དུ་རྟོགས་པ་ལ་བྱེད་ལ་དེ་གཉིས་ཀ་ཡང་ས་དང་པོ་ནས་མངོན་སུམ་དུ་བྱེད་པ་ལ་ཁྱད་པར་མེད་དོ། །འདི་དོན་དམ་སེམས་བསྐྱེད་ཀྱི་ཆོ་གའི་སྒོ་ནས་མི་སྐྱེ་བར་གསུངས་པ་ལ། བུ་སྟོན་རིན་པོ་ཆེས། དོན་དམ་སེམས་བསྐྱེད་ཆོ་གས་མི་སྐྱེ་ན་དབང་བཞི་པའི་རྟོགས་པ་ཆོ་གས་མི་སྐྱེ་བར་འགྱུར་རོ། །ཞེས་གསུང་བར་གྲགས་ཀྱང་། མཚོན་བྱེད་དཔེའི་ཡེ་ཤེས་ནི་དོན་དམ་སེམས་བསྐྱེད་མ་ཡིན་ལ༑ སྐབས་དེར་མཚོན་བྱ་དོན་གྱི་ཡེ་ཤེས་སྐྱེ་བ་སྲིད་མཐའ་མ་བཀག་ཙམ་ཡིན་མོད། དེ་ཙམ་གྱིས་དོན་དམ་སེམས་བསྐྱེད་ཆོགས་སྐྱེ་བར་མི་འགྱུབ་སྟེ། གལ་ཏེ་འགྲུབ་ན། མཐོང་ལམ་ཡང་ཆོ་གའི་སྒོ་ནས་སྐྱེ་བར་ཧ་ཅང་ཐལ་ལོ། །ཡང་གོ་རམ་པའི་སྤྱི་དོན་དུ། །དོན་དམ་སེམས་བསྐྱེད་ཆོགས་ལེན་པའི་ལོག་རྟོག་དགག་ཅེས་ས་བཅད་བྱེད་པ་ནི། རིམ་པ་ལྔ་པའི་གཞུང་གོང་དུ་དྲངས་པ་དང་འགལ་ལ། དེང་སང་འདིའི་རྗེས་འཇུག་རྣམས་ནི༑ དོན་དམ་སེམས་བསྐྱེད་ཆོགས་སྐྱེའོ་ཞེས་བླ་བརྫོལ་བཞིན་དུ་སྨྲ་བར་བྱེད་དོ། །དོན་དམ་སེམས་བསྐྱེད་ཆོགས་མི་སྐྱེ་བ་འདི་དག་གི་འཐད་པ་སྟེ་རིགས་པ་དང་བཅས་པ་མདོ་དང་བསྟན་བཅོས་ཀུན་ལས་གསུངས་ཏེ། ཀ་མ་ལ་ཤཱི་ལའི་སྒོམ་རིམ་དུ་དགོངས་འགྲེལ་གྱི་མདོ་དྲངས་པ་ལས། དོན་དམ་པའི་བྱང་ཆུབ་ཀྱི་སེམས་དེ་ནི་འཇིག་རྟེན་ལས་འདས་པ། སྤྲོས་པ་མཐའ་དག་དང་བྲལ་བ་ཤིན་ཏུ་གསལ་བ་དོན་དམ་པའི་སྤྱོད་ཡུལ་དྲི་མ་མེད་པ། མི་གཡོ་བ་རླུང་མེད་པའི་མར་མེའི་རྒྱུན་བཞིན་དུ་མི་གཡོ་བའོ། །དེ་འགྲུབ་པ་ནི་རྟག་ཏུ་གུས་པས་ཞི་གནས་དང་ལྷག་མཐོང་གི་རྣལ་འབྱོར་གོམས་པ་ལས་འགྱུར་རོ། །ཞེས་དང་། བྱང་ཆུབ་སེམས་འགྲེལ་ལས། དོན་དམ་པའི་བྱང་ཆུབ་ཀྱི་སེམས་བསྒོམས་པའི་སྟོབས་ཀྱིས་བསྐྱེད་པར་བྱ་བ་ཡིན་ཏེ། ཞེས་གསུངས་སོ། །

གསུམ་པ། མདོ་རྒྱུད་ལས། དོན་དམ་སེམས་བསྐྱེད་ཀྱི་ཆོ་ག་གསུངས་པ་དང་འགལ་བ་སྤང་བ་ནི། སྟོང་སྐོང་ཕྱག་རྒྱ་པ་སོགས་ལས། དོན་དམ་པ་བྱང་ཆུབ་ཀྱི་མཆོག་ཏུ་སེམས་བསྐྱེད་པར་བྱའོ། །ཞེས་གལ་ཏེ་བརྒྱ་ལ་གསུངས་སྲིད་ན་ཡང་དེ་ནི་དམ་བཅའ་ཙམ་ཡིན་གྱི་ཆོ་གའི་སྒོ་ནས་སྐྱེད་པ་མ་ཡིན་ནོ། །དཔེར་ན་སྦྱིན་པ་གཏང་བར་བྱའོ། །ཚུལ་ཁྲིམས་དམ་པ་བསྲུང་བར་བྱའོ། །སངས་རྒྱས་ཀྱི་ཡོན་ཏན་བསྒྲུབ་པར་བྱའོ། །དེ་ལ་སོགས་པའི་ལུང་ལས། བརྩམ་པར་བྱ་ཞིང་དབྱུང་བར་བྱ། །སངས་རྒྱས་བསྟན་ལ་གཞུག་པར་བྱ། །འདམ་བུའི་ཁྱིམ་ན་གླང་ཆེན་བཞིན། །འཆི་བདག་སྡེ་ནི་གཞོམ་པར་བྱ། །ཞེས་སོགས་གསུངས་པ་ཀུན་དམ་བཅའི་ཚིག་ཙམ་ཉིད་ཡིན་གྱི་ཆོ་གའི་སྒོ་ནས་སྐྱེད་པར་སྟོན་པ་མ་ཡིན་ནོ། །གལ་ཏེ་ཡིན་ན་སངས་རྒྱས་ཀྱི་ཡོན་ཏན་བསྒྲུབ་པར་བྱའོ། །ཞེས་པ་ཙམ་གྱིས་ཚོགས་མ་བསགས་པར་སངས་རྒྱས་འགྲུབ་པ་ཧ་ཅང་ཐལ་ལོ། །དེ་བཞིན་དུ་ཆོས་དང་

འཇིག་རྟེན་གྱི་བྱ་བ་ཐམས་ཅད་ཀྱང་ཚོགས་པའི་ཚིག་ཙམ་གྱིས་འགྲུབ་པས་ཚོག་ཡང་ནི་ཐུག་མེད་དུ་ཐལ་བར་འགྱུར་རོ། །ཀྱེ་མ་ནི་ངོ་མཚར་བ་དང་བརྩེ་བའི་ཚིག་གོ །འཇིག་རྟེན་བླུན་པོ་འདི་རྒྱལ་བས་གསུངས་པའི་སོ་སོར་ཐར་པ་ལ་འདུལ་བ་ནས་བཤད་པའི་ཚོ་ག་དང་། སེམས་བསྐྱེད་ཀྱི་ཚོ་ག་ལུགས་ཐ་དད་དང་། གསང་སྔགས་ཀྱི་དབང་བསྐུར་དང་རིམ་གཉིས་ལ་སོགས་པ་དགོས་པ་ཀུན་བོར་ནས། མ་གསུངས་པའི་མདོ་བསྐུལ་རིང་མོ་དང་། སེམས་ཙམ་པའི་སེམས་བསྐྱེད་སྐྱེ་བོ་ཀུན་ལ་བྱེད་པ་དང་། དོན་དམ་སེམས་བསྐྱེད་ལ་རྗེས་ཀྱི་ཚོ་ག་དང་། ཕག་མོ་བཛྲ་བཞིའི་དབང་ལ་སོགས་པ་མ་གསུངས་བཞིན་དུ་ནན་གྱིས་འཚང་ཞིང་བྱེད་པ་ནི། འདི་འདྲ་ཅིར་འགྱུར་བརྟག་དགོས་ཏེ། སྨན་པ་གཡོ་ཅན་གྱིས་ནད་པ་ལ་ཕན་པའི་སྨན་བོར་ནས་མི་ཕན་པ་གཏོང་བ་ལྟར་སེམས་ཅན་ལམ་ལོག་པ་ལ་འཁྲིད་པས་སོ། །འོན་ཀྱང་དོན་དམ་སེམས་བསྐྱེད་ཀྱི་སྡོམ་པ་ནི་ཚོ་གའི་སྒོ་ནས་སྐྱེ་བ་ཡོད་དོ། །

གཉིས་པ། བར་དུ་བསྲུང་ཚུལ་གྱི་ལྟུང་བའི་རྣམ་གཞག་བསྡུས་ཏེ་བསྟན་པ་ནི། གོང་དུ་བཤད་པ་དེ་ལྟར་སེམས་ཙམ་པ་དང་དབུ་མ་པ་གཉིས་སེམས་བསྐྱེད་ཀྱི་སྡོམ་པའི་རྣམ་གཞག་ཐ་དད་ཡོད་མོད་ཀྱི། འོན་ཀྱང་ཐེག་ཆེན་དབུ་སེམས་ཀྱི་ལུགས་ཀུན་མཐུན་པར་ལྟུང་བའི་རྣམ་གཞག་མུ་བཞི་གསུངས་ཏེ། ལྟུང་མེད་དང་། ལྟུང་བ་དང་། ལྟུང་བའི་གཟུགས་བརྙན་དང་། ལྟུང་བ་མེད་པའི་གཟུགས་བརྙན་ཞེས་བྱ་བ་བཞི་གསུངས་སོ༑ ༑དེ་དག་གང་ཞེ་ན། བསམ་པ་དག་པ་སྙིང་རྗེ་དང་སོགས་ཀྱིས་ཀུན་ནས་བསླངས་པའི་སྦྱིན་སོགས་ཆོས་ཅན། རྣམ་པ་ཀུན་ཏུ་ལྟུང་བ་མེད་དེ་བསམ་སྦྱོར་གཉིས་ཀ་དག་པའི་ཕྱིར། བསམ་པ་ངན་པ་ཞེ་སྡང་སོགས་ཀྱིས་ཀུན་ནས་བསླངས་པའི་སྲོག་གཅོད་པ་དང་སོགས་པས་མ་བྱིན་ལེན་རྣམས་ཆོས་ཅན། རྣམ་པ་ཀུན་ཏུ་ལྟུང་བར་འགྱུར་ཏེ། གཞན་ལ་གནོད་པས་ནའོ། །མདོར་ན་སེམས་ཀྱི་ཕན་གནོད་ཀྱི་འཕེན་པ་ལས་གཞན་པ། བསམ་སྦྱོར་གཉིས་ཀ་མི་དགེ་བས་ལྟུང་བ་ཡིན་པའི་ཕྱིར། དགེ་བའི་སེམས་ཐབས་ལ་མཁས་པའི་སྙིང་རྗེས་བསད་པ་དང་སོགས་པས་རེངས་པར་བྱས་པ་སོགས་ཆོས་ཅན། ལྟུང་བའི་གཟུགས་བརྙན་ཡིན་ཞེས་བྱ་སྟེ། སྲོག་བཅད་པས་ལྟུང་བ་ལྟར་སྣང་ཡང་། ཀུན་སློང་ཐབས་ལ་མཁས་པས་ལྟུང་བར་མི་འགྱུར་བའི་ཕྱིར། དཔེར་ན་དེད་དཔོན་སྙིང་རྗེ་ཆེན་པོས་མདུང་ཐུང་ཅན་བསད་པ་བཞིན་ནོ། །གསད་པར་བྱ་བ་མཐོང་ངམ་ཞེས་སྨྲ་བ་ལ། ཤེས་བཞིན་དུ་མཐོང་ཞེས་སྨྲ་བ་ཆོས་ཅན། ལྟུང་བ་མེད་པའི་གཟུགས་བརྙན་ཡིན་ཏེ། བརྫུན་མ་ཡིན་པས་ལྟུང་བ་མེད་པ་ལྟ་བུར་སྣང་ཡང་གཞན་ལ་གནོད་པས་ནའོ། །མདོར་ན་སེམས་ཀྱི་ཕན་གནོད་ཀྱི་འཕེན་པ་ལས་གཞན་པའི་དགེ་བ་དང་སྡིག་པ་ཡོད་པ་མ་ཡིན་ཏེ། སློབ་དཔོན་འཕགས་པ་ལྷའི་རྣལ་འབྱོར་གྱི་ས་བཞི་བརྒྱ་པ

ལས། བསམ་པས་བྱང་ཆུབ་སེམས་དཔའ་ཡིས། །དགེ་བའམ་ཡང་ན་མི་དགེ་བ། །ཐམས་ཅད་དགེ་བ་ཉིད་འགྱུར་ཏེ། །གང་ཕྱིར་སེམས་དེ་གཙོ་བའི་ཕྱིར། །ཞེས་གསུངས་པ་ལ། དེ་བཞིན་དུ་མདོ་རྒྱུད་གཞན་ལས་ཀྱང་དགེ་སྡིག་གི་རྣམ་གཞག་ལ་སེམས་གཙོ་ཆེ་བ་དེ་ལྟར་དུ་གསུངས་པའི་ཕྱིར་རོ། །དེ་ཡང་དཀོན་མཆོག་སྤྲིན་ལས། དགེ་བའམ་འོན་ཏེ་མི་དགེ་བའི། །ལས་ནི་སེམས་ཀྱིས་བསགས་པ་ཡིན། །ཞེས་དང་། ཆོས་ཡང་དག་པར་སྡུད་པའི་མདོ་ལས། ཆོས་ཐམས་ཅད་ཀྱང་སེམས་ལ་རག་ལས་པ་ཡིན་ནོ། །ཞེས་སོ། །བཤེས་སྤྲིང་ལས། ཁྱོད་ཀྱི་ཐུགས་དུལ་མཛོད་ཅིག་བཅོམ་ལྡན་གྱིས། །སེམས་ནི་ཆོས་ཀྱི་རྩ་བ་ལགས་པར་གསུངས། །ཞེས་དང་། སློབ་དཔོན་ནག་པོ་པས་དགྲ་ནག་གི་འགྲེལ་པར་རྒྱུད་ཀྱི་ལུང་དྲངས་པ་ལས། མཆོག་གསུམ་ཡོན་ཏན་རིགས་པར་འགྱུར། །བདུད་རྩི་ཡིད་འོང་འཁོར་ལས་བརྒྱལ། །འབྲས་བུ་ངེས་པར་ལེགས་པ་ཐོབ། །དེ་ཕྱིར་དམ་པའི་ཞལ་ལས་ནི། །གསུངས་པའི་བྱ་བ་སྡིག་ཀྱང་བྱ། །དམ་པའི་ཞལ་ལས་མ་གསུངས་པའི། །དགེ་བའང་མཁས་པས་སྤང་བར་བྱ། །ཞེས་སོ། །

གསུམ་པ། ཐ་མར་ཉམས་ལེན་གྱི་གནད་ལ་འཁྲུལ་པ་དགག་པ་ལ། འདོད་པ་བརྗོད་པ་དང་། དེ་སུན་དབྱུང་བ་གཉིས། དང་པོ་ནི། བྱང་ཆུབ་སེམས་ཀྱི་བསླབ་བྱ་ལ་དང་པོར་བདག་གཞན་མཉམ་པར་སྒོམ་པ་དང་། བདག་གཞན་བརྗེ་བ་སྒོམ་པའི་ཚུལ་གཉིས་སུ་གསུངས་ཏེ། བདག་དང་གཞན་དུ་མཉམ་པ་ནི། །དང་པོ་ཉིད་དུ་འབད་དེ་བསྒོམ། །བདེ་དང་སྡུག་བསྔལ་མཉམ་པས་ན། །ཐམས་ཅད་བདག་གཞན་བསྲུང་བར་བྱ། །དེ་ནས་བདག་གཞན་བརྗེ་བ་ནི། །བདག་བདེ་གཞན་གྱི་ཞེས་སོགས་འཆད་པར་འགྱུར་བ་རྣམས་སོ། །དེ་ལ་འབྲི་ཁུང་པ་ཁ་ཅིག །རྡོ་རྗེའི་གསུང་རང་གཞན་བརྗེས་པས་ཉེས་པར་འགྱུར་བའི་སྐབས་ཡོད་བྱ་བ་འདི་བཞུགས། དེས་ན་རང་གཞན་བརྗེ་བ་བླ་མ་དམ་པའི་ཐུགས་དགོངས་མ་ཡིན། རྗེ་རིན་པོ་ཆེ་རྟག་པར་ཞབས་བསྟེང་བ་ཅི་ལགས་ཞུས་པས། ཁོ་བོ་སྟོན་དད་པ་ནི་ཆེ། ཤེས་རབ་ནི་ཆུང་བས། རྟག་པར་གཞན་གྱི་སྡུག་བསྔལ་བདག་ལ་སྨིན་པར་གྱུར་ཅིག །ཅེས་སྨོན་ལམ་བཏབ་པ་དེ་མཐའ་བཙན་པས་ད་ལྟ་རྟག་པར་ཞབས་བསྟེང་བ་དེས་ལན། ཞེས་གསུངས། འོན་ཀྱང་བདག་ཅག་རྣམས་ལ་རྒྱུད་ཚོད་ཙུང་ཟད་མཐོ་བས་བཟོད་དམ་སྙམ་ན། འཕགས་པ་ཤཱ་རིའི་བུས་དུག་པ་བ་གཅིག་ཡིན་པ་ལ་དུས་ལ་མ་བབ་པར་མིག་སྦྱིན་པ་བཏང་བས་ཉན་ཐོས་པར་ལྟུང་བའི་རྐྱེན་དུ་གྱུར་པའི་ཕྱིར། དེས་ན་བདག་གཞན་བརྗེ་བའི་བྱང་ཆུབ་ཀྱི་སེམས་ས་བདུན་པ་མན་ཆད་དུ་བསྒོམ་དུ་མི་རུང་ཞེས་སུ་སྨྲའོ། །འདིའི་རྒྱུ་མཚན་འདི་སྐད་ལོ་སྟེ། བདག་གི་བདེ་བ་གཞན་ལ་བྱིན་ནས་ནི་གཞན་གྱི་སྡུག་བསྔལ་བདག་གིས་བླངས་པར་གྱུར་ན། སྨོན་ལམ་ཐམས་ཅད་མཐའ་ནི་བཙན་པའི་ཕྱིར་བདག་ནི་རྟག་ཏུ་སྡུག་

བསྡུལ་བར་འགྱུར་ལ། དེ་ལྟ་ན་ལམ་བསྒོམ་པའི་གེགས་སུ་འགྱུར་བས་དེས་ན་འདི་འདྲའི་བྱང་ཆུབ་ཀྱི་སེམས་སྒོམ་པ་དེ་དག་ལམ་སྒྲུབ་པའི་ཐབས་ལ་མི་མཁས་པས་ནོར་བ་ཆེན་པོའི་ཆོས་ཡིན་ནོ་ལོ། །འདིར་རྣམ་བཤད་མཛད་པ་སྔ་མ་རྣམས་ཀྱིས་ཕྱོགས་སྔ་ཞིབ་ཏུ་མ་བརྟགས་པར་བདག་གཞན་བརྗེ་བ་རྣམ་པ་ཐམས་ཅད་དུ་བསྒོམ་དུ་མི་རུང་བར་ཁས་བླངས་པ་ལྟ་བུའི་བཤད་པ་བྱས་པ་ནི་ཕྱོགས་སྔའི་ནམ་མ་ལངས་པའོ། །འོན་གཞུང་ཉིད་དུ་དེ་ལས་མི་འབྱུང་ངོ་སྙམ་ན། ཚིགས་བཅད་སྦྱར་བདེ་བའི་དབང་དུ་བྱས་ལ། དེ་ཙམ་གྱིས་ཚོག་ན་ཊཱི་ཀ་རྩོམ་དོན་ཡང་མེད་དོ། །

གཉིས་པ་ལ། རིགས་པ་དང་འགལ་བ། ལུང་དང་འགལ་བ། དེས་གྲུབ་པའི་དོན་ནོ། །དང་པོ་ནི། དེའི་དོན་འདི་ལྟར་བསམ་ཞིང་བརྟག་པར་བྱ་སྟེ། ས་བདུན་མན་ཆད་དུ་བསྒོམ་པའི་བདག་གཞན་བརྗེ་བའི་བྱང་ཆུབ་ཀྱི་སེམས་དེ་དགེ་བ་ཡིན་ནམ་སྡིག་པ་ཡིན་ཞེས་བརྟག་པར་བྱའོ། །གལ་ཏེ་དགེ་བ་ཡིན་ན་ནི་དེ་ལ་རྟག་ཏུ་སྡུག་བསྔལ་འབྱུང་བ་འགལ་ལོ། །གལ་ཏེ་སྡིག་པ་ཡིན་ན་དུག་གསུམ་གང་རུང་གིས་བསྐྱེད་པའི་ལས་སུ་ཐལ་བར་འགྱུར་རོ། །དེས་ན་བདག་གཞན་བརྗེ་བ་དུག་གསུམ་གྱིས་བསྐྱེད་པ་མ་ཡིན་པས་དེ་ལ་སྡུག་བསྔལ་ག་ལ་འབྱུང་སྟེ་མི་འབྱུང་ངོ་། །སྨོན་ལམ་མཐའ་བཙན་པའི་ཁྱབ་པ་ཡང་མེད་དེ། བྱང་ཆུབ་སེམས་དཔའི་བློ་སྦྱོང་བའི་གནས་མིན་གྱི་སྨོན་ལམ་འགའ་ཞིག་མཐའ་མི་བཙན་པའི་ཕྱིར། གལ་ཏེ་སྨོན་ལམ་ཐམས་ཅད་མཐའ་བཙན་ན། དེད་དཔོན་མཛའ་བོའི་བུ་རྒྱུན་དུ་ཀླད་ནད་ཆེན་པོར་འགྱུར་ཏེ། དེས་སེམས་ཅན་ཐམས་ཅད་ཀྱི་ཀླད་ནད་བདག་ལ་སྨིན་པར་གྱུར་ཅིག །ཅེས་སྨོན་ལམ་བཏབ་པས་སོ། །དེ་ཡང་། སྔོན་ཕ་ར་ཋ་སེར་དེད་དཔོན་མཛའ་བོའི་བུ་ཞེས་བྱ་བས་མའི་མགོ་ལ་བགོམས་པས་རྡོག་པ་ཙུང་ཟད་ཕོག་པས་རྒྱ་མཚོའི་འགྲམ་གྱི་ལྕགས་ཀྱི་ཁང་པར་མགོ་ལ་ལྕགས་ཀྱི་འཁོར་ལོ་མེ་རབ་ཏུ་འབར་བ་འཁོར་ཞིང་དེའི་ཀླད་པ་རྣམས་འཐོར་བའི་ཚེ་སྡུག་བསྔལ་མྱོང་བ་ན། སེམས་ཅན་ཐམས་ཅད་ཀྱི་ཀླད་ནད་བདག་ལ་སྨིན་པར་གྱུར་ཅིག །གཞན་སུ་ཡང་འདིར་འོང་བར་མ་གྱུར་ཅིག །ཅེས་སྨྲས་པ་དང་། འཁོར་ལོ་དེ་ཤིང་ཏ་ལ་བདུན་སྲིད་ཙམ་དུ་ནམ་མཁའ་ལ་འཕགས་ནས། དེ་ཤི་འཕོས་ཏེ་དགའ་ལྡན་གྱི་ལྷའི་ནང་དུ་སྐྱེས་སོ་ཞེས་ལུང་དང་གང་པོའི་རྟོགས་བརྗོད་ལས་གསུངས་སོ། །དུས་གསུམ་སངས་རྒྱས་ཐམས་ཅད་ཀྱང་རྒྱུན་དུ་སྡུག་བསྔལ་ཐོབ་པར་འགྱུར་ཏེ། བདག་གཞན་བརྗེ་བ་སྒོམ་པའི་ཕྱིར་རོ། །འདིར་གཞུང་འགའ་ཞིག་ལས། དུས་གསུམ་རྒྱལ་བ་སྲས་བཅས་ཀྱང་། །ཞེས་འབྱུང་ངོ་། །ཐལ་འགྱུར་འདིས་མི་གནོད་དེ་ས་བརྒྱད་པ་ཡན་ཆད་དུ་སྡུག་བསྔལ་གྱིས་མི་གདུང་བས་སོ་སྙམ་ན། དེས་ཉེས་པ་དེ་སྤོང་མི་ནུས་ཏེ། སྨོན་ལམ་ཐམས་ཅད་མཐའ་བཙན་པར་ཁས་བླངས་པས་སོ། །བརྗེས་པའི་སེམས་ཅན་དེ་དག

ཀུན་ལ་སྡུག་བསྔལ་འབྱུང་བ་མི་སྲིད་པར་འགྱུར་རོ། །དེའི་རྒྱུ་མཚན་སློན་ལམ་ཐམས་ཅད་མཐའ་བཙན་པས་སོ༔ །དེས་ན་འདི་འདྲ་བའི་གསང་ཚིག་ནི་བདུད་ཀྱི་ཡིན་པ་བླུན་པོ་རྣམས་ཀྱིས་མི་ཤེས་སོ། །སངས་རྒྱས་སྒྲུབ་པའི་ཐབས་ལ་བསླུ་བའི་བདུད་ཡོད་དོ་ཞེས་རྒྱལ་བས་གསུངས་པའང་དྲན་པར་གྱིས་ཤིག་སྟེ། བརྒྱད་སྟོང་པ་ལས། ཤེས་རབ་ཀྱི་ཕ་རོལ་ཏུ་ཕྱིན་པ་འདི་མི་བཟུང་བར་སེམས་པ་དང་། ཞེས་པ་ནས། བདུད་ཀྱིས་བྱིན་གྱིས་བརླབས་པ་ལགས་པ་དང་། ཞེས་གསུངས་སོ། །

གཉིས་པ། ལུང་གི་གནོད་བྱེད་ནི། ས་བདུན་པ་མན་ཆད་དུ་བདག་གཞན་བརྗེ་བ་བསྒོམ་དགོས་ཏེ། བདག་གཞན་བརྗེ་བ་ནི་སངས་རྒྱས་ཀྱི་བསྟན་པའི་སྙིང་པོ་ཡིན་པར་མདོ་དང་བསྟན་བཅོས་ལས་གསུངས་པའི་ཕྱིར་རོ། །ཇི་ལྟར་གསུངས་ན། འཕགས་པ་ཀླུ་སྒྲུབ་སློབ་པ་ཉིད་ཀྱིས། དབུ་མ་རིན་ཆེན་འཕྲེང་བར་འདི་སྐད་གསུངས་ཏེ། བདག་ལ་དེ་དག་སྡིག་སྨིན་ཞིང་། །བདག་དགེ་མ་ལུས་དེར་སྨིན་ཤོག །ཇི་སྲིད་སེམས་ཅན་འགའ་ཞིག་ཀྱང་། །གང་དུ་མ་གྲོལ་དེ་སྲིད་དུ། །དེ་ཕྱིར་བླ་ན་མེད་པ་ཡི། །བྱང་ཆུབ་ཐོབ་ཀྱང་གནས་གྱུར་ཅིག །དེ་སྐད་བརྗོད་པའི་བསོད་ནམས་འདི། །གལ་ཏེ་དེ་ནི་གཟུགས་ཅན་གྱུར། །གང་གའི་བྱེ་མ་སྙེད་ཀྱི་ནི། །འཇིག་རྟེན་ཁམས་སུ་ཤོང་མི་འགྱུར། །འདི་ནི་བཅོམ་ལྡན་འདས་ཀྱིས་གསུངས། །གཏན་ཚིགས་ཀྱང་ནི་འདི་ལ་སྣང་། །དེ་ལ་སོགས་པའི་སྐྲས་བརྟུས་པ། །སེམས་ཅན་ཁམས་ནི་ཚད་མེད་པ། །ཕན་འདོད་ཉིད་ནི་དེ་འདྲའོ། །ཞེས་ལེགས་པར་གསུངས་པའི་ཕྱིར་རོ། །འདིར་གཞུང་འགའ་ཞིག་ཏུ། །རྒྱུད་མཆོག་རྡོ་རྗེ་རྩེ་མོ་ལས། །སེམས་ཅན་སངས་རྒྱས་མ་ཐོབ་པར། །བདག་འཚང་རྒྱ་བར་མ་གྱུར་ཅིག །ཅེས་འབྱུང་བ་ནི་མཐའ་དཀྲུས་ལ་ཤོར་བའོ་ཞེས་སྒྲ་གདོང་པ་གསུང་ངོ་། །རྒྱུད་དེ་ལས། འཁོར་བ་མཐར་ཐུག་བར་དུ་ནི། །བདག་འཚང་རྒྱ་བར་མ་གྱུར་ཅིག །དེ་ཀུན་བདག་ལ་སྨིན་གྱུར་ཅིག །བྱང་ཆུབ་སེམས་དཔའི་དགེ་བ་ཡིས། །འགྲོ་བ་བདེ་ལ་སྤྱོད་པར་ཤོག །ཅེས་སོ༔ །སྤྱོད་འཇུག་ལས་ཀྱང་འདི་སྐད་གསུངས་ཏེ། བདག་བདེ་གཞན་གྱི་སྡུག་བསྔལ་དག །ཡང་དག་བརྗེ་བར་མ་བྱས་ན། །སངས་རྒྱས་ཉིད་དུ་མི་འགྲུབ་ཅིང་། །འཁོར་བ་ན་ཡང་བདེ་བ་མེད། །དེ་སྐད་གསུངས་པའང་ལེགས་པར་ཟུངས། །མདོ་དང་བསྟན་བཅོས་གཞན་ལས་ཀྱང་། །ཆོས་ཀྱི་སྙིང་པོར་བདག་གཞན་བརྗེ་བ་འདི་གསུངས་ཏེ། གསང་ཆེན་ཐབས་ལ་མཁས་པའི་མདོ་ལས། འདི་ལྟར་སེམས་ཅན་དེ་དག་གི་སྡུག་བསྔལ་གྱི་ཚོར་བ་གང་ཡིན་པ་དེ་དག་ཐམས་ཅད་བདག་གི་ལུས་ལ་འབབ་པར་གྱུར་ཅིག །སེམས་ཅན་དེ་དག་བདེ་བར་གྱུར་ཅིག །ཅེས་གསུངས། བྱང་ཆུབ་སེམས་འགྲེལ་ལས། བསམ་གཏན་བདེ་བ་དོར་ནས་ཀྱང་། །མནར་མེད་པར་ཡང་འཇུག་པར་བྱེད། །འདི་ནི་ངོ་མཚར་བསྔགས་འོས་སོ། །འདི་ནི་དམ་པའི་ཚུལ་ལུགས་མཆོག །ཅེས་

གསུངས་སོ། །གསུམ་པ་དོན་བསྡུ་བ་ནི། དེས་ན་བདག་གཞན་བརྗེ་བ་ཤེས་ནས་སྒོམ་པ་དེ་ནི་མྱུར་དུ་མངོན་པར་རྫོགས་པར་འཚང་རྒྱ་ལ། འཚང་མ་རྒྱས་པ་དེའི་བར་དུ་འཇིག་རྟེན་གྱི་ཕུན་སུམ་ཚོགས་པ་ཚངས་པ་དང་བརྒྱ་བྱིན་དང་། འཁོར་ལོས་བསྒྱུར་བའི་རྒྱལ་པོ་ལ་སོགས་པ་འབྱུང་བར་འགྱུར་རོ། །དེ་སྐད་དུ་ཡང་། སེམས་ཅན་ཡོངས་སུ་མ་དོར་ན། །གོ་འཕང་བླ་མེད་རྙེད་གྱུར་ནས། །ལྷ་དང་མི་ཡི་ལོངས་སྤྱོད་གང་། །ཚངས་དང་དབང་པོ་དྲག་པོ་དང་། །འཇིག་རྟེན་སྐྱོང་བས་བསྟེན་དེ་དག །སེམས་ཅན་ཕན་པ་ཙམ་ཞིག་གིས། །མ་དྲངས་པ་ནི་འཇིག་རྟེན་འདིར། །འགའ་ཡང་མེད་ལ་མཚར་ཅི་ཡོད། །དེ་ལྟར་ངེས་པས་གཞན་དག་གི །དོན་ལ་རབ་ཏུ་འཇུག་གྱིས་དང་། །ཐུབ་པའི་བཀའ་ནི་མི་བསླུ་བས། །འདི་ཡི་ཕན་ཡོན་ཕྱིས་མཐོང་འགྱུར། །གལ་ཏེ་ཁྱོད་ཀྱིས་སྔ་དུས་སུ། །ལས་འདི་བྱས་པར་གྱུར་ན་ནི། །སངས་རྒྱས་ཕུན་སུམ་བདེ་མིན་པ། །གནས་སྐབས་འདི་འདྲར་འགྱུར་མི་སྲིད། །ཅེས་གསུངས་སོ། །མདོར་ན་སོ་སོ་སྐྱེ་བོའི་གནས་སྐབས་སུ་བདག་གཞན་བརྗེ་བ་བསྒོམ་དགོས་ཏེ། སྤྱོད་འཇུག་དེས་ནི་ལས་ཉོན་གྱི་དབང་གིས་འཁོར་བར་སྐྱེ་རུང་ཞིག་གི་དབང་དུ་བྱས་ནས་གསུངས་པའི་ཕྱིར་རོ། །ཤཱ་རིའི་བུ་ནི་སྤྲུལ་པའི་ཉན་ཐོས་ཡིན་པར་བཤད་ཅིང་། ས་དྲུག་པ་ནས་དམན་པར་ལྡོག་པ་ནི་མི་སྲིད་དོ། །

གཉིས་པ། ཐབས་གཞན་དང་སྦྲེལ་བའི་ཤེས་རབ་ཀྱིས་རྫོགས་བྱང་མི་ཐོབ་པར་བསྟན་པ་ལ། སྟོང་ཉིད་རྟོགས་པའི་ཤེས་རབ་རྐྱང་པས་རྫོགས་བྱང་མི་ཐོབ་པར་བསྟན། སྟོང་ཉིད་རྟོགས་པའི་ཤེས་རབ་དང་བསྔོ་བ་ཟུང་དུ་སྦྲེལ་བས་ཀྱང་རྫོགས་བྱང་མི་ཐོབ་པར་བསྟན། དེས་ན་སྟོང་ཉིད་རྟོགས་པའི་ཤེས་རབ་དང་ཐེག་ཆེན་སེམས་བསྐྱེད་ཟུང་དུ་འབྲེལ་དགོས་པར་བསྟན་པའོ། །དང་པོ་ནི། གཞན་ཡང་བྱང་ཆུབ་སེམས་ཀྱི་གནད་བདག་གཞན་མཉམ་བརྗེ་གཉིས་འཕྱུགས་ན། ཆོས་གཞན་སྟོང་ཉིད་སྒོམ་པ་དང་། ལྷ་སྒོམ་པ་དང་སྔགས་བཟླ་བ་སོགས་གང་གིས་ཀྱང་འཚང་མི་རྒྱ་སྟེ། བསམ་གཏན་གྱི་སྡོམ་པ་ལྟ་བུ་ཚུལ་ཁྲིམས་དང་འཇིག་རྟེན་པའི་ཏིང་ངེ་འཛིན་དང་ལྷ་སྒོམ་པ་དང་སྔགས་བཟླས་པ་སོགས་ནི་ཕྱི་རོལ་པ་ལ་ཡང་ཡོད་ལ། གང་ཟག་གི་བདག་གིས་སྟོང་པའི་སྟོང་པ་ཉིད་ནི་ཉན་ཐོས་རྣམས་ཀྱང་སྒོམ། དེའི་འབྲས་བུ་ལྷག་བཅས་དང་ལྷག་མེད་ཀྱི་འགོག་པ་མྱ་ངན་ལས་འདས་པ་ཐོབ་སྟེ། རྗེ་བོ་རྗེས་མཛད་པའི་ཆོས་ཀྱི་དབྱིངས་སུ་བལྟ་བའི་གླུ་ལས། སྡུག་བསྔལ་ཉེར་ལེན་ཕུང་པོ་དང་། །ཀུན་འབྱུང་ལས་དང་ཉོན་མོངས་སོགས། །འགོག་པ་མྱ་ངན་འདས་པ་གཉིས། །ལམ་ནི་ཕྱོགས་མཐུན་སོ་བདུན་ནོ། །ཞེས་གསུངས་སོ། །འདིར་དབུ་མ་ཐལ་འགྱུར་བ་ལྟར་ན། ཉན་རང་འཕགས་པས་ཆོས་ཀྱི་བདག་མེད་རྟོགས་པར་འདོད་ཀྱང་། གཞུང་འདིར་ནི་དབུ་མ་རང་རྒྱུད་པ་དང་མཐུན་པར

མཛད་དོ། །མངོན་པར་རྟོགས་པའི་རྒྱན་ལྟར་ན། རང་རྒྱལ་འཕགས་པ་ལ་གཟུང་བ་ཆོས་ཀྱི་བདག་མེད་རྟོགས་པ་ཡོད་པར་བཤད། ཡང་སྐབས་འདིར་གོ་ཊི་ཀ་ལས། ཉན་ཐོས་ལ་ཆོས་ཀྱི་བདག་འཛིན་ཙུང་ཟད་ཀྱང་སྤྲངས་པ་མེད་དོ་ཞེས་ཟེར་བ་ནི་མི་འཐད་དེ། རགས་པ་ལ་བདེན་པར་འཛིན་པ་སྤྲངས་པ་ཡོད་པའི་ཕྱིར་དང་། ཕུང་པོ་རིལ་པོར་འཛིན་པ་སྤྲངས་པ་ཡོད་པའི་ཕྱིར།

གཉིས་པ། སྟོང་ཉིད་རྟོགས་པའི་ཤེས་རབ་བསྒོ་བ་དང་ཟུང་དུ་འབྲེལ་བས་ཀྱང་རྫོགས་བྱང་མི་ཐོབ་པར་བསྟན་པ་ནི། སྟོང་ཉིད་རྟོགས་པའི་ཤེས་རབ་རྐྱང་པས་རྫོགས་བྱང་མི་ཐོབ་མོད། རྫོགས་བྱང་དུ་བསྔོ་བ་དང་སྦྲེལ་བས་སངས་རྒྱས་ཐོབ་བོ་སྙམ་ན། དེ་ཙམ་གྱིས་ཀྱང་ཐོབ་པར་མི་ནུས་ཏེ། སོ་སོར་ཐར་པའི་མདོ་ནས་གསུངས་པ་བཞིན་དུ་དགེ་རྩ་རྫོགས་བྱང་དུ་བསྔོ་བ་ཉན་ཐོས་རྣམས་ཀྱང་བྱེད་དེ། སོསོར་ཐར་པ་བཙུན་པ་ཡི། །དགེ་བ་བདག་གིས་གང་ཐོབ་པ། །དེ་ཡིས་སྐྱེ་བོ་ཐམས་ཅད་ཀྱིས། །ཐུབ་དབང་གོ་འཕང་ཐོབ་པར་ཤོག །ཅེས་གསུངས་པས་སོ། །ཡང་འདུལ་བ་ལུང་ལས་ལ་སོགས་པས། ལས་བརྒྱ་པ་སོགས་སུ་སྟོང་པ་ཉིད་དང་སྐྱེ་བ་མེད་པ་དང་ནམ་མཁའ་དང་ལག་མཐིལ་མཉམ་པ་སོགས་ཆོས་ཀུན་མཉམ་པ་ཉིད་དུ་རྟོགས་པའི་རྣམ་གཞག་ཀྱང་གསུངས་ཏེ། བཅོམ་ལྡན་དངོས་དང་དངོས་མེད་པ། །མཁྱེན་པས་ཀ་ཏྱ་ཡ་ན་ཡི། །གདམས་ངག་ལས་ནི་ཡོད་པ་དང་། །མེད་པ་གཉིས་ཀ་དགག་པར་མཛད། །ཅེས་ལུང་ཕྲན་ཚེགས་ཀྱི་ཀ་ཏྱ་ཡ་ནའི་གདམས་ངག་ལས་ཆོས་ཐམས་ཅད་ཡོད་མེད་ཀྱི་མཐའ་དང་བྲལ་བར་ཡང་གསུངས་པས་སོ། །མདོ་འདི་ནི་སློབ་དཔོན་ཟླ་བ་གྲགས་པས་ཉན་རང་འཕགས་པ་ལ་ཆོས་ཀྱི་བདག་མེད་རྟོགས་པ་ཡོད་པའི་སྒྲུབ་བྱེད་དུ་ཡང་དྲངས་སོ། །གཞན་ཡང་ཉན་ཐོས་ཀྱི་གཞུང་ལས་དགེ་རྩ་རྫོགས་བྱང་དུ་བསྔོ་བ་ཡང་གསུངས་པ་ཡོད་དེ། ཐམས་ཅད་སྒྲོལ་གྱི་སྐྱེས་རབས་ལས། །བདག་གིས་བྲམ་ཟེ་འདོད་པ་ལ། །དགའ་བས་ཤིང་རྟ་འདི་བཏང་བས། །དངོས་པོ་ཐམས་ཅད་བཏང་ནས་ནི། །རྫོགས་པའི་བྱང་ཆུབ་ཐོབ་པར་ཤོག །ཅེས་དང་། དེ་ལ་སོགས་པ་བསྔོ་བ་མང་དུ་གསུངས་པའི་ཕྱིར། འདིར་སོགས་ཀྱི་སྒྲས་བསྡུས་པ་ནི། བྱམས་པའི་སྟོབས་ཀྱི་སྐྱེས་རབས་ལས། སྦྱིན་པ་རྒྱ་ཆེར་ཕྱུར་པ་འདི་ཡིས་ནི། །ཞེས་སོགས་བསྔོ་བ་མང་དུ་གསུངས་སོ། །འོན་ཀྱང་དེ་ཙམ་གྱིས་རྫོགས་པའི་བྱང་ཆུབ་སྒྲུབ་པར་མི་ནུས་ཏེ། ཐབས་ལ་མཁས་པའི་ཁྱད་པར་ཕར་ཕྱིན་ཐེག་པའི་ལུགས་ཀྱིས་བསྐལ་པ་གྲངས་མེད་གསུམ་དུ་སྟོང་ཉིད་སྙིང་རྗེའི་སྙིང་པོ་ཅན་གྱི་སེམས་བསྐྱེད་སྒོམ་པ་དང་། གསང་སྔགས་ཀྱི་དབང་དང་རིམ་པ་གཉིས་ལ་སློབ་པ་ལྟ་བུ་འགའ་ཞིག་མ་གསུངས་ཤིང་སློབ་མི་ནུས་པས་སོ། །འོན་ཉན་ཐོས་ཀྱི་ཐེག་པ་ནས་བསྔོ་བ་བཤད་ན༑ རིན་ཆེན་འཕྲེང་བ་ལས། ཉན་ཐོས་ཐེག་པ་དེ་ལས་ནི། །བྱང་ཆུབ་སེམས་དཔའི་སྨོན་ལམ་དང་། །སྤྱོད་པ་

ཡོངས་བསྔོ་མ་བཤད་དེ། །བྱང་ཆུབ་སེམས་དཔར་ག་ལ་འགྱུར། །ཞེས་གསུངས་པ་དང་འགལ་ལོ་ཞེ་ན། དེ་ནི་མི་འགལ་ཏེ། རིན་ཆེན་ཕྲེང་བར་གསུངས་པའི་བསྔོ་བ་དེ་ནི་ཡན་ལག་བདུན་པའི་ཟླས་ཕྱེ་བའི་བསྔོ་བའི་མིང་ཅན་སྨོན་པ་བྱང་ཆུབ་ཀྱི་མཆོག་ཏུ་སེམས་བསྐྱེད་པ་ཡིན་ལ། སོ་སོར་ཐར་པའི་མདོ་ལས་གསུངས་པའི་བསྔོ་བ་དེ་ནི་སེམས་ཅན་གཞན་ཐམས་ཅད་ཀྱིས་རྫོགས་བྱང་ཐོབ་པར་སྨོན་ལམ་འདེབས་པ་ཙམ་ཡིན་པའི་ཕྱིར། ཡང་སྐབས་འདིར་གོ་ཊཱི་ཀ་ལས་བསྔོ་བ་ཉན་ཐོས་རྣམས་ཀྱང་བྱེད་པའི་ཤེས་བྱེད་ནི། ཐམས་ཅད་སྒྲོལ་གྱི་སྐྱེས་རབས་ལས། །བདག་གིས་བྲམ་ཟེ་འདོད་པ་ལ། །ཞེས་གསུངས་པས་སོ། །ཞེས་ཟེར་བ་ནི་འབྲེལ་མེད་ཀྱི་བཤད་པ་སྟེ། དེ་ཉན་ཐོས་ཀྱིས་བྱས་པའི་བསྔོ་བ་མ་ཡིན་པའི་ཕྱིར་དང་། ཐམས་ཅད་སྒྲོལ་གྱི་སྐྱེས་རབས་དེ་བྱང་ཆུབ་སེམས་དཔའི་སྐྱེས་རབས་ཡིན་པའི་ཕྱིར། འོན་དེའི་འབྲེལ་གང་ཡིན་ཞེ་ན། ཉན་ཐོས་ཀྱི་སྡེ་སྣོད་ལས་སྟོང་ཉིད་རྟོགས་པའི་ཤེས་རབ་དང་བསྔོ་བ་དང་སྨོན་པ་སེམས་བསྐྱེད་ཀྱི་བསླབ་བྱ་ཙམ་གསུངས་ཀྱང་། འཇུག་པ་སེམས་བསྐྱེད་ཀྱི་བསླབ་བྱ་ཡོངས་སུ་རྫོགས་པ་མ་བསྟན་པས་རྫོགས་པའི་བྱང་ཆུབ་ཐོབ་པར་མི་ནུས་ཞེས་པའི་དོན་ཡིན་ནོ། །

གསུམ་པ། དེས་ན་སྟོང་ཉིད་རྟོགས་པའི་ཤེས་རབ་དང་ཐེག་ཆེན་སེམས་བསྐྱེད་ཟུང་དུ་སྦྲེལ་དགོས་པར་བསྟན་པ་ནི། རྒྱུ་མཚན་དེའི་ཕྱིར་ཐབས་ལ་མཁས་པ་བརྩེ་བ་སྙིང་རྗེ་ཆེན་པོ་དང་ཐེག་ཆེན་སེམས་བསྐྱེད་དང་། སྤྲོས་བྲལ་མངོན་སུམ་དུ་རྟོགས་པའི་ཤེས་རབ་ཟུང་དུ་འབྲེལ་བ་ཉིད་སངས་རྒྱས་ཀྱི་རྒྱུའི་གཙོ་བོ་ཡིན་ཏེ། སངས་རྒྱས་ནི་མི་གནས་པའི་མྱ་ངན་ལས་འདས་པ་ཡིན་ལ། དེ་ཐོབ་པ་ལ་ཤེས་པས་སྲིད་ལ་མི་གནས་ཤིང་། །སྙིང་རྗེས་ཞི་ལ་མི་གནས་དང་། །ཞེས་པའི་ལམ་དེ་ཉམས་སུ་ལེན་དགོས་པའི་ཕྱིར། འདིར་ལྷ་བཙུན་བསམ་ཡས་པའི་ཊཱི་ཀ་ལས། བསྟན་བཅོས་མཛད་པ་འདིས། སློབ་དཔོན་ཟླ་བ་གྲགས་པ་དང་མཐུན་པར་ཉན་ཐོས་འཕགས་པས་ཆོས་ཀྱི་བདག་མེད་རྟོགས་པར་ཁས་ལེན་དགོས་ཏེ། བསྟན་བཅོས་མཛད་པ་འདི་རིགས་པའི་དབང་ཕྱུག་ཡིན་པའི་ཕྱིར་རོ། །ཞེས་གསུངས་མོད། དེ་ལྟ་ན་ཞི་འཚོ་ཡབ་སྲས་དང་། སློབ་དཔོན་སེང་གེ་བཟང་པོ་དང་། སློབ་དཔོན་ལེགས་ལྡན་འབྱེད་སོགས་རིགས་པའི་དབང་ཕྱུག་མ་ཡིན་པའམ། ཡང་ན་དེ་དག་གིས་ཀྱང་ཉན་ཐོས་འཕགས་པས་ཆོས་ཀྱི་བདག་མེད་རྟོགས་པར་ཁས་ལེན་པར་འགྱུར་རོ། །

གཉིས་པ། ཐབས་ལྟར་སྣང་ལ་ཡང་དག་ཏུ་འཁྲུལ་བ་དགག་པ་ལ། མཚམས་སྦྱར། སྦྱིན་སོགས་ལྟར་སྣང་ངོས་བཟུང་། དད་སོགས་ལྟར་སྣང་ངོས་བཟུང་བ་དང་གསུམ། དང་པོ་ནི། སངས་རྒྱས་ཀྱི་མདོ་རྒྱུད་ཀྱི་དགོངས་པ་མི་ཤེས་པར་ཆོས་མིན་ལ་ཆོས་ལྟར་བཅོས་པས་བླུན་པོ་འགའ་ཞིག་ངོ་མཚར་སྐྱེད་ཀྱི་མཁས་པ་

རྣམས་ཀྱིས་བརྟགས་ན་ཁྲེལ་བར་འགྱུར་བ་འདི་འདྲ་ཡོད་དེ་ཞེས་མཚམས་སྦྱར་ནས། དེ་དག་གང་ཞེ་ན། གཉིས་པ། སྦྱིན་སོགས་ལྟར་སྣང་ངོས་བཟུང་བ་ལ་དྲུག་ལས། དང་པོ། སྦྱིན་པ་ལྟར་སྣང་ནི། བག་མེད་པའི་ཆང་དང་སྲོག་ལ་གནོད་པའི་དུག་དང་མཚོན་ཆ་དང་། གཞན་གྱི་ལོངས་སྤྱོད་རྐུ་འཕྲོག་ལ་སོགས་པས་སྦྱིན་པ་དང་། གསོད་པའི་སར་ཕྱུགས་སོགས་སྦྱིན་པ་དང་། མཆོག་རབ་བྱུང་གི་ནོར་ནི་མཆོག་མ་ཡིན་པ་ཁྱིམ་པ་ལ་སྦྱིན་པ་སོགས་ཆོས་ཅན། མ་དག་པའི་སྦྱིན་པ་ཡིན་ཏེ། དྲང་སྲོང་རྒྱས་པས་ཞུས་པའི་མདོ་ལས་བཀག་པའི་སྦྱིན་པ་ཡིན་པའི་ཕྱིར། དྲང་སྲོང་རྒྱས་པའི་མདོ་ལས་མ་དག་པའི་སྦྱིན་པ་སུམ་ཅུ་རྩ་གཉིས་གསུངས་པ་ཐུབ་པ་དགོངས་གསལ་དུ་ཚིགས་བཅད་དུ་བསྡེབས་པ་ནི། ལོག་ལྟས་མ་དད་ཕན་བཏགས་ལེན། །མི་ཆུ་རྒྱལ་སྦྱིན་འཇིགས་ཕྱིར་སྦྱིན། །དུག་མཚོན་བསད་ཤ་བག་མེད་ཆང་། །བསྟུ་ཕྱིར་བསྟོད་ཕྱིར་རོལ་མོ་མཁན། །སྐར་མཁན་གཞན་ནོར་མཛའ་ལ་སྦྱིན། །གཞན་གྱི་འབྲུ་སྐྱོད་བཟོ་བོ་དང་། །ནད་ཕྱིར་སྨན་པ་བཅོས་ནས་སྦྱིན། །རྣམ་སྨིན་རང་ཉིད་ལང་ཚོར་རྣས། །ན་དང་འཆི་ཚེ་བསླུ་ལ་ནས་མཆོད། །ཡུལ་གཞན་གྲགས་ཕྱིར་མདོ་བསྟན་ཕྱིར། །བུད་མེད་ཕྱིར་སྦྱིན་བུད་མེད་ཕྱིར། །ཕྱི་མར་རྙེད་ཕྱིར་དམན་པ་རྣམས། །བོར་ནས་ཕྱུག་པོ་རྣམས་ལ་སྦྱིན། །མ་དག་སྦྱིན་པ་སུམ་ཅུ་གཉིས། །རྒྱས་པའི་མདོ་ལས་གསུངས་ཕྱིར་སྤྱང་། །ཞེས་གསུངས་སོ། །

གཉིས་པ། ཚུལ་ཁྲིམས་ལྟར་སྣང་ནི། ཉན་ཐོས་ཀྱི་ནི་སྡོམ་པ་སྟེ། སོ་སོར་ཐར་པའི་སྡོམ་པ་ལ་ཐེག་པ་ཆེན་པོའི་སྡོམ་པར་འཆོས་པ་སངས་རྒྱས་མ་ཐོབ་བར་དུ་ལེན་པ་དང་། དེ་བཞིན་དུ་ཐེག་ཆེན་སེམས་བསྐྱེད་ཀྱི་སྡོམ་པ་ཉན་ཐོས་སུ་འཆོས་པ་སྟེ། ཇི་སྲིད་འཚོའི་བར་དུ་ལེན་པ་ནི་ཚུལ་ཁྲིམས་མ་དག་པ་ཡིན་ཞིང་། དེར་མ་ཟད་རང་ཉིད་ཚུལ་ཁྲིམས་སྲུང་ན་ཡང་ཚུལ་ཁྲིམས་ལ་དེ་ཁོ་ནས་གྲོལ་བར་ལྟ་བས་མཆོག་ཏུ་འཛིན་པ་དང་། གཞན་ཚུལ་ཁྲིམས་འཆལ་བ་ལ་ཁྱད་གསོད་བྱེད་པ་ནི་མ་དག་པའི་ཚུལ་ཁྲིམས་ཡིན་ཏེ། འཕགས་པ་སྐྱུད་པ་ལས། སེམས་ཅན་འདི་དག་ཁྲིམས་ལྡན་འདི་དག་ཁྲིམས་འཆལ་ཞེས། །སྣ་ཚོགས་འདུ་ཤེས་ཞུགས་པ་ཤིན་ཏུ་ཚུལ་ཁྲིམས་འཆལ། །ཞེས་གསུངས་སོ། །

གསུམ་པ། བཟོད་པ་ལྟར་སྣང་ནི། དཀོན་མཆོག་གསུམ་དང་མཚན་ཉིད་དང་ལྡན་པའི་བླ་མ་ལ་གནོད་ཅིང་བསྟན་པ་འཇིག་པ་ལ་ཁྲོས་ན་བཟློག་པར་ནུས་བཞིན་དུ་བཟོད་པ་སྒོམ་ན་མ་དག་པ་ཡིན་ཏེ། དཀོན་མཆོག་གསུམ་ལ་གནོད་བྱེད་ལ། །བཟོད་པ་བསྒོམ་པར་མི་བྱའོ། །ཞེས་གསུངས་པའི་ཕྱིར།

བཞི་པ། བརྩོན་འགྲུས་ལྟར་སྣང་ནི། །ལོག་པའི་ཆོས་ལ་དགའ་བ་དང་། ཐོས་བསམ་སྒོམ་གསུམ་ནོར་བ་ལ་བརྩོན་འགྲུས་ཏེ་སྒྲོ་བ་ཆེན་པོ་བྱེད་ན་ཡང་མ་དག་པའི་བརྩོན་འགྲུས་ཡིན་ཏེ། བྱ་བ་དན་ཞེན་གྱི་ལེ་ལོ

ཡིན་པའི་ཕྱིར། །དེ་སྐད་དུ་ཡང་། སློབ་དཔོན་དབྱིག་གཉེན་གྱིས། ལེ་ལོ་གང་ཞེ་ན། ཕྱི་རོལ་པ་རྣམས་ཀྱི་བརྩོན་འགྲུས་སོ། །ཞེས་བཤད་པའི་ཕྱིར།

ལྔ་པ། བསམ་གཏན་ལྟར་སྣང་ནི། ཐབས་ལ་མི་མཁས་པའི་སྟོང་ཉིད་སྒོམ་པ་འདི་ནི་ཉེས་དམིགས་ཆེ་སྟེ༑ རིན་ཆེན་འཕྲེང་བ་ལས། ཆོས་འདི་ལོག་པར་ཤེས་གྱུར་ན། །མི་མཁས་རྣམས་ནི་ཆུད་ཀྱང་འཛའ། །ཞེས་གསུངས་པའི་ཕྱིར་རོ། །འཚང་རྒྱ་བའི་གནད་སྟོང་ཉིད་སྙིང་རྗེ་སོགས་འཕྱུགས་པའི་ རླུང་དང་གཏུམ་མོ་ལ་སོགས་པའི་ཐབས་ལམ་དང་། ཡང་སོགས་པས་དཀར་པོ་ཆིག་ཐུབ་ལྟ་བུ་རྣམ་རྟོག་མངོན་འགྱུར་འགག་ཞིག་འཇོག་པ་དང་། ཏིང་ངེ་འཛིན་ཕྲ་མོ་སྐྱེད་པའི་ཐབས་ལ་མཆོག་ཏུ་བཟུང་ནས་དད་པ་ཆེན་པོས་སྒོམ་ན་ཡང་མ་དག་པའི་སྒོམ་པ་ཡིན་ཏེ། ཡང་དག་པའི་དོན་མཐོང་བའི་ཡེ་ཤེས་མི་སྐྱེ་བའི་སྒོམ་པ་ཡིན་པའི་ཕྱིར། དཔེར་ན་དགེ་སློང་ཐོས་པ་མེད་པ་བཞིན་ནོ། །

དྲུག་པ། ཤེས་རབ་ལྟར་སྣང་ནི། སངས་རྒྱས་ཀྱི་གསུང་དང་མི་མཐུན་པའི་འཆད་པ་དང་རྩོམ་པ་དང་རྩོད་པ་ལ་མཁས་པར་འགྱུར་ཞིང་། བཟོ་དང་གསོ་བ་དང་སྐྱན་ངག་དང་སྡེབ་སྦྱོར་ལ་སོགས་པའི་བྱ་བ་ཐམས་ཅད་ཤེས་པར་གྱུར་ཀྱང་མ་དག་པའི་ཤེས་རབ་ཡིན་ཏེ། ཐར་པའི་ལམ་དུ་མི་འགྱུར་བའི་ཤེས་རབ་ཡིན་པའི་ཕྱིར། དཔེར་ན་ཤེད་བུ་སེར་སྐྱའི་ཤེས་རབ་བཞིན་ནོ། །

གཉིས་པ། དད་སོགས་ལྟར་སྣང་བཟུང་བ་ལ་ལྔ་ཡོད་པ་ལས། དང་པོ་དད་པ་ལྟར་སྣང་ནི། མཚན་ཉིད་དང་མི་ལྡན་པའི་བླ་མ་ངན་པ་ལ་དད་པ་དང་། ཆོས་ལུགས་ངན་པ་ལ་མོས་པ་དང་། སྒོམ་ཏིང་ངེ་འཛིན་ངན་པ་ལ་དགའ་ཞིང་འདོད་པ་ནི་མ་དག་པའི་དད་པ་ཡིན་ཏེ། དད་པར་མི་འོས་པ་ལ་དད་པའི་ཕྱིར།

གཉིས་པ། སྙིང་རྗེ་ལྟར་སྣང་ནི། ནད་པ་དགའ་བའི་ཁ་ཟས་དེ་ལ་མི་འཕྲོད་པ་ཚ་ནད་ཅན་ལ་ཆང་སྟེར་བ་ལྟ་བུ་དང་། ངན་པར་སྤྱོད་པ་སྡེ་སྡིག་པ་ཆེན་པོ་བྱེད་པ་ལ་ནུས་པ་ཡོད་བཞིན་དུ་ཚར་མི་གཅོད་པ་དང་། དབང་བསྐུར་ཐོབ་པ་མེད་པས་འདིའི་ཆོས་ཟབ་མོ་མི་ཐོབ་པས་སྙིང་རྗེ་ཟེར་ནས་གསང་སྔགས་ཟབ་མོ་སྟོན་པ་དང་། ཐེག་པ་ཆེན་པོའི་སྣོད་མ་ཡིན་པའི་གང་ཟག་བློ་དམན་པ་ལ་ཐེག་པ་ཆེན་པོའི་ཆོས་འཆད་པ་དང་། སོགས་པས་དཀོན་མཆོག་གསུམ་གྱི་དཀོར་ཉེ་དུ་ལ་སྟེར་བ་ལྟ་བུ་ནི་སྙིང་རྗེའི་དབང་གིས་བྱེད་ན་ཡང་མ་དག་པའི་སྙིང་རྗེ་ཡིན་ཏེ། དེས་འཕྲལ་ལ་ཕན་པ་ལྟར་སྣང་ཡང་ཕྱི་ནས་གང་ཟག་དེ་ལ་གནོད་པ་ཆེན་པོར་འགྱུར་བས་སོ། །

གསུམ་པ། བྱམས་པ་ལྟར་སྣང་ནི། བསྟན་པ་དང་སེམས་ཅན་ལ་འཚེ་བར་བྱེད་པའི་སྐྱེ་བོ་གདུག་པ

ཅན་ལ་བྱམས་པ་དང་། བུ་དང་སློབ་མ་བུ་བ་མིན་པ་བྱེད་པ་ལས་ཐབས་ཀྱིས་མི་འཆོས་པ་དང་། སྨྲས་ན་བདུད་ལ་གནོད་ཟེར་ནས་སྲུང་བའི་འཁོར་ལོ་མི་སྒོམ་པ་དང་། བགེགས་ལ་གནོད་ཟེར་ནས་ཁྲོ་བོའི་བཟླས་པ་འགོག་པ་དང་། སོགས་པས་དྲག་པོའི་འཕྲིན་ལས་འགོག་པ་སོགས་བྱམས་པའི་དབང་གིས་བྱེད་ན་ཡང་མ་དག་པའི་བྱམས་པ་ཡིན་ཏེ། རྒྱུད་སྡེ་ཀུན་དང་འགལ་བའི་བྱམས་པ་ཡིན་པའི་ཕྱིར་ནའོ། །ཇི་ལྟར་འགལ་ཞེ་ན། གདུག་ལ་བྱམས་པར་མི་བྱ་ཞིང་། །ཞེས་གསུངས་པ་དང་། བརྟག་པ་གཉིས་པ་ལས། རྡོ་རྗེ་དེ་ཉིད་ཀྱི་ནི་རབ་དང་། །ཀུར་བཙིང་བ་ཡང་རྣམ་པར་བསྒོམ་པ་ཉིད། །ཅེས་དང་། ཡང་གསང་བ་འདུས་པ་ལས། ཞེ་སྡང་རྡོ་རྗེའི་ཏིང་འཛིན་གྱིས། །གནས་བསྲུང་བ་ནི་བརྩམ་པར་བྱ། །ཞེས་པས་སྲུང་འཁོར་སྒོམ་དགོས་པར་བཤད་པ་དང་། ཡང་རྒྱུད་ལས་གལ་ཏེ་ཆར་མི་འབབ་ན་དེའི་ཚེ་སྔགས་འདི་བཟློག་ལ་བཟླས་ཏེ་ཆར་དབབ་བོ། །གལ་ཏེ་མི་འབབ་ན་དེའི་ཚེ་མགོ་བོ་ཨརྫ་ཀའི་དོག་པ་བཞིན་དུ་འགས་སོ། །ཞེས་དང་། རྡོ་རྗེ་རྣམ་འཇོམས་ལས། རྡོ་རྗེ་ཁྲོ་བོ་ལས་བྱུང་བ། །ཞེས་དང་། གདོན་ཐམས་ཅད་བརླག་པར་བྱེད་པ། ཞེས་པས་ཁྲོ་བོའི་བཟླས་པ་དགོས་པར་བསྟན་པ་དང་། སྡོམ་པ་ཉི་ཤུ་པ་ལས་ཀྱང་། རྐྱེན་དུ་འཚམས་པར་ཚར་མི་གཅོད། །ཅེས་པས་གདུག་པ་ཅན་ཚར་གཅོད་དགོས་པར་གསུངས་པའི་ཕྱིར་རོ། །

བཞི་པ། ཐབས་ལམ་ལྟར་སྣང་ནི། མདོ་རྒྱུད་ཀུན་ལས་མ་གསུངས་པས་ལུང་དང་མི་མཐུན་ཞིང་། རིགས་པས་སྒྲུབ་པར་མི་ནུས་པའི་ལྟེ་བའི་འོག་ཏུ་མེ་མཐེ་བོང་ཙམ་བསྒོམས་པས་དྲོད་དང་བདེ་བ་ཙུང་ཟད་སྐྱེ་བ་དང་། མི་རྟོག་པའི་ཡེ་ཤེས་ལྟར་སྣང་དང་མངོན་ཤེས་ཙུང་ཟད་སྐྱེ་བ་སོགས་ནད་གདོན་ཙུང་ཟད་སེལ་བ་དག །བླུན་པོ་དགའ་བ་སྐྱེད་པར་བྱེད་ན་ཡང་མ་དག་པའི་ཐབས་ལམ་ཡིན་ཏེ། མུ་སྟེགས་བྱེད་ལ་འང་ཡོད་པ་དང་ཁྱད་པར་མེད་པའི་ཐབས་ལམ་ཡིན་པའི་ཕྱིར།

ལྔ་པ། སྨོན་ལམ་ལྟར་སྣང་ངོས་བཟུང་བ་ནི། བདག་ལྟའི་རྩ་བ་དངོས་པོར་འཛིན་པ་མ་ཆོད་ཅིང་། འཁོར་བའི་བདེ་བ་དང་མྱ་ངན་ལས་འདས་པའི་བདེ་བ་གཉིས་ལ་སྨོན་པ་ཅན་དགེ་བ་ལ་ནི་ངོ་མཚར་དུ་ལྟ་བ་སྙེ་རློམ་ནས་མཚན་མར་འཛིན་པ་ཅན་དེས། ཆོས་ཀུན་སྤྲོས་བྲལ་དུ་མ་ཤེས་པས་ཆོས་དབྱིངས་ཡོད་དགེར་བཟུང་ནས་དགེ་བའི་རྩ་བ་སངས་རྒྱས་ཉིད་དུ་བསྔོ་ན་ཡང་མ་དག་པའི་སྨོན་ལམ་ཡིན་ཏེ། །སངས་རྒྱས་ཀྱི་རྒྱུར་མི་འགྱུར་བའི་སྨོན་ལམ་ཡིན་པའི་ཕྱིར། དེ་དག་ལ་སོགས་པ་མཐའ་ཡས་པ་དགེ་བ་བྱེད་པ་ལྟར་སྣང་ཡང་མ་དག་པ་རུ་ཤེས་པར་གྱིས་ཤིག་སྟེ། སངས་རྒྱས་ཀྱི་གསུང་གི་གནད་འཕྱུགས་པའི་དགེ་བ་ཡིན་པའི་ཕྱིར།

གསུམ་པ། གསུང་རབ་དང་མཐུན་པའི་ཐོས་བསམ་སྒོམ་གསུམ་སངས་རྒྱས་ཀྱི་བསྟན་པ་ཡིན་པར

བསྟན་པས་མཇུག་བསྡུ་བ་ནི། དེ་དག་གི་དོན་མདོར་བསྡུ་ན། སངས་རྒྱས་ཀྱི་གསུང་རབ་དང་མཐུན་པའི་དོན་ཐོས་བསམ་སྒོམ་གསུམ་བསམ་པ་དག་པ་སྟེ་སངས་རྒྱས་ཐོབ་འདོད་ཀྱིས་སྒྲུབ་པར་བྱེད་ན་སངས་རྒྱས་ཀྱི་བསྟན་པ་ཡིན་པར་ཤེས་པར་བྱ་སྟེ། སློབ་དཔོན་དབྱིག་གཉེན་གྱིས། ཚུལ་གནས་ཐོས་དང་བསམ་ལྡན་པས། །སྒོམ་པ་ལ་ནི་རབ་ཏུ་སྦྱོར། །ཞེས་གསུངས་པ་ལྟར། གཞི་ཚུལ་ཁྲིམས་རྣམ་པར་དག་པ་ལ་གནས་ནས། ཀློག་པ་ཐོས་བསམ་གྱི་འཁོར་ལོ་ཚུལ་བཞིན་དུ་བསྐྱབས་པས་ལུང་གི་བསྟན་པ་རྒྱས་པར་བྱེད་ལ། སྒྲུབ་པ་བསམ་གཏན་གྱི་འཁོར་ལོ་ཚུལ་བཞིན་དུ་བསྐྱབས་པས་རྟོགས་པའི་བསྟན་པ་རྒྱས་པར་བྱེད་པའི་ཕྱིར་རོ། །སྡོམ་པ་གསུམ་གྱི་རབ་ཏུ་དབྱེ་བ་ཞེས་བྱ་བའི་རྣམ་བཤད་བསྟན་པའི་སྒྲོན་མེ་ལས། བྱང་སེམས་སྡོམ་པའི་སྐབས་ཏེ་ལེའུ་གཉིས་པའི་རྣམ་པར་བཤད་པ་རྫོགས་སོ།། །།མངྒ་ལཾ།། །།

༄༅། །སྡོམ་པ་གསུམ་གྱི་རབ་ཏུ་དབྱེ་བའི་ཊཱི་ཀ་བསྟན་པའི་སྒྲོན་མེ་ལས་སྔགས་སྡོམ་གྱི་རྣམ་བཤད་བཞུགས་སོ། །

ན་མོ་བཛྲ་ཧྲཱ་དྲཱ་ཡ། བདེ་ཆེན་ལྷུན་གྱིས་གྲུབ་པའི་ཕོ་བྲང་དུ། །དཔལ་ལྡན་རིགས་བརྒྱའི་བདག་པོའི་སྐུར་བསྟན་ནས། །སྣོད་བཅུད་མ་ལུས་རིགས་བརྒྱའི་རྣམ་རོལ་དུ། །སྟོན་མཛད་འཇམ་པའི་རྡོ་རྗེས་བདག་སྐྱོངས་ཤིག །ཅེས་མཆོད་པར་བརྗོད་ནས།

གསུམ་པ། སྔགས་སྡོམ་བླ་མེད་ཀྱི་གཞུང་བཞིན་གཙོ་བོར་བསྟན་པ་ལ་གསུམ་སྟེ། སྨིན་གྲོལ་གཉིས་ལ་འབད་དགོས་པར་བསྟན་པས་མཚམས་སྦྱར། གཞི་ལམ་འབྲས་གསུམ་གྱི་རྣམ་གཞག་ལ་འཁྲུལ་པ་འགོག་ཚུལ་རྒྱས་པར་བཤད། ས་ལམ་གྱི་རྣམ་གཞག་ལ་འཁྲུལ་པ་བཀག་པས་མཇུག་བསྡུ་བའོ། །དང་པོ་ནི། རྡོ་རྗེ་ཐེག་པའི་ལམ་ཞུགས་ཏེ། །ཞེས་པ་ནས། སྡོམ་པ་གསུམ་ལྡན་འགྱུར། །ཞེས་པའི་བར་གྱིས་སྟོན་ལ་འདི་ལ། སྤྱིའི་དོན་དང་། གཞུང་གི་དོན་གཉིས་ལས་དང་པོ་ནི། རྡོ་རྗེ་ས་འོག་གི་རྒྱུད་ལས། རྒྱལ་མོས་པ་རྒྱ་ཆོས་ཀྱི། །འཁོར་ལོ་རབ་ཏུ་བསྐོར་བྱས་ནས། །རྡོ་རྗེ་ཐེག་པའི་ཉེ་ལམ་ཞིག །མ་འོངས་དུས་ན་འབྱུང་བར་འགྱུར། །ཞེས་གསུངས་ལ། དེ་ལ་ཕར་ཕྱིན་ཐེག་པ་དང་། རྡོ་རྗེ་ཐེག་པ་གཉིས་ཀྱི་ཁྱད་པར་ནི། ཚུལ་གསུམ་སྒྲོན་མེ་ལས། དོན་གཅིག་ན་ཡང་མ་རྨོངས་དང་། །ཐབས་མང་དཀའ་བ་མེད་པ་དང་། །དབང་པོ་རྣོན་པོའི་དབང་བྱས་པས། །སྔགས་ཀྱི་ཐེག་པ་ཁྱད་པར་འཕགས། །ཞེས་གསུངས་སོ། །དེ་ལ་དོན་གཅིག་པ་ནི། གནས་སྐབས་ཀྱི་ལྟ་བ་གཅིག་པ་དང་། མཐར་ཐུག་གི་འབྲས་བུ་གཅིག་པའོ། །མ་རྨོངས་པ་ནི་ཐབས་ལ་མཁས་པ་སྟེ། ཀྱེ་རྡོ་རྗེ་ལས། སྐྱེ་བོ་མི་བཟད་པ་ཡི་ལས། །གང་དང་གང་གིས་འཆིང་འགྱུར་བ། །ཐབས་དང་བཅས་ན་དེ་ཉིད་ཀྱིས། །སྲིད་པའི་འཆིང་བ་ལས་འགྲོལ་འགྱུར། །ཞེས་གསུངས་པས་སོ། །དཀའ་བ་མེད་པ་ནི་ལམ་བླ་བ་སྟེ། སཾ་གྷུ་ཊ་ལས། འདོད་པའི་ཡོན་ཏན་ཐམས་ཅད་ལ། །ཅི་བདེ་བར་ནི་བསྟེན་བཞིན་དུ། །རང་གི་ལྷ་ཡི་སྦྱོར་བ་ཡིས། །བདག་དང་གཞན་ལ་མཆོད་པར་བྱ། །ཞེས་གསུངས་པས་སོ། །དབང་པོ་རྣོན་པོ་ནི། དབང་པོ་གསལ་ཞིང་མྱུར་བས་ཚེ་འདི་ཉིད་ལ་སངས་རྒྱས་ཐོབ་པ་ཡིན་ཏེ། གསང་བ་འདུས་པ་ལས། འདིས་ནི་དེ་བཞིན་གཤེགས་པའི་སྐུ། །ཆོས་འཛིན་མཆོག་གི་གསུང་དང་ནི། །རྡོ་རྗེ་འཛིན་པའི་ཐུགས་དག་ཀྱང་། །ཚེ་འདི་ཉིད་ལ་སྟེར་བར་བྱེད། །ཅེས་གསུངས་པས་སོ། །ཡང་སློབ་དཔོན་ཛྙཱ་ན་ཤྲཱི་ནི། སྔགས་ཀྱི་ཐེག་པ་དེ། ཕར་ཕྱིན་ཐེག་པ་ལས་ཁྱད་ཆོས་བཅུ

གཅིག་གི་སྒོ་ནས་ཁྱད་པར་དུ་འཕགས་སོ། །ཞེས་གསུངས། ཅིའི་ཕྱིར་སྔགས་ཞེས་བྱ་ཞེ་ན། མནྟྲ་ཞེས་པའི་སྒྲ་ལས་དྲངས་ན། མན་ནི་ཡིད་ཡིན་ལ། ཏ་ར་ནི་སྐྱོབ་པ་ཡིན་པས། ཡིད་མཚན་མ་དང་རྣམ་པར་རྟོག་པ་ལས་སྐྱོབ་པས་ན་སྔགས་ཞེས་བྱའོ། །ཅིའི་ཕྱིར་རྡོ་རྗེ་ཐེག་པ་ཞེས་བྱ་ཞེ་ན། རྡོ་རྗེ་ནི། རྣམ་པར་རྟོག་པས་མི་ཕྱེད་པས་ན་རྡོ་རྗེ་ཞེས་བྱ་སྟེ། རྡོ་རྗེ་རིན་པོ་ཆེ་དེ་རྫས་གཞན་གྱིས་མི་ཕྱེད་པ་བཞིན་ནོ། །དེ་ཡང་སྟོང་པ་ཉིད་ལ་བྱ་དགོས་ཏེ༑ རྡོ་རྗེ་རྩེ་མོ་ལས། སྲ་ཞིང་སྙིང་པོ་ཁོང་སྟོང་མེད། །གཅད་དང་གཞིག་པར་བྱ་བ་མེད། །བསྲེག་པར་བྱར་མེད་འཇིག་པ་མེད། །སྟོང་ཉིད་རྡོ་རྗེར་བརྗོད་པར་བྱ། །ཞེས་གསུངས་པས་སོ། །འདིར་སྟོང་ཉིད་ཀྱི་ངོས་འཛིན་ནི༑ སེམས་ཀྱི་རྡོ་རྗེ་ཞེས་པ། སེམས་རང་བཞིན་གྱི་འོད་གསལ་བ་ལ་བྱ་དགོས་ལ། དེ་ཉིད་དབང་དང་བྱིན་རླབས་ཀྱིས་ངོ་འཕྲོད་པར་བྱས་ནས། མི་ཉམས་པར་འཛིན་པ་ལ་རིག་པ་འཛིན་པ་ཞེས་བྱའོ། །དེ་ལྟ་ན་སྟོང་པ་ཉིད་དེ། དངོས་པོར་ཁས་ལེན་ན། རིགས་ལམ་ལས་འདས་སོ་ཞེ་ན། འོ་ན་དུས་ཀྱི་འཁོར་ལོ་ལས། སྲིད་གསུམ་སྐྱེ་འཇིག་མེད་པའི་དངོས། །ཤེས་དང་ཤེས་བྱ་གཅིག་པའི་སྐུ། །དཔལ་ལྡན་དུས་འཁོར་ལ་ཕྱག་འཚལ། །ཞེས་གསུངས་པ་དང་། ཀྱེའི་རྡོ་རྗེའི་བསྟོད་པ་ཉི་ཤུ་པ་ལས། ཐམས་ཅད་དངོས་པོའི་རང་བཞིན་མཆོག །གདོད་ནས་ཐམས་ཅད་བདག་ཉིད་གནས། །ཞེས་སྐྱེ་འཇིག་མེད་པའི་དངོས་པོ་གསུངས་པ་རྣམས་ཀྱང་རིགས་ལམ་ལས་འདས་པར་འགྱུར་རོ། །འདི་ལྟ་བུའི་ངེས་དོན་ངོས་ཟིན་པ་ནི་དེང་སང་གི་གསང་སྔགས་པ་ཕལ་ཆེ་བ་ལ་མི་སྣང་ངོ་། །ཐེག་པ་ནི་ཡ་ན་ཞེས་པའི་སྒྲ་ལས་དྲངས་ན། བགྲོད་པས་ན་ཐེག་པ་ཞེས་བྱའོ། །དེ་ལ་ཡང་། འདིས་བགྲོད་པས་ན་རྒྱུའི་ཐེག་པ་དང་། འདིར་བགྲོད་པས་ན་འབྲས་བུའི་ཐེག་པའོ། །འདི་ལ་རྒྱུད་སྡེའི་སྒོ་ནས་དབྱེ་ན། དབྱེ་གཞི་དང་། དབྱེ་ངོ་གཉིས་ལས། དབྱེ་གཞི་ནི། ཏནྟྲ་ཞེས་པའི་སྒྲ་ལས་དྲངས་ན། རྒྱུན་ཆགས་པས་ན་རྒྱུད་ཅེས་བྱ་ལ། དེ་ལ་བརྗོད་བྱ་དོན་གྱི་རྒྱུད་དང་། རྗོད་བྱེད་ཚིག་གི་རྒྱུད་གཉིས་སོ། །བརྗོད་བྱ་དོན་གྱི་རྒྱུད་ནི། གཞི་ལམ་འབྲས་བུའི་གནས་སྐབས་ཐམས་ཅད་དུ་ཁྱབ་བྱེད་དུ་འདུག་པའི་གཟུང་འཛིན་གཉིས་སུ་མེད་པའི་ཡེ་ཤེས་ཞིག་ལ་བྱ་སྟེ། རྗེ་བཙུན་གྱིས། ཀྱེ་རྡོ་རྗེ་དེ་གཉིས་མེད་ཡེ་ཤེས། ཞེས་བཤད་པས་སོ༑ །རྗོད་བྱེད་ཚིག་གི་རྒྱུད་ལ་མཚན་ཉིད་ནི། བརྗོད་བྱ་དོན་གྱི་རྒྱུད་དེ་ཉིད་བརྗོད་བྱར་སྟོན་པའི་མིང་ཚིག་ཡི་གེའི་ཚོགས་སུ་སྣང་བའི་རྣམ་རིག་གོ །ཞེས་རྗེ་བཙུན་རྩེ་མོས་རྒྱུད་སྡེ་སྤྱིའི་རྣམ་གཞག་ལས་གསུངས་ཀྱང་། དེང་སང་ནི་རང་ཕྱོགས་པར་ཁས་ལེན་པ་ཕལ་ཆེ་བ་ལུང་ལ་བེམ་པོས་ཁྱབ་པོ། །ཞེས་བྲག་ཅ་བཞིན་དུ་སྒྲོག་པར་བྱེད་ལ། རྣམ་དབྱེ་མ་ཕྱེད་པ་འགའ་ཞིག་ནི། ལུང་དེ་སྒྲ་ཡང་ཡིན་ལ་ཤེས་པ་ཡང་ཡིན་ནོ་ཞེས་ཨུ་ཚུགས་ཀྱིས་སྨྲ་བར་བྱེད་དོ། །

གཉིས་པ་དབྱེ་ངོ་ལ། དུས་ཀྱི་འཁོར་ལོ་ལྟར་ན། རྒྱུད་སྡེ་སྟོང་ཕྲག་བདུན་ཅུ་རྩ་གཉིས་ཡིན་པར་འཆད་ལ༑ ཡེ་ཤེས་རྡོ་རྗེ་ཀུན་ལས་བཏུས་པའི་རྒྱུད་ལས། ཀཱ་ལི་སུམ་ཅུ་རྩ་བཞིའི་མིང་གི་མཐར་རྟེན་བྱས་པའི་རྒྱུད་སྡེ་སྟོང་ཕྲག་སུམ་ཅུ་རྩ་བཞི་ཡིན་པར་གསུངས་སོ། །གཞན་ཡང་རྒྱུད་ཀྱི་དབྱེ་བ་མི་འདྲ་བ་མང་དུ་གསུངས་ཀྱང་། འདིར་གྲགས་ཆེ་བ་ནི། བྱ་བའི་རྒྱུད། སྤྱོད་པའི་རྒྱུད། རྣལ་འབྱོར་རྒྱུད། རྣལ་འབྱོར་བླ་ན་མེད་པའི་རྒྱུད་དང་བཞི་ཡིན་ཏེ། རྡོ་རྗེ་གུར་ལས། དམན་པ་རྣམས་ལ་བྱ་བའི་རྒྱུད། །བྱ་མིན་རྣལ་འབྱོར་དེ་ལྷག་ལ། །སེམས་ཅན་མཆོག་རྣམས་རྣལ་འབྱོར་རྒྱུད། །རྣལ་འབྱོར་ཆེན་པོ་དེ་ལྷག་ལའོ། །ཞེས་གསུངས་པས་སོ། །བཞིར་འབྱེད་པའི་རྒྱུ་མཚན་ལ། དབང་གི་སྒོ་ནས་ཕྱེ་བ་དང་། ལམ་གྱི་སྒོ་ནས་དབྱེ་བ་གཉིས། དང་པོ་ནི། དབང་གིས་བཞིར་ཕྱེ་བ་ཡིན་ཏེ། ཡེ་ཤེས་ཐིག་ལེའི་རྒྱུད་ལས། ཆུ་དང་ཅོད་པན་གྱི་ནི་དབང་། །བྱ་བའི་རྒྱུད་ལ་རབ་ཏུ་གྲགས། །རྡོ་རྗེ་དྲིལ་བུ་མིང་གི་དབང་། །སྤྱོད་པའི་རྒྱུད་ལས་བཤད་པ་ཡིན། །ཕྱིར་མི་ལྡོག་པ་སློབ་དཔོན་དབང་། །རྣལ་འབྱོར་རྒྱུད་ལ་རབ་ཏུ་གསལ། །བུམ་པ་གསང་བ་ཤེས་རབ་དང་། །བཞི་པ་བླ་ན་མེད་པའོ། །ཞེས་གསུངས་སོ། །ལམ་གྱི་སྒོ་ནས་དབྱེ་བ་ནི། བྱ་བའི་རྒྱུད་དུ་རྗེ་དཔོན་ལྟ་བུའི་དངོས་གྲུབ་ལེན་པ་དང་། སྤྱོད་པའི་རྒྱུད་དུ་གྲོགས་པོ་ལྟ་བུའི་དངོས་གྲུབ་ལེན་པ་དང་། རྣལ་འབྱོར་རྒྱུད་དུ་ཡེ་ཤེས་པ་དགུག་གཞུག་བྱས་ནས་སླར་གཤེགས་སུ་གསོལ་བ་དང་། རྣལ་འབྱོར་ཆེན་པོ་ནི་ཡེ་ཤེས་པ་གཤེགས་སུ་མི་གསོལ་བར་མཉམ་རྗེས་ཐམས་ཅད་དུ་ལྷག་པའི་ལྷའི་ང་རྒྱལ་དང་མ་བྲལ་བར་སྤྱོད་པའོ། །གྲངས་ངེས་པའི་ཚུལ་ལ། ཕྱི་རོལ་པའི་གང་ཟག་བཞི་གཟུང་བར་བྱ་བའི་ཕྱིར་བཞིར་ངེས་ཏེ། འདོད་ཆགས་ཅན་ལྷ་ཆེན་པོའི་རྗེས་སུ་འབྲངས་ནས་འདོད་ཆགས་ཆོས་སུ་སླུ་སྟེ། དེ་རྗེས་སུ་གཟུང་བའི་ཕྱིར་རྣལ་འབྱོར་བླ་ན་མེད་པའི་རྒྱུད་གསུངས་སོ། །དེ་སྐད་དུ་ཡང་གསང་བ་འདུས་པ་ལས། ཁྱད་མེད་གཟུགས་བཟང་མདངས་བཟང་བ། །ལོ་གྲངས་བཅུ་དྲུག་ལོན་པ་ལ། །བྱིན་གྱིས་བརླབས་ཀྱི་གནས་གསུམ་གྱི། །དབེན་པར་མཆོད་པ་རབ་ཏུ་བརྩམ། །ཞེས་གསུངས་སོ། །ཞེ་སྡང་ཅན་ཁྱབ་འཇུག་གི་རྗེས་སུ་འབྲངས་ནས་འཚེ་བ་ཆོས་སུ་སླུ་བ་རྣམས་རྗེས་སུ་གཟུང་བའི་ཕྱིར་སྤྱོད་པའི་རྒྱུད་གསུངས་ཏེ། རྣམ་སྣང་མངོན་བྱང་ལས། ཨེ་མ་ཧོ་གསོད་པ་འདི་ནི་བཟང་། །བསད་པས་བྱང་ཆུབ་ཐོབ་པར་བྱེད། །ཅེས་གསུངས་སོ། །གཏི་མུག་ཅན་ཚངས་པའི་རྗེས་སུ་འབྲངས་ནས། གཙང་སྦྲ་ཆོས་སུ་སླུ་བ་རྣམས་རྗེས་སུ་གཟུང་བའི་ཕྱིར་བྱ་བའི་རྒྱུད་གསུངས་ཏེ། ལེགས་པར་གྲུབ་པ་ལས། ཁྲུས་བྱས་གཙང་ཞིང་གཟུང་བྱ་སྟེ། །བཀྲ་ཤིས་ངོ་མཚར་དག་བྱས་ནས། །བསྒྲུབ་པའི་རྫས་ནི་ཡོངས་སུ་བཟུང་། །ཞེས་གསུངས་སོ། །གསུམ་ཀ་ཆོས་སུ་སླུ་བའི་ཆེད་དུ་རྣལ་འབྱོར་རྒྱུད་གསུངས་ཏེ། སཾ་ཀྲ་ཏ་ལས། འདོད་ཆགས་ཅན་གྱི་དོན་དུ་རྡོ་རྗེ་དབྱིངས་ཀྱི་དུམ་བུ། ཞེ་སྡང་ཅན་གྱི་

དོན་དུ་ཁམས་གསུམ་རྣམ་རྒྱལ། གདེ་མུག་ཅན་གྱི་དོན་དུ་འགྲོ་འདུལ། སེར་སྣ་ཅན་གྱི་དོན་དུ་ཐམས་ཅད་གྲུབ་པའི་དུམ་བུ་གསུངས་སོ། །འདོད་ཁམས་ཀྱི་གང་ཟག་རིགས་བཞི་རྗེས་སུ་གཟུང་བའི་ཕྱིར་རྒྱུད་སྡེ་བཞིར་གསུངས་སོ། །སཾ་བུ་ཊི་ལས། རྐྱོད་དང་བལྟ་དང་ལག་བཅངས་དང་། །གཉིས་གཉིས་འཁྱུད་པའི་བྱེ་བྲག་གིས། །སྲིན་བུའི་ཚུལ་གྱིས་རྒྱུད་བཞིར་གནས། །ཞེས་གསུངས་པ་ལྟར། བལྟས་པས་ཆོམ་པའི་ཆེད་དུ་བྱ་བའི་རྒྱུད། རྐྱོད་པས་ཆོམ་པའི་གཉེན་པོར་སྤྱོད་པའི་རྒྱུད། ལག་བཅངས་ཀྱིས་ཆོམ་པའི་གཉེན་པོར་རྣལ་འབྱོར་གྱི་རྒྱུད་གསུངས། གཉིས་སྦྱོར་གྱིས་ཆོམ་པའི་གཉེན་པོར་རྣལ་འབྱོར་བླ་མེད་ཀྱི་རྒྱུད་གསུངས་སོ། །སོ་སོའི་སྒྲ་བཤད་པ་ནི། ཕྱི་ལུས་ངག་གི་བྱ་བ་གཙོ་བོར་སྟོན་པས་ན། བྱ་བའི་རྒྱུད་དེ་ལ། སྤྱིའི་རྒྱུད་དང་། སོ་སོའི་རྒྱུད་གཉིས་སུ་ཡོད་ལ། སྤྱིའི་རྒྱུད་ནི། གསང་བ་སྤྱི་རྒྱུད་དང་། དཔུང་བཟང་གི་རྒྱུད་ལྟ་བུ། བྱེ་བྲག་གི་རྒྱུད་ལ། འཇིག་རྟེན་པའི་རིགས་གསུམ། འཇིག་རྟེན་ལས་འདས་པའི་རིགས་གསུམ་སྟེ། རྒྱུད་སྡེ་སྒོ་དྲུག་ཏུ་ཡོད་པར་བཤད། འཇིག་རྟེན་པའི་རིགས་གསུམ་ནི། ནོར་བུའི་རིགས་དང་། ལྤུས་རྫེན་གྱི་རིགས་དང་། འཇིག་རྟེན་པའི་རིགས་ཉིད་དང་གསུམ་མོ། །འཇིག་རྟེན་ལས་འདས་པའི་རིགས་གསུམ་ནི། པདྨའི་རིགས་དང་། རྡོ་རྗེའི་རིགས་དང་། དེ་བཞིན་གཤེགས་པའི་རིགས་དང་གསུམ་མོ། །པདྨའི་རིགས་ནི་དོན་ཡོད་ཞགས་པ་ལྟ་བུ། རྡོ་རྗེའི་རིགས་ནི་དམ་ཚིག་གསུམ་བཀོད་ལྟ་བུ། དེ་བཞིན་གཤེགས་པའི་རིགས་ནི་ལེགས་པར་གྲུབ་པ་ལྟ་བུ། ཕྱི་ལུས་ངག་གི་བྱ་བ་དང་། ནང་ཏིང་ངེ་འཛིན་གྱི་རྣལ་འབྱོར་ཆ་མཉམ་དུ་སྤྱོད་པས་ན་སྤྱོད་པའི་རྒྱུད་ཅེས་བྱའོ། དེ་ནི་ཕྱག་ན་རྡོ་རྗེ་དབང་བསྐུར་བའི་རྒྱུད་ལྟ་བུའོ། །ནང་ཏིང་ངེ་འཛིན་གྱི་རྣལ་འབྱོར་གཙོ་བོར་སྟོན་པས་ན་རྣལ་འབྱོར་རྒྱུད་ཅེས་བྱའོ། །དེ་ནི་དེ་ཉིད་འདུས་པ་ལ་སོགས་པ་ལྟ་བུའོ། །ཐབས་དང་ཤེས་རབ་ཟུང་འཇུག་ཏུ་སྟོན་པས་ན་རྣལ་འབྱོར་བླ་ན་མེད་པའི་རྒྱུད་ཅེས་བྱའོ། །དེ་ལ་ནི་ཐབས་གཙོ་བོར་སྟོན་པས་ཕ་རྒྱུད་གསང་བ་འདུས་པ་ལྟ་བུ་དང་། ཤེས་རབ་གཙོ་བོར་སྟོན་པ་མ་རྒྱུད་འཁོར་ལོ་བདེ་མཆོག་ལྟ་བུ་དང་། ཐབས་ཤེས་ཟུང་འཇུག་གཉིས་མེད་དུ་སྟོན་པ་གཉིས་སུ་མེད་པའི་རྒྱུད་དུས་ཀྱི་འཁོར་ལོ་ལྟ་བུའོ། །

རྒྱུད་སྡེ་དེ་དག་གི་ཉམས་ལེན་གྱི་རྩ་བ་ནི་རིག་པ་འཛིན་པའི་སྡོམ་པ་ཡིན་ལ། དེ་ཡང་སྨིན་བྱེད་ཀྱི་དབང་ལ་རག་ལས་པས་ན། སྨིན་བྱེད་ཀྱི་དབང་གི་རྣམ་པར་གཞག་པ་ལ། བྱ་བའི་རྒྱུད་ལ་ཆུ་དང་ཅོད་པན་གྱི་དབང་། སྤྱོད་པའི་རྒྱུད་ལ་རྡོ་རྗེ་དྲིལ་བུའི་དབང་། རྣལ་འབྱོར་གྱི་རྒྱུད་ལ་ཕྱིར་མི་ལྡོག་པ་སློབ་དཔོན་གྱི་དབང་དང་། རྣལ་འབྱོར་བླ་མེད་ལ་དབང་བཞིའི་རྣམ་པར་གཞག་པ་གསུངས་སོ། །འདིར་དབང་གི་དོན་ནི། ཨ་བྷི་ཥིཉྩ་ཞེས་པའི་སྒྲ་ལས་དྲངས་ན། སེམས་ཀྱི་དྲི་མ་འཁྲུད་པར་བྱེད་པས་ན་དབང་ཞེས་བྱའོ། །བསྐུར་བ་ནི་སྨིན་

པ་སྟེ་དབང་དེ་དོན་དུ་གཉེར་བའི་སློབ་མ་སྐལ་བ་དང་ལྡན་པ་ལའོ། །གང་གིས་དབང་བསྐུར་བ་ནི། རྡོ་རྗེ་སློབ་དཔོན་མཚན་ཉིད་དང་ལྡན་པ་སྟེ། དེའི་མཚན་ཉིད་ནི། བླ་མ་ལྔ་བཅུ་པ་ལས། བརྟན་ཞིང་དུལ་ལ་བློ་གྲོས་ལྡན། །བཟོད་ལྡན་དྲང་ལ་གཡོ་སྒྱུ་མེད། །སྔགས་དང་རྒྱུད་ཀྱི་སྦྱོར་བ་ཤེས། །སྙིང་རྗེ་ལྡན་ཞིང་བསྟན་བཅོས་མཁས། །དེ་ཉིད་བཅུ་ནི་ཡོངས་ཤེས་པ། །དཀྱིལ་འཁོར་བྲི་བའི་ལས་ལ་མཁས། །གསང་སྔགས་འཆད་བྱེད་སློབ་དཔོན་ཏེ། །ཞེས་གསུངས་པ་ལྟར་རོ། །གང་ལ་དབང་བསྐུར་བ་སློབ་མའི་མཚན་ཉིད་ནི། བླ་མར་དད་ཅིང་རིགས་བཙུན་པ། །དེ་ཉིད་དཀོན་མཆོག་གསུམ་ལ་དད། །བཟོད་དང་ལྡན་ཞིང་སེར་སྣ་མེད། །ཟབ་མོ་ཡི་ནི་བློ་དང་ལྡན། །སྤྲོ་བ་ཆེ་ཞིང་ཚུལ་ཁྲིམས་ལྡན། །དབང་ལ་ཡི་དམ་ལྡན་པ་（འཆའ་བ）ཡིན། །ཞེས་གསུངས་པ་ལྟར་རོ།། །།

གང་ཞིག་བསྐུར་བར་བྱ་བའི་དབང་ལ། འདིར་གསང་སྔགས་བླ་མེད་ཀྱི་དབང་དུ་བྱས་ན། བུམ་དབང་། གསང་དབང་། ཤེས་རབ་ཡེ་ཤེས་ཀྱི་དབང་། དབང་བཞི་པའོ། །དེ་ཡང་བུམ་དབང་ལ་ནི་བཅུ་གཅིག་ཏུ་འཆད་དེ། རིག་པའི་དབང་ལྔ། རྡོ་རྗེ་སེམས་དཔའ་དང་སློབ་དཔོན་དང་། བརྟུལ་ཞུགས་དང་། རྗེས་གནང་དང་། ལུང་བསྟན་པ་དང་། དབུགས་དབྱུང་བ་རྣམས་སོ། །གང་དུ་དབང་བསྐུར་བ་ནི། བརྗོད་བྱ་དོན་གྱི་རྒྱུད་ལ་གསུམ་དུ་ཕྱེ་བའི་རྒྱུའི་རྒྱུད་ཅེས་པ་ཞིང་ས་གཤིན་པ་དང་འདྲ་བ་དེ་ར་རོ། །དེའི་ངོས་འཛིན་ནི། རང་བཞིན་གནས་རིགས་སམ། ཐོས་པའི་བག་ཆགས་སམ། ཁམས་བདེ་བར་གཤེགས་པའི་སྙིང་པོ་ཞེས་པ་གཞི་དུས་ཀྱི་གཟུང་འཛིན་གཉིས་སུ་མེད་པའི་ཡེ་ཤེས་ཉིད་ལ་བྱ་དགོས་ཏེ། རྗེ་བཙུན་རྩེ་མོས་རྒྱུད་སྡེ་སྤྱིའི་རྣམ་པར་གཞག་པ་ལས། ལུས་ལ་བུམ་པའི་དབང་བསྐུར་ཞེས་པའི་དོན་འཆད་པ་ན། ལུས་ལ་ཞེས་པ་སྦྱང་གཞིའམ་རྒྱུའི་རྒྱུད་ཅེས་གསུངས། དེའི་དོན་ཡང་། རྒྱུའི་རྒྱུད་དེ་ལ་རྫས་ཐ་དད་པ་མེད་ཀྱང་སེམས་ཀྱི་རྡོ་རྗེའམ། གཞི་དུས་ཀྱི་ཆོས་དབྱིངས་ཡེ་ཤེས་གཅིག་པུ་ལ་ལྡོག་པས་ཕྱེ་ན། བུམ་དབང་སྐུ་རྡོ་རྗེ་ལ་བསྐུར་བ་དང་། གསང་དབང་གསུང་རྡོ་རྗེ་དང་། ཤེས་རབ་ཡེ་ཤེས་ཐུགས་རྡོ་རྗེ་ལ། དབང་བཞི་པ་ཡེ་ཤེས་རྡོ་རྗེ་ལའམ། གསུམ་ཀ་ལ་ཁྱབ་བྱེད་དུ་བསྐུར་བས་དྲི་མ་རྣམ་པ་བཞི་འབྱུང་པར་བྱེད་ཅིང་། རྒྱུ་རྒྱུད་ས་བོན་དང་འདྲ་བ་དེ་ལ་དབང་བསྐུར་སོགས་ཆར་དང་འདྲ་བ་དེ་བྱིན་པས། སྐུ་བཞིའི་ས་བོན་ནུས་པ་མཐུ་ཅན་དུ་བྱེད་པ་ཡིན་ནོ། །ཇི་ལྟར་བྱེད་པའི་ཚུལ་ཡང་། གཅིག་ལ་དཔེར་མཚོན་ན་གཉེན་པོ་རིག་པ་ཡེ་ཤེས་ཀྱི་དབང་ལྔ་དང་། སྤང་བྱ་ཟག་བཅས་ཀྱི་ཕུང་པོ་ལྔ་སེམས་རྒྱུད་གཅིག་གི་སྟེང་དུ་ལྷན་ཅིག་ཏུ་གནས་ནས་ནུས་པ་འགྲན་པའི་ཚེ། ཇི་སྐད་དུ། བློ་ནི་དེ་ཕྱོགས་འཛིན་ཕྱིར་རོ། །ཞེས་གསུངས་པ་ལྟར། སེམས་རྒྱུད་ལྷན་ཅིག་སྐྱེས་པའི་ཡེ་ཤེས་དེས་གཉེན་པོའི་ཕྱོགས་བཟུང་

ནས་སྤྱང་བྱ་སྲུན་འབྱིན་པར་བྱེད་པ་ཡིན་ནོ། །དབང་བསྐུར་བའི་དགོས་པ་ནི། དངོས་གྲུབ་རྣམ་པ་གཉིས་བསྒྲུབ་པའི་ཕྱིར་དུ་ཡིན་ལ། དེ་ཡང་བུམ་པའི་དབང་བསྐུར་བས་ནི་ལམ་བསྐྱེད་པའི་རིམ་པ་བསྒོམ་པ་ལ་དབང་བྱེད། གསང་བའི་དབང་བསྐུར་བས་ནི། ལམ་ཙཎྜ་ལི་བསྒོམ་པ་ལ་དབང་བྱེད། ཤེས་རབ་ཡེ་ཤེས་ཀྱི་དབང་བསྐུར་བས་ནི། དཀྱིལ་འཁོར་གྱི་འཁོར་ལོ་བསྒོམ་པ་ལ་དབང་བྱེད། དབང་བཞི་པ་བསྐུར་བས་ནི། ལམ་རྡོ་རྗེའི་ཐ་རླབས་བསྒོམ་པ་ལ་དབང་བྱེད་དོ། །

དབང་དེ་ལས་ཐོབ་པའི་སྔགས་ཀྱི་སྡོམ་པའི་རྣམ་པར་གཞག་པ་ལ། བཞེད་པའི་རྣམ་གྲངས་བཀོད་པ་དང་། མི་འཐད་པའི་ཕྱོགས་དགག་པ། རང་གི་ལུགས་བཞག་པ་དང་གསུམ་ལས། དང་པོ་ནི། པཎྜི་ཏ་བི་བྷུ་ཏ་ཙནྡྲའི་སྡོམ་གསུམ་འོད་འཕྲེང་ལས། བླ་མ་ཆོག་ཚད་ལྡན་པས། །ནམ་མཁའ་རྗེ་སྲིད་གནས་བར་དུ། །ལྷན་སྐྱེས་ཡེ་ཤེས་བདེ་དོན་འཕྲོད། །རྣམ་རྟོག་དྲི་མ་ཀུན་ལས་སྡོམ། །རིག་འཛིན་སྔགས་ཀྱི་སྡོམ་པའོ། །ཞེས་བཤད། ཆོས་རྗེ་བླ་མ་དམ་པའི་རྣམ་བཤད་ཉི་མའི་འོད་ཟེར་ལས་ནི། གང་ཟག་སློབ་པའི་ལམ་གྱིས་བསྡུས་པའི་རིག་པ་འཛིན་པའི་ཚུལ་ཁྲིམས་ཞེས་གསུངས། ལྷ་བཙུན་བསམ་ཡས་པ་མཆོག་ཏུ་མི་འགྱུར་བའི་བདེ་བ་སྒྲུབ་པའི་མི་མཐུན་ཕྱོགས་མཐའ་དག་སྤོང་བའི་སེམས་པ་ས་བོན་དང་བཅས་པའོ། །ཞེས་གསུངས། རྣམ་བཤད་མཛད་པ་ཀུ་མུ་ར་ནི། མཚན་མ་དང་རྣམ་པར་རྟོག་པ་སྡོམ་པ་ཞེས་གསུངས། གོ་བོ་རབ་འབྱམས་པའི་སྤྱི་དོན་ལས། ཡིད་མཚན་རྟོག་ལས་སྐྱོབ་པའི་ཐབས་ཁྱད་པར་ཅན་གང་ཞིག །མི་མཐུན་ཕྱོགས་སྤོང་བའི་སེམས་པ་མཚུངས་ལྡན་དང་བཅས་པ་ཞེས་གསུངས་ཤིང་།

དེ་ལ་ཐོབ་དུས་ཀྱི་སྒོ་ནས་དབྱེ་ན། སྔ་གོན་གྱི་དུས་སུ་ཐོབ་པ། འཇུག་པའི་སྐབས་སུ་ཐོབ་པ་དང་། དངོས་གཞིའི་སྐབས་སུ་ཐོབ་པའོ། །དང་པོ་ནི། སོ་ཐར་དང་བྱང་སེམས་རྒྱུན་བཤགས་ཀྱི་སྐབས་སུ་ཐོབ་པ་དང་། སྔགས་སྡོམ་རང་ལྡོག་ནས་གནས་གསུམ་བྱིན་གྱིས་བརླབས་པའི་སྐབས་སུ་ཐོབ་པའོ། །

གཉིས་པ། འཇུག་པའི་སྐབས་སུ་ཐོབ་པ་ལ། ཕྱི་འཇུག་གི་འདོད་པ་དྲིས་པའི་ལན་དང་། ཟླ་བ་རྡོ་རྗེ་ངོ་སྤྲོད་པའི་སྐབས་སུ་ཐོབ་པ་དང་། ནང་འཇུག་གི་དམ་བཞག་དང་། ཡེ་ཤེས་དབབ་པ་དང་། དཀྱིལ་འཁོར་གྱི་ལྷ་ངོ་བསྟན་པའི་སྐབས་སུ་ཐོབ་པའོ། །ཞེས་སོགས་སྨྲས་པ་དང་བཅས་ཏེ་འཆད་དོ། །

གཉིས་པ། མི་འཐད་པའི་ཆ་དགག་པ་ནི། ལུགས་ཕྱི་མ་འདི་ལ་ཞུང་ཟད་དཔྱད་ན། འོན་དང་པོ་ཉིད་ནས་ཕྱག་རྒྱ་ཆེན་པོ་མཆོག་གི་དངོས་གྲུབ་ཐོབ་པའི་དོན་དུ་དབང་བསྐུར་ཞུ་ཟེར་བ་ལ། དང་པོ་ནས་དབང་བསྐུར་བྱས་པའི་ཚེ་ན། དེས་ཐོག་མར་སོ་ཐར་དང་དེའི་རྗེས་བྱང་སེམས་ཀྱི་སྡོམ་པ་དང་། དེ་རྗེས་སྔགས་སྡོམ

ཐོབ་པ་ཡིན་པར་ཐལ། སོ་ཐར་དང་བྱང་སེམས་རྒྱུན་བཤགས་ཀྱི་སྐབས་སུ་ཐོབ། སྔགས་སྡོམ་གནས་གསུམ་བྱིན་གྱིས་བརླབས་པ་དང་། འཇུག་པ་དང་། དངོས་གཞིའི་སྐབས་སུ་ཐོབ་པའི་ཕྱིར། འདོད་ན་དངོས་སུ་འགལ་ཏེ༑ དེ་འདྲ་དེ་སོ་ཐར་དང་བྱང་སེམས་སྔོན་དུ་མ་སོང་བར་སྔགས་སྡོམ་ཐོབ་པ་ཡིན་པའི་ཕྱིར་རོ། །རྟགས་ཁས་བླངས་ཏེ། སྤྱི་དོན་པར་མའི་ཤོག་བུ་ཞེ་བདུན་པར། དང་པོ་ཉིད་ནས་སྡོམ་པ་འོག་མ་གཉིས་གང་ཡང་སྔོན་དུ་མ་སོང་བར། སྔགས་སྡོམ་བླངས་པ་ནི། རྗེ་བཙུན་རྩེ་མོའི་དབང་གི་ཆུ་བོ་ལས། དང་པོ་ཉིད་ནས་ཕྱག་རྒྱ་ཆེན་པོ་མཆོག་གི་དངོས་གྲུབ་ཀྱི་དོན་དུ་དབང་བསྐུར་ཞུ་ཞེས་ཟེར་ན། དང་པོ་ནས་དབང་བསྐུར་བྱེད་པར་གསུངས་པས་གྲུབ་བོ། །ཞེས་བཤད་པས་སོ། །གལ་ཏེ་རྒྱུན་བཤགས་ཀྱི་སྐབས་སུ་ཐོབ་པའི་སོ་ཐར་དང་བྱང་སེམས་སོགས་སྔགས་སྡོམ་ཡིན་པར་ཁས་ལེན་ནོ་ཞེ་ན། སྔགས་སྡོམ་རང་ལྡོག་ནས་གནས་གསུམ་བྱིན་གྱིས་བརླབས་པ་ནས་ཐོབ་པའི་འགོ་བཙམས་པ་ཡིན་ནོ་ཞེས་པ་དང་། རང་ཚིག་འགལ་ཞིང་། གཞན་ཡང་དབང་བསྐུར་མ་ཐོབ་གོང་དུ་སྔགས་སྡོམ་ཐོབ་པ་ཡོད་པར་འགྱུར་ལ། དེ་ལྟ་ན་གཞུང་འདིས་གང་བཀག་པ་དེ་ཉིད་ཁས་བླངས་ནས། ཁོ་བོ་ནི་ལུགས་འདི་ལ་མི་འཕྲོག་པའི་སྒྲོབས་པ་ཐོབ་པོ་ཞེས་ཟེར་བ་ནི། གླེན་སྒྲོབས་མ་ཡིན་དགོས་སོ༑ ༑གཞུང་ལས་ནི། རིག་འཛིན་སྔགས་ཀྱི་སྡོམ་པ་ཡང་། དབང་བསྐུར་མེད་པར་ཐོབ་མི་ནུས། །ཞེས་གསུངས་སོ། །གཞན་ཡང་བྱང་སེམས་ཀྱི་སྡོམ་པ་མ་བླངས་པར་སྔགས་སྡོམ་བླངས་པ་མེད་པར་ཐལ། སྔགས་སྡོམ་དེ་བྱང་སེམས་ཀྱི་སྡོམ་པ་ཡིན་པའི་ཕྱིར་རོ། །འདོད་ན་དངོས་སུ་འགལ་ཏེ། སྡོམ་པ་བར་མ་མ་བླངས་པར་སྔགས་སྡོམ་ཐོབ་པ་ནི་ཞེས་བཤད་པ་དེ་དྲན་པར་གྱིས་ཤིག །ཡང་གནས་གྱུར་གྱི་དོན་འཆད་པ་ན། འདི་སྐད་ཅེས་ཟེར་ཏེ། སྤྱིར་སོ་ཐར་ཙམ་དང་། བྱང་སེམས་ཀྱི་སྡོམ་པ་ཙམ་སྔགས་སྡོམ་དུ་གནས་གྱུར་པ་ནི་མེད་དེ། སྔགས་སྡོམ་ཡང་སྡོམ་པ་དེ་དག་གི་བྱེ་བྲག་ཡིན་པའི་ཕྱིར། ཞེས་ཟེར། འོ་ན་སྔར་སོ་ཐར་སྡོམ་པ་བླངས་ནས། ཕྱིས་བྱང་སེམས་ཀྱི་སྡོམ་པ་ཐོབ་པའི་ཚེ། སྔར་གྱི་སོ་ཐར་དེ་བྱང་སྡོམ་དུ་གནས་གྱུར་པ་ཡོད་དམ་མེད། མེད་ན་རྗེ་བཙུན་གྱི་སྡོམ་པ་ཉི་ཤུ་པའི་ཊཱི་ཀར། སྔར་སོ་སོ་ཐར་པའི་སྡོམ་པ་ཐོབ་ནས། ཕྱིས་བྱང་ཆུབ་སེམས་པའི་སྡོམ་པ་ཐོབ་པའི་དུས་སུ་སྔར་གྱི་དེ་བྱང་ཆུབ་སེམས་དཔའི་སྡོམ་པར་གནས་གྱུར་ལ། ཞེས་གསུངས་པ་དང་འགལ་ལོ༑ ༑གལ་ཏེ་ཡོད་ན། དེ་མེད་པར་ཐལ། སོ་ཐར་སྡོམ་པ་བྱང་སྡོམ་དུ་གནས་གྱུར་པ་མེད་པའི་ཕྱིར་ཏེ། བྱང་སྡོམ་དེ་སོ་ཐར་སྡོམ་པའི་བྱེ་བྲག་ཡིན་པའི་ཕྱིར་རོ། །གསུམ་ཆར་ཁས་བླངས་སོ། །གཞན་ཡང་། སྡོམ་གསུམ་གནས་གྱུར་གྱི་དོན་འཆད་པ་ན། སོ་ཐར་སྡོམ་པ་བྱང་སྡོམ་དུ་གནས་མི་འགྱུར་བ་དང་། བྱང་སྡོམ་སྔགས་སྡོམ་དུ་གནས་འགྱུར་བ་མེད་དོ། །ཞེས་ཟེར་བ་ནི་རང་གི་འདོད་པ་ངན་པ་དེ་དང་བསྒྲིག་པའི་ཕྱིར་ཡིན་གྱི། རྩ་ལྟུང་

འབྲུལ་སྤྱོང་གི་དགོངས་པ་ག་ལ་ཡིན། ཡང་། གསུམ་ལྡན་གྱི་དགེ་སློང་གི་རྒྱུད་ཀྱི་སྡོམ་གསུམ་ཁྱབ་མཉམ་པ་ཡིན་ན། འོན་ཁྱེད་རང་གི་རྒྱུད་ཀྱི་དགེ་སློང་གི་སྡོམ་པ་དེ། གསོལ་བཞིའི་ཆོགས་ཐོབ་བམ་མ་ཐོབ། ཐོབ་ན་དེ་ཆོས་ཅན། གསོལ་བཞིའི་ཆོགས་ཐོབ་པ་མ་ཡིན་པར་ཐལ། སྔགས་སྡོམ་ཡིན་པའི་ཕྱིར། ཁྱབ་པ་མེད་ན། གསོལ་བཞིའི་ཆོགས་སྔགས་སྡོམ་ལེན་པ་ནི། བསྟན་པ་འདི་ལ་ཁྱེད་ལྟ་བུ་ལས་གཞན་སུ་ཞིག་འབྱུང་སྙེ་ངོ་མཚར་རོ། །གཞན་ཡང་དེ་ཆོས་ཅན། དབང་ཆོག་ལས་ཐོབ་པར་ཐལ། སྔགས་སྡོམ་ཡིན་པའི་ཕྱིར། ཡང་དེ་ཆོས་ཅན། སྨོན་སེམས་བཏང་བས་ཁྱོད་གཏོང་བར་ཐལ། བྱང་སྡོམ་ཡིན་པའི་ཕྱིར། མ་ཁྱབ་ན། སྨོན་སེམས་བཏང་ནས་བྱང་སེམས་ཀྱི་སྡོམ་པ་མ་བཏང་བ་ཡང་ངོ་མཚར་རོ། །ཡང་དེ་ཆོས་ཅན། བུད་མེད་ལ་སྨོད་པའི་རྩ་ལྟུང་གིས་ཁྱོད་གཏོང་བར་ཐལ། ཁྱོད་སྔགས་སྡོམ་ཡིན་པའི་ཕྱིར་རོ། །འདོད་ན་སྤྱི་དོན་ལ་དངོས་འགལ། མ་ཁྱབ་ན། སྔགས་སྡོམ་གྱི་གཏོང་རྒྱུ་བྱུང་ཡང་མི་གཏོང་བའི་སྔགས་སྡོམ་ཡང་ངོ་མཚར་རོ། །གཞན་ཡང་། ཐོག་མར་གསོལ་བཞིའི་ཆོགས་དགེ་སློང་གི་སྡོམ་པ་ནོས། དེ་རྗེས་དབུ་སེམས་གང་རུང་གི་ཆོགས་བྱང་སྡོམ་ནོས། དེ་རྗེས་དབང་གི་ཆོགས་སྔགས་སྡོམ་བླངས་པའི་དུས་ཀྱི། དགེ་སློང་གི་རྒྱུད་ཀྱི་སྡོམ་པ་གསུམ་པོ་དེ། སྔགས་སྡོམ་གྱི་ངོ་བོར་གཅིག་གམ་མི་གཅིག །གཉིས་པ་ལྟར་ན་དངོས་སུ་འགལ། དང་པོ་ལྟར་ན་དེ་གསུམ་ཆོས་ཅན། སྔགས་ཀྱི་རྩ་ལྟུང་བྱུང་བའི་ཚེ་གཏོང་བར་ཐལ། སྔགས་སྡོམ་གཅིག་པུ་ལ་ལྡོག་པས་གསུམ་དུ་ཕྱེ་བ་ཙམ་ཡིན་པའི་ཕྱིར། འདིའི་ཁྱབ་པ་ནི། སྤྱི་དོན་གྱི་ཤོག་བུ་གཅིག་པར་ཁས་བླངས་པ་དང་། བསལ་བ་ཡང་སྤྱི་དོན་དུ་ཁས་བླངས་པ་དང་། རྟགས་དངོས་འགལ་དྲན་མོ་ཡིན་ནོ། །དེས་ན་འདི་ལྟ་བུའི་འགལ་འདུ་ཤིན་ཏུ་མང་བར་འདུག་ཀྱང་། གཞུང་དཀྱུས་མ་འཆད་པའི་གེགས་སུ་འགྱུར་བ་དང་། རྗེ་བླ་མས་མཛད་པའི་ཐལ་འཕྲེང་དུ་ལེགས་པར་བཀག་ཟིན་པས་དེར་བལྟ་བར་བྱའོ། །དབང་བཞིའི་ཆོགས་སོ་ཐར་ལེན་པ་དང་། །གསོལ་བཞིའི་ཆོགས་སྔགས་སྡོམ་ལེན་པ་སོགས། །མདོ་རྒྱུད་ཆོག་དཀྲུགས་ནས་བྱེད་པ་ལ། །ཕྱུག་ལེན་གཙང་མ་ཡིན་པར་རློམ་པ་དང་། །བྱང་ཆུབ་བར་དུ་བླངས་པའི་སོ་ཐར་དང་། །ཇི་སྲིད་འཚོ་བར་བླངས་པའི་སྔགས་སྡོམ་སོགས། །གཞུང་འདིའི་ཕྱོགས་སྔ་མ་ལུས་ཁས་བླངས་ནས། །ཀོ་བོ་གྲུབ་མཐའ་གཙང་ཞེས་རློམ་བྱེད་པའི། །ལུང་རིགས་གཤོག་རྩལ་མེད་པའི་འདབ་ཆགས་འགའ། །ལོག་རྟོག་རླུང་པའི་ཟས་ཀྱིས་ལྟོ་ཁེངས་ནས། །ཤེས་བྱའི་མཁའ་ལ་བགྲོད་པའི་མཐུ་མེད་ཀྱང་། །ཀུན་མཁྱེན་མཁའ་ལྡིང་དབང་པོ་ཡིན་སྙམ་བྱེད། །ཅེས་སྨྲས་སོ།

གསུམ་པ་རང་ལུགས་བཞག་པ་ནི། རང་ཐོབ་བྱེད་དབང་གི་ཆོག་ལས་བྱུང་བའི་ཡེ་ཤེས་སམ། ཡེ་ཤེས་དེའི་དམ་ཚིག་གིས་བསྡུས་པའི་སེམས་དཔའ་ས་བོན་དང་བཅས་པའོ། །དེ་ལ་རྒྱུད་སྡེའི་སྒོ་ནས་དབྱེ་བ། དབང་

གི་སྒོ་ནས་དབྱེ་བ། གྲངས་ངེས་ཀྱི་སྒོ་ནས་དབྱེ་བ། རྟེན་གྱི་གང་ཟག་གི་སྒོ་ནས་དབྱེ་བའོ། །དང་པོ་ལ། རྒྱུད་སྡེ་བཞིའི་བྱེ་བྲག་གིས་བཞིར་འགྱུར་བ་ལས། དང་པོ་བྱ་རྒྱུད་ཀྱི་དབང་དུ་བྱས་པ་ནི། རང་གྲོལ་བྱེད་བྱ་རྒྱུད་ཀྱི་ཆོ་ག་ལས་བྱུང་ཞིང་། རྒོད་པས་ཆེམ་པའི་ཆགས་པ་ལམ་དུ་བྱེད་པའི་བདེ་བ་ཆེན་པོའི་ཡེ་ཤེས་སམ། དེའི་དམ་ཚིག་གིས་བསྡུས་པའི་སེམས་པའོ། །སྤྱོད་རྒྱུད་ཀྱི་སྔགས་སྡོམ་གྱི་མཚན་ཉིད། སྤྱོད་རྒྱུད་ཀྱི་དབང་གི་ཆོ་ག་ལས་བྱུང་ཞིང་། བལྟས་པས་ཆེམ་པའི་ཆགས་པ་ལམ་དུ་བྱེད་པའི་བདེ་བ་ཆེན་པོའི་ཡེ་ཤེས་སམ། དེའི་དམ་ཚིག་གིས་བསྡུས་པའི་སེམས་པའོ། །རྣལ་འབྱོར་རྒྱུད་ཀྱི་སྔགས་སྡོམ་གྱི་མཚན་ཉིད་ནི། རྣལ་འབྱོར་རྒྱུད་ཀྱི་དབང་གི་ཆོ་ག་ལས་བྱུང་ཞིང་། ལག་བཅངས་ཀྱིས་ཆེམ་པའི་བདེ་བ་ལམ་དུ་བྱེད་པའི་བདེ་བ་ཆེན་པོའི་ཡེ་ཤེས་སམ། དེའི་དམ་ཚིག་གིས་བསྡུས་པའི་སེམས་པའོ། །བླ་མེད་ཀྱི་སྔགས་སྡོམ་གྱི་མཚན་ཉིད་ནི། བླ་མེད་ཀྱི་དབང་གི་ཆོ་ག་ལས་བྱུང་ཞིང་། དབང་པོ་གཉིས་སྦྱོར་གྱིས་ཆེམ་པའི་ཆགས་པ་ལམ་དུ་བྱེད་པའི་བདེ་བ་ཆེན་པོའི་ཡེ་ཤེས་སམ། དེའི་དམ་ཚིག་གིས་བསྡུས་པའི་སེམས་པ་གང་རུང་ནི་བླ་མེད་ཀྱི་སྔགས་སྡོམ་གྱི་མཚན་ཉིད་དོ། །དེ་རེ་རེ་ལ་ཀུན་རྫོབ་དམ་ཚིག་གི་སྡོམ་པ་དང་། དོན་དམ་བདེ་ཆེན་གྱི་སྡོམ་པ་གཉིས་གཉིས་སུ་འབྱེད་པ་ལས། དང་པོ་རྣམས་རྣམ་ཤེས་ཀྱི་དབང་དུ་བྱས་པ་ཡིན་ལ། གཉིས་པ་རྣམས་ཡེ་ཤེས་ཀྱི་དབང་དུ་བྱས་པའོ། །

གཉིས་པ་དབང་གིས་དབྱེ་བ་ལ། བུམ་དབང་དང་འབྲེལ་བ་ཕྱི་ཡུལ་གྱི་སྤང་བྱ་སྤོང་བའི་སྡོམ་པ། གསང་དབང་དང་འབྲེལ་བ་ལུས་ལ་བྱང་ཆུབ་ཀྱི་སེམས་མི་ཉམས་པར་འཛིན་པའི་སྡོམ་པ། དབང་གསུམ་པ་དང་འབྲེལ་བ་གསང་བ་ཆོས་འབྱུང་གི་དབུས་སུ་བདེ་སྟོང་ཟུང་དུ་འཇུག་པའི་སྡོམ་པ། དབང་བཞི་པ་དང་འབྲེལ་བ་དོན་དམ་བྱང་ཆུབ་ཀྱི་སེམས་ལ་སྤྲོས་པའི་མཚན་མ་འགོག་པའི་སྡོམ་པའོ། །སྐབས་འདིར་ཁ་ཅིག་ངེས་དོན་དོན་དམ་པའི་སྡོམ་པ་ཞེས་པ་རང་བཟོ་ཁོ་ན་ཡིན་གྱི། ལུང་གི་ཁུངས་མེད་དོ་ཞེས་ཟེར་རོ། །དེ་ནི་ཁྱེད་ཀྱིས་རྒྱུད་ཀྱི་དོན་ལ་ལེགས་པར་མ་སྦྱངས་ཤིང་། ངེས་དོན་ཟབ་མོ་ལ་བློ་ཁ་མ་ཕྱོགས་པ་ཡིན་ཏེ། ཇི་སྐད་དུ། དགྱེས་པ་རྡོ་རྗེ་ལས། རྡོ་རྗེ་སྙིང་པོས་གསོལ་བ། སྡོམ་པ་ཞེས་བྱ་གང་གིས་དང་། །དམ་ཚིག་གང་གིས་གནས་པར་བགྱི། །ཞེས་དྲིས་པའི་ལན་དུ། སངས་རྒྱས་ཀུན་གྱི་སྡོམ་པ་ནི། །ཨེ་ཝཾ་རྣམ་པར་ཡང་དག་གནས། །ཞེས་དང་། རྡོ་རྗེ་གུར་ལས། དེ་ཕྱིར་དཀྱིལ་འཁོར་འཁོར་ལོ་ཞེས། །ཐབས་ནི་བདེ་བའི་སྡོམ་པ་སྟེ། །ཞེས་སོ། །དེ་ལས་གཞན་དུ། སྡོམ་པ་ལ་སྟོང་སེམས་ཀྱིས་ཁྱབ་ན། འཁོར་ལོ་སྡོམ་པ་ཡང་སྟོང་སེམས་སུ་འགྱུར་ལ། འདོད་མི་ནུས་ཏེ། དེ་བདེ་བ་མཆོག་ཏུ་བཤད་པའི་ཕྱིར་དང་། སེམས་སེམས་བྱུང་རྣམས་ནི་ཡང་དག་མིན་རྟོག་ཏུ་བཤད་པའི་ཕྱིར་རོ། །གཞན་ཡང་ངེས་དོན་གྱི་སྡོམ་པ་ཁས་ལེན་དགོས་ཏེ། སྤྱིར་ཡང་སྔགས་ཀྱི་ཀུན་སྤྱོད་

མཐའ་དག་ཆོས་ཀྱི་དབྱིངས་ཀྱི་ཡེ་ཤེས་ལས་སྒྲུབ་དགོས་པའི་ཕྱིར་ཏེ། སུ་ཏྲ་བའི་སྔགས་ཀྱིས་གཟུང་འཛིན་གྱི་ཆོས་རྣམས་སྟོང་པར་སྦྱངས་ནས་མཆོད་རྫས་དང་། ལྷ་དང་སྔགས་ལ་སོགས་པ་ཐམས་ཅད་ཡེ་ཤེས་ལས་སྒྲུབ་དགོས་པའི་ཕྱིར། དེ་སྐད་དུ་ཡང་། དཔལ་དུས་ཀྱི་འཁོར་ལོ་ལས། དེ་ཕྱིར་རྒྱལ་པོ་རང་སེམས་དྲི་མ་རྣམ་པར་བྲལ་བ་དག་ལས་ལྷ་དང་སྔགས་ནི་བསྒྲུབ་པར་བྱ། །ཞེས་གསུངས་པས་སོ། །འོ་ན་དྲི་མ་དང་བྲལ་བར་མི་འགྲུབ་བོ་ཞེ་ན། དེ་ནི་སུ་ཏྲ་བའི་སྔགས་ཀྱིས་དྲི་མ་སྦྱངས་པ་ཡིན་ཏེ། དང་པོར་སྟོང་ཉིད་བསམ་བྱས་ནས། །ལུས་ཅན་རྣམས་ཀྱི་དྲི་མ་བཀྲུ། །ཞེས་གསུངས་སོ། །ཡང་མཆོད་རྫས་ལ་ཡང་། ཀུན་རྫོབ་རྣམ་ཤེས་ལ་སྣང་བ་རྣམས་སུ་ཏྲ་ཕས་སྦྱངས་ནས། ཡེ་ཤེས་ལས་གྲུབ་པ་ཉིད་འབུལ་དགོས་ཏེ། དཔལ་གསང་བ་འདུས་པའི་འགྲེལ་པར། ཇི་སྲིད་སྔར་བཤད་པའི་མཆོད་པའི་ཚོགས་དེ་དག་ཐམས་ཅད། སྦྱིན་པར་བྱ་བ་དང་། སྦྱིན་པ་པོ་དང་། ལེན་པ་པོ་དང་། མཆོད་པར་བྱ་བ་དང་། མཆོད་པ་པོ་དང་། མཆོད་པ་མི་དམིགས་པས། འདི་དག་ཐམས་ཅད་ནི་འོད་གསལ་བའི་རང་བཞིན་ཡིན་ནོ། །ཞེས་ལྷག་པར་མོས་པར་བྱའོ། །གཞན་དུ་ན། དམིགས་པ་དང་བཅས་པས་བསོད་ནམས་ཀྱི་ཚོགས་སུ་ཡང་མི་འགྱུར་ན། ཡེ་ཤེས་ཚོགས་ལྟ་ཅི་སྨོས། ཞེས་གསུངས་སོ། །གཞན་ཡང་དཔེར་ན། བཛྲ་པུཥྤེ་ཞེས་པ་ནི་རྡོ་རྗེའི་མེ་ཏོག་ཡིན་ལ། དེའི་ངོས་འཛིན་ཡང་། རྣམ་ཤེས་ལ་མེ་ཏོག་ཏུ་སྣང་བའི་རྣམ་རིག་གི་སྟེང་གི་གཟུང་འཛིན་གཉིས་མེད་ཀྱི་ཡེ་ཤེས་ལ་བྱ་དགོས་ཏེ། གསང་འདུས་འགྲེལ་བཤད་ལས། གཉིས་པ་ཡང་རེ་ཤིག་དང་པོར་གཅིག་དང་དུ་མ་ལ་སོགས་པས་རྣམ་པར་དཔྱད་ན། མེད་པས་འཛིན་པར་གྱུར་པའི་སེམས་ཀྱང་མེད་དེ། གཟུང་བ་མེད་ན་འཛིན་པ་མེད་པའི་ཕྱིར་རོ། །དེ་ལྟར་ན་གཟུང་བ་དང་འཛིན་པའི་རྣམ་པར་རྟོག་པ་གཉིས་དང་བྲལ་བས། རང་བཞིན་མེད་པ་གང་ཡིན་པ་དེ་ནི་གཉིས་སུ་མེད་པའི་ཡེ་ཤེས་ཏེ། དེ་འཛིན་པར་མཛད་པས་ན་རྡོ་རྗེ་འཛིན་པའོ། །ཞེས་གསུངས་སོ། །དེ་ལ་ཁ་ཅིག་གཉིས་མེད་ཀྱི་ཡེ་ཤེས་དོན་དམ་བདེན་པར་འདོད་པ་སེམས་ཙམ་པའི་ལུགས་སོ་ཞེས་ཟེར་བ་ནི་ཐོས་པ་ཆུང་བའི་ཕྱིར། དེ་སྐད་སླུ་བ་ཡིན་ཏེ། སློབ་དཔོན་གཉིས་མེད་རྡོ་རྗེས། སྔགས་ཀྱི་དབུ་མ་ངོས་འཛིན་པ་ན། ཐམས་ཅད་དུ་མི་གནས་པའི་རང་བཞིན་ལྷུན་གྱིས་གྲུབ་པའི་ཟུང་དུ་འཇུག་པ་གཉིས་སུ་མེད་པའི་རྒྱུ་མཚན་རང་རིག་པ་གྲུབ་པ་ནི། དབུ་མའི་གྲུབ་པའི་མཐའ་ཕུལ་དུ་བྱུང་བའོ། །འདི་ཡང་བླ་མ་དམ་པའི་ཞལ་སྔ་ནས་ཀྱི་བཀའ་དྲིན་ལས་རྟོགས་པར་བྱའོ། །ཞེས་གསུངས་པས་སོ། །དེང་སང་ནི་དོན་འདི་དག་ལ་ངེས་པ་མ་རྙེད་པར། མཆོད་གཏོར་དང་གྱེར་སོའི་གོ་རིམ་མ་ནོར་ཙམ་རེ་ལ་གསང་སྔགས་པའི་མིང་བཏགས་ནས་མཚན་འཛིན་ལ་ཆོས་སུ་སྨྲས་པས། ཚེ་གཅིག་ལ་འཚང་རྒྱ་བ་ལྟ་ཞོག །ཐར་པའི་ལམ་དུ་འགྱུར་བ་ཡང་ཤིན་ཏུ་དཀའ་བར་སྣང་ངོ་། །སྐབས་འདིར་ཁ་ཅིག་བྱ་སྤྱོད་

གཉིས་ལ། འཇུག་པ་སེམས་བསྐྱེད་ཀྱི་སྡོམ་པ་ལས་ལོགས་སུ་སྔགས་ཀྱི་སྡོམ་པ་ངོས་འཛིན་རྒྱུ་མེད་དོ། །ཞེས་ཟེར་བ་མི་འཐད་དེ། དེར་སློབ་མ་མ་སྨིན་པ་སྨིན་པར་བྱེད་པའི་དབང་གི་ཆོ་ག་ཞིག་ཁས་ལེན་དགོས་ལ། དེས་སྔགས་ཀྱི་སྡོམ་པ་སྔར་མེད་གསར་དུ་ཐོབ་པར་བྱེད་པའི་ཕྱིར་རོ། །

འདིར་སྣང་བྱ་ལྟུང་བའི་གྲངས་ནི། རྒྱུད་སྡེ་བཞི་ཀ་ལ་བཅུ་བཞི་རེ་ཡོད་དོ། །ཞེས་འགྲེལ་ཆེན་དྲི་མེད་འོད་ལས་གསུངས་ལ། བླ་མེད་ཀྱི་དབང་དུ་བྱས་པའི་རྩ་ལྟུང་གི་གྲངས་ནི། གང་ཕྱིར་རྡོ་རྗེ་འཛིན་པ་ཡིས། །དངོས་གྲུབ་སློབ་དཔོན་རྗེས་འབྲང་གསུངས། །དེ་བས་དེ་ལ་བརྙས་པ་ནི། །རྩ་བའི་ལྟུང་བ་དང་པོར་བཤད། །བདེ་གཤེགས་བཀའ་ལས་འདས་པ་ནི། །ལྟུང་བ་གཉིས་པ་ཡིན་པར་བཤད། །རྡོ་རྗེ་སྤུན་ལ་ཁྲོས་པ་ནི། །ཉེས་པ་བརྗོད་པ་གསུམ་པ་ཡིན། །སེམས་ཅན་རྣམས་ལ་བྱམས་པ་སྤོང་། །བཞི་པ་ཡིན་པར་རྒྱལ་བས་གསུངས། །ཆོས་ཀྱི་རྩ་བ་བྱང་ཆུབ་སེམས། །དེ་སྤོང་བ་ནི་ལྔ་པ་ཡིན། །རང་དང་གཞན་གྱི་གྲུབ་པའི་མཐའ། །ཆོས་ལ་སྨོད་པ་དྲུག་པ་ཡིན། །ཡོངས་སུ་མ་སྨིན་སེམས་ཅན་ལ། །གསང་བ་སྒྲོག་པ་བདུན་པ་ཡིན། །ཕུང་པོ་སངས་རྒྱས་ལྔ་བདག་ཉིད། །དེ་ལ་བརྙས་བྱེད་བརྒྱད་པ་ཡིན། །རང་བཞིན་དག་པའི་ཆོས་རྣམས་ལ། །སོམ་ཉི་ཟ་བ་དགུ་པ་ཡིན། །གདུག་ལ་རྟག་ཏུ་བྱམས་ལྡན་པ། །བྱེད་པ་དེ་ནི་བཅུ་པར་འདོད། །མིག་སོགས་བྲལ་བའི་ཆོས་རྣམས་ལ། །དེར་རྟོག་པ་ནི་བཅུ་གཅིག་པ། །སེམས་ཅན་དད་དང་ལྡན་པ་ཡི། །སེམས་སུན་འབྱིན་པ་བཅུ་གཉིས་པ། །དམ་ཚིག་རྫས་ནི་ཇི་བཞིན་རྟེན། །མི་བསྟེན་པ་ནི་བཅུ་གསུམ་པ། །ཤེས་རབ་རང་བཞིན་བུད་མེད་ལ། །སྨོད་པར་བྱེད་པ་བཅུ་བཞི་པ༎ །ཞེས་འབྱུང་ངོ་། །ཡན་ལག་གི་ལྟུང་བ་དང་། འདི་དག་གི་མཐའ་དཔྱོད་རྣམས་ནི། རྗེ་བཙུན་བླ་མས་མཛད་པའི་འབྲུལ་སྤོང་གི་བརྒྱལ་ལན་དང་། སྔགས་ཀྱི་འདུལ་བ་དཔག་བསམ་འདོད་འཇོ་རྣམས་སུ་བལྟ་བར་བྱའོ། །ཕྱིར་བཅོས་པའི་ཐབས་ནི། མཉམ་པར་འཇོག་པས་བླ་མ་ལ། །ཅི་འབྱོར་པ་ཡིས་མཆོད་པར་བྱ། །ཞེས་སོ༎ །རྒྱུད་སྡེ་རྒྱ་མཚོ་བསྡུས་པ་ལས། །བྱུང་བའི་བདུད་རྩིའི་ཞལ་བུམ་འདི། །གང་གི་རྣམ་དཔྱོད་ཀྱིས་ཐོབ་པ༎ །འཆི་མེད་རྡོ་རྗེ་འཛིན་པར་འགྱུར། །

གཉིས་པ། གཞུང་གི་དོན་ནི། རྡོ་རྗེ་ཐེག་པའི་ལམ་དུ་ཞུགས་པའི་གང་ཟག་དེ་ཆོས་ཅན། ཁྱོད་ཀྱིས་སྨིན་བྱེད་ཀྱི་དབང་དང་། གྲོལ་བྱེད་ཀྱི་ལམ་གཉིས་ལ་འབད་པར་བྱ་དགོས་ཏེ། ཁྱོད་མྱུར་དུ་སྐྱེ་ཚེ་འདི་ཉིད་དམ་བར་དོ་འམ་སྐྱེ་བ་བཅུ་དྲུག་ཚུན་ན་སངས་རྒྱས་ཐོབ་པར་འདོད་པའི་ཕྱིར། སྨིན་པར་བྱེད་པའི་དབང་བསྐུར་ཡང་འདི་ལྟར་བླང་དགོས་ཏེ། བླ་མ་རྡོ་རྗེ་འཆང་ནས་རྩ་བའི་བླ་མའི་བར་བྱིན་རླབས་ཀྱི་བརྒྱུད་པ་མ་ཉམས་ཤིང་། དབང་གི་ཆུ་བོ་མ་ནུབ་པ། གདམས་ངག་གི་སྲྭ་མ་ལོག་པ། མོས་གུས་ཀྱི་བསམ་པ་ཚིམ་པ་སྟེ། ལྔན་

རྒྱུད་བཞི་ལྟར། སྦྱོར་དངོས་རྗེས་གསུམ་གྱི་ཆོ་ག་འཁྲུགས་པར་མ་གྱུར་པ་དང་། སློབ་མའི་རྒྱུད་ལ་ཕྱི་ནང་གིས་མཚོན་པའི་རྟེན་འབྲེལ་སྒྲིག་མཁྱེན་ཅིང་། སྐུ་བཞིའི་ས་བོན་རང་བཞིན་ལྷན་ཅིག་སྐྱེས་པའི་ཡེ་ཤེས་གདོད་མ་ནས་ཡོད་པ་གསོས་འདེབས་ནུས་པ། སངས་རྒྱས་ཀྱི་གསུང་བཞིན་མཛད་པ་ཡི་བླ་མ་ལ་ལུས་ལོངས་སྤྱོད་འབུལ་བའི་ཐབས་ཀྱིས་བཙལ་ལ། སྡོམ་པ་སྔ་མ་གཉིས་ཐོབ་པའི་སྟེང་དུ་དབང་བཞི་བླངས་པས་སྡོམ་གསུམ་ཡོངས་སུ་རྫོགས་པ་དང་ལྡན་པར་འགྱུར་བའི་ཕྱིར་རོ། །འདིར་རྣམ་བཤད་མཛད་པ་བསམ་ཡས་པས། སྡོམ་པ་སྔ་མ་གཉིས་སྔོན་དུ་སོང་བའི་དབང་དུ་བྱས་པའམ། ཡང་ན་གཞན་ལ་གནོད་པ་གཞི་བཅས་སྤོང་བ་ཙམ་སོ་ཐར་དུ་དགོངས་པའོ། །ཞེས་གསུངས། སྣ་གདོང་པ་དང་། ཀུ་མཱ་རས་དཔྱད་པ་མ་མཛད། གོ་ཊཱི་ཀ་ཏུ། སྐལ་ལྡན་ཅིག་ཅར་བ་ལ་དབང་བཞི་བླངས་པ་ཙམ་གྱིས་སྡོམ་པ་གསུམ་ལྡན་དུ་འགྱུར་ཞེས་ཟེར། ཕྱི་མ་འདི་ལ་མི་འཐད་པའི་ཚུལ་ནི་གོང་དུ་བཤད་ཟིན་ཏོ། །འདིར་ཁ་ཅིག །དབང་གོང་མ་ལས་ཐོབ་པའི་སྡོམ་པ་ཁས་མི་ལེན་པ་ལ་ནི་གཞུང་འདིས་གནོད་དོ། །

གཉིས་པ། གཞི་ལམ་འབྲས་གསུམ་གྱི་རྣམ་གཞག་ལ་འཁྲུལ་པ་འགོག་ཚུལ་རྒྱས་པར་བཤད་པ་ལ། གཞི་དུས་སུ་སྨིན་བྱེད་ཀྱི་དབང་ལ་འཁྲུལ་པ་དགག །ལམ་དུས་སུ་གྲོལ་བྱེད་ཀྱི་ལམ་ལ་འཁྲུལ་པ་དགག །གྲུབ་པ་འབྲས་བུའི་རྣམ་གཞག་ལ་འཁྲུལ་པ་དགག་པའོ། །དང་པོ་ལ། དབང་བསྐུར་རང་གི་ངོ་བོ་ལ་འཁྲུལ་པ་དགག །དབང་གིས་ཐོབ་པའི་དམ་ཚིག་ལ་འཁྲུལ་པ་དགག་པའོ། །དང་པོ་ལ། བླ་མེད་ཀྱི་ཉམས་ལེན་དབང་བཞི་བསྐུར་བ་ལ་མི་ལྟོས་པར་འདོད་པ་དགག །རྒྱུད་སྡེ་འོག་མའི་རང་རྐང་གི་ཉམས་ལེན་ལ་དབང་བཞིའི་ཆོ་ག་བྱེད་པ་དགག །དབང་མ་བསྐུར་ཀྱང་ཐོབ་པ་ཡོད་པ་དགག་པའོ། །དང་པོ་ལ། ཟབ་ལམ་ཉམས་སུ་ལེན་པ་ཆོས་སྒོ་འབྱེད་པ་ལ་ལྟོས་པར་འདོད་པ་དག་གི་འདོད་པ་འཁྲུལ་པ་དགག །དེ་དེ་ལ་མི་ལྟོས་པར་འདོད་པ་དགག་པའོ། །དང་པོ་ལ། བྱིན་རླབས་དབང་བསྐུར་ཡིན་པར་ཁས་བླངས་ནས་དེས་ཆོས་སྒོ་འབྱེད་པར་འདོད་པ་དགག །དེ་དེ་ལྟར་ཁས་མི་ལེན་ཡང་དབང་བསྐུར་འཁྲུལ་པ་བྱེད་པ་དགག །དབང་པོའི་རིམ་པས་དབང་དང་བྱིན་རླབས་གང་ཡང་རུང་བས་ཆོག་པར་འདོད་པ་དགག་པའོ། །དང་པོ་ལ། བྱིན་རླབས་ཀྱིས་ཆོས་སྒོ་མི་འབྱེད་པའི་སྒྲུབ་བྱེད། འབྱེད་པ་ལ་གནོད་བྱེད་དོ། །དང་པོ་ལ། མར་པ་ནས་བརྒྱུད་པའི་རྣལ་འབྱོར་མའི་བྱིན་རླབས་ལྷད་མ་ཞུགས་པ་དེས་སྨིན་བྱེད་ཀྱི་དབང་གི་གོ་མི་ཆོད་པར་བསྟན། དེ་ལ་ལྷད་ཅན་གྱི་ཆོ་ག་སྦྱར་ནས་དབང་དུ་འདོད་པ་དགག་པའོ། །དང་པོ་ནི། དེང་སང་རྗེ་དྭགས་པོའི་རྗེས་འབྲང་འགའ་ཞིག མར་པ་ནས་བརྒྱུད་པའི་རྡོ་རྗེ་ཕག་མོ་ལྷ་ལྔའི་བྱིན་རླབས་དེ་ཉིད་སློབ་མ་མ་སྨིན་པ་སྨིན་པར་བྱེད་པའི་དབང་བསྐུར་ཡིན་

ཞེས་ཟེར་ཞིང་། དེ་ཡིས་གསང་སྔགས་ཟབ་མོ་ཉན་པའི་ཆོས་ཀྱི་སྒོ་ཕྱེ་ནས། གཏུམ་མོ་ལ་སོགས་པ་ནཱ་རོའི་ཆོས་དྲུག་སྒོམ་པ་མཐོང་ངོ་། །

འདིར་ཏྟི་ཀ་བྱེད་པ་ཁ་ཅིག །རྗེ་དྭགས་པོའི་སྐུ་ཚེ་སྟོད་ལ། དབང་བསྐུར་གཞན་དུ་ཞུར་བཏང་ནས་ཁྲིད་དང་ཟབ་ལམ་སྟེར་བ་ལ། ཕྱིས་དབང་ཞུར་བཏང་བ་རྣམས་དེར་བསྡད་ནས་ལོག་མ་བྱུང་བ་དང་། ཐེད་རང་ལ་ཡང་དབང་ཤེས་པ་གཅིག་མཁོ་བ་འདུག་སྟེ་གསུངས་པས། གོང་ནི་རུ་པ་ན་རེ། ཕག་མོའི་དབང་གཅིག་ངས་ཤེས་ཞུས་པས། འོ་ན་དེས་ཆོག་གསུངས་པས། དེ་ནས་ཆོས་སྒོ་ཞེས་པའི་སྲོལ་བྱུང་ལ། དེ་ཡན་ཆད་བརྒྱུད་པའི་ཁུངས་མི་སྣང་ངོ་། །ཞེས་འཕགས་པ་རིན་པོ་ཆེ་གསུང་ངོ་ཞེས་ཀུ་མཱ་རའི་རྣམ་བཤད་ལས་འབྱུང་སྟེ། དེ་ནི་བཟང་བཞིའི་དབང་ལ་དགོངས་པར་འཆད་དགོས་ཀྱི། སྤྱིར་མར་པ་ནས་བརྒྱུད་པའི་ཕག་མོའི་བྱིན་རླབས་མེད་པར་འཆད་པ་ནི་མ་ཡིན་ནོ། །དེ་དགག་པ་ནི། ཕག་མོའི་བྱིན་རླབས་ཙམ་གྱིས་སྨིན་བྱེད་ཀྱི་དབང་གི་གོ་ཆོད་པ་མི་འཐད་དེ། འདི་འདྲ་རྒྱུད་སྡེ་ལས་མ་གསུངས་ཤིང་། ཚད་ལྡན་གྱི་བསྟན་བཅོས་རྣམས་ལས་བཤད་པ་མེད་པའི་ཕྱིར། རྡོ་རྗེ་ཕག་མོའི་གཞུང་ཉིད་ལས་ཀྱང་། དབང་བསྐུར་ཐོབ་ཅིང་དམ་ཚིག་དང་ལྡན་པ་དེ་ལ་བྱིན་རླབས་བྱ་བར་གསུངས་ཀྱི། དབང་བསྐུར་མེད་པ་སྐྱེ་མ་ཐོབ་པར་བྱིན་རླབས་བྱེད་པ་བཀག་པའི་ཕྱིར། རྡོ་རྗེ་ཕག་མོའི་གཞུང་ནི། རྣམ་བཤད་མཛད་པ་བསམ་ཡས་པ་དང་། སྒྲ་གདོང་པ་ནི། རོ་བོས་མཛད་པའི་རྗེ་བཙུན་མ་རིན་ཆེན་རྒྱན་གྱི་སྒྲུབ་ཐབས་ལས། རྣལ་འབྱོར་པ་དབང་བསྐུར་བ་ཐམས་ཅད་ཡོངས་སུ་རྫོགས་པས་ཡིད་དང་རྗེས་སུ་མཐུན་པའི་གནས་སུ། ཞེས་སོགས་དང་། སློན་གྱི་བླ་མའི་མན་ངག་གི་དབང་བསྐུར་བའི་རིམ་པས་དེའི་དོན་ལ་དམིགས་པས་རྡོ་རྗེ་རྣལ་འབྱོར་མར་བསམ་པར་བྱའོ། །ཞེས་པ་འདྲེན་ཞིང་། ཀུ་མཱ་ར་ནི། རྡོ་རྗེ་ཕག་མོའི་རྒྱུད་ཉིད་ལས། ཞེས་གསུངས་ཡང་ལུང་དྲངས་པ་མི་སྣང་ངོ་། །ཡང་རྗེ་བཙུན་ཆེན་པོས། རྣལ་འབྱོར་བྱང་སེང་གི་དྲི་ལན་དུ་ལུང་དྲངས་པ་ནི། རྒྱལ་པོ་ཨིནྡྲ་བྷཱུ་ཏིས་མཛད་པ་ཞལ་གཉིས་མ་ཆུང་བ་ལས། སྔགས་པས་ཐོག་མར་བླ་མ་དང་། སངས་རྒྱས་ལ་སེམས་དང་བའི་ཡིད་ཀྱིས་བྱང་ཆུབ་ཀྱི་སེམས་བརྟན་པར་བཟུང་སྟེ། དབང་བསྐུར་བ་ཡང་དག་པ་ཐོབ་ནས། ཞེས་གསུངས་སོ། །ལུང་འདི་དག་གིས། རྣལ་འབྱོར་མ་སྒོམ་པ་ལ་དབང་ཐོབ་དགོས་པར་བསྟན་ཀྱང་། བྱིན་རླབས་དབང་བསྐུར་ཡིན་པ་ལ་གནོད་པའི་ཚིག་མི་སྣང་ཞིང་། བསམ་ཡས་པའི་ཊཱི་ཀར། བྱིན་རླབས་ཀྱི་སྐབས་སུ་རྣལ་འབྱོར་མ་བསྒོམ་དགོས་པས་སོ་ཞེས་ཟེར་མོད། ནུས་པ་ཆེར་མི་སྣང་ངོ་། །

དཔེའི་སྒོ་ནས་བཤད་པ་ནི། དཔེར་ན་དངུལ་ཆུའི་བཅུད་ལེན་བྱེད་པ་ལ། མུ་ཟིའི་བཅུད་ལེན་གྱིས

དཀྱིལ་ཆུ་འཛུ་བར་བྱས་ནས། དེ་ནས་དཀྱིལ་ཆུ་ཟ་བར་བཙུད་ལེན་གྱི་བསྟན་བཅོས་ལས་གསུངས་སོ། །མུ་ཟེ་ཐོག་མར་མ་བསྙེན་པར་དཀྱིལ་ཆུ་ཟོས་ན་འཆི་བ་བཞིན། དེ་བཞིན་ཐོག་མར་དབང་བསྐུར་བླངས་ལ། དེ་ལ་རྡོ་རྗེ་ཕག་མོ་སྨིན་པ་སྐྱེ་བྱིན་རླབས་བྱ་དགོས་སོ། །ཡང་དབང་བསྐུར་མེད་པ་སྐྱེ་མ་ཐོབ་པ་ལ་བྱིན་རླབས་བྱས་ན་དམ་ཚིག་ཉམས་པར་ཐལ་བས་གསུངས་ཏེ། གསུངས་ཚུལ་འོག་ནས་འཆད་དོ། །གཞན་ཡང་རྡོ་རྗེ་ཕག་མོའི་བྱིན་རླབས་འདི་ནི་སྨིན་ཟིན་གྲོལ་བར་བྱེད་པ་ཙམ་ཡིན་གྱི། མ་སྨིན་པ་སྨིན་པར་བྱེད་པ་མ་ཡིན་ཏེ། རྡོ་རྗེ་ཕག་མོའི་བྱིན་རླབས་ཙམ་ལ་སྡོམ་པ་གསུམ་ལྡན་བྱར་མི་རུང་ཞིང་། ཕྱི་ནང་སོགས་ཀྱི་རྟེན་འབྲེལ་འགྲིག་པར་མི་འགྱུར་ཞིང་། སྒྲ་བཞིའི་ས་བོན་ཐེབས་མི་ནུས་པ་དེའི་ཕྱིར་རོ། །དེའི་ཤེས་བྱེད་སྣང་གཞི་སྦྱོང་བྱེད་ངོ་སྤྲོད་པའི་ཚོ་གའི་ཡན་ལག་མ་ཚང་བས་སོ། །རྒྱུ་མཚན་དེས་ན་ཐུབ་པ་དེ་ཉིད་འདུས་པ་ལ་སོགས་པའི་རྒྱུད་སྡེ་ལས་དཀྱིལ་འཁོར་ཆེན་པོ་མ་མཐོང་བའི་མདུན་དུ་འདི་ནི་མ་སྨྲ་ཞིག །གལ་ཏེ་སྨྲས་ན་དམ་ཚིག་ཉམས་པར་འགྱུར་ཞེས་གསུངས་ཏེ། དེ་ཡང་དེ་ཉིད་འདུས་པ་ལས། དེང་ཁྱོད་ཉིད་དེ་བཞིན་གཤེགས་པ་ཐམས་ཅད་ཀྱི་རིགས་སུ་ཞུགས་ཀྱི། ངས་ཁྱོད་ལ་དེ་བཞིན་གཤེགས་པ་ཐམས་ཅད་དུ་འགྲུབ་པའང་ཐོབ་ན། དངོས་གྲུབ་གཞན་ལྟ་ཅི་སྨོས་ཏེ། དེ་ལྟ་བུའི་ཡེ་ཤེས་བསྐྱེད་པར་བྱའི། ཁྱོད་ཀྱིས་དཀྱིལ་འཁོར་ཆེན་པོ་མ་མཐོང་བ་རྣམས་ལ་མ་སྨྲ་ཞིག །དམ་ཚིག་ཉམས་པར་གྱུར་ཏ་རེ། ཞེས་གསུངས་པས་སོ། །

གཉིས་པ། དེ་ལ་ལྟད་ཅན་གྱི་ཚིག་སྨྲར་ནས་དབང་དུ་འདོད་པ་དགག་པ་ལ། སྤྱིར་བརྡ་བཞིའི་དབང་གསུངས་སུ་ཆུག་ཀྱང་དེས་དབང་གི་གོ་མི་ཆོད་པར་བསྟན། མར་པ་ནས་བརྒྱུད་པའི་རྣལ་འབྱོར་མ་ལ་དབང་གི་ཚིག་རྒྱས་པར་སྦྱོར་བ་རང་བཟོར་བསྟན་པའོ། །དང་པོ་ནི། ཕྱག་རྒྱ་བ་འགའ་ཞིག་གིས། འདི་ལའང་ཕག་མགོ་དང་། ལ་སོགས་པས་གྲི་གུག་དང་མདའ་གཞུ་དང་། ཚངས་པ་སྟོང་པ་ལ་སོགས་པའི་དབང་བསྐུར་ཡོད་ཅེས་ཟེར་མོད། །མི་འཐད་དེ། འདི་འདྲ་དབང་བསྐུར་ཉིད་མ་ཡིན་ཞིང་། རྒྱུད་སྡེ་ཀུན་ལས་འདི་མ་གསུངས་སོ། །གལ་ཏེ་བརྒྱ་ལ་ཁ་བོས་མ་མཐོང་བའི་རྒྱུད་ལས་གསུངས་པ་སྲིད་ཀྱང་། རྗེས་གནང་ཙམ་ཡིན་གྱི་དབང་བསྐུར་ཉིད་མ་ཡིན་ཏེ། དེའི་མཚན་ཉིད་མ་ཚང་བའི་ཕྱིར། བུམ་དབང་བཅུ་གཅིག་གི་ནང་ན་རྗེས་གནང་གསུངས་པ་ནི། དབང་གི་ཡན་ལག་ལ་དེར་བཏགས་པ་ཡིན་ལ། སམ་བྷུ་ཊི་ལས། དབང་དང་རྗེས་གནང་ཐོབ་པ་ཡིས། །ཞེས་གཉིས་པོ་ཐ་དད་དུ་བཤད་དོ། །ཞེས་ཚག་ལོའི་དྲི་ལན་ལས་གསུངས་སོ། །གཉིས་པ་ནི། ན་ལོའི་སློབ་མ་སྔགས་ཆུང་པ་ལ་ལ་མར་པ་ནས་བརྒྱུད་པའི་རྡོ་རྗེ་ཕག་མོའི་བྱིན་རླབས་ལ་སྔགས་ཀྱི་སྡོམ་པ་འཐོབ་པའི་ཚོ་ག་དང་། དཀྱིལ་འཁོར་དང་དབང་བསྐུར་དངོས་གཞི་དང་། དཀྱིལ་འཁོར་དུ་འཇུག་པ་སོགས་རྒྱུད་དང་བསྟན་

བཅོས་ལས་མ་བཤད་ཅིང་། སློབ་དཔོན་སྒྲ་མའི་མན་ངག་ལ་མེད་པའི་རང་བཟོའི་ཆོ་ག་བྱེད་པ་ཐོས་སོ། །དེ་འདྲའི་རང་བཟོ་ཆོ་གར་འགྱུར་མི་སྲིད་དེ། དབང་བསྐུར་སོགས་ཀྱི་ཆོ་ག་སངས་རྒྱས་ཁོ་ནའི་སྤྱོད་ཡུལ་ཡིན་པའི་ཕྱིར། དཔེར་ན་ཁྲིམ་པས་གསོལ་བཞིའི་ལས་བྱས་ཀྱང་། དགེ་སློང་གི་སྡོམ་པ་མི་འཆགས་པ་ལྟར། རྡོ་རྗེ་ཕག་མོའི་བྱིན་རླབས་ལ་སྔགས་ཀྱི་སྡོམ་པ་ཕོག་ཀྱང་འཆགས་པར་མི་འགྱུར་རོ། །གཞན་ཡང་། ཆོ་ག་ཅུང་ཟད་ཉམས་པ་ལ། ཆོ་ག་འཆགས་པར་མ་གསུངས་ཏེ། ཆོ་ག་ལས་འདས་ན་ལས་མི་འཆགས་སོ། །ཞེས་འདུལ་བ་ལས་གསུངས་ན། ཁྱེད་ཀྱི་འདི་ལྟ་བུ་སྨྲང་གཞི་སྤྱོང་བྱེད་ངོ་འཕྲོད་པའི་ཆོ་གའི་ཡན་ལག་ཕལ་ཆེར་ཉམས་པ་ལ། ཆོ་ག་རྣམ་དག་འཆགས་པར་འགྱུར་རེ་སྐན་ཏེ་མི་འཆགས་སོ། །དེས་ན་རྒྱུད་འཆད་པའི་གནས་སྐབས་སུ་ཅུང་ཟད་ནོར་བར་གྱུར་ཀྱང་བླའི། དབང་གི་ཆོ་ག་ནོར་བར་གྱུར་པ་ལ་གྲུབ་པ་ནམ་ཡང་མེད་པར་གསུངས་ཏེ། གསང་བ་སྤྱི་རྒྱུད་ལས། ཁྱད་པར་ཅན་གྱི་ལས་རྣམས་ལ། །ལྷ་དུས་བྱ་བ་དུས་བཞིན་སྤྱད། །གཞན་དུ་ཆོ་ག་ཉམས་པའི་ཕྱིར། །གྲུབ་པ་ནམ་ཡང་ཡོད་མ་ཡིན། །ཞེས་སོ། །ཡང་རྡོ་རྗེ་ཕག་མོ་ལ་དབང་གི་ཆོ་ག་མེད་པ་ནི་མ་ཡིན་ཏེ། ཕག་མོ་ལྷ་བཅུ་གསུམ་མའི་དཀྱིལ་འཁོར་གྱི་ཆོ་ག་རིགས་ལྡན་ཁྱབ་འཇུག་སྦས་པས་མཛད་པ་དང་། ཕག་མོ་ལྷ་སོ་བདུན་མའི་སྒྲུབ་ཐབས་སློབ་དཔོན་དགེ་བའི་འབྱུང་གནས་སྦས་པས་མཛད་པ་དང་། རྡོ་རྗེ་རྣལ་འབྱོར་མའི་དབང་གི་ཆོ་ག་ཤ་བ་རི་དབང་ཕྱུག་གིས་མཛད་པ་དང་། ཕག་མོ་མངོན་འབྱུང་གི་དཀྱིལ་འཁོར་གྱི་ཆོ་ག་དང་། དེའི་སྒྲུབ་ཐབས་ཤྲི་ཨུ་མ་པ་ཏིས་མཛད་པ་རྣམས་ཡོད་པས་སོ། །འོན་རྡོ་རྗེ་ཕག་མོའི་བྱིན་རླབས་ལ་སྡོམ་པ་མི་ཐོབ་ན། རང་ལུགས་ཀྱི་རྡོ་རྗེ་རྣལ་འབྱོར་མའི་བྱིན་རླབས་ལ། སྡོམ་གཟུང་གི་ཆོ་ག་དགོས་པ་མེད་པར་འགྱུར་རོ་ཞེ་ན། དེ་ནི་སྡོམ་པ་མ་ཐོབ་པ་ཐོབ་པར་བྱེད་པ་མ་ཡིན་ཡང་། བཟུང་ཟིན་གསལ་བཏབ་ན་བྱིན་རླབས་འཆགས་པའི་དགོས་པ་ཡོད་པའོ། །ཡང་འདིར་བྱིན་རླབས་ཆོས་སྒོ་ཡིན་པ་བཀག་པ་ལྟ་བུར་སྣང་བ་ནི། དེ་སྨིན་བྱེད་ཀྱི་དབང་ཡིན་པ་བཀག་པ་ཡིན་གྱི། ཆོས་སྒོའི་དོན་ཙམ་ནི་ཁས་ལེན་དགོས་ཏེ། དཔེར་ན་རྩ་དབུ་མའི་རྫོགས་རིམ་ཉན་པའི་སྔ་རོལ་དུ། རྡོ་རྗེ་རྣལ་འབྱོར་མའི་བྱིན་རླབས་ངེས་པར་སྔོན་དུ་འགྲོ་དགོས་པ་བཞིན་ནོ། །ཡང་རྗེ་བཙུན་རྩེ་མོས་ནི་རང་ལུགས་ལ་ཡང་ཆོས་སྒོའི་ཐ་སྙད་གསུངས་སོ། །

གཉིས་པ་གནོད་བྱེད་ལ། ད་ལྟར་གྱི་དུས་སུ་སྔོན་གྱི་ཆོ་གས་སོ་ཐར་གྱི་ཆོས་སྒོ་འབྱེད་པར་ཐལ་བའི་མཚུངས་པ་དང་། བྱིན་རླབས་དབང་བསྐུར་ཡིན་དུ་ཆུག་ཀྱང་སློབ་མའི་གྲངས་ལ་འཁྲུལ་པ་དགག །དང་པོ་ནི། གཞན་ཡང་ཕག་མོའི་བྱིན་རླབས་ལ། སྟར་སྟུགས་ལ་ཞུགས་མ་མྱོང་བའི་གང་ཟག་གསང་སྔགས་ཉམས་སུ་ལེན་པའི་ཆོས་སྒོར་བྱེད་པ་ནི། རྒྱུད་སྡེ་གང་ནའང་བཤད་པ་མེད་པས། དེ་ལྟར་བྱེད་པ་བས། དགེ་སློང་བྱེད་པ་

ལ༑ སྟོན་པ་སངས་རྒྱས་རང་བྱུང་གི་བསྙེན་རྫོགས་དང་། རང་སངས་རྒྱས་མཁན་སློབ་མེད་པའི་བསྙེན་རྫོགས་དང་། ལྔ་སྡེ་བཟང་པོ་ཡེ་ཤེས་ཁོང་དུ་ཆུད་པ་དང་། ཆོས་སྦྱིན་མ་འཕྲིན་གྱིས་བསྙེན་པར་རྫོགས་པ་དང་། དེ་བཞིན་དུ་འོད་སྲུང་ཆེན་པོ་སྟོན་པར་ཁས་བླངས་པའི་དང་། གྲགས་པ་ལ་སོགས་པ་ཚུར་ཤོག་གི་བསྙེན་རྫོགས་དང་། སོགས་པས་བསྡུས་པ་སྐྱེ་དགུའི་བདག་མོ་ལྟ་བའི་ཆོས་བརྒྱད་སྲུང་བར་ཁས་བླངས་པའི་དང་། བཟང་སྡེའི་ཚོགས་དྲུག་ཅུ་སྐྱབས་འགྲོ་ཁས་བླངས་ཀྱི་དང་། ལེགས་བྱིན་དྲི་བས་བརྙེས་པའི་དང་། གསོལ་བཞིའི་ལས་ཀྱི་ཅིག་ཅར་རབ་ཏུ་བྱུང་བ་དང་བསྙེན་པར་རྫོགས་པ་སྒྲུབ་པ་སྟེ་བཅུ་གསུངས་པ་ལས། དེ་དག་གང་ཡང་རུང་བས་ད་ལྟར་གྱི་དུས་སུ་བླང་བར་གྱིས་ཤིག་སྟེ། དབང་བསྐུར་སྔོན་དུ་མ་སོང་བར་བྱིན་རླབས་ཙམ་གྱིས་ཆོས་སྒོ་འབྱེད་པ་དང་གཉིས་ཀ་འཁྲུལ་པ་ཡིན་པ་མཉམ་པོ་ལ་བཅུ་པོ་འདི་རྣམས་སྔོན་གྱི་ཆོ་གར་བཤད་པས་སོ༑ ༑གང་དུ་བཤད་ཅེ་ན། འདིར་སྐབས་གདོང་པ་འདུལ་བ་ལུང་ལས་བཤད་ཅེས་གསུངས་ལ། གོ་ཊཱི་ཀ་པ་དེའི་རྗེས་སློས་བྱེད་མོད། དེ་ལུང་མ་མཐོང་བའི་ཕོ་ཚོད་ཙམ་དུ་ཟད་དེ། ལུང་གཞི་དང་། འདུལ་བ་མདོ་རྩ་གཉིས་ལས་ནི། གསོལ་བཞིའི་ལས་ཀྱིས་རབ་བྱུང་དང་བསྙེན་རྫོགས་ཅིག་ཅར་དུ་བསྒྲུབ་པ་ཁོ་ན་ལ་སྔོན་གྱི་ཆོ་གའི་ཐ་སྙད་མཛད་པའི་ཕྱིར། ཡང་རྣམ་མཛད་པ་ཀུ་མཱ་ར་ནི། མཛོད་ཀྱི་འགྲེལ་པ་དང་། ལུང་མ་མོ་གཉིས་ལས། བསྙེན་པར་རྫོགས་པའི་ཚུལ་བཅུ་གསུངས་པ་དེ། སྔོན་གྱི་ཆོ་ག་ཞེས་གསུངས་པ་ནི་མི་འཐད་དེ། དེར་ནི་ལྔ་ཚོགས་དང་། བཅུ་ཚོགས་ཀྱང་བགྲངས་ལ། དེ་གཉིས་ནི་ད་ལྟའི་ཆོ་གའི་དབྱེ་བ་ཡིན་ཕྱིར་དང་། སྔོན་ཆོག་ཡིན་ངོ་ཤེས་པའི་གསོལ་བཞིའི་ཆོ་ག་དེ་དེར་མ་བགྲངས་པའི་ཕྱིར་རོ། །འོན་ཅི་ཞེ་ན། སྔོན་ཆོག་ཅེས་པ་ནི། སྔོན་གྱི་གང་ཟག་སྲིད་པ་ཐ་མ་པ་སླིན་པ་གསུམ་ཤས་ཆེ་ཞིང་། སྒྲིབ་པ་གསུམ་ཤས་ཆུང་བའི་རྒྱུད་ལ་བསྙེན་པར་རྫོགས་པའི་ཆོ་ག་ཞིག་ལ་སྔོན་གྱི་ཆོ་ག་ཞེས་བྱ་ལ། སྒྲ་བཤད་དེ་ཚང་བ་ལ་དགོངས་ནས་གོང་དུ་བགྲངས་པ་བཅུ་པོ་དེ་ལ་སྔོན་ཆོག་གི་ཐ་སྙད་མཛད་པ་ཡིན་ཞིང་། བཤད་ཅེས་པ་ཡང་། སྒྲ་བཤད་ཚང་བ་ཙམ་ལ་དགོངས་པའོ། །བྱ་འདུལ་ལ་སོགས་པའི་འདུལ་བ་འཛིན་པ་སྔ་རབས་པ་ཕལ་ཆེར་གྱིས་ཀྱང་། གོང་དུ་བགྲངས་པའི་བཅུ་པོ་ལ་སྔོན་ཆོག་གི་ཐ་སྙད་མཛད་དོ། །དེས་ན་ཉན་ཐོས་ཐེག་པའི་ལག་ལེན་ནི་ནུབ་ཀྱང་གཟུགས་བརྙན་ཙམ་ཞིག་སྣང་སྟེ། ད་ལྟར་གྱི་དུས་སུ་སྔོན་ཆོག་ཚོགས་ཚུང་ཡང་མི་བྱེད་པས་སོ། །རྡོ་རྗེ་ཐེག་པའི་བསྟན་པ་ལ་གཟུགས་བརྙན་ཙམ་ཡང་མི་སྣང་ངོ་སྟེ། དཔེར་ན་ཕག་མོའི་བྱིན་རླབས་ཙམ་གྱིས་སྨིན་བྱེད་ཀྱི་གོ་ཆོད་པར་འདོད་པས་སོ༑ ༑

གཉིས་པ། བྱིན་རླབས་དབང་བསྐུར་ཡིན་དུ་ཆུག་ཀྱང་སློབ་མའི་གྲངས་ལ་འཁྲུལ་པ་དགག་པ་ལ།

དབང་གི་སྒོམ་པ་ལ་གྲངས་ངེས་མི་དགོས་ན་བསྙེན་རྫོགས་ཀྱི་སྡོམ་པ་ལ་གྲངས་ངེས་མི་དགོས་པར་ཐལ་བ། དབང་གི་སྡོམ་པ་ལ་གྲངས་ངེས་དགོས་པའི་ལུང་རིགས་བཤད། ལུང་དོན་དེ་ལ་ལོག་རྟོག་དགག་པའོ། །དང་པོ་ནི། ཕྲན་པོ་སྙིང་པོ་ཡོད་ཅན་གྱིས་ཀྱང་འདུལ་བའི་ཚིག་ལ་བརྒྱལ་མ་ནུས་ཏེ། དཔེར་ན་རབ་བྱུང་གང་ཟག་བསྙེན་པར་རྫོགས་པའི་ཚེ་མཚམས་ནང་གཅིག་ཏུ་གསུམ་ལས་མང་བ་ཅིག་ཅར་འཇུག་མི་ནུས་སོ། །དུ་མ་མཁན་པོ་གཅིག་ལ་གསུམ་མན་ཆད། །ཅེས་གསུངས་པས་སོ། །ས་བཅད་དང་འདི་འགྲིག་པར་སྣང་ལ། ཡང་ན་རབ་བྱུང་ཞུ་བའི་ཚེ། གསུམ་ལས་མང་བ་འཇུག་མི་ནུས་ཞེས་སྦྱར་ཏེ། བར་མ་རབ་བྱུང་དངོས་གཞིའི་ལས་ནི་གང་ཟག་རྐྱང་པའི་ལས་ཡིན་པས། ཚོགས་ཀྱིས་མི་བྱའོ་ཞེས་པ་ལྟ་བུའི་དགག་བྱ་མེད་པའི་ཕྱིར་རོ། །གསང་སྔགས་ཚིག་ཕལ་ཆེར་ལ་ཕྲན་པོ་རྣམས་ཀྱིས་རང་བཟོར་སྤྱོད་དེ། སྔགས་ཀྱི་དབང་བསྐུར་བྱེད་པ་ཐམས་ཅད་ལ་གྲངས་ངེས་མེད་པར་དབང་བསྐུར་བྱེད་པ་འདི་ནི་མི་འཐད་དེ། རྡོ་རྗེ་འཆང་གིས་རྒྱུད་ལས་བཀག་པས་སོ། །

གཉིས་པ་ནི། དབང་གི་སྒོམ་པ་ལ་རྣམ་པ་ཐམས་ཅད་དུ་གྲངས་ངེས་མེད་པར་དབང་བསྐུར་བྱེད་པ་མི་འཐད་དེ། སྤྱོད་པའི་རྒྱུད་ཀྱི་དབང་བསྐུར་གྱི་སློབ་མ་རྗེས་བཟུང་ལ་གྲངས་ངེས་མེད་པར་བཤད་ཀྱང་། ལྷག་མ་དམིགས་བསལ་མཛད་པ་ཡི་རྒྱུད་སྡེ་གཞན་གསུམ་གྱི་སློབ་མ་རྗེས་བཟུང་ལ་གྲངས་ངེས་ཡོད་པས་སོ། །དང་པོའི་ཤེས་བྱེད་རྣམ་སྣང་མངོན་བྱང་ལས། འོན་ཀྱང་སློབ་དཔོན་སྙིང་རྗེ་ཆེན་པོ་དང་ལྡན་པས་སེམས་ཅན་གྱི་ཁམས་མ་ལུས་པ་བསྒྲལ་བར་དམ་བཅའ་བ་ཕོ་ནར་བྱ་སྟེ། དེས་བྱང་ཆུབ་ཀྱི་སེམས་ཀྱི་རྒྱུར་འགྱུར་བར་བྱ་བའི་ཕྱིར། སེམས་ཅན་ཚད་མེད་པ་ཡོངས་སུ་གཟུང་བར་བྱའོ། །ཞེས་གསུངས། ཊཱི་ཀ་སྔ་མ་རྣམས་ཀྱིས། བཅུ་འམ་བརྒྱད་དམ་བདུན་ནམ་ལྔ། །གཅིག་གཉིས་བཞི་ལས་ལྷག་ཀྱང་རུང་། །དཔྱད་མི་དགོས་པར་གཟུང་བར་བྱ། །ཞེས་པ་དེ་འདྲེན་མོད། དེ་ལ་ནི་ཁ་འཆམ་དང་ཁ་ཡར་གྱི་གྲངས་ངེས་མ་བྱས་ཀྱང་། བཅུ་ཕྲུན་ཆད་ཀྱི་གྲངས་ངེས་བྱས་ལ། དེ་ཡང་དབང་བསྐུར་དངོས་གཞིའི་དབང་དུ་བྱས་པར་གསལ་ལོ། །གལ་ཏེ་བཅུ་ཕྲུན་ཆད་གསུངས་པ་དེ་མཚོན་བྱེད་ཙམ་ཡིན་ནོ་སྙམ་ན་དེ་ཡང་མ་ཡིན་ཏེ། དེའི་རྗེས་སུ་གྲངས་ཀྱི་ཚད་འདི་བྱས་སོ། །ཞེས་གསུངས་པས་སོ། །ལྷག་མ་དམིགས་བསལ་མཛད་པའི་སློབ་མ་ལ་གྲངས་ངེས་ཡོད་པའི་ཤེས་བྱེད་ནི། གསང་བ་སྤྱི་རྒྱུད་ལས། མཁས་པས་སློབ་མ་གཅིག་གམ་གསུམ། །ལྔའམ་ཡང་ན་བདུན་དག་གམ། །ཉི་ཤུ་རྩ་ནི་ལྔ་ཡི་བར། །བཟང་དུ་མ་གྱུར་སློབ་མ་གཟུང་། །དེ་བས་ལྷག་པའི་སློབ་མ་ནི། །ཡོངས་སུ་བཟུང་བ་མི་ཤེས་སོ། །ཞེས་གསུངས་པ་འདི་ནི༑ །སྤྱོད་རྒྱུད་ཀྱི་ལྷག་མ་རྒྱུད་སྡེ་གསུམ་པོ་ཀུན་ལ་ཤེས་བྱེད་དུ་འཇུག་པ་ཡིན་ནོ། །འདིར་ལྷ་བཙུན་བསམ་ཡས་པའི་ཊཱི་ཀར། ལྷག་མ་དམིགས་བསལ་མ་མཛད་པའི། །ཞེས་འབྱུང་བ་ལེགས་པར་མངོན་ནོ། །གཅིག་

ནས་ཉི་ཤུ་རྩ་ལྔའི་བར་གསུངས་པ་དེ་ཡང་། སློབ་མ་རྗེས་བཟུང་གི་གྲངས་ཡིན་གྱི། དབང་བསྐུར་དངོས་གཞིའི་ཚེ་ནི། དཀྱིལ་འཁོར་གཅིག་ཏུ་དབང་རྫས་གཅིག་གིས་སློབ་མ་གཅིག་ལས་ལྷག་པ་ལ་དབང་བསྐུར་བར་མ་གསུངས་ཏེ། མཁས་པས་ཅིག་ཅར་སློབ་མ་གཉིས། །དབང་བསྐུར་བ་ནི་ཡོང་མི་བྱ། །ཞེས་དང་། སློབ་མ་རེ་རེ་ནས་བཀུག་སྟེ། གསང་གཏོར་སྔ་མ་བཞིན་བྱས་ལ། །ཞེས་གསུངས་སོ། །དབང་རྫས་དུ་མ་ཡོད་ན་དཀྱིལ་འཁོར་གཅིག་ཏུ་ཡང་སློབ་མ་དུ་མ་ཅིག་ཅར་དུ་དབང་བསྐུར་བས་ཆོག་པར་མངོན་ཏེ། གཉིས་སམ་གསུམ་མམ་བཞི་ཡང་རུང་། །བླ་མས་དབང་བསྐུར་བྱ་བ་ནི། །ཡོ་བྱད་གསར་པ་གཞན་རྣམས་ཀྱིས། །ཐམས་ཅད་སོ་སོ་སོ་སོར་བྱ། །ཞེས་སོ། །འོན་དེང་སང་བླ་མ་རྣམས། སློབ་མ་རྗེས་འཛིན་ལ་གྲངས་ངེས་མི་མཛད་པ་ཅི་ཞེ་ན། དེ་ནི་སློབ་དཔོན་སྙིང་རྗེ་ཆེན་པོ་དང་ལྡན་པས་བྱང་ཆུབ་ཀྱི་སེམས་ཀྱི་རྒྱུར་འགྱུར་བའི་དགོས་པ་ཁྱད་པར་ཅན་ལ་དགོངས་པའོ། །གྲུས་པར་ནི་གསེར་གྱི་ཕུར་མ་དང་། བྲང་མོ་ཆེ་བའི་བཀྱལ་ལན་དུ་བལྟ་བར་བྱའོ། །དེའི་རྒྱུ་མཚན་ཉེར་ལྔ་དེ་བས་ལྷག་པའི་སློབ་མ་ལ་དབང་བསྐུར་དངོས་གཞིའི་ཆོ་ག་ནི་ཡོངས་སུ་རྫོགས་པ་མཚན་མོ་གཅིག་ལ་ཚར་བར་མི་ནུས་ལ། དེའི་མཚན་མོ་མ་ཚར་ན། ཆོ་ག་ཉམས་པར་འགྱུར་བར་གསུངས་པའི་ཕྱིར་ཏེ། དེ་ཡང་གསང་བ་སྤྱི་རྒྱུད་ལས། །ལྷ་ཡང་ཉི་མ་ནུབ་པ་ན། །ཕན་པར་བྱེད་པའི་དཀྱིལ་འཁོར་དུ། །ངེས་པར་བྱིན་གྱིས་བརླབས་ཀྱིས་འདུ། །ཉི་མ་ཤར་བར་མ་གྱུར་པར། །མཆོད་ནས་གཤེགས་སུ་གསོལ་བ་ཤིས། །ཞེས་གསུངས་པས་སོ། །འདིར་ལྷ་ཞེས་པ་གང་དུ་དབང་བསྐུར་བའི་དཀྱིལ་འཁོར་དུ་སྤྱན་དྲངས་པའི་ཡེ་ཤེས་ཀྱི་ལྷ་དང་། གང་གིས་དབང་སྐུར་བྱེད་ནམ་མཁའི་ལྷ་ལྷ་བུ་ལ་བྱེད་པ་ནི་མ་ཡིན་ཏེ། ཡིན་ན་རས་བྲིས་ཀྱི་དཀྱིལ་འཁོར་དང་ལུགས་སྐུ་སོགས་ལ་རབ་ཏུ་གནས་པའི་ལྷ་ཡང་ཉི་མ་མ་ཤར་གོང་དུ་གཤེགས་དགོས་པར་ཐལ་བའི་ཕྱིར་དང་། སྒྲུབ་ཅིང་མཆོད་པ་གཅིག་ལ་ཉི་མ་མང་པོ་ཐོགས་པ། དཔལ་མཆོག་དང་། རྩེ་མོ་རིགས་བསྡུས་ལྷ་བུ་དང་། སློབ་མ་རྣམས་རྡོ་རྗེ་སློབ་དཔོན་དུ་དབང་བསྐུར་བ་མན་ཆད་ཀྱི་དབང་ཚར་གཅིག་ལ། ཞག་མང་པོ་ཐོགས་པ་དེ་དག་ལ་ཧ་ཅང་ཐལ་བའི་ཕྱིར། འོ་ན་ཅི་ཞེ་ན། རྡོ་རྗེ་སློབ་དཔོན་གྱི་དཀྱིལ་འཁོར་གྱི་ཁང་པའི་གནས་དེར། ངེས་པར་སྤྱན་འདྲེན་པ་མ་ཡིན་ཞིང་། བྱིན་རླབས་ཀྱི་སྟོབས་ཀྱིས་ངེས་པར་མཚན་མོའི་དུས་ཁོ་ནར་འདུ་བའི་དཔའ་བོ་དང་རྣལ་འབྱོར་མའི་ལྷ་ཚོགས། རྗེས་ཀྱི་ཆོ་གའི་དུས་ཀྱི་གཏོར་མ་ལ་སོགས་པས་མཆོད་པའི་འོས་སུ་གྱུར་པ་རྣམས་དང་། རྒྱལ་ཆེན་རིགས་བཞི་དང་། སུམ་ཅུ་རྩ་གསུམ་པའི་ལྷ་ལ་སོགས་པ་འཛམ་བུའི་གླིང་དུ་མཚན་མོ་ཁོ་ན་འོང་ཞིང་། ཆོས་ཉན་པ་སྦྱིན་པ་བླུང་ན་མཚན་ཐོག་ཐག་ཏུ་འགོད་པ་རྣམས་ལ་བྱ་དགོས་ཏེ། གསང་བ་སྤྱི་རྒྱུད་ཀྱི་ལུང་དྲངས་མ་ཐག་པའི་འཕྲོ་ལས། གཞན་ཡང་གང་དག་གསང་སྔགས་ལྷ། །ལྷ་

དང་འཇིག་རྟེན་སྐྱོང་བ་དང་། །འབྱུང་པོ་བྱང་ཆུབ་བརྟན་གནས་དང་། །སེམས་ཅན་བསྟན་པ་མངོན་དགའ་བ༔ །ཞེས་པ་ནས། དཀྱིལ་འཁོར་དང་བཅས་ཐམས་ཅད་ནི། །ཉེ་བར་བྱིན་པར་མཛད་པའི་རིགས། །ཞེས་དང་། ཆོས་བསྒྲགས་ཀྱི་མདོ་ལས། ལྷ་དང་ལྷ་མིན་མིའམ་ཅི་ཡི་དབང་པོ་དང་། །བརྒྱ་བྱིན་ལ་སོགས་ཆོས་ཀྱི་མཆོག་ལ་བྱ་བ་བྱས་པ་རྣམས། །སངས་རྒྱས་གསུང་རབ་རབ་ཏུ་ཞི་ཞིང་བདེ་བའི་རྒྱུར་གྱུར་པ། །འདི་དག་བཤད་ཀྱི་དམ་པའི་ཆོས་ཉན་ཕྱིར་ནི་འདིར་གཤེགས་ཤིག །ཅེས་དང་། འདུལ་བ་ནས་ཀྱང་། ཆོས་བརྒྱད་དང་བཅུ་བཞི་དང་། བཅོ་ལྔ་རྣམས་ལ་ནུབ་མོ་ལྷ་རྣམས་འདུ་བར་གསུངས་པ་རྣམས་སོ། །

འདི་དག་ཀྱང་ཁོ་བོའི་བླ་མ་ཁོ་ནའི་ལེགས་པར་བཤད་པ་ཡིན་གྱི། རྣམ་བཤད་མཛད་པ་སྔ་མ་ཐལ་ཆེ་བ་ལ་མི་སྣང་ཞིང་། དེང་སང་སྡོམ་གསུམ་ལ་མཁས་པར་གླེན་པོ་རྣམས་ལ་གྲགས་པ་དེ་དག་ལ་ནི། གཞུང་དོན་གྱི་སྐབས་སུ་གསུང་རྒྱུ་ཅི་ཡང་མི་སྣང་ངོ་། །ཡང་གོ་ཊཱི་ཀ་ལས། སློབ་མ་གྲངས་ངེས་མེད་པའི་དབང་བསྐུར་ཐམས་ཅད་སྨིན་བྱེད་དུ་མི་རུང་བའི་ས་བཅད་བྱས་ནས། སྤྱོད་རྒྱུད་ཀྱི་དབང་བསྐུར་གྱི་སློབ་མ་ལ་གྲངས་ངེས་མི་དགོས་ཞེས་ཟེར་བ་ཡང་ནང་འགལ་ལོ། །

གསུམ་པ། ལུང་དོན་ལ་ལོག་རྟོག་དགག་པ་ནི། གལ་ཏེ་གསང་བ་སྤྱི་རྒྱུད་འདི་ནི་བྱ་བའི་རྒྱུད་ཡིན་པས། རྒྱུད་སྡེ་གཞན་གོང་མ་གཉིས་ཀྱི་ཆོ་ག་མིན་སྙམ་ན། སྤྱོད་རྒྱུད་མ་གཏོགས་པ་གཞན་རྣམས་ཀུན་ལ་འདི་འཇུག་པར་སྤྱི་རྒྱུད་ཉིད་ལས་འདི་སྐད་གསུངས་ཏེ། གང་དུ་ལས་ནི་ཡོད་གྱུར་ལ། །ལས་ཀྱི་ཆོ་ག་རྣམས་མེད་པ། །དེར་ནི་སྤྱི་ཡི་རྒྱུད་དག་ལས། །གསུངས་པའི་ཆོ་ག་མཁས་པས་བསྟེན། །དེ་སྐད་གསུངས་པའི་ཕྱིར་ན་ཆོ་ག་འདི་རྒྱུད་གསུམ་པོ་རྣམས་ཀུན་ལ་འཇུག་པ་ཡིན་ནོ། །

གཉིས་པ། དེ་དེ་ལྟར་ཁས་མི་ལེན་ཡང་དབང་བསྐུར་འཁྲུལ་པ་བྱེད་པ་དགག་པ་ལ། ཆོ་ག་ཉམས་ན་དབང་མི་ཐོབ་པར་བསྟན། དབང་མ་ཐོབ་ན་ལམ་ཟབ་མོ་བསྒོམས་ཀྱང་སངས་རྒྱས་མི་ཐོབ་པར་བསྟན་པའོ། །དང་པོ་ལ། གང་དུ་དབང་བསྐུར་བའི་དཀྱིལ་འཁོར་ལ་འཁྲུལ་པ་དགག །གང་ལ་དབང་བསྐུར་བའི་སློབ་མའི་གྲངས་ལ་འཁྲུལ་པ་དགག །ཇི་ལྟར་དབང་བསྐུར་བའི་ཆོ་ག་ལ་འཁྲུལ་པ་དགག །དེ་ལས་བྱུང་བའི་བྱིན་རླབས་ལ་འཁྲུལ་པ་དགག་པའོ། །དང་པོ་ནི། དེང་སང་བྱིན་རླབས་ཙམ་ལ་སྨིན་བྱེད་དུ་མི་བྱེད་པར་དབང་བསྐུར་བྱེད་པར་རློམ་པ་ཁ་ཅིག་ཀྱང་། རྫོགས་པའི་སངས་རྒྱས་ཀྱིས་གསུངས་པ་ཡི་དཀྱིལ་འཁོར་གྱི་ཆོ་ག །སའི་ཆོ་ག་དང་། སྟ་གོན་དང་། འཇུག་པ་དང་། དབང་བསྐུར་དངོས་གཞི་དང་། མཐའ་རྟེན་དང་། ས་ཆོག་ལ་ཡང་ས་བརྟག་པ། བསླང་བ། སྦྱང་བ། བསྲུང་བ། ཡོངས་སུ་བཟུང་བ། སྟ་གོན་ལ་ཡང་། སའི་ལྷ་མོ་དང་། ལྷ་དང་། བུམ་པ་དང་།

སློབ་མ་སྔ་གོན་དང་། འཇུག་པ་ལ་ཡང་། དེའི་སྔོན་དུ་དཀྱིལ་འཁོར་བྲི་བ་དང་། སྒྲུབ་ཅིང་མཆོད་པ་དང་། སློབ་དཔོན་བདག་ཉིད་འཇུག་ཅིང་དབང་བླང་བ། སློབ་མ་ཡོལ་བའི་ཕྱི་རོལ་དང་ནང་དུ་འཇུག་པ་སོགས་མི་བྱེད་པར། གཡུང་དྲུང་རིས་ཀྱི་དཀྱིལ་འཁོར་དང་། ནས་འབྲུ་རིས་དང་། པདྨ་འདབ་བརྒྱད་དང་། མེ་ཏོག་ཚོམ་བུའི་དཀྱིལ་འཁོར་སོགས་བྱེད་པ་ཐོས་ཏེ། དེ་འདྲ་དག་ཏུ་དབང་བསྐུར་ཡང་སྡོམ་པ་ཐོབ་པར་མི་འགྱུར་རོ། །དེའི་རྒྱུ་མཚན་འདི་ལྟར་བཤད་ཀྱིས་ཉོན་ཅིག་སྟེ། ཕྱི་ནང་གསང་བ་དེ་ཁོ་ན་ཉིད་མཐར་ཐུག་གི་རྟེན་འབྲེལ་གྱི་སྟོབས་ཀྱིས་མ་དག་པའི་རྟེན་འབྲེལ་སྦྱངས་པ་ལས། དག་པའི་རྟེན་འབྲེལ་མངོན་དུ་བྱ་བའི་ཕྱིར། དཀྱིལ་འཁོར་རྣམ་པ་བཞིར་དབང་བསྐུར་བའི་ཚུལ་རྒྱུད་སྡེ་རྣམས་ལས་འབྱུང་བ་ཡིན་ལ། དེ་ཡང་དཔེར་ན། ཕྱིའི་རྟེན་འབྲེལ་སྣོད་ཀྱི་འཇིག་རྟེན་ན་ཡུལ་སུམ་ཅུ་རྩ་གཉིས་གནས་པ་བཞིན་དུ། ནང་ན་མི་ཕྱེད་མ་ལ་སོགས་པ་རྩ་སུམ་ཅུ་རྩ་གཉིས། ཕྱིའི་གནས་ཉི་ཤུ་རྩ་བཞི་བཞིན་དུ། ནང་ན་སྤྱི་བོ་ལ་སོགས་ཉི་ཤུ་རྩ་བཞི། ཕྱི་ནང་དུར་ཁྲོད་བརྒྱད་ཡོད་པ་བཞིན་དུ། ནང་ན་སྙིང་འི་ཐུག་གཉིས་གཅིག་ཏུ་བགྲངས་པའི་ཐུག་བརྒྱད། གསང་བའི་རྟེན་འབྲེལ། ཕྱི་ནང་གི་རྟེན་འབྲེལ་དེ་དག་ལ་དབང་བྱེད་པའི་བྱང་ཆུབ་ཀྱི་སེམས་དང་། རླུང་གི་རྟེན་འབྲེལ་ལ་སོགས་པའི་སྟོབས་ཀྱིས་འབྱུང་བས་སོ། །གཡུང་དྲུང་རིས་སོགས་འདི་ལ་རྟེན་འབྲེལ་ལྟ་བསྒྲིག་པར་མི་ནུས་པས། དེས་ན་སངས་རྒྱས་རྣམས་ཀྱིས་དེ་འདྲའི་དཀྱིལ་འཁོར་དུ་དབང་བསྐུར་བ་བཀག་པའོ། །གཉིས་པ་ནི། དེང་སང་གི་དབང་བསྐུར་བྱེད་པ་ཕལ་ཆེར་ཡང་སློབ་མ་བརྒྱ་སྟོང་གྲངས་མེད་ལ་དབང་བསྐུར་བྱེད་མོད་དེ་ནི་བཀག་ཟིན་ཏོ། །

གསུམ་པ། ཇི་ལྟར་དབང་བསྐུར་བའི་ཚིག་ལ་འཁྲུལ་པ་དགག་པ་ནི། སྦྱོར་བ་དང་། དངོས་གཞི་དང་། རྗེས་ཀྱི་ཚོ་ག་རྣམས་སངས་རྒྱས་ཀྱིས་རྒྱུད་སྡེ་ལས་གསུངས་པ་བཞིན་མི་ཤེས་པར་དགོས་པ་མེད་པས་མ་འབྲེལ་བ་དང་། རྒྱུད་སྡེ་དང་འགལ་བ་དང་། ཉམས་པ་སྟེ་ཆད་པའི་སྒོ་ནས་ཚོགའི་གཟུགས་བརྙན་ཙམ་བྱེད་པ་ལ་དབང་བསྐུར་ཡིན་ནོ་ཞེས་བླུན་པོ་རྣམས་སླུ་ཡང་འཐད་པ་མ་ཡིན་ནོ། །

བཞི་པ། དེ་ལས་བྱུང་བའི་བྱིན་རླབས་ལ་འཁྲུལ་པ་དགག་པ་ནི། ཚིག་འཁྲུལ་པ་བྱས་པ་དེའི་སློབ་མའི་ལུས་ངག་ཡིད་གསུམ་གྱི་རྣམ་པ་གདོན་གྱིས་བསྒྱུར་ནས། འཕར་གཡོ་དང་། འདར་མ་འོངས་ལུང་སྟོན་པ་དང་། ཏིང་ངེ་འཛིན་ལྟར་སྣང་ཙུང་ཟད་སྐྱེས་པ་ལ་ལྷག་པའི་ལྷས་བྱིན་གྱིས་བརླབས་པ་ཡིན་པར་འཁྲུལ་པ་མང་མོད། །དཔལ་ལྡན་དུས་འཁོར་རྩ་རྒྱུད་དམ་པ་དང་པོ་ལས། ཚིག་ཉམས་པ་ལས་བྱུང་བའི་བྱིན་རླབས་སུ་མངོན་པ་ཀུན། བགེགས་ཀྱི་བྱིན་རླབས་ཡིན་པར་རྒྱལ་བས་གསུངས་པས་སོ། །

འདིར་ཀུ་མུ་ར་ནི། གཞུང་ཚིག་འདོན་པ་ཙམ་ལས་མི་སྣང་། སྒྲ་གདོང་པ་ནི། རྒྱུ་དཔེ་ལས་གསུངས་

སམ། ཞེས་གསུངས། གོ་ཊཱི་ཀ་པ་ནི། དཔལ་ལྡན་སོགས་སོ། །ཞེས་ཐོབ་འཚོལ་བ་ལ་རེའོ། །བསམ་ཡས་པའི་ཊཱི་ཀར། རྩ་རྒྱུད་ཡོངས་རྫོགས་བོད་དུ་མ་འགྱུར། དབང་མདོར་བསྟན་བོད་དུ་འགྱུར་ཡང་། དེ་ན་ལུང་འདི་མི་སྣང་། བསྡུས་རྒྱུད་ཀྱི་འགྲེལ་པ་དྲི་མེད་འོད་ལས། གཞན་དུ་འབྱུང་པོ་དང་སྲིན་པོའི་འཁོར་ལ་སོགས་པ་རྣམས་ཀྱིས་དབབ་པ་ནི་མཐའ་ཡས་པ་སྟེ། ཞེས་གསུངས་ལ་དེ་རྩ་རྒྱུད་ཀྱི་དགོངས་པ་ཡིན་པས་སོ། །ཞེས་གསུངས། ཆོས་ཀྱི་རྗེས་ནི། རྒྱ་དཔེ་ལ་གཟིགས་པའམ། རྒྱ་གར་གྱི་པཎྜིཏ་ལས་གསན་པ་གང་རུང་ལས་མ་འདས་སོ། །ཚིག་དག་པར་གྱུར་པ་ལས་བྱུང་བའི་བྱིན་རླབས་ནི་སངས་རྒྱས་ཀྱི་ཡིན་པར་གསུངས་ཏེ་དྲངས་མ་ཐག་པའི་འགྲེལ། སྔགས་པ་སློབ་དཔོན་རྣམས་ཀྱི་བསྒོམས་པའི་སྟོབས་དང་། སྟོན་དུ་བསྙེན་པའི་དབྱེ་བ་དང་ནི་ཞེས་ཚིག་སྣ་ཚོགས་པ་དང་། རྣམ་མང་དམ་ཚིག་བྱང་ཆུབ་སེམས་ཀྱི་ཐིག་ལེ་ལ་སོགས་པ་བསྲུང་བ་དང་། དེ་བཞིན་དུ་སྔགས་ཀྱི་བཟླས་པ་ལ་སོགས་པ་དག་གིས་ཀྱང་ཕེབས་པར་འགྱུར་གྱི་རྣམ་པ་གཞན་དུ་མི་འགྱུར་རོ། །ཞེས་གསུངས་སོ། །

གཉིས་པ། དབང་མ་ཐོབ་ན་ལམ་ཟབ་མོ་བསྒོམས་ཀྱང་སངས་རྒྱས་མི་ཐོབ་པར་བསྟན་པ་ནི། སྒོམ་ཆེན་པ་ཁ་ཅིག་དབང་བསྐུར་མེད་ཀྱང་ལམ་ཟབ་མོ་བསྒོམས་ན་སངས་རྒྱས་འགྲུབ་བོ་སྙམ་ན། མི་འཐད་དེ། བདེ་མཆོག་ལྷ་བུའི་དབང་བསྐུར་མེད་པར། ནཱ་རོ་ཆོས་དྲུག་ལྟ་བུའི་ལམ་ཟབ་མོ་སྒོམ་པ་ངན་འགྲོའི་རྒྱུ་རུ་གསུངས་པའི་ཕྱིར། གང་ལས་གསུངས་ན། ཕྱག་རྒྱ་ཆེན་པོའི་ཐིག་ལེའི་རྒྱུད་ལས། དབང་མེད་ན་ནི་དངོས་གྲུབ་མེད། །བྱེ་མ་བཙིར་ཡང་མར་མེད་བཞིན། །གང་ཞིག་རྒྱུད་ལུང་ང་རྒྱལ་གྱིས། །དབང་བསྐུར་མེད་པར་འཆད་བྱེད་པ། །སློབ་དཔོན་སློབ་མ་ཤི་མ་ཐག །དངོས་གྲུབ་ཐོབ་ཀྱང་དམྱལ་བར་སྐྱེ། །དེ་བས་འབད་པ་ཐམས་ཅད་ཀྱིས། །བླ་མ་ལ་ནི་དབང་ནོད་ཞུ། །ཞེས་གསུངས་ཤིང་། དམ་པ་དང་པོ་ལ་སོགས་པའི་རྒྱུད་སྡེ་གཞན་ལས་ཀྱང་དེ་ལྟར་གསུངས་པའི་ཕྱིར་ན། སྨིན་བྱེད་དབང་ལ་འབད་པར་བྱ་སྟེ། དམ་པ་དང་པོ་ལས། དབང་བསྐུར་མེད་པར་སྔགས་འཆད་དང་། །ཟབ་མོའི་དེ་ཉིད་སྒོམ་བྱེད་པ། །དེ་དོན་ལེགས་པར་ཤེས་ན་ཡང་། །དམྱལ་བར་འགྱུར་གྱི་གྲོལ་བ་མེད། །ཅེས་སོ། །

གསུམ་པ། དབང་པོའི་རིམ་པས་དབང་དང་བྱིན་རླབས་གང་ཡང་རུང་བས་ཆོག་པར་འདོད་པ་དགག་པ་ནི། ཕྱག་རྒྱ་པ་ཁ་ཅིག་གང་ཟག་དབང་པོ་རབ་ཀྱི་སྨིན་བྱེད་ཕག་མོའི་བྱིན་རླབས་ཡིན་ཞིང་། འབྲིང་དང་ཐ་མ་དག་ལ་ནི་དབང་བསྐུར་གྱི་ཆོག་དགོས་སོ་ཞེས་ཟེར་རོ། །དེ་མི་འཐད་དེ། གང་ཟག་རབ་འབྲིང་ཐ་མ་གསུམ་ཀ་ལ་ཕག་མོའི་བྱིན་རླབས་སྨིན་བྱེད་དུ་རྒྱུད་སྡེ་ཀུན་ལས་གསུངས་པ་མེད་པའི་ཕྱིར་རང་བཟོ་ཁོ་ན་ཡིན་པས

སོ༔ །སྔོན་འཕགས་པ་རྣམས་ཀྱི་གང་ཟག་དབང་པོ་རབ་རྒྱལ་པོ་ཨིནྡྲ་བྷཱུ་ཏི་དང་། ཆོས་རྒྱལ་ཟླ་བ་བཟང་པོ་ལྟ་བུ་སྤྲུལ་པ་ཡི་ནི་དཀྱིལ་འཁོར་དུ་དབང་བསྐུར་མཛད་དོ་ཞེས་གསུངས་པ་ནི། སྔོན་གྱི་ཆོ་ག་འཕགས་པ་རྣམས་ཀྱི་སྤྱོད་ཡུལ་ཡིན་གྱི་སོ་སོ་སྐྱེ་བོས་བྱར་མི་རུང་བས་སོ། །དེས་ན་དེང་སང་གི་དུས་གང་ཟག་དབང་པོ་རབ་དང་འབྲིང་ཐ་མ་གསུམ་ཆོས་ཅན། སྤྱིར་བཏང་ལ་རྟུལ་ཆེན་གྱི་ནི་དཀྱིལ་འཁོར་དང་པོར་དབང་བསྐུར་གྱིས་སྨིན་པར་བྱ་བར་གསུངས་མོད་ཀྱི། དེ་ལས་གཞན་ཕག་མོའི་བྱིན་རླབས་དང་། སྤྲུལ་པའི་དཀྱིལ་འཁོར་དང་། ཏིང་ངེ་འཛིན་གྱི་དཀྱིལ་འཁོར་དང་། གཏོར་མའི་དབང་བསྐུར་དང་། མེ་ཏོག་ཆོམ་བུའི་དཀྱིལ་འཁོར་སོགས་སུ་སྨིན་བྱེད་ཀྱི་དབང་བསྐུར་བར་བྱ་བ་མ་ཡིན་ཏེ། དེ་ལྟར་བྱ་བ་རྒྱུད་ལས་བཀག་པའི་ཕྱིར། ཇི་ལྟར་གསུངས་ཞེ་ན༔ སྒྱུ་དྲྭའི་གཉིས་པ་ལས། དང་པོ་ས་གཞི་ཡོངས་སུ་བཟུང་། །

གཉིས་པ་སྔ་གོན་གནས་པ་སྟེ། །ཐུབ་གསུམ་པར་ནི་འཇུག་པ་ཡིན། །ཞེས་དང་། རྒྱུད་འགྲེལ་རྣམས་ལས་ཀྱང་ལས་དང་པོའི་རྡོ་རྗེ་སློབ་དཔོན་གྱིས་གྲངས་ཀྱི་བསྙེན་པ་ཇི་ལྟར་བྱ་བ་དང་། ས་སྦྱང་བ་སོགས་ཀྱི་ཆོ་ག་གསུངས་ཀྱི། གཞན་སྤྲུལ་པའི་དཀྱིལ་འཁོར་སོགས་སུ་བྱ་བར་མ་གསུངས་པས་སོ། །དམིགས་བསལ་ལ་རས་བྲིས་རུང་བར་བཤད་དེ། རྡོ་བཙུན་གྱི་དབང་གི་ཆུ་བོ་ལས། སྤྱིར་དཀྱིལ་འཁོར་བྲིས་སྐུ་ལ་བརྟེན་པ་དང་། རྟུལ་ཚོན་བྲི་བའི་ལུགས་གཉིས་ལས། བྲིས་སྐུ་ལ་བརྟེན་པའི་ལུགས་ནི། དེའི་ཉིན་མོ་ཇི་ལྟར་བདེ་བར་གནས་ཏེ༔ ལྷའི་དཀྱིལ་འཁོར་བསྒོམ་པ་ལ་སོགས་པས་དུས་འདའ་བར་བྱའོ། །རས་བྲིས་ཀྱི་དཀྱིལ་འཁོར་ལ་བརྟེན་པའི་ལུགས་འདི་ནི། བདེ་མཆོག་ཨ་བྷི་དྷཱ་ན་ལས་གསུངས་པ་ལ་བརྟེན་ཏེ། སློབ་དཔོན་རྡོ་རྗེ་དྲིལ་བུ་པ་དང་། སློབ་དཔོན་དགའ་རབ་རྡོ་རྗེ་ལ་སོགས་པས་གསུངས་ལ། དེང་སང་རྒྱ་གར་གྱི་ཡུལ་ན་ཡང་ཆོ་ག་ཕལ་ཆེར་འདི་ལ་བྱེད་དོ། །བླ་མ་གོང་མ་རྣམས་ཀྱང་སྐབས་སུ་ཕྱག་ལེན་འདི་ལ་མཛད་པས། ལུགས་འདི་ཧ་ཅང་གིས་ལེགས་པ་ཡིན་ནོ། །ཞེས་གསུངས་པས། ཡང་སློབ་དཔོན་རྡོ་རྗེ་དྲིལ་བུ་པའི་ལུགས་ཀྱི་ནི། ལུས་དཀྱིལ་གྱི་དབང་གི་ཆོ་ག་དེ། གང་ལ་བྱ་བའི་ཡུལ་གང་ཟག་དབང་པོ་རབ་དེའི་སྨིན་བྱེད་དུ་འཆད་དགོས་ཏེ། ཇི་སྐད་དུ། འགྲོ་བ་འདི་དག་རང་བཞིན་གྱིས། །གྲུབ་པའི་དཀྱིལ་འཁོར་གཉིས་མེད་པའོ། །བཙོས་མ་གཉིས་ཀྱི་ངོ་བོ་གང་། །དེ་ནི་གདུལ་བྱའི་དབང་ལས་འདོད། །མཁས་པའི་བསྒྲུབ་བྱ་དེ་མིན་ཏེ། །ཡང་དག་དོན་མཐོང་གྲོལ་ཕྱིར་རོ། །ཞེས་གསུངས་པས་སོ། །འོ་ན་དེང་སང་ཕྱི་དཀྱིལ་སྔོན་དུ་འགྲོ་དགོས་པའི་ཕྱག་ལེན་མཛད་པ་དང་འགལ་ལོ་ཞེ་ན། དེ་ནི་གང་ཟག་གི་དབང་པོའི་རིམ་པ་བརྟག་དཀའ་བས་རྒྱ་བརྟན་པ་ཙམ་ལ་དགོངས་པའོ། །འོ་ན། གཞན་གྱི་སྨིན་བྱེད་རྒྱུད་ལས་བཀག །ཅེས་པ་དང་འགལ་ལོ་ཞེ་ན། གཞན་ཞེས་པ་སྤྲུལ་པའི་དཀྱིལ་འཁོར་སོགས་ལ་

དགོངས་པ་ཡིན་ཏེ། ཕྱོགས་བཅུའི་སངས་རྒྱས་ཀྱི་ཞུ་འཕྲིན་ལས། །ཁ་ཅིག་ཕག་མོའི་བྱིན་རླབས་དང་། །ཧེ་རུ་ཀ་ཡི་དཀྱིལ་འཁོར་དང་། །གཏོར་མའི་དབང་བསྐུར་ལ་སོགས་པ། །རྫུན་མས་སྦྱར་བའི་ཚིག་ལ། །བླུན་པོ་འཇུག་པ་སློས་ཅི་དགོས། །ཕྱི་སྣོད་འཛིན་པར་རློམ་པ་ཡི། །སྙིང་མེད་རྣམས་ཀྱང་འདི་ལ་དད། །གལ་ཏེ་འདི་འདྲ་ཆོས་ཡིན་ན། །དེ་ལས་གཞན་མིན་གང་ཞིག་ལགས། །ཞེས་གསུངས་པས་སོ། །འདི་ལྟར་འཆད་མཁས་པ་ལ་བརྟེན་ནས། བསམ་ཡས་པའི་ཊཱི་ཀར། གཞན་ཞེས་པ་ལུས་དཀྱིལ་ལ་ངོས་བཟུང་བ་དང་། ཀུ་མཱ་རའི་རྣམ་བཤད་ལས་རྟུལ་ཞུགས་ལས་གཞན་མངོན་བརྗོད་བླ་མ་ལས་བཀག་ཅེས་དང་། གོ་རམ་པའི་སྤྱི་དོན་དུ་གཞུང་འདིའི་དགོངས་པ་ལ། དང་པོར་རྟུལ་ཞུགས་ཀྱི་དཀྱིལ་འཁོར་ངེས་པར་དགོས་པ་དང་། རྗེ་བཙུན་སྐུ་མཆེད་ཀྱི་ལུགས་ལ། རབ་བྱིས་སུ་ཡང་དང་པོར་སློབ་དཔོན་བྱེད་ཀྱི་དབང་བསྐུར་བ་ཡོད་དོ་ཞེས་འགལ་བ་ཅན་དུ་འཆད་ཅིང་། རང་གང་བྱེད་ཀྱི་ཆང་བཟུང་མི་སྣང་ངོ་། །ཡང་གཞུང་འདིར་དང་པོར་རྟུལ་ཞུགས་ཀྱི་དཀྱིལ་འཁོར་ངེས་པར་དགོས་པའི་ཤེས་བྱེད་དུ། ནཱ་རོ་འགྲེལ་ཆེན་ལས། དབང་བསྐུར་བ་བདུན་པོ་འདི་རྣམས་རྟུལ་ཞུགས་ཀྱི་དཀྱིལ་འཁོར་རྣམ་པར་སྤྲངས་ནས། གཞན་རབ་བྱིས་ལ་སོགས་པར་སྦྱིན་པར་བྱ་བ་མ་ཡིན་ནོ། །ཞེས་འདྲེན་ནོ། །ལུགས་དང་པོ་ནི། སློབ་དཔོན་རྡོ་རྗེ་དྲིལ་བུ་པའི་གཞུང་གོང་དུ་དྲངས་པ་དང་འགལ། ལུགས་གཉིས་པ་དབང་གི་རྒྱུ་བོ་དང་འགལ། ལུགས་གསུམ་པ་ལ་ལུང་གཉིས་པོ་གང་རུང་གཅིག་འདོར་དགོས་པའམ། འགལ་འདུ་ཁས་ལེན་པ་གང་རུང་ལས་མ་འདས་སོ། །འོན་ཀྱང་ལ་ཡང་། གང་རུང་གཅིག་འདོར་དགོས་པར་འགྱུར་སྙམ་ན། ཁོ་བོ་ཅག་གིས་ནི་སྤྱིར་བཏང་ལ་རྟུལ་ཞུགས་དང་། དམིགས་བསལ་ལ་རབ་བྱིས་ཀྱིས་ཆོག་པར་བཤད་ཟིན་ཞིང་། དེ་ཉིད་ལེགས་པ་ཡང་ཡིན་ཏེ། སློབ་དཔོན་ཛ་ཡ་སེ་ནས། རྟུལ་ཞུགས་བྲི་བར་མ་ནུས་ན། །དཀྱིལ་འཁོར་དང་མཉམ་རས་ལ་ནི། །ངེས་པར་བཅོམ་ལྡན་ཧེ་རུ་ཀ །ཕྱག་རྒྱའི་ཚོགས་དང་བཅས་པ་བྲི། །ཞེས་སོ། །

ཡང་སློབ་བྱེད་ཀྱི་དབང་ལ་རྟུལ་ཞུགས་ཁོ་ན་དགོས་པའི་ཤེས་བྱེད་དུ། ནཱ་རོ་འགྲེལ་ཆེན་གྱི་ལུང་དེ་ཡང་མ་འབྲེལ་ཏེ། འཇིག་རྟེན་པའི་དངོས་གྲུབ་ཀྱི་སླད་དུ། རྟུལ་ཞུགས་ཀྱི་དཀྱིལ་འཁོར་དུ་དབང་བསྐུར་བ་དང་། འཇིག་རྟེན་ལས་འདས་པའི་དངོས་གྲུབ་ཀྱི་སླད་དུ་མཆོག་གི་དཀྱིལ་འཁོར་གསུམ་པོ་གང་རུང་དུ་དབང་བསྐུར་བ་ཞེས་པའི་ཐ་སྙད་དུས་འཁོར་ལས་འབྱུང་ལ། དེ་ཡང་ཕྱི་མ་སློབ་བྱེད་ཀྱི་གཙོ་བོ་ཡིན་ཞིང་། དེ་ལ་རྟུལ་ཞུགས་ཀྱི་དཀྱིལ་འཁོར་འབྲི་བ་མེད་པར་བཤད་པའི་ཕྱིར་ཏེ། ཇི་སྐད་དུ། དོན་དམ་པའི་བདེན་པས་རྟུལ་ཞུགས་ཀྱི་དཀྱིལ་འཁོར་འབྲི་བ་མེད་དེ། བཅོམ་ལྡན་འདས་ཀྱིས་བཀག་པའི་ཕྱིར་རོ། །ཞེས་གསུངས་པས་སོ། །ཡང་རྗེ་བཙུན་གྲགས་པའི་ཞབས་ཀྱིས། རབ་བྱིས་སུ་སློབ་བྱེད་ཀྱི་དབང་བསྐུར་བ་བཞེད་པའི་ཤེས་བྱེད་དུ་གཞན་ཕན་སྤྱི་

ཆིངས་སུ་སྡྲོང་རྒྱུད་ལས་གསུངས་པའི་དཀྱིལ་འཁོར་བཅུ་གཉིས་ལ། རྡུལ་ཚོན་གྱི་དཀྱིལ་འཁོར་བཅུ་གཉིས། རས་བྲིས་ཀྱི་དཀྱིལ་འཁོར་བཅུ་གཉིས། ཏིང་ངེ་འཛིན་གྱི་དཀྱིལ་འཁོར་བཅུ་གཉིས་བཞེད་པས་སོ་ཞེས་ཟེར་བ་མ་ངེས་ཏེ། འོན་ཏེ་ཇོ་བཙུན་གྱིས་ཏིང་ངེ་འཛིན་གྱི་དཀྱིལ་འཁོར་དུ་སློབ་མ་བྱེད་ཀྱི་དབང་བསྐུར་བ་བཞེད་པར་ཐལ། རྟགས་དེའི་ཕྱིར་རོ། །གསུམ་ཆར་ཁས་བླངས་སོ། །དེས་ན་ཏབ་ཏོབ་མི་མཛད་པ་ལེགས། ཡང་འཇམ་དབྱངས་གྲགས་པས། དུས་ཀྱི་འཁོར་ལོའི་གཞུང་ལས་ཁྱད་པར་ཚངས་པའི་དྲང་སྲོང་བྱེ་བ་ཕྲག་ཕྱེད་དང་བཞི་ལ་དབང་བསྐུར་བར་གསུངས་པ་ནི། སྟོན་གྱི་ཆོ་གའི་དབང་དུ་བྱས་སོ། །

གཉིས་པ། གསང་སྔགས་ཟབ་མོ་ཉམས་སུ་ལེན་པ་དབང་ལ་མི་ལྟོས་པར་འདོད་པ་དགག་པ་ལ། དབང་བསྐུར་མེད་ཀྱང་སེམས་བསྐྱེད་ཙམ་གྱིས་སྔགས་ཉམས་སུ་ལེན་རུང་བ་དགག །ཏིང་ངེ་འཛིན་གྱིས་དབང་གི་མིང་ཅན་སོགས་སློབ་མ་སློབ་བྱེད་དུ་འདོད་པ་དགག །དབང་བསྐུར་ཕྱིས་ཁས་བླངས་པས་དབང་གི་གོ་ཆོད་པར་འདོད་པ་དགག །སེམས་ཉིད་རྟོགས་ན་དབང་མི་དགོས་པར་འདོད་པ་དགག །ཕྱི་དཀྱིལ་མེད་པར་བླ་མའི་ལུས་དཀྱིལ་ལས་དབང་བཞི་རྫོགས་པར་ལེན་པ་དགག་པའོ། །དང་པོ་ནི། གསང་འདུས་སྐོད་ལུགས་པ་ལ་ལ་ན་རེ། དབང་བསྐུར་མ་ཐོབ་ཀྱང་ཐེག་ཆེན་འཇུག་པ་སེམས་བསྐྱེད་བྱས་པ་ལ། གསང་སྔགས་བསྒོམ་དུ་འདོད་ཅེས་ཟེར་རོ། །འདི་ནི་གསང་སྔགས་བསྒོམ་པའི་ཐབས་ཀྱི་འཕྲུལ་བྱ་བ་ཡིན་ནོ་ལོ། །འདི་ཡང་ལེགས་པར་ཕྱེ་སྟེ་བཤད་ཀྱིས་ཉོན་ཅིག །དེ་ཡང་བྱ་བའི་རྒྱུད་ལ་འཇིག་རྟེན་ལས་འདས་པའི་རིགས་རྣམ་གསུམ་ཡོད་པ་ལས། དོན་ཡོད་ཞགས་པ་དང་། སོགས་པས་གཙུག་ཏོར་རྣམ་རྒྱལ་སོགས་པདྨའི་རིགས་འགའ་ཞིག་ལས། དབང་བསྐུར་དང་འཇུག་པ་སེམས་བསྐྱེད་མ་ཐོབ་ཀྱང་། སྨྱུང་གནས་དང་ལ་སོགས་པས་བཟླས་བརྗོད་ལ་སོགས་བྱེད་ནུས་ན། གང་ཟག་ཀུན་གྱིས་བསྒྲུབ་པར་གསུངས་ཏེ། ཇི་སྐད་དུ། དོན་ཡོད་ཞགས་པ་ཞེས་བྱ་བའི་ཆོས་ཀྱི་རྣམ་གྲངས་འདི། སེམས་ཅན་རྣམས་ལ་ནུས་སམ་མི་ནུས་ཤེས་པར་བྱས་ནས་ཉན་དུ་གཞུག་པར་བྱའོ། །ཞེས་དང་། དུད་འགྲོའི་རྣ་ལམ་དུ་ཡང་སྒྲོགས་ཤིག །ཅེས་སོ། །ངོ་སྐོར་བའི་དྲི་ལན་ལས། སེམས་བསྐྱེད་ཐོབ་དགོས་པར་བཤད་དོ། །དམ་ཚིག་གསུམ་བཀོད་དང་། སོགས་པས་མི་གཡོ་བའི་རྟོག་པ་སོགས་རྡོ་རྗེའི་རིགས་རྣམས་ལ་འཇུག་པ་སེམས་བསྐྱེད་ཐོབ་ནས་ནི། ཞི་རྒྱས་ལ་སོགས་པའི་འཕྲིན་ལས་འགའ་ཞིག་བསྒྲུབ་པའི་ཕྱིར། ཆོ་ག་ཤེས་ན་བསྒྲུབ་པར་གནང་སྟེ། བསམ་གཏན་ཕྱི་མ་ལས། དམ་ཚིག་གསུམ་གྱི་བཟླས་བརྗོད་བྱེད་པས་ནི། ཁྲུས་མ་བྱས་ཀྱང་ཉེས་པ་མེད་དོ། །ཞེས་དང་། མོས་པས་སྤྱོད་པའི་བསྒྲུབ་པའི་གཞི་དག་ལས་མི་གཡོ་བ་དང་། ཐེ་ཚོམ་མེད་ན་སྟོན་དང་ལྡན་པར་གྱུར་ཀྱང་འགྲུབ་བོ། །ཞེས་སོ། །ལེགས་

པར་གྲུབ་པ་དང་། དཔྱད་པ་བཟང་པོ་སོགས་ཡན་ཆད་དེ་བཞིན་གཤེགས་པའི་རིགས་རྣམས་སུ། རང་གིས་དབང་བསྐུར་བ་མ་ཐོབ་ན། སེམས་བསྐྱེད་ཐོབ་ཀྱང་གསང་སྔགས་བསྒོམ་པ་བཀག་སྟེ། དེ་ཡང་ལེགས་པར་གྲུབ་པ་ལས། དབང་བསྐུར་མ་བྱས་པ་དག་ལ། །ཚིག་ཤེས་པས་སྔགས་མི་སྦྱིན། །ཞེས་དང་། དཔྱད་བཟང་ལས། །གང་དག་རིགས་དང་ཚིག་ཀུན་མེད་པ། །གང་དག་དཀྱིལ་འཁོར་དུ་ནི་མ་ཞུགས་དང་། །གང་དག་བྱང་ཆུབ་སེམས་ནི་མ་བསྐྱེད་པ། །ང་ཡི་གསང་སྔགས་བཟླས་ན་ཕུང་བར་འགྱུར། །ཞེས་སོགས་རྒྱས་པར་གསུངས་པ་ལ་ལྟོས་ཤིག །དེའི་ལྟག་མ་རྒྱུད་སྡེ་གོང་མ་གསུམ་པོ་ལ། དབང་བསྐུར་ཐོབ་པ་མ་གཏོགས་པ་སེམས་བསྐྱེད་ཙམ་ལ་བརྟེན་པའི་ཡི་དམ་གྱི་ལྷ་བསྒོམ་པ་གསུངས་པ་མེད་པས། གསང་འདུས་པས་དེ་ལྟར་ག་ལ་སྲིད། དེ་ཡང་དབང་བསྐུར་ནི་ཕྱི་ཕར་ཕྱིན་ཐེག་པ་ལ་ལྟོས་ཏེ། ནང་གི་རྟེན་འབྲེལ་ཡིན་ལ། སེམས་བསྐྱེད་ཙམ་ལ་དེ་ལྟ་བུའི་རྟེན་འབྲེལ་མེད་པས་སོ། །དེས་ན་དབང་མ་ཐོབ་པར་སེམས་བསྐྱེད་ཙམ་བྱས་ན་ཡང་གསང་སྔགས་ཟབ་མོ་སྒོམ་པ་ལ་ལྟུང་བ་ཡོད་པར་རྒྱལ་བས་གསུངས་ཏེ། ཡོངས་སུ་མ་སྨིན་སེམས་ཅན་ལ། །གསང་བ་སྒྲོག་པ་བདུན་པ་ཡིན། །ཞེས་གསུངས་སོ། །དེའི་ཕྱིར་གསང་སྔགས་བསྒྲུབ་པ་ལ་དབང་བསྐུར་དགོས་མི་དགོས་ཀྱི་རྣམ་དབྱེ་ཤེས་དགོས་སོ། །

གཉིས་པ། ཏིང་ངེ་འཛིན་སོགས་དབང་གི་མིང་ཅན་སྨིན་བྱེད་དུ་འདོད་པ་དགག་པ་ནི། ཞི་བྱེད་པའི་རྗེས་འཇུག་འགའ་ཞིག །གཏོར་མའི་དབང་བསྐུར་ཞེས་བྱ་དང་། ཏིང་ངེ་འཛིན་གྱི་དབང་བསྐུར་དང་སོགས་པས་ཛྙ་ལི་ཀཱ་ལིའི་དབང་བསྐུར་སོགས་སློབ་མ་སྨིན་བྱེད་ཀྱི་ཆོ་གར་འདོད་པ་ཡང་འཐད་པ་མ་ཡིན་ཏེ། རྒྱུད་སྡེ་ཀུན་ལས་དེ་སྨིན་བྱེད་གསུངས་པ་མེད་པའི་ཕྱིར།

གསུམ་པ། དབང་བསྐུར་ཕྱིས་བླངས་པས་གོ་ཆོད་པར་འདོད་པ་དགག་པ་ནི། གསང་འདུས་ཀྱི་དབང་སྟོན་མ་བྱ་བ། རྒྱུད་དབྱེར་ལྟ་བུ་ཉན་ནས། དབང་སྟོན་ལྟ་བུ་ཡོ་བྱད་སོགས་འཛོམས་པའི་ཚེ་བྱེད་ཟེར་བ་འགའ་ཞིག་གསང་སྔགས་ཀྱི་ལམ་ད་ལྷ་སྒྱོད་ཅིང་། དབང་བསྐུར་ཕྱི་ནས་ཞུ་བར་ཁས་ལེན་བྱེད་དོ། །འདི་ཡང་སངས་རྒྱས་ཀྱི་བསྟན་པ་མ་ཡིན་ཏེ། དབང་མ་ཐོབ་པ་ལ་གསང་སྔགས་ཀྱི་ཆོས་བཤད་ན། སློབ་དཔོན་རང་ཉིད་གསང་བ་སྒྲོག་པའི་ལྟུང་བ་ཅན་དུ་འགྱུར་ཞིང་། སློབ་མའང་དབང་མ་ཐོབ་པའི་སྔོན་དུ་གསང་སྔགས་ཀྱི་སྣོད་རུང་ལས་ཉམས་པར་འགྱུར་ལ། ཉམས་པར་གྱུར་པ་ནི། དམ་པའི་ཆོས་ཀྱི་སྣོད་ཅེས་ཀྱང་མ་ཡིན་ནོ་ཞེས་ནི་རྒྱལ་བས་གསུངས་པའི་ཕྱིར། དེ་ཉིད་འདུས་པ་ལས། དེ་ནི་འདི་ལྟར་དཀྱིལ་འཁོར་ཆེན་པོ་མ་མཐོང་བའི་སེམས་ཅན་དེ་དག་གིས་ཕྱག་རྒྱ་བཅིང་བ་བྱས་ན། དེའི་ཚེ་དེ་དག་གྲུབ་པར་མི་འགྱུར་རོ། །དེ་ནས་དེ་དག་ཐེ་

ཚོམ་དུ་གྱུར་ཏེ། གནོད་པ་མ་སྤངས་པར་སྨྲ་བ་ཉིད་དུ་དུས་བྱས་ནས། དམྱལ་བ་ཆེན་པོ་མནར་མེད་པ་ཞེས་བྱ་བར་ལྟུང་བར་འགྱུར་རོ། །ཁྱོད་ཉིད་ཀྱང་ངན་འགྲོར་འགྲོ་བར་འགྱུར་རོ། །ཞེས་སོ། །མདོར་ན་ཆོས་ཀྱིས་རང་ལ་ཅི་བྱེད་སོགས་ལ། སངས་རྒྱས་བྱེད་ན་ཆོས་ནས་འབྱུང་བ་བཞིན་གྱིས་ཤིག་ཅེས་གདམས་པའོ། །

བཞི་པ། སེམས་ཉིད་རྟོགས་ན་དབང་མི་དགོས་པར་འདོད་པ་དགག་པ་ནི། སྤྱོད་ཡུལ་བ་ལ་ལ་ན་རེ། སེམས་ཉིད་མ་རྟོགས་ན་དབང་བསྐུར་ཐོབ་ཀྱང་མི་ཕན་ཟེར་ཞིང་། གལ་ཏེ་སེམས་ཉིད་རྟོགས་གྱུར་ན། །དབང་བསྐུར་བྱ་ཡང་མི་དགོས་ལོ། །འོ་ན་སེམས་ཉིད་མ་རྟོགས་ན་སྡོམ་པ་བསྲུངས་ཀྱང་ཅི་ཞིག་ཕན་ཏེ་མི་ཕན་ལ། གལ་ཏེ་སེམས་ཉིད་རྟོགས་པར་གྱུར་ན། སྡོམ་པ་བསྲུང་ཡང་ཅི་ཞིག་དགོས་ཏེ་མི་དགོས་པས་ན། སྤྱིར་སྡོམ་པ་བསྲུང་མི་དགོས་པར་འགྱུར་རོ། །རྡོ་རྗེ་ཕག་མོའི་བྱིན་རླབས་ཀྱང་བྱ་མི་དགོས་པར་ཐལ། སེམས་ཉིད་རྟོགས་ན་བྱ་ཅི་དགོས་ཏེ་མི་དགོས་ལ། གལ་ཏེ་སེམས་ཉིད་མ་རྟོགས་ན་བྱིན་རླབས་བྱས་ཀྱང་ཅི་ཞིག་ཕན་ཏེ་མི་ཕན་ནོ༑ ༑དེ་བཞིན་དུ་སེམས་བསྐྱེད་ལ་སོགས་པ་ཆོ་ག་ཀུན་ལའང་ཚུལ་འདི་མཚུངས་ཏེ། གལ་ཏེ་སེམས་ཉིད་མ་རྟོགས་ན། །སེམས་བསྐྱེད་བྱས་ཀྱང་ཅི་ཞིག་ཕན། འོན་ཏེ་སེམས་ཉིད་རྟོགས་གྱུར་ན། །སེམས་བསྐྱེད་བྱ་ཡང་ཅི་ཞིག་དགོས། །ཞེས་སྨྲར་རོ། །དེས་ན་རབ་བྱུང་གི་སྡོམ་པ་འབོགས་པའི་ཆོ་ག་དང་། རྡོ་རྗེ་ཕག་མོའི་བྱིན་རླབས་དང་། སེམས་བསྐྱེད་ཀྱི་ཆོ་ག་འབད་ནས་བྱེད་བཞིན་དུ། དབང་བསྐུར་མི་དགོས་ཞེས་སྨྲ་བ་གསང་སྔགས་སྤོང་བར་འདོད་པའི་གསང་ཚིག་ཡིན་ནོ། །

ལྔ་པ། ཕྱིད་ཀྱིལ་མེད་པར་བླ་མའི་ལུས་དཀྱིལ་ལས་དབང་བཞི་ལེན་པ་དགག་པ་ནི། ཕྱག་རྒྱ་བ་ཁ་ཅིག །དབང་བཞིའི་ཆོ་ག་མེད་བཞིན་དུ་བླ་མའི་ལུས་ཀྱི་དཀྱིལ་འཁོར་ལས་དབང་བཞི་རྫོགས་པར་ལེན་ཞེས་ཟེར་ལ། དེ་ཡང་། ལུས་བཙུན་མོ་ལྟར་སྐྱ་ལ་འཁྲིལ། །སྙིང་ལ་སྙིང་ཁྲད་དཔྲལ་བར་གཏུགས། །དུས་དེར་དབང་རྫོགས་སེམས་ལ་བསྐུར། །ཆོས་རྫོགས་དོན་གྱི་ངོ་བོ་མཐོང་། །ཞེས་པས་འཁྲུལ་གཞི་བྱས་སོ། །ཞེས་ལྷ་བཙུན་བསོད་ནམས་དཔལ་གསུང་ངོ་། །འོ་ན་དགེ་ཚུལ་དགེ་སློང་སོགས་ཀྱི་སྡོམ་པ་ཡང་བླ་མའི་སྐུ་ལས་རྒྱུ་མཚན་ཅིས་མི་ལེན་ཏེ་ལེན་རིགས་པར་འགྱུར་ལ། དེ་ལྟ་ན་ཆོ་ག་མི་དགོས་པར་འགྱུར་རོ། །སེམས་བསྐྱེད་ཀྱི་སྡོམ་པ་ཡང་བླ་མའི་སྐུ་ཉིད་ལས་ནི་ཐོབ་པའི་ཕྱིར་སེམས་བསྐྱེད་ཀྱི་ཆོ་ག་ཅི་ཞིག་དགོས་ཏེ་མི་དགོས་པར་འགྱུར་རོ། །རྡོ་རྗེ་ཕག་མོའི་བྱིན་རླབས་ཀྱང་ཆོས་ཅན། ཆོས་སྒོ་བ་ལ་བླང་ཅི་དགོས་ཏེ་མི་དགོས་པར་ཐལ། བླ་མའི་སྐུ་ལས་ཐོབ་པའི་ཕྱིར་རོ། །དེ་བཞིན་དུ་ཡི་དམ་ལྷའི་རྗེས་གནང་ནས། ནག་པོ་ཆེན་པོའི་རྗེས་གནང་གི་བར་ཆོ་ག་ཐམས་ཅད་བླ་མའི་སྐུ་ལས་བླངས་པས་ཆོག་པའི་ཕྱིར། རྫོགས་སངས་རྒྱས་ཀྱི་མདོ་རྒྱུད་ལས་གསུངས་པ་ཡི་ཆོ་ག་ཟབ་

མོ་ཐམས་ཅད་སྤྱོངས་ཤིག །གལ་ཏེ་འདི་སྙམ་དུ། ཆོ་ག་ཉམས་པར་གྱུར་ན་མི་རུང་སྟེ། སོ་སོ་ཐར་པ་དང་། སེམས་བསྐྱེད་ཀྱི་སྡོམ་པ་འཆག་པར་མི་འགྱུར་ཞིང་། རྡོ་རྗེ་ཕག་མོ་དང་ཆོས་སྐྱོང་ལ་སོགས་པའི་བྱིན་རླབས་འཇུག་པར་མི་འགྱུར་ན། འོན་རིག་འཛིན་སྔགས་ཀྱི་སྡོམ་པ་ཡང་དབང་བསྐུར་བའི་ཆོ་ག་མེད་ན་ཐོབ་མི་ནུས་པས། ཆོ་ག་དགོས་པར་མཚུངས་སོ། །དེས་ན་སྔགས་སྡོམ་གསར་དུ་ཐོབ་བྱེད་ཀྱི་དབང་དང་། མ་སྨིན་པ་སྨིན་པར་བྱེད་པའི་དབང་དོན་གཅིག་ཡིན་ནོ། །དེས་ན་ཆོ་ག་གཞན་དག་ལ་འབད་པ་ཆེན་པོ་བྱེད་བཞིན་དུ་དབང་བསྐུར་གྱི་ཆོ་ག་འདོར་བར་བྱེད་པ་ནི། མདོ་སྡེ་བརྒྱད་ལས། ཐབས་དང་སྐྱབས་དང་དག་པ་དང་། །ཐེག་ཆེན་ངེས་པར་འབྱུང་བ་ལ། །སེམས་ཅན་རྣམས་ནི་རབ་སླུ་བའི། །བདུད་འཛོམས་ཞེས་ཐབས་ལ་སླུ་བའི་བདུད་ཡོད་པར་གསུངས་པ་དྲན་པར་གྱིས་ཤིག་སྙེ་བྱ་དགོས་སོ། །གལ་ཏེ་ཆོ་ག་ནི་རྣམ་རྟོག་གི་སྤྲོས་པ་ཙམ་ཡིན་པས་མི་དགོས་སོ་སྙམ་ན། དེ་ནི་བདེན་གཉིས་རྣམ་འབྱེད་ཀྱི་ཐབས་ལ་རྨོངས་པ་ཡིན་ཏེ། དེ་ཕྱིར་དམ་པའི་དོན་དུ་ན་ཆོས་རྣམས་ཐམས་ཅད་སྤྲོས་བྲལ་ཡིན་པས་དེ་ལ་ཆོ་ག་གང་ཡང་མེད། སངས་རྒྱས་ཉིད་ཀྱང་ཡོད་པ་མ་ཡིན་ན། དབང་བསྐུར་ལ་སོགས་པའི་ཆོ་ག་གཞན་ལྟ་ཡོད་པ་མིན་པ་སྨོས་ཅི་དགོས་པའི་ཕྱིར། རྒྱུའམ་གཞི་དང་ལམ་དང་འབྲས་བུའི་དགེ་བ་ཐམས་ཅད་ཀྱང་། ཀུན་རྫོབ་ཀྱི་དགེ་བ་ཡིན་གྱི། དོན་དམ་གྱི་མ་ཡིན་ལ། སོ་སོ་ཐར་པ་དང་། བྱང་ཆུབ་སེམས་དཔའི་སེམས་བསྐྱེད་དང་། དབང་བསྐུར་རྗེས་གནང་ལ་སོགས་པའི་ཆོ་ག་དང་། བྱམས་པ་དང་། སྙིང་རྗེ་དང་། བསྐྱེད་རྫོགས་ལ་སོགས་པ་བསྒོམ་པའི་དམིགས་པ་ཇི་སྙེད་དང་། རྟེན་འབྲེལ་ཟབ་མོ་ཐམས་ཅད་དང་། ས་དང་ལམ་གྱི་དགེ་བ་དང་། རྫོགས་པའི་སངས་རྒྱས་ཐོབ་པ་ཡང་ཀུན་རྫོབ་ཙམ་ཡིན་གྱི། དོན་དམ་པར་ཡོད་པ་མ་ཡིན་ནོ། །དེས་ན་དོན་དམ་དུ་ཆོ་ག་མི་དགོས་ཀྱང་། ཀུན་རྫོབ་ཏུ་དགོས་པའི་དོན་ཡིན་ནོ༔ ༔དེ་ཡང་ལྟ་བས་སྤྲོས་པ་གཅོད་པའི་དབང་དུ་མཛད་ནས་རང་སྟོང་དབུ་མ་དང་མཐུན་པར་མཛད་པ་ཡིན་ལ༔ གནས་སྐབས་གཞན་དུ་དོན་དམ་བདེན་པ་ཡེ་ཤེས་ལ་བཤད་པ་ཡང་ཡོད་དོ། །འདིར་ལྟ་བཙུན་བསམ་ཡས་པའི་ཊཱི་ཀར། གཉིས་སྣང་ཅན་གྱི་བློ་ཐམས་ཅད་འཁྲུལ་ཤེས་དང་། དེའི་ཡུལ་ཐམས་ཅད་ཀུན་རྫོབ་ཡིན་ནོ༔ ༔ཞེས་གསུངས་པ་ལེགས་སོ། །ཀུན་རྫོབ་དང་དོན་དམ་དེ་འདྲའི་རྣམ་དབྱེ་ཤེས་པར་བྱས་ནས་ནི། ཆོ་ག་བྱེད་ན་དབང་སོགས་ཐམས་ཅད་ཐ་སྙད་དུ་བྱེད་དགོས་ལ། མིན་པ་སྟེ་མི་བྱེད་ན། སེམས་བསྐྱེད་ཀྱི་ཆོ་ག་སོགས་ཐམས་ཅད་དོར་བར་གྱིས་ཤིག །ཕག་མོའི་བཛྲ་བཞིའི་དབང་ལ་སོགས་པ་ཆོ་ག་ལ་ལ་དགོས་བཞིན་དུ། རྒྱུད་ནས་གསུངས་པའི་དབང་བཞི་དང་རིམ་གཉིས་ལ་སོགས་པ་ལ་ལའི་ཆོ་ག་མི་དགོས་ཞེས་ཟེར་བའང་མཁས་པས་བཞད་གད་ཀྱི་གནས་ཡིན་ལ། དགོས་པ་མི་བྱེད་མི་དགོས་པ་བྱེད་པ། སངས་རྒྱས་ཀྱི་བསྟན་པ་

དཀྲུག་པ་འང་ཡིན་ཞིང༌། བདུད་ཀྱི་བྱིན་རླབས་ཞེས་བྱ་བ་འང་དེ་འདྲའི་རིགས་ཅན་ཡིན་པར་གསུངས་ཏེ། མདོ་སྡུད་པ་ལས། ཆོས་བཏང་ནས་ནི་ཆོས་མིན་བྱ་བ་སྤྱོད་གྱུར་པ། །ལམ་བོར་ལམ་གོལ་འགྲོ་བ་འདི་ནི་བདུད་ཀྱི་ལས། །ཞེས་གསུངས་པས་སོ། །

གཉིས་པ། རྒྱུད་སྡེ་འོག་མའི་རང་རྐང་གི་ཉམས་ལེན་ལ་དབང་བཞི་བསྐུར་བ་དགག་པ་ནི། རྙིང་མ་བ་ཁ་ཅིག །བྱ་རྒྱུད་དང་སོགས་པས། སྤྱོད་རྒྱུད་དང༌། རྣལ་འབྱོར་རྒྱུད་ཀྱི་རང་རྐང་ལ་དབང་བཞིའི་ཆོ་ག་བྱེད་པ་དང༌། དོན་ཞགས་སོགས་ཀྱི་རང་རྐང་ལ་འང་རིམ་གཉིས་སྒོམ་པར་བྱེད་པ་ཐོས་སོ། །འདི་འང་སངས་རྒྱས་ཀྱི་དགོངས་པ་མ་ཡིན་ཏེ། དེའི་རྒྱུ་མཚན་འདི་ལྟར་ཡིན་ནོ། །བྱ་སྤྱོད་རྣལ་འབྱོར་རྒྱུད་གསུམ་ཀར་གྱི་རང་རྐང་ལ། དབང་བཞི་དང་ནི་རིམ་གཉིས་མེད་དེ། གལ་ཏེ་ཡོད་ན་གསུམ་པོ་དེ་དག་ཀྱང་རྣལ་འབྱོར་ཆེན་པོ་ཉིད་དུ་འགྱུར་རོ། །ཁྱབ་སྟེ་དབང་བཞི་དང་ནི་རིམ་པ་གཉིས་རྣལ་འབྱོར་ཆེན་པོའི་ཁྱད་ཆོས་ཡིན་པའི་ཕྱིར་རོ། །སངས་རྒྱས་པའི་གྲུབ་མཐའ་བཞིའི་རྣམ་དབྱེ་མ་ཕྱེད་ཅིང༌། རྒྱུད་སྡེ་བཞིའི་ཆོ་གའི་རིམ་པ་མི་ཤེས་པར། བླུན་པོ་ལ་རྣམ་གཞག་ལེགས་ལེགས་འདྲ་ན་ཡང་ལྟམ་དཔེ་ཞྭ་ལ་བཀབ་པ་ལྟར་མི་འགྲིག་གོ །དེ་ཡང་བྱེ་སྨྲ་ཕྱི་རོལ་གྱི་དོན་རྣམ་མེད་དུ་རིག་པར་འདོད་པ་ལྟར། བྱ་རྒྱུད་ལས་ བྲིས་སྐུ་ལྷ་རུ་བསྒོམ་པ་དང༌། མདོ་སྡེ་པ་གཟུང་དོན་གྱི་རྣམ་པ་རིག་པར་འདོད་པ་ལྟར། སྤྱོད་རྒྱུད་ལས་རང་ཉིད་དང་བྲིས་སྐུ་གཉིས་ཀ་ལྟར་བསྒོམ་པ་དང༌། སེམས་ཙམ་པ་དོན་གྱི་སྣང་བ་བག་ཆགས་སད་པ་ཙམ་ལས་བྱུང་བར་འདོད་པ་ལྟར། རྣལ་འབྱོར་རྒྱུད་ལས། དམ་ཚིག་པ་ལ་ཡེ་ཤེས་པ་སྤྱན་དྲངས་ནས། བཟླས་བརྗོད་བྱེད་པ་དང༌། དབུ་མ་པ་རྟེན་འབྲེལ་སྣ་ཚོགས་སུ་སྣང་བ་ཆོས་དབྱིངས་སུ་རོ་གཅིག་པར་འདོད་པ་ལྟར། དམ་ཚིག་པ་དང་ཡེ་ཤེས་པ་དབྱེར་མེད་པའི་ངང་ནས། སྔགས་ཀྱི་ཀུན་སྤྱོད་མཐའ་དག་ལ་འཇུག་པར་བྱེད་དོ། །དེས་ན་གྲུབ་མཐའ་དང༌། རྒྱུད་སྡེའི་བསྐྱེད་ཆོག་སྒོ་བསྟུན་པ་ཡིན་ནོ། །དེས་ན་རྒྱུད་སྡེ་བཞི་པོ་ཡི་དབང་དང་ལམ་གྱི་དབྱེ་བ་ལ་མི་འདྲ་བའི་དབྱེ་བ་རྣམ་པ་བཞི་ཡོད་དེ། བྱ་རྒྱུད་ལ་ཆུ་དང་ཅོད་པན་གྱི་དབང་དང༌། སྤྱོད་རྒྱུད་ལ་རྡོ་རྗེ་དྲིལ་བུའི་དབང་དང༌། རྣལ་འབྱོར་རྒྱུད་ལ་སློབ་དཔོན་གྱི་དབང་དང༌། བླ་མེད་ཀྱི་རྒྱུད་ལ་དབང་བཞིའི་ཐ་སྙད་ཕྱག་ཆེན་ཐིག་ལེ་ལས་གསུངས་སོ། །ལམ་གྱི་དབྱེ་བ་འོག་ནས་འཆད་དོ། །དེས་ན་རྒྱུད་སྡེ་བཞི་པོ་རང་རྐང་གི་སྒྲུབ་པ་ནི་རང་རང་གི་ཆོ་ག་བཞིན་བྱས་ན་དེ་ནས་གསུངས་པའི་དངོས་གྲུབ་འགྲུབ་ཀྱི །གཞན་དུ་ན་མི་འགྲུབ་བོ། །འདིར་སྣ་གདོང་པའི་ཊཱི་ཀ་ལས། རྒྱུད་སྡེ་འོག་མ་གསུམ་ལ་ཡང་རིམ་གཉིས་ཁས་ལེན་ཏེ། ཕྱོགས་བཅུའི་སངས་རྒྱས་ཀྱི་ཞུ་འཕྲིན་ལས། བཅོམ་ལྡན་ཁྱོད་ཀྱིས་གསང་སྔགས་ལམ། །རིམ་པ་གཉིས་སུ་བསྡུས་ཏེ་བཤད། །ཅེས་དང༌། གཞུང་འདིར་ཡང༌། རིམ་པ་གཉིས་པོ་མི་སྒོམ་

པའི། །སྒོམ་ཆེན་བཟང་ཡང་ཕ་རོལ་ཏུ། །ཕྱིན་པའི་སྒོམ་ཆེན་ལས་མ་འདས། །ཞེས་དང་། དབང་དང་རིམ་གཉིས་མི་ལྡན་ན། །རྡོ་རྗེ་ཐེག་པའི་བསྟན་པ་མིན། །ཞེས་གསུང་པས་སོ། །གཞུང་འདིར་ནི། དབང་བཞི་ལ་ལྟོས་པའི་རིམ་གཉིས་མེད་ཅེས་པའི་དོན་ནོ། །ཞེས་གསུངས་ལ། ལེགས་བཤད་གསེར་གྱི་ཐུར་མར་ནི། འདི་དག་གི་ལན་གཞུང་འདིའི་ཕྱོགས་སྔ་སྨྲ་བ་པོ་དེ་དག་ནི། རྒྱུད་སྡེ་འོག་མ་གསུམ་གྱི་སྒོམ་ཆེན་པར་ཁས་མི་ལེན་ཞིང་། རྒྱུད་སྡེ་ནས་བཤད་པའི་དབང་མ་ཐོབ་ཀྱང་། ཕག་མགོ་ལ་སོགས་བརྡ་བཞིའི་བྱིན་རླབས་ཙམ་ལ་བརྟེན་ནས། ཐབས་ལམ་བསྒོམ་པར་འདོད་པའི་ཆོས་པའི་གཟུགས་བརྙན་གྱི་ཚོགས་དེ་དག་ལ་གསུངས་པ་ཡིན་ལ། དེ་དག་གསང་སྔགས་བླ་མེད་པར་ཁས་བླངས་ནས། དབང་དང་རིམ་གཉིས་མི་ལྡན་ན་རྡོ་རྗེ་ཐེག་པའི་བསྟན་པ་མ་ཡིན་དགོས་པ་དང་། རྒྱུད་སྡེ་འོག་མ་གསུམ་གྱི་སྒོམ་ཆེན་མ་ཡིན་པ་གང་ཞིག །རིམ་གཉིས་མི་སྒོམ་ན་སྒོམ་ཆེན་བཟང་ཡང་ཕ་རོལ་ཏུ་ཕྱིན་པའི་སྒོམ་ཆེན་ལས་མ་འདས་པའོ། །ཡང་། བཅོམ་ལྡན་ཁྱོད་ཀྱིས་གསང་སྔགས་ལམ། །རིམ་པ་གཉིས་སུ་བསྟུས་ཏེ་བཤད། །ཅེས་པ་ཡང་བླ་མེད་ཀྱི་དབང་དུ་བྱས་སོ། །དེ་ལས་གཞན་དུ་སྤྱི་ཁྱབ་འཛིན་པ་ཡིན་ན། རྒྱུད་སྡེ་འོག་མ་ལ་དབང་བཞི་ཡང་ཁས་ལེན་དགོས་པ་ཐལ། གལ་ཏེ་གསང་སྔགས་བསྒོམ་འདོད་ན། །ནོར་བ་མེད་པའི་དབང་བཞི་ལོངས། །ཞེས་གསུངས་པས་སོ། །

གསུམ་པ། དབང་མ་བསྐུར་ཀྱང་ཐོབ་པ་ཡོད་པར་འདོད་པ་དགག་པ་ལ། སྔགས་ལ་མོས་པ་ཆོས་སྒོ་ཡིན་པ་དགག །དབང་བསྐུར་མུ་བཞི་འདོད་པ་དགག་པའོ། །དང་པོ་ལ། རྒྱས་པར་བཤད། དབང་ལས་གཞན་པའི་སྔགས་ཀྱི་ཉམས་ལེན་མེད་པར་བསྟན་པས་མཇུག་བསྡུ་བའོ། །དང་པོ་ནི། །ཕྱག་རྒྱ་བ་ལ་ལ་ན་རེ། དབང་བསྐུར་མ་བྱས་ཀྱང་གལ་ཏེ་སྔགས་ལ་མོས་པ་ཐོབ་ན་དེ་ཉིད་ཆོས་ཀྱི་སྒོ་ཡིན་པས། གསང་སྔགས་བསྒོམ་དུ་རུང་ངོ་ཞེས་ཟེར་རོ། །མགོ་མཚུངས་ཀྱིས་དགག་པ་ནི། འོན་སོ་ཐར་གྱི་སྡོམ་པ་མ་ཐོབ་ཀྱང་། རབ་ཏུ་བྱུང་བ་ལ་མོས་པ་ཉིད་སོ་ཐར་སྡོམ་པ་ལེན་པའི་སྒོ་ཡིན་པས། སོ་ཐར་སྡོམ་པ་བསྲུངས་པས་ཆོག་གམ། ཅི་སྟེ་ལེན་མི་དགོས་པར་འགྱུར་བ་དང་། སེམས་བསྐྱེད་ཀྱི་སྡོམ་པ་མ་ཐོབ་ཀྱང་སེམས་བསྐྱེད་པ་ལ་མོས་པ་ཉིད། བྱང་ཆུབ་ཀྱི་སྤྱོད་པ་སྤྱོད་པའི་སྒོ་ཡིན་པས་སེམས་བསྐྱེད་ཀྱི་སྡོམ་པ་བླང་ཡང་། ཅི་ཞིག་དགོས་ཏེ་མི་དགོས་པར་འགྱུར་བ་དང་། དེ་བཞིན་དུ་སོ་ནམ་མ་བྱས་ཀྱང་ལོ་ཐོག་ལ་ནི་མོས་པ་ཉིད་ཟ་རྒྱུ་བཟའ་བའི་སྒོ་ཡིན་པས་སོ་ནམ་ལ་ཡང་འབད་ཅི་ཞིག་དགོས་ཏེ། དེ་མི་དགོས་པར་འགྱུར་རོ། །འདི་འདྲའི་རིགས་ཅན་གྱི་ཆོས་ལུགས་཮ཀུན་མཚུངས་པ་དེ་འདྲའི་རིགས་ཀྱིས་སུན་དབྱུང་ངོ་། །

གཉིས་པ། དབང་ལས་གཞན་པའི་སྔགས་ཀྱི་ཉམས་ལེན་མེད་པར་བསྟན་པས་མཇུག་བསྡུ་བ་ནི། དེས

ན་ཆོས་སྒོ་ཞེས་བྱ་བ་འདིའི་མིང་གིས་འབྲུལ་གཞི་བྱས་ནས། དབང་བསྐུར་ནི་ཆོས་སྒོ་འབྱེད་པ་ཙམ་ཡིན་གྱི། དབང་མ་ཐོབ་ཀྱང་འཚང་རྒྱ་བའི་ཆོས་གཞན་ལོགས་ན་བསྒོམ་རྒྱུ་ཡོད་དོ་ཞེས་བོད་ཀྱི་བླུན་པོ་རྣམས་ཀྱིས་ཤེས་བྱེད་མེད་བཞིན་དུ་འདི་ཡིན་ནོ་ཞེས་མུན་སྒོམ་བྱས་པ་ཡིན་གྱི། རྒྱ་གར་ན་དེ་འདྲའི་མིང་ཡང་མེད་དོ། །གལ་ཏེ་འཐད་ན། འོ་ན་དགེ་སློང་གི་སྡོམ་པ་ཡང་དགེ་སློང་བྱེད་པའི་སྒོ་ཙམ་ཡིན་གྱི། དགེ་སློང་སྡོམ་པའི་ངོ་བོ་ཞིག་གཞན་ནས་བཙལ་དུ་ཡོད་དམ་ཅི་སྟེ་ཡོད་པར་འགྱུར་རོ། །དེ་བཞིན་དུ་སོ་ནམ་བྱེད་པ་ཡང་སྟོན་ཐོག་འབྱུང་བའི་སྒོ་ཡིན་གྱི། ཁ་ཟས་འབྱུང་བའི་ཐབས་གཞན་ཞིག་ལོགས་ནས་བཙལ་དུ་ཡོད་དམ་ཅི་སྟེ་ཡོད་པར་འགྱུར་རོ། །དེ་ནི་མགོ་མཚུངས་ཡིན་ལ། རྣལ་མ་ནི། དེས་ན་ཁོ་བོའི་སྙིང་གཏམ་འདི་ལྟར་ཡིན་ཏེ། དབང་བསྐུར་ཆོས་སྒོ་འབྱེད་པ་ཙམ་མིན་གྱི། ལམ་འབྲས་ལས། རྟེན་ཅིང་འབྲེལ་བར་འབྱུང་བ་ལྔས་ལམ་ཡོངས་སུ་རྫོགས་པའོ། །ཞེས་གསུངས་པ་ལྟར། གསང་སྔགས་རྟེན་འབྲེལ་ལམ་དུ་བྱེད་པས་མྱུར་དུ་འཚང་རྒྱ་བའི་རྟེན་འབྲེལ་བསྒྲིག་པའི་གདམས་ངག་ཡིན་པའི་ཕྱིར་ཏེ། དབང་ཆོག་གི་རྟེན་འབྲེལ་ཁྱད་པར་ཅན་གྱིས། ཕུང་པོ་དང་ཁམས་དང་སྐྱེ་མཆེད་ལ་སངས་རྒྱས་ཀྱི་ས་བོན་བཏབ་ནས་ནི། ཚེ་འདིའམ་བར་དོའམ་སྐྱེ་བ་བཅུ་དྲུག་ཚུན་ཆད་དུ་སངས་རྒྱས་བྱེད་པ་ཡི་ཐབས་ལ་དབང་བསྐུར་ཞེས་སངས་རྒྱས་རྣམས་ཀྱིས་བཏགས་པའི་ཕྱིར་རོ། །དཔེར་ན་སྟོན་ཐོག་འབྱུང་བའི་ཐབས་ལ་སོ་ནམ་ཟེར་བ་བཞིན་ནོ། །དེ་ཡང་ཕུང་པོ་ལྔའི་ཆོས་ཉིད་རྒྱལ་བ་རིགས་ལྔ་དང་། ཁམས་ལྔའི་ཆོས་ཉིད་ལྷ་མོ་ལྔ་དང་། སྐྱེ་མཆེད་དྲུག་གི་ཆོས་ཉིད་བྱང་ཆུབ་སེམས་དཔའ་བརྒྱད། ཡུལ་དྲུག་གི་ཆོས་ཉིད་ལྷ་མོ་དྲུག་གོ །ཚིགས་ཆེན་བཅུའི་ཆོས་ཉིད་ཁྲོ་བོ་བཅུར་ངོ་སྤྲད་ནས་བསྒོམ་དུ་འཇུག་གོ །འདིར་ཆོས་ཉིད་ཀྱི་ངོས་འཛིན་གཅིག་ལ་དཔེར་མཚོན་ན། གཟུགས་ཕུང་དུ་སྣང་བའི་རྣམ་རིག་གི་སྙིང་གི་མྱོང་བ་གསལ་རིག་ཡུལ་གྱིས་ཁ་མ་བསྒྱུར་བ་དེ་ལ། གཟུགས་ཕུང་གི་ཆོས་ཉིད་ཅེས་བྱ་སྟེ། ཇི་སྐད་དུ། རྣམ་པར་སྣང་མཛད་དག་པ་ཆེ། །རྡོ་རྗེ་ཞི་བ་དགའ་ཆེན་པོ། །རང་བཞིན་གྱིས་ནི་འོད་གསལ་མཆོག །ཅེས་སོ། །དེས་ན་གང་ཟག་དབང་པོ་རབ་རྒྱུད་ཡོངས་སུ་སྨིན་པ་ནི། ཚེ་འདིར་རྒྱུ་དུས་ཀྱི་དབང་བསྐུར་བ་ཉིད་ཀྱིས་གྲོལ་བར་གསུངས་ཏེ། རྒྱལ་པོ་ཨིནྡྲ་བྷཱུ་ཏི་ལ། བཅོམ་ལྡན་འདས་ཀྱིས་དབང་བསྐུར་བ་ཉིད་ཀྱིས་གྲོལ་བར་གསུངས་པ་ལྟ་བུ་དང་། ཁམས་གསུམ་རྣམ་རྒྱལ་གྱི་སྤྲུལ་བཤད་མཛད་པ་ལས། ཁམས་གསུམ་གྱི་སེམས་ཅན་ཐམས་ཅད་བཙུད་པ་ལས་དེ་མ་ཐག་ཏུ་གྲུབ་པར་འགྱུར་རོ། །ཞེས་སོ། །དབང་གིས་གྲོལ་བར་མ་ནུས་པའི་གང་ཟག་གཞན་དབང་པོ་འབྲིང་དང་ཐ་མ་ལ། དབང་གི་དོན་ཡང་དང་ཡང་དུ་བསྒོམ་དགོས་སོ། །དེས་ན་རྒྱུ་དུས་སུ་ཐོབ་པའི་དབང་བསྐུར་གྱི་རྫོགས་པ་དེ་བསྲུང་ཞིང་འཕེལ་བར་བྱེད་པ་ལ་ལམ་སྒོམ་པ་ཞེས་སུ་བཏགས་པ་ཡིན་ནོ། །དཔེར་ན་ཕ་རོལ་ཕྱིན་

པ་ལ་སེམས་བསྐྱེད་བླངས་ནས་བསྲུང་བ་མ་ཡིན་པའི་ལམ་གྱི་ཆོས་གཞན་མེད་དེ། བྱང་ཆུབ་སེམས་འགྲེལ་ལས། གཟུངས་རྣམས་དང་ནི་ས་རྣམས་དང་། །སངས་རྒྱས་ཕ་རོལ་ཕྱིན་པ་རྣམས། །དེ་དག་བྱང་ཆུབ་སེམས་ཀྱི་ཆར། །ཀུན་མཁྱེན་རྣམས་ཀྱིས་གསུངས་པ་ཡིན། །ཞེས་སོ། །དེ་བཞིན་དུ་རྡོ་རྗེ་ཐེག་པའི་སྒོར་ཞུགས་ནས་དབང་བསྐུར་གྱི་ཡན་ལག་ཏུ་མ་གཏོགས་པའི་ཉམས་སུ་བླང་བྱའི་ཆོས་གཞན་མེད་དོ། །འདི་སྐབ་གདོང་པ་དབང་བསྐུར་ལས་གཙོ་ཆེ་བའི་ཆོས་མེད་ཅེས་ཟེར། བསམ་ཡས་པ་གཙོ་ཆེར་ལམ་དུ་འགྱུར་བའི་ཆོས་ལ་དབང་བསྐུར་ལས་གཞན་པའི་ཆོས་མེད་ཅེས་གསུངས་ཤིང་། དེ་ལམ་འབྲས་ལས། རྒྱུ་དང་། ལམ་དང་། འབྲས་བུའི་དབང་ཞེས་དང་། འབྲས་བུའི་དབང་གིས་ཐམས་ཅད་མཁྱེན་ཏོ། །ཞེས་པ་ལྟར་རོ། །ཞེས་གསུངས། གོ་ཏྲི་ག་ལས་དབང་བཞི་ལས་གཞན་པའི་ཆོས་མེད་ཅེས་ཟེར་ཞིང་། འདི་ཁོ་བོ་འབའ་ཞིག་གི་སྤྱོད་ཡུལ་ལོ། །ཞེས་ཟེར། འོ་ན་རྒྱུད་སྡེ་འོག་མའི་རང་རྐང་ལ་དབང་བཞིའི་ཐ་སྙད་ཡོད་པར་ཐལ། རྒྱུད་སྡེ་འོག་མའི་རང་རྐང་གི་ཉམས་ལེན་ཐམས་ཅད། དབང་བཞི་པོ་གང་རུང་དུ་འདུས་པའི་ཕྱིར། མ་གྲུབ་ན་དེར་ཐལ། རྡོ་རྗེ་ཐེག་པའི་སྒོར་ཞུགས་པའི་ཆོས་ཡིན་པའི་ཕྱིར། གསུམ་ཆར་ཁས་བླངས་སོ། །རང་གི་ལུགས་ནི་ངེས་པའི་དོན་དུ་ན། གཞི་ལམ་འབྲས་བུའི་ཆོས་ཐམས་ཅད་གཉིས་མེད་ཡེ་ཤེས་ཀྱིས་བསྡུས་ལ། དེ་ཡང་གཞི་དུས་ཀྱི་ཡེ་ཤེས་ནི་གང་ལ་དབང་བསྐུར་བའི་གཞི་དང་། ལམ་དུས་ཀྱི་ཡེ་ཤེས་ནི་དབང་གི་ངོ་བོ་དང་། འབྲས་དུས་ཀྱི་ཡེ་ཤེས་ནི་དབང་གི་འབྲས་བུའི་ཡིན་པ་ལ་དགོངས་པ་ཡིན་ནོ། །མདོར་ན་ཕྱོགས་སྔ་མས་དབང་བསྐུར་ཆོས་སྒོ་ཙམ་ཡིན་གྱི་ཉམས་ལེན་གྱི་གཙོ་བོ་གཞན་ཞིག་ཡོད་པར་འཆད་ལ། རང་ལུགས་ལ་དབང་བསྐུར་ཉིད་ཉམས་ལེན་གྱི་གཙོ་བོར་འཆད་པ་ཡིན་གྱི། དབང་ལས་གཞན་པའི་ཆོས་མེད་པར་འཆད་པ་ནི་མ་ཡིན་ནོ། །འདི་དག་ནི་ཁོ་བོ་འབའ་ཞིག་གི་སྤྱོད་ཡུལ་ལོ། །དེས་ན་ཐུབ་པས་རྒྱུད་སྡེ་ལས། དབང་བསྐུར་ཁོན་བསྟགས་པ་ཡིན་ཏེ། དེ་བས་འབད་པ་ཐམས་ཅད་ཀྱིས། །བླ་མ་ལ་ནི་དབང་ནོད་ཞུ། །ཞེས་དང་། རྒྱལ་བ་བྱེ་བ་ཕྲག་བདུན་རྣམས་ཀྱིས། །མྱུར་དུ་དབང་ནི་བསྐུར་བར་འགྱུར་ལ། །ཞེས་དང་། རྡོ་རྗེ་རིན་ཆེན་དབང་བསྐུར་དཔལ། །ཞེས་དང་། རྡོ་རྗེ་རྩེ་མོ་ལས། གསང་བ་བཞི་ཡི་དབང་བསྐུར་ན། །རྫོགས་སངས་རྒྱས་ཀྱི་བྱང་ཆུབ་ཐོབ། །ཅེས་སོ། །མཁས་རྣམས་ཅི་ནས་དབང་བསྐུར་ལ་བརྟོག་པ་ཐམས་ཅད་ཕུལ་ནས། དབང་ཞུབ་ལ་གུས་པའི་རྒྱུ་མཚན་དེ་ལྟར་ཡིན་ནོ། །དང་ནི་ཚིག་གི་བསྡུ་བའོ། །

གཉིས་པ། དབང་བསྐུར་མུ་བཞི་དགག་པ་ནི། ཏི་བུ་པ་དང་རས་ཆུང་པ་ལ་ལ། དབང་བསྐུར་མུ་བཞི་འདོད་དེ། གང་ཞེ་ན། དབང་བསྐུར་བྱས་ཀྱང་མ་ཐོབ་པ་དང་། མ་བྱས་ཀྱང་ནི་ཐོབ་པ་དང་། བྱས་ན་ཐོབ་ལ་མ

བྱས་ན་མི་ཐོབ་པ་རྣམ་པ་བཞིར་འདོད་དོ། །དེ་ཡང་དབང་བསྐུར་རྒྱལ་པོ་ཞེས་བྱ་བའི་རྒྱུད་ལས་གསུངས་པ་ཡིན་ནོ། །ཞེས་ཟེར། དབང་བསྐུར་རྒྱལ་པོ་ནི། གནུབས་ཀྱིས་བྱས་པ་ཡིན་ནོ་ཞེས་འགོས་ཀྱི་འབུམས་ཡིག་ལས་བྱུང་ངོ་། །འདི་འདྲ་རྒྱུད་རྣམ་དག་གང་ནས་ཀྱང་བཤད་པ་མེད་ལ། བསྟན་པ་དགྲུག་པའི་སྐད་ཀར་ཟད་དོ༑ །འོན་ཀྱང་འདི་ཕ་ཅང་འཕེལ་ན་བསྟན་པ་ལ་གནོད་པས་ཅུང་ཟད་བརྟག་པར་བྱ་སྟེ། སོ་སོར་ཐར་པའི་སྡོམ་པ་དང་། བྱང་ཆུབ་སེམས་དཔའི་སེམས་བསྐྱེད་ལའང་མུ་བཞི་ཅི་ཕྱིར་མི་བརྩི་སྟེ་བརྩི་རིགས་པར་འགྱུར་ལ། དེ་བཞིན་དུ་སྒོམ་ལའང་ཅིས་མི་མཚུངས་ཏེ་མཚུངས་པས། བསྒོམས་ཀྱང་མི་སྐྱེ་བ་དང་། མ་བསྒོམས་ཀྱང་སྐྱེ་བ་དང་། ལ་སོགས་པས་བསྒོམས་ན་སྐྱེ་བ་དང་། མ་བསྒོམས་ན་མི་སྐྱེ་བ་དང་མུ་བཞིར་ཡོད་པར་འདོད་དགོས་ལ། དེ་ལྟ་ན་སྒོམ་ལ་སོགས་པ་ཡང་དོར་བར་བྱོས་ཤིག །དེས་ན་མུ་བཞི་ཀུན་ལ་ཡོད་བཞིན་དུ། གཞན་སོ་ཐར་སོགས་ལ་མི་བརྩི་བར་དབང་བསྐུར་ཉིད་ལ་བརྩི་བ་ནི་གསང་སྔགས་སྤྱོང་བའི་བདུད་ཀྱི་གསང་ཚིག་ཡིན་པར་དོགས་ཏེ། གསང་སྔགས་ཀྱི་གནད་ཟབ་མོ་ཐམས་ཅད་ལ་དབང་བསྐུར་ཡོད་པ་ལས། དེ་འདོར་བའི་ཕྱིར་རོ། །གལ་ཏེ་མུ་བཞི་ཡོད་དུ་ཆུག་ན་ཡང་། དེ་དག་སོ་སོའི་མཚན་ཉིད་འདི་ཡིན་ནོ་ཞེས་ཤེས་པར་མི་ནུས་ལ། ཅི་སྟེ་ཤེས་པར་ནུས་སོ་ཞེ་ན་ནི་དེ་དག་གི་མཚན་ཉིད་སྨྲ་དགོས་ལ། འོལ་སྤྱི་ཙམ་སྨྲས་ཀྱང་རང་བཟོ་མ་ཡིན་པ་ལུང་དང་མཐུན་པ་ཁྱེད་ལ་སྨྲ་རྒྱུ་མེད་དེ། ལུང་ལས་དེ་འདྲ་མ་བཤད་པའི་ཕྱིར། གལ་ཏེ་མུ་བཞི་བདེན་སྲིད་ན་གཞན་གསུམ་ལ་དབང་བསྐུར་མི་བྱེད་ཀྱང་། བྱས་ན་ཐོབ་པའི་གང་ཟག་ལ་དབང་བསྐུར་ཅིའི་ཕྱིར་མི་དགོས་ཞེས་འདྲི། གཞན་གསུམ་ལ་དབང་བསྐུར་མི་དགོས་པས། དེ་ལའང་དབང་བསྐུར་མི་དགོས་ན། ནད་མེད་པ་ལ་སྨན་སྦྱོང་བ་སྟེ་མི་དགོས་པས་ནད་པ་ལ་ཡང་སྦྱོང་དུ་རུང་ངམ་ཅི་ཞེས་པ་བསྙིང་ཚིག་གོ །དེས་ན་འདི་འདྲའི་ཆོས་ལོག་ཐམས་ཅད་ནི༑ བདུད་ཀྱི་བྱིན་རླབས་ཡིན་ཞེས་བྱའོ། །

གཉིས་པ། དབང་གིས་ཐོབ་པའི་དམ་ཚིག་ལ་འཁྲུལ་པ་དགག་པ་ནི། གསང་སྔགས་སྟ་འགྱུར་བ་ཁ་ཅིག །གསང་སྔགས་ཀྱི་གསང་བའི་གནད་ལ་ཡེ་ནས་གསང་བ་ཞེས་བྱ་བའི་ཐབས་ཀྱིས་ཆོད་པའི་ཕྱིར། གསང་བ་བསྒྲགས་པ་ཞེས་བྱ་བའི་ལྟུང་བ་མེད་དོ་ཞེས་ཟེར་རོ། །དེ་ཡང་གོ་བ་རྣམས་ནི་སྣོད་དང་ལྡན་པས་བསྒྲགས་ཀྱང་ཉེས་པ་མེད་ལ། མི་གོ་བ་རྣམས་ལ་ནི་སྐལ་མེད་ཡིན་པས་ཡེ་གསང་ཡིན་པའི་ཕྱིར། དེས་ན་གསང་བ་བསྒྲགས་པའི་ལྟུང་བ་གསང་སྔགས་ཕྱི་འགྱུར་བས་བཏགས་པ་ཙམ་ཡིན་ནོ། །ཞེས་ཟེར། འདི་ཡང་ཅུང་ཟད་བརྟག་པར་བྱ་སྟེ། ཡེ་གསང་ཞེས་བྱ་བའི་དོན་ཅི་ཞིག །གལ་ཏེ་གོ་བ་མེད་པ་ལ་ཟེར་ན། གོ་བའི་གང་ཟག་ལ་ཡེ་གསང་མ་ཡིན་པའི་ཕྱིར། དེ་ལ་དབང་མ་བསྐུར་བར་གསང་བ་བསྒྲགས་ན་ལྟུང་བར་འགྱུར་རོ། །གལ་ཏེ

གསང་སྔགས་དེ་དམ་པའི་ཆོས་ཡིན་པས། དམ་ཆོས་ཀྱི་བདེན་པའི་བྱིན་རླབས་ནི་སུས་ཐོས་ཀྱང་ཕན་ཡོན་ཆེ་ལ༑ དེས་ན་གསང་བསྒྲགས་ཀྱི་ཉེས་པ་མི་འབྱུང་ངོ་ཞེ་ན། ཁྱེད་ཀྱིས་དམ་ཆོས་བདེན་པར་མ་གོ་བར་ཟད་དེ། གལ་ཏེ་གོ་ན་ཆོས་ནས་འབྱུང་བ་བཞིན་གྱིས་ཤིག །ཆོས་ལ་གསང་དགོས་པ་དང་། མི་གསང་བའི་ལུགས་གཉིས་རྒྱལ་བ་རྣམས་ཀྱིས་གསུངས་ཏེ། གོང་དུ་དྲངས་པ་རྣམས་དང་། ཁྱེད་རང་འདོད་པའི་རྒྱུད་གསང་བ་སྙིང་པོ་ལས་ཀྱང་། བླ་མ་མཉེས་པར་མ་བྱས་ཤིང་། །དབང་རྣམས་བསྐུར་བར་མ་བྱས་པར། །ཉན་པ་ལ་སོགས་རྩོམ་པ་ནི། །འབྲས་བུ་མེད་ཅིང་བརླག་པར་འགྱུར། །ཞེས་གསུངས་སོ། །དེས་ན་ཡེ་གསང་ཞེས་བྱ་བ་འདི་ཡང་བསྟན་པ་ལ་གནོད་པའི་ཚིག་ཡིན་ཏེ། རྒྱུད་དང་འགལ་བའི་ཚིག་ཡིན་པའི་ཕྱིར་རོ། །

གཉིས་པ། གྲོལ་བྱེད་ཀྱི་ལམ་ལ་འཁྲུལ་པ་དགག་པ་ལ། བརྟན་པ་མ་ཐོབ་པ་ཐོབ་ཕྱིར་དུ་བསྒོམ་པའི་ལམ་ལ་འཁྲུལ་པ་དགག །བརྟན་པ་ཐོབ་ནས་བརྟུལ་ཞུགས་སྤྱོད་པའི་གནས་ལ་འཁྲུལ་པ་དགག་པའོ། །དང་པོ་ལ། མདོ་རྒྱུད་ལ་གཅེས་སྤྲས་སུ་མི་བྱེད་པ་རང་བཟོ་མཁན་གྱི་ལུགས་དགག །མདོ་རྒྱུད་ལ་ནན་ཏན་བྱེད་པར་འདོད་པ་དག་གི་ལག་ལེན་ལ་འཁྲུལ་པ་དགག་པའོ། །དང་པོ་ལ། ཕྱོགས་རེའི་སྟོབས་ཀྱིས་གྲོལ་བར་འདོད་པའི་ལུགས་དགག །སྡོམ་པ་གསུམ་མ་བླངས་ཀྱང་དེའི་བསླབ་བྱ་བསླབས་པས་འཚང་རྒྱ་བར་འདོད་པའི་ལུགས་དགག་པའོ། །དང་པོ་ལ། འདོད་པ་བརྗོད་པ་དང་། སུན་དབྱུང་བའོ། །དང་པོ་ལ། ཐབས་ལམ་མཐའ་གཅིག་ཏུ་ངེས་པ་མེད་པའི་དམ་བཅའ་མདོར་བསྟན་པ། དེའི་དཔེར་བརྗོད་རྒྱས་པར་བཤད་པའོ། །དང་པོ་ནི། རྫོགས་ཆེན་པ་དང་། ཨ་མ་ན་སི་བ་ཁ་ཅིག་ན་རེ། ལམ་ལ་འཁྲུལ་མ་འཁྲུལ་གྱི་དབྱེ་བ་མེད་ཅིང་། གྲོལ་བའི་ཐབས་ལ་ཡང་མཐའ་གཅིག་ཏུ་ངེས་པ་མེད་དོ། །གཉིས་པ་ནི། དེའི་ཤེས་བྱེད་ལྷ་བ་རྟོགས་པ་ཁོ་ནས་འཕགས་པ་ཀླུ་སྒྲུབ་གྲོལ་ཞིང་། སློབ་དཔོན་པདྨ་འབྱུང་གནས་བསྐྱེད་རིམ་གྱིས་གྲོལ། སློབ་དཔོན་ལོ་ཧི་པ་ལོ་མའི་སྐྱིལ་བུར་ཉའི་རྒྱུ་ལྟོ་གསོལ་བའི་དཀའ་ཐུབ་སྤྱད་པས་གྲོལ་ལ། ནག་པོ་པ་སྤྱོད་པ་ཙུང་ཟད་སྤྱོད་མ་རན་པར་སྤྱད་པའི་སྟོབས་ཀྱིས་གྲོལ་བ་དང་། རླུང་བསྒོམས་པའི་སྟོབས་ཀྱིས་གོ་རཀྵ། བ་ལང་སྲུང་བ་ཞེས་པའི་གྲུབ་ཐོབ་གྲོལ་བ་དང་། གཏུམ་མོ་བསྒོམས་པའི་སྟོབས་ཀྱིས་ཤ་ཝ་རི་དབང་ཕྱུག་གྲོལ་བ་དང་། ཕྱག་རྒྱ་ཆེན་པོ་བསྒོམས་པས་བྲམ་ཟེ་ཆེན་པོ་ས་ར་ཧ་གྲོལ་བ་དང་། ལྷ་དང་བླ་མའི་བྱིན་རླབས་ཀྱི་སྟོབས་ཀྱིས་སློབ་དཔོན་ཏོག་རྩེ་པ་གྲོལ་བ་དང་། ན་ལེནྡྲ་ཟ་བ་དང་། ཉལ་བ་དང་། ཆག་པ་དང་གསུམ་གྱིས་ཞི་བ་ལྷ་གྲོལ་བ་དང་། རྒྱལ་པོ་ཨིནྡྲ་བྷཱུ་ཏི་བཙུན་མོའི་ཚོགས་དང་ལྷན་ཅིག་འདོད་ཡོན་བསྟེན་པས་གྲོལ་བ་དང་། རྟེན་འབྲེལ་གནས་ལྔ་པོ་ཐམས་ཅད་ཚོགས་པ་ལས། རྣལ་འབྱོར་དབང་ཕྱུག་བིརྺ་པ་ལ་གྲུབ་པ་ཐོབ་བྱུང་བའི་ཕྱིར་རོ། །དེས་ན་

དེ་འདྲའི་ཐབས་ལམ་སྣ་ཚོགས་ལ་འཁྲུལ་པ་ཡིན་ཞེས་སྐུར་པ་བཏབ་ཏུ་མི་རུང་། ཞེས་ཟེར་རོ། །

གཉིས་པ། དེ་དགག་པ་ལ། རེ་རེས་གྲོལ་བར་འདོད་པའི་དཔེ་སོ་སོ་བ་དགག །ཐབས་ལམ་མཐའ་གཅིག་ཏུ་མ་ངེས་པའི་དོན་སོ་སོ་བ་དགག་པའོ། །དང་པོ་ལ། ཐབས་ཕྱོགས་རེ་བས་གྲོལ་བར་འདོད་པའི་གྲུབ་ཐོབ་དེ་དག་ལ་རིམ་གཉིས་ལས་གཞན་པའི་གྲོལ་བྱེད་མེད་པས་མདོར་བསྟན། ཕྱོགས་རེ་བ་དེ་དག་རིམ་གཉིས་ཀྱི་ཡན་ལག་མ་ཡིན་པ་དགག་པས་རྒྱས་པར་བཤད། ཡེ་ཤེས་སྐྱེ་བའི་སྣ་འདྲེན་ཐབས་ཀྱི་དབྱེ་བས་བྱེད་པར་བསྟན་པས་གཞན་གྱི་འདོད་པ་སུན་དབྱུང་། དེས་ན་དབང་དང་རིམ་གཉིས་ལ་འབད་དགོས་པར་བསྟན་པས་མཇུག་བསྡུ་བའོ། །དང་པོ་ནི། དོན་འདི་ཡང་ལེགས་པར་བཤད་ཀྱིས་ཉོན་ཞིག །གྲུབ་ཐོབ་ཐམས་ཅད་ཀྱང་ལྟ་བ་རྐྱང་པ་སོགས་ཕྱོགས་རེའི་ཐབས་ཀྱིས་གྲོལ་བ་མ་ཡིན་ཏེ། ཐབས་ཤེས་གཉིས་ཟུང་དུ་འཇུག་པ་མ་ཡིན་པའི་སངས་རྒྱས་སྒྲུབ་པའི་ཐབས་གཞན་མེད་པའི་ཕྱིར། འོ་ན་གང་གིས་གྲོལ་ཞེ་ན། དབང་དང་རིམ་པ་གཉིས་ལས་བྱུང་བའི་ཡེ་ཤེས་ཕྱག་རྒྱ་ཆེན་པོ་སྐྱེས་པས་གྲོལ་བ་ཡིན་ཏེ། ཡང་དག་ཉིད་ལ་ཡང་དག་ལྟ། །ཡང་དག་མཐོང་ན་རྣམ་པར་གྲོལ། །ཞེས་གསུངས་པ་ལྟར་རོ། །ལྟ་བ་དང་ནི་བསྐྱེད་རིམ་པ་དང་གཏུམ་མོ་དང་ནི་བྱིན་རླབས་དང་སོགས་པས་སྦྱོང་པ་དང་། དཀའ་ཐུབ་སོགས་དེ་དག་རྐྱང་པས་གྲོལ་བ་མ་ཡིན་ཏེ། དབང་སྔོན་དུ་མ་སོང་བར་སྔགས་ཀྱི་ལྟ་བ་དང་གཏུམ་མོ་སོགས་བསྒོམ་དུ་མི་རུང་བའི་ཕྱིར།

གཉིས་པ། ཕྱོགས་རེ་བར་འདོད་པ་དེ་དག་རིམ་གཉིས་ཀྱི་ཡན་ལག་མ་ཡིན་པ་དགག་པས་རྒྱས་པར་བཤད་པ་ནི། དབང་བསྐུར་བའི་བྱིན་རླབས་དང་རིམ་གཉིས་སྒོམ་པའི་རྟེན་འབྲེལ་གྱིས། འཇིག་རྟེན་ལས་འདས་པའི་ཡེ་ཤེས་རྟོགས་པས་ཏེ་ཐོབ་ནས་གྲོལ་བ་ཡིན་ཏེ། བསྐྱེད་རིམ་དང་རླུང་དང་གཏུམ་མོ་དང་བདེ་བ་བསྒོམ་པ་སོགས་རིམ་པ་གཉིས་ལས་ཐ་དད་པ་མ་ཡིན་པའི་ཕྱིར་ཏེ། རླུང་ལ་སོགས་པ་རྫོགས་རིམ་གྱི་ཡན་ལག་ཡིན་པའི་ཕྱིར། བྱིན་རླབས་ནི་དབང་དང་རིམ་གཉིས་དེ་ལས་བྱུང་བའི་ཕྱིར་དང་། ལྟ་བ་ནི་རིམ་པ་གཉིས་པོ་དེ་སངས་རྒྱས་ཀྱི་ལམ་དུ་བྱེད་པའི་ཡན་ལག་ཡིན་ཏེ། དེས་མ་ཟིན་ན་འཚང་རྒྱ་བའི་ལམ་དུ་མི་འགྱུར་བའི་ཕྱིར། ཕྱག་རྒྱ་ཆེན་པོ་དབང་དང་རིམ་གཉིས་དེའི་ཡེ་ཤེས་ཏེ་རྟོགས་པ་ཡིན་གྱི། དེང་སང་དབང་མ་ཐོབ་པར་སེམས་མ་བཅོས་ལྷུག་པར་བཞག་པ་ཙམ་གྱིས་ཕྱག་ཆེན་ངོ་སྤྲོད་པ་ནི་མདོ་རྒྱུད་དང་མི་མཐུན་ནོ། །རིམ་གཉིས་དེའི་བོགས་འདོན་ལ་སྤྱོད་པ་ཞེས་བྱ་ལ། སྤྲོས་བཅས་ཀྱི་སྤྱོད་པ་ནི་ཨིནྡྲ་བྷུ་ཏིས་མཛད་པ་ཡིན་ཏེ། མཆོག་གི་དངོས་གྲུབ་བརྙེས་ནས། དེས་འདུལ་བའི་སེམས་ཅན་གྱི་དོན་གྱི་ཕྱིར་ཕོ་བྲང་གཞལ་མེད་ཁང་དང་། རྒྱལ་པོ་རང་རྡོ་རྗེ་འཆང་དང་། རྒྱལ་བློན་རྣམས་རིགས་བཞི་དང་། བཙུན་མོ་རྣམས་ཡུམ་བཞི་དང་། བྲན་རྣམས་སེམས

དཔའ་སེམས་མ་དང་། ཞབས་འབྲིང་བ་རྣམས་ཁྲོ་བོ་ཁྲོ་མོ་དང་། མཆོད་པའི་ལྷ་མོ་སོགས་སུ་བྱས་ནས། འདོད་ཡོན་ལ་ཞེན་མེད་དུ་ལོངས་སྤྱད་པས། སེམས་ཅན་དཔག་ཏུ་མེད་པ་སྨིན་པར་མཛད་དོ། །འདི་ནི་ཕྱི་རོལ་དུ་འཁོར་དང་ལོངས་སྤྱོད་རྒྱ་ཆེན་པོ་ལ་སྤྱོད་པས། སྤྲོས་བཅས་སུ་བཞག་ཀྱང་། ནང་རྣམ་རྟོག་གི་མཚན་མ་མེད་པས་ཤིན་དུ་སྤྲོས་མེད་དོ། །ཞེས་གསུངས། རིམ་གཉིས་དེའི་སྤྲོས་མེད་ཀྱི་སྤྱོད་པ་ཕྱི་རོལ་དུ་ཟ་ཉལ་འཆག་གསུམ་གྱིས་དུས་འདའ་བར་བྱེད་པ་ལ། བྷུ་སུ་ཀུ་སྟེ། བོད་སྐད་དུ། འདུ་ཤེས་གསུམ་པ་དང་། གཟུང་འཛིན་གྱི་སྤྱོད་པ་ཀུན་དོར་ཞིང་། གསང་སྟེ་སྤྱོད་པས་ཀུན་འདར་གསང་སྤྱོད་ཅེས་སངས་རྒྱས་ཀྱིས་གསུངས་ཏེ། སཾ་བུ་ཊི་ལས། གང་ཞིག་འགྲོ་ལ་ཕན་དོན་དུ། །ཀུན་སྤངས་ཀྱི་ནི་སྤྱོད་པ་གསུངས། །ཞེས་དང་། ཟླ་བ་གཅིག་ཏུ་གསང་སྟེ་སྤྱོད། །ཅེས་གསུངས་སོ། །དེའི་ཤིན་དུ་སྤྲོས་མེད་ལ་གསུམ་ལས། ཀུན་འདར་འཇིག་རྟེན་པའི་མངོན་སུམ་དུ་སྤྱོད་པ་ནི་རིགས་དང་ཡུལ་ལ་སོགས་པ་གསང་སྟེ། སྨོན་པར་བརྫུས་ཏེ་སྤྱོད་པས། སྨོན་པ་བརྟུལ་ཞུགས་ཀྱི་སྤྱོད་པ་ཞེས་བྱ་སྟེ། སཾ་བུ་ཊི་ལས། བཟའ་དང་བཟའ་མིན་ཇི་སྙེད་པ། །སྨོན་པའི་སྤྱོད་པས་བཟའ་བར་བྱ། །ཞེས་སོ། །དེ་ཉིད་གསང་སྤྱོད་ཀྱང་ཡིན་ཏེ། །ཤིན་ཏུ་གསང་བའི་ཡོ་གིས་བསྒོམ། །ཞེས་སོ། །གཉིས་པ་ནི། རང་གི་རིམ་པ་གཉིས་ཀྱི་རྟོགས་པ་བརྟན་པར་བྱ་བའི་ཕྱིར་དང་། སེམས་ཅན་ཡོངས་སུ་སྨིན་པར་བྱ་བའི་ཕྱིར། གྲུབ་ཐོབ་རྣལ་འབྱོར་གྱི་དབང་ཕྱུག་རྣམས་ཀྱིས། གཏུམ་གྱེན་ལ་སློག་པ་དང་། ཉི་མ་སྟེང་པར་བཟུང་བ་ལ་སོགས་པ་རྣམ་པ་སྣ་ཚོགས་མཛད་པ་ནི། ཀུན་ཏུ་བཟང་པོའི་སྤྱོད་པར་བཤད་དེ། ཐམས་ཅད་དུ་བཟང་ལ་དངོས་གྲུབ་ཀུན་འདི་ལས་འབྱུང་བའི་ཕྱིར། མི་མཐུན་པའི་ཕྱོགས་ཐམས་ཅད་ལས་རྣམ་པར་རྒྱལ་བས་ཕྱོགས་ལས་རྣམ་པར་རྒྱལ་བའི་སྤྱོད་པ་དང་། ཆོས་ཀྱི་རྒྱལ་པོའི་རྒྱལ་ཚབ་ལ་གནས་ནས། སེམས་ཅན་དཔག་ཏུ་མེད་པའི་དོན་བྱེད་པས་རྒྱལ་ཚབ་ཆེན་པོའི་བརྟུལ་ཞུགས་ཀྱི་སྤྱོད་པ་ཞེས་བྱ་སྟེ། ཀུན་བཟང་མཚུངས་པ་མེད་གྲུབ་པས། །ཞེས་དང་། འདི་ནི་སྒོམ་པ་ཐམས་ཅད་ཀྱི། །ཕྱོགས་ལས་རྣམ་རྒྱལ་སྤྱོད་པར་བཤད། །ཅེས་དང་། ཡང་ན་དཔལ་ལྡན་རྒྱལ་ཚབ་ཆེ། །བརྟུལ་ཞུགས་སྤྱོད་པ་བསྒྲགས་པ་ཡང་། །ཞེས་སོ། །གསུམ་པ་ནི། སྔར་བཤད་པའི་སྤྲོས་བཅས་ཀྱི་སྤྱོད་པ་དེ་ཉིད་དོ། །

གསུམ་པ། ཡེ་ཤེས་སྐྱེ་བའི་སྣ་འདྲེན་ཐབས་ཀྱི་དབྱེ་བས་བྱེད་པར་བསྟན་པས་གཞན་གྱི་དོགས་པ་སྤང་དབྱུང་བ་ནི། དེས་ན་རྒྱུ་དང་རྐྱེན་མ་ཚོགས་པར་སངས་རྒྱས་ཀྱི་འབྲས་བུ་མི་འབྱུང་མོད། འོན་ཀྱང་སྐྱེ་བ་ཐ་མའི་ལས་འཕྲོའི་བྱེ་བྲག་དང་། ནང་གི་རླུང་སེམས་དང་། བག་ཆགས་ཀྱི་རྟེན་འབྲེལ་གྱི་ཁྱད་པར་གྱིས། འཕགས་པའི་ཡེ་ཤེས་སྐྱེ་བའི་སྣ་འདྲེན་ནམ་རྐྱེན་ཙམ་ནི་ཆོས་ཉན་པ་དང་བསྒྱིད་རིམ་ལ་སོགས་པ་ཐབས་ཀྱི་དབྱེ་བས

བྱེད་པར་གསུངས་སོ། །དེ་སྐད་དུ་ཡང་ཀྱཻ་རྡོ་རྗེ་ལས། སྐྱེ་བོ་མི་བཟད་པ་ཡི་ལས། །གང་དང་གང་གིས་འཆིང་འགྱུར་བ། །ཐབས་དང་བཅས་ན་དེ་ཉིད་ཀྱིས། །སྲིད་པའི་འཆིང་བ་ལས་གྲོལ་འགྱུར། །ཞེས་གསུངས་སོ། །དཔེར་ན་ནད་པའི་ལུས་བརྟས་པ་སྟེ་རྒྱས་པ། བཟའ་བ་དང་བཏུང་བས་བྱེད་མོད་ཀྱི། དེའི་ཡི་གའམ་དང་ག་འབྱེད་པ་ནི༑ སེ་འབྲུ་དང་། ཞོ་ལ་སོགས་པ་ཟས་ཀྱི་ཁྱད་པར་འགའ་ཞིག་ཡིན་པ་བཞིན་ནོ། །དེའི་ཕྱིར་དབང་དང་རིམ་གཉིས་ལ་སོགས་པ་ཐབས་ཀྱི་ཁྱད་པར་རྣམས་མི་དགོས་སོ་ཞེས་སྨྲ་བ་འདེབས་ན་བླུན་པོ་ཡིན་ལ། འོན་ཀྱང་སེམས་ངོ་སྤྲོད་པ་ལྷ་བུ་རེ་རེས་འཚང་རྒྱ་བར་འདོད་ན་ཤིན་ཏུ་འཁྲུལ་བར་བཤད་དོ། །བཞི་པ། དེས་ན་དབང་དང་རིམ་གཉིས་ལ་འབད་དགོས་པར་བསྟན་པས་མཇུག་བསྡུ་བ་ནི། སྔགས་ཀྱི་སྒྲུབ་པ་པོ་ཆོས་ཅན། སྨིན་བྱེད་ཀྱི་དབང་དང་ནི། གྲོལ་བྱེད་ཀྱི་ལམ་རིམ་པ་གཉིས་ལ་འབད་པ་གྱིསཤིག་སྟེ། བྱ་དགོས་ཏེ། ཁྱོད་ཀྱིས་གྲོལ་བ་ཐོབ་པ་དེ་གཉིས་ལ་ངེས་པར་རག་ལས་པས་སོ། །

གཉིས་པ། ཐབས་ལམ་མཐའ་གཅིག་མ་ངེས་པའི་དོན་སོ་སོ་བ་དགག་པ་ལ། དཔེའི་སྒོ་ནས་མདོར་བསྟན། དོན་གྱི་སྒོ་ནས་རྒྱས་པར་བཤད་པའོ། །དང་པོ་ནི། ཕ་རོལ་ཕྱིན་པ་དང་། སྔགས་ཀྱི་ཐེག་པའི་ལམ་གཉིས་ལ་མྱུར་བུལ་གྱི་ཁྱད་པར་ཡོད་དེ། དཔེར་ན་སོ་ནམ་ཚུལ་བཞིན་བྱས་པའི་ལོ་ཐོག་རིམ་གྱིས་སྨིན་པ་ལྟར། ཕ་རོལ་ཕྱིན་པའི་ལམ་དུ་ཞུགས་ན། བསྐལ་པ་གྲངས་མེད་གསུམ་གྱིས་རྫོགས་པའི་སངས་རྒྱས་ཐོབ་ཅིང་། སྔགས་ཀྱིས་བཏབ་པའི་ས་བོན་ནི་ཉི་མ་གཅིག་ལ་ལོ་ཐོག་སྨིན་ནུས་ལ། རྡོ་རྗེ་ཐེག་པའི་དབང་དང་རིམ་པ་གཉིས་ཀྱི་ཐབས་ཤེས་ན་བརྩོན་གྲུས་ཅན་གྱིས་ཚེ་འདི་ཉིད་ལ་སངས་རྒྱས་འགྲུབ་ནུས་པའི་ཕྱིར་རོ། །

གཉིས་པ། དོན་གྱི་སྒོ་ནས་རྒྱས་པར་བཤད་པ་ལ། ཕར་ཕྱིན་ཐེག་པའི་གཞུང་བཞིན་བསྒྲུབ་པ་ལ་ཐབས་ཤེས་ཟུང་འབྲེལ་དུ་དགོས་པར་བསྟན། སྔགས་ཀྱི་ཐེག་པའི་གཞུང་བཞིན་བསྒྲུབ་པ་ལ་དབང་དང་རིམ་གཉིས་ཟུང་འབྲེལ་དགོས་པར་བསྟན། དེ་གཉིས་ལས་གཞན་པའི་ཐེག་ཆེན་མེད་པར་བསྟན། ད་ལྟའི་ཆོས་པ་ཕལ་ཆེ་བ་ཐེག་པ་ཆེ་ཆུང་གང་དུ་ཡང་མ་གཏོགས་པར་བསྟན་པའོ། །དང་པོ་ནི། སྟོང་ཉིད་སྙིང་རྗེའི་སྙིང་པོ་ཅན་དང་། སོགས་པས་ཕ་རོལ་ཏུ་ཕྱིན་པ་དྲུག་ཅམ་བསྒོམས་པས་སངས་རྒྱས་འགྲུབ་པ་ཕ་རོལ་ཏུ་ཕྱིན་པ་རང་རྐང་གི་གཞུང་ལུགས་ཡིན་ལ་དེ་ཡིས་ཇི་ལྟར་མྱུར་བས་ཏེ། བརྩོན་འགྲུས་ཆེ་ན་ཡང་བསྐལ་པ་གྲངས་མེད་པ་གསུམ་དུ་མགོ་དང་རྐང་ལག་གཏོང་བ་ལ་སོགས་པའི་དཀའ་སྤྱད་དགོས་སོ། །དེ་ཡང་བསྐལ་པ་ཆེན་པོའི་ཚད་ནི། འཇིག་པའི་བསྐལ་པ་ལ་བར་བསྐལ་ཉི་ཤུ། འཆགས་པ་ལ་བར་བསྐལ་ཉི་ཤུ་དང་། གནས་པ་ལ་བར་བསྐལ་ཉི་ཤུ༑ ཞིག་ནས་སྟོངས་པའི་གནས་སྐབས་བར་བསྐལ་ཉི་ཤུ་སྟེ། བརྒྱད་ཅུ་ལ་བསྐལ་པ་ཆེན་པོ་ཞེས་བྱའོ། །གྲངས་

མེད་ཅེས་པ་གྲངས་གཏན་མེད་ལ་བྱ་བ་མ་ཡིན་གྱི། གྲངས་ཀྱི་གནས་གཞན་དྲུག་ཅུར་ཕྱིན་པ་ལ་བྱ་བ་ཡིན་ལ། དྲུག་ཅུ་པོ་དེ་གང་ཡིན་ཞེ་ན། གཅིག་བཅུ་བརྒྱ་སྟོང་ཁྲི་འབུམ་དང་། །ས་ཡ་བྱེ་བ་དུང་ཕྱུར་རྣམས། །རྒྱང་པའི་གྲངས་སུ་ཤེས་པར་བྱ། །ཐེར་འབུམ་ཁྲག་ཁྲིག་རབ་བཀྲམ་དང་། གཏམ་དཀྲིགས་མི་འཁྲུགས་ཁྱད་ཕྱིན་དང་། །སྤྱང་སྙིང་དེད་འདྲེན་མཐའ་སྣང་དང་། །རྒྱུ་རིག་དབང་པོ་འོད་མཛེས་དང་། །ལེགས་བྱིན་སྤོབས་འགྲོ་བྱིང་ཏུལ་དང་། །རྒྱུ་རྟགས་སྤོབས་འཕོར་རྟ་ཤེས་དང་། །རྣམ་འབྱུང་སྟོབས་མིག་ཡལ་ཡལ་དང་། །བགྲང་ཡས་ཐུག་ཡས་ཤང་ཤང་དང་། །རྒྱང་པ་ཉིས་རྒྱ་ལྔ་ལ། །ཕྲུག་པ་སྦྱར་བས་ལྔ་བཅུར་འགྱུར། །ཐམ་གྲངས་མེད་རྒྱང་པ་ཡིན། །ཞེས་སོ། །འདིར་མཛོད་འགྲེལ་ལས། བར་ནས་བརྒྱད་ནི་མ་རྙེད་དོ། །ཞེས་བཤད། ཡལ་ཡལ་ལ་སོགས་པ་བརྒྱད་ནི་པཎ་ཆེན་ཤཱཀྱ་ཤྲཱིས། ལུང་གསིལ་བུ་ལས་རྙེད་དོ་ཞེས་འཆད་ཅིང་། སྔ་མ་རྣམས་ནི་ཚད་མེད་བཞི་སོགས་ཅི་རིགས་པ་ལ་སྦྱོར་བར་སྣང་ངོ་། །བརྒྱད་སྟོང་འགྲེལ་ཆེན་ལས། གྲངས་མེད་སུམ་ཅུ་རྩ་གསུམ་དུ་འཆད་པ་སློབ་དཔོན་དབྱིག་གཉེན་གྱི་དགོངས་པར་འཆད་དོ། །ཕ་རོལ་ཏུ་ཕྱིན་པའི་ཐེག་པ་འདི་ནི། དུས་གསུམ་གྱི་རྫོགས་པའི་སངས་རྒྱས་ཐམས་ཅད་ཀྱི་ལམ་པོ་ཆེ་རྩོད་པ་ཀུན་ལས་གྲོལ་བའི་ཆོས་ཡིན་པས། མཁས་པ་རྣམས་ཀྱིས་གུས་པས་བསྟེན་པར་རིགས་སོ། །གལ་ཏེ་འདིའི་ལུང་བཞིན་སྒྲུབ་འདོད་ན། རྡོ་རྗེ་ཕག་མོའི་བྱིན་རླབས་བཤད་པ་མེད་ཅིང་། ལྷན་སྐྱེས་དང་། ལྔ་ལྷ་མ་དང་། ལྷ་བཅུ་གསུམ་མ་དང་། ལྷ་སོ་བདུན་མ་སོགས་ཕར་ཕྱིན་རང་རྐང་གི་ལུགས་འདིར་མི་བསྒོམ། གཏུམ་མོ་དང་ལ་སོགས་པ་འཁྲུལ་འཁོར་སོགས་ཀྱི་ཐབས་ལམ་བསྒོམ་པ་དང་བྲལ་ཞིང་། ཕྱག་རྒྱ་ཆེན་པོ་བསྒོམ་པའི་ཐ་སྙད་མེད་ལ། ཚེ་འདི་དང་ནི་བར་དོ་དང་། ཕྱི་མར་འཚང་རྒྱ་བར་ཕར་ཕྱིན་པ་ཁོང་མི་བཞེད་དོ། །འོན་ཀྱང་ཐེག་པ་ཆེན་པོ་ཡི་སྡེ་སྣོད་རྣམས་ལས་འབྱུང་བ་བཞིན་དུ། སྨོན་འཇུག་བྱང་ཆུབ་མཆོག་ཏུ་སེམས་བསྐྱེད་ལ། །བསྐལ་པ་གྲངས་མེད་གསུམ་དུ་ཚོགས་གཉིས་གསོག །བསྡུ་བའི་དངོས་པོ་བཞིས་སེམས་ཅན་ཡོངས་སུ་སྨིན་པ་དང་། ཞིང་དག་པའི་སྦྱོར་བ་སྒོམ་པས་སངས་རྒྱས་ཀྱི་ཞིང་རྣམས་ལེགས་པར་སྦྱོངས་ཤིག །དེ་ལྟར་བྱས་ན་ས་བཅུ་རྒྱུན་གྱི་ཐ་མར་བདུད་ཅེས་བྱ་བ། སེམས་ཀྱི་དྲི་མ་མ་ལུས་པ་བཅོམ་ནས་རྫོགས་པའི་སངས་རྒྱས་ཐོབ་པར་གསུངས་སོ། །འདིར་རྣམ་བཤད་མཛད་པ། བསམ་ཡས་པ། སྒྲ་གདོང་པ། ཀུ་མ་ར་གསུམ་ཀས་བདུད་ཅེས་པ་བདུད་བཞི་ལ་ངོས་བཟུང་ནས། བྱང་ཆུབ་ཤིང་དྲུང་དུ་སྲོད་ལ་ལྷའི་བུའི་བདུད་བཅོམ་པ་དང་། ལ་ལས་ཐོ་རངས་ཉོན་མོངས་པའི་བདུད་བཅོམ་པའི་རྣམ་གཞག་བྱས་མོད་འཐད་པ་ནི་མ་ཡིན་ཏེ། དེ་ལྟར་འཆད་པ་ནི། ས་བཅུ་དང་། སྐུ་གསུམ་གྱི་རྣམ་གཞག་ཁས་མི་ལེན་པ། ཉན་ཐོས་སྡེ་པའི་གྲུབ་པའི་མཐའ་ཡིན་པའི་ཕྱིར། ལུགས་འདིར་བྱང་ཆུབ་ཀྱི་ཤིང་དྲུང་དུ་འཚང་རྒྱ་བའི་རྣམ་གཞག

ཁས་མི་ལེན་པའི་ཕྱིར། དེས་ན་བདུད་དེ་གནས་ངན་ལེན་གྱི་དྲི་མ་ལ་བྱ་བ་ཡིན་ཏེ། བདུད་ཅེས་བྱ་བ་ནི་སེམས་ཅན་རྣམས་ཀྱི་སེམས་ཀྱི་བག་ཆགས་ཀྱི་དྲི་མའོ། །སངས་རྒྱས་ཉིད་ཅེས་བྱ་བ་ནི་འཁོར་བའི་བག་ཆགས་དང་བྲལ་བའི་སེམས་སོ། །ཞེས་གསུངས་སོ། །

གཉིས་པ། སྔགས་བཞིན་བསྒྲུབ་ན་དབང་དང་རིམ་གཉིས་ཟུང་དུ་འབྲེལ་དགོས་པར་བསྟན་པ་ནི། ཕ་རོལ་ཏུ་ཕྱིན་པའི་གཞུང་བཞིན་དུ་གྲངས་མེད་གསུམ་གྱི་དཀའ་སྤྱད་མི་ནུས་པར། གལ་ཏེ་གསང་སྔགས་བསྒོམ་འདོད་ན། ཚ་ག་ནོར་པ་མེད་པའི་དབང་བཞི་ལོངས་ལ། གདམས་ངག་གི་གནད་འཁྲུལ་པ་མེད་པའི་རིམ་གཉིས་བསྒོམས་ནས། དེ་ལས་བྱུང་བའི་ཡེ་ཤེས་ནི་ཕྱག་རྒྱ་ཆེན་པོ་བསྒོམ་པར་བྱ་ཞིང་། དེ་ནས་འཁོར་འདས་བསྲེ་བའི་ཕྱིར་ཏེ་མཉམ་པ་ཉིད་དུ་རྟོགས་པའི་ཕྱིར། རྣམ་རྟོག་གི་དྲི་མས་རྣམ་པར་དག་པའི་སྤྱོད་པ་རྒྱུད་སྡེ་ནས་གསུངས་པ་བཞིན་སྤྱོད་ཅིག །དེས་ནི་ནང་རྟེན་འབྲེལ་གྱི་ས་ཕྱེད་དང་བཅུ་གསུམ་དང་། ལམ་བཞི་པོ་ཀུན་བགྲོད་ནས། རྡོ་རྗེ་འཛིན་པའི་ས་དགེ་བ་ཀུན་གྱི་མཐར་ཐུག་པ་བཅུ་གསུམ་པའི་ཕྱེད་ཕྱི་མ་ནི་ཐོབ་པར་འགྱུར་རོ༔ །འདི་ནི་དུས་གསུམ་སངས་རྒྱས་ཀྱི་དམ་པའི་ཆོས་ཐམས་ཅད་ཀྱི་སྙིང་པོ་ཡིན་ཞིང་། རྒྱུད་སྡེ་རྣམས་ཀྱི་གསང་ཚིག་གི་མཆོག་འདི་ཉིད་ཡིན་པར་ཤེས་པར་བྱའོ། །འདིར་རྡོ་རྗེ་ཐེག་པའི་སའི་རྣམ་གཞག །བརྟག་པ་གཉིས་པ་ལས། གནས་དང་ཉེ་བའི་གནས་དང་ནི། །ཞིང་དང་ཉེ་བའི་ཞིང་ཉིད་དང་། །ཚན་དྷོ་ཉེ་བའི་ཚན་དྷོ་དང་། །དེ་བཞིན་འདུ་བ་ཉེ་འདུ་བ། །འཐུང་གཅོད་ཉེ་བའི་འཐུང་གཅོད་ཉིད། །དུར་ཁྲོད་ཉེ་བའི་དུར་ཁྲོད་ཉིད། །འདི་རྣམས་ས་ནི་བཅུ་གཉིས་ཏེ། །ས་བཅུའི་དབང་ཕྱུག་མགོན་པོ་ཉིད། །ཅེས་གསུངས་ལ། བདེ་མཆོག་རྩ་རྒྱུད་དང་། སཾ་པུ་ཊི་ར། གནས་ནི་རབ་ཏུ་དགའ་བའི་ས། །དེ་བཞིན་ཉེ་གནས་དྲི་མ་མེད། །ཞིང་ནི་འོད་བྱེད་ཤེས་པར་བྱ། །ཉེ་བའི་ཞིང་ནི་འོད་འཕྲོ་ཅན། །ཚན་དྷོ་མངོན་དུ་གྱུར་པ་སྟེ། །ཉེ་བའི་ཚན་དྷོ་སྦྱང་དཀའ་བ། །འདུ་བ་རིང་དུ་སོང་བ་སྟེ། །ཉེ་བའི་འདུ་བ་མི་གཡོ་བ། །དུར་ཁྲོད་ལེགས་པའི་བློ་གྲོས་ཏེ། །ཉེ་བའི་དུར་ཁྲོད་ཆོས་ཀྱི་སྤྲིན། །ཕ་རོལ་ཕྱིན་བཅུའི་ས་རྣམས་ལ། །རྣལ་འབྱོར་མ་ཡི་གླུ་གླེའི་སྐད། །ཅེས་འཐུང་གཅོད་དང་ཉེ་བའི་འཐུང་གཅོད་གཉིས་མ་གཏོགས་ལྷག་མ་བཅུ་དང་། ཕ་རོལ་ཏུ་ཕྱིན་པའི་ས་བཅུ་སྦྱར་ཞིང་འགྲེལ་པ་ཀུ་མུ་ཏི་ར། རྒྱུད་རྒྱས་པའི་ལུང་དྲངས་པ་ནི། འཐུང་གཅོད་དཔེ་མེད་ཡེ་ཤེས་ཏེ། །ཉེ་བའི་འཐུང་གཅོད་ཡེ་ཤེས་ཆེ། །ཞེས་པས། སྔགས་ཀྱི་བཅུ་གཅིག་པ་ལ། དཔེ་མེད་པའི་ས་དང་། བཅུ་གཉིས་པ་ལ་ཡེ་ཤེས་ཆེན་པོའི་ས་ཞེས་འབྱུང་ཞིང་། རྒྱུད་གཞན་ནས། རྡོ་རྗེའི་ས་ནི་བཅུ་གསུམ་པ། །ཞེས་བཤད་དོ། །འོ་ན་སྔགས་ཀྱི་ཉེ་ལམ་ལ་མ་ལྟོས་པར་ཕར་ཕྱིན་ཐེག་པ་རྐྱང་པས་སངས་རྒྱས་ཐོབ་པ་ཡོད་དམ་མེད། མེད་ན་གཞུང་འདིའི་དངོས་བསྟན་དང་

འགལ། ཡོད་ན་བདག་མེད་མའི་བསྟོད་འགྲེལ་ལས། རྒྱུ་ལ་ཁྱད་པར་ཡོད་ན། འབྲས་བུ་ལ་ཁྱད་པར་འབྱུང་སྟེ། ཀོ་ཊ་བ་དང་ས་ལུ་བཞིན་ནོ། །ཞེས་ཚུལ་གཉིས་ཀྱིས་སངས་རྒྱས་ལ་བཟང་ངན་གྱི་ཁྱད་པར་ཡོད་པར་བཤད་ལ༑ དེའི་ཚེ་ཕར་ཕྱིན་ཐེག་པའི་སངས་རྒྱས་དེ་ལས་སྤྱངས་རྟོགས་ལྷག་པ་ཡོད་པར་འཆད་དགོས་པས། དེ་སངས་རྒྱས་གོ་ཆོད་པོ་མ་ཡིན་པས་སོ་ཞེ་ན། འདི་ལ་སྔ་གདོང་པའི་ཊཱི་ཀར། བདག་མེད་མའི་བསྟོད་འགྲེལ་དུ། ཀོ་ཊ་བའི་དཔེས་བསྟན་པའི་སངས་རྒྱས་དེ། ཕར་ཕྱིན་ཐེག་པ་རྐྱང་པས་ཐོབ་པའི་སངས་རྒྱས་ཡིན་ལ། དེ་སངས་རྒྱས་མཚན་ཉིད་པ་ཡིན་ཡང་། སྔགས་ཀྱི་ཐེག་པའི་མཐར་ཐུག་གི་སངས་རྒྱས་དེ་ལས་སྤྱངས་རྟོགས་དམན་པ་ཡིན་ནོ་ཞེས་ཟེར། དེ་ནི་མི་འཐད་དེ། སངས་རྒྱས་ལ་སྤྱངས་རྟོགས་མཐོ་དམན་གྱི་ཁྱད་པར་ཡོད་པ་ནི༑ མདོ་རྒྱུད་གང་ནས་ཀྱང་མ་བཤད་ཅིང་། སངས་རྒྱས་ཐམས་ཅད་སྐུ་གཅིག་སྟེ། །ཞེས་པའི་རིགས་དོན་གྱི་ལུང་དང་ཡང་འགལ་བའི་ཕྱིར། སྤྱིར་ཡང་སྤྱང་བྱ་མ་ལུས་པར་མ་སྤྱངས་པའི་སངས་རྒྱས་ནི་ངོ་མཚར་རོ། །འོན་ཀོ་ཊ་བའི་དཔེས་བསྟན་པའི་སངས་རྒྱས་བཤད་པ་དེ་ཅི་ཞེ་ན། རྟག་པ་མཐར་བཟུང་བའི་ཚུལ་གྱིས། ཕར་ཕྱིན་ཐེག་པ་རྐྱང་པས་ཤེས་སྒྲིབ་སྤྱངས་པའི་ཆོས་སྐུ་མངོན་དུ་བྱས་ན། དེ་སྔགས་ཀྱི་ཐེག་པའི་སངས་རྒྱས་དེ་ལས་ཡོན་ཏན་དམན་ཏེ། བསམ་གྱིས་མི་ཁྱབ་པའི་གནས་མ་ཐོབ་པའི་ཕྱིར་རོ། །ཞེས་པའི་དོན་ནོ། །ཡང་གོ་ཊཱི་ཀ་ལས། ཕར་ཕྱིན་ཐེག་པའི་ས་བཅུ་གཅིག་པ་ལ་གནས་པ་དེ། སངས་རྒྱས་མཚན་ཉིད་པ་མ་ཡིན་ཏེ། སློབ་ལམ་གྱི་གནས་སྐབས་ཡིན་པའི་ཕྱིར་རོ། །འོན་ཕར་ཕྱིན་ཐེག་པར་ཡང་སློབ་ལམ་དུ་ཅིའི་ཕྱིར་མ་བཤད་ཅེ་ན། དེ་ནི་ཐེག་པ་རང་ལུགས་ལ་དེ་ལས་ལྷག་པའི་ལམ་བགྲོད་པའི་ནུས་པ་མེད་པས། འབྲས་བུའི་ཕྱོག་ཆ་ནས་བཤད་པ་ཡིན་ནོ། །ཞེས་གསུངས་ནས། དེ་ནས་ཡིག་འཕྲེང་གསུམ་ཙམ་སོང་བ་ན། འོ་ན་ཕར་ཕྱིན་ཐེག་པ་ནས་སྐུ་གསུམ་གྱི་རྣམ་གཞག་བཤད་པའི་རྫོགས་པའི་སངས་རྒྱས་དེ་སློབ་ལམ་གྱི་གནས་སྐབས་ཡིན་ནམ། ས་བཅུ་གསུམ་པ་ཐོབ་ཟིན་པ་ཞིག་ཡིན་སྙམ་ན། དེ་ནི་བཅུ་གསུམ་པ་ཐོབ་ཟིན་ཡིན་ཡང་། དེར་ནི་ཐ་སྙད་མ་གསུངས་པའི་ཕྱིར་ཏེ། ས་བཅུ་གཅིག་པ་ལ་རྫོགས་པའི་སངས་རྒྱས་ཀྱི་རྣམ་གཞག་བྱེད་པའི་སྐབས་ཡིན་པའི་ཕྱིར། ཞེས་གསུངས་མོད། འོ་ན་ཕར་ཕྱིན་ཐེག་པའི་བཅུ་གཅིག་ཀུན་ཏུ་འོད་ལ་གནས་པའི་སྐྱེས་བུ་དེ་ཆོས་ཅན། སངས་རྒྱས་མཚན་ཉིད་པ་མ་ཡིན་པར་ཐལ། སློབ་ལམ་གྱི་གནས་སྐབས་ཡིན་པའི་ཕྱིར། རྟགས་ཁྱབ་དངོས་འགལ། འདོད་ན། དེ་ཆོས་ཅན། དེ་ཡིན་པར་ཐལ། བཅུ་གསུམ་རྡོ་རྗེ་འཛིན་པའི་ས་ཐོབ་ཟིན་པའི་ཕྱིར། གསུམ་ཆར་ཁས་བླངས། དེས་ན་རང་གི་ལན་ནི། ཕར་ཕྱིན་ཐེག་པ་གཞིར་བཞག་པའི་ཚེ། སྔགས་ཀྱི་ཉེ་ལམ་ལ་མ་ལྟོས་པར་སངས་རྒྱས་ཐོབ་པ་ཡོད་པ་ལས་འོས་མེད་པས། གཞུང་འདིར་ཡང་། རྫོགས་པའི་སངས་རྒྱས་ལམ་པོ་

ཆེ། །ཚོད་པ་ཀུན་ལས་གྲོལ་བའི་ཆོས། །ཞེས་པ་ནས། ས་བཅུའི་ཐ་མར་བདུད་བཏུལ་ནས། །རྫོགས་པའི་སངས་རྒྱས་ཐོབ་པར་གསུངས། །ཞེས་པའི་བར་གསུངས་སོ། །ཚུལ་ཆེན་སྔགས་ལུགས་གཞིར་བཞག་པའི་ཚེ། ཕར་ཕྱིན་ཐེག་པ་རྐྱང་པས་སངས་རྒྱས་ཐོབ་པ་མེད་དེ། ས་བཅུ་རྒྱུན་གྱི་ཐ་མས་གཞོམ་པར་མི་ནུས་པའི་སྒྲིབ་པ་ཡོད་པའི་ཕྱིར། དེ་གང་ཞེ་ན། སྣང་བ་འཕོ་བའི་བག་ཆགས་སོ། །གྲུབ་ཆེན་དཔལ་འཛིན་གྱིས་ཀྱང་། རིག་མའི་བརྟུལ་ཞུགས་བླ་ན་མེད། །སྨོངས་པ་གང་ཞིག་འདའ་བྱེད་པ། །དེ་ལ་མཆོག་གི་དངོས་གྲུབ་མེད། །ཅེས་དང་། ཧྲི་རི་ཀ་པས། ཐབས་གཞན་སངས་རྒྱས་མི་སྙེད་དོ། །ཞེས་གསུངས་སོ། །བདག་མེད་མའི་བསྟོད་འགྲེལ་ལས་གསུངས་པའང་ཚུལ་ཆེན་པོའི་དབང་དུ་བྱས་སོ། །འོ་ན་ཕར་ཕྱིན་ཐེག་པའི་ལམ་བསྒོམ་པ་ལ་དགོས་པ་མེད་པར་འགྱུར་རོ་སྙམ་ན། དགོས་པ་ཡོད་དེ། དེས་ས་བཅུ་པའི་བར་དུ་བགྲོད་པར་ནུས་པའི་ཕྱིར། ས་བཅུ་པ་ནས་ནི་ངེས་པར་སྔགས་ལམ་ལ་འཇུག་པར་གསུངས་སོ། །མདོར་ན་ཕ་རོལ་ཏུ་ཕྱིན་པའི་བཅུ་གཅིག་ཀུན་ཏུ་འོད་ཀྱི་ས་དང་། སྔགས་ཀྱི་བཅུ་གསུམ་པ་ལ་གནས་པ་གཉིས་དོན་གཅིག་ལ་འདུ་ཞིང་། སྔགས་གཞུང་ཚད་ལྡན་ལས། ཀུན་ཏུ་འོད་ས་བཅུ་གཅིག་པར་བྱས་ནས། བཅུ་གསུམ་པ་ལ་རྡོ་རྗེ་འཛིན་པའི་སར་བཤད་པ་མེད་ཅིང་། དོན་གཅིག་ན་ཡང་། ཞེས་པའི་དོན་ཡང་། ཚུལ་གཉིས་ཀྱི་འབྲས་བུ་གཅིག་པ་ལ་འཆད་དགོས་པའི་ཕྱིར། བོད་ཀྱི་གསང་སྙིང་འཆད་པ་རྣམས། །བཅུ་གཅིག་ཀུན་ཏུ་འོད་ཀྱིས། །བཅུ་གཉིས་མ་ཆགས་པདྨའི་ས། །བཅུ་གསུམ་རྡོ་རྗེ་འཛིན་པའི་ས། །ཞེས་འཆད་པ་དེ་ནི་འདིར་ཚད་མར་མི་རུང་བའི་ཕྱིར་རོ། །གལ་ཏེ་ཕར་ཕྱིན་ཐེག་པའི་ས་བཅུ་གཅིག་པ་ལ་གནས་པ་དེ། སློབ་པའི་ས་ལ་གནས་པ་ཡིན་ན། དེའི་མཚན་གཞི་གང་ཡིན། སྟོན་པ་ཐུབ་པའི་དབང་པོ་དེ་འོ་ཞེས་ཟེར་བ་ལས་འོས་མེད་པས། དེས་ས་བཅུ་གསུམ་པ་མ་ཐོབ་ན། གཞན་སུ་ཞིག་གིས་ཐོབ་སྟེ། སངས་རྒྱས་ལ་སྐུར་པ་འདེབས་པར་ཟད་དོ། །དེས་ན་བཅུ་གསུམ་པ་ལ་རྡོ་རྗེ་འཛིན་པའི་སར་འཛོག་པའི་ཚེ། སྔགས་ཀྱི་ས་བཅུ་གཅིག་པ་ལ་དཔེ་མེད་པའི་ས་ཞེས་བདེ་མཆོག་ནས་གསུངས་སོ། །མདོར་ན་ཕར་ཕྱིན་ཐེག་པ་རྐྱང་པའི་ཉམས་ལེན་གྱིས་ས་བཅུ་པའི་བར་བགྲོད་ནས། ས་བཅུ་པ་ནས་སྔགས་ལ་ངེས་པར་འཇུག་ཅིང་། དཔེ་མེད་པ་དང་། ཡེ་ཤེས་ཆེན་པོའི་ས་མངོན་དུ་བྱས་ནས། དེ་རྗེས་སུ་རྡོ་རྗེ་འཛིན་པའི་ས་བཅུ་གསུམ་པ་མངོན་དུ་བྱེད་དོ། །རྒྱས་པར་ནི་རྗེ་བླ་མས་མཛད་པའི་མདོ་སྔགས་ཀྱི་ཚུལ་གཉིས་རྣམ་པར་འབྱེད་པ་ཞེས་བྱ་བའི་བསྟན་བཅོས་དང་། གསེར་གྱི་ཐུར་མར་བལྟ་བར་བྱའོ། །

གསུམ་པ། དེ་ལས་གཞན་པའི་ཐེག་ཆེན་གྱི་གཞུང་ལུགས་མེད་པར་བསྟན་པ་ནི། གང་ཞིག་སངས་རྒྱས་བྱེད་པར་འདོད་ན། དེ་འདྲའི་གང་ཟག་དེ་ཆོས་ཅན། འདི་བཞིན་དུ་སྤྱོད་པར་བྱ་དགོས་ཏེ། ཡང་ན་ཕ་རོལ་

ཏུ་ཕྱིན་པའི་མདོ་སྡེ་ནས་ཇི་ལྟར་འབྱུང་བ་བཞིན་ནམ། ཡང་ན་རྡོ་རྗེ་ཐེག་པའི་རྒྱུད་སྡེ་བཞིན་དུ་ཉམས་སུ་ལོངས་ཤིག་སྟེ། འདི་གཉིས་མིན་པའི་ཐེག་ཆེན་གྱི་ལམ་ནི་རྫོགས་པའི་སངས་རྒྱས་ཀྱིས་གསུངས་པ་མེད་པའི་ཕྱིར་རོ། །

བཞི་པ། ད་ལྟའི་ཆོས་པ་ཕལ་ཆེ་བ་ཐེག་པ་ཆེ་ཆུང་གང་དུ་ཡང་མ་གཏོགས་པར་བསྟན་པ་ནི། ད་ལྟའི་བོད་ཀྱི་ཆོས་པ་ཕལ་ཆེར་ནི་ཆོས་ཅན། ཐེག་པ་ཆེ་ཆུང་གང་གི་ཡང་བསྟན་པར་མི་གཏོགས་ཏེ། ལྷག་པའི་ཚུལ་ཁྲིམས་ཀྱི་བསླབ་པ་དང་། ལྷག་པའི་ཏིང་ངེ་འཛིན་གྱི་བསླབ་པ་དང་། ལྷག་པའི་ཤེས་རབ་ཀྱི་བསླབ་པ་གསུམ་པོ་མི་སྲུང་པས་ཕ་རོལ་ཏུ་ཕྱིན་པའི་ཆོས་ལུགས་སྲུང་པ་མིན་ལ། དབང་དང་རིམ་གཉིས་མི་ལྡན་པས་བླ་མེད་རྡོ་རྗེ་ཐེག་པའི་བསྟན་པ་མ་ཡིན་ཞིང་། རྒྱུད་སྡེ་འོག་མའི་རྣལ་འབྱོར་པ་ནི་ཁོ་རང་ཁས་མི་ལེན་པ་དང་། འདུལ་བའི་སྡེ་སྣོད་མི་ཤེས་ཤིང་ཉམས་སུ་མི་ལེན་པས། ཉན་ཐོས་ཀྱི་ཡང་ཆོས་ལུགས་སྒྲུབ་པ་མ་ཡིན་པས་སོ། །འོན་ཀྱང་ཁོ་བོ་ཅག་ཆོས་པ་ངོ་མཚར་ཅན་ཡིན་ནོ་ཞེས་ཁས་འཆེ་བ་ནི། ཀྱེ་མ་གང་གི་བསྟན་པར་འགྱུར་ཞེས་པ་ནི་བསྙིང་རྗེའི་ཚིག་གོ། །ལྷག་པའི་ཚུལ་ཁྲིམས་ཞེས་འབྱུང་བའི་ལྷག་པ་ནི་མུ་སྟེགས་བྱེད་ལས་ལྷག་པ་ཞེས་ཉན་ས་ལས་གསུངས་ལ། དེའི་དོན་ཡང་མྱང་འདས་ཀྱི་ཆེད་དུ་བླངས་པ་ཞེས་པའི་དོན་ནོ། །དཔེའི་སྒོ་ནས་སྨད་པ་ནི། དཔེར་ན་ཕ་མེད་པའི་བུ་མང་ཡང་རིགས་ཀྱི་ནང་དུ་ཆུད་མི་ནུས་ལ། དེ་བཞིན་དུ་མདོ་རྒྱུད་ཀྱི་ལུང་ནས་མ་བྱུང་བའི་ཆོས་པ་ཡང་བསྟན་པའི་ཁོངས་སམ་ནང་དུ་ཆུད་པ་མ་ཡིན་ནོ། །གཞན་ཡང་དག་དུག་བསྡུས་པའི་ཆས་ཀྱིས་ནི་སྤྲང་པོའི་གོས་འོང་གི །མི་ཆེན་པོ་རྣམས་ཀྱི་ཆས་མི་རུང་བ་དེ་བཞིན་དུ། ཕན་ཚུན་དུ་ཐུན་ཚོགས་བསྡུས་པའི་ཆོས་ཀྱིས་ཀྱང་། དད་པ་ཅན་རྣམས་འཚང་རྒྱ་བར་མི་ནུས་སོ། །ཐུབ་པ་དགོངས་གསལ་ལས་ཀྱང་། དེང་སང་བོད་འདི་ན་སྡེ་སྣོད་གསུམ་དང་མི་མཐུན་ཞིང་། རྒྱུད་སྡེ་བཞི་དང་འགལ་བའི་ཆོས་པ་ངོ་མཚར་ཅན་དུ་བྱེད་པ་མང་དུ་འདུག་སྟེ། ངས་ཅི་ཡིན་ངོ་མ་ཤེས་སོ་ཞེས་གསུངས། དེང་སང་གི་མཚན་ཉིད་པ་རྣམས་གཞུང་དང་མི་མཐུན་པའི་རིགས་པ་ལྟར་སྣང་ངན་པ་བས་ཀྱང་ཆེས་ངན་པར་གནས་པ་དག་གིས་ཡིད་ཆེམ་ནས། གཞུང་དང་ཞེ་འགྲས་པ་འདི་དག་ནི་དེ་བས་ཀྱང་ཅི་ཡིན་ངོ་མ་ཤེས་སོ། །

གཉིས་པ། སྡོམ་པ་མ་བླངས་ཀྱང་བསླབ་བྱ་ལ་སློབ་པ་སངས་རྒྱས་ཀྱི་ལམ་དུ་འདོད་པ་དགག་པ་ལ། འདོད་པ་བརྗོད་པ། དེ་སུན་དབྱུང་བའོ། །དང་པོ་ལ། མུ་སྟེགས་བྱེད་ཀྱི་འདོད་པ་དཔེར་བརྗོད་པ། བོད་འགའ་ཞིག་གི་འདོད་ལུགས་ཀྱང་དེ་དང་མཐུན་པར་བསྟན་པའོ། །དང་པོ་ནི། མུ་སྟེགས་གཅེར་བུ་པ་སོགས་ཁ་ཅིག་ཀྱང་། སངས་རྒྱས་པ་ལ་འདི་སྐད་ཟེར་ཏེ། སྡིག་པ་སྤོང་ཞིང་དགེ་བ་བྱེད་ན། མུ་སྟེགས་ཅན་ཡིན་ཡང་ཅི་ཞིག་སྐྱོན་ཏེ་སྐྱོན་མེད་ལ། དགེ་བ་མེད་ཅིང་སྡིག་པ་བྱེད་ན། སངས་རྒྱས་པའི་ཆོས་པ་ཡིན་ཡང་ཅི་ཕན་ཏེ་མི་ཕན་ནོ་

ལོ༑ ༑གཉིས་པ་ནི། དེ་བཞིན་བོད་འདི་ནའང་བླུན་པོ་འགའ་ཞིག་དད་པ་དང་ལྡན་ཞིང་། སྙིང་རྗེ་ཆེ་བ་དང་། སྦྱིན་པ་གཏོང་ཞིང་ཚུལ་ཁྲིམས་སྲུང་བ་དང་། བཟོད་པ་སྒོམ་པ་དང་། བརྩོན་འགྲུས་རྩོམ་པ་དང་། བསམ་གཏན་སྒོམ་ཞིང་སྟོང་པ་ཉིད་རྟོགས་པའི་ཤེས་རབ་ཡོད་ན། སངས་རྒྱས་ཀྱིས་གསུངས་པའི་མདོ་རྒྱུད་རྣམས་དང་མི་མཐུན་ཡང་དེ་ལ་སྐྱོན་མེད་ལ། དད་སོགས་དེ་མེད་ན་མདོ་རྒྱུད་དང་མཐུན་ཡང་ཅི་ཕན་ཏེ་མི་ཕན་ནོ་ལོ༑ ༑གཉིས་པ་དེ་སུན་དབྱུང་བ་ལ། དཔེ་དགག་པ། དོན་དགག་པའོ། །དང་པོ་ནི། དེ་ཡང་རིགས་པས་བརྟག་པར་བྱ་བས་ཉོན་ཅིག །ལྷ་བ་བཀའ་རྟགས་ཀྱི་ཕྱག་རྒྱ་བཞི་ལས་གང་ཡང་རུང་བ་ཁས་མི་ལེན་ཞིང་། སྦྱོད་པ་དཀོན་མཆོག་གསུམ་ལ་སྐྱབས་སུ་མ་སོང་བའི་མུ་སྟེགས་བྱེད་ལ། ངེས་འབྱུང་གི་བསམ་པས་ཟིན་པའི་སྡོམ་པ་མེད་ཅིང་། རྒྱུ་མཚན་དེའི་ཕྱིར། དེས་དགེ་བ་བྱས་ན་ཡང་བར་མའམ་བསོད་ནམས་ཆ་མཐུན་གྱི་དགེ་བ་ཡིན་གྱི༑ ངེས་འབྱུང་གི་སྡོམ་པ་ལས་བྱུང་བའི་དགེ་བ་སྲིད་པ་མ་ཡིན་པས་ཐར་པའི་ལམ་དུ་མི་འགྱུར་རོ། །འདིར་རྣམ་བཤད་མཛད་པ་ཀུ་མུ་ར། མུ་སྟེགས་བྱེད་ལ་སྐྱབས་འགྲོ་མེད་པས་སྡོམ་པ་མེད་ཅེས་གསུང་བ་མི་འཐད་དེ། སྐྱབས་འགྲོ་མེད་ཀྱང་བསམ་གཏན་གྱི་སྡོམ་པ་ཡོད་སྲིད་པའི་ཕྱིར། མུ་སྟེགས་བྱེད་ལ་ཅི་ཡང་མེད་མན་ཆད་ལ་ཆགས་བྲལ་བྱེད་པའི་ལམ་ཡོད་པའི་ཕྱིར་ཏེ། ཇི་སྐད་དུ། ཁྱེད་ཀྱི་བསྟན་ལ་མི་ཕྱོགས་པའི། །སྐྱེ་བོ་མ་རིག་གིས་ལྡོངས་པ། །སྲིད་རྩེའི་བར་དུ་སོང་ནས་ཀྱང་། །ཡང་འབྱུང་སྲིད་པ་སྒྲུབ་པར་བྱེད། །ཅེས་གསུངས་པས་སོ། །བསམ་ཡས་པ་དང་། སྤོས་ཁང་པ། མུ་སྟེགས་བྱེད་ལ་ངེས་འབྱུང་གི་སྡོམ་པ་མེད་ཅེས་པའང་མི་འཐད་དེ། ཟླ་བ་བཞིའི་བར་དུ་མགུ་བ་བརྟག་དགོས་ཀྱི་མུ་སྟེགས་ཅན་དགེ་བསྙེན་གྱི་སྡོམ་ལྡན་ཞིག་ཀྱང་ཁས་ལེན་དགོས་པའི་ཕྱིར་དང་། མུ་སྟེགས་ཅན་ཞུགས་པ་ཞེས་གསུངས་པ་དེ་ཡང་། བསྙེན་རྫོགས་ཀྱི་སྡོམ་པ་བླངས་པ་ཞིག་ཡིན་པར་ལུང་ལས་བཤད་ཅིང་། དེ་གཏོང་རྒྱུ་མ་བྱུང་བའི་ཕྱིར། ཡང་སྣ་གདོང་པ། གསང་སྔགས་ཀྱི་སྡོམ་པ་མེད་པས་དགེ་བ་བྱས་ཀྱང་བར་མ་ཡིན་ཞེས་གསུངས། གོ་ཊཱི་ཀ་ལས། སྔགས་སྡོམ་མེད་པས་དགེ་བ་ཅི་སྤྱད་ཀྱང་སྔགས་སྡོམ་ལ་ལྟོས་ཏེ་བར་མ་ཡིན་ཞེས་བཤད། དེ་ལྟར་ན་སྔགས་སྡོམ་མ་བླངས་གོང་གི་སོ་ཐར་སྡོམ་པ་དང་། བྱང་སེམས་སྡོམ་པ་དང་། བསམ་གཏན་སྡོམ་པ་དང་། ཟག་མེད་ཀྱི་སྡོམ་པ་རྣམས་བར་མར་ཁས་བླངས་པས་རྣམ་པར་འཁྲུམས་སོ། །ཡང་སྔགས་སྡོམ་ལ་ལྟོས་པའི་བར་མ་ཞེས་པ་ནི། དེ་ལ་ལྟོས་ཏེ་བར་མ་ཡིན་ཀྱང་། སྤྱིར་སྡོམ་པ་ཡིན་པ་ཞིག་ཁས་བླངས་པས། ཤེས་བྱ་ཀུན་མཁྱེན་ཡང་བར་མ་མི་མཁྱེན་པར་གསལ་ལོ། །

གཉིས་པ། དོན་དགག་པ་ལ། བསླབ་བྱ་ལ་སློབ་པའི་བསམ་པས་སྡོམ་པ་གང་རུང་ལེན་དགོས་པ་སྤྱིར་

བཤད་པས་མདོར་བསྟན། བྱེ་བྲག་སྔགས་སྡོམ་མ་བླངས་ན་སྔགས་ཀྱི་དངོས་གཞི་མི་རུང་བར་བསྟན་པས་རྒྱས་པར་བཤད་པའོ། །དང་པོ་ལ། མྱུར་ལམ་ལ་བརྟེན་ནས་འཚང་རྒྱ་བར་འདོད་པས་སྔགས་སྡོམ་ལེན་དགོས་པར་བསྟན། སྡོམ་པ་བསྲུང་ཕྱིར་དུ་རབ་བྱུང་གི་སྡོམ་པ་ལེན་དགོས་པར་བསྟན། གཞན་ཕན་ལ་བསམས་ནས་སེམས་བསྐྱེད་ལེན་དགོས་པར་བསྟན་པའོ། །དང་པོ་ནི། དེ་བཞིན་དུ་དབང་བསྐུར་མ་ཐོབ་པ་དེ་ལ་རིག་འཛིན་གྱི་སྡོམ་པ་མེད་ལ། སྔགས་སྡོམ་མེད་པ་དེ་ཡིས་ལྷ་བསྒོམ་པ་སོགས་ཀྱི་དགེ་བ་བྱས་ཀྱང་། བར་མའམ་ཕ་རོལ་ཏུ་ཕྱིན་པའི་དགེ་བར་འགྱུར་བ་ཡིན་གྱི། གསང་སྔགས་ཀྱི་སྡོམ་པ་ལས་བྱུང་བ་སྟེ། འབྲས་བུ་ལམ་བྱེད་ཀྱིས་ཟིན་པའི་དགེ་བ་མ་ཡིན་ནོ། །སྔགས་སྡོམ་གྱིས་ཟིན་པའི་དགེ་བ་མ་ཡིན་ན། གསང་སྔགས་ཐབས་ལམ་རབ་ཏུ་ཟབ་པ་བསྒོམས་ཀྱང་། འཚང་མི་རྒྱ་བར་ཐུབ་པས་གསུངས་ཏེ། དབང་མེད་ན་ནི་དངོས་གྲུབ་མེད། །ཅེས་སོ༔ །སྡོམ་པ་གསུམ་དང་ལྡན་པའི་གང་ཟག་གིས། རིམ་གཉིས་ཟབ་མོའི་གནད་ཤེས་ནས་སྒྲུབ་པ་དེ་ནི་ཚེ་འདིའམ་ཅུང་ཟད་བུལ་ན་བར་དོའམ། ཇི་ལྟར་བུལ་ཡང་སྐྱེ་བ་བཅུ་དྲུག་ཚུན་ཆད་དུ་འགྲུབ་པར་རྫོགས་པའི་སངས་རྒྱས་ཀྱིས་གསུངས་ཏེ། སངས་རྒྱས་ཐོད་པ་ལས། སྐྱེ་འདིར་དངོས་གྲུབ་མ་ཐོབ་ཀྱང་། །སྐྱེ་གཞན་སྲིད་པར་དངོས་གྲུབ་འགྱུར། །ཞེས་དང་། རྡོ་རྗེ་རྩེ་མོ་ལས། ཡང་ན་མཐོང་བ་ཙམ་གྱིས་ནི། །སྐྱེ་བ་བཅུ་དྲུག་མྱ་ངན་འདའ། །ཞེས་དང་། འོད་ཕྲེང་ལས། རིག་པ་འཛིན་པའི་ཕན་ཡོན་ནི། །གནས་སྐབས་ཀུན་ཏུ་བདེ་ལོངས་སྤྱོད། །གལ་ཏེ་སྒོམ་པ་དང་བཅས་ན། །ཚེ་འདི་ཉིད་ལ་སངས་རྒྱས་འགྲུབ། །མ་བསྒོམས་གྱུར་ཀྱང་ལྟུང་མེད་ན། །སྐྱེ་བ་བཅུ་དྲུག་དག་ན་འགྲུབ། །ཅེས་སོ། །བར་དོར་འགྲུབ་པ་ནི་ཡེ་ཤེས་ཐིག་ལེ་ལས། ཡང་ན་ལུས་ནི་སྤངས་མ་ཐག །བརྩོན་པ་མི་ལྡན་པས་ཀྱང་འགྲུབ། །ཅེས་སོ། །ཡང་གསང་བ་མཛོད་ལས། དབང་བསྐུར་ཡང་དག་སྨིན་ལྡན་ན། །སྐྱེ་ཞིང་སྐྱེ་བར་དབང་བསྐུར་འགྱུར། །དེ་ཡིས་སྐྱེ་བ་བདུན་ལ་ནི། །མ་བསྒོམས་པར་ཡང་དངོས་གྲུབ་ཐོབ། །ཅེས་གསུངས་སོ། །དེའི་ཕྱིར་ན་མཁས་པ་རྣམས་དབང་བསྐུར་བ་འདི་ལ་གུས་པ་ཡིན་ནོ། །

གཉིས་པ། སྡོམ་པ་བསྲུང་ཕྱིར་དུ་རབ་བྱུང་གི་སྡོམ་པ་ལེན་དགོས་པར་བསྟན་པ་ནི། གང་དག་བསྟན་པ་ལ་རབ་ཏུ་བྱུང་བར་འདོད་ན་སྟེ་འདོད་པ་དེ་ཆོས་ཅན། སོ་ཐར་སྡོམ་པ་བསྲུང་བའི་ཕྱིར་དུ་གུས་པས་ལོངས་ཤིག་སྟེ། བླང་དགོས་ཏེ། ལྟོ་གོས་ཙམ་ལ་དམིགས་པའི་རབ་ཏུ་བྱུང་བ་ཐུབ་པས་བཀག་པའི་ཕྱིར་རོ། །ལུང་ལས། མཛེས་དགའ་བོ་ལྷའི་བུ་མོའི་ཕྱིར་ཚངས་པར་སྤྱོད་པས། དགེ་སློང་རྣམས་ཀྱིས་དེ་སྤོངས་ཤིག་ཅེས་སྟོན་པས་བཀའ་བསྩལ་བ་ལྟ་བུའོ། །

གསུམ་པ། གཞན་ཕན་ལ་བསམས་ནས་སེམས་བསྐྱེད་ལེན་དགོས་པར་བསྟན་པ་ནི། སེམས་བསྐྱེད

བྱེད་པ་དེ་དག་ཀྱང་། དབུ་མའི་སེམས་བསྐྱེད་སྐྱེ་བོ་ཀུན་ལ་རུང་ཞིང་། སེམས་ཙམ་པའི་སེམས་བསྐྱེད་བློ་མ་སྦྱངས་པ་ལ་བྱར་མི་རུང་ཞེས་བྱང་ཆུབ་སེམས་དཔའི་སྡེ་སྣོད་ལས་བསྟན་པའི་ལུགས་བཞིན་མི་བྱེད་ཀྱི། ཐོས་པ་ཆུང་བ་རྣམས་ཀྱིས་མགོ་བསྐོར་ནས། སེམས་ཙམ་པའི་སེམས་བསྐྱེད་ཁྲིམ་ལ་བྱེད་པ་ནི་བླུན་པོ་དགའ་བར་བྱ་བའི་ཕྱིར་ཡིན་གྱི་འཐད་པ་ནི་མ་ཡིན་ནོ། །

གཉིས་པ། བྱེ་བྲག་སྔགས་སྡོམ་མ་བླངས་ན་སྔགས་ཀྱི་དངོས་གཞི་མི་རུང་བར་བསྟན་པ་ལ། མདོར་བསྟན་པ། རྒྱས་པར་བཤད་པའོ། །དང་པོ་ནི། བོད་འདི་ན་གསང་སྔགས་སྒོམ་པ་མང་མོད་ཀྱི། རྒྱུད་སྡེ་ནས་གསུངས་པ་བཞིན་དུ་སྒྲུབ་པ་ཉུང་སྟེ། ཕལ་ཆེར་སྤྱོད་པ་བདེ་བའམ་བག་ཡངས་པའི་འདུ་ཤེས་ཀྱིས་ཆོས་ནས་མ་བཤད་པའི་གང་བདེ་ལ་བླ་མའི་མན་ངག་ཏུ་མིང་བཏགས་ནས། རང་བཟོར་གསང་སྔགས་སྤྱོད་པར་ཟད་པའི་ཕྱིར་རོ། །དཔེར་ན་ཡི་དམ་སྒོམ་པའི་ཚེ་དཀྱིལ་བསྐྱེད་ཁོ་ན་སྒོམ་པ་བཞིན་ནོ། །

གཉིས་པ་ལ། དབང་མ་བསྐུར་ན་སྔགས་ཀྱི་ཐབས་ལམ་ཟབ་མོ་ཡིད་བདེ་འབྱུང་བར་བསྟན། ལྷ་བ་ཕྱག་རྒྱ་ཆེན་པོའི་ཐ་སྙད་མི་འབྱུང་བར་བསྟན་པའོ། །དང་པོ་ལ། དབང་བསྐུར་མེད་ན་ཉམས་ལེན་གྱི་དངོས་གཞི་མི་འབྱུང་བར་བསྟན། ཉམས་ལེན་གྱི་རྩ་བ་བླ་མའི་རྣལ་འབྱོར་མི་འབྱུང་བར་བསྟན། དབང་བསྐུར་མ་ཐོབ་པའི་སྔགས་པ་བསྟན་པའི་ཆོམ་རྐུན་དུ་བསྟན་པས་མཇུག་བསྡུ་བའོ། །དང་པོ་ལ། རྒྱུད་སྡེ་དང་མི་མཐུན་པའི་དབང་ཆོག་ལྟར་སྣང་གིས་སྔགས་སྡོམ་མི་ཐོབ་པར་བསྟན། དཀྱིལ་བསྐྱེད་ཀྱི་བསྐྱེད་རིམ་གྱིས་སྦྱང་གཞི་སྦྱོང་བྱེད་མི་འཕྲོད་པར་དངོས་སུ་བསྟན། ཤུགས་ལ་དེ་འདྲའི་དབང་ཆོག་གིས་སྔགས་སྡོམ་མི་ཐོབ་པར་བསྟན། དབང་མ་ཐོབ་པར་དྲོད་ཙམ་ལ་དམིགས་པའི་གཏུམ་མོས་ཡེ་ཤེས་འདྲེན་མི་ནུས་པར་བསྟན་པའོ། །དང་པོ་ནི། གལ་ཏེ་དབང་བསྐུར་བྱེད་ན་ཡང་བཟང་པོའི་གཞུང་ལུགས་ལས་བཤད་པའི་སྔགས་དང་། ཏིང་ངེ་འཛིན་གྱི་ཆོ་ག་ཀུན་བོར་ནས། གང་དག་བཙུན་གྱིས་བསླད་པ་ལ་ངོ་མཚར་བཞིན་དུ་གྲུས་པས་ལེན་ཏེ། ཕག་མོའི་བྱིན་རླབས་ཀྱིས་སྨིན་བྱེད་དབང་གི་གོ་ཆོད་པ་ལྟ་བུའོ། །གཉིས་པ་ནི། འགའ་ཞིག་སྤྱིར་བསྐྱེད་རིམ་མི་སྒོམ་མོད། བརྒྱ་ལ་བསྐྱེད་རིམ་སྒོམ་ན་ཡང་། སྦྱང་གཞི་སེམས་ཅན་གྱི་ཕུང་ཁམས་སྐྱེ་མཆེད་ཀྱི་ཆོས་ཉིད་དང་། སྣོད་ཀྱི་འཇིག་རྟེན་གྱི་ཆོས་ཉིད་དང་། སྤང་བྱ་གློ་བུར་གྱི་དྲི་མ་དང་། སྦྱོང་བྱེད་ལྷ་དང་གཞལ་ཡས་ཁང་གི་བརྡ་དོན་ལེགས་པར་འཕྲོད་པའི་སྐྱེ་མཆེད་དང་། སྐུ་གསུང་ཐུགས་བྱིན་གྱིས་རློབ་པའི་ཆོ་གའི་ཡན་ལག་ཀུན་བོར་ནས། མངོན་བྱང་ལྔ་དང་། ས་བོན་ཙམ་ལས་ཀྱང་མ་བསྐྱེད་པའི་རང་བཟོའི་དཀྱིལ་བསྐྱེད་སྒོམ་པ་ནི་འཐད་པ་མ་ཡིན་ཏེ༔ སྐྱེ་གནས་བཞི་ལས་གང་ཡང་སྦྱོང་བར་མི་ནུས་པའི་ཕྱིར། གཞུང་འདིའི་དོན་ནི། སྤྱིར་དཀྱིལ་བསྐྱེད་ཀྱིས

བསྐྱེད་རིམ་གྱི་གོ་མི་ཆོད་པར་སྟོན་པ་ནི་མ་ཡིན་ཏེ། བླ་མ་གོང་མའི་གསུང་ལས། མངོན་བྱང་ལྔའི་བསྐྱེད་ཆོག་གི་དྲོད་གཞིར་སྐྱེས་སྦྱོང་བ་དང་། ཞུ་བ་གླུས་བསྐུལ་བ་ཡོད་མེད་གཉིས་ཀྱིས་མངལ་སྐྱེས་དང་སྒོང་སྐྱེས་སྦྱོང་ལ། སྐད་ཅིག་གིས་བསྐྱེད་པས་བརྫུས་སྐྱེས་སྦྱོང་ཞེས་གསུངས་པས་སོ། །སློབ་དཔོན་རྡོ་རྗེ་དྲིལ་བུ་པའི་ལུགས་ཀྱི་རྟེན་དང་བརྟེན་པར་བཅས་པའི་ལུས་དཀྱིལ་བསྒོམ་པའི་བསྐྱེད་རིམ་འདི་ནི། བརྫུས་སྐྱེས་ཁོ་ནའི་སྦྱོང་བྱེད་དུ་མ་ངེས་ཏེ། དེ་ནི་གང་ཟག་དབང་པོ་རྣོན་པོ་ཞིག་གི་སྐྱེ་གནས་བཞི་ཀ་སྦྱོང་བྱེད་དུ་གསུངས་པའི་ཕྱིར་རོ། །ཇི་ལྟར་གསུངས་ཤེ་ན། སེམས་ཅན་བརྫུས་ཏེ་སྐྱེ་བ་བཞིན། །ས་བོན་མེད་པར་རྣམ་པར་བསྒོམ། །ཞེས་པས། བསྒོམ་ཚུལ་དེ་བསྟན། བཅོས་མ་གཉིས་ཀྱི་ངོ་བོ་གང་། །དེ་ནི་གདུལ་བྱའི་དབང་ལས་འདོད། །ཅེས་པས། གདུལ་བྱ་དབང་པོ་རྟུལ་འབྲིང་གཉིས་ཕྱི་དཀྱིལ་ལ་ལྟོས་དགོས་པར་བསྟན། མཁས་པའི་བསྒྲུབ་བྱ་དེ་མིན་ཏེ། །ཡང་དག་དོན་མཐོང་གྲོལ་ཕྱིར་རོ། །ཞེས་པས། དབང་པོ་རབ་ཕྱི་དཀྱིལ་ལ་ལྟོས་མི་དགོས་པ་དེ་བསྟན། འགྲོ་བ་དེ་དག་རང་བཞིན་གྱིས། །གྲུབ་པའི་དཀྱིལ་འཁོར་གཉིས་མེད་པའོ། །ཞེས་པས། ལུས་དཀྱིལ་གདོད་མ་ནས་གྲུབ་པའི་ཡེ་ཤེས་ལ་ངོས་བཟུང་བ་ཡིན་ནོ། །དེས་ན་འདི་ནི་ཤིང་རྟའི་སྲོལ་གཅིག་ཡིན་ནོ། །འོ་ན་དེང་སང་ཕྱི་དཀྱིལ་སྔོན་དུ་འགྲོ་དགོས་པའི་ཕྱག་ལེན་མཛད་པ་ཅི་ཞེ་ན། དེ་ནི་སོ་སོ་སྐྱེ་བོའི་རྡོ་རྗེ་སློབ་དཔོན་རྣམས་ཀྱིས། སློབ་མའི་དབང་པོའི་རིམ་པ་བརྟག་དཀའ་བ་ཙམ་ལ་དགོངས་པ་ཡིན་ནོ། །འདིར་ལུས་དཀྱིལ་ཆོས་དབྱིངས་ལ་བྱས་ན། ལུས་དཀྱིལ་བཀག་པར་འགྱུར་ཞིང་། དེས་ན་མ་དག་པའི་ཕུང་པོ་ཉིད་ལུས་དཀྱིལ་དུ་བསྒོམ་དགོས་སོ་ཞེས་ཟེར་བ་དེ་དག་ནི། རང་ཉིད་ངག་འདོན་བྱེད་པའི་མངོན་རྟོགས་དེ་དག་འཆད་མཁན་མེད་ཅིང་། རང་གིས་ཀྱང་མ་གོ་བའི་གཏམ་ཡིན་ཏེ། ཆོས་ཀྱི་དབྱིངས་ཀྱི་ཡེ་ཤེས་ཀྱི་ངོ་བོ་རྒྱུ་རྡོ་རྗེ་འཛིན་པ་ཞེས་འདོན་བཞིན་དུ་འབྲས་བུ་རྡོ་རྗེ་འཛིན་པའི་ལུས་ལ། ལུས་དཀྱིལ་བཀོད་པ་ན་ལུས་དེ་མ་དག་པའི་ཕུང་པོར་ཁས་བླངས་པའི་ཕྱིར་རོ། །གསུམ་པ་ནི། གཏུམ་མོ་སྒོམ་པ་ཕལ་ཆེར་ཡང་གསང་བའི་དབང་བསྐུར་སྔོན་དུ་མ་སོང་ཞིང་། རྒྱུད་ནས་གསུངས་པའི་ནང་གི་རྩ་དང་ཁམས་ལ་སོགས་པའི་རྟེན་འབྲེལ་མི་ཤེས་པར། གཅེར་བུ་བ་ལ་སོགས་པ་མུ་སྟེགས་བྱེད་ཀྱི་གཏུམ་མོ་ལྟར་དྲོད་ཙམ་ལ་ནི་དམིགས་པར་གོ་སྟེ། གཏུམ་མོ་རས་ཐུབ་ཅེས་ཟེར་བ་བཞིན་ནོ། །དེ་ཙམ་གྱིས་ཆོག་ན་དེ་བསྒོམས་པ་བས་ཐུལ་བ་གསར་པ་གཉིས་གཉིས་ཙམ་ཉོ་བར་རིགས་སོ་ཞེས་རྗེ་བཙུན་ཆེན་པོ་གསུངས་སོ། །དེ་ལྟར་བསྒོམས་པས་ཉམས་མྱོང་གི་ཡེ་ཤེས་ཅུང་ཟད་སྐྱེས་ན་ཡང་། ལོ་ཐོག་དང་ཡུར་མ་འབྲེས་ནས་སྐྱེ་བ་ལྟར། ཡེ་ཤེས་དང་རྣམ་རྟོག་འབྲེས་ནས་སྐྱེ་བ་ན། དེ་དག་ཉོན་མོངས་དང་། རྣམ་རྟོག་དང་། འབྱེད་པའི་ཐབས་ལ་མི་མཁས་པས། རྫོགས་པའི་སངས་རྒྱས་ཀྱི་ལམ་དུ་མི་འགྱུར་བའོ། །དཔེར་

ན་ལམ་འབྲས་ལས། ཉོན་མོངས་རང་འབྱུང་། རྣམ་རྟོག་རང་འབྱུང་། སྡིལ་ཞི་རང་འབྱུང་། མི་རྟོག་རང་འབྱུང་། ཞེས་བཤད་པ་ལྟ་བུ་མཤེས་པས་སོ། །

གཉིས་པ། དབང་བསྐུར་མེད་ན་ཉམས་ལེན་གྱི་རྩ་བ་བླ་མའི་རྣལ་འབྱོར་མི་འབྱུང་བར་བསྟན་པ་ལ། དབང་མ་བསྐུར་བའི་བླ་མ་ལ་སངས་རྒྱས་སུ་ལྟ་བ་མི་འབྱུང་། དབང་བསྐུར་མ་ཐོབ་ན་སྤྱིར་བླ་མ་དམ་པའི་ཐ་སྙད་མི་འབྱུང་བའི་དཔེ་བསྟན་པའོ། །དང་པོ་ནི། དབང་མ་བསྐུར་བའི་གཏུམ་མོའི་ཁྲིད་ཙམ་སྐྱེད་པའི་བླ་མ་ལ་ནི༑ སངས་རྒྱས་སུ་མོས་ན་ཡང་། དེ་འདྲའི་བླ་མ་དེ་མོས་གུས་ཙམ་གྱིས་གྲོལ་བར་ནུས་པ་གསང་སྔགས་པའི་བླ་མ་མ་ཡིན་ཏེ། དཔོན་སློབ་གཉིས་ཀ་ལ་གསང་སྔགས་ཀྱི་སྡོམ་པ་མེད་པ་ཡིན་པའི་ཕྱིར་རོ། །གཉིས་པ་ནི། དཔེར་ན་རང་ཉིད་ཀྱིས་རབ་བྱུང་བསྙེན་རྫོགས་མ་བྱས་ན། དེ་ལ་ཆོས་འདི་པའི་མཁན་པོའི་ཐ་སྙད་མི་འབྱུང་བ་དང་མེད་པ་བཞིན་དུ། རང་གིས་དབང་མ་ཐོབ་ན་གསང་སྔགས་ཀྱི་བླ་མའི་ཐ་སྙད་མི་འབྱུང་སྟེ། བླ་མ་ལྔ་བཅུ་པ་ལས། །དབང་བསྐུར་མཆོག་ཐོབ་རྡོ་རྗེ་ཡི། །སློབ་དཔོན་ལ་ནི་དེ་བཞིན་གཤེགས། །ཕྱོགས་བཅུའི་འཇིག་རྟེན་ཁམས་བཞུགས་པ། །དུས་གསུམ་དུ་ནི་མངོན་ཕྱག་འཚལ། །ཞེས་གསུངས་སོ། །མདོར་ན་གསང་སྔགས་ཀྱི་སྡོམ་པ་མེད་པའི་བླ་མ་ལ། སངས་རྒྱས་སུ་མོས་པ་བྱས་ཀྱང་ཚེ་འདིའི་བདེ་སྐྱིད་ཕུན་ཚོགས་ཙམ་ཞིག་གམ། རིམ་གྱིས་ཏེ་གྲངས་མེད་གསུམ་གྱིས་སངས་རྒྱས་འགྲུབ་པའི་རྒྱུ་སྲིད་ཀྱི་དེ་ནི་ཚེ་འདིའམ་བར་དོའམ། སྐྱེ་བ་བདུན་ལ་སོགས་པ་ལ་སངས་རྒྱས་ཉིད་སྟེར་བར་མི་ནུས་སོ། །ཕ་རོལ་ཕྱིན་པའི་གཞུང་ལུགས་ལས། །བླ་མ་ལ་སངས་རྒྱས་ལྟ་བུར་བལྟ་བར་བྱ། །ཞེས་གསུངས་ཏེ། འདུལ་བ་ལས། ལྷན་ཅིག་གནས་པ་དང་། ཉེ་གནས་ཀྱིས་མཁན་པོ་དང་སློབ་དཔོན་ལ་སྟོན་པའི་འདུ་ཤེས་བསྐྱེད་པར་བྱའོ། །ཞེས་གསུངས་པས་སོ། །དེ་ལྟ་མོད་ཀྱི་སངས་རྒྱས་དངོས་སུ་གསུངས་པ་མེད་དེ། བླ་མ་སངས་རྒྱས་ཉིད་ཡིན་ཞེས་བྱ་བ་དབང་བསྐུར་ཐོབ་ནས་ཡིན་པའི་ཕྱིར་དང་། དབང་བསྐུར་དང་སྔགས་ཀྱི་སྡོམ་པས་མ་སྤྲིལ་ན་བཟང་ཡང་ཕ་རོལ་ཏུ་ཕྱིན་པའི་བླ་མ་ཡིན་པའི་ཕྱིར་རོ། །དེ་དག་གི་དོན་བསྡུ་བ་ནི། འདུལ་བར་རབ་བྱུང་མ་ཡིན་པ་ལ་མཁན་པོའི་ཐ་སྙད་ཐོབ་པ་མེད་ལ༑ གསང་སྔགས་སུ་དབང་མ་བསྐུར་བ་ལ་བླ་མ་མེད་ཅིང་། སོ་སོར་སྤྱི་ལུགས་ལ་སྡོམ་པ་མེད་པ་ལ་སྡོམ་པ་ལས་བྱུང་བའི་དགེ་བ་རྒྱུན་ཆགས་པ་མེད་དོ། །སྐྱབས་འགྲོ་མེད་ན་སངས་རྒྱས་པའི་ལུགས་ཀྱི་ཆོས་པ་མ་ཡིན་ནོ༑ ༑

གསུམ་པ། དབང་བསྐུར་མ་ཐོབ་པའི་སྔགས་པ་བསྟན་པའི་ཆོམ་རྐུན་དུ་བསྟན་པས་མཇུག་བསྡུ་བ་ནི། དགེ་སྦྱོང་སྡོམ་པ་མེད་པ་དང་། རྒྱལ་སྲས་སེམས་བསྐྱེད་ཀྱི་སྡོམ་པ་དང་མི་ལྡན་པ་དང་། སྔགས་པ་དབང་

བསྒྱུར་མེད་པ་གསུམ་ཆོས་ཅན། སངས་རྒྱས་བསྟན་པའི་ཆོམ་རྐུན་ཞེས་བྱ་སྟེ། འདུལ་བ་དང་། མདོ་སྡེ་དང་། རྒྱུད་སྡེའི་བསྟན་པ་ལ་གནོད་པ་བྱེད་པའི་ཕྱིར་རོ། །དེ་བཞིན་དུ་སོ་ཐར་སྡོམ་པའི་རྣམ་གཞག་འདུལ་བ་དང་མི་མཐུན་པར་ཁས་ལེན་པ་སོགས་ལ་ཡང་ཤེས་པར་བྱའོ། །

གཉིས་པ། ལྔ་བ་ཕྱག་རྒྱ་ཆེན་པོའི་ཐ་སྙད་མི་འབྱུང་བར་བསྟན་པ་ལ། དབང་མ་བསྒྱུར་ན་ཕྱག་རྒྱ་ཆེན་པོའི་ཐ་སྙད་ཙམ་ཡང་མི་འབྱུང་བར་བསྟན། དབང་ལས་སྐྱེས་པའི་ཏིང་ངེ་འཛིན་གང་ཡིན་ཕྱག་ཆེན་དུ་ངོ་སྤྲོད་པ་དགག་པའོ། །དང་པོ་ལ། ཚེ་འདིར་ཕྱག་ཆེན་སྐྱེ་བ་ཚེ་འདིར་དབང་བསྒྱུར་ཐོབ་པ་ལ་རག་ལས་པར་བསྟན། དབང་བསྒྱུར་མ་ཐོབ་ཀྱང་བླ་མའི་མོས་གུས་ཙམ་གྱིས་ཕྱག་ཆེན་གྱི་རྟོགས་པ་སྐྱེ་བ་དགག །ཚེ་སྔ་མའི་དབང་བསྒྱུར་གྱིས་ཚེ་འདིའི་ཐབ་ལམ་ཉམས་སུ་ལེན་པའི་དབང་གི་གོ་མི་ཆོད་པར་བསྟན་པའོ། །དང་པོ་ལ་ལྔ་སྟེ། རྟོག་པ་བཀག་ཙམ་གྱི་མི་རྟོག་པ་དེ་དུད་འགྲོའི་རྒྱུའི་གཙོ་བོར་བསྟན། ཅི་ཡང་མེད་པར་ལྟ་བའི་མི་རྟོག་པ་དེ་གཟུགས་མེད་ཁམས་ཀྱི་རྒྱུར་བསྟན། དབུ་མའི་ལྟ་བ་དེ་མ་ནོར་བའི་ལྟ་བ་ཡིན་ཡང་ཕྱག་ཆེན་མ་ཡིན་པར་བསྟན། རང་ལུགས་ཀྱི་ཕྱག་ཆེན་ངོས་བཟུང་། ད་ལྟའི་ཕྱག་ཆེན་དུ་གྲགས་པ་འདི་རྒྱ་ནག་མཁན་པོའི་ལུགས་སུ་བསྟན་པའོ། །དང་པོ་ནི། དེས་སང་ཕྱག་རྒྱ་བར་གྲགས་པ་དག །ཕྱག་རྒྱ་ཆེན་པོ་སྒོམ་པར་རློམ་ན་ཡང་། རྟོག་པ་ཁ་ཆོམ་པ་སྟེ་བཀག་ཙམ་ལ་ཕྱག་རྒྱ་ཆེན་པོར་མིང་བཏགས་ནས་སྒོམ་མོད་ཀྱི། དབང་དང་རིམ་པ་གཉིས་ལས་བྱུང་བའི་ཡེ་ཤེས་ལ་ཕྱག་རྒྱ་ཆེན་པོར་མི་ཤེས་སོ། །དེ་ཡང་འགའ་ཞིག་གིས། སྣང་བ་སེམས་སུ་རྟོགས་པ་ལ་ཕྱག་རྒྱ་ཆེན་པོར་མཛད། འགའ་ཞིག་གིས་གཟུང་འཛིན་གཉིས་མེད་ཀྱི་ཤེས་པ་རང་རིག་རང་གསལ་རྟོགས་པ་ལ་ཕྱག་ཆེན་གྱི་ལྟ་བར་མཛད། ཡང་འགའ་ཞིག་གིས་ཆོས་ཐམས་ཅད་རང་གི་ངོ་བོས་སྟོང་བར་རྟོགས་པ་ལ་ཕྱག་རྒྱ་ཆེན་པོའི་ལྟ་བར་མཛད། དེ་ཡང་ཕར་ཕྱིན་ཐེག་པ་ན་ཕྱག་རྒྱ་ཆེན་པོའི་ཐ་སྙད་མེད་པ་མ་ཡིན་ཏེ། ཕར་ཕྱིན་ཐེག་པ་ནས་ཕྱག་རྒྱ་ཆེན་པོའི་ཐ་སྙད་འབྱུང་བར་མཻ་ཏྲི་པས་བཤད་པ་དང་། རིན་ཆེན་ཕྱག་རྒྱའི་ཏིང་ངེ་འཛིན་ཞེས་གསུངས་པ་དང་། ངེས་པ་དང་མ་ངེས་པ་ཕྱག་རྒྱ་ལ་འཇུག་པ་ཞེས་གསུངས་པས་སོ། །ཞེས་འཆད་ལ། དུས་ཕྱིས་ཆོས་རྗེ་ཡེ་བཟང་རྩེ་པ་ནི། མཻ་ཏྲི་པའི་དེ་ཉིད་བཅུ་པའི་འགྲེལ་པར། ཕར་ཕྱིན་ཐེག་པ་ལ་ཕྱག་རྒྱ་ཆེན་པོའི་ཐ་སྙད་གསུངས་སོ་ཞེས་འཆད་ཅིང་། ཁྱད་པར་དུ་དགོངས་གཅིག་ལས། ཕྱག་རྒྱ་ཆེན་པོ་བྱ་བ་དེ༑ ༑རང་གི་རིག་པ་འདི་ཉིད་ཡིན། །དེ་ལ་མ་ཡེངས་སྐྱོང་བ་དེ། །གཉུག་མ་ཆོས་སྐུ་སྒོམ་པ་ཡིན། །ཕྱག་རྒྱ་ཆེན་པོའི་བོགས་འདོན་དེ། །བླ་མ་དམ་པའི་མོས་གུས་ཡིན། །ཞེས་དང་། ཡང་ཕྱག་རྒྱ་ཆེན་པོ་དང་སོ་སོར་ཐར་པའི་ཚུལ་ཁྲིམས་དོན་གཅིག་ཅེས་དང་། ཡང་སྣང་བ་ཐམས་ཅད་སེམས་སུ་རྟོགས་ན་ཕྱག་རྒྱ་ཆེན་པོ་ཡིན་ཞེས་དང་།

ཡང་དའི་ཕྱག་རྒྱ་ཆེན་པོ་དང་། ཐེག་པ་ཆེན་པོ་རྒྱུད་བླ་མའི་ལྟ་བ་དོན་གཅིག་ཅེས་དང་། ཡང་ཕྱག་རྒྱ་ཆེན་པོའི་ལྟ་བ་འདི་ལ་ཆེན་པོ་གསུམ་གྱིས་མ་རེག་ཅེས་བྱ་བ་ཡིན་ཏེ། མཚན་ཉིད་ཐེག་པའི་ཡང་རྩེར་གྱུར་པ་དབུ་མ་ཆེན་པོས་མ་རེག །གསང་སྔགས་ལ་གསར་རྙིང་གཉིས་ལས། རྙིང་མའི་མཐར་ཐུག་ཨ་ཏི་ཡོ་ག་ཞེས་བྱ་བ་རྫོགས་པ་ཆེན་པོ་ཡིན་ལ་དེས་ཀྱང་འདི་ལ་མ་རེག །གསར་མའི་མཐར་ཐུག་མཚན་མེད་ཀྱི་རྫོགས་རིམ་ཕྱག་རྒྱ་ཆེན་པོ་ཡིན་ལ་དེས་ཀྱང་འདི་ལ་མ་རེག་སྟེ། ཆེན་པོ་གསུམ་ནི་བློས་བཞག་ཚིག་གི་བརྗོད་པ་ཡིན་ལ། ངེད་ཀྱི་སེམས་ཉིད་རྟོགས་པ་འདི་ནི་བློའི་ཡུལ་ལས་འདས་པའི་ཕྱིར་ཞེས་གསུངས། འདི་ལ་དཀར་པོ་ཆིག་ཐུབ་ཅེས་པའི་མིང་འདོགས་པ་ཡང་། རྗེ་དྭགས་པོ་ལྷ་རྗེའི་བཞེད་པ་ཡིན་པར་སྣང་སྟེ། དགོངས་གཅིག་ལས་རྗེ་སྒམ་པོ་པས་སྨན་ལ་དཔེར་མཛད་ནས། ངའི་སེམས་ཉིད་རྟོགས་པ་འདི་སྨན་དཀར་པོ་ཆིག་ཐུབ་དང་འདྲ་ཞེས་གསུངས། ཡང་དྭགས་ལྷའི་ཕྱག་རྒྱ་བ་ན་རེ། གོལ་ས་གསུམ་དང་ཤོར་ས་བཞི། །སྤངས་ཏེ་གཉུག་མ་བསྒོམ་པར་བྱ། །བྲམ་ཟེས་སྐུད་པ་འཁེལ་བ་ལྟར། །སོ་མ་མ་བཅོས་ལྷུག་པར་བཞག །ཅེས་བཤད་ལ། གོལ་ས་གསུམ་ནི། བདེ་བ་ལ་གོལ་ན་འདོད་པའི་ལྟར་སྐྱེ། གསལ་བ་ལ་གོལ་ན་གཟུགས་ཁམས། མི་རྟོག་པ་ལ་གོལ་ན་གཟུགས་མེད་དུ་སྐྱེའོ། །ཤོར་ས་བཞི་ནི། གཤིས་ལ་ཤོར་བ། སྒོམ་དུ་ཤོར་བ། ཞི་གནས་སུ་ཤོར་བ། རྒྱས་འདེབས་སུ་ཤོར་བའོ། །ཞེས་འཆད་དོ༑ ༑དེ་དག་འགོག་པ་ལ་གཞུང་གི་ཚིགས་འདི་དག་གསུངས་ཏེ། དེ་ཡང་ཕར་ཕྱིན་ཐེག་པ་ནས་བཤད་པའི་སོ་སོར་རྟོག་པའི་ཤེས་རབ་དང་། སྔགས་ཀྱི་ཐེག་པ་ནས་བཤད་པའི་དབང་དང་བྱིན་རླབས་སོགས་གང་ཡང་སྔོན་དུ་མ་སོང་བའི་བླུན་པོ་ཕྱག་རྒྱ་ཆེན་པོ་སྒོམ་པ་ཕལ་ཆེར་དུད་འགྲོའི་རྒྱུར་གསུངས་ཏེ། རྣམ་རྟོག་བཀག་ཙམ་རྐྱང་པས་གྲོལ་བར་བཟུང་ན། ལས་འབྲས་ལ་རྨོངས་པའི་མ་རིག་པ་དང་མཚུངས་པར་ལྡན་ཞིང་། དེས་ལས་བསགས་ནས་དུད་འགྲོར་སྐྱེ་བའོ། །དེ་སྐད་དུ་ཡང་། ཡེ་ཤེས་གྲུབ་པ་ལས། རྨོངས་པའི་སྒོམ་པ་གང་ཡིན་པ། །རྨོངས་པས་རྨོངས་པ་ཐོབ་པར་འགྱུར། །ཞེས་དང་། འཇིག་རྟེན་པ་ཡི་ཏིང་འཛིན་བསྒོམས་ན་ཡང་། །དེ་ཡིས་དངོས་པོར་འཛིན་པ་འཇིག་མི་ནུས། །དེ་ཡིས་ཉོན་མོངས་ཕྱིར་ཡང་རབ་ཏུ་ལྡང་། །ལྷག་དཔྱོད་ཀྱི་ནི་ཏིང་འཛིན་འདིར་བསྒོམས་བཞིན། །ཞེས་ལྷག་དཔྱོད་ཀྱིས་ལོ་བཅུ་གཉིས་ཏིང་འཛིན་བསྒོམས་པས་བྱི་ལར་སྐྱེས་པ་དཔེར་མཛད་དོ༑ ༑

གཉིས་པ། ཅི་ཡང་མེད་པའི་མི་རྟོག་པ་དེ་གཟུགས་མེད་ཁམས་ཀྱི་རྒྱུར་བསྟན་པ་ནི། དེ་ལྟ་མིན་པ་སྟེ། སྡིག་པ་མ་བྱས་ཤིང་། དགེ་བ་ཅི་རིགས་པ་བསགས། འདོད་པའི་འདོད་ཆགས་དང་། གཟུགས་ཀྱི་རྣམ་རྟོག་རགས་པ་སྤངས་ནས། རིགས་པ་ལ་མ་བརྟེན་པར་ཆོས་ཐམས་ཅད་ནམ་མཁའ་སྟོང་པ་ལྟར་གོམས་པ་དང་།

རིགས་པ་ལ་མ་བརྟེན་པར་ཆོས་ཐམས་ཅད་སེམས་ཙམ་དུ་གོམས་པ་དང་། གཟུང་བྱ་ཅི་ཡང་མེད་པར་གོམས་པ་དང་། ཡོད་མིན་མེད་མིན་དུ་གོམས་པས། གཟུགས་མེད་པའི་ཁམས་ནམ་མཁའ་མཐའ་ཡས་ལ་སོགས་པ་བཞིར་སྐྱེ་སྟེ། བློ་གྲོས་རྒྱ་མཚོས་ཞུས་པའི་མདོ་ལས། བྱང་ཆུབ་སེམས་དཔའ་བསམ་གཏན་བཞི་དང་གཟུགས་མེད་པའི་སྙོམས་པར་འཇུག་པ་བཞི་བསྐྱེད་ཅིང་བསྒྲུབས་ཏེ། ཞི་བའི་སྙོམས་པར་འཇུག་པ་དེ་དག་ལ་གནས་ཤིང་སེམས་ཅན་སྨིན་པར་བྱེད་པ་ལ་སྨོད། ཆོས་བསྟན་པ་ལ་སྨོད། སེམས་ཅན་དང་འདྲེ་བ་ལ་སྨོད། བསོད་ནམས་ཀྱི་འདུ་བྱེད་ལ་སྨོད། མི་གཡོ་བའི་འདུ་བྱེད་ལ་རོ་མྱང་གཅིག་པུ་དགའ་བ་ཐོབ་སྟེ་འདོད་པ་དང་གཟུགས་ཀྱི་ཁམས་ལ་སྨོན་དུ་ཤེས་ཤིང་། གཟུགས་མེད་པའི་ཁམས་ཀྱི་རོ་མྱང་བར་བྱེད་ལ། དེ་ལུས་དམན་པས་གཟུགས་མེད་པའི་ཁམས་སུ་སྐྱེ་བར་བྱེད། ཅེས་གསུངས་སོ། །དེས་ན་རིགས་པ་ལ་མ་བརྟེན་ན། སེམས་ཙམ་གྱི་ལྟ་བ་དང་། རྣམ་ཤེས་མཐའ་ཡས་ལ་འབྲུལ་གཞི་ཡོད་ཅིང་། གཞན་རྣམས་དང་དབུ་མའི་ལྟ་བ་ལ་འབྲུལ་གཞི་ཡོད་ཅེས་ཚེམས་པ་གསུང་ངོ་། །ཡང་ན་སྙིང་རྗེ་ཁྱད་པར་ཅན་དང་ཐེག་ཆེན་སེམས་བསྐྱེད་དང་བྲལ་ཞིང་། གང་ཟག་གི་བདག་མེད་རྟོགས་པའི་ལྟ་བ་ཙམ་ཞིག་ཚེ་གསུམ་དུ་གོམས་པས་ཉན་ཐོས་ཀྱི་འགོག་པ་སྟེ༑ མྱང་འདས་སུ་ལྟུང་སྟེ། སྡུད་པ་ལས། ཐབས་མེད་ཤེས་རབ་བྲལ་བས་ཉན་ཐོས་ཉིད་དུ་ལྟུང་། ཞེས་སོ། །

གསུམ་པ། དབུ་མའི་ལྟ་བ་དེ་མ་ནོར་བའི་ལྟ་བ་ཡིན་ཡང་ཕྱག་ཆེན་མིན་པར་བསྟན་པ་ནི། གལ་ཏེ་དེ་ནི་བསྒོམ་ལེགས་པ་སྟེ། གཞི་ཚུལ་ཁྲིམས་ལ་གནས། ཐོས་པས་རྒྱུད་སྦྱངས། བསམ་པས་དོན་ལ་དཔྱད་ནས་མ་འཁྲུལ་བའི་དོན་བསྒོམ་ཀྱང་། དབུ་མའི་སྒོམ་ལས་ལྷག་པ་མེད་ལ། དབུ་མའི་སྒོམ་དེ་ལྟ་བ་བཟང་མོད་ཀྱི། འོན་ཀྱང་དེའི་འབྲས་བུ་སངས་རྒྱས་འགྲུབ་པ་ཤིན་ཏུ་དཀའ་སྟེ། རྗེ་སྲིད་གྲངས་མེད་གསུམ་དུ་བསོད་ནམས་དང་ཡེ་ཤེས་ཀྱི་ཚོགས་གཉིས་མ་རྫོགས་པ་དེ་སྲིད་དུ་སྒོམ་དེ་མཐར་མི་ཕྱིན་ཏེ། སྡུད་པ་ལས། དེ་དག་དགེ་བའི་རྩ་བ་རྗེ་སྲིད་མ་རྫོགས་པ། །དེ་སྲིད་སྟོང་ཉིད་དམ་པ་དེ་ནི་ཐོབ་མི་བྱེད། །ཅེས་སོ། །འདིས་ཚོགས་གཉིས་རྫོགས་པ་ལ་བསྐལ་པ་གྲངས་མེད་གསུམ་དགོས་པར་བསྟན་ཏེ། མཛོད་ལས། དེ་གྲངས་མེད་གསུམ་ལ་སངས་རྒྱས། །ཞེས་སོ༔ །ཕྱིས་ཀྱི་འབེལ་གཏམ་བྱེད་པ་དག་གཞུང་འདི་ལ་འདི་ར། བླུན་པོ་ཕྱག་རྒྱ་ཆེ་སྒོམ་པ། །ཞེས་སོགས་གསུངས་པ་དེ། ཆོས་ཀྱི་སྐྱོན་ནམ་གང་ཟག་གི་སྐྱོན་ཡིན། དང་པོ་ལྟར་ན། མཁས་པས་བསྒོམས་ཀྱང་སྐྱོན་དུ་འགྱུར་བས་བླུན་པོ་ཞེས་པའི་ཚིག་ལ་རྣམ་བཅད་མེད་ལ། གཉིས་པ་ལྟར་ན། བླུན་པོ་ལམ་འབྲས་ཆེ་བསྒོམས་པ༔ །ཞེས་བརྗོད་ན་ཡང་མཚུངས་སོ། །ཞེ་ན། དེ་ནི་གང་ཟག་གི་སྐྱོན་ཡིན་ཏེ། ཆོས་ཀྱི་སྐྱོན་ཡིན་ན་སྒོམ་ལེགས་ཀྱང་དབུ་མའི་སྒོམ་དུ་འགྱུར་དོན་མེད་པའི་ཕྱིར་རོ། །འོན་ཀྱང་ལམ་འབྲས་ལ་ནི་མི་མཚུངས་ཏེ། ཐོག་མར་

སྣང་བ་གསུམ་གྱི་སྒོ་ནས་ཐུན་མོང་གི་ལམ་གྱིས་རྒྱུད་སྦྱངས། ཐུན་མོང་མ་ཡིན་པའི་རྒྱུ་དུས་ཀྱི་དབང་གིས་སྨིན་པར་བྱས་ནས། ལམ་འབྲས་བུ་དང་བཅས་པའི་མན་ངག་སྟོན་པའི་ཕྱིར་རོ། །ཁྱེད་ཀྱི་དེ་ལ་ནི་སྟོན་འགྲོ་དེ་དག་གང་ཡང་མེད་པར་ལྷ་བ་སྟོན་པས་སོ། །འོན་ཀྱང་དེང་སང་གི་གོ་རྒྱུ་དང་ཉམས་མྱོང་གང་ཡང་མེད་པར་ལམ་འབྲས་ལུང་ཐོབ་ཙམ་རེ་བྱེད་པ་འདི་དག་ལ། མཚུངས་མི་མཚུངས་ཁོང་རང་ལ་དྲིས་ཤིག །ཡང་དེང་སང་འགའ་ཞིག་སྣང་གསུམ་གྱི་ཐོག་མར་རྒྱུ་དུས་ཀྱི་དབང་དགོས་པའི་ཤེས་བྱེད་དུ། རྡོ་རྗེ་ཚིག་རྐང་གི་ཐོག་མར་བླ་མ་དམ་པའི་ཞབས་པད་ལ་བཏུད་དེ་ཞེས་གསུངས་པས་སོ། །ཞེས་འཆད་པ་ནི། སྐལ་དམན་རིམ་གྱིས་འཇུག་པའི་ཚུལ་ལ་མི་མཁས་པར་ཟད་ཅིང་། ཤེས་བྱེད་དེ་ཡང་མ་ངེས་ཏེ། དེ་ལྟ་ན། སྡོམ་གསུམ་ལེའུ་དང་པོ་འཆད་པའི་ཐོག་མར་ཡང་རྒྱུ་དུས་ཀྱི་དབང་བསྐུར་དགོས་པར་ཐལ། དེའི་མཆོད་བརྗོད་དུ། བླ་མ་དམ་པའི་ཞབས་ལ་གུས་པས་ཕྱག་འཚལ་ལོ། །ཞེས་གསུངས་པའི་ཕྱིར་རོ། །དེས་ན་ལེགས་པར་མ་སྦྱངས་པ་དག་གིས། རིགས་ཀྱིས་དྲིགས་པས་དབང་ཆེའི་དགག་སྒྲུབ་ལ་སྙིང་པོ་མེད་དོ། །

བཞི་པ། རང་ལུགས་ཀྱི་ཕྱག་ཆེན་ངོས་བཟུང་བ་ནི། དེད་ཀྱི་ཕྱག་རྒྱ་ཆེན་པོ་ནི་རྒྱུ་དུས་སུ་དབང་བསྐུར་བ་ལས་བྱུང་བའི་ཡེ་ཤེས་དང་། རིམ་པ་གཉིས་ཀྱི་ཏིང་ངེ་འཛིན་བསྒོམས་པ་ལས་བྱུང་བའི་རང་བྱུང་གི་ཡེ་ཤེས་ཡིན་ལ། འདི་ཡང་ཆོས་མཆོག་གི་མཇུག་ཐོགས་སུ་བྱུང་བའི་མཚོན་བྱ་དོན་གྱི་ཡེ་ཤེས་ཏེ། གཞན་གྱི་བསྟན་པ་ལ་མི་ལྟོས་པས་ན་རང་བྱུང་ངོ་། །དེ་ཡང་མཚོན་བྱ་དོན་གྱི་ཡེ་ཤེས་ལ་རང་བཞིན་ལྷན་སྐྱེས་དང་། མཚོན་བྱེད་དཔེའི་ཡེ་ཤེས་ལ་ཞུ་བདེ་ལྷན་སྐྱེས་ཞེས་བྱའོ། །འདིའི་རྟོགས་པ་མངོན་དུ་འགྱུར་བ་གསང་སྔགས་ཀྱི་ཐབས་ལ་མཁས་ན་ཚེ་འདིར་འགྲུབ་ལ། དེ་ལས་གཞན་དུ་དབང་དང་བྱིན་རླབས་ལ་མ་ལྟོས་པར་ཕྱག་རྒྱ་ཆེན་པོ་རྟོགས་པ་སངས་རྒྱས་ཀྱིས་མ་གསུངས་སོ། །དེས་ན་ཁྱེད་ཕྱག་རྒྱ་ཆེན་པོ་བསྒོམ་པ་ལ་མོས་ན་གསང་སྔགས་ཀྱི་གཞུང་བཞིན་སྒྲུབས་ཤིག་སྟེ། དེ་དབང་དང་རིམ་གཉིས་ལ་ལྟོས་པའི་ཕྱིར་རོ། །

ལྔ་པ། ད་ལྟའི་ཕྱག་ཆེན་རྒྱ་ནག་མཁན་པོའི་ལུགས་སུ་བསྟན་པ་ལ། རྒྱུ་མཚན་གྱི་སྒོ་ནས་མདོར་བསྟན། ལུང་རིགས་ཀྱི་སྒོ་ནས་རྒྱས་པར་བཤད་པའོ། །དང་པོ་ནི། ད་ལྟ་བོད་ལ་གྲགས་པའི་ཕྱག་རྒྱ་ཆེན་པོ་དང་། རྒྱ་ནག་ཧྭ་ཤང་གི་ལུགས་ཀྱི་རྫོགས་ཆེན་ལ། ཡས་འབབ་དང་མས་འཛེགས་ཅེས་པ་གཉིས་ལ། རིམ་གྱིས་པ་དང་ཅིག་ཅར་བའི་མིང་འདོགས་པ་ཙམ་ཞིག་བསྒྱུར་བ་མ་གཏོགས་པ། དོན་ཐོག་མ་ཉིད་ནས་སེམས་མ་བཅོས་པར་འཛོག་པ་ཙམ་ལ་ཁྱད་པར་དབྱེ་བ་མེད་དོ། །དེ་ཡང་ལྟ་བའི་ཆ་ནས་ཡིན་གྱི། སྤྱོད་པའི་ཆ་ནས་མ་ཡིན་ཏེ། ཧྭ་ཤང་གིས་ནི་བྱ་བྱེད་ཀྱི་ཆོས་ཀྱིས་འཚང་མི་རྒྱ། ཞེས་ལས་འབྲས་ཁྱད་དུ་གསོད་ལ། བཀའ་བརྒྱུད་འདི་པ་ནི་

ལས་འབྲས་དང་། བླ་མའི་མོས་གུས་དང་། དཀའ་སྤྱད་སོགས་ལ་ཤིན་ཏུ་བརྩོན་པར་མཛད་པས། གཞུང་འདིའི་དགོངས་པ་མ་ཡིན་བཞིན་དུ། ཕྱོགས་སྔ་ལ་སྐུར་པ་འདེབས་ཚབས་ཆེས་པས། རྒྱུས་མེད་མང་པོས་ཆོས་སྤྱོང་གི་ལས་མ་སོག་ཅིག །

གཉིས་པ། ལུང་རིགས་ཀྱི་སྒོ་ནས་རྒྱས་པར་བཤད་པ་ལ། ཞི་བ་འཚོའི་ལུང་ཁུངས་སུ་སྦྱར་བའི་རིགས་པ་དང་། ཕྱག་ཆེན་སྟོན་པའི་ཚད་ལྡན་གྱི་ལུང་དྲང་བའོ། །དང་པོ་ནི། ཆོས་ལུགས་འདི་འདྲ་འབྱུང་བའི་རྒྱུ་མཚན་ཡང་། བྱང་ཆུབ་སེམས་དཔའ་ཞི་བ་འཚོས། ཆོས་ཀྱི་རྒྱལ་པོ་ཁྲི་སྲོང་ལྡེ་བཙན་ལ་ལུང་བསྟན་པ་དེ་ཇི་བཞིན་ཐོག་ཏུ་བབས་སོ། །ལུང་བསྟན་དེ་ཡང་བཤད་ཀྱིས་ཉོན་ཞིག །རྒྱལ་པོ་ཁྱོད་ཀྱི་བོད་ཡུལ་འདི། སློབ་དཔོན་ཆེན་པོ་པདྨ་འབྱུང་གནས་ཀྱིས་མ་མོའི་སྡེ་དཔོན་དམ་ཅན་བསྟན་མ་བཅུ་གཉིས་ལ་གཏད་པས། མུ་སྟེགས་བྱེད་འབྱུང་བར་མི་གྱུར་མོད། སྦ་བཞེད་ལས་དུས་སྙིགས་མ་ཡིན་པས་མི་འབྱུང་ཞེས་བཤད། འོན་ཀྱང་ཉིན་མཚན་དང་། གཡས་གཡོན་དང་། ཡར་ངོ་མར་ངོ་སོགས་རྟེན་འབྲེལ་འགའ་ཞིག་གི་རྒྱུས། ཆོས་ལུགས་གཉིས་སུ་འགྲོ་བར་འགྱུར་ཏེ། དེ་ཡང་ཐོག་མར་ང་འདས་ནས་རྒྱ་ནག་གི་དགེ་སློང་མ་ཧཱ་ཡ་ན་བྱུང་ནས་ནི། དཀར་པོ་ཆིག་ཐུབ་ཅེས་བྱ་བ། ཅི་ཡང་ཡིད་ལ་མི་བྱེད་པ་འབའ་ཞིག་གིས་འཚང་རྒྱའོ་ཟེར་ནས་ཅིག་ཅར་བའི་ལམ་བསྟན་པར་འགྱུར་རོ། །འདི་འཕེལ་ན་བསྟན་པ་ལ་གནོད་པས། དེའི་ཚེ་ངའི་སློབ་མ་ནི་མཁས་པ་ཆེན་པོ་ཀ་མ་ལ་ཤཱི་ལ་ཞེས་བྱ་བ་དེ། སྦ་བཞེད་ལས་བལ་ཡུལ་ནས་སྤྱན་དྲོངས་ཟེར། རྒྱ་གར་ནས་སྤྱན་དྲོངས་ལ། དེ་ཡིས་ཧྭ་ཤང་གི་ཆོས་ལུགས་དེ་སུན་དབྱུང་བར་འགྱུར་རོ། །དེ་ནས་སློབ་དཔོན་དེའི་ཆོས་ལུགས་བཞིན་དུ་དད་པ་དང་ལྡན་པ་རྣམས་ཀྱིས་སྤྱོད་ཅིང་ཉམས་སུ་ལོངས་ཤིག་ཅེས་གསུངས་སོ། །དེ་ཡིས་ཇི་སྐད་དུ་གསུངས་པ་བཞིན་དུ་ཕྱི་ནས་ཐམས་ཅད་བདེན་པར་གྱུར་ཏེ། དེ་ཡང་མཁན་པོ་གཤེགས་ནས་ཧྭ་ཤང་ན་རེ། ཆིག་ལ་སྙིང་པོ་མེད། སེམས་རྟོགས་ན་དཀར་པོ་ཆིག་ཐུབ་ཡིན། ཅི་ཡང་ཡིད་ལ་མ་བྱེད་པར་ཉལ་བ་རྐྱང་པས་འཚང་རྒྱ་ཟེར། དེའི་རྒྱབ་རྟེན་དུ། བསམ་གཏན་ཉལ་བའི་འཁོར་ལོ། བསམ་གཏན་གྱི་ལོན། ཡང་ལོན། ལྟ་བའི་རྒྱབ་ཤ །མདོ་སྡེ་བརྒྱད་ཅུ་ཁུངས་ཞེས་པ་བསྟན་བཅོས་ལྔ་བརྩམས་སོ། །དེའི་ཆོས་ལུགས་འཕེལ་བ་ན། རྒྱ་གར་གྱི་ཆོས་དང་མ་མཐུན་པས་རྒྱལ་པོ་ཐུགས་མ་བདེ་བར། དབའ་ཡེ་ཤེས་དབང་པོ་ལ་དྲིས་པས། སྔར་གྱི་མཁན་པོའི་ཞལ་ཆེམས་སྙན་དུ་གསོལ་བས། སློབ་དཔོན་ཀ་མ་ལ་ཤཱི་ལ་སྤྱན་དྲངས། སེམས་བསྐྱེད་གླིང་དུ་ཁྲི་གསུམ་བཤམས། དབུས་སུ་རྒྱལ་པོ་གཡས་གཡོན་དུ་ཧྭ་ཤང་དང་སློབ་དཔོན་བཞུགས། ཡེ་ཤེས་དབང་པོ་ལ་སོགས་པ་མཁས་པ་རྣམས་ཀྱིས་དཔང་པོ་བྱས། ལག་ཏུ་མེ་ཏོག་འཕྲེང་བ་གཏད། གང་རྒྱལ་བ་དེ་ལ། ཕམ་པ་དེས་མེ་ཏོག་ཕུལ།

ཕམ་པ་དེའི་ལུགས་བོར་ཞེས་བཀའ་བསྩལ་ཏོ། །དེའི་ཚེ་སློབ་དཔོན་ཀ་མ་ལ་ཤཱི་ལས། རྒྱ་ནག་གི་ཆོས་ལུགས་ཇི་ལྟར་ཡིན་དྲིས་པས། ཧྭ་ཤང་ན་རེ། ཁྱེད་ཀྱི་ཆོས་ལུགས་སྐྱབས་འགྲོ་སེམས་བསྐྱེད་ནས་བཟུང་ནས། སྤྱིའུ་ཤིང་རྩེ་ར་འཛེགས་པ་ལྟར་མས་འཛེགས་ཡིན། ངེད་ཀྱི་ཆོས་ལུགས་འདི། བྱ་བྱེད་ཀྱི་ཆོས་ཀྱིས་འཚང་མི་རྒྱ། རྣམ་པར་མི་རྟོག་པ་སྒོམ་ན་འཚང་རྒྱ་སྟེ། ཁྱུང་ནམ་མཁའ་ལས་ཤིང་རྩེ་ར་བབས་པ་ལྟར་ཡས་འབབ་ཀྱི་ཆོས་ཡིན་པས། དཀར་པོ་ཆིག་ཐུབ་ཡིན་ནོ་ཞེས་ཟེར། དེ་ལ་སློབ་དཔོན་གྱིས། ཐོག་མར་ཁྱོད་ཀྱི་དཔེ་མི་འཐད་དེ། ཁྱུང་ནམ་མཁའ་ལས་གློ་བུར་དུ་འདབ་གཤོག་རྫོགས་ནས་ཤིང་རྩེ་ར་བབས་སམ། བྲག་ལ་སོགས་པར་སྐྱེས། རིམ་གྱིས་འདབ་གཤོག་རྫོགས་པར་བྱས་ཏེ་བབས། དང་པོ་མི་སྲིད་ལ། གཉིས་པ་ནི་རིམ་གྱིས་པའི་དཔེར་སྣང་གི །ཅིག་ཅར་བའི་དཔེར་མི་སྣང་ངོ་། །དེ་ནས་ཧྭ་ཤང་གིས་དཔེ་ལ་ལན་མ་ཐེབས་པ་དང་། ཁྱོད་ཀྱི་དཔེ་ནོར་བར་མ་ཟད་དོན་ཡང་འབྲེལ་ཏེ། རྣམ་པར་མི་རྟོག་པའི་སྒོམ་དེ་ཅི། རྣམ་རྟོག་ཕྱོགས་གཅིག་དགག་པ་ཙམ་མམ་མཐའ་དག་དགག་དགོས། དང་པོ་ལྟར་ན། གཉིད་དང་བརྒྱལ་བ་སོགས་ཀྱང་རྣམ་པར་མི་རྟོག་པར་འགྱུར་རོ། །གཉིས་པ་ལྟར་ན། མི་རྟོག་པ་སྒོམ་པའི་ཚེ། དེ་བསྒོམ་སྙམ་པའི་རྟོག་པ་སྔོན་དུ་གཏོང་དགོས་སམ་མི་དགོས། མི་དགོས་ན། ཁམས་གསུམ་གྱི་སེམས་ཅན་ཐམས་ཅད་ལ་སྒོམ་སྐྱེ་བར་ཐལ། བསྒོམ་སྙམ་པའི་རྟོག་པ་སྔོན་དུ་མ་བཏང་ཡང་སྒོམ་སྐྱེ་བའི་ཕྱིར་རོ། །གཏང་དགོས་ན་དེ་ཉིད་རྟོག་པ་ཡིན་པས་མི་རྟོག་པ་འབའ་ཞིག་བསྒོམ་པའི་དམ་བཅའ་ཉམས་ཏེ། དཔེར་ན་སྨྲ་བཅད་བྱས་སོ་ཞེས་སྨྲ་ན་སྨྲ་བཅད་ཤོར་བ་བཞིན་ནོ། །ཞེས་སོགས་ལུང་དང་རིགས་པས་སུན་ཕྱུང་བ་དང་། རྒྱ་ནག་མཁན་པོ་སྤོབས་པ་མེད་པར་གྱུར་ཏེ། དེར་རྒྱལ་པོས་སྨྲས་པ། ལན་ཡོད་ན་གསུངས་ཤིག །མཁན་པོས་སྨྲས་པ། མགོར་ཐོག་བརྒྱབས་པ་དང་མཚུངས་པས་ལན་མི་ཤེས་སོ། །རྒྱལ་པོས་སྨྲས་པ། དེ་ལྟར་ན་སློབ་དཔོན་ལ་མེ་ཏོག་གི་འཕྲེང་བ་ཕུལ་ལ་བཟོད་པར་གསོལ་ཏེ། དཀར་པོ་ཆིག་ཐུབ་ཀྱི་ཆོས་ལུགས་བོར་ལ་ལྟ་བ་ཀླུ་སྒྲུབ་དང་མཐུན་པ། སྤྱོད་པ་ཕ་རོལ་ཏུ་ཕྱིན་པའི་ལུགས་བཞིན་གྱིས། ད་སླན་ཆད་རྒྱལ་པོས་ཡོན་བདག་བྱས་ཤིང་། ལོ་པཎ་གྱིས་བསྒྱུར་བ་མ་ཡིན་པའི་ཆོས་ལ་ཉན་བཤད་སྒོམ་གསུམ་མ་བྱེད། དཀར་པོ་ཆིག་ཐུབ་སུས་བྱས་ཀྱང་ཆད་པས་གཅོད་དོ། །ཞེས་བོད་ཁམས་སུ་ཁྲིམས་སུ་བཅས། རྒྱ་ནག་གི་ཆོས་རྣམས་བསམ་ཡས་སུ་གཏེར་དུ་སྦས་སོ། །དེར་རྒྱ་ནག་མཁན་པོ་ཡི་མུག་སྟེ་རང་གི་ཡུལ་དུ་ལོག །དེར་ལྷམ་ཡ་གཅིག་ལུས་པའི་ལྟས་ལ་བརྟེན་ནས་ད་དུང་ངའི་བསྟན་པ་ལྷམ་ཙམ་གཅིག་ལུས་པར་འགྱུར་རོ། །ཞེས་ལུང་བསྟན་ནོ་ཞེས་གྲག་གོ །རྒྱས་པར་གཞན་དུ་བལྟ་བར་བྱའོ། །

དེ་ལྟར་རྒྱ་ནག་གི་ལུགས་དེ་ནུབ་པར་མཛད་ནས། རིམ་གྱིས་པའི་ཆོས་ལུགས་སྤེལ་ལོ། །ཕྱིས་ནས

ད་ར་མས་བསྟན་པ་བསྣུབས་པས་ཆོས་ཁྲིམས་ནུབ། དེའི་སྲས་འོད་སྲུང་དང་། ཡུམ་བརྟན་གཉིས་ཀྱིས་རྒྱལ་ཁྲིམས་ནུབ་པར་བྱས་པ་དང་། རྒྱ་ནག་མཁན་པོའི་གཞུང་ལུགས་ཀྱི་ཡི་གེ་ཙམ་ལ་བརྟེན་ནས་ཀྱང་། དེའི་མིང་ཅིག་ཅར་བར་འདོགས་པ་དེ་གསང་ནས་ནི། ཕྱག་རྒྱ་ཆེན་པོར་མིང་བསྒྱུར་ནས། སེམས་སོ་མ་མ་བཅོས་ལྷུག་པ༑ འབོལ་ལེ་ཤིག་གེ་འཇོག་པ་ཡིན་ཞེས་ཟེར། དེས་ན་ད་ལྟའི་ཕྱག་རྒྱ་ཆེན་པོ་ནི་ཕལ་ཆེར་རྒྱ་ནག་གི་ཆོས་ལུགས་ཅིག་ཅར་བའི་རྗེས་སུ་འཇུག་པ་ཡིན་ཏེ། དེས་ན་སྟོན་འགྲོ་བསོད་ནམས་ཀྱི་ཚོགས་གསོག་པ་དང་། སོ་སོར་རྟོག་པའི་ཤེས་རབ་དང་། དབང་དང་བྱིན་རླབས་སོགས་སྤངས་ནས། ཐོག་མ་ཉིད་ནས་སེམས་མ་བཅོས་པར་འཇོག་པ་བཀག་པ་ཡིན་གྱི། མཉམ་བཞག་དངོས་གཞིའི་ཚེ་ཡིད་བྱེད་ཀྱི་འགོག་པ་དང་། སེམས་མ་བཅོས་ལྷུག་པར་འཇོག་པ་རང་ལུགས་ལ་ཡང་ཁས་ལེན་ཏེ། སྤྲོས་མེད་རྡོ་རྗེའི་ཚིག་རྐང་ལས། །རྟོག་པ་ཉིད་ལ་གཏད་ལེགས་ན། །རྟོག་པའི་དྲ་བ་སྦྱོང་བར་འགྱུར། །ཞེས་གསུངས་པ། དེའི་དོན་འཆད་པ་ན། རྣམ་རྟོག་སྤངས་པས་ག་ལ་སྤྱོད། །བཅིར་ཟེན་བྱ་ཡིས་ག་ལ་ལང་། །གང་ཤར་ངང་ལ་ལྷུག་པར་ཞོག །ཅེས་གསུངས་སོ། །དེས་ན་སྒོམ་དངོས་གཞིའི་ཚེ་བདེན་པར་མེད་སྣམ་པའི་རྟོག་པའི་ངར་དང་མ་བྲལ་བ་དགོས་སོ་ཞེས་རྟག་འཛིན་འགོག་པ་ལ་སྒོམ་དུ་འདོད་པ་དག་གི་ཁ་ཕྱིར་འབྲངས་ནས། ཆོས་སྤྱོང་གི་ལས་མ་སོག་ཅིག །

གཉིས་པ། ཕྱག་ཆེན་སྟོན་པའི་ཚད་ལྡན་གྱི་ལུང་དྲང་བ་ནི། སེམས་མ་བཅོས་པ་ཙམ་ཕྱག་ཆེན་དུ་འདོད་པ༑ ནཱ་རོ་དང་མཻ་ཏྲི་པའི་བཞེད་པ་ཡང་མ་ཡིན་ཏེ། ཁོང་བཞེད་པའི་ཕྱག་རྒྱ་ཆེན་པོ་གང་ཡིན་པ་དེ་ནི། ལས་དང་ཆོས་དང་ནི་དམ་ཚིག་གི་ཕྱག་རྒྱ་དང་། ཕྱག་རྒྱ་ཆེན་པོ་ཞེས་པ་གསང་སྔགས་ཀྱི་རྒྱུད་ནས་ཇི་སྐད་དུ་གསུངས་པ་དེ་ཉིད་ཁོང་བཞེད་པའི་ཕྱིར་རོ། །དེ་ཡང་ཕྱག་རྒྱ་བཞི་དང་། ཨེ་ཝཾ་མ་ཡ་བཞི་དང་། འབྱུང་བ་བཞི་དང་། ཡུམ་བཞི་དང་། འཁོར་ལོ་བཞི་དང་། ཚད་མེད་བཞི་དང་། ཕར་ཕྱིན་ཕྱི་མ་བཞི་དང་། མཁའ་འགྲོ་བཞི་དང་། སྤྲུལ་པའི་འཁོར་ལོ་བཞི་དང་། སྦྲང་བྱ་ཉོན་མོངས་བཞི་དང་སྦྱོར་བར་སམ་བུ་ཊི་ལས་གསུངས་སོ། །ནཱ་རོ་པའི་ནི། ཕྱག་ཆེན་གདམས་ངག་མ་ལས། རང་རང་གཞུང་དང་གྲུབ་པའི་མཐའ་ཡིས་ཀྱང་། །འོད་གསལ་ཕྱག་རྒྱ་ཆེན་པོ་མཐོང་མི་འགྱུར། །ཞེས་པ་འདི་ཏི་ལོ་པས་ནཱ་རོ་པ་ལ་བཤད་པར་གྲགས་ལ། ཆོས་དྲུག་རྡོ་རྗེའི་ཚིག་རྐང་ལས། །ཕྱག་ནི་གཉིས་མེད་ཡེ་ཤེས་ངོ་ཡིས་བཟུང་། །རྒྱ་ནི་འཁོར་བའི་མདུད་པ་བྲལ་བ་སྟེ། །ཆེན་པོ་ཟུང་འཇུག་སྒྲོན་མ་བལྟམས་པ་ལགས། །ཞེས་པ་ནི་ཐེ་ཚོམ་གྱི་གཞི་སྐྱེ་འོག་ནས་འཆད་དོ། །ཡང་ན་འཁོར་ལོ་སྡོམ་པའི་རྫོགས་རིམ་དང་ཕྱག་རྒྱ་བཞི་སྦྱོར་ཚུལ་ཡོད་པ་ལ་དགོངས་སོ། །མཻ་ཏྲི་པའི་ནི། དེ་ཉིད་ཉི་ཤུ་པ་ལས། ཡེ་ཤེས་ཕྱག་རྒྱ་མཉམ་སྦྱོར་བས། །འཛམ་པའི་རྡོ་རྗེ་ལ་སོགས་གཙོ། །ཞེས་པ་ལྟར་རོ། །འཕགས་པ་ཀླུ་སྒྲུབ་ཉིད་

ཀྱིས་ཀྱང་། ཕྱག་རྒྱ་བཞི་པ་ཞེས་བྱ་བའི་བསྟན་བཅོས་ལས་འདི་སྐད་གསུངས་ཏེ། ལས་ཀྱི་ཕྱག་རྒྱ་མི་ཤེས་པ་དེ་དག་གིས་ནི་ཆོས་ཀྱི་ཕྱག་རྒྱའང་ཤེས་པར་མི་འགྱུར་ན། ཕྱག་རྒྱ་ཆེན་པོའི་མིང་ཙམ་ཡང་ཤེས་པར་ག་ལ་འགྱུར། ཞེས་པས། རྟོགས་པ་ཉིད་ནི་མི་སྲིད་པར་གསུངས་སོ། །དེ་ཡང་རྒྱལ་པོའི་རྒྱ་བཞིན་དུ་འདེབས་པས་ན་ཕྱག་རྒྱའོ། །དེ་ལ་ལས་ཀྱི་ཕྱག་རྒྱ་ནི་ཤེས་རབ་སྐྱེ་ཐབས་ལ་འདེབས་པའོ། །ཆོས་ཀྱི་ཕྱག་རྒྱ་ནི་དབང་གོང་མ་གཉིས་ཀྱི་དོན་བསྒོམས་པ་ལས་བྱུང་བའི་བདེ་སྟོང་གི་ཡེ་ཤེས་ཏེ། འཇིག་རྟེན་པའི་ལམ་གྱིས་བསྡུས་པའོ། །ཕྱག་རྒྱ་ཆེན་པོ་ནི་དེ་ལས་བྱུང་བའི་འཇིག་རྟེན་ལས་འདས་པའི་ཡེ་ཤེས་སོ། །དེ་གཉིས་ཆོས་ཐམས་ཅད་ལ་འདེབས་པས་ཕྱག་རྒྱ། ཕྱི་མ་ནི་དེ་ལས་ལྷག་པའི་ཆོས་མེད་པས་ཆེན་པོའོ། །དམ་ཚིག་གི་ཕྱག་རྒྱ་ནི་སངས་རྒྱས་ཀྱི་གཟུགས་སྐུ་གཉིས་ཏེ། སེམས་ཅན་གྱི་དོན་མཛད་པ་ལས་མི་འདའ་བས་དམ་ཚིག་ཀྱང་ཡིན་ལ། གདུལ་བྱ་ལ་འདེབས་པས་ཕྱག་རྒྱ་ཡང་ཡིན་ནོ། །དུས་འཁོར་ལས། ལས་ཀྱི་ཕྱག་རྒྱ། ཡེ་ཤེས་ཀྱི་ཕྱག་རྒྱ། ཕྱག་རྒྱ་ཆེན་པོ་གསུམ་གསུངས་པའི། དང་པོ་སྒྲུ་མ་དང་འདྲ། གཉིས་པ་བསྐྱེད་རིམ་གྱི་ལྷ་མོ། །གསུམ་པ་རྣམ་ཀུན་མཆོག་ལྡན་གྱི་སྟོང་གཟུགས་སོ། །འོ་ན་ཕྱག་རྒྱ་བཞི་པ་མ་དག་པར། འགོས་དང་། ཕོ་བྲང་ཞི་བ་འོད་ཀྱིས་བཤད་དོ་ཞེ་ན། དེ་དག་གིས་གང་བཤད་ཚད་མར་མི་བྱེད་པས་སྐྱོན་མེད་དོ། །འོ་ན་ཁུངས་སུ་བྱས་པ་དང་འགལ་ལོ་ཞེ་ན། དེ་ནི་ཆོས་ལོག་སུན་འབྱིན་གྱི་རྣམ་གྲངས་ཙམ་བཀོད་པ་ཡིན་ནོ། །རྒྱུད་ཀྱི་རྒྱལ་པོ་གཞན་ཀྱི་རྡོ་རྗེ་སོགས་དང་། བསྟན་བཅོས་ཆེན་པོ་གཞན་གྲུབ་པ་སྡེ་བདུན་སོགས་ལས་ཀྱང་། དབང་བསྐུར་དག་དང་མ་འབྲེལ་བ་དེ་ལ་ཕྱག་རྒྱ་ཆེན་པོ་རྟོགས་པ་བཀག་སྟེ། བརྟག་གཉིས་ལས། དེ་ནས་རྣལ་འབྱོར་མས་ཞུས་པ། ཕྱག་རྒྱ་ཆེན་པོ་ཇི་ལྟ་བུ། ཞེས་པའི་ལན་དུ། གཞན་གྱིས་བརྗོད་མིན་ལྷན་ཅིག་སྐྱེས། །གང་དུ་ཡང་ནི་མི་རྙེད་དེ། །བླ་མའི་དུས་ཐབས་བསྟན་པ་དང་། །བདག་གི་བསོད་ནམས་ལས་ཤེས་བྱ། །ཞེས་གསུངས་སོ། །ཡེ་ཤེས་གྲུབ་པ་ལས། རྟོག་པ་ཐམས་ཅད་རྣམ་སྤངས་པའི། །ཡེ་ཤེས་མཆོག་བཟང་ཐོབ་པ་ཡི། །རྡོ་རྗེའི་ཡེ་ཤེས་དབང་བསྐུར་བས། །དངོས་གྲུབ་མཆོག་ནི་བསྒྲུབ་པར་བྱ། །ཞེས་གསུངས་སོ། །ཡང་འདིར་ཕྱག་ཆེན་གྱི་ཞལ་འཛིན་པ་དག །ཕར་ཕྱིན་ཐེག་པ་ནས་ཕྱག་ཆེན་བཤད་པར་འདོད་པ་དང་། ཕྱག་ཆེན་དབུ་མ་ཆེན་པོ་ལས་ལྷག་པར་འདོད་པ་ནང་འགལ་ལོ། །དེས་ན་དབང་བསྐུར་ལས་བྱུང་བའི་ཡེ་ཤེས་ཕྱག་རྒྱ་ཆེན་པོ་དེ་རྟོགས་ན། ད་གཟོད་མཚན་མ་དང་བཅས་པའི་འབད་རྩོལ་ཀུན་ལ་མི་ལྟོས་པར། ཡེ་ཤེས་རང་གི་ངང་གིས་འབྱུང་བ་ཡིན་ནོ། །དེ་སྐད་དུ་ཡང་། ལམ་འབྲས་ལས། རྟོག་པའི་འགྲོ་ལྡོག་བྱེད། ཅེས་ཏེ། འཁོར་ལོ་བསྐོར་བ་འཇིག་རྟེན་ལས་འདས་པའི་ལམ་ཡིན་པས་སོ། །

གཉིས་པ། དབང་མ་ཐོབ་ཀྱང་བླ་མའི་མོས་གུས་ཙམ་གྱིས་ཕྱག་ཆེན་གྱི་རྟོགས་པ་སྐྱེ་བ་དགག་པ་ནི། དེང་སང་བོད་འགའ་ཞིག་དབང་མ་ཐོབ་ཀྱང་བླ་མའི་མོས་གུས་ཙམ་གྱིས་སེམས་བསྒྱུར་ནས་རྟོག་པ་མངོན་གྱུར་ཙུང་ཟད་འགགས་པ་ལ། ཕྱག་རྒྱ་ཆེན་པོར་ངོ་སྤྲོད་བྱེད་པ་མི་འཐད་དེ། དེ་བདུད་ཀྱི་བྱིན་རླབས་ཡིན་པའང་སྲིད་པའི་ཕྱིར་དང་། ཡང་ན་ཁམས་ནི་ལུས་ཟུངས་རྐྱེན་འགའ་ཞིག་གིས་རྩ་གནས་སུ་འདུས་པ་འགའ་ལའང་འབྱུང་སྟེ། དཔེར་ན་སྔོན་མི་རྒན་ཞིག་གིས་ཤིང་ཐུར་ཕྱིན་པས། ཞྭ་དཀར་པོ་ཞིག་རྙེད་དེ། དེ་གྱོན་པ་ན། གཞན་གྱིས་དེ་ཉིད་མཚན་དཔེས་བརྒྱན་པའི་གཟུགས་སུ་མཐོང་ནས། གྲུབ་ཐོབ་ཀ་རུ་འཛིན་ཞེས་བྱ་བ་བརྗུན་རླབས་ཅན་ཞིག་བྱུང་བར་གྱུར་ཏོ། །དེ་ནས་དེའི་དགོན་པ་མཐོང་བ་དང་། ལ་ལ་ཞལ་མཐོང་བ་དང་། ལམ་དུ་ཞུགས་ཙམ་ལ་འགའ་ལ་ཏིང་ངེ་འཛིན་སྐྱེས་ཞེས་ཟེར་རོ། །ཕྱིས་ནས་དེའི་སློབ་མ་ཞིག་གིས། དེ་རང་གི་ཁང་པ་ན་ཞྭ་དཀར་པོ་དེ་ཕུད་ནས་འདུག་པ། སྔོན་གྱི་རྒན་པོའི་གཟུགས་དེ་ཉིད་དུ་འདུག་པ་སློ་གསེང་ནས་མཐོང་ནས། གཞན་ལའང་སྨྲས་ཤིང་། སློབ་མ་དེ་དག་དེ་དང་ཞེ་འགྲས་ནས། དེ་སྐྱེ་བོ་མང་པོའི་དབུས་ན་འདུག་པའི་ཞྭ་བཤུས་ནས་དེ་དག་གིས་ཀྱང་རྒན་པོ་དེར་མཐོང་ནས། དེའི་གྲུབ་ཐོབ་ཞིག །དེ་ནས་སྔར་གྱི་ཏིང་ངེ་འཛིན་སྐྱེས་པ་དེའང་རྒྱུན་ཆད་པར་གྱུར་ཏེ། དེ་འདྲའི་ཏིང་ངེ་འཛིན་བདུད་ཀྱི་རིགས་ཀྱི་འབྱུང་པོ་རྣམས་ཀྱིས་བྱེད་པར་གསུངས་ཏེ། ལམ་འབྲས་ལས། ཤེས་རབ་ཀྱི་ཕྱོགས་སུ་ལྷུང་བའི་ལམ་ལ་ལྷའི་བུའི་བདུད་འོང་བས་སད་པ་བཞིས་སྲུངས་ཞེས་སོ། །སངས་རྒྱས་གསུང་བཞིན་དུ་སྒྲུབ་པའི་བྱིན་རླབས་སངས་རྒྱས་རྣམས་ཀྱི་ཡིན་གྱི་གཞན་དུ་མི་བལྟོའོ། །

གཉིས་པ། ཚེ་སྔ་མའི་དབང་བསྐུར་གྱིས་ཚེ་འདིར་ཟབ་ལམ་ཉམས་སུ་ལེན་པའི་དབང་གི་གོ་མི་ཆོད་པར་བསྟན་པ་ནི། སྒོམ་ཆེན་ཁ་ཅིག །སྐྱེ་བ་སྔ་མ་ལ་སེམས་བསྐྱེད་དང་དབང་བསྐུར་མ་བྱས་ན། ཚེ་འདིར་ཆོས་ལ་དད་པ་མི་སྲིད་པས། གང་དག་ཐེག་ཆེན་སྔགས་ལ་དད་པ་ཐོབ་པ་སྔར་ནས་རྒྱུད་སྦྱངས་པ་ཡིན་པས། ད་ལྟ་དབང་བསྐུར་མི་དགོས་སོ་ཞེས་ཟེར་རོ། །འོན་སོ་སོར་ཐར་པ་ཡི་སྡོམ་པ་དག་ལ་མོས་པ་ཡང་ཚེ་སྔ་མའི་སྡོམ་པ་ཡོད་པར་ཁས་བླངས་པའི་ཕྱིར། ད་ལྟ་ཚེ་འདི་ལ་རབ་ཏུ་བྱུང་ཅི་དགོས་ཏེ་མི་དགོས་པར་འགྱུར་ལ། བྱང་ཆུབ་སེམས་དཔའི་སེམས་བསྐྱེད་ཀྱང་། ཚེ་སྔ་མའི་སེམས་བསྐྱེད་ཡོད་པའི་ཕྱིར་ན་ད་ལྟ་སེམས་བསྐྱེད་བྱ་ཅི་དགོས་ཏེ་མི་དགོས་པར་འགྱུར་རོ། །རབ་བྱུང་དང་སེམས་བསྐྱེད་དེ་དག་མ་བྱས་ན་བསྟན་པ་དང་འགལ་བས་བྱ་དགོས་ན། གསང་སྔགས་ཀྱི་ནི་དབང་བསྐུར་ཡང་རྒྱུ་མཚན་ཅིའི་ཕྱིར་མི་དགོས་ཏེ། མ་བྱས་ན་བསྟན་པ་དང་འགལ་བར་མཚུངས་པའི་ཕྱིར་རོ། །འདིར་སོ་ཐར་སྡོམ་པ་ནི་ཤི་འཕོས་པས་གཏོང་བ་དང་། གསང་སྔགས་སྡོམ་

པ་ཤི་འཕོས་པས་མི་གཏོང་བས་ཇི་ལྟར་མཚུངས་ཤེ་ན། དེ་ནི་ཕྱོགས་སྔ་མས་ཁས་ལེན་དགོས་པའི་དབང་དུ་བྱས་སོ། །འོན་ཀྱང་སྐྱེ་བ་སྔ་མ་ལ་སྔགས་སྡོམ་ཐོབ་པ་དྲན་པའི་གང་ཟག་ཁྱད་པར་ཅན་ལ། ཚེ་འདིར་དབང་བསྐུར་མ་ཐོབ་ཀྱང་སྔགས་ཉམས་སུ་ལེན་རུང་བ་འདྲ་སྟེ། འདིར་ནི་རྒྱ་བརྟན་པ་ཙམ་ལ་དགོངས་པ་འདྲའོ། །གཞན་གྱིས་དཔྱད་པ་ཞུགས་པ་མི་སྣང་ངོ་། །དེས་ན་སངས་རྒྱས་ཀྱི་ཆོས་ལ་མི་དགའ་བའི་མུ་སྟེགས་བྱེད་ཀྱིས་ཆོས་སྤྱངས་ཀྱང་དེ་ལ་ངོ་མཚར་དུ་མི་བརྩིའི། སངས་རྒྱས་ཀྱི་ཆོས་ལ་བརྟེན་དགོས་བཞིན་དུ། དྲི་མ་མེད་པའི་མདོ་རྒྱུད་རྣམས་ཚིག་གི་ན་ཡ་ཡིན་པས་དགོས་པ་མེད་དོ་ཞེས། ཉན་བཤད་འགོག་པར་བྱེད་པ་དེ་ལ་ཁོ་བོས་ངོ་མཚར་དུ་བརྩིས་སོ། །འདི་ནི་རིགས་པ་དྲུག་ཅུ་པ་ལས། གལ་ཏེ་ཡོད་པར་སྨྲ་བ་རྣམས། །དངོས་ལ་ཞེན་པར་གནས་པ་ནི། །ལམ་དེ་ཉིད་ལ་གནས་པ་སྟེ། །དེ་ལ་ངོ་མཚར་ཅུང་ཟད་མེད། །སངས་རྒྱས་ལམ་ལ་བརྟེན་ནས་ནི༑ ༑ཐམས་ཅད་མི་རྟག་སྨྲ་བ་རྣམས། །རྩོད་པ་ཡིས་ནི་དངོས་པོ་ལ། །ཆགས་གནས་གང་ཡིན་དེ་སྨད་དོ། །ཞེས་པ་དང་མཚུངས་སོ། །

གཉིས་པ། དབང་ལས་སྐྱེས་པའི་ཏིང་ངེ་འཛིན་གང་ཡིན་ཕྱག་ཆེན་དུ་ངོ་སྤྲོད་པ་དགག་པ་ལ། མཐོང་ལམ་གྱི་ངོ་སྤྲོད་ནོར་བ་དགག །དེའི་སྐྱོན་སྤོང་དུ་རྒྱུན་ཅན་རྒྱུན་མེད་ཀྱི་རྣམ་གཞག་ནོར་བ་དགག །དེ་ལྟར་བཀག་པ་ལ་ནཱ་རོ་པ་དང་འཕགས་པ་ལྷའི་ལུང་དང་འགལ་བ་སྤང་བའོ། །དང་པོ་ནི། ཕྱག་རྒྱ་བ་ལ་ལ་ཞི་གནས་ཅུང་ཟད་དང་། སྣང་བ་སྟོང་པར་རྟོགས་པའི་རྟོགས་པ་ཕྲ་མོ་ལ་མཐོང་ལམ་སྐྱེས་པ་ཡིན་ཞེས་ངོ་སྤྲོད་བྱེད་དོ། །འོ་ན་ཡོན་ཏན་བརྒྱ་ཕྲག་བཅུ་གཉིས་སྟོན་དགོས་སྙམ་ན། དཔེར་ན་ཁྱུང་གི་ཕྲུ་གུ་སྒོ་ངའི་རྒྱ་ཡིས་བཅིངས་པ་ན་འདབ་གཤོག་རྫོགས་ཀྱང་འཕུར་མི་ནུས་ལ། དེ་ལས་གྲོལ་མ་ཐག་ཏུ་འཕུར་བ་ཇི་བཞིན་དུ། མཐོང་ལམ་ཐོབ་པའི་རྣལ་འབྱོར་པ་ལུས་ཀྱི་རྒྱ་ཡིས་བཅིངས་པས་ན། ད་ལྟ་སེམས་ལ་རྟོགས་པ་རྫོགས་ཀྱང་མཐོང་ལམ་གྱི་ཡོན་ཏན་མི་འབྱུང་བས། ལུས་ཀྱི་རྒྱ་ཞིག་པའི་ཤི་མ་ཐག་ཡོན་ཏན་ཐམས་ཅད་ཕྱི་ནས་འབྱུང་ངོ་༑ ༑ཞེས་ཟེར་རོ། །དེ་མི་འཐད་དེ། སྒྲུབ་བྱེད་མེད་ཅིང་གནོད་བྱེད་ཡོད་པས་སོ། །དང་པོ་ནི། ཐེག་པ་ཆེན་པོའི་མདོ་རྒྱུད་ལས། ཁྱེད་འདོད་པ་དེ་འདྲའི་ཆོས་ལུགས་བཤད་པ་མེད་དོ། །གནོད་བྱེད་ནི། ཉི་མ་དེ་རིང་ཤར་བའི་འོད་ཟེར་ནངས་པར་འབྱུང་བ་བཞིན་དུ། མཐོང་ལམ་ཚེ་འདིར་སྐྱེས་པའི་ཡོན་ཏན་ཤི་ནས་འབྱུང་བ་ངོ་མཚར་རོ། །འོན་འཆི་བ་འོད་གསལ་ཆོས་སྐུ་ལས། བར་དོའི་རྟེན་ལ་ལོངས་སྐུ་འབྱུང་བར་གསུངས་པ་ཅི་ཞེ་ན། དེ་ནི་ཚེ་འདིའི་འཆི་སྲིད་རྫོགས་རྗེས་སུ་འབྱུང་བས་སྐྱོན་མེད་དོ། །འདིར་འབྲི་ཁུང་པ་ཡོན་ཏན་འབྱུང་ཚུལ་མུ་དྲུག་ཅེས་ཟེར་རོ། །

གཉིས་པ། དེའི་སྨོན་སྡོང་དུ་རྒྱན་ཅན་རྒྱན་མེད་ཀྱི་རྣམ་གཞག་འཁྲུལ་པ་དགག་པ་ནི། སྔ་མའི་སྨོན་སྡོང་དུ་ཕྱག་རྒྱ་བ་ཁ་ཅིག་ན་རེ། ཕ་རོལ་ཕྱིན་པ་དང་། གསང་སྔགས་ཀྱི་མཐོང་ལམ་གཉིས་རིམ་པ་བཞིན་ཡོན་ཏན་བརྒྱ་ཕྲག་བཅུ་གཉིས་ཀྱི་རྒྱན་དང་བཅས་པ་དང་། རྒྱན་མེད་པ་ཡིན་ཞེས་ཟེར་རོ། །དེ་ལྟ་ཡིན་ན་མདོ་སྔགས་ཀྱི་སངས་རྒྱས་གཉིས་ཀྱང་རྒྱན་ཅན་དང་། རྒྱན་མེད་གཉིས་སུ་ཐལ་བར་འགྱུར་ཏེ། རྒྱུ་མཚན་མཚུངས་པའི་ཕྱིར་རོ། །དེ་ལ་འདོད་པ་ཡིན་ཏེ། དཔེར་ན་རྒྱལ་པོ་ཨིནྡྲ་བྷཱུ་ཏི་ལྟ་བུ་མི་སློབ་པའི་ཟུང་འཇུག་མངོན་དུ་བྱས་ཀྱང་། མཛད་པ་བཅུ་གཉིས་ཀྱི་ཚུལ་སྟོན་མ་ནུས་པས་རྒྱན་མེད་དང་། སྟོན་པ་ཐུབ་པའི་དབང་པོ་ལྟ་བུ་མཛད་པ་བཅུ་གཉིས་བསྟན་པས་རྒྱན་བཅས་སོ་ཞེ་ན། དེ་ཡང་སྨྲོན་མེད་དེ། ངེས་དོན་ལ་སངས་རྒྱས་ཐམས་ཅད་ཀྱི་ཆོས་སྐུ་གཅིག་ཡིན་པས་གཅིག་གི་མཛད་པ་དེ་ཐམས་ཅད་ཀྱིས་མཛད་པར་འཇོག་དགོས་པའི་ཕྱིར་རོ། །རྒྱས་པར་ནི་ལེགས་བཤད་གསེར་གྱི་ཐུར་མར་བལྟ་བར་བྱའོ། །ཡང་སྐབས་འདིར་གོ་ཊཱི་ཀ་ལས། གནས་ནི་རབ་ཏུ་དགའ་བའི་ས། །ཞེས་པ་ཤེས་བྱེད་དུ་དྲངས་ནས་མདོ་སྔགས་ཀྱི་ས་དང་པོ་གཉིས་དོན་གཅིག་ཏུ་འཆད་པ་ནི་མི་འཐད་དེ། འོན་ཕར་ཕྱིན་ཐེག་པའི་མཐོང་ལམ་པ་ཡིན་ན། ཕྱག་ཆེན་རྟོགས་པས་ཁྱབ་པར་ཐལ། སྔགས་ཀྱི་དེ་ལ་དེས་ཁྱབ་པའི་ཕྱིར། གསུམ་ཆར་ཁས་བླངས་ཏེ། རྟགས་ནི། ཡེ་ཤེས་ཕྱག་རྒྱ་ཆེ་རྟོགས་ན། །ཞེས་པའི་འབྲུ་སྣོན་དུ་ཁས་བླངས། བསལ་བ་སྣ་གདོང་པའི་ཊཱི་ཀ་ལ་སྨོན་བརྗོད་པའི་སྐབས་སུ་ཁས་བླངས། ཁྱབ་པ་དངོས། །ཉན་ཐོས་རྣམས་ཀྱི་དགྲ་བཅོམ་ལ་རྒྱན་ཅན་དང་རྒྱན་མེད་གཉིས་འཐད་ཀྱི། ཐེག་པ་ཆེན་པོའི་འཕགས་པ་ལ་རྒྱན་ཅན་དང་རྒྱན་མེད་གཉིས་མི་སྲིད་དེ། དང་པོ་འཐད་པ་ནི། མཛོད་ལས། འགོག་ཐོབ་གཉིས་ཀ་ལས་རྣམ་གྲོལ། །ཤེས་རབ་ཀྱིས་ནི་ཅིག་ཤོས་སོ། །ཞེས་གསུངས། ཕྱི་མ་སྟོན་པའི་ལུང་རིགས་གང་ཡང་མེད་པའི་ཕྱིར། ཡང་ཉན་ཐོས་ཀྱི་གཞུང་ལས། ཤིང་ཤོགས་ཀྱིས་མི་གྲུབ་མ་ཐག་ཏུ་འཆི་བ་དང་། ལྕུགས་ཀྱི་ཚ་ཚ་གནམ་དུ་ཡར་ནས་མ་བབས་ཙམ་ལ་འཆི་བ་དང་། ས་ལ་མ་ལྷུང་ཙམ་ལ་འཆི་བ་གསུམ་གྱི་དཔེས། ཕྱིར་མི་འོང་ཚེ་འདིར་མྱ་ངན་ལས་མ་འདས་ཀྱང་། གཟུགས་ཁམས་ཀྱི་བར་དོ་གྲུབ་མ་ཐག་དང་། སྲིད་པ་ལེན་པར་མ་བརྩམས་ཙམ་དང་། བརྩམས་ནས་མ་བླངས་ཙམ་ལ་ཕུང་པོ་ལྷག་མེད་དུ་མྱ་ངན་ལས་འདའ་བ་ནི། རིམ་བཞིན་དུ་མྱུར་བར་འདའ་བ་དང་། མྱུར་བ་མ་ཡིན་པར་འདའ་བ་དང་། དུས་རིང་མོ་ཞིག་ནས་འདའ་བ་ཞེས་གསུངས་པ་དེ་བཞིན་དུ། གསང་སྔགས་བསྒོམས་པ་ལས་ཚེ་འདིར་མཐོང་ལམ་མ་ཐོབ་པར་བར་དོར་མཐོང་ལམ་ཐོབ་པར་གསུངས་ཏེ། ཡང་ན་ལུས་འདི་སྤྲངས་མ་ཐག །བརྩོན་པ་མི་ལྡན་པས་ཀྱང་འགྲུབ། །ཅེས་གསུངས་མོད་ཀྱི། ཚེ་འདིར་མཐོང་ལམ་སྐྱེས་པ་ལ་ཡོན་ཏན་ཕྱི་ནས་འབྱུང་བ་ནི། བླུན་པོ་རྣམས་ཀྱིས་ཐོས་ཆུང་མགོ་སྐོར་བའི་

རྫུན་གྱི་རབ་རིབ་ཡིན་གྱི། མདོ་རྒྱུད་ཀུན་དང་མི་མཐུན་པས་འདི་འདྲའི་ཆོས་ལུགས་མཁས་པས་སྤང་བར་བྱའོ། །

གསུམ་པ། དེ་ལྟར་བཀག་པ་ལ་ནཱ་རོ་ཏ་པ་དང་འཕགས་པ་ལྷའི་ལུང་དང་འགལ་བ་སྤང་བ་ནི། འོ་ན་ཇོ་བོ་ནཱ་རོ་ཏ་པ་ནི། དབང་བསྐུར་གསུམ་པའི་དུས་སུ་མཐོང་ལམ་སྐྱེ་བ་དེ་ནི་ཉི་ཤུ་དགུའི་ཟླ་བ་ལྟར་སྐད་ཅིག་མ་གཅིག་པུ་དེ་ལ་འགག་ལ། ཆོས་མཆོག་ཆེན་པོའི་རྗེས་ཀྱི་མཐོང་ལམ་ནི་ཚེས་གཅིག་གི་ཟླ་བ་ལྟར་འགག་པ་མེད་དོ། །ཞེས་གསུངས་པར་མར་པའི་སློབ་མ་རྗོག་པ་ལ་གྲགས་པ་དང་འགལ་ལོ་ཞེ་ན། མི་འགལ་ཏེ་འདི་ནི་དེ་ཁོ་ན་ཉིད་མཐོང་བ་མཚོན་པར་བྱེད་པའི་དཔེའི་ཡེ་ཤེས་ལ། མཐོང་བའི་ལམ་ཞེས་བཏགས་པར་ཟད་དེ། འདོགས་པའི་རྒྱུ་མཚན་མཐོང་ལམ་དང་ཆ་འདྲ་བ་དང་། བཏགས་པའི་དགོས་པ། ཉམས་པ་གཟེངས་བསྟོད་པ་དང་། དེ་ཉིད་ལ་གཅེས་སྤྲས་སུ་བྱེད་པ་དང་། དངོས་ལ་གནོད་བྱེད་འཇིག་རྟེན་པའི་ལམ་ཡིན་པའི་ཕྱིར་རོ། །གཞན་ཡང་འཕགས་པ་ལྷའི་སྤྱོད་བསྡུས་སུ་བདེན་པ་མཐོང་ཡང་ཚོང་དང་ཞིང་ལས་ཀྱི་མཐའ་ལ་ཆགས་པར་གསུངས་པ༑ རྫོགས་རིམ་གྱི་རང་བྱུང་གི་ཡེ་ཤེས་རྟོགས་པར་གསུངས་པ་ནི། དཔེའི་ཡེ་ཤེས་ཉིད་ལ་དགོངས་ནས་བདེན་པ་མཐོང་བར་གསུངས་པ་ཡིན་ཏེ། ཇི་སྐད་དུ། རྡོ་རྗེ་སློབ་མས་གསོལ་བ། གལ་ཏེ་སློབ་པ་པོ་བདེན་པ་མཐོང་ཡང་། སྡོན་གྱི་བག་ཆགས་ལ་གོམས་པའི་སྟོབས་ཀྱིས་ཞིང་ལས་དང་། ཚོང་དང་། བསྙེན་བཀུར་ལ་སོགས་པས་གཡེངས་པས། སྤྱོད་པ་རྣམ་པ་གསུམ་སྤྱོད་པར་མི་བྱེད་པ་དང་། སློབ་པ་པོ་གཞན་དག་འབྱོར་པ་མ་ཚང་བས་རྒྱུད་ལས་ཇི་སྐད་གསུངས་པའི་ཆོ་ག་རྫོགས་པར་བྱེད་མི་ནུས་པའི་ཕྱིར། མི་སྤྱོད་པ་དེ་དག་འཆི་བའི་དུས་བྱས་ནས། ཡང་སྲིད་པ་གཞན་དག་ཏུ་འགྲོ་བར་འགྱུར་རམ། ཡང་ན་རྡོ་རྗེ་འཆང་བ་ཉིད་ཐོབ་པར་འགྱུར། ཞེས་དྲིས་པའི་ལན་དུ། དེ་བས་དེ་ཁོ་ན་ཉིད་ཤེས་པ་ནི། རྒྱན་མ་ཚང་བ་ནི། ཇི་སྐད་བཤད་པའི་སྤྱོད་པ་ལ་གལ་ཏེ་མ་སྤྱད་དུ་ཟིན་ཀྱང་། ལྟ་བ་ཐམས་ཅད་རྣམ་པར་སྤངས་ནས་འཆི་བར་འགྱུར་བ་ནི་དོན་དམ་པའི་བདེན་པ་ཡིན་ལ༑ སྐྱེ་བ་ནི་ཀུན་རྫོབ་ཀྱི་བདེན་པའོ། །ཞེས་ཡང་དག་པར་མངོན་པར་རྟོགས་ནས། བརྒྱ་ལམ་ན་འོད་གསལ་བར་ཞུགས་ནས་ཐ་མལ་པའི་ཕུང་པོ་བོར་ཏེ། བདག་ལ་བྱིན་གྱིས་བརླབས་པའི་རིམ་པས་ལྡང་བར་བྱའོ། །ཞེས་བརྟན་པའི་སེམས་བསྐྱེད་དེ། དེ་ཡིད་ལ་བྱེད་པས་གནས་པར་བྱེད་ན། དེ་སྐྱེ་བ་གཞན་དུ་འདོར་བར་མི་འགྱུར་ཏེ༑ དེ་བས་ན་ཐམས་ཅད་མཁྱེན་པར་འགྱུར་རོ་ཞེས་གསུངས་པས་སོ། །ལུང་འདིའི་དོན་ནི་གསེར་གྱི་ཐུར་མར་བལྟ་བར་བྱའོ། །དེ་དང་ལམ་འབྲས་ལ་སོགས་པས། བསམ་མི་ཁྱབ་ལ་སོགས་པར། དཔེའི་ཡེ་ཤེས་ལ་མཐོང་བའི་ལམ་ཞེས་བཏགས་པར་གྲུབ་ཐོབ་རྣམས་ཀྱི་དགོངས་པ་མཐུན་ཏེ། དེ་ཡང་ལམ་འབྲས་ལས། ཁམས་འདུས་པ་དང་པོའི་ཉམས་འགའ་ཞིག་ལ། ཆོས་སྐུ་ཉམས་སུ་མྱོང་ཞིང་གཟུང་འཛིན་ལས་གྲོལ། ཞེས་དང་།

བསམ་མི་ཁྱབ་ལས། གཉིས་སུ་མེད་པའི་ཡེ་ཤེས་ཉིད། །དྲི་མ་བྲལ་ཕྱིར་སངས་རྒྱས་བརྗོད། །ཅེས་གསུངས་སོ༔ །རྒྱུ་མཚན་དེས་ན་དེད་ཀྱི་ལུགས་ཀྱི་མཐོང་ལམ་ནི་འཕགས་པ་མ་ཡིན་པ་ལ་འབྱུང་བ་མི་སྲིད་དོ། །

གཉིས་པ། མདོ་རྒྱུད་ལ་ནན་ཏན་བྱེད་པར་འདོད་པ་དག་གི་ལག་ལེན་འཁྲུལ་པ་དགག་པ་ལ། མདོར་བསྟན། རྒྱས་པར་བཤད། མདོ་སྔགས་ཀྱི་རིམ་པ་ལ་ལོག་རྟོག་དགག་པའོ། །དང་པོ་ནི། ཐེག་པ་གསུམ་གྱི་ལག་ལེན་ཡང་ཆོས་ཅན། རང་རང་གི་གཞུང་ལུགས་བཞིན་བྱེད་དགོས་ཏེ། དེ་ལྟར་བྱེད་ན་སངས་རྒྱས་ཀྱི་བསྟན་པ་ཡིན་ཞིང་། མི་བྱེད་ན་བསྟན་པའི་གཟུགས་བརྙན་ཡིན་ཞེས་བྱ་བའི་ཕྱིར། དེ་ཡང་མི་འགལ་བ་རྣམས་མཐུན་པར་ཉམས་སུ་བླང་། འགལ་བ་རྣམས་དགག་བྱ་དང་དགོས་པ་གང་གཙོ་ཆེ་བ་ལྟར་ཉམས་སུ་ལེན་པའོ། །གཉིས་པ་ལ། ཐུན་གྱི་རྣལ་འབྱོར་ལ་འཁྲུལ་པ་དགག །ཐུན་མཚམས་ཀྱི་རྣལ་འབྱོར་ལ་འཁྲུལ་པ་དགག་པའོ། །དང་པོ་ལ། བླ་མའི་རྣལ་འབྱོར་མདོའི་ཉམས་ལེན་དུ་མི་འགལ་བར་འདོད་པ་དགག །དབང་མེད་པར་ཕྱག་ཆེན་བསྒོམ་པ་མདོ་ལུགས་སུ་འཁྲུལ་པ་དགག་པའོ། །དང་པོ་ལ། མདོ་སྔགས་ཀྱི་སློབ་དཔོན་གྱི་མཚན་ཉིད་སོ་སོར་བཤད་པས་མདོར་བསྟན། གསོལ་བ་འདེབས་པ་མི་འདྲ་བའི་ཁྱད་པར་གྱིས་དངོས་གྲུབ་སོ་སོར་བཤད་པས་རྒྱས་པར་བཤད་པའོ། །ཐེག་པ་སོ་སོའི་བླ་མ་རྣམས་བཟང་ངན་གྱི་དབྱེ་བ་ཐ་དད་དེ། ཉན་ཐོས་རྣམས་ཀྱི་བླ་མ་ཉན་ཐོས་ནི་བཟང་བ་དགྲ་བཅོམ་པ་ཡིན་ཡང་གང་ཟག་ཁོ་ནར་བས་ཀྱི་འདུལ་བ་ནས་བཤད་པའི་དགེ་འདུན་དཀོན་མཆོག་ནི་མ་ཡིན་ཏེ། ཚོགས་སུ་མ་ཚང་བའི་ཕྱིར། ཐེག་པ་ཆེན་པོ་ཕ་རོལ་ཏུ་ཕྱིན་པའི་བླ་མ་བྱང་སེམས་འཕགས་པ་ནི་བཟང་ན་སྟེ་རང་ལུགས་ལ་དགེ་འདུན་དཀོན་མཆོག་ཡིན་ཏེ། དགེ་འདུན་ལ་སངས་རྒྱས་དཀོན་མཆོག་གི་ཁོངས་སུ་གཏོགས་པ་ཉིད་ཀྱིས་དགྲ་བཅོམ་པ་མ་གཏོགས་པ་སྐྱེས་བུ་ཆེན་པོ་བདུན་པོ་ཞེས་གསུངས་པའི་ཕྱིར། བསམ་ཡས་པའི་ཊཱི་ཀར། དགེ་འདུན་དཀོན་མཆོག་ཡིན་ཏེ། ཐེག་ཆེན་འཕགས་པ་སློབ་པ་ཡིན་པའི་ཕྱིར། ཞེས་བཀོད་ནས། དེའི་རྗེས་སུ་དགེ་འདུན་ལ་ཚོགས་སུ་ཚང་བ་དགོས། ཞེས་གསུང་བ་ནི་ནང་འགལ་ཏེ། བྱང་འཕགས་རེ་རེ་བ་རྣམས་དེ་མ་ཡིན་པར་འགྱུར་ལ། འདོད་ན་ཡིན་པར་ཐལ། ཐེག་ཆེན་འཕགས་པ་སློབ་པ་ཡིན་པའི་ཕྱིར། འཁོར་གསུམ། གོ་ཊཱི་ཀ་པས། འདི་ལ་སྐྱོན་བརྗོད་བྱས་མོད་ཀྱི་འགལ་མ་ཟིན་པར་སྣང་ངོ་། །འོ་ན། སློབ་པ་ཕྱིར་མི་ལྡོག་པའི་ཚོགས། །ཞེས་བཤད་པ་མ་ཡིན་ནམ་ཞེ་ན༔ དེ་ནི། སཾ་གྷ་ཞེས་པ་དགེ་འདུན་དང་། འདུས་པ་དང་། མི་ཕྱེད་པ་དང་། ཚོགས་རྣམས་ལ་འཇུག་པ་ལས། ཚོགས་སུ་བསྒྱུར་བར་སྣང་མོད། སྐྲ་བཤད་འཇུག་གི་ཁྱད་པར་མ་ཕྱེད་པར་སྣང་ངོ་། །གསང་སྔགས་པའི་བླ་མ་མཆོག་མཚན་ཉིད་དང་ལྡན་པ་དབང་བཞི་རྫོགས་པར་ཐོབ་པ་ནི་དཀོན་མཆོག་གསུམ་དང་དབྱེར་མེད་ཡིན་ཏེ།

བླ་མ་ལྔ་བཅུ་པ་ལས། བླ་མ་སངས་རྒྱས་བླ་མ་ཆོས། །དེ་བཞིན་བླ་མ་དགེ་འདུན་ཏེ། །བླ་མ་དཔལ་ལྡན་ཧེ་རུ་ཀ །ཀུན་གྱི་བྱེད་པོ་བླ་མ་ཡིན། །ཞེས་གསུངས་སོ། །

གཉིས་པ། གསོལ་འདེབས་མི་འདྲ་བའི་ཁྱད་པར་གྱིས་དངོས་གྲུབ་སོ་སོར་བཤད་པས་རྒྱས་པར་བཤད་པ་ནི། དེས་ནི་དེ་ལ་རྩེ་གཅིག་ཏུ་གསོལ་བ་བཏབ་ན། དཀོན་མཆོག་གསུམ་པོ་ཚེ་འདིར་འགྲུབ་སྟེ། མཐོང་ལམ་སྐྱེས་པས་དགེ་འདུན་དང་། ས་བཅུ་གསུམ་པ་ཐོབ་ན་སངས་རྒྱས་ཡིན་ཞིང་། དེའི་སྤྱངས་རྟོགས་ཀྱི་ཡོན་ཏན་རྣམས་ཆོས་དཀོན་མཆོག་ཡིན་པས་ཚེ་འདིར་འགྲུབ་སྟེ། སློབ་དཔོན་རྡོ་རྗེ་དྲིལ་བུ་པས། །བླ་མའི་བྱིན་རླབས་ཙམ་གྱིས་ནི། །སྐད་ཅིག་ཉིད་ལ་འབྱུང་གང་ཡིན། །འཁོར་ལོ་སྡོམ་པར་སྨྲས་པ་ཡི། །བྱིན་རླབས་རིམ་པ་བཤད་པར་བྱ། །ཞེས་གསུངས་སོ། །དེ་ལྟའི་ཐེག་པ་གསུམ་པོ་ཡི་བླ་མ་ལ། སོ་སོའི་གཞུང་ལས་འབྱུང་བ་བཞིན་དུ་བླ་མའི་མཚན་ཉིད་དང་མི་ལྡན་ན་བླ་མ་ཙམ་ཡིན་གྱི། བླ་མ་དམ་པ་མ་ཡིན་པས་དེ་ལ་གསོལ་བ་བཏབ་ན་ཡང་། འཁོར་དང་ལོངས་སྤྱོད་ལ་སོགས་པའི་བྱིན་རླབས་ཙུང་ཟད་འབྱུང་མོད་ཀྱི། ཚེ་འདིའམ་བར་དོ་ལ་སོགས་སུ་སངས་རྒྱས་ཉིད་སྦྱིན་པར་མི་ནུས་ཏེ། དེའི་མཚན་ཉིད་དང་མི་ལྡན་པའི་ཕྱིར་རོ། །རྒན་ལ་གསེར་དུ་མོས་པ་བཞིན། དེ་ཡང་འདུལ་བ་ནས། བརྟན་མཁས་ཀྱི་ཡོན་ཏན་གཉིས་དང་ལྡན་པ་དགོས་པར་བཤད། ཕ་རོལ་ཏུ་ཕྱིན་པའི་ཐེག་པ་ཆེན་པོ་ནས། རྟག་པར་དགེ་བའི་བཤེས་གཉེན་ནི། །ཞེས་སོགས་ཀྱིས་མཚན་ཉིད་དང་ལྡན་པ་དགོས་པར་བཤད། སྔགས་ཀྱི་ཐེག་པ་ནས། བརྟན་ཞིང་དུལ་ལ་བློ་གྲོས་ལྡན། །ཞེས་སོགས་དང་། གཙོ་ཆེར་དབང་བསྐུར་བ་གཅིག་དགོས་སོ། །འདིར་གོ་ཊཱི་ཀ་ལས། སོ་སོ་སྐྱེ་བོའི་རྡོ་རྗེ་སློབ་དཔོན་ལ། ཐེག་པ་གསུམ་ཀ་ནས་བཤད་པའི་བླ་མའི་མཚན་ཉིད་ཚང་དགོས་ལ། དེ་ཡང་འདུལ་བ་ནས་བཤད་པ་ནི། སུམ་བརྒྱ་པ་ལས། ཚུལ་ཁྲིམས་ལྡན་ཞིང་འདུལ་བའི་ཆོ་ག་ཤེས། །ཞེས་སོགས་ཀྱི་མཚན་ཉིད་དང་ལྡན་པ་དགོས་ཞེས་ཟེར། འོན་སོ་སོ་སྐྱེ་བོའི་རྡོ་རྗེ་སློབ་དཔོན་བསྙེན་པར་མ་རྫོགས་པ་དེ་ཆོས་ཅན། བརྟན་མཁས་ཀྱི་ཡོན་ཏན་གཉིས་དང་ལྡན་པར་ཐལ། གནས་ཀྱི་བླ་མའི་མཚན་ཉིད་དང་ལྡན་པའི་ཕྱིར། འདོད་ན། བསྙེན་པར་རྫོགས་པར་ཐལ་ལོ། །དེས་ན་ཤོབ་ཤོབ་ཉུང་ན་མཛེས་སོ། །རྒྱུ་མཚན་དེས་ན་དབང་བསྐུར་ཐོབ་པའི་མིས་དཀོན་མཆོག་གསུམ་པོ་བླ་མ་རྟུ་ཚུར་ལ་འདུས་པར་མཐོང་ནས་བླ་མ་ལ་གསོལ་བ་བཏབ་ན། ཚེ་འདིར་སངས་རྒྱས་འགྲུབ་པ་ལ་སོགས་པའི་བྱིན་རླབས་འཇུག་གོ། །དེ་ཡང་སློབ་དཔོན་ཀླུ་སྒྲུབ་ཀྱིས། མཆོད་པ་ཐམས་ཅད་སྤངས་ནས་ནི། །བླ་མ་མཆོད་པ་རབ་ཏུ་བརྩམ། །དེ་མཉེས་པས་ནི་ཀུན་མཁྱེན་གྱི། །ཡེ་ཤེས་མཆོག་ནི་ཐོབ་པར་འགྱུར། །ཞེས་གསུངས་པ་དང་། ཡང་། བླ་མའི་དྲིན་གྱིས་ཕན་པའི་ལུང་ཐོབ་ན། །གྲོལ་བར་མི་འགྱུར

སླམ་ཡང་གྲོལ་བར་འགྱུར། །ཞེས་སོ། །གལ་ཏེ་དབང་བསྐུར་མ་ཐོབ་ན་བླ་མ་དཀོན་མཆོག་གསུམ་ཉིད་ཀྱི་ནང་དུ་ཕར་ལ་བསྟུས་ལ་གསོལ་བ་ཐོབ་ཅིག་སྟེ། རིམ་གྱིས་བྱིན་རླབས་ཅི་རིགས་པ་འཇུག་པས་སོ། །དབང་བསྐུར་མ་ཐོབ་ན་བླ་མ་རྒྱུད་པ་བཟང་པོ་ཡིན་སྲིད་ཀྱང་གསོལ་བ་བཏབ་པ་བྱིན་རླབས་ཆུང་སྟེ། ཕ་རོལ་ཕྱིན་པའི་བླ་མ་ལས་མ་འདས་པས་ཚེ་འདི་འམ་བར་དོ་སོགས་སུ་སངས་རྒྱས་སྒྲིན་མི་ནུས་པས་སོ། །དེ་བས་ན་དབང་བསྐུར་མ་ཐོབ་ན་དཀོན་མཆོག་གསུམ་ཉིད་ལ་གསོལ་བ་བཏབ་པ་ཤིན་ཏུ་བཟང་སྟེ། ཐེག་པ་རང་གི་ཆོས་ལུགས་དང་མི་འགལ་བས་སོ། །

གཉིས་པ། དབང་མེད་པར་ཕྱག་ཆེན་བསྒོམ་པ་མདོ་ལུགས་སུ་འཁྲུལ་བ་དགག་པ་ནི། དབང་བསྐུར་དང་པོ་བུམ་པའི་དབང་བསྐུར་མ་ཐོབ་པར་བསྐྱེད་པའི་རིམ་པ་སྒོམ་པ་དང་། དབང་བསྐུར་གཉིས་པ་གསང་བའི་དབང་བསྐུར་མ་ཐོབ་པར། གཏུམ་མོ་དང་རླུང་དང་འཁྲུལ་འཁོར་ལ་སོགས་པ་སྒོམ་པ་དང་། དབང་བསྐུར་གསུམ་པ་ཤེས་རབ་ཡེ་ཤེས་ཀྱི་དབང་མ་ཐོབ་པར་བདེ་སྟོང་དང་ལྡན་ཅིག་སྐྱེས་པའི་ཡེ་ཤེས་སྒོམ་པ་དང་། དབང་བསྐུར་བཞི་པ་མ་ཐོབ་པར་ལམ་ཕྱག་རྒྱ་ཆེན་པོ་དང་། སོགས་པས་ལྷ་བ་རྣམ་པར་དག་པ་དེ་ཁོ་ན་ཉིད་སྒོམ་པ་དང་། དགེ་སློང་གི་སྡོམ་པ་མ་ཐོབ་པར་མཁན་པོ་དང་སློབ་དཔོན་དང་། ཁ་སྐོང་སོགས་བྱེད་པ་ནི་ཆོས་ཅན། མི་འཐད་དེ། དུག་འཇོམས་པའི་གསང་སྔགས་མེད་པར་སྦྲུལ་གདུག་གི་མགོ་ལས་རིན་ཆེན་ལེན་པ་ལྟར་རང་གཞན་གཉིས་ཀ་བརླག་པའི་རྒྱུ་རུ་འགྱུར་བས། མཁས་པ་རྣམས་ཀྱིས་རྒྱང་རིང་དུ་སྤང་བར་བྱ་བ་ཡིན་པའི་ཕྱིར། འོ་ན་འདུལ་བ་ལས། དེ་བསྙེན་པར་མ་རྫོགས་པ་ཉིད་ཡིན་ན་ཡང་དེ་ཞེས། བསྙེན་པར་མ་རྫོགས་པས་མཁན་པོ་བྱས་པས། སྡོམ་པ་སྐྱེ་བར་བཤད་པ་མ་ཡིན་ནམ་ཞེ་ན། དེ་ནི་དེ་ལ་དགེ་སློང་གི་འདུ་ཤེས་ཡོད་པའི་དབང་དུ་བྱས་ཏེ། དེ་དགེ་སློང་ཉིད་མ་ཡིན་པར་ཤེས་ན་མི་སྐྱེའོ། །ཞེས་གསུངས་པས་སོ། །ཡང་འདིར་བསུས་པ་སྦྱིར་བཏང་དང་། ཅིག་ཤོས་དམིགས་བསལ་ལོ། །དེར་སང་ནི་བསྙེན་པར་མ་རྫོགས་པ་དང་། འདུལ་བ་མི་ཤེས་པས་མཁན་པོ་བྱེད་པ་ཤིན་ཏུ་མང་བས་འདུལ་བའི་བསྟན་པ་ཉམས་པའི་བརྡ་སྟོན་ནོ། །

གཉིས་པ། ཐུན་མཚམས་ཀྱི་རྣལ་འབྱོར་ལ་འཁྲུལ་པ་དགག་པ་ལ། མདོར་བསྟན། རྒྱས་པར་བཤད། མདོ་སྔགས་ཀྱི་ཁྱད་པར་བཤད་པས་མཇུག་བསྡུ་བའོ། །དང་པོ་ནི། དེ་ལས་གཞན་ཡང་གངས་རིའི་ཁྲོད་འདི་ན་ཐུན་མཚམས་ཀྱི་རྣལ་འབྱོར་ལ་འཁྲུལ་པའི་ལག་ལེན་དུ་མ་ཡོད་དོ། །གཉིས་པ་ལ། ཕྱག་ལེན་ཕྲན་ཚེགས་གཞུང་ལ་མི་ལྟོས་པར་འདོད་པ་དགག །མདོ་སྔགས་ཀྱི་བསྟན་པ་ལ་རང་འདོད་ཀྱིས་བཏགས་པ་དགག །མདོ་སྔགས་ཀྱི་བསྟན་པ་ཕན་ཚུན་འཚོལ་བར་འདོད་པ་དགག་པའོ། །དང་པོ་ལ། ཁ་འབར་མའི་གཏོར་མ་རང་

བཟོར་བྱེད་པ་དགག །ཆུ་སྦྱིན་ལོག་པར་བྱེད་པ་དགག །ཟས་ཀྱི་ཕུད་གཏོང་ཚུལ་སྔགས་ལུགས་མ་ཡིན་པར་འཁྲུལ་བ་དགག་པའོ། །དང་པོ་ནི། འཁྲུལ་པའི་ལག་ལེན་ཇི་ལྟར་ཡོད་ཅེ་ན། ཁ་འབར་མའི་གཏོར་མ་ལ་དེ་བཞིན་གཤེགས་པ་རིན་ཆེན་མང་ལ་སོགས་པ་བཞིའི་མཚན་སྔགས་ཀྱི་སྔོན་ལ་བརྗོད་པའི་ལག་ལེན་བྱེད་པ་མཐོང་ངོ་། །འདི་ཡང་མདོ་དང་མཐུན་པ་མ་ཡིན་ཏེ། མདོ་ལས་ནི་སྔོན་ལ་སྔགས་བརྗོད་ནས་སངས་རྒྱས་བཞིའི་མཚན་ཕྱི་ནས་བརྗོད་པར་གསུངས་པའི་ཕྱིར། དེ་ཡང་ཡི་དྭགས་ཁ་ལ་མེ་འབར་མ་ལ་སྐྱབས་མཛད་པའི་གཟུངས་ལས། ལག་པ་གཡས་པ་སྣོད་ཀྱི་སྟེང་དུ་བཞག་ལ་གཟུངས་འདི་ལན་བདུན་བཟླས་ནས་དེ་བཞིན་གཤེགས་པ་བཞིའི་མཚན་བརྗོད་པར་བྱའོ། །ཞེས་གསུངས་སོ། །འོ་ན་རྗེ་བཙུན་གྱིས་མཛད་པའི་གཏོར་མ་བརྒྱ་རྩའི་ཆོ་ག་ལས། བཙུ་ཚན་དགུ་པ་ལ་ཡང་དེ་བཞིན་གཤེགས་པ་བཞིའི་མཚན་སྔོན་ལ་བརྗོད་པར་གསུངས་པ་ཅི་ཞེ་ན། དེ་ནི་ཡི་གེ་མ་དག་པ་ཡིན་ནོ། །དེས་ན་དང་པོར་གཏོར་མ་བྱིན་གྱིས་རློབ་པའི་ཚེ། དེ་བཞིན་གཤེགས་པ་ཐམས་ཅད་དང་འཕགས་པ་འཇིག་རྟེན་དབང་ཕྱུག་ལ་ཕྱག་འཚལ་བ་ནི། དེའི་བདེན་པའི་སྟོབས་བརྗོད་པས་གང་འདོད་པ་དེ་དང་དེར་བྱིན་གྱིས་རློབ་པ་ཡིན་ལ། བྱིན་གྱིས་བརླབས་ཟིན་པའི་འོག་ཏུ་སངས་རྒྱས་བཞིའི་མཚན་ནས་བརྗོད་པ་ནི། ཆོས་ཀྱི་སྦྱིན་པ་དང་། མི་འཇིགས་པ་སྐྱབས་ཀྱི་སྦྱིན་པའོ། །གཏོར་མའི་སྦྱིན་པ་ནི་ཟང་ཟིང་གི་སྦྱིན་པའོ། །

གཉིས་པ། ཆུ་སྦྱིན་ལོག་པར་བྱེད་པ་དགག་པ་ནི། དགེ་བའི་བཤེས་གཉེན་སྤྱན་སྔ་བ་ལ་སོགས་པ་ཁ་ཅིག །ཆུ་སྦྱིན་གྱི་ནང་དུ་ཟན་འདྲུག་པའི་ལག་ལེན་བྱེད་པར་ཐོས་སོ། །དེ་ཡང་མི་འཐད་དེ། འདྲེར་འགོགས་ཅན་གྱིས་ཆུ་སྦྱིན་གྱི་ནང་དུ་ཟན་མཐོང་ན་འཇིགས་པ་ཆེན་པོ་འབྱུང་བར་མདོ་ལས་གསུངས་པའི་ཕྱིར། ཇི་ལྟར་གསུངས་ཞེ་ན། བཀའ་བསྐུལ་བ། དེ་ནི་ཁྱེད་ཀྱིས་སེན་པར་དུ་རྩམ་པ་ལུས་པས་ལན་པ་ཡིན་གྱི། ལག་པ་བཀྲུས་ལ་ད་གཟོད་བྱིན་ཅིག །རྫས་ཐམས་ཅད་འཐམས་ཏེ་བཀག་པས་རྫས་གཞན་མི་རུང་ངོ་། །གཞན་གྱི་ཆུ་གཅིག་པུ་མ་བཀག་པས་ཆུ་གཙང་རྩམ་པས་མ་རེག་པ་ལས་དབང་མེད། ཅེས་གསུངས་སོ། །དེས་ན་ཆུ་སྦྱིན་གྱི་ནང་དུ་ཟན་འདེབས་པ་ཆོ་ག་ཉམས་ཤིང་ལག་ལེན་མ་དག་པ་ཡིན་ནོ། །

གསུམ་པ། ཟས་ཀྱི་ཕུད་གཏོང་ཚུལ་སྔགས་ལུགས་མ་ཡིན་པར་འཁྲུལ་བ་འགོག་ཚུལ་ནི། གཞན་ཡང་ཟས་ཀྱི་ཕུད་ལ་དཀོན་མཆོག་མཆོད་པའི་ལྷ་བཤོས་དང་། འཕྲོག་མ་སོགས་ལ་སྦྱིན་པའི་ཆངས་བུ་བྱ་བར་སངས་རྒྱས་ཀྱིས་གསུངས་ཏེ། བརྟག་གཉིས་ལས། ཨོཾ་བཛྲ་ནཻ་ཝེ་དྱེ་ཨཱཿཧཱུྃ་སྭཱ་ཧཱ། ཞེས་དང་། ཨོཾ་ཧྲཱིཿཧྲཱིཿལྷ་བཤོས་ཀྱི་སྔགས་སོ། །ཞེས་བཤད་པའི་ཕྱིར་རོ། །རྡོ་རྗེ་རྩེ་མོའི་རྒྱུད་ལས། ཟན་གྱི་ཕུད་ལས་ཆངས་བུ་སྦྱིན་ནོ

ཞེས་གསུངས་ཏེ། དེ་ནས་ཟས་ཀྱི་དུས་སུ་ནི། །རྣམ་པ་ཀུན་ཏུ་ཆངས་བུ་སྦྱིན། །ཞེས་གསུངས་ལ། འཕྲོག་མའི་མདོ་ལས་ཀྱང་། སངས་རྒྱས་ཉིད་ཀྱིས། ང་ལ་སྟོན་པར་ཁས་འཆེ་བ་རྣམས་ཀྱིས་གཏོད་སྦྱིན་མོ་འཕྲོག་མ་ལ་ཆངས་བུ་སྦྱིན་ཅིག །ཅེས་གསུངས་སོ། །དེའི་ཚིག་ནི། སློབ་དཔོན་མི་ཏྲི་པས་མཛད་པའི་ལྷ་བ་དན་སེལ་དང་། སློབ་དཔོན་ཛེ་ཏ་རིས་མཛད་པའི་ཡི་དམ་བླང་བ་དང་། རྗེ་བཙུན་ཆེན་པོས་མཛད་པའི་ལས་དང་པོ་པའི་བྱ་བ་སོགས་སུ་ལྟོས་ཤིག །དེ་ནི་འདི་ཡིན་ཏེ། ཨོཾ་ཧ་རི་ཏེ་སྭཱ་ཧཱ། ཞེས་པ་འཕྲོག་མ་དང་། ཨོཾ་ཧ་རི་ཏེ་བཛྲ་ཡཀྵི་ནི་སྭཱ་ཧཱ། འཕྲོག་མའི་བུ་དང་། ཨོཾ་ཨགྲ་པི་ཎྜ་ཨ་སི་བྷྱ་སྭཱ་ཧཱ། ཞེས་པ་ཕུད་ལ་དབང་བའི་འབྱུང་པོ་སྤྱི་ལ་ཆངས་བུ་སྦྱིན་ནོ། །དེ་ལྟར་ཡིན་ཡང་། བོད་འགའ་ཞིག་སངས་རྒྱས་ཀྱིས་གསུངས་པའི་ལྷ་བཤོས་ཆངས་བུ་མི་བྱེད་པར། མ་གསུངས་པའི་སྣར་ཐང་པའི་འབྲང་རྒྱས་དང་ཞེས་སྣ་གདོང་པ་འཆད། འབྲི་གུང་པའི་གྲུ་གསུམ་ལ་སོགས་བྱེད་པ་མཐོང་སྟེ། གསང་སྔགས་རྙིང་མ་འགའ་ཞིག་ལས། གྲུ་གསུམ་དབང་ཕྱུག་ཆེན་པོའི་སྙིང་ཡིན་ལ། དེ་འཁོར་དང་བཅས་པའི་ཤ་དང་ཁྲག་གིས་བརྒྱན་ཅིང་། མཐིབ་ཀྱུ་དེ་དག་གི་མགོ་བོའི་ཐོད་པས་བསྐོར་ལ། ཆང་དང་ཁྲག་ལ་སོགས་པའི་བདུད་རྩིས་དེ་བཀང་ནས་ཧེ་རུ་ཀ་ལ་མཆོད་ཅེས་ཟེར་གྱི། གསང་སྔགས་གསར་མའི་གཞུང་ལས་གྲུ་གསུམ་གྱི་གཏོར་མ་བཤད་པ་མེད་ཅིང་། ཁྱད་པར་ཟས་ཀྱི་ཕུད་ལ་གྲུ་གསུམ་འབུལ་བ་གསུངས་པ་མེད་པས་མ་དག་པའོ། །ཟས་ཀྱི་ཕུད་ལ་ཞེས་པས་ཟས་འབགས་པ་ལ་བྱེད་པ་ཡང་བཀག་གོ །མདོར་ན་མདོ་སྡེ་མ་དགྲུག་པར་སངས་རྒྱས་ཀྱི་གསུང་བཞིན་ཉམས་སུ་ལོངས་ཤིག་སྟེ། ལག་ལེན་ཐམས་ཅད་སངས་རྒྱས་ཀྱི་གསུང་དང་མཐུན་ན་བསྟན་པ་ཡིན་པ་དེས་ནའོ། །

གཉིས་པ། མདོ་སྔགས་ཀྱི་བསྟན་པ་ལ་རང་འདོད་ཀྱིས་བཏགས་པ་དགག་པ་ལ། མདོ་ལུགས་ཀྱི་སངས་རྒྱས་སྔགས་ལུགས་ལྟར་བཅོས་ནས་མདོ་ལུགས་ཡིན་པར་སྨྲ་བ་དགག །སྔགས་ལུགས་ཀྱི་སངས་རྒྱས་ཀྱི་སྐུ་མདོག་རང་བཟོར་བཅོས་ནས་མདོ་ལུགས་སུ་སྨྲ་བ་དགག་པའོ། །དང་པོ་ནི། བཀའ་གདམས་པ་འགའ་ཞིག །སངས་རྒྱས་རབ་ཏུ་བྱུང་བའི་ཆ་ལུགས་ཅན་གྱི་ཕྱག་ཏུ་མཚོན་ཆ་བསྐྱུར་བ་མཐོང་ངོ་། །དེ་ཡང་མི་འཐད་དེ༏ ཁྱིམ་པའི་ཆ་ལུགས་ཅན་དག་ལ་རིན་པོ་ཆེ་དང་རུས་པའི་རྒྱན་དང་མཚོན་ཆ་སོགས་སྦྲིད་ཀྱི། རབ་བྱུང་རྣམས་ལ་དེ་འདྲ་གསུངས་པ་མི་སྲིད་པའོ། །འདིས་ཐུབ་པའི་སྐུ་ལ་དབུ་རྒྱན་གསོལ་བ་ཡང་མ་དག་པར་མཚོན་ནོ༏ །གཉིས་པ་ལ་འདོད་པ་བརྗོད་པ་དང་། དེ་དགག་པའོ། །དང་པོ་ནི། བཀའ་གདམས་པ་འགའ་ཞིག །རྫོ་བོའི་གཟིགས་སྣང་ལ་བྱུང་ཟེར་ནས། བྱང་ཆུབ་མཆོག་གི་ཕྱག་རྒྱ་དང་། སོགས་པས་ས་གནོན་དང་། མཆོག་སྦྱིན་དང་། མཉམ་བཞག་དང་། སྐྱབས་སྦྱིན་མཛད་པའི་རིགས་ལྔ་ཁ་དོག་སེར་འབྲུམས་སུ་བྲིས་པ་མཐོང་ངོ་། །དེ་

ཡང་མདོ་ལུགས་ཡིན་ཞེས་ལ་ལ་སྨྲའོ། །གཉིས་པ་ལ། མདོ་དང་རྒྱུད་སྡེ་འོག་མ་གཉིས་སུ་རིགས་ལྔའི་ཐ་སྙད་མི་འབྱུང་བར་བསྟན། རྒྱུད་སྡེ་འོག་མར་གསུངས་པའི་རིགས་ལྔ་སྐུ་མདོག་ངེས་པ་ཅན་དུ་བཤད་པའོ། །དང་པོ་ནི༑ མདོ་ནས་འདི་འདྲ་གསུངས་པ་མེད་ཅིང་། བྱ་སྤྱོད་གཉིས་ཀྱི་རྒྱུད་ལས་ཀྱང་སངས་རྒྱས་ཐམས་ཅད་རིགས་ལྔར་བསྡུས་པ་མེད་དེ། བྱ་རྒྱུད་དུ་རིགས་ཀྱི་བདག་པོ་འཇམ་དབྱངས་དང་། སྤྱན་རས་གཟིགས་དང་། ཕྱག་ན་རྡོ་རྗེ་སྟེ་གསུམ་དུ་གསུངས་སོ། །ཡང་གསེར་འོད་དམ་པའི་མདོ་ལས། བྱ་རྣོད་ཕུང་པོ་ཆོས་ཀྱི་དབྱིངས། །ཟབ་མོ་སངས་རྒྱས་སྤྱོད་ཡུལ་བ། །མི་འཁྲུགས་པ་ནི་ཤར་ཕྱོགས་སུ། །རིན་ཆེན་ཏོག་ནི་ལྷོ་ཕྱོགས་སུ། །འོད་དཔག་མེད་ནི་ནུབ་ཕྱོགས་སུ། །ཛ་སྒྲ་ཡི་ནི་བྱང་ཕྱོགས་སུ། །ཞེས་དང་། ཚེ་དཔག་མེད་རྫོ་ཏ་རིའི་དཀྱིལ་ཆོག་དེ་བྱ་རྒྱུད་རང་རྐང་དུ་བཀྲལ་བ་དེར། རྣམ་སྣང་ཚེ་དཔག་མེད་ལ་སོགས་པ་རིགས་ལྔ་གསལ་བར་གསུངས་པ་དང་། རིགས་ལྔ་པོ་དེ་ཡང་དམར་འབྲུམས་སུ་བཤད་པ་དང་འགལ་ལོ་སྙམ་ན། མི་འགལ་ཏེ། སྤྱིར་གདུལ་བྱའི་རིམ་པ་དང་བསྟུན་ནས། མདོ་རྒྱུད་ལས་རིགས་ལྔའི་མིང་ཅན་གཉིས་གསུངས་ཏེ། གཅིག་ནི་བསོད་ནམས་ཀྱི་ཚོགས་གསོག་པའི་ཡན་ལག་ཏུ། གདུལ་བྱ་རང་ལས་རྟེན་གཞན་པའི་ཚུལ་གྱིས་རྒྱུའི་སྐྱབས་སུ་བཞག་པ་དང་། གཅིག་ནི་སྣང་གཞི་སྦྱོང་བྱེད་དུ་སྦྱར་ནས། གདུལ་བྱ་རང་རྒྱུད་ལ་འབྱུང་རུང་གི་ཚུལ་གྱིས་འབྲས་བུའི་སྐྱབས་སུ་བཞག་པ་གཉིས་ལས། དང་པོའི་དབང་དུ་བྱས་ནས་དེ་ལྟར་གསུངས་པ་དང་། ཡང་དམར་འབྲུམས་སུ་བཤད་པ་ཡང་། སྦྱང་བྱ་ཉོན་མོངས་ལྔ་སྦྱོང་བའི་རིགས་ཆེན་ལྔ་ལ་དེ་ལྟར་བཤད་པ་མ་ཡིན་གྱི། བྱ་རྒྱུད་ཀྱི་བདུའི་རིགས་གཅིག་པུ་ལ། རིགས་ལྔར་ཕྱེ་ནས་དེ་ལ་དམར་འབྲུམས་སུ་བཤད་པ་ལ་འགལ་བ་མེད་པའི་ཕྱིར་རོ། །གཉིས་པ་ལ༑ རྒྱུད་སྡེ་གོང་མ་གཉིས་སུ་གསུངས་པའི་རིགས་ལྔ་སྐུ་མདོག་ཐ་དད་པ་མདོར་བསྟན། དེ་ལ་ལུང་འགལ་སྤང་། བཀའ་གདམས་པར་འདོད་པ་དང་ཡི་དམ་བསྒོམ་བཟླས་ནང་འགལ་དུ་བསྟན་པའོ། །རྣལ་འབྱོར་རྒྱུད་དེ་ཉིད་འདུས་པ་སོགས་ལས་གསུངས་པའི་རིགས་ལྔ་པོ་ཁ་དོག་ཐ་དད། ཕྱག་རྒྱ་ཡང་བྱང་ཆུབ་མཆོག་ལ་སོགས་པ་ཐ་དད་དུ་གསུངས་པ། འདིའི་སྐུ་མདོག་དང་ཕྱག་རྒྱ་ནི། ནང་གི་རྟེན་ཅིང་འབྲེལ་བར་འབྱུང་བའི་སྐུ་ཡིན་པས། ཉོན་མོངས་པ་ལྔ་གནས་གྱུར་པའི་ཡེ་ཤེས་ལྔ་མཚོན་པ་ལ་འཐད་པ་ཡིན་ནོ། །དུས་ཀྱི་འཁོར་ལོ་དང་། སོགས་པས་སེམས་འགྲེལ་རྣམས་ལས། རིགས་ལྔའི་ཁ་དོག་གཞན། མི་བསྐྱོད་པ་ལྗང་ཁུ། དོན་གྲུབ་ནག་པོ། རིན་འབྱུང་དམར་པོ། སྣང་མཐའ་དཀར་པོ། རྣམ་སྣང་སེར་པོ་གསུངས་པ་ནི། རིམ་བཞིན་དུ། འབྱུང་བ་ནམ་མཁའ། རླུང་། མེ། ཆུ། སའི་རྣམ་པ་ལྔ་པོ་སྦྱོང་བ་ཡི་རྟེན་ཅིང་འབྲེལ་བར་འབྱུང་བའི་སྐུ་ཡིན་ནོ། །ལུང་འགལ་སྤང་བ་ནི། འོན་མདོ་ལས། སངས་རྒྱས་ཀྱི་མཚན་འཆད་པ་ན། ལྷགས་པ་གསེར་མདོག་ཅེས་གསུངས་པ་དང

འགལ་ལོ་ཞེ་ན། མི་འགལ་ཏེ། དེ་ལྟར་གསུངས་པ་ནི་དྲི་མ་མེད་ཅིང་དྭངས་པས། ཛམྦུའི་ཆུ་བོའི་གསེར་དང་མཚུངས་པའམ། ཡང་ན་སྤྲུལ་སྐུ་ཕལ་ཆེ་བའི་ཁ་དོག་ལ་དགོངས་ཏེ་གསུངས་པའི་ཕྱིར། གཞན་དུ་ན་སྔོན་བླ་ནམ་མཁའི་མདོག་ཅན་སྔོན་པོ་ཉིད་དུ་མདོ་ལས་གསུངས་པ་དང་འགལ་བ་དང་། རྒྱུད་སྡེ་རྣམས་སུ་དཀྱིལ་འཁོར་གྱི་ལྷ་རྣམས་ཁ་དོག་དུ་མ་གསུངས་པ་འགལ་ལོ། །སྔོན་བླའི་སྐུ་མདོག་སྔོན་པོར་བཤད་པ་དེ་སྔགས་ལུགས་ཡིན་ཏེ། ཞི་བ་འཚོས་སྔགས་སུ་བཀྲལ་བས་སོ་སྙམ་ན། ཞི་འཚོས་དེ་ལྟར་བཀྲལ་ཡང་། མདོའི་རང་རྐང་གི་བཞུགས་ཚུལ་མདོ་ཁོ་ནར་གནས་སོ། །

གསུམ་པ། བཀའ་གདམས་པར་འདོད་པ་དང་། ཡི་དམ་ལྷའི་བསྒོམ་བཟླས་ནང་འགལ་དུ་བསྟན་པ་ནི། དེང་སང་བཀའ་གདམས་པ་ལ་ལ་སྔགས་ལ་མི་མོས་པར་ལྷ་བསྒོམ་པ་སོགས་བྱེད་པ་ཡང་སངས་རྒྱས་ཀྱི་བསྟན་པ་དང་མཐུན་པ་མ་ཡིན་ཏེ། ཡི་དམ་གྱི་ལྷའི་སྒྲུབ་ཐབས་དང་། སྔགས་ཀྱི་བཟླས་པའི་ཆོ་ག་དང་། མཆོག་འཇིག་རྟེན་ལས་འདས་པ་དང་། ཐུན་མོང་འཇིག་རྟེན་པའི་དངོས་གྲུབ་ཀྱི་སྒྲུབ་པའི་ཆོ་ག་ཇི་སྙེད་པ་མདོ་སྡེ་ཀུན་ལས་གསུངས་པ་མེད་པས་སོ། །

གསུམ་པ། མདོ་སྔགས་ཀྱི་བསྟན་པ་ཕན་ཚུན་འཆོལ་བར་འདོད་པ་དགག་པ་ལ། སྔགས་ཀྱི་ཆོས་མདོའི་ལག་ལེན་དུ་འཁྲུལ་བ་དགག །མདོའི་ཆོས་ལ་སྔགས་ཀྱི་ལག་ལེན་དུ་འཁྲུལ་པ་དགག་པའོ། །དང་པོ་ལ༑ སྦྱིན་སྲེག་སོགས་མདོ་ལུགས་སུ་འདོད་པ་དགག །རབ་གནས་སོགས་མདོ་ལུགས་སུ་འདོད་པ་དགག །ཕྱག་རྡོར་མདོ་ལུགས་སུ་འདོད་པ་དགག་པའོ། །དང་པོ་ནི། གཞན་ཡང་སྦྱིན་སྲེག་དང་། རོ་སྲེག་དང་། གཤིན་པོའི་བདུན་ཚིགས་དང་། ཚ་ཚའི་ཆོ་ག་ལ་སོགས་པ་དེང་སང་སྔགས་ཀྱི་ལུགས་བོར་ནས། མདོ་ནས་བཤད་པའི་དཀོན་མཆོག་མཆོད་པའི་ཆོ་ག་ཙམ་ལ་བརྟེན་པ་ཡི་ཆོ་གའི་རྣམ་གཞག་ལྷ་བསྒོམ་སོགས་བྱེད་པ་ཡོད་མོད་འཐད་པ་མ་ཡིན་ཏེ། ཕ་རོལ་ཕྱིན་པའི་མདོ་སྡེ་དང་བསྟན་བཅོས་ཀུན་ལས་དེ་འདྲའི་ཆོ་ག་གསུངས་པ་མེད་པའི་ཕྱིར། འོན་ཀྱང་འདུལ་བ་ལས་ཤི་བའི་ལུས་ལ་མཆོད་པ་བྱ་བ་སོགས་གསུངས་པ་ཡོད་ཀྱང་། ལྷ་བསྒོམ་པ་དང་དེའི་སྔགས་བཟླས་པ་སོགས་མ་གསུངས་སོ། །དེས་ན་ཆོ་ག་འདི་དག་ནི་ངན་སོང་སྦྱོང་རྒྱུད་དང་། ལ་སོགས་པས་རབ་ཏུ་གནས་པའི་རྒྱུད་དང་། ལས་ཀྱི་སྒྲིབ་པ་རྣམ་པར་སྦྱོང་བའི་གཟུངས་ལ་སོགས་པའི་རྒྱུད་སྡེ་འགའ་ཞིག་ལས་གསུངས་པའི་རྗེས་སུ་འབྲངས་པ་ཡི་གསང་སྔགས་པ་ལ་གྲགས་པ་ཡིན་པས་སོ། །དེ་ཡང་ངན་སོང་སྦྱོང་རྒྱུད་ལས། དྲི་ཡིས་བཀུས་པའི་ཡམ་ཤིང་གིས། །ཆོ་ག་བཞིན་དུ་སྦྱིན་སྲེག་བྱ། །ཞེས་པས་སྦྱིན་སྲེག་དང་། རོ་ལ་སྔགས་ཀྱིས་བཏབ་ནས་ཀྱང་། །ཆུ་མཆོག་གིས་ནི་བཀྲུས་ནས་ནི། །ཞེས་སོགས་རོ་སྲེག་དང་། དེ་ཡི་

གཟུགས་བརྙན་བྲི་བའམ། །གྲུར་ཀུམ་གྱིས་ནི་མིང་ཡང་རུང་། །ངན་སོང་གསུམ་གྱི་འཇིགས་ཆེན་ལས། །སེམས་ཅན་རྣམས་ནི་བསྒྲལ་བའི་ཕྱིར། །སྔགས་མཁན་གཞན་ལ་ཕན་བརྗོད་ཞིང་། །སྙིང་རྗེ་ཅན་གྱིས་དབང་བསྐུར་རོ༎ །དེ་ནས་རྣལ་འབྱོར་ཅན་གྱིས་ནི། །སྔགས་དང་ཕྱག་རྒྱས་དེ་དབང་བསྐུར། །ཞེས་སོགས་གཤིན་གྱི་སྒྲིབ་སྦྱོང་དང་། །དེ་ནས་ཐལ་བར་གྱུར་བ་དང་། །རྡོ་རྗེ་བསྒྱུ་བའི་སྔགས་ཀྱིས་ནི། །ཆོག་བཞིན་དུ་བསྒྱུ་བར་བྱ། །ཐལ་བ་དེ་དང་རུས་པའི་རྫུལ། །སྔགས་ཀྱིས་བཏབ་པའི་དྲི་ཆུ་དང་། །བ་སྐྱེས་འོ་མ་ལ་སོགས་ལྡུས། །སྦྱོང་བའི་སྔགས་ཀྱིས་བློ་ལྡན་གྱིས། །འབུམ་དུ་བཟླས་ནས་བརྫིས་ནས་ནི། །ག་བུར་དྲི་དང་བསྒོས་པ་ཡི། །འཛིམ་པ་དང་ནི་བསྲེས་ནས་ཀྱང་། །གཟུགས་སུ་བྱའམ་ཡང་ན་ནི། །མཆོད་རྟེན་གྱི་ནི་ལྷར་བྱས་ལ། །ཞེས་སོགས་ཚ་ཚའི་ཆོག་དང་། །རབ་གནས་ཀྱི་རྒྱུད་ལས་རབ་གནས་ཀྱི་ཆོག་གསུངས་སོ། །

གཉིས་པ། རབ་གནས་མདོ་ལུགས་སུ་འདོད་པ་དགག་པ་ལ། ཤིས་བརྗོད་ལ་རབ་གནས་སུ་མིང་འདོགས་ན་མི་འགལ་བས་མདོར་བསྟན། རབ་གནས་མཚན་ཉིད་པ་སྔགས་ལུགས་ཁོ་ནར་བསྟན་པས་རྒྱས་པར་བཤད། རབ་གནས་མདོ་ལུགས་དང་ཁྱིམ་པས་མཁན་སློབ་བྱེད་པ་མཚུངས་པར་བཤད་པས་དོན་བསྡུ་བའོ། །དང་པོ་ནི། དེ་བཞིན་དུ་རབ་གནས་མདོ་ལུགས་དང་། ཕྱག་ན་རྡོ་རྗེ་མདོ་ལུགས་དང་། བྱང་ཆུབ་ལྟུང་བཤགས་དང་ནི་ཤེས་རབ་སྙིང་པོ་སོགས་པས་སྨོན་འཇུག་གི་སེམས་བསྐྱེད་ཀྱི་ཆོག་སོགས་སྔགས་ལུགས་ཡིན་ཞེས་འཆད་པ་ཐོས་ཏེ། འོན་ཀྱང་འདི་ཡང་བརྟག་པར་བྱ་བས་ཉོན་ཞིག །མདོ་ནས་ལྷ་བསྒོམ་པ་དང་འབྲེལ་བའི་རབ་གནས་བཤད་པ་མེད་དོ། །འོན་ཀྱང་མཆོད་རྟེན་དང་སྐུ་གཟུགས་ལ་ཕྱག་དང་། དྲི་ལ་སོགས་པའི་མཆོད་པ་དང་། བསྟོད་པ་དང་། མེ་ཏོག་དོར་ནས་བཀྲ་ཤིས་བརྗོད་པ་དང་། དགའ་སྟོན་ལ་ལོངས་སྤྱོད་པ་སོགས་བྱེད་པ་དང་། རྒྱལ་པོ་རྒྱལ་སར་བསྐོས་མ་ཐག་པ་ལ་བཀྲ་ཤིས་པའི་མངའ་དབུལ་ལྟ་བུ་ལ། མདོ་ལས་གསུངས་པའི་རབ་གནས་ཡིན་ནོ་ཞེས་སྨྲ་ན་སྨྲོས་ཤིག །དཔེར་ན་འདུལ་བ་ལས། གཙུག་ལག་ཁང་ཞལ་བསྒྲོ་བ༎ ཞེས་པའི་རྒྱ་ཆེར་འགྲེལ་པར། འདུག་པ་དང་གནས་པའི་ཆོག་ཞེས་གསུངས་པ་ལྟར་རོ། །

གཉིས་པ། རབ་གནས་མཚན་ཉིད་པ་སྔགས་ལུགས་ཁོ་ནར་བསྟན་པས་རྒྱས་པར་བཤད་པ་ལ། མཚན་ཉིད་ཐེག་པ་ནས་རབ་གནས་མ་གསུངས་པར་བསྟན། རབ་གནས་རྡོ་རྗེ་སློབ་དཔོན་ཁོ་ནའི་ལས་སུ་བསྟན་པའོ། །དང་པོ་ལ། དངོས་དང་། མདོའི་གདམས་ངག་ཡིན་པར་འདོད་པ་དགག་པའོ། དང་པོ་ནི། བདག་བསྐྱེད་དང་མདུན་བསྐྱེད་ཀྱི་ལྷ་བསྒོམ་པ་དང་། གསང་སྔགས་བཟླས་པ་དང་། བུམ་པ་སྒྲུབ་གོན་དང་། ལྷ་སྒྲུབ་གོན་དང་། དངོས་གཞིའི་དུས་ཀྱི་དམ་ཚིག་སེམས་དཔའ་བསྐྱེད་པ་དང་། དེ་ལ་ཡེ་ཤེས་ཀྱི་འཁོར་ལོ་དགུག་

གཞུག་དང་། སྦྱིན་དབྱེ་བ་དང་། བརྟན་པར་བཞུགས་པ་དང་། མངའ་དབུལ་བ་དང་། གཏོར་མ་དབུལ་བ་དང་། སྔགས་ཀྱིས་བྱིན་གྱིས་བརླབས་པའི་མེ་ཏོག་དོར་ནས་ལེགས་པར་མཆོད་དེ། བཀྲ་ཤིས་རྒྱས་པར་བྱེད་པ་དང་། བླ་མ་ཡོན་གྱིས་མཉེས་པར་བྱེད་པ་དང་། མཆོད་པར་བསྔོ་ཞིང་ལྷག་ཆད་བསྐང་བ་དང་། སྨོན་ལམ་གདབ་ཅིང་གཏོར་མའི་མགྲོན་གཤེགས་པ་དང་། དགའ་སྟོན་སྤྱད་ཅིང་སླར་ཡང་ཤིས་པ་བརྗོད་ནས་བཟོད་པར་གསོལ་ཞིང་། ལས་ཀྱི་རྗེས་བསྡུ་བའི་བར་གྱི་ཆོ་ག་རྣམས་གསང་སྔགས་ཀྱི་རྒྱུད་སྡེ་ལས་གསུངས་ཀྱི། ཕ་རོལ་ཏུ་ཕྱིན་པ་ལས་གསུངས་པ་མིན་པས་མདོ་ལུགས་སུ་མི་འཐད་དོ། །གཉིས་པ་ལ། འདོད་པ་བརྗོད་པ། དེ་དགག་པ། ཞར་ལ་གསང་བ་འདུས་པའི་ལྷ་བསྒོམས་ནས་མདོའི་ཆོ་ག་བྱེད་པ་བཞད་གད་དུ་བསྟན་པའོ། །དང་པོ་ནི། བཀའ་གདམས་པ་ལ་ལ་ན་རེ། རབ་གནས་མདོ་ལུགས་དེ་ཇོ་བོའི་གདམས་ངག་ཡིན་ནོ་ཞེས་ཟེར་རོ། །གཉིས་པ་ནི། འོ་ན་མདོ་སྡེ་གང་དག་ལ་བརྟེན་པའི་གདམས་ངག་གང་ཡིན་སྨྲ་དགོས་སོ། སྨྲ་རྒྱུ་མེད་པས་དེ་མི་འཐད་དོ། །གསུམ་པ་ནི། འདིའི་ཕྱོགས་སྔ་ནི་རིགས་ལྔ་སེར་འབྲུམས་ཀྱིས་བྲིས་སྐུའི་སྣད་ཚར་ལ་གསང་བ་འདུས་པའི་ལྷ་བཀོད་ནས། དེ་ལ་ཕྱག་མཆོད་བྱེད་པ་དེ་ཇོ་བོའི་གདམས་ངག་ཡིན་ནོ་ཞེས་ཟེར་ཞིང་། མདོ་ལུགས་སུ་འདོད། དེང་སང་བཀའ་གདམས་པ་རྣམས་གསང་བ་འདུས་པའི་ལྷ་བསྒོམས་ནས་མདོ་ལུགས་ཡིན་ཞེས་ཟེར་རོ། །གསང་འདུས་ལ་སོགས་པ་དང་། དགྱེས་རྡོར་ལ་སོགས་པའི་སྒྲུབ་ཐབས་ཀྱི་ཆོ་ག་ལ་མདོ་ལུགས་ཀྱི་ཆོག་འབྱུང་བ་མཚར་ཏེ། སེང་གེའི་ཕྲུ་གུ་གླང་ཆེན་ལ་འབྱུང་ན་སྟོན་མེད་པའི་ལྟོག་ཆགས་ཡིན་ནོ། །དེས་ན་མཁས་པ་རྣམས་ཀྱིས་འདི་འདྲ་ཡི་ཆོག་སླན་ཆད་མ་བྱེད་ཅིག་སྟེ། རང་བཟོའི་ཆོག་ཡིན་པས་སོ། །

གཉིས་པ། རབ་གནས་རྡོ་རྗེ་སློབ་དཔོན་ཁོ་ནའི་ལས་སུ་བསྟན་པ་ནི། གཞན་ཡང་ལྷ་ལ་རབ་ཏུ་གནས་པ་དང་། མི་ལ་དབང་བསྐུར་བྱ་བ་དང་། རྒྱུད་འཆད་པ་སོགས་རྡོ་རྗེ་སློབ་མའི་དབང་བསྐུར་བ་ཐོབ་ཀྱང་། སློབ་དཔོན་གྱི་དབང་བསྐུར་མ་ཐོབ་ན་བྱ་བར་མ་གསུངས་ན། དབང་བསྐུར་གཏན་ནས་མ་ཐོབ་པའི་གང་ཟག་རྣམས་ཀྱིས་ལྟ་སྨོས་ཀྱང་ཅི་དགོས། འོན་ཀྱང་རྡོ་རྗེ་སློབ་མའི་དབང་བསྐུར་ཙམ་ཐོབ་ནས་ལྷ་བསྒོམ་པ་ཙམ་དང་ནི་སྔགས་ཀྱི་བཟླས་བརྗོད་དང་། དེའི་ནུས་པ་འཕྲིན་པའི་སྦྱིན་སྲེག་དང་། ཞི་རྒྱས་དབང་དྲག་སྟེ་རྩ་བའི་ལས་བཞི་དང་། དེ་ལས་ཕྱེ་བ་དགུག་པ་དང་། གསད་པ་དང་། བསྐྲད་པ་དང་། རྨོངས་པ་དང་། རེངས་པ་དང་། ཆར་དབབ་པ་ལ་སོགས་པའི་ལས་ཀྱི་ཚོགས་རབ་འབྱམས་དང་། སོགས་པས། རྡོ་རྗེ་གུར་ལེའུ་བཞི་པ་ལས། མིག་སྨན་དང་ནི་རྐང་མགྱོགས་དང་། །རལ་གྲི་ས་འོག་སྒྲུབ་པ་དང་། །རི་ལུ་མཁའ་ལ་སྤྱོད་པ་དང་། །མི་སྣང་བ་དང་བཅུད་ཀྱིས་ལེན། །ཞུ་མོ་དམ་པ་དགུག་པ་ནི། །བདག་མཉེས་པས་ནི་སྒྲུབ་པ་པོ། །དངོས་གྲུབ་རྡོ་རྗེ

རྣམས་ཐོབ་བོ། །ཞེས་སོགས་འཇིག་རྟེན་པའི་དངོས་གྲུབ་བརྒྱད་སྒྲུབ་པའི་ཐབས་ཤེས་པ་དངོས་གྲུབ་ཀྱི་ཡེ་ཤེས་དང་ནི། དེ་འགྲུབ་པའི་རྒྱུ་ལུས་ཀྱི་ཕྱག་རྒྱ་ལེགས་པར་ཤེས་པ་ཕྱག་རྒྱའི་ཡེ་ཤེས་ཏེ། དེ་དག་སྒྲུབ་པའི་ཆོ་ག་དང་། གསང་སྔགས་ཀྱི་རྒྱུད་དང་། རྟོག་པ་འགའ་ཞིག་ཉན་པ་ལ་དབང་བ་ཡིན་གྱི། རྒྱུད་སྡེ་འཆད་པ་དང་། དབང་བསྐུར་བ་དང་། རབ་གནས་དང་། དམ་ཚིག་སྦྱིན་པ་སོགས་སློབ་དཔོན་གྱི་འཕྲིན་ལས་བྱར་མི་རུང་ངོ་། །དེས་ན་རྡོ་རྗེ་སློབ་དཔོན་གྱི་དབང་ཐོབ་ནས་འཁོར་ལོ་ལྔའི་དེ་ཉིད་ནི་དཀྱིལ་འཁོར་གྱི་དེ་ཁོ་ན་ཉིད་དང་སོགས་པས་སྔགས་ཀྱི་དེ་ཁོ་ན་ཉིད་དང་། ཕྱག་རྒྱའི་དང་། བདག་དང་གནས་ལ་སོགས་པ་བསྲུང་བའི་དང་། ལྷ་རྣམས་སྤྱན་དྲང་བའི་དང་། བཟླས་བརྗོད་ཀྱི་དང་། བསྒོམ་པའི་དང་། ཕྱི་ནང་གི་སྦྱིན་སྲེག་གི་དང་། ཉེ་བར་བསྡུ་བའི་དང་། གཤེགས་སུ་གསོལ་བའི་དེ་ཁོ་ན་ཉིད་དེ་བཅུའོ་ཞེས། དེ་ཉིད་སྣང་བ་ལས་བཤད་དོ། །དེ་དག་གི་རྣམ་གཞག་དཀྱིལ་འཁོར་བསྒོམ་པ་དང་། དབང་བསྐུར་བ་དང་། རབ་གནས་དང་། རྒྱུད་འཆད་པ་སོགས་རྡོ་རྗེ་སློབ་དཔོན་གྱི་འཕྲིན་ལས་དང་། སངས་རྒྱས་ཀུན་གྱིས་མི་འདའ་བས་ན་དམ་ཚིག་སྟེ། རྡོ་རྗེ་དྲིལ་བུ། ལྷ་སྐུ་གསུམ་དང་། ཐེག་པ་བླ་ན་མེད་པའི་སྡོམ་པ་ནི་རིག་པ་འཛིན་པའི་སྡོམ་པ་སློབ་མ་ལ་སྦྱིན་པ་དང་། སོགས་པས་རྫོགས་རིམ་བསྒོམ་པ་སྟེ། དེ་དག་རྡོ་རྗེ་སློབ་དཔོན་ཁོ་ནའི་འཕྲིན་ལས་ཡིན་གྱི་གཞན་གྱིས་བྱར་མི་རུང་ངོ་། །

གསུམ་པ། རབ་གནས་མདོ་ལུགས་དང་། ཁྱིམ་པས་མཁན་སློབ་བྱེད་པ་མཚུངས་པར་བཤད་པས་དོན་བསྡུ་བ་ནི། དེང་སང་རབ་གནས་མདོ་ལུགས་ཞེས་འཆད་པ་སངས་རྒྱས་ཀྱི་བསྟན་པ་མ་ཡིན་ཏེ། ཁྱིམ་པས་བསྙེན་པར་རྫོགས་པའི་མཁན་པོ་དང་སློབ་དཔོན་བྱེད་པ་དང་། རྡོ་རྗེ་སློབ་དཔོན་མ་ཡིན་པས་གཞན་ལ་དབང་བསྐུར་བ་དང་། རབ་གནས་བྱེད་པ་ནི་གཉིས་ཀ་བསྟན་པ་མ་ཡིན་པར་མཚུངས་པའི་ཕྱིར་རོ། །འདིར་རྡོ་རྗེ་སློབ་མའི་དབང་བསྐུར་ཙམ་ཐོབ་པས་རབ་གནས་མི་རུང་བར་བཤད་པ་ནི། རབ་ཏུ་གནས་པར་བྱ་བའི་རྟེན་གསུམ་ལ་དབང་བསྐུར་བ་དེ་རབ་གནས་དངོས་གཞིར་འཆད་དགོས་ཤིང་། དེ་བྱར་མི་རུང་བའི་དོན་ནོ། །ཡང་རྡོ་རྗེ་སློབ་དཔོན་མ་ཡིན་པས་དབང་བསྐུར་དང་རབ་གནས་མི་རུང་ན། བྱ་སྤྱོད་གཉིས་ཀྱི་དབང་ཡོངས་རྫོགས་ཙམ་ཐོབ་པ་དེས་ཀྱང་རབ་གནས་མི་རུང་བར་འགྱུར་ཏེ། རྒྱུད་སྡེ་འོག་མ་གཉིས་ལས་རྡོ་རྗེ་སློབ་དཔོན་གྱི་དབང་མ་བཤད་པའི་ཕྱིར་སྙམ་ན། རྒྱུད་སྡེ་འོག་མ་གཉིས་ལའང་རང་རང་གི་སློབ་དཔོན་དུ་བྱེད་པའི་དབང་ཞེས་པའི་ཐ་སྙད་གཅིག་འབྱུང་ལ། དེ་ཐོབ་པ་ན་རྡོ་རྗེ་སློབ་དཔོན་ཞེས་པའི་སྒྲ་འཇུག་ཏུ་རུང་སྟེ། གསང་བ་སྤྱི་རྒྱུད་ལས། སློབ་དཔོན་གོ་འཕང་ཐོབ་བྱའི་ཕྱིར། །དང་པོར་ཡོངས་སུ་བསྒྲགས་པ་ཡིན། །ཞེས་དང་། ཕྱག་ན་རྡོ་རྗེ་དབང་བསྐུར་བའི་རྒྱུད་ལས། རྡོ་རྗེ་སློབ་དཔོན་ཁྱོད་འགྱུར་ཏེ། །ཞེས་གསུངས་པས་སོ། །རྒྱས་པར་གསེར་

ཐར་ལས་བཟློ་བར་བྱའོ། །

གསུམ་པ། ཕྱག་ན་རྡོ་རྗེ་མདོ་ལུགས་སུ་འདོད་པ་དགག་པ་ནི། ཕྱག་ན་རྡོ་རྗེའི་བསྒོམ་བཟླས་ཀྱང་མདོ་སྡེ་རྣམས་ལས་བཤད་པ་མེད་དེ། གཟུངས་འབུམ་ནས་བཤད་པ་དེ་དག་ནི། བྱ་བའི་རྒྱུད་ཀྱི་ཚིག་ཡིན་པའི་ཕྱིར། འོན་སྔོན་བླའི་ཚིག་ནས་ཕྱག་རྡོར་སོགས་ཀྱི་བསྒོམ་བཟླས་བཤད་པ་དེ་ཇི་ལྟ་བུ་སྙམ་ན། དེ་ནི་མདོའི་དོན་སྔགས་སུ་བཀྲལ་བ་ཡིན་པས་མི་འགལ་ལོ། །མདོ་ལས་བྱུང་བའི་ཚིག་ཞེས་གསུངས་པའང་དེ་ཉིད་ལ་དགོངས་སོ། །

གཉིས་པ། མདོའི་ཆོས་ལ་སྔགས་ཀྱི་ལག་ལེན་དུ་འཁྲུལ་བ་དགག་པ་ལ། ཤེར་སྙིང་སྔགས་ལུགས་དགག །ལྟུང་བཤགས་སྔགས་ལུགས་དགག་པའོ། །དང་པོ་ནི། སྔགས་ཀྱི་སྒྲུབ་ཐབས་ཡོད་པ་ཡི། །གཞུང་དེ་སྔགས་གཞུང་ཡིན་གྱུར་ན། །སྟོང་ཕྲག་བརྒྱ་པ་ལ་སོགས་པ། །རྒྱུད་དུ་ཐལ་བ་མི་བཟློག་སོ། །ཞེས་པས་ཁ་བསྐང་དགོས་སོ། །གསེར་ཐུར་ལྟར་ན། སྔགས་ཀྱི་བཟླས་པ་ཡོད་ཙམ་གྱིས། །གཞུང་དེ་སྔགས་གཞུང་ཡིན་གྱུར་ན། །འདུལ་བ་ལུང་ལ་སོགས་པ་ཡང་། །རྒྱུད་དུ་ཐལ་བ་མི་བཟློག་སོ། །ཞེས་སོ། །འདི་ཁ་བསྐང་དགོས་ཀྱང་། རྣམ་བཤད་མཛད་པ་གཞན་གྱིས་མ་རྟོགས་སོ། །གཉིས་པ་ནི། ལྟུང་བཤགས་ཀྱི་སངས་རྒྱས་སུམ་ཅུ་སོ་ལྔའི་ནང་ཚན། དེ་བཞིན་གཤེགས་པ་གཡུལ་ལས་རྣམ་རྒྱལ་གྱི་མཚན་ལ་དཔགས་ནས། ཕྱག་མཚན་ལ་ཐུབ་དང་རལ་དྲི་སོགས་པས་ཁྲབ་སོགས་འཛིན་པའི་སྒྲུབ་ཐབས་བྱེད་པ་མི་འཐད་དེ། དེ་འདྲ་སངས་རྒྱས་ཀྱིས་མ་གསུངས་པས་སོ། །དེ་ར་མ་ཟད་བསྟོད་པ་ལས། ཁྱོད་ཀྱི་རལ་དྲི་ཐུབ་མེད་པར། །བྱམས་པའི་མཚོན་གང་ལགས་པས་རྒྱལ། །ཞེས་པ་དང་ཡང་འགལ་ལོ། །འོན་བསྟན་བཅོས་མཛད་པ་འདི་ཉིད་ཀྱིས། སངས་རྒྱས་སུམ་ཅུ་སོ་ལྔ་པོ་བདུན་ཚན་ལྔར་བསྡུས་ནས། རྒྱལ་བ་རིགས་ལྔའི་སྐུ་མདོག་དང་ཕྱག་རྒྱ་ཇི་ལྟ་བ་བཞིན་དུ། བྲིས་སྐུ་དང་ལུགས་མའི་བཞེངས་ཐབས་རྒྱས་པར་གསུངས་པ་དང་འགལ་ལོ་སྙམ་ན་མི་འགལ་ཏེ། མདོ་དེའི་རང་ཀར་སྔགས་ལུགས་མ་ཡིན་ཡང་། དེ་ནས་བྱུང་བའི་ལྷ་ཚོགས་ལ་སྔགས་ཀྱི་སྒྲུབ་ཐབས་འབྱུང་བ་མི་འགལ་ཏེ་དཔེར་ན། ཡུམ་ཤེར་ཕྱིན་གཅིག་པུ་ལ་རྒྱུད་སྡེ་བཞི་ཀའི་སྒྲུབ་ཐབས་འབྱུང་བ་དང་། ཤེར་སྙིང་གི་ཐུབ་པ་གཙོ་འཁོར་ལྔ་པ་ལ། ཀླུ་སྒྲུབ་ཀྱིས་སྒྲུབ་ཐབས་མཛད་པ་བཞིན་ནོ། །དེས་ན་མདོ་རྒྱུད་ཀྱི་ཁྱད་པར་ནི་དབང་དང་། ལྷ་བསྒོམ་པ་དང་དེའི་སྔགས་བཟླས་པ་སོགས་དང་དཀྱིལ་འཁོར་ལ་སོགས་པའི་ཚ་གའི་བྱ་བ་མེད་པ་དང་། ཡོད་པ་ཡིན་ཏེ། དེ་ལྟར་ཤེས་པར་བྱས་ནས། མདོ་སྡེ་དང་སྔགས་ཀྱི་ལུགས་རྣམས་རིགས་པས་དཔྱད་དེ་མ་འཆོལ་བར་སློབས་ཤིག་ཏེ་སྨྲ་དགོས་པའི་ཕྱིར།

གསུམ་པ། མདོ་སྔགས་ཀྱི་རིམ་པ་ལ་ལོག་རྟོག་དགག་པ་ལ། ཁྱད་པར་མེད་པ་ཐེག་པ་རིམ་པ་དགུའི་ལྟ་བ་ལ་བཟང་ངན་གྱི་རིམ་པ་དགག །ཁྱད་པར་ཡོད་པ་རྒྱུ་སྡེ་བཞིའི་སྒྲུབ་པ་འཁྲུལ་པར་སྨྲོད་པ་དགག་པའོ། །དང་པོ་ལ། ཁྱད་པར་ལྟ་བའི་རིམ་པ་དགག །ཁྱད་པར་ཅན་ཐེག་པ་རིམ་དགུ་ཉིད་དགག་པའོ། །དང་པོ་ལ། གཞན་གྱི་འདོད་པ་རགས་པ་བརྗོད་ནས་དགག་པ་མདོར་བསྟན། འདོད་པ་ཞིབ་མོར་བརྗོད་ནས་དགག་པ་རྒྱས་པར་བཤད་པའོ། །དང་པོ་ནི། རྫོགས་ཆེན་པ་ལ་ལ། ཐེག་པ་རིམ་པ་དགུ་ལ་ལྟ་བ་བཟང་ངན་གྱི་རིམ་པ་ཐ་དད་ཡོད་དོ་ཅེས་ཟེར་རོ། །དགུ་པོ་དེ་གང་ཞེ་ན། ཉན་ཐོས་རང་རྒྱལ་བྱང་ཆུབ་སེམས་དཔའ་སྟེ། མཚན་ཉིད་ཀྱི་སྡེ་གསུམ་གྱི་ཡ་ཨུ་པ་ཡོ་ག་ཞེས་པ། བྱ་སྤྱོད་རྣལ་འབྱོར་གསུམ་སྟེ། ཀྱི་ཡོག་སྡེ་གསུམ། བསྐྱེད་པ་མ་ཧཱ་ཡོ་ག །རྫོགས་པ་ཨ་ནུ་ཡོ་ག །རྫོགས་པ་ཆེན་པོ་ཨ་ཏི་ཡོ་ག་སྟེ། རིམ་པ་བཞིན་དུ་རྣལ་འབྱོར་ཆེན་པོ། རྗེས་སུ་རྣལ་འབྱོར། ཤིན་ཏུ་རྣལ་འབྱོར་ཏེ་བསྐྱེད་རྫོགས་སྡེ་གསུམ། དང་པོ་རྣམས་ལ་རྒྱུ་འབྲས་ཀྱི་ཐེག་པ་བརྒྱད་ཟེར། ཕྱི་མ་ལ་རྒྱུ་འབྲས་ལས་འདས་པ་རྫོགས་པ་ཆེན་པོ་ཞེས་ཟེར་རོ། །ཕྱོགས་སྔ་མ་འདི་དག་ནི། ལོ་ཙྪ་བ་ཆེན་པོ་སྐ་བ་དཔལ་བརྩེགས་ཀྱིས་མཛད་པའི་ལྟ་བའི་རིམ་པ་ལས་འབྱུང་བ་ཡིན་ཏེ། ཇི་སྐད་དུ། ཀྱི་ཡ་དོན་དམ་ཆོས་ཉིད་ལྟ། །ཀུན་རྫོབ་རང་རིག་ཡོན་ཏན་ལྟ། །རིགས་གསུམ་དཀྱིལ་འཁོར་སྣང་བ་ལ། །སྐྱེ་བོ་འཁྲུལ་པ་མེད་པར་འདོད། །གཉིས་ཀའི་རྒྱུད་ཀྱི་འདོད་པ་ནི། །ལྟ་སྤྱོད་གོང་འོག་རྗེས་སུ་མཐུན། །ཡོ་ག་དོན་དམ་རྣམ་དག་པའི། །ཆོས་ཀྱི་དབྱིངས་ཀྱི་ཡེ་ཤེས་སུ། །རྟོགས་པའི་བྱིན་རླབས་ལྷར་སྣང་བ། །དེ་ཕྱིར་སྐྱེ་བོ་ལྷར་མཐོང་འཁྲུལ། །མ་ཧཱ་ཡོ་ག་དོན་དམ་དུ། །རང་རིག་གཉིས་མེད་དེ་བཞིན་ཉིད། །རྟོགས་པའི་ཆོ་འཕྲུལ་དྲུག་སོགས་པའི། །ལྷར་སྣང་བ་ལས་འཁོར་བ་མེད། །ཨ་ནུ་ཡོ་ག་དོན་དམ་དུ། །བདེ་ཆེན་རྟོགས་པའི་རིགས་བཅལ་བས། །ཀུན་རྫོབ་ལྷ་ཡི་དཀྱིལ་འཁོར་སྣང་། །དེ་ཕྱིར་སྐྱེ་བོས་བཏགས་པ་འཁྲུལ། །ཨ་ཏི་ཡོ་ག་བདེན་གཉིས་བྲལ། །ཐམས་ཅད་རང་འབྱུང་རང་སྣང་བའི། །ཡེ་ཤེས་མཐའ་གསུམ་བྲལ་བ་ལ། །བཏགས་པ་གཉིས་པོ་གདོད་ནས་མེད། །དེ་ཕྱིར་གསེར་ལ་གསེར་མཐོང་ལྟར། །ཇི་བཞིན་མ་ནོར་བདེན་མཐོང་ཡིན། །ཞེས་གསུངས་སོ། །ལྟ་བའི་དབྱེ་བ་མི་འདྲ་བ་དགུར་བཤད་པ་དེ་དག་ནི་འཐད་པ་མ་ཡིན་ཏེ། ཉན་ཐོས་ཀྱི་ལྟ་བ་དང་ནི་ཐེག་ཆེན་གྱི་ལྟ་བ་ལ་སྤྲོས་བྲལ་རྟོགས་མ་རྟོགས་ཀྱི་ལྟ་བའི་རིམ་པ་ཡོད་མོད་ཀྱི། ཐེག་པ་ཆེན་པོ་ཕ་རོལ་ཏུ་ཕྱིན་པ་དང་། གསང་སྔགས་ལ་ཐོས་བསམ་གྱིས་སྒྲོ་འདོགས་གཅོད་པའི་ལྟ་བ་ལ་མི་འདྲ་བའི་དབྱེ་བ་བཤད་པ་མེད་པའི་ཕྱིར་རོ། །ཕ་རོལ་ཏུ་ཕྱིན་པའི་སྤྲོས་བྲལ་གྱི་ལྟ་བ་ལས་ལྷག་པའི་སྤྲོས་པ་གཅོད་པའི་ལྟ་བ་ཨ་ཏི་ཡོ་ག་ཡོད་ན་ནི། ཨ་ཏི་ཡོ་གའི་ལྟ་བ་དེ་སྤྲོས་པ་ཅན་དུ་འགྱུར་རོ། །གལ་ཏེ་ངེད་ཀྱི་ཨ་ཏི་ཡོ་གའི་ལྟ་བ་དེ་སྤྲོས་པའི་མཐའ་ཐམས་ཅད་དང་བྲལ་བ་ཡིན་ནོ་ཞེ

ན་ལྟ་བ་དེ་གཉིས་ལ་ཁྱད་པར་མེད་པར་འགྱུར་རོ། །དེས་ན་ཚིག་གིས་བཤད་པས་གོ་བའི་ཐོས་པ་དང་བསམ་པ་ལས་བྱུང་བའི་ལྟ་བ་ནི་གཅིག་ཉིད་ཡིན་ནོ། །འོན་ཀྱང་སྤྲོས་བྲལ་གྱི་ལྟ་བ་རྟོགས་པ་ཡི་ཐབས་ལ་གསང་སྔགས་ཁྱད་པར་འཕགས་ཏེ། ཕར་ཕྱིན་པས་ནི། དཔེ་དང་གཏན་ཚིགས་ལ་སོགས་པའི་སྒོ་ནས་ཇི་ཙམ་བཤད་ཀྱང་སྤྱིར་ལམ་མ་སྐྱེས་བར་དུ་གསལ་སྣང་མི་འབྱུང་ལ། གསང་སྔགས་པས་ནི། དབང་དང་བྱིན་རླབས་ལ་སོགས་པ་མན་ངག་ལ་བརྟེན་ནས། ལས་དང་པོ་པ་ལ་ཡང་གསལ་སྣང་འབྱུང་བའི་ཕྱིར་ཏེ། ཇི་སྐད་དུ། འདི་ནི་བྱིན་རླབས་རིམ་པའི་ཕྱིར། །ཀུན་མཁྱེན་ཡེ་ཤེས་དེ་ལྟ་བུ། །ཞེས་གསུངས་པ་ལྟར་རོ། །སྒོམ་པས་ཉམས་མྱོང་གི་ལྟ་བ་ནི། ཕ་རོལ་ཏུ་ཕྱིན་པ་ལས་སྔགས་ལྷག་པར་ཁས་ལེན་དགོས་ཏེ། གཞན་དུ་ན་ལྟ་བ་ཕྱག་རྒྱ་ཆེན་པོ་དེ་ཡང་ཕ་རོལ་ཏུ་ཕྱིན་པ་དང་ཁྱད་པར་མེད་པར་འགྱུར་ལ། འདོད་ན་དེ་བསྒོམ་ལེགས་ཀྱང་དབུ་མའི་སྒོམ་ལས་འདའ་བ་མེད་པར་འགྱུར་རོ། །འདོད་ན། ངེད་ཀྱི་ཕྱག་རྒྱ་ཆེན་པོ་ནི་ཞེས་པ་དང་འགལ་ལོ། །གཞན་ཡང་ལམ་འབྲས་ལས་དབང་བཞི་དང་འབྲེལ་བའི་ལྟ་བ་བཞི་བཤད་ཅིང་། སྒྲོ་འདོགས་གཅོད་པའི་ལྟ་བ་ནི་དུག་ཅན་དུ་བཤད་དོ། །འོ་ན་སྤྲོས་བྲལ་ཡིན་ན་ཁྱད་པར་མེད་ཅེས་པ་དང་འགལ་ལོ་ཞེ་ན། དེས་ན་སྤྲོས་བྲལ་མེད་དགག་གི་དབང་དུ་བྱས་སོ། །འདི་དག་ཀྱང་ཁོ་བོའི་བླ་མ་ཁོ་ནའི་ལེགས་པར་བཤད་པའོ། །

གཉིས་པ། གཞན་གྱི་འདོད་པ་ཞིབ་མོར་བརྗོད་ནས་དགག་པ་རྒྱས་པར་བཤད་པ་ལ། འདོད་པ་བརྗོད་པ་དང་། དེ་དགག་པའོ། །དང་པོ་ལ། དབུ་མ་དང་། བྱ་རྒྱུད་ཀྱི་དོན་དམ་གྱི་ལྟ་བ་ལ་ཁྱད་པར་མེད་ཀྱང་ཀུན་རྫོབ་ཀྱི་ལྟ་བ་ལ་ཁྱད་པར་ཡོད་པའི་ཚུལ། དབུ་མ་དང་རྒྱུད་སྡེ་གསུམ་གྱི་ལྟ་བ་ལ་ཁྱད་པར་ཡོད་པའི་ཚུལ་ལོ། །དང་པོ་ནི། རྙིང་མ་བ་ཁ་ཅིག་ན་རེ། དབུ་མའི་ལྟ་བ་འཛོག་ཚུལ་ནི་ཀུན་རྫོབ་ཇི་ལྟར་སྣང་བཞིན་ཡིན་ལ། དོན་དམ་ཡོད་པ་དང་མེད་པ་དང་། གཉིས་ཀ་དང་གཉིས་ཀ་མ་ཡིན་པའི་མཐའ་བཞི་དང་བྲལ་བའི་སྤྲོས་བྲལ་ཡིན་ནོ། །ཞེས་ཟེར་རོ། །བྱ་བའི་རྒྱུད་ཀྱི་ཀུན་རྫོབ་ནི་འཇམ་དབྱངས་ལ་སོགས་པ་སྐུ་གསུང་ཐུགས་ཀྱི་རིགས་གསུམ་གྱི་རྒྱལ་བའི་དཀྱིལ་འཁོར་ཡིན་ལ། དོན་དམ་དབུ་མ་དང་མཚུངས་སོ་ཞེས་ཟེར་རོ། །གཉིས་པ་ནི། སྤྱོད་པའི་རྒྱུད་ཀྱི་ཀུན་རྫོབ་དང་། རྣལ་འབྱོར་རྒྱུད་ཀྱི་ཀུན་རྫོབ་ནི་རྣམ་སྣང་ལ་སོགས་པ་རིགས་ལྔའི་རྒྱལ་བར་སྣང་བ་ཡིན་ནོ། །རྣལ་འབྱོར་ཆེན་པོའི་ཀུན་རྫོབ་ནི་དམ་པ་རིགས་བརྒྱ་ཡིན་ཞེས་ཟེར་རོ། །གཉིས་པ་དེ་དགག་པ་ལ། ལྟ་སྒོམ་གྱི་རྣམ་དབྱེ་མ་ཕྱེད་པས་མདོར་བསྟན། སྣང་བ་ལྟར་བསྒོམ་པ་ལྟ་བ་མ་ཡིན་པས་རྒྱས་པར་བཤད། ལྟ་བའི་ཡུལ་ཀུན་རྫོབ་ཏུ་འབྲུལ་བར་བསྟན་པས་མཇུག་བསྡུ་བའོ། །དང་པོ་ནི། ལྟ་བ་དང་། སྒོམ་པ་དང་། སྤྱོད་པའི་རྣམ་དབྱེ་མ་ཕྱེད་པས། ལྟ་ཐོག་ནས་སྒོམ། སྒོམ་པ་དེའི་ངང་ནས་སྤྱོད་པ་བྱེད་ཅེས་ཟེར་ཞིང་། སྒོམ་པ་

ཐབས་དང་། ལྟ་བ་ཤེས་རབ་དང་། སྤྱོད་པ་དེ་གཉིས་བསྲེས་ནས་མཐར་ཕྱིན་པ་ཡིན་པ་མ་ཤེས་པས། འདི་འདྲའི་དབྱེ་བ་བྱས་པ་འཁྲུལ་པ་ཡིན་ནོ། གཉིས་པ་ལ། རྒྱུད་སྡེ་བཞིར་སྣང་བ་ལྟ་རུ་གསུངས་སུ་ཆུག་ཀྱང་དེ་ལྟར་རྟོགས་པ་ལྟ་བ་མ་ཡིན་པས་མདོར་བསྟན། དེར་དེ་ལྟར་གསུངས་པ་མེད་པར་བསྟན་པས་རྒྱས་པར་བཤད་པའོ། །དང་པོ་ནི། འདིའི་འཐད་པ་བཤད་ཀྱིས་ཉོན་ཞིག་སྟེ། རིགས་གསུམ་དང་ལྷ་ལ་སོགས་པ་སངས་རྒྱས་སུ་སྒོམ་པ་ཡིན་གྱི་ལྟ་བ་མ་ཡིན་པའི་ཕྱིར། དེ་ཡང་སྔ་མ་ནི་ཀུན་རྫོབ་ལ་དམིགས་པ་ཐབས་ཀྱི་ཆ་ཡིན་ལ། ཕྱི་མ་དོན་དམ་ལ་དམིགས་པ་ཤེས་རབ་ཀྱི་ཆ་ཡིན་པའི་ཕྱིར་རོ། །འདིར་རྣམ་བཤད་མཛད་པ་ཕལ་ཆེར་གྱིས། སྒོམ་པ་ཀུན་རྫོབ་ལ་དམིགས་པ་དང་། ལྟ་བ་དོན་དམ་ལ་དམིགས་པས་འགལ་བ་ལྟ་བུར་བཤད་པ་ནི་མི་འཐད་དེ། དེ་ལྟ་ན་གནས་ལུགས་ཀྱི་དོན་བསྒོམ་པ་མི་སྲིད་པར་འགྱུར་རོ། །དེས་ན་བྲིས་སྐུ་ལྟར་བསྒོམ་པ་ལྟ་བུ་སྒོམ་པ་ཡིན་གྱི་ལྟ་བ་མ་ཡིན་ཞེས་པའི་དོན་ཏེ། འདི་ནི་གཞན་གྱིས་མ་རྟོགས་སོ། །གཉིས་པ་ལ། རྒྱུད་སྡེ་འོག་མ་གསུམ་དུ་སྣང་བ་ལྷར་མ་གསུངས་པའི་རྒྱུ་མཚན། ལྷའི་རྣལ་འབྱོར་བྱེད་ཚུལ་རྣལ་འབྱོར་ཆེན་པོ་ཡང་སྣང་བའི་ལོག་པ་དང་། ལྷའི་ལོག་པ་སོ་སོར་ཕྱེད་དགོས་པར་བསྟན་པའོ། །དང་པོ་ནི། བྱ་སྤྱོད་རྣལ་འབྱོར་རྒྱུད་གསུམ་ཀར་ཀུན་རྫོབ་ཀྱི་སྣང་བ་ལྷ་རུ་གསུངས་པ་མེད་པས། རིགས་གསུམ་དང་རིགས་ལྔར་ལྟ་བ་མི་འཐད་དོ། །འདི་ནི་གཙང་ནག་པའི་སློབ་མ་ཛོ་སྲས་རྡོ་རྗེ་འོད་ཅེས་པ་དེས། ཀྲི་ཡ་ཡུ་ཏི་ཀ་ར་ལ། །ཀུན་རྫོབ་རིགས་གསུམ་དཀྱིལ་འཁོར་གྱི། །རང་བཞིན་ཉིད་དུ་བརྟག་བྱ་སྟེ། །ཞེས་ཟེར་བ་དེ་འགོག་པའོ། །འོན་ཀྱང་བྱ་བའི་རྒྱུད་དུ་ནི། མདུན་དུ་རིགས་གསུམ་གྱི་བྲིས་སྐུ་ལྟ་རུ་བསྒོམས་ནས་ཀྱང་དེ་ལས་དངོས་གྲུབ་ལེན་པ་ཡིན་ལ། དེ་ནས་སྒྲུང་གནས་ལ་སོགས་པ་དཀའ་ཐུབ་དང་། ཁྲུས་ལ་སོགས་པ་གཙང་སྦྲ་ཡིས་མདུན་གྱི་སངས་རྒྱས་མཉེས་ནས་དངོས་གྲུབ་གནང་བ་ཡིན་ནོ། །སྤྱོད་པའི་རྒྱུད་དུ་བྲིས་སྐུ་དང་། རང་ཉིད་གཉིས་ཀ་ལྷ་བསྒོམས་ནས་བདག་དང་མདུན་གྱི་སངས་རྒྱས་གྲོགས་པོ་ལྟ་བུའི་ཚུལ་གྱིས་དངོས་གྲུབ་ལེན་ནོ། །རྣལ་འབྱོར་རྒྱུད་དུ་ནི་ཕྱི་རོལ་གྱི་བྲིས་སྐུ་ལ་དམིགས་པ་གསལ་བའི་རྐྱེན་ཙམ་བྱས་ནས་ནི། གཙོ་བོར་རང་ཉིད་དམ་ཚིག་སེམས་དཔའ་ལ། ཏིང་ངེ་འཛིན་དང་། སྔགས་དང་ཕྱག་རྒྱའི་མཐུས་ཡེ་ཤེས་ཀྱི་འཁོར་ལོ་སྤྱན་དྲངས་ནས་གཞུག་པ་དང་། བཅིང་བ་དང་། དབང་དུ་བྱ་བའི་སངས་རྒྱས་ཏེ་ཧེ་སྲིད་ཕྱག་རྒྱ་མ་བཀྲོལ་བ་དེའི་བར་དུ་རང་གི་ལུས་ལ་བཞུགས་ཤིང་། ཕྱག་རྒྱ་བཀྲོལ་ནས་ཡེ་ཤེས་ཀྱི་སངས་རྒྱས་དེ་རང་གི་ལུས་ལས་ཐོན་ནས་རང་བཞིན་གྱི་གནས་སུ་གཤེགས་ཤིང་། དེ་ནས་རང་ཉིད་ཐ་མལ་དུ་གྱུར་ཏོ། །འདི་དག་གི་ནི་ལུང་སྦྱོར་རྣམས་ཡི་གེ་མང་གིས་དོགས་པས་རྩ་བར་བཞག་ཅིང་མ་བྲིས་ལ། འདིར་ཅུང་ཟད་བཀོད་ན། གུར་གྱི་འགྲེལ་པ་ལས། བྱ་བའི་རྒྱུད་ཅེས་བྱ་བ་ནི། ཕྱི་རོལ་

བརྟེན་ས་མ་ལ་སོགས་པའི་ལྷར་དམིགས་པ་དང་། གཙང་སྦྲ་དང་སྡོམ་པ་ལ་སོགས་པ་ལྷུར་ལེན་པའོ། །བྱ་བའི་སྤྱོར་བ་ཞེས་བྱ་བ་ནི་བདག་ལས་ཕྱི་རོལ་ཏུ་དམིགས་པའོ། །ཞེས་དང་། དགྲ་ནག་གི་འགྲེལ་པར། བྱ་བ་དང་སྤྱོད་པའི་ལུགས་ལའང་། བསྒྲུབ་བྱ་དང་སྒྲུབ་པའི་ཐབས་དུས་ཡུན་རིང་པོར་རྗེས་སུ་མི་འཇུག་སྟེ། དེ་དག་གི་བརྟག་པ་ལས་བྱུང་བ་ཉིད་ཡིན་ཏེ། དེར་ནི་འདི་ལྟར་རས་བྲིས་ལ་སོགས་པར་རྟོགས་པ་ལྷའི་སྟོབས་ཀྱིས་དངོས་གྲུབ་རྫོགས་པར་བྱེད་པའི་ཕྱིར་རོ། །རྣལ་འབྱོར་རྒྱུད་དུ་ཁྱད་པར་འདི་ཡོད་དེ། རང་གི་ལྷའི་རྣལ་འབྱོར་གྱིས་རས་བྲིས་ལ་སོགས་པར་གཏོགས་པའི་ལྷ་ལ་དམིགས་ནས་མཐུན་པར་སྒྲུབ་པའི་དངོས་གྲུབ་སྒྲུབ་པར་བྱེད་དོ། །ཞེས་དང་། འོད་ཟེར་ཅན་གྱི་རྟོག་པ་ལས། བདག་ཉིད་རྣམ་པར་སྣང་མཛད་ཀྱི་གཟུགས་པདྨའི་ལྟེ་བར་སེང་ལྡེང་གི་ཁྲི་ལ་རྡོ་རྗེའི་སྐྱིལ་མོ་ཀྲུང་གིས་བཞུགས་པ། གསེར་གྱི་མདོག་ཅན་བྱང་ཆུབ་མཆོག་གི་ཕྱག་རྒྱ་ཅན་ཏིང་ངེ་འཛིན་ལ་སྙོམས་པར་བཞུགས་པ། རལ་པའི་དབུ་རྒྱན་འཆང་ཞིང་ཞི་བ། ཡི་གེ་མཾ་ཉིད་ཀྱིས་བརྗོད་པའི་རྣམ་པར་བསམ་པར་བྱའོ། །དེ་ནས་མདུན་དུ་ཟླ་བའི་གཟུགས་ཅན་རྣམ་པར་སྣང་མཛད་ལས་བྱུང་བའི་འོད་ཟེར་ཅན་ནམ། ཨོཾ་མ་རི་ཙྱཻ་སྭཱ་ཧཱ། ཞེས་བྱ་བས་གསེར་གྱི་མདོག་ཅན་སྐྱད་པ་དང་བཅས་པའི་ཁབ་འཛིན་པའི་ཕྱག་གིས་གདུག་པ་ཅན་གྱི་ཁ་དང་མིག་ཡང་དག་པར་དྲུབས་པ་མདུན་དུ་བསམ་པར་བྱའོ། །ཞེས་པ་དང་། རྟོག་པ་བསྡུས་པའི་རྒྱུད་ལས། དོན་དམ་སྤྲོས་བྲལ་སྟོང་པའི་ངང་ཉིད་ལས། །ཀུན་རྫོབ་སྒྱུ་མ་ལྟ་བུའི་སྐུར་གནས་པ། །རྗེ་འབངས་ཚུལ་གྱིས་དད་པ་རབ་བསྒོམས་ནས། །དངོས་གྲུབ་དམ་པ་སངས་རྒྱས་ཉིད་དུ་འགྱུར། །ཞེས་པ་དང་། བློ་གྲོས་རྒྱ་མཚོས་ཞུས་པའི་རྒྱུད་ལས། དོན་དམ་རྣམ་དག་ཡེ་ཤེས་ཆེན་པོ་ལས། །སྒྱུ་མའི་སྐུར་སྟོན་གྲོགས་པོའི་ཚུལ་དུ་བསྒོམ། །ཞེས་གསུངས་སོ། །དེ་ཉིད་སྣང་བ་ལས་ཕྱག་རྒྱ་གང་དང་གང་ནས་བྱུང་བ་དེ་དང་དེ་ཉིད་དུ་བཀོལ་ཏེ་ཡེ་ཤེས་པ་གཤེགས་སུ་གསོལ། གཞན་དུ་ན་ལྷ་ལ་བརྟས་པར་འགྱུར་རོ། །ཞེས་གསུངས་སོ། །རྣལ་འབྱོར་ཆེན་པོའི་རྒྱུད་དུ་ནི། དག་པ་གསུམ་གྱི་རང་བཞིན་ཅན་དུ་བཤད་དེ། དག་པ་གསུམ་ནི་དེ་བཞིན་ཉིད་ཀྱི་དག་པ། ལྷ་སོ་སོའི་དག་པ། རང་རིག་པའི་དག་པའོ། །དེ་ཡང་དང་པོ་རྟོགས་བྱེད་ལྷ་བའི་དག་པ། གཉིས་པ་བསྐྱེད་རིམ་གྱི་དག་པ། གསུམ་པ་རྫོགས་རིམ་གྱི་དག་པ་ཞེས་འཆད་དོ། །དེ་སྐད་དུ་ཡང་། ཀྱེ་རྡོར་ལས། ངེས་པར་དངོས་པོ་ཐམས་ཅད་ཀྱི། །དག་པ་དེ་བཞིན་ཉིད་དུ་བརྗོད། །ཕྱི་ནས་རེ་རེའི་དབྱེ་བ་ཡིས། །ལྷ་རྣམས་ཀྱི་ནི་བརྗོད་པར་བྱ། །རང་རིག་བདག་ཉིད་དག་པ་ཉིད། །དག་པ་གཞན་གྱིས་རྣམ་གྲོལ་མིན། །ཞེས་གསུངས་སོ། །འདིར་དེ་བཞིན་ཉིད་ཀྱི་དག་པ་ནི། གཟུང་འཛིན་གྱི་ཆོས་ཐམས་ཅད་རང་བཞིན་སྟོང་པའོ། །ལྷ་སོ་སོའི་དག་པ་ནི། ཆོས་ཅན་སོ་སོ་དང་འབྲེལ་བའི་ཆོས་ཉིད་ལྷ་སོ་སོར་ངོ་འཕྲོད་པའོ། །རང་

རིག་པའི་དག་པ་ནི། དེ་ཐམས་ཅད་བདེ་བ་ཆེན་པོའི་ཡེ་ཤེས་སུ་ངོ་འཕྲོད་པའོ། །འདིར་གོ་ཊཱི་ཀ་པ། ཀུན་རྫོབ་ཀྱི་སྣང་བ་ལྷར་བསྒོམ་པ་དེ་ལྷ་སོ་སོའི་དག་པར་འདོད་པ་ནི། ཀུན་རྫོབ་ཀྱི་ལོག་པ་དང་ལྷའི་ལོག་པ་མ་ཕྱེད་པས་གཞུང་འདིའི་ཕྱོགས་སྔ་འོ། །འདིའི་ལུང་དང་རིགས་པ་དང་མན་ངག་རྣམས་དབང་མ་ཐོབ་པ་ལ་བཤད་དུ་མི་རུང་བས་དབང་ཡོངས་སུ་རྫོགས་པར་ཐོབ་པའི་བླ་མ་དམ་པའི་ཞལ་ལས་ལེགས་པར་དྲིས་ཤིག་ཅེས་གདམས་པའོ། །

གཉིས་པ། ལྷའི་རྣལ་འབྱོར་བྱེད་ཚུལ་རྣལ་འབྱོར་ཆེན་པོ་ཡང་སྣང་བའི་ལོག་པ་དང་། ལྷའི་ལོག་པ་ཕྱེད་དགོས་པར་བསྟན་པ་ལ། བྱ་རྒྱུད་ཀྱི་སྣང་བ་ལྷར་བསྒོམ་པ་སྤྱིར་དགག །ཁྱད་པར་རིགས་ལྔར་གནས་པ་དགག །སྣང་བ་ཙམ་རང་སོར་འཛོག་པ་དང་། བྲིས་སྐུ་ལྷར་བསྒོམ་པའི་ཁྱད་པར་བཤད་པའོ། །དང་པོ་ནི། གལ་ཏེ་བྱ་བའི་རྒྱུད་ཀྱི་ལུགས་ལ་ཡང་ཀུན་རྫོབ་ཀྱི་སྣང་བ་ཐམས་ཅད་ལྷ་རུ་གནས་པ་བདེན་ན་ནི། དེའི་དངོས་གྲུབ་སྒྲུབ་པ་ལ་གཙང་སྦྲ་དང་ཟས་གཙོད་པ་ལ་སོགས་པའི་དཀའ་ཐུབ་ག་ལ་འཐད་དེ། འདི་ལྟར་གཙང་སྦྲ་ནི། ལྷ་གཙང་ཞིང་བདག་ཉིད་མི་གཙང་བར་བརྟགས་ནས། རང་གི་མི་གཙང་བས་ལྷ་ལ་མི་གནོད་པའི་ཕྱིར་ཡིན་ཞིང་། དཀའ་ཐུབ་ཀྱང་དེ་དང་འདྲ་བར། རང་གི་ལུས་ཀྱི་གདུང་བས་སྡིག་པ་སྦྱོང་བའི་ཕྱིར་ཡིན་ལ། བདག་ཉིད་ལྷ་ཡིན་ན་ལྷ་ལ་གཙང་བ་དང་མི་གཙང་བའི་དབྱེ་བ་མེད་ཅིང་། ལྷ་རྣམས་དཀའ་ཐུབ་ཀྱིས་གདུང་དུ་མི་རུང་བའི་ཕྱིར། སྔ་འགྱུར་བ་ཁ་ཅིག་ན་རེ། སྤྱོད་པའི་རྒྱུད་ཀྱི་ཡང་ལྟ་བ་རྣལ་འབྱོར་རྒྱུད་དང་མཐུན་ཞིང་། སྤྱོད་པ་བྱ་བའི་རྒྱུད་བཞིན་དུ་དཀའ་ཐུབ་དང་གཙང་སྦྲ་བྱེད་དོ། །ཞེས་ཟེར་མོད། འདི་ཡང་དེ་ལྟར་ངེས་པ་མེད་དེ། སྤྱོད་རྒྱུད་འདི་ནི། ཕྱིའི་བྱ་བ་དང་། ནང་གི་ཏིང་ངེ་འཛིན་གཉིས་ཀ་ཆ་མཉམ་དུ་སྤྱོད་པའི་ཕྱིར་གཉིས་ཀའི་རྒྱུད་ཡིན་པས། ལྷ་མི་སྒོམ་པའི་གནས་སྐབས་རེས་འགའ་གཙང་སྦྲ་སྤྱོད་མོད་ཀྱི། ཕལ་ཆེར་ཅི་བདེར་སྤྱོད་པར་གསུངས་སོ། །དེ་སྐད་དུ་ཡང་། སྒྲོལ་མ་རབ་པ་གཞེན་བརྗེས་ཀྱི་རྒྱུད་ལས། གྲོགས་པོ་དག་མདོར་ན་བྱང་ཆུབ་ཀྱི་སེམས་དང་མི་འབྲལ་ཞིང་། དཀོན་མཆོག་གསུམ་ལ་ལྷག་པར་མོས་པས་མཆོག་ཏུ་ཚུལ་ཁྲིམས་འཆལ་པར་གྱུར་པ་ལ་ཡང་སྐྱོན་མེད་པའི་ཡིད་ཀྱིས་རྟག་ཏུ་མངོན་པར་བརྩོན་པས་ནི། ངའི་སྔགས་ཀྱི་ལེའུ་རབ་འབྱམས་མཐའ་ཡས་ཤིང་རྨད་དུ་བྱུང་བ། བྱང་ཆུབ་སེམས་དཔའི་སྤྱོད་པའི་རྒྱ་མཐུན་པའི་ཡིད་ལས་བྱུང་བ་རྣམས་འགྲུབ་པར་འགྱུར་རོ། །ཞེས་གསུངས་སོ། །གཉིས་པ་ནི། སྤྱོད་པའི་རྒྱུད་ལ་རྣམ་སྣང་ལ་སོགས་པ་རིགས་ལྔའི་དོན་གྲུབ་ནའང་ཐ་སྙད་བཏགས་པ་མེད་དེ། དོན་གྲུབ་པའི་ཚུལ་ནི། ཕྱག་ན་རྡོ་རྗེ་དབང་བསྐུར་བ་ལས་གསུངས་པའི་སྙིང་པོའི་དཀྱིལ་འཁོར་ལ་རྣམ་སྣང་། རིན་ཆེན་ཏོག །མེ་ཏོག་ཀུན་རྒྱས། འོད་དཔག་མེད། མི་

འབྲུགས་པ་སྟེ་རྒྱལ་བ་རིགས་ལྔར་བཤད་པ་ལྷ་བུའོ། །ཐ་སྙད་མེད་པ་ནི་མི་བསྐྱོད་པ་དང་། དོན་གྲུབ་སོགས་ཀྱི་ཐ་སྙད་མ་གསུངས་པའི་ཕྱིར་དང་། ཕྱག་རྒྱ་དང་། སྐུ་མདོག་དང་། རྣམ་གཞག་རྣམས་ཀྱང་རྣལ་འབྱོར་གོང་མ་གཉིས་ཀྱི་རྒྱུད་བཞིན་དུ་སྤྱོད་རྒྱུད་འདིར་མ་གསུངས་ཏེ། གཟུགས་རྣམ་པར་དག་པ་སོགས་པ་རྣམ་སྣང་ལ་སོགས་པར་མ་གསུངས་པའི་ཕྱིར། འདིར་རྣམ་བཤད་མཛད་པ་བསམ་ཡས་པ་དང་། ཀུ་མུ་ར་གཉིས་ནི་ངན་སོང་སྦྱོང་རྒྱུད་སྤྱོད་རྒྱུད་དུ་འཆད་པ་ནི་མི་འཐད་དེ། རྗེ་བཙུན་གྱི་གཞན་ཕན་སྤྱི་ཆིངས་སུ་དེ་རྣལ་འབྱོར་རྒྱུད་དུ་བཤད་པ་དང་། ཕྱིར་ཡང་དེ་སྤྱོད་རྒྱུད་དུ་འཆད་པའི་ཚད་ལྡན་སུ་ཡང་མེད་པ་དང་། དེར་མ་ཟད། སྦྱོང་རྒྱུད་ཉིད་ལས། ཛཿཧཱུྃ་བཾ་ཧོཿཐུགས་རྗེའི་བདག །ཚུར་གཤེགས་ཞེས་ནི་བརྗོད་ནས་ཀྱང་། །གསང་བའི་བཅིང་བ་བཅིངས་ནས་ནི། །མཛུབ་གཉིས་ལྕགས་ཀྱུའི་ཚུལ་དུ་བྱ། །ཞེས་པས་ཡེ་ཤེས་པ་ཞུགས་པར་བཤད་པས་སོ། །སྔགས་གདོང་པ་ཕྱོགས་སྟ་མས། སྦྱོང་རྒྱུད་སྤྱོད་རྒྱུད་དུ་ཁས་བླངས་ཞེས་གསུངས་པ་ལ་ཡང་ཤེས་བྱེད་མི་སྣང་ངོ་། །རྣམ་མཛད་པ་སྒྲོས་ཁང་པ་དང་། གོ་བོ་གཉིས་ལ་ནི། སྤྱོད་རྒྱུད་ལས་རིགས་ལྔའི་དོན་གྲུབ་པའི་ཤེས་བྱེད་འཆད་རྒྱུ་མི་འདུག་གོ །

གསུམ་པ། སྣང་བ་རང་སོར་འཇོག་པ་དང་བྲིས་སྐུ་ལྷར་བསྒོམ་པའི་ཁྱད་པར་ནི། འོན་ཀྱང་རྒྱུད་སྡེ་འོག་མ་གསུམ་པོའི་ལུགས་ཀྱི་ཀུན་རྫོབ་ཀྱི་སྣང་བ་ཐམས་ཅད་ནི་ཐ་མལ་པ་ལ་ཇི་ལྟར་སྣང་བ་བཞིན་དུ་གསུངས་པར་བས་ཀྱི་ལྷ་རུ་སྣང་བ་མེད་དོ། །བྲིས་སྐུ་དང་བདག་ཉིད་ལྷར་བསྒོམ་པ་ནི། བསྐྱེད་ཚོག་གི་ཐབས་ལ་མཁས་པའི་ཁྱད་པར་གྱིས་ལྷ་རུ་བསྒྱུར་བ་ཡིན་གྱི་ཀུན་རྫོབ་དེ་ཉིད་ལྷར་བསྒོམ་པ་མ་ཡིན་ནོ། དེ་ཡང་བྲིས་སྐུ་དང་བདག་ཉིད་སྟོང་པར་སྦྱངས་ནས་ཡེ་ཤེས་ཉིད་ལྷར་བསྒོམ་པ་སྟེ། འདི་ནི་གཞན་གྱིས་མ་རྟོགས་སོ། །རྣལ་འབྱོར་ཆེན་པོའི་རྒྱུད་སྡེ་ལས་ནི་ཀུན་རྫོབ་ཐ་མལ་པ་ལ་ཇི་ལྟར་སྣང་བ་འདི་དག་པ་གསུམ་གྱི་ཐབས་ལ་མཁས་པའི་ཁྱད་པར་གྱིས། སྣང་གཞི་ཕུང་ཁམས་སྐྱེ་མཆེད་ཀྱི་ཆོས་ཉིད་དང་། སྦྱོང་བྱེད་ལྷ་དང་དཀྱིལ་འཁོར་ངོ་སྤྲོད་པ་དེའི་ཚེ་རྒྱས་པ་ལ་རིགས་ཀྱི་དབྱེ་བ་གྲངས་མེད་པ་དང་། བསྡུ་ན་རིགས་བརྒྱ་དང་། སོགས་པས་རིགས་ལྔ་དང་། དེ་ཐམས་ཅད་ལ་ཁྱབ་པར་བྱེད་པ་རྡོ་རྗེ་སེམས་དཔའི་རིགས་སྟེ་དྲུག་དང་། སྐུ་གསུང་ཐུགས་ཀྱི་རིགས་གསུམ་དང་། དེ་ཡང་བསྡུ་ན་ཐུགས་ཀྱི་རིགས་གཅིག་ཏུ་འང་རྒྱལ་བས་གསུངས་ཏེ། ཀྱེ་རྡོ་རྗེ་ལས། ཐུགས་ཀྱི་བདག་པོའི་རིགས་གཅིག་ཉིད། །ཅེས་དང་། རྒྱས་པར་རབ་ཏུ་ཕྱེ་བ་ལས། །རིགས་ནི་རྣམ་པ་དྲུག་ཏུ་བརྗོད། །རྣམ་གསུམ་རྣམ་པ་ལྔ་ཉིད་ཀྱང་། །ཞེས་དང་། རིགས་ཀྱི་ཚོགས་ལ་རིགས་ནི་དུ་མ་རྣམས། །དེ་རྣམས་རིགས་ལ་རིགས་ནི་རྣམ་པ་བརྒྱ། །དེ་རྣམས་ལ་ཡང་འབུམ་ཕྲག་རིགས་ཆེན་རྣམས། །བྱེ་བའི་རིགས་ལ་གྲངས་ནི་མེད་

པར་འགྱུར། །ཞེས་དང་། ཐྭ་གསང་ཐིག་ལེ་ལས། རིགས་ནི་རྣམ་པ་བརྒྱར་བསྟན་ཏེ། །མདོ་རུ་བསྡུ་ན་རྣམ་པ་ལྔ༑ །ལུས་དང་ངག་དང་ཡིད་སྦྱོར་བས། །གསུམ་དུ་ཡང་ནི་འགྱུར་བ་ཡིན། །ཞེས་གསུངས་པ་དང་། དུས་འཁོར་ལས། རིགས་གསུམ་དང་ནི་རིགས་ལྔ་ཉིད། །རང་བཞིན་གཅིག་དང་བརྒྱ་ཡི་རིགས། །ཞེས་གསུངས། སོ་སོའི་ངོས་འཛིན་སྦྱོད་བསྡུས་ལས། དེ་བཞིན་གཤེགས་པ་རིགས་ལྔ། ཡུམ་བཞི། སའི་སྙིང་པོ། ཕྱག་ན་རྡོ་རྗེ། ནམ་མཁའི་སྙིང་པོ། འཇིག་རྟེན་དབང་ཕྱུག །སྒྲིབ་པ་རྣམ་སེལ་བྱང་ཆུབ་སེམས་དཔའ་ལྔ། གཟུགས་རྡོ་རྗེ་མ་ནས། རེག་བྱ་རྡོ་རྗེ་མའི་བར་ལྷ་མོ་ལྔ་སྟེ་བཅུ་དགུ་པོ་རེ་རེ་ལ་ལྔ་ལྔར་ཕྱེ་བས་དགུ་བཅུ་རྩ་ལྔ། དེ་ཐམས་ཅད་ཐུན་མོང་དུ་བྱིན་གྱིས་རློབ་བྱེད་ཡེ་ཤེས་ལྔ་སྟེ་བརྒྱ་ཐམ་པའོ། །དེ་དག་ལ་ལྔ་ལྔར་ཕྱེ་བའི་ཚུལ་ནི། གཟུགས་ལ་དབྱིབས་ཀྱི་དང་། རྣམ་པའི་དང་། ཁ་དོག་གི་དང་། སྣང་བའི་དང་། རང་རིག་པ་ཙམ་གྱི་གཟུགས་ཏེ་ལྔ། ཚོར་བ་ལ་འདུས་པ་དང་། མཁྲིས་པ་ལས་བྱུང་བའི་ཚོར་བ་དང་། བད་ཀན་དང་རླུང་ལས་བྱུང་བའི་ཚོར་བ་དང་། བདེ་སྡུག་བཏང་སྙོམས་གསུམ་གྱི་ཚོར་བ་སྟེ་ལྔའོ། །འདུ་ཤེས་ལ་སྐད་གཉིས་པའི་དང་། སྐད་བཞི་པའི་དང་། སྐད་མེད་པའི་དང་། སྐད་མང་གི་དང་། མི་གཡོ་ཞིང་མི་འགྱུར་བའི་འདུ་ཤེས་སྟེ་ལྔའོ། །འདུ་བྱེད་ལ་ལུས་ངག་ཡིད་གསུམ་གྱི་དང་། ཁམས་གསུམ་གྱི་གཅིག་དང་། ཐར་པའི་འདུ་བྱེད་དེ་ལྔའོ། །རྣམ་པར་ཤེས་པ་ལ། མིག་ནས་ལུས་ཀྱི་རྣམ་པར་ཤེས་པའི་བར་ལྔའོ། །སའི་ཁམས་ལ། སྐྲ་དང་རུས་པ་ལ་སོགས་པའི་ཚོགས། ཤ་དང་སེན་མོའི་ཚོགས་དང་། སོ་དང་ལྤགས་པ་ལ་སོགས་པའི་ཚོགས་དང་། རྒྱུས་པ་དང་རྩིབས་མ་ལ་སོགས་པའི་ཚོགས་དང་། དྲི་མ་དང་རྒྱུ་མ་ལ་སོགས་པའི་ཚོགས་ལྔའམ། ཡང་ན་གླིང་བཞི་རི་རབ་སྟེ་ལྔའོ། །སྦྱུང་གཞི་ཆུ་ལ། བད་ཀན་དང་། གཅིན་དང་། རྡུལ་དང་། ཁྲག་དང་། ཁ་ཆུ་དང་ལྔའོ། །སྦྱུང་གཞི་མེ་ལ། སྙིང་ག་དང་། མགོ་བོ་དང་། ལྟེ་བ་དང་། ཡན་ལག་ཀུན་དང་། ལྟོ་བའི་དྲོད་དེ་ལྔའོ། །རླུང་ལ། སྲོག་དང་། ཁྱབ་བྱེད་དང་། ཐུར་སེལ་དང་། གྱེན་རྒྱུ་དང་། མཉམ་གནས་རྣམས་སོ། །ས་སྙིང་གི་སྦྱུང་གཞི་མིག་ལ། མིག་དབང་དང་། མིག་འབྲས་དཀར་པོ་དང་། མིག་ཟླུར་དང་། མི་གཡོ་བ་དང་། གཟུགས་གསུམ་འཛིན་པ་དང་ལྔའོ། །རྣ་བ་ལ། རྣ་བའི་དབང་པོ་དང་། སྒྲ་གསུམ་འཛིན་པ་དང་། རྣ་བའི་བུག་དང་། རྣ་བའི་རྩ་བ་དང་། རྣ་བའི་རང་བཞིན་རྣམས་སོ། །སྣ་ལ་སྣའི་དབང་པོ་དང་། ནང་གི་དབུས་དང་། དྲི་གསུམ་འཛིན་པ་དང་། བུག་དང་། སྣའི་རང་བཞིན་རྣམས་སོ། །ལྕེ་ལ་ལྕེ་དབང་དང་། རྩ་བ་དང་། རྩེ་མོ་དང་། རོ་གསུམ་འཛིན་པ་དང་། ལྕེའི་རང་བཞིན་རྣམས་སོ། །ལུས་ལ། ལུས་དབང་དང་། རུས་པ་དང་། ཤ་དང་། ལྤགས་པ་དང་། རེག་བྱ་གསུམ་འཛིན་པ་རྣམས་སོ། །གཟུགས་རྡོ་རྗེ་མའི་སྦྱུང་གཞི་གཟུགས་ལ། གཟུགས་ཀྱི་ཡུལ་དང་། འཁྲིང་ཞིང་རོལ་བའི་གཟུགས་དང་། ཆགས་པའི་

གཟུགས་དང་། ཡིད་དུ་འོང་མི་འོང་བར་མའི་གཟུགས་དང་། བྱ་བ་སྒྲུབ་པའི་གཟུགས་རྣམས་སོ། །སྒྲ་ལ། ཟ་བའི་ནང་གི་དང་། རྒྱ་གླུ་ང་སོགས་ཀྱི་དང་། ལྕེ་རྐན་གྱི་དང་། ནགས་ཚལ་དང་རྫ་ཧྲ་ལ་སོགས་པའི་སྒྲ་རྣམས་དང་། ཡི་གེ་ཧཱུྃ་གི་ཞི་དྲག་གི་སྒྲ་རྣམས་སོ། །དྲི་ལ། དྲི་སྤྱི་དང་། ཡན་ལག་གི་དྲི་དང་། དྲི་གསུམ་གྱི་བྱེ་བྲག་གི་དྲི་དང་། རོའི་དྲི་དང་། དྲི་མི་ཟད་པ་རྣམས་སོ། །རོ་ལ་མངར་བ་དང་། བསྐ་བ་དང་། ལན་ཚྭ་དང་། ཚ་སྐྱུར་དང་། ཁ་བ། རེག་བྱ་ལ། སྟན་གཅིག་ལ་གནས་པའི་དང་། འཁྲུད་པའི་དང་། འོ་བྱེད་པའི་དང་། རྡུབ་པའི་དང་། དབང་པོ་གཉིས་སྦྱོར་བའི་རེག་བྱ་རྣམས་སོ། །དུས་ཀྱི་འཁོར་ལོ་ལས། ཕུང་ཁམས་སོ་དྲུག ཐོད་པ་དུམ་བུ་བཅུ་གཉིས། སོ་སུམ་ཅུ་རྩ་གཉིས། སེན་མོ་ཉི་ཤུ་སྟེ། སྦྱང་གཞི་བརྒྱ་ཐམ་པའི་དབྱེ་བས་རིགས་བརྒྱའོ། །འཕགས་པ་རིན་པོ་ཆེ་ནི། རིགས་ལྔ་པོ་རེ་རེ་ལ་ཡེ་ཤེས་ལྔ་ལྔར་ཕྱེ་བས་ཉེར་ལྔ་དེ་ལྷ་མོ་བཞིས་བསྒྱུར་བས་བརྒྱ་ཐམ་པའོ། །ཞེས་གསུངས་སོ། །ཊཱིང་མ་བ་ནི། བཛྲ་བཞི་བཅུ་ཞེ་གཉིས། ཁྲག་འཐུང་ལྔ་བཅུ་རྩ་བརྒྱད་དང་བརྒྱ་ཐམ་པའོ་ཞེས་འདོད་དེ། འོན་སྦྱང་གཞིའི་དབྱེ་བས་དམ་པ་རིགས་བརྒྱར་འཇོག་པ་ཇི་ལྟར་ཞེ་ན། གཅིག་ལ་དཔེར་མཚོན་ན། གཟུགས་ལ་ཀུན་བཏགས། རྣམ་བཏགས། ཆོས་ཉིད་གསུམ་དུ་ཕྱེ་ནས། གནས་སྐབས་ཀྱི་སྦྱང་གཞི་ནི། རྣམ་བཏགས་ཀྱི་གཟུགས་ཏེ། མཚན་གཞི་ནི་གཟུགས་སུ་སྣང་བའི་རྣམ་རིག་གོ །སྦྱང་བྱ་ནི་ཀུན་བཏགས་པའི་གཟུགས་ཏེ། གཟུང་འཛིན་གཉིས་སོ། །སྦྱོང་བྱེད་ནི་ཆོས་ཀྱི་དབྱིངས་ཀྱི་རང་བཞིན་རྣམ་པར་དག་པ། གཟུགས་སོགས་ཆོས་ཅན་སོ་སོ་དང་འབྲེལ་བ་དེ་ལ་གཞི་དུས་ཀྱི་དམ་པ་རིགས་བརྒྱ་ཞེས་བྱ། གནས་གྱུར་མཐར་ཐུག་པའི་ཚེ་ནི་འབྲས་དུས་ཀྱི་དམ་པ་རིགས་བརྒྱ་ཞེས་བྱ། དེའི་ཚེ་ན་ཀུན་རྫོབ་ཀྱི་ཆོས་ཅན་སོ་སོ་བ་རྣམས་དག་ཟིན་པའི་ཚེ་ནི། ཆོས་ཅན་གྱི་སྒོ་ནས་རིགས་བརྒྱར་དབྱེ་བ་མེད་པས། སྐུ་གསུམ་དང་། ལྔ་དང་། གཅིག་པུར་བསྡུ་བའི་བྱེ་བྲག་གི་རིགས་གསུམ་དང་། ལྔ་དང་གཅིག་ཉིད་དོ། །སྐབས་འདིར་ལེགས་བཤད་གསེར་གྱི་ཐུར་མར། མ་དག་པའི་ཕུང་པོ་ལྷར་བསྒོམ་པ་མ་ཡིན་ཏེ། དེ་དག་ནི་མ་རིག་པའི་དབང་གིས་བྱུང་བས་ཀུན་རྫོབ་ཀྱི་བདེན་པ་ཡིན་ལ། ལྷ་ནི་ཆོས་ཀྱི་དབྱིངས་ཀྱི་ཡེ་ཤེས་ལས་གྲུབ་པས། གནས་ཚུལ་ལ་དོན་དམ་པའི་བདེན་པར་གཞག་དགོས་པའི་ཕྱིར་ཞེས་གསུངས་པ་ལ། མདོ་རྒྱུད་ལ་ལེགས་པར་མ་སྦྱངས་ཤིང་། ངེས་དོན་གྱི་ཆོས་ལ་སྐྱུར་པ་འདེབས་པ་དག །ལུས་དཀྱིལ་གྱི་རྣམ་གཞག་མི་འཐད་པར་ཐལ། མ་དག་པའི་ལུས་འདི་ལྷར་སྒོམ་པ་མི་འཐད་པའི་ཕྱིར། ཞེས་དང་། ཡང་། ཕུང་པོ་སངས་རྒྱས་ལྔ་བདག་ཉིད། །ཅེས་པ་འགལ་ལོ་ཞེས་ཟེར་རོ། །དེ་སྐད་ཅེས་སྨྲ་བ་དེ་ལ། འདི་སྐད་ཅེས་བརྗོད་པར་བྱ་སྟེ། ཚེ་དང་ལྡན་པ་དག་ཁྱེད་ཀྱིས་མ་ཐོས་པའི་ཆོས་ཀྱི་སྤྲིན་པ་འདི་སྤྲིན་གྱིས་དྲན་པ་རྣལ་དུ་ཕོབས་ལ་ཉོན་ཅིག །མ་དག་པའི་ལུས་སངས་

རྒྱས་སུ་སྒོམ་པ་ནི། སྤྲང་པོ་རྒྱལ་པོར་རློམ་པ་ལྟར་དོན་མེད་པ་ཡིན་ཏེ། སྤྱན་རས་གཟིགས་ཀྱིས་མཛད་པའི་འགྲེལ་ཆེན་དྲི་མེད་འོད་ལས། འོན་ཏེ་སྒོམ་པ་གོམས་པའི་དབང་གིས། ཕུང་པོ་དང་ཁམས་དང་སྐྱེ་མཆེད་ལ་སོགས་པ་དཀྱིལ་འཁོར་འཁོར་ལོའི་རྣམ་པར་གྱུར་ཏེ། དེ་ཉིད་ཀྱིས་ན་སངས་རྒྱས་ཉིད་དུ་ཡང་དེ་བཞིན་གཤེགས་པས་གསུངས་པ་མ་ཡིན་ནམ། ཞེས་པ་འགའ་ཞིག་གི་བསམ་པ་ལ་འབྱུང་བར་འགྱུར་ཏེ། དེའི་ཕྱིར་བརྗོད་པར་བྱའོ། །འདིར་བྱིས་པའི་སྐྱེ་བོ་རྣམས་ཀྱིས་བརྗོད་པར་བྱ་བ་གང་ཡིན་པ། གོམས་པའི་དབང་གིས་ཕུང་པོ་དང་། ཁམས་དང་། སྐྱེ་མཆེད་ལ་སོགས་པ་དཀྱིལ་འཁོར་གྱི་འཁོར་ལོའི་རྣམ་པར་གྱུར་ལ། དེ་ཉིད་ཀྱིས་ན་སངས་རྒྱས་ཉིད་དུ་ཡང་དེ་བཞིན་གཤེགས་པས་གསུངས་པ་དེ་ནི་མ་ཡིན་ཏེ། གང་གི་ཕྱིར་བསོད་ནམས་དང་ཡེ་ཤེས་ཀྱི་ཚོགས་མེད་པའི་ཕྱིར་རོ། །འདིར་གལ་ཏེ་རྣལ་འབྱོར་པ་རྣམས་ཀྱིས་བསོད་ནམས་དང་ཡེ་ཤེས་ཀྱི་ཚོགས་མ་རྫོགས་པར། སྒོམ་པ་གོམས་པའི་དབང་གིས་ཕུང་པོ་དང་། ཁམས་དང་། སྐྱེ་མཆེད་ལ་སོགས་པ་དཀྱིལ་འཁོར་འཁོར་ལོའི་རྣམ་པར་འགྱུར་ཞིང་། རྣམ་པར་རྟོག་པའི་སྒོམ་པའི་དབང་གིས། སངས་རྒྱས་ཉིད་དུ་ཡང་འགྱུར་ན། དེའི་ཚེ་བསོད་ནམས་དམན་པ་གཞན་ཞིག་ང་ནི་རྒྱལ་པོའོ། །ཞེས་སེམས་པར་བྱེད་པ་དེ་ཡང་གོམས་པ་ལས་བསོད་ནམས་ཀྱི་ཚོགས་མ་རྫོགས་པར་རྒྱལ་པོར་འགྱུར་ཏེ། འདི་ནི་མཐོང་བ་ཡང་མེད་དོ། །ཞེས་པ་ནས། དེའི་ཕྱིར་རྡུལ་བའི་ལུས་འདི་ནི་ལྷའི་སྐུར་བརྗོད་པར་མི་ནུས་ཏེ་སྙིང་པོ་མེད་པ་ཉིད་ཀྱི་ཕྱིར་རོ། །ཞེས་དང་། ཡང་དེ་ཉིད་ལས། དེ་ལྟར་བརྗོད་པའི་རིམ་པས་བཅོམ་ལྡན་འདས་ཀྱི་གསུང་ཐོས་ཏེ། དེ་ལྟར་ནའང་སེམས་ཅན་རྣམས་ནི་བཅོམ་ལྡན་འདས་ཀྱིས་གསུངས་པ་ཟབ་ཅིང་རྒྱ་ཆེ་བའི་ཆོས་ཡོངས་སུ་བརྟགས་ནས་མི་འཛིན་ཞིང་། སངས་རྒྱས་ཉིད་ཀྱི་སླད་དུ་བླ་མ་ཡོངས་སུ་བརྟགས་ནས་མི་བསྟེན་ཏེ་རློམས་པ་ཆེན་པོ་ཆགས་པས་ཟིལ་གྱིས་མནན་པར་གྱུར་པ། སྐྱེ་བ་འདི་ཉིད་ལ་བདག་ཅག་རྣམས་ཀྱི་རྡུལ་བའི་ལུས་སངས་རྒྱས་ཀྱི་སྐུར་འགྱུར་རོ་ཞེས་པའི་བསམ་པ་རྐམ་ཆགས་ཅན་རྣམས་མི་དགེ་བའི་བཤེས་གཉེན་དང་ཕྲད་པ་དང་། བླ་མ་དམ་པ་མ་ཡིན་པའི་མན་ངག་ལས་འདིར་རྣམ་པར་སྣང་མཛད་ལ་སོགས་པའི་བདུད་རྩི་ལྔ་དང་། གོ་ཀུ་ད་ཧ་ན་ལ་སོགས་པའི་ཤ་རྣམས་ནི་བཟའ་བ་རང་བཞིན་གྱིས་དག་པར་དེ་བཞིན་གཤེགས་པས་གསུངས་པ་སྟེ། ཞེས་པ་ནས། སྦྱང་བ་མ་བྱས་པ་དང་། རྒྱས་པ་མ་བྱས་པ་དང་། སྦར་བ་མ་བྱས་པ་དང་། བདུད་རྩི་རམ་བྱས་པའི་རྣམ་པར་སྣང་མཛད་ལ་སོགས་པ་རྣམས་ཟ་བར་བྱེད་དོ། །བདུད་རྩི་ལྔ་པོ་དེ་རྣམས་ནི། ཟ་བ་པོ་དེ་རྣམས་ལ་སངས་རྒྱས་ཀྱི་ཡོན་ཏན་སྟེར་བར་བྱེད་པ་སོགས་མི་འགྱུར་ཏེ། སངས་རྒྱས་ཀྱི་གསུང་མ་རྟོགས་པའི་ཕྱིར་རོ། །ཞེས་པ་ནས་གང་དག་སྔགས་ཀྱི་སྟོབས་སམ། བསམ་གཏན་གྱི་སྟོབས་ཀྱིས་སྦྱང་བ་བྱས་པ་དང་།

རྒྱས་པ་བྱས་པ་དང་། རབ་ཏུ་སྤྲར་བར་བྱས་པ་དང་བདུད་རྩིར་བྱས་པའི་དུག་རྣམས་ནི་དུག་མེད་པར་འགྱུར་བ་དང་། ཆང་རྣམས་ནི་འོ་མར་འགྱུར་བ་དང་། ཞེས་སོགས་རྒྱས་པར་གསུངས་པ་རྣམས་ཀྱིས་ཁྱེད་རྣམས་ཀྱི་འདོད་པ་ངན་པ་དེ་ལེགས་པར་སུན་ཕྱུང་ཟིན་པས། ད་ཕྱིན་ཆད་མཁས་པ་ལ་སྐྲག་ཤེས་པར་བྱས་ན་ལེགས་སོ། །གཞན་ཡང་སྤྱོད་པ་བསྡུས་པའི་སྒྲོན་མ་ལས་ཀྱང་། ལུས་རྣམ་པར་དབེན་པ་ལ་ཡང་ལྷའི་གཟུགས་མེད་དེ། ལུས་ནི་རྡུལ་ཕྲ་རབ་བསགས་པ་ཙམ་ཡིན་པའི་ཕྱིར་རོ། །ངག་རྣམ་པར་དབེན་པ་ལ་ཡང་ལྷའི་རྣམ་པ་མེད་དེ། སྒྲ་རྣམས་ནི་བྲག་ཆ་ལྟ་བུ་ཡིན་པའི་ཕྱིར་རོ། །སེམས་རྣམ་པར་དབེན་པ་མཐར་ཐུག་པ་དེར་ཡང་རྣམ་པ་ཐམས་ཅད་ཀྱི་མཆོག་དང་ལྡན་པའི་ལྷའི་སྐུའི་ངོ་བོར་རྟོགས་པར་མི་འགྱུར་ཏེ། སེམས་ནི་སྣང་བ་ཙམ་ཡིན་པའི་ཕྱིར་རོ། །རིགས་པ་འདིས་ནི་ཀུན་རྫོབ་ལ་བརྟེན་ནས་གནས་པ་རྟོགས་པར་མི་འགྱུར་རོ། །དེ་བས་ན་ཡེ་ཤེས་ཙམ་གྱིས་ལྷའི་ངོ་བོ་ཉིད་དུ་སྐྱེས་པ། སློབ་དཔོན་གྱི་ཞལ་སྔ་ནས་ལས་རྟོགས་པར་བགྱི་བར་འཚལ་ལོ། །ཞེས་གསུངས་པ་ནི་འདིར། འདི་ཡི་ལུང་རིགས་མན་ངག་རྣམས། །བླ་མའི་ཞལ་ལས་ལེགས་པར་དྲིས། །ཞེས་པ་དང་དོན་གཅིག་མོད། དེང་སང་ཁྱེད་ཅག་གི་བླ་མར་གྲགས་པ་རྣམས་ཀྱི་ཞལ་ནས་དེ་འདྲའི་ལེགས་བཤད་མི་འབྱུང་ངོ་། །འདིས་ནི་གོ་ཊི་ཀ་པ། བླ་མེད་ཀྱི་སྐབས་སུ། ཀུན་རྫོབ་ཀྱི་སྣང་བ་ལྷར་བསྒོམ་པ་ཡིན་ནོ་ཞེས་ཟེར་བ་དེ་ཁེགས་ཤིང་། དེ་ཁེགས་པ་ན། འབྲེལ་མེད་བཞིན་དུ་དེའི་ཁ་ཕྱིར་འབྲང་བ་དག་གི་འདོད་པ་ཡང་ཁེགས་ཏེ། ཇི་སྐད་དུ། དེ་ཉིད་ཀྱིས་ནི་འཛེམས་མེད་པར། །མུན་སྤྲུལ་གང་ཅིའང་རུང་སྨྲ་བ། །དེ་དག་ཀུང་ནི་བསལ་བ་ཡིན། །ཞེས་པ་ལྟར་རོ། །ཡང་ལེགས་བཤད་གསེར་གྱི་ཐུར་མར། རང་ཉིད་འཁོར་ལོ་བདེ་མཆོག་ཡིན་ནས་བསྒོམ་པ་ཞེས་བྱ་བ་དེ་ཡང་། སྒོམ་པ་པོའི་བློ་ངོ་དབང་བཙན་པར་བྱས་པ་ཡིན་ཏེ། ཞེན་པས་ཞུགས་པས་འབྲེལ་བས་མི་སླུ་བ་འབྱུང་བའི་ཕྱིར། དཔེར་ན་བུམ་འཛིན་རྟོག་པའི་གཟུང་རྣམ་ལ་བུམ་པ་རང་མཚན་དུ་ཞེན་ནས་ཞུགས་པ་ལ་བརྟེན་ནས་མཐར་བུམ་པ་རང་མཚན་འཇུག་ཡུལ་དུ་བྱེད་པ་གཅིག་སྲིད་པ་བཞིན་ནོ། །རང་ཉིད་འཁོར་ལོ་སྡོམ་པར་ཁས་ལེན་པ་དེ་གྲུབ་མཐའ་འཛོག་པའི་ཚེ་མ་ཡིན་ཏེ། ལུང་དང་རིགས་པས་མི་འགྲུབ་པའི་ཕྱིར་དང་། དེ་ལྟར་ཁས་ལེན་པའི་དགེ་སློང་དེ་རང་ཉིད་བླུན་པོ་མངོན་པའི་ང་རྒྱལ་ཅན་ཡིན་ན་མ་གཏོགས། མི་ཆོས་བླ་མའི་བརྫུན་དུ་སྨྲ་བའི་ཕམ་པ་འབྱུང་བར་འདུལ་བ་ལུང་ལས་གསུངས་པའི་ཕྱིར་རོ། །ཞེས་གསུངས་པ་ལ། མདོ་རྒྱུད་ལ་མ་སྦྱངས་ཤིང་ཤེས་རབ་ཞན་པ། ཚུལ་ཁྲིམས་འཆལ་བ། རང་གི་ཆོས་དང་། བླ་མ་མཐའ་དག་སྤྱངས་པས་མི་བཟད་པའི་གཡང་སར་ལྷུང་བ་ངོ་ཚ་དང་ཁྲེལ་མེད་པ་དག །འདི་སྐད་ཅེས་གསོལ་ཏེ། དེ་ནི་ཆོས་རྗེ་ཀུན་དགའ་དབང་ཕྱུག་པས། གཞི་གྲུབ་ན་ཀྱེ་རྡོ་རྗེ་ཡིན་པས་ཁྱབ་བོ་ཞེས་གསུངས་པ་དེ་འགོག་པ་ཡིན་པས། རྡོ་རྗེ་

སློབ་དཔོན་ལ་ཕམ་པས་སྒྲུར་པ་བཏབ་ན་རང་ཉིད་ལ་རྩ་བའི་ལྟུང་བ་དང་པོ་འབྱུང་བར་དོགས་སོ་ཞེས་ཟེར་རོ། །འདི་ལྟ་བུ་ལ་ལུང་རིགས་ཀྱི་བྱེད་པ་འཇུག་པའི་གཞི་མེད་ཅིང་དེང་སང་བསྟན་པ་ཉམས་དམས་པས་འདི་ལྟ་བུ་ཡང་མཁས་པའི་སྣམ་དུ་གཞན་དག་སེམས་ཤིང་། གང་ཕྱིར་ལུག་ས་དང་སྨྲོངས་པའི་འཕྲེང་། །གཅིག་སོང་རྗེས་སུ་ལྟུང་བ་ཉིད། །ཅེས་པ་ལྟར། རྗེས་སུ་འཇུག་པ་ཡང་མང་དུ་སྣང་བས་འདིའི་རང་བཞིན་བསྟན་པར་བྱ་སྟེ། ཆོས་རྗེ་ཀུན་དགའ་བས་དེ་ལྟར་གསུང་བ་དེ་སྨོམ་པ་པོའི་བློ་ངོར་དབང་བྱས་སོ། །ཞེས་མ་སླུས་སམ། དྲན་པ་རྣལ་དུ་ཞོག་ཅིག །གཞན་ཡང་། ཁྱེད་ནི་ངོར་པའི་གྲུབ་མཐའ་སྲུན་ཕྱུང་ནས། ངོར་པར་ཁས་ལེན་པ་ཞིག་སྟེ། ཆོས་རྗེ་རྡོ་རྗེ་འཆང་གིས་ཀྱེ་རྡོ་རྗེའི་བསྐྱོད་པ་ཉི་ཤུ་པའི་རྣམ་བཤད་ལས། སོ་སོ་སྐྱེ་བོ་ལ་ཡོན་ཏན་དང་བཅས་པའི་སངས་རྒྱས་ཡོད་པར་འཆད་པ་ནི་མ་ཡིན་ཏེ། དུས་ཀྱི་འཁོར་ལོའི་འགྲེལ་ཆེན་ཉིད་དུ། རྡོ་རྗེ་སེམས་དཔའ་སྟོབས་བཅུ་པར་གྱུར་པ་སྒྲིབ་པ་དང་བཅས་པ། ཤེས་རབ་ཡོངས་སུ་དག་པ་ནི་འགའ་ཡང་མེད་དོ། །འོན་ཀྱང་ཐམས་ཅད་མཁྱེན་པའི་ལམ་ཉམས་པ་དེ་ནི་ལོག་པའི་ང་རྒྱལ་གྱིས་མནན་པར་གྱུར་པ་ན། བདག་ཀྱང་རྡོ་རྗེ་སེམས་དཔའ་སྟོབས་བཅུ་པའོ་ཞེས་དེ་ལྟར་རློམ་པར་བྱེད་དོ། འདི་ནི་སྟོབས་བཅུ་པ་མིན་ཏེ། སྟོབས་བཅུའི་འགལ་ཟླ་རློངས་པ་ཆེན་པོའོ། །འདིར་རྣལ་འབྱོར་པ་འདིའི་སངས་རྒྱས་ཉིད་ནི་སྟོན་མེད་པ་ཤིན་ཏུ་རྨད་དུ་བྱུང་བ་ཆེན་པོ་སྟེ། སྒྲིབ་པ་ཐམས་ཅད་ལྡན་པའི་ཕྱིར་རོ། །ཞེས་དང་། རྣལ་འབྱོར་ཡང་དག་པར་རྫོགས་པའི་སངས་རྒྱས་སུ་མི་འགྱུར་ཏེ། གང་གི་ཕྱིར་ཆོས་ཀྱི་འཁོར་ལོ་བསྐོར་བ་མེད་པའི་ཕྱིར་དང་། དེ་བཞིན་གཤེགས་པས་ལུང་བསྟན་པ་མེད་པའི་ཕྱིར། ཞེས་སོགས་དུ་མ་གསུངས་པ་རྣམས་དང་འགལ་བའི་སྐྱོན་དུ་འགྱུར་རོ། །ཞེས་གསུངས་པ་འདི་རྣམས་ཁས་ལེན་ནམ་མི་ལེན། མི་ལེན་ན་ངོར་པའི་ནང་ནས་བུད་ཅིག །ལེན་ན་ཐོལ་བ་ཁྱོད་རང་གཞི་གྲུབ་བམ་མ་གྲུབ། མ་གྲུབ་ན་ཀུན་རྫོབ་བདེན་པ་རྣམ་པ་ཐམས་ཅད་དུ་གཞི་གྲུབ་པར་ཁས་བླངས་པ་དང་འགལ་ལོ། །གྲུབ་ན། སྟོན་མེད་པའི་སངས་རྒྱས་སུ་ཐལ། སྒྲིབ་པ་དང་བཅས་པའི་སངས་རྒྱས་ཡིན་པའི་ཕྱིར། དེར་ཐལ། སྒྲིབ་པ་དང་བཅས་པ་གང་ཞིག །སངས་རྒྱས་ཡིན་པའི་ཕྱིར་རོ། །དང་པོ་མ་གྲུབ་ན། སྒྲིབ་པ་ཅི་ལ་ཟེར་མ་ཤེས་པར་ཟད་དོ། །ཕྱི་མ་མ་གྲུབ་ན་དེར་ཐལ། ཀྱེ་རྡོ་རྗེ་ཡིན་པའི་ཕྱིར་ཏེ་གཞི་གྲུབ་པའི་ཕྱིར་རོ༑ ༑གསུམ་ཆར་ཁས་བླངས་སོ། །ཡང་འདིས་གཞི་གྲུབ་ན་ཀྱེ་རྡོ་རྗེ་ཡིན་དགོས་པའི་དོན། གཞི་གྲུབ་ན་བདེན་མེད་ཡིན་པས་ཁྱབ་པ་ལ་བྱེད་དོ་ཞེས་ཟེར་བ་ནི་སྦྱོར་སྐྱོན་མ་ཆགས་པའི་རྣམ་འགྱུར་ཏེ་མོ་གཤམ་གྱི་བུ་ཆོས་ཅན། ཀྱེ་རྡོ་རྗེ་ཡིན་པར་ཐལ། བདེན་མེད་ཡིན་པའི་ཕྱིར། གསུམ་ཆར་ཁས་བླངས་སོ། །དེས་ན་རྗེ་བཙུན་གྱིས། ཀྱེ་རྡོ་རྗེ་དེ་གཉིས་མེད། ཡེ་ཤེས་དེ་ནི་དེ་བཞིན་གཤེགས། ཞེས་བཤད་བཞིན་དུ། དེའི་དོན་བདེན་མེད་ལ

འཆད་པ་ནི། །རང་ཉིད་བླུན་པ་གོ་བར་བྱེད་པའོ། །བརྒྱ་ཕྲག་བླུན་པོས་བཀུར་བའི་ཁྲིར་འཁོད་ཅིང་། །བསོད་ནམས་གདུགས་ཀྱི་བསིལ་ཡབ་བཟུང་གྱུར་ནས། །གཞན་ལ་སྨོད་པའི་ལྟེ་བདེ་ལྷུན་གྲུབ་ཀྱང་། །ལུང་དང་རིགས་པའི་དོན་གྱི་ཁོག་སྟོང་བཞིན། །ཞེས་སྨྲས་སོ། །

གསུམ་པ། ལྷ་བའི་ཡུལ་དང་ཀུན་རྫོབ་གཅིག་ཏུ་འབྲེལ་བར་བསྟན་པས་མཇུག་བསྡུ་བ་ནི། རྒྱུ་མཚན་དེས་ན། ཀུན་རྫོབ་ནི་མ་རིག་པའི་དབང་གིས་སྣང་བ་ཡིན་པས་དེའི་ལྡོག་པ་དང་། ལྷ་ནི་ཡེ་ཤེས་ལས་གྲུབ་པ་ཡིན་པས་དེའི་ལྡོག་པ་སོ་སོར་མ་ཕྱེད་པས་གསང་སྔགས་རྙིང་མའི་ཀུན་རྫོབ་ཀུན་ལྷ་བ་དང་གཅིག་ཏུ་འབྲེལ་པའི་རྒྱུ་མཚན་དེ་ལྟར་ཡིན་ནོ། །འདིར་བསམ་ཡས་པ་དང་། སྤོབས་ཁང་པ། དེས་ན་ཀུན་རྫོབ་ལྡོག་པ་དང་། །ལྷ་བའི་ལྡོག་པ་མ་ཕྱེད་པས། ཞེས་འདོན་ནོ། །གཞུང་ཕལ་ཆེར་ལ་ལྷའི་ལྡོག་པ་མ་ཕྱེད་པས། ཞེས་འབྱུང་ངོ། །

གཉིས་པ། ཁྱད་པར་ཅན་ཐེག་པ་རིམ་དགུ་ཉིད་དགག་པ་ལ། གསང་སྔགས་གསར་རྙིང་གི་འདོད་ཚུལ་སོ་སོར་བཤད་པས་དོན་གྱི་ཁོག་ཕུབ། དེས་ན་རྣལ་འབྱོར་བཞི་ཐེག་པའི་རིམ་པར་མི་འཐད་པས་སྐབས་ཀྱི་དོན་བརྗོད། བརྗོད་བྲལ་གྱི་ལྟ་བ་གཅིག་ཉིད་ལ་བཟང་ངན་གྱི་རིམ་པར་འདོད་པ་མཁས་པའི་དགོངས་པ་མ་ཡིན་པར་བསྟན་པས་མཇུག་བསྡུ་བའོ། །དང་པོ་ནི། གསང་སྔགས་སྔ་འགྱུར་བ་རྣམས་ནི་རྣལ་འབྱོར་དང་། རྣལ་འབྱོར་ཆེན་པོ་དང་། རྗེས་སུ་རྣལ་འབྱོར་དང་། ཤིན་ཏུ་རྣལ་འབྱོར་ཞེས་བྱ་བ་རྣམ་པ་བཞི་ཡོད་པ་དེ། ཐེག་པའི་རིམ་པ་ཡིན་ནོ་ཞེས་ཟེར་ཞིང་། ཤིན་ཏུ་རྣལ་འབྱོར་ནི་ཐེག་པ་རིམ་པ་དགུའི་ཡང་རྩེ་ཡིན་པས་བཟང་བར་འདོད་ལ་དེ་ཡང་རྫོགས་པ་ཆེན་པོ་དང་དོན་གཅིག་པར་འདོད་དོ། །གསང་སྔགས་ཕྱི་འགྱུར་བ་རྣམས་ནི། གསང་བ་འདུས་པ་སོགས་ལས། རྣལ་འབྱོར་དང་། ཤིན་ཏུ་རྣལ་འབྱོར་དང་། རྗེས་སུ་རྣལ་འབྱོར་དང་། རྣལ་འབྱོར་ཆེན་པོ་ཞེས་བྱ་བ་འདི་དག་བསྐྱེད་རྫོགས་ཀྱི་ཏིང་ངེ་འཛིན་གྱི་རིམ་པ་ཡིན་གྱི། རྒྱུད་སྡེ་དང་ཐེག་པའི་རིམ་པར་མི་བཞེད་དོ། །དེ་ཡང་གཤིན་རྗེ་དགྲ་ནག་གི་ལེའུ་བཅུ་བདུན་པ་ལས། རྡོ་རྗེ་སེམས་དཔའ་རྫོགས་པ་ཡིན། །རྣལ་འབྱོར་ཡིན་པར་འདི་ལྟར་འདོད། །དེ་ཡི་རྒྱུ་མཐུན་ལྷ་ཡི་སྐུ། །རྗེས་ཀྱི་རྣལ་འབྱོར་ཡིན་པར་གྲགས། །འཁོར་ལོ་ཐམས་ཅད་ཡོངས་རྫོགས་པ། །ཤིན་ཏུ་རྣལ་འབྱོར་ཡིན་པར་གྲགས། །སྐུ་དང་གསུང་དང་ཐུགས་རྣམས་དང་། །ལྷ་ཡི་མིག་སོགས་བྱིན་རླབས་དང་། །ཡེ་ཤེས་འཁོར་ལོ་གཞུག་པ་དང་། །བདུད་རྩི་མྱང་བ་དག་དང་ནི། །མཆོད་དང་བསྟོད་པ་ཆེན་པོ་དག །རྣལ་འབྱོར་ཆེན་པོ་ཞེས་བྱའོ། །ཞེས་གསུངས་པས་སོ། །འདིར་གསང་སྔགས་གསར་རྙིང་གི་ཐ་སྙད་ནི་བོད་ལ་གྲགས་པ་ཙམ་ཡིན་ལ། དེ་ཡང་སློབ་དཔོན་སྤྲུལ་པའི་སྐུ་པདྨ་འབྱུང་གནས་ཀྱི་ཐུགས་ལས་འགྱུར་བ་རྣམས་དང་། ལོ་ཙཱ་བ་རིན་ཆེན་བཟང་པོ་མ་བྱོན་གོང་དུ་བསྒྱུར་བ་རྣམས

ལ་སྙིང་མ་དང་སྔ་འགྱུར་ཞེས་གྲགས་ཤིང་། དེ་ཚུན་ཆད་དུ་ལོ་པཎ་རྣམས་ཀྱིས་རྒྱ་དཔེ་ལས་བསྒྱུར་བའི་གསང་སྔགས་ལ་གསར་མར་གྲགས་སོ། །དེ་ཡང་བླ་མེད་ཀྱི་དབང་དུ་བྱས་ཀྱི་མདོ་དང་རྒྱུད་སྡེ་འོག་ལ་གསར་སྙིང་གཉིས་སུ་ཕྱེ་བ་མེད་དོ། །རྒྱས་པར་ནི་གསེར་གྱི་ཐུར་མ་དང་། ངེས་དོན་རབ་གསལ་རྣམས་སུ་བལྟ་བར་བྱའོ། །

གཉིས་པ། དེས་ན་རྣལ་འབྱོར་བཞི་ཐེག་པའི་རིམ་པར་མི་འཐད་པས་སྐབས་ཀྱི་དོན་བརྗོད་པ་ནི། དེས་ན་རྒྱུད་སྡེ་བཞི་པོ་ཡི་རྣལ་འབྱོར་དང་། རྣལ་འབྱོར་ཆེན་པོ་དང་། རྣལ་འབྱོར་བཞིའི་རྣལ་འབྱོར་ཆེན་པོ་ནི་མི་གཅིག་གོ་སྟེ། སྔ་མ་ནི་རྒྱུད་སྡེའི་རིམ་པ་ཡིན། ཕྱི་མ་གཉིས་ནི་ཏིང་ངེ་འཛིན་གྱི་རིམ་པ་ཙམ་ཡིན་པའི་ཕྱིར་རོ། །དཔེར་ན་ཀླུ་ཆེན་པོ་པདྨ་དང་། པདྨ་ཆེན་པོ་ཞེས་བྱ་བ་དང་། མེ་ཏོག་པདྨ་དང་། པདྨ་ཆེན་པོ་ཞེས་བྱ་བ་གཉིས་མིང་མཐུན་པ་སྟེ་གཅིག་ན་ཡང་དོན་མི་གཅིག་སྟེ། སྔ་མ་ཀླུ་ཡིན་ཞིང་། ཕྱི་མ་མེ་ཏོག་ཡིན་པས་སོ། །དེས་ན་གསང་སྔགས་གསར་མ་ལ། རྣལ་འབྱོར་ཆེན་པོའི་རྒྱུད་ཀྱི་ལྷག་ན་དེ་བས་ལྷག་པའི་རྒྱུད་སྡེ་ཨ་ཏི་ཡོ་ག་ཞེས་བྱ་བ་མེད་ལ། ཏིང་ངེ་འཛིན་བསྒོམ་པའི་དམིགས་པ་ཉིད་ཀྱང་ནི་རྣལ་འབྱོར་ཆེན་པོའི་གོང་ན་མེད་དོ། །དེ་ལས་སྐྱེས་པའི་ཡེ་ཤེས་ནི་ཆོས་ཉིད་དང་དབྱེར་མི་ཕྱེད་པས་བློའི་ཡུལ་མ་ཡིན་པའི་ཕྱིར་སྤྲོས་པ་མེད། ཚིག་གི་ཡུལ་མ་ཡིན་པས་བརྗོད་པ་དང་བྲལ་བས་ན་ཐེག་པའི་རིམ་པར་མི་བཞེད་དོ། །དེའི་རྒྱུ་མཚན་ཐེག་པའི་རིམ་པ་ནི་ཀུན་རྫོབ་ཀྱི་རྣམ་གཞག་ཡིན་པས་སོ། །ལུགས་འདི་ལེགས་པར་ཤེས་པར་གྱུར་ན། ཨ་ཏི་ཡོ་གའི་ལྟ་བ་ཡང་ཡེ་ཤེས་ཀྱི་རིམ་པ་ཡིན་གྱི་ཐེག་པའི་རིམ་པ་མ་ཡིན་ནོ། །འདིར་ཕྱོགས་སྔ་མས་ཨ་ཏི་ཡོ་ག་དང་། རྫོགས་པ་ཆེན་པོ་དོན་གཅིག་པར་བཞེད་པ་ཡིན་གྱི། རང་ལུགས་ལ་ནི་མ་ཡིན་ཏེ། རང་ལུགས་ལ་ཨ་ཏི་ཡོ་ག་ལ་རྫོགས་ཆེན་གྱི་ཐ་སྙད་མི་མཛད་པས་སོ། །ཕྱོགས་སྔ་མས་ནི། རྒྱ་གར་སྐད་དུ་མ་ཧཱ་སནྡྷི་ཞེས་པ་ཡོད་པར་བཞེད་ཅིང་དུས་ཕྱིས་མཁན་ཆེན་གཞོན་ནུ་དཔལ་བས། འཇམ་དཔལ་ཞལ་ལུང་ནས་རྫོགས་ཆེན་གྱི་ཐ་སྙད་སྙེད་དོ་ཞེས་ཀྱང་གསུངས་སོ། །ཡང་བསྟན་བཅོས་མཛད་པ་འདིས་རྫོགས་ཆེན་ལྟ་བའི་ཆ་ནས་འཁྲུལ་བར་བཞེད་པ་ནི་མ་ཡིན་ཏེ། རྫོགས་ཆེན་པ་དག་ནི་ལྟ་བ་ཁས་ལེན་དང་བྲལ་བ། སྒོམ་པ་ཡིད་བྱེད་དང་བྲལ་བ། འབྲས་བུ་རེ་དོགས་དང་བྲལ་བ། ཞེས་གསུངས་ཤིང་། ལྟ་བ་དངོས་གཞིའི་ཚེ་ན། སྟོན་གྱི་མན་ངག་ཁུངས་ཐུབ་ཐམས་ཅད་ནས་དེ་ལྟར་འབྱུང་བའི་ཕྱིར།

གསུམ་པ། བརྗོད་བྲལ་གྱི་ལྟ་བ་གཅིག་ཉིད་ལ་བཟང་ངན་གྱི་རིམ་པ་འདོད་པ་མཁས་པའི་དགོངས་པ་མ་ཡིན་པར་བསྟན་པས་མཇུག་བསྡུ་བ་ནི། བརྗོད་བྲལ་གྱི་ཡེ་ཤེས་བརྗོད་བྱ་ཐེག་པའི་རིམ་པར་བྱས་པ་ནི་མཁས་གྲུབ་པདྨ་འབྱུང་གནས་ཀྱི་དགོངས་པ་མ་ཡིན་པར་ཤེས་པར་བྱ་སྟེ། རྡོ་རྗེ་སྙིང་འགྲེལ་ལས། སངས་རྒྱས

པ་ཡི་བཞི་པ་དང་། །ཐུབ་པའི་དགོངས་པ་ལྔ་པ་མེད། །ཅེས་ཐེག་པ་གསུམ་ཁོ་ན་དང་། གྲུབ་མཐའ་བཞི་ཁོ་ནར་གསུངས་པས། སློབ་དཔོན་ནི་མདོ་རྒྱུད་ཀྱི་དགོངས་པ་བཞིན་དུ་བཞེད་པའི་ཕྱིར་རོ། །རྒྱུ་མཚན་དེས་ན་ཐོས་པ་དང་བསམ་པས་སྒྲོ་འདོགས་གཅོད་པའི་ལྟ་བ་ནི། དབུ་མ་ཡན་ཆད་བླ་མེད་ཀྱི་བར་ཐམས་ཅད་མཐུན་པ་དེའི་ཕྱིར། སྒྲོ་འདོགས་གཅོད་པའི་ལྟ་བའི་ལུང་སྦྱོར་ཀུན་ཕ་རོལ་ཏུ་ཕྱིན་པའི་མདོ་ལས་གསུངས་པ་བཞིན་སྤྱགས་མཚན་ཉིད་ཐམས་ཅད་དུ་མཛད་དོ། སྤྱོད་བསྡུས་ལས། ཇི་སྐད་དུ། བཅོམ་ལྡན་འདས་ཀྱིས་ཤེས་རབ་ཀྱི་ཕ་རོལ་ཏུ་ཕྱིན་པ་བརྒྱད་སྟོང་པའི་དགེ་བའི་བཤེས་གཉེན་གྱི་ལེའུ་ལས། རབ་འབྱོར་གྱིས་གསོལ་བ། བཅོམ་ལྡན་འདས་གལ་ཏེ་ཆོས་ཐམས་ཅད་དབེན་པ་དང་། སྟོང་པ་ལགས་ན་བཅོམ་ལྡན་འདས། ཇི་ལྟར་ན་སེམས་ཅན་གྱི་ཀུན་ནས་ཉོན་མོངས་པ་འབྱུང་བར་འགྱུར། ཇི་ལྟར་ན་རྣམ་པར་བྱང་བར་འགྱུར། བཅོམ་ལྡན་འདས་དབེན་པ་ནི་ཀུན་ནས་ཉོན་མོངས་པར་ཡང་མི་འགྱུར། རྣམ་པར་བྱང་བར་ཡང་མི་འགྱུར་རོ། །ཞེས་སོགས་མདོའི་ལུང་དྲངས་པས་སོ། །ལྟ་བ་དེ་རྟོགས་པའི་ཐབས་ལ་ནི། ཕ་རོལ་ཏུ་ཕྱིན་པ་དང་སྔགས་ཀྱི་ཐེག་པ་ལ་ཟབ་མི་ཟབ་ཀྱི་རིམ་པ་ཡོད་པ་ཡིན་ནོ། །བསམ་ཡས་པའི་ཊཱི་ཀར། ཐེག་པའི་རིམ་པ་ཡོད་མ་ཡིན། །ཞེས་པའི་འབྲུ་བསྣན་པ་ནི་འཐད་པར་མ་མཐོང་ངོ་། །

གཉིས་པ། ཁྱད་པར་ཡོད་པ་རྒྱུད་སྡེ་བཞིའི་རིམ་པ་ལ་ལོག་རྟོག་དགག་པ་ལ། མཚམས་སྦྱར་ཞིང་བྱ་རྒྱུད་རང་རྐང་ལ་བདག་བསྐྱེད་མེད་པ་མདོར་བསྟན། བདག་བསྐྱེད་གསུངས་པའི་དགོངས་པ་བཤད་པས་རྩོད་པ་སྤང་། བདག་བསྐྱེད་ཡོད་པ་ལ་ལུང་གི་གནོད་བྱེད་བརྗོད་པས་རྒྱས་པར་བཤད། ཞར་ལ་རྒྱུད་སྡེ་གཞན་གསུམ་གྱི་སྒྲུབ་པ་བྱེད་ཚུལ་བཤད། དེས་ན་གྲུབ་མཐའ་དང་རྒྱུད་སྡེའི་ཁྱད་པར་ལ་བསླབ་དགོས་པའོ། །དང་པོ་ནི། རྒྱུད་སྡེ་བཞིའི་སྒྲུབ་པ་བསྐྱེད་རིམ་སོགས་བསྒོམ་པ་ཡང་། རང་རང་གི་གཞུང་བཞིན་མ་འཁྲུལ་བར་བྱ་དགོས་ཏེ། ཕན་ཚུན་འཁྲུལ་ཞིང་འཆོལ་བར་བྱས་ན་དངོས་གྲུབ་རིང་བའི་ཕྱིར། དེ་ཡང་དཔེར་ན་བྱ་བའི་རྒྱུད་རང་རྐང་ལ་བདག་བསྐྱེད་མེད་དེ། ཡེ་ཤེས་རྡོ་རྗེ་ཀུན་ལས་བཏུས་པའི་རྒྱུད་ལས། འཇིགས་པར་དམིགས་ཤིང་ཤིན་ཏུ་གཙང་སྦྲ་བྱེད་པ་དང་། ཡེ་ཤེས་སེམས་དཔའི་བདེ་བ་དམ་པ་མེད་པ་དང་། བདག་ཉིད་ལྷའི་སྙེམ་པ་མེད་པ་དང་། ཚད་དུ་བྱུང་བའི་སྤྱོད་ཡུལ་མ་ཡིན། སྔོན་གྱི་རྒྱུའི་རྟོག་པས་རབ་ཏུ་སྤྱོད་པས་སྒྲུབ་པ་བྱེད་པ་ནི་བྱ་བའི་རྒྱུད་ལ་བཞུགས་སོ། །ཞེས་གསུངས་པའི་ཕྱིར། བོད་ཕྱི་མ་ཁ་ཅིག །བྱ་རྒྱུད་ལ་བདག་བསྐྱེད་ཡོད་པའི་ཤེས་བྱེད་དུ། བསམ་གཏན་ཕྱི་མའི་འགྲེལ་པར་རང་གི་ལྷའི་གཟུགས། ཞེས་གསུངས་པས་སོ། །ཞེས་ཟེར་བ་ནི་མི་འཐད་དེ། རང་གི་མདུན་དུ་བྲིས་སྐུ་ལྟར་སྒོམ་པའི་ཚེ་མདུན་བསྐྱེད་ཀྱི་ལྷ་དེ་ཉིད་རང་གི་ལྷ་ཡིན་པའི་ཕྱིར། རྣམ་

སྣང་མཐོང་བྱང་ལས། རང་གི་ལྷ་ཞེས་པ་བདག་བསྐྱེད་ཀྱི་ལྷ་ལ་བཤད་པས་སོ་ཞེས་ཟེར་བ་ཡང་མི་འཐད་དེ། དེ་གཉིས་རྒྱུད་སྡེ་གོང་འོག་ཐ་དད་པའི་ཕྱིར་རོ། །ཡང་སྐབས་འདིར་གོ་ཊཱི་ཀ་ལས། དགེ་ལྡན་པ་དག །བྱ་རྒྱུད་ལ་བདག་བསྐྱེད་ཡོད་པའི་ཤེས་བྱེད་དུ། སློབ་དཔོན་སངས་རྒྱས་གསང་བས་བསམ་གཏན་ཕྱི་མའི་འགྲེལ་པར། བྱ་རྒྱུད་ལ་བདག་བསྐྱེད་ཡོད་པར་བཤད་པ་དང་འགལ་ལོ་ཞེས་ཟེར་བ་ལ། སློབ་དཔོན་དེས་བྱ་སྤྱོད་གཉིས་ཀ་ལ་སྤྱོད་རྒྱུད་ཀྱི་ཉམས་ལེན་སྦྱར་བར་བཞེད་ནས་བདག་བསྐྱེད་ཡོད་པར་བཤད་པས་སྐྱོན་མེད་དོ་ཞེས་དང་། ཡང་རེ་འགའ་སློབ་དཔོན་དེས་བྱ་སྤྱོད་གཉིས་ཀ་བྱ་རྒྱུད་ཀྱི་ཉམས་ལེན་དང་སྦྱར་ནས་བདག་བསྐྱེད་མེད་པར་འདོད་པའི་ཕྱིར། ཞེས་འགལ་འདུ་འབའ་ཞིག་ཁས་བླངས་ནས། འདི་ནི་ཁོ་བོ་འབའ་ཞིག་གིས་རྟོགས་སོ་ཞེས་ང་རྒྱལ་སྨྲ་བར་བྱེད་དོ། །འོན་བྱ་རྒྱུད་ཀྱི་བསྐྱེད་རིམ་ཇི་ལྟར་བསྒོམ་ཞེ་ན། དོན་ཞགས་དང་། རྣམ་རྒྱལ་ལ་སོགས་པའི་བྲིས་སྐུ་ལྟར་བསྐྱེད་དེ་དེ་ལ་མཆོད་ནས་དངོས་གྲུབ་ཀྱི་དོན་དུ་གསོལ་བ་འདེབས་པ་ཡིན་ནོ། །

གཉིས་པ། བདག་བསྐྱེད་གསུངས་པའི་དགོངས་པ་བཤད་པས་རྩོད་པ་སྤང་བ་ནི། འོན་སློབ་དཔོན་ལྷན་ཅིག་སྐྱེས་པའི་རོལ་པས་དོན་ཞགས་དང་། སློབ་དཔོན་ཛེ་ཏ་རིས་རྣམ་རྒྱལ་དང་། སློབ་དཔོན་ཀླུ་སྒྲུབ་ཀྱིས་སྤྱན་རས་གཟིགས་ཕྱག་སྟོང་སྤྱན་སྟོང་གི་སྒྲུབ་ཐབས་མཛད་པ་དང་། དགེ་སློང་མ་དཔལ་མོས་སྤྱན་རས་གཟིགས་བཅུ་གཅིག་ཞལ་གྱི་སྒྲུབ་ཐབས་མཛད་པ་དང་། སློབ་དཔོན་ཙནྡ་གོ་མིས་གདུགས་དཀར་དང་། ཤཱནྟི་པ་དང་ཛེ་ཏ་རིས་གྲྭ་ལྔ་དང་། ཛོ་བོ་རྗེས་གཙུག་ཏོར་དྲི་མེད་ཀྱི་སྒྲུབ་ཐབས་མཛད་པ་དང་། སྒྲུབ་ཐབས་རྒྱ་མཚོ་དང་། ཕྲེང་དང་ཉིས་བརྒྱ་པ་དང་། བརྒྱ་རྩ་རྣམས་སུ་བྱ་རྒྱུད་ཀྱི་ལྷ་ལ་ཡང་། བདག་བསྐྱེད་ཡོད་པའི་སྒྲུབ་ཐབས་མཛད་པ་དང་འགལ་ལོ་ཞེ་ན། སྔ་མ་གཉིས་ནི། རྣལ་འབྱོར་གྱི་གདུལ་བྱ་ལ་ལྷ་བྱ་རྒྱུད་ཀྱི་ལྷ་ཡིན་ཀྱང་། སྒྲུབ་ཐབས་རྣལ་འབྱོར་རྒྱུད་ཀྱི་རྗེས་སུ་འབྲངས་ནས་བླ་མའི་མན་ངག་གིས་རྣལ་འབྱོར་རྒྱུད་དེའི་ལུགས་བཞིན་མཛད་པ་ཡིན་པ་དང་། ཕྱི་མ་རྣམས་ནི་གསང་སྔགས་བླ་མེད་ཀྱི་གདུལ་བྱ་ལ་ལྷ་བྱ་རྒྱུད་ཀྱི་ལྷ་ཡིན་ཀྱང་བླ་མེད་ཀྱི་སྒྲུབ་ཐབས་ལྟར་མཛད་པ་ཡིན་ནོ། །དེས་ན་བྱ་རྒྱུད་ཀྱི་ལྷ་ལ་རྒྱུད་སྡེ་བཞི་ཀའི་སྒྲུབ་ཐབས་འབྱུང་བ་མི་འགལ་མོད། གོ་ཊཱི་ཀ་པ་སོགས་བྱ་རྒྱུད་རྒྱུད་སྡེ་བཞི་ཀར་བཀྲལ་བ་ཞེས་པའི་ཐ་སྙད་བྱེད་པ་ནི་མི་ལེགས་ཏེ། དེ་ལྟར་བྱས་ན་རྒྱུད་སྡེ་བཞིའི་སྒྲུབ་པ་འཁྲུལ་པར་བྱས་པའི་ཉེས་པར་འགྱུར་རོ། །

གསུམ་པ། བདག་བསྐྱེད་ཡོད་པ་ལ་ལུང་གི་གནོད་བྱེད་བརྗོད་པས་རྒྱས་པར་བཤད་པ་ནི། བྱ་རྒྱུད་ཀྱི་ལྷ་ལ་རྒྱུད་སྡེ་གོང་མའི་སྒྲུབ་ཐབས་བདག་བསྐྱེད་ཡོད་པ་དེ་ལྟར་བྱེད་ན་སྐྱོན་གནས་བྱར་མེད་དེ། བདག་ཉིད་ལྷ་རུ་བསྐྱེད་པ་ལ་མཆོད་ན་བསོད་ནམས་དང་། བཀྲས་ན་སྡིག་པར་འགྱུར་བའི་ཕྱིར། གལ་ཏེ་བྱ་རྒྱུད་རང་ཀང་

ལྟར་སྒྲུང་གནས་བྱེད་པར་འདོད་ན། རང་ཉིད་ཐ་མལ་པའི་ང་རྒྱལ་གྱིས་ཁྲིམས་སྐྱ་གཞུང་ནས་འབྱུང་བའི་ཆོ་ག་བཞིན་དུ་ཁྲིམས། རྗེ་དཔོན་ལ་འབབས་ཀྱིས་ཞུ་བ་བཞིན་དུ་དངོས་གྲུབ་བླང་བར་བྱའོ། །དེ་ལ་ནི་ཤ་ཆང་དང་བཅས་པའི་གཏོར་མ་མེད་དེ། དོན་ཡོད་ཞགས་པ་ལས། ཤ་ཁྲག་མེད་པའི་གཏོར་མ་ཞེས་བཤད་པས་སོ། །དོན་ཡོད་ཞགས་པའི་གཞུང་ལས། ཁྲག་མེད་པའི་གཏོར་མ་ཤ་དང་བཅས་པ། ཞེས་བཤད་པ་ནི་འགྱུར་མ་དག་པའོ། །ཞེས་ཊཱི་ཀ་བྱེད་པ་སྟུ་མ་དག་འཆད་དོ། །ཡང་གླ་རྩི་ལ་སོགས་པ་སྲོག་ཆགས་དང་འབྲེལ་བའི་མཆོད་པ་ཐམས་ཅད་ཀྱང་སྤྱང་དགོས་ཏེ། གསང་བ་སྤྱི་རྒྱུད་ལས། སྲོག་ཆགས་ཡན་ལག་རྣམ་སྤངས་པ། །ཞེས་གསུངས་སོ། །གུ་ལང་ནི་དབང་ཕྱུག་ཆེན་པོ་སྟེ་དེས་མཆོན་པའི་འཇིག་རྟེན་པའི་ལྷ་ཁྱབ་འཇུག་ལ་སོགས་པ་མཆོད་པའི་ལྷག་མ་དང་། གཏོར་མའི་ཁ་ཟས་འདིར་མི་བཟའ་སྟེ། དཔུང་བཟང་ལས། གུ་ལང་མཆོད་པའི་ལྷག་མ་མི་བཟའ་ཞིང་། །ཞེས་གསུངས་པའི་ཕྱིར། ཡེ་ཤེས་ཀྱི་ལྷ་ལ་ཕུལ་པའི་དམན་མ་དང་། སོགས་པས་ཕྱག་མཚན་དང་འདྲ་བའི་བཟའ་བཅའ་རྣམས་ཟ་བ་དང་འགོམ་པ་གཉིས་ཀ་བཀག་སྟེ། ལེགས་པར་གྲུབ་པ་ལས། །མཆོན་ཆ་འདྲ་བ་ཐམས་ཅད་དང་། །དེ་བཞིན་སེམས་ཅན་འདྲ་བ་དང་། །ཕྱག་རྒྱ་སྣ་ཚོགས་འདྲ་བ་དག །བཟའ་བར་མི་བྱ་འགོམ་མི་བྱ། །སྒྲུབ་པ་པོ་ནི་བློ་ཅན་གྱིས། །དམན་རྣམས་སྨད་པར་མི་བྱ་སྟེ། །མི་གཙང་བས་ཀྱང་རེག་མི་བྱ། །རྐང་པས་ཀྱང་ནི་མི་འགོམ་མོ། །ཞེས་དང་། གཏོར་མའི་ཁ་ཟས་ཐམས་ཅད་དང་། །ཀྲི་ས་ར་དང་འོ་ཐུག་དག །གསང་སྔགས་བཟློས་པས་རྣམ་པར་སྤང་། །ཞེས་གསུངས་སོ། །ཞོ་དང་མར་དང་འོ་མ་སྟེ་དཀར་གསུམ་དང་། ཀ་ར་བུ་རམ་སྦྲང་རྩི་སྟེ་དངར་གསུམ་ལ་སོགས་པའི་བཟའ་བ་དང་། གཙང་སྦྲ་དང་། སྒྲུང་གནས་ལ་སོགས་པའི་བརྟུལ་ཞུགས་ཀྱིས་བྱ་བའི་རྒྱུད་ཀྱི་གསང་སྔགས་གྲུབ་སྟེ། ལེགས་པར་གྲུབ་པའི་རྒྱུད་ལས། ངས་ནི་སྔགས་པའི་ཁ་ཟས་རྣམ་གསུམ་དང་། །རྩ་བ་སྡོང་བུ་འབྲུ་ཡི་ཚོད་མ་དང་། །འབྲུ་མར་ཚིག་མ་དར་བ་འོ་བསྐོལ་དང་། །ཐུག་པ་རྣམས་ནི་བཟའ་བཏུང་ཡིན་པར་གསུངས། །ཞེས་དང་། དུས་སུ་ཟོས་ཤིང་དུས་སུ་ཁྲུས་བྱས་ནས། །འཕྲེང་བ་མེ་ཏོག་མར་མེ་བསྡོད་དང་དྲི། །ཤ་ཆང་མེད་པའི་ལྷ་བཤོས་ཕུལ་ནས་ནི། །ཀུ་ཤའི་ཁྲི་ལ་འདུག་ནས་བཟླས་བརྗོད་བརྩམ། །ཞེས་གསུངས་པའི་ཕྱིར།

བཞི་པ། ཞར་ལ་རྒྱུད་སྡེ་གཞན་གསུམ་གྱི་སྒྲུབ་པ་བྱེད་ཚུལ་བཤད་པ་ནི། སྤྱོད་པའི་རྒྱུད་དང་། རྣལ་འབྱོར་གྱི་རྒྱུད་གཉིས་སུ། ལས་ཚོགས་སྒྲུབ་པ་འགའ་ཞིག་ལ་གཙང་སྦྲ་དང་། དཀའ་ཐུབ་བཤད་པའང་ཡོད་དེ། ཕྱག་ན་རྡོ་རྗེ་དབང་བསྐུར་བའི་རྒྱུད་ལས། དེས་ཟས་མི་འཚལ་བར་ལག་ན་རྡོ་རྗེ་ལ་བལྟ་ཞིང་ལན་འབུམ་ཕྲག་གསུམ་བཟླས་བརྗོད་བགྱིས་ན་རྒྱལ་སྲིད་ཐོབ་པར་འགྱུར། ཞེས་གསུངས་སོ། །གཞན་དུ་དཀའ་ཐུབ་དང་།

སྨྱུང་གནས་དང་། ལ་སོགས་པས་གཙང་སྦྲ་སོགས་བརྟུལ་ཞུགས་ཀྱི་ཁྱད་པར་གཙོ་བོར་མི་མཛད་དོ། །རྒྱུད་དེ་ཉིད་ལས། དེས་དུར་ཁྲོད་དུ་དུ་བ་འཐུལ་བར་ཟས་སུ་ཤ་འཚལ་ཞིང་གོས་སྔོན་པོ་བགོས་ཏེ་ལག་ཏུ་རལ་གྲི་ཐོགས་ལ། སྙིང་པོ་འདི་ལན་འབུམ་བཟླས་བརྗོད་བགྱིའོ། །ཞེས་གསུངས་པའི་ཕྱིར། རང་ཉིད་ལྷར་བསྐྱེད་པའི་རྣལ་འབྱོར་བསྒོམ་ཞིང་། གླ་རྩིའི་རིང་བུ་དང་། ལ་སོགས་པས་གླི་ཧཾ་གི་བྱུག་པ་ལ་སོགས་པ་སྲོག་ཆགས་ཀྱི་ཡན་ལག་ལས་བྱུང་བའི་མཆོད་པ་རྣམས་ཀྱང་རྒྱུད་སྡེ་གཉིས་པོ་འདིར་མི་འགོག་སྟེ། དེ་ཡང་ཕྱག་ན་རྡོ་རྗེ་དབང་བསྐུར་བའི་རྒྱུད་ལས། བདག་གི་ལྷ་དང་བདག་གི་གཟུགས་ཐ་མི་དད་པར་བྱས་ལ་མཚན་མ་བྱུང་གི་བར་དུ་བཟླས་བརྗོད་བྱའོ། །ཞེས་དང་། རྡོ་རྗེ་རྩེ་མོ་ལས། གང་དུ་སྡིག་པར་མི་འགྱུར་བ། །ཐམས་ཅད་ཟ་ཞིང་ཐམས་ཅད་ལེན། །ལུས་ན་ལྷག་མར་གྱུར་པ་སྤྱངས། །ཞེས་དང་། རྡོ་རྗེ་ས་འོག་གི་རྒྱུད་ལས། དེས་རྒྱུན་དུ་བཅོམ་ལྡན་འདས་ཕྱག་ན་རྡོ་རྗེ་དང་། གནོད་སྦྱིན་རྣམས་ལ་དཀར་གསུམ་གྱིས་མཆོད་པར་བྱའོ། །ཆང་ཀུན་ཏུ་སྤྱང་བར་བགྱིའོ། །ཤ་རྣམས་ནི་འོས་པ་དང་ཤེས་པ་དྲང་བར་བྱའོ། །དམ་ཚིག་སྡོམ་པ་རབ་ལྡན་པས། །བདག་ཉིད་ལས་ཀྱི་ལྷར་བསྒོམས་ཏེ། །ཡེ་ཤེས་ཁྲོ་བོ་སྤྱན་དྲངས་ནས། །ཛཿཧཱུྃ་བཾ་ཧོཿདགུག་སོགས་བྱ། །ཞེས་གསུངས་སོ། །སངས་རྒྱས་ལ་མཆོད་པའི་ལྷག་མ་རྣམས་སྡིག་པ་སྤྱང་བའི་ཕྱིར་བཟའ་བར་བྱའོ། །ཞེས་རབ་ཏུ་གནས་པའི་རྒྱུད་ལས་གནང་ཞིང་། འབྱུང་པོའི་གཏོར་མ་ནི་འདིར་མི་ཟ་སྟེ། རབ་ཏུ་གནས་པའི་རྒྱུད་ལས། བདེ་གཤེགས་ལྷག་མ་འདི་དག་ནི། །ཟོ་ཞིག་སྡིག་པ་བྱང་བར་འགྱུར། །ཞེས་གསུངས་པ་དང་། གོང་དུ། ལྷག་མར་གྱུར་པ་སྤྱང་། ཞེས་པས་འབྱུང་པོའི་གཏོར་མ་བཟའ་བའང་བཀག་པའི་ཕྱིར། རྣལ་འབྱོར་ཆེན་པོའི་རྒྱུད་རྣམས་ལས། ཨ་ཝ་དྷཱུ་ཏི་དང་། ཀུན་ཏུ་བཟང་པོའི་སྤྱོད་པ་སོགས་ལ་འབྱུང་པོའི་གཏོར་མ་བཟའ་བ་སོགས་གནང་སྟེ། ཀྱེ་རྡོ་རྗེ་ལས། བཟའ་བྱ་དེ་བཞིན་བཏུང་བ་ཉིད། །ཇི་ལྟར་རྙེད་པ་རབ་ཏུ་བཟའ། །ཡིད་འོང་མི་འོང་རྣམ་རྟོག་ཕྱིར། །ཞེན་པ་ཙམ་དུ་མི་བྱའོ། །ཞེས་དང་། དཀའ་ཐུབ་དང་། ལ་སོགས་པས་གཙང་སྦྲ་ལ་སོགས་པའི་བརྟུལ་ཞུགས་འགོག་སྟེ། རྡོ་རྗེ་གུར་ལས། བདག་གི་ལུས་ལ་ངེས་མི་དབང་། །ཅེས་གསུངས་སོ། །འདོད་པའི་ལོངས་སྤྱོད་རྣམས་ལ་དེའི་རང་བཞིན་ཤེས་པར་བྱས་ནས་ཇི་ལྟར་འདོད་པ་བཞིན་དུ་སྤྱོད་པ་འཇུག་པ་བདེ་བའི་ཕྱིར་རྣལ་འབྱོར་གྱི་གསང་སྔགས་ཐམས་ཅད་ཀྱི་མཆོག་ཏུ་གྱུར་པས་རྒྱལ་པོ་རིམ་པ་གཉིས་བསྒོམས་པས་མཐར་ཐུག་གི་འབྲས་བུ་ཚེ་འདིར་འགྲུབ་སྟེ། གསང་བ་འདུས་པ་ལས། འདོད་པའི་ལོངས་སྤྱོད་ཐམས་ཅད་ནི། །ཇི་ལྟར་འདོད་པས་བསྟེན་བྱས་ཏེ། །ཞེས་སོ། །འདི་དག་གི་དོན་རྒྱས་པར་བླ་མ་མཆོག །དབང་ཐོབ། དམ་ཚིག་སྲུང་། རྒྱུད་ཤེས། མན་ངག་དང་ལྡན་པས་མཁས་པའི་གསུང་ལས་ཤེས་པར་གྱིས་ཤིག །

ལྔ་པ། དེས་ན་གྲུབ་མཐའ་དང་རྒྱུད་སྡེའི་ཁྱད་པར་ལ་བསླབ་དགོས་པ་ནི། ཕྱི་ནང་གི་གྲུབ་མཐའི་ཁྱད་པར་མི་ཕྱེད་པར་དེ་དག་གི་ཚིག་ཐམས་ཅད་དགུགས་ནས་བྱེད་པ་ནི་མི་འཐད་དེ། ལུང་རིགས་མེད་པར་བླ་མའི་བཀའ་སྒྲོལ་ཡིན་ཟེར་ནས། རང་བཟོའི་རྣམ་ཐར་ལ་ཟབ་ཟབ་པོར་བྱས་ནས་སྤྱོད་པ་ངོ་མཚར་བའི་ཕྱིར་རོ༎ ༎

གཉིས་པ། བརྟན་པ་ཐོབ་ནས་བརྟུལ་ཞུགས་སྤྱོད་པའི་གནས་ལ་འཁྲུལ་པ་དགག་པ་ལ། རང་ལུགས་བཞག་པས་དོན་གྱི་རྣམ་གཞག་ལ་གོ་བ་བསྐྱེད་དེ་མདོར་བསྟན། གཞན་ལུགས་དགག་པས་ཡིན་ལུགས་ལ་འཁྲུལ་པ་བསལ་ཏེ་རྒྱས་པར་བཤད། གཞན་ལུགས་དེ་ཁས་བླངས་ཀྱང་རང་ལུགས་ཀྱི་རྣམ་གཞག་དེ་དང་འབྲེལ་དགོས་པས་མཇུག་བསྡུ་བའོ། །དང་པོ་ལ། བརྟུལ་ཞུགས་སྤྱོད་པའི་ཡུལ་དུས་དང་རྟེན་ངོས་བཟུང་སྟེ། བརྟུལ་ཞུགས་སྤྱོད་དགོས་པར་བཤད་པས་མདོར་བསྟན། རྟེན་གྱི་གང་ཟག་མ་ཡིན་པས་གནས་དེར་བགྲོད་པ་དགོས་པ་མེད་ཅིང་བར་ཆད་འབྱུང་ཚུལ་རྒྱས་པར་བཤད། བརྟུལ་ཞུགས་ཀྱི་དུས་ལ་བབས་པའི་སྟགས་པས་ཡུལ་དེ་དང་གནས་དེར་ཕྱིན་པའི་ཕན་ཡོན་བསྟན་པས་མཇུག་བསྡུ་བའོ། །དང་པོ་ནི། དབང་བཞི་ཡོངས་སུ་རྫོགས་པ་དང་། དེའི་དོན་དང་པོ་རང་གི་ཁྱིམ་དུ་བསྒོམ་སྟེ། བརྟག་གཉིས་ལས། དང་པོར་གོམས་པར་བྱེད་དུས་ཀྱི། །གནས་ནི་གང་དུ་བསྟགས་པའི་སེམས། །གཅིག་ཏུ་མཉམ་བཞག་འགྲུབ་འགྱུར་བའི། །གནས་ནི་བཟང་པོ་ངེས་པར་བརྟག །རང་གི་ཁྱིམ་དུ་མཚན་དུས་སུ། །རྣལ་འབྱོར་མ་བསྒོམ་ཤེས་རབ་ཅན། །ཞེས་གསུངས་པའི་ཕྱིར། བསྐྱེད་རྫོགས་ལ་བརྟན་པ་ཙུང་ཟད་ཐོབ་ཅིང་དྲོད་ཆུང་དུ་སྐྱེས་ནས། མཚན་མོ་དུར་ཁྲོད་དམ་ཤིང་གཅིག་དྲུང་ལ་སོགས་པ་འཇིགས་པའི་གནས་སུ་བསྒོམ་སྟེ། དེ་ཉིད་ལས། ཤིང་གཅིག་དང་ནི་དུར་ཁྲོད་དམ། །ཡང་ན་དབེན་པའི་བས་མཐའ་རུ། །སྒོམ་པ་བཟང་བར་བརྗོད་པར་བྱ། །ཞེས་པས་སོ། །དྲོད་འབྲིང་ཐོབ་ནས་ཀུན་འདར་གྱི་སྤྱོད་པ་གསང་སྤྱོད་བྱ། བརྟན་པ་ཆེན་པོ་ཐོབ་ཅིང་དྲོད་ཆེན་པོ་སྐྱེས་ནས། ཀྱཻ་རྡོར་ལས། གང་ཞིག་སོར་མོ་གཅིག་སྟོན་ན། །གཉིས་ཀྱིས་ལེགས་པར་འོངས་པ་ཡིན། །ཞེས་སོགས་ལུས་ཀྱི་བརྡ་དང་། ཧྲ་ཞེས་བྱ་བ་སྨྲས་བྱུར་བཤད། །ཞེ་ཞེས་བྱ་བ་བུད་མེད་ཡིན། །ཞེས་སོགས་ཀྱི་བརྡ་རྣམས་ལ་ལེགས་པར་སྦྱངས་ཤིང་དེའི་ཁོན་ཉིད་ཀྱང་རྟོགས་པས་ན། དགོས་པ་ས་རྣམས་བགྲོད་པར་བྱ་བ་དང་། ཡུལ་དེ་དག་ན་གནས་པའི་མཁའ་འགྲོ་མ་རྣམས་དབང་དུ་བསྡུ་བའི་ཕྱིར། བགྲོད་པར་བྱ་བའི་ཡུལ་གནས་དང་ཉེ་བའི་གནས་དང་། ལ་སོགས་པས་ཞིང་དང་ཉེ་བའི་ཞིང་ལ་སོགས་པ་ཡུལ་ཆེན་སུམ་ཅུ་སོ་བདུན་དུ། བདེ་བ་ཆེན་པོའི་ཡེ་ཤེས་ནི་མ་རིག་པའི་གཉེན་པོ་ཡིན་པས་རིག་པ་སྟེ་དེ་ཐོབ་པར་མཚོན་བྱེད་ཀྱི་རུས་རྒྱན་ཐོགས་པ་ལ་

སོགས་པའི་བརྟུལ་ཞུགས་སྤྱོད་ཕྱིར་དུ་རྒྱུ་བར་བྱའོ། །འདིར་ཡུལ་ཆེན་སུམ་ཅུ་རྩ་བདུན་གྱི་ངོས་འཛིན་ལ། གཞན་ལུགས་དགག་པ་དང་། རང་ལུགས་བཞག་པ་གཉིས་ལས། དང་པོ་ནི། ལྷ་བཙུན་བསམ་ཡས་པ་ནི། དགྱེས་རྡོར་རྩ་བས་ཟིན་པའི་སུམ་ཅུ་རྩ་གསུམ་གྱི་སྟེང་དུ། གླིང་བཞི་དང་བཞི་པོ་གཅིག་ཏུ་སྡོམ་པ་སྟེ། ལྷ་བསྟན་པས་སུམ་ཅུ་སོ་བདུན་ནོ་ཞེས་རྗེ་བཙུན་ཆེན་པོས་ཨིནྡྲ་བྷཱུ་ཏིའི་ལམ་སྐོར་དུ་བཤད་དེ། ཕྱི་རོལ་ན་རེ་རེ་ནས་སོ་སོར་བགྲང་དུ་མེད་ཀྱང་ནང་གི་དག་པ་སྦྱར་བས་སོ་བདུན་དུ་བཞེད་པར་མངོན་ནོ། །ཞེས་འཆད། སྤྱོས་ཁང་པ་གནས་ཆེན་སུམ་ཅུ་རྩ་བདུན་ནི། རྒྱུད་དུ་གསལ་བར་གསུངས་པའི་སུམ་ཅུ་རྩ་གཉིས་ཀྱི་སྟེང་དུ། ལུས་ལ་སྦྲས་པའི་རྩ་རྣམས་ཕྱི་རོལ་དུ་གླིང་བཞི་ལྷུན་པོ་དང་བཅས་པས་སུམ་ཅུ་རྩ་བདུན་ནོ་ཞེས་བླ་མ་གོང་མ་རྣམས་གསུང་ངོ་། །ཞེས་འཆད། ཀུ་མུ་ཏའི་རྣམ་བཤད་ལས། ཀྱེ་རྡོ་རྗེ་རྒྱུད་ལས། གནས་ནི་ཛཱ་ལནྡྷ་རར་བཤད། །ཅེས་སོགས་བཤད་པ་རྣམས་ཡུལ་སོ་བདུན། བྱང་ཆུབ་ཀྱི་ཕྱོགས་ཀྱི་ཆོས་སོ་བདུན། རྩ་སུམ་ཅུ་རྩ་བདུན་རྣམས་ནི། ཕྱིའི་གནས་འཛམ་བུའི་གླིང་ན་གནས། ནང་རང་གི་སྤྱི་བོ་ནས་རྐང་མཐིལ་གྱི་བར་ན་གནས་ཏེ༑ ཞེས་འཆད། སྣ་གདོང་པ། བདེ་མཆོག་ལས་གསུངས་པའི་ཡུལ་ཉི་ཤུ་རྩ་བཞི་དང་། དེའི་སྟེང་དུ་སྙིང་གར་པདྨ་འདབ་བརྒྱད་རིམ་པ་གཉིས་ཡོད་པའི་ནང་མའི་ཕྱོགས་བཞི་དང་། དབུས་དང་བཅས་པ་ལྔ། ཕྱི་མའི་ཕྱོགས་མཚམས་བརྒྱད་དང་བཅས་པས་སུམ་ཅུ་སོ་བདུན་ཞེས་བྱའོ། །ནང་ན་ཡུལ་སོ་བདུན་ཡོད་པ་ལྟར། ཕྱི་ན་ཡང་ཙ་རི་ཏྲ་སོགས་སུམ་ཅུ་སོ་བདུན་ཡོད་པར་ཤེས་པར་བྱའོ། །ཕྱོགས་བཅུའི་སངས་རྒྱས་ཀྱི་ཞུ་འཕྲིན་ལས། ཨོ་རྒྱན་ཛཱ་ལནྡྷ་ར་དང་། །གོང་ཀ་ན་དང་སིནྡྷུའི་ཡུལ། །ཁ་ཆེ་དང་ནི་ཁ་ཤལ་སོགས། །མ་ཁ་དང་ནི་ལི་ཡི་ཡུལ། །དེ་བཞིན་ཧོར་དང་ཧོར་ཆེན་པོ། །ཏཱ་ལ་ཤན་དང་ཉེ་བའི་ལྗོངས། །རྒྱ་ནག་རྒྱ་ནག་ཆེན་པོ་དང་། །གན་དྷ་ར་དང་འདོད་པའི་གཟུགས། །ཟངས་གླིང་དང་ནི་གསེར་གྱི་གླིང་། །ཟླ་བའི་གླིང་དང་སེང་གེའི་གླིང་། །ལྷང་ཀ་ལྷ་རེད་ཏ་ལ་སོགས། །སྔོན་ནི་ཁྱོད་ཀྱིས་བསྟན་པའི་གཞི། །ཞེས་གསུངས་པ་དང་ཆ་འདྲའོ། །ཞེས་གསུངས་ཤིང་། ན་ཡམས་གཅིག་ལ་བསམ་ཡས་པའི་ཊཱི་ཀ་དང་མཐུན་པར་བཤད་དོ། །གོ་ཊཱི་ཀ་ལས། གནས་དང་ཉེ་བའི་གནས་སོགས་བཅུ་གཉིས་ལས་ཕྱེ་བའི་སུམ་ཅུ་རྩ་གཉིས་ཀྱི་སྟེང་དུ། གླིང་བཞི་དང་བཞི་པོ་གཅིག་ཏུ་སྡོམ་པ་སྟེ་སུམ་ཅུ་སོ་བདུན་ནོ། །ཞེས་པ་ནི་སྣ་གདོང་པའི་ཊཱི་ཀའི་ན་ཡམས་གཅིག་ལ་བྲིས་བཤུས་མཛད་པའོ། །ལུགས་དང་པོ་མི་འཐད་དེ། ཕྱི་རོལ་ན་ཡུལ་སོ་བདུན་མེད་ན་བསྟན་བཅོས་འདི་ཉིད་ཀྱི་རྩ་བ་དང་འགལ་བ་དང་། གླིང་བཞི་ཡུལ་ཆེན་དུ་འཛོག་པ་རྗེ་བཙུན་གྱི་ལུགས་ཡིན་པར་ཁྱེད་རང་གིས་བཤད་པའི་ལུང་དང་འགལ་བའི་ཕྱིར། ལུགས་གཉིས་པ་ཡང་མི་འཐད་དེ། སོ་བདུན་པོ་རེ་རེ་ནས་བགྲང་རྒྱུ་མ་བྱུང་བ་དང་། ལུས་ལ་སྦྲས་པའི་རྩ་ཞེས

པ་ཡི་གེའི་དོན་ལ་མ་ཞུགས་ཏེ། སྦས་པའི་དོན་ནི། རྒྱུད་དུ་གསལ་བར་མ་བསྟན་པ་ལ་འཆད་དགོས་ཀྱི། ལུས་ལ་སྦས་པའི་དོན་ལ་འཆད་པ་ཚད་ལྡན་གྱི་ལུགས་མ་ཡིན་པའི་ཕྱིར་ཏེ། རྡོ་རྗེ་མཁའ་འགྲོ་ལས། རྒྱུད་དུ་སྦས་པ་ངེས་པར་བྱ། །ཞེས་གསུངས་པས་སོ། །ཀུ་མྦ་རའི་ལུགས་དེ་མི་འཐད་དེ། ཀྱེ་རྡོ་རྗེའི་རྒྱུད་ན་ཡུལ་སོ་བདུན་བགྲངས་པ་མེད་པའི་ཕྱིར་དང་། དེའི་སྟེང་དུ་བསྣན་རྒྱུ་གང་ཡིན་གསལ་བར་མ་བཤད་པའི་ཕྱིར་རོ། །སྣ་གདོང་པའི་ལུགས་དེ་ཡང་འཐད་པ་མ་ཡིན་ཏེ། ནང་ན་སྙིང་གའི་རྩ་འདབ་བཅུ་གཉིས་གནས་པ་དང་མཐུན་པར། ཕྱི་རོལ་ན་གནས་ཆེན་བཅུ་གཉིས་ཡོད་དུ་ཆུག་ཀྱང་། དེའི་ཤེས་བྱེད་དུ། ཞུ་འཕྲིན་གྱི་ལུང་དེ་མ་འབྲེལ་བ་ཡིན་ཏེ། ལུང་དེ་ནི་སྔོན་བསྟན་པ་གང་དུ་བྱུང་བའི་ཡུལ་ངོས་འཛིན་པ་ཡིན་གྱི། དཔའ་བོ་དང་རྣལ་འབྱོར་མ་འདུ་བའི་གནས་ཆེན་ངོས་འཛིན་མ་ཡིན་པའི་ཕྱིར་དང་། ལུང་དེར་ནི་ཧོར་དང་ཧོར་ཆེན་པོ་དང་། རྒྱ་ནག་དང་རྒྱ་ནག་ཆེན་པོ་རྣམས་ཀྱང་བགྲངས་པའི་ཕྱིར་རོ། །ཡང་གོ་ཊི་ཀ་ཏུ། གླིང་བཞི་པོ་གནས་ཆེན་དུ་ཁས་ལེན་པ་ནི་སྔ་མ་འགའ་ཞིག་གི་རྗེས་ཟློས་མཛད་པས་ལན་པ་ཡིན་མོད། འཐད་པ་ནི་མ་ཡིན་ཏེ། བསྟན་བཅོས་འདིའི་རང་ལུགས་དང་མ་མཐུན་པའི་ཕྱིར། འདིར་ནི་རིམ་གཉིས་ལ་བརྟན་པ་མ་ཐོབ་ཀྱི་བར་དུ་རང་གི་ཁྱིམ་དུ་སྒོམ་པ་དང་། དེ་ནས་བརྟུལ་ཞུགས་སྤྱོད་པ་ལ་འཇུག་པ་སྐབས་སུ་བབས་པའི་ཚེ། ཡུལ་ཆེན་རྣམས་སུ་རྒྱུ་བར་གསུངས་ལ། དང་པོར་གང་དུ་སྒོམ་པའི་གནས་དེ་ཉིད་ཡུལ་ཆེན་ཡིན་ན་ཡུལ་ཆེན་གཞན་དུ་འགྲོ་བ་དོན་མེད་པའི་ཕྱིར། དོན་ཡོད་ནའང་གང་དུ་ཕྱིན་ཀྱང་ཡུལ་ཆེན་ལས་མ་འདས་པར་ཁས་ལེན་དགོས་པས། ཨོ་ཊྱན་ལ་སོགས་པའི་ངོས་བཟུང་མི་དགོས་པར་ཐལ་བའི་ཕྱིར་དང་། འཛམ་གླིང་ཙམ་པོ་ཡུལ་ཆེན་ཡིན་ན། འཛམ་བུ་གླིང་གི་ཕྱོགས་ཐམས་ཅད་དེར་ཁས་ལེན་ནམ། གནས་ཀྱི་ཁྱད་པར་རེ་རེ་ཞིག་དེར་ཁས་ལེན། དང་པོ་ལྟར་ན་རྒྱུད་གཞུང་ཐམས་ཅད་དང་མ་མཐུན། གཉིས་པ་ལྟར་ན་ཨོ་རྒྱན་ལ་སོགས་པ་གནས་ཆེན་གྱི་ཁྱད་པར་སུམ་ཅུ་རྩ་གཉིས་པོ་དེ་དག་ཉིད་དམ། དེར་མ་འདུས་པ་གཞན་ཞིག་ཡོད་པ་ཡིན། དང་པོ་ལྟར་ན་སུམ་ཅུ་རྩ་བདུན་གྱི་གྲངས་བགྲང་བ་ལ་མ་ཕན། གཉིས་པ་ལྟར་ན། གནས་དེ་ཉིད་ངོས་བཟུང་ནས་བགྲང་བར་རིགས་ཀྱི། ཙམ་ལྡོག་ནས་འདྲེན་པར་མི་རིགས་སོ། །ཡང་དུས་ཀྱི་འཁོར་ལོའི་འགྲེལ་ཆེན་ལས། གླིང་བཞི་གནས་སུ་བཤད་པ་ཡོད་ཀྱང་། དེས་ནི་འདི་ལ་ཕན་པ་མ་ཡིན་ཏེ། དེར་ནི་རྟེན་དཀྱིལ་འཁོར་བཞི་ཕྱོགས་བཞི་དང་མཚམས་བཞིར་ཕྱེ་ནས་གནས་ལ་སོགས་པའི་དབྱེ་བ་བཞི་བཅུ་རྩ་བརྒྱད་འཆད་པའི་སྐབས་ཡིན་པའི་ཕྱིར་དང་། དེར་ནི་འབུམ་ཕྲག་བཞི་པའི་འཇིག་རྟེན་གྱི་ཁམས། ནང་གི་ལུས་འདོམ་གང་གྲུ་བཞི་དང་ཕྱི་ནང་སྦྱོར་བའི་དབང་དུ་བྱས་པ་ཡིན་གྱི་སྤྱོད་པ་ལ་རྒྱུ་བའི་ཡུལ་གྱི་དབང་དུ་བྱས་པ་མ་ཡིན་པའི་ཕྱིར། གཞན་ཡང་འཛམ་བུ་གླིང་གི་གནས

ཐམས་ཅད་གནས་ཆེན་ཡིན་ན། ཙ་རི་དང་། ཏི་སེ་དང་། མ་ཕམ་སོགས་གནས་ཆེན་མ་ཡིན་པར་ཁས་བླངས་པ་དང་འགལ་ལོ། །གཉིས་པ་རང་ལུགས་ནི། ཀྱཻ་རྡོ་རྗེ་ལས། ཀྱཻ་བཅོམ་ལྡན་འདས་གནས་ལ་སོགས་པ་གང་ལགས། བཅོམ་ལྡན་འདས་ཀྱིས་བཀའ་བསྩལ་པ། གནས་ནི་ཛ་ལནྡྷ་ར་རབ་བཤད། །དེ་བཞིན་དུ་ནི་ཨོ་ཌྱི་ན། །གནས་ནི་ཀོ་ལླ་གི་རི་ཉིད། །དེ་བཞིན་དུ་ཡང་ཀམ་རུ་ཉིད། །ཉེ་གནས་མཱ་ལ་བ་ཞེས་བརྗོད། །སིན་དྷུ་ན་ག་ར་ཉིད་དོ། །ཞིང་ནི་མུམྨུ་ནི་ར་བཤད་དེ། །ཞིང་ནི་བྱེད་པའི་བྲང་ཉིད་དོ། །དེ་བི་ཀོ་ཊ་དེ་བཞིན་ཞིང་། །ཞིང་ནི་ལྷུགས་སའི་བྲང་ཉིད་དོ༑ ༑ཉེ་ཞིང་ཀུ་ལུ་ཏ་ཞེས་བརྗོད། །དེ་བཞིན་ཨརྦུ་ཏ་ཉིད་དོ། །བ་ཡི་མཆོག་སྦྱིན་ཁ་བའི་རི། །ཉེ་བའི་ཞིང་ནི་མདོར་བསྡུས་པའོ། །ཚན་དོ་ཧ་རི་ཀེ་ལ་དང་། །ལན་ཚྭ་རྒྱ་མཚའི་ནང་སྐྱེས་དང་། །ལམྤ་ཀ་དང་ཀཉྩི་ཉིད། །དེ་བཞིན་སཽ་རཥྚ་ཉིད་དོ། །ཉེ་བའི་ཚནྡྷོ་ཀ་ལིངྐ། །གསེར་དང་ལྡན་པའི་གླིང་དང་ནི། །ཀོང་ཀ་ན་ཡ་ཉེ་ཚནྡྷོ། །མདོར་བསྡུས་པས་ནི་བརྗོད་པར་བྱ། །འཐུང་གཅོད་གྲོང་ཁྱེར་གྱི་དང་ཡང་། །འཐུང་གཅོད་གྲོང་གི་མཐར་གནས་པ། །ཙ་རི་ཏྲ་དང་ཀོ་ས་ལ། །བིནྡྷ་གཞོན་ནུའི་གྲོང་ཁྱེར་རོ། །རྡོ་རྗེ་སྙིང་པོ་སྙིང་རྗེ་ཆེ། །ཉེ་བའི་འཐུང་གཅོད་ཉེ་བའོ། །དུར་ཁྲོད་རབ་སོང་དགེ་འདུན་དང་། །དུར་ཁྲོད་རྒྱ་མཚོའི་འགྲམ་ཉིད་དོ། །སྐྱེད་ཚལ་ར་བའི་རྫིང་བུའི་འགྲམ། །ཉེ་བའི་དུར་ཁྲོད་བརྗོད་པར་བྱ། །ཞེས་པ་སུམ་ཅུ་རྩ་གཉིས་ཀྱི་སྟེང་དུ། འདུ་བ་དང་ཉེ་བའི་འདུ་བ་གཉིས་ཀྱི་དབྱེ་བའི་ཡ་གྱལ་གཉིས་གཉིས་ཡོད་པས་བཞི་དང་། མི་སློབ་པའི་ཕྱི་རོལ་གྱི་གནས་རྡོ་རྗེའི་གདན་དང་། འོག་མིན་གྱི་གནས་གང་རུང་གཅིག་སྟེ་སུམ་ཅུ་རྩ་བདུན་ནོ། །འོན་ཡ་གྱལ་བཞི་པོ་དེ་གང་ཞེ་ན། ཕྱག་ཆེན་ཐིག་ལེ་ལས། འདུ་བ་ལ། ཀརྨ་ར་པ་ཊ་ཀ་དང་། གསེར་གླིང་གཉིས་དང་། ཉེ་བའི་འདུ་བ་ལ། ཀོངྐ་ན་དང་། འཕགས་བྱེད་གཉིས་ཏེ་བཞིར་བཤད། དེའི་སྟེང་དུ་གང་དུ་འཚང་རྒྱ་བའི་གནས་དང་ལྷ་བསྟན་ནས་སོ་བདུན་ནོ། །བདེ་མཆོག་ནས་གསུངས་པའི་གནས་ཉི་ཤུ་རྩ་བཞིར་གྲགས་པ་ནི། པུལླི་ར་མ་ལ་ཡ་ཞེས་པ་རྒྱས་པའི་རིགས་དང་། ཛཱ་ལནྡྷ་ར་ཞེས་པ། ཛཱ་དང་ཛྭའི་འདོད་ཚུལ་གྱིས། དྲ་བ་འཛིན་པ་དང་འབར་བ་འཛིན་པའོ། །ཨོ་ཌྱི་ན་ནི། ཨོ་རྒྱན་དང་། ཨརྦུ་ཏ་ནི། མཆོད་འོས་དང་། གོ་ད་བ་རི་ནི། བའི་མཆོག་སྦྱིན་དང་། རམེ་ཤྭ་ར་ནི། དགའ་བྱེད་དབང་ཕྱུག་དང་། དེ་བི་ཀོ་ཊ་ནི། ལྷ་མོའི་མཁར་དང་། མཱ་ལ་བ་ཞེས་པ། འཕྲེང་བ་ཅན་དང་། ཀ་མ་རུ་ཞེས་པ་འདོད་པའི་གཟུགས་དང་། ཨོ་ཏྲེ་ཞེས་པ་རོལ་པ་ཅན་དང་། ཏྲི་ཤ་ཀུ་ནེ་ཞེས་པ་དགེ་མཚན་གསུམ་པ་དང་། ཀོ་ས་ལ་ཞེས་པ་མཛོད་ལེན་ནམ། དགེ་བ་ཅན་དང་། ཀ་ལིངྐ་ཞེས་པ་སྒྲ་བའི་རྟགས་དང་། ལམྤ་ཀ་ཞེས་པ་འཕྱུར་བ་ཅན་ནམ་མགོར་ཐོགས་དང་། ཀཉྩི་ཀ་ཞེས་པ་སྐྱུར་བག་ཅན་དང་། ཧི་མ་ལ་ཡ་ཞེས་པ་གངས་ཅན་དང་། པྲེ་ཏ་པུ་རི་ཞེས་པ་ཡི་དྭགས་ཀྱི་གྲོང་ཁྱེར་དང་། གྲི་ཧ་དེ་བ་ཞེས་པ་ཁྱིམ་གྱི་ལྷ་དང་། སཽ་རཥྚ

ཞེས་པ། ཡུལ་འཁོར་བཟང་པོའམ། །གྲོང་ཁྱེར་ཆེན་པོ་དང་། སུ་བརྫཊ་དྲི་པ་ཞེས་པ། གསེར་གླིང་དང་། ན་ག་ར་ཞེས་པ་གྲོང་ཁྱེར་དང་། ཡང་ན་པ་ཊ་ལི་པུ་ཏྲ་དང་། ན་ག་ར་དོན་གཅིག་ཏུ་འཆད་པའི་ལུགས་ལྟར་ན། གྲོང་ཁྱེར་སྐྱ་བོའི་བུ་ཞེས་པའི་དོན་ནོ། །ཞེས་འཆད་པ་དག་ཡོད་དོ། །སིནྡྷུ་ར་ཞེས་པ་ལེགས་སྦྱར་སོར་བཞག་པའོ། །མ་རུ་ཞེས་པ་ནི། མུ་ངམ་གྱི་ཐང་ངམ་ཆུ་མེད་པའི་ཡུལ་ལོ། །ཀུ་ལུ་ཏ་ཞེས་པ་ནི་རིགས་དང་ལྡན་པའོ། །དེ་ལྟར་ཉེར་བཞི་པོའི་སྟེང་དུ། སྣ་མཚམས་མ་བརྒྱད་ཀྱི་གནས་དུར་ཁྲོད་བརྒྱད་དང་། བདེ་ཆེན་འཁོར་ལོའི་ལྷ་མོ་ལྔའི་གནས་རྡོ་རྗེའི་གདན་དང་། དེའི་ཕྱོགས་བཞི་ན་ཡོད་པར་བཤད་དོ། །དེ་ཡང་ཧེ་སྐད་དུ། ཧེ་རུ་ཀ་དཔལ་ཚུལ་ཉིད་ཀྱིས། །འཁོར་ལོར་བྱས་གང་ཕྱི་ཡི་ཡུལ། །ཉེར་བཞིར་གྲགས་དང་དུར་ཁྲོད་བརྒྱད། །རྡོ་རྗེ་གདན་དང་དེ་ཕྱོགས་བཞི། །བགྲངས་པས་སུམ་ཅུ་རྩ་བདུན་ནོ། །ཞེས་གསུངས་སོ། །དེ་ལྟར་འཛོག་བྱེད་ནི། སྦྱང་གཞི་སྦྱོང་བྱེད་སྦྱངས་འབྲས་གསུམ་གྱིས་ཕྱེ་བས་སོ་བདུན་དུ་བཞག་པ་ཡིན་ཏེ། སྦྱང་བྱ་ལ། ཕུང་པོ་ལྔ། འབྱུང་བ་ལྔ། ཕྱིའི་ཡུལ་དྲུག །ནང་གི་སྐྱེ་མཆེད་དྲུག །དཔུང་པ་གཉིས། ལག་ངར་གཉིས། ཁ། བཤང་བ། པུས་མོ་གཉིས། སྐྱི་བོ་རྐང་མཐིལ་གཉིས། ཉོན་མོངས་ལྔ་དང་སོ་བདུན་ནོ། །སྦྱོང་བྱེད་ལམ་ལ། ཐུན་མོང་བ་བྱང་ཕྱོགས་སོ་བདུན། ཐུན་མོང་མ་ཡིན་པ་སྔགས་ཀྱི་ལམ་ལ། བསྐྱེད་རིམ་གྱི་དབང་དུ་བྱས་པ་ལ། རྟེན་གཞལ་ཡས་ཁང་གི་དབང་དུ་བྱས་པ་ནི། ཐམས་ཅད་གསང་བ་ལས། དྲན་པ་ཉེར་བཞག་བཞི་པོ་ནི། །ཁ་ཁྱེར་བཞིར་ནི་བརྗོད་པ་ཡིན། །ཞེས་སོགས་སོ་བདུན་ནོ། །བརྟེན་པ་ལྷའི་དབང་དུ་བྱས་པ་ནི། རིགས་ལྔ། ཡུམ་ལྔ། གཏི་མུག་རྡོ་རྗེ་མ་སོགས་དང་། གཟུགས་རྡོ་རྗེ་མ་སོགས་དྲུག་ཚན་གཉིས། ཁྲོ་བོ་བཅུ། མངོན་བྱང་ལྔ་སྟེ་སོ་བདུན་ནོ། །

གཉིས་པ། རྫོགས་རིམ་གྱི་དབང་དུ་བྱས་པ་ལ། རྟེན་དཀྱིལ་འཁོར་བཞིའི་དབང་དུ་བྱས་པ་དང་། བརྟེན་པ་ཡེ་ཤེས་ཀྱི་དབང་དུ་བྱས་པ་གཉིས་ལས། མི་ཕྱེད་པ་ལ་སོགས་པ་རྩ་སོ་གཉིས་ཀྱི་སྟེང་དུ། སྦས་པའི་རྩ་ལྔ་བསྣན་པས་སོ་བདུན། པུ་རྫ་ལ་སོགས་པའི་ཡི་གེ་ཉེར་བཞིའི་སྟེང་དུ། ཧཱུྃ་རིང་པོ་བརྒྱད། བྷྲཱུྃ་ཨཱཾ་ཛྲཱིཾ་ཁཾ་ཧཱུྃ་བསྣན་པས་ཡི་གེ་སོ་བདུན། དེ་དག་གི་ནང་ན་གནས་པའི་ཁམས་བདུད་རྩི་སོ་བདུན། དེ་དག་ལ་དབང་བསྒྱུར་བའི་རླུང་ནི། སྙིང་པོ་ཡེ་ཤེས་ཀྱི་རླུང་གི་དཀྱིལ་འཁོར་སོ་བདུན་ནོ། །གཉིས་པ་ནི། མཚོན་བྱེད་དཔེའི་ཡེ་ཤེས་སོ་བདུན་དང་། མཚོན་བྱ་དོན་གྱི་ཡེ་ཤེས་སོ་བདུན་ནོ། །རྒྱས་པར་ནི་གསེར་ཐུར་ཉིད་ལ་བལྟ་བར་བྱའོ། །ཤིན་ཏུ་སྤྲོས་པས་ཆོག་གོ །ལུགས་འདི་དག་ནི་རྣལ་འབྱོར་ཆེན་པོ་ཡི་རྒྱུད་བརྟག་པ་གཉིས་པ་སོགས་དང་། དེ་དག་གི་དགོངས་འགྲེལ་གྱི་བསྟན་བཅོས་རྣམས་ལས་ལེགས་པར་གསུངས་ཏེ། གསུང་ཚུལ་ནི་གོང་དུ་བཤད་ཟིན་ནོ༑ །སྔར་བཤད་པ་འདི་འདྲའི་སྤྱོད་པ་ཤེས་ན་ནི། ཚེ་འདི་ཉིད་ལ་རྫོགས་འཚང་རྒྱའོ། །སེམས་ཀྱི་སྒྲིབ་སྦྱོང་དུ།

ཚེ་འདི་ཉིད་ལ་ཐམས་ཅད་རིག །ཐོས་འགྱུར་འདི་ལ་ཐེ་ཚོམ་མེད། །ཅེས་སོ། །

གཉིས་པ། རྟེན་གྱི་གང་ཟག་མ་ཡིན་པས་གནས་དེར་བགྲོད་པ་ལ་དགོས་པ་མེད་ཅིང་བར་ཆད་འབྱུང་ཚུལ་གྱི་རྒྱས་པར་བཤད་པ་ལ། སྤྱིར་རྟེན་གྱི་གང་ཟག་མ་ཡིན་པས་གནས་དེར་ཕྱིན་པ་ལ་ཕན་གནོད་མེད་པར་བསྟན། དབང་ཐོབ་ཀྱང་དམ་ཚིག་དང་མི་ལྡན་པས་གནས་དེར་ཕྱིན་པ་ལ་བར་ཆད་འབྱུང་བར་བསྟན། ཕན་གནོད་མེད་པའི་དཔེ་བསྟན་པའོ། །དང་པོ་ནི། དེང་སང་བོད་འདི་ན་གསང་སྔགས་མི་ཤེས་པར་སྔགས་ཀྱི་ཚུལ་དུ་འཆོས་ཤིང་། ཏི་སེ་ལ་གངས་ཅན་དང་། མ་ཕམ་ལ་མ་དྲོས་པ་དང་། ཙ་རི་ཙ་གོང་ལ་ཙ་རི་ཏྲ་ཞེས་ཟེར་ཞིང་སྒྲུབ་པའི་དོན་དུ་ཡུལ་དེ་དག་ཏུ་འགྲོ་བ་མཐོང་སྟེ། རིམ་པ་གཉིས་པོ་མི་སྒོམ་ན། ཡུལ་སུམ་ཅུ་སོ་བདུན་དུ་སྒྲུབ་པའི་དོན་དུ་འགྲོ་བ་སངས་རྒྱས་ཀྱི་མདོ་རྒྱུད་ལས་མ་གསུངས་ཏེ་འདི་ལྟར། རིམ་པ་གཉིས་པོ་མི་སྒོམ་པའི་སྒོམ་ཆེན་ནི། བཟང་ཡང་ཕ་རོལ་ཏུ་ཕྱིན་པའི་སྒོམ་ཆེན་ལས་མ་འདས་ཏེ། རྒྱུད་སྡེ་འོག་མ་གསུམ་གྱི་སྒོམ་ཆེན་དུ་ནི་ཁྱེད་ཅག་ཀྱང་ཁས་མི་ལེན་པས་སོ། །མདོ་ལས་ནི། ཡུལ་ཆེན་དེ་དག་ཏུ་འགྲོ་བའི་ཆོག་བཤད་པ་མེད་དེ། ཉན་ཐོས་དང་ཕ་རོལ་ཏུ་ཕྱིན་པའི་ལུགས་ལ་ཡུལ་ཆེན་དེ་དག་ཏུ་ཕྱིན་ཀྱང་དགོས་པ་མེད་པའི་ཕྱིར་རོ། །གཉིས་པ་ནི༑ གལ་ཏེ་གསང་སྔགས་ཀྱི་དབང་མ་ཐོབ་རིམ་པ་གཉིས་མི་སྒོམ་ཞིང་གཏུམ་མོ་དང་ཕྱག་ཆེན་གྱི་རྟོགས་པ་ཡོད་པར་རློམ་པ་ཡིས་ཡུལ་དེར་ཕྱིན་ན་འཇིག་རྟེན་གྱི་མཁའ་འགྲོས་བར་ཆད་འབྱུང་བར་གསུངས་སོ། །

གསུམ་པ། ཕན་གནོད་མེད་པའི་དཔེ་བསྟན་པ་ནི། རིམ་གཉིས་ཀྱི་རྟོགས་པ་ཅི་ཡང་མེད་པའི་བླུན་པོའི་སྒོམ་ཆེན་གྱིས་ཕྱིན་ཀྱང་ཕན་གནོད་གང་ཡང་མེད་དེ། དཔེར་ན་ཨོ་རྒྱན་དང་ཛཱ་ལནྡྷ་ར་དང་། གངས་ཅན་དང་། དེ་ཝི་ཀོ་ཊ་དང་། མ་ལ་ཡ་ལ་སོགས་པ་རྣམས་ཀླ་ཀློ་བླུན་པོ་དང་། མུ་སྟེགས་བྱེད་དང་། གྲུབ་མཐའ་ལ་མ་ཞུགས་པའི་འབྲོག་པ་རྣམས་ཀྱིས་གང་མོད་ཀྱང་དེ་དག་གྲུབ་པ་ཐོབ་བམ་ཅི་སྟེ་དེ་དག་གིས་གནས་དེར་ཕྱིན་ཀྱང་ཕན་གནོད་གང་ཡང་མེད་པས་སོ། །

གསུམ་པ། བརྟུལ་ཞུགས་ཀྱི་དུས་ལ་བབ་པའི་སྔགས་པས་ཡུལ་དེ་དང་གནས་དེར་ཕྱིན་པའི་ཕན་ཡོན་བསྟན་པས་མཇུག་བསྡུ་བ་ནི། འོན་གནས་ཆེན་དེ་དག་ཏུ་འགྲོ་བའི་གང་ཟག་ཇི་ལྟ་བུ་ཞེ་ན། གསང་སྔགས་བསྒོམས་པའི་རྟོགས་པ་ཅན་དཔའ་བོ་རྣལ་འབྱོར་མར་གོ་བར་བྱེད་པའི་བརྡ་དོན་འཕྲོད་པའི་སྐལ་བར་ལྡན་པའི་རྣལ་འབྱོར་པ་དེ་ལ་ཡུལ་དེར་གནས་པའི་མཁའ་འགྲོ་རྣམས་ཀྱིས་རྒྱུད་བྱིན་གྱི་བརླབ་པར་འགྱུར་རོ། །འདི་དག་གི་དོན་རྣལ་འབྱོར་ཆེན་པོའི་རྒྱུད་སྡེ་ཧེ་བ་དང་། བཤད་པ་དང་། ཕྱི་མ་དང་། ཕྱི་མའི་ཕྱི་མའི་རྒྱུད་སྡེ་རྣམས་སུ་ལེགས་པར་ལྟོས་ཤིག །རྒྱུ་མཚན་དེས་ན་གསང་སྔགས་མི་སྒོམ་པར་ཡུལ་ཆེན་བགྲོད་ཀྱང་སངས

རྒྱས་སྒྲུབ་པ་ལ་ཕན་པའི་དོན་མེད་པ་ཡིན་ནོ། །དེ་ཡང་པཎ་ཆེན་ཤཱཀྱ་ཤྲཱི་ལ་སློམ་ཆེན་གཅིག་ན་རེ། ཏི་སེ་དང་ཙ་རི་ཡུལ་ཆེན་ཉི་ཤུ་རྩ་བཞིའི་ཕྱོགས་རེ་ལགས་སམ་ཞུས་པས། པཎ་ཆེན་གྱི་ཞལ་ནས། ཁྱེད་གསང་སྔགས་སྒོམ་མམ་མི་སྒོམ་གསུང་། གསང་སྔགས་མི་བསྒོམ་ཕྱག་ཆེན་སྒོམ་ཞུས་པས། གསང་སྔགས་མི་སྒོམ་ན་ཡུལ་ཉི་ཤུ་རྩ་བཞིས་ཅི་བྱེད། ཕར་ཕྱིན་དང་ཉན་ཐོས་ཀྱི་གཞུང་ལས་ཡུལ་ཉི་ཤུ་རྩ་བཞིའི་བཤད་པ་མེད། ཁྱོད་བོད་ཀྱི་ཆོས་པ་འདི་འདྲའི་རིགས་ཅན་ལ་ནོར་བ་གཞན་ཡང་མང་པོ་ཡོང་གསུང་།

གཉིས་པ། གཞན་ལུགས་དགག་པས་ཡིན་ལུགས་ལ་འཁྲུལ་པ་བསལ་ཏེ་རྒྱས་པར་བཤད་པ་ལ། གངས་ཅན་ལ་འཁྲུལ་པ་དགག །ཙ་རི་ཏྲ་ལ་དཔྱད་པའོ། །དང་པོ་ལ། དམ་བཅའ་མདོར་བསྟན། སྒྲུབ་བྱེད་རྒྱས་པར་བཤད། རྩོད་པ་སྤངས་ཏེ་མཇུག་བསྡུ་བའོ། །དང་པོ་ལ། དུས་འཁོར་ནས་བཤད་པའི་གངས་ཅན་ཏི་སེ་མ་ཡིན་པར་མིང་ཙམ་གྱིས་བསྟན། མདོན་པ་ནས་གསུངས་པའི་གངས་ཅན་ཏི་སེ་མ་ཡིན་པར་རིགས་པས་བསྒྲུབ་པའོ། །དང་པོ་ནི། དཔལ་ལྡན་དུས་ཀྱི་འཁོར་ལོར་གསུངས་པའི་གངས་ཅན་དང་ཏི་སེ་ཡང་དོན་གཅིག་པ་མ་ཡིན་ཏེ། ཏི་སེ་ལ་དེའི་མཚན་ཉིད་མ་ཚང་བས་སོ། །དང་ཞེས་བྱ་བ་ནི་ཚིག་གི་བསྡུ་བའོ། །གཉིས་པ་ནི། མདོན་པའི་གཞུང་ལས་གསུངས་པའི་རི་གངས་ཅན་དང་། གསེར་གྱི་བྱ་སྐྱིབས་དང་། འཛམ་བུའི་ཤིང་དམ་ཤིང་ས་ལ་དང་། དེའི་དྲུང་ན་གླང་པོ་ཆེ་ས་སྲུངས་ཀྱི་བུ་གླང་ཆེན་ལྔ་བརྒྱས་བསྐོར་བ་དང་། ཞེས་འདུལ་བ་ལུང་ལས་བཤད་ལ། གདགས་པ་ལས་ནི། གླང་པོ་རབ་བརྟན་ཞེས་བཤད་དོ། །དབང་ཕྱུག་ཆེན་པོའི་མཆོད་གནས་དགྲ་བཅོམ་པ་ལྔ་བརྒྱ་བཞུགས་པའི་གནས་སུ་ཁྱད་པར་འཕགས་བསྟོད་ཀྱི་འགྲེལ་པ་ལས་བཤད་ཅིང་། དེར་ཏི་སེ་ཞེས་བཤད་པ་ནི་འཁྲུར་ཉེས་པ་ཡིན་ནོ། །དེ་ལྟ་བུའི་རི་གངས་ཅན་དེ་ནི་ད་ལྟའི་ཏི་སེ་གྲགས་པ་འདི་མ་ཡིན་ནོ། །མ་དྲོས་པའི་རྒྱ་མཚོ་ནི་ད་ལྟ་མ་ཕམ་དུ་གྲགས་པ་འདི་མ་ཡིན་ནོ། །གླང་པོ་རྣམས་ཀྱང་དེ་ན་མེད་ཅིང་། དེ་བཞིན་ཛམྦུ་བྲི་ཀྵའི་ལྗོན་པ་དང་། བྲག་གསེར་གྱི་བྱ་སྐྱིབས་ག་ལ་ཡོད་དེ་མེད་དོ། །

གཉིས་པ། སྒྲུབ་བྱེད་རྒྱས་པར་བཤད་པ་ལ། དུས་འཁོར་གྱི་ལུང་གི་སྒྲུབ་བྱེད་དང་། མདོན་པའི་ལུང་གི་སྒྲུབ་བྱེད། སྤྱིར་ཕྱི་ནང་གི་གཞུང་ལུགས་གང་ལས་ཀྱང་ཏི་སེ་ལ་རི་བོ་གངས་ཅན་གྱི་ཐ་སྙད་མི་འབྱུང་བར་བསྟན་པའོ། །དཔལ་ལྡན་དུས་ཀྱི་འཁོར་ལོ་ལས། ཆུ་བོ་སི་ཏའི་བྱང་ཕྱོགས་ན་རི་བོ་གངས་ཅན་ཡོད་པར་གསུངས་ཏེ། དེ་ཡང་ཇི་སྐད་དུ། འཇིག་རྟེན་གྱི་ཁམས་ན་ལྷུན་པོར་བཅས་པའི་རི་བརྒྱད། མཚོ་དང་གླིང་བདུན་བདུན་ཡོད་པའི་གངས་རི་ནི་ལྷུན་པོའི་མཐའ་སྐོར་གྱི་བསིལ་བའི་རི་ཞེས་པ་དེ་ཡིན་པར་འདོད་པས། དེ་ལྟར་ན་དེའི་འགྲམ་ན་ཤཱམྦྷ་ལ་ཡོད་པ་ཡིན་ནོ། །དེ་ནི་འཛམ་བུ་གླིང་ཆུང་ངུའི་བྱང་གི་ཆ་ཤས་ཡིན་ཞིང་། གངས་རི་

དང་འཛམ་བུའི་གླིང་གི་བར་ན་རི་གཞན་མེད་པའི་ཕྱིར། ཤམྦྷ་ལའི་དབུས་ཀྱི་གཻ་ལཱ་ཤ་ཉིད་གངས་ཅན་ཡིན་པས་དེའི་འགྲམ་ཞེས་པ་ནི་དེའི་རྨང་ཡིན་པའི་དོན་ཏེ། དེས་ན་ཤམྦྷ་ལའི་གྲོང་བྱེ་བ་དགུ་བཅུ་རྩ་དྲུག་ཡོད་དོ། །འདིར་གྲོང་ཁྱེར་བྱེ་བ་དགུ་བཅུ་རྩ་དྲུག་ཅེས་པ་ནི་གཞུང་མ་དག་པ་ཡིན་ཀྱང་། རྣམ་བཤད་མཛད་པ་སྔ་མ་རྣམས་ཀྱིས་མ་དག་པ་དེ་ཉིད་སོར་བཞག་ནས་འབྲུ་གནོན་ལ། གོ་ཊཱི་ཀ་ཏུ་ཡང་དེ་ལྟར་བཤད་པ་ནི་སྔ་མ་རྣམས་ཀྱི་རྗེས་ཟློས་བྱས་པས་ལན་པ་ཡིན་མོད། འཐད་པ་ནི་མ་ཡིན་ཏེ། འགྲེལ་ཆེན་དྲི་མེད་འོད་ལས། ཅི་སྟེ་ཁྱེད་རྣམས་བདག་གི་བཀའ་མི་བྱེད་པ་དེ་ལྟ་ན་བདག་གི་གྲོང་བྱེ་བ་དགུ་བཅུ་རྩ་དྲུག་པོར་ལ། གང་དང་གང་དུ་མོས་པ་དེ་དང་དེར་ཁྱེད་རྣམས་སོང་ཞིག །ཅེས་བཤད་པས་སོ། །དེ་ཡང་ཕྱི་རོལ་གྱི་ས་གཞི་པདྨ་འདབ་བརྒྱད་ཀྱི་རྣམ་པར་ཡོད་པའི་འདབ་མ་རེ་རེ་ལ་གྲོང་ཁྱེར་བྱེ་བ་བཅུ་གཉིས་བཅུ་གཉིས་ཡོད་པས་སོ། །དེས་ན་འདིར་གྲོང་བྱེ་བ་རེ་ལ་གྲོང་ཁྱེར་རེ་རེར་བྱས་པས་ན་གྲོང་ཁྱེར་ནི་དགུ་བཅུ་རྩ་དྲུག་ཏུ་ཡོད་ལ། རྒྱལ་ཕྲན་ཡང་དགུ་བཅུ་རྩ་དྲུག་ཏུ་ཡོད་དོ། །དེའི་དབུས་ཀཻ་ལཱ་ཤའི་སྟེང་ན་རྒྱལ་པོའི་ཕོ་བྲང་མཆོག་ཀ་ལཱ་པ་ཞེས་བྱ་བ་ཡོད་ཅིང་། དེ་ན་སྤྲུལ་པའི་ཆོས་ཀྱི་རྒྱལ་པོ་སུམ་ཅུ་རྩ་གཉིས་བྱོན་པ་ལས། བགེགས་མཐར་བྱེད་ཀྱི་སྤྲུལ་པ་ཉི་མའི་འོད་ཀྱི་རིང་ལ་སངས་རྒྱས་ཀྱི་ཆོས་མ་བྱུང་ཞིང་། དེའི་སྲས་ཕྱག་ན་རྡོ་རྗེའི་སྤྲུལ་པ་ཟླ་བ་བཟང་པོས་དཔལ་ལྡན་འབྲས་སྤུངས་སུ། བཅོམ་ལྡན་འདས་ལ་རྩ་རྒྱུད་ཀྱི་ཞུ་བ་པོ་མཛད་ཅིང་དེ་ནས་ལོ་གཅིག་གི་བར་དུ་རྒྱུད་གསུང་བ་དང་སྙད་པ་དང་། དུས་འཁོར་གྱི་དཀྱིལ་འཁོར་བཞེངས་པ་རྣམས་མཛད་ཅིང་དེ་ནས་དེའི་བརྒྱུད་པ་ལྷ་དབང་དང་། གཟི་བརྗིད་ཅན་དང་། ཟླ་བས་བྱིན་དང་། ལྷའི་དབང་ཕྱུག་དང་། སྣ་ཚོགས་གཟུགས་དང་། ལྷའི་དབང་ལྡན་རྣམས་ལོ་གྲངས་བརྒྱ་བརྒྱར་རྩ་རྒྱུད་ཀྱི་ཆོས་གསུངས་སོ། །འདི་དག་ནི་རྩ་རྒྱུད་དང་འགྲེལ་པ་གཉིས་ཀ་ལས་གསལ་བར་བཤད་དོ། །དེ་ནས་རིགས་ལྡན་གྱི་རྒྱལ་པོ་འཇམ་དཔྱངས་གྲགས་པས་ལོ་བརྒྱར་རྩ་རྒྱུད་བསྟན་ནས། བསྡུས་རྒྱུད་བསྡུས་ཏེ་རྩ་རྒྱུད་ལས། ལོ་འདི་ནས་ནི་དྲུག་བརྒྱའི་ལོས། །ཤམྦྷ་ལ་ཞེས་བྱ་བར་འགྱུར། །དྲང་སྲོང་རྣམས་ནི་སླིན་དོན་ཕྱིར། །འཇམ་དཔྱངས་གྲགས་པའི་རྒྱལ་པོ་སྟེ། །ཞེས་གསུངས་སོ། །དེའི་དོན་ནི་དུས་འཁོར་གསུངས་ནས་ལོ་དྲུག་བརྒྱ་ནས་རིགས་ལྡན་འཇམ་དཔྱངས་གྲགས་པས་ཚངས་པའི་དྲང་སྲོང་བྱེ་བ་ཕྲག་ཕྱེད་དང་བཞི་རིགས་ཀྱི་ང་རྒྱལ་དུ་བྱེད་པ་བཏུལ་ཏེ་རྡོ་རྗེ་ཐེག་པའི་རིགས་གཅིག་གྲུབ་པར་མཛད་དོ། །དེ་ནས་རིགས་ལྡན་གྱི་རྒྱལ་པོ་པདྨ་དཀར་པོས་བསྡུས་རྒྱུད་ཀྱི་འགྲེལ་པ་དྲི་མེད་འོད་མཛད། འདི་མན་ཆད་ཀྱི་རྒྱལ་པོ་རྣམས་ཀྱིས་ཆོས་གསུངས་ལོ་གྲངས་རྒྱུད་འགྲེལ་ལས་མ་གསུངས་པས། བོད་ཀྱི་མཁས་པ་རྣམས་འཆད་ཚུལ་མི་མཐུན་པར་ཅི་རིགས་སུ་སྣང་ངོ་། །འོན་ཀྱང་བུ་དོན་ལ་སོགས་པ་བོད་ཀྱི་དུས་འཁོར་བ་ཕལ་ཆེར་ནི། ཟླ་

བཟང་མ་གཏོགས་པའི་ཆོས་རྒྱལ་རྣམས་ཀྱིས་ལོ་བརྒྱ་བརྒྱར་ཆོས་གསུངས་ཞེས་འཆད། ཆོས་རྗེ་བླ་མ་དམ་པའི་འགྲེལ་ཆེན་གྱི་ཊཱི་ཀ་ལས་ནི། ལྷའི་དབང་ལྡན་ཡན་ཆད་ལོ་བརྒྱ་བརྒྱར་དང་། འཇམ་དབྱངས་གྲགས་པས་ལོ་ཉིས་བརྒྱ་དང་། དེ་མན་ཆད་དྲག་པོ་འཁོར་ལོ་ཅན་མ་གཏོགས་པ་རྒྱལ་པོ་ཉི་ཤུ་རྩ་གསུམ་གྱིས་ལོ་དྲུག་ཅུ་དྲུག་ཅུར་ཆོས་སྟོན་པ་ཡིན་ཞེས་འཆད། ཡང་བླ་མ་འགའ་ཞིག་ནི། ལྷ་དབང་ནས་རྒྱ་མཚོའི་བར་བཅུ་དྲུག་གིས་ལོ་བརྒྱ་བརྒྱ་དང་། དེ་མན་ཆད་བཙོ་ལྔས་ལོ་དྲུག་ཅུ་དྲུག་ཅུར་ཆོས་བསྟན་ཏོ། །ཞེས་འཆད་དོ། །དེ་ན་ནགས་ཚལ་སྣ་ཚོགས་དང་བཟའ་ཤིང་གི་བཟའ་བའང་དུ་མ་ཡོད་དོ། །དེ་ནས་སྙིགས་མའི་དུས་སུ་འཕགས་པའི་ཡུལ་ཐམས་ཅད་ཀླ་ཀློའི་ཆོས་ཀྱིས་གང་བར་འགྱུར་ཞིང་དེ་ནས་ཀླ་ཀློའི་རྒྱལ་པོའི་རྫུ་འཕྲུལ་གྱིས་ཤམྦྷ་ལ་རུ་དམག་འདྲེན་པ་རྩོམ་པར་འགྱུར་རོ། །དེ་ཡང་འདི་ལྟར། ཐོག་མར་ཧོར་ཡུལ་གྱི་བྱང་ངག་སྦྱིན་ཞེས་བྱ་བར་ལྷ་མ་ཡིན་གྱི་སྤྲུལ་པ་ཀླ་ཀློའི་རྒྱལ་པོ་འབྱུང་ཞིང་། དེ་ནུས་པ་ཏེ་ཆེར་གྱུར་ནས་བྱང་དང་ནུབ་དང་ལྷོ་ཕྱོགས་ཀྱི་རྒྱུད་དང་། ཡུལ་དབུས་དང་། རྒྱའི་ཡུལ་དང་། བོད་ལ་སོགས་པར་རིམ་གྱིས་འོངས་ནས་མཐར་འཛམ་བུའི་གླིང་ཆུང་དུའི་ཕྱེད་རིལ་པོ་དབང་དུ་བྱས་ཏེ་སངས་རྒྱས་པ་དང་། མུ་སྟེགས་ཀྱི་ཆོས་ཐམས་ཅད་བསྣུབས་ཏེ་རང་གི་ཆོས་ལུགས་ལ་འགོད་དོ། །འདི་དག་ཀུང་རྟག་པ་མཐར་བཟུང་བའི་དབང་དུ་བྱས་པ་ཡིན་གྱི། ཤམྦྷ་ལ་རུ་ཀླ་ཀློའི་རྫུ་འཕྲུལ་གྱིས་དམག་དངོས་སུ་འདྲེན་པ་ནི་མ་ཡིན་ནོ། །དེའི་རྒྱུ་མཚན་ཡང་རིགས་ལྡན་གྲགས་པས་ཚངས་པའི་དྲང་སྲོང་བྱེ་བ་ཕྲག་ཕྱེད་དང་བཞི་པོ་དུས་ཀྱི་འཁོར་ལོའི་གཞལ་མེད་ཁང་པར་དབང་བསྐུར་ནས་རྡོ་རྗེའི་རིགས་གཅིག་ཏུ་མ་བྱས་ན། འཇམ་དབྱངས་གྲགས་པས་ཆོས་བསྟན་ཟིན་ནས་ལོ་བརྒྱད་བརྒྱ་འདས་པའི་འོག་ཏུ། འཕགས་པའི་ཡུལ་དུ་ཀླ་ཀློའི་ཆོས་འཇུག་ལ་དེའི་ཚེ་དྲང་སྲོང་བྱེ་བ་ཕྲག་ཕྱེད་དང་བཞི་པོའི་བུ་རྒྱུད་རྣམས་ཀུང་ཀླ་ཀློའི་ཆོས་ཀྱི་སྣོད་དུ་གྱུར་ནས། འཕགས་པའི་ཡུལ་གྱི་ཀླ་ཀློའི་དབང་པོའི་རྫུ་འཕྲུལ་གྱིས་ཤམྦྷ་ལའི་གནས་སུ་ཡང་ཀླ་ཀློའི་ཆོས་འཇུག་པར་འགྱུར་ལ། དེ་མི་འཇུག་པར་བྱ་བའི་ཕྱིར་དུ་དྲང་སྲོང་བྱེ་བ་ཕྲག་ཕྱེད་དང་བཞི་པོ་རྡོ་རྗེའི་རིགས་སུ་བྱེད་པའམ། མི་བྱེད་ན་ཡུལ་ཁམས་གཞན་དུ་ཕྱུང་དགོས་ཞེས་པའི་དོན་ཡིན་ཏེ། འགྲེལ་ཆེན་དྲི་མེད་འོད་ལས། ཇི་སྐད་དུ། རྒྱལ་པོ་གྲགས་པས་གསུངས་པ། འདིར་བདག་གིས་བཅོམ་ལྡན་འདས་དུས་ཀྱི་འཁོར་ལོའི་དཀྱིལ་འཁོར་གྱི་ཁང་པ་འདིར་ཁྱེད་རྣམས་གཞུག་པར་བྱ་ཞིང་། འཇིག་རྟེན་དང་འཇིག་རྟེན་ལས་འདས་པའི་དབང་སྦྱིན་པར་བྱའོ། །ཅི་སྟེ་ཁྱེད་རྣམས་བདག་གི་བཀའ་མི་བྱེད་པ་དེ་ལྟ་ན་བདག་གི་གྲོང་བྱེ་བ་དགུ་བཅུ་རྩ་དྲུག་པོར་ལ་གང་དང་གང་དུ་མོས་པ་དེ་དང་དེར་ཁྱེད་རྣམས་སོང་ཞིག །རྣམ་པ་གཞན་དུ་ན་ལོ་བརྒྱད་བརྒྱ་འདས་པའི་རྗེས་ལ་ཁྱེད་ཀྱི་རིགས་ཀྱི་བུ་དང་ཚ་བོ་ལ་སོགས་པས་ཀླ་ཀློའི་ཆོས་དར་བར་བྱས

ནས། ཤམྦྷ་ལ་ལ་སོགས་པའི་ཡུལ་ཆེན་པོ་དགུ་བཅུ་རྩ་དྲུག་ཏུ་ཀླ་ཀློའི་ཆོས་སྟོན་པར་བྱེད་པར་འགྱུར་རོ། །ཞེས་གསུངས་སོ། །དེ་ལྟར་ན་འཇམ་དབྱངས་གྲགས་པས་ཚངས་པའི་དྲང་སྲོང་བྱེ་བ་ཕྲག་ཕྱེད་དང་བཞི། རྡོ་རྗེའི་རིགས་གཅིག་ཏུ་བྱས་པའི་སྟོབས་ཀྱིས། ཤམྦྷ་ལར་ཀླ་ཀློའི་ཆོས་འཇུག་པའི་མཐུ་མེད་ལ། ནམ་ཞིག་འཕགས་པའི་ཡུལ་ལ་སོགས་པ་ས་དུས་བུ་བཅུ་གཉིས་སུ་ཀླ་ཀློའི་ཆོས་ཞུགས་པ་དེའི་ཚེ། འཇམ་པའི་རྡོ་རྗེའི་སྤྲུལ་པ་རིགས་ལྡན་དྲག་པོ་ཞེས་བྱ་བའི་རྒྱལ་པོས། ཀླ་ཀློའི་ཆོས་ཀུན་བཅོམ་ནས་ཤམྦྷ་ལར་ཁྲིད་དེ་ལྷ་ཆེན་བཅུ་གཉིས་དང་། ལྷན་ཅིག་དབང་བསྐུར་ནས་རྡོ་རྗེའི་རིགས་གཅིག་ཏུ་བྱས་ཏེ། རིམ་གྱིས་འཕགས་པའི་ཡུལ་གྱི་བར་དུ་ཡང་རྡོ་རྗེ་ཐེག་པའི་སངས་རྒྱས་ཀྱི་བསྟན་པ་སྤེལ་བར་བྱེད་ཅིང་། རབ་ཏུ་བྱུང་བའི་ཆོས་ལུགས་ནི་མི་འབྱུང་སྟེ། ཀླ་ཀློའི་བསྟུབས་ཤིང་སྤེལ་བར་བྱེད་པས་སོ། །དེ་ལྟར་བཤད་ན། རྗེ་བཙུན་རེད་མདའ་བས། དུས་བུ་བཅུ་གཉིས་པ་ལ་ཀླ་ཀློ་ཡི། །ཆོས་འཇུག་འཁོར་ལོ་ཅན་གྱིས་དེ་འཇོམས་ལ། །སྤྲུ་མི་སྣང་ན་མི་དགེ་བཅུ་མེད་ཅིང་། །སངས་རྒྱས་བསྟན་པའི་སྣོད་དུ་མི་རུང་ཞེས། །འདུལ་བ་མངོན་པའི་སྡེ་སྣོད་རྣམས་ལས་གསུངས། །དེ་དང་དེ་ཡི་འགལ་བ་ཇི་ལྟར་སྤོང་། །ཞེས་ཟེར་བའི་ཉེས་པ་དེ་ཡང་མི་འཇུག་པར་འགྲུབ་བོ། །འདིར། དེ་ཚེ་ཕྱག་ན་རྡོ་རྗེ་ཡི༔ ༔སྤྲུལ་པ་ཞེས་པ་གཞུང་མ་དག་པ་ཡིན་པ་ལ། ལྷ་བཙུན་བསམ་ཡས་པ་དང་། སྣ་གདོང་པ་དེ་ཉིད་སོར་འཇོག་ལ། བསམ་ཡས་པའི་ཊཱི་ཀའི་ནག་ཐུང་ན། བླ་མ་དག །ཡང་དག་ཡེ་ཤེས་མངོན་བགྲོད་དཔལ་ལྡན་གྲགས་པ་ཕྱག་ན་མདུང་བསྣམས་ལྷ་མིན་རིགས་རྣམས་འཇིགས་པ་སྟེར། །ཞེས་འབྱུང་བས། འཇམ་དབྱངས་ཀྱི་སྤྲུལ་པ་ཡིན་ཞེས་གསུངས་སོ། །ཞེས་འབྱུང་ལ། སྤོས་ཁང་པ་དང་། ཀུ་མཱ་ར་ནི། འཇམ་གྲགས་པའི་སྤྲུལ་པ་ཞེས་འཆད་ཀྱང་། སྤྲུལ་པ་དང་སྐྱེ་བའི་ཤན་མ་ཕྱེད། དེས་ན། དེ་ཚེ་འཇམ་པའི་རྡོ་རྗེ་ཡི། །སྤྲུལ་པ་ཞེས་འཆད་དགོས་ཏེ། བྱང་ཆུབ་སེམས་དཔའ་བཅུ་གསུམ་དང་། ཁྲོ་བོ་བཅུའི་སྤྲུལ་པ་མ་འདྲེས་པར་སོ་སོར་འཆད་དགོས་པའི་ཕྱིར། དེ་སྐད་དུ་ཡང་། འགྲེལ་ཆེན་དུ་རྩ་རྒྱུད་ཀྱི་ལུང་དྲངས་པ་ལ། འདས་པའི་རྒྱལ་པོ་ཉི་མའི་འོད། །དེ་ནི་བགེགས་དགྲའི་སྤྲུལ་པ་སྟེ། །ཕྱག་ན་རྡོ་རྗེ་ཟླ་བཟང་ཁྱོད། །ས་སྙིང་གཤིན་རྗེ་མཐར་བྱེད་དང་། །སྒྲིབ་པ་ཐམས་ཅད་རྣམ་སེལ་དང་། །སྨུགས་བྱེད་ཁེངས་བྱེད་རིམ་པ་སྟེ། །ནམ་མཁའི་སྙིང་པོ་འཇམ་དབྱངས་དང་། །འཇིག་རྟེན་མགོན་པོ་གོ་རིམ་བཞིན། །གཤིན་རྗེ་གཤེད་སོགས་ཁྲོ་བོ་བཅུ། །དེ་བར་བྱང་ཆུབ་སེམས་དཔའ་གཞན། །བཅུ་གསུམ་དེ་རྣམས་རིམ་པ་ཡིས། །རིགས་ལྡན་རིགས་ལ་འབྱུང་བར་འགྱུར། །གྲགས་པ་རིགས་ལྡན་རིགས་ཀྱང་སྟེ༔ ༔དེ་ནས་རིགས་ལྡན་པདྨ་དཀར། །བཟང་པོ་རིགས་ལྡན་གསུམ་པ་སྟེ། །དེ་བཞིན་བཞི་པ་རྣམ་རྒྱལ་ལོ། །གཤིན་རྗེ་བཟང་པོ་རིན་ཆེན་ཕྱག །བདུན་པ་ཁྱབ་འཇུག་སྟོབས་པའོ། །ཉི་མ་གྲགས་དང་ཤིན་ཏུ་བཟང་། །རྒྱ་མཚོ་རྣམ་

རྒྱལ་རྒྱལ་དཀའ་དང་། །རིགས་ལྡན་ཉི་མ་བཅུ་གཉིས་པ། །སྣ་ཚོགས་གཟུགས་དང་ཟླ་བའི་འོད། །མཐའ་ཡས་དང་ནི་ས་སྐྱོང་དང་། །དཔལ་སྐྱོང་སེང་གེ་རྣམ་པར་གནོན། །སྟོབས་པོ་ཆེ་དང་མ་འགགས་དེ། །མི་ཡི་སེང་གེ་དབང་ཕྱུག་ཆེ། །མཐའ་ཡས་རྣམ་རྒྱལ་རིགས་ལྡན་དང་། །གྲགས་པ་རིགས་ལྡན་དེ་ནས་སླར། །དེ་སྲས་འཁོར་ལོ་ཆེན་པོ་ཅན། །རིགས་ལྡན་དྲག་པོ་འབྱུང་འགྱུར་དེ། །སླ་མཁས་ཧ་མཆོག་ཉིད་འཛིན་གྱིས། །ཀླ་ཀློའི་ཆོས་ནི་མཐར་བྱེད་པའོ། །ཉི་མའི་ཤིང་རྟ་ལ་སོགས་ཀྱི། །སྟོན་པ་སླ་མཁས་འབྱུང་འགྱུར་གང་། །ཟླ་བཟང་ཁྱོད་ནི་རྒྱ་བའི་རྒྱུད། །དེ་ནི་སྟོད་པར་བྱེད་པ་སྟེ། །རྒྱས་འགྲེལ་བྱེད་པ་པོ་ཡང་ཁྱོད། །འདིར་ནི་སེམས་ཅན་ཡོངས་སྨིན་བྱེད། །འཇམ་པའི་རྡོ་རྗེའི་བསྡུས་རྒྱུད་ལས། །རྒྱས་འགྲེལ་བྱེད་པ་པད་འཛིན་རང་། །ཞེས་རིགས་ལྡན་གྲགས་པ་སླར་ཡང་རིགས་ལྡན་ཉེར་བཞི་པ་མཐའ་ཡས་རྣམ་རྒྱལ་གྱི་སྲས་སུ་འབྱུངས་པ་ལ། དྲག་པོ་འཁོར་ལོ་ཅན་དུ་བཤད་པ་ཡིན་ནོ། །འཇམ་དབྱངས་དང་ཕྱག་རྡོར་གནས་ཚུལ་ལ་མི་འགལ་བ་ཙམ་གྱིས། རིགས་ལྡན་དྲག་པོ་ཕྱག་རྡོར་གྱི་སྤྲུལ་པར་འཆད་ནུས་ན། རྒྱལ་པོ་ཟླ་བ་བཟང་པོ་ཡང་འཇམ་དབྱངས་ཀྱི་སྤྲུལ་པར་འཆད་དགོས་པས། དེ་སྐབས་ཀྱི་རྣམ་གཞག་ཐམས་ཅད་འཚོལ་བར་འགྱུར་རོ། །ཡང་ན། འདིར་འཁོར་ལོ་ཅན་ཕྱག་ན་རྡོ་རྗེའི་སྤྲུལ་པར་བཤད་པ་དེ། ནང་ལུས་ལ་སྦྱོར་བའི་དབང་དུ་བྱས་པ་ཡིན་ཏེ། དཔལ་ལྡན་རྒྱུད་ལས། འཁོར་ལོ་ཅན་ནི་རང་གི་ལུས་ལ་རྡོ་རྗེ་ཅན་ཏེ་ལྷ་མཆོག་བདག་རྣམས་ཡན་ལག་བཅུ་གཉིས་འགོས། ཞེས་གསུངས་པས་སོ། །འདི་དག་ཀྱང་ཁོ་བོའི་བླ་མ་ཁོ་ནའི་ལེགས་པར་བཤད་པ་ཡིན་གྱི། བསྟན་བཅོས་འདི་ལ་ཁོ་བོ་ཤིན་ཏུ་མཁས་ཞེས་ཟེར་བ་དག་ནི། དོན་འདི་དག་ལ་དམུས་ལོང་ལྟ་བུར་གྱུར་ཏོ། །དེས་ན་རྒྱ་རྒྱུད་གསུངས་ནས་དེང་སང་ཡན་ཆད་ལ་ལོ་ཉིས་སྟོང་སུམ་བརྒྱ་དགུ་བཅུ་སོང་ལ། རིགས་ལྡན་སེང་གེས་ཆོས་བསྟན་ནས་ལོ་བརྒྱད་ཅུ་རྩ་བརྒྱད་སོང་བར་མཁས་པ་ཕལ་ཆེར་འཆད་དོ། །འཁོར་ལོ་ཅན་གྱིས་ཀྱང་རྫུ་འཕྲུལ་གྱིས་འདིར་འོངས་པ་དེས་ན་རི་བོ་གངས་ཅན་དུ་རྫུ་འཕྲུལ་མེད་པར་འགྲོ་བར་མི་ནུས་སོ། །

གསུམ་པ། མངོན་པའི་ལུང་གི་སྒྲུབ་བྱེད་ནི། མངོན་པ་མཛོད་ལས་ཀྱང་འདི་སྐད་གསུངས་ཏེ། འདི་ནས་ཏེ་འཛམ་བུའི་གླིང་འདིའི་བྱང་ཕྱོགས་འཛམ་བུའི་གླིང་འདི་ཉིད་ན་རི་ནག་པོ་གསུམ་ཚན་གསུམ་སྟེ་དགུ་འདས་པའི་ཕ་རོལ་ན་རི་གངས་ཅན་ཡོད་ལ། དེའི་ཕ་རོལ་རི་སྤོས་ངད་ལྡན་པའི་ཚུ་རོལ་ན། མཚོ་མ་དྲོས་པ་ཞེས་བྱ་བ་གང་ལས་ཆུ་བོ་ཆེན་པོ་གངྒཱ་དང་། སིནྡྷུ་དང་། སི་ཏཱ་དང་། པཀྵུ་འབབ་པ་དེའི་ཞེང་དུ་ཡང་། དཔག་ཚད་ལྔ་བཅུ་ཡོད་ལ་ཆུར་ཡང་དཔག་ཚད་ལྔ་བཅུ་ཡོད་དེ། ཡན་ལག་བརྒྱད་དང་ལྡན་པའི་ཆུས་གང་ངོ་། །དེར་ནི་རྫུ་འཕྲུལ་དང་མི་ལྡན་པས་བགྲོད་པར་དཀའ་འོ་ཞེས་དེ་ལ་སོགས་པས། དེ་ཉིད་ཀྱི་དྲུང་ན་གང་ལ་འབྲས་བུ

མངར་མོ་ཡོད་པའི་ཤིང་འཛམ་བུ་ཞེས་བྱ་བ་མངོན་པར་འགྲུབ་སྟེ། དེའི་དབང་གིས་གླིང་འདི་ཡང་འཛམ་བུའི་གླིང་ཞེས་བྱ་བར་གྲགས་སོ། །ཞེས་སོགས་མཚན་ཉིད་རྒྱས་པར་གསུངས་སོ། །ད་ལྟའི་ཏི་སེ་འདི་ལ་ནི་སྔར་བཤད་པའི་མཚན་ཉིད་དེ་དག་གང་ཡང་མེད་པས་གངས་ཅན་མ་ཡིན་ནོ། །ཕྱིར་ཕྱི་ནང་གི་གཞུང་ལུགས་གང་ནས་ཀྱང་ཏི་སེ་ལ་རི་བོ་གངས་ཅན་གྱི་ཐ་སྙད་མི་འབྱུང་བར་བསྟན་པ་ནི་མུ་སྟེགས་བྱེད་ཀྱི་གཞུང་གཞོན་ནུ་འབྱུང་བ་ལས་ཀྱང་། ཤར་ནུབ་གཉིས་ཀྱི་རྒྱ་མཚོའི་བར་དུ་རི་གངས་ཅན་གྱིས་ཁྱབ་པར་བཤད་དོ། །རྒྱལ་པོ་ཤིང་རྟ་བཅུ་པའི་བུ་དགའ་བྱེད་ཀྱི་བཙུན་མོ་རོལ་རྙེད་མ་ཞེས་པ་ལང་ཀ་མགྲིན་བཅུས་ཕྲོགས་ནས། དེ་སླར་འཕྲོག་པའི་དོན་དུ་དམག་དྲངས་ནས་སྲིན་པོ་ཕལ་ཆེར་བསད་པ་ན། ལང་ཀ་མགྲིན་བཅུའི་སྤྱུན་ཟླ་བསམ་གཏན་པ་ཞིག་གིས་རླུང་བརྡུབས་པས། དགའ་བྱེད་དང་ཧ་ནུ་མན་ཐ་མ་གཏོགས་པའི་དཔུང་ཚོགས་ཐམས་ཅད་ཀེང་རུས་སུ་སོང་བ་སླར་གསོས་པའི་དོན་དུ་གངས་ཅན་ལང་ཀའི་ཡུལ་དུ་བླངས་ཤིང་། དེ་ལ་ཡོད་པའི་བདུད་རྩི་ཀེང་རུས་རྣམས་ལ་གཏོར་བས་སོས་པར་གྱུར་ནས། སྤྲེའུ་ཧ་ནུ་མན་ཐས་དེ་ནས་གངས་རི་སླར་འཕངས་པའི་དུམ་བུ་ལམ་དུ་འཆར་ཏེ་ལྷུང་བ་ཞིག །ཏི་སེ་ཡིན་ཞེས་དྲང་སྲོང་གྲོག་མཁར་བ་སྨྲའོ། །དེས་ན་ལྷ་དབང་ཕྱུག་ཆེན་པོ་བཞུགས་པའི་གནས། གླང་པོ་ཆེ་ས་སྲུངས་ཀྱི་བུས་བརྟེན་པའི་ས། དབང་ཕྱུག་གི་མཆོད་གནས་དགྲ་བཅོམ་ལྔ་བརྒྱ་བཞུགས་པའི་ཡུལ། རི་གངས་ཅན་དེ་ནི་ད་ལྟའི་ཏི་སེ་འདི་མ་ཡིན་ཏེ། དེའི་མཚན་ཉིད་མ་ཚང་བའི་ཕྱིར། རྨ་བྱ་ཆེན་པོའི་མདོ་ལས་ཀྱང་། རིའི་རྒྱལ་པོ་གངས་ཅན་དང་། རིའི་རྒྱལ་པོ་ཏི་སེ་ཞེས་ཐ་དད་དུ་གསུངས་པའི་ཕྱིར། མཁས་པ་འཇུག་པའི་སྒོ་ལས་ཀྱང་། ཏི་སེ་ཞེས་ལོ་ཙཱ་བ་མི་ཤེས་པ་འགའ་ཞིག་གིས་བོད་སྐད་དུ་འགྲུལ་ནས་གངས་ཅན་དུ་བསྒྱུར་བ་འདི་མ་དག་སྟེ། ཏི་སེའི་སྐད་དོད་ཀཻ་ལཤ་དང་། ཀ་ཏ་ར་ཞེས་པའང་སྣང་། གངས་ཅན་གྱི་སྐད་དོད་ཧི་མ་ལ་ཡ་ཡིན་པས། དེ་གཉིས་རྒྱ་སྐད་ཀྱང་ཐ་དད་ཅིང་བོད་སྐད་ཀྱང་ཐ་དད་ཡིན་པས། དེས་ན་ད་ལྟའི་ཏི་སེ་འདི་གངས་ཅན་ཡིན་པ་འགོག་གི་ཏི་སེ་ཡིན་པ་མི་འགོག་པས། མི་བླུན་པོའི་ཁ་སྐྱུགས་ལ་རྒྱུག་པར་མི་བྱའོ། །ཞེས་གསུངས་སོ། །ཕལ་པོ་ཆེའི་མདོའི་ཏིང་ངེ་འཛིན་གྱི་ལེའུ་ལས་ཀྱང་། མཆོ་མ་དྲོས་པའི་ཆུ་ཞེང་དུ་དཔག་ཚད་ལྔ་བཅུ་ལྔ་བཅུ་ཡོད་པར་གསུངས་ཤིང་། ས་གཞི་རིན་པོ་ཆེའི་གསེག་མ་བརྡལ་བ་ལ། ངོས་ནི་རིན་པོ་ཆེའི་ཕ་གུ་བརྩིགས་པ་དེ་ལས་ཆུ་བོ་ཆེན་པོ་བཞི་འབབ་པའི་གང་གཱ་གླང་པོ་ཆེའི་ཁ་ནས་ནི་དངུལ་གྱི་བྱེ་མ་འདྲེན་ཞིང་འབབ་ལ། སི་ཏ་སེང་གེའི་ཁ་ནས་ནི་ལྷ་རྫས་ཀྱི་རྡོ་རྗེའི་བྱེ་མ་འདྲེན་ཞིང་འབབ། སིནྡྷུ་གླང་གི་ཁ་ནས་ནི་གསེར་གྱི་བྱེ་མ་འདྲེན་ཞིང་འབབ། རྨ་བྱ་ཁ་འབབ་ཅེས་པ་ནི་བླུན་པོའི་རིགས་འགྲེའོ། པཀྵུ་རྟའི་ཁ་ནས་ནི་བཻཌཱུརྻ་སྔོན་པོའི་བྱེ་མ་འདྲེན་ཞིང་འབབ་བོ། །དེ་དག་གི་འོག་གི་ས་གཞི་ཡང་རིན་

པོ་ཆེ་དེ་དག་གི་རང་བཞིན་དུ་ཡོད་ལ། ཆུ་བོ་བཞི་པོ་ཐམས་ཅད་ཀྱི་ཁ་ཞེང་དུ་དཔག་ཚད་རེ་རེ་ཡོད་པར་གསུངས་སོ། །ཆུ་བོ་བཞི་པོ་དེས་མཚོ་མ་དྲོས་པ་ལ་ལན་གྲངས་བདུན་བདུན་གཡས་ཕྱོགས་སུ་བསྐོར་ནས། མཐར་མ་འདྲེས་པར་ཕྱོགས་བཞིའི་རྒྱ་མཚོ་དག་ཏུ་འབབ་པར་བཤད་ཅིང་། དེའི་བར་གྱི་མཚམས་ཐམས་ཅད་ནི༑ ཨུཏྤལ་དང་པདྨ་དང་། ཀུ་མུད་དང་། པུཎྜ་རཱི་ཀ་ལ་སོགས་པ་མེ་ཏོག་རྣམ་པ་སྣ་ཚོགས་དང་། རིན་ཆེན་ལྗོན་ཤིང་རྣམ་པ་སྣ་ཚོགས་ཀྱིས་རབ་ཏུ་གང་བར་གནས་པ་ཡིན་ནོ། །སོགས་པས་ཙན་དན་བཟང་པོ་ལྷར་དྲི་ཞིམ་པ་ཉི་མ་ཤར་བའི་ཚེ་དེའི་འོད་ཟེར་དང་མཚོ་ནང་གི་རིན་པོ་ཆེ་དང་། གསེག་མ་དང་། མེ་ཏོག་དང་། ཉེ་འཁོར་གྱི་ལྗོན་ཤིང་རྣམས་ལ་ཕོག་པས་མཚོ་དེ་ཉིད་ཁ་དོག་བཟང་པོ་རྣམ་པའི་མཆོག་ཐམས་ཅད་ལྡན་པར་སྣང་ངོ་། །དེ་སོགས་མཚན་ཉིད་རྒྱས་པ་ནི་ཕལ་པོ་ཆེའི་མདོ་སྡེ་ལས་ལྟོས་ཤིག་སྟེ། དེར་ཆུ་བོ་བཞི་པོ་དེ་སོ་སོ་ཡང་དག་པར་རིག་པ་བཞིའི་དཔེར་གསུངས་པའི་ཕྱིར། ད་ལྟའི་མ་ཕམ་འདི་ལ་ནི་བཤད་མ་ཐག་པའི་མཚན་ཉིད་དེ་དག་གང་ཡང་མེད་པས་མ་དྲོས་པ་མ་ཡིན་ནོ། །

གསུམ་པ། རྩོད་པ་སྤྲངས་ཏེ་མཇུག་བསྡུ་བ་ལ། རྩོད་པ་དང་། ལན་གཉིས་ལས། དང་པོ་ནི། དེ་སྐད་བརྗོད་པ་ལ་ཁ་ཅིག །འདི་སྐད་དུ་གོལ་ཏེ། བྱ་རྒོད་ཕུང་པོའི་རི་ལ་ཡང་། དཀོན་བརྩེགས་ཀྱི་སྡོམ་གསུམ་བསྟན་པའི་མདོ་ལས་གསུངས་པ་བཞིན་དུ་ད་ལྟ་མེད་པས། དུས་ངན་དུ་སོང་བའི་སྟོབས་ཀྱིས་གངས་ཅན་དང་མ་དྲོས་པ་ལ་སོགས་པའི་ཡུལ་ཀུན་ཡང་སྔོན་ལས་རྣམ་པ་གཞན་དུ་འགྱུར་བར་སྣང་བའི་ཕྱིར། ཏི་སེ་ལ་སོགས་པ་ལ་གངས་ཅན་ལ་སོགས་པའི་མཚན་ཉིད་གསུང་རབ་ནས་བཤད་པ་བཞིན་མ་ཚང་ཡང་། གངས་ཅན་ལ་སོགས་པ་དེ་དང་དེ་ཡིན་ནོ་ཞེས་ཟེར་རོ། །གཉིས་པ་ལན་ལ། མདོར་བསྟན་པ་དང་། རྒྱས་པར་བཤད་པའོ། །དང་པོ་ནི། འདིའང་གསུང་རབ་ཀྱི་དགོངས་པ་ལེགས་པར་ཕྱེ་སྟེ་བཤད་ཀྱིས་ཉོན་ཞིག་སྟེ། མདོ་རྒྱུད་ལས་དངོས་པོའི་གནས་ལུགས་འཆད་པ་དང་སྐྱོན་ཡོན་བསྟུགས་པའི་ལུགས་རྣམ་པ་གཉིས་ཡོད་དོ། །གཉིས་པ་ལ། དཀོན་བརྩེགས་ལས་བྱ་རྒོད་ཕུང་པོའི་རིའི་བསྟུགས་པ་གསུངས་པ་སྔན་ངག་མཁན་གྱི་ལུགས་སུ་བསྟན། མངོན་པ་དུས་འཁོར་སོགས་ནས་འཇིག་རྟེན་ཁམས་ཀྱི་རྣམ་གཞག་གསུངས་པ་དེ་དངོས་པོའི་གནས་ལུགས་ཡིན་པར་བསྟན། དེས་ན་དཔེ་དོན་མི་མཚུངས་པར་བསྟན་པའོ། །དང་པོ་ནི། སྐྱོན་དང་ཡོན་ཏན་སྒྲོག་པ་ན། སྙན་ངག་མཁན་གྱི་ལུགས་བཞིན་དུ་བྱ་རྒོད་ཕུང་པོའི་རི་ལ་ཡང་། མཐོ་བ་དང་། ཟླུམ་པ་དང་། བྱ་དང་། ཤིང་དང་། མེ་ཏོག་དང་། ལ་སོགས་པས་འཛམ་བུའི་གླིང་ན་ཡོད་པའི་མེ་ཏོག་དང་འབྲས་བུ་ལ་སོགས་པའི་རིགས་ལ་དེ་ན་མེད་པ་གང་ཡང་མེད་པ་ལ་སོགས་པ་བཤད་པ་ནི། དུས་དེར་སངས་རྒྱས་ཀྱིས་བྱིན་གྱིས་བརླབས་པའི་སྟན་

ངག་མཁན་གྱི་དབང་དུ་བྱས་པའོ། །གཞན་ཡང་། དེ་ལ་བསྔགས་པ་ཆེ་བའི་རྒྱུ་མཚན། བོད་ཀྱི་ཡུལ་ན་མཐོང་དཀོན་པས། རྒྱང་གྲགས་རེ་ཙམ་ལ་ཐང་ཆེན་པོ་ཞེས་ཟེར་བ་ཇི་ལྟ་བ་བཞིན་དུ། འཕགས་པའི་ཡུལ་གྱི་མ་ག་དྷ་ན་རི་གཞན་ཆེན་པོ་དཀོན་པས། བྱ་རྒོད་ཕུང་པོའི་རི་དེ་རི་ཆེན་པོར་འཛོག་པ་ཡིན་ནོ། །དེ་ལྟར་སྐྱོན་ཡོན་བརྗོད་སྐབས་བྱེད་པ་ན། ཆུང་དུ་ལ་ཆེན་པོ་དང་། ཆེན་པོ་ལ་ཆུང་དུར་འཆད་པ་ལ་སྙན་ངག་མཁན་སྐྱོན་དུ་བརྩི་བ་གང་ཡང་མེད་དེ། མཛོད་འགྲེལ་ལས། སྙན་ངག་མཁན་གྱི་བསམ་པ་ནི། སྒྲོ་འདོགས་པར་ཡང་བྱེད་དོ། །ཞེས་གསུངས་པས་སོ། །གཉིས་པ་ནི། དངོས་པོའི་གནས་ལུགས་འཆད་ཅིང་མཚན་ཉིད་གཏན་ལ་འབེབས་པ་ནི། ལྷག་པ་དང་། ཆད་པ་དང་། དེ་མ་ཡིན་པ་ལ་དེར་འཁྲུལ་པ་བྱུང་ན། དེ་ལ་མཁས་པ་རྣམས་སྐྱོན་དུ་བརྩི་སྟེ། དེ་ཡང་དང་པོ་སྙན་ངག་མཁན་གྱི་དཔེ་ནི། དཔེར་ན་བ་ལང་དང་མ་ཧེ་དང་། གླང་པོ་ཆེ་ལ་བསྔགས་པའི་ཚེ། གངས་རིའི་ཕུང་པོར་འགྲོ་ཤེས་པ་དང་། སྤྲིན་ཆད་པའི་དུམ་བུ་དང་། ནྭའི་རྩེ་མོ་རྡོ་རྗེ་དང་འདྲ་བ་དང་། མིག་པ་ཨིནྡྲ་ནཱི་ལ་དང་། ཇ་མ་དཔག་བསམ་གྱི་ཤིང་ལྗོན་པ་དང་། སོགས་པས་རླུང་གི་ཤུགས་ལྟར་མགྱོགས་པ་ལ་སོགས་པའོ། །དེ་ཡང་གླང་པོ་ཆེའི་སྐྱེས་རབས་ལས། མི་དེ་དག་གིས་ཀྱང་སེམས་དཔའ་ཆེན་པོ་དེ་གངས་རིའི་རྩེ་མོ་འགྲོ་ཤེས་པའམ། སྟོན་ཀའི་སྤྲིན་ནམ། ན་བུན་གྱི་ཚོགས་རླུང་གིས་བསྐྱོད་པ་བཞིན་དུ་ཀུན་འོང་བ་མཐོང་ངོ་ཞེས་པ་དང་། མ་ཧེའི་སྐྱེས་རབས་ལས། སྤྲིན་གྱི་ཕུང་པོ་ལོགས་ཤིག་ཏུ་ཆད་པ་རླུང་གིས་འགྲོ་ཤེས་པ་འདྲ་བ་ཞིག་ཏུ་གྱུར་ཏོ། །ཞེས་དང་། ཁྱོད་ཀྱི་རྭའི་རྩེ་མོའི་ཤུགས་ཀྱིས་ཀྱང་། །རྡོ་རྗེའི་རི་ཡང་རྡོ་རྗེ་བཞིན་དུ་འཛོམས། །ཞེས་དང་། གཞན་ཡང་སྐྱེས་བུ་ལ་བསྔགས་པ་ན། ཉི་མ་སྟོང་ལས་ལྷག་པའི་གཟི་བརྗིད་འབར། །ཞེས་དང་། མཚན་མཆོག་ལྡན་པ་དྲི་མེད་ཟླ་བའི་ཞལ། །ཞེས་པ་ལྟར། བཞིན་ལ་ཉི་མ་དང་ཟླ་བ་དང་། སོ་ལ་གངས་རིའི་ཕྲེང་བ་དང་། རྒྱ་ཆེ་བ་ལ་ནམ་མཁའི་དཔེ་སྦྱོར་དང་། ཆུང་བ་ལ་རྡུལ་ཕྲན་གྱི་དཔེ་སྦྱོར་དང་། སྟུག་ཞིང་ཆེ་བའི་དཔེ་ལ་རི་རབ་དང་། འདི་ནི་སྤྲིན་གྱི་བཞོན་པའི་རྟོགས་བརྗོད་ལས། མཁའ་ལྡིང་ལ་བསྔགས་པ་ན། ལྷུན་པོ་གཤོག་པ་ལྡན་པ་བཞིན། །ཞེས་སོ། །ཁྱི་བ་ལ་ནི་གླང་ཆེན་གྱི་དཔེ་དང་། ཕྱུག་པོ་ལ་ནི་རྣམ་ཐོས་ཀྱི་བུ་དང་། རྒྱལ་སྲིད་ལ་ཡང་བརྒྱ་བྱིན་གྱི་དཔེ་དང་། དགེ་བའི་བཤེས་གཉེན་ཕལ་པ་ལ་འང་སངས་རྒྱས་ལྟ་བུར་བསྔགས་པ་ནི་སྙན་ངག་མཁན་ལ་བཀག་པ་མེད་དེ། མདོ་ལས་ཀྱང་། ཚོང་དཔོན་རྣམ་ཐོས་ཀྱི་བུའི་ནོར་དང་ལྡན་པ་ཞེས་པ་བཞིན་དང་སོ་སོ་སྐྱེ་བོའི་དགེ་སློང་ལ་ཡང་འཕགས་པ་ཞེས་དང་། སྙན་ངག་མེ་ལོང་ལས། བུ་མོ་ལོ་མའི་དགྲ་དང་ཁྲོད། །ལྷ་ཡུལ་ས་སྟེང་སྐྱོང་ལ་བརྩོན། །ཞེས་པ་བཞིན་ནོ། །དངོས་པོའི་ཀུན་རྫོབ་ཀྱི་གནས་ལུགས་འཆད་པའམ་མཚན་ཉིད་གཏན་ལ་འབེབས་པ་ན། གནས་ལུགས་ཇི་ལྟ་བ་བཞིན་མ་ཡིན་པར་ལྷག་ཆད་འཁྲུལ་པར་བཤད་ན

མཁས་པ་རྣམས་ཀ་ལ་དགའ་སྟེ། དཔེར་ན། སྒྲ་རྟག་པར་ཁས་བླངས་ན་རིགས་པ་དང་འགལ་བ་བཞིན་ནོ། །

གསུམ་པ། དེས་ན་དཔེ་དོན་མི་མཚུངས་པར་བསྟན་པ་ནི། དེས་ན་བྱ་རྒོད་ཕུང་པོ་སོགས་པས། སེར་སྐྱ་དང་ཡངས་པ་ཅན་གྱི་མི་རྣམས་ཀྱི་འཁོར་པ་སུམ་ཅུ་རྩ་གསུམ་པའི་ལྷ་འདྲའོ་ཞེས་བསྔགས་པ་སྟོན་དགེ་མཁན་གྱི་ལུགས་བཞིན་ཡིན་ལ། གངས་ཅན་དང་མ་དྲོས་པ་དང་སོགས་པས། ལྗོན་པོ་ལ་སོགས་པ་དངོས་པོའི་ཀུན་རྫོབ་ཀྱི་གནས་ལུགས་འཆད་པ་ན། དེ་ལ་ལྷག་ཆད་འབྲུལ་པ་བྱུང་ན་ཀུན་མཁྱེན་མ་ཡིན་པར་འགྱུར་ཞིང་། ཡང་ན་བརྫུན་གསུང་བར་འགྱུར་རོ། །དུས་ཀྱི་ཤུགས་ཀྱིས་འགྱུར་བ་ཡིན་ནོ་ཞེ་ན། ཚེ་དང་། དུས་དང་། ལྔ་བ་དང་། ཉོན་མོངས་པ་དང་། སེམས་ཅན་སྙིགས་མ་ལྔ་བདོའི་ཤུགས་ཅུང་ཟད་ངན་པར་འགྱུར་ན་ཡང་མཚན་ཉིད་ཐམས་ཅད་འབྲུལ་བ་ག་ལ་སྲིད་དེ། སྲིད་ན་ཉི་མ་ནུབ་ནས་འཆར་བ་ལ་སོགས་པ་སྲིད་པར་འགྱུར་རོ། །སྐབས་འདིར་བཅོམ་ལྡན་རལ་གྲི་ལ་སོགས་པའི་རྒོལ་བ་འགའ་ཞིག་ན་རེ། གང་ག་འདི་ནས་འབབ་པའི་ཕྱིར། །མ་དྲོས་འཚོལ་བའི་ངལ་བས་ཅི། །འདུས་བྱས་རྟག་པར་མེད་པའི་ཕྱིར། །སྔོན་གྱི་བཞིན་དུ་ད་ལྟ་མེད། །ཅེས་རྒོལ་བ་ལ། ལྷ་བཙུན་བསམ་ཡས་པ་ནི། གང་ག་དེ་ནས་འབབ་པར་གང་གིས་གྲུབ། བོད་ཀྱི་བླུན་པོ་ནོར་གྱི་ཕྱིར་ཁྱི་བཞིན་དུ་འཁྱམ་པ་ཞིག་གམ། ཨ་ཙ་ར་བླུན་པོ་དེ་ལྟ་བུ་ཞིག་ལས་འོས་གཞན་ཅི་ཡོད། དེ་དག་གི་ཚིག་ཙམ་ལ་བརྟེན་ནས། པཎྜི་ཏ་ཆེན་པོའི་གསུང་ལ་དགག་པ་བྱེད་པ་ནི་བཞད་གད་ཀྱི་གནས་སོ། །ཞེས་གསུངས་པ་དང་སྒྲ་གདོང་པ་ནི། དེ་ནས་གང་གཱ་འབབ་པར་མཐོང་ན་མིག་འབྲུལ་བར་ཟད་དོ། །ཞེས་གསུང་། རྣམ་བཤད་མཛད་པ་ཀུ་མུ་ར་ནི། གང་གཱ་གཅིག་པུ་འབབ་པས་མ་དྲོས་པར་མི་འགྲུབ་སྟེ། མ་དྲོས་པ་ལས་གང་གཱ་དང་། སིནྡྷུ་དང་། སི་ཏ་དང་། པཀྵུ་སྟེ་བཞིས་ལན་བདུན་སྐོར་བ་བྱས་ནས་མཐར་རང་རང་གི་གནས་སུ་འབབ་པ་བཤད་པའི་ཕྱིར། ཞེས་གསུང་ངོ་། །དེ་དག་གིས་ལན་ཐེབས་པ་མི་སྣང་ལ། སྤྱོས་ཁང་པ་སོགས་རྣམ་བཤད་མཛད་པ་གཞན་གྱིས་ནི་ལན་འདེབས་པའི་རྩོལ་བ་མ་མཛད་དོ། །དེས་ན་རྣམ་བཤད་མཛད་པ་ཚད་ཐུབ་ཏུ་གྲགས་པ་དེ་དག་གིས་ལན་མ་ཐེབས་པ་དེའི་ཚེ། བསྟན་བཅོས་འདིའི་སྐྱོན་དུ་དོགས་པ་དག་འབྱུང་སྲིད་པས། དོགས་པ་དེ་བསལ་བའི་ཕྱིར་དང་། གཞུང་འདིར་མ་བཀོད་པའི་ལུང་རིགས་གཞན་ཡང་ཁ་བསྐང་བའི་ཕྱིར་དུ། ལེའུ་གསུམ་པའི་དྲི་བ་སོ་བརྒྱད་པར། མ་ཕམ་མ་དྲོས་མིན་གྱུར་ན། །གང་གཱའང་དེ་ཉིད་མིན་པར་འགྱུར། །ཞེས་པའི་ལན་མང་ལྷོན་དགོས་སོ། །ཞེས་དྲིས་པ་ལ། གོ་བོ་རབ་འབྱམས་པ་ན་རེ། དེ་ལྟ་ན་རྟ་རྟ་མ་ཡིན་པར་ཐལ། རྟ་གཡག་མ་ཡིན་པའི་ཕྱིར། ཞེས་བརྗོད་ན་ཡང་མཚུངས་པར་འགྱུར་རོ། །ཞེས་བབ་ཅོལ་དུ་སྨྲ་བ་ནི། དྲི་བ་པོའི་བསམ་པ་མ་ལོངས་བཞིན་དུ། བྱང་རྒྱལ་དུ་སྨྲ་བ་ཡིན་ཏེ། འདི་འདྲི་བའི་རྒྱུ་མཚན་ནི། བཅོམ་ལྡན་རལ་གྲི

ལ་སོགས་པས། དེང་སང་མ་ཕམ་དུ་གྲགས་པ་འདི་མཆོམ་དྲོས་པ་མ་ཡིན་ན། མ་ཕམ་དེ་ནས་འབབ་པའི་གང་གཱ་ར་གྲགས་པ་འདི་ཡང་གང་གཱ་དངོས་མ་ཡིན་པར་ཐལ་ལོ། །ཞེས་པའི་སྲུན་འབྱིན་དེའི་ལན་ལྡོན་དགོས་སོ། །ཞེས་དྲིས་པ་ཡིན་ལ། ཁྱོད་ཀྱིས་ནི་ས་སྐྱ་པའི་གསུང་རབ་ལ་རྒོལ་བ་བྱུང་བ་རྣམས་ལ་ལན་འདེབས་པ་པོའི་ཁྲུ་མཆོག་ཏུ་ཁས་བླངས་ནས། སྲུན་འབྱིན་དེ་ཐོས་ཀྱང་ལན་འདེབས་རྒྱུས་འཕོངས་པས་འོན་ཧྲ་བྱས་པ་ཡིན་ལ། དེ་ལ་ནི་ཇི་སྐད་དུ། ལེགས་པར་བཤད་པ་རིན་པོ་ཆེའི་གཏེར་ལས། བླུན་པོའི་དབུས་ན་རྩེ་ཞིང་དགའ། །མཁས་པའི་དབུས་ན་ཞུམ་ཞིང་འཇུར། །ནོག་དང་ལྐོག་ཤལ་མེད་ན་ཡང་། །ཡ་སོ་ཅན་གྱི་བ་ལང་ཡིན། །ཞེས་པའི་ཉེས་པས་རེག་པར་འགྱུར་རོ། །དེས་ན་རང་གི་ལན་རྒྱས་པར་ནི་གསེར་གྱི་ཐུར་མར་བལྟ་བར་བྱ་ལ། འདིར་མདོར་བསྡུས་ཙམ་ཞིག་བརྗོད་ན། ཆུ་བོ་གང་གཱའི་མིང་ཅན་ནི་གཉིས་ཏེ། ཕྱི་རོལ་པ་སོགས་འཇིག་རྟེན་པ་དང་ཐུན་མོང་དུ་གྲགས་པ་དང་། སངས་རྒྱས་ཀྱི་ཆོས་ལས་ཐུན་མོང་མ་ཡིན་པར་བཤད་པའོ། །དང་པོ་ནི། རྩ་བ་མ་ཕམ་ནས་འབབ་པ་དེ་ཉིད་ཡིན་ཏེ། ཐོག་མར་མ་ཕམ་ནས་ནུབ་ཏུ་བབས། རྒྱ་གར་ནུབ་ཕྱོགས་སུ་སླེབས་པ་ན། ཤར་དུ་ཁ་བལྟས་ཏེ་འབབ་པ་རྡོ་རྗེ་གདན་གྱི་བྱང་ཕྱོགས་ནས་བསྐོར་ཏེ། མཐར་ལྷོ་ཕྱོགས་ཀྱི་རྒྱ་མཚོར་འབབ་པ་དེ་ཡིན་ལ། འདི་ལ་ནི་མངོན་བརྗོད་དང་། སྙན་དངགས་དང་། འདུལ་བ་སོགས་ལས་ཆུ་བོ་གང་གཱ་ཞེས་རྒྱ་ཆེར་བཤད་ཅིང་། ལྷོ་བལ་གྱི་སྐྱེ་བོ་ཀུན་ལ་གང་གཱ་ཞེས་གྲགས་ལ། མདོ་སྡེ་དག་ལས་ཀྱང་གང་གཱའི་ཀླུང་གི་བྱེ་མ་སྙེད་ཅེས་བཤད་དོ། །དེ་དང་འདྲ་བར་སིན་ཏྷུའི་ཡུལ་དུ་འབབ་པའི་ཆུ་བོ་སིནྡྷུ་དང་། བྱང་ཕྱོགས་ན་ཆུ་བོ་ཤཱི་ཏ་ཞེས་བྱ་བ་བཤད་མོད། དེ་དག་ནི་མཆོམ་དྲོས་པ་ཞེས་བྱ་བ་མངོན་པ་ནས་འབྱུང་བའི་ཡོན་ཏན་དང་ལྡན་པ་དེ་ནས་འབབ་པའི་བཤད་པ་མི་བཞེད་དོ། །དེ་ཡང་། མུ་སྟེགས་བྱེད་ཀྱི་གཞུང་ལས། གང་གཱའི་སྒོ་དང་ཀུ་ཤ་འཁྱིལ། །བིལ་བ་ཅན་དང་སྔོན་པོའི་ཕྱིར། །ཀཱ་ལི་ཀ་ནིའི་འཇུག་ངོགས་སུ། །ཁྲུས་བྱས་ཡང་འབྱུང་སྲིད་མ་ཡིན། །ཞེས་འཆད་ལ། དེའི་རྒྱས་བཤད་ཀྱང་། ཁྱབ་འཇུག་གིས་མི་འུ་ཐུང་དུ་སྤྲུལ་ནས། ལྷ་མིན་གྱི་རྒྱལ་པོ་སྟོབས་ལྡན་གྱི་བུ་དྲུག་ཁྲི་བསད། དེ་རྣམས་དམྱལ་བར་སོང་བ་དེ་དག་གི་ཚ་བོ་བྷ་གི་ར་ཏ་ཞེས་བྱ་བས་མ་བཟོད་ནས། ལྷ་ཚངས་པ་ལ་གསོལ་བ་བཏབ་པས། ལྷ་ཡུལ་ན་ཆུ་བོ་གང་གཱ་ལྷ་མོའི་གཟུགས་སུ་གནས་པ་དེར། ཆུ་བོའི་གཟུགས་སུ་བྱས་ནས་བྱིན་པ་ན། བར་སྣང་ནས་སུ་དབང་ཕྱུག་ཆེན་པོའི་རལ་པར་བཟེད་པས་ལོ་སྟོང་གི་བར་དུ་འཁྱིལ། དུས་དེར་དེ་ཉིད་ལ་གསོལ་བ་བཏབ་པས། རལ་པ་བཅིར་བའི་ཐིགས་པ་གཅིག་གངས་ཏི་སེའི་འགྲམ་དུ་འཁྱིལ། དེ་རྒྱ་མཚོར་བབས་ནས་ས་འོག་ཏུ་སོང་བས། ལྷ་མིན་གྱི་བུ་དྲུག་ཁྲིའི་རུས་པ་བཀྲུས་པས། དམྱལ་བ་ནས་ཚེ་འཕོས་ཏེ་མཐོ་རིས་སུ་སྐྱེས་པར་འཆད་ལ། དེ་ལྟར་ཆུ་བོ་འདི་ནམ་མཁའ་ནས

བབ་པའི་རྒྱུ་མཚན་གྱིས་གང་གཱ་དང་། ལྷ་ཡུལ་དང་། ས་སྟེང་དང་། ས་འོག་གསུམ་དུ་བབས་པའི་རྒྱུ་མཚན་གྱི་རྒྱུན་གསུམ་པ་དང་། ལམ་གསུམ་ཅན་དང་། སྐལ་ལྡན་ཤིང་རྟ་དང་། ཛ་ནུ་ཧྣུའི་བུ་མོ་ལ་སོགས་པའི་མིང་གིས་འདོགས་སོ། །དེ་ཡང་མ་ཕམ་ནི་གང་གཱ་འཁྱིལ་བ་ལས་བྱུང་བའི་མཚོར་ཁས་ལེན་པ་ཡིན་གྱི། ཆུ་བོ་ཆེན་པོ་བཞི་གང་ནས་འབབ་པའི་རྩ་བར་གྱུར་པའི་མཚོ་མ་དྲོས་པར་ཁས་ལེན་པ་མ་ཡིན་ནོ། །དེ་ལྟར་ན། མུ་སྟེགས་བྱེད་ཀྱི་སྡིག་པ་འདག་བྱེད་ཀྱི་ཆུ་དང་། གངས་ཏི་སེ་ལྷ་དབང་ཕྱུག་ཆེན་པོའི་བཞུགས་གནས་སུ་ཁས་ལེན་ཞིང་། འཕགས་ཡུལ་གྱི་འཇིག་རྟེན་པ་དག་ལ་དེ་ལྟར་གྲགས་ཀྱང་། དངོས་པོ་ལ་དེ་ལྟར་མི་གནས་ཏེ། སངས་རྒྱས་ཀྱི་གསུང་དང་མི་མཐུན་པའི་ཕྱིར་རོ། །གཉིས་པ་ནི། ཆོས་མངོན་པ་སོགས་ལས་གསུངས་པའི་མཚན་ཉིད་ཅན་གྱི་མཚོ་མ་དྲོས་པ་དེ་ལས་འབབ་པའི་ཆུ་བོ་བཞི་དང་བཅས་པ། འཛམ་བུའི་གླིང་འདི་ཉིད་ན་བྱང་གི་ཕྱོགས་ན་ཡོད་ཀྱང་། རྒྱ་བོད་དང་ཧོར་ལ་སོགས་པའི་མིའི་རིགས་རྫུ་འཕྲུལ་དང་མི་ལྡན་པ་རྣམས་ཀྱིས་མངོན་སུམ་གྱི་ཡུལ་ལས་འདས་པ་ཞིག་སྟེ། དཔེར་ན་ཤམྦྷ་ལའི་བཀོད་པ་བཞིན་ནོ། །དེ་སྐད་དུ་ཡང་། མཛོད་འགྲེལ་ལས། འཛམ་བུའི་གླིང་འདིའི་བྱང་ཕྱོགས་འཛམ་བུའི་གླིང་འདི་ཉིད་ན། རི་ནག་པོ་དགུ་འདས་པའི་ཕ་རོལ་ན་གངས་རི་ཡོད་དོ། །གངས་རི་དེའི་ཕ་རོལ་དང་། རི་སྤོས་ངད་ལྡན་པའི་ཚུ་རོལ་ན། མཚོ་མ་དྲོས་པ་ཞེས་བྱ་བ་གང་ལས་ཆུ་བོ་ཆེན་པོ་བཞི་པོ། གང་གཱ་དང་། སིནྡྷུ་དང་། སི་ཏ་དང་། པཀྵུ་འབབ་པ་ཡོད་དོ་དེའི་ཞེང་དུ་ཡང་དཔག་ཚད་ལྔ་བཅུ་ཡོད་ལ། ཆུར་ཡང་དཔག་ཚད་ལྔ་བཅུ་ཡོད་དེ། ཡན་ལག་བརྒྱད་དང་ལྡན་པའི་ཆུས་གང་ངོ་། །དེ་ར་ནི་རྫུ་འཕྲུལ་དང་མི་ལྡན་པའི་མིས་བགྲོད་པར་དཀའོ། །དེ་ཉིད་ཀྱི་དྲུང་ན། གང་ལ་འབྲས་བུ་མངར་མོ་དག་ཡོད་པའི་ཤིང་ཛམྦུ་ཞེས་བྱ་བ་མངོན་པར་གྲུབ་སྟེ། དེའི་དབང་གིས་འདི་འཛམ་བུའི་གླིང་ཞེས་བྱ་བར་གྲགས་སོ། །ཞེས་འབྱུང་ངོ་། མངོན་པ་ནས་གསུངས་པའི་གངས་ཅན་འདི། ཡུལ་སོ་བདུན་གྱི་ནང་ཚན་དུ་འཆད་པ་རྒྱུད་སྡེའི་དགོངས་པར་རྗེ་བཙུན་གྲགས་པའི་ཞབས་ཀྱིས་ནི་བཀྲལ་བར་མི་གསལ་ལ། ཕྱག་རྒྱ་པ་རྣམས་ཀྱིས་ཏི་སེ་གནས་ཆེན་དུ་འཆད་པ་དེ་ཡང་། ལྷ་དབང་ཕྱུག་ཆེན་པོ་དང་དགྲ་བཅོམ་པ་ལྔ་བརྒྱའི་བཞུགས་གནས་སུ་བསམས་ནས་དེ་ལྟར་ཁས་ལེན་པ་ཡིན་ཏེ། རྗེ་བཙུན་མི་ལའི་མགུར་ལས། གངས་དཀར་ཏི་སེ་སྐད་པ་དེ། །དགྲ་བཅོམ་ལྔ་བརྒྱ་བཞུགས་པའི་གནས། །རི་བོ་གངས་ཅན་བྱ་བ་ཡིན། །མ་ཕམ་གཡུ་མཚོ་སྐད་པ་དེ། །མ་དྲོས་མཚོ་མོ་བྱ་བ་ཡིན། །བྲག་དམར་སྤོ་མཐོ་སྐད་པ་དེ། །རི་ནག་འཐིབས་བྱེད་བྱ་བ་ཡིན། །ཞེས་གསུངས་པ་འདི་ལ་བརྟེན་པ་ཡིན་མོད། འདི་ནི་སྐབས་དག་གི་ལུགས་སུ་མཛད་པ་ཡིན་ཏེ། བྲག་དམར་སྤོ་མཐོ་དེ་རི་བོ་འཐིབས་བྱེད་དངོས་མ་ཡིན་པ་བཞིན་ནོ། །གཞན་ཡང་མ་ཕམ་དང་ཏི་སེར་གྲགས་པ་འདི་དག་མངོན་པ་ནས་བཤད་

པའི་མཚོ་མ་དྲོས་པ་དང་། གངས་ཅན་མ་ཡིན་ཏེ། མངོན་པ་ལས་ནི། མཚོ་དེ་གངས་ཅན་གྱི་བྱང་ཕྱོགས་ན་ཡོད་པར་བཤད་ལ། མ་ཕམ་ནི་ཏི་སེའི་ལྷོ་ཕྱོགས་ན་ཡོད་པར་མངོན་སུམ་གྱིས་གྲུབ་པའི་ཕྱིར། ཡང་རྫུ་འཕྲུལ་དང་མི་ལྡན་པའི་མིས་བགྲོད་པར་མི་ནུས་པའི་གནས་ནི་འཛམ་བུའི་གླིང་ན་མེད་དོ། །ཞེས་ཟེར་བ་ཡང་མི་འཐད་དེ། ལུང་སྣ་ཚོགས་ཀྱི་གཞི་ལས། དེ་ལས་རྒྱ་མཚོ་དུག་ཅན་དག་ཏུ་འགྲོ་བ་ཡི། །ཆུ་བོ་བཞི་པོ་འདི་དག་ཕྱོགས་བཞིར་འབབ། །གང་ག་སིནྡྷུ་དང་ནི་པཀྵུ་དང་། །ཏི་སེ་དེ་ལས་རྫུ་འཕྲུལ་སྟོབས་ཐོབ་པ། །མ་གཏོགས་མི་རྣམས་ཀྱིས་ནི་མི་བགྲོད་པར། །དེར་ནི་ཐུབ་པ་དགེ་འདུན་བཅས་ཏེ་བཞུགས། །ཞེས་གསུངས་པའི་ཕྱིར། འོན་རང་ལུགས་ལ་ཡང་དུས་འཁོར་ནས་གསུངས་པའི་གངས་ཅན་དང་། མངོན་པ་ནས་གསུངས་པའི་གངས་ཅན་དོན་གཅིག་གམ་མི་གཅིག །གཅིག་ན་ལུང་དང་དངོས་སུ་འགལ་ལ། མི་གཅིག་ན་སྔར་གྱི་ཤེས་བྱེད་དུ་དྲངས་པ་དེ་དག་ལ་འབྲེལ་མེད་དོ་ཞེ་ན། དེ་གཉིས་དོན་གཅིག་པ་ནི་མ་ཡིན་གྱི། ཕྱོགས་སྔ་མས་ཏི་སེ་དེ་རིག་འཛིན་གྱི་རྟོགས་པ་སྨིལ་བའི་གནས་ཆེན་དུ་གྱུར་པའི་གངས་ཅན་དེར་ཁས་བླངས་པ་ལ་དེ་མ་ཡིན་པའི་ཤེས་བྱེད་དུ། མངོན་པ་ནས་གསུངས་པའི་གངས་ཅན་ཡང་མ་ཡིན། དུས་འཁོར་ནས་གསུངས་པའི་གངས་ཅན་ཡང་མ་ཡིན། རྨ་བྱ་ཆེན་མོའི་མདོ་ནས་གསུངས་པའི་གངས་ཅན་ཡང་མ་ཡིན་པའི་ཕྱིར། ཞེས་པའི་དོན་ནོ། །

གཉིས་པ། ཙ་རི་ཏྲ་ལ་དཔྱད་པ་ལ། ཙ་གོང་ཙ་རི་ཏྲ་མ་ཡིན་པར་བསྟན། རྡོ་རྗེ་མཁའ་འགྲོ་ལས་གསུངས་པའི་དེ་ཝཱི་ཀོ་ཊའི་གནས་ཡིན་པ་མི་འགལ་བར་བསྟན། དེ་གཉིས་གནས་ཆེན་ཡིན་དུ་ཆུག་ཀྱང་ཡུལ་དེར་འགྲོ་བའི་གང་ཟག་ངོས་བཟུང་ནས་མཇུག་བསྡུ་བའོ། །དང་པོ་ནི། ཙ་རི་ཏྲ་ཞེས་བྱ་བའི་ཡུལ་ད་ལྟའི་ཙ་རི་ཙ་གོང་དེ་མ་ཡིན་ཏེ། དེ་ནི་ལྷོ་ཕྱོགས་རྒྱ་མཚོའི་འགྲམ་ན་ཡོད་པར་བཤད་པའི་ཕྱིར་རོ། །གཉིས་པ་ནི། དེ་ཝཱི་ཀོ་ཊ་ལ་གནས་གཞན་གཉིས་ཡོད་པའི་ཆེ་ཤོས་རྒྱ་གར་ཤར་ཕྱོགས་ན་ཡོད་ལ། ཆུང་བ་ཞིག་ཡོད་པ་དེ་ཙ་རི་ཙ་གོང་ཡིན་ནོ་ཞེས་ལ་ལ་སྨྲའོ། །རྡོ་རྗེ་མཁའ་འགྲོའི་རྒྱུད་ལས་ནི། །དེ་ཝཱི་ཀོ་ཊར་ཛཱ་ཏ་གནས། །ཞེས་གསུངས། དེའི་དོན་ནི་ཡུལ་དེ་ན་ཛཱ་ཏའི་ཤིང་ཡོད་ཅེས་པའི་དོན་ནོ། །གཞན་ཡང་རྒྱུད་དེ་ཉིད་ལས། བོད་ཀྱི་ཡུལ་ན་ལྷན་ཅིག་སྐྱེས་མ་ཞེས་བྱ་བའི་ལྷ་མོ་ནི། རྡོ་བའི་ཕུག་ལ་བརྟེན་ཏེ་གནས་སོ། །དེ་ཝཱི་ཀོ་ཊའི་ཡུལ་དེར་གནས་པའི་ལྷ་མོ་ནི་ཛཱ་ཏའི་ཤིང་ལ་བརྟེན་ནས་གནས། ཞེས་གསུངས་ཏེ། དེ་ཡང་གྲེན་དུ་འབར་ཀྲ་ཞེས་བྱ་བ། ཁ་ཏྲ་པླ་ལྤ་གཙོགས་པ་ཆེ། །དེ་ཝཱི་ཀོ་ཊ་སྣ་ཆེན་མོ། །སྟོབས་པོ་ཆེ་ཡི་སྐྱེ་གནས་བྱུང་། །ལྷ་མོ་ལག་ན་མདུང་ཅན་ཏེ། །རྣལ་འབྱོར་དབང་ཕྱུག་ཀུན་གྱི་མཆོག །གནས་དེར་ལྷ་མོ་དྲག་ཆེན་མོ། །ཛཱ་ཏའི་ཤིང་ལ་བརྟེན་ཏེ་གནས། །བོད་ཡུལ་དུ་ནི་ལྷན་སྐྱེས་ཏེ། །རང་བྱུང་གི་ནི་སྐྱེ་གནས་བྱུང་། །ཆུ་སྲིན་རྒྱལ་མཚན་ལག་ན་ཐོགས། །ཞི་ཞིང་གསལ་བའི

གཟུགས་ཅན་ཏེ། །ཡུལ་དེར་གནས་པའི་ལྷ་མོ་དེ། །ཐྲག་གི་ཁྲིམ་ལ་བརྟེན་ཏེ་གནས། །ཞེས་གསུངས་པས་སོ༔ ༔དེས་ན་ཙ་རི་ཙ་གོང་དེའི་ཕྱོགས་ན་ཀླ་ཀློའི་ཞིང་ཡོད་ན། དེ་ཕྱི་གོ་ཀློའི་ཡུལ་དེར་འགལ་བ་མེད་དོ། །ཀླ་ཀློའི་ཞིང་ནི་ལྷགས་པ་ཤིན་ཏུ་འཛམ་ཞིང་ཡལ་ག་རྣམས་ཀྱི་ཕྱིའི་དབྱིབས་དང་ཁ་དོག་རྒྱ་མ་བུས་པ་ལྟ་བུ། འདབ་མ་བྱའི་གཤོག་པ་ལྟར་དུ་ཕྱོགས་གཉིས་སུ་ཆ་མཉམ་དུ་ཡོད་ཅིང་། དབྱིབས་གསོལ་བུའི་འདབ་མ་ལྟ་བུ་ཞིག་རྒྱ་གར་ཤར་ཕྱོགས་དང་ཐད་མཉམ་གྱི་རྒྱ་ཡུལ་དུ་འང་སྐྱེ་བའི་རྒྱལ་པོའི་ཤིང་ཞེས་བྱ་བ་དེ་ཡིན་ནོ། །ཞེས་སློབ་ཁང་པ་གསུང་ངོ། །

གསུམ་པ། དེ་གཉིས་གནས་ཆེན་ཡིན་དུ་ཆུག་ཀྱང་ཡུལ་དེར་འགྲོ་བའི་གང་ཟག་ངོས་བཟུང་སྟེ་མཇུག་བསྡུ་བ་ནི། ཧི་མ་ལ་ཡ་དང་ནི་ཙ་རི་ལ་སོགས་པ་གལ་ཏེ་རྒྱུད་ནས་གསུངས་པའི་གནས་ཆེན་ཡིན་ན་ཡང་། ཡུལ་དེར་བྱང་ཆུབ་བསྒྲུབ་པའི་ཕྱིར་འགྲོ་བའི་གང་ཟག་ནི། དབང་བསྐུར་ཐོབ་ཅིང་དམ་ཚིག་དང་ལྡན་པ་བརྟ་དང་བརྟའི་ལན་ཤེས་ཤིང་རིམ་གཉིས་ཀྱི་རྟོགས་པ་བརྟན་པ་བརྙེད་ཐོབ་པ་ཡིས་སྤྱོད་པའི་དོན་དུ་རྒྱུ་བར་རྒྱུད་ལས་གསུངས་སོ༔ ༔

གསུམ་པ། གཞན་ལུགས་དེ་ཁས་བླངས་ཀྱང་རང་ལུགས་ཀྱི་རྣམ་གཞག་དེ་དང་འབྲེལ་དགོས་པར་བསྟན་པས་མཇུག་བསྡུ་བ་ནི། དབང་བསྐུར་ཐོབ་ཅིང་དམ་ཚིག་དང་ལྡན་པ་དེ་ལྟ་མིན་པའི་གང་ཟག་གིས་ཡུལ་དེར་འགྲོ་བ་མི་འཐད་དེ། དེ་རྒྱུད་ལས་བཀག་པའི་ཕྱིར། ཇི་ལྟར་བཀག་ཅེ་ན། དབང་མེད་ན་ནི་དངོས་གྲུབ་མེད། །ཅེས་དང་། གསང་བ་གྲུབ་པ་ལས་ཀྱང་། གང་གི་དེ་ཉིད་མེད་བཞིན་དུ། །ངོ་མཚར་ཆེ་བ་ལྟར་བྱེད་པ། །ཇི་སྲིད་ནམ་མཁའ་མི་འཇིག་བར། །ཤི་བའི་འོག་ཏུ་དམྱལ་བར་སྐྱེ། །ཞེས་བཤད་པས་སོ། །དེས་ན་སྐབས་འདིའི་གཞུང་འདི་ལྟར་འདོན་པར་བྱ་སྟེ། རིམ་པ་གཉིས་པོ་མི་སྒོམ་པའི། །སྒོམ་ཆེན་བཟང་ཡང་ཕ་རོལ་ཏུ། །ཕྱིན་པའི་སྒོམ་ཆེན་དག་དང་ནི། །རྒྱུད་སྡེ་འོག་མའི་སྒོམ་ཆེན་ལས། །མ་འདས་རྒྱུད་སྡེ་འོག་མ་དང་། །མདོ་ལས་ཡུལ་ཆེན་དེ་དག་ཏུ། །འགྲོ་བའི་ཚིག་བཤད་པ་མེད། །ཅེས་སྦྱར་རོ། །

གསུམ་པ། གྲུབ་པ་འབྲས་བུའི་རྣམ་གཞག་ལ་འཁྲུལ་པ་དགག་པ་ལ། རྒྱུ་མེད་དང་མི་མཐུན་པའི་རྒྱུ་ལས་འབྲས་བུ་འབྱུང་བ་དགག །འབྲས་བུའི་མཐར་ཐུག་འོད་གསལ་དུ་འདོད་པ་དགག །འབྲས་བུ་ལ་འཁྲོས་ནས་གྲུབ་ཐོབ་དང་རྟོགས་ལྡན་གྱི་བཟང་ངན་ལ་ལོག་རྟོག་དགག་པའོ། །དང་པོ་ལ། མི་རུང་བའི་རྒྱུ་ལས་འབྲས་བུ་འབྱུང་བ་དགག །རྒྱུ་མེད་དུ་འབྲས་བུ་འབྱུང་བ་དགག་པའོ། །དང་པོ་ལ། སྟོང་ཉིད་ཀྲུང་པ་བསྒོམས་པས་སངས་རྒྱས་མི་འཐོབ་པར་བསྟན། སྟོང་ཉིད་ཀྲུང་པ་བསྒོམས་པས་སྟོང་པ་ཉིད་ཀྱང་མི་རྟོགས་པར་བསྟན།

བཤད་ཟིན་གྱི་དོན་བསྡུས་ཤིང་འཆད་འགྱུར་གྱི་དོན་བསྟན་པའི་སྒོ་ནས་རྒྱུ་འབྲས་ཀྱི་རྐང་གྲངས་དང་གོ་རིམ་ལ་ལོག་རྟོག་དགག་པའོ། །དང་པོ་ལ། སྟོང་ཉིད་རྐྱང་པ་བསྒོམས་པས་འབྲས་བུ་སྐུ་གསུམ་འབྱུང་བ་ལ་རིགས་པའི་གནོད་བྱེད་བརྗོད་པས་མདོར་བསྟན། ཐབས་མཁས་གཙོ་ཆེ་བར་དགོངས་པའི་ལུང་གི་སྒྲུབ་བྱེད་རྒྱས་པར་བཤད། ལུང་རིགས་གཉིས་ཀའི་དོན་བསྡུ་བའོ། །དང་པོ་ལ། རྒྱུ་གཅིག་ལ་འབྲས་བུ་འབྱུང་སྲིད་པ་དགག །གྲོགས་གཞན་དགོས་ན་ཆིག་ཐུབ་ཏུ་འགལ་བས་དགག །སྟོང་ཉིད་བསྔགས་པའི་ལུང་གི་དགོངས་པ་དཔེའི་སྒོ་ནས་བཤད། ཐབས་ཤེས་ཟུང་དུ་འབྲེལ་དགོས་པའི་དཔེ་བསྟན་པའོ། །དང་པོ་ནི། ཁ་ཅིག་དཀར་པོ་ཆིག་ཐུབ་སྟེ་སྟོང་ཉིད་སྒོམ་ཞིང་སེམས་ངོ་འཕྲོད་པ་ཙམ་ལས་འབྲས་བུ་སྐུ་གསུམ་འབྱུང་ངོ་ཞེས་ཟེར། འདིར་ཁ་ཅིག་ཅེས་པའི་ངོས་འཛིན་ལ། སྤྱིར་ཁང་པ་ནི་རྟོགས་ལྡན་ཁ་ཅིག་དང་། རྒྱ་གར་དུ་ཡང་བྲམ་ཟེ་སྟོང་ཉིད་བློ་གྲོས་ལ་སོགས་པ་ཐབས་ཀྱི་ཆ་ལ་སྐུར་པ་འདེབས་པ་མང་པོ་དང་དྲང་སྲོང་པི་ཤུ་མི་ཏྲ་ལ་སོགས་པ་ཤེས་རབ་ཀྱི་ཆ་ལ་སྐུར་པ་འདེབས་པ་རྣམས་སོ། །ཞེས་གསུངས་སོ། །སྣ་གདོང་པ་ནི། ཞང་ཚལ་པ་ཁ་ཅིག་ཅེས་གསུངས། རྗེ་དྭགས་པོའི་གསུང་ལས་ཀྱང་། ངའི་ཕྱག་རྒྱ་ཆེན་པོ་འདི་སྐད་དཀར་པོ་ཆིག་ཐུབ་དང་འདྲ་ཞེས་གསུངས། འོན་ཀྱང་ཐབས་ཀྱི་ཆ་ལ་ནི་ནན་ཏན་ཆེར་མཛད་དོ། །དཀར་པོ་ཆིག་ཐུབ་ཀྱི་ལུང་ཁུངས་ནི། མདོ་སྡེ་ཏིང་ངེ་འཛིན་གྱི་རྒྱལ་པོ་ལས། འཇིག་རྟེན་ཁམས་ནི་སྟོང་ཕྲག་ཏུ། །ང་ཡིས་མདོ་རྣམས་གང་གསུངས་པ། །ཡི་གེ་ཐ་དད་དོན་གཅིག་སྟེ། །ཞེས་པས་བསྟན་ནོ་ཞེས་འབྲི་ཁུང་དགོངས་གཅིག་ལས་བཤད་དོ། །དེ་དགག་པ་ནི། རྐྱེན་མེད་པའི་རྒྱུ་གཅིག་ལས་འབྲས་བུ་འབྱུང་མི་ནུས་ཏེ། འཇིག་རྟེན་ན་མྱུ་གུ་ལ་སོགས་པའི་འབྲས་བུ་ཕལ་པ་འངས་དང་ས་བོན་ལ་སོགས་པ་རྒྱུ་རྐྱེན་དུ་མ་ལས་འབྱུང་དགོས་ན། འབྲས་བུའི་མཆོག་སངས་རྒྱས་ལྟ་སྨོས་ཀྱང་ཅི་དགོས་ཏེ། མཛོད་འགྲེལ་ལས། རྒྱུ་གཅིག་གིས་བསྐྱེད་པ་ནི་འགའ་ཡང་མེད་དོ་ཞེས་དང་། སྐྱེས་རབས་ལས་ཀྱང་། རྒྱུ་གཅིག་གིས་ནི་ཀུན་འགྲུབ་པའི། །འབྲས་བུ་གང་ནའང་ཡོད་མ་ཡིན། །ལྷ་རྣམས་ཀྱིས་ནི་བྱས་པ་ཡང་། །རྒྱུ་རྐྱེན་གཞན་ལ་ལྟོས་པ་ཡོད། །ཅེས་གསུངས་སོ། །གལ་ཏེ་ཆིག་ཐུབ་སྟེ་སྟོང་ཉིད་རྐྱང་པ་བསྒོམས་པའི་རྒྱུ་གཅིག་ལས། འབྲས་བུ་ཞིག་འབྱུང་ན་ཡང་ཉན་ཐོས་ཀྱི་འགོག་པ་བཞིན་དུ། འབྲས་བུ་དེ་ཡང་ཕུང་པོ་ཟད་ཙམ་གྱི་གཅིག་ཏུ་འགྱུར་གྱི་སྐུ་གསུམ་དུ་མི་འགྱུར་ཏེ། སྐུ་གསུམ་འགྲུབ་པ་ལ་ཚོགས་གཉིས་ཀ་རྫོགས་དགོས་པའི་ཕྱིར། གཉིས་པ་ནི། ཕྱག་རྒྱ་ཆེན་པོ་ལྷ་ལྡན་པར་གྲགས་པ་འགའ་ཞིག །ཆིག་ཐུབ་བསྒོམས་པ་ཡི་རྗེས་ལ་འབྲས་བུ་སྐུ་གསུམ་འགྲུབ་པའི་ཕྱིར་བསྔོ་བ་དང་སྨོན་ལམ་གྱིས་རྒྱས་འདེབས་བྱ་དགོས་ཟེར། འོ་ན་ཆིག་ཐུབ་གཉིས་སུ་ཐལ་བར་འགྱུར་རོ། །ཡང་འགའ་ཞིག །སྟོང་པ་ཉིད་རྐྱང་པ་ནམ་མཁའ་ལྟར་བསྒོ་རྒྱུ་མེད་པས། ཆིག

ཐུབ་དེ་ལའང་སྔོན་འགྲོ་སྐྱབས་སུ་འགྲོ་བ་དང་། སེམས་བསྐྱེད་པ་དང་། ཡི་དམ་ལྷ་བསྒོམ་པ་དང་། ལ་སོགས་པས་བླ་མའི་རྣལ་འབྱོར་ལ་སོགས་པ་དགོས་ན། འོན་ཁྱོད་ཀྱི་ཆིག་ཐུབ་དུ་མར་ཐལ་བར་འགྱུར་རོ། །རྒྱུ་མཚན་དེས་ན་ཆིག་ཐུབ་འདི་འདྲའི་ལུགས་རྫོགས་སངས་རྒྱས་ཀྱིས་མདོ་རྒྱུད་ལས་གསུངས་པ་མེད་དེ། རིགས་པ་དང་འགལ་བ་མི་གསུངས་པའི་ཕྱིར་རོ། །

གསུམ་པ། སྟོང་ཉིད་བསྟགས་པའི་ལུང་གི་དགོངས་པ་དཔེའི་སྒོ་ནས་བཤད་པ་ནི། འོན་ཐུབ་པ་ཉིད་ཀྱིས། གསང་བ་བསམ་གྱིས་མི་ཁྱབ་པའི་མདོ་ལས། དམ་པའི་ཆོས་ནི་འཛིན་པ་དང་། །བྱང་ཆུབ་སེམས་ཀྱི་བསོད་ནམས་དེ། །སྟོང་པ་ཉིད་ལ་མོས་པ་ཡི། །བཅུ་དྲུག་ཆར་ཡང་མི་ཕོད་དོ། །ཞེས་དང་། མདོ་སྡུད་པ་ལས། ཡེ་ཤེས་ཚུལ་བསྒོམ་ཐབས་དང་རྩ་བ་ཧེ་སྐེད་པ། །དེ་ཀུན་ཤེས་རབ་ཕ་རོལ་ཕྱིན་པ་མཆོག་ལས་བྱུང་། །ཞེས་དང་། དབུ་མ་རྩ་བ་ལས། ལས་དང་ཉོན་མོངས་ཟད་པས་ཐར། །ལས་དང་ཉོན་མོངས་རྣམ་རྟོག་ལས། །དེ་དག་སྤྲོས་ལས་སྤྲོས་པ་ནི། །སྟོང་པ་ཉིད་ཀྱིས་འགག་པར་འགྱུར། །ཞེས་དང་། རྣམ་འགྲེལ་ལས། སྟོང་ཉིད་ལྟ་བས་གྲོལ་འགྱུར་གྱི། །སྒོམ་པ་ལྷག་མ་དེ་དོན་ཡིན། །ཞེས་སོགས་སྟོང་ཉིད་ཁོན་བསྟགས་ཤིང་། དེ་ཙམ་གྱིས་གྲོལ་བར་གསུངས་པ་དང་འགལ་ལོ་ཞེ་ན། དེ་ནི་དགོངས་པ་ཅན་ཡིན་ཏེ། དགོངས་གཞི་ཐབས་དང་བཅས་པའི་སྟོང་ཉིད་སངས་རྒྱས་ཀྱི་རྒྱུར་འགྱུར་བ་ལ་དགོངས་པ་དང་། དགོས་པ་དངོས་པོར་འཛིན་པ་བཟློག་པའི་ཕྱིར་གསུངས་པ་ཡིན་ནོ། །དེ་ཡང་དཔེར་ན། སངས་རྒྱས་ལ་ཕྱག་འཚལ་ལོ་ཞེས་བརྗོད་པ་ཙམ་གྱིས་འཁོར་བ་ལས་ཐར་བར་འགྱུར་རོ། །ཞེས་པ་དང་། དེ་བཞིན་དུ་མཆོད་རྟེན་ལ་སྐོར་བ་བྱེད་པ་ཙམ་དང་། རྟེན་ཅིང་འབྲེལ་བར་འབྱུང་བའི་སྙིང་པོ་ཙམ་ཞིག་ཐོས་པ་དང་། སོགས་པས་སངས་རྒྱས་ཀྱི་མཚན་ཙམ་ཐོས་པ་དང་། གཟུངས་སྔགས་ཀྱི་ཡིག་འབྲུ་འགའ་ཞིག་དྲན་པ་ཙམ་གྱིས་སྡིག་པ་ཀུན་ལས་གྲོལ་བར་འགྱུར་རོ། །ཞེས་གསུངས་པའི་དགོངས་པའི་དོན་མ་ཤེས་པར། འདི་ཁོ་ནས་ཆོག་གོ་ཞེས་ཚིག་འབྲུ་ཇི་བཞིན་པ་ལ་བརྟེན་ནས་ཟབ་ཅིང་རྒྱ་ཆེ་བའི་ཆོས་རྣམས་སྤང་བར་མི་བྱ་སྟེ། ཆོས་སྤོང་གི་ལས་སུ་འགྱུར་བས་སོ། །འོ་ན་གོང་གི་དེ་དག་ཇི་ལྟར་གསུངས་ཤེ་ན། དམ་པའི་ཆོས་པདྨ་དཀར་པོ་ལས། མཆོད་རྟེན་དེ་ལ་གང་གིས་ཐལ་མོ་སྦྱར། །ཡོངས་སུ་ཚང་བའི་ཐལ་མོ་ཡ་ཅིག་གམ། །ཡང་ན་མགོ་བོ་སྨད་ཅིག་བཏུད་པ་དང་། །དེ་བཞིན་ལན་གཅིག་ལུས་ཀྱང་བཏུད་པ་དང་། །གང་གིས་རིང་སྲེལ་གནས་པ་དེ་དག་ལ། །གཡེངས་བའི་སེམས་ཀྱིས་ཕྱག་འཚལ་སངས་རྒྱས་ཞེས། །ཚིག་གཅིག་ལན་འགའ་བརྗོད་པར་བྱེད་ན་ཡང་། །དེ་དག་ཀུན་གྱིས་བྱང་ཆུབ་མཆོག་འདི་འཐོབ། །ཅེས་དང་། མཆོད་རྟེན་སྐོར་བའི་གཟུངས་ལས་གཟུངས་འདི་ལན་གཅིག་བརྗོད་པས། ཕྱོགས་བཅུ་དུས་གསུམ་གྱི་དཀོན་

མཆོག་གསུམ་ལ་ཕྱག་འཚལ་ཞིང་བསྟོད་པ་བྱས་པར་འགྱུར་རོ། །ཐོག་མ་མེད་པ་ནས་བསགས་པའི་སྡིག་པ་ཐམས་ཅད་དག་པར་འགྱུར་རོ། །ཞེས་དང་། རྟེན་འབྲེལ་སྙིང་པོ་ལས། སྙིང་པོ་འདི་ལན་གཅིག་བརྗོད་པས་སྡིག་པ་ཐམས་ཅད་བྱང་བར་འགྱུར་རོ། །མི་མཐུན་པའི་ཕྱོགས་ཐམས་ཅད་ཞི་ཞིང་བཟློག་པར་འགྱུར་རོ། །ཞེས་གསུངས་སོ། །ཐབས་ཤེས་ཟུང་དུ་འབྲེལ་དགོས་པའི་རིགས་པའི་དཔེ་བསྟན་པ་ནི། སྟོང་པ་ཉིད་བསྒོམས་པས་སངས་རྒྱས་ཐོབ་ཅེས་གསུངས་ཀྱང་། དཔེར་ན་མདས་དགྲ་གསོད་ཟེར་ཡང་། མདའ་རྐྱང་པ་ལ་ནི་བཟང་ཡང་དགྲ་གསོད་པའི་བྱེད་པ་མེད་ལ། གཞུ་བཟང་པོ་དང་། སྐྱེས་བུ་འཕེན་པ་ལ་མཁས་པ་ཡོད་པར་གྱུར་ན་དེའི་འདོད་པའི་བྱ་བ་དགྲ་གསོད་པ་དེ་འགྲུབ་བོ། །དེ་བཞིན་དུ་སྟོང་པ་ཉིད་སྒོམ་པ་རྐྱང་པས་འཚང་རྒྱ་བའི་བྱེད་པ་ཅི་ཡང་ཡོད་པ་མ་ཡིན་ཞིང་། ཐབས་བསོད་ནམས་ཀྱི་ཚོགས་རྒྱ་ཆེན་པོའམ། རིམ་པ་གཉིས་དང་སྟོང་ཉིད་རྟོགས་པའི་ཤེས་རབ་ལེགས་པར་འབྲེལ་ན། གནས་སྐབས་ཀྱི་འདོད་པའི་འབྲས་བུ་ས་བཅུའམ་བཅུ་གཉིས་དང་། མཐར་ཐུག་གི་འབྲས་བུ་སངས་རྒྱས་ཀྱི་ས་རིམ་པ་བཞིན་དུ་འཐོབ་བོ། །

གཉིས་པ། ཐབས་མཁས་གཙོ་ཆེ་བར་དགོངས་པའི་ལུང་གི་སྒྲུབ་བྱེད་བསྟན་པས་རྒྱས་པར་བཤད་པ་ལ༑ རྡོ་རྗེ་ཐེག་པའི་ལུང་དྲང་བ་དང་། ཕར་ཕྱིན་ཐེག་པའི་ལུང་དྲང་བའོ། །དང་པོ་ལ། རྒྱུད་སྡེ་གོང་མའི་ལུང་དྲང་བ་དང་། འོག་མའི་ལུང་དྲང་བའོ། །དང་པོ་ནི། མཁའ་འགྲོ་མ་རྡོ་རྗེའི་གུར་ལས་འདི་སྐད་གསུངས་ཏེ། གལ་ཏེ་སྟོང་པ་ཉིད་ཁོ་ན་ཐབས་ཡིན་པར་བསམས་ནས་བསྒོམས་ན་དེའི་ཚེ་སངས་རྒྱས་ཉིད་མི་འགྱུར་སྟེ། འབྲས་བུ་རྒྱུ་ལས་རིགས་གཞན་མ་ཡིན་པ་སྟེ། རྒྱུ་དང་རིགས་མཐུན་པར་འབྱུང་བའི་ཕྱིར། སངས་རྒྱས་ནི་བདེ་སྟོང་ཟུང་དུ་འཇུག་པའི་སྐུ་ཡིན་པའི་ཕྱིར་རོ། །དེས་ན་སྟོང་པ་ཉིད་འབའ་ཞིག་འཚང་རྒྱ་བའི་ཐབས་མ་ཡིན་ནོ། །གཞུང་འདིའི་དོན་ནི། སྤྲོས་པ་མཐའ་དག་དང་བྲལ་བའི་རང་རིག་རང་གསལ་བསྒོམས་པ་རྐྱང་པས་རྟག་པ་མཐར་བཟུང་བའི་ཚུལ་གྱིས་ཤེས་སྒྲིབ་མཐའ་དག་སྤངས་པའི་ཆོས་སྐུ་མངོན་དུ་བྱེད་ནུས་ཀྱང་། གཟུགས་སྐུ་གཉིས་ཀྱི་སྣང་བ་སྟོན་མི་ནུས་ཏེ། རྗོགས་སྨིན་སྦྱང་གསུམ་མ་བྱས་པར་ཡང་དག་མཐའ་མངོན་དུ་བྱས་པས། ཆད་པའི་མྱང་འདས་སུ་ལྷུང་བའི་ཕྱིར། འོ་ན་སྟོང་ཉིད་བསྒོམ་པར་གསུངས་པའི་དགོས་པ་ཅི་ཞེ་ན། ཕྱིར་མཐར་འཛིན་གྱི་ལྟ་བ་རྣམས་ལས་བཟློག་པ་དང་། མུ་སྟེགས་བྱེད་རྣམས་སྐྱེས་བུ་དམ་པ་མ་ཡིན་པ་ལ་བརྟེན་ནས་བདག་ཏུ་ལྟ་བ་འཚོལ་ཞིང་དོན་དུ་གཉེར་བ་རྣམས་ཀྱིས་བདག་ཏུ་ཞེན་པའི་བསམ་པ་ཕྱིན་ཅི་ལོག་དེ་བཟློག་པའི་ཕྱིར་སྟོང་པ་ཉིད་བསྒོམ་དགོས་པར་རྒྱལ་བ་རྣམས་ཀྱིས་གསུངས་སོ། །འོ་ན་རྡོ་རྗེ་ཐེག་པའི་ཐབས་གང་གིས་འཚང་རྒྱ་ཞེ་ན། བཤད་མ་ཐག་པ་དེའི་ཕྱིར། དཀྱིལ་འཁོར་གྱི་འཁོར་ལོ་བསྐྱེད་པའི་རིམ་པ་ཞེས་བྱ་བ་དང་། མཆོག་

ཏུ་མི་འགྱུར་བའི་བདེ་བའི་སྡོམ་པ་སྟེ་དེ་སྨིན་པར་བྱེད་པ་རྫོགས་པའི་རིམ་པ་ནི་འཚང་རྒྱ་བའི་ཐབས་ཡིན་ཏེ་དེ་གཉིས་སྟོང་པ་ཉིད་དང་ཟུང་འཇུག་ཏུ་བསྒོམས་པས་བདེ་སྟོང་ཟུང་དུ་འཇུག་པའི་སྐུ་གསུམ་འགྲུབ་པའི་ཕྱིར་ཏེ། རང་ཉིད་སངས་རྒྱས་ཀྱི་གཟུགས་ཀྱི་སྐུར་ང་རྒྱལ་བསྒོམས་པ་བསྐྱེད་པའི་རིམ་པའི་རྣལ་འབྱོར་དང་། སེམས་ཆོས་སྐུར་བསྒོམས་པ་རྫོགས་རིམ་གྱི་རྣལ་འབྱོར་གྱིས་སྐུ་གཉིས་ཟུང་དུ་འཇུག་པའི་སངས་རྒྱས་ཉིད་དུ་ངེས་པར་འགྲུབ་བོ། །ཞེས་དེ་ལ་སོགས་པ་རྒྱུད་སྡེ་རྣམས་ལས་ཐབས་ཤེས་ཟུང་དུ་འཇུག་པའི་ལམ་ཤིན་ཏུ་གསལ་བར་གསུངས་ཏེ། ཀྱེ་རྡོ་རྗེ་ལས་ཀྱང་། ཐབས་དང་ཤེས་རབ་བདག་ཉིད་རྒྱུད། །དེ་ནི་ང་ཡིས་བཤད་ཀྱིས་ཉོན། །ཞེས་གསུངས་པས་སོ། །ཡང་རྡོ་རྗེ་གུར་གྱི་ལུང་དེའི་དོན་ནི། མདོ་རྒྱུད་ལས་རང་སྟོང་དུ་གསུངས་པའི་དགོངས་པ་ནི༏ དངོས་པོར་འཛིན་པ་དང་། བདག་ཏུ་འཛིན་པ་བཟློག་པའི་ཕྱིར་ཡིན་གྱི། རྡོ་རྗེ་ཐེག་པའི་བསྒོམས་པས་ཉམས་མྱོང་གི་ཚེ་ནི་གཞན་སྟོང་གི་ཡེ་ཤེས་ཉམས་སུ་ལེན་དགོས་ཏེ། དེ་ལས་གཞན་དུ་ན་བདེ་སྟོང་ཟུང་དུ་འཇུག་པ་མི་འབྱུང་བའི་ཕྱིར་ཞེས་པའི་དོན་ནོ། །གཉིས་པ། རྒྱུད་སྡེ་འོག་མའི་ལུང་ནི། རྣམ་པར་སྣང་མཛད་མངོན་པར་བྱང་ཆུབ་པའི་རྒྱུད་ལས་ཀྱང་། ཐབས་སྙིང་རྗེ་ཆེན་པོ་དང་མི་ལྡན་པའི་སྟོང་པ་ཉིད་ཀྱི་ཡེ་ཤེས་དང་། དེའི་རྟེན་གཞན་ལ་གནོད་པ་སྤོང་བའི་བསླབ་པ་དག་ཀྱང་གསུངས་པ་ནི། སྲིད་ཞིའི་གཡུལ་ངོ་བཟློག་པའི་དཔའ་བོ་ཆེན་པོ་སངས་རྒྱས་ཀྱི་ཐབས་རྒྱ་ཆེན་པོས་སྨྲག་པའི་ཉན་ཐོས་རྣམས། ཐེག་པ་ཆེན་པོ་དེ་ལ་རིམ་གྱིས་གཞུག་པའི་ཕྱིར་གསུངས་ཀྱི་དེ་ཙམ་གྱིས་གྲོལ་བ་ནི་མ་ཡིན་ནོ། །འོ་ན་གང་གིས་གྲོལ་ཞེ་ན། གང་དག་དུས་གསུམ་དུ་བྱོན་གཤེགས་མཛད་པའི་འཇིག་རྟེན་གྱི་མགོན་པོ་སངས་རྒྱས་རྣམས་ཐབས་དང་ཤེས་རབ་དང་ལྡན་པའི་ལམ་གྱི་ཐེག་པ་ལ་བསླབས་ནས། བླ་ན་མེད་པའི་ཐེག་པ་ནི་འདུས་མ་བྱས་པའི་ཆོས་ཀྱི་སྐུ་དེ་འཐོབ་བོ། །ཞེས་གསུངས་པ་ཡང་ཤེས་པར་གྱིས་ཤིག རྒྱུད་ཀྱི་ཚིག་ནི་འདི་ལྟར་གསུངས་ཏེ། །གང་དག་འདས་པའི་སངས་རྒྱས་དང་། །དེ་བཞིན་གང་དག་མ་བྱོན་དང་། །གང་ཡང་ད་ལྟའི་མགོན་པོ་རྣམས། །ཐབས་དང་ཤེས་རབ་ལྡན་པ་ལ། །བསླབས་ན་བླ་མེད་བྱང་ཆུབ་ནི། །འདུས་མ་བྱས་པ་དེ་འཐོབ་བོ། །ཞེས་གསུངས་སོ། །

གཉིས་པ། ཕར་ཕྱིན་ཐེག་པའི་ལུང་ལ། ཆོས་ཀྱི་གྲགས་པའི་ལུང་དང་། བྱམས་པའི་ལུང་། མ་ཏི་ཙི་ཏྲའི་ལུང་གསུམ་ལས། དང་པོ་ནི། དཔལ་ཆོས་ཀྱི་གྲགས་པའི་རྣམ་འགྲེལ་ལས། རྣམ་པ་དུ་མར་ཐབས་མང་པོ། །ཡུན་རིང་དུས་སུ་གོམས་པ་ལས། །དེ་ལ་སྐྱོན་དང་ཡོན་ཏན་དག །རབ་ཏུ་གསལ་བ་ཉིད་དུ་འགྱུར། །དེས་ན་ཐུགས་ཀྱང་གསལ་བའི་ཕྱིར། །རྒྱུ་ཡི་བག་ཆགས་སྤྱངས་པ་ཡིན། །ཐུབ་ཆེན་གཞན་དོན་འཇུག་ཅན་གྱི། །བསེ་རུ་ལ་སོགས་ཁྱད་འདི་ཡིན། །དེ་དོན་ཕྱིར་ན་ཐབས་གོམས་པ། །དེ་ཉིད་སྟོན་པ་ཡིན་པར་བཤད། །ཅེས་གསུངས་

པས་ཀྱང་དོན་དེ་ཉིད་ལ་དགོངས་པ་ཡིན་པའི་ཕྱིར། དེས་ན་ཐབས་ལ་མཁས་པ་ལ་མ་སྦྱངས་ན་སྟོང་ཉིད་རྟོགས་ཀྱང་། ཞེས་བྱ་ཐམས་ཅད་མཁྱེན་པ་དང་འཁོར་བ་ཇི་སྲིད་བར་གཞན་དོན་མཛད་པ་མི་སྲིད་དོ། །དཔེར་ན་ཟ་འོག་ལ་སོགས་པའི་ཐགས་ཀྱི་རྒྱུ་རྣམས་ཕལ་ཆེར་མཐུན་པ་སྟེ་འདྲ་ཡང་སྣུན་གྱི་དབྱེ་བས་བཟང་ངན་འབྱུང་བ་དེ་བཞིན་དུ། ཐེག་པ་གསུམ་པོ་སྟོང་ཉིད་ཙམ་རྟོགས་པར་ཕལ་ཆེར་མཐུན་ཡང་། འབྲས་བུ་བྱང་ཆུབ་གསུམ་པོའི་བཟང་ངན་ཐབས་ཀྱི་ཁྱད་པར་གྱིས་བྱེད་དོ། །སྟོང་པ་ཉིད་ཀྱི་ལྟ་བས་ནི་བསྐལ་པ་གྲངས་མེད་གསུམ་གྱི་བསོད་ནམས་ཀྱི་ཚོགས་དང་མ་འབྲེལ་ན་དམན་པའི་མྱ་ངན་ལས་འདའ་བ་ཙམ་ཞིག་ཐོབ་ཀྱང་རྫོགས་བྱང་མི་ཐོབ་ལ། ལྟ་བ་དེ་བསྐལ་པ་གྲངས་མེད་གསུམ་གྱི་ཐབས་ལ་མཁས་པ་དང་ཟུང་འབྲེལ་དུ་ཉམས་སུ་བླངས་ན་རྫོགས་འཚང་རྒྱ་བའི་ཕྱིར་ཏེ། དེས་ན་སངས་རྒྱས་འཐོབ་པར་འདོད་ན་ཐབས་ལ་མཁས་པ་ལ་ནན་ཏན་གྱིས་ཤིག་སྟེ། འདི་ལྟར་ཉན་ཐོས་དགྲ་བཅོམ་པ་དང་། རང་སངས་རྒྱས་དང་། རྫོགས་པའི་སངས་རྒྱས་རྣམ་པ་གསུམ་པོ་ཉོན་མོངས་པ་ལས་རྣམ་པར་གྲོལ་བར་མཚུངས་ན་ཡང་། རང་དོན་གྱི་ཡོན་ཏན་དང་། གཞན་དོན་འཕྲིན་ལས་བཟང་ངན་གྱི་ཁྱད་པར་ཐབས་ཀྱི་ཁྱད་པར་གྱིས་ཕྱེ་བ་ཡིན་པའི་ཕྱིར།

གཉིས་པ། བྱམས་པའི་ལུང་དྲང་བ་ནི། དེ་ཡང་མདོ་སྡེའི་རྒྱན་ལས། ཇི་ལྟར་ཏེ་དཔེར་ན། གོས་གཅིག་སྣོད་གཅིག་ཏུ་ཚུད་པར་འདྲ་ཡང་། མདུད་པ་མི་འདྲ་བའི་བྱེ་བྲག་གིས་གོས་དེ་ལ་ཚོན་བཀྲ་བ་དང་། མི་བཀྲ་བར་གོས་པར་འགྱུར་བ་དེ་བཞིན་དུ། འཕགས་པ་གསུམ་པོ་ཉོན་མོངས་ལས་གྲོལ་བར་མཚུངས་ཀྱང་། སྨོན་ལམ་གྱི་འཕེན་པ་དང་ཐབས་ཀྱི་དབང་གིས་རྣམ་པར་གྲོལ་བའི་ཡེ་ཤེས་བཀྲ་བ་དང་མི་བཀྲ་བ་དང་བར་མར་འགྱུར་རོ། །ཞེས་དེ་སྐད་གསུངས་པའང་དོན་འདི་ཉིད་ལ་དགོངས་པ་ཡིན་པའི་ཕྱིར།

གསུམ་པ། མ་ཏྲི་ཙེ་ཏའི་ལུང་དྲང་བ་ནི། སློབ་དཔོན་མ་ཏྲི་ཙེ་ཏས་ཀྱང་། བསྟོད་པ་བརྒྱ་ལྔ་བཅུ་པ་ལས། བསེ་རུའི་རྭ་དང་འདྲ་གང་དང་། །གང་ཡང་ཁྱོད་ཀྱི་རྗེས་འགྲོ་སློབ། །ཞི་བ་ཙམ་གྱིས་ཁྱོད་དང་མཚུངས། །ཐམས་ཡས་ཡོན་ཏན་ཚོགས་ཀྱིས་མིན། །ཞེས་གསུངས་ཀྱང་དོན་འདི་ཉིད་ཡིན་པའི་ཕྱིར།

གསུམ་པ། ལུང་རིགས་གཉིས་ཀའི་དོན་བསྡུ་བ་ནི། དེས་ན་སངས་རྒྱས་འཐོབ་པར་འདོད་ན། སྟོང་པ་ཉིད་ལ་འདྲིས་པར་གྱིས་ལ་ཐབས་མཁས་པ་ལ་འབད་པས་སྒོམས་ཤིག་སྟེ། སྟོང་པ་ཉིད་ལ་འདྲིས་པར་བྱའི་སྟོང་པ་ཉིད་མངོན་དུ་མ་བྱེད་ཅེས་ཤེས་རབ་ཀྱི་ཕ་རོལ་ཏུ་ཕྱིན་པ་ལས་གསུངས་ཏེ། བརྒྱད་སྟོང་པ་ལས། རབ་འབྱོར་འདི་ལྟར་བྱང་ཆུབ་སེམས་དཔའ་ཆེན་པོ་རྣམ་པ་ཐམས་ཅད་ཀྱི་མཆོག་དང་ལྡན་པའི་སྟོང་པ་ཉིད་ལ་རྟོག་མོད་ཀྱི་མངོན་སུམ་དུ་བྱའོ་སྙམ་དུ་མི་རྟོག་གོ། །ཡོངས་སུ་འདྲིས་པར་བྱའོ་སྙམ་དུ་རྟོག་གི །མངོན་སུམ་དུ་བྱ

བའི་དུས་ནི་འདི་ཡིན་ནོ་སྙམ་དུ་རྟོག་གོ། །ཞེས་གསུངས་སོ། །

གཉིས་པ། སྟོང་པ་ཉིད་རྐྱང་པ་བསྒོམས་པས་སྟོང་པ་ཉིད་ཀྱང་མི་རྟོགས་པར་བསྟན་པ་ནི། ཐབས་མེད་པར་སྟོང་པ་ཉིད་རྐྱང་པ་བསྒོམས་པས་ནི་སྟོང་པ་ཉིད་རྣལ་མར་རྟོགས་མི་ནུས་ཏེ། དེ་ལ་ཚུལ་ཁྲིམས་དང་ཐོས་པ་སྔོན་དུ་འགྲོ་དགོས་པའི་ཕྱིར་ཏེ། ཏིང་འཛིན་རྒྱལ་པོ་སྟོང་པ་འདི་བསྒོམས་པ། །ཚུལ་ཁྲིམས་དག་པའི་མགོ་ལ་དེ་འདུག་སྟེ། །ཆོས་རྣམས་རྟག་ཏུ་རང་བཞིན་རྣམ་པར་བཞག །བྱིས་པ་མི་རིགས་བྱེད་པས་མི་ཤེས་སོ། །ཞེས་དང་། བྱང་ཆུབ་སེམས་དཔའི་སྡེ་སྣོད་ལས། །ཐོས་པས་ཆོས་རྣམས་ཤེས་པར་བྱེད། །ཐོས་པས་སྡིག་ལས་ཟློག་པར་བྱེད། །ཐོས་པས་དོན་མ་ཡིན་པ་སྤོང་། །ཐོས་པས་མྱ་ངན་འདས་པ་འཐོབ། །ཅེས་གསུངས་པས་སོ། །བཀྱ་ལ་གལ་ཏེ་དེས་གང་ཟག་གི་བདག་གིས་སྟོང་པ་ཉིད་རྟོགས་ན་ཡང་ཉན་ཐོས་ཀྱི་ནི་འགོག་པར་ལྟུང་སྟེ། འཕགས་པ་དཀོན་མཆོག་འབྱུང་བ་ལས། འདི་ལྟ་སྟེ་དཔེར་ན། སེང་གེ་ནི་གཞན་གང་ལའང་མི་འཇིགས་མོད་ཀྱི་མེ་ཆེན་པོ་མཐོང་ན་འཇིགས་པ་སྐྱེའོ། །དེ་བཞིན་དུ་བྱང་ཆུབ་སེམས་དཔའ་ཆེན་པོ་ཡང་ཆོས་གཞན་གང་ལའང་མི་འཇིགས་མོད་ཀྱི་སྟོང་པ་ཉིད་ལ་སྐྲག་པར་འགྱུར་རོ། །འདིར་འཕགས་པ་དཀོན་མཆོག་བརྩེགས་པ་ལས། ཞེས་འབྱུང་བ་ནི་གཞུང་མ་དག་པ་ཡིན་ཀྱང་། རྣམ་བཤད་མཛད་པ་གཞན་གྱིས་ནི་མ་བརྟགས་པར་སྣང་ངོ་། །མདོ་དེའི་དགོངས་པ་ནི་འདི་ལྟར་ཡིན་ཏེ། ཐབས་ལ་མཁས་པའི་སྙིང་རྗེ་ཆེན་པོ་དང་བྲལ་བའི་སྟོང་པ་ཉིད་ནི། བསྐལ་པ་གྲངས་མེད་པ་གསུམ་དུ་གོམས་པར་བྱས་ཀྱང་དེ་ཉིད་ཀྱིས་ཉོན་མོངས་པ་ཅན་དང་ཉོན་མོངས་པ་ཅན་མ་ཡིན་པའི་མ་རིག་པ་ཐམས་ཅད་སྤངས་ཏེ་སེམས་སེམས་བྱུང་གི་འཇུག་པ་གཏན་དུ་ཉེ་བར་ཞི་ནས། གཞན་དོན་རྒྱུན་ཆད་པའི་མྱང་དན་ལས་འདའ་བར་འགྱུར་བའི་ཕྱིར་བྱང་ཆུབ་སེམས་དཔའ་རྣམས་དེ་ལ་སྐྲག་པ་ཡིན་ནོ། །འདིར་ཐེག་དམན་འཕགས་པས་སྟོང་ཉིད་རྟོགས་པར་འཆད་ཀྱང་ཆོས་ཀྱི་བདག་མེད་རྟོགས་པ་ནི་མ་ཡིན་ཏེ། སྟོང་པ་ཉིད་ལ་གང་ཟག་གི་བདག་གིས་སྟོང་བའི་སྟོང་པ་ཉིད་དེ་ཉན་ཐོས་འཕགས་པས་ཀྱང་རྟོགས་པའི་ཕྱིར། འདིར་སྟོང་ཉིད་རྟོགས་པའི་དོན་ཆོས་ཀྱི་བདག་མེད་རྟོགས་པ་ལ་འཆད་ན་ཐེག་པ་གསུམ་གས་སྟོང་ཉིད་རྟོགས་པའི་སྒྲུབ་བྱེད་དུ་མདོ་སྡེ་རྒྱན་གྱི་ལུང་འདྲེན་པ་ཡང་མ་འབྲེལ་བའི་ཕྱིར་དང་། ཉན་ཐོས་འཕགས་པས་ཆོས་ཀྱི་བདག་མེད་རྟོགས་པར་འཆད་པ་ནི། སློབ་དཔོན་ཟླ་བ་གྲགས་པ་ཁོ་ནའི་ལུགས་ཡིན་པའི་ཕྱིར།

གསུམ་པ། བཤད་ཟིན་གྱི་དོན་བསྡུས་ཤིང་འཆད་འགྱུར་གྱི་དོན་བསྟན་པའི་སྒོ་ནས་རྒྱུ་འབྲས་ཀྱི་རྐང་གྲངས་དང་གོ་རིམ་ལ་ལོག་རྟོག་དགག་པ་ནི། ལ་ལ་སྟོང་ཉིད་འབའ་ཞིག་བསྒོམས་པས་འབྲས་བུ་སྐུ་གསུམ

འབྱུང་བར་འདོད་པ་དང་། ལ་ལ་ཟུང་འཇུག་བསྒོམས་པ་ལས་མཐར་ཐུག་གི་འབྲས་བུ་འོད་གསལ་ཆོས་སྐུ་སྟོང་ཉིད་འབའ་ཞིག་ཐོབ་པར་འདོད་པ་ཡོད་དེ། དེ་གཉིས་ཀ་ཡང་རྒྱུ་འབྲས་ཕྱིན་ཅི་ལོག་ཡིན་པའི་ཕྱིར་སྐྱོན་ཅན་ཡིན་ནོ། །

གཉིས་པ། རྒྱུ་མེད་ཀྱི་འབྲས་བུ་དགག་པ་ལ། རིམ་གཉིས་མི་སྒོམ་པར་གནས་ཆེན་བསྐོར་བ་ཙམ་གྱིས་རྩ་མདུད་གྲོལ་བ་དགག །དབང་དང་ལམ་བཞི་མེད་པར་རྡོ་རྗེ་ཐེག་པའི་འབྲས་བུ་སྐུ་བཞི་འབྱུང་བར་འདོད་པ་དགག་པའོ། །དང་པོ་ནི། ཞང་ཚལ་པ་ཁ་ཅིག །ཕྱག་རྒྱ་ཆེན་པོ་ཅིག་ཆོད་ལ། །ས་ལམ་བཅུ་བའི་རྟོགས་པ་འཕྲུལ། །ཞེས་པ་ལ་བརྟེན་ནས། ས་ལམ་བགྲོད་མི་དགོས་པར་རྫོགས་པའི་སངས་རྒྱས་ཐོབ་པར་འདོད་པ་དང་། ཏི་སེ་དང་ཙ་རི་ལ་སོགས་པ་ཡུལ་ཆེན་ཡིན་ཞེས་ཟེར་ཞིང་བསྐོར་བ་དང་། ལུས་ལ་རྩའི་མདུད་པ་མེད་པ་དང་། སོགས་པས་བསྒོམས་ཀྱང་གྲོལ་བར་མི་འདོད་པ་དེ་དག་ནི། རྒྱུད་སྡེའི་དགོངས་པ་ལེགས་པར་མ་ཤེས་པས་ཕན་ཚུན་ཤིན་ཏུ་འགལ་བ་ཡིན་ཏེ། འདི་ལྟར་ཕྱི་རུ་ཡུལ་སུམ་ཅུ་སོ་བདུན་རྣམས་སུ་བགྲོད་པ་དང་། དེ་ན་གནས་པའི་མཁའ་འགྲོ་དབང་དུ་འདུ་བ་དང་། ནང་དུ་རྩའི་མདུད་པ་གྲོལ་བ་ནི་ས་བཅུ་དང་། སོགས་པས་བཅུ་གཅིག་པ་དང་བཅུ་གཉིས་པ་བགྲོད་པའི་ནང་གི་རྟེན་འབྲེལ་གྱི་སྟོབས་ཉིད་ཀྱིས་འབྱུང་བ་ཡིན་པའི་ཕྱིར། འདིའི་དོན་རྒྱས་པར་རྣལ་འབྱོར་ཆེན་པོའི་རྒྱུད་ཀྱི་ས་དང་ལམ་སྟོན་པའི་སྐབས་སུ་ལྟོས་ཤིག་སྟེ། རྣལ་འབྱོར་མ་ཡི་ཀླུ་ཀློའི་སྐད། །བུ་ལ་སོགས་པ་ཅི་གསུངས་པ། །ཕྱི་དང་ནང་དུ་ཡང་དག་བསམ། །ཞེས་སོགས་གསུངས་པས་སོ། །དེས་ན་ས་ལམ་མི་བགྲོད་པར་ཡུལ་ཉི་ཤུ་རྩ་བཞི་དང་། གནས་སུམ་ཅུ་སོ་བདུན་བགྲོད་པ་ནི་མཁས་པའི་བཞད་གད་ཀྱི་གནས་ཡིན་ནོ། །གཉིས་པ་ནི། གཞན་ཡང་ལ་ལ་རྒྱུ་དུས་ཀྱི་དབང་བཞི་མི་འདོད་ཅིང་བསྐྱེད་པའི་རིམ་པ་དང་། ཙཎྜ་ལི་དང་། ཕོ་ཉའི་ལམ་དང་། རྡོ་རྗེ་ཐ་རླབས་ལ་སོགས་པ་ལམ་བཞི་པོའི་རྣམ་པར་གཞག་པ་མི་འདོད་པར་རྡོ་རྗེ་ཐེག་པའི་འབྲས་བུ་ནི་སྤྲུལ་པའི་སྐུ་དང་ལོངས་སྤྱོད་རྫོགས་སྐུ་དང་ཆོས་སྐུ་དང་། ངོ་བོ་ཉིད་ཀྱི་སྐུ་སྟེ་སྐུ་བཞི་ཡིན་ནོ། །ཞེས་འདོད་པ་དེ་ཡང་ལོག་ཤེས་ཡིན་ཏེ། རྒྱུ་མེད་ཀྱི་འབྲས་བུ་འདོད་པ་ཡིན་པའི་ཕྱིར།

གཉིས་པ། འབྲས་བུའི་མཐར་ཐུག་འོད་གསལ་དུ་འདོད་པ་དགག་པ་ནི། གསང་འདུས་པར་ཁས་འཆེ་བ་ཁ་ཅིག །སྔགས་ཀྱི་འབྲས་བུའི་མཐར་ཐུག་འོད་གསལ་བ་འབའ་ཞིག་ཡིན་ནོ་ཞེས་སྨྲ་བ་ཐོས་སོ། །དེ་ནི་འཕགས་པ་ཡབ་སྲས་ཀྱི་དགོངས་པ་མ་ཡིན་ཏེ། རིམ་པ་ལྔ་པ་དང་། སྤྱོད་པ་བསྡུས་པའི་སྒྲོན་མ་ལས། ཆུ་ལས་ཉ་ལྡང་བ་ལྟར་འོད་གསལ་བ་ལས་ཟུང་འཇུག་གི་སྐུར་ལྡང་བ་དེ་མཐར་ཐུག་གི་འབྲས་བུ་ཡིན་པར་གསུངས་

པའི་ཕྱིར་ཏེ། རིམ་པ་ལྔ་པ་ལས། ཡང་དག་མཐའ་ལས་ལྡང་ནས་ནི། །གཉིས་མེད་ཡེ་ཤེས་ཐོབ་པར་འགྱུར། །ཟུང་འཇུག་ཏིང་འཛིན་ལ་གནས་ནས། །སླར་ཞིང་གང་ལའང་མི་སློབ་བོ། །འདི་ནི་རྫོགས་པའི་རྣལ་འབྱོར་པ། །རྡོ་རྗེ་འཛིན་པ་ཆེན་པོ་སྟེ། །རྣམ་པ་ཀུན་གྱི་མཆོག་ལྡན་པའི། །ཐམས་ཅད་མཁྱེན་པར་དེ་ནས་འགྱུར། །ཞེས་དང་། ཀུན་རྫོབ་དང་ནི་དོན་དམ་དག །སོ་སོའི་ཆར་ནི་ཤེས་གྱུར་ནས། །གང་དུ་ཡང་དག་འདྲེས་གྱུར་པ། །ཟུང་དུ་འཇུག་ཅེས་དེས་བཤད་དོ། །ཞེས་དང་། ཇི་ལྟར་དྭངས་པའི་ཆུ་དག་ལས། །ཉ་དག་མྱུར་དུ་འཕར་བ་ལྟར། །དེ་བཞིན་ཐམས་ཅད་སྟོང་པ་ལས། །སྒྱུ་འཕྲུལ་དྲ་བ་འབྱུང་བར་འགྱུར། །ཞེས་དང་། སྤྱོད་པ་བསྡུས་པ་ལས། རིམ་པ་འདི་གཉིས་ཀྱིས་བཅོམ་ལྡན་འདས་ཤཱཀྱ་ཐུབ་པ་ལ་དེ་བཞིན་གཤེགས་པ་ཐམས་ཅད་ཀྱི་སེ་གོལ་གྱི་སྒྲས་བསྐུལ་བར་གྱུར་པས། མི་གཡོ་བའི་ཏིང་ངེ་འཛིན་ལས་བཞེངས་ཏེ། བྱང་ཆུབ་ཀྱི་ཤིང་དྲུང་ན་བཞུགས་ནས། མཚན་ཕྱེད་ཀྱི་དུས་ན་འོད་གསལ་མངོན་དུ་མཛད་དོ། །སྒྱུ་མ་ལྟ་བུའི་ཏིང་ངེ་འཛིན་ལས་བཞེངས་ནས། འགྲོ་བ་རྣམས་ལ་སྟོན་པར་མཛད་པ་ཡིན་ནོ། །དེ་ནས་བརྒྱམས་ཏེ་དམ་པའི་ཆོས་ཇི་སྲིད་གནས་པ་དེ་སྲིད་དུ་བླ་མའི་ཁ་ནས་ཁར་བརྒྱུད་པ་ཡིན་ནོ། །ཞེས་གསུངས་སོ། །འོན་སྤྱོད་བསྡུས་ལས། འོད་གསལ་དང་ཆོས་སྐུ་དོན་གཅིག་པར་བཤད་པ་དང་། ཟླ་བའི་ཞབས་ཀྱི་སྒྲོན་གསལ་ལས་ཀྱང་། འོད་གསལ་བ་ནི་རབ་སྟོན་དང་། །ཟུང་དུ་འཇུག་པ་རབ་རྫོགས་བྱེད། །མཐར་ཐུག་རྣམ་པ་གཉིས་སུ་བཤད། །ཅེས་འོད་གསལ་མཐར་ཐུག་ཏུ་བཤད་པ་དང་འགལ་ལོ་ཞེ་ན། དེར་ཆོས་ཀྱི་སྐུ་ཞེས་གསུངས་པ་དེ་ནི་རང་བཞིན་ཆོས་ཀྱི་སྐུ་ལ་དགོངས་པ་ཡིན་པས་མི་འགལ་ལ། ཡང་། མཐར་ཐུག་རྣམ་པ་གཉིས་སུ་འདོད། །ཅེས་པ་ཡང་སློབ་པའི་གནས་སྐབས་ཀྱི་ཟུང་འཇུག་ལ་དགོངས་པ་ཡིན་པས་སོ། །འོན་ཤཱཀྱ་ཐུབ་པས་བྱང་ཆུབ་ཀྱི་ཤིང་དྲུང་དུ་འོད་གསལ་མངོན་དུ་བྱས་པར་བཤད་པས་འོད་གསལ་དེ་མཐར་ཐུག་ཏུ་གྲུབ་བོ་སྙམ་ན་དེ་ནི་སྟོན་བྱུང་སྟོན་པའི་རྣམ་ཐར་ཉན་ཐོས་སྡེ་པ་དང་མཐུན་པར་བཤད་ནས་རྗེས་འཇུག་ལམ་ལ་སློབ་པའི་ཚུལ་འཆད་པ་ཡིན་པར་ནི་རིམ་པ་ལྔ་པར་རྒྱ་ཆེ་རོལ་པའི་ལུང་དྲངས་ནས་བཤད་པ་ལྟར་ཡིན་པས་སོ། །ཡང་གོ་ཊི་ཀ་ལས། བྱང་ཆུབ་ཀྱི་ཤིང་དྲུང་དུ་འོད་གསལ་མངོན་དུ་མཛད་པ་དེ་སྒྲ་ཇི་བཞིན་དུ་འཆད་པ་ནི་རྣམ་པར་མ་བརྟགས་པས་ཏེ། དེ་ལྟ་ན་སྟོན་པ་ཐུབ་པའི་དབང་པོ་དེ་ཐོག་མར་འཛམ་བུའི་གླིང་གི་མིའི་རྟེན་ལ་སངས་རྒྱས་པར་ཁས་ལེན་དགོས་པས་རྗེ་བཙུན་དམ་པ་ཧོག་དཀར་པོ་དང་། རྗེ་བཙུན་བྱམས་པ་རྣམས་སངས་རྒྱས་མ་ཡིན་པར་ཁས་ལེན་དགོས་པ་དེ་ལྟར་ན། དར་ཊི་ཀ་པའི་རྗེས་སུ་འབྲང་བར་གསལ་ལོ། །

གསུམ་པ། འབྲས་བུ་ལ་འཕྲོས་ནས་གྲུབ་ཐོབ་དང་རྟོགས་ལྡན་གྱི་བཟང་ངན་ལ་ལོག་རྟོག་དགག་པ་ལ།

གྲུབ་ཐོབ་ལས་རྟོགས་ལྡན་བཟང་བར་འདོད་པ་དགག །དེ་ལ་འཕྲོས་ནས་རྟོགས་པ་དང་ཉམས་དང་གོ་བ་གསུམ་གྱི་ཁྱད་པར་དགག་པའོ། །དང་པོ་ནི། ཕྱག་རྒྱ་པ་ལ་ལ་ན་རེ། གྲུབ་ཐོབ་ནི་ངན་ལ། རྟོགས་ལྡན་ནི་བཟང་བ་ཡིན་ནོ་ལོ། །དེའི་རྒྱུ་མཚན། རྒྱ་གར་དུ་གྲུབ་ཐོབ་བརྒྱད་ཅུ་བྱུང་བའི་ནང་ན་ཡང་རྟོགས་ལྡན་གཅིག་ཀྱང་བྱུང་བ་མེད་དོ་ཞེས་ཟེར་བ་ཐོས་ཏེ། འདི་འདྲ་ནི་འཕགས་པའི་གང་ཟག་ས་ར་ཧ་དང་། ཀླུ་སྒྲུབ་དང་། རྣལ་འབྱོར་དབང་ཕྱུག་བི་རུ་པ་དང་། ཁྱེད་རང་གི་བརྒྱུད་པའི་བླ་མ་ཏི་ལོ་པ་ལ་སོགས་པ་རྣམས་ལ་སྐུར་པ་འདེབས་པའི་ཚིག་ཡིན་པས། འདི་འདྲ་ལ་བདེན་པར་འཛིན་པ་ལྟ་ཅི་སྨོས། ཐོས་པར་གྱུར་ཀྱང་རྣ་བ་དགབ་པར་བྱའོ། །དེའི་འཐད་པ་བཤད་ཀྱིས་ཉོན་ཅིག་སྟེ་གྲུབ་ཐོབ་ཆུང་ངུ་ནི་མཐོང་ལམ་པ་ཡིན་ཞིང་། གྲུབ་ཐོབ་འབྲིང་པོ་ནི་ས་བརྒྱད་པ་བ་ཡིན་ལ། གྲུབ་ཐོབ་ཆེན་པོ་ནི་སངས་རྒྱས་ཀྱི་ས་པ་ཡིན་པས་འཕགས་པ་མ་ཡིན་པ་ལ་གྲུབ་ཐོབ་ཀྱི་ཐ་སྙད་མེད་དོ། །དེ་ཡང་མདོ་སྡེ་རྒྱན་ལས་འདི་སྐད་གསུངས་ཏེ། ས་རྣམས་ཐམས་ཅད་མ་གྲུབ་དང་། །གྲུབ་པ་དག་ཏུ་ཤེས་པར་བྱ། །གྲུབ་པ་དག་ཀྱང་མ་གྲུབ་དང་། །གྲུབ་པ་དག་ཏུ་ཡང་དག་འདོད། །ཅེས་གསུངས་ལ། དེའི་དོན་ནི། མོས་སྤྱོད་ཀྱི་ས་ནི་མ་གྲུབ་པ་དང་། ལྷག་མ་རྣམས་ནི་གྲུབ་པའོ། །དེ་ལ་ཡང་མ་དག་པའི་ས་བདུན་ནི་མ་གྲུབ་པ་དང་། དག་པའི་ས་རྣམས་ནི་གྲུབ་པའོ། །ཞེས་གསུངས་པའི་དགོངས་པ་འང་དེ་ཉིད་ཡིན་នོ། །གཞུང་རྩ་བར། གྲུབ་པ་དག་ཀྱང་མ་གྲུབ་དང་། །གྲུབ་པ་དག་ཏུ་ཤེས་པར་བྱ། །མ་གྲུབ་པ་ཡང་གྲུབ་པ་དང་། །གྲུབ་པ་དག་ཏུ་ཡང་དག་འདོད། །ཅེས་དྲངས་པ་ནི་གཞུང་མ་དག་པར་སྣང་ངོ་། །རྣལ་འབྱོར་གྱི་དབང་ཕྱུག་ཆེན་པོ་བི་རུ་པའི་ལམ་འབྲས་ལས་ཀྱང་། དབང་བཞི་དང་འབྲེལ་བའི་ལྟ་བ་བཞི་དང་གྲུབ་མཐའ་བཞི་འབྱུང་ཞིང་ས་ཐོབ་ནས་གྲུབ་མཐའ་སྙེག་པ། ཞེས་བཞེད་པས་དོན་དེ་བསྟན་པ་ཡིན་ཏེ། དེད་ཀྱི་གྲུབ་ཐོབ་ཀྱི་མཚན་ཉིད་ནི་དེ་འདྲ་བ་ཡིན་ལ། ཁྱེད་ཀྱི་རྟོགས་ལྡན་གྱི་མཚན་ཉིད་འདི་ཡིན་ཞེས་མདོ་རྒྱུད་ཀུན་ལས་གསུངས་པ་མེད་དོ། །དེས་ན་རྟོགས་ལྡན་ཞེས་བྱ་བའི་མིང་འདི་ཡང་ཆོས་མི་ཤེས་པའི་བླུན་པོ་རྣམས་ལ་གྲགས་ཀྱི་མཁས་པ་སྡེ་སྣོད་འཛིན་པ་རྣམས་ལ་གྲགས་པ་མ་ཡིན་ནོ། །

གཉིས་པ། དེ་ལ་འཕྲོས་ནས་རྟོགས་པ་དང་ཉམས་དང་གོ་བ་གསུམ་གྱི་ཁྱད་པར་དགག་པ་ནི། གླིང་རས་ལ་སོགས་པ་ལ་ལ་ཉམས་དང་། གོ་བ་དང་། རྟོགས་པ་ཞེས་བྱ་བ་རྣམ་པ་གསུམ་ལས། ཉམས་ནི་ངན་ལ། གོ་བ་འབྲིང་ཡིན་ཞིང་། རྟོགས་པ་བཟང་བ་ཡིན་ཞེས་ཟེར་རོ། །འདི་ཡང་རེ་ཞིག་བརྟག་པར་བྱ་སྟེ། ཉམས་ཟེར་བ་དེ་གང་ལ་ཟེར། ཉམས་མྱོང་ཙམ་ལ་ཟེར་ན། སེམས་ཡོད་པ་ཐམས་ཅད་ལ་ཡང་མྱོང་བ་དེ་ཡང་ཡོད་པ་ཡིན་པས་བཟང་ངན་མཐའ་གཅིག་ཏུ་མ་ངེས་ཏེ། རྣམ་འགྲེལ་ལས། མྱོང་བྱ་ཉིད་ཕྱིར་སེམས་མིན་ནོ། །ཞེས

གསུངས་པས་སོ། །གལ་ཏེ་བསྒོམས་པའི་ཉམས་མྱོང་ལ་ཟེར་ན་ཚོགས་ལམ་ཆུང་ངུ་ནས་མཐར་ཕྱིན་པའི་ལམ་གྱི་བར་དུ་ཡོད་དེ། ཚོགས་ལམ་ཆུང་ངུར་དྲན་པ་ཉེར་བཞག་སྒོམ་ཞིང་མཐར་ཕྱིན་པའི་ལམ་དུ་གོམས་པ་མཐར་ཐུག་པས་སོ། །འོན་ཏེ་སོ་སོ་རང་རིག་པའི་མི་རྟོག་ཡེ་ཤེས་ཡིན་ན་འཕགས་པའི་གང་ཟག་རྣམས་ལ་ཉམས་དེ་ཡོད་པ་ཡིན་པས་འདི་ཡང་མཐའ་གཅིག་ཏུ་ངེས་པ་མེད་དོ། །གོ་བ་དང་ནི་རྟོགས་པ་གཉིས་པོ་དོན་ངོ་བོ་གཅིག་ལ་སྒྲས་ཏེ་མིང་གི་རྣམ་གྲངས་ཐ་དད་པ་ཡིན་ཏེ་རྒྱ་གར་གྱི་སྐད་བི་ཏྭ་དང་། ག་ཏི་ཞེས་པ་གཅིག་ལ། ལོ་ཙཱ་བས་རེས་འགའ་གོ་བར་བསྒྱུར། རེས་འགའ་རྟོགས་པར་འགྱུར། རེས་འགའ་བིདྷ་གོ་བ་དང་། ག་ཏི་རྟོགས་པ་ཞེས་བསྒྱུར་བས། འགྱུར་གྱི་དབྱེ་བ་ཕོ་ནར་ཟད་པའི་ཕྱིར། ཡང་ན་རྟོགས་པ་གསལ་བ་དང་མི་གསལ་བ་ལ། རིམ་པ་ལས་བཟློག་ནས་གོ་བ་དང་། རྟོགས་པར་འདོགས་ན་ཐོགས་ཤིག་སྙེ་མིང་ལ་མི་རྩོད་དོ། །ཡང་ལམ་འབྲས་རྡོ་རྗེའི་ཚིག་རྐང་སོགས་གཞུང་ལུགས་འགའ་ལས་བསྒོམས་པ་ཡི་ཏིང་ངེ་འཛིན་ལ་ཉམས་ཀྱི་སྣང་བ་ཞེས་གསུངས་ཏེ། རྣལ་འབྱོར་པ་ལ་ཏིང་ངེ་འཛིན་ལ་ཉམས་ཀྱི་སྣང་བ་ཞེས་གསུངས་པས་སོ། །རྫོགས་པའི་སངས་རྒྱས་ཀྱིས་ཡེ་ཤེས་ལ་དག་པའི་སྣང་བ་ཡོད་དེ། བདེ་བར་གཤེགས་པ་སྐུ་གསུང་ཐུགས་མི་ཟད་རྒྱན་གྱི་འཁོར་ལོ་ལ་དག་པའི་སྣང་བ་ཞེས་གསུངས་པས་སོ། །བསྒོམས་ཉམས་སྐྱོན་མེད་ཅེས་བྱའོ། །སངས་རྒྱས་ཀྱི་ས་ལ་བཤད་པའང་མཐོང་སྟེ། བསྒོམས་ཉམས་སྐྱོན་ཡོད་མེད་ཕྱེད་པས་ས་བཅུ་གསུམ་པོ་ཐམས་ཅད་མཐྱེན་ཏོ། །ཞེས་གསུངས་པས་སོ། །དེས་ན་དེ་འདྲའི་ཉམས་དང་རྟོགས་པ་ལ་རྟོགས་པ་བཟང་ཞིང་ཉམས་ངན་པའི་རྣམ་པར་དབྱེ་བ་མེད་དོ། །ཕྱོགས་སྔ་མ་འདི་ཡང་། གོ་བ་ངན་ལ་ཉམས་ནི་འབྲིང་། །རྟོགས་པ་བཟང་བ་ཡིན་ཞེས་ཟེར། །ཞེས་འདོན་དགོས་སོ་ཞེས།

གསུམ་པ་ལམ་གྱི་རྣམ་གཞག་ལ་འཁྲུལ་པ་དགག་པས་མཇུག་བསྡུ་བ་ལ། འདོད་པ་བརྗོད་པ་དང་། དེ་དགག་པ་གཉིས། དང་པོ་ནི། གོང་ནི་རུ་པའི་གདམས་ངག་ཁས་ལེན་པ་ལ་ལ་ན་རེ། རྩེ་གཅིག་དང་། སྤྲོས་བྲལ་དང་། རོ་གཅིག་དང་། བསྒོམ་མེད་ཅེས་བྱ་བ་བཞི་ལས། རྩེ་གཅིག་མཐོང་ལམ་དང་། སྤྲོས་བྲལ་ནི་ས་གཉིས་པ་ནས་བདུན་པའི་བར་དང་། རོ་གཅིག་ནི་དག་པའི་ས་གསུམ་དང་། བསྒོམ་མེད་ནི་སངས་རྒྱས་ཀྱིས་སའོ་ཞེས་ཟེར་རོ། །གཉིས་པ་དེ་དགག་པ་ལ། བརྟག་པ་མདོར་བསྟན། ཁས་ལེན་གཉིས་ཀྱི་རྣམ་དབྱེ་འབྱེད་བྱེད་ཀྱི་ལུང་རིགས་རྒྱས་པར་བཤད་པའོ། །དང་པོ་ནི། འདི་ཡང་ལེགས་པར་ཕྱེ་སྟེ་བཤད་ཀྱིས་ཉོན་ཞིག །གལ་ཏེ་སོ་སོ་སྐྱེ་བོ་ཡི་ལམ་ཉིད་ལ་ཡང་ས་བཅུ་པོ་དང་ཚོས་མཐུན་ཙམ་ཞིག་བརྩིས་ནས་དེ་དག་ལ་ས་བཅུར་བརྗོད་པའམ། འོན་ཏེ་འཕགས་པ་ཉིད་ཡིན་པའི་བདེན་པའི་ས་ལམ་དངོས་སུ་བྱེད་པ་ཡིན་བརྟག་གྲང་། གཉིས་པ་ལ།

སོ་སོ་སྐྱེ་བོའི་ས་ལམ་དུ་འདོད་པ་མི་འགལ་བ་ཙམ་དུ་བསྟན། འཕགས་པའི་སར་བྱེད་ན་མདོ་རྒྱུད་དང་འགལ་བར་བསྟན་པའོ། །དང་པོ་ནི། སོ་སོ་སྐྱེ་བོའི་གང་ཟག་གི་ལམ་ལ་ཆོས་མཐུན་ཙམ་ཞིག་བསྒྲིགས་ནས་རྣམ་དག་བྱེད་ན་ནི་དེ་འདྲ་ཆོས་ནས་བཤད་ན་འགལ་བ་མེད་དེ། དཔེར་ན་དཀོན་མཆོག་བརྩེགས་པའི་རྨི་ལམ་ངེས་པར་བསྟན་པའི་ལེའུ་ལས། རྨི་ལམ་དུ་ཐུབ་པའི་མཆོད་རྟེན་འཇིམ་པ་ལས་བྱས་པ་མཐོང་ན་ས་དང་པོ་ལ་གནས་པར་བལྟའོ། །གལ་ཏེ་རྡོ་བ་ལས་བྱས་པ་མཐོང་ན་ས་གཉིས་པར་བལྟའོ། །གལ་ཏེ་རྡོ་ཐལ་གྱིས་བྱུགས་ཤིང་བྱི་དོར་བྱས་པ་མཐོང་ན་ས་གསུམ་པར་བལྟའོ། །གལ་ཏེ་སྟེགས་བུ་དང་གདུགས་བྱི་དོར་བྱས་པ་མཐོང་ན་ས་བཞི་པར་བལྟའོ། །གལ་ཏེ་རྡོ་ཡི་སྐས་ལ་བྱི་དོར་བྱས་པ་མཐོང་ན་ས་ལྔ་པར་བལྟའོ། །གལ་ཏེ་གསེར་གྱིས་སྦྲེལ་བ་མཐོང་ན་ས་དྲུག་པར་བལྟའོ། །གལ་ཏེ་རིན་པོ་ཆེའི་དྲ་བས་ཀུན་ནས་གཡོགས་པ་མཐོང་ན་ས་བདུན་པར་བལྟའོ། །གལ་ཏེ་གཡེར་ཁའི་དྲ་བས་ཀུན་ནས་གཡོགས་པ་མཐོང་ན་ས་བརྒྱད་པར་བལྟའོ། །ས་དང་པོ་བདུན་པོ་དག་ལ་མཐོང་བ་གང་ཡིན་པ་དེ་ནི་བདུད་ཀྱི་ལས་ཀྱང་རིག་པར་བྱའོ། །ས་དགུ་པ་དང་། ས་བཅུ་པ་དག་ལ་ནི་རྨི་ལམ་ལོག་པ་མཐོང་བ་མེད་དོ། །ཞེས་གསུངས་ཤིང་། དེ་ལ་སོགས་པ་རྨི་ལམ་གྱི་བྱེ་བྲག་ལ་ས་བཅུའི་དབྱེ་བ་མཛད་པ་མཐོང་སྟེ། འདི་ནི་མོས་པས་སྤྱོད་པའི་ས་ཉིད་ལས་བཙུར་བསྟན་པ་ཡིན་གྱི་འཕགས་པའི་ས་ལ་དགོངས་པ་མ་ཡིན་ཏེ། སོ་སོ་སྐྱེ་བོ་ལ་ཡང་བདུད་ཀྱི་བྱིན་རླབས་མ་ཡིན་པར་དེ་འདྲའི་རྨི་ལམ་འབྱུང་བས་སོ། །དེ་བཞིན་དུ་གལ་ཏེ་རྩེ་གཅིག་སྤྲོས་བྲལ་སོགས་ལའང་མདོ་སྡེ་དང་རྒྱུད་སྡེ་ལས་མོས་པས་སྤྱོད་པའི་ས་ལམ་གྱི་དབང་དུ་བྱས་ནས་བཅུ་དང་ལྔར་གསུངས་པ་མཐོང་ནས་དེ་ལྟར་རྣམ་གཞག་བྱེད་ན་ལུང་དང་མི་འགལ་ལོ། །མདོ་རྒྱུད་ཁུངས་མ་གང་ནས་ཀྱང་རྩེ་གཅིག་སོགས་ལ་ས་བཅུའི་རྣམ་གཞག་བཤད་པ་མེད་ཀྱི་ཁྱེད་ཀྱིས་རང་བཟོར་བྱས་པ་ཡིན་ནོ། །རྩེ་གཅིག་ལ་སོགས་པའི་རྣལ་འབྱོར་བཞིའི་རྣམ་གཞག་འདི་ནི། སློབ་དཔོན་ཤཱནྟི་པའི་གཞུང་ལས་འབྱུང་ལ། དེ་ལ་བརྟེན་ནས་གླིང་རས་ན་རེ། བླ་མ་སངས་རྒྱས་སྤྲུལ་པ་དང་། །དངོས་སུ་མཇལ་བས་ཚོགས་ཀྱི་ལམ། །ངེས་ཤེས་ཙུང་ཟད་སྐྱེས་པ་དྲོད། །དེ་ཉིད་འཕེལ་བ་རྩེ་མོ་སྟེ། །སེམས་མེད་པ་ལ་མི་སྐྲག་པ༑ །བཟོད་པ་ཡིན་ཏེ་རྩེ་གཅིག་པའི། །རབ་ནི་འཇིག་རྟེན་ཆོས་མཆོག་གོ །སྤྲོས་དང་བྲལ་བ་མཐོང་བའི་ལམ། །ཞེས་ཀྱང་བཤད་དོ། །

གཉིས་པ། འཕགས་པའི་སར་བྱེད་ན་མདོ་རྒྱུད་དང་འགལ་བར་བསྟན་པ་ནི། ཅི་སྟེ་དེ་དག་འཕགས་པའི་སར་བྱེད་ན་མདོ་རྒྱུད་ཀུན་དང་འགལ་བར་འགྱུར་རོ། །ཐུབ་པ་དགོངས་གསལ་ལས་ཀྱང་། བོད་ཁ་ཅིག་རྣལ་འབྱོར་བཞི་ལ་ལམ་ལྔ་འདམ། ས་བཅུ་སྦྱར་ནས་ཕྱག་རྒྱ་ཆེན་པོའི་བསྒོམ་དུ་བྱེད་པ་མཐོང་སྟེ། འདི་མི་འཐད

ཀྱི་རྒྱུ་མཚན་ཕྱག་རྒྱ་ཆེན་པོ་གསང་སྔགས་ཀྱི་དབང་དང་རིམ་པ་གཉིས་ཀྱི་ཏིང་ངེ་འཛིན་གྱི་བྱེ་བྲག་ཡིན་ལ། འདི་ནི་དེ་མ་ཡིན་ཏེ་རྒྱུད་སྡེ་རྣམས་ལས་ནང་རྟེན་འབྲེལ་གྱི་ས་ལམ་ངོ་མཚར་ཅན་གསུངས་ཀྱི་རྣལ་འབྱོར་བཞི་ལ་ས་ལམ་དུ་གང་ནས་ཀྱང་གསུངས་པ་མེད་པས་རང་བཟོ་ཡིན་ཞིང་ཕྱག་རྒྱ་ཆེན་པོ་ཁོང་རང་ལ་ཡང་འདི་མི་འཐད་དེ། ཕྱག་རྒྱ་ཆེན་པོ་ཆིག་ཆོད་ལ། །ས་ལམ་བགྲེ་བའི་རྨོངས་པ་འཁྲུལ། །ཞེས་ཕྱག་རྒྱ་ཆེན་པོ་ཆིག་ཆོད་ལ་ས་ལམ་བགྲེར་མེད། ཅེས་པ་དང་འགལ་བའི་ཕྱིར། ཞེས་གསུངས་པས་སོ། །འདིའི་ཚིག་རྐང་པ་གཉིས་པོ་འདི། ངོ་ཏའི་གཞུང་གཅིག་ན་ཡོད་དེ་ཞེས་བདེ་མཆོག་རྣམ་བཤད་ནས་གསུངས་ཤིང་། དེ་ནི་རང་བཞིན་རྣམ་དག་གམ། ལྷ་བའི་དབང་དུ་བྱས་པ་ཡིན་ལ་དེ་ནི་རང་ལུགས་ཀྱང་ཡིན་ཏེ། གོང་དུ་སངས་རྒྱས་ཉིད་ཡོད་མིན་ན༔ ཞེས་སོགས་གསུངས་པ་དང་མཐུན་པའོ། །དེས་ན་འདི་རྣམ་བཤད་མཛད་པ་ཀུན་གྱི་ཕྱོགས་སྔར་བཀོད་པ་དེ་མི་འཐད་ཅིང་། དགོངས་གསལ་དུ་གསུངས་པ་ནི་གཞན་ལ་ནང་འགལ་བརྗོད་པའི་དབང་དུ་མཛད་དོ། །རིག་འཛིན་སྡོམ་པའི་སྐབས་ཏེ་ལེའུ་གསུམ་པའི་རྣམ་པར་བཤད་པ་རྫོགས་སོ།། །།

༄ རྣམ་བཤད་མཛད་པ་ལྔ་བཅུན་པས་ལེའུའི་མཚམས་འདི། ཐུབ་པའི་བསྟན་པ་རིན་ཆེན་གཞལ་མེད་ཁང་། །ཞེས་པའི་གོང་དེར་སྦྱར་ལ། རྣམ་བཤད་མཛད་པ་གཞན་གྱིས་ནི་སྦྱར་བ་མི་སྣང་མོད། སྦྱོར་སྦྱོར་དགོས་པ་ནི་དོན་གྱིས་ཐོབ་ལ་འདི་མན་ཆད་ཀྱི་གཞུང་རྣམས་ནི་རིག་འཛིན་སྡོམ་པ་ཁོ་ནའི་དབང་དུ་བྱས་པའི་རྒྱུ་མཚན་ཅི་ཡང་མི་སྣང་སྟེ། སྤྱིར་ཆོས་ལོག་བྱུང་ཚུལ་བཤད་ནས་སུན་འབྱིན་པའི་དབང་དུ་བྱས་པའི་ཕྱིར། དེ་ནི་རང་དགར་འཆད་པའོ་སྙམ་ན། རྫོགས་མཚམས་སུ་སྦྱར་ན་ཡང་རང་དགར་བྱས་པའི་ཉེས་པ་ཉིད་དུ་མཚུངས་པར་འགྱུར་ཏེ། བསྟན་བཅོས་མཛད་པ་པོས་དངོས་སུ་མ་སྦྱར་བའི་ཕྱིར་རོ། །

གཉིས་པ། ཐེག་པ་རང་ས་ནས་བདེན་པའི་རྒྱུ་མཚན་གྱིས་འཁྲུལ་མ་འཁྲུལ་གྱི་དབྱེ་བ་མི་འཐད་པའི་རྩོད་པ་སྤང་བ་ལ། རྩོད་པ་དང་། ལན་གཉིས། དང་པོ་ནི། དམ་པ་འཆར་ཆུང་པ་ཁ་ཅིག །ཐེག་པ་ཐམས་ཅད་རང་ས་ནས་བདེན་པ་ཡིན་པས་གོང་མའི་རིགས་པས་འོག་མ་ལ་གནོད་པ་སོགས་མི་འཐད་དེ། བཅོམ་ལྡན་འདས་ཀྱིས་ཀྱང་གདུལ་བྱ་དང་འཚམས་པར་ཐེག་པའི་སྒོ་སྣ་ཚོགས་པ་གསུངས་པ་ཡིན་ལ། དེ་དག་རང་རང་གི་བློ་ངོར་བདེན་པའི་ཕྱིར་ཞེས་ཀུན་ལ་སྒྲོག་པར་བྱེད་དོ། །

གཉིས་པ། དེ་སུན་དབྱུང་བ་ལ། རྣམ་པར་བརྟགས་ནས་དགག །དེ་ལ་རྩོད་པ་སྤང་བའོ། །དང་པོ་ལ། ཐེག་པ་རང་ས་ནས་བདེན་པའི་དོན་སྨྲས་ཚད་བདེན་པ་ལ་བྱེད་ན་ཧ་ཅང་ཐལ་ན། གྲུབ་མཐའ་ཀུན་བདེན་པ་ལ་འདོད་ན་སོ་སོར་ཕྱེ་དགོས་པར་བསྟན་པའོ། །དང་པོ་ནི། འདི་ཡང་བརྟག་པར་བྱ་བས་ཉོན་ཅིག་སྟེ། ཐེག་པ་

རང་སྣ་ནས་བདེན་པའི་རྒྱུ་མཚན་གལ་ཏེ་སླུས་ཚད་བདེན་པ་ལ་བྱེད་ན་རྫུན་ཚིག་ཤེས་བྱ་ལ་མི་སྲིད་པར་འགྱུར་རོ། །

གཉིས་པ། གྲུབ་མཐའ་ཀུན་བདེན་པ་ལ་འདོད་ན་སོ་སོར་ཕྱེ་དགོས་པར་བསྟན་པ་ལ། མུ་སྟེགས་བྱེད་ཀྱི་གྲུབ་མཐའ་བདེན་ན་ཧ་ཅང་ཐལ་བ་ལན་དང་བཅས། སངས་རྒྱས་པའི་གྲུབ་མཐའ་བདེན་མི་བདེན་སོ་སོར་ཕྱེ་དགོས་པར་བསྟན་པའོ། །དང་པོ་ནི། འོན་ཏེ་གྲུབ་པའི་མཐའ་ཀུན་བདེན་པས་དེ་ལྟར་ཡིན་ན། མུ་སྟེགས་ཀྱི་གཞུང་ལས། རྒྱལ་རིགས་ལ་ནི་རྒྱལ་རིགས་བསད། །བྲམ་ཟེའི་རིགས་ལ་བྲམ་ཟེ་བསད། །དམངས་རིགས་ལ་ནི་དམངས་རིགས་བསད། །ཅེས་པ་ལྟ་བུ་འཚེ་བ་ཆོས་སུ་སྨྲ་བ་དང་། མ་ཤི་བར་དུ་ཅི་བདེར་འཚོ། །ཤི་ནས་དེ་ཡི་སྤྱོད་ཡུལ་ཡིན། །ལུས་ཀྱང་ཐལ་བ་བཞིན་སོང་ནས། །སླར་སྐྱེ་བ་དག་ག་ལ་ཡོད། །ཅེས་སོགས་འཇིག་རྟེན་ཕ་རོལ་མེད་པར་སྨྲ་བ་དང་། །སོགས་པས་ཀ་ནི་ཀ་ཡི་འཇུག་ངོགས་སུ། །ཁྲུས་བྱས་ཡང་འགྱུར་སྲིད་མ་ཡིན། །ཞེས་སོགས་ལྟ་ལོག་ཐམས་ཅད་བདེན་པར་འགྱུར་རོ། །གལ་ཏེ་མུ་སྟེགས་མཆོག་གཅེར་བུ་པ་ལ་སོགས་པ་རྣམས་ལ་རྟག་པའི་དངོས་པོ་དང་། ལ་སོགས་པས་དབང་ཕྱུག་རྟག་པ་བྱེད་པ་པོར་སྨྲ་བ་སོགས་བརྫུན་པའང་དུ་མ་ཡོད་མོད་ཀྱང་། སྦྱིན་པ་དང་། ཚུལ་ཁྲིམས་དང་། བཟོད་པ་དང་། སོགས་པས་བརྩོན་འགྲུས་ལ་སོགས་པ་བདེན་པའང་དུ་མ་ཡོད་པའི་ཕྱིར་ན་བདེན་པའི་ཆ་ནས་གྲུབ་མཐའ་ཀུན་བདེན་པས་ཐེག་པའང་རང་སྣ་ནས་བདེན་སྙམ་ན། དེ་དག་གི་སྦྱིན་པ་སོགས་ཕལ་ཆེར་བདེན་མོད་ཀྱང་། འཇིག་རྟེན་པའི་ལྷ་ལ་སྐྱབས་གནས་བྱེད་པ་དང་། ལྟ་བ་ངན་པ་འཛིན་པ་དང་། ཐབས་ཀྱི་གནད་གཏུམ་མོ་ལ་སོགས་པ་རྣམས་འཁྲུལ་བས་ན། སྦྱིན་པ་ལ་སོགས་པའི་ཆོས་གཞན་བཟང་ཡང་སྐྱོབ་པར་མི་ནུས་ཏེ། སློབ་དཔོན་དཔའ་བོས། ཁྱོད་ཀྱི་བསྟན་ལ་མི་ཕྱོགས་པའི། །སྐྱེ་བོ་མ་རིག་གིས་ལྡོངས་པ། །སྲིད་རྩེའི་བར་དུ་སོང་ནས་ཀྱང་། །སྡུག་བསྔལ་ཡང་འབྱུང་སྲིད་པ་སྒྲུབ། །ཅེས་གསུངས་པས་སོ། །

གཉིས་པ། སངས་རྒྱས་པའི་གྲུབ་མཐའ་བདེན་མི་བདེན་སོ་སོར་ཕྱེ་ནས་བསྟན་པ་ནི། ཅི་སྟེ་སངས་རྒྱས་པའི་ཐེག་པ་ཀུན་རང་སྣ་ནས་ནི་བདེན་ནོ་ཞེ་ན། སངས་རྒྱས་ཀྱི་གསུང་ལའང་དྲང་དོན་དང་ངེས་པའི་དོན་རྣམ་པ་གཉིས་སུ་ཡོད་དེ། བློ་གྲོས་མི་ཟད་པའི་ཞུས་པའི་མདོ་ལས། དེ་ལ་དྲང་བའི་མདོ་སྡེ་ནི་གང་། ངེས་པའི་མདོ་སྡེ་ནི་གང་ཞེ་ན། མདོ་སྡེ་གང་ཀུན་རྫོབ་སྒྲུབ་པ་སྟོན་པ་གང་ཡིན་པ་དེ་ནི་དྲང་བའི་དོན་གྱི་མདོ་སྡེ་ཞེས་བྱའོ། །མདོ་སྡེ་གང་དོན་དམ་པའི་བདེན་པ་སྒྲུབ་པ་སྟོན་པ་དེ་ནི་ངེས་པའི་དོན་གྱི་མདོ་སྡེ་ཞེས་བྱའོ། །ཞེས་གསུངས་པས། ཡང་ན་སངས་རྒྱས་ཀྱི་མདོ་ལ། སྒྲ་ཡང་ཇི་བཞིན་པ་དང་ནི། སྒྲ་ཇི་བཞིན་པ་མ་ཡིན་པ་གཉིས་

སུ་གསུངས་ལ། དེ་ཡང་དྲང་དོན་གྱི་མདོ་ལ་ཡང་། སྒྲ་ཇི་བཞིན་པ་ཡིན་མིན་གཉིས་ཡོད་ལ། ངེས་དོན་གྱི་མདོ་ལ་ཡང་སྒྲ་ཇི་བཞིན་པ་ཡིན་མིན་གཉིས་སུ་ཡོད་དེ། སྒྲ་ཇི་བཞིན་པ་མ་ཡིན་པ་ལ་ཡང་། དགོངས་པ་ཅན་དང་དགོངས་པ་ཅན་མ་ཡིན་པ་གཉིས་སུ་ཡོད་དོ། །འདི་ར་ཅོང་ཁ་པ་རྗེས་འབྲང་དང་བཅས་པ་ན་རེ། ཤིང་རྟའི་སྲོལ་འབྱེད་གཉིས་ཀྱི་དྲང་ངེས་ཀྱི་རྣམ་གཞག་འཛོག་ཚུལ་མི་མཐུན་པ་ཡིན་ཏེ། ཐོགས་མེད་སྐུ་མཆེད་ཀྱིས་ནི། སྒྲ་ཇི་བཞིན་པ་ཡིན་མིན་གྱི་སྒོ་ནས་དྲང་ངེས་སུ་འཛོག་ལ། ཀླུ་སྒྲུབ་ཡབ་སྲས་ཀྱིས་ནི། བརྗོད་བྱ་བདེན་གཉིས་ཀྱི་སྒོ་ནས་དྲང་ངེས་སུ་འཛོག་པ་ཡིན་པའི་ཕྱིར། ཞེས་ཟེར་བ་ནི་ཧ་ཅང་ཐལ་ཆེས་པ་ཡིན་ཏེ། དེ་ལྟ་ན་སྐུ་མཆེད་གཉིས་ཀྱིས་ལུགས་ལ་དགོངས་ལྡེམ་དགོངས་བརྒྱུད་ཀྱི་ནང་ན་ངེས་དོན་གྱི་མདོ་གཅིག་ཀྱང་མེད་པར་འགྱུར་བ་དང་། ཤེར་ཕྱིན་གྱི་མདོ་ངེས་དོན་གྱི་མདོ་མ་ཡིན་པར་ཁས་ལེན་དགོས་ལ། དེ་ཡང་འདོད་མི་ནུས་ཏེ། རྣམ་བཤད་རིགས་པར། ཤེར་ཕྱིན་གྱི་མདོ་བཀར་སྒྲུབ་པའི་སྐབས་སུ། རྒྱ་བར། དེ་ངེས་དོན་ཡིན། ཞེས་གསུངས་པ་དང་། དེའི་འགྲེལ་པར། འདི་ནི་ངེས་པའི་དོན་གྱི་ཐེག་པ་ཆེན་པོ་ལ་ནི་ངེས་པའི་དོན་མེད་དོ། །ཞེས་གང་སླུས་པ་དེ་ཡང་ཐོས་པ་ཉུང་བའི་ཕྱིར་དེ་སྐད་སླུས་པ་ཡིན་ཏེ། དགོངས་པ་ངེས་པར་འགྲེལ་བའི་མདོ་ལས། ཆོས་ཐམས་ཅད་ནི་ངོ་བོ་ཉིད་མེད་པའོ། །ཞེས་གསུངས་པ་དེ་ལྟ་བུ་དེ་ཐམས་ཅད་ངེས་པའི་དོན་ཡིན་པར་འགྱུར་ལ། མདོ་སྡེ་གཞན་གྱི་ཁྱད་པར་ལས་ཀྱང་དོན་དེ་ཉིད་ཡོངས་སུ་བསྟན་པ་ཡིན་ནོ། །ཞེས་གསུངས་པའི་ཕྱིར། རྒྱས་པར་ནི་དབུ་མ་རྣམ་པར་ངེས་པའི་བང་མཛོད་ལས་བལྟ་བར་བྱའོ། །ཡང་སྐབས་འདིར་གོ་ཊི་ཀ་ལས། སྒྲ་ཇི་བཞིན་པ་ལ་ཚད་མའི་གནོད་པ་འབབ་པ་ནི། སྒྲ་ཇི་བཞིན་པ་མིན་པའི་མདོ་ཞེས་ཟེར། དེ་ལྟ་ན་ཆོས་ཐམས་ཅད་བདག་མེད་པར་གསུངས་པའི་མདོ་དེ་ལ་ཚད་མའི་གནོད་པ་འབབ་པར་འགྱུར་ཏེ། དེ་སྒྲ་ཇི་བཞིན་པ་མིན་པའི་མདོར་ཁྱེད་ཀྱིས་ཁས་ལེན་དགོས་པའི་ཕྱིར། ཁྱེད་ཀྱིས་དབུ་མའི་སྐབས་སུ་བདག་ཡོད་པར་ཁས་བླངས་པའི་ཕྱིར། རྒྱ་བར་འདོད་ན། བཅོམ་ལྡན་འདས་ཀྱི་ངེས་དོན་གྱི་གསུང་རབ་ཐམས་ཅད་ཀྱི་སྒྲ་ཇི་བཞིན་པ་ལ་ཚད་མའི་གནོད་པ་འབབ་པར་འགྱུར་རོ། །གཞན་ཡང་དེ་སྐད་ཅེས་ཟེར་བ་དེ་ནི་ས་སྐྱ་པར་ཁས་ལེན་བཞིན་དུ། ཙོང་ཁ་པའི་ལེགས་བཤད་རྣམས་སྙིང་ལ་དམ་པོར་ཞེན་པ་ཡིན་ཞིང་། མདོར་ན་དབུ་མའི་སྐབས་སུ་བདག་ཁས་ལེན་པ་འདི་ལ་ནི། ཐམས་ཅད་མཁྱེན་པའི་ལམ་ལྟ་ཅི་སྨོས། ཐར་པའི་ལམ་ཙམ་ཡང་མེད་དེ། སློབ་དཔོན་དབྱིག་གཉེན་གྱིས། ཅི་འདི་ལས་གཞན་དུ་ཐར་པ་ཡོད་དམ་ཞེ་ན། མེད་དོ་ཞེས་སྨྲའོ། །ཅིའི་ཕྱིར་ཞེ་ན། བདག་ཏུ་ལྟ་བ་ཕྱིན་ཅི་ལོག་ལ་མངོན་པར་ཞེན་པའི་ཕྱིར་རོ། །ཞེས་དང་། བདག་ཡོད་ན་ནི་དེ་བཞིན་གཤེགས་པས་ཤིན་ཏུ་གསལ་བར་གཟིགས་པར་འགྱུར་ལ། དེ་ལྟ་ན་དེ་བཞིན་གཤེགས་པ་ནི་བདག་ཏུ་འཛིན་པ་ཤིན་ཏུ་དམ་

པོར་འགྱུར་རོ། །ཞེས་གསུངས་སོ། །བཅོམ་ལྡན་འདས་ཀྱིས་གསུངས་པའི་ཐེག་པ་དེ་ལ་ཡང་། མངོན་པར་མཐོ་བ་རྒྱུ་འབྲས་ནི་འཇིག་རྟེན་པ་དང་། ངེས་པར་ལེགས་པ་རྒྱུ་འབྲས་ནི་འཇིག་རྟེན་ལས་འདས་པ་སྟེ་རྣམ་པ་གཉིས་སུ་གནས་སོ། །བཤད་པ་དང་ནི། དགོངས་པས་བཤད་པ་དང་། ལྡེམ་པོར་དགོངས་པས་བཤད་པ་དང་། དྲང་པོར་དགོངས་ནས་བཤད་པ་ཞེས་བྱ་བ་རྣམ་པ་གསུམ་ཡོད་དོ། །དགོངས་པ་ཅན་བཞི་ནི། མདོ་སྡེ་རྒྱན་ལས། མཉམ་པ་ཉིད་དང་དོན་གཞན་དང་། །དེ་བཞིན་དུ་ནི་དུས་གཞན་དང་། །གང་ཟག་གི་ནི་བསམ་པ་ལ༑ ༑དགོངས་པ་རྣམ་པ་བཞི་ཞེས་བྱ། །ཞེས་གསུངས་པ་ལྟར་རོ། །མཉམ་པ་ཉིད་ལ་དགོངས་པ་ནི། ང་ཉིད་དེའི་ཚེ་སངས་རྒྱས་རྣམ་གཟིགས་སུ་གྱུར་ཏོ། །ཞེས་པ་ལྟ་བུ་སྟེ། དེ་ནི་ངོ་བོ་ཆོས་སྐུ་མཉམ་པ་དང་། རྒྱུ་ཚོགས་གཉིས་མཉམ་པ་དང་། མཛད་པ་འཕྲིན་ལས་མཉམ་པའོ། །དོན་གཞན་ལ་དགོངས་པ་ནི། ངོ་བོ་ཉིད་མེད་པ་གསུམ་ལ་དགོངས་ནས། ཆོས་ཐམས་ཅད་ངོ་བོ་ཉིད་མེད་པར་གསུངས་པ་ལྟ་བུའོ། །དུས་གཞན་ལ་དགོངས་པ་ནི༑ གང་དག་བདེ་བ་ཅན་དུ་སྨོན་ལམ་འདེབས་པ་དེ་དག་དེར་སྐྱེ་བར་འགྱུར་རོ། །ཞེས་གསུངས་པ་ལྟ་བུའོ། །གང་ཟག་གི་བསམ་པ་ལ་དགོངས་པ་ནི། དགེ་བའི་རྩ་བ་གཅིག་ཉིད་ཁ་ཅིག་ཏུ་བསྟོད་ཅིང་། ཁ་ཅིག་ཏུ་སྨད་པ་ལྟ་བུའོ། །ལྡེམ་པོར་དགོངས་པ་བཞི་ནི། མདོ་སྡེའི་རྒྱན་ལས། གཞུག་པ་ལྡེམ་པོར་དགོངས་པ་དང་། །མཚན་ཉིད་ལྡེམ་པོར་དགོངས་པ་གཞན། །གཉེན་པོ་ལྡེམ་པོར་དགོངས་པ་དང་། །བསྒྱུར་བ་ལྡེམ་པོར་དགོངས་པ་སྟེ། །ཞེས་གསུངས་ལ། གཞུག་པ་ལྡེམ་པོར་དགོངས་པ་ནི། ཉན་ཐོས་བསྟན་པ་ལ་གཞུག་པའི་ཕྱིར། གཟུགས་སོགས་ཡོད་པར་གསུངས་པ་ལྟ་བུའོ། །མཚན་ཉིད་ལྡེམ་པོར་དགོངས་པ་ནི། ཀུན་བརྟགས་ཀྱི་མཚན་ཉིད་ལ་དགོངས་ནས། ཆོས་ཐམས་ཅད་ངོ་བོ་ཉིད་མེད་པར་གསུངས་པ་ལྟ་བུའོ། །གཉེན་པོར་ལྡེམ་པོར་དགོངས་པ་ནི། ཉེས་པ་བརྒྱད་གདུལ་བའི་དོན་དུ་དེ་དག་གཉེན་པོར་ཐེག་པ་མཆོག་བཤད་པ་ལྟ་བུའོ། །བསྒྱུར་བ་ལྡེམ་པོར་དགོངས་པ་ནི། ཕ་དང་མ་ནི་གསད་བྱ་ཞིང་། །རྒྱལ་པོ་གཙང་སྦྲ་ཅན་གཉིས་དང་། །ཡུལ་འཁོར་འཁོར་དང་བཅས་བཅོམ་ན། །ཞེས་པ་ལྟ་བུ་ཡི་གེ་བསྒྱུར་ཏེ་འཆད་དགོས་པ་ཡིན་ཏེ། བསྒྱུར་ཚུལ་ནི། ལས་དང་སྲིད་པ་སྤང་བྱ་ཞིང་། །སྦྱོར་བའི་རྣམ་ཤེས་མཆོག་འཛིན་གཉིས། །སྐྱེ་མཆེད་གྲོགས་དང་བཅས་བཅོམ་ན། །མི་དེ་དག་པ་ཉིད་དུ་འགྱུར། །ཞེས་འཆད་དགོས་སོ། །དགོངས་པ་དང་ལྡེམ་དགོངས་ཀྱི་ཁྱད་པར་ནི། དགོངས་གཞི་གཙོ་བོར་སྟོན་པ་དང་། དགོས་པ་གཙོ་བོར་སྟོན་པའི་ཁྱད་པར་གཉིས་ལས་ཕྱེའོ། །དེ་དག་གསུངས་པའི་ཚུལ་ནི། དང་པོར་འཇིག་རྟེན་མཐུན་འཇུག་དེ་ལ་དགོངས་ནས་ཕྱི་རོལ་གྱི་དོན་ཡོད་པར་གསུངས་ཏེ། མདོ་ལས། ཞིག་པ་མེད་ཅིང་སྐྱེ་མེད་ལ། །ཆོས་ཀྱི་དབྱིངས་དང་མཉམ་འགྱུར་ཡང་། །བསྲེག་པའི་བསྐལ་བ་སྟོན་མཛད་པ། །འདི

ནི་འཇིག་རྟེན་མཐུན་འཇུག་ཡིན། །ཞེས་དང་། ཐ་སྙད་དཔྱོད་པའི་རིགས་པ་ལ་དགོངས་ནས་གནས་སྐབས་སུ་ཆོས་ཐམས་ཅད་སེམས་ཙམ་དུ་གསུངས་ཏེ། ས་བཅུ་པ་ལས། ཀྱེ་རྒྱལ་བའི་སྲས་དག་ཁམས་གསུམ་པོ་འདི་དག་ནི་སེམས་ཙམ་མོ། །ཞེས་གསུངས་སོ། །དམ་པའི་དོན་ལ་དགོངས་ནས་ནི། ཆོས་ཀུན་སྤྲོས་པ་དང་བྲལ་ལོ། །ཞེས་གསུངས་ཏེ། དཀོན་མཆོག་སྤྲིན་ལས། ཆོས་ཀྱི་འཁོར་ལོ་བསྐོར་བ་ན། །གཟོད་ནས་ཞི་ཞིང་མ་སྐྱེས་པ། །རང་བཞིན་མྱ་ངན་འདས་པ་ཡི། །ཆོས་རྣམས་མགོན་པོ་ཁྱོད་ཀྱིས་བསྟན། །ཞེས་གསུངས་སོ། །དེང་སང་ནི་དེ་འདྲའི་གནས་སྐབས་སོ་སོར་འབྱེད་རྒྱུ་མེད་པར། དབུ་མའི་སྐབས་སུ་ཡང་ཕྱི་རོལ་གྱི་དོན་ནི་ཡོད་ལ། བདེན་པར་ནི་མེད་དོ། །ཞེས་གཞུང་འདིའི་རྗེས་འཇུག་ཏུ་ཁས་ལེན་པ་རྣམས་ཀུང་སྨྲ་བ་ནི། དེ་དག་གི་སྙིང་ལ་ཅི་ཞིག་ཞུགས་པ་ཡིན་བརྟག་དགོས་སོ། །རྒྱུ་མཚན་དེས་ན་དྲང་བའི་དོན་དང་། ཇི་བཞིན་མིན་པའི་སྒྲ་དག་དང་། དགོངས་པ་དང་ལྡེམ་དགོངས་ཀྱི་བཤད་པ་དང་། འཇིག་རྟེན་པའི་ཐེག་པ་ལ་དགོངས་ཏེ་གསུངས་པའི་མདོ་རྒྱུད་ཀུན་སྒྲ་ཇི་བཞིན་པ་སྟེ་དེ་ལྟར་བདེན་པར་མི་གཟུང་ངོ་སྟེ། མདོ་སྡེ་རྒྱན་ལས། དོན་སྒྲ་ཇི་བཞིན་ཡོངས་རྟོག་ན། །བདག་ཉིད་སྙེམས་ཤིང་བློ་ཉམས་འགྱུར། །ཞེས་སོ། །ཡང་ངེས་པའི་དོན་དང་ཇི་བཞིན་པའི་སྒྲ་དང་འཇིག་རྟེན་ལས་འདས་པའི་ཐེག་པ་ལ་དགོངས་ཏེ་གསུངས་པ་དང་། དྲང་པོར་དགོངས་ཏེ་བཤད་པ་རྣམས་ནི་ཇི་ལྟར་གསུངས་པ་དེ་བཞིན་དུ་བདེན་པར་ཟུངས་ཤིག །གཉིས་པ་རྩོད་པ་སྤང་བ་ལ། རྩོད་པ་དང་། ལན་གཉིས། རྩོད་པ་ལ། མུ་སྟེགས་ཀྱི་ཆོས་ལ་བདེན་པ་ཡོད་པའི་རྒྱུ་མཚན་གྱིས་ཁས་ལེན་དགོས་པར་ཐལ་བའི་རྩོད་པ་དང་། སངས་རྒྱས་ཀྱི་ཆོས་ལའང་བརྫུན་པ་འགའ་ཞིག་ཡོད་པའི་རྒྱུ་མཚན་གྱིས་འདོར་དགོས་པར་ཐལ་བའི་རྩོད་པ་གཉིས། དང་པོ་ནི། གལ་ཏེ་མུ་སྟེགས་བྱེད་ལ་ཡང་བྱམས་པ་དང་། སྙིང་རྗེ་དང་། སྦྱིན་པ་ལ་སོགས་པ་མང་པོ་ཞིག་སྣང་ངོ་། །གཉིས་པ་ནི། སངས་རྒྱས་ཀྱི་གསུང་ལའང་དྲང་དོན་དང་། དགོངས་པ་ཅན་དང་། ལྡེམ་དགོངས་དང་། སྒྲ་ཇི་བཞིན་པ་མ་ཡིན་པ་སོགས་བདེན་པ་མ་ཡིན་པའང་གསུངས་པས་ན། བདེན་རྫུན་གཉིས་ཀ་ཕྱི་ནང་གཉིས་ཀ་ལ་ཡོད་པར་མཚུངས་པ་ལ། སངས་རྒྱས་ཀྱི་གསུང་ལེན་ཞིང་། མུ་སྟེགས་ཀྱི་གཞུང་སྤོང་བའི་རྒྱུ་མཚན་ཅི་ཞིག་ཡིན་ཞེ་ན། གཉིས་པ་ལན་ལ། སངས་རྒྱས་དྲང་དོན་གྱིས་ཁྲིད་ནས་ངེས་དོན་ལ་སྦྱོར་བའི་རྒྱུ་མཚན་གྱིས་དྲང་དོན་ཡང་ཁས་ལེན་དགོས་པར་བསྟན། མུ་སྟེགས་དེ་ལས་བཟློག་པའི་རྒྱུ་མཚན་གྱིས་བདེན་པ་ཡོད་ཀྱང་འདོར་དགོས་པར་བསྟན། གངས་ཅན་ནའང་དེ་འདྲའི་ཆོས་ལུགས་གཉིས་གཉིས་ཡོད་པའི་རྒྱུ་མཚན་གྱིས་འདོར་ལེན་སོ་སོར་དགོས་པར་བསྟན་པའོ། །དང་པོ་ནི། སངས་རྒྱས་ནི་དྲང་དོན་གྱིས་གདུལ་བྱའི་བློ་རིམ་གྱིས་ཁྲིད་ནས་མཐར་བདེན་པ་སྟེ་ཡང་དག་པའི་དོན་ཉིད་ལ་སྦྱོར་བར་མཛད་པ

དེས་ན། བདག་ཅག་སངས་རྒྱས་ལ་གུས་པའི་རྒྱུ་མཚན་དེ་ལྟར་ཡིན་ནོ། །གཉིས་པ་ནི། མུ་སྟེགས་བྱེད་ནི་ཚུལ་ཁྲིམས་དང་མངོན་ཤེས་སོགས་ཅུང་ཟད་བདེན་པས་ཁྲིད་ནས། བདག་ཤེས་རིག་གི་སྐྱེས་བུ་སོགས་རྫུན་པ་ཉིད་ལ་སྦྱོར་བར་བྱེད་པས་འདོར་བའི་རྒྱུ་མཚན་དེ་ལྟར་ཡིན་ནོ། །གསུམ་པ་ནི། དེ་བཞིན་དུ་བོད་གངས་ཅན་འདི་ན་ཡང་ལུས་ངག་ཆོས་དང་བསྟུན་པ་ལྟ་བུའི་རྣམ་པར་བཟང་པོ་བསྟན་ནས། སངས་རྒྱས་ཀྱི་བསྟན་པ་དང་མི་མཐུན་པའི་ལོག་པའི་ཆོས་ལ་སྦྱོར་བ་མཐོང་ནས། མུ་སྟེགས་ཀྱི་ཆོས་བཞིན་དུ་དེད་ཀྱིས་སྤང་པ་ཡིན་ལ། གདུལ་བྱའི་བློ་ངོར་ཐེག་པ་སྣ་ཚོགས་ཀྱི་ཚུལ་བསྟན་ནས་ཆོས་ཀྱི་གནད་རྣམས་སངས་རྒྱས་ཀྱི་གསུང་བཞིན་དུ་ཡང་དག་པར་སྟོན་པར་མཛད་པའི་སྡོམ་པ་གསུམ་ལྡན་གྱི་བླ་མ་དེ། སངས་རྒྱས་ཉིད་དུ་བདག་གིས་བཟུང་ནས་དེའི་གསུང་ཅི་ནུས་སུ་བསྒྲུབས་སོ། །

གསུམ་པ། གནད་ལ་འཁྲུལ་ཚུལ་དཔེས་བསྟན་པའི་སྒོ་ནས་མཇུག་བསྡུ་བ་ལ། གནད་བཅོས་ན་གཞན་བཟང་ཡང་སྐྱོབ་མི་នུས་པས་མདོར་བསྟན། གནད་འཁྲུལ་ཚུལ་གྱི་དཔེས་རྒྱས་པར་བཤད། ཤིང་རྟ་དང་སྲོག་དབང་གི་དཔེ་བཤད་པས་མཇུག་བསྡུ་བའོ། །དང་པོ་ནི། སྦྱིན་པ་དང་ཚུལ་ཁྲིམས་ལ་སོགས་པའི་ཆོས་གཞན་ལེགས་པར་སྟོན་ན་ཡང་ལྟ་བ་དང་སྒོམ་པ་ལ་སོགས་པ་ཆོས་ཀྱི་གནད་རྣམས་བཅོས་པ་ནི། ཁ་ཟས་བཟང་པོ་ལ་དུག་བཏབ་པ་བཞིན་དུ་ཤིན་ཏུ་འཇིགས་པ་ཆེན་པོར་བལྟ་བར་བྱ་སྟེ། དེ་འདྲ་བ་ལ་སྐྱོན་བྱུང་བ་མང་བའི་ཕྱིར་རོ། །གཉིས་པ་ལ། སྔོན་བྱུང་གི་ལོ་རྒྱུས་བསྟན་ཏེ་གནད་བཅོས་ན་ཆོས་གཞན་དོན་མེད་པས་མདོར་བསྟན། ཐེག་པ་གསུམ་གྱི་ཆོས་ཀྱི་གནད་ངོས་བཟུང་སྟེ་བཅོས་ཚུལ་རྒྱས་པར་བཤད། གནད་བཅོས་པའི་བདུད་བྱུང་ཚུལ་བསྟན་པས་མཇུག་བསྡུ་བའོ། །དང་པོ་ནི། དཔེར་ན་འདས་པའི་དུས་ན་སྔོན་བྱུང་བ་སྲིན་པོ་ལང་ཀ་མགྲིན་བཅུ་ཞེས་བྱ་བས་འབད་པས་ལྷ་དབང་ཕྱུག་ཆེན་པོ་བསྒྲུབས་པས། དེའི་ཚེ་ལོ་གྲངས་ས་ཡ་བཅུ་གཉིས་དང་། ས་ཡ་ཕྱེད་ཀྱིས་ལྷག་པས་ཏེ་ཕྱེད་དང་བཅུ་གསུམ་ཐུབ་པའི་དངོས་གྲུབ་སྦྱིན་པས། ལྷ་ཁྲབ་འཇུག་ཕྲག་དོག་གིས་གཟིར་ནས། ལང྄་མགྲིན་བཅུ་ལ་ནི་འདི་སྐད་ཅེས་སླུས་ཏེ། ཁྱོད་ཀྱི་འབད་པ་ཆེ་མོད་ཀྱི། དབང་ཕྱུག་གི་ནི་དངོས་གྲུབ་ཆུང་བས་ད་དུང་སྟར་གྱི་ཚེ་ཚད་དེ་མ་ཡིན་པའི་ཚེ་ཚད་ལོ་ས་ཡ་ཕྲག་ཕྱེད་ཐུབ་པ་ཡོད་པས་དེ་སློངས་ཤིག་ཟེར་རོ། །ལང྄་མགྲིན་བཅུས་ཚིག་དེ་བདེན་པར་བསམས་ནས་དབང་ཕྱུག་ལ་དོན་དེ་ཞུས་ཤིང་། དབང་ཕྱུག་ཆེན་པོ་ནས་ཀྱང་དེ་བཞིན་དུ་གྱུར་ཅིག་ཅེས་སྦྱིན་པས་སྔོན་གྱི་ཚེ་ཚད་མ་ཡིན་པ་ཞེས་པའི་གནད་བཅོས་པའི་ཚིག་དེ་ཡིས་སྔར་གྱི་དངོས་གྲུབ་ས་ཡ་ཕྱེད་དང་བཅུ་གསུམ་པོ་ཐམས་ཅད་ཡལ་ནས། ས་ཡ་ཕྱེད་ལས་མ་ཐུབ་བོ། །ལྷ་མ་ཡིན་གྱི་དབང་པོ་གསེར་ཅན་གྱི་དངོས་གྲུབ་ཀྱང་གནད་བཅོས་པ་དེ་འདྲའི་ཚུལ་

གྱིས་ཉམས་ཞེས་ཐོས་ཏེ། དེ་ཡང་ལྷ་མ་ཡིན་གྱི་དབང་པོ་གསེར་ཅན་དང་། འགྲོ་སྐྱོབ་དང་། ཆུ་སྐྱར་ཞེས་བྱ་བ་མིང་གི་རྣམ་གྲངས་ཡིན་ཏེ། དེས་དབང་ཕྱུག་ཆེན་པོ་ལྷའི་ལོ་འབུམ་ཕྲག་བཅུ་དྲུག་ཏུ་བསྒྲུབས་པས་གྲུབ་སྟེ་དངོས་གྲུབ་གང་འདོད་སློང་ཤིག་ཟེར་རོ། །གསེར་ཅན་གྱིས། བདག་ཁང་པའི་ཕྱི་དང་ནང་དང་ནམ་མཁར་མི་གསོད་པ་དང་། དུག་དང་། མཚོན་དང་། མི་དང་མི་མ་ཡིན་པས་མི་གསོད་པའི་དངོས་གྲུབ་ཞུ་བྱས་པས་དེ་བཞིན་དུ་སྦྱིན་ནོ། །དེ་ནས་གསེར་ཅན་གྱིས་བུ་མང་པོ་ཡོད་པ་ལ་རིམས་ཀྱིས་ཤི་ནས་བུ་གཞོན་ནུ་གཅིག་ལུས་པ་ལ། ཁྱོད་ཀྱིས་ཤེས་ན་ང་ལ་བསྟོད་པ་གྱིས། མི་ཤེས་ན་ཡུལ་གཞན་དུ་སོང་ཞིག །ཕ་ཤི་ན་རྗེས་སུ་བུ་དགོས་པ་ལ། ང་ནི་མི་འཆི་འོ་ཞེས་ཟེར། བུས་ཕྱོགས་གཞན་དུ་འཁྱམས་པས་ཁྱབ་འཇུག་སྐྱེ་བོ་ཕལ་པའི་གཟུགས་ཀྱིས་གཞོན་ནུ་དེའི་དྲུང་དུ་འོངས་ཏེ་དྲིས་པས། རྒྱ་མཚན་དེ་རྣམས་ཞིབ་ཏུ་བཤད་དོ། །དེ་ནས་ཁྱབ་འཇུག་གིས་ཁྱོད་རང་ཕའི་གམ་དུ་སོང་ལ་ཐེམ་པའི་སྟེང་དུ་ཁྲི་བཙུགས་པ་ལ་ཕ་ཞོག །དེའི་མདུན་དུ་བསྟོད་པ་འདི་སློས་ཤིག །རི་བོ་རི་བོ་ལ་ནི་ཐུབ་པ་བཞུགས། །ཆུ་བོ་ཆུ་བོ་ལ་ནི་ཆུ་ལྷ་གནས། །བཞི་མདོ་བཞི་མདོ་ལ་ནི་ཞི་བ་སྟེ། །ཀུན་ཏུ་ཀུན་ལ་དབང་བྱེད་ཁྱབ་འཇུག་ཡིན། །ཞེས་བསླབས་སོ། །བུས་དེ་བཞིན་དུ་བྱས་པས་ཕ་ཁྲོས་ནས། ཐམས་ཅད་ལ་ཁྱབ་འཇུག་གནས་ན། འདི་ལའང་ཡོད་དམ་ཞེས་ཐེམ་པ་ལ་ཁུ་ཚུར་བསྣུན་པས། དེ་ནས་ཁྱབ་འཇུག་ལུས་པོ་མི། མགོ་བོ་སེང་གེ། སེན་མོ་ལྕགས་ལ་བྱས་པ་ཞིག་བྱུང་སྟེ། གསེར་ཅན་པང་དུ་བཞག་ནས་སེན་མོས་ལྟོ་དྲལ་ཏེ་བསད་དོ། །གཏམ་རྒྱུད་འདི་དག་ནི་དགའ་བྱེད་ཀྱི་འཇུག་པ་དང་། ལེགས་བཤད་ཀྱི་འགྲེལ་པ་སོགས་ལས་བལྟ་བར་བྱའོ། །གཞན་ཡང་ཨོཾ་མེད་པའི་གསང་སྔགས་ལ། གཡོ་ཅན་གྱིས་ནི་ཨོཾ་བཅུག་པས་སྔགས་ཀྱི་ནུས་པ་ཉམས་པ་མཐོང་ཞིང་། དེ་བཞིན་དུ་སྭཱ་ཧཱ་དང་། ཧཱུྃ་ཕཊ་དང་། གུག་འགྲེང་སོགས་ཡོད་པ་རྣམས་ལ་ཕྲི་བ་དང་། མེད་པ་རྣམས་ལ་བསྣན་པ་དང་། གཞན་ཡང་སྔགས་ཀྱི་གནད་རྣམས་ལ་མི་དང་མི་མ་ཡིན་གཡོ་ཅན་གྱིས་ཡི་གེ་ཀ་དགོས་པ་ལ་གར་བཅོས་པ་ལྟ་བུས་གསང་སྔགས་དག་གི་ནུས་པ་ཉམས་པ། གཏན་མེད་པ་དང་། ཕྱིན་ཅི་ལོག་ཏུ་གྱུར་པའི་ཉམས་པ་དང་། ཕྱིར་འགྱུངས་པ་མང་པོ་མཐོང་སྟེ་དེ་ཡང་དཔེར་ན་ཆར་པ་ཐན་པར་གྱུར་པ་དང་། མཐུ་ཞག་བདུན་མ་ལོ་བདུན་མར་གྱུར་པ་ལྟ་བུ་དང་། འགའ་ཞིག་གི་ཞི་བ་ཤཱནྟིཾ་ཀུ་རུ་ཞེས་བྱས་པས་ཞི་བ་ཞི་བར་གྱུར་ཞེས་པ་དང་། མཱ་ར་ཡ་སོད། ཅེས་པ་གསོད་བྱེད་གསོད་ཅེས་པ་ལྟ་བུའོ། །དེ་བཞིན་དུ་ཆོས་ཀྱི་གནད་རྣམས་ཅུང་ཟད་བཅོས་པ་ལས་ཀྱང་དངོས་གྲུབ་ཉམས་པར་འགྱུར་བ་མདོ་རྒྱུད་ལས་གསུངས་ཏེ། གསུངས་ཚུལ་ནི་འོག་ནས་འཆད་དོ། །དེའི་ཕྱིར་ཆོས་གཞན་ལེགས་ན་ཡང་ཟབ་ཅིང་ཕྲ་བའི་གནད་རྣམས་བཅོས་ན་ཁང་པ་ལ་བསེལ་བཙུག་པ་ལྟར་ཐམས་ཅད་འཇིག་གོ། །

གཉིས་པ། ཐེག་པ་གསུམ་གྱི་གནད་དོན་བཟུང་སྟེ་བཅོས་ཚུལ་རྒྱས་པར་བཤད་པ་ལ། གནད་དོན་བཟུང་། བཅོས་ཚུལ་རྒྱས་པར་བཤད་པའོ། །དང་པོ་ནི། དེས་ན་ཉན་ཐོས་ཀྱི་ཐེག་པ་ལ་ཚུལ་ཁྲིམས་དང་ལྷ་བའི་སྐབས་སུ་སྡོམ་པ་དང་བདེན་བཞིའི་གནད་བཅོས་ན་ཉན་ཐོས་ཀྱི་ཆོས་གཞན་ཀུན་བཟང་ཡང་འཇིག་ཅིང་འབྲས་བུ་མི་འབྱུང་ངོ་། །ཐེག་པ་ཆེན་པོ་ལ་སེམས་བསྐྱེད་ཀྱི་སྡོམ་པ་དང་དེའི་བསླབ་བྱའི་གནད་བཅོས་ན་ཐེག་པ་ཆེན་པོའི་ཆོས་ཀུན་འཇིག་གོ །གསང་སྔགས་ཀྱི་ནི་སྡོམ་པ་ལ་དབང་བསྐུར་བ་དང་སྒོམ་པ་ལ་རིམ་པ་གཉིས་ཀྱི་གནད་བཅོས་ན་གསང་སྔགས་ཀྱི་ནི་ཆོས་ཀུན་འཇིག་གོ །

གཉིས་པ། བཅོས་ཚུལ་རྒྱས་པར་བཤད་པ་ལ། སྡོམ་གསུམ་སོ་སོའི་གནད་བཅོས་ཚུལ། ཐུན་མོང་གི་གནད་བཅོས་ཚུལ་ལོ། །དང་པོ་ལ། མདོར་བསྟན་པ་དང་། རྒྱས་པར་བཤད་པའོ། །དང་པོ་ནི། དེས་ན་ད་ལྟའི་ཆོས་འགའ་ལ་གནད་ཀྱི་གནད་རྣམས་བཅོས་པ་རྫུ་དོགས་པའི་ཆོས་ལུགས་འགའ་ཞིག་ཡོད་པས་དེ་ཡང་མདོ་ཙམ་བཤད་ཀྱིས་ཉོན་ཞིག །

གཉིས་པ། རྒྱས་པར་བཤད་པ་ལ། སོ་ཐར་སྡོམ་པའི་གནད་བཅོས་ཚུལ། བྱང་སེམས་སྡོམ་པའི་གནད་བཅོས་ཚུལ། གསང་སྔགས་ཀྱི་སྡོམ་པའི་གནད་བཅོས་ཚུལ་ལོ། །དང་པོ་ནི། སྡོམ་པ་གསུམ་གྱི་ཟླས་ཕྱེ་བའི་སོ་སོར་ཐར་པའི་སྡོམ་པ་ནི། བྱང་ཆུབ་མ་ཐོབ་ཀྱི་བར་དུ་བླངས་པར་གྱུར་ན་སོ་སོར་ཐར་པ་ཅི་ནས་འཇིག་སྟེ་འདི་ཡང་ཆོས་ཀྱི་གནད་རྣམས་བཅོས་པར་དོགས་སོ། །འདི་འབྲི་ཁུང་པ་ཧེ་སྲིད་འཚོ་ཞེས་པ་དེ་སེམས་ཧེ་སྲིད་འཚོ་ལ་དགོངས་པ་ཡིན་པས་སོ་ཐར་སྡོམ་པ་ཤི་འཕོས་པས་མི་གཏོང་ངོ་ཞེས་ཟེར་བ་དེ་འགོག་པ་ཡིན་མོད། དེང་སང་ནི་གོ་བོ་རབ་འབྱམས་པ་རྗེས་འབྲང་དང་བཅས་པ་ཡང་འདིའི་ཕྱོགས་སུ་ཁས་ལེན་པ་ལ་ངོ་མཚར་རྒྱུ་མི་སྣང་ངོ་། །འདིར་རྣམ་བཤད་མཛད་པ་སྦྱོར་ཁང་པ་ནི། བྱང་ཆུབ་སེམས་དཔའི་རྒྱུད་ཀྱི་སྡོམ་པ་ཡིན་ཀྱང་སོ་ཐར་པའི་སྡོམ་པ་ཡིན་ན་ནི་ཤི་འཕོས་པས་གཏོང་བའི་ཕྱིར། འདི་འདྲའི་རང་བཟོས་སངས་རྒྱས་ཀྱིས་གསུངས་པའི་སོ་སོ་ཐར་པའི་བསྟན་པ་འཇིག་པར་འགྱུར་རོ། །ཞེས་གསུངས་པ་ནི་ལེགས་པར་སྣང་ངོ་། །གལ་ཏེ་འདི་ཐེག་དམན་སོ་ཐར་ལ་དགོངས་སོ་སྙམ་ན་དེ་ནི་མ་ཡིན་ཏེ། འདིའི་གཞུང་ཚན་པ་གསུམ་པོ་འདི་ན་བསྟན་བཅོས་འདིའི་བསྟན་བྱའི་གཙོ་བོར་གྱུར་པའི་སྡོམ་པ་གསུམ་པོ་དེའི་གནད་ལ་འཁྲུལ་པ་འགོག་བྱེད་ཡིན་པས་སོ། །

གཉིས་པ། བྱང་སེམས་སྡོམ་པའི་གནད་བཅོས་ཚུལ་ལ། ལེན་བྱེད་ཆོ་གའི་གནད་བཅོས་ཚུལ་དང་། སྲུང་བྱེད་བསླབ་བྱའི་གནད་བཅོས་ཚུལ་ལོ། །དང་པོ་ནི། བྱང་ཆུབ་སེམས་དཔའི་སྡོམ་པ་ལ་ཀུན་ལ་བྱ་བར

གསུངས་པའི་དབུ་མའི་ལུགས་བཞིན་མི་བྱེད་པར། མ་གསུངས་པའི་སེམས་ཙམ་པའི་སྡོམ་པའི་ཆོ་ག་ནི་སྐྱེ་བོ་ཀུན་ལ་བྱེད་པ་མཐོང་སྟེ། འདིའི་ཆོ་ག་ངེས་པར་འཛིག་ཅིང་མི་འཆགས་པས་འདི་ཡང་གནད་བཅོས་པར་མཐོང་ངོ་། །གཉིས་པ་ནི། སེམས་བསྐྱེད་ཀྱི་ནི་བསླབ་པར་བྱ་བའི་མཆོག་བདག་གཞན་བརྗེ་བའི་བྱང་ཆུབ་ཀྱི་སེམས་བསྒོམ་དུ་མི་རུང་ངོ་ཞེས་སྨྲ་བ་འདི་ཡང་གནད་རྣམས་བཅོས་པར་མཐོང་སྟེ་དེ་མེད་པར་སངས་རྒྱས་མི་ཐོབ་པས་སོ། །

གསུམ་པ། སྔགས་སྡོམ་གྱི་གནད་བཅོས་ཚུལ་ལ། སྨིན་བྱེད་དབང་གི་གནད་བཅོས་ཚུལ། གྲོལ་བྱེད་ལམ་གྱི་གནད་བཅོས་ཚུལ། ཐུན་མོང་བ་བླ་མའི་རྣལ་འབྱོར་གྱི་གནད་བཅོས་ཚུལ། རྗེས་ཀྱི་དགེ་བའི་གནད་བཅོས་ཚུལ། སྔགས་ཀྱི་གནད་བཅོས་ཚུལ་རྒྱས་པ་སྐབས་འདིར་མི་སྟོན་པའི་རྒྱུ་མཚན་དང་ལྔའོ། །དང་པོ་ནི། གསང་སྔགས་ཀྱི་ནི་དབང་བསྐུར་བ་མེད་ཀྱང་ཕག་མོའི་བྱིན་རླབས་ཙམ་ལ་བརྟེན་ནས་གསང་སྔགས་ཟབ་མོ་བསྒོམ་དུ་རུང་ངོ་ཞེས་ཟེར་བ་འདི་ཡང་གནད་རྣམས་བཅོས་པར་དོགས་ཏེ། རྡོ་རྗེ་འཆང་གིས། དབང་མེད་ན་ནི་དངོས་གྲུབ་མེད། །ཅེས་པས་བཀག་པས་ནའོ། །གཉིས་པ་ནི། གསང་སྔགས་ཀྱི་ལམ་གྱི་མཆོག་ཏུ་གྱུར་པ་རིམ་པ་གཉིས་པོ་རྒྱུད་སྡེ་ལས་གསུངས་པའི་ཚུལ་བཞིན་དུ་མི་སྒོམ་པར། བསྐྱེད་རིམ་དགྲོང་བསྐྱེད་ཁོ་ན་དང་། ཕྱག་ཆེན་རྟོག་པ་ཁ་ཆོམ་ཙམ་སོགས་རང་བཟོའི་གདམས་ངག་དུ་མ་ཡིས་བླུན་པོ་ལ་ངེས་ཤེས་སྐྱེས་པ་ཐོས་སྟེ། མདོ་རྒྱུད་ཀུན་ལས་བཀག་པས་ན། འདི་རྣམས་ཀྱང་གནད་བཅོས་པར་དོགས་སོ། །གསུམ་པ་ནི། བསྐྱེད་པའི་རིམ་པ་ཡི་མཐར་ཐུག་པ་དབུ་རྒྱན་ལ་ནི་རང་གི་རིགས་ཀྱི་བདག་པོའི་རྒྱས་བཏབ་འབྱུང་སྟེ། དེ་ཡང་དབང་བསྐུར་བའི་ཚེ་ན་ཡེ་ཤེས་ཀྱི་བདུད་རྩིས་དབང་བསྐུར་སྐུ་གང་། དྲི་མ་དག །ཆུའི་ལྷག་མ་ཡར་ལུད་པས་རིགས་བདག་གིས་དབུ་བརྒྱན་ཞེས་ཟེར་བས་སོ། །རིགས་བདག་དེ་ནི་རང་གི་རྩ་བའི་བླ་མ་ཡིན་ཏེ། རྡོ་རྗེ་རྩེ་མོར། མགོན་དེས་ཡོངས་སུ་བཟུང་བ་ལས། །དེ་ཡི་རིགས་ཀྱི་དཀྱིལ་འཁོར་ཡིན། །ཞེས་གསུངས་པས་སོ། །གལ་ཏེ་རིགས་བདག་འདི་ནི་འཆོལ་བར་གྱུར་ན། དངོས་གྲུབ་མེད་པར་རྒྱུད་ལས་གསུངས་ཏེ། ཀྱེ་རྡོ་རྗེ་ལས། རིགས་འཆོལ་སྒོམ་པའི་སྦྱོར་བ་ཡིས། །དངོས་གྲུབ་མེད་ཅིང་སྒྲུབ་པོའང་མེད། །ཅེས་གསུངས་པས་སོ། །འོན་ཀྱང་ཁ་ཅིག་སོ་སོ་སྐྱེ་བོའི་བླ་མ་སྤྱི་བོར་བསྒོམ་པར་བྱ་བ་མ་ཡིན་ཏེ། ཚོ་ལ་གནོད་ཅེས། འབྲི་ཁུང་པ་ལ་ལ་ཟེར་ཏེ་འདི་ཡང་གནད་རྣམས་བཅོས་པར་དོགས་སོ། །

བཞི་པ། རྗེས་ཀྱི་དགེ་བའི་གནད་བཅོས་ཚུལ་ནི། ཡོད་པའི་དགེ་བ་ཞེས་བྱ་བ་ཆོས་ཀྱི་དབྱིངས་ལ་བསམས་ནས་ནི་དེ་ལ་བསྔོ་བའི་རྒྱུར་བྱེད་པ་འདི་ཡང་གནད་རྣམས་བཅོས་པར་དོགས་ཏེ། དམིགས་པ་མེད་

པའི་ཆོས་ཀྱི་དབྱིངས་ལ་དམིགས་པའི་དགེ་བར་བསྒྱུར་ནས་བསྔོ་བ་འདི་ནི་དུག་དང་བཅས་པར་མདོ་རྒྱུད་ཀུན་ལས་གསུངས་ཏེ། གསུངས་ཚུལ་ནི་ལེའུ་དང་པོར་བཤད་ཟིན་ཏོ། །རྒྱུ་མཚན་དེས་ན་འདི་ཡང་གནད་རྣམས་བཅོས་པར་དགོས་སོ། །

ལྔ་པ། སྔགས་ཀྱི་གནད་བཅོས་ཚུལ་གཞན་རྣམས་སྐབས་འདིར་མི་སྟོན་པའི་རྒྱུ་མཚན་ནི། དོན་དུ་མི་རྟོག་ཡེ་ཤེས་དང་མ་འབྲེལ་བའི་གཏུམ་མོ་བསྒོམ་པ་དང་། རྟོག་པ་ཁ་ཆེམ་གྱི་ཕྱག་རྒྱ་ཆེན་པོ་བསྒོམ་པ་དང་། དབང་གོང་མ་གཉིས་ཀྱི་ཡེ་ཤེས་དཔའ་བ་བཞི་གནས་དང་གོ་རིམ་དང་། རང་གི་ངོ་བོ་ལ་འཁྲུལ་བ་སོགས་དང་། དམ་ཚིག་དང་སྡོམ་པའི་གནད་བཅོས་པས། ཉེས་པ་མེད་པ་ལ་ཡོད་པ་དང་། ཡོད་པ་ལ་མེད་པར་འཆད་པ་མང་མོད་ཀྱི། ཕལ་ཆེར་གསང་སྔགས་ཡིན་པའི་ཕྱིར་འདིར་མ་བཤད་པས་ལོགས་སུ་བཤད་པ་ལ་བལྟ་བར་བྱའོ། །

གཉིས་པ། ཐུན་མོང་གི་གནད་བཅོས་ཚུལ་ལ། དངོས་གཞི་སྟོང་ཉིད་དང་སྙིང་རྗེ་ཟུང་འཇུག་ཏུ་དགོས་པས་མདོར་བསྟན། སྟོང་རྐྱང་ཀྱིག་ཐུབ་ཡིན་པ་དགག་པས་རྒྱས་པར་བཤད་པའོ། །དང་པོ་ནི། ཆོས་རྣམས་ཀུན་གྱི་རྩ་བ་ནི་སྟོང་ཉིད་སྙིང་རྗེའི་སྙིང་པོ་ཅན་ཐབས་དང་ཤེས་རབ་ཟུང་འཇུག་ཏུ་མདོ་དང་རྒྱུད་ཀུན་ལས་རྒྱལ་བས་གསུངས་ཏེ། སྤྱོད་པ་ལས། དེ་དག་ཐབས་ཀྱི་ཡོན་ཏན་ཤེས་རབ་ཡོངས་ཟིན་ནས། །མཆོག་ཏུ་སྨད་བྱུང་བདེ་གཤེགས་བྱང་ཆུབ་མྱུར་དུ་རེག །ཅེས་དང་། རྡོ་རྗེ་གུར་ལས། སྟོང་ཉིད་སྙིང་རྗེ་ཐ་དད་མེད། །ཅེས་གསུངས་སོ། །གཉིས་པ་ནི། ལ་ལ་སེམས་ངོ་འཕྲོད་ན་ཡོན་ཏན་ཅི་ཡང་མི་དགོས་པར་འཚང་རྒྱ་བས་སྦྱོར་གྲོལ་བསྒོམ་པ་རྐྱང་པ་ནི་དཀར་པོ་ཆིག་ཐུབ་ཡིན་ཞེས་ཟེར། འདི་ཡང་གནད་རྣམས་བཅོས་པར་དགོས་སོ། །གནད་རྣམས་མིན་པའི་ཆོས་གཞན་ཡན་ལག་འགའ་ཞིག་མ་ཚང་བ་དང་། ལྷག་པ་དང་། ཕྲང་ཟད་འཁྲུལ་པར་གྱུར་ན་ཡང་ཉེས་པ་ཆེན་པོ་སྐྱེད་མི་ནུས་ཤིང་། ཆོས་ཀྱི་གནད་རྣམས་བཅོས་པར་གྱུར་ན་ཆོས་གཞན་འགའ་ཞིག་བཟང་ཡང་འཚང་རྒྱ་མི་ནུས་ཏེ། དཔེར་ན་འགྲོ་བ་སེམས་ཅན་གཟུགས་ཅན་རྣམས་ཀྱི་སྲོག་གི་རྩ་བ་སྙིང་དང་། ལྗོན་ཤིང་རྣམས་ཀྱི་སྐྱེ་བའི་རྩ་བ་དང་། ནས་ལ་སོགས་པའི་ས་བོན་གྱི་སྐྱེ་བའི་ས་དང་། སྣམ་བུ་ལ་སོགས་པའི་ཐགས་རྣམས་ཀྱི་ནི་སྲོག་ཤིང་དང་། བཙུད་ཀྱི་ལེན་གྱི་རྩ་བ་དངུལ་ཆུ་ལྷ་བུ་དང་། མིག་སོགས་དབང་པོ་རྣམས་ཀྱི་གནད་གང་གིས་ཡུལ་འཛིན་པར་ནུས་པ་རྣམས་གཞན་དུ་འཕྱུགས་ན་དོན་སྒྲུབ་ཏུ་མི་རུང་བ་དེ་བཞིན་དུ། ཆོས་ཀྱི་གནད་འཕྱུགས་ན་ཆོས་གཞན་ལེགས་ལེགས་འདྲ་ཡང་དོན་དུ་གཉེར་བྱའི་འབྲས་བུ་མེད་པ་དེས་ན། གནད་མ་ཡིན་པའི་ཆོས་ལ་ལ་འཁྲུལ་ཡང་བླ་སྟེ། ཉེས་པ་ཆུང་གི །ཆོས་ཀྱི་གནད་རྣམས་འཁྲུལ་པ་མེད་པ་དཔྱད་ཅིང་ཉམས་སུ་བླང་དགོས་སོ། །

གསུམ་པ། གནད་བཅོས་པའི་བདུད་བྱུང་ཚུལ་བསྟན་པས་མཇུག་བསྡུ་བ་ལ། གནད་བཅོས་པའི་བདུད་བྱུང་ཚུལ་དོན་གྱི་སྒོ་ནས་མདོར་བསྟན། དཔེའི་སྒོ་ནས་རྒྱས་པར་བཤད། དེས་གཞན་ཡང་མཚོན་ཏེ་གནད་བཅོས་པ་ལ་བཟང་པོའི་སྤྱོད་པ་སྟོན་དགོས་པས་མཇུག་བསྡུ་བའོ། །དང་པོ་ནི། དེ་ལ་གནད་བཅོས་པའི་བདུད་ཇི་ལྟར་བྱུང་ན་བདུད་ལ་ལ་ནི་ཀླུ་དཀར་རྒྱལ་བཞིན་དུ་སངས་རྒྱས་དངོས་སུ་སྟོན་ཅིང་། །ཁ་ཅིག་མཁན་པོ་དང་། སློབ་དཔོན་དང་། སྔགས་ཀྱི་བླ་མའི་ཆ་ལུགས་འཛིན་པ་དང་། ཕ་མའམ་ཉེ་དུའི་ཆ་ལུགས་ཀྱིས་སེམས་ཅན་རྣམས་ནི་བསླུ་བར་བྱེད་དེ། མདོ་ལས། བདུད་སྡིག་ཅན་དགེ་སློང་གི་ཆ་བྱད་དུ་བསྒྱུར་ནས། ཞེས་གསུངས་པས་སོ། །འགའ་ཞིག་ངའི་ལུགས་འདི་མི་བྱེད་ན། ཆད་པས་གཅོད་ཞེས་རྒྱབ་པོ་སླུ་བར་བྱེད་ཅིང་བསྡིགས་པའི་ཚུལ་གྱིས་ཆོས་ལོག་ཏུ་བསྒྱུར་བར་བྱེད་དོ། །ལ་ལ་འཇམ་པོར་སླུ་བར་བྱེད་ཅིང་ཁྱོད་ཀྱི་རིགས་ལ་ཆོས་འདི་ལྟ་བུ་ཕན་ཞེས་ཆོས་ལོག་བསྟན་ནས་བསླུ་བར་བྱེད་དོ། །ལ་ལ་སངས་རྒྱས་ཀྱིས་གསུངས་པའི་ལུང་ཕྱིན་ཅི་ལོག་ཏུ་ལྟ་བའི་ལུང་ལ་སྤྱོད་པ་དང་། སྤྱོད་པའི་ལུང་ལ་ལྟ་བའི་ལུང་དུ་བཤད་ནས་བསྒྱུར་བ་དང་། ལ་ལ་རིགས་པ་བཟང་པོ་དབུ་མའི་རིགས་པ་ལ་ངན་པ་རྟོག་པའི་རིགས་པ་ཡིན་ནོ་ཞེས་བཤད་ནས་བསྒྱུར་བ་དང་། ལ་ལ་རིགས་པ་ངན་པ་དངོས་པོར་སྨྲ་བའི་རིགས་པ་ལ་བཟང་པོ་དབུ་མའི་ལྟ་བུར་བཅོས་ནས་བསྒྱུར་བ་དང་། ལ་ལ་ཟས་ནོར་ཅི་འདོད་པའི་རྔན་པ་བྱིན་ནས། ངའི་ལུགས་འདི་གྱིས་ཤིག་ཅེས་ཆོས་ལོག་སྟོན་པ་དང་། ཀ་རུ་འཛིན་ལྟ་བུ་ལ་ལ་སློབ་མའི་ལུས་དང་སེམས་ལ་ཏིང་ངེ་འཛིན་ཅུང་ཟད་སྐྱེད་ནས་དེ་ལ་ཡིད་ཆེས་སྐྱེས་པ་དང་། ལོག་པའི་ཆོས་རྣམས་བསྟན་ནས་བསླུ་བར་བྱེད་དོ། ཀླུ་དཀར་རྒྱལ་ལྟ་བུ་ལ་ལ་མངོན་པར་ཤེས་པ་དང་རྫུ་འཕྲུལ་ཅུང་ཟད་བསྟན་ནས་ཀུང་བླུན་པོ་ཡིད་ཆེས་བསྐྱེད་ནས་ནི་ཕྱི་ནས་ཆོས་ལོག་སྟོན་པར་བྱེད་དོ། །ལ་ལ་ངས་འདི་ལྟར་བསྒོམས་པས་དེ་ལ་རྟོགས་པ་འདི་སྐྱེས་པས་ཁྱོད་ཀྱང་འདི་ལྟར་བསྒོམ་པར་གྱིས་ཤིག །ཅེས་རང་གི་ཉམས་མྱོང་ཡིན་པའི་ཚུལ་དུ་བྱས་ནས་ཆོས་ལོག་སྟོན་ནོ། །མདོར་ན་སངས་རྒྱས་གསུང་རབ་དང་ཕལ་ཆེར་མཐུན་པར་སྟོན་ན་ཡང་གནད་རྣམས་ལོག་པར་སྟོན་པའི་ཆོས་ནི་ལེགས་ལེགས་འདྲ་བར་སྟོན་ན་ཡང་བདུད་ཀྱི་བྱིན་རླབས་ལས་བྱུང་བ་ཡིན་ནོ་ཞེས་མདོ་རྒྱུད་ཀུན་ལས་གསལ་བར་གསུངས་ཏེ། སྡོང་པོ་བཀོད་པའི་མདོ་ལས། བྱང་ཆུབ་ཀྱི་སེམས་ཉམས་པར་བྱེད་པའི་དགེ་བའི་རྩ་བ་རྫོམ་པར་བྱེད་པ་ཐམས་ཅད་ནི་བདུད་ཀྱི་ལས་སོ༑ ༑ཞེས་དང་། འཇམ་དཔལ་རྣམ་པར་འཕྲུལ་པའི་མདོ་ལས། ལྷའི་བུ་བྱང་ཆུབ་སེམས་དཔའ་རྣམས་ཀྱི་བདུད་ཀྱི་ལས་ནི་བརྩོན་འགྲུས་ལས་འབྱུང་བར་རིག་པར་བྱ་སྟེ། དེ་ཅིའི་ཕྱིར་ཞེ་ན། མི་བརྩོན་པ་ལ་བདུད་ཀྱིས་ཅི་ཞིག་བྱ་སྟེ། དེ་ཉིད་བདུད་ཡིན་པའི་ཕྱིར་རོ་ཞེས་དང་། དུས་འཁོར་ལས་ཀྱང་། སེམས་ཅན་རྣམས་སྡིག

པའི་སེམས་སུ་གྱུར་པ་བདུད་ཀྱི་ཚོགས་ཀྱིས་བྱིན་གྱིས་བརླབས་སོ་མི་ཡི་བདག་པོ་ཀྱེ། ཞེས་གསུངས་པས་སོ། །

གཉིས་པ། དཔེའི་སྒོ་ནས་རྒྱས་པར་བཤད་པ་ནི། འདི་དག་སྔོན་ཇི་ལྟར་བྱུང་བའི་ཚུལ་མདོ་ཙམ་ཞིག་ང་ཡིས་བཤད་ཀྱི་ཉོན་ཞིག ལོ་ཙཱ་བ་ཆེན་པོ་རིན་ཆེན་བཟང་པོ་བཞུགས་པའི་ཚེ། སྟོད་མངའ་རིས་མང་ཡུལ་དུ་སངས་རྒྱས་དཀར་རྒྱལ་ཞེས་བྱ་བར་མིང་བཏགས་པ་ཞིག དཔྲལ་བའི་སྨིན་མཚམས་ནས་སྐྲ་མ་པ་སངས་ལྟ་བུའི་འོད་འབྱིན་ཞིང་། བར་སྣང་སྟོང་པ་ལ་སྐྱིལ་མོ་ཀྲུང་འཆའ་ལ། རེས་འགའ་འཇག་མའི་ཁྲི་ལ་སྟོད་ཅིང་སྤྲོས་བྲལ་སྟོང་པ་ཉིད་ཀྱི་ཆོས་རྣམས་ཐོགས་པ་མེད་པར་སྟོན་ལ། འགྲོ་བ་ཉམ་ཐག་པ་རྣམས་ལ་བྱམས་པ་དང་སྙིང་རྗེ་ཆེ་བ་ལྟ་བུར་སྣང་ཞིང་། དེས་བསྟན་པའི་ཆོས་ཀྱིས་གཞན་དག་ལ་ཏིང་ངེ་འཛིན་ཡང་སྐྱེ་བར་བྱེད་དོ། །དེ་ལ་དེ་དུས་ཀྱི་འཇིག་རྟེན་ཐམས་ཅད་དེ་ཕལ་ཆེར་མོས་ཤིང་ཤཱཀྱའི་རྒྱལ་པོའི་བསྟན་པ་དང་འདྲ་མིན་ཅུང་ཟད་བཅོས་ནས་འཆད་པར་བྱེད་དོ། །དེའི་བསྟན་པ་བོད་ཁམས་སུ་ཤིན་ཏུ་འཕེལ་བ་དེའི་ཚེ། མངའ་རིས་ཞང་ཞུང་དུ་སྐུ་འཁྲུངས་ཤིང་བསླབ་པ་གསུམ་དང་ལྡན་པ། མདོ་རྒྱུད་བསྟན་བཅོས་མཐའ་དག་ལེགས་པར་ཐུགས་སུ་ཆུད་ཅིང་སྐད་གཉིས་སྨྲ་བའི་མཆོག་ཏུ་གྱུར་པ། ཁྱད་པར་གསང་སྔགས་གསར་འགྱུར་གྱི་བསྟན་པ་དར་བར་མཛད་པའི་སྐྱེས་མཆོག་རིན་ཆེན་བཟང་པོ་ཞེས་བྱ་བ་དེས། ཀྱཻ་རྡོ་རྗེའི་སྒྲུབ་པ་ཟླ་བ་དྲུག་མཛད་ནས། བསྐྱེད་རིམ་གྱི་ཏིང་ངེ་འཛིན་ལ་བརྟན་པ་ཐོབ་པས། དེའི་དྲུང་དུ་བྱོན་པས་སངས་རྒྱས་དཀར་རྒྱལ་དུ་གྲགས་པ་དེ་བར་སྣང་ལ་སྐྱིལ་ཀྲུང་བཅས་ཏེ་ཆོས་འཆད་པའི་ཚེ། ལོ་ཆེན་རིན་ཆེན་བཟང་པོས་ལྡང་བའི་ལྟ་སྟངས་མཛད་དེ་གཟིགས་པ་ཙམ་གྱིས་དེ་ས་ལ་ལྷུང་ནས་བརྒྱལ་ཞེས་གྲག་གོ །དེ་ནས་ལོ་ཙཱ་བ་ཆེན་པོས་བླ་གོས་ཀྱིས་ཁོའི་མགུལ་ནས་བཅིངས་ཤིང་བཀའ་བསྒོ་དྲག་པོ་མཛད་པས། ཁོ་ན་རེ། མང་ཡུལ་གྲུར་མའི་མཚོ་ལ་གནས་པའི་ཀླུ་ཡིན། ངས་བསྟན་པའི་ཆོས་རྣམས་བོད་ཡུལ་ཐམས་ཅད་དུ་ཁྱབ་ཡོད། གཞུང་དང་གདམས་ངག་མང་པོ་ལ་ཆུ་ལ་ཆུ་བཏབ་པ་ལྟར་དབྱེར་མེད་དུ་འདྲེས་པས་ཕྱོགས་གཅིག་ཏུ་བསྡུ་མི་ཐུབ། ད་ཕྱིན་ཆད་ཆོས་ལོག་མི་སྟོན་པ་ཞུ་ཞེས་ཟེར་རོ། །གལ་ཏེ་དེའི་ཚེ་རིན་ཆེན་བཟང་པོ་ཞེས་བྱ་བའི་སྐྱེས་མཆོག་མི་བཞུགས་ན། སངས་རྒྱས་དཀར་རྒྱལ་ཞེས་བྱ་བའི་ཆོས་ལོག་གི་བསྟན་པ་གསར་པ་ཞིག་འབྱུང་ངོ་ཞེས་སྔ་རབས་ཀྱི་མཁས་པ་རྣམས་གསུང་པ་ཐོས་སོ། །དེས་ན་ཁྲུམ་བུ་ཞེས་བྱ་བའི་ཡུལ་གྱི་གཏིང་དུ་ནག་པོའི་ཕྱོགས་ལ་དགའ་བའི་ཀླུ་ཆེན་པོ་དཀར་རྒྱལ་ཞེས་བྱ་བ་ཞིག །ལུག་རྫི་ཞིག་གི་སེམས་ལ་ཞུགས་ནས་སངས་རྒྱས་ཀྱི་གཟུགས་སུ་བརྫུས་པ་ཡིན་ནོ༔ །ཞེས་ལོ་ཆེན་རིན་ཆེན་བཟང་པོ་གསུང་ངོ་། །

གསུམ་པ། དེས་གཞན་ཡང་མཚོན་ཏེ་གནད་འཚོས་པ་ལ་བཟང་པོའི་སྤྱོད་པ་སྟོན་དགོས་པར་བསྟན་

པའི་སྒོ་ནས་མཇུག་བསྡུ་བ་ནི། འདི་འདྲའི་རིགས་ཅན་གྱི་བདུད་རིགས་ཀྱི་འབྱུང་པོ་འགའ་ཞིག་གིས་མི་ཕལ་པའམ། འཕགས་པའི་གཟུགས་བཟུང་ནས་ལོག་པའི་ཆོས་ཀྱི་བསྟན་པ་སྤེལ་བའི་ཕྱིར་ཆོས་དང་བསྲེས་ནས་གནད་རྣམས་སུ་ཆོས་ལོག་བསྲེས་ནས་འཆད་པ་སྲིད་པས་དེ་འདྲ་ཤེས་ནས་སྤང་དགོས་སོ། །དཔེར་ན་ཁ་ཟས་བཟང་པོ་འགའ་ཞིག་ལ་སྦྱར་བའི་དུག་གིས་གང་ལ་བྱིན་པ་ཕལ་ཆེར་གསོད་ཀྱི། དུག་ཀྲུང་པ་ཡིན་པར་ཤེས་ན་འགའ་ཡང་དུག་གིས་གསོད་པར་ནུས་པ་མ་ཡིན་པ་དེ་བཞིན་དུ། ཆོས་བཟང་པོ་འགའ་ཞིག་ལ་ཆོས་ལོག་བསླད་པས་ཕལ་ཆེར་བསྡུ་ཞིང་། ཆོས་ལོག་ཀྲུང་པར་གོ་ན་ནི་འགའ་ཡང་བདུད་ཀྱིས་བསླུ་བར་མི་ནུས་པས་སོ། །དཔེ་གཞན་ཡང་རི་དྭགས་ཀྱི་ཇ་མ་མ་བསྟན་ན་པོང་བུའི་ཤ་བཙོང་བར་མི་ནུས་པ་ལྟར། དེ་བཞིན་དུ་ཐོག་མར་བཟང་སྤྱོད་མ་བསྟན་པར་ལོག་པའི་ཆོས་ཀྲུང་པས་བསླུ་བར་མི་ནུས་སོ། །བདུད་ཀྱི་བྱིན་རླབས་ཐམས་ཅད་ཀྱང་མཐའ་གཅིག་ཏུ་ངན་པ་ཁོ་ནར་ངེས་པ་མ་ཡིན་ཏེ། འོན་ཀྱང་བཟང་པོའི་ནང་ནས་ནི་གནད་གལ་ཆེ་བ་རྣམས་ཙུང་ཟད་བཅོས་པ་ཡིས་ཕན་པ་ལྟ་བུས་ཕ་རོལ་བསླུ་བར་བྱེད་པའི་ཕྱིར། འདི་འདྲ་རང་གིས་ཤེས་པར་བྱས་ནས་ཆོས་ཀྱི་གནད་རྣམས་མདོ་རྒྱུད་བཞིན་དུ་ཆོས་གཞན་གྱིས་མ་བསླད་པར་ཟུང་ཞིག །ཅེས་གདམས་པའོ། །

གསུམ་པ། ཤིང་རྟ་དང་སྲོག་དབང་གི་དཔེ་བཤད་པས་མཇུག་བསྡུ་བ་ནི། དཔེར་ན་ཤིང་རྟའི་སྲོག་ཤིང་ཆག་པར་གྱུར་ན་འཁོར་ལོ་བཟང་ཡང་འགྲོ་བར་མི་ནུས་ལ། སྲོག་གི་དབང་པོ་འགགས་པར་གྱུར་ན་མིག་ལ་སོགས་པའི་དབང་པོ་གཞན་དག་ལྟ་བ་ལ་སོགས་པའི་བྱ་བ་བྱེད་པ་མེད་པ་དེ་བཞིན་དུ། ཆོས་ཀྱི་གནད་འཁྲུགས་ན་ཆོས་གཞན་བཟང་ཡང་སངས་རྒྱས་སྒྲུབ་ནུས་པ་མེད་པར་འགྱུར་རོ། །དེའི་རྒྱུ་མཚན་རྫོགས་པའི་སངས་རྒྱས་ལས་མཁས་པའི་གང་ཟག་ནི་ས་འོག་ས་སྟེང་ས་བླའི་འཇིག་རྟེན་གསུམ་ན་མེད་པ་དེས་ན་དེས་གསུངས་པའི་མདོ་རྒྱུད་དགྲུག་པར་མི་བྱ་བ་ཡིན་པའི་ཕྱིར། དེའི་རྒྱུ་མཚན་ཡང་མདོ་རྒྱུད་དགྲུགས་ན་ཆོས་སྤྱོང་དུ་འགྱུར་ཞིང་འཕགས་པ་རྣམས་ཀྱང་སྨད་པར་འགྱུར་རོ། །ཞེས་མགོན་པོ་བྱམས་པས་རྒྱུད་བླ་མར་གསུངས་པ་བཞིན། ཇི་ལྟར་གསུངས་ཞེ་ན། གང་ཕྱིར་རྒྱལ་ལས་ཆེས་མཁས་འགའ་ཡང་འཇིག་རྟེན་འདི་ན་ཡོད་མིན་ཏེ། །མ་ལུས་དེ་ཉིད་མཆོག་ནི་ཚུལ་བཞིན་ཀུན་མཁྱེན་གྱིས་མཁྱེན་གཞན་མིན་པ། །དེ་ཕྱིར་དྲང་སྲོང་རང་ཉིད་ཀྱིས་བཞག་མདོ་སྡེ་གང་ཡིན་དེ་མི་དགྲུག །ཐུབ་ཚུལ་བཤིག་ཕྱིར་དེ་ཡང་དམ་ཆོས་ལ་ནི་གནོད་པ་བྱེད་པར་འགྱུར། །ཉོན་མོངས་རྨོངས་བདག་རྣམས་ཀྱིས་འཕགས་ལ་སྐུར་པ་དང་། །དེས་གསུངས་ཆོས་ལ་བརྙས་གང་དེ་ཀུན་ཞེན་ལྟས་བྱས། །དེས་ན་ཞེན་ལྟའི་དྲི་ཅན་དེ་ལ་བློ་མི་སྦྱར། །གོས་གཙང་ཚོན་གྱིས་རྣམ་བསྒྱུར་སྣུམ་

ཀྱིས་གོས་པ་མིན། །ཞེས་གསུངས་སོ། །འདིས་ནི་རྙིང་མ་བ་ཁ་ཅིག །སློབ་དཔོན་པདྨ་འབྱུང་གནས་སངས་རྒྱས་ལས་ཡོན་ཏན་གསུམ་གྱིས་ལྷག་ཞེས་ཟེར་བ་དེ་ཡང་ཁེགས་སོ། །

གཉིས་པ། འཕྲུལ་པའི་གྲུབ་མཐའ་སུན་འབྱིན་པའི་མན་ངག་བཤད་པ་ལ། རིགས་པས་སུན་འབྱིན་ཚུལ་དང་། ལུང་གིས་སུན་འབྱིན་པའི་ཚུལ་ལོ། །དང་པོ་ལ། རང་བཟོར་བསླུགས་པའི་རིགས་པ་དང་། རིགས་པ་གཞན་གྱིས་སུན་འབྱིན་པའི་ཚུལ་ལོ། །དང་པོ་ནི། འཕྲུལ་པའི་གྲུབ་མཐའ་སུན་འབྱིན་པའི་རྣམ་གཞག་ཅུང་ཟད་བཤད་ཀྱིས་ཉོན་ཞིག །ཁ་ཆེའི་ཡུལ་དུ་མུ་སྟེགས་ཀྱི་སྟོན་པ་དབང་ཕྱུག་དང་། ཁྱབ་འཇུག་སོགས་འོག་ཏུ་མནན་པའི་དགྱེས་རྡོར། བདེ་མཆོག །དུས་འཁོར་ལ་སངས་རྒྱས་ཀྱི་བྲིས་སྐུ་མུ་སྟེགས་དབྱངས་ཅན་དགའ་བ་ཞེས་བྱ་བས་མཐོང་ནས། དེ་གོ་ལོག་པའི་བྲིས་སྐུ་ཞིག་སངས་རྒྱས་པ་ལ་སྙིང་ནད་ཀྱི་བསམ་པས་བྱས་སོ། །དེ་ནས་མཁས་པ་ཆེན་པོ་ཛྙཱ་ན་ཤྲཱིས་མུ་སྟེགས་དེ་དང་རྩོད་པའི་རྩོད་གྲྭ་རུ་རང་གཞན་གཉིས་ཀྱི་སྡེ་པའི་པཎྜི་ཏ། ནང་པའི་སཎྜི་ཏ་རྩེ་ཐོན་པ་བརྒྱད་དང་། མུ་སྟེགས་ཀྱི་པཎྜི་ཏ་རྩེ་ཐོན་པ་བཞི། རྒྱལ་པོ་དང་། བློན་པོ་དང་། སོགས་པས་གྲུབ་མཐའ་ཤེས་པའི་དཔང་པོའི་གྲྭར་ཁྱོད་ཀྱིས་བྱས་པའི་སངས་རྒྱས་ཀྱིས་སྐུ་གཟུགས་མནན་པའི་དབང་ཕྱུག་གི་གཟུགས་དེ་ཁྱོད་རང་གིས་རང་བཟོ་བྱས་པ་ཡིན་པས། དེས་ན་འཕྲུལ་པ་ཡིན་ནོ་ཞེས་པར་བསྒྲགས་པའི་ཚེ། མུ་སྟེགས་དེས་ཀྱང་དབང་ཕྱུག་མནན་པའི་སངས་རྒྱས་ཀྱི་གཟུགས་ཁྱོད་རང་གིས་རང་བཟོ་ཡིན་ནོ་ཞེས་མགོ་བསྒྲེས་སོ། །དེ་ལ་མཁས་པ་ཆེན་པོ་ཛྙཱ་ན་ཤྲཱིས་འདི་སྐད་ཅེས་རྩོད་དེ། ཁྱེད་ཀྱིས་རང་བཟོ་ཡིན་ནོ་ཞེས་དེ་ལྟར་ཐམས་ཅད་ཀྱིས་ཤེས་པ་དེ་ནས་མུ་སྟེགས་དེ་སྤོབས་པ་མེད་པར་གྱུར་པའི་ཚེ། ཛྙཱ་ན་ཤྲཱིས་རྒྱལ་པོ་ལ་ཁྱོད་ཀྱི་ཡུལ་འདི་རུ་འདི་འདྲའི་རང་བཟོ་འཕེལ་ན། ད་དུང་རང་བཟོ་གཞན་ཡང་འབྱུང་བས་ཕྱི་ནང་གི་བསྟན་པ་སྤྱི་ལ་གནོད་པ་འདི་མུ་སྟེགས་ཁོ་རང་ལ་ཡང་རྒྱུ་མཚན་ཅིས་མི་གནོད་རང་བཟོ་བྱུང་ན་ཁོ་རང་གི་ཆོས་ལུགས་འཆོལ་བར་འགྱུར་བས་སོ། །འདི་འདྲའི་རང་བཟོའི་ཆོས་ལུགས་ནི་དེང་སངས་རྒྱས་པ་ལ་བྱུང་ན་ཡང་བསྟན་པ་འཆོལ་བར་འགྱུར་བས་རྒྱལ་པོ་ཁྱོད་ཀྱིས་དགག་དགོས་སོ། །དེ་སྐད་བསྒོས་ནས་སངས་རྒྱས་མནན་པའི་དབང་ཕྱུག་གི་གཟུང་རིས་དེ་བསུབས་སོ། །ཕྱིས་ནས་ཚོགས་པའི་དབུས་སུ་དེ་གཉིས་གྲུབ་མཐའ་བརྩད་པས་མུ་སྟེགས་ཀྱི་གྲུབ་མཐའ་ཕམ་པར་མཛད་ནས། སངས་རྒྱས་ཀྱི་བསྟན་པ་སྤེལ་ལོ་ཞེས་སྙན་པའི་གྲགས་པས་ས་སྟེང་ཁྱབ་པ་ཐོས་སོ། །

གཉིས་པ། རིགས་པ་གཞན་གྱིས་སུན་འབྱིན་པའི་ཚུལ་ནི། གལ་ཏེ་མུ་སྟེགས་བྱེད་ཀྱི་གཞུང་གདོང་ནས་གྲུབ་པའི་རིག་བྱེད་སོགས་ནས་སངས་རྒྱས་མནན་པའི་ཆོས་ལོག་དེ་འདྲ་བཤད་ནའང་ཁྱེད་ཀྱི་རང་བཟོ

ཞེས་བྱ་ར་མི་རུང་བས་འཁྲུལ་མ་འཁྲུལ་གྱི་གྲུབ་མཐའི་རྣམ་གཞག་བཟུང་ནས། རིགས་པ་གཞན་གྱིས་སྒྲུབ་དབྱུང་དགོས་ཀྱི། ཁྱེད་རང་གི་གཞུང་ནས་བཤད་པ་མེད་དོ་ཞེས་པའི་ལུང་འགལ་གྱིས་སུན་དབྱུང་བར་མི་ནུས་སོ།། །བདག་སྟེ་སངས་རྒྱས་པ་དང་། གཞན་སྟེ་མུ་སྟེགས་ཀྱི་གྲུབ་མཐའ་ལའང་གལ་ཏེ་འགལ་བ་སྣང་ན་སྟེ་རིགས་པ་དག་དང་འགལ་བར་གྱུར་ན། དེ་ནི་རིགས་པས་སུན་ཕྱུངས་ཤིག་སྟེ་སུན་འབྱིན་པའི་ཚུལ་ནི། དབུ་ཚད་ཀྱི་བསྟན་བཅོས་ལས་ཤེས་པར་བྱའོ། །

གཉིས་པ། ལུང་གིས་སུན་འབྱིན་པའི་ཚུལ་ལ། དོན་གྱི་ཁོག་ཕུབ་སྟེ་མདོར་བསྟན། རྣམ་གསལ་གྱི་དཔེ་བཤད་པས་རྒྱས་པར་བཤད། རང་བཟོ་འགོག་པའི་རྒྱུ་མཚན་བཤད་པས་མཇུག་བསྡུ་བའོ། །དང་པོ་ནི། གལ་ཏེ་ལུང་དང་འགལ་བར་གྱུར་ན་དེ་ནི་ལེགས་པར་སུན་འབྱིན་པའི་གདམས་ངག་ཅུང་ཟད་བཤད་ཀྱི་ཉོན་ཞིག །ཕ་རོལ་པོ་ལུང་དེ་ཚད་མར་ཁས་ལེན་ཞིང་ལུང་དེ་དང་འགལ་བའི་ཆོས་ལུགས་སྨྲོད་ན་ཁྱེད་རང་གི་ལུང་དང་འགལ་ཞེས་སུན་དབྱུང་བར་བྱའོ། །གལ་ཏེ་ཕ་རོལ་པོ་སངས་རྒྱས་པའི་ལུང་དེ་ཁས་མི་ལེན་ཞིང་། རང་གི་ལུང་གཞན་ཞིག་ཁས་ལེན་ན་དེའི་ཚེ་ངེད་རང་གི་ལུང་གིས་དེའི་ཆོས་ལུགས་དགག་པར་མི་ནུས་ཏེ། དེས་ལུང་དེ་ཚད་མར་ཁས་མི་ལེན་པས་སོ། །འོན་ཀྱང་དེ་ཉིད་ཀྱིས་ཚད་མར་ཁས་ལེན་པའི་ལུང་གིས་དེའི་ཆོས་ལོག་དགག་དགོས་སོ། །འདིར་ཚད་མ་རྣམ་འགྲེལ་ལས་ནི། གཞལ་བྱའི་གནས་དང་པོ་གཉིས་ལ་ལུང་གནོད་སྒྲུབ་ཏུ་མི་འཇུག་ཅིང་། ཤིན་ཏུ་ལྐོག་གྱུར་ལ་སྦྱོད་པའི་ཚེ་ལུང་གནོད་སྒྲུབ་ཏུ་འཇུག་པར་གསུངས་ལ། དེའི་ཚེ་ཡང་ལུང་དཔྱད་པ་གསུམ་གྱིས་དག་དགོས་ཤིང་། དཔྱད་པ་གསུམ་ནི། མངོན་གྱུར་སྟོན་པ་ལ་མངོན་སུམ་གྱིས་གནོད་པ་མེད་པ། ཅུང་ཟད་ལྐོག་གྱུར་སྟོན་པ་ལ་དངོས་སྟོབས་རིགས་པས་མི་གནོད་པ། ཤིན་ལྐོག་སྟོན་པ་ལ་རང་ཚིག་སྔ་ཕྱི་མི་འགལ་བ་ཞིག་དགོས་ལ། འོན་ཀྱང་གཞལ་བྱའི་གནས་དང་པོ་གཉིས་ལ་ལུང་གེགས་བྱེད་ཙམ་དུ་ནི་འགྱུར་རོ། །འདི་ནི་གཞན་གྱིས་བཤད་པ་མི་སྣང་ངོ་། །ལུང་དཔྱད་པ་གསུམ་གྱིས་དག་དགོས་པ་ཡང་། བཅོམ་ལྡན་འདས་ཀྱི་མདོ་ལས་གསུངས་ཏེ། དགེ་སློང་དག་གམ་མཁས་རྣམས་ཀྱིས། །བསྲེགས་བཅད་བརྡར་བའི་གསེར་བཞིན་དུ། །ལེགས་པར་བརྟགས་ལ་ང་ཡི་བཀའ། །བླང་བར་བྱ་ཡི་གུས་ཕྱིར་མིན། །ཞེས་གསུངས་སོ།། །

གཉིས་པ། རྣམ་གསལ་གྱི་དཔེས་རྒྱས་པར་བཤད་པ་ནི། དཔེར་ན་ཕ་རོལ་ཏུ་ཕྱིན་པ་བ་འགའ་ཞིག །གལ་ཏེ་ཆོས་ལོག་སྨྲད་ན་ནི་གསང་སྔགས་ཀྱི་གཞུང་དང་འགལ་ལོ་ཞེས་དེ་ནི་སུན་དབྱུང་བར་ནུས་པ་མ་ཡིན་ནོ། །དེ་བཞིན་དུ་གསང་སྔགས་པ་འགའ་ཞིག་ལག་ལེན་ལོག་པར་སྤྱོད་པར་གྱུར་ཀྱང་ཕ་རོལ་ཕྱིན་པའི་གཞུང་དང་

འགལ་ལོ་ཞེས་སྨྲ་བར་ནི་ནུས་པ་མ་ཡིན་ནོ། །དེ་བཞིན་ཐེག་པ་ཆེ་ཆུང་ལའང་ཕན་ཚུན་གྱི་ལུང་འགལ་གྱིས་ཕན་ཚུན་སོ་སོའི་གཞུང་ལུགས་དགག་པར་མི་ནུས་ཏེ། སློབ་དཔོན་སེང་གེ་བཟང་པོས། དེའི་ཕྱིར་ཐེག་པ་གཞན་ལ་བརྟེན་ནས་གང་དུ་ཡང་སྨན་འབྱིན་པ་བརྗོད་པར་མི་བྱའོ། །ཞེས་གསུངས་པས་སོ། །འོ་ན་ཇི་ལྟར་དགག་ཅེ་ན། དཔེར་ན་ཉན་ཐོས་ཀྱིས་གཞུང་ལུགས་ཁས་ལེན་ཞིང་། དེའི་ལུང་དང་འགལ་བའི་ལག་ལེན་བྱེད་པར་གྱུར་ན་དེའི་ལུང་གིས་དགག་པར་ནུས་སོ། །དེ་བཞིན་དུ། ཐེག་ཆེན་གཞུང་ལུགས་ཁས་ལེན་ཞིང་། །དེ་ཡི་ལུང་དང་འགལ་གྱུར་ན། །དེ་ཡི་གཞུང་གིས་དགག་པར་ནུས། །ཞེས་འདོན་པ་བསྒྱུར་རོ། །དེ་བཞིན་བཀའ་གདམས་པ་དང་སོགས་པས་ཇོ་བོའི་རྗེས་འབྲང་གཞན་དག་ཀྱང་ཇོ་བོའི་གཞུང་ལུགས་ཁས་ལེན་ཞིང་དེའི་ལུང་དང་འགལ་བར་གྱུར་ན་བཀའ་གདམས་པ་ལ་གནོད་པ་ཡིན་ཏེ། དེ་བཞིན་དུ་ཕྱག་རྒྱ་ཆེན་པོ་བ་ཡང་ནི་ནཱ་རོ་པ་ལ་མོས་པས་ཚད་མར་བྱེད་ཅིང་། ནཱ་རོ་པའི་གཞུང་དང་འགལ་བར་གྱུར་ན་ཕྱག་རྒྱ་བ་ལ་གནོད་པ་ཡིན་ནོ། །དེ་བཞིན་དུ་གསང་སྔགས་སྤྱོད་བཞིན་དུ་གསང་སྔགས་ཀྱི་རྒྱུད་སྡེ་དང་འགལ་བར་གྱུར་ན་དེ་འདྲའི་གསང་སྔགས་པ་ལ་རྒྱུད་ཀྱིས་གནོད་པར་འགྱུར་རོ། །ཕ་རོལ་ཕྱིན་པའི་ལུགས་བྱེད་ཅིང་མདོ་སྡེ་རྣམས་དང་འགལ་བར་བྱེད་པར་གྱུར་ན། ཕར་ཕྱིན་པ་དེ་ལ་མདོའི་ལུང་གིས་ཅིས་མི་གནོད་དེ་གནོད་དོ། །དེའི་དཔེར་བརྗོད་མདོ་ཙམ་ཞིག་ལེགས་པར་བཤད་ཀྱིས་ཉན་པར་གྱིས་ཤིག ཇོ་བོས་མཛད་པའི་བདེ་མཆོག་དང་། གསང་འདུས་ཀྱི་སྒྲུབ་ཐབས་ལ་སོགས་པའི་གསང་སྔགས་ཀྱི་གདམས་ངག་སྤྱོད་བཞིན་དུ་དེའི་རྗེས་འབྲང་འགའ་ཞིག་གསང་སྔགས་ནི་བཟང་པོ་ཡིན་མོད་ཀྱི། དམ་ཚིག་བསྲུང་དཀའ་བ་དང་། བསྲུངས་ན་ཕན་ཡོན་ཆེ་ཡང་མ་བསྲུངས་ན་ཉེས་དམིགས་ཆེ་བ་དང་། སློབ་དཔོན་དང་སློབ་མ་མཚན་ཉིད་དང་ལྡན་པ་མི་རྙེད་པ་དང་། དུས་སྙིགས་མ་ལ་སྔགས་བསྟེན་མང་པོས་གཟིར་བའི་ཕྱིར་དངོས་གྲུབ་མི་ཐོབ་ཅེས་པའི་རྒྱུ་མཚན་བཞིས་ད་ལྟ་གསང་སྔགས་སྤྱོད་པའི་དུས་མ་ཡིན་ནོ་ཞེས་སྨྲ་བ་ནི། ཇོ་བོའི་ལུགས་ཉིད་དང་འགལ་བ་ཡིན་པར་ཤེས་པར་བྱའོ། །གཞན་ཡང་སྙིགས་མའི་དུས་སུ་གཞན་གྱིས་དངོས་གྲུབ་མི་ཐོབ་པས་སྔགས་ལ་འཇུག་པར་རིགས་ཏེ། མཁའ་འགྲོ་ཀུན་སྤྱོད་ལས། གཞན་ཡང་ཕྱི་མའི་དུས་ཀྱི་ཚེ། །དུས་མཐར་དངོས་གྲུབ་མི་ཐོབ་སྟེ། །དཀའ་ཐུབ་ཀྱིས་ནི་གདུངས་པས་ན། །བློ་ནི་གཞན་དུ་གཡེངས་ཕྱིར་རོ། །ཞེས་དང་། ཁྲག་འཐུང་སྔོན་བྱུང་ལས། ཧེ་རུ་ཀ་དཔལ་བཟུང་བྱས་ན། །སྙིགས་མའི་དུས་སུ་འགྲུབ་པར་འགྱུར། །ཞེས་གསུངས་པས་སོ། །ཡང་སེམས་བསྐྱེད་ཇོ་བོའི་ལུགས་སུ་བྱེད་པར་ཁས་ལེན་ཞིང་ཇོ་བོ་གདན་ནས་མི་བཞེད་པའི་སེམས་ཙམ་ལུགས་ཀྱི་འཇུག་པ་སེམས་བསྐྱེད་སྐྱེ་བོ་ཀུན་ལ་བྱེད་པ་དང་། དོན་དམ་སེམས་བསྐྱེད་ལ་རྗེས་ཀྱི་ཆོ་ག་བྱེད་པ་ནི་གཞན་དང་འགལ་བ་ལྟ་ཅི་སྨོས། རང་ལུགས་དང་

ཡང་འགལ་བ་ཡིན་ཏེ། རྡོ་བོས་མཛད་པའི་སེམས་བསྐྱེད་ཀྱི་ཆོ་ག་དང་། ལམ་སྒྲོན་གྱི་འགྲེལ་པ་ནས་དེ་དག་བཀག་པའི་ཕྱིར་རོ། །ན་རོ་ཏ་པ་གསང་སྔགས་ལ་དབང་བསྐུར་དང་རིམ་གཉིས་ཆོས་ཀྱིས་གཙོ་བོར་བཞེད་ཅིང་། ན་རོ་པའི་བརྒྱུད་པ་འཛིན་བཞིན་དུ་སྔགས་ལ་དབང་དང་རིམ་གཉིས་མི་སྒོམ་པ་རྒྱུད་དང་འགལ་བ་ལྟ་ཅི་སྨོས། རང་ལུགས་དང་ཡང་འགལ་བ་ཡིན་ནོ། །རྗེ་རྗེ་ཕག་མོ་བཟླ་བཞིའི་བྱིན་རླབས་ཀྱིས་སྨིན་བྱེད་དབང་གི་གོ་ཆོད་པར་བྱེད་པ་ནི་མར་པ་ལྷོ་བྲག་པ་ལ་མེད་པས། མར་པའི་བརྒྱུད་པ་འཛིན་བཞིན་དུ་ཕག་མོ་བཟླ་བཞིའི་དབང་གིས་ཆོས་སྒོ་འབྱེད་པ་ནི་རྒྱུད་དང་འགལ་བ་ལྟ་ཅི་སྨོས། རང་ལུགས་དང་ཡང་འགལ་བ་ཡིན་ནོ༔ ༔གཞུང་འདིའི་དོན་ལ་རྣམ་བཤད་མཛད་པ་ཀུ་མཱ་ར་ནི། རྡོ་རྗེ་ཕག་མོའི་བྱིན་རླབས་མར་པ་ལ་མེད་ཅེས་སྒྲ་ཇི་བཞིན་དུ་འཆད་ལ། རྣམ་བཤད་མཛད་པ་བསམ་ཡས་པ་དང་། སྤོས་ཁང་པ་དང་། སྒྲ་གདོང་པ་གསུམ་ནི། ཕག་མོའི་བྱིན་རླབས་ཀྱིས་ཆོས་སྒོ་འབྱེད་པ་མར་པ་ལ་མེད་ཅེས་ཟེར། ལུགས་དང་པོ་ནི་ཏ་ཅང་ཐལ་ཆེས་ཤིང་། ལུགས་ཕྱི་མ་གསུམ་ཡང་མི་འཐད་དེ། རྗེ་མར་པ་ལོ་ཙྪ་ནི། རིམ་ལྔ་གདན་རྫོགས་ཀྱི་སྔོན་དུས་ཀྱི་སྔ་རོལ་དུ་རྡོ་རྗེ་རྣལ་འབྱོར་མའི་སིནྡྷུ་རའི་དཀྱིལ་འཁོར་བཞེངས་ནས་དབང་གོང་མ་གསུམ་བསྐུར་བ་དང་། དེའི་ཡང་སྔོན་དུ་གསང་བ་འདུས་པའི་རྟུལ་ཚོན་གྱི་དཀྱིལ་འཁོར་དུ་བུམ་པའི་དཀྱིལ་འཁོར་དུ་དབང་བསྐུར་བ་ཡིན་ནོ། །ཞེས་གྲགས་པ་དང་། ཡང་དོན་འདི་ལ། གོ་ཊི་ཀ་པ་ཡང་སྒྲ་གདོང་པའི་རྗེས་ཟློས་བྱེད་མོད། དེ་ནི་འཐད་པ་མ་ཡིན་ཏེ༔ སྐྱེས་མཆོག་མར་པ་ལོ་ཙྪས། རྗེ་བོ་ན་རོ་ཏ་པ་ལ་འཕགས་པའི་དངོས་ཀྱི་སློབ་མ་གྲུབ་ཆེན་མ་ཏྲི་པ་ནས་བླ་མ་ཏི་ལོ་པ་ལས་བརྒྱུད་པའི་དབང་བཀའ་རྒྱུད་རྒྱང་གི་མན་ངག་གི་བཤད་པ་རིམ་ལྔ་གདན་རྫོགས་ཀྱི་ཁྲིད་བཀའ་རྣམས་གསན། དབང་གོང་མ་གསུམ་པོ་ལ་ཡང་སིནྡྷུ་རའི་དཀྱིལ་འཁོར་རམ། དེའི་འོག་ཏུ་ཐོད་པ་ཚང་གིས་བཀང་བ། དེའི་འོག་ཏུ་རྟུལ་ཚོན་གྱི་ཆོས་འབྱུང་གྲུ་གསུམ་རེ་རེ། དབང་གོང་མ་གསུམ་པོ་ལ་ཡང་ཡེ་ཤེས་དབབ་པ། དཀྱིལ་འཁོར་དུ་མེ་ཏོག་དོར་བ་བྱེད་པ་སོགས་ཡོད་དོ་ཞེས་གསུངས་པ་དངོས་སུ་འགལ་བས། ཁོ་བོའི་བླ་མ་རྡོ་རྗེ་འཆང་དང་དབྱེར་མ་མཆིས་པ་ཞེས་པའི་གཙམ་བུ་རེ་ཙམ་གྱིས་དགོངས་པ་རྫོགས་པར་མི་ནུས་སོ། །

ད་ནི་གཞུང་གི་དོན་བཤད་པར་བྱ་སྟེ། རྗེ་བཙུན་མི་ལ་ཡན་ཆད་ལ་ན་རོའི་ཆོས་དྲུག་ཅེས་བྱ་བའི་ཁྲིད་དེ་ལས་གཞན་པའི་གདམས་ངག་དང་བསྲེས་པ་མེད་ལ། དེང་སང་རྗེ་ཕག་མོ་གྲུ་པ་ལྷ་བུ་ཆོས་དྲུག་བོར་ནས་རྗེ་ས་སྐྱ་པ་ཆེན་པོ་ནས་བརྒྱུད་པའི་ལམ་འབྲས་སྒོམ་པ་དང་། རྗེ་དྭགས་པོ་ལྷ་བུ་ཆོས་དྲུག་བོར་ནས་དཀར་པོ་ཆིག་ཐུབ་ལ་ཕྱག་ཆེན་དུ་མིང་བཏགས་ནས་སྒོམ་པ་དང་། སོགས་པས་རྫོགས་ཆེན་དང་བཀའ་གདམས་ཀྱི་གདམས

ངག་སོགས་ཐུན་ཚགས་མང་པོ་བསྲེས་ནས་ནུ་རོ་པ་ལས་གཞན་གྱི་གདམས་ངག་སྒོམ་བཞིན་དུ་བརྒྱུད་པ་ནཱ་རོ་པ་ལ་འདེད་པར་བྱེད་པ་ནི་འཐད་པ་མ་ཡིན་ཏེ། གཞན་དང་འགལ་བ་ལྟ་ཅི་སྨོས་རང་ལུགས་དང་ཡང་འགལ་བ་ཡིན་པའི་ཕྱིར་རོ། །ཡང་འདིར། མི་ལ་ཡན་ཆད་དེ་ལས་མེད། །ཅེས་པའི་དོན་ལ། མི་ལ་མན་ཆད་ལ་ཆོས་དྲུག་གི་གདམས་པ་མེད་པར་འཆད་པ་དང་། སྤྱོས་ཁང་པའི་རྣམ་བཤད་ལས། མི་ལ་རས་པ་ལ་སློབ་མ་མང་དུ་བྱུང་ཡང་། རས་ཆུང་རྡོ་རྗེ་གྲགས་པས་ཐོག་མར་ཞབས་ཏོག་བསྒྲུབས་པ་དང་། བསྙེན་ཡུན་རིང་བས་ཆོས་དྲུག་གནང་ནས་བཀའ་རྒྱས་བཏབ་བོ། །དེ་ལས་གཞན་པའི་སློབ་མ་རྣམས་ལ་ཆོས་དྲུག་ཚང་བར་གནང་བ་མེད་པས་དེ་ཕྱིས་མི་ལ་རས་པའི་སློབ་མ་རྣམས་ལ་གདམས་ངག་ཁ་འཐོར་དུ་ཡོད་པ་རྣམས་ཕྱོགས་གཅིག་ཏུ་བསྡུས་ནས་བསྲེ་འཕོ་དང་། ཕྱག་རྒྱ་ཆེན་པོ་དང་། ཕག་མོའི་བྱིན་རླབས་སྣ་ཚོགས་བསྡུས་པ་ལ། ཆོས་དྲུག་གི་ཐ་སྙད་བཏགས་པ་ཡིན་ནོ་ཞེས་འཆད་པ་དང་། རྣམ་བཤད་མཛད་པ་ཀུ་མཱ་ར་ཡང་དེའི་རྗེས་སུ་འབྲང་བར་བྱེད་དོ། །སྒོ་གདོང་པ་ནཱ་རོའི་ཆོས་དྲུག་ལ། རྒྱུད་དང་འབྲེལ་བ་དང་བྱིན་རླབས་དང་འབྲེལ་བ་གཉིས་ལས། དང་པོ་ནི། དགྱེས་པ་ལྷ་རྗེ་དང་། མེས་སྟོན་ཆེན་པོ་སོགས་ལ་བརྒྱུད་པ་ཡིན་ལ། བྱིན་རླབས་དང་འབྲེལ་བ་ནི་མི་ལ་ཡན་ཆད་དེ་ལས་མེད་དོ་ཞེས་འཆད་ཅིང་། གོ་ཊཱི་ཀ་པ་ཡང་དེའི་རྗེས་བློས་བྱེད་དོ། །ལུགས་དང་པོ་དེ་མི་འཐད་དེ། ཆོས་དྲུག་ལུགས་གསུམ་གསན་ཚུལ་དང་འགལ་བའི་ཕྱིར་རོ། །སྤྱོས་ཁང་པའི་ལུགས་དེ་ཡང་མི་འཐད་དེ། ཕྱག་རྒྱ་ཆེན་པོ་དང་ཕག་མོའི་བྱིན་རླབས་བསྲེས་པ་ལ་ཆོས་དྲུག་གི་ཐ་སྙད་འདོགས་མཁན་སུ་ཡང་མི་སྣང་བའི་ཕྱིར་དང་། ཆོས་དྲུག་རས་ཆུང་པ་ལ་བརྒྱུད་པ་ཡོད་ན། དེ་ལས་མེད་ཅེས་པའི་གོ་དོན་དེ་མན་ཆད་ལ་མེད་པར་འཆད་པ་དང་ཡང་འགལ་བའི་ཕྱིར། ལུགས་ཕྱི་མ་གཉིས་པོ་དེ་ཡང་མི་འཐད་དེ། ཆོས་དྲུག་ལ་དབང་བྱིན་རླབས་དང་འབྲེལ་མ་འབྲེལ་གཉིས་སུ་འཆད་པ་སུ་ཡང་མི་སྣང་ཞིང་། དབང་བྱིན་རླབས་དང་མ་འབྲེལ་ན་ཆོས་དྲུག་གོ་ཆོད་པར་འགལ་བའི་ཕྱིར་དང་། བྱིན་རླབས་དང་འབྲེལ་བའི་ཆོས་དྲུག་རས་ཆུང་པའི་དངོས་སློབ་བུར་སྒོམ་ནག་པོ་ལས་ཐོས་པ་ཞངས་པ་རྨོག་ཅོག་པ་ནས་བརྒྱུད་པ་དེ་ཡང་གསན་ནོ་ཞེས་རང་གིས་བཤད་པ་དང་ཡང་དངོས་སུ་འགལ་བའི་ཕྱིར་རོ། །འདིར་ལྷ་བཙུན་བསམ་ཡས་པས་ནི་གཞུང་གི་དགོངས་པ་ཇི་ལྟ་བ་བཞིན་དུ་བཤད་སྣང་ངོ་། །ཡང་སློབ་དཔོན་པདྨ་འབྱུང་གནས་ལ་ཁ་གཡར་བའི་གཏེར་ནས་བྱུང་བའི་གླེགས་བམ་དང་། གཞན་གྱི་གདམས་ངག་ནས་བརྐུས་པའི་ཆོས་ལུགས་དང་། བཀའ་བསྟན་བཅོས་ལ་བརྟེན་ནས་རང་བཟོར་བརྩམས་པའི་ཆོས་དང་། རྨི་ལམ་དུ་ལྷ་དང་བླ་མ་ལས་ཐོས་པ་ཡིན་ནོ་ཞེས་བྱ་བའི་ཆོས་དང་། བློ་བུར་དུ་རང་བཟོར་བྱས་པའི་ཆོས་ལུགས་ཟུང་མའི་ཆོས་ལུགས་ལ་རྡོ་རྗེ་འཆང་ལ་བརྒྱུད་པ་སྣེག་པ་དང་། དེ་ལ་རང་ལ་ལུང་

མེད་པར་གཞན་སློབ་མ་དག་ལུང་ལེན་དུ་འཇུག་པ་ནི་ཆོས་དང་འགལ་བ་ལྟ་ཅི་སྨོས། རང་ཚིག་དང་ཡང་འགལ་བ་ཡིན་ཏེ། ཆོས་གཞན་ནས་བྱུང་བར་ཁས་བླངས་ནས་བརྒྱུད་པ་གཞན་ལ་འདེད་པའི་ཕྱིར་རོ། །གལ་ཏེ་སྔར་བཤད་པ་དེ་འདྲའི་རིགས་ཅན་གྱི་རང་ཚིག་འགལ་བ་ཁས་ལེན་པ་སྣང་བར་གྱུར་ན། སྔར་བཤད་པ་དེའི་རིགས་སུ་ཤེས་པར་བྱའོ། །དཔེར་ན་གསང་སྔགས་སྔ་འགྱུར་བ་དག །སློབ་དཔོན་པདྨ་འབྱུང་གནས་ཀྱི་བརྒྱུད་པ་འཛིན་པར་ཁས་འཆེ་ཞིང་དེའི་གཞུང་དང་འགལ་བར་བྱེད་པ་ལྟ་བུ་དང་། དེང་སང་ས་སྐྱ་པར་ཁས་འཆེ་བ་འགའ་ཞིག་ཀྱང་། ཅོང་ཁ་པའི་ཆོས་ཀྱི་རྗེས་ཟློས་བྱས་ནས་ས་སྐྱ་པ་ལ་བརྒྱུད་པ་སྐྱེལ་བ་བཞིན་ནོ། །མདོར་ན་ཆོས་དང་འགལ་བ་ཡི་ཆོས་ལུགས་ཤིག་གང་ན་འདུག་ན་ཡང་ལུང་དང་རིགས་པས་སུན་ཕྱུངས་ཤིག །གལ་ཏེ་མུ་སྟེགས་པ་དང་སོགས་པས་སངས་རྒྱས་པ་ཡིན་ཡང་རུང་དེད་རང་གི་ལུང་དེ་ཚད་མར་ཁས་མི་ལེན་པ་དང་། ལུང་རྣམ་དག་དང་འགལ་ཡང་ངེད་ཅག་གི་བླ་མའི་བཀའ་སྲོལ་ཡིན་ནོ་ཟེར་བ་བྱུང་ན། དེ་དག་ལུང་རྣམ་དག་དེ་ཁས་མི་ལེན་ཡང་རྩ་བའི་བླ་མ་གང་ཡིན་དྲིས་ནས་བརྒྱུད་པ་དེ་ལ་གདོད་ནས་ཆོས་ལུགས་དེ་ཡོད་ན་ནི་འཁྲུལ་པ་ཡིན་ཡང་མཁས་པ་རྣམས་ཀྱིས་རང་བཟོ་ཡིན་ཞེས་སྐྱོན་བགྲང་དུ་མེད་པས་ཤེས་ན་རིགས་པས་སུན་དབྱུང་། མི་ཤེས་ན་ཁྲེལ་པས་མི་ཕན་པས་སྙིང་རྗེས་བཏང་སྙོམས་སུ་བཞག་སྟེ་སེམས་ཅན་ལས་ངན་སྤྱོད་པ་ལ་སངས་རྒྱས་ཀྱིས་ཀྱང་ཅི་བྱར་ཡོད་དེ་མེད་པས་སོ། །གལ་ཏེ་གདོད་ནས་མེད་པའི་ཆོས་གློ་བུར་དུ་བྱས་པ་ཡིན་ན་ནི་མཁས་པ་ཀུན་གྱིས་རང་བཟོར་གོ་བར་བྱ་བའི་ཕྱིར་སངས་རྒྱས་པའམ་མུ་སྟེགས་བྱེད་སུ་ལ་འདུག་ཀྱང་དོར་བར་བྱ་བ་ཡིན་ལ། དེད་ལའང་རང་བཟོ་དེ་འདྲ་འདུག་ན་མཁས་པ་རྣམས་ཀྱིས་བཤད་གད་གྱིས་ཤིག །འདོར་བར་བྱེད་དོ། །གལ་ཏེ་རྒྱལ་པོའི་ཁྲིམས་ཡོད་ན་ཆོས་ལོག་བྱས་ནས་བསྟན་པ་དགྲུག་པའི་མི་དེ་ཆད་པས་གཅད་པའི་འོས་ཡིན་ནོ། །

གསུམ་པ། རང་བཟོ་འགོག་པའི་རྒྱུ་མཚན་བཤད་པས་མཇུག་བསྡུ་བ་ནི། འདི་ལྟར་ནོར་ལ་ཟློག་བཅོང་བྱས་པ་ལའང་མགོ་གཅོད་པ་ལ་སོགས་པའི་རྒྱལ་པོའི་ཁྲིམས་ལ་ཐུག་པར་གྱུར་ན། ཆོས་ལོག་བཙུན་མས་སྒྱུར་བ་ལ་རྒྱལ་པོའི་ཁྲིམས་ལ་རྒྱུ་མཚན་ཅིས་མི་ཐུག་སྟེ། གསེར་འོད་དམ་པ་ལས། ལེགས་བྱས་དང་ནི་ཉེས་བྱས་ཀྱི༔ །ལས་ཀྱི་རྣམ་པར་སྨིན་པའི་འབྲས། །རྣམ་པ་ཐ་དད་བསྟན་པའི་ཕྱིར། །བྱེད་པ་གང་ཡིན་རྒྱལ་པོར་བརྗོད། །ཅེས་གསུངས་པས་སོ། །

གཉིས་པ། ལུང་གི་བསྟན་པ་ལ་འཁྲུལ་པ་དགག་པ་ལ། རྣམ་དག་གི་ལུང་སྤྱིར་ཁས་ལེན་དགོས་ཀྱང་ཁས་ལེན་དགོས་པའི་ས་མཚམས་ཕྱེད་དགོས་པར་བསྟན། རྣམ་པར་མ་དག་པའི་ལུང་ཕྱིར་ཡང་ཁས་ལེན་དུ

མི་རུང་བར་བསྟན་པའོ། །དང་པོ་ལ། ལྟ་སྒོམ་གྱི་ལུང་སྦྱོར་མ་འདྲེས་པར་དགོས་པར་བསྟན། འཇིག་རྟེན་དང་དེ་ལས་འདས་པའི་ལུང་སྦྱོར་མ་འདྲེས་པ་དགོས་པར་བསྟན། ལུང་ཚད་ལྡན་ལ་བརྟེན་ན་ནོར་བ་ཉུང་བར་བསྟན་པའོ། །དང་པོ་ནི། བླུན་པོ་མཁས་པ་ལྟར་འཆོས་པ་འགའ་ཞིག །ལྟ་སྒོམ་སྤྱོད་གསུམ་ལས་དང་པོ་བརྟན་པ་ཐོབ་པའི་འཕགས་པའི་གང་ཟག་གི་དབང་དུ་བྱས་པའི་ལུང་གི་གནས་སྐབས་མི་ཤེས་པར་མདོ་རྒྱུད་ཀྱི་ལུང་སྦྱོར་བྱེད་མོད་ཀྱི། དེ་ནི་བླུན་པོའི་ཁ་ཤགས་ལྟར་གང་དུ་འགྲོའང་མི་ཤེས་ཏེ། དཔེར་ན་ཕྱག་དང་མཆོད་པ་དང་། སྦྱིན་པ་དང་ཚུལ་ཁྲིམས་སོགས་མི་དགོས་ཤིང་སེམས་བསྐྱེད་དང་དབང་བསྐུར་བྱ་མི་དགོས་ལ། བསམ་གཏན་དང་གློག་པའང་འདིར་མི་དགོས་ཤིང་། དགེ་བ་དང་སྡིག་པ་གཉིས་མེད་ལ་སངས་རྒྱས་དང་སེམས་ཅན་ཡོད་པ་མ་ཡིན་པ་སོགས་འདི་འདྲ་གསུངས་པའི་ལུང་རྣམས་ཀུན་ལྟ་བའི་དབང་དུ་བྱས་པའི་ལུང་ཡིན་གྱི། སྒོམ་པ་དང་སྤྱོད་པའི་ལུང་མ་ཡིན་ཏེ། དོ་ཧ་མཛོད་ཀྱི་གླུ་ལས། མར་མེ་ཅི་དགོས་ལྷ་བཤོས་དེ་ཅི་དགོས། །དེ་ལ་ཅི་བྱ་གསང་སྔགས་བརྟེན་ཅི་དགོས། །འབབ་སྟེགས་འགྲོ་དང་དཀའ་ཐུབ་ཅི་དགོས་ཏེ། །ཆུ་ལ་ཞུགས་པས་ཐར་པ་ཐོབ་བམ་ཅི། །ཞེས་དང་། དབུ་མ་ཤེས་རབ་ལ་འཇུག་པ་ཞེས་བྱ་བའི་བསྟན་བཅོས་ལས། ཀུན་རྫོབ་མེད་ཅིང་དོན་དམ་མེད། །སངས་རྒྱས་མེད་ཅིང་སེམས་ཅན་མེད། །ལྟ་བ་མེད་ཅིང་སྒོམ་པ་མེད། །ཅེས་དང་། ཀྱེ་རྡོ་རྗེ་ལས། སྒོམ་མེད་སྒོམ་པ་པོ་ཡང་མེད། །ཅེས་པ་རྣམས་སྒོམ་པ་དང་སྤྱོད་པའི་སྐབས་ཀྱི་ལུང་དུ་མི་རུང་ཞིང་། འོན་ཀྱང་དེང་ནི་ལྟ་བའི་སྐབས་སུ་ཀུན་རྫོབ་བདེན་པ་གཞི་མ་གྲུབ་བྱས་པ་ལ། འོན་ལས་འབྲས་ལ་སྐུར་པ་བཏབ་པོ་ཞེས་ཟེར་བ་དེ་དག་ནི་གཞུང་འདིའི་རྗེས་འཇུག་ཏུ་ཁས་ལེན་པ་ངོ་ཚའོ། །ཡང་གསང་བ་སྤྱི་རྒྱུད་ལས། དབང་མེད་པ་ལ་དངོས་གྲུབ་མེད། །ཅེས་སོགས་དང་། འདུལ་བ་ལུང་ལས། ཚིག་འབྲུགས་པ་སྟེ་ཚིག་ལས་འདས་ན་ལས་མི་འཆགས་སོ། །ཞེས་པ་དང་། བསླབ་བཏུས་ལས། འདི་དག་རྩ་བའི་ལྟུང་བ་སྟེ། །སེམས་ཅན་དམྱལ་བ་ཆེན་པོའི་རྒྱུ། །ཞེས་ལོག་པར་སྤྱད་ན་ལྟུང་བ་འབྱུང་བ་དང་། གསང་བ་སྤྱི་རྒྱུད་ལས། གཞན་དུ་ཚིག་ཉམས་པའི་ཕྱིར། །གྲུབ་པ་ནམ་ཡང་ཡོད་མ་ཡིན། །ཞེས་ལྟ་བསྒོམ་པ་འཁྲུལ་ན་བྱིན་གྱིས་མི་རློབ་པ་དང་། ཡང་སྨན་བླའི་མདོ་ལས། དེ་བཞིན་གཤེགས་པའི་མཚན་འདི་དྲན་པ་ཙམ་གྱིས་ཇི་ལྟར་ཤིན་ཏུ་ཡོན་ཏན་དང་ཕན་ཡོན་དུ་འགྱུར་སྙམ་ནས་དེ་དག་ལ་མི་དད་ཅིང་ཡིད་མི་ཆེས་ཏེ། སྤོང་བས་ཡུན་རིང་པོར་གནོད་པ་དང་། མི་སྨན་པ་དང་། མི་བདེ་བ་དང་། ལོག་པར་ལྟུང་བར་འགྱུར་རོ། །ཞེས་སངས་རྒྱས་ཀྱི་མཐུ་བསམ་གྱིས་མི་ཁྱབ་པ་ལ། ཐེ་ཚོམ་ཟ་ན་ཉེས་པ་བསྐྱེད་པ་དང་། འདུལ་བ་ལས། ལེགས་པར་ཐོན་པས་གདོན་ཏེ་ཚིག་ཕྲེད་ཀྱང་མ་འཁྲུལ་བ་ཉིད་ནའོ། །ཞེས་གསུངས་པ་དེས་ན་ཚིག་ཅི་བྱེད་ཀྱང་ཤིན་ཏུ་དག་པར་བྱ་དགོས་སོ། །ཞེས་པ་འདི་འདྲའི་

ལུང་ཀུན་སྤྱོད་པ་དང་སྒོམ་པའི་ལུང་ཡིན་གྱི། ལྟ་བའི་ལུང་མ་ཡིན་ནོ། །

གཉིས་པ། འཇིག་རྟེན་དང་དེ་ལས་འདས་པའི་ལུང་སྦྱོར་མ་འདྲེས་པར་བསྟན་པ་ནི། གཞན་ཡང་ལུང་སྦྱོར་བྱེད་པ་ལ་འཇིག་རྟེན་པ་དང་། འཇིག་རྟེན་ལས་འདས་པའི་གནས་སྐབས་གཉིས་ཡོད་པ་ལས། དང་པོ་ནི། དབང་དང་། དམ་ཚིག་དང་། སྡོམ་པ་དང་། ལྷ་བསྒོམ་པ་སོགས་འབད་ནས་སྒྲུབ་པར་གསུངས་པ་ནི། འཁོར་བའི་རྒྱ་མཚོ་ལས་མ་བརྒལ་བའི་འཇིག་རྟེན་པ་རྣམས་ལ་གསུངས་པ་ཡིན་ཏེ། ཇི་སྐད་དུ། དེ་བས་འབད་པ་ཐམས་ཅད་ཀྱིས། །བླ་མ་ལ་ནི་དབང་ནོད་ཞུ། །ཞེས་དང་། དམ་ཚིག་བསྲུངས་ན་དངོས་གྲུབ་ནི། །རྡོ་རྗེ་བདུད་རྩིའི་རྒྱུ་འདིས་འགྲུབ། །ཅེས་དང་། ཀྱེ་རྡོ་རྗེ་ལས། དང་པོ་བྱམས་པ་བསྒོམ་པར་བྱ། །ཞེས་གསུངས་པས་སོ༔ ༔གཉིས་པ་ནི། དབང་དང་དམ་ཚིག་སོགས་མི་དགོས། །ཕྱག་དང་མཆོད་པ་ཀུན་ལས་གྲོལ། །བསམ་གཏན་སྒོམ་པ་ཀུན་སྤངས་ཏེ། །ལམ་ཀུན་རྒྱ་མཚོ་བརྒལ་ཟིན་པའི། །གཟིངས་བཞིན་དུ་ནི་དོར་བར་བྱའོ། །ཞེས་གསུངས་པ་ནི། འཁོར་བའི་རྒྱ་མཚོ་ལས་བརྒལ་བའི་གང་ཟག་རྣམས་ལ་གསུངས་པ་ཡིན་ཏེ། ཇི་སྐད་དུ། །སློབ་དང་དབང་ལས་རྣམ་པར་གྲོལ། །ཞེས་དང་། སྔགས་དང་བསམ་གཏན་རྣམ་པར་སྤངས། །དམ་ཚིག་སྡོམ་ལས་རྣམ་པར་གྲོལ། །ཞེས་དང་། རྡོ་ཤིང་འཛིམ་པའི་བདག་ཉིད་ཀྱི། །ལྷ་འདི་རྣམས་ལ་ཕྱག་མི་འཚལ། །ཞེས་དང་། མདོ་ལས། ཆོས་ཀྱི་རྣམ་གྲངས་གཟིངས་ལྟ་བུར་ཤེས་པ་དག་གིས་ཆོས་ཀྱང་སྤང་བར་བྱ་ན་ཆོས་མ་ཡིན་པ་ལྟ་ཅི་སྨོས། ཞེས་གསུངས་སོ། །འདི་རྒྱུད་ཀྱི་ལུང་དང་སྦྱར་ན་ཕྱོགས་ལས་རྣམ་པར་རྒྱལ་བའི་སྤྱོད་པ་བྱེད་པའི་དབང་དུ་བྱས་ནས་གསུངས་ལ། དེ་ནི་དྲོད་ཆེན་པོ་ཐོབ་པ་ཡིན་པས་ལས་ཉོན་གྱི་དབང་གིས་མི་སྐྱེ་བ་ལ་དགོངས་ནས། འཁོར་བའི་རྒྱ་མཚོ་ལས་བརྒལ་བ་ཞེས་གསུངས་སོ། །དེ་འདྲའི་གནས་སྐབས་ཤེས་ནས་ནི་དེ་དང་འཚམས་པའི་ལུང་སྦྱོར་བྱ་དགོས་སྟེ། དེ་འདྲའི་རྣམ་གཞག་མི་ཤེས་པའི་ལུང་སྦྱོར་མཁས་པའི་བཞད་གད་དུ་འགྱུར་བའི་ཕྱིར།

གསུམ་པ། ལུང་ཚད་ལྡན་ལ་བརྟེན་ན་ནོར་བ་ཉུང་བར་བསྟན་པ་ནི། དཔེར་ན་མིག་དང་ལྡན་པའི་སྐྱེས་བུ་ཇི་ལྟར་ལམ་ནོར་ཡང་། གཡང་སར་གོམ་པ་འཛོག་མི་སྲིད་པ་དེ་བཞིན་དུ་མཁས་པ་འཁྲུལ་ན་ཡང་སངས་རྒྱས་ཀྱི་བསྟན་པ་སྤྱི་ལས་འདའ་མི་ནུས་སོ། །གལ་ཏེ་མིག་མེད་ལམ་ནོར་ན་གཡང་སར་སོང་ནས་ལྷུང་བར་འགྱུར་ལ། དེ་བཞིན་དུ་བླུན་པོ་འཁྲུལ་བར་གྱུར་ན་སངས་རྒྱས་ཀྱི་བསྟན་པ་སྤྱི་ལས་འདས་ཏེ་འཁོར་བ་དང་ངན་སོང་གི་གཡང་སར་ལྷུང་ངོ་། །དཔེ་གཞན་ཡང་ཕྱུག་ཚད་ཤེས་པའི་བཟོ་བ་ལ་རིང་ཐུང་བྱུང་ཡང་སོར་གང་ཙམ་ཡིན་པས་འཚོས་པ་བླ་ལ། ཕྱུག་ཚད་མེད་པའི་བཟོ་བོ་འགའ་ཞིག་ཉེས་ན་བཞད་གད་ཀྱི་གནས་སུ་འགྱུར

བ་དེ་བཞིན་དུ། གཞུང་ལུགས་ཤེས་པའི་མི་དེ་འཁྲུལ་ཡང་ཚིག་དོན་ཙུང་ཟད་ཙམ་ལ་འཁྲུལ་བ་ཡིན་གྱི་ནོར་བ་རྩམ་པོ་ཆེ་མི་འབྱུང་ལ། གཞུང་ལུགས་གང་ཡང་མི་ཤེས་པའི་སྐྱེས་བུ་འཁྲུལ་ན་བསྟན་པ་འཇིག་པ་ལ་ཐུག་པར་འགྱུར་བའི་ནོར་བ་འབྱུང་བ་དེས་ན། སངས་རྒྱས་ཀྱི་བསྟན་པ་བཞིན་སྒྲུབ་པར་འདོད་ན་གཞུང་ལུགས་བཞིན་དུ་བྱའོ། །གཞུང་ལུགས་མི་ཤེས་པའི་བླུན་པོ་འཁྲུལ་བས་བསྟན་པ་འཇིག་པ་ལ་ཐུག་པ་ཇི་ལྟར་ཞེ་ན། སོ་སོར་མི་ཤེས་པའི་བླུན་པོ་འཁོར་དང་ལོངས་སྤྱོད་ལྡན་པ་འཁྲུལ་བའི་ཚེ་དད་པའི་རྗེས་འབྲང་གི་སྐྱེ་བོ་མང་པོ་དང་འཁོར་གྱི་དཔུང་བསྐུས་ནས་ཆོས་ལུགས་མ་ནོར་བ་ཉམས་སུ་ལེན་པའི་ནུས་པ་མེད་པར་བྱེད་པས་སོ། །དཔེ་གཞན་ཡང་མིག་མང་རྒྱ་དང་མ་འབྲེལ་ན་རྡེའུ་མང་ཡང་ཤི་རོ་ཡིན་པ་དེ་བཞིན་དུ་མདོ་རྒྱུད་ཀྱི་ཁུངས་དང་མ་འབྲེལ་བའི་ཉམས་སུ་བླང་བྱའི་ཆོས་ལུགས་མང་ཡང་རོ་དང་འདྲ་བས་སྙིང་པོ་མེད་དོ། །

གཉིས་པ། རྣམ་པར་མ་དག་པའི་ལུང་སྦྱོར་ཡང་ཁས་ལེན་དུ་མི་རུང་བར་བསྟན་པ་ལ། སྔན་རྒྱུད་སོགས་གཞུང་ཚད་ལྡན་དང་མཐུན་མི་མཐུན་བརྟག་དགོས་པར་བསྟན། མང་པོ་ལ་གྲགས་པའི་མདོ་རྒྱུད་འགའ་ཞིག་རྫུན་མར་བསྟན་པའོ། །གདམས་ངག་ཟབ་མོ་འགའ་ཞིག་ཡི་གེར་འགོད་དུ་མི་རུང་བས་སྙན་རྒྱུད་ཡིན་ཞེས་ཟེར་བ་དང་། འགའ་ཞིག་སློབ་མ་མང་པོ་ལ་སྤྱིན་དུ་མི་རུང་བས་ཅིག་རྒྱུད་བཀའ་རྒྱ་མ་ཡིན་ཞེས་གྲགས་པའི་ཆོས་ལུགས་མང་པོ་ཞིག་སྣང་སྟེ། མདོ་རྒྱུད་དང་མཐུན་ན་བླང་དུ་རུང་ཞིང་མིན་ན་སྤང་བར་བྱ་དགོས་ཏེ་རྫུན་གྱི་སྟེབ་ཕྱོགས་ཡིན་པའི་ཕྱིར། གཞན་ཡང་རྨི་ལམ་གྱི་ཆོས་ལུགས་དང་། ཞལ་མཐོང་གི་ལྷ་དང་། ལ་སོགས་པའི་རྣལ་འབྱོར་པའི་ཉམས་དབྱངས་སོགས་འདི་དག་མདོ་རྒྱུད་དང་མཐུན་ན་ཉམས་སུ་བླངས་ཀྱང་སྐྱོན་དུ་འགྱུར་བ་མེད་ལ། མདོ་རྒྱུད་ཀུན་དང་མི་མཐུན་ན་དེ་དག་བདུད་ཀྱི་བྱིན་རླབས་ཡིན་ནོ་ཞེས་ཤེས་པར་བྱའོ། །དེ་བཞིན་དུ་བླ་མའང་མདོ་རྒྱུད་དང་མཐུན་པར་གསུང་ན་དེ་ནི་བླ་མ་ཡིན་པར་གཟུང་ཞིང་། སངས་རྒྱས་ཀྱི་བསྟན་པ་བཞིན་དུ་མི་གསུང་ན་བླ་མ་ཡིན་ཡང་བཏང་སྙོམས་སུ་བཞག་ནས་དེའི་གསུང་ལ་བདེན་པར་མི་གཟུང་ངོ་། །དེས་ན་རྨི་ལམ་གྱི་ཆོས་ལུགས་དང་ཞལ་གཟིགས་པའི་ཡི་དམ་གྱི་ལྷ་དང་། ལུང་བསྟན་མཛད་པའི་སངས་རྒྱས་དང་། བླ་མའི་གསུང་སྒྲོས་དང་། ལ་སོགས་པས་གཏེར་ཆོས་ལ་སོགས་པ་རིགས་པས་མ་དཔྱད་པར་གཏམ་འཆོལ་དུ་ཚད་མ་ཡིན་ཞེས་གཟུང་བར་མི་བྱ་སྟེ། འདི་འདྲ་བདུད་ཀྱི་བྱིན་རླབས་ལས་འབྱུང་བར་སྲིད་པའང་རྒྱལ་བས་གསུངས་པའི་ཕྱིར་ཏེ། ཡུམ་བར་མ་ལས། བདུད་སྡིག་ཏོ་ཅན་སངས་རྒྱས་ཀྱི་ཆ་བྱད་དུ་ལུས་གསེར་གྱི་ཁ་དོག་དང་འོད་འདོམ་གང་བར་བྱས་ཤིང་བྱང་ཆུབ་སེམས་དཔའ་ཆེན་པོའི་དྲུང་དུ་འོངས་ཏེ། དེ་མཐོང་སྟེ་དད་པ་བསྐྱེད་པས་རྣམ་པ་ཐམས་ཅད་མཁྱེན་པ་ཉིད་ལས་ཡོངས་སུ་ཉམས་པར་འགྱུར་རོ། །ཞེས་

གསུངས་སོ། །དེས་ན་སངས་རྒྱས་ཀྱི་བསྟན་པ་གསུང་རབ་ཀྱི་ནང་ནས་ངེས་དོན་གྱི་ལུང་ཁོ་ན་ཚད་མ་ཡིན་པར་ཟུང་ཞིག །ཡང་ན་ཅུང་ཟད་ཕྱོགས་སྒྱུར་གདན་ལ་འབེབས་པའི་དངོས་པོའི་སྟོབས་ཀྱིས་ཞུགས་པའི་རིགས་པས་གྲུབ་པ་ཚད་མར་ཟུང་ཞིག །

གཉིས་པ། མང་པོ་ལ་གྲགས་པའི་མདོ་རྒྱུད་འགའ་ཞིག་རྫུན་མར་བསྟན་པ་ནི། སྐྱེས་བུ་རྫུན་མས་སྦྱར་བ་ཡི་མདོ་རྒྱུད་ཚད་མར་གཟུང་བར་མི་བྱ་སྟེ། ཀཽ་ཤི་ཀའི་མདོ་ཞེས་པ་མདོ་རྫུས་མ་ཞིག་སྟེ། འདི་སྲས་ཡུམ་བཅུ་བདུན་གྱི་ནང་ཚན་གྱི་མདོ་དེ་ལ་བྱ་བ་ནི་མ་ཡིན་ནོ། །དཔེར་ན་གསང་འདུས་གཉིས་མེད་རྣམ་རྒྱལ་ཞེས་པའི་མིང་ཅན་ལ་དག་མ་དག་གཉིས་ཡོད་པ་བཞིན་ནོ། །དེ་བཞིན་དུ་འཕགས་པ་ཤིག་ཅན་ཞེས་བྱ་བ་དང་། བློ་གྲོས་བཟང་མོ་ཆུང་ངུ་ཞེས་བྱ་བ་དང་། ལ་སོགས་པས་སྡོང་པོ་རྒྱན་ཞེས་བྱ་བ་དང་། མངའ་བདག་ཉང་རལ་པ་ཅན་གྱིས་གཏེར་ནས་བཏོན་པ་ཡིན་ཞེས་ཟེར་བའི་འཕགས་པ་སྣང་བརྒྱད་དུ་གྲགས་པ་དང་། མི་འགྱུར་མའི་མདོ་ལ་སོགས་པ་བོད་ཀྱིས་སྦྱར་བའི་མདོ་སྡེ་ཡིན་ཞིང་། གཞན་ཡང་གསང་སྔགས་གསར་མ་ལ་དབང་བསྐུར་རྒྱལ་པོ་དང་། ལམ་ལྔ་ཀ་བཀོལ་མ་དང་། དུས་འབྱུང་དང་། ཕྱག་ན་རྡོ་རྗེ་མཁའ་འགྲོ་དང་། ར་ལི་ཉི་ཤུ་རྩ་བཞི་དང་། རྒྱ་ཡོ་བ་ལུང་པས་བྱས་པར་གྲགས་པའི་གཉིས་མེད་རྣམ་རྒྱལ་སོགས་དང་། རྙིང་མ་བ་ལ་སེམས་སྡེ་མ་བུ་བཅོ་བརྒྱད་དུ་གྲགས་པ་དང་། མདོ་དགོངས་འདུས་དང་། ཞི་ཁྲོ་སྒྱུ་འཕྲུལ་དང་། ལྷ་མོ་སྐྱེ་རྒྱུད་དང་། བམ་རིལ་ཐོད་མཁར་དང་། རྐང་གཉིས་བྱ་འཕུར་ཞེས་བྱ་བའི་རྒྱུད་ཡོད་དེ། བོད་ཀྱིས་སྦྱར་བའི་རྒྱུད་སྡེ་མང་མོད་ཀྱི་དེ་འདྲའི་རང་བཟོའི་མདོ་རྒྱུད་ལ་མཁས་པས་སངས་རྒྱས་ཀྱི་གསུང་ཡིན་ནོ་ཞེས་ཡིད་བརྟན་མི་བྱའོ། །དེ་དག་གི་ནང་ནས་འགའ་ཞིག་རྒྱུད་རྫུས་མ་ཡིན་དུ་ཟིན་ཀྱང་དོན་མ་འཁྲུལ་བར་ཡོད་པ་དེ་དག་ལ་ཆོས་ལོག་ཡིན་ཞེས་བྱར་ནི་མི་རུང་སྟེ། རྒྱུད་བླ་མ་ལས། གང་ཞིག་རྒྱལ་བའི་བསྟན་པ་འབའ་ཞིག་གི །དབང་བྱས་རྣམ་གཡེང་མེད་ཡིད་ཅན་གྱིས་བཤད། །ཐར་པ་ཐོབ་པའི་ལམ་དང་རྗེས་མཐུན་པ། །དེ་ཡང་དྲང་སྲོང་བཀའ་བཞིན་སྤྱི་བོས་བླང་། །ཞེས་པའི་མཚན་ཉིད་ཚང་བས་སོ། །དེས་ན་དེ་ང་སང་འགའ་ཞིག་གསང་བ་སྙིང་པོ་རྒྱུད་མ་ཡིན་ནོ་ཞེས་སྨྲས་པ་ན། ཆོས་ལོག་ཡིན་ཞེས་པར་གོ་བ་ནི་ཤིན་ཏུ་བླུན་པའི་རྣམ་པར་ཐར་པ་ཡིན་ནོ། །ཡང་གཙུག་ཏོར་ནག་མོ་དང་། བྱ་ཁྱུང་བསམ་ཡས་མ་ལ་སོགས་པ་བོད་ཀྱི་ལྷ་འདྲེས་སྦྱར་བའང་ཡོད་ལ། དེ་དག་ལ་འཕྲུལ་གྱི་ནད་གདོན་ཞི་བ་ལ་སོགས་པའི་བྱིན་རླབས་ཅུང་ཟད་འབྱུང་མོད། འོན་ཀྱང་ཚད་མར་གཟུང་བར་མི་བྱའོ། །ཡང་ལྷ་མོ་གནས་མཁར་དང་། ནམ་མཁའ་ལྡིང་གི་རྟོག་པ་ལ་སོགས་པ་མུ་སྟེགས་བྱེད་ཀྱིས་བྱས་པའི་རྒྱུད་ཀྱང་ཡོད་དོ། །འོན་མུ་སྟེགས་ཀྱི་གཞུང་ཡིན་པས་ཚད་མར་མི་རུང་ན། དབྱངས་འཆར་གྱི་རྒྱུད་ཅེས་བྱ་བ་ལྷ་དབང་ཕྱུག་ཆེན་པོས

གསུངས་པ་དང་། གསོ་བ་རིག་པའི་བསྟན་བཅོས་ཡན་ལག་བརྒྱད་པ་ལྷ་བུ་ཚངས་པས་ཚེའི་རིག་བྱེད་དྲན་ནས་བཤད་པ་རྣམས་དང་། སྨྲའི་མདོ་ཀ་ལཱ་པ་ལྷ་བུ་གཞོན་ནུ་སྨིན་དྲུག་གིས། དབང་ཕྱུག་གོ་ཆ་ལ་བཤད་པ་དང་། ཚིག་གི་རྒྱན་གྱི་བསྟན་བཅོས་མེ་ལོང་ཞེས་བྱ་བ་མུ་སྟེགས་ཀྱི་པཎྜི་ཏ་དབྱུག་པ་ཅན་གྱིས་སྦྱར་བ་དང་། མངོན་བརྗོད་ཀྱི་བསྟན་བཅོས་འཆི་མེད་མཛོད་ཅེས་བྱ་བ་རིག་བྱེད་ནས་འབྱུང་བའི་གཏམ་རྒྱུད་ཚད་མར་བྱས་པ་རྣམས་འདོར་དགོས་སམ་ཞེ་ན། དེའི་ངེས་པ་མེད་དེ། འདིར་མུ་སྟེགས་ཀྱི་གཞུང་ཚད་མར་མི་རུང་ཞེས་གསུངས་པ་ནི་ཐར་ལམ་མི་སྟོན་པའི་དབང་དུ་བྱས་ནས་དེ་ལྟར་བཤད་པ་ཡིན་ཏེ། གཞུང་འདི་ཉིད་ལས། དེས་ན་སངས་རྒྱས་བསྟན་པ་མཆོག །ངེས་དོན་ཚད་མ་ཡིན་པར་གཟུང་། །ཞེས་བཤད་པས་སོ། །དེས་ན་མུ་སྟེགས་ཀྱི་གཞུང་དེ་དག་ལ་གནས་སྐབས་སུ་ཅུང་ཟད་བདེན་པ་ཡོད་ཀྱི། མཐར་ཐུག་གི་འབྲས་བུ་དོན་དུ་གཉེར་བའི་ཚེ་དེ་ལ་ཡིད་ཆེས་པའི་ལུང་དུ་བྱར་མི་རུང་སྟེ། དེའི་འཐད་པ་མགོན་པོ་བྱམས་པས། རྒྱུད་བླ་མར་འདི་སྐད་ཅེས་གསུངས་ཏེ། མ་རིག་པའི་རབ་རིབ་ཀྱིས་ཤེས་རབ་ཀྱི་མིག་ལྡོངས་པའི་ཕྱི་རོལ་མུ་སྟེགས་བྱེད་ལ་སྲིན་བུས་ཟོས་པའི་རྗེས་ལ་ཡི་གེའི་འབྲུ་དང་འདྲ་བའི་རི་མོ་བྱུང་ནས་དོན་ཅུང་ཟད་སྟོན་པ་དང་འདྲ་བར་ཅུང་ཟད་བདེན་པ་ཡོད་མོད་ཀྱི་འོན་ཀྱང་ཡིད་བརྟན་མི་བྱའོ། །ཞེས་གསུངས་སོ། །འདིར་ལྷ་བཙུན་བསམ་ཡས་པའི་ཊཱི་ཀར། ཚིགས་བཅད་འདི་དེང་སང་གི་རྒྱུད་བླ་རྩ་འགྲེལ་གང་ནའང་འདུག་པ་མ་མཐོང་ཞིང་། རྗེ་བཙུན་གྱི་གསུང་མིན་པར་འཆད་དོ། །ཞེས་གསུངས། རྣམ་བཤད་མཛད་པ་སློབ་ཁང་པ་ནི། ཚིགས་བཅད་འདི་ད་ལྟའི་རྒྱུད་བླ་མ་ཕལ་ཆེ་བ་ན་མི་འདུག་གོ །ཞེས་གསུངས། ཀུ་མཱ་ར་ནི། རྒྱུད་བླའི་གཞུང་འགའ་ཞིག་ན་མི་འདུག་ནའང་ལ་ལ་ན་འདུག་པས་རྗེ་བཙུན་གྱི་རང་གཞུང་ཡིན་ནོ་ཞེས་འཆད། སྣ་གདོང་པ་ནི། ཚིགས་བཅད་འདི་རྒྱུད་བླ་རྩ་འགྲེལ་གང་ནའང་མི་སྣང་བས། འདིར་མགོན་པོ་བྱམས་པ་ནི་སྟོན་པ་སངས་རྒྱས་ཉིད་ལ་འཆད་དགོས་ཤིང་། རྒྱུད་བླ་མ་ནི། བཀའ་ཐ་མའི་མདོ་ལ་བྱ་དགོས་སོ། །སྟོན་པ་སངས་རྒྱས་ལ་མགོན་པོ་བྱམས་པ་ཞེས་པའི་ཐ་སྙད་མི་འཇུག་ཞེ་ན། དེ་ནི་སྔ་སྟོད་ལ་འདྲིས་ཆུང་བར་ཟད་དེ། འདུལ་བ་ལུང་ལས། མགོན་པོ་བྱམས་པ་ཁྱོད་ཀྱིས་ནི། །བདག་ནི་ཚོང་པ་རྙེད་ལྡན་ལྟར། །མཐོ་རིས་རྙེད་པས་སྲིད་པ་ཡི། །ཡོངས་སྤྱོད་དག་ནི་རྙེད་པར་མཛད། །ཞེས་གསུངས་པས་སོ། །ཞེས་གསུང་། ཡང་གོ་བོའི་ཊཱི་ཀ་ལས། ལུང་འདི་ད་ལྟའི་རྒྱུད་བླ་རྩ་འགྲེལ་ན་མེད་ཀྱང་། ཕྱྭ་པའི་ཊཱི་ཀར་འདིའི་འབྲུ་མནན་བྱུང་བས་རྙོག་འགྱུར་ན་ཡོད་པར་གསལ་ཞིང་། མར་པ་སློན་གྲོ་བའི་འགྱུར་དུ། དེ་ཡང་དྲང་སྲོང་བཀའ་བཞིན་སྤྱི་བོས་བླང་། །ཞེས་པའི་མཇུག་ན། མ་རིག་ལྡོངས་རྣམས་ཀྱིས་ཀྱང་སྲིན་བུའི་ཡིག་འདྲ་མུ་སྟེགས་བསྟན་བཅོས་སུ་འང་། །དོན་ལྡན་ཆོས་ལྡན་ས་གསུམ་ཉོན་མོངས་ཟད་བྱེད་

བརྗོད་གྱུར་གང་ཡིན་དང་། །འཇིག་རྟེན་སོ་སོའི་ལེགས་བཤད་གང་དེའང་བློ་ལྡན་དྲང་སྲོང་བཞིན་འཛིན་ན༑ ༑གསུང་གང་ཟག་མེད་བློ་མདའ་རྣམས་ཀྱི་ཞལ་ནས་བྱུང་བ་སློབས་ཅི་དགོས། །ཞེས་འབྱུང་ལ། རྐང་པ་དང་པོས་མུ་སྟེགས་ཀྱི་བསྟན་བཅོས་དང་། གཉིས་པས་སངས་རྒྱས་ཀྱི་བཀའ་དང་། གསུམ་པ་སོ་སོ་སྐྱེ་བོས་བྱས་པའི་བསྟན་བཅོས་རྣམས་གུས་པས་འཛིན་ན། ཞེས་བསྟན་ཞིང་། བཞི་པས་འཕགས་པ་རྣམས་ཀྱི་བསྟན་བཅོས་ལྟ་ཅི་སྨོས་ཞེས་པ་བསྟན་ནོ་ཞེས་ཟེར། ཕྱི་མ་འདི་ནི་ཤིན་ཏུ་མི་འཐད་དེ། རྗེ་བཙུན་གྱི་གཞུང་ཉིད་དང་དངོས་སུ་འགལ་བའི་ཕྱིར། ཇི་ལྟར་འགལ་ཞེ་ན། ཇི་སྐད་དུ། གང་ལས་རྒྱུ་མཚན་གང་ཕྱིར་ནི། །ཇི་ལྟ་བུར་ནི་གང་བཤད་དང་། །རྒྱུ་མཐུན་པ་ནི་གང་ཡིན་ཏེ། །ཚིགས་སུ་བཅད་པ་བཞིས་བསྟན་ནོ། །གཉིས་ཀྱི་བདག་ཉིད་དག་པ་ཡི། །ཐབས་དང་གཅིག་གིས་ཉམས་པའི་རྒྱུ། །དེ་ནས་ཚིགས་སུ་བཅད་པ་ནི། །གཉིས་ཀྱིས་འབྲས་བུ་བསྟན་པ་ཡིན། །འཁོར་གྱི་དཀྱིལ་འཁོར་བཟོད་པ་དང་། །བྱང་ཆུབ་ཐོབ་པའི་ཆོས་བརྗོད་པའི། །མདོར་ན་འབྲས་བུ་རྣམ་གཉིས་ནི། །ཐ་མ་ཡི་ནི་བསྟན་པ་ཡིན། །ཞེས་པ་འདིས། དེ་ལྟར་ཡིད་ཆེས་ལུང་དང་རིགས་པ་ལས། །ཞེས་པ་ནས། མཐོང་ནས་ཀྱང་ནི་ཆོས་མིག་དྲི་མེད་སྐྱེས་ཏེ་བྱང་ཆུབ་མཆོག་ཐོབ་ཤོག །ཅེས་པའི་བར་བཤད་པ་མཐར་ཕྱིན་པའི་གཞུང་ཡིན་པའི་ཕྱིར། ཚིགས་སུ་བཅད་པ་བཅུའི་གྲངས་ངེས་མཛད་པ་དེ་མ་མཐོང་བར་སྨྲས་པའི་ཕྱིར། གཞན་ཡང་རྫོགས་འགྱུར་དང་། སློན་གྲོ་བའི་འགྱུར་ད་ལྟ་ཡོད་དམ་མེད། ཡོད་ན་དེ་ཆོས་ཅན། ཁྱོད་ལ་མ་རིག་ལྡོངས་རྣམས་ཀྱིས་ཀྱང་ཞེས་པའི་ཤློ་ཀ་དེ་མེད་པར་ཐལ། ད་ལྟའི་རྒྱུད་བླའི་གཞུང་ཡིན་པའི་ཕྱིར། གསུམ་ཆར་ཁས་བླངས། མེད་ན་ཁྱེད་ཀྱིས་ཀྱང་གནས་གཟིགས་པ་ཡིན། དེས་ན་ད་ལྟ་མེད་པའི་གཞུང་གཟིགས་པ་བས་ད་ལྟ་ཡོད་པ་ཚང་བར་གཟིགས་ན་ལེགས་སོ། །དེས་ན་རང་གི་ལུགས་ནི་མགོན་པོ་བྱམས་པས་འདི་སྐད་གསུངས། ཤེས་པ་སྒྲ་ཇི་བཞིན་པའི་དབང་དུ་བྱས་ན། ལྡོག་པ་གཞན་ཞེས་པ་ལ་བསྣེག་དགོས་ཤིང་། མ་རིག་ལྡོངས་པའི་མུ་སྟེགས་ལའང་། །ཞེས་སོགས་ནི་གཞུང་དེའི་བཤད་བྱའི་མདོ་ཉིད་ལ་འཆད་པ་ཡིན་ཏེ། གང་ཟག་གི་དོན་ལྡན། ཞེས་སོགས་ཀྱི་ཤློ་ཀ་འདི་ནི་ལྷག་པའི་བསམ་པ་བསྐུལ་བའི་མདོ་ན་ལྟག་པར་ཡོད་པ་དེ་ཚིགས་བཅད་དུ་བསྡེབས་པ་ཙམ་ཡིན་པའི་ཕྱིར། དེ་སྐད་དུ་ཡང་། བྱམས་པ་གཞན་ཡང་རྒྱུ་བཞིས་ན་སྤོབས་པ་ཐམས་ཅད་ནི་སངས་རྒྱས་ཀྱིས་གསུངས་པར་རིག་པར་བྱའོ། །བཞི་གང་ཞེ་ན། སྤོབས་པ་དོན་དང་ལྡན་པ། ཆོས་དང་ལྡན་པ། ཉོན་མོངས་པ་ཟད་པར་བྱེད་པ། མྱ་ངན་ལས་འདས་པའི་ཡོན་ཏན་སྟོན་པ་ཡིན་གྱི་དོན་དང་མི་ལྡན་པ་ལ་སོགས་པ་ནི་མ་ཡིན་ནོ། །བྱམས་པ་བཞི་པོ་འདི་དག་ནི་སངས་རྒྱས་རྣམས་ཀྱིས་གསུངས་པ་ཡིན་ཏེ། བཞི་གང་ཞེ་ན། སྤོབས་པ་དོན་མེད་པ་དང་། ཆོས་དང་མི་ལྡན་པ་དང་། ཉོན་མོངས་པ་

འཕེལ་བར་བྱེད་པ་དང་། མྱ་ངན་ལས་འདས་པའི་ཕན་ཡོན་མི་སྟོན་པ་སྟེ་བཞི་པོ་དེ་དག་ནི་སངས་རྒྱས་རྣམས་ཀྱིས་སྤྱངས་ཤིང་མ་སྣང་བ་ཡིན་ནོ། །ཞེས་གསུངས་པ་དང་། མདོ་སྡེ་མྱང་འདས་ཆེན་མོ་ལས། མུ་སྟེགས་རྣམས་ཀྱིས་བདག་བསྟན་པ་ནི་སྲིན་བུས་བརྐོས་པའི་ཡི་གེ་དང་འདྲ་སྟེ། དེའི་ཕྱིར་ང་སེམས་ཅན་ཐམས་ཅད་ལ་བདག་མེད་དོ་ཞེས་བསྟན་པ་སྟོན་པར་མཛད་དེ། བདག་མེད་པ་ནི་སངས་རྒྱས་ཀྱི་ཚིག་ཡིན་ནོ། །ཞེས་གསུངས་པ་དེ་ཤེས་བྱེད་དུ་འདྲེན་པར་བཞེད་ནས། མ་རིག་ལྡོངས་པའི་མུ་སྟེགས་ལའང་། ཞེས་སོགས་ཀྱི་གཞུང་འདི་མཛད་པ་ཡིན་ནོ། །

གསུམ་པ། ལུང་རྟོགས་ལྟར་སྣང་ལ་ཡང་དག་ཏུ་འཁྲུལ་བའི་འཁྲུལ་གཞི་དཔྱད་པ་ནི། གོང་དུ་བཤད་པའི་ལུང་རྣམ་དག་མ་ཡིན་པར་ངོས་བཟུང་བ་དེ་དག་རྣམ་པར་མ་དག་པའི་ངེས་པ་མེད་དེ། དེ་དག་གི་བྱེད་པ་པོ་རྣམས་ལ་ཕྱིས་མྱ་ངན་ལས་འདས་པ་ན་སྐུ་གཟུགས་དང་རིང་བསྲེལ་མང་དུ་བྱུང་བའི་ཕྱིར་སྙམ་ན། དེ་དགག་པ་ལ། ཤི་བའི་ལུས་ལ་རིང་བསྲེལ་དཔྱད་དགོས་པར་བསྟན། ཐུགས་ལྟུགས་སོགས་འབྱུང་བ་ལ་ཁུངས་མེད་པར་བསྟན། གསོན་པོའི་ལུས་ལ་རིང་བསྲེལ་དང་དེས་མཚོན་ནས་བར་ཆད་ཀྱི་རྟགས་གཞན་བསྟན་པའོ། །དང་པོ་ནི༑ རིང་བསྲེལ་དང་ལྟུགས་དང་སྐུ་གཟུགས་དང་། སྤྱན་ལ་སོགས་པ་རུས་པ་དང་ཤ་ལས་འབྱུང་བའི་རྒྱུ་མཚན་ཅུང་ཟད་དཔྱད་པར་བྱའོ། །དེ་ལ་ཉན་ཐོས་དང་རང་སངས་རྒྱས་དང་ཐེག་ཆེན་འཕགས་པ་གསུམ་གྱི་རིང་བསྲེལ་ནི་ནང་གི་ཡོན་ཏན་གྱི་སྟོབས་ཀྱིས་འབྱུང་སྟེ། ལུས་ཅན་རྣམས་ཀྱི་བསོད་ནམས་གསོག་པའི་རྟེན་དུ་གྱུར་པས་རིན་པོ་ཆེའི་འབྱུང་ཁུངས་ལས་བྱུང་བའི་རིན་ཆེན་དང་འདྲ་བར་ཡིད་ཆེས་པའི་གནས་ཡིན་ནོ། །རིང་བསྲེལ་ལ་ལ་གདོན་གྱིས་གཞན་བསླུ་བའི་ཕྱིར་བྱེད་པའང་ཡོད་ལ། ལ་ལ་ས་ཆུ་མེ་རླུང་གི་འབྱུང་བ་བཞི་པོ་རུས་པའི་ནང་དུ་འཁྲིམས་པའི་སྟོབས་ལས་འབྱུང་ཞིང་། རིང་བསྲེལ་ཁ་ཅིག་བསྟན་པ་ལ་དགའ་བའི་ལྷས་ཤི་བ་དེ་ལ་གཞན་དད་པར་བྱ་བའི་ཕྱིར་སྤྲུལ་བའང་སྲིད་དོ། །དེང་སང་གི་རིང་བསྲེལ་ཕལ་ཆེ་བ་རྫོ་ལུ་སྐྱེས་དང་། རམ་སྐྱི་བའི་འབྲུ་དང་། ཉའི་མིག་དང་། བལ་པོས་རུས་པ་ལ་བཟོས་པ་ལ་སོགས་པ་བརྫུན་མས་བྱས་པའི་རིང་བསྲེལ་ཡིན་པ་དེས་ན། རིང་བསྲེལ་བརྟག་པའི་རྣམ་དབྱེ་ལ་མཁས་པས་དཔྱད་པར་བྱའོ། །

གཉིས་པ། ཐུགས་ལྟུགས་སོགས་འབྱུང་བ་ལ་ཁུངས་མེད་པར་བསྟན་པ་ནི། ཐུགས་ལྟུགས་སྐུ་གཟུགས་སྤྱན་ལ་སོགས་པ་རོ་བསྲེགས་པའི་ཤུལ་ནས་འབྱུང་བ་མདོ་རྒྱུད་ཀྱི་ཆོས་ནས་གསུངས་པ་མེད་ལ། འོན་ཀྱང་དེ་འདྲ་འབྱུང་བ་ཀུན་ཕལ་ཆེར་ཐུགས་ལྟུགས་ལ་སོགས་པ་མི་ཚིག་པའི་ཐབས་བྱས། ལྷ་སྐུ་རུས་པ་ལ་བཟོ་བོས་བརྐོས་པ་སོགས་བརྫུན་མས་བྱས་པ་ཡིན་ནོ། །གལ་ཏེ་དེ་དག་བདེན་པ་ཡིན་ནའང་འདི་ལྟ་བུ་བྱུང་ནའང་

བཟང་ངན་འདི་ལྟ་བུ་ཡིན་ཞེས་སྟོན་པའི་ལུང་རྣམ་དག་དང་། དེ་འཇལ་བའི་མངོན་སུམ་དང་། རྗེས་དཔག་གི་རིགས་པ་གཉིས་ཀ་མེད་པའི་ཕྱིར། འོ་ན་དགོན་བརྩེགས་ཀྱི་ཡབ་སྲས་མཇལ་བའི་ཕྲེང་ལྡན་གླང་པོ་ཆེ་ལུང་བསྟན་པ་ལས། གྲགས་པ་མ་སྨད་དེ་དག་གི། རིང་སྲེལ་དག་ཀྱང་རྒྱས་པར་འགྱུར། །དེ་དག་རྣམས་ཀྱི་རིང་བསྲེལ་ལའང་། །རྒྱལ་བའི་སྐུ་ལྟ་འབྱུང་བར་འགྱུར། །ཞེས་པ་དང་འགལ་ལོ་ཞེ་ན། འདི་ལ་སྨྲ་གདོང་པའི་རྣམ་བཤད་དུ། དེ་ནི་མ་འོངས་པ་ན་རིང་བསྲེལ་བརྟེན་པའི་སྐུ་གཟུགས་བཞེངས་བ་ལ་དགོངས་པ་ཡིན་པས་སྐྱོན་མེད་དོ། །ཞེས་གསུངས་མོད། འོན་ཀྱང་དེ་ནི་ད་དུང་བརྟག་པར་བྱ་དགོས་སོ། །

གསུམ་པ། གསོན་པོའི་རིང་བསྲེལ་དང་དེས་མཚོན་པའི་བར་ཆད་ཀྱི་རྟགས་གཞན་བསྟན་པ་ནི། གཞན་ཡང་དུས་གཅིག་ཏུ་ཉི་མ་དུ་མ་འཆར་བ་དང་། ནམ་མཁའ་ལ་མཐོང་ས་ལྷ་བུའི་བུ་གདོང་པ་དང་། མཚན་མོ་འཇའ་ཚོན་དཀར་པོ་བྱུང་བ་དང་། ལུས་ལ་འོད་ཟེར་འཕྲོ་བ་དང་། མ་བསྒྲུབས་ཀྱང་གློ་བུར་དུ་ལྷ་འདྲེ་མཐོང་བ་དང་། གསོན་པོའི་ལུས་ལ་བརྟེན་མེད་པར་རིང་བསྲེལ་འཛག་པ་དང་། ལ་སོགས་པས་རྒྱུ་མཚན་མེད་པར་མངོན་ཤེས་ཕྲ་མོ་འབྱུང་བ་ལ་སོགས་པ་བླུན་པོས་གྲུབ་པའི་རྟགས་སུ་བྱེད་མོད་ཀྱི། མཁས་པས་འདི་འདྲ་མཐོང་བར་གྱུར་ན་བདུད་ཀྱི་བར་ཆད་ཀྱི་རྟགས་སུ་ཤེས་པར་གྱིས་ཤིག །གཞན་ཡང་སྐུ་གཟུགས་མཆི་མ་འཛག་པ་དང་། དེ་བཞིན་དུ་གོམ་པས་འགྲོ་བ་དང་། གར་བྱེད་པ་དང་། སྐད་འབྱིན་པ་དང་། ཁྲག་གི་ཆར་པ་འབབ་པ་དང་། ས་འོག་ནས་བོང་བུའི་སྒྲ་སྒྲོགས་པ་དང་། ལ་སོགས་པས་ས་འོག་ཏུ་རོལ་མོའི་སྒྲ་སྒྲོགས་པ་སོགས་བླུན་པོ་ངོ་མཚར་བསྐྱེད་མོད་ཀྱི། མཁས་པས་འདི་འདྲ་མཐོང་བར་གྱུར་ན་ཡུལ་དེར་མཐའ་དམག་ལ་སོགས་པའི་དགྲ་བོ་གཞན་འཇུག་པའམ། ཡང་ན་ནད་དང་ནང་འཁྲུག་པ་དང་། མུ་གེ་ལ་སོགས་པའི་ལྟས་ངན་གཞན་དག་འབྱུང་བར་ཤེས་པར་བྱའོ། །འདི་འདྲའི་རིགས་ཅན་ས་གཡོ་བ་དང་། སྒྲ་གྲག་པ་ལ་སོགས་པ་མཐོང་ན་ཡང་ལྟས་ཤེས་པའི་མཁས་པ་རྣམས་ལ་ལེགས་པར་དྲིས་ཤིག །འདི་དག་གི་ཁུངས་ནི་མདོ་སྡེ་མིག་བཅུ་གཉིས་པ་ལས། གཙུག་ལག་ཁང་གི་སྐུ་གཟུགས་འཕོས་སམ། སྤྱན་ནས་མཆི་མ་བྱུང་ན་ཡུལ་ཁམས་དེའི་མི་དཔའ་བོ་གཅེས་པ་བུ་སྨད་དང་བཅས་པ་ཡུལ་ཕྱུང་བར་འགྱུར། ཞེས་དང་། འཇིག་རྟེན་པའི་ལྷ་མཆོད་པའི་ཚེ་ལྷ་སྐུ་བའམ་འཛུམ་ན་རྒྱལ་པོ་ལ་བགེགས་དང་གནོད་པ་འབྱུང་ཞེས་དང་། ཐུབ་པ་དྲང་སྲོང་དགར་གས་ལྟས་ཀྱི་རྣམ་པ་བསྟན་པ་ཞེས་བྱ་བའི་གཙུག་ལག་ལས། གང་དག་མཚན་མོ་འཇའ་ནམ་མཁའ་ལ་མངོན་པ་བྱུང་ན་དེ་ནི་དགེ་བ་མ་ཡིན་ཏེ། ཕ་རོལ་གྱི་དམག་ཚོགས་འོང་བ་དང་། ཡུལ་འཁྲུག་ཅིང་རྒྱལ་པོ་འཆི་བ་དང་། ཡང་ན་རྒྱལ་པོ་དམའ་དབབ་པ་ལ་སོགས་པ་སྟོན་པས་ན། དབང་པོ་མཆོད། བདེ་ལེགས་སུ་གྱུར་པའི་ཆོག་བྱས་ནས་ཡུལ་

དེ་ནས་གཞན་དུ་འགྲོ་བར་བྱའོ། །ཞེས་སོགས་རྒྱས་པར་དེ་ཉིད་ལས་བལྟ་བར་བྱའོ། །

གཉིས་པ། རྗོད་བྱེད་ཀྱི་ཚིག་ལ་འཁྲུལ་པ་དགག་པ་ལ། དེང་སང་བོད་ལ་གྲགས་པའི་སྒྲ་བཤད་འགའ་ཞིག་འཁྲུལ་བར་བསྟན། སྒྲ་བཤད་འགའ་ཞིག་གོ་དཀའ་ཡང་ལེགས་སྦྱར་དང་མཐུན་པར་བསྟན་པའོ། །དང་པོ་ནི། སྤྱིར་བཤད་པ་དེ་དག་ནི་དོན་ལ་འཁྲུལ་བའི་རྣམ་པར་དབྱེ་བ་མདོ་ཙམ་ཡིན་ལ། དེ་ནས་ཚིག་ལ་འཁྲུལ་པའི་རྣམ་པར་དབྱེ་བ་ཅུང་ཟད་བཤད་ཀྱིས་ཉོན་ཞིག རྒྱུད་དུ་མིང་བཏགས་པ་འགའ་ཞིག་ལས། བཅོམ་ལྡན་འདས་ཀྱི་སྒྲ་བཤད་པ་ལ། བདུད་བཞི་བཅོམ་ཞིང་སྐལ་བ་དྲུག་དང་ལྡན་པས་བཅོམ་ལྡན་འདས་ཞེས་འཆད་པ་ནི༑ བོད་ཀྱི་བླུན་པོས་སྦྱར་བས་ན་མཁས་པ་རྣམས་ཀྱིས་དོར་བར་བྱ་ཞེས་འོག་མ་རྣམས་ལ་ཡང་སྦྱོར། འོན་དེ་ཇི་ལྟར་ཡིན་སྙམ་ན། བཅོམ་པ་དང་ལྡན་པ་གཉིས་ལ་བདུད་བཞི་བཅོམ་པ་དང་སྐལ་བ་དྲུག་དང་ལྡན་པ་ཞེས་སྦྱར་ན་སྒྲ་བཤད་འཁྲུལ་བ་ཡིན་ཏེ། བྷ་ག་ཞེས་པའི་སྐད་དོད་གཅིག་པུ་དེ་ཉིད། བཅོམ་པ་དང་སྐལ་བ་གཉིས་ཀ་ལ་འཇུག་པ་ཡིན་ལ། ཝཱན་ཞེས་པ་ནི་ལྡན་པ་ལ་འཇུག་པས། བཅོམ་པ་དང་སྐལ་བ་གཉིས་ཀ་དང་ལྡན་པས་ན་བཅོམ་ལྡན་ནོ། །དེ་ལྟ་ན་ཡང་དབང་ཕྱུག་ཆེན་པོ་ལ་སོགས་ལ་ཡང་བཅོམ་ལྡན་ཞེས་པའི་སྒྲ་བཤད་པ་ཡོད་པས། འདས་ཞེས་པ་ནི་སྐད་དོད་མེད་ཀྱང་ལོ་ཙཱ་བས་བསྣན་པ་ཡིན་ནོ། །དེ་ཡང་རྡོ་རྗེ་རྩེ་མོ་ལས། ཉོན་མོངས་ལས་དང་དེ་བཞིན་གྱི། །ཉོན་མོངས་ཤེས་བྱའི་སྒྲིབ་དེ་རྣམས། །གང་ཡང་མི་མཐུན་ཕྱོགས་ཆོས་བཅོམ། །དེ་འདིར་བཅོམ་ལྡན་འདས་སུ་བཤད། །ཅེས་པས་བཅོམ་ལྡན་དང་། སམྦུ་ཊི་ལས། དབང་ཕྱུག་དང་ནི་གཟུགས་བཟང་དང་། །དཔལ་དང་གྲགས་དང་ཡེ་ཤེས་དང་། །བརྩོན་འགྲུས་ཕུན་སུམ་ཚོགས་པ་སྟེ། །དྲུག་པ་རྣམས་ལ་སྐལ་ཞེས་བྱ། །ཞེས་པས་སྐལ་ལྡན་དུ་བཤད་དོ། །ཡང་གླེགས་བམ་གྱི་བཤད་པ། པོསྟ་ཀཾ་ཞེས་པའི་སྒྲ་ལས་དྲངས་ན། གླེགས་བུར་དྲས་ཤིང་བམ་པོར་བྱས་པས་གླེགས་བམ་ཞེས་པ་ཡིན་པ་ལ། གླེགས་ཤིང་གི་བར་དུ་གླེགས་ཐག་གིས་བམ་པོར་བྱས་པ་ཞེས་འཆད་པ་ནི་འཁྲུལ་བས་སོ། །འདིར་པོ་ཏི་ཞེས་པ་ནི་སྐད་ཟུར་ཆག་པའོ། །ཕྱག་རྒྱ་ཆེན་པོའི་སྒྲ་བཤད་པ་ནི། མ་ཧཱ་མུ་དྲ་ཞེས་པ། མ་ཧཱ་ནི་ཆེན་པོ་དང་། མུ་དྲ་ཞེས་པ་རྒྱ་ཡིན་གྱི་ཕྱག་གི་སྐད་དོད་མེད་ཀྱང་གཞན་དང་འཁྲུལ་གྱི་དོགས་ནས་ཕྱག་ཅེས་ལོ་ཙཱ་བས་བསྣན་པ་ཡིན་ལ། དེས་ཐམས་ཅད་ལ་འདེབས་པས་ན་ཕྱག་རྒྱ་དང་གོང་དུ་གཞན་མེད་པས་ཆེན་པོ་ཡིན་པ་ལ། འགའ་ཞིག་གིས་ཕྱག་ནི་ལག་པ་དེ་བསྒོལ་བ་ནི་རྒྱ་ཞེས་པའི་སྒྲ་དོན་འཆད་པ་ཡང་འཁྲུལ་བ་དང་། ཡང་ཕྱག་རྒྱ་བ་དག །ཕྱག་ནི་སྟོང་པ་ཡེ་ཤེས་ཏེ། །རྒྱ་ནི་འཁོར་བའི་མདུད་པ་གྲོལ། །ཞེས་པའི་སྒྲ་བཤད་བྱེད་པ་ཡང་སྒྲ་བཤད་འཁྲུལ་པ་ཡིན་ཏེ། ཕྱག་གི་སྐད་དོད་མེད་བཞིན་དུ་དེའི་སྒྲ་བཤད་བྱས་པས་སོ། །འོན་ཀྱང་ལོ་ཙཱ་བས་བསྣན་པའི་ཕྱག་ཅེས་པ་དེ་

ལག་པ་ལ་འཇུག་པ་ཡིན་ན་ལག་པའི་སྒྲ་དོན་བཤད་ཀྱང་འགལ་བ་མེད་དེ། སྐད་དོད་མེད་ཀྱང་བོད་ཀྱི་སྐད་ལ་ཡང་སྒྲ་བཤད་དུ་རུང་བའི་ཕྱིར་ཞེས་ཀྱང་བརྟག་པར་བྱའོ། །ཡང་ཡེ་ཤེས་ཀྱི་བཤད་པ་ནི། ཛྙཱ་ཁོང་དུ་ཆུད་པ་ལའོ། །ཞེས་པའི་ཁྲིངས་ལས་བསྒྲུབས་པས་ན་ཛྙཱ་ན་ཞེས་པ་ཤེས་པ་ཡིན་གྱི་ཡེ་ཞེས་པའི་སྐད་དོད་མེད་ཀྱང་རྣམ་ཤེས་ལས་ཁྱད་པར་དུ་ཕྱེ་བའི་ཕྱིར་ཡེ་ཞེས་བསྣན་པ་ཡིན་པ་ལ་ཡེ་གདོད་མ་ནས་གྲུབ་པའི་ཤེས་པ་ཞེས་འཆད་པ་ཡང་འཁྲུལ་ལོ། །རྣལ་འབྱོར་ནི་ཡོ་གི་ཞེས་པའི་སྒྲ་ལས་དྲངས་ན། རྣམ་གཡེང་ཞི་བ་ཉིད་སེམས་རྣལ་དུ་འབྱོར་བས་རྣལ་འབྱོར་ཞེས་འཆད་དགོས་པ་ལ། སེམས་ཉིད་དོན་གྱི་རྣལ་མ་ལ། །རིག་པ་ཡེ་ཤེས་རང་དུ་འབྱོར། །ཞེས་འཆད་པ་འཁྲུལ་ལོ། །རྒྱལ་མཚན་རྩེ་མོའི་དཔུང་རྒྱན་ཞེས་པ་ཡིན་པ་ལ། དམག་གི་དཔུང་གི་རྒྱན་དུ་འཆད་པ་དང་། ཙཎྜ་ལི་ཞེས་པའི་སྒྲ་ལས་དྲངས་ན། ཙཎྜ་ནི་རྣམ་རྟོག་གསོད་པས་ན་གཏུམ་པ་ཞེས་བྱ། ལི་ཞེས་པ་ཤེས་རབ་ཀྱི་ཁྱད་པར་ཡིན་པས་མོ་རྟགས་སུ་བྱས་པའོ། །དེས་ན་དེའི་སྒྲ་བཤད་ལ་རྣམ་རྟོག་ནི་ཆོས་ཉིད་ཀྱིས་བཏུམས་པར་འཆད་པ་དང་། གི་ཧྲི་ཞེས་པ་རོལ་མོའམ་གླུའི་སྒྲ་བཤད་བྱེད་པ་ལ། སེམས་ཅན་བསླུ་བར་བྱེད་པས་གླུ་ཞེས་འཆད་པ་དང་། ཕྱི་མའི་ཕུར་མ་རི་རབ་མཉམ་པ་དང་། །ཞེས་པ། ཅན་དན་དང་ག་པུར་ལ་སོགས་པའི་ཕུར་མ་གོས་ཀྱིས་བཏུམས་པ་བོང་ཚོད་རི་རབ་དང་མཉམ་པ་ཞེས་བཟང་སྤྱོད་ཀྱི་འགྲེལ་པར་བཤད་ཅིང་། འདིའི་སྐད་དོད་སུ་མི་རུ་ཞེས་པ་རི་རབ་ཡིན་པ་ལ་རི་རབ་ཏུ་རྣམ་པར་འཆད་པ་དང་། དེ་དག་ནི་བོད་སྐད་ཀྱི་སྒྲ་བཤད་འཁྲུལ་པ་ཡིན་ལ། རྒྱ་གར་སྐད་ཀྱི་སྒྲ་བཤད་འཁྲུལ་བའི་ཚུལ་ནི། སྡོང་པོ་བཀོད་པ་ལས། ཤཱཀྱའི་བུ་མོ་གོ་པཱ་མའི་སྒྲ། གོ་ནི་མཛོད་འགྲེལ་ལས། ངག་ཕྱོགས་ས་དང་འོད་ཟེར་དང་། །ཕྱུགས་དང་མིག་དང་རྡོ་རྗེ་དང་། །མཐོ་རིས་ཆུ་སྟེ་དོན་དགུ་ལ། །མཁས་པས་གོ་སྒྲ་ངེས་པར་གཟུང་ངོ་ཞེས་དོན་དགུ་ལ་འཇུག་པར་བཤད་པ་ལས། འདིར་ས་ཡིན་ལ། པཱ་ཞེས་པའི་སྒྲ་འཚོའམ་སྐྱོང་བ་དང་། སོགས་དོན་འགྱུར་དུ་བྱས་ན་བསྲུང་བ་ལ་ཡང་འཇུག་པ་དེས་ན་བོད་སྐད་དུ་ས་འཚོ་ཡིན་པ་ལ། དེ་ལ་བོད་སྐད་དུ་བསམས་ནས། གོ་པཱའི་སྒྲ་བཤད་རྟོགས་པའི་དོན་དུ་འཆད་པ་དང་། རྒྱ་སྐད་རཏྣ་ཀེ་ཏུ་ཞེས་པ་ལ། ཀེ་ཏུ་ཞེས་པའི་སྒྲ་ནི་དཔལ་དང་། ཏོག་དང་། དུ་བ་མཇུག་རིང་དང་། དོན་འགྱུར་དུ་བྱས་ན་རྒྱན་སོགས་ལའང་འཇུག་ཅིང་། དེ་ཡང་སྐད་རྙིང་རྣམས་ལ་དཔལ་དུ་བསྒྱུར་ཡོད་ལ། སྐད་གསར་བཅད་མན་ཆད་ཏོག་ཏུ་བསྒྱུར་ཡོད་པ་དེས་ན། འབུམ་ལས། བྱང་ཆུབ་སེམས་དཔའ་རིན་ཆེན་དཔལ་གྱི་བསླབ་པ་ལ་བསླབ་པར་བྱའོ། །ཞེས་དང་། སྐད་གསར་བཅད་ཀྱིས་ཞུས་པའི་བརྒྱད་སྟོང་པ་ལས། རིན་ཆེན་ཏོག་གི་བསླབ་པ་ལ་ཞེས་བྱ་བར་བསྒྱུར་བར་མི་ཤེས་པར། རིན་ཆེན་དཔལ་དུ་འཆད་པ་ནོར་བ་སྟེ། དེ་ཡིན་ན་རཏྣ་ཤྲཱི་ཞེས་པ་དགོས་པ་ལས་དེ་ལྟར་བཤད་པ་མེད་པས་སོ། །རྒྱ

སྐད་པོ་ཏ་ལ་ཞེས་བྱ་བའི་སྒྲ་བོད་སྐད་དུ་ནི་གྲུ་འཛིན་ཞེས་པ་ཡིན་པས། རི་བོ་གྲུ་འཛིན་ཞེས་བྱ་བར་བསྒྱུར་ན་བོད་ལ་འཐད་མོད་ཀྱི། ལོ་ཙཱ་བ་ལ་ལས་རྒྱ་སྐད་སོར་བཞག་ནས་པོ་ཏ་ལའི་རི་ཞེས་བསྒྱུར་ཅིང་། དེ་ལ་སྒྲ་བསྒྱུར་ལ་ལ་ཡིས་རི་ཞེས་པའི་སྒྲ་གོང་དུ་ཕྱུང་ནས་རི་པོ་ཏ་ལ་ཞེས་བྱ་བར་བསྒྱུར་རོ། །དེའི་དོན་མ་རྟོགས་པ་རྣམས་ཀྱིས་རི་བོ་ཏ་ལར་བཤད་པ་འཁྲུལ་ལོ། །ཡང་སྔོན་གྱི་ལོ་ཙཱ་བ་འགའ་ཞིག་གིས་རི་བཏང་བཟུང་ཞེས་བྱ་བར་བསྒྱུར་བ་ཡང་ཡོད་དོ། །འཁོར་གསུམ་ཡོངས་སུ་དག་པ་ཞེས་བྱ་བ་ལ་རྒྱ་སྐད་དུ་ནི། ཏྲི་མཎྜ་ལ་པ་རི་ཤུདྡྷ་ཞེས་བྱ་བར་ཡོད་པའི་ཏྲི་ནི་གསུམ་ཡིན་ལ། མཎྜ་ལ་ཞེས་བྱ་བ་བོད་སྐད་དུ་དཀྱིལ་འཁོར་ཡིན་ཞིང་། པ་རི་ཤུདྡྷ་ཡོངས་སུ་དག་པ་ཡིན་པས་དྲང་པོར་བསྒྱུར་ན་དཀྱིལ་འཁོར་གསུམ་ཡོངས་སུ་དག་པ་ཞེས་བྱ་བར་འགྱུར་བ་ལ། སྒྲ་བསྒྱུར་མཁས་པ་རྣམས་ཀྱིས་སྒྲ་བསྡུས་ནས། འཁོར་གསུམ་ཡོངས་སུ་དག་པ་ཞེས་བྱ་བར་བསྒྱུར་རོ། །དེའི་སྒྲ་དོན་མི་ཤེས་པར་འཁོར་གསུམ་གཡོག་ཏུ་འཆད་པར་འཁྲུལ་ལོ། །རྒྱ་སྐད་ལཀྵ་ཕུ་རི་ལ། ཕུ་རིའི་སྒྲ་ནི་གྲོང་ཁྱེར་ཡིན་ཞིང་། བོད་སྐད་ལ་ལཀྵའི་གྲོང་ཁྱེར་ཡིན་ཏེ། ལྷོ་ཕྱོགས་རྒྱ་མཚོའི་གླིང་ན་ཡོད་པར་ལང་ཀར་གཤེགས་པ་ལས་གསུངས་སོ། །འོན་ཀྱང་ཕུ་རིའི་སྒྲ་རྒྱ་སྐད་དུ་མ་ཤེས་པར་ཕུ་ཕྲངས་སུ་འཆད་པ་དང་། པི་མ་ལ་མི་ཏྲ་ཞེས་པ་མ་ལ་དྲི་ཡིན་ཞིང་པི་དགག་ཚིག་ཡིན་པ་དང་། མི་ཏྲ་ཞེས་པ་བཤེས་གཉེན་ལ་འཇུག་པས། བོད་སྐད་དུ་དྲི་མེད་བཤེས་གཉེན་ཞེས་བྱ་བ་ཡིན་ཞིང་། དེའི་སྒྲ་དོན་མི་ཤེས་པར་པི་མ་ཞེས་པ་བྱེ་མ་རུ་བཅོས་ནས། ཚོས་བྱེ་མའི་ལ་ཙམ་ཤེས་པས་བྱེ་མའི་ལ་དང་། མི་ཏྲ་ཞེས་པ་མུ་ཏྲར་བཅོས་ནས་དེའི་སྒྲ་ཕྱག་རྒྱ་ཡིན་པར་བསམས་ནས། བྱེ་མ་ལ་ཕྱག་རྒྱ་ཞེས་པར་བཤད་པ་དང་། ཡང་འགའ་ཞིག་སློབ་དཔོན་དེ་རྒྱལ་པོའི་བུ་མོ་སྐྱེས་པ་དང་མ་འདྲིས་པ་ཞིག་ལ་འཁྲུངས་པས་ངོ་ཚ་ནས་བྱེ་མའི་གསེབ་ཏུ་དོར་བ་ལས། ཕྱིས་འགྱོད་ནས་བལྟར་ཕྱིན་པ་ན་དེ་ཉིད་ན་མིག་བཀྲ་ཧྲིག་གེ་འདུག་པས། བྱེ་མ་ལ་མིག་བཀྲར་བཏགས་སོ་ཞེས་འཆད་པ་དང་། རྒྱ་སྐད་ནཱ་རོ་ཏ་ཞེས་པའི་སྒྲ་བྲམ་ཟེའི་རིགས་ཀྱི་བྱེ་བྲག་ཡིན་པ་དང་། ཏ་ཞེས་པ་ནི་ཞེ་སའི་ཚིག་ཏུ་བྱས་པས་ཏེ། ནཱ་རོ་པ་ཞེས་པའི་དོན་ཡིན་ལ། དེའི་རྒྱུ་མཚན་མི་ཤེས་པར། ཏི་ལོ་པའི་ཕྱག་ཕྱིར་བྱོན་པ་ན་གཙུག་ལག་ཁང་ཞིག་གི་སྟེང་ནས་སྐུ་ལུས་གཡང་ལ་མཆོང་དུ་བཅུག་ནས་འདི་ན་མར་མཆོང་ནུས་པ་སུ་ཡོད་གསུངས་པས། ང་ལ་ཟེར་རམ་སྙམ་ནས་མཆོངས་ཏེ་དཀའ་བ་སྤྱད་པས་ཏི་ལོ་པ་བྱོན་ཏེ་མི་ནའམ་གསུངས་པ་ན། ཨ་ན་ན་ན་བས་མི་ཚད་རོ་རུ་སོང་། ཞེས་བརྗོད་པས་ནཱ་རོ་པར་གྲགས་སོ་ཞེས་འཆད་པ་དང་། དེས་ན་གཞུང་འདི་ལྟར་འདོན་ཏེ༑ རྒྱ་གར་སྐད་དུ་ནཱ་རོའི་སྒྲ། །བྲམ་ཟེའི་རིགས་ཀྱི་བྱེ་བྲག་ཡིན། །ཞེས་བྱར་དགོས་སོ། །ཡང་ཏི་ལ་ཞེས་པ་བསྒྱུར་ན་ཐིག་ལེའམ། མ་བསྒྱུར་བར་ཟུར་བཅུག་ན་ཏིལ་ཞེས་པ་ཡིན་ལ། ཨོཏ྄་ཞེས་པ་རྟུང་བ་ལ་འཇུག་པས

མཚམས་སྦྱར་ན་ཧེ་ཝ་པ་ཞེས་པ་རྒྱ་སྐད་སོར་བཞག་གི་བརྡ་དག་པ་ཡིན་པ་ལ། ཧེ་ཞེས་བཏོན་ན་མ་དག་པར་བསམས་ནས་ཧེ་ཝ་པ་ཞེས་པ་ཁོ་ནར་འཆད་པ་དང་། འདིར་རྣམ་བཤད་མཛད་པ་བསམ་ཡས་པ་དང་། སྤྱོས་ཁང་པ་དང་། ཀུ་མུ་ར་གསུམ་གྱིས་ནི་དེ་ལ་ཧེ་ཝོར་འཆད་པ་དང་ཞེས་འདོན་མོད། དེ་འདྲའི་ཕྱོགས་སྔ་ཡོད་པ་མི་འདྲ་ཞིང་སྣ་གདོང་པ་ནི་གཞུང་སྒྲ་ཇི་བཞིན་པ་ལས་གཞན་དཔྱད་པ་མི་མཛད་ཅིང་། གོ་ཊི་ཀ་པ་ནི་སྒྲ་ལ་འཁྲུལ་པ་འགོག་པའི་སྐབས་འདི་དག་ཏུ་ཅང་མི་གསུང་ངོ་། །འོན་ཀྱང་ཁ་སྐོང་གི་དྲི་བ་བརྒྱད་པར། ཧེ་ཝ་ཧེ་ཝོར་མི་རུང་ན། །ཨི་ཡི་ཡི་གེ་ཨེ་ཞེས་པ། །ཀ་ལཱ་པ་ལས་བཤད་དེ་ཅི། །ཞེས་དྲིས་པ་ལ། གོ་རམ་པའི་དྲི་ལན་ལས་ཨི་ཨེ་རུ་འགྱུར་བའི་བཤད་པ་མཚམས་སྦྱོར་ན་ནི་མི་འདུག །གཞན་གང་ན་ཡོད་པ་ཡིན་ཞེས་རྩོལ་བར་བྱེད། ལེགས་བཤད་གསེར་གྱི་ཐུར་མར། ཧེ་ཝ་ཞེས་པ་ཧེའི་རྗེས་ལ་འཇུག་པ་བཞིན་དུ། ཧེ་ཝ་ཞེས་པ་ཡང་དེ་ཉིད་ལ་འཇུག་པ་ཡིན་ཏེ། འདི་ལ་ལུང་དང་རིགས་པ་གཉིས་ལས། དང་པོ་ནི། ཀ་ལཱ་པ་ལས། ཨི་ཨེཏ་ཨུ་ཨོཏ་ཛས་ལའོ། །སམྦུདྡྷེ་ལའང་ངོ་། །ངེ་ལའོ། །ཞེས་པ་རྣམ་དབྱེ་དང་པོའི་མང་ཚིག་དང་། བོད་པ་དང་། རྣམ་དབྱེ་བཞི་པའི་གཅིག་ཚིག་རྣམས་ཕྱི་མར་ཡོད་པ་ལ་ཨི་ཨེ་རུ་འགྱུར་བ་དང་། ཨུ་ཨོ་རུ་འགྱུར་བ་ཉིད་དུ་བཤད་པའི་ཕྱིར་དང་། ཀུན་བཤད་ལས། ཇི་སྐད་དུ། བི་ཀ་ར་ཎ་དག་གི་ཡོན་ཏན་ནོ། །ཞེས་བྱེད་པ་པོའི་དོན་ལ། ཨི་དང་ཨུ་དང་ཀེཏ་རྣམས་ཨེ་དང་ཨོ་དང་ཀ་ར་རྣམས་སུ་འགྱུར་བར་བཤད་པ་དང་། མཚམས་སྦྱོར་གཉིས་པ་ལས། ཨིའི་ཡི་གེ་འདྲ་བའི་ཡི་གེ་མ་ཡིན་པ་ལ་ཡ་སྟེང་ཕ་རོལ་དབྱི་བའང་མ་ཡིན་ནོ། །ཞེས་བཤད་ལ། ཡ་བཏགས་ནི་རིང་ཆ་མེད་པའི་འགྲེང་བུའི་གདངས་ཅན་ཉིད་དུ་ཀློག་དགོས་པའི་ཕྱིར་དང་། འགྲེལ་ཆེན་དྲི་མེད་འོད་དུ། བྱེད་པ་བཅུ་གཅིག་ལས། ཧེལ་རུང་གི་མིང་འཆད་པ་ན། ཧཻ་ཧེ་ལམ་ཞེས་གསལ་བར་བཤད་པའི་ཕྱིར་རིགས་པ་ཡང་། ཧཻ་ཝོག་ཅེས་དང་། ཧེ་ཝ་ཀ་དོན་གཅིག་པ་དང་། ཝོ་ཀེ་དང་ཝོ་ཀི་དོན་གཅིག་ལ་འཇུག་པ་དང་། གོ་ཨུ་དང་གོ་བོ་དོན་གཅིག་ལ་འཇུག་པ་དང་། ཨུ་རྒྱན་དང་ཨོཌྜི་ཡཱ་ན་དོན་གཅིག་ལ་འཇུག་པ་བཞིན་ནོ། །ཞེས་པའོ། །ཡང་དངོས་ལན་གྱི་སྐབས་སུ། ཧེ་ཝ་ཞེས་པ་ཧེལ་རུང་ལ་མི་གོ་བ་མ་ཡིན་ཏེ། དཔེར་ན་དེ་བུ་དང་དེ་ཝ་བཞིན་དང་། བི་ཏ་དང་བེ་ཏ་བཞིན། ལྷ་བུ་ཨི་པ་དང་ལུ་ཧི་པ་བཞིན་ནོ། ཞེས་གསུངས་པ་ལ་རྩོལ་བ་དེ་དག་ན་རེ། ཧེ་དང་ཝ་གཉིས་ཀྱི་བར་དུ་ཛས་དང་སམ་སོགས་སྦྱོར་བ་མེད་པས་ཧེ་ཝ་ཧེ་ཝོར་མི་འགྱུར་རོ་ཞེས་ཟེར། འདི་དག་ལ་དགག་པ་བྱེད་རིན་ཆོག་པ་ཆེར་མི་སྣང་ཡང་། བློན་པོ་ཕལ་ཆེར་འདི་དག་ལ་ཡིད་རྟོན་བྱེད་པ་མང་བས་དེ་དག་གི་རང་བཞིན་བསྟན་པར་བྱ་སྟེ། མཚམས་སྦྱོར་ནས་མ་བཤད་ཙམ་གྱིས་མི་འཐད་ན་ཧ་ཅང་ཐལ་བ་དང་། ཡང་རིགས་པ་ཕྱི་མ་དེ་ལྟར་ན། ལ་པི་སླ་བ་ལའོ་ཞེས་པའི་བྱིངས་ལ་ཨ་ཊའི་རྐྱེན་བྱིན་པས། ལ་པི་ཞེས་པའི་ལ་དེ་

རིང་པོར་མི་འགྱུར་བར་ཐལ་ཏེ། ལ་དང་པི་གཉིས་ཀྱི་བར་དུ་ཨ་ཆའི་རྐྱེན་སྦྱོར་བ་མེད་པའི་ཕྱིར། འདོད་ན། ཀ་ལྤ་པའི་མིང་ཙམ་ཡང་མ་མཐོང་བར་ཟད་དོ། །གཞན་ཡང་ཀུན་བཤད་དྲུག་པ་ལས། ཨིན་ཨིཙ་ཨཏ་རྣམས་ལས་ཨའི་ཨུ་པ་ཧྲ་རིང་པོ་ནྲ་མི་རྣམས་ཀྱིས་ཡང་འཕེལ་བའོ། །ཞེས་པའི་གཞུང་རྣམས་རྣ་ལམ་དུ་མ་གྲགས་བཞིན་དུ་རིག་པའི་གནས་མཐའ་དག་ལ་སྦྱངས་པའི་མཁས་པ་རྣམས་ལ་སྐྲག་མི་ཤེས་པར་གྱི་ཚོམ་དུ་སྨྲ་བར་མ་བྱེད་ཅིག །

ད་ནི་གཞུང་དཀྲུས་མ་བཤད་པར་བྱ་སྟེ། རྒྱ་སྐད་ལོ་ཧི་པ་ཞེས་བྱ་བ་བོད་སྐད་དུ་ཉའི་རྒྱུ་ལྟོ་ཡིན་པས་དེ་ཟ་ཞིང་སྒྲུབ་པ་བྱས་པས་ལོ་ཧི་པར་གྲགས་པ་ལ། དེའི་སྒྲ་དོན་མི་ཤེས་པར་ཀླུ་ཡི་པ་རུ་འཆད་པ་དང་། རྒྱ་སྐད་ཨིནྡྲ་བྷུ་ཏི་ནི་བོད་སྐད་འབྱུང་པོའི་དབང་པོ་ཡིན་པ་ལ། དེའི་སྒྲ་བསྒྱུར་མི་ཤེས་པར། ཨིནྡྲ་བརྒྱ་བྱིན་དང་། བྷུ་ཏི་བོ་རྗེར་བཅོས་ནས་བརྒྱ་བྱིན་བྱང་ཆུབ་ཏུ་འཆད་པའང་ནོར་ཏེ། དེའི་སྐད་དོད་ནི་ཤཀྲ་བོ་དྷེ་ཞེས་པ་ཡིན་པས་སོ། །ཡང་རྒྱ་སྐད་ཨིནྡྲ་བྷུ་ཏི་ཞེས་པ་བོད་སྐད་བརྒྱ་བྱིན་བྱང་ཆུབ་ལ་འཇུག་པ་གཅིག་ཡོད་པར་མཁས་པ་འཇུག་པའི་སྒོ་ལས་ནི་བཤད་དེ། སློབ་དཔོན་རིན་ཆེན་འབྱུང་གནས་ཞི་བས། བྷུ་ཏ་ཨཀྵ་ཞེས་པ་ཡང་དག་པའི་དོན་ཡིན། དེ་སངས་རྒྱས་ཀྱི་སྒྲར་སྒྲུབ་པ་ལ་བྷུ་ཏའི་གནས་སུ་བུད་བཞག །ཨཀྵའི་གནས་སུ་དྷ་བཞག་ནས་སངས་རྒྱས་སུ་བསྒྲུབས་པ་དང་། ཞེས་གསུངས་སོད། འདིར་ནི་སྐད་དོད་སྒྲ་ཇི་བཞིན་པའི་དབང་དུ་བྱས་པས་མི་འགལ་ལོ། །རྒྱ་སྐད་ཨ་བ་དྷུ་ཏིའི་སྒྲ་བོད་སྐད་གཟུང་འཛིན་གཉིས་སྤངས་སམ་སྐྱེ་བོ་ཀུན་འདར་བར་བྱེད་པས་ན་ཀུན་འདར་དང་། སྤྲོས་པ་ཀུན་དོར་བ་ཡིན་པས་ཀུན་དོར་ཞེས་པ་ཡིན་པ་ལ། དེ་ལ་ཅི་འདོད་འོང་བས་འདོད་སྦྱོར་དུ་འཆད་པ་དང་། རྡོ་ཧེ་ཞེས་པ་བོད་སྐད་ཡིན་པར་འཆད་པ་དང་། རྒྱ་སྐད་རྡྭ་ཧ་ཞེས་བྱ་བ་བོད་སྐད་དུ་ལྷུག་པའམ་མ་བཅོས་པ་ཞེས་བྱ་བའི་དོན་ལ་འཇུག་མོད་ཀྱི། དེའི་རྒྱུ་མཚན་མི་ཤེས་པར་དྭ་ནི་གཉིས་ཡིན་པ་དང་། ཧ་རྒོད་པ་ཡིན་པར་བསམས་ནས་གཉིས་ལ་རྒོད་པར་འཆད་པ་དང་། རྒྱ་སྐད་ཛ་བ་ཞེས་བྱ་བ་མེ་ཏོག་དམར་པོ་གཅིག་ལ་འཇུག་པ་ལ། དེའི་བརྡ་དོན་མི་འཕྲོད་པར་བྱམས་པའི་མཛའ་བར་འཆད་པ་དང་། སོགས་པས་ཛམ་བུ་བྲིཀྵ་ཞེས་པ་འཛམ་བུའི་ཤིང་ཞེས་པ་ཡིན་པ་ལ། འཛམ་བུ་བྲི་ཤ་ཞེས་འཆད་པ་སོགས་སྒྲ་མི་ཤེས་པའི་བླུན་པོ་རྣམས་ལ་ལེགས་ལེགས་འདྲ་བར་སྣང་ཡང་། དེ་ཤེས་པའི་མཁས་པས་ཐོས་ན་བཞད་གད་ཀྱི་གནས་ཡིན་ཏེ། རྒྱུ་མཚན་ཅིའི་ཕྱིར་ཞེ་ན། སཾསྐྲི་ཏའི་སྒྲ་དོན་ལ་ཁྱེད་ཀྱི་བཤད་པ་དེ་དག་ཐེད་དུ་མི་རུང་བ་ཉིད་ཀྱི་ཕྱིར་དང་། རྒྱ་སྐད་ཡིན་པ་མ་ཤེས་པར་བོད་སྐད་ཡིན་པར་བསམས་ནས་བཤད་པ་བྱས་པའི་ཕྱིར་རོ། །རྒྱུ་མཚན་དེས་ན་འདི་འདྲའི་བཤད་པ་ཀུན་བོད་ཀྱི་བླུན་པོས་སྦྱར་བས་ན་མཁས་པ་རྣམས་ཀྱིས་དོར་བར་བྱའོ། །དེ་

བཞིན་དུ་བིནྣ་པ་ལ། བིཚྭ་པ་ཞེས་པ་དང་། ཧྭ་ག་ཞྭན་ལ། བག་ཞྭན་ཞེས་པ་དང་། ཊྭ་གི་ལ་ཧྭ་གི་ཞེས་པ་དང་། ཨོཾ་ཊྲེན་ལ། ཨུ་ཀྲུན་ཞེས་པ་དང་། རྙིང་མའི་རྒྱུད་དུ་མིང་བཏགས་པ་འགའ་ཞིག་ལས། དང་པོ་འབྱུང་བས་བྱུང་ཧྭ་ཡ། བར་དུ་དར་བས་དར་མ་ཡ། ཐ་མར་སངས་རྒྱས་པས་སམ་ག་ཡ། ཞེས་ཟེར་བ་དང་། ཡང་ཤ་རྡྭ་རམ་ཞེས་པ་གདུང་གི་སྐད་དོད་ཡིན་པ་ལ། དེའི་རིགས་འགྲེ་བྱས་ནས། ཉ་རི་རམ་དང་། ཆུ་རི་རམ་ཞེས་ཟེར་བ་དང་། ཨ་ཧི་ཞེས་པ་ཤིན་ཏུ་ཞེས་པའི་སྐད་དོད་ཡིན་པ་ལ་དཔེ་བྱས་ནས། ཡ་ཧི་དང་། ཅི་ཧི་ཞེས་ཟེར་བ་དང་། ཡང་བཛྲ་པཱ་ཎི་ལ་བན་ཛར་པ་ཎི་ཞེས་ཟེར་བ་དང་། ཨུ་ཥྞི་ཥ་ཞེས་པ་ལ་ཨུ་ཥྞི་ཤ་ཞེས་ཟེར་བ་དང་། ཨཱརྻ་ལ་ཨར་ཀྱ་ཞེས་ཟེར་བ་དང་། ཙཎྜ་མ་ཧཱ་རོ་ཥ་ཎ་ལ། ཙན་ཧྲམ་ཧཱ་རོ་ཤན་ཞེས་འབོད་པ་དང་། ཡང་མདོ་ལས། དེ་ན་ར་ཅིག་སྦྱིན་ཞེས་པ། དེ་ན་ར་ནི་དོང་རྩེའི་བྱེ་བྲག་ཡིན་པ་ལ་དེ་མ་གོ་བར་དེ་ན་ར་ཅིག་སྦྱིན་ཞེས་འཆད་པ་དང་། སརྦ་བི་དྭ་ཞེས་པ་ཐམས་ཅད་རིག་པ་ཞེས་པ་ཡིན་པ་ལ། སར་བ་བྱིད་ཅེས་འཆད་པ་སོགས་དཔག་ཏུ་མེད་པ་ཡོད་དོ། །

གཉིས་པ། སྒྲ་བཤད་གོ་དཀའ་ཡང་ལེགས་སྦྱར་དང་མཐུན་པར་བསྟན་པ་ནི། དེ་བཞིན་གཤེགས་པའི་སྐད་དོད་ཏ་ཐཱ་ག་ཏ་ཞེས་པའི་ག་ཏ་དེ་འགྲོ་བ་དང་ལྡོག་པ་སོགས་ལ་འཇུག་པས་དེའི་བཤད་པ་དེ་ཁོ་ན་ཉིད་རྟོགས་པ་ལ་འཆད་པ་འཐད་དེ། རྣམ་འགྲེལ་ལས། གཤེགས་པ་རྟོགས་པའི་དོན་ཕྱིར་ཏེ། ཞེས་སོགས་སོ། །དགྲ་བཅོམ་པའི་སྐད་དོད་ཨ་ར་ཧ་ཏེ་ཞེས་པའི་ཨར་ཧན་གྱི་སྒྲའི་ཁམས་མཆོད་འོས་སུ་ཡོད་པས་དེའི་སྒྲ་དོན་མཆོད་འོས་སུ་འཆད་པ་དང་། རྒྱལ་པོའི་བཤད་པ་རཱ་ཛ་ཞེས་པ། ར་ཛི་གསལ་བ་ལའོ་ཞེས་པའི་བྱིངས་ལས་བསྒྲུབས་པ་ཡིན་པས་གསལ་བ་ལ་བཤད་པ་དང་། བཟོད་པའི་སྒྲ་ས་ཀྵའི་ཁམས་མི་མཛེད་པ་ལ་འཇུག་པས་དེར་འཆད་པ་དང་། ཕུང་པོའི་སྐད་དོད་སྐནྡྷ་ཞེས་བྱ་བའི་སྒྲ་ཁུར་ཁྱེར་བའི་དོན་གྱིས་ཕྲག་པར་འགྱུར་བས་དེར་འཆད་པ་དང་། ཁམས་ཀྱི་སྐད་དོད་དྷཱ་ཏུའི་སྒྲ་དབྱིངས་ལ་འཇུག་པས་དེར་འཆད་པ་དང་། འདིར་དབྱིངས་ཞེས་འབྱུང་བ་ནི་སྐད་ཟུར་ཆག་པའོ། །བཅོམ་པའི་སྐད་དོད་ཧྭ་གའི་སྒྲ་སྐལ་བ་ལ་འཇུག་པས་དེར་འཆད་པ་དང་། སྐྱེད་དགའི་སྐད་དོད་དུར་ཛའི་སྒྲ་ཐུབ་དཀའ་བ་ལ་འཇུག་པས་དེར་འཆད་པ་དང་། བག་ཆགས་ཀྱི་སྐད་དོད་བ་ས་ཞེས་པ་གནས་ལ་འཇུག་པས་དེར་འཆད་པ་དང་། ཤཱཀྱ་ཞེས་པ་ཤཀླྀ་ནུས་པ་ལའོ། །ཞེས་པའི་བྱིངས་ལས་བསྒྲུབས་པས་ནུས་པ་ལ་འཇུག་པས་དེར་འཆད་པ་དག་བོད་ལ་ཅུང་ཟད་མ་བདེ་ཡང་ལེགས་པར་སྦྱར་བའི་སྒྲའི་བཤད་པ་དག་ལ་ཤིན་ཏུ་འཐད་པའི་ཕྱིར་མཁས་པས་བླང་བར་བྱའོ། །གོང་གི་སོགས་པའི་སྒྲས་གོཾ་པྭ་ལ་ཞེས་པས་མཆོར་བསྒྱུར་བ་དང་ཤ་ར་ཊི་ལ་འཁོར་མོ་འཇིག་ཏུ་བསྒྱུར་བ་དང་། གོ་ས་ལ་མཛོད་ལེན་དུ་བསྒྱུར་བ

དང་། སིནྡྷུ་ར་ལ་ལི་ཁྲིར་བསྒྱུར་བ་དང་། གདུགས་དཀར་ལ་ཆ་སྐྱོབ་དཀར་པོ་ཞེས་ཟེར་བ་དང་། སྨོན་ལམ་ལ། ཡོངས་བསྒྱུར་ཞེས་ཟེར་བ་དང་། དགེ་བ་ངན་འཇོལ་ཞེས་ཟེར་བ་ལེགས་སྦྱར་ལ་འཕད་ཀྱང་སྐྲ་མི་ཤེས་ན་གོ་དཀའ་འོ་ཞེས་མཁས་པ་འཇུག་པའི་སྒོ་ལས་བཤད་དོ། །དེས་ན་མཁས་པར་འདོད་ན་ལེགས་སྦྱར་གྱི་སྐྲ་ལ་མཁས་པར་བསླབ་དགོས་ཏེ། མཁས་པ་འཇུག་པའི་སྒོ་ལས། ཐོག་མར་སྐྲ་ལ་མཁས་པ་ཡིས། །ཚིག་དོན་རྣམ་པར་ཕྱེ་སྟེ་བསྟན། །དེ་ནས་དོན་ལ་མཁས་པ་ཡིས། །ལྷག་ཆད་འཁྲུལ་པ་མེད་པར་བཤད། །ཅེས་གསུངས་སོ། །

གཉིས་པ། བསྟན་པ་བྱི་དོར་བྱེད་པ་བསྟན་འཛིན་གྱི་སྐྱེ་ལུགས་ཡིན་པར་བསྟན་པས་མཇུག་བསྡུ་བ་ལ། སྔོན་བྱུང་བརྗོད། དེས་ན་བསྟན་བཅོས་འདི་བརྩམ་དགོས་པར་བསྟན་པའོ། །དང་པོ་ལ། འཕགས་ཡུལ་དུ་བསྟན་པ་བསྡུས་ཚུལ། བོད་ཡུལ་དུ་བསྟན་པའི་བྱི་དོར་བྱས་ཚུལ་ལོ། །དང་པོ་ལ། ཉན་ཐོས་ཀྱི་བསྟན་པ་ལ་འཕེལ་འགྲིབ་བྱུང་ཚུལ་བཤད་ནས་བཀའ་བསྡུ་རིམ་པ་གསུམ་བྱས་ཚུལ། ཐེག་ཆེན་གྱི་བསྟན་པ་ལ་དར་རྒུད་བྱུང་ཚུལ་བཤད་ནས་ཐོགས་མེད་ཀྱིས་དར་རྒྱས་མཛད་ཚུལ་ལོ། །དང་པོ་ལ། སྤྱིའི་དོན་དང་། གཞུང་གི་དོན་གཉིས་ལས། དང་པོ་ནི། སྟོན་པ་སངས་རྒྱས་ནས་བཀའ་གསུངས་པའི་ཚུལ། དེ་སྡུད་པ་པོས་བསྡུས་ཚུལ། འགྲེལ་བྱེད་རྣམས་ཀྱིས་བཀྲལ་བའི་ཚུལ་ཏེ་གསུམ་ལས། དང་པོ་ལ། བྱང་ཆུབ་མཆོག་ཏུ་ཐུགས་བསྐྱེད་པའི་ཚུལ། བར་དུ་བསྐལ་པ་གྲངས་མེད་གསུམ་དུ་ཚོགས་བསགས་ཚུལ། ཐ་མར་མངོན་པར་རྫོགས་པར་སངས་རྒྱས་ནས་ཆོས་གསུངས་པའི་ཚུལ་དང་གསུམ་མོ། །དང་པོ་ནི། ལུང་ལས་རྒྱལ་པོ་འོད་ལྡན་དབང་པོར་གྱུར་པ་ན་ཐུགས་བསྐྱེད་པར་བཤད་ཅིང་། སྙིང་རྗེ་པད་དཀར་ལས། བསྐལ་པ་འཛིན་པ་ཞེས་པ་ལ་བྲམ་ཟེ་རྒྱ་མཚོའི་རྡུལ་དུ་གྱུར་པའི་ཚེ་རང་གི་སྲས་དེ་བཞིན་གཤེགས་པ་རིན་ཆེན་སྙིང་པོ་ལ་བྱང་ཆུབ་མཆོག་ཏུ་ཐུགས་བསྐྱེད་པར་བཤད། མདོ་སྡེ་བསྐལ་བཟང་ལས། ང་ནི་སྔོན་ཚེ་སྨན་པར་གྱུར་པའི་ཚེ། །དེ་བཞིན་གཤེགས་པ་ཤཱཀྱ་ཐུབ་དེ་ལ། །འཇམ་གང་གི་ནི་འབུལ་བར་བྱས་ནས་ཀྱང་། །དང་པོ་བྱང་ཆུབ་མཆོག་ཏུ་ཐུགས་བསྐྱེད་དོ། །ཞེས་གསུངས་ལ། ཕུང་པོ་གསུམ་པའི་མདོ་ལས། ཚོང་དཔོན་གྱི་བུ་མདོན་དགར་གྱུར་པ་ན། དེ་བཞིན་གཤེགས་པ་མཛེས་ཆེན་ལ་ཐུགས་བསྐྱེད་པར་བཤད། གཞན་ཡང་རྫ་མཁན་གྱི་ཁྱེའུ་སྣང་བྱེད་དུ་གྱུར་པ་ན། དེ་བཞིན་གཤེགས་པ་ཤཱཀྱ་ཐུབ་པ་ལ་སེམས་བསྐྱེད་པར་བཤད་དོ། །

གཉིས་པ། བར་དུ་བསྐལ་པ་གྲངས་མེད་གསུམ་དུ་ཚོགས་བསགས་ཚུལ་ནི། ཉན་ཐོས་སྡེ་པ་ལྟར་ན་འདུལ་བ་ལུང་ལས། གྲངས་མེད་དང་པོ་ལ་སངས་རྒྱས་ཤཱཀྱ་ཐུབ་པ་ནས། འདྲེན་པ་ཡུལ་འཁོར་སྐྱོང་གི་བར་བདུན་ཁྲི་ལྔ་སྟོང་དང་། གྲངས་མེད་གཉིས་པ་ལ་སངས་རྒྱས་མར་མེ་མཛད་ནས་དབང་པོ་རྒྱལ་མཚན་ཐུབ་ཀྱི

བར་བདུན་ཁྲི་དྲུག་སྟོང་དང་། གྲངས་མེད་གསུམ་པ་ལ་སངས་རྒྱས་ལེགས་མཛད་ནས་སངས་རྒྱས་འོད་སྲུངས་ཀྱི་བར་བདུན་ཁྲི་བདུན་སྟོང་ལ་ཚོགས་བསགས་པར་བཞེད། མཛོད་ལས་ནི། རྣམ་གཟིགས་མར་མེ་རིན་ཆེན་གཙུག །གྲངས་མེད་གསུམ་གྱི་ཐ་མར་འབྱུང་། །ཞེས་འདི་དང་ཅུང་ཟད་མི་འདྲ་བར་བཤད་དོ། །ཐེག་པ་ཆེན་པོ་ལྟར་ན། སྟོན་པ་འདི་རྒྱལ་པོའི་ཕོ་བྲང་རྣམ་པར་རྒྱལ་བའི་རྒྱལ་མཚན་དུ་རྒྱལ་པོ་ཆེ་རྣམ་པར་རྒྱལ་བའི་སྲས་པོ་གཞོན་ནུ་བརྩོན་འགྲུས་སྤྱོད་དུ་གྱུར་པ་ན། དེ་བཞིན་གཤེགས་པ་ཕུང་པོ་ཆེན་པོ་ཞེས་པ་ལ་བསྙེན་བཀུར་བ་ནས་བཟུང་སྟེ། བསྐལ་པ་གྲངས་མེད་པ་གཅིག་ཏུ་ཚོགས་བསགས་པས་ས་དང་པོ་ཐོབ་བོ། །དེ་ནས་གྲོང་ཁྱེར་འཛམ་བུ་ཆུ་བོའི་གསེར་དུ་རྒྱལ་པོ་མཛེས་པར་སྣང་བའི་ནང་ཆེན་ཚོང་དཔོན་ཤེར་བཟང་དུ་གྱུར་པའི་ཚེ། དེ་བཞིན་གཤེགས་པ་དཀོན་མཆོག་ཡན་ལག་ཅེས་པ་ལ་བསྙེན་བཀུར་བ་ནས་བཟུང་སྟེ། གྲངས་མེད་གཅིག་གི་ཚོགས་ཀྱིས་ས་བདུན་པ་ཐོབ་བོ། །དེ་ནས་བྲམ་ཟེའི་ཁྱེའུ་སྤྲིན་ཞེས་བྱ་བར་གྱུར་པའི་ཚེ། ཡུལ་དབུས་ཀྱི་རྒྱལ་པོ་དགྲ་ཐུལ་གྱི་ཕོ་བྲང་པདྨ་ཅན་གྱི་ཚོང་འདུས་ཀྱི་དབུས་སུ། བྲམ་ཟེ་མར་མེའི་བདག་པོའི་སྲས་སངས་རྒྱས་མར་མེ་མཛད་ལ་ཨུཏྤལ་ལྔས་གཏོར་ནས་ལུང་སྟོན་པར་གསོལ་བ་བཏབ་པས། དེ་བཞིན་གཤེགས་པ་ཤཱཀྱ་ཐུབ་པ་ཞེས་བྱ་བར་འགྱུར་རོ་ཞེས་ལུང་བསྟན་ཅིང་ས་བརྒྱད་པ་ཐོབ་བོ། །དེ་ནས་བཟུང་སྟེ་གྲངས་མེད་གཅིག་གི་ཚོགས་ཀྱིས་ས་བཅུ་པ་རྫོགས་པ་ཡིན་ནོ། །སྔགས་ལུགས་ལ་ནི། ཚེ་གཅིག་ལུས་གཅིག་ལ་སངས་རྒྱས་པ་ཡིན་ནམ། བར་དོ་འམ་སྐྱེ་བ་བཅུ་དྲུག་ཙམ་ཆད་ལ་སངས་རྒྱས་པ་གང་ཡིན་བརྟག་པར་བྱའོ། །མཐར་མངོན་པར་རྫོགས་པར་སངས་རྒྱས་པའི་ཚུལ་ནི། ཉན་ཐོས་སྡེ་པ་དག་ནི། རྒྱལ་བུ་དོན་གྲུབ་ཀྱི་དུས་སོ་སོ་སྐྱེ་བོ་འཆིང་བ་ཀུན་ལྡན་དུ་བཞེད་ལ། དེས་ཅི་ཡང་མེད་མན་ཆད་ལ་ཆགས་བྲལ་མངོན་དུ་བྱས་ནས། རྡོ་རྗེའི་གདན་བྱང་ཆུབ་ཀྱི་ཤིང་དྲུང་དུ་སྒྲོད་ལ་ལྷའི་བུའི་བདུད་བཏུལ། ཐོ་རངས་བསམ་གཏན་གྱི་རབ་མཐའ་ལ་བརྟེན་ནས་དྲོད་ནས་སངས་རྒྱས་ཀྱི་བར་སྟན་ཐོག་གཅིག་ལ་མངོན་དུ་བྱས་པར་བཞེད། ཐེག་པ་ཐུན་མོང་བ་ལྟར་ན། དམ་པ་ཏོག་དཀར་གྱི་ཚེ་སྐྱེ་བ་གཅིག་གིས་ཐོགས་པའི་བྱང་ཆུབ་སེམས་དཔའ་ས་བཅུ་པ་ལ་གནས་པ་ཡིན་པར་བཞེད་ཅིང་། ཕྱིས་འཛམ་བུའི་གླིང་གི་མིའི་རྟེན་ལ་སངས་རྒྱས་པར་བཞེད། ཡབ་སྲས་མཇལ་བའི་མདོ་ལས་ནི། སྟོན་པ་འདི་སྟོན་བསྐལ་པ་གྲངས་མེད་པ་དཔག་ཏུ་མེད་པའི་སྔ་རོལ་ནས་སངས་རྒྱས་དབང་པོའི་ཏོག་ཅེས་བྱ་བར་སངས་རྒྱས་པར་གསུངས་ལ། ཕྱིས་མིའི་རྟེན་ལ་འཚང་རྒྱ་ཚུལ་བསྟན་པར་བཞེད། དེ་ནི་ཐེག་ཆེན་ཐུན་མོང་མ་ཡིན་པའི་ལུགས་སོ། །སྔགས་ཀྱི་ལུགས་ལ་བྱ་རྒྱུད་པ་ནི་མཚན་ཉིད་ཐེག་པ་དང་མཐུན་པར་བཞེད་ཅིང་། སྤྱོད་རྒྱུད་དང་རྣལ་འབྱོར་རྒྱུད་གཉིས་མཐུན་པས། དེ་ཉིད་འདུས་པ་ལས། འོག་མིན་དུ་བྱང་ཆུབ་སེམས་དཔའ་དོན་

ཐམས་ཅད་གྲུབ་པའི་རྟེན་ལ་སངས་རྒྱས་པར་གསུངས་པའི་དགོངས་པ་འཆད་པ་ལ། ཡོ་ག་ལ་མཁས་པའི་པཎྜི་ཏ་གསུམ་གྱི་སློབ་དཔོན་ཤཱཀྱ་བཤེས་གཉེན་ནི། རྒྱལ་བུ་དོན་གྲུབ་ཆུ་བོ་ནཻ་རཉྫ་ནའི་དྲུང་དུ་དཀའ་བ་སྤྱད་པའི་དུས་སུ་རྣམ་སྨིན་གྱི་ལུས་དེར་བཞག་ནས། ཡེ་ཤེས་ཀྱི་ལུས་འོག་མིན་དུ་རྣམ་སྣང་དུ་སངས་རྒྱས་ཏེ། གཞན་འཕྲུལ་དབང་བྱེད་དུ་དཔལ་མཆོག་དང་པོ་དང་། རི་རབ་ཀྱི་རྩེ་རུ་དེ་ཉིད་འདུས་པ་སོགས་གསུངས་ནས་སླར་རྣམ་སྨིན་གྱི་ལུས་ལ་ཞུགས་ཏེ་རྡོ་རྗེ་གདན་དུ་སངས་རྒྱས་པའི་ཚུལ་བསྟན་ཏོ། །ཞེས་བཞེད་ཅིང་། སློབ་དཔོན་ཀུན་དགའ་སྙིང་པོ་ནི། འོག་མིན་དུ་སངས་རྒྱས་ནས་གཞན་འཕྲུལ་དབང་བྱེད་དང་། རི་རབ་ཀྱི་རྩེ་མོར་རྣལ་འབྱོར་རྒྱུད་གསུངས་ཏེ། དེ་ནས་དགའ་ལྡན་ནས་འཕོ་བ་དང་། ལྷུམས་སུ་འཇུག་པ་སོགས་མཛད་པར་བཞེད་དོ། །སློབ་དཔོན་སངས་རྒྱས་གསང་བ་ནི། བསྐལ་པ་དཔག་ཏུ་མེད་པའི་སྔ་རོལ་ནས་སངས་རྒྱས་ནས། འོག་མིན་དུ་རྣམ་སྣང་དུ་སངས་རྒྱས་པའི་ཚུལ་བསྟན་པར་བཞེད་དོ། །རྣལ་འབྱོར་བླ་མེད་ཀྱི་ལུགས་ལ་རྒྱུད་དང་འགྲེལ་པ་འགྲེལ་བཤད་ཀྱི་དངོས་བསྟན་ལ་རྡོ་རྗེ་གདན་དུ་སངས་རྒྱས་པར་བཤད་ཀྱང་། ངེས་དོན་དུ་སྔར་སངས་རྒྱས་ནས་འདིར་སྤྲུལ་པ་བསྟན་པ་ཡིན་ཏེ། འགྲེལ་ཆེན་དྲི་མེད་འོད་ལས། སངས་རྒྱས་བཅོམ་ལྡན་འདས་ས་བཅུ་གཉིས་ཀྱི་དབང་ཕྱུག་ཏུ་གྱུར་པ་མཁས་པ་སྒྱུ་འཕྲུལ་ཆེན་པོ་འཆང་བ་སྒྱུ་འཕྲུལ་ཆེན་པོའི་མིག་འཕྲུལ་དང་ལྡན་པ་འཕགས་པའི་ཡུལ་ལུམྦི་ནི་ར་ཤཱཀྱའི་རིགས་མིའི་དབང་པོ་ཟས་གཙང་མའི་བཙུན་མོ་ལྷ་མོ་སྒྱུ་འཕྲུལ་ཆེན་མོའི་ལྷུམས་ནས་བལྟམས་པ་ནི་གཞོན་ནུ་དོན་ཐམས་ཅད་གྲུབ་པ་ཡིན་ནོ། །ཞེས་གསུངས་པའི་ཕྱིར་རོ། །དེ་ནས་ཆོས་གསུངས་པའི་ཚུལ་ནི། སྟོན་པ་འདི་མེ་མོ་ཡོས་ལ་ལྷུམས་སུ་ཞུགས་ནས་ས་ཕོ་འབྲུག་ལ་སྐུ་བལྟམས་ཤིང་། ཆུ་ཕོ་སྟག་གི་དཔྱིད་ཟླ་ཐ་ཆུང་ས་གའི་ཉ་བའི་ཚེས་བཅོ་ལྔ་ལ་མངོན་པར་རྫོགས་པར་སངས་རྒྱས་པའི་ཚུལ་བསྟན། དེ་ནས་རྒྱ་ཆེ་རོལ་པ་ལྟར་ན་ཞག་བདུན་ཕྲག་བདུན་གྱི་བར་དུ་ཆོས་མ་གསུངས་ཤིང་། དེ་ནས་ཆུ་སྟོད་ཅན་གྱི་ཆོས་བཞི་ལ་བབ་པ་ན། ཚངས་པས་གསེར་གྱི་འཁོར་ལོ་རྩིབས་སྟོང་ལྡན་པ་ཕུལ། བརྒྱ་བྱིན་གྱིས་དུང་དཀར་པོ་གཡས་སུ་འཁྱིལ་བ་ཕུལ་ནས་ཝཱ་ར་ཎཱ་སིར་ལྔ་སྡེ་ལ་བདེན་པ་བཞིའི་ཆོས་གསུངས་པར་བཤད་དེ། ཕལ་པོ་ཆེའི་མདོ་ལས་ནི། མངོན་པར་རྫོགས་པར་སངས་རྒྱས་ནས་ཞག་བདུན་ཕྲག་གཉིས་པ་ལ་ཆོས་གསུངས་པར་བཤད། དེ་ནས་མྱ་ངན་ལས་མ་འདས་ཀྱི་བར་དུ་ཐེག་པ་གསུམ་ཀྱི་ཆོས་རྒྱ་ཆེར་གསུངས་པ་ཡིན་ནོ། །དེ་ཡང་སྟོན་པ་འདི་ནི་དྲང་དོན་གྱི་དབང་དུ་བྱས་ན་དགུང་ལོ་བརྒྱད་ཅུ་ཐུབ་པར་བཤད་དེ། བསྟན་བཅོས་བྱེ་བྲག་ཏུ་བཤད་པའི་མཚོ་ཆེན་པོ་ལས། ཆོས་འཁོར་གནས་དང་ཡངས་པ་ཅན། །ས་དཀར་ཅན་དང་ལྷ་ཡི་གནས། །བྱིས་པ་གསོད་དང་ཀཽ་ཤཱམྦི། །འབྲོག་གནས་མཆོད་རྟེན་རི་དང་ནི། །འོད་མའི་གྲོང་དང་དགྲར

བཅས་དང་། །སེར་སྐྱའི་གནས་ཀྱི་གྲོང་ཁྱེར་དུ། །དེ་རྣམས་སུ་ནི་ཐུབ་པ་ཡི། །སྐྱེས་མཆོག་ལོ་རེ་ལོ་རེ་བཞུགས། །ཉི་ཤུ་རྩ་བརྒྱད་གཉན་ཡོད་དུ། །སླན་གྱི་ནགས་སུ་ལོ་བཞི་སྟེ། །རྒྱལ་པོའི་ཁབ་ཀྱི་གྲོང་དུ་ལྔ། །འབར་བའི་ཕུག་གི་གནས་སུ་གཉིས། །དགའ་བ་སྤྱོད་པ་ལོ་དྲུག་སྟེ། །ཉི་ཤུ་རྩ་བཞི་ཁབ་གནས་སུ། །རྒྱལ་བ་དེ་ལྟར་བརྒྱད་ཅུ་ལ༑ ༑ཐུབ་མཆོག་དམ་པ་མྱ་ངན་འདས། །ཞེས་བཤད་པའི་ཕྱིར་དང་། གསེར་འོད་དམ་པ་ལས་ཀྱང་། །དྲང་དོན་གྱི་དབང་དུ་བྱས་ན་བརྒྱད་ཅུ་ཁོ་ན་ཐུབ་པར་བཤད་པའི་ཕྱིར། གསང་སྔགས་ཀྱི་ཆོས་རྣམས་ནི་གསུངས་པའི་དུས་མཐའ་གཅིག་ཏུ་ངེས་པ་མི་སྣང་སྟེ། འགའ་ཞིག་འོག་མིན་དུ་གསུངས་པར་བཤད་པ་དང་། འགའ་ཞིག་གཞན་འཕྲུལ་དབང་བྱེད་དང་། རི་རབ་ཀྱི་རྩེ་མོར་གསུངས་པར་བཤད་པ་དང་། དུས་ཀྱི་འཁོར་ལོ་ནི་དཔལ་ལྡན་འབྲས་སྤུངས་ཀྱི་མཆོད་རྟེན་དུ་གསུངས་པར་བཤད་ལ། དེ་ལ་ཡང་དུས་ངེས་པ་མི་སྣང་སྟེ། སངས་རྒྱས་པའི་ཕྱི་ལོ་གསུངས་པར་འཆད་པ་དང་། མྱ་ངན་ལས་འདའ་ཀར་གསུངས་པར་འཆད་པ་དང་། མྱང་ངན་ལས་འདས་རྗེས་སུ་གསུངས་པར་འཆད་པ་སོགས་ཅི་རིགས་འབྱུང་ངོ་། །བཀའ་སྡུད་པ་པོས་བསྡུས་ཚུལ་དང་འགྲེལ་བྱེད་རྣམས་ཀྱིས་ཇི་ལྟར་བཀྲལ་བའི་ཚུལ་ནི། གཞུང་དཀྲུས་མའི་སྐབས་སུ་འཆད་པར་འགྱུར་རོ། །གཉིས་པ་གཞུང་གི་དོན་ནི། སྟོན་པ་མེ་མོ་ཕག་གི་དཔྱིད་ཟླ་ར་ཆུང་ས་གས་ཉ་བའི་ཚེས་ལྔའམ། པཎ་ཆེན་ཤཱཀྱ་ཤྲཱི་ལྟར་ན་སྨིན་དྲུག་གིས་ཉ་བའི་ཚེས་བརྒྱད་ལ་མྱ་ངན་ལས་འདས་ཚུལ་བསྟན་ནས་འོད་སྲུངས་ལ་སོགས་པའི་དགེ་སློང་རྣམས་གྲོང་ཁྱེར་རྩྭ་ཅན་ན་ཡོད་པ་ན། ཚེ་བསྐལ་པ་མང་པོར་ཐུབ་པའི་ལྷ་རྣམས་སྟོན་པའི་གསུང་རབ་དུད་པ་ཙམ་དུ་གྱུར་ཏེ། དགེ་སློང་དབང་ཡོད་པ་རྣམས་ཀྱང་སྟོན་པ་འདས་ནས་སྡེ་སྣོད་གསུམ་མི་སྒྲོགས་སོ། །ཞེས་འཕྱ་བ་བསལ་བའི་ཕྱིར་འོད་སྲུངས་ཀྱིས་གང་པོ་ལ་དགེ་འདུན་བསྡུས་ཤིག་ཅེས་བསྐོས་པ་དང་། དེས་གཎྜི་བརྡུངས་པས་དགྲ་བཅོམ་པ་ལྔ་བརྒྱར་གཅིག་གིས་མ་ཚང་བ་འདུས་ཏེ། དེའི་ཚེ་འཕགས་པ་བ་ལང་བདག་སུམ་ཅུ་རྩ་གསུམ་གྱི་ཤི་ཤ་ཀའི་གཞལ་མེད་ཁང་ན་གནས་པ་འབོད་པ་ལ་གང་པོས་ཕྱིན་ཏེ་བོས་པ་ན། དེས་སྟོན་པ་མྱ་ངན་ལས་འདས་པའི་གཏམ་ཐོས་པ་ན་ཕུང་པོ་ལྷག་མེད་དུ་ཞུགས་སོ། །གང་པོས་དེའི་ལྷུང་བཟེད་དང་ཆོས་གོས་ཁྱེར་ཏེ་ཇི་ལྟར་གྱུར་པ་བསྟད་པ་དང་། འོད་སྲུངས་ཀྱིས་དགྲ་བཅོམ་པ་རྣམས་རེ་ཞིག་མྱ་ངན་ལས་མི་འདའ་བར་དམ་ཚིག་བཅས་སོ། །དེ་ནས་སློབ་པ་གཞན་རྣམས་ལྡོག་ཅིང་ཀུན་དགའ་བོ་ཆུའི་ཞལ་ཏ་བར་བསྐོས་ནས་རྒྱལ་པོའི་ཁབ་ཏུ་འོངས་ཏེ། ནྱ་གྲོ་དྷའི་ཕུག་ཏུ་མ་སྐྱེས་དགྲས་སྦྱིན་བདག་བྱས་ཏེ་དབྱར་གནས་སོ། །དེ་ནས་འོད་སྲུངས་ཀྱིས་ཀུན་དགའ་བོ་ལ་སྐྱོ་བ་བརྒྱད་བྱས་ཏེ་བསྐྲད་དོ། །དེས་ཀྱང་འབྲི་ཇིའི་གྲོང་དུ་སོང་ནས་བསྒོམས་པས་རིང་པོར་མ་ཐོགས་པར་དགྲ་བཅོམ་པ་ཐོབ་སྟེ། སླར་ནྱ་གྲོ་དྷའི་ཕུག་ཏུ་འོངས་ནས། འོད་སྲུངས་

ཀྱིས་མདོ་སྡེ་བསྡུ་བར་སྨྲོ་བ་དྲིས་ཤིང་གསོལ་གཉིས་ཀྱི་ལས་ཀྱིས་བསྔོས་ཏེ། སེང་གེའི་ཁྲི་ལ་དགྲ་བཅོམ་པ་ལྔ་བརྒྱའི་སྣམ་སྦྱར་བཏིང་བ་ལ་འདུག་སྟེ། སྟོན་པ་འཇིག་རྟེན་ཕན་བཞེད་པ། །རྒྱལ་བས་གསུངས་པའི་ཆོས་རྣམས་ཀྱི། །རྣམ་པ་མཆོག་ནི་གང་བཤད་པ། །ཚེ་དང་ལྡན་པས་མདོ་སྡེ་གསུངས། །ཞེས་གསོལ་བ་བཏབ་ནས་མདོ་སྡེ་བསྡུས་ཤིང་། དེ་བཞིན་དུ་ཉེ་བ་འཁོར་གྱིས་འདུལ་བ་བསྡུས། འོད་སྲུངས་ཀྱིས་མངོན་པ་བསྡུས་སོ། །འདིའི་དོན་ནི། དགྲ་བཅོམ་པ་དེ་དག་གིས་སྡེ་སྣོད་དེ་དག་ཚར་རེ་རེ་སྟོན་ཅིང་། དགྲ་བཅོམ་པ་གཞན་གྱིས་དཔང་པོར་བྱས་པའོ། །དེའི་རྗེས་སུ་འོད་སྲུངས་དང་ཀུན་དགའ་བོ་ཡང་རིམ་གྱིས་མྱ་ངན་ལས་འདས་སོ། །བཀའ་བསྡུ་གཉིས་པ་མཛད་པའི་ཚུལ་ནི། དེ་ལྟར་སངས་རྒྱས་ཀྱི་གསུང་རབ་བཀའ་བསྡུ་བ་དང་པོ་བྱས་པའི་རྗེས་སུ་ཉེས་པའི་དྲི་མ་མེད་ཅིང་བསྟན་པ་ལ་སྨྲོ་སྐྱུར་གྱིས་དག་པར་གནས་པ་ན་སྟོན་པ་མྱ་ངན་ལས་འདས་ནས་ལོ་བརྒྱ་དང་བཅུ་ལོན་པའི་ཚེ། ཡངས་པ་ཅན་པའི་དགེ་སློང་དག་གིས་སངས་རྒྱས་ཀྱི་བསྟན་པ་དམ་པའི་ཆོས་འདུལ་བ་དང་འགལ་བའི་མི་རུང་བ་ལ་རུང་བར་སྟོན་པའི་གཞི་འམ་དངོས་པོ་བཅུ་བྱས་སོ། །བཅུ་པོ་གང་ཞེ་ན། འདུལ་བ་རྒྱ་ཆེར་འགྲེལ་པ་ལས། །ཧུ་ལུ་ཧུ་ལུ་ཡི་རང་དང་། །ཀུན་སྤྱོད་སྔོན་དང་ལན་ཚྭ་དང་། །ལམ་དང་སོར་གཉིས་དཀྲུགས་དང་གདིང་། །གསེར་གྱི་རུང་བ་ཞེས་བྱ་སྟེ། །འདི་དག་རུང་མིན་གཞི་བཅུ་ཡིན། །ཞེས་པ་ལྟར་རོ། །དེ་ལྟ་བུ་དེ་ལ་འཕགས་པ་ཀུན་དགའ་བོའི་ལྷན་ཅིག་གནས་པ་འཕགས་པ་དགྲ་བཅོམ་པ་བདུན་བརྒྱས་ཆོས་ཡོག་དེ་སུན་དབྱུང་བའི་ཕྱིར་བསྡུ་བ་གཉིས་པ་མཛད་ཅེས་གྲགས་སྟེ། འདི་ལྟར་དེའི་ཚེ་ཡངས་པ་ཅན་ན་དགྲ་བཅོམ་པ་ཐམས་ཅད་འདོད་ཅེས་པ་རྣམ་ཐར་བརྒྱད་དང་ལྡན་པ་ཞིག་སྙིང་ལས་ཆུང་དུར་འདུག་ཅིང་། གྲོང་ཁྱེར་ནོར་ཅན་ནས་དགྲ་བཅོམ་པ་གྲགས་པ་འཁོར་ལྔ་བརྒྱ་དང་བཅས་པ་དེར་འོངས་པ་ན། ཡངས་པ་ཅན་པས་དེ་ལྟ་བུ་བྱས་པ་རིག་སྟེ། ཐམས་ཅད་འདོད་ཀྱི་གན་དུ་ཕྱིན་ནས་གནས་བརྟན། ཧུ་ལུ་ཧུ་ལུའི་རུང་བ་རུང་ངམ། དེ་ཅི། ཡངས་པ་ཅན་པ་དག་མཐུན་པས་མ་ཡིན་པ་དང་། མི་མཐུན་པས་ཆོས་ཀྱི་ལས་བྱས་ནས་ཧུ་ལུ་ཧུ་ལུ་ཞེས་བརྗོད་པས་རུང་བར་བྱེད་མི་རུང་ངོ་། །གང་དུ་བཀག །ཙམ་མར་རོ། །གང་ལ་བརྟེན་ཏེ་བཅས། དྲུག་སྡེ་ལའོ། །ཉེས་པ་ཅིར་འགྱུར། ཉེས་བྱས་སོ། །གནས་བརྟན་འདི་ནི་གཞི་དང་པོའོ། །མདོ་སྡེ་དང་འདུལ་བ་ལས་འདས། སྟོན་པའི་བསྟན་པ་དང་བྲལ་ཏེ། མདོ་སྡེ་ལ་མི་འཇུག །འདུལ་བ་ལ་མི་སྣང་། ཆོས་ཉིད་དང་འགལ་བ་སྟེ། དེ་ལ་རུང་བར་སྟོན་ཅིང་སྤྱོད་ན། དེ་བཏང་སྙོམས་སུ་བཞག་གམ། དེ་ཙང་མི་སླའོ། །གནས་བརྟན་དེ་ནི་དེར་བས་ན། ད་ནི་འདི་ཞུ་བར་བགྱི་སྟེ། རྗེས་སུ་ཡི་རང་གི་རུང་བ་ནི། སྔར་བཞིན་དུ་ལས་བྱས་པ་ལ་ཉེ་འཁོར་གྱི་དགེ་སློང་རྣམས་རྗེས་སུ་ཡི་རང་བ་བྱེད་དུ་བཅུག་ཅིང་། དེས་རུང་བར་བྱེད་དོ། །ཙམ་ཕྲར། དྲུག་སྡེ་ལ། ཉེས་བྱས་སོ། །ཀུན་

སྤྱོད་ནི། རང་གི་ལག་པས་ས་བརྐོས་ནས་ལྟུང་བར་བྱེད་དོ། །མཉན་ཡོད་དུ། དྲུག་སྡེ་ལ། ཉེས་བྱས་སོ། །ལན་ཚྭ་ནི། ཛེ་སྲིད་འཚོ་བའི་ལན་ཚྭ་དུས་ལྟུང་དག་བསྲེས་ནས་དུས་མིན་པར་སྤྱོད་ཅིང་ལྟུང་བར་བྱེད་དོ། །རྒྱལ་པོའི་ཁབ་ཏུ། ཤཱ་རིའི་བུ་ལ། ལྟུང་བྱེད་དོ། །ལམ་གྱི་ནི། དཔག་ཚད་དང་དེའི་ཕྱེད་དུ་སོང་ནས་འདུས་ཤིང་ཟོས་པ་ལ་ལྟུང་བར་བྱེད་དོ། །རྒྱལ་པོའི་ཁབ་ཏུ། ལྷས་བྱིན་ལ། ལྟུང་བྱེད་དོ། །སོར་གཉིས་ཀྱི་ནི། ལྷག་པོར་མ་བྱས་པའི་བཟའ་བྱ་སོར་མོ་གཉིས་ཀྱིས་ཟ་བ་ལ་ལྟུང་བར་བྱེད་དོ། །མཉན་ཡོད་དུ། མང་པོ་ལ། ལྟུང་བྱེད་དོ། །སྣོད་ཀྱི་ནི། ནད་པས་སྲིན་བུ་པད་པ་བཞིན་དུ་ཆང་གཞིབས་ཏེ་འཐུང་བ་ལ་ལྟུང་བར་བྱེད་དོ། །མཉན་ཡོད་དུ། ལེགས་འོང་ལ། ལྟུང་བྱེད་དོ། །དགུགས་པ་ནི། ཞོ་བྲི་གང་དང་། འོ་མ་བྲི་གང་དགུགས་ནས་དུས་མིན་དུ་འཐུང་བ་ལ་ལྟུང་བར་བྱེད་དོ། །མཉན་ཡོད་དུ། མང་པོ་ལ། ལྟུང་བྱེད་དོ། །གདིང་བའི་ནི། དེ་རྙིང་པ་ལས་བདེ་བར་གཤེགས་པའི་མཐོ་གང་གིས་མ་ལྷན་པའི་དེ་གསར་པ་བཅོས་པ་ལ་ལྟུང་བར་བྱེད་དོ། །མཉན་ཡོད་དུ། མང་པོ་ལ། ལྟུང་བྱེད་དོ། །གསེར་དངུལ་གྱི་ནི། ལྟུང་བཟེད་དྲི་ཞིམ་པོས་བསྐུས་ཏེ་དགེ་ཚུལ་གྱི་མགོར་ཁྲིའུ་སྟན་དང་བཅས་པའི་སྟེང་དུ་བཞག་སྟེ། ལམ་སྲང་བཞི་མདོར་ལྟུང་བཟེད་འདི་ནི་བཟང་པོ་སྟེ་འདིར་བྱིན་ན་འབྲས་བུ་ཆེའོ། །ཞེས་བརྗོད་དེ། གཞན་གྱིས་དེར་གསེར་དངུལ་བླུགས་པ་ལོངས་སྤྱད་པས་ལྟུང་བར་བྱེད་དོ། །མཉན་ཡོད་དུ། དྲུག་སྡེ་ལ། སྤང་བའི་ལྟུང་བྱེད་དོ། །གནས་བརྟན་འདི་ནི་གཞི་བཅུ་པ། མདོ་སྡེ་དང་འདུལ་བ་ལས་འདས་ཞེས་སོགས་ཐམས་ཅད་ལ་སྦྱར་རོ། །ཐམས་ཅད་འདོད་ན་རེ། ཁྱོད་སོང་ལ་ཕྱོགས་ཆོལ་ཞིག་ངས་གྲོགས་བྱའོ་ཞེས་ཟེར། གྲགས་པས་དགྲ་བཅོམ་པ་བདུན་བརྒྱར་གཅིག་གིས་མ་ཚང་བའི་ཕྱོགས་རྙེད་ནས། ཡངས་པ་ཅན་དུ་ཡངས་པ་ཅན་པ་ཞེས་མིང་ནས་མ་སློས་པར། གཞི་བཅུ་པོ་བརྗོད་པར་བརྩམས་པ་ན། དགྲ་བཅོམ་པ་ཟླས་རྒྱུར་འགོག་པ་ལས་ལངས་ཏེ་དེར་འོངས་སོ། །དེར་གཞི་བཅུ་པོ་སྔར་བཞིན་དུ་བརྗོད་ཅིང་རེ་རེའི་སྐབས་སུ་ཡང་། དེ་བདག་ཅག་གིས་དོར་བར་བྱའོ། །དགྲ་བཅོམ་པ་གཞན་དག་གིས་ཀྱང་ཐམས་ཅད་འདོད་ཀྱིས་སྨྲས་པ་དེ་བཞིན་དུ་བརྗོད་ནས་ཕྱིར་བྱུང་ནས་གཎྜི་བརྡུངས་ཏེ། ཡངས་པ་ཅན་པ་རྣམས་ཀྱང་བསྡུས་ནས། ཡངས་པ་ཅན་པ་དག་ཅེས་མིང་ནས་སློས་ཏེ་གཞི་བཅུ་པོ་བརྗོད་ཅིང་། དགྲ་བཅོམ་པ་ཐམས་ཅད་ཀྱིས་སྔར་བཞིན་བཟླས་ཏེ་དེ་བདག་ཅག་གིས་དོར་བར་བགྱིའོ་ཞེས་བརྗོད་ནས་བདུན་བརྒྱས་ཡང་དག་པར་བསྡུས་པ་ཞེས་གྲགས་སོ། །བསྡུ་བ་གསུམ་པ་ནི། ལུང་གིས་མ་ཟིན་པས་མི་མཐུན་པ་དུ་མ་ཞིག་སྣང་བ་ལས། འདིར་ནི་སྔར་བཤད་པ་དེ་ལྟར་དགྲ་བཅོམ་པ་བདུན་བརྒྱས་བསྟན་པ་དག་པར་བྱས་པའི་རྗེས་ལ། མ་ཐུ་ར་ཞེས་བྱ་བའི་གྲོང་ཁྱེར་དུ་ཚོང་དཔོན་གྱི་བུ་མ་ཧཱ་དེ་བ་ཞེས་བྱ་བའི་མིང་ཅན་མཚམས་མེད་པ་གསུམ་བྱས་པ་ཞིག་འགྱོད་པ་སྐྱེས་ནས། སྡིག་པ་

བཤགས་པའི་སྐབས་ཡོད་དམ་མེད་སྙམ་པ་ལ་དགེ་སློང་ཞིག་ན་རེ། གང་གིས་སྡིག་ཆེན་བྱས་པ་ཡང་། །དགེ་བ་བྱས་པས་བྱང་བར་འགྱུར། །དེ་ནི་འཇིག་རྟེན་སྣང་བ་སྟེ། །ཉི་མ་སྤྲིན་དང་བྲལ་བ་བཞིན། །ཞེས་ཟེར་བ་ཐོས་ནས། རབ་ཏུ་བྱུང་ཞིང་སྡེ་སྣོད་གསུམ་ལ་མཁས་པར་བྱས་པ་ལྷ་ཆེན་པོ་ཞེས་བྱ་བའི་དགེ་སློང་ཞིག་སངས་རྒྱས་ཀྱི་བསྟན་པ་འདི་ཡི་ཆོམ་རྐུན་དུ་བྱུང་སྟེ། དེ་ཡང་ཁྱིམ་བདག་གཅིག་གི་ཆུང་མ་ལ་བུ་ཞིག་བཙས་པ་དང་། ཕ་རྒྱ་མཚོར་རིན་པོ་ཆེ་ལེན་དུ་སོང་བ་དེ་རིང་ཞིག་ཐོགས་པ་དང་། བུ་དེ་ཆེར་སྐྱེས་ནས་མའི་ཁྲོ་བྱས་སོ། ཕ་འོང་བའི་གཏམ་ཐོས་ཏེ་མས་བསླབས་ནས་དེས་ལམ་དུ་བསྒུགས་ཏེ་རང་གི་ཕ་བསད་དོ། །དེ་ནས་མ་ཡང་སྐྱེས་པ་གཞན་དང་ཉལ་པོ་བྱེད་པ་མཐོང་སྟེ་ཁྲོས་ནས་བསད་དོ། །དེ་ནས་ཕ་མའི་མཆོད་གནས་དང་རང་གི་སློབ་དཔོན་ཡིན་པའི་དགྲ་བཅོམ་པ་ཞིག་གིས་སྡིག་པའི་ཉེས་དམིགས་བཤད་པས། དེས་ཤེས་ཏེ་གཞན་ལ་བརྗོད་ཀྱིས་དོགས་ནས་དེ་ཡང་བཀྲོངས་སོ། །དེ་ལྟར་མཚམས་མེད་པ་གསུམ་བྱས་པས་ཡིད་མ་བདེ་ནས་ནོར་མང་པོ་ཡོད་པ་རྣམས་དགེ་སྦྱོང་དང་བྲམ་ཟེ་དང་འཕོངས་པ་དང་ཉེ་འབྲེལ་རྣམས་ལ་བྱིན་ཏེ། མཁན་སློབ་མེད་པར་རང་ཉིད་ཀྱིས་སྐྲ་བྲེག །གོས་ངུར་སྨྲིག་གྱོན་ནས་དགེ་སློང་ལྟར་བྱས་སོ། །དེས་ཕྱི་ནས་གྲོང་དུ་བསོད་སྙོམས་ལ་ཡང་མ་ཁྱེར་པར་དགོན་པ་དབེན་པ་ཞིག་ཏུ་བསྡད་ནས། རྩ་བ་དང་འབྲས་བུ་ངན་ངོན་ཙམ་གྱིས་འཚོ་ཞིང་བཞིན་བསྡུས་ཏེ་འདུག་པ་དང་། ཕྱུགས་རྫི་དང་ཤིང་འཐུ་བ་ལ་སོགས་པ་དག་གིས་འདི་ནི་འདོད་པ་ཆུང་ཞིང་སྐྱོ་ཤས་ཆེ་བ་ཞིག་གོ་ཞེས་སྦྱིན་བདག་རྣམས་ཀྱི་གན་དུ་བརྗོད་པས། དེ་དག་གིས་དད་རྫས་བྱིན་པ་རྣམས་ཁུང་ཟད་ཟོས་ཤིང་ལྷག་མ་རྣམས་གཞན་ལ་བྱིན་པས་བླུན་པོ་རྣམས་ལྷག་པར་དད་དེ། དེ་དག་གི་མཁན་སློབ་བྱས་པས་འཁོར་མང་དུ་འདུས་ཤིང་། དེའི་ཚེ་བླུན་པོ་ལོངས་སྤྱོད་ཅན་རྣམས་ཀྱིས་ཕུལ་བའི་ཟས་ནོར་ཆར་བཞིན་དུ་བབས་པ་རྣམས་འཁོར་རྣམས་ཀྱི་འཚོ་བའི་ཡོ་བྱད་དུ་བྱིན་གྱིས་བརླབས་པས། སྐལ་བ་མེད་ཅིང་དད་པ་ཅན་འདུས་པ་ཡི་དགེ་འདུན་འབུམ་ཕྲག་དུ་མས་བསྐོར་རོ། །དེ་ནས་བརྟུན་རླབས་ཆེན་པོ་དེས་ཁོ་རང་དགྲ་བཅོམ་པ་ཡིན་པར་ཁས་བླངས་སོ། །འཁོར་རྣམས་ཀྱིས་རྫུ་འཕྲུལ་སྟོན་པར་ཞུས་པ་ན། ངའི་རྫུ་འཕྲུལ་དགྲ་བཅོམ་པའི་འབྲས་བུ་དང་ལྡན་ཅིག་ད་ནང་ཐོ་རངས་ཉམས་ཞེས་ཟེར། དེ་ལ་ཉམས་པ་ཡོད་དམ་ཞེས་དྲིས་པས། ཡོད་དེ་མདོ་ལས། དགྲ་བཅོམ་པ་ཉམས་པའི་ཆོས་ཅན། འཆི་བར་སེམས་པའི་ཆོས་ཅན། རྗེས་སུ་བསྲུང་བའི་ཆོས་ཅན། མཁས་པ་ལས་མི་བསྐྱོད་པའི་ཆོས་ཅན། རྟོགས་པའི་སྐལ་བ་ཅན། མི་གཡོ་བའི་ཆོས་ཅན། ཞེས་གསུངས་པས་སོ། །ཞེས་ཟེར་ཞིང་རང་གིས་མཚམས་མེད་པ་གསུམ་དང་། ཚུལ་ཁྲིམས་དང་མི་ལྡན་པར་དད་རྫས་ལོངས་སྤྱོད་པ་དང་། བརྫུན་གྱིས་སྐྱེ་བོ་མང་པོ་བསླུས་པའི་སྡིག་པ་དྲན་པ་ཡིས་ཀྱི་མ་སྡུག་བསྔལ་ལོ་ཞེས།

སློ་སྟུགས་ཆེན་པོ་བརྟོན་པ་ལ་འཁོར་གྱིས་ཐོས་ནས་དེའི་རྒྱུ་མཚན་དྲིས་པས། ཁོ་བོས་སློ་སྟུགས་བརྟོན་པ་མ་ཡིན་གྱི་འཕགས་པའི་བདེན་པ་བཞི་ཁ་འདོན་དུ་བྱས་པའི་སྡུག་བསྔལ་གྱི་བདེན་པ་བོས་པ་ཁྱེད་ཀྱིས་ཐོས་པར་ཟད་དོ། །ཞེས་བསྒྲགས་ཤིང་། དེ་ལ་སོགས་པ་ཞེས་པས་ཆོས་དྲིས་པའི་ལན་མ་ཤེས་པ་ལ་ཁོ་བོས་དགྲ་བཅོམ་པར་ཁས་བླངས་ཀྱི་སྟོན་པ་ཡིན་ཞེས་མ་སྨྲས་པས། སོམ་ཉི་ལས་བརྒལ་བ་ནི་སྟོན་པ་འབའ་ཞིག་གོ །ཞེས་སོགས་ཀྱི་བརྫུན་ཚིག་གིས་ཚོགས་པ་རྣམས་ཀྱི་མགོ་བོ་བསྐོར་ནས་བླུན་པོ་རྣམས་ཀྱིས་འཕགས་པ་རྣམས་ལ་འབུལ་རྒྱུའི་དད་རྫས་རྣམས་ཀུང་དེ་ལ་འགྱུར་རོ། །རབ་བྱུང་བླུན་པོ་ཕལ་ཆེར་གྱིས་དགྲ་བཅོམ་པ་བོར་ནས་དེ་ལ་འདུས་པས། སངས་རྒྱས་མྱ་ངན་ལས་འདས་པའི་འོག་ཏུ་སོ་སོ་སྐྱེ་བོས་ཆོས་བསྟད་ནས་འཁོར་བསྡུས་པ་ལ་དེ་བས་མང་བ་མེད་དོ་ཞེས་གྲག་གོ། །དེ་ཡི་ཆོས་ལོག་བཤད་པ་ཡི་རྗེས་སུ་སློབ་མ་རྣམས་འབྲངས་ནས་འཁྲུལ་པའི་གྲུབ་མཐའ་དུ་མ་བྱུང་ཞིང་། ལྷ་ཆེན་བླུན་པོ་དེ་ནི་ཤི་ནས་སེམས་ཅན་དམྱལ་བར་སྐྱེས་པར་གྱུར་ཏོ་ཞེས་གྲག་གོ །དེའི་ལོག་པའི་ཆོས་དེ་དག་དགྲ་བཅོམ་པ་ཆེན་པོ་རྣམས་ཀྱིས་ལུང་རིགས་ཀྱིས་སུན་ཕྱུང་ནས་བཀའ་བསྡུ་བ་གསུམ་པ་བྱས་སོ། །ཞེས་ཐོས་སོ། །འདི་ལ་ལྷ་བཙུན་བསམ་ཡས་པ་ནི། འདི་ཡང་རྒྱ་གར་མཁས་པའི་གསུང་སྒྲོས་ལས་ཐོས་པ་ཡིན་གྱི། གཞུང་ལུགས་གླེགས་བམ་དུ་བྲིས་པ་མེད་ཅེས་གསུངས་མོད་ལེགས་བཤད་གསེར་གྱི་ཐུར་མ་ལས་ནི། འདི་དག་འདུལ་བ་ལུང་གི་འགྲེལ་པ་ནས་བྱུང་ངོ་། །ཞེས་གསུངས་སོ། །འོན་ཀུང་ལྷ་ཆེན་དེའི་ལེ་ལན་གྱིས་སྡེ་པ་བཅོ་བརྒྱད་པོ་རྣམས་ཀྱི་གཞུང་ལུགས་ལ་ཡང་ཙུང་ཟད་བསླད་པ་ཡོད་དོ་ཞེས་ཟེར་ཏེ། ལྷ་ཆེན་དེས་དགྲ་བཅོམ་པ་མང་པོའི་དབུས་སུ་མདོ་འདོན་པའི་རེས་ལ་བབ་པ་ན་མདོའི་མཇུག་ཏུ། ལྷ་རྣམས་མ་རིག་པ་ཡིས་བསླུས། །ལམ་ནི་སྒྲ་ཡི་རྒྱུན་ལས་བྱུང་། །ཐེ་ཚོམ་ཅན་རྣམས་གཞན་གྱི་འདྲུག །འདི་ནི་སངས་རྒྱས་བསྟན་པ་ཡིན། །ཞེས་བཏོན་པས་དགྲ་བཅོམ་པ་རྣམས་ཀྱིས་སངས་རྒྱས་ཀྱི་བཀའ་མ་ཡིན་པར་བཅད་པ་ན། དགེ་སློང་གཞོན་པ་ཕལ་ཆེར་གྱིས་ཁོའི་ཕྱོགས་བཟུང་ནས་དགེ་འདུན་གྱི་སྡེ་འཁྲུགས་པ་ལ་བརྟེན་ནས་སྡེ་པ་བཅོ་བརྒྱད་ཀྱི་བར་དུ་སོང་བ་ཡིན་ནོ། །ཞེས་འགྲེལ་པ་ལས་བཤད་དོ། །འདིར་ཊཱི་ཀ་སྟེ་མ་འགའ་ཞིག་འཕགས་པ་གཞི་ཐམས་ཅད་ཡོད་པར་སྨྲ་བའི་གཞུང་ནས་དགྲ་བཅོམ་པའི་འབྲས་བུ་ལས་ཉམས་པ་ཡོད་པར་བཤད་པ་དེ་ལྷ་ཆེན་གྱི་ཆོས་ལོག་གིས་བསླད་པ་ཡིན་ནོ་ཞེས་གསུང་མོད། དེ་ནི་བྱེ་བྲག་ཏུ་སྨྲ་བའི་གྲུབ་པའི་མཐའ་ཡིན་པར་མཛོད་རྩ་འགྲེལ་ལས་བཤད་དོ། །ཡང་འཛམ་གླིང་མཁས་གྲུབ་གཙུག་རྒྱན་སངས་རྒྱས་དབྱིག་གཉེན་གྱིས་རྣམ་བཤད་རིགས་པ་ལས། བླ་མ་ཀུན་དགའ་འོད་གསལ་དང་། །སྡུག་བསྔལ་ཕུང་པོ་ས་སྟོན་དང་། །འཆར་ཀ་སྟོང་ཉིད་ཆུ་ལས་སྐྱེས། །གང་པོ་ས་འཚོ་ཆུ་ཤིང་དང་། །མྱ་ངན་འདས་དང་ཡུལ་འཁོར

སྐྱོང་། །འགྲོ་བའི་མདོ་དང་དེ་བཞིན་གཞན། །ཡང་དག་བསྡུས་པའི་གཞི་ཉམས་ཕྱིར། །མཐའ་དག་མིན་པར་རྟོགས་པ་ཡིན། །ཞེས་གསུངས་པ་ཡང་དོན་དེ་ལ་དགོངས་པ་ཡིན་ཏེ། གཞུང་དེའི་དོན་ནི། ཉན་ཐོས་སྡེ་པ་དག་ན་རེ། ཐེག་པ་ཆེན་པོའི་ནང་ན་ངེས་དོན་ཅུང་ཟད་ཀྱང་མེད་པའི་རྒྱུ་མཚན་གྱིས་བཀའ་མ་ཡིན་ནོ་ཞེ་ན། དེ་སྐད་སྨྲ་བ་ཁྱོད་ཀྱིས་ནི་ཉན་ཐོས་ཀྱི་སྡེ་སྣོད་མཐའ་དག་ཀྱང་མ་མཐོང་ན་ཐེག་པ་ཆེན་པོ་ལྟ་ཅི་སྨོས། དེའི་ཤེས་བྱེད་ཀྱང་དེང་སང་ཉན་ཐོས་ཀྱི་སྡེ་སྣོད་ཀྱང་ཡང་དག་པར་བསྡུས་པའི་གཞི་ཉམས་པས་ཚང་བར་གནས་པ་མ་ཡིན་ཏེ༑ དཔེར་ན་བླ་མའི་མདོ་དང་། ཀུན་དགའི་མདོ་ཞེས་བྱ་བ་ལ་སོགས་དེང་སང་མི་སྣང་བ་བཞིན་ཞེས་པའི་དོན་དུ་བཤད་དོ། །འདི་ལྷ་ཆེན་གྱིས་ཆོས་ཀྱི་སྡེ་པ་བཅོ་བརྒྱད་ལ་བསླད་པའི་ཤེས་བྱེད་དུ་ཇི་ལྟར་འབྲེལ་ཞེ་ན། དེ་ནི་ལུང་ཚིག་མ་ཚང་བ་དེ་དག་ལྷ་ཆེན་པོས་ཕྱི་ནས་དེ་དང་འགལ་བ་འགའ་ཞིག་བཅུག་པ་ཡིན་ཞེས་འཆད་དགོས་སོ། །འོན་ལྷ་ཆེན་གྱི་ཆོས་ལོག་སྨན་ཕྱུང་བ་དེ་བསྡུ་བ་གསུམ་པ་ཡིན་པའི་ཤེས་བྱེད་གང་ཡིན་ཞེ་ན། འདུལ་བ་འོད་ལྡན་ལས་གྱེས་པ་བཅོ་བརྒྱད་པོ་བཀར་སྐྲུབ་པ་དེ་བསྡུ་བ་གཉིས་པའི་འོག་ཏུ་འབྱུང་བར་བཤད་པ་དང་། རྟོག་གེ་འབར་བ་ལས། སྟོན་པ་མྱང་འདས་ལས་འདས་པ་ནས་ལོ་བརྒྱ་ཕྲག་གཉིས་འདས་པ་ན། གནས་བརྟན་གྲགས་པའི་བུས་བསྟན་པ་ཡང་དག་པར་བསྡུས་སོ་ཞེས་གསུངས་ལ། བསྡུ་བ་གཉིས་པ་ནི་སྟོན་པ་མྱ་ངན་ལས་འདས་ནས་ལོ་བརྒྱ་དང་བཅུ་ནས་བྱུང་བར་བཤད་པའི་ཕྱིར། དེས་ན་ལྷ་ཆེན་གྱི་ཆོས་དེ་སྨན་འབྱིན་པ་པོ་ནི་བཀའ་བསྡུ་གསུམ་པའི་བྱེད་པ་པོར་འཆད་པ་དག་ཡིན་པར་བཤད་ན་ལེགས་ཏེ། དགེ་སློང་ལྷ་ཆེན་གྱིས་ཆོས་ཀྱི་སྡེ་པ་བཅོ་བརྒྱད་ཀྱི་ནང་ཚན་འགའ་ཞིག་ལ་བསླད་ནས་ཡོད་པ་དེ་སྨན་ཕྱུང་བས་ན། གྱེས་པ་བཅོ་བརྒྱད་པོ་བཀའ་ཉིད་དུ་མཐུན་པར་གྲུབ་པ་ལ་དགོངས་པའི་ཕྱིར། གཞན་ཡང་རྟོག་གེ་འབར་བ་ལས། ཁ་ཅིག་སྟོན་པ་མྱང་འདས་ལས་འདས་ནས་ལོ་བརྒྱ་དྲུག་ཅུ་ནས་དགྲ་བཅོམ་པ་དང་སོ་སོ་སྐྱེ་བོ་མཁས་པ་རྣམས་ཀྱིས་ཛ་ལན་དྷ་རའི་དགོན་པར་བསྡུ་བ་གསུམ་པ་མཛད་པར་བཤད། ཅེས་གསུངས་ཤིང་། ཡང་ཁ་ཅིག་ན་རེ། སྟོན་པ་མྱ་ངན་ལས་འདས་ནས་ལོ་སུམ་བརྒྱ་ནས་ཁ་ཆེའི་ཀུ་ས་ན་ཞེས་པའི་དགོན་པར་ཛཱ་ལན་དྷ་རའི་རྒྱལ་པོ་ཀ་ནི་ཀས་སྦྱིན་བདག་བྱས་ཏེ། སྤྱད་པ་པོ་པཱརྴི་ཀ་ལ་སོགས་པའི་དགྲ་བཅོམ་པ་ལྔ་བརྒྱ། ཝ་སུ་མི་ཏྲ་ལ་སོགས་པ་བྱང་ཆུབ་སེམས་དཔའ་སོ་སོ་སྐྱེ་བོའི་པཎྜི་ཏ་ཉིས་བརྒྱ་ལྔ་བཅུའམ། ཁྲི་དྲུག་སྟོང་འདུས་ནས་བསྡུ་བ་གསུམ་པ་མཛད་ཅེས་འཆད་ལ། ལུགས་ཕྱི་མ་འདི་ནི་བོད་ཀྱི་སློབ་དཔོན་རྣམས་ཀྱིས་བཤད་པ་ཡིན་ནོ། །ཞེས་གསུངས་སོ། །དེ་ནི་ཉན་ཐོས་རྣམས་ཀྱིས་བསྟན་པ་བསྡུས་པ་དང་། འཕེལ་འགྲིབ་ཇི་ལྟར་བྱུང་བའི་ཚུལ་བཤད་པ་ཡིན་ནོ། །

གཉིས་པ། ཐེག་ཆེན་གྱི་བསྟན་པ་ལ་འཕེལ་འགྲིབ་བྱུང་ཚུལ་བཤད་ནས་ཐོགས་མེད་ཀྱིས་དར་རྒྱས

མཛད་ཚུལ་ནི། སྤྱིར་ཐེག་པ་ཆེན་པོའི་བཀའ་བསྡུས་པའི་ཚུལ། སློབ་དཔོན་སེང་གེ་བཟང་པོ་ལ་སོགས་པ་ཁ་ཅིག་ནི། ཉན་ཐོས་ཀྱི་སྡུད་པ་པོར་བྱེད་པ་དེ་དག་གིས་ཐེག་པ་ཆེན་པོའང་བསྡུས་པར་བཞེད། རྟོག་གེ་འབར་བ་ལས་ནི། རྒྱ་བའི་སྡུད་པ་བྱེད་མཁན་ཀུན་ཏུ་བཟང་པོ་དང་། འཇམ་དཔལ་དང་། གསང་བའི་བདག་པོ་དང་། བྱམས་པ་ལ་སོགས་པ་རྣམས་ཀྱིས་བསྡུས་པའི་ཕྱིར། བདག་ཅག་གི་རྒྱ་བའི་སྡུད་པར་བྱེད་པ་ཉན་ཐོས་ནི་མ་ཡིན་ཏེ། ཐེག་པ་ཆེན་པོའི་གསུང་རབ་ནི་དེ་དག་གི་ཡུལ་མིན་པའི་ཕྱིར། ཞེས་བཤད། ཡང་ཁ་ཅིག་ནི། ཉན་ཐོས་ཀྱི་བཀའ་བསྡུས་པའི་དུས་དེ་ཉིད་དུ། ལྷོ་ཕྱོགས་བི་མ་ལ་སམྦྷ་བ་ཞེས་པའི་རི་ལ་ཁ་ཅིག །རྒྱལ་སྲས་འབུམ་ཕྲག་བཅུ། །ཁ་ཅིག་བྱེ་བ་ཕྲག་དགུ་བཅུ་འདུས་ནས། འཇམ་དཔལ་གྱིས་མངོན་པ། བྱམས་པས་འདུལ་བ༑ ཕྱག་ན་རྡོ་རྗེས་མདོ་སྡེ་བསྡུས་ཞེས་ཟེར་རོ། །དེ་དག་ཀྱང་འགལ་བ་མེད་དེ། ཐུན་མོང་མ་ཡིན་གསང་བ་ལས། ཀུན་ཏུ་བཟང་པོ་ནི་གནས་བརྟན་ཀུན་དགའ་བོར་གྱུར་ཏོ། །ཞེས་གསུངས་ལ། ཀུན་ཏུ་བཟང་པོ་དང་ཕྱག་ན་རྡོ་རྗེ་ཡང་དོན་གཅིག་པར་ཕྱག་ན་རྡོ་རྗེ་དབང་བསྐུར་བའི་རྒྱུད་ལས་བཤད་པའི་ཕྱིར། དེ་ཡང་སྟོན་པ་མྱ་ངན་ལས་འདས་ནས་འཕགས་པའི་ཡུལ་དུ་རིང་ཞིག་ན་ཉན་ཐོས་ཀྱི་སྡེ་སྣོད་རྣམས་གཅེས་སྤྲས་བྱེད་པ་ཡོད་པས་མ་ཉམས་པར་གནས་ཀྱང་། ཐེག་པ་ཆེན་པོའི་སྡེ་སྣོད་ནི་ནན་ཏན་བྱེད་པ་མེད་པས། དེའི་ཚེ་བསྟན་པ་ལ་མངོན་པར་དད་པའི་ལྷ་དང་ཀླུ་ལ་སོགས་པ་རྣམས་ཀྱིས་དེ་དག་གི་གླེགས་བམ་རྣམས་རང་རང་གི་གནས་སུ་སྤྱན་དྲངས་པར་བཤད་དེ། ཤེར་ཕྱིན་བྱེ་བ་ཕྲག་བརྒྱ་པ་དྲི་ཟའི་ཡུལ་དུ་སྤྱན་དྲངས་པ་དང་། འབུམ་ཕྲག་བརྒྱ་པ་ལྷའི་ཡུལ་དུ་སྤྱན་དྲངས་པ་དང་། སྟོང་ཕྲག་བརྒྱ་པ་ཀླུའི་ཡུལ་དུ་སྤྱན་དྲངས་པར་བཤད་དེ། སློབ་སྤྲིང་ལས། བསྟན་པ་རིན་ཆེན་མཆོག་ལྷར་བཟང་ལ་ཕན་མེད་པ། །རྣམ་པར་དག་ཚུལ་གང་ཡིན་ཀླུ་མགོའི་གདེངས་ཀ་ཅན། །ཆེན་པོ་རྣམས་ཀྱིས་གཙུག་གི་རྒྱན་བཞིན་གུས་མནོས་ནས། །ས་ཡི་གཏིང་ན་གནས་པའི་རབ་རིབ་སེལ་བར་མཛད། །ཅེས་གསུངས་པས་སོ། །དེ་ནས་སྟོན་པ་མྱ་ངན་ལས་འདས་ནས་ལོ་བཞི་བརྒྱ་སོང་བ་ན་མགོན་པོ་ཀླུ་སྒྲུབ་བྱོན་ལ། དེ་ནི་རྒྱ་གར་ན་ལེནྡྲའི་གཙུག་ལག་ཁང་དུ་བྲམ་ཟེ་སྒྲ་གཅན་འཛིན་ལས་རབ་ཏུ་བྱུང་སྟེ། རིག་པའི་གནས་ཐམས་ཅད་ལ་མཁས་པར་གྱུར་ཏོ། །དེས་གྲུབ་པ་བརྙེས་ནས་ཀླུའི་ཡུལ་ལ་སོགས་པ་ནས་རྒྱལ་བའི་ཡུམ་ལ་སོགས་པ་མདོ་སྡེ་དུ་མ་སྤྱན་དྲངས་ནས་དེ་དག་ལེགས་པར་བཤད་དེ་འཛམ་བུའི་གླིང་དུ་དར་བར་མཛད་པ་ཡིན་ནོ། །དེས་གཏམ་གྱི་ཚོགས་དང་། རིགས་པའི་ཚོགས་དང་། བསྟོད་པའི་ཚོགས་ལ་སོགས་པ་ཕ་རོལ་ཏུ་ཕྱིན་པའི་བསྟན་བཅོས་དང་། རིམ་པ་ལྔ་པ་ལ་སོགས་པ་སྔགས་ཀྱི་བསྟན་བཅོས་མང་དུ་མཛད་དོ། །དེའི་སློབ་མ་སློབ་དཔོན་འཕགས་པ་ལྷ་ཡིན་ལ། དེས་ཀྱང་མདོ་སྔགས་ཀྱི་བསྟན་བཅོས་མང་དུ་མཛད་དོ། །དཔོན་

སློབ་དེ་གཉིས་ལ་བོད་རྣམས་ཀྱིས་གཞུང་ཕྱི་མའི་དབུ་མ་པ་ཞེས་པའི་ཐ་སྙད་མཛད་དོ། །ཡང་དབུ་མ་རྩ་བ་ཤེས་རབ་ལ་འགྲེལ་བྱེད་དུ་མ་བྱུང་བའི་ནང་ནས། སློབ་དཔོན་སངས་རྒྱས་བསྐྱངས་དང་། སློབ་དཔོན་ཟླ་བ་གྲགས་པ་གཉིས་ལ་དབུ་མ་ཐལ་འགྱུར་བ་ཞེས་གྲགས་ཤིང་། ཡང་སློབ་དཔོན་ལེགས་ལྡན་འབྱེད་ལ་དབུ་མ་རང་རྒྱུད་པ་ཞེས་གྲགས་ཤིང་། དེའི་སློབ་མ་དཔལ་སྦས། དེའི་སློབ་མ་ཡེ་ཤེས་སྙིང་པོ། དེའི་སློབ་མ་མཁན་ཆེན་ཞི་བ་འཚོ། །དེའི་སློབ་མ་མཁས་པ་ཆེན་པོ་ཀ་མ་ལ་ཤཱི་ལ་སྟེ་གསུམ་པོ་འདིས་བོད་དུ་ཡང་བྱོན་ཞིང་། འདི་དག་ལ་རང་རྒྱུད་ཤར་པའི་པཎྜི་ཏ་གསུམ་ཞེས་གྲགས་སོ། །ཡང་སློབ་དཔོན་འཕགས་པ་ལྷའི་སློབ་མ་སློབ་དཔོན་དཔའ་བོས་ཀྱང་། ཡན་ལག་བརྒྱད་པ་དང་། སྐྱེས་རབས་ལ་སོགས་པའི་བསྟན་བཅོས་མང་དུ་མཛད་དོ། །ཡང་སློབ་དཔོན་ཙནྡྲ་གོ་མིས་ཀྱང་། སྒྲའི་བསྟན་བཅོས་ཙནྡྲ་པ་དང་། སློབ་སྤྲིང་དང་། སྡོམ་པ་ཉི་ཤུ་པ་ལ་སོགས་པ་མཛད་དོ། །རྒྱལ་བའི་སྲས་པོ་ཞི་བ་ལྷས་ཀྱང་། སྤྱོད་འཇུག་དང་། བསླབ་བཏུས་ལ་སོགས་པ་མཛད་ཅིང་། གྲུབ་པ་བརྙེས་པ་ཡིན་ནོ། །ད་ཐོགས་མེད་སྐུ་མཆེད་ཀྱི་ལོ་རྒྱུས་ནི། ཐེག་པ་ཆེན་པོ་བསྟན་པ་སྟོན་པས་གསུངས་ཤིང་སྟོང་པ་པོས་རིམ་པར་བསྡུས་ནས་ཤིན་ཏུ་དར་བར་གྱུར་པའི་ཚེ་ཡུལ་དབུས་སུ་ཆོས་མངོན་པ་ལ་དགྲ་གསུམ་བྱུང་བར་གྲགས་ཏེ། དང་པོ་ནི། མུ་སྟེགས་ཀྱི་ཁྱིམ་ཞིག་ན་རེ། སངས་རྒྱས་པའི་གཏྲིའི་སྒྲ་འདི་ལ་འགེམས་ཞེས་པ་གཅིག་སྣང་བས་འདིས་འོ་སྐོལ་ལ་གནོད་མི་གནོད་བརྟག་པར་རིགས་སོ། །ཞེས་ཟེར་ཏེ་བརྟགས་པས། རྒྱུད་གསུམ་ལ། ལྷ་དང་ལྷ་མིན་གླུ་དབང་གིས་མཆོད་པའི། །དཀོན་མཆོག་གསུམ་གྱི་རྟོག་སྟེ་འདི་བརྡུངས་པས། །མུ་སྟེགས་འཆལ་བ་རྣམས་ཀྱི་གླད་པ་འགེམས། །ཞེས་པ་དང་། རྟོག་གསུམ་ལ། འགེམས་ཟེར་བ་གསུམ་འོང་བར་རིག་ནས་ཁྲོས་ཏེ་དམག་དྲངས་པས་མངོན་པའི་ཆོས་ནུབ་པར་བྱས་སོ། །གཉིས་པ་ནི། ཡུལ་དབུས་ཀྱི་རྒྱལ་པོས། སྟག་གཟིག་གི་རྒྱལ་པོ་ལ་གོས་སྲུབས་མེད་པ། སྙིང་ག་ན་མིའི་རྐང་རྗེས་འདྲ་བའི་རི་མོ་ཡོད་པ་ཞིག་སྐྱེས་སུ་བསྐུར་བས། བློན་པོས་འདི་ངན་སྔགས་བྱས་པ་ཡིན་ནོ་ཞེས་སླུས་པས་དམག་དྲངས་ཏེ་ནུབ་པར་བྱས་སོ། །གསུམ་པ་ནི། ནང་པའི་གཙུག་ལག་ཁང་ཞིག་ཏུ་མུ་སྟེགས་ཀྱི་སྤྲང་པོ་གཉིས་སློང་མོ་ལ་འོངས་པ་དང་། བཀྲུ་བཤལ་གྱི་ཆུ་གཏོར་བས་ཁྲོས་ཏེ་ཉི་མ་བསྒྲུབས་པས་གཅིག་གིས་གྲུབ་སྟེ། ཉི་མ་སྒྲུབ་པའི་མུ་སྟེགས་བྱེད་སྤྲང་པོ་ཉི་མའི་དངོས་གྲུབ་ཅིས་བྱ་བར་གྱུར་ནས་དེས་གཙུག་ལག་ཁང་རྣམས་མེས་བསྲེགས་པའི་ཚེ། དམ་པའི་ཆོས་མངོན་པ་སྟོང་ཕྲག་བརྒྱ་པ་ནི་གཏན་ནས་ནུབ་ཅིང་། ཕལ་པོ་ཆེ། ལང྄་ཀར་གཤེགས་པ། དྲན་པ་ཉེར་བཞག །ཟླ་བ་སྒྲོན་མ་ལ་སོགས་པའི་མདོ་སྡེ་ཤློ་ཀ་འབུམ་ཕྲག་རེ་ཡོད་པ་དང་། དཀོན་མཆོག་བརྩེགས་པ་ལེའུ་འབུམ་ཡོད་པ་ལ་སོགས་པའི་སྡེ་སྣོད་ཕལ་ཆེར་བསྲེགས་པས་ཅུང་ཟད་རེ་ལས་མ་ལུས་པ

ཡིན་ནོ་ཞེས་གྲག་གོ། །རྒྱུད་སྡེ་ཡང་ལ་ལ་གཏན་ནས་ནུབ་ཅིང་། ལ་ལ་དམ་དུམ་དུ་གྱུར་པ་ཡིན་ནོ། །འདིར་བསམ་ཡས་པའི་ཊཱི་ཀ་ལས། གཏམ་འདི་ཡང་བོད་ཀྱི་སློབ་དཔོན་རྣམས་ལ་གྲགས་པ་ཙམ་མ་གཏོགས་རྒྱ་གར་གྱི་གཞུང་ནས་བཤད་པ་མ་མཐོང་ཞིང་། འཕགས་པ་ཀླུ་སྒྲུབ་མ་བྱོན་པའི་གོང་དུ་བྱུང་དགོས་ཀྱི། གཞན་དུ་ན་མི་འགྲིག་པ་མང་པོ་འོང་ངོ་ཞེས་གསུངས་མོད། ཆོས་ཀྱི་རྗེས་ནི་གཏམ་རྒྱུད་འདི་དག་རྒྱ་གར་གྱི་པཎྜི་ཏ་ལ་གསན་པ་ཡིན་ནམ་སྙམ་མོ། །དེ་ནས་བྲམ་ཟེ་མོ་གསལ་བའི་ཚུལ་ཁྲིམས་ཞེས་པས་ཆོས་མངོན་པ་དར་བར་བྱ་བའི་ཕྱིར་ལུས་ལ་བུ་བསྐྱེད་པས་སློབ་དཔོན་ཐོགས་མེད་དང་དབྱིག་གཉེན་གཉིས་འཁྲུངས་ཏེ། དེ་ཡང་འཕགས་པ་ཐོགས་མེད་ནི། འཇམ་དཔལ་རྩ་བའི་རྒྱུད་ལས། ང་ནི་མྱ་ངན་འདས་འོག་ཏུ། །ལོ་ནི་དགུ་བརྒྱ་ལོན་པ་ན། །ཐོགས་མེད་ཅེས་བྱའི་དགེ་སློང་ནི། །བསྟན་བཅོས་དེ་ནི་དོན་ལ་མཁས། །མདོ་སྡེ་དྲང་དོན་ངེས་པའི་དོན། །རྣམ་པ་མང་པོ་རབ་ཏུ་འབྱེད། །འཇིག་རྟེན་རིག་པ་སྟོན་བདག་ཉིད། །གཞུང་བྱེད་དང་ཚུལ་ཅན་དུ་འགྱུར། །དེ་ཡི་རིག་པ་གྲུབ་པ་ནི། །ས་ལའི་ཕོ་ཉ་མོ་ཞེས་བརྗོད། །དེ་ཡི་སྔགས་ཀྱི་མཐུ་ཡིས་ནི། །བློ་ནི་བཟང་པོ་སྐྱེ་བར་འགྱུར། །བསྟན་པ་ཡུན་རིང་གནས་བྱའི་ཕྱིར། །མདོ་ཡི་དེ་ཉིད་དོན་སྡུད་བྱེད། །ལོ་ནི་བརྒྱ་དང་ལྔ་བཅུར་འཚོ། །དེ་ལུས་ཞིག་ནས་ལྷ་ཡུལ་འགྲོ། །འཁོར་བ་རྣམས་སུ་འཁོར་བ་ན། །ཡུན་རིང་བདེ་བ་རྗེས་མྱོང་ནས། །བདག་ཉིད་ཆེན་པོ་མཐར་གྱིས་དེ། །བྱང་ཆུབ་ཐོབ་པར་འགྱུར་བ་ཡིན། །ཞེས་གསུངས་ལ། ལོ་ནི་དགུ་བརྒྱ་ལོན་པ་ན། །ཞེས་པ་འདི་ད་ལྟའི་འཇམ་དཔལ་རྩ་རྒྱུད་ན་མི་སྣང་ཡང་། དགོངས་འགྲེལ་གྱི་འགྲེལ་པར་རྩ་རྒྱུད་ཀྱི་ལུང་དྲངས་པ་ལས་བྱུང་ངོ་། །དེ་ལྟར་རྒྱལ་བས་ལུང་བསྟན་བརྙེས་པའི་འཕགས་པ་ཐོགས་མེད་ཀྱིས་རི་བྱ་རྐང་ཅན་དུ་ལོ་བཅུ་གཉིས་བྱམས་པ་བསྒྲུབས་ཀྱང་མ་གྲུབ་སྟེ་ཕྱིར་ཐོན་པ་ན། ཁྱི་མོ་ལུས་འབུས་གཡེངས་པ་གཅིག་གཟིགས་པས་སྙིང་རྗེ་སྐྱེས་ནས། དེའི་འབུ་རྣམས་རང་གི་ལུས་ཀྱི་ཤ་བཅད་པ་ལ་དེར་འདུག་ཏུ་གཞུག་པའི་ཕྱིར། སྤྱན་བཙུམས་ཏེ་ལྗགས་ཀྱིས་ལེན་པར་བརྩམས་པ་ན་འབུ་མ་བྱུང་བས་གཟིགས་པ་ན། རྗེ་བཙུན་བྱམས་པ་མཚན་དང་དཔེ་བྱད་ཀྱིས་བརྒྱན་པ་ཞིག་གཟིགས་ཏེ། ཀྱེ་མ་ཡབ་གཅིག་བདག་གི་སྐྱབས། །ངལ་བརྒྱུས་འབད་ཀྱང་འབྲས་མ་མཆིས། །ཅི་ཕྱིར་ཆར་སྤྲིན་རྒྱ་མཚོའི་དཔུང་། །གདུང་བས་བསྲེགས་ཏེ་སྐོམ་ཚབ་འབབ། །བདག་གིས་དེ་ཙམ་ཞིག་བསྒྲུབས་ཀྱང་རྟགས་ཙམ་ཡང་མ་བྱུང་བ་ཐུགས་རྗེ་རེ་ཆུང་ཞེས་ཞུས་པས། རྗེ་བཙུན་གྱི་ཞལ་ནས། ང་དང་པོ་ནས་ཁྱོད་རང་གི་མདུན་ན་ཡོད་དེ། ཁྱོད་རང་གི་སྒྲིབ་པས་མ་མཐོང་བ་ཡིན། ད་ལན་སྙིང་རྗེ་ཆེན་པོ་དེ་སྐྱེས་པས་སྒྲིབ་པ་དག་ནས་མཐོང་བ་ཡིན་ནོ། །ཞེས་གསུངས་ཤིང་། དེ་ནས་རྗེ་བཙུན་གྱི་ཆོས་གོས་ལ་འཕྱངས་ནས་དགའ་ལྡན་དུ་བྱོན་པ་ཡིན་ནོ་ཞེས་འཆད་ཀྱང་། སློབ་དཔོན་དེས་ནི་དེའི་ཚེ་ཆོས

རྒྱུན་གྱི་ཏིང་ངེ་འཛིན་ཐོབ་ནས་དགའ་ལྡན་དུ་བྱོན་པར་འཆད་དགོས་ཏེ། སློབ་དཔོན་བློ་བརྟན་གྱིས། འཇིག་རྟེན་ཀུན་ལ་ཕན་ཕྱིར་ཐོགས་མེད་ཅེས་བྱ་བ། །ཆོས་རྒྱུན་ཏིང་འཛིན་སྟོབས་ཀྱིས་དྲངས་པའི་བདུད་རྩིའི་ཆོས། །འཕགས་པ་མི་ཕམ་ཞལ་གྱི་བུམ་པ་ནས་བླུགས་པ། །གསན་པའི་སྣོམ་པས་གསོལ་བ་དེ་ལ་ཕྱག་བགྱིའོ། །ཞེས་གསུངས་པས་སོ། །དེ་ལྟར་དགའ་ལྡན་དུ་བྱོན་ནས། རྗེ་བཙུན་མི་ཕམ་མགོན་པོ་ལ་རྣལ་འབྱོར་སྤྱོད་པའི་ས་ལ་སོགས་པ་ཐེག་པ་ཆེན་པོའི་མདོ་སྡེ་མང་པོ་དང་། མངོན་པར་རྟོགས་པའི་རྒྱན་ལ་སོགས་པའི་བྱམས་པའི་ཆོས་ལྔ་རྣམས་ལེགས་པར་གསན་ནས་ནི་འཕགས་པའི་ཡུལ་དུ་རྗེ་བཙུན་དེའི་གཞུང་ལུགས་རྣམས་དར་བར་མཛད་དོ། །སློབ་དཔོན་དེས་ཀྱང་ཉི་ཁྲིའི་འགྲེལ་པ་དེ་ཉིད་རྣམ་ངེས་དང་། རྒྱུད་བླ་མའི་འགྲེལ་པ་དང་། རྣལ་འབྱོར་སྤྱོད་པའི་ས་སྡེ་ལྔ་ཀ་སུམ་ཁྲི་ཉིས་སྟོང་ཡོད་པ་དང་། ཐེག་པ་ཐུན་མོང་གི་སྡོམ་མངོན་པ་ཀུན་ལས་བཏུས་དང་། ཐེག་ཆེན་ཐུན་མོང་མ་ཡིན་པའི་སྡོམ་ཐེག་པ་ཆེན་པོ་བསྡུས་པ་དང་། དགོངས་འགྲེལ་གྱི་འགྲེལ་པ་དང་། བྱམས་པའི་སྨྲུབ་ཐབས་སོགས་མཛད་དོ། །འགའ་ཞིག་ཐོགས་མེད་ཀྱི་ལྷ་བ་སེམས་ཙམ་དུ་གནས་སོ་ཞེས་ཟེར་བ་རྣམ་པར་མ་བརྟགས་པ་སྟེ། འདི་ཐེག་ཆེན་འཕགས་པར་ཁས་བླངས་པ་དང་འགལ་བ་དང་། རྒྱུད་བླའི་འགྲེལ་པའི་མཐར་ཐུག་གི་ལྟ་བ་དབུ་མར་གནས་སོ་ཞེས་ཟེར་བ་དང་འགལ་ཞིང་། འགྲེལ་པ་དེ་དང་མངོན་པ་ཀུན་ལས་བཏུས་སོགས་ཀྱི་མཐར་ཐུག་གི་ལྟ་བ་ལ་ཁྱད་པར་ཙུང་ཟད་ཀྱང་མི་སྣང་བའི་ཕྱིར། སློབ་དཔོན་དེའི་རྗེས་ལ་མཁས་པ་དང་བླུན་པོ་རྣམས་ཀྱིས་བྱེ་བྲག་གི་རིམ་པ་བཞིན་བསྟན་པའི་འཕེལ་འགྲིབ་དུ་མ་བྱུང་སྟེ། དེ་ཡང་སློབ་དཔོན་འདིའི་གཙུང་པོ་ནི་སློབ་དཔོན་དབྱིག་གཉེན་ཡིན་ཏེ། སའི་བསྙོད་འགྲེལ་ལས། འཕགས་པ་ཐོགས་མེད་ཐུབ་པ་དཔག་བསམ་ཤིང་གྱུར་ལས། །ཚིག་གི་ཡལ་ག་འབྲུངས་ལས་ཡི་གེའི་མེ་ཏོག་གི །ཆར་པས་རྣམ་བརྒྱན་བློ་གཏེར་གྱུར་པ་དཔལ་ཡོན་ཅན། །དེ་ཡི་གཙུང་པོ་དཔལ་ལྡན་དེ་ལ་ཕྱག་འཚལ་ལོ། །ཞེས་གསུངས་པས་སོ། །སློབ་དཔོན་དེས་ནི་ཐོག་མར་ཁ་ཆེའི་ཡུལ་དུ་སློབ་དཔོན་འདུས་པ་བཟང་པོ་ལ་ཉན་ཐོས་ཀྱི་མངོན་པ་སྡེ་བདུན་བསླབས་ནས་ཡུལ་དབུས་སུ་བྱོན་ཏེ། འཕགས་པ་ཐོགས་མེད་ལས་ཐེག་པ་ཆེན་པོའི་ཆོས་རྣམས་གསན་ཏེ། རབ་ཏུ་འབྱེད་པ་སྡེ་བརྒྱད་དང་། གཞན་ཡང་མདོའི་འགྲེལ་པ་མང་པོ་དང་། ཆོས་མངོན་པ་མཛོད་རྩ་འགྲེལ་ལ་སོགས་པ་བསྟན་བཅོས་མང་དུ་མཛད་དོ། །འདི་ལ་ནི་སངས་རྒྱས་གཉིས་པ་ཞེས་འཛམ་བུའི་གླིང་ཀུན་ཏུ་གྲགས་སོ། །དེའི་སློབ་མའི་མཆོག་བཞི་བྱུང་བར་གྲགས་པ་ལས། བྲམ་ཟེའི་བཙུན་པ་སློབ་དཔོན་ཡོན་ཏན་འོད་ཀྱིས་ནི། འདུལ་བ་མདོ་རྩ་བ་དང་། གཎྜཱ་ཏམ་ལ་སོགས་པ་བསྟན་བཅོས་མང་དུ་མཛད་ཅིང་མདོ་རྩ་བ་ལ་ཉིད་ཀྱིས་རྣམ་བཤད་དང་། སློབ་དཔོན་ཆོས་ཀྱི་བཤེས་གཉེན་གྱིས་རྒྱ་ཆེར

འགྲེལ་པ་དང་། འགྲེལ་བར་པ་དང་། འགྲེལ་ཆུང་དང་བཞི་བྱུང་བར་གྲགས་ཤིང་། གཞན་ཡང་སོ་སོར་ཐར་པའི་མདོ་ལ་འགྲེལ་པ་བརྒྱ་རྩ་བརྒྱད་བྱུང་བར་གྲགས། ལུང་རྣམ་འབྱེད་ལ་སློབ་དཔོན་དུལ་བ་ལྷའི་འགྲེལ་པ་དང་། གཞི་དང་། གཞུང་བླ་མའི་དུམ་བུ་ལ་དགེ་ལེགས་བཤེས་གཉེན་གྱི་འགྲེལ་པ་དང་། ཕྲན་ཚེགས་ལ་ཚུལ་ཁྲིམས་བསྐྱངས་ཀྱི་འགྲེལ་པ་དང་། ཤཱཀྱ་འོད་ཀྱིས་སུམ་བརྒྱ་པ་རྩ་འགྲེལ་དང་། དགྲ་བཅོམ་པ་ས་གའི་ལྷས་མེ་ཏོག་འཕྲེང་རྒྱུད་ལ་སོགས་པ་མཛད་དོ། །དབྱིག་གཉེན་གྱི་སློབ་མ་སློབ་དཔོན་བློ་བརྟན་གྱིས། དབུས་མཐའི་འགྲེལ་བཤད་དང་། མཛོད་ཀྱི་འགྲེལ་པ་གནམ་ལྕགས་ཐོག་གཟེར་ལ་སོགས་པ་མང་དུ་མཛད་ཅིང་། མདོ་སྡེ་དཀོན་མཆོག་བརྩེགས་པ་ཐུགས་ནས་བཏོན་པར་གྲགས། ཡང་དབྱིག་གཉེན་གྱི་སློབ་མ། སློབ་དཔོན་ཕྱོགས་ཀྱི་གླང་པོས་ཚད་མའི་བསྟན་བཅོས་རབ་ཏུ་འབྱེད་པ་བརྒྱ་རྩ་བརྒྱད་དང་། དེ་དག་གི་དོན་བསྡུས་པ་ཚད་མའི་མདོ་ཀུན་ལས་བཏུས་པ་རྩ་འགྲེལ་དང་། མཛོད་ཀྱི་འགྲེལ་པ་གནད་ཀྱི་སྒྲོན་མ་སོགས་བསྟན་བཅོས་མཐའ་ཡས་པ་མཛད་དོ། །དེའི་སློབ་མ་དབང་ཕྱུག་སྡེས་ཀུང་ཀུན་ལས་བཏུས་ལ་འགྲེལ་པ་མཛད་པར་གྲགས་སོ། །དེའི་སློབ་མ་དཔལ་ཆོས་ཀྱི་གྲགས་པས་ཚད་མའི་བསྟན་བཅོས་སྡེ་བདུན་མཛད་ཅིང་། ཕྱོགས་གླང་ཡབ་སྲས་ཀྱིས་གཞུང་ལུགས་ངན་པ་ཐམས་ཅད་སུན་ཕྱུང་བ་ཡིན་ནོ། །ཚད་མ་སྡེ་བདུན་ལ་ཡང་། ལྷ་ཤཱཀྱ་གཉིས་དང་། རྒྱན་དང་། ཆོས་མཆོག་དང་། ཉི་མ་སྦས་པ་དང་། རྒྱལ་བ་ཅན་དང་། བྲམ་ཟེ་ཆེན་པོ་ལ་སོགས་པ་འགྲེལ་བྱེད་མང་དུ་བྱུང་ངོ་། །དབྱིག་གཉེན་གྱི་སློབ་མ་འཕགས་པ་གྲོལ་སྡེས་ཉི་ཁྲི་སྣང་བ་མཛད། དབྱིག་གཉེན་གྱི་སློབ་མ་བཞི་པོ་འདི་ལ་རང་ལས་མཁས་པའི་སློབ་མ་ཞེས་གྲགས་ཀྱང་ཤེས་བྱེད་མི་སྣང་ངོ་། །འཕགས་གྲོལ་གྱི་སློབ་མ། བཙུན་པ་གྲོལ་སྡེས་ཉི་ཁྲི་རྣམ་འགྲེལ་མཛད་དོ། །དེའི་སློབ་མ་མཁན་པོ་ཡང་དག་རྣམ་སྣང་མཛད་ཡིན། དེ་ནི་མཁན་པོ་ཞི་བ་འཚོ་དང་དོན་གཅིག་གམ་ཡང་ཟེར། དེའི་སློབ་མ་སློབ་དཔོན་སེང་གེ་བཟང་པོས། མདོ་དང་རྒྱན་སྦྱར་བའི་འགྲེལ་པ་བཞི་ཙམ་མཛད་དོ། །ཡང་ཐོགས་མེད་ཀྱི་སློབ་དཔོན་དཔལ་ལྡན་ཆོས་སྐྱོང་ཡིན་པར་གྲགས་ལ། དེས་རྣམ་རིག་གྲུབ་པ་ལ་སོགས་པའི་བསྟན་བཅོས་མང་དུ་མཛད་ཅིང་གྲུབ་པ་བརྙེས་ལ་ཤིང་རྟ་ཆེན་པོ་ཞེས་ཀྱང་གྲགས་སོ། །

གཉིས་པ། བོད་དུ་བསྟན་པའི་བྱི་དོར་མཛད་པའི་ཚུལ་ལ། ལོ་ཆེན་དཔོན་སློབ་ཀྱིས་བསྟན་པ་བྱི་དོར་མཛད་ཚུལ། འགོས་ལོ་ཙྪ་བས་བྱི་དོར་མཛད་ཚུལ་ལོ། །དང་པོ་ལ། ལོ་ཆེན་གྱིས་མཛད་ཚུལ་དང་། ཕོ་བྲང་ཞི་བ་འོད་ཀྱིས་ཇི་ལྟར་མཛད་ཚུལ་ལོ། །དང་པོ་ནི། འཕགས་ཡུལ་དུ་བསྟན་པ་ལོ་ཉིས་སྟོང་ཙམ་སོང་བའི་ཕྱི་ནས་བོད་གངས་རིའི་ཁྲོད་འདི་ རུ་སངས་རྒྱས་ཀྱི་བསྟན་པ་སྔ་སྟོད་གསུམ་རྒྱུད་སྨད་བཞིས་བསྐྱུས་པ་རྣམས་ལོ་པཎ

རྣམས་ཀྱིས་ལེགས་པར་བསྒྱུར་རོ། །དེ་ཡང་བོད་ཀྱི་རྒྱལ་པོ་ལ་སྔ་བ་གཉའ་ཁྲི་བཙན་པོ་ཡིན་ཞིང་། དེ་ནས་གནམ་གྱི་ཁྲི་བདུན། སའི་ལེགས་དྲུག །བར་གྱི་ལྡེ་བརྒྱད་ལ་སོགས་པ་རྒྱལ་རབས་ཉི་ཤུ་རྩ་བདུན་ཙམ་སོང་བ་ན་ལྷ་ཐོ་ཐོ་རི་སྙན་ཤལ་བྱུང་ལ། དེ་ཡོ་བྲང་ཡུམ་བུ་བླ་སྒང་ན་བཞུགས་པ་ན། མདོ་སྡེ་ཟ་མ་ཏོག་བཀོད་པ་དང་། སྤང་སྐོང་ཕྱག་རྒྱ་པ་དང་། གསེར་གྱི་མཆོད་རྟེན་གཅིག་རྣམས་ནམ་མཁའ་ནས་བབས་པ་ལ། དེའི་དོན་མ་ཤེས་ཀྱང་དམ་པའི་ཆོས་འབྱུང་བའི་སྔ་ལྟས་ཡིན་པས་དམ་པ་ཆོས་ཀྱི་དབུ་བརྙེས་ཞེས་ཟེར། འདི་ལ་མཁན་ཆེན་གཞོན་ནུ་དཔལ་བ་ན་རེ། དེའི་ཚེ་པཎྜི་ཏ་བློ་སེམས་འཚོ་ཞེས་བྱ་བ་ཞིག་གིས་རྒྱ་གར་ནས་ཆོས་དེ་དག་བསྣམས་བྱོན་པ་ཡིན་ལ་བློ་སེམས་འཚོ་ནི་ཞི་བ་འཚོ་དང་དོན་གཅིག་གོ་ཞེས་གསུངས། དེ་ནས་རྒྱལ་རབས་ལྔ་ཙམ་ན་ས་མོ་གླང་གི་ལོ་ལ་སྤྱན་རས་གཟིགས་ཀྱི་སྤྲུལ་པ་སྲོང་བཙན་སྒམ་པོ་འཁྲུངས། དེས་ལྷ་སའི་གཙུག་ལག་ཁང་བཞེངས་པ་དང་། དགེ་བ་བཅུའི་ཁྲིམས་འཆའ་བ་སོགས་མཛད། སྐབས་དེར་འཇམ་དབྱངས་ཀྱི་སྤྲུལ་པ་ཐོན་མིས་རྒྱ་གར་ནས་ཆོས་བསྒྱུར་བ་དང་། བོད་ཀྱི་ཡི་གེ་རྩོམ་པ་སོགས་མཛད་དོ། །དེ་ནས་རྒྱལ་རབས་ལྔ་ཙམ་ན། འཇམ་དབྱངས་ཀྱི་སྤྲུལ་པ་ཁྲི་སྲོང་ལྡེའུ་བཙན་འཁྲུངས། དེས་མཁན་ཆེན་ཞི་བ་འཚོ་དང་སློབ་དཔོན་པདྨ་འབྱུང་གནས་སོགས་གདན་དྲངས་ནས། དཔལ་བསམ་ཡས་ལྷུན་གྱིས་གྲུབ་པའི་གཙུག་ལག་ཁང་བཞེངས་པ་དང་། རབ་ཏུ་བྱུང་བའི་སྡེ་བཙུགས་པ་དང་། དམ་པའི་ཆོས་ཀྱི་བཀའ་བསྟན་བཅོས་རྣམ་དག་མང་པོ་བསྒྱུར་བ་དང་། བཤད་གྲྭ་དང་སྒོམ་གྲྭ་བཙུགས་པ་ལ་སོགས་པ་སངས་རྒྱས་ཀྱི་བསྟན་པ་ཤིན་ཏུ་དར་བར་མཛད་དོ། །དེའི་སྲས་སད་ན་ལེགས་མཇིང་ཡོན་ཡིན་ལ། དེའི་སྲས་མངའ་བདག་ཁྲི་རལ་པ་ཅན་ནི། སྲོང་བཙན་སྒམ་པོ་འཁྲུངས་ནས་ལོ་ཉིས་བརྒྱ་ལྷག་ཙམ་སོང་བ་ན་མེ་ཕོ་ཁྱི་ལ་འཁྲུངས་པ་ལ། དེས་འུན་ཤིང་གོང་རྫོའི་གཙུག་ལག་ཁང་བཞེངས་པ་དང་། སྔར་བསྒྱུར་བའི་ཆོས་རྣམས་སྐད་གསར་བཅད་ཀྱིས་གཏན་ལ་ཕབ་པ་དང་། རབ་ཏུ་བྱུང་བ་རྣམས་ཀྱི་ཞབས་སྤྱི་བོར་བླངས་ནས་འབངས་མི་ཁྱིམ་བདུན་བདུན་འབུལ་བ་སོགས་སངས་རྒྱས་ཀྱི་བསྟན་པ་ལ་བྱ་བ་ཆེར་མཛད་དེ། མེ་ཕོ་འབྲུག་གི་ལོ་ལ་གཤེགས། དེ་ནི་ཕྱག་ན་རྡོ་རྗེའི་སྤྲུལ་པར་གྲགས་སོ། །དེ་གཤེགས་པའི་ལོ་དེ་ཉིད་ལ། དེའི་གཅེན་པོ་གླང་དར་མ་རྒྱལ་སར་བཏོན། དེས་ས་མོ་ལུག་གི་བར་ལོ་བཞི་རྒྱལ་པོ་བྱས། ལྕགས་ཕོ་སྤྲེའུའི་ལོ་ལ་དེས་རབ་ཏུ་བྱུང་བའི་བསྟན་པ་བསྣུབས་ཏེ་ཆོས་ཁྲིམས་ལ་སྐྱོན་བཀལ། པཎྜི་ཏ་རྣམས་སླར་རྒྱ་གར་དུ་བརྫངས། སྐ་ཅོག་ལ་སོགས་པའི་ལོ་ཙྪ་བ་རྣམས་བསྟན་པ་ནུབ་པའི་མྱ་ངན་གྱིས་གྲོངས་སོ། །ལོ་དེ་ཉིད་ལ་རྒྱལ་པོ་དེ་ཡང་ལྷ་ལུང་དཔལ་གྱི་རྡོ་རྗེས་བཀྲོངས་ནས་ཁམས་སུ་བྲོས་སོ། །དེ་ནས་ལོ་བདུན་ཅུ་ཙམ་གྱི་བར་དུ་དབུས་གཙང་དུ་རབ་ཏུ་བྱུང་བའི་མིང་ཙམ་ཡང་མ་བྱུང་བར་གྲགས། སྐབས་དེར་

རྒྱལ་པོ་དེའི་སྲས་ཡུམ་བརྟན་དང་། འོད་སྲུངས་གཉིས་བྱུང་ལ། དེ་གཉིས་རྒྱལ་སྲིད་ལ་མ་འཆམ་པར་ཡུམ་བརྟན་གྱིས་དབུ་རུ་དང་། འོད་སྲུངས་ཀྱིས་གཡོ་རུ་བཟུང་ནས་འཁྲུག་པ་བྱས་པས་རྒྱལ་ཁྲིམས་ཀྱང་བཤིག་གོ། །རྒྱལ་པོས་བསྟན་པ་བསྣུབས་པའི་སྐབས་དེར། གཙང་དགེ་བ་རབ་གསལ་དང་། གཡོ་དགེ་འབྱུང་དང་། དམར་ཤཱཀྱ་མུ་ནི་གསུམ་གྱིས་དཔེ་ཆ་དྲེལ་ཁལ་གཅིག་བཀལ་ནས་ཁམས་སུ་བྱོན། དེ་ལ་བོན་པོའི་བུ་མུ་སུ་གསལ་འབར་ཞེས་པ་ཤེས་རབ་ཅན་གཅིག་དད་ནས་རབ་ཏུ་བྱུང་བས་མཚན་དགེ་བ་རབ་གསལ་དུ་བཏགས་སོ། །ཕྱིས་ཐུགས་རབ་ཆེ་བས་དགོངས་པ་རབ་གསལ་ཞེས་གྲགས་སོ། །དེ་ནས་སྨར་གྱི་མཁན་སློབ་དང་། དམར་གྱིས་གསང་སྟོན་མཛད། རྒྱ་ནག་གི་དགེ་སློང་གཉིས་ཀྱིས་ཁ་སྐོང་བྱས་ཏེ་བསྙེན་པར་རྫོགས་སོ། །སྐབས་དེར་དབུས་ཀྱི་མངའ་བདག་ཡེ་ཤེས་རྒྱལ་མཚན་གྱིས་མདོ་སྨད་ན་སངས་རྒྱས་ཀྱི་བསྟན་པ་ཡོད་པའི་གཏམ་ཐོས་ཏེ། གླུ་མེས་ཚུལ་ཁྲིམས་ཤེས་རབ། འབྲིང་ཡེ་ཤེས་ཡོན་ཏན། སྦ་ཚུལ་ཁྲིམས་བློ་གྲོས། རག་ཤི་ཚུལ་ཁྲིམས་འབྱུང་གནས། སུམ་པ་ཡེ་ཤེས་བློ་གྲོས་ཏེ་དབུས་པ་མི་ལྔ་མདོ་སྨད་དུ་སྡོམ་པ་ལེན་པ་ལ་བཏང་ངོ་། །དེའི་གཏམ་གཙང་གི་བཙན་པོ་རྣམས་ཀྱིས་ཀྱང་གསན་ནས། ལོ་སྟོན་རྡོ་རྗེ་དབང་ཕྱུག ཚོང་བཙུན་ཤེས་རབ་སེང་གེ་མངའ་རིས་འོ་བརྒྱུད་སྤུན་གཉིས། བོ་དོང་པ་ཨུ་པ་དེ་བ་ཀ་ར་དང་ལྔ་པོ་ཡང་ཁམས་སུ་བཏང་། དེའི་ཚེ་བླ་ཆེན་གྱིས་མཁན་པོ་དང་། གཙང་གིས་ལས་སློབ། གཡོས་གསང་སྟོན། དམར་དང་ཧྭ་ཤང་སོགས་ཀྱིས་ཁ་སྐོང་བྱས་ཏེ་ཐམས་ཅད་ཚིག་རྫོགས་བྱས་སོ། །དེ་དག་དབུས་གཙང་དུ་བྱོན་ནས་བསྟན་པ་དར་ཞིང་རྒྱས་པར་མཛད་ལ། དེ་ཡང་གླུ་མེས་ཀྱི་སློབ་མ་གཟུགས་རྡོ་རྗེ་རྒྱལ་མཚན་ཡིན་ཞིང་། དེ་ལ་འཛིམ་པ་ཤེས་རབ་འོད་ལ་སོགས་པ་བུ་ཆེན་བཞི་བྱུང་བར་གྲགས། གཟུས་བུ་ཆེན་དེ་དག་གི་སློབ་མ་སོག་ཚུལ་ཁྲིམས་བླ་མ། ཉང་མཚམས་པ་རིན་ཆེན་བླ་མ། འདམ་ཀོ་ཁྲིམ་པ་ཡེ་ཤེས་བླ་མ་སྟེ་གསུམ་བྱུང་བ་དེ་ལ་རྒྱའི་བླ་མ་རྣམ་གསུམ་ཞེས་གྲགས་སོ། །དེ་དག་ལ་རྒྱ་འདུལ་བ་འཛིན་པ་དབང་ཕྱུག་ཚུལ་ཁྲིམས་ཀྱིས་འདུལ་བ་ལེགས་པར་གསན་ཞིང་མཁས་པར་བྱས་ནས། དགུང་ལོ་སུམ་ཅུ་རྩ་བདུན་ནས་བརྒྱད་ཅུ་རྩ་ལྔའི་བར་བཤད་པ་མཛད་པས། སྤྱི་ཚར་གྱི་བུ་ཆེན་ཀ་བ་བཞི། གདུང་མ་བཅུ། དྲལ་མ་སྟོང་ལ་སོགས་པ་བྱུང་བར་གྲགས་ཤིང་། དེ་དག་གིས་བོད་གངས་ཅན་གྱི་ལྗོངས་སུ་འདུལ་བའི་བསྟན་པ་དར་རྒྱས་སུ་མཛད་པ་ཡིན་ནོ། །དམ་པའི་ཆོས་མངོན་པ་གོང་མའི་བཤད་ཉན་ནི། པཎྜི་ཏ་ཛི་ན་མི་ཏྲ་ལ་སྣ་ཚོགས་ཞང་གསུམ་གྱིས་གསན། དེ་དག་ལ་སྣ་ནམ་ཟླ་བའི་རྡོ་རྗེས་གསན། དེ་ལ་ལྷ་ལུང་དཔལ་གྱི་རྡོ་རྗེས་གསན། དེས་ཁམས་སུ་བྱོན་ནས། སྲས་རྒྱལ་བའི་ཡེ་ཤེས་ལ་བཤད། དེས་ཅོག་གླུ་མཆོག་གི་ཡེ་ཤེས་ལ་གསུངས། དེ་ལ་སེ་བཙུན་དབང་ཕྱུག་གཞོན་ནུ་ཞེས་པས་གསན་ཞིང་། དེ་ལ་འགར་མི་ཡོན་ཏན་

གཡུང་དྲུང་དང་། ཁྱུ་སྟོན་བརྩོན་འགྲུས་གཡུང་དྲུང་གིས་གསན། དེ་དག་ལ་ར་ཁྲི་བཟང་འབར་དང་། སྦྲང་ཧེ་དར་མ་སྙིང་པོ་དང་། ཀོ་ཡེ་ཤེས་འབྱུང་གནས་ཀྱིས་གསན། སྦྲང་ཧེས་རོང་དུར་སྨྲིག་ཏུ་བཤད་པ་མཛད་པས་གྲྭ་པ་སུམ་སྟོང་རེ་འདུས་ལ། རྫོག་པོ་ལ་འགྲན་བཟོད་པའི་ཕྲིན་ལས་བྱུང་ཞིང་། ས་སྐྱ་པ་ཆེན་པོ་ལ་སོགས་པའི་སློབ་མ་བསམ་གྱིས་མི་ཁྱབ་པ་བྱུང་ངོ་། །ཆོས་མངོན་པ་འོག་མ་ནི། སྐྱ་བ་དཔལ་བརྩེགས་ཀྱི་དུས་སུ་འགྱུར་ཡང་བཤད་ཉན་ཆེར་མ་བྱུང་ཞིང་། ཕྱིས་པཎྜི་ཏ་སྨྲི་ཏིས་ཁམས་ཀྱི་ལྡན་མ་གླིང་ཐང་དུ་བཤད་པ་མཛད་ཅིང་འགྱུར་བཅོས་མཛད་པས་དེ་ནས་བཤད་པ་དར་རོ། །ཕྱིས་སྟར་ཐང་དུ་བཤད་པ་དར་པོ་བྱུང་ཞིང་། དབུས་ཀྱི་གྲོ་ས་དང་། སྐྱོར་མོ་ལུང་གཉིས་སུ་ཡང་འདུལ་མཛོད་གཉིས་སྦྲེལ་བའི་བཤད་པ་དར་རོ། །སེ་བཙུན་གྱི་སློབ་མ་རྫོག་ལེགས་པའི་ཤེས་རབ་ཀྱིས། སེ་བཙུན་དང་རྔོ་བོ་གཉིས་ལ་དབུ་མ་རང་རྒྱུད་གསན། དེས་རང་གི་དབོན་པོ་ལོ་ཙྪ་བ་ཆེན་པོ་ལ་བཤད་ཅིང་། ལོ་ཙྪ་བ་ཆེན་པོས་དབུ་མ་རྒྱ་བ་དང་། དབུ་མ་རྒྱན་ཤེས་རབ་སྒྲོན་མ་དང་། དབུ་མ་རྒྱན་སྣང་བདེན་གསུམ་གྱི་བསྡུས་དོན་ཊཱི་ཀ་སོགས་མཛད་ནས། ཐུགས་སྲས་རྣམས་ལ་རིམ་གྱིས་བརྒྱུད་དེ་ཕྱུ་གཙང་དབུ་གསུམ་གྱི་དུས་ན་རང་རྒྱུད་ཀྱི་བཤད་པ་ཤིན་ཏུ་དར་རོ། །དབུ་མ་ཐལ་འགྱུར་གྱི་གཞུང་ནི༑ པ་ཚབ་ཉི་མ་གྲགས་ཀྱིས་ཁ་ཆེར་ལོ་བཅུ་གསུམ་གྱི་བར་དུ་སྦྱངས་པ་མཛད་ནས། ཚིག་གསལ་དང་འཇུག་པ་རྩ་འགྲེལ་རྣམས་བསྒྱུར་ཏེ། ལྷ་ས་དང་བསམ་ཡས་སོགས་སུ་བཤད་པ་བྱས་པས་འཕྲིན་ལས་ཆེན་པོ་བྱུང་སྟེ། སློབ་མའི་གཙོ་བོ་རྨ་བྱ་བྱང་ཆུབ་བརྩོན་འགྲུས། གཙང་པ་སར་སྦོས། གཙང་ནག་པ་བརྩོན་འགྲུས་སེང་གེ །ཞང་ཐང་སག་པ་ཡེ་ཤེས་འབྱུང་གནས་དང་བཞི་ལ་པ་ཚབ་བུ་བཞིར་གྲགས་པ་རྣམས་བྱུང་ལ། ཐང་སག་པ་ནས་བརྒྱུད་པ་ནི་དེང་སང་གི་བར་དུ་བྱུང་ངོ་། །སྤྱོད་ཕྱོགས་ཀྱི་བཤད་ཉན་བྱུང་ཚུལ་ནི། རྔོ་བོ་དང་སེ་བཙུན་ལས་བསླབ་བཏུས་དང་སྤྱོད་འཇུག་ལ་སོགས་པ་གསན་ནས། བྱང་ར་སྒྲེང་དུ་སྐུ་མཆེད་གསུམ་ལ་གསུངས་ལ་དེ་དག་གིས་ཐུགས་ཉམས་སུ་བཞེས་ཤིང་། ཁྱད་པར་པུ་ཏོ་བ་ཆེན་པོས་བཀའ་གདམས་གཞུང་དྲུག་ཏུ་གྲགས་པའི་བཤད་ཉན་དར་བར་མཛད། ཕྱིས་ལོ་ཙྪ་བ་ཆེན་པོས་ཀྱང་སྤྱོད་འཇུག་ལ་འགྱུར་བཅོས་དང་། ཊཱི་ཀ་དང་བཤད་པ་མཛད་པས་བཀའ་གདམས་པའི་བརྒྱུད་འཛིན་རྣམས་ལ་ཤིན་ཏུ་འཕེལ་ལོ། །ཚད་མ་དང་བྱམས་ཆོས་ལྔའི་བྱུང་ཚུལ་ནི། རྔོ་བོ་ཤིང་ཕོ་རྟ་ལ་དགའ་ལྡན་དུ་གཤེགས་ནས་ལོ་དྲུག་པ་ས་མོ་ཕག་ལ་རྫོག་ལེགས་ཤེས་གསང་ཕུ་ནེའུ་ཐོག་བཏབ། ལོ་དེ་ཉིད་ལ་རྫོག་ལོ་ཆེན་པོ་འཁྲུངས། དེས་རྒྱ་གར་ཤར་ནུབ་གུང་གསུམ་དུ་ལོ་བཅུ་བདུན་སྦྱངས་པ་མཛད་ནས་ཆུ་ཕོ་སྦྲུལ་གྱི་ལོ་ལ་བོད་དུ་ཕེབས། དེ་ནས་ལོ་བཅུ་བདུན་གྱི་བར་དུ་བསྟན་པ་དང་སེམས་ཅན་གྱི་དོན་རྒྱ་ཆེན་པོ་མཛད། གྲྭ་པ་ཁྲི་ཚོ་གསུམ་ལ་སོགས་པ་བྱུང་བར་བཤད་ཅིང་། དེའི་སློབ་

མའི་གཙོ་བོ་ནི་བཞི་སྟེ། སྐྱའི་གདན་ས་འཛིན་པ་ཞང་ཚེ་སྤོང་བ་ཆོས་ཀྱི་བླ་མ། གསུང་གི་བསྟན་པ་རྫོགས་པར་འཛིན་པ་གྲོ་ལུང་པ་བློ་གྲོས་འབྱུང་གནས། ཡུམ་ཤེས་རབ་ཀྱི་ཕ་རོལ་ཏུ་ཕྱིན་པའི་བཤད་སྲོལ་འཛིན་པ་འབྲི་ཆེན་པོ་ཤེས་རབ་འབར། དབུ་ཚད་ཀྱི་བཤད་སྲོལ་འཛིན་པ་ཁུ་རིན་ཆེན་གྲགས་རྣམས་ཡིན་ནོ། །ཁུ་ངང་གི་སློབ་མ་སྟོད་ལུང་རྒྱ་དམར་བ་ཡིན་ལ། དེའི་སློབ་མ་སློབ་དཔོན་ཕྱྭ་པ་ཆོས་ཀྱི་སེང་གེ་ཡིན་ལ། དེ་ལ་དཔེ་འགྲེམས་ཀྱི་གྲྭ་པ་ལྔ་སྟོང་ཙམ་བྱུང་བར་གྲགས། དེའི་ནང་ནས་མཆོག་ཏུ་གྱུར་པ་གྲུབ་ཐོབ་མི་གསུམ། ཪ་སྨྲས་མི་བཞི། ཤེས་རབ་ཅན་མི་གསུམ། སེང་ཆེན་བརྒྱད་ལ་སོགས་པ་བྱུང་། འབྲི་ཆེན་པོས་ནི་གནས་སྙིང་དུ་བཤད་ཉན་མཛད་ཅིང་། དེའི་སློབ་མ་ཨར་བྱང་ཆུབ་ཡེ་ཤེས། དེས་གནམ་རྩེ་ལྡེང་དང་། གཞུའི་ཀུན་དགའ་རབ་སོགས་སུ་བཤད་ཉན་མཛད་ཅིང་། ཕར་ཕྱིན་གྱི་དཔེ་འགྲེམས་སྟོང་ཕྲ་ཅན་ཙམ་བྱུང་བར་གྲགས། དེའི་སློབ་མ་གཞོན་ནུ་ཚུལ་ཁྲིམས་ལ་སོགས་པ་ཡིན་ནོ། །འོན་ཀྱང་རྣམ་འགྲེལ་གྱི་བཤད་པ་དར་རྒྱས་སུ་མཛད་པ་ནི་ཆོས་རྗེ་པཎྜི་ཏ་ཁོ་ནའི་ཕྲུག་རྗེས་ཡིན་ནོ། །དེ་ལྟར་རྒྱལ་པོ་གླང་དར་མས་བསྟན་པ་བསྣུབས་པའི་རྗེས་སུ་སྔགས་ལ་བརྟེན་པའི་ཆོས་ལོག་དུ་མ་འཕེལ་ཏེ། འདི་ལྟར་ཁྱིམ་པའི་རྡོ་རྗེ་འཛིན་པ་དག་གིས་གསང་སྔགས་ཀྱི་ལམ་གསང་སྟེ་ཉམས་སུ་བླངས་པས་རྒྱལ་པོས་ངོ་མ་ཤེས་པས་ཆད་པ་མ་ཕོག །རྒྱལ་པོ་ཤི་ནས་རང་རང་གི་བུ་དང་སློབ་མ་དག་ལ་རྒྱུད་དང་མན་ངག་ཅུང་ཟད་བསྟན་པ་ལས་རིམ་གྱིས་འཆོལ་ནས། རང་གིས་བཙམས་པའི་སྒྲུབ་ཐབས་མན་ངག་སོགས་ལ་བརྫུན་གྱི་གླེང་གཞི་སོགས་སྦྱར་ནས་རྒྱུད་དུ་མིང་བཏགས་པ་དུ་མ་བརྩམས་ཤིང་། འདུལ་བའི་བསྟན་པ་མེད་པའི་སྟོབས་ཀྱིས་སྦྱོར་སྒྲོལ་སྒྲ་ཇི་བཞིན་པར་བཟུང་ནས་མི་དགེ་བ་བཅུ་ལ་འཛོལ་ཉོག་ཏུ་ལོངས་སྤྱོད་པར་གྱུར་ཏོ། །འོན་ཀྱང་རྒྱུད་བརྫུས་མ་འགའ་ཞིག་ནི་རྒྱལ་པོས་བསྟན་པ་མ་བསྣུབས་གོང་དུ་ཡང་བྱུང་བ་ཡིན་ཏེ། དཔེར་ན་རྨ་ཨ་ཙརྱ་རིན་ཆེན་མཆོག་གིས་གསང་བ་སྙིང་པོའི་རྒྱུད་བརྩམས་པ་བཞིན་ནོ། །འདི་ར། དེ་རྗེས་ཆོས་ལོག་དུ་མ་འཕེལ། །ཞེས་གསུངས་པ་ནི། སྦྱོར་སྒྲོལ་སྒྲ་ཇི་བཞིན་དུ་བཟུང་ནས་དེའི་ལག་ལེན་བྱས་པ་དེ་ལ་འཆད་དགོས་ལ། དེའི་ཚེ་མངའ་བདག་ཁོ་རེ་ཞེས་པ་འཁོར་བ་ལ་སྐྱོ་བ་སྐྱེས་ནས་རྒྱལ་སྲིད་གཅུང་པོ་ལ་གཏད། དཀོན་མཆོག་གི་རྟེན་གྱི་དྲུང་དུ་རབ་ཏུ་བྱུང་སྟེ་མཚན་ལྷ་བླ་མ་ཡེ་ཤེས་འོད་ཅེས་བྱ་བར་གྲགས་ལ། ཆོས་ཀྱི་རྒྱལ་པོ་དེས་དམ་པའི་ཆོས་ཐེག་པ་མཐའ་དག་གཟིགས་པས། སྔགས་དང་ཕ་རོལ་ཏུ་ཕྱིན་པ་གཉིས་ཀུང་འགལ་བར་གཟིགས་ནས་ཐེ་ཚོམ་སྐྱེས་ཏེ། སྐྱེས་བུ་མཆོག་རིན་ཆེན་བཟང་པོ་ལ་སོགས་ཁྱེའུ་ཉི་ཤུ་རྩ་གཅིག་ཁ་ཆེར་བརྫངས་པས་བཅུ་དགུ་ཚད་པས་ཤི་ནས། ལོ་ཆེན་དང་ལོ་ཆུང་ལེགས་པའི་ཤེས་རབ་གཉིས་སླར་འཁོར་རོ། །ལོ་ཙྪ་བ་རིན་ཆེན་བཟང་པོ་ནི་རིས་པར་འཛམ་པའི་དབྱངས་ཀྱིས་བྱིན་གྱིས་བརླབས་པ་ཡིན་

ཏ༔ གསང་འདུས་འཇམ་པའི་རྡོ་རྗེའི་དབང་ལན་སུམ་ཅུ་སོ་བདུན་ཞུས་པས་ཐམས་ཅད་ཀྱི་མེ་ཏོག་འཇམ་པའི་རྡོ་རྗེ་ལ་བབས་སོ་ཞེས་གྲགས་སོ། །དེ་ལྟ་བུའི་མཁས་པ་དེ་ཡིས་ཁ་ཆེའི་པཎྜི་ཏ་ཤྲདྡྷཱ་ཀཱ་ར་ཝརྨ་བསྟེན་ནས་གསང་འདུས་ཡེ་ཤེས་ཞབས་ཀྱི་ཆོས་སྐོར་མ་ལུས་པ་དང་། གཞན་ཡང་རིམ་པ་ལྔ་ལ་སོགས་པ་འཕགས་སྐོར་རྣམས་དང་། དེ་ཉིད་འདུས་པའི་རྒྱ་བ་དང་། དཀྱིལ་ཆོག་རྡོ་རྗེ་འབྱུང་བ་དང་། ཁམས་གསུམ་རྣམ་རྒྱལ། གཙུག་དགུ །དཔལ་མཆོག་དང་པོའི་རྒྱུད་འགྲེལ་པ་དང་བཅས་པ་དང་། ཀུན་སྙིང་གིས་མཛད་པའི་འགྲེལ་པ་དང་། བླ་མེད་ཀྱི་རྒྱུད་རྒྱུད་འགྲེལ་མང་པོ་བསྒྱུར་ཞིང་། ཁྱད་པར་ཡོ་གའི་བསྟན་པ་དར་ཞིང་རྒྱས་པར་མཛད་དོ། །གཞན་ཡང་འཇམ་དཔལ་རྩ་རྒྱུད་ལ་སོགས་པ་བྱ་བའི་རྒྱུད། སྨན་དཔྱད་ཡན་ལག་བརྒྱད་པ་དང་། བརྒྱད་སྟོང་འགྲེལ་ཆེན་ལ་སོགས་པ་སྔོན་བོད་ན་མེད་པའི་ཆོས་རྣམས་ཕལ་ཆེར་བསྒྱུར་ཞིང་། སྔོན་བསྒྱུར་ཟིན་པའི་བརྒྱད་སྟོང་པ་དང་སྤྱོད་འཇུག་སོགས་ཀྱང་ཞུས་ཤིང་དག་པར་མཛད་དོ། །དེ་ལ་སློབ་མ་མང་དུ་བྱུང་ཡང་ཐུགས་ཀྱི་སྲས་གཙོ་བོ་བཞི་སྟེ། ལོ་ཆུང་ལེགས་པའི་ཤེས་རབ། གུར་ཤིང་བརྩོན་འགྲུས་རྒྱལ་མཚན། སྐྱི་ནོར་ཛྙཱ་ན། སྤྲ་འབག་གཞོན་ཤེའོ། །དེ་ལྟ་བུའི་ལོ་ཙྪ་བ་ཆེན་པོ་དེས་ཆོས་དང་ཆོས་མ་ཡིན་པ་རྣམ་པར་འབྱེད་པ་ཞེས་བྱ་བའི་བསྟན་བཅོས་མཛད་ནས། སྒྱུར་སྒྲོལ་ལ་སོགས་པའི་ཆོས་ལོག་ཐམས་ཅད་ནུབ་པར་མཛད་དོ། །སྐུ་ཚེའི་མཐར་ཐོ་གླིང་གསེར་གྱི་ལྷ་ཁང་དུ་སྒྲུབ་པ་ལོ་བཅུ་གཉིས་མཛད་དེ། སྒོ་རིམ་པ་གསུམ་གྱི་ཕྱི་མའི་ཡ་ཐེམ་ལ་ཟངས་ཀྱི་ཡི་གེ་དང་། བར་མ་ལ་དངུལ་གྱི་ཡི་གེ་དང་། ཐ་མ་ལ་གསེར་གྱི་ཡི་གེ་བྲིས་ནས། རིམ་པ་བཞིན་དུ་མི་དགེ་བ་དང་། ལུང་མ་བསྟན་དང་། ཐ་མལ་དུ་འཛིན་པའི་རྟོག་པ་སྐྱེས་ན་རྡོ་རྗེ་འཛིན་པ་རྣམས་ཀྱིས་མགོ་བོ་ཁོས་ཤིག །ཅེས་པ་བྲིས་ནས་བསྒྲུབས་པས་ལོ་དྲུག་ན་འཇམ་དཔལ་གྱིས་ཞལ་གཟིགས་ཤིང་། རིམ་གྱིས་བདེ་མཆོག་ལ་སོགས་པ་ཐུགས་དམ་གྱི་ལྷ་དཔག་ཏུ་མེད་པའི་ཞལ་གཟིགས། ཉེ་རྒྱུའི་སྒྲུབ་པ་མཛད་དེ་མཁའ་སྤྱོད་དུ་གཤེགས་སོ། །གཉིས་པ༔ ཕོ་བྲང་ཞི་བ་འོད་ཀྱིས་ཇི་ལྟར་མཛད་པའི་ཚུལ་ནི། ལོ་ཆེན་དེའི་སློབ་མ་ལྷ་བླ་མ་ཞི་བ་འོད་ཅེས་བྱ་བ་དེས་ཀྱང་དཔལ་མཆོག་དང་པོའི་ཏོར་ཁང་གསན་པ་དང་། ཚད་མའི་དེ་ཁོ་ན་ཉིད་རྒྱ་འགྲེལ་ལ་སོགས་པ་བསྒྱུར་ཞིང་། སྔགས་ལོག་སུན་འབྱིན་པ་ཞེས་བྱ་བའི་བསྟན་བཅོས་མཛད་ཅེས་ཟེར། ཡུལ་དབུས་ཀྱི་སྔགས་པ་རྣམས་ལ་འདི་དང་འདི་ཞེས་བྱ་བ་རྒྱུད་རྣམ་དག་མ་ཡིན་པས། ད་ཕྱིན་ཆད་དེ་ཚད་མར་མ་བྱེད་ཅིག་ཅེས་བཀའ་ཤོག་བཏངས་སོ། །ཡང་ལྷ་བླ་མས་པཎྜི་ཏ་ཕལ་རྣམ་གསུམ་སྤྱན་དྲངས་ཞང་ཞུང་རྒྱལ་བའི་ཤེས་རབ་ཀྱིས་དགེ་སློང་གི་སྡོམ་པ་བླངས། བལ་པོ་འདུལ་འཛིན་ལ་ལག་ལེན་ཞུས་ཤིང་། དེའི་སློབ་མ་དཔལ་འབྱོར་ཤེས་རབ་དང་། ཞིང་མོ་ཆེ་བ་བྱང་ཆུབ་སེང་གེ་ལ་སོགས་པ་ལ་བརྒྱུད་དེ་སྟོད་འདུལ་བའི་བཤད་པ་དར་རོ། །ཡང་ལྷ་བཙུན་བྱང་

ཆུབ་འོད་ཀྱི་རིང་ལ། ནག་ཚོ་ཚུལ་ཁྲིམས་རྒྱལ་བ་ཡོ་ཞར་མངགས་ཏེ། ཇོ་བོ་རྗེ་ལྷ་གཅིག་བོད་དུ་གདན་དྲངས། ཇོ་བོ་ཆུ་ཕོ་རྟའི་ལོར་མངའ་རིས་སུ་ཕེབས། མངའ་རིས་སུ་ལོ་གསུམ་བཞུགས་ཤིང་གསུང་རབ་མང་པོའི་འགྱུར་མཛད། མངའ་རིས་སུ་དེའི་སློབ་མ་ལྷ་བཙུན་བྱང་ཆུབ་འོད། ལོ་ཙྪ་བ་རིན་ཆེན་བཟང་པོ། ཆ་དགེ་བློ། གནས་བརྟན་སེར་པོ། བློ་བོའི་ཡུལ་དུ་སྟོན་པ་ཡང་རབ་ལ་སོགས་པ་མང་དུ་བྱུང་ངོ་། །དེ་དག་ཏུ་ལས་རྒྱུ་འབྲས་ཀྱི་ཆོས་གཙོ་བོར་གསུངས་པས། བླ་མ་ལས་རྒྱུ་འབྲས་པ་ཞེས་གྲགས་པ་ལ་ཇོ་བོ་ཤིན་ཏུ་དགྱེས་པ་ཡིན་ཞེས་ཟེར། དབུས་སུ་ལོ་བརྒྱད་བཞུགས་པའི་སློབ་མའི་གཙོ་བོ་ནི། ཁུ་རྔོག་འབྲོམ་གསུམ་ཡིན་ལ། དེའི་ནང་ནས་ཀྱང་དགེ་བཤེས་སྟོན་པ་རིན་པོ་ཆེ་ནི་དུས་གསུམ་སངས་རྒྱས་ཐམས་ཅད་ཀྱི་ཤིང་རྟ་ཆེན་པོའི་སྤྲོལ་འབྱེད་བྱམས་པ་ཐོགས་མེད་ནས་བརྒྱུད་པའི་སྐྱེས་བུ་གསུམ་གྱི་གདམས་པ་འཆི་བ་མི་རྟག་པ་བསམ་པ་སོགས་ཀྱིས་འཕོར་བ་ལས་རིམ་གྱིས་བློ་ལོག་ཅིང་། བྱམས་པ་དང་སྙིང་རྗེ་ཁྱད་པར་ཅན་གྱིས་བློ་སྦྱངས་ཏེ་སྐྱབས་འགྲོ་དང་སྨོན་འཇུག་སེམས་བསྐྱེད་ཀྱི་བསླབ་བྱ་བདག་གཞན་བརྗེ་བ་བྱང་ཆུབ་ཀྱི་སེམས་ལ་ཉམས་ལེན་གྱི་གཙོ་བོར་མཛད་པས་ཇོ་བོའི་སློབ་རྒྱུད་ཐུན་མོང་མ་ཡིན་པར་གྲགས་སོ། །དེ་ལས་བརྒྱུད་པ་ལ་བཀའ་གདམས་གདམས་ངག་པ་དང་། གཞུང་པ་གཉིས་བྱུང་བ་ཡིན་ནོ། །བླ་ཆེན་འབྲོག་མིས་ཀྱང་རྒྱ་གར་དུ་བྱོན། ཤྲི་ཀ་མ་ལ་ཤཱི་ལའི་མཁས་པ་སྒོ་དྲུག་ལ་ཐུག །ཁྱད་པར་ཛོད་དུས་ཀྱི་ཐམས་ཅད་མཁྱེན་པ་ཤཱནྟི་པ་ལ་ཐུག །དེ་ཉིད་ཀྱིས་མཛད་པའི་ཕར་ཕྱིན་གྱི་འགྲེལ་པ་སྐོར་གསུམ་དང་ཀྱེ་རྡོ་རྗེའི་རྒྱུད་གསུམ་སོགས་མང་དུ་གསན། སློབ་དཔོན་དཔའ་བོའི་རྡོ་རྗེ་ལས་ཀྱང་ཧཱུྃ་བི་རཱུ་པ་ལས་བརྒྱུད་པའི་ལམ་འབྲས་རྩ་བ་མེད་པ་གཅིག་གསན་པར་གྲགས། དེས་བོད་དུ་པཎྜི་ཏ་ག་ཡ་དྷ་ར་སྤྱན་དྲངས་ནས་གསེར་སྲང་ལྔ་བརྒྱ་ཕུལ་ཏེ་ཀྱེ་རྡོ་རྗེའི་རྒྱུད་གསུམ་དང་ཨ་ར་ལི་ལ་སོགས་པ་རྣལ་འབྱོར་མའི་རྒྱུད་རྣམས་ཀྱི་འགྱུར་མཛད་ཅིང་། ལམ་སྐོར་དགུ་ལ་སོགས་པའི་མན་ངག་གསན་ནས་བཤད་པས་ས་སྐྱའི་འཁོན་དཀོན་མཆོག་རྒྱལ་པོ་ལ་སོགས་པ་གཞུང་ཚར་བའི་སློབ་མ་ལྔ། སེ་མཁར་ཆུང་བ་ལ་སོགས་པ་གདམས་ངག་ཐོབ་པའི་སློབ་མ་གསུམ། དབུས་པ་གྲོད་པོ་ཆེ་ལ་སོགས་པ་གྲུབ་པ་ཐོབ་པའི་སློབ་མ་བདུན། གཞན་ཡང་མར་པ་ལོ་ཙྪ། འཕྲིམ་ལོ་ཙྪ་བ། ཟུར་པོ་ཆེ་ཤཱཀྱ་འབྱུང་གནས་ལ་སོགས་པ་མང་དུ་བྱུང་ཞིང་། སེ་མཁར་ཆུང་བ་ལ། བླ་མ་ཞང་དགོན་པ་བས་ལམ་འབྲས་བུ་དང་བཅས་པའི་མན་ངག་གསན། དེ་ལ་ཆོས་ཀྱི་རྗེ་ས་སྐྱ་པ་ཆེན་པོས་གསན་ཅིང་། དེ་ལས་བརྒྱུད་དེ། དཔལ་ལྡན་ས་སྐྱ་མདོ་སྔགས་རིག་པའི་གནས་མཐའ་དག་གི་བཤད་གྲྭ་དང་། སྒྲུབ་བརྒྱུད་ཆུ་བོའི་རྒྱུན་ལྟར་རིང་བ་བྱུང་བ་ཡིན་ནོ། །

གཉིས་པ། འགོས་ལོ་ཙྪ་བས་མཛད་པའི་ཚུལ་ནི། ཡང་ལོ་ཆེན་དཔོན་སློབ་དེ་དག་འདས་པའི་འོག་ཏུ

ཡང་ཆོས་ལོག་འགའ་ཞིག་འཕེལ་བའི་རྒྱུ་མཚན་གྱིས། འགོས་ཁུག་པ་ལྷས་བཙས་ཞེས་བྱ་བའི་ལོ་ཙཱ་བ་བྱུང་སྟེ༑ དེས་ཀྱང་རྒྱ་གར་ཤར་ནུབ་གུང་གསུམ་དུ་ལན་བཅུ་གཉིས་བྱོན། པཎྜི་ཏའི་བླ་མ་བདུན་ཅུ། ཡེ་ཤེས་ཀྱི་མཁའ་འགྲོ་མ་གཉིས་ཏེ་བདུན་ཅུ་རྩ་གཉིས་ལ་ཐུག སྤྱིར་གསུང་རབ་མང་དུ་གསན་ཞིང་། ཁྱད་པར་གསང་བ་འདུས་པ་འཕགས་སྐོར་གྱི་བསྟན་པ་བོད་དུ་དར་ཞིང་རྒྱས་པར་མཛད། དེས་ཀྱང་ཆོས་ལོག་སུན་འབྱིན་པ་ཞེས་བྱ་བའི་བསྟན་བཅོས་མཛད་ནས། འགའ་ཞིག་ལ་ཆོ་ཆོས་ཡིན་རི་ཞེས་མནའ་བསྐྱལ་ཏེ་ཆོས་དང་ཆོས་མིན་པ་རྣམ་པར་ཕྱེའོ། །དེ་དག་འགོས་ཀྱི་འབྲུམས་ཡིག་ཆེ་ཆུང་ལ་སོགས་པར་བལྟ་བར་བྱའི། འདིར་ནི་ཡི་གེ་མང་གིས་དོགས་ནས་མ་བྲིས་སོ། །ཕོ་བྲང་ཞི་བ་འོད་དང་། ལོ་ཆེན་འགོས་ཀྱིས་སྔགས་ལོག་སུན་འབྱིན་ན། བསྟན་བཅོས་འདིར་ཁུངས་སུ་མཛད་པའི་ཕྱག་ཆེན་ཐིག་ལེ་དང་། ཊཱི་ལམ་ངེས་བསྟན་ལ་སོགས་པ་བརྫུས་མ་ཡིན་པར་བཤད་པ་དང་འགལ་ལོ་ཞེ་ན། དེའི་སྒྲོན་མེད་དེ། འདིར་ནི་ཆོས་ལོག་སུན་འབྱིན་གྱི་རྣམ་གྲངས་ཙམ་བཀོད་པ་ཡིན་གྱི། དེ་དག་གིས་གང་བཤད་ཐམས་ཅད་ཚད་མར་བྱེད་དགོས་པ་མ་ཡིན་ནོ། །ཡང་འགོས་དང་དུས་མཚུངས་སུ་ལྷོ་བྲག་མར་པ་ཆོས་ཀྱི་བློ་གྲོས་ཀྱིས་ཀྱང་རྒྱ་གར་དུ་ལན་གསུམ་བྱོན། བླ་མ་ནཱ་རོ་དང་མཻ་ཏྲི་སོགས་བསྟེན་ནས། ཀྱེ་རྡོ་རྗེ། མཚན་བརྗོད། མ་ཧཱ་མཱ་ཡ། གསང་འདུས། རྡོ་རྗེ་གདན་བཞི། བདེ་མཆོག་སོགས་ཀྱི་རྒྱུད་རྒྱུད་འགྲེལ་གདམས་པ་དང་བཅས་པ་གསན་ནས་བཤད་པ་མཛད་པས། སློབ་མ་གཞུང་གི་ཇོག་སྟོན་ཆོས་རྡོར། ཏོལ་གྱི་མཚུར་སྟོན་དབང་ངེ། གཙང་རོང་གི་མེས་སྟོན་ཚོན་པོ། གུང་ཐང་གི་མི་ལ་རས་པ་དང་བཞི་ཡིན་ལ། དེ་དག་ལས་མཆེད་པ་ནི་གནམ་གྱི་སྐར་མ་ལས་ཀྱང་མང་ངོ། །

གཉིས་པ། དེས་ན་བསྟན་བཅོས་འདི་བརྩམ་དགོས་པར་བསྟན་པ་ལ། དུས་འདིར་ཆོས་ལོག་འཕེལ་བའི་ཚུལ། དེས་བསྟན་པ་ལ་གནོད་པར་བསྟན། དེ་སུན་འབྱིན་དགོས་པར་བསྟན་པའོ། །དང་པོ་ནི། འགོས་ལྷས་བཙས་བྱུང་བ་དེ་ནས། དེའི་སློབ་མ་འཕོན་སྟོན་དཀོན་མཆོག་རྒྱལ་པོ་ཡིན་ལ། དེའི་སྲས་ཆོས་རྗེ་ས་སྐྱ་པ་ཆེན་པོ་བཞུགས་པ་ཡན་ཆད་དུ་ཆོས་ལོག་སྤྱོད་པ་ཉུང་ངོ་ཞེས་ཐོས་ལ། དེའི་ཕྱིས་ནས་མི་རབས་གཅིག་གི་ཡུན་ཙམ་ནས་གངས་རིའི་ཁྲོད་འདི་རུ་ཧཱུྃ་རྗེ་ཕག་མོའི་བྱིན་རླབས་ཙམ་གྱིས་སྨིན་བྱེད་དབང་གི་གོ་ཆོད་པ་དང་། སེམས་བསྐྱེད་ཐྀ་ལམ་མར་གྲགས་པ་དང་། ཡི་དམ་གྱི་ལྷ་བསྒོམ་པ་ལ་རང་བཟོའི་དཀྱིལ་བསྐྱེད་དང་། དཀར་པོ་ཆིག་ཐུབ་དང་། སོགས་པས་ཨ་ལི་ཀཱ་ལིའི་དབང་བསྐུར་དང་། བསྔོ་བ་ཡོད་དགེ་མ་ལ་སོགས་པ་སངས་རྒྱས་ཀྱི་བསྟན་པ་དང་འགལ་བའི་ཆོས་ལོག་དུ་མ་དེང་སང་འཕེལ་ལོ། །འོ་ན་མཁས་པ་གཞན་གྱིས་མ་ཟློག་པ་ཅི་ཞེ་ན། མཁས་པ་རྣམས་འདི་ལ་མི་དགྱེས་ཀྱང་ནག་པོའི་ཕྱོགས་སྟོབས་འཕེལ་བ་དང་དུས་ཀྱི་ཤུགས་ཀྱིས

བཟློག་པར་མི་ནུས་སོ། །བླུན་པོ་སྡེ་སྣོད་ལ་སྦྱངས་པ་ཆུང་བ་རྣམས་འདི་འདྲ་སྤྱོད་པ་བདེན་མོད་ཀྱི། མཁས་པ་གསུང་རབ་ཀྱི་དོན་ལ་སྦྱངས་པར་རློམ་པ་དུ་མ་ཡང་དཔེར་ན་མཆེའུ་ཞིག་གི་འགྲམ་ན་རི་བོང་དྲུག་འཁོད་པ་ལས། ཤིང་བིལ་བའི་ཡལ་ག་ཞིག་ཆག་ནས་མཆེའུ་དེར་ལྷུང་བས་ཆལ་ཞེས་པའི་སྒྲ་བྱུང་བ་ན་མ་བརྟགས་པར་དེ་དག་བྲོས་སོ། །དེ་ན་འཁོད་པའི་རི་དྭགས་གཞན་གྱིས་ཅིའི་ཕྱིར་འབྲོས་དྲིས་པས་ཆལ་བྱུང་ཟེར་ནས། དེ་དག་གིས་ཀྱང་མ་བརྟགས་པར་བྲོས་པ་བཞིན་དུ། ཆོས་སུ་གྲགས་པ་ཙམ་ལ་མ་བརྟགས་པར་ཆོས་བཟང་པོ་ཡིན་ནོ་ཞེས་འདི་རྣམས་ལ་སྤྱོད་དོ། །ཚིག་འདི་ནི་སྤྱར་བུ་བ་བློ་གྲོས་སེང་གེ་དང་། བཟད་རིངས་ལ་སོགས་པ་ལ་དགོངས་པ་ཡིན་ནོ་ཞེས་འགའ་ཞིག་གསུང་ངོ་། །

གཉིས་པ། དེས་བསྟན་པ་ལ་གནོད་པར་བསྟན་པ་ནི། འདི་འདྲའི་རིགས་ཅན་འཕེལ་བར་གྱུར་ན་སངས་རྒྱས་ཀྱི་བསྟན་པ་ལ་གནོད་དམ་མི་གནོད་མཁས་པ་རྣམས་ཀྱིས་རིགས་པས་དཔྱོད་ལ་སློས་ཤིག །དེ་ལྟར་དཔྱད་པ་ན་གལ་ཏེ་འདི་འདྲའི་ཆོས་ལོག་གིས་སངས་རྒྱས་ཀྱི་བསྟན་པ་ལ་མི་གནོད་ན། མུ་སྟེགས་དང་ཉན་ཐོས་སོགས་ཀྱིས་བཏགས་པའི་ཆོས་ལོག་གིས་ཀྱང་བསྟན་པ་ལ་ཅི་སྟེ་གནོད། ཆོས་ལོག་གཞན་མུ་སྟེགས་བྱེད་ཀྱིས་བྱས་པ་སོགས་ཀྱིས་གནོད་ན་འདི་དག་གིས་ཀྱང་མི་གནོད་དམ་སྟེ་གནོད་པའི་ཕྱིར།

གསུམ་པ། དེ་སུན་འབྱིན་དགོས་པར་བསྟན་པ་ལ། དེ་སུན་འབྱིན་དགོས་པའི་རྒྱུ་མཚན། དེ་སུན་དབྱུང་བ་ཕྲག་དོག་གིས་མ་ཡིན་པར་བསྟན་པ། ལུང་རིགས་ཤེས་པ་གཞན་དག་ལ་ཡང་སུན་འབྱིན་པར་གདམས་པའོ། །དང་པོ་ལ། བསྟན་པ་ལ་གནོད་ན་སུན་འབྱིན་དགོས་པའི་ལུང་གི་སྒྲུབ་བྱེད། རིགས་པའི་སྒྲུབ་བྱེད་དོ། །དང་པོ་ནི། གལ་ཏེ་འདི་དག་གིས་བསྟན་པ་ལ་གནོད་ཀྱང་སུན་འབྱིན་པ་མི་འཐད་ན། མུ་སྟེགས་བྱེད་དང་། ཉན་ཐོས་ཀྱི་གྲུབ་མཐའ་འཛིན་པ་དང་། སེམས་ཙམ་པ་སོགས་ཀྱིས་བཏགས་པའི་རིམ་པ་བཞིན། བདག་དང་གཟུང་འཛིན་རྣམ་རིག་བདེན་པ་སོགས་འདི་ལའང་ཅི་སྟེ་སུན་དབྱུང་བར་བྱ། འདི་དག་བསྟན་པ་དང་འགལ་བས་དེ་ལ་གནོད་པའི་ཕྱིར། ཀླུ་སྒྲུབ་ཆོས་གྲགས་སོགས་མཁས་པ་རྣམས་ཀྱིས་སུན་འབྱིན་པར་མཛད་དོ་ཞེ་ན། བསྟན་པ་ལ་གནོད་པའི་ཆོས་ལོག་འདི་དག་ཀྱང་མཁས་པ་རྣམས་ཀྱིས་སུན་ཕྱུང་ཞིག །རྒྱུ་མཚན་ཅིའི་སླད་དུ་ཞེ་ན། རྒྱལ་བ་ཡི་མདོ་སྡུད་པ་ལས། རིན་ཆེན་ཆོས་ཀྱང་དཀོན་ལ་རྟག་ཏུ་འཚེ་བའང་མང་། །ཞེས་གསུངས་པས་སོ། །དོན་འདི་ལ་སོམས་ལ་མཁས་པ་རྣམས་ཀྱིས་རྟག་ཏུ་བསྟན་པའི་ཕྱི་དོར་བྱའོ། །

གཉིས་པ། རིགས་པའི་སྒྲུབ་བྱེད་ནི། གཞན་ཡང་ཉི་མ་གཅིག་ལོངས་སྤྱོད་པའི་བཟའ་བཏུང་ལའང་

འདི་བཟང་བས་བླང་བྱ་དང་། འདི་ངན་པས་དོར་བྱའོ་ཞེས་རྟོག་དཔྱོད་སྣ་ཚོགས་གཏོང་ཞིང་གོས་དང་མཁར་ལས་དང་རྒྱན་ཆ་ལ་སོགས་པའི་བྱ་བ་གང་ལ་ཡང་ལེགས་ཉེས་དང་། རྒྱུ་བཟང་ངན་དང་། བཟོ་བོ་མཁས་མི་མཁས་ཞེས་དེ་དག་བླང་དོར་གྱི་རྟོག་དཔྱོད་སྣ་ཚོགས་བྱེད་ཅིང་། རྟ་དང་ནོར་བུ་དང་ཞིང་ཁང་ལ་སོགས་པ་ནོར་ཅུང་ཟད་ཙམ་གྱི་ཉོ་ཚོང་ལའང་མཁས་པ་ཀུན་ལ་འདྲི་ཞིང་རང་གིས་ཀྱང་བརྟགས་ནས་དཔྱོད་པར་བྱེད་པས། ཚེ་འདིའི་བྱ་བ་ཅུང་ཟད་ལའང་འདི་འདྲའི་འབད་པ་བྱེད་པ་མཐོང་ན། སྐྱེ་བ་གཏན་གྱི་ལེགས་ཉེས་དམ་པའི་ཆོས་མ་ནོར་བ་དང་ནོར་བ་ལ་རག་ལས་པས། འདི་ལ་བླང་དོར་རྟོག་དཔྱོད་འབད་ནས་བྱེད་དགོས་ཀྱང་། ཆོས་འདི་དཔེར་ན་ཁྱི་གཙང་མི་གཙང་གང་ཡང་ཟ་བས་དེའི་ཟས་ལ་རྟོག་དཔྱོད་མི་བྱེད་པ་བཞིན་དུ། བཟང་ངན་གང་དུའང་མི་དཔྱོད་པར་གང་ཕྲད་པ་དེ་ལ་གུས་པར་འཛིན་ཞིང་། ཉི་མ་གཅིག་གི་སྐྱིལ་མའམ་ཚེ་གཅིག་གི་ནི་གཉེན་འབྲེལ་ལའང་འབད་དེ་བརྟགས་ནས་བཟང་བ་གཅིག་ལེན་པར་མཐོང་ཡང་། དེང་ནས་བརྒྱམས་ཏེ་རྫོགས་པའི་སངས་རྒྱས་མ་ཐོབ་བར་གྱི་ཕན་བདེའི་དོན་བླ་མ་མཆོག་ལ་རག་ལས་མོད། འོན་ཀྱང་བཟང་ངན་གྱིས་རྟོག་དཔྱོད་མི་བྱེད་པར་ཚོང་འདུས་ངན་པ་ནས་ཟོང་བཟང་ངན་གདམ་པ་མེད་པར་གང་ཕྲད་པ་ལེན་པ་བཞིན་དུ་སུ་ཕྲད་པ་རྣམས་ལས་ཆོས་ཀྱི་འབྲེལ་བ་ལེན་པ་མཐོང་ངོ་། །ཀྱེ་མ་སྙིགས་མའི་དུས་འདིར་ངོ་མཚར་ཆེ་སྟེ་འབད་མི་དགོས་པ་ལ་འབད་པ་བྱེད་ཅིང་། འབད་དགོས་པའི་ཆོས་དང་བླ་མ་ནི་ཅི་ཡང་རུང་བས་ཆོག་པར་སྣང་བའི་ཕྱིར་རོ། །

གཉིས་པ། དེ་སྲུན་ཕྱུང་བ་ཕྲག་དོག་མ་ཡིན་པར་བསྟན་པ་ལ། བསྟན་བཅོས་འདི་རྩོམ་པ་པོ་ལ་སྙིང་སྡང་སེམས་དང་ཕྲག་དོག་མེད་པའི་དམ་བཅའ་བཞག །བསྟན་པ་ལ་ཕྱི་དོར་བྱེད་པ་སྡང་ཞུགས་ཡིན་ན་ཧ་ཅང་ཐལ་བ། རྙེད་བཀུར་གྱི་ཆེད་དུ་བརྩམས་པ་མ་ཡིན་པར་བསྟན་པའོ། །དང་པོ་ནི། བདག་ནི་སེམས་ཅན་ཀུན་ལ་ཕན་བདེ་སྒྲུབ་པའི་བྱམས་པ་དང་ལྡན་ཞིང་གང་ཟག་ཀུན་ལ་སྡང་སེམས་ཀྱིས་བདག་མི་སྨོད་དོ། །བརྒྱ་ལ་གལ་ཏེ་སེམས་མཉམ་པར་མ་བཞག་པས་སྨོད་པ་སྲིད་ན་དེའི་སྡིག་པ་བཤགས་གོ། །

གཉིས་པ། བསྟན་པ་ལ་ཕྱི་དོར་བྱེད་པ་སྡང་ཞུགས་ཡིན་ན་ཧ་ཅང་ཐལ་བ་ནི། འོན་ཀྱང་འདིར་སྨྲས་པ་ནི་དམ་ཆོས་འཁྲུལ་བ་དང་མ་འཁྲུལ་བའི་རྣམ་དབྱེ་ཡིན་ལ། དེ་ནི་སྐྱེ་བ་གཏན་གྱི་གྲོས་ཡིན་པས་འདིའི་ལེགས་ཉེས་དཔྱོད་པ་ལ་ཞེ་སྡང་ཡིན་ནོ་ཞེས་སྨྲས་ན་སྨྲ་བ་པོ་དེ་རང་གི་སྐྱོན་ཡིན་ནོ། །གཞན་དུ་ཀླུ་སྒྲུབ་དང་། དབྱིག་གཉེན་དང་། ཕྱོགས་ཀྱི་གླང་པོ་དང་། ཆོས་ཀྱི་གྲགས་པ་དང་། ཟླ་བ་གྲགས་པ། ལེགས་ལྡན་འབྱེད་ལ་སོགས་པ་མཁས་པ་ཀུན་གྱིས་རང་སྡེ་སངས་རྒྱས་པ་དང་། གཞན་གྱི་སྡེ་པ་མུ་སྟེགས་པས་བཏགས་པའི་ཆོས་ལོག

ཐམས་ཅད་ སྲུན་ཕྱུང་བ་དེ་ལའང་ཞེ་སྡང་ཡིན་ཞེས་ཟེར་རམ་ཅི་སྙམ་ཟེར་རིགས་པར་ཐལ་ལོ། །རྫོགས་པའི་སངས་རྒྱས་ཀུན་གྱིས་ཀྱང་རྡོ་རྗེའི་གདན་དུ་བདུད་དང་། མཉན་ཡོད་དུ་ཆོ་འཕྲུལ་ཆེན་པོ་བསྟན་ནས་མུ་སྟེགས་བྱེད་སྲུན་ཕྱུང་བ་དང་། དེ་བཞིན་དུ་ཕྱག་ན་རྡོ་རྗེས་ཀྱང་འཇིགས་སུ་རུང་བའི་རྣམ་འཕྲུལ་བསྟན་ནས་བདུད་དང་དྲག་པོ་བཏུལ་བ་དེ་ཡང་ཁྲག་འཐུང་ཅན་ཉིད་དུ་འགྱུར་རམ་ཅི། དེས་ན་མཁས་པ་རྣམས་བླང་དོར་གྱི་གནས་ལ་བལྟ་བའི་ཤེས་རབ་ཀྱི་མིག་ལོང་བའི་བླུན་པོའི་ལོང་ཁྲིད་ཡིན་པས། ཆོས་ནོར་བ་དང་མ་ནོར་བའི་རྣམ་དབྱེ་བསྟན་ནས་སྤང་བླང་བྱེད་པའི་ལོང་ཁྲིད་ལེགས་པར་བྱས་པ་ལ། ཞེ་སྡང་གིས་ཡིན་ནོ་ཞེས་སྨྲས་ན་ད་སླན་ཆད་སངས་རྒྱས་ཀྱི་བསྟན་པ་ཇི་ལྟར་བསྲུང་སྙམ་བསྲུང་མི་ནུས་པར་འགྱུར་རོ། །གཞན་ཡང་ལོང་ཁྲིད་རྣམས་ཀྱིས་ལོང་བ་ལ་གཡང་ས་དང་ཆེར་མ་ལ་སོགས་པ་བཀག་ཅིང་། དེ་ལས་ལྡོག་ནས་ལམ་བཟང་པོར་ཁྲིད་པ་ཡང་ཁྲག་འཐུང་ཡིན་ནམ། ཅི་སྟེ་དེ་ལྟ་ཡིན་ན་འོན་ལོང་བ་ལམ་དུ་བདེ་བར་ཇི་ལྟར་བཀྲི་སྙམ་ཐབས་མེད་དོ། །གཞན་ཡང་སྨན་པས་ནད་པ་ལ་གནོད་པས་ཁ་ཟས་སྤྱོངས་ཤིག་ཕན་པ་བསྟེན་ཞིག །ཅེས་དེ་སྐད་སྨྲས་པ་ན་ཡང་ཞེ་སྡང་དང་ཁྲག་འཐུང་དུ་འགྱུར་ན་འོན་ནད་པ་ཇི་ལྟར་གསོ་སྙམ་ཐབས་མེད་དོ། །དེ་བཞིན་དུ་ཆོས་ལོག་པ་དང་མ་ལོག་པ་རྣམ་པར་དབྱེ་བ་བྱས་པ་ལ་ཞེ་སྡང་དང་ཁྲག་འཐུང་ཡིན་ནོ་ཟེར་ན། འོན་འཁོར་བའི་རྒྱ་མཚོ་ལས་སེམས་ཅན་རྣམས་ནི་ཇི་ལྟར་བསྒྲལ་ཏེ་དེ་ལ་ནི་ལམ་དང་ལམ་མ་ཡིན་པ་རྣམ་པར་ཕྱེ་ནས་བླང་དོར་བྱེད་དུ་འཇུག་པ་ལས་ཐབས་གཞན་མེད་པའི་ཕྱིར་རོ། །

གསུམ་པ། རྙེད་བཀུར་གྱི་ཆེད་དུ་བརྩམས་པ་མ་ཡིན་པར་བསྟན་པ་ལ། འཆད་རྩོད་རྩོམ་གསུམ་གྱི་ཕན་ཡོན་བསྟན། དགག་སྒྲུབ་མ་བྱས་པར་གཞན་གྱི་རྗེས་སུ་འབྲངས་ན་རྙེད་བསྐུར་མང་བར་བསྟན། བསྟན་པ་ལ་དགོངས་ཏེ་དགག་སྒྲུབ་བགྱིས་ན་བསྟན་པ་ལ་ཕན་པ་བསྟན་པའོ། །དང་པོ་ནི། སངས་རྒྱས་འཇིག་རྟེན་དུ་བྱོན་པ་དང་མཁས་པ་རྣམས་སྟེ་སྟོད་ཀྱི་བཤད་པ་བྱེད་པ་ལ་འབྲས་བུ་ཆོས་ལོག་སྲུན་འབྱིན་པ་དང་། བདུད་ཡི་མུག་པ་དང་། མཁས་པ་རྣམས་དགའ་བ་སྐྱེད་པ་སྟེ། རྣམ་པ་གསུམ་འབྱུང་བ་འདི་སངས་རྒྱས་བསྟན་པའི་སྲོལ་ལུགས་ཡིན་ཏེ། མ་ཁོལ་ཏེ་སློབ་དཔོན་དཔའ་བོས་ཀྱང་སངས་རྒྱས་སུམ་ཅུ་རྩ་ལྔའི་ནང་ཚན་དཔའ་བོའི་སྡེའི་བསྟོད་པ་ལས། འདི་སྐད་གསུངས་ཏེ། བདུད་བཞིའི་གཡུལ་ངོ་བཟློག་པའི་དཔའ་བོ་ཁྱོད་ཀྱིས་ཆོས་བསྟན་པ་ནི་བདག་མེད་པའི་སེང་གེའི་སྒྲ་བསྒྲགས་པས། མུ་སྟེགས་ཀྱི་རི་དྭགས་ཐམས་ཅད་ཀྱིས་དེ་མི་བཟོད་པའི་ཕྱིར་སྐྲག་པར་མཛད་ཅིང་། བདུད་སྡིག་ཅན་ནི་བདག་གི་ཡུལ་སྟོང་པར་འགྱུར་རོ་ཞེས་སེམས་ཁོང་དུ་ཆུད་པར་མཛད་ལ། དཀར་ཕྱོགས་ཀྱི་ལྷ་དང་མི་རྣམས་སྲིད་པའི་སྡུག་བསྔལ་ལས་གྲོལ་བར་འགྱུར་རོ་ཞེས་དབུགས

ཀྱང་འབྱིན་ནོ། །ཞེས་གསུངས་པ་དེ་བཞིན་དུ། དེང་སང་བོད་འདི་ན་ཡང་མཁས་པ་རྣམས་ཀྱིས་ཆོས་བཤད་པ་ན་ཆོས་ལོག་སྤྱོད་པ་རྣམས་ཕམ་པར་བྱེད་ཅིང་བདུད་རིགས་ཐམས་ཅད་ཡི་མུག་པར་འགྱུར་ལ། མཁས་པ་ཐམས་ཅད་དགའ་བར་བྱེད་པ་འདི་འདྲ་བས་བསྟན་པ་འཛིན་པར་ནུས་ཤིང་། འདི་ལས་བཟློག་པ་ཆོས་ལོག་བསྒྲགས་པར་བྱེད། བདུད་སྤྲོ་བ་སྐྱེད། སྐྱེས་བུ་ཐ་ཤལ་རྣམས་དགའ་བར་བྱེད་པ་ཞིག་བྱུང་བར་གྱུར་ན་བསྟན་པ་ལ་མི་ཕན་གྱི་སྙིང་དུ་གནོད་པར་ཤེས་པར་གྱིས་ཤིག །གཉིས་པ་ནི། ཕྲག་དོག་དང་ཞེ་སྡང་མ་ཡིན་ཡང་གཞན་གྱི་ཆོས་ལུགས་ལ་སྨད་པས་མཁས་པར་གྲགས་ནས་རྙེད་བཀུར་འདོད་པའི་དོན་དུ་འདི་བྱས་སོ་སྙམ་ན་མ་ཡིན་ཏེ། དེ་སྒྲུབ་པའི་ཐབས་སུ་ཆོས་ལོག་སྟོན་པ་ཉིད་བཟང་བའི་ཕྱིར། འདི་ལྟར་བདག་གིས་ཀྱང་ཐོག་མར་རྡོ་རྗེ་ཕག་མོའི་བྱིན་རླབས་ཙམ་རེ་བྱས་པ་ལ་དཀར་པོ་ཆིག་ཐུབ་བསྟན་ནས་བསྒོམ་དུ་བཅུག་པས་རྟོག་པ་ཅུང་ཟད་འགགས་པའི་ཉམས་སུ་མྱོང་བ་སྐྱེས་པ་ལ། ཁྱོད་ཀྱིས་སེམས་ངོ་འཕྲོད་དོ་ཞེས་མཐོང་ལམ་དུ་ནི་ངོ་སྤྲོད་ནས་ཁྱོད་སངས་རྒྱས་ལ་རེ་མ་ཆེ། འཁོར་བ་ལ་དོགས་པ་མ་ཟ་ཞེས་རྩོལ་སྒྲུབ་མེད་པའི་དོན་བསྟན་ན་ཚོགས་པའང་ད་ལྟའི་འདི་ལས་མང་བ་འདུ་ལ། ནོར་གྱི་ལོངས་སྤྱོད་འབུལ་བའང་འདི་ལས་མང་བར་འགྱུར། བླུན་པོ་རྣམས་ཀྱི་བསམ་པ་ལའང་སངས་རྒྱས་ལྟ་བུར་མོས་པ་སྐྱེ་ཞིང་ཆོས་ཀྱི་གནད་རྣམས་ལེགས་པར་མི་ཤེས་པའི་སྡེ་སྣོད་འཛིན་པར་རློམ་པ་ཡང་དེ་ལྟ་བུ་ལ་ལྷག་པར་དད་པར་འགྱུར་བ། བདག་གིས་ལེགས་པར་གོ་མོད་ཀྱི། འོན་ཀྱང་དེ་ལྟར་བྱར་མི་རུང་སྟེ། འཁོར་དང་ཟང་ཟིང་གི་ནོར་བསྒྲུབ་པའི་ཕྱིར་བདག་གིས་སེམས་ཅན་བསླུས་པ་མ་ཡིན་པས་སོ། །

གསུམ་པ། བསྟན་པ་ལ་བསམས་ནས་དགག་སྒྲུབ་བགྱིས་ན་བསྟན་པ་དང་མཇལ་བ་དོན་ཡོད་པར་བསྟན་པ་ནི། འོན་ཀྱང་སངས་རྒྱས་ཀྱི་བསྟན་པ་ལ་ཕན་པར་བསམས་ནས་ཆོས་བཤད་པ་ཡིན་ཞིང་། དེ་ཡང་སངས་རྒྱས་ཀྱི་བསྟན་པ་ལ་བཤད་པ་བཞིན་དུ་བསྒྲུབས་ན་སངས་རྒྱས་ཀྱི་བསྟན་པ་ལ་ཕན་པར་བསམས་པ་ཡིན་ཏེ། སྐྱེས་རབས་ལས། ཕན་པར་སྨྲས་ལ་མཆོད་པ་བྱེད་པ་ནི། །དེ་ཡི་ཚིག་བཞིན་ཉམས་སུ་ལེན་པ་ཡིན། །ཞེས་གསུངས་པས་སོ། །འོ་ན་མུ་སྟེགས་བྱེད་དང་ཉན་ཐོས་ལ་སོགས་པ་ལ་ཡང་ཆོས་ལོག་ཡོད་པ་དེ་དག་འདིར་སུན་མི་འབྱིན་པ་ཅི་ཞེ་ན། མུ་སྟེགས་བྱེད་ལའང་རྟོག་གེ་སྨྲེ་ལྷ་ལ་སོགས་པའི་གྲུབ་མཐའ་ཐ་དད་དུ་ཡོད་ཅིང་ཐམས་ཅད་བདག་ཡོད་པར་མཐུན་པ་དང་། ཉན་ཐོས་ལ་བྱེ་བྲག་ཏུ་སྨྲ་བ་དང་མདོ་སྡེ་པ་སོགས་ཕྱི་རོལ་གྱི་དོན་བདེན་གྲུབ་ཏུ་འདོད་པ་དང་། ཐེག་པ་ཆེན་པོ་སེམས་ཙམ་པ་འགའ་ཞིག་ལའང་དོན་སྣང་གི་ཤེས་པ་བདེན་པར་འདོད་པ་སོགས་འཁྲུལ་པ་དུ་མ་ཡོད་མོད་ཀྱི། མཁས་པ་རྣམས་ཀྱིས་སུན་ཕྱུང་ཟིན་པའི་ཕྱིར་

འདི་ར་མ་བཤད་དོ། །དུས་དེང་སང་གངས་རིའི་ཁྲོད་འདི་ན་དངོས་པོ་སྟོབས་ཞུགས་ཀྱི་རིགས་པས་སྒྲུབ་པར་མི་ནུས་ཤིང་། སངས་རྒྱས་ཀྱི་བསྟན་པའི་ལུང་དང་འགལ་བའི་འཁྲུལ་པ་གསར་པ་དུ་མ་བྱུང་ཞིང་། ཁྱད་པར་རྡོ་རྗེ་ཐེག་པའི་གནད་འཕྱུགས་པས་རྒྱུད་སྡེ་རྣམས་དང་གྲུབ་ཐོབ་ཀྱི་དགོངས་པ་རྣམས་དང་འགལ་བའི་ཆོས་ཀྱི་གནད་འཕྱུགས་པ་དཔག་ཏུ་མེད་པ་ཡོད་མོད་ཀྱི་གསང་སྔགས་ཀྱི་གནད་ཐུན་མོང་མ་ཡིན་པ་ཉིད་ཡིན་པའི་ཕྱིར། འདིར་བཤད་དུ་མི་རུང་བས་ཁོ་བོས་ལོགས་སུ་བཤད་པ་ལས་ཤེས་པར་བྱའོ། །འདིར་བཤད་པ་ནི་དབང་བསྐུར་ཐོབ་མ་ཐོབ་ཀུན་ལ་བཤད་དུ་རུང་བའི་འཁྲུལ་པ་རགས་རིམ་ཅི་རིགས་པ་གཅིག་ཧ་ཅང་འཕེལ་ན་སངས་རྒྱས་ཀྱི་བསྟན་པ་ལ་གནོད་པར་མཐོང་ནས་དེ་དག་ལས་ཆེ་ལོང་ཙམ་ཞིག་བཤད་པ་ཡིན་ནོ། །ད་དུང་འཁྲུལ་པའི་རྣམ་གཞག་སྒྲོན་ཅན་ཀྱེ་རྡོ་རྗེ་བདེ་མཆོག་སོགས་ཀྱི་དབུས་ཀྱི་གཙོ་བོའི་ཚབ་ཏུ་མིའི་གཟུགས་བརྙན་འབྲི་བ་སོགས་དཔག་ཏུ་མེད་པ་ཞིག་སྣང་ན་ཡང་རེ་ཞིག་བཞག་སྟེ་གཞུང་མང་དུ་དོགས་པས་སོ། །

གསུམ་པ། ལུང་རིགས་ཤེས་པ་གཞན་ལ་ཡང་སྲུན་འཛིན་པར་གདམས་པ་ནི། གལ་ཏེ་ལུང་དང་རིགས་པའི་གནད་ལེགས་པར་ཤེས་པའི་བློ་གྲོས་དང་ལྡན་པ་བྱུང་ན་དེ་དག་ལུང་རིགས་ཀྱིས་ལེགས་པར་དཔྱོད་ལ་སྐྱོན་ཅན་ཡིན་ན་དགག་པ་དང་། སྐྱོན་མེད་ཡིན་ན་སྒྲུབ་པར་གྱིས་ཤིག །ཅིའི་ཕྱིར་ཞེ་ན། སངས་རྒྱས་ཀྱི་བསྟན་པ་དང་ཕྲད་པར་དཀའ་ཞིང་དལ་བ་བརྒྱད་དང་འབྱོར་པ་བཅུ་ཐོབ་པ་འདང་རྙེད་པར་དཀའ་བས་དེ་དོན་ཡོད་པར་བྱ་དགོས་པའི་ཕྱིར། འདིར་དལ་བ་བརྒྱད་ནི་མི་ཁོམ་པ་བརྒྱད་སྤངས་པས་ཏེ། དེ་གང་ཞེ་ན། དམྱལ་བ་ཡི་དྭགས་དུད་འགྲོ་དང་། །ཀླ་ཀློ་ཚེ་རིང་ལྷ་དང་ནི། །ལོག་ལྟ་སངས་རྒྱས་མི་འབྱུང་བ། །ལྐུགས་པ་འདི་དག་མི་ཁོམ་བརྒྱད། །ཅེས་པ་དེ་དང་བྲལ་བའོ། །འབྱོར་པ་བཅུ་ལ། རང་འབྱོར་ལྔ་ནི། མི་ཉིད་ཡུལ་དབུས་དབང་པོ་ཚང་། །ལས་མཐའ་མ་ལོག་གནས་ལ་དད། །ཅེས་པའོ། །གཞན་འབྱོར་ལྔ་ནི། སངས་རྒྱས་བྱོན་དང་དེས་ཆོས་གསུངས། །བསྟན་པ་གནས་དང་དེའི་རྗེས་འཇུག །གཞན་ཕྱིར་སྙིང་ནི་བརྩེ་བའོ། །ཞེས་གསུངས་སོ། །དེ་བས་ན་དེ་ཐོབ་ཅིང་བསྟན་པ་ལ་ཞུགས་པའི་མཁས་པ་རྣམས་ཀྱིས་སྐྱོན་ཡོན་ལེགས་པར་རྟོགས་ལ་གཟུ་བོར་གནས་པའི་བློ་ཡིས་དཔྱད་དེ་བླང་དོར་བྱོས་ཤིག །

གསུམ་པ། བསྟན་བཅོས་རྩོམ་པའི་རྒྱུ་མི་ཤེས་པ་དང་ཕྲག་དོག་མ་ཡིན་པར་བསྟན་པས་མཇུག་བསྡུ་བ་ལ༑ མི་ཤེས་པ་མ་ཡིན་པར་བསྟན། ཕྲག་དོག་མ་ཡིན་པར་བསྟན། དེས་ན་བསྟན་བཅོས་འདི་ཉི་མ་དང་མཚུངས་པར་བསྟན་པའོ། །དང་པོ་ནི། ཁྱེད་རང་གིས་གང་ཐོས་པ་རྣམས་ཆོས་སུ་བཟུང་ནས་མ་ཐོས་པ་རྣམས་བཀག་པ་ཡིན་ནོ་ཞེ་ན། དེ་ནི་མ་ཡིན་ཏེ། བདག་གིས་སྒྲ་དང་ཚད་མ་བསླབས་ཤིང་། རིན་ཆེན་འབྱུང་གནས་ལ

སོགས་པ་ཚིག་གི་སྦྱིབ་སྦྱོར་རྣམས་ཀྱང་ལེགས་པར་ཤེས། མེ་ལོང་ལ་སོགས་པའི་ཚིག་གི་རྒྱན་དང་ཨ་མ་ར་ཀོ་ཥ་ལ་སོགས་པ་མིང་གི་མངོན་བརྗོད་ཕལ་ཆེར་གོ །འདུལ་བ་དང་ནི་ཆོས་མངོན་པ་དང་ཕ་རོལ་ཏུ་ཕྱིན་པའི་སྡེ་སྣོད་ཕལ་ཆེར་ཐོས་ཤིང་། གསང་སྔགས་རྒྱུད་སྡེ་བཞི་པོ་དང་དེའི་འགྲེལ་པའང་དེང་སང་ཉན་བཤད་ཡོད་པ་ཕལ་ཆེར་ཐོས། ཐོས་པ་དེ་དག་ཐམས་ཅད་ཀྱང་མིང་རྐྱང་དུ་མ་བཞག་གོ་སྐྱེ་ཚིག་དོན་མཐའ་དག་ལེགས་པར་ཤེས་པའི་ཕྱིར་རོ། །དེ་དག་གི་གཞུང་དུ་མ་ཟད་བྱེ་བྲག་ཏུ་སླ་བ་དང་མདོ་སྡེ་པའི་གདམས་ངག་གི་མི་སྡུག་པ་དང་དབུགས་དབྱུང་རྫུབ་དྲན་པ་དང་། ཚད་མེད་བཞི་བསྒོམ་པ་ལ་སོགས་པ་དང་། སེམས་ཙམ་པའི་གདམས་ངག་སེམས་ལས་གཞན་པའི་ཕྱི་རོལ་གྱི་དོན་མེད་པར་བསྒོམ་པ་དང་། དབུ་མ་པའི་གདམས་ངག་སློབ་དཔོན་ཀླུ་སྒྲུབ་ལ་སོགས་པས་མཛད་པ་ལ་སོགས་པ་ཇི་སྙེད་ཡོད་པ་ལས་ཕལ་ཆེར་ཐོས། དེང་སང་བོད་ཡུལ་དུ་གྲགས་པའི་དམ་པ་རྒྱ་གར་ནས་བརྒྱུད་པའི་ཞི་བྱེད་ཐོག་མཐའ་བར་གསུམ་དང་། རྫོགས་པ་ཆེན་པོ་ཨ་རོ་ལ་སོགས་པ་དང་། ལབ་སྒྲོན་ནས་བརྒྱུད་པའི་གཅོད་དང་། ལ་སོགས་པས་ཕྱག་རྒྱ་ཆེན་པོ་དང་། ཕ་རོལ་ཏུ་ཕྱིན་པའི་གདམས་ངག་སྐབས་བརྒྱད་ཀྱི་དོན་ཅིག་ཅར་དུ་བསྒོམ་པ་ཇོ་བོ་ནས་བརྒྱུད་པ་དང་། དམ་པ་རྒྱ་གར་ནས་བརྒྱུད་པའི་ལུགས་གཉིས་དང་། ཕ་རོལ་ཏུ་ཕྱིན་པའི་གདམས་ངག་བློ་སྦྱོང་དང་། པུ་ཧྲ་བ་དང་སྣེའུ་ཟུར་པ་ནས་བརྒྱུད་པའི་བཀའ་གདམས་གདམས་ངག་ལུགས་གཉིས་དང་། བྲམ་ཟེ་ཆེན་པོ་ས་ར་ཧའི་དོ་ཧ་དང་། ཏི་ལོ་པ་དང་། ནག་པོ་སྤྱོད་པའི་དོ་ཧ་དང་། རྣལ་འབྱོར་དབང་ཕྱུག་བི་རུ་པའི་དོ་ཧ་སེང་གེ་ཞེས་བྱ་བ་དང་སློབ་དཔོན་མི་ཏྲི་པ་དང་། ཐ་ག་ན་ནས་མཛད་པའི་དོ་ཧ་སོགས་དོ་ཧའི་བྱེ་བྲག་མང་དུ་ཐོས་པ་དང་། འཁོན་གད་པ་ཀཱིརྟི་ནས་བརྒྱུད་པའི་རིམ་པ་ལྔ་སྟན་ཐོག་གཅིག་མ་དང་། གཙང་རོང་གི་མེས་སྟོན་ཚོན་པོ་དང་། དྭགས་པོ་ལྷ་རྗེའི་སློབ་མ་གཙང་བཞེར་དང་། ཤངས་པ་རྨོག་ཅོག་པ་ནས་བརྒྱུད་པའི་ནཱ་རོ་ཆོས་དྲུག་ལུགས་གསུམ་དང་། གསང་བ་འདུས་པ་ཡེ་ཤེས་ཞབས་ཀྱི་ལུགས་འགྲེལ་པ་གསང་བ་འདུས་པའི་རྒྱན། ལྷོན་ཤིང་སྙིམ་པའི་མེ་ཏོག་གི་ལུགས་གསུམ་གྱི་གཞུང་གདམས་པ་དང་བཅས་པ་དང་། དེ་བཞིན་དུ་གསང་བ་འདུས་པ་འཕགས་སྐོར་ལ་རྗེ་བཙུན་ཆེན་པོ་དང་། པཎ་ཆེན་ལས་གསན་པའི་གཞུང་གདམས་ངག་དང་བཅས་པ་དང་། ཡང་ན་ལུགས་གཉིས་ནི་འགོས་དང་། གནམ་ཁའུ་པ་ནས་བརྒྱུད་པའོ། །དགྱེས་པ་རྡོ་རྗེའི་གདམས་ངག་ཕྱག་རྒྱ་ཆེན་པོ་སྙིང་པོའི་སྐོར་གྱི་གཞུང་གདམས་ངག་ཐམས་ཅད་དང་། གཤིན་རྗེའི་གཤེད་དགྲ་ནག་དང་། རྡོ་རྗེ་འཇིགས་བྱེད་དང་། གདོང་དྲུག་ལ་སོགས་པ་དེ་དག་གི་གཞུང་དང་གདམས་ངག་གསར་དུ་འགྱུར་བ་དང་། རྙིང་མའི་གཤིན་རྗེ་ཚེ་བདག་དང་། ཁ་འདོན་ལ་སོགས་པའི་གདམས་ངག་དང་། འཁོར་ལོ་སྡོམ་པའི་གཞུང་གདམས་ངག་དང་བཅས་པ་

དང་། དུས་ཀྱི་འཁོར་ལོའི་སྦྱོར་དྲུག་དང་། སོགས་པས་ཀྱི་རྡོ་རྗེའི་སྦྱོར་དྲུག་དང་། གསང་བ་འདུས་པའི་སྦྱོར་དྲུག་དང་། མཚན་བརྗོད་ཀྱི་བཤད་པ་སློབ་དཔོན་འཇམ་དཔལ་བཤེས་གཉེན་གྱིས་མཛད་པའི་འགྲེལ་པ་ཆེ་ཆུང་གཉིས་དང་། སྙིག་པའི་རྡོ་རྗེའི་སྟགས་དོན་རྣམ་གཟིགས་དང་། ལམ་འབྲས་ཀྱི་ལུགས་སུ་བཀྲལ་བ་དང་། དུས་ཀྱི་འཁོར་ལོའི་ལུགས་དང་། དབུ་མ་ལ་དགའ་བས་བྱས་པའི་འགྲེལ་པ་སྟེ་ལུགས་དྲུག་པོ་སྟ་མ་བཞི་རྗེ་བཙུན་ལས་གསན། ཕྱི་མ་གཉིས་པཎ་ཆེན་ལས་གསན་པ་དང་། རྣལ་འབྱོར་དབང་ཕྱུག་གི་འཆི་མེད་གྲུབ་པའི་གདམས་ངག་དང་། ལམ་འབྲས་བུ་དང་བཅས་པ་དང་། ལ་སོགས་པས་ཀླུ་སྒྲུབ་ཀྱི་མཆོད་རྟེན་གྱི་དྲུང་དུ་སེམས་ཐག་བཅད་པ་དང་། རྒྱལ་པོ་ཨིནྡྲ་བྷཱུ་ཏིའི་ཕྱག་རྒྱའི་ལམ་དང་། པདྨ་བཛྲ་མཛད་པའི་ཟབ་པའི་ཚུལ་དགུས་ཟབ་པ་དང་། ཧཱུཾ་ཧྲི་ཏེ་རུ་ཀའི་ལྷན་ཅིག་སྐྱེས་པ་གསུམ་གྱི་ལམ་ཡོངས་སུ་རྫོགས་པ་དང་། ནག་པོ་པའི་གཏུམ་མོ་ལམ་རྫོགས་དང་། དབུགས་ཡོན་པོ་བསྲང་བ་གཉིས་དང་། ངག་དབང་གྲགས་པའི་ཕྱག་རྒྱ་ཆེན་པོ་ཡི་གེ་མེད་པ་དང་། ཏོག་རྩེ་པའི་བསམ་གྱིས་མི་ཁྱབ་པ་ལྔའི་ལམ་ཡོངས་སུ་རྫོགས་པས་ཏེ་ལམ་སྐོར་དགུ་དང་། དེ་ལས་འཕྲོས་པ་ལམ་སྲས་བཤད་དང་། ཐུན་མོང་གི་སྒྲུབ་ཆེན་བཅུ་དང་། ཕྲ་མོ་བརྒྱད་ལ་སོགས་པ་དུ་མ་དང་། གཞན་ཡང་དེང་སང་བོད་དང་རྒྱ་གར་ལ་གྲགས་པའི་ཁ་རག་སྐོར་གསུམ་དང་། ཐུགས་རྗེ་ཆེན་པོའི་དམར་ཁྲིད་དང་། ཧྲི་ཀ་མ་ལ་ཤྲཱི་ལའི་མཁས་པ་སྒོ་དྲུག་གི་གདམས་ངག །ཤཱནྟི་པའི་མདོ་རྒྱུད་བསྲེ་བ། ངག་དབང་གྲགས་པའི་གཞུང་མ་དྲན་གསལ། ཤེར་འབྱུང་བློ་གྲོས་ཀྱི་ཕྱི་རོལ་གདོན་གྱི་བར་ཆད་བསྲུང་བ། ནཱ་རོ་པའི་སྟུག་བསྔལ་གསུམ་སེལ། རྔོན་ཤྲིའི་འབྱུང་བ་ལུས་འཁྲུགས་སེལ་བ། རིན་ཆེན་རྡོ་རྗེའི་ཏིང་ངེ་འཛིན་གྱིས་བར་ཆད་བསྲུང་བ། གོ་བོ་རཀྵའི་གདམས་ངག་ལ་སོགས་པ་ཤལ་མོ་ཆེ་ཞིག །བདག་གིས་ཉན་ལོ་ཙམ་མ་ཡིན་པར་འབད་དེ་ལེགས་པར་མཉན་ཅིང་བསླབས་པ་དེ་དག་ཀུང་མིང་ཙམ་མ་ཡིན་པར་དོན་དང་བཅས་པ་ལེགས་པར་གོ་བ་དེའི་ཕྱིར་བོད་དང་རྒྱ་གར་ལ་གྲགས་པའི་ཆོས་རྣམས་ཕལ་ཆེར་ཐོས་ཤིང་ཤེས་པས་ནའོ། །

གཉིས་པ། ཕྲག་དོག་མ་ཡིན་པར་བསྟན་པ་ནི། རྒྱུ་མཚན་དེས་ན་བདག་ལ་རང་གིས་ཐོས་པ་ལ་ཆགས་ཤིང་མ་ཐོས་པ་ལ་སྡང་བའི་ཕྱོགས་ལྷུང་མེད་པ་དེའི་ཕྱིར། ཆགས་སྡང་གི་བརླན་དང་བྲལ་བའི་སྙམ་སར་གནས་པའི་གཟུ་བོས་ཡིན་མིན་ལེགས་པར་དཔྱད་པ་འདི་བློ་དང་ལྡན་པའི་སྐྱེ་བོ་རྣམས་ཀྱིས་འདི་ཁོ་ན་ལྟར་ཟུང་ཞིག་སྟེ། ཐར་པ་དང་ཐམས་ཅད་མཁྱེན་པའི་ལམ་ནི་འདི་ཡིན་པའི་ཕྱིར་རོ། །

གསུམ་པ། དེས་ན་བསྟན་བཅོས་འདི་ཉི་མ་དང་མཚུངས་པར་བསྟན་པ་ལ། ངོ་བོ་ཉི་མ་དང་མཚུངས་པར་བསྟན། བྱེད་ལས་ཉི་མ་དང་མཚུངས་པར་བསྟན་པའོ། །དང་པོ་ནི། བསྟན་བཅོས་སྡོམ་པ་གསུམ་གྱི་རབ་

ཏུ་དབྱེ་བ་འདི་ཆོས་ཅན། ཉི་མའི་སྣང་བ་དང་མཚུངས་ཏེ། ཐུབ་པའི་བསྟན་པ་གསུང་རབ་རིན་ཆེན་བདུན་གྱི་རང་བཞིན་རྒྱུ་བཟང་ཞིང་བཀོད་པ་ལེགས་པའི་གཞལ་མེད་ཁང་དཀར་པོའི་ཕྱོགས་ལ་མངོན་པར་དགའ་བའི་སྐྱེ་བ་ལྷའི་བུ་ཉི་མ་འཁོར་དང་བཅས་པའི་ཉེར་མཆོར་གྱུར་ཅིང་། རིགས་པའི་འོད་ཟེར་སྟོང་གིས་ལོག་ལྟའི་མུན་ནག་ཚང་ཚིང་རྣམ་པར་བསལ་བ་དང་། བློ་གསལ་གྱི་བློ་གྲོས་ཀྱི་པདྨ་ཁ་འབྱེད་པའི་ཕྱིར། དེ་ལྟ་བུའི་ཉི་མ་དེ་གངས་རིའི་ཁྲོད་འདིར་ཤར་བས་ཆོས་མིན་གྱི་འབྱུང་པོའི་བྱ་རྣམས་གཞན་དུ་འབྲོས་པའི་དུས་ལ་བབ་ཅིང་། བསྟན་པ་ལ་མངོན་པར་དགའ་བ་རྣམས་ཀྱི་ཡིད་བདེ་བའི་དགའ་སྟོན་འཕེལ་བར་གྱིས་ཤིག །

གཉིས་པ། བྱེད་ལས་ཉི་མ་དང་མཚུངས་པར་བསྟན་པ་ལ། མཚན་མོ་རྒྱུ་བ་དང་མཚུངས་པའི་བླུན་པོ་ལ་གདུང་བ་སྐྱེད་པར་བསྟན། པདྨ་དཀར་པོ་དང་མཚུངས་པའི་བློ་གསལ་ལ་དགའ་བ་སྐྱེད་པར་བསྟན་པའོ། །དང་པོ་ནི། རྒྱལ་བ་རྣམས་ཀྱི་དགོངས་པ་འདི་ཉིད་ཡིན་ནོ་ཞེས་འགྲོ་བ་རྣམས་ལ་ཕན་པའི་བསམ་པས་ས་སྐྱ་པཎྜི་ཏ་བདག་གིས་བཤད་པས་ན། རྒྱན་དྲུག་ལ་སོགས་པ་མཁས་པ་རྣམས་ཀྱི་དགོངས་པ་འདི་ཡིན་མོད། ད་དུང་བླུན་པོ་རྣམས་ཀྱིས་རྟོགས་པར་དཀའ་སྟེ་ཟབ་ཅིང་རྒྱ་ཆེ་བ་ཡིན་པའི་ཕྱིར། གཉིས་པ་ནི། ཤཱཀྱའི་དགེ་སློང་ཀུན་དགའ་རྒྱལ་མཚན་དཔལ་བཟང་པོའི་ཉི་མས་སངས་རྒྱས་ཀྱི་བསྟན་པའི་པདྨོ་རྣམ་པར་ཕྱེ་བ་ལས་བྱུང་བའི་དམ་པའི་ཆོས་ཀྱི་སྦྲང་རྩིས། སྐལ་བ་དང་ལྡན་པའི་བུང་བ་ཀུན་རྒྱུན་དུ་བདེ་བའི་དགའ་སྟོན་འགྱེད་པའི་རྒྱུར་ཤོག་ཅིག་ཅེས་དགེ་བའི་རྩ་བ་རྒྱུད་མི་ཟབ་བར་བྱེད་པ་ནི་བསྔོ་བ་ཡིན་ནོ། །

གསུམ་པ། ཐ་མར་དགེ་བ་བཀའ་དྲིན་དྲན་པའི་ཕྱག་བྱས་པའི་སྒོ་ནས་རྗེས་དགའ་བ་བསྒོམ་པ་ནི། བསྟན་བཅོས་རྩོམ་པ་པོས་འཇམ་མགོན་བླ་མ་རྗེ་བཙུན་ཆེན་པོ་ལ་སྒོ་གསུམ་གུས་པའི་སྒོ་ནས་འདུད་པའི་རྒྱུ་མཚན་ཡོད་དེ། གང་གི་ཕན་བདེ་སྒྲུབ་པར་བྱེད་པའི་ཐུགས་བརྩེ་བ་ཅན་གྱིས་ཉེ་བར་བཟུང་ནས་ལྟ་བ་དང་སྤྱོད་པ་ཕྱིན་ཅི་ལོག་གི་ཆོས་རྣམས་སྤངས་ནས། ལྟ་སྤྱོད་ཕྱིན་ཅི་མ་ལོག་པའི་སངས་རྒྱས་ཀྱི་བསྟན་པ་རིན་པོ་ཆེ་དང་ལེགས་པར་སྦྲད་ཅིང་སྦྱར་བའི་སྒོ་ནས་བཀའ་དྲིན་ཆེ་བའི་ཕྱིར། འདི་ནི་དབུ་མ་རྩ་བ་ལས། །གང་གི་ཐུགས་བརྩེས་ཉེར་བཟུང་ནས། །ལྟ་བ་ཐམས་ཅད་སྤང་བའི་ཕྱིར། །དམ་པའི་ཆོས་ནི་སྟོན་མཛད་པ། །གཽ་ཏམ་དེ་ལ་ཕྱག་འཚལ་ལོ། །ཞེས་གསུངས་པ་ལྟར་རོ། །

གསུམ་པ། རྩོམ་པ་པོའི་མཚན་བསྟན་པའི་སྒོ་ནས་མཇུག་ཤིས་པ་བརྗོད་པ་ནི། སྡོམ་པ་གསུམ་གྱི་རབ་ཏུ་དབྱེ་བ་ཞེས་བྱ་བ་བྱེད་ལས་ཆོས་དང་ཆོས་མ་ཡིན་པ་སོ་སོར་རྣམ་པར་འབྱེད་པ། ངོ་བོ་བསྟན་བཅོས་བྱེད་པ་པོ་མང་དུ་ཐོས་པའི་ནོར་དང་ལྡན་ཞིང་། རིགས་པ་དང་མི་རིགས་པ་དཔྱོད་པར་នུས་པའི་རང་བཞིན་དང་

སྤྱངས་པ་ལས་བྱུང་བའི་བློ་གྲོས་ཅན། ཐེག་པ་གསུམ་གྱི་སྡེ་སྣོད་མཐའ་དག་ཚིག་དང་དོན་གྱི་སྒོ་ནས་འཛིན་པ་ཤཱཀྱའི་དགེ་སློང་ཀུན་དགའ་རྒྱལ་མཚན་དཔལ་བཟང་པོས་སྦྱར་བ་འདི་ཡོངས་སུ་རྫོགས་སོ། །ཞེས་པ་ནི། ས་མ་པ་ཏ་ཞེས་པ་ཡང་དག་པར་རྫོགས་པའམ། ཕྲི་བསྣན་མེད་པ་དང་། གང་བའི་དོན་ཡིན་ནོ། །ཁྱེ་བྲག་ཏུ་གསང་སྔགས་ཀྱི་གནད་ཟབ་མོ་རྣམས་གཏན་ལ་ཕབ་པ་ནི་དབང་མ་ཐོབ་པ་ལ་ཤིན་ཏུ་གསང་ཆེན་ཡིན་པས་འདིར་མི་འཆད་ཀྱི་ཁོ་བོས་ལོགས་སུ་བཤད་པ་ལ་བལྟ་བར་བྱའོ་ཞེས་གསུངས་པ་དེ་ནི། རྡོ་རྗེ་ལུས་ཀྱི་གནས་ཚུལ་བཤད་པའི་བསྟན་བཅོས་མཛད་པ་དེ་ལ་དགོངས་པར་སྣང་ངོ་། །ཡང་གླེགས་བམ་འགའ་ཞིག་ལས་དྲི་མ་མེད་པའི་བསྟན་པ་དམ་པའི་ཆོས་ཕྱོགས་བཅུར་རྒྱས་པར་གྱུར་ཅིག །ཅེས་པའི་སྨོན་ལམ་ཞིག་ཀྱང་འབྱུང་ངོ་། །

འདིར་སྨྲས་པ། ལུང་རིགས་འོད་ཟེར་སྟོང་གིས་བརྒྱན་པའི་རྣམ་བཤད་ཉི་མ་འདི་ཤར་ཚེ། །ཕས་རྒོལ་མཚན་མོ་རྒྱུ་བའི་རྒྱུ་སྐར་མེ་ཁྱེར་ཚོགས་རྣམས་རབ་ཏུ་བྲོས། །ལེགས་བཤད་དོན་གཉེར་བློ་གསལ་པདྨ་དཀར་པོའི་ཚོགས་རྣམས་དགའ་བར་གྱིས། །འགའ་ཞིག་འགའ་ལས་མཁས་པར་འདོད་ཀྱང་གཞུང་ལུགས་འགའ་ལ་གདེངས་མ་ཐོབ། །ལ་ལ་རང་ལ་ཡིད་རྟོན་མེད་ཀྱང་གཞན་ལ་ངམ་པ་འབྲུག་ལྟར་སྒྲོག །འདི་ན་བདག་ལ་འགྲན་འདོད་ཡོད་ན་འདི་དང་མཉམ་པའི་གཞུང་རྩོམས་ཤིག །ཁོ་བོའི་རྣམ་བཤད་བསྟན་པའི་སྒྲོན་མེ་འདི། །གཞུང་ལུགས་གླིང་བཞི་གསལ་བའི་ཉིན་བྱེད་ཡིན། །ལྟ་ངན་བྲག་རི་བསྙིལ་བའི་རྡོ་རྗེ་སྟེ། །ལེགས་བཤད་ཆུ་ཀླུང་འདུ་བའི་རྒྱ་མཚོའང་ཡིན། །ཕས་རྒོལ་གླང་པོ་འཇོམས་པའི་སེང་ཆེན་ཏེ། །བློ་གསལ་བུང་བ་འདུ་བའི་སྙིང་ཚལ་ཡིན། །རང་གཞན་གྲུབ་མཐའ་བལྟ་བའི་མེ་ལོང་སྟེ། །ལྷ་དང་བླ་མ་མཆོད་པའི་ཅོད་པན་ཡིན། །དེ་ལྟར་དེ་བརྩམས་པ་ལས་ནི། །བྱུང་བའི་དགེ་བ་གངྒའི་རྒྱུན། །ལོག་རྟོག་འཕྲོག་བྱེད་རྐང་པའི་དུག །མ་ལུས་བཅོམ་ཞིང་མི་ཤེས་པའི། །ལྷ་མིན་རུས་པའི་ཚོགས་བཀྲུས་ནས། །ཐམས་ཅད་མཁྱེན་པའི་རྒྱ་མཚོར་བསྐྱོད། །

ཞེས་པ་འདི་ནི་མངའ་རིས་སྨད་ཀྱི་བཤེས་གཉེན་ཤཱཀྱའི་དགེ་སློང་དོན་ཡོད་གྲུབ་པ་ཞེས་བྱ་བས། །འཛམ་གླིང་བསྟན་པའི་རྒྱན་གཅིག་དོན་གྱི་སྐད་དུ་མཚན་ནས་སྨོས་ན་པཎ་ཆེན་ཤཱཀྱའི་མཚན་ཅན་ལས་མདོ་རྒྱུད་ཀྱི་ཆོས་མང་དུ་ཐོབ་ཤིང་། ཁྱེ་བྲག་ཏུ་གཞུང་འདི་ཉིད་ཀྱི་བཤད་པ་མཐིལ་ཕྱིན་པ་ཚར་གསུམ་ཉན་ནས། སངས་རྒྱས་ཀྱི་བསྟན་པ་ལོ་སུམ་སྟོང་དང་དྲུག་བརྒྱ་བཞི་བཅུ་རྩ……འདས་པ་དྲང་སྲོང་ལངྐ་རི་ཞེས་པ་ཆུ་ཕོ་སྤྲེའུའི་ལོ་ཐ་སྐར་ཟླ་བའི་ཉ་ཡོངས་སུ་གང་བ་ལྷ་ལས་བབས་པའི་དུས་ཁྱད་པར་ཅན་ལ། གཙང་གཡས་རུ་སའི་ཐིག་ལེ་མཉན་ཡོད་གསེར་མདོག་ཅན་ཞེས་བྱ་བའི་གཙུག་ལག་ཁང་དུ་ལེགས་པར་གྲུབ་པའི་ཡི་གེ་པ་ནི། གཙང་ནག་པ་ཕྱི་མའི་དཔོན་རྒྱུད་བློ་བཟང་ནམ་མཁའ་རྒྱལ་མཚན་དཔལ་བཟང་པོས་བགྱིས་སོ།། །།མངྒ་ལཾ།། །།

༄༅། །ཆོས་དང་ཆོས་མིན་པ་རྣམ་པར་འབྱེད་པའི་བསྟན་བཅོས་སྡོམ་པ་གསུམ་གྱི་རབ་ཏུ་དབྱེ་བའི་རྣམ་པར་བཤད་པ་ཐུབ་བསྟན་གསལ་བའི་སྒྲོན་མེ་ཞེས་བྱ་བ་བཞུགས་སོ། །

ཀུན་དགའ་བཀྲ་ཤིས།

ཨོཾ་སྭ་སྟི་སིདྡྷཾ། རབ་འབྱམས་རྒྱལ་བ་རྒྱ་མཚོའི་རྫུལ་སྙེད་བདེ་ཆེན་ཆོས་སྐུར་དབྱེར་མེད་ཀྱང་། །འགྲོ་བའི་དོན་སླད་ཞིང་འདིའི་སྟོན་པ་ཟས་གཙང་སྲས་པོ་ཤཱཀྱའི་ཏོག །ཞབས་ཟུང་པདྨ་རིན་ཆེན་འོད་འབར་ལྷར་བཅས་གཙུག་ན་རྟག་པར་རྒྱལ། །འཛམ་གླིང་མཛེས་པའི་རྒྱན་དང་མཆོག་སོགས་རྒྱ་གར་རིང་ལུགས་གསལ་མཛད་པཎ་ཆེན་ཚོགས། །འཕགས་ཡུལ་དམ་ཆོས་སྒྲོན་མེ་སྤར་ཏེ་མུན་གཏུམ་ཆོས་ཀྱི་སྣང་བས་གསལ་མཛད་པ༑ ༑སྐྱེས་མཆོག་ལོ་པཎ་ཐུགས་རྗེ་ཅན་རྣམས་བཀའ་དྲིན་དམ་པ་སྙིང་ནས་རྗེས་སུ་དྲན། །གང་དེའི་བྱེད་པོ་སྤྲུལ་པའི་ཆོས་རྒྱལ་མེས་དབོན་སྲས་བཅས་རྣམས་ལའང་གུས་པས་འདུད། །ཚོ་རིགས་བཙུན་པ་གནམ་ལྷའི་རིགས་འབྲུངས། །དྲི་མེད་འཁོན་གྱི་རྒྱུད་པར་ལེགས་བྱོན། །རིགས་གསུམ་རྣམ་འཕྲུལ་ས་སྐྱ་པ་ཞེས། །གྲགས་པའི་གདུགས་དཀར་སྲིད་ན་མཛོན་མཐོ། །ཕྱི་དུས་བསྟན་དང་འགྲོ་བའི་དོན་ཕྱིར། །འཇམ་པའི་དབྱངས་ཉིད་ངུར་སྨྲིག་གོས་འཆང་། །བསྟན་པའི་སྒྲོན་མེ་ས་སྐྱ་པཎ་ཆེན། །ཡིད་རབ་དང་བས་ཀུན་ནས་མཆོད་དོ། །བསོད་ནམས་གངས་རིའི་སྤོ་ལ་རྣམ་འཁྱིལ་ཞིང་། །བསླབ་གསུམ་ལུས་རྒྱས་ལུང་རིགས་མཆེ་སྡེར་བསྒྲད། །འཕྲིན་ལས་རལ་ཚོགས་རྣམ་པར་སྐྱོད་མཁས་པ། །ཀུན་མཁྱེན་སྨྲ་བའི་སེང་གེས་བདག་སྐྱོངས་ཤིག །དཔག་ཡས་ནུས་ལྡན་བླ་ཆེན་རྡོ་རྗེ་འཛིན། །མཁྱེན་རབ་དབང་པོ་རྗེ་བཙུན་འཇམ་པའི་དབྱངས། །ཐུགས་རྗེའི་མངའ་བདག་བསོད་ནམས་རྒྱལ་མཚན་ཞབས། །འགྲོ་བའི་མགོན་པོ་བརྒྱུད་པར་བཅས་ལ་འདུད། །སྡོམ་གསུམ་བཀའ་དྲིན་སྩོལ་མཛད་བླ་མ་དམ་པ་དང་། །གང་ལས་བྱུང་བའི་འཁྲུལ་མེད་བརྒྱུད་པར་ལྡན། །དངོས་གྲུབ་འབྱུང་གནས་ཞི་ཁྲོ་ལྷ་ཡི་ཚོགས། །བསྟན་སྲུང་འཁོར་དང་བཅས་ལ་གུས་མཆོད་ནས། །འཁོན་སྟོན་དབང་པོའི་མཚན་ཅན་བཀའ་སྐུལ་ལྟི། །ཀླུ་རྒྱལ་གཙུག་རྒྱན་བཞིན་དུ་གུས་བླངས་ཏེ། །སྟོན་བྱོན་མཁས་པའི་གསུང་རབ་ལ་བརྟེན་ནས། །བསྟན་བཅོས་ཆེན་པོའི་རྣམ་བཤད་བགྱིད་པར་སྤྲོ། །

མཁས་པའི་རྣམ་བཤད་བྱུང་བའི་ཚུལ་ནི། ཆོས་རྗེ་ཉིད་ཀྱི་རང་མཚན་མདོར་བསྡུས་ཡོད། །ཆག་ལོ་ཞང་ལོ་གློ་བོ་ལོ་ཙྪ་སོགས། །ཆོས་རྗེ་ཁུ་དབོན་གཉིས་ཀྱི་དྲིས་ལན་རྣམས། །སྡོམ་གསུམ་རབ་དབྱེར་དགོས་པའི་ཡི་གེ་ཡིན། །ཆོས་རྗེའི་དངོས་སློབ་ཁང་སྟོན་ས་བཅད་དེ། །འཕགས་པའི་དངོས་སློབ་འདུལ་སེང་ཕྱོགས་སྔར་བཀོད། །འཕགས་པའི་དངོས་སློབ་སྒྲོ་ལུང་ཀུན་སློན་གྱིས། །མཆན་དང་ས་བཅད་དཀའ་འགྲེལ་རྣམ་གསུམ་མཛད། །སེང་གེ་དཔལ་གྱིས་ས་བཅད་དཀའ་འགྲེལ་བྱས། །དེ་རྣམས་སྔར་གྱི་རྩ་བའི་དཔེ་ཆ་སྟེ། །རྗེ་བཙུན་ཀུན་དགའ་བཟང་པོའི་དྲིན་གྱིས་མཐོང་། །དམར་དང་དཔལ་གྱི་མཚན་ཡང་ཡོད་ཅེས་གསུངས། །འདི་དག་ཆོས་རྗེ་ཡབ་སྲས་མ་གཏོགས་པ། །ཕྱིས་ཀྱི་ཊཱིཀྐ་བྱེད་པས་མཐོང་བ་མེད། །དཔལ་ལྡན་བླ་མའི་དངོས་སློབ་བསམ་ཡས་པས། །རྣམ་བཤད་བཟང་པོ་རབ་འབྱམས་བྲིས་མོད་ཀྱང་། །གོང་མའི་གསུང་རབ་རྒྱུད་གསུམ་མན་ངག་སོགས། །རྒྱུད་སྡེའི་དོན་ལ་མཁྱེན་པ་མ་རྒྱས་པས། །ནོར་བའི་རྣམ་གཞག་རགས་པ་དུ་མ་སྣང་། །འཛམ་དབྱངས་རིན་རྒྱལ་དེ་ཉིད་མང་སླད་དུ། །བུ་སྟོན་སློབ་མ་དཀོན་གྲགས་ཊཱིཀྐ་ཡང་། །ས་ལུགས་མིན་པའི་གཞན་ལུགས་བྲིས་པ་མང་། །དེ་ཉིད་ཕལ་ཆེར་བྲིས་པ་ཆོས་ལུང་པ། །ཆོས་རྗེ་གཞོན་ནུ་སེང་གེའི་རྣམ་བཤད་ནི༏ །མདོ་སྔགས་ཀུན་མཁྱེན་ས་སྐྱ་པ་ཡི་ལུགས། །ཕྱིས་ཀྱི་བཤེས་གཉེན་མཁས་པ་ཁ་ཅིག་གིས། །རང་གི་ཡོངས་འཛིན་ཆོས་རྗེ་གཞོན་ནུ་སོགས། །རྩ་བའི་རྣམ་བཤད་བཟང་པོ་མ་བལྟས་པར། །ཊཱིཀྐ་བསམ་ཡས་མ་ཉིད་མཆོག་མཐོང་ནས། །གཞུང་དོན་ཕལ་ཆེར་དེ་ཉིད་བྲིས་བཤུས་བྱས། །གནས་གྱུར་ངོ་བོ་གཅིག་པའི་ལེགས་བཤད་པོར། །ངས་ཤེས་དྲིགས་པས་གཞན་དུ་བཀྲལ་བ་ལ། །འདི་ཉིད་ཁོན་ཡིན་ཞེས་བྲིས་པ་མཐོང་། །གཞན་ཡང་བློ་གྲོས་སེང་གེའི་ཊཱིཀྐ་དང་། །བག་སྟོན་བླ་མའི་ཊཱིཀྐའང་ཡོད་ཅེས་ཟེར། །ཞེས་མཁས་པ་གུང་རུ་ཤེས་རབ་བཟང་པོས་ངོས་འཛིན་མཛད་པ་རྣམས་དང་། ཕྱིས་སུའང་རྣམ་བཤད་བརྗོད་ཀྱིས་མི་ལང་བ་མང་དུ་བྱུང་བ་ལས། འདིར་ཀུན་མཁྱེན་བསོད་ནམས་སེང་གེའི་མཛད་པའི་རྣམ་བཤད་གསུང་རབ་དགོངས་གསལ་གཞིར་བཞག་ནས་བྲིས་པ་ཡིན་ནོ། །

དེ་ལ་འདིར་ཡང་དག་པར་རྫོགས་པའི་སངས་རྒྱས་རྣམས་ཀྱིས་གདུལ་བྱ་སོ་སོའི་བསམ་པ་དང་མཐུན་པར་ཆོས་ཀྱི་འཁོར་ལོ་བསྐོར་བ་རྣམས་ལས། གཙོ་བོར་གྱུར་པ་སྡེ་སྣོད་གསུམ་དང་། རྒྱུད་སྡེ་རིན་པོ་ཆེ་བཞི་ཡིན་ནའང་། དེ་དག་གི་བརྗོད་བྱའི་གཙོ་བོ་སོ་ཐར། བྱང་སེམས། སྔགས་ཀྱི་སྡོམ་པ་གསུམ་ཡིན་ལ། དེ་དག་གི་རྣམ་གཞག་འཁྲུལ་པར་སྤྱོད་པ་རྣམས་བཀག་ནས་མ་འཁྲུལ་བའི་རྣམ་གཞག་སྟོན་པར་བྱེད་པས་ན། ཆོས་དང་ཆོས་མིན་པ་རྣམ་པར་འབྱེད་པའི་བསྟན་བཅོས་སྡོམ་པ་གསུམ་གྱི་རབ་ཏུ་དབྱེ་བ་འདི་འཆད་པར་བྱེད་པ་ལ་

དོན་གསུམ་སྟེ།

བརྗོད་བྱ་བདེ་བླག་ཏུ་རྟོགས་པའི་ཆེད་དུ་མཚན་གྱི་དོན། བསྟན་པ་རྣམ་དག་ཏུ་བསྒྲུབ་པའི་ཆེད་དུ་གཞུང་གི་དོན། བྱས་ཤེས་དྲིན་གཟོ་བསྐྱེད་པའི་ཕྱིར་དུ་མཛད་བྱང་སྨོས་པའོ། །དང་པོ་ནི། སྡོམ་པ་གསུམ་གྱི་རབ་ཏུ་དབྱེ་བ་ཞེས་པ་སྟེ། སྤྱིར་སྡོམ་པ་གསུམ་ལ་བཤད་ཚུལ་མང་དུ་ཡོད་ཀྱང་། འདིར་བསྟན་སྡོམ་པ་གསུམ་ནི། རྡོ་རྗེ་རྩེ་མོར། སོ་སོ་ཐར་དང་བྱང་ཆུབ་སེམས། །རིག་འཛིན་རང་གི་ངོ་བོའོ། །ཞེས་པ་ལྟར་ཡིན་ལ། རབ་ཏུ་དབྱེ་བ་ནི། སྡོམ་པ་གསུམ་པོ་དེ་དག་གི་ནང་གསེས་ཀྱི་དབྱེ་བ་ཙམ་སྟོན་པ་མིན་པར། དང་པོར་ལེན་པའི་ཆོག །བར་དུ་བསྲུང་བའི་བསླབ་བྱ། མཐར་འབྲས་བུ་འབྱིན་པའི་ཚུལ་རྣམས་ལ། སངས་རྒྱས་ཀྱི་གསུང་དང་མི་མཐུན་པའི་ལོག་པར་རྟོག་པ་མཐའ་དག་བཀག་ནས། ཉམས་ལེན་ཐམས་ཅད་སངས་རྒྱས་ཀྱི་དགོངས་པ་ཇི་ལྟ་བ་བཞིན་སྟོན་པས་ན། འདི་ལ་སྡོམ་པ་གསུམ་གྱི་རབ་ཏུ་དབྱེ་བ་ཞེས་བྱའོ། །ངག་དོན་ནི། སསྐྱ་པཎྜི་ཏས། བསྟན་བཅོས་འདི་རྩོམ་པའི་དང་པོར། སྡོམ་པ་གསུམ་གྱི་རབ་ཏུ་དབྱེ་བ་ཞེས་མཚན་སྨོས་པ་ཆོས་ཅན། དགོས་པ་ཡོད་དེ། བསྟན་བཅོས་འདིའི་བརྗོད་བྱ་བདེ་བླག་ཏུ་རྟོགས་པའི་ཆེད་ཡོད་པའི་ཕྱིར་རོ། །

གཉིས་པ་ལ་གསུམ་སྟེ། བཤད་པ་ལ་འཇུག་པའི་ཡན་ལག །བཤད་པ་རང་གི་ངོ་བོ། བཤད་པ་ཡོངས་སུ་རྫོགས་པའི་བྱ་བའོ། །དང་པོ་ལ་གཉིས་ཏེ། མཆོད་པར་བརྗོད་པ་དང་། རྩོམ་པར་དམ་བཅའ་བའོ། །དང་པོ་ལ་གསུམ་སྟེ། བླ་མ་དམ་པ་སྤྱི་ལ་མཆོད་པར་བརྗོད་པ། སྡོམ་གསུམ་སྟེར་བ་པོ་རྩ་བའི་བླ་མ་ལ་མཆོད་པར་བརྗོད་པ། སྡོམ་གསུམ་གྱི་བསླབ་པ་འཆའ་བ་པོ་སངས་རྒྱས་ལ་མཆོད་པར་བརྗོད་པའོ། །དང་པོ་ནི། བླ་མ་དམ་པའི་ཞབས་ལ་གུས་པས་ཕྱག་འཚལ་ལོ། །ཞེས་པ་སྟེ། ཕྱག་འཚལ་བ་ཞེས་པ་ཁྱད་པར་གྱི་གཞིར་བཟུང་། གང་ཟག་གང་གིས་ན། རྩོམ་པ་པོས་སོ། །ཚུལ་ཇི་ལྟར་ན། སྒོ་གསུམ་གུས་པའི་ཚུལ་གྱིས་སོ། །ཡུལ་གང་ལ་ན། བླ་མ་དམ་པའི་ཞབས་ལའོ། །ཅིའི་ཕྱིར་བླ་མ་དམ་པ་ཞེས་བྱ་ཞེ་ན། ཡོན་ཏན་གྱི་ཁྱུར་གྱིས་ལྷུ་བས་ན་བླ་མ། གསང་སྔགས་ཀྱི་དབང་བསྐུར་བའི་སྒོ་ནས་སངས་རྒྱས་ཀྱི་གོ་འཕང་མྱུར་དུ་སྦྱིན་པར་བྱེད་པས་ན་དེ་སྐད་ཅེས་བྱའོ། །ངག་དོན་ནི། སསྐྱ་པཎྜི་ཏས། བསྟན་བཅོས་འདི་རྩོམ་པའི་དང་པོར་བླ་མ་དམ་པའི་ཞབས་ལ་གུས་པས་ཕྱག་འཚལ་བ་ཆོས་ཅན། དགོས་པ་ཡོད་དེ། རྩོམ་པ་པོ་རང་ཉིད་སྐྱེས་བུ་དམ་པར་རྟོགས་ནས་དེས་བྱས་པའི་བསྟན་བཅོས་ལ་གདུལ་བྱ་ཐོས་སོགས་ཀྱིས་འཇུག་པའི་ཆེད་ཡིན་པའི་ཕྱིར། དེའི་ཡང་དགོས་པ་ཡོད་དེ། དེ་ལྟར་ཞུགས་པ་ལས་མཐར་ཐུག་གི་འབྲས་བུ་ཐོབ་པར་འགྱུར་བའི་ཕྱིར་རོ། །

གཉིས་པ་ནི། བདེ་གཤེགས་བསྟན་པའི་གསུང་རབ་སེང་གེའི་སྒྲ། །ཞེས་སོགས་ཚིགས་བཅད་གཅིག

སྟེ༑ དད་ཅེས་པ་བཤད་པའི་གཞིར་བཞག གང་ཟག་སུ་དད་ན། རྗོམ་པ་པོ་ས་སྐྱ་པཎྜི་ཏ་བདག་ཅག་དད། ཡུལ་གང་ལ་ན། གཞན་དང་མཚུངས་པ་མེད་པའི་ཡོན་ཏན་ཕུན་ཚོགས་མངའ་བའི་རྗེ་བའི་བླ་མ་གྲགས་པ་རྒྱལ་མཚན་ཞེས་མཚན་ཡོངས་སུ་གྲགས་པ་དེ་ལའོ། །ཅིའི་ཕྱིར་དེ་གཞན་དང་མཚུངས་པ་མེད་ཅེ་ན། བླ་མ་རྗེ་བཙུན་ཆེན་པོ་དེ་གཞན་དང་མཚུངས་པ་མེད་པ་ཡིན་ཏེ། སྟོན་པ་བདེ་བར་གཤེགས་པས་བསྟན་པའི་གསུང་རབ་སྡེ་སྣོད་གསུམ་དང་རྒྱུད་སྡེ་བཞི་ནས་གསུང་པའི་སྒྲུབ་པ་དང་སྨིན་འགྲོལ་གྱི་སྒྲས་གཞན་གྱི་ལོག་པར་རྟོགས་པ་འགོག་ཅིང་། རང་ལུགས་སྡོམ་པ་གསུམ་གྱི་ཉམས་ལེན་སངས་རྒྱས་ཀྱི་དགོངས་པ་ཇི་ལྟ་བ་བཞིན་དུ་ལེགས་པར་སྒྲུབ་པར་མཛད་པ་ཡིན་པའི་ཕྱིར་རོ། །ཅིའི་ཕྱིར་སྟོན་པ་སངས་རྒྱས་ལ་བདེ་བར་གཤེགས་པ་ཞེས་བརྗོད་ཅེ་ན། བདེ་བར་གཤེགས་ཀྱི་སྐད་དོད། སུ་ག་ཏ་ཞེས་པའི་སུ་བདེ་བ་དང་། ག་ཏ་གཤེགས་པ་ལ་འཇུག་པའི་ཕྱིར། ལམ་བདེ་བ་ནས་འབྲས་བུ་བདེ་བར་གཤེགས་པས་ན་དེ་སྐད་ཅེས་བརྗོད་དོ། །རྫོགས་པའི་སངས་རྒྱས་ནི། ཆོས་བཞིས་སེང་གེ་དང་མཚུངས་ཏེ། རྒྱུད་བླ་མ་ལས། འཇིགས་མེད་ཕྱིར་དང་ལྟོས་མེད་ཕྱིར། །བསྟན་ཕྱིར་རྩལ་ནི་ཕུན་ཚོགས་ཕྱིར། །ཐུབ་པ་སེང་གེ་སེང་གེ་བཞིན། །ཞེས་གསུངས་པའི་ཕྱིར། བདེ་བར་གཤེགས་པའི་གསུང་རབ་སེང་གེའི་སྒྲ་དང་ཆོས་མཚུངས་ཏེ། དེའི་གསུང་རབ་སེང་གེའི་སྒྲ་ལྟ་བུ་བསྒྲགས་པས། ལྟ་བ་ངན་པའི་ཀུན་ནས་བསླངས་ཏེ་གྲུབ་མཐའ་ཕྱིན་ཅི་ལོག་སྨྲ་བའི་རྐོལ་བའི་རི་དྭགས་མཐའ་དག་སྐྲག་ཅིང་དཔའ་བསྙོང་བར་མཛད་པའི་ཕྱིར་ཏེ། དཀོན་མཆོག་བརྩེགས་པ་ལས། དེ་བཞིན་སངས་རྒྱས་སེང་གེ་ཡང་། །སྟོང་པ་ཉིད་ཀྱི་སྒྲ་རྣམས་སྒྲོགས། །ཞེས་དང་། མཚན་བརྗོད་ལས། བདག་མེད་སེང་གེའི་སྒྲ་དང་ལྡན། །མུ་སྟེགས་རི་དྭགས་ངན་འཇིགས་བྱེད། །ཅེས་གསུངས་པའི་ཕྱིར། ངག་དོན་ནི། ཡུལ་དེ་ལྟ་བུ་ལ་རྗོམ་པ་པོས་དྭང་བའི་དད་པ་སློག་པ་མེད་པས་འདུད་པ་ཆོས་ཅན། རྒྱུ་མཚན་ཡོད་དེ། སྡོམ་པ་གསུམ་གྱི་རབ་ཏུ་དབྱེ་བ་འདི་ལྟ་བུའི་བླང་དོར་གྱི་མིག་ཕྱེད་པ་ནི། བླ་མ་རྗེ་བཙུན་ཆེན་པོ་དེ་ཉིད་ཀྱི་བཀའ་དྲིན་ཡིན་པས་སོ་སྐམ་དུ་དགོངས་ནས་མཆོད་པར་བརྗོད་པ་ཡིན་པའི་ཕྱིར་རོ། །

གསུམ་པ་ནི། སྐྱོན་མེད་ནས། ཕྱག་འཚལ་ཞེས་པའི་བར་ཏེ། ཕྱག་འཚལ་ཞེས་པ་ལ་འཕྲོས་ནས་ཡུལ་གང་ལ་ན། འགྲོ་བའི་བླ་མ་རྫོགས་པའི་སངས་རྒྱས་ཀྱི་ཞབས་ལའོ། །ཅིའི་ཕྱིར་རྫོགས་པའི་སངས་རྒྱས་འགྲོ་བའི་བླ་མ་ཡིན་ཞེ་ན། ཡིན་ཏེ། རྫོགས་པའི་སངས་རྒྱས་ལ་སྤངས་རྟོགས་མཛད་པའི་ཡོན་ཏན་ཕུན་སུམ་ཚོགས་པ་མངའ་བ་ཡིན་པའི་ཕྱིར། དེ་ལྟར་མངའ་བ་ཡིན་ཏེ། སྒྲིབ་གཉིས་བག་ཆགས་དང་བཅས་པའི་སྐྱོན་མེད་པ་ནི། སྤངས་པ་ཕུན་སུམ་ཚོགས་དང་། བྱང་ཕྱོགས་སོ་བདུན་སོགས་འཕགས་པ་གཞན་དང་ཐུན་མོང་གི་ཡོན་ཏན

དང་། སྟོབས་བཅུ་དང་མི་འཇིགས་པ་བཞི་ལ་སོགས་པ་སངས་རྒྱས་ཀྱི་ཐུན་མོང་མིན་པའི་ཡོན་ཏན་ཀུན་གྱི་མཛོད་མངའ་བ་ནི། རྟོགས་པ་ཕུན་ཚོགས་ཡིན་པའི་ཕྱིར་དང་། དངོས་སམ་བརྒྱུད་པའི་སྒོ་ནས་གདུལ་བྱ་རྣམས་རང་རང་གི་སྐལ་བ་ཇི་བཞིན་དུ་སྡོམ་པ་གསུམ་གྱི་ཉམས་ལེན་ལ་འགོད་པར་མཛད་པ་འཕྲིན་ལས་ཕུན་སུམ་ཚོགས་པ་ཡིན་པའི་ཕྱིར། གང་ཞག་གང་གིས་ན། ས་སྐྱ་པཎྜི་ཏས་སོ། །ཚུལ་ནི་སྒོ་གསུམ་གུས་པས་སོ། །དགོས་པ་གང་གི་ཆེད་དུ་ཞེ་ན། དཔལ་ལྡན་ས་སྐྱ་པཎྜི་ཏས། སྤངས་རྟོགས་མཛད་པའི་ཡོན་ཏན་ཕུན་སུམ་ཚོགས་པ་མངའ་བའི་རྫོགས་པའི་སངས་རྒྱས་ཀྱི་ཞབས་ལ་གུས་པར་ཕྱག་འཚལ་བ་ཆོས་ཅན། དགོས་པ་ཡོད་དེ། བསྟན་བཅོས་རྩོམ་པའི་བར་ཆད་ཞི་ནས་རྩོམ་པ་མཐར་ཕྱིན་པའི་ཆེད་ཡིན་པའི་ཕྱིར། དེའི་རྒྱུ་མཚན་ཡོད་དེ། བསྟན་བཅོས་རྩོམ་པ་ལ་སོགས་པའི་ཐོག་མར་ཡུལ་ཁྱད་པར་ཅན་ལ་མཆོད་པར་བརྗོད་པས། བསོད་ནམས་ཀྱི་སྟོབས་འཕེལ་ཏེ་བར་ཆད་ཀྱིས་མི་ཚུགས་པར་འགྱུར་བའི་ཕྱིར། དེ་སྐད་དུ། ཆེད་དུ་བརྗོད་པའི་ཚོམ་ལས། བསོད་ནམས་བྱས་པའི་མི་དག་ལ། །གཞན་ལས་བྱུང་བའི་གནོད་པ་དང་། །ལྷ་དང་བདུད་ཀྱི་རིགས་རྣམས་ཀྱིས། །བར་ཆད་བྱ་བར་མི་ནུས་སོ། །ཞེས་གསུངས་པའི་ཕྱིར།

གཉིས་པ་རྩོམ་པར་དམ་བཅའ་བ་ནི། འོ་ན་ཡུལ་ཁྱད་པར་ཅན་དེ་དག་ལ་མཆོད་པར་བརྗོད་ནས་ལས་སུ་བྱ་བ་ཅི་ཞིག་བྱེད་ཅེ་ན། དེ་ལྟར་མཆོད་པར་བརྗོད་ནས་བསྟན་བཅོས་སྡོམ་པ་གསུམ་གྱི་རབ་ཏུ་དབྱེ་བ་འདི་རྩོམ་པར་དམ་བཅའ་ཞེས་པའོ། །དམ་བཅའ་བ་ཉིད་ནས་དམ་བཅའ་མཐར་ཕྱིན་པར་ཡང་གྲུབ་སྟེ། གང་དམ་བཅས་པ་དེ་ཉིད་མཐར་ཕྱིན་པར་བྱེད་པ་སྐྱེས་བུ་དམ་པ་རྣམས་ཀྱི་རྣམ་ཐར་ཡིན་པའི་ཕྱིར་ཏེ། ཇི་སྐད་དུ། དམ་པ་རྣམས་ནི་ཁས་འཆེས་མི་བྱེད་ཅིང་། །གལ་ཏེ་དཀའ་བའི་ཁས་ནི་བླངས་གྱུར་ན། །རྡོ་ལ་རི་མོ་བྲིས་པ་ཇི་བཞིན་དུ། །ཤི་ཡང་གཞན་དུ་བྱེད་པར་མི་འགྱུར་རོ། །ཞེས་གསུངས་པས་སོ། །དམ་བཅའ་བ་དང་ལྡན་ཞེས་པ་ནས། བདག་མ་དད་ཅེས་པའི་བར་གྱིས་བསྟན། དེ་ཡང་བཤད་ཅེས་པ་ཁྱད་པར་གྱི་གཞིར་བཟུང་ནས། ཡུལ་གང་ལ་བཤད་ན། འཕགས་པ་ལྟས། འདུན་དང་ཞེ་སྡང་འཇིགས་པ་དང་། །རྨོངས་པས་གང་ཞིག་ཆོས་མི་འདའ། །དེ་ནི་དད་པ་ཅན་ཞེས་བྱ། །ཞེས་གསུངས་པ་ལྟར། འགྲོ་བ་བཞིའི་ཆོས་ལས་མི་ཕྱེད་པའི་དད་པ་དང་ལྡན་པས་སྡོམ་པ་གསུམ་གྱི་ཉམས་ལེན་སངས་རྒྱས་ཀྱི་གསུང་བཞིན་དུ་སྒྲུབ་པར་འདོད་ཀྱང་། རང་ཉིད་ཀྱིས་ཇི་ལྟ་བ་བཞིན་དུ་སྒྲུབ་མི་ཤེས་པ་དེ་ལ་བཤད་དོ། །ངོ་བོ་གང་བཤད་ན། སྡོམ་པ་གསུམ་གྱི་རབ་ཏུ་དབྱེ་བའོ། །གང་ཟག་གང་གིས་བཤད་ན། ས་སྐྱ་པཎྜི་ཏ་བདག་གིས་སོ། །ཇི་ལྟར་ཅི་ལྟ་བུས་བཤད་ན། མཁས་པ་རྣམས་དགའ་བའི་སྐྱེབ་སྦྱོར་རིན་ཆེན་འབྱུང་གནས་ནས་བཤད་པ་ལྟ་བུ་ནི། དེ་དག་ལ་མ་སྦྱང་བའི་བླུན་པོ་རྣམས

ཀྱིས་གོ་དཀའ་བས། ངལ་བསོ་དང་། ལྷི་ཡང་ལ་སོགས་པའི་ཚིག་གི་སྦྱོར་བ་སྤངས་ནས་ཀྱང་། གང་ཟག་ཀུན་གྱི་གོ་བར་བྱ་བའི་ཕྱིར་དུ་བཤད་དོ། །དགོས་པ་གང་གི་ཆེད་དུ་བཤད་ན། ས་སྐྱ་པཎྜི་ཏས། སྡོམ་པ་གསུམ་གྱི་རབ་ཏུ་དབྱེ་བ་བཤད་པ་ལ་དགོས་པ་ཡོད་དེ།ས་སྐྱ་པཎྜི་ཏ་བདག་ནི།ལུང་རྟོགས་ཀྱི་བདག་ཉིད་ཅན་གྱི་སངས་རྒྱས་ཀྱི་བསྟན་པ་ལ་མི་ཕྱེད་པའི་དད་པ་ཡོད་པ་འོན་ཀྱང་། སངས་རྒྱས་ཀྱི་བསྟན་པའི་སྙིང་པོ་སྡོམ་པ་གསུམ་གྱི་རྣམ་གཞག་འཁྲུལ་པར་སྤྱོད་པ་ལ་རྩོམ་པ་པོ་བདག་མ་དད་པས་ན། སངས་རྒྱས་ཀྱི་བསྟན་པ་ལ་འཁྲུལ་པར་སྤྱོད་པ་རྣམས་བཀག་ནས། བཤད་སྒྲུབ་སངས་རྒྱས་ཀྱི་གསུང་བཞིན་དུ་ཤེས་པའི་ཆེད་དུ་བཤད་པའི་ཕྱིར་རོ། །

འདིར་དགོས་པ་ལ་འཕྲོས་ནས། དགོས་སོགས་ཆོས་བཞི་ངོས་བཟུང་བ་ལ། སྤྱིར་ངག་དོན་མཐུན་ཐམས་ཅད་ལ་དགོས་སོགས་ཆོས་བཞི་ཚང་སྟེ། དཔེར་ན་བུམ་པར་ཆུ་ལོན་ཅིག་ཅེས་པའི་ངག་ལ་བརྟེན་ནས། བུམ་པར་ཆུ་ལེན་པར་གོ་བ། ངག་དེའི་བརྗོད་བྱ། དེ་ནས་བུམ་པར་ཆུ་ལེན་པ། ངག་དེའི་དགོས་པ། ཆུ་བླངས་ནས་ཁྲུས་དང་བཏུང་བ་སོགས་ཀྱིས་སྐྱེས་བུ་ཚིམ་པར་འགྱུར་བ་ནི། དེའི་ཉིང་དགོས། དེ་ལྟ་བུའི་ཉིང་དགོས། དགོས་པ་ལ་འབྲེལ། དགོས་པ་ངག་ལ་འབྲེལ་པ་ནི་འབྲེལ་བ་ཡིན་ནོ། །སྐབས་དོན་གྱི་ཆོས་བཞི་ངོས་བཟུང་བ་ནི། སྡོམ་གསུམ་དབྱེ་བ་བདག་གིས་བཤད། །ཅེས་པས་བརྗོད་བྱ་དང་། བདག་ནི་སངས་རྒྱས་བསྟན་པ་ལ། །ཞེས་སོགས་རྐང་པ་གཉིས་ཀྱིས་དགོས་པ་དངོས་སུ་བསྟན་ནས། ཉིང་དགོས་དང་འབྲེལ་པ་དོན་གྱིས་བསྟན་ཏོ། །དེ་ཡང་སྡོམ་པ་གསུམ་པོ་དེ་ཆོས་ཅན། ཁྱོད་བསྟན་བཅོས་འདིའི་བརྗོད་བྱ་ཡིན་ཏེ། ཁྱོད་འདིའི་བཤད་པར་བྱ་བ་ཡིན་པའི་ཕྱིར། སྡོམ་པ་གསུམ་གྱི་རྣམ་གཞག་འཁྲུལ་པ་བཀག་ནས་མ་འཁྲུལ་བའི་རྣམ་གཞག་སྒྲུབ་པ་དེ་ཆོས་ཅན། ཁྱོད་འདིའི་དགོས་པ་ཡིན་ཏེ། ཁྱོད་འདིའི་ཕྱོགས་སུ་བྱ་བ་ཡིན་པའི་ཕྱིར། དེ་ལྟར་མ་འཁྲུལ་བ་ཉམས་སུ་བླངས་པ་ལ་བརྟེན་ནས་བཅུ་གསུམ་རྡོ་རྗེ་འཛིན་པའི་ས་ཐོབ་པ་དེ་ཆོས་ཅན། ཁྱོད་འདིའི་ཉིང་དགོས་ཡིན་ཏེ། འདིའི་འབྲས་བུ་མཐར་ཐུག་ཡིན་པའི་ཕྱིར། དེ་དག་ཐབས་དང་ཐབས་བྱུང་གི་ཚུལ་གྱི་འབྲེལ་པ་ནི། འདིའི་འབྲེལ་པ་ཡིན་ནོ། །

གཉིས་པ་བཤད་པ་རང་གི་ངོ་བོ་ལ་གཉིས་ཏེ། དོན་ལ་འཁྲུལ་པ་དགག་པ་དང་། ཚིག་ལ་འཁྲུལ་པ་དགག་པའོ། །དང་པོ་ལ་གསུམ་སྟེ། བརྗོད་བྱའི་གཙོ་བོ་ངོས་བཟུང་བའི་སྒོ་ནས་ལུས་མདོར་བསྟན། སྡོམ་གསུམ་གྱི་ཉམས་ལེན་ཞིབ་ཏུ་བསྟན་པའི་སྒོ་ནས་ཡན་ལག་རྒྱས་པར་བཤད། གནད་མ་འཁྲུལ་པར་སྒྲུབ་པར་གདམ་པའི་སྒོ་ནས་འཇུག་བསྡུ་བའོ། །དང་པོ་ནི། སོ་སོ་ཐར་པའི་སྡོམ་པ་དང་ཞེས་སོགས་ཚིགས་བཅད་གསུམ་སྟེ། བཤད་ཀྱི་ཉོན་ཅེས་ཉན་པར་གདམ་ནས། གང་བཤད་ན། སོ་ཐར་ནས་ས་ལམ་གྱི་རྣམ་གཞག་གི

བར་བཅུ་གཅིག་པོ་འདི་དག་ནི་གཞུང་འདིའི་བརྗོད་བྱའི་གཙོ་བོ་བསྡུས་པ་ཡིན་ཞིང་། དེ་དག་གི་ཡན་ལག་དང་བཅས་པ་ལ་འཁྲུལ་པ་འགོག་ཅིང་མ་འཁྲུལ་པར་བསྒྲུབ་པའི་རྣམ་པར་དབྱེ་བ་བཤད། བཅུ་གཅིག་པོ་སྐབས་གང་དང་གང་དུ་བཤད་ན། སོ་སོ་ཐར་པའི་སྡོམ་པ་སྐབས་དང་པོར་བཤད་པར་བྱ་བ་ཡིན་ཏེ། དེ་དེའི་བརྗོད་བྱའི་གཙོ་བོ་ཡིན་པའི་ཕྱིར། བྱང་ཆུབ་སེམས་དཔའི་སེམས་བསྐྱེད་ནི། སྐབས་གཉིས་པར་བཤད་པར་བྱ་བ་ཡིན་ཏེ། དེ་དེའི་བརྗོད་བྱའི་གཙོ་བོ་ཡིན་པའི་ཕྱིར། གསང་སྔགས་ཀྱི་ནི་དབང་བསྐུར་བ་སྟེ་སྔགས་ཀྱི་སྡོམ་པ་ནི། སྐབས་གསུམ་པར་བཤད་པར་བྱ་བ་ཡིན་ཏེ། དེ་དེའི་བརྗོད་བྱའི་གཙོ་བོ་ཡིན་པའི་ཕྱིར། སྡོམ་པ་གསུམ་པོ་དེ་དག་གི་ནི་དང་པོར་ལེན་པའི་ཆོ་ག་དང་། སོ་སོའི་བསླབ་པར་བྱ་བ་ནི་སྐབས་གསུམ་དུ་སོ་སོར་བསྟན་ཏོ། །ཐེག་པ་ཆེན་པོའི་སེམས་བསྐྱེད་པའི་གནད། བདག་གཞན་བརྗེ་བའི་བྱང་ཆུབ་ཀྱི་སེམས་སྒོམ་པ་རྣམས་ནི་སྐབས་གཉིས་པ་དང་། སྟོང་ཉིད་སྙིང་རྗེའི་སྙིང་པོ་ནི། སྐབས་གསུམ་ཅར་དུ་ཅི་རིགས་པར་བསྟན་ནོ། །

རིམ་པ་གཉིས་ཀྱི་གསང་ཚིག་ལ་རིམ་གཉིས་མི་དགོས་པར་འདོད་པའི་ལོག་རྟོག་འགོག་པ་ནི། ཁ་ཅིག་འཁྲུལ་དང་མ་འཁྲུལ་མེད། །ཅེས་སོགས་སུ་སྟོན་ཅིང་། གསང་ཚིག་དངོས་ནི། གཞུང་འདིར་དངོས་སུ་མི་སྟོན་ལ། དབང་དང་རིམ་གཉིས་ལས་བྱུང་བའི་ཡེ་ཤེས་ཕྱག་རྒྱ་ཆེན་པོ་དང་། ཕྱི་དང་ནང་གི་རྟེན་འབྲེལ་ཟབ་མོ་དང་། རྡོ་རྗེ་ཐེག་པའི་ས་དང་ལམ་གྱི་རྣམ་གཞག་གསུམ་ནི་སྐབས་གསུམ་པར་སྟོན་ནོ། །དེ་ལྟར་ལུས་རྣམ་གཞག་གསུངས་པ་ཆོས་ཅན། དགོས་པ་ཡོད་དེ། འཆད་པ་པོས་བཤད་སླ། ཉན་པ་པོས་བཟུང་བདེ། ཐུན་མོང་དུ་བསྟན་བཅོས་ལ་ངེས་པ་སྐྱེ་བ་སོགས་ཀྱི་དགོས་པ་ཡོད་པའི་ཕྱིར་རོ། །

གཉིས་པ་ཡན་ལག་རྒྱས་པར་བཤད་པ་ལ་གཉིས་ཏེ། དངོས་ཀྱི་དོན་དང་། དེ་ལ་རྩོད་པ་བཤད་པའོ། །དང་པོ་ལ་གསུམ་སྟེ། སོ་ཐར་སྡོམ་པའི། བྱང་སེམས་སྡོམ་པའི། སྔགས་ཀྱི་སྡོམ་པའི་ཉམས་ལེན་བཤད་པའོ། །དང་པོ་ལ་གསུམ་སྟེ། བརྗོད་བྱའི་གཙོ་བོ་ཆོས་ཀྱི་རྣམ་གཞག །བསླབ་བྱའི་རང་བཞིན་ལས་འབྲས་ཀྱི་རྣམ་གཞག ཐོས་བསམ་སྒོམ་གསུམ་མ་ནོར་བས་འཇུག་བསྡུ་བའོ། །དང་པོ་ལ་གསུམ་སྟེ། དབྱེ་བའི་སྒོ་ནས་མདོར་བསྟན། སོ་སོའི་རང་བཞིན་རྒྱས་པར་བཤད། གདམས་པའི་སྒོ་ནས་འཇུག་བསྡུ་བའོ། །དང་པོ་ནི། སོ་སོ་ཐར་ཞེས་སོགས་རྐང་པ་གཉིས་ཏེ། སོ་སོ་ཐར་པའི་སྡོམ་པ་ཆོས་ཅན། ཁྱོད་ལ་སྡེ་སྣོད་ཀྱི་སྒོ་ནས་དབྱེ་ན་གཉིས་སུ་ཡོད་དེ། ཁྱོད་ལ་ཉན་ཐོས་ལུགས་ཀྱི་སོ་ཐར་དང་། ཐེག་ཆེན་ལུགས་ཀྱི་སོ་ཐར་གཉིས་སུ་ཡོད་པའི་ཕྱིར།

གཉིས་པ་ལ་གཉིས་ཏེ། ཉན་ཐོས་ལུགས་ཀྱི་སོ་ཐར་དང་། ཐེག་ཆེན་ལུགས་ཀྱི་སོ་ཐར་བཤད་པའོ། །དང་པོ་ལ་གཉིས་ཏེ། རིགས་བདུན་སྤྱིར་བསྟན་པ་དང་། བསྙེན་གནས་བྱེ་བྲག་ཏུ་བཤད་པའོ། །དང་པོ་ལ་

གཉིས་ཏེ། རྣམ་གཞག་སྤྱིར་བསྟན་པ། དུས་ལ་ལོག་རྟོག་དགག་པའོ། །དང་པོ་ལ་གཉིས་ཏེ། དམ་བཅའ་འགོད་པ་དང་། སྒྲུབ་བྱེད་བཤད་པའོ། །དང་པོ་ནི། ཉན་ཐོས་ལུགས་ཞེས་པ་ལས་འཕྲོས་ནས། ཉན་ཐོས་ལུགས་ཀྱི་སོ་ཐར་གྱི་རྣམ་གཞག་ཇི་ལྟ་བུ་ཞེ་ན། ཉན་ཐོས་རྣམས་ཀྱི་ཞེས་སོགས་ཚིགས་བཅད་གཉིས་ཏེ། ཉན་ཐོས་རྣམས་ཀྱི་ལུགས་ལ་སྐྱབས་འགྲོ་རྫོམ་བྱེད་དུ་བྱས་པའི་དགེ་བསྙེན་ནས། དགེ་སློང་གི་ནི་སྡོམ་པའི་བར་གྱི་སྡོམ་པ་རིགས་བདུན་པོ་དུས་ཇི་སྲིད་འཚོའི་བར་དུ་ལེན་པ་ཡིན་ཞིང་། རྟེན་ཤི་འཕོས་པའི་ཚེ་ན་གཏོང་བ་ནི་སྡོམ་པའོ། །འོན་སྡོམ་པ་དེ་དག་བསྲུང་བ་དོན་མེད་པར་འགྱུར་ཏེ། དེ་ཤི་བའི་ཚེ་གཏོང་བའི་ཕྱིར་ཞེ་ན། སྐྱོན་མེད་དེ། སྡོམ་པ་དེ་རྣམས་ཀྱི་འབྲས་བུ་ནི་རྟེན་ཚེ་འཕོས་ནས་ནི་འབྱུང་བར་འགྱུར་བའི་ཕྱིར་ཏེ། ཇི་སྐད་དུ། ཁྲིམས་ནི་འགྲོ་བ་བཟང་པོའི་རྒྱུད། །ཞེས་དང་། སྦྱིན་པས་ལོངས་སྤྱོད་ཁྲིམས་ཀྱིས་བདེ། །ཞེས་གསུངས་པ་ལྟར་རོ། །འོ་ན། བྱང་ཆུབ་སེམས་དཔའི་སྨོན་འཇུག་གི་སྡོམ་པ་རྣམས་ཀྱང་ཤི་འཕོས་པའི་ཚེ་གཏོང་བར་ཐལ། ཉན་ཐོས་སོ་ཐར་རིགས་བདུན་དེའི་ཕྱིར་ཞེ་ན། སྐྱོན་མེད་དེ། བྱང་ཆུབ་སེམས་དཔའི་སྨོན་འཇུག་གི་སྡོམ་པ་རྣམས་རྟེན་ཤི་འཕོས་ནས་ཀྱང་སེམས་ཀྱི་རྗེས་སུ་འབྲང་བ་ཡིན་པའི་ཕྱིར་རོ། །

གཉིས་པ་ལ་གཉིས་ཏེ། རིགས་བདུན་འཆི་འཕོ་བའི་ཚེ་གཏོང་བའི་སྒྲུབ་བྱེད་དང་། དེའི་ཡན་ལག་ཏུ་སྡེ་སྣོད་ཀྱི་རྣམ་དབྱེ་བསྟན་པའོ། །དང་པོ་ལ་རིགས་པ་དང་། ལུང་གཉིས་ལས། དང་པོ་ནི། འོན་གོང་གི་སོ་ཐར་རིགས་བདུན་ཤི་བའི་ཚེ་གཏོང་བའི་སྒྲུབ་བྱེད་ཇི་ལྟ་བུ་ཞེ་ན། དེའི་ལན་སྟོན་པ་ནི། དེ་དག་གི་ནི་ཞེས་སོགས་རྐང་པ་ལྔ་སྟེ། ཉན་ཐོས་སྡེ་པའི་ལུགས་ཀྱི་སོ་ཐར་རིགས་བདུན་པོ་དེ་དག་ཤི་འཕོས་པའི་ཚེ་གཏོང་བ་ཡི་ནི་རྒྱུ་མཚན་ཡང་། འདི་ལྟར་ཉན་ཐོས་ལུགས་ལ་རྟེན་གྱི་གང་ཟག་ཤི་བའི་ཚེ་ན་སྡོམ་པ་གཏོང་སྟེ། ཉན་ཐོས་ལུགས་ལ་སྡོམ་པ་གཟུགས་ཅན་ཡིན་པའི་ཕྱིར། དེ་གཟུགས་ཅན་ཡིན་ཏེ། ཉན་ཐོས་ལུགས་ལ་སོ་ཐར་སྡོམ་པ་རྣམ་པར་རིག་བྱེད་མ་ཡིན་པའི་གཟུགས་གཙོ་བོ་ཡིན་ཅིང་། རིག་བྱེད་ཀྱི་གཟུགས་ཡིན་པའང་ཡོད་པ་གང་ཞིག ངོ་བོ་བསྒྲུབ་བྱའི་ལུས་ངག་གི་ལས་ཀྱི་ངོ་བོར་ནི་སྐྱེ་ཞིང་། ལུས་ངག་གི་ལས་གཟུགས་ཅན་ཡིན་པར་འདོད་པའི་ཕྱིར་རོ། །གཏན་ཚིགས་དང་པོ་གྲུབ་སྟེ། མཛོད་ལས། རྣམ་རིག་མིན་རྣམ་གསུམ་ཤེས་བྱ། །སྡོམ་དང་སྡོམ་པ་མིན་དང་གཞན། །སྡོམ་པ་སོ་སོ་ཐར་ཅེས་བྱ། །དེ་བཞིན་ཟག་མེད་བསམ་གཏན་སྐྱེས། །ཞེས་དང་། འཆལ་བའི་ཚུལ་ཁྲིམས་མི་དགེའི་གཟུགས། །དེ་སྤོང་ཚུལ་ཁྲིམས་རྣམ་གཉིས་སོ། །ཞེས་དང་། དང་པོའི་རྣམ་རིག་རྣམ་རིག་མིན། །ཞེས་པའི་རང་འགྲེལ་དུ། སྡོམ་པ་ཡང་དག་པར་བླངས་པའི་རྣམ་པ་རིག་བྱེད་དང་རིག་བྱེད་མ་ཡིན་པ་དང་པོ་དག་ནི། སོ་སོ་ཐར་པ་ཞེས་བྱ་སྟེ། དང་པོར་སྡིག་པ་ལས་ཐར་པའི་ཕྱིར་ཏེ། སྤོང་བའི་ཕྱིར་ཞེས

བྱ་བའི་ཐ་ཚིག་གོ། །སོ་སོ་ཐར་པའི་སྡོམ་པ་ཞེས་ཀྱང་བྱ་སྟེ། ལུས་དང་ངག་སྡོམ་པའི་ཕྱིར་རོ། །ལས་ཀྱི་ལམ་ཞེས་ཀྱང་བྱའོ། །སྐད་ཅིག་མ་གཉིས་པ་ལ་སོགས་པ་ནི་སོ་སོ་ཐར་པའི་སྡོམ་པ་ཁོ་ན་ཡིན་གྱི། སོ་སོ་ཐར་པ་ནི་མ་ཡིན་ནོ། །མཇུག་ཡིན་གྱི། ལས་ཀྱི་ལམ་དངོས་ནི་མ་ཡིན་ནོ། །ཞེས་གསུང་པའི་ཕྱིར། འོ་ན་བསམ་གཏན་དང་། ཟག་མེད་ཀྱི་སྡོམ་པ་གཉིས་ཀྱང་། ཤི་འཕོས་པའི་ཚེ་གཏོང་བར་ཐལ། དེ་གཟུགས་ཅན་ཡིན་པའི་ཕྱིར་ཞེ་ན། བསམ་གཏན་དང་ཟག་མེད་ཀྱི་སྡོམ་པ་ཡང་། ཚེ་འདིའི་གཟུགས་ཅན་རྟེན་ཤི་འཕོས་པའི་ཚེ་གཏོང་སྟེ། རྟེན་བོར་བའི་ཕྱིར་རོ། །གཞན་དུ་ན། སོ་ཐར་གྱི་སྡོམ་པ་ཤི་འཕོས་པས་གཏོང་བའི་སྒྲུབ་བྱེད་དུ། རྟེན་བོར་བའི་ཕྱིར། ཞེས་བཀོད་པ་ལ་འཁྲུལ་ཅི་ཞིག་ཡོད། འོ་ན། བསམ་གཏན་དང་། ཟག་མེད་ཀྱི་སྡོམ་པ་ཐོབ་ལ་མ་ཉམས་པའི་གང་ཟག ཚེ་ཕྱི་མར་སྡོམ་པ་དེ་གཉིས་དང་རྟེན་མི་ལྡན་པར་འགྱུར་རོ་སྙམ་ན་ཤི་འཕོས་པའི་སྐད་ཅིག་གཉིས་པར་ཚེ་ཕྱི་མའི་ཕུང་པོ་གྲུབ་པའི་ཚེ། ཚེ་ཕྱི་མའི་དབང་དུ་བྱས་པའི་སྡོམ་པ་དེ་གཉིས་ཀྱི་ཐོབ་པ་འབྱུང་བ་ནི། ཉན་ཐོས་པའི་ལུགས་སྟེ། དཔེར་ན། ཕྱིར་མི་འོང་འདོད་པའི་རྟེན་ཅན་ཤི་འཕོས་ནས། གཟུགས་མེད་ཁམས་སུ་སྐྱེས་པའི་ཚེ། འདོད་པའི་རྟེན་ལ་ཡོད་པའི་ཟག་མེད་ཀྱི་སྡོམ་པ་གཏོང་ཡང་གཟུགས་མེད་ཀྱི་རྟེན་ལ་ཡོད་པའི་ཟག་མེད་ཀྱི་སྡོམ་པ་གསར་དུ་ཐོབ་པ་བཞིན་ནོ། །ཞེས་ཀུན་མཁྱེན་གསུང་ངོ། །

གཉིས་པ་ལུང་གི་སྒྲུབ་བྱེད་ནི། འདི་ནི་ཆོས་མངོན། ཞེས་སོགས་རྐང་པ་དྲུག་སྟེ། ཉན་ཐོས་སོ་ཐར་རིགས་བདུན་པོ་ཤི་འཕོས་པའི་ཚེ་གཏོང་བ་འདི་ནི། རིགས་པས་གྲུབ་པར་མ་ཟད་ལུང་གིས་ཀྱང་གྲུབ་སྟེ། ཆོས་མངོན་པའི་མདོ་ལས། སྡོམ་པ་བླང་པ་དང་འགལ་བ་བསླབ་པ་ཕུལ་བ་དང་། སྡོམ་པའི་རྟེན་བོར་བ། ཤི་འཕོས་པ་དང་། རྟེན་ཉམས་པ། ཕོ་མོའི་མཚན་གཉིས་དག་ནི་ལྷན་ཅིག་ཏུ་བྱུང་བ་དང་། གཞི་མེད་པ་ལོག་ལྟས་དགེ་བའི་རྟེན་རྩ་བ་ཆད་པ་དང་། ཁས་བླངས་པ་དུས་ལས་འདས་པ། མཚན་མོ་འདས་པ་ལས་སོ་སོ་ཐར་པའི་འདུལ་བ་སྟེ། སྡོམ་པ་གཏོང་ཞེས་གསུང་པ་ཉན་ཐོས་ཀྱི་ལུགས་འདི་ལ་སྒྲུབ་བྱེད་ཚད་མ་ཡིན་པའི་ཕྱིར། དེ་ལ་དང་པོ་བཞི་ནི་རིགས་བརྒྱད་ཆར་གྱི་གཏོང་རྒྱུ་ཡིན་ལ། ཕྱི་མ་ནི་བསྙེན་གནས་ཁོ་ནའི་གཏོང་རྒྱུ་ཡིན་ནོ། །

གཉིས་པ་ལ། རིགས་པ་དང་། ལུང་དྲན། དང་པོ་ནི། འོ་ན། བྱང་སེམས་ཀྱི་སྡོམ་པ་ཡང་རྟེན་ཤི་འཕོས་པའི་ཚེ་གཏོང་བར་འགྱུར་རོ། །སྙམ་ན། དེའི་ལན་དུ། བྱང་ཆུབ་སེམས་དཔའི་སྡོམ་པ་ནི། །ཞེས་སོགས་ཚིགས་བཅད་གཅིག་ཏེ། བྱང་ཆུབ་སེམས་དཔའི་སྨོན་འཇུག་གི་སྡོམ་པ་ཀུན་སློང་བྱང་ཆུབ་མ་ཐོབ་བར་ལ་སོགས་པ་ཇི་སྲིད་བསྲུང་བའི་ཕན་སེམས་མ་ཉམས་པའམ་གཏོང་བྱེད་ཀྱི་རྒྱུ་རྩ་ལྟུང་སོགས་མི་མཐུན་ཕྱོགས་ཀྱིས་མ་ཉམས་པ་དེ་ཡི་བར་དུ་ཡོད་དེ། བྱང་ཆུབ་སེམས་དཔའི་སྨོན་འཇུག་གི་སྡོམ་པ་ནི། བྱང་ཆུབ་སྙིང་པོའི་བར་ལ་

སོགས་པ་ཕན་སེམས་ཇི་ལྟར་འདོད་པ་ལས་སྐྱེ་བའི་ཕྱིར། ཁོ་ན་རེ། དེ་ལྟ་ན་ཡང་། བྱང་སེམས་ཀྱི་སྡོམ་པ་འཆི་འཕོ་བའི་ཚེ་གཏོང་སྟེ། དེའི་ཚེ་རྟེན་མེད་པའི་ཕྱིར་ཏེ། དེ་གཟུགས་ཅན་ཡིན་པས་སོ། །སྙམ་ན་སྐྱོན་མེད་དེ། སྡོམ་པ་གཟུགས་ཅན་མིན་པར་ཀུན་སློང་གི་ཤེས་པའི་ངོ་བོར་སྐྱེས་པ་དེས་ན་སྟེ་དེའི་ཕྱིར་རོ། །

གཉིས་པ་ནི། མདོ་རྒྱུད་བསྟན་བཅོས་ཞེས་སོགས་རྐང་པ་གཉིས་ཏེ། བྱང་སེམས་ཀྱི་སྡོམ་པ་ཤི་འཕོས་པའི་ཚེ་མི་གཏོང་བར། ཀུན་སློང་གི་འཕེན་སེམས་མ་ཉམས་བར་དུ་ཡོད་པ་དེ་ཉིད་ལུང་གིས་ཀྱང་འགྲུབ་སྟེ། དེ་ཐེག་པ་ཆེན་པོའི་མདོ་རྒྱུད་བསྟན་བཅོས་ཐམས་ཅད་ཀྱི་དགོངས་པ་ཡིན་པའི་ཕྱིར་ཏེ། ཞིང་གི་ཡོན་ཏན་བཀོད་པའི་མདོ་ལས། བདག་ནི་བྱང་ཆུབ་རིང་ཚུལ་དུ། །འཚང་རྒྱར་མོས་ཤིང་སྒྲོ་བ་མེད། །ཕྱི་མཐར་ཐུག་པའི་བར་དུ་ཡང་། །སེམས་ཅན་གཅིག་ཕྱིར་བཅད་པར་བགྱི། །ཞེས་པ་དང་། སྐྱེས་རབས་ལས། ལས་ཀྱི་རྣམ་པར་སྨིན་པ་བསམ་མི་ཁྱབ། །སྙིང་རྗེའི་བདག་ཉིད་ཅན་ཡང་དུད་འགྲོར་སྐྱེ། །དེར་ཡང་ཆོས་ཀྱི་འདུ་ཤེས་ཉམས་པ་མེད། །ཅེས་དང་། ནོར་བུ་ཐིག་ལེའི་རྒྱུད་དུ། བདག་ཆེ་གེ་མོ་ཞེས་བྱ་བ། དུས་འདི་ནས་ཇི་སྲིད་བྱང་ཆུབ་སྙིང་པོ་ལ་ཐུག་གི་བར་དུ་ཞེས་པ་དང་། ཟླ་རི་པས། བདག་ཀྱང་དེང་ནས་བྱང་ཆུབ་བར། །ལུས་དང་སྲོག་ལ་ལྟོས་མེད་པར། །བསླབ་རྣམས་མགོན་བཞིན་བསྲུང་ལ་གནས། །ཡེ་ཤེས་ཐུགས་ཀྱི་དགོངས་སུ་གསོལ། །ཞེས་པ་དང་། སྤྱོད་འཇུག་ལས། བྱང་ཆུབ་སྙིང་པོར་མཆིས་ཀྱི་བར། །སངས་རྒྱས་རྣམས་ལ་སྐྱབས་སུ་མཆི། །ཞེས་དང་། བཞི་བརྒྱ་པར། དེ་ཉིད་སྒོམ་པས་སྐྱེ་བ་འདིར། །གལ་ཏེ་གྲུབ་པར་མ་གྱུར་ཀྱང་། །སྐྱེ་བ་གཞན་དུ་འབད་མེད་པར། །ངེས་པར་འགྲུབ་འགྱུར་ལས་བཞིན་ནོ། །ཞེས་དང་། བྱང་སར། ཚེ་བརྗེས་སུ་ཟིན་ཡང་། འོག་དང་སྟེང་དང་ཐད་ཀ་ཐམས་ཅད་དུ་སྐྱེས་པ་ན། བྱང་ཆུབ་སེམས་དཔའི་ཚུལ་ཁྲིམས་ཀྱི་སྡོམ་པ་ཡང་དག་པར་བླངས་པ་སྤོང་བར་མི་འགྱུར་རོ། །བྱང་ཆུབ་སེམས་དཔའི་ཚེ་བརྗེས་ཏེ་རྗེད་ན་ཡང་། དགེ་བའི་བཤེས་གཉེན་བསྟེན་པ་ལ་བརྟེན་ནས་དྲན་པ་བསོ་བའི་ཕྱིར། ཡང་དང་ཡང་ནོད་པར་བྱེད་པར་ཟད་ཀྱི། གསར་དུ་ཡང་དག་པར་ལེན་པར་བྱེད་པ་ནི་མ་ཡིན་ནོ། །ཞེས་དང་། དེའི་འགྲེལ་པ་རྒྱ་མཚོའི་སྤྲིན་གྱིས་མཛད་པར། འོག་ཅེས་བྱ་བ་ནི་ངན་སོང་རྣམས་ཏེ། སྨོན་ལམ་གྱི་སྟོབས་དང་། དབང་གི་སྒྱུར་བས་སེམས་ཅན་ཡོངས་སུ་སྨིན་པར་བྱ་བའི་དོན་དུ་ནི་ངན་སོང་དུ་སྐྱེས་ན་ཡང་། སྡོམ་པ་ཡོངས་སུ་བཏང་བ་མེད་དེ། གཏོང་བའི་རྒྱུ་མེད་པའི་ཕྱིར་རོ། །སྟེང་ཞེས་བྱ་བ་ནི་ལྷ་རྣམས་ཀྱི་ནང་དུའོ། །ཐད་ཀ་ཞེས་བྱ་བ་ནི་མི་རྣམས་ཀྱི་ནང་དུའོ། །ཞེས་སོགས་དང་། རྗེས་སུ་འབྲང་བ་ཁོ་ནར་འགྱུར་ཏེ། དྲན་པ་བསོ་བའི་ཕྱིར། ཡང་ཡང་གསོས་ན་ཡང་ཉེས་པ་མེད་དོ། །ཞེས་དང་། གནས་བརྟན་བྱང་བཟང་གིས་ཀྱང་། དྲན་པ་བརྗེད་ཀྱང་སྟོན་གོམས་པའི་དབང་དང་། ཞེས་སོགས་རྒྱ་ཆེར་གསུང་པའི་

ཕྱིར་རོ། །

འདིར་བྱང་སེམས་ཀྱི་སྡོམ་པ་རྟེན་ཤི་འཕོས་པའི་ཚེ་མི་གཏོང་བའི་དམ་བཅའ་དང་། སྒྲུབ་བྱེད་གཉིས་བྱུང་བ་ནི། འོག་གི་ཕྱོགས་སྔ་སྐབས་པོས། སོ་ཐར་རིགས་བདུན་སེམས་ཇི་སྲིད་འཚོའི་བར་དུ་ལེན་པ། སེམས་བསྐྱེད་རྒྱུ་ཐབས་མར་འདོད་པ་ལ། དེ་ནི་སོ་སོར་ཐར་གྱི་རྣམ་དབྱེ་མ་ཤེས་པའི་ཉེས་པ་ཡིན་ཏེ། སྡོམ་པ་སྲོག་ཇི་སྲིད་འཚོའི་བར་དུ་ལེན་པ་ཉན་ཐོས་ཀྱི་ལུགས་དང་། བྱང་ཆུབ་མ་ཐོབ་ཀྱི་བར་དུ་ལེན་པ་བྱང་སེམས་ཀྱི་སོ་སོར་གྱི་ལུགས་ཡིན་པའི་ཕྱིར། ཞེས་བསྟན་པའི་དོན་དུ་ཡིན་ཏེ། འོག་ཏུ། སོ་སོར་རྣམ་དབྱེ་མེད་པར་ཟད། །ཅེས་འབྱུང་བ་དང་དོན་གཅིག་གོ་ཞེས་གསུངས། འདི་ནི། དབྱེ་བའི་སྐབས་སུ། སོ་སོར་གྱི་སྒོ་ནས་དབྱེ་བ་དང་། ལུགས་གཉིས་པོ་ཡང་། སོ་སོར་གྱི་སྒོ་ནས་འཇོག་པའི་གནད་དམ་པ་ཡིན་ནོ། །

གཉིས་པ་དུས་ལ་ལོག་རྟོག་དགག་པ་ལ་གཉིས་ཏེ། ཕྱོགས་སྔ་མ་བརྗོད་པ་དང་། དེ་དགག་པའོ། །དང་པོ་ནི། ཁ་ཅིག་ཞེས་སོགས་རྐང་པ་གཉིས་ཏེ། ཁ་ཅིག་ན་རེ་འབྲི་ཁུང་པ་རྣམས། ཇི་སྲིད་འཚོའི་སྒྲ། ལུས་ཇི་སྲིད་འཚོ་དང་། སེམས་ཇི་སྲིད་འཚོ་གཉིས་ལ་འཇུག་པ་ལས། སོ་ཐར་རིགས་བདུན་ཇི་སྲིད་འཚོའི་བར་དུ་ལེན་པ་ནི། སེམས་ཇི་སྲིད་འཚོ་ལ་དགོངས་པ་ཡིན་ཏེ། འདི་ནི་སེམས་བསྐྱེད་རྒྱུ་ཐབས་མ་ཡིན་ནོ། །ཞེས་ཟེར་རོ། །

གཉིས་པ་ལ་གསུམ་སྟེ། སྒྲུབ་བྱེད་མེད་པས་མདོར་བསྟན། གནོད་བྱེད་ཡོད་པས་རྒྱས་པར་བཤད། སླད་པའི་གནས་སུ་བསྟན་པས་འཇུག་བསྡུ་བའོ། །དང་པོ་ནི། དེ་འདྲ་ཞེས་སོགས་རྐང་པ་གཉིས་ཏེ། སོ་ཐར་རིགས་བདུན་བྱང་ཆུབ་མ་ཐོབ་བར་དུ་ལེན་པ་དེ་མི་འཐད་དེ། སོ་ཐར་རིགས་བདུན་སེམས་ཇི་སྲིད་འཚོའི་བར་དུ་ལེན་པ་དེ་འདྲ་མདོ་རྒྱུད་ལས་མ་གསུངས་པས། སངས་རྒྱས་ཀྱི་དགོངས་པ་མིན་ཅིང་། རྒྱན་དྲུག་མཆོག་གཉིས་ལ་སོགས་པ་མཁས་པའི་གཞུང་ལས་དེ་མ་བཤད་པའི་ཕྱིར་རོ། །

གཉིས་པ་ལ་གཉིས་ཏེ། གནོད་བྱེད་ཀྱི་རིགས་པ་དངོས་དང་། དེའི་ཉེས་སྤོང་གི་ལན་དགག་པའོ། །དང་པོ་ནི། དེ་ལྟ་ཡིན་ན། ཞེས་སོགས་རྐང་པ་བཅུ་སྟེ། ཤེས་བྱ་ཆོས་ཅན། ཉན་ཐོས་ཀྱི་སྡོམ་པ་དང་། ཐེག་ཆེན་གྱི་སྡོམ་པ་ལ་དུས་ཀྱི་སྒོ་ནས་ཁྱད་པར་མེད་པར་འགྱུར་ཏེ། ཉན་ཐོས་ལུགས་ཀྱི་སོ་ཐར་རིགས་བདུན་སེམས་ཇི་སྲིད་འཚོའི་བར་དུ་ལེན་པ་དེ་ལྟ་ཡིན་པའི་ཕྱིར་ནའོ། །ཉན་ཐོས་དང་ཐུན་མོང་བའི་སྐྱབས་འགྲོ་དང་། ཐེག་ཆེན་ཐུན་མོང་མ་ཡིན་པའི་སྐྱབས་འགྲོ་གཉིས་སུ་དབྱེར་མི་རུང་བར་ཐལ། རྟགས་སྔ་མ་དེའི་ཕྱིར། འདོད་མི་ནུས་ཏེ། ཀུན་ཏུ་འགྲོ་དང་ཁས་ལེན་རྟོག་དང་ཟིལ་གནོན་པར། །དབྱེ་བའི་རང་བཞིན་དོན་རྣམས་བཞི་ཡི་ཁྱད་པར་གྱིས། །ཐེག་པ་མཆོག་ཕྱིར་དཀོན་མཆོག་སྐྱབས་རབ་སོང་བ་གང་། །དེ་ཉིད་སྐྱབས་སུ་སོང་བ་རྣམས་ཀྱི་ནང་ན་མཆོག

ཅེས་བྱ། །ཞེས་གསུངས་པའི་ཕྱིར། ཡང་ཉན་ཐོས་དང་། ཐེག་ཆེན་གྱི་སྡོམ་པ་འབོགས་པའི་སྦྱོར་དངོས་རྗེས་གསུམ་གྱི་ཆོ་ག་དང་། སྡོམ་པ་དེ་གཉིས་ཀྱི་བསླབ་བྱའང་གཅིག་ཏུ་འགྱུར་བར་ཐལ། ཁས་བླངས་དེའི་ཕྱིར། རྟེན་ཤི་འཕོས་པའི་ཚེ་དགེ་སློང་གི་སྡོམ་པ་མི་འདོར་བར་ཐལ། དགེ་སློང་གི་སྡོམ་པ་སེམས་ཇི་སྲིད་འཚོའི་བར་དུ་ལེན་པ་ཡིན་པའི་ཕྱིར། རྟགས་དངོས། འདོད་ན། བསླབ་པ་ཕུལ་བ་དང་། ལ་སོགས་པ་མཚན་གཉིས་ཅིག་ཅར་བྱུང་བ་དང་། ལོག་བལྟས་དགེ་རྩ་ཆད་པ་སོགས་སྡོམ་པའི་གཏོང་རྒྱུ་གཞན་གྱིས་ཀྱང་། དགེ་སློང་གི་སྡོམ་པ་གཏོང་བ་མི་སྲིད་པར་འགྱུར་བར་ཐལ། རྟེན་གྱི་གང་ཟག་ཤི་འཕོས་པའི་ཚེ་ཡང་དགེ་སློང་གི་སྡོམ་པ་མི་འདོར་བ་གང་ཞིག བསླབ་པ་ཕུལ་བ་སོགས་བཞི་པོ་དེ་དགེ་སློང་གི་སྡོམ་པའི་གཏོང་རྒྱུ་ཡིན་པར་མཚུངས་པའི་ཕྱིར་ནའོ། །

གཉིས་པ་ལ་གཉིས་ཏེ། ཉེས་སྤོང་བརྗོད་པ་དང་། དེ་དགག་པའོ། །དང་པོ་ནི། དེ་ལ་ཁ་ཅིག་ཞེས་སོགས་རྐང་པ་ལྔ་སྟེ། སོ་ཐར་རིགས་བདུན་སེམས་ཇི་སྲིད་འཚོའི་བར་དུ་ལེན་པ་ལ་སྐྱབ་བྱེད་མེད་ཅིང་། གནོད་བྱེད་བརྗོད་པ་དེ་ལ་བཀའ་གདམས་པ་ཁ་ཅིག ཉེས་སྤོང་འདི་སྐད་དུ། གལ་ཏེ་ཐེག་པ་ཆེན་པོའི་སེམས་བསྐྱེད་ཀྱིས་ནི་མ་ཟིན་པའི་སོ་ཐར་གྱི་སྡོམ་པ། རྟེན་ཤི་བའི་ཚེ་གཏོང་ན་ཡང་། བྱང་ཆུབ་སེམས་ཀྱིས་ཟིན་པ་ཡི་སོ་ཐར་གྱི་སྡོམ་པ་རྟེན་ཤི་འཕོས་པའི་ཚེ་གཏོང་བ་མི་སྲིད་ལོ། །

གཉིས་པ་ལ་བཞི་སྟེ། གཏོང་རྒྱུ་གནས་ལའང་མཚུངས་པར་ཐལ་བ། འདོད་པ་ལ་གནོད་བྱེད་བསྟན་པ། རྩ་བའི་ཉེས་སྤོང་ལ་གནོད་བྱེད་བསྟན་པ། བསྟེན་གནས་ལའང་མཚུངས་པར་ཐལ་བའོ། །དང་པོ་ནི། འོ་ན་སེམས་བསྐྱེད་ཀྱི་ཞེས་སོགས་རྐང་པ་ལྔ་སྟེ། འོ་ན། ཐེག་ཆེན་སེམས་བསྐྱེད་ཀྱིས་ཟིན་པའི་དགེ་སློང་གི་སྡོམ་པ་ལ་སོགས་པ་སྡོམ་པ་རིགས་གཞན་རྣམས་དགོས་པའི་དབང་གི་བསླབ་པ་ཕུལ་བ་དང་། རྟེན་ཤི་འཕོས་པ་དང་། ལོག་བལྟས་དགེ་བའི་རྩ་བ་ཆད་པ་དང་། ལ་སོགས་པ་མཚན་གཉིས་ཅིག་ཅར་དུ་བྱུང་བ་སྡོམ་པའི་གཏོང་རྒྱུ་ཀུན་གྱིས་མི་གཏོང་བར་འགྱུར་བར་ཐལ། ཐེག་ཆེན་སེམས་བསྐྱེད་ཀྱིས་ཟིན་པའི་དགེ་སློང་གི་སྡོམ་པ་སོགས་ཤི་འཕོས་པའི་ཚེ་མི་གཏོང་བ་ཡིན་པའི་ཕྱིར་རོ། །

གཉིས་པ་ནི། དེ་ལྟ་ཡིན་ན་ཞེས་སོགས་རྐང་པ་གསུམ་སྟེ། ཐེག་ཆེན་སེམས་བསྐྱེད་ཀྱིས་ཟིན་པའི་དགེ་སློང་གི་སྡོམ་པ་ཕུལ་བའི་རྗེས་སུ་ཡང་བསྲུང་དགོས་པར་འགྱུར་ཞིང་། ཕུལ་བའི་རྗེས་སུ་མ་བསྲུང་ན་དགེ་སློང་གི་སྡོམ་པ་ཉམས་པར་འགྱུར་བར་ཐལ། ཐེག་ཆེན་སེམས་བསྐྱེད་ཀྱིས་ཟིན་པའི་དགེ་སློང་གི་སྡོམ་པ། བསླབ་པ་ཕུལ་བས་མི་གཏོང་བར་འདོད་པ་དེ་ལྟ་འདོད་པ་ཡིན་ཕྱིར་ནའོ། །

གསུམ་པ་ནི། ཤི་འཕོས་ནས་ཀྱང་ཞེས་སོགས་རྐང་པ་བཅུ་གཅིག་སྟེ། ཐེག་ཆེན་དགེ་སློང་ཤི་འཕོས་ནས་ཀྱང་དགེ་སློང་དུ་འགྱུར་བར་ཐལ། ཐེག་ཆེན་སེམས་བསྐྱེད་ཀྱིས་ཟིན་པའི་དགེ་སློང་གི་སྡོམ་པ་དེན་ཤི་འཕོས་པའི་ཚེ་མི་གཏོང་བའི་ཕྱིར། རྟགས་དངོས། འདོད་ན། རྟགས་གལ་ཏེ་ཐེག་ཆེན་དགེ་སློང་དེ་ནི། ཤི་འཕོས་ནས་ལྷར་སྐྱེས་ན་ཡང་། ལྷ་ཡི་དགེ་སློང་སྲིད་པར་འགྱུར་བ་དང་། དེ་མིར་སྐྱེས་ན་ཡང་། ལོ་ཉི་ཤུ་མ་លོན་པའི་བྱིས་པ་ལའང་སྡོམ་པ་བླང་མི་དགོས་པར་དགེ་སློང་དུ་འགྱུར་བར་ཐལ། དགེ་སློང་དེ་ཤི་འཕོས་ནས་ཀྱང་དགེ་སློང་དུ་འགྱུར་བའི་ཕྱིར། དེ་ཡང་འདོད་ན། དེ་འདྲའི་བྱིས་པ་དེ་ལ་མི་བསད་པ་སོགས་ཀྱི་ལྟུང་བ་འཆབ་བཅས་བྱུང་བར་གྱུར་ན། དགེ་སློང་གི་སྡོམ་པ་ཉམས་པར་འགྱུར་བར་ཐལ། དེ་ལྟ་བུའི་བྱིས་པ་དེ་དགེ་སློང་ཡིན་པའི་ཕྱིར། འདོད་ན། དེ་ལྟ་བུའི་བྱིས་པས། སླར་ཡང་དགེ་སློང་གི་སྡོམ་པ་བླང་དུ་མེད་པར་འགྱུར་བར་ཐལ། འདོད་པའི་ཕྱིར། ཁྱབ་པ་ཡོད་དེ། རྩ་ལྟུང་འཆབ་བཅས་ཀྱིས་སྡོམ་པ་ཉམས་ནས་འཆབ་སེམས་སྐྱེས་པ་ལ་སླར་ཡང་སྡོམ་པ་བླང་དུ་མེད་པར་འདུལ་བ་ལས་གསུངས་པའི་ཕྱིར་ཏེ། ལུང་ལས། དགེ་སློང་གིས་གནས་དེ་ལྟ་བུ་དེ་བྱས་ན་བྱས་མ་ཐག་དགེ་སློང་དུ་མི་རུང་། དགེ་སྦྱོང་དུ་མི་རུང་། ཤཱཀྱའི་སྲས་སུ་མི་རུང་། དགེ་སློང་གི་དངོས་པོ་ལས་ཉམས་པར་འགྱུར་ཏེ། དེའི་དགེ་སྦྱོང་གི་ཚུལ་ཞིག་པར་འགྱུར་ཞིང་། ཉམས་པ། བཅོམ་པ། ལྟུང་བ། ཕམ་པར་གྱུར་པ་སྟེ། དེའི་དགེ་སྦྱོང་གི་ཚུལ་ཕྱིས་བླང་དུ་མེད་པར་འགྱུར་རོ་ཞེས་དང་། སུམ་བརྒྱ་པ་ལས། མི་གསོད་ལ་སོགས་རྣམ་བཞི་ཡིས། །དགེ་ཚུལ་གཅིག་ནི་བཞི་འགྱུར་ན། །དགེ་སློང་བཞིན་དུ་དགེ་ཚུལ་ལའང་། །ཕྱིས་ནས་སྡོམ་སྐྱེའི་སྐལ་བ་མེད། །ཅེས་གསུངས་པའི་ཕྱིར། ལྷ་དང་ལོ་ཉི་ཤུ་མ་ལོན་པའི་བྱིས་པའི་དགེ་སློང་ནི། འདུལ་བའི་སྡེ་སྣོད་རྣམས་ལས་བཀག་སྟེ། མདོ་རྩ་བར། མི་མིན་པའི་འགྲོ་བ་པ་ནི། སྡོམ་པའི་ཞིང་ཉིད་མིན་ནོ༑ ༑ཞེས་དང་། ལས་ཀྱི་གཞིར། ལོ་ཉི་ཤུ་མ་ལོན་པ་མ་ཡིན་ནམ། ཞེས་གསུངས་པའི་ཕྱིར་རོ། །

བཞི་པ་ནི། སེམས་བསྐྱེད་ལྡན་པའི་ཞེས་སོགས་རྐང་པ་དྲུག་ཏེ། སང་ཉི་མ་ཤར་ཕན་ཆད་དུས་རྟག་ཏུ་བསྙེན་གནས་ཀྱི་སྡོམ་པ་བསྲུང་དགོས་པར་འགྱུར་ཞིང་། དེ་ལྟར་བསྲུང་བ་མིན་ན། བསྙེན་གནས་ཀྱི་སྡོམ་པ་ཉམས་པར་འགྱུར་བར་ཐལ། ཐེག་ཆེན་སེམས་བསྐྱེད་དང་ལྡན་པའི་བསྙེན་གནས་ཀྱང་ནངས་པར་ཉི་མ་ཤར་ཕན་ཆད་ཡོད་པའི་ཕྱིར་ཏེ། ཐེག་ཆེན་སེམས་བསྐྱེད་དང་ལྡན་པའི་དགེ་སློང་གི་སྡོམ་པ་ཤི་འཕོས་ནས་ཀྱང་ཡོད་པ་གང་ཞིག །རྒྱུ་མཚན་མཚུངས་པའི་ཕྱིར། ཁོ་ནང་པར་ཉི་མ་ཤར་བའི་ཚེ་བསྙེན་གནས་ཀྱི་སྡོམ་པ་གཏོང་སྟེ། མཚན་མོ་འདས་པ་བསྙེན་གནས་ཀྱི་སྡོམ་པའི་གཏོང་རྒྱུ་ཡིན་པའི་ཕྱིར་ཞེས་ཟེར་ན་ནི། འོན་ཐེག་ཆེན་སེམས་བསྐྱེད་ཀྱིས་ཟིན་པའི་དགེ་སློང་གི་སྡོམ་པ་རྒྱུན་དུ་སྟེ་ཤི་འཕོས་ནས་ཀྱང་འབྱུང་བ་འགལ་བར་ཐལ། སང་ཉི་མ

ཤར་བའི་ཚེ་བསྙེན་གནས་ཀྱི་སྡོམ་པ་གཏོང་བ་ནི་གང་ཞིག མཚན་མོ་འདས་པ་བསྙེན་གནས་ཀྱི་སྡོམ་པའི་གཏོང་རྒྱུ་དང་། རྟེན་ཤི་འཕོས་པ་དགེ་སློང་གི་སྡོམ་པའི་གཏོང་རྒྱུ་ཡིན་པར་མཚུངས་པའི་ཕྱིར་རོ། །

གསུམ་པ་སྨྲད་པའི་གནས་སུ་མཛད་པས་མཇུག་བསྡུ་བ་ནི། དེས་ན། ཞེས་སོགས་ཚིགས་བཅད་གཅིག་སྟེ། ཉན་ཐོས་སོ་ཐར་སེམས་ཇི་སྲིད་འཚོའི་བར་དུ་ལེན་པ་ལ། སྒྲུབ་བྱེད་མེད་ཅིང་གནོད་བྱེད་ཡོད་པ་དེས་ན། ཉན་ཐོས་ཀྱི་སོ་སོ་ཐར་པའི་སྡོམ་པ་རིགས་བདུན་རྟེན་གྱི་གང་ཟག་ཤི་འཕོས་པའི་ཚེའང་མི་གཏོང་བར་ཡོད་དོ། །ཞེས་སྨྲ་བའི་སྐྱེས་བུ་······འཕྲི་ཁུང་པ་དེ་ལ་ནི། ཐེག་པ་ཆེ་ཆུང་གི་སྡེ་སྣོད་ཀྱི་རྣམ་དབྱེ་མེད་པར་ཟད་པ་ཡིན་ཏེ། ཉན་ཐོས་སོ་ཐར་རིགས་བདུན་སེམས་ཇི་སྲིད་འཚོའི་བར་དུ་ལེན་པ་ཐེག་པ་ཆེ་ཆུང་གི་སྡེ་སྣོད་གང་དུའང་གསུང་པ་མེད་པའི་ཕྱིར་རོ། །སྤྱིར་སོ་ཐར་གྱི་སྡོམ་པ་ཙམ་སེམས་ཇི་སྲིད་འཚོའི་བར་དུ་ལེན་པ་ལ་སྐྱོན་བསྟན་པ་མིན་ཏེ། རྗེ་བཙུན་རྩེ་མོས། བྱང་སེམས་ཀྱི་སྡོམ་པ་ལ་སོ་ཐར་གྱིས་ཁྱབ་པར་གསུང་ཞིང་། རྩ་ལྟུང་འགྲེལ་སྤྱོད་དུ། དབང་བསྐུར་གྱི་ཆོག་གཅིག་པུ་ལ་བརྟེན་ནས། སྡོམ་པ་གསུམ་ཆར་ཐོབ་པར་གསུང་པ་དང་། འདིར་ཡང་། དབང་བཞི་བླངས། །དེ་ཡི་སྡོམ་པ་གསུམ་ལྡན་འགྱུར། །ཞེས་གསུངས་པས། དེ་ལྟ་བུའི་སོ་ཐར་ནི། སྡོམ་པ་གཞན་གཉིས་པོ་མ་བཏང་བའི་བར་དུ་ཡོད་པའི་ཕྱིར་རོ། །

གཉིས་པ་བསྙེན་གནས་བྱེ་བྲག་ཏུ་བཤད་པ་ལ་གཉིས་ཏེ། རྣམ་གཞག་སྤྱིར་བསྟན་པ་དང་། ལོག་རྟོག་བྱེ་བྲག་ཏུ་དགག་པའོ། །དང་པོ་ལ་གཉིས་ཏེ། ཉན་ཐོས་སྡེ་གཉིས་ཀྱི་བསྙེན་གནས་ཀྱི་ཁྱད་པར་དང་། ཐེག་པ་ཆེ་ཆུང་གི་བསྙེན་གནས་ཀྱི་ཁྱད་པར་རོ། །དང་པོ་ལ། བྱེ་བྲག་སྨྲ་བའི་དང་། མདོ་སྡེ་པའི་ལུགས་གཉིས་ལས། དང་པོ་ནི། བྱེ་བྲག་སྨྲ་བའི་ཞེས་སོགས་ཚིགས་བཅད་གཅིག་སྟེ། ཉན་ཐོས་བྱེ་བྲག་ཏུ་སྨྲ་བའི་ལུགས་ལ། རིགས་བདུན་དུ་མ་ཟད། བསྙེན་གནས་ཀྱང་ཡུལ་དགེ་སློང་ཁོ་ན་ལས་ལེན་དགོས་ཏེ། འདུལ་བ་ལས། བསྙེན་པར་མ་རྫོགས་པ་དག་ནི། བསྙེན་པར་རྫོགས་པའི་དགེ་འདུན་གྱིས་ཡོངས་སུ་བཟུང་བ་ཙམ་མོ། །ཞེས་བསྙེན་པར་མ་རྫོགས་པ་དག་གིས་གཞན་ལ་སྡོམ་པ་འབོག་རྒྱུ་མི་རུང་བར་གསུང་པ་དང་། མཛོད་ལས། ནངས་པར་གཞན་ལས་ནོད་པར་བྱ། །ཞེས་དང་། སོ་སོ་ཐར་ཅེས་པ་དང་། གཞན་གྱི་རྣམ་རིག་བྱེད་སོགས་ཀྱི། །ཞེས་པའི་འགྲེལ་པར། དེ་ཡང་དག་དགེ་འདུན་ནམ། གང་ཟག་ལས་ཏེ། དགེ་སློང་དང་། དགེ་སློང་མ་དང་། དགེ་སློབ་མའི་སྡོམ་པ་རྣམས་ནི་དགེ་འདུན་ལས་སོ། །གཞན་དག་ནི་གང་ཟག་ལས་སོ། །ཞེས་གསུང་པས། སོ་ཐར་གཞན་ལྔ་ལེན་པའི་ཡུལ་དགེ་སློང་དུ་གྲུབ་སྟེ། དགེ་འདུན་དང་། གང་ཟག་གི་ཐ་སྙད་ཕྱེ་བའི་དགེ་འདུན་ནི། དགེ་སློང་བཞི་ཡན་ཆད་ཚོགས་པ་དང་། གང་ཟག་ནི། དགེ་སློང་གསུམ་མན་ཆད་ལ་འཇུག་པའི་ཕྱིར་དང་། ཕྱིར་

བཅོས་ཀྱི་གཞིར་ལྟུང་བ་འཆོལ་བ་དང་། བཤགས་པའི་ཡུལ་བསྙེན་པར་མ་རྫོགས་པས་མི་རུང་བར་བཤད་པས་ཀྱང་འགྲུབ་སྟེ། ལྟུང་བ་འཆོལ་བཤགས་ཀྱི་ཡུལ་དུ་མི་རུང་ན། སྡོམ་པ་ལེན་པའི་ཡུལ་དུ་རུང་བ་འགལ་བའི་ཕྱིར་རོ། །ལེན་པའི་གང་ཟག་ནི་གླིང་གསུམ་དུ་སྐྱེས་པའི་སྐྱེས་པ་དང་། བུད་མེད་མཚན་དོན་བྱེད་ནུས་པ་ལ་སྐྱེ་བ་ཡིན་ཏེ། སྒྲོངས་ཡིག་ལས། གསོ་སྦྱོང་འདོད་སྤྱོད་ལྷ་ལུས་ཡིད་འོང་བ། །སྐྱེས་པ་བུད་མེད་དག་ལ་བརྟུལ་བར་བགྱི། །ཞེས་གསུངས་པའི་ཕྱིར། དེ་དག་ལས་གཞན་པའི་འགྲོ་བ་ལ་སྡོམ་པ་སྐྱེ་བ་བཀག་སྟེ། མདོ་རྩ་བར། མི་མིན་པའི་འགྲོ་བ་པ་དང་། བྱང་གི་སྒྲ་མི་སྙན་པ་ནི་སྡོམ་པའི་ཞིང་ཉིད་མིན་ནོ། །ཟ་མ་མ་ནིང་སྒྲ་མི་སྙན། །མཚན་གཉིས་མ་གཏོགས་མི་རྣམས་ལ། །སྡོམ་མིན་སྡོམ་པའང་དེ་བཞིན་ལ། །ཞེས་གསུངས་པའི་ཕྱིར། དེ་ཡང་ངན་སོང་པ་རྣམས་རྣམ་སྨིན་གྱི་སྒྲིབ་པ་ཤས་ཆེ་བ་དང་། མཚམས་མེད་བྱས་པ་རྣམས་ལས་ཀྱི་སྒྲིབ་པ་ཤས་ཆེ་བ་དང་། ཟ་མ་དང་མ་ནིང་སོགས་ཉོན་མོངས་ཀྱི་སྒྲིབ་པ་ཤས་ཆེན་པོ་དང་ལྡན་པས་ན་སྡོམ་པའི་རྟེན་དུ་མི་རུང་སྟེ། མཛོད་ལས། མཚམས་མེད་པ་ཡི་ལས་རྣམས་དང་། །ཉོན་མོངས་ཤས་ཆེ་ངན་འགྲོ་དང་། །འདུ་ཤེས་མེད་པའི་སེམས་ཅན་རྣམས། །སྒྲ་མི་སྙན་སྒྲིབ་གསུམ་དུ་འདོད། །ཅེས་གསུངས་པའི་ཕྱིར་རོ། །

ལེན་པའི་ཚུལ་ནི། སློབ་དཔོན་གྱི་མདུན་དུ་གདན་དམའ་བར་འདུག་ཅིང་། ཚིག་ལྷག་ཆད་འཁྲུལ་པ་མེད་པར། སློབ་དཔོན་གྱིས་སྨྲས་པའི་རྗེས་སུ་བཟླས་པ་ཡིན་གྱི། དེང་དུས་སྐམ་དུ་མི་བཟླ་བ་དང་། སྔར་བས་གོས་རྒྱན་གསར་པས་མི་བརྒྱན་པར་སྤྲ་དྲོ་ཉི་མ་ཤར་བའི་ཚེ། སང་ནམ་ལངས་ཀྱི་བར་དུ་བསྙེན་གནས་ཀྱི་སྤྱངས་བྱ་ཡན་ལག་བརྒྱད་སྤྱོང་བའི་སྡོམ་པ་གཞན་དགེ་སློང་ལས་ལེན་པར་བཞེད་དེ། མཛོད་ལས། དམའ་བར་འདུག་སྨྲས་བཟླས་པ་ཡིས། །མི་བརྒྱན་ནམ་ནི་ལངས་བར་དུ། །བསྙེན་གནས་ཡན་ལག་ཚང་བར་ནི། །ནང་པར་གཞན་ལས་ནོད་པར་བྱ། །ཞེས་གསུངས་པས་སོ། །འོ་ན། འདུལ་བའི་ལུགས་ཀྱི་བསྙེན་གནས་ཀྱི་ཆོ་ག་གསལ་པོ་གང་ན་བཞུགས་ཤེ་ན། ཀུན་མཁྱེན་བུ་སྟོན་གྱིས། འདིའི་ཆོ་ག་འདུལ་བ་ལུང་དུ་ཡེ་མ་བྱུང་ཞིང་། འདུལ་བའི་ཕྱོགས་ཀྱི་འགྲེལ་པ་རྣམས་ལས་ཀྱང་ཡེ་མ་བྱུང་ངོ་། །ཞེས་གསུངས་པའི་རྗེས་སུ་གནས་འཇོག་གི་མདོ་དང་། གནས་བརྟན་བྱང་བཟང་གིས་མཛད་པའི་བསྙེན་གནས་ཀྱི་ཆོ་ག་རྣམས་སྡེ་པ་གཞན་གྱི་ལུགས་སུ་བཤད་ནས་ལག་ལེན་ལ་བླ་མ་གོང་མ་རྣམས་ཀྱི་དགེ་ཚུལ་གྱི་ཆོ་ག་དང་ཆ་འདྲ་བར་བཤད་ལ། དེ་ལ་ཞག་རེ་བཞིན་ལེན་ན་ཤིན་ཏུ་ལེགས་པས་དུས་འདི་ནས་བཟུང་སྟེ་སང་ཉི་མ་ཤར་གྱི་བར་དུ་བྱས་ལ་བླངས། ཞེས་སོགས་དང་། ཀུན་མཁྱེན་བསོད་ནམས་སེང་གེས་ཀྱང་། བདག་ཉིད་ཆེན་པོའི་དགོངས་པ་ནི། བྱེ་བྲག་ཏུ་སྨྲ་བའི་ལུགས་ཀྱི་བསྙེན་གནས་ཀྱི་ཆོ་ག་འདུལ་བ་ལུང་ལས་མ་གསུངས་ཀྱང་། དགེ་བསྙེན་དང་། དགེ་ཚུལ་གྱི་ཆོ་

ག་ཉིད་ལ་བསླབ་པའི་གྲངས་དང་དུས་ཀྱི་ཁྱད་པར་མ་གཏོགས་པ་གཞན་འདྲ་བས་དེས་མཚན་མོར་བཞེད་ཅིང་། གནས་མཆོག་གི་མདོ་དང་། སྡོམ་བརྒྱད་དང་། བྱང་བཟང་གི་བཤད་པ་རྣམས་ནི་མདོ་སྡེ་པའི་ལུགས་སུ་བཤད་དོ་ཞེས་གསུངས་པས་ཤེས་སོ། །དེ་ལ་དུས་ནི། དུས་འདི་ནས་བཟུང་སྟེ། སང་ཉི་མ་ཤར་གྱི་བར་དུ་ཞེས་བརྗོད་པ་ལེགས་ཏེ། གནས་མཆོག་གི་མདོར། ཚིག་ལས། དོ་ནུབ་ཀྱི་མཚན་མོ་འདི་དང་། སང་ཉི་མ་ཤར་གྱི་བར་དུ་ཞེས་གསུངས་ཤིང་། བྱང་བཟང་གི་ཚིག་ལས་ཀྱང་དེ་བཞིན་དུ་འབྱུང་། བུ་སྟོན་གྱི་ལས་ཚིག་ལས། དེས་ན་དག་པོ་བྱེད་ན་དུས་འདི་ནས་བཟུང་སྟེ། སང་ཉི་མ་ཤར་གྱི་བར་དུ། ཞེས་ཟེར་དགོས་སོ། །ཞེས་དང་། མཛོད་ལས་ཀྱང་། མི་བརྒྱན་ནམ་ནི་ལངས་བར་དུ། །ཞེས་གསུང་པས་སོ། །

གཉིས་པ་ནི། མདོ་སྡེ་པ། ཞེས་སོགས་ཚིགས་བཅད་གཅིག་སྟེ། མདོ་སྡེ་པ་རྣམས་དུད་འགྲོ་ལ་སོགས་པའི་འགྲོ་བ་མི་ལས་གཞན་པ་ལ་ཡང་བསྙེན་གནས་ཀྱི་སྡོམ་པ་སྐྱེ་བར་བཤད་དེ། རི་བོང་གི་སྐྱེས་རབས་ལས། དེ་ལ་ཅུང་ཟད་མ་རྫོགས་པར། །བཟང་པོ་འདི་ནི་ཐོད་པ་བཞིན། །དགེ་བ་རྣམས་ལ་གསོ་སྦྱོང་གིས། །སྤྲོ་བའི་ཟླ་བ་འདི་སྟོན་ཏོ། །ཞེས་གསུངས་པས། རི་བོང་གིས་སྤྲ་སྤྲེའུ་དང་། ལྕེ་སྤྱང་རྣམས་ལ་བསྙེན་གནས་ཕོག་པ་དང་། ཀླུ་གཞོན་ནུ་རྩམ་པ་ཞེས་བྱ་བས། དུས་བཟང་ལ་ཡན་ལག་བརྒྱད་ཀྱི་བསྙེན་གནས་བསྲུང་བ་དང་། རྒྱ་མཚོའི་ཀླུ་རྣམས་དུས་བཟང་དང་རྒྱ་མཚོ་ནས་བྱུང་སྟེ། གསོ་སྦྱོང་ལེན་པར་གསུང་པ་རྣམས། ལུགས་འདི་ལ་སྦྲ་ཧི་བཞིན་དུ་མ་འཆད་པའི་ཕྱིར་རོ། །བླང་བའི་ཡུལ་ཡང་དགེ་སློང་ཁོ་ན་མི་དགོས་ཏེ། དགེ་བསྙེན་ལ་སོགས་པ་ཆོ་ག་ཤེས་པ་གང་ཡང་རུང་བ་ལས་བླངས་པས་སྐྱེ་བར་གསུངས་ཏེ། དྲང་སྲོང་གནས་འཇོག་གི་མདོ་ལས། རིགས་ཀྱི་བུའམ། རིགས་ཀྱི་བུ་མོ་དད་པ་དང་ལྡན་པ་ཡན་ལག་བརྒྱད་དང་ལྡན་པའི་བསྙེན་གནས་བླང་བར་འདོད་པས་ནངས་པར་ལང་ལ། དགེ་སློང་ངམ། བྲམ་ཟེའམ། གཞན་གང་ཡང་རུང་བ་ཤེས་པ་ཞིག་གི་དྲུང་དུ་སོང་སྟེ། ཞེས་དང་། འདུལ་བ་ལུང་ལས། ཁྱིམ་བདག་མགོན་མེད་ཟས་སྦྱིན་གྱིས། རང་གི་འཁོར་འབངས་རྣམས་བསྙེན་གནས་ལ་བཀོད་པར་གསུངས་པ། དེ་དག་མདོ་སྡེ་པའི་ལུགས་ལ་སྦྲ་ཧི་བཞིན་དུ་ཁས་ལེན་པའི་ཕྱིར་རོ། །

གཉིས་པ་ཐེག་པ་ཆེ་ཆུང་གི་བསྙེན་གནས་ཀྱི་ཁྱད་པར་བཤད་པ་ནི། ཉན་ཐོས་རྣམས་ཀྱི། ཞེས་སོགས་རྐང་པ་དྲུག་སྟེ། ཐེག་པ་ཆེ་ཆུང་གི་བསྙེན་གནས་ཀྱི་ཚིག་ལ་ཁྱད་པར་ཡོད་དེ། ཉན་ཐོས་བྱེ་མདོ་རྣམས་ཀྱི་བསྙེན་གནས་ཀྱི་ཚིག་ཡང་། རྐང་གཉིས་རྣམས་ཀྱི་མཆོག །ཅེས་སོགས་ཀྱིས་དཀོན་མཆོག་གསུམ་ལ་སྐྱབས་སུ་འགྲོ་བ་རྩོམ་བྱེད་དུ་བྱས་པའི་ཚུལ་གྱི་གང་ཟག་གཞན་གྱིས་འབོགས་ཏེ། མདོ་ལས། བསྙེན་གནས་གཞན་ལའང་ཡོད་མོད་ཀྱི། །སྐྱབས་སུ་མ་སོང་བ་ལ་མེད། །ཞེས་གསུངས་པ་ལ། འཕགས་པ་དོན་ཡོད་ཞགས་པའི་

རྟོགས་པ་ལས་གསུང་པའི་བསྙེན་གནས་ལ་སྐྱབས་འགྲོ་མེད་ཅིང་། རྟེན་གྱི་དྲུང་དུ། རང་གི་བླང་པ་ཡི་ཚོག་ཐེག་ཆེན་སེམས་བསྐྱེད་དང་འདྲ་བར་གསུང་པ་དེས་ན་སྔེ་དེའི་ཕྱིར་རོ། །དོན་ཞགས་ནས་གསུངས་པའི་བསྙེན་གནས་ལེན་ཚུལ་ནི། ཇི་སྐད་དུ། གང་ཡང་བཅོམ་ལྡན་འདས་རིགས་ཀྱི་བུའམ། རིགས་ཀྱི་བུ་མོའམ། དགེ་སློང་ངམ། དགེ་སློང་མའམ། དགེ་བསྙེན་ཕའམ། དགེ་བསྙེན་མའམ། དེ་ལས་གཞན་པའམ། ཁ་ཅིག་དོན་ཡོད་ཞགས་པའི་སྙིང་པོ་ཆེད་དུ་བྱས་ནས། དཀར་པོའི་ཕྱོགས་ཀྱི་ཆོས་བརྒྱད་ལ། བསྙུང་བར་གནས་པ་བྱས་ཏེ། ལན་གསུམ་དུ་དོན་ཡོད་ཞགས་པའི་སྙིང་པོ་ཚིག་ཏུ་མི་བརྗོད་པར་ཡོངས་སུ་བཟླས་ན། ཞེས་དང་། ཉིན་ཞག་གཅིག་ལ་བསྙུང་བར་གནས་པའམ། ཞག་གསུམ་དུ་དཀར་གསུམ་ཟ་ཞིང་། དུས་གསུམ་དུ་ཁྲུས་བྱས་ནས། གོས་གཙང་མ་གྱོན་པར་གྱུར་པས་འདས་པར་བྱའོ། །དེ་ནས་སྐུ་གཟུགས་ཀྱི་མདུན་དུ་རང་ཉིད་བྲིས་པ་ལྟར་བལྟས་ཏེ། དེ་མཐོང་ན་དགའ་བར་འགྱུར་རོ། །ཞེས་དང་། རྗེ་བཙུན་ཆེན་པོའི་དོན་ཡོད་ཞགས་པའི་ཆོ་གའི་རིམ་པ་ལས། དེ་ལྟར་མཆོད་པའི་གཏོར་མའི་རྗེས་ལ། འཕགས་པའི་རྗེས་སུ་བཟླས་པར་བྱེད་པར་བསམ་ཞིང་། རང་གིས་གསོ་སྦྱོང་གི་ཚིག་ལན་གསུམ་བརྗོད་ལ། བདག་སྡོམ་པ་དང་ལྡན་པར་བྱའོ། །འདི་ནི་རབ་ཏུ་བྱུང་བའི་ཕྱོགས་ལའང་བླང་དགོས་ཏེ། སེམས་ཅན་ཐམས་ཅད་ལ་ཕན་པར་བྱ་བའི་ཕྱིར་དང་། ཞེས་བྱ་བ་ལ་སོགས་པ་ཐེག་པ་ཆེན་པོའི་ལུགས་ཡིན་པའི་ཕྱིར་རོ། །དེ་ནས་ཚུལ་ཁྲིམས་ཀྱི་ཕ་རོལ་ཏུ་ཕྱིན་པའི་གཟུངས་ཉི་ཤུ་རྩ་གཅིག་བཟླས་སོ། །ཞེས་གསུངས་པའི་ཕྱིར། འདི་དག་གིས་ནི། སྡོམ་པ་གོང་མ་ལ་གནས་པའི་གང་ཟག་གིས། བསྙེན་གནས་དང་། བསྙུང་གནས་བྱེད་དུ་མི་རུང་བར་འདོད་པ་ལ་ཤིན་ཏུ་གནོད་དོ། །

གཉིས་པ་བྱེ་བྲག་ཏུ་ལོག་རྟོག་དགག་པ་ལ་གསུམ་སྟེ། བསྙེན་གནས་འབུལ་བ་དགག་པ། གཞན་ལ་འཚོལ་པ་དགག་པ། ལྷ་སྒོམ་ཐ་དད་དགག་པའོ། །དང་པོ་ལ། འདོད་པ་བརྗོད་པ་དང་། དེ་དགག་པ་གཉིས་ལས། དང་པོ་ནི། ལ་ལ། ཞེས་སོགས་རྐང་པ་གཉིས་ཏེ། བཀའ་གདམས་པ་ལ་ལ་ན་རེ། དེ་རིང་བསྙེན་གནས་བསྲུང་བ་ཡི་སང་ནངས་པར་བསྙེན་གནས་འབུལ་དགོས་ཏེ། མ་ཕུལ་ན་དེ་དང་འགལ་བའི་ཉེས་པ་བྱས་པའི་ཚེ་བསྙེན་གནས་ཉམས་པར་འགྱུར་བའི་ཕྱིར། ཞེས་ཟེར་རོ། །

གཉིས་པ་ནི། བསྙེན་གནས་མཚན་མོ་ཞེས་སོགས་རྐང་པ་བདུན་ཏེ། བྱེ་བྲག་ཏུ་སྨྲ་བའི་ལུགས་འདི་ལ། དེ་རིང་བསྙེན་གནས་བསྲུང་བའི་ནང་པར་འབུལ་མི་དགོས་ཏེ། བསྙེན་གནས་མཚན་མོ་འདས་པ་ན་གཏོང་བའི་ཕྱིར་ཏེ། མཚན་མོ་འདས་པ་དེའི་གཏོང་རྒྱུ་ཡིན་པའི་ཕྱིར་རོ། །མདོ་སྡེ་པ་ཡི་ལུགས་བཞིན་དུ། བསྙེན་གནས་ཇི་ལྟར་འདོད་པའི་ཚེ་ལེན་ནས། དེ་ལྟར་འབུལ་མི་དགོས་ཏེ། ནང་པར་ཉི་མ་ཤར་ཕན་ཆད་བསྙེན་

གནས་བསྲུང་བའི་བསམ་པ་མེད་པའི་ཕྱིར་ན་མཚན་མོ་འདས་པས་སྡོམ་པ་གཏོང་བ་དེ་ཡི་ཕྱིར་ནའོ། །ཇི་ལྟར་འདོད་པའི་ཚེ་ལེན་པ་ནི། མཛོད་འགྲེལ་ལས། གང་གིས་ཆོས་བརྒྱད་ལ་རྟག་ཏུ་བསྙེན་གནས་ལ་གནས་པར་བྱའོ། །ཞེས་སྟོན་ཡང་དག་པར་བླང་པ་དེས་ནི། ཟན་ཟོས་ཀྱང་ནོད་པར་བྱའོ་ཞེས་དང་། རྒྱལ་པོ་སྲས་ཀྱི་སྡོམ་པའི་བླང་བར་བྱེད་པ་ཡང་དག་པར་ལེན་པར་ངེས་པའི་སེམས་དཔའ་ཡིན་པའི་ཕྱིར། ཉི་མ་འཆར་བའི་ཚེ་ཁོ་ན་སྐྱེའོ། །ཟན་ཟོས་ནས་ནོད་པ་ནི་གསལ་བའི་ཕྱིར་རོ། །ཞེས་གསུངས་པ་ལྟར་ཡིན་ནོ། །དེ་ཡང་འགྲེལ་པ་དང་པོས་ནི། སྔར་དུས་གཅིག་གི་ཚེ་ཟླ་བ་ཕྱུང་ངོ་ཅོག་གི་ཆོས་བརྒྱད་ལ་བསྙེན་གནས་ལ་གནས་པར་ཚིགས་ཀྱི་སྐབས་གཅིག་ཏུ་བླངས་ནས། ཕྱིས་ཆོས་བརྒྱད་ཕྱུང་རེས་ཀྱི་སྔར་བླངས་པ་དེ་གསལ་བར་བྱ་བའི་ཕྱིར་དུ་སླར་ཡང་གཞན་ལ་ནོད་པར་བྱ་དགོས་པར་བསྟན་ནོ། །འགྲེལ་བཤད་རྒྱལ་པོ་སྲས་ཀྱི་དོན་ནི། སྔར་ཟླ་བ་ཕྱུང་ངོ་ཅོག་གི་ཆོས་བརྒྱད་ལ་བསྙེན་གནས་བསྲུང་བར་ཁས་བླངས་ན་དེ་ཡང་། ཟླ་བ་ཕྱི་མ་རྣམས་ཀྱི་ཆོས་བརྒྱད་ཀྱི་ཉི་མ་འཆར་བའི་ཚེ་ཁོ་ན་སྐྱེ་བ་ཡིན་ཀྱང་བརྗེད་ནས་ཟན་ཟོས་པའི་རྗེས་སུ་དྲན་པའི་ཚེ་གསལ་བའི་ཕྱིར་དུ། སླར་ཡང་གཞན་ལ་ནོད་ཅེས་པའོ། །ཡང་གལ་ཏེ་གང་ཞིག་གིས། ཆོས་བརྒྱད་ལ་དུས་རྟག་ཏུ་བསྙེན་གནས་ལ་གནས་པར་བྱའོ། །ཞེས་སྟོན་ཡང་དག་པར་བླང་པ་ཞེས་པའི་དོན་ཟླ་བ་ཕྱུང་ངོ་ཅོག་གི་ཆོས་བརྒྱད་ལ་བསྙེན་གནས་བསྲུང་བར་ཚིགས་ཀྱི་སྒོ་ནས་ཁས་བླངས་པ་ཙམ་ཡིན་གྱི། ཚིགས་བླངས་པ་མིན་ན་ནི། ཕྱིས་ཟན་ཟོས་ནས་གསལ་བའི་ཕྱིར་དུ། བསྙེན་གནས་གཞན་ལ་བླང་བའི་སྔ་རོལ་དུ་ཉི་མ་འཆར་བའི་ཚེ་སྡོམ་པ་ཇི་ལྟར་སྐྱེ་བ་ཡིན་དཔྱད་དགོས་སོ། །སྔར་སྐབས་གཅིག་ཏུ་ལེན་པའི་ཚེ། ཆོས་བརྒྱད་ཀྱི་སྡོམ་པ་ཐམས་ཅད་གཅིག་ཆར་དུ་སྐྱེ་བ་ནི་མིན་ཏེ། སྔར་གྱི་ཚིག་ལས། ཕྱིས་ཆོས་བརྒྱད་ཕྱུང་རེས་ཀྱི་ཉི་མ་འཆར་བའི་ཚེ་ཁོ་ན་སྐྱེ་བ། འགྲེལ་བཤད་ཀྱི་དགོངས་པ་ཡིན་པའི་ཕྱིར་རོ། །ཡང་འགྲེལ་པ་འདི་དག་བྱེ་བྲག་ཏུ་སྨྲ་བའི་ལུགས་སུ་འདོད་པ་ནི་མི་འཐད་དེ། བྱེ་བྲག་ཏུ་སྨྲ་བས་སྡོམ་པ་བེམ་པོར་འདོད་ལ། འགྲེལ་པ་འདི་དག་ལས། སྡོམ་པ་སེམས་པར་བཤད་པའི་ཕྱིར་རོ། །གཉིས་པ་ནི། ལ་ལ། ཞེས་སོགས་གཉིས་ཏེ། ཆོས་རྒྱུས་ཆུང་བ་ལ་ལ་ན་རེ། བསྙེན་གནས་བསྲུངས་ནས་སླར་ཡང་བསྲུང་འདོད་ན། ནང་པར་གཞན་ལ་འཆོལ་དགོས་ཏེ། གཞན་དུ་སླར་ལེན་དུ་མེད་པའི་ཕྱིར་རོ། །ཞེས་ཟེར་བ་ཐོས། དེ་ནི་མི་འཐད་དེ། བསྙེན་གནས་འཆོལ་བའི་དེ་འདྲ་ཚད་ལྡན་གྱི་གཞུང་གང་ནའང་བཤད་པ་མེད་པའི་ཕྱིར་རོ། །

གསུམ་པ་ལ་གཉིས་ཏེ། འདོད་པ་བརྗོད་པ་དང་། དེ་དགག་པའོ། །དང་པོ་ནི། ཁ་ཅིག་བསྙེན་གནས། ཞེས་སོགས་ཚིགས་བཅད་གཅིག་སྟེ། བཀའ་གདམ་འགྲེལ་པ་ཁ་ཅིག་སྟེ། བསྙེན་གནས་ཀྱི་སྡོམ་པ་འབོག

པའི་ཚེ་ཉ་སྟེ་ཆོས་བཅོ་ལྔ་ལ་སངས་རྒྱས་ཤཱཀྱ་ཐུབ་པ་དང་། གནམ་སྟོང་ལ་སྣང་བ་མཐའ་ཡས་དང་། ཆོས་བརྒྱད་ལ་ཤཱཀྱ་ཐུབ་པ་སྒོམ་པ། ཐུགས་རླབ་ཆེ་བ་དང་དུ་བྱེད་དགོས་ཏེ། དེ་ལྟ་བུའི་ལྟ་སྒོམ་ཐ་དད་དུ་མ་བྱས་ན། བསྙེན་གནས་བསྲུང་དུ་མི་འདོད་ཅེས་ཟེར་རོ། །གཉིས་པ་ནི། འདི་ཡང་རེ་ཞིག་ཞེས་སོགས་རྐང་པ་བཅུ་སྟེ། བསྙེན་གནས་བསྲུང་བའི་ཚེ། ལྟ་སྒོམ་ཐ་དད་དུ་དགོས་ཟེར་བ་འདི་ཡང་རེ་ཞིག་བརྟག་པར་བྱས་ན་མི་འཐད་དེ། བསྙེན་གནས་བསྲུང་བའི་ཚེ་ལྟ་སྒོམ་ཐ་དད་དུ་མ་བྱས་ཀྱང་། བསྙེན་གནས་ཉམས་པར་འགྱུར་བའི་སྐྱོན་མེད་དེ། བསྙེན་གནས་འབོག་པ་ནི་སོ་སོ་ཐར་པའི་སྡོམ་པའི་ལུགས་བཞིན་ཡིན་ཞིང་། དེའི་ནང་ནས་ཀྱང་། གཙོ་ཆེར་ཉན་ཐོས་ཀྱི་གཞུང་ལུགས་བཞིན་ཡིན་ལ། ཡི་དམ་ལྷའི་སྒོམ་བཟླས་ནི། གསང་སྔགས་ཀྱི་རྒྱུད་སྡེ་ནས་བཤད་པ་ཡི་གདམས་ངག་ཡིན་པའི་ཕྱིར་དང་། ཡི་དམ་ལྷའི་བསྒོམ་བཟླས་ཉན་ཐོས་ཀྱི་གཞུང་ལུགས་ལས་བཤད་པ་མེད་པ་དེས་ན་སྟེ་དེའི་ཕྱིར་རོ། །འོན་ཀྱང་བསྙེན་གནས་སྲུང་བ་པོ་དེ་ཉམས་ལེན་གསང་སྔགས་ལུགས་ཀྱི་ཧིང་ངེ་འཛིན་གཙོ་བོར་བྱེད་པ་ཡིན་ན། བསྙེན་གནས་བསྲུང་བའི་ཚེ། ཡི་དམ་སྒོམ་པ་བསོད་ནམས་ཆེ་སྟེ། སྡོམ་པ་དང་ལྡན་པའི་རྟེན་ལ་དགེ་བ་བསྒྲུབ་པ་ཡིན་པའི་ཕྱིར། ཡང་རྣམ་བཤད་ཁ་ཅིག་ལས། གང་ཟག་དེ་ཉམས་ལེན་གསང་སྔགས་ཀྱི་ལུགས་བཞིན་དུ་བྱེད་ན། ཡི་དམ་བསྒོམ་པའི་སྟེང་དུ་བསྙེན་གནས་བསྲུང་བ་བསོད་ནམས་ཆེ། ཞེས་བཤད་པ་ཡོད་ཀྱང་། སྔ་མ་ཉིད་ལེགས་ཏེ། སྔགས་སྡོམ་དང་ལྡན་པའི་གང་ཟག་གིས། སྡོམ་པ་གང་བླངས་ཀྱང་ཉམས་ལེན་གྱི་གཙོ་བོ་སྔགས་སྡོམ་དང་མི་འགལ་བར་བསྒྲུབ་དགོས་པའི་ཕྱིར་རོ། །

གཉིས་པ་ཐེག་ཆེན་སོ་ཐར་ལ་གཉིས་ཏེ། ཉན་པར་གདམ་པ་དང་། དོན་དངོས་སོ། །དང་པོ་ནི། ཐེག་པ་ཆེན་པོ། ཞེས་སོགས་རྐང་པ་གཉིས་ཏེ། ཐེག་པ་ཆེན་པོའི་སྡེ་སྣོད་ལས་བྱུང་བའི་སོ་སོ་ཐར་པའི་སྡོམ་པའི་རྣམ་གཞག་བཤད་ཀྱིས་ཉོན་ཅེས་ཉན་པར་གདམ་པའོ། །

གཉིས་པ་ལ་གསུམ་སྟེ། ལེན་པའི་ཆོ་ག བསླབ་བྱའི་ཁྱད་པར། གཏོང་བའི་ཚུལ་ལོ། །དང་པོ་ལ་གཉིས་ཏེ། ཆོ་ག་ཐུན་མོང་མ་ཡིན་པ་དང་། ཆོ་ག་ཐུན་མོང་བའོ། །དང་པོ་ལ་གཉིས་ཏེ། ད་ལྟར་གྱི་ཆོ་ག་དང་། སྔོན་གྱི་ཆོ་གའོ། །དང་པོ་ལ་ཆོ་ག་ནུབ་པ་དང་། ཆོ་ག་མ་ནུབ་པའོ། །དང་པོ་ནི། བྱང་ཆུབ་སེམས་དཔའ། ཞེས་སོགས་རྐང་པ་བཞི་སྟེ། ཉན་ཐོས་ཀྱི་སྡེ་སྣོད་ལ་མ་ལྟོས་པར་བྱང་ཆུབ་སེམས་དཔའི་སྡེ་སྣོད་ཉིད་ལ་ཡང་། སོ་སོ་ཐར་པའི་སྡོམ་པ་འབོགས་པ་ཡི་ཆོ་ག་འགའ་ཞིག་ཡོད་དེ། ཆོ་འཕྲུལ་བསྟན་པའི་མདོ་ལས། རྒྱལ་པོའི་བུ་སྙིང་རྗེ་ཆེར་སེམས་ཀྱིས། རབ་བྱུང་ཡོན་ཏན་དུ་མ་བསོགས་པ་ཞེས། །དེ་བཞིན་གཤེགས་པ་རྣམས་ཀྱིས་གསུང་མོད་ཀྱི། །དེ་ལྟར་ལགས་ཀྱང་སྙིང་རྗེར་གྱུར་པ་ན། །འགྲོ་ལ་ཕན་ཕྱིར་རྒྱལ་སྲིད་བདག་གིས་བསྐྱུབས། །

ཇི་སྲིད་འཚོ་བར་བདག་ནི་ཚངས་སྤྱོད་ཅིང་། །གསོ་སྦྱོང་ཡན་ལག་བརྒྱད་པ་བླང་བར་བྱ། །ཞེས་གསུང་། བུས་ལས་ཆོག་ལས། བསྙེན་གནས་ཀྱི་ཆོ་གའི་སྐབས་སུ། ཆོ་འཕྲུལ་ཆེན་པོ་ལ་བསྲུང་ན། ཆོ་འཕྲུལ་ཆེན་པོའི་ཟླ་བའི་ཚེས་རེ་རེ་ལ་ཞེས་བརྗོད་དེ། དེ་ལྟར་རིམ་གྱིས་སྦྱངས་པས་ཤིན་ཏུ་སྦྱོ་བར་གྱུར་ནས། ཚེ་ཇི་སྲིད་འཚོའི་བར་དུ་ལེན་པར་གྱུར་ན། བདག་ཇི་སྲིད་འཚོའི་བར་དུ་གོ་མའི་དགེ་བསྙེན་དུ་བཟུང་པས་གཟུང་དུ་གསོལ། ཞེས་བརྗོད་ཅིང་། ཞེས་གསུང་པའི་དོན། ཆོ་འཕྲུལ་གྱི་ཟླ་བ་རྩོལ་པོ་བསྙེན་གནས་བསྲུང་བར་འདོད་པས་ཚེས་གཅིག་ལྟ་བུ་ལ། ཟླ་བ་འདིའི་ཚེས་རེ་རེ་ཞིང་བསྙེན་གནས་བསྲུང་བར་ཁས་བླངས་པ་ཡིན་ལ། དེ་བཞིན་དུ། སྦྱོ་ཤིན་ཏུ་སྦྱོ་བར་གྱུར་ནས་ཇི་སྲིད་འཚོའི་བར་དུ་ལེན་པར་འདོད་པས་ཀྱང་། ཉི་མ་རེ་རེ་བཞིན་བསྙེན་གནས་ཡན་ལག་བརྒྱད་པ་བསྲུང་བར་ཁས་ལེན་པ་གོ་མའི་དགེ་བསྙེན་དུ་འཛོག་པ་འདྲ་སྙམ་དུའང་དོགས་སོ། །ཡང་རྣམ་པར་གཏན་ལ་དབབ་པ་བསྡུ་བ་ལས། དེ་དག་ལས། ལ་ལ་ནི་གཞན་ལས་དང་། རང་ཡང་ལེན་པར་བྱེད་དོ༑ ༑དེ་དག་ལས་ལ་ལ་ནི་རང་ཁོ་ནས་ལེན་པར་བྱེད་དེ། དགེ་སློང་གི་སྡོམ་པ་ནི་མ་གཏོགས་སོ། །དེ་ཅིའི་ཕྱིར་ཞེ་ན། འདི་ལྟར་དགེ་སློང་གི་སྡོམ་པ་ནི་ཐམས་ཅད་ཀྱིས་ཡང་དག་པར་བླང་བར་འོས་པ་མ་ཡིན་པའི་ཕྱིར། ཞེས་དགེ་སློང་གི་སྡོམ་པ་མ་གཏོགས་པའི་སོ་ཐར་གཞན་རྣམས་རང་ཉིད་ཀྱིས་ལེན་པའི་རྣམ་གཞག་གསུང་པ་ལྟ་བུའོ། །དེ་ལྟར་གསུང་མོད་ཀྱི། དེ་དག་གི་ཆོ་ག་ནི་དེང་སང་ཕལ་ཆེར་ནུབ་པོ། །ཕལ་ཆེར་གྱི་སྲོལ་ནི་འོག་མ་འདྲེན་ནོ། །

གཉིས་པ་ནི། གསོ་སྦྱོང་ཞེས་སོགས། རྐང་པ་གཉིས་ཏེ། འོ་ན། ཕལ་ཆེར་ནུབ་ན། དེང་སང་མ་ནུབ་པ་དེ་ཇི་ལྟ་བུ་ཞེ་ན། དེང་སང་ལག་ལེན་ན་དེ་ལྟ་བུའི་འགའ་ཞིག་ཡོད་པ་ནི། དོན་ཞགས་ཀྱི་རྟོག་པ་ནས་བཤད་པའི་གསོ་སྦྱོང་རང་གིས་བླང་པའི་ཆོག་དང་། སོགས་ཀྱིས་བསྟན་པ། དབུ་མ་ལུགས་ཀྱི་སེམས་བསྐྱེད་ཀྱི་སྔོན་དུ་སྐྱབས་འགྲོའི་སྡོམ་པ་ལེན་པའི་ཆོག་ལྟ་བུ་སྟེ། འདི་ནི་ངེས་འབྱུང་གི་སྐྱབས་འགྲོའི་སྡོམ་པ་ཡིན་པས། སོ་ཐར་གྱི་ལྡོག་པ་ནས་བསྟན་ལ་བྱང་ཆུབ་མ་ཐོབ་ཀྱི་བར་དུ་ལེན་པ་ཡིན་པས་ཐེག་ཆེན་ཐུན་མོང་མ་ཡིན་པར་ཡང་མེད་པ་ཡིན་པས་སོ། །

གཉིས་པ་སྟོན་ཆོག་ནི། རྒྱལ་སྲས་བྱམས་པ། ཞེས་སོགས་རྐང་པ་བཅུ་སྟེ། དཀོན་བརྩེགས་ལས། ཁྱིམ་པ་དྲག་ཤུལ་ཅན་གྱིས་ཞུས་པར། རྒྱལ་སྲས་བྱམས་པ་དང་། འཇམ་དབྱངས་ལ་སོགས་པ། ཁྱིམ་པའི་ཆ་ལུགས་ཅན་གྱི་བདག་ཉིད་ཆེན་པོ་འགའ་ཞིག་གིས། མཁན་པོ་མཛད་ནས་རིམ་པ་ལྟར། ཁྱིམ་པའི་ཆ་ལུགས་ཅན་གྱི། འགྲོ་བ་མང་པོ་སྟེ། དགུ་སྟོང་དང་བདུན་སྟོང་ལ། བསྙེན་གནས་ལ་སོགས་པའི་སྡོམ་པ་འབོག་པར་མཛད་དོ། །

ཞེས་ཚིག་འབྲུ་ཙམ་ཞིག་གསུང་མོད་ཀྱི། འོན་ཀྱང་བསྙེན་པར་རྫོགས་ཚུལ་དེ་ཡི་ཆོ་ག་གསལ་བ་ནི། མདོ་ལས་གསུངས་པ་ས་སྐྱ་པཎྜི་ཏ་ངས་མ་མཐོང་ངོ་། །ཁྱིམས་པ་སོགས་མཁན་པོ་ཁྲིམ་པའི་ཆ་ལུགས་ཅན་གྱིས། བསྒྲུབ་བྱ་ཁྲིམ་པའི་རྟགས་ཆ་ལུགས་མ་སྤངས་པ་བསྙེན་པར་རྫོགས་པའི་ཚུལ་འདི་འདྲ་བ་ནི། སྟོན་གྱི་ཆོག་ཡིན་ཏེ། འཇིག་རྟེན་ལས་འདས་པའི་སྤྱན་མངའ་བ། ཆོ་ག་རང་གི་སྤྱོད་ཡུལ་དུ་གྱུར་པའི་འཕགས་པ་རྣམས་ཀྱི་སྤྱོད་ཡུལ་ཡིན་པའི་ཕྱིར། དེ་འདྲ་བའི་ཆོ་ག་དེང་སང་སོ་སོ་སྐྱེ་བོས་བྱར་མི་རུང་སྟེ་སྟོན་གྱི་གདུལ་བྱ་སྐལ་ལྡན་ཁོན་རྗེས་སུ་འཛིན་པའི་སྟོན་ཆོག་ཡིན་པའི་ཕྱིར་རོ། །

གཉིས་པ་ཆོ་ག་ཐུན་མོང་བ་ནི། དེས་ན་ད་ལྟའི་ཞེས་སོགས་རྐང་པ་ལྔ་སྟེ། ད་ལྟ་ཐེག་ཆེན་སོ་ཐར་རིགས་བརྒྱད་ལེན་པའི་ཆོ་ག་ནི། ཀུན་སློང་གི་བསམ་པ་ཐེག་ཆེན་སེམས་བསྐྱེད་ཀྱིས་ཟིན་པའི་སྒོ་ནས་སྦྱོར་དངོས་རྗེས་གསུམ་གྱི་ཆོ་ག་ཉན་ཐོས་ཀྱི་ལུགས་ཇི་ལྟ་བ་བཞིན་དུ་བགྱིས་ཏེ། བསྙེན་གནས་མ་གཏོགས་པའི་བྱང་སེམས་རང་ལུགས་ཀྱི་སོ་ཐར་རིགས་བདུན་ལེན་པའི་ཆོ་ག་ནུབ་ཅིང་། སྟོན་གྱི་ཆོག ད་ལྟ་བྱར་མི་རུང་བ་དེས་ན་སྟེ་དེའི་ཕྱིར་རོ། །དེ་ལས་ཐོབ་པའི་སོ་སོ་ཐར་པ་རིགས་བརྒྱད་པོ་ཀུན་སློང་གི་སྒོ་ནས་བྱང་སེམས་ཀྱི་སོ་སོ་ཐར་པར་འགྱུར་ཏེ། དེ་བསམ་པ་ཐེག་ཆེན་སེམས་བསྐྱེད་ཀྱིས་ཟིན་པའི་སྡོམ་པ་ཡིན་པའི་ཕྱིར་རོ། །

གཉིས་པ་བསླབ་བྱའི་ཁྱད་པར་ལ་གཉིས་ཏེ། ཉན་པར་གདམ་པ་དང་། ཁྱད་པར་སོ་སོར་བཤད་པའོ། །དང་པོ་ནི། དེ་ནས་བྱང་ཆུབ་སེམས་དཔའ་ཡི། །ཞེས་སོགས་རྐང་པ་གསུམ་སྟེ། སོ་ཐར་ལེན་པའི་ཆོ་ག་བཤད་ཟིན་པ་དེ་ནས་བྱང་ཆུབ་སེམས་དཔའ་སོ་སོ་ཐར་པ་དང་། ཉན་ཐོས་ཀྱི་སོ་སོ་ཐར་པའི་བསླབ་བྱ་ཡི་མི་འདྲ་བའི་ཁྱད་པར་ཡོད་པ་ཅུང་ཟད་བཤད་ཀྱིས་ཉོན་ཅེས་གདམ་པའོ། །

གཉིས་པ་ནི། ཞེས་སོགས་ཚིགས་བཅད་བཞི་སྟེ། ཐེག་ཆེན་སོ་ཐར་འདི་ལ་སྡིག་ཏོ་མི་དགེ་བའི་ཕྱོགས་རང་བཞིན་གྱི་ཁ་ན་མ་ཐོ་བ་ཕལ་ཆེར་ཉན་ཐོས་ཀྱི་ལུགས་བཞིན་དུ་བསྲུང་དགོས་ཏེ། དེ་ཉེས་སྤྱོད་སྤོང་བའི་ཚུལ་ཁྲིམས་ཡིན་པའི་ཕྱིར། འདོད་པས་དབེན་པ་སྟེ་རང་དོན་ལ་མ་ཆགས་པའི་སྒོ་ནས། མི་ཚངས་པར་སྤྱོད་པ་ལ་སོགས་པའི་ལྟུང་བ་འགའ་ཞིག བྱང་ཆུབ་སེམས་དཔའི་ལུགས་བཞིན་དུ་བསྲུང་བ་སྟེ་དབྱེད་པར་རིགས་ཏེ། གཞན་དོན་དུ་གྱུར་ན་ལུས་ངག་གི་བཅས་པ་ཐམས་ཅད་འདི་ལ་སྣང་བའི་ཕྱིར་ཏེ། །བྱང་ས་ལས། སྙིང་བརྩེ་བའི་སེམས་ཁོན་ཉེ་བར་བཞག་ནས་མི་ཚངས་པར་སྤྱོད་པ་འཁྲིག་པའི་ཆོས་བསྟེན་ཀྱང་ཉེས་པར་མི་འགྱུར་ལ། བསོད་ནམས་ཀྱང་མང་དུ་འཕེལ་བར་འགྱུར་རོ། །ཞེས་གསུངས་པའི་ཕྱིར། འཇིག་རྟེན་པ་བསྟན་པ་ལ་མ་དད་པར་གྱུར་པའི་ལུས་ངག་གི་སྤྱོད་པའི་ཆ་ཐེག་པ་ཆེ་ཆུང་གཉིས་ཀས་སྤང་བྱར་མཐུན་པ་རྣམས་ལ་འདྲ་བས

བསྲུང་དགོས་ཏེ། འཇིག་རྟེན་མ་དད་གྱུར་པའི་ཆ། །མཐོང་དང་ཐོས་ཏེ་སྤང་བར་བྱ། །ཞེས་གསུངས་པས་སོ། །འཇིག་རྟེན་པ་ཆོས་ལ་འཇུག་པའི་རྒྱུར་འགྱུར་ན། ཉན་ཐོས་ལ་བཀག་པ་ཐམས་ཅད་ཐེག་ཆེན་སོ་སོ་ཐར་པ་ལ་གནང་སྟེ། སྤྱོད་འཇུག་ལས། ཐུགས་ཆེན་མངའ་བ་རིང་གཟིགས་པས། །བཀག་པ་རྣམས་ཀྱང་དེ་ལ་གནང་། །ཞེས་གསུངས་པའི་ཕྱིར་དང་། ཇི་སྐད་དུ། སྙིང་བརྩེར་བྱས་ན་མི་དགེ་མེད། །སེམས་དགེ་བ་ལ་ཉེས་པ་མེད། །ཞེས་གསུངས་པའི་ཕྱིར། དཔེར་ན་ཉན་ཐོས་དགེ་སློང་ནི། གསེར་དངུལ་ལེན་པ་ཐུབ་པས་བཀག་སྟེ། དེ་ལ་སྤྱངས་ལྟུང་དུ་གསུངས་པའི་ཕྱིར། བྱང་ཆུབ་སེམས་དཔའི་དགེ་སློང་ལ་གཞན་དོན་དུ་འགྱུར་ན། གསེར་དངུལ་ལེན་པ་སོགས་ལ་ལྟུང་བ་མེད་ཅིང་། ཁོང་ཁྲོ་བ་སོགས་ཀྱིས་མི་ལེན་ན། ཉོན་མོངས་པ་ཅན་གྱི་ཉེས་པར་འགྱུར་བའི་ཕྱིར་དང་། ལེ་ལོ་སོགས་ཀྱིས་མི་ལེན་ན་ཉེས་པར་འགྱུར་ཞིང་། ཉོན་མོངས་ཅན་གྱི་ཉེས་པར་མི་འགྱུར་རོ། །ཇི་སྐད་དུ། བྱང་ཆུབ་སེམས་དཔའ་གཞན་དག་ལས། །གསེར་དང་དངུལ་དང་ནོར་བུ་དང་། །མུ་ཏིག་དང་། ནོར་བུ་ལ་སོགས་པ་ནོར་གྱི་རྣམ་གྲངས་རྣམ་པ་སྣ་ཚོགས་མང་པོ་མཆོག་རྣམས་འཐོབ་ཅིང་། དུས་ཀྱིས་བཏབ་པ་ལས། ཀུན་ནས་མནར་སེམས་ཀྱི་སེམས་དང་ལྡན་ནམ། ཁོང་ཁྲོའི་སེམས་དང་ལྡན་པས་ལེན་དུ་མི་འཇུག་ཅིང་སྤོང་བར་བྱེད་ན་ཉེས་པ་དང་བཅས་ཤིང་འགལ་བར་འགྱུར་ཏེ། སེམས་ཅན་ཡལ་བར་འདོར་བའི་ཕྱིར། ཉོན་མོངས་པ་ཅན་གྱི་ཉེས་པར་འགྱུར་རོ། །སྙོམས་ལས་དང་། ལེ་ལོས་ལེན་པར་མི་བྱེད་ན་ཉེས་པ་དང་བཅས་ཤིང་། འགལ་བ་དང་བཅས་པ་ནི་འགྱུར་ལ། ཉོན་མོངས་པ་ཅན་གྱི་ཉེས་པར་ནི་མི་འགྱུར་རོ་ཞེས་དང་། སྡོམ་པ་ཉི་ཤུ་པར། གསེར་ལ་སོགས་པ་ལེན་མི་བྱེད། །ཅེས་དང་། ཚུལ་ཁྲིམས་ལེའུར། གཞན་གྱི་དོན་དུ་འགྱུར་ན། གོས་བརྒྱ་སྟོང་རྟེད་ཀྱང་། ཉེ་དུར་མི་འོང་བའི་བྲམ་ཟེ་དང་། ཁྱིམ་བདག་ལས་སློང་བར་བྱའོ། །སྐབས་འབྱེད་པ་ཡོད་ན། ཆོག་གམ་མི་ཆོག་བརྟགས་ནས་ཇི་ཙམ་དགོས་པ་བླང་བར་བྱ། ལྷུང་བཟེད་རྒྱལ་བ། ཐགས་ཀྱི་རྒྱུ་སྐུད་པ་བླང་བ་དང་། འཐག་ཏུ་བཞུགས་པ་དང་། གཞན་དོན་དུ་མོན་དར་གྱི་གདིང་བ་དང་། མལ་སྟན་བརྒྱ་རྟེད་ཀྱང་བཏབ་པར་བྱ། གསེར་དངུལ་སྲང་བྱེ་བ་འབུམ་ཕྲག་ལས་ལྷག་པ་ཡང་བདག་གིར་བྱའོ། །ཞེས་གསུང་པའི་ཕྱིར། འོ་ན། ཉན་ཐོས་ལའང་གཞན་དོན་དུ་དེ་ལྟར་དཔྱད་པས་ཉེས་པ་མེད་དམ་སྙམ་ན་མིན་ཏེ། ཉན་ཐོས་དགེ་སློང་ལ་སེམས་ཅན་གྱི་དོན་ཡིན་ཡང་། འདོད་པ་ཆེན་པོས། གསེར་དངུལ་ལེན་པ་དང་། ཉོ་ཚོང་སོགས་ལ་ལྟུང་བ་འབྱུང་ལ། ཐེག་ཆེན་དགེ་སློང་ལ་གཞན་གྱི་དོན་ཡིན་ན། འདོད་པ་ཆེན་པོ་ལ་ལྟུང་བ་མེད་ཅེས་གསུངས་སྟེ། ཞི་བ་ལྷས་བསླབ་བཏུས་སུ། མི་ཚངས་པར་སྤྱོད་པས་སེམས་ཅན་གྱི་དོན་དུ་འགྱུར་ན། ཐོག་མར་བསླབ་པ་ཕུལ་ནས་བྱང་སེམས་ཀྱི་སྤྱོད་པ་ལ་འཇུག དེས་སོ་ཐར་དང་འགལ་བའི་ཉེས་པ་མི་འབྱུང་། སླར་

སེམས་ཅན་གྱི་དོན་དུ་འགྱུར་ན་ལེན། ཞེས་གསུངས་པའི་ཕྱིར། གོང་གི་འགྲེལ་པ་གཉིས་འདིར་དྲངས་ཀྱང་རུང་ངོ་། །འོན་འདི་དག་ཉན་ཐོས་དགེ་སློང་ལ་གཞན་དོན་ཡིན་ཀྱང་ལྟུང་བར་འགྱུར་བ་དང་། ཐེག་ཆེན་དགེ་སློང་ལ་གཞན་དོན་ཡིན་པས་ལྟུང་བར་མི་འགྱུར་བའི་ཁྱད་པར་གང་ཡིན་ཞེ་ན། ཁྱད་པར་ཡོད་དེ། ཉན་ཐོས་ནི། གཙོ་བོར་རང་དོན་སྒྲུབ་པ་ཡིན་པས། འདི་དག་གིས་བསྒྲུབ་བྱའི་གཙོ་བོ་ལ་གནོད་པའི་ཕྱིར་དང་། ཐེག་པ་ཆེན་པོ་པ་ནི། གཞན་དོན་གཙོ་བོར་བསྒྲུབ་པ་ཡིན་པས། འདི་དག་གི་དོན་དུ་གཉེར་བྱའི་གཙོ་བོ་ལ་ཕན་འདོགས་པའི་ཕྱིར་རོ། །ཊཱི་ཀྐ་གཞན་ལས། སོ་སོ་ཐར་པ་ལུགས་གཉིས་པོ། །ཞེས་སོགས་ཀྱི་དོན་འདིར་བཤད་ཀྱང་། རང་ལུགས་ནི། འོག་ཏུ་འབྱུང་ངོ་། །

གསུམ་པ་གཏོང་བའི་ཚུལ་ནི། ཐེག་ཆེན་སོ་སོ་ཐར་ཡིན་ཡང་། །ཞེས་སོགས་རྐང་པ་ལྔ་སྟེ། འོན་གོང་གི་སོ་ཐར་རིགས་བརྒྱད་པོ་དེ་བྱང་སེམས་ཀྱི་སྡོམ་པ་ཡིན་པས། རྟེན་ཤི་བའི་ཚེ་མི་གཏོང་ངམ་སྙམ་ན། གོང་གི་སོ་ཐར་རིགས་བརྒྱད་པོ། ཐེག་ཆེན་གྱི་སོ་སོ་ཐར་པ་ཡིན་ན་ཡང་། དེ་ལྟ་བུའི་དགེ་སློང་གི་སྡོམ་པ་ལ་སོགས་པའི་སྡོམ་པ་རིགས་བརྒྱད་པོ་མི་ལྡོག་པ་རྟེན་ཤི་འཕོས་པའི་ཚེ་ན་གཏོང་སྟེ། རིགས་བདུན་ཇི་སྲིད་འཚོ་དང་། བསྙེན་གནས་ཉིན་ཞག་གི་མཐའ་ཅན་ཡིན་པའི་ཕྱིར་རོ། །སྡོམ་པ་དེ་དག་གི་བྱང་ཆུབ་སེམས་ཀྱི་ལྡོག་པ་དང་། སྡོམ་པ་དེ་རྣམས་བསྲུང་བ་ཡི་འབྲས་བུ་ཤི་འཕོས་པའི་ཚེའང་འབྱུང་སྟེ། ཤི་འཕོས་པ་དེ་ཡི་གཏོང་རྒྱུ་མ་ཡིན་ཞིང་། གཏོང་རྒྱུ་གཞན་མ་བྱུང་བའི་ཕྱིར་རོ། །འདིར་གཞན་དག སོ་ཐར་སྡོམ་པའི་ལྡོག་པ་དང་། བྱང་སེམས་སྡོམ་པའི་ལྡོག་པ་གཉིས་སུ་འབྱེད་པ་དང་། དགེ་སློང་གི་སྡོམ་པའི་ལྡོག་པ་གཏོང་། ངོ་བོ་མི་གཏོང་བར་འདོད་པ་ནི་དགོངས་པ་མིན་ཏེ། ཡིན་ན། གོང་དུ་འབྲི་ཁུང་པ་རྗེས་འབྲང་དང་བཅས་པས་ཉན་ཐོས་སོ་ཐར་རིགས་བདུན་སོ་སོས་ཇི་སྲིད་འཚོ་བར་དུ་མི་གཏོང་བར་འདོད་པ་ལ་བརྗོད་པའི་སྐྱོན་རྣམས་འཇུག་པའི་ཕྱིར་རོ། །

གསུམ་པ་གདམས་པའི་སྒོ་ནས་མཇུག་བསྡུ་བ་ནི། གོང་གི་སོ་སོ་ཐར་པ་ལུགས་གཉིས་པོ། །ཞེས་སོགས་རྐང་པ་གཉིས་ཏེ། གོང་དུ་བཤད་པ་དེ་འདྲ་བའི་ཉན་ཐོས་ལུགས་དང་། ཐེག་ཆེན་ལུགས་ཀྱི་སོ་སོ་ཐར་པ་གཉིས་པོའི་བསླབ་བྱ་ཐུན་མོང་བ་རྣམས་མི་འགལ་ཞིང་། ཐུན་མོང་མ་ཡིན་པ་རྣམས་མ་འདྲེས་པའི་རྣམ་པར་དབྱེ་བ་ཤེས་པར་བྱས་ནས་བསླབ་པར་བྱ་དགོས་ཏེ། དེ་ལྟར་བསླབ་པ་ལས་ཐར་པ་དང་ཐམས་ཅད་མཁྱེན་པའི་གོ་འཕང་ཐོབ་པར་འགྱུར་བའི་ཕྱིར་རོ། །

གཉིས་པ་བསླབ་བྱའི་རང་བཞིན་ལས་འབྲས་ཀྱི་རྣམ་གཞག་ལ་གཉིས། ལས་འབྲས་ཀྱི་རྣམ་གཞག་སྤྱིར་བསྟན་པ། འཁྲུལ་པ་དགག་པ་རྒྱས་པར་བཤད་པའོ། །དང་པོ་ལ་གསུམ་སྟེ། ཉན་པར་གདམས་པ། དབྱེ་བ་

དངོས། འཇུག་བསྡུ་བའོ། །དང་པོ་ནི། དེས་ནས་ལས་དང་ཞེས་སོགས་རྐང་པ་གཉིས་ཏེ། བརྗོད་བྱའི་གཙོ་བོ་སོ་ཐར་གྱི་རྣམ་གཞག་བཤད་ཟིན་པ་དེ་ནས་རྒྱུ་ལས་དང་། འབྲས་བུ་རྣམ་སྨིན་གྱི་རྣམ་པར་དབྱེ་བ་བཤད་ཀྱི་ཉོན་ཅེས་པའོ། །

གཉིས་པ་ལ་ལྔ་སྟེ། གསུམ་དུ་དབྱེ་བ། གཉིས་སུ་དབྱེ་བ། བཞིར་དབྱེ་བ། གཉིས་སུ་དབྱེ་བ་གཞན་བསྟན་པ། གསུམ་དུ་དབྱེ་བ་གཞན་བསྟན་པའོ། །དང་པོ་ལ་གཉིས་ཏེ། དབྱེ་བ་དངོས་དང་། དབྱེ་བའི་དགོས་པའོ། །དང་པོ་ལ་མདོར་བསྟན་པ་དང་། རྒྱས་པར་བཤད་པ་གཉིས་ལས། དང་པོ་ནི། ལས་ལ་དགེ་སྡིག་ཞེས་སོགས་རྐང་པ་གཉིས་ཏེ། ལས་ལ་ངོ་བོའི་སྒོ་ནས་དགེ་སྡིག་ལུང་མ་བསྟན་གྱི་ལས་གསུམ་ཡོད་པའི་ཕྱིར་ཞེས། རྒྱལ་བས་མདོ་ལས་གསུང་སྟེ། ལས་ནི་རྣམ་པ་གསུམ་སྟེ། ལུས་ཀྱི་ལས་དང་། ངག་གི་ལས་དང་། ཡིད་ཀྱི་ལས་སོ། །དེ་ཡང་གསུམ་སྟེ། དགེ་བ་དང་། མི་དགེ་བ་དང་། ལུང་དུ་མ་བསྟན་པའི་ལས་སོ་ཞེས་གསུངས་སོ། །

གཉིས་པ་ནི། དགེ་བ་མེད་པར་ཞེས་སོགས་རྐང་པ་དྲུག་སྟེ། དགེ་བའི་ལས་ཀྱི་རྣམ་གྲངས་ལེགས་པར་དཔྱད་པ་ཞེས་བྱ་སྟེ། རྣམ་སྨིན་གྱི་འབྲས་བུ་བདེ་བ་བསྐྱེད་པའི་ལས་ཡིན་པའི་ཕྱིར། སྡིག་པའི་ལས་ནི་ཉེས་པ་སྤྱོད་པ་ཞེས་བྱ་སྟེ། རྣམ་སྨིན་གྱི་འབྲས་བུ་སྡུག་བསྔལ་བསྐྱེད་པར་བྱེད་པས་སོ། །བཏང་སྙོམས་ཏེ། ལུང་མ་བསྟན་གྱི་ལས་ནི། འབྲས་བུ་རྣམ་པར་སྨིན་པའང་བདེ་སྡུག་གཉིས་གང་ཡང་བསྐྱེད་པ་མིན་ཏེ། རྒྱུ་དགེ་སྡིག་གཉིས་གང་ཡང་མ་ཡིན་པའི་ལས་ཡིན་པས་སོ། །

གཉིས་པ་ནི། འདི་དག་ཞེས་སོགས་ཚིགས་བཅད་གཅིག་སྟེ། དགེ་སྡིག་ལུང་མ་བསྟན་གྱི་ལས་གསུམ་པོ་འདི་དག་ཆོས་ཅན། ཁྱོད་འདུས་བྱས་ཡིན་པར་ཤེས་པར་བྱ་སྟེ། ཁྱོད་རྐྱེན་ལ་བས་བྱས་པའི་ལས་ཡིན་པའོ། །ཆོས་ཀྱི་དབྱིངས་ནི་ཆོས་ཅན། ཁྱོད་དགེ་བ་དང་སྡིག་པ་མིན་ཏེ། ཁྱོད་འདུས་མ་བྱས་ཡིན་པ་དེས་ན་སྟེ་དེའི་ཕྱིར་རོ༎ ༎

གཉིས་པ་གཉིས་སུ་དབྱེ་བ་ནི། ལུས་ལ་ཐུབ་པས་ཞེས་སོགས་རྐང་པ་དྲུག་སྟེ། ཡང་ལས་ལ་ཐུབ་པས་རྣམ་པ་གཉིས་སུ་གསུངས་ཏེ། དེ་ལ་སེམས་པ་དང་ནི། བསམ་པའི་ལས་གཉིས་སུ་གསུངས་པའི་ཕྱིར་རོ། །འོ་ན་གཉིས་པོ་དེ་ཇི་ལྟ་བུ་ཞེ་ན། བྱེ་བྲག་ཏུ་སྨྲ་བའི་ལུགས་ལྟར་ན། སེམས་པ་ལས་ནི་ཡིད་ཀྱི་ལས་དང་། བསམ་པའི་ལས་དེ་ནི་ལུས་ངག་གི་རྣམ་པར་རིག་བྱེད་ལ་འདོད་པ་ཡིན་ཏེ། མཛོད་ལས། སེམས་པ་ཡིད་ཀྱི་ལས་ཡིན་ནོ༎ ༎དེས་བསྐྱེད་ལུས་དང་ངག་གི་ལས། །ཞེས་དང་། ལུས་རྣམ་རིག་བྱེད་དབྱིབས་སུ་འདོད། །ཅེས་པས་ལུས་ཀྱི་རྣམ་པར་རིག་བྱེད་ཀྱི་ལས་དང་། ངག་རྣམ་རིག་བྱེད་ནི་ངག་སྒྲ། །ཞེས་པས། ངག་གི་རྣམ་པར་རིག་བྱེད་ཀྱི་

ལས་ངོས་བཟུང་བ་ཡིན་ནོ། །ཡང་མདོ་སྡེ་པ་ཡན་ཆད་ནི། སེམས་པའི་ལས་རྒྱུ་དུས་ཀྱི་ཀུན་སློང་ལ་འདོད་ལ། དེ་ལ་བསོད་ནམས་དང་། བསོད་ནམས་མིན་པ་དང་། མི་གཡོ་བའི་ལས་གསུམ་ཡོད་ཅིང་། བསམ་པའི་ལས་ནི། དེ་དུས་ཀྱི་ཀུན་སློང་ལ་འདོད་ལ། དེ་ལ་ལུས་ངག་ཡིད་གསུམ་གྱི་ལས་ཡོད་པར་འདོད་དེ། མངོན་པ་ཀུན་བཏུས་སུ། དེ་གཉིས་ཀྱི་དབྱེ་བ་དེ་ལྟར་དུ་གསུངས་ཤིང་། མཛོད་འགྲེལ་ལས། མདོ་སྡེ་པའི་འདོད་པ་བརྗོད་པའི་སྐབས་སུ་ལུས་ལ་བརྟེན་པའི་ལས་ནི། ལུས་ཀྱི་ལས་ཏེ། དེ་དང་དེར་ལུས་འཇུག་པར་བྱེད་པའི་སེམས་པ་གང་ཡིན་པའོ། །དེ་བཞིན་དུ་ངག་དང་ཡིད་ཀྱི་ལས་དག་ལ་ཡང་ཅི་རིགས་པར་རིག་པར་བྱའོ། །འོན། གང་སེམས་པ་དང་། བསམ་པའི་ལས་སོ། །ཞེས་གསུངས་ཞེ་ན། འདི་དང་འདི་ལྟ་བུ་ཞིག་བྱའོ་སྙམ་པའི་ཀུན་ཏུ་རྟོག་པ་ནི་སྔར་བྱུང་ལ། དེ་ལྟར་བསམ་ནས་དེའི་འོག་ཏུ་གང་གི་ལུས་འཇུག་པར་བྱེད་པ་བྱ་བའི་སེམས་སྐྱེ་བར་འགྱུར་ཏེ། དེ་ནི་བསམ་པའི་ལས་ཞེས་བྱའོ། །ཞེས་གསུངས་སོ། །

དེ་ལྟར་ལུགས་གཉིས་ལས། གཞུང་གི་སྐབས་ཟིན་ནི། བྱེ་སྨྲའི་ལུགས་ལྟར་ཡིན་ནོ། །ཆོས་ཀྱི་དབྱིངས་ནི། དགེ་བ་དང་སྡིག་པའི་ལས་ལས་གྲོལ་ཏེ། དེ་ནི་སེམས་པ་དང་བསམ་པའི་ལས་གཉིས་ཀ་མིན་པ་དེའི་ཕྱིར། འདིར་དབྱེ་སྒོ་དང་པོ་གཉིས་ཀྱི་སྐབས་སུ། ཆོས་དབྱིངས་དགེ་སྡིག་ལས་གྲོལ་བར་བསྟན་པའི་གཞུང་འབྱུང་བ་ནི། གཞན་གསུམ་ལ་འང་མཚོན་ནས་ཤེས་པར་བྱ་སྟེ། ཆོས་དབྱིངས་དགེ་བར་འདོད་པའི་ལོག་རྟོག་དགག་པའི་ཕྱིར་དུ། ཐོག་མར། ལས་འབྲས་ཀྱི་རྣམ་གཞག་སྟོན་པ་ཡིན་པའི་ཕྱིར། འདིས་མཚོན་ནས། འཁྲུལ་པ་དགག་པའི་སྐོན་དུ་དེ་དང་དེའི་རྣམ་གཞག་སྤྱིར་བསྟན་པ་ནི་གོང་འོག་ཀུན་ཏུ་འབྱུང་བར་ཤེས་པར་བྱའོ། །

གསུམ་པ་བཞིར་དབྱེ་བ་ནི། གཞན་ཡང་ལས་ལ་རྣམ་བཞིར་གསུངས། །ཞེས་སོགས་རྐང་པ་བཅུ་གསུམ་སྟེ། གཞན་ཡང་། ཐུབ་པས་ལས་ལ་རྣམ་པ་བཞིར་གསུངས་ཏེ། ལས་དཀར་ལ་རྣམ་སྨིན་དཀར་བའི་ལས་དང་། ལས་གནག་ཅིང་རྣམ་པར་སྨིན་པ་གནག་པ་དང་། ལས་དཀར་ལ་རྣམ་པར་སྨིན་པ་གནག་པ་དང་། ལས་གནག་ལ་རྣམ་སྨིན་དཀར་བའི་ལས་རྣམས་སུ་གསུངས་པའི་ཕྱིར་རོ། །འོན་བཞི་པོ་དེ་དག་ཇི་ལྟ་བུ་ཞེ་ན། བསམ་པ་དག་པ་སྟེ། དགེ་བའི་སེམས་ཀྱི་ཀུན་ནས་བླང་བ་སྦྱིན་པ་གཏོང་བ་དང་། ཚུལ་ཁྲིམས་བསྲུང་བ་ལ་སོགས་པ་དེ་ཆོས་ཅན། ཁྱོད་མཁས་པས་བསྒྲུབ་པར་བྱ་བ་ཡིན་ཏེ། ཁྱོད་ལས་དང་རྣམ་སྨིན་གཉིས་ཀ་དཀར་བའི་ལས་ཡིན་པས་སོ། །རང་ཉིད་ཟ་བའི་དོན་དུ་སེམས་ཅན་གསོད་པ་ལ་སོགས་པའི་ལས་ཆོས་ཅན། ཁྱོད་མཁས་པས་སྤང་བར་བྱ་ཡིན་ཏེ། ཁྱོད་ལས་དང་རྣམ་སྨིན་གཉིས་ཀ་གནག་པ་ཡིན་པའི་ཕྱིར། སེམས་ཅན་མང་པོའི་སྲོག་སྐྱབས་པའི་ཕྱིར་དུ་གདུག་པ་ཅན་གཅིག་གསོད་པ་དང་། རྫུན་སྨྲ་བ་ལ་སོགས་པ་ཆོས་ཅན། ཁྱོད་

མཁས་པས་བསྒྲུབ་པར་བྱ་བ་ཡིན་ཏེ། ཁྱོད་ལས་གནག་པ་ལྟར་སྣང་ཡང་། རྣམ་སྨིན་དཀར་བའི་ལས་ཡིན་པའི་ཕྱིར་ནའོ། །དགྲ་བསད་པའི་ཕྱིར་དུ་སྦྱིན་པ་གཏོང་བ་དང་། ལྷ་མཆོད་པའི་ཕྱིར་དུ་སེམས་ཅན་གསོད་པ་ལ་སོགས་པ་ཆོས་ཅན། ཁྱོད་མཁས་པས་སྤང་བར་བྱ་བ་ཡིན་ཏེ། ཁྱོད་ལས་དཀར་བ་ལྟར་སྣང་ཡང་། རྣམ་སྨིན་གནག་པའི་ལས་ཡིན་པའི་ཕྱིར། དེ་ལ་རྣམ་སྨིན་དཀར་ནག་ནི། རྒྱུ་དུས་དང་། དེ་དུས་ཀྱི་ཀུན་སློང་གི་སེམས་དཀར་ནག་ཡིན་ལ། ལས་དཀར་ནག་ནི། སྤྱོར་བ་དགེ་བར་སྣང་བ་དང་། མི་དགེ་བར་སྣང་བའི་ཁྱད་པར་ཡིན་ནོ། །

བཞི་པ་གཉིས་སུ་དབྱེ་བ་གཞན་བསྟན་པ་ལ་གསུམ་སྟེ། མདོར་བསྟན་པ། རྒྱང་ཟད་ཕྱེ་སྟེ་བཤད་པ། དཔེའི་སྒོ་ནས་རྒྱས་པར་བཤད་པའོ། །དང་པོ་ནི། གཞན་ཡང་ལས་ལ་རྣམ་གཉིས། ཞེས་སོགས་རྐང་པ་གཉིས་ཏེ། ལས་ལ་སེམས་བསམ་གྱི་ལས་གཉིས་སུ་གསུང་བར་མ་ཟད། གཞན་ཡང་ལས་ཆོས་ཅན། ཁྱོད་ལ་རྣམ་པ་གཉིས་སུ་གསུངས་ཏེ། འཕེན་བྱེད་ཀྱི་ལས་དང་། རྫོགས་བྱེད་ཀྱི་ལས་གཉིས་སུ་གསུངས་པའི་ཕྱིར། གཉིས་པ་ནི། དེ་དག་དབྱེ་ན་མུ་བཞི། ཞེས་སོགས་རྐང་པ་བདུན་ཏེ། འཕེན་རྫོགས་ཀྱི་ལས་དེ་དག་ལ་དབྱེ་ན་མུ་བཞི་ཡོད་དེ། འཕེན་བྱེད་ཀྱི་ལས་དགེ་བས་འཕངས་པ་ལ། རྫོགས་བྱེད་ཀྱང་ནི་དགེ་བའི་ལས་ཀྱི་རྫོགས་པ་དང་། འཕེན་བྱེད་སྡིག་པས་འཕངས་པ་ལ་རྫོགས་བྱེད་ཀྱང་ནི་སྡིག་པས་རྫོགས་པ་དང་། འཕེན་བྱེད་དགེ་བས་འཕངས་པ་ལ། རྫོགས་བྱེད་སྡིག་པས་རྫོགས་པ་དང་། འཕེན་བྱེད་སྡིག་པས་འཕངས་པ་ལ། རྫོགས་བྱེད་དགེ་བའི་ལས་ཀྱིས་རྫོགས་པ་རྣམས་སུ་ཡོད་པའི་ཕྱིར་རོ། །

གསུམ་པ་ནི། དེ་དག་དཔེར་བརྗོད་ཞེས་སོགས་ཚིགས་བཅད་བཞི་སྟེ། མུ་བཞི་པོ་དེ་དག་གི་དཔེར་བརྗོད་མདོར་བསྡུས་པ་ཙམ་བཤད་པར་བྱ་ཡིས་གུས་པར་ཡིད་ལ་ཟུངས་ཤིག་ཅེས་ཉན་པར་གདམ་ནས། འདི་ལྟར་མུ་དང་པོའི་དཔེ་ཡོད་དེ། ལྷ་དང་མི་དང་། ལྷ་མིན་ཏེ། མཐོ་རིས་གསུམ་པོར་སྐྱེ་བ་འགྲུབ་པ་ནི། དགེ་བའི་ལས་ཀྱིས་འཕེན་པ་ཡིན་ཞིང་། མཐོ་རིས་དེ་དག་གི་རྟེན་ལ་ལུས་སེམས་བདེ་བ་འབྱུང་བ་ནི། རྫོགས་བྱེད་དགེ་བའི་ལས་ཀྱིས་འཕངས་པ་སྟེ་རྫོགས་པ་ཡིན་པའི་ཕྱིར་རོ། །མུ་གཉིས་པའི་དཔེ་ཡོད་དེ། དམྱལ་བ་ཡི་དྭགས་དུད་འགྲོ་སྟེ། ངན་སོང་གསུམ་དུ་སྐྱེ་བ་ནི། འཕེན་བྱེད་སྡིག་པའི་ལས་ཡིན་པར་གསུངས་ཤིང་། ངན་སོང་དེ་དང་དེའི་ཚ་གྲང་ལ་སོགས་པའི་སྡུག་བསྔལ་གྱི་བྱེ་བྲག་ཀུན་རྫོགས་བྱེད་ཀྱི་ལས་ནི། སྡིག་པའི་ལས་ཡིན་པའི་ཕྱིར་རོ། །མུ་གསུམ་པའི་དཔེ་ཡོད་དེ། མཐོ་རིས་སུ་སྐྱེ་བ་དགེ་བས་འཕངས་པ་ཡིན་མོད་ཀྱི། མཐོ་རིས་དེ་ཡི་རྟེན་ལ་ནད་དང་། གནོད་པ་འབྱུང་བ་ཀུན་རྫོགས་བྱེད་སྡིག་པའི་ལས་ཀྱིས་རྫོགས་པ་ཡིན་པར་གསུངས་པའི་

ཕྱིར། མུ་བཞི་པའི་དཔེ་ཡོད་དེ། ངན་འགྲོར་སྐྱེ་བའི་འཕེན་བྱེད་སྡིག་པའི་ལས་ཡིན་ན་ཡང་། གླང་པོ་ཆེ་རབ་བརྟན་ལྷ་བུ་ངན་འགྲོ་དེ་ཡི་ལུས་སེམས་བདེ་བ་དེ་གནས་སྐབས་དགེ་བའི་ལས་ཀྱིས་འཕངས་པ་སྟེ་རྫོགས་པར་ཆོས་མངོན་པ་དང་། མདོ་སྡེ་དྲུ་མ་ལས་གསུངས་པའི་ཕྱིར་རོ། །དེ་ཡང་འཕེན་བྱེད་ཀྱི་ལས་ནི་རྣམ་སྨིན་གྱི་འབྲས་བུ་གཙོ་བོར་གྱུར་པ་ཡིན་ལ། རྫོགས་བྱེད་ཀྱི་ལས་ནི། སྐྱེས་བུའི་བྱེད་པ་དང་། རྒྱུ་མཐུན་དང་། བདག་པོའི་འབྲས་བུ་གཙོ་བོར་གྱུར་པ་ཡིན་ནོ། །དེ་ལ་དགེ་མི་དགེའི་རྣམ་སྨིན་གྱི་འབྲས་བུ་ནི། བདེ་འགྲོ་དང་། ངན་འགྲོ་སོ་སོར་ངེས་པ་ཡིན་ཞིང་། འབྲས་བུ་གཞན་གསུམ་ནི་སོ་སོར་དམིགས་ཏེ། རིན་ཆེན་ཕྲེང་བར། མི་དགེ་བ་བཅུའི་བདག་འབྲས་སོགས་བདེ་འགྲོའི་རྟེན་ལའང་འབྱུང་བར་གསུང་ཞིང་། ངན་འགྲོའི་རྟེན་ལ་བདེ་བ་འབྱུང་བ་རྣམས་ཀྱང་། དགེ་བའི་འབྲས་བུ་ཡིན་པའི་ཕྱིར་རོ། །

ལྔ་པ་གསུམ་དུ་དབྱེ་བ་གཞན་བསྟན་པ་ནི། གཞན་ཡང་གཅིག་ཏུ་དཀར་བ་ཞེས་སོགས་རྐང་པ་བདུན་ཏེ། ཞེས་བྱ་ཆོས་ཅན། ལས་ལ་དགེ་མི་དགེ་ལུང་མ་བསྟན་གསུམ་དུ་གསུང་པར་མ་ཟད་གཞན་ཡང་ལས་ལ་གསུམ་དུ་གསུང་སྟེ། གཅིག་ཏུ་དཀར་བའི་ལས་དང་། གཅིག་ཏུ་གནག་པ་དང་། དཀར་ནག་འདྲེས་མའི་ལས་རྣམ་པ་གསུམ་དུ་ཐུབ་པས་གསུངས་པའི་ཕྱིར་ཏེ། མདོ་ལས། གཅིག་ཏུ་དཀར་བའི་ལས་ནི་གཅིག་ཏུ་དཀར་བར་འགྱུར་རོ། །གཅིག་ཏུ་གནག་པ་ནི་གཅིག་ཏུ་གནག་པར་འགྱུར་རོ། །འདྲེས་མ་རྣམས་ཀྱང་འདྲེས་མར་འགྱུར་རོ༑ ༑ཞེས་གསུངས་པའི་ཕྱིར། འདྲེས་མ་ཞེས་པ་འདྲེས་པ་ལ་འཇོག་གོ། །གསུམ་པོ་དེའི་འབྲས་བུ་འབྱིན་པའི་ཚུལ་ནི། གཅིག་ཏུ་དཀར་བའི་ལས་ཀྱི་འབྲས་བུ་བདེ་བ་བསྐྱེད་པ་དང་། གཅིག་ཏུ་གནག་པའི་ལས་ཀྱིས་འབྲས་བུ་སྡུག་བསྔལ་བསྐྱེད་ལ། དཀར་ནག་འདྲེས་མའི་ལས་ཀྱིས། འབྲས་བུ་བདེ་བ་དང་། སྡུག་བསྔལ་འདྲེས་མ་བསྐྱེད་པར་ཆོས་མངོན་པ་སོགས་ལས་གསུངས་ཏེ། དཔེར་ན། ཉིན་པར་བསྙེན་གནས་བསྲུང་མཚན་མོ་མ་བསྲུང་བའི་སྟོབས་ཀྱིས་བདེ་སྡུག་འདྲེས་མ་མྱོང་བའི་གཏམ་རྒྱུད་བཞིན་ནོ། །ཡང་མངོན་པ་ཀུན་བཏུས་ལས་ནི། གནག་ལ་རྣམ་པར་སྨིན་པ་གནག་པའི་ལས་གང་ཞེ་ན། གང་མི་དགེ་བའོ། །དཀར་ལ་རྣམ་པར་སྨིན་པ་དཀར་བའི་ལས་གང་ཞེ་ན། གང་ཁམས་གསུམ་པའི་དགེ་བའོ། །དཀར་ནག་ཏུ་གྱུར་ལ་རྣམ་པར་སྨིན་པ་དཀར་ནག་ཏུ་གྱུར་པ་གང་ཞེ་ན། འདོད་པ་དང་རབ་ཏུ་ལྡན་པ་འདྲེས་མ་སྟེ། བསམ་པས་གནག་ལ་སྦྱོར་བས་དཀར་བའམ། སྦྱོར་བས་གནག་ལ་བསམ་པས་དཀར་བའོ། །མི་གནག་ཅིང་དཀར་ལ་རྣམ་པར་སྨིན་པར་མི་འགྱུར་ཞིང་ལས་ཟད་པར་འགྱུར་བའི་ལས་གང་ཞེ་ན། སྦྱོར་བ་དང་། བར་ཆད་མེད་པའི་ལམ་རྣམས་ལ་ཟག་པ་མེད་པའི་ལས་སོ། །ཞེས་བཞི་པར་ཡང་གསུང་མོད། གཞུང་གི་དངོས་བསྟན་ནི། མདོ་ལས་གསུང་པ་ལྟར

གསུམ་ཉིད་ཡིན་ནོ། །འདྲེས་མའི་དོན། བསམ་སྦྱོར་གང་རུང་གཅིག་དཀར་ལ། གཅིག་གནག་པ་ལ་གསུང་ཞིང་། དེས་བདེ་སྡུག་འདྲེས་མ་བསྐྱེད་པ་དང་གོང་དུ་བཞིར་དབྱེ་བའི་སྐབས་སུ། བསམ་པ་གནག་ཅིང་སྦྱོར་བ་དཀར་བ་སྡུག་བསྔལ་གྱི་རྒྱུ་དང་། སྦྱོར་བ་གནག་ཅིང་བསམ་པ་དཀར་བ་བདེ་བའི་རྒྱུར་གསུང་པ་འགལ་ལོ་སྙམ་ན། གོང་དུ་རྒྱུ་དུས་དང་དེ་དུས་ཀྱི་ཀུན་སློང་གཉིས་ཀ་དཀར་བ་ལ་བསམ་པ་དཀར་བར་མཛད་ཅིང་། འདིར་རྒྱུ་དུས་ཀྱི་ཀུན་སློང་ལ་བསམ་པ་དང་། དེ་དུས་ཀྱི་ཀུན་སློང་ལ་སྦྱོར་བར་དགོངས་པས་མི་འགལ་ལོ། །

གསུམ་པ་མཇུག་བསྡུ་བ་ནི། འདི་འདྲའི། ཞེས་སོགས་ཚིགས་བཅད་གཅིག་སྟེ། གོང་དུ་བཤད་པ་འདི་འདྲ་བའི་རྒྱུ་ལས་དང་། འབྲས་བུ་རྣམ་སྨིན་གྱི་རྣམ་པར་དབྱེ་བ་ཤེས་པར་གྱུར་ན། དགོན་ལས་ཀྱི་རྒྱུ་འབྲས་ལ་ཤིན་ཏུ་མཁས་ཤིང་ཡིད་ཆེས་པ་ཉིད་དུ་འགྱུར་བས། དགེ་སྡིག་གི་བླང་དོར་ལ་བཙོན་པ་ལྷ་བུར་ལེན་དགོས། །ཞེས་པའོ། །

གཉིས་པ་འཁྲུལ་པ་དགག་པ་རྒྱས་པར་བཤད་པ་བཞི་སྟེ། བསྔོ་བའི་གནས་ལ་འཁྲུལ་བར་དགག འབྲས་བུ་དཀར་ནག་བཟང་ཐལ་དགག ཉམས་ལེན་ཡི་བཀག་ཡི་གནང་དགག །འཕྲུལ་གྱི་དགག་ལེན་འཁྲུལ་པ་དགག་པའོ། །དང་པོ་ལ་བཞི་སྟེ། བསྔོ་རྒྱུའི་དགེ་རྩ་ལ་འཁྲུལ་པ་སྤང་པ། བསྔོ་ཚུལ་གྱི་ལག་ལེན་ལ་འཁྲུལ་བ་དགག །བསྔོ་བའི་འབྲས་བུ་ལ་འཁྲུལ་བ་དགག དོན་བསྡུས་ཏེ་ལས་འབྲས་ཀྱི་གནད་བསྟན་པའོ། །དང་པོ་ལ་ཕྱོགས་སྔ་མ་བརྗོད་པ་དང་། དེ་དགག་པ་ལ་གཉིས་ཏེ། དང་པོ་ནི། མུ་སྟེགས་གྲངས་ཅན་ཞེས་སོགས་ཚིགས་བཅད་གསུམ་སྟེ། ཕྱི་རོལ་མུ་སྟེགས་བྱེད་ཤེས་བྱ་ལ་ཉི་ཤུ་རྩ་ལྔར་གྲངས་ངེས་པ་ཅན་རྣམས་ནི། གཙོ་བོ་རྟག་པའི་གཤིས་ལ་དགེ་སྡིག་ཡོད་ཅེས་ཟེར་ཞིང་། རྒྱུ་ལ་འབྲས་བུའི་བདག་ཉིད་གཅིག་པའི་ཚུལ་དུ་གནས་པར་འདོད་དེ། གྲངས་ཅན་གྱི་གཞུང་དང་། དགེ་དང་སྡིག་པ་ཇི་སྙེད་དང་། །འཁོར་བ་དང་ནི་གྲོལ་བ་ཡང་། །གཙོ་བོའི་ནང་ན་གདོད་ནས་ཡོད། །འོན་ཀྱང་ཐབས་ཀྱི་གསལ་བར་འགྱུར། །ཞེས་དང་། འོ་མའི་ནང་ན་ཞོ་གང་དང་། །ཞོ་ཡི་དུས་ན་མར་ཉིད་གང་། །དྲག་པོ་ལེན་གྱིས་བཤད་པ་སྟེ། །འབིག་བྱེད་གནས་ལའང་དེ་སྐད་སྨྲ། །ཞེས་བཤད་དོ། །བོད་ཀྱང་ཞང་གཡུ་བྲག་པ་ལ་སོགས་པ་ལ་ལ། རྒྱུ་ཡི་དུས་ན་འབྲས་བུ་ཡོད། །ལས་འགྲོ་ཅན་གྱིས་རྟོགས་པར་འགྱུར། །ཞེས་པ་མདོ་རྒྱུད་གང་ནས་མ་གསུངས་པའི་ལུང་འདྲེན་དང་། དེས་མཛད་པའི་ལམ་མཆོག་མཐར་ཐུག་ལས། པ་ན་སེ་ཡི་འབྲས་བུ་བཞིན། །རྒྱུ་དང་འབྲས་བུ་དུས་མཚུངས་ཡིན། །ཞེས་གྲངས་ཅན་རྒྱུ་དུས་ན་འབྲས་བུ་ཡོད་པར་འདོད་པ་དེའི་རྗེས་སུ་འབྲང་ནས། འབྲས་བུ་རྣམས་རྒྱུའི་དུས་སུ་ཡོད་པར་འདོད་ཅིང་། ཕལ་པོ་ཆེའི་རྡོ་རྗེ་རྒྱལ་མཚན་གྱི་བསྔོ་བའི་ལེའུ་ལས། འགྲོ་ཀུན་དགེ་བ་ཇི་སྙེད་ཡོད་པ་དང་། །

བྱས་དང་བྱེད་འགྱུར་དེ་བཞིན་བྱེད་པ་ཞེས། །གསུང་པའི་དགོངས་པ་འཆད་པ་ལ། །གྲངས་ཅན་གཙོ་བོ་དང་རང་བཞིན་གཅིག་པའི་དགེ་བ་ཡོད་པར་འདོད་པའི་ལུགས་བཞིན་དུ། མདོ་དེའི་ཡོད་པའི་དགེ་བ་ཞེས་བྱ་བ་སེམས་ཅན་རྣམས་ལ་གདོད་མ་ནས་སེམས་ཀྱི་རང་བཞིན་རང་བྱུང་དུ་ནི་གྲུབ་པར་འདོད་ཅིང་། རང་བཞིན་དེ་ལ་བདེ་གཤེགས་སྙིང་པོ་ཡིན་ཟེར། དེ་བཞིན་དུ་འབྲི་ཁུང་པ་ཡོད་པའི་དགེ་བ་དང་། ཊོད་ཚང་པ་གནས་པའི་དགེ་བ་དང་། སྟག་ལུང་པ་ལ་སོགས་པ་ཁ་ཅིག་རང་བཞིན་གྱི་དགེ་བ་ཞེས་འཆད་དོ། །

གཉིས་པ་ལ་ལྔ་སྟེ། ཆོས་དབྱིངས་བསྔོ་རྒྱུའི་སྙིང་པོར་འདོད་པ་དགག །ཆོས་དབྱིངས་ལས་གཞན་པའི་ཁམས་བསྔོ་རྒྱུའི་སྙིང་པོར་འདོད་པ་དགག ཆོས་དབྱིངས་ལ་བསྔོ་རྒྱུའི་སྙིང་པོ་ཡིན་མིན་གྱི་དབྱེ་བ་ཡོད་པར་འདོད་པ་དགག དེས་ན་སྨྲོས་བྲལ་ལ་སྙིང་པོར་འཛོག་པའི་འཐད་པ། སྙིང་པོར་སྦྲུབ་པའི་ཚུལ་གྱིས་ཡོད་པ་དྲང་དོན་དུ་བསྟན་པའོ། །དང་པོ་ལ་གསུམ་སྟེ། ལུང་རིགས་གཉིས་ཀྱིས་དགག དེའི་ཉེས་སྤོང་གི་ལན་དགག །ལུང་ཚིག་སྔ་ཕྱི་འགལ་བས་དགག་པའོ། །དང་པོ་ལ་གསུམ་སྟེ། མདོར་བསྟན། རྒྱས་པར་བཤད། དོན་བསྡུ་བའོ། །དང་པོ་ནི། གྲངས་ཅན། ཞེས་སོགས་རྐང་པ་གཉིས་ཏེ། གྲངས་ཅན་དགེ་སྡིག་གཙོ་བོའི་གཤིས་ལ་ཡོད་པའི་ལུགས་དང་མཚུངས་པའི་བསྔོ་རྒྱུའི་དགེ་བ་རྒྱུས་གསར་དུ་མ་བསྐྱེད་པར། སེམས་ཀྱི་རང་བཞིན་དང་། དངོས་པོའི་གཤིས་ལ་ཡོད་པ་འདི་མི་འཐད་དེ། ལུང་དང་རིགས་པས་དགག་པར་བྱ་བ་ཡིན་པའི་ཕྱིར། ཞེས་པའི་དོན་ཡིན་གྱི། ཊཱིཀྐ་ཁ་ཅིག་ལས། གྲངས་ཅན་གྱི་ལུགས་དེ་ལུང་རིགས་ཀྱི་འགོག་པ་ལ་སྦྱོར་བ་ནི། འདིའི་སྐབས་ཀྱི་དོན་མིན་ཏེ། གྲངས་ཅན་སངས་རྒྱས་པའི་ལུང་གིས་དགག་མི་ནུས་ཤིང་། འོག་ཏུ་མུ་སྟེགས་བྱེད་ཀྱི་ལུགས་ཕྱོགས་ཕྱུང་། ཆོས་གྲགས་སོགས་ཀྱིས་བཀག་ཟིན་པས། གཞུང་འདིར་དངོས་སུ་མི་འགོག་པར་གསུང་པ་དང་འགལ་བའི་ཕྱིར་རོ། །

གཉིས་པ་ལ་གཉིས་ཏེ། ཡིད་ཆེས་པའི་ལུང་གིས་དགག་པ། དངོས་སྟོབས་ཀྱི་རིགས་པས་དགག་པའོ། །དང་པོ་ལ་གསུམ་སྟེ། ཆོས་དབྱིངས་བསྔོ་རྒྱུའི་དགེ་བར་མི་འཐད་པའི་ལུང་དྲང་བ། དེ་བཞིན་ཉིད་ལ་དགེ་བར་གསུངས་པའི་ལུང་དོན་བཤད་པ། འཁྲུལ་གཞིའི་ལུང་དོན་ཇི་ལྟར་འཆད་པའི་ཚུལ་ལོ། །དང་པོ་ལ་གསུམ་སྟེ། ཆོས་དབྱིངས་བསྔོ་བས་མི་འགྱུར་བའི་ལུང་། ཆོས་དབྱིངས་ལ་དགེ་སྡིག་མེད་པའི་ལུང་། ཞར་ལ་སྙིང་པོའི་སྒྲོང་བྱེད་སྙིང་པོར་འདོད་པ་དགག་པའོ། །དང་པོ་ནི། དེ་སྐད་དུ་ཡང་། ཞེས་སོགས་རྐང་པ་བཅུ་བདུན་ཏེ། གཞུང་ཁ་ཅིག་ལས། བདེ་གཤེགས་སྙིང་པོ་ཞེས་བྱ་བ། །ཆོས་དབྱིངས་འགྱུར་མེད་ཉིད་ལ་གསུང་། །དེ་སྐད་དུ་ཡང་རྒྱུད་བླ་མ་ལས། །ཞེས་འབྱུང་སྙོ་རྩམ་དཔེ་ཁང་གི་གསེར་ཆོས་ན་བཞུགས་པ་ལྟར་ན། རྒྱུ་ལས་གསར་དུ་མ་སྐྱེས་པར་རང་

བྱུང་དུ་གྲུབ་པའི་བསྔོ་རྒྱའི་དགེ་རྩ་དེ་བདེ་གཤེགས་སྙིང་པོར་མི་འཐད་དེ། བདེ་གཤེགས་སྙིང་པོ་ཞེས་བྱ་བ་ནི། སེམས་ཀྱི་ཆོས་དབྱིངས་སྤྲོས་པ་དང་བྲལ་བ་ལ་འཇོག་ཅིང་། དེ་ནི་བསྔོ་བས་གཞན་དུ་མི་འགྱུར་བའི་ཕྱིར་ཏེ། དེ་སྐད་དུ་ཡང་རྒྱུད་བླ་མ་དང་། དཔལ་ཕྲེང་གི་མདོ་དང་། རྩ་བ་ཤེས་རབ་དང་། ཤེར་ཕྱིན་གྱི་མདོ་བཞིས་གསུངས་པའི་ཕྱིར། དང་པོ་ནི། རྒྱུད་བླ་མ་ལས། སེམས་ཀྱི་རང་བཞིན་འོད་གསལ་གང་ཡིན་པ། །དེ་ནི་ནམ་མཁའ་བཞིན་དུ་འགྱུར་མེད་དེ། །ཡང་དག་མིན་རྟོག་ལས་བྱུང་འདོད་ཆགས་སོགས། །གློ་བུར་དྲི་མས་དེ་ཉོན་མོངས་མི་འགྱུར། །ཞེས་དང་། ཉེས་པ་གློ་བུར་དང་ལྡན་པས། །ཡོན་ཏན་རང་བཞིན་དང་ལྡན་ཕྱིར། །ཇི་ལྟར་སྔར་བཞིན་ཕྱིས་དེ་བཞིན། །འགྱུར་བ་མེད་པའི་ཆོས་ཉིད་དོ། །ཞེས་གསུངས་སོ། །དཔལ་ཕྲེང་གི་མདོ་ལས། དེ་བཞིན་གཤེགས་པ་ཡི་སྙིང་པོ་འགྱུར་མེད་ཡིན་ཞེས་བཤད་དེ། བཅོམ་ལྡན་འདས་དེ་བཞིན་གཤེགས་པའི་སྙིང་པོ་ལ་ནི། སྐྱེ་བའམ། འགུམ་པའམ། འཕོ་བའམ། འབྱུང་བ་ཡང་མི་མཆིས་སོ། །བཅོམ་ལྡན་འདས་དེ་བཞིན་གཤེགས་པའི་སྙིང་པོ་ནི། འདུས་བྱས་ཀྱི་མཚན་ཉིད་ཀྱི་ཡུལ་ལས་འདས་པ་ལགས་སོ། །བཅོམ་ལྡན་འདས་དེ་བཞིན་གཤེགས་པའི་སྙིང་པོ་ནི། རྟག་པ་དང་། བརྟན་པ་དང་། ཐེར་གཟུགས་པ་ལགས་སོ། །ཞེས་དང་། ཤཱ་རིའི་བུ། དོན་དམ་པ་ཞེས་བྱ་བ་ནི། སེམས་ཅན་གྱི་ཁམས་ཀྱི་ཚིག་བླ་དགས་སོ། །ཤཱ་རིའི་བུ་སེམས་ཅན་གྱི་ཁམས་ཞེས་བྱ་བ་ནི་དེ་བཞིན་གཤེགས་པའི་སྙིང་པོའི་ཚིག་བླ་དགས་སོ། །

ཤཱ་རིའི་བུ། དེ་བཞིན་གཤེགས་པའི་སྙིང་པོ་ཞེས་བྱ་བ་ནི། ཆོས་ཀྱི་སྐུའི་ཚིག་བླ་དགས་སོ། །ཞེས་གསུངས་པའི་ཕྱིར། མགོན་པོ་ཀླུ་སྒྲུབ་ཀྱིས་ཀྱང་། དབུ་མ་རྩ་ཤེར་ལས། གང་ལ་དེ་བཞིན་གཤེགས་པའི་སེམས་ཀྱི་རང་བཞིན་མེད་པ་དེ་ལ་འགྲོ་བ་སེམས་ཅན་འདི་ཡི་རང་བཞིན་མེད་དེ། དེ་བཞིན་གཤེགས་པའི་རང་བཞིན་གང་ཡིན་པ་དེ་ནི། འགྲོ་བ་སེམས་ཅན་གྱི་རང་བཞིན་ཡིན་པའི་ཕྱིར་ཏེ། སེམས་ཀྱི་རང་བཞིན་ལ་དབྱེ་བ་མེད་པའི་ཕྱིར། ཞེས་གསུང་པ་དེ་ཡང་། སེམས་ཀྱི་ཆོས་ཉིད་སངས་རྒྱས་པའི་ཚེ་ན་ཡང་གཞན་དུ་མི་འགྱུར་བས་ཆོས་དབྱིངས་གཞན་དུ་མི་འགྱུར་བར་གྲུབ་པ་སྟེ། རྒྱུད་བླར། ཇི་ལྟར་སྔར་བཞིན་ཕྱིས་དེ་བཞིན། །འགྱུར་བ་མེད་པའི་ཆོས་ཉིད་དོ། །ཞེས་གསུངས་པ་དེ་ཉིད་དང་མཐུན་པ་ཡིན་ནོ། །ཤེས་རབ་ཀྱི་ཕ་རོལ་ཏུ་ཕྱིན་པའི་མདོ་ལས། ཆོས་ཀྱི་དབྱིངས་ནི། འདས་མ་འོངས་ད་ལྟར་གྱི་དུས་གསུམ་དང་། འདོད་པ་དང་། གཟུགས་དང་། གཟུགས་མེད་པའི་ཁམས་གསུམ་དག་ནི་བསྔོ་བྱའི་དགེ་བ་དང་བཤགས་བྱའི་སྡིག་པ་ལས་རྣམ་པར་གྲོལ་བ་ཡིན་ཞེས་གསུང་སྟེ། བརྒྱད་སྟོང་པ་ལས། ཆོས་རྣམས་ཀྱི་ཆོས་ཉིད་གང་ཡིན་པ་དེ་ནི། འདས་པ་ཡང་མིན། མ་འོངས་པ་ཡང་མིན། ད་ལྟར་འབྱུང་བ་ཡང་མིན། གང་འདས་པ་དང་། མ་འོངས་པ་དང་། ད་ལྟར་བྱུང་

བ་མིན་པ་དེ་ནི་དུས་གསུམ་ལས་རྣམ་པར་གྲོལ་བའོ། །གང་དུས་གསུམ་ལས་རྣམ་པར་གྲོལ་བ་དེ་ནི། ཡོངས་སུ་བསྔོ་བར་བྱ་བར་མི་ནུས་ཤིང་། དེ་ནི་དམིགས་པ་དང་། མཐོང་བ་དང་། རྟོགས་པ་དང་། རྣམ་པར་ཤེས་པ་མིན་ནོ། །ཞེས་དང་། དེ་བཞིན་དུ། འབུམ་དང་ཉི་ཁྲི་ལས་ཀྱང་རྒྱས་པར་གསུངས་པའི་ཕྱིར་རོ། །རྒྱུ་མཚན་དེས་ན། ཆོས་ཀྱི་དབྱིངས་ལ་ནི། བསྔོ་རྒྱུའི་དགེ་བ་ཡིན་པ་མེད་ཅེས་རྒྱལ་བས་བཤད་དེ། འབུམ་ལས། ཆོས་ཀྱི་དབྱིངས་ལ་ཡོངས་སུ་བསྔོ་བ་མེད་དོ། །ཞེས་གསུངས་པའི་ཕྱིར།

གཉིས་པ་ཆོས་དབྱིངས་ལ་དགེ་སྡིག་མེད་པའི་ལུང་ནི། ཡང་དག་སྦྱོར་བའི་རྒྱུད་ལས་ཀྱང་། །ཞེས་སོགས་རྐང་པ་བཅུ་དགུ་སྟེ། ཆོས་དབྱིངས་རང་གི་ངོ་བོ་དགེ་སྡིག་དུ་འང་མ་གྲུབ་སྟེ། དེ་ལྟར་དུ་སམྦུ་ཊ་ལ་སོགས་པའི་རྒྱུད་སྡེ་ཀུན་དང་། རིན་ཆེན་ཕྲེང་བ་རྣམས་སུ་གསུངས་པའི་ཕྱིར། ཡང་དག་པར་སྦྱོར་བའི་རྒྱུད་ལས་ཀྱང་། མཁས་པས་གནས་ལུགས་ཀྱི་དོན་སྒོམ་པའི་ཚེ། སྡིག་པ་དང་བསོད་ནམས་དུ་འཛིན་པའི་སྤྲོས་པའི་མཐའ་འདི་ཉིད་རྣམ་པར་སྤང་བར་བྱ་སྟེ། ཆོས་ཅན་དེ་ཡི་སྡིག་པ་དང་། བསོད་ནམས་ཀྱི་ཆ་གཉིས་སུ་རྣམ་པར་རྟོག་པ་སྟེ། སྤྲོས་པའི་མཐའ་ལས་མ་འདས་པའི་ཕྱིར་རོ་ཞེས་གསུངས། དེ་བཞིན་དུ་གསང་བ་འདུས་པ་ལས་གསུང་སྟེ། རང་བཞིན་གདོད་ནས་མ་སྐྱེས་པ། །སྟོང་པ་ཉིད་ཀྱི་རང་བཞིན་ནོ། །ཞེས་དང་། ཆོས་དམ་ནམ་མཁའི་རྡོ་རྗེའི་དམ་ཚིག་ཏུ་མཚུངས་པའི་ཕྱིར། གཟུགས་ཀྱི་ཕུང་པོ་མ་ཡིན་ནོ། །ཞེས་པ་ནས། འདོད་ཆགས་ཞེ་སྡང་གཏི་མུག་མིན། །ཆོས་མིན་ཆོས་མིན་པ་ཡང་མིན། །ཞེས་པ་དང་། སོགས་པ་ཀྱི་རྡོ་རྗེ་ལས། སྒོམ་པ་པོ་མེད་སྒོམ་པའང་མེད། །ལྷ་མེད་སྔགས་ཀྱང་ཡོད་མ་ཡིན། །ཞེས་པ་དང་། ཕྱག་རྡོར་དབང་བསྐུར་བའི་རྒྱུད་ལས། ཡོད་ཅེས་བྱ་བའམ། མེད་ཅེས་བྱ་བའམ། བསོད་ནམས་ཞེས་བྱ་བའམ། བསོད་ནམས་མིན་པ་ཞེས་བྱ་བའམ། མྱ་ངན་ལས་འདས་པ་ཞེས་བྱ་བའམ། ཐ་དད་པ་ཞེས་བྱ་བ་མེད་དོ། །ཅེས་རྒྱུད་སྡེ་ཀུན་ལས་གསུངས་པའི་ཕྱིར་རོ། །གདམ་བྱ་རིན་ཆེན་ཕྲེང་བ་ལས། །ཞེས་པ་ནས། སྡིག་དང་བསོད་ནམས་བྱ་བ་བཏང་། །ཞེས་པའི་བར་འདིར། གཞུང་ཁ་ཅིག་ལས། གནས་མེད་ཆོས་འདིས་སྒྲག་གྱུར་པ། །ཞེས་པ་ནས། རྣམ་དག་ལུང་གི་དབང་གིས་བཤད། །ཅེས་པའི་བར་ཚིགས་བཅད་གསུམ་འབྱུང་། བཟང་ལྡན་པ་མཁས་པ་དཀོན་མཆོག་གྲགས་ཀྱི་ཊཱིཀྐ་སོགས་ལས་ཀྱང་དེ་བཞིན་དུ་བཤད། རང་མཚན་དང་འབྲེལ་པའི་མཆན་རྐྱང་པ་ཞིག་ལས་ཤློ་ཀ་གསུམ་མཚན་ཀྱུས་ལ་ཤོར་བ་འདྲ་ཞེས་པའང་སྣང་། གཞུང་ཐལ་ཆེར་དང་། ཊཱིཀྐ་མང་པོ་ན་དེ་དག་མེད། འདི་འདྲའི་རིགས་ཅན་མང་པོ་འདུག་པ་ལ་དགོངས་ནས། རྣམ་བཤད་ཐལ་ཆེར་ལས་ཚིག་རྐང་གི་གྲངས་སྨོས་པ་ནི། གཞུང་གི་ཚིགས་བཅད་མང་ཉུང་སྤྱང་བའི་ཆེད་དུ་མཛད་པར་གདའ། ཊཱིཀྐ་ལེགས་པའི་ཕྱོགས་ཁ་ཅིག་ཏུ། ཤློ་ཀ

སྟོང་ཙམ་གྱི་གཞུང་ཚད་ཡིན་པར་གསུངས་སོ། །དེ་ཡོད་པ་ལྟར་ན། རྒྱུད་སྡེ་ཀུན་ལས་གསུངས་པར་མ་ཟད། འཕགས་པ་ཀླུ་སྒྲུབ་ཉིད་ཀྱིས་ཀྱང་། རྒྱལ་པོ་ལ་གདམས་བྱ་བ་རིན་པོ་ཆེའི་ཕྲེང་བ་ལས། ཆོས་ཀྱི་གནས་ལུགས་སྟོང་པ་ཉིད་འདིས་སྐྲག་པར་འགྱུར་བའི་སྐྱེ་བོ་གནས་ལུགས་ཀྱི་དོན་ལ་མངོན་པར་དགའ་ཞིང་། གནས་ལུགས་ལ་ཡོད་པར་བལྟ་བ་དང་། མེད་པར་འཛིན་པ་སྤྲོས་པའི་མཐའ་ལས་མ་འདས་པས་སྐྱེ་བོ་གནས་ལུགས་ཀྱི་དོན་ལ་མི་མཁས་པ་རྣམས་ནི་འཕུང་བར་འགྱུར་ཏེ། གནས་ལུགས་ཆོས་ཀྱི་དབྱིངས་སྤྲོས་པའི་མཐའ་གང་དུའང་གྲུབ་པ་མེད་པ་ལ། མཐའ་གང་རུང་གཅིག་ཏུ་བཟུང་བའི་ཕྱིར་རོ། །གནས་ལུགས་སྟོང་པ་ཉིད་ཀྱི་འཛིགས་པ་དེ་དག་ནི། རང་ཡང་འཕུང་ལ་གཞན་ཡང་འཕུང་བར་བྱེད་དེ། གནས་ལུགས་སྟོང་པ་ཉིད་འཛིགས་པའི་གནས་མ་ཡིན་པའི་ཕྱིར་རོ། །ཡང་རྒྱལ་པོ་ཞེས་བོས་ནས། མཐར་འཛིན་པ་དང་སྟོང་པ་ཉིད་ཀྱིས་འཛིགས་ནས། རང་བཞིན་འཕུང་བ་དེ་དག་གིས་སྐྱི་ནས་མི་འཕུང་བར་འདོད་ན། གོང་དུ་བཤད་པ་དེ་ལྟར། གནས་ལུགས་དགེ་སྡིག་སོགས་ཀྱི་སྤྲོས་པ་བྲལ་བའི་དོན་གོམས་པར་གྱིས་ཞེས་པའོ། །རྒྱལ་པོ་ཁྱོད་ནི་མཐར་འཛིན་དང་། སྟོང་ཉིད་ཀྱིས་འཛིགས་པས། མི་འཕུང་བར་བགྱི་བའི་སླད་དུ། འཇིག་རྟེན། མཐར་འཛིན་པ་ལས་འདས་པའི་གནས་ལུགས་ཡོད་མེད་ལས་གྲོལ་བའི་ལྟ་བ་ཡོད་མེད་ཀྱི་མཐའ་གཉིས་ལ་མི་གནས་པ། ཡང་དག་པའི་ལྟ་བ་དགེ་སྡིག་སོགས་སྤྲོས་པའི་མཐའ་ཐམས་ཅད་ལས་གྲོལ་བ་རྣམ་དག་ལུང་གི་དབང་གིས་བཤད་ཅེས་པའོ། །སྡིག་དང་། བསོད་ནམས་ཞེས་གསུངས་པའི་དོན་ནི། ཆོས་དབྱིངས་དགེ་སྡིག་དུའང་མ་གྲུབ་སྟེ། ཟབ་མོ་ཆོས་ཀྱི་དབྱིངས་ནི། སྡིག་པ་དང་། བསོད་ནམས་ཀྱི་བྱ་བ་ལས་འདས་ཤིང་། སོ་སོ་སྐྱེ་བོས་ཚིག་ཙམ་གྱིས་བསྒྲོལ་བའི་དོན་དང་ལྡན་ཡང་། གཞན་མུ་སྟེགས་བྱེད་དང་། ནངས་པ་རང་ཉིད་ཀྱིའང་ཉན་ཐོས་དང་། རང་སངས་རྒྱས་རྣམས་ཟབ་མོ་སྟོང་ཉིད་ལ་སྐྲག་པའི་སྒོ་ནས་ཐོས་བསམ་གྱི་ཤེས་པ་སོགས་ཀྱིས་མྱོང་བའི་གནས་མ་ཡིན་པའི་ཕྱིར་རོ། །གཞན་ཡང་། རིན་ཆེན་ཕྲེང་བ་དེ་ཉིད་ལས། གནས་ལུགས་སྤྲོས་བྲལ་དུ་སྒོམ་པ་པོ་དེ་ཉིད། ཟབ་མོ་སྟོང་པ་ཉིད་སྡིག་པ་དང་བསོད་ནམས་ཀྱི་རྣམ་རྟོག་ལས་འདས་པའི་བློ་དེ་ཡིས། བདེ་འགྲོ་དང་། ངན་འགྲོ་ལས་ཐར་པའི་ཐར་པ་དམ་པ་ཐོབ་པར་བཞེད་དེ། ཟབ་མོ་སྟོང་ཉིད་རྟོགས་པའི་ཤེས་པས། གནས་ལུགས་ཡོད་འཛིན་དང་མེད་འཛིན་ཞི་བ་ཡིན་པའི་ཕྱིར། ཞེས་གསུངས་པ་འདི་ཡང་ཆོས་དབྱིངས་ལ་བསྔོ་བྱའི་དགེ་བ་དང་། བཤགས་བྱའི་སྡིག་པ་མེད་པའི་ལུང་རྣམ་དག་ཡིན་ནོ། །གོང་དུ་ཟབ་མོའི་སྒྲོལ་བའི་དོན་དང་ལྡན། །ཞེས་པའི་སྐབས་སུ། པཎ་ཆེན་ཤཱཀྱ་མཆོག་པས། རིན་ཆེན་ཕྲེང་བར་གསུངས་པ་ཡི། །ཟབ་མོ་སྒྲོལ་བ་ཅི་ལ་ཟེར། །ཞེས་པའི་ལན། ཀུན་མཁྱེན་བསོད་ནམས་སེང་གེས། འདི་ལ་མི་ཕམ་བཤེས་གཉེན་གྱི་འགྲེལ་པ་ལས་གཞན་

པའི་འགྲེལ་པ་ནི་མེད། དེར་ནི་གསལ་ཁ་མ་བྱུང་ལ། རྒྱུད་བླར། རང་བྱུང་རྣམས་ཀྱི་དོན་དམ་དེ། །དད་པ་ཉིད་ཀྱིས་རྟོགས་བྱ་ཡིན། །ཞེས་པ་ལྟར་ན། སོ་སོ་སྐྱེ་བོས་ཐོས་བསམ་གྱི་སྒྲོལ་བའི་དོན་དང་ལྡན་ཞེས་པའི་དོན་དུ་མངོན་ནོ། །ཡང་གཞུང་ཁ་ཅིག་ལས། ཟབ་མོ་སྒྲོལ་བའི་དོན་དང་ལྡན། །ཞེས་འབྱུང་བ་ལྟར་ན། གཞུང་དེ་ཉིད་ལས། དེ་ཕྱིར་སངས་རྒྱས་རྣམས་ཀྱིས་ནི། །བསྟན་པ་འཆི་མེད་ཡོད་མེད་ལས། །འདས་པ་ཟབ་མོ་ཞེས་བཤད་ལ༑ ༑ཆོས་ཀྱི་ཁྱད་པ་ཡིན་ཞེས་ཀྱི། །ཞེས་གསུངས་པ་དང་མཐུན་པར་མངོན་ནོ། །

གསུམ་པ་ཞར་ལ་སྙིང་པོའི་སྒྲུང་བྱེད་སྙིང་པོར་འདོད་པ་དགག་པ་ལ། འདོད་པ་བརྗོད་པ་དང་། དེ་དགག་པ་གཉིས་ལས། དང་པོ་ནི། ཁ་ཅིག་བདེ་གཤེགས་ཞེས་སོགས་རྐང་པ་གཉིས་ཏེ། སྔོན་ལུང་རྒྱུ་དམར་བ་ལ་སོགས་པའི་བོད་བགྲེས་པོ་ཁ་ཅིག རྒྱུད་བླའི་སྐབས་སུ། བདེ་གཤེགས་སྙིང་པོའི་སྒྲ། སྟོང་ཉིད་སྙིང་རྗེའི་སྙིང་པོ་ལ་འཇུག་ཅིང་། དེ་ནི་བསྔོ་རྒྱུའི་དགེ་རྩ་ཡིན་པར་འདོད་དོ། །

གཉིས་པ་ནི། འདི་ནི་བདེ་གཤེགས། ཞེས་སོགས་རྐང་པ་དགུ། སྟོང་ཉིད་སྙིང་རྗེའི་སྙིང་པོ་ཅན་ནི། སྟོང་པ་དང་སྙིང་རྗེ་ཟུང་དུ་ཆུད་པའི་བྱང་ཆུབ་ཀྱི་སེམས་ཡིན་ལ། འདི་ནི་བདེ་བར་གཤེགས་པའི་ཁམས་ཏེ། སྙིང་པོ་དངོས་མིན་ཏེ། བདེ་གཤེགས་སྙིང་པོའི་ཁམས་ཀྱི་སྙེང་གི་གློ་བུར་གྱི་དྲི་མ་སྦྱོང་བྱེད་ཡིན་གྱིས། སྙིང་པོ་དངོས་ཡིན་ན། འདུས་མ་བྱས་སུ་འགྱུར་བའི་ཕྱིར་རོ། །བྱང་ཆུབ་ཀྱི་སེམས་དེ་སྙིང་པོའི་སྙེང་གི་དྲི་མ་སྦྱོང་བྱེད་ཡིན་པ་དེ་སྐད་དུའང་། ཚད་མ་རྣམ་འགྲེལ་ལས། ཚད་མའི་སྐྱེས་བུའི་སྒྲུབ་བྱེད་སྟོང་པ་དང་སྙིང་རྗེ་ཟུང་འཇུག་གྲངས་མེད་གསུམ་དུ་བསྒོམས་པ་ལས། སངས་རྒྱས་ཀྱི་ཐུགས་རྗེ་ཆེན་པོ་འབྱུང་ཞེས་གསུངས་ལ། དེར་མ་ཟད་ཞི་བ་ལྷའི་བསླབ་བཏུས་ཉིད་ལས་ཀྱང་། སྟོང་ཉིད་སྙིང་རྗེའི་སྙིང་པོ་ཅན། །བསྐྱེད་པས་བསོད་ནམས་དག་པར་འགྱུར། །ཞེས་གསུང་། དེའི་དོན་ནི། རྒྱུས་འགྱུར་གྱི་རིགས་སྟོང་ཉིད་སྙིང་རྗེའི་སྙིང་པོ་ཅན་དེ། སྔོན་དགེ་བའི་བཤེས་གཉེན་གྱི་གདམས་ངག་སོགས་ལ་བརྟེན་ནས་རང་རྒྱུད་ལ་བསྐྱེད་ཅིང་། ཐོས་བསམ་སོགས་ཀྱིས་བསྒོམས་པས། བསོད་ནམས་དང་། ཡེ་ཤེས་ཀྱི་ཚོགས་རྫོགས་ཤིང་། སྒྲིབ་གཉིས་བག་ཆགས་དང་བཅས་པ་དག་ནས་གཞན་དོན་དུ་སྤྲུལ་རྟོགས་མཛད་པའི་ཡོན་ཏན་ཕུན་ཚོགས་ཐོབ་པར་འགྱུར། ཞེས་པའོ། །དེ་བཞིན་དུ། མདོ་སྡེ་དང་། རྒྱུད་ཀུན་ལས་ཀྱང་། སྟོང་ཉིད་སྙིང་རྗེའི་སྙིང་པོ་ཅན་ཁམས་ཀྱི་དྲི་མ་སྦྱོང་བྱེད་ཡིན་པ་དེ་སྐད་དུ་གསུངས་ཏེ། བློ་གྲོས་རྒྱ་མཚོས་ཞུས་པའི་མདོ་ལས། རིན་པོ་ཆེའི་དཔེས། དྲི་མ་འདག་པ་དང་འདྲ་བར། རྒྱུས་འགྱུར་གྱི་རིགས་ཀྱིས་རང་བཞིན་གནས་རིགས་ཀྱི་དྲི་མ་སྦྱོང་བར་གསུང་པ་དང་། རྡོ་རྗེ་གུར་ལས། སྟོང་ཉིད་སྙིང་རྗེ་ཐ་དད་མེད། །གང་དུ་སེམས་ནི་རྣམ་སྒོམ་པ། །དེ་ནི་སངས་རྒྱས་ཆོས་དང་ནི། །དགེ་འདུན་གྱི་ཡང

བསྟན་པ་འོ། །ཞེས་གསུང་ཞིང་སེམས་ཀྱི་སྒྲིབ་སྦྱོང་ལས་ཀྱང་། དབྱུལ་ཆུའི་རེག་པའི་ཟངས་ལ་ནི། །ཇི་ལྟར་སྐྱོན་མེད་གསེར་དུ་འགྱུར། །དེ་བཞིན་ཡང་དག་ཡེ་ཤེས་ཀྱིས། །སྦྱངས་པས་ཉོན་མོངས་ཟད་པར་བྱེད། །ཅེས་པའི་ཕྱིར་རོ། །ཡང་སྟོང་ཉིད་སྙིང་རྗེའི་སྙིང་པོ་ཅན་བསྔོ་རྒྱུའི་དགེ་བ་ཡིན་ཀྱང་། བདེ་གཤེགས་སྙིང་པོ་བསྔོ་རྒྱུའི་དགེ་བ་ཡིན་པ་མི་འཐད་དེ། བསྔོ་རྒྱུའི་དགེ་བ་ཡིན་ན། འདུས་བྱས་ཡིན་དགོས་པ་ལས། བདེ་གཤེགས་སྙིང་པོ་འདུས་མ་བྱས་པ་ཡིན་པའི་ཕྱིར་རོ། །

གཉིས་པ་དེ་བཞིན་ཉིད་ལ་དགེ་བར་གསུང་པའི་ལུང་དོན་བཤད་པ་ལ་ལྔ་སྟེ། ལུང་ལས་ཇི་ལྟར་གསུང་པའི་ཚུལ། དེའི་དགོངས་པ་བཤད་པ། དེ་ཉིད་དཔེའི་སྒོ་ནས་སྒྲུབ་པ། གཞན་ཡང་རྟོགས་ན་ཧ་ཅང་ཐལ། ཞར་ལ་ཤེས་རབ་ཀྱི་དགེ་བ་གཞན་དགག་པའོ། །དང་པོ་ནི། མངོན་པའི་གཞུང་ལས། ཞེས་སོགས་རྐང་པ་དགུ་སྟེ། མངོན་པ་ཀུན་ལས་བཏུས་པའི་གཞུང་ལས། ཉན་ཐོས་རྣམས་ལ་ངོ་བོ་ཉིད་ཀྱི་དགེ་བ་ཞེས་བཤད་པ་ནི། དད་པ་ལ་སོགས་པ་སེམས་བྱུང་བཅུ་གཅིག་ཁོ་ན་ཡིན། ཞེས་གསུང་སྟེ། ཀུན་ལས་བཏུས་པར། ངོ་བོ་ཉིད་ཀྱི་དགེ་བ་གང་ཞེ་ན། དད་པ་ལ་སོགས་པ་སེམས་ལས་བྱུང་བའི་ཆོས་བཅུ་གཅིག་གོ །ཞེས་སོ། །དེ་ཡང་མེ་སྐྱེས་ཙམ་ནས་ཚ་བའི་ངོ་བོར་སྐྱེས་པ་ལྟར། དད་སོགས་འདི་དག་ཀྱང་སྐྱེས་ཙམ་ནས་གཞན་ལ་མི་ལྟོས་པར་དགེ་བའི་ངོ་བོར་སྐྱེས་པས་ན་ངོ་བོ་ཉིད་ཀྱི་དགེ་བ་ཞེས་བཞག་པ་ཡིན་ནོ། །ཡང་དོན་དམ་པའི་དགེ་བ་ཞེས་བཤད་པ་དེ་བཞིན་ཉིད་ལ་དགོངས་ནས་གསུང་པ་ཡིན་ཏེ། དེ་ཉིད་ལས། དོན་དམ་པའི་དགེ་བ་གང་ཞེ་ན། དེ་བཞིན་ཉིད་དོ༑ །ཞེས་གསུངས་པའི་ཕྱིར། དེའི་དགོངས་གཞི་ནི། སྡིག་པ་མེད་པ་ཙམ་ལ་དགོངས་ལ། དགོས་པ་ནི། ཞུམ་པ་གཟེངས་བསྟོད་ལ། དངོས་ལ་གནོད་བྱེད་ནི། དེ་དགེ་བ་དངོས་ཡིན་ན་འབྲས་བུ་བདེ་བ་འབྱིན་པར་འགྱུར་བའོ། །དོན་དམ་པའི་སྡིག་པ་འཁོར་བའི་ཆོས་ཀུན་ལ་གསུང་པ་ཡིན་ཏེ། དེ་ཉིད་ལས། དོན་དམ་པར་མི་དགེ་བ་གང་ཞེ་ན། འཁོར་བ་ཐམས་ཅད་དོ། །ཞེས་གསུངས་པའི་ཕྱིར། དེའི་དགོངས་གཞི་ནི་ཉེར་ལེན་གྱི་ཕུང་པོ་ལྔ་སྡུག་བསྔལ་གྱི་རང་བཞིན་ཡིན་པ་ལ་དགོངས། དགོས་པ་འཁོར་བ་ལ་སྐྱོ་བ་བསྐྱེད་པའི་ཆེད་དུ་ཡིན་ལ། དངོས་ལ་གནོད་བྱེད་ནི། འཁོར་བ་ཐམས་ཅད་མི་དགེ་བ་ཡིན་ན། བདེ་འགྲོའི་ལས་ཀྱང་འཁོར་བ་ཡིན་པས། སྡིག་པར་འགྱུར་ལ། དེ་ལྟ་ན་མངོན་མཐོ་དང་། ངེས་ལེགས་མི་སྲིད་པར་འགྱུར་རོ། །ནམ་མཁའ་དང་སོ་སོར་བརྟགས་མིན་གྱི་འགོག་པ་གཉིས། དོན་དམ་པའི་ལུང་མ་བསྟན་ཅེས་བཤད་དེ། དེ་ཉིད་ལས། དོན་དམ་པས་ལུང་དུ་མ་བསྟན་པ་གང་ཞེ་ན། ནམ་མཁའ་དང་། སོ་སོར་བརྟགས་པ་མིན་པའི་འགོག་པའོ། །ཞེས་སོ། །དེའི་དགོངས་གཞི་ནི། བདེ་འགྲོ་དང་ངན་འགྲོ་གཉིས་ཀའི་རྒྱུ་མིན་པ་ཙམ་ལ་དགོངས། དགོས་པ་འབྲས་བུ་མེད་

པའི་བླང་དོར་ལ་མི་འཇུག་པའི་ཆེད་ཡིན་ལ། དངོས་ལ་གནོད་བྱེད་ནི། ལས་མིན་པའི་ཕྱིར་རོ། །ཁྱབ་སྟེ། མདོ་ལས། དགེ་སྡིག་ལུང་མ་བསྟན་གསུམ་ཀར་ལས་ཀྱི་དབྱེ་བར་གསུངས་པའི་ཕྱིར་རོ། །འདིར་ཀུན་བཏུས་ཉན་ཐོས་ཀྱི་གཞུང་དུ་མཛད་པ་ནི། མངོན་རྟོགས་ལྗོན་ཤིང་ལས། མདོ་སྡེ་པའི་གྲུབ་མཐའ་སྟོན་བྱེད་ཡིན་པར་བཤད་པ་ལྟར་བཞེད་པ་ཡིན་གྱི། མཛོད་ལ་འཁྲུལ་བར་མི་བྱ་སྟེ། དེར་དགེ་བ་བཅུ་གཅིག་གི་ཐ་སྙད་མ་གསུང་ཞིང་ངོ་བོ་ཉིད་ཀྱི་དགེ་བ་ནི། བདེ་བའི་རྩ་བ་གསུམ་དང་། ངོ་ཚ་ཤེས་པ་དང་། ཁྲེལ་ཡོད་པ་གཉིས་མ་གསུང་པའི་ཕྱིར་རོ། །འདིར་ཀུན་མཁྱེན་བུ་སྟོན་གྱིས་བཞེད་པས། དེ་བཞིན་ཉིད་དགེ་བ་མིན་ནོ། །ཞེས་བྱ་བ་ནི་གྲུབ་མཐའ་བཞི་དང་མི་མཐུན་ཏེ། བྱེ་བྲག་སྨྲ་བའི་ལུགས་ལ་ནི། མཛོད་ལས། དམ་པའི་དོན་དུ་དགེ་རྩ་བ། །ཐར་པ་བླ་ན་མེད་པ་ཡིན། །ཞེས་གསུང་ལ། མདོ་སྡེ་པའི་ལུགས་ལ། མངོན་པ་ཀུན་བཏུས་སུ། དོན་དམ་པའི་དགེ་བ་གང་ཞེ་ན། དེ་བཞིན་ཉིད་དོ། །ཞེས་གསུང་། སེམས་ཙམ་པའི་ལུགས་ལ། དབུས་མཐའ་ལས། དགེ་གཉིས་ཐོབ་པར་བྱ་བའི་ཕྱིར། །ཞེས་པའི་འགྲེལ་པར། དགེ་བ་ནི་གཉིས་ཏེ། འདུས་བྱས་དང་། འདུས་མ་བྱས་སོ། །ཞེས་སོ། །དབུ་མའི་ལུགས་ལ། ངོ་བོ་ཉིད་སྐུ་དགེ་བར་གསུང་པ་དང་། རྒྱན་སྟུག་པོ་བཀོད་པའི་མདོ་ལས། དེ་བཞིན་གཤེགས་པའི་སྙིང་པོ་དག ཅེས་སོགས་མཐའ་ཡས་པ་གསུང་པའི་ཕྱིར་རོ། །དེ་བསྔོར་མི་རུང་ཞེས་སྨྲ་བའང་ནོར་བ་སྟེ། རྡོ་རྗེ་རྒྱལ་མཚན་གྱི་ཚིག་ལས། དེ་བཞིན་ཉིད་ཀྱི་རང་བཞིན་ཅི་འདྲ་དང་། །དེ་བཞིན་ཉིད་ཀྱི་ངང་ཚུལ་ཅི་འདྲ་དང་། །དེ་བཞིན་ཉིད་ཀྱི་མཚན་ཉིད་ཅི་འདྲ་དང་། །དེ་འདྲ་ལས་རྣམས་ཀུན་ཀྱང་ཡོངས་སུ་བསྔོ། །ཞེས་གསུངས་སོ། །ཞེས་བཤད་ནའང་། ལུང་སྔ་མ་རྣམས་ཀྱི་དོན། དེ་བཞིན་ཉིད་དགེ་བ་བཏགས་པ་བ་ཡིན་པ་དང་། ལུང་ཕྱི་མ་རྣམས་ཀྱི་དོན་ནི། འདུས་བྱས་ཀྱི་དགེ་བ་དེ་བཞིན་ཉིད་དང་མ་བྲལ་བའམ། ཟུང་འཇུག་གི་ངང་ནས་བསྔོ་ཞེས་པའོ། །སྡོམ་གསུམ་མཁན་པོའི་བཞེད་པ་ནི་གཞིར་འཆད་པར་བྱེད་དོ། །

གཉིས་པ་ནི། དེ་བཞིན་ཉིད་ལ། ཞེས་སོགས་རྐང་པ་བཅུ་སུམ་སྟེ། མངོན་པ་ཀུན་བཏུས་ལས། དེ་བཞིན་ཉིད་ལ་དགེ་བ་ཞེས་བཤད་པའི་དགོངས་པ་འདི་ལྟར་ཡིན་ཏེ། དཔེར་ན་སྐྱེས་བུ་ནད་དང་བྲལ་བ་ནི། ལུས་བདེ་ཞིང་སེམས་མྱ་ངན་མེད་པ་ཙམ་ལ། ལུས་སེམས་བདེ་ཞེས་ནི་འཇིག་རྟེན་པ་ཀུན་ཟེར་ཀྱང་། ལུས་སེམས་འདི་དག་ཚོར་བ་སྡུག་བསྔལ་མེད་པ་ཙམ་ལས། གཞན་པ་སྟེ། ལྷག་པའི་བདེ་བ་མེད་མོད་ཀྱི། འོན་ཀྱང་ཚོར་བ་སྡུག་བསྔལ་མེད་པ་ཙམ་ལ། བདེ་བ་ཡིན་ཞེས་འཇིག་རྟེན་པ་ཀུན་ལ་གྲགས་པ་དེ་བཞིན་དུ། ཆོས་ཀྱི་དབྱིངས་ལ་ཡང་། དགོངས་གཞི་སྡིག་པ་མེད་པ་ཙམ་ཞིག་ལས་ལྷག་པའི་འབྲས་བུ་བདེ་བ་བསྐྱེད་ནུས་ཀྱི་དགེ་བ་མཚན་ཉིད་པ་མེད་མོད་ཀྱི་འོན་ཀྱང་དགེ་བ་ཡིན་ཞེས་བཏགས་པར་ཟད་དེ། ཆོས་ཀྱི་དབྱིངས་ལ་སྡིག

པ་མེད་པ་ཙམ་རྒྱུ་མཚན་དུ་བྱས་པའི་ཕྱིར་རོ། །

གསུམ་པ་ནི། གཞན་ཡང་། ཞེས་སོགས་རྐང་པ་དགུ་སྟེ། གཞན་ཡང་མདོན་པའི་གཞུང་ཀུན་ལས་བཏུས་པ་རྣམས་ལས། ཟས་ཀྱིས་འགྲངས་པས་རེ་ཞིག་ཟས་མི་འཕྲོད་པ་དང་། ལ་སོགས་པ་འཁྲིག་པ་སྤྱད་དྲགས་པས་རེ་ཞིག་མི་འཕྲོད་པར་འཛིན་པ་ལ། འདོད་ཆགས་དང་བྲལ་བར་གསུངས་ཏེ། དེ་ཉིད་ལས། ནོད་པས་འདོད་ཆགས་དང་བྲལ་བ་གང་ཞེ་ན། འཁྲིག་པ་ལ་ཞུགས་ནས་གདུང་བ་དང་བྲལ་ནས་གང་མི་འཕྲོད་པར་འཛིན་པ་ཉིད་དོ། །ཉེ་བར་བརྟེན་པས་འདོད་ཆགས་དང་བྲལ་བ་གང་ཞེ་ན། འགྲངས་པར་ཟོས་པ་ཟས་ཞིམ་པོ་ལ་ཡང་། གང་མི་འཕྲོད་པར་འཛིན་པ་ཉིད་དོ། །འཕྲུང་དུ་བྱུང་བས་འདོད་ཆགས་དང་བྲལ་བ་ཉིད་གང་ཞེ་ན། ཐབས་ཤིན་ཏུ་ཆེན་པོ་ཐོབ་པ། ཐབས་སླན་པ་ལ་གང་མི་འཕྲོད་པར་འཛིན་པ་ཉིད་དོ། ཞེས་སོགས་སོ། །དེ་ལྟར་གསུང་མོད་ཀྱི། འོན་ཀྱང་དེ་དག་ནི་གཏན་ནས་ཆགས་པ་དང་བྲལ་བ་ཡི་འདོད་ཆགས་དང་བྲལ་བ་མཚན་ཉིད་པ་མིན་ནོ། །དེ་བཞིན་དུ་ཆོས་ཀྱི་དབྱིངས་ལ་ཡང་། དགོངས་པ་ལྡུམ་པ་གཟེངས་བསྟོད་པའི་ཆེད་དུ་དགེ་བ་ཡིན་ཞེས་གསུང་པར་གྱུར་ཀྱང་། འབྲས་བུ་བདེ་བ་བསྐྱེད་པ་ཡི་དགེ་བ་དངོས་ནི་མིན་ཏེ། དགེ་བ་ཡིན་ན་འདུས་བྱས་ཡིན་དགོས་ཤིང་ཆོས་ཀྱི་དབྱིངས་འདུས་མ་བྱས་ཡིན་པའི་ཕྱིར་རོ། །

བཞི་པ་ནི། ཅི་ནས་ཆོས་དབྱིངས་ཞེས་སོགས་རྐང་པ་བདུན་ཏེ། ཅི་ནས་ཆོས་དབྱིངས་དགེ་བ་ཡིན་ན། ཏ་ཙང་ཐལ་བའི་སྐྱོན་དུ་འགྱུར་ཏེ། སྡིག་པ་དང་ལུང་མ་བསྟན་ལ་དགེ་བ་ཡོད་པར་འགྱུར་བར་ཐལ། དེ་ཐམས་ཅད་ལ་ཆོས་དབྱིངས་ཡོད་པའི་ཕྱིར། ཁྱབ་པ་ཁས་བླངས་ཏེ། ཆོས་དབྱིངས་ཡིན་ན། དགེ་བ་ཡིན་པས་ཁྱབ་པའི་ཕྱིར། རྟགས་དངོས། རྒྱ་བའི་གཏན་ཚིགས་གྲུབ་སྟེ། གང་ལ་ཆོས་དབྱིངས་ཡོད་པ་ལས་མ་གཏོགས་པའི་ཆོས་གཞན་མེད་པའི་ཕྱིར་ཏེ། །ཆོས་ཅན་ཐམས་ཅད་ལ་ཆོས་ཉིད་ཡོད་པའི་ཕྱིར། ཡང་ན་ཅི་ནས་ཆོས་དབྱིངས་དགེ་བ་ཡིན་ན། ཏ་ཙང་ཐལ་བར་འགྱུར་ཏེ། དོན་དམ་པར་སྡིག་པ་དང་ལུང་མ་བསྟན་ཡང་དགེ་བར་འགྱུར་བར་ཐལ། དོན་དམ་པར་ཆོས་དབྱིངས་ལས་མ་གཏོགས་པའི་ཆོས་ཅན་གཞན་སྡིག་པ་དང་། ལུང་མ་བསྟན་ཡོད་པ་མིན་པ་གང་ཞིག ཆོས་དབྱིངས་སུ་འདོག་པ་དོན་དམ་དང་། ཆོས་ཅན་ནི་ཀུན་རྫོབ་ལ་འཇོག་པའི་ཕྱིར། དང་པོ་གྲུབ་སྟེ། མདོ་སྡེ་རྒྱན་ལས། ཆོས་ཀྱི་དབྱིངས་ལས་མ་གཏོགས་པའི། །གང་ཕྱིར་ཆོས་ཉིད་དེ་ཡི་ཕྱིར། །ཞེས་དང་། ཀླུ་སྒྲུབ་ཀྱིས། དེ་ཕྱིར་སྟོང་ཉིད་མ་གཏོགས་པའི། །ཆོས་འགའ་ཡོད་པ་མ་ཡིན་ནོ། །ཞེས་གསུངས་པའི་ཕྱིར། སྔ་ཕྱི་གཉིས་ཀ་ལ། རྒྱ་བར་འདོད་པ་དེ་ལྟ་ཡིན་ན། སྡིག་པ་དང་ལུང་མ་བསྟན་བྱེད་པའི་སེམས་ཅན་ཀུན་ངན་འགྲོར་འགྲོ་བ་མི་སྲིད་པར་འགྱུར་ཏེ། དེ་དག་གིས་དགེ་སོགས་གསུམ་པོ་གང་བྱས་ཀྱང་དགེ་བ

རེ་བྱས་པའི་ཕྱིར་ཏེ། དགེ་སོགས་གསུམ་ལ་ཆོས་དབྱིངས་ཡོད་པ་གང་ཞིག ཆོས་དབྱིངས་ཡིན་ན། དགེ་བ་ཡིན་པས་ཁྱབ་པའི་ཕྱིར་རོ། །

ལྔ་པ་ལ། འདོད་པ་བརྗོད་པ་དང་། དེ་དགག་པ་གཉིས་ལས། དང་པོ་ནི། ལ་ལ་བྱམས་དང་། ཞེས་སོགས་རྐང་པ་གཉིས་ཏེ། བོད་ཀྱི་བཀའ་གདམས་པ་ལ་ལ་བྱམས་པ་དང་། སྙིང་རྗེ་སོགས་ཐབས་མཁས་པ་ལ་མ་ལྟོས་པར་གཤིས་ཀྱི་དགེ་བ་ཡིན་ཞེས་ཟེར།

གཉིས་པ་ནི། འདི་ཡང་དེ་ལྟར་ཞེས་སོགས་རྐང་པ་ལྔ་སྟེ། བྱམས་སྙིང་རྗེ་གཤིས་ཀྱི་དགེ་བ་ཡིན་ཟེར་བ་འདི་ཡང་། དེ་ལྟར་ངེས་པ་མེད་དེ། ཐབས་མི་མཁས་པའི་བྱམས་པས་ཉེ་དུ་དཀོན་མཆོག་གི་དཀོར་གྱིས་གསོ་བ་དང་། ཐབས་ལ་མི་མཁས་པའི་སྙིང་རྗེས། གཞན་གྱི་རླུང་ནད་གསོ་བའི་ཕྱིར། སེམས་ཅན་གྱི་སྲོག་བཅད་ནས་ཤ་སྟེར་བ་ལ་སོགས་པ་ངན་སོང་གི་རྒྱུ་རུ་ཐུབ་པས་གསུངས་པའི་ཕྱིར་ཏེ། །འཛངས་བླུན་ལས། ཞལ་ལྔ་པས་དགེ་འདུན་དབྱར་གནས་པའི་མཐུན་རྐྱེན་གྱི་རིན་པོ་ཆེ་མང་པོ་སྦྱིན་བདག་གིས་ཕུལ་བ་རྣམས་རང་གི་ཉེ་དུ་དང་། ཡིད་མཐུན་པ་རྣམས་ལ་ཕན་འདོགས་པའི་བློས་བྱིན་པས། ཞལ་ཏ་པས་ནི། ལྡོན་ཤིང་ལྷ་བུའི་སེམས་ཅན་དམྱལ་བར་པར་འགྱུར་ཏོ། །གཞན་རྣམས་ཤིང་གི་སྲིན་བུར་གྱུར་ནས་ཟ་ཞིང་། ཐམས་ཅད་དམྱལ་བའི་མེས་བསྲེག་པར་གྱུར་པར་བཤད་པའི་ཕྱིར་རོ། །འོ་ན། མདོ་ལས། ཆོས་གཅིག་ལག་མཐིལ་དུ་མཆིས་ན། སངས་རྒྱས་ཀྱི་ཆོས་ཐམས་ཅད་ལག་མཐིལ་དུ་མཆིས་པར་འགྱུར་རོ། །གཅིག་གང་ཞེ་ན། འདི་ལྟ་སྟེ། སྙིང་རྗེ་ཆེན་པོའོ་ཞེས་དང་། མ་ཕམ་པས། བྱམས་པ་ཆོས་ཀྱི་ཆུ་བ་སྟེ། །ཞེས་སོགས་གསུང་པ་དང་འགལ་ལོ། །ཞེ་ན༑ མི་འགལ་ཏེ། དེ་དག་ནི། ཐབས་ལ་མཁས་པའི་བྱམས་པ་དང་། སྙིང་རྗེ་ལ་དགོངས་ནས་དགེ་བར་གསུངས་པའི་ཕྱིར་རོ། །

གསུམ་པ་འབྲུལ་གཞིའི་ལུང་དོན་ཇི་ལྟར་འཆད་པའི་ཚུལ་ལ་གསུམ་སྟེ། འཆད་ཚུལ་མདོར་བསྟན་པ། གཞན་གྱི་འཆད་ཚུལ་དགག་པ། རང་ཉིད་ཇི་ལྟར་འཆད་པའི་ཚུལ་ལོ། །དང་པོ་ནི། དེས་ན་འགྲོ་བ་ཞེས་སོགས་ཚིགས་བཅད་གཅིག་སྟེ་ཆོས་དབྱིངས་བསྔོ་བས་མི་འགྱུར་བ་དེས་ན། འགྲོ་བ་སེམས་ཅན་ཐམས་ཅད་ཀྱི་ལུས་ངག་ཡིད་གསུམ་གྱིས་བྱས་པའི་དགེ་བ་བསྔོ་རྒྱུ་ཡིན་པ་ལ་དགོངས་ནས། མདོ་ལས། འགྲོ་ཀུན་དགེ་བ་ཇི་སྙེད་ཡོད་པ་དང་། ཞེས་བྱ་བའི་ཚིག་གིས་གསུངས་པ་ཡིན་ནོ། །

གཉིས་པ་ལ་གཉིས་ཏེ། མདོར་བསྟན་པ་དང་། རྒྱས་པར་བཤད་པའོ། །དང་པོ་ནི། གལ་ཏེ་ཞེས་སོགས་རྐང་པ་གསུམ་སྟེ། གལ་ཏེ་དེ་ལྟ་མིན་པར། འགྲོ་ཀུན་དགེ་བ་ཇི་སྙེད་ཡོད་པ་དང་། །ཞེས་པའི་དོན།

ཆོས་ཀྱི་དབྱིངས་ལ་བྱེད་པ་ཡིན་ན་ཇི་སྙེད་ཞེས་བྱ་བའི་མང་པོའི་སྒྲ་མི་འཐད་པ་དང་། ཡོད་ཅེས་བྱ་བའི་སྒྲ་སྦྱོར་བ་ཡང་འགལ་བ་ཡིན་ནོ། །

གཉིས་པ་ལ་གསུམ་སྟེ། ཇི་སྙེད་ཀྱི་སྒྲ་མི་འཐད་པར་ཐལ་བ། ཡོད་ཅེས་བྱ་བའི་སྒྲ་མི་འཐད་པར་ཐལ་བ། འགྲོ་ཀུན་གྱི་སྒྲ་མི་འཐད་པར་ཐལ་བའོ། །དང་པོ་ནི། དེ་ཡི་རྒྱུ་མཚན་ཞེས་སོགས་ཚིགས་བཅད་གཅིག་སྟེ། དེ་ལྟ་བུའི་དགེ་བ་ལ། ཇི་སྙེད་སོགས་ཀྱི་སྒྲ་མི་འཐད་པ་ཡི་རྒྱུ་མཚན་འདི་ལྟར་ཡིན་ཏེ། མདོ་དེའི་བསྔོ་རྒྱུའི་དགེ་བ་ལ་ཇི་སྙེད་ཀྱི་སྒྲ་མི་འཇུག་པར་འགྱུར་ཏེ། ཇི་སྙེད་ཞེས་བྱ་བའི་སྒྲ་ནི་མང་པོའི་སྒྲ་ཡིན་ཞིང་། ཆོས་ཀྱི་དབྱིངས་ལ་མང་ཉུང་མེད་པའི་ཕྱིར་ཏེ། ཆོས་དབྱིངས་དེ་ནི་མང་ཉུང་གི་སྤྲོས་པ་དང་བྲལ་བ་ཡིན་པའི་ཕྱིར་རོ། །འོ་ན། ཤེར་མདོ་ལས། སྟོང་ཉིད་ཉི་ཤུ་དང་བཅུ་དྲུག་གསུངས་པ་དང་། མངོན་རྟོགས་རྒྱན་ལས། བསྒྲུབ་པའི་རྟེན་ཆོས་དབྱིངས་བཅུ་གསུམ་དང་། རྩ་བ་ཤེས་རབ་ལས། མཐའ་བྲལ་གྱི་ཆོས་དབྱིངས་བརྒྱད་ལ་སོགས་པ་གསུངས་པ་དང་འགལ་ལོ་ཞེ་ན། མི་འགལ་ཏེ། དེ་ལྟར་གསུང་པ་ཆོས་དབྱིངས་རང་གི་ངོ་བོ་ལ་མང་ཉུང་གི་དབྱེ་བ་མེད་ཀྱང་། སྟོང་གཞིའི་ཆོས་ཅན་སོགས་ཀྱི་སྒོ་ནས། དེ་ལྟར་དུ་ལེགས་པར་གསུང་པ་ཙམ་ཡིན་པའི་ཕྱིར། དེའི་ངོ་བོ་ལ་མང་ཉུང་སོགས་ཀྱི་དབྱེ་བ་མེད་དེ། མགོན་པོ་བྱམས་པས། ཆོས་ཀྱི་དབྱིངས་ལས་དབྱེར་མེད་ཕྱིར། །ཞེས་གསུང་པས་སོ། །

གཉིས་པ་ཆོས་དབྱིངས་ལ་ཡོད་ཅེས་བྱ་བའི་སྒྲ་མེད་པའི་རྒྱུ་མཚན་ནི། ཆོས་དབྱིངས་མཐོང་བའང་ཞེས་སོགས་རྐང་པ་སུམ་ཅུ་སྟེ། ཆོས་དབྱིངས་རང་གི་ངོ་བོ་ཡོད་པ་དང་། ཡོད་པ་ཉིད་དང་། ཡོད་པ་ཙམ་ཡང་མིན་ཏེ། རང་གི་ངོ་བོ་ཡོད་པ་དང་། ཡོད་པ་ཉིད་དང་། ཡོད་པ་ཙམ་ལ་མི་རྟག་པས་ཁྱབ་པར། ཆོས་ཀྱི་གྲགས་པས་གསུང་པའི་ཕྱིར་ཏེ། རྣམ་འགྲེལ་ལས། འཇིག་ལ་འབྲས་དང་ཡོད་ཉིད་བཞིན། །ཞེས་དང་། འཇིག་པ་ཡོད་ཙམ་འབྲེལ་པ་ཅན། །ཞེས་གསུངས་པའི་ཕྱིར། འདིའི་སྐབས་ཀྱི་ཡོད་པ་ནི་དོན་གྱི་ཡོད་པ་དང་དངོས་པོ་ལ་འཇོག་དགོས་ཏེ། ཆོས་རྗེ་པའི་སྟོན་པ་བློ་གྲོས་རབ་གསལ་གྱི་དྲིས་ལན་དུ། ཁྱེད་ཀྱི་དྲི་བ་དང་པོ། རིགས་གཏེར་ལས། གང་ཡོད་དེ་འཇིག་བུམ་པ་བཞིན། །སྒྲ་ཡང་ཡོད་ཅེས་རང་བཞིན་རྟགས། །ཞེས་གསུངས་པ་དང་། སྡོམ་གསུམ་རབ་དབྱེ་ལས། ཆོས་དབྱིངས་ཡོད་པའང་མ་ཡིན་ཏེ། །ཡོད་ཙམ་མི་རྟག་གིས་ཁྱབ་པར། །ཆོས་ཀྱི་གྲགས་པས་ལེགས་པར་གསུང་། །ཞེས་པའི་དོན། སྒྲ་ཇི་བཞིན་ལགས་སམ་ཞེས་པའི་ལན་ནི། དཔལ་ཆོས་ཀྱི་གྲགས་པས། རྟོག་གེའི་སྐབས་སུ། དོན་དམ་དོན་བྱེད་ནུས་པ་གང་། །ཞེས་སོགས་སྨོས་ནས། དོན་བྱེད་ནུས་པ་ལ་དོན་དམ་དུ་ཡོད་པ་དང་། དོན་བྱེད་མི་ནུས་པ་ལ་ཀུན་རྫོབ་ཏུ་ཡོད་པའི་རྣམ་གཞག་མཛད། ཡང་འཇིག་ལ་

འབྲས་དང་ཡོད་ཉིད་བཞིན། །ཞེས་སྒྲ་འཇིག་པར་བསྒྲུབ་པ་ལ། འབྲས་བུ་རྟགས་སུ་བཀོད་པ་དང་། དོན་གྱི་ཡོད་པ་ཉིད་རྟགས་སུ་འགོད་པར་མཛད། ཅེས་སོགས་གསུངས་པའི་རྗེས་སུ་དེ་དག་གི་དོན་ཡང་འདི་ཡིན་ཏེ། འདིར་ནི་ཡོད་པ་རྣམ་གཉིས་ཏེ། །དོན་དང་ཐ་སྙད་དག་གིས་སོ། །དོན་གྱི་ཡོད་པ་བྱ་བ་བྱེད། །ཐ་སྙད་ཡོད་པ་དགག་སྒྲུབ་རྟེན། །ཞེས་དོན་གྱི་ཡོད་པ་དོན་བྱེད་ནུས་པ་དང་། ཐ་སྙད་དུ་ཡོད་པ་དགག་སྒྲུབ་ཀྱི་རྟེན། རྟོག་ངོའི་ཡོད་པ་ལ་གསུང་། དེ་དང་མཐུན་པར་གསུང་རབ་དགོངས་གསལ་ལས་ཀྱང་། དེ་ཡང་སྤྱིར་ཡོད་པ་ལ། ཆོས་གཞན་གསལ་བའི་སྒོ་ནས་ཡོད་པར། བློས་འཇོག་པ་གཞན་སེལ་གྱི་ཡོད་པ་དང་། ཆོས་གཞན་བསལ་བ་ལ་མ་ལྟོས་པར་རང་གི་ངོ་བོ་ཡོད་པ་གཉིས་ལས། ཕྱི་མ་ལ་དམིགས་པའི་ཁྱབ་པ་ནི། མདོ་སྡེ་པས་ཀྱང་འདོད་དེ། ཡེ་ཤེས་སྙིང་པོ་ཀུན་ལས་བཏུས་པར། མདོ་སྡེ་པའི་གྲུབ་མཐའ་འཆད་པའི་སྐབས་སུ། ནམ་མཁའ་མོ་གཤམ་བུ་འདྲ་ལ། །ཞེས་དང་། དེའི་འགྲེལ་པར་འདུས་མ་བྱས་བཏགས་པའི་ཡོད་པར་བསྟན་ཏེ། བཏགས་པའི་ཡོད་པ་ནི། མིང་ཙམ་སྟེ་ཞེས་གསུངས་སོ། །

ཡང་དྲིས་ལན་པད་བཞད་དུ། ཆོས་དབྱིངས་ཡོད་པ་མིན་ཏེ། །ཞེས་པ་གྲུབ་མཐའ་སྨྲ་བ་གང་གི་དབང་དུ་བྱས་ཤེ་ན། འདི་ནི་དབུ་མ་པའི་དབང་དུ་བྱ་སྟེ། སྡོམ་གསུམ་རབ་དབྱེ་རང་གི་རང་ལུགས་འཆད་པའི་སྐབས་ཡིན་པའི་ཕྱིར། འོན་ལུགས་དེ་ལ་དོན་དམ་དུ་ཡོད་པ་ནི་དཔྱད་གཞི་མིན། ཀུན་རྫོབ་ཏུ་ཡོད་པ་ལ་མི་རྟག་པས་མ་ཁྱབ་པར་གོང་དུ་སྨྲས་ཟིན་པས། ད་ཇི་ལྟར་བྱ་སྙམ་ན། ཆོས་དབྱིངས། འགྲོ་ཀུན་དགེ་བ་ཇི་སྙེད་ཡོད་པ་དང་། །ཞེས་པའི་སྐབས་ཀྱི་དགེ་བ་ཡིན་ན། ཡོད་པ་འདི་ལ་གསུམ་ལས། དངོས་པོ་སྟོང་པ་ཉིད་ཀྱི་སྟོང་གཞིའི་ཆོས་ཅན་ལྟ་བུ་དངོས་པོ་ལ་ཡོད་པར་བཞག་པ་དང་། དངོས་མེད་པ་སྟོང་པ་ཉིད་ཀྱི་སྟོང་གཞིའི་ཆོས་ཅན་ལྟ་བུ་དངོས་མེད་ལ་བཞག་པ་དང་། རང་བཞིན་སྟོང་པ་ཉིད་ཀྱི་སྟོང་གཞིའི་ཆོས་ཅན་ལྟ་བུ་གཉིས་ཀ་མིན་པའི་སྤྲོས་བྲལ་ལ་བཞག་པ་གང་ཡིན། དང་པོ་ལྟར་ན། ཆོས་དབྱིངས་སྐབས་དེའི་ཡོད་པ་མིན་ཏེ། སྐབས་དེའི་ཡོད་པ་ལ་མི་རྟག་པས་ཁྱབ་པར་ཆོས་ཀྱི་གྲགས་པས། མདོ་སྡེ་པའི་སྐབས་སུ་གསུང་པ་དེ་ཉིད་དབུ་མ་པའི་སྐབས་སུའང་ཁྱད་པར་མེད་པའི་ཕྱིར་ཏེ། སྐབས་དེའི་ཡོད་པ་ནི་དོན་བྱེད་ནུས་པ་ཡིན་པས། རྟག་པས་དོན་བྱེད་ནུས་ན། དོན་དམ་གཅིག་ཙར་བྱེད་པར་ཐལ་བའི་རིགས་པ་དབུ་མ་པས་ཀྱང་ཇ་བུ་རམ་གསོལ་བ་དང་འདྲ་བའི་ཕྱིར་རོ། །ཞེས་དང་། པཎ་ཆེན་གསེར་མདོག་ཅན་པའི་དྲིས་ལན། ཀུན་མཁྱེན་རིན་པོ་ཆེས་མཛད་པར། གཞུང་ལས་ཟླ་ཤ་ཞེས་པའི་ཚིག་གཅིག་ཉིད་ཡོད་པ་དང་། དངོས་པོ་གང་བདེར་བསྒྱུར་ཏེ། སྒྲིག་པར་བསྒྲུབ་པ་ལ་འདི་གཉིས་བཀོད་ཅིང་། གཏན་ཚིགས་ཀྱི་དབྱེ་བ་འཆད་པའི་ཚེ། འཇིག་ལ་འབྲས་དང་ཡོད་ཉིད་བཞིན། །ཞེས་འབྲས་བུ

སྟེ་བྱས་པ་དང་། ཡོད་པ་སྟེ་དངོས་པོ་བཀོད་པ་གཉིས་གསུང་པ་ལས། དཔལ་ལྡན་ས་སྐྱ་པཎྜི་ཏས། རྟོགས་ལྡན་གྱི་དགོས་པ་བསྡུ་སྟེ། ཞེས་སོགས་གསུངས་པས་ཤེས་སོ། །འདི་དག་གི་རྣམ་གཞག་བདག་གིས་སྡོམ་གསུམ་སྤྱི་དོན་དུ་དྲིས་ལན་རྣམས་སྦྱོར་པ་དང་བཅས་ཏེ་བཀོད་ཡོད་ལགས་སོ། །དེ་ལྟར་ཆོས་གྲགས་ཀྱིས་གསུང་པར་མ་ཟད། མགོན་པོ་ཀླུ་སྒྲུབ་ཀྱིས་ཀྱང་། དབུ་མ་རྩ་ཤེར་ལས། གལ་ཏེ་མྱ་ངན་འདས་དངོས་ན། །ཞེས་སོགས་གསུངས་པའི་དོན་ནི། གལ་ཏེ་ཆོས་དབྱིངས་རང་གི་ངོ་བོ་ཡོད་པ་ཡིན་ན། མྱ་ངན་ལས་འདས་པ་སྟེ། ཆོས་དབྱིངས་འདུས་བྱས་སུ་འགྱུར་བར་ཐལ། མྱ་ངན་ལས་འདས་པ་ཆོས་དབྱིངས་དངོས་པོ་ཡིན་པའི་ཕྱིར་ཏེ། རང་གི་ངོ་བོའི་སྒོ་ནས་ཡིན་པའི་ཕྱིར་ནའོ། །ཁྱབ་སྟེ། དངོས་པོ་ཡིན་ལ། རྒྱུ་རྐྱེན་གྱིས་འདུས་བྱས་པ་མིན་པ་དེ་འདྲ་འགའ་ཡང་ཡུལ་དུས་གང་ནའང་ཡོད་པ་མིན་པའི་ཕྱིར་རོ། །གཞན་ཡང་། རྩ་ཤེར་དེ་ཉིད་ལས། གང་དག་རང་བཞིན་གྱིས་དངོས་དང་། །ཞེས་སོགས་གསུང་པ་དེའི་དོན་ནི། ཆོས་དབྱིངས་རང་གི་ངོ་བོའི་སྒོ་ནས་ཡོད་པ་མིན་པར་ཐལ། སྐྱེས་བུ་གང་དག་རང་བཞིན་ཏེ། ཆོས་དབྱིངས་གཞན་གྱི་དངོས་པོ་དང་། རང་གི་དངོས་པོ་དང་། དེ་གཉིས་ཀའི་དངོས་མེད་པ་ཉིད་དུ་ལྟ་བ་དེ་དག་སངས་རྒྱས་ཀྱི་བསྟན་པའི་སྙིང་པོ་ལ་དེ་ཁོ་ན་ཉིད་མཐོང་བ་མིན་པར་ཕྱིར་ནའོ། །གཞན་ཡང་། རྩ་ཤེར་དེ་ཉིད་ལས། བཅོམ་ལྡན་དངོས་དང་དངོས་མེད་པ། །ཞེས་སོགས་གསུང་པའི་དོན་ནི། བཅོམ་ལྡན་འདས་དངོས་པོ་དང་། དངོས་མེད་པ་མཁྱེན་པས། སྟོན་མཚན་མཁན་བྲམ་ཟེ་ནག་པོའི་གནག་གི་ཚོའོ། །མིས་བྱིན་དེ་རབ་ཏུ་བྱུང་བའི་མིང་ཀ་ཏྱ་ཡ་ན་ལ་གདམས་པ་ཡི་ཉན་ཐོས་ཀྱི་གཞུང་ལས་ནི་ཆོས་དབྱིངས་ཡོད་པ་དང་མེད་པ་གཉིས་ཀའི་མཐའ་བཀག་པར་མཛད་དེ། དེ་ལ་གདམས་པའི་མདོ་ལས། ཀ་ཏྱ་ཡ་ན། གང་གི་ཕྱིར། འཇིག་རྟེན་འདི་ན་ཕལ་ཆེར་ཡོད་པ་དང་། མེད་པ་ཉིད་ལ་མངོན་པར་ཞེན་ཏེ། དེས་ན་སྐྱེ་བ་དང་། རྒས་པ་དང་། ན་བ་དང་། འཆི་བ་དང་། མྱ་ངན་དང་། སྨྲེ་སྔགས་འདོན་པ་དང་། དུཿཁ་དང་། ཡིད་མི་བདེ་བ་དང་། འཁྲུག་པ་དག་ལས་ཡོངས་སུ་གྲོལ་བར་མི་འགྱུར་ཞེས་སོགས་རྒྱ་ཆེར་གསུངས་པའི་ཕྱིར་རོ༑ ༑ཡང་རྩ་ཤེར་དེ་ཉིད་ལས། ཡོད་ཅེས་བྱ་བ་རྟག་པར་འཛིན། །ཞེས་གསུང་པ་ནི་གནས་ལུགས་ཀྱི་དོན་ལ་མཁས་པས། ཆོས་དབྱིངས་ཡོད་པ་དངོས་པོའི་མཐའ་དང་། མེད་པ་དངོས་མེད་ཀྱི་མཐའ་ལ་གནས་པར་མི་བྱ་སྟེ། ཆོས་དབྱིངས་ཡོད་ཅེས་བྱ་བ་དངོས་པོར་བལྟ་ན་རྟག་པར་འཛིན་པ་དང་། མེད་ཅེས་བྱ་བ་དངོས་མེད་དུ་འཛིན་ན་ཆད་པར་བལྟ་བ་ཡིན་པ་དེའི་ཕྱིར། མདོ་ལས། འོད་སྲུང་། ཡོད་ཅེས་བྱ་བ་འདི་ནི་མཐའ་གཅིག་གོ །མེད་ཅེས་བྱ་བ་འདི་ནི་མཐའ་གཉིས་སོ། །དེ་གཉིས་ཀྱི་དབུས་གང་ཡིན་པ་དེ་ནི། དཔྱད་དུ་མེད་པ། བསྟན་དུ་མེད་པ། རྟེན་མིན་པ། སྣང་བ་མེད་པ། རྣམ་པར་རིག་པ་མེད་པ། གནས་མེད་པ་སྟེ། འོད་སྲུང་། འདི་ནི་དབུ་མའི་ལམ་

ཆོས་རྣམས་སོ་སོར་རྟོག་པའོ། །ཞེས་གསུངས་པ་ཡང་། ཆོས་ཀྱི་དབྱིངས། རང་གི་ངོ་བོའི་སྒོ་ནས་ཡོད་པ་དང་། མེད་པ་གཉིས་ཀའི་མཐར་འཛིན་པ་མིན་པའི་ལུང་ཡིན་ནོ། །ཆོས་དབྱིངས་ཡོད་མེད་སོགས། མཐའ་བཞི་གང་དུ་བཟུང་ན་ཡང་། མཐར་འཛིན་གྱི་སྤྲོས་པ་ལས་མ་འདས་པ་དེས་ན། སངས་རྒྱས་ཀྱི་བསྟན་པའི་སྙིང་པོ་སྤྲོས་བྲལ་གྱི་ལྟ་བ་ལ་གྲུས་པར་བྱེད་ན། ཆོས་དབྱིངས་ལ་ཡོད་མེད་གཉིས་ཀྱི་མཐའ་སོགས་མཐའ་གང་དུ་ཡང་མ་ཟུངས་ཤིག་སྟེ། ཏིང་ངེ་འཛིན་གྱི་རྒྱལ་པོའི་མདོ་ལས། མྱ་ངན་འདས་པའི་ཆོས་ལ་ཆོས་མེད་དེ། །གང་ཕྱིར་དེ་མེད་ནམ་ཡང་ཡོད་མི་འགྱུར། །རྟོག་ཅན་དག་གིས་ཡོད་དང་མེད་ཅེས་བསྟན། །དེ་ལྟར་བརྟགས་པས་སྡུག་བསྔལ་ཞི་མི་འགྱུར། །ཞེས་དང་། ཡོད་དང་མེད་ཅེས་བྱ་བ་མཐའ་ཡིན་ཏེ། །གཙང་དང་མི་གཙང་འདི་ཡང་མཐའ་ཡིན་ནོ། །དེ་ལྟར་མཐའ་གཉིས་རྣམ་པར་སྤང་བྱ་སྟེ། །མཁས་པས་དབུས་ལའང་གནས་པར་ཡོང་མི་བྱ། །ཞེས་དང་། ཡོད་དང་མེད་ཅེས་བྱ་བ་རྩོད་པ་སྟེ། །གཙང་དང་མི་གཙང་འདི་ཡང་རྩོད་པ་ཡིན། །རྩོད་པར་གྱུར་པས་སྡུག་བསྔལ་ཞི་མི་འགྱུར། །རྩོད་པ་མེད་པར་གྱུར་ན་སྡུག་བསྔལ་འགག །ཞེས་དང་། དཀོན་མཆོག་བརྩེགས་པ་ལས། ཡོད་ཅེས་བྱ་བ་ནི་མཐའ་གཅིག་གོ །མེད་ཅེས་བྱ་བ་ནི་མཐའ་གཉིས་པའོ། །ཞེས་དང་། ཤེར་མདོ་ལས། གཟུགས་ནས་རྣམ་མཁྱེན་གྱི་བར་ཡིད་ལ་མི་བྱེད་དེ། གང་གི་ཕྱིར་ན་ཡིད་ལ་བྱེད་པས་ནི་ཁམས་གསུམ་དུ་འདྲེ་བར་འགྱུར་ལ། ཡིད་ལ་མི་བྱེད་པས་ནི་གང་དུ་ཡང་འདྲེ་བར་མི་འགྱུར་རོ། །ཞེས་དང་། མགོན་པོ་བྱམས་པས། །གང་ཞིག་ཡོད་མིན་མེད་མིན་ཡོད་མེད་མ་ཡིན་ཡོད་མེད་ལས་གཞན་དུའང་། །རྟག་པར་མི་ནུས་ངེས་ཚིག་དང་བྲལ་སོ་སོར་རང་གི་རིག་ཞི་བ། །ཞེས་དང་། ཀླུ་སྒྲུབ་ཀྱིས་ཀྱང་། རྒྱལ་བ་རྣམས་ཀྱིས་སྟོང་པ་ཉིད། །ལྟ་ཀུན་ངེས་པར་འབྱིན་པར་གསུང་། །གང་དག་སྟོང་པ་ཉིད་བལྟ་བ། །དེ་དག་བསྒྲུབ་ཏུ་མེད་པར་གསུངས། །ཞེས་དང་། ཡེ་ཤེས་སྙིང་པོ་ཀུན་ལས་བཏུས་ལས། ཡོད་མིན་མེད་མིན་ཡོད་མིན་མིན། །གཉིས་ཀའི་བདག་ཉིད་ཀྱང་མིན་པས། །མཐའ་བཞི་ལས་གྲོལ་དབུ་མ་པ། །མཁས་པ་རྣམས་ཀྱི་དེ་ཁོ་ན། །ཞེས་དང་། སྤྱོད་འཇུག་ལས། དོན་དམ་བློ་ཡི་སྤྱོད་ཡུལ་མིན། །བློ་ནི་ཀུན་རྫོབ་ཡིན་པར་འདོད། །ཅེས་དང་། གང་ཚེ་དངོས་དང་དངོས་མེད་པ། །བློ་ཡི་མདུན་ན་མི་གནས་པ། །དེ་ཚེ་རྣམ་པ་གཞན་མེད་པས། །དམིགས་པ་མེད་པར་རབ་ཏུ་ཞི། །ཞེས་དང་། ཞི་བ་འཚོས། སྨྲ་བསམ་བརྗོད་མེད་ཤེས་རབ་ཕ་རོལ་ཕྱིན། །མ་སྐྱེས་མི་འགག་ནམ་མཁའི་ངོ་བོ་ཉིད། །སོ་སོ་རང་རིག་ཡེ་ཤེས་སྤྱོད་ཡུལ་བ། །ཞེས་སོགས་དུ་མ་གསུང་པའི་ཕྱིར་རོ། །འོ་ན། ཆོས་དབྱིངས་ཆོས་ཅན། རང་གི་ངོ་བོའི་སྒོ་ནས་ཡོད་པ་ཡིན་པར་ཐལ། རང་གི་ངོ་བོའི་སྒོ་ནས་མེད་པ་མིན་པའི་ཕྱིར། མ་གྲུབ་ན། དེ་ཆོས་ཅན། རང་གི་ངོ་བོའི་སྒོ་ནས་མེད་པ་ཡིན་པར་ཐལ། དེ་མེད་པ་མིན་པ་མ་ཡིན་

པའི་ཕྱིར། ཁྱབ་པ་དགག་པ་གཉིས་ཀྱི་རྣལ་མ་རང་གོ་བའི་དོན་ཡིན་ནོ་ཞེས་ཟེར་ན། དབུ་མ་པའི་སྐབས་འདིར་དགག་པ་གཉིས་ཀྱི་རྣལ་མ་རང་གོ་བའི་ཁྱབ་པ་དེ་འདྲ་རྣམ་པ་ཀུན་ཏུ་ཁས་ལེན་པ་མིན་ཏེ། དེ་ལྟར་ཁས་བླངས་ན། གོང་དུ་དྲངས་པའི་ངེས་དོན་གྱི་གསུང་རབ་དེ་རྣམས་དང་འགལ་བར་འགྱུར་བའི་ཕྱིར་རོ། །དེས་ན་ལྟ་བ་སྤྲོས་བྲལ་ལ་རིགས་མི་འདྲ་བའི་དབྱེ་བ་མེད་ཀྱང་གདུལ་བྱའི་བློ་དང་འཚམས་པར་གྲུབ་མཐའ་བཞི་ལ་ལྟ་བའི་རིམ་པ་ཇི་ལྟར་བསྟན་པའི་ཚུལ་དང་། མཐར་ཐུག་སྤྲོས་བྲལ་གྱི་ལྟ་བ་ལ་ཇི་ལྟར་སྦྱོར་བའི་ཚུལ་རྣམས་མངོན་པར་རྟོགས་པ་རིན་པོ་ཆེའི་ལྗོན་ཤིང་ལས་གསུང་པ་ལྟར་ཤེས་པར་བྱའོ། །ཆོས་དབྱིངས་རང་གི་ངོ་བོ་ཡོད་པ་མིན་པ་འདི་ནི། ལུང་གི་འགྲུབ་པར་མ་ཟད། རིགས་པས་ཀྱང་འགྲུབ་སྟེ། འདི་ལྟར་ཆོས་དབྱིངས་ཆོས་ཅན། དོན་བྱེད་ནུས་པ་ཡིན་པར་ཐལ། རང་གི་ངོ་བོའི་སྒོ་ནས་ཡོད་པ་ཡིན་པའི་ཕྱིར། ཁྱབ་སྟེ། དོན་བྱེད་ནུས་པ་དེ་ངོ་བོའི་སྒོ་ནས་ཡོད་པ་ཙམ་གྱི་མཚན་ཉིད་ཡིན་པའི་ཕྱིར་རོ། །འདི་ནི་རིགས་གཏེར་རང་འགྲེལ་ལས། ཡོད་པའི་མཚན་ཉིད་དོན་བྱེད་ནུས་པ། ཞེས་གསུངས་པ་དང་གནད་གཅིག་གོ །དེས་ན་གཞུང་འདི་དག་དང་། རིགས་གཏེར་རྩ་འགྲེལ་གྱི་གཞུང་དེ་འདྲའི་རིགས་ཅན་རྣམས་ཀྱི་ཡོད་པ་ནི། དོན་གྱི་ཡོད་པ་དང་། དངོས་པོ་ལ་འཇོག་དགོས་པས། གཞུང་དེ་དག་ལ་འབྲུ་བྱེད་པའི་ཚེ། དོན་གྱི་ཞེས་པ་དང་། རང་གི་ངོ་བོའི་སྒོ་ནས་ཞེས་པའི་ཁྱད་པར་སྦྱོར་ཤེས་ན་གཞན་ཐམས་ཅད་རང་གྲོལ་དུ་འགྱུར་བ་ནི། སྟོན་པ་བློ་གྲོས་རབ་གསལ་གྱིས་དྲིས་ལན་སོགས་ཀྱིས་ཤེས་སོ། །རྒྱ་བར་འདོད་མི་རུང་སྟེ། ཆོས་ཀྱི་དབྱིངས་ལ་འབྲས་བུ་བསྐྱེད་པའི་དོན་བྱ་བ་དང་། བྱེད་པ་གང་ཡང་མེད་པའི་ཕྱིར་ཏེ། ཆོས་དབྱིངས་དེ་ནི་བྱ་བྱེད་ཀྱི་སྤྲོས་བྲལ་མིན་པའི་ཕྱིར་རོ། །

གསུམ་པ་འགྲོ་ཀུན་གྱི་སྙིང་མི་འཐད་པར་ཐལ་བ་ནི། གཞན་ཡང་ཡོད་པའི། ཞེས་སོགས་རྐང་པ་དྲུག་སྟེ། ཆོས་དབྱིངས་ལ་ཡོད་པའི་སྙིང་སྦྱོར་བ་མི་འཐད་པར་མ་ཟད། གཞན་ཡང་། འགྲོ་ཀུན་དགེ་བ་ཇི་སྙེད་ཡོད་པ་དང་། །ཞེས་པའི་སྐབས་ཀྱི་ཡོད་པའི་དགེ་བ་ནི། ཆོས་ཉིད་ལ་བྱེད་པ་ཡིན་ན། བསྔོ་བར་བྱེད་པའི་ཚེ། འགྲོ་བ་ཀུན་གྱི་དགེ་བ་ཞེས་བྱ་བའི་དམིགས་བསལ་སློས་ཅི་དགོས་ཏེ་མི་དགོས་པར་ཐལ། བེམ་པོ་དང་། དངོས་མེད་དང་། འཕགས་པའི་གང་ཟག་རྣམས་ཀྱི་ཆོས་ཉིད་ཀྱང་ཅིས་མི་བསྔོ་སྟེ། བསྔོ་རིགས་པའི་ཕྱིར་ཏེ། དེ་ཐམས་ཅད་བསྔོ་རྒྱུའི་དགེ་བ་ཡིན་པར་མཚུངས་པའི་ཕྱིར། རྟགས་ཁས་བླངས་ཏེ། དེ་རྣམས་ཆོས་ཉིད་ཡིན་པ་གང་ཞིག ཆོས་དབྱིངས་ལ་བསྔོ་རྒྱུའི་དགེ་བ་ཡིན་མིན་གྱི་དབྱེ་བ་མེད་ལ། ཆོས་དབྱིངས་བསྔོ་རྒྱུའི་དགེ་བ་ཡིན་པའི་ཕྱིར་རོ། །འོ་ན། ཆོས་ཉིད་བསྔོ་བྱ་མིན་ན། རྡོ་རྗེ་རྒྱལ་མཚན་གྱི་མདོ་ལས། དེ་བཞིན་ཉིད་ཀྱི་མཚན་ཉིད་ཅི་འདྲ་དང་། །དེ་བཞིན་ཉིད་ཀྱི་ངང་ཚུལ་ཅི་འདྲ་དང་། །དེ་བཞིན་ཉིད་ཀྱི་རང་བཞིན་ཅི་འདྲ་དང་། །དེ་འདྲར་ལས

རྣམས་ཀུན་ཀྱང་ཡོངས་སུ་བསྔོ། །ཞེས་པ་དང་འགལ་ལོ་ཞེ་ན། མི་འགལ་ཏེ། ལུང་དེས་ནི། ཆོས་ཉིད་བསྔོ་བྱར་བསྟན་པ་མིན་ཏེ། མདོ་དེ་ཉིད་ལས། དེ་བཞིན་ཉིད་ཀྱི་ངང་ཚུལ་གང་ཡིན་པ། དེའི་ངང་ཚུལ་དུ་གྱུར་པར་དགེ་བའི་རྩ་བ་དེ་དག་ཡོངས་སུ་བསྔོའོ། །དེ་བཞིན་ཉིད་ཀྱི་རང་བཞིན་གང་ཡིན་པ་དེ་བཞིན་དུ་དགེ་བའི་རྩ་བ་དེ་དག་ཆོས་ཐམས་ཅད་ཀྱི་རང་བཞིན་མེད་པར་ཡོངས་སུ་བསྔོའོ། །དེ་བཞིན་ཉིད་ཀྱི་མཚན་ཉིད་གང་ཡིན་པ་དེ་བཞིན་དུ་དགེ་བའི་རྩ་བ་དེ་དག་མཚན་ཉིད་མེད་པའི་ཆོས་ཐམས་ཅད་མཚན་ཉིད་ཀྱིས་ཡང་དག་པར་དེ་མི་དམིགས་པའི་ཕྱིར་ཡོངས་སུ་བསྔོའོ། །ཞེས་སོགས་རྒྱས་པར་གསུང་པས་སོ། །

གསུམ་པ་རང་ཉིད་ཇི་ལྟར་འཆད་པའི་ཚུལ་ལ་གསུམ་སྟེ། ལུང་དོན་ཕྱིན་ཅི་མ་ལོག་པར་བཤད་པ། དེ་ཉིད་དཔེའི་སྒོ་ནས་བསྒྲུབ་པ་དང་། ལུང་གི་སྒོ་ནས་བསྒྲུབ་པའོ། །དང་པོ་ནི། དེས་ན་གཞུང་དེའི། ཞེས་སོགས་རྐང་པ་བཅུ་གསུམ་སྟེ། ཆོས་དབྱིངས་བསྔོ་རྒྱུའི་དགེ་བ་མིན་པ་དེས་ན། འགྲོ་ཀུན་དགེ་བ་ཇི་སྙེད་ཡོད་པ་དང་། །བྱས་དང་བྱེད་འགྱུར་དེ་བཞིན་བྱེད་པ་དག །ཞེས་པའི་གཞུང་དེའི་དགོངས་པ་ནི། ལེགས་པར་ཏེ། ཕྱིན་ཅི་མ་ལོག་པར་བཤད་ཀྱིས། འདི་ལྟར་ཟུངས་ཤིག ཇི་ལྟར་ན། འགྲོ་བ་ཀུན་གྱིས་ལུས་ངག་ཡིད་གསུམ་གྱི་སྒོ་ནས་བྱས་པ་ཡི་དགེ་བ་ཇི་སྙེད་ཡོད་པ་དང་། ཞེས་བྱ་བའི་སྐབས་སྐྱེར་བསྟན་པ་ཡིན་ལ། སྔར་བྱས་པ་དང་། མ་འོངས་པ་ན་བྱེད་པར་འགྱུར་བ་དང་། ད་ལྟ་བྱེད་བཞིན་ལ་ཞེས་བྱ་བ་དུས་གསུམ་གྱི་དབྱེ་བ་ནི། དམིགས་བསལ་ཡིན་ཏེ། སློབ་དཔོན་དབྱིག་གཉེན་གྱིས། སྐྱེར་བཏང་བ་ལ་དམིགས་བསལ་བ། །བསྟན་བཅོས་ཀུན་ལ་རབ་ཏུ་བསྔགས། །ཞེས་གསུངས་པ་ལྟར་ཡིན་ནོ། །ཡང་ན། འགྲོ་བ་གཞན་གྱིས་བྱས་པ་ཡི་དགེ་བ་ཇི་སྙེད་ཡོད་པ་དང་། བྱང་ཆུབ་སེམས་དཔའ་རྡོ་རྗེ་རྒྱལ་མཚན་རང་ཉིད་ཀྱིས་བྱས་ཟིན་པ་དང་། བྱེད་པར་འགྱུར་བ་དང་། བྱེད་བཞིན་པའི་དགེ་བ་ཞེས་རང་གཞན་གྱི་སྒོ་ནས་བཤད་ཀྱང་། མདོ་དང་འགལ་བ་མེད་དེ། སྔར་གྱི་མདོ་དེའི་མཇུག་ཐོགས་སུ། ལོ་ཀ་ཐམས་ཅད་མ་ལུས་སེམས་ཅན་རྣམས། །ཇི་སྙེད་རྒྱལ་བ་ཀུན་གྱི་ཐུགས་ཆུད་པ། །ཀུན་ཀྱང་མཁས་པ་ཀུན་གྱིས་བསྔགས་པ་ཡི། །ཀུན་ཏུ་བཟང་པོ་དེ་ནི་འགྱུར་པར་ཤོག །ཕྱོགས་རྣམས་ཀུན་ཏུ་མ་ལུས་ཅི་བྱས་པ། །སྐྱེས་བུ་དམ་པ་དེ་ལྟར་ཡོངས་སུ་བསྔོ། །རྡོ་རྗེ་རྒྱལ་མཚན་རྒྱལ་བས་གང་གསུང་པ། །ཡོངས་བསྔོ་དམ་པ་མཆོག་དང་ཕུལ་ཡང་ཡིན། །ཞེས་གསུང་པས་སོ། །ཡང་ན། འགྲོ་ཀུན་དགེ་བ་ཇི་སྙེད་ཡོད་པ་དང་། །ཞེས་པས་མདོར་བསྟན་པ་དང་། བྱས་དང་བྱེད་འགྱུར་དེ་བཞིན་བྱེད་པ་རྣམས། །ཞེས་པས་རྒྱས་པར་བཤད་པ་ཡིན་ནོ། །

གཉིས་པ་ནི། དཔེར་ན། འགྲོ་བ། ཞེས་སོགས་རྐང་པ་དགུ་སྟེ། དུས་གསུམ་དུ་རྒྱུ་རྐྱེན་གྱིས་བྱས་པའི་དགེ་བ་བསྔོ་རྒྱུ་ཡིན་པ། དཔེར་ན། བཤགས་པ་བྱེད་པའི་ཚེ། འགྲོ་བ་ཀུན་གྱི་བསགས་པའི་སྡིག་པ་ཇི་སྙེད

ཡོད་པ་སྟར་བྱས་པ་དང་། མ་འོངས་པ་ན་བྱེད་པར་འགྱུར་བ་དང་། དེ་བཞིན་དུ་ད་ལྟ་བྱེད་བཞིན་པ་རྣམས་ཀྱིས་བདེ་བའི་མདུན་དུ་བཤག་པར་བགྱི། །ཅེས་བྱ་བའི་ཚིག་དང་མཚུངས་པ་ཡིན་ནོ། །བཤགས་བྱའི་སྡིག་པ་འདི་ལའང་། དུས་གསུམ་དུ་བྱས་པ་ལས་གཞན་པའི་ཡོད་པའི་སྡིག་པ་གང་ཡང་མེད་པ་དེ་བཞིན་དུ་བསྔོ་བྱའི་དགེ་བ་ལ་ཡང་དུས་གསུམ་དུ་རྟོལ་བས་བྱས་པ་ལས་གཞན་པའི་ཡོད་པའི་དགེ་བ་སྲིད་པ་མ་ཡིན་ནོ། །བཤགས་བྱའི་སྡིག་པ་ལ། དུས་གསུམ་གྱི་དབྱེ་བ་བྱས་པ་འདི་ནི། བསྔོ་རྒྱུའི་དགེ་བ་དང་། བཤགས་རྒྱུའི་སྡིག་པ་གཉིས་ཀ་ཡང་། སྐྱེས་བུའི་རྟོལ་བས་བསྒྲུབ་པར་མཚུངས་པར་སྟོན་པའི་ཆེད་དུ་གསུངས་པ་ཡིན་གྱི། བཤགས་པ་བྱེད་ཚུལ་འདི་ལྟ་བུ་ཡོད་པ་ནི་མ་ཡིན་ཏེ། བཤགས་པ་རྣམ་དག་ལ་ཕྱིན་ཆད་སྡིག་པ་མི་བྱེད་པའི་སྡོམ་སེམས་དགོས་པ་ཡིན་གྱི། མ་འོངས་པའི་སྡིག་པ་ད་ལྟ་བཤགས་པ་བྱེད་ན། དོན་གྱི་སྡིག་པ་བྱེད་པར་དམ་བཅའ་བས་སོ། །དེ་ཡང་བཟང་པོ་སྤྱོད་པ་ལས། སྡིག་པ་བདག་གིས་བགྱིས་པ་ཅི་མཆིས་པ། །ཞེས་དང་། གང་ཡང་མི་ཤེས་དབང་གིས་བྱས་པ་དག །ཅེས་དང་། ཇི་སྐད་དུ། ཐོག་མ་མེད་ནས་ད་ལྟའི་བར། །ཞེས་དང་། དེང་སང་། ལྟུང་བ་སྤྱི་བཤགས་སུ་གྲགས་པ་ལས་ཀྱང་། འཁོར་བ་ཐོག་མ་མེད་པ་ནས། ཐ་མ་ད་ལྟ་ལ་ཐུག་གི་བར་དུ་ཞེས་སོགས་སོ། །བཤགས་གཞུང་རྣམས་ལས་དེ་ལྟར་དུ་འབྱུང་བའི་ཕྱིར་རོ། །འོན་ཕུང་པོ་གསུམ་པའི་མདོ་ལས། སྐྱེ་བ་འདི་དང་། སྐྱེ་བ་ཐོག་མ་དང་། ཐ་མ་མ་མཆིས་པའི་འཁོར་བ་ན། ཞེས་གསུངས་པ་མིན་ནམ་སྙམ་ན། གསུངས་མོད་དེའི་དོན་ནི། སྐྱེ་བ་ཐོག་མའི་ཐ་མ་མ་མཆིས་པ་ནས། སྐྱེ་བ་འདིའི་བར་དུ་ཞེས་པའི་དོན་ཡིན་ནོ། །

གསུམ་པ་ནི། རྡོ་རྗེ་རྒྱལ་མཚན། ཞེས་སོགས་རྐང་པ་གཉིས་ཏེ། རྡོ་རྗེ་རྒྱལ་མཚན་གྱིས་བསྔོ་བའི་ཚིག་ཉིད་ལས་ཀྱང་། སྐབས་དེའི་ཡོད་པ་ཞེས་བྱ་བ། རྟོལ་བས་བསྒྲུབ་པ་ཡིན་པར་གསུངས་ཏེ། དེ་ཉིད་ལས། ཕྱོགས་བཅུའི་འཇིག་རྟེན་ཀུན་ན་གང་ཡོད་ཀྱི། །དགེ་བ་དེ་དག་ཡང་དག་བསྒྲུབས་པས་ན། །འགྲོ་བ་ཀུན་ལ་ཕན་དང་བདེ་སེམས་ཀྱིས། །ཡེ་ཤེས་མཁས་པ་དེ་ཡིས་ཡོངས་སུ་བསྔོ། །ཞེས་གསུངས་པའི་ཕྱིར་དང་། འདིར་མཁས་པ་ཤཱཀྱ་མཆོག་པས་དྲི་བར། ཡོད་པ་བསྒྲུབ་པར་གསུང་པ་དེས། །ཆོས་དབྱིངས་དགེ་ལ་ཇི་ལྟར་གནོད། །ཅེས་པའི་ལན་ཀུན་མཁྱེན་རིན་པོ་ཆེས་མཛད་དེ་ཉིད་ལས། ཕྱོགས་བཅུའི་འཇིག་རྟེན་ཀུན་ན་ཡོད་པ་ཡི། །དགེ་བ་དེ་དག་ཡང་དག་བསྒྲུབ་གྱུར་ན། །འགྲོ་བ་ཀུན་ལ་ཕན་དང་བདེ་སེམས་ཀྱིས། །ཡེ་ཤེས་མཁས་པ་དེ་ཡིས་ཡོངས་སུ་བསྔོ། །ཞེས་གསུངས་པ་དེ། འགྲོ་ཀུན་དགེ་བ་ཇི་སྙེད་ཡོད་པ་དང་། །ཞེས་པའི་ཡོད་པའི་དགེ་བ་ཆོས་དབྱིངས་ཡིན་པ་ལ་གནོད་བྱེད། སྐབས་དེའི་དགེ་བ་རྟོལ་བས་ཡང་དག་པར་བསྒྲུབས་པ་ལ་གསུང་ཞིང་། ཆོས་དབྱིངས་རྟོལ་བས་ཡང་དག་པར་བསྒྲུབས་པའི་དོན་མ་ཡིན་པའི་ཕྱིར་རོ། །ཞེས་གསུངས་སོ། །

གཉིས་པ་དངོས་སྟོབས་ཀྱི་རིགས་པས་དགག་པ་ནི། ཆོས་དབྱིངས་དགེ་བར་ཞེས་སོགས་ཚིགས་བཅད་ལྔ་སྟེ། ཆོས་དབྱིངས་ཡོད་པའི་དགེ་བར་བྱས་ནས་ནི། ཆོས་དབྱིངས་དེ་ལ་བསྔོ་བའི་རྒྱུར་བྱེད་པ་ཡིན་ན། ཆོས་དབྱིངས་བསྔོས་པས་འགྱུར་རམ་མི་འགྱུར། དང་པོ་ལྟར་ན། དེ་ཆོས་ཅན། ཁྱོད་འདུས་བྱས་སུ་འགྱུར་བར་ཐལ། ཁྱོད་བསྔོ་བས་བསྔོས་པ་ལྟར་དུ་འགྱུར་བའི་ཕྱིར་ནའོ། །ཕྱི་མ་ལྟར་ན། ཆོས་དབྱིངས་ཆོས་ཅན། ཁྱོད་བསྔོ་བས་བསྔོས་པ་དོན་མེད་ཡིན་པར་ཐལ། ཁྱོད་བསྔོ་བས་བསྔོས་པ་ལྟར་དུ་མི་འགྱུར་བའི་ཕྱིར། རྟགས་གྲུབ་སྟེ། མདོ་སྡེ་ཟབ་མོ་རྣམས་ལས། ཆོས་ཀྱི་དབྱིངས་འགྱུར་བ་མེད་ཅེས་རྒྱལ་བས་གསུངས་པའི་ཕྱིར་ཏེ། འཕགས་པ་ས་བཅུ་པ་ལས། ཆོས་ཉིད་དེ་བཞིན་ཉིད་འདི་མི་རྟོག་བརྟན་དུ་འདུག །ཅེས་པ་དང་། ཡང་ཤེར་མདོ་ལས། དེ་བཞིན་གཤེགས་པ་རྣམས་འཇིག་རྟེན་དུ་བྱོན་ཡང་རུང་། མ་བྱོན་ཡང་རུང་། ཆོས་རྣམས་ཀྱི་ཆོས་ཉིད་འདི་ནི་གནས་པ་ཡིན་ནོ། །ཞེས་དང་། ཤེས་རབ་ཀྱི་ཕ་རོལ་ཏུ་ཕྱིན་པ་ནི། བསྟན་ཀྱང་མི་འཕེལ། མ་བསྟན་ཀྱང་མི་སྒྲིབ་བོ་ཞེས་གསུངས་པའི་ཕྱིར། མདོ་ལས་གསུང་པར་མ་ཟད། དབུ་མ་རྩ་བའི་ཤེས་རབ་ཉིད་ལས་ཀྱང་། རང་བཞིན་རྒྱུ་དང་རྐྱེན་ལས་ནི། །ཞེས་སོགས་གསུངས་པའི་དོན་ནི། ཆོས་དབྱིངས་བསྔོ་བས་རྒྱུར་མི་རུང་སྟེ། རང་བཞིན་ཏེ་ཆོས་དབྱིངས་ནི་རྒྱུ་དང་རྐྱེན་ལས་ནི་འབྱུང་བར་རིགས་པ་མིན་པའི་ཕྱིར་ནའོ། །དེའི་རྒྱུ་མཚན་ཡོད་དེ་རྒྱུ་དང་རྐྱེན་ལས་འབྱུང་བ་ཡི་རང་བཞིན་ཡོད་ན། དེ་འདུས་བྱས་པ་ཅན་དུ་འགྱུར་ལ། རང་བཞིན་རྒྱུ་རྐྱེན་གྱི་བྱས་པ་ཅན་ཞེས་བྱ་བ། ཇི་ལྟ་བུར་ན་རུང་བར་འགྱུར་ཏེ་མི་རུང་བའི་ཕྱིར་ཏེ། རང་བཞིན་དག་གི་དོན་ནི། བཅོས་མིན་དང་། རྐྱེན་གཞན་ལ་ལྟོས་པ་མེད་པ་ཡིན་ཞེས་པའོ། །གཞན་ཡང་རྩ་ཤེར་དེ་ཉིད་ལས། གལ་ཏེ་རང་བཞིན་གྱིས་ཡོད་ན། །ཞེས་སོགས་གསུངས་པའི་དོན་ནི། རང་བཞིན་གཞན་དུ་འགྱུར་བ་མི་སྲིད་དེ། གལ་ཏེ་སྲིད་ན། རང་བཞིན་དེ་ནི་ཆོས་ཅན། ཁྱོད་ཕྱིས་མེད་པ་ཉིད་དུ་མི་འགྱུར་ཏེ། ཁྱོད་རང་བཞིན་གྱིས་ཡོད་པའི་ཕྱིར་ནའོ། །ཡང་རང་བཞིན་བསྔོ་བས་གཞན་དུ་འགྱུར་བ་ནི། ནམ་ཡང་མེད་པར་མི་འགྱུར་ཏེ། ཆོས་དབྱིངས་འགྱུར་མེད་དུ་མདོ་ལས་གསུངས་པ་གང་ཞིག །ཆོས་དབྱིངས་དང་། འདིའི་རང་བཞིན་དོན་གཅིག་ཡིན་པའི་ཕྱིར་རོ། །

གསུམ་པ་དོན་བསྡུ་བ་ནི། དེ་ལ་སོགས་པའི་ལུང་རིགས། ཞེས་སོགས་རྐང་པ་གཉིས་ཏེ། དེས་ན་ཆོས་དབྱིངས་བསྔོ་རྒྱུའི་དགེ་བར་མི་རུང་ཏེ། གོང་དུ་སྨོས་པའི་ལུང་རིགས་དེ་དག་ལ་སོགས་པའི་ལུང་རིགས་ཚད་ལྡན་རྣམས་ལས། ཆོས་དབྱིངས་བསྔོ་བྱའི་དགེ་བ་མིན་པར་གསུང་ཞིང་གྲུབ་པའི་ཕྱིར་རོ། །

གཉིས་པ་དེའི་ཉེས་སྤོང་གི་ལན་དགག་པ་ལ་གཉིས་ཏེ། འདོད་པ་བརྗོད་པ་དང་། དེ་དགག་པའོ། །དང

པོ་ནི། གལ་ཏེ་ཆོས་ཉིད། ཞེས་སོགས་ཚིགས་བཅད་གཅིག་སྟེ། གལ་ཏེ་ཆོས་ཉིད་དེ་བཞིན་ཉིད་བསྔོ་བས་འགྱུར་བའི་བསྔོ་བྱའི་དགེ་བ་མིན་མོད། འོན་ཀྱང་། ཆོས་ཉིད་དེ་སངས་རྒྱས་ཐོབ་པའི་རྒྱུར་གྱུར་ཅིག་སྙམ་པའི་བསམ་པས་བསྒྱུར་ན། བྱང་ཆུབ་སེམས་དཔའི་བློ་སྦྱོང་བ་ལ། བསྔོས་ཀྱང་ཉེས་པ་མེད་སྙམ་ན།

གཉིས་པ་བཞི་སྟེ། དམིགས་བཅས་ཀྱི་བསྔོ་བ་དུག་ཅན་དུ་བསྟན་པ། དམིགས་མེད་ཀྱི་བསྔོ་བ་བློ་སྦྱོང་དུ་བསྟན་པ། དམིགས་བཅས་ཀྱི་བསྔོ་བ་བློ་སྦྱོང་དུ་མི་རུང་བའི་རྒྱུ་མཚན། དམིགས་མེད་དམིགས་པར་བྱས་ན་ཧ་ཅང་ཐལ་བའོ། །དང་པོ་ནི། མིན་འདི་ལ། ཞེས་སོགས་རྐང་པ་དྲུག་སྟེ། ཆོས་དབྱིངས་བསྔོ་བའི་རྒྱུར་བྱས་ནས། བསྔོ་བ་བྱེད་པ་བྱང་ཆུབ་སེམས་དཔའི་བློ་སྦྱོང་དུ་འཐད་པ་མ་ཡིན་ཏེ། བསྔོ་ཚུལ་འདི་ལ་ཉེས་པ་ཡོད་པའི་ཕྱིར། ཇི་ལྟར་ཡོད་ན། ཆོས་དབྱིངས་བློས་དགེ་བར་བསྒྱུར་ནས་བསྔོ་བ་ནི། དམིགས་པའི་དུག་དང་བཅས་པར་འགྱུར་ཏེ། དེའི་ཚེ་ཆོས་དབྱིངས་ལ་དགེ་བར་དམིགས་པའི་འདུ་ཤེས་ཡོད་པའི་ཕྱིར་ཏེ། མཐའ་བཞིའི་སྤྲོས་པ་མཐའ་དག་མ་བཀག་ན། ཆོས་དབྱིངས་ཀྱི་དོན་མེད་ལ། དེ་བཀག་པའི་ཆོས་དབྱིངས་བྱང་ཆུབ་ཀྱི་རྒྱུར་གྱུར་ཅིག་སྙམ་དུ་དམིགས་ན། དམིགས་མེད་དམིགས་པར་བཟུང་བ་ཡིན་པའི་ཕྱིར་རོ། །ཆོས་དབྱིངས་བསྔོ་རྒྱུའི་དགེ་བར་བསྒྱུར་བ་འདི་འདྲ་བའི་བསྔོ་བ་བྱས་པར་གྱུར་ན། སྦྲུལ་པ་སྦྲ་ཅན་གཅིག་སྦྲུལ་དོང་དུ་ཞུགས་ན། དེའི་སྦྲ་རུལ་བ་དེའི་རྐྱེན་གྱིས་སྦྲུལ་པ་ཐམས་ཅད་འཆི་བ་དེ་ཇི་བཞིན་དུ། འདུས་བྱས་ཀྱི་དགེ་རྩ་བསྔོ་བ་ཐམས་ཅད་ལ་དམིགས་པའི་དུག་གཅིག་ཞུགས་ན་བསྔོ་བ་ཐམས་ཅད་འཇིག་པ་སྟེ་ཡོངས་སུ་དག་པའི་བསྔོ་བར་མི་འགྱུར་ཏེ། ཤེར་མདོ་ལས། དམིགས་པའི་འདུ་ཤེས་ཅན་ལ་ཡོངས་སུ་བསྔོ་བ་མེད་པའི་ཕྱིར་རོ། །ཞེས་གསུངས་པའི་ཕྱིར།

གཉིས་པ་ནི། ཆོས་དབྱིངས་སྤྲོས་བྲལ། ཞེས་སོགས་རྐང་པ་ལྔ་སྟེ། ཆོས་དབྱིངས་མཐའ་བཞིའི་སྤྲོས་བྲལ་གྱི་ངང་ནས་ནི། རང་བཞིན་གྱིས་དུས་གསུམ་དུ་སྒོ་གསུམ་དང་འབྲེལ་བའི་དགེ་བ་ཇི་སྙེད་གཅིག་བྱས་པ་རྣམས་བསྔོས་པ་ལྟར། འབྲས་བུ་འགྲུབ་བམ། གལ་ཏེ་མི་འགྲུབ་ཀྱང་། ཆོས་ཅན་ལ་ཆོས་ཉིད་ཀྱི་རྒྱས་བཏབ་ནས། འགྲོ་བའི་དོན་དུ་སངས་རྒྱས་ཐོབ་པར་གྱུར་ཅིག ཅེས་བསྔོ་བ་བྱེད་ན། བྱང་ཆུབ་སེམས་དཔའི་བློ་སྦྱོང་གི་བསྔོ་བ་ཡིན་ཏེ། བྱང་ཆུབ་སེམས་དཔའི་ཐབས་ཤེས་ཀྱིས་ཟིན་པའི་བསྔོ་བ་ཡིན་པའི་ཕྱིར། བསྔོ་བའི་ཚིག་ནི། བདག་ཉིད་ཆེན་པོ་འདི་ས། ཕྱག་འཚལ་བ་དང་མཆོད་ཅིང་བཤགས་པ་དང་། །རྗེས་སུ་ཡི་རང་བསྐུལ་ཞིང་གསོལ་བ་འདེབས། །སྐྱབས་སུ་འགྲོ་ཞིང་བྱང་ཆུབ་སེམས་བསྐྱེད་བགྱིས། །བདག་དང་གཞན་གྱི་དགེ་བ་ཅི་མཆིས་པ། །འཁོར་གསུམ་ཡོངས་སུ་དག་པའི་ཤེས་རབ་ཀྱིས། །ཡོད་མེད་ལ་སོགས་དམིགས་པའི་དུག་སྤངས་

ནས། །འཁོར་དང་མྱ་ངན་འདས་ལ་མི་སློན་པར། །འགྲོ་བའི་དོན་དུ་སངས་རྒྱས་མྱུར་ཐོབ་ཤོག །ཅེས་གསུངས་པ་ལྟར་བྱའོ། །

གསུམ་པ་ནི། ཆོས་ཉིད་བསྔོ་རྒྱུར། ཞེས་སོགས་རྐང་པ་བཅུ་བདུན་ཏེ། མཐའ་བྲལ་གྱི་ཆོས་ཉིད་བསྔོ་བའི་རྒྱུར་བྱེད་ན་ནི། བྱང་ཆུབ་སེམས་དཔའི་བློ་སྦྱོང་དུ་ཡང་མི་རུང་ངོ་། །དེ་ལྟར་མི་རུང་བ་ཡི་རྒྱུ་མཚན་འདི་ལྟར་ཡིན་ཏེ། ཆོས་དབྱིངས་སྤྲོས་པའི་མཐའ་ཐམས་ཅད་དང་བྲལ་བ་ལ། བསྔོ་རྒྱུའི་དགེ་བར་བྱེད་ན་ཆོས་དབྱིངས་ལ་དམིགས་པར་འགྱུར་ཏེ། དགེ་སྡིག་ལུང་མ་བསྟན་གསུམ་ཀ་ལས་ཡིན་ལ། ལས་དེ་བློའི་ཡུལ་དུ་གྱུར་ཞིང་བློ་ཡུལ་དུ་བྱས་ན་དམིགས་པ་དང་བཅས་པར་འགྱུར་བའི་ཕྱིར་རོ། །དམིགས་པ་དང་བཅས་པའི་འདུ་ཤེས་ཀྱིས་བསྔོ་བ་བྱེད་པ་ནི། མཚན་འཛིན་གྱི་དུག་དང་བཅས་པར་གསུངས་ཏེ། དཔེར་ན་གསོད་པར་ངེས་པའི་དུག་དང་བཅས་པ་ཡི་ཁ་ཟས་བཟང་པོ་བཟའ་བ་འཆི་བ་ལྟར། དཀར་པོའི་ཆོས་བསྔོ་བ་ལ་དམིགས་པ་ཡོད་ན་ཡང་། བསྔོ་བ་འཇིག་པ་དེ་དང་འདྲ་བར་རྒྱལ་བས་མདོ་ལས་གསུངས་པའི་ཕྱིར་ཏེ། མདོ་སྡུད་པར། གལ་ཏེ་མཚན་མར་བྱེད་ན་དེ་ནི་བསྔོ་བ་མིན། །ཅི་སྟེ་མཚན་མ་མེད་ན་བྱང་ཆུབ་བསྔོ་བ་ཡིན། །ཇི་ལྟར་དུག་དང་འདྲེས་པའི་ཁ་ཟས་བཟང་བ། །དཀར་པོའི་ཆོས་ལ་དམིགས་པའང་དེ་ལྟར་རྒྱལ་བས་གསུངས། །ཞེས་དང་། ཡུམ་ལས། སངས་རྒྱས་བཅོམ་ལྡན་འདས་རྣམས་ནི། མཚན་མའི་ཚུལ་གྱིས་ཡོངས་སུ་བསྔོ་བ་སྣང་བར་མི་མཛད་དོ། །ཞེས་དང་། སངས་རྒྱས་རྣམས་ནི། དམིགས་པའི་ཆོས་ཅན་གྱིས་ཡོངས་སུ་བསྔོ་བ་དོན་ཆེན་པོར་ཞེས་མི་གསུངས་སོ། །དེ་ཅིའི་ཕྱིར་ཞེ་ན། ཡོངས་སུ་བསྔོ་བ་དེ་ནི་དུག་དང་བཅས་ཤིང་། ཟུག་རྔུ་དང་བཅས་པ་ཡིན་ནོ་ཞེས་དང་། དེ་ལྟར་ཡོངས་སུ་བསྔོ་བ་དེ་ནི། མཚན་མའི་ཚུལ་གྱིས་ཡོངས་སུ་བསྔོ་བས་དུག་ཉིད་དུ་འགྱུར་ཏེ། འདི་ལྟ་སྟེ། དཔེར་ན། ཁ་ཟས་དུག་དང་བཅས་པ་བཞིན་ནོ། །ཞེས་དང་། དེར་མ་ཟད་མངོན་པར་རྟོགས་པའི་རྒྱན་ལས་ཀྱང་། ཐེག་པ་ཆེན་པོའི་ཡོངས་སུ་བསྔོ་བ་ཉན་རང་ལས་ཁྱད་པར་ཅན་ཡིན་ཏེ། བསྔོ་བ་དེ་ཡི་བྱེད་པ་འབྲས་བུ་མཆོག་སངས་རྒྱས་འགྲུབ་པར་བྱེད་པ་ཡིན་ཞིང་། བསྔོ་བ་དེ་ཡི་ངོ་བོ་ནི། དམིགས་པ་མེད་པའི་རྣམ་པ་ཅན་དང་། ཕྱིན་ཅི་མ་ལོག་པའི་མཚན་ཉིད་ཅན་ཉིད་དོ། །ཞེས་གསུངས་པའི་ཕྱིར། དེས་དམིགས་པའི་ཤེས་རབ་མཚན་ཉིད་པ་ནི། ས་དང་པོ་ཡན་ཆད་ན་ཡོད་ཀྱི། འཇིག་རྟེན་པའི་གནས་སྐབས་སུ་དམིགས་པ་མེད་པའི་རྣམ་པ་ཅན་གྱི་ཤེས་རབ་ཀྱིས་ཟིན་པའོ། །གཞན་ཡང་མདོ་བརྒྱད་སྟོང་པར། དེ་ལྟར་ན་དམིགས་པའི་འདུ་ཤེས་ཅན་རྣམས་ཡོངས་སུ་བསྔོ་བ་མེད་དོ། །དེ་ཅིའི་ཕྱིར་ཞེ་ན། དམིགས་པ་ནི་དུག་དང་བཅས་པའོ། །ཞེས་དང་། རྒྱུད་ལས་རྣམ་རྟོག་མ་རིག་ཆེན་པོ་སྟེ། །འཁོར་བའི་རྒྱ་མཚོར་ལྟུང་བྱེད་ཡིན། །མི་

རྟོག་ཉིད་འཛིན་ལ་གནས་ན། །མཁའ་བཞིན་དྲི་མ་མེད་པར་འགྱུར། །ཞེས་སོགས་གསུང་པ་ཐམས་ཅད་དམིགས་པ་དང་བཅས་པའི་བསྔོ་བ་ནི། བསྔོ་བ་རྣམ་དག་ཏུ་མི་རུང་བའི་ལུང་དུ་མཐུན་པ་ཡིན་ནོ། །མདོར་ན་བསྔོ་བྱའི་དགེ་བ། བསྔོ་བ་བྱེད་པ་པོ་བསྔོ་བའི་ཡུལ་གསུམ་ལ་མི་དམིགས་པའི་ཤེས་རབ་ཀྱིས་རྒྱས་བཏབ་ནས་བསྔོ་བར་བྱ་བ་ནི་བསྔོ་བ་རྣམ་པར་དག་པ་ཡིན་ནོ། །བསྔོ་བའི་དོན་ནི། དགེ་བའི་རྩ་བ་འབྲས་བུ་གང་འདོད་དུ་བསྒྱུར་བར་བྱེད་པ་ཞིག་སྟེ། བསྔོ་བའི་སྐད་དོད། པ་རི་ན་ཏ་ཞེས་པ་ཡོངས་སུ་བསྒྱུར་བ་ལ་འཇུག་པའི་དོན་ནོ། །འདི་ནི་མངོན་རྟོགས་རྒྱན་ལས། མོས་པས་ཚོགས་གསོག་པ་དང་། བསྔོ་བས་བསགས་པ་རྫོགས་བྱང་དུ་བསྒྱུར་བ་དང་། རྗེས་སུ་ཡི་རང་གིས་དགེ་བ་གོང་འཕེལ་དུ་བྱེད་པར་གསུངས་པས་ཀྱང་འགྲུབ་བོ། །བསྔོ་བ་རང་གི་ངོ་བོ་ནི་འདུས་བྱས་ཀྱི་དགེ་རྩ་རྫོགས་བྱང་གི་ཡན་ལག་ཏུ་བྱ་བར་འདོད་པ་ཡི་སེམས་དཔའ་མདུན་པ་དང་མཚུངས་ལྡན་ཞིག་སྟེ། མདོ་སྡེ་རྒྱན་ལས། བརྟན་པ་རྣམས་ཀྱི་སྨོན་ལམ་ནི། །སེམས་དཔའ་འདུན་དང་བཅས་པ་སྟེ། །ཅེས་གསུངས་པས་སོ། །འོན་བསྔོ་བ་སྨོན་ལམ་བཀྲ་ཤིས་ཀྱི་ཁྱད་པར་ཇི་ལྟ་བུ་ཞེ་ན། འདི་དག་ལ་རྒྱ་ཆེ་ཆུང་ལ་སོགས་པར་འདོད་པ་མང་ན་ཡང་ངོ་བོ་གཅིག་ལ་ལྡོག་པས་ཕྱེ་བ་ཡིན་ཏེ། དགེ་བའི་རྩ་བ་འབྲས་བུ་གང་འདོད་དུ་བསྒྱུར་བ་ནི་བསྔོ་བ་ཡིན་ལ། སྨོན་ལམ་ནི། འབྲས་བུ་ཐོབ་རྨོ་པ་ལ་སྨོན་པ་ཡིན་ཞིང་། བཀྲ་ཤིས་ནི། འབྲས་བུ་བཟང་པོ་བསྐྱེད་པའི་ཚིག་གི་ཁྱད་པར་ཡིན། ཞེས་ཆོས་རྗེ་ཡིས་གསུངས་པ་ལྟར་འཐད་པ་ཡིན་ནོ། །

བཞི་པ་ནི། གང་དག་དམིགས་པ། ཞེས་སོགས་རྐང་པ་བདུན་ཏེ། སྐྱེས་བུ་གང་དག་དམིགས་པ་མེད་པ་ཡི་ཆོས་ཀྱི་དབྱིངས་ལ་དགེ་བ་ཇི་སྙེད་ཡོད་པ་དང་། ཞེས་པའི་སྐབས་ཀྱི་ཡོད་པ་ཡི་དགེ་བ་ཡིན་ཞེས་དམིགས་པར་བྱེད་པ་དེ་ཡིས་ཆོས་ཅན་གཞན་དག་ལ་དམིགས་པར་འགྱུར་བ་ལྟ་ཅི་སྨོས་ཏེ། དེས་མཐའ་བྲལ་གྱི་ཆོས་དབྱིངས་ལ་དམིགས་པའི་ཕྱིར། ཁྱབ་སྟེ། དཔེར་ན། བྱི་བས་དབྱུག་པའང་ཟོས་པར་གྱུར་ཟེར་ན། སྣུམ་འཁུར་ཞིམ་པོ་ཟོས་པ་སྨོས་ཅི་དགོས་ཟེར་བ་བཞིན་ནོ། །འདིའི་གཏམ་རྒྱུད་ནི། འཕགས་པའི་ཕྱི་གྲོང་ཟེར་བསྟན། ཡུལ་དུ། མགྲོན་པོ་གཅིག་གིས། དབྱུག་པ་གཅིག་དང་། སྣུམ་འཁུར་བསྐྱལ་པ་གང་བཅོལ་བ་ཕྱིས་ལེན་དུ་ཕྱིན་པ་ན། དབྱུག་པ་བྱི་བས་ཟོས་ནས་མེད་ཟེར་རོ། །མགྲོན་པོས། བྱི་བས་དབྱུག་པ་ཟོས་ན། སྣུམ་འཁུར་ཟོས་པ་སྨོས་ཅི་དགོས་ཟེར་ཏེ། གནས་པོ་ལ་ཡིད་མི་སྟོན་པར་སོང་སྐད་དོ། །

གསུམ་པ་ལུང་ཚིག་སྔ་ཕྱི་འགལ་བས་དགག་པ་ནི། གཞན་ཡང་ཆོས་ཉིད། ཞེས་སོགས་རྐང་པ་ལྔ་སྟེ། གཞན་ཡང་མདོ་དེའི་གཞུང་གོང་འོག་གི་དོན་འགལ་བ་ཡིན་པར་ཐལ། ཁྱོད་ཀྱིས་ཆོས་ཉིད་དེ་བཞིན་ཉིད་བསྔོ་བས་བསྒྱུར་བ། འགྲོ་ཀུན་དགེ་བ་ཇི་སྙེད་ཡོད་པ་དང་། །ཞེས་པའི་སྐབས་ཀྱི་བསྔོ་བའི་ཡུལ་དུ་བྱེད་པ་ཡིན་

ཟེར་བ་དང་། མདོ་དེ་ཉིད་ལས། ཆོས་ཉིད་མི་འགྱུར་བདེན་པའི་བྱིན་རླབས་དང་། །ཞེས་ཆོས་ཉིད་མི་འགྱུར་བར་བཤད་པའི་ཕྱིར་རོ། །རྒྱུ་མཚན་དེས་ན། མདོ་ཚིག་གོང་འོག་གི་དོན་ལ་ལེགས་པར་སེམས་ལ་སློས་ཞེས་གདམས་པའོ། །

གཉིས་པ་ཆོས་དབྱིངས་ལས་གཞན་པའི་ཁམས་བསྔོ་རྒྱུའི་དགེ་བར་འདོད་པ་དགག་པ་ལ་ལྔ་སྟེ། ཕྱོགས་སྔ་མ་བཀོད་པ། དེ་མཐའ་གསུམ་དུ་བརྟགས་པ། དང་པོ་རྣམ་པར་བརྟག་ནས་དགག་པ་ལ། གཉིས་པ་ཁས་བླངས་འགལ་བས་དགག་པ། གསུམ་པ་ལྟར་ན་འདོད་པ་གྲུབ་པའོ། །དང་པོ་ནི། ལ་ལ། ཞེས་སོགས་རྐང་པ་གསུམ་སྟེ། བོད་ལ་ལ། བདེ་གཤེགས་སྙིང་པོའི་སྒྲ་ཆོས་ཀྱི་དབྱིངས་ཟུང་འཇུག་ལ་མི་ཟེར་བར། དེ་ལས་གཞན་པའི་སེམས་ཅན་ཁོ་ནའི་ཁམས་ཡིན་པར་འདོད་ཅིང་། དེ་ཉིད་འགྲོ་ཀུན་དགེ་བ་ཇི་སྙེད་ཡོད་པ་དང་། །ཞེས་པའི་སྐབས་ནས་བསྟན་པའི་བསྔོ་རྒྱུའི་དགེ་བ་ཡིན་ཞེས་ཟེར་རོ། །

གཉིས་པ་ནི། སེམས་ཅན་ཁམས་དེ། ཞེས་སོགས་ཚིགས་བཅད་གཅིག་སྟེ། སེམས་ཅན་གྱི་ཁམས་དེ་བརྟག་པར་བྱ་སྟེ། འདི་ལྟར། སེམས་ཅན་གྱི་ཁམས་དེ་དངོས་པོའམ། དངོས་མེད་དམ། དེ་གཉིས་ཀ་མིན་པར་སྤྲོས་བྲལ་ཞིག་ཡིན། རྣམ་པ་གསུམ་པོ་དེ་ལས་གཞན་པའི་ཤེས་བྱ་མི་སྲིད་པའི་ཕྱིར་རོ། །

གསུམ་པ་ནི། དངོས་པོ་ཡིན་ན། ཞེས་སོགས་ཚིགས་བཅད་ལྔ་དང་རྐང་པ་གཅིག་སྟེ། དངོས་པོ་ཡིན་ན། བེམ་པོ་དང་། རིག་པ་གཉིས་སུ་ཁ་ཆོན་ཆོད་པ་ནི། རྫས་ཀྱི་དབང་དུ་བྱས་པ་སྟེ། ལྡན་མིན་འདུ་བྱེད་ནི། དེ་གཉིས་ཀྱི་གནས་སྐབས་ལ་བརྟགས་པའི་བརྟགས་ཡོད་ཡིན་པའི་ཕྱིར་རོ། །ཡང་ན། བདེ་གཤེགས་སྙིང་པོ་དངོས་པོ་ཡིན་ན། དེ་དེ་གཉིས་གང་རུང་དུ་ཁ་ཆོན་ཆོད། ཅེས་_{ཕྱོན་ཤིང་ལས་གསུང་}པའོ། །དེ་བེམ་པོ་ཡིན་ན། བེམ་པོ་སེམས་ཅན་གྱི་ཁམས་ཉིད་དུ་འདོད་པ་མུ་སྟེགས་འགའ་ཡི་ལུགས་ཡིན་གྱི། སངས་རྒྱས་པའི་ལུགས་ལ་མེད་པའི་ཕྱིར་རོ། །དེ་མུ་སྟེགས་པའི་ལུགས་ཡིན་པ་ནི། རྒྱང་འཕེན་པས་ས་སོགས་འབྱུང་བ་དང་། གྲུབ་སྟེ་རྫས་གཅིག་པའི་རྣམ་ཤེས་ཡོད་པར་འདོད་པ་དང་། གཅེར་བུ་པ་ཤིང་སེམས་ལྡན་དུ་འདོད་པ་ལ་སོགས་པའོ། །ཡང་དེ་རིག་པ་ཡིན་ན། བདེ་གཤེགས་སྙིང་པོ་ཡིན་པར་མི་འཐད་དེ། དེ་རྣམས་ཀྱི་ཚོགས་བརྒྱད་འཁོར་དང་བཅས་པ་ཉིད་ལས་འདའ་བ་མེད་ཅིང་། ཚོགས་བརྒྱད་འཁོར་དང་བཅས་པ་འདུས་བྱས་ཡིན་པའི་ཕྱིར། ཁྱབ་སྟེ། བདེ་གཤེགས་སྙིང་པོ་ནི། མདོ་ལས་འདུས་མ་བྱས་སུ་གསུངས་པའི་ཕྱིར་ཏེ། དཔལ་ཕྲེང་གི་མདོ་ལས། བཅོམ་ལྡན་འདས་དེ་བཞིན་གཤེགས་པའི་སྙིང་པོ་ལ་ནི། སྐྱེ་བའམ། འགྲུམ་པའམ། འཕོ་བའམ། འབྱུང་བ་ཡང་མ་མཆིས་སོ། །བཅོམ་ལྡན་འདས་དེ་བཞིན་གཤེགས་པའི་སྙིང་པོ་ནི། འདུས་བྱས་ཀྱི་མཚན་ཉིད་ཀྱི་ཡུལ་ལས་འདས་པ་

ལགས་སོ། །ཞེས་གསུངས་པའི་ཕྱིར། ཡང་མདོན་པའི་སྡེ་སྣོད་འགའ་ཞིག་ལས། བདེ་གཤེགས་སྙིང་པོ་འགྲོ་ཀུན་ཡོངས་ལ་ཁྱབ། །དྲི་མ་མེད་པའི་ཡིད་ལ་རྣམ་པར་བརྟེན། །ཞེས་ཟག་མེད་ཀྱི་སེམས་རྒྱུད་ཅེས་གསུང་པ་མིན་ནམ་སྙམ་ན། དེ་ནི་ཀུན་གཞིའི་རྣམ་ཤེས་ཀྱི་གསལ་ཆ་དང་། རིག་ཆ་གཉིས་སུ་ཕྱེ་བའི་གསལ་ཆ་ཉིད་ལ་དགོངས་པ་ཡིན། ཀུན་གཞིའི་གསལ་ཆ་དེ་ནི་ཆོས་ཅན། ཁྱོད་ལ་དགེ་བའི་ཐ་སྙད་མེད་དེ། ཁྱོད་མ་སྒྲིབ་ལུང་མ་བསྟན་ཡིན་པའི་ཕྱིར། འོན་ཏེ་ཟག་མེད་སེམས་རྒྱུད་ཅེས་པའི་ཟག་མེད་ཀྱི་སེམས་རྣམ་ཤེས་ཚོགས་བརྒྱད་ལས་གཞན་དུ་ཡོད་ན་ནི། དེའི་ཚེ་རྣམ་ཤེས་ཚོགས་དགུར་འགྱུར་རོ། །འདོད་མི་ནུས་ཏེ། ལང་ཀར་གཤེགས་པ་ལས། ཆོས་ལྔ་དང་ནི་རང་བཞིན་གསུམ། །རྣམ་པར་ཤེས་པ་བརྒྱད་ཉིད་དང་། །བདག་མེད་གཉིས་ཀྱི་ནང་དུ་ནི༑ ༑ཐེག་ཆེན་མཐའ་དག་འདུས་པར་ཟད། །ཅེས་གསུང་པ་དང་འགལ་བའི་ཕྱིར་རོ། །རྒྱུ་མཚན་དེས་ན། ཚོགས་བརྒྱད་གང་རུང་ལས་གཞན་པའི་ཟག་མེད་སེམས་རྒྱུད་ཅེས་པའི་རྣམ་ཤེས་ཡོད་པ་མི་འཐད་དེ། རྣམ་ཤེས་ཡིན་ན། ཚོགས་བརྒྱད་གང་རུང་ཡིན་དགོས་པའི་ཕྱིར།

བཞི་པ་ནི་དངོས་མེད་ཡིན་ན། ཞེས་སོགས་རྐང་པ་གཉིས་ཏེ། སེམས་ཅན་གྱི་ཁམས་དངོས་མེད་ཡིན་ན། དེ་ཆོས་ཅན། ཁྱོད་ལ་དགེ་བ་དང་། སྡིག་པ་འཐད་པ་མིན་ཏེ། ཁྱོད་ལ་དགེ་སྡིག་གི་བྱ་བྱེད་མེད་པའི་ཕྱིར་རོ། །

ལྔ་པ་ནི། གལ་ཏེ་སེམས་ཅན་ཞེས་སོགས་རྐང་པ་དྲུག་སྟེ། གལ་ཏེ་སེམས་ཅན་གྱི་ཁམས་དེ་དངོས་པོར་ཡོད་པ་དང་། དངོས་པོར་མེད་པ་གཉིས་ཀའི་སྤྲོས་པའི་མཐའ་གང་དུའང་གྲུབ་པ་མིན་པའི་ཕྱིར། སྤྲོས་པ་དང་བྲལ་བ་ཡིན་ན། སྔར་ཀླུ་སྒྲུབ་ཀྱི་ལུང་དྲངས་ནས་བཤད་པའི་ཡོད་མེད་ཀྱི་མཐའ་ལས་འདས་པའི་ཆོས་ཀྱི་དབྱིངས་ལས་འདའ་བ་མེད་པ་དེ་ལྟ་ཡིན་ན། ཆོས་དབྱིངས་ལ་བསྔོ་བྱའི་དགེ་བ་དང་། བཤག་བྱའི་སྡིག་པ་མེད་པའི་ཕྱིར། འདོད་ཐོག་གྲུབ་པ་ཡིན་ཏེ། དེ་དགེ་སྡིག་དང་ཡོད་མེད་སོགས་ཀྱི་མཐའ་ལས་འདས་པར་བཤད་ཟིན་ཏོ་སྐེ་ཟིན་པའི་ཕྱིར་རོ། །

གསུམ་པ་ཆོས་དབྱིངས་ལ་བསྔོ་རྒྱུའི་སྙིང་པོ་ཡིན་མིན་གྱི་དབྱེ་བ་ཡོད་པར་འདོད་པ་དགག་པ་ནི། གལ་ཏེ་ཐེམ་པོའི་ཞེས་སོགས་རྐང་པ་བདུན་ཏེ། ཁ་ཅིག་ཐེམ་པོའི་ཆོས་དབྱིངས་བསྔོ་རྒྱུའི་དགེ་བར་གྱུར་པའི་བདེ་གཤེགས་སྙིང་པོ་མིན་ཀྱང་། སེམས་ཅན་རྣམས་ཀྱི་སེམས་ཀྱི་ཆོས་དབྱིངས་བསྔོ་རྒྱུའི་དགེ་བར་གྱུར་པའི་བདེ་གཤེགས་སྙིང་པོ་ཡིན་ནོ་སྙམ་ན། འཐད་པ་མིན་ཏེ། ཆོས་ཀྱི་དབྱིངས་ལ་ནི། བསྔོ་རྒྱུའི་སྙིང་པོ་ཡིན་མིན་གྱི་དབྱེ་བ་ཡོད་ན། ངོ་བོ་མི་འདྲ་བའི་དབྱེ་བ་ཡོད་དགོས་པ་ལས་དེ་མེད་པར་རྒྱལ་བས་གསུང་པའི་ཕྱིར་ཏེ། ཡུམ་གྱི་མདོ་ལས། རིགས་ཀྱི་བུ་ཆོས་འདི་དག་གི་དེ་བཞིན་ཉིད་གང་ཡིན་པ་དང་། དེ་བཞིན་གཤེགས་པའི་དེ་

བཞིན་ཉིད་གང་ཡིན་པ་དེ་ནི། དེ་བཞིན་ཉིད་གཅིག་སྟེ། རིགས་ཀྱི་བུ་དེ་བཞིན་ཉིད་ལ་གཉིས་སུ་བྱར་མེད་དོ། །ཞེས་དང་། ཡང་མདོ་ལས། འཇམ་དཔལ་ཆོས་ཀྱི་དབྱིངས་གཅིག་དང་། ཡང་དག་པའི་མཐའ་གཅིག་ཡིན་ན། ཞེས་དང་། འདི་ནི་གཟུགས་ཀྱི་ཆོས་ཉིད། འདི་ནི་ཚོར་བའི་ཆོས་ཉིད་དོ་ཞེས་ཆོས་ཉིད་འདི་རྣམ་པར་དགུག་པར་མི་བྱའོ། །ཞེས་དང་། དེ་བཞིན་དུ། ཨཱརྱ་དེ་ཝས་ཀྱང་། གཅིག་གི་སྟོང་ཉིད་གང་ཡིན་པ། །དེ་ནི་ཀུན་གྱི་སྟོང་ཉིད་ཡིན། །ཞེས་དང་། དངོས་གཅིག་དངོས་པོ་ཀུན་གྱི་ངོ་བོ་ཉིད། །གང་གི་དངོས་གཅིག་དེ་བཞིན་ཉིད་མཐོང་བ། །དེ་ཡི་དངོས་ཀུན་དེ་བཞིན་ཉིད་དུ་མཐོང་། །ཞེས་གསུངས་པའི་ཕྱིར། དེར་མ་ཟད། དངོས་པོ་སྟོབས་ཞུགས་ཀྱི་རིག་པས་ཀྱང་ནི། ཆོས་དབྱིངས་ལ་ངོ་བོའི་སྒོ་ནས་དབྱེ་བ་མེད་པ་འདི་འགྲུབ་སྟེ། དེ་དངོས་པོའི་སྟོབས་ལ་ཞུགས་པའི་ཕྱིར་རོ། །གཞུང་ཁ་ཅིག་ལ། རིག་པས་ཀྱང་ནི་མི་འགྲུབ་བོ། །ཟེར་བའང་སྣང་། དེ་ནི་ཀྱང་གི་སྒྲས་སྡུ་མ་བཞིན་དགག་སྟེ། ལུང་གི་འགྲུབ་པར་མ་ཟད་རིགས་པས་ཀྱང་འགྲུབ་ཞེས་པའི་དོན་ཡིན་ནོ། །

དེ་ཡང་། ཆོས་དབྱིངས་ལ་ངོ་བོའི་སྒོ་ནས་དབྱེ་བ་མེད་པ་ཡིན་ཀྱི། ཆོས་ཅན་གྱི་སྒོ་ནས་སྟོང་ཉིད་བཞི་དང་། བཅུ་དྲུག །ཉི་ཤུར་དབྱེ་བ་དང་། རྟེན་བསྒྲུབ་པའི་སྒོ་ནས་ཐེག་པ་གསུམ་གྱི་རིགས་གསུམ་དང་། ཐེག་ཆེན་གྱི་རིགས་བཅུ་གསུམ་དུ་དབྱེ་བ་ཡང་ཡོད་དོ། །

ཡང་གཞུང་འདིའི་སྐབས་སུ། པཎྜི་ཏ་ཆེན་པོ་ཤཱཀྱ་མཆོག་ལྡན་པས། སེམས་ཅན་མ་གཏོགས་བེམ་པོ་ཡི༑ །ཆོས་དབྱིངས་སྙིང་པོ་མ་ཡིན་ན། །རྒྱུད་དང་སེམས་འགྲེལ་བསྐོར་གསུམ་ལས། །བརྟན་གཡོ་ཀུན་ལ་སངས་རྒྱས་ཀྱི། །སྙིང་པོ་ཡོད་པར་གསུང་དེ་ཅི། །ཞེས་པའི་ལན། ཀུན་མཁྱེན་བསོད་ནམས་སེང་གེས། གཞུང་ལས། གལ་ཏེ་བེམ་པོའི་ཆོས་ཀྱི་དབྱིངས། །བདེ་གཤེགས་སྙིང་པོ་མ་ཡིན་ཀྱང་། །སེམས་ཅན་རྣམས་ཀྱི་ཆོས་ཀྱི་དབྱིངས། །བདེ་གཤེགས་སྙིང་པོ་ཡིན་སྙམ་ན། །མ་ཡིན་ཆོས་ཀྱི་དབྱིངས་ལ་ནི། །དབྱེ་བ་མེད་པར་རྒྱལ་བས་གསུངས། །ཞེས་གསུངས་བཞིན་དུ། ཁྱེད་ཀྱི་དྲི་བ་འདི། གཞུང་གང་ལ་ཡིན་ཞེས་དྲི་གཞི་གཞུང་ལ་མེད་པའི་སྒོ་ནས་ལན་མཛད་པ་དང་། ཡང་ཁྱེད་ཉིད་བདེ་གཤེགས་སྙིང་པོ་སངས་རྒྱས་ཁོ་ན་ལ་ཡོད་ཀྱི། སེམས་ཅན་ལ་མེད་པར་ཁས་བླངས་ཞེས་གྲགས་པ་དེ་ལ། སངས་རྒྱས་མ་གཏོགས་སེམས་ཅན་གྱི། །ཆོས་དབྱིངས་སྙིང་པོ་མ་ཡིན་ན། །རྒྱུད་དང་སེམས་འགྲེལ་བསྐོར་གསུམ་ལས། །ཞེས་སོགས་དྲིས་ན་ཅི་སྨྲ། ཞེས་དྲི་བ་པོ་ལ་ཁས་བླངས་འགལ་བ་སྟོན་པའི་སྒོ་ནས་ལན་མཛད་པ་རྣམས་ཀྱི་ངེས་སོ། །

བཞི་པ་དེས་ན་སྤྲོས་བྲལ་ལ་སྙིང་པོར་འདོག་པའི་འཐད་པ་ལ་གཉིས་ཏེ། འཐད་པ་དངོས་དང་། ཤེས་བྱེད་ཀྱི་ལུང་ངོ་། །དང་པོ་ནི། དེས་ན། ཞེས་སོགས་ཚིགས་བཅད་གཅིག་སྟེ། སེམས་ཀྱི་རང་བཞིན་སྤྲོས་བྲལ་

ཟུང་འཇུག་ལ་སྙིང་པོར་འཛོག་པ་དེས་ན། སེམས་ཅན་རྣམས་ལ་སངས་རྒྱས་དང་། འཁོར་བ་གཉིས་ཀ་འབྱུང་བ་མེད། སེམས་ཅན་གྱི་སེམས་ཀྱི་ཆོས་དབྱིངས་ཐབས་ཀྱིས་མ་ཟིན་ན་འཁོར་བ་དང་། ཐབས་ཀྱིས་ཟིན་ན་སངས་རྒྱས་འབྱུང་བའི་ཕྱིར་ཏེ། སེམས་ཅན་གྱི་རྒྱུ་ཉིད་དེ་བཞིན་གཤེགས་པ་ཡི་སྙིང་པོ་རང་བཞིན་གྱི་སྦྲིས་བྲལ་ཡིན་པའི་ཕྱིར་རོ། །

གཉིས་པ་ལ་གསུམ་སྟེ། ཐྭུ་སྒྲུབ་ཀྱི་ལུང་། བྱམས་པའི་ལུང་། བརྒྱད་སྟོང་པའི་ལུང་ཁུངས་འགོད་པའོ། །དང་པོ་ནི། འཕགས་པ་ཐྭུ་སྒྲུབ། ཞེས་སོགས་རྐང་པ་དྲུག་གསུངས་པའི་དོན་ནི། སེམས་བདེན་པར་གྲུབ་ན། འཆིང་གྲོལ་མི་རུང་ཞིང་། བདེན་པས་སྟོང་པའི་ཕྱིར་ན། འཆིང་གྲོལ་རུང་བ་ཉིད་ཡིན་ཏེ། འཕགས་པ་ཐྭུ་སྒྲུབ་གཞན་སྡུག་བསྔལ་ལས་སྐྱོབ་པ་ཉིད་ཀྱི། གང་ཞེས་པ་སྤྱི་སྒྲ་ཡིན་ཡང་། སེམས་ཅན་གྱི་སེམས་གང་ལ་བདེན་པས་སྟོང་པ་ཉིད་རུང་བ་དེ་ལ་ཐབས་ཀྱིས་མ་ཟིན་པ་དང་། ཟིན་པའི་བྱེ་བྲག་གི་འཁོར་འདས་ཐམས་ཅད་ཀྱི་ཆོས་རུང་བ་ཉིད་དང་། སེམས་གང་ལ་བདེན་པས་སྟོང་པ་ཉིད་མི་རུང་བ་དེ་ལ། འཁོར་འདས་ཐམས་ཀྱི་གཞིར་རུང་བ་མ་ཡིན། ཞེས་ཀྱང་གསུང་པའི་ཕྱིར་རོ། །གཉིས་པ་ནི། ཐེག་པ་ཆེན་པོ་རྒྱུད་བླ་མར། ཞེས་སོགས་རྐང་པ་བཅུ་གསུམ་སྟེ། ཐེག་པ་ཆེན་པོ་རྒྱུད་བླ་མར་སེམས་ཅན་གྱི་རྒྱུད་ལ་བདེ་བར་གཤེགས་པའི་ཁམས་ཀྱི་སྒྲུབ་བྱེད་ནི། འདི་ལྟར། སེམས་ཅན་ལ་བདེ་བར་གཤེགས་པའི་ཁམས་སེམས་ཀྱི་རང་བཞིན་སྦྲིས་བྲལ་ཡོད་དེ། གལ་ཏེ་སེམས་ཅན་ལ་བདེ་བར་གཤེགས་པའི་ཁམས་མེད་ན། འཁོར་བའི་སྡུག་བསྔལ་ལས་སྐྱོབ་པར་མི་འགྱུར་ཞིང་། མྱ་ངན་ལས་འདས་པའི་བདེ་བ་ལ་འགོད་པ་དང་། དོན་དུ་གཉེར་བ་དང་། སྨོན་པའང་མེད་པར་འགྱུར་བའི་ཕྱིར། ཞེས་གསུངས་པའང་། དོན་འདི་ཉིད་ཡིན་ཏེ། སེམས་ཅན་ལ་སེམས་ཀྱི་རང་བཞིན་སྦྲིས་བྲལ་ཡོད་དེ། རིགས་བསད་པའི་ཚེ་ཉེ་བར་ལེན་པའི་རྣམ་སྨིན་གྱི་ཕུང་པོ་ལྔ་སྡུག་བསྔལ་ཡིན་པས་ཡིད་སྐྱོ་ཞིང་མྱ་ངན་ལས་འདས་པའི་བདེ་བ་ཡིན་པས་ན། དོན་དུ་གཉེར་བ་འབྱུང་བའི་ཕྱིར། ཞེས་པའི་གཏན་ཚིགས་འདི་ནི་མཐར་རིགས་གནས་མྱ་ངན་ལས་འདས་པར་གསུངས་པའི་ཕྱིར། བྱ་ཚང་དང་། ཆུ་མཐུར་དུ་འབབ་པ་དང་། མེ་ཡི་སྒྲུབ་བྱེད་དུ་ཚ་བ་བཀོད་པ་ལྟར། སེམས་ཅན་གྱི་རྒྱུད་ལ་བདེ་བར་གཤེགས་པའི་ཁམས་ཡོད་པའི་སྒྲུབ་བྱེད་དུ་འཐད་པ་ཡིན་ནོ། །

གསུམ་པ་ནི། འདི་དོན། ཞེས་སོགས་རྐང་པ་གཉིས་ཏེ། འདིའི་དོན་རྒྱས་པར། འཕགས་པ་བརྒྱད་སྟོང་པའི་ཆོས་འཕགས་ཀྱི་ནི་ལེའུར་འབྱུང་བས་ལྟོས་ཏེ། དེ་ཉིད་ལས། རིགས་ཀྱི་བུ། སྟོང་པ་ཉིད་ལ་འོང་བའམ་འགྲོ་བ་མེད་དེ། སྟོང་པ་ཉིད་གང་ཡིན་པ་དེ་ནི། དེ་བཞིན་གཤེགས་པའོ། །རིགས་ཀྱི་བུ་ཇི་ལྟ་བ་བཞིན་ལ་འགྲོ

བའམ་འོང་བ་མེད་དེ། ཇི་ལྟ་བ་བཞིན་གང་ཡིན་པ་དེ་ནི། དེ་བཞིན་གཤེགས་པའོ། །རིགས་ཀྱི་བུ། འདོད་ཆགས་དང་བྲལ་བ་ལ་ནི། འོང་བའམ། འགྲོ་བ་མེད་དེ། འདོད་ཆགས་དང་བྲལ་བ་གང་ཡིན་པ་དེ་ནི། དེ་བཞིན་གཤེགས་པའོ། །ཞེས་པ་དང་། འཕགས་པ་ཆོས་འཕགས་ལ་བྱང་ཆུབ་སེམས་དཔའ་རྟག་ཏུ་ངུས་དེ་བཞིན་གཤེགས་པ་དེ་དག་གང་ནས་བྱོན། གང་དུ་བཞུད། ཅེས་དྲིས་པས་ལན་དུ། དེ་བཞིན་གཤེགས་པ་དེ་དག་གང་ནས་ཀྱང་མ་བྱོན། གང་དུ་ཡང་མ་བཞུད། དེ་བཞིན་ཉིད་ལས་མ་གཡོས། དེ་བཞིན་ཉིད་གང་ཡིན་པ་དེ་ནི། དེ་བཞིན་གཤེགས་པའོ། །ཞེས་དང་། སྨིག་རྒྱུ་གཡོ་བ་མཐོང་ན། སྨིག་རྒྱུའི་ཆུ་དེ་གང་ནས་འོང་། གང་དུ་སོང་། ཆུ་མེད་པ་ལ་ཆུར་འདུ་ཤེས་པ་དེ་བཞིན་དུ། དེ་བཞིན་གཤེགས་པ་ལ། གཟུགས་དང་སྒྲར་མངོན་པར་ཞེན་ནས བྱོན་པ་དང་། བཞུད་པར་རྟོག་པ་དེ་ནི་བྱིས་པ་ཤེས་རབ་འཆལ་པའོ། །ཞེས་གསུངས་སོ། །

ལྔ་པ་སྙིང་པོ་བསྒྲུབ་པའི་ཚུལ་གྱི་ཡོད་པ་དྲང་དོན་དུ་བསྟན་པ་ལ་གཉིས་ཏེ། ཆོས་གསུམ་གྱི་སྒོ་ནས་དྲང་དོན་དུ་གཏན་ལ་དབབ་པ་དང་། ཤེས་བྱེད་ཀྱི་ལུང་ཁུངས་འགོད་པའོ། །དང་པོ་ནི། འོན་ཀྱང་མདོ་སྡེ། ཞེས་སོགས་རྐང་པ་བཅུ་བཞི་སྟེ། སེམས་ཀྱི་རང་བཞིན་སྤྲོས་བྲལ་ལས་གཞན་པའི་བདེ་བར་གཤེགས་པའི་སྙིང་པོ་མེད་པ་འོན་ཀྱང་། དེ་བཞིན་གཤེགས་པའི་སྙིང་པོའི་མདོ་དང་། དཔལ་ཕྲེང་གི་མདོ་དང་། སོར་མོའི་ཕྲེང་བ་ལ་ཕན་པའི་མདོ། མྱང་འདས་ཆེན་མོ་ལ་སོགས་པའི་མདོ་སྡེ་འགའ་ཞིག་ལས། སྟོབས་དང་། མི་འཇིགས་པ་དང་། མཚན་དཔེ་སོགས་ཀྱིས་བརྒྱན་པའི་བདེར་གཤེགས་སྙིང་པོ་སེམས་ཅན་གྱི་རྒྱུད་ལ་ཡོད་པ་དང་། ཐེག་པ་ཆེན་པོ་རྒྱུད་བླ་མར། གོས་ངན་གྱི་ནང་ན་རིན་པོ་ཆེ་གསེར་གྱི་སངས་རྒྱས་ཀྱི་སྐུ་གཟུགས་ཡོད་པ་ལྟར། སེམས་ཅན་རྣམས་ཀྱི་རྒྱུད་ལ་ཉོན་མོངས་པའི་གོས་ཀྱི་དཀྲིས་པའི་ནང་ན། སངས་རྒྱས་ཀྱི་སྙིང་པོ་ཡོད་པར་གསུངས་པ་ནི། དྲང་དོན་དགོངས་པ་ཅན་ཡིན་པར་ཤེས་པར་བྱ་སྟེ། དེ་ལ་དགོངས་གཞི། དགོས་པ། དངོས་ལ་གནོད་བྱེད་གསུམ་གསུངས་པའི་ཕྱིར། ཇི་ལྟར་གསུངས་ན། མདོ་དང་པོ་ལས། རིགས་ཀྱི་བུ་དག་དེ་བཞིན་དུ་སེམས་ཅན་ཐམས་ཅད་ཀྱིས་མངོན་པར་ཞེན་པའི་ཡིད་ལ་བྱེད་པའི་ཁྲིམ་ལྟ་བུར་གྱུར་པའི་འོག་ན། དེ་བཞིན་གཤེགས་པའི་སྙིང་པོ་སྟོབས་དང་། མི་འཇིགས་པ་དང་། མ་འདྲེས་པ་དང་། སངས་རྒྱས་ཀྱི་ཆོས་ཐམས་ཅད་ཀྱི་མཛོད་དང་། གཏེར་ཆེན་པོ་ཡོད་ཀྱང་། སེམས་ཅན་དེ་དག་གཟུགས་དང་། སྒྲ་དང་། དྲི་དང་། རོ་དང་། རེག་པ་ལ་ཆགས་པས་སྡུག་བསྔལ་ཞིང་། འཁོར་བ་ན་འཁོར་ཏེ། ཆོས་ཀྱི་གཏེར་ཆེན་པོ་དེ་མ་ཐོབ་པས་ཐོབ་པར་མ་གྱུར་ཅིང་། ཡོངས་སུ་སྦྱང་བའི་ཕྱིར་བརྩོན་པར་ཡང་མི་བྱེད་དོ། །རིགས་ཀྱི་བུ་དག དེ་ནས་དེ་བཞིན་གཤེགས་པ་འཇིག་རྟེན་དུ་བྱུང་སྟེ་བྱང་ཆུབ་སེམས་དཔའི་ནང་དུ་འདི་ལྟ་བུའི་ཆོས་ཀྱི་གཏེར་ཆེན་པོ་ཡང་དག་པར་རབ་ཏུ་བསྟན་ཏོ་

ཞེས་གསུངས་སོ། །

མདོ་གཉིས་པ་ལས། རྣམ་པར་དབྱེར་མེད་པ་བསམ་གྱིས་མི་ཁྱབ་པའི་སངས་རྒྱས་ཀྱི་ཆོས་གདུང་འི་གླུང་གི་ཁྱེ་མ་ལས་འདས་པ་དང་ལྡན་པ་དེ་བཞིན་གཤེགས་པ་ཆོས་ཀྱི་སྐུར་བསྟན་པ་སྟེ། བཅོམ་ལྡན་འདས་དེ་བཞིན་གཤེགས་པའི་ཆོས་ཀྱི་སྐུ་འདི་ཉིད་ཉོན་མོངས་པའི་སྦུབ་ལས་མ་གྲོལ་བ་ནི། དེ་བཞིན་གཤེགས་པའི་སྙིང་པོ་ཞེས་བགྱིའོ། །ཞེས་གསུངས་སོ། །མདོ་གསུམ་པ་ལས། སངས་རྒྱས་ཐམས་ཅད་ཀྱི་ཤིན་ཏུ་ནན་ཏན་དུ་སྨྲུལ་ཡང་དེ་བཞིན་གཤེགས་པའི་སྙིང་པོ་འཇིག་པ་མ་སྐྱེད། མི་འཇིག་པའི་དབྱིངས་སངས་རྒྱས་ཀྱི་དབྱིངས་སེམས་ཅན་ཐམས་ཅད་ལ་མཚན་དང་དཔེ་བྱད་བཟང་པོ་མཐའ་ཡས་པས་བརྒྱན་པའི་དབྱིངས་ཡོད་དོ། །ཞེས་གསུངས་སོ། །མདོ་བཞི་པ་ལས། རིགས་ཀྱི་བུ་སངས་རྒྱས་ཀྱི་རང་བཞིན་ནི། འདི་ལྟ་སྟེ། སྟོབས་བཅུ་དང་། མི་འཇིགས་པ་བཞི་དང་། སྙིང་རྗེ་ཆེན་པོ་དང་། དྲན་པ་ཉེ་བར་བཞག་པ་གསུམ་སྟེ། སེམས་ཅན་ཐམས་ཅད་ལ་རྣམ་པ་གསུམ་ཡོད་པ་ཡང་། ཉོན་མོངས་པ་ཡོངས་སུ་བཅོམ་ན་སྟོད་མཐོང་བར་འགྱུར་རོ། །ལོག་སྲེད་ཅན་དག་ནི། ལོག་སྲེད་ཡོངས་སུ་བཅོམ་ནས། སྟོབས་བཅུ་དང་། མི་འཇིགས་པ་བཞི་དང་། སྙིང་རྗེ་ཆེན་པོ་དང་། དྲན་པ་ཉེ་བར་བཞག་པ་གསུམ་ཐོབ་པར་འགྱུར་རོ། །དོན་དེ་ལྟ་བུས་ན། ངས་རྟག་ཏུ་སེམས་ཅན་ཐམས་ཅད་ལ་སངས་རྒྱས་ཀྱི་རང་བཞིན་ཡོད་དོ། །ཞེས་གསུངས་སོ། །རྒྱུད་བླར། དེ་བཞིན་རྒྱལ་བས་ཉོན་མོངས་མི་གཙང་ཆེན་པོར་ལྷུང་གྱུར་རྫོགས་སངས་རིན་པོ་ཆེ། །སེམས་ཅན་རྣམས་ལ་གཟིགས་ནས་དེ་དག་བྱ་ཕྱིར་ལུས་ཅན་རྣམས་ལ་ཆོས་བསྟན་ཏོ། །ཞེས་དང་། ཉོན་མོངས་ཀྱིས་བཏུམ་བདེ་གཤེགས་དངོས་པོ་ཉིད། །དུད་འགྲོ་ལ་ཡང་གཟིགས་ནས་དེ་བཞིན་ཏེ། །ཞེས་གསུངས་པའི་ཕྱིར། སེམས་ཅན་གྱི་རྒྱུད་ལ་དེ་ལྟ་བུའི་སྙིང་པོ་ཡོད་པ་མི་དགོངས། སེམས་ཀྱི་སྟོང་ཉིད་སོགས་ཡོད་པ་ལ་དགོངས་པ་ཡིན་ཏེ། ལང་ཀར་གཤེགས་པ་ལས། བློ་གྲོས་ཆེན་པོ་དེ་བཞིན་གཤེགས་པ་དགྲ་བཅོམ་པ་ཡང་དག་པར་རྫོགས་པའི་སངས་རྒྱས་རྣམས་ནི། སྟོང་པ་ཉིད་དང་། ཡང་དག་པའི་མཐའ་དང་། མྱ་ངན་ལས་འདས་པ་དང་། མ་སྐྱེས་པ་དང་། མཚན་མ་མེད་པ་དང་། སྨོན་པ་མེད་པ་ལ་སོགས་པའི་ཚིག་གི་དོན་རྣམས་ལ་དེ་བཞིན་གཤེགས་པའི་སྙིང་པོར་བསྟན་པར་བྱས་ནས། བྱིས་པ་རྣམས་བདག་མེད་པས་འཇིགས་པར་གྱུར་པའི་གནས་རྣམ་པར་སྤང་བའི་དོན་དུ། དེ་བཞིན་གཤེགས་པའི་སྙིང་པོའི་སྒོ་བསྟན་པས་རྣམ་པར་མི་རྟོག་པའི་གནས་སྣང་བ་མེད་པའི་སྤྱོད་ཡུལ་སྟོན་ཏེ། འདི་ལ་བློ་གྲོས་ཆེན་པོ་མ་འོངས་པ་དང་། ད་ལྟར་བྱུང་བའི་བྱང་ཆུབ་སེམས་དཔའ་ཆེན་པོ་རྣམས་ཀྱིས་བདག་ཏུ་མངོན་པར་ཞེན་པར་མི་བྱའོ། །ཞེས་གསུངས་པའི་ཕྱིར། དགོས་པ་ནི་རང་རྒྱུད་ལ་སེམས་བསྐྱེད་སྐྱེ་བའི་གེགས། སེམས་ཞུམ་

པ་དང་རྒྱལ་བའི་སྲས་ཀྱི་སྤྱོད་པ་བསྒྲུབ་པའི་གེགས། སེམས་ཅན་དམན་པ་ལ་བརྙེས་པ་དང་གནས་ལུགས་ཟབ་མོ་རྟོགས་པའི་ཤེས་རབ་ཀྱི་གེགས། ཡང་དག་པར་ཡོད་པ་མ་ཡིན་པའི་སྐྱོན་ལ་ཡང་དག་ཏུ་འཛིན་པ་དང་། ཡང་དག་པའི་ཡོན་ཏན་གྱི་ཆོས་རང་བཞིན་གྱིས་གནས་པ་ལ་སྐུར་པ་འདེབས་པ་དང་། བདག་གཞན་མཉམ་ཉིད་དུ་རྟོགས་པའི་ལྷག་བསམ་རྣམ་དག་གི་གེགས། བདག་ལ་ང་རྒྱལ་གྱིས་ལྷག་པར་ཆགས་པ་སྟེ་སྐྱོན་ལྔ་པོ་དེ་གང་ལ་ཡོད་པ་དེ་དག་སྤང་བའི་ཕྱིར་དུ་གསུང་པ་ཡིན་ཏེ། རྒྱུད་བླར། ཤེས་བྱ་ཐམས་ཅད་རྣམ་ཀུན་སྟོང་པ་ཞེས། །གསུང་ནས་རྒྱལ་རྣམས་ཡང་འདིར་སེམས་ཅན་ལ། །སངས་རྒྱས་སྙིང་པོ་ཡོད་ཅེས་ཅིས་ཏེ་གསུང་། །ཞེས་དྲིས་པའི་ལན་དུ། སེམས་ཞུམ་སེམས་ཅན་དམན་ལ་བརྙས་པ་དང་། །ཡང་དག་མིན་འཛིན་ཡང་དག་ཆོས་ལ་བསྐུར། །བདག་ཆགས་ལྷག་པའི་སྐྱོན་ལྔ་གང་དག་ལ། །ཡོད་པ་དེ་དག་དེ་སྤང་དོན་དུ་གསུངས། །ཞེས་གསུངས་པའི་ཕྱིར། དངོས་ལ་གནོད་བྱེད་ཀྱི་ཚུལ་ལ་ནི། གོང་དུ་གསུངས་པའི་སེམས་ཅན་གྱི་རྒྱུད་ལ། མཚན་དཔེ་སོགས་ཀྱིས་བརྒྱན་པ་དང་། གོས་ངན་ནང་ན་སངས་རྒྱས་ཀྱི་སྐུ་ཡོད་པ་དེ་འདྲ་བའི་བསྒྲུབ་པའི་ཚུལ་གྱིས་སམ། རྟེན་དང་བརྟེན་པའི་ཚུལ་གྱིས་སངས་རྒྱས་ཀྱི་ཁམས་ཏེ་སྙིང་པོ་ངེས་དོན་དུ་ཡོད་པ་མིན་ཏེ། དེ་ལྟར་ཡིན་ན། མུ་སྟེགས་བྱེད་ཀྱིས་བདག་འདོད་པ་དང་མཚུངས་པ་དང་། བདེན་པའི་དངོས་པོར་འགྱུར་བའི་ཕྱིར་དང་། ངེས་པའི་དོན་གྱི་མདོ་སྡེ་དང་རྣམ་པ་ཀུན་ཏུ་འགལ་བའི་ཕྱིར་རོ། །

དེ་ཡང་མུ་སྟེགས་བྱེད་བདག་འདོད་ཚུལ་ནི། གྲངས་ཅན་པ་བདག་ཤེས་རིག་ཀུན་ལ་ཁྱབ་པའི་རྟག་པ་གཅིག་པུ་དང་། དབང་ཕྱུག་པ་གསལ་ལ་དང་བའི་རྟག་པ་གཅིག་པུ་དང་། ཁྱབ་འཇུག་པ་ཀུན་ཁྱབ་ཀྱི་བློ་གཅིག་པུ་དང་། གཅེར་བུ་པ་རང་བཞིན་རྟག་ལ་གནས་སྐབས་མི་རྟག་པ། རང་ལུས་ཀྱི་ཚད་ཙམ་དང་། རིག་པ་ཅན་པ་དཀར་ལ་འཚེར་བ་སྣུམ་ལ་འཁྱིལ་བ། རྒྱུ་མཐུན་ཙམ་ཞིག་རང་རང་གི་སྙིང་ལ་གནས་པར་འདོད་པའོ། །ངེས་དོན་གྱི་མདོ་སྡེ་དང་འགལ་བའི་དོན་ནི། ཤེར་ཕྱིན་གྱི་མདོ་སྡེ་སོགས་ལས། ཆོས་གང་ཡང་ངེས་དོན་དུ་ཡོད་པ་མིན་པར་གསུང་བས་སོ། །

གཉིས་པ་ཤེས་བྱེད་ཀྱི་ལུང་ཁུངས་འགོད་པ་ནི། འདི་དོན་དེ་བཞིན་གཤེགས་པ་ཞེས་སོགས་རྐང་པ་དྲུག་སྟེ། སེམས་ཅན་གྱི་རྒྱུད་ལ། སྙིང་པོ་བསྒྲུབ་པའི་ཚུལ་གྱི་ཡོད་པ་དྲང་དོན་ཡིན་པ་འདིའི་དོན་དེ་བཞིན་གཤེགས་པ་ཡི་སྙིང་པོའི་ལེའུའི་མདོ་སྡེ་ལྟོས་ཏེ། དེ་ཉིད་ལས། འདི་ལྟ་སྟེ། གཏེར་ཆེན་པོ་ནི། སེམས་ཀྱི་ངོ་བོ་ཉིད་ཀྱིས་སེམས་ཅན་མིན་པའོ། །ཞེས་དང་། རྒྱུད་བླའི་འགྲེལ་པར། དོན་གྱི་གནས་གསུམ་པོ་འདི་དག་ཀྱང་། དེ་བཞིན་གཤེགས་པའི་སྙིང་པོའི་མདོའི་རྗེས་སུ་འབྲངས་ཏེ། འོག་ནས་སྟོན་པར་འགྱུར་རོ་ཞེས་གསུང་ཞིང་།

འོག་ནས་ཇི་ལྟར་སྟོན་ཅེ་ན། འདི་ཡི་རང་བཞིན་ཆོས་སྐུ་དང་། །ཞེས་སོགས་ཀྱི་འགྲེལ་པར་དཔེ་དགུ་དོན་དགུ་སྦྱར་ནས་སེམས་ཀྱི་ཆོས་དབྱིངས་ཟུང་འཇུག་ལ། སངས་རྒྱས་ཀྱི་སྐུ་གསུམ་བསྐྱེད་པའི་རིགས་ཡོད་པ་ལ་དགོངས་ནས་བདེ་གཤེགས་སྙིང་པོར་གསུངས་སོ། །དེ་ར་མ་ཟད་སློབ་དཔོན་ཟླ་བ་གྲགས་པས་ཀྱང་དབུ་མ་ལ་ནི་འཇུག་པ་ལས། སེམས་ཅན་གྱི་རྒྱུད་ལ་སྟོབས་སོགས་ཀྱིས་བརྒྱན་པའི་བདེ་གཤེགས་སྙིང་པོ་ཡོད་པ་དྲང་དོན་དུ་གསུངས་པ་དེ་ཡང་ཤེས་པར་གྱིས། ཇི་ལྟར་གསུངས་ན། ཟླ་བའི་འཇུག་འགྲེལ་ལས། མདོ་སྡེ་གང་ལས་ཕྱི་རོལ་སྣང་ཡོད་མིན། །ཞེས་སོགས་ཀྱི་ཐད་དུ། དེ་བཞིན་དུ། བཅོམ་ལྡན་འདས་ཀྱིས་མདོ་བརྗོད་པ་ལས། དེ་བཞིན་གཤེགས་པའི་སྙིང་པོ་གསུང་པ་དེ་བཅོམ་ལྡན་འདས་ཀྱིས་རང་བཞིན་འོད་གསལ་བ་རྣམ་པར་དག་པ་ཐོག་མ་ནས་རྣམ་པར་དག་པ་ཉིད་མཚན་སུམ་ཅུ་རྩ་གཉིས་དང་ལྡན་པ་སེམས་ཅན་ཐམས་ཅད་ཀྱི་ལུས་ཀྱི་ནང་ན་མཆིས་པར་བརྗོད་དེ། བཅོམ་ལྡན་འདས་ཀྱིས་རིན་པོ་ཆེ་རིན་ཐང་ཆེན་པོ་གོས་དྲི་མ་ཅན་གྱིས་ཡོངས་སུ་དགྲིས་པ་ལྟར། ཕུང་པོ་དང་། ཁམས་དང་། སྐྱེ་མཆེད་ཀྱི་གོས་ཀྱིས་ཡོངས་སུ་དགྲིས་པ་འདོད་ཆགས་དང་། ཞེ་སྡང་དང་། གཏི་མུག་གིས་ཟིལ་གྱིས་གནོན་པ་ཡོངས་སུ་རྟོག་པའི་རྟོག་པས་དྲི་མ་ཅན་དུ་གྱུར་པ་རྟག་པ་བརྟན་པ་ཐེར་ཟུག་པར་ནི་བརྗོད་ན། བཅོམ་ལྡན་འདས་དེ་བཞིན་གཤེགས་པའི་སྙིང་པོར་སྨྲ་བ་འདི་ནི་མུ་སྟེགས་བྱེད་ཀྱི་བདག་ཏུ་སྨྲ་བ་དང་ཇི་ལྟར་འདྲ་བ་ལགས། བཅོམ་ལྡན་འདས་མུ་སྟེགས་བྱེད་རྣམས་ཀྱང་རྟག་པ། བྱེད་པ་པོ། ཡོན་ཏན་མེད་པ། ཁྱབ་པ། མི་འཇིག་པའོ། །ཞེས་བདག་ཏུ་སྨྲ་བ་སྟོན་པར་བྱེད་དོ། །བཅོམ་ལྡན་འདས་ཀྱིས་བཀའ་སྩལ་པ། བློ་གྲོས་ཆེན་པོ་ང་ཡི་དེ་བཞིན་གཤེགས་པའི་སྙིང་པོ་བསྟན་པ་ནི། མུ་སྟེགས་བྱེད་ཀྱིས་བདག་ཏུ་སྨྲ་བ་དང་མཚུངས་པ་མིན་ཏེ། བློ་གྲོས་ཆེན་པོ་དེ་བཞིན་གཤེགས་པ་དགྲ་བཅོམ་པ་ཡང་དག་པར་རྫོགས་པའི་སངས་རྒྱས་རྣམས་ནི་སྟོང་པ་ཉིད་དང་། ཡང་དག་པའི་མཐའ་དང་། མྱ་ངན་ལས་འདས་པ་དང་། མ་སྐྱེས་པ་དང་། མཚན་མ་མེད་པ་དང་། སྨོན་པ་མེད་པ་ལ་སོགས་པའི་ཚིག་གི་དོན་རྣམས་ལ་དེ་བཞིན་གཤེགས་པའི་སྙིང་པོར་བསྟན་པར་བྱས་ནས། བྱིས་པ་རྣམས་བདག་མེད་པས་འཇིགས་པར་འགྱུར་བའི་གནས་རྣམ་པར་སྤང་བའི་དོན་དུ། དེ་བཞིན་གཤེགས་པའི་སྙིང་པོ་བསྟན་པས་རྣམ་པར་མི་རྟོག་པའི་གནས་སྣང་བ་མེད་པའི་སྤྱོད་ཡུལ་སྟོན་ཏེ། བློ་གྲོས་ཆེན་པོ། མ་འོངས་པ་དང་། ད་ལྟར་བྱུང་བའི་བྱང་ཆུབ་སེམས་དཔའ་སེམས་དཔའ་ཆེན་པོ་རྣམས་ཀྱིས་བདག་ལ་མངོན་པར་ཞེན་པར་མི་བྱ། བློ་གྲོས་ཆེན་པོ་དཔེར་ན་རྫ་མཁན་ནི། འཇིམ་པའི་རྡུལ་གྱི་ཕུང་པོ་གཅིག་ལ་ལག་པ་དང་། གཟོ་དང་། ལག་བཟུང་དང་། ཆུ་དང་། སྲད་བུ་དང་། ནན་ཏན་དང་ལྡན་པ་ལས། སྣོད་རྣམ་པ་སྣ་ཚོགས་བྱེད་དོ། །བློ་གྲོས་ཆེན་པོ་དེ་བཞིན་དུ། དེ་བཞིན་གཤེགས་པ་རྣམས་ཀྱང་ཆོས་ལ་

བདག་མེད་པའི་རྣམ་པར་རྟོག་པའི་བདག་ཉིད་རྣམ་པར་རྟོག་པ་དེ་ཉིད་ཤེས་རབ་དང་། ཐབས་ལ་མཁས་པ་དང་ལྡན་པ་རྣམ་པ་སྣ་ཚོགས་ཀྱིས་དེ་བཞིན་གཤེགས་པའི་སྙིང་པོ་བསྟན་པའམ། བདག་མེད་པ་བསྟན་པས་ཀྱང་རུང་སྟེ། རྫ་མཁན་བཞིན་དུ། ཚིག་དང་། ཡི་གེའི་རྣམ་གྲངས་རྣམ་པ་སྣ་ཚོགས་ཀྱིས་སྟོན་ཏེ། དེ་ལྟར་དེའི་ཕྱིར། བློ་གྲོས་ཆེན་པོ་དེ་བཞིན་གཤེགས་པའི་སྙིང་པོ་བསྟན་པས་མུ་སྟེགས་བྱེད་ཀྱིས་བདག་ཏུ་ལྟ་བ་དང་མི་འདྲའོ། །བློ་གྲོས་ཆེན་པོ་དེ་ལྟར། དེ་བཞིན་གཤེགས་པ་རྣམས་ཀྱི་མུ་སྟེགས་བྱེད་བདག་ཏུ་སྨྲ་བ་ལ་མངོན་པར་ཞེན་པ་རྣམས་དྲང་བའི་ཕྱིར། དེ་བཞིན་གཤེགས་པའི་སྙིང་པོ་བསྟན་པས། དེ་བཞིན་གཤེགས་པའི་སྙིང་པོ་སྟོན་ཏེ། ཡང་དག་པའི་བདག་ཏུ་རྣམ་པར་རྟོག་པའི་བལྟ་བར་ལྟུང་བའི་བསམ་པ་ཅན་དག་རྣམ་པར་ཐར་པ་གསུམ་གྱི་སྤྱོད་ཡུལ་གནས་པའི་བསམ་པ་དང་ལྡན་ཞིང་། མྱུར་དུ་བླ་ན་མེད་པ་ཡང་དག་པར་རྫོགས་པའི་བྱང་ཆུབ་ཏུ་མངོན་པར་རྫོགས་པར་འཚང་རྒྱ་བར་ཇི་ལྟར་འགྱུར། ཞེས་གསུངས་པའི་ཕྱིར་རོ། །

ཡང་འོན་ཀྱང་མདོ་སྡེ་འགའ་ཞིག་དང་། །ཞེས་སོགས་ཀྱི་དགོངས་པ་དང་། མཁས་པ་ཆེན་པོ་ཁ་ཅིག་གིས། སེམས་ཅན་གྱི་རྒྱུད་ལ་འབྲས་བུ་བདེ་གཤེགས་སྙིང་པོ་ཡོད་པར་གསུང་པ་དྲང་དོན་དུ་བཤད་པ་དང་། ཡང་མཁས་པ་ཁ་ཅིག །ཆོས་གསུམ་གྱི་སྒོ་ནས་སེམས་ཅན་གྱི་རྒྱུད་ལ་བདེ་གཤེགས་སྙིང་པོ་ཡོད་པ་དྲང་དོན་དུ་གཏན་ལ་ཕབ་ནས། སེམས་ཅན་གྱི་རྒྱུད་ལ་བདེ་གཤེགས་སྙིང་པོ་མེད་པར་བཞེད་པ་ལ་སོགས་དུ་མ་ཡོད་ཀྱང་། རང་ལུགས་ཀྱི་དམ་བཅའ་ངེས་པའི་ཆེད་དུ། ལེགས་བཤད་འདི་དག་ཀྱང་བྲི་བར་བྱ་སྟེ། ཀུན་མཁྱེན་བསོད་ནམས་སེང་གེའི་སྡོམ་གསུམ་ཁ་སྐོང་ལས། དེས་ན་གཞུང་ལུགས་ཆེན་པོ་ཡིས། །དགོངས་པ་ཚུལ་བཞིན་ཁོ་བོས་བཤད། །ཕྲག་དོག་ཕྱོགས་འཛིན་ཡིད་དོར་ལ། །གཟུ་བོར་གནས་པའི་བློ་ཡིས་དཔྱོད། །ཆོས་དབྱིངས་བདེ་གཤེགས་སྙིང་པོ་དང་། །སྟོང་ཉིད་ལ་སོགས་རྣམ་གྲངས་ནི། །དོན་དམ་བདེན་པ་ཡིན་པའི་ཕྱིར། །ངེས་དོན་ཡིན་གྱི་དྲང་དོན་མིན། །འོན་ཀྱང་དཔེ་དགུས་བསྟན་པ་ལྟར། །དེ་ཉིད་འགྲོ་བའི་རྒྱུད་ལ་ནི། །རྟེན་དང་བརྟེན་པའི་ཚུལ་གྱིས་སམ། །བསྒྲུབ་པའི་ཚུལ་གྱིས་ཡོད་པ་ནི། །དྲང་དོན་ཡིན་གྱི་ངེས་དོན་མིན། །ཀུན་རྫོབ་བདེན་པ་ཡིན་ཕྱིར་རོ། །དགོངས་གཞི་མཐའ་བཞིའི་སྤྲོས་བྲལ་དང་། །དགོས་པ་སྐྱོན་ལྔ་སྤོང་བ་ཡང་། ། བསྒྲུབ་པའི་ཚུལ་གྱིས་ཡོད་ལ་འཐད། །དེ་ཉིད་ངེས་པའི་དོན་ཡིན་ན། །མུ་སྟེགས་བདག་དང་མཚུངས་པ་སོགས། །དངོས་ལ་གནོད་བྱེད་སྐྱོན་རྣམས་འབྱུང་། །འདི་ཉིད་ཐེག་ཆེན་རྒྱུད་བླ་ལས། །འགྲོ་བའི་སེམས་རྒྱུད་བདག་གཉིས་ཀྱི། །སྤྲོས་པ་ཞིག་པར་མཐོང་བ་ལ། །ཇི་ལྟར་མཐོང་བར་གསུང་པ་དང་། །སྤྲོས་བྲལ་ཆོས་ཉིད་དེ་བཞིན་ཉིད། །སེམས་ཅན་ཐམས་ཅད་ལ་ཡོད་པར། །མཐོང་ལ་ཇི་སྙེད་མཐོང་བར་ནི། །གསུང་པ་རྟོགས་ན

འབད་མེད་འགྲུབ། །ཞེས་དང་། གསུང་རབ་དགོངས་གསལ་ལས། དཔེ་དགུས་མཚོན་པ་ལྟར། རྟེན་དང་བརྟེན་པའི་ཚུལ་གྱིས་ཡོད་པ་དྲང་དོན་ཡིན་པ་དང་། སྙིང་པོ་རང་གི་ངོ་བོ་ངེས་དོན་ཡིན་པའི་ཕྱིར་རོ། །ཞེས་སོགས་དང་།

པཎྜི་ཏ་ཆེན་པོ་ཤཱཀྱ་མཆོག་ལྡན་པས། གོས་རུལ་ནང་ན་རིན་ཆེན་གྱི། །དཔེར་ན་དགོངས་པ་ཅན་ཡིན་ན༑ །སེམས་ཅན་རྣམས་ལ་རང་བཞིན་གྱི། །གནས་རིགས་མེད་པར་མི་འགྱུར་རམ། །ཞེས་པའི་ལན་དུ། ཀུན་མཁྱེན་རིན་པོ་ཆེས་མཛད་པ་ལས་ཀྱང་། དེང་སང་མཁས་པར་རློམ་པ་མང་པོས། ཆོས་དེ་དྲང་དོན་དུ་གསུང་ན། ཐ་སྙད་དུ་ཡང་མེད་དགོས། ཞེས་སྨྲ་བར་སྣང་བས། ལན་ཕྱོགས་གཅིག་ཏུ་བརྗོད་པར་བྱ་སྟེ། ཏིང་ངེ་འཛིན་རྒྱལ་པོའི་མདོ་ལས། སྟོང་པ་བདེ་བར་གཤེགས་པས་བསྟན་པ་ལྟར། །ངེས་དོན་མདོ་སྡེ་དག་གི་བྱེ་བྲག་ཤེས། །གང་ལ་སེམས་ཅན་གང་ཟག་སྐྱེས་བུ་བསྟན། །ཆོས་དེ་ཐམས་ཅད་དྲང་བའི་དོན་དུ་ཤེས། །ཞེས་པའི་རྗེས་སུ་འབྲངས་ནས། བདེན་གཉིས་ཀྱི་སྒོ་ནས། དྲང་ངེས་ཕྱེ་བཞིན་དུ། འདི་བཞིན་སྨྲ་བ་རྣམས་ལ་འུབ་སྟེ་དྲིལ་ནས་གནོད་བྱེད་བརྗོད་ན། ཀུན་རྫོབ་བདེན་པ་ཐ་སྙད་དུ་མེད་པར་ཐལ། དེ་ཐམས་ཅད་དྲང་དོན་དུ་གསུང་པའི་ཕྱིར། བྱེ་བྲག་ཏུ་ཕྱེ་སྟེ་བརྗོད་ན། ཕུང་ཁམས་སྐྱེ་མཆེད་དང་། ཁམས་གསུམ་དང་། མིང་ཐམས་ཅད་དང་། དངོས་པོ་དང་། དེ་མེད་པ་དང་། འགོག་པ་དང་། དམ་པའི་དོན་སླ་བ་རྣམས་ཀྱི་མཆོག་དང་། ཐེག་པའི་བསྐལ་པ་དང་། སེམས་ཅན་གྱི་ཁམས་རྣམས་ཐ་སྙད་དུ་མེད་པར་འགྱུར་ཏེ། དེ་དག་དྲང་དོན་དུ་གསུང་པའི་ཕྱིར། ཇི་སྐད་དུ། ཤར་གྱི་རི་བོའི་སྡེ་དང་མཐུན་པའི་ཚིགས་སུ་བཅད་པ་ལས། ཕུང་པོ་དག་དང་ཁམས་རྣམས་དང་། །སྐྱེ་མཆེད་རང་བཞིན་གཅིག་བཞེད་ལ། །ཁམས་གསུམ་པོ་དག་སྟོན་མཛད་པ། །འདི་ནི་འཇིག་རྟེན་མཐུན་འཇུག་ཡིན། །མིང་མེད་པ་ཡི་ཆོས་དབྱིངས་རྣམས། །བསམ་དུ་མེད་པའི་མིང་དག་གིས། །སེམས་ཅན་རྣམས་ལ་ཡོངས་བརྗོད་པ། །འདི་ནི་འཇིག་རྟེན་མཐུན་འཇུག་ཡིན། །དངོས་མེད་ཉེ་བར་སྟོན་མཛད་ཅིང་། །སངས་རྒྱས་རང་བཞིན་ལ་ཞུགས་པས། །དངོས་མེད་འགའ་ཡང་འདིར་མེད་པ། །འདི་ནི་འཇིག་རྟེན་མཐུན་འཇུག་ཡིན། །དོན་དང་དོན་མིན་མི་གཟིགས་ལ། །འགོག་པ་དང་ནི་དམ་པའི་དོན། །སླ་བ་རྣམས་ཀྱི་མཆོག་གསུང་པ། །འདི་ནི་འཇིག་རྟེན་མཐུན་འཇུག་ཡིན། །ཞིག་པ་མེད་ཅིང་སྐྱེ་མེད་ལ། །ཆོས་ཀྱི་དབྱིངས་དང་མཉམ་གྱུར་ཀྱང་། །ཐེག་པའི་བསྐལ་པ་སྟོན་མཛད་པ། །འདི་ནི་འཇིག་རྟེན་མཐུན་འཇུག་ཡིན། །དུས་གསུམ་དག་ཏུ་སེམས་ཅན་གྱི༑ །རང་བཞིན་དམིགས་པ་མ་ཡིན་ལ། །སེམས་ཅན་ཁམས་ཀྱང་སྟོན་མཛད་པ། །འདི་ནི་འཇིག་རྟེན་མཐུན་འཇུག་ཡིན། །ཞེས་གསུང་པས་སོ། །འདི་དག་ནི། ཀུན་གྱི་དྲང་དོན་དུ་གསུངས་པའི་ཕྱིར་ན། ཐ་སྙད་དུ་མེད་

པར་འདོད་པ་སོགས་བློ་གྲོས་རྩིང་བའི་གྲུབ་མཐའ་ཐམས་ཅད་ལ་བརྗོད་པར་བྱའོ། །འོ་ན། དྲང་དོན་ཡིན་ན། ཐ་སྙད་དུ་ཡོད་པས་ཁྱབ་བམ་སྙམ་ན། དེ་ཡང་དག་མིན་ཏེ། འཇིག་ཚོགས་ལྟ་དང་བྲལ་ཡང་སངས་རྒྱས་ཀྱིས། །ཇི་ལྟར་ང་དང་ང་ཡི་ཞེས་བསྟན་ལྟར། །དེ་བཞིན་དངོས་རྣམས་རང་བཞིན་མེད་མོད་ཀྱི། །ཡོད་ཅེས་དྲང་དོན་ཉིད་དུ་བསྟན་པ་ཡིན། །ཞེས་གསུངས་པ་ལྟར། སངས་རྒྱས་ལ་ང་དང་། ང་ཡིར་འཛིན་པ་ཡོད་པ་དང་། དངོས་པོ་རང་བཞིན་གྱི་ཡོད་པ་སོགས་ཀྱང་དྲང་དོན་དུ་གསུངས་པའི་ཕྱིར། མདོར་ན། གནད་ཀྱི་གདམ་པ་འདི་ཡིན་ཏེ། རང་བཞིན་གནས་རིགས་དང་། བདེ་གཤེགས་སྙིང་པོ་དང་། དོན་དམ་བདེན་པ་དང་། ཆོས་དབྱིངས་རྣམས་ནི། འཕགས་པའི་སོ་སོ་རང་གི་རིག་པའི་ཡེ་ཤེས་ཀྱིས་མངོན་སུམ་དུ་གཟིགས་པར་བྱ་བ་ཡིན་པས། རང་གི་ངོ་བོ་དྲང་དོན་དང་། ཀུན་རྫོབ་བདེན་པ་མིན་ཀྱང་། དེ་བཞིན་གཤེགས་པའི་སྙིང་པོའི་མདོ་དང་། རྒྱུད་བླ་སོགས་སུ། དཔེ་དགུས་བསྟན་པ་ལྟར། སེམས་ཅན་གྱི་རྒྱུད་ལ། དེ་དག་རྟེན་དང་བརྟེན་པའི་ཚུལ་ལམ། བསྒྲུབ་པའི་ཚུལ་གྱི་ཡོད་པར་གསུང་པ་ནི། དྲང་བའི་དོན་ཡིན་ཏེ། སེམས་ཀྱི་རང་བཞིན་མཐའ་བཞིའི་སྤྲོས་བྲལ་ལས་མ་གཏོགས་པ་དཔེས་བསྟན་པ་ལྟར་གྱི་རྟེན་དང་བརྟེན་པའམ། བསྒྲུབ་པའི་ཚུལ་གྱི་ཡོད་པ་ཅི་ཡང་མེད་པའི་ཕྱིར་རོ། །དཔེས་བསྟན་པ་ལྟར། ཡོད་པར་གསུང་པའི་དགོངས་གཞི་ནི། སེམས་ཀྱི་རང་བཞིན་སྤྲོས་བྲལ་ལ་དགོངས་ཏེ། ལང་ཀར་གཤེགས་པ་ལས། བློ་གྲོས་ཆེན་པོ་དེ་བཞིན་གཤེགས་པ་དགྲ་བཅོམ་པ་ཡང་དག་པར་རྫོགས་པའི་སངས་རྒྱས་རྣམས་ནི། སྟོང་པ་ཉིད་དང་། ཞེས་སོགས་སྤྱར་དགོངས་གཞི་སྐབས་སུ་དྲང་པའི་མདོ་དེ་ཉིད་འདྲེན་པར་མཛད་དོ། །དགོས་པ་ནི་རྒྱུད་བླར། སེམས་ཞུམ་སེམས་ཅན་དམན་ལ། ཞེས་སོགས་གསུང་པ་ལྟར་སྐྱོན་ལྔ་སྤོང་བའི་ཆེད་དུ་ཡིན་ཏེ། རྟེན་དང་བརྟེན་པའི་ཚུལ་ལམ། བསྒྲུབ་པའི་ཚུལ་གྱི་ཡོད་པར་མ་གསུང་ན། སྐྱོན་ལྔ་པོ་དེ་དག་སྤོང་མི་ནུས་པའི་ཕྱིར་རོ། །དངོས་ལ་གནོད་བྱེད་ནི། དཔེ་དགུས་བསྟན་པ་ལྟར། རྟེན་དང་བརྟེན་པའི་ཚུལ་ལམ། བསྒྲུབ་པའི་ཚུལ་གྱི་ཡོད་ན་མུ་སྟེགས་བྱེད་ཕུང་པོ་ལས་དོན་གཞན་པའི་བདག་རྟག་ཡོད་པར་འདོད་པ་དང་མཚུངས་པར་འགྱུར་ཏེ། ལང་གཤེགས་ལས། བཅོམ་ལྡན་འདས་ཀྱི་རིན་པོ་ཆེ་རིན་ཐང་ཆེན་པོ་གོས་དྲི་མ་ཅན་གྱིས་ཡོངས་སུ་དཀྲིས་པ་ལྟར། ཞེས་པ་ནས། རྫོགས་པའི་སངས་རྒྱས་རྣམས་ནི་སྟོང་པ་ཉིད། །ཞེས་སོགས་དགོངས་གཞིའི་སྐབས་སུ་དྲངས་པ་ལྟར་གསུངས་པས། སེམས་ཀྱི་རང་བཞིན་སྟོང་ཉིད་ལས་མ་གཏོགས་པའི་སྙིང་པོ་ཡོད་ན། མུ་སྟེགས་བྱེད་ཀྱིས་བདག་ཏུ་སྨྲ་བ་དང་མཚུངས་པར་ཤུགས་ལ་བསྟན་པའི་ཕྱིར་རོ། །དེས་ན་ཆོས་དབྱིངས་བདེ་གཤེགས་སྙིང་པོ་སོགས་ངེས་དོན་ཡིན་ཏེ། དོན་དམ་བདེན་པ་ཡིན་པའི་ཕྱིར། སེམས་ཅན་གྱི་རྒྱུད་ལ་དེ་དག་ཡོད་པ་དྲང་དོན་ཡིན་ཏེ། ཀུན་རྫོབ་བདེན་པ་ཡིན་པའི་ཕྱིར།

གཏན་ཚིགས་གཉིས་པོ་འདིའི་ཁྱད་པར་གང་གིས་བསྒྲུབ་ན། རྒྱུད་བླར། འགྲོ་བ་ཞི་བའི་ཆོས་ཉིད་དུ། །རྟོགས་ཕྱིར་དེ་ལྟ་ཉིད་དེ་ཡང་། །རང་བཞིན་གྱིས་ནི་ཡོངས་དག་ཕྱིར། །ཉོན་མོངས་གདོད་ནས་ཟད་ཕྱིར་རོ། །ཤེས་བྱ་མཐར་ཐུག་རྟོགས་པའི་བློས། །ཐམས་ཅད་མཁྱེན་པའི་ཆོས་ཉིད་ནི། །སེམས་ཅན་ཐམས་ཅད་ལ་ཡོད་པར། །མཐོང་ཕྱིར་ཇི་སྙེད་ཡོད་པ་ཉིད། །ཅེས་འགྲོ་བའི་སེམས། བདག་ཉིད་ཀྱི་སྤྲོས་པ་ཉེ་བར་ཞི་བའི་ཆོས་ཉིད་ཇི་ལྟ་བ་ཡིན་པ་དང་། ཆོས་ཉིད་དེ་འགྲོ་བའི་རྒྱུད་ལ་ཡོད་པ། ཇི་སྙེད་པ་ཡིན་པའི་ཁྱད་པར་གསུངས་པའི་དོན་རྟོགས་ན། དེ་དག་དོན་དམ་བདེན་པ་དང་། ཀུན་རྫོབ་བདེན་པ་ཡིན་པའི་ཁྱད་པར་དང་། ངེས་དོན་དང་། དྲང་དོན་ཡིན་པའི་ཁྱད་པར་ཡང་འབད་མེད་དུ་འགྲུབ་པར་འགྱུར་ཞིང་། རྒྱུད་བླའི་མཐར་ཐུག་གི་དགོས་པ་རང་སྟོང་དང་གཞན་སྟོང་གང་ཡིན་ཡང་། ཐེ་ཚོམ་དང་སྒྲོ་འདོགས་ཆོད་པར་འགྱུར་ལ། བདག་ཉིད་ཆེན་པོ་འདིའི་གསུང་རབ་ཀྱི་དགོངས་པ་འགྲེལ་ཚུལ་ལ། འཁྲུལ་པའི་དྲི་མ་མེད་པའི་ངེས་ཤེས་ཀྱང་གཏིང་ནས་སྐྱེ་བར་འགྱུར་རོ༔ །གཞན་འདི་དག་ཕྱིན་ཅི་མ་ལོག་པར་རྟོགས་པ་ཡང་དེང་སང་གངས་རིའི་ཁྲོད་འདིར་ཁོ་བོ་ཙམ་ཡིན་པ་ལ་ངེས་ངེས་ཀྱང་། བློ་གཟུ་བོར་གནས་ན་མི་ཡོང་ཁ་མེད་ཡིན་ནོ། །ཞེས་གསུངས་སོ། །དེས་ན་ཁོ་བོ་ཅག་ལུགས་འདིའི་རྗེས་སུ་འབྲངས་ཏེ། སངས་རྒྱས་ཉི་མ་གདུལ་བྱ་ཡི། །རི་ལ་ཇི་ལྟར་འཚམས་པ་འབབ། །ཞེས་གསུངས་པ་ལྟར། མགོན་པོ་བྱམས་པ་དང་། འཇམ་དབྱངས་ས་པཎ་གྱི། གསུང་རབ་ཀྱི་གནད་ཟབ་མོ་ཀུན་མཁྱེན་བསོད་ནམས་སེང་གེའི་ལེགས་བཤད་ཀྱི་བཅུད། བདག་གི་སྙིང་ལ་སིམ་པའི་བདུད་རྩིར་གྱུར་ནས་བཀོད་པ་ཡིན་ནོ། །འདིའི་རྣམ་གཞག་རྒྱས་པར་ནི། བདག་གི་ངེས་དོན་སྙིང་པོའི་ཟུར་སྙོལ་ན་གསལ་བར་བཞུགས་སོ། །

གཉིས་པ་བསྔོ་ཚུལ་གྱི་ལག་ལེན་ལ་འཁྲུལ་པ་དགག་པ་ནི། འགའ་ཞིག་བསྔོ་བའི་ཞེས་སོགས་རྐང་པ་དྲུག་སྟེ། འདུལ་བ་སྟོད་ལུགས་པ་དང་། བལ་པོའི་འདུལ་འཛིན་འགའ་ཞིག །བསྔོ་བ་བྱེད་པའི་ཚེ་ན་སྦྱིན་པ་པོས་རིལ་པ་སྤྱི་བླུགས་ཀྱི་ཆུ་ལེན་པ་པོའི་ལག་པར་སྦྲིངས་བའི་ལག་ལེན་བྱེད་པ་ཡོད་ཅེས་གྲགས། ལག་ལེན་འདི་ནི་མུ་སྟེགས་རིག་བྱེད་པའི་ལུགས་ཡིན་གྱི། ནང་པ་སངས་རྒྱས་པའི་ལུགས་ལ་མེད་དོ། །འོན་སྐྱེ་རབས་ལས་གསུངས་པ་ཇི་ལྟར་ཡིན་ཞེ་ན། སྐྱེ་རབས་ལས། ཐམས་ཅད་སྐྱོབ་ཀྱིས་གླང་པོ་ཆེ་སོགས་བྱིན་པ་ན། ཆུ་སྦྲིངས་བར་གསུངས་པ་ནི། དེའི་ཚེ་ཡུལ་དེར་མུ་སྟེགས་རིག་བྱེད་པའི་ལག་ལེན་དར་བས་དེའི་ལུགས་སུ་མཛད་པ་ཙམ་ཡིན་ནོ། །བལ་པོ་ནའང་འདུལ་འཛིན་རྣལ་མ་མེད་པས་ལག་ལེན་ནོར་བ་མང་པོ་གནང་ཡོད་པར་གདའ། དེའང་ཆོས་གོས་ལ་ཕྲུག་ཚད་མེད། ཁ་དང་ཤང་འགག་དང་། བེར་ཕྲུག་དཀར་པོ་གྱོན། དབྱུག་པ་སྦུབ་པ་ལ་གཏྲི་དང་། ཟངས་ཀྱི་ལྷུང་བཟེད་དང་། ལྷུང་བཟེད་ལག་པས་མནན་པས་བྱིན་ལེན་གྱི་གོ་ཆོད་པ

དང་། གྲིབ་ཚོད་སློབ་དཔོན་རང་གིས་འཛལ་བ་སོགས་མང་པོ་ཡོད་པར་སྣང་ཞེས་གསུངས། རྒྱུ་མཚན་དེས་ན་བསྔོ་བ་ལ་སོགས་པའི་ལག་ལེན་གང་དང་གང་བྱེད་ཀྱང་རྫོགས་པའི་སངས་རྒྱས་ཀྱིས་ཇི་ལྟར་གསུངས་པ་བཞིན་གྱུས་པས་སྒྲུབས་ཤིག །

འདིར་དྲི་བ། བསྔོ་བའི་ཆོ་ན་ཆུ་སྦྲིངས་བ། །རང་ལུགས་མིན་ན་འདུལ་བ་ལས། །ལག་ཆུ་ཟེད་པར་གསུང་དེ་ཅི། །ཞེས་པའི་ལན་ནི། འདུལ་བ་ལས་ལག་ཆུ་ཟེད་པར་གསུང་བའི་དོན། སྐྱེ་རབས་ལས། རྒྱལ་པོ་ཐམས་ཅད་སྒྲོལ་གྱིས། བྲམ་ཟེ་སློང་བ་ལ་གླང་པོ་ཆེ་དང་། བུ་དང་བུ་མོ་བྱིན་པ་དང་། བརྒྱ་བྱིན་ལ་བཙུན་མོ་བྱིན་པའི་ཚེ། གསེར་གྱི་རིལ་བས་བཏུང་བྱེད་བཞེས་སུ་གསོལ། །ཞེས་མདུན་དུ་འགོད་པ་དང་། བྲམ་ཟེའི་ལག་པ་རྐྱང་པ་ལ། །རིལ་བ་སྒྲི་བླུགས་ཀྱི་བཏུང་བྱེད། །དེ་ཡིས་བྱིན་པའི་མཐུ་དག་གིས། །རིལ་བ་ལས་ནི་ཆུ་བྱུང་ནས། །མིག་ནི་པདྨ་དམར་འདྲ་ལས། །མ་སྨྲིམ་པར་ཡང་མཆི་མ་བྱུང་། །ཞེས་དང་། དེ་ནས་རྒྱལ་པོའི་སྲས་གཉིས་ལག་པ་བཅིངས། །བྲམ་ཟེའི་ལག་པར་ཆུ་བླུགས་དེ་ལ་སྦྱིན། །དེ་ཚེ་ས་གཡོས་འདོད་ལྷ་སྡིག་ཆེན་གྱིས། །སྙིང་ནི་སྨྱུ་ངན་མེ་ཡིས་སྲེག་པར་གྱུར། །ཞེས་པ་ལ་འཆད་པ་ཡིན་ན་ནི། དེ་ཉིད་དེའི་ཚེ་ཡུལ་དེར་རིག་བྱེད་པའི་ལུགས་དར་བའི་ལག་ལེན་ཡིན་གྱི། སངས་རྒྱས་པའི་འདུལ་བའི་ལུགས་མིན་པར་བདག་ཉིད་ཆེན་པོ་འདིས་བཤད་ཟིན་ལ། གལ་ཏེ་འདུལ་བ་ནས་བཤད་པའི་ཕྱིར། འདུལ་བའི་ལུགས་ཡིན་པར་སེམས་ན་ནི། རྣམ་འགྲེལ་ལས་བཤད་པའི་ཕྱིར་ན། ཆོས་གྲགས་ཀྱི་ལུགས་ཡིན་པར་ཁས་ལེན་ནམ། ཐམས་ཅད་སྒྲོལ་བྱང་ཆུབ་སེམས་དཔའ་ཡིན་ཀྱང་། ཁྱིམ་པའི་ཚུལ་འཛིན་པ་ཡིན་པས། འཕྲུལ་གྱི་ལག་ལེན་དེར་ཡོད་པའི་རབ་ཏུ་བྱུང་བའི་ལུགས་བྱེད་དགོས་ལ། དེའི་ཚེ་སངས་རྒྱས་འཇིག་རྟེན་དུ་མ་བྱུང་བའི་དུས་ཡིན་པས། རིག་བྱེད་པའི་ལག་ལེན་བྱེད་དགོས་པའི་དབང་དུ་བྱས་ཏེ། གནད་མ་འདྲིས་པར་བྱེད་དགོས་སོ། །གལ་ཏེ་འདུལ་བ་ལས་ལག་ཆུ་ཟེད་པར་གསུངས་པ། བཙུན་པ་གལ་ཏེ་དགྲ་བཅོམ་པ་ཡིན་ན། ཁྱིམ་དུ་བཞུགས་ཤིག །བསྟན་པ་ལ་འདུག་གཅིག །ལག་ཆུ་ཟེད་ཅིག་ཅེས་པ་ལྟ་བུ་ལ་ཟེར་བ་ཡིན་ན་ནི། ཟས་མ་ཟོས་པའི་གོང་དུ་ལག་པ་དགྲུ་བ་དང་། བསྔོ་བའི་ཚེ་ཆུ་སྦྲིངས་པ་གཉིས་ནོར་ནས་ཁྲིས་པར་སྣང་ངོ་། །དེ་ལས་གཞན་པའི་འདུལ་བ་ལས་ལག་ཆུ་ཟེད་པར་གསུང་པ་ཡོད་ན་སྟོན་པའི་དུས་ལ་བབས་སོ། །ཞེས་གསུངས་སོ། །

གསུམ་པ་བསྔོ་བའི་འབྲས་བུ་ལ་འཁྲུལ་པ་དགག་པ་ནི། བསྔོ་བ་དེ་ཡང་། ཞེས་སོགས་རྐང་པ་བཅོ་བརྒྱད་དེ། འོ་ན་བསྔོ་རྒྱུའི་དགེ་རྩ་སྐྱེས་བུའི་རྩོལ་བས་གསར་དུ་བསགས་པ་དགོས་ན། བསྔོ་བ་རྣམ་དག་ལ་བསྔོ་བའི་འབྲས་བུ་ངེས་པར་འབྲས་གྲུབ་པ་གཅིག་དགོས་སམ་སྙམ་ན་མིན་ཏེ། བསྔོ་བ་རྣམ་དག་དེ་ཡང་

མདོར་བསྡུས་ན། གནས་ཀྱི་བསྔོ་བ་དང་། གནས་མིན་གྱི་བསྔོ་བ་གཉིས་སུ་འདུས་ལ། དེ་ཡང་གནས་ཀྱི་བསྔོ་བ་ནི། རང་གཞན་གྱི་དུས་གསུམ་དུ་བསགས་པའི་དགེ་བའི་རྩ་བ་རྣམས་ཐབས་ཤེས་ཁྱད་པར་ཅན་གྱི་སྒོ་ནས་བསྔོས་ན་རྫོགས་པའི་བྱང་ཆུབ་འགྲུབ་པར་གསུངས། གནས་མིན་གྱི་བསྔོ་བ་ནི། ཆོས་ཉིད་བསྔོ་རྒྱུར་བྱས་ནས་བསྔོས་ཀྱང་འབྲས་བུ་བྱང་ཆུབ་འགྲུབ་པར་མི་འགྱུར་རོ། །བསྔོ་བ་འདི་དག་གཉིས་ཀ་མདོ་ལས་གསུངས་ཏེ། དང་པོ་ནི། འཕགས་པ་འཇམ་དཔལ་གྱིས་སངས་རྒྱས་ཀྱི་ཞིང་གི་བཀོད་པའི་མདོ་ལས་ནི། བསྔོ་རྒྱུའི་ཆོས་རྣམས་ཐམས་ཅད་འབྲས་བུ་བསྐྱེད་པའི་རྐྱེན་བཞིན་ཏེ། རྫོགས་པའི་བྱང་ཆུབ་ལ་འདུན་པའི་འདུས་བྱས་ཀྱི་དགེ་བའི་རྩ་བ་ལ་རབ་ཏུ་གནས་པ་དེ་རྒྱུར་བྱས་ན་གང་ཟག་གང་གིས་སྨོན་ལམ་ཅི་བཏབ་པ་དེ་འདྲའི་འབྲས་བུ་རྫོགས་པའི་བྱང་ཆུབ་ཐོབ་པར་འགྱུར་ཞེས་གསུངས་པ་འདི་ནི་གནས་སྐབས་ཀྱི་བསྔོ་བ་ལ་དགོངས་པ་ཡིན་ནོ། །

གཉིས་པ་ནི། དཀོན་བརྩེགས་ལས། བུ་མོ་དྲི་མེད་བྱིན་གྱི་ཞུས་པའི་མདོར། འཁོར་བའི་ཕྱི་མཐའ་མེད་པ་སོགས་ཆོས་རྣམས་ཀྱི་རྟེན་འབྲེལ་གྱི་ཆོས་ཉིད་དུ་གྲུབ་པ་ནི། ཆོས་ཉིད་བསྔོ་བ་ཡི་བསྔོས་ཀྱང་འབྲས་བུ་འགྲུབ་པར་མི་འགྱུར། གལ་ཏེ་འགྲུབ་པར་འགྱུར་ན་ནི། དང་པོའི་སངས་རྒྱས་གཅིག་ཉིད་ཀྱིས། འཁོར་བ་སྟོང་པར་གྱུར་ཅིག་ཅེས་པ་དང་། སེམས་ཅན་ཐམས་ཅད་སངས་རྒྱས་བར་གྱུར་ཅིག །ཅེས་པའི་བསྔོ་བ་དེ། དེང་སང་སེམས་ཅན་ཐམས་ཅད་སངས་རྒྱས་ཟིན་པར་ཅིས་མི་འགྲུབ་སྟེ་འགྲུབ་པར་འགྱུར་ཞེས་གསུངས་པ་འདི་ནི། གནས་མིན་གྱི་བསྔོ་བ་ཉིད་ལ་དགོངས་པ་ཡིན་ནོ། །ཇི་ལྟར་གསུང་ན་བུ་མོས་ཞུས་པ། རིགས་ཀྱི་བུ་ཆོས་རྣམས་ཀྱི་ཆོས་ཉིད་ནི། སྨོན་ལམ་གྱིས་བསྒྱུར་བར་མི་ནུས་སོ། །གལ་ཏེ་ནུས་པར་གྱུར་ན་སེམས་ཅན་ཐམས་ཅད་མྱ་ངན་ལས་འདའོ། །ཞེས་དེ་བཞིན་གཤེགས་པ་རེ་རེའི་དགོངས་པ་དེ་སྨོན་ལམ་གྱི་དབང་གིས་ཇི་ལྟར་མི་འགྲུབ་སྟེ། རྣམ་གྲངས་དེས་ན་སྨོན་ལམ་གྱིས་དབང་གི་བསྒྱུར་བར་མི་ནུས་པར་རིག་པར་བྱའོ། །ཞེས་གསུངས་སོ། །

བཞི་པ་དོན་བསྡུས་ཏེ་ལས་འབྲས་ཀྱི་གནད་བསྟན་པ་ལ་གཉིས་ཏེ། ལས་འབྲས་སྤྱིའི་གནད་བསྟན་པ་དང་། ཐེག་པ་ཆེ་ཆུང་གི་ལས་འབྲས་ཀྱི་གནད་བསྟན་པའོ། །དང་པོ་ནི། དེས་ན་བསྔོ་རྒྱུའི་ཞེས་སོགས་བཅུ་གཅིག་སྟེ། ཆོས་དབྱིངས་དགེ་སྡིག་གཉིས་ཀ་མིན་པ་ལུང་རིགས་གཉིས་ཀྱིས་བསྒྲུབས་ཟིན་པ་དེས་ན། བྱང་ཆུབ་ཏུ་བསྔོ་རྒྱུའི་དགེ་བ་དང་། བཤགས་པར་བྱ་བའི་སྡིག་པ་ཡང་། སྐྱེས་བུའི་སྟོབས་བས་བྱས་པའི་དགེ་བ་དང་སྡིག་པ་ཡིན་མོད་ཀྱི་རྩོལ་བའམ་རྒྱུ་རྐྱེན་གྱིས་མ་བྱས་པ་ལ། བསྔོ་རྒྱུའི་དགེ་བ་དང་། བཤགས་བྱའི་སྡིག་པ་གང་ཡང་མེད། དེ་ཡི་རྣམ་གཞག་བཤད་ཀྱིས་ཉོན་ཏེ། གཏམ་བྱ་རིན་ཆེན་ཕྲེང་བ་ལས། འདོད་ཆགས་ཞེ་སྡང་

གཏི་མུག་གསུམ་ནི་མི་དགེ་བ་ཡིན་ཏེ། དུག་གསུམ་དེས་བསྐྱེད་པའི་ལས་ཡིན་པས་སོ། །མ་ཆགས་ཞེ་སྡང་གཏི་མུག་མེད་པ་གསུམ་ནི། དགེ་བ་ཡིན་ཏེ་དུག་གསུམ་མེད་པ་དེས་སྐྱེས་པའི་ལས་ཡིན་པའི་ཕྱིར། ཞེས་གསུངས་པའི་དགོངས་པ་ལེགས་པར་ཤེས་ནས་ནི། རྒྱུ་འབྲས་ལ་མཁས་པ་རྣམས་ཀྱི་དཔྱད་པར་བྱ་བཡིནནོ། །

འདོད་ཆགས་ཞེ་སྡང་གཏི་མུག་གསུམ། ཞེས་སོགས་ལ་དྲི་བ། ཆགས་སྡང་རྨོངས་གསུམ་གྱིས་བསྐྱེད་པའི། །ལས་ཀུན་མི་དགེ་བ་ཡིན་ན། །ཟག་བཅས་དགེ་བ་གཏི་མུག་ལས། །ཀུན་སློང་དག་ལས་བྱུང་དེ་ཅི། །ཞེས་པའི་ལན་ནི། དྲི་བ་པོའི་བསམ་པ་བླང་པ་དང་། ཡོངས་སུ་གྲགས་པའི་གཏམ་ལན་དུ་མི་འགྱུར་བ་དང་། གཞན་གྱི་ལན་བཏབ་པའི་སྒོ་ནས་གསུང་རབ་སྤྱི་ལ་དགོངས་པ་ཆོད་པ་དང་གསུམ་གྱིསཤེས་པར་བྱ་བ་ལ། དང་པོ་ནི། ཀླུ་སྒྲུབ་ཀྱིས། འདོད་ཆགས་ཞེ་སྡང་གཏི་མུག་གསུམ། །དེས་བསྐྱེད་ལས་ནི་མི་དགེ་བ། །ཞེས་གསུངས་པ་དང་། རྟེན་འབྲེལ་གྱིས་སྡུ་མའི་རྐྱེན་གྱིས་ཕྱི་མ་འབྱུང་བ་རྟོ་བའི་ཚེ། མ་རིག་པའི་རྐྱེན་གྱིས་འདུ་བྱེད་འབྱུང་བར་གསུངསཤིང་འདུ་བྱེད་ལ་ཡང་། བསོད་ནམས་དང་། བསོད་ནམས་མིན་པ་དང་། མི་གཡོ་བའི་ལས་གསུམ་ཡོད་པ་མངོན་པ་གོང་མར་གསུངས་པ་དང་འགལ་ལོ། །སླམ་ནས་དྲིས་པ་སྟེ། བསྟན་བཅོས་འདིར་མ་ཟད། གསུང་རབ་སྤྱི་ལ་དགོངས་པ་འདི་སྤྱོད་དགོས་པསརྣམ་དཔྱོད་དང་ལྡན་པའི་དྲི་བའོ། །

གཉིས་པ་ནི། དེང་སང་ལུང་ཆོས་པ་རྣམས་ལ་དེ་འདྲ་བའི་མ་རིག་པ་དེ་འདུ་བྱེད་ཀྱི་ཀུན་སློང་དུ་བྱས་ནས་ས་མཚུངས་སྤྱོད་པའི་ཚེ། ཀུན་སློང་གི་མ་རིག་པ་ས་གང་དུ་གཏོགས། ཞེས་སོགས་དཔྱོད་པ་གྲགས་མོད་ཀྱི། དེ་ནི་དེའི་ཀུན་སློང་གཉིས་པོ་གང་ཡང་མ་ཡིན་ཏེ། རྒྱུ་དུས་ཀྱི་ཀུན་སློང་མ་རིག་པ་ཡིན་ན། ལས་དེ་མི་དགེ་བ་ཡིན་དགོས་པར་མངོན་པ་འོག་མར་གསུང་ཞིང་། རྒྱུ་དུས་ཀྱི་ཀུན་སློང་དང་། དེ་དུས་ཀྱི་ཀུན་སློང་གཉིས་ཀྱི་མ་རིག་པ་ཡིན་ན། མི་དགེ་བ་ཡིན་དགོས། དེ་གཉིས་གང་རུང་གཅིག་མ་རིག་པ་ཡིན་ན། གཅིག་པོ་དགེ་བ་ཡིན་ཀྱང་། ལས་དེ་འདྲེས་མར་འགྱུར་བར་མངོན་པ་གོང་མར་གསུང་ཞིང་། མདོར་ན་མ་རིག་པའི་རྐྱེན་གྱིས་འདུ་བྱེད་ཅེས་པའི་སྐབས་ཀྱི་མ་རིག་པ་དེ་འདུ་བྱེད་ཀྱི། ཀུན་སློང་རྣམ་གཉིས་རྒྱུ་དང་ནི། །དེ་ཡི་དུས་ཀྱི་སློང་ཞེས་བྱ། །ཞེས་གསུང་པ་ལྟ་བུའི་ཀུན་སློང་གཉིས་པོ་གང་རུང་དུ་ཁས་ལེན་ན། སྔར་གྱི་དྲི་བ་དེ་ལ་མཁས་པའི་མདུན་སར་མཚར་དུ་ཐུབ་པའི་ལན་ཐེབ་པ་མི་སྲིད་དོ། །མངོན་པ་གོང་མ་དང་། རྟེན་འབྲེལ་གྱི་མདོ་འགྲེལ་ལས་ཀྱང་། གང་གི་འཕེན་པ་མ་རིག་པ་དང་། འདུ་བྱེད་གཉིས། ཅི་ལྟར་འཕེན་པ་རྣམ་ཤེས་ལ་བག་ཆགས་སྒོ་བ། གང་འཕེན་པ་མིང་གཟུགས་ནས་ཚོར་བའི་བར་ལ་བཤད་པས་ན་མ་རིག་པ་དང་། འདུ་བྱེད་གཉིས་ཀ་འཕེན་བྱེད་དུ་གསུངས་ཀྱི། ཀུན་སློང་དང་ཀུན་སློང་ཅན་དུ་གསུངས་པ་མི་སྣང་ངོ། །

གསུམ་པ་ནི། འོན་འདུ་བྱེད་ཀྱི་རྐྱེན་གྱིས་མ་རིག་པ་དང་། ཀུན་སློང་གི་མ་རིག་པ་གཉིས་ཀྱི་ཁྱད་པར་གང་ཞེ་ན། རྣ་བ་བླགས་ཏེ་ཉོན་ཅིག་དེ་བཤད་པར་བྱའོ། །མདོར་བསྟན། རྐྱེན་གྱི་མ་རིག་པ་ནི། ཕུང་པོ་ལྔ་ལ་བརྟེན་ནས། ངའོ་སྙམ་དུ་འཛིན་པའི་ངར་འཛིན་ལྷན་སྐྱེས་ཀྱི་བསྡུས་པའི་མ་རིག་པ་ཡིན་ལ། ཀུན་སློང་གི་མ་རིག་པ་ནི་སྦྱོར་བ་རྒྱ་བ་གསུམ་ལས་སྐྱེས། ཞེས་པའི་རྒྱ་བ་གསུམ་གྱི་ནང་མཚན་དུ་གྱུར་པའི་མ་རིག་པའོ། །ཞིབ་ཏུ་ཕྱེ་ན་མ་རིག་པ་དང་པོ་ལ་འདོད་ཚུལ་གཉིས་སུ་སྣང་སྟེ་བྱེ་བྲག་སྨྲ་བ་དང་། མདོན་པ་སྨྲ་བའི་མདོ་སྡེ་པ་གཉིས་ནི། འཇིག་ལྟ་ལྷན་སྐྱེས་དང་རྫས་ཐད་དུ་གྱུར་པའི་སེམས་བྱུང་ཉོན་མོངས་པ་ཞིག་ལ་འདོད་དེ། དང་པོ་འཇིག་ཚོགས་ལ་ལྟ་བ་ནི། སེམས་ཀྱི་ས་མང་བཅུའི་ནང་མཚན་དུ་གྱུར་པའི་ཤེས་རབ་ཡིན་ལ། མ་རིག་པ་ནི། ཉོན་མོངས་པའི་ས་མང་དྲུག་གི་ནང་ཚན་དུ་གྱུར་པའི་ཉོན་མོངས་པ་ཡིན་པས་དེ་གཉིས་རྫས་ཐད་དུ་འདོད་པའི་ཕྱིར་དང་། ཕྱི་མས་མ་རིག་པ་ཤེས་རབ་ངན་པར་འདོད་པ་ལ། ཤེས་རབ་ངན་པ་ནི། ལྟ་བ་ཡིན་ཞིང་། མ་རིག་པ་དེ་དང་མཚུངས་ལྡན་ཡིན་པ་དང་། ཤེས་རབ་ནི་མ་རིག་པས་ཉོན་མོངས་པར་བྱ་བ་ཡིན་པས་མ་རིག་པ་ཤེས་རབ་ངན་པར་མི་འཐད་ཅེས་པའི་དགག་པ་མེད་པའི་ཕྱིར་རོ། །ཚད་མ་སྨྲ་བའི་མདོ་སྡེ་པ་དང་། སློབ་དཔོན་ཟླ་བས་ནི། འཇིག་ལྟ་ལྷན་སྐྱེས་ཉིད་ལ་འདོད་དེ། རྣམ་འགྲེལ་ལས། བྱམས་སོགས་ཉོན་མོངས་དང་འགལ་མེད་ཕྱིར། །ཤིན་ཏུ་ཉེས་པ་ཆར་གཅོད་མིན། །ཉེས་ཀུན་དེ་ཡི་རྒྱ་བ་ཅན། །དེ་ཡང་འཇིག་ཚོགས་ལྟ་བ་ཡིན། །ཞེས་དང་། འཇིག་ལྟ་ཉེས་པའི་རྒྱ་བར་འགྱུར་ཚུལ་ཡང་། གང་ཞིག་བདག་མཐོང་དེ་ལ་ནི། །ང་ཞེས་རྟག་ཏུ་ཞེན་གྱུར་ཏེ། །ཞེན་པས་བདེ་ལ་སྲེད་འབྱུང་ཞིང་། །སྲེད་པས་སྐྱོན་རྣམས་སྒྲིབ་པར་བྱེད། །ཅེས་སོགས་དང་། འཇུག་པར། ཉོན་མོངས་སྐྱོན་རྣམས་མ་ལུས་འཇིག་ཚོགས་ལ། །ལྟ་ལས་བྱུང་བར་བློ་ཡིས་མཐོང་འགྱུར་ཞིང་། །བདག་ནི་དེ་ཡི་ཡུལ་དུ་གཏོགས་བྱས་ནས། །རྣལ་འབྱོར་པ་ཡིས་བདག་ནི་འགོག་པར་བྱེད། །ཅེས་གསུངས་པའི་ཕྱིར། དེ་ཉིད་ཀྱང་དབུ་མ་རྒྱ་བར། མ་རིག་འགག་པར་གྱུར་པ་ལས། །འདུ་བྱེད་ལ་སོགས་རྣམས་མི་འབྱུང་། །མ་རིག་འགག་པར་གྱུར་པ་ནི། །ཤེས་པ་དེ་ཉིད་བསྒོམ་པས་སོ། །ཞེས་པའི་དོན་དུ་བཞེད་པའི་ཕྱིར་རོ། །དེ་དག་གི་དོན་ཡང་། ཕུང་པོ་ལྔ་ལ་བརྟེན་ནས་ངའོ་སྙམ་པའི་ངར་འཛིན་ལྷན་སྐྱེས་ཡོད་ན། དེའི་དབང་གིས་བསོད་ནམས་ཀྱི་ལས། མི་གཡོ་བའི་ལས་བསགས་པ་ཐམས་ཅད་ཀྱང་ཟག་བཅས་ཀྱི་དགེ་བ་འཁོར་བའི་རྒྱུར་གྱུར་པ་འབའ་ཞིག་སྟེ། དཔེར་ན། ངར་འཛིན་ལྷན་སྐྱེས་ཀྱི་དབང་གིས་འདོད་ལྷར་སྐྱེ་བར་འདོད་ནས། གསོ་སྦྱོང་ལེན་པ་དང་། ཁམས་གོང་དུ་སྐྱེ་བར་འདོད་ནས་སྙོམས་འཇུག་བསྒོམ་པ་ལྟ་བུའོ། །དེའི་ཚེ་ཡང་རྒྱུ་དུས་ཀྱི་ཀུན་སློང་ནི། ངར་འཛིན་ལྷན་སྐྱེས་མ་ཡིན་ཏེ། གསོ་སྦྱོང་ལེན་པར་བྱའོ། །སྙོམས་འཇུག་བསྒོམ་པར་བྱའོ། །སྙམ་པའི་ཐོག་མའི་འཕེན་

སེམས་ཉིད་ཡིན་པས་དགེ་བ་ཡིན་པའི་ཕྱིར་རོ། །གནད་འདི་ལེགས་པར་གོ་དགོས་སོ། །

གཉིས་པ་ཀུན་སློང་མ་རིག་པ་ནི། སྦྱོར་བ་རྩ་བ་གསུམ་ལས་སྐྱེས། །ཞེས་པའི་འགྲེལ་པར། སྲོག་གཅོད་གཏི་མུག་ལས་སྐྱེས་པ་ནི། འདི་ལྟ་སྟེ། མཆོད་སྦྱིན་བྱེད་པ་རྣམས་དང་། རྒྱལ་པོས་ཆོས་འདོན་པ་ཚད་མར་བྱས་ནས་ཆོས་ཀྱི་བློ་གསོད་པ་དག་དང་། སྤྱར་སིག་ཀ་རྣམས་ཕ་མ་རྣམས་ནད་ཚབ་ཆེན་པོས་ཐེབ་ན་གསད་པར་བྱའོ། །ཟེར་བ་ལྟ་བུ་དང་། མ་བྱིན་ལེན་གཏི་མུག་ལས་སྐྱེས་པ་ནི། འདི་ལྟ་སྟེ། རྒྱལ་པོས་ཆོས་འདོན་པ་ཚད་མར་བྱས་ནས། མི་ལ་སོགས་པ་ལ་འཁྲུགས་པ་ཆད་པས་སྤྱད་པའི་ཕྱིར། འཕྲོགས་པ་ལྟ་བུ་དང་། བྲམ་ཟེ་རྣམས་འདི་ཐམས་ཅད་ཚངས་པས་བྲམ་ཟེ་རྣམས་ལ་བྱིན་པ་ཡིན་པས་བྲམ་ཟེས་ཕྲོགས་པ་ན་བྲམ་ཟེ་བདག་ཉིད་ཀྱིས་ལེན་པ་ཡིན། བདག་ཉིད་ཀྱིས་ཟ་བ་ཡིན། བདག་ཉིད་ཀྱིས་གྱོན་པ་ཡིན། བདག་ཉིད་ཀྱིས་སྦྱིན་པ་ཡིན། ཞེས་ཟེར་བ་ལྟ་བུ་དང་། ལོག་སེམས་གཏི་མུག་ལས་སྐྱེས་པ་ནི། སྤྱར་སིག་ལ་སོགས་པ་ལ་ཉལ་བ་དང་། བ་ལང་འབང་གི་མཆོད་སྦྱིན་ལ་ཆག་བགྱིས། ཆུ་བཏུངས་སོ། །རྩྭ་བཅད་དོ། །མའི་གམ་དུ་ཉལ་པོ་ལ་འགྲོའོ། །སྲིང་མོའི་གམ་དུ་འགྲོའོ། །རྒྱུས་གཅིག་པའི་གམ་དུ་འགྲོའོ། །ཞེས་གསུངས་པ་དང་། མུ་སྟེགས་གང་དག་བུད་མེད་ནི་གཏུན་དང་། མེ་ཏོག་དང་། འབྲས་བུ་དང་། ཟས་སྐྱིན་པ་དང་། ངོགས་དང་། ལམ་དང་འདྲའོ། །ཞེས་ཟེར་བ་ལྟ་བུ་དང་། རྫུན་སྨྲ་གཏི་མུག་ལས་སྐྱེས་པ་ནི། ཇི་སྐད་དུ། རྒྱལ་པོ་བཞད་གད་ལྡན་དང་བུད་མེད་དང་། །བག་མ་ལེན་པའི་ཚེ་དང་གསོད་པ་དང་། །ནོར་ཀུན་འཕྲོག་ཚེ་རྫུན་བྱས་གནོད་མེད་དེ། །རྫུན་ལྔ་ལྟུང་བར་བྱེད་པ་མ་ཡིན་ཞེས། །ཞེས་སྨྲ་བ་ལྟ་བུ་དང་། ཕྲ་མ་ལ་སོགས་པ་གཏི་མུག་ལས་སྐྱེས་པ་ནི། ལོག་པའི་ལྟ་བས་རབ་ཏུ་ཕྱུགས་པ་དང་། གང་ཡང་རིག་བྱེད་ལ་སོགས་པ་བསྟན་བཅོས་ངན་པ་བཏུལ་བའོ། །ཞེས་དང་། དེ་ཡི་འདུག་ཕྱོགས་ལས་བྱུང་ཕྱིར། །བརྣབ་སེམས་སོགས་རྩ་གསུམ་ལས་སྐྱེས། །ཞེས་པའི་འགྲེལ་པར། གཏི་མུག་གི་འདུག་ཕྱོགས་སུ་བྱུང་བ་ནི། གཏི་མུག་ལས་སྐྱེས་པ་དག་གོ། །ཞེས་གསུངས་པ་རྣམས་ཏེ། དེ་ལྟ་བུའི་གཏི་མུག་གིས་བསྐྱེད་པའི་ལུས་ངག་ཡིད་གསུམ་གྱི་ལས་རྣམས་ནི་མི་དགེ་བ་ཁོ་ན་ཡིན་པ་ལ་དགོངས་ནས་འཕགས་མཆོག་ཀླུ་སྒྲུབ་ཀྱིས། འདོད་ཆགས་ཞེ་སྡང་གཏི་མུག་གསུམ། །དེ་བསྐྱེད་ལས་ནི་མི་དགེ་བ། །ཞེས་གསུངས་པར་ཤེས་པར་བྱའོ། །མདོར་ན་འདུ་བྱེད་ཀྱི་རྐྱེན་གྱིས་མ་རིག་པ་དང་། འདུ་བྱེད་ཀྱི་ཀུན་སློང་གི་མ་རིག་པ་གཉིས་དོན་མི་ཅིག་སྟེ། སྔ་མ་ནི་ངར་འཛིན་ལྷན་སྐྱེས་དང་མཚུངས་ལྡན་གྱི་མ་རིག་པ་ཡིན་པས་དེ་ཁོ་ན་ཉིད་ལ་རྨོངས་པའི་མ་རིག་པ་ཡིན་ལ། ཕྱི་མ་ནི་སྔར་བཤད་པ་ལྟར་གྱི་གཏི་མུག་ཡིན་པས་ལས་རྒྱུ་འབྲས་ལ་རྨོངས་པའི་མ་རིག་པ་ཡིན་པའི་ཕྱིར་རོ། །ཞེས་གསུངས་སོ། །ཡང་མ་ཆགས་ཞེ་སྡང་གཏི་མུག་མེད། །ཞེས་

སོགས་ལ་དྲི་བ། དགེ་རྩ་གསུམ་གྱི་ཀུན་བླངས་པའི། །ལས་ཀུན་དགེ་བ་ཡིན་ན་ནི། །རྒྱུ་ཡི་ཀུན་སློང་དགེ་བ་ཡིས། །བླང་ཀྱང་དུས་ཀྱི་ཀུན་སློང་གི །མི་དགེ་བ་དང་མཚུངས་ལྡན་པའི། །མི་དགེ་བ་དེ་ཅི་ཞིག་ཡིན། །དེ་འདྲ་མེད་ན་དེད་དཔོན་གྱིས། །ཚོང་པ་གཡོ་ཅན་བསད་དེ་ཅི། །ཞེས་པའི་ལན་ནི། འཕགས་མཆོག་ཀླུ་སྒྲུབ་ཀྱིས། མ་ཆགས་ཞེ་སྡང་གཏི་མུག་མེད། །དེ་བསྐྱེད་ལས་ནི་དགེ་བ་ཡིན། །ཞེས་པའི་དོན་ལ། ཁྱོད་ཀྱིས་རྒྱུའི་ཀུན་སློང་དགེ་རྩ་གསུམ་གྱིས་ཀུན་ནས་བླངས་ཞིང་། དུས་ཀྱི་ཀུན་སློང་མི་དགེ་བ་དང་མཚུངས་ལྡན་པའི་ལས་དེ་ཆོས་ཅན། དགེ་བ་ཡིན་པར་ཐལ། དགེ་རྩ་གསུམ་གྱིས་ཀུན་ནས་བླངས་པའི་ལས་ཡིན་པའི་ཕྱིར་ཏེ། རྒྱུའི་ཀུན་སློང་དགེ་རྩ་གསུམ་གྱིས་ཀུན་ནས་བླངས་པའི་ལས་ཡིན་པའི་ཕྱིར། ཞེས་ཚིག་འགྲིའི་སྒོ་ནས་སུན་འབྱིན་པར་སྣང་མོད། འཕགས་མཆོག་དེ་དང་བདག་ཉིད་ཆེན་པོའི་དགོངས་པ་ནི། དགེ་རྩ་གསུམ་གྱིས་བསྐྱེད་ལས་དགེ་བ་ཡིན་ཞེས་པའི་དོན་ནི། རྒྱུ་དུས་དང་། དེ་དུས་ཀྱི་ཀུན་སློང་གཉིས་ཀ དགེ་རྩ་གསུམ་ཡིན་པ་དགོངས་ལ། ལས་གང་རུང་གཅིག་དགེ་བ་དང་། ཅིག་ཤོས་མི་དགེ་བ་ཡིན་ན། ལས་དེ་འདྲེས་མར་འགྱུར་བར་སྟོར་བཤད་ཟིན་པས་འདི་འདྲ་བའི་སྐྱོག་མ་ཅིའི་ཕྱིར་སློང་བར་བྱེད། འདི་ནི་རྣལ་མའི་ལན་ཡིན་ལ། ཁྱོད་ཉིད་ལ་དེ་ལྟ་བུའི་ལས་དེ་ཆོས་ཅན། མི་དགེ་བ་ཡིན་པར་ཐལ། དགེ་རྩ་གསུམ་གྱིས་ཀུན་ནས་བླངས་པའི་ལས་ཡིན་པའི་ཕྱིར། ཞེས་འཕངས་ན་ལན་ཅི་སྨྲ། རྟགས་འགལ་དངོས་འགལ་ཡིན་མོད། སླར་ཡང་འདོད་ན། དེ་འདྲ་མེད་ན། ཅེས་སོགས་ཚིག་རྐང་གཉིས་བརྗོད་པས་འཁོར་གསུམ་དངོས་འགལ་དུ་མི་འགྱུར་རམ། སྟ་མའི་ཁྲབ་པ་ནི། ཁོ་བོས་གསུང་རབ་དཔང་པོར་བྱས་ནས་མཁས་པའི་མདུན་སར་ཁས་ལེན་པས་སྨྲོན་ཡོད་ན་ཐོངས་ཤིག །དེད་དཔོན་སྙིང་རྗེ་ཆེན་པོས་ཚོང་པ་གཡོ་ཅན་བསད་པའི་ལས་དེ་རྒྱུ་དུས་ཀྱི་ཀུན་སློང་དགེ་བ་ཡིན་ཀྱང་། དེ་དུས་ཀྱི་ཀུན་སློང་མི་དགེ་བ་དང་མཚུངས་ལྡན་ཡིན་པ་འདི་རྣམ་པར་བརྟགས་ནས་དགག་པ་དང་། འཕགས་པ་ལ་སྐུར་པ་བཏབ་པར་ཐལ་བ་དང་། ལུང་དང་འགལ་བས་དགག་པ་གསུམ་ལས། དང་པོ་ནི། དེ་དུས་ཀྱི་ཀུན་སློང་མི་དགེ་བ་དང་མཚུངས་ལྡན་ཡིན་པའི་དོན་ནི། འདི་གསད་པར་བྱའོ་སྙམ་པའི་བློ་སྐྱེས་པ་ལ་བྱེད་དམ། ཡུལ་ལ་ཞེ་སྡང་སྐྱེས་པ་ལ་བྱེད། དང་པོ་ལྟར་ན་རྒྱུ་དུས་ཀྱི་ཀུན་སློང་ཡང་དེར་ཐལ་ཏེ། དེའི་ཕྱིར། ཕྱི་མ་ལྟར་ན་ཤིན་ཏུ་མི་འཐད་དེ། དེའི་དུས་སུ་སྙིང་རྗེ་ཁྱད་པར་ཅན་སྐྱེས་པ་ཡིན་ལ། དེ་དང་མཚུངས་ལྡན་གྱི་ཞེ་སྡང་མི་སྲིད་པའི་ཕྱིར་རོ། །

གཉིས་པ་ནི། དེ་འདྲ་བའི་གྲུབ་མཐའ་དེ་འཕགས་པའི་གང་ཟག་ལ་སྐུར་པ་བཏབ་པ་ཡིན་ཏེ། དེད་དཔོན་སྙིང་རྗེ་ཆེན་པོ་ནི་ཐེ་བྲག་ཏུ་སྨྲ་བའི་ལུགས་ལ་ཚོགས་ལམ་པ་ཡིན་ཀྱང་། ཐེག་པ་ཆེན་པོ་ཕ་རོལ་ཏུ་ཕྱིན་པའི་ལུགས་ལ་བྱང་སེམས་འཕགས་པ་ཡིན་པས། དེའི་རྒྱུད་ལ་མི་དགེ་བ་ཡོད་པར་ཁས་བླང་པའི་ཕྱིར་རོ། །

གཞན་ཡང་། དེ་དུས་ཀྱི་ཀུན་སློང་མི་དགེ་བ་ཡིན་ན་ཡང་། རྒྱུ་དུས་ཀྱི་ཀུན་སློང་དགེ་བ་ཡིན་པས་འདྲེས་མའི་ལས་སུ་ཁས་ལེན་རིགས་ཀྱི། མི་དགེ་བར་ཁས་ལེན་ག་ལ་རིགས་ལེགས་པར་དཔྱོད་ཅིག །

གསུམ་པ་ནི། ལུང་ལས་དེད་དཔོན་སྙིང་རྗེ་ཆེན་པོས་མཚོང་པ་གཡོ་ཅན་བསད་པའི་ལས་དེས་བསྐལ་པ་དགུའི་ཚོགས་འདུམ་པར་བཤད་པ་དང་འགལ་ཏེ། ལས་དེ་མི་དགེ་བ་ཡིན་པའི་ཕྱིར། མི་དགེ་བ་ཡིན་ཀྱང་ཚོགས་འདུམ་ན། སེམས་ཅན་ཐམས་ཅད་དང་པོ་ཉིད་ནས་སངས་རྒྱས་ཟིན་པར་འགྱུར་ཏེ། མི་དགེ་བ་མ་བྱས་པའི་སེམས་ཅན་མི་སྲིད་པའི་ཕྱིར། དེས་ན་ལུས་ངག་མི་དགེ་བར་སྣང་བ་ཐམས་ཅད་མི་དགེ་བ་དང་མཚུངས་ལྡན་གྱི་ཀུན་སློང་ཡོད་དགོས་པར་འདོད་པ་དེས་ནི་ཐེག་པ་ཆེན་པོའི་སྡེ་སྣོད་ནས་བཤད་པའི་ལྟུང་བའི་རྣམ་གཞག་མུ་བཞི་མ་ཤེས་པར་ཟད་དོ་ཞེས་པའི་ལན་མཛད་དོ། །བདག་ལ་དོགས་པ་འདི་ལྟར་སྐྱེས་ཏེ། གོང་གི་རིན་ཆེན་ཕྲེང་བའི་གཞུང་གི་དོན་ལ། རིམ་པ་ལྟར། ཁ་ཅིག་སྟེ། རྒྱུ་དུས་ཀྱི་ཀུན་སློང་དུག་གསུམ་དང་། དེ་དུས་ཀྱི་ཀུན་སློང་དུག་གསུམ་མེད་པའི་ཀུན་ནས་བླངས་པའི་ལས་ཆོས་ཅན། མི་དགེ་བ་ཡིན་པར་ཐལ། དུག་གསུམ་གྱིས་བསྐྱེད་པའི་ལས་ཡིན་པའི་ཕྱིར། ཁྱབ་པ་དངོས། རྟགས་གྲུབ་སྟེ། རྒྱུ་དུས་ཀྱི་ཀུན་སློང་དུག་གསུམ་གྱིས་བསྐྱེད་པའི་ལས་ཡིན་པའི་ཕྱིར་ཏེ། ཆོས་ཅན་དེ་ཡིན་པའི་ཕྱིར། རྩ་བར་འདོད་མི་ནུས་ཏེ། དགེ་བ་ཡིན་པའི་ཕྱིར་ཏེ། དེ་དུས་ཀྱི་ཀུན་སློང་དུག་གསུམ་མེད་པས་བསྐྱེད་པའི་ལས་ཡིན་པའི་ཕྱིར། རྟགས་ཆོས་ཅན་གྱིས་འགྲུབ། ཁྱབ་གསལ་དངོས་འགལ་ལོ། །ཡང་རྒྱུ་དུས་ཀྱི་ཀུན་སློང་དུག་གསུམ་མེད་པ་དང་། དེ་དུས་ཀྱི་ཀུན་སློང་དུག་གསུམ་གྱིས་བསྐྱེད་པའི་ལས་ཆོས་ཅན། དགེ་བ་ཡིན་པར་ཐལ། དུག་གསུམ་མེད་པས་བསྐྱེད་པའི་ལས་ཡིན་པའི་ཕྱིར། ཞེས་སོགས་སྔ་མ་བཞིན་དུ་འཕངས་པས་འཁོར་གསུམ་དུ་འགྱུར་རོ། །ཡང་རྒྱུ་དུས་ཀྱི་ཀུན་སློང་དུག་གསུམ་གྱིས་བསྐྱེད་པ་དང་། དེ་དུས་ཀྱི་ཀུན་སློང་དུག་གསུམ་མེད་པའི་དགེ་བ་དང་མཚུངས་པར་ལྡན་པའི་ལས་ཆོས་ཅན། མི་དགེ་བ་ཡིན་པར་ཐལ། དུག་གསུམ་གྱིས་བསྐྱེད་པའི་ལས་ཡིན་པའི་ཕྱིར། ཁྱབ་པ་དངོས། རྟགས་ཆོས་ཅན་གྱིས་འགྲུབ། རྩ་བར་འདོད་མི་ནུས་ཏེ། དགེ་བ་དང་མཚུངས་ལྡན་གྱི་ལས་ཡིན་པའི་ཕྱིར་རོ། །དེ་དུས་ཀྱི་ཀུན་སློང་དུག་གསུམ་མེད་པའི་དགེ་བ་དང་མཚུངས་ལྡན་གྱི་ལས་ཡིན་པའི་ཕྱིར། ཡང་རྒྱུ་དུས་ཀྱི་ཀུན་སློང་དུག་གསུམ་མེད་པས་བསྐྱེད་ལ། དེ་དུས་ཀྱི་ཀུན་སློང་དུག་གསུམ་དང་མཚུངས་ལྡན་གྱི་ལས་ཆོས་ཅན། དགེ་བ་ཡིན་པར་ཐལ། དུག་གསུམ་མེད་པས་བསྐྱེད་པའི་ལས་ཡིན་པའི་ཕྱིར། རྟགས་ཁྱབ་སྔར་བཞིན། རྩ་བར་འདོད་མི་ནུས་ཏེ། མི་དགེ་བ་དང་མཚུངས་ལྡན་གྱི་ལས་ཡིན་པའི་ཕྱིར་ཏེ། དེ་དུས་ཀྱི་ཀུན་སློང་དུག་གསུམ་དང་མཚུངས་ལྡན་གྱི་ལས་ཡིན་པའི་ཕྱིར། ཞེས་ཟེར་ན། ཆོས་ཅན་དུ་བཟུང་བའི་ལས་དེ་དག

འདྲེས་མའི་ལས་ཡིན་ཏེ། རྒྱུ་དུས་དང་། དེ་དུས་ཀྱི་ཀུན་སློང་དགེ་མི་དགེ་འདྲེས་པའི་ལས་ཡིན་པར་གོང་ལས་འབྲས་ཀྱི་སྐབས་སུ་བཤད་ཟིན་པའི་ཕྱིར་དང་། ཀུན་སློང་ལ་རྒྱུ་དུས་དང་། དེ་དུས་ཀྱི་ཀུན་སློང་གཉིས་ཡོད་པར་མཛོད་ལས། ཀུན་སློང་རྣམ་གཉིས་རྒྱུ་དང་ནི། །དེ་ཡི་དུས་ཀྱི་སློང་ཞེས་བྱ། །ཞེས་གསུངས་པས་སོ། །འོན་ཀྱང་རིན་ཆེན་ཕྲེང་བའི་གཞུང་དོན་ལ་སྐྱོན་དེ་དག་གིས་མི་གནོད་དེ། ཚིག་རྐང་དང་པོ་གཉིས་ཀྱི་དོན་ནི། རྒྱུ་དུས་དང་། དེ་དུས་ཀྱི་ཀུན་སློང་གཉིས་ཀ་དུག་གསུམ་གྱིས་བསྐྱེད་པའི་ལས་ཡིན་ན། མི་དགེ་བ་ཡིན་པས་ཁྱབ་པ་དང་། ཚིག་རྐང་ཕྱི་མ་གཉིས་ཀྱི་དོན་ནི། རྒྱུ་དུས་དང་དེ་དུས་ཀྱི་ཀུན་སློང་དུག་གསུམ་མེད་པས་བསྐྱེད་པའི་ལས་ཡིན་ན། དགེ་བ་ཡིན་པས་ཁྱབ་ཅེས་ཁས་བླངས་ན་རུང་བར་སེམས་ལ། གང་ལྟར་ནའང་དཔྱད་པར་རིགས་ལགས་སོ། །

གཉིས་པ་ལ་གཉིས་ཏེ། མདོར་བསྟན་པ་དང་། རྒྱས་པར་བཤད་པའོ། །དང་པོ་ནི། ཉན་ཐོས་དགེ་བ་སོགས་ཚིགས་བཅད་གཅིག་སྟེ། སྤྱིར་ཉན་ཐོས་ལ། ཉན་ཐོས་རྣམ་བཞི་སྤྲུལ་པ་དང་། །ཞི་བགྲོད་གྲུབ་མཐའ་འཛིན་པ་དང་། །སངས་རྒྱས་སུ་ནི་འགྱུར་བའོ། །ཞེས་བཞི་གསུངས་པའི་ཞི་བ་བགྲོད་པའི་ཕྱོགས་གཅིག་པའི་ཉན་ཐོས་རྣམས་ཀྱི་དགེ་བ་ཕལ་ཆེ་བ་ཡང་། བྱང་ཆུབ་སེམས་དཔའི་སྡིག་པར་འགྱུར་ཏེ། དེ་དག་སངས་རྒྱས་ཐོབ་པའི་གེགས་ཡིན་པའི་ཕྱིར་ཏེ། ཇི་སྐད་དུ། དཔལ་བར་འགྲོ་བ་སངས་རྒྱས་ཀྱི། །བསྟན་གྱི་གེགས་བྱེད་མ་ཡིན་ནོ། །ཉན་ཐོས་རྣམས་ཀྱི་ས་དག་དང་། །རང་སངས་རྒྱས་ཀྱི་ས་དག་གེགས། །ཞེས་གསུངས་པའི་ཕྱིར་རོ། །བྱང་ཆུབ་སེམས་དཔའི་དགེ་བ་ཕལ་ཆེ་བ་ཡང་། ཉན་ཐོས་རྣམས་ཀྱི་སྡིག་པར་འགྱུར་བར་གསུངས་ཏེ། དེ་དག་སངས་རྒྱས་ཀྱི་རྒྱུའི་གཙོ་བོ་ཡིན་ཀྱང་། དམན་པའི་བྱང་ཆུབ་ཐོབ་པ་ལ་གེགས་བྱེད་པའི་ཕྱིར་རོ། །

གཉིས་པ་ནི། བསྐལ་པ་དུ་མ་དང་། ཞེས་སོགས་ཚིགས་བཅད་བཞི་སྟེ། འོ་ན་ཉན་ཐོས་ཀྱི་དགེ་བ་ཆེན་པོ་བྱང་ཆུབ་སེམས་དཔའི་སྡིག་པར་འགྱུར་བ་ཇི་ལྟ་བུ་ཞེ་ན། བྱང་ཆུབ་སེམས་དཔས་བསྐལ་པ་དུ་མར་དགེ་བ་བཅུ་སྤྱད་ཀྱང་། ཉན་ཐོས་དང་རང་རྒྱལ་གྱི་ས་རུ་སེམས་བསྐྱེད་ན། དེ་ནི་དགེ་སློང་གིས་ཕམ་པ་སྤྱད་པ་བས་ཀྱང་། བྱང་ཆུབ་སེམས་དཔའི་སྡིག་པ་ཤིན་ཏུ་ལྕི་བ་ཡིན་ཏེ། མདོ་སྡུད་པ་ལས། གལ་ཏེ་བསྐལ་པ་བྱེ་བར་དགེ་བའི་ལས་ལམ་བཅུ། །སྤྱོད་ཀྱང་ཉན་ཐོས་རང་རྒྱལ་བྱང་ཆུབ་འདོད་བསྐྱེད་ན། །དེ་ནི་ཚུལ་ཁྲིམས་སྐྱོན་བྱུང་ཚུལ་ཁྲིམས་ཉམས་པ་ཡིན། །སེམས་བསྐྱེད་དེ་ནི་ཕས་ཕམ་པས་ཀྱང་ཤིན་ཏུ་ལྕི། །ཞེས་གསུངས་པའི་ཕྱིར། ཉན་རང་གི་བྱང་ཆུབ་ཏུ་སེམས་བསྐྱེད་པ་དེ་ནི། ཉན་ཐོས་དང་རང་རྒྱལ་གྱི་དགེ་བ་ཆེན་པོ་ཡིན་ཏེ། དེ་དག་གི་ལམ་གྱི་གཙོ་བོ་ཡིན་པའི་ཕྱིར་རོ། །བྱང་ཆུབ་སེམས་དཔའི་དགེ་བ་ཆེན་པོ། ཉན་ཐོས་ཀྱི་སྡིག་པར་འགྱུར་བ་ནི།

བྱང་ཆུབ་སེམས་དཔའ་གཞན་དོན་དུ་འདོད་པའི་ཡོན་ཏན་ལྔ་ལ་ལོངས་སྤྱོད་ཀྱང་། སྟོང་ཉིད་སྙིང་རྗེའི་སྙིང་པོ་ཅན་གྱི་ཐབས་མཁས་དང་། གཞན་དོན་དུ་འཁོར་བར་དངོས་སུ་འཇུག་ནུས་པའི་སྙིང་རྗེ་ཆེན་པོའི་ཀུན་ནས་བླངས་པའི་བྱང་ཆུབ་ཀྱི་སེམས་དང་ལྡན་ན། དེ་རྒྱལ་བའི་སྲས་པོ་རྣམས་ཀྱི་དགེ་བ་ཆེན་པོ་ཡིན་ཏེ། སྡུད་པ་ལས། གལ་ཏེ་བྱང་ཆུབ་སེམས་དཔའ་འདོད་ཡོན་ལྔ་སྤྱོད་ཀྱང་། །སངས་རྒྱས་ཆོས་དང་འཕགས་པའི་དགེ་འདུན་སྐྱབས་སོང་སྟེ། །སངས་རྒྱས་བསྒྲུབ་བྱ་སྙམ་དུ་ཀུན་མཁྱེན་ཡིད་བྱེད་ན། །མཁས་པ་ཚུལ་ཁྲིམས་ཕ་རོལ་ཕྱིན་ནས་རིག་པར་བྱ། །ཞེས་གསུངས་པའི་ཕྱིར། དེའི་དཔེ་ནི། བྲམ་ཟེའི་ཁྱེའུ་སྐར་མས། ལོ་དུ་མར་ཚངས་སྤྱོད་བསྲུངས་ཀྱང་། ཚོང་དཔོན་གྱི་བུ་མོ་ལ་སྙིང་བརྩེ་བས་བསླབ་པ་ཕུལ་ཏེ་ལོ་བཅུ་གཉིས་ཁྱིམ་ཐབས་བྱས་པས། བསྐལ་པ་དགུ་ཁྲིའི་འཁོར་བ་ཕྱིར་སྐྱིལ་བར་ལྟ་བུའོ། །དེ་ལྟར་སྤྱོད་པ་ཉན་ཐོས་རྣམས་ཀྱིས་སྡིག་པར་གསུངས་ཏེ། ཉན་ཐོས་རྣམས་ཀྱིས་འདོད་ཡོན་ལྔ་དུག་ལྟར་སྤང་བར་བྱ་བ་ཡིན་པའི་ཕྱིར་རོ། །འོ་ན་བྱང་ཆུབ་སེམས་དཔའ་རབ་ཏུ་བྱུང་བས་ཀྱང་། འདོད་ཡོན་ལྔ་སྤྱད་ན་དགེ་བ་ཆེན་པོར་འགྱུར་རམ་ཞེ་ན། གཞན་གྱི་དོན་དུ། སངས་རྒྱས་ཐོབ་པར་འདོད་པའི་སེམས་བརྟན་པོ་དང་ལྡན་པའི་དགེ་སློང་གིས་ཕམ་པའི་ཆོས་བཞི་པོ་སྤྱད་ན་ཡང་། བྱང་ཆུབ་སེམས་དཔའི་དགེ་བ་ཆེན་པོ་ཡིན་ཏེ། ཐབས་ལ་མཁས་པའི་མདོ་ལས། དེ་ཡང་རིགས་ཀྱི་བུ་ཡོངས་སུ་རྟག་པ་བཟུང་ན། གལ་ཏེ་རབ་ཏུ་བྱུང་བའི་བྱང་སེམས་ལྟུང་བའི་རྩ་བ་བཞི་པོ་ཐམས་ཅད་ལས་འདས་པར་གྱུར་ཀྱང་། ཐབས་ལ་མཁས་པ་འདིས་སྤྱོད་པར་བྱེད་ན། བྱང་ཆུབ་སེམས་དཔའི་ལྟུང་བར་མི་འགྱུར་བར་ངས་བཤད་དོ། །ཞེས་གསུང་པས་སོ། །ཕམ་པ་སྤྱད་པ་ཉན་ཐོས་རྣམས་ཀྱི་སྡིག་པར་གསུངས་ཏེ། ཉན་ཐོས་རྣམས་ཀྱི་ཕམ་པ་བཞི་སྤྱད་ན། ངན་སོང་དུ་སྐྱེ་བའི་ཕྱིར་རོ། །འཁོར་བའི་འགྲོ་བ་ལ་སྙིང་རྗེས་ཆགས་པ་ནི་གཞན་གྱི་དོན་ཡིན་ན་ཡང་། ཉན་ཐོས་རྣམས་ཀྱི་སྡིག་པ་ཡིན་ལ། དེ་ནི་རྒྱལ་སྲས་བྱང་ཆུབ་སེམས་དཔའ་རྣམས་ཀྱི་དགེ་བ་ཡིན་པར་ཤེས་པར་བྱ་སྟེ། དགོན་བརྩེགས་ཀྱི་ཉེ་བ་འཁོར་གྱི་ཞུས་པའི་མདོ་ལས། ཉེ་བ་འཁོར་ཉན་ཐོས་ཀྱི་ཐེག་པ་པ་རྣམས་ཀྱི་སྲུང་བ་གཞན། ལྷག་པའི་བསམ་པ་ཡང་གཞན། ཐེག་པ་ཆེན་པོ་ལ་ཡང་དག་པར་བཞུགས་པའི་བྱང་ཆུབ་སེམས་དཔའ་རྣམས་ཀྱི་སྲུང་བ་གཞན། ལྷག་པའི་བསམ་པ་ཡང་གཞན་པའི་ཕྱིར་རོ། །ཉེ་བ་འཁོར། དེ་ལ་ཉན་ཐོས་ཀྱི་ཐེག་པ་པའི་ཚུལ་ཁྲིམས་ཡོངས་སུ་དག་པ་གང་ཡིན་པ་དེ་ནི། ཐེག་པ་ཆེན་པོ་ལ་ཡང་དག་པར་བཞུགས་པའི་བྱང་ཆུབ་སེམས་དཔའི་ཚུལ་ཁྲིམས་ཡོངས་སུ་མ་དག་པ་ཉིད་དང་། ཤིན་ཏུ་འཆལ་པའི་ཚུལ་ཁྲིམས་ཉིད་ཡིན་ལ། ཐེག་པ་ཆེན་པོ་ལ་ཡང་དག་པར་བཞུགས་པའི་བྱང་ཆུབ་སེམས་དཔའི་ཚུལ་ཁྲིམས་ཡོངས་སུ་དག་པ་ཉིད་གང་ཡིན་པ་དེ་ནི། ཉན་ཐོས་ཀྱི་ཐེག་པའི་ཚུལ་ཁྲིམས་ཡོངས་

སུམ་དག་པ་ཉིད་དང་། ཤིན་ཏུ་འཆལ་པའི་ཚུལ་ཁྲིམས་ཉིད་ཡིན་ནོ། །དེ་ཅིའི་ཕྱིར་ཞེ་ན། ཉེ་བ་འཁོར། འདི་ལ་ཉན་ཐོས་ཀྱི་ཐེག་པ་པ་ནི། སྐད་ཅིག་ཙམ་ཡང་སྲིད་པར་སྐྱེ་བ་ལེན་པར་མི་བྱེད་དོ། །དེ་ནི་ཉན་ཐོས་ཀྱི་ཐེག་པ་པའི་ཚུལ་ཁྲིམས་ཡོངས་སུ་དག་པ་ཉིད་ཡིན་ལ། དེ་ནི་ཐེག་པ་ཆེན་པོ་ལ་ཡང་དག་པར་ཞུགས་པའི་ཚུལ་ཁྲིམས་ཡོངས་སུ་མ་དག་པ་ཉིད་དང་། ཤིན་ཏུ་འཆལ་པའི་ཚུལ་ཁྲིམས་ཉིད་ཡིན་པའི་ཕྱིར་རོ། །ཉེ་བ་འཁོར། ཐེག་པ་ཆེན་པོ་ལ་ཡང་དག་པར་ཞུགས་པའི་བྱང་ཆུབ་སེམས་དཔའི་ཚུལ་ཁྲིམས་ཡོངས་སུ་དག་པ་ཉིད་གང་ཡིན་པ་དེ་ནི། ཉན་ཐོས་ཀྱི་ཐེག་པའི་ཚུལ་ཁྲིམས་ཡོངས་སུ་མ་དག་པ་ཉིད་དང་། ཤིན་ཏུ་འཆལ་པའི་ཚུལ་ཁྲིམས་ཉིད་དུ་འགྱུར་བ་གང་ཞེ་ན། ཉེ་བ་འཁོར། འདི་ལ་ཐེག་པ་ཆེན་པོ་ལ་ཡང་དག་པར་ཞུགས་པའི་བྱང་ཆུབ་སེམས་དཔའ་བསྐལ་པ་ཚད་མེད་གྲངས་མེད་པར་སྲིད་པར་སྐྱེ་བ་ལེན་ཀྱང་། སེམས་ཡོངས་སུ་མི་སྐྱོ་ཞིང་། ཡིད་མི་ཞུམ་པ་དེ་ནི། ཐེག་པ་ཆེན་པོ་ལ་ཡང་དག་པར་ཞུགས་པའི་བྱང་ཆུབ་སེམས་དཔའི་ཚུལ་ཁྲིམས་ཡོངས་སུ་དག་པ་ཉིད་ཡིན་ལ། དེ་ནི་ཉན་ཐོས་ཀྱི་ཐེག་པའི་ཚུལ་ཁྲིམས་ཡོངས་སུ་མ་དག་པ་ཉིད་དང་། ཤིན་ཏུ་འཆལ་པའི་ཚུལ་ཁྲིམས་ཉིད་ཡིན་ནོ། །ཞེས་གསུངས་སོ། །

གཉིས་པ་འབྲས་བུ་དཀར་ནག་ཟང་ཐལ་དགག་པ་ལ་གཉིས་ཏེ། འདོད་པ་བརྗོད་པ་དང་། དེ་དགག་པའོ། །དང་པོ་ནི། དཀར་ནག་ཟང་ཐལ། ཞེས་སོགས་རྐང་པ་གཉིས་ཏེ། འབྲི་ཁུང་པ་ཆེན་པོ་ན་རེ། དཀར་ནག་ཟང་ཐལ་ཞེས་བྱ་བའི་ནག་པོ་ཟང་ཐལ་གྱི་རྣམ་སྨིན་སངས་རྒྱས་ཀྱིས་ཀྱང་མྱོང་དགོས་ཏེ། དགོངས་གཅིག་ཏུ་རྡོ་རྗེའི་གསུངས་ལས། ཤཱཀྱ་ཐུབ་པ་ལ། ལྷ་སྦྱིན་གྱིས་སྒྲོགས་རྡོ་འཕངས་པས་ཞབས་ལ་རྨ་བྱུང་སྟེ། སྟོན་པའི་ཞལ་སྔ་ནས། གང་དུ་གནས་ཀྱང་ལས་ཀྱི་མི་འཚུགས་པའི། །ས་ཕྱོགས་དེ་ནི་ཡོད་པ་མ་ཡིན་ཏེ། །བར་སྣང་ན་མེད་རྒྱ་མཚོའི་སྙིང་ནའང་མེད། །རི་འམ་ཕུག་ན་ཡོད་པ་མིན་ནོ། །ཞེས་སོགས་འབྱུང་བས་སོ། །དེ་བཞིན་དུ་འདུལ་བ་ལུང་ལས། སྟོན་པ་ལ་ཡང་སྐུ་ཚེ་སྔ་མའི་ལས་ངན་སྨིན་པར་གསུངས་པ་ཐམས་ཅད་ངེས་དོན་ཡིན་པས། ལས་དཀར་ནག་སངས་རྒྱས་ཀྱི་སའི་བར་དུ་ཟང་ཐལ་དུ་འགྲོའོ། །ཞེས་པའི་ཆོས་སྐད་ངོ་མཚར་ཆེ་བ་འདི་འདྲ་རྒྱ་གར་ན་མེད། བོད་ན་གྲག་གོ། །

གཉིས་པ་ལ་གསུམ་སྟེ། དཀར་ནག་ཟང་ཐལ་དྲང་དོན་དུ་བསྒྲུབ་པ། ངེས་དོན་ཡིན་པ་ལ་གནོད་བྱེད་བསྟན་པ། ཤེས་བྱེད་ཀྱི་ལུང་རིགས་དང་སྦྱར་བའོ། །དང་པོ་ནི། དེ་དག་གིས་ནི། ཞེས་སོགས་ཚིགས་བཅད་བཞི་དང་། རྐང་པ་གཅིག་སྟེ། སྟོན་པ་སངས་རྒྱས་ལ་ལས་ངན་གྱི་འབྲས་བུ་སྨིན་པར་འདོད་པའི་འབྲི་ཁུང་པ་དེ་དག་གིས་ནི། འདུལ་བ་ལུང་ལས་དྲང་དོན་དུ་གསུངས་པ་ལ་ངེས་པའི་དོན་དུ་འཁྲུལ་པར་ཟད་དོ། །ཇི་ལྟར

འདུལ་བ་ལུང་ལས་གསུངས་པ་དྲང་དོན་ཡིན་སྙམ་ན། སྟོན་པ་སྔོན་དེད་དཔོན་སྙིང་རྗེ་ཆེན་པོ་གྱུར་པ་ཡིས་ཚོང་པ་གཡོ་ཅན་བསད་པ་ཡི་ལས་ཀྱིས་རྫོགས་པའི་སངས་རྒྱས་ཀྱི་ཞབས་ལ་སེང་ལྡེང་གི་ཚལ་པ་ཟུག་པ་ནི། ཐུབ་པའི་སྐུ་ཚེ་སྔ་མར་བསགས་པའི་ལས་ངན་གྱི་འབྲས་བུ་སྨིན་པར་འདུལ་བ་ལུང་ལས་གསུངས་པ་ནི། སྔོན་ཚོང་པ་ནོར་འདོད་པ་ལྔ་བརྒྱ་ཙམ་ཞིག་རྒྱ་མཚོ་ཆེན་པོར་ཞུགས་པ་ན། དེ་དག་གི་ནང་ནས་མི་སྡིག་པའི་ལས་བྱེད་པ་གཞན་གྱི་ནོར་འཕྲོག་པའི་ཆོམ་རྐུན་པ་ཞིག་འདི་སྙམ་དུ་སེམས་ཏེ། ཚོང་པ་འདི་ཐམས་ཅད་སྲོག་དང་བྲལ་ལ། རྫས་ཀྱི་རྣམ་པ་འདི་དག་ཐམས་ཅད་ཁྱེར་ཏེ། འཛམ་བུ་གླིང་དུ་འགྲོ་བར་བྱའོ། །སྙམ་མོ། །དེའི་ཚེ་ཚོང་པ་དེའི་དེད་དཔོན་སྙིང་རྗེ་ཆེན་པོ་དང་ལྡན་པ་ལ། རྒྱ་མཚོ་དེ་ལ་གནས་པའི་ལྷས་རྨི་ལམ་དུ་མི་ནག་པོ་ཇི་ལྟར་བསམ་པར་ཐམས་ཅད་ལུང་བསྟན་པ་དང་། དེད་དཔོན་གྱི་བསམ་པ་ལ། ཚོང་པ་ལྔ་བརྒྱ་པོ་འདི་དག་བྱང་ཆུབ་ལས་ཕྱིར་མི་ལྡོག་པ་ཤ་སྟག་ཡིན་པ་ལས། མི་འདིས་གསད་པར་གྱུར་ན་དེའི་ལས་ཀྱི་སྒྲིབ་པས་སེམས་ཅན་དམྱལ་བ་རྣམས་སུ་ཡུན་རིང་དུ་བསགས་པར་འགྱུར་བས་ཚོང་པ་འདི་དག་བསད་པར་མི་འགྱུར་ཞིང་། མི་འདི་ཡང་དམྱལ་བ་ཆེན་པོ་རྣམས་སུ་འགྲོ་བར་མི་འགྱུར་བའི་ཐབས་ཅི་ཡོད་སྙམ་དུ་ཞག་བདུན་གྱི་བར་དུ་སེམས་སོ། །དེ་ནས་ཐབས་འདི་ཉིད་ཡིན་ནོ་སྙམ་སྟེ། ཆོམ་རྐུན་པ་དེ་ལ་རང་ཉིད་ཀྱིས་མདུང་བསྣུན་ཏེ། སྲོག་དང་བྲལ་ནས་མགྲོན་པོ་ཐམས་ཅད་དོན་གྲུབ་ཅིང་། རང་རང་གི་གྲོང་ཁྱེར་དུ་ཕྱིན་པར་གྱུར་ཏོ། །དེའི་དུས་ཀྱི་དེད་དཔོན་ནི་སྟོན་པ་རང་ཉིད་ཡིན་ཞིང་། ཚོང་པ་ལྔ་བརྒྱ་ནི། བསྐལ་པ་བཟང་པོ་འདི་ལ་འཚང་རྒྱ་བའི་བྱང་ཆུབ་སེམས་དཔའ་ལྔ་བརྒྱ་ཡིན་ནོ། །དེ་ལྟར་ཆོམ་རྐུན་པ་བསད་པའི་ལས་ཀྱི་ཉེས་པས། དེ་བཞིན་གཤེགས་པའི་ཞབས་ལ་སེང་ལྡེང་གི་ཚལ་པ་ཟུག་སྟེ། ཁྲག་གི་རྒྱུན་བབ་པར་གསུངས་སོ། །

དེ་དག་ཉན་ཐོས་འདུལ་བའི་སྐབས་སུ་སྒྲ་ཇི་བཞིན་པར་ཁས་ལེན་ཀྱང་། ཐེག་པ་ཆེན་པོའི་སྐབས་སུ་དྲང་དོན་ཡིན་ཏེ། ལུང་ལས། ཞབས་ལ་སེང་ལྡེང་གི་ཚལ་པ་ཟུག་པར་གསུང་པ་དེས་འདུལ་བ་ཡི་སྐྱེ་བོ་ལ་དགོངས་པའི་དབང་གིས་གསུང་པ་ཡིན་ཏེ། དེའི་དགོངས་གཞི་གཉན་ཡོད་ཀྱི་གསང་བྱ་གསོད་བྱེད་བཞི་བཅུ་པོ་དང་། དེར་སྐྱེ་བོའི་ཚོགས་ཆེན་པོ་འདུས་པ་ལ་ཕན་པར་དགོངས། དགོས་པ་སྐྱེས་བུ་དེ་རྣམས་སྲོག་གཅོད་པ་མི་དགེ་བའི་ལས་སྤྲངས་ཏེ། དགེ་བའི་ལས་ལ་འགོད་པར་མཛད་པའི་ཆེད་ཡིན། དངོས་ལ་གནོད་བྱེད། ཚོགས་གཉིས་རྫོགས་ཤིང་། རང་རྒྱུད་ཀྱི་སྒྲིབ་གཉིས་བག་ཆགས་དང་བཅས་པ་སྤྲངས་པས་སོ། །དེ་ལྟར་ཡིན་པར་གསང་ཆེན་ཐབས་ལ་མཁས་པའི་མདོ་སྡེ་ལྟོས་ཏེ། དེ་ཉིད་ལས། འདི་ལྟར་ཡངས་པ་ཅན་གྱི་གྲོང་ཁྱེར་ཆེན་པོ་འདི་ཉིད་ན། སྲིད་པ་ཐ་མ་པའི་མི་ཉིསྲུ་དང་། དེ་དག་གི་དགྲ་བོ་ཉིསྲུ་ཞིག་ཀྱང་ཡོད་པར་གྱུར་ཏེ། དགྲ

པོ་དེ་དག་གི་མི་ཉི་ཤུ་པོ་དེ་དག་གསད་པར་བྱ་བའི་ཕྱིར་དུ། མི་དེ་དག་གི་ཁྱིམ་དུ་བཞུགས་སོ། །དེ་ནས་མི་བཞི་བཅུ་པོ་དེ་དག་སངས་རྒྱས་ཀྱི་མཐུས་སངས་རྒྱས་ག་ལ་བ་དེར་དོང་ངོ་། །དེ་ནས་དེ་དག་འདུལ་བའི་ཕྱིར་དུ་སྟོན་པས་མོའུ་འགལ་གྱི་བུ་ལ། ས་ཕྱོགས་འདིར་སེང་ལྡེང་གི་ཚལ་པ་ཞིག་བྱུང་ནས་སྟོན་པའི་ཞབས་ལ་ཟུག་པར་གྱུར་ཏེ། ཞེས་བཀའ་སྩལ་ཏོ། །དེ་མ་ཐག་ཏུ་སེང་ལྡེང་གི་ཚལ་པ་བྱུང་ནས། སྟོན་པ་རྒྱལ་ཆེན་བཞིའི་རིགས་དང་སུམ་ཅུ་རྩ་གསུམ་ནས་བཟུང་སྟེ། ཚངས་པའི་འཇིག་རྟེན་གྱི་བར་དུ་གཤེགས་ཀྱང་སེང་ལྡེང་གི་ཚལ་པ་དེ་ཡང་ཚངས་པའི་འཇིག་རྟེན་གྱི་བར་དུ་འོངས་སོ། །ཚངས་པའི་འཇིག་རྟེན་ལས་བབས་ཏེ། གདན་ལ་བཞུགས་པ་ན། སེང་ལྡེང་གི་ཚལ་པ་དེ་ཡང་མདུན་དུ་འཁོད་དོ། །དེ་ནས་བཅོམ་ལྡན་འདས་ཀྱི་ཞབས་གཡས་པས་སེང་ལྡེང་གི་ཚལ་པའི་སྟེང་དུ་བཞག་མ་ཐག་ཏུ་སྟོང་གསུམ་གྱི་འཇིག་རྟེན་གཡོས་པར་གྱུར་ཏོ། །དེ་ནས་ཀུན་དགའ་བོས་འདི་ཅི་ལས་གྱུར་ཞེས་ཞུས་པས། ཚོང་པ་གཡོ་ཅན་བསད་པའི་ལས་ཀྱི་ལྷག་མ་ཡིན་ནོ། །ཞེས་གསུང་པས་མི་ཉི་ཤུ་པོ་གསོད་པར་འདོད་པའི་དགྲ་བོ་ཉི་ཤུ་པོ་དེ་དག་གིས་མི་ཉི་ཤུ་པོ་གསོད་པར་འདོད་པའི་སེམས་བསྐྱེད་པའི་ཉེས་པ་བཅོམ་ལྡན་འདས་ཀྱི་སྨྱུན་སྔར་བཤགས་སོ། །དེས་ན་དོན་དེ་ལ་དགོངས་ནས་སེང་ལྡེང་གི་ཚལ་པ་ཟུག་པར་བསྟན་པ་ནི། དེ་བཞིན་གཤེགས་པའི་ཐབས་ལ་མཁས་པ་ཡིན་པར་གསུངས་སོ། །

ཡང་ཆུ་བོ་ནཻ་ར་ཛ་ཉའི་འགྲམ་དུ་ལོ་དྲུག་ཏུ་དཀའ་བ་སྤྱད་དགོས་པ་ནི། ཐུབ་པའི་སྐུ་ཚེ་སྔོན་མ་བྲམ་ཟེའི་ཁྱེའུ་བླ་མར་གྱུར་པའི་ཚེ། དགེ་སློང་མགོ་རེག་ལ་བྱང་ཆུབ་ག་ལ་ཡོད་ཅེས་སྨྲས་པ་ཡི་ལས་ངན་གྱི་འབྲས་བུ་སྨིན་པར་འདུལ་བ་ལུང་ལས་གསུང་པ་ནི། སྔོན་སངས་རྒྱས་འོད་སྲུང་གི་བསྟན་པ་ལ། ཛྙ་མཁན་དགའ་སྐྱོང་ཞེས་བྱ་བ་དང་། དེའི་ཉེའུ་མདའ་བྲམ་ཟེའི་ཁྱེའུ་བླ་མ་ཞེས་བྱ་བ་གཉིས་ཡོད་པ་ལས། བླ་མས་དགའ་སྐྱོང་ལ་སྨྲས་པ། དེ་བཞིན་གཤེགས་པ་འོད་སྲུང་ལ་བསྙེན་བཀུར་བྱེད་པ་ཐོངས་ཤིག །དགེ་སློང་མགོ་རེག་ལ་བྱང་ཆུབ་ག་ལ་ཡོད། བྱང་ཆུབ་ནི་མཆོག་ཏུ་དཀའ་བ་ཡིན་ནོ། །ཞེས་ལན་གསུམ་གྱི་བར་དུ་སྨྲས་ཀྱང་། མ་ལྡོག་པར་དགའ་སྐྱོང་གིས་བླ་མའི་ཐོར་ཏོ་ནས་བཟུང་སྟེ། དེས་པ་བླ་མ་ཁྱོད་སངས་རྒྱས་འོད་སྲུང་ལ་བསྙེན་བཀུར་གྱིས་ཤིག །དེ་ནས་བླ་མས་སངས་རྒྱས་ནི་མཆོག་མིན་ཞིང་། ཆོས་བསྟན་པ་ནི་མཆོག་མིན་ནོ། །ཞེས་སྨྲས་པའི་ལས་ཀྱི་རྣམ་པར་སྨིན་པས། ད་ལྟ་ཡང་ལོ་དྲུག་གི་བར་དུ་དཀའ་བ་སྤྱད་དགོས་བྱུང་ངོ་། །ཞེས་གསུང་སྐབས་ནི། དེས་འདུལ་བ་ཡི་སྐྱེ་བོ་ལ་དགོངས་པའི་དབང་གིས་གསུངས་པ་སྟེ། དེའི་དགོངས་གཞི་ལྔ་དང་། ཕྱི་རོལ་པའི་དྲང་སྲོང་དན་པ་ལ་མོས་པ་སཱ་ཡ་ཕྲག་བཞི་དང་། ཉིད་འབུམ་འབྲུ་གཅིག་ཙམ་ཟ་ཞིང་། ཟས་གཞན་མི་ཟ་བས་རྣམ་པར་དག་པར་འགྱུར་བར་འདོད་པ་དེ་དག་ཚར་གཅད་པ་ལ་དགོངས། དགོས་པ་འཕགས་པའི་ལམ་ལ་མ

བརྟེན་པར་འབྲུ་གཅིག་ཙམ་གྱི་ཟས་ངན་པ་ཟ་བས་རྣམ་པར་དག་པར་མི་ནུས་པར་སྟོན་པའི་ཕྱིར་དང་། དངོས་ལ་གནོད་བྱེད། བཅོམ་ལྡན་འདས་ལ་ལས་ཀྱི་སྒྲིབ་པ་མི་མངའ་བས་སོ། །དེ་ལྟར་ཐབས་ལ་མཁས་པའི་མདོ་སྡེ་ལྟོས་ཏེ། དེ་ཉིད་ལས། བྲམ་ཟེའི་ཁྱེའུ་འོད་ཟེར་ཕྲེང་དེ་ལ། །ཉེའུ་མདའ་བྲམ་ཟེའི་ཁྱེའུ་རིགས་ཤིང་ས་ལ་ཆེན་པོ་ལྟ་བུ། བྱང་ཆུབ་སེམས་དཔའི་ཐེག་པ་ལ་ཡང་དག་པར་ཞུགས་པ་ལྔ་ཞིག་ཡོད་པ་དེ་དག སྡིག་པའི་གྲོགས་པོའི་དབང་གིས་བྱང་ཆུབ་ཀྱི་སེམས་བརྗེད་ནས་མུ་སྟེགས་བྱེད་ཀྱི་བརྟུལ་ཞུགས་སྤྱོད་ཅིང་། སངས་རྒྱས་ལ་མི་མོས་པར་གྱུར་ཏོ། །འོད་ཟེར་ཕྲེང་གིས་དེ་དག་སྣོད་ཡིན་པར་རིག་ནས་མུ་སྟེགས་བྱེད་ལས་ཟློག་པར་འདོད་པས་རྫ་མཁན་བུམ་བྱེད་ལ་འདི་སྐད་ཅེས་དགེ་སློང་མགོ་རེག་མཐོང་བས་ཁོ་བོ་ལ་ཅི་ཞིག་བྱ། བྱང་ཆུབ་ནི་མཆོག་ཏུ་རྙེད་པར་དཀའ་བ་ཡིན་པས། དགེ་སློང་མགོ་རེག་ལ་བྱང་ཆུབ་ག་ལ་ཡོད་ཅེས་སྨྲས་ཏེ། དུས་གཞན་ཞིག་ན་འོད་ཟེར་ཕྲེང་ནེའུ་མདའ་ལྔ་པོ་དང་ལྷན་ཅིག་ཏུ་ཀུ་འགྲམ་ཞིག་ཏུ་འཁོད་པར་གྱུར་པ་དང་། རྫ་མཁན་བུམ་བྱེད་ཀྱིས་འོད་ཟེར་ཕྲེང་ལ་འདི་སྐད་ཅེས་སྨྲས་སོ། །ཀྱེ་འོད་ཟེར་ཕྲེང་སངས་རྒྱས་འོད་སྲུང་ལ་གུས་པ་དང་། ཕྱག་བྱ་བ་དང་བསྙེན་བཀུར་བྱ་བའི་ཕྱིར་འདོང་ངོ་། །འོད་ཟེར་ཕྲེང་གིས་སྔར་བཞིན་དུ་སྨྲས་པས། རྫ་མཁན་བུམ་བྱེད་ཀྱིས་འོད་ཟེར་ཕྲེང་གི་ཐོར་ཏོ་ནས་བཟུང་སྟེ། སངས་རྒྱས་འོད་སྲུང་གི་དྲུང་དུ། བྲམ་ཟེའི་ཁྱེའུ་ལྔ་པོ་དང་ལྷན་ཅིག་ཏུ་དོང་ངོ་། །དེ་ནས་བྲམ་ཟེའི་ཁྱེའུ་ལྔ་པོ་དེ་དག་གིས་འོད་ཟེར་ཕྲེང་སངས་རྒྱས་འོད་སྲུང་གིས་དྲུང་དུ་འགྲོ་བའི་ཕྱིར་རྫ་མཁན་བུམ་བྱེད་འདིས་བདག་ཉིད་ཀྱི་སྲོག་ཡོངས་སུ་བཏང་སྟེ། སངས་རྒྱས་ཀྱི་དྲུང་དུ་འགྱུར་བའི་སངས་རྒྱས་དེ་ནི་ཅི་འདྲ་བ་ཞིག་ཡིན་སྙམ་དུ་སེམས་ནས་དད་པ་ཐོབ་པར་གྱུར་ཏེ། དེ་དག་ལ་སངས་རྒྱས་འོད་སྲུང་གིས་ཆོས་བསྟན་པས་མི་སྐྱེ་བའི་ཆོས་ལ་བཟོད་པ་ཐོབ་པར་གྱུར་ཏོ། །དེས་ན་རིགས་ཀྱི་བུ་ལྔ་པོ་དེ་དག་སྨིན་པར་བྱ་བའི་ཕྱིར། འོད་ཟེར་ཕྲེང་གིས་ཚིག་དེ་སྐད་ཅེས་སྨྲ་ཞིང་། གཞན་ཡང་སེམས་ཅན་མི་ཤེས་པར་སྤྱོད་པ་དག་གིས་དགེ་སློང་དང་། བྲམ་ཟེ་ཚུལ་ཁྲིམས་དང་ལྡན་པ་དག་ལ་ལྐོག་ཏུ་ཚིག་རྩུབ་པོ་སྨྲས་པ་ལ་ལས་ཀྱི་བྱ་བ་བསྟན་པའི་ཕྱིར་དང་། སེམས་ཅན་གང་དག་དགེ་སློང་དང་། བྲམ་ཟེ་ཚུལ་ཁྲིམས་དང་ལྡན་པ་དག་ལ་ཚིག་རྩུབ་མོ་སྨྲས་ན་བདག་ཅག་ལ་ཐར་པའི་སྐལ་པ་མེད་དོ་སྙམས་ཏེ་འགྱོད་པ་ལ་གནས་ཤིང་། ཕྱིན་ཆད་རྩོལ་བ་མི་བྱེད་པ་དག་སྐྱེ་བ་ཅིག་གིས་ཐོབ་པའི་བྱང་ཆུབ་སེམས་དཔས་སངས་རྒྱས་འོད་སྲུང་གི་གསུང་རབ་ལ་ཚིག་དེ་སྐད་སྨྲས་པ་ལ་ཡང་། རྣམ་པར་གྲོལ་བའི་སྐལ་བ་ཡོད་ན་བདག་མི་ཤེས་པ་རྣམས་ལྟ་སྨོས་ཀྱང་ཅི་དགོས་སྙམ་དུ་སེམས་ཤིང་ལས་ཀྱི་ཉེས་པ་འཆགས་པར་བྱ་བའི་ཕྱིར་དང་། མུ་སྟེགས་ཅན་དག་རྒྱུ་ཤུགས་དང་། ཏིལ་དང་། འབྲས་བུ་གཅིག་ཙམ་བཟའ་ཞིང་ཟས་གཞན་མི་ཟ་བས་རྣམ་པར་དག་པར་འགྱུར་

བར་འདོད་པ་དག་ཆར་གཅད་པའི་ཕྱིར་ལོ་དྲུག་ཁུ་དཀའ་བ་སྤྱད་པ་ཐབས་མཁས་པར་བསྟན་པ་ཡིན་གྱི་ལས་ཀྱི་རྣམ་པར་སྨིན་པས་མིན་པར་གསུངས་སོ། །གོང་གི་བྲམ་ཟེའི་ཁྱེའུ་བླ་མ་དང་། བྲམ་ཟེའི་ཁྱེའུ་འོད་ཟེར་ཕྲེང་དོན་གཅིག ཛ་མཁན་དགའ་སྐྱོང་དང་། ཛ་མཁན་བུམ་བྱེད་དོན་གཅིག་གོ། །

ཡང་སྟོན་པ་འཁོར་བཅས་བྲམ་ཟེ་ཉོན་མོངས་མེད་ཀྱི་ལྡོངས་སུ་དབྱར་གནས་པའི་ཚེ། རྟ་ཆས་རྒྱལ་པ་གསོལ་དགོས་པ་ནི། ཐུབ་པའི་སྐུ་ཚེ་སྔ་མ་བྲམ་ཟེའི་སློབ་དཔོན་དུར་པ་ན། སངས་རྒྱས་རྣམ་གཟིགས་ཀྱི་ཉན་ཐོས་ལ་རྟ་ཆས་རྒྱལ་པ་སྟོད་རྒྱུ་ཡིན་ཞེས་སྨྲས་པ་ཡི་ལས་ངན་གྱི་འབྲས་བུ་སྨིན་པར་འདུལ་བ་ལུང་ལས་གསུངས་པ་ནི། འདི་ལྟར་བྲམ་ཟེ་ཉོན་མོངས་མེད་ཀྱི་ལྡོངས་སུ་རྒྱལ་པོ་མེས་སྦྱིན་གྱིས་སྟོན་པ་འཁོར་ལྔ་བརྒྱར་གཉིས་ཀྱིས་མ་ཚང་བ་དབྱར་ཟླ་བ་གསུམ་གནས་པར་ཞུས་པའི་ཚེ། སློབ་དཔོན་ཕྲག་དོག་ཅན་གྱིས་སྨྲས་པ་ལ་བརྟེན་ནས་རྒྱལ་པོ་མི་སྣང་བའི་ཕྱོགས་སུ་མཚམས་བྱས། སྟོན་པ་འཁོར་དང་བཅས་པ་ལ་ཞབས་ཏོག་སུས་བྱས་པ་ལ་ཆད་པས་སྤྱོད་པ་བྱས་པ་ལ་བརྟེན་ནས་ཟླ་བ་གསུམ་དུ་རྟ་ལྔ་བརྒྱ་འཚོང་པའི་ཚོང་པས་རྟ་རྣམས་ནས་དང་ཚོང་བྱེད་ནས་ཕུལ་ནས་རྒྱལ་པ་གསོལ་ཞིང་མཆོག་ཟུང་གཅིག་གནས་གཞན་ལ་བདུད་རྩི་གསོལ་བའི་རྐྱེན་ཞུས་པས། སྟོན་སྐྱེ་དགུ་རྣམས་ཀྱི་ཚེ་ལོ་བརྒྱ་ཁྲི་ཐུབ་པ་ན། སངས་རྒྱས་རྣམ་གཟིགས་ཉན་ཐོས་ཀྱི་དགེ་འདུན་དང་བཅས་པ་ཕོ་བྲང་ཉེ་ལྡན་ཞེས་བྱ་བར་གཞན་གྱིས་བསོད་སྙོམས་ཕུན་སུམ་ཚོགས་པ་ཕུལ་བ་ལ། བྲམ་ཟེ་རིག་བྱེད་སློབ་པའི་འཁོར་ལྔ་བརྒྱ་དང་བཅས་པའི་ནང་ནས་བྲམ་ཟེའི་ཁྱེའུ་བཟང་པོ་དད་པ་ཅན་གཉིས་མ་གཏོགས་པ་ཐམས་ཅད་ཕྲག་དོག་ནས། དགེ་སློང་མགོ་རེག་འདི་དག་ནི། ནས་རྒྱལ་པ་བཟའ་བར་འོས་པ་ཡིན་ནོ། །ཞེས་སྨྲས་སོ། །བྲམ་ཟེ་འཁོར་ལྔ་བརྒྱར་གཉིས་ཀྱིས་མ་ཚང་བ་ནི། ད་ལྟར་འཁོར་ལྔ་བརྒྱར་གཉིས་ཀྱི་མ་ཚང་བ་འདི་ཡིན་ནོ། །བྲམ་ཟེའི་ཁྱེའུ་དད་པ་ཅན་གཉིས་ནི། མཆོག་ཟུང་གཅིག་ལྟའི་བདུད་རྩི་སོགས་འདི་ཡིན་ནོ། །ཞེས་གསུངས་སོ། །དེ་འདིར་ངེས་དོན་མིན་ཏེ། ཐབས་ངེས་འདུལ་བ་ཡི་སྐྱེ་བོ་སོགས་ཏེ། དེའི་དགོངས་གཞི་དགེ་སློང་ལྔ་བརྒྱའི་ནང་ནས་བཞི་བཅུ་ནི་འདོད་པ་ལ་སྤྱོད་པ་དང་། སྡུག་བསྔལ་བའི་མཚན་མ་ལ་སྤྱོད་པ་དེ་དག་གིས་ཟས་བཟང་པོ་ཟོས་པར་གྱུར་ན་འདོད་པ་དང་ལྡན་པར་འགྱུར་ལ། དེ་དག་གིས་ཟས་ངན་པ་མ་ཟོས་ན་འདོད་ཆགས་སྤྲབ་པར་མི་འགྱུར་བ་ལ་དགོངས། དགོས་པ་འཁོར་གྱི་དགེ་སློང་ལྔ་བརྒྱ་པོ་དེ་གདུལ་བའི་ཕྱིར་དང་། རྟར་གྱུར་པའི་བྱང་ཆུབ་སེམས་དཔའ་ལྔ་བརྒྱ་ཡོངས་སུ་སྨིན་པར་བྱ་བའི་ཕྱིར་ཡིན། དངོས་ལ་གནོད་བྱེད་ནི། སྟོན་པས་ལས་ངན་གྱི་འབྲས་བུ་ཟད་པར་སྤངས་པའི་ཕྱིར་དང་། ཟས་ཅི་གསོལ་ཡང་རོ་བྲོ་བའི་མཆོག་དང་ལྡན་པའི་ཕྱིར། དེ་ལྟར་ཡིན་པར་ཐབས་ལ་མཁས་པའི་མདོ་སྡེ་ལྟོས་ཏེ། དེ་ཉིད་ལས། རྟ

ལྔ་བརྒྱ་པོ་དེ་དག་བྱང་ཆུབ་སེམས་དཔའི་ཐེག་པ་ལ་ཞུགས་པ་སྔོན་གྱི་རྒྱལ་བ་ལ་བྱ་བ་བྱས་པ་ཤ་སྟག་ཡིན་ཀྱང་། སྡིག་གྲོགས་ཀྱི་དབང་གིས་སྡིག་པའི་ལས་བྱས་པས་དུད་འགྲོའི་སྐྱེས་གནས་སུ་སྐྱེས་ཤིང་། དེ་དག་གི་ནང་ནས་རྟ་ཅང་ཤེས་གཅིག་ཡོད་པ་ནི། བྱང་ཆུབ་སེམས་དཔའ་ཉི་མའི་སྙིང་པོ་ཞེས་བྱ་བ་ཡིན་ལ། དེ་དག་ཡོངས་སུ་ཐར་པར་བྱ་བའི་ཕྱིར་སྨོན་ལམ་གྱི་དབང་གིས་དེར་སྐྱེས་སོ། །དེ་བཞིན་གཤེགས་པས་རྟ་དེ་དག་གི་དོན་དུ་དབྱར་གནས་པར་ཞལ་གྱིས་བཞེས་ཏེ་རྟ་ལྔ་བརྒྱ་པོ་དེ་དག་གི་རྟ་ཆས་ཀྱི་ནས་ཕྱེད་ཕྱེད་དག་ནི། དགེ་སློང་དག་ལ་འབུལ། ཕྱེད་ཕྱེད་ནི་རྟ་དེ་ཉིད་ཟའོ། །རྟ་ཅང་ཤེས་ཀྱིས་རྟ་ཆས་ཕྱེད་དེ་བཞིན་གཤེགས་པ་ལ་དབུལ། ཕྱེད་ཅང་ཤེས་དེ་ཉིད་ཟ་ཞིང་། རྟ་ལྔ་བརྒྱ་པོ་དེ་དག་རྟའི་སྐད་ཀྱིས་སྡིག་པ་བཤགས་པ་དང་། སངས་རྒྱས་འཁོར་བཅས་ལ་ཕྱག་འཚལ་དུ་ཡང་བཅུག་གོ །དེ་ནས་རྟ་དེ་དག་གིས་དེ་ལྟར་བྱས་པས་དུས་ནམ་ཞིག་ན་ཤི་འཕོས་ཏེ་དགའ་ལྡན་གྱི་ལྷར་སྐྱེས་ནས་སངས་རྒྱས་ལ་བཀུར་བསྟི་བྱས་སོ། །དེས་ན་རྟ་དེ་དག་འདུལ་བར་བྱ་བའི་ཕྱིར་དང་། སེམས་ཅན་གང་དག་དགེ་སྦྱོང་དང་། བྲམ་ཟེ་ཚུལ་ཁྲིམས་དང་ལྡན་པ་དག་མགྲོན་དུ་གཉེར་ནས་སེམས་རྣམ་པར་གཡེང་བས་རི་མོ་མི་བྱེད་པ་དེ་དག་ལ་ལས་ཀྱི་ཉེས་པ་བསྟན་པའི་ཕྱིར་དང་། དགེ་སློང་ལྔ་བརྒྱ་དེ་དག་ལ་བཞི་བཅུ་འདོད་ཆགས་དང་། སྡུག་བསྔལ་བའི་མཚན་མ་སྤྱོད་པ་ཡིན་པས་དེ་དག་གི་ཟས་ངན་པ་ཟོས་པས་འདོད་ཆགས་ཀྱི་ཀུན་ནས་ལྡང་བ་རྣམ་པར་བསལ་ནས་ཟླ་བ་གསུམ་པོ་དེའི་འོག་ཏུ་ཞག་བདུན་གྱིས་དགྲ་བཅོམ་པ་ཉིད་ཐོབ་པས་དགོས་པ་དེ་དག་གི་ཆེད་དུ་ཐབས་མཁས་པས་ཟླ་བ་གསུམ་དུ་རྟ་ཆས་རྫུལ་པ་གསོལ་བར་བསྟན་གྱི། ལས་ཀྱི་རྣམ་པར་སྨིན་པས་ནི་མིན་པར་གསུངས་སོ། །

ཡང་སྟོན་པ་ལ་བྲམ་ཟེའི་བུ་མོས་གཞོང་བུ་ལྟོ་བར་བཅིངས་ཏེ། དགེ་སློང་ཁྱོད་ཀྱི་ཁོ་མོ་སྦྲུམ་པར་བྱས། ཞེས་སོགས་སྐུར་པ་བཏབ་པ་ནི། ཐུབ་པའི་སྐྱ་ཚེ་སྔ་མ་ལ། ཡུལ་གྲུ་འཛིན་དུ། གཡོ་ཅན་པདྨའི་རྩ་ལག་ཞེས་བྱ་བར་གྱུར་པའི་ཚེ་སྨད་འཚོང་མ་བཟང་མོ་དང་། འདུས་བྱས་པ་ལས། སྐྱེས་པ་གཞན་གྱིས་དབང་གྱུར་པ་ལ་ཕྲག་དོག་ནས་བཟང་མོ་བསད་ནས་ཆགས་ཁྲོད་དུ་སོང་སྟེ། རལ་གྲི་ཁྲག་ཅན་དྲང་སྲོང་མདོག་ནག་ཏིང་ངེ་འཛིན་བསྒོམ་པའི་དྲུང་དུ་བོར་བ་ཡི་ལས་ངན་གྱི་འབྲས་བུ་སྨིན་པ་ཡིན་པར་འདུལ་བ་ལུང་ལས་གསུང་སྟེ། ཡུལ་གྲུ་འཛིན་དུ། སྨད་ཚོང་མ་བཟང་མོ་ཞེས་བྱ་བ། སྐྱེས་བུ་གཡོ་ཅན་པདྨའི་རྩ་ལག་གིས་བསད་ནས་རལ་གྲི་ཁྲག་ཅན་དྲང་སྲོང་མདོག་ནག་གི་དྲུང་དུ་བོར་ནས་སོང་ངོ་། །དེའི་རྣམ་པར་སྨིན་པས་ང་ལོ་མང་པོར་དམྱལ་བར་སྐྱེས། ལས་ཀྱི་ལྷག་མས་ད་ལྟ་ཡང་། བྲམ་ཟེའི་བུ་དྲེགས་མས་གཞོང་བུ་ལྟོ་བར་བཅིངས་ཏེ། དགེ་སྦྱོང་ཁྱོད་ཀྱིས་ཁོ་མོ་སྦྲུམ་པར་བྱས་ཀྱི་ཁོ་མོ་ལ་ཟས་དང་། གོས་བྱིན་ཅིག་ཅེས་སྐུར་པ་བཏབ་པར་གྱུར་ཏོ། །ཞེས

གསུངས་པ་ནི། ཐབས་དེས་འདུལ་བ་ཡི་སྐྱེ་བོ་ལ་དགོངས་གཞི། དགོས་པ། དངོས་ལ་གནོད་བྱེད། གསུམ་ཚང་བ་ཡི་དབང་གིས་དྲང་དོན་དུ་གསུང་པ་ཡིན་ཏེ། དེ་ལྟར་ཐབས་ལ་མཁས་པའི་མདོ་སྡེ་ལས། ཕྱི་མའི་དུས་ན་བསྟན་པ་འདི་ལ་རབ་ཏུ་བྱུང་བའི་དགེ་སློང་གང་ལ་ཡང་དག་པ་མིན་པའི་སྐུར་པ་བཏབ་པས་དེ་དག་འགྱོད་པ་དང་། སེམས་ཞུམ་པར་འགྱུར་ཞིང་། ཉམས་པ་ལ་འཇུག་པར་འགྱུར་བ་དེ་དག་འདི་སྙད་དུ། དེ་བཞིན་གཤེགས་པ་དཀར་པོའི་ཆོས་ཐམས་ཅད་དང་ལྡན་པ་དེ་དག་ཀྱང་བཀུར་པས་མཉེས་པར་གྱུར་ན་བདག་ལྟ་སློས་ཀྱང་ཅི་དགོས་ཞེས་དེ་བཞིན་གཤེགས་པ་རྗེས་སུ་དྲན་པར་བྱེད་ཅིང་བཀུར་པ་དེ་ཟིལ་གྱིས་མནན་ནས་ཚངས་པར་སྤྱོད་པ་ཡོངས་སུ་དག་པ། ཡོངས་སུ་བྱང་བ། སྤྱོད་པར་འགྱུར་བ་དང་། སྡོམ་པ་ལ་སྤྱོད་པར་འགྱུར་བར་བྱ་བའི་ཕྱིར། ཐབས་ལ་མཁས་པས་བཀུར་པ་མཉེས་པར་བསྟན་གྱི། ལས་ཀྱི་རྣམ་པར་སྨིན་པས་མ་ཡིན་པར་གསུངས་པ་ལ་ལྟོས།

ཡང་ད་ལྟ་ལྷ་སྦྱིན་གྱིས་དགེ་འདུན་འཁོར་ལོའི་དབེན་གྱི་རྒྱུ་ནི། ཐུབ་པའི་སྐུ་ཚེ་སྔ་མར་རིག་བྱེད་སྨྲ་བའི་དྲང་སྲོང་ཞིག་ཏུ་གྱུར་པའི་ཚེ། རིག་བྱེད་སྨྲ་བའི་དྲང་སྲོང་རིན་པོ་ཆེ་འཁོར་མང་པོ་དང་ལྡན་པ་ཞིག་ཡོད་པའི་འཁོར་རྣམས་རང་གི་ཕྱོགས་སུ་ཁ་དྲང་པ་ཡི་ལས་ངན་གྱི་འབྲས་བུ་སྨིན་པར་འདུལ་བ་ལུང་ལས་གསུངས་ཏེ། སྔོན་རིག་བྱེད་སྨྲ་བའི་དྲང་སྲོང་འཁོར་བྲམ་ཟེ་མང་པོ་དང་ལྡན་པ་ཞིག་ཡོད་པ་ལ་དྲང་སྲོང་གཅིག་གིས། གཅིག་ཤོས་ཀྱི་འཁོར་རྣམས་རིམ་གྱིས་ཁ་དྲངས་ཏེ། ལན་དུ་མར་ བློག་ཀྱང་མ་ཉན་པས་གཅིག་ཤོས་ཁྲོས་པར་གྱུར་ཏེ། ངས་ཀྱང་ཁྱོད་བྱང་ཆུབ་ཐོབ་པའི་ཚེ། འཁོར་རྣམས་ཁ་དྲང་བར་བྱའོ། །ཞེས་སྨོན་ལམ་བཏབ་པས་ད་ལྟ་ལྷ་སྦྱིན་གྱིས་དགེ་འདུན་འཁོར་ལོའི་དབེན་བྱས་པ་ཡིན་ནོ། །ཞེས་གསུངས་པ་ནི། དེས་འདུལ་བའི་སྐྱེ་བོ་ལ་དགོངས་པ་སོགས་ཆོས་གསུང་བའི་དབང་གིས་དྲང་དོན་དུ་ཡིན་གྱི་ངེས་པའི་དོན་མིན་ཏེ་དེ་ལྟར་ཐབས་ལ་མཁས་པའི་མདོ་སྡེ་ལྟོས་ཏེ། དེར་རྒྱས་པར་འབྱུང་བའི་ཕྱིར་རོ། །གཞན་ཡང་། འདུལ་བ་ལུང་ལས། སྔོན་སྨན་པ་ཞིག་གིས་ཁྱིམ་བདག་གཅིག་གི་བུའི་ནད་ལན་གསུམ་དུ་གསོས་པར་བྱས་ཀྱང་། རྔན་པ་མ་བྱིན་པས། ཞེ་སྡང་དྲག་པོས་བུ་འདི་ན་ན། སྨན་མིན་པ་བྱིན་ནས་ནང་ཁྲོལ་རྣམས་དུམ་བུ་དུམ་བུར་འཛག་པར་བྱའོ། །སྐྱམ་ནས་དེ་ལྟར་བྱས་པའི་ལས་ཀྱི་ལྷག་མས་ད་ལྟ་ཡང་བཅོམ་ལྡན་འདས་ཁྲག་འཁྲུ་བའི་ནད་ཀྱིས་ཐེབས་སོ་ཞེས་དང་། ཡང་ཉ་པའི་བུ་གཅིག་གིས། ཉ་གསད་པ་ལ་དགའ་བ་སྐྱེས་པའི་ལས་ཀྱི་རྣམ་པར་སྨིན་པས། ལོ་མང་པོར་ཀླད་ནད་ཅན་དུ་གྱུར་ནས། ད་ལྟ་ཡང་ལས་ཀྱི་ལྷག་མས་འཕགས་སྐྱེས་པོས་ཤཱཀྱ་རྣམས་བསད་པ་ན། བཅོམ་ལྡན་འདས་ཀླད་ནད་དྲག་པོས་ཐེབ་པར་གྱུར་ཏོ། །ཞེས་པ་ལ་སོགས་པ་རྣམས་ཐུབ་པའི་སྐུ་ཚེ་སྔ་མ་ཡི་ལས་ངན་གྱི་འབྲས་བུ

སྨིན་པ་ཡིན་པར་འདུལ་ལུང་ལས་གསུང་པ་ནི། ཐབས་དེས་འདུལ་བ་ཡི་སྐྱེ་བོ་ལ་དགོངས་པའི་དབང་གིས་དྲང་དོན་དུ་གསུང་པ་ཡིན་གྱི། ངེས་པའི་དོན་མིན་ཏེ། དེ་ལྟར་དུ་ཐབས་ལ་མཁས་པའི་མདོ་སྡེ་ལྟོས་ཏེ། གསལ་བར་འབྱུང་བས་སོ། །འདིར་ལུང་རྣམས་ཀྱི་ཚིག་སྣ་བསྡུས་ནས་གསུངས་སོ། །

རྫིལ་དྲིལ་ན། སྔོན་དེང་དཔོན་སྐྱིང་རྗེ་ཆེན་པོར་གྱུར་པ་ཡི་ཚོང་པ་གཡོ་ཅན་བསད་པ་ཡི་ལས་ཀྱིས་རྫོགས་པའི་སངས་རྒྱས་ཀྱི་ཞབས་ལ་སེང་ལྡེང་གི་ཚལ་པ་ཟུག་པ་དང་། སྔོན་ཁྱེའུ་བླ་མར་གྱུར་པའི་ཚེ་དགེ་སློང་མགོ་རེག་ལ་བྱང་ཆུབ་ག་ལ་ཡོད་ཅེས་སྨྲས་པ་ཡི་ལས་ཀྱིས་ལོ་དྲུག་ཏུ་དཀའ་བ་སྤྱད་དགོས་པ་དང་། སངས་རྒྱས་རྣམ་གཟིགས་ཀྱི་ཉན་ཐོས་ལ་རྟ་ཆས་རྩུལ་པ་སྐྱོད་རྒྱུ་ཞེས་སྨྲས་པའི་ལས་ཀྱིས་རྟ་ཆས་རྩུལ་པ་གསོལ་བ་དང་། པདྨའི་རྩ་ལག་ཏུ་གྱུར་པའི་ཚེ་སྨད་འཚོང་མ་བཟང་མོ་བསད་པའི་རལ་གྲི་དྲང་སྲོང་མདོག་ནག་གི་དྲུང་དུ་བཞག་པའི་ལས་ཀྱིས་སྟོན་པ་ལ་བྲམ་ཟེའི་བུ་མོ་དྲིགས་མས་དགེ་སློང་ཁྱོད་ཀྱིས་ཁོ་མོ་སྦུམ་ཞེས་སོགས་ཀྱི་སྐུར་པ་བཏབ་པ་དང་། རིག་བྱེད་སློབ་པའི་བྲམ་ཟེར་གྱུར་པའི་ཚེ། རིག་བྱེད་སྨྲ་བའི་བྲམ་ཟེ་གཞན་གྱི་འཁོར་ཁ་དྲང་པའི་ལས་ཀྱིས་ད་ལྟ་ལྟ་སྦྱིན་གྱིས་དགེ་འདུན་དབེན་གྱི་རྒྱུ་བྱེད་པ་ལ་སོགས་པ་ཐུབ་པའི་སྐུ་ཚེ་སྔ་མ་ཡི་ལས་ངན་གྱི་འབྲས་བུ་སྨིན་པ་ཡིན་པར་འདུལ་ལུང་ལས་གསུངས་པ་ནི་ཆོས་ཅན། ཁྱོད་ཉན་ཐོས་འདུལ་བའི་སྐབས་སུ་སྒྲ་ཇི་བཞིན་དུ་ཁས་ལེན་ཀྱང་། ཐེག་པ་ཆེན་པོའི་སྐབས་སུ་མིན་ཏེ། ཁྱོད་དེས་འདུལ་བ་ཡི་སྐྱེ་བོ་ལ་དགོངས་གཞི། དགོས་པ། དངོས་ལ་གནོད་བྱེད་གསུམ་ཚང་བའི་དབང་གིས་དྲང་དོན་དུ་གསུངས་པ་སྟེ། ངེས་དོན་མིན་པར། གསང་ཆེན་ཐབས་ལ་མཁས་པའི་མདོ་སྡེ་ལྟོས་ཏེ། གསལ་བར་འབྱུང་བའི་ཕྱིར་རོ། །དེ་ལ་ཁྱབ་པ་ཡོད་དེ། གོང་གི་ཐབས་ལ་མཁས་པའི་མདོ་སྡེ་དེ་ནི་ངེས་དོན་གྱི་མདོ་སྡེ་ཡིན་པས་ཡིད་རྟོན་པ་དང་། འདུལ་བ་ལུང་དེ་ནི་གཙོ་བོར་དྲང་བའི་དོན་ཡིན་པས་ཡིད་མ་རྟོན་ཏེ། དཀོན་བརྩེགས་ཀྱི་བྱང་ཆུབ་སེམས་དཔའི་སྡེ་སྣོད་ལས། དེ་ལ་བྱང་ཆུབ་སེམས་དཔའི་རྟོན་པ་འདི་བཞི་སྟེ། བཞི་གང་ཞེ་ན། འདི་ལྟ་སྟེ། དོན་ལ་རྟོན་གྱི་ཚིག་འབྲུ་ལ་མིན་པ་དང་། ཡིད་ཤེས་ལ་རྟོན་གྱི་རྣམ་ཤེས་ལ་མིན་པ་དང་། ངེས་པའི་དོན་གྱི་མདོ་སྡེ་ལ་རྟོན་གྱི་དྲང་བའི་དོན་ལ་མིན་པ་དང་། ཆོས་ལ་རྟོན་གྱི་གང་ཟག་ལ་མིན་པའོ། །ཞེས་གསུངས་སོ། །དེ་ལ་ཡེ་ཤེས་དང་། རྣམ་ཤེས་ནི། འཇིག་རྟེན་ལས་འདས་མ་འདས་དང་། ཚིག་འབྲུ་ནི། སྒྲ་ཇི་བཞིན་པ་དང་། དོན་ནི་རིགས་པས་གྲུབ་པ་དང་། གང་ཟག་ནི་གནས་བརྟན་ཐན་རབས་སོགས་དང་། ཆོས་ནི་གསུང་རབ་བོ། །ཞེས་ཨ་བྷ་ཡ་ཀ་རས་བཤད་དོ། །ཞེས་གསུངས་སོ། །

གཉིས་པ་ལ་གཉིས་ཏེ། ཐལ་བ་གསུམ་འགོད་པ། ཕྱི་མ་རྒྱས་པར་བཤད་པའོ། །དང་པོ་ནི། གལ་ཏེ

རྫོགས་པའི་ཞེས་སོགས་རྐང་པ་ལྔ་སྟེ། གལ་ཏེ་རྫོགས་པའི་སངས་རྒྱས་ལ་སེང་ལྡེང་ཚལ་པ་བཟུག་པ་སོགས་ལས་ངན་གྱི་འབྲས་བུ་སྨིན་པ་བདེན་པ་ངེས་དོན་ཡིན་ན་ནི། བསོད་ནམས་ཀྱི་ཚོགས་ཀྱིས་སྟོབས་སོགས་ཡོན་ཏན་མཐའ་དག་རྫོགས་ཤིང་། ཡེ་ཤེས་ཀྱི་ཚོགས་ཀྱིས་སྒྲིབ་གཉིས་བག་ཆགས་དང་བཅས་པ་སྤྲངས་པ་དོན་མེད་ཅིང་། དེར་མ་ཟད་སྤྱོད་འཇུག་ལས། ཉོན་མོངས་མེད་ཀྱང་དེ་དག་ལ། །ལས་ཀྱི་ནུས་པ་མཐོང་བ་ཡིན། །ཞེས་ལྷག་བཅས་དགྲ་བཅོམ་པ་དེ་དག་ལ། ཁམས་གསུམ་ལ་སྤྱོད་པའི་ཉོན་མོངས་སྤྲངས་ནས་མེད་ཀྱང་། སྔ་མའི་ལས་ཀྱི་ནུས་པ་སྡུག་བསྔལ་དང་ལྡན་པར་མཐོང་བ་ཡིན་ཞེས་པ་ལྟར་ལྷག་བཅས་མྱང་འདས་ལ་གནས་པའི་ཉན་ཐོས་དགྲ་བཅོམ་པ་དང་ཡང་འདྲ་བར་འགྱུར་བ་དང་། ཆོས་སྐུ། ལོངས་སྐུ། སྤྲུལ་སྐུ་གསུམ་གྱི་རྣམ་གཞག་བྱར་མི་རུང་བར་འགྱུར་རོ། །

གཉིས་པ་ལ་བཞི་སྟེ། སྤྲུལ་གཞི་ངོས་བཟུང་བ། སྤྲུལ་པ་ངོས་བཟུང་བ། ཇི་ལྟར་སྤྲུལ་བའི་ཚུལ། སྐབས་ཀྱི་དོན་ལ་སྦྱར་བའོ། །དང་པོ་ནི། དེ་ཡི་འཐད་པ། ཞེས་སོགས་ཚིགས་བཅད་གཅིག་སྟེ། ལས་ངན་གྱི་འབྲས་བུ་སྤྲུལ་པའི་སྐུ་ལ་སྨིན་ན། སྐུ་གསུམ་གྱི་རྣམ་གཞག་བྱར་མི་རུང་བར་འགྱུར་ཏེ། དེ་ལྟར་ན། སྤྲུལ་སྐུའི་སྤྲུལ་གཞིར་གྱུར་པའི་ལོངས་སྐུ་མེད་དགོས་པའི་ཕྱིར་རོ། །དེ་ཡི་འཐད་པ་བཤད་ཀྱིས་ཉོན་ཏེ། ཚོགས་གཉིས་རྫོགས་པའི་དང་པོའི་སངས་རྒྱས་ནི་འོག་མིན་སྟུག་པོ་བཀོད་པར་སངས་རྒྱས་པའི་ངེས་པ་ལྔ་ལྡན་གྱི་ལོངས་སྤྱོད་རྫོགས་པའི་སྐུ་ཉིད་ཡིན་པའི་ཕྱིར། ངེས་པ་ལྔ་ལ། གནས་ངེས་པ་འོག་མིན་ཁོ་ནར་བཞུགས་པ། ངོ་བོ་ངེས་པ་མཚན་དང་དཔེ་བྱད་ཀྱིས་སྤྲས་པ་ཁོ་ན། འཁོར་ངེས་པ་ས་བཅུའི་བྱང་སེམས་ཁོ་ནས་བསྐོར་བ། དུས་ངེས་པ་འཁོར་བ་ཇི་སྲིད་མ་སྟོང་བར་དུ་བཞུགས་པ། ཆོས་ངེས་པ་ཐེག་པ་ཆེན་པོའི་ཆོས་ཁོ་ན་གསུང་པ་སྟེ། མངོན་རྟོགས་རྒྱན་ལས། མཚན་ནི་སུམ་ཅུ་རྩ་གཉིས་དང་། །དཔེ་བྱད་བརྒྱད་ཅུའི་བདག་ཉིད་འདི། །ཐེག་ཆེན་ཉེ་བར་ལོངས་སྤྱོད་ཕྱིར། །ཐུབ་པའི་ལོངས་སྤྱོད་རྫོགས་སྐུར་བཞེད། །ཞེས་གསུངས་པའི་ཕྱིར་རོ། །ཕྱིར་འོག་མིན་ལ། གནས་གཙང་མའི་རིགས་ཀྱི་ལྷའི་གནས་འོག་མིན་དང་། ལྷ་དབང་ཕྱུག་ཆེན་པོའི་གནས་འོག་མིན་དང་། ལོངས་སྤྱོད་རྫོགས་སྐུའི་གནས་འོག་མིན་སྟུག་པོ་བཀོད་པ་རྣམས་ཡོད་དེ། སློབ་དཔོན་ཀུ་མ་ལ་ཤཱི་ལས། འོག་མིན་ཞེས་བྱ་བ་ནི། ལྷ་དག་གི་སྟེ། དེ་དག་གི་ཕྱོགས་གཅིག་ན་གནས་གཙང་མའི་རིགས་ཀྱི་ལྷ་རྣམས་ཡོད་དོ། །དེར་འཕགས་པ་ཉིད་འབའ་ཞིག་གནས་སོ། །དེ་དག་གི་སྟེང་ན་དབང་ཕྱུག་ཆེན་པོའི་གནས་ཞེས་བྱ་བ་ཡོད་དེ། དེར་ས་བཅུ་པ་ལ་བཞུགས་པའི་བྱང་ཆུབ་སེམས་དཔའ་སྲིད་པ་ཐ་མ་པ་ཁོ་ན་སྐྱེ་བ་བཞེས་པ་ཡིན་ལ། འདིར་ནི་དེ་ལྟ་བུའི་སྤྲུལ་པ་དམིགས་པ་ཡིན་ནོ། །ཞེས་བཤད་པའི་ཕྱིར། གནས་དེ་ཉིད་ལ་སྤྲུལ་པའི་སྐུའི

གནས་འོག་མིན་ཞེས་ཀྱང་ཟེར་ཏེ། འཕགས་པ་འདའ་ཀ་ཡེ་ཤེས་ལས། བཅོམ་ལྡན་འདས་འོག་མིན་ལྷའི་རྒྱལ་པོའི་ཁང་བཟང་ན་བཞུགས་ཏེ། ཞེས་བཤད་པའི་ཕྱིར། མི་མཁས་པ་ཁ་ཅིག དབང་ཕྱུག་ཆེན་པོའི་གནས་འོག་མིན་ནི། ལོངས་སྤྱོད་རྫོགས་སྐུའི་གནས་འོག་མིན་དུ་འདོད་པ་མི་འཐད་དེ། དབང་ཕྱུག་ཆེན་པོའི་གནས་འོག་མིན་སྟོད་འཇིག་པ་ལ་རྟེན་པའི་འཇིག་རྟེན་གྱི་ཁམས་ཡིན། ལོངས་སྤྱོད་རྫོགས་སྐུའི་གནས་འོག་མིན་ནི་མི་འཇིག་པའི་ཕྱིར། རྡོ་རྗེ་རྩེ་མོ་ལས། འོག་མིན་སྟུག་པོ་ཉམས་དགའ་བར། །སྟུག་པོའི་ཞིང་ཁམས་འཇིག་པ་མེད། །དེ་ན་སངས་རྒྱས་རྣམས་ཀྱི་ཆོས། །རྫོགས་པར་ལོངས་སྤྱོད་ཚུལ་འདི་འབྱུང་། །ཞེས་བཤད་པའི་ཕྱིར། འོ་ན་དེ་ལྟ་བུའི་གནས་དེ་ཇི་ལྟ་བུ་ཞེ་ན། འཕགས་པ་སངས་རྒྱས་ཕལ་པོ་ཆེ་ལས། འཇིག་རྟེན་གྱི་ཁམས་མི་མཇེད་ལ་སོགས་པའི་གནས་བསམ་གྱིས་མི་ཁྱབ་པ་ནང་དུ་ཚུད་པ་ནི་གཞི་དང་སྙིང་པོ་མེ་ཏོག་གི་རྒྱན་གྱིས་བརྒྱན་པ་ཞེས་བྱ་བ་ཡིན་ནོ། །དེ་ལྟ་བུ་བསམ་གྱིས་མི་ཁྱབ་པ་ནང་དུ་ཚུད་པ་ནི། འཇིག་རྟེན་གྱི་ཁམས་རྒྱ་མཚོ་ཞེས་བྱ་བ་ཡིན་ནོ། །འཇིག་རྟེན་གྱི་ཁམས་རྒྱ་མཚོ་དེ་ནི། དེ་བཞིན་གཤེགས་པ་རྣམ་པར་སྣང་མཛད་ཡེ་ཤེས་གངས་ཅན་མཚོའི་ཕྱག་མཐིལ་ན་གནས་སོ། །བཅོམ་ལྡན་འདས་དེ་བྱང་ཆུབ་སེམས་དཔའ་རྣམས་ཀྱི་འཁོར་དང་བཅས་པ་གང་ན་བཞུགས་པའི་གནས་དེ་ནི་སྟུག་པོ་བཀོད་པའི་ཞིང་ཁམས་ཞེས་བྱ། ཡང་དག་པར་རྫོགས་པའི་སངས་རྒྱས་ལོངས་སྤྱོད་རྫོགས་སྐུའི་གནས་ཡིན་ལ། དེའི་ནང་ན་གནས་པའི་དུམ་བུ་ཐམས་ཅད་ནི་སྤྲུལ་པའི་སྐུའི་སངས་རྒྱས་ཀྱི་གནས་ཡིན་ནོ། །ཞེས་གསུངས་པ་དང་། ཕྱག་ན་རྡོ་རྗེ་དབང་བསྐུར་བའི་རྒྱུད་དང་འཕགས་པ་མི་གཡོ་བའི་རྟོག་པ་ཆེན་པོ་ལས། དེ་ནས་བཅོམ་ལྡན་འདས་ཀྱིས་འཇིག་རྟེན་ཁམས་གཞི་དང་སྙིང་པོ་མེ་ཏོག་གིས་བརྒྱན་པ་ཐམས་ཅད་འོད་ཟེར་གྱིས་གང་བར་ཀུན་ཏུ་མཛད། ཞེས་པ་དང་། དེ་ཉིད་འདུས་པའི་གླིང་གཞིར། བཅོམ་ལྡན་འདས་འོག་མིན་ལྷའི་རྒྱལ་པོའི་གནས་ན་བཞུགས་ཏེ། ཞེས་པའི་འགྲེལ་པར། སློབ་དཔོན་ཀུན་དགའ་སྙིང་པོས། འོག་མིན་གྱི་ལྷ་ཞེས་བྱ་བ་ནི། ཐོག་མའི་ལྷ་སྟེ། བཅོམ་ལྡན་འདས་རྣམ་པར་སྣང་མཛད་ཀྱི་སྲས་ཀྱི་མཐུ་བོ་ས་བཅུའི་བྱང་ཆུབ་སེམས་དཔའ་དེའི་གནས་ནི་ཐོག་མར་སངས་རྒྱ་བའི་གནས་སོ། །ཞེས་གསུངས་པ་ལྟར་རོ། །དེས་ན་འོག་མིན་སྟུག་པོ་བཀོད་པའི་གནས་ལ་ཞིང་ཁམས་ཞེས་བརྗོད་དེ། དེ་མི་འཇིག་པའི་ཕྱིར་རོ། །རྗེ་བཙུན་རྩེ་མོས། དེ་རྒྱུན་གྱིས་མི་འཇིག་པར་གསུངས་སོ། །གསང་སྔགས་ལ་རྡོ་རྗེ་ལུས་ཀྱི་དབང་དུ་བྱས་པའི་འོག་མིན་ཀྱང་གསུངས་ཏེ། རྗེ་བཙུན་པི་ཏྭ་པས། བླ་མ་རྡོ་རྗེ་འཆང་གི་སྐུ། །འོག་མིན་བདེ་ཆེན་གནས་དེར་བསྒོམ། །ཞེས་གསུངས་པས་སོ། །སྤྲུལ་སྐུའི་གནས་ནི། འཇིག་རྟེན་གྱི་ཁམས་ཞེས་བྱ་སྟེ་དེ་ནི་སྟོད་འཇིག་པ་ལ་རྟེན་པའི་ཕྱིར་རོ། །ཆོས་སྐུའི་ཞིང་ཁམས་ནི། རྒྱ་ཆེན་ནམ་མཁའ་དང་མཉམ་པ་

ཡིན་ཏེ། དེ་ཉིད་འདུས་པ་ལས། བཅོམ་ལྡན་འདས་རྣམ་པར་སྣང་མཛད་ཆེན་པོ་ནམ་མཁའི་དབྱིངས་བཞིན་དུ་རྟག་ཏུ་བཞུགས་སོ། །ཞེས་བཤད་པའི་ཕྱིར་རོ། །

གཉིས་པ་ནི། དེ་ཡི་སྤྲུལ་པའི། ཞེས་སོགས་རྐང་པ་གསུམ་སྟེ། ལོངས་སྐུ་དབང་པོའི་ཏོག་དེ་ཡི་སྤྲུལ་པའི་སྐུའི་མཆོག་གང་ནི། རྒྱལ་པོ་ཟས་གཙང་གི་སྲས་སུ་སྐུ་འཁྲུངས་ནས་འཛམ་བུ་གླིང་དུ་སངས་རྒྱ་བའི་ཚུལ་སྟོན་པ་ཡི་ཤཱཀྱ་སེང་གེ་འདི་ཉིད་ཡིན་ནོ། །དེ་སྐད་དུ་ཡང་། ལང་ཀར་གཤེགས་པ་ལས། རིན་ཆེན་སྣ་ཚོགས་མཛེས་པ་ཡི། །འོག་མིན་གནས་ནི་ཉམས་དགའ་བ། །ཡང་དག་སངས་རྒྱས་དེར་སངས་རྒྱས། །སྤྲུལ་པ་པོ་གཅིག་འདིར་སངས་རྒྱས། །ཞེས་གསུངས་པའི་ཕྱིར་རོ། །

གསུམ་པ་ནི། འདི་ནི་གདུལ་བྱ་ཞེས་སོགས་རྐང་པ་བཅུ་གསུམ་སྟེ། མཆོག་གི་སྤྲུལ་སྐུ་དེ་ཡི་སྤྲུལ་པ་ཇི་ལྟ་བུ་སྙམ་ན། ཤཱཀྱ་སེང་གེ་འདི་ནི། གདུལ་བྱའི་རྒྱུད་སྨིན་པ་སྤྱངས་རུང་དང་། གཉེན་པོ་སྐྱེ་རུང་དུ་སྨིན་པར་བྱ་བའི་ཕྱིར། བྱ་རྒོད་ཕུང་པོ་སོགས་སུ་བཤུགས་པ་དང་། དྲི་གཙང་ཁང་གི་ནང་དུ་ཏིང་ངེ་འཛིན་ལ་བཞུགས་པ་དང་། དགྲ་བཅོམ་པ་འོད་སྲུང་སོགས་ལ་ཁྱོད་ཀྱི་ཆོས་སྟོན་ཅིག་གསུངས་ནས་སྐུ་བསྙེས་ཏེ་མནལ་གཟིམ་པ་དང་། མུ་གེ་བྱུང་བའི་ཚེ་གྲོང་དུ་བསོད་སྙོམས་ལ་གཤེགས་པ་དང་། གྲོང་དཔོན་གྱི་བུ་གཅེར་བུ་པ་རལ་གྲི་ཐོགས་པ་ཞིག་གིས་ལོ་ཉིས་འདི་ལྟ་བུ་ལ་གོའུ་ཏ་མ་ཁྱོད་འཁོར་མང་པོ་དང་ལྡན་པ་གྲོང་ཁྱེར་དུ་འོངས་ནས་ཁྱིམ་རྣམས་ཕུང་བར་བྱེད་པ་ཡིན་ནམ་ཞེས་ཟེར་ཞིང་ལམ་བཀག་པར་གྱུར་པ་ན། ངས་བསྐལ་པ་དགུ་བཅུ་རྩ་གཅིག་ཚུན་ཆད་དྲན་ཏེ། ཟས་སྦྱིན་པ་གཏེར་དུ་བཞུགས་པའི་ཕྱིར་ཁྱིམ་འགའ་ཞིག་ལའང་གནོད་པའི་ལས་མི་དྲན་ཞེས་གསུངས་པ་དང་། ས་ལའི་གྲོང་ཁྱེར་དུ་བསོད་སྙོམས་མ་རྙེད་པར། ལྷུང་བཟེད་སྟོང་པར་བྱོན་པ་དང་། རྒྱལ་བུ་རྒྱལ་བྱེད་ཀྱི་ཚལ། ཁྱིམ་བདག་མགོན་མེད་ཟས་སྦྱིན་གྱི་ཀུན་དགའ་ར་བ་སོགས་སུ་བསོད་སྙོམས་མང་དུ་རྙེད་པ་དང་། ལྷ་བྱིན་སོགས་དགྲ་དང་། སྲས་སྒྲ་གཅན་འཛིན་སོགས་ཉེ་དུའི་འབྲེལ་པ་དང་། འབྲོག་གནས་སུ་ལག་བརྒྱུད་འབྲོག་གནས་འདུལ་བའི་ཕྱིར་བྱོན་པའི་ཚེ། ས་གཞི་བ་ལང་མང་པོའི་རྨིག་པའི་རྗེས་ལྟར། རང་རོད་ཅན་དུར་པ་དང་། སྡིག་ཅན་འཕགས་སྐྱེས་པོས་ཤཱཀྱ་མང་པོ་བསད་པའི་ཚེ། ས་ཕྱོགས་ཉམས་མི་དགའ་བ་ཇོ་བའི་རང་རོད་ཅན་དུ་ལོ་འདབ་མེད་པའི་ཤིང་སྐམ་པོ་ལ་བརྟེན་ཏེ་འོ་རྒྱལ་པོར་གཟིམ་པ་དང་། ཀླུའི་རྒྱལ་པོ་མ་དྲོས་པས་གདན་དྲངས་པའི་དུས་ལྷ་བུ་རེས་འགའ་སྟེང་བར་གཤེགས་པ་དང་། གྲོང་ཁྱེར་བཟང་བྱེད་ན་གནས་པའི་མུ་སྟེགས་བྱེད་རྣམས་ཀྱིས་དགེ་སློང་གོའུ་ཏ་མ་འཁོར་དང་བཅས་པ་ལ་ལར་སྤྱ་གྲིའི་སེར་བ་དག་འབེབས་ཤིང་འོངས་ནས་ཁྱེད་ཅག་ལ་འགའ་ཞིག་ནི་བུ་མེད་པར་བྱེད། འགའ་ཞིག་ནི་ཁྲོ་མེད་པར་བྱེད་དོ། །

ཞེས་དང་། དགེ་སློང་གོའུ་ཏ་མ་སྐྱེས་ཏེ་ཞག་བདུན་ནས་མཤི་བར་གྱུར། ཕ་མའི་ངག་ཅག་སྐྱེ་ཡིད་མི་བདེ་བར་གྱུར་པས་ཕ་མ་ལ་བྱས་པ་མི་གཟོ་བ་ཡིན་ནོ། །དགེ་སློང་གོའུ་ཏ་མས་སྒྱུ་མ་བསླབ་སྟེ་འཇིག་རྟེན་གྱི་ཁམས་བསླུས་སོ། །ཞེས་པ་ལ་སོགས་པ་གཞན་གྱིས་སྐྱུར་པ་སྣ་ཚོགས་འདེབས་པ་དང་། མཉན་དུ་ཡོད་པར་ཆོ་འཕྲུལ་ཆེན་པོ་བསྟན་པ་དང་། སེར་སྐྱར་ཡབ་སྲས་མཇལ་བ་དང་། གྲོང་ཁྱེར་གསལ་ལྡན་དུ་ལྷ་ལས་བབས་པ་དང་། སྟེང་རྒྱས་འོད་སྲུང་འཁོར་དང་བཅས་པ་བཏུལ་བ་དང་། སོར་མོའི་ཕྲེང་བ་དང་། རྒྱལ་པོ་གོ་པི་ན་འཁོར་བཅས་བཏུལ་བ་ལ་སོགས་པ་རེས་འགའ་སྟོན་པའི་བ་དན་འཇིག་རྟེན་གསུམ་དུ་གྲགས་པ་དང་། རེས་འགའ་སྐྱ་བདེ་བ་དང་། ཐུགས་དགེས་པར་སྤྱོད་པ་དང་། བར་མར་བཞུགས་པ་ལ་སོགས་པ་སྟོན་པ་རྣམ་པ་སྣ་ཚོགས་སྟོན་པ་ནི་སྤྲུལ་པ་ཙམ་ཡིན་གྱི། སྤྲུལ་གཞིའི་གཟུགས་སྐུ་རང་རྒྱུད་པ་ནི་མིན་ནོ། །

འདིར། སྤྲུལ་པ་ཡིན་གྱི་རང་རྒྱུད་མིན། །གལ་ཏེ་སངས་རྒྱས་དངོས་ལ་ནི། །ཞེས་སོགས་ཀྱི་སྐབས་སུ། ཁ་ཅིག སངས་རྒྱས་མཚན་ཉིད་པ་ཡེ་ཤེས་ཆོས་སྐུ་ཁོ་ན་ཡིན་གྱི། གཟུགས་སྐུ་དེ་མཚན་ཉིད་པ་མིན་པར་འདོད་པ་དང་། ཁ་ཅིག་ལོངས་སྐུ་སངས་རྒྱས་རང་རྒྱུད་པ་དང་དངོས་ཡིན་གྱི། སྤྲུལ་སྐུ་དེ་ལྟར་མིན་པར་འདོད་དོ། །

དང་པོ་མི་འཐད་དེ། རྗེ་བཙུན་ཆེན་པོས་ཏནྟྲ་གྱུར་རྒྱན་ལས། གཟུགས་སྐུ་སངས་རྒྱས་མིན་པར་འདོད་པ་ལོག་རྟོག་གི་གཙོ་བོར་བྱས་ནས་དེ་འགོག་པར་གསུངས་པའི་ཕྱིར། གཉིས་པ་མི་འཐད་དེ། མགོན་པོ་བྱམས་པས། ཆོས་ཀྱི་སྐུ་ལས་མ་གཡོས་པར། །སྤྲུལ་པའི་རང་བཞིན་སྣ་ཚོགས་ཀྱིས། །སྐྱེ་བ་སྟོན་མར་སྐྱེ་བ་དང་། །དགའ་ལྡན་གནས་ནས་འཕོ་བ་དང་། །ལྷུམས་སུ་བཞུགས་དང་བལྟམས་པ་དང་། །བཟོ་ཡི་གནས་ལ་མཁས་པ་དང་། །བཙུན་མོའི་འཁོར་གྱིས་རོལ་པ་དང་། །ངེས་འབྱུང་དཀའ་བ་སྤྱད་པ་དང་། །བྱང་ཆུབ་སྙིང་པོར་གཤེགས་པ་དང་། །བདུད་སྡེ་བཅོམ་དང་རྫོགས་པར་ནི། །བྱང་ཆུབ་ཆོས་ཀྱི་འཁོར་ལོ་དག །ཡོངས་སུ་མ་དག་ཞིང་རྣམས་སུ། །སྲིད་པ་ཇི་སྲིད་གནས་པར་སྟོན། །ཞེས་ཆོས་སྐུ་ལས་མ་གཡོས་བཞིན་དུ། སྐྱེ་བ་ལ་སོགས་པའི་མཛད་པ་རྣམས་སྟོན་པར་གསུངས་པའི་ཕྱིར་དང་། རིགས་པ་ནི། སྤྲུལ་སྐུ་རྣམས་སངས་རྒྱས་དངོས་ཡིན་ཏེ། སྒྲིབ་པ་ཀུན་སྤངས། ཡོན་ཏན་ཀུན་རྫོགས་པ་ཡིན་པའི་ཕྱིར་རོ། །ཁ་ཅིག་གཟུགས་སྐུ་རྣམས་སངས་རྒྱས་ཡིན་ཀྱང་། མཚན་དཔེ་དང་། གསུང་རྣམས་ཐེམ་པོ་ཡིན་པས་སངས་རྒྱས་དངོས་མིན་པར་འདོད་པ་ཡང་རིགས་པ་དེ་ཉིད་ཀྱི་ཁེགས་སོ། །དེས་ན་སངས་རྒྱས་མཚན་ཉིད་པ་ལ། ངོ་བོ་ཉིད་སྐུ་སོགས་འདུས་མ་བྱས་དང་། སྟོབས་སོགས་འདུས་བྱས་ཤེས་པ་དང་། མཚན་དཔེ་ལ་སོགས་པའི་ཐེམ་པོ་དང་། གཟུགས་སྐུ་གང་ཟག་རྣམས་སུ་ཡོད་དོ། །གཞུང་གི་སྐབས་ཞེན་གྱི་སངས་རྒྱས་རང་རྒྱུད་པ་ནི། སྤྲུལ་གཞིའི་མཆོག་གི་སྤྲུལ་སྐུ་ཡིན་གྱི། དེའི་སྤྲུལ་པ་རྣམས་སྤྲུལ་

གཞིའི་སངས་རྒྱས་དེ་མིན། ཞེས་ཟེར་དགོས་པ་འདྲ་སྟེ། གཞུང་འདི་རྣམས་འདི་ནི་གདུལ་བྱ་སྨིན་པའི་ཕྱིར། ཞེས་པ་ལ་འཕྲོས་པ་གང་ཞིག །འདི་ནི་ཞེས་པའི་དོན། ལོངས་སྐུའི་སྤྲུལ་པ་ཤཱཀྱ་སེང་གེ་ལ་ངོས་འཛིན་པར་མཛད་པའི་ཕྱིར།

བཞི་པ་ནི། གལ་ཏེ་སངས་རྒྱས་དངོས། ཞེས་སོགས་རྐང་པ་བཅུ་སྟེ། རྒྱ་གལ་ཏེ་སངས་རྒྱས་དངོས་ལ་ནི། སེང་ལྡེང་གི་ཚལ་པ་ཟུག་པ་སོགས་ལས་ངན་གྱི་འབྲས་བུ་སྨིན་པར་འདོད་ན་ཡང་། ལོངས་སྤྱོད་རྫོགས་པའི་སྐུ་ཉིད་ལ་སྨིན་པར་རིགས་ཏེ། དེ་ཚོགས་གཉིས་རྫོགས་པའི་རྣམ་སྨིན་གྱི་འབྲས་བུར་གྱུར་པའི་སངས་རྒྱས་རང་རྒྱུད་པ་ཡིན་པའི་ཕྱིར་རོ། །དེ་ལྟར་རིགས་ཀྱི་སྤྲུལ་པའི་སྐུ་ཤཱཀྱ་ཐུབ་པ་ལ་སོགས་ལ་སྨིན་པར་འདོད་པ་མུན་སྤྲུལ་ཡིན་ཏེ། དེ་སངས་རྒྱས་རང་རྒྱུད་པ་དེ་ཡི་སྤྲུལ་པ་ཙམ་ཡིན་པའི་ཕྱིར་རོ། །དཔེར་ན། སྒྱུ་མའི་ལས་ངན་གྱི་འབྲས་བུ་སྒྱུ་མ་བྱེད་པའི་མཁན་པོ་ལ་འབྱུང་གིས། མཁན་པོ་དེས་སྤྲུལ་པའི་སྒྱུ་མའི་སྣང་བ་ལ་ནི་མི་འབྱུང་བ་བཞིན་ནོ། །རྒྱུ་མཚན་དེས་ན། འདུལ་ལུང་ལས། སངས་རྒྱས་ལ་ལས་ངན་གྱི་འབྲས་བུ་སྨིན་པར་གསུང་པ་དྲང་དོན་དགོངས་པ་ཅན་ཡིན་པར་ཤེས་དགོས་སོ། །མངོན་རྟོགས་རྒྱན་ལས། དེ་མཐའ་དེ་ཡི་རྣམ་སྨིན་ནི། །ཞེས་སྐུ་གསུམ་ཀ་སྦྱོར་གཞི་བསྒོམ་པའི་རྣམ་སྨིན་གྱི་འབྲས་བུར་བཤད་པ་ནི། ཆོས་སྐུའི་ངང་ལས་ལོངས་སྐུ་སྟོན་ཅིང་། དེ་ལས་སྤྲུལ་པ་སྣ་ཚོགས་འགྱེད་པ་ལ་སྦྱོར་གཞི་བསྒོམ་པ་སྔོན་དུ་སོང་བ་དགོས་ཞེས་པའི་དོན་ཏེ། དཔེར་ན། སྒྱུ་མ་མཁན་གྱིས་སྒྱུ་མ་སྤྲུལ་བ་ལ། སྤྲུལ་བ་པོ་ལས། སྐྱེས་པ་དགོས་པ་བཞིན་ནོ། །ཞེས་གསུང་། མདོ་སེམས་ཀྱི་སྐབས་སུ་རྒྱུ་འབྲས་འདུས་བྱས་ཁོ་ན་ལ་འཇོག་ཀྱང་། དབུ་མ་པའི་སྐབས་སུ་ཐོབ་འབྲས་ཀྱིས་ཀྱང་འབྲས་བུའི་གོ་ཆོད་པས་ངོ་བོ་ཉིད་སྐུ་ཡང་འབྲས་བུར་ཁས་ལེན་ནོ། །

གསུམ་པ་ནི། འདི་ཡི་ལུང་དང་། ཞེས་སོགས་རྐང་པ་གསུམ་སྟེ། འདུལ་ལུང་ལས། སངས་རྒྱས་ལ་ལས་ངན་སྨིན་པར་གསུང་པ་དྲང་དོན་ཡིན་པ་དང་། དྲང་དོན་གྱི་མདོ་སྒྲ་ཇི་བཞིན་དུ་ཁས་ལེན་དུ་མི་རུང་བ་འདི་ཡི་ལུང་དང་རིགས་པ་རྣམས་ནི། སློབ་དཔོན་དབྱིག་གཉེན་གྱི་རྣམ་བཤད་རིགས་པ་དང་ནི། སློབ་དཔོན་ལེགས་ལྡན་འབྱེད་ཀྱིས་མཛད་པའི་རྟོག་གེ་འབར་བ་ལ་སོགས་པ་མཁས་པའི་གཞུང་ལས་འབྱུང་བ་བཞིན་དུ་ཤེས་པར་གྱིས་ཏེ། རྣམ་བཤད་རིག་པ་ལས། ཀུན་ཏུ་སྣང་བའི་མདོ་ལས་ཀྱང་། སྒྲ་ཇི་བཞིན་དུ་འཛིན་ན་ཉེས་པ་ལྔ་ཡོད་དེ། ལྔ་གང་ཞེ་ན། མི་མོས་པའི་གནས་སུ་འགྱུར་བའི་ཉེས་པ་དང་། རྩ་བ་ཉམས་པའི་ཉེས་པ་དང་། གཞན་བསླུ་བར་བྱེད་པའི་ཉེས་པ་དང་། སྟོན་པ་ལ་སྐུར་པ་འདེབས་པའི་ཉེས་པ་དང་། ཆོས་སྤོང་བར་བྱེད་པའི་ཉེས་པའོ། །ཞེས་རང་གི་སྒྲས་བསྟན་པ་ཡིན་ནོ་ཞེས་དང་། རྟོག་གེ་འབར་བ་ལས། ཚིག་ལྷུག་པར་འབྱུང་བ

ཚོགས་བཅད་དུ་སྡེབ་པ་ནི། ཞིང་འདིར་ཐུབ་པའི་མཛད་པ་དག །གལ་ཏེ་སྤྲུལ་པ་མ་ཡིན་ཞིང་། །མདོ་སོགས་སྒྲ་ནི་ཇི་བཞིན་དུ། །ཁས་ལེན་པ་ལ་འགལ་བ་ནི། །རྒྱལ་སྲས་སྤྱོད་པ་ཐ་མ་པ། །འདོད་པ་བརྟེན་ན་ཚུལ་ཁྲིམས་འཆལ། །དེས་ན་སྦྱིན་པ་སོགས་ཀྱང་མེད། །ཅེས་དང་། གནས་བརྟན་ཆེན་པོ་བ་ཀུ་ལ། །ཁོ་བོ་བསྙེན་པར་རྫོགས་ནས་ལོ། །བརྒྱད་ཅུ་ལོན་ཡང་མགོ་བོ་ཙམ། །ན་བར་མ་དྲན་གང་ཡིན་པ། །ཨ་རུ་ར་གཅིག་ནད་པ་ལ། །སྦྱིན་པའི་འབྲས་བུ་ཉིད་ཡིན་ན། །སངས་རྒྱས་སྦྱིན་པའི་མཐར་སོན་པ། །སྐུ་ལ་ལས་ངན་ལས་བྱུང་བའི། །བསྟུན་གྱིས་བཏབ་པའང་ཤིན་ཏུ་འགལ། །ཞེས་དང་། གཞུང་དེ་གཉིས་ཀ་ལས། དགའ་ལྡན་གནས་ནས་འཕོ་བ་ན། །ལྷ་རིགས་དྲུག་ལ་བཀའ་སྩལ་ནས། །ཉོན་མོངས་དབང་གིས་སྐྱེ་བ་དང་། །སྨོམས་འཇུག་དག་ལ་དབང་ཐོབ་འགལ། །ན་ནད་འཆི་བ་མ་མཐིན་དང་། །མུ་སྟེགས་བྱེད་ལས་ཐར་ལམ་འཚོལ། །དཀའ་ཐུབ་དྲག་པོས་གདུང་བྱེད་པ། །ཇི་ལྟ་བུར་ནི་འགལ་མི་འགྱུར། །ཞེས་གསུངས་སོ། །མདོ་སྡེ་རྒྱན་ལས། དོན་སྒྲ་ཇི་བཞིན་ཡོངས་རྟོགས་ན། །བདག་ཉིད་སྙེམས་ཞིང་བློ་ཉམས་འགྱུར། །ལེགས་པར་གསུང་པ་ཡང་སྤྲངས་ན། །བརླག་འགྱུར་ཆོས་ལ་ཁོང་ཁྲོ་སྒྲིབ། །ཞེས་དང་། དགོན་བརྩེགས་ཀྱི་ཆོས་བཅུ་པའི་ལེའུ་ལས། རིགས་ཀྱི་བུ་དེ་ལ་ཇི་ལྟར་ན་བྱང་ཆུབ་སེམས་དཔའ་དགོངས་ཏེ་གསུངས་པ་རྟོགས་པར་བྱ་བ་ལ་མཁས་པ་ཡིན་ཞེ་ན། རིགས་ཀྱི་བུ་འདི་ལ་བྱང་ཆུབ་སེམས་དཔའ་དེ་བཞིན་གཤེགས་པས་དགོངས་ཏེ་གསུངས་པའི་མདོ་སྡེ་ཟབ་མོ་གང་དག་ཡིན་པ་དེ་དག་ལ་སྒྲ་ཇི་བཞིན་ཁོ་ནར་མངོན་པར་ཞེན་པར་མི་བྱེད་པ་ཡིན་ཏེ། དེ་ལ་དེ་བས་དགོངས་ཏེ་གསུང་པ་དེ་དག་ཀྱང་གང་ཞེ་ན། འདི་ལྟ་སྟེ། དེ་བཞིན་གཤེགས་པས་ཉན་ཐོས་རྣམས་བླ་ན་མེད་པ་ཡང་དག་པར་རྫོགས་པའི་བྱང་ཆུབ་ཏུ་ལུང་བསྟན་ཏོ། །ཞེས་གསུང་པ་ནི། དེ་ལྟར་མི་བལྟའོ། །ཀུན་དགའ་བོ་ང་ནི་རོ་རྒྱབ་ནའོ་གསུངས་པ་ཡང་དེ་ལྟར་མི་བལྟའོ། །ང་ནི་ནས་འབོགས་པ་ཡིན་གྱི་ངའི་བསྙེན་བཀུར་འཚོལ་ཅིག ཅེས་གསུང་པ་ཡང་དེ་ལྟར་མི་བལྟའོ། །མོའུ་འགལ་གྱི་བུ་ཁྱོད་སོང་ལ་སྨན་པའི་རྒྱལ་པོ་འཚོ་བྱེད་ཀྱི་གམ་ནས་སྨན་ལོངས་ཤིག་དང་། ཟ་བར་བྱའོ། །ཞེས་གསུང་པ་ཡང་དེ་ལྟར་མི་བལྟའོ། །དེ་བཞིན་གཤེགས་པ་ནི་གཞན་མུ་སྟེགས་ཅན་ཀུན་ཏུ་རྒྱུ་བ་དག་དང་། ལྷན་ཅིག་ཏུ་ཚིག་གིས་རྩོད་པར་བྱེད་དོ། །ཞེས་གསུང་པ་ཡང་དེ་ལྟར་མི་བལྟའོ། །དེ་བཞིན་གཤེགས་པའི་ཞབས་ལ་སེང་ལྡེང་གི་ཚལ་པ་ཟུག་གོ་ཞེས་གསུང་པ་ཡང་དེ་ལྟར་མི་བལྟའོ། །སྐྱེས་བུ་དམ་པ་མིན་པ་ལྷ་སྦྱིན་གྱིས་ཡུན་རིང་པོ་ནས་དེ་བཞིན་གཤེགས་པའི་གཤེད་མ་དང་། གཅུགས་ཅན་དང་། ཕྱིར་རྒོལ་བ་དགྲ་བོར་གྱུར་པ་ཡིན་ནོ། །ཞེས་གསུངས་པ་ཡང་དེ་ལྟར་མི་བལྟའོ། །དེ་བཞིན་གཤེགས་པ་བསོད་སྙོམས་ཀྱི་ཕྱིར་བྲམ་ཟེའི་གྲོང་ས་ལ་ཅན་དུ་ཇི་ལྟར་ལྷུང་བཟེད་དཀྲུས་པས་ཞུགས་པ་བཞིན་དུ་ཕྱིར་བྱུང་ངོ། །

ཞེས་གསུངས་པ་ཡང་དེ་ལྟར་མི་བལྟའོ། །བྲམ་ཟེའི་བུ་མོ་དྲེགས་མས་ཤིང་གི་གཞོང་བུ་ལྟོ་བར་བཅིངས་ཏེ་དེ་བཞིན་གཤེགས་པ་ལ་སྐུར་བ་བཏབ་པོ་ཞེས་གསུངས་པ་ཡང་དེ་ལྟར་མི་བལྟའོ། །དེ་བཞིན་གཤེགས་པ་ཉོན་མོངས་མེད་ཀྱི་ལྗོངས་སུ་དབྱར་གནས་ཞལ་གྱིས་བཞེས་པ་ན་ཟླ་བ་གསུམ་དུ་རྟ་ཆས་ཀྱི་ནས་གསོལ་ལོ། །ཞེས་གསུངས་པ་ཡང་དེ་ལྟར་མི་བལྟའོ། །ཞེས་གསུངས་སོ། །

གསུམ་པ་ཉམས་ལེན་ཡེ་བཀག་ཡེ་གནང་ཡིན་པ་དགག་པ་ལ་གཉིས་ཏེ། འདོད་པ་བརྗོད་པ་དང་། དེ་དགག་པའོ། །དང་པོ་ནི། འབྲི་ཁུང་པ་ཁ་ཅིག །ཐེག་པ་ཆེ་ཆུང་གི་བསླབ་བྱ་ལ་གཅིག་ལ་བཀག་པ་ཐམས་ཅད་ལ་ཡེ་ནས་བཀག་པ་ཡིན་ཞིང་། གཅིག་ལ་གནང་བ་ཐམས་ཅད་ལ་ཡེ་ནས་གནང་བ་ཡིན་པར་འདོད་དོ། །དགོངས་གཅིག་ཏུ། རྡོ་རྗེའི་གསུང་། སྤྱིར་བཀག་པ་ཐམས་ཅད་ཡེ་བཀག །གནང་བ་ཐམས་ཅད་ཡེ་གནང་བྱ་བ་འདི་བཞུགས། དེ་ལ་བོད་ཀྲན་རྣམས་ནད་པ་ལ་ཆང་མ་གཏོགས་པ་བཅས་པ་མཐའ་དག་གིས་སྐྱོང་ཞེས་གསུངས་པ་དང་། བུད་མེད་ལ་རེག་པ་བཀག་པ་ལ་བུད་མེད་ཆུའི་ཁྲིར་བ་ན། བོང་བའི་འདུ་ཤེས་ཀྱིས་རེག་པས་དག་པར་གསུངས་པས། གནང་བཀག་གཅིག་ཏུ་མ་ངེས་ཞེས་ཟེར་བ་ལ། འདིར་ཞལ་སྔ་ནས། སྤྱིར་འཁོར་འདས་ཀྱི་གཤིས་ལ་དགེ་མི་དགེ་གཉིས་ཡོད་པ་ལས། ཆོས་ཐམས་ཅད་གནས་དང་གནས་མིན་པ་མཁྱེན་པའི་ཡེ་ཤེས་ལས་མི་འདའ་བ་དང་གཅིག །མི་དགེ་བ་དང་འབྲེལ་བའི་ལས་ལ་སྡུག་བསྔལ་འབྱུང་བར་ངེས་པ་དང་གཉིས། བཅོམ་ལྡན་འདས་སེམས་ཅན་ལ་བུ་གཅིག་པ་བཞིན་བརྩེ་བར་དགོངས་ཀྱང་། འཇིག་རྟེན་ཀྱི་ཚུལ་ཁྲིམས་ལ་མ་ཞུགས་ན་སྐྱོན་སྤྲངས་པ་དང་། ཡོན་ཏན་བསྒྲུབ་པའི་ཐབས་གཞན་མེད་པ་དང་གསུམ་པོ་འདིའི་གནད་ཀྱིས་ཡེ་བཀག་ཡེ་གནང་དུ་མི་འོང་ཁ་མེད་ཡིན། དང་པོ་གནང་བ་དེ་ཕྱིས་ཀྱང་གནང་སྟེ་བཀག་པ་མེད། དང་པོ་བཀག་པ་དེ་ཕྱིས་ཀྱང་བཀག་ཏེ་གནང་བ་མེད། དཔེར་ན་ནད་པས་ཕྱི་དྲོའི་ཁ་ཟས་ལ་མ་ཆགས་པར་ནད་གསོ་བའི་མཐུན་རྐྱེན་དུ་འགྲོ་ཞིང་། སྨན་ལྟ་བུའི་འདུ་ཤེས་ཡོད་ན་བཀག་པ་མེད་ལ། དེ་ལྟ་བུའི་བསམ་པ་མེད་ན་གནང་བ་མེད་དོ། །ཡུལ་བུད་མེད་ལ་ཆགས་སེམས་ཀྱིས་རེག་པ་དང་པོ་ནས་གནང་བ་མེད་པས་ཕྱིས་ཀྱང་གནང་བ་མེད། ས་དང་བོང་བའི་འདུ་ཤེས་ཀྱིས་རེག་པ་དང་པོ་ནས་བཀག་པ་མེད་ཅིང་། ཕྱིས་ཀྱང་བཀག་པ་མེད་པས། གནང་བཀག་གི་ཐེ་བྲག་གི་ཚུལ་དེ་དང་འདྲའོ། །ཞེས་ཟེར་རོ། །

གཉིས་པ་ལ་གསུམ་སྟེ། གནང་བཀག་ཐ་དད་དུ་བསྟན་པ། དེ་ལ་གནོད་པ་སྤང་བ། སྤྲུལ་པའི་གནང་བཀག་ཇི་ལྟར་བསྒྲུབ་པའི་ཚུལ་ལོ། །དང་པོ་ལ་གསུམ་སྟེ། དམ་བཅའི་སྒོ་ནས་མདོར་བསྟན། འཐད་པའི་སྒོ་ནས་རྒྱས་པར་བཤད། དཔེའི་སྒོ་ནས་དོན་བསྡུ་བའོ། །དང་པོ་ནི། ཡེ་བཀག་ཞེས་སོགས་རྐང་པ་དྲུག་སྟེ། ཐེག་

པ་ཆེ་ཆུང་གི་བསླབ་བྱ་བཀག་པ་ཐམས་ཅད་ཡེ་བཀག་དང༌། གནང་བ་ཐམས་ཅད་ཡེ་གནང་ཡིན་ཞེས་བྱ་བའི་ལུགས་འདི་ཡང་སངས་རྒྱས་ཀྱི་བསྟན་པ་དང་མཐུན་པ་མིན་ཏེ། སྤྱིར་ཉན་ཐོས་ཀྱི་ལུགས་དང་ནི། ཐེག་ཆེན་ལུགས་ཀྱི་གནང་བཀག་ཐམས་ཅད་གཅིག་ཏུ་ངེས་པ་མེད་ཅིང༌། བྱེ་བྲག་ཉན་ཐོས་སྡེ་པའི་གནང་བཀག་གཅིག་ཏུ་མེད་དེ། སྡེ་པ་ལ་ལར་སྣང་བ་ནི། ལ་ལའི་བཀག་པ་ཉིད་དུ་འགྱུར་བ་དེས་ནའོ། །

གཉིས་པ་ལ་བཞི་སྟེ། ཉན་ཐོས་ནང་ཕན་ཚུན་གནང་བཀག་ཐ་དད་དུ་བསྟན་པ། ཁྱིམ་པ་དང་རབ་བྱུང་གནང་བཀག་ཐ་དད་དུ་བསྟན་པ། ཐེག་པ་ཆེ་ཆུང་གནང་བཀག་ཐ་དད་དུ་བསྟན་པ། ཐེག་ཆེན་ནང་ཕན་ཚུན་གནང་བཀག་ཐ་དད་དུ་བསྟན་པའོ། །དང་པོ་ལ་གསུམ་སྟེ། ཐ་དད་དུ་བསྟན་པ་དགོས། དེའི་ཉེས་སྤོང་བའི་ལན་དགག །གཅིག་པ་ལ་གནོད་བྱེད་བསྟན་པའོ། །དང་པོ་ནི། དེ་ཡི་འཐད་པ་ཞེས་སོགས་རྐང་པ་བཅོ་ལྔ་སྟེ། ཐེག་པ་ཆེ་ཆུང་དང༌། ཉན་ཐོས་ནང་ཕན་ཚུན་གནང་བཀག་གཅིག་ཏུ་མེད་པ་དེ་ཡི་འཐད་པ་འོག་ནས་འཆད་པ་འདི་ལྟར་ཡིན་པས་དཔྱད་པ་གསུམ་གྱིས་རྣམ་པར་དག་པའི་ལུང་བཞིན་དུ་བཤད་ཀྱིས་ཉོན་ཅིག དེ་ཡང་ཉན་ཐོས་རྩ་བའི་སྡེ་པ་ཐམས་ཅད་ཡོད་པར་སྨྲ་བ་དང༌། གནས་བརྟན་པ་དང༌། ཕལ་ཆེན་པ་དང༌། མང་པོས་བསྐུར་བ་དང་བཞི་པོ་ལ་འདུལ་བའི་རྣམ་གཞག་མི་འདྲ་བ་རྣམ་པ་བཞི་ཡོད་དེ། གཞི་ཐམས་ཅད་ཡོད་པར་སྨྲ་བ་ནི། ཤཱཀྱའི་རྒྱལ་རིགས་བསླབ་པ་ལ་ནུས་པའི་མཆོག་སྒྲ་གཅན་འཛིན་བཟང་པོའི་སློབ་རྒྱུད་སྣམ་སྦྱར་སྣམ་ཕྲན་དགུ་ནས་ཉེར་ལྔའི་བར་ཟུང་སྤྲངས་པ། རྟགས་ཨུཏྤལ། པདྨ། རིན་པོ་ཆེ། ཤིང་ལོ། བུ་རམ་ཤིང་གི་ཟློས་ཀྱང་ལྟུང་བ་མེད་པ། སློན་མའི་སྤྱུ་བཞར་ན་ལྟུང་བ། མིར་ཆགས་པ་བསད་ན་ཕམ་པ། བྱིན་ལེན་ལག་པ་ཀན་པ། གསོལ་བ་དང་བཞིའི་ལས་ཀྱི་སྡོམ་པ་སྐྱེ་བ་དང༌། གནས་བརྟན་པ་ནི། རྗེའི་རིགས། མཐའ་འཁོབ་འདུལ་བའི་མཆོག ཀཱ་ཏྱཱ་ཡ་ནའི་སློབ་རྒྱུད་སྣམ་སྦྱར་སྣམ་ཕྲན་ལྔ་ནས་ཉེར་གཅིག་གི་བར། རྟགས་དུང༌། སཾསྐྲི་ཏའི་སྐད་ཀྱིས་སོ་ཐར་གྱི་མདོ་སྟོན་ན་ལྟུང་བ་འབྱུང་བ། བུ་རམ་ཤིང་ཟོས་ན་ལྟུང་བ། སློན་མའི་སྤྱུ་མ་བཞར་ན་ལྟུང་བ། མིར་ཆགས་པ་བསད་ན་ཕམ་པ་མེད་པ། བྱིན་ལེན་ལག་པ་སྟེང་འོག་ཏུ་བྱེད་པ། གསོལ་བཞིའི་ཆོག་ས་སྡོམ་པ་མི་སྐྱེ་བ་དང༌། ཕལ་ཆེན་པ་ནི། བྲམ་ཟེའི་རིགས། སྦྱང་པའི་ཡོན་ཏན་དང་ལྡན་པའི་མཆོག་འོད་སྲུང་ཆེན་པོའི་སློབ་རྒྱུད། སྣམ་ཆར་སྣམ་ཕྲན་བདུན་ནས་ཉེར་གསུམ་གྱི་བར་རྟགས་གཡུང་དྲུང༌། དཔལ་བེའུ། བུ་རམ་ཤིང་ཟོས་ན་ལྟུང་བ། སློན་མའི་སྤྱུ་མ་བཞར་ན་ལྟུང་བ། མིར་ཆགས་པ་བསད་པ་ལ་ཕམ་པ་མེད་པ། ལྟུང་བཟེད་བྱིན་ལེན་བྱེད་པ། ཚང་རྩ་བ་ལྔ་པ། གསོལ་བཞིའི་ཆོག་ས་སྡོམ་པ་མི་སྐྱེ་བ་དང༌། མང་པོས་བཀུར་བ་པ་ནི། དམངས་རིས་འདུལ་བ་འཛིན་པ། ཉེ་བ་འཁོར་གྱི་སློབ་རྒྱུད། སྣམ་སྦྱར་སོགས་གཞན་གནས་བརྟན་པ་དང

མཐུན་ནོ། །དེ་ར་མ་ཟད་སོ་ཐར་གྱི་མདོ་འདོན་པའི་སྐད་ཀྱང་། ཐམས་ཅད་ཡོད་སྨྲ་ལེགས་སྦྱར་དང་། གནས་བརྟན་པ་རང་བཞིན་ཕལ་པའི་སྐད་དང་། ཕལ་ཆེན་པ་ཟུར་ཆག་པའི་སྐད་དང་། མང་བཀུར་བ་ཤ་ཟའི་སྐད་ཀྱིས་འདོན་པ་དང་། རྣམ་པ་བཞི་རུ་གནས་པ་ཡོད་པའི་ཕྱིར་རོ། །བཞི་པོ་དེ་ལ་ཕྱེས་པ་བཅོ་བརྒྱད་ལ་འདུལ་བའི་དབྱེ་བའང་བཅོ་བརྒྱད་དུ་ཡོད་དེ། དང་པོ་སྡོམ་པ་ལེན་པའི་ཆོག་དང་། བར་དུ་བསྲུང་བའི་བསླབ་བྱ་དང་། ཉམས་ན་ཕྱིར་བཅོས་པའི་ཚུལ་དང་། སོ་སོ་ཐར་པའི་མདོ་འདོན་པ་དང་། ཐ་མ་སྡོམ་པ་གཏོང་བའི་ཚུལ་རྣམས་སྡེ་པ་བཅོ་བརྒྱད་པོ་ཐམས་ཅད་མི་མཚུངས་པས་སོ། །རྒྱུ་མཚན་དེས་ན། ཉན་ཐོས་རྩ་བའི་སྡེ་པ་བཞི་དང་། ཕྱེས་པ་བཅོ་བརྒྱད་ཀྱི་གནང་བཀག་གཅིག་ཏུ་མེད་དེ། དེ་དག་གཅིག་གིས་བཀག་པ་གཅིག་ལ་གནང་བ་ཡིན་པའི་ཕྱིར་རོ། །

གཉིས་པ་ལ་གཉིས་ཏེ། ཕྱེས་པ་བཅོ་བརྒྱད་ལ་བདེན་རྫུན་གྱི་དབྱེ་བ་ཡོད་པའི་ལན་དགག །བསླབ་པ་ཤེས་ན་གནང་བཀག་གཅིག་ཏུ་འགྱུར་བའི་ལན་དགག་པའོ། ། དང་པོ་ནི། གལ་ཏེ་སྡེ་པ་ཞེས་སོགས་རྐང་པ་བདུན་ཏེ། གལ་ཏེ་ཁོ་ན་རེ། ཉན་ཐོས་རྩ་བའི་སྡེ་བཞི་དང་། ཕྱེས་པ་བཅོ་བརྒྱད་ལ་གནང་བཀག་ཐ་དད་དུ་ཡོད་པའང་། གནང་བཀག་ཐ་དད་དུ་ཡོད་པར་མི་འཐུབ་སྟེ། སྡེ་པ་དེ་དག་ལས་གཅིག་ཁོ་ནའི་གནང་བཀག་བདེན་པ་ཡིན་གྱི། དེ་ལས་གཞན་པའི་གནང་བཀག་རྫུན་པ་ཡིན་པའི་ཕྱིར་ཞེ་ན། མིན་ཏེ། སངས་རྒྱས་འོད་སྲུང་གི་དུས་རྒྱལ་པོ་ཀྲི་ཀྲིའི་རྨི་ལམ་ལྟར་དུ་སྡེ་པ་བཅོ་བརྒྱད་པོ་ཐམས་ཅད་ཀྱི་གནང་བཀག་རང་ས་ན་བདེན་པར་གསུངས་པའི་ཕྱིར་རོ། །རྒྱལ་པོ་ཀྲི་ཀྲིའི་རྨི་ལམ་ལ། སྣན་ངག་དཔག་བསམ་འཁྲི་ཤིང་དང་། མཛོད་ཀྱི་འགྲེལ་བཤད་ལས་བཅུ་བཤད་ཅིང་། བསྟན་པ་སྣུབ་དར་གྱི་དུས་སུ་བྱུང་བའི་ཆོས་ཀྱི་བརྗོད་བྱང་ཞེས་བྱ་བ་ལས་བརྒྱད་དེ། བཅོ་བརྒྱད་འབྱུང་བ་རིམ་བཞིན་བསྡུས་ན། གླང་ཆེན་མཛུག་མ་དཀར་ཁྱུང་འཐོགས་པ་དང་། །ཁྲོན་པས་མི་སྐྱེག་ཕྱེ་དང་མུ་ཏིག་རྗེ། །ངན་པའི་ཤིང་དང་ཙནྡན་མཉམ་དུ་བྱེད། །གླང་གི་ཕྲུ་གུའི་གླང་ཆེན་གནས་ནས་སྤྲོད། །མི་གཙང་སྤྲེའུས་མི་གཙང་གཞན་ལ་བྱུགས། །སྤྲེའུ་མང་པོས་སྤྲེ་ངན་རྒྱལ་པོར་བཀུར། །བཅོ་བརྒྱད་མི་ཡིས་རས་ཡུག་སོ་སོར་དྲས། །རྟ་བའི་མེ་ཏོག་འབྲས་བུ་རྐྱེན་པོས་ཁྱེར། །འཐབ་པར་མི་འོས་སྡེ་སྤྲིད་ཕན་ཚུན་འཐབ། །མེ་ཏོག་དག་ནི་ཆོད་ཅིག་ཅེས་ནི་བསྐུལ། །རྫིང་བུ་གསུམ་གྱི་བར་མ་སྟོང་པར་མཐོང་། །རྐན་པོ་སྤྱི་ཐེར་དུ་ནི་གནས་པ་དང་། །རྟ་ཡི་ཁ་འཁོར་གཉིས་ཀས་བཟའ་བ་མཐོང་། །ཆེ་བའི་ཁྱི་བས་ཆུང་བ་ཁྱུ་ནི་དྲག །བེ་འུ་སྐྱེས་མ་ཐག་ཏུ་བ་ལ་ནུ། །སྤྱི་དྲི་གཞོན་ནུའི་མི་ནི་ཕྱི་དྲི་ཐུས། །སེང་གེའི་རོ་ནི་རང་གི་སྲིན་འབུས་ཟོས། །བཅོ་བརྒྱད་རྨིས་པ་འོད་སྲུང་ལ་ཞུས་པས། །ཁྲམ་ཟེའི་ཁྱི་འུབ྄་མ་མ་འོང་བར། །སངས་རྒྱས་ཤཱཀྱ་ཐུབ

ཞེས་བྱར་གྱུར་པའི་ཚེ། །བསྟན་པའི་འཇུག་ཏུ་འདི་འདྲ་འབྱུང་བའི་བལྟས། །ཞེས་སོ། །དེ་དག་ངོས་འཛིན་ཡི་གེ་མང་དོགས་མ་བྲིས་ལ།

འདིར་སྐབས་སུ་བབ་པ། རས་ཡུག་གཅིག་མི་བཅོ་བརྒྱད་ཀྱིས་དྲས་པས་མི་རེ་རེས་རས་ཡུག་མ་ཉམས་པ་རེ་རེ་ཐོབ་ལ། སྔར་གྱི་རས་ཡུག་སོར་གནས་པ་རྨི་བ་ནི། ཤཱཀྱ་ཐུབ་པའི་ཉན་ཐོས་ཀྱི་བསྟན་པ་སྡེ་བ་བཅོ་བརྒྱད་དུ་གྱེས་པར་འགྱུར་ལ། རེ་རེས་རས་ཡུག་མ་ཉམས་པ་ཐོབ་པ་ནི། སྡེ་པ་བཅོ་བརྒྱད་པོ་རང་རང་གི་འདུལ་བ་བཞིན་སྤྱད་པས་རྣམ་པར་གྲོལ་བ་ཐོབ་པར་ལུང་བསྟན་པ་དེ་ཉིད་ཡིན་ཏེ། དེའི་རྨི་ལམ་བཤད་པའི་མདོ་ལས། ཡང་དག་པར་རྫོགས་པའི་སངས་རྒྱས་འོད་སྲུང་གིས་རྒྱལ་པོ་ལ་བཀའ་སྩལ་པ། རྒྱལ་པོ་ཆེན་པོ་ཁྱོད་ཀྱི་རྨི་ལམ་དུ་མི་བཅོ་བརྒྱད་ཀྱིས་རས་ཡུག་གཅིག་དྲས་པར་མཐོང་བ་དེ་ནི། ཤཱཀྱ་ཐུབ་པའི་བསྟན་པ་བཅོ་བརྒྱད་དུ་གྱེས་པར་འགྱུར་ལ། དེའི་རྣམ་པར་གྲོལ་བའི་རས་ནི་གྱེས་པར་མི་འགྱུར་རོ་ཞེས་གསུངས་པའི་ཕྱིར། དེ་ལྟར་སྡེ་པ་བཅོ་བརྒྱད་ཀྱི་གནང་བཀག་ལ་བདེན་རྫུན་གྱི་དབྱེ་བ་མེད་པ་དང་། སྡེ་པ་བཅོ་བརྒྱད་ཇི་ལྟར་གྱེས་པའི་ཚུལ་འདིའི་དོན་རྒྱས་པར་བཙུན་པ་དབྱིག་བཤེས་ཀྱིས་མཛད་པའི་སྡེ་པ་ཐ་དད་ཀླག་པའི་འཁོར་ལོ་དང་། དེའི་དོན་བསྡུས་ནས། སློབ་དཔོན་འདུལ་བ་ལྷས། སྡེ་པ་ཐ་དད་བསྟན་པ་བསྡུས་པ་ཞེས་བྱ་བ་དང་། ཤཱཀྱ་འོད་ཀྱི་འདུལ་བ་འོད་ལྡན་དང་། ལ་སོགས་པ་དགེ་ཚུལ་གྱི་ལོ་དྲི་བ་རྣམས་ལྟོས་ཏེ། སྡེ་པ་ཐ་དད་བསྟན་པ་བསྡུས་པ་ལས། ཡུལ་དོན་སློབ་དཔོན་བྱེ་བྲག་གིས། །ཐ་དད་རྣམ་པ་བཅོ་བརྒྱད་འདོད། །ཅེས་དང་། འོད་ལྡན་ལས། དེ་ལྟ་བས་ན་སྡེ་པ་གཞན་འདོད་པ་དག་ཀྱང་སངས་རྒྱས་ཀྱི་གསུང་ནི་ཡིན་པར་ཐེ་ཚོམ་མེད་པ་ཡིན་ནོ། །ཞེས་པ་དང་། དགེ་ཚུལ་གྱི་ལོ་དྲི་བ་ལས། དེ་ལྟར་བྱེ་བྲག་བཅོ་བརྒྱད་དུ། །ཤཱཀྱ་སེང་གེའི་བསྟན་པ་ནི། །གྱུར་ཏེ་འགྲོ་བའི་བླ་མ་དེ། །སྟོན་གྱི་ཕྲིས་ལན་དབང་གིས་ཡིན། །ཞེས་གསུངས་སོ། །

བཅོ་བརྒྱད་དུ་གྱེས་ཚུལ་ནི་འོད་ལྡན་ལས། ཐམས་ཅད་ཡོད་སྨྲ་གཅིག་པུ་ལས་གཞན་རྣམས་གྱེས་པར་གསུངས་ཏེ། ཇི་སྐད་དུ། སྔོན་ཐམས་ཅད་ཡོད་པར་སྨྲ་བ་འདི་གཅིག་པུ་ཡོད་པ་ལས་བཅོམ་ལྡན་འདས་མྱ་ངན་ལས་འདས་པ་དང་། དེ་ལ་བརྟེན་ནས་སྡེ་པ་གཞན་དག་བྱུང་བས། དེ་དག་གི་གཞིར་གྱུར་པའི་ཕྱིར། གཞི་ཐམས་ཅད་ཡོད་པར་སྨྲ་བ་ཞེས་བྱ་བ་དང་། དེ་ལྟ་བས་ན། ཐམས་ཅད་ཡོད་པར་སྨྲ་བ་ནི། གཞི་ཞེས་བྱའི་སྡེ་པ་གཞན་དག་ནི་མིན་ཏེ། ཞེས་སོགས་གསུངས་སོ། །སྡེ་པ་ཐ་དད་བསྟན་པ་བསྡུས་པ་དང་། དགེ་ཚུལ་གྱི་ལོ་དྲི་བ་ལས། རྩ་བའི་སྡེ་པ་བཞིས་བཅོ་བརྒྱད་དུ་གྱེས་པར་འདོད་དེ། གཞུང་དང་པོ་ལས། ཤར་དང་ནུབ་དང་གངས་རིར་གནས། །འཇིག་རྟེན་འདས་པར་སྨྲ་བའི་སྡེ། །རྟག་པར་སྨྲ་བའི་སྡེ་པ་དང་། །ལྷ་ཚན་དགེ་འདུན་ཕལ་ཆེན་

པ༔ །གཞི་ཀུན་པ་དང་འོད་སྲུང་སྡེ། །ས་སྟོན་སྡེ་དང་ཆོས་སྲུང་སྡེ། །མང་ཐོས་གོས་སྨྲ་སློབ་མ་དང་། །རྣམ་པར་ཕྱེ་སྟེ་སྨྲ་བའི་སྡེ། །ཐམས་ཅད་ཡོད་པར་སྨྲ་བ་ཡིན། །རྒྱལ་བྱེད་ཚལ་གནས་འཇིགས་མེད་གནས། །གཙུག་ལག་ཁང་ཆེན་གནས་བརྟན་པ། །ས་སྒྲོགས་རི་དང་བསྲུང་བ་ཡང་། །གནས་མ་བུ་ཡི་སྡེ་རྣམས་ནི། །ཀུན་གྱིས་བཀུར་བ་རྣམ་པ་གསུམ། །ཡུལ་དོན་སློབ་དཔོན་བྱེ་བྲག་གིས། །ཐ་དད་རྣམ་པ་བཅོ་བརྒྱད་གསུངས། །ཞེས་དང་། གཞུང་གཉིས་པ་ལས། འོད་སྲུང་ཞེས་བྱ་ས་སྲུང་དང་། །ཞེས་སོགས་གསུངས་སོ། །རྟོག་གེ་འབར་བ་ལས། རྩ་བའི་སྡེ་པ་དགེ་འདུན་ཕལ་ཆེན་པ་དང་། གནས་བརྟན་པ་གཉིས་ལས། དང་པོ་ལ་བརྒྱད། ཕྱི་མ་ལ་བཅུར་གྱིས་པར་གསུངས་ཏེ། ཇི་སྐད་དུ། རེ་ཞིག་དང་པོར་སྡེ་པ་གཉིས་སུ་ཆད་ནས་གནས་ཏེ། དགེ་འདུན་ཕལ་ཆེན་པ་དང་། གནས་བརྟན་པའོ། །དེ་ལ་དགེ་འདུན་ཕལ་ཆེན་པའི་སྡེ་པ་ཡང་རིམ་གྱིས་བྱེ་བར་གྱུར་པ་ན། རྣམ་པ་བརྒྱད་དུ་གནས་ཏེ། ཞེས་པ་ནས། ནུབ་ཀྱི་རི་བོའོ། །ཞེས་པའི་བར་དང་། དེའི་འཇུག་ཐོགས་སུ། གནས་བརྟན་པ་ཡང་རིམ་གྱིས་བྱེ་བར་གྱུར་པ་ན། རྣམ་པ་བཅུར་འགྱུར་ཏེ། འདི་ལྟ་སྟེ། གནས་བརྟན་པ་ཉིད་ལ། གངས་རི་པ་ཞེས་བརྗོད་པ་དང་། །ཞེས་པ་ནས། སྡེ་པ་བཅོ་བརྒྱད་ནི་དེ་དག་གོ །ཞེས་གསུངས་སོ། །གཞུང་རྩ་བའི་སྐབས་ཟིན་ལ་ནི། སྡེ་པ་ཐ་དད་བསྟན་པ་བསྟུས་པ་དང་། ལོ་དྲི་བ་ལས་གསུངས་པ་བཞིན་བཞུགས་ཏེ། ཉན་ཐོས་རྩ་བའི་སྡེ་བཞི་ལ། །ཞེས་དང་། དེ་ལས་གྱེས་པ་བཅོ་བརྒྱད་ལ། །ཞེས་འབྱུང་བས་སོ། །འོན་སྡེ་པ་བཅོ་བརྒྱད་ཀྱི་རྣམ་གཞག་ཐམས་ཅད་བོད་ན་ཡོད་དམ་ཞེ་ན། མ་ཡིན་ཏེ། བོད་དུ་ཐམས་ཅད་ཡོད་སྨྲའི་འདུལ་བའི་རྣམ་གཞག་ཁོ་ན་ཡོད་ཀྱི། སྡེ་པ་གཞན་གྱི་འདུལ་བའི་རྣམ་གཞག་མ་འགྱུར་བས་མེད་ཅེས་གསུངས་སོ། །

གཉིས་པ་བསླབ་པ་ཤེས་ན་གནང་བཀག་གཅིག་ཏུ་འགྱུར་བའི་ལན་ནི། སྡེ་པ་ཀུན་གྱི་ཞེས་སོགས་ཊང་པ་ཉེར་ལྔ་སྟེ། ཁ་བོ་སྡེ་པ་བཅོ་བརྒྱད་པོ་ཀུན་གྱི་བསླབ་པའང་ཤེས་ན། གནང་བཀག་གཅིག་ཏུ་འགྱུར་ཞེ་ན། མིན་ཏེ། དེ་ལྟར་ཤེས་ཀྱང་བཅོ་བརྒྱད་པོའི་བསླབ་པ་ཕལ་ཆེར་ཐ་དད་ཡིན་ཏེ། དཔེར་ན་ཐམས་ཅད་ཡོད་པར་སྨྲ་བའི་སྡེ་པ་ཡི་སོ་ཐར་གྱི་མདོ་སྡེ་ལེགས་སྦྱར་སཾསྐྲི་ཏའི་སྐད་དུ་ཡོད་ལ། གནས་བརྟན་པའི་སྡེ་པ་དག་ལེགས་སྦྱར་གྱི་སྐད་ཀྱིས་མདོ་སྡེ་སྟོན་ན་ཊང་པ་རེ་རེ་ལ་ཉེས་བྱས་རེ་དང་། ཚིག་བཞི་པ་གཅིག་སྟོན་ན་ལྟུང་བ་རྫོགས་པ་བསྐྱེད་པར་བྱེད་པ་དང་། ཐམས་ཅད་ཡོད་སྨྲ་རང་ཉིད་ཀྱི་ལུགས་ཀྱི་གསོལ་གཞིའི་ཆོགས་དགེ་སློང་གི་སྡོམ་པ་སྐྱེ་ལ། ཡོད་སྨྲ་བ་དེ་ཡི་ལུགས་ཀྱི་གསོལ་གཞིའི་ཆོ་ག་བཞིན་བྱས་ན་ཕལ་པ་སོགས་སྡེ་པ་གཞན་གྱི་དགེ་སློང་གི་སྡེ་པ་འཇིག་པ་སྟེ་མི་ཆགས་པ་དང་། ཐམས་ཅད་ཡོད་པར་སྨྲ་བ་སྐྱིན་མའི་སྲུ་བཞར་ན་ལྟུང་བར་འདོད་པ་ཡིན་ལ། ཕལ་ཆེན་པ་སོགས་སྡེ་པ་གཞན་དེ་མ་བཞར་ན་ནི་ལྟུང་བར་འདོད་པ་དང་། ཕལ་ཆེན་པ་སོགས་སྡེ་

པ་ལ་ལ་བུ་རམ་ཕྱི་དྲོ་ཟ་བ་འགོག་ལ། ཁ་ཅིག་སྟེ། ཐམས་ཅད་ཡོད་པར་སྨྲ་བ་དེ་ལ་ལྟུང་བ་མེད་ཅེས་སྨྲ་བ་དང་། ལ་ལ་སྟེ་ཐམས་ཅད་ཡོད་པར་སྨྲ་བ་བྱིན་ལེན་ལག་པ་བཀན་ནས་བྱེད་ལ། གནས་བརྟན་པ་སོགས་ལ་ལ། དེ་ལས་གཞན་ལག་པ་སྟེང་འོག་ཏུ་བྱེད་པ་དང་། ཕལ་ཆེན་པ་སོགས་འགའ་ཞིག ལྟུང་བཟེད་ལ་བྱིན་ལེན་བྱེད་པ། ཐམས་ཅད་ཡོད་སྨྲ་བ་ལ་ལ་ལྟུང་བཟེད་ལ་བྱིན་ལེན་བྱེད་པ་འགོག་པ་དང་། ཁ་ཅིག་སྟེ། ཐམས་ཅད་ཡོད་པར་སྨྲ་བ་དགེ་སློང་གིས་མི་ར་ཆགས་པ་བཤད་པ་ལ་ཕམ་པ་འབྱུང་ལ། གནས་བརྟན་པ་སོགས་ལ་ལ་དེ་ལ་ཕམ་པ་མེད་པར་འདོད་པ་དང་། མང་བཀུར་བ་ལ་སོགས་པ་ལ་ལའི་སོ་སོ་ཐར་པའི་མདོ་ལ་གླེང་གཞི་ཚིགས་བཅད་གཅིག་ལས་མེད་ལ། གནས་བརྟན་པ་སོགས་ལ་ལའི་རིང་ཐུང་གཞན་དུ་ཡོད་པར་འདོད་པའི་ཕྱིར་རོ། །

གསུམ་པ་གཅིག་པ་ལ་གནོད་བྱེད་བསྟན་པ་ནི། མདོར་ན་ཕམ་པ། ཞེས་སོགས་རྐང་པ་བཅུ་བདུན་ཏེ། སྡེ་པ་ཐམས་ཅད་གནང་བཀག་གཅིག་པ་མི་འཐད་དེ། མདོར་ན་ཕམ་པ་བཞི་པོ་ནས་ཇུམ་སྟེ་བསླབ་པར་བྱ་བ་ཕལ་ཆེ་བ་ཀུན་སྡེ་པ་བཅོ་བརྒྱད་པོ་ཐམས་ཅད་མི་མཐུན་པས། ཐམས་ཅད་ཡོད་སྨྲ་ལྟ་བུ་སྡེ་པ་གང་གིས་བཀག་པ་ཡིན་ལ། གནས་བརྟན་པ་ལྟ་བུ་གང་གིས་གནང་བར་གྱུར་པ་ཡོད་པའི་ཕྱིར། དེ་ལས་གཞན་དུ་གཅིག་ན། གནོད་བྱེད་ཡོད་དེ། དཔེར་ན་བུ་རམ་ཕྱི་དྲོའི་ཟས་ཡིན་པ་ཡི་གནང་ཡིན་ནམ། ཡི་བཀག་ཡིན། དང་པོ་ལྟར་ན་གནས་བརྟན་པ་སོགས་སྡེ་པ་གཞན་གྱི་དགེ་སློང་རྟག་ཏུ་ལྟུང་བ་དག་དང་བཅས་པར་འགྱུར་བར་ཐལ། དེ་ཟ་བ་ཡི་གནང་ཡིན་པ་གང་ཞིག །གནས་བརྟན་པ་ཕྱི་དྲོ་བུ་རམ་ཟ་བ་འགོག་པའི་ཕྱིར་རོ། །དེ་ལྟར་བཟའ་བ་ཡི་དགག་ཡིན་ན། ཐམས་ཅད་ཡོད་སྨྲ་བའི་དགེ་སློང་ལྟུང་བ་ཅན་དུ་འགྱུར་བར་ཐལ། དེ་ཡི་བཀག་ཡིན་པ་གང་ཞིག །ཐམས་ཅད་ཡོད་སྨྲ་ཕྱི་དྲོ་བུ་རམ་བསྟེན་དུ་རུང་བར་འདོད་པའི་ཕྱིར་རོ། །གཞན་ཡང་བྱིན་ལེན་མ་བྱས་པར་ཟ་བ་ཡི་བཀག་ཡིན་ནམ། ཡི་གནང་ཡིན། དང་པོ་ལྟར་ན་བྱིན་ལེན་མ་བྱས་པར་བཟའ་བ་མི་རུང་བ་མི་སྐྱེ་ལ་འབྱུང་བར་ཐལ། དེ་ཡི་བཀག་ཡིན་པའི་ཕྱིར། འདོད་ན། མི་སྐྱེ་ཡང་དགེ་སློང་ཉིད་དུ་འགྱུར་བས། མི་སྐྱེས་མི་སྐྱེ་ལ་བྱིན་ལེན་བྱས་ན་ཡང་། རང་བཞིན་དུ་གནས་པའི་དགེ་སློང་གིས་ནི། དེ་ལྟར་དུ་གནས་པའི་དགེ་སློང་ལ་བྱིན་ལེན་བྱས་པ་ཇི་ལྟ་བ་བཞིན་དུ་ཟས་བཟའ་བར་རུང་བར་མི་འགྱུར་བར་ཐལ། མི་སྐྱེ་དགེ་སློང་ཡིན་པའི་ཕྱིར་རོ། །རྟགས་དངོས། དེ་ཡི་གནང་ཡིན་ན། དགེ་སློང་ལ་བྱིན་ལེན་བྱེད་མི་དགོས་པར་ཐལ་ལོ། །དེ་བཞིན་དུ་སྨིན་མའི་སྤྱི་བཤར་བ་སོགས་བསླབ་བྱ་ཀུན་ལ་རྣམ་པར་བརྟགས་པའི་རིགས་པ་འདི་བཞིན་དུ་སྦྱར་བར་གྱིས་ཏེ། དེ་ལྟར་བརྟགས་ན་ཡི་བཀག་ཡི་གནང་གི་གྲུབ་མཐའ་འཇིག་གོ། །

གཉིས་པ་ཁྲིམས་པ་དང་རབ་འབྱུང་གནང་བཀག་ཐ་དད་དུ་བསྟན་པ་ལ་གཉིས་ཏེ། ཁས་བླངས་བརྗོད་པ་

དང་། དེ་དགག་པའོ། །དང་པོ་ནི། ཁ་ཅིག་རབ་ཏུ། ཞེས་སོགས་རྐང་པ་ལྔ་སྟེ། ཁ་ཅིག་འབྲི་ཁུང་ཆེན་པོ་ན་རེ། རབ་ཏུ་བྱུང་བ་ལ་ཚོས་གོས་མེད་པ་དང་། ཆབ་མ་སླང་པ་སོགས་ཀྱི་ལྟུང་བ་ཇི་སྙེད་འབྱུང་བ་སྟེ། ཁྲིམ་པ་ནས་ནི་དམྱལ་བའི་བར་དུ་དུད་འགྲོ་ལ་སོགས་པ་སྡོམ་པ་དང་ལྡན་མི་ལྡན་ཐམས་ཅད་ལ་ལྟུང་བ་མཚུངས་པར་འབྱུང་སྟེ། དགོངས་ཅིག་ཏུ་རྡོ་རྗེ་གསུངས། བཅས་པ་དང་རང་བཞིན་གྱི་ཁ་ན་མ་ཐོ་བ་གཅིག་པ་ཡིན་ཞེས་བྱ་བ་འདི་བཞུགས་པས་དེ་གཉིས་གཅིག་པ་ཡིན་ནོ། །འོན་དུད་འགྲོ་ལ་བཅས་པ་མཛད་པ་མེད་པས་བཅས་འགལ་གྱི་ཉེས་པ་མི་འབྱུང་ངམ་སྙམ་ན། དུད་འགྲོ་ལ་ཡང་བཅས་པ་ཡོད་དེ། ཡང་རྡོ་རྗེའི་གསུངས། ཁམས་གསུམ་ཆོས་ཀྱི་རྒྱལ་པོས་འགྲོ་བ་སྤྱི་ལ་བཅས་བྱ་བ་བཞུགས། དེ་ལ་སངས་རྒྱས་བཅོམ་ལྡན་འདས་དང་པོ་ཐུགས་བསྐྱེད། བར་དུ་ཚོགས་བསགས། ཐ་མར་ཆོས་འཁོར་བསྐོར་བ་དེ་ཡང་། རྗེས་འབྲང་གི་སྲས་ཁོ་ནའི་དོན་དུ་མ་ཡིན་འགྲོ་བ་ཐམས་ཅད་ཀྱི་དོན་དུ་ཡིན་པ་དང་གཅིག །དེ་ལ་གང་ཟག་རེ་རེ་ལུང་སྟོན་པའི་ཚེ། ཞལ་ནས་འོད་ཟེར་ཁ་དོག་སྣ་ཚོགས་སྐྱེ་སྟེ། འོག་མིན་གྱི་བར་སྣང་བར་བྱས་ནས་རྟམ་པར་བྱ་ཞིང་དབྱུང་བར་བྱ། །ཞེས་སོགས་ཚིགས་བཅད་གཉིས་པོ་སེམས་ཅན་གྱི་རིགས་ཐམས་ཅད་དུ་འབྱུང་བའི་གནད་དང་གཉིས། འཁོར་ལོ་དང་པོ་འདུལ་བ་ཡིན་ལ། དེ་བསྡུས་པའི་སྙིང་པོ་ནི། སྡིག་པ་ཅི་ཡང་མི་བྱ་སྟེ། །ཞེས་སོགས་གསུངས། གནད་འདི་དང་གསུམ་གྱིས་བཅས་པ་ཐམས་ཅད་སྤྱི་ལ་དགག་བསྒྲུབ་ཀྱི་ཚུལ་དང་བཅས་པ་བཤད་པ་ཡིན་ཞེས་ཟེར་རོ། །

གཉིས་པ་ནི། འདི་ནི་སངས་རྒྱས་ཞེས་སོགས་རྐང་པ་བཅུ་གཅིག་སྟེ། རབ་ཏུ་བྱུང་བ་ལ་བཅས་པའི་ལྟུང་བ་ཐམས་ཅད་ཁྲིམ་པ་ནས་དམྱལ་བའི་བར་ཐམས་ཅད་ལ་མཚུངས་པར་འབྱུང་ཟེར་བ་འདི་ནི། སངས་རྒྱས་ཀྱི་དགོངས་པ་མིན་ཏེ། རྒྱུ་མཚན་ཅིའི་ཕྱིར་ཞེ་ན། ལྟུང་བ་དེ་བཅས་པ་ཕན་ཆད་ལ་འབྱུང་མོད་ཀྱི། མ་བཅས་བས་ལྟུང་བ་འབྱུང་བ་མེད་པའི་ཕྱིར་ཏེ། དཔེར་ན་དགྲ་བཅོམ་པ་དྲུག་སྡེས་ཟས་མཆོད་རྟེན་དང་འདྲ་བར་བྱས་ཏེ་གཞོམ་པ་སོགས་ལ་ཐུབ་པས་ཟས་མཆོད་རྟེན་དང་འདྲ་བར་མི་ཟ་བ་ལ་བསླབ་པར་བྱའོ། །ཞེས་མ་བཅས་པའི་གོང་གི་ལས་དང་པོ་པས། དེ་ལྟ་བུའི་ཉེས་པ་བྱས་ཀྱང་། ལྟུང་བ་མེད་པར་འདུལ་བ་ལུང་ནས་གསུངས་པ་དེས་ནའོ། །ལྟུང་བ་བཅས་པ་ལ་འབྱུང་། མ་བཅས་པ་ལ་མི་འབྱུང་བ་དེ་ལྟ་མིན་པར་བཅས་མ་བཅས་ཀྱི་སེམས་ཅན་ཐམས་ཅད་ལ་གལ་ཏེ་རབ་ཏུ་བྱུང་བ་ལ་བཅས་པའི་ལྟུང་བ་ཀུན་འབྱུང་ན། འགྲོ་བ་སེམས་ཅན་ཀུན་ལྟུང་བ་དང་བཅས་པར་ཁས་ལེན་དགོས་པས། དེ་དག་གིས་ཐར་པ་ཐོབ་པ་ལྟ་ཅི་སྨོས། མཐོ་རིགས་ཀྱང་ནི་འབྱུང་རེ་ཀན་ཏེ་མི་འབྱུང་ངོ༌། །

གསུམ་པ་ཐེག་པ་ཆེ་ཆུང་གི་གནང་བཀག་ཐ་དད་པར་བསྟན་པ་ནི། ཉན་ཐོས་རྣམ་གསུམ་ཞེས་སོགས

རྐང་པ་ལྔ་སྟེ། འདི་ལ་ཉན་ཐོས་ལ་རྣམ་གསུམ་དག་པའི་ཤ་གནང་ཚུལ། ཐེག་པ་ཆེན་པོ་ལས་ཤ་ཐམས་ཅད་བཀག་ཚུལ། དེ་དག་གི་དགོངས་པ་དཔྱད་པ། གཞུང་གི་འབྲུ་གཉེར་བས་སྐབས་ཀྱི་དོན་ལ་སྦྱར་བ་དང་བཞི་ལས། དང་པོ་ནི། འདུལ་བ་ལུང་སྨན་གྱི་གཞི་ལས། བཅོམ་ལྡན་འདས་ཀྱིས་བཀའ་སྩལ་པ། གནས་གསུམ་གྱི་རྫུང་བ་མིན་པའི་ཤ་ཟ་བར་མི་བྱའོ། །ཞེས་གསུངས་པའི་གསུམ་གང་ཞེ་ན། བདག་གི་ཆེད་དུ་བྱས་པ་མངོན་སུམ་དུ་མཐོང་བ་དང་། ཡིད་ཆེས་པ་ལས་ཁྱོད་ཀྱིས་ཆེད་དུ་བྱས་པ་ཡིན་ནོ་ཞེས་ཐོས་པ་དང་། རང་ཉིད་ཀྱི་བློ་ལ་རྣམ་པར་རྟོག་པ་སྐྱེས་པ་ཚུལ་གསུམ་ལས། འདི་ནི་བདག་གི་ཆེད་དུ་བྱས་པ་ཡིན་ནོ་སྙམ་པའོ། །ཞེས་དངོས་སུ་རྣམ་པ་གསུམ་མ་དག་པའི་ཤ་བཀག་ཅིང་། ཤུགས་ལ་རྣམ་གསུམ་དག་པའི་ཤ་གནང་བ་དང་། ཡང་ལུང་ལས། ཡ་རབས་རྣམས་ལ་གནང་བའི་ཉ་ཤ་དང་། ཤ་ལ་སོགས་པ་ལྷུང་བཟེད་དུ་འོངས་པ་དག་ལས་མི་ཟ་ལ་སོགས་པ་མིན་ནམ་སྙམ་དུ་བརྟགས་ཏེ་མིན་ན་བཟའའོ་ཞེས་དང་། རྟོག་གེ་འབར་བ་ལས། ཉན་ཐོས་ཐེག་པའི་གཞུང་ལས་ནི། །རྣམ་གསུམ་དག་པའི་ཤ་དག་དང་། །ཟོས་ཀྱང་སྡིག་པ་མི་འགྱུར་ཏེ། །དྲངས་མ་སོགས་སུ་འགྱུར་བའི་ཕྱིར། །སློང་མོའི་ཟས་ལ་སྡིག་མེད་བཞིན། །ཞེས་གསུངས་སོ། །

གཉིས་པ་ནི། ལང་ཀར་གཤེགས་པ་ལས། བློ་གྲོས་ཆེན་པོ་ཚེ་འདི་ཉིད་ལ་ཁྱིམ་བདུན་པོའི་ནང་ནས་ཤ་ལ་ཤིན་ཏུ་སྨམ་ཤིང་མ་འོངས་པར་བརྟེན་ན་མི་ཤ་ཟ་བའི་མཁའ་འགྲོ་དང་། མཁའ་འགྲོ་མ་མ་རུང་པ་དག་ཏུ་སྐྱེའོ། ། བློ་གྲོས་ཆེན་པོ་དེ་དག་ཚེ་བརྗེས་ནས་ཀྱང་ཤའི་རོ་ལ་ཆགས་པ་དེ་ཉིད་ཀྱིས་སེང་གེ་དང་། སྟག་དང་། གཟིག་དང་། སྤྱང་ཀི་དང་། འཕར་བ་དང་། བྱི་ལ་དང་། ཝ་དང་། འུག་པ་དང་། ཤ་མང་པོ་བཟའ་བའི་སྐྱེ་གནས་དང་། ཤ་མང་དུ་ཟ་བའི་སྲིན་བུ་ལ་སོགས་པ་ཤིན་ཏུ་གཏུམ་པའི་སྐྱེ་གནས་སུའང་ལྟུང་བར་བྱེད་དོ། །དེར་ལྟུང་བ་རྣམས་མིའི་སྐྱེ་གནས་ཀྱང་འཐོབ་པར་དཀའ་ན། མྱ་ངན་ལས་འདས་ལྟ་ཅི་སྨོས་ཏེ་བློ་གྲོས་ཆེན་པོ་ཤ་ཟ་བའི་ཉེས་པ་ཡང་དེ་དག་ལ་སོགས་པ་ཡིན་ན། བསྟེན་པ་རྣམས་ལྟ་སྨོས་ཀྱང་སྐྱེ་མོད། ཕྱིར་མི་ལྡོག་པའི་བར་ཡོན་ཏན་ཤིན་ཏུ་མང་ན་བློ་གྲོས་ཆེན་པོ་རྣམས་ཀྱིས་ཡོན་ཏན་དང་། ཉེས་པ་འདི་དག་དང་། གཞན་ཡང་ཁོང་དུ་མི་ཆུད་ཞེས་རྒྱས་པར་གསུངས་ཤིང་། གླང་པོའི་རྩལ་དང་སྤྲིན་ཆེན་དང་། །མྱ་ངན་འདས་དང་སོར་ཕྲེང་དང་། ། ལང་ཀར་གཤེགས་པའི་མདོ་ལས་ཀྱང་། །ངས་ནི་ཤ་ཡང་རྣམ་པར་སྤང་། །སངས་རྒྱས་བྱང་ཆུབ་སེམས་དཔའ་དང་། །ཉན་ཐོས་རྣམས་ཀྱང་སྨད་པ་ལས། །ངོ་མི་ཚ་བར་ཟ་བ་ནི། །རྟག་ཏུ་སྨྱོན་པར་སྐྱེ་བར་འགྱུར། །ཞེས་དང་། འཇམ་དཔལ་གྱིས། རང་གི་ལྟ་བའི་འདོད་པ་མདོར་བསྟན་པར། གསོད་པོ་ནོར་ལ་སྲིད་པ་དག །བསྐལ་པ་འབུམ་དུ་འཚེད་པ་སྟེ། །ཟ་པོ་ཤ་ལ་སྲིད་པ་དག །བསྐལ་པ་བྱེ་བར་འཚེད་པ་ཡིན། །ཞེས་དང་། ཤ་ཟ་བ་ཡི་

མི་གང་ཞིག །ངང་པོ་ཡི་དྭགས་འགྲོ་བ་སྟེ། །ཕྱིས་ནས་དུད་འགྲོ་ཡིན། །ཞེས་དང་། དཔུང་བཟང་གི་ཞུས་པའི་རྒྱུད་ལས། ཤ་ཆང་ཀ་འུ་ཅོང་དང་སྒོག་རྫོག་དང་། །འབྲུ་མར་ཏིལ་དང་ལ་ཕུག་སུ་རཱ། །འབྲུང་པོའི་ཟས་དང་ལྷ་བཤོས་གཏོར་མ་དང་། །ཀུ་ལང་མཆོད་བྱས་གཏོར་མ་མི་བཟའ་འོ། །ཞེས་གསུངས་སོ། །

གསུམ་པ་ནི། འདུལ་བའི་དངོས་བསྟན་ལ། ཉན་ཐོས་རྣམ་གསུམ་དག་པའི་ཤ་གནང་བར་གསུངས་པ་དེ་དག་དྲང་དོན་ཡིན་ནམ་ངེས་དོན་ཡིན་སྙམ་ན། སློབ་དཔོན་ཡོན་ཤཱཀ་གཉིས་ཀྱིས་ནི། དངོས་བསྟན་སྒྲ་ཇི་བཞིན་དུ་འགྲེལ་ཏེ། མདོ་རྩར། ཤ་བརྫོས་པར་ཤེས་ན་བཟའ་བར་མི་བྱའོ། །སྟག་གི་གོད་མ་མི་བཟའ་འོ། །གླང་པོ་ཆེ་དང་། རྟ་དང་ཀླུ་རྣམས་ཀྱི་མི་བཟའ་འོ། །ཞེས་དང་། ཤའི་བྱིན་ལེན་སྟོབ་པ་ལ། དཔྱད་པ་ལས་བྱུང་བ་ཉིད་མིན་ནམ། ཞེས་དྲི་བར་བྱའོ། །དུ་མ་ཉིད་ན་དང་པོས་སོ། །ཉམས་ན་འོག་མས་སོ། །ཞེས་དང་། སུམ་བརྒྱ་པ་ལས། ཡ་རབས་རྣམས་ལ་ཉ་དང་ཤ་གནང་གང་། །གནོད་དང་བརྩེ་མེད་ངོ་སོགས་ལ་ཆགས་དང་། །ཡོངས་སུ་རྩལ་བའི་སེམས་དག་སྤྲངས་ནས་ནི། །ལྷུང་བཟེད་འོངས་པ་དེ་ལ་བརྟགས་ཏེ་བཟའ། །ཞེས་གནང་བའི་ཤ་ཟ་བར་གསུངས་ལ། དེ་ཡང་རྣམ་གསུམ་དག་པའི་ཤའོ། །རྣམ་གསུམ་དག་པ་ནི་ཁ་ཅིག རང་གི་ཆེད་དུ་མཐོང་ཐོས་དོགས་གསུམ་དང་བྲལ་བ་ཡིན་གྱི། སྤྱིར་ཤའི་ཆེད་དུ་མིན་ནོ། །ཞེས་ཟེར་བ་མི་འཐད་དེ། འོད་ལྡན་ལས། ཆེད་དུ་བྱས་པའི་ཤ་དང་། ཉ་ཤ་དག་ཟ་བར་མི་བྱའོ། །གལ་ཏེ་བྱས་པ་དང་། བྱེད་དུ་བཅུག་པ་དང་། རྗེས་སུ་ཡི་རང་བ་འཁོར་གསུམ་ཡོངས་སུ་དག་པ་ཡིན་དུ་ཟིན་ཀྱང་། ཆེད་དུ་བྱས་པ་རྣམས་ལས་སྙིང་བརྩེ་བ་མེད་པ་སྐྱེ་བའི་ཕྱིར་དང་། ཆ་མིན་པའི་ཕྱིར་བཀག་གོ། །དེ་ལས་གཞན་པ་ནི་མ་བཀག་གོ །ཞེས་གསུངས་སོ། །ཁ་ཅིག་ལང་ཀར་གཤེགས་པར། རྣམ་གསུམ་དག་པའི་ཤ་རྣམས་ནི། །མ་བརྟགས་པ་དང་མ་བསླབ་པ། །མ་བསླུལ་བ་ཡང་སྲོང་མེད་པས། །དེས་ན་ཤ་ནི་མི་བཟའ་འོ། །ཞེས་གསུངས་པ་རྣམས་ལ་འཆད་པ་ནི་ཤིན་ཏུ་ནོར་ཏེ། དེ་ནི་ཉན་ཐོས་ཀྱི་ཐེག་པར་གསུངས་པའི་རྣམ་གསུམ་དག་པའི་ཤ་དེ་ཡང་འདིར་རྣམ་པ་གསུམ་མ་དག་པ་ཡིན་པས་བཟར་མི་རུང་ཞེས་པའི་དོན་ཡིན་གྱི། ཉན་ཐོས་ཀྱི་ཐེག་པའི་རྣམ་གསུམ་དག་ཚུལ་སྟོན་པ་ནི་མིན་པའི་ཕྱིར་རོ། །དེས་ན་འདུལ་བ་ཚིག་ལེའུར་བྱས་པ་ལས། གང་ཕྱིར་ཆེད་དུ་བྱས་པའི་ཤ །མཐོང་དམ་ཐོས་སམ་དོགས་པ་ནི། །དེ་ནི་བཟའ་བར་བྱ་མིན་པར། །འགྲོ་ཀུན་ཕན་པར་བཞེད་པས་གསུངས། །ཞེས་པ་ལྟར། ཤའི་ཆེད་དུ་མཐོང་ཐོས་དོགས་གསུམ་དང་བྲལ་བའོ། །སྔར་དྲང་པའི་སྐབས་ཀྱི་གཞི་ལས། བདག་གི་ཆེད་དུ་ཞེས་གསུངས་པ་ནི་ནད་པའི་དབང་དུ་མཛད་པའོ། །སློབ་དཔོན་ཞི་བ་ལྷས་ནི། འདུལ་བར། རྣམ་གསུམ་དག་པའི་ཤ་གནང་བ་དྲང་དོན་དུ་གཏན་ལ་ཕབ་པ་སྟེ། བསླབ་པ་ཀུན་ལས་བཏུས་པར་འདུལ་བ་ལས། དེ་ལ་རྣམ་

གསུམ་ཡོངས་སུ་དག་པའི་ཤ་ཟོས་ན་སྡིག་པའི་བར་ཆད་དུ་མི་འགྱུར་རོ། །ཞེས་གང་གནང་བ་ནི། དེ་ཡོངས་སུ་སྤངས་པས། དག་པར་བལྟ་བ་རྣམས་ཀྱི་མངོན་པའི་ང་རྒྱལ་གསལ་བ་དང་། སྐལ་བ་ཡོད་ཀྱང་དེ་ལ་ཆགས་པས་བསྟན་པ་ལ་མི་འཇུག་པ་སྤངས་པའི་ཕྱིར་རོ། །དེ་སྐད་དུ་ལང་ཀར་གཤེགས་པའི་མདོ་ལས་ཀྱང་། བསྟན་པར་བརྗོད་པ་དེ་དང་། དེ་ལས་བསླབ་པའི་གཞི་རིམ་པར་བཅའ་བ། སྔས་ཀྱི་གདང་བུ་བྲེ་བས་ཚུལ་དུ་རྣམ་པ་གསུམ་བཅས་ནས། དེའི་འོག་ཏུ་ཆེད་དུ་བྱས་པ་རྣམས་ཀྱང་བཀག་སྟེ། དེ་ནས་རང་ཤི་བ་བཅུའི་ཤ་ཡང་བཀག་གོ། །ཞེས་གསུངས་སོ། །ཞེས་ལུང་འདྲེན་དང་བཅས་པ་གསལ་བར་བཤད་པའི་ཕྱིར་རོ། །དེ་ལ་དགོངས་གཞི་ནི། དགེ་སློང་ནད་པས་སྨན་གྱི་ཆེད་དུ་བརྟེན་པ་དང་། མདོ་ཏིང་ངེ་འཛིན་རྒྱལ་པོ་ལས། དགེ་སློང་འདི་ནི་འཆི་བའི་དུས་བགྱིས་ན། །འཛམ་བུ་གླིང་དུ་ཏིང་འཛིན་སྒྲ་རྣམས་ནི། །སེམས་ཅན་རྣམས་ལ་རྟག་ཏུ་ནུབ་པར་འགྱུར། །འདི་གསོལ་བས་ནི་ཏིང་འཛིན་རྣམས་ཀྱང་ཐོབ། །ཅེས་གསུངས་པ་ལྟར། དགེ་སློང་ཡང་དག་བློ་གྲོས་ལྷ་བུ་ཤའི་སྨན་མ་བརྟེན་ན་འཆི་བའི་དུས་བྱེད་པ་འགྱུར་ལ། དེ་འདས་ན་འཛམ་བུ་གླིང་དུ་ཏིང་ངེ་འཛིན་ནུབ་པར་འགྱུར་བས་འདི་ལྷ་བུའི་གང་ཟག་གིས་བཟར་རུང་བ་ལ་དགོངས་སོ། །དགོས་པ་ནི། ལྷ་སྦྱིན་ལ་སོགས་པ་ཤ་སྤངས་བ་ཙམ་གྱིས་དག་པར་བལྟ་བ་དང་། རྒྱལ་པོ་རྐང་བྲ་ལྷ་བུ་ཤའི་རོ་ལ་ཆགས་པས་བསྟན་པ་ལ་མི་འཇུག་པ་རྣམས་རྗེས་སུ་གཟུང་བའི་ཕྱིར་ཡིན་ནོ། །

དངོས་ལ་གནོད་བྱེད་ནི། ལང་གཤེགས་ལས། བློ་གྲོས་ཆེན་པོ་རབ་ཏུ་བྱུང་བ་རྣམས་ལ་ཤའི་ཟས་ནི་མི་རུང་བར་བཤད་དོ། །བློ་གྲོས་ཆེན་པོ་གང་ང་ལ་དེ་བཞིན་གཤེགས་པས་ཀྱང་གསོལ་ཏོ། །ཞེས་སྨྲ་བ་འདེབས་པ་དེ་ཡང་བློ་གྲོས་ཆེན་པོ་སྐྱེས་བུ་བླུན་པོ་རང་གི་ལས་ཀྱི་ཉེས་པའི་སྒྲིབ་པ་ལ་གནས་པ་དེ་དག་ལ་ཡུན་རིང་པོར་དོན་མེད་པ་དང་། གནོད་པ་དང་། མི་བདེ་བ་བསྒྲུབ་པར་འགྱུར་རོ། །བློ་གྲོས་ཆེན་པོ་ངའི་འཕགས་པ་ཉན་ཐོས་རྣམས་ནི་ཁ་ཟས་ཐ་མལ་པ་ཡང་མི་ཟ་ན་ཤ་དང་ཁྲག་གི་ཟས་མི་རུང་བ་ལྟ་ཅི་སྨོས་ཞེས་དང་། མྱང་འདས་ཆེན་པོར་བཅོམ་ལྡན་འདས་འོ་ན་ཇི་ལྟར་མུ་གསུམ་ཡོངས་སུ་དག་པའི་ཤ་ཟ་བར་གནང་ལགས། བཀའ་སྩལ་པ། མུ་གསུམ་ཡོངས་སུ་དག་པ་ངས་རིམ་གྱིས་བསླབ་པའི་གཞི་གདམ་པའི་ཕྱིར། དེ་ཡང་ངས་དང་པོར་ཞེས་དང་། རིགས་ཀྱི་བུ་ད་ཕྱིན་ཆད་ངའི་ཉན་ཐོས་རྣམས་ཤ་བཟར་མི་རུང་ངོ་། །ཡུལ་འཁོར་གྱི་བསོད་སྙོམས་ནི། བུའི་ཤ་དང་འདྲ་བར་བྱ་ནས་ཤ་བཟའ་བར་ངས་ཇི་ལྟར་གནང་། ཞེས་གསུངས་སོ། །

བདག་གི་བླ་མ་རྡོ་རྗེ་འཆང་ཀུན་དགའ་བཟང་པོ་ཡང་འདི་ཁོ་ན་བཞིན་དུ་བཞེད་དེ། དེས་མཛད་པའི་སྤྲིངས་ཡིག་སློབ་ཕན་དུ་བལྟ་བར་བྱའོ། །ཁོ་བོའི་བསོད་ནམས་སེང་གེ་རྟོག་པ་ལ་ནི། འདུལ་བ་ལ་དང་པོར་བསླབ་པའི་གཞི་རིམ་

གྱིས་འཆའ་བའི་དུས་སུ་ཤ་གནང་ཞིང་། ཕྱིས་བསླབ་གཞི་ཡོངས་སུ་རྫོགས་ནས། ལང་གཤེགས་དང་། སྨྲུང་འདས་ཆེན་པོ་གསུང་པ་ཕྱིན་ཆད་ནས། ཉན་ཐོས་རྣམས་ལ་ཡང་ཤ་བཀག་སྟེ། སྔར་དྲང་པའི་མྱང་འདས་ཆེན་པོར། ངས་རིམ་གྱིས་བསླབ་པའི་གཞི་གདམ་པའི་ཕྱིར། དེ་ཡང་ངས་དང་པོར་རོ། །ཞེས་དང་། ད་ཕྱིན་ཆད་ངའི་ཉན་ཐོས་རྣམས་ཞེས་པའི་ཚིག་གི་ཁྱད་པར་གསུངས་པའི་ཕྱིར་རོ། །སྔམ་དུ་སེམས་ཏེ་གོང་མ་དང་ཕྱུགས་ཀྱི་དགོངས་པ་ཅིག་གོ །འདི་དག་ནི་གསུང་རབ་དགོངས་གསལ་ལས་འབྱུང་བ་སྨྲ་ཇི་བཞིན་དུ་བྲིས་སོ། །

ཡང་སྟོན་ཁ་ཆེ་པཎ་ཆེན་གྱིས་རྣམ་གསུམ་དག་པའི་ཤ་གསོལ་བས། ཇོ་གདན་སྤྱི་ཏོལ་ཅན་ན་རེ། བླ་མ་ཐམས་ཅད་ཀྱི་མཁན་པོ་ཆེན་པོ་ལགས་པས། ཤ་གསོལ་བ་མཆིའམ། ཐེག་པ་ཆེན་པོའི་ལུང་ལང་ཀར་གཤེགས་པ་དང་། སྤྲིན་ཆེན་པོ་ལ་སོགས་པ་ན་བཀག་ནས་གདའ་བ་ཞེས་ཞུས་པའི་ལན་དུ། པཎ་ཆེན་ན་རེ། ཁྱོད་ཀྱི་ལང་ཀར་གཤེགས་པ་དང་། སྤྲིན་ཆེན་པོ་ཇི་ཙམ་ཐོས་གསུང་སྐད། ཇོ་གདན་ན་རེ། བདག་གིས་གཞན་ལ་མ་ཐོས་ཏེ་མཐོང་སྐད། མདོ་སྡེ་རྣམས་ཀྱི་དགོངས་པ་དྲང་དོན་ཡིན། ལང་ཀར་གཤེགས་པར་སྤྲིན་པོ་ཤ་ཆེན་ཟ་བ་དགག་པའི་དོན་དུ་ཡིན། གླུའི་རྒྱལ་པོ་སྤྲིན་ཆེན་པོས་ཞུས་པར། གླུ་ལ་རེག་པའི་དུག་ཡོད། དེས་སྐྱེ་བོ་རྣམས་བསད་ནས་བཟའ་བ་དགག་པའི་དོན་དུ་ཡིན། མྱ་ངན་འདས་པར། སངས་རྒྱས་མྱ་ངན་ལས་འདས་པའི་དུས་སུ། ལྷ་གླུ་གནོད་སྤྲིན་སོགས་སེམས་ཅན་ལ་འཚེ་བ་བསྐྱབས་པའི་དོན་དུ་གསུངས་པས། ཐེག་ཆེན་ལས་ཀྱང་། རྣམ་གསུམ་དག་པའི་ཤ་བཟའ་རུ་རུང་བ་ལྷ་བུར་གདའ། ཞེས་པ་མཆན་རྙིང་འགའ་ཞིག་དང་། ཊཱིཀྐཱ་འགའ་ལས་འབྱུང་ངོ་། །

བཞི་པ་གཞུང་གི་འབྲུ་གཉེར་བ་ནི། ཐེག་པ་ཆེ་ཆུང་ཡང་གནང་བཀག་ཐ་དད་ཡིན་ཏེ། འདུལ་ལུང་ལས། ཉན་ཐོས་རྣམས་ལ་དང་པོར་བསླབ་པའི་གཞི་འཆའ་བའི་དུས་སུ། རྣམ་གསུམ་དག་པའི་ཤ་བཟའ་རུ་རུང་བར་གནང་ཞིང་། གལ་ཏེ་དེའི་ཚེ་ཡང་མ་གནང་ངོ་སྙམ་ནས་མི་ཟ་ན། ལྷ་སྦྱིན་གྱིས་ནི་བརྟུལ་ཞུགས་སུ་འགྱུར་གྱི། འདི་ལ་ཁ་ཅིག་སངས་རྒྱས་ཀྱི་བཅས་པ་དེ་འཐད། ལྷ་སྦྱིན་གྱི་བཅས་པ་དེ་འཐད་ཟེར་ནས་ཤ་མི་བཟའ་ན་ལྷ་སྦྱིན་གྱི་བརྟུལ་ཞུགས་སུ་འགྱུར་ཞེས་ཟེར་བ་ཤིན་ཏུ་མི་འཐད་དེ། གཞུང་འདི་ཐེག་པ་ཆེ་ཆུང་གནང་བཀག་ཐ་དད་པ་སྟོན་བྱེད་ཡིན་པས། ཉན་ཐོས་ལ་ལྷ་སྦྱིན་གྱི་བརྟུལ་ཞུགས་སུ་འགྱུར། ཐེག་ཆེན་པ་ལ་མི་འགྱུར་བ་ཞིག་དགོས་པ་ལས། དེ་ཐེག་ཆེན་པ་ལ་ཡང་། ལྷ་སྦྱིན་གྱི་བརྟུལ་ཞུགས་སུ་འགྱུར་བའི་ཕྱིར་རོ། །འོན་ལྷ་སྦྱིན་གྱི་བརྟུལ་ཞུགས་གང་ཞེ་ན། རྟོགས་བརྗོད་བརྒྱ་པ་ལས་དགེ་སློང་གོའུ་ཏ་མ་དགོན་པར་གནས་ན་ནི། བདག་ཅག་གྲོང་འདབ་ན་གནས་པར་བྱའོ། །དེ་ཅིའི་ཕྱིར་ཞེ་ན། དགེ་སློང་དག་དགོན་པར་གནས་པ་ལ་ནི་ཉེས་དམིགས

མང་བའི་ཕྱིར་རོ། །དགེ་སློང་གོ་ཙ་ཏ་མས་ཤ་བཟའ་བར་གནང་ན་ནི། བདག་གིས་ཤ་བཟའ་བར་མི་བྱའོ། །དེ་ཅིའི་ཕྱིར་ཞེ་ན། གཞི་དེ་ལས་སེམས་ཅན་རྣམས་གསོད་པར་འགྱུར་བའི་ཕྱིར་རོ། །དགེ་སློང་གོ་ཙ་ཏ་མས་ལན་ཚྭ་ཟ་ན་ནི། བདག་གིས་བཟའ་བར་མི་བྱའོ། །དེ་ཅིའི་ཕྱིར་ཞེ་ན། དབང་ཕྱུག་ཆེན་པོ་འོད་ཟེར་ཁྲུ་རྒྱ་ལས་བྱུང་བའི་ཕྱིར་རོ༏ ༏དགེ་སློང་གོ་ཙ་ཏ་མས་འོ་མ་འཐུང་ན་ནི། བདག་ཅག་གིས་བཏུང་བར་མི་བྱའོ། །དེ་ཅིའི་ཕྱིར་ཞེ་ན། གཞི་དེ་ལས་བེའུ་རྣམས་ཉོན་མོངས་པར་འགྱུར་བའི་ཕྱིར་རོ། །དགེ་སློང་གོ་ཙ་ཏ་མས་ཆོས་གོས་དྲས་པ་གྱོན་ན་ནི། བདག་ཅག་གིས་བགོ་བར་མི་བྱའོ། །དེ་ཅིའི་ཕྱིར་ཞེ་ན། མི་རྣམས་ཀྱི་ཞོ་ཤས་བསླབ་པ་ཆུད་ཟོས་པར་འགྱུར་བའི་ཕྱིར་རོ། །ཞེས་གསུངས་པ་རྣམས་སོ། །ཐེག་པ་ཆེན་པོ་ལས་སྤྱིར་བཏང་ལ་དང་པོ་ཉིད་ནས་རྣམ་གསུམ་དག་པ་དང་། མ་དག་པའི་ཤ་རྣམས་ཟ་བ་མ་བཀག་སྟེ། ཤ་ཟོས་ན་དན་འགྲོའི་རྒྱུ་རུ་ལང་གཤེགས་སོགས་ལས་སྟར་དྲང་པ་ལྟར་རྒྱས་པར་གསུངས་པའི་ཕྱིར་རོ། །

བཞི་པ་ཐེག་ཆེན་ནང་ཕན་ཚུན་གནང་བཀག་ཐ་དད་དུ་བསྟན་པ་ནི། དེ་བཞིན་ཕ་རོལ། ཞེས་སོགས་རྐང་པ་ལྔ་སྟེ། ཐེག་པ་ཆེ་ཆུང་ལ་གནང་བཀག་ཐ་དད་དུ་ཡོད་པ་དེ་བཞིན་དུ། ཐེག་པ་ཆེན་པོ་ཕ་རོལ་ཏུ་ཕྱིན་པ་དང་། གསང་སྔགས་ལུགས་ཀྱི་ནི་ལྟུང་བ་ལ་གནང་བཀག་འགའ་ཞིག་ཐ་དད་དུ་ཡོད་དེ། རྩ་ལྟུང་བརྒྱད་པ་དང་། བཅུ་གསུམ་པ་དང་། བཅུ་བཞི་པ་སོགས་གསང་སྔགས་ལ་ལྟུང་བར་བཅས་ཤིང་། ཕ་རོལ་ཏུ་ཕྱིན་པ་ལ་མ་བཅས་པ་དུ་མ་ཡོད་པའི་ཕྱིར། རྒྱུ་མཚན་དེས་ན། བཤད་མ་ཐག་པ་དེ་འདྲ་བའི་གནང་བཀག་འགལ་བ་ལྟག་སྤྱོད་ལ་བཀག་པ་དེ་ཐམས་ཅད་ལ་ཡེ་བཀག་དང་། གནང་བ་དེ་ཐམས་ཅད་ལ་ཡེ་གནང་ཡིན་པ་ཇི་ལྟར་རུང་སྟེ་རུང་མི་རིགས་སོ། །

གསུམ་པ་དཔེ་ཡི་སྒོ་ནས་དོན་བསྡུ་བ་ནི། དེས་ན་ཡེ་བཀག་ཞེས་སོགས་ཚིགས་བཅད་བཞི་སྟེ། ཉན་ཐོས་སྡེ་བཞི་དང་། རབ་ཏུ་བྱུང་མ་བྱུང་དང་། ཐེག་པ་ཆེ་ཆུང་དང་། ཐེག་ཆེན་ནང་ཕན་ཚུན་གནང་བཀག་ཐ་དད་དུ་ཡོད་པ་དེས་ན། ཡེ་བཀག་ཡེ་གནང་གི་རྣམ་གཞག་ཕྱོགས་གཅིག་ཏུ་བྱར་མི་རུང་སྟེ། ལ་ལའི་གནང་བ་གཞན་ལ་བཀག་པར་འགྱུར་བའི་ཕྱིར། དཔེར་ན་བཙོའི་སོ་ནམ་བྱེད་པ་ལ་དུས་རྟག་ཏུ་འདམ་དང་། ལྕུན་ལྕིན་དགོས་ཤིང་། དྲིབ་བསྲུང་བའི་ཕྱིར་ཙུ་ཐགས་སོགས་ཀྱིས་སྐོར་ན་ལེགས་པར་སྐྱེ་ལ། མེ་ཏོག་གཞན་གྱི་སོ་ནམ་ལ་དེ་འདྲ་བྱེད་མི་དགོས། གཞན་ཡང་། གཙོ་བོར་ཆུ་ལ་སྐྱེ་བ་ལ་སྐམ་ས་ཆེ་བ་དགྲ་དང་། གཙོ་བོར་སྐམ་སར་སྐྱེ་བ་ལ་བརློན་པ་དགྲ་དང་། བོད་ལྟ་བུ་གྲངས་བའི་སར། དྲོ་སར་སྐྱེ་བའི་རྫས་འབྲས་ལྟ་བུ་མི་སྨིན་པ་དང་། རྒྱ་གར་ལྟ་བུ་དྲོ་སར། བསིལ་བ་ཁོན་དགོས་པའི་འབྲས་བུ་སྨིན་པ་འཐད་པ་མིན་པ་བཞིན་ནོ། །གཞན་ཡང་། སོ་

ནམ་སོགས་བྱ་བ་གང་སྤྱི་འདང་རུང་བ་ཡུལ་བཅོས་སོགས་རང་རང་གི་ལུགས་བཞིན་དུ་བྱས་ནས་འབྲས་བུ་འགྲུབ་ལ། དེ་ལས་ལྡོག་པའི་ལུགས་སུ་བྱས་ན་འབྲས་བུ་མི་འགྲུབ་ཞིང་། གྲུབ་ཀྱང་བཟང་པོ་འགྲུབ་པ་དཀའ་བ་དེ་བཞིན་དུ། སྡེ་པ་ཀུན་གྱི་གནང་བཀག་ཐམས་ཅད་ཀྱང་སྡེ་པ་རང་རང་གི་གཞུང་ལུགས་ནས་འབྱུང་བ་བཞིན་བྱས་ན་དེ་ནས་བཤད་པའི་འབྲས་བུ་འགྲུབ་ཀྱི། གཞན་མི་འགྲུབ་སྟེ། སྡེ་པ་ལ་ལའི་སྒྲུབ་ཕྱོགས་ལ་ལའི་དགག་ཕྱོགས་སུ་འགྱུར་བ་ཡོད་དེས་ནའོ། །

གཉིས་པ་དེ་ལ་གནོད་པ་སྤང་བ་ལ་གཉིས་ཏེ། ཐུབ་པས་རབ་བྱུང་ལ་སྙིང་གནད་བྱས་པར་ཐལ་བ་སྤང་། བདེ་སྡུག་གི་བྱེད་པོ་སངས་རྒྱས་ཡིན་པར་ཐལ་བ་སྤངས་པའོ། །དང་པོ་ལ་རྩོད་པ་དང་། ལན་གཉིས་ལས། དང་པོ་ནི། གལ་ཏེ་སྡོམ་པ། ཞེས་སོགས་ཚིགས་བཅད་གཉིས་ཏེ། འབྲི་ཁུང་པ་ཁ་ཅིག　།དགོངས་ཅིག་ཏུ་རྡོ་རྗེའི་གསུང་། འགྲོ་དྲུག་གིས་བསྲུང་ཀྱང་ཕན་ཡོན་འབྱུང་བྱ་བ་འདི་བཞུགས། དེ་ཡང་བཅས་པ་འགྲོ་བ་སྤྱི་ལ་བཅས་པ་དང་གཅིག ཀྱུ་འབྲས་རྟེན་འབྲེལ་གྱི་གཤིས་ལ་མི་བསླུ་བ་དང་གཉིས། འགྲོ་དྲུག་གི་བཅས་པ་ལས་འདས་ཀྱང་ཉེས་པ་འབྱུང་བ་དང་རྒྱུ་མཚན་གསུམ་གྱིས་འགྲོ་དྲུག་གིས་བསྲུང་ཀྱང་ཕན་ཡོན་འབྱུང་། དཔེར་ན། རྫ་མཁན་དགའ་སྐྱོང་ས་མི་རྐོ་བར་གཞན་གྱིས་བརྐོས་པ་དང་། གད་པ་ཆད་པའི་ས་ལ་རྫ་མ་བྱེད། དེའི་རང་བཞིན་གྱིས་ཕ་མ་གསོ། བཅོམ་ལྡན་འདས་འོད་སྲུང་ལ་ཡང་དའི་དུས་སུ་བསྙེན་བཀུར་བྱེད་པས་འོད་སྲུང་དེ་ལ་ཐུགས་དགྱེས་པའང་། བཅས་པ་བསྲུངས་པའི་གནས་སྐབས་ཀྱི་འབྲས་བུ་ཡིན། ཀ་ཤི་ཀའི་ནགས་ཁྲོད་དུ་གོང་མོ་སྲེག་པ་སོགས་བཞིས་ཁྲིམས་བསྲུངས་པས། ཡུལ་དུ་དགེ་ལེགས་དཔག་མེད་འབྱུང་བ་བཞིན། དེ་ལྟ་མ་ཡིན་པར་སྤྱིར་རྟེས་འབྲང་གི་སྲས་དང་། བྱེ་བྲག་ཏུ་དགེ་སློང་ཁོ་ན་ལ་བཅས་ན་བཅོམ་ལྡན་འདས་ཕྱུ་དང་། དབང་ཕྱུག་ལྟར་བདེ་སྡུག་གི་བྱེད་པ་པོར་འགྱུར་ཏེ། མ་བཅས་ན་སྡིག་པ་མེད་པ་ཡིན་པ་ལ། བཅས་ནས་དེ་བསླབ་མ་ནུས་ན་སྡིག་པ་ལྷག་པོ་གཅིག་འབྱུང་བའི་ཕྱིར་དང་། ཉེ་ཕུང་དུ་ཡང་འགྱུར་ཏེ། ཚུར་ཉེ་བའི་དགེ་སློང་རྣམས་ལ་རང་བཞིན་རྒྱབ་ཁལ་གྱི་སྟེང་དུ་བཅས་པའི་གོང་རྫས་སྐལ་པས་འཛེར་ཐན་སྣེད་པ་ཆག་ནས་ཞི་བ་དང་འདྲ་བར་རང་བཞིན་གྱི་སྡིག་པའི་སྟེང་དུ་བཅས་འགལ་གྱི་ཉེས་པ་འབྱུང་བས་ངན་སོང་གསུམ་དུ་ལྟུང་བའི་ཕྱིར་རོ༑ ༑ཞེས་ཟེར་རོ། །དེའི་དོན་བསྡུས་ནས་འདིར་བཀོད་པ་སྟེ། གལ་ཏེ་རབ་ཏུ་བྱུང་བའི་སྡོམ་པ་མ་བླངས་ན། དེས་བཅས་པ་དང་འགལ་བ་ལ་ལྟུང་བའི་ཐ་སྙད་མི་ཐོབ་ཀྱང་། རབ་ཏུ་བྱུང་བ་ལ་བཅས་པ་ཡི་སྡིག་པ་ནི་ཁྲིམ་པ་ལ་ཡང་འབྱུང་སྟེ། དེ་ལྟ་མིན་པར་རབ་བྱུང་ཁོ་ན་ལ་འབྱུང་ན་རབ་བྱུང་ལ་ཆེད་དུ་བྱས་ནས་སྡིག་པ་དགོས་པར་འགྱུར་ལ། དེ་ཡང་འདོད་ན། ཐུབ་པས་རབ་ཏུ་བྱུང་བ་ལ་སྙིང་ནད་བྱས་པར་འགྱུར་ཞེས་ཟེར་རོ། །

གཉིས་པ་ལ་གཉིས་ཏེ། བཅས་ལྟུང་ལ་རང་བཞིན་གྱི་མི་དགེ་བ་ཡོད་པ་དགག་པ། བརྟུལ་ཞུགས་ལ་རང་བཞིན་དགེ་བ་ཡོད་པ་དགག་པའོ། །དང་པོ་ལ་གཉིས་ཏེ། མགོ་མཚུངས་ཀྱི་རིགས་པས་དགག དངོས་སྟོབས་ཀྱི་རིགས་པས་དགག ནང་འགལ་བས་དགག་པའོ། །དང་པོ་ནི། འདི་འདྲའི་རིགས་པ། ཞེས་སོགས་ཀང་པ་བཅུ་གསུམ་སྟེ། ཁྲིམ་པ་ལ་བཅས་སྡིག་མི་འབྱུང་བར་རབ་བྱུང་ལ་དེ་འབྱུང་ན། ཐུབ་པས་རབ་བྱུང་ལ་ལ་སྙིང་ནད་བྱས་པར་འགྱུར་ཞེས་ཟེར་བ་འདི་འདྲའི་རིགས་པ་གཟུ་ལུམ་ཡིན་ཏེ། ཤེས་བྱ་ཆོས་ཅན། ཞིང་མེད་རྣམས་ལ་གཞན་གྱི་ཞིང་བཟང་པོ་བྱིན་པའང་སྙིང་ནད་དུ་འགྱུར་ལ། ཞིང་ཡོད་པ་རྣམས་ལ་ཡང་སེར་བ་ལ་སོགས་པ་འབྱུང་བར་འགྱུར་གྱིས། ཞིང་མེད་པ་རྣམས་ལ་སེར་བ་སོགས་མི་འབྱུང་བས་སོ། །ཁྱབ་པ་ཁས། རྒྱུ་མཚན་དེས་ན། ཞིང་ལ་སེར་བ་ལ་སོགས་པའི་དགྲ་འབྱུང་བ་ཡོད་ཀྱང་། ལོ་ཐོག་འབྱུང་བའི་ཕན་ཡོན་ཡོད་པ་དེ་བཞིན་དུ། རབ་ཏུ་བྱུང་བ་ལ་བཅས་པའི་ལྟུང་བ་འབྱུང་བ་སྲིད་མོད། བཅས་པ་བསྲུངས་པའི་ཕན་ཡོན་ཆེ་སྟེ། དཔེར་ན་ཞིང་མེད་པའི་སྤྲང་པོ་སེར་བ་སོགས་ཀྱིས་མི་འཇིགས་མོད་ཀྱི། དེ་ལ་ལོ་ཐོག་འབྱུང་བ་མེད་པ་དེ་བཞིན་དུ། སྡོམ་པ་མ་བསླང་པའི་ཁྲིམ་པ་རྣམས་ལ་ཡང་ལྟུང་བ་འབྱུང་བ་མེད་མོད་ཀྱང་། སྡོམ་པ་ལས་བྱུང་བའི་དགེ་བ་མི་འབྱུང་ངོ་། །

གཉིས་པ་ནི། དེས་ན་མདོ་དང་། ཞེས་སོགས་ཚིགས་བཅད་གཉིས་ཏེ། ཁ་ན་མ་ཐོ་བ་ཡིན་ན་རང་བཞིན་གྱི་ཁ་ན་མ་ཐོ་བ་ཡིན་དགོས་པར་ཐལ། དེ་ཡིན་ན། བཅས་མ་བཅས་ཀྱི་སེམས་ཅན་ཀུན་ལ་སྡིག་པར་འགྱུར་བས་ཁྱབ་པའི་ཕྱིར་ཏེ། འདོད་མི་ནུས་ཏེ། མདོ་དང་བསྟན་བཅོས་རྣམས་ལས། ཁ་ན་མ་ཐོ་བ་ལ། རང་བཞིན་གྱི་ཁ་ན་མ་ཐོ་བ་དང་། བཅས་པའི་ཁ་ན་མ་ཐོ་བ་རྣམ་པ་གཉིས་སུ་བསྟུས་ཏེ་གསུངས་པའི་ཕྱིར། དེས་ན་མ་བཅས་པ་ལ་ལྟུང་བ་འབྱུང་བ་མེད་དོ། །དེ་ལྟར་གསུངས་པའི་རང་བཞིན་གྱི་ཁ་ན་མ་ཐོ་བ་སྲོག་གཅོད་པ་སོགས་སེམས་ཅན་ཀུན་ལ་སྡིག་པར་འགྱུར་ལ། བཅས་པའི་ཁ་ན་མ་ཐོ་བ་ཆོས་གོས་མེད་པ་སོགས་བཅས་པ་ཁྱིན་ཆད་ལྟུང་བར་འགྱུར་རོ། །

གསུམ་པ་ལ་ལྔ་སྟེ། རྒྱལ་བ་སྲས་བཅས་ལྟུང་བ་ཅན་དུ་ཐལ་བ། གྲུབ་ཐོབ་བརྟུལ་ཞུགས་བོར་བ་ལྟུང་བ་ཅན་དུ་ཐལ་བ། ལྷས་བལྟས་ཀྱི་དགེ་སློང་ལྟུང་བ་ཅན་དུ་ཐལ་བ། དགེ་བསྙེན་དགེ་ཚུལ་ལྟུང་མེད་པའི་སྲིད་པར་ཐལ་བ། རྩ་བརྒྱུད་ཀྱིས་བླ་མ་སྨད་པར་ཐལ་བའོ། །དང་པོ་ནི། དེ་ལྟར་མ་ཡིན་པར། ཞེས་སོགས་ཀང་པ་བཅུ་གཅིག་སྟེ། བཅས་པའི་ཁ་ན་མ་ཐོ་བ། བཅས་པ་ལ་ལྟོས་པ་དེ་ལྟ་མ་ཡིན་པར། མ་བཅས་ཀྱང་ཅི་ནས་ཁྲིམ་པ་སོགས་ལའང་སྡིག་པར་འགྱུར་ན་ནི། རྒྱལ་བ་རིགས་ལྔ་ལ་སོགས་པ་ལོངས་སྤྱོད་རྫོགས་པའི་སྐུ་རྣམས་དང་།

འཇམ་དཔྱངས་སོགས་ཉེ་བའི་སྲས་བརྒྱད་ལ་སོགས་པ་བྱང་ཆུབ་སེམས་དཔའ་ཕལ་ཆེ་བ་རྣམས་ཀྱང་ཆོས་ཅན། གཤིས་ཀྱི་མི་དགེ་བ་ཅན་དུ་འགྱུར་བར་ཐལ། ཡེ་བཀག་པ་ལ་སྤྱོད་པའི་ཕྱིར་ཏེ། དབུ་སྒྲ་རིང་ཞིང་རྒྱན་སྣ་ཚོགས་དང་བཅས་ལ་ཁ་དོག་སྣ་ཚོགས་པའི་ན་བཟའ་ཅན་དང་། རལ་གྲི་སོགས་ཕྱག་མཚན་སྣ་ཚོགས་འཛིན་པ་གང་ཞིག །དེ་དག་ཡེ་ནས་བཀག་པ་ཡིན་པའི་ཕྱིར། རྟགས་ཕྱི་མ་ཁས་བླངས་ཏེ། དབུ་སྒྲ་རིང་པོ་སོགས་དེ་དག་རབ་བྱུང་ལ་བཀག་པ་གང་ཞིག །རབ་བྱུང་ལ་བཅས་པའི་སྡིག་པ་ཁྱིམ་པ་ལ་ཡང་འབྱུང་བའི་ཕྱིར་རོ། །སྲས་བརྒྱད་པོ་དོན་ལ་སངས་རྒྱས་ཡིན་ཀྱང་། བྱང་སེམས་ཀྱི་ཚུལ་བཟུང་བར་མདོ་སྔགས་གཉིས་ཀ་མཐུན་ནོ། །

གཉིས་པ་ནི། རྣལ་འབྱོར་དབང་ཕྱུག ཞེས་སོགས་ཚིགས་བཅད་གཅིག་སྟེ། རྣལ་འབྱོར་དབང་ཕྱུག་བིརྺ་པ་དང་། ཏཻ་ལོ་པ་དང་། ན་རོ་པ་ལ་སོགས་པ་དགེ་སློང་གི་བརྟུལ་ཞུགས་པོད་པ་ཡི་གྲུབ་ཐོབ་རྣམས་ཀྱང་ཆོས་ཅན། གཤིས་ཀྱི་སྡིག་ཅན་དུ་འགྱུར་བར་ཐལ། ཡེ་བཀག་པ་ལ་སྤྱོད་པའི་ཕྱིར། རྟགས་ཁས་སོ། །

གསུམ་པ་ནི། ལྷས་བལྟས་ཞེས་སོགས་ཚིགས་བཅད་གཅིག་སྟེ། ལྷས་བལྟས་པ་ཞེས་བྱ་བའི་འཇིག་རྟེན་གྱི་ཁམས་ཀྱི་དགེ་སློང་ཇི་སྙེད་པ་དེ་དག་ཀྱང་ནི། གཤིས་ཀྱི་སྡིག་པ་ཅན་དུ་འགྱུར་བར་ཐལ། དེ་དག་ཡེ་བཀག་པ་ལ་སྤྱོད་པའི་ཕྱིར་ཏེ། དེ་ཐམས་ཅད་ཀྱང་རིན་པོ་ཆེའི་རྒྱན་སྣ་ཚོགས་དང་བཅས་ཤིང་། གོས་དཀར་པོ་བགོ་བ་ཅན་ཡིན་པ་གང་ཞིག རྒྱན་གོས་དེ་དག་རབ་ཏུ་བྱུང་བ་ལ་བཀག་ཅིང་། རབ་བྱུང་ལ་བཅས་པའི་སྡིག་པ་ཁྱིམ་པ་ལ་ཡང་འབྱུང་བའི་ཕྱིར། དེ་ལྟར་དཀོན་བརྩེགས་ཀྱི་གཙུག་ན་རིན་པོ་ཆེའི་མདོ་ལས་གསུངས་ཏེ། སྟོན་བྱུང་བ་འདས་པའི་དུས་བསྐལ་པ་གྲངས་མེད་པ་བས་ཀྱང་ཆེས་གྲངས་མེད་པ། ཡངས་པ། ཚད་མེད་པ། བསམ་གྱིས་མི་ཁྱབ་པར་འགྱུར་བ་དེའི་ཚེ། དེའི་དུས་ན་བསྐལ་པ་དགའ་བར་གྱུར་པ་ཞེས་བྱ་བ་ལ་འཇིག་རྟེན་གྱི་ཁམས་ལྷས་རྣམ་པར་བལྟས་པ་ཞེས་བར། དེ་བཞིན་གཤེགས་པ་དགྲ་བཅོམ་པ་ཡང་དག་པར་རྫོགས་པའི་སངས་རྒྱས་རིག་པ་དང་། ཞབས་སུ་ལྡན་པ། བདེ་བར་གཤེགས་པ། འཇིག་རྟེན་མཁྱེན་པ། སྐྱེས་བུ་འདུལ་བའི་ཁ་ལོ་སྒྱུར་བ། ལྷ་དང་མི་རྣམས་ཀྱི་སྟོན་པ། སངས་རྒྱས་བཅོམ་ལྡན་འདས་འཇིག་རྟེན་ཐམས་ཅད་མངོན་པར་དགའ་བ་ཞེས་བྱ་བ་འཇིག་རྟེན་དུ་འབྱུང་ངོ་། །རིགས་ཀྱི་བུ་ཅིའི་ཕྱིར། བསྐལ་པ་དེ་དགའ་བར་གྱུར་པ་ཞེས་བྱ་ཞེ་ན། རིགས་ཀྱི་བུ་བསྐལ་པ་དེ་ལ་སངས་རྒྱས་སྟོང་ཕྲག་དྲུག་བཅུ་འབྱུང་བར་འགྱུར་ཏེ། གནས་གཙང་མའི་རིགས་ཀྱི་ལྷ་དེ་དག་གིས། ཀྱེ་མ་ཧོ་གྲོགས་པོ་དག །འདི་ནི་བསྐལ་པ་བཟང་པོ་ཡིན་ཏེ། བསྐལ་པ་འདི་ལ་སངས་རྒྱས་སྟོང་ཕྲག་དྲུག་ཅུ་འབྱུང་བར་འགྱུར་རོ། །ཞེས་དགའ་བའི་སྒྲ་བསྒྲགས་པ་དང་། དེ་ནས་ལྷ་དང་

བཅས་པའི་འཇིག་རྟེན་གྱིས་དགའ་བའི་སྒྲ་དེ་ཐོས་སོ། །ཞེས་པ་ནས། གང་འཇིག་རྟེན་གྱི་ཁམས་དེའི་མི་དེ་དག་ཐམས་ཅད་ཀྱང་། གསེར་གྱི་ཅོད་པན་ཐོགས་ཤིང་། དབུ་རྒྱན་དང་། རྣ་ཆས་བརྒྱན་པ། ལྷའི་ཁ་དོག་དང་གཟུགས་དང་ལྡན་པ་དག་གོ །གང་ཉོན་མོངས་པ་དང་བྲལ་བར་གྱུར་པ་ཤ་སྟག་གོ། །གང་ཉོན་མོངས་པ་དང་བྲལ་བར་གྱུར་པ་དེ་ཉིད་དེ་དག་གི་རབ་ཏུ་བྱུང་བ་ཡིན་ཏེ། བཅོམ་ལྡན་འདས་དེ་བཞིན་གཤེགས་པ་དེས་བྱང་ཆུབ་སེམས་དཔའ་དག་ལ་གོས་ངུར་སྨྲིག་ཏུ་བགོས་པ་ཡང་མེད་དེ། འདི་ལྟར་སེམས་ལ་རྟོག་པ་མེད་པའི་ཕྱིར་རོ༑ ༑གཞུང་ཁ་ཅིག་ལས། ཙནྡན་སྤོས་ཀྱི་དྲི་ལྡན་པའི། །ཞེས་འབྱུང་བ་ཡང་སྔ་མ་དང་དོན་མཐུན་ཏེ། འཇིག་རྟེན་གྱི་ཁམས་དེ་ལ་ལྷས་བལྟས་པ་ཞེས་དང་། ཙནྡན་སྤོས་ཀྱི་དྲི་དང་ལྡན་པ་ཞེས་ཀྱང་གསུངས་པའི་ཕྱིར་ཏེ། མདོ་དེ་ཉིད་ལས། རིགས་ཀྱི་བུ་འཇིག་རྟེན་གྱི་ཁམས་དེ་ལྷ་ཐམས་ཅད་ཀྱིས་ཀྱང་དེ་ངོམ་པར་མི་འགྱུར་བ་ཙམ་དུ་ལྟ་ན་སྡུག་ཅིང་། དེ་ཙམ་དུ་ཉམས་དགའ་བར་གྱུར་པས་དེའི་ཕྱིར་འཇིག་རྟེན་གྱི་ཁམས་དེ་ལྷས་རྣམ་པར་བལྟས་པ་ཞེས་བྱའོ། །རིགས་ཀྱི་བུ་འཇིག་རྟེན་གྱི་ཁམས་ལྷས་རྣམ་པར་བལྟས་པ་དེའི་གཞི་ནི་ཙནྡན་སྦྲུལ་གྱི་སྙིང་པོ་ཤ་སྟག་སྟེ། སྟོང་གི་འཇིག་རྟེན་གྱི་ཁམས་ཙནྡན་སྦྲུལ་གྱི་སྙིང་པོ་དེའི་ཕྱེ་མ་ཁལ་ཅིག་གིས་རིན་དུ་ཡང་མི་བཟོད་དོ། །འཇིག་རྟེན་གྱི་ཁམས་དེ་ནས་སྤོས་ཀྱི་དྲི་ལངས་པའི་དྲིས་ནི་ཕྱོགས་བཅུའི་འཇིག་རྟེན་གྱི་ཁམས་ཚད་མེད་གྲངས་མེད་པ་དག་ཏུ་ཁྱབ་བོ། །ཞེས་གསུངས་པས་སོ། །བཞི་པ་ནི། དགེ་བསྙེན་དགེ་ཚུལ་ཞེས་སོགས་ཚིགས་བཅད་གཅིག་སྟེ། དགེ་བསྙེན་དང་དགེ་ཚུལ་སྡོམ་པ་བསྲུང་བ་ལ་བརྩོན་པ་ལ་ཡང་། བཅས་པའི་སྡིག་པ་མེད་པ་སྲིད་པར་མི་འགྱུར་ཏེ། དེ་དག་ལ་ཡང་། དགེ་སློང་གི་ལྟུང་བའི་སྡིག་པ་ཐམས་ཅད་བྱུང་བའི་ཕྱིར། རྟགས་ཁྱབ་ཁས་བླངས་ཏེ། རབ་ཏུ་བྱུང་བ་ལ་བཅས་པའི་སྡིག་པ་མ་བཅས་པའི་ཁྱིམ་པ་ལ་ཡང་འབྱུང་བའི་ཕྱིར་རོ། །

ལྔ་པ་ནི། འདི་འདྲ་གང་དག །ཞེས་སོགས་ཚིགས་བཅད་གཉིས་ཏེ། མ་བཅས་པའི་ཁྱིམ་པ་ལ་རབ་བྱུང་ལ་བཅས་པའི་སྡིག་པ་འབྱུང་བ་འདི་འདྲ་བ་གང་དག་སུ་ཞེར་བ་དེ་ཡི་རང་གི་རྩ་བའི་བླ་མ་དང་། བརྒྱུད་པའི་བླ་མར་གང་གྱུར་པའི་ཁྱིམ་པའམ་ནི་དགེ་བསྙེན་ནམ། རྣལ་འབྱོར་པ་རུ་ནི་གང་བཞུགས་པ་དེ་དག་ཐམས་ཅད་སྨད་པ་ཡིན་ཏེ། དེ་དག་གཤེགས་ཀྱི་མི་དགེ་བ་མཛད་པའི་ཕྱིར་དང་། ལྟུང་བའི་སྡིག་པ་ཐམས་ཅད་འབྱུང་བ་ཡོད་པའི་ཕྱིར་རོ། །རྟགས་ཁྱབ་ཁས།

གཉིས་པ་ལ་གསུམ་སྟེ། དངོས་ཀྱི་དོན། ཤེས་བྱེད་ཀྱི་ལུང་། རིགས་པས་གྲུབ་པའི་ཚུལ་ལོ། །དང་པོ་ནི། དེས་ན་མདོ་ལས། ཞེས་སོགས་ཚིགས་བཅད་གཉིས་ཏེ། མདོ་ལས་རབ་ཏུ་བྱུང་བའི་བརྟུལ་ཞུགས་ལ་བཅས་པ

ལ་མ་ལྟོས་པར་དགེ་བ་དང་སྡིག་པ་གཉིས་ཀ་མེད་པར་གསུངས་པའི་རྒྱུ་མཚན་ཡོད་དེ། རྒྱལ་བ་རིགས་ལྔ་དང་། ཉེ་བའི་སྲས་བརྒྱད་སོགས་རྣམས་ལ་རབ་བྱུང་གི་བརྟུལ་ཞུགས་སམ། ཆ་ལུགས་གཟུང་བ་མེད་ཀྱང་། སྡིག་པ་མེད་ཅིང་། ཚུལ་འཆལ་རྣམས་ཀྱིས་རབ་བྱུང་གི་བརྟུལ་ཞུགས་བཟུང་ཡང་བཅས་པའི་དགེ་བ་མེད་པ་དེས་ནའོ། །འོ་ན་རབ་བྱུང་གི་བརྟུལ་ཞུགས་ལ་དགོས་པ་མེད་པར་འགྱུར་རོ་ཞེ་ན་མིན་ཏེ། ཞིང་གི་གྲུབ་བཞིན་དུ་ངེས་པར་འབྱུང་བའི་སྡོམ་པའི་ཚུལ་ཁྲིམས་ལ་གུས་པའི་རྒྱུར་གསུངས་པར་ཟད་པའི་ཕྱིར་ཏེ། འདུལ་བ་ལ་བསྟོད་པ་ལས། རྭ་བ་མཚམས་ཀྱིས་འོབས་དང་འདྲ་བ་ཡི། །ཟག་པ་ཀུན་གྱི་ཆུ་ལོན་འདུལ་བ་ཡིན། །ཞེས་གསུངས་པའི་ཕྱིར་རོ། །ཁ་ན་མ་ཐོ་བ་ལ་རང་བཞིན་དང་། བཅས་པའི་ཁ་ན་མ་ཐོ་བ་གཉིས་ཡོད་པ་དེས་ན། འདོད་པས་དབེན་པ་བཅས་ལྟུང་སྤོངས་བ་དང་། སྡིག་ཏོ་མི་དགེ་བའི་ཆོས་ཀྱིས་ནི་དབེན་པ་ཞེས་བྱ་བ་རང་བཞིན་གྱི་སྡིག་པ་སྤོང་བ་རྣམ་པ་གཉིས་སུ་ཐུབ་པས་གསུངས་པའི་མདོའི་དགོངས་པ་ཇི་ལྟ་བ་བཞིན་དུ་བཟུང་སྟེ། གཞན་དུ་ན་དབེན་པ་ཡང་གཅིག་ཁོ་ནར་ཐལ་བའི་ཕྱིར་རོ། །

གཉིས་པ་ནི། བུ་མོ་གསེར་(གསེར་མཆོག་འོད་ལྡན་ཟེར་བའང་སྣང་།) མཆོག་འོད་དཔལ་ཞེས་སོགས་རྐང་པ་བཅུ་གསུམ་སྟེ། རབ་ཏུ་བྱུང་བའི་བརྟུལ་ཞུགས་ནི། ཚུལ་ཁྲིམས་སྲུང་བའི་ཐབས་ཙམ་ཡིན་ལ། སེམས་ཀྱི་རབ་བྱུང་གཙོ་བོ་ཡིན་ཏེ། མདོ་ལས། བུ་མོ་གསེར་མཆོག་འོད་དཔལ་གྱིས་བློ་གྲོས་ཆེན་པོ་འཇམ་དཔལ་ལ་བདག་རབ་ཏུ་འབྱུང་བར་ཞུས་པའི་ཚེ། ཆ་ལུགས་ཙམ་གྱི་ལུས་ཀྱི་རབ་བྱུང་བཀག་ནས་ཀྱང་། གཙོ་བོ་སེམས་ཀྱི་རབ་བྱུང་ཐོབ་པར་མཛད་པའི་ཕྱིར། གལ་ཏེ་དེ་ལྟ་མ་ཡིན་པར། བརྟུལ་ཞུགས་ཀྱི་གཤིས་ལ་དགེ་བ་ཡོད་ན། འཇམ་དཔལ་གྱིས་བུ་མོའི་ལུས་ལ་གོས་ངུར་སྨྲིག་ཅིས་མི་སྐོན་ཏེ་སྐོན་རིགས་སོ། །མདོ་ལས་བུ་མོ་གསེར་མཆོག་འོད་དཔལ་ཞེས་བྱ་བ་ཤིན་ཏུ་མཛེས་པ་གཅིག་དང་། ཚོང་དཔོན་གྱི་ཁྱེའུ་གཉིས་འདུམ་རར་འཇིག་རྟེན་པའི་བདེ་བ་ལ་ལོངས་སྤྱོད་ཅིང་ཡོད་པའི་དུས་སུ་བུ་མོ་དེ་འཇམ་དཔལ་གྱིས་འདུལ་བའི་དུས་ལ་བབ་པར་གཟིགས་ནས། ཚོང་དཔོན་གྱི་ཁྱེའུ་དེ་ཤི་བའི་ཚུལ་དང་། དབང་པོའི་ལམ་རྣམས་ནས་མི་གཙང་བ་སྣ་ཚོགས་འཛག་པར་སྤྲུལ། ཁྱེའུ་ཤི་བ་དེའི་འཁོར་རྣམས་ཀྱིས་བུ་མོ་དེ་ལ་ཉེས་པ་སྤྱད་ཀྱི་དོགས་པ་དང་། འཁོར་བ་ལའང་ཅུང་ཟད་སྐྱོ་བ་སྐྱེས་ནས་འཇམ་དཔལ་ལ་རབ་ཏུ་བྱུང་དུ་གསོལ། ཞེས་ཞུས་པས། ལུས་རབ་ཏུ་བྱུང་ཡང་འཇིགས་པ་ལས་མི་སྐྱོབ། སེམས་རབ་ཏུ་བྱུང་གསུངས་སྐད། བུ་མོས་སེམས་རབ་ཏུ་དབྱུང་དུ་གསོལ། ཞེས་ཞུས་པས། རབ་ཏུ་དབྱུང་རྒྱུའི་སེམས་དེ་སྟོན་དང་གསུང་། བུ་མོས་སེམས་ལ་ངོ་བོ་མ་གྲུབ་པས་བསྟན་རྒྱུ་མ་མཆིས། སེམས་ཀྱི་གནས་ལུགས་རྟོགས་པས་གྲོལ་བ་ཐོབ་སྟེ། མདོ་ལས་བུ་མོ་ལུས་རབ་ཏུ་བྱུང་བ་ནི། རབ་ཏུ་བྱུང་བ་མིན་གྱི་སེམས་རབ་ཏུ་བྱུང

བ་ནི་རབ་ཏུ་བྱུང་བ་ཡིན་ཞེས་གསུངས་པ་དང་། འཇམ་དཔལ་རྣམ་པར་རོལ་པའི་མདོ་ལས། སྣང་འཚོང་མ་གསེར་མཆོག་འོད་དཔལ། ཚོང་དཔོན་གྱི་ཁྱེའུ་འཇིགས་མེད་དང་། ལྷ་ཡི་རིན་པོ་ཆེས་བརྒྱན་པའི་ཤིང་རྟར་བཞུགས་ཏེ། གྲོང་ཁྱེར་གྱི་སྐྱེས་པ་ཐམས་ཅད་སྙིང་བསྐྱལ་བར་བྱེད་པའི་ཚེ། འཕགས་པ་འཇམ་དཔལ་གྱིས། སྐུ་ལུས་ཤིན་ཏུ་མཛེས་པར་བསྟན་ནས། བུ་མོ་བརྟུལ་ཏེ་ཆོས་བསྟན་པས་དེས་བཟོད་པ་ཐོབ་ནས་འཇམ་དཔལ་གྱི་ཞབས་ལ་གཏུགས་ཏེ་རབ་ཏུ་བྱུང་བར་གསོལ་བ་བཏབ་པས། འཇམ་དཔལ་གྱིས་སྨྲས་པ། སྲིང་མོ་འདི་ལྟ་སྟེ། མགོ་བོའི་སྐྲ་བྲེགས་པ་དེ་ནི། བྱང་ཆུབ་སེམས་དཔའ་རབ་ཏུ་བྱུང་བ་མིན་ནོ། །དེ་ཅིའི་ཕྱིར་ཞེ་ན། བུ་མོ་གང་སེམས་ཅན་ཐམས་ཅད་ཀྱི་ཉོན་མོངས་པ་གཅད་པའི་ཕྱིར། བརྩོན་པ་དེ་ནི་བྱང་ཆུབ་སེམས་དཔའི་རབ་ཏུ་བྱུང་བ་ཡིན་ནོ། །བུ་མོ་གང་གོས་ངུར་སྨྲིག་འཆང་བ་དེ་ནི་བྱང་ཆུབ་སེམས་དཔའི་རབ་ཏུ་བྱུང་བ་མ་ཡིན་གྱི། བུ་མོ་གང་བདག་ཉིད་ཀྱི་བསླབ་པ་དང་། ཚུལ་ཁྲིམས་ཡང་དག་པར་བླངས་ལ། ཚུལ་ཁྲིམས་འཆལ་བའི་སེམས་ཅན་རྣམས་ཀྱང་། ཚུལ་ཁྲིམས་ཀྱི་སྡོམ་པ་དང་། བརྟུལ་ཞུགས་ལ་ཡང་དག་པར་སྦྱོར་བར་བྱེད་པ་དེ་ནི། བྱང་ཆུབ་སེམས་དཔའི་རབ་ཏུ་བྱུང་བ་ཡིན་ནོ་ཞེས་གསུངས་སོ། །ལུང་འདི་རྣམས་དང་། གོང་གི་ལྟས་བལྟས་ཀྱི་དགེ་སློང་སྟོན་པའི་མདོ་རྣམས་ལ་བལྟས་ན་ཐེག་ཆེན་པའི་སྐབས་འདིར་ས་དང་པོ་ཡན་གྱི་འཕགས་པ་རྣམས་དགེ་སློང་གི་ཆ་ལུགས་དང་མི་ལྡན་ཡང་། དགེ་སློང་དུ་ཁས་ལེན་དགོས་པ་འདྲ་སྟེ། གཞན་དུ་ན། དཀོན་བརྩེགས་ལས། རྒྱལ་སྲས་བྱམས་པ་འཇམ་དབྱངས་དང་། །ཞེས་སོགས་ཀྱི་སྐབས་ཀྱི་མཁན་སློབ་ཐམས་ཅད་དགེ་སློང་མིན་པར་ཁས་ལེན་དགོས་སོ། །འདི་ནི་ཁོ་བོའི་དོགས་པའོ། །

གཙོ་བོ་སེམས་ཀྱི་སྡོམ་པ་བསྲུངས་བ་ཕན་ཡོན་ཆེ་སྟེ། སེམས་རབ་བྱུང་གི་སྡོམ་པ་རྣམ་དག་དང་མི་ལྡན་ན། དད་རྫས་སོགས་སྤྱོད་པ་བཀག་པའི་ཕྱིར་ཏེ། འཕགས་པ་དཀོན་མཆོག་བརྩེགས་པའི་མདོ་སྡེ་ལས། རང་རྒྱུད་ཀྱི་ཚུལ་ཁྲིམས་མ་དག་པར་དད་རྫས་བཟའ་བའི་ཉེས་པ་མཐོང་ནས་རྣལ་འབྱོར་སྤྱོད་པའི་དགེ་སློང་ལྔ་བརྒྱས་དགེ་སློང་གི་སྡོམ་པ་ཕུལ་བ་དེ་ལ་ཐུབ་མདོ་དང་ཊཱི་ཀ་ཁ་ཅིག་ལས་འདི་འཇམ་དཔལ་དུ་གསུངས་ལ་པས་ལེགས་སོ་ཞེས་གསུངས་ན། འཕགས་པ་བྱམས་པའི་བསྟན་པ་ལ། འཁོར་འདུས་པ་དང་པོ། དགེ་སློང་དེ་དག་དགྲ་བཅོམ་པ་ཐོབ་པར་ལུང་བསྟན་པའི་ཕྱིར་རོ། །དེ་སྐད་དུ་དཀོན་བརྩེགས་ཀྱི་འོད་སྲུང་གིས་ཞུས་པའི་མདོ་ལས། བསྟན་པ་འདི་བཤད་པ་ན། དགེ་སློང་རྣལ་འབྱོར་སྤྱོད་པ་ལྔ་བརྒྱས་བདག་ཅག་གི་ཚུལ་ཁྲིམས་ཡོངས་སུ་མ་དག་བཞིན་དུ། དད་པས་བྱིན་པ་སྤྱད་པར་གྱུར་ན་མི་རུང་ཞེས་ཉམས་པར་བྱས་ཏེ་སླར་ཁྱིམ་དུ་དོང་ངོ་། །དེ་ལ་དགེ་སློང་གཞན་དག་ཅིག་འདི་སྐད་དུ། དགེ་སློང་ཆེ་བའི་བདག་ཉིད་ཅན་རྣལ་འབྱོར་སྤྱོད་པ་འདི་དག་བསྟན་པ་ལས་ཉམས་པ་ནི་ཤིན་ཏུ་མ

ལེགས་སོ། །ཞེས་འཆའོ། །བཅོམ་ལྡན་འདས་ཀྱི་དགེ་སློང་དེ་དག་ལ་འདི་སྐད་ཅེས་བཀའ་བསྩལ་ཏོ། །དགེ་སློང་དག་ཁྱེད་འདི་སྐད་དུ། དགེ་སློང་ཆེ་བའི་བདག་ཉིད་ཅན་འདི་དག་འདི་ལྟར་བསྟན་པ་ལས་ཤིན་ཏུ་ཉམས་པ་འདི་ནི་ཤིན་ཏུ་མ་ལེགས་སོ། །ཞེས་མ་སྨྲ་ཞིག །དེ་ཅིའི་ཕྱིར་ཞེ་ན། དགེ་སློང་དག་མངོན་པར་མ་དགའ་ནས་ཁྱིམ་ན་གནས་པ་འདི་ནི། དད་པ་ཅན་རྣམས་ཀྱི་ཆོས་ཡིན་གྱིས། དགེ་སློང་དད་པ་དང་། མོས་པ་མང་བ་འགྱོད་པ་དང་ལྡན་པ་འདི་དག་གིས་བསྟན་པ་འདི་ཐོས་ནས་བདག་ཅག་ཚུལ་ཁྲིམས་ཡོངས་སུ་མ་དག་བཞིན་དུ་དད་པས་བྱིན་པ་ཡོངས་སུ་སྤྱད་ན་མི་རུང་ངོ་། །ཞེས་ཉམས་པར་གྱུར་ཏོ། །འོད་སྲུང་དས་ལུང་བསྟན་ཏེ། དགེ་སློང་འདི་དག་ནི་འདི་ནས་ཤི་འཕོས་ནས་དགའ་ལྡན་གྱི་ལྷའི་རིགས་སུ་སྐྱེ་བར་འགྱུར་ཏེ། དེ་དག་དེ་བཞིན་གཤེགས་པ་བྱམས་པའི་ཉན་ཐོས་ཐོག་མར་འདུས་པའི་གྲངས་སུ་ཆུད་པར་འགྱུར་རོ། །ཞེས་པ་དང་། བྱམས་པ་སེང་གེ་སྒྲས་ཞུས་པའི་མདོ་ལས་ཀྱང་། བྱམས་པས་ཡོ་བྱད་སྟོང་བའི་སེང་གེའི་སྒྲ་སྒྲོགས་པས། འཁོར་དེ་ནས་དགེ་སློང་ལྔ་བརྒྱ་རང་ཉིད་ལ་ཡོ་བྱད་སྟོང་བའི་ཡོན་ཏན་མེད་ཅིང་། དད་པས་བྱིན་པ་སྤྱད་པར་དཀའ་བར་རྟོགས་ནས་ཁྱིམ་དུ་དོང་ངོ་། །དེ་དག་ལ་འཇམ་དཔལ་གྱིས་ལེགས་སོ་བྱིན་པས་གང་དག་དད་པས་བྱིན་པ་ལོངས་སྤྱོད་པར་མི་སྤྲོ་བ་དེ་དག་གིས་ནི། དེ་ལྟར་འཛེམ་པ་དང་ལྡན་པ་དང་། འགྱོད་པ་དང་ལྡན་པར་བྱ་སྟེ། ཞེས་སོགས་ཀྱི་ཆོས་བསྟན་པས་དགེ་སློང་ལྔ་བརྒྱ་པོ་དེ་ལེན་པ་མེད་པར་ཟག་པ་མེད་ལུས་སེམས་རྣམ་པར་གྲོལ་ལོ་ཞེས་གསུངས་སོ། །

གསུམ་པ་ནི། དེས་ན་སྡོམ་པ་ཞེས་སོགས་ཚིགས་བཅད་གཉིས་ཏེ། དེས་ན་སྡོམ་པའི་ཚུལ་ཁྲིམས་དེ་ཉིད་དགེ་བ་ཡིན་གྱི། དེ་བསྲུང་བའི་ཐབས་སུ་གྱུར་པའི་རབ་ཏུ་བྱུང་བའི་ཆ་ལུགས་ཙམ་ལ་བཅས་པ་ལ་མ་ལྟོས་པར་རང་བཞིན་གྱི་དགེ་བ་མེད་དེ། རྒྱུད་ལ་སྡོམ་པ་མེད་པའི་ལུས་ཀྱི་ཆ་ལུགས་ཀུན། མདོ་དང་བསྟན་བཅོས་རྣམས་ལས་བཀག་པའི་ཕྱིར་རོ། །དེ་ཡང་འོད་སྲུང་གིས་ཞུས་པའི་ལེའུ་ལས། འོད་སྲུང་འདི་ལྟ་སྟེ། དཔེར་ན་མི་རོའི་མགོ་ལ་གསེར་གྱི་ཕྲེང་བ་བཏགས་པ་དེ་བཞིན་དུ། ཚུལ་ཁྲིམས་འཆལ་པ་ངུར་སྨྲིག་གྱོན་པར་བལྟའོ། །དེ་ལ་འདི་སྐད་ཅེས་བྱ་སྟེ། དཔེར་ན་མི་རོའི་མགོ་ལ་གསེར་ཕྲེང་དམ། །ཡང་ན་མེ་ཏོག་ཕྲེང་བ་གདགས་བྱས་པ། །དེ་བཞིན་ཁྲིམས་མེད་ངུར་སྨྲིག་གྱོན་པ་སྟངས། །མཐོང་ནས་དེ་ལ་ཡིད་ནི་དད་མི་འགྱུར། །ཞེས་དང་། རྟོག་གེ་འབར་བར་མདོ་དྲངས་པ་ལས། གང་ཞིག་ངུར་སྨྲིག་བགོས་ཀྱང་སེམས་ཀྱི་སྐྱོན་མ་སྤངས། །ལག་ཏུ་ལྷུང་བཟེད་ཐོགས་ཀྱང་ཡོན་ཏན་སྣོད་མ་གྱུར། །སྐྲ་དང་ཁ་སྤུ་དྲེགས་ཀྱང་དགེ་སྦྱོང་ཚུལ་མ་ཞུགས། །རབ་ཏུ་བྱུང་ཡང་དངོས་པོ་ཀུན་ལས་ངེས་མ་བྱུང་། །དགེ་སྦྱོང་དེ་ནི་དགེ་སྦྱོང་མ་ཡིན་ཁྱིམ་པའང་མིན། །དེ་ནི་ཆུ་མེད་ཁྲོན་པ་རི

མོའི་མར་མེ་བཞིན། །ཞེས་པ་དང་། དགེ་སློང་ལ་རབ་ཏུ་གཅེས་པའི་མདོར། རི་ལྟར་སྡོང་པོ་བཟང་པོ་ལ། །ཡུན་རིང་ཡལ་ག་འཕེལ་བ་ལྟར། །རྟགས་ཙམ་འཛིན་པ་ཡུན་རིང་ན། །ཁ་ན་མ་ཐོའི་གཏམ་རྣམས་དང་། །སྡིག་པ་དག་ནི་འཕེལ་བར་བཤད། །ཅེས་དང་། ཆེད་དུ་བརྗོད་པའི་ཚོམ་ལས། བདེ་གཤེགས་རྒྱལ་མཚན་འཆང་བ་པས། །གཟུ་བོར་ཁྲིམ་པར་གནས་ན་བཟང་། །ཞེས་གསུངས་སོ། །དེ་ལྟ་མིན་པར། བརྟུལ་ཞུགས་ཀྱི་གཞིས་ལ་དགེ་བ་ཡོད་ན་ནི། །གོང་དུ་བཤད་པའི་དགེ་སློང་ལྔ་བརྒྱ་པོ་དག་གིས་རང་རྒྱུད་ལ་སྡོམ་པ་མེད་ཀྱང་། རབ་བྱུང་གི་ཆ་ལུགས་དང་། རྟགས་ཙམ་རེ་ཅིས་མི་བཟུང་སྟེ། གཟུང་དགོས་པ་འདི་འདྲ་བའི་ཆོས་ལུགས་སངས་རྒྱས་ཀྱི་བསྟན་པ་མིན་ནོ། །

གཉིས་པ་བདེ་སྡུག་གི་བྱེད་པོ་སངས་རྒྱས་སུ་ཐལ་བ་སྤྱོང་བ་ལ་གཉིས་ཏེ། ཕྱོགས་སྔ་བརྗོད་པ་དང་། དེ་དགག་པའོ། །དང་པོ་ནི། དེ་ལ་ཁ་ཅིག ཅེས་སོགས་ཀང་པ་དྲུག་སྟེ་བརྟུལ་ཞུགས་ཀྱི་གཞིས་ལ་དགེ་སྡིག་མེད་པར་བསྟན་པ་དེ་ལ་འདི་སྐད་དུ། གལ་ཏེ་བརྟུལ་ཞུགས་ཀྱི་གཞིས་ལ་དགེ་བ་དང་། སྡིག་པ་གཉིས་ཀ་མེད་པ་ལ་ཐུབ་པས་བཅས་པ་ལ་ལྟུང་བ་ཡོད། མ་བཅས་པ་ལ་ལྟུང་བ་མེད་ཅེས་འཆའ་བ་མཛད་ན་ནི། མུ་སྟེགས་བྱེད་ཀྱི་དབང་ཕྱུག་ལྟར་བདེ་བ་དང་། སྡུག་བསྔལ་ཀུན་གྱི་བྱེད་པ་པོ་རྫོགས་པའི་སངས་རྒྱས་ཡིན་པར་འགྱུར་རོ་ཞེ་ན། གཉིས་པ་ལ་གཉིས་ཏེ། མགོ་བསྙེའི་ལན་དང་། རྣལ་མའི་ལན་ནོ། །དང་པོ་ནི། འདི་ཡི་ལན་ལ་ཞེས་སོགས་ཀང་པ་ལྔ་སྟེ། འགལ་བ་འདི་ཡི་ལན་ལ། རྣམ་གཉིས་ལས། དང་པོ་མགོ་བསྙེའི་ལན་ནི། འདི་ལྟར་ཡིན་ཏེ། ཤེས་བྱ་ཆོས་ཅན། བཅས་པ་ལ་མ་ལྟོས་པར་གཞིས་ལ་དགེ་བ་དང་། སྡིག་པ་ཡོད་ན་ནི། ཁྱེད་ཀྱང་མུ་སྟེགས་གྲངས་ཅན་པ་འགའ་ཞིག་ལྟར་ངོ་བོ་ཉིད་རྒྱུར་སྨྲ་བར་འགྱུར་ཏེ། གཞིས་ལ་དགེ་སྡིག་ཡོད་པར་འདོད་པའི་ཕྱིར་རོ། །

གཉིས་པ་ལ་གསུམ་སྟེ། སྤྱིར་བསླབ་པ་འཆའ་བའི་རྒྱུ་མཚན། བསླབ་པ་མི་འདྲ་བ་འཆའ་བའི་རྒྱུ་མཚན། དེས་གྲུབ་པའི་དོན་ནོ། །དང་པོ་ནི། གཉིས་པ་དངོས་པོའི། ཞེས་སོགས་ཀང་པ་བཅུ་གསུམ་སྟེ། གཉིས་པ་དངོས་པོ་སྟེ་རྣལ་མའི་ལན་ལ་ནི། རྫོགས་པའི་སངས་རྒྱས་ཉག་ཅིག་གིས་བསླབ་པ་འཆའ་བར་བྱེད་པའི་རྒྱུ་མཚན་ཡོད་དེ། དངོས་པོའི་གཞིས་ལ་དགེ་བ་དང་སྡིག་པ་མེད་ཀྱང་། བདེ་སྡུག་རང་གི་ལས་ཀྱིས་བྱས་པ་ཡིན་ཞིང་། ལུས་ངག་གི་ལས་ཀྱི་བྱེད་པ་པོ་རང་གི་སེམས་ཉིད་ཡིན་ལ། སེམས་བཟང་ངན་དེ་དག་བླང་དོར་བྱེད་པའི་ཐབས་ནི། ངེས་འབྱུང་གི་སྡོམ་པའི་ཚུལ་ཁྲིམས་ཡིན། སྐྲ་བྲེགས་ཆོས་གོས་བགོ་བ་སོགས་བཅས་པའི་བརྟུལ་ཞུགས་སམ། ཆ་ལུགས་ནི་སྡོམ་པའི་ཚུལ་ཁྲིམས་བསྲུང་བའི་ཐབས་ཡིན་པས་སྡོམ་པའི་ཚུལ་

ཁྲིམས་དེ་སྲུང་བ་ལ་བརྟུལ་ཞུགས་གང་ལ་གང་དགོས་པའི་བསླབ་པ་མཐའ་དག་འཆའ་བའི་བྱེད་པ་པོ་སངས་རྒྱས་ཁོ་ན་ཡིན་གྱི། གཞན་གྱི་མི་མཁྱེན་པའི་ཕྱིར་རོ། །བདེ་སྡུག་ལས་ཀྱི་བྱས་པ་དང་། ལས་ཀྱི་བྱེད་པ་པོ་སེམས་ཉིད་ཡིན་པར་གྲུབ་སྟེ། སེམས་ནི་དགེ་བ་དང་མི་དགེ་བའི་སྟོབས་ཀྱིས་ལས་ལ་བཟང་ངན་འབྱུང་། ལས་བཟང་ངན་དེ་ལས་འབྲས་བུ་བདེ་སྡུག་འབྱུང་བའི་ཕྱིར་རོ། །

གཉིས་པ་ནི། དེས་ན་བསམ་པའི། ཞེས་སོགས་རྐང་པ་ལྔ་སྟེ། འོ་ན་བསླབ་པ་འཆའ་བ་པོ་ཡིན་ན། རབ་བྱུང་སྡེ་ལྔ་པོ་ལ་བཅས་པ་མི་འདྲ་བ་སོ་སོར་མཛད་པའི་རྒྱུ་མཚན་ཅི་ཡིན་ཞེ་ན། དེའི་རྒྱུ་མཚན་ཡོད་དེ། བསམ་པ་བཟང་ངན་བླང་དོར་བྱེད་པའི་ཐབས་སྡོམ་པའི་ཚུལ་ཁྲིམས་ཡིན་པ་དེས་ན། བསམ་པ་ཉོན་མོངས་པའི་ཁྱད་པར་གྱིས། དེ་དག་གི་གཉེན་པོ་སྡོམ་པའི་ཚུལ་ཁྲིམས་ཀྱི་བྱེ་བྲག་དགེ་ཚུལ་དང་། དགེ་སློང་གི་སྡོམ་པ་སོགས་དུ་མ་ཡོད་ལ། དེ་དག་བསྲུང་བའི་ཐབས་སུ། བརྟུལ་ཞུགས་དང་། འདུལ་བའི་བཅས་པ་མི་འདྲ་བ་སོ་སོར་མཛད་པའི་རྒྱུ་མཚན་དེ་ལྟར་ཡིན་ནོ། །

གསུམ་པ་ནི། དེས་ན་བདེ་དང་། ཞེས་སོགས་ཚིགས་བཅད་གཅིག་སྟེ། རྒྱུ་མཚན་དེས་ན་བདེ་བ་དང་། སྡུག་བསྔལ་གྱི་བྱེད་པ་པོ་སངས་རྒྱས་མ་ཡིན་ཡང་། བསླབ་པ་འཆའ་བ་དང་། སྡིགས་སྦྱོར་བའི་བྱེད་པ་པོ་སངས་རྒྱས་ཡིན་པར་གསུངས་ཏེ། བདེ་སྡུག་སེམས་ལས་བྱུང་ཞིང་། སེམས་ཀྱི་ཁྱད་པར་གྱིས་ཚུལ་ཁྲིམས་མི་འདྲ་བ་དུ་མ་ཡོད། དེ་བསྲུང་བ་ལ་བཅས་པ་མི་འདྲ་བ་དུ་མ་དགོས་ཤིང་། དེ་ནི་སངས་རྒྱས་ཁོ་ནས་མཁྱེན་པའི་ཕྱིར་རོ། །གསུམ་པ་མ་འབྲེལ་བའི་གནང་བཀག་ཇི་ལྟར་བསྒྲུབ་པའི་ཚུལ་ནི། སྦྲ་གུ་ཅན་དང་། ཞེས་སོགས་ཚིགས་བཅད་བརྒྱད་དང་རྐང་པ་གསུམ་སྟེ། འོ་ན་མ་འབྲེལ་བའི་གནང་བཀག་ཇི་ལྟར་བསྒྲུབ་སྙམ་ན། འདི་ལྟར་དམ་ཆོས་སམ་འདུལ་བའི་སྐོར་ཞུགས་པའི་དགེ་ཚུལ་དང་། དགེ་སློང་རྣམས་ཀྱིས་ཆོས་དང་མི་མཐུན་པའི་གོས་སྦྲ་གུ་ཅན། ཡན་ལག་གིཤུབ་ཅན་དང་། གོང་པ་ཅན་དང་། རྒྱ་ཆོས་ཅན་ལ་སོགས་པའི་གྱོན་པ་འདུལ་བ་དང་མི་མཐུན་ཏེ། དེ་ལྟར་བཀག་པའི་ཕྱིར་དང་། རྟ་ལ་ཞོན་པ་དང་། གླང་པོ་ཆེ་དང་། ཤིང་རྟ་ལ་ཞོན་པ་ལ་སོགས་པ་མི་བྱ་སྟེ། ཁྲི་གདན་མཐོན་པོར་ཉལ་བའི་ཉེས་པ་འབྱུང་བའི་ཕྱིར། ལག་ཉ་ནི། སྔར་བྱིན་ལེན་མ་བྱས་པའི་ཟས་ལ་དགེ་སློང་གིས་རེག་ན་ཕྱིས་བཟར་མི་རུང་བ་དང་། ནུབ་ཚང་ནི། གནས་ཁང་ཉེ་འཁོར་དང་བཅས་པའི་ནང་དུ་བསྙེན་པར་མ་རྫོགས་པ་དང་ལྷན་ཅིག་ཏུ་ཉལ་ན་ཞག་གཉིས་ལས་ཐལ་ན་ལྟུང་བ་འབྱུང་བའོ། །དེ་ལ་སོགས་པ་འདུལ་བ་དང་མཐུན་པའི་སྤྱོད་པ་མིན་པ་བྱས་པ་ཀུན་ལ་སེམས་གནོང་པ་དང་། འགྱོད་པ་ཡི་ཚུལ་གྱིས་ལྟུང་བ་རིགས་མཐུན་མེད་པའི་དགེ་སློང་གི་མདུན་དུ་བཤགས་པ་ལེགས་པར་བྱའོ། །ཉེས་པ་དེ

དག་བྱས་པ་ལ་ལྟུང་བ་མེད་དོ། །ཞེས་སྨྲ་ཞིང་ཁྱད་དུ་བསད་ན། སངས་རྒྱས་ཀྱི་བསྟན་པ་ལ་གནོད་པ་ཡིན་ཏེ། འདུལ་བ་དང་འགལ་བ་དང་། ཐེག་ཆེན་དགེ་སློང་སོགས་ཀྱི་འང་གཙོ་ཆེའི་དགོས་པ་མེད་པར་སྤྱངས་དགོས་ཤིང་། གསང་སྔགས་ལ་རྩ་ལྟུང་དུ་བཤད་པའི་ཕྱིར། རང་ཉིད་རབ་ཏུ་བྱུང་བ་ལས་འབབ་པ་དང་། ཕན་ཚུན་འབབ་ཅིང་རྩོད་པ་བྱེད་པ་དང་། འཚོ་བའི་ཕྱིར་དམ་ཆོས་ཉོ་ཚོང་བྱེད་པ་དང་། དགོས་མེད་དུ་དགེ་སློང་ཕྱི་དྲོ་ཟ་བ་དང་། བག་མེད་དུ་ཆང་འཐུང་བ་ལ་སོགས་པ་དང་། ཆོས་གོས་རྣམ་གསུམ་དང་། ལྷུང་བཟེད་མེད་པ་དང་། ཆབ་མི་ལེན་པ་སོགས་དམ་ཆོས་འདུལ་བ་དང་འགལ་བའི་སྤྱོད་པ་ཀུན་ལ་ལྟུང་བ་མེད་ཅེས་སྒྲོགས་པ་དང་། དེ་དག་བླ་མའི་ཞབས་ཏོག་ཡིན་པ་དང་། སངས་རྒྱས་ཀྱི་བསྟན་པ་དང་། སེམས་ཅན་ལ་ཕན་པ་སོགས་སུ་སྨྲ་ན་སངས་རྒྱས་ཀྱི་བསྟན་པ་སྤྱི་ལ་གནོད་པས་ནམ་ཡང་མི་བྱའོ། །དེ་དག་ལ་ཉེས་པ་ཡོད་ཀྱང་། གཉེན་པོ་གཞན་པས་རང་གིས་བསྒྲུབ་པར་ནུས་ཞེས་པའམ། སྐྱེ་བ་སྔ་མའི་ལས་ངན་ཡིན་ནམ་བྱ་དགོས་བྱུང་ཞེས་སྨྲ་ན་ནི། རང་ལ་གནོད་ཀྱི་སངས་རྒྱས་ཀྱི་བསྟན་པ་སྤྱི་ལ་གནོད་པ་ཆེར་འབྱུང་བ་མིན་នོ། །གལ་ཏེ་སྐྱེ་བ་སྔ་མ་ཡི་ལས་ངན་སྨིན་པའི་ཤུགས་ཉིད་ལས་ཆོས་འདུལ་བ་དང་འགལ་བ་གོང་དུ་བཤད་པ་ལྟ་བུའི་སྤྱོད་པ་ཀུན་རང་དབང་མེད་པར་བྱ་དགོས་པ་བྱུང་ན་ཡང་། འདི་ནི་དམ་པའི་ཆོས་མིན། འདུལ་བ་མིན། སངས་རྒྱས་ཀྱི་བསྟན་པ་མིན་ནོ། །ཞེས་སེམས་གནོང་ཞིང་འགྱོད་པའི་ཚུལ་གྱིས་ལེགས་པར་བཤགས་པ་བྱེད་དགོས་ཏེ། མ་བྱས་ན་ཞག་སྔ་མའི་ཉེས་པ་ཞག་ཕྱི་མ་ལ་ཉིས་འགྱུར་སོགས་གོང་འཕེལ་དུ་འགྲོ་བས་སོ། །ཆབ་མི་ལེན་པ་སོགས་འདི་དག་ཆོས་འདུལ་བ་དང་མི་འགལ་ཞིང་། སངས་རྒྱས་ཀྱི་བསྟན་པ་ཡིན་ནོ་ཞེས་སྨྲ་ན། སངས་རྒྱས་ཀྱི་བསྟན་པ་ལ་གནོད་པ་ཡིན་ཏེ། བསྟན་པ་དང་འགལ་བ་བྱས་པའི་ཕྱིར་རོ། །རྒྱུ་མཚན་དེས་ན་བསྟན་པའི་སྒོར་ཞུགས་པའི་རབ་ཏུ་བྱུང་བ་རྣམས་ཀྱིས་སངས་རྒྱས་ཀྱི་བསྟན་པ་ལ་ཆེར་མ་ཕན་ཡང་། རྣམ་པ་ཀུན་ཏུ་བསྟན་པ་ལ་གནོད་པའི་བྱ་བ་མི་བྱ་སྟེ། བྱས་ན་ཆོས་སྤོང་གི་ལས་བསོག་པའི་ཕྱིར་རོ། །

བཞི་པ་འཕྲུལ་གྱི་ལག་ལེན་འཁྲུལ་པ་དགག་པ་ལ་གསུམ་སྟེ། མ་འཁྲུལ་བའི་ལག་ལེན་བསྒྲུབ་པར་གདམས། འཁྲུལ་པའི་ལག་ལེན་བྱུང་བའི་ཚུལ། དེ་ལ་གནོད་བྱེད་བསྟན་པའོ། །དང་པོ་ནི། མདོ་བསྐུལ། ཞེས་སོགས་རྐང་པ་གཉིས་ཏེ། དགེ་འདུན་གྱི་དབུས་སུ་མདོ་བསྐུལ་བ་དང་། ཉི་མའི་གྲངས་བརྗོད་པ་ལ་སོགས་པའི་འཕྲུལ་གྱི་བྱ་བ་ཀུན་འདུལ་བའི་གཞུང་དང་མཐུན་པར་གྱིས་ཏེ། དེ་དག་འདུལ་བ་ནས་གསུངས་པའི་ལག་ལེན་ཡིན་པའི་ཕྱིར་རོ། །དེ་ཡང་མདོ་རྩ་བ་ལས། དགེ་འདུན་གྱི་གནས་བརྟན་གྱིས་སྨིག་མའི་ཐུར་མ་སྐྱུད་པ་ལ་རྒྱས་པ་སྒོ་བས་ཉི་མ་བགྲང་བར་བྱའོ། །དགེ་སློང་ཀྱིས་དེ་ལ་བརྟགས་ཏེ་དགེ་འདུན་ལ་བརྗོད་པར་བྱའོ། །བྱེ་

བྲག་ཏུ་བྱས་པའི་མདོ་ངོ་བོའི་དབྱེ་བས་སོ། །གཙུག་ལག་ཁང་གི་བདག་པོ་དང་། ལྷའི་ཕྱིར་ཚིགས་སུ་བཅད་པ་འདོན་པའི་དགེ་སློང་ལ་བསྔུལ་བའི་ཚིག་ཀྱང་བྱའོ། །མདོ་ལའོ། །དེང་ནི་ཡར་གྱི་ངོའི་ཚེས་གཅིག་ལགས་ཏེ། གཙུག་ལག་ཁང་གི་བདག་པོ་དང་། གཙུག་ལག་ཁང་གི་ལྷ་རྣམས་ཀྱི་སླད་དུ་ཚིགས་སུ་བཅད་པ་རེ་རེ་བགླག་ཏུ་གསོལ། ཞེས་གསུངས་སོ། །

གཉིས་པ་ནི། མདོ་བསྔུལ་རིང་མོ། ཞེས་སོགས་རྐང་པ་གཉིས་ཏེ། བཀའ་གདམས་པ་ཁ་ཅིག མདོ་བསྔུལ་རིང་མོ་ཞེས་བྱ་བ་དཀའ་ལས་ཆེ་ལ་ངོ་བོ་ནོར་པ་བྱེད་པ་མཐོང་སྟེ། འདི་ལྟར། ཀྱེ་གསོན་ཅིག་དགེ་འདུན་བཙུན་པ་རྣམས། ཚངས་པ་བརྒྱ་བྱིན་རྒྱལ་ཆེན་རྣམས། །ཆོས་སྐྱོང་གཙུག་ལག་སྲུང་མ་དང་། །ལྷ་ཀླུ་ལ་སོགས་སྡེ་བརྒྱད་དང་། །ཆོས་རྒྱལ་ཇོ་བྱོན་ཡོན་བདག་དང་། །ཕ་མ་མཁན་པོ་སློབ་དཔོན་དང་། །མཐའ་ཡས་སེམས་ཅན་དོན་སླད་དུ། །ཞལ་ནས་གསུང་པའི་མདོ་བརྗོད་ཞུ། །ཞེས་པའི་འཇུག་ཏུ་ཨུ་ཧཱུྃ་ལ་ཟེར་རོ། །ཊཱི་ཀཱ་བྱེད་པ་ཁ་ཅིག འདི་འོག་ཏུ། དཀའ་ཡང་འབད་ནས་བྱེད་པ་མཚར། །ཞེས་པ་དང་དོན་གཅིག་པ་མ་གཏོགས་པར། སངས་རྒྱས་ཀྱི་བཀའ། རྣམ་པར་བྱ་ཞིང་དབྱུང་བར་བྱ། །ཞེས་སོགས་འདོན་རྒྱུ་ཡིན་པ་ལ། རང་བཟོའི་ནོར་པ་བྱེད་པ་མཐོང་། །ཞེས་པའི་འབྲུ་གཉེར་བ་ནི་ནོར་ཏེ། མདོ་བསྔུལ་རིང་མོ་བྱེད་པའི་བཀའ་གདམས་པས་ཀྱང་། བསྔུལ་བའི་ཚིག་ནོར་པ་ཡིན་གྱིས། འདོན་པའི་ཚེ་ན་སངས་རྒྱས་ཀྱི་བཀའ་འདོན་པར་འདོད་པའི་ཕྱིར་ཏེ། ཞལ་ནས་གསུང་པའི་མདོ་བརྗོད་ཞུ། །ཞེས་བཤད་པས་སོ། །

གསུམ་པ་ལ་བཞི་སྟེ། ཤེས་བྱེད་མེད་པར་བསྟན་པ། ཉེས་དམིགས་ཆེ་བར་བསྟན་པ། སྨད་པའི་གནས་སུ་བསྟན་པ། འབྲུལ་པ་གཞན་ལའང་མཚུངས་པར་བསྟན་པའོ། །དང་པོ་ནི། མདོ་རྒྱུད། ཞེས་སོགས་རྐང་པ་གཅིག་སྟེ། མདོ་བསྔུལ་རིང་མོ་འདི་བྱེད་པ་མི་འཐད་དེ། མདོ་རྒྱུད་ཀུན་ལས་མ་གསུངས་པའི་ཕྱིར་རོ། །ཚིག་རྐང་འདི་གཞུང་ཁ་ཅིག་ན་མེད་ལ་འདི་ཡང་འཐད་པ་འདྲ་སྙམ་སྟེ། འདུལ་བའི་ལག་ལེན་མདོ་བསྔུལ་རིང་མོ་མི་འཐད་པ་ལ། རྒྱུད་ལས་མ་གསུངས་པ་ཤེས་བྱེད་དུ་འཇུག་པ་དཀའ་བའི་ཕྱིར་ཏེ། མདོ་བསྔུལ་བྱེད་པ་འདུལ་བ་ཁོ་ནར་གསུངས་པའི་ལག་ལེན་ཡིན་པའི་ཕྱིར། གཏན་ཚིགས་ནི། མདོ་བསྔུལ་ལ་སོགས་བྱ་བ་ཀུན། །འདུལ་བའི་གཞུང་དང་མཐུན་པར་གྱིས། །ཞེས་པས་འགྲུབ་བོ། །འདི་ནི་བདག་གི་དགོངས་པའོ། །

གཉིས་པ་ནི། འདི་འདྲའི། ཞེས་སོགས་རྐང་པ་གཉིས་ཏེ། མདོ་བསྔུལ་རིང་མོ་བྱེད་པ་དེ་མི་འཐད་དེ། མདོ་བསྔུལ་རིང་མོ་བྱེད་པ་འདི་འདྲ་བའི་རིགས་ཀྱི་ཆོས་ལོག་འཕེལ་ན་བསྟན་པའི་རྩ་བ་འདུལ་བ་ནུབ་པར་འགྱུར་བའི་ཕྱིར། ཁྱབ་སྟེ། མདོ་བསྔུལ་ནི་འདུལ་བ་ཁོ་ན་ནས་གསུངས་པའི་ལག་ལེན་ཡིན་པའི་ཕྱིར་རོ། །

གསུམ་པ་ནི། སངས་རྒྱས་གསུང་པའི། ཞེས་སོགས་ཚིགས་བཅད་གཅིག་སྟེ། རྫོགས་པའི་སངས་རྒྱས་ཀྱིས་གསུངས་པའི་མདོ་བསྐུལ་སོགས་ཀྱི་ཚིག་ཀུན། ལས་སླ་བར་གྱུར་ཀྱང་མི་བྱེད་ལ། སངས་རྒྱས་ཀྱིས་ནི་མ་གསུངས་ཡང་། མདོ་བསྐུལ་རིང་མོ་སོགས་དཀའ་ལས་ཆེ་ཞིང་ངོ་བོ་ནོར་ཡང་འབད་ནས་བྱེད་པ་མཚར་ཞེས་བསྙིང་སྨད་པའི་ཚིག་གོ། །

བཞི་པ་ནི། སངས་རྒྱས་གསུང་དང་། ཞེས་སོགས་ཚིགས་བཅད་གསུམ་སྟེ། རྫོགས་པའི་སངས་རྒྱས་ཀྱི་གསུང་དང་མི་མཐུན་ཡང་། མདོ་བསྐུལ་རིང་མོ་འདི་འདྲ་བདེན་པར་འདོད་ན་ནི། སྡོམ་པ་ཐག་བརྒྱ་མ་དང་། ལས་ཆོག་མགོ་ལ་བཞག་པས་དགེ་སློང་དུ་འགྱུར། ཞེས་ཟེར་བ་སོགས་ཀྱི་ལག་ལེན་ཕྱིན་ཅི་ལོག་གཞན་ཡང་འཁྲུལ་བ་ཡིན། ཞེས་བརྗོད་པར་མི་ནུས་ཏེ། དེ་དག་དང་། མདོ་བསྐུལ་རིང་མོ་ལུང་རྣམ་གཞག་དང་འགལ་བའི་ཆོས་ཡིན་པར་འདྲ་ཞིང་། རང་བཟོ་དེ་དག་ཐམས་ཅད་མཚུངས་པ་ལ་མདོ་བསྐུལ་རིང་མོ་སོགས་འགའ་ཞིག་བདེན་ལ། སྡོམ་པ་ཐག་བརྒྱ་མ་སོགས་འགའ་ཞིག་ནི་རྫུན་པ་ཡིན་ཞེས་དབྱེད་དུ་མི་རུང་བའི་ཕྱིར་རོ། །གཞན་ཡང་། མུ་སྟེགས་བྱེད་ཀྱིས་སྲོག་གི་མཆོད་སྦྱིན་བྱས་པས་ཐར་པ་ཐོབ་པ་ལ་སོགས་པའི་ཆོས་ལོག་ཐམས་ཅད་ཀྱང་། སུན་དབྱུང་བར་ནི་མི་ནུས་ཏེ། དེ་དང་མདོ་བསྐུལ་རིང་མོ་ལ་ཡིད་ཆེས་པའི་ལུང་དང་། རིགས་པ་མེད་པར་མཚུངས་པ་ལ། དེ་དག་བདེན་རྫུན་དབྱེ་བ་ནུས་པ་མ་ཡིན་པའི་ཕྱིར་རོ། །

གསུམ་པ་ཐོས་བསམ་སྒོམ་གསུམ་མ་ནོར་བས་འཇུག་བསྡུ་བ་ལ་གཉིས་ཏེ། ནོར་བ་སྤོང་བར་གདམ་པ། མ་ནོར་བ་བསྒྲུབ་པར་གདམ་པའོ། །དང་པོ་ལ་གཉིས་ཏེ། སྤྱངས་བྱ་ངོས་བཟུང་། སྤྱངས་དགོས་པའི་འཐད་པའོ། །དང་པོ་ནི། ལ་ལ་རྫོགས་པའི། ཞེས་སོགས་ཚིགས་བཅད་གསུམ་སྟེ། ཞང་ཚན་པ་དང་། བཀའ་ཕྱུག་པ་ལ་ལ་ན་རེ། རྫོགས་པའི་སངས་རྒྱས་ཀྱི་གསུང་རབ་སྡེ་སྣོད་གསུམ་དང་། རྒྱུད་སྡེ་བཞིས་བསྡུས་པའི་ཚིག་དོན་ཟབ་མོ་རྣམས་དང་། དེ་དག་གི་དགོངས་འགྲེལ་གྲུབ་ཐོབ་རྣམས་ཀྱིས་ལེགས་པར་བཤད་པའི་གྲུབ་པ་སྡེ་བདུན་དང་། སྙིང་པོ་སྐོར་དྲུག་ལ་སོགས་པ་རྣམས་དང་། མཁས་པ་རྒྱན་དྲུག་ལ་སོགས་པ་རྣམས་ཀྱིས་ཤིན་ཏུ་ལེགས་པར་བཤད་པའི་ཆོས་སྡེ་དང་། རིགས་ཚོགས་ལ་སོགས་པ་རྣམས་ནི། ཚིག་གི་ན་ཡ་ཡིན་པས་ན། དེ་དག་ལ་འབད་པ་དགོས་པ་མེད་པས་དོར་བར་བྱའོ། །ཞེས་ཟེར་ནས། ཐ་སྙད་ཀྱི་ཚིགས་བཅད་ཙམ་ཀྱང་སྐྲིག་ལེགས་པོ་མི་ཤེས་ན། དོན་བཟང་པོ་གོ་བ་དང་། རྟོགས་པ་ལྟ་སྨོས་ཀྱང་ཅི་དགོས་པའི་བླུན་པོ་རྣམས་ཀྱིས་རང་དགར་བརྩམས་པའི་ཚིག་མཁས་པ་རྣམས་བཞད་གད་བསྐྱེད་པ་ཡི་འཆལ་འཚོལ་འབྲེལ་མེད་སྣ་ཚོགས་བྲིས་པ་ལ་བསྟན་བཅོས་བཟང་པོ་ཡིན་ཞེས་ཉན་བཤད་བྱེད་དོ། །

གཉིས་པ་ནི། བླུན་པོ་དགའ་བ། ཞེས་སོགས་རྐང་པ་ལྔ་སྟེ། བཀའ་དང་བསྟན་བཅོས་རྣམ་དག་གི་ཐོས་བསམ་སྤངས་ནས། བླུན་པོའི་ཚིག་འབྲེལ་མེད་ལ་ཐོས་བསམ་བྱེད་པ་ནི། སྐྱེས་བུ་བློ་གྲོས་དང་ལྡན་པ་རྣམས་ཀྱིས་དོར་བར་བྱ་སྟེ། དེ་ལྟ་བུས་ནི་བླུན་པོ་དགའ་བ་བསྐྱེད་ནུས་ཀྱི། མཁས་པ་རྣམས་དགའ་བ་བསྐྱེད་མི་ནུས་པའི་ཕྱིར་དང་། དེ་ལ་ཐོས་བསམ་བྱེད་པའི་དུས་དང་བློ་གྲོས་གཉིས་ཀ་མགོན་དུ་འགྱུར་བའི་ཕྱིར་རོ། །སྐྱེ་མ་ཞེས་སྙིང་བརྗེ་བའི་ཚིག་གིས་བོས་ནས། སངས་རྒྱས་ཀྱི་བསྟན་པ་ནི། གཟུགས་བརྙན་གསུང་རབ་ཟབ་མོའི་ཐོས་བསམ་པོར་ནས། བླུན་པོའི་ཚིག་ལ་ཐོས་བསམ་བྱེད་པ་འདི་ལྟ་བུར་གྱུར་པ་ད་གཟོད་གོ། །

གཉིས་པ་ནི། དེས་ན་སངས་རྒྱས། ཞེས་སོགས་ཚིག་གི་རྐང་པ་བཅུ་སྟེ། རྒྱུ་མཚན་དེས་ན་སངས་རྒྱས་ཀྱི་གསུང་རབ་སྡེ་སྣོད་གསུམ་རྒྱུད་སྡེ་བཞི་དང་། དེ་དག་གི་དགོངས་འགྲེལ་མཁས་པ་དང་། གྲུབ་པ་རྣམས་ཀྱིས་བཤད་པའི་བསྟན་བཅོས་ཀྱི་ཚིག་ཐོས་ཤིང་བློ་ལ་འཛིན་པ་ལ་ནི་བྱིན་རླབས་ཡོད་དེ། བློ་གྲོས་རྒྱ་མཚོས་ཞུས་པའི་མདོ་ལས། དེ་བཞིན་གཤེགས་པས་དམ་པའི་ཆོས་འཛིན་པ། །རྒྱལ་བ་རྣམས་ཀྱིས་ཡོངས་སུ་གཟུང་བར་འགྱུར། །ལྷ་དང་ཀླུ་དང་མི་འམ་ཅི་རྣམས་དང་། །བསོད་ནམས་ཡེ་ཤེས་ཀྱིས་ནི་ཡོངས་སུ་གཟུང་། །དེ་བཞིན་གཤེགས་པའི་དམ་པའི་ཆོས་འཛིན་པ། །དྲིན་ལྡན་བློ་གྲོས་ལྡན་ཞིང་བློ་ལྡན་འགྱུར། །ཤེས་རབ་རྒྱ་ཆེན་ཀུན་ནས་ཡེ་ཤེས་ལྡན། །མཁས་པས་བག་ཆགས་བཅས་པའི་ཉོན་མོངས་སྤོངས། །ཞེས་དང་། སྐྱེས་རབས་ལས། ཐོས་ཆུང་དམུས་ལོང་བསྒོམ་པའི་ཚུལ་མི་ཤེས། །ཤེས་རབ་རྒྱས་བྱེད་པ་ནི་ཐོས་པ་ཡིན། །ཐོས་པ་གཏི་མུག་མུན་སེལ་སྒྲོན་མེ་སྟེ། །ཡ་རབས་རྣམས་དང་འཕྲད་ན་སྐྱེས་ཀྱི་མཆོག །རྐུན་པོས་འཕྲོག་ཏུ་མེད་པ་ནོར་གྱི་མཆོག །ཅེས་དང་། བྱང་ཆུབ་སེམས་དཔའི་སྡེ་སྣོད་ལས། ཐོས་པས་ཆོས་རྣམས་ཤེས་པར་བྱེད། །ཐོས་པས་སྡིག་ལས་བཟློག་པར་བྱེད། །ཐོས་པས་དོན་མ་ཡིན་པ་སྤོང་། །ཐོས་པས་མྱ་ངན་འདས་པ་ཐོབ། །ཅེས་དང་། ལུང་རྣམ་འབྱེད་ལས། མང་དུ་ཐོས་པ་ལ་ཕན་ཡོན་ལྔ་ཡོད་དེ། ཕུང་པོ་ལ་མཁས་པ་དང་། ཁམས་ལ་མཁས་པ་དང་། སྐྱེ་མཆེད་ལ་མཁས་པ་དང་། རྟེན་ཅིང་འབྲེལ་བར་འབྱུང་བ་ལ་མཁས་པ་དང་། དེའི་གདམས་ངག་དང་རྗེས་སུ་བསྟན་པ་གཞན་ལ་རག་མ་ལས་པ་ཡིན་ཞེས་སོ། །དོན་ཡིད་ལ་སེམས་ཤིང་ཉམས་སུ་ལེན་པ་ལ་ཡང་བྱིན་རླབས་ཡོད་དེ། ཡབ་སྲས་མཇལ་བའི་མདོ་ལས། གང་གིས་བསྐལ་པ་བཅུའི་བར་དུ་བསྙེན་ཏེ། གཞན་ལ་བསྟན་པ་བས། གང་གིས་སེ་གོལ་གཏོགས་པ་ཙམ་དུ་འདི་བསྒོམ་ན། དེ་ཉིད་དེ་བས་བསོད་ནམས་ཆེས་མང་དུ་འཕེལ་ལོ། །ཞེས་པ་དང་། ཐར་པ་ཆེན་པོ་ཕྱོགས་སུ་རྒྱས་པ་ཞེས་བྱ་བའི་མདོ་ལས། རྒྱལ་བའི་དྲིན་ལན་ཀླན་འདོད་པ། །སྐད་ཅིག་ཡུད་ཙམ་བསྒོམ་བྱེད་པ། །སྟོང་ཁམས་གང་བའི་སེམས་ཅན་གྱིས། །སྲོག་གི་སྦྱིན་པ་བྱིན་

པ་བས། །བསམ་གཏན་བསྒོམ་པ་ཡོན་ཏན་ཆེ། །ཞེས་གསུངས་སོ། །འདི་འདྲ་བའི་བཀའ་དང་བསྟན་བཅོས་རྣམ་དག་ཉན་བཤད་བྱེད་པ་ལ་ཐོས་པ་ཞེས་ནི་བརྗོད་པ་ཡིན་ཞིང་། དེའི་དོན་ཚུལ་བཞིན་དུ་ཤེས་རབ་ཀྱིས་སྤྱོད་པ་བསམ་པ་ཡིན་ལ། ནན་ཏན་གྱི་སྒོ་ནས་ནི་བསམ་པའི་དོན་དེ་བསྒྲུབ་པ་བསྒོམ་པ་ཡིན་པར་ཤེས་པར་བྱས་ནས་ཐོས་བསམ་སྒོམ་གསུམ་གོང་དུ་བཤད་པ་དེ་ལྟར་བགྱིས་ཏེ། དེ་ལྟ་བུའི་ཐོས་བསམ་སྒོམ་གསུམ་འདི་ནི། སངས་རྒྱས་ཀྱི་བསྟན་པ་རྣམ་པར་དག་པ་ཡིན་པའི་ཕྱིར་རོ། །དེ་ཡང་ཐུབ་པ་དགོངས་གསལ་ལས། མདོ་ར་ན་སངས་རྒྱས་ཀྱིས་གསུངས། བསྟུས་པ་པོས་བསྡུས། གྲུབ་ཐོབ་ཀྱིས་བསྒོམ། པཎྜི་ཏས་བཤད། ལོ་ཙྰ་བས་བསྒྱུར། མཁས་པ་རྣམས་ལ་གྲགས་པ་གཅིག་སངས་རྒྱས་ཀྱི་བསྟན་པ་ཡིན་པས། དེ་ལ་ཉན་བཤད་བསྒོམ་བསྒྲུབ་བྱེད་དགོས་སོ། །ཞེས་གསུངས་པ་ལྟར་ཡིན་ནོ། །རྣམ་བཤད་ཐུབ་བསྟན་གསལ་བའི་སྒྲོན་མེ་ཞེས་བྱ་བ་ལས། སོ་སོ་ཐར་པའི་སྡོམ་པའི་སྐབས་ཏེ། དང་པོའི་རྣམ་པར་བཤད་པའོ།། །།

༄༅། །བསྟན་བཅོས་ཆེན་པོ་སྡོམ་གསུམ་གྱི་རབ་ཏུ་དབྱེ་བའི་རྣམ་པར་བཤད་པ་ཐུབ་བསྟན་གསལ་བའི་སྒྲོན་མེ་ཞེས་བྱ་བ་ལས་སྐབས་གཉིས་པའི་རྣམ་པར་བཤད་པ་བཞུགས་ལགས་སོ། །

གཉིས་པ་བྱང་སེམས་ཀྱི་སྡོམ་པའི་ཉམས་ལེན་བཤད་པ་ལ་གསུམ་སྟེ། སེམས་བསྐྱེད་ཀྱི་དབྱེ་བ་སྤྱིར་བསྟན། ཐེག་ཆེན་སེམས་བསྐྱེད་བྱེ་བྲག་ཏུ་བཤད། བསྟན་པ་རྣམ་པར་དག་པས་མཇུག་བསྡུ་བའོ། །དང་པོ་ནི། སེམས་བསྐྱེད་ལ་ནི། ཞེས་སོགས་ཚིགས་བཅད་གསུམ་སྟེ། སྤྱིར་བྱང་ཆུབ་ཏུ་སེམས་བསྐྱེད་པ་ཙམ་གྱི་སེམས་བསྐྱེད་ལ་ནི། ཉན་ཐོས་པའི་ལུགས་དང་། ཐེག་པ་ཆེན་པོའི་ལུགས་རྣམ་པ་གཉིས་ཡོད་དེ། ཉན་ཐོས་སྡེ་གཉིས་ཀྱི་ལུང་ནས་བཤད་པ་དང་། ཐེག་པ་ཆེན་པོ་དབུ་སེམས་ཀྱི་གཞུང་ནས་བཤད་པ་གཉིས་ཡོད་པའི་ཕྱིར་རོ། །ཉན་ཐོས་རྣམས་ཀྱི་གཞུང་ནས་བཤད་པའི་སེམས་བསྐྱེད་ལ་ཡང་། ཐོབ་བྱ་བྱང་ཆུབ་ཀྱི་སྒོ་ནས་རྣམ་པ་གསུམ་ཡོད་དེ། ཉན་ཐོས་དགྲ་བཅོམ་པ་དང་། རང་རྒྱལ་དགྲ་བཅོམ་པ་དང་། རྫོགས་པའི་སངས་རྒྱས་སུ་སེམས་བསྐྱེད་པ་གསུམ་ཡོད་པའི་ཕྱིར་ཏེ། འདུལ་བ་ལུང་ལས། ཁ་ཅིག་ནི་ཉན་ཐོས་སུ་སེམས་བསྐྱེད་དོ། །ཁ་ཅིག་ནི་རང་རྒྱལ་དུ་སེམས་བསྐྱེད་དོ། །ཁ་ཅིག་ནི་སངས་རྒྱས་སུ་སེམས་བསྐྱེད་དོ་ཞེས་བཤད་པས་སོ། །འོན་ཀྱང་གསུམ་པོ་དེ་ཡི་སེམས་བསྐྱེད་ཀྱི་ཆོ་ག་སྤྱོད་པ་དེང་སང་ཉུང་སྟེ། ཉན་ཐོས་ཀྱི་བསྟན་པ་འབྲས་བུའི་དུས་ལྔ་བརྒྱ་པ་ཕྲག་གསུམ། སྒྲུབ་པའི་དུས་ལྔ་བརྒྱ་པ་ཕྲག་གསུམ་ནུབ་ནས། ད་ལྟ་ལུང་གི་དུས་ཡིན་པས་ནའོ། །སྤྱིའི་དོན་ནི། ཉན་ཐོས་ཀྱི་སྐད་དོད་ཤྲ་བ་ཀ་ཞེས་པ་ཡིན་ལ། དེ་ཡང་སློབ་དཔོན་ལས་ཐོས་པའི་གདམས་ངག་གཞན་ལ་སྒྲོགས་པར་བྱེད་པས་ན། ཐོས་སྒྲོག་པ་དང་། གཞན་ལ་གདམས་ངག་ཉན་ཅིང་ཐོས་པར་བྱེད་པས་ན་ཉན་ཐོས་ཞེས་བྱ་སྟེ། ཇི་སྐད་དུ། མགོན་པོ་དེ་རིང་བདག་ཅག་ཉན་ཐོས་གྱུར། །བྱང་ཆུབ་པ་ཡི་སྒྲ་ཡང་སྒྲགས་པར་བྱ། །ཞེས་གསུངས་པ་ལྟར་རོ། །ཉན་ཐོས་དང་ཐེག་ཆེན་གཉིས་ལ་ལམ་དང་སེམས་བསྐྱེད་ཀྱི་སྒོ་ནས་བཞག་པ་དང་། སྟེ་སྣོད་དམ་གྲུབ་མཐའི་སྒོ་ནས་བཞག་པ་གཉིས་ལས། འདིར་ནི་སྡེ་སྣོད་ཀྱི་སྒོ་ནས་བྱེ་མདོ་གཉིས་བཞག་པའོ། །དེས་ན་ཉན་ཐོས་ལུགས་ཀྱི་སེམས་བསྐྱེད་ཡིན་ན། ཉན་ཐོས་ཀྱི་སེམས་བསྐྱེད་ཡིན་པས་མ་ཁྱབ་པར་གྲུབ་པ་ནི། ཉན་ཐོས་ལུགས་ལ་ཐེག་པ་གསུམ་གྱི་རིགས་གསུམ་ནས། བྱང་ཆུབ་གསུམ་གྱི་བར་ཡོད་པར། རྒྱུད་སྡེ་སྤྱི་རྣམ་དང་། མངོན་རྟོགས་ལྗོན་ཤིང་སོགས་ལས་གསུང་པས་ཤེས་སོ། །ཐེག་པ་ཆེན་པོའི་ལུགས་ཀྱི་སེམས་བསྐྱེད་ལ།

དབུ་མ་ལུགས་དང་། སེམས་ཙམ་ལུགས་རྣམ་པ་གཉིས་སུ་ཡོད་དེ། །འདིར་བསྟན་ཐེག་ཆེན་ལུགས་ནི། ཉན་ཐོས་ལུགས་ཀྱི་བཟླས་ཕྱེ་བ་ཡིན་ཞིང་། དེ་ལ་དབུ་སེམས་ཀྱི་ལུགས་གཉིས་སུ་ཡོད་པའི་ཕྱིར་ཏེ། དབུ་སེམས་གཉིས་པོ་དེ་སྟེ་སྟོད་ཀྱིས་ཕྱེ་བའི་ཐེག་པ་ཆེན་པོ་པ་ཡིན་པའི་ཕྱིར་རོ། །འདིའི་ཐད། གསུང་རབ་དགོངས་གསལ་ལས། དེ་གཉིས་ཀ་ཡང་བླ་མེད་བྱང་ཆུབ་ཏུ་སེམས་བསྐྱེད་པ་པོ་ན་ཡིན་གྱི། བྱང་ཆུབ་གསུམ་དུ་སེམས་བསྐྱེད་པའི་ཚུལ་ནི་མེད་དོ་ཞེས་གསུངས། དེའི་དོན་དབུ་མ་པའི་སེམས་བསྐྱེད་དང་། སེམས་ཙམ་པའི་སེམས་བསྐྱེད་གཉིས་བླ་མེད་བྱང་ཆུབ་ཏུ་སེམས་བསྐྱེད་པ་པོ་ན་དང་། ཐེག་པ་ཆེན་པོའི་སེམས་བསྐྱེད་པོ་ན་ཡིན་གྱི། དེ་ལ་བྱང་ཆུབ་གསུམ་དུ་སེམས་བསྐྱེད་པའི་ཚུལ་མེད་ཅེས་པའི་དོན་ཡིན་གྱི། སེམས་ཙམ་ལུགས་ལ་བྱང་ཆུབ་གསུམ་དུ་སེམས་བསྐྱེད་པ་འདོད་དགོས་པ་འདྲ་སྟེ། ཕར་ཕྱིན་དཀའ་འགྲེལ་གྱི་རིགས་ཀྱི་སྐབས་དང་། ངོ་མཚར་གསུམ་ལྡན་སོགས་སུ་བྱེ་མདོ་སེམས་གསུམ་གྱི་ལུགས་ལ་ཐེག་པ་གསུམ་གྱི་རིགས་གསུམ་དང་། ལམ་སྒྲོད་ཚུལ་གསུམ་དང་། མཐར་ཐུག་ཐེག་པ་གསུམ་དུ་གྲུབ་པར་བཤད་ཅིང་། བླ་མེད་བྱང་ཆུབ་ཏུ་སེམས་བསྐྱེད་པ་པོ་ནས་མཐར་ཐུག་ཉན་རང་གི་བྱང་ཆུབ་ཐོབ་པ་ཇི་ལྟར་འཐད། སེམས་ཙམ་མན་ཆད་ཀྱི་ལུགས་ལ་མཐར་ཐུག་ཐེག་པ་གསུམ་དང་། དབུ་མ་པའི་ལུགས་ལ་གནས་སྐབས་ཐེག་པ་གསུམ་དང་། མཐར་ཐུག་ཐེག་པ་གཅིག་ཏུ་གྲུབ་པར་གཞུང་ལུགས་ཚད་ལྡན་དུ་མ་ལས་བཤད་པས་སོ། །སྙམ་པ་ནི་རང་གི་མ་གོ་བའི་དོགས་པའི་གཞི་ཙམ་ལགས་སོ། །གཞུང་འདི་ལ།

༈ མཁས་པ་ཁ་ཅིག་ཤཱཀྱ་མཆོག་ལྡན་གྱིས་དྲི་བ།ཐེག་པ་ཆེན་པོའི་སེམས་བསྐྱེད་ལ། །དབུ་མ་སེམས་ཙམ་ལུགས་གཉིས་སུ། །ངེས་ཤིང་ལེན་པའི་ཆོ་ག་དང་། ལྡང་བ་ཕྱིར་བཅོས་ལ་སོགས་པ། །སོ་སོར་ངེས་ན་རྒྱུད་སྡེ་ལས། །གསུངས་པའི་སེམས་བསྐྱེད་ཆོ་ག་དེ། །གསུམ་པོ་གང་གིས་ལུགས་དང་མཐུན། །ཞེས་པའི་ལན། ཀུན་མཁྱེན་གྱིས། སྤྱིར་འདིའི་སྐབས་གཉིས་པར་ཐེག་པ་ཆེན་པོའི་སེམས་བསྐྱེད་ལ། དབུ་སེམས་ཀྱི་ལུགས་གཉིས་སུ་ངེས་པར་གསུང་པ་དེ་སྐབས་ཐོབ་ཀྱི་ཐེག་པ་ཆེན་པོའི་ཕ་རོལ་ཏུ་ཕྱིན་པའི་ལུགས་ཀྱི་སེམས་བསྐྱེད་ལ་དེ་གཉིས་སུ་ངེས་པའི་དོན་ཡིན་གྱི། མདོ་རྒྱུད་ནས་གསུང་པའི་སེམས་བསྐྱེད་ཀྱི་ལུགས་ཐམས་ཅད་དེ་གཉིས་སུ་ངེས་པར་སྟོན་པ་ག་ལ་ཡིན། དེ་ལྟར་ན། སེམས་བསྐྱེད་པ་ནི་གཞན་དོན་ཕྱིར། །ཡང་ལག་རྫོགས་པའི་བྱང་ཆུབ་འདོད། །ཅེས་པ་ལ་ཡང་། སེམས་བསྐྱེད་ཐམས་ཅད་དེར་ངེས་ན། ཐེག་ཆེན་གྱི་སེམས་བསྐྱེད་དེ་ཡང་དེར་ངེས་སམ། ཞེས་དང་། དེ་ཡང་ས་གསེར་བླ་བ་མེ། །ཞེས་པ་ནས། སྦྲ་གཉན་ཆུ་བོ་སྦྲིན་རྣམས་ཀྱི། །རྣམ་པ་ཉི་ཤུ་རྩ་གཉིས་སོ། །ཞེས་པ་ལ་ཡང་། ས་དང་གསེར་ལ་སོགས་པའི་པེམ་པོ་ཉི་ཤུ་རྩ་གཉིས་པོ་ཐེག་ཆེན་

སེམས་བསྐྱེད་ཀྱི་དབྱེ་བར་བཤད་དམ། ཞེས་སོགས་གཞུང་ལུགས་ཆེན་པོ་རྣམས་ལ་ཡང་དྲི་བ་མང་ཆེས་པ་འདྲའོ། །དེས་ན། རྒྱུད་སྡེ་ནས་གསུང་བའི་སེམས་བསྐྱེད་ལ་ལུགས་མང་དུ་ཡོད་དེ། དབང་བསྐུར་གྱི་སྔ་གོན་དང་། འཇུག་པའི་གནས་སྐབས་སུ་སེམས་བསྐྱེད་ལེན་པའི་ཆོ་ག་དང་། སྒྲུབ་ཐབས་ཐམས་ཅད་ཀྱི་སྔོན་འགྲོ་བསོད་ནམས་ཚོགས་བསགས་ཀྱི་སྐབས་སུ་སེམས་བསྐྱེད་ལེན་པའི་ཆོ་ག་དང་། དབང་གི་སྔོན་འགྲོའི་སེམས་བསྐྱེད་ལེན་པའི་ཆོ་ག་བརྒྱད་པ་ཁྱད་པར་གཉིས་ལྡན་ལྟ་བུ་སོགས་ཡོད་པ་ལས། དང་པོ་གཉིས་ལ་ཀྱཻ་རྡོར་འགྲེལ་པ་ལུགས་ལྟ་བུ་དབུ་མ་ལུགས་ཀྱི་སེམས་བསྐྱེད་དང་ཚུལ་མཚུངས་པ་ཡང་ཡོད་མོད་ཀྱི་ཕལ་ཆེར་ནི་ལུགས་གཉིས་པོ་གང་དང་ཡང་མཐུན་པའི་ངེས་པ་མེད་དེ། དངོས་གཞིའི་སྐབས་སུ་སེམས་བསྐྱེད་ལེན་པའི་ཆོ་ག་དང་། དབང་གི་སྔོན་འགྲོའི་སེམས་བསྐྱེད་ལེན་པའི་ཆོ་ག་བརྒྱད་པ་ཁྱད་པར་གཉིས་ལྡན་ལ་སྔགས་སྡོམ་ལེན་པའི་སྔོན་འགྲོའི་གནས་སྐབས་ཀྱི་སེམས་བསྐྱེད་ཀྱི་ཆོ་ག་ཡིན་པས་ཆོ་ག་བསྡུས་པའི་ལུགས་ཡིན་པའི་ཕྱིར་དང་། ལུགས་གཉིས་པོ་ནི་དངོས་གཞི་ལ་བྱང་སེམས་ཀྱི་སྡོམ་པ་ལེན་པའི་སྐབས་ཡིན་པས་ཆོ་ག་རྒྱས་པའི་ལུགས་མ་ཡིན་པར། བརྒྱད་པ་ཁྱད་པར་གཉིས་ལྡན་གྱི་དབང་གི་སྔོན་འགྲོའི་ཆོ་ག་ནི། སྦྱོར་བའི་སྐབས་སུ། སྡིག་པ་བཤགས་པ་དང་། རྗེས་སུ་ཡི་རང་བ་དང་། བསྔོ་བ་ཡོད་པས་སེམས་ཙམ་ལུགས་ཀྱང་མ་ཡིན། ཡང་སྦྱོར་བའི་སྐབས་སུ་ཡན་ལག་བདུན་ཚང་བ་མེད་ཅིང་། སྐྱབས་འགྲོ་དངོས་གཞིར་བསྡུས་པ་དང་། བསླབ་པ་བརྗོད་པའི་སྐབས་སུ་སེམས་ཙམ་ལུགས་ཀྱི་རྩ་ལྟུང་བཞི་བརྗོད་པས། དབུ་མ་ལུགས་ཀྱང་མ་ཡིན་པས། རྒྱུད་སྡེ་ནས་གསུང་པའི་སེམས་བསྐྱེད་ཀྱི་ལུགས་དེ། ཕ་རོལ་ཏུ་ཕྱིན་པའི་དབུ་སེམས་གང་གིས་ཀྱང་ལུགས་ཡིན་མི་དགོས་སོ༏ །ཞེས་གསུངས། དེས་ན་རྡོ་རྗེ་ཐེག་པ་བ་དབུ་མ་པར་བཞེད་པ་ན། གསང་སྔགས་རྡོ་རྗེ་ཐེག་པའི་སེམས་བསྐྱེད་ལ་སོགས་པ་དབུ་མ་པའི་སེམས་བསྐྱེད་ཡིན་ཀྱང་། སེམས་ཙམ་ལུགས་ཀྱི་ཟླས་ཕྱེ་བའི་དབུ་མ་ལུགས་ཀྱི་སེམས་བསྐྱེད་མིན་པ་དང་། འདི་ལྟར་ན་ལུགས་གཉིས་གང་རུང་གི་སེམས་བསྐྱེད་དང་། སྔགས་སྡོམ་གྱི་གཞི་མཐུན་ཡོད་ཀྱང་། སྐབས་གཉིས་པའི་སྐབས་ནས་དངོས་བསྟན་གྱི་སྔགས་སྡོམ་མེད་པར་ཡང་གྲུབ་བོ། །འོ་ན་ལུགས་གཉིས་བྱུང་ཚུལ་ཇི་ལྟ་བུ་ཞེ་ན། དབུ་མ་ལུགས་ནི། སྡོང་པོ་བཀོད་པ་དང་། ནམ་མཁའི་སྙིང་པོ་དང་། དཀོན་བརྩེགས་སོགས་ཀྱི་མདོའི་རྗེས་སུ་འབྲངས་ནས། དང་པོར་འཕགས་པ་འཇམ་དཔལ་གྱིས་གསུང་པ། མགོན་པོ་ཀླུ་སྒྲུབ་ལས་བརྒྱུད་དེ། ཞི་བ་ལྷའི་རྗེས་སུ་འབྲངས་ནས། ཛེ་ཏ་རི་དང་། ཛོ་བོ་ཡུཧྨ་ཤྲཱི་ལ་སོགས་པའི་བཀའ་སྲོལ་དཔལ་ལྡན་ས་སྐྱ་པ་ཡབ་སྲས་རྣམས་ཀྱིས་ཕྱག་ལེན་དུ་མཛད་པ་འདི་ཡིན་ལ། སེམས་ཙམ་ལུགས་ནི་བྱང་ཆུབ་སེམས་དཔའི་སྡེ་སྣོད་འགའ་ཞིག་གི་རྗེས་སུ་འབྲང་ནས། དང་པོར་མགོན་པོ་བྱམས་

པས་གསུང་པ། སློབ་དཔོན་ཐོགས་མེད་ལས་བརྒྱུད་དེ་ཙནྡྲ་གོ་མིའི་རྗེས་སུ་འབྲངས་ནས་ཇོ་བོ་རྗེ་ལ་སོགས་པའི་བཀའ་སྲོལ་དགེ་བའི་བཤེས་གཉེན་བཀའ་གདམས་པ་རྣམས་ཀྱིས་ཕྱག་སྲོལ་དུ་མཛད་པ་དེ་ཡིན་ནོ། །ལུགས་དེ་གཉིས་ཀྱི་སྦྱོད་པ་སེམས་བསྐྱེད་ཀྱི་ངོ་བོ་དང་། དེ་འབོགས་པར་བྱེད་པའི་ཆོག་ཡང་ནི་ཐ་དད་ཡིན་པ་དང་། ཉམས་པར་བྱེད་པའི་ལྟུང་བ་དང་ནི། ཉམས་པ་ཕྱིར་བཅོས་པའི་ཐབས་དང་། དེར་མ་ཟད་བསྲུང་བའི་བསླབ་པར་བྱ་བའང་སོ་སོར་ཧེ་ཐ་དད་དུ་ཡོད་པ་ཡིན་ཏེ། ལུགས་དེ་གཉིས་ལ་ལྟ་བ་མཐོ་དམན་ཐ་དད་དུ་ཡོད་པས་དེ་དང་མཐུན་པར་སེམས་བསྐྱེད་ཀྱི་ལུགས་གཉིས་རྫོགས་པའི་སངས་རྒྱས་ཀྱིས་གསུངས་པའི་ཕྱིར། རྗེས་འཇུག་གི་གདུལ་བྱས་གཉིས་ཀ་ཉམས་སུ་ལེན་པ་ལ་འགལ་བ་མེད་དེ། དཔེར་ན་ཉན་ཐོས་ལ་སོ་ཐར་རིགས་བདུན་དང་། ཐེག་པ་ཆེན་པོ་ལ་སེམས་བསྐྱེད་ཀྱི་སྡོམ་པ་ཐོབ་བྱེད་ཀྱི་ཆོག་སོ་སོར་གསུངས་ཀྱང་། གང་ཟག་གཅིག་གིས་གཉིས་ཀ་ཉམས་སུ་ལེན་པ་ལ་འགལ་བ་མེད་པ་བཞིན་ནོ། །

༄ གཞུང་འདི་ལ་མཁས་པ་ཁ་ཅིག་གིས། ལྟ་བས་ཆོག་འབྱེད་པ་ནི། །དབུ་མའི་ལྟ་བ་དང་ལྡན་པ། །དེ་ལ་བྱུང་སའི་ཆོག་ཡིས། །སེམས་བསྐྱེད་སྡོམ་པ་མི་སྐྱེ་འམ། །ཞེས་པའི་ལན། ཀུན་མཁྱེན་གྱིས། དེ་ཉིད་ལྟ་བ་ཐ་དད་ལས། །ཆོག་ཡང་ནི་ཐ་དད་ཡིན། །ཞེས་པའི་དོན། དབུ་སེམས་གཉིས་ལ་ལྟ་བ་ཐ་དད་དུ་ཡོད་པས། དེ་དང་མཐུན་པའི་ཆོག་ཐ་དད་པ་གཉིས་རྫོགས་པའི་སངས་རྒྱས་ཀྱིས་བཅས་ཞེས་པའི་དོན་ཡིན་གྱི་ཆོག་གཉིས་པོ་ལྟ་བ་ཐ་དད་པ་ཁོ་ནས་ལེན་དགོས་ཞེས་པའི་དོན་མ་ཡིན་ནོ། །གལ་ཏེ་ལྟ་བ་ཐ་དད་ལ། ཆོག་ཐ་དད་དུ་བཅས་པ་ལྟ་བ་ཐ་དད་ཁོ་ནས་ལེན་དགོས་ན། ཐེག་པ་ཆེན་པོའི་ལྟ་བ་དང་ལྡན་པས། ཉན་ཐོས་ཀྱི་སྡེ་སྣོད་ནས་གསུང་པའི་གསོལ་བཞིའི་ལས་ཀྱི་སྡོམ་པ་ལེན་པ་མི་རུང་བར་འགྱུར་རོ། །ཞེས་གསུང་ངོ་། །དེ་གཉིས་ཀྱི་ལྟ་བ་ཐ་དད་དུ་ཡོད་དེ། སེམས་ཙམ་པས། ས་བཅུ་པ་ལས། ཀྱཻ་རྒྱལ་བའི་སྲས་དག་ཁམས་གསུམ་པོ་འདི་དག་ནི་སེམས་ཙམ་མོ། ཞེས་དང་། ལང་གཤེགས་ལས། ཕྱི་རོལ་སྣང་བ་ཡོད་མེད་དེ། །སེམས་ནི་སྣ་ཚོགས་རྣམས་སུ་སྣང་། །ཞེས་གསུངས་པ་ལྟར། སྣང་བ་ཐམས་ཅད་སེམས་དང་། རྣམ་འགྲེལ་ལས། དེ་ཕྱིར་གཉིས་སྟོང་གང་ཡིན་པ། །དེ་ནི་དེའི་ཡང་དེ་ཉིད་ཡིན། །ཞེས་གསུང་པ་ལྟར། གཟུང་འཛིན་བདེན་པས་སྟོང་པའི་སྟོང་ཉིད་དང་། ཤེས་པ་ཐམས་ཅད་ཀྱི་སྙིང་གི་གཉིས་མེད་ཀྱི་ཤེས་པ་རང་རིག་རང་གསལ་བདེན་གྲུབ་ཏུ་འདོད་ལ། དབུ་མ་པས། དེ་ཕྱིར་བརྟེན་འབྱུང་རིགས་པ་འདི་ཡིས་ནི། །ལྟ་ངན་དྲྭ་བ་མཐའ་དག་གཅོད་པར་བྱེད། །ཞེས་གསུངས་པ་ལྟར། རྟེན་འབྲེལ་གྱི་རྟགས་ལས། སྣང་བ་ཐམས་ཅད་བདེན་པར་མེད་པ་དང་། དབུ་མ་རྒྱན་ལས། ཡོད་མིན་མེད་མིན་ཡོད་མེད་མིན། །གཉིས་ཀའི་བདག་ཉིད་ཀྱང་མིན་ལ། །མཐའ་བཞི་ལས་གྲོལ་དབུ་མ་པ། །ཅེས་པ་

ལྟར། གནས་ལུགས་ཀྱི་ལྟ་བ་ཡོད་མེད་ལ་སོགས་པ་སྤྲོས་པའི་མཐའ་ཐམས་ཅད་དང་བྲལ་བའི་ཆོས་ཉིད་ཟུང་འཇུག་ལ་བཞེད་པའི་ཕྱིར་རོ། །དེ་གཉིས་སེམས་བསྐྱེད་ཀྱི་ངོ་བོ་ཐ་དད་དུ་འདོད་དེ། སེམས་ཙམ་པས་དེ་བདེན་གྲུབ་དང་། དབུ་མ་པས། དེ་བདེན་པས་སྟོང་པར་འདོད་པའི་ཕྱིར་རོ། །དེ་གཉིས་ཀྱི་བླངས་པའི་ཡུལ་ཐ་དད་དུ་འདོད་དེ། སེམས་ཙམ་པ་ལྟར་ན། མགོན་པོ་བྱམས་པས། བཤེས་གཉེན་དུལ་བ་ཞི་བ་ཉེར་ཞི་གང་། །ཡོན་ཏན་ལྷག་པར་བརྩོན་བྱས་ལུང་གིས་ཕྱུག །དེ་ཉིད་རབ་ཏུ་རྟོགས་པ་སྨྲ་མཁས་ལྡན། །བརྩེ་བའི་བདག་ཉིད་སྐྱོ་ལ་སྤངས་ལ་བརྟེན། །ཞེས་གསུང་པའི་ཡོན་ཏན་དང་ལྡན་པའམ། དེ་མ་འགྱོར་ན། སྡོམ་ཉི་ལས། བླ་མ་སྡོམ་ལ་གནས་ཤིང་མཁས། །ནུས་དང་ལྡན་ལས་བླང་བར་བྱ། །ཞེས་གསུང་པ་ལྟར་གྱི་བླ་མ་ལས་བླང་བར་བྱའོ། །དབུ་མ་པ་ལྟར་ན། དབུ་མ་རིན་ཆེན་ཕྲེང་བ་ལས། དགེ་བའི་བཤེས་གཉེན་དེ་དག་གིས། །མཚན་ཉིད་མདོར་བསྡུས་མཁྱེན་པར་མཛོད། །ཚིག་ཤེས་སྙིང་རྗེ་ཚུལ་ཁྲིམས་ལྡན། །ཉོན་མོངས་སྤོང་བའི་ཤེས་རབ་ཅན། །དེ་དག་གིས་ནི་ཁྱོད་བསྟན་ན། །ཁྱོད་ཀྱིས་མཁྱེན་གྱི་གྲུབ་པར་མཛོད། །ཅེས་དང་། སྤྱོད་འཇུག་ལས། རྟག་པར་དགེ་བའི་བཤེས་གཉེན་ནི། །ཐེག་ཆེན་དོན་ལ་མཁས་པ་དང་། །བྱང་ཆུབ་སེམས་དཔའི་བརྟུལ་ཞུགས་མཆོག །སྲོག་གི་ཕྱིར་ཡང་མི་གཏོང་ངོ་། །ཞེས་དང་། བསླབ་བཏུས་ལས། སྡོམ་པ་གཟུང་བ་ཡང་བྱང་ཆུབ་སེམས་དཔའི་བསླབ་པའི་གནས་ལ་བསྒོམ་པ་ལྟར་བྱེད་པ་སྡོམ་པ་དང་ལྡན་པ་ལས་ནོད་དོ། །ཞེས་གསུང་པ་ལྟར་གྱི་ཡོན་ཏན་དང་ལྡན་པ་ལས་ལེན་ནོ། །འོ་ན་མཚན་ཉིད་དེ་དག་ལྡན་པའི་བླ་མ་མེད་པའམ། ཡོད་ཀྱང་སྲོག་དང་ཚངས་སྤྱོད་ཀྱི་བར་ཆད་དུ་འགྱུར་ན་ཇི་ལྟར་བྱེད་ཅེ་ན། རང་ཉིད་ཀྱིས་སངས་རྒྱས་བྱང་ཆུབ་སེམས་དཔའི་སྤྱན་སྔར་སེམས་བསྐྱེད་བླངས་པས་ཆོག་པར་དབུ་སེམས་གཉིས་ཀར་མཐུན་ཏེ། བྱང་ས་ལས། བྱང་ཆུབ་སེམས་དཔའི་སྡོམ་པ་ཡང་དག་པར་བླངས་བ་དེ་ཡང་། གལ་ཏེ་ཡོན་ཏན་དེ་དག་དང་ལྡན་པའི་དགེ་བའི་བཤེས་གཉེན་གང་ཟག་མེད་པར་གྱུར་ན། བྱང་ཆུབ་སེམས་དཔའ་དེ་བཞིན་གཤེགས་པའི་སྐུ་གཟུགས་ཀྱི་སྤྱན་སྔར་བདག་ཉིད་ཀྱིས་བྱང་ཆུབ་སེམས་དཔའི་ཚུལ་ཁྲིམས་ཀྱི་སྡོམ་པ་ཡང་དག་པར་བླང་བར་བྱ་སྟེ། འདི་ལྟར་སྤྱན་སྔར་བླ་གོས་ཕྲག་པ་གཅིག་ཏུ་གཟར་ནས་པུས་མོ་གཡས་པའི་ལྷ་ང་ས་ལ་བཙུགས་པའི་ཙོག་ཙོག་པུར་འདུག་པས་འདི་སྐད་དུ། བདག་མིང་འདི་ཞེས་བགྱི་བ། ཕྱོགས་བཅུའི་དེ་བཞིན་གཤེགས་པ་ཐམས་ཅད་དང་། ས་ཆེན་པོ་ལ་བཞུགས་པའི་བྱང་ཆུབ་སེམས་དཔའ་ཐམས་ཅད་ལ་གསོལ་བར་འཚལ་ཏེ། དེ་དག་གི་སྤྱན་སྔར། བྱང་ཆུབ་སེམས་དཔའི་བསླབ་པའི་གཞི་ཐམས་ཅད་དང་། བྱང་ཆུབ་སེམས་དཔའི་ཚུལ་ཁྲིམས་ཐམས་ཅད་དང་། སྡོམ་པའི་ཚུལ་ཁྲིམས་དང་། དགེ་བའི་ཆོས་སྡུད་པའི་ཚུལ་ཁྲིམས་དང་། སེམས་ཅན་གྱི་དོན་བྱེད་པའི་ཚུལ་ཁྲིམས་དང་།

གང་ཡང་འདས་པའི་བྱང་ཆུབ་སེམས་དཔའ་ཐམས་ཅད་ཀྱིས་བསླབ་པ་དང་། མ་འོངས་པའི་བྱང་ཆུབ་སེམས་དཔའ་ཐམས་ཅད་སློབ་པར་འགྱུར་བ་དང་། ཕྱོགས་བཅུ་ན་ད་ལྟར་བྱུང་བའི་བྱང་ཆུབ་སེམས་དཔའ་ཐམས་ཅད་ད་ལྟར་སློབ་པ་རྣམས་བདག་གིས་ཡང་དག་པར་བླངས་སོ། །ཞེས་བརྗོད་པར་བྱ་སྟེ། ལན་གཉིས་ལན་གསུམ་དུ་བརྗོད་ནས་བླང་བར་བྱའོ། །ལྷག་མ་ཐམས་ཅད་ནི་སྔ་མ་བཞིན་དུ་རིག་པར་བྱའོ། །ཞེས་གསུངས་ཤིང་། བསླབ་པ་ཀུན་ལས་བཏུས་པ་ལས་ཀྱང་། དགེ་བའི་བཤེས་གཉེན་མེད་ན། ཕྱོགས་བཅུ་བཞུགས་པའི་སངས་རྒྱས་དང་། བྱང་ཆུབ་སེམས་དཔའ་རྣམས་མངོན་སུམ་དུ་བསྒོམ་ནས། བདག་ཉིད་ཀྱི་ནུས་པ་དང་ཡང་སྦྱར་ལ། སྡོམ་པ་བཟུང་ཞེས་བྱ་བ་དང་། སྤྱོད་འཇུག་ལས། སངས་རྒྱས་བྱང་ཆུབ་སེམས་དཔའ་རྣམས། །ཀུན་ཏུ་ཐོགས་མེད་གཟིགས་པར་ལྡན། །ཞེས་དང་། སློབ་དཔོན་དགྲ་ལས་རྣམ་རྒྱལ་གྱིས། རྣམ་པ་དེ་ལྟ་བུས་དགེ་བའི་བཤེས་གཉེན་མེད་ན། སངས་རྒྱས་དང་བྱང་ཆུབ་སེམས་དཔའི་སྤྱན་སྔར་རོ། །ཞེས་གསུངས་པའི་ཕྱིར་རོ། ། ལེན་པ་པོའི་གང་ཟག་ནི། སེམས་ཙམ་པ་ལྟར་ན། སོ་ཐར་རིགས་བདུན་གང་རུང་དང་ལྡན་ཞིང་སྨོན་པ་སེམས་བསྐྱེད་ཐོབ་པས་ཚུལ་ཁྲིམས་གསུམ་གྱིས་བསྡུས་པའི་འཇུག་པ་སེམས་བསྐྱེད་ལེན་པར་བྱེད་དེ། བྱང་ས་ལས། དེ་ལ་བྱང་ཆུབ་སེམས་དཔའ་ཁྱིམ་པ། རབ་ཏུ་བྱུང་བ། བྱང་ཆུབ་སེམས་དཔའི་བསླབ་པ་ཚུལ་ཁྲིམས་ཀྱི་ཕུང་པོ་བསླབ་པ་གསུམ་པོ་འདི་དག་ལ་བསླབ་པར་འདོད་ཅིང་། བླ་ན་མེད་པ་ཡང་དག་པར་རྫོགས་པའི་བྱང་ཆུབ་ཏུ་སྨོན་ལམ་བཏབ་པས། ཞེས་གསུངས་པའི་ཕྱིར། དབུ་མ་པ་ལྟར་ན། དེ་ལས་གཞན་པའི་འགྲོ་བ་ཐམས་ཅད་ཀྱིས་བླང་པས་སྐྱེ་བར་བཞེད་པ་ཡིན་ནོ། །ཡང་བྱང་སེམས་ཀྱི་སྡོམ་པ་སྐྱེ་བ་དང་། གནས་པའི་རྟེན་དུ། སོ་ཐར་རིགས་བདུན་གང་རུང་དང་ལྡན་པ་ངེས་པར་དགོས་སམ་མི་དགོས་ཤེ་ན། དབུ་མ་པའི་ལུགས་ལ། དེའི་རྟེན་དུ་ཉན་ཐོས་དང་ཐུན་མོང་བའི་སོ་ཐར་རིགས་བདུན་གང་རུང་དང་ལྡན་པ་མི་དགོས་ཏེ། རྗེ་བཙུན་གྱིས་རྩ་ལྟུང་འགྲེལ་སྤྱོངས་ལས། སོ་སོ་ཐར་པའི་སྡོམ་པ་འདི་ནི། བྱང་ཆུབ་སེམས་དཔའི་སྡོམ་པ་ཐོབ་པའི་རྟེན་དུ་མི་རུང་སྟེ། སོ་སོ་ཐར་པ་ནི། གླིང་གསུམ་གྱི་སྐྱེས་པ་དང་། བུད་མེད་མ་ཡིན་པ་གཞན་ལ་མི་སྐྱེ་ལ། བྱང་ཆུབ་ཀྱི་སེམས་ནི། འགྲོ་བ་མཐའ་དག་ལ་སྐྱེ་བར་གསུངས་པའི་ཕྱིར་རོ། །ཡང་གནས་པའི་རྟེན་དུ་ཡང་མི་འཐད་དེ། སོ་སོ་ཐར་པ་ནི་ཤི་ནས་གཏོང་ལ། བྱང་ཆུབ་སེམས་དཔའ་ནི་ཇི་སྲིད་སངས་མ་རྒྱས་ཀྱི་བར་དུ་མི་གཏོང་བའི་ཕྱིར་རོ། །

ཞེ་ན་ཞེས་གཞན་གྱི་དོགས་པ་བཀོད་ནས་ཉན་ཐོས་དང་ཐུན་མོང་བའི་སོ་སོ་ཐར་པ་འདི་ནི། སྡོམ་པ་ཐོབ་པ་དང་གནས་པའི་རྟེན་དུ་མི་རུང་བར་ཁྱེད་སྨྲ་བ་བཞིན་དུ་ཁོ་བོ་ཅག་ཀྱང་སྨྲའོ། །ཞེས་གསུངས་པའི་ཕྱིར་རོ། །སེམས་ཙམ་པའི་ལུགས་ལ། བྱང་སྡོམ་སྐྱེ་བའི་རྟེན་དུ་སོ་ཐར་རིགས་བདུན་གང་རུང་དང་ལྡན་པ་དགོས

ཏེ༑ ཇོ་བོས། སོ་སོ་ཐར་པ་རིགས་བདུན་གྱི། །ཞེས་སོགས་དང་། གཞུང་ལས། དེས་ན་སེམས་ཙམ་པ་ཡི་ལུགས། །ཞེས་པ་ནས། ཐོག་མར་སོ་སོ་ཐར་པ་ལོངས། །ཞེས་པའི་བར་གསུངས་པའི་ཕྱིར། གནས་པའི་རྟེན་དུ་མི་དགོས་ཏེ། སོ་ཐར་རིགས་བདུན་ནི། རྟེན་ཤི་འཕོས་ནས་གཏོང་ལ། བྱང་སེམས་ཀྱི་སྡོམ་པ་དེ་ལྟར་མི་གཏོང་བ་ཡིན་པའི་ཕྱིར། ཆོ་གའི་ཁྱད་པར་ནི། ཆོས་རྗེ་པའི་སེམས་བསྐྱེད་ཀྱི་ཆོ་ག་དང་། བདག་ཉིད་ཆེན་པོའི་གསུང་སྒྲོས། ལྷོ་པ་རིན་ཆེན་དཔལ་གྱིས་བྲིས་པའི་སྤྱོད་འཇུག་གི་ཊཱིཀྐ་ལས་འབྱུང་བ་ལྟར་བཤད་ན། སྦྱོར་བའི་ཆོ་ག་ལ་ཁྱད་པར་ཡོད་དེ། དབུ་མ་པ་རྣམས་ཀྱིས་སྤྱོད་འཇུག་ལས་འབྱུང་བ་ལྟར་མཆོད་པ། སྐྱབས་འགྲོ། སྡིག་བཤགས། རྗེས་སུ་ཡི་རང་བ། ཆོས་འཁོར་བསྐོར་བར་བསྐུལ་བ། མྱ་ངན་ལས་མི་འདའ་བར་གསོལ་བ་འདེབས་པ། བསྔོ་བ་སྟེ་ཡན་ལག་བདུན་དུ་མཛད་ལ། སེམས་ཙམ་པ་རྣམས་ཀྱིས་ནི། སྡོམ་ཉི་ལས། ཕྱོགས་བཅུའི་སངས་རྒྱས་ཐམས་ཅད་ལ། །གུས་པས་ཕྱག་འཚལ་ཅི་ནུས་མཆོད། །ཅེས་གསུངས་པ་ལྟར། ཕྱག་དང་མཆོད་འབུལ་གཉིས་བྱེད་ཀྱི། ལྷག་མ་རྣམས་མི་བྱེད་དོ། །དེ་ལྟར་ཡན་ལག་བདུན་པ་བྱེད་མི་བྱེད་ཀྱི་ཁྱད་པར། ཊཱིཀྐ་གསུང་སྒྲོས་མ་ལས། དབུ་མ་ལུགས་ཀྱི་སེམས་བསྐྱེད་ནི། བཤན་པ་སོགས་སོ་ཐར་སྡོམ་པས་མ་བསྡམས་པ་ལ་ཡང་སྐྱེ་བའི་དབང་དུ་བྱས་ནས། དེ་དག་གིས་རང་བཞིན་གྱི་ཁ་ན་མ་ཐོ་བ་ཚབ་ཆེ་བ་སྤྱད་ནས། སྡོམ་པ་སྐྱེ་བའི་ཆེད་དུ་ཡན་ལག་བདུན་པ་མཛད་པ་ཡིན་ལ། སེམས་ཙམ་ལུགས་ཀྱི་སེམས་བསྐྱེད་སྐྱེ་བ་ལ། སོ་ཐར་གྱི་སྡོམ་པས་རྒྱུད་བསྡམས་པ་སྔོན་དུ་སོང་བའི་དབང་དུ་བྱས་ནས། ཚོགས་བསོགས་པའི་ཡན་ལག་ཕྱག་འཚལ་བ་དང་། མཆོད་པ་འབུལ་གཉིས་བྱེད་ཀྱི། སྡིག་པ་བཤགས་པ་སོགས་མི་མཛད་པར་གསུངས་སོ། །གཞན་ཡང་། དབུ་མ་པ་རྣམས་ཀྱིས་ནི། བར་ཆད་དྲི་བ་མི་མཛད། སེམས་ཙམ་པ་རྣམས་ཀྱིས་ནི། བྱང་ཆུབ་སེམས་དཔའ་ཡིན་ནམ། བྱང་ཆུབ་ཏུ་སྨོན་ལམ་བཏབ་བམ། བྱང་ཆུབ་སེམས་དཔའི་སྡེ་སྣོད་ཀྱི་མ་མོ་ཤེས་སམ། ཞེས་སོགས་བར་ཆད་དྲི་བར་མཛད་པའི་ཕྱིར་རོ། །དངོས་གཞི་ལ་ཁྱད་པར་ཡོད་དེ། དབུ་མ་པ་རྣམས་ཀྱིས་ནི། སྨོན་འཇུག་གཉིས་པོ་ཆོ་ག་གཅིག་གིས་སྐབས་གཅིག་ཏུ་ལེན་ལ། སེམས་ཙམ་པ་རྣམས་ཀྱིས་ནི། ཐོག་མར་སྨོན་པ་བླང་ནས། དེའི་རྗེས་སུ་བྱང་ཆུབ་སེམས་དཔའི་སྡེ་སྣོད་བསླབ་ཏེ་བསླབ་བྱ་རྣམས་ཉམས་འོག་ཏུ་ཆུད་པར་བྱས་ནས་བསྒྲུབ་པར་ནུས་ན། འཇུག་སྡོམ་ལེན་པར་བྱེད་པའི་ཕྱིར་རོ། །འཇུག་ཆོག་ལ་ཁྱད་པར་ཡོད་དེ། དབུ་མ་པ་རྣམས་ཀྱིས་ནི། དེང་དུས་བདག་ཚེ་འབྲས་བུ་ཡོད། །ཅེས་སོགས་རང་དགའ་བ་བསྒོམ་པ་དང་། བདག་གིས་དེ་རིང་སྐྱོབ་པ་ཐམས་ཅད་ཀྱི། །ཞེས་སོགས་གཞན་དགའ་བ་བསྒོམ་དུ་འཇུག་པ་མཛད་ལ། སེམས་ཙམ་པ་རྣམས་ཀྱིས་ནི། མཁྱེན་པར་གསོལ་བ་མཛད་དེ། ཇི་སྐད་དུ། འདི་ལྟར་ཐོབ་པའི་བྱང་ཆུབ་སེམས་དཔའ་དེ་མ་

ལང་པར་དེ་བཞིན་གཤེགས་པའི་སྐུ་གཟུགས་དེ་ཉིད་ཀྱི་སྤྱན་སྔར་ཞེས་པ་ནས། ལན་གཉིས་སམ་གསུམ་གྱི་བར་དུ་བརྗོད་པར་བྱའོ། །ཞེས་པའི་བར་གསུངས་པའི་ཕྱིར། རྩ་བའི་ལྟུང་བ་ཐ་དད་དུ་ཡོད་དེ། དབུ་མ་པས་ནམ་སྙིང་ལས་འབྱུང་བ་ལྟར། རྩ་ལྟུང་བཅུ་བཞི་དང་། སེམས་ཙམ་པས། སྡོམ་ཉི་ལས་གསུང་པ་ལྟར། རྩ་ལྟུང་བཞིར་འདོད་པའི་ཕྱིར་རོ། །ཕྱིར་བཅོས་ཀྱི་ཚུལ་སོ་སོར་ཡོད་དེ། དབུ་མ་པས་བསླབ་བཏུས་སུ། རྨི་ལམ་འཕགས་པ་ནམ་སྙིང་པོའི། །མདུན་དུ་འདུག་ཏེ་བཤགས་པར་བྱ། །ཞེས་འབྱུང་བ་ལྟར། སྐྱ་རེངས་ལ་གསོལ་བ་བཏབ་ནས། ནམ་མཁའི་སྙིང་པོ་རྨི་ལམ་དུ་བྱུང་བ་ལ། རྩ་བའི་ལྟུང་བ་བཤགས་པ་དང་། སེམས་ཙམ་པས་སྡོམ་ཉིར། སྡོམ་པ་སླར་ཡང་བླང་བར་བྱ། །ཟག་པ་འབྲིང་ནི་གསུམ་ལ་བཤགས། །གཅིག་གི་མདུན་དུ་ལྷག་མ་རྣམས། །ཉོན་མོངས་མི་མོངས་བདག་སེམས་བཞིན། །ཞེས་བཤད་པ་ལྟར་མཛད་པའི་ཕྱིར་རོ། །དེའི་དོན་ནི། ཀུན་དཀྲིས་ཆེན་པོས་རྩ་ལྟུང་བཞི་སྤྱད་ན། ཉི་མའི་གསུམ་ཆ་འདས་ནས་སྡོམ་པ་གཏོང་བས། སླར་སྐྱར་ནས་ལེན་པར་བྱེད། དེ་འབྲིང་གིས་སྤྱད་ན། གང་ཟག་གསུམ་གྱི་དྲུང་དུ་བཤགས་སྡོམ་བྱེད། དེ་ཆུང་ངུས་སྤྱད་པའི་ཉེས་བྱས་རྣམས་གང་ཟག་གཅིག་གི་མདུན་དུ་བཤགས་པར་བྱེད་ཅེས་པའོ། །བསླབ་པར་བྱ་བ་སོ་སོར་ཡོད་དེ། དབུ་མ་པའི་ལུགས་ལ། དབང་སྔོན་ལ་བཅུ་བཞིར་དབྱེ་བ། དབང་འབྲིང་ལ་བཞིར་བསྟན་པ། དབང་བརྟུལ་ལ་གཅིག་ཏུ་བསྟན་པ་དང་གསུམ་ལས། དང་པོ་ནི། མདོ་ནམ་སྙིང་ལས་གསུང་པ་བསླབ་བཏུས་ལས་ཚིགས་བཅད་དུ་བྱས་པ་ནི། དཀོན་མཆོག་གསུམ་གྱི་སྐོར་ཕྲོགས་པ། །ཕམ་པ་པ་ཡི་ལྟུང་བར་འདོད། །དམ་པའི་ཆོས་ནི་སྤོང་བྱེད་པ། །གཉིས་པར་ཐུབ་པས་གསུང་པ་ཡིན། །ཚུལ་ཁྲིམས་འཆལ་བའི་དགེ་སློང་ལ། །ངུར་སྨིག་འཕྲོག་དང་རྡེག་པ་དང་། །བཙོན་རར་འཇུག་པར་བྱེད་པ་དང་། །རབ་ཏུ་བྱུང་བ་འབེབས་པ་དང་། །སྲོག་དང་འབྲལ་བྱེད་གསུམ་པ་ཡིན། །མཚམས་མེད་ལྔ་པོ་བྱེད་པ་དང་། །ལོག་པར་བལྟ་བ་འཛིན་པ་དང་། །ཞེས་རྒྱལ་པོ་ལ་འབྱུང་བ་ལྔ་དང་། བློན་པོ་ལ་འབྱུང་བ་ནི། སྔར་གྱི་དང་པོ་བཞིའི་སྟེང་དུ། གྲོང་ལ་སོགས་པ་འཇིག་པ་ཡང་། །རྩ་བའི་ལྟུང་བར་རྒྱལ་བས་གསུང་། །ཞེས་པ་དང་ལྔ་ཡིན་ལ། ལས་དང་པོ་པ་ལ་འབྱུང་བ་བརྒྱད་ནི། བློ་སྦྱངས་མ་བྱས་སེམས་ཅན་ལ། །སྟོང་པ་ཉིད་ནི་སྟོན་པ་དང་། །སངས་རྒྱས་ཉིད་ལ་ཞུགས་པ་དག །རྫོགས་པའི་བྱང་ཆུབ་ལྡོག་པ་དང་། །སོ་སོ་ཐར་པ་ཡོངས་སྤངས་ཏེ། །ཐེག་པ་ཆེ་ལ་སྦྱོར་བ་དང་། །སློབ་པའི་ཐེག་པས་ཆགས་ལ་སོགས། །སྤོང་བར་འགྱུར་བ་མིན་ཞེས་འཛིན། །ཕ་རོལ་དག་ཀྱང་འཛིན་འཇུག་དང་། །རང་གི་ཡོན་ཏན་བརྗོད་པ་དང་། །རྙེད་པ་དང་ནི་བཀུར་བསྟི་དང་། །ཚིགས་བཅད་རྒྱུ་ཡི་གཞན་སྨོད་དང་། །བདག་ནི་ཟབ་མོ་བཟོད་པ་འོ། །ཞེས། ལོག་པ་ཉིད་ནི་སྨྲ་བ་དང་། །དགེ་སྦྱོང་ཆད་པས་གཅོད་པ་དང་། །དཀོན་མཆོག

གསུམ་གྱི་སྦྱིན་བྱེད་དང་། །སྦྱིན་པ་ལེན་པར་བྱེད་པ་དང་། །ཞི་གནས་འདོར་བར་བྱེད་པ་དང་། །ཡང་དག་འཇོག་གི་ལོངས་སྤྱོད་རྣམས། །ཁ་བཏོན་བྱེད་ལ་སྦྱིན་པ་ནི། །དེ་དག་རྩ་བའི་ལྟུང་བ་སྟེ། །སེམས་ཅན་དམྱལ་བ་ཆེན་པོའི་རྒྱུ། །ཞེས་གསུངས་སོ། །འདི་དག་རྒྱལ་པོ་ལ་འབྱུང་བའི་དང་པོ་བཞི་དང་། བློན་པོ་ལ་འབྱུང་བའི་དང་པོ་བཞི་ནི། ལྟུང་བ་གཅིག་པས་ངོ་བོའི་སྒོ་ནས་བཅུ་བཞི་ཡིན་ལ། བཅོ་བརྒྱད་དུ་ཕྱེ་བ་ནི་རྟེན་གྱི་སྒོ་ནས་ཡིན་ཞིང་། མཚམས་མེད་ལྔ་པོ་སོ་སོར་བྱེད་ན་ཞེར་གཉིས་སུ་བྱས་པ་ཡང་ཡོད་དོ། །འོ་ན་རྟེན་གྱི་སྒོ་ནས་བཅོ་བརྒྱད་དུ་བྱེད་པ་དེ་དག་རྒྱལ་བློན་ལས་དང་པོ་པ་གསུམ་ཆར་ལ་ལྟུང་བར་འགྱུར་ན་ནི། སོ་སོར་བཅས་པ་ལ་དགོས་པ་མེད་ཅིང་། གཅིག་ལ་བཅས་པ་གཞན་ལ་མི་འབྱུང་ན་ནི། དེ་ཐམས་ཅད་ཀྱང་བྱང་སེམས་དབང་རྣོན་གྱི་དབང་དུ་བྱས་པ་འགལ་ལོ་ཞེ་ན། གང་ཟག་དེ་དག་རེ་རེས་ཀྱང་ཐམས་ཅད་བསྲུང་དགོས་མོད་ཀྱི། སོ་སོར་བཅས་པ་ནི་གང་ལ་འབྱུང་ཉེ་བ་དེའི་དབང་དུ་བྱས་པ་ཡིན་ཏེ། བསླབ་བཏུས་ལས། གལ་ཏེ་རྒྱལ་རིགས་ལ་སོགས་པ་བྱང་ཆུབ་སེམས་དཔའ་ཡིན་ན། ཇི་ལྟར་དེ་དག་གི་ལྟུང་བར་ངེས་ཤིང་། གཞན་ལ་ནི་མིན། ཞེས་སོགས་ཀྱི་དོགས་པ་བཀོད་ནས། དེའི་འཇུག་ཐོགས་སུ་འདི་ལ་ཉེས་པ་མེད་དོ། །གང་དུ་གང་ལ་མང་དུ་བྱུང་བ་དེ་ལ་དེར་རང་གི་མིང་ནས་སྨོས་ཏེ་བསྟན་པས་འཇིགས་པ་སྐྱེད་པའི་ཕྱིར་ཏེ། ཐམས་ཅད་ཀྱིས་ཀྱང་ཕན་ཚུན་དུ་ལྟུང་བ་ཐམས་ཅད་སྤང་བར་བྱའོ། །ཞེས་སོགས་གསུངས་སོ། །

གཉིས་པ་དབང་འབྲིང་གི་བསླབ་བྱ་བཞིར་བསྟན་པ་ནི། ཐབས་ལ་མཁས་པས་མདོའི་དོན། བསླབ་བཏུས་ལས། བྱང་ཆུབ་སེམས་ནི་ཡོངས་དོར་དང་། །ཆགས་དང་སེར་སྣ་མི་འཐད་པས། །སློང་ལ་སྦྱིན་པར་མི་བྱེད་དང་། །ཁྲིམས་ཏེ་དགའ་བར་བྱེད་པ་ན། །སེམས་དཔའ་ལ་ཡིད་མི་བཟོད་པར། །ཁྲོས་པས་སེམས་ཅན་བརྡེག་པ་དང་། །ཉོན་མོངས་པ་དང་གནས་མཐུན་པས། །ལོག་ལྟར་བཅོས་པ་སྟོན་པ་འོ། །ཞེས་གསུང་པ་རྣམས་སོ། །

གསུམ་པ་དབང་བརྟུལ་གྱི་བསླབ་བྱ་གཅིག་ཏུ་བསྟན་པ་ནི། སྨོན་པ་བྱང་ཆུབ་ཀྱི་སེམས་ལ་བསླབ་པ་སྟེ། རྒྱལ་པོ་ལ་གདམས་པའི་མདོ་ལས། རྒྱལ་པོ་ཆེན་པོ་ཁྱོད་ནི་འདི་ལྟར། བྱ་བ་མང་བ། བྱེད་པ་མང་བ་སྟེ། ཐམས་ཅད་ཀྱིས་ཐམས་ཅད་དུ་སྦྱིན་པ་ནས། ཤེས་རབ་ཀྱི་ཕ་རོལ་ཏུ་ཕྱིན་པའི་བར་ལ་བསླབ་པར་མི་ནུས་ཀྱི། དེ་ལས་གཞན་རྒྱལ་པོ་ཆེན་པོས་ཀྱང་ཡང་དག་པར་རྫོགས་པའི་བྱང་ཆུབ་ལ་འདུན་པ་དང་། དད་པ་དང་། དོན་དུ་གཉེར་བ་དང་། སྨོན་པ་གསུམ་འགྲོ་ཡང་རུང་། འགྲེང་ཡང་རུང་། འདུག་ཀྱང་རུང་། ཉལ་ཡང་རུང་། བསྡད་ཀྱང་རུང་། ཟ་ཡང་རུང་། འཐུང་ཡང་རུང་། རྟག་པར་རྒྱུན་དུ་དྲན་པ་ཡིད་ལ་བཟུང་སྟེ་སྒོམས་ཤིག །གཞན་གྱི་

དགེ་བ་ལ་རྗེས་སུ་ཡི་རང་བར་གྱིས་ཤིག །རྗེས་སུ་ཡི་རང་ནས་ཀྱང་། སངས་རྒྱས་དང་། བྱང་ཆུབ་སེམས་དཔའ་དང་། ཉན་ཐོས་དང་། རང་སངས་རྒྱས་ཐམས་ཅད་ལ་ཕུལ་ཅིག །ཕུལ་ནས་སེམས་ཅན་ཐམས་ཅད་ཐུན་མོང་དུ་གྱིས་ཤིག །དེ་ནས་སེམས་ཅན་ཐམས་ཅད་ཀྱི་ཆོས་ཡོངས་སུ་རྫོགས་པར་འགྱུར་བར་ཉིན་གཅིག་བཞིན་དུ་བླ་ན་མེད་པའི་བྱང་ཆུབ་ཏུ་སྔོས་ཤིག རྒྱལ་པོ་ཆེན་པོ་ཁྱོད་དེ་ལྟར་ན། རྒྱལ་སྲིད་ཀྱང་བྱེད་ལ་རྒྱལ་པོའི་བྱ་བ་ཡང་ཉམས་པར་མི་འགྱུར་ལ་བྱང་ཆུབ་ཀྱི་ཚོགས་ཀྱང་ཡོངས་སུ་རྫོགས་པར་འགྱུར་རོ། །ཞེས་གསུངས་སོ། །

དེས་ན་སྨོན་པ་བྱང་ཆུབ་ཀྱི་སེམས་སྦྱོངས་བ་ནི། བྱང་ཆུབ་སེམས་དཔའ་དབང་པོ་རྣོ་འབྲིང་བརྟུལ་གསུམ་ཐམས་ཅད་ལ་རྒྱ་བའི་ལྟུང་བ་ཤིན་ཏུ་ལྕི་བ་ཡིན་ཏེ། མདོ་བསྡུས་པ་ལས། གལ་ཏེ་བསྐལ་པ་བྱེ་བར་དགེ་བའི་ལས་ལམ་བཅུ། །སྤྱོད་ཀྱང་རང་རྒྱལ་དགྲ་བཅོམ་ཉིད་དུ་སེམས་བསྐྱེད་ན། །དེ་ནི་ཚུལ་ཁྲིམས་སྐྱོན་བྱུང་ཚུལ་ཁྲིམས་ཉམས་པ་སྟེ། །སེམས་བསྐྱེད་དེ་ནི་ཕས་ཕམ་བས་ཀྱང་ཤིན་ཏུ་ལྕི། །ཞེས་དང་། སྤྱོད་འཇུག་ལས། དེ་ནི་བྱང་ཆུབ་སེམས་དཔའ་ལ། །ལྟུང་བའི་ནང་ནས་ལྕི་བ་སྟེ། །འདི་ལྟར་དེ་ནི་བྱུང་གྱུར་ན། །སེམས་ཅན་ཀུན་གྱི་དོན་ལ་དམན། །ཞེས་སོ། །

གཉིས་པ་སེམས་ཙམ་ལུགས་ཀྱི་བསླབ་བྱ་ལ། ཕམ་འདྲའི་ཉེས་བྱས་བཞི་སྤོང་བ་དང་། ཡན་ལག་གི་ཉེས་བྱས་བཞི་བཅུ་ཞེ་དྲུག་སྤོང་བ་གཉིས་ལས། དང་པོ་ལ་ཕམ་འདྲ་བཞི་ནི། སྡོམ་ཉི་ལས། རྙེད་དང་བཀུར་བསྟི་ཆགས་པ་ཡིས། །བདག་བསྟོད་གཞན་ལ་སྨོད་པ་དང་། །སྡུག་བསྔལ་མགོན་མེད་གྱུར་པ་ལ། །སེར་སྣས་ཆོས་ནོར་མི་གཏེར་དང་། །གཞན་གྱིས་བཤགས་ཀྱང་མི་ཉན་པར། །ཁྲོས་པས་གཞན་ལ་བརྡེག་པ་དང་། །ཐེག་པ་ཆེན་པོ་སྤོང་བྱེད་ཅིང་། །དམ་ཆོས་འདྲར་སྣང་སྟོན་པ་འོ། །ཞེས་གསུངས་སོ། །ཅིའི་ཕྱིར་དེ་དག་ལ་ཕམ་པ་དང་འདྲ་བ་ཞེས་བརྗོད་ཅེ་ན། འདུལ་བ་ལས། ཡན་ལག་ཚང་བའི་སྲོག་གཅོད་སོགས་ཀྱིས་དགེ་སློང་གི་སྡོམ་པ་ཕམ་པར་བྱེད་པས་ན། ཕམ་པར་བཞག་པ་ལྟར། འདིར་ཡང་བདག་བསྟོད་སོགས་བཞི་པོ་དེས། སེམས་བསྐྱེད་ཕམ་པར་ཏེ་ཉམས་པར་བྱེད་པས་ན། ཕམ་པ་དང་འདྲ་བར་བརྗོད་དོ། །ཁ་ཅིག་ཙོང་འདིའི་ཡ་གྱལ་སོ་སོར་བསྒྲང་ནས་བརྒྱད་དུ་བྱེད་པ་ནི། བྱང་སེམས་ཀྱི་སྡེ་སྣོད་དང་འགལ་ཏེ། བྱང་སར། དེ་ལྟར་བྱང་ཆུབ་སེམས་དཔའ་ཚུལ་ཁྲིམས་ཀྱི་སྡོམ་པ་ལ་གནས་པའི་ཕམ་པའི་གནས་ལྟ་བུའི་ཆོས་བཞི་ཡོད་དེ། བཞི་གང་ཞེ་ན། ཞེས་དང་། སྡོམ་ཉིར། དེའི་ཉེས་པ་བཞི་པོ་ནི་ཞེས་དང་། འགྲེལ་པའི་མཚམས་སྦྱོར་དུ། ཉེས་པ་བཞི་པོ་དེ་དག་ཀྱང་གང་ཡིན་ཞེ་ན། ཞེས་བཞིར་གསུངས་ཀྱི་བརྒྱད་དུ་མ་གསུངས་པའི་ཕྱིར་རོ། །གཞན་དུ་ན་དགུར་ཡང་འགྱུར་རོ། །

གཉིས་པ་ཡན་ལག་གི་ཉེས་བྱས་ནི། ཉེས་བྱས་བཞི་བཅུ་ཞེ་དྲུག་ནི། དགེ་བ་ཆོས་སྤྱོད་དང་འགལ་བ་སོ་བཞི་དང་། སེམས་ཅན་དོན་བྱེད་དང་འགལ་བ་བཅུ་གཉིས་རྣམས་སུ་ཡོད་པ་ལས། དང་པོ་སྦྱིན་པ་དང་འགལ་བ་བདུན་ནི། དཀོན་མཆོག་གསུམ་ལ་གསུམ་མི་མཆོད། །ཅེས་སོགས་དང་། ཚུལ་ཁྲིམས་དང་འགལ་བ་དགུ་ནི། ཚུལ་ཁྲིམས་འཆལ་པ་ཡལ་བར་འདོར། །ཞེས་སོགས་དང་། བཟོད་པ་དང་འགལ་བ་བཞི་ནི། གཤེ་ལ་ལན་དུ་གཤེ་ལ་སོགས། །ཞེས་སོགས་དང་། བརྩོན་འགྲུས་དང་འགལ་བ་གསུམ་ནི། ལེ་ལོ་ལ་སོགས་སེལ་མི་བྱེད། །ཅེས་སོགས་དང་། བསམ་གཏན་དང་འགལ་བ་གསུམ་ནི། ཏིང་ངེ་འཛིན་གྱི་དོན་མི་འཚོལ། །ཞེས་སོགས་དང་། ཤེས་རབ་དང་འགལ་བ་བརྒྱད་ནི། ཉན་ཐོས་ཐེག་པ་སྤོང་བར་བྱེད། །ཅེས་སོགས་ཀྱིས་བསྟན་ཏོ། །

གཉིས་པ་སེམས་ཅན་དོན་བྱེད་དང་འགལ་བ་བཅུ་གཉིས་ནི། དགོས་པའི་གྲོགས་སུ་འགྲོ་མི་བྱེད། །ཅེས་སོགས་ཀྱིས་བསྟན་ཏོ། །ཉེས་བྱས་ཞེ་དྲུག་པོ་འདི་དག་ནི། བྱང་སར། ཉོན་མོངས་པ་ཅན་གྱི་ཉེས་པ་དང་། ཉོན་མོངས་པ་ཅན་མིན་པའི་ཉེས་པ་དང་། ཉེས་མེད་གསུམ་དུ་ཕྱེ་ནས་གསུངས་ལ། གསུམ་པོ་དེ་ཡང་འདིའི་འགྲེལ་པར། གལ་ཏེ་མ་གུས་པ་དང་སྙོམས་ལས་དང་། ལེ་ལོའི་ཉེས་པ་བྱུང་ན་ནི། ཉོན་མོངས་པ་ཅན་གྱི་ཉེས་པར་འགྱུར་རོ། །གལ་ཏེ་བརྗེད་པས་ཉེས་པ་བྱུང་ན་ནི། ཉོན་མོངས་པ་ཅན་མིན་པའི་ཉེས་པར་འགྱུར་རོ། །སེམས་འཁྲུགས་པ་ལ་ནི་ཉེས་པ་མེད་དོ། །ཞེས་གསུང་། འདི་དག་གི་དོན་སྡོམ་ཉིའི་འགྲེལ་པ། རྗེ་བཙུན་ཆེན་པོས་མཛད་པ་ལས་རྒྱས་པར་འབྱུང་ངོ་། །འོན་ལུགས་གཉིས་ལ། རྩ་ལྟུང་བྱུང་བས་སྡོམ་པ་གཏོང་མི་གཏོང་མཚུངས་སམ་ཞེ་ན། དེའི་ཁྱད་པར་ནི། ཚག་ལོའི་དྲིས་ལན་ལས། སྡོམ་པ་གཏོང་བའི་ཚུལ་ཡང་། སོ་སོ་ཐར་པ་ལའང་ལྟུང་བ་བྱུང་བས། སྡོམ་པ་གཏོང་བ་དང་མི་གཏོང་བའི་ལུགས་གཉིས་གདའ། དེ་བཞིན་དུ་ཐེག་པ་ཆེན་པོ་ལ་ཡང་གཉིས་ཡོད་པའི་སེམས་ཙམ་པ་ལྟུང་བས་སྡོམ་པ་གཏོང་བའི་ལུགས་སུ་གསལ། དབུ་མ་པ་ལ་ལུགས་གཉིས་ཀ་གདའ། ངེད་ཅག་སློབ་པའི་སེམས་མ་བཏང་ན་སྡོམ་པའི་རྩ་བ་མི་གཏོང་བའི་ལུགས་དེའི་རྗེས་སུ་འབྲངས་བ་ལགས། ཞེས་སོགས་རྒྱས་པར་གསུངས་པས་ཤེས་སོ། །དེ་ལ་སེམས་ཙམ་པ་ལྟུང་བ་བྱུང་བས་སྡོམ་པ་གཏོང་བའི་ལུགས་སུ་གསལ། ཞེས་པ་ཡང་། ཀུན་དཀྲིས་དྲག་པོས་རྩ་ལྟུང་བྱུང་བའི་དབང་དུ་བྱས་ཀྱི། ཀུན་དཀྲིས་འབྲིང་དང་ཆུང་ངུས་ཕམ་པའི་གནས་ལྟ་བུའི་ཆོས་སྤྱད་ཀྱང་སྡོམ་པ་མི་གཏོང་བར་འདོད་དེ། བྱང་ས་ལས། མདོར་བསྡུས་ན་རྒྱུ་གཉིས་ཁོ་ནས་བྱང་ཆུབ་སེམས་དཔའི་ཚུལ་ཁྲིམས་ཀྱི་སྡོམ་པ་ཡང་དག་བླང་བ་བཏང་བར་འགྱུར་ཏེ། བླ་ན་མེད་པ་ཡང་དག་པར་རྫོགས་པའི་བྱང་ཆུབ་ཏུ་སྨོན་པ་ཡོངས་སུ་བཏང་བ་དང་། ཕམ་པའི་གནས་ལྟ་བུའི་ཆོས་ཀྱི་ཀུན་ནས་དཀྲིས་པ་ཆེན་པོའི་ཀུན་ནས་སྤྱོད་པའོ། །བྱང་ཆུབ་སེམས་དཔའ

གང་གི་སྨོན་ལམ་ཡང་མ་བཏང་ལ་ཐམ་པའི་གནས་ལྟ་བུའི་ཆོས་རྣམས་ཀྱིས་ཀུན་ནས་དཀྲིས་པས་ཆེན་པོ་ཡང་། ཀུན་ཏུ་མ་སྤྱད་ན་ཚེ་བརྗེས་སུ་ཟིན་ཀྱང་། འོག་དང་སྟེང་དང་ཐད་ཀ་ཐམས་ཅད་དུ་སྐྱེས་པ་ན། བྱང་ཆུབ་སེམས་དཔའི་ཚུལ་ཁྲིམས་ཀྱི་སྡོམ་པ་ཡང་དག་པར་བླང་བ་སྤྱོང་བར་མི་འགྱུར་རོ། །བྱང་ཆུབ་སེམས་དཔའ་ཚེ་བརྗེས་ཏེ། བརྗེད་ན་ཡང་དགེ་བའི་བཤེས་གཉེན་བསྙེན་པ་ལ་བརྟེན་ནས་དྲན་པ་བསྐོ་བའི་ཕྱིར། ཡང་དང་ཡང་ནོད་པར་ཟད་ཀྱི། གསར་དུ་ཡང་དག་པར་ལེན་པ་ནི་མིན་ནོ། །ཞེས་དང་། ཕམ་པའི་གནས་ལྟ་བུ་བཞི་པོ་འདི་དག་ནི་ཀུན་ནས་དཀྲིས་པ་ཆུང་ངུ་དང་། འབྲིང་གིས་ནི་ཚུལ་ཁྲིམས་ཀྱི་སྡོམ་པ་ཡང་དག་པར་བླང་པ་དེ་བྱང་ཆུབ་ཀྱི་སེམས་གཏང་བར་མི་འགྱུར་རོ། །ཀུན་ནས་དཀྲིས་པ་ཆེན་པོས་ནི་གཏང་བར་འགྱུར་ཏེ། ཞེས་གསུངས་སོ། །འོ་ན་ཀུན་དཀྲིས་ཆུང་ངུ་དང་། འབྲིང་དང་། ཆེན་པོའི་ཁྱད་པར་ཇི་ལྟ་བུ་ཞེ་ན། བྱང་ས་ལས། གང་གི་ཕྱིར་བྱང་ཆུབ་སེམས་དཔས་ཕམ་པའི་གནས་ལྟ་བུའི་ཆོས་བཞི་པོ་འདི་དག་རྒྱུན་མ་ཆད་པ་ཀུན་ཏུ་སྤྱོད་པ་དང་། ངོ་ཚ་ཤེས་པ་དང་། ཁྲེལ་ཡོད་པ་ཆུང་ངུ་ཡང་མི་སྐྱེད་པ་དང་། དེས་མགུ་བར་བྱེད་ཅིང་། དེ་ལ་དགའ་བར་བྱེད་པ་དང་། དེ་ཉིད་ལ་ཡོན་ཏན་དུ་བལྟ་བ་ཅན་དུ་གྱུར་པ་འདི་ནི་ཀུན་ནས་དཀྲིས་པ་ཆེན་པོ་ཡིན་པར་རིག་པར་བྱའོ། །ཞེས་གསུང་ལ། ཡན་ལག་གསུམ་ཚང་བ་ཆེན་པོར་བསྟན་པའི་ཤུགས་ལ་ཡན་ལག་གཉིས་ཙམ་ཚང་བ་འབྲིང་དང་། གཅིག་ཙམ་ཚང་བ་ཆུང་ངུར་ཤེས་པར་བྱའོ། །གནས་བརྟན་བྱང་བཟང་གིས་སྡོམ་ཉིའི་འགྲེལ་པར། གང་གིས་ཚེ་སླར་ངོ་ཚ་དང་། ཁྲེལ་ཙུང་ཟད་ཙམ་སྐྱེ་བ་དང་། ཕ་རོལ་གྱི་གསོལ་བ་བཏབ་པས་ཟློག་པ་དེ་ནི་འབྲིང་ལ་གནས་པའོ། །གང་གིས་ཚེ་སྨྲར་བ་ཉིད་དུ་ངོ་ཚ་བར་བྱེད་ཅིང་། རང་ཉིད་ཀྱང་རུང་སྟེ། སྐད་ཅིག་ཟློག་པ་དེ་ནི། ཆུང་ངུ་ལ་གནས་པར་རིག་པར་བྱའོ། །ཞེས་གསུང་པ་ཡིན་ནོ། །ལུགས་གཉིས་ཀྱི་ཁྱད་པར་མདོར་བསྡུ་ན། དབུ་མ་ལུགས་ཀྱི་སེམས་བསྐྱེད་ལ་ནི། གཞན་དོན་དུ་སངས་རྒྱས་ཐོབ་པར་བྱའོ་སྙམ་པའི་སྨོན་པའི་སེམས་མི་ཉམས་པར་བསྲུངས་ནས། འཇུག་པའི་བསླབ་བྱ་ལ། རང་གི་བློ་ཚོད་དང་སྦྱར་ནས་ཇི་ཙམ་ནུས་པ་བསྲུང་ཞིང་། དུས་ཀྱང་ཞག་གཅིག་དང་། ཟླ་བ་དང་། ལོ་དང་ཇི་སྲིད་འཚོའི་བར་དང་། བྱང་ཆུབ་ཀྱི་བར་ཇི་ཙམ་བློས་ལེན་པར་ནུས་པ་དེ་ཙམ་བླང་བར་བྱ་སྟེ། བསླབ་བཏུས་ལས། སྡོམ་པ་བདག་ཉིད་ཀྱི་སྟོབས་དང་སྦྱར་ནས་བླང་བར་བྱ་སྟེ། དེ་ལྟ་མིན་ན། སངས་རྒྱས་བྱང་སེམས་ཐམས་ཅད་དང་བཅས་པའི་འཇིག་རྟེན་བསླུས་པར་འགྱུར་རོ། །ཞེས་གསུང་པ་ཡིན་ནོ། །སེམས་ཙམ་ལུགས་ཀྱི་སེམས་བསྐྱེད་ལ་ནི། སྨོན་སེམས་བཏང་བ་དང་། ཀུན་དཀྲིས་དྲག་པོས་ཕམ་པ་བྱུང་བས་སྡོམ་པ་བཏང་ཞིང་། བསླབ་བྱ་ཡང་མཐའ་དག་ལ་སློབ་པ་དང་། དུས་ཀྱང་བྱང་ཆུབ་ཀྱི་བར་དུ་ལེན་པ་ཁོ་ན་གསུངས་ཀྱི་བསླབ་བྱ་སོ་སོར་ཕྱེ་བ་དང་། དུས་ཡུན་རིང་ཐུང་གི་རྣམ་གཞག་མ་གསུང་

པས་ལུགས་དེ་དག་མ་འདྲེས་པར་སོ་སོར་ཤེས་པར་བྱའོ། །ཚོ་གའི་ལག་ལེན་ནི། སེམས་བསྐྱེད་ཆེན་མོ་སོགས་ན་བཞུགས། འདི་དག་ནི་གཞུང་གི་ཚིག་དོན་རྒྱས་པར་ཕྱེ་བ་ཡིན་ལ། འབྲུ་གནོན་ཙམ་བྱེད་ན་གསུང་རབ་དགོངས་གསལ་ནས་འབྱུང་བ་བཞིན་དང་། ཤིན་ཏུ་བསྡུས་པ་ནི། སྔར་གྱི་སྦྱོར་བའི་དོན་ཚང་ངོ་། །གཞུང་གང་དང་གང་གི་ཚིག་དོན་རྣམ་པར་བཅད་པ་བསྡུས་རྒྱས་ཀྱི་ཚུལ་འདི་ལྟ་བུ་ཡང་དགོངས་པར་བཞུགས་འཚལ།

གཉིས་པ་ཐེག་ཆེན་སེམས་བསྐྱེད་བྱེ་བྲག་ཏུ་བཤད་པ་ལ་གསུམ་སྟེ། མ་ཐོབ་པ་ཐོབ་པར་བྱེད་པའི་ཆོ་ག །ཐོབ་པ་མི་ཉམས་པར་བསྲུང་བའི་བསླབ་བྱ། དེ་དག་དང་འབྲེལ་བའི་ཐབས་ལམ་རྣམ་དག་ཏུ་བསྒྲུབ་པའོ། །དང་པོ་ལ་གཉིས་ཏེ། ཀུན་རྫོབ་སེམས་བསྐྱེད་སྐྱེ་བའི་ཆོ་ག་བཤད་པ། དོན་དམ་སེམས་བསྐྱེད་ཆོ་གས་སྐྱེ་བ་དགག་པའོ། །དང་པོ་ལ་བཞི་སྟེ། ལུགས་གསུམ་རྟེན་གྱི་ཁྱད་པར་ལུང་གི་བསྒྲུབ། དེ་ཉིད་དཔེ་ཡི་སྒོ་ནས་གསལ་བར་བཤད། ལུང་གི་དོན་ལ་ལོག་པར་རྟོག་པ་དགག །ལུགས་གཉིས་ཆོ་གའི་ཁྱད་པར་སོ་སོར་བཤད་པའོ། །དང་པོ་ལ་གཉིས་ཏེ། སེམས་ཙམ་ལུགས་ཀྱི་སེམས་བསྐྱེད་སྐྱེ་བའི་ཡུལ་ངེས་པར་བསྟན། དབུ་མ་ལུགས་ཀྱི་སེམས་བསྐྱེད་ཀུན་ལ་སྐྱེ་བར་བསྟན་པའོ། །དང་པོ་ལ་གསུམ་སྟེ། དངོས་ཀྱི་དོན་དང་། དེ་ལ་ལོག་པར་རྟོག་པའི་ཚུལ་བརྗོད་པ། དེ་ཉིད་ལུང་དང་རིགས་པས་དགག་པའོ། །དང་པོ་ནི། སེམས་ཙམ་པ་ཡི། ཞེས་སོགས་ཚིགས་བཅད་གཅིག་སྟེ། སེམས་ཙམ་པ་ཡི་སེམས་བསྐྱེད་ཀྱི་ཆོ་ག་འདི་བོད་ན་བྱེད་པ་མང་དུ་ཡོད་མོད་ཀྱི། ཆོ་ག་དེ་ནི་སུ་ཡང་རུང་བ་ཡི་གང་ཟག་སོ་ཐར་གྱི་སྡོམ་པ་མེད་པའི་ཁྱིམ་པ་དང་། སྡོམ་པ་ཡོད་ཀྱང་བྱང་ཆུབ་སེམས་དཔའི་སྡེ་སྣོད་མི་ཤེས་པ་དང་། ཤེས་ཀྱང་བསླབ་བྱ་ཉམས་འོག་ཏུ་མ་ཚུད་པའི་འགྲོ་བ་རྣམས་ལ་བྱར་མི་རུང་ངོ་། །

གཉིས་པ་ནི། ལ་ལ་སྐྱེ་བོ་ཞེས་སོགས་རྐང་པ་གསུམ་སྟེ། བཀའ་གདམས་གདམས་ངག་པ་ལ་ལ། སྐྱེ་བོ་འགའ་ཞིག་སྡེ་སྣོད་ལུང་དུ་དགེ་བཤེས་ཕྱག་སོར་བ་ལ་སོགས་པའི་རྨི་ལམ་དུ་བྱམས་པ་མགོན་པོ་ཁྲི་མཐོན་པོ་ལ་བཞུགས་ནས་ཁྲོམ་ཆེན་པོ་ལ་སེམས་བསྐྱེད་མཛད་པར་རྨིས་པའི་རྨི་ལམ་གྱི་ནི་རྗེས་སུ་འབྲངས་ནས། སོ་ཐར་གྱི་སྡོམ་པ་ཐོབ་པ་དང་མ་ཐོབ་པའི་སེམས་ཅན་ཀུན་ལ་སེམས་ཙམ་ལུགས་ཀྱི་སེམས་བསྐྱེད་འབོགས་པར་བྱེད་དོ། །

གསུམ་པ་ནི། རྨི་ལམ་བདུད་ཀྱི། ཞེས་སོགས་ཚིགས་བཅད་བཞི་སྟེ། དེ་ལྟར་རྨི་ལམ་གྱི་རྗེས་སུ་འབྲངས་ནས་སྐྱེ་བོ་ཀུན་ལ་སེམས་ཙམ་ལུགས་ཀྱི་སེམས་བསྐྱེད་བྱེད་པའི་ལུགས་དེ་སངས་རྒྱས་ཀྱི་བསྟན་པ་མིན་ཏེ། དེ་ལྟ་བུའི་རྨི་ལམ་བདུད་ཀྱིས་བྱིན་གྱིས་བརླབས་པ་མིན་ན་དེ་ལྟར་རུང་ཡང་། སངས་རྒྱས་ཀྱི་གསུང་དང་མི་མཐུན་པའི་ཐབས་ལམ་སྟོན་པའི་རྨི་ལམ་བདུད་ཀྱི་བྱིན་རླབས་ཡོད་པའི་ཕྱིར་ཏེ། མདོ་ལས། བདུད་

སྡིག་ཅན་སངས་རྒྱས་ཀྱི་ཆ་བྱད་དུ་བྱས་ནས་ཆོས་ལོག་པ་སྟོན་པར་འགྱུར་རོ། །ཞེས་གསུངས་པའི་ཕྱིར་དང་། ཐོགས་མེད་ཀྱི་བྱང་ཆུབ་སེམས་དཔའི་ས་དང་ནི། ཇོ་བོ་རྗེ་མར་མེ་མཛད་ཀྱིས་བཀག་པའི་ཕྱིར་དང་། དེའི་ཚིག་ལས་ཀྱང་དེ་ལྟར་མི་རུང་བ་གསལ་བར་གསུངས་པའི་ཕྱིར། དང་པོ་གྲུབ་སྟེ། བྱང་སའི་ཚུལ་ཁྲིམས་ལེའུར། རིགས་ཀྱི་བུ་ཁྱོད་བྱང་ཆུབ་སེམས་དཔའ་ཡིན་ནམ། བྱང་ཆུབ་ཏུ་སྨོན་ལམ་བཏབ་བམ། ཞེས་གསུངས་པའི་ཕྱིར་དང་། གཉིས་པ་གྲུབ་སྟེ། ཇོ་བོའི་ལམ་སྒྲོན་དུ། སོ་སོ་ཐར་པ་རིགས་བདུན་གྱི། །རྟག་ཏུ་སྡོམ་གཞན་ལྡན་པ་ལ། །བྱང་ཆུབ་སེམས་དཔའི་སྡོམ་པ་ཡི། །སྐལ་བ་ཡོད་ཀྱི་གཞན་དུ་མིན། །ཞེས་བྱང་ཆུབ་སེམས་དཔའི་སྡེ་སྣོད་མི་ཤེས་པ་དང་། སོ་སོར་ཐར་པའི་སྡོམ་པ་མེད་པ་ལ། སེམས་ཙམ་ལུགས་ཀྱི་སེམས་བསྐྱེད་བཀག་པའི་ཕྱིར། ལམ་སྒྲོན་རང་འགྲེལ་ལས། སོ་སོར་ཐར་པའི་སྡོམ་པ་ནི། བྱང་ཆུབ་སེམས་དཔའི་སྡོམ་པའི་ཡན་ལག་ཏུ་གྱུར་པ་ཡིན་ཏེ། ཕྱོགས་གཅིག་ཉིད་དུ་ཤེས་པར་བྱའོ། །དེའི་ཕྱིར་སོ་སོ་ཐར་པའི་སྡོམ་པ་བཞིན་དང་ལྡན་པ་འདིས་བྱང་ཆུབ་སེམས་དཔའི་སྡོམ་པ་ཡང་དག་པར་ལེན་པའི་སྣོད་དུ་གྱུར་པ་ལ་བསླབ་པའི་ཚིགས་འདི་ཡང་སྦྱིན་པར་བྱ། ཞེས་པའི་དོན་ནོ་ཞེས་དང་། སོ་སོ་ཐར་པའི་སྡོམ་པ་ཡང་དག་མེད་ན་གཅིག་ཤོས་ལྟ་ག་ལ་ཡོད་དུ་རུང་། ཞེས་དང་། དེ་ལྟ་བས་ན་སོ་སོ་ཐར་པའི་སྡོམ་པ་དེ་དང་པོར་དགོས་ཤིང་སྔོན་དུ་འགྲོ་བ་ཉིད་དོ། །ཞེས་གསུངས་པའི་ཕྱིར་རོ། །འོན་ཀྱང་སེམས་ཙམ་ལུགས་ཀྱི་སེམས་བསྐྱེད་ལེན་པའི་གང་ཟག་ཡིན་ན། སོ་ཐར་རིགས་བདུན་གང་རུང་དང་ལྡན་པས་མ་ཁྱབ་པའི་དམིགས་གསལ་དགོས་ཏེ། ཐེག་པ་ཆེན་པོར་རིགས་བསད་པ་དང་། སྐྱེ་བ་གཞན་དུ་ཐེག་པ་ཆེན་པོ་ལ་གོམས་པར་བྱས་པ་ལ། རིགས་བདུན་གང་རུང་མེད་ཀྱང་དང་པོ་ཉིད་དུ་སེམས་བསྐྱེད་སྐྱེ་སྟེ། རང་འགྲེལ་ལས། ཡང་ན་རིགས་ལ་གནས་པ་དང་སྐྱེ་བ་གཞན་དུ་ཐེག་པ་ཆེན་པོ་ལ་གོམས་པར་བྱས་པ་ལ་ནི། རང་བཞིན་གྱི་སྡིག་པ་མི་སྤྱོད་པར་བྱང་ཆུབ་སེམས་དཔའི་སྡོམ་པ་དེ་ཉིད་དང་པོ་ཉིད་དུ་བླངས་ཀྱང་ཉེས་པ་མེད་དོ། །ཞེས་གསུངས་པའི་ཕྱིར་རོ། །

མཁས་པ་ཁ་ཅིག །དེའི་རྟེན་དུ་རིགས་བདུན་གང་རུང་དགོས་པར་གསུང་པ་རྟེན་ཁྱད་པར་ཅན་གྱི་དབང་དུ་བྱས་པ་ཡིན་གྱི། དེ་ངེས་པར་དགོས་པ་མིན་ཏེ། རང་འགྲེལ་ལས། ད་ནི་ཚུལ་ཁྲིམས་ཀྱི་སྡོམ་པའི་རྟེན་ཁྱད་པར་ཅན་བསྟན་པར་འདོད་ནས། སོ་སོ་ཐར་པ་རིགས་བདུན་གྱི། །ཞེས་སོགས་གསུངས་པའི་ཕྱིར། བཞེད་དེ། ཡང་ཁ་ཅིག །སེམས་བསྐྱེད་ཀྱི་རྟེན་དུ་སོ་ཐར་ལྡན་པ་ནི་མ་དག་པའི་རྟེན་དང་། དེ་ལྟར་མི་དགོས་པ་ནི་དག་པའི་རྟེན་དུ་འདོད་དེ། རང་འགྲེལ་ལས། ཁྱོད་ཀྱིས་དང་པོར་དེ་ནི་སྐྱེས་བུ་མཆོག་ཡིན་ནོ། །སེམས་ཅན་དམ་པ་བྱང་ཆུབ་མཆོག་འདོད་པར་འགྱུར་པ་དེ་དག་ལ་ཞེས་མ་སྨྲས་ལ། ཡང་འདིར་འདི་སྐད་དུ་བརྗོད་པ

དེ་ཧི་ལྷ་བུ་སྨྲས་པ་བདེན་ཏེ། སྔ་མ་ནི་མ་དག་པའི་རྟེན་དུ་བཞག་ལ། འདི་ནི་དག་པའི་རྟེན་དུ་འདོད་པ་ཡིན་ནོ། །ཞེས་གསུངས་པའི་ཕྱིར། ཞེས་བཤད་མོད། སྤྱིར་བཏང་དམིགས་བསལ་ཡིན་པས་འགལ་བ་མེད་དོ། །སེམས་བསྐྱེད་འབོག་པའི་ཚིག་ལས་ཀྱང་དེ་ལྟར་དུ་གསུངས་ཏེ། བྱང་སར་རིགས་ཀྱི་བུའམ། ཆོས་ཀྱི་ཡུལ་ཅན་མིང་འདི་ཞེས་བྱ་བ་ཁྱོད་བྱང་ཆུབ་སེམས་དཔའ་ཡིན་ནམ། བྱང་ཆུབ་ཏུ་སྨོན་ལམ་བཏབ་བམ། ཞེས་སློས་ཤིག དེས་ཀྱང་ལེགས་སོ་ཞེས་ཁས་ལོངས་ཤིག །ཅེས་གསུངས་པའི་ཕྱིར་རོ། །

དེ་ལ་བཀའ་གདམས་པ་ཁ་ཅིག །སེམས་ཙམ་ལུགས་ཀྱི་སེམས་བསྐྱེད་བྱེད་པ་ལ། བྱང་ཆུབ་སེམས་དཔའི་སྡེ་སྣོད་ཤེས་པ་དང་། སོ་ཐར་གྱི་སྡོམ་པས་རྒྱུད་གདམས་པ་དགོས་ཀྱང་། སྐྱེ་བོ་ཀུན་ལ་བྱེད་པ་མི་འགལ་ཏེ། གང་ཟག་བླུན་པོ་སྡིག་པ་ཅན་ཡིན་ཡང་སེམས་བསྐྱེད་ཀྱི་གྲལ་དེར་འཚོགས་པ་ཐམས་ཅད་ནི། སོ་སོ་ཐར་པའི་སྡོམ་པ་དང་ལྡན་པ་ཅན་དང་། བྱང་ཆུབ་སེམས་དཔའི་སྡེ་སྣོད་ཀྱི་མ་མོ་ལ་མཁས་པ་ཤ་སྟག་ཡིན་ནོ་ཟེར་ལོ། །དེ་ནི་མི་འཐད་དེ། སོ་ཐར་གྱི་སྡོམ་པ་མེད་ཀྱང་ཡོད་ཅེས་ཟེར་བ་དང་། བྱང་སེམས་ཀྱི་སྡེ་སྣོད་ལ་མི་མཁས་ཀྱང་མཁས་པ་ཤ་སྟག་ཡིན་ཟེར་བ་འདི་འདྲའི་རྫུན་གྱི་ཚིག་ལའང་བདེན་པར་འཛིན་པ་ཡོད་པས་སེམས་སོན་ཡོད་པ་དང་། ལུང་རིགས་ལ་མཁས་པ་རྣམས་ཀྱིས་རྫུན་ཚིག་འདི་ལ་ལེགས་པར་དཔྱོད་ཅིག །གལ་ཏེ་འདི་འདྲ་བའི་རྫུན་གྱི་ཚིག་བདེན་ན་ཚིག་དེ་ལས་མི་བདེན་པའི་རྫུན་ཚིག་ཅན་ཅི་ཞིག་ཡོད་དེ་མེད་པ་དེས་ན་ཆོས་ཀྱི་རྗེས་སུ་འབྲངས་བའི་མཁས་པ་རྣམས་ཀྱིས་སེམས་ཙམ་ལུགས་ཀྱི་འཇུག་པའི་སེམས་བསྐྱེད་ཁྲིམ་ཆེན་པོ་ལ་བྱེད་པའི་ལུགས་འདི་སྤོངས་ཤིག་ཅེས་གདམས་པའོ། །

གཉིས་པ་ནི། དབུ་མའི་ལུགས་ཀྱི་སེམས་བསྐྱེད། ཅེས་སོགས་རྐང་པ་བཅུ་གཅིག་སྟེ། འོ་ན་དབུ་མ་ལུགས་ཀྱི་སེམས་བསྐྱེད་ཀྱི་རྟེན་ལ་ཡང་སོ་ཐར་རིགས་བདུན་གང་རུང་བླང་པ་དང་། སྡེ་སྣོད་ཀྱི་མ་མོ་ཤེས་པ་སོགས་དགོས་སམ་ཞེ་ན། མི་དགོས་ཏེ། དབུ་མ་ལུགས་ཀྱི་སེམས་བསྐྱེད་འདི་ནི། ཆོ་གའི་བརྡ་འཕྲོད་ཅིང་ལེན་འདོད་ཡོད་པའི་སེམས་ཅན་ཀུན་གྱིས་ལེགས་པར་ཐོབ་པ་སྟེ། བླང་ན་རྫོགས་པའི་སངས་རྒྱས་ཀྱི་རྒྱུར་འགྱུར་ཞེས་ཐེག་པ་ཆེན་པོའི་མདོ་དང་བསྟན་བཅོས་རྣམས་ལས་གསུངས་པའི་ཕྱིར་ཏེ། དེ་ཡང་མདོ་ལས་གསུང་པ་ནི། སྡོང་པོ་བཀོད་པ་དང་། མདོ་སྡེ་སྐལ་བཟང་དང་། ནམ་མཁའི་སྙིང་པོའི་མདོ་དང་། དཀོན་མཆོག་བརྩེགས་པ་དང་། རྒྱལ་པོ་ལ་གདམས་པ་ཡི་མདོ་སྡེ་དང་། ཀླུའི་རྒྱལ་པོ་རྒྱ་མཚོའི་ཞུས་པའི་མདོ་ལ་སོགས་པ་རྣམས་སུ་ལྟོས་ཏེ། སྡོང་པོ་བཀོད་པ་ལས། འཕགས་པ་འཇམ་དཔལ་གྱིས་གྲོང་ཁྱེར་སྐྱིད་པའི་འབྱུང་གནས་ཀྱི་ཤར་ཕྱོགས་ནགས་ཚལ་པ་ལ་སྣ་ཚོགས་ཀྱི་རྒྱལ་མཚན་ཞེས་བྱ་བར། ཆོས་ཀྱི་དབྱིངས་ཀྱི་ཚུལ་སྣང་བ་ཞེས་བྱ་བའི་ཆོས་ཀྱི་རྣམ་

གྲངས་བསྟན་པས། རྒྱ་མཚོའི་ཀླུ་སྟོང་ཕྲག་བཅུ་བླ་ན་མེད་པའི་བྱང་ཆུབ་ཏུ་ངེས་པར་གྱུར་ཏོ་ཞེས་དང་། སྐལ་བཟང་ལས། རྒྱལ་བ་ཕན་བཞེད་གྲོང་དཔོན་གྱུར་པའི་ཚེ། །དེ་བཞིན་གཤེགས་པ་བསོད་ནམས་འོད་དེ་ལ། །ཉིན་གཅིག་སྲོག་གཅོད་སྡོམ་པ་བླངས་ནས་ཀྱང་། །དང་པོར་བྱང་ཆུབ་མཆོག་ཏུ་སེམས་བསྐྱེད་དོ། །ཞེས་དང་། ནམ་མཁའི་སྙིང་པོའི་མདོ་ལས། བྱང་སེམས་རྒྱལ་པོ་ལ་ལྔ་དང་། བློན་པོ་ལ་ལྔ། ལས་དང་པོ་པ་ལ་བརྒྱད་དེ། རང་སར་འབྱུང་ཉེ་བས་ཉེན་གྱི་སྒོ་ནས་དབྱེ་བ་བཅོ་བརྒྱད་གསུངས་པ་དང་། དཀོན་བརྩེགས་ཀྱི་གཙུག་ན་རིན་པོ་ཆེས་ཞུས་པའི་མདོ་ལས། ཤེས་རབ་ཀྱི་ཕ་རོལ་ཏུ་ཕྱིན་པའི་སྤྱོད་པ་ཡོངས་སུ་དག་པ་འདི་བསྟན་པ་ན། འཁོར་དེའི་ནང་ནས་ལྷ་དང་། མིའི་སྲོག་ཆགས་ཁྲི་ཉིས་སྟོང་བླ་ན་མེད་པ་ཡང་དག་པར་རྫོགས་པའི་བྱང་ཆུབ་ཏུ་སེམས་བསྐྱེད་དོ། །ཞེས་དང་། རྒྱལ་པོ་ལ་གདམས་པའི་མདོ་ལས། རྒྱལ་པོ་ཆེན་པོ་འདི་ལྟར་ཁྱོད་ནི། བྱ་བ་མང་བ། བྱེད་པ་མང་བ། ཞེས་པ་ནས། བྱང་ཆུབ་ཀྱི་ཚོགས་ཀྱང་ཡོངས་སུ་རྫོགས་པར་འགྱུར་ཏོ། །ཞེས་དང་། ཀླུའི་རྒྱལ་པོ་རྒྱ་མཚོས་ཞུས་པའི་མདོ་ལས། ཀླུ་ཁྲི་ཉིས་སྟོང་གིས་བྱང་ཆུབ་ཏུ་སེམས་བསྐྱེད། ཅེས་པ་དང་། གཞན་ཡང་འཕགས་པ་སྤྱན་རས་གཟིགས་དབང་ཕྱུག་གིས་ངན་སོང་གི་གནས་རྣམས་སུ་བྱོན་ཏེ། ངན་སོང་པ་དེ་དག་བདེན་པ་མཐོང་བ་ལ་བཀོད་ཅེས་སོགས་ཐེག་ཆེན་གྱི་མདོ་སྡེ་དུ་མ་ལས་གསུངས་པའི་ཕྱིར་རོ། །བསྟན་བཅོས་ལས་གསུང་སྟེ། འཕགས་པ་ཀླུ་སྒྲུབ་ཀྱིས་མཛད་པའི་རིན་ཆེན་འཕྲེང་བར། སེམས་ཅན་ཐམས་ཅད་བྱང་ཆུབ་ཏུ། །སེམས་བསྐྱེད་བཅུག་ཅིང་བརྟན་བྱས་ནས། །རི་དབང་རྒྱལ་པོ་ལྟར་བརྟན་པའི། །བྱང་ཆུབ་སེམས་དང་རྟག་ལྡན་འགྱུར། །ཞེས་དང་། རྒྱལ་སྲས་ཞི་བ་ལྷས་མཛད་པའི་བསྟན་བཅོས་བསླབ་བཏུས་སུ། དཔའ་བར་འགྲོ་བའི་མདོ་དྲངས་ཏེ། གཡོ་སྒྱུས་སེམས་བསྐྱེད་པ་ཡང་སངས་རྒྱས་ཀྱི་རྒྱུར་གསུངས་ན། དགེ་བ་སྣ་འགའ་བྱས་ཏེ། སེམས་ཅན་སེམས་བསྐྱེད་པ་ལྟ་ཅི་སྨོས་ཞེས་པ་ལ་སོགས་པ་ཐེག་ཆེན་གྱི་བསྟན་བཅོས་རྣམས་ལས་གསུངས་པའི་ཕྱིར་རོ། །

གཉིས་པ་ནི། ཇི་ལྟར་འབྲས་ཀྱི། ཞེས་སོགས་ཚིགས་བཅད་གཉིས་ཏེ། འོ་ན་སེམས་ཙམ་ལུགས་ཀྱི་སེམས་བསྐྱེད་ཀྱི་ཡུལ་ངེས་པ་དང་། དབུ་མ་ལུགས་ཀྱི་སེམས་བསྐྱེད་སེམས་ཅན་ཀུན་ལ་སྐྱེ་བའི་དཔེ་ཇི་ལྟར་ཡིན་ཞེ་ན། དེའི་དཔེ་ཡོད་དེ། འབྲས་ཀྱི་ས་བོན་ནི། གྲང་བའི་ཡུལ་དུ་མི་སྐྱེ་ལ། དཔེ་དེ་བཞིན་དུ། སེམས་ཙམ་པ་ཡི་ཡང་སེམས་བསྐྱེད་སོ་ཐར་གྱི་སྡོམ་པ་དང་མི་ལྡན་པའི་རང་བཞིན་གྱི་སྡིག་པ་ཅན་ལ་མི་སྐྱེ་བ་དང་། ཇི་ལྟར་ནས་ཀྱི་ས་བོན་ནི། ཡུལ་གྲང་དྲོ་གང་དུའང་སྐྱེ་བ་ལྟར། དཔེ་དེ་བཞིན་དུ། དབུ་མའི་ལུགས་ཀྱི་སེམས་བསྐྱེད་ཀྱང་། རང་བཞིན་གྱི་སྡིག་པ་ཆེན་པོ་ཡོད་པ་དང་། དེ་མེད་པའི་སེམས་ཅན་ཀུན་ལ་སྐྱེ་བའི་ཕྱིར་རོ། །

གཉིས་པ་ནི། གལ་ཏེ་མདོ་ལས། ཞེས་སོགས་རྐང་པ་བཅུ་གཅིག་སྟེ། གལ་ཏེ་སྔར་དྲངས་པའི་མདོ་སྐལ་བཟང་ལས། སེམས་ཅན་ཐམས་ཅད་ལ་སེམས་བསྐྱེད་སྐྱེ་བར་བཤད་པ་ཡི་རྒྱལ་བ་ཕན་བཞེད་ཞེས་སོགས་ཀྱི་གཞུང་དེ། དབུ་མ་པར་མ་ཟད་སེམས་ཙམ་པ་ཡི་ཡང་ལུགས་ཀྱི་སེམས་བསྐྱེད་ཀྱི་ལུང་དུ་ཅི་འགལ་ཏེ་མི་འགལ་བར་ཐལ། གཞུང་དེར་སོ་ཐར་རིགས་བདུན་གང་རུང་དང་ལྡན་པའི་རྟེན་ལ་སེམས་བསྐྱེད་མཛད་པར་བསྟན་པའི་ཕྱིར། ཞེས་པ་འཐད་སྙམ་ན། དེ་ལྟར་འདོད་པ་ནི་འཁྲུལ་པ་ཡིན་ཏེ། སེམས་ཙམ་ལུགས་ཀྱི་སེམས་སྐྱེ་བའི་རྟེན་ལ་སོ་ཐར་རིགས་བདུན་གང་རུང་དང་ལྡན་པ་གཅིག་དགོས་ཤིང་། སྐལ་བཟང་ལས། སྟོན་རྒྱལ་བ་ཕན་བཞེད་གྲོང་དཔོན་དུ་གྱུར་པའི་ཚེ་དེ་བཞིན་གཤེགས་པ་བསོད་ནམས་འོད་ཀྱི་དྲུང་དུ། ཉིན་གཅིག་གི་བར་སྲོག་གཅོད་ཙམ་སྤོང་བའི་སྡོམ་པ་བླངས་པ་ལ། བྱང་ཆུབ་སེམས་དཔའི་སེམས་བསྐྱེད་འབོགས་པར་མཛད་ལ། ཉིན་གཅིག་གི་སྲོག་གཅོད་སྤོང་བའི་སྡོམ་པ་དེ་ནི་སོ་སོ་ཐར་པ་རིགས་བདུན་གང་རུང་མ་ཡིན་པའི་ཕྱིར། དེ་ལ་སོགས་པ་སོ་ཐར་རིགས་བདུན་གང་རུང་གི་རྟེན་དུ་མི་རུང་བའི་ལྷ་དང་ཀླུ་ལ་སོགས་པ་ལ་སེམས་བསྐྱེད་མཛད་པ་གོང་དུ་དྲངས་པའི་མདོ་བསྟན་བཅོས་ཀྱི་འཐད་པ་རྣམས་དབུ་མ་པའི་ལུགས་ལ་འཐད་པ་ཡིན་མོད་ཀྱི། སེམས་ཙམ་པ་ཡི་ལུགས་ལ་འཐད་པ་མ་ཡིན་པའི་ཕྱིར་རོ། །

བཞི་པ་ནི། དེས་ན་སེམས་ཙམ། ཞེས་སོགས་རྐང་པ་བཅུ་སྟེ། སེམས་ཙམ་ལུགས་ཀྱི་སེམས་བསྐྱེད་སྐྱེ་བའི་ཡུལ་ངེས་པ་དེས་ན། གལ་ཏེ་སེམས་ཙམ་པ་ཡི་ལུགས་ཀྱི་སེམས་བསྐྱེད་དེ་ལེན་པར་འདོད་ན་ཐོག་མར་སོ་སོ་ཐར་པ་རིགས་བདུན་གང་ཡང་རུང་བ་ལོངས། དེ་ནས་བྱང་ཆུབ་སེམས་དཔའི་སྡེ་སྣོད་བྱང་ས་ལྟ་བུ་ལ་སློབ། དེའི་བསླབ་བྱ་ལ་དད་ཅིང་སློབ་པར་ནུས་པར་གྱུར་ན་ཕྱིས་ནས་འཇུག་པ་སེམས་བསྐྱེད་ཀྱི་སྡོམ་པ་ལོང་སྟེ། བྱང་སའི་ཚུལ་ཁྲིམས་ལེའུ་དང་། གནས་བརྟན་བྱང་བཟང་སོགས་ཀྱིས་ལེན་ཚུལ་གྱི་རིམ་པ་དེ་ལྟར་དུ་བཤད་པའི་ཕྱིར་རོ། །རྒྱུ་མཚན་ཅི་སྟེ་སེམས་ཅན་ཐམས་ཅད་ལ་སངས་རྒྱས་ཀྱི་ས་བོན་ཐེག་ཆེན་སེམས་བསྐྱེད་འཛོག་པར་འདོད་ན། སྦྱོར་དངོས་རྗེས་གསུམ་གྱི་ཆོ་ག་འཁྲུལ་པ་མེད་པའི་སྒོ་ནས་དབུ་མ་པ་ཡི་གཞུང་སྲོལ་འཇུག་དང་། ཡི་དམ་བླང་པའི་ཆོ་ག་བཞིན་དུ་གྱིས་ཏེ། གཞུང་དེ་དག་ལས། བཟ་འགྲོད་ཅིང་ལེན་འདོད་ཡོད་པའི་སེམས་ཅན་ཀུན་ལ་སེམས་བསྐྱེད་སྐྱེ་བར་བཤད་པ་དེ་དབུ་མ་པའི་ལུགས་ལ་སྒྲུབ་བྱེད་ཚད་མ་ཡིན་པའི་ཕྱིར་རོ༔ ༎

ཡང་མཁས་པ་ཆེན་པོ་ཁ་ཅིག་གིས། དབུ་མའི་ལུགས་ཀྱི་དབུ་མའི་ལུགས་ཀྱི་སེམས་བསྐྱེད་འདི་ཞེས་སོགས་ལ་སེམས་བསྐྱེད་ཀྱི། །རྟེན་དུ་སོ་ཐར་མི་དགོས་ན། །ཡན་ལག་བདུན་པ་སྔོན་འགྲོ་བར། །གསུང་པའི་དགོངས་པ་གང་

ཞིག་ཡིན། །ཞེས་པའི་ལན། ཀུན་མཁྱེན་གྱིས། དབུ་མ་ལུགས་དང་། སེམས་ཙམ་ལུགས་ཀྱི་སེམས་བསྐྱེད་ལ་སོ་ཐར་སྔོན་དུ་འགྲོ་མི་དགོས་པ་དང་། དགོས་པའི་ཁྱད་པར་གསུང་པ་ནི། ལུགས་དེའི་སེམས་བསྐྱེད་ཀྱི་སྦྱོར་དངོས་རྗེས་གསུམ་གྱི་ཆོ་གའི་སྔོན་དུ་སོ་ཐར་གྱི་སྡོམ་པ་དང་ལྡན་པ་མི་དགོས་པ་དང་དགོས་པའི་ཁྱད་པར་ཡིན་གྱི། སེམས་བསྐྱེད་ཀྱི་དངོས་གཞི་ལ་སྦྱོར་བའི་སྐབས་སུ་སོ་ཐར་ལེན་པ་མི་དགོས་པ་དང་། དགོས་པའི་ཁྱད་པར་མིན་ཏེ། སྦྱོར་བའི་སྐབས་སུ་གཉིས་ཀ་ལ་ཡང་ཐུན་མོང་མ་ཡིན་པའི་སྐྱབས་འགྲོའི་སྡོམ་པ་ལེན་པར་མ་གསུངས་པའི་ཕྱིར་རོ། །དཔེར་ན་སྐལ་དམན་རིམ་འཇུག་པ་དང་། སྐལ་ལྡན་ཅིག་ཆར་བ་གཉིས་ལ། དབང་བསྐུར་གྱི་སྔོན་དུ་སྡོམ་པ་འོག་མ་གཉིས་འགྲོ་མི་དགོས་པ་དང་། དགོས་པའི་ཁྱད་པར་ཡང་། དབང་བསྐུར་གྱི་ཆོ་གའི་སྔོན་དུ་ཡིན་གྱི། དབང་གི་དངོས་གཞིའི་སྔོན་དུ་སྟ་གོན་དང་འཇུག་པའི་སྐབས་སུ་སྡོམ་པ་འོག་མ་གཉིས་ལེན་པ་ཡོད་པ་ལ་ཁྱད་པར་མེད་པ་བཞིན་ནོ། །དེས་ན་རྗེ་བཙུན་ཆེན་པོས། རྒྱུན་བཤགས་ཀྱི་དུས་སུ་ཉེས་སྤྱོད་སྤོང་བའི་ཚུལ་ཁྲིམས་སྐྱེ་ཞིང་དེ་ཉིད་ཀྱང་། སོ་སོ་ཐར་པར་བཤད་དེ་ཅི། །ཞེས་པའི་ལན་ཡང་སྔ་མ་དེ་ཉིད་ཀྱིས་གསལ་བར་བསྟན་ཅིང་རང་ལ་གནོད་པའི་ཚུལ་སྣང་བ་ནི་འོག་ཏུ་འཆད་དོ། །སོ་སོ་ཐར་པ་རིགས་བདུན་པོ། །སེམས་ཙམ་ལུགས་ཀྱི་སེམས་བསྐྱེད་ཀྱི། །རྟེན་དུ་དགོས་ན་རྗེ་བཙུན་གྱིས། །དེ་དག་དེ་ཡི་རྟེན་མིན་པར། །གསུང་པའི་དགོངས་པ་གང་དུ་བསྐུལ། །ཞེས་པའི་ལན་ནི། རྗེ་བཙུན་གྱིས་དེ་ལྟར་གསུངས་པ་གཏན་མེད་དེ། སྡོམ་པ་ཉི་ཤུ་པའི་ཊཱི་ཀར། བྱང་ས་ནས་གསུངས་པ་ལྟར། འཇུག་པ་སེམས་བསྐྱེད་ཀྱི་སྦྱོར་བའི་སྐབས་སུ། སོ་སོ་ཐར་པའི་སྡོམ་པས་བསྡམས་མམ་ཞེས་དྲི་བ་མཛད་པར་བཞེད་པའི་ཕྱིར་རོ། །སྡོམ་པ་ཉི་ཤུ་པའི་ཊཱི་ཀར། སོ་སོ་ཐར་པའི་སྡོམ་པ་བྱང་སེམས་ཀྱི་སྡོམ་པ་སྐྱེ་བ་དང་གནས་པ་གཉིས་ཀའི་རྟེན་དུ་མི་རུང་བར་རྒྱུ་མཚན་དང་བཅས་ཏེ་སྤྱིར་མང་དུ་གསུངས་པ་ནི། ཉན་ཐོས་དང་ཐུན་མོང་བའི་སོ་སོ་ཐར་པ་རིགས་བདུན་ལ་དགོངས་ཏེ། རྒྱ་ལྟུང་འགྲེལ་སྤྱོད་དུ་ཡང་དེ་ཉིད་ཀྱི་དོགས་པ་བཀོད་ནས། ཉན་ཐོས་དང་ཐུན་མོང་བའི་སོ་སོ་ཐར་པ་འདི་སྐྱེ་བ་དང་གནས་པ་གཉིས་ཀའི་རྟེན་དུ་མི་རུང་བར་ཁྱད་སླ་བ་བཞིན་དུ། ཁོ་བོ་ཅག་ཀྱང་སྨྲའོ། །ཞེས་གསལ་བར་གསུངས་པའི་ཕྱིར་རོ། །ཞེས་འབྱུང་ངོ་། །འགྲེལ་སྤྱོད་ལ་གསུང་པ་ནི་འདི་ཡིན་ཏེ། སོ་སོ་ཐར་པའི་སྡོམ་པ་འདི་ནི། བྱང་ཆུབ་སེམས་དཔའི་སྡོམ་པ་ཐོབ་པའི་རྟེན་དུ་མི་རུང་སྟེ། སོ་སོ་ཐར་པ་ནི་གླིང་གསུམ་གྱི་སྐྱེས་པ་དང་བུད་མེད་མིན་པ་གཞན་ལ་མི་སྐྱེ་ལ། བྱང་ཆུབ་ཀྱི་སེམས་ནི་འགྲོ་བ་མཐའ་དག་ལ་སྐྱེ་བར་གསུངས་པའི་ཕྱིར་རོ། །ཡང་གནས་པའི་རྟེན་དུ་ཡང་མི་འཐད་དེ། སོ་སོ་ཐར་པ་ནི་ཤི་ནས་གཏོང་ལ། བྱང་ཆུབ་སེམས་དཔའ་ནི་ཧ་ཤིད་སངས་མ་རྒྱས་ཀྱི་བར་དུ་མི་གཏོང་བའི་ཕྱིར་རོ། །ཞེན། ཉན་ཐོས་དང་ཐུན་མོང་བའི་སོ་སོ

ཐར་པ་འདི་ནི་ཐོབ་པ་དང་གནས་པའི་རྟེན་དུ་མི་རུང་བར་ཁྱེད་སྨྲ་བ་བཞིན་དུ་ཁོ་བོ་ཅག་ཀྱང་སྨྲའོ། །ཞེས་སོ། །

གཉིས་པ་དོན་དམ་སེམས་བསྐྱེད་ཆོ་གས་སྐྱེས་པ་དགག་པ་ལ་གསུམ་སྟེ། མདོར་བསྟན། རྒྱས་པར་བཤད། དོན་བསྡུ་བའོ། །དང་པོ་ནི། དོན་དམ་སེམས་བསྐྱེད་ཅེས་སོགས་རྐང་པ་གསུམ་སྟེ། ཕག་གྲུ། འབྲི། སྟག །བཀའ་གདམས་པ་ཁ་ཅིག དོན་དམ་སེམས་བསྐྱེད་ཆོ་ག་ལས་ཐོབ་པར་འདོད་པ་མི་འཐད་དེ། ཕ་རོལ་ཏུ་ཕྱིན་པའི་གཞུང་ལས་བཤད་པའི་དོན་དམ་སེམས་བསྐྱེད་ཅེས་བྱ་བ་ནི། ཚོགས་སྦྱོར་གྱི་གནས་སྐབས་སུ་བསོད་ནམས་དང་ཡེ་ཤེས་ཀྱི་ཚོགས་བསྐལ་པ་གྲངས་མེད་གཅིག་ཏུ་བསྒོམ་པའི་སྟོབས་ཀྱིས། ས་དང་པོར་རྣམ་པར་མི་རྟོག་པའི་ཡེ་ཤེས་རང་གི་ངང་གིས་སྐྱེ་བ་ལ་འཇོག་པ་ཡིན་ཏེ། མདོ་སྡེའི་རྒྱན་ལས། རྫོགས་པའི་སངས་རྒྱས་རབ་མཉེས་བྱས། །བསོད་ནམས་ཡེ་ཤེས་ཚོགས་རབ་བསགས། །ཆོས་ལ་མི་རྟོག་ཡེ་ཤེས་ནི། །སྐྱེ་ཕྱིར་དེ་ནི་དམ་པར་འདོད། །ཅེས་གསུངས་པའི་ཕྱིར་རོ། །དེ་ལྟ་ཡིན་མོད་ཀྱི། ཆོ་གའི་སྒོ་ནས་དོན་དམ་སེམས་བསྐྱེད་འདི་མི་སྐྱེ་སྟེ། དེ་ལ་འོག་ནས་འཆད་པའི་ལུང་རིགས་རྣམས་ཀྱིས་གནོད་པའི་ཕྱིར་རོ། །

གཉིས་པ་ལ་བཞི་སྟེ། ཆོ་གས་སྐྱེ་བ་ལ་གནོད་བྱེད་བསྟན། ཆོ་གས་སྐྱེ་བའི་སྒྲུབ་བྱེད་མེད། ཆོ་གས་མི་སྐྱེ་བ་དཔེའི་སྒོ་ནས་སྒྲུབ། དེ་ལ་ལུང་དང་འགལ་བ་སྤང་བའོ། །དང་པོ་ནི། གལ་ཏེ་ཆོ་གས། ཞེས་སོགས་རྐང་པ་བཞི་སྟེ། གལ་ཏེ་དོན་དམ་སེམས་བསྐྱེད་ཆོ་གའི་སྒོ་ནས་སྐྱེ་ན་སྐྱོན་ནི་ཅི་ཞིག་ཡོད་སྙམ་ན། དོན་དམ་སེམས་བསྐྱེད་འདི་ནི་ཆོས་ཅན། ཁྱོད་རགས་པ་བརྡ་ལས་བྱུང་བའི་སེམས་བསྐྱེད་དུ་འགྱུར་བར་ཐལ། ཁྱོད་ཆོ་ག་ལས་ཐོབ་པའི་སེམས་བསྐྱེད་ཡིན་པའི་ཕྱིར། འདོད་མི་ནུས་ཏེ། ཁྱོད་དོན་དམ་ཆོས་ཉིད་བསྒོམ་པའི་སྟོབས་ཀྱིས་ཐོབ་པ་ཞེས་བྱ་བའི་སེམས་བསྐྱེད་ཡིན་པའི་ཕྱིར་རོ། །

གཉིས་པ་ནི། འདི་ལ་སྦྱོར་དངོས་ཞེས་སོགས་རྐང་པ་དྲུག་ཏེ། དོན་དམ་སེམས་བསྐྱེད་ཆོ་ག་ལས་ཐོབ་པའི་བསྒྲུབ་བྱེད་མེད་དེ། དོན་དམ་སེམས་བསྐྱེད་འདི་ལ་ཐོབ་བྱེད་སྦྱོར་དངོས་རྗེས་གསུམ་གྱི་ཆོ་ག་རྒྱལ་བས་གསུངས་པ་མེད་པའི་ཕྱིར་དང་། ཀླུ་སྒྲུབ་དང་། དབྱིག་གཉེན་ལ་སོགས་མཁས་པ་ཐམས་ཅད་དོན་དམ་སེམས་བསྐྱེད་འདི་ལ་ཐོབ་བྱེད་ཀྱི་ཆོ་ག་མི་མཛད་ཅིང་། རྒྱ་ལ་མཛད་ཀྱང་སངས་རྒྱས་ཀྱིས་མ་གསུངས་པས་ཆོ་ག་ཡང་དག་པར་མི་འགྱུར་བའི་ཕྱིར་རོ། །རྒྱུ་མཚན་དེས་ན་དོན་དམ་སེམས་བསྐྱེད་ལ་ཆོ་ག་བྱེད་པ་འདི་འདྲ་བའི་རིགས་ཅན་ཀུན་སངས་རྒྱས་ཀྱི་བསྟན་པའི་གཟུགས་བརྙན་ཙམ་ཡིན་གྱི། བསྟན་པ་རྣམ་པར་དག་པ་མ་ཡིན་པས་སྤང་བར་བྱའོ། །

གསུམ་པ་ནི། དཔེར་ན་ཆུ་ལུད། ཅེས་སོགས་ཚིགས་བཅད་གསུམ་སྟེ། དོན་དམ་སེམས་བསྐྱེད་ཆོ་གའི

སྒོ་ནས་མི་སྐྱེ་བ་དང་། ཀུན་རྫོབ་སེམས་བསྐྱེད་ཆོ་གའི་སྒོ་ནས་སྐྱེ་བའི་དཔེ་ཡོད་དེ། དཔེར་ན་ཞིང་ལ་ཆུ་ལུད་འགྲིམ་པ་དང་། ས་བོན་འདེབས་པ་སོགས་ཀྱི་སོ་ནམ་སྐྱེས་བུ་ཞིང་པས་དངོས་སུ་བྱ་བར་ནུས་ཀྱི། སྨྱུ་གུ་དང་སྡོང་བུ་སྙེ་མ་ལ་སོགས་པ་ཞིང་ལས་དངོས་སུ་འབྱུང་གི་ཞིང་པའི་མི་ལས་དངོས་སུ་འབྱུང་བ་མ་ཡིན་པ་དེ་བཞིན་དུ། ཀུན་རྫོབ་བྱང་ཆུབ་ཀྱི་སེམས་རང་རྒྱུ་ཆོ་གའི་སྒོ་ནས་དངོས་སུ་བསྐྱེད་ནུས་ཀྱི་ཐེག་པ་ཆེན་པོའི་མཐོང་ལམ་སོགས་དོན་དམ་པའི་བྱང་ཆུབ་ཀྱི་སེམས་དང་ནི་ཟག་པ་མེད་པའི་སྡོམ་པ་དང་། བསམ་གཏན་གྱི་ནི་སྡོམ་པ་ལ་སོགས། སོགས་ཞེས་པའི་ཐད་དུ། རང་མཚན་དང་འདྲེས་པའི་མཚན་སྙིང་ཞིག་ལས། ཁོང་ནས་དབང་བཞི་པའི་ཡེ་ཤེས་ཕྱག་རྒྱ་ཆེན་པོ་རྣམས་བསྒོམ་པས་སྐྱེ་ཡི་ཆོགས་མི་སྐྱེ་གསུང་། ཞེས་པ་སྣང་། པ་བསྒོམ་པའི་སྟོབས་ཀྱིས་ངང་གིས་སྐྱེ་ཡི། ཆོ་གའི་སྒོ་ནས་སྐྱེ་བ་མིན་པའི་ཕྱིར་རོ། །ཚུལ་འདི་དག་འཐད་པ་དང་བཅས་པ། མདོ་རྒྱུད་བསྟན་བཅོས་ཀུན་ལས་འབྱུང་སྟེ། ཀ་མ་ལ་ཤཱི་ལའི་བསྒོམ་རིམ་དུ། དགོངས་པ་ངེས་འགྲེལ་གྱི་མདོ་དྲངས་པ་ལས། དོན་དམ་བྱང་ཆུབ་ཀྱི་སེམས་དེ་ནི་འཇིག་རྟེན་ལས་འདས་པ། སྤྲོས་པ་མཐའ་དག་བྲལ་བ་ཤིན་ཏུ་གསལ་བ། དོན་དམ་པའི་སྤྱོད་ཡུལ་དྲི་མ་མེད་པ། མི་གཡོ་བ་རླུང་མེད་པའི་མར་མེའི་རྒྱུན་བཞིན་དུ་མི་གཡོ་བའོ། །དེ་འགྲུབ་པ་ནི། རྟག་ཏུ་གུས་པས་ཞི་གནས་དང་། ལྷག་མཐོང་གི་རྣལ་འབྱོར་གོམས་པ་ལས་འགྱུར་རོ། །ཞེས་དང་། ཀླུ་སྒྲུབ་ཀྱི་བྱང་ཆུབ་སེམས་འགྲེལ་ལས། སངས་རྒྱས་རྣམས་ཀྱི་བྱང་ཆུབ་སེམས། །བདག་དང་ཕུང་པོ་རྣམ་རིག་གི །རྟོག་པ་རྣམས་ཀྱིས་མ་སྒྲིབ་པ། །རྟག་ཏུ་སྟོང་ཉིད་མཚན་ཉིད་འདོད། །སྙིང་རྗེས་བརླན་པའི་སེམས་ཀྱིས་ནི། །འབད་དེ་བསྒོམ་པར་བྱ་བ་ཉིད། །ཅེས་པ་དང་། ཡང་དེ་ཉིད་ལས། དོན་དམ་བྱང་ཆུབ་ཀྱི་སེམས་བསྒོམ་པའི་སྟོབས་ཀྱིས་བསྐྱེད་པར་བྱ་ཞེས་གསུངས་པའི་ཕྱིར་རོ། །

འདིར་པཎྜི་ཏ་ཁ་ཅིག །དོན་དམ་སེམས་བསྐྱེད་བྱ་བ་ཡི། །ཆོ་ག་རྒྱལ་བས་མ་གསུངས་ན། །འཕགས་པ་ལ་ཀླུ་སྒྲུབ་སྐྱོབ་ཉིད་ཀྱིས། །བྱང་ཆུབ་སེམས་འགྲེལ་ཞེས་བྱ་བའི། །བསྟན་བཅོས་དག་ལས་གསུངས་དེ་ཅི། །ཞེས་པའི་ལན། ཀུན་མཁྱེན་གྱི། ཀླུ་སྒྲུབ་ཀྱིས་མཛད་པའི་བྱང་ཆུབ་སེམས་འགྲེལ་ལས། ཀུན་རྫོབ་སེམས་བསྐྱེད་ཆོགས་བླངས་ནས། དོན་དམ་སེམས་བསྐྱེད་བསྒོམ་པའི་སྟོབས་ཀྱིས་སྐྱེ་དགོས་པས་བསྒོམ་ཚུལ་བཤད་པ་ཙམ་ཞིག་སྣང་གི་ཆོ་གའི་སྒོ་ནས་བསྐྱེད་པ་མི་སྣང་སྟེ། དེ་ཉིད་ལས། བྱང་ཆུབ་ཀྱི་སེམས་ཆེན་པོ་སངས་རྒྱས་བཅོམ་ལྡན་འདས་རྣམས་དང་། བྱང་ཆུབ་སེམས་དཔའ་ཆེན་པོ་རྣམས་ཀྱིས་ཇི་ལྟར་སེམས་བསྐྱེད་པ་དེ་བཞིན་དུ། བདག་གིས་དུས་འདི་ནས་བཟུང་སྟེ། ཇི་སྲིད་སྙིང་པོ་བྱང་ཆུབ་ལ་མཆིས་ཀྱི་བར་དུ་བྱང་ཆུབ་ཀྱི་སེམས་ཆེན་པོ་བསྐྱེད་པར་བགྱིས་ཏེ། སེམས་ཅན་མ་བསྒྲལ་བ་རྣམས་སྒྲོལ་བར་བགྱིའོ། །མ་གྲོལ་བ་རྣམས་གྲོལ་བར་བགྱིའོ། །

དབུགས་མ་ཕྱུང་བ་རྣམས་དབུགས་དབྱུང་བར་བགྱིའོ། །ཡོངས་སུ་མྱ་ངན་ལས་མ་འདས་པ་རྣམས་ཡོངས་སུ་མྱ་ངན་ལས་འདའ་བར་བགྱིའོ། །དེ་ལྟར་བྱང་ཆུབ་ཀྱི་སེམས་བསྐྱེད་པ་ནི་སྨོན་ལམ་གྱི་རང་བཞིན་ཀུན་རྫོབ་ཀྱི་སྣང་བའོ། །

བྱང་ཆུབ་སེམས་དཔའ་གསང་སྔགས་ཀྱི་སྒོ་ནས་སྤྱོད་པ་སྤྱོད་པ་རྣམས་ཀྱིས་དོན་དམ་པ་ཡང་བསྒོམ་པའི་སྟོབས་ཀྱིས་བསྐྱེད་པར་བྱའོ། །དེ་ནི་དེའི་རང་བཞིན་འཆད་པར་བྱེད་དེ། བྱང་ཆུབ་སེམས་ཀྱི་བདག་ཉིད་སྐྱ༔ །དཔལ་ལྡན་རྡོ་རྗེ་འཆང་རྒྱུད་ནས། །སྲིད་པ་འཇོམས་པར་བྱེད་པ་ཡི། །བྱང་ཆུབ་སེམས་བསྒོམ་བདག་གིས་བཤད། །བྱང་ཆུབ་སེམས་ཀྱི་མཚན་ཉིད་དུ། །བདག་དང་ཕུང་པོ་རྣམ་རིག་གི །རྟོག་པ་རྣམས་ཀྱིས་མ་སྒྲིབ་ཅིང་། །སྟོང་པར་སངས་རྒྱས་རྟག་ཏུ་བཞེད། །ཅེས་གསུངས་ཤིང་། འགོས་འགྱུར་དང་། པ་ཚབ་འགྱུར་ལས། བྱང་ཆུབ་སེམས་དཔའ་ལ་སྔགས་ཀྱི་སྤྱོད་པ་སྤྱོད་པ་རྣམས་ཀྱིས་དེ་ལྟར་ཀུན་རྫོབ་ཀྱི་རྣམ་པས་བྱང་ཆུབ་ཀྱི་སེམས་སྨོན་པའི་རང་བཞིན་ཅན་བསྐྱེད་ནས། ཞེས་སོགས་གསུངས་སོ། །ཀུན་རྫོབ་སེམས་བསྐྱེད་ཆོགས་བླངས་པའི་རྗེས་སུ། དོན་དམ་སེམས་བསྐྱེད་བསྒོམ་པའི་སྟོབས་ཀྱིས་བསྐྱེད་པར་བྱང་ཆུབ་སེམས་འགྲེལ་ལས་འདི་ལྟར་གསུངས། ཞེས་སོགས་འབྱུང་ངོ་། །

བཞི་པ་ནི། དོན་དམ་སེམས་བསྐྱེད་བྱའོ། །ཞེས་སོགས་རྐང་པ་བཅུ་གཅིག་སྟེ། ཁ་ཅིག །དོན་དམ་སེམས་བསྐྱེད་ལ་ཆོ་ག་མེད་ན། རྣམ་སྣང་མངོན་བྱང་ལས། སངས་རྒྱས་དང་བྱང་ཆུབ་སེམས་དཔའ་ཐམས་ཅད་བདག་ལ་དགོངས་སུ་གསོལ། བདག་མིང་འདི་ཞེས་བགྱི་བ། དུས་འདི་ནས་བཟུང་ནས་ནམ་བྱང་ཆུབ་སྙིང་པོ་ལ་མཆིས་ཀྱི་བར་དུ་དངོས་པོ་ཐམས་ཅད་དང་བྲལ་བ་ཕུང་པོ་དང་། ཁམས་དང་། སྐྱེ་མཆེད་དང་། གཟུང་བ་དང་། འཛིན་པ་རྣམ་པར་སྤངས་པ། ཆོས་བདག་མེད་པ་མཉམ་པ་ཉིད་ཀྱི་རང་བཞིན་སེམས་ཐོག་མ་ནས་མ་སྐྱེས་པ། སྟོང་པ་ཉིད་ཀྱི་རང་བཞིན། ཇི་ལྟར་སངས་རྒྱས་བཅོམ་ལྡན་འདས་རྣམས་དང་། བྱང་ཆུབ་སེམས་དཔའ་དེ་རྣམས་ཀྱིས་བྱང་ཆུབ་ཏུ་སེམས་བསྐྱེད་པ་དེ་ལྟར་བདག་གིས་ཀྱང་བྱང་ཆུབ་ཏུ་སེམས་བསྐྱེད་དོ༔ །ཞེས་ལན་གསུམ་བརྗོད་པར་གསུང་པ་དང་། དཔང་བསྐྱོང་ཕྱག་རྒྱ་པ་ལས། དུས་འདི་ནས་བཟུང་སྟེ། ནམ་བྱང་ཆུབ་སྙིང་པོ་ལ་མཆིས་ཀྱི་བར་དུ། དཀོན་མཆོག་གསུམ་ལ་སྐྱབས་སུ་མཆི་སྟེ། བདག་ཉིད་ལུས་འབུལ་གྱི་ཐུགས་རྗེ་ཆེན་པོ་དང་ལྡན་པ་རྣམས་ཀྱིས། སོ་སོ་ནས་རྟག་ཏུ་བཞེས་ཤིང་ཇི་ལྟར་ན་དུས་གསུམ་གྱི་སངས་རྒྱས་དང་། བྱང་ཆུབ་སེམས་དཔའ་དངོས་པོ་ཐམས་ཅད་དང་བྲལ་བ། ཕུང་པོ་དང་། ཁམས་དང་། སྐྱེ་མཆེད་ཀྱིས་མ་ཟིན་པ། ཆོས་ཐམས་ཅད་བདག་མེད་པ་དང་མཉམ་པ། ཐོག་མ་མེད་པ་ནས་མ་སྐྱེས་པ། སྟོང་པ་

ཉིད་ཀྱི་རང་བཞིན་ཅན་གྱི་བྱང་ཆུབ་ཀྱི་མཆོག་ཏུ་སེམས་བསྐྱེད་པ་ལྟར། བདག་མེད་འདི་ཞེས་བགྱི་བས་ཀྱང་། དུས་འདི་ནས་བཟུང་སྟེ། ནམ་བྱང་ཆུབ་སྙིང་པོ་ལ་མཆིས་ཀྱི་བར་དུ། སེམས་བསྐྱེད་པར་བགྱིའོ། །ཞེས་དང་། ཀླུ་སྒྲུབ་ཀྱི་རིམ་ལྔ་ལས་ཀྱང་། སློབ་མ་བཟང་པོ་སྐལ་ལྡན་མན་ངག་ཐོབ། །ཐལ་སྦྱར་ལག་པ་མི་ཧོག་འཛིན་པ་ཡིས། །བྱང་ཆུབ་སེམས་ནི་དོན་དམ་ཞེས་བྱ་བ། །བླ་མ་ལ་ནི་སླར་ཡང་བླང་བར་བྱ། །ཞེས་གསུངས་པ་དང་འགལ་ལོ་ཞེ་ན། མི་འགལ་ཏེ། གཞུང་དེ་དག་ལས། དོན་དམ་སེམས་བསྐྱེད་བྱའོ་ཞེས་གལ་ཏེ་རྒྱ་ལ་གསུང་སྲིད་ཀྱང་། དོན་དམ་སེམས་བསྐྱེད་བཟུང་བ་དང་། བསྒོམ་པར་དམ་བཅའ་བ་ཡིན་གྱི། དེ་ཆོ་གའི་སྒོ་ནས་བསྐྱེད་པ་མིན་པའི་ཕྱིར་དང་། དཔང་སྐོང་ནི་བོད་དུ་གནམ་བབས་སུ་བྱུང་བ་ཡིན་གྱི་རྒྱ་གར་ནས་མ་ཡིན་པས་པཎྜི་ཏ་རྣམས་རྗེས་སུ་བྱེད་པ་དཀའོ། །དེ་དག་དམ་པའི་ཚིག་ཡིན་པ་དཔེར་ན། སྦྱིན་པ་གཏང་བར་བྱ། ཚུལ་ཁྲིམས་དམ་པ་བསྲུང་བར་བྱ། སངས་རྒྱས་ཡོན་ཏན་བསྒྲུབ་པར་བྱ། དེ་ལ་སོགས་པ་སོ་ཐར་གྱི་མདོ་ལ། བརྩམ་པར་བྱ་ཞིང་དབྱུང་བར་བྱ། །སངས་རྒྱས་བསྟན་ལ་འཇུག་པར་བྱ། །འདམ་བུའི་ཁྱིམ་ལས་གླང་ཆེན་བཞིན། །འཆི་བདག་སྡེ་ནི་གཞོམ་པར་བྱ། །ཞེས་གསུངས་པ་ཀུན་དམ་བཅའ་བའི་ཚིག་ཙམ་ཉིད་ཡིན་གྱི། དོན་དེ་དག་ཆོ་གའི་སྒོ་ནས་བསྐྱེད་པ་མིན་པ་བཞིན་ནོ། །དེ་དག་ཀྱང་ཚིག་ཡིན་ན་གནས་ག་གེ་མོ་ཞིག་ཏུ་འགྲོ་བར་བྱའོ། །ཞེས་སོགས་ཚིག་ཕ་ཅང་ཐལ་བར་འགྱུར་གྱི། ཚིག་ཡང་ནི་ཐུག་མེད་དུ་འགྱུར་ཏེ། དམ་བཅའ་བའི་ཚིག་རྣམས་ཚིག་ཡིན་པའི་ཕྱིར་རོ། །

གསུམ་པ་ནི། སྐྱེ་མ་འཛིག་རྟེན། ཞེས་སོགས་ཚིགས་བཅད་གཅིག་ཏེ། སྐྱེ་མ་འཛིག་རྟེན་བླུན་པོ་མི་མཁས་པ་འདི་དག་གིས་རྒྱལ་བ་སངས་རྒྱས་ཀྱིས་གསུངས་པའི་སྡོམ་གསུམ་གྱི་ཚིག་རྣམ་དག་ཀུན་བོར་ནས། མ་གསུངས་པའི་དོན་དམ་སེམས་བསྐྱེད་ལ་ཆོ་ག་ནན་གྱིས་ཚང་བ་འདི་འདྲ་བ་ནི། བདེ་འགྲོ་དང་། ངན་འགྲོ་ཅིར་འགྱུར་བརྟགས་ཏེ་སྤང་བར་བྱ་དགོས་སོ་དོན་དམ་སེམས་བསྐྱེད་ཆོ་གས་མི་སྐྱེ་བར་གསུངས་པ་དང་། །

མཁས་པ་ཁ་ཅིག་ཤཱཀྱ་སརྦ་ཡོ་ག་ཙིཏྟ་སོགས། །སློབ་མས་བཟླས་པས་ཀུན་རྫོབ་དང་། །དོན་དམ་སེམས་བསྐྱེད་འཛིན་བཅུག་ནས། །སུ་ར་ཏེ་སམ་ཞེས་སོགས་ཀྱིས། །སྐྱེས་ཟིན་བརྟན་པར་མཛད་དེ་ཅི། །ཞེས་པའི་ལན། ཀུན་མཁྱེན་གྱིས། སྤྱིར་བདག་ཉིད་ཆེན་པོ་འདིས། སེམས་བསྐྱེད་དེ་ཆོ་གའི་སྒོ་ནས་བསྐྱེད་ན། ཆོ་ག་དེ་ལས་སེམས་བསྐྱེད་དེ་སྐྱེ་དགོས་པས་ཕ་རོལ་ཏུ་ཕྱིན་པའི་ལུགས་ལ། ཀུན་རྫོབ་སེམས་བསྐྱེད་ལ་ཆོ་ག་ཡོད་པ་དང་། དོན་དམ་སེམས་བསྐྱེད་ལ་ཆོ་ག་མེད་པར་བཞེད་ལ། རྣམ་སྣང་མངོན་བྱང་ལ་སོགས་པའི་རྒྱུད་སྡེ་འགའ་ཞིག་ལས། རྒྱུན་བཤགས་ཀྱི་སྐབས་སུ་དོན་དམ་བྱང་ཆུབ་ཀྱི་སེམས་བསྐྱེད་པར་བྱའོ། །ཞེས་སོགས་ཀྱི་

ཚིག་ཡོད་པ་རྣམས་ནི། དམ་བཅའ་ཙམ་ཡིན་གྱི་ཆོ་གའི་སྒོ་ནས་བསྐྱེད་པ་མིན་པར། བསྟན་བཅོས་འདིར་སྦྱིན་པ་གཏང་བར་བྱ། ཚུལ་ཁྲིམས་བསྲུང་བར་བྱ། ཞེས་སོགས་ཀྱི་དཔེ་དང་། ཐུབ་པ་དགོངས་གསལ་ལས། ཕྱག་རྒྱ་ཆེན་པོ་བསྒོམ་པར་བྱའོ། །ཞེས་སོགས་ཀྱིས། དཔེའི་སྒོ་ནས་གསལ་བར་གསུངས་པ་ངེས་ན། དོགས་པ་འདི་ལྟ་བུའི་གཞི་མེད་དོ། །གཞན་དུ་ན། སཏྭ་ཡོ་ག་སོགས་སློབ་མས་འདས་མ་ཐག་ཏུ་སློབ་མ་དེས་ཐེག་པ་ཆེན་པོའི་མཐོང་ལམ་ཐོབ་པར་འགྱུར་ཏེ། དོན་དམ་སེམས་བསྐྱེད་སྐྱེས་པའི་ཕྱིར་རོ། །ཞེས་སོགས་གསུངས་པ་ནི། གསང་སྔགས་ཀྱི་སྐབས་སུའང་མཚོ་བར་གདའོ། །

གཉིས་པ་ཐོབ་པ་མི་ཉམས་པར་བསྲུང་བའི་བསླབ་བྱ་ལ་གཉིས་ཏེ། ལྟུང་བའི་རྣམ་གཞག་མུ་བཞིར་བསྟན་པ་དང་། བསླབ་བྱའི་གཙོ་བོ་ལ་ལོག་རྟོག་དགག་པའོ། །དང་པོ་ལ་གཉིས་ཏེ། མུ་བཞིར་དབྱེ་བ་དང་། བཞིར་འགྱུར་བའི་འཐད་པའོ། །དང་པོ་ནི། དེ་ལྟར་སེམས་ཙམ་ཞེས་སོགས་རྐང་པ་བཅོ་ལྔ་སྟེ། འོན་ལུགས་གཉིས་ཀྱི་སེམས་བསྐྱེད་ཀྱི་ཆོ་གའི་ཁྱད་པར་དེ་ལྟར་ཡིན་ན། བསླབ་བྱའི་ཁྱད་པར་ཇི་ལྟ་བུ་སྙམ་ན། སྔར་བཤད་པ་དེ་ལྟར། སེམས་ཙམ་པ་དང་། དབུ་མ་པ་གཉིས་སེམས་བསྐྱེད་ལེན་པའི་ཆོ་ག་སོགས་ཀྱི་རྣམ་གཞག་ཐ་དད་དུ་ཡོད་མོད་ཀྱི། འོན་ཀྱང་ཐེག་ཆེན་དབུ་སེམས་ཀུན་མཐུན་པར་ལྟུང་བའི་རྣམ་གཞག་མུ་བཞི་གསུངས་ཏེ། ལྟུང་བ་མེད་པ་དང་། ལྟུང་བ་དང་། ལྟུང་བ་ཡི་གཟུགས་བརྙན་དང་། ལྟུང་བ་མེད་པ་ཡི་གཟུགས་བརྙན་ཞེས་བྱ་བ་རྣམ་པ་བཞིར་གསུངས་པའི་ཕྱིར་རོ། །བཞི་པོ་གང་ཞེ་ན། དེ་དག་གི་མཚན་ཉིད་ཡོད་དེ། སེམས་བསྐྱེད་དང་ལྡན་པས་བསམ་པ་དག་པ་དགེ་བའི་ཀུན་ནས་བླང་སྟེ། སྦྱིན་པ་གཏོང་བ། ཚུལ་ཁྲིམས་བསྲུང་བ་སོགས་ནི། རྣམ་པ་ཀུན་ཏུ་ལྟུང་བ་མེད་པ་དང་། བསམ་པ་ངན་པ་ཞེ་སྡང་སོགས་ཀྱིས་ཀུན་ནས་བླངས་ཏེ་གཞན་གྱི་སྲོག་གཅོད་པ་དང་། མ་བྱིན་པར་ལེན་པ་སོགས། རྣམ་པ་ཀུན་ཏུ་ལྟུང་བར་འགྱུར་བ་དང་། དགེ་བའི་སེམས་ཀྱིས་ཀུན་ནས་བླངས་ཏེ་སེམས་ཅན་བསད་པ་དང་། མ་བྱིན་པར་ལེན་པ་སོགས་ལྟུང་བའི་གཟུགས་བརྙན་ཡིན་ཞེས་གསུངས་ཏེ། དེད་དཔོན་སྙིང་རྗེ་ཆེན་པོ། མི་ནག་མདུང་ཐུང་ཅན་བསད་པ་ལྟ་བུའོ། །གཞན་ལ་གནོད་ན་རྫུན་མ་ཡིན་པར་ཚིག་དྲང་པོར་སྨྲ་ཡང་ལྟུང་བ་མེད་པའི་གཟུགས་བརྙན་ཡིན་ཏེ། དཔེར་ན་དགྲ་ཤ་ལེན་པའི་སྐྱེ་བོས། གསད་ཡུལ་དེ་གར་སོང་འདྲི་ན་འདི་ནའོ་ཞེས་སྨྲ་བ་ལྟ་བུའོ། །

གཉིས་པ་ནི། མདོར་ན་སེམས་ཀྱི། ཞེས་སོགས་རྐང་པ་དགུ་སྟེ། དེ་དག་གི་འཐད་པ་ཡོད་དེ། ཀུན་སློང་དང་ལུས་ངག་གི་སྦྱོར་བ་གཉིས་ཀ་གནག་པ་ལྟུང་བ་དང་། དེ་གཉིས་ཀ་དཀར་བ་ལྟུང་མེད་དང་། ཀུན་སློང་དཀར་ན་སྦྱོར་བ་གནག་ཀྱང་ལྟུང་བའི་གཟུགས་བརྙན་ཡིན་གྱི་དོན་ལ་ལྟུང་མེད་ཡིན་པ་དང་། ཀུན་སློང་གནག

ན་སྦྱོར་བ་དཀར་ཡང་ལྟུང་བ་མེད་པའི་གཟུགས་བརྙན་ཡིན་གྱི་དོན་ལ་ལྟུང་བ་ཡིན་པའི་རྒྱུ་མཚན་མདོར་བསྟུ་ན། ཀུན་སློང་སེམས་ཀྱིས་འཕེན་པ་ལས་གཞན་པའི་ཐེག་པ་ཆེན་པོའི་དགེ་སྡིག་ཡོད་པ་མ་ཡིན་པའི་ཕྱིར་ཏེ། སློབ་དཔོན་འཕགས་པ་ལྷ་ཡི་བཞི་བརྒྱ་པར། ཀུན་སློང་བསམ་པ་ཡི་སྒོ་ནས་བྱང་ཆུབ་སེམས་དཔའ་ཡི་ལུས་ངག་གི་དགེ་བའམ། ཡང་ན་མི་དགེ་བར་སྣང་བ་ཐམས་ཅད་དགེ་བ་ཉིད་དུ་འགྱུར་གྱི་གཞན་དུ་མིན་ཏེ། རྒྱུ་མཚན་གང་གི་ཕྱིར་ན་བྱང་ཆུབ་སེམས་དཔའི་ལས་དགེ་སྡིག་ལ་ཀུན་སློང་གི་སེམས་དེ་གཙོ་བའི་ཕྱིར། ཞེས་གསུངས་པ་དང་། དེར་མ་ཟད། མདོ་རྒྱུད་བསྟན་བཅོས་ཀུན་ལས་ཀྱང་། དགེ་སྡིག་གི་རྣམ་གཞག་སེམས་ལ་རག་ལས་པ་དེ་ལྟར་དུ་གསུངས་ཏེ། དཀོན་མཆོག་སྤྲིན་གྱི་མདོ་ལས། དགེ་བའམ་འོན་ཏེ་མི་དགེ་བའི། །ལས་ཀྱི་སེམས་ནི་བསགས་པ་ཡིན། །ཞེས་དང་། ཆོས་ཡང་དག་པར་བསྡུད་པའི་མདོ་ལས། ཆོས་ཐམས་ཅད་ཀྱང་སེམས་ལ་རག་ལས་པ་ཡིན་ནོ། །ཞེས་དང་། སློབ་དཔོན་ནག་པོ་པས། དགྲ་ནག་གི་འགྲེལ་པར་རྒྱུད་ཀྱི་ལུང་དྲངས་པ་ལས། མཆོག་གསུམ་ཡོན་ཏན་རིག་པར་འགྱུར། །བདུད་རྩི་ཡིད་འོང་འཁོར་བས་དགའ། །འབྲས་བུ་ངེས་པར་ལེགས་པར་ཐོབ། །དེ་ཕྱིར་དམ་པའི་ཞལ་ནས་ནི། །གསུངས་པའི་བྱ་བ་སྡིག་ཀྱང་བྱ། །དམ་པའི་ཞལ་ནས་མ་གསུངས་པའི། །དགེ་བའང་མཁས་པས་སྤངས་པར་བྱ། །ཞེས་གསུངས་པ་དང་། སེམས་ཀྱི་སྒྲིབ་སྦྱོང་ལས། དགེ་སློང་རང་བཞིན་ཕ་རྒན་ལ། །སྨུར་ལྡོང་ཞེས་ནི་བསྒྲུལ་གྱུར་ན། །ཚུལ་བས་དེ་ནི་ཤི་གྱུར་ཀྱང་། །མཚམས་མེད་སྦྱོར་བ་མ་ཡིན་ནོ། །བསམ་པ་བཟང་པོས་འཚིལ་ལྷམ་གཉིས། །ཐུབ་པའི་དབུ་ལ་བཞག་པ་དང་། །དེ་ནི་གཞན་གྱི་བསལ་བྱས་པ། །གཉིས་ཀས་རྒྱལ་སྲིད་ཐོབ་པར་འགྱུར། །དེ་ཕྱིར་བསམ་པའི་རྩ་བ་ལ། །བསོད་ནམས་སྡིག་པ་རྣམ་པར་གནས། །ཞེས་དང་། དབྱིག་གཉེན་གྱིས་ཀྱང་ལས་གྲུབ་པར། ལུས་ངག་གི་ལས་རྣམ་པར་རིག་བྱེད་དང་། རིག་བྱེད་མ་ཡིན་པ་གཟུགས་ཅན་ནི། དགེ་བ་དང་མི་དགེ་བ་མཚན་ཉིད་པ་མ་ཡིན་ཏེ། ལུས་པོར་ནས་ཆེ་ཕྱི་མ་ལ་འབྲས་བུ་ཡིད་དུ་འོང་བ་དང་། མི་འོང་བ་འགྲུབ་པ་དེ་དགེ་བ་དང་མི་དགེ་བ་ཡིན་པར་འཆད་པའི་ཕྱིར་རོ། །ལས་ནི་སེམས་དཔའི་ཁྱད་པར་རོ། །ཞེས་སོགས་གསུངས་པས་སོ། །

གཉིས་པ་ལ་གསུམ་སྟེ། བསླབ་བྱའི་གཙོ་བོ་ཡིན་པའི་ལོག་རྟོགས་བརྗོད། དེ་ཉིད་རིགས་པས་རྣམ་པར་བརྟགས་ནས་དགག །བསླབ་བྱའི་གཙོ་བོ་ཡིན་པའི་སྒྲུབ་བྱེད་འགོད་པའོ། །དང་པོ་ནི། བྱང་ཆུབ་སེམས་ཀྱི་བསླབ་པ་ལ། །ཞེས་སོགས་ཚིགས་བཅད་གསུམ་སྟེ། བྱང་ཆུབ་སེམས་ཀྱི་བསླབ་པ་ལ་བདག་གཞན་མཉམ་པ་དང་། བརྗེ་བ་བསྒོམ་པའི་ཚུལ་གཉིས་སུ་གསུངས་ཏེ། སྤྱོད་འཇུག་ལས། བདག་དང་གཞན་དུ་མཉམ་པ་ནི། །དང་པོ་ཉིད་དུ་འབད་དེ་བསྒོམ། །བདེ་དང་སྡུག་བསྔལ་མཉམ་པས་ན། །ཐམས་ཅད་བདག་བཞིན་བསྲུང་བར

བྱ༔ །ཞེས་དང་། གང་ཕྱིར་བདག་དང་གཞན་གཉིས་ཀ །མྱུར་དུ་སྐྱོབ་པར་འདོད་པ་དེས། །བདག་དང་གཞན་དུ་བརྗེ་བྱ་བ། །གསང་བའི་དམ་པ་སྤྱད་པར་བྱ། །ཞེས་གསུངས་སོ། །དེ་ལ་འབྲི་ཁུང་པ་ཁ་ཅིག །དགོངས་གཅིག་ཏུ་རྡོ་རྗེའི་གསུང་། རང་གཞན་བརྗེས་པས་ཉེས་པར་འགྱུར་བའི་སྐབས་ཡོད་བྱ་བ་བཞུགས། དེས་ན་རང་གཞན་བརྗེ་བ་བླ་མ་དམ་པའི་དགོངས་པ་མ་ཡིན་ཏེ། རྗེ་རིན་པོ་ཆེ་ཏག་པར་ཞབས་སྔུང་དམ། མི་བདེ་བ་ཅི་ལགས། ཞེས་འཇིག་རྟེན་མགོན་པོས་ཞུས་པས། ཁོ་བོ་སྟོན་དད་པ་ནི་ཆེ། ཤེས་རབ་ནི་ཆུང་བས། ཏག་པར་གཞན་གྱི་སྡུག་བསྔལ་བདག་ལ་སྨིན་པར་གྱུར་ཅིག །ཅེས་སྨོན་ལམ་བཏབ་པ་དེ་མཐའ་བཙན་པས་ད་ལྟ་ཏག་པར་ཞབས་སྔུང་བ་དེས་ལན། ཞེས་གསུངས། འོན་ཀྱང་བདག་ཅག་ལས་རྒྱུད་ཆོད་ཅུང་ཟད་མཐོ་བས་བཟོད་དམ་སྙམ་ན། འཕགས་པ་ཤ་རིའི་བུ། ས་དྲུག་པ་བ་གཅིག་ཡིན་པ་ལ་དུས་ལ་མ་བབ་པར། མིག་སྦྱིན་པར་བཏང་བས་ཉན་ཐོས་ཀྱི་སར་ལྟུང་བའི་རྐྱེན་དུ་གྱུར་ཀྱི། དེས་ན་ས་བརྒྱད་པ་ཡན་ཆད་མ་གཏོགས་པ་དེ་མན་ཆད་བདག་གཞན་བརྗེས་ན་ཉེས་པར་འགྱུར་བས་ན། བདག་གཞན་བརྗེ་བའི་བྱང་ཆུབ་ཀྱི་སེམས་བསྒོམ་དུ་མི་རུང་ཞེས་སུ་སྨྲའོ། །དེའི་རྒྱུ་མཚན་དྲིས་པས་འདི་སྐད་དོ། །བདག་གི་བདེ་བ་གཞན་ལ་བྱིན་ནས་ནི། གཞན་གྱི་སྡུག་བསྔལ་བདག་གིས་བླང་བར་གྱུར་ན། སྨོན་ལམ་མཐའ་ནི་བཙན་པའི་ཕྱིར། བདག་ནི་དུས་ཏག་ཏུ་སྡུག་བསྔལ་དང་བཅས་པར་འགྱུར། རྒྱུ་མཚན་དེས་ན་བདག་གཞན་བརྗེ་བ་འདི་འདྲའི་བྱང་ཆུབ་ཀྱི་སེམས་བསྒོམ་པའི་གང་ཟག་དེ་དག་ཐབས་ལ་མི་མཁས་པས་ནོར་བ་ཆེན་པོའི་ཆོས་ལུགས་ཡིན་ནོ་ལོ། ཞེས་པ་མ་རང་པའི་ཚིག་ཡིན་ནོ། །

གཉིས་པ་ལ་གཉིས་ཏེ། བསྒྲུབ་བྱ་ལ་བརྟགས་ནས་དགག་པ། སྒྲུབ་བྱེད་ལ་བརྟགས་ནས་དགག་པའོ། །

དང་པོ་ནི། དེ་དོན་འདི་ལྟར། ཞེས་སོགས་རྐང་པ་དགུ་སྟེ། བདག་གཞན་བརྗེ་བའི་བྱང་ཆུབ་ཀྱི་སེམས་བསྒོམ་དུ་མི་རུང་ཟེར་བ་དེའི་དོན་འདི་ལྟར་བསམ་པར་བྱ་སྟེ། བདག་གཞན་བརྗེ་བའི་བྱང་ཆུབ་ཀྱི་སེམས་དེ་དགེ་བ་ཡིན་ནམ། སྡིག་པ་ཡིན་བརྟག །གལ་ཏེ་དེ་དགེ་བ་ཡིན་ཟེར་ན་ནི། དེ་བསྒོམ་པ་ལ་སྡུག་བསྔལ་འབྱུང་བ་འགལ་བར་ཐལ། དེ་འདྲའི་སེམས་དེ་དགེ་བ་ཡིན་པའི་ཕྱིར། སྡིག་པ་ཡིན་ཟེར་ན། དེ་བསྒོམ་པ་དུག་གསུམ་གྱིས་བསྐྱེད་པའི་ལས་སུ་ཐལ་བར་འགྱུར་ཏེ། སེམས་དེ་སྡིག་པ་ཡིན་པའི་ཕྱིར་ནའོ། །དེ་ལ་མ་ཁྱབ་ན་སེམས་དེ་བསྒོམ་པ་ལ་སྡུག་བསྔལ་ག་ལ་འབྱུང་སྟེ་མི་འབྱུང་བར་ཐལ། དེ་ལྟར་བརྗེས་ན་བསྒོམ་པ་དུག་གསུམ་གྱིས་བསྐྱེད་པའི་ལས་མ་ཡིན་པས་སོ། །

གཉིས་པ་ནི། བྱང་ཆུབ་སེམས་དཔའི་ཞེས་སོགས་རྐང་པ་བཅུ་གསུམ་སྟེ། ཁྱོད་ཀྱི་སྨོན་ལམ་མཐའ་

བཙན་པའི་གཏན་ཚིགས་མི་འགྲུབ་སྟེ། བྱང་ཆུབ་སེམས་དཔའི་བློ་སྦྱོང་བའི་སྨོན་ལམ་འགའ་ཞིག་མཐའ་མི་བཙན་པའི་ཕྱིར། གལ་ཏེ་བཙན་ན། དེད་དཔོན་འཛའ་བོའི་བུ་དུས་རྒྱུན་དུ་ཀླད་ནད་ཆེན་པོ་དང་བཅས་པར་འགྱུར་ཏེ། དེས་སེམས་ཅན་ཐམས་ཅད་ཀྱི་ཀླད་ནད་བདག་ལ་སྨིན་པར་སྨོན་ལམ་བཏབ་པ་གང་ཞིག །སྨོན་ལམ་དེ་མཐའ་བཙན་པའི་ཕྱིར། རྟགས་ཕྱི་མ་ཁས་བླངས། འདོད་མི་ནུས་ཏེ། དཔེ་དེ་ལྟར་བཏབ་པས་ཀླད་ནད་ལས་གྲོལ་ཏེ། ལྷར་སྐྱེས་ནས་མཐར་སངས་རྒྱས་པར་མདོ་ལས་གསུངས་པའི་ཕྱིར། ཇི་ལྟར་གསུངས་ན། མདོ་དྲིན་ལན་བསབ་པ་ལས། སྔོན་ལྷ་ར་ན་སེར། དེད་དཔོན་འཛའ་བོ་ཞེས་པའི་བུ་བྱུང་ངོ་ཅོག་ཤི་ནས། ཕྱིས་གཅིག་སྐྱེས་པ་ལ། འཛའ་བོའི་བུ་མོར་མིང་བཏགས་ཏེ། ཕ་རྒྱ་མཚོར་ནོར་བུ་ལེན་དུ་ཕྱིན་པས་ཤི་ནས། ཆེས་སྐྱེས་པ་ན། ཕའི་ལས་གང་ཡིན་དྲིས་པ་ལས། དྲང་པོར་སྨྲས་ན། རྒྱ་མཚོར་ཤིར་དོགས་ནས་འབྲུ་ཚོང་པ་ཡིན་ཞེས་སྨྲས་པས་ཀ་རྣ་པ་ནི་བཞི་རྙེད། དེ་བཞིན་དུ་སྤོས་འཚོང་པས་བརྒྱད། གོས་ཀྱིས་བཅུ་དྲུག་དང་། གསེར་དངུལ་ཚོང་པས་སོ་གཉིས་བརྙེད་པ་ཐམས་ཅད་མ་ལ་ཕུལ། དེ་ནས་ཚོང་པ་དེའི་རིགས་ཅན་རྣམས་ཀྱིས། ཁྱོད་ཀྱི་ཕ་རྒྱ་མཚོར་ནོར་བུ་ལེན་པའི་རིགས་ཅན་ཡིན་ནོ་ཞེས་སྨྲས་པས། དྲིལ་བསྒྲགས་ཏེ། ཚོང་པ་ལྔ་བརྒྱ་དང་ལྷན་ཅིག་ཆས་པ་ལ། མས་མ་བཟོད་པར་སྒོ་ལ་འཕྲེད་ལ་བཅད་དེ་ཞལ་བས་མའི་མགོ་ལ་རྡོག་པས་བརྫུན་ཏེ་སོང་ངོ་། །དེ་ནས་རྒྱ་མཚོར་ཞུགས་པས་གྲུ་བོ་ཆེ་ཆུ་སྲིན་ཉ་མིད་ཀྱིས་བཅོམ་ནས་ཞིག །འཛའ་བོའི་བུ་མོས་གྲུ་ཤིང་ཚལ་ལ་འཇུས་ནས་མཐར་ཕྱིན་པས། གྲོང་ཁྱེར་སྒྱུས་བྱེད་དུ་ལྷའི་བུ་མོ་བཞི་དང་། ཏ་སྦྱོད་དུ་བརྒྱད། དགའ་བྱེད་དུ་བཅུ་དྲུག །ཚངས་པའི་བླ་མར་སོ་གཉིས་དང་འཕྲད་དེ། ལོ་གྲངས་དུ་མར་དགའ་བདེ་སྤྱོད། ཡང་ལྷོ་ཕྱོགས་སུ་སོང་བ་དང་། ལྕགས་ཀྱི་ཁང་པ་ཆེན་པོ་ཞིག་མཐོང་ཏེ། འགྲོ་འདོད་པར་གྱུར་ནས་ནང་དུ་ཕྱིན་པ་དང་། སྒོ་རང་འཁྲིག་ཏུ་སོང་ངོ་། །ནང་ན་ནམ་ཞིག་ལྕགས་ཀྱི་འཁོར་ལོ་མེ་འབར་བ་མགོ་ལ་འཁོར་བ་ཞིག་མཐོང་ནས་དྲིས་པས། མའི་མགོ་ལ་རྡོག་པ་བརྫུན་པའི་རྣམ་སྨིན་ནོ་ཟེར་བ་དང་། རང་གི་དེ་དྲན་ཏེ། ང་ཡང་ལས་ཀྱི་འདིར་ཁྲིད་དོ་སྙམ་པ་དང་། ནམ་མཁའ་ལས་གང་ལ་བཅིངས་པ་དེ་དག་འཆིངས་ཤིག བཅིངས་པ་དེ་དག་གྲོལ་ཅིག་ཞེས་པའི་སྒྲ་ཐོས་པས། འཁོར་ལོ་དེ་རང་མགོ་ལ་འཁོར་བར་གྱུར་ཏོ། །འདིར་གཞན་ཡང་ཡོད་མེད་དྲིས་པས། གང་མའི་མགོ་ལ་རྡོག་པས་བརྫུན་པ་ཐམས་ཅད་འདིར་འོང་ངོ་ཞེས་ཟེར་བ་དང་། གཞན་གཅེས་འཛིན་གྱི་སྙིང་རྗེ་ཚད་མེད་སྐྱེས་ཏེ། འདི་ལྟ་བུའི་མྱོང་ངེས་ཀྱི་ལས་བསགས་པ་ཐམས་ཅད་བདག་ལ་སྨིན་པར་གྱུར་ཅིག །གཞན་སུ་ཡང་འདིར་འོང་བར་མ་གྱུར་ཅིག །ཅེས་བརྗོད་མ་ཐག་སྙིང་རྗེའི་སྟོབས་ཀྱིས་མཛའ་བོའི་བུ་མོའི་མགོ་ལ་འཁོར་བའི་འཁོར་ལོ་དེ་ཤིང་ཏ་ལ་བདུན་སྲིད་ཙམ་དུ་འཕགས་ནས་ཚེའི་དུས་བྱས་

ཏེ༑ དགའ་ལྡན་དུ་སྐྱེས་སོ། །ཞེས་གསུངས་སོ། །ཁ་ཅིག་འཇའ་བོའི་བུ་མོའི་བུ་ཞེར་བ་ནི་མདོ་དང་མི་མཐུན་པས་མི་འཐད་དོ། །དེར་མ་ཟད་དུས་གསུམ་གྱི་རྫོགས་པའི་སངས་རྒྱས་ཐམས་ཅད་ཀྱང་། དུས་རྒྱུན་དུ་སྡུག་བསྔལ་ཐོབ་པར་འགྱུར་བ་དང་། དེ་ལྟར་བརྗེས་པའི་ཡུལ་གྱི་སེམས་ཅན་དེ་དག་ཀུན་ལ་སྡུག་བསྔལ་འབྱུང་བ་སྲིད་པར་མི་འགྱུར་བར་ཐལ། དེ་དག་སངས་རྒྱས་བྱང་སེམས་ཀྱི་བདེ་བ་ལ་ལོངས་སྤྱོད་པའི་ཕྱིར་ཏེ། དུས་གསུམ་སངས་རྒྱས་ཐམས་ཅད་ཀྱི་སྔོན་སློབ་པའི་གནས་སྐབས་སུ་བདག་གཞན་བརྗེ་བའི་སེམས་བསྒོམ་པ་ནི་གང་ཞིག །དེ་ལྟར་བསྒོམ་པའི་སློན་ལམ་མཐའ་བཙན་པའི་ཕྱིར་རོ། །བདག་གཞན་བརྗེ་བའི་བྱང་སེམས་བསྒོམ་དུ་མི་རུང་བར་འདོད་པ་ལ། ལུང་རིགས་ཀྱི་གནོད་བྱེད་བརྗོད་ཟིན་པ་དེས་ན། བརྗེ་བའི་བྱང་སེམས་བསྒོམ་པ་ནོར་པ་ཆེན་པོའི་ཆོས་ལུགས་ཡིན་ཟེར་བ། འདི་འདྲའི་གསང་ཚིག་ནི་བདུད་ཀྱི་བྱིན་རླབས་ཡིན་པ་བླུན་པོ་ཕལ་ཆེར་གྱིས་མི་ཤེས་སོ་སྙེ་ཤེས་ནས་སྤང་བར་བྱའོ། །ཐབས་ཕྱིན་ཅི་ལོག་ཏུ་སྟོན་པ་ཐབས་ལ་བསླུ་བའི་བདུད་ཡོད་ཅེས་རྒྱལ་བས་གསུངས་པའང་དྲན་པར་བྱ་སྟེ། མདོ་སྡེ་རྒྱན་ལས། ཐབས་དང་སྐྱབས་དང་དག་པ་དང་། །ཐེག་ཆེན་ངེས་པར་འབྱུང་བ་ལ། །སེམས་ཅན་རྣམས་ནི་རབ་བསླུ་བའི། །བདུད་འཛོམས་ཁྱོད་ལ་ཕྱག་འཚལ་ལོ། །ཞེས་གསུངས་པ་ལྟར་རོ། །

གསུམ་པ་བསླབ་བྱའི་གཙོ་བོ་ཡིན་པའི་སྒྲུབ་བྱེད་འགོད་པ་ནི། ཡིད་ཆེས་པའི་ལུང་གིས་བསྒྲུབས། བསྒོམ་པའི་ཕན་ཡོན་གྱིས་བསྒྲུབས། མ་བསྒོམ་པའི་ཉེས་དམིགས་ཀྱིས་བསྒྲུབས། དེས་གྲུབ་པའི་དོན་བསྟན་པའོ། །དང་པོ་ལ་གསུམ་སྟེ། ཀླུ་སྒྲུབ་ཀྱིས་ལུང་གིས་བསྒྲུབས། ཞི་བ་ལྷའི་ལུང་གིས་བསྒྲུབས། མདོ་དང་བསྟན་བཅོས་གཞན་གྱིས་ལུང་གིས་བསྒྲུབས་པའོ། །དང་པོ་ནི། བདག་གཞན་བརྗེ་བ། ཞེས་སོགས་བཅུ་བདུན་ཏེ། བརྗེ་བའི་བྱང་སེམས་བསྒོམ་པ་འཐད་པ་ཡིན་ཏེ། བདག་གཞན་བརྗེ་བའི་བྱང་སེམས་བསྒོམ་པ་ནི། རྫོགས་པའི་སངས་རྒྱས་ཀྱི་ཐེག་པ་ཆེན་པོའི་བསྟན་པའི་སྙིང་པོ་ཡིན་པར་གསུང་པའི་ཕྱིར། སུས་གསུངས་ན། འཕགས་པ་ཀླུ་སྒྲུབ་གཞན་སྡུག་བསྔལ་ལས་སྐྱོབ་པར་མཛད་པ་ཉིད་ཀྱིས་རྒྱལ་པོ་ལ་གདམས་བྱ་བ་རིན་པོ་ཆེའི་ཕྲེང་བར་འདི་སྐད་དུ་གསུངས་ཏེ། བདག་ལ་སེམས་ཅན་དེ་དག་གི་སྡིག་པ་དང་འབྲས་བུ་སྡུག་བསྔལ་སྨིན་ཅིང་། བདག་གི་དུས་གསུམ་དུ་བསགས་ཤིང་སྒོ་གསུམ་དང་འབྲེལ་བའི་དགེ་བ་དང་། འབྲས་བུ་བདེ་བ་མ་ལུས་པ་སེམས་ཅན་དེ་དང་དེར་སྨིན་པར་ཤོག །དུས་ཇི་སྲིད་འཁོར་བ་ལས་སེམས་ཅན་འགའ་ཞིག་ཀྱང་། བླ་ན་མེད་པའི་བྱང་ཆུབ་གང་དུ་མ་གྲོལ་བ་དེ་སྲིད་དུ། སེམས་ཅན་དེ་བྱང་ཆུབ་ཀྱི་བདེ་བ་མཆོག་ལ་འགོད་པ་དེའི་ཕྱིར་བདག་གི་བླ་ན་མེད་པ་ཡི་བྱང་ཆུབ་ཐོབ་ཀྱང་སྲིད་པར་གནས་པར་གྱུར་ཅིག་ཅེས་དེ་སྐད་བརྗོད་པ་ལས་བྱུང་

བའི་བསོད་ནམས་འདི། རྒྱལ་གལ་ཏེ་དེ་ནི་གཟུགས་ཅན་དུ་གྱུར་པ་ཡིན་ན། ཆུ་བོ་གངྒཱའི་བྱེ་མའི་རྡུལ་གྱི་གྲངས་སྙེད་ཀྱི་ནི་འཇིག་རྟེན་གྱི་ཁམས་སུ་ཤོང་བར་མི་འགྱུར་རོ། །འདི་ཀླུ་སྒྲུབ་ཀྱི་རང་བཟོ་ཡིན་ནམ་སྙམ་ན་མ་ཡིན་ཏེ། དེ་ལྟ་བུའི་བསོད་ནམས་ཀྱི་ཚད་གཞལ་དུ་མེད་པ་འདི་ནི། བཅོམ་ལྡན་འདས་ཀྱིས་གསུངས་ཏེ། དཔལ་སྦྱིན་གྱིས་ཞུས་པའི་མདོ་ལས། བྱང་ཆུབ་སེམས་ཀྱི་བསོད་ནམས་གང་། །གལ་ཏེ་དེ་ལ་གཟུགས་མཆིས་ན༑ ༑ནམ་མཁའི་ཁམས་ནི་ཀུན་བཀང་ནས། །དེ་ནི་དེ་ལས་ལྷག་པར་འགྱུར། །ཞེས་གསུངས་པས་སོ། །དེ་ལྟར་གསུངས་པ་དྲང་དོན་ཡིན་ནོ་སྙམ་ན། ངེས་དོན་ཡིན་པའི་གཏན་ཚིགས་ཀྱང་ནི་དོན་འདི་ལ་སྣང་སྟེ། རིན་ཆེན་ཕྲེང་བར། ཕྱོགས་རྣམས་ཀུན་ཏུ་ནམ་མཁའ་དང་། །ས་དང་ཆུ་དང་མེ་དང་རླུང་། །ཇི་ལྟར་མཐའ་ཡས་དེ་བཞིན་དུ༑ ༑སྡུག་བསྔལ་སེམས་ཅན་མཐའ་ཡས་འདོད། །སེམས་ཅན་མཐའ་ཡས་དེ་དག་ནི། །བྱང་ཆུབ་སེམས་དཔའ་སྙིང་རྗེ་བས། །སྡུག་བསྔལ་དག་ལས་དྲང་བྱས་ཏེ། །སངས་རྒྱས་ཉིད་ལ་འགོད་པར་ངེས། །དེ་ལྟར་བརྟན་པར་གནས་དེ་ནི། །མི་ཉལ་བ་འམ་ཉལ་ཡང་རུང་། །ཡང་དག་བླངས་པ་ནས་བཟུང་སྟེ། །ཟག་མེད་གྱུར་ཀྱང་སེམས་ཅན་རྣམས། །མཐའ་ཡས་ཕྱིར་ན་སེམས་ཅན་བཞིན། །བསོད་ནམས་མཐའ་ཡས་རྟག་སོགས་འགྱུར། །མཐའ་ཡས་དེས་ན་སངས་རྒྱས་ཉིད། །མཐའ་ཡས་ཐོབ་མི་དཀའ་ཞེས་བྱ། །ཞེས་པ་དེ་ལ་སོགས་པ་ལེགས་པར་གསུངས་པའི་ཕྱིར་རོ། །

གཉིས་པ་ནི། སྤྱོད་འཇུག་ལས་ཀྱང་ཞེས་སོགས་རྐང་པ་དྲུག་སྟེ། ཨཱ་ཙརྻ་ནཱ་གརྫུ་ན་སློབ་དཔོན་ཀླུ་སྒྲུབ་ཀྱིས་གསུངས་པར་མ་ཟད། ཨཱ་ཙརྻ་ཤཱནྟི་དེ་ཝ་སློབ་དཔོན་ཞི་བ་ལྷས་སྤྱོད་པ་ལ་འཇུག་པ་ལས་ཀྱང་འདི་སྐད་དུ། བདག་གི་བདེ་བ་དང་གཞན་གྱི་སྡུག་བསྔལ་དག །ཡང་དག་པར་བརྗེ་བར་མ་བྱས་ན། འབྲས་བུ་སངས་རྒྱས་ཉིད་དུ་མི་འགྲུབ་ཅིང་། འཁོར་བ་ན་ཡང་སྡུག་བསྔལ་མེད་པའི་བདེ་བའི་སྐབས་མེད་ཅེས་དེ་སྐད་གསུངས་པ་དང་། གཞན་ཡང་། འགྲོ་བའི་སྡུག་བསྔལ་གང་ཅིའང་རུང་། །དེ་ཀུན་བདག་ལ་སྨིན་གྱུར་ཅིག །བྱང་ཆུབ་སེམས་དཔའི་དགེ་བ་ཡིས། །འགྲོ་བ་བདེ་ལ་སྤྱོད་པར་ཤོག །ཅེས་གསུངས་པ་ལེགས་པར་གཟུང་ལ་བདག་གཞན་བརྗེ་བའི་བྱང་ཆུབ་ཀྱི་སེམས་བསྒོམ་པ་ལ་འབད་པར་བྱའོ། །

གསུམ་པ་ནི། མདོ་དང་བསྟན་བཅོས་ཞེས་སོགས་རྐང་པ་གཉིས་ཏེ། སྤྱོད་འཇུག་སོགས་ལས་གསུངས་པར་མ་ཟད། ཐེག་པ་ཆེན་པོའི་མདོ་དང་བསྟན་བཅོས་གཞན་དུ་མ་ལས་ཀྱང་། དམ་པའི་ཆོས་ཀྱི་སྙིང་པོར་བདག་གཞན་བརྗེ་བའི་བྱང་སེམས་བསྒོམ་པ་འདི་གསུངས་པ་ཡིན་ཏེ། གསང་ཆེན་ཐབས་ལ་མཁས་པའི་མདོ་ལས། གཞན་ཡང་། བྱང་ཆུབ་སེམས་དཔའ་སེམས་དཔའ་ཆེན་པོའི་ཐབས་ལ་མཁས་པ་ནི། ཞེས་པ་ནས།

འདི་ལྟར་སེམས་ཅན་དེ་དག་གི་སྡུག་བསྔལ་གྱི་ཚོར་བ་གང་ཡིན་པ་དེ་དག་ཐམས་ཅད་བདག་གི་ལུས་ལ་འབབ་པར་གྱུར་ཅིག །སེམས་ཅན་དེ་དག་བདེ་བར་གྱུར་ཅིག་ཅེས་པ་དང་། རྡོ་རྗེ་རྩེ་མོ་ལས། འཁོར་བ་མཐར་ཐུག་བར་དུ་ནི། སེམས་ཅན་སངས་རྒྱས་མ་ཐོབ་བར། །ཞེས་པའང་སྣང་། །བདག་འཚང་རྒྱ་བར་མ་གྱུར་ཅིག །དེ་ཀུན་བདག་ལ་སྨིན་གྱུར་ཅིག །བྱང་ཆུབ་སེམས་དཔའི་དགེ་བ་ཡིས། །འགྲོ་བ་བདེ་ལ་སྤྱོད་པར་ཤོག །ཅེས་དང་། མདོ་སྡེ་སེམས་དཔའ་མཆོག་ལས། སེམས་ཅན་དམྱལ་རྣམས་གཤིན་རྗེའི་འཇིག་རྟེན་དང་། དུད་འགྲོ་ལྷ་དང་མི་ཡི་སྡུག་བསྔལ་དང་། །འགྲོ་བའི་སྡུག་བསྔལ་ཕུང་པོ་མཐའ་ཡས་པ། །བདག་ལ་བབ་གྱུར་འགྲོ་བ་བདེ་བར་ཤོག །ཅེས་དང་། བ་ཚའི་ཆུ་ཀླུང་ཞེས་བྱ་བའི་མདོ་ལས། སེམས་ཅན་ཕན་པའི་དབང་དུ་བྱས་པ་ངས་ནི་བསྒྲུབ་པ་སྟེ། །སྐྱུ་འདི་སེམས་ཅན་དོན་ཉིད་ཁོ་ནར་བསྐྱེད་པ་ལ། །བདག་གི་ཡིད་ཀྱིས་ཀྱང་ནི་སེམས་ཅན་དག་ལ་གནོད་བྱེད་ན། །དེ་ནི་ང་ལ་ཇི་ལྟར་འདྲེན་ཏེ་བསློས་པར་ཡིན། །ཞེས་དང་། གང་ཞིག་དེ་ལ་འཚེན་དེས་ནི་ང་ལ་གཅེས་པ་ཡིན། །སེམས་ཅན་རྣམས་ལ་མཆོག་ཏུ་ཕན་དེ་ང་ལ་མཆོད་མཆོག་ཡིན། །སེམས་ཅན་རྣམས་ལ་གནོད་པའི་མཆོག་ནི་ང་ལ་གནོད་མཆོག་ཡིན། །ང་དང་སེམས་ཅན་དག་ནི་བདེ་དང་སྡུག་བསྔལ་མཚུངས་འདོད་པས། །གང་ཞིག་སེམས་ཅན་གནོད་བྱེད་དེ་ནི་ང་ལ་ཇི་ལྟར་སློས། །སེམས་ཅན་སེམས་ཅན་ང་ཡིས་སྐྱོབ་པ་སྡམ་དང་དགེ་བ་བྱས། །སེམས་ཅན་དག་ལ་བརྟེན་ནས་དོན་བསྒྲུབ་ཕ་རོལ་ཕྱིན་པའང་ཐོབ། །ཅེས་དང་། བྱང་ཆུབ་སེམས་འགྲེལ་ལས། བསམ་གཏན་བདེ་བ་དོར་ནས་ཀྱང་། །མནར་མེད་པར་ཡང་འཇུག་པར་བྱེད། །འདི་ནི་ངོ་འཚར་བསྔགས་འོས་སོ། །འདི་ནི་དམ་པའི་ཚུལ་ལུགས་མཆོག །ཅེས་དང་། སློབ་དཔོན་ཟླ་རི་པས། སེམས་ཅན་ཀུན་གྱི་སྡུག་བསྔལ་བདག་ལ་སྨིན། །བདག་གི་དགེ་བས་དེ་ཀུན་བདེ་ཐོབ་ཤོག །ཅེས་དང་། རྗེ་བཙུན་རིན་པོ་ཆེ་གྲགས་པའི་ཞལ་ནས་ཀྱང་། །ཁམས་གསུམ་གྱི་སྡུག་བསྔལ་བདག་ལ་སྨིན། །བདག་གི་བསོད་ནམས་སེམས་ཅན་ཁྱེར། །ཞེས་གསུངས་པས་སོ། །

གཉིས་པ་ནི། དེས་ན་བདག་གཞན། ཞེས་སོགས་ཚིགས་བཅད་གཅིག་སྟེ། བརྗེ་བའི་བྱང་སེམས་ཆོས་ཀྱི་སྙིང་པོར་གསུང་པ་དེས་ན། བདག་གཞན་བརྗེ་བའི་བྱང་ཆུབ་ཀྱི་སེམས་བསྒོམ་ཚུལ་ལེགས་པར་ཤེས་པའི་སྐྱེས་བུ་དེ་ནི་མྱུར་དུ་མངོན་པར་རྫོགས་པར་འཚང་རྒྱ་བ་དང་། སངས་མ་རྒྱས་པ་དེ་ཡི་བར་དུ་འཇིག་རྟེན་གྱི་དགེ་ལེགས་ཕུན་སུམ་ཚོགས་པ་ཐམས་ཅད་འབྱུང་བའི་ཕན་ཡོན་ལྡན་པར་གསུངས་ཏེ། མདོ་ལས། བྱང་ཆུབ་ཀྱི་སེམས་དེ་ནི་དབུལ་བ་ཐམས་ཅད་ཡང་དག་པར་གཅོད་པར་བྱེད་པས་རྣམ་ཐོས་ཀྱི་བུ་ལྟ་བུའོ། །དོན་ཐམས་ཅད་ཡང་དག་པར་བསྒྲུབས་པས་ཡིད་བཞིན་གྱི་ནོར་བུའི་རྒྱལ་པོ་ལྟ་བུའོ། །བསམ་པ་ཐམས་ཅད་ཡོངས་སུ

རྫོགས་པར་བྱེད་པས་བུམ་པ་བཟང་པོ་ལྟ་བུའོ། །ཉོན་མོངས་པའི་དགྲ་ཐམས་ཅད་ཕམ་པར་བྱེད་པས་མདུང་ཐུང་ལྟ་བུའོ། །ཚུལ་བཞིན་མིན་པ་ཡིད་ལ་བྱེད་པ་ཐམས་ཅད་འགོམས་པས་གོ་ཆ་ལྟ་བུའོ། །ཉོན་མོངས་པའི་མགོ་ལྟུང་བར་བྱེད་པས་རལ་གྲི་ལྟ་བུའོ། །འཆི་བ་ཐམས་ཅད་ལས་སྐྱོབ་པར་བྱེད་པས་མཚོན་ཆ་ལྟ་བུའོ། །ཞེས་དང་། སྤྱོད་འཇུག་ལས། མང་དུ་བཤད་ལྟ་ཅི་ཞིག་དགོས། །བྱིས་པ་རང་གི་དོན་བྱེད་དང་། །ཐུབ་པ་གཞན་གྱི་དོན་མཛད་པ། །འདི་གཉིས་ཀྱི་ནི་ཁྱད་པར་ལྟོས། །ཞེས་གསུངས་པའི་ཕྱིར་རོ། །

གསུམ་པ་ནི། བྱང་ཆུབ་སེམས་ཀྱི། ཞེས་སོགས་རྐང་པ་བཅོ་བརྒྱད་དེ། བདག་གཞན་བརྗེ་བའི་བྱང་ཆུབ་སེམས་ཀྱི་གནད་འཆུགས་ན་དེ་ལས་ཆོས་གཞན་སྟོང་ཉིད་བསྒོམ་པ་དང་། དགེ་བ་སངས་རྒྱས་སུ་བསྔོ་བ་རྣམས་ཀྱིས་ནི་འཚང་མི་རྒྱ་སྟེ། ཐབས་མཁས་བྱང་ཆུབ་སེམས་དང་བྲལ་བའི་སྟོང་ཉིད་ཉན་ཐོས་རྣམས་ཀྱིས་བསྒོམས་ཀྱང་། དེ་ཡི་འབྲས་བུ་དམན་པའི་འགོག་པ་ཙམ་ཐོབ་པའི་ཕྱིར་དང་། སོ་སོ་ཐར་པའི་མདོ་ལས། སོ་སོ་ཐར་པ་སྟོན་པ་ཡི། །བསོད་ནམས་གྲུབ་པ་གང་ཡོད་པ། །དེ་ཡིས་འཇིག་རྟེན་མ་ལུས་དང་། །ཐུབ་དབང་གོ་འཕང་ཐོབ་པར་ཤོག །ཅེས་གསུངས་པ་བཞིན་དུ། བསྔོ་བ་ཉན་ཐོས་རྣམས་བྱེད་ཀྱང་འབྲས་བུ་རྫོགས་པའི་བྱང་ཆུབ་བསྒྲུབ་པར་མི་ནུས་པའི་ཕྱིར་རོ། །སྟོང་ཉིད་ཉན་ཐོས་རྣམས་བསྒོམ་པའི་སྒྲུབ་བྱེད་ཡོད་དེ། འདུལ་བ་ལུང་གི་ཀ་ཏྱ་ཡ་ན་ལ་གདམས་པའི་གདམས་ངག་དང་། ལ་སོགས་པ་མདོ་སྡེ་ལས་བརྒྱ་དང་། གང་པོའི་རྟོགས་བརྗོད་རྣམས་སུ། ཉན་ཐོས་ཀྱི་དགྲ་བཅོམ་པ་ཐོབ་པའི་ཚེ། སྟོང་པ་ཉིད་དང་སྐྱེ་བ་མེད་པ་དང་ནམ་མཁའ་དང་ལག་མཐིལ་དུ་མཉམ་པ་དང་། གསེར་དང་བོང་བ་མཉམ་པ་ལ་སོགས་འཁོར་འདས་ཀྱི་ཆོས་ཀུན་མཉམ་པ་ཉིད་དུ་རྟོགས་པའང་གསུངས་པའི་ཕྱིར་རོ། །

འོན་ཆོས་ཀུན་མཉམ་ཉིད་དུ་རྟོགས་པ་རྫོགས་པའི་སངས་རྒྱས་ཀྱི་ཐུན་མོང་མིན་པའི་ལམ་མ་ཡིན་ནམ་སྙམ་ན། འདི་ལ་གང་ཟག་གི་བདག་དང་། གཟུང་བ་ཆོས་ཀྱི་བདག་དང་། འཛིན་པ་ཆོས་ཀྱི་བདག་གིས་སྟོང་པའི་མཉམ་པ་ཉིད་གསུམ་ལས། དང་པོ་གཉིས་ཉན་ཐོས་དང་། རང་སངས་རྒྱས་ཀྱིས་རིམ་པ་བཞིན་རྟོགས་པའི་དབང་དུ་བྱས་པ་མངོན་རྟོགས་རྒྱན་ལས་བཤད་དེ། གཟུང་དོན་རྟོགས་པ་སྤོང་ཕྱིར་དང་། །ཞེས་སོགས་གསུངས་པའི་ཕྱིར། རྒྱན་ལས་གསུངས་པའི་ཆོས་ཀྱི་བདག་འཛིན་ནི། འཁོར་འདས་ལ་བླང་དོར་གྱི་མཚན་མར་འཛིན་པ་དང་། ཕུང་པོ་སྟོང་པ་ཉིད་དུ་འཛིན་པ་དང་། དུས་གསུམ་གྱི་ཆོས་ལ་དེར་འཛིན་པ་དང་། བྱང་ཕྱོགས་སོ་བདུན་ལ་ཐར་ལམ་དུ་འཛིན་པ་དང་། རྫོགས་པའི་སངས་རྒྱས་ལ་སྐྱབས་གནས་སུ་འཛིན་པ་སོགས་བླང་དོར་ཐ་དད་དུ་འཛིན་པའི་ཆགས་པ་ཕྲ་མོ་ཡིན་ཏེ། དེ་ཉིད་ལས། གཟུགས་སོགས་ཕུང་པོ་སྟོང་ཉིད་དང་། །

དུས་གསུམ་རྟོགས་པའི་ཆོས་རྣམས་དང༌། །སྦྱིན་སོགས་བྱང་ཆུབ་ཕྱོགས་རྣམས་ལ། །སྤྱོད་པའི་དུས་དེ་མི་མཐུན་རྟོགས། །རྒྱལ་ལ་སོགས་ལ་ཆགས་པ་སྐྱེ། །ཞེས་གསུངས་པའི་ཕྱིར། མཚན་འཛིན་དེ་དག་ནི། ཉན་རང་གི་ལམ་དུ་ཙུང་ཟད་ཙམ་ཡང་སྤོང་བར་མི་ནུས་ཏེ། ཉན་རང་གི་རིགས་ཅན་དེ་དག་ནི། འཁོར་བ་ལ་སྤྱངས་བྱ་དང༌། མྱང་འདས་ལ་བླང་བྱར་བྱས་ནས་ལམ་བསྒྲུབ་པའི་ཕྱིར་རོ། །སོ་སོ་ཐར་པའི་མདོ་བཞིན་དུ་བསྔོ་བ་ཉན་ཐོས་རྣམས་ཀྱང་བྱེད་པའི་སྒྲུབ་བྱེད་ཡོད་དེ། འདུལ་བ་ལུང་གི་ཐམས་ཅད་སྒྲོལ་གྱི་སྐྱེས་རབས་ལས། བདག་གིས་བྲམ་ཟེ་འདོད་པ་ལ། །དགའ་བས་ཤིང་རྟ་འདི་བཏང་བས། །དངོས་པོ་ཐམས་ཅད་བཏང་ནས་ནི། །རྫོགས་པའི་བྱང་ཆུབ་ཐོབ་པར་ཤོག །ཅེས་པ་དང༌། དཔལ་གྱི་སྡེའི་རྟོགས་བརྗོད་ལས། བྲམ་ཟེ་དམ་པ་གཟུགས་བཟང་བ་དང༌། །སྡུག་པའི་ཕྲུག་མ་འདི་ལོངས་ཤིག །སྦྱིན་པ་འདི་ཡིས་མྱུར་དུ་ནི། །བྱང་ཆུབ་དམ་པ་ཐོབ་པར་འགྱུར། །ཞེས་དེ་དག་ལ་སོགས་པའི་དགེ་བ་སངས་རྒྱས་སུ་བསྔོ་བའང་མང་དུ་གསུངས་པའི་ཕྱིར་རོ། །དེ་ལྟར་གསུངས་པ་འོན་ཀྱང་བདག་གཞན་བརྗེ་བའི་བྱང་སེམས་སོགས་ཐབས་ལ་མཁས་པ་ཡི་ཁྱད་པར་འགའ་ཞིག་ལ་མ་གསུངས་པས། སྟོང་རྐྱང་བསྒོམ་པ་སོགས་ཀྱིས་རྫོགས་པའི་སངས་རྒྱས་བསྒྲུབ་པར་མི་ནུས་ཏེ། མདོ་སྡུད་པ་ལས། ཐབས་མེད་ཤེས་རབ་བྲལ་བས་ཉན་ཐོས་ཉིད་དུ་ལྟུང༌། །ཞེས་དང༌། །རིན་ཆེན་ཕྲེང་བ་ལས། ཉན་ཐོས་ཐེག་པ་དེ་ལས་ནི། །བྱང་ཆུབ་སེམས་དཔའི་སྨོན་ལམ་དང༌། །སྤྱོད་པ་ཡོངས་བསྔོ་མ་བཤད་དེས། །བྱང་ཆུབ་སེམས་དཔར་ག་ལ་འགྱུར། །ཞེས་གསུངས་པའི་ཕྱིར་རོ། །

སྐབས་འདིར་བསྔོ་བ་ཉན་ཐོས་རྣམ་ཀྱང་བྱེད། །ཅེས་པ་ལ། མ་ཧཱ་ཆེན་པོ་པཎྜི་ཏ་མཁས་པ་ཤཱཀྱ་མཆོག་ལྡན་པའི་ཞལ་སྔ་ནས། ཉན་ཐོས་རྣམས་ཀྱི་རྫོགས་བྱང་དུ། །བསྔོ་བ་བྱེད་ན་འཕགས་པ་ཡིས། །ཉན་ཐོས་ཐེག་པ་དེ་ལས་ནི། །སྤྱོད་པ་ཡོངས་བསྔོ་མ་བཤད་དེ། །ཞེས་གསུངས་པ་དེ་གང་ལ་དགོངས། ཐམས་ཅད་སྒྲོལ་གྱི་སྐྱེས་རབས་ལས། །བསྔོ་བ་བཤད་དེ་ཉན་ཐོས་ཀྱི། །བསྔོ་བ་ཡིན་པར་བཞེད་དམ་ཅི། །ཞེས་དྲི་བ་མཛད་པའི་ལན་ནི། ཀུན་མཁྱེན་པུཎྱེ་སིཧྣེ་བསོད་ནམས་སེང་གེའི་ཞལ་སྔ་ནས། དྲི་བ་པོའི་བསམ་པ་བླངས་པ་དང༌། གསུང་རབ་སྤྱིའི་དགོངས་པ་བླང་སྟེ་དཔྱད་པ། དེ་བདག་ཉིད་ཆེན་པོའི་བཞེད་པར་བསྒྲུབས་པ་དང༌། དེ་ལན་རྣམ་དག་ཏུ་འགྱུར་པའི་ཚུལ་དང༌། བཞི་ལས། དང་པོ་ནི། འདིར། སོ་སོ་ཐར་པའི་མདོ་བཞིན་དུ། །བསྔོ་བ་ཉན་ཐོས་རྣམས་ཀྱང་བྱེད། །ཅེས་དང༌། ཐམས་ཅད་སྒྲོལ་གྱི་སྐྱེས་རབས་ལས། །བདག་གིས་བྲམ་ཟེ་འདོད་པ་ལ། །དགའ་བས་ཤིང་རྟ་འདི་བཏང་བས། །དངོས་པོ་ཐམས་ཅད་བཏང་ནས་ནི། །རྫོགས་པའི་བྱང་ཆུབ་ཐོབ་པར་ཤོག །ཅེས་གསུངས་པ་དེ་ཉན་ཐོས་ཀྱི་སྡེ་སྣོད་ནས་བཤད་པའི་བསྔོ་བར་གསུངས་པ་དང༌། ཀླུ་སྒྲུབ་ཀྱི་རིན་ཆེན་ཕྲེང་བར། ཉན་ཐོས་ཐེག་པ་དེ་ལས་ནི། །

བྱང་ཆུབ་སེམས་དཔའི་སྨོན་ལམ་དང་། །སྤྱོད་པ་ཡོངས་བསྔོ་མ་བཤད་དེས། །བྱང་ཆུབ་སེམས་དཔར་ག་ལ་འགྱུར། །ཞེས་གསུངས་པ་དང་། འགལ་ལོ་སྙམ་ནས་དྲི་བར་སྣང་སྟེ། འདི་ནི་བསྟན་བཅོས་འདི་ཉིད་དུ་མ་ཟད། ཉན་ཐོས་ཀྱི་སྡེ་སྣོད་ནས་བྱང་ཆུབ་སེམས་དཔའི་བསྔོ་བ་བཤད་པ་དང་། ཀླུ་སྒྲུབ་ཀྱི་དེ་མ་བཤད་པར་གསུངས་པ་གཉིས་ལ་འགལ་སྤོང་གསུང་རབ་འཆད་པ་པོ་ཐམས་ཅད་ཀྱིས་དགོངས་པ་རྣམ་དབྱེད་དང་ལྡན་པའི་དྲི་བར་སྣང་ཞིང་། འདི་བཞིན་དྲིས་པ་ལ། ཀླུ་སྒྲུབ་ལ་ཀློལ་ལོ། །ས་པཎ་ལ་ཀློལ་ལོ། །ཞེས་སོགས་སྐྱོན་འདོགས་པ་དག་ནི། བླུན་པོའི་རྣམ་ཐར་སྐྱོང་བ་ཡིན་ནོ། །སོ་ཐར་གྱི་སྐབས་སུ། སྤྱར་རྣམ་དབྱེད་དང་ལྡན་པའི་དྲི་བ་ཡིན་ཞེས་སྨྲས་པ་དེ་དང་། བྱང་སེམས་ཀྱི་སྐབས་སུ། འདི་དང་གཉིས་ནི་དོགས་པ་སྐྱེས་ནས་དྲི་བ་ཡང་དགོན་ན། དེའི་ལན་ཚུལ་བཞིན་དུ་སྨྲ་བ་ཡང་དཀོན་པ་ལྟ་སྨོས་པ་ཅི་དགོས།

གཉིས་པ་ནི། སྤྱིར་སྡེ་སྣོད་དང་། གྲུབ་མཐས་ཕྱེ་བའི་ཐེག་པ་ཆེ་ཆུང་དང་། ལམ་དང་འབྲས་བུའི་ཕྱེ་བའི་ཐེག་པ་ཆེ་ཆུང་གཉིས་ལས། དང་པོ་ནི། ལང་ཀར་གཤེགས་པར། ཆོས་ལྔ་དང་ནི་རང་བཞིན་གསུམ། །རྣམ་པར་ཤེས་པ་བརྒྱད་ཉིད་དང་། །བདག་མེད་གཉིས་ཀྱི་ནང་དུ་ནི། །ཐེག་ཆེན་མཐའ་དག་འདུས་པར་ཟད། །ཅེས་གསུངས་པའི་བརྗོད་བྱ་འདི་དག་ཁས་མི་ལེན་པའི་རང་སྡེ་རྣམས་ནི་ཉན་ཐོས་པ་ཞེས་བྱ་སྟེ། མཚན་གཞི་ནི། ཉན་ཐོས་རྩ་བའི་སྡེ་པ་བཞིའམ། དེ་ལས་གྱེས་པ་བཅོ་བརྒྱད་དོ། །བརྗོད་བྱ་དེ་དག་ཁས་ལེན་པ་ནི། ཐེག་པ་ཆེན་པོ་པ་སྟེ། མཚན་གཞི་ནི། དབུ་སེམས་རྣམ་པ་གཉིས་སོ། །

གཉིས་པ་ནི། བློ་ཆེན་པོ་བདུན་དང་། མི་ལྡན་པའི་ལམ་ཞུགས་རྣམས་ནི་ཐེག་པ་ཆུང་དུ་པ་སྟེ། མཚན་གཞི་ནི་ཉན་རང་རྣམས་སོ། །དེ་དང་ལྡན་པ་ནི། ཐེག་པ་ཆེན་པོ་པ་སྟེ། མཚན་གཞི་ནི། ཐེག་ཆེན་སློབ་པ་དང་། མི་སློབ་པ་རྣམས་སོ། །དེས་ན་སྡེ་སྣོད་དང་། གྲུབ་མཐས་ཕྱེ་བའི་ཐེག་པ་ཆེ་ཆུང་གཉིས་རེ་རེས་ཀྱང་། རང་གི་སྡེ་སྣོད་དང་། གྲུབ་མཐའ་དེའི་ནང་དུ་ལམ་དང་འབྲས་བུས་ཕྱེ་བའི་ཐེག་པ་གསུམ་གྱི་རྣམ་གཞག་བྱེད་ཅིང་། ཐེག་པ་གསུམ་གྱི་བྱང་ཆུབ་ཀྱང་། རང་རང་གི་གྲུབ་མཐའ་དེ་ཁོ་ན་ལ་གནས་པས་ཐོབ་པར་འདོད་པས་ཉན་ཐོས་ཀྱི་སྡེ་སྣོད་འདུལ་བ་ལུང་ལྔ་བུ་ནས་ཀྱང་། ཐེག་པ་གསུམ་གྱི་གང་ཟག་དང་། ཐེག་པ་གསུམ་གྱི་སེམས་བསྐྱེད་དང་། ཐེག་པ་གསུམ་གྱི་བསྔོ་བ་དང་སྨོན་ལམ། ཐེག་པ་གསུམ་གྱི་ལམ་དང་འབྲས་བུ་རྣམས་བཤད་ཅིང་། དེ་ཉིད་ཐེག་ཆེན་བཀར་མ་འདོད་པའི་ཉན་ཐོས་པ་དག་གིས་ཀྱང་ཁས་ལེན་ནོ། །དེའི་དགོངས་པ་མདོ་ལས་ཀྱང་ཐེག་པ་གསུམ་གྱི་ལམ་བགྲོད་ཚུལ་གསུམ་དང་། འབྲས་བུ་འགྲུབ་པའི་དུས་གསུམ་དང་། ཁྱད་པར་དུ་བྱང་ཆུབ་སེམས་དཔའ་ཡིས་དང་པོ་སེམས་བསྐྱེད་པའི་ཚུལ་དང་། གྲངས་མེད་གསུམ་གནས་སྐབས་གང་དུ

རྫོགས་པའི་ཚུལ་དང་། ཕར་ཕྱིན་དྲུག་གནས་སྐབས་གང་དུ་རྫོགས་པའི་ཚུལ་གསལ་བར་གསུངས་པས་ཉན་ཐོས་ཀྱི་སྡེ་སྣོད་ལས། ཉན་ཐོས་རང་ལུགས་ཀྱི་ཐེག་པ་ཆེན་པོའི་སེམས་བསྐྱེད་དང་། བསྔོ་བ་དང་། སྨོན་ལམ་སོགས་གསུང་པར་ཤེས་པར་བྱའོ། །འོན་ཀླུ་སྒྲུབ་ཀྱིས་དེ་དག་མ་བཤད་པར་གསུངས་པའི་དགོངས་པ་ཅི་སྙམ་ན། གཞུང་འདི་རིན་ཆེན་ཕྲེང་བར་ཐེག་ཆེན་བཀའ་བསྒྲུབ་ཀྱི་སྐབས་སུ་གསུངས་པས། ཉན་ཐོས་པ་དག་ཐེག་པ་ཆེན་པོ་བཀའ་མ་ཡིན་པས། དེ་ལ་མ་བསླབ་ཀྱང་ཉན་ཐོས་ཀྱི་སྡེ་སྣོད་ཉིད་ལ་བསླབ་པས་རྫོགས་པའི་བྱང་ཆུབ་བསྒྲུབ་པར་འདོད་པ་ལ་དེ་ནི་མ་ཡིན་ཏེ། རྫོགས་པའི་བྱང་ཆུབ་བསྒྲུབ་ནུས་ཀྱི་བྱང་ཆུབ་སེམས་དཔའི་སྨོན་ལམ་དང་། སྦྱིན་སོགས་ཕ་རོལ་ཏུ་ཕྱིན་པ་དྲུག་གི་སྤྱོད་པ་དང་། འཁོར་གསུམ་མི་དམིགས་པའི་ཡོངས་སུ་བསྔོ་བ་དང་། ཆོས་ཀྱི་བདག་མེད་རྒྱས་པ་སོགས་ཉན་ཐོས་ཀྱི་སྡེ་སྣོད་ལ་མ་བཤད་པའི་ཕྱིར། ཞེས་པའི་དོན་ཡིན་གྱི་གྲུབ་མཐའ་ཁས་ལེན་གྱི་ཉན་ཐོས་པ་དག །ཁོ་རང་གི་གཞུང་ནས་བཤད་པའི་ཐེག་པ་ཆེན་པོའི་ལམ་གྱིས་རྫོགས་པའི་བྱང་ཆུབ་བསྒྲུབ་པར་འདོད་ཀྱང་། དབུ་མ་པས་ནི་དབུ་མའི་གཞུང་ལས་བཤད་པའི་ལྷ་སྤྱོད་ལ་མ་བརྟེན་པར་རྫོགས་པའི་བྱང་ཆུབ་བསྒྲུབ་མི་ནུས་པར་བཞེད་པའི་གནད་ཀྱང་འདི་ཉིད་ཡིན་ནོ། །

གསུམ་པ་བདག་ཉིད་ཆེན་པོ་ས་སྐྱ་པཎྜི་ཏའི་བཞེད་པའང་འདི་ཉིད་ཡིན་ཏེ། སོ་སོ་ཐར་པའི་མདོ་དང་། ཐམས་ཅད་སྒྲོལ་གྱི་སྐྱེས་རབས་ལས་གསུངས་པའི་བསྔོ་བ་དེ་དག་ཉན་ཐོས་པ་རང་ལ་ཐེག་པ་གསུམ་ཡོད་པའི་ཐེག་ཆེན་གྱི་བསྔོ་བ་ཡིན་པར་འདོད་ཀྱང་། དེས་རྫོགས་པའི་བྱང་ཆུབ་བསྒྲུབ་པར་མི་ནུས་པའི་ཕྱིར་དང་། དེས་ན་ཐབས་མཁས་ཤེས་རབ་ཉིད། །སངས་རྒྱས་རྒྱུ་ཡི་གཙོ་བོ་ཡིན། །ཞེས་གསུངས་པའི་ཐབས་ཤེས་རབ་གཉིས་ཀྱང་ཐེག་ཆེན་གྱི་སྡེ་སྣོད་ཁོ་ནས་བཤད་པར་བཞེད་པའི་ཕྱིར་རོ། །

བཞི་པ་ནི། མདོར་ན་ཉན་ཐོས་ཀྱི་སྡེ་སྣོད་ནས་ཉན་ཐོས་རང་ལུགས་ཀྱི་ཐེག་པ་གསུམ་ཀར་གསུང་པས། ཐེག་ཆེན་གྱི་ལམ་བགྲོད་ཚུལ་གྱི་བསམ་པ་སེམས་བསྐྱེད་དང་། སྦྱོར་བ་ཕར་ཕྱིན་དྲུག་དང་། ཡོངས་སུ་བསྔོ་བ་སོགས་གསུང་ཀྱང་། ཐེག་པ་ཆེན་པོའི་སྡེ་སྣོད་ནས་བཤད་པ་ཐབས་མཁས་ཁྱད་པར་ཅན་དང་ལྡན་པའི་སེམས་བསྐྱེད་སོགས་མ་གསུངས་པས། རྫོགས་པའི་བྱང་ཆུབ་བསྒྲུབ་པར་མི་ནུས་ཞེས་པ་སྟེ། འདི་ཐམས་ཅད་ལ་ཡང་ཐེག་པ་ཆེ་ཆུང་གི་དབྱེ་མཚམས་གཉིས་པོ་དེ་སོ་སོར་ཕྱེད་པ་གལ་ཆེའོ། །དེ་ཕྱི་ནས་ཐམས་ཅད་སྒྲོལ་གྱི་སྐྱེས་རབས་ལས་གསུངས་པ་ནི་བསྔོ་བ་སྔར་བཤད་པ་དེ་སོ་སོ་ཐར་པའི་མདོ་ལས། སོ་སོ་ཐར་པ་འདོན་པ་ཡིས། །བསོད་ནམས་གྲུབ་པ་གང་ཡོད་པ། །དེས་ནི་འཇིག་རྟེན་ལ་ལུས་པ། །ཐུབ་དབང་གོ་འཕང་མྱུར་ཐོབ་ཤོག །ཅེས་གསུངས་པ་གཉིས་ཀར་ཡང་ཉན་ཐོས་པའི་ལུགས་ཀྱི་ཐེག་ཆེན་གྱི་བསྔོ་བ་ཡིན་པར་འབད་མེད་དུ་ཤེས

པས། ཉན་ཐོས་བསྡོ་བར་བཞེད་དེ་ཅི། །ཞེས་པའི་དྲི་བ་མི་དགོས་པའམ། དྲིས་པའི་ལན་ཐོགས་མེད་དུ་ཤེས་པར་འགྱུར་རོ། །ཞེས་གསུངས་སོ། །

བཞི་པ་ནི། དེ་ཕྱིར་ཐབས་མཁས། ཞེས་སོགས་རྐང་པ་གཉིས་ཏེ། འོ་ན་སངས་རྒྱས་བསྒྲུབ་ནུས་ཀྱི་ལམ་གྱི་གཙོ་བོ་ཇི་ལྟ་བུ་ཞེ་ན། བྱང་ཆུབ་སེམས་ཀྱི་གནད་འཆུགས་ན། ཆོས་གཞན་གྱིས་འཚང་མི་རྒྱ་བ་དེའི་ཕྱིར། ཀུན་རྫོབ་བྱང་ཆུབ་སེམས་ཀྱི་ཐབས་མཁས་པ་དང་། སྤྲོས་བྲལ་རྟོགས་པའི་ཤེས་རབ་ཉིད་འབྲས་བུ་སངས་རྒྱས་ཀྱི་རྒྱུ་ཡི་གཙོ་བོ་ཡིན་ཏེ། ལི་ཙ་བྱིས་ཞུས་པའི་མདོ་ལས། བྱང་ཆུབ་སེམས་དཔའ་རྣམ་དག་གི །ཡབ་ནི་ཐབས་ལ་མཁས་པ་སྟེ། །ཡུམ་ནི་ཤེས་རབ་ཕ་རོལ་ཕྱིན། །འདྲེན་པ་རྣམས་ནི་དེ་ལས་སྐྱེས། །ཞེས་གསུངས་པའི་ཕྱིར་རོ། །

གསུམ་པ་དེ་དག་དང་འབྲེལ་བའི་ཐབས་ལམ་རྣམ་དག་ཏུ་བསྒྲུབ་པ་ལ་གཉིས་ཏེ། སྤངས་བྱ་མ་དག་པའི་ལྟ་སྤྱོད་ངོས་བཟུང་བ་དང་། དེ་ཤེས་ནས་སྤོང་བར་གདམས་པའོ། །དང་པོ་ལ་བསྟན་བཤད་གཉིས་ལས། དང་པོ་ནི། སངས་རྒྱས་དགོངས་པ། ཞེས་སོགས་ཚིགས་བཅད་གཅིག་སྟེ། རྫོགས་པའི་སངས་རྒྱས་ཀྱིས་གསུངས་པའི་དགོངས་པ་སངས་རྒྱས་ཀྱི་རྒྱུའི་གཙོ་བོ་ཐབས་བྱང་ཆུབ་ཀྱི་སེམས་དང་། སྤྲོས་བྲལ་རྟོགས་པའི་ཤེས་རབ་ཡིན་པ་མི་ཤེས་པར། དམ་པའི་ཆོས་ལྟར་བཅོས་པས། བླུན་པོ་འགའ་ཞིག་ངོ་མཚར་སྐྱེད་ཀྱི། ཆོས་ལྟར་སྤྱོད་པའི་མཁས་པ་རྣམས་ཁྲེལ་བར་འགྱུར་བའི་ཚིག་འདི་འདྲ་ཡོད་ཅེས་མདོར་བསྟན་པའོ། །

གཉིས་པ་ལ་བཅུ་གཅིག་ཡོད་པ་ལས། དང་པོ་མ་དག་པའི་སྦྱིན་པ་ནི། ཆང་དང་དུག་དང་ཞེས་སོགས་རྐང་པ་དྲུག་སྟེ། རྫས་མ་དག་པ་ཆང་དང་། དུག་དང་། མཚོན་ཆ་དང་། རང་མི་དབང་བའི་གཞན་གྱི་ལོངས་སྤྱོད་སྟེར་བ་དང་། སེམས་ཅན་གསོད་པའི་སར་ཕྱུགས་མ་སྟེར་བ་དང་། ཡུལ་མ་དག་པ་སྤོང་བ་པའི་རྫས་གློག་པ་ལ་དང་། མཁན་སློབ་ལ་སོགས་པ་མཆོག་གི་ནོར་ནི་ཡུལ་མཆོག་མིན་པ་ཁྱིམ་པ་ལྟ་བུ་ལ་སྟེར་བ་དང་། བསམ་པ་མ་དག་པ་བདག་ཉིད་ཀྱི་ལོངས་སྤྱོད་རྙེད་པ་དང་། བཀུར་བསྟི་དང་། གྲགས་པའི་ཕྱིར་སྟེར་བ་སོགས་ནི་མ་དག་པ་ཡི་སྦྱིན་པ་ཡིན་ཏེ། དེ་སྟེར་བ་མདོ་ལས་བཀག་པས་ནའོ། །ཇི་ལྟར་བཀག་ན། སོགས་ཀྱི་སྒྲས་བསྡུས་པའི་སྦྱིན་པ་རྣམས་དྲང་སྲོང་རྒྱས་པས་ཞུས་པའི་མདོ་དང་། བྱང་ཆུབ་སེམས་དཔའི་སོ་སོ་ཐར་པ་ཆོས་བཞི་བསྒྲུབ་པའི་མདོ་ལས་བཀག་གོ །མདོ་དང་པོ་ལས། གསུམ་བཅུ་རྩ་གཉིས་གསུངས་པ། ཐུབ་པ་དགོངས་གསལ་ལས། སྡོམ་གྱི་ཚིགས་སུ་བཅད་པ་ནི། ལོག་ལྟ་མ་དད་ཕན་འདོགས་ལན། །མི་ཆུ་རྒྱུགས་སྟེར་འཕགས་ཕྱིར་སྟེར། །དུག་མཚོན་བསད་ཤ་བག་མེད་ཆང་། །བསྟུ་ཕྱིར་བསྟོད་ཕྱིར་རོལ་མོ་མཁན། །སྐར་

མཁན་གཞན་ནོར་མཛའ་ལ་སྟེར། །གཞན་གྱི་འབྲུ་སྣོད་བཟོ་བོ་དང་། །ནོར་ཕྱིར་སྨན་པ་བཅོས་ནས་གཏེར། །རྣམ་སྨིན་ཐོབ་སེམས་བྱིན་རྗེས་འགྱོད། །འདི་ཡི་ཕྱིན་མར་བདག་ལ་སྦྱིན། །རྣམ་སྨིན་རང་ཉིད་ལང་ཚོ་གྲུས། །ན་དང་འཆི་འཆེ་བསྐྲུལ་ནས་མཆོད། །ཡུལ་གཞན་གྲགས་ཕྱིར་གོ་བརྟན་ཕྱིར། །བུད་མེད་ཕྱིར་སྟེར་བུ་དེའི་ཕྱིར། །ཕྱི་མ་རྙེད་ཕྱིར་དམན་པ་རྣམས། །བོར་ནས་ཕྱུག་པོ་རྣམས་ལ་སྟེར། །མ་དག་སྦྱིན་པ་སུམ་ཅུ་གཉིས། །རྒྱས་པའི་མདོ་ལས་གསུངས་ཕྱིར་སྤང་ས། །ཞེས་སོགས་སོ། །ཚུལ་ཇི་ལྟར་མ་དག་ཞེ་ན། དང་པོ་དྲུག་དང་བཅུ་གསུམ་པ། །བཅུ་བཞི་པ་དང་བཅོ་ལྔ་པ། །བཅུ་བདུན་པ་དང་བཅོ་བརྒྱད་པ། །ཐ་མ་གཅིག་སྟེ་བཅུ་གཉིས་སོ། །ཞིང་ནི་མ་དག་པ་ཡིན་ནོ། །བདུན་པ་བརྒྱད་པ་དགུ་པ་དང་། །བཅུ་པ་དང་ནི་བཅུ་དྲུག་པ། །ལྔ་ནི་དངོས་པོ་མ་དག་པའོ། །བསམ་པ་མ་དག་ལྷག་བཅོ་ལྔ། །ཞེས་པ་ལྟར་ཤེས་པར་བྱའོ། །

ཞེས་གསུང་རབ་དགོངས་གསལ་ལས་གསུངས་པ་དང་། ཐུབ་དགོངས་ཀྱི་དཔེ་ཁ་ཅིག་དང་། ཊཱིཀྐཱ་ཁ་ཅིག་ཏུ། མདོ་དྲངས་པ་རྣམས་ལ་མི་མཐུན་པའི་དཔྱད་གཞི་ཆེ་བར་སྣང་ངོ་། །མདོ་གཉིས་པ་ལས། ཤཱ་རིའི་བུ་གང་ཡང་བྱང་ཆུབ་སེམས་དཔའ་མཁས་པས་སྨད་པའི་སྦྱིན་པ་འདི་རྣམས་ལས་རབ་ཏུ་ཟློག་པ་ཡིན་ཏེ། འདི་ལྟ་སྟེ། དུས་སུ་ལེན་པའི་སྦྱིན་པ་དང་། ཆང་གི་སྦྱིན་པ་དང་། དུག་གི་སྦྱིན་པ་དང་།གནོད་པའི་སྦྱིན་པ་དང་། འགྱོད་པའི་སྦྱིན་པ་དང་། མཚོན་ཆའི་སྦྱིན་པ་དང་། ཞེས་པ་ནས། འཇིགས་པའི་སྦྱིན་པ་དག་ལས་བཟློག་པར་འགྱུར་རོ། །ཞེས་པའི་བར་གསུངས་སོ། །འོ་ན་མ་དག་པའི་སྦྱིན་པ་ལ་རྣམ་སྨིན་ཇི་ལྟར་འབྱུང་ན། ཙཱ་སྒོ་ཅན་གྱི་ཞིང་ལ་ས་བོན་བཏབ་པས་ལོ་མ་དང་སྡོང་བུ་འབྱུང་ཡང་། མེ་ཏོག་དང་འབྲས་བུ་མི་འབྱུང་བ་བཞིན་དུ། གནས་སྐབས་ཚེ་རིང་བ་དང་། ལོངས་སྤྱོད་ཆེ་བ་སོགས་འབྱུང་ཡང་། མཐར་ཐུག་སངས་རྒྱས་ཀྱི་རྒྱུར་མི་འགྱུར་ཏེ། མདོ་དང་པོ་ལས་དྲང་སྲོང་ཆེན་པོ་དེ་དག་གི་རྣམ་པར་སྨིན་པ་ནི། ཙཱ་སྒོ་ཅན་གྱི་ཞིང་ལ་ས་བོན་ངན་པ་བཏབ་པ་བཞིན། མུ་གུ་མི་སྐྱེ་བ་ལྟ་བུ་སྟེ། སྦྱིན་པ་དེའི་རྣམ་པར་སྨིན་པ་ནི། མེད་པ་མིན་མོད་ཀྱི་འོན་ཀྱང་། ཞིང་དངས་བོན་གྱི་ཉེས་པས། མེ་ཏོག་དང་འབྲས་བུར་མི་འགྱུར་རོ། །ཞེས་པ་ནས། སྦྱིན་པ་དེའི་རྣམ་པར་དབྱེ་བ་དེ་ཡང་བསམ་པ་དང་། སྦྱོར་བ་ཀུན་ནས་ཉོན་མོངས་པ་ཅན་དུ་གྱུར་པས་འབྲས་བུ་རྣམ་པར་སྨིན་པ་གྲུང་པོར་མི་འགྱུར་རོ། །ཞེས་གསུངས་པའི་ཕྱིར། སྦྱིན་པ་རྣམ་པར་དག་པ་ནི་ཉེ་བ་འཁོར་གྱིས་ཞུས་པའི་མདོ་ལས། བྱང་ཆུབ་སེམས་དཔའ་ཁྱིམ་པ་དང་། རབ་ཏུ་བྱུང་བ་དང་། མི་སྐྱེ་བའི་ཆོས་ལ་བཟོད་པ་ཐོབ་པའི་སྦྱིན་པ་གསུམ་ལས། དང་པོ་ལ་ཆོས་དང་ཟང་ཟིང་གི་སྦྱིན་པ་གཉིས་དང་། གཉིས་པ་སྨྱུག་གུ་དང་། སྣག་ཚ་དང་གླེགས་བམ་དང་། ཆོས་སྦྱིན་པ་བཞི་དང་། གསུམ་པ་ལ་རྒྱལ་སྲིད་ཡོངས་སུ་གཏོང་བ་དང་། ཆུང་མ་དང་བུ་དང་བུ་མོ་

ཡོངས་སུ་གཏོང་བ་གཏོང་བ་ཆེན་པོ། མགོ་དང་རྐང་ལག་ལ་སོགས་པ་ཡོངས་སུ་གཏོང་བ་ཤིན་ཏུ་གཏོང་བ་སྟེ་གསུམ་གསུངས་སོ། །

གཉིས་པ་མ་དག་པའི་ཚུལ་ཁྲིམས་ནི། ཉན་ཐོས་ཀྱི་ནི། ཞེས་སོགས་ཚིགས་བཅད་གཉིས་ཏེ། ཉན་ཐོས་ཀྱིས་ནི་སོ་ཐར་སྡོམ་པ་རིགས་བདུན་ཇི་སྲིད་འཚོའི་བར་དུ་ལེན་པ་ཡིན་པ་ལ་དེ་ཐེག་པ་ཆེན་པོར་འཚོས་པ་སེམས་ཇི་སྲིད་འཚོའི་བར་དུ་ལེན་དགོས་ཟེར་བ་དང་། དེ་བཞིན་དུ་ཐེག་པ་ཆེན་པོའི་ཚུལ་ཁྲིམས་བསྲུངས་ནས་ཉན་ཐོས་དང་རང་སངས་རྒྱས་ལ་དམིགས་པ་ཐེག་ཆེན་ཉན་ཐོས་སུ་འཚོས་པ་ཞེས་སམ། ཡང་ན་དེ་བཞིན་དུ་ཐེག་ཆེན་གྱི་སྡོམ་པ་སེམས་ལས་སྐྱེ་བ་ལ་ཉན་ཐོས་སུ་འཚོས་པ་རྣམ་པར་རིག་བྱེད་མིན་པའི་གཟུགས་ཡིན་ཟེར་བ་ཚུལ་ཁྲིམས་མ་དག་པ་ཡིན་ཏེ། སྡུད་པ་ལས། གལ་ཏེ་དགྲ་བཅོམ་རང་རྒྱལ་བྱང་ཆུབ་རིག་འདོད་ན། །ཚུལ་ཁྲིམས་འཆལ་ཞིང་མི་མཁས་དེ་བཞིན་སྤྱོད་པ་ཉམས་ཞེས་གསུངས་པས་སོ། །རང་ཉིད་ཚུལ་ཁྲིམས་གཙང་མར་བསྲུང་ན་ཡང་རང་རྒྱུད་ཀྱི་ཚུལ་ཁྲིམས་ལ་ནི་མཆོག་ཏུ་འཛིན་ཅིང་། གཞན་ཚུལ་ཁྲིམས་མཆོག་ལ་ཕྲག་དོག་དང་། མཉམ་པ་ལ་འགྲན་སེམས་དང་། འཆལ་པ་ལ་ཁྱད་སོད་བྱེད་པ་ནི་མ་དག་པའི་ཚུལ་ཁྲིམས་ཡིན་ཏེ། བསྡུད་པ་ལས། སེམས་ཅན་འདི་དག་ཁྲིམས་ལྡན་འདི་དག་ཁྲིམས་འཆལ་ཞེས། །སྣ་ཚོགས་འདུ་ཤེས་ཞུགས་པ་ཤིན་ཏུ་ཚུལ་ཁྲིམས་འཆལ། །ཞེས་གསུངས་པའི་ཕྱིར་རོ། །

གསུམ་པ་མ་དག་པའི་བཟོད་པ་ནི། དཀོན་མཆོག་གསུམ་དང་། ཞེས་སོགས་ཚིགས་བཅད་གཅིག་སྟེ། དཀོན་མཆོག་གསུམ་གྱི་རྟེན་དང་མཁན་པོ་དང་། སློབ་དཔོན་ལ་སོགས་པའི་བླ་མ་ལ་གནོད་པ་བྱེད་ཅིང་སངས་རྒྱས་ཀྱི་བསྟན་པ་འཇིག་པ་དང་། སེམས་ཅན་ཡོངས་ལ་གནོད་པར་བྱེད་པ་ལ། ཕན་སེམས་ཀྱི་ཀུན་ནས་བླངས་ཏེ་ལུས་ངག་གི་སྤྱོད་པ་ཁྲོས་ན། བཟློག་པར་ནུས་བཞིན་དུ་བཟོད་པ་བསྒོམ་ན་མ་དག་པ་ཡིན་ཏེ། སྤྱོད་རྒྱུད་ལས། དཀོན་མཆོག་གསུམ་ལ་གནོད་བྱེད་ལ། །བཟོད་པ་བསྒོམ་པར་མི་བྱ་སྟེ། །བླ་མ་སློབ་དཔོན་མ་རུང་དང་། །དམ་ཚིག་ལ་ནི་འདའ་བ་དང་། །དེ་སོགས་བྱེད་པ་ཚར་བཅད་ནས། །འགྲུབ་འགྱུར་ཞེས་ནི་ཀུན་རིགས་གསུངས། །ཞེས་གསུངས་པའི་ཕྱིར་རོ། །

བཞི་པ་མ་དག་པའི་བརྩོན་འགྲུས་ནི། ལོག་པའི་ཆོས་ལ། ཞེས་སོགས་ཚིགས་བཅད་གཉིས་ཏེ། ལོག་པའི་ཆོས་མུ་སྟེགས་བྱེད་ཀྱི་ཆོས་ལ་དགའ་བ་དང་། ཐར་པའི་རྒྱུར་མི་འགྲོ་བའི་ཆོས་ལ་ཐོས་བསམ་སྒོམ་གསུམ་ནོར་བ་ལ་བརྩོན་འགྲུས་ཆེན་པོ་བྱེད་པ་ལ་སོགས་པ་མ་དག་པ་ཡི་བརྩོན་འགྲུས་ཡིན་ཏེ། བྱ་བ་ངན་ཞེན་གྱི་ལེ་ལོ་ཡིན་པའི་ཕྱིར་ཏེ། ཇི་སྐད་དུ། ཐོགས་མེད་ཀྱིས་ཆོས་འདི་པ་དག་ལས་གཞན་པའི་མུ་སྟེགས་བྱེད

ཀྱི་བརྟོན་འགྲུས་ནི་ལེ་ལོ་ཉིད་དོ། །ཞེས་དང་། སྤྱོད་འཇུག་ལས། ལེ་ལོ་ངན་ལ་ཞེན་པ་དང་། །ཞེས་གསུངས་པའི་ཕྱིར་རོ། །

ལྔ་པ་མ་དག་པའི་བསམ་གཏན་ནི། མི་མཁས་སྟོང་ཉིད། ཅེས་སོགས་རྐང་པ་བདུན་ཏེ། སྟོང་པ་ཉིད་ཀྱི་ཐབས་ལ་མི་མཁས་པས་སྟོང་པ་ཉིད་དད་པ་ཆེན་པོས་བསམ་པ་ཡིན་ན་ཡང་། མ་དག་པ་ཡི་བསམ་པ་ཡིན་ཏེ། དེ་ལས་ཡང་དག་པའི་དོན་རྟོགས་པའི་ཡེ་ཤེས་མི་སྐྱེ་བས་སོ། །དེ་ལྟར་ཡང་། རིན་ཆེན་ཕྲེང་བར། ཆོས་འདི་ལོག་པར་ཤེས་གྱུར་ན། །མི་མཁས་དེ་ནི་ཆུད་ཀྱང་འཛའ། །འདི་ལྟར་མེད་པར་ལྟ་བ་ཡིས། །མི་གཙང་དེར་ནི་བྱིང་བར་གྱུར། །ཞེས་གསུངས་པས་སོ། །གཞན་ཡང་རྒྱ་ནྲུང་ཐིག་ལེའི་གནད་འཆུགས་པ་ཡི་ཐབས་ལམ་སོགས་རྣམ་རྟོག་རགས་པ་འགག་ཞིག་འཛིལ་བ་སྟེ་ཞི་བ་དང་། སེམས་ལ་ཏིང་ངེ་འཛིན་ཕྲ་མོ་སྐྱེད་པའི་ཐབས་སུ་གྱུར་པ་རྣམས། དད་པ་ཆེན་པོས་བསམ་ན་ཡང་རྟགས་ཆོས་འདྲེའོ། །

དྲུག་པ་མ་དག་པའི་ཤེས་རབ་ནི། སངས་རྒྱས་གསུངས་དང་། ཞེས་སོགས་ཚིགས་བཅད་གཅིག་སྟེ། རྫོགས་པའི་སངས་རྒྱས་ཀྱི་གསུང་དང་མི་མཐུན་པའི་ཆོས་འཆད་པ་དང་། རྩོམ་པ་དང་། རྩོད་པ་ལ་མཁས་པར་གྱུར་ཅིང་འཇིག་རྟེན་གྱི་བྱ་བ་ཐམས་ཅད་ཤེས་པར་གྱུར་ཀྱང་། མ་དག་པ་ཡི་ཤེས་རབ་ཡིན་ཏེ། འོད་ཟེར་བགྱི་བའི་མདོ་ལས། ཡང་དག་ཆོས་ནི་སྤོང་བྱེད་ཅིང་། །ཆོས་མ་ཡིན་པ་སྤྱོད་པར་བྱེད། །དེ་ལྟ་བས་ན་རྨོངས་པ་ཡི། །སྐྱེས་བུ་དམན་པ་སྤོང་བར་བྱེད། །ཅེས་གསུངས་པའི་ཕྱིར་རོ། །གཞན་དོན་དུ་གྱུར་ན་བྱ་བ་ཐམས་ཅད་ལ་མཁས་པར་བྱ་དགོས་ཏེ། སྤྱོད་འཇུག་ལས། རྒྱལ་སྲས་རྣམས་ཀྱིས་མི་བསླབ་པའི། །དངོས་དེ་གང་ཡང་ཡོད་མ་ཡིན། །ཞེས་གསུངས་པའི་ཕྱིར་རོ། །

བདུན་པ་མ་དག་པའི་དད་པ་ནི། བླ་མ་ཞེས་སོགས་ཚིགས་བཅད་གཅིག་སྟེ། སྙིང་རྗེ་མེད་ཅིང་བསྒོ་བ་འབོགས་པ་སོགས་ཀྱི་ཚིག་ལ་མི་མཁས་པའི་བླ་མ་ངན་པ་ལ་དད་པ་དང་ཐར་པའི་ལམ་དུ་མི་འགྱུར་བའི་ཆོས་ངན་པ་ལ་མོས་པ་དང་། སྟོང་རྐྱང་ལ་སོགས་པ་བསམ་ངན་པ་ལ་དགའ་བ་ནི་མ་དག་པ་ཡི་དད་པ་ཡིན་ཏེ། སློབ་དཔོན་ཤཱནྟི་པས། དད་པ་མེད་པ་གཙོ་བོའི་དགྲ། །ལྷག་དང་ཤིན་ཏུ་གོལ་བའི་གནས། །ཞེས་གསུངས་པ་ལྟར་རོ། །

བརྒྱད་པ་མ་དག་པའི་སྙིང་རྗེ་ནི། ནད་པ་དགའ་བའི། ཞེས་སོགས་ཚིགས་བཅད་གཉིས་ཏེ། འདི་ར་མ་དག་པའི་སྙིང་རྗེ་ལ་བཞི་ལས། དང་པོ་ནད་པ་དགའ་བའི་ཁ་ཟས་སྟེར་བ་ནི། ཚད་ནད་ཅན་ལ་སྙིང་རྗེ་ཟེར་ནས་ཆང་ལུད་པ་ལྟ་བུ་སྟེ། འདུལ་བ་ལུང་ལས། དྲན་མོ་སྐྱོང་མས། ཁྱིམ་བདག་ནད་པའི་མགོ་ལ་སྟོང་དུམ་

བཞག་པ་ལྟ་བུ་དང་།

གཉིས་པ་ནི། ངན་པར་སྤྱོད་པ་ལ་སྙིང་རྗེ་ཟེར་ནས་ཚར་མི་གཅོད་པ་སྟེ། རྡོ་རྗེ་གུར་ལས། སྡུག་ལ་བྱམས་པར་མི་བྱ་ཞིང་། །ཞེས་པ་ལྟ་བུ་དང་།

གསུམ་པ་ནི། ཆོས་ཟབ་མོ་མ་ཐོས་པར་སྙིང་རྗེ་ཟེར་ནས་སྨིན་བྱེད་ཀྱི་དབང་བསྐུར་ཐོབ་པ་མེད་པ་གསང་སྔགས་ཟབ་མོའི་ཆོས་སྟོན་པ་ལྟ་བུ་སྟེ། འཕྲུལ་སྤྱོང་ལས། ཡོངས་སུ་མ་སྨིན་སེམས་ཅན་ལ། །གསང་བ་སྒྲོགས་པ་བདུད་པ་ཡིན། །ཞེས་གསུངས་པ་དང་།

བཞི་པ་ནི། བློ་སྦྱངས་མ་བྱས་པ་ལ་སྟོང་ཉིད་སྟོན་པ་དང་། ཟབ་པ་དང་རྒྱ་ཆེ་བའི་ཆོས་ཀྱིས་སྣོད་མིན་པ་ལ་དེ་ལྟ་བུའི་ཆོས་འཆད་པ་ལ་སོགས་པ་ལྟ་བུ་སྟེ། བསླབ་བཏུས་ལས། བློ་སྦྱངས་མ་བྱས་སེམས་ཅན་ལ། །སྟོང་པ་ཉིད་ནི་སྟོན་པ་དང་། །ཞེས་པ་ལྟ་བུ་སྟེ། ཕྱིར་སྣོད་མ་ཡིན་པ་ནི། རྣམ་བཤད་རིགས་པ་ལས། ང་རྒྱལ་དང་ནི་མ་དད་དང་། །དོན་དུ་གཉེར་བ་མེད་ཉིད་དང་། །ཕྱི་རོལ་རྣམ་གཡེང་ཡིད་འབྲིད་དང་། །སྐྱོ་བས་ཉན་པའི་དྲི་མ་ཡིན། །ཞེས་གསུངས་པ་ལྟར་རོ། །གོང་དུ་བཤད་པ་དེ་དག་ཡུལ་ཆེ་གེ་མོ་ལ་སྙིང་རྗེའི་དབང་གིས་བྱེད་ན་ཡང་མ་དག་པ་ཡི་སྙིང་རྗེ་ཡིན་ཏེ། ཡུལ་དེ་ལ་འཕྲལ་ལ་ཕན་པ་ལྟར་དུ་སྣང་ན་ཡང་ཕྱི་ནས་སྡུག་བསྔལ་གྱི་གནོད་པ་ཆེར་འབྱུང་བར་འགྱུར་བ་ཡིན་པའི་ཕྱིར་རོ། །

དགུ་པ་མ་དག་པའི་བྱམས་པ་ནི། སྡུག་པ་ཅན་ལ། ཞེས་སོགས་རྐང་པ་དྲུག་སྟེ། འདིར་བྱམས་པ་ལ་བཞི་ལས། དང་པོ་ནི། བསྟན་པ་དང་སེམས་ཅན་ལ་གནོད་པའི་སྡུག་པ་ཅན་ལ་ལུས་ངག་གི་བྱམས་པ་ལྟ་བུ་སྟེ། རྩ་ལྟུང་བཅུ་བཞི་པ་ལས། སྡུག་ལ་རྟག་ཏུ་བྱམས་ལྡན་པ། །བྱེད་པ་དེ་ནི་བཅུ་པར་འདོད། །ཞེས་པ་ལྟ་བུ།

གཉིས་པ་ནི། བུ་དང་སློབ་མ་སྤྱོད་པ་ཕྱིན་ཅི་ལོག་བྱེད་པ་ཐབས་ཀྱིས་མི་འཆོས་པ་ལྟ་བུ་སྟེ། རྡོ་རྗེ་གུར་ལས། རྟག་ཏུ་སློབ་མ་བསྲུ་བྱ་ཞིང་། །ཞེས་དང་། འདུལ་བ་ལས། མཁན་པོས། མཁན་བུ་ལ་བུའི་འདུ་ཤེས་བསྐྱེད་པར་གསུངས་པ་དང་། གསུམ་པ་ནི། བཀའ་གདམས་པ་ལ་ལ། བསྲུང་བའི་འཁོར་ལོ་བསྒོམ་ན་བདུད་ལ་གནོད་ཟེར་ནས་མི་བསྒོམ་པ་ནི། བརྟག་གཉིས་ལས། རྡོ་རྗེ་དེ་ཉིད་ཀྱིས་ནི་རྣ་བ་དང་། །གུར་བཅིངས་བ་ཡང་རྣམ་པར་བསྒོམ་པ་ཉིད། །ཅེས་དང་། ཞིང་ནི་ཕན་ཚུན་བསྡུད་པའི་ཚིག་གོ །བཞི་པ་ནི། ཁྲོ་བོའི་བཟླས་པ་མ་ར་ཡ་སོགས་གཞན་ལ་གནོད་པས་འགོག་པ་ལྟ་བུ་སྟེ། རྡོ་རྗེ་རྣམ་འཇོམས་ལས། རྡོ་རྗེ་ཁྲོ་བོ་ལས་བྱུང་བ། །ཞེས་དང་། གདོན་ཐམས་ཅད་ནླག་པར་བྱེད་པ། ཞེས་པ་ལྟ་བུ་སྟེ། ལུང་དོན་དེ་དག་ལ་སོགས་པ་འགོག་པ་ནི། རྒྱུད་སྡེ་ཀུན་དང་འགལ་བས་ན་མ་དག་པ་ཡི་བྱམས་པ་ཡིན་ཏེ། རྒྱུད་སྡེ་ལས། ཁྲོ་བོ་བཅུའི་བསྒོམ་བཟླས་གསུངས་པ་

དང༌། སངས་རྒྱས་བདུད་འདུལ་བ་ཐམས་ཅད་ལ་བྱམས་པ་མེད་པར་ཐལ་བའི་ཕྱིར་རོ། །

བཅུ་པ་མ་དག་པའི་ཐབས་ལམ་ནི། མདོ་རྒྱུད། ཞེས་སོགས་ཚིགས་བཅད་གཉིས་ཏེ། ཐབས་ལམ་ཟབ་མོ་སྟོན་པའི་མདོ་རྒྱུད་ཀུན་ལས་མ་གསུངས་ཤིང༌། དངོས་པོ་སྟོབས་ཞུགས་ཀྱི་རིགས་པས་བསྒྲུབ་པར་མི་ནུས་པ། ལྟོ་བའི་ནང་དུ་མེ་མཐེ་བོང་ཙམ་བསྒོམ་པས་ལུས་ལ་དྲོད་དང་བདེ་བ་སྐྱེ་བ་དང་མི་རྟོག་པ་ལྟར་སྣང་སྐྱེ་བ་སོགས་ནི། མ་དག་པ་ཡི་ཐབས་ལམ་ཡིན་ཏེ། ནད་གདོན་ཙུང་ཟད་སེལ་བ་དག་གི་སྒོ་ནས་བླུན་པོ་རྣམས་དགའ་བ་བསྐྱེད་ན་ཡང༌། ཐབས་ལམ་དེ་ལྟ་བུ་ནི་ཕྱི་རོལ་མུ་སྟེགས་བྱེད་ལའང་ཡོད་པའི་ཕྱིར་རོ། །

བཅུ་གཅིག་པ་མ་དག་པའི་སྨོན་ལམ་ནི། བདག་ལྟའི་རྩ་བ། ཞེས་སོགས་རྐང་པ་དྲུག་སྟེ། འཁོར་བའི་རྒྱུ་བདག་ཏུ་ལྟ་བའི་རྩ་བ་དངར་འཛིན་མ་ཆོད་ཅིང༌། འཁོར་འདས་གཉིས་ཀྱི་བདེ་བ་ལ་སྨོན་པ་ཅན་གྱིས་སྒོ་གསུམ་གྱི་དགེ་བ་ལ་ནི་ངོ་མཚར་དུ་བལྟ་བ་སྟེ། དམིགས་པའི་སྒོ་ནས་དགེ་བ་སངས་རྒྱས་ཉིད་དུ་བསྔོ་ན་ཡང་མ་དག་པ་ཡི་སྨོན་ལམ་ཡིན་ཏེ། ཆོས་ཀུན་སྤྲོས་བྲལ་དུ་མ་ཤེས་པའི་བསྔོ་བ་ཡིན་པས་སོ། །

གཉིས་པ་དེ་ཤེས་ནས་སྤོང་བར་གདམས་པ་ནི། དེ་ལ་སོགས་པ་ཞེས་སོགས་ཚིགས་བཅད་གཅིག་སྟེ། གོང་དུ་བཤད་པའི་བཅུ་གཅིག་པོ་དེ་དག་ལ་སོགས་པའི་ནོར་བའི་ཆོས་མཐའ་ཡས་པ་ཐེག་པ་ཆེན་པོ་ཕ་རོལ་ཏུ་ཕྱིན་པ་དང་རྡོ་རྗེ་ཐེག་པའི་སངས་རྒྱས་ཀྱི་གསུང་གི་གནད་འཆུགས་པ་ཡིན་པས། ཐེག་པ་ཆེན་པོའི་དགེ་བ་བྱེད་པར་སྣང་ན་ཡང་མ་དག་པ་རུ་ཤེས་པར་བྱས་ནས་སྤོང་བ་བར་གྱིས་ཏེ། ཐུབ་པ་དགོངས་གསལ་ལས། དགེ་བའི་རྩ་བ་འགའ་ཞིག་མཐོ་རིས་ལྷ་དང་མིའི་ཕུན་སུམ་ཚོགས་པར་འགྱུར། འགའ་ཞིག་ཉན་ཐོས་དང་རང་སངས་རྒྱས་ཀྱི་རྒྱུར་འགྱུར་བས་དེ་བཟློག་པའི་དོན་དུ་ཐབས་ཀྱིས་མྱ་ངན་ལས་འདས་པའི་མཐའ་མནན། ཤེས་རབ་ཀྱིས་འཁོར་བའི་མཐའ་མནན། བརྩོན་འགྲུས་ཀྱི་སྟོབས་ཀྱིས་དེ་གཉིས་མྱུར་དུ་མཐར་ཕྱིན་པར་བྱས་ནས་སྨིན་པས་མཚོན་པའི་དགེ་བ་ཙུང་ཟད་བྱས་པ་ཐམས་ཅད་མྱུར་དུ་མངོན་པར་རྫོགས་པར་འཚང་རྒྱ་བའི་རྒྱུར་འགྱུར་བ་ལ་བསླབས་ཏེ། མདོ་ལས། གང་ཟག་རྒྱལ་བ་རྣམས་འདྲེན་ལ། །བྱེད་པ་ཆུང་ངུའང་བྱེད་འགྱུར་བ། །དེ་དག་མཐོ་རིས་སྣ་ཚོགས་པར། །བགྲོད་ནས་འཆི་མེད་གནས་ཐོབ་པོ། །ཞེས་གསུངས་སོ། །

གསུམ་པ་བསྟན་པ་རྣམ་པར་དག་པས་མཇུག་བསྡུ་བ་ནི། མདོར་ན་ཞེས་སོགས་ཚིགས་བཅད་གཅིག་སྟེ། དེ་ལྟར་མ་དག་པའི་ལྟ་སྤྱོད་རྣམས་བཀག་ནས། བསྟན་པ་རྣམ་པར་དག་པ་ལ་བསླབ་ཚུལ་མདོར་ན་རྫོགས་པའི་སངས་རྒྱས་ཀྱི་གསུང་རབ་དང་མཐུན་པའི་ཐོས་པ་དང༌། བསམ་པ་དང༌། བསྒོམ་པ་གསུམ། བསམ་པ་རྣམ་པར་དག་པས་བསྒྲུབ་པར་བྱེད་ན། སངས་རྒྱས་ཀྱི་བསྟན་པ་ཡིན་པར་བཤད་པར་བྱའོ། །དེ་ལྟར་བྱས་པའི་

ཚུལ་ནི། མདོ་ལས། ཚུལ་གནས་ཐོས་དང་བསམ་ལྡན་པ། །བསྒོམ་པ་ལ་ནི་རབ་ཏུ་སྦྱོར། །ཞེས་གསུངས་པ་ལྟར་གཞི་ཚུལ་ཁྲིམས་རྣམ་པར་དག་ལ་གནས་ནས་ཐོས་བསམ་གྱི་སྒྲོ་འདོགས་ལེགས་པར་བཅད་པའི་དོན་རྩེ་གཅིག་ཏུ་བསྒོམ་པ་ལས་ཐར་པ་དང་ཐམས་ཅད་མཁྱེན་པའི་གོ་འཕང་ཐོབ་པར་འགྱུར་བ་ནི། སངས་རྒྱས་ཀྱི་བསྟན་པའི་དངོས་གཞི་ཡིན་ཞིང་ཐོས་བསམ་སྒོམ་གསུམ་དེ་སངས་རྒྱས་ཀྱི་གསུང་རབ་དང་མཐུན་པ་ཇི་ལྟར་བསྒྲུབ་པའི་ཚུལ་གོང་སོ་ཐར་གྱི་སྐབས་སུ་བཤད་པ་ལྟར་འདིར་ཡང་སྦྱར་རུང་བ་གསུངས་སོ། །བྱང་ཆུབ་སེམས་དཔའི་སྡོམ་པའི་སྐབས་ཏེ་གཉིས་པའི་རྣམ་པར་བཤད་པའོ།། །།

༄༅། །བསྟན་བཅོས་ཆེན་པོ་སྡོམ་པ་གསུམ་གྱི་རབ་ཏུ་དབྱེ་བའི་རྣམ་པར་བཤད་པ་ཐུབ་བསྟན་གསལ་བའི་སྒྲོན་མེ་ལས་སྐབས་གསུམ་པའི་རྣམ་པར་བཤད་པ་བཞུགས་སོ། །

གསུམ་པ་སྔགས་ཀྱི་སྡོམ་པའི་ཉམས་ལེན་ནི། ལུས་རྣམ་གཞག་ཏུ། གསང་སྔགས་ཀྱི་ནི་དབང་བསྐུར་དང་། །དེ་དག་གི་ནི་ཚོག་དང་། །ཞེས་སོགས་ལས་འཕྲོས་ནས། སྔགས་སྡོམ་གྱི་རྣམ་གཞག་རྒྱས་པར་འཆད་པར་བྱེད་པ་ལ། སྐབས་གསུམ་པའི་གཞུང་རྣམས་བྱུང་། འདི་ལ་སྤྱིའི་དོན་དང་། གཞུང་གི་དོན་གཉིས་ལས། དང་པོ་ནི། གསུང་རབ་དགོངས་གསལ་ན་རྒྱས་པར་བཞུགས་སོ། །

གཉིས་པ་ལ་མདོར་བསྟན་པ་དང་། རྒྱས་པར་བཤད་པ་གཉིས་ལས། དང་པོ་ནི། རྡོ་རྗེ་ཐེག་པའི་ལམ། ཞེས་སོགས་རྐང་པ་གསུམ་སྟེ། སྐལ་དམན་རིམ་འཇུག་པ་ལྟར་ན། སོ་ཐར་དང་། བྱང་སྡོམ་གཉིས་ཀྱི་སྲུངས་པ་སྔོན་དུ་སོང་ནས། ཉེ་ལམ་རྡོ་རྗེ་ཐེག་པའི་ལམ་དུ་ཞུགས་ཏེ། མྱུར་དུ་རྫོགས་པའི་སངས་རྒྱས་ཐོབ་པར་འདོད་ན་སྨིན་བྱེད་ཀྱི་དབང་དང་། གྲོལ་བྱེད་ཀྱི་ལམ་གཉིས་ལ་འབད་པར་བྱ་དགོས་ཏེ། དེ་གཉིས་རྡོ་རྗེ་ཐེག་པའི་ལམ་གྱི་གཙོ་བོ་ཡིན་པའི་ཕྱིར་ཏེ། མཚན་བརྗོད་ཀྱི་ཕན་ཡོན་ལས། བྱང་ཆུབ་སེམས་དཔའ་གསང་སྔགས་ཀྱི་བཤད་པ་སྤྱོད་པ་རྣམས་ཀྱིས་མྱུར་དུ་འགྲུབ་པའོ། །ཞེས་གསུངས་པའི་ཕྱིར། སྐལ་ལྡན་ཅིག་ཅར་བ་ལྟར་ན། ཐུན་མོང་གི་སྡོམ་པ་གཉིས་ཀྱི་སྲུངས་པ་སྔོན་དུ་སོང་བ་ལ་མ་བལྟོས་པར་དང་པོ་ཉིད་ནས་རྡོ་རྗེ་ཐེག་པའི་སོགས་རྟགས་ཚོས་འདྲའོ། །སྐལ་དམན་རིམ་འཇུག་པ་ནི། ཏ་རྒྱུད་ལས། སྐལ་དམན་སེམས་ཅན་གདུལ་དཀའ་བ། །གང་གིས་འདུལ་བར་འགྱུར་བ་ལགས། །ཞེས་ཞུས་པའི་ལན་དུ། བཅོམ་ལྡན་འདས་ཀྱིས་བཀའ་སྩལ་པ། །དང་པོར་གསོ་སྦྱོང་སྦྱིན་པར་བྱ། །ཞེས་པ་ནས། འགྲུབ་འགྱུར་འདི་ལ་ཐེ་ཚོམ་མེད། །ཅེས་པའི་བར་གྱིས་བསྟན། སྐལ་ལྡན་ཅིག་ཅར་བ་ནི། སྐལ་ལྡན་སེམས་ཅན་གདུལ་སླ་བ། །གང་གིས་འདུལ་བར་འགྱུར་བ་ལགས། །ཞེས་ཞུས་པའི་ལན་དུ། དང་པོར་ཀྱཻ་ཡི་རྡོ་རྗེ་བསྟན། །ཞེས་སོགས་དོན་གྱིས་ཐོབ་པར་གསུངས་པས་འགྲུབ་བོ། །

གཉིས་པ་ལ་ལྔ་སྟེ། སྨིན་བྱེད་ནོར་པ་མེད་པའི་དབང་བཞི། གྲོལ་བྱེད་འཁྲུལ་པ་མེད་པའི་རིམ་པ་གཉིས། དབང་དང་རིམ་གཉིས་ལས་བྱུང་བའི་ཡེ་ཤེས་ཕྱག་རྒྱ་ཆེན་པོ། ཕྱག་ཆེན་གོམས་པ་ལས་འབོར་འདས

བསྲེ་བའི་སྤྱོད་པ་སྤྱད་པ། དེ་ལ་བརྟེན་ནས་ས་ལམ་བགྲོད་དེ་འབྲས་བུ་མངོན་དུ་བྱེད་པའི་ཚུལ་ལོ། །དང་པོ་ལ་གསུམ་སྟེ། མ་འབྲུལ་བའི་སྨིན་བྱེད་བསྒྲུབ་པར་གདམས་པ། འབྲུལ་བའི་སྨིན་བྱེད་དོར་བར་གདམས་པ། དབང་ལས་ཐོབ་པའི་དམ་ཚིག་ལ་འབྲུལ་པ་དགག་པའོ། །དང་པོ་ནི། སྨིན་པར་བྱེད་པའི། ཞེས་སོགས་ཚིགས་བཅད་གཉིས་ཏེ། སྨིན་གྲོལ་གཉིས་ལ་འབད་པར་བྱ། ཞེས་པ་ལས་འཕྲོས་ནས། སྤྱིར་རྒྱུད་སྡེ་བཞི་ལ་སྨིན་གྲོལ་གཉིས་གསུངས་ཀྱང་། འདིར་བླ་མེད་ཀྱི་དབང་དུ་བྱས་པའི་སྨིན་པར་བྱེད་པའི་དབང་བསྐུར་བ་ཡང་། རྒྱལ་བ་རྡོ་རྗེ་འཆང་ནས་རྩ་བའི་བླ་མའི་བར་དུ་བླ་མ་བརྒྱུད་པ་མ་ཉམས་ཤིང་དབང་གི་སྦྱོར་དངོས་རྗེས་གསུམ་གྱི་ཆོ་ག་འབྲུགས་པར་མ་གྱུར་པ་དང་། ཕྱི་དང་ནང་གི་རྟེན་འབྲེལ་ཟབ་མོ་སྒྲིག་མཁྱེན་ཅིང་། སློབ་མའི་ཕུང་ཁམས་སྐྱེ་མཆེད་ལ་སྐུ་བཞིའི་ས་བོན་ཐེབ་པར་ནུས་པ། མདོར་ན་མཛད་སྤྱོད་ཐམས་ཅད་སངས་རྒྱས་ཀྱི་མདོ་རྒྱུད་ནས་གསུངས་པ་བཞིན་དུ་མཛད་པ་ཡི་བླ་མ་དམ་པ་འབད་པས་བཙལ་ལ་དབང་བཞི་བླངས་བར་བྱ་སྟེ། དབང་བཞི་བླངས་པ་དེ་ཡི་རྟེན་གྱི་གང་ཟག་དེ་རྒྱུད་སྡོམ་པ་གསུམ་ལྡན་དུ་གྱུར་བའི་ཕྱིར་རོ། །གཞུང་འདིས། རྡོ་རྗེ་རྩེ་མོ་ལས། གསང་སྔགས་རྒྱལ་པོ་རབ་ཏུ་བསྒྲུབ། །སྡོམ་པ་གསུམ་དང་ཡང་དག་ལྡན། །སོ་སོ་ཐར་དང་བྱང་ཆུབ་སེམས། །རིག་འཛིན་རང་གི་ངོ་བོའོ། །ཞེས་གསུངས་པ་ལྟར། དབང་བསྐུར་གྱི་ཆོ་ག་ལས་སྡོམ་པ་གསུམ་ཐོབ་པ་དངོས་སུ་བསྟན་པ་ཡིན་ལ། སྤྱིར་སྡོམ་པ་གསུམ་ལེན་པའི་རིམ་པ་བདུན་ཡོད་དེ། དང་པོར་ཉན་ཐོས་ལུགས་ཀྱི་སོ་ཐར་རིགས་བདུན་གང་རུང་བླངས། དེ་ནས་དབུ་སེམས་གང་རུང་གི་ཆོ་གས་བྱང་སྡོམ་བླངས། དེ་ནས་དབང་ཆོག་ལས་སྔགས་སྡོམ་བླངས་པའི་ཚུལ་དང་། དང་པོར་ཐེག་ཆེན་སོ་ཐར་རིགས་བདུན་གང་རུང་བླངས། དེ་ནས་སྡོམ་པ་གོང་མ་གཉིས་རིམ་གྱིས་བླངས་བའི་ཚུལ་དང་། དང་པོར་ཉན་ཐོས་སོ་ཐར་གང་ཡང་རུང་བ་བླངས། དེ་ནས་སྡོམ་པ་བར་མ་མ་བླང་པར། དབང་ཆོག་ལས་སྔགས་སྡོམ་བླངས་པའི་ཚུལ་དང་། དང་པོར་ཐེག་ཆེན་སོ་ཐར་གང་ཡང་རུང་བ་བླངས། དེ་ནས་སྡོམ་པ་བར་མ་མ་བླང་པར། དབང་ཆོག་ལས་སྔགས་སྡོམ་བླངས་པའི་ཚུལ་དང་། དང་པོར་སོ་ཐར་གང་རུང་སྔོན་དུ་མ་སོང་བར་ལུགས་གཉིས་གང་རུང་གི་ཆོགས་བྱང་སྡོམ་བླངས། དེ་ནས་དབང་ཆོག་ལས་སྔགས་སྡོམ་བླངས་པའི་ཚུལ་དང་། དང་པོ་ཉིད་ནི་སྡོམ་པ་འོག་མ་གཉིས་གང་ཡང་སྔོན་དུ་མ་སོང་བར་དབང་ཆོག་ལས་སྔགས་སྡོམ་བླངས་པའི་ཚུལ་དང་། དང་པོར་དབང་ཆོག་ལས་སྔགས་སྡོམ་བླངས་ནས། དེའི་རྗེས་སུ་སྡོམ་པ་འོག་མ་གཉིས་བླང་པའི་ཚུལ་རྣམས་སོ། །འོན་ལེན་ཚུལ་དེ་ལྟར་ཡིན་ན། རྒྱུད་ལ་ལྡན་ཚུལ་ཇི་ལྟར་ཡིན་སྙམ་ན། ལེན་ཚུལ་ཕྱི་མ་གཉིས་ལ་ཐམས་ཅད་སྔགས་སྡོམ་དང་ངོ་བོ་གཅིག་པའི་ཚུལ་དུ་ལྡན་པ་ཡིན་གྱི། གནས་གྱུར་བརྩི་རམེད་དེ། དང་པོ་ནི། དབང་ཆོག་གཅིག

ཉིད་ལས་སྡོམ་པ་གསུམ་ཆར་ཐོབ་པ་ཡིན་པ་དང་། ཕྱི་མ་ནི། སྔགས་སྡོམ་དང་ལྡན་པའི་གང་ཟག་གིས་སྡོམ་པ་གང་བླངས་ཀྱང་སྔགས་སྡོམ་གྱི་ངོ་བོར་སྐྱེ་བ་ཙམ་ཡོད་པའི་ཕྱིར། ལེན་ཚུལ་དང་པོ་ལྟ་ནི། གནས་གྱུར་ངོ་བོ་གཅིག་པའི་ཚུལ་དུ་ལྡན་པ་ཡིན་ནོ། །

སྡོམ་པ་གསུམ་གྱི་ལྡན་ཚུལ་ལ་རྒྱ་བོད་ཀྱི་མཁས་པའི་བཞེད་པ་མང་ན་ཡང་། གནས་གྱུར་དང་པོ་གཅིག་ཏུ་ལྡན་པ་འདི་ནི་གསུང་རབ་ཀྱི་དགོངས་པ་འགྲེལ་བ་ལ་འཁྲུལ་པའི་དྲི་མ་ཟད་པར་སྤངས་པ་རྗེ་བཙུན་ས་སྐྱ་པ་ཡབ་སྲས་རྣམས་ཀྱི་བཞེད་པ་བླ་ན་མེད་པ་ཡིན་ཏེ། རྗེ་བཙུན་རིན་པོ་ཆེ་གྲགས་པའི་ཞལ་སྔ་ནས། སྡོམ་པ་ཉི་ཤུ་པའི་འགྲེལ་པར། བྱང་ཆུབ་སེམས་དཔའི་སྡོམ་པ་དེ་བླངས་བའི་ཚོ་ག་གཞན་ཞིག་ཡོད་དམ། སོ་སོ་ཐར་པའི་སྡོམ་པ་ཉིད་ཡིན་ཞེ་ན། སྔར་སོ་སོ་ཐར་པའི་སྡོམ་པ་ཐོབ་ན། ཕྱིས་བྱང་ཆུབ་སེམས་དཔའི་སྡོམ་པ་ཐོབ་པའི་དུས་སྔར་གྱི་དེ་བྱང་ཆུབ་སེམས་དཔའི་སྡོམ་པར་གནས་འགྱུར་ལ། སྔར་མ་ཐོབ་ན་ནི། བྱང་ཆུབ་སེམས་དཔའི་སྐྱོན་པའི་དུས་ཉིད་དུ་བྱང་ཆུབ་སེམས་དཔའི་སོ་སོར་ཐར་པའི་སྡོམ་པ་ཐོབ་པ་ཡིན་ནོ། །རྣམ་པར་སྦྱོར་པས་ཆོག་གོ །ཞེས་པ་དང་། རྩ་ལྟུང་འཁྲུལ་སྤོང་ས་ལས་འོན་སྔར་སོ་སོར་ཐར་པའི་སྡོམ་པ་དགེ་སློང་གི་བར་ཐོབ་པ་ཞིག་གིས་ཕྱིས་བྱང་ཆུབ་ཏུ་སེམས་བསྐྱེད་ནས་སླར་ཡང་དབང་ནོས་པར་གྱུར་ན་འདི་ལ་སྡོམ་པ་ཇི་ལྟར་ལྡན་ཞེ་ན། དགེ་སློང་གིས་སེམས་བསྐྱེད་པའི་ཚེ་སོ་སོ་ཐར་པ་ཐམས་ཅད་བྱང་ཆུབ་སེམས་དཔའི་སྡོམ་པར་འགྱུར་ལ། དཀྱིལ་འཁོར་དུ་ཞུགས་པའི་ཚོན་སྡོམ་པ་ཐམས་ཅད་ཀྱང་རིག་པ་འཛིན་པའི་སྡོམ་པ་ཞེས་བྱ་བ་ཡིན་ནོ། །དེ་སྐད་དུ་རྒྱུད་འབུམ་པའི་ལུང་དེ་ཁོ་ན་ཉིད་ཀྱི་ཡེ་ཤེས་གྲུབ་པ་ཞེས་བྱ་བ་ལས་བྱུང་བ། རྡོ་ཡི་རིགས་ཀྱི་བྱེ་བྲག་གིས། །བཞུས་པས་ལྕགས་དང་ཟངས་དངུལ་འབྱུང་། །གསེར་འགྱུར་རྩི་ཡི་དངོས་པོ་ཡིས། །ཀུན་ཀྱང་གསེར་དུ་བསྒྱུར་བར་བྱེད། །དེ་བཞིན་སེམས་ཀྱི་བྱེ་བྲག་གིས། །རིགས་ཅན་གསུམ་གྱི་སྡོམ་པ་ཡང་། །དཀྱིལ་འཁོར་ཆེན་པོ་འདིར་བཞུགས་ན། །རྡོ་རྗེ་འཛིན་པ་ཞེས་བྱའོ། །ཞེས་གསུངས་སོ། །དཔེ་དེའི་དོན་ནི་འཕགས་པ་ཡིན་ལ། ལྕགས་ནི་ཉན་ཐོས་ཀྱི་བསླབ་པར་བྱ་བ། ཟངས་ནི་རང་རྒྱལ་གྱི་བསླབ་པར་བྱ་བ། དངུལ་ནི་བྱང་ཆུབ་སེམས་དཔའི་བསླབ་པར་བྱ་བ་ཡིན་ཞིང་། གསེར་འགྱུར་གྱི་རྩི་ནི་རྡོ་རྗེ་ཐེག་པའི་བསླབ་པར་བྱ་བ་ཡིན་པར་མཛོད་ནོ། །ཞེས་གསུངས་པས་སོ། །རྒྱུད་འབུམ་པའི་ལུང་འདི་སྡོམ་གསུམ་གནས་གྱུར་པ་དང་ངོ་བོ་གཅིག་པ་གཉིས་ཀའི་དཔེ་དོན་སྦྱོར་བའི་ལུང་ཤིན་ཏུ་གཅེས་པར་གདའ་འོ། །འདི་དག་གི་རྣམ་གཞག་ཀུན་མཁྱེན་གྱི་སྡོམ་གསུམ་སྤྱི་དོན་གྱི་ཤོག་བུ་ཞེ་ལྔ་དྲུག་སྐོར་ན་རྒྱས་པར་བཞུགས་ཤིང་། དེ་དག་ལ་རིགས་པའི་མཐའ་དཔྱོད་བདག་གིས་སྤྱི་དོན་དུ་རྒྱས་པར་བཀོད་པ་རྣམས་མཁྱེན་པའི་སྤྱན་རས་ཀྱིས་ལེགས་པར་གཟིགས་འཚལ་ལོ། །

དབང་བཞི་བླངས། །དེ་ཡིས་སྡོམ་པ་གསུམ་ལྡན་འགྱུར། །ཞེས་པ་ལ་མཁས་པ་ཁ་ཅིག་ཤཱཀྱ་མཆོག་གིས། དབང་བཞི་བླང་པས་སྡོམ་པ་གསུམ། །ཐོབ་པར་འགྱུར་ན་དགེ་སློང་ལས། །ཐོབ་པའི་གསང་སྔགས་སྡོམ་པ་དང་། །དབང་ལས་ཐོབ་པའི་སོ་ཐར་དང་། །སེམས་བསྐྱེད་སྡོམ་པ་ཅིས་མི་བཞེད། །ཅེས་དྲིས་པའི་ལན་དུ་ཀུན་མཁྱེན་གྱིས་དེ་གསུམ་ཅར་ཡང་ལེགས་པར་བཞེད་དེ། རྩ་རྒྱུད་བརྟག་གཉིས་ཀྱི་ལེའུ་དང་པོར། སྡོམ་པའི་དབྱེ་བ་བཤད་པར་བྱ་སྟེ་ཞེས་དང་། ཕྱི་མའི་གསུམ་པར། དེ་ནས་རྡོ་རྗེ་ཅན་གྱི་རྣལ་འབྱོར་མ་རྣམས་ལ་རྒྱུད་ཐམས་ཅད་ཀྱི་གླེང་གཞི་ཞེས་བྱ་བའི་ཐབས་བཀའ་སྩལ་པ། སྡོམ་པ་དང་ནི་དབང་དང་ཡང་། །ཞེས་དང་། ཕྱི་མའི་བཞི་པར་རྣལ་འབྱོར་མ་ལུས་དབུས་གནས་སུ། །ཨ་ཡི་རྣམ་པ་སྡོམ་པའི་གནས། །ཇི་ལྟར་ཕྱི་རོལ་དེ་བཞིན་ནང་། །སྡོམ་པའི་དེ་ཉིད་རབ་ཏུ་ཕྱེ། །ཞེས་དང་། ཁ་སྦྱོར་གྱི་དང་པོའི་གསུམ་པར། ཀུན་ལ་སྣ་ཚོགས་ཕྱག་རྒྱས་ཏེ། །ཀུན་ལ་སྣ་ཚོགས་སྡོམ་པ་ཡིས། །ཞེས་དང་། རྒྱུད་ཕྱི་མར། འདི་སྐད་ལ་སོགས་མཐའ་ཡས་མཆོག །སངས་རྒྱས་ཀུན་གྱི་སྡོམ་པ་མཆོག །ཅེས་པ་རྣམས་ཀྱིས་བསྟན་ཏོ། །གལ་ཏེ་འདི་དག་རྫོགས་རིམ་བསྒོམ་པའི་སྟོབས་ཀྱིས་ཐོབ་པ་ཡིན་གྱི་དབང་ལས་ཐོབ་པ་མིན་ནོ། །སྙམ་ན། ལམ་གྱི་གནས་སྐབས་སུ་སྡོམ་པ་ཐོབ་ཅེས་པ་ཐམས་ཅད་སྔར་ཐོབ་ཟིན་གྱི་སྡོམ་པ་ཡང་ཡང་གོམ་པ་ཡིན་པས་དེ་དག་ཀྱང་དབང་གི་སྐབས་སུ་ངེས་པར་ཐོབ་དགོས་ཏེ། གཞན་དུ་ན། དབང་བསྐུར་ཆོས་སྒོ་ཙམ་དུ་ཐལ་བའི་ཕྱིར་རོ། །དེ་བཞིན་དུ་འདུས་པའི་རྒྱུད་ཕྱི་མར། དྲི་བ་སོ་གཉིས་པ། དེ་བཞིན་སྡོམ་པ་ཇི་ལྟ་བུ། །ཞེས་པའི་ལན་ནི། རྡོ་རྗེ་ཅན་གྱིས་དེར་བསྟན་པ། །རིམ་པ་གཉིས་ལ་ཡང་དག་བརྟེན། །བསྐྱེད་པ་ཡི་ནི་རིམ་ཉིད་དང་། །དེ་བཞིན་རྫོགས་པའི་རིམ་པའོ། །བསྒྲུབ་པ་དང་ནི་ནན་ཏན་དང་། །དམ་ཚིག་དེ་བཞིན་སྡོམ་པ་རྣམས། །སྔར་བཞིན་དེ་ཀུན་རྒྱས་པར་ནི། །རིམ་པའི་དབྱེ་བས་ཕྱེ་བ་ཡིན། །ཞེས་གསུངས་པ་འདིས། སྡོམ་པའི་ངོ་བོ་བསྐྱེད་རྫོགས་གཉིས་ལ་མཛད་པ་དང་། རྒྱུད་ལས་གསུངས་པའི་དམ་ཚིག་དང་སྡོམ་པ་ཐམས་ཅད་ཀྱང་བསྐྱེད་རྫོགས་གཉིས་སུ་འདུས་པའི་ཚུལ་གསལ་བར་བཤད་པས། དེ་ལྟ་བུའི་རྫོགས་རིམ་གྱི་སྡོམ་པ་དང་མཆོག་དབང་གོང་མར་གསུམ་ལས་མ་ཐོབ་ན་བསྐྱེད་རིམ་གྱི་སྡོམ་པ་དེ་ཡང་བུམ་དབང་ལས་མ་ཐོབ་པར་རྣམ་པ་ཀུན་ཏུ་མཚུངས་པས་རྒྱུད་ལས་གསུངས་པའི་སྡོམ་པ་གང་ཡང་དབང་ལས་མ་ཐོབ་པར་འགྱུར་རོ། །དེ་ཇི་ལྟ་བ་བཞིན་དུ་བདེ་མཆོག་སྡོམ་འབྱུང་ལས། ཀྱཻ། རྣམ་པ་ཀུན་མཆོག་སྡོམ་པ་ཡིས། །བསྐྱེད་པའི་རྣལ་འབྱོར་མི་མཛད་དམ། །རྫོགས་པ་ཡང་ནི་ཇི་ལྟར་ལགས། །ཞེས་སྔགས་ཀྱི་སྡོམ་པ་ལ་བསྐྱེད་རྫོགས་གཉིས་སུ་ཕྱེ་ནས། དེ་ཇི་ལྟར་ཞེས་དྲིས་པའི་ལན་དུ། རིམ་པར་ཕྱེ་བ་གཉིས་པས་བསྐྱེད་རིམ་གྱི་སྡོམ་པ་དང་། གསུམ་པས་རྫོགས་རིམ་གྱི་སྡོམ་པ་གསལ་བར་བསྟན་པས། དོན་སྟུ་མ

བཞིན་དུ་གནས་སོ། །ཡང་དེ་ཉིད་ལས། བུམ་པ་ལས་ནི་བྱུང་བའོ། །གཉིས་པ་གསང་བ་མཆོག་ཡིན་ཏེ། །གསུམ་པ་ཤེས་རབ་ཡེ་ཤེས་ཡིན། །བཞི་པ་དེ་ལྟར་ཡང་དེ་བཞིན། །དབང་བསྐུར་འདི་དག་ཡང་དག་ལྡན། །དེ་བཞིན་དམ་ཚིག་ཅན་ཞེས་བྱ། །ཞེས་དབང་བཞི་རྫོགས་པས། དམ་ཚིག་རྫོགས་པར་བསྟན་པ་འདིས་ཀྱང་། དབང་གོང་མ་ལ་ཐོབ་པའི་སྔགས་ཀྱི་དམ་ཚིག་གསལ་བར་བསྟན་ཏོ། །དེ་བཞིན་དུ་ཀྱཻ་རྡོ་རྗེ་བའི་ལྷན་ཅིག་སྐྱེས་གྲུབ་ལས་ཀྱང་། སྡོམ་པ་གསུམ་པོ་རེ་རེ་ལའང་ཕྱི་ནང་གཉིས་གཉིས་སུ་ཕྱེ་ནས། སྔགས་སྡོམ་གྱི་ཕྱིའི་སྡོམ་པ་དམ་ཚིག་ཉི་ཤུ་རྩ་གཉིས་བསྲུང་བ་དང་། ནང་གི་སྡོམ་པ་ཤེས་པ་སྟོང་མ་མི་རྟོགས་པ་ལ་བཤད་པ་དང་། གྲུབ་ཆེན་དམན་པའི་ཞབས་ཀྱིས། སྡོམ་པ་ལ་སྤྱངས་པའི་དམ་ཚིག་སྡོམ་པ་དང་། བཟའ་བ་དང་། བསྲུང་བའི་དམ་ཚིག་སྡོམ་པ་དང་། རྣལ་འབྱོར་སྙིང་པོ་སྡོམ་པ་གསུམ་དུ་ཕྱེ་བའི་ནང་གི་སྡོམ་པ་དང་། རྣལ་འབྱོར་སྙིང་པོ་སྡོམ་པ་རྣམས་དབང་གོང་མ་ལས་ཐོབ་པའི་གསང་སྔགས་ཀྱི་སྡོམ་པའོ། །ཞེས་གསུང་པ་སོགས་རྒྱུད་དང་། རྒྱ་གར་གྱི་གཞུང་བཟང་དེ་དག་གི་དགོངས་པ། རྗེ་ས་སྐྱ་པ་ཆེན་པོས། སྡོམ་པ་གསུམ་ལྡན་གྱི་སྔགས་སྡོམ་ངོས་འཛིན་པའི་ཚེ། གསང་སྔགས་ཀྱི་དབང་བཞིའི་སྡོམ་པ་ཐོབ་པའོ། །ཞེས་དང་། རྗེ་བཙུན་རྩེ་མོས། ཁ་སྦྱོར་གྱི་འགྲེལ་པར། སྡོམ་པ་ཞེས་བྱ་བ་གོང་དུ་བྱང་ཆུབ་སེམས་དཔའི་སྡོམ་པའང་གསུམ་དངོས་སུ་གསུངས་། བསྐྱེད་པའི་རིམ་པའི་སྡོམ་པའང་གསུང་ནས། དེར་རྫོགས་པའི་རིམ་པའི་སྡོམ་པ་དེ་ཞུགས་ཞེས་བྱའོ། །བཅོམ་ལྡན་འདས་ཞེས་བྱ་བ་ལ་སོགས་པས་དེའི་ལན་བསྟན་ཏེ། ཞེས་དང་། འདིར་རྫོགས་པའི་རིམ་པ་ལ་སྦྱར་ན། གནས་ནི་ལུས་དང་རྩའི་འཁོར་ལོ་སྟེ། རང་གི་ངོ་བོ་ལ་གསུམ་ལས། མི་མཐུན་པའི་ཕྱོགས་སྡོམ་པའི་དབང་དུ་བྱས་ན། མཚན་མ་དང་རྣམ་པར་རྟོག་པ་ཐམས་ཅད་སྡོམ་པའོ། །མང་པོ་གཅིག་ཏུ་སྡོམ་པའི་དབང་དུ་བྱས་ན། ཆོས་མཐུན་གྱི་སྒོ་ནས་འཁོར་འདས་ཀྱི་ཆོས་ཐམས་ཅད་འདིར་ལུས་ལ་བསྡུ་བའོ། །ཡང་རང་བྱུང་གི་ཡེ་ཤེས་བདེ་བས་སྡོམ་པའོ། །ཞེས་དང་།

རྗེ་བཙུན་གྲགས་པ་རྒྱལ་མཚན་གྱི་ཞལ་ནས། སྐྱབས་འགྲོ་གསུམ་སྔོན་དུ་འགྲོ་བའི་སོ་སོ་ཐར་པའི་སྡོམ་པ་དང་ཡང་ལྡན། སྨོན་འཇུག་གི་སེམས་བསྐྱེད་པ་བྱས་ཏེ། བྱང་ཆུབ་སེམས་དཔའི་བསླབ་པ་དང་ཡང་ལྡན། དབང་བཞི་ཡོངས་སུ་རྫོགས་ཏེ་རྡོ་རྗེ་ཐེག་པའི་སྡོམ་པ་དང་ཡང་ལྡན། ཞེས་གསུངས་པ་ཡིན་ལ། དེ་ཐམས་ཅད་ཀྱི་དོན་བསྡུས་ནས་བསྟན་བཅོས་འདིར། སངས་རྒྱས་གསུང་བཞིན་མཛད་པ་ཡི། །བླ་མ་བཅལ་ལ་དབང་བཞི་བླང་། །དེ་ཡི་སྡོམ་པ་གསུམ་ལྡན་འགྱུར། །ཞེས་གསུང་པ་ཡིན་པས། དབང་གོང་མ་ལས་ཐོབ་པའི་སྔགས་ཀྱི་སྡོམ་པ་བཞེད་དམ་ཅི་ཞེས་ཏ་ཅང་ཐལ་བའི་དྲི་བ་ངོམ་ངོམ་མི་དགོས་སོ། །དབང་ལས་ཐོབ་པའི་སོ་

ཐར་དང་བྱང་སེམས་ལེགས་པར་ཡང་བཞེད་དེ། སྡུ་གོན་དང་འཇུག་པའི་གནས་སྐབས་ཀྱི་རྒྱུན་བཤགས་ལས་ཐུན་མོང་མིན་པའི་སོ་ཐར་དང་། སྔོན་འཇུག་གི་སེམས་བསྐྱེད་ཐོབ་པའི་ཕྱིར་རོ། །ཞེས་གསུངས་སོ། །ལེགས་བཤད་འདིས་ནི་ལུམ་དབང་ཙམ་གྱི་སྐབས་སུ་སྔགས་སྡོམ་རྫོགས་པར་ཐོབ་ལ། དབང་གོང་མ་ལས་དམ་ཚིག་གསར་ཐོབ་ཡོད་ཀྱི། སྔགས་སྡོམ་གསར་ཐོབ་མེད་པར་འདོད་པ་དང་། རྫོགས་རིམ་གྱི་སྡོམ་པ་སྡོམ་པ་མཚན་ཉིད་པ་མིན་པར་འདོད་པ་རྣམས་ལའང་ཞེན་ཏུ་གནོད་ལགས་སོ། །

གཉིས་པ་འཁྲུལ་པའི་སྨིན་བྱེད་དོར་བར་གདམས་པ་ལ་བཞི་སྟེ། སྨིན་བྱེད་མིན་པ་སྨིན་བྱེད་དུ་འདོད་པ་དགག་པ། སྨིན་བྱེད་ཀྱི་དབང་མི་དགོས་པར་འདོད་པ་དགག་པ། དགོས་ཀྱང་འཁྲུལ་པར་སྤྱོད་པ་དགག་པ། དབང་བསྐུར་མུ་བཞིར་འདོད་པ་དགག་པའོ། །དང་པོ་ལ་བཞི་སྟེ། བྱིན་རླབས་སྨིན་བྱེད་མིན་པ་དགག་པ། གྲངས་ངེས་མེད་པའི་དབང་བསྐུར་སྨིན་བྱེད་ཡིན་པ་དགག་པ། དཀྱིལ་འཁོར་མ་དག་པའི་དབང་བསྐུར་སྨིན་བྱེད་ཡིན་པ་དགག་པ། ཚིག་མ་དག་པའི་དབང་བསྐུར་སྨིན་བྱེད་ཡིན་པ་དགག་པའོ། ། དང་པོ་ལ་གཉིས་ཏེ། ཕྱོགས་སྔ་མ་བརྗོད་པ་དང་། དེ་དགག་པའོ། །དང་པོ་ནི། དེང་སང་རྡོ་རྗེ་ཞེས་སོགས་ཚིགས་བཅད་གཅིག་སྟེ། དུས་དེང་སང་རྡོ་རྗེ་ཕག་མོ་ཡི་བྱིན་རླབས་ཀྱི་ཆོ་ག་བྱེད་པ་སྨིན་བྱེད་ཀྱི་དབང་བསྐུར་བ་ཡིན་ཞེས་ཕྱག་རྒྱ་བ་ཁ་ཅིག་ཟེར། ཕག་མོའི་བྱིན་རླབས་ཀྱི་ཆོ་ག་འདི་ཡིས་གསང་སྔགས་ཟབ་མོའི་ཆོས་ཀྱི་སྒོ་ཕྱེ་ནས་རླུང་དང་གཏུམ་མོ་ལ་སོགས་པའི་རྫོགས་རིམ་ཟབ་མོ་སྟོན་པ་དང་། བསྒོམ་པ་མཐོང་། ཕག་མོའི་བྱིན་བརླབ་ཀྱིས་གསང་སྔགས་ཟབ་མོའི་ཆོས་ཀྱི་སྒོ་འབྱེད་པ་ནི། དྭགས་པོ་ལྷ་རྗེའི་དུས་སུ་བྱུང་སྟེ། བླ་མ་གཞན་ལ་སློབ་མ་རྣམས་དབང་ཞུ་བ་ལ་བཏང་བས། དེར་བསྡད་ནས་ཕལ་ཆེར་ལོག་མ་བྱུང་བས་རང་རེ་ཚང་ལ་ཡང་དབང་བྱེད་མཁན་རེ་དགོས་པ་འདུག་གསུང་བས། གོང་ནེ་རུ་པ་ན་རེ། ངས་ཕག་མོའི་དབང་རེ་བྱས་ན་ཞུས་པས། དེ་ཚོག་གསུངས་ནས་ཕག་མོའི་བྱིན་རླབས་རེ་བྱས། དེ་ནས་བླ་མས། ན་རོ་ཆོས་དྲུག་དང་། ཕྱག་རྒྱ་ཆེན་པོ་སོགས་བསྟན་པས། དེ་ནས་བཟུང་སྟེ། ཆོས་སྒོ་བ་ལ་དབང་ཞུས། བླ་མས་ཁྲིད་གསུངས་པས། བདེ་མཆོག་གི་དབང་མ་ཐོབ་ཀྱང་། རྡོ་རྗེ་ཕག་མོའི་བྱིན་རླབས་ཙམ་གྱིས་ཆོས་དྲུག་གི་ཆོས་སྒོ་འབྱེད་པ་བྱུང་ངོ་། །

གཉིས་པ་ལ་གསུམ་སྟེ། བྱིན་རླབས་སྨིན་བྱེད་ཡིན་པ་ལ་གནོད་བྱེད་བསྟན། བྱིན་རླབས་སྨིན་བྱེད་ཡིན་པའི་སྒྲུབ་བྱེད་དགག །བྱིན་རླབས་ཆོས་སྒོར་འབྱེད་ན་ཧ་ཅང་ཐལ་བའོ། །དང་པོ་ལ་བཞི་སྟེ། ཤེས་བྱེད་མེད་པ། ཉེས་དམིགས་ཆེ་བ། ཕན་ཡོན་མེད་པ། ལུང་དང་འགལ་བའོ། །དང་པོ་ནི། འདི་འདྲ་རྒྱུད་སྡེ། ཞེས་སོགས་རྐང་པ་གཉིས་ཏེ། ཕག་མོའི་བྱིན་རླབས་ཆོས་སྒོར་བྱེད་པ་མི་འཐད་དེ། སྨིན་བྱེད་ཀྱི་དབང་མ་བསྐུར་བར་ཕག

མོའི་བྱིན་རླབས་ཙམ་གྱིས་ཆོས་ཀྱི་སྒོ་ཕྱེ་ནས་རྫོགས་རིམ་བསྒོམ་པ་འདི་འདྲ་བ། སངས་རྒྱས་ཀྱི་རྒྱུད་སྡེ་ལས་མ་གསུངས་ཤིང་། དགོངས་འགྲེལ་གྱི་བསྟན་བཅོས་ཚད་མ་རྣམས་ལས་བཤད་པ་མེད་པའི་ཕྱིར་རོ། །

གཉིས་པ་ནི། རྡོ་རྗེ་ཕག་མོ། ཞེས་སོགས་ཚིགས་བཅད་གསུམ་སྟེ། ཕག་མོའི་བྱིན་རླབས་སྨིན་བྱེད་དུ་འདོད་པ་མི་འཐད་དེ། རྡོ་རྗེ་ཕག་མོའི་གཞུང་ཁུངས་མ་ཉིད་ལས་ཀྱང་སྨིན་བྱེད་ཀྱི་དབང་བསྐུར་བ་ཐོབ་ཅིང་དམ་ཚིག་དང་ལྡན་པའི་རྣལ་འབྱོར་པ་དེ་ལ་རྡོ་རྗེ་རྣལ་འབྱོར་མའི་བྱིན་རླབས་བྱ་ཞེས་གསུངས་པའི་ཕྱིར། གཞུང་ཁུངས་མ་གང་ཁས་བླངས་ན། རྗོ་བོ་རྗེས་མཛད་པའི་རྡོ་རྗེ་ཕག་མོ་ཉིད་ཀྱི་གཞུང་། རྗེ་བཙུན་མ་རིན་ཆེན་རྒྱན་གྱི་སྒྲུབ་ཐབས་ལས་ཀྱང་། འདི་ལྟར་རྣལ་འབྱོར་དབང་བསྐུར་བ་ཐམས་ཅད་ཡོངས་སུ་རྫོགས་པས་འདི་དང་རྗེས་སུ་མཐུན་པའི་གནས་སུ། ཞེས་དང་། སློབ་ཀྱི་བླ་མའི་མན་ངག་གི་དབང་བསྐུར་བའི་རིམ་པ་ལས་དེའི་དོན་ལ་དམིགས་ནས་རྡོ་རྗེ་རྣལ་འབྱོར་མར་བསམ་པར་བྱའོ། །ཞེས་གསུངས་པ་འདི་འགྲེལ་བྱེད་ཕལ་ཆེར་གྱིས་དྲངས་པར་སྣང་ཡང་། རྗེ་བཙུན་གྱིས། རྣལ་འབྱོར་བྱང་བཟང་གིས་དྲིས་ལན་ལས། དེའང་རྗེ་བཙུན་མ་རྡོ་རྗེ་རྣལ་འབྱོར་མའི་གཞུང་ལས། བྱིན་རླབས་ཕྲ་མོ་བཤད་པ་དེ་དག་གང་ཞེ་ན། དབང་ཐོབ་ཟིན་པའི་གང་ཟག་ལ། ཉིང་ངེ་འཛིན་གྱི་ཁྱད་པར་འགའ་ཞིག་རྒྱུད་ལ་སྐྱེ་བར་བྱ་བའི་ཕྱིར། བྱིན་རླབས་ཀྱི་རྒྱུན་བསྒོམ་དུ་བཞུགས་པ་ཞེས་བྱ་བའི་གདམས་ངག་ཡིན་གྱིས། དབང་མ་ཐོབ་པ་རྣམས་ལ་རྡོ་རྗེ་རྣལ་འབྱོར་མའི་གསང་བ་བསྟན་དུ་ག་ལ་རུང་། དེའང་རྡོ་རྗེ་རྣལ་འབྱོར་མ་རྣམས་ཀྱི་རྩ་བ་ལྟ་བུ། རྒྱལ་པོ་ཨིནྡྲ་བྷཱུ་ཏིས་མཛད་པ་ཞལ་གཉིས་ཆུང་བ་ཞེས་བྱ་བ་ལས། སྔགས་པས་ཐོག་མར་བླ་མ་དང་། །སངས་རྒྱས་ལ་སེམས་མངོན་པར་དད་པའི་ཡིད་ཅན་གྱིས། བྱང་ཆུབ་ཀྱི་སེམས་བརྟན་པར་བཟུང་སྟེ། དབང་བསྐུར་བ་ཡང་དག་པར་ཐོབ་ནས་ཞེས་འབྱུང་བ་ཡིན་ནོ། །ཞེས་པ་འདི་ཉིད་ཡིན་ཏེ། ལུང་འདིར་རྡོ་རྗེ་རྣལ་འབྱོར་མ་རྣམས་ཀྱི་རྩ་བ་ལྟ་བུ་ཞེས་དང་། རྩ་བར་རྡོ་རྗེ་ཕག་མོ་ཉིད་ལས་ཀྱང་། ཞེས་གསུངས་པ་ནི་དོན་གཅིག་གོ །རྒྱུ་མཚན་དེས་ན། སྨིན་བྱེད་ཀྱི་དབང་བསྐུར་ཐོབ་པ་མེད་པ་ལ་ཕག་མོའི་བྱིན་རླབས་བྱེད་པ་བཀག་སྟེ། དཔེར་ན། ཐོག་མར་མུ་ཟིའི་བཅུད་ལེན་འཇུ་བར་བྱས། དེ་ནས་དངུལ་ཆུ་བཟའ་བར་གསུང་གི་མུ་ཟིའི་བཅུད་ལེན་ཐོག་མར་མ་བརྟེན་པར་དངུལ་ཆུ་ཟོས་ན་ཟ་བ་པོ་འཆི་བ་དེ་བཞིན་དུ། ཐོག་མར་སྨིན་བྱེད་ཀྱི་དབང་བསྐུར་བླངས། དེ་ནས་རྡོ་རྗེ་ཕག་མོའི་བྱིན་རླབས་སྦྱིན་པར་བྱེད་པའི་ཕྱིར་དང་། གཞན་དུ་སྨིན་བྱེད་ཀྱི་དབང་བསྐུར་བ་མེད་པར་ཕག་མོའི་བྱིན་རླབས་བྱས་ན། བྱེད་པ་པོ་དམ་ཚིག་གིས་ཉམས་པར་ཐལ་བས་གསུངས་པའི་ཕྱིར་ཏེ། ཡོངས་སུ་མ་སྨིན་སེམས་ཅན་ལ། །གསང་བ་སྒྲོགས་པ་བདུན་པ་ཡིན། །ཞེས་གསུངས་པའི་ཕྱིར་རོ། །

གསུམ་པ་ནི། རྡོ་རྗེ་ཕག་མོའི། ཞེས་སོགས་རྐང་པ་དྲུག་སྟེ། རྡོ་རྗེ་ཕག་མོའི་སིནྡྷུ་རའི་དཀྱིལ་འཁོར་དུ་བྱིན་རླབས་བྱེད་པ་འདི་ནི་རྗེས་གནང་རིམ་གྱི་བྱིན་རླབས་ཙམ་ཡིན་གྱི། སྨིན་པར་བྱེད་པའི་དབང་བསྐུར་མིན་ཏེ། སྨིན་བྱེད་ཀྱི་དབང་ཡིན་ན། རྒྱུད་ལ་སྡར་མ་ཐོབ་པའི་སྡོམ་པ་གསུམ་ལྡན་དུ་བྱེད་པ་དང་། ཕྱི་ནང་གི་རྟེན་འབྲེལ་བསྒྲིག་པ་དང་། སྐུ་བཞིའི་ས་བོན་ཐེབས་ནུས་པ་གཅིག་དགོས་པ་ལས། དེ་ལྟ་བུའི་ཕག་མོའི་བྱིན་རླབས་ལ། སྡར་མ་ཐོབ་པའི་སྡོམ་པ་གསུམ་ལྡན་དུ་བྱར་མི་རུང་ཞིང་། ཕྱི་ནང་གི་རྟེན་འབྲེལ་ཟབ་མོ་འགྲིག་པར་མི་འགྱུར་བ་དང་། ཕུང་ཁམས་སྐྱེ་མཆེད་ལ་སྐུ་བཞིའི་ས་བོན་ཐེབས་པར་བྱེད་མི་ནུས་པ་དེའི་ཕྱིར་རོ། །

བཞི་པ་ནི། དེས་ན་ཐུབ་པས། ཞེས་སོགས་ཚིགས་བཅད་གཅིག་སྟེ། དེ་ལྟ་བུའི་བྱིན་རླབས་སྨིན་བྱེད་ཀྱི་དབང་མ་ཐོབ་པ་ལ་བྱེད་མི་རུང་སྟེ། ཕག་མོའི་བྱིན་རླབས་དེ་རྗེས་གནང་རིམ་གྱི་བྱིན་རླབས་ཙམ་ཡིན་གྱི་སྨིན་བྱེད་མིན་པ་དེས་ན། ཐུབ་པས་དེ་ཉིད་བསྡུས་པའི་རྒྱུད་སྡེ་ལས་དཀྱིལ་འཁོར་ཆེན་པོ་མ་མཐོང་བ་རྣམས་ཀྱི་མདུན་དུ་གསང་བ་འདི་ནི་མ་སྨྲ་ཞིག །སྨྲས་ན་དམ་ཚིག་ཉམས་པར་འགྱུར་རོ་ཞེས་གསུངས་པའི་ཕྱིར་རོ། །

གཞུང་འདི་དག་ལ་ཁ་ཅིག་ཤཱཀྱ་མཆོག་གིས། རྡོ་རྗེ་ཕག་མོ་འགའ་ཞིག་ལས། །དབང་བཞི་ཚད་ལྡན་གཞུང་ལས་བཤད། །དེ་དག་སྨིན་བྱེད་དབང་བསྐུར་དུ། །རུང་ངམ་མི་རུང་གང་ཡིན་དྲི། །ཞེས་པའི་ལན་ནི། གོ་བོས། དེའི་དོན་ཅི་ཞིག་ཡིན་ཕག་མོ་སྔོན་བྱུང་གི་རྒྱུད་ལས་གསུངས་པའི་རྗེ་བཙུན་གྱི་དཀྱིལ་འཁོར་དུ་དབང་བསྐུར་བའི་ཆོག་ལྟ་བུ་ལ་ཟེར་བ་ཡིན་ན། དེ་ནི་སྨིན་བྱེད་དུ་རུང་སྟེ། སངས་རྒྱས་རྫོགས་ནས་རྡོ་རྗེ་ཕག་མོ་ལ་སྨིན་བྱེད་བླ་མ་གོང་མས་བཀག་པ་མ་ཡིན་གྱི། ཚོགས་འི་རོལ་ནས་བྱིན་རླབས་སྨིན་བྱེད་ཡིན་པ་བཀག་པ་ཡིན་པའི་ཕྱིར་རོ། །དཔེར་ན། རྗེ་བཙུན་རྡོ་རྗེ་བདག་མེད་མ་ལ་ཡང་། རྩ་རྒྱུད་བརྟག་གཉིས་ཀྱི་ལེའུ་བཅུ་པ་ལས་གསུངས་པའི་རྗེ་བཙུན་གྱི་དབང་བསྐུར་བའི་ཆོག་སྨིན་བྱེད་དུ་བཞེད་ཀྱང་། བདག་མེད་མའི་བྱིན་རླབས་སྨིན་བྱེད་དུ་མི་བཞེད་པ་བཞིན་ནོ། །ཕན་ཐོགས་པར་གྱུར་ཅིག་ཅེས་གསུངས།

ཡང་དྲི་བ། རྡོ་རྗེ་ཕག་མོའི་བྱིན་རླབས་ལ། །སྡོམ་པ་འབོགས་པའི་ཆོག་དང་། །དཀྱིལ་འཁོར་དང་ནི་དབང་བསྐུར་བ། །རང་ལུགས་ལ་ཡང་མི་བཞེད་དམ། །ཞེས་པའི་ལན་ནི། ཀུན་མཁྱེན་གྱིས་སིནྡྷུ་ར་ཡི་དཀྱིལ་འཁོར་དུ་སློབ་མ་བཅུག་ནས་བྱིན་རླབས་ལ་དབང་བཞིའི་ཐ་སྙད་ཙམ་ཞིག་ཡོད་པ་དེང་སང་ཕྱག་ལེན་ལ་ཡོད་པ་འདི་ལ་ཟེར་བ་ཡིན་ན་ནི། སྔགས་སྡོམ་གསར་དུ་འབོགས་པའི་ཆོག་མིན་ཏེ། སྔགས་སྡོམ་ཐོབ་ཟིན་པ་ལ་ཡེ་ཤེས་སྐྱེ་བའི་སྣ་འདྲེན་དུ་བྱིན་རླབས་ཀྱི་ཆོག་ཙམ་ཡིན་པར་རྩ་ལྟུང་འགྲེལ་སྦྱོང་དང་། བསྟན་བཅོས་འདི་གཉིས་ཆར་དུ་གསལ་བར་གསུང་བཞིན་དུ། དའུང་དྲིན་ཏ་ཅང་ཐལ་བའི་ཕྱིར་རོ། །

གཉིས་པ་ལ་གཉིས་ཏེ། ལག་ལེན་གྱི་སྒྲུབ་བྱེད་དགག་པ། རང་བཟོའི་སྒྲུབ་བྱེད་དགག་པའོ། །དང་པོ་ནི། འགའ་ཞིག་འདི་ལྟར། ཞེས་སོགས་ཚང་པ་དྲུག་སྟེ། ཕྱག་རྒྱ་བ་འགའ་ཞིག་ཕག་མོའི་བྱིན་རླབས་འདི་ལ་འང་ཕག་མགོ་དང་། གྲི་གུག་དང་། མདའ་གཞུ་དང་། ཚང་པ་བསྟོད་པ་ལ་སོགས་པའི་དབང་བསྐུར་བ་ཡོད་ཅེས་ཟེར། བྱིན་རླབས་དེ་འདྲ་དབང་བསྐུར་མཚན་ཉིད་པ་མ་ཡིན་ཏེ། དབང་བསྐུར་བ་ཡིན་ན། རྒྱུད་སྡེ་ལས་གསུངས་དགོས་པ་གང་ཞིག རྒྱུད་སྡེ་རྣལ་མ་ཀུན་ལས་ཕག་མགོ་ལ་སོགས་པའི་དབང་འདི་འདྲ་མ་གསུང་པའི་ཕྱིར་རོ། །གལ་ཏེ་བརྒྱ་ལ་རྒྱུད་སྡེ་འགའ་ཞིག་ལས་གསུང་པ་སྲིད་ཀྱང་། དེ་རྗེས་གནང་ཙམ་ཡིན་གྱི་དབང་བསྐུར་མཚན་ཉིད་པ་མ་ཡིན་ཏེ། དེ་ལ་དབང་གི་མཚན་ཉིད་མ་ཚང་བའི་ཕྱིར་རོ། །

གཉིས་པ་ནི། ལ་ལ་རྡོ་རྗེ་ཞེས་སོགས་ཚང་པ་བཅོ་བརྒྱད་དེ། ཞང་ཚལ་པ་ལ་སོགས་པ་ལ་ལ་རྡོ་རྗེ་ཕག་མོའི་བྱིན་རླབས་ལ། སྨིན་བྱེད་ཡོད་པར་བསྒྲུབ་འདོད་ནས་སྔགས་ཀྱི་སྡོམ་པ་འབོགས་པའི་ཆོ་ག་དང་། དཀྱིལ་འཁོར་དང་ནི་དབང་བསྐུར་ལ་སོགས་པ་རང་བཟོའི་ཆོ་ག་བྱེད་པ་ཐོས། རང་བཟོ་བྱས་པས་ཆོ་གར་འགྱུར་མི་སྲིད་དེ། ཆོ་ག་མཚན་ཉིད་པ་ཡིན་ན། སངས་རྒྱས་ཀྱི་སྤྱོད་ཡུལ་ཏེ་མདོ་རྒྱུད་ནས་གསུང་པ་ཞིག་ཡིན་དགོས་པ་ལས། ཁྱོད་ཀྱི་ཆོ་ག་དེ་མདོ་རྒྱུད་གང་ནས་ཀྱང་མ་གསུངས་པའི་ཕྱིར། དཔེར་ན། ཁྱིམ་པས་མཁན་སློབ་དང་། དད་པའི་དགེ་འདུན་ལ་སོགས་པའི་ལྷད་མོ་གསོལ་གཞིའི་ལས་བྱས་ཀྱང་། བསྙེན་བྱ་ལ་དགེ་སློང་གི་སྡོམ་པ་མི་ཆགས་པ་ལྟར། རྡོ་རྗེ་ཕག་མོའི་བྱིན་རླབས་ལ་རང་བཟོའི་དབང་ཆོག་བྱས་ནས། སྡོམ་པ་ཐོབ་ཀྱང་སྡོམ་པ་འཆགས་པར་མི་འགྱུར་བའི་ཕྱིར་རོ། །གཞན་ཡང་རང་བཟོའི་ཆོ་ག་དེ་མི་འཐད་དེ། ཆོ་གའི་ཚིགས་ཅུང་ཟད་ཉམས་པ་སྟེ་ལྷག་ཆད་དང་འཁྲུལ་པ་ལྟ་ཆོ་ག་སྟེ། སྡོམ་པ་འཆགས་པར་མ་གསུང་ན། སྡོམ་པ་འབོགས་པའི་ཆོ་ག་ཕལ་ཆེར་ཉམས་པ་ལ་སྡོམ་པའི་ཆོ་ག་འཆགས་པར་འགྱུར་རེ་ཀན་ཏེ་མི་འགྱུར་བའི་ཕྱིར་ཏེ། འདུལ་བ་ལས། བསྙེན་བྱ་དང་། མཁན་པོ་དང་། དགེ་འདུན་གྱི་མིང་མ་བརྗོད་ན་ཡང་ཆོ་གའི་ཚིག་ཟུར་ཉམས་པས་དགེ་སློང་གི་སྡོམ་པ་མི་སྐྱེ་བར་གསུངས་པ་ལྟ་བུའོ། །རང་བཟོའི་ཆོ་ག་མི་འཐད་པ་དེས་ན་འཆད་པའི་གནས་སྐབས་སུ། ཚིག་ཅུང་ཟད་ནོར་པར་གྱུར་ཀྱང་སླ་ཡི། དབང་བསྐུར་བ་དང་། སྡོམ་པ་འབོགས་པའི་ཆོ་ག་ཅུང་ཟད་ནོར་པར་གྱུར་པ་ལ་འབྲས་བུ་འགྲུབ་པ་ནམ་ཡང་མེད་པར་གསུངས་ཏེ། གསང་བ་སྤྱི་རྒྱུད་ལས། ཁྱད་པར་ཅན་གྱི་ལས་རྣམས་ལ། །ལྷ་དུས་བྱ་བ་དུས་བཞིན་སྤྱད། །གཞན་དུ་ཆོ་ག་ཉམས་པའི་ཕྱིར། །འགྲུབ་པ་ནམ་ཡང་ཡོད་མ་ཡིན། །ཞེས་གསུངས་པའི་ཕྱིར་རོ། །

གསུམ་པ་བྱིན་རླབས་ཆོས་སྐོར་བྱེད་ན་ཇ་ཙང་ཐལ་བ་ནི། གཞན་ཡང་ཕག་མོའི། ཞེས་སོགས་ཚང་པ་

བཅུ་གཅིག་སྟེ། གཞན་ཡང་ཕག་མོའི་བྱིན་རླབས་ཆོས་སྐོར་བྱེད་ན་ཧ་ཅང་ཐལ་ཏེ། ཕག་མོའི་བྱིན་རླབས་ལ་གསང་སྔགས་ཀྱི་ཆོས་སྐོར་བྱེད་པ་ནི། རྒྱུད་སྡེ་རྣལ་མ་གང་ནའང་བཤད་པ་མེད་པའི་ཕྱིར་རོ། །

གཞུང་འདི་ལ་དྲི་བ། ཤཱ་ བྱིན་རླབས་ཆོས་སྐོར་མི་བྱེད་ན། །རྫོགས་རིམ་འགའ་ཞིག་ཉན་པའི་སར། །བྱིན་རླབས་ངེས་པར་མཛད་དེ་ཅི། །ཞེས་པའི་ལན་ནི། དྭགས་པོ་བཀའ་བརྒྱུད་པ་དག་གིས། །ཆོས་སྐོའི་དོན། སྔར་སྨིན་བྱེད་མ་ཐོབ་ཀྱང་། བྱིན་རླབས་དེ་ཉིད་བྱས་པས་ན་རོ་ཆོས་དྲུག་ཉན་ཅིང་སྒོམ་དུ་རུང་བར་འདོད་ལ། དེ་འདྲའི་ཆོས་སྒོ་ནི་འདིར་མི་བཞེད་དེ། གཞུང་འདི་ཉིད་དུ་བཀག་པའི་ལུང་རིགས་རྣམས་བལྟས་པས་གསལ་ལོ༑ ༑ཤིན་ཏུ་སྤྲོས་མེད། དྲིལ་བུ་རིམ་ལྔ་སོགས་རྫོགས་རིམ་འགའ་ཞིག་ཉན་པའི་སར་བྱིན་རླབས་ངེས་པར་མཛད་ཀྱང་། དེ་སྔར་གྱི་ཆོས་སྒོ་དེ་དང་གཏན་མི་གཅིག་སྟེ། བྱིན་རླབས་དེ་ཉིད་ཀྱི་སྔོན་དུ་སྨིན་བྱེད་འགྲོ་དགོས་པར་བཞེད་པའི་ཕྱིར་རོ། །ཞེས་གསུངས་སོ། །གཞན་ཡང་ཕག་མོའི་བྱིན་བརླབས་གསང་སྔགས་ཀྱི་ཆོས་སྐོར་བཤད་པ་མེད་ཀྱང་བྱེད་པ་དེ་བས་དགེ་སློང་བྱེད་པ་ལ། རང་བྱུང་གི་ནི་བསྙེན་པར་རྫོགས་པ་དང་། མཐོང་ལམ་གྱི་ཡེ་ཤེས་ཁོང་དུ་ཆུད་པའི་བསྙེན་པར་རྫོགས་པ་དང་། ཕྲིན་གྱི་ཆོ་གས་བསྙེན་པར་རྫོགས་པ་དང་། དེ་བཞིན་དུ་སངས་རྒྱས་སྟོན་པར་ཁས་བླངས་པས་དང་། ཚུར་ཤོག་ལ་ཚངས་པར་སྤྱོད་ཅིག་ཅེས་པས་དང་། ལ་སོགས་པ་ལྔ་བའི་ཆོས་བརྒྱད་ཁས་བླངས་པས་དང་། དྲིས་པའི་ལན་ལོན་པས་དང་། དཀོན་མཆོག་གསུམ་སྐྱབས་གནས་སུ་ཁས་བླངས་པས་དང་། གསོལ་གཞིའི་ལས་ཀྱིས་བསྙེན་པར་རྫོགས་པའི་སྡོམ་པ་བླང་བར་རིགས་པར་འགྱུར་ཏེ། ཕག་མོའི་བྱིན་རླབས་གསང་སྔགས་ཀྱི་ཆོས་སྒོ་སྨིན་བྱེད་དང་། བསྙེན་རྫོགས་དེ་དག་ད་ལྟ་བྱེད་པ་གཉིས་འབྲེལ་པ་ཡིན་པ་སྙམ་པོ་ལ། བསྙེན་རྫོགས་འདི་རྣམས་ཀྱི་ཐབས་སྔོན་སངས་རྒྱས་བཞུགས་པའི་དུས་འདི་རང་མཚན་དང་འབྲེལ་པའི་མཚན་སྙིང་ཞིག་ལ་སྣང་ངོ་། །ཀྱི་ཆོ་གར་འདུལ་བ་ལུང་ལས་གསུངས་པའི་ཕྱིར་རོ། །དེ་ཡང་ལུང་ལས། སངས་རྒྱས་དང་རང་སངས་རྒྱས་རང་བྱུང་གི་བསྙེན་རྫོགས་དང་། ལྔ་སྡེ་བཟང་པོ་ཡེ་ཤེས་ཁོང་དུ་ཆུད་པས་དང་། མཆོད་བུ་མོ་ཆོས་སྦྱིན་ཟེར་བའང་སྣང་སྦྱིན་མ་འཁྲིན་གྱིས་དང་། འོད་སྲུང་ཆེན་པོ་སྟོན་པར་ཁས་བླངས་པ་དང་། གྲགས་པ་ལ་སོགས་པ་ཚུར་ཤོག་དང་། སྐྱེ་དགུའི་བདག་མོ་ལྔ་བའི་ཆོས་བརྒྱད་ཁས་བླང་པས་དང་། བྲམ་ཟེ་མོ་ཀ་ཏྱ་ཡ་ནའི་བུ་དྲིས་པའི་ལན་ལོན་པས་དང་། བཟང་སྡེའི་ཚོགས་དྲུག་ཅུ་སྐྱབས་གསུམ་ཁས་བླངས་པས་དང་། གསོལ་གཞིའི་ལས་ཀྱིས་རབ་ཏུ་བྱུང་ཞིང་བསྙེན་པར་རྫོགས་པ་རྣམས་སྔོན་གྱི་ཆོ་གར་གསུངས་པའི་ཕྱིར་རོ། །

གཞུང་འདི་ལ་དྲི་བ། ཤཱ་ རང་བྱུང་ནས་ནི་ཚུར་ཤོག་བར། །སྔོན་ཆོག་ཡིན་པར་གང་དུ་བཤད། །ཅེས

པའི་ལན་ནི། གོ་གོ། དེ་དག་བསྙེན་རྫོགས་ཀྱི་སྡོམ་པ་ཐོབ་པར་བྱེད་པའི་ཚིག་ཁྱད་པར་ཅན་གང་ཞིག །ད་ལྟར་གྱི་ཚིག་མིན་པ་ལ་དགོངས་ནས། སྔོན་ཚིག་ཏུ་བཞེད་པ་ཡིན་ལ། རྒྱ་ཆེར་འགྲེལ་ལས། མདོ་རྩའི་ཐོག་མར་འབྱུང་བའི་གསོལ་བ་དང་གཞིའི་ལས་ཀྱིས་ཅིག་ཆར་རབ་ཏུ་བྱུང་བ་དང་། བསྙེན་པར་རྫོགས་པའི་ཚིག་ཁོན་ལ་སྔོན་ཚིག་ཏུ་བཤད་པ་ནི། ལུང་གཞིའི་རབ་བྱུང་གི་གཞིའི་སྐབས་ནས་བཤད་པའི་ཚིག་ལ་སྔོན་ཚིག་དང་། ད་ལྟར་གྱི་ཚིག་གཉིས་སུ་ཕྱེ་བའི་ཚེ། འདི་འདི་ལ་དགོས་དགོད་བདག་གི་སྤྱི་དོན་ན་བྲིས་པར་རྟོག་གོ། ཁོ་ན་སྔོན་ཚིག་ཡིན་ཞེས་པའི་དོན་ཡིན་གྱི་སྔོན་ཚིག་ཐམས་ཅད་དེར་ངེས་པ་ནི་མིན་ནོ། །ཞེས་གསུངས་སོ། །

གཉིས་པ་གྲངས་ངེས་མེད་པའི་དབང་བསྐུར་སྨིན་བྱེད་ཡིན་པ་དགག་པ་ལ་བཞི་སྟེ། གྲངས་ངེས་མེད་པ་གསང་སྔགས་ནུབ་པའི་དཔེར་བསྟན། དེ་ཉིད་རྒྱུད་ལས་བཀག་པའི་ཚུལ། རྒྱུད་དེའི་དོན་བཤད་པ། གཞན་གྱི་དོགས་པ་སྤང་བའོ། །དང་པོ་ནི། དེས་ན་ཉན་ཐོས། ཞེས་སོགས་ཚིགས་བཅད་གསུམ་སྟེ། ཉན་ཐོས་ཀྱི་ཐེག་པ་ལ་ནི་ད་ལྟ་ནུབ་ཀྱང་གཟུགས་བརྙན་ཙམ་ཞིག་སྣང་ལ། རྡོ་རྗེ་ཐེག་པའི་བསྟན་པ་ལ་གཟུགས་བརྙན་ཙམ་ཡང་མི་སྣང་སྟེ། ཕག་མོའི་བྱིན་རླབས་གསང་སྔགས་ཀྱི་ཆོས་སྒོ་དང་། སྨིན་བྱེད་དུ་མ་བཤད་ཀྱང་བྱེད་པ་དེས་ན་སྟེ་དེའི་ཕྱིར་རོ། །ཉན་ཐོས་ཀྱི་བསྟན་པ་གཟུགས་བརྙན་ཙམ་ཞིག་སྣང་སྟེ། དེང་སང་གང་ཟག་བླུན་པོ་སྙིང་པོད་ཅན་རྣམས་ཀྱིས་ཀྱང་། འདུལ་བའི་ལས་ཀྱི་ཚིག་ལས་རྒལ་མ་ནུས་པའི་ཕྱིར། དཔེར་ན་རབ་ཏུ་བྱུང་བའི་གང་ཟག་ནི། འདུལ་བ་ལུང་ལས། ཚོགས་ཀྱི་ཚོགས་ལ་ལས་མི་བྱ། ཞེས་པ་ལ་བརྟེན་ནས་བསྒྲུབ་བྱ་གསུམ་ལས་མང་བ་ལས་གྲལ་གཅིག་ཏུ་འདུག་མི་ནུས་པ་བཞིན་ནོ། །རྡོ་རྗེ་ཐེག་པའི་བསྟན་པ་ལ་གཟུགས་བརྙན་ཙམ་ཡང་མི་སྣང་སྟེ། གསང་སྔགས་ཀྱི་དབང་བསྐུར་བའི་ཚིག་སོགས་ཐམས་ཅད་ལ་དེང་སང་བླུན་པོ་རྣམས་ཀྱིས་རང་བཟོར་སྤྱོད་པ་མང་བའི་ཕྱིར། དཔེར་ན་གསང་སྔགས་ཀྱི་དབང་བསྐུར་བྱེད་པ་ན། སློབ་མ་གྲངས་ངེས་མེད་པར་བརྒྱ་སྟོང་སོགས་དུ་མ་ལ་དབང་བསྐུར་བྱེད་པ་བཞིན་ནོ། །

གཉིས་པ་ནི། འདི་ནི་རྡོ་རྗེ་འཆང་། ཞེས་སོགས་རྐང་པ་བཅུ་གསུམ་སྟེ། སྤྱོད་རྒྱུད་མ་ཡིན་པའི་གསང་སྔགས་ཀྱི་དབང་བསྐུར་བའི་སྐབས་ཐམས་ཅད་དུ་སློབ་མ་ལ་གྲངས་ངེས་མེད་པར་དབང་བསྐུར་བྱེད་པ་འདི་ནི་རྡོ་རྗེ་འཆང་གིས་བཀག་སྟེ། སྤྱོད་པའི་རྒྱུད་ཀྱི་དབང་བསྐུར་བ་ལ་སློབ་མ་གྲངས་ངེས་མེད་པར་གསུང་ཞིང་སློབ་མ་གྲངས་ངེས་མེད་པའི་སྤྱོད་རྒྱུད་ཀྱི་ལྷག་མ། དམིགས་བསལ་མ་མཛད་པའི་རྒྱུད་སྡེ་གཞན་གསུམ་གྱི་དབང་གི་སློབ་མ་ལ་ནི་གྲངས་ངེས་ཡོད་པའི་ཕྱིར་རོ། །དམིགས་བསལ་མ་མཛད་པའི་ཞེས་པ་སྒྲ་རྣམ་གསེར་སོགས་ལས་གསུངས། གཞུང་ཕལ་ཆེར་ལས། དམིགས་བསལ་མཛད་པ་ཡི། །ཞེས་འབྱུང་བ་ལྟར་ན། སྤྱོད་

རྒྱུད་ཀྱི་སློབ་མ་ལ་གྲངས་ངེས་མེད་པའི་དམིགས་བསལ་མཛད་པ་ཡི་ལྷག་མ་རྒྱུད་སྡེ་གཞན་གསུམ་གྱི་སློབ་མ་ལ་ནི་གྲངས་ངེས་ཡོད་ཅེས་པའོ། །རྒྱུད་སྡེ་གཞན་གསུམ་གྱི་དབང་གི་སློབ་མ་ལ་གྲངས་ངེས་ཡོད་པ་འདི་ནི་གསང་བ་སྤྱི་རྒྱུད་ལས། མཁས་པས་སློབ་མ་གཅིག་གམ་གསུམ། །ལྔའམ་ཡང་ན་བདུན་དག་གམ། །ཉི་ཤུ་རྩ་ནི་ལྔ་ཡི་བར། །ཟུང་དུ་མ་གྱུར་ཡོངས་སུ་གཟུང་། །དེ་ལས་ལྷག་པའི་སློབ་མ་ནི། །ཡོངས་སུ་གཟུང་བར་མི་ཤེས་སོ། །འབྲུ་ཐའོ། །ཞེས་གསུངས་པ་འདི་ནི་རྒྱུད་སྡེ་གཞན་གསུམ་པོ་ཀུན་ལ་ཤེས་བྱེད་དུ་འཇུག་པ་ཡིན་ནོ། །སྤྱོད་རྒྱུད་ཀྱི་དབང་གི་སློབ་མ་ལ་གྲངས་ངེས་མེད་པར་གསུངས་ཏེ། རྣམ་སྣང་མངོན་བྱང་ལས། གཅིག་གཉིས་བཞི་ལས་ལྷག་ཀྱང་རུང་། །སྤྱོད་མི་དགོས་པས་གཟུང་བར་བྱ། །ཞེས་དང་། དེས་བྱང་ཆུབ་ཀྱི་སེམས་ཀྱི་རྒྱུར་འགྱུར་བར་བྱ་བའི་ཕྱིར་སེམས་ཅན་ཚད་མེད་པ་ཡོངས་སུ་གཟུང་བར་བྱའོ། །ཞེས་གསུངས་པའི་ཕྱིར་རོ། །

གསུམ་པ་ནི། དེ་བས་ལྷག་པའི། ཞེས་སོགས་རྐང་པ་བཅུ་སྟེ། རྒྱུད་སྡེ་གཞན་གསུམ་པོའི་དབང་གི་སློབ་མ་ནུབ་གཅིག་ལ་ཉེར་ལྔ་ལས་ལྷག་པ་མི་རུང་སྟེ། ནུབ་གཅིག་ལ་སློབ་མ་ཉེར་ལྔ་པོ་དེ་བས་གྲངས་ལྷག་པའི་སློབ་མ་ལ་དབང་གི་ཆོ་ག་ཕལ་ཆེ་བ་ལ་དགོངས་སམ། ཡོངས་སུ་རྫོགས་པ་ནི། མཚན་མོ་གཅིག་ལ་ཚར་བར་མི་ནུས་ལ་ཞག་དེའི་མཚན་མོར་ཆོ་ག་མ་ཚར་ན་ཆོ་ག་ཉམས་པར་འགྱུར་བར་གསུངས་པས་སོ། །དེ་ཡང་གསང་བ་སྤྱི་རྒྱུད་ལས། ཡི་དམ་གྱི་ལྷ་ཡང་ཉི་མ་ནུབ་པ་སྟེ་མཚན་མོའི་དུས་ན་ངེས་པར་སློབ་མའི་རྒྱུད་བྱིན་གྱིས་བརླབ་ཀྱིས་འདུ་ལ། སང་ཉི་མ་ཤར་བར་མ་གྱུར་བར་ལྷ་མཆོད་ནས་གཤེགས་སུ་གསོལ་བར་ཤེས་ཞེས་གསུངས་སོ། །

བཞི་པ་ནི། འདི་ནི་བྱ་བའི། ཞེས་སོགས་རྐང་པ་བཅུ་སྟེ། དབང་གི་སློབ་མ་ཉི་ཤུ་རྩ་ལྔར་གྲངས་ངེས་པར་གསུངས་པའི་གསང་བ་སྤྱི་རྒྱུད་འདི་ནི་ཆོས་ཅན། ཁྱོད་སྤྱོད་རྒྱུད་སོགས་རྒྱུད་སྡེ་གཞན་གྱི་ཆོ་ག་ལ་སྦྱར་བར་བྱ་བ་མ་ཡིན་ཏེ། ཁྱོད་བྱ་བའི་རྒྱུད་ཡིན་པས་སོ། །སྐམ་ན་ཁྱབ་པ་མེད་དེ། སྤྱི་རྒྱུད་ཀྱི་ལུང་འདི་བྱ་རྒྱུད་ལས་གཞན་པའི་རྒྱུད་རྣམས་ཀུན་ལའང་ཤེས་བྱེད་དུ་འཇུག་པར་གསང་བ་སྤྱི་རྒྱུད་ཉིད་ལས་འདི་སྐད་དུ་གསུངས་པའི་ཕྱིར་ཏེ། རྒྱུད་སྡེ་གང་དུ་དབང་དང་རབ་ཏུ་གནས་ལ་སོགས་པའི་ལས་ནི་ཡོད་པར་གྱུར་བ་ལ་དབང་ལ་སོགས་པའི་ལས་རྣམས་ཀྱི་སྦྱོར་དངོས་རྗེས་གསུམ་གྱི་ཆོ་ག་རྣམ་པ་གསལ་པོ་མེད་པ་དེ་ར་ནི་གསང་བ་སྤྱི་ཡི་རྒྱུད་དག་ལས་གསུངས་པའི་ཆོ་ག་སློབ་དཔོན་མཁས་པས་བརྟེན་ཞེས་དེ་སྐད་དུ་གསུངས་པའི་ཆོ་ག་འདི་ནི། དབང་བསྐུར་སོགས་གསུངས་ལ། སློབ་མའི་གྲངས་ངེས་སོགས་གསལ་པོར་མ་གསུངས་པའི་རྒྱུད་རྣམས་ཀུན་ལ་ཤེས་བྱེད་དུ་འཇུག་པ་ཡིན་པའི་ཕྱིར་རོ། །

གསུམ་པ་དཀྱིལ་འཁོར་མ་དག་པའི་དབང་བསྐུར་སྨིན་བྱེད་མིན་པ་དགག་པ་ནི། དེང་སང་། ཞེས

སོགས་རྐང་པ་བཅུ་གཉིས་ཏེ། དེང་སང་རྡོ་རྗེ་ཕག་མོའི་བྱིན་རླབས་མི་བྱེད་ཅིང་། རང་བཟོའི་ཕག་མོའི་དབང་བསྐུར་སོགས་བྱེད་པ་ཁ་ཅིག་ཀྱང་རྫོགས་པའི་སངས་རྒྱས་ཀྱི་རྒྱུད་སྡེ་ལས་གསུངས་པ་ཡི་དབང་བསྐུར་བའི་དཀྱིལ་འཁོར་གྱི་ཆོ་ག་མི་བྱེད་པར་མ་གསུངས་པའི་གཡུང་དྲུང་རིས་ཀྱི་དཀྱིལ་འཁོར་དང་ནས་འདྲུ་དང་པདྨ་འདབ་བརྒྱད་ལ་སོགས་པ་བྲིས་ནས་དབང་བསྐུར་བྱེད་པ་ཐོས། དེ་ནི་མི་འཐད་དེ། གཡུང་དྲུང་རིས་སོགས་ཀྱིས་དཀྱིལ་འཁོར་འདི་འདྲ་དག་ཏུ་སློབ་མ་ལ་དབང་བསྐུར་ཡང་སྡིགས་ཀྱི་སྡོམ་པ་ཐོབ་པར་མི་འགྱུར་བའི་ཕྱིར་རོ། །རྒྱུ་མཚན་ཅི་ཞེ་ན། དཀྱིལ་འཁོར་དེ་དག་ཏུ་དབང་བསྐུར་ཡང་སྡོམ་པ་མི་ཐོབ་པ་འདི་ཡི་རྒྱུ་མཚན་ཡོད་པ་བཤད་ཀྱིས་ཉོན་ཅེས་ཉན་པར་གདམས་ནས། དེའི་རྒྱུ་མཚན་ཡོད་དེ། ཕྱིའི་རྟེན་འབྲེལ་སྟོད་ཀྱི་འཛིག་རྟེན་ལ་ཡུལ་སུམ་ཅུ་སོ་གཉིས་གནས་ཉེ་ཤུ་རྩ་བཞི་དུར་ཁྲོད་བརྒྱད་ཡོད་པའི་རྒྱུ་མཚན་གྱིས་ནང་གི་རྟེན་འབྲེལ་ལུས་ལ་སྤྱི་བོ་ལ་སོགས་པའི་གནས་ཉེ་ཤུ་རྩ་བཞི་དང་། མི་ཕྱེད་མ་ལ་སོགས་པའི་རྩ་སུམ་ཅུ་སོ་གཉིས་དང་། སྣ་བུག་གཉིས་གཅིག་ཏུ་བགྲང་བའི་བུ་ག་བརྒྱད་དང་། གཞན་ཡང་གསང་བའི་རྟེན་འབྲེལ་ཕྱི་ནང་གི་གནས་དེ་དག་ལ་དབང་བྱེད་པ་བྱང་ཆུབ་ཀྱི་སེམས་དང་རླུང་གི་རྟེན་འབྲེལ་དང་། མདོར་ན་ཕྱི་ལུས་ལ་འདོམ་གང་གྲུ་བཞི་ཡོད་པ་དང་། ནང་སེམས་ལ་བྱང་ཕྱོགས་སོ་བདུན་ཡོད་པའི་རྟེན་འབྲེལ་གྱི་སྟོབས་ཀྱིས་ཕྱི་ནང་གཞན་གསུམ་དང་དཀྱིལ་འཁོར་གྲུ་བཞི་སྒོ་བཞི་སོགས་འབྱུང་བ་ཡིན་གྱི་གཡུང་དྲུང་རིས་ལ་སོགས་པའི་དཀྱིལ་འཁོར་འདི་ལ་ཕྱི་ནང་གི་རྟེན་འབྲེལ་དེ་ལྟ་བུ་བསྒྲིག་མི་ནུས་པའི་ཕྱིར་རོ། །ཤེས་བྱ་ཆོས་ཅན། མ་དག་པའི་དཀྱིལ་འཁོར་དུ་དབང་བསྐུར་བ་སངས་རྒྱས་རྣམས་ཀྱིས་བཀག་པ་ཡིན་ཏེ། མ་དག་པའི་དཀྱིལ་འཁོར་དུ་དབང་བསྐུར་བས་ཕྱི་ནང་གི་རྟེན་འབྲེལ་བསྒྲིག་མི་ནུས་པ་དང་། དག་པའི་དཀྱིལ་འཁོར་དུ་དབང་བསྐུར་བས་རྟེན་འབྲེལ་ཟབ་མོ་བསྒྲིག་པར་ནུས་པ་དེས་ན་སྟེ་དེའི་ཕྱིར་རོ། །

བཞི་པ་ཆོ་ག་མ་དག་པའི་དབང་བསྐུར་སྨིན་བྱེད་ཡིན་པ་དགག་པ་ལ་གསུམ་སྟེ། མ་དག་པའི་དབང་བསྐུར་བྱུང་ཚུལ་བརྗོད། དེ་ཡི་བྱིན་རླབས་བགེགས་ཀྱི་ཡིན་པར་བསྟན། ཆོ་ག་དག་པའི་བྱིན་རླབས་རྣམ་དག་ཏུ་བསྟན་པའོ། །དང་པོ་ནི། དབང་བསྐུར་བྱེད་པ། ཞེས་སོགས་རྐང་པ་བདུན་ཏེ། དེང་སང་དབང་བསྐུར་བྱེད་པ་ཕལ་ཆེར་ཡང་སློབ་མ་བརྒྱ་སྟོང་ལ་སོགས་པ་གྲངས་མེད་པ་དུས་གཅིག་ལ་སྦྱོར་དངོས་རྗེས་གསུམ་གྱི་དབང་གི་ཆོ་ག་རྣམས་རྫོགས་པའི་སངས་རྒྱས་ཀྱི་རྒྱུད་སྡེ་ལས་གསུངས་པ་བཞིན་མི་ཤེས་པར་སྐབས་མ་འབྲེལ་བ་དང་། ལུང་དང་རིགས་པ་བླ་མའི་གསུང་དང་འགལ་ཞིང་ཉམས་པ་ཡི་དབང་གི་ཆོ་གའི་གཟུགས་བརྙན་བྱེད་པ་ལ་དབང་བསྐུར་ཡིན་ཞེས་བླུན་པོ་རྣམས་སྨྲའོ། །

གཉིས་པ་ནི། དེ་ཡི་ལུས་ངག་ཞེས་སོགས་རྐང་པ་དྲུག་སྟེ། ཆོ་ག་མ་དག་པའི་དབང་གི་བྱིན་རླབས་བགེགས་ཀྱིས་བསླད་པ་ཡིན་ཏེ། མ་དག་པའི་དབང་བསྐུར་བྱེད་པའི་དུས་སུ། སློབ་མ་དེ་ཡི་ལུས་ངག་ཡིད་གསུམ་གྱི་རྣམ་པ་གདོན་གྱིས་བསྒྱུར་ནས་འཕར་གཡོ་སོགས་བྱུང་བ་ལ་དབང་གི་བྱིན་རླབས་ཡིན་པར་འབྲུལ་པ་མང་ཡང་དཔལ་ལྡན་དམ་པ་དང་པོ་སྟེ་དུས་ཀྱི་འཁོར་ལོའི་རྒྱུད་ལས། ཆོ་ག་ཉམས་པའི་བྱིན་རླབས་ཀུན། །བགེགས་ཀྱི་ཡིན་པར་རྒྱལ་བས་གསུངས། །ཞེས་གསུངས་པའི་ཕྱིར། དེའི་དོན་ནི། སྦྱོར་དངོས་རྗེས་ཀྱི་ཆོ་ག་ཉམས་པའི་སྒོ་གསུམ་གྱི་བྱིན་རླབས་ཀུན་ཕྱག་དར་ཁྲོད་ཀྱི་ཤ་ཟ་ལ་སོགས་པའི་བགེགས་ཀྱི་བར་ཆད་ཡིན་པར་རྒྱལ་བས་གསུངས་ཞེས་པའོ། །གསུམ་པ་ནི་ཆོ་ག་དག་པར། ཞེས་སོགས་རྐང་པ་གཉིས་ཏེ། དབང་གི་ཆོ་ག་དག་པར་གྱུར་པ་ལས་བྱུང་བའི་ལུས་ངག་ཡིད་གསུམ་གྱི་རྣམ་པ་འགྱུར་བ་སངས་རྒྱས་ཀྱི་བྱིན་རླབས་ཡིན་པར་གསུངས་སྟེ། རྒྱུད་ལས། དབང་དང་རྗེས་གནང་ཐོབ་ནས་ནི། །མ་བསྙེན་པར་ཡང་དེ་ལ་ནི། །ལྷ་ནི་འགོ་ཞིང་དེ་ལ་གནས། །ཞེས་གསུངས་པའི་ཕྱིར་རོ། །

གཉིས་པ་སྨིན་བྱེད་ཀྱི་དབང་མི་དགོས་པར་བསྟན་པ་ལ་བཞི་སྟེ། དབང་བསྐུར་མེད་པར་ཟབ་ལམ་སྒོམ་པ་དགག །དབང་བསྐུར་མེད་པར་དབང་རབ་སྨིན་པ་དགག །སེམས་བསྐྱེད་ཙམ་གྱིས་གསང་སྔགས་བསྒོམ་པ་དགག །ཞར་ལ་སྨིན་བྱེད་ནོར་པ་གཞན་ཡང་དགག་པའོ། །དང་པོ་ནི། དབང་བསྐུར་མེད་ཀྱང་། ཞེས་སོགས་རྐང་པ་བཅོ་ལྔ་སྟེ། ཁ་ཅིག་སྨིན་བྱེད་ཀྱི་དབང་བསྐུར་བ་མེད་ཀྱང་གསང་སྔགས་ཀྱི་ལམ་ཟབ་མོ་བསྒོམ་ན་འབྲས་བུ་སངས་རྒྱས་འགྲུབ་བོ་སྙམ་ན་དེ་ནི་མི་འཐད་དེ། སྨིན་བྱེད་ཀྱི་དབང་བསྐུར་མེད་པར་གསང་སྔགས་ཀྱི་ལམ་ཟབ་མོ་བསྒོམ་པ་ན་གང་ཟག་དེ་ངན་འགྲོར་སྐྱེ་བའི་རྒྱུ་རུ་གསུངས་པའི་ཕྱིར། གང་ལས་ན། ཕྱག་རྒྱ་ཆེན་པོ་ཐིག་ལེའི་རྒྱུད་ལས། སྨིན་བྱེད་ཀྱི་དབང་བསྐུར་བ་དང་ཐོབ་པ་མེད་ན་ནི་ཆོ་གའི་དངོས་གྲུབ་ཐོབ་པ་མེད་དེ། དཔེར་ན་བྱེ་མ་སྩིར་ཡང་མར་འབྱུང་བ་མེད་པ་བཞིན་དུ་སྐྱེས་བུ་གང་ཞིག་རྒྱུད་ལུང་ཟབ་མོའི་ང་རྒྱལ་གྱིས་དབང་བསྐུར་མེད་པར་འཆད་པ་དང་། ཉན་པར་བྱེད་པའི་སློབ་དཔོན་སློབ་མ་གཉིས་ཀ་ཤི་མ་ཐག་དངོས་གྲུབ་ཙུང་ཟད་ཐོབ་ཀྱང་དམྱལ་བར་སྐྱེ། རྒྱ་མཚན་དེ་བས་འབད་པ་ཐམས་ཅད་ཀྱིས་བླ་མ་དམ་པ་ལ་ནི་དབང་ནོད་པར་ཞུ། ཞེས་གསུངས་པའི་ཕྱིར་དང་། རྒྱུད་སྡེ་གཞན་དམ་པ་དང་པོ་ལས་ཀྱང་། དབང་བསྐུར་མེད་པར་སྔགས་འཆད་དང་། །ཟབ་མོའི་དེ་ཉིད་བསྒོམ་བྱེད་པ། །དེ་དོན་ལེགས་པར་ཤེས་ན་ཡང་། །དམྱལ་བར་འགྱུར་གྱི་གྲོལ་བ་མེད། །ཅེས་དང་། རྡོ་རྗེ་ཕྲེང་བ་ལས། དབང་བསྐུར་མེད་པར་རྒྱུད་འཆད་པ། །སླུབ་པོས་སྔགས་ཀྱི་དོན་ཤེས་ཀྱང་། །ཤི་ནས་དུ་འབོད་ཆེན་པོར་ལྟུང་། །ཞེས་གསུངས་པའི་ཕྱིར། དོན་བསྡུ་བ་སངས

རྒྱས་ཐོབ་པར་འདོད་པས། སློབ་དཔོན་གྱི་དབང་ཞུབ་ལ་འབད་པར་བྱ་སྟེ། སློབ་དཔོན་གྱི་དབང་རྡོ་རྗེ་ཐེག་པའི་ལམ་གྱི་རྩ་བ་ཡིན་པ་དེ་ལྟར་དུ་རྒྱུད་སྡེ་ཀུན་ལས་གསུངས་པའི་ཕྱིར་རོ། །

གཉིས་པ་ལ་གཉིས་ཏེ། འདོད་པ་བརྗོད་པ་དང་། དེ་དགག་པའོ། །དང་པོ་ནི། ཁ་ཅིག་གང་ཟག །ཞེས་སོགས་ཚིགས་བཅད་གཅིག་སྟེ། ཕྱག་རྒྱ་བ་ཁ་ཅིག །གང་ཟག་དབང་པོ་རབ་སློབ་པར་བྱེད་པ་ཕག་མོའི་བྱིན་རླབས་ཡིན་པས་དབང་བསྐུར་མི་དགོས་ལ། གང་ཟག་འབྲིང་དང་ཐ་མ་དག་ལ་ནི། ཕག་མོའི་དབང་བསྐུར་བའི་ཆོག་དགོས་ཞེས་ཟེར་རོ། །གཉིས་པ་ནི། གང་ཟག་རབ་འབྲིང་། ཞེས་སོགས་རྐང་པ་བཅུ་གཅིག་སྟེ། ཕག་མོའི་བྱིན་རླབས་གང་ཟག་དབང་པོ་རབ་སློབ་པར་བྱེད་པ་མིན་ཏེ། གང་ཟག་རབ་འབྲིང་གསུམ་ཀ་ལ་ཕག་མོའི་བྱིན་རླབས་སློབ་བྱེད་དུ་རྒྱུད་སྡེ་ཀུན་ལས་གསུངས་པ་མེད་པའི་ཕྱིར། དེ་ཉིད་བསྡུས་པ་ལས་གསུང་པ་མིན་ནམ་ཞེ་ན། འཕགས་པ་རྣམས་ཀྱི་གང་ཟག་དབང་པོ་རབ་རྒྱལ་པོ་ཨིནྡྲ་བྷུ་ཏི་དང་། ཟླ་བ་བཟང་པོ་སོགས་སྤྲུལ་པ་ཡི་ནི་དཀྱིལ་འཁོར་དུ། དབང་བསྐུར་བར་མཛད་ཅེས་དེ་ཉིད་འདུས་པ་སོགས་ལས་གསུངས་པ་ནི། སྟོན་གྱི་ཆོག་འཕགས་པའི་གང་ཟག་རྣམས་ཀྱི་སྤྱོད་ཡུལ་ཡིན་གྱི་དེང་སང་གང་ཟག་དབང་པོ་རབ་འབྲིང་ཀུན། རྡུལ་ཚོན་གྱི་ནི་དཀྱིལ་འཁོར་དུ་མངོན་པར་རྟོགས་པ་བདུན་ལྡན་གྱི་སློབ་དཔོན་གྱི་དབང་བསྐུར་བྱ་བར་མངོན་བརྗོད་བླ་མ་སོགས་ལས་གསུངས་མོད་ཀྱི། རྡུལ་ཚོན་ལས་གཞན་སྤྲུལ་པ་ཡི་ནི་དཀྱིལ་འཁོར་དུ་སོ་སོ་སྐྱེ་བོ་སློབ་པར་བྱེད་པ་རྒྱུད་སྡེ་ལས་བཀག་གོ །གཞུང་ཁ་ཅིག་ཏུ་གཞན་གྱི་ཞེས་པའང་སྣང་ངོ་། །

གཞུང་འདི་ལ་དྲི་བ། ༤༡ རྡུལ་ཚོན་མིན་པར་སློབ་བྱེད་ཀྱི། །དབང་བསྐུར་དེང་སང་མི་རུང་ན། །འཁོར་ལོ་སྡོམ་པའི་རས་བྲིས་ཀྱི། །དཀྱིལ་འཁོར་དག་ཏུ་དབང་བསྐུར་ནས། །ཕག་མོའི་བྱིན་རླབས་མཛད་འདི་ཅི། །ཞེས་པའི་ལན་ནི། འདི་ལ་རྒྱ་གར་ན་དུས་ཀྱི་འཁོར་ལོའི་རྗེས་སུ་འབྲངས་ནས་ནཱ་རོ་པས་དབང་མདོར་བསྟན་གྱི་འགྲེལ་པར། དབང་བདུན་པོ་འདི་དག་ནི། རྡུལ་ཚོན་གྱི་དཀྱིལ་འཁོར་སྤངས་ནས་གཞན་རས་བྲིས་ལ་སོགས་པས་དབང་བསྐུར་བར་བྱ་བ་མིན་ཏེ། ཞེས་རྡུལ་ཚོན་ཁོ་ན་དགོས་པར་བཤད་པ་དང་། ཀྱཻ་རྡོ་རྗེའི་རྒྱུད་ཀྱི་རྗེས་སུ་འབྲངས་ནས། རྣལ་འབྱོར་དབང་ཕྱུག་གི་ཐོག་མར་རྒྱུད་སློན་པ་ལ་དབང་གི་མངོན་པར་རྟོགས་པ་བདུན་ལྡན་དགོས་པས་རྡུལ་ཚོན་ཁོ་ན་དགོས་པར་བཞེད་པ་ནི་སྲོལ་ཆེན་པོ་གཅིག་ཏུ་སྣང་། ཡང་ཨ་བྷྱཱ་ཀ་ར་ནས། དཀྱིལ་འཁོར་དྲུག་གསུངས་པའི་ནང་ནས་རས་བྲིས་ཀྱི་དཀྱིལ་འཁོར་གཅིག་ཏུ་གསུངས་པའི་རྗེས་སུ་འབྲང་ནས། སློབ་དཔོན་དགའ་རབ་རྡོ་རྗེ་དང་། རྡོ་རྗེ་དྲིལ་བུ་པས། སློབ་བྱེད་ལ་རས་བྲིས་རུང་བར་གསུངས་ཤིང་། དེ་བཞིན་དུ། གྲུབ་ཆེན་ཀླུའི་བྱང་ཆུབ་ཀྱིས། སློབ་མའི་དོན་ཀུན་བསྒྲུབ་བྱའི་ཕྱིར། །འཁོར་ལོ་རྣམ་

བརྒྱད་བྲི་བར་བྱ། །ཞེས་དཀྱིལ་འཁོར་བརྒྱད་གསུངས་པའི་ནང་དུ་ཡང་རས་བྲིས་ཀྱི་དཀྱིལ་འཁོར་གསུངས་པ་དང་། སློབ་དཔོན་དགྲ་གཅན་འཛིན་དཔལ་བཤེས་གཉེན་གྱིས། གསང་བ་འདུས་པའི་དཀྱིལ་འཁོར་གྱི་ཆོ་ག་རས་བྲིས་ལ་བརྟེན་པ་མཛད་པ་རྣམས་ནི། སྲོལ་ཆེན་པོ་གཅིག་ཏུ་སྣང་ངོ་། །དེ་ལ་བསྟན་བཅོས་འདིར་ལམ་གྱི་རིམ་པ་ཐམས་ཅད་བི་རཱུ་པའི་དགོངས་པ་གཞིར་བཞག་ནས་རྡུལ་ཚོན་དགོས་པར་གསུངས་ལ། བདེ་མཆོག་གི་སྐབས་སུ་རྗེ་ས་ཆེན་གྱིས། ནག་པོ་དཀྱིལ་ཆོག་རས་བྲིས་ལ་བརྟེན་པ་མཛད་པ་ལྟ་བུ། རས་བྲིས་ཀྱང་བཞེད་པས། འཁོར་ལོ་བདེ་མཆོག་གི་རས་བྲིས་ཀྱི་དཀྱིལ་འཁོར་དུ་དབང་བསྐུར་ནས་ཕག་མོའི་བྱིན་རླབས་མཛད་པ་ཡང་དགོངས་པ་དེ་བཞིན་དུ་ཤེས་པར་བྱའོ། །འདི་ཡང་དོགས་དཔྱོད་དགོས་པའི་དྲི་བར་སྣང་ངོ་། །ཞེས་གསུངས་སོ། །

ཁ་ཅིག་བདག་གི་སྟོན་པ་ལ། རྡུལ་ཚོན་གྱི་ནི་དཀྱིལ་འཁོར་དུ་ཞེས་སོགས་གསུངས་པ་ཙམ་ལ་བརྟེན་ནས། སྨིན་བྱེད་དབང་གི་དཀྱིལ་འཁོར་ཡིན་ན། རྡུལ་ཚོན་གྱི་དཀྱིལ་འཁོར་ཁོ་ན་དང་། ཡང་ལས་དང་པོ་པ་སྨིན་བྱེད་ཀྱི་དཀྱིལ་འཁོར་ཡིན་ན། རྡུལ་ཚོན་གྱི་དཀྱིལ་འཁོར་ཡིན་པས་ཁྱབ་པར་འདོད་པ་ནི་མི་འཐད་དེ། སྤྱིར་སྨིན་བྱེད་དབང་གི་དཀྱིལ་འཁོར་ལ། རྡུལ་ཚོན་དང་། རས་བྲིས་དང་། ལུས་དཀྱིལ་དང་། ཏིང་ངེ་འཛིན་གྱི་དཀྱིལ་འཁོར་བཞི་གསུངས་པ་དང་། ཁྱད་པར་རས་བྲིས་ཀྱི་དཀྱིལ་འཁོར་དུ་སྨིན་བྱེད་རུང་བ་ནི། སློབ་དཔོན་རྩེ་མོས་དབང་ཆུ་ཆེན་མོར། རས་བྲིས་ལ་བརྟེན་པའི་ལུགས་འདི་ནི། བདེ་མཆོག་གི་ཨ་བྷི་དྷཱ་ན་ལ་བརྟེན་ནས། རྡོ་རྗེ་དྲིལ་བུ་པ་དང་། དགའ་རབ་རྡོ་རྗེ་ལ་སོགས་པས་གསུངས་ལ། རྒྱ་གར་ན་ཡང་ཆོ་ག་ཕལ་ཆེར་འདི་ལ་བྱེད་ཅིང་། བླ་མ་གོང་མ་རྣམས་ཀྱང་སྐབས་སུ་ཕྱག་ལེན་འདི་ལ་མཛད་པས། ལུགས་འདི་ཧ་ཅང་མི་ལེགས་པ་ཡང་མིན་ནོ། །ཞེས་དང་། རྗེ་བཙུན་གྲགས་པས། སྦྱོར་རྒྱུད་དཀྱིལ་འཁོར་བཅུ་གཉིས་ལ། རས་བྲིས་ལ་བརྟེན་པ་བཅུ་གཉིས་གསུངས་པས་སོ། །གཞུང་གི་དགོངས་པ་ནི། བི་རཱུ་པའི་མན་ངག་གི་ལུགས་ལ། ལས་དང་སྨིན་བྱེད་ཀྱི་དཀྱིལ་འཁོར་རྡུལ་ཚོན་ཁོ་ན་ལ་བཞེད་ཅེས་པའོ། །

ཡང་དྲི་བ། སྨིན་བྱེད་མིན་པའི་དབང་བསྐུར་ལས། །སྡོམ་གསུམ་ཐོབ་པ་ཡོད་དམ་མེད། །མེད་ན་དེ་ལས་གང་ཞིག་ཐོབ། །ཡོད་ན་དེ་ཡང་སྨིན་བྱེད་དུ། །ཐལ་བར་འགྱུར་བ་མ་ཡིན་ནམ། །དེས་ན་སྨིན་བྱེད་མིན་པ་ཡི། །དབང་བསྐུར་བཞེད་དམ་མི་བཞེད་དྲིས། །ཞེས་པའི་ལན་ནི། ཐོག་མར་སེམས་བསྐྱེད་བླངས་ནས་ནི། །དེ་རྗེས་སེམས་བསྐྱེད་ཆོ་ག་ལས། །སྡོམ་པ་ཐོབ་པ་ཡོད་དམ་མེད། །མེད་ན་དེ་ལས་གང་ཞིག་ཐོབ། །ཡོད་ན་དེ་ཡང་དང་པོ་ཡི། །སེམས་བསྐྱེད་ཆོ་གར་འགྱུར་མིན་ནམ། །ཞེས་ཁྱོད་ཉིད་ལ་ཕར་འདྲི་སྟེ། དེ་ལན་གང་སྨྲས་པ

དེ་ཉིད་འདིའི་ལན་གྱི་ཆེད་དུ་བཏང་བར་བྱའོ། །དེས་ཚིགས་རྐང་ཕྱི་མ་གཉིས་ཀྱིས་ལན་ཀྱང་འགྲུབ་མོད། རྗེ་བཙུན་གྱི་དབང་གི་རབ་དབྱེ་བཅུ་གཉིས་གསུང་པ་རྟོགས་ན་འདི་འདྲའི་དྲི་བ་གང་ན་སྲིད། དེ་ལ་ཡིད་མི་ཆེས་ན་ཡང་རྒྱུ་དུས་དང་། ལམ་དུས་ཀྱི་དབང་གི་ཁྱད་པར་ཙམ་ཞིག་ཤེས་ན་ཡང་། སློབ་བྱེད་མིན་པའི་དབང་བསྐུར་བཞེད་མི་བཞེད་དྲི་བའི་དོན་མེད་དོ། །ཞེས་ལན་མཛད་དོ། །དོན་རྩིལ་དྲིལ་ན། བི་རཱུ་པའི་བཞེད་པ་ལྟར་ན། རྫུལ་ཚོན་གྱི་དཀྱིལ་འཁོར་དུ་སློབ་བྱེད་ཐོབ་ནས་དེ་རྗེས་རས་བྲིས་སོགས་སུའང་དབང་ལེན་དུ་རུང་བ་དང་། སྔར་རྒྱུད་སློབ་པ་ཞིག་གིས་ཕྱིས་དབང་གང་བླངས་ཀྱང་། སློབ་བྱེད་དུ་མི་འགྱུར་ཞིང་སྔགས་སྡོམ་གསར་ཐོབ་ཀྱང་མེད་དེ། སྔར་རྒྱུ་དུས་སུ་ཐོབ་པའི་སྡོམ་པ་དེ་ཉིད་གོང་འཕེལ་དུ་བྱེད་པའི་ཐབས་ཙམ་ཡིན་པའི་ཕྱིར། འོན་ཀྱང་ཚོག་དེ་དང་དེའི་ངོས་སྐལ་གྱིས་སྡོམ་པ་གསར་ཐོབ་རེ་བཞེད་དགོས་པ་འདྲའོ། །

གསུམ་པ་ལ་གཉིས་ཏེ། འདོད་པ་བརྗོད་པ་དང་། དེ་དགག་པའོ། །དང་པོ་ནི། ལ་ལ་སེམས་བསྐྱེད། ཅེས་སོགས་རྐང་པ་གསུམ་སྟེ། གསང་འདུས་སྟོད་ལུགས་པ་དབང་བཀའ་མེད་པ་ལ་ལ་ན་རེ། དབང་མ་ཐོབ་ཀྱང་། འཇུག་པ་སེམས་བསྐྱེད་ཙམ་བྱས་པ་ལ་གསང་སྔགས་ཟབ་མོ་བསྒོམ་པ་དང་སྟོན་དུ་རུང་བར་འདོད་ཅེས་ཟེར། འདི་ནི་གསང་སྔགས་ཀྱི་འཁྲུལ་བྱ་བ་ཡིན་ལོ། །

གཉིས་པ་ལ་གསུམ་སྟེ། བྱ་རྒྱུད་ལ་རྣམ་པར་ཕྱེ་སྟེ་ལན་བཏབ་པ། ལྷག་མ་གསུམ་ལ་གོས་གཅིག་ཏུ་ལན་བཏབ་པ། སྒྲུབ་བྱེད་ཀྱི་སྒོ་ནས་མཇུག་བསྡུ་བའོ། །དང་པོ་ནི། འདི་ཡང་ཕྱེ་སྟེ། ཞེས་སོགས་རྐང་པ་བཅུ་བདུན་ཏེ། དབང་བསྐུར་མེད་པར་སེམས་བསྐྱེད་ཙམ་བྱས་པ་ལ་གསང་སྔགས་བསྒོམ་དུ་འདོད་ཟེར་བ་འདི་ཡང་རྒྱུད་དོན་སོ་སོར་ཕྱེ་སྟེ་བཤད་ཀྱིས་ཉོན་ཅེས་གདམས་ནས། ཇི་ལྟར་ཡིན་སྙམ་ན་འདི་ལྟར་ཡིན་ཏེ། སྤྱིར་བྱ་བའི་རྒྱུད་ལ་སྒོ་དྲུག་ཏུ་གསུངས་པ་ནི། འཇིག་རྟེན་པའི་རིགས་ལ་ནོར་བུའི་རིགས། ལྷ་ཅན་གྱི་རིགས། འཇིག་རྟེན་པའི་རིགས་དང་གསུམ། འཇིག་རྟེན་ལས་འདས་པའི་རིགས་ལ་པདྨའི། རྡོ་རྗེའི། དེ་བཞིན་གཤེགས་པའི་རིགས་རྣམ་པ་གསུམ་ཡོད་པའི་ནང་ནས་པདྨའི་རིགས་ཐུགས་རྗེ་ཆེན་པོ་དོན་ཡོད་ཞགས་པ་དང་། བཅུ་གཅིག་ཞལ། གཙུག་ཏོར་རྣམ་རྒྱལ། གདུགས་དཀར་སོགས་འགའ་ཞིག་ལ་དབང་བསྐུར་དང་། འཇུག་པ་སེམས་བསྐྱེད་མ་ཐོབ་ཀྱང་སྒོ་གསུམ་བསྡུང་བར་གནས་པ་ལ་སོགས་པ་བྱེད་ནུས་ན། གང་ཟག་ཀུན་གྱིས་བསྒྲུབ་ཏུ་རུང་བར་གསུངས་ཏེ། དོན་ཞགས་ཀྱི་ཆོ་ག་ཞིབ་མོ་ལས། སེམས་ཅན་ཐམས་ཅད་ལ་ནུས་སམ་མི་ནུས་དྲིས་ཏེ་སྦྱིན་པར་བྱའོ། །ཞེས་དང་། དུད་འགྲོའི་རྣ་ལམ་དུ་ཡང་སྒྲོགས་ཤིག་ཅེས་གསུངས་པའི་ཕྱིར། ཡང་བྱ་རྒྱུད་རྡོ་རྗེའི་རིགས་དམ་ཚིག་གསུམ་བཀོད་པ་དང་། ལ་སོགས་པ་མི་གཡོ་བའི་རྟོག་པ་རྣམས་ལས། འཇུག་

པ་སེམས་བསྐྱེད་ཐོབ་ནས་དབང་བསྐུར་མ་ཐོབ་ཀྱང་ནི་ཞི་དྲག་ལ་སོགས་པའི་ཕྲིན་ལས་འགའ་ཞིག་བསྒྲུབ་པའི་ཕྱིར། ཆོ་ག་ཤེས་ན་བསྒྲུབ་ཆོག་པར་གནང་སྟེ། ཇི་སྐད་དུ། གང་ཞིག་བྱང་ཆུབ་སེམས་བརྟན་ཞིང་། །བློ་གྲོས་ཆགས་པ་མེད་པ་དང་། །ཐམས་ཅད་དག་ཀྱང་མི་བྱེད་པ། །དེས་འདི་ངེས་པར་འགྲུབ་པར་འགྱུར། །ཞེས་གསུངས་པའི་ཕྱིར། དེ་བཞིན་གཤེགས་པའི་རིགས་ལེགས་པར་གྲུབ་པ་དང་། དཔུང་པ་བཟང་པོའི་རྒྱུད་ཡན་ཆད་དུ་རྒྱུད་རང་རང་གི་དབང་བསྐུར་མ་ཐོབ་ན་འཇུག་པ་སེམས་བསྐྱེད་ཐོབ་ཀྱང་གསང་སྔགས་སྤྱོད་པ་བཀག་གོ༑ ༑དེ་ཡང་ལེགས་པར་གྲུབ་པའི་རྒྱུད་ལས། དབང་བསྐུར་མ་བྱས་པ་དག་ལ། །ཆོ་ག་ཤེས་པས་སྔགས་མི་སྦྱིན། །རྒྱུད་ཤེས་མཁས་པས་གསང་སྔགས་དང་། །ཕྱག་རྒྱ་ཆོ་ག་ཞིབ་མོ་དང་། །རྒྱུད་དང་དཀྱིལ་འཁོར་བཤད་པ་དག །དཀྱིལ་འཁོར་མ་ཞུགས་ལ་མ་སྦྱིན། །ཞེས་དང་། སོགས་པ་དཔུང་བཟང་ལས། གང་དག་རིགས་དང་དབང་བསྐུར་ཆོ་ག་མེད། །གང་དག་དཀྱིལ་འཁོར་དུ་ནི་མ་ཞུགས་དང་། །གང་དག་བྱང་ཆུབ་སེམས་ནི་མ་བསྐྱེད་པ། །ང་ཡིས་གསང་སྔགས་བཟླས་ན་ཕུང་བར་འགྱུར། །ཞེས་རྒྱས་པར་གསུངས་པ་ལ་ལྟོས་ཏེ་གསལ་བའི་ཕྱིར་རོ། །

དོན་ཡོད་ཞགས་སོགས་འགའ་ཞིག་ལས། །ཞེས་སོགས་ཚིགས་བཅད་གཅིག་ལ་དྲི་བ། ཤཱག དབང་བསྐུར་སེམས་བསྐྱེད་མ་ཐོབ་ཀྱང་། །དོན་ཞགས་ལ་སོགས་བསྒྲུབ་རུང་ན། །དོ་སྙིར་བ་ཡི་དྲིས་ལན་ལས། །རྣམ་རྒྱལ་དོན་ཞགས་ལ་སོགས་པ། །སེམས་བསྐྱེད་ཐོབ་ནས་སྒྲུབ་དགོས་པར། །གསུངས་པའི་དགོངས་པ་གང་དུ་བཙལ། །ཞེས་པའི་ལན་ནི། དབང་བསྐུར་སེམས་བསྐྱེད་མ་ཐོབ་ཀྱང་དོན་ཞགས་ལ་སོགས་བསྒྲུབ་ཏུ་རུང་བར་གསུངས་པ་ནི། ལས་སྒྲིབ་འདག་པའི་ཆེད་དུ་སྟུང་གནས་ཀྱི་ཆོ་ག་ལ་དགོངས་ལ། འཇུག་པ་སེམས་བསྐྱེད་ཐོབ་ནས་སྒྲུབ་དགོས་པར་གསུངས་པ་ནི། བསྒྲུབ་པའི་ཐབས་ཀྱི་སྒོམ་ཚུལ་བཞིན་དུ་བསྒྲུབ་པ་ལ་དགོངས་ཏེ། སྒྲུབ་པའི་དོན་ཡང་དབང་བསྐུར་དང་རྗེས་གནང་ཡང་ཐོབ་པ་ལ་དགོངས་པའོ། །ཞེས་གསུངས་སོ༑ ༑

གཉིས་པ་ནི། ལྷག་མ་རྒྱུད་སྡེ། ཞེས་སོགས་ཚིགས་བཅད་གཅིག་སྟེ། བྱ་རྒྱུད་ཀྱི་ལྷག་མ་སྤྱོད་པ་དང་། རྣལ་འབྱོར་དང་། རྣལ་འབྱོར་ཆེན་པོའི་རྒྱུད་སྡེ་གསུམ་པོ་ལ་རང་གི་དབང་བསྐུར་ཐོབ་པ་མ་གཏོགས་པ་འཇུག་པ་སེམས་བསྐྱེད་པ་ཙམ་ལ་བརྟེན་པ་ཡི་ཡི་དམ་གྱི་ལྷ་བསྒོམ་པ་གསུང་པ་མེད་དོ། །

གསུམ་པ་ནི། དབང་བསྐུར་ནང་གི ཞེས་སོགས་རྐང་པ་དྲུག་སྟེ། ལེགས་པར་གྲུབ་པ་ཡན་ཆད་དུ། དབང་བསྐུར་མེད་ན་འཇུག་པ་སེམས་བསྐྱེད་བྱས་ན་ཡང་གསང་སྔགས་ཟབ་མོ་བསྒོམ་པ་དང་སྟོན་པ་ལ་ལྟུང་

བ་ཡོད་པར་རྒྱལ་བས་གསུངས་ཏེ། དབང་བསྐུར་བ་ནང་གི་རྟེན་འབྲེལ་བསྒྲིག་པ་ཡིན་ལ། འཇུག་པ་སེམས་བསྐྱེད་པ་ཙམ་ལ་ནི་ནང་གི་རྟེན་འབྲེལ་བསྒྲིག་པ་མེད་པ་དེས་ན་སྟེ་དེའི་ཕྱིར། དེ་ལྟར་རྒྱལ་བས་གསུངས་ཏེ། དེ་ཉིད་འདུས་པ་ལས། དཀྱིལ་འཁོར་ཆེན་པོ་མ་མཐོང་བ་རྣམས་ཀྱི་མདུན་དུ་མ་སྨྲ་ཞིག །སྨྲས་ན་དམ་ཚིག་ཉམས་པར་འགྱུར། ཞེས་གསུངས་པའི་ཕྱིར། རྒྱུ་མཚན་དེའི་ཕྱིར་ན་རྒྱུད་སྡེ་བཞི་པོ་སོ་སོའི་རྣམ་དབྱེ་མ་འདྲེས་པར་ཤེས་དགོས་སོ། །ཞེས་པ་དོན་བསྡུ་བའོ། །

བཞི་པ་ནི། གཏོར་མའི་དབང་བསྐུར། ཞེས་སོགས་ཚིགས་བཅད་གཅིག་སྟེ། དབང་བསྐུར་མེད་པར་འཇུག་པ་སེམས་བསྐྱེད་ཙམ་བྱས་པ་ཡི་ལེགས་གྲུབ་ཡན་ཆད་ཀྱི་གསང་སྔགས་བསྒོམ་པ་བཀག་པའི་ཞར་ལ་སྨིན་བྱེད་གཏོར་དབང་ལ་སོགས་པ་བཀག་པ་ཡིན་ཏེ། གཏོར་མའི་དབང་བསྐུར་ཞེས་བྱ་བ་དང་། དེར་མ་ཟད་ཏིང་ངེ་འཛིན་གྱི་དབང་བསྐུར་བ་དང་། ཨཱ་ལི་ཀཱ་ལིའི་དབང་བསྐུར་ལ་སོགས་པ་ཡང་སློབ་མ་སྨིན་པར་བྱེད་པའི་དབང་གི་ཆོ་ག་རྒྱུད་སྡེ་རྣལ་མ་ཀུན་ལས་གསུངས་པ་མེད་པའི་ཕྱིར་རོ། །འོ་ན་ཏིང་ངེ་འཛིན་གྱི་དབང་བསྐུར་གཏན་ནས་མེད་དམ་ཞེ་ན། མ་ཡིན་ཏེ། འདིའི་ཏིང་ངེ་འཛིན་གྱི་དབང་བསྐུར་ནི། ཆོ་ག་མེད་པར་དམིགས་པ་གཏད་པ་ཙམ་ལ་དགོངས་པ་ཡིན་གྱི། ཏིང་ངེ་འཛིན་གྱི་དཀྱིལ་འཁོར་སྤྲུལ་ནས། སློབ་མ་ལ་སྨིན་བྱེད་ཀྱི་དབང་བསྐུར་བྱེད་པ་བཀག་པ་མ་ཡིན་ནོ། །འདི་ལ་ཏིང་ངེ་འཛིན་ལ་བརྟན་པ་མ་ཐོབ་པ་དང་། ཐོབ་པའི་བྱེ་བྲག་གིས་སློབ་དཔོན་རང་གིས་ཏིང་ངེ་འཛིན་གྱི་དཀྱིལ་འཁོར་བལྟ་ནུས་ཀྱང་། སློབ་མ་ལ་སྟོན་མི་ནུས་པ་དང་། རང་གི་བལྟ་ནུས་ཤིང་གཞན་ལ་སྟོན་ནུས་པ་ཡོད་པ་ནི། སློབ་དཔོན་དཔའ་བོ་རྡོ་རྗེས་འབྲོག་མི་ལོ་ཙྪ་བ་ལ། ཏིང་ངེ་འཛིན་གྱི་དཀྱིལ་འཁོར་དུ་དབང་བསྐུར་བ་ལྟ་བུའོ། །

གསུམ་པ་དབང་བསྐུར་དགོས་ཀྱང་འཁྲུལ་པར་སྤྱོད་པ་དགག་པ་ལ་ལྔ་སྟེ། དབང་བསྐུར་བའི་དུས་ལ་འཁྲུལ་པ་དགག་པ། སློབ་མའི་རྒྱུད་ལ་འཁྲུལ་པ་དགག་པ། བསྐུར་བྱེད་ཀྱི་དཀྱིལ་འཁོར་ལ་འཁྲུལ་པ་དགག་པ། རྒྱུད་སྡེའི་ཁྱད་པར་ལ་འཁྲུལ་པ་དགག་པ། ཆོས་སྐོར་གྱི་མིང་ལ་འཁྲུལ་པ་དགག་པའོ། །དང་པོ་ནི། འགའ་ཞིག་གསང་སྔགས་ཞེས་སོགས་རྐང་པ་བཅུ་སྟེ། གསང་འདུས་སྟོད་ལུགས་པ་འགའ་དང་། རྣམ་དབྱེ་ཆུང་བའི་སྔགས་པར་ཁས་འཆེ་བ་འགའ་ཞིག་ན་རེ། གསང་སྔགས་ད་ལྟ་དབང་མ་ཐོབ་པར་སྤྱོད་ཅིང་དབང་བསྐུར་བ་ནི་ཕྱིས་ནས་སྟེ་ཡོ་བྱད་འཛོམས་པའི་དུས་སུ་ཞུ་ཞེས་ཁས་ལེན་པ་ནི། དབང་སྟོན་མར་བྱེད་པ་ཡིན་ཞེས་ཟེར། དེ་ནི་མི་འཐད་དེ། གསང་སྔགས་དབང་མ་ཐོབ་པར་ད་ལྟ་སྤྱོད་ཅིང་དབང་བསྐུར་ཕྱིས་ནས་ཁས་ལེན་པར་བྱེད་པ་འདི་ཡང་སངས་རྒྱས་ཀྱི་བསྟན་པ་རྣམ་དག་མ་ཡིན་ཏེ། སྨིན་བྱེད་ཀྱི་དབང་མ་ཐོབ་པ་ལ་གསང་སྔགས་ཀྱི་ཆོས

བཤད་ན། ཡོངས་སུ་མ་སྨིན་སེམས་ཅན་ལ། །གསང་བ་སྒྲོགས་པ་བདུན་པ་ཡིན། །ཞེས་སློབ་དཔོན་རྟ་བའི་ལྟུང་བ་ཅན་དུ་འགྱུར་ཞིང་། སློབ་མའང་ཕྱིས་དབང་ལེན་པའི་སྔོན་དུ་ཉམས་པ་སྟེ་དན་སོང་དུ་སྐྱེ་བར་འགྱུར་བའི་ཕྱིར་ཏེ། སློབ་མས་དབང་མ་བླངས་བར་གསང་སྔགས་ཟབ་མོ་སྤྱད་པའི་ཕྱིར་རོ། །དེ་ལྟར་ཡང་། དེ་ཉིད་བསྡུས་པ་ལས། དེ་ནི་འདི་ལྟར། དཀྱིལ་འཁོར་ཆེན་པོ་མ་མཐོང་བའི་སེམས་ཅན་དེ་དག་གི་ཕྱག་རྒྱ་བཅིང་བར་བྱས་ནས་དེའི་ཚེ་དེ་དག་དེ་ལྟར་འགྲུབ་པར་མི་འགྱུར་རོ། །དེ་ནས་དེ་དག་ཐེ་ཚོམ་དུ་གྱུར་ཏེ་གནོད་པ་མ་སྤྱངས་པར་མྱུར་བ་ཉིད་དུ་དུས་བྱས་ནས་དམྱལ་བ་ཆེན་པོ་མནར་མེད་པ། ཞེས་བྱ་བར་ལྟུང་བར་གྱུར་ཏོ། །ཁྱོད་ཉིད་ཀྱང་ངན་སོང་དུ་ལྟུང་བར་འགྱུར་རོ། །ཞེས་གསུངས་པའི་ཕྱིར། དེ་ལྟར་ཉམས་པར་གྱུར་པ་རྡོ་རྗེ་ཐེག་པའི་དམ་པའི་ཆོས་ཀྱི་སྣོད་མིན་ཞེས་ནི་རྒྱལ་བས་གསུངས་ཏེ། དུས་འཁོར་ལས། དབང་བསྐུར་མེད་པར་རྒྱུད་འཆད་དང་། །སྔགས་ཀྱི་དེ་ཉིད་བསྒོམ་བྱེད་པ། །དེ་དོན་ལེགས་པར་ཤེས་ན་ཡང་། །དམྱལ་བར་འགྱུར་གྱི་གྲོལ་བ་མིན། །ཞེས་དང་། རྡོ་རྗེ་ཕྲེང་བ་ལས། དབང་བསྐུར་མེད་པར་རྒྱུད་འཆད་པ། །དེ་དོན་ལེགས་པར་ཤེས་ན་ཡང་། །སློབ་དཔོན་སློབ་མ་མཚུངས་པར་ནི། །ཤིན་ཏུ་དུ་འབོད་ཆེན་པོར་ལྟུང་། །ཞེས་དང་། ཕྱག་ཆེན་ཐིག་ལེ་ལས། དབང་མེད་ན་ནི་དངོས་གྲུབ་མེད། །ཅེས་སོགས་དང་། འཕགས་པ་ལྷའི་བཞི་བརྒྱ་པ་ལས་ཀྱང་། ཉམས་པར་གྱུར་པ་དམ་ཆོས་ཀྱི། །སྣོད་ནི་ཅིས་ཀྱང་མ་ཡིན་ནོ། །ཞེས་གསུངས་པའི་ཕྱིར་རོ། །མདོར་ན་དམ་པའི་ཆོས་ཀྱིས་འབྲས་བུ་ཅི་ཞིག་བསྒྲུབ་པར་བྱེད་ལེགས་པར་སོམས་ལ་སངས་རྒྱས་སྒྲུབ་པར་བྱེད་ན་ཆོས་ནས་འབྱུང་བ་བཞིན་གྱིསཤིག་གོ། །

གཉིས་པ་ནི། ལ་ལ་སེམས་ཉིད། ཅེས་སོགས་རྐང་པ་བཅུ་དགུ་སྟེ། སྤྱོད་ཡུལ་བ་ལ་ལ་ན་རེ། སེམས་སྟོང་པ་ཉིད་དུ་མ་རྟོགས་ན་དབང་བསྐུར་ཐོབ་ཀྱང་འཚང་རྒྱ་བ་ལ་མི་ཕན་ཟེར། གལ་ཏེ་སེམས་སྟོང་པ་ཉིད་དུ་རྟོགས་པར་གྱུར་ན། དབང་བསྐུར་བྱ་ཡང་མི་དགོས་ལོ། ལོ་ཀྲག་ཟེར་གསུམ་ནི་མ་རངས་པའི་ཚིག་གོ །ཤེས་བྱ་ཆོས་ཅན། འོ་ན་སེམས་ཀྱི་གནས་ལུགས་སྟོང་པ་ཉིད་དུ་མ་རྟོགས་ན་སོ་ཐར་སོགས་ཀྱི་སྡོམ་པ་བསྲུངས་ཀྱང་འཚང་རྒྱ་བ་ལ་ཅི་ཞིག་ཕན་ཏེ་མི་ཕན་ལ། གལ་ཏེ་སེམས་ཀྱི་གནས་ལུགས་སྟོང་པ་ཉིད་རྟོགས་པར་གྱུར་ན་སྡོམ་པ་བསྲུང་ཡང་ཅི་ཞིག་དགོས་ཏེ་མི་དགོས་པར་ཐལ། དམ་བཅའ་དེའི་ཕྱིར། རྟགས་ཁས། གཞན་ཡང་། རྡོ་རྗེ་ཕག་མོའི་བྱིན་རླབས་ཀྱང་སེམས་སྟོང་པ་ཉིད་རྟོགས་ན་བྱ་མི་དགོས་པ་དང་། གལ་ཏེ་སེམས་སྟོང་པ་ཉིད་དུ་མ་རྟོགས་ན་ཕག་མོའི་བྱིན་རླབས་བྱས་ཀྱང་འཚང་རྒྱ་བ་ལ་ཅི་ཞིག་ཕན་ཏེ་མི་ཕན་པར་ཐལ། དམ་བཅའ་དེའི་ཕྱིར། ཐལ་བ་གཉིས་ཀ་ལ་འདོད་ན། སྡོམ་པ་བསྲུང་མི་དགོས་པར་ཐལ་བ་དང་། ཕག་མོའི་བྱིན་རླབས་ཀྱང་

བྱེད་མི་དགོས་པར་ཐལ་ལོ། །དེ་བཞིན་དུ་ཐེག་པ་ཆེན་པོར་སེམས་བསྐྱེད་པ་དང༌། བླ་མ་ལ་གུས་པ་དང༌། ཆོས་འཆད་ཉན་ལ་སོགས་པ་ཆོ་གའི་རྣམ་གཞག་ཀུན་ལ་དམ་བཅའ་རྟགས་སུ་བཀོད་པའི་རིགས་པའི་ཚུལ་འདི་མཚུངས་སོ། །རྒྱུ་མཚན་དེས་ན་རབ་བྱུང་གི་སྡོམ་པ་མཁན་སློབ་ལས་ལེན་པ་དང༌། རྡོ་རྗེ་ཕག་མོའི་བྱིན་རླབས་ཆོས་སྒོ་བ་ལས་ལེན་པ་དང༌། ཐེག་པ་ཆེན་པོའི་སེམས་བསྐྱེད་ལན་པའི་ཆོ་ག་འབད་ནས་བྱེད་དགོས་ཟེར་བཞིན་དུ་སངས་རྒྱས་ཀྱི་རྒྱུད་སྡེ་ལས་གསུངས་པའི་དབང་བསྐུར་མི་དགོས་ཞེས་སྨྲ་བ་འདི་ནི་གསང་སྔགས་ཟབ་མོ་སྤོང་བའི་བདུད་ཀྱི་གསང་ཚིག་ཡིན་པས་སྤང་བར་བྱའོ། །

གསུམ་པ་ལ་གཉིས་ཏེ། འདོད་པ་བརྗོད་པ་དང༌། དེ་དགག་པའོ། །དང་པོ་ནི། ཁ་ཅིག་ཆོ་ག །ཞེས་སོགས་རྐང་པ་གསུམ་སྟེ། ཕྱག་རྒྱ་པ་ཁ་ཅིག །ཆོ་གའི་རྣམ་གཞག་མེད་བཞིན་དུ་བླ་མའི་ལུས་ཀྱི་དཀྱིལ་འཁོར་ལ་དབང་བཞི་རྫོགས་པར་ལེན་པར་འདོད་དེ། ལུས་བཙུན་མོ་ལྔ་བུར་སྐུ་ལ་འཁྲིལ། །སྙིང་ལ་ཕྲད་དེ་དཔྲལ་བར་བཏུགས། །དུས་དེར་དབང་རྫོགས་སེམས་ལ་བསྐུར། །ཆོས་རྫོགས་དོན་གྱི་ངོ་བོ་མཐོང༌། །ཞེས་ཟེར་རོ། །

གཉིས་པ་ལ་གསུམ་སྟེ། ཆོ་ག་མེད་པ་ལ་གནོད་བྱེད་བསྟན། ཆོ་ག་ཡོད་པའི་སྒྲུབ་བྱེད་བརྗོད། བདེན་གཉིས་ཀྱི་སྒོ་ནས་ཆོ་ག་ཐམས་ཅད་མཚུངས་པར་བསྟན་པའོ། །དང་པོ་ནི། འོ་ན་དགེ་ཚུལ། ཞེས་སོགས་ཚིགས་བཅད་གསུམ་སྟེ། ཤེས་བྱ་ཆོས་ཅན། འོ་ན་དགེ་ཚུལ་དང་དགེ་སློང་གི་སྡོམ་པ་ལ་སོགས་པ་ཡང་ཆོ་ག་མེད་པར་བླ་མའི་ལུས་ལས་ཅིས་མི་ལེན་ཏེ་ལེན་རིགས་པར་ཐལ། ཆོ་ག་མེད་པར་དབང་བཞི་རྫོགས་པ་བླ་མའི་ལུས་ལས་ལེན་པའི་ཕྱིར། རྟགས་ཁས། གཞན་ཡང༌། སེམས་བསྐྱེད་ལེན་པའི་ཆོ་ག་ཅི་ཞིག་དགོས་ཏེ་མི་དགོས་པར་ཐལ། སེམས་བསྐྱེད་ཀྱང་ནི་ཆོ་ག་མེད་པར་བླ་མ་ཡི་སྐུ་ཉིད་ལས་ནི་ཐོབ་པའི་ཕྱིར། རྟགས་དམ་བཅའ་ལ་ཁས། གཞན་ཡང༌། རྡོ་རྗེ་ཕག་མོའི་བྱིན་རླབས་ཀྱང་ཆོས་ཅན། ཁྱོད་ཆོས་སྒོ་བ་ལས་བླངས་ཅི་དགོས་ཏེ་མི་དགོས་པར་ཐལ། ཁྱོད་བླ་མའི་སྐུ་ཉིད་ལས་ཐོབ་པའི་ཕྱིར། འཁོར་གསུམ་ཁས་བླངས། དེ་བཞིན་དུ་རྫོགས་པའི་སངས་རྒྱས་ཀྱི་མདོ་རྒྱུད་ལས་གསུངས་པ་ཡི་སྡོམ་གསུམ་གྱི་ཆོ་ག་ཟབ་མོ་ཐམས་ཅད་སྤོང་རིགས་པར་ཐལ། སྡོམ་པ་གསུམ་གྱི་ཆོ་ག་ཐམས་ཅད་ཀྱང་བླ་མའི་སྐུ་ཉིད་ལས་བླང་པས་ཚོག་པའི་ཕྱིར། རྟགས་ཁྱབ་ཁས་སོ། །

གཉིས་པ་ནི། གལ་ཏེ་ཆོ་ག །ཞེས་སོགས་ཚིགས་བཅད་གསུམ་སྟེ། ཤེས་བྱ་ཆོས་ཅན། རིག་འཛིན་སྔགས་ཀྱི་སྡོམ་པ་ཡང་དབང་བསྐུར་གྱི་ཆོ་ག་མེད་ན་ཐོབ་པར་མི་ནུས་ཏེ། གལ་ཏེ་སོ་ཐར་གྱི་ཆོ་ག་ཉམས་པར་གྱུར་ན། སོ་ཐར་གྱི་སྡོམ་པ་དང་སེམས་བསྐྱེད་ཀྱི་ཆོ་ག་ཉམས་པར་གྱུར་ནའང་སེམས་བསྐྱེད་ཀྱི་སྡོམ་པ་

འཆགས་པར་མི་འགྱུར་ཞིང་རྡོ་རྗེ་ཕག་མོ་ལ་སོགས་པའི་ཆོ་ག་ཉམས་པར་གྱུར་ན་ཕག་མོའི་བྱིན་རླབས་འཇུག་པར་མི་འགྱུར་བའི་ཕྱིར་ནའོ། །རྒྱ་མཚན་དེས་ན་སོ་ཐར་དང་སེམས་བསྐྱེད་ལ་སོགས་པའི་ཆོ་ག་གཞན་དག་ལ་འབད་པ་ཆེན་པོ་བྱེད་བཞིན་དུ་དབང་བསྐུར་གྱི་ཆོ་ག་བྱ་མི་དགོས་ཞེས་འདོར་བར་བྱེད་པ་ནི། ཐབས་ལ་བསླུ་བའི་བདུད་ཡོད་ཅེས་མདོ་རྒྱུད་ལས་གསུངས་པ་འདིར་ཡང་དྲན་པར་བྱའོ། །འདི་དག་ཀྱང་ཆོ་ག་མེད་པར་སྨིན་བྱེད་ཀྱི་དབང་བླ་མའི་ལུས་དཀྱིལ་ལས་ལེན་པ་བཀག་པ་ཡིན་གྱི་སྤྱིར་བླ་མའི་ལུས་དཀྱིལ་ལས་དབང་ལེན་པ་བཀག་པ་ནི་མ་ཡིན་ཏེ། ལམ་དུས་ཀྱི་དབང་དང་དྲིལ་བུ་ལུས་དཀྱིལ་སོགས་དུ་མ་ཡོད་པའི་ཕྱིར་རོ། །

གསུམ་པ་ནི། དེ་ཕྱིར་དམ་པའི། ཞེས་སོགས་རྐང་པ་ཉེར་གསུམ་སྟེ། སྔགས་སྡོམ་འབོག་པའི་དབང་གི་ཆོ་ག་འདོར་བ་མི་རིགས་ཏེ། དཔེར་ན་ཕག་མོའི་ཆོ་ག་མེད་ན་དེའི་བྱིན་རླབས་མི་འཇུག་པས་ཕག་མོའི་བྱིན་རླབས་ཀྱི་ཆོ་ག་ཡོད་པ་བཞིན་དུ། དབང་གི་ཆོ་ག་མེད་ན་སྔགས་སྡོམ་མ་ཐོབ་པ་དེའི་ཕྱིར། འོ་ན་ཆོ་ག་དེ་དག་ཀུན་རྫོབ་དང་དོན་དམ་གང་དུ་ཡོད་ཅེ་ན། དོན་དམ་པར་སྡོམ་པ་དེ་ལ་འབོགས་བྱེད་ཀྱི་ཆོ་ག་གང་ཡང་མེད་ཅིང་། འབྲས་བུ་སངས་རྒྱས་ཉིད་ཀྱང་ཡོད་པ་མིན་ན། སྡོམ་པ་སོགས་འབོག་པའི་ཆོ་ག་གཞན་ཡོད་པ་མིན་པ་ལྟ་སྨོས་ཅི་དགོས་ཏེ་དམ་པའི་དོན་དུ་སྐྱེ་ཡང་དག་པར་ན་འཁོར་འདས་ཀྱི་ཆོས་རྣམས་ཐམས་ཅད་ཡོད་མེད་སོགས་སྤྲོས་བྲལ་ཡིན་པའི་ཕྱིར། རྒྱུ་དང་ལམ་དང་འབྲས་བུ་ཡི་ཆོས་ཀྱི་དབྱེ་བ་ཐམས་ཅད་ཀུན་རྫོབ་ཏུ་ཡོད་པ་ཡིན་པས་སོ་སོ་ཐར་པའི་སྡོམ་པ་དང་། བྱང་ཆུབ་སེམས་བསྐྱེད་དང་། དབང་བསྐུར་ལ་སོགས་པའི་ཆོ་ག་དང་། ཏིང་ངེ་འཛིན་བསྒོམ་པའི་དམིགས་པ་ཇི་སྙེད་པ་དང་། ཕྱི་ནང་གི་རྟེན་འབྲེལ་ཟབ་མོ་ཐམས་ཅད་དང་། རྒྱུ་དང་ལམ་གྱི་དབྱེ་བ་དང་། འབྲས་བུ་རྫོགས་པའི་སངས་རྒྱས་ཐོབ་པ་ཡང་ཀུན་རྫོབ་ཏུ་ཡོད་པ་ཡིན་གྱི་དོན་དམ་དུ་ཡོད་པ་མ་ཡིན་ཏེ། ལང་གཤེགས་ལས། ཀུན་རྫོབ་ཏུ་ནི་ཐམས་ཅད་ཡོད། །དམ་པའི་དོན་དུ་ཡོད་མ་ཡིན། །དེས་ན་དངོས་པོ་གཅིག་ཉིད་ལ། །ཡོད་དང་མེད་དུ་ཇི་ལྟར་འགལ། །ཞེས་གསུངས་པའི་ཕྱིར་རོ། །ཆོས་ཐམས་ཅད་ཀུན་རྫོབ་ཏུ་ཡོད་པ་དང་། དོན་དམ་དུ་ཡོད་པ་མིན་པ་དེ་འདྲའི་དབྱེ་བ་ལེགས་པར་ཤེས་ནས་ནི། ཀུན་རྫོབ་ཏུ་ཆོ་ག་བྱེད་ན་ཕག་མོའི་བྱིན་རླབས་དང་། དབང་བསྐུར་གྱི་ཆོ་ག་ཐམས་ཅད་ཀྱི་ཆོ་ག་དོན་དམ་དུ་བྱེད་པ་མིན་ན་ཆོ་ག་དེ་ཐམས་ཅད་དོར་བར་བྱོས་ཏེ། ཆོ་ག་ཐམས་ཅད་ཀུན་རྫོབ་ཏུ་ཡོད་མཚུངས་དང་། དོན་དམ་དུ་མེད་མཚུངས་ཡིན་པའི་ཕྱིར་རོ། །དེས་ན་ཆོས་ནས་མ་བཤད་པའི་ཕག་མོའི་བྱིན་རླབས་སྨིན་བྱེད་ཀྱི་ཆོ་ག་ཡིན་པ་ལ་ལ་དགོས་ཟེར་བཞིན་དུ། ཆོས་ནས་གསུང་པའི་དབང་བསྐུར་བའི་ཆོ་ག་ལ་སོགས་པ་ལ་ལ་བྱ་མི་དགོས་ཞེས་སྨྲ་བ་སྤྱོད་ལྡན་མཁས་པ་རྣམས་ཀྱི་བཞད་གད་ཀྱི་གནས་ཡིན་པ་དང་། སངས་རྒྱས་ཀྱི་བསྟན་པ་དགྲུགས་པ་

ཡིན་པ་དང་། བདུད་ཀྱི་བྱིན་རླབས་ཞེས་བྱ་བ་ཡང་འདི་འདྲའི་རིགས་ཅན་ཡིན་པར་གསུངས་ཏེ། མདོ་བསྡུད་པ་ལས། ཆོས་བཏང་ནས་ནི་ཆོས་མིན་བྱ་བ་གཙོད་གྱུར་བ། །ལམ་བོར་ལམ་གོལ་འགྲོ་བ་འདི་ནི་བདུད་ཀྱི་ལས། །ཞེས་གསུངས་སོ། །

བཞི་པ་ལ་གཉིས་ཏེ། ཕྱོགས་སྔ་མ་བརྗོད་པ་དང་། དེ་དགག་པའོ། །དང་པོ་ནི། ཁ་ཅིག་བྱ་བའི། ཞེས་སོགས་ཚིགས་བཅད་གཅིག་སྟེ། སྔོན་གྱི་དོན་ཞགས་དང་། ཕྱག་རྒྱ་བ་ཁ་ཅིག་བྱ་བའི་རྒྱུད་དང་སོགས་པ་སྤྱོད་རྒྱུད་དང་རྣལ་འབྱོར་རྒྱུད་ལའང་སྨིན་བྱེད་དབང་བཞིའི་ཆོ་ག་བྱེད་པ་དང་། ཐུགས་རྗེ་ཆེན་པོ་དོན་ཡོད་ཞགས་པ་ལ་སོགས་ལའང་གྲོལ་བྱེད་རིམ་གཉིས་བསྒོམ་པར་བྱེད་པ་ཐོས་སོ། །མཁས་པ་གཞོན་ནུ་སེང་གེས་འདི་པཎྜི་ཏ་ཨ་བྷ་ཡ་ཀ་རའི་འདོད་པ་ལ་སྦྱོར་བ་ནི། འདི་བོད་ཀྱི་འདོད་པ་འགོག་པའི་སྐབས་ཡིན་ཞིང་བྱ་རྒྱུད་ལ་དབང་བཞི་སྦྱར་བ། པཎྜི་ཏ་དེའི་དགོངས་པ་མིན་པས་མི་འཐད་སྙམ་དུ་སེམས་སོ། །ཞེས་ཀུན་མཁྱེན་གསུངས་སོ༎ ༎

གཉིས་པ་ནི། འདི་ཡང་སངས་རྒྱས། ཞེས་སོགས་རྐང་པ་བཅུ་བདུན་ཏེ། རྒྱུད་སྡེ་འོག་མ་གསུམ་ལ་སྨིན་བྱེད་དབང་བཞི་དང་། གྲོལ་བྱེད་རིམ་པ་གཉིས་འདོད་པ་འདི་ཡང་སངས་རྒྱས་ཀྱི་དགོངས་པ་མིན་པ་དེ་ཡི་རྒྱུ་མཚན་འདི་ལྟར་ཡིན་ཏེ། བྱ་བ། སྤྱོད་པ། རྣལ་འབྱོར་རྒྱུད་གསུམ་ག་ལ་རྒྱུད་སྡེ་རང་ངོས་ནས་སྨིན་བྱེད་དབང་བཞི་དང་ནི་གྲོལ་བྱེད་རིམ་གཉིས་མེད་དེ། གལ་ཏེ་ཡོད་ན་རྒྱུད་གསུམ་པོ་དེ་དག་ཀྱང་ཆོས་ཅན། ཁྱོད་རྣལ་འབྱོར་ཆེན་པོའི་རྒྱུད་ཉིད་དུ་འགྱུར་བར་ཐལ། ཁྱོད་རྒྱུད་སྡེ་རང་ངོས་ནས་སྨིན་བྱེད་དབང་བཞི་དང་གྲོལ་བྱེད་རིམ་གཉིས་ཡོད་པའི་རྒྱུད་ཡིན་པའི་ཕྱིར། ཁྱབ་པ་ཡོད་དེ། སྨིན་བྱེད་ཀྱི་དུས་སུ་དབང་བཞི་དང་ནི་གྲོལ་བྱེད་ཀྱི་དུས་སུ་རིམ་པ་གཉིས་ཡོད་པ་ནི། རྣལ་འབྱོར་ཆེན་པོའི་རྒྱུད་ཀྱི་ཁྱད་ཆོས་ཡིན་པའི་ཕྱིར། ཁ་ཅིག་ཕྱོགས་བཅུའི་སངས་རྒྱས་ཀྱི་ཕྲིན་ཡིག་ལས། བཅོམ་ལྡན་ཁྱོད་ཀྱི་གསང་སྔགས་ལམ། །རིམ་པ་གཉིས་སུ་བསྡུས་ཏེ་གསུང་། །ཞེས་སོགས་ལ་འཁྲུལ་ནས་རྒྱུད་སྡེ་འོག་མ་ལ་རིམ་གཉིས་ཡོད་པར་བསམ་སྟེ། དབང་བཞི་མེད་པས་དེ་ལ་ལྟོས་པའི་རིམ་གཉིས་མེད་པ་ཡིན་གྱི། སྤྱིར་རིམ་གཉིས་ཡོད་དོ་ཞེས་འདོད་པ་ཡང་མི་འཐད་པར་གསུངས་སོ། །དེས་ན་མཚན་ཉིད་ཐེག་པར་གྲུབ་མཐའ་བཞིའི་རྣམ་དབྱེ་མི་ཕྱེད་ཅིང་གསང་སྔགས་རྒྱུད་སྡེ་བཞིའི་དབང་དང་ལམ་གྱི་རིམ་པ་མི་ཤེས་པས་རྒྱུད་སྡེ་འོག་མ་གསུམ་ལ་དབང་བཞི་དང་རིམ་གཉིས་སྦྱར་བའི་རྣམ་གཞག་ལེགས་ལེགས་འདྲ་ཡང་ལྷམ་བཟོ་བའི་དཔེ་ཞྭ་མོ་ལ་བཀབ་པ་དང་འདྲ་བ་ཡིན་པས་མི་འཐད་དོ། །

རྒྱུ་མཚན་དེས་ན་རྒྱུད་སྡེ་བཞི་པོ་ཡི་དབང་དང་། ལམ་གྱི་དབྱེ་བ་ལ་མི་འདྲ་བའི་དབྱེ་བ་རྣམ་པ་བཞི་ཡོད་དེ།

དབང་གི་བབ་མི་འདྲ་བ་བཞི་ཡོད་པ་ནི་ཡེ་ཤེས་ཐིག་ལེའི་རྒྱུད་ལས། ཆུའི་དབང་བསྐུར་དབུ་རྒྱན་དང་། །བྱ་བའི་རྒྱུད་ལས་རབ་ཏུ་གྲགས། །རྡོ་རྗེ་དྲིལ་བུ་དེ་བཞིན་མིང་། །སྤྱོད་པའི་རྒྱུད་ལས་རབ་ཏུ་གསལ། །ཕྱིར་མི་ལྡོག་པ་ཡི་ནི་དབང་། །རྣལ་འབྱོར་རྒྱུད་དུ་གསལ་བར་བྱེ། །དེ་ནི་དྲུག་གི་བྱེ་བྲག་དབང་། །དེ་ནི་སློབ་དཔོན་དབང་ཞེས་བྱ། །རྣལ་འབྱོར་བླ་མ་ཡི་ནི་མཚན། །གསང་བ་ཡི་ནི་དབང་རྒྱལ་བཤད། །ཤེས་རབ་ཡེ་ཤེས་བླ་ན་མེད། །བཞི་པ་དེ་ལྟར་དེ་བཞིན་ནོ། །ཞེས་གསུངས་པ་ལྟར་ཡིན་ལ། ལམ་གྱི་དབྱེ་བ་མི་འདྲ་བ་བཞི་ནི། རྒྱུད་སྡེ་འོག་མ་གསུམ་ལ་མཚན་བཅས་མཚན་མེད་གཉིས་གཉིས་ལས། ནང་སེལ་གྱི་མི་འདྲ་བའི་དབྱེ་བ་དང་། རྣལ་འབྱོར་ཆེན་པོ་ལ་རིམ་གཉིས་འཁོར་དང་བཅས་པ་རྣམས་སུ་ཡོད་དོ། །དེ་ལྟར་རྒྱུད་སྡེ་བཞི་ལ་དབང་དང་ལམ་མི་འདྲ་བ་བཞི་བཞི་ཡོད་པ་ལས་རྒྱུད་སྡེ་རང་རང་ནས་དབང་གི་ཆོ་ག་དང་གྲོལ་བྱེད་ཀྱི་ལམ་གསུངས་པ་བཞིན་བསྒྲུབ་པར་བྱས་ན་རྒྱུད་སྡེ་དེ་དང་དེ་ནས་གསུང་པའི་དངོས་གྲུབ་འབྱུང་བས་ལུགས་མ་འདྲེས་པ་ལ་མཁས་པར་བྱའོ། །

བྱ་སྤྱོད་རྣལ་འབྱོར་རྒྱུད་གསུམ་ཀ །ཞེས་སོགས་ལ་དྲི་བ། ཤཀ རྒྱུད་སྡེ་འོག་མ་གསུམ་པོ་ལ། །དབང་བཞི་རིམ་གཉིས་མི་སྣང་ན། །རྒྱུད་སྡེ་གོང་མའི་རྒྱས་བཀབ་ནས། །སྣང་བར་འཆད་པ་འདི་ཅི་ཞིག །ཅེས་པའི་ལན་ནི། རྒྱུད་སྡེ་འོག་མ་གསུམ་གྱི་ཆོ་ག་རང་རྐང་ལ་དབང་བཞི་རིམ་གཉིས་མེད་ཀྱང་། རྒྱུད་སྡེ་འོག་མའི་ལྷ་ལ་རྒྱུད་སྡེ་གོང་མའི་ཆོ་གས་རྒྱས་བཀབ་པའི་ཚེ། སྣང་བ་དེ་ཉིད་མིན་པས་ཁྱེད་རང་གིས་རྒྱ་མཚན་བཀོད་བཞིན་དུ་གཞན་ལ་རྒྱ་མཚན་དྲི་བ་འདི་རྐོལ་ཕྱིར་རྐོལ་གཉིས་ཀ་ལ་དོན་མེད་དོ། །ཕྱིར་འདི་འདྲའི་རིགས་ཅན་ཀུན་ལ་རྒྱུད་སྡེ་དེའི་ལྷ་དང་རྒྱུད་སྡེའི་དེའི་རྒྱུད་མནོར་བ་གལ་ཆེ། ཞེས་གསུངས། ཡང་དྲི་བ། རྡོ་རྗེ་ཐེག་པའི་ལམ་ཞུགས་ནས། །སྨིན་གྲོལ་གཉིས་ལ་འབད་དགོས་ཤིང་། །སྨིན་གྲོལ་རིམ་གཉིས་ལ་བཞེད་ན། །རྒྱུད་སྡེ་འོག་མའི་རང་རྐང་ལས། །སངས་རྒྱས་བསྒྲུབ་པ་ཇི་ལྟར་བྱ། །དེ་ལའང་སྨིན་གྲོལ་མི་བཞེད་དམ། །ཞེས་པའི་ལན་ནི། བསྟན་བཅོས་འདིའི་སྐབས་སྡོམ་གྱི་སྐབས་འདིར་རྡོ་རྗེ་ཐེག་པ་ཞེས་སྤྱིར་བཏང་བ་ཕལ་ཆེར་སྐབས་ཐོབ་ཀྱི་བླ་མེད་ལ་འཇུག་པས། དེའི་སྨིན་གྲོལ་གཉིས་དབང་བཞི་དང་རིམ་པ་གཉིས་ལ་བཞེད་པ་ཡིན་གྱི། རྒྱུད་སྡེ་འོག་མ་གསུམ་རང་རང་གི་སྨིན་གྲོལ་ཡོད་ཀྱང་། དབང་བཞི་དང་རིམ་གཉིས་ཡོད་མི་དགོས་སོ། །རྒྱུད་སྡེ་འོག་མའི་རང་རྐང་ལས་སངས་རྒྱས་བསྒྲུབ་པའི་ཚུལ་ནི། ཕ་རོལ་ཏུ་ཕྱིན་པའི་ཐེག་པ་དང་འདྲ་བར་ས་བཅུ་པའི་བར་བསྒྲུབ་ནུས་པ་ཡིན་གྱི། བླ་མེད་ལ་མ་ཞུགས་པར་སྦྲས་པའི་ས་གསུམ་བགྲོད་མི་ནུས་པས་བཅུ་གསུམ་རྡོ་རྗེ་འཛིན་པའི་ས་བསྒྲུབ་པ་ལ་དགོངས་ནས། བླ་མེད་ཀྱི་སྨིན་གྲོལ་ཁོ་ན་དགོས་པར་གསུང་པ་སྟེ།

འདི་དག་གི་རྣམ་གཞག་རྒྱས་པར་གཞན་དུ་ཤེས་པར་བྱའོ། །ས་བཅུ་གཅིག་པ་ཕ་རོལ་ཏུ་ཕྱིན་པའི་འབྲས་བུར་བཞག་པ་ནི། ས་བཅུ་པ་མན་ཆད་རང་ལམ་གྱིས་བགྲོད་ནུས་ཤིང་། དེ་ཡང་ལམ་དུ་འདོད་ལ། རང་ལུགས་ཀྱི་འབྲས་བུའི་རྣམ་གཞག་གཅིག་ཀྱང་དགོས་པས། དེའི་དབང་དུ་བྱས་པ་ཡིན་གྱི། བླ་མེད་ལ་མ་ཞུགས་པར་ལམ་རང་ཉིད་ཀྱིས་ཐོབ་པར་མི་ནུས་པའི་གནད་ཀྱང་ཡོད་མོད་ཀྱི་ད་དུང་གཞན་གྱིས་རྟོགས་པར་དཀའོ། །ཞེས་ལན་མཛད་དོ། །འདི་ནི་ལམ་འབྲས་གླེགས་བམ་ལམ་འབྱུང་ལྡོག་གི་སྐབས་སུ། ས་བཅུ་པ་མན་ཆད་ཕ་རོལ་ཏུ་ཕྱིན་པའི་ལམ་གྱིས་བགྲོད། དེ་ནས་རྡོ་རྗེ་ཐེག་པའི་ལམ་དུ་ཞུགས་ཏེ། སྔགས་པའི་ས་གཉིས་དང་མཐར་ཕྱིན་གྱི་ས་ཕྱེད་བགྲོད་ནས་ས་བཅུ་གསུམ་པ་ཐོབ་ཅེས་གསུངས་པའི་དགོངས་པ་དཔྱིས་ཕྱིན་པ་ཡིན་ནོ། །

དེ་ལ་ཁོ་ན་རེ། ས་བཅུ་གཅིག་པ་ཆོས་ཅན། ཁྱོད་སྔགས་ལམ་ལ་མ་ལྟོས་པར། ཕར་ཕྱིན་རང་ལམ་གྱིས་བགྲོད་ནུས་པར་ཐལ། ཁྱོད་ཕར་ཕྱིན་པ་རང་ལུགས་ཀྱི་མཐར་ཐུག་གི་ས་ཡིན་པའི་ཕྱིར། རྟགས་གྲུབ་སྟེ། ཕར་ཕྱིན་ཐེག་པ་བས་ས་བཅུ་གཅིག་པ་སངས་རྒྱས་ཀྱི་ས་དང་། རྡོ་རྗེ་ཐེག་པ་བས་ས་བཅུ་གསུམ་པ་སངས་རྒྱས་ཀྱི་སར་འདོད་པའི་ཕྱིར་ཏེ། མདོ་སྔགས་གཉིས་སངས་རྒྱས་ཀྱི་མཚན་ཉིད་ལ་མཐུན། མཚན་གཞི་ལ་མི་མཐུན་པའི་རྣམ་གཞག་འཐད་པའི་ཕྱིར། ཞེ་ན། ཐལ་འགྱུར་སྔ་མ་ལ་མ་ཁྱབ་པ་འདྲའོ། །

ལྔ་པ་ལ་གསུམ་སྟེ། མོས་པ་ཆོས་སྒོ་ཡིན་པ་དགག །དབང་ལས་གསང་སྔགས་ལོགས་ན་ཡོད་པ་དགག དབང་བས་གསང་སྔགས་ལོགས་ན་མེད་པའི་རྒྱུ་མཚན། དང་པོ་ལ་གཉིས་ཏེ། འདོད་པ་བརྗོད་པ་དང་། དེ་དགག་པའོ། །དང་པོ་ནི། ལ་ལ་དབང་བསྐུར། ཞེས་སོགས་ཚིགས་བཅད་གཅིག་སྟེ། ཕྱག་རྒྱ་བ་ལ་ལ། གལ་ཏེ་སྨིན་བྱེད་ཀྱི་དབང་བསྐུར་མ་བྱས་ཀྱང་གསང་སྔགས་ཀྱི་ཆོས་ལ་མོས་པ་ཐོབ་ན་གསང་སྔགས་ཀྱི་ལམ་བསྒོམ་དུ་རུང་སྟེ། གསང་སྔགས་ལ་མོས་པ་ཐོབ་པ་དེ་ཉིད་གསང་སྔགས་ཟབ་མོའི་ཆོས་ཀྱི་སྒོ་ཡིན་པས་སོ། །ཞེས་ཟེར་རོ། །

གཉིས་པ་ནི། འོན་སྡོམ་པ། ཞེས་སོགས་རྐང་པ་བཅུ་བཞི་སྟེ། འོན་ཤེས་བྱ་ཆོས་ཅན། སྡོམ་པ་མ་ཐོབ་ཀྱང་སྡོམ་པ་ལེན་པ་ལ་མོས་པ་ཐོབ་ན་སྡོམ་པ་བསྲུང་བས་ཆོག་གམ་ཅི་སྟེ་ཆོག་པར་ཐལ། རབ་བྱུང་གི་སྡོམ་པ་མ་ཐོབ་ཀྱང་རབ་ཏུ་བྱུང་བའི་སྡོམ་པ་ལ་མོས་པ་ཐོབ་པ་ཉིད་སྡོམ་པ་ལེན་པའི་སྒོ་ཡིན་པས་སོ། །རྟགས་དམ་བཅའ་ལ་ཁས། གཞན་ཡང་། ཐེག་ཆེན་སེམས་བསྐྱེད་མ་ཐོབ་ཀྱང་། སེམས་བསྐྱེད་ལ་མོས་པ་ཙམ་ཐོབ་ན། སེམས་བསྐྱེད་གསར་དུ་བླང་ཡང་ཅི་ཞིག་དགོས་ཏེ་མི་དགོས་པར་ཐལ། སེམས་བསྐྱེད་ཀྱི་སྡོམ་པ་མ་ཐོབ་ཀྱང་། སེམས་བསྐྱེད་པ་ལ་མོས་པ་ཐོབ་པ་ཉིད་བྱང་ཆུབ་སྤྱོད་པ་སྟེ། སེམས་བསྐྱེད་པའི་སྒོ་ཡིན་པས་སོ། །རྟགས་ཁྱབ

ཁས། དེ་བཞིན་དུ། འཇིག་རྟེན་པ་ལྟར་ན། ལོ་ཏོག་ལ་མོས་པ་ཙམ་ཐོབ་ན་སོ་ནམ་ལ་ཡང་འབད་པ་བྱ་ཅི་དགོས་ཏེ་མི་དགོས་པར་ཐལ། སོ་ནམ་མ་བྱས་ཀྱང་ལོ་ཏོག་ལ་མོས་པ་ཐོབ་པ་ཉིད་བཟའ་བཟའ་བའི་སྒོ་ཡིན་པས་སོ། །སྔར་བཞིན་ཁས། དེས་ན་དབང་མ་ཐོབ་ཀྱང་གསང་སྔགས་ལ་མོས་པ་ཐོབ་ན། གསང་སྔགས་བསྒོམ་དུ་རུང་ཟེར་བ་འདི་འདྲའི་རིགས་ཀྱི་ཆོས་ལུགས་ལོག་པ་ཀུན་གོང་དུ་བརྗོད་པ་དེ་འདྲའི་མགོ་མཚུངས་ཀྱི་རིགས་པ་རྣམས་ཀྱིས་སུན་དབྱུང་ངོ། །

གཉིས་པ་ནི། དེས་ན་ཆོས་སྒོ། ཞེས་སོགས་རྐང་པ་བཅུ་བཞི་སྟེ། དེས་ན་ཆོས་སྒོ་ཞེས་བྱ་བ་རྒྱུད་སྡེའི་ཐ་སྙད་ལ་མེད་ཀྱང་གསར་དུ་བོད་ཀྱི་ཕྱག་རྒྱ་བ་འགའ་ཞིག་གིས། སྨིན་བྱེད་ཀྱི་དབང་བཞི་མི་ཤེས་པར་ཕག་མོའི་བྱིན་རླབས་ཙམ་ཤེས་པའི་གང་ཟག་གཅིག་ལ་ཆོས་སྒོ་བ་ཞེས་བྱ་བར་བཏགས་པ་འདི་ཡི་མིང་གི་འབྲུལ་གཞི་བྱས་ནས་དབང་བསྐུར་བ་གསང་སྔགས་པའི་ཆོས་ཀྱི་སྒོ་ཙམ་ཡིན་གྱི། འཚང་རྒྱ་བ་ཡི་ཆོས་དབང་ལས་གཞན་པ་ཞིག་བསྒོམ་རྒྱུ་ལོགས་ན་ཡོད་དོ་ཞེས་མ་སྨྲ་བའི་བླུན་པོ་རྣམས་ཀྱིས་མུན་བསྒོམ་བྱས་སོ། །དེ་ནི་མི་འཐད་དེ། ཤེས་བྱ་ཆོས་ཅན། འོན་དགེ་སློང་གི་སྡོམ་པ་ཡང་གང་ཟག་དགེ་སློང་དུ་བྱེད་པའི་སྒོ་ཙམ་ཡིན་གྱི། དགེ་སློང་གི་སྡོམ་པའི་ངོ་བོ་ཞིག་དགེ་སློང་གི་སྡོམ་པ་ལས་གཞན་ནས་རྩལ་དུ་ཡོད་དམ་ཅི་སྟེ་ཡོད་པར་ཐལ། ཁྱོད་ཀྱི་དམ་བཅའ་འཐད་པའི་ཕྱིར། དེ་བཞིན་དུ་འབྲས་ཀྱི་སོ་ནམ་བྱེད་པ་ཡང་འབྲས་ཀྱི་སྟོན་ཐོག་འབྱུང་བའི་སྒོ་ཙམ་ཡིན་གྱི་འབྲས་ཀྱི་ཁ་ཟས་འབྱུང་བའི་ཐབས་གཞན་ཞིག་སོ་ནམ་ལས་ལོགས་ན་རྩལ་དུ་ཡོད་དམ་ཅི་སྟེ་ཡོད་པར་ཐལ། དམ་བཅའ་འཐད་པའི་ཕྱིར། རིམ་བཞིན་ཁས་བླངས་སོ། །

གསུམ་པ་ལ་གསུམ་སྟེ། མདོར་བསྟན། རྒྱས་པར་བཤད། དོན་བསྡུ་བའོ། །དང་པོ་ནི། དེས་ན་སྙིང་གཏམ། ཞེས་སོགས་ཚིགས་བཅད་གཅིག་སྟེ། འཚང་རྒྱ་བའི་ཆོས་དབང་ལས་གཞན་མེད་པ་དེས་ན་སྙིང་གཏམ་འདི་ལྟར་ཡིན་པ་ཡིད་ལ་ཟུངས་ཤིག་དེ་ཅི་ཞེ་ན། དབང་བསྐུར་བ་གསང་སྔགས་ཀྱི་ཆོས་ཀྱི་སྒོ་ཙམ་མིན་པར་འཚང་རྒྱ་བའི་རྟེན་འབྲེལ་ཟབ་མོ་བསྒྲིག་པའི་གདམས་ངག་ཡིན་ཏེ། གསང་སྔགས་པ་དབང་བསྐུར་བ་རྟེན་འབྲེལ་ལམ་དུ་བྱེད་པ་ཡིན་པས་སོ། །དཔེར་ན་སྟོན་ཐོག་འབྱུང་བའི་ཐབས་སོ་ནམ་བྱེད་པ་བཞིན་ནོ། །

གཉིས་པ་ནི། ཕུང་པོ་ཁམས་དང་། ཞེས་སོགས་རྐང་པ་བཅོ་ལྔ་སྟེ། འོན་རྟེན་འབྲེལ་བསྒྲིག་པའི་ཚུལ་ཇི་ལྟར་ཡིན་སྙམ་ན། དེའི་ཚུལ་ཡོད་པ་ཡིན་ཏེ། སྦྱང་གཞི་སློབ་མའི་ཕུང་པོ་ཁམས་དང་སྐྱེ་མཆེད་ཀྱི་ཞིང་ས་ལ་རྡོ་རྗེ་སློབ་དཔོན་གྱིས་དག་བྱ་དག་བྱེད་ངོ་སྤྲོད་པ་ལ་མཁས་པས་གདན་སངས་རྒྱས་དང་བྱང་ཆུབ་སེམས་དཔའི་གདན། རིག་མ་དང་ལྷ་མོའི་གདན། ཁྲོ་བོ་དང་ཁྲོ་མོའི་གདན། གསུམ་ཚང་བའི་སངས་རྒྱས་ཀྱི་ས་བོན་དབང་གི་ཆོ་ག་ཁྱད་པར་ཅན་གྱིས

བཏབ་ནས་ནི། གང་ཟག་དབང་པོ་རབ་ཚེ་འདིར་སངས་རྒྱས་ཐོབ་པར་བྱེད་པ་ཡི་ཐབས་ལ་དབང་བསྐུར་ཞེས་སུ་བཏགས་པ་ཡིན་པའི་ཕྱིར། རྒྱུ་མཚན་དེས་ན་གང་ཟག་དབང་པོ་རབ་ཨིནྡྲ་བྷུ་ཏི་ལྟ་བུ་དབང་བསྐུར་ཉིད་ཀྱིས་གྲོལ་བར་གསུངས་པ་ཡང་། དབང་བསྐུར་གསང་སྔགས་ཀྱི་ལམ་གྱི་གཙོ་བོ་ཡིན་པའི་རྒྱུ་མཚན་གྱིས་གྲོལ་བ་ཡིན་གྱི། དབང་བསྐུར་ཆོས་སྒོ་ཙམ་དུ་བྱས་ནས་གསང་སྔགས་ལོགས་ནས་བསྒོམ་རྒྱུ་ཡོད་ན་དབང་བསྐུར་ཁོ་ནས་ཇི་ལྟར་གྲོལ་ལེགས་པར་སོམས་ཤིག །འོན་གང་ཟག་ཐམས་ཅད་དབང་ཁོ་ནས་གྲོལ་ལམ་ཞེ་ན་མིན་ཏེ། དབང་གིས་གྲོལ་བར་མ་ནུས་པའི་གང་ཟག་གཞན་འབྲིང་དང་ཐ་མ་དག་ལ་རིམ་གཉིས་བསྒོམ་དགོས་སོ། །ཇི་ལྟར་བསྒོམ་ན། སྟར་སྨིན་བྱེད་ཀྱི་དབང་བསྐུར་ཐོབ་པ་དེ་བསྲུང་ཞིང་འཕེལ་བར་བྱེད་པ་ལ་དབང་དོན་བསྒོམ་པ་ཞེས་སུ་བཏགས་པ་ཡིན་ཏེ། བསྐྱེད་རིམ་བསྒོམ་པ་ནི་བུམ་དབང་གི་དུས་སུ་ལུས་ལ་སྤྲུལ་སྐུའི་ས་བོན་དང་། རྫོགས་རིམ་བསྒོམ་པ་ནི། གསང་དབང་གི་དུས་སུ་ངག་ལ་ལོངས་སྐུ་དང་། ཤེས་དབང་དུས་སུ་ཡིད་ལ་ཆོས་སྐུ་དང་། དབང་བཞི་པའི་དུས་སུ་རྩ་ལྟུང་ལ་ངོ་བོ་ཉིད་སྐུའི་ས་བོན་བཏབ་པ་དེ་བསྲུང་ཞིང་འཕེལ་བར་བྱེད་པ་ཡིན་པ་དེས་ན་སྟེ་དེའི་ཕྱིར་རོ། །དེས་ན་གསང་སྔགས་རྡོ་རྗེ་ཐེག་པ་བླ་ན་མེད་པའི་སྒོར་ཞུགས་ནས་དབང་བསྐུར་བ་བཞི་ལས་གཞན་པའི་ཆོས་མེད་དེ། སྨིན་གཞི་ལུས་ཀྱང་དབང་བཞིའི་ཚུལ་དུ་གནས། །དེ་ལ་རྡོ་རྗེ་སློབ་དཔོན་གྱིས་དབང་བཞི་བསྐུར། དེ་ཉིད་ལམ་གྱི་དུས་སུ་ཡང་དབང་བཞིའི་ཚུལ་དུ་བསྒོམ། འབྲས་བུའི་དུས་སུ་ཡང་དབང་བཞིའི་ཚུལ་དུ་སངས་རྒྱ་བ་ཡིན་པའི་ཕྱིར་ཏེ། ཇི་སྐད་དུ། རྒྱུ་ལ་འབྲས་བུའི་རྒྱས་གདབ་ཅིང་། །འབྲས་བུ་ལ་ཡང་རྒྱུའི་རྒྱས་གདབ། །ཞེས་གསུངས་པའི་ཕྱིར་རོ། །རྡོ་རྗེ་ཐེག་པའི་སྒོར་ཞུགས་ནས་དབང་ལས་གཞན་པའི་ཆོས་གཞན་མེད་པའི་དཔེ་ནི་ཐེག་པ་ཆེན་པོ་ཕ་རོལ་ཏུ་ཕྱིན་པའི་ལུགས་ལ་ཐེག་ཆེན་སེམས་བསྐྱེད་མིན་པའི་ཆོས་གཞན་མེད་པ་བཞིན་ཏེ། དེ་ལ་ཡང་ཐོག་མར་སེམས་བསྐྱེད་བླངས་པའི་ཚེ་སངས་རྒྱས་བསྒྲུབ་པའི་ཐབས་ཁྱད་པར་ཅན་གྱི་ས་བོན་སེམས་ལ་བཏབ་པ་ཡིན་ཞིང་། དེའི་ཚེ་ཉེས་སྤྱོད་སྡོམ་པ་དང་། དགེ་བ་ཆོས་བསྡུད་དང་། སེམས་ཅན་དོན་བྱེད་ཀྱིས་བསྡུས་པའི་བྱང་ཆུབ་སེམས་དཔའི་སྤྱོད་པ་བསླབ་པོ་ཆེའི་ས་བོན་སེམས་ལ་བཏབ་པ་དེ་ཉིད་བསྲུང་ཞིང་འཕེལ་བར་བྱེད་པ་ལས་གཞན་པའི་ཐེག་པ་ཆེན་པོའི་ཆོས་ཅུང་ཟད་ཀྱང་མེད་པའི་ཕྱིར་རོ། །གནད་འདི་དག་ནི་ཁོ་བོ་འབའ་ཞིག་གི་སྤྱོད་ཡུལ་ཡིན་ནོ། །ཞེས་ཀུན་མཁྱེན་བསོད་ནམས་སེང་གེ་གསུངས་སོ། །

གསུམ་པ་ནི། དེས་ན་ཐུབ་པས། ཞེས་སོགས་ཚིགས་བཅད་གཅིག་སྟེ། ཐུབ་པས་རྒྱུད་སྡེ་ཐམས་ཅད་ལས་དབང་མ་བསྐུར་བའི་ཉེས་དམིགས་དང་། བསྐུར་བའི་ཕན་ཡོན་དཔག་ཏུ་མེད་པ་གསུང་པའི་སྒོ་ནས་ལམ་

ཐམས་ཅད་ལས་དབང་བསྐུར་བ་ཁོ་ན་ལ་བསྔགས་པ་མཛད་པ་དང་། རྒྱ་བོད་ཀྱི་མཁས་པ་རྣམས་ཅི་ནས་བླ་མ་ལ་དབང་བསྐུར་ཞུ་བ་ལ་གུས་པའི་རྒྱུ་མཚན་ཡོད་དེ། དབང་བསྐུར་བ་གསང་སྔགས་ཀྱི་ལམ་གྱི་རྩ་བ་ཡིན་པ་གོང་དུ་བཤད་པ་དེ་ལྟར་ཡིན་པའི་ཕྱིར། རྒྱུད་སྡེ་ལས་དབང་མ་བསྐུར་བའི་ཉེས་དམིགས་དང་། བསྐུར་བའི་ཕན་ཡོན་གསུང་པ་ཡིན་ཏེ། དེ་ཡང་དབང་མ་བསྐུར་བའི་ཉེས་དམིགས་ནི། དམ་པ་དང་པོ་ལས། དབང་བསྐུར་མེད་པར་རྒྱུད་འཆད་དང་། །ཞེས་སོགས་དང་། རྡོ་རྗེ་ཕྲེང་བ་ལས། ཡང་དག་དབང་བསྐུར་གྱིས་དབེན་ན། །ཞེས་སོགས་དང་། སངས་རྒྱས་ཐོད་པའི་རྒྱུད་ལས། དཔེར་ན་བུ་ཚ་མེད་པའི་ཁྱིམ། །ཤི་བ་ཙམ་གྱིས་སྟོང་པ་ཉིད། །དེ་བཞིན་དབང་དང་བྲལ་ན་ནི། །ཡེ་ཤེས་ཀུན་གྱིས་སྟོང་པ་ཉིད། །དཔེར་ན་པི་ཝཾ་སྒྱུར་ཚོགས་ཀུན། །རྒྱུད་དང་བྲལ་ན་བརྡུང་མི་ནུས། །དེ་བཞིན་དབང་དང་བྲལ་བ་ནི། །སྔགས་དང་བསམ་གཏན་འགྲུབ་མི་འགྱུར། །མྱོང་བ་པ་གང་ཞིག་དབང་མེད་པར། །དབང་ནི་དབང་བསྐུར་ཞེས་སླ་བ། །ཁྲི་རྙིད་སངས་རྒྱས་བཞུགས་ཀྱི་བར། །སློབ་མར་བཅས་ཏེ་དམྱལ་བར་འགྲོ། །ཞེས་དང་། བདེ་མཆོག་ལས། དཀྱིལ་འཁོར་འདི་ནི་མ་མཐོང་བར། །རྣལ་འབྱོར་པ་ནི་དངོས་གྲུབ་འདོད། །མཁའ་ལ་ཁུ་ཚུར་གྱིས་རྡེག་དང་། །མྱོངས་པ་ཕུབ་མ་བརྡུང་དང་མཚུངས། །ཞེས་དང་། སངས་རྒྱས་མཉམ་སྦྱོར་ལས། དཀྱིལ་འཁོར་དུ་ནི་མ་ཞུགས་ཤིང་། །དམ་ཚིག་རྣམས་ནི་སྲུངས་པ་དང་། །གསང་བའི་དེ་ཉིད་མི་ཤེས་པས། །བསྒྲུབ་ཀྱང་ཅི་ཡང་མི་འགྲུབ་བོ། །ཞེས་དང་། རྡོ་རྗེ་གུར་ལས། དཀྱིལ་འཁོར་དུ་ནི་མ་ཞུགས་དང་། །དབང་བསྐུར་མེད་པའི་རྣལ་འབྱོར་པ། །གང་གིས་རབ་གནས་མ་མཐོང་ཞིང་། །གང་གིས་སྦྱིན་སྲེག་མ་བྱས་ན། །འཇིག་རྟེན་འདི་དང་གཞན་དུ་ཡང་། །དེ་ལ་དངོས་གྲུབ་མཆོག་ཉིད་མེད། །ཅེས་དང་། ཕྱག་ཆེན་ཐིག་ལེ་ལས། དབང་མེད་ན་ནི་དངོས་གྲུབ་མེད། །ཅེས་སོགས་དང་། གཞུང་འདིར་ཡང་། དབང་དང་རིམ་གཉིས་མི་ལྡན་པས། །ཞེས་སོགས་དང་། དགེ་སློང་སྡོམ་པ་མེད་པ་དང་། །ཞེས་སོགས་དུ་མ་གསུངས་སོ། །

དབང་བསྐུར་བའི་ཕན་ཡོན་ནི། གསང་བ་འདུས་པ་འབུམ་པ་ལས། །སྐལ་པ་ས་ཡར་བྱས་པ་ཡི། །སྡིག་དུ་ཡོད་པའི་སྡིག་པ་ཀུན། །དེ་ཀུན་འཛད་པར་གྱུར་པ་ནི། །དཀྱིལ་འཁོར་འདི་འདྲ་མཐོང་བས་སོ། །ཞེས་དང་། སྡོམ་འབྱུང་ལས། གསང་བ་མཆོག་གི་དཀྱིལ་འཁོར་དུ། །མཆོག་ཏུ་རབ་ཞུགས་མཐོང་བ་ན། །དེར་ཁྲོད་སྡིག་པ་ཐམས་ཅད་ལས། །རྣམ་གྲོལ་བཟང་པོར་གྱུར་པར་གནས། །ཞེས་དང་། ཧེ་རུ་ཀ་མངོན་བྱུང་ལས། དཀྱིལ་འཁོར་རྒྱལ་པོ་མཐོང་ནས་ནི། །ཉུང་ཟད་དེ་ནི་མི་འགྱུབ་མེད། །སྡིག་པ་ཀུན་ལས་རྣམ་པར་གྲོལ། །དངོས་གྲུབ་མྱུར་དུ་ཐོབ་པར་འགྱུར། །ཞེས་དང་། རྡོ་རྗེ་ཕྲེང་བ་ལས། ཐོག་མར་སློབ་མ་གང་གིས་ཚེ། །བློ་ལྡན་ཡང་དག

དབང་བསྐུར་ན། །རྫོགས་པའི་རིམ་པའི་རྣལ་འབྱོར་པ། །དེ་ཡི་ཚེ་ན་སྣོད་དུ་འགྱུར། །ཞེས་དང་། དུག་ནི་སྔགས་ཀྱིས་འཇོམས་པ་བཞིན། །སྔགས་ཀྱི་དག་བྱེད་བཅུད་ལེན་བྱེད། །དེ་བཞིན་སློབ་མ་དབང་སོགས་ཀྱིས། །མ་དག་པ་ནི་དག་པར་འགྱུར། །ཞེས་དང་། ཕྱག་ཆེན་ཐིག་ལེ་ལས། དང་པོར་རེ་ཞིག་གང་ཚེ་སློབ། །ལན་གཅིག་དབང་རྣམས་ཀྱིས་ནི་བསྐུར། །དེ་ཚེ་གསང་ཆེན་བཤད་པ་ཡི། །ངེས་པར་སྣོད་དུ་འགྱུར་བའོ། །ཞེས་དང་། ཡང་སྡོམ་འབྱུང་ལས། དབང་བསྐུར་འདི་དག་ཡང་དག་ལྡན། །དེ་ནི་དམ་ཚིག་ཅན་ཞེས་བྱ། །ཞེས་དང་། སངས་རྒྱས་ཐོད་པ་ལས། ཕྱི་ནང་གསང་བར་བཅས་པ་ཡི། །དབང་བསྐུར་ཙམ་གྱི་ནམ་མཁའ་ཡི། །དཀྱིལ་ནས་ཛ་ཡི་སྒྲ་གྲགས་ཅིང་། །མི་རྟོག་ཙནྡན་ཆར་འབབ་འགྱུར། །དེ་ནས་རྣལ་འབྱོར་པ་དེ་རྣམས། །རྒྱ་ཡི་འཁོར་ལོ་ལ་ནི་ཐིམ། །ཞེས་དང་། རྡོ་རྗེ་སྙིང་འགྲེལ་ལས། རྒྱ་དེས་ཇི་ལྟར་ཟངས་ཕྱུག་ནས། །སླར་ཡང་ཟངས་སུ་འགྱུར་མི་སྲིད། །དེ་བཞིན་ཡེ་ཤེས་ལུས་ཕྱུག་ནས། །སླར་ཡང་འགྲོ་དྲུག་ལྟུང་མི་སྲིད། །ཅེས་དང་། དཔལ་མཆོག་དང་པོ་སྟོང་ཕྲག་བཅུ་གཉིས་པ་ལས། བུམ་པའི་དབང་བསྐུར་ས་བརྒྱད་ཡིན། །གསང་བའི་དབང་བསྐུར་ས་དགུ་ཡིན། །ཤེས་རབ་ཡེ་ཤེས་བཅུ་ཡིན་ཏེ། །བཞི་པ་བཅུ་གཅིག་པར་བཤད་དོ། །ཞེས་དང་། རྡོ་རྗེ་རྩེ་མོ་ལས། རྒྱལ་བའི་སྲས་པོ་ས་བརྒྱད་པ། དེ་སྲིད་ཐེག་པ་དམན་པས་འཇིགས། །གསང་བའི་དཀྱིལ་འཁོར་ཆེན་པོ་འདིར། །ཞུགས་པས་བདག་ཉིད་གྲོལ་བར་འགྱུར། །ཞེས་དང་། དཀྱིལ་འཁོར་ཆོག་ཇི་ལྟ་བུ། །ཆོག་ཆོས་དང་རྣལ་འབྱོར་ཏེ། །གསང་བ་ཐར་པ་ཡང་དག་འབྱུང་། །སྐྱེ་བ་འདི་ཉིད་ཁོ་ན་ལ། །རབ་དགའ་བསྒྲུབ་པར་བྱེད་པ་ཡིན། །ཞེས་དང་། ནག་པོ་པའི་དཀྱིལ་ཆོག་ལས། དབང་བསྐུར་འདི་དག་ཐོབ་ནས་ནི། །སློབ་མ་ཡོན་ཏན་བདག་པོར་འགྱུར། །སངས་རྒྱས་ཀུན་གྱི་རབ་ཏུ་མཆོད། །མཚམས་མེད་པ་དང་སྡིག་ཅན་ཡང་། །མཚོན་རྩེ་མཐོང་བས་གྲོལ་བར་འགྱུར། །མངོན་པར་ཞུགས་པ་ཙམ་གྱིས་ནི། །གཙང་མའི་གནས་སུ་སྐྱེ་བར་འགྱུར། །ཞེས་དང་། གསང་བའི་མདོ་ལས། དབང་བསྐུར་ཡང་དག་སྦྱིན་ལྡན་ན། །སྐྱེ་ཞིང་སྐྱེ་བར་དབང་བསྐུར་འགྱུར། །དེ་ཡིས་སྐྱེ་བ་བདུན་ནས་ནི། །མ་བསྒོམ་པར་ཡང་སངས་རྒྱས་འགྱུར། །ཞེས་དང་། ཇོ་ས་སྐྱ་པས། བླ་མ་བརྒྱུད་པ་དང་ལྡན་རྒྱུད་དོན་རིག །དམ་ཚིག་མཆོག་བསྲུང་མན་ངག་དུ་མས་བརྒྱན། །སྙིང་རྗེའི་རྒྱུད་སླན་བསྟན་བཅོས་དུ་མ་ཤེས། །དེ་ཡི་ཞབས་རྟེན་གསོལ་བ་ལན་མང་གདབ། །དེ་ཡིས་གནང་ནས་དཀྱིལ་འཁོར་ཆེན་པོ་རུ། །ཞུགས་ལ་དབང་བཞི་པོ་རྣམས་རྫོགས་པར་བླངས། །བྱིན་རླབས་ཕྲ་མོ་ཙམ་གྱིས་མ་ཡིན་ཏེ། །སྔགས་ཀྱི་རྩ་བ་དབང་བསྐུར་ཡིན་པས་སོ། །ཞེས་དང་། དེ་དག་གི་དོན། གཞུང་འདིར་ཡང་། དབང་བསྐུར་ཆོས་སྒོ་ཙམ་མ་ཡིན། །ཞེས་སོགས་དང་། བླ་མ་རྩལ་ལ་དབང་བཞི་བླངས། །ཞེས་སོགས་དུ་མ་གསུངས་པ་དེས་

ནའོ། །

བཞི་པ་དབང་བསྐུར་མུ་བཞིར་འདོད་པ་དགག་པ་ལ་གཉིས་ཏེ། འདོད་པ་བརྗོད་པ་དང་། དེ་དགག་པའོ། །དང་པོ་ནི། ལ་ལ་དབང་བསྐུར། ཞེས་སོགས་རྐང་པ་ལྔ་སྟེ། སློབ་དཔོན་ཏི་ཕུ་པ་དང་། རས་ཆུང་པ་ལ་སོགས་པ་ལ་ལ་དབང་བསྐུར་མུ་བཞིར་འདོད། དེ་ཡང་དབང་བསྐུར་བྱས་ཀྱང་དབང་མ་ཐོབ་པ་དང་། དབང་མ་བྱས་ཀྱང་ནི་ཐོབ་པ་དང་གཉིས། བྱས་ནས་ཐོབ་པ་དང་གསུམ། དབང་མ་བྱས་པར་མ་ཐོབ་པ་ཞེས་བྱ་བ་རྣམ་པ་བཞིར་འདོད། ཡང་མཆན་རྙིང་པ་ཞིག་དང་། ཊཱི་ཀྐ་རྙིང་པ་ཁ་ཅིག་ལས། ཞང་གཡུ་བྲག་པ་ལ་ལ་དབང་བསྐུར་མུ་བཞིར་འདོད་དེ། གཡུ་བྲག་པའི་ལམ་མཆོག་མཐར་ཕྱུག་ལས། རིམ་གྱིས་གང་ཟག་ཟུར་ཙམ་སློས། །གང་ཟག་རིགས་ནི་བརྗོད་མི་ལང་། །ཐེག་པ་མས་འཛེག་དགོས་པ་ཡོད། །ཆེ་ལོང་བསླབ་པས་ཆོག་པ་ཡོད། །བསླབ་མི་དགོས་པ་དག་ཀྱང་ཡོད། །དབང་མ་བསྐུར་བར་ཐོབ་པ་ཡོད། །བསྐུར་ཡང་མ་ཐོབ་ཤིན་ཏུ་མང་། །བསྐུར་ན་ཐོབ་ལ་མ་བསྐུར་ན། །མི་ཐོབ་པ་ཡི་རིགས་ཀྱང་ཡོད། །ཡི་ནས་དབང་དང་ལྡན་པའང་ཡོད། །དེ་ལྟར་སྣོད་ཀྱི་རིགས་ཤེས་ནས། །སྣོད་དང་འཚམ་པའི་ལག་ལེན་བྱ། །རིམ་གྱིས་པའི་ལམ་དང་གང་ཟག་གི་རིགས་བསྟན་པའི་ལེའུ་སྟེ་བཞི་པའོ། །ཞེས་དབང་བསྐུར་ལ་མུ་བཞིར་འདོད་པ། དབང་བསྐུར་རྒྱལ་པོ་ཞེས་བྱ་བའི་རྒྱུད་ལས་གསུངས། ཞེས་བཤད་དོ། །

གཉིས་པ་ལ་བཞི་སྟེ། མུ་བཞི་སྒྲུབ་བྱེད་ཀྱི་ལུང་མེད་པ། རིགས་པས་བསྒྲུབ་ན་ཀུན་ལ་མཚུངས་པ། མུ་བཞི་ཡོད་ཀྱང་ཤེས་པར་མི་ནུས་པ། ནུས་ན་དབང་བསྐུར་དགོས་པར་གྲུབ་པའོ། །དང་པོ་ནི། འདི་འདྲ་གང་ནའང་། ཞེས་སོགས་རྐང་པ་གཉིས་ཏེ། ཤེས་བྱ་ཆོས་ཅན། དབང་བསྐུར་མུ་བཞིར་འདོད་པ་འདི་འདྲ་རྡོ་རྗེ་ཐེག་པའི་བསྟན་པ་བཀའ་བསྒྲུགས་པའི་རྣད་དཀར་ཟད་པས་མི་འཐད་དེ། རྒྱུད་སྡེ་རྣལ་མ་གང་ནའང་བཤད་པ་མེད་ཅིང་དབང་བསྐུར་རྒྱལ་པོའི་རྒྱུད་ནི་བོད་ཀྱི་རྙིང་མ་ཁ་ཅིག་གིས་བྱས་པ་ཡིན་གྱི། རྒྱུད་སྡེ་ཁུངས་མ་མིན་པའི་ཕྱིར་རོ། །

གཉིས་པ་ནི། འོན་ཀྱང་། ཞེས་སོགས་རྐང་པ་བཅུ་གཅིག་སྟེ། ལུང་རྣམ་དག་ནས་བཤད་པ་མེད་པ་འོན་ཀྱང་མུ་བཞིར་དབྱེ་བ་འདི་ཡང་རིགས་པས་བརྟག་པར་བྱས་ན་མི་འཐད་དེ། ཤེས་བྱ་ཆོས་ཅན། སོ་སོ་ཐར་པའི་སྡོམ་པ་ཕོག་ཀྱང་མ་ཐོབ་པ་དང་། མ་ཕོག་ཀྱང་ཐོབ་པ་དང་། ཕོག་ནས་ཐོབ་པ་དང་། མ་ཕོག་པར་མ་ཐོབ་པ་ཞེས་བྱ་བ་མུ་བཞི་དང་། བྱང་ཆུབ་སེམས་དཔའི་སེམས་བསྐྱེད་ལའང་ཆོག་བྱས་ཀྱང་མ་ཐོབ་པ་སོགས་མུ་བཞི་ཅིའི་ཕྱིར་མི་བརྩི་སྟེ། རྩི་རིགས་པར་ཐལ། དབང་བསྐུར་ལ་མུ་བཞིར་འདོད་པ་འཐད་པའི་ཕྱིར། རིགས་པ་

སྟོབས་མཚུངས་སོ། །དེ་བཞིན་དུ་བསྒོམ་ལའང་མུ་བཞི་རྩི་བ་ཅིས་མི་མཚུངས་ཏེ་མཚུངས་པར་ཐལ། ཏིང་ངེ་འཛིན་བསྒོམ་ཀྱང་བསྒོམ་མི་སྐྱེ་བ་དང་། དེ་མ་བསྒོམ་ཀྱང་སྐྱེ་བ་དང་། ལ་སོགས་པ་བསྒོམ་ནས་སྐྱེ་བ་དང་། མ་བསྒོམ་པར་མི་སྐྱེ་བའི་མུ་བཞི་ཡོད་པའི་ཕྱིར་ཏེ། རྩ་བའི་དམ་བཅའ་འཐད་པའི་ཕྱིར་རོ། །གཞན་ཡང་དེ་འདྲའི་མུ་བཞི་ཚོ་ག་ཀུན་ལ་རྩིར་ཡོད་བཞིན་དུ་སོ་ཐར་དང་སེམས་བསྐྱེད་བསྒོམ་པ་སོགས་གཞན་ལ་མུ་བཞི་མི་རྩི་བར་དབང་བསྐུར་ཉིད་ལ་མུ་བཞི་རྩི་བ་ནི་གསང་སྔགས་སྤྱོད་པའི་བདུད་ཀྱི་གསང་ཚིག་ཡིན་པར་དོགས་ཏེ། དཔེར་ན་སྨན་པ་གཡོ་ཅན་གྱི་རྩ་བའི་སྨན་བཟང་ཤོས་པོར་ནས་གཞན་སྨན་མང་པོ་སྦྱིན་ཀྱང་ནད་པ་མི་བསོས་པ་ལྟར་གསང་སྔགས་ཆོས་ཀྱི་རྩ་བ་དབང་བསྐུར་པོར་ནས་གསང་སྔགས་ཀྱི་གདམས་ངག་གཞན་བསྒོམ་ཀྱང་འཚང་མི་རྒྱ་བ་ཡིན་ནོ། །

གསུམ་པ་ནི། གལ་ཏེ་མུ་བཞི། ཞེས་སོགས་རྐང་པ་དྲུག་སྟེ། རྒྱ་ལ་གལ་ཏེ་དེ་འདྲའི་དབང་བསྐུར་མུ་བཞི་ཡོད་དུ་ཆུག་ན་ཡང་མུ་བཞི་སོ་སོའི་མཚན་ཉིད་དམ་བྱེ་བྲག་ཕྱེ་ནས་ལུས་ངག་ཡིད་གསུམ་གྱི་རྣམ་འགྱུར་ཤེས་པར་མི་නུས་ལ། ཅི་སྟེ་དེ་འདྲ་ཤེས་པར་ནུས་ན་ནི། དེ་ཡི་མཚན་ཉིད་ཐ་དད་པ་འདི་ལྟར་ཡོད་ཅེས་སྨྲ་དགོས་ཏེ་སྨྲ་མི་ནུས་སོ། །འོལ་ཚོད་ཀྱིས་སླས་ཀྱང་རྟོག་པའི་རང་བཟོ་མིན་པ། ཁུངས་མའི་ལུང་དང་མཐུན་པ་ཕྱེད་ལ་སླ་རྒྱུ་མེད་དེ། དེ་འདྲའི་མུ་བཞི་ལུང་ཚད་ལྡན་གང་ལས་ཀྱང་བཤད་པ་མེད་པའི་ཕྱིར་རོ། །

བཞི་པ་ནི། གལ་ཏེ་མུ་བཞི། ཞེས་སོགས་རྐང་པ་བཅུ་སྟེ། གལ་ཏེ་གང་ཟག་གཞན་དབང་བསྐུར་བྱས་ཀྱང་མི་ཐོབ་པ་དང་། མ་བྱས་པར་མི་ཐོབ་པ། མ་བྱས་ཀྱང་ཐོབ་པ་གསུམ་ལ། དབང་བསྐུར་མི་བྱེད་ཀྱང་། དབང་བསྐུར་བྱས་ན་ཐོབ་པའི་གང་ཟག་ལ་དབང་བསྐུར་ཅིའི་ཕྱིར་བྱེད་མི་དགོས་ཏེ་དགོས་པར་ཐལ། དབང་བསྐུར་མུ་བཞིར་དབྱེ་བ་བདེན་སྲིད་པའི་ཕྱིར་ནའོ། །དེ་ལ་ཁོ་ན་རེ། གང་ཟག་གཞན་གསུམ་ལ་དབང་བསྐུར་བྱེད་མི་དགོས་པས། བྱས་ན་ཐོབ་པའི་གང་ཟག་ལའང་དབང་བསྐུར་མི་དགོས་སོ་ཞེ་ན། ཤེས་བྱ་ཆོས་ཅན། སྐྱེས་བུ་ནད་མེད་པ་ལ་སྨན་སྦྱོང་བས་ནད་པ་ལ་ཡང་སྨན་སྦྱོང་དམ་ཅིས་ཏེ་སྦྱོང་རིགས་པར་ཐལ། གང་ཟག་གཞན་གསུམ་ལ་དབང་བསྐུར་བྱེད་མི་དགོས་པས་བྱས་ན་ཐོབ་པའི་དེ་ལའང་དབང་བསྐུར་བྱེད་མི་དགོས་པ་འཐད་པའི་ཕྱིར་རོ། །དེ་ལྟར་མུ་བཞིས་མ་བྱས་ཀྱང་ཐོབ་པ་དེ་ཚེ་འདིར་དབང་བསྐུར་མ་བྱས་ཀྱང་སྐྱེ་བ་སྔ་མར་དབང་བསྐུར་ཐོབ་པ་ལྟ་བུ་ལ་ཟེར་ན། དེ་ནི་ཤིན་ཏུ་ཡོད་དེ། སྔགས་སྡོམ་སེམས་ཀྱི་རྗེས་འབྲང་ཡིན་པའི་ཕྱིར། དབང་བསྐུར་གཏན་ནས་མ་བྱས་ཀྱང་དབང་བསྐུར་ཐོབ་པ་ཡོད་པ་ནི་ཤིན་ཏུ་མི་འཐད་དེ། དབང་བསྐུར་ཐོབ་པའི་དོན་སྔགས་སྡོམ་ཐོབ་པ་ལ་འཛོག་ཅིང་། སྔགས་ཀྱི་སྡོམ་པའང་དབང་བསྐུར་བ་ལ་རག་ལས་པའི་ཕྱིར།

གཏན་ཚིགས་འདི་གོང་དུ་དྲངས་པའི་རྒྱུད་ལུང་ཐམས་ཅད་ཀྱིས་གྲུབ་བོ། །དེས་ན་དབང་བསྐུར་མ་བཞིར་འདོད་པ་འདི་འདྲ་བའི་ཆོས་ལོག་ཐམས་ཅད་ནི་བདུད་ཀྱི་བྱིན་རླབས་ཡིན་པར་ཤེས་པར་བྱས་ནས་སྤོང་དགོས་ཏེ། སངས་རྒྱས་ཀྱི་གསུང་དང་མི་མཐུན་པའི་གྲུབ་མཐའ་ཡིན་པའི་ཕྱིར་རོ། །

གསུམ་པ་དབང་ལས་ཐོབ་པའི་དམ་ཚིག་ལ་འཁྲུལ་པ་དགག་པ་ལ་གཉིས་ཏེ། འདོད་པ་བརྗོད་པ་དང་། དེ་དགག་པའོ། །དང་པོ་ནི། ཁ་ཅིག་གསང་སྔགས། ཞེས་སོགས་རྐང་པ་གསུམ་སྟེ། གསང་སྔགས་ཉིང་མ་བ་ཁ་ཅིག །གསང་སྔགས་སྤྱིར་གསང་བར་བྱ་བ་ཡིན་པ་ལ་འོན་ཀྱང་དབང་གིས་མ་སྨིན་པའི་སེམས་ཅན་ལ་གསང་བ་སྒྲོགས་པ་ལ་ལྟུང་བ་མེད་དེ། ཡེ་གསང་ཞེས་བྱ་བའི་ཐབས་ཀྱིས་ཆོད་པའི་ཕྱིར་ཞེས་ཟེར་རོ། །

གཉིས་པ་ནི། འདི་ཡང་ཙུང་ཟད། ཅེས་སོགས་རྐང་པ་བཅོ་ལྔ་སྟེ། ཁྱོད་ཀྱི་དམ་བཅའ་སྒྲུབ་བྱེད་དང་བཅས་པ་འདི་ཡང་ཙུང་ཟད་བརྟག་པར་བྱ་སྟེ། ཡེ་གསང་ཞེས་བྱ་བའི་དོན་ཅི་ཞིག་ཡིན། གལ་ཏེ་གསང་སྔགས་ཀྱི་ཚིག་དོན་གོ་བ་མེད་པ་ལ་ཡེ་ནས་གསང་བ་ཡིན་ཟེར་ན། ཤེས་བྱ་ཆོས་ཅན། ཚིག་དོན་གོ་བའི་གང་ཟག་དབང་གི་མ་སྨིན་པ་ལ་གསང་སྔགས་བཤད་ན་ལྟུང་བར་འགྱུར་བར་ཐལ། དེ་ལྟ་བུའི་གང་ཟག་དེ་ཡེ་གསང་ཐབས་ཀྱི་ཆོད་པ་མ་ཡིན་པའི་ཕྱིར་ཏེ། ཁྱོད་ཀྱི་ཡེ་གསང་གི་དོན་དེ་འཐད་པའི་ཕྱིར་རོ། །འདོད་ན། དབང་གིས་མ་སྨིན་པའི་སེམས་ཅན་ལ་གསང་སྔགས་བཤད་ན་གསང་སྒྲོགས་ཀྱི་ལྟུང་བ་མེད་པ་དེ་མིན་པར་ཐལ་ལོ། །གཞན་ཡང་། དབང་གིས་མ་སྨིན་པའི་ཚིག་དོན་གོ་བའི་གང་ཟག་ལ་གསང་སྔགས་བཤད་ན། སློབ་དཔོན་ལ་གསང་སྒྲོགས་ཀྱི་ལྟུང་བ་འབྱུང་བར་རྡོ་རྗེ་ཕྲེང་བ་སོགས་རྒྱུད་དུ་མ་ལས་གསུང་པ་དང་། ཞ་རོལ་ཏུ་ཕྱིན་པའི་སྡེ་སྣོད་ལས་ཀྱང་། བློ་སྦྱངས་མ་བྱས་སེམས་ཅན་ལ། །སྟོང་པ་ཉིད་ནི་སྟོན་པ་དང་། །ཞེས་ལྟུང་བར་གསུངས་པའི་ཕྱིར་རོ། །གལ་ཏེ་ཁོ་ན་རེ་སྐྱོན་མེད་དེ། དམ་ཆོས་བདེན་པའི་བྱིན་རླབས་ཅན་གྱི་གསང་སྔགས་འདི་གང་ཟག་སུ་ཡིས་ཐོས་ཀྱང་ཕན་ཡོན་ཆེ་སྟེ། གསང་སྔགས་ནི་དམ་པའི་ཆོས་ཡིན་པས་སོ། །རྒྱུ་མཚན་དེས་ན་དབང་གིས་སྨིན་པ་དང་མ་སྨིན་པའི་གང་ཟག་ཐམས་ཅད་ལ་གསང་སྔགས་བཤད་ན། སློབ་དཔོན་ལ་གསང་སྒྲོགས་ཀྱི་ལྟུང་བ་མི་འབྱུང་ཟེར་ན། ཤིན་ཏུ་མི་འཐད་དེ། གལ་ཏེ་ཁྱོད་ཀྱི་དམ་པའི་ཆོས་བདེན་པ་རྨ་གོ་ལས་ཆེ། གོན་གསང་སྔགས་ཀྱི་ཆོས་ནས་འབྱུང་བ་བཞིན་དུ་གྱིས་ཏེ་གསང་སྔགས་ཟབ་མོའི་ཆོས་སྣོད་དང་མི་ལྡན་པ་ལ་གསང་བ་དང་། སྣོད་དང་ལྡན་པ་ལ་མི་གསང་བའི་ལུགས་གཉིས་རྒྱལ་བ་རྫོགས་པའི་སངས་རྒྱས་རྣམས་ཀྱིས་རྒྱུད་སྡེ་ལས་གསུངས་པའི་ཕྱིར་རོ། །རྒྱུ་མཚན་དེས་ན། སྨིན་བྱེད་ཀྱི་སྐབས་སུ་ཆོས་སྒོ་ཞེས་བྱ་བ་དང་། དམ་ཚིག་གི་སྐབས་སུ་ཡེ་གསང་ཞེས་བྱའི་ཐ་སྙད་འདི་ཡང་རྡོ་རྗེའི་ཐེག་པའི་བསྟན་པ་ལ་གནོད་པའི་ཚིག་ཡིན་ཏེ།

དེ་དག་རྒྱུད་འགྲེལ་ཁུངས་མ་གང་ནས་ཀྱང་བཤད་པ་མེད་པའི་ཕྱིར་རོ། །དེས་ན་མྱུར་དུ་སངས་རྒྱས་ཐོབ་པར་འདོད་ན། སྨིན་བྱེད་ཀྱི་དབང་བླ་མ་ཚད་ལྡན་ལས་རྒྱུད་སྡེ་ནས་ཇི་ལྟར་གསུངས་པ་བཞིན་བླངས་ནས་དམ་ཚིག་དང་སྡོམ་པ་ཚུལ་བཞིན་བསྲུང་བ་ལ། འབད་པར་བྱའོ། །

གཉིས་པ་གྲོལ་བྱེད་འཁྲུལ་པ་མེད་པའི་རིམ་གཉིས་ལ་བཞི་སྟེ། ལམ་གྱི་གཙོ་བོ་མི་དགོས་པར་འདོད་པ་དགག ལམ་གྱི་གཙོ་བོ་ངོས་བཟུང་བ། སངས་རྒྱས་ཐོབ་པར་འདོད་པས་དེ་ལ་བསླབ་པར་གདམས་པ། དེ་དག་དང་མ་འབྲེལ་བའི་ཆོས་ལུགས་དགག་པའོ། །དང་པོ་ལ་གཉིས་ཏེ། འདོད་པ་བརྗོད་པ་དང་། དེ་དགག་པའོ། །དང་པོ་ནི། ཁ་ཅིག་འཁྲུལ་དང་། ཞེས་སོགས་ཚིགས་བཅད་བཞི་སྟེ། ཕྱག་རྒྱ་བ་ཁ་ཅིག་སྟེ། སངས་རྒྱས་བསྒྲུབ་པའི་ཐབས་ལམ་ལ་འཁྲུལ་པ་དང་། མ་འཁྲུལ་པའི་དབྱེ་བ་མེད་ཅིང་། ཐབས་ལམ་ཅིག་ཏུ་ངེས་པ་ཡང་མེད་དེ། རླུང་དང་གཏུམ་མོ་ལ་སོགས་པའི་ཐབས་ལམ་ཕྱོགས་རེ་བས་གྲུབ་པ་ཐོབ་པ་ཡོད་པའི་ཕྱིར་ཏེ། དཔེར་ན། མཐའ་བྲལ་གྱི་ལྟ་བ་རྟོགས་པས་སློབ་དཔོན་ཀླུ་སྒྲུབ་གྲོལ་བ་དང་། སློབ་དཔོན་པདྨ་འབྱུང་གནས་བསྐྱེད་རིམ་གྱིས་དང་། དཀའ་ཐུབ་སྤྱད་པས་སློབ་དཔོན་ལུ་ཧི་པ་དང་། སྤྱོད་པའི་སྟོབས་ཀྱིས་སློབ་དཔོན་ནག་པོ་པ་དང་། རླུང་གི་སྟོབས་ཀྱིས་གོ་རཀྵ་དང་། གཏུམ་མོ་བསྒོམ་པའི་སྟོབས་ཀྱིས་ཤཱ་བ་རི་དབང་ཕྱུག་དང་། ཕྱག་རྒྱ་ཆེན་པོ་བསྒོམ་པས་བྲམ་ཟེ་ས་ར་ཧ་དང་། བླ་མའི་བྱིན་རླབས་ཀྱི་སྟོབས་ཀྱིས་སློབ་དཔོན་ཏོག་ཙེ་པ་དང་། ཟ་ཉལ་འཆག་གིས་སློབ་དཔོན་ཞི་བའི་ལྷ་དང་། རྒྱལ་ཆེན་ཨིནྡྲ་བྷཱུ་ཏི་བཙུན་མོའི་ཚོགས་དང་ལྷན་ཅིག་འདོད་ཡོན་ལ་རོལ་པའི་སྟོབས་ཀྱིས་དང་། རྒྱུ་རྐྱེན་གྱི་རྟེན་འབྲེལ་ཐམས་ཅད་འཚོགས་པ་ལས་སློབ་དཔོན་བིརྺ་པ་ལ་གྲུབ་ཐོབ་བྱུང་བ་འདི་འདྲ་བའི་ཐབས་ལམ་སྣ་ཚོགས་ཀྱིས་སངས་རྒྱ་བ་ལ་བསྐྱུར་བ་གདབ་ཏུ་མི་རུང་ཞེས་ཟེར་རོ། །

གཉིས་པ་ལ་ལྔ་སྟེ། ཕྱོགས་རེའི་ཐབས་ཀྱིས་གྲོལ་བ་དགག རིམ་གཉིས་ཐབས་ཀྱི་གཙོ་བོར་བསྟན། གཙོ་བོ་ཡིན་པའི་སྒྲུབ་བྱེད་འགོད། ཕྱོགས་རེའི་ཐབས་ཀྱིས་དགོས་པ་བསྟན། སྒྲོ་བསྐུར་སྤྲངས་ནས་གཙོ་བོར་བསྒྲུབ་པར་བསྟན་པའོ། །དང་པོ་ནི། འདི་ཡང་ལེགས་པར། ཞེས་སོགས་རྐང་པ་བདུན་ཏེ། ལྟ་བ་རྐྱང་པ་རྟོགས་པས་ཀླུ་སྒྲུབ་གྲོལ་བ་ལ་སོགས་པ་འདི་ཡང་ལེགས་པར་བཤད་ཀྱིས་ཉོན་ཞེས་གདམས་ནས། ཇི་ལྟར་ཡིན་ཞེ་ན། ཀླུ་སྒྲུབ་ལ་སོགས་པ་གོང་དུ་བཤད་པའི་གྲུབ་ཐོབ་ཐམས་ཅད་ཀྱང་ལྟ་བ་དང་བསྐྱེད་རིམ་སོགས་ཕྱོགས་རེའི་ཐབས་ཀྱིས་གྲོལ་བ་མིན་གྱི་སྨིན་བྱེད་ཀྱི་དབང་དང་། ལམ་རིམ་པ་གཉིས་བསྒོམ་པ་ལས་བྱུང་བའི་ཐབས་ཤེས་ཟུང་འཇུག་གི་ཡེ་ཤེས་རྒྱུད་ལ་སྐྱེས་པས་གྲོལ་བ་ཡིན་ཏེ། རྒྱུའི་གཙོ་བོ་ཐབས་དང་ཤེས་རབ་གཉིས་མ་ཡིན་པའི་འབྲས་བུ་སངས་རྒྱས་བསྒྲུབ་པའི་ཐབས་གཞན་མེད་པ་དེས་ན་སྟེ་དེའི་ཕྱིར་རོ། །

གཉིས་པ་ནི། ལྷ་བ་དང་ནི། ཞེས་སོགས་རྐང་པ་དྲུག་སྟེ། འོན་ལམ་གྱི་གཙོ་བོ་གང་ཡིན་ཞེ་ན། འདིར་རིམ་པ་གཉིས་གཙོ་བོ་ཡིན་ཏེ། སྟོང་ཉིད་ཀྱི་ལྟ་བ་རྐྱང་པ་རྟོགས་པ་དང་ནི་བསྐྱེད་རིམ་རྐྱང་པ་དང་། གཏུམ་མོ་དང་ནི་བྱིན་རླབས་ལ་སོགས་པ་དེ་དག་རེ་རེ་རྐྱང་པས་གྲོལ་བ་མིན་པར་སྨིན་བྱེད་ཀྱི་དབང་བསྐུར་བ་ཡི་བྱིན་རླབས་དང་། ལམ་རིམ་པ་གཉིས་བསྒོམ་པའི་རྟེན་འབྲེལ་གྱིས་མཆོན་བྱ་དོན་གྱི་ཡེ་ཤེས་ཀྱི་རྟོགས་པ་རྒྱུད་ལ་སྐྱེས་ནས་གྲོལ་བ་ཡིན་པའི་ཕྱིར་ཏེ། རྫོགས་པའི་སངས་རྒྱས་བསྒྲུབ་པ་ལ་རྒྱུ་ཐབས་ཤེས་གཉིས་ཀ་དགོས་པར་ཐེག་ཆེན་པ་ཀུན་མཐུན་པའི་ཕྱིར་རོ། །

གསུམ་པ་ནི། བསྐྱེད་རིམ་རླུང་དང་། ཞེས་སོགས་རྐང་པ་བཅུ་གསུམ་སྟེ། རིམ་པ་གཉིས་སངས་རྒྱས་བསྒྲུབ་པའི་ལམ་གྱི་གཙོ་བོ་ཡིན་པའི་རྒྱུ་མཚན་གང་ཞེ་ན། དེའི་རྒྱུ་མཚན་ཡོད་དེ། གོང་དུ་བཤད་པའི་གྲུབ་ཐོབ་རྣམས་ཀྱིས་ཡེ་ཤེས་སྐྱེ་བའི་སྣ་འདྲེན་ཐམས་ཅད་རིམ་པ་གཉིས་སུ་འདུས་ཤིང་། འདི་གཉིས་ཡོད་ན་ཐབས་ལམ་ཕྱོགས་རེ་བ་འགའ་ཞིག་མ་ཚང་ཡང་སངས་རྒྱས་བསྒྲུབ་པར་ནུས་ལ། གཙོ་བོ་འདི་གཉིས་མ་ཚང་ན། ཐབས་ལམ་ཕྱོགས་རེ་བས་གྲོལ་བ་མི་སྲིད་པའི་ཕྱིར་རོ། །གོང་དུ་བཤད་པའི་ཐབས་ལམ་ཕྱོགས་རེ་བ་རྣམས་རིམ་པ་གཉིས་སུ་འདུས་པའི་རྒྱུ་མཚན་ནི། ཐབས་ལམ་རེ་རེ་བ་དེ་རྣམས་རིམ་པ་གཉིས་ལས་ཐ་དད་དུ་ཡོད་པ་མ་ཡིན་ཏེ། བསྐྱེད་རིམ་ནི་བསྐྱེད་རིམ་དངོས་ཡིན་ལ། རླུང་ཞི་དྲག་དང་གཏུམ་མོའི་དམིགས་པ་སོགས་ནི་རྫོགས་རིམ་དངོས་ཡིན་ཞིང་། བྱིན་རླབས་ནི་རིམ་གཉིས་དེ་ལས་བྱུང་བ་ཡིན་པ་དང་། ལྟ་བ་ནི་རིམ་གཉིས་དེ་ཡི་དག་བྱེད་ཀྱི་ཡན་ལག་ཡིན་ལ། ཕྱག་རྒྱ་ཆེན་པོ་ནི། རིམ་གཉིས་དེ་བསྒོམ་པ་ལས་བྱུང་བའི་ཡེ་ཤེས་དང་། སྤྱོད་པ་ནི་རིམ་གཉིས་ཀྱི་བོགས་དབྱུང་བར་བྱེད་པ་ཡིན་ཞིང་། དེ་ལ་གསུམ་ཡོད་པ་ཡི་དང་པོ་སྤྲོས་བཅས་ཀྱི་སྤྱོད་པ་ནི། ཨིནྡྲ་བྷཱུ་ཏིས་མཛད་པའི་སྤྱོད་པ་ཡིན་ལ། ཞི་བ་ལྷས་མཛད་པའི་སྤྱོད་པ་ནི། རིམ་གཉིས་དེ་ཡི་སྤྲོས་མེད་ཀྱི་སྤྱོད་པ་ཡིན་ཞིང་སྤྲོས་མེད་ཀྱི་སྤྱོད་པ་ལ་བྷུ་སུ་ཀུ་ཞེས་རྫོགས་པའི་སངས་རྒྱས་གསུངས། རིམ་པ་གཉིས་པོ་དེ་ཡི་ཤིན་ཏུ་སྤྲོས་མེད་ཀྱི་སྤྱོད་པ་ནི། རིམ་གཉིས་ཀྱི་རྟོགས་པ་བརྟན་པར་བྱ་བའི་ཕྱིར། སློབ་དཔོན་བི་རཱུ་པ་ལ་སོགས་པའི་གྲུབ་ཐོབ་རྣམས་ཀྱིས་མཛད་པའི་སྤྱོད་པ་ཡིན་ལ། དེ་ལ་ནི་ཀུན་ཏུ་བཟང་པོའི་སྤྱོད་པར་རྒྱུད་སྡེ་རྣམས་ལས་བཤད་པའི་ཕྱིར་རོ། །

བཞི་པ་ནི་དེས་ན་རྒྱུད་སྡེ། ཞེས་སོགས་རྐང་པ་བཅུ་སྟེ། ཐབས་ཤེས་རབ་གཉིས་ཀྱི་རྒྱུ་རྐྱེན་མཐའ་དག་མ་ཚོགས་པར་འབྲས་བུ་སངས་རྒྱས་མི་འབྱུང་བས་རླུང་དང་གཏུམ་མོ་ལ་སོགས་པ་ཕྱོགས་རེའི་ཐབས་ཀྱིས་གྲོལ་བ་མིན་མོད། འོན་ཀྱང་ཐབས་ལམ་ཕྱོགས་རེ་བ་དེ་དག་ལ་དགོས་པ་མེད་པ་མ་ཡིན་ཏེ། རང་རང་གི་ཚེ་སྔ

མའི་ལས་འཕྲོའི་བྱེ་བྲག་དང་། ནང་གི་རྩ་ཁམས་ལ་སོགས་པའི་རྟེན་འབྲེལ་གྱི་ཁྱད་པར་གྱིས་ཟུང་འཇུག་གི་ཡེ་ཤེས་རྒྱུད་ལ་སྐྱེ་བའི་སྣ་འདྲེན་པ་ནི། ཐབས་ལམ་གྱི་དབྱེ་བ་སོ་སོ་བས་བྱེད་པའི་ཕྱིར། དཔེར་ན། སྐྱེས་བུ་ནད་པའི་ལུས་བལྟས་པ་སྟེ་རྒྱས་པ་བཟའ་བ་དང་ལྟུང་བས་བྱེད་པ་ཡིན་མོད་ཀྱི། ནད་པ་དེ་ཡི་ཡི་ག་འབྱེད་པ་ནི། བད་ཀན་ཅན་ལ་སེའུ་འབྲུ་ལ་སོགས་པའི་ཟས་ཀྱི་ཁྱད་པར་ཡིན་པ་བཞིན་ནོ། །ཐབས་ཀྱི་ཁྱད་པར་གྱིས་ཡེ་ཤེས་སྐྱེ་བའི་སྣ་འདྲེན་བྱེད་པར་གསུངས་ཏེ། མན་ངག་ལས་གཞན་དུ་ཕྱེ་བ་དྲུག་གི་སྐབས་སུ། སངས་རྒྱས་ཡེ་ཤེས་ཞབས་ཀྱིས་སྡུག་བསྔལ་གྱི་རྩ་བ་རྣམ་རྟོག་ཡིན་པས་དེའི་གཉེན་པོར་བསྐྱེད་རིམ་བསྒོམ་པ་གནད་དུ་ཆེ་བ་དང་། ཀླུ་སྒྲུབ་ཀྱིས། སྲིད་པའི་སྡུག་བསྔལ་གྱི་རྩ་བ་ཉོན་མོངས་པ་ཡིན་ལ། དེའི་རྩ་བ་རླུང་ཡིན་ཅིང་རླུང་ལ་བརྟེན་ནས་རྣམ་རྟོག་འཕྲོ་འདུ་བྱེད་པས་དེའི་གཉེན་པོར་རླུང་བསྒོམ་པ་དང་། དྲིལ་བུ་པས། འཁོར་བའི་རྒྱུ་རྣམ་རྟོག་དང་། འབྲས་བུ་སྡུག་བསྔལ་ཡིན་པས་དེའི་གཉེན་པོར་རང་བཞིན་བསྒོམ་དགོས་ལ། དེ་ཡང་བླ་མ་དང་མཁའ་འགྲོའི་བྱིན་རླབས་ལས་སྐྱེ་བས་བྱིན་རླབས་གནད་དུ་ཆེ་བ་དང་། ཨིནྡྲ་བྷཱུ་ཏིས། འཁོར་བའི་རང་བཞིན་སྡུག་བསྔལ་ཡིན་ལ། དེའི་གཉེན་པོ་བདེ་བ་ཡིན་པས་ཕྱག་རྒྱའི་བདེ་བ་དང་། ས་ར་ཧ་ལ་སོགས་པས་འཁོར་བའི་རྩ་བ་མངོན་ཞེན་ཡིན་པས་དེའི་གཉེན་པོར་སྟོང་ཉིད་བསྒོམ་པ་དང་། རྣལ་འབྱོར་དབང་ཕྱུག་བིར་ཝ་པས་རྟེན་འབྲེལ་གྱི་གནད་ཤེས་ན། ཉོན་མོངས་དང་། རྣམ་རྟོག་ཀྱང་ལམ་དུ་འགྱུར་བས་འཁོར་བའི་གཉེན་པོར་རྟེན་འབྲེལ་བསྒོམ་པ་གནད་དུ་ཆེ་བར་གསུང་པ་དེས་ནའོ། །

ལྔ་པ་ནི། དེ་ཉིད་ཐབས་ཀྱི། ཞེས་སོགས་རྐང་པ་དྲུག་སྟེ། ཤེས་བྱ་ཆོས་ཅན། ཐབས་ཀྱི་ཁྱད་པར་དབང་དང་རིམ་གཉིས་ལ་སོགས་པ་མི་དགོས་ཞེས་སྨྲ་བ་འདེབས་ན་བླུན་པོ་ཡིན་པ། འོན་ཀྱང་སེམས་སྟོང་པར་ངོ་འཕྲོད་པ་ལྟ་བུ་ཐབས་ལམ་རེ་རེ་བ་ཁོ་ནས་འཚང་རྒྱ་བར་འདོད་ན་ཤིན་ཏུ་འཁྲུལ་པ་ཡིན་པར་བཤད་དེ། སངས་རྒྱས་ཐོབ་པ་ལ་རྒྱུ་ཐབས་ཤེས་ཚང་དགོས་པར་མ་ཟད། རྒྱུ་གཅིག་ཁོ་ནས་འབྲས་བུ་གཅིག་ཁོ་ན་སྐྱེད་པ་མི་སྲིད་པ་དེའི་ཕྱིར་ཏེ། ཚད་མ་རྣམ་འགྲེལ་ལས། གཅིག་ལས་གཅིག་འགའ་ཞིག་ཀྱང་མིན། །ཐམས་ཅད་ཚོགས་པ་ཉིད་ལས་བྱུང་། །ཞེས་གསུངས་པ་ལྟར་རོ། །ཤེས་བྱ་ཆོས་ཅན། བླ་མེད་རྡོ་རྗེ་ཐེག་པའི་ལམ་དུ་ཞུགས་ཏེ་སངས་རྒྱས་བསྒྲུབ་པར་འདོད་པ་དག་གིས། ཐབས་ལམ་རེ་རེ་བའི་དགོས་པ་དང་། ཐབས་ལམ་གྱི་གཙོ་བོའི་དགོས་པ་སོ་སོར་ཤེས་པར་བྱས་ནས། རེ་རེ་བས་ཕན་པར་མི་འཛིན་པར་ལམ་གྱི་གཙོ་བོ་སྨིན་བྱེད་དབང་བཞི་དང་ནི་གྲོལ་བྱེད་རིམ་པ་གཉིས་བསྒོམ་པ་ལ་འབད་པར་གྱིས་ཏེ། དེ་ལྟ་བུའི་སྨིན་གྲོལ་སངས་རྒྱས་བསྒྲུབ་པའི་རྒྱུའི་གཙོ་བོ་ཡིན་པའི་དེས་ན་སྟེ་དེའི་ཕྱིར་རོ། །

གཉིས་པ་ལམ་གྱི་གཙོ་བོ་དངོས་བཟུང་བ་ལ་གཉིས་ཏེ། དཔེའི་སྒོ་ནས་འབྲས་བུ་འགྲུབ་པའི་དུས་བསྟན་པ། ཉམས་ལེན་གྱི་སྒོ་ནས་ལམ་བགྲོད་ཚུལ་སོ་སོར་བཤད་པའོ། །དང་པོ་ནི། སོ་ནམ་ཚུལ་བཞིན། ཞེས་སོགས་ཚིགས་བཅད་གཉིས་ཏེ། འོན་ཕ་རོལ་ཏུ་ཕྱིན་པ་དང་། རྡོ་རྗེ་ཐེག་པ་གཉིས་ཀྱི་འབྲས་བུ་འགྲུབ་པའི་དུས་ཇི་ལྟ་བུ་ཞེ་ན། དེ་དཔེའི་སྒོ་ནས་འདི་ལྟར་ཡིན་ཏེ། དཔེར་ན། འཇིག་རྟེན་པ་ནས་ལ་སོགས་པའི་སོ་ནམ་ཚུལ་བཞིན་དུ་བྱེད་པ་ཡི་ལོ་ཏོག་རིམ་གྱིས་སྨིན་པ་ལྟར། ཐེག་པ་ཆེན་པོ་ཕ་རོལ་ཏུ་ཕྱིན་པའི་ལམ་དུ་བཞུགས་པ་ཡིན་ན་མོས་སྤྱོད་ཀྱི་སར་བསྐལ་པ་གྲངས་མེད་གཅིག །མ་དག་སར་གྲངས་མེད་གཅིག །དག་སར་གྲངས་མེད་གཅིག་དང་གསུམ་གྱིས་ཚོགས་བསགས་ནས་མངོན་པར་རྫོགས་པར་འཚང་རྒྱ་བའི་ཕྱིར་དང་། དཔེར་ན་སྟུགས་ཀྱིས་བཏབ་པའི་ས་བོན་ནི། ཉི་མ་གཅིག་ལ་ལོ་ཏོག་སྨིན་པ་ལྟར། རྡོ་རྗེ་ཐེག་པའི་ལམ་དུ་སྨིན་གྲོལ་གྱི་ཐབས་ཟབ་མོ་ཤེས་ནས་ཚུལ་བཞིན་དུ་བསྒོམ་ན་གང་ཟག་དབང་པོ་རབ་ཀྱིས་ཚེ་འདི་ཉིད་ལ་སངས་རྒྱས་འགྲུབ་པའི་ཕྱིར་རོ། །སྟུགས་ཀྱིས་བཏབ་པའི་ས་བོན་ཉི་མ་གཅིག་ལ་ལོ་ཏོག་སྨིན་པའི་ལོ་རྒྱུས་ནི། བོད་ཅིག་གིས། མོན་གྲོ་མོའི་གཏིང་དུ་ཕྱིན་ནས། ཁང་ཐོག་ཏུ་འདུག་སྟེ། མཐོང་ཁུང་ནས་བལྟས་པས། གནས་མོ་དེ་གཡོས་བྱེད་པའི་མེ་འཁྲམ་དུ་ཞིང་བྱས་ས་བོན་བཏབ། སྔོས་བཙུ་ལ་སོགས་པ་བྱས་པས་འཕྲུལ་ལ་ལོ་ཏོག་སྨིན་པ་རྫོད་འཐག་བྱས་པའི་ཟན་དང་། ཕྱེ་གཞན་ལ་གཡོས་པའི་ཟན་སྟེར་མ་རེ་རེར་བཙུག་སྟེ། མགྲོན་པོ་བོས་ཕྱིན་པ་ན། གནས་མོ་ལ་སྒོ་རྩ་ཤོག་ཟེར་བ་ཅིག་བྱུང་སྟེ། སོང་བའི་ཤུལ་དུ་ཟན་དེ་གཉིས་གོ་བརྗེས་བཞག་པས། མོས་མ་ཚོར་བར་མགྲོན་པོ་ལ་སྟེར་རྒྱུ་དེ་མོ་རང་གིས་ཟོས། བཅའ་བ་ཟིན་པ་དང་། ཟན་སྐྱ་མགྲོན་པོ་ལ་བསྟུན་ཏེ་ཚག་ཁྲུ་ཟེར་བྱུང་། དེར་མགྲོན་པོས་ཟན་སྐྱ་འཕྲོགས་ནས་གནས་མོ་དོས་ལ་བསྟུན་ཏེ། ཚག་ཁྲིད་ཁྲུ་བྱས་པས། མོ་བོང་བུ་རུ་སོང་། དེ་ནས་ཁོས་བོང་བུ་དེ་དེད་ཡོང་པ་དང་། གནས་པོ་འོང་བ་ལམ་དུ་འཕྲད་པས། གནས་པོས་ངོ་ཤེས་ནས་བུད་མེད་ཁྲེལ་མེད་མ་འདི་ཚུལ་དེ་ལྟ་བུ་བྱེད་པ་གཅིག་ཡོད། ཁྱོད་བདེན་དང་ང་ལ་ཐོང་ཟེར་ནས་དཀྲིས་སོང་སྐད་དོ། །རྡོ་རྗེ་ཐེག་པའི་ཐབས་ཤེས་ན་དབང་པོ་རབ་ཀྱིས་ཚེ་འདི་ཉིད་ལ་སངས་རྒྱས་འགྲུབ་སྟེ། གསང་བ་འདུས་པ་ལས། འདི་ཡི་ཆོས་ཀྱི་བདག་ཉིད་ཆེ། །སྐུ་གསུམ་མི་ཕྱེད་ལས་བྱུང་བ། །ཡེ་ཤེས་རྒྱ་མཚོ་རྣམ་པར་བརྒྱན། །ཚེ་འདི་ཉིད་ལ་འགྲུབ་པར་འགྱུར། །ཞེས་གསུངས་པའི་ཕྱིར། འབྲིང་གིས་བར་དོར་འགྲུབ་སྟེ། ཡེ་ཤེས་ཐིག་ལེ་ལས། ཡང་ན་ལུས་འདི་སྤངས་མ་ཐག །བསྒོན་པར་མི་ལྡན་པས་ཀྱང་འགྲུབ། །ཅེས་གསུངས་པའི་ཕྱིར། ཐ་མས་སྐྱེ་བ་མདུན་ན་འགྲུབ་སྟེ། གསང་བའི་མཛོད་ལས། དབང་བསྐུར་ཡང་དག་སྨིན་ལྡན་ན། །སྐྱེ་ཞིང་སྐྱེ་བར་དབང་བསྐུར་འགྱུར། །དེ་ཡི་སྐྱེ་བ་མདུན་ན་ནི། །མ་བསྒོམ་པར་ཡང་དངོས་གྲུབ་ཐོབ། །ཅེས

གསུངས་པའི་ཕྱིར། ཤིན་ཏུ་ཐ་མ་དམ་ཚིག་ལ་སྐྱོན་མེད་པས། སྐྱེ་བ་བཅུ་དྲུག་ན་འགྲུབ་སྟེ། དམ་ཚིག་ལྡེ་པ་ལས། གལ་ཏེ་ལྟུང་བ་མེད་གྱུར་ན། །སྐྱེ་བ་བཅུ་དྲུག་དག་ནས་འགྲུབ། །ཅེས་གསུངས་པའི་ཕྱིར་རོ། །

གཉིས་པ་ལ་གཉིས་ཏེ། ཕ་རོལ་ཏུ་ཕྱིན་པའི་ལམ་གྱིས་བགྲོད་ཚུལ་དང་། རྡོ་རྗེ་ཐེག་པའི་ལམ་གྱིས་བགྲོད་ཚུལ་ལོ། །དང་པོ་ནི། སྟོང་ཉིད་སྙིང་རྗེ། ཞེས་སོགས་རྐང་པ་ཉི་ཤུ་རྩ་གཉིས་ཏེ། འོ་ན་ཕ་རོལ་ཏུ་ཕྱིན་པའི་འབྲས་བུ་འགྲུབ་པའི་ཆེད་དུ་ལམ་བསྒོམ་ཚུལ་ཇི་ལྟ་བུ་ཞེ་ན། དེའི་ཚུལ་འདི་ལྟར་ཡིན་ཏེ། སྟོང་ཉིད་སྙིང་རྗེའི་སྙིང་པོ་ཅན་ནི་གཙོ་བོ་དང་། བྱམས་པ་ལ་སོགས་པ་བསྒོམ་པ་ཕ་རོལ་ཏུ་ཕྱིན་པའི་གཞུང་ལུགས་ནས་བཤད་པའི་ལམ་ཡིན་ལ། ལམ་དེ་བསྒོམ་པ་པོ་ཡི་བརྩོན་འགྲུས་ཇི་ལྟར་མྱུར་ན་ཡང་བསྐལ་པ་གྲངས་མེད་གསུམ་དང་། འབྲིང་གིས་སུམ་ཅུ་སོ་གཉིས་དང་། ཐ་མས་གྲངས་མེད་བསམ་གྱིས་མི་ཁྱབ་པའི་བར་དུ་ལམ་གྱི་དཀའ་བ་སྤྱད་དགོས་ཤིང་། ལམ་དེ་ལྟ་བུ་ཐེག་པ་ཆེན་པོའི་སྡེ་སྣོད་ཀུན་ལས་བཤད་པའི་རྫོགས་པའི་སངས་རྒྱས་བསྒྲུབ་པའི་ལམ་པོ་ཆེ། ལམ་ཡིན་མིན་གྱི་རྩོད་པ་ཀུན་ལས་གྲོལ་བའི་ཆོས་ཡིན་པས་ཐེག་པ་ཆེན་པོའི་རིགས་ཅན་གྱི་མཁས་པ་ཀུན་གྱིས་གུས་པས་བརྟེན་པར་བྱ་བ་ཡིན་ནོ། །གལ་ཏེ་ཕ་རོལ་ཏུ་ཕྱིན་པའི་ལུགས་འདི་བཞིན་དུ་སངས་རྒྱས་བསྒྲུབ་པར་འདོད་ན། འདི་ལྟར་ཉམས་སུ་བླང་བར་བྱ་སྟེ། རྡོ་རྗེ་ཕག་མོའི་བྱིན་རླབས་ཕ་རོལ་ཏུ་ཕྱིན་པའི་སྡེ་སྣོད་ལས་བཤད་པ་མེད་ཅིང་། ལྷ་ལྷན་ཅིག་ཏུ་སྐྱེས་པ་ལ་སོགས་པ་ལུགས་འདི་ར་མི་བསྒོམ་ལ་རླུང་དང་གཏུམ་མོ་འཁྲུལ་འཁོར་ལ་སོགས་པའི་ཐབས་ལམ་དང་བྲལ་བ་དང་། ཕྱག་རྒྱ་ཆེན་པོའི་ཐ་སྙད་ཙམ་ཡང་བཤད་པ་མེད་ཅིང་། གང་ཟག་རབ་ཚེ་འདི་དང་ནི། འབྲིང་བར་དོ་དང་། ཐ་མ་སྐྱེ་བ་ཕྱི་མར་འཚང་རྒྱ་བའི་རྣམ་གཞག་ཕ་རོལ་ཏུ་ཕྱིན་པ་བ་ཁོང་གིས་བཞེད་མོད། འོན་ཀྱང་ཐེག་པ་ཆེན་པོ་ཡི་སྡེ་སྣོད་རྣམས་ལས་ཇི་ལྟར་འབྱུང་བ་བཞིན་སེམས་ཅན་ཐམས་ཅད་ཀྱི་དོན་དུ་སྨོན་འཇུག་གི་བདག་ཉིད་ཅན་གྱི་བྱང་ཆུབ་ཀྱི་མཆོག་ཏུ་སེམས་བསྐྱེད་ལ། བསྐལ་པ་གྲངས་མེད་གསུམ་དུ་ཕ་རོལ་ཏུ་ཕྱིན་པ་དྲུག་གིས་བསྡུས་པའི་བསོད་ནམས་དང་། ཡེ་ཤེས་ཀྱི་ཚོགས་གཉིས་བསོག་པ་དང་། སྦྱིན་པ་དང་། སྙན་པར་སྨྲ་བ་དང་། དོན་སྤྱོད་པ་དང་། དོན་མཐུན་པ་སྟེ། བསྡུ་བའི་དངོས་པོ་བཞི་ཡིས་སེམས་ཅན་ཡོངས་སུ་སྨིན་པར་བྱེད་པ་དང་། སྲིད་ཞི་མཉམ་ཉིད་ཀྱི་སྦྱོར་བ་དང་། ཞིང་དག་པའི་དང་། ཐབས་ལ་མཁས་པའི་སྦྱོར་བ་ཡི་སྒོ་ནས་སངས་རྒྱས་ཀྱི་ཞིང་རྣམས་ལེགས་པར་སྦྱོང་བ་སོགས་བྱས་པས། ཐེག་ཆེན་གྱི་བསྒོམ་ལམ་རྡོ་རྗེ་ལྟ་བུའི་ཏིང་ངེ་འཛིན་གྱིས་ས་བཅུ་པའི་ཐ་མར་སྒྲིབ་ལ་བདུད་བཞི་བཏུལ་ནས་ཐོ་རངས་རྫོགས་པའི་སངས་རྒྱས་ས་བཅུ་གཅིག་པ་ཐོབ་པར་གསུང་པས་སོ། །བསྐལ་པ་གྲངས་མེད་དུ་ཚོགས་བསོགས་ཚུལ་ཡང་བར་བསྐལ་བརྒྱད་ཅུ་ལ་བསྐལ་པ་

ཆེན་པོ་ཞེས་བྱ། བསྐལ་ཆེན་དེ་གྲངས་མེད་པ་གསུམ་དུ་ཚོགས་བསགས་པ་ལས། རྫོགས་པའི་སངས་རྒྱས་འབྱུང་ལ་གྲངས་མེད་ནི། གྲངས་གཏན་མེད་མིན་གྱི། ལུང་བསིལ་བུར་གྲངས་ཀྱི་སྣ་གཞན་དྲུག་ཅུ་གསུངས་པའི་ཐ་མ་སྟེ། སྡོམ་ལ། གཅིག་བཅུ་བརྒྱ་སྟོང་ཁྲི་འབུམ་དང་། །ས་ཡ་བྱེ་བ་དུང་ཕྱུར་རྣམས། །རྐྱང་པ་ཡིན་པར་ཤེས་པར་བྱ། །ཐེར་འབུམ་ཁྲག་ཁྲིག་རབ་བཀྲམ་དང་། །གཏམ་དཀྲིགས་མི་འཁྲུགས་ཁྱད་འཕྱིན་དང་། །སྟངས་ཏེ་དེ་འདྲེན་མཐའ་སྣང་དང་། །རྒྱུ་རིག་འོད་མཛེས་དབང་པོ་དང་། །ལེགས་བྱིན་རྟོགས་འགྲོ་འབྱིན་འདུལ་དང་། །བརྒྱ་རྟགས་སྟོབས་འགྲོ་བརྡ་ཤེས་དང་། །རྣམ་བྱུང་དང་ནི་སྟོབས་མིག་རྣམས། །གཞལ་ཡས་དང་ནི་བགྲང་ཡས་དང་། །དཔག་ཡས་དང་ནི་ཐུག་ཡས་རྣམས། །ཞེས་བྱའོ། །ཆེན་པོའི་མདའ་དང་བཅས་པ་སྟེ༔ །གྲངས་མེད་པ་ནི་ཐ་མ་ཡིན། །བར་ནས་བརྒྱད་ནི་མ་རྙེད་པས། །དུང་ཕྱུར་མན་ཆད་དག་ཏུ་ནི། །གང་ཡང་རུང་བ་བརྒྱད་མནན་ནོ། །ཞེས་པ་ལྟར་རོ། །

ཡང་རྣམ་བཤད་ཁ་ཅིག་ལས། གཞན་སྟ་མ་དང་འདྲ་བ་ལས། རྣམ་འབྱུང་སྟོབས་མིག་ཉི་ཤུ་གཅིག །བར་དུ་བརྒྱད་ནི་མ་རྙེད་པས། །རང་གི་མིང་གང་རུང་བ་གཞུགས། །གྲངས་མེད་བར་དུ་བཅུ་འགྱུར་བགྲེས། །ཞེས་ཀྱང་འབྱུང་ངོ་། །དེ་ཡང་། རྐྱང་པ་ཡིན་པར་ཤེས་པར་བྱ། །ཞེས་པའི་དོན་གཅིག་ནས་དུང་ཕྱུར་གྱི་བར་ལ་དེ་དང་དེ་ཆེན་པོ་ཞེས་མི་བརྗོད་པར་བཅུ་དང་དུང་ཕྱུར་ཞེས་མིང་རྐྱང་པའི་གྲངས་དང་། ཐེར་འབུམ་ནས་ཐུག་ཡས་ཀྱི་བར་ལ་ཐེར་འབུམ་དང་ཐེར་འབུམ་ཆེན་པོ་ཐུག་ཡས་དང་ཐུག་ཡས་ཆེན་པོ་ཞེས་གཉིས་གཉིས་སུ་བགྲང་བ་ནི། ཆེན་པོའི་མདའ་དང་བཅས་པ་སྟེ། །ཞེས་པའི་དོན་ནོ། །བར་དུ་བརྒྱད་ནི་མ་རྙེད་པས། །ཞེས་པ་ནི། མཁས་པ་དག་གིས། བྱམས་པ་དང་། བྱམས་པ་ཆེན་པོ། སྙིང་རྗེ་དང་། སྙིང་རྗེ་ཆེན་པོ། དགའ་བ་དང་། དགའ་བ་ཆེན་པོ། བཏང་སྙོམས་དང་། བཏང་སྙོམས་ཆེན་པོ། ཞེས་པ་ལྟ་བུ་གང་ཡང་རུང་བ་བརྒྱད་ལ་སྦྱར་ཏེ། དུང་ཕྱུར་མན་ཆད་ཀྱི་མཚམས་གང་ཡང་རུང་བར་གཞུག་པ་ཡིན་ལ། གྲངས་མེད་བར་དུ་བཅུ་འགྱུར་བགྲེས། །ཞེས་པ་ནི། བཅུ་བཅུ་ལ་བརྒྱ། བརྒྱ་བཅུ་སྟོང་ཡིན་པ་ནས། དཔག་ཡས་བཅུ་ཐུག་ཡས་དང་། ཐུག་ཡས་བཅུ་ལ་གྲངས་མེད་དུ་འཇོག་ཅེས་པའོ། །གཞལ་ཡས་ནས་ཐུག་ཡས་ཀྱི་བར་སྡོམ་ཁ་ཅིག་ལ་ཡོད་གཞན་ལ་མེད་པ་ནི་དཔྱད་པར་རིགས་སོ། །

གཉིས་པ་ནི། ཕ་རོལ་ཕྱིན་གཞུང་། ཞེས་སོགས་རྐང་པ་བཅོ་ལྔ་སྟེ། འོན་རྡོ་རྗེ་ཐེག་པའི་ལམ་བགྲོད་ཇི་ལྟ་བུ་སྙམ་ན། རྒྱུད་སྡེ་བཞིའི་བླ་མེད་རྡོ་རྗེ་ཐེག་པའི་ལམ་བགྲོད་ཚུལ་ནི། ཕ་རོལ་ཏུ་ཕྱིན་པའི་གཞུང་ལས་བཤད་པའི་བསྐལ་པ་གྲངས་མེད་གསུམ་དུ་ལམ་གྱི་དཀའ་སྤྱད་མི་ནུས་པར། གལ་ཏེ་སེམས་ཅན་གྱི་སྡུག

བསྒྲལ་ལ་དམིགས་པའི་སྙིང་རྗེ་ཤིན་ཏུ་ལྷག་པར་གྱུར་པས་ཚེ་འདི་འམ་བར་དོ་སོགས་སུ་སངས་རྒྱས་ཐོབ་པར་བྱ་བའི་ཕྱིར་འཇུག་པ་བདེ་བ་གསང་སྔགས་ཟབ་མོའི་ལམ་གོམས་པར་འདོད་ན། ཐོག་མར་བླ་མ་མཚན་ཉིད་དང་ལྡན་པ་ལས་སྨིན་བྱེད་ནོར་པ་མེད་པའི་དབང་བཞི་བླང་སྟེ། དེ་ནི་བླ་མེད་རྡོ་རྗེ་ཐེག་པའི་ལམ་གྱི་རྩ་བ་ཡིན་པའི་ཕྱིར་རོ། །དབང་པོ་ཤིན་ཏུ་རྣོ་ཞིང་བསོད་ནམས་བསགས་པ་རྣམས་ནི་དབང་ཙམ་གྱིས་གྲོལ་བ་ཡང་སྲིད་མོད་ཀྱི། གལ་ཏེ་མ་གྲོལ་ན། དབང་བསྐུར་ཐོབ་པ་དེ་ཉིད་འཕེལ་ཞིང་རྒྱས་པར་བྱེད་པ་ལ་རྒྱུད་སྡེ་ལས་ཇི་སྐད་བཤད་པ་བཞིན། གདམས་ངག་གི་གནད་འཁྲུལ་པ་མེད་པའི་རིམ་པ་གཉིས་བསྒོམ་པར་བྱ་སྟེ། བསྐྱེད་རིམ་གྱིས་ཐ་མལ་གྱི་སྣང་བ་དག་པའི་སྣང་བར་བསྒྱུར་བར་བྱེད་པ་དང་། རྫོགས་རིམ་གྱིས་དག་པའི་སྣང་བ་བདེ་ཆེན་གྱི་ཡེ་ཤེས་སུ་བསྒྱུར་བར་བྱེད་པའི་ཕྱིར་རོ། །དབང་དང་རིམ་པ་གཉིས་པོ་དེ་བསྒོམ་པ་ལས་བྱུང་བའི་མཚོན་བྱེད་དཔེའི་ཡེ་ཤེས་ནམ་ཞིག་རྒྱུད་ལ་སྐྱེས་པའི་ཚེ་ན། དཔེའི་ཕྱག་རྒྱ་ཆེན་པོ་ཡང་ནས་ཡང་དུ་གོམ་པར་བྱ་སྟེ། དེས་མཚོན་བྱ་དོན་གྱི་ཡེ་ཤེས་བསྐྱེད་པའི་ཕྱིར་རོ། །དེ་ལྟར་གོམ་པར་བྱས་ནས་དྲོད་ཐོབ་པའི་རྟགས་མཉམ་གཞག་ཏུ་འཇིག་རྟེན་ཆོས་བརྒྱད་མགོ་སྙོམས་པ་སྣམ་བྱེད་པའི་ཚེ། ཀུན་འདར་གྱི་སྤྱོད་པ་ལ་སོགས་པ་རྣམ་པར་དག་པའི་སྤྱོད་པ་རྣམས་སྤྱད་དགོས་ཏེ། སྤྱོད་པ་དེས་འཁོར་འདས་ལ། བླང་དོར་ཐ་དད་དུ་མི་འཛིན་པར་རོ་སྙོམས་སུ་བསྲེ་བར་བྱེད་པའི་ཕྱིར་རོ། །དེ་ལྟར་སྤྱོད་པ་རྣམས་སྤྱད་པ་ཆོས་ཅན། དགོས་པ་ཡོད་དེ། ཕྱི་རོལ་དུ་པུ་ལི་ར་མ་ལ་ཡ་ལ་སོགས་པའི་ཡུལ་སུམ་ཅུ་སོ་བདུན་དབང་དུ་འདུས་པ་ན། ནང་ལུས་ཀྱི་སྤྱི་བོ་ལ་སོགས་པའི་ཡུལ་སོ་བདུན་གྱི་རླུང་སེམས་དབུ་མར་ཞུགས་ཏེ་ནང་གི་རྟེན་འབྲེལ་ས་བཅུ་གཉིས་དང་། ལམ་ལྔ་ཀུན་བགྲོད་ནས་འབྲས་བུ་རྡོ་རྗེ་འཛིན་པའི་ས་དགེ་བ་བཅུ་གསུམ་པ་ནི། མྱུར་དུ་ཐོབ་པར་འགྱུར་བའི་ཕྱིར་རོ། ། ལམ་གྱི་བགྲོད་ཚུལ་འདི་ལྟ་བུར་ནི། དུས་གསུམ་གྱི་སངས་རྒྱས་ཐམས་ཅད་ཀྱིས་གསུང་པའི་དམ་པའི་ཆོས་ཀྱི་སྙིང་པོ་ཡིན་པ་དང་། རྒྱུད་སྡེ་དྲི་མ་མེད་པ་རྣམས་ཀྱི་གསང་ཚིག་མཆོག་ཀྱང་འདི་ཉིད་ཡིན་པར་ཤེས་པར་བྱའོ། ། རྡོ་རྗེ་ཐེག་པའི་ས་ལམ་གྱི་རྣམ་གཞག་རྒྱུད་ལས་གསུང་ཚུལ་ནི། འདིའི་ཐད་ཀྱི་གསུང་རབ་དགོངས་གསལ་ན་བལྟ་བཞུགས་ལགས་སོ། །

ཕ་རོལ་ཕྱིན་གཞུང་མི་ནུས་པ། །ཞེས་སོགས་ལ་དྲི་བ། ཤྐ ཕར་ཕྱིན་ཐེག་པས་སངས་རྒྱ་བ། །སྔགས་ཀྱི་ཐེག་པའི་ཉེ་ལམ་ལ། །ལྟོས་པར་བཞེད་ན་འདི་ཉིད་ལས། །གཏུམ་མོ་ལ་སོགས་ཐབས་ལམ་བྲལ། །ཕྱག་རྒྱ་ཆེན་པོའི་ཐ་སྙད་མེད། །ཞེས་སོགས་གསུངས་པ་ཅི་ལ་དགོངས། །མི་ལྟོས་ན་ནི་བདག་མེད་མའི། །བསྟོད་པའི་འབྲེལ་པར་གསུང་དེ་ཅི། །བཅུ་གཅིག་ཀུན་ཏུ་འོད་ཀྱིས། །དེ་ལ་མི་ལྟོས་བཅུ་གསུམ་པ། །སྔགས་ལ་ལྟོས་པར་

བཞེད་དེ་ཙི། །ཀུན་ཏུ་འོད་ས་བཅུ་གཅིག་པ། །ཡིན་པར་སྔགས་གཞུང་གང་ལས་གསུངས། །ཞེས་པའི་ལན་ནི། ཕར་ཕྱིན་ཐེག་པར་སྔགས་ཀྱི་ཉེ་ལམ་ལ་མ་ལྟོས་པར་ས་བཅུ་གསུམ་པའི་བར་བགྲོད་ནུས་ཤིང་གྲངས་མེད་གསུམ་གྱི་དཀའ་སྤྱད་ཀྱང་དེའི་བར་དུ་ཡིན་ཏེ། ས་བཅུ་པ་ཐོབ་ནས་ཉེ་རྒྱུའི་སྤྱོད་པས་ཇི་ལྟར་རིང་ན་ཡང་ཞག་བདུན་གྱིས་རྡོ་རྗེ་འཛིན་པ་ཐོབ་པར་རྡོ་རྗེ་གུར་ལས་གསུངས་སོ། །དེས་ན་དེའི་བར་དུ་སྔགས་ལམ་ལ་མི་ལྟོས་པ་ལ་དགོངས་ནས། གལ་ཏེ་འདི་བཞིན་བསྒྲུབ་འདོད་ན། །རྡོ་རྗེ་ཕག་མོའི་བྱིན་རླབས་མེད། །ཅེས་སོགས་གསུང་པར་གཞུང་ཉིད་ན་གསལ་བས་དོགས་པ་འདི་ཡང་གཞི་མེད་པ་ཙམ་ཡིན་ཏེ། རྫོགས་པའི་སངས་རྒྱས་ལམ་པོ་ཆེ། །ཞེས་དང་། རྫོགས་པའི་སངས་རྒྱས་ཐོབ་པར་གསུངས། །ཞེས་པ་ནི། ཕ་རོལ་ཏུ་ཕྱིན་པ་བས། རང་ལུགས་ཀྱི་ལམ་དེ་སྦྱངས་རྟོགས་མཐར་ཐུག་རྫོགས་པའི་སངས་རྒྱས་ཐོབ་པར་འདོད་པས། དེའི་ལུགས་བཀོད་པ་ཡིན་གྱི། ལམ་དེས་ས་བཅུ་པའི་བར་དུ་བགྲོད་ཟིན་ནས། ས་གོང་མ་གསུམ་བགྲོད་པ་ནི། སྔགས་ཀྱི་ཐེག་པའི་ཉེ་ལམ་ལ་ངེས་པར་ལྟོས་པས་བདག་མེད་བསྟོད་འགྲེལ་དང་མི་འགལ་བའི་སྐྱེང་དུ་གནད་གཅིག་ཏུ་འདུས་པར་འོངས་ཏེ། འདི་དག་ཀྱང་རྒྱུད་ཀྱི་རྒྱལ་པོ་སཾ་པུ་ཊའི་སྐྱེང་དུ་རྗེ་བཙུན་གོང་མ་འབྲུལ་པ་ཟད་པ་དག་གིས་བཀྲལ་བའི་སྒྲོལ་ཡོངས་འཛིན་མཁས་པའི་དྲུང་དུ་ཡུན་རིང་དུ་ཉན་པ་ལས་རྟོགས་དགོས་ཀྱི་ཡིག་ཆ་ཟུར་རེ་མཐོང་བ་ཙམ་གྱིས་ད་དུང་ངེས་ཤེས་སྐྱེ་བ་དཀའོ། །བཅུ་གཅིག་ཀུན་ཏུ་འོད་ཀྱི་ས་སྔགས་ལམ་ལ་མི་ལྟོས་པར་མི་འདོད་པ་ནི་བཤད་ཟིན་ལ། བཅུ་གཅིག་པ་ལ་ཀུན་ཏུ་འོད་ཀྱི་སར་སྔགས་གཞུང་གང་ལས་བཤད་ན། བདེ་མཆོག་རྩ་རྒྱུད་དང་། སཾ་པུ་ཊི་ལས། ཕ་རོལ་ཏུ་ཕྱིན་པའི་ཐེག་པ་དང་སྔོ་བསྟུན་པའི་དབང་དུ་བྱས་ནས་ཉེ་བའི་དུར་ཁྲོད་ཀྱི་བར་ས་བཅུ་ལས་མ་གསུངས་ཀྱང་། རྩ་རྒྱུད་བརྟག་གཉིས་ལས། དེའི་སྐྱེང་དུ། འཐུང་གཅོད་དང་ཉེ་བའི་འཐུང་གཅོད་གཉིས་མནན་པས་ས་བཅུ་གཉིས་སུ་གསུང་པ་ནི་བྱང་ཆུབ་སེམས་དཔའི་དབང་དུ་བྱས་པའོ། །ཕྱི་མ་འདི་གཉིས་ལ་རྒྱུད་རྒྱས་པའི་ལུང་ཀུ་ མུ་ཧེར་དྲངས་པ་ལས། འཐུང་གཅོད་དཔེ་མེད་ཡེ་ཤེས་ཏེ༔ །ཉེ་བའི་འཐུང་གཅོད་ཡེ་ཤེས་ཆེ། །ཞེས་གསུང་ཞིང་། ཨ་བྷི་དྷ་ན་ལས་ཀྱང་། དཔེ་མེད་པ་དང་ཡེ་ཤེས་ཆེ། ། རྡོ་རྗེའི་ས་ནི་བཅུ་གསུམ་པ། །ཞེས་གསུངས་སོ། །འདི་གསུམ་ལ་དགོངས་པ་ལུང་སྟོན་པའི་རྒྱུད་ལས། འཇིག་རྟེན་དང་ནི་འཕགས་པའི་ཆོས། །སྔ་མ་ཀུན་གྱིས་བསྒྲུན་མེད་ཅིང་། །དེ་ཕྱིར་ཀུན་ཏུ་འོད་འབྱེད་པ། །དཔེ་མེད་ཡེ་ཤེས་དཔེ་རུ་བཤད། །ཐུབ་པའི་སྤྱོད་ཡུལ་མ་གཏོགས་པ། །རྒྱལ་སྲས་ཀུན་གྱི་ས་ལས་རྒྱལ། །ཤེས་བྱ་ཀུན་ལ་འཇུག་ཆེན་པོ། །ས་དེ་ཡེ་ཤེས་ཆེན་པོར་བཞེད། །སངས་རྒྱས་རྣམས་ཀྱི་གང་བསྟན་པའི། །ས་གྱུར་དེ་ནི་བཅུ་གསུམ་པ། །ཞེས་གསུངས་པ་འདི་ཡང་དེ་སྟོན་པའི་སྔགས་གཞུང་ཡིན་པའི་ཕྱིར་རོ། །ཡེ་ཤེས་ཐིག་ལེའི་རྒྱུད་

ལས། མོས་པས་སྤྱོད་པ་ས་དང་པོ། །

གཉིས་པ་རབ་ཏུ་དགའ་བ། ཞེས་པ་ནས། བཅུ་པ་ལེགས་པའི་བློ་གྲོས། དེ་རྣམས་ནི་བྱང་ཆུབ་སེམས་དཔའི་སའོ། །ཆོས་ཀྱི་སྤྲིན་ནི་སངས་རྒྱས་ཀྱི་ས། ཀུན་ཏུ་འོད་ནི་ཡང་དག་པར་རྫོགས་པའི་སངས་རྒྱས་ཀྱི་ས། ཀུན་ཏུ་སྣང་བ་མཆེད་པའི་འོད་ནི་དཔལ་རྡོ་རྗེ་སེམས་དཔའ་བཅོམ་ལྡན་འདས་ཀྱི་སྤྲུལ་པའི་ས། ཀུན་ཏུ་སྣང་བ་ཐོབ་པའི་འོད་ནི་ལོངས་སྤྱོད་རྫོགས་པའི་སྐུའི་ས། ཡང་དག་འོད་རབ་ནི་ཆོས་ཀྱི་སྐུའི་ས། བརྗོད་དུ་མེད་པའི་ཆེད་པ་ནི་བདེ་བ་ཆེན་པོའི་ས་སྟེ། དེ་ཀུན་དགའ་བའི་བྱེ་བྲག་ལ། །སར་ནི་ཀུན་ཏུ་བཏགས་པ་ཡིན། །ཞེས་པ་འདི་ཡང་དེ་སྟོན་པའི་སྔགས་གཞུང་ཡིན་ནོ།། །།

༄ ས་བཅུའི་ཐ་མར་བདུད་བཏུལ་བའི། །བཤད་པ་གཞུང་ལུགས་གང་ན་བཞུགས། །ཞེས་པའི་ལན་ནི། མངོན་རྟོགས་རྒྱན་དང་། རྒྱུད་བླ་ན་བཞུགས་ཏེ། རྒྱན་ལས། ཐབས་མཁས་སྦྱོར་བའི་ཡུལ། ཐབས་མཁས་བཅུའི་ཐོག་མར། སླྲ་རྣམས་འདས་ནི་འདས་པ་དང་། །ཞེས་དང་། དེའི་འགྲེལ་པར། བར་ཆད་ཀྱི་ཆོས་ལས་ཡང་དག་པར་བརྒྱལ་བས་ལྷ་ལ་སོགས་པའི་བདུད་ལས་འདས་པ་དང་། ཞེས་གསུངས་ཤིང་། ཡུལ་ཐབས་མཁས་བཅུ་པོ་སངས་རྒྱས་ཀྱི་ས་ཁོ་ནར་བཞག་པས་བདུད་བཞི་སྤངས་པ་སངས་རྒྱས་ཀྱི་ས་ཁོ་ནར་འགྲུབ་པའི་ཕྱིར་དང་། རྒྱུད་བླར། ལས་ཉོན་གྱི་དབང་གིས་བྱུང་བའི་སྐྱེ་ན་འཆི་བཞི་དང་། མ་རིག་བག་ཆགས་ཀྱི་ས་དང་། ཟག་མེད་ཀྱི་ལས་ལ་བརྟེན་ནས་བྱུང་བའི་སྐྱེ་རྒ་ན་འཆི་བཞི་སྟེ། བཞི་ཚན་གཉིས་ལས། དང་པོ་ས་དང་པོ་ནས་སྤངས་ཏེ། འཕགས་པས་འཆི་དང་ན་བ་དང་། །རྒ་བའི་དུ་ཁཿརྩད་ནས་སྤངས། །ལས་དང་ཉོན་མོངས་དབང་གིས་སྐྱེ། །དེ་ལ་དེ་མེད་ཕྱིར་དེ་མེད། །ཅེས་གསུངས་པས་སོ། །ཕྱི་མ་སངས་རྒྱས་ཀྱི་ས་ཁོ་ནར་སྤངས་ཏེ། སྐྱེ་བ་མེད་ཅིང་འཆི་བ་མེད། །གནོད་བྱེད་རྒ་བ་མེད་པ་སྟེ། །དེ་ནི་རྟག་དང་བརྟན་ཕྱིར་དང་། །ཞི་བའི་ཕྱིར་དང་གཡུང་དྲུང་ཕྱིར། །དེ་ནི་ཡིད་ཀྱི་རང་བཞིན་གྱི། །ལུས་ཀྱི་སྐྱེ་མེད་རྟག་པའི་ཕྱིར། །བསམ་མི་ཁྱབ་འགྱུར་འཆི་འཕོ་ཡི། །དེ་ནི་མི་འཆི་བརྟན་པའི་ཕྱིར། །བག་ཆགས་ཕྲ་མོའི་ནད་རྣམས་ཀྱིས། །གནོད་བྱེད་ཞི་བ་ཉིད་ཀྱི་ཕྱིར། །ཟག་མེད་མངོན་པར་འདུ་བྱེད་ཀྱི། །གཡུང་དྲུང་ཕྱིར་ན་རྒ་བ་མེད། །ཅེས་གསུངས་པའི་ཕྱིར། དེས་ན་བདུད་བཞི་ལ་ཡང་ཚན་པ་གཉིས་ཡོད་པ་ལས། དང་པོའི་དབང་དུ་བྱས་པ། ས་དང་པོ་ནས་སྤངས་ཀྱང་། ཕྱི་མའི་དབང་དུ་བྱས་པ་སངས་རྒྱས་ཀྱི་ས་ཁོ་ནར་སྤངས་པར་གསལ་བའི་ཕྱིར་ཏེ། འཆི་བདག་གི་བདུད་སྤངས་པ་ལ་བསམ་གྱིས་མི་ཁྱབ་པར་བསྒྱུར་བའི་འཆི་འཕོ་སྤངས་དགོས་པའི་ཕྱིར། འདི་ཇི་ལྟར་ཞེ་ན། བྱང་ཆུབ་ཀྱི་ལེའུར་ཆོས་སྐུ་རྟག་པའི་རྒྱུ་གསུམ་གྱི་དང་པོ་འཆི་བའི་བདུད་བཅོམ་པ་དང་། ཞེས་གསུངས་ལ། དེ་ཉིད་རྒྱས་བཤད་དུ།

འཆི་མེད་ཞི་བའི་གནས་ཐོབ་ལ། །འཆི་བདག་རྒྱུ་བ་མེད་པའི་ཕྱིར། །ཞེས་གསུངས་པས་ཤེས་སོ། །སྨོན་པས། སྲོད་ལ་ལྷའི་བུའི་བདུད་བཅོམ། ཐོ་རངས་ཉོན་མོངས་པའི་བདུད་བཅོམ། ཡངས་པ་ཅན་དུ་སྐུ་ཚེའི་འདུ་བྱེད་བྱིན་གྱིས་བརླབས་པའི་ཚེ་འཆི་བདག་གི་བདུད་བཅོམ། རྩ་མཆོག་གི་གྲོང་དུ་མྱ་ངན་ལས་འདས་པའི་ཚེ། ཕུང་པོའི་བདུད་བཅོམ་པར་བྱེ་བྲག་ཏུ་སྨྲ་བས་བཤད་པ་ནི། ཁོ་རང་གིས། སྨོན་དང་བསེ་རུ་བྱང་ཆུབ་བར། །བསམ་གཏན་མཐར་རྟེན་གཅིག་ལ་ཀུན། །ཞེས་གསུངས་པའི་དབང་དུ་བྱས་པ་ཡིན་ལ། ཐེག་པ་ཆེན་པོ་པས་ནི། བདེ་བར་གཤེགས་པ་མ་ལུས་ཕྱོགས་ཞིང་སངས་རྒྱས་ཞིང་དག་ན། །ཞེས་སོགས་གསུངས་པ་ལྟར་བཞེད་པས། དེ་དག་ནི་གདུལ་བྱའི་ངོར་སྤྲུལ་པ་འབའ་ཞིག་ཏུ་བཞེད་ཀྱི། རང་རྒྱུད་པར་མི་བཞེད་དོ། །དེང་སང་སྡེ་སྣོད་འཛིན་པ་མཁས་པ་དག་གིས་ཀྱང་། ཐེག་པ་ཆེན་པོའི་ལམ་དུ་བདུད་བཞི་སྤྲངས་པའི་ས་མཚམས་གཞན་དུ་བཤད་འདུག་པ་དག་ལ་ལུང་ཁུངས་གསལ་པོ་མི་འདུག་ཅིང་། བདག་ཉིད་ཆེན་པོ་འདིས། ས་བཅུའི་ཐ་མར་བདུད་བཏུལ་བར་གསུངས་པ། སྔར་གྱི་གཞུང་ལུགས་ཆེན་པོ་གཉིས་ཀྱི་དགོངས་པར་གསལ། ཚུལ་འདིས་ཀྱང་གསུང་རབ་འཆད་པ་ལ་འཁྲུལ་པ་མེད་པར་ཡིད་ཆེས་པའི་གནས་སུ་གྱུར་ཞེས་སོགས་གསུངས་སོ། །སྙིང་པོ་དྲིལ་ན་ཁོ་བོ་ཅག་འདི་ལྟར་ཞུ་སྟེ། མདོ་སྔགས་གཉིས་སངས་རྒྱས་ཀྱི་མཚན་ཉིད་མཐུན་པར་བཞེད་དེ། སྤངས་རྟོགས་མཐར་ཐུག་ལ་སངས་རྒྱས་སུ་འདོད་པར་མཐུན་པའི་ཕྱིར། མཚན་གཞི་ལ་མི་མཐུན་ཏེ། ཕར་ཕྱིན་ཐེག་པ་བས་ས་བཅུ་གཅིག་པ་དང་། རྡོ་རྗེ་ཐེག་པ་བས་ས་བཅུ་གསུམ་པ་སངས་རྒྱས་སུ་འདོད་པའི་ཕྱིར་ཏེ། སཾ་བུ་ཊ་ར། གང་དག་བསམ་གྱིས་མི་ཁྱབ་པའི་གནས་སྟོན་དུ་མ་བྱས་པ་དེ་ནི་བདེ་བར་གཤེགས་པ་སྟེ་སངས་རྒྱས་ཡིན་ལ། མཚན་གཞི་མཚོན་པ་ནི་རྡོ་རྗེ་འཛིན་པ་ཡང་དག་པའོ། །ཞེས་གསུངས་པའི་ཕྱིར་རོ། །དེའི་དོན་ནི་འདི་ཡིན་ཏེ། ཕ་རོལ་ཏུ་ཕྱིན་པ་བ་གང་དག་ས་བཅུ་གཅིག་པ་དེ་ནི་སངས་རྒྱས་ཡིན་ཏེ། ལམ་བདེ་བ་ནས་འབྲས་བུ་བདེ་བར་གཤེགས་པ་ཡིན་པའི་ཕྱིར། རྡོ་རྗེ་ཐེག་པ་བ་སངས་རྒྱས་སུ་མཚོན་པའི་མཚན་གཞི་བཅུ་གསུམ་རྡོ་རྗེ་འཛིན་ས་ནི་ཆོས་ཅན། སངས་རྒྱས་ཡིན་ཏེ། སྔགས་ཀྱི་ལམ་བདེ་བ་ནས་འབྲས་བུ་བདེ་བར་གཤེགས་པར་ཡིན་པའི་ཕྱིར། དེ་གཉིས་ཀ་སངས་རྒྱས་མཚན་ཉིད་པ་ཡིན་ནམ་ཞེ་ན། ཡང་དག་པ་ཞེས་པས་ས་བཅུ་གསུམ་པ་སངས་རྒྱས་ཀྱི་ས་ཡང་དག་པ་ཡིན་པར་དངོས་སུ་བསྟན་པའི་ཤུགས་ལ་ས་བཅུ་གཅིག་པ་སངས་རྒྱས་ཀྱི་ས་བཏགས་པ་བར་བསྟན། བསམ་གྱིས་མི་ཁྱབ་པའི་གནས་མངོན་དུ་མ་བྱས་པ་ཞེས་པས། ས་བཅུ་གཅིག་པ་སངས་རྒྱས་ཀྱི་ས་བཏགས་པ་བ་ཡིན་པའི་བསྒྲུབ་བྱེད་དངོས་སུ་བསྟན་ནས། ཤུགས་ལ་བསམ་གྱིས་མི་ཁྱབ་པའི་གནས་མངོན་དུ་བྱས་པ་ས་བཅུ་གསུམ་པ་སངས་རྒྱས་ཀྱི་ས་ཡང་དག་པ་ཡིན་པའི་སྒྲུབ་བྱེད་དུ་སྟོན། བསམ་གྱིས་མི་

ཁྱབ་པའི་གནས་མངོན་དུ་བྱས་པའི་དོན་རང་སྣང་ལ་སྣང་བ་དང་། སྟོང་པ་ཐམས་ཅད་ཡེ་ཤེས་གཅིག་གི་ངོ་བོར་ཤར་བ་ལ་བཤད་དོ། །འོ་ན་ཕར་ཕྱིན་ཐེག་པ་ནས་བཤད་པའི་སངས་རྒྱས་དེ་སངས་རྒྱས་བཏགས་པ་ཡིན་པར་ཐལ། ས་བཅུ་གཅིག་པ་སངས་རྒྱས་བཏགས་པ་གང་ཞིག །ས་བཅུ་གཅིག་པ་ཕར་ཕྱིན་ཐེག་པ་ནས་བཤད་པའི་སངས་རྒྱས་ཡིན་པའི་ཕྱིར་ཞེ་ན། འདིར་མ་ཁྱབ་སྟེ། ཕར་ཕྱིན་ཐེག་པ་ནས་བཤད་པའི་སྐུ་དང་ཡེ་ཤེས་རྣམས་སངས་རྒྱས་མཚན་ཉིད་པ་ཡིན་པའི་ཕྱིར་ཏེ། དེ་བཅུ་གསུམ་རྡོ་རྗེ་འཛིན་པའི་ས་ཐོབ་ཟིན་པ་ཡིན་པའི་ཕྱིར་རོ། །འོ་ན་ཕར་ཕྱིན་ཐེག་པར་ས་བཅུ་གསུམ་པ་བཤད་པར་ཐལ། དེ་ནས་བཤད་པའི་སྐུ་དང་ཡེ་ཤེས་རྣམས་ས་བཅུ་གསུམ་པ་ཐོབ་ཟིན་པ་ཡིན་པའི་ཕྱིར་ཞེ་ན། མ་ཁྱབ་སྟེ། ཕར་ཕྱིན་ཐེག་པར་ས་བཅུ་གསུམ་པའི་ཐ་སྙད་ཙམ་ཡང་མ་བཤད་པར་ས་བཅུ་གཅིག་པའི་གནས་སྐབས་ལ་སངས་རྒྱས་སུ་འཇོག་པའི་སྐབས་ཡིན་པའི་ཕྱིར་རོ། །འདི་ནི་གསུང་རབ་དགོངས་གསལ་ལས། འོ་ན་ཕར་ཕྱིན་ཐེག་པ་ནས་སྐུ་གསུམ་གྱི་རྣམ་གཞག་བཤད་པའི་རྫོགས་པའི་སངས་རྒྱས་དེ་སློབ་ལམ་གྱི་གནས་སྐབས་ཡིན་ནམ། ས་བཅུ་གསུམ་པ་ཐོབ་ཟིན་པ་ཞིག་ཡིན་སྙམ་ན། དེ་ནི་ས་བཅུ་གསུམ་པ་ཐོབ་ཟིན་པ་ཡིན་ཀྱང་། དེར་ནི་དེའི་ཐ་སྙད་མ་གསུང་སྟེ། ས་བཅུ་གཅིག་པ་ལ་རྫོགས་པའི་སངས་རྒྱས་ཀྱི་རྣམ་གཞག་བྱེད་པའི་སྐབས་ཡིན་པའི་ཕྱིར་རོ། །ཞེས་གསུངས་པའི་དགོངས་པ་དཔྱིས་ཕྱིན་པ་ལགས་སོ། །འོ་ན་སངས་རྒྱས་དེ་དག་ལམ་གང་གིས་ཐོབ་པ་ཡིན་ཞེ་ན། ས་བཅུ་པ་མན་ཆད་ཕར་ཕྱིན་རང་ལམ་གྱིས་ཐོབ་ཅིང་། བཅུ་གཅིག་པ་ཡན་བླ་མེད་ཀྱི་ལམ་གྱིས་ཐོབ་པར་གོང་དུ་བཤད་ཟིན་ཅིང་། མདོ་ལུགས་ཀྱི་གྲུབ་མཐའ་བཞི་དང་། རྒྱུད་སྡེ་འོག་མ་གསུམ་རང་རྐང་གི་སངས་རྒྱས་རྣམས་གྲུབ་མཐའ་དེ་དང་དེ་ནས་བཤད་པའི་ཐེག་ཆེན་ལམ་གྱིས་ཐོབ་པར་འདོད་ཀྱང་། འདིར་བླ་མེད་ཀྱི་ལམ་གྱིས་ཐོབ་པ་ཡིན་ཏེ། དེ་དག་བཅུ་གསུམ་རྡོ་རྗེ་འཛིན་པའི་ས་ཐོབ་ཟིན་པ་ཡིན་པའི་ཕྱིར། རྟགས་ཁྱབ་གྲུབ་སྟེ། གཞིར་དཀྱིལ་འཁོར་བཞི་ལ་སྨིན་བྱེད་དབང་བཞིས་སྐུ་བཞིའི་ས་བོན་བཏབ་ནས་ལམ་བཞི་བསྒོམ་པའི་སྟོབས་ཀྱིས་འབྲས་བུ་སྐུ་བཞི་ཐོབ་པ་བླ་མེད་ཁོ་ནའི་ཁྱད་ཆོས་ཡིན་པ་གང་ཞིག །རྣལ་འབྱོར་རྒྱུད་མན་ཆད་ལ་དེ་ལྟ་བུའི་རྣམ་གཞག་མེད་པའི་ཕྱིར། དོན་འདི་ལ་དགོངས་ནས་ཀུན་མཁྱེན་བསོད་ནམས་སེང་གེས། གཞིར་གནས་དཀྱིལ་འཁོར་བཞི་ལ་དབང་བཞི་ཡིས། །སྐུ་བཞི་ས་བོན་ཐེབ་ཚེ་བླ་མེད་ཀྱི། །སྡོམ་པ་རྫོགས་པ་རྒྱུད་སྡེ་འོག་མ་ལས། །ཟབ་ཁྱད་ཡིན་པར་དབང་གི་རིམ་པས་ཤེས། །ཞེས་གསུངས་པ་ཡིན་ནོ། །

གསུམ་པ་སངས་རྒྱས་ཐོབ་པར་འདོད་པས་དེ་ལ་བསླབ་པར་གདམས་པ་ནི།གང་ཞིག་སངས་རྒྱས། ཞེས་སོགས་ཚིགས་བཅད་གཉིས་ཏེ། སྐྱེས་བུ་གང་ཞིག་རྫོགས་པའི་སངས་རྒྱས་ཐོབ་པར་བྱེད་འདོད་ན། གང་

ཟག་དེ་ཡི་ལམ་འདི་བཞིན་དུ་སྤྱོད་པར་བྱ་སྟེ། ཡང་ན་ཕ་རོལ་ཏུ་ཕྱིན་པ་ཡི་མདོ་རྣམས་ལས་ཇི་ལྟར་འབྱུང་བ་བཞིན་སེམས་བསྐྱེད་དང་། ཕ་རོལ་ཏུ་ཕྱིན་པ་དྲུག་གི་སྤྱོད་པ་སོགས་ལ་བསླབ་པར་གྱིས། ཡང་ན་རྡོ་རྗེ་ཐེག་པ་ཡི་རྒྱུད་སྡེ་རྣམས་ལས་འབྱུང་བ་བཞིན་དུ་སྨིན་བྱེད་ཀྱི་དབང་དང་། གྲོལ་བྱེད་ཀྱི་ལམ་ཉམས་སུ་བླང་སྟེ། ཕར་ཕྱིན་ཐེག་པ་དང་རྡོ་རྗེ་ཐེག་པ་འདི་གཉིས་མིན་པ་སངས་རྒྱས་བསྒྲུབ་នུས་པའི་ཐེག་པ་ཆེན་པོ་ནི། སངས་རྒྱས་རྣམས་ཀྱིས་མདོ་རྒྱུད་གང་ལས་ཀྱང་གསུངས་པ་མེད་པའི་ཕྱིར་རོ། །

བཞི་པ་དེ་དག་དང་མ་འབྲེལ་བའི་ཆོས་ལུགས་དགག་པ་ལ་བདུན་ཏེ། བསྟན་པ་དང་མ་འབྲེལ་བའི་ཆོས་པ་དགག་པ། སྡོམ་པ་དང་མ་འབྲེལ་བའི་ཐར་ལམ་དགག་པ། ངེས་འབྱུང་དང་མ་འབྲེལ་བའི་སོ་ཐར་དགག་པ། སྡེ་སྣོད་དང་མ་འབྲེལ་བའི་སོ་ཐར་དགག་པ། རྒྱུད་སྡེ་དང་མ་འབྲེལ་བའི་གསང་སྔགས་དགག་པ། དབང་བསྐུར་དང་མ་འབྲེལ་བའི་བླ་མ་དགག་པ། དམ་ཆོས་དང་མ་འབྲེལ་བའི་ཆོས་པ་དགག་པའོ། །དང་པོ་ནི། ད་ལྟའི་ཆོས་པ། ཞེས་སོགས་རྐང་པ་བཅུ་བདུན་ཏེ། སངས་རྒྱས་ཀྱི་བསྟན་པའི་སྒོར་ཞུགས་པ་ཡིན་ན། ཉན་ཐོས་དང་། ཕར་ཕྱིན་དང་། རྡོ་རྗེ་ཐེག་པའི་ཆོས་ལུགས་གསུམ་པོ་གང་རུང་ལ་འཇུག་དགོས་པ་ལས། ད་ལྟའི་ཆོས་པ་ཕལ་ཆེ་བ་ལྷག་པ་ཚུལ་ཁྲིམས། ཏིང་ངེ་འཛིན། ཤེས་རབ་ཀྱི་བསླབ་པ་གསུམ་པོ་ལ་ཡོངས་སུ་མི་སྦྱོང་ལ་ཕ་རོལ་ཏུ་ཕྱིན་པའི་ཆོས་ལུགས་ལ་ཞུགས་པ་མ་ཡིན། སྨིན་སྨིན་གྲོལ་དང་མི་ལྡན་པའི་རྡོ་རྗེ་ཐེག་པ་ལ་ཞུགས་པ་མ་ཡིན་ཞིང་། གསོ་སྦྱོར་དབང་བཞི་དང་རིམ་པ་གཉིས་བསྒོམ་པ་དང་མི་ལྡན་པས་བླ་མེད་རྡོ་རྗེ་ཐེག་པའི་བསྟན་པ་མ་ཡིན་ལ། དེར་མ་ཟད་ཉན་ཐོས་ཀྱི་ཡང་ཆོས་ལུགས་ལ་ཞུགས་པ་མ་ཡིན་ཏེ། གདུལ་བའི་སྡེ་སྣོད་ལ་ཐན་ལྟུང་བ་སྡེ་ལྔའི་རྣམ་གཞག་ཙམ་ཡང་མི་ཤེས་མོད། དེ་ལྟ་མིན་པ་འོན་ཀྱང་། ཁོ་བོ་སངས་རྒྱས་ཀྱི་ཆོས་ལ་ཞུགས་པ་ཡིན་པར་ཁས་འཆེ་བ་དེ་ཀྱི་མ་ཉན་ཐོས་ཐེག་ཆེན་གསང་སྔགས་གང་གི་བསྟན་པ་ལ་ཞུགས་པར་འགྱུར་བ་ཡིན་ངོ་མ་ཤེས་ཏེ་དཔེར་ན་ཕ་ངེས་པ་མེད་པའི་བུ་བཟང་ན་ཡང་རིགས་ཀྱི་ནང་དུ་ཚུད་པར་མི་ནུས་ཏེ། ཕ་རྒྱུས་མེད་པའི་ཕྱིར། དེ་བཞིན་དུ་མདོ་རྒྱུད་ཁུངས་མ་གང་ནས་ཀྱང་མ་བྱུང་བའི་ཆོས་བྱེད་པ་བཟང་ཡང་སངས་རྒྱས་ཀྱི་བསྟན་པའི་ནང་དུ་ཚུད་པ་མ་ཡིན་པའི་ཕྱིར། ཁོ་ན་རེ། སྐྱོན་མེད་དེ། དེ་དག་ནས་གསུང་པའི་ཐུན་ཚོགས་ཀྱི་ཆོས་ལ་སྤྱོད་པའི་ཕྱིར་སྙམ་ན། མི་འཐད་དེ། དཔེར་ན། དག་དྲུག་བསྡུས་པའི་གོས་ལ་ནི། སྦྲང་པོའི་གོས་འོང་གི་ རྒྱལ་པོ་ལ་སོགས་པ་ཆེན་པོ་རྣམས་ཀྱི་ཆོས་ཀྱི་གོས་མི་རུང་བ་དེ་བཞིན་དུ། ཐུན་ཚོགས་བསྡུས་པའི་ཆོས་ཀྱིས་འཕྲུལ་བླུན་པོ་དགའ་བ་བསྐྱེད་པར་བྱེད་ཀྱང་། གང་ཟག་དད་ཅན་འཚང་མི་རྒྱ་པའི་ཕྱིར། དཔེར་ན་ཟས་བཟང་ཐམས་ཅད་ཀྱི་སྣོད་དཀྲུས་པའི་དཀྲུག་ཤལ་ལ་ཁྱི་དགའ་ཡང་མཁས་པ་རྣམས་ནི་འདོར་བ

བཞིན་སྲ་སྲེ་མང་པོ་ཆོས་ཀྱི་དགྲུག་ཤལ་ཡིན་པའི་ཕྱིར་རོ། །

གཉིས་པ་ལ་གཉིས་ཏེ། འདོད་པ་བརྗོད་པ་དང་། དེ་དགག་པའོ། །དང་པོ་ལ་གཉིས་ཏེ། སྨད་པའི་ཆེད་དུ་མུ་སྟེགས་ཀྱི་དཔེ་བརྗོད་པ། བོད་བླུན་གྱི་འདོད་པའི་དོན་ལ་སྦྱར་བའོ། །དང་པོ་ནི། མུ་སྟེགས། ཞེས་སོགས་རྐང་པ་དྲུག་སྟེ། སྔོན་དགེ་སློང་མང་པོས་རྒྱལ་པོའི་ཁབ་ཏུ་བསོད་སྙོམས་ལ་ཕྱིན་པས་བྲམ་ཟེའི་རིགས་ཀྱི་ཕྱི་རོལ་མུ་སྟེགས་བྱེད་པ་ཁ་ཅིག་ཀྱང་། སངས་རྒྱས་པའི་དགེ་སློང་རྣམས་ལ་འདི་སྐད་ཟེར་ཏེ། ཁྱེད་དགེ་སྦྱོང་གོ་ཏ་མའི་ཆོས་ལུགས་ལའང་སྡིག་པ་སྤོང་ཞིང་དགེ་བ་བསྒྲུབ་པར་བྱེད་པ་ཡིན་ན་ངེད་བྲམ་ཟེ་རྣམས་ཀྱི་རིགས་བྱེད་ལའང་། སྡིག་པ་སྤོང་ཞིང་དགེ་བ་བསྒྲུབ་པར་བྱེད་པ་སྟོན་པས་མུ་སྟེགས་པ་ཡིན་ཡང་ཅི་ཞིག་སྐྱོན། དགེ་བ་བསྒྲུབ་པ་མེད་ཅིང་སྡིག་པ་བྱེད་ན་སངས་རྒྱས་པའི་ཆོས་པ་ཡིན་ཡང་ཅི་ཞིག་ཕན་ཏེ་མི་ཕན་ལོ། །

གཉིས་པ་ནི། དེ་བཞིན་འདི་ནའང་། ཞེས་སོགས་ཚིགས་བཅད་གཉིས་ཏེ། མུ་སྟེགས་བྱེད་ཀྱི་འདོད་པ་དེ་བཞིན་དུ། བོད་གངས་ཅན་འདི་ནའང་ཆོས་ཀྱི་གནད་མི་ཤེས་པའི་བླུན་པོ་འགའ་ཞིག་དཀོན་མཆོག་ལ་དད་པ་དང་ལྡན་ཞིང་། སེམས་ཅན་ལ་སྙིང་རྗེ་ཆེ་བ་སྦྱིན་པ་གཏོང་བ་དང་ཚུལ་ཁྲིམས་སྲུང་བ། བཟོད་པ་བསྒོམ་ཞིང་བརྩོན་འགྲུས་རྩོམ་པ། བསམ་གཏན་བསྒོམ་ཞིང་གནས་ལུགས་སྟོང་པ་ཉིད་རྟོགས་ན། རྫོགས་པའི་སངས་རྒྱས་ཀྱིས་གསུངས་པའི་མདོ་རྒྱུད་ཀྱི་ཚིག་དོན་རྣམས་དང་མི་མཐུན་ཡང་། དེ་ལ་སྐྱོན་མེད་དེ། དད་པ་དང་སྙིང་རྗེ་ལ་སོགས་པ་དེ་དག་མེད་ན། མདོ་རྒྱུད་དང་མཐུན་པར་བྱེད་པའི་མིང་གི་ཡང་ཅི་ལ་ཕན་ཏེ་མི་ཕན་ལོ། །

གཉིས་པ་ལ་གཉིས་ཏེ། སྡོམ་གསུམ་གྱིས་དབེན་པའི་དགེ་བས་སངས་རྒྱས་མི་འགྲུབ་པར་བསྟན་པ། སྡོམ་གསུམ་གྱི་དགེ་བས་སངས་རྒྱས་བསྒྲུབ་པར་བསྟན་པའོ། །དང་པོ་ལ་གཉིས་ཏེ། དཔེ་བསྒྲུབ་པ་དང་། དོན་ལ་སྦྱར་བའོ། །དང་པོ་ནི། དེ་ཡང་རྟག་པར། ཞེས་སོགས་རྐང་པ་ལྔ་སྟེ། དད་པ་སོགས་དང་ལྡན་ན་མུ་སྟེགས་བྱེད་ཡིན་ཀྱང་མི་སྐྱོན་པ་དང་། དད་སོགས་མེད་ན་མདོ་རྒྱུད་དང་མཐུན་ཡང་མི་ཕན་ཟེར་བ་དེ་ལ་ཡང་། རིགས་པས་བརྟག་པར་བྱ་བ་བཤད་ཀྱིས་ཉོན་ཅེས་གདམས་ནས། ཕྱི་རོལ་མུ་སྟེགས་བྱེད་ཀྱིས། སྦྱིན་སོགས་ཀྱི་དགེ་བ་བྱས་ན་ཡང་བར་མའི་དགེ་བ་ཙམ་ཡིན་གྱི། སྡོམ་པ་ལས་བྱུང་བའི་དགེ་བ་རྒྱུན་ཆགས་པ་སྲིད་པ་མ་ཡིན་ཏེ། དེ་ལ་ཚུལ་ཁྲིམས་ཀྱི་སྡོམ་པ་མེད་པའི་ཕྱིར་རོ། །

མུ་སྟེགས་བྱེད་ལ་སྡོམ་པ་མེད། །ཅེས་སོགས་ལ་དྲི་བ། ཤག མུ་སྟེགས་བྱེད་ལ་སྡོམ་པ་ལས། །བྱུང་བའི་དགེ་བ་ཡོད་མིན་ན། །མངོན་པའི་གཞུང་ལས་མུ་སྟེགས་ལ། །བསམ་གཏན་སྡོམ་པ་བཤད་དེ་ཅི། །ཞེས་པའི་ལན་ནི། མུ་སྟེགས་བྱེད་ལ་སྡོམ་པ་མེད། །ཅེས་པའི་དོན། སྐབས་ཐོབ་ཀྱིས་བྱང་ཆུབ་ཀྱི་རྒྱུར་གྱུར་པའི་སྡོམ་པ་

མེད་ཅེས་པ་ལ་འཇུག་པ་གཞུང་འདི་ཉིད་ལས་གསལ་ཞིང་སྐབས་ཐོབ་ལ་མི་ལྟ་བར་ཚིག་ཙམ་ལ་འཁྲིས་ནས་འདི་འདྲའི་སྐྱོན་བརྗོད་ན། གཞུང་ལུགས་ཐལ་ཆེར་འགོག་དགོས་ཏེ། དཔེར་ན་ཐམས་ཅད་ཀྱང་དགྲ་བཅོམ་པ་ཞེས་པ་ལ། ཐམས་ཅད་དགྲ་བཅོམ་པ་ཡིན་ན་ནི། ཐུམ་པའང་དགྲ་བཅོམ་ཡིན་པར་འགྱུར། །ཞེས་སོགས་ཀྱིས་ལན་མཛད་དོ། །སྐབས་དོན་མུ་སྟེགས་བྱེད་ལ་བྱང་ཆུབ་ཀྱི་རྒྱུར་གྱུར་པའི་དང་། སོ་ཐར་དང་རིས་འབྱུང་གི་བསམ་པས་ཟིན་པའི་སྡོམ་པ་མེད་དེ། མཛོད་འགྲེལ་ལས། ཅི་ཕྱི་རོལ་པ་རྣམས་ལ་ཡང་དག་པར་བླང་པ་ལས་བྱུང་བའི་ཚུལ་ཁྲིམས་མེད་དམ་ཞེ་ན། ཡོད་མོད་ཀྱི། སོ་སོ་ཐར་པ་ནི་མིན་ཏེ། དེ་ནི་སྲིད་པ་ལ་བརྟེན་པའི་ཕྱིར། གཏན་དུ་སྡིག་པ་ལས་ཐར་བར་བྱེད་པ་མིན་ནོ། །ཞེས་གསུངས་པའི་ཕྱིར་རོ། །དེ་ལ་བསམ་གཏན་གྱི་སྡོམ་པ་ཡོད་དེ། དེ་ལ་བསམ་གཏན་གྱི་དངོས་གཞི་ཐོབ་པ་ཡོད་པའི་ཕྱིར་རོ། །

གཉིས་པ་ནི། དེ་བཞིན་དབང་བསྐུར། ཞེས་སོགས་ཚིགས་བཅད་གཉིས་ཏེ། སྡོམ་པ་ལས་མ་བྱུང་བའི་དགེ་བ་བར་མ་ཙམ་ཡིན་པ་དེ་བཞིན་དུ། སྔགས་སྡོམ་མེད་པའི་གང་ཟག་དེ་ཡིས་དགེ་བ་ཅི་སྤྱད་ཀྱང་སྔགས་སྡོམ་ལ་ལྟོས་པའི་བར་མའི་དགེ་བ་ཙམ་ཡིན་གྱི། གསང་སྔགས་ཀྱི་སྡོམ་པ་ལས་བྱུང་བའི་དགེ་བ་མིན་ཏེ། དབང་བསྐུར་བ་ཐོབ་པའི་གང་ཟག་དེ་ལ་རིག་པ་འཛིན་པའི་སྡོམ་པ་མེད་པའི་ཕྱིར་རོ། །སྔགས་ཀྱི་སྡོམ་པའི་དགེ་བ་མིན་ན། གསང་སྔགས་ཐབས་ལམ་རབ་ཏུ་ཟབ་ཀྱང་། འཚང་མི་རྒྱ་བར་ཐུབ་པས་གསུང་སྟེ། དབང་མེད་ན་ནི་དངོས་གྲུབ་མེད། །ཅེས་སོགས་དང་། རྡོ་རྗེ་རྩེ་མོར། སྡོམ་པ་གསུམ་ལ་གནས་པ་ནི། །དང་པོའི་འཁྲུགས་སུ་བཤད་པ་ཡིན། །ཞེས་གསུངས་པའི་ཕྱིར་རོ། །

གཉིས་པ་ནི། སྡོམ་པ་གསུམ་དང་། ཞེས་སོགས་རྐང་པ་དྲུག་སྟེ། དབང་ལས་ཐོབ་པའི་སོ་ཐར་བྱང་སེམས། སྔགས་ཀྱི་སྡོམ་པ་གསུམ་དང་ལྡན་པ་ཡི་བསྐྱེད་རྫོགས་ཀྱི་རིམ་གཉིས་ཟབ་མོའི་གནད་ཤེས་ནས་བསྒོམ་ན། གང་ཟག་རབ་དེས་ཚེ་འདིར་མཆོག་གི་འབྲས་བུ་འགྲུབ་པར་རྫོགས་པའི་སངས་རྒྱས་ཀྱིས་གསུངས་པའི་ཕྱིར་ཏེ། སཾ་ཊི་ར། གཞན་དུ་བསྐལ་པ་བྱེ་བར་ནི། །གྲངས་མེད་པས་ནི་གང་ཐོབ་པ། །གང་དུ་དམ་པའི་བདེ་བས་ཁྱོད། །སྐྱེ་བ་འདིར་ནི་འགྲུབ་པར་འགྱུར། །ཞེས་དང་། གསང་འདུས་ལས། འདི་ཡི་ཆོས་ཀྱི་བདག་ཉིད་ཆེ། །ཞེས་སོགས་གསུངས་པའི་ཕྱིར། འམ་ཞེས་པ་འོག་མ་འདྲེན་པའི་ཚིག་གོ །བར་དོར་འགྲུབ་པ་ནི། ཡེ་ཤེས་ཐིག་ལེ་ལས། ཡང་ན་ལུས་འདི་སྤང་ནས་མ་ཐག །བརྩོན་པ་མི་ལྡན་པས་ཀྱང་འགྲུབ། །ཅེས་དང་། སྐྱེ་བ་བདུན་ལ་འགྲུབ་པ་ནི། གསང་མཛོད་ལས། དབང་བསྐུར་ཡང་དག་སྨིན་ལྡན་ན། །ཞེས་སོགས་གསུངས་པ་དང་། སྐྱེ་བ་བཅུ་དྲུག་ཚུན་ཆད་ན་འགྲུབ་པ་ནི། རྡོ་རྗེ་རྩེ་མོར། ཕ་རོལ་ཕྱིན་པའི་འབྱུང་བས་ནི། །བསྐལ་པ་གྲངས་མེད་མིན་

འཐོབ་པ། །གལ་ཏེ་རྣལ་འབྱོར་པ་དེ་བརྩོན། །ཚེ་འདི་ཉིད་ལ་མྱ་ངན་འདའ། །ཡང་ན་མཐོང་བ་ཙམ་གྱིས་ནི། །སྐྱེ་བ་བཅུ་དྲུག་དག་ནས་འགྲུབ། །སོ་སོ་སྐྱེ་བོས་སངས་རྒྱས་ཉིད། །འགྲུབ་པར་འགྱུར་གྱི་གཞན་དུ་མིན། །ཅེས་དང་། དམ་ཚིག་ལྔ་པ་ལས། གལ་ཏེ་ལྟུང་བ་མེད་གྱུར་ན། །སྐྱེ་བ་བཅུ་དྲུག་དག་ན་འགྲུབ། །ཅེས་གསུངས་པའི་ཕྱིར་རོ། །ཤེས་བྱ་ཆོས་ཅན། དབང་བསྐུར་བའི་སྒོ་ནས་རྒྱུད་སྡོམ་པ་གསུམ་ལྡན་དུ་བྱེད་པ་འདི་ལ་རྒྱ་བོད་ཀྱི་མཁས་པ་རྣམས་གུས་པ་ཡིན་ཏེ། དབང་བསྐུར་གྱི་སྒོ་ནས་སྡོམ་གསུམ་དང་ལྡན་པ་སངས་རྒྱས་ཀྱི་རྒྱུའི་གཙོ་བོར་གསུངས་པ་དེའི་ཕྱིར།

གསུམ་པ་ནི། གང་དག་རབ་ཏུ། ཞེས་སོགས་ཚིགས་བཅད་གཅིག་སྟེ། འགྲོ་བ་གང་དག་མྱང་འདས་ཐོབ་པའི་ཕྱིར་དུ་རབ་ཏུ་བྱུང་བའི་སྡོམ་པ་བསྲུང་བར་འདོད་ན། རྒྱུད་དག་ལས་བསྲུང་བའི་ཕྱིར་དུ། དམ་པའི་ཆོས་འདུལ་བའི་ལུགས་བཞིན་དུ་གུས་པས་ལོང་སྟེ། ངེས་འབྱུང་གི་བསམ་པ་མེད་པར་ལྟོ་གོས་ཙམ་ལ་དམིགས་པ་ཡི་རབ་ཏུ་འབྱུང་བ་ཐུབ་པས་བཀག་པའི་ཕྱིར། དཔེར་ན་ཀུན་དགའ་བོའི་ཚ་བོ་གཉིས་དང་། གཙུང་མཛེས་དགའི་རྣམ་ཐར་བཞིན་ནོ། །འདུལ་བ་ལས་གཙོ་བོར་གསུངས་པ་སོ་ཐར་གྱི་སྡོམ་པ་ཡིན་ཅིང་། དེ་ལ་ངེས་འབྱུང་གི་བསམ་པས་ཟིན་པ་དགོས་ཏེ། ངེས་པར་འབྱུང་བའི་ཚུལ་ཁྲིམས་ཀྱི་དབང་དུ་བྱ་སྟེ། ཞེས་དང་། ངེས་པར་འབྱུང་བའི་ཚུལ་ཁྲིམས་སྡུག་བསྔལ་སྤོང་ས། ཞེས་གསུངས་པའི་ཕྱིར་རོ། །

བཞི་པ་ནི། སེམས་བསྐྱེད་བྱེད་པ། ཞེས་སོགས་ཚིགས་བཅད་གཅིག་སྟེ། དེང་སང་ཐེག་པ་ཆེན་པོའི་སེམས་བསྐྱེད་བྱེད་པའི་རྣམ་གཞག་ལ་མི་མཁས་པ་དེ་དག་ཀྱང་ཐེག་པ་ཆེན་པོའི་མདོ་ནས་བསྟན་པའི་དབུ་སེམས་སོ་སོའི་ལུགས་བཞིན་མི་བྱེད་ཅིང་། གང་ཟག་ཐོས་ཆུང་རྣམས་ཀྱིས་མགོ་སྐོར་ནས་སེམས་ཙམ་པའི་སེམས་བསྐྱེད་ཁྲིམ་ཆེན་པོ་ལ་བྱེད་པ་གདུལ་བྱ་བླུན་པོ་རྣམས་དགའ་བར་བྱ་བའི་ཕྱིར་ཡིན་གྱི། ཡང་དག་པ་མིན་ཏེ། སངས་རྒྱས་ཀྱི་གསུང་དང་མི་མཐུན་པ་ཡིན་པའི་ཕྱིར་རོ། །

ལྔ་པ་ལ་གཉིས་ཏེ། མདོར་བསྟན་པ་དང་། རྒྱས་པར་བཤད་པའོ། །དང་པོ་ནི། གསང་སྔགས་བསྒོམ་པ། ཞེས་སོགས་ཚིགས་བཅད་གཅིག་སྟེ། དེང་སང་གསང་སྔགས་ཟབ་མོ་བསྒོམ་པ་ལ་མོས་པ་མང་དུ་ཡོད་མོད་ཀྱི། རྒྱུད་སྡེ་ནས་གསུང་པ་བཞིན་དུ་བསྒྲུབ་པ་ཤིན་ཏུ་ཉུང་སྟེ། རང་དགར་སྤྱོད་པ་བདེ་བའི་འདུ་ཤེས་ཀྱིས་རང་བཟོར་གསང་སྔགས་ལ་སྤྱོད་པར་ཟད་པའི་ཕྱིར་རོ། །

གཉིས་པ་ལ་བཞི་སྟེ། རྒྱུད་སྡེ་དང་མ་འབྲེལ་བའི་དབང་བསྐུར་དགག་པ། སྲུང་གཞི་མི་སྲུང་བའི་བསྐྱེད་རིམ་དགག་པ། རྟེན་འབྲེལ་མི་ཤེས་པའི་རྫོགས་རིམ་དགག་པ། སྤངས་བྱ་དང་མི་ཕྱེད་པའི་ཡེ་ཤེས་དགག་པའོ། །

དང་པོ་ནི། གལ་ཏེ་དབང་བསྐུར། ཞེས་སོགས་ཚིགས་བཅད་གཅིག་སྟེ། གལ་ཏེ་དེང་སང་ཁ་ཅིག་དབང་བསྐུར་བྱེད་ན་ཡང་། རྒྱུད་སྡེའི་དགོངས་པ་གྲུབ་ཐོབ་རྣམས་ཀྱིས་དཀྲལ་བའི་བཟང་པོའི་གཞུང་ལུགས་ཀུན་ནས་བཤད་པའི་ཆོ་གའི་རྣམ་གཞག་དོར་ནས་སྐྱེ་བོ་གང་དག་ཕག་མོའི་བྱིན་རླབས་སྨིན་བྱེད་ཀྱི་ཆོ་གར་བྱེད་པ་ལ་སོགས་པ་ངོ་མཚར་བ་སངས་རྒྱས་ཀྱི་གསུང་བཞིན་དུ་གྲུས་པས་ལེན་པ་མི་འཐད་དེ། དེ་སྐྱེ་བོ་གང་དག་རྫུན་གྱིས་བསླད་པའི་རང་བཟོའི་ཆོ་ག་ཡིན་པའི་ཕྱིར་རོ། །

གཉིས་པ་ནི། རྒྱ་ལ་བསྐྱེད་རིམ། ཞེས་སོགས་ཚིགས་བཅད་གཅིག་སྟེ། ཁ་ཅིག་རྒྱ་ལ་བསྐྱེད་རིམ་བསྒོམ་པར་བྱེད་ན་ཡང་། སྣང་གཞི་སྦྱོང་བྱེད་དུ་ལེགས་པར་འགྲོད་པའི་ཆོ་གའི་ཡན་ལག་མངོན་བྱང་ལྔ་དང་། རྡོ་རྗེའི་ཆོ་ག་གསུམ་བསྐྱེད་དང་། སྒྲ་ཚུལ་གྱི་རྟེན་འབྲེལ་དང་། ཏིང་ངེ་འཛིན་གསུམ་དང་། རྣལ་འབྱོར་བཞི་དང་། བསྙེན་སྒྲུབ་བཞི་ལ་སོགས་པ་ཀུན་བོར་ནས་རང་བཟོའི་ལྷ་དཀྱིལ་བསྐྱེད་བསྒོམ་པ་ལ། བསྐྱེད་རིམ་དུ་མིང་བཏགས་པ་ཡང་འཐད་པ་མིན་ཏེ། དེ་རང་བཟོའི་ཆོ་གར་ཟད་པའི་ཕྱིར་རོ། །འདི་ཡང་ལས་དང་པོའི་དུས་ནས་བསྐྱེད་རིམ་གཞན་ལ་མ་སྦྱང་བར་དཀྱིལ་བསྐྱེད་བསྒོམ་པ་བཀག་པ་ཡིན་གྱི། བསྐྱེད་རིམ་ལ་དཀྱིལ་བསྐྱེད་གཏན་མེད་པར་བཞེད་པ་ནི་མིན་ཏེ། གཏན་པ་ཐོབ་པའི་དུས་ཀྱིས་བསྐྱེད་རིམ་ཐམས་ཅད་དཀྱིལ་བསྐྱེད་ཡིན་པའི་ཕྱིར་རོ། །

གསུམ་པ་ནི། གཏུམ་མོ་ཞེས་སོགས་ཚིགས་བཅད་གཅིག་སྟེ། བོད་ཀྱི་གཏུམ་མོ་བསྒོམ་པ་ཕལ་ཆེ་བ་ཡང་ལུས་ཐམས་ཅད་ལ་རྩས་ཁྱབ། དེ་ལ་བྱང་ཆུབ་སེམས་ཀྱིས་ཁྱབ། དེ་ལ་རླུང་གིས་ཁྱབ། དེ་ལ་རྣམ་པར་ཤེས་པས་ཁྱབ། དེ་ལ་ཆོས་དབྱིངས་ཀྱིས་ཁྱབ་ནས་གནས་པ་དེ་ཐོག་མར་རླུང་ལ་དབང་ཐོབ་པར་བྱས་ནས་གཏུམ་མོའི་མེ་སྦར་ཏེ། རྟེན་བྱང་སེམས་ཞུས་པས་བརྟེན་པ་རིག་སྟོང་དབྱེར་མེད་མངོན་དུ་བྱེད་པའི་ནང་གི་རྟེན་འབྲེལ་མི་ཤེས་པར་མུ་སྟེགས་བྱེད་ཀྱི་གཏུམ་མོ་ལྟར་ལུས་ལ་དྲོད་ཙམ་སྐྱེ་བ་ལ་ནི་དམིགས་ནས་རས་གོས་རྐྱང་པ་ཙམ་གྱིས་ཆོག་པར་གོ། །དེ་གཏུམ་མོ་ཡང་དག་མིན་ཏེ། དེ་ཡང་དག་པའི་ཡེ་ཤེས་སྐྱེ་བའི་རྒྱུ་མིན་པའི་ཕྱིར་རོ། །

བཞི་པ་ནི། ཡེ་ཤེས་ཟུང་ཟད། ཞེས་སོགས་ཚིགས་བཅད་གཅིག་སྟེ། རིམ་གཉིས་བསྒོམ་པ་རང་བྱུང་གི་ཡེ་ཤེས་ཟུང་ཟད་བསྐྱེད་ན་ཡང་དེ་དག་ནང་གི་རྩ་ཁམས་ཀྱི་རྟེན་འབྲེལ་གྱིས་ཉོན་མོངས་རང་བྱུང་དང་། རྣམ་རྟོག་རང་བྱུང་དང་། སྙེལ་གཞི་རང་བྱུང་དང་། མི་རྟོག་པ་རང་བྱུང་བཞི་སྐྱེ་བ་སོ་སོར་འབྱེད་པའི་ཐབས་ལམ་འབྲས་ལྔ་བུ་ལ་མི་མཁས་པས་བསྒོམ་སྐྱེས་ཀྱང་རྫོགས་པའི་སངས་རྒྱས་ཀྱི་ལམ་དུ་མི་འགྱུར་རོ། །

དྲུག་པ་ལ་གསུམ་སྟེ། དབང་མ་བསྐུར་བ་ལ་བླ་མ་དམ་པ་མི་འབྱུང་བར་བསྟན། དམ་པ་མིན་པས་སངས་རྒྱས་སྦྱིན་མི་ནུས་པར་བསྟན། མདོ་སྔགས་ཀྱི་བླ་མའི་ཁྱད་པར་བསྟན་པའོ། །དང་པོ་ནི། བླ་མ་ལ་ནི་ཞེས་སོགས་ཚིགས་བཅད་གཉིས་ཏེ། དབང་མ་བསྐུར་བའི་བླ་མ་ལ་ནི་མོས་ན་ཡང་། དབང་བསྐུར་མ་བསྐུར་བར་དྲོད་ཙམ་སྐྱེ་བའི་གཏུམ་མོའི་དམིགས་པ་སྟོན་པ་དེ་འདྲ་བའི་བླ་མ་དེ་བླ་མ་དམ་པ་མིན་ཏེ། དབང་བསྐུར་གྱི་སྒོ་ནས་སྔགས་ཀྱི་སྡོམ་ལྡན་དུ་མ་བྱས་པའི་ཕྱིར། དེ་ལྟ་བུའི་སློབ་དཔོན་དང་སློབ་མ་གཉིས་ཀ་ལ་གསང་སྔགས་ཀྱི་སྡོམ་པ་མེད་པ་ཡིན་ཏེ། སློབ་དཔོན་གྱིས་དབང་མ་བསྐུར་བར་གསང་སྔགས་ཀྱི་ལམ་བསྟན་པ་དང་། སློབ་མས་དབང་མ་ཐོབ་པར་གསང་སྔགས་བསྒོམ་པའི་ཕྱིར་རོ། །དཔེར་ན་བསླབ་བྱ་དེས་རབ་བྱུང་མ་བྱས་ན། དེ་ལ་མཁན་པོའི་ཐ་སྙད་འཇུག་པའི་གཞི་མེད་པ་བཞིན། དེ་བཞིན་དུ་དབང་བསྐུར་མ་ཐོབ་ན་བླ་མ་དམ་པའི་ཐ་སྙད་འཇུག་པའི་གཞི་མི་འབྱུང་ངོ་། །བླ་མའི་ཐ་སྙད་ཙམ་དབང་མ་བསྐུར་བ་ལ་མེད་པ་མིན་ཏེ། སྡུད་པ་ལས། སློབ་མ་བཟང་པོ་བླ་མ་གུས་ལྡན་དེ་དག་གིས། །བླ་མ་མཁས་པ་རྣམས་ལ་རྟག་ཏུ་བརྟེན་པར་བྱ། །ཞེས་དང་། སྡོམ་ཉི་ལས། བླ་མ་སྡོམ་ལ་གནས་ཤིང་མཁས། །ཞེས་དང་། སུམ་བརྒྱ་པ་ལས། ཚུལ་ཁྲིམས་ལྡན་ཞིང་འདུལ་བའི་ཆོ་ག་ཤེས། །ནད་པ་སྙིང་བརྩེ་འཁོར་ནི་དག་པ་དང་། །ཆོས་དང་ཟང་ཟིང་ཕན་འདོགས་ཀྱིས་བརྩོན་པ། །དུས་སུ་འདོམ་པ་དེ་ནི་བླ་མར་བསྔགས། །ཞེས་དང་། གཞུང་འདིར་ཡང་། ཕ་རོལ་ཕྱིན་པའི་གཞུང་ལུགས་ལས། །བླ་མ་སངས་རྒྱས་ལྟ་བུ་རུ། །བལྟ་བར་བྱ། ཞེས་གསུངས་པའི་ཕྱིར་རོ། །དེ་དག་ནི་བླ་མ་ཙམ་ཡིན་གྱི། བླ་མ་དམ་པ་ནི་མིན་ཏེ། བླ་མ་དམ་པར་འགྱུར་བ་ལ་རྟེན་གྱི་གང་ཟག་དེ་ལ་དབང་བསྐུར་བའི་སྒོ་ནས་གསང་སྔགས་ཀྱི་སྡོམ་ལྡན་དུ་བྱས་ཏེ། གང་ཟག་དེས་རྩེ་གཅིག་ཏུ་གསོལ་བ་བཏབ་ན། ཚེ་འདི་འམ་བར་དོ་སོགས་སུ་སངས་རྒྱས་སྦྱིན་ནུས་པ་གཅིག་དགོས་པའི་ཕྱིར་རོ། །བདག་ནི་འདི་ལྟར་སེམས་ཏེ། དབང་བསྐུར་བའི་བླ་མ་དེ་བླ་མ་ཐམས་ཅད་ཀྱི་ནང་ནས་དམ་པ་ཡིན་པའི་རྒྱུ་མཚན་གཞན་ཡང་ཡོད་དེ། དབང་བཞི་དང་རིམ་པ་གཉིས་པོ་དེ་སངས་རྒྱས་བསྒྲུབ་པའི་ལམ་ཐམས་ཅད་ཀྱི་ནང་ནས་གཙོ་བོ་ཡིན་པ་གང་ཞིག །དབང་བསྐུར་བའི་བླ་མ་དེ་ལྟ་བུའི་ལས་སྟོན་པ་པོ་ཡིན་ཞིང་། བླ་མ་གཞན་རྣམས་ནི་དེ་ལྟར་མིན་པའི་ཕྱིར་རོ། །དེས་ན་དབང་བཞི་བསྐུར་བའི་བླ་མ་དེ་བླ་མ་རྣམས་ཀྱིས་གཙོ་བོ་དང་རབ་དང་ཕུལ་དུ་ཕྱིན་པ་དང་། མཆོག་ཡིན་པས་དམ་པར་འཇོག་ཅེས་པའོ། །

གཉིས་པ་ནི། གསང་སྔགས་མིན་པའི། ཞེས་སོགས་རྐང་པ་དྲུག་སྟེ། དབང་བསྐུར་གྱི་སྒོ་ནས་གསང་སྔགས་ཀྱི་སྡོམ་ལྡན་དུ་བྱས་པ་མིན་པའི་བླ་མ་ལ་མོས་པ་བྱས་ཀྱང་ཚེ་འདི་ཡི་བདེ་སྐྱིད་ཕུན་སུམ་ཚོགས་པ་ཙམ་

ཞིག་གམ། སྐྱེ་བ་ཕྱི་མ་ལ་དལ་འབྱོར་གྱི་ལུས་ཐོབ་ཅིང་། སངས་རྒྱས་ཀྱི་བསྟན་པ་དང་མཇལ་བ་སོགས་རིམ་གྱིས་འབྲས་བུ་འགྲུབ་པའི་རྒྱུ་རུ་འགྲོ་བ་སྲིད་ཀྱི། དབང་མ་བསྐུར་བའི་བླ་མ་དེས་ནི། སློབ་མ་ལ་ཚེ་འདི་འམ། བར་དོ་དང་། སྐྱེ་བ་བཅུ་དྲུག་ཙམ་ལ་འབྲས་བུ་སངས་རྒྱས་ཉིད་སྦྱིན་མི་ནུས་ཏེ། དེ་ནུས་པ་ལ་དབང་བཞི་བསྐུར་དགོས་པ་ལས་དེ་མ་བསྐུར་བས་སོ། །

གསུམ་པ་ནི། ཕ་རོལ་ཕྱིན་པའི། ཞེས་སོགས་ཚིགས་བཅད་གཉིས་ཏེ། མདོ་སྔགས་ཀྱི་བླ་མའི་ཁྱད་པར་ཇི་ལྟ་བུ་སྙམ་ན། ཕ་རོལ་ཏུ་ཕྱིན་པའི་གཞུང་ལུགས་ལས། བླ་མ་སངས་རྒྱས་ལྟ་བུ་བལྟ་བར་བྱ་ཞེས་གསུང་སྟེ། འདུལ་བ་ལས། ལྷན་ཅིག་གནས་པ་དང་། ཉེ་གནས་ཀྱིས་མཁན་པོ་དང་། སློབ་དཔོན་ལ་སྟོན་པའི་འདུ་ཤེས་སྐྱེད་པར་བྱའོ། །ཞེས་དང་། འཇམ་དཔལ་རྣམ་པར་འཕྲུལ་པའི་མདོ་ལས། འཇམ་དཔལ་དེ་ལྟ་བས་ན་བྱང་ཆུབ་སེམས་དཔའ་དེ་བཞིན་གཤེགས་པ་ལ་ཇི་ལྟར་གུས་པར་བྱ་བ་དེ་བཞིན་དུ། དགེ་བའི་བཤེས་གཉེན་རྣམས་ལའང་བརྟེན་པར་བྱའོ། །ཞེས་དང་། ཕལ་པོ་ཆེའི་ནོར་བཟང་གི་རྣམ་པར་ཐར་པ་ལས་ཀྱང་རྒྱས་པར་གསུངས་པའི་ཕྱིར། དེ་ལྟར་གསུངས་མོད་ཀྱི་དེར་བླ་མ་སངས་རྒྱས་དངོས་སུ་གསུང་པ་མེད་ལ། བླ་མ་སངས་རྒྱས་དངོས་ཉིད་ཡིན་ཅེས་བྱ་བ་དབང་བསྐུར་བ་ལེགས་པར་ཐོབ་ནས་ཡིན་ཏེ། འདུས་པའི་རྒྱུད་ཕྱི་མ་ལས། དབང་བསྐུར་བའི་རྡོ་རྗེ་སློབ་དཔོན་ལ་ཇི་ལྟར་བལྟ་བར་བགྱི་ཞུས་པའི་ལན་དུ། སངས་རྒྱས་ཀུན་གྱི་རང་བཞིན་སྐུ། །ཡང་དག་བྱང་ཆུབ་སེམས་དཔའ་སྟེ། །བ་སྤུ་རྣམས་ནི་དགྲ་བཅོམ་ཉིད། །སྤྱི་གཙུག་རིགས་ལྔའི་སངས་རྒྱས་ཏེ། །འཇིག་རྟེན་པ་ནི་ཞབས་ཀྱིས་མནན་ཏེ། །འོད་ཟེར་གནོད་སྦྱིན་གསང་བ་པོ། །རྣལ་འབྱོར་ཅན་གྱིས་རྟག་ཏུ་ལྟ། །ཞེས་དང་། དབང་ཐོབ་པའི་རྡོ་རྗེ་སློབ་དཔོན་ལ་ཇི་ལྟར་བལྟ་བར་བྱ། བཅོམ་ལྡན་འདས་ཀྱིས་བཀའ་སྩལ་པ། དུས་གསུམ་གྱི་སངས་རྒྱས་ཐམས་ཅད་བླ་མའི་བ་སྤུ་གཅིག་ལ་མཐོང་ནས། དུས་གསུམ་གྱི་སངས་རྒྱས་ཐམས་ཅད་བླ་མ་ལ་མཆོད་པ་བྱེད་པ་མཐོང་ངོ་། །ཞེས་བྱ་བ་ལ་སོགས་པ་དང་། བཤད་རྒྱུད་རྡོ་རྗེ་ཕྲེང་བ་ལས། རྡོ་རྗེ་སློབ་དཔོན་ལུས་འདི་ལ། །རྒྱལ་བའི་སྐུ་ནི་རིམ་བཞིན་གནས། །འདི་ཡི་གཟུགས་ཀྱི་ཕུང་པོ་ནི། །བཅོམ་ལྡན་འདས་སངས་རྒྱས་རྣམ་སྣང་མཛད། །ཅེས་པ་ནས་ཧཱུྃ་མཐིལ་གནོད་མཛེས་ཀྱི་བར་གདན་གསུམ་ཚང་བའི་ལྷ་ཚོགས་སུ་གསུང་པ་དང་། རྡོ་རྗེ་གུར་ལས། དཔལ་ཀྱེའི་རྡོ་རྗེའི་དཀྱིལ་འཁོར་དུ་དབང་བསྐུར་བའི་སློབ་དཔོན་ལ་ཇི་ལྟར་བལྟ་བར་བགྱི། དེ་བཞིན་གཤེགས་པས་བཀའ་སྩལ་པ། །སློབ་དཔོན་སྟོན་པར་གྱུར་པ་ནི། །སངས་རྒྱས་ཀུན་གྱིས་ཕྱག་མཛད་པ། །བདག་ཅག་ཀུན་གྱི་ཕ་དང་མ། །འདི་ཉིད་ཡིད་ལ་བསམ་པར་བྱ། །ཞེས་བྱ་བ་དང་། གང་ཕྱིར་ཡེ་ཤེས་རྡོ་རྗེ་ནི། །མཉེས་པས་དངོས་གྲུབ་ཐོབ་པར་འགྱུར།

དེ་ཕྱིར་སློབ་དཔོན་དུང་གཤེགས་ཏེ། །དེ་བཞིན་གཤེགས་རྣམས་ཕྱག་མཛད་དོ། །རྡོ་རྗེ་སེམས་དཔའ་ལྷ་བུ་ཡིས། །དེ་ལྟར་སློབ་དཔོན་གཟུགས་འཛིན་ཏེ། །སེམས་ཅན་རྗེས་སུ་བཟུང་དམིགས་ནས། །ཕལ་པའི་གཟུགས་སུ་གནས་པའོ། །ཞེས་བྱ་བ་དང་། བླ་མ་ལྔ་བཅུ་པ་ལས། དབང་བསྐུར་མཆོག་ཐོབ་རྡོ་རྗེ་ཡིས། །སློབ་དཔོན་ལ་ནི་དེ་བཞིན་གཤེགས། །ཕྱོགས་བཅུ་འཇིག་རྟེན་ཁམས་བཞུགས་པས། །དུས་གསུམ་དུ་ནི་མངོན་ཕྱག་འཚལ། །ཞེས་དང་། བདེ་མཆོག་རྩ་རྒྱུད་ལས། དེ་ནས་སྒྲུབ་པོས་དངོས་ཀུན་གྱིས། །དང་པོ་སློབ་དཔོན་མཉེས་པར་བྱ། །སྒྲུབ་དོན་ཀུན་ཏུ་མཉམ་གཞག་པས། །ཅི་ནུས་པས་ནི་བླ་མ་མཆོད། །ཅེས་དང་། ཡང་བླ་མ་ལྔ་བཅུ་པ་ལས། བླ་མ་དང་ནི་རྡོ་རྗེ་འཛིན། །ཐ་དད་པར་ནི་མི་ལྟ་འོ། །ཞེས་དང་། སྡོམ་མེད་རྡོ་རྗེའི་ཚིག་རྐང་ལས། བླ་མ་དང་ནི་རྡོ་རྗེ་སེམས། །ཐ་དད་པར་ནི་མི་བལྟ་སྟེ། །ཞེས་སོགས་མང་དུ་གསུངས་པའི་ཕྱིར་རོ། །

དེས་ན་དབང་བསྐུར་བའི་སྒོ་ནས་གསང་སྔགས་ཀྱི་སྡོམ་པས་མ་སྦྲེལ་ན་ཆོས་གཞན་སྟོན་པའི་བླ་མ་བཟང་ཡང་ཕ་རོལ་ཏུ་ཕྱིན་པའི་ལུགས་བཞིན་དུ། རིམ་གྱིས་སངས་རྒྱས་འགྲུབ་པའི་རྒྱུ་རུ་སྲིད་པ་ཡིན་གྱི། ཚེ་འདི་སོགས་ལ་སངས་རྒྱས་སྦྱིན་མི་ནུས་ཏེ། དབང་བཞི་མ་བསྐུར་བའི་ཕྱིར་རོ། །མདོ་སྔགས་གཉིས་ལ་དབང་མ་བསྐུར་བ་དང་། བསྐུར་བའི་ཁྱད་པར་གྱིས་བླ་མ་དམ་པ་ཡིན་མིན་དང་། བླ་མ་སངས་རྒྱས་དངོས་ཡིན་མིན་སོགས་ཀྱི་རྣམ་གཞག་མཛད་པ་ཡིན་གྱི། ཕ་རོལ་ཏུ་ཕྱིན་པའི་གཞུང་ལུགས་ནས་བཤད་པའི་བླ་མ་ཡིན་ན། སངས་རྒྱས་དངོས་མིན་པས་ཁྱབ་པ་དང་། དེ་དང་སངས་རྒྱས་དངོས་ཀྱི་གཞི་མཐུན་མེད་པ་དང་། དེ་ཡིན་ན་བླ་མ་དམ་པ་མིན་པས་ཁྱབ་པ་ནི་མིན་ཏེ། རྒྱལ་བ་ཤཱཀ་ཐུབ་ལྟ་བུ། ཕ་རོལ་ཏུ་ཕྱིན་པའི་གཞུང་ལུགས་ནས་བཤད་པའི་བླ་མ་ཡང་ཡིན། བླ་མ་དམ་པ་དང་། སངས་རྒྱས་དངོས་ཀྱང་ཡིན་པའི་གཞི་མཐུན་པ་དུ་མ་ཡོད་པའི་ཕྱིར་རོ། །འདི་ནི་བདག་གི་རྟོག་པའོ། །

བདུན་པ་ནི། རབ་བྱུང་མིན་ལ། ཞེས་སོགས་ཚིགས་བཅད་གཉིས་ཏེ། ཆོས་པ་ཡིན་ན་དམ་ཆོས་ཁུངས་མ་དང་འབྲེལ་བ་གཅིག་དགོས་ཏེ། འདུལ་བའི་ལུགས་ཀྱི་རབ་ཏུ་བྱུང་བ་མ་ཡིན་པ་ལ། མཁན་པོའི་རྣམ་གཞག་མེད་ཅིང་། གསང་སྔགས་ཀྱི་དབང་མ་བསྐུར་བ་ལ། བླ་མ་དམ་པ་མེད་པ་དང་། སྡོམ་པ་མེད་པ་ལ་དེས་ཟིན་པའི་དགེ་བ་རྒྱུན་ཆགས་མེད་པ་དང་། དཀོན་མཆོག་གསུམ་ལ་སྐྱབས་སུ་འགྲོ་བ་མེད་ན། སངས་རྒྱས་པའི་ཆོས་པའི་ཁོངས་སུ་ཆུད་པ་མིན་པའི་ཕྱིར། དེས་ན་རང་རྒྱུད་ལ་སྡོམ་པ་མེད་པ་དགེ་སྦྱོང་དུ་ཁས་འཆེ་བ་དང་། རྒྱུད་ལ་སེམས་བསྐྱེད་མ་ཐོབ་པར་རྒྱལ་སྲས་སུ་དང་། དབང་བསྐུར་ཐོབ་པ་མེད་པར་གསང་སྔགས་པར་ཁས་འཆེ་བ་གསུམ་ནི་རིམ་པ་ལྟར་སངས་རྒྱས་ཀྱི་བསྟན་པ་འདུལ་བ་དང་། ཕ་རོལ་ཏུ་ཕྱིན་པའི་ཕར་ཕྱིན་པ་དང་།

རྡོ་རྗེ་ཐེག་པའི་ཆོམ་རྐུན་ཡིན་པར་ཤེས་པར་བྱས་ནས་རང་རང་གི་ཚོགས་སོ་ཐར། སེམས་བསྐྱེད། སྔགས་སྡོམ་རྣམས་བླངས་ཏེ། མི་ཉམས་པར་བསྲུང་བ་ལ་འབད་པར་བྱའོ། །

གསུམ་པ་དབང་དང་རིམ་གཉིས་ལས་བྱུང་བའི་ཡེ་ཤེས་ཕྱག་རྒྱ་ཆེན་པོ་ལ་གཉིས་ཏེ། རྟོགས་བྱེད་ཕྱག་ཆེན་གྱི་ཡེ་ཤེས་ལ་འཁྲུལ་པ་དགག་པ། རྟོགས་བྱ་སྤྲོས་བྲལ་གྱི་ལྟ་བ་ལ་འཁྲུལ་པ་དགག་པའོ། །དང་པོ་ལ་གསུམ་སྟེ། མཚོན་བྱེད་དཔེའི་ཕྱག་ཆེན་ལ་འཁྲུལ་པ་དགག །མཚོན་བྱ་དོན་གྱི་ཕྱག་ཆེན་ལ་འཁྲུལ་པ་དགག་པ། ཞར་ལ་ཐེག་པ་གསུམ་གྱི་ལག་ལེན་ལ་འཁྲུལ་པ་དགག་པའོ། །དང་པོ་ལ་གསུམ་སྟེ། སྟོང་རྐྱང་དུ་ལྟ་བའི་ལྟག་མཐོང་ལྟར་སྣང་ལ་ཕྱག་ཆེན་དུ་འདོད་པ་དགག་པ། མོས་གུས་ཀྱིས་སེམས་བསྒྱུར་པའི་གཞི་གནས་ལྟར་སྣང་ལ་ཕྱག་ཆེན་དུ་འདོད་པ་དགག་པ། ཞར་ལ་ཕྱག་ཆེན་གྱི་རྒྱུ་ལ་ལོག་རྟོགས་དགག་པའོ། །དང་པོ་ལ་བཞི་སྟེ། གཞན་ལུགས་ཀྱི་ཕྱག་ཆེན་དགག་པ་དངོས། རང་ལུགས་ཀྱི་ཕྱག་ཆེན་ངོས་བཟུང་བ། གཞན་ལུགས་ཀྱི་ཕྱག་ཆེན་རྒྱ་ནག་ལུགས་སུ་བསྟན་པ། རང་ལུགས་ཀྱི་ཕྱག་ཆེན་རྒྱ་གར་གྱི་ལུགས་སུ་བསྟན་པའོ། །དང་པོ་ནི། ཕྱག་རྒྱ་ཆེན་པོ། ཞེས་སོགས་ཚིགས་བཅད་བཞི་སྟེ། ཁ་ཅིག་སེམས་རྐྱང་དུ་བསྒོམ་པ་ཕྱག་ཆེན་དུ་འདོད་པ་མི་འཐད་དེ། དེང་སང་ཕྱག་རྒྱ་ཆེན་པོ་བསྒོམ་ཟེར་ན་ཡང་མདོ་ལས། གང་ཡིད་ལ་བྱེད་པ་དེ་ནི་མི་དགེ་བའོ། །གང་ཡིད་ལ་མི་བྱེད་པ་དེ་ནི་དགེ་བའོ། །ཞེས་དང་། ཆོས་ཐམས་ཅད་ནི་དྲན་པ་མེད་ཅིང་། ཡིད་ལ་བྱར་མེད་པའོ། །ཞེས་པའི་དོན་སྒྲ་ཇི་བཞིན་དུ་བཟུང་ནས་རྣམ་པར་རྟོག་པ་ཕྱི་རོལ་གྱི་ཡུལ་ལ་འཕྲོ་བ་བཀག་ནས། སྟོང་པ་ཧད་དེར་འཇོག་པའི་རྟོག་པ་ཁ་ཚོམ་པ་ཉིད་བསྒོམ་པར་བྱེད་ཀྱི། དབང་དང་རིམ་པ་གཉིས་བསྒོམ་པ་ལས་བྱུང་བའི་རང་བྱུང་གི་ཡེ་ཤེས་ལ་ཕྱག་རྒྱ་ཆེན་པོར་རྣལ་འབྱོར་ཆེན་པོའི་རྒྱུད་སྡེ་ལས་གསུངས་པའི་དོན་མི་ཤེས་སོ། །དབང་བསྐུར་མེད་པར་སེམས་སྟོང་པ་ཙམ་དུ་བསྒོམ་པ་ཕྱག་ཆེན་དུ་འདོད་པ་འདི་ལ་རྣམ་པར་བརྟགས་ན་མི་འཐད་དེ། བླུན་པོའི་རྣམ་ཤེས་ཚོགས་དྲུག་གི་རྒྱུ་བ་བཀག་ནས་དྲན་རིག་ཙམ་ཡང་གསལ་བ་མེད་པར་སྟོང་པ་ཉིད་ཙམ་ལ་ཕྱག་རྒྱ་ཆེན་པོར་མིང་བཏགས་ནས་བསྒོམ་པ་ནི། ཉོན་མོངས་རྨུགས་པའི་ཁོངས་སུ་གཏོགས་པ་ཡིན་པས། ཕལ་ཆེར་དུད་འགྲོའི་རྒྱུ་རུ་གསུང་སྟེ། ཡེ་ཤེས་གྲུབ་པ་ལས། རྨོངས་པས་བསྒོམ་པར་མིང་བཏགས་ནས། །རྨོངས་པས་རྨོངས་པ་བསྒྲུབ་པར་བྱེད། །ཅེས་གསུངས་པའི་ཕྱིར། དེ་དུད་འགྲོའི་རྒྱུ་མིན་ནའང་། སེམས་སྟོང་པ་ལ་ངོ་སྤྲད་ནས་དགེ་བ་ཅི་རིགས་བྱས་ན་གཟུགས་མེད་ཀྱི་ཁམས་སུ་སྐྱེ་སྟེ། འདི་ལྟར་གཟུགས་ཀྱི་སྣང་བ་མཐའ་དག་བཀག་ནས། གཟུགས་ལ་འདོད་ཆགས་དང་བྲལ་བར་བྱས་ཏེ། ནམ་མཁའ་ལ་དམིགས་ན་ནམ་མཁའ་མཐའ་ཡས་དང་། དེ་ཡང་བཀག་སྟེ། ཕན་ཚུན་གྱི་རྣམ་པར་ཤེས་པ་ལ་དམིགས་ན། རྣམ་ཤེས་མཐའ་

ཡས་དང་། དེ་ཡང་བཀག་སྟེ། གཟུང་བྱ་ཅི་ཡང་མེད་པ་ལ་དམིགས་ན་ཅི་ཡང་མེད་པ་དང་། དེ་ལས་འདས་ཏེ་འདུ་ཤེས་རགས་པ་མེད་ཅིང་ཕྲ་བ་མེད་པ་མིན་ནོ། །སྐམ་དུ་དམིགས་ན་འདུ་ཤེས་མེད་མིན་ཏེ། གཟུགས་མེད་སྐྱེ་མཆེད་མུ་བཞིར་སྐྱེ་བར་འགྱུར་བའི་ཕྱིར། ཡང་ན་དེ་བསྒོམ་ལེགས་ཏེ་འཁོར་བ་ལ་ངེས་འབྱུང་གི་བློས་གང་ཟག་གི་བདག་འཛིན་བཀག་ནས་སྟོང་པ་ཉིད་རྩེ་གཅིག་བསྒོམ་པར་བྱས་ན་འབྲས་བུ་ཉན་ཐོས་ཀྱི་འགོག་པར་ལྷུང་། སེམས་སྟོང་པ་ལ་གོལ་ས་དུ་ཡོད་ན། ཆོས་རྗེ་པས། ཐོས་པ་ཆེན་གོལ་ས་ཆུང་། ཐོས་པ་ཆུང་ན་གོལ་ས་ཆེ། བྱེ་བྲག་ཏུ་སེམས་བག་ཆགས་ཀྱི་རྗེས་སུ་འབྲངས་པས་བླུན་པོ་རྣམས་ཀྱི་རྟོག་པ་ཁ་ཚོམ་ཚོད་པའི་ཕྱག་རྒྱ་ཆེན་པོ་བསྒོམ་ན་བྱིས་པ་མ་རབས་སུ་གོལ། སེམས་ལོག་པར་བལྟས་ན་མུ་སྟེགས་སུ་གོལ། སེམས་འགོག་པ་ཉན་ཐོས་སུ་གོལ། སེམས་གསལ་བ་སེམས་ཙམ་དུ་གོལ། སེམས་ཡན་པར་བཏང་ན་ཁམས་གསུམ་དུ་གོལ། སེམས་སྟོང་པར་བལྟས་ན་ཆད་པར་གོལ། སེམས་ཐེར་ཟུག་ཏུ་བལྟས་ན་རྟག་པར་གོལ་ལོ། །ཞེས་གསུངས་སོ། །གལ་ཏེ་དེ་ནི་ཤིན་ཏུ་བསྒོམ་ལེགས་ཀྱང་སོ་སོར་རྟོག་པའི་ཤེས་རབ་ཀྱིས་ཡོད་མེད་ལ་སོགས་པ་གཉིས་འཛིན་གྱི་སྤྲོས་པ་མཐའ་དག་དཔྱད་ན་སྙིང་རྗེ་ཆེན་པོ་དང་ཟུང་འཇུག་ཏུ་བྱས་པ་དབུ་མའི་བསྒོམ་ལས་ལྷག་པ་མེད་ལ། དབུ་མའི་བསྒོམ་དེ་ཤིན་ཏུ་བཟང་བ་ཡིན་མོད་ཀྱི་འོན་ཀྱང་དེ་འགྲུབ་པ་ཤིན་ཏུ་དཀའ་སྟེ། དུས་ཇི་སྲིད་བསོད་ནམས་དང་ཡེ་ཤེས་ཀྱི་ཚོགས་གཉིས་མ་རྫོགས་པ་དེ་སྲིད་དུ། ཟུང་འཇུག་དབུ་མའི་བསྒོམ་དེ་མཐར་མི་ཕྱིན་པའི་ཕྱིར། དེ་སྐད་དུ། བསྟོད་པ་ལས། དེ་དག་དགེ་བའི་རྩ་བ་ཇི་སྲིད་མ་རྫོགས་བར། །དེ་སྲིད་སྟོང་ཉིད་དམ་པ་དེ་ནི་རྟོགས་མི་འགྱུར། །ཞེས་གསུངས་པའི་ཕྱིར། དབུ་མ་པ་འདི་ཡི་ལུགས་ཀྱི་ཚོགས་གཉིས་རྫོགས་པ་ལ་བསྐལ་པ་གྲངས་མེད་མང་པོ་དགོས་པར་གསུངས་ཏེ། བརྒྱད་སྟོང་འགྲེལ་ཆེན་སོགས་ལས་གྲངས་མེད་གསུམ་དང་། གྲངས་མེད་སུམ་ཅུ་རྩ་གཉིས་དང་། སོགས་པར་བསོག་དགོས་ཚུལ་རྒྱས་པར་གསུངས་པའི་ཕྱིར་རོ། །མདོར་ན་དབང་དང་རིམ་གཉིས་ལས་བྱུང་བའི་རང་བྱུང་གི་ཡེ་ཤེས་མ་གཏོགས་པར་སྟོང་པར་བལྟ་བའི་བསྒོམ་ཐམས་ཅད་གོང་དུ་བཤད་པའི་བསྒོམ་བཞི་པོ་དེ་ར་མ་འདུས་པ་མེད་ཅིང་། བཞི་པོ་དེ་དག་ནི། ཕྱག་ཆེན་མིན་པས། མ་བཅོས་མ་བཅོས་བློ་མ་བཅོས། །བཅོས་པའི་ཆོས་ཀྱིས་འཚང་མི་རྒྱ། །ཞེས་དང་། དམ་ཆོས་ཕྱག་རྒྱ་ཆེན་པོ་འདི་ལ། བསྒོམ་ནས་བསྒོམ་རྒྱུ་ཅི་ཡང་མེད་དོ། །ཐ་མལ་ཤེས་པར་རང་སོར་ཞོག་ཅིག །རང་སར་མི་སྡོད་འཕྲོ་བའི་ཚེ་ན་འཕྲོ་མཁན་གང་ཡིན་ཅེར་ཏེ་ཟུངས་ཤིག ཞེས་སོགས་ཀྱི་སྒོ་ནས་རྟོག་པ་བཀག་ཙམ་གྱི་བསྒོམ་ཐམས་ཅད་ཕྱག་ཆེན་ཡིན་པ་སངས་རྒྱས་ཀྱི་གསུང་ལ་རྟེན་པའི་མཁས་པ་རྣམས་ཀྱིས་སྤྱང་བར་བྱའོ། །

གཉིས་པ་ནི། ངེད་ཀྱི་ཕྱག་རྒྱ་ཞེས་སོགས་རྐང་པ་བཅུ་སྟེ། འདི་བསྡུས་དོན་གྱི་སྒོ་ནས་བཤད་ན། ཚིག་

རྐང་དང་པོ་གསུམ་གྱིས་རྒྱུ་བསྟན། བཞི་པས་རང་གི་ངོ་བོ་བསྟན། དེ་ནས་གཉིས་ཀྱིས་འབྲུབ་པའི་དུས་བསྟན། དེ་ནས་གཉིས་ཀྱིས་གཞན་དུ་རྟོག་པ་དགག་པ་བསྟན། དེ་ནས་གཉིས་ཀྱིས་ཕྱག་ཆེན་བསྒྲུབ་པར་འདོད་པས་གང་ལ་འཇུག་པའི་ཡུལ་བསྟན་ཏོ། །

སྤྱིའི་དོན་གྱི་སྒོ་ནས་བཤད་ན། རྒྱ་ནག་རི་བོ་རྩེ་ལྔར། འཇམ་དབྱངས་ས་སྐྱ་པཎ་ཆེན་ལ་རྟོགས་ལྡན་རྒྱན་པོ་ཞེས་བྱ་བས། ཆོས་རྗེ་པ། བལྟ་བ་ཕྱག་རྒྱ་ཆེན་པོ་འདི་ཐེག་པ་ཐམས་ཅད་ཀྱི་བསྒོམ་དུ་བཞེད་དམ། ཕྱག་རྒྱ་ཆེན་པོ་འདིས་རང་བཞིན་ཇི་ལྟ་བུ་ལགས། ཅིའི་ཕྱིར་ཕྱག་རྒྱ་ཆེན་པོ་ཞེས་བྱ། འདི་སྐྱེ་ཚུལ་དང་། ས་ལམ་བགྲོད་ཚུལ་གྱི་རྣམ་པ་ཇི་ལྟ་བུ་ལགས། བདག་ལ་ཕྱག་རྒྱ་ཆེན་པོའི་གདམས་ངག་ཟབ་མོ་ཞིག་གནང་བར་ཞུ། ཞེས་པའི་ལན་རིམ་པར་མཛད་ལ། སྤྱིར་ཕ་རོལ་ཏུ་ཕྱིན་པའི་ཐེག་པའི་ལུགས་ལ། ལྟ་བ་དཀའ་རྟགས་ཀྱི་ཕྱག་རྒྱ་བཞིའི་རྒྱས་འདེབས། རྒྱུད་སྡེ་འོག་མ་གསུམ་གྱི་ལུགས་ལ་ཟབ་གསལ་གཉིས་མེད་ཀྱི་རྒྱས་འདེབས་པར་བཤད་ཀྱང་། ཆེན་པོའི་ཐ་སྙད་མ་གསུང་ཞིང་དེ་དག་གི་ལུགས་ལ། མཆོག་གི་དངོས་གྲུབ་བཤད་ཀྱང་། ཕྱག་རྒྱ་ཆེན་པོ་མཆོག་གི་དངོས་གྲུབ་མ་བཤད་པས། ལྟ་བ་ཕྱག་རྒྱ་ཆེན་པོ་མཚན་ཉིད་པ་བསྒོམ་པར་མི་འདོད། ཞེས་པ་ནས། དེ་དག་གི་ལྟ་བའི་བསྒོམ་ལ་ཕྱག་རྒྱ་ཆེན་པོར་འདོགས་ན་མིང་ཙམ་ལ་མི་བརྩད་ཅེས་དང་། ཕྱག་རྒྱ་ཆེན་པོའི་རང་བཞིན་ནི། ཕྱག་རྒྱ་ཆེན་པོ་མི་འགྱུར་བདེ། །གཟུང་དང་འཛིན་པ་དབྱིབས་དག་དང་། །རྟོག་དང་བརྗོད་པ་རྣམ་པར་སྤངས། །ཞེས་པ་ནས། རྣམ་པ་ཀུན་གྱི་མཆོག་ལྡན་པ། །ཕྱག་རྒྱ་ཆེན་པོ་དེ་ལ་འདུད། །ཞེས་པའི་བར་གསུངས་པས་བསྟན། དེའི་དོན་ནི། རྣམ་ཀུན་མཆོག་ལྡན་གྱི་སྟོང་ཉིད་དེ་དབང་དང་རིམ་གཉིས་ལས་བྱུང་བའི་བདེ་སྟོང་ཟུང་དུ་འཇུག་པའི་ཡེ་ཤེས་ཀྱིས་སྨྲ་བསམ་བརྗོད་མེད་ཀྱི་ཚུལ་གྱིས་རྟོགས་ཞེས་པའོ། །ཕྱག་རྒྱ་ཆེན་པོ་ཞེས་བྱ་བའི་སྒྲ་དོན་ནི། ལེགས་སྦྱར་གྱི་སྐད་ལ། མ་ཧཱ་མུ་དྲ་ཞེས་པ་ནི། བོད་སྐད་དུ། མ་ཧཱ་ཆེན་པོ། མུ་དྲ་རྒྱ་དང་། རྟགས་དང་། མཚན་མ་དང་། གུག་སྐྱེད་སོགས་ལ་འཇུག་པ་ལས། འདིར་རྒྱ་རུ་འགྱུར་བ་ཡིན། དོན་ནི། ཨ་ཤྭ་ཀླུ་ཧྲི་པས། རྒྱས་བཏབ་ཕྱིར་ན་རྒྱ་ཞེས་ཏེ། །སྲིད་གསུམ་རོ་གཅིག་ཕྱིར་ཆེན་པོ། །ཞེས་གསུངས་པ་ལྟར། འཁོར་འདས་ཀྱི་ཆོས་ཐམས་ཅད་བདེ་སྟོང་ཟུང་འཇུག་གི་ངང་དུ་རྒྱས་བཏབ་ནས། ཉམས་སུ་ལེན་པའི་དོན་གྱིས་ཕྱག་རྒྱ་ཆེན་པོ་ཞེས་བྱ་བ་ཡིན། སྐྱེ་ཚུལ་གྱི་རིམ་པ་ནི་གང་ཟག་སྐལ་བཟང་འགའ་ཞིག་ལ། དབང་གི་ཡེ་ཤེས་ཕེབས་པའི་དུས་ནས་ཕྱག་རྒྱ་ཆེན་པོའི་ཡེ་ཤེས་མཚན་ཉིད་པ་སྐྱེ་བ་ཡང་ཡོད་མོད་ཀྱི། ཕལ་ཆེ་བ་ལ་ནི། ཐབས་བསྒོམ་པ་སོགས་ལ་ལྟོས་ཤིང་། ཐོག་མར་ཕྱག་རྒྱ་ཆེན་པོ་ལྟར་སྣང་སྐྱེས་ནས་ཕྱིས་ཕྱག་རྒྱ་ཆེན་པོ་མཚན་ཉིད་པ་སྐྱེ་བ་ཡིན་ཞེས་གསུངས། ཡང་ལམ་བགྲོད་པའི་ཚུལ་ནི་བྱང་ཆུབ་དོན་དུ་གཉེར་བས་སྨིན་

བྱེད་དབང་བསྐུར་ནས་བརྟམ་སྟེ། ཉམས་སྐྱོན་ཅན་རྣམས་རྫོགས་པ་ཡན་ཆད། ཐེག་པ་ཐུན་མོང་བ་ལྟར་ན་ཚོགས་ལམ་ཞེས་བྱ་བ་ཡིན། བརྟག་གཉིས་ལས། ཀུན་མཁྱེན་ཡེ་ཤེས་དེ་ལྟ་བུ། །ཞེས་གསུངས་པ་ལྟར། བདེ་སྟོང་ཟུང་འཇུག་གི་ཡེ་ཤེས་མཚན་ཉིད་པ་རྒྱུད་ལ་སྐྱེས་ཤིང་རྣམ་པར་མི་རྟོག་པའི་ཉམས་རྒྱུན་ཆགས་སུ་འབྱུང་ཡང་། རྣམ་པར་རྟོག་པའི་བག་ཆགས་ཕྲ་མོ་དང་བཅས་པ་ནམ་ལངས་ནས་ཉི་མ་ཤར་བ་ལྟ་བུ། དཔེའི་ཡེ་ཤེས་རྒྱུད་ལ་སྐྱེས་པ་ནི། སྦྱོར་ལམ་ཞེས་བྱ་བ་ཡིན། མཚན་བརྗོད་ལས། རྣམ་པར་ཤེས་པའི་ཆོས་ཉིད་འདས། །ཡེ་ཤེས་གཉིས་མེད་ཚུལ་འཆང་བ། །རྣམ་པར་རྟོག་བྱེད་ལྷུན་གྱིས་གྲུབ། །ཅེས་གསུངས་པ་ལྟར། རྣམ་ཀུན་མཆོག་ལྡན་གྱི་སྟོང་ཉིད་མངོན་སུམ་དུ་རྟོགས་པ། རྣམ་པར་མི་རྟོག་པའི་ཡེ་ཤེས་མཚན་ཉིད་པ། ཕྱག་རྒྱ་ཆེན་པོ་དོན་གྱི་ཡེ་ཤེས་ཐོག་མར་སྐྱེས་པའི་ཚེ་ན། མཐོང་བའི་ལམ་ཐོབ་པ་ཞེས་བྱ་བ་ཡིན། དེ་ནས་རྒྱུན་ཆགས་སུ་གོམས་ཤིང་། གོང་ནས་གོང་དུ་བགྲོད་དེ་ས་བཅུ་གཉིས་པའི་བར་དུ་ཕྱིན་པ་ནི། བསྒོམ་པའི་ལམ་ཞེས་བྱ་བ་ཡིན། དེ་ནས་ས་བཅུ་གསུམ་པ་མངོན་དུ་བྱས་པ་ནི། སྐུ་བཞི་ཡེ་ཤེས་ལྔ་ལ་སོགས་པ་ཡོན་ཏན་རྒྱ་མཚོ་ལྟ་བུ་ཐོབ་པ་ནི་མི་སློབ་ལམ་མངོན་དུ་བྱས་པའོ། །ཞེས་གསུངས། རྒྱས་པར་ནི་རྟོགས་ལྡན་རྒྱན་པོ་ལ་གདམས་པ་ཕྱག་རྒྱ་ཆེན་པོ་མིག་ཟུར་ཞེས་བྱ་བ་ཉིད་ན་བཞུགས་པ་དང་། ཆོས་རྗེ་པའི་ཕྱག་ཆེན་གྱི་དབྱེ་བའི་ཡི་གེ་ན་གསལ་བར་བཞུགས་ལགས་སོ། །ཡང་དེ་ལ་དབང་གི་སྒོ་ནས་དབྱེ་ན། བུམ་དབང་བསྐུར་ནས་ལམ་བསྐྱེད་རིམ་བསྒོམ་པ་ལས་བྱུང་བའི་ལྟ་བ་ངོ་བོ་ཉིད་གསུམ་ནི་བུམ་དབང་ལས་བྱུང་བའི་ཕྱག་རྒྱ་ཆེན་པོ་དང་། གསང་དབང་བསྐུར་ནས་རླུང་དང་གཏུམ་མོའི་རྣལ་འབྱོར་བསྒོམ་པ་ལས་བྱུང་བའི་ལྟ་བ་རང་བྱུང་གི་ཡེ་ཤེས་བཞི་ནི་གསང་དབང་གི་དང་། ཤེས་རབ་ཡེ་ཤེས་ཀྱི་དབང་བསྐུར་ནས་དཀྱིལ་འཁོར་འཁོར་ལོ་བསྒོམ་པ་ལས་བྱུང་བའི་བདེ་སྟོང་གི་ཡེ་ཤེས་ནི་ཤེས་དབང་གི་དང་། དབང་བཞི་པ་བསྐུར་ནས་རྡོ་རྗེ་ཐ་རླབས་བསྒོམ་པ་ལས་བྱུང་བའི་བདེ་སྟོང་མཆོག་གི་ཡེ་ཤེས་ནི་དབང་བཞི་པའི་ཕྱག་རྒྱ་ཆེན་པོ་ཡིན་ནོ། །ད་ནི་གཞུང་གི་དོན་བཤད་པར་བྱ་སྟེ། འོ་ན་ཕྱེད་ཀྱི་ལུགས་ཀྱི་ཕྱག་རྒྱ་ཆེན་པོ་དེ་ཇི་ལྟ་བུ་ཞེ་ན། ངེད་ཀྱི་ལུགས་ཀྱི་ཕྱག་རྒྱ་ཆེན་པོ་ནི། བླ་མ་མཚན་ཉིད་དང་ལྡན་པ་ལ། སློབ་མ་མཚན་ཉིད་དང་ལྡན་པས། དཀྱིལ་འཁོར་མཚན་ཉིད་དང་ལྡན་པར། དབང་བཞི་མཚན་ཉིད་དང་ལྡན་པ་བླངས་པ་ལས་བྱུང་བའི་ཡེ་ཤེས་དང་། ལམ་རིམ་པ་གཉིས་ཀྱི་ཏིང་ངེ་འཛིན་བསྒོམ་པ་ལས་བྱུང་བའི་རང་འབྱུང་སྟེ། བསྒོམ་སྟོབས་ཀྱིས་ཐོབ་པའི་ཟུང་འཇུག་གི་ཡེ་ཤེས་ཡིན་ལ། ཕྱག་རྒྱ་ཆེན་པོ་འདིས་དོན་རྟོགས་པ་གསང་སྔགས་བླ་མེད་ཀྱི་ཐབས་ཟབ་མོ་ལ་མཁས་པར་བྱས་ན་རབ་ཚེ་འདི་ལས་འགྲུབ། གསང་སྔགས་ཀྱི་དབང་སོགས་མེད་པར་སྟོང་ཉིད་ཙམ་བསྒོམ་པས་ཕྱག་རྒྱ་ཆེན་པོའི་དོན་མི་རྟོགས་ཏེ། གསང་སྔགས་བླ་མེད

ནས་བཤད་པའི་སྐྱོན་གྲོལ་གྱི་ཐབས་དེ་ལས་གཞན་དུ་ཐབས་གང་གིས་ཀྱང་ཕྱག་རྒྱ་ཆེན་པོའི་དོན་རྟོགས་པ་རྫོགས་པའི་སངས་རྒྱས་ཀྱིས་མ་གསུངས་པའི་ཕྱིར་རོ། །ཕྱག་རྒྱ་ཆེན་པོ་བསྒོམ་པ་ལ་མོས་ན་གསང་སྔགས་བླ་མེད་ཀྱི་རྒྱུད་གཞུང་ནས་འབྱུང་བ་བཞིན་གྱི་དབང་བཞི་དང་རིམ་པ་གཉིས་བསྒོམ་ཞིང་བསྒྲུབ་པ་ལ་འབད་པར་བྱ་སྟེ། གསང་སྔགས་བླ་མེད་ལས་གཞན་གང་ནའང་ཕྱག་རྒྱ་ཆེན་པོའི་བཤད་པ་མེད་པ་དེས་ན་སྟེ་དེའི་ཕྱིར་རོ། །གཞུང་འདིའི་བཤད་པ་རྒྱས་པ་ཐམས་ཅད་དུ་མཛད་མི་འཚལ་ལོ། །

གཉིས་པ་ནི། ད་ལྟའི་ཕྱག་རྒྱ། ཞེས་སོགས་ཚིགས་བཅད་ཕྱེད་དང་བཅུ་སྟེ། ད་ལྟ་བོད་ཕལ་ཆེ་བ་བསྒོམ་པའི་ཕྱག་རྒྱ་ཆེན་པོ་དང་། རྒྱ་ནག་གི་མཁན་པོ་ཧྭ་ཤང་མ་ཧཱ་ཡ་ནའི་ལུགས་ཀྱི་རྫོགས་ཆེན་གཉིས་ལ་ཁྱད་པར་མེད་དེ། རྒྱ་ནག་གི་ལུགས་ལ་ཡས་འབབ་དང་། གཅིག་ཆར་བ་དང་ནི། བོད་ཀྱི་དེ་ལ་མས་འཛེག་དང་། རིམ་གྱིས་པར་མིང་འདོགས་ལུགས་བསྒྱུར་བ་ཙམ་མ་གཏོགས་པ་དོན་ལ་ཁྱད་པར་དང་དབྱེ་བ་མེད་པའི་ཕྱིར་རོ། །ཅིག་ཆར་བའི་ཆོས་ལུགས་འདི་འདྲ་བ་འབྱུང་བ་ཡང་། བྱང་ཆུབ་སེམས་དཔའ་ཞི་བ་འཚོས། རྒྱལ་པོ་ཆེན་པོ་ཁྲི་སྲོང་ལྡེའུ་བཙན་ལ་ལུང་བསྟན་གྱི་ཞལ་ཆེམས་མཛད་པ་ཇི་ལྟ་བ་བཞིན་ཐོག་ཏུ་བབས་སོ། །ལུང་བསྟན་མཛད་པ་དེ་ཡང་བཤད་ཀྱིས་ཉོན། ཞེས་གདམས་ནས། འདི་ལྟར་ཆོས་རྒྱལ་སྲོང་བཙན་སྒམ་པོས། ང་ནས་རྒྱལ་རབས་ལྔ་ནས་རྒྱལ་པོ་ལྡེའི་མིང་ཅན་གཅིག་འབྱུང་སྟེ། དེས་སངས་རྒྱས་ཀྱི་བསྟན་པའི་རྩ་བ་རྒྱ་སྐད་ཨ་ཙརྱ་བོ་དྷི་སཏྭ་སློབ་དཔོན་བྱང་ཆུབ་སེམས་དཔའ་རབ་ཏུ་བྱུང་བ་དུར་སྐྱིག་གི་གོས་འཛིན་པའི་སྟེ་འཛུགས་པར་འགྱུར་རོ། །དེ་ལ་ངའི་དཔོན་སློབ་འབངས་དང་བཅས་པ་རྣམས་ཀྱིས་མཆོད་པ་དང་བཀུར་བསྟི་ཆེན་པོ་གྱིས་ཤིག །ཚེ་འདི་དང་ཕྱི་མའི་བདེ་ལེགས་རྣམས་འབྱུང་བར་འགྱུར་རོ། །ཞེས་ལུང་བསྟན་པ་བློན་པོ་འགར་གྱིས་ཟངས་མའི་གླེགས་བུ་ལ་ཡི་གེ་བྲིས་པ་དེ་སྒོར་མཛོད་དུ་བཅུག་གོ། །ལུང་བསྟན་པ་བཞིན་དུ་ཁྲི་སྲོང་ལྡེའུ་བཙན་ལྷུགས་ཕོ་རྟའི་ལོ་ལ་སྐུ་འཁྲུངས་ཏེ། དགུང་ལོ་བཅུ་གསུམ་ལོན་པ། ཤུ་བོ་རྟའི་ལོ་ལ་རྒྱལ་སར་བྱོན་ནས། བློན་པོ་ཟླ་གསལ་སྣང་མཁན་པོ་སྤྱན་འདྲེན་པ་ལ་མངགས་ཏེ། མང་ཡུལ་སྐྱིད་གྲོང་དུ་མཁན་པོ་བྱོན་པ་དང་མཇལ་ཞིང་། སྤྱན་དྲངས་ནས་བསུ་བ་རྒྱ་ཆེན་མཛད་དེ། ཆོས་རྒྱལ་དང་ཞལ་འཛོམས་པའི་ཚེ། སྔོན་སྨོན་ལམ་བཏབ་པ་དྲན་ནམ། ཞེས་ལན་གསུམ་གྱི་བར་དུ་གསུངས་པས། རྗེས་ལ་འོལ་སྤྱི་དྲན་ལགས་ཏེ། བསྒོམ་ཡུན་ཐུང་བས་མི་གསལ་ཅེས་ཞུས་སོ། །མཁན་པོའི་ཞལ་སྔ་ནས། ཤུ་བོ་གནྡྷའི་འགྲམ་ན་མཆོད་རྟེན་ཆེན་པོ་ཞིག་བཞུགས་པ་ལ། དད་པས་ཞིག་གསོས་དང་། ཕྱག་དང་སྐོར་བ་བྱས་ཤིང་། རྒྱལ་པོ་ཁྱོད་ཀྱི་ཡུལ་མཐའ་འཁོབ་དམ་པའི་ཆོས་མ་དར་བའི་ཕྱོགས་སུ་རྒྱལ་པོར་གྱུར་ཏེ། སངས་རྒྱས་ཀྱི་བསྟན་པ་སྤེལ་བར་གྱུར་ཅིག །ཅེས་

སྨོན་ལམ་བཏབ་བོ། །ཁོ་བོ་ནི་དེའི་ཚེ། མཁན་པོར་གྱུར་ཅིག་ཅེས་བྱས་སོ། །ཞེས་པ་འདི་ཙམ་ཞིག་སྨྲ་བཞིན་ལས་བྱུང་ཞིང་། ཡིག་ཚང་འགའ་ཞིག་ཏུ། སློབ་དཔོན་པདྨས་གདུག་པ་ཅན་འདུལ་བའི་སྔགས་འཆང་དུ་གྱུར་ཅིག །ཅེས་པ་དང་། ཡེ་ཤེས་དབང་པོས་སྤྱན་འདྲེན་པའི་ཕོ་ཉར་གྱུར་ཅིག །ཅེས་སྨོན་ལམ་བཏབ་ཟེར་རོ། ། འཇམ་པའི་དབྱངས་ཀྱིས་བྱིན་གྱིས་བརླབས་པའི་སྡོམ་བརྩོན་ཆེན་པོ་འདི་ནི། ཤར་ཕྱོགས་ཟ་ཧོར་གྱི་རྒྱལ་པོའི་སྲས་སུ་འཁྲུངས་ནས། ན་ལེནྡྲར་མཁན་པོ་ཡེ་ཤེས་སྙིང་པོ་ཡོད་སྨྲའི་སྡེ་པའི་བསླབ་རྒྱུན་ལས་རབ་ཏུ་བྱུང་ཞིང་། རིག་པའི་གནས་མཐའ་དག་ལ་མཁས་པར་གྱུར་ཏོ། །ན་ལེནྡྲར་མཁན་པོ་མཛད་ཅིང་། རྒོལ་བ་ངན་པ་ཐམས་ཅད་ཚར་བཅད་པས། མཁས་པའི་གྲགས་པས་འཛམ་གླིང་ཐམས་ཅད་ཁྱབ་པར་གྱུར་ཏེ། རྒྱ་གར་ཤར་ཕྱོགས་དང་། རྒྱ་ནག་ལ་སོགས་པར་དགུང་ལོ་བདུན་བརྒྱའི་བར་དུ་སངས་རྒྱས་ཀྱི་བསྟན་པ་ལེགས་པར་བསྐྱངས་ནས། སླར་བོད་དུ་སྔོན་གྱི་སྨོན་ལམ་གྱིས་མཐུན་པར་བྱོན་ཏེ། ཆོས་རྒྱལ་ཆེན་པོའི་བཞེད་པ་བསྒྲུབ་ནས་སྐུ་གཤེགས་ཁར་རྒྱལ་པོ་ཁྱོད་ཀྱི་མངའ་འོག་ཏུ་རབ་ཏུ་བྱུང་བ་མང་བར་འདོད་ན། ངའི་ལུས་འདི་ཁས་ཕོ་རིའི་ཤར་དུ་ཁ་ཤར་ཕྱོགས་སུ་བལྟས་ལ་ཞོག་ཅིག །རབ་བྱུང་རྣམ་དག་ཉུང་ཤས་གཅིག་འདོད་ན། ནུབ་ཕྱོགས་སུ་ཞོག་ཅིག ། རྒྱལ་པོ་ཁྱོད་ཀྱི་བོད་ཡུལ་འདིར། ཕྱི་རོལ་མུ་སྟེགས་བྱེད་འབྱུང་བར་མི་འགྱུར་ཏེ། སློབ་དཔོན་པདྨ་འབྱུང་གནས་ཀྱིས་མ་མོའི་སྡེ་དཔོན་བསྟན་མ་བཅུ་གཉིས་ལ་གཏད་ཅིང་བསྲུང་བར་དམ་བཅས་པ་ཡིན་པས་སོ། །

སློབ་དཔོན་པདྨ་འབྱུང་གནས་བོད་དུ་བྱོན་པའི་ཚུལ་ནི། མཁན་པོ་བོ་དྷི་སཏྭས་ཆོས་རྒྱལ་རྗེ་བློན་རྣམས་ལ། དགེ་བ་བཅུའི་ཆོས་གསུངས་ཤིང་མི་དགེ་བ་སྤོངས་བའི་སྲོལ་གཏོད་པས་བོད་ཡུལ་གྱི་མི་མ་ཡིན་རྣམས་འཁྲུགས་ཏེ། ཡར་ལུང་འཕང་ཐང་ན། མེས་ཨག་ཚོམ་གྱིས་བཞེངས་པའི་ལྷ་ཁང་ཡོད་པ་ལ། ཤམ་པོས་ཆུ་ཐོག་ཕབ་ནས་ཤིག །དམར་པོ་རིའི་རྩེ་ལ་ཡབ་མེས་ཀྱི་སྐུ་མཁར་ཡོད་པ་ལ་ཐང་ལྷས་ཐོག་ཕབ་ནས་བསྒྱེལ། བརྟན་མ་བཅུ་གཉིས་ཀྱིས་སད་དང་སེར་བ་དང་། མི་ནད་དང་ཕྱུགས་ནད་ལ་སོགས་ཡམས་དྲག་པོ། གསོར་མི་རུང་བ་བཏང་བས་བོད་འབངས་རྣམས་རྒྱ་གར་གྱི་ཨ་ཙ་རའི་ཕྱིར་འདྲེ་སྲིན་གདུག་པ་ཅན་མང་པོ་འོངས་ནས་བཀྲ་མི་ཤིས་པ་བྱུང་ངོ་། །ཞེས་གླེང་ཞིང་མཁན་པོ་རྒྱ་གར་དུ་རྫོངས་པར་ཆད་དོ། །དེའི་ཚེ་ཁྱེད་རེ་ཞིག་བལ་ཡུལ་དུ་ཞུགས་ཤིག །སླར་ཡང་སྤྱན་འདྲེན་པ་གཏོང་བ་བྱོན་པར་ཞུ་བྱས་པས། ཁོ་བོ་སྨོན་ལམ་རྫོགས་པར་བྱེད་པས་སླར་ཡང་འོང་གིས་བོད་ཀྱི་ལྷ་སྲིན་མ་རུང་བ་འདུལ་བ་ལ། ཨོ་རྒྱན་གྱི་སྔགས་འཆང་པདྨ་འབྱུང་གནས་ཞེས་བྱ་བ་ཡོད་ཀྱང་། བལ་ཡུལ་དུ་ཁོ་བོས་སྤྱན་དྲངས་པར་བྱ། དེ་ནས་ཁྱེད་ཀྱིས་སྤྱན་འདྲེན་ཐོངས་ལ། མི་མིན་རྣམས་ཐུལ་ཅིག །སླར་ཁོ་བོས་རབ་ཏུ་བྱུང་བའི་སྡེའི་མཁན་པོ་བྱའོ། །ཞེས་ཡོན་མཆོད་ཕྲོག་ཏུ་གླེང་ནས་མཁན་པོ་

བལ་ཡུལ་དུ་བཙྡངས་སོ། །དེ་ནས་ཐ་ཡེ་ཤེས་དབང་པོ་སློབ་དཔོན་སྤྱན་འདྲེན་དུ་བཏང་བས་མང་ཡུལ་སྐྱིད་གྲོང་དུ་མཇལ་ཏེ། ལོ་རྒྱུས་བསྙད་པས་ཁོ་བོ་དོན་དེ་ཁོ་ནའི་ཕྱིར་འོངས་པ་ཡིན་ནོ་ཞེས་གསུངས་ཏེ། ལམ་ན་ཡོད་པའི་མི་མིན་རྣམས་འདུལ་ཞིང་རིམ་གྱིས་མནམ་ཆུ་ཚན་ཁར་ཕེབས་པའི་ཚེ། ཉི་ཚེ་བའི་སེམས་ཅན་དམྱལ་བའི་ཆུ་ཁོལ་བ་ཡིན་ཏེ། ཁོ་བོས་ཅུང་ཟད་ཕན་པར་བྱའོ། །ཞེས་གསུངས་ནས་ཕྱག་དམ་མཛད་པས་ཆུ་ཁོལ་བ་ཆད་དེ་གྲང་མོར་གྱུར་ཏོ། །ཕྱག་དམ་གྲོལ་ནས་བཞེངས་པའི་ཚེ་སྔར་བཞིན་དུ་གྱུར་པས། རྣལ་འབྱོར་པའི་ཏིང་ངེ་འཛིན་གྱི་རྒྱུ་མཐུན་གྱི་འབྲས་བུ་ཅུང་ཟད་འགྲུབ་པ་ཡིན། སེམས་ཅན་གྱི་སྡིག་པ་སྟོབས་ཅན་གྱི་རྣམ་སྨིན་གྱིས་འབྲས་བུ་འགོག་པར་མི་ནུས་གསུངས། དེ་ནས་རིམ་གྱིས་སྟོད་ལུང་གི་མདའི་ལྷ་ཆུ་ཁར་ཕེབས་ནས་འདི་ན་ཆུ་མི་འདུག་གསུངས་ཏེ། སེག་ཤང་ས་ལ་ལན་བདུན་བཙུགས་པས་ཆུ་བདུན་བྱུང་སྟེ། ལྷ་ཆུ་ཁར་གྲགས་སོ༔ །དེ་ནས་འཕར་ནག་འདུལ་བའི་ཕྱིར་བྱོན་ནས། བྲག་ལ་རྡོ་རྗེ་སེམས་དཔའི་སྐུ་བཞེངས་སོ། །དེ་ནས་རིམ་གྱིས་ཟུང་མཁར་གྱི་མདར་ཕེབས་ནས་ལྷ་བཙན་པོ་དང་མཇལ་བའི་སར། རྡོ་རྗེའི་མཆོད་རྟེན་ལྟ་བཞེངས་སོ། ། དེ་ནས་བྲག་དམར་གྱིས་ལྷ་ཁང་དུ་ཕེབས་ཏེ་ལྷ་སྲིན་འདུལ་བར་ཞུས་ཤིང་། ཁྲི་འུ་དང་བུ་མོ་གཙང་མ་ལ་བྲ་འབེབས་པའི་ཚོག་མཛད། འཇིག་རྟེན་སྐྱོང་བ་བཞི་ལ་གདུག་པ་ཅན་ཐམས་ཅད་ཁྱུག་ཅིག་ཅེས་བཀའ་བསྒོས་ཏེ། བཀའ་ནན་དྲག་པོ་སྨྲལ་བས་མི་མ་ཡིན་རྣམས་ཀྱིས་རང་གི་ཉེས་པ་ཁས་བླངས་ཤིང་། ཕྱིན་ཆད་མི་བྱེད་པར་དམ་བཅས་སོ། །སླར་ཡང་འཆིང་བུའི་དབེན་གནས་སུ་མི་མིན་རྣམས་ལ་བཀའ་བསྒོ་ཞིང་བསྟན་པ་བསྲུང་བར་དམ་བཅས་སོ། །དེ་ནས་སློབ་དཔོན་གྱིས་བྱེ་མ་ནེའུ་སིང་དུ་བསྒྱུར་བ་དང་། བར་སྣང་ནས་ལྷ་རྫས་ཀྱི་ཆུའི་གང་བའི་བུམ་པ་ལེན་པ་ལ་སོགས་པའི་ཆོ་འཕྲུལ་བསྟན་པས། བསམ་སྒྱུར་ངན་པར་བྱེད་པའི་བློན་པོ་ངན་པ་རྣམས་འཚུ་འཁྲིག་ཐོས་ཏེ། བློན་པོ་བགྲོང་པར་འཆད་པས། ལྷ་བཙན་པོ་ཐུགས་མ་བདེ་བར། དམག་མང་པོ་དང་བཅས་ཏེ། གདོང་མོན་གྱི་མཚམས་སུ་བསྐྱལ་ལོ། །སློབ་དཔོན་ བགྲོང་ པའི་གཤེད་མ་མཆོན་ཆ་བཟུང་བ་རྣམས་རེངས་པར་གྱུར་ཏོ། །སློབ་དཔོན་གྱི་ཞལ་ནས་བོད་ཀྱི་ལྷ་སྲིན་སྡེ་བརྒྱད་ལན་གསུམ་དམ་ལ་འདོགས་དགོས་ཏེ། ད་དུང་ལན་ཅིག་མ་གྲུབ་པས་རྒྱལ་བརྒྱུད་དང་ཆོས་བྱེད་པའི་ཚེ་སྒྲོག་དང་དམ་པའི་ཆོས་ལ་བར་ཆད་འགའ་རེ་འབྱུང་བར་འདུག་པས་ཅུང་ཟད་ཡིད་འཕྲེང་། ངའི་དངོས་ཀྱི་གདུལ་བྱ་བོད་ཡུལ་ན་མེད། སྲིན་པོ་འདུལ་དུ་འགྲོ་གསུང་ནས་བླ་གོས་བུ་རེ། སྲེག་ཤང་སིལ་ལེ། སྲིན་པོའི་ཡུལ་དུ་བཞུད་དོ། །བོད་ཡུལ་དུ་ཟླ་བ་བཅོ་བརྒྱད་བཞུགས་པ་ཡིན་བྱ་བ་ཐ་བཞེད་ན་སྣང་ཞིང་། དེ་བས་ལྷག་པའི་ལོ་རྒྱུས་མང་པོ་མི་སྣང་ངོ་། །གོང་འོག་གི་ལོ་རྒྱུས་འདི་རྣམས་གསུང་རབ་དགོངས་གསལ་ལས་ཅུང་ཟད་བཏུས་པ་ལགས་སོ། །མཁན་པོས་རྒྱལ་པོ་ལ་ཁྱོད་ཀྱི་བོད་ཡུལ་འདིར

མུ་སྟེགས་འབྱུང་བར་མི་འགྱུར་མོད། འོན་ཀྱང་། ཉིན་མཚན་དང་། གཡས་གཡོན་དང་། མར་ངོ་ཡར་ངོ་ལ་སོགས་པའི་རྟེན་འབྲེལ་འགའ་ཡི་རྒྱུས་ཆོས་ལུགས་དག་མ་དག་གཉིས་སུ་འགྲོ་བར་འགྱུར་ཏེ། དེ་ཡང་ཐོག་མར་ང་འདས་ནས། རྒྱ་ནག་དགེ་སློང་ཞེས་བྱ་བ་བྱུང་ནས་ནི། བྱ་བྱེད་ཀྱི་ཆོས་ཀྱིས་འཚང་མི་རྒྱ་བས། རྣམ་པར་མི་རྟོག་པ་བསྒོམ་པས་སེམས་རྟོགས་པ་འབའ་ཞིག་གིས་འཚང་རྒྱ་བ་དཀར་པོ་ཆིག་ཐུབ་ཞེས་བྱ་བ་དང་། ཅིག་ཆར་བ་ཞེས་བྱ་བ་ཡི་ལམ་གྱིས་ཆོས་སྟོན་པར་འགྱུར་རོ། །དུས་འདིའི་ཚེ་ང་ཡི་སློབ་མ་ནི། མཁས་པ་ཆེན་པོ་ཀཱ་མ་ལ་ཤཱི་ལ་ཞེས་བྱ་བ་རྒྱ་གར་ནས་སྤྱན་དྲངས་ལ། མཁས་པ་དེ་ཡིས་གཅིག་ཆར་བའི་ཆོས་དེ་སུན་འབྱིན་པར་ནུས་སོ། །སུན་དབྱུང་བ་དེ་ནས་སློབ་དཔོན་ཀཱ་མ་ལ་ཤཱི་ལ་དེ་ཡི་ཆོས་ལུགས་བཞིན་དད་པ་དང་ལྡན་པ་རྣམས་ཀྱིས་སྤྱོད་པ་སྟེ་ཉམས་སུ་ལོངས་ཤིག་གསུངས། མཁས་པ་དེ་བདག་ཅག་གི་གདན་འདྲོངས་པ་མི་སྲིད་པས། ཕྱག་ཡིག་གཅིག་བཞག་པར་ཞུ་ཞུས་པས། ཀཱ་མ་ལ་ཤཱི་ལ་ཁྲིད་མ་འོངས་པའི་དུས་སུ་བོད་ཀྱི་རྒྱལ་པོས་གདན་འདྲེན་པ་བྱུང་ན་ཅིས་ཀྱང་འབྱོན་དགོས་སོ། །གལ་ཏེ་མ་འོངས་ན་སློབ་དཔོན་ལ་དམ་ཚིག་མེད་དོ། །ཞེས་པའི་ཕྱག་ཡིག་བཞག་སྐད་དོ། །

མཁན་པོ་ཆེན་པོ་དེ་ཡི་ལུང་བསྟན་ཇི་སྐད་གསུངས་པ་བཞིན། ཕྱིས་ནས་ཐམས་ཅད་བདེན་པར་གྱུར་ཏེ། མཁན་པོ་ཆེན་པོ་གཤེགས་ནས་ཁྲ་ཡེ་ཤེས་དབང་པོ་རྒྱལ་ཚབ་ཏུ་བསྐོས་ཏེ། བསྟན་པ་འཛིན་པའི་ཚེ། མྱང་ཏིང་ངེ་འཛིན་བཟང་པོ་དང་། མྱང་ཤ་མི་ལ་སོགས་པ་མི་གུས་པ་དང་། སྐྱུར་པ་བཏབ་པས་ཐུགས་སྐྱོ་ནས་མཁར་ཆུར་བསྒོམ་དུ་བཞུད་དོ། །དེའི་ཚེ་རྒྱ་ནག་མཁན་པོ་བྱུང་ནས། ཁོ་རང་གི་ཆོས་ལུགས་བསྟན་པས། ཆོས་འདི་བྱ་སླ་ཞིང་ཕན་ཡོན་ཆེའོ། །ཞེས་ཟེར་ཞིང་། བོད་རིལ་གྱིས་ཁོའི་ཆོས་ལུགས་བྱེད། དཀོན་མཆོག་ལ་མཆོད་པ་དང་། སྡིག་སྤྱོད་ལ་ཐོས་བསམ་དང་། ལུས་ངག་གི་དགེ་སྦྱོར་འཕྲོ་བཅད་དོ། །དཔལ་དབྱངས་དང་། སྦ་རཏྣ་ལ་སོགས་པ་ཉུང་ཤས་གཅིག་མཁན་པོའི་ཆོས་ལུགས་བྱེད་དོ། །བཙན་པོས། རྒྱའི་སྟོན་པའི་ལུགས་འདི་ཆོས་རང་མིན་པ་འདྲ། གསུངས་པས་སྟོན་མིན་པར་གྲགས་སོ། །དྲང་སྲོང་བཟོད་པས་འཕྱིང་ཕུར་རང་གི་ལུས་ལ་མེ་སྦར་ཏེ། དཀོན་མཆོག་ལ་ཕུལ་བས་སེམས་ཅན་གྱི་དོན་དུ་རང་ལ་བརྩེ་བ་མེད་པ་འདི་ལྷ་བུའི་ཚོགས་བསོག་པ་གལ་ཆེ་བྱས་པས། བརྩེ་མིན་པར་གྲགས་སོ། །བཙན་པོས་ལྷ་སྤྱོད་འཛོམས་པའི་ཆོས་བརྩེ་མིན་པའི་ལྟར་བྱ་རྒྱུ་ཡིན་གསུངས་པས། སྟོན་མིན་པ་རྣམས་ཡིད་ཆད་དེ། ཧྭ་ཤང་གི་རང་གི་མགོ་ལ་མེ་སྦར་བས། རྒྱ་མེ་མགོ་བར་གྲགས་སོ། །

དེ་ནས་རྒྱལ་པོ་ཐུགས་མ་བདེ་ནས། སྦ་ཡེ་ཤེས་དབང་པོ་སྤྱན་འདྲེན་པ་བཏང་བས་ཁྲུགས་ཏེ། བཙན་

པོའི་སྤྱན་སྔར་མཇལ་ཞིང་གླེང་བས། མཁན་པོའི་ཞལ་ཆེམས་སྙན་མཛོད་དུ་ཟངས་མའི་གླེགས་བུ་ལ་བྲིས་པ་སྟོན་ནས་ཕུལ་བས། ཀཱ་མ་ལ་ཤཱི་ལ་སྤྱན་འདྲེན་པ་བཏང་སྟེ། བསམ་ཡས་སུ་ཕེབས་ནས་བྱང་ཆུབ་གླིང་དུ་བྲི་བཞམས་ཏེ། བཙན་པོ་གུང་ལ་བཞུགས། ཧྭ་ཤང་གཡས་ལ་འཁོད། འཁོར་བཙྙེ་ལན་ཀ་དང་། ཇོ་བོ་བྱང་ཆུབ་ལ་སོགས་པ་གྲལ་རིང་པོ་བྱུང་ངོ་། །སློབ་དཔོན་ཀཱ་མ་ལ་ཤཱི་ལ་གཡོན་དུ་འཁོད། འཁོར་བཻ་རོ་ཙ་ན་ལ་སོགས་པ་ཉུང་ཤས་གཅིག་བྱུང་། ལྷ་བཙན་པོས་མེ་ཏོག་དཀར་པོའི་ཕྲེང་བ་རེ་གཏད་ནས། གང་རྩོད་པ་རྒྱལ་བ་ལ་ཕམ་པ་དེས་མེ་ཏོག་ཕུལ་ཅིག །ངའི་མངའ་རིས་བོད་ཡུལ་འདིར་ནག་པོ་ལ་དགའ་བའི་དུས་སུ། ཟ་ཧོར་རྒྱལ་པོའི་སྲས་བོ་དྷི་སཏྭ་སྤྱན་དྲངས་ནས། བོད་ཉུང་ཤས་གཅིག་དམ་པའི་ཆོས་ལ་བཀོད། དད་པ་ཅན་རབ་ཏུ་བྱུང་ཞིང་དཀོན་མཆོག་གསུམ་གྱི་རྟེན་རྣམས་བཙུགས་ནས་མཆོད་པ་བྱེད་པའི་དུས་སུ། རྒྱ་ནག་ཧྭ་ཤང་མ་ཧཱ་ཡ་ན་བྱུང་སྟེ། བོད་ཀྱི་བཙུན་པ་ཕལ་ཆེར་ཀྱང་དེའི་སློབ་མར་གྱུར། བོ་དྷི་སཏྭའི་སློབ་མ་ཉུང་ཤས་གཅིག་གིས་སློབ་ཏུ་མ་བཏུབ་པས། སྟོན་ཙེན་གཉིས་སུ་ཆད་དེ་རྩོད་པར་གྱུར་ཏོ། །ཀཱ་མ་ལ་ཤཱི་ལ་བོ་དྷི་སཏྭའི་ཆོས་ལུགས་སྐྱོང་བའི་སློབ་མ་ཡིན་པས་ཁྱེད་གཉིས་ང་རྒྱལ་མི་བྱ་བར་ཆོས་ལུགས་སུ་བཟང་བ་ལ་ངན་པ་དེས་གུས་པར་གྱིས་ཤིག །ཅེས་བཀའ་སྩལ་པ་དང་། ཧྭ་ཤང་ན་རེ། གཞི་ལ་ཡོད་པ་སྔ་བ་ཡིན་པས། དྲིའམ་ལན་གདབ་ཅེས་ཟེར་རོ། །སློབ་དཔོན་ཀཱ་མ་ལ་ཤཱི་ལས་ཁྱེད་ཀྱི་དགོངས་པ་ལྟར་དུ་གཤེགས་གསུངས་ཤིག །ཅེས་བྱས་པས། ཧྭ་ཤང་ན་རེ། ལས་དགེ་མི་དགེའི་དབང་གིས་མཐོ་རིས་དང་། ངན་སོང་གི་འབྲས་བུ་མྱོང་ཤིག །འཁོར་བར་འཁོར་བ་ཐམས་ཅད་སེམས་ཀྱི་རྣམ་པར་རྟོག་པས་བསྐྱེད་པ་ཡིན། གང་ཅི་ཡང་མི་སེམས་ཤིང་ཅི་ཡང་མི་བྱེད་པ་དེ་འཁོར་བ་ལས་ཐར་པར་འགྱུར་རོ། །དེ་ལྟ་བས་ན་ཅི་ཡང་བསམ་པར་མི་བྱའོ། །སྦྱིན་པ་ལ་སོགས་པ་དཀར་པོའི་ཆོས་སྤྱོད་པ་ནི། སྐྱེ་བོ་བློ་ཞན་པ་དཀར་པོའི་ལས་འཕྲོ་མེད་པའི་དབང་པོ་བཏུལ་པོ་རྣམས་ལ་བསྟན་པ་ཡིན་ཏེ། སྔོན་བློ་སྦྱངས་པའི་དབང་པོ་རྣོན་པོ་རྣམས་སྤྲིན་དཀར་ནག་གང་གིས་ཀྱང་ཉི་མ་སྒྲིབས་པ་ལྟར། ལས་དགེ་སྡིག་གཉིས་ཀས་སྒྲིབ་པས་ཅི་ཡང་མི་སེམས་ཅི་ཡང་མི་རྟོག་གང་ཡང་མི་སྤྱོད་པ་དེ་ནི་མ་དམིགས་པ་ཞེས་བྱ། དེ་ནི་ཅིག་ཆར་འཇུག་པའི་ལམ་ས་བཅུ་པ་དང་འདྲའོ། །དེས་ན་ཁྱེད་ཀྱི་ཆོས་ལུགས་འདི་སྤྲེའུ་ཤིང་རྩེར་འཛེག་པ་དང་འདྲ་བས་རིམ་གྱིས་པ་ཞེས་བྱ། ངེད་ཀྱི་ཆོས་ལུགས་འདི་ཁྱུང་ནམ་མཁའ་ནས་ཤིང་རྩེར་འབབ་པ་དང་འདྲ་བས། ཡས་འབབ་དང་། གཅིག་ཆར་བ་ཞེས་བྱའོ། །ཞེས་ཟེར་རོ། །དེ་ལ་སློབ་དཔོན་གྱིས་དཔེ་དོན་ལ་དགག་པ་མཛད་དེ། དང་པོ་དཔེ་དགག་པ་ལ། ཁྱོད་ཀྱིས་དཔེ་མི་འཐད་དེ། ཁྱུང་ནམ་མཁའ་ལ་གློ་བུར་འདབ་ཤོག་རྫོགས་པར་སྐྱེས་ནས་ཤིང་རྩེར་འབབ་བམ། འོན་ཏེ་བྲག་ལ་ཚང་བཅས། རིམ་གྱིས་འདབ་ཤོག་རྒྱས་ཏེ་

ཤིང་རྟེར་འབབ། དང་པོ་ནི་མི་སྲིད་ལ། གཉིས་པ་ལྟར་ན། རིམ་གྱིས་པའི་དཔེར་གྱུར་གྱི། ཅིག་ཅར་བའི་དཔེར་མི་རུང་ངོ་། །དེར་མཁན་པོས། དཔེ་ལ་ལན་མ་ཐེབ་པ་དང་། དོན་བཀག་སྟེ། ཁྱོད་ཀྱི་དཔེ་ནོར་བར་མ་ཟད་དོན་ཡང་འཁྲུལ་ཏེ། རྣམ་པར་མི་རྟོག་པ་སྒོམ་པ་དེ་ཅི། རྣམ་རྟོག་ཕྱོགས་གཅིག་བཀག་པ་ཙམ་ཡིན་ནམ། མཐའ་དག་བཀག་པ་ཡིན། དང་པོ་ལྟར་ན། གཉིད་དང་རྒྱལ་བ་ལ་སོགས་པའང་མི་རྟོག་པ་བསྒོམ་པ་ཡིན་པར་ཐལ། རྟོག་པ་ཕྱོགས་གཅིག་བཀག་པ་ཙམ་ཡིན་པའི་ཕྱིར། མཐའ་དག་དགག་དགོས་ན། ཁྱོད་མི་རྟོག་པ་བསྒོམ་པའི་ཚེ་མི་རྟོག་པ་བསྒོམ་མཉམ་པའི་བློ་སྔོན་དུ་གཏོང་དགོས་སམ་མི་དགོས། དགོས་ན་དེ་ཉིད་རྟོག་པ་ཡིན་པས་མི་རྟོག་པ་བསྒོམ་པའི་དམ་བཅའ་ཉམས་སོ། །མི་དགོས་ན་ཁམས་གསུམ་གྱི་སེམས་ཅན་ཐམས་ཅད་ལ་བསྒོམ་སྐྱེ་བར་ཐལ། བསྒོམ་མཉམ་པའི་རྟོག་པ་སྔོན་དུ་མ་བཏང་ཡང་སྐྱེ་བའི་ཕྱིར་རོ། །ཞེས་བྱ་བ་ལ་སོགས་པ་ལུང་དང་། རིགས་པས་སུན་ཕྱུང་ནས་རྒྱ་ནག་མཁན་པོ་སྤོབས་པ་མེད་པར་གྱུར་ཏོ། །རྒྱལ་པོས་སྨྲས་པ། ལན་ཡོད་ན་ད་ལྟ་གསུངས་ཤིག མཁན་པོས་སྨྲས་པ། མགོ་བོར་ཐོག་བརྒྱབ་པ་ལྟར་ལན་མི་ཤེས་སོ། །དེ་ནས་རྒྱལ་པོས། དེ་ལྟར་ན་སློབ་དཔོན་ལ་མེ་ཏོག་ཕུལ། བཟོད་པར་གསོལ་ལ་ལུང་རིགས་དང་མི་འགལ་བར་རྒྱ་གར་གྱི་ཆོས་ལུགས་བཞིན་དུ་གྱིས་ཤིག །རྒྱ་ནག་མཁན་པོའི་ལུགས་བྱེད་ན་ཆད་པས་གཅད་དོ། །ཞེས་བཀའ་ནན་དྲག་ཏུ་མཛད་ནས་བཀའ་ཡིག་གསུམ་མཛད་ཅིང་། མདོ་ཁམས་དང་། བོད་དང་། སྐར་མཛོད་དུ་བཞག་གོ །རྒྱ་ནག་ཧྭ་ཤང་གིས། ཐོག་མར་པཎྜི་ཏ་སྤྱན་འདྲེན་བཏང་བ་ཐོས་ནས། སློབ་མ་བཏུས་ཏེ་བཤགས་འདེབས་པ་བསླབ་པའི་ཚེ། ཅི་ཡང་ཡིད་ལ་མི་བྱེད་པར་ཉལ་བས་ཆོག་གོ་ཞེས་པའི་བསྒོམ་ཡིན། བསམ་གཏན་ཉལ་ཆོག་གི་འཁོར་ལོ། །དེའི་གནད་སྟོན་པ་ལ། བསམ་གཏན་གྱི་ལོན། གགས་སེལ་བ་ལ་བསམ་གཏན་ཡང་ལོན། རིགས་པས་བསྒྲུབ་པ་ལ་ལྟ་བའི་རྒྱབ་ཤ །ལུང་གིས་བསྒྲུབ་པ་ལ་མདོ་སྡེ་བརྒྱད་ཅུའི་ཁུངས་ཞེས་བྱ་བའི་གཞུང་ལྔ་བརྩམས། དེ་རྣམས་བསམ་ཡས་སུ་གཏེར་དུ་སྦས་སོ། །རྒྱ་ནག་མཁན་པོའི་ལྷམ་རྗོད་པའི་གྲར་ལུས་པས། བོད་ཀྱི་བསྟན་པའི་འཛུག་ཏུ་ངའི་ཆོས་ལུགས་འབྱུང་ངོ་ཞེས་དང་། རྒྱ་ནག་ཏུ་འགྲོ་བའི་ཚེ་ལྷམ་ལུས་པ་དང་། ད་རུང་བོད་ཡུལ་དུ་ངའི་ཆོས་ལུགས་འབྱུང་ཟེར་རོ། །ལྷ་བཙན་པོས་སློབ་དཔོན་ལ་ཐོས་བསམ་གྱིས་གཏན་ཕབས་པའི་ཆོས་དེའི་གནས་ལུགས་ཇི་ལྟར་ཡིན་པའི་བསྟན་བཅོས་མཛད་པར་ཞུས་པས། བསྒོམ་རིམ་དང་པོ་སྤེལ། སྟན་ཐོག་གཅིག་ཏུ་བསྒོམ་ཚུལ་ཞུས་པས། བསྒོམ་རིམ་བར་པ་མཛད། དེ་ལས་འབྲས་བུ་གང་འབྱུང་ཞུས་པས། བསྒོམ་རིམ་ཐ་མ་བརྩམས། དེ་ལ་རྒོལ་བ་ཟློག་པའི་ཕྱིར། ལུང་དང་རིགས་པས་གྲུབ་པའི་དབུ་མ་སྣང་བ་བརྩམས་སྟེ་སྣང་ངོ་། །

དེ་ལྟར་ན་མཁས་པ་ཆེན་པོ་ཀ་མ་ལ་ཤཱི་ལས། པཎྜིའི་དང་རྩུལ། རྒྱ་ནག་ཧྭ་ཤང་གི་ལུགས་ཀྱི་གཅིག་ཆར་བའི་ལུགས་ཀྱི་ཆོས་དེ་ནུབ་པར་མཛད་ནས། རྒྱ་གར་ནས་བྱུང་བའི་རིམ་གྱིས་པའི་ཆོས་ལུགས་སྤེལ་བར་མཛད་པ་ཡིན་ནོ། བསྟན་པ་སྔ་དར་གྱི་དུས་ཡིན། །དེའི་ཕྱིས་ནས་རྒྱལ་པོ་གླང་དར་མས་བློན་པོ་ངན་པ་དང་གྲོས་ངན་བཤམས་ཏེ། མངའ་བདག་རལ་པ་ཅན་བཀྲོངས་ནས་བོད་ཡུལ་གྱི་ཆོས་ཁྲིམས་དང་། རྒྱལ་ཁྲིམས་ནུབ་པར་བྱས་པ་དང་། གླང་དར་མ་ལྷ་ལུང་དཔལ་གྱི་རྡོ་རྗེས་བསད། དེ་རྗེས་སུ་ཡུམ་བརྟན་དང་། འོད་སྲུང་འཁྲུངས་ནས་བོད་ཡུལ་ཕྱེད་པར་གྱུར་པའི་ཚེ། རྒྱ་ནག་མཁན་པོ་ཧྭ་ཤང་གི་གཞུང་ལུགས་ཀྱི་ཡི་གེ་ཙམ་གཏེར་ནས་ཐོན་པ་ལ་བརྟེན་ནས་ཀྱང་བླུན་པོ་ཆོས་དད་ཅན་གདམས་ངག་འབོགས་པ་ལ་སྤྲོ་བས་ཡས་འབབ་དང་། གཅིག་ཆར་བ་དེ་ཡི་མིང་འདོགས་པ་གསང་ནས་ནི། ཕྱག་རྒྱ་ཆེན་པོ་ཞེས་བྱ་བར་མིང་སྒྱུར་ནས་བཤད་དོ། །དེ་ཡང་ཆོས་ཐམས་ཅད་སེམས་སུ་ངོ་སྤྲོད། སེམས་ནམ་མཁར་ངོ་སྤྲོད། ནམ་མཁའ་ཅི་ཡང་མེད་པའི་སྟོང་ཉིད་དུ་ངོ་སྤྲོད་པའི་ཕྱག་རྒྱ་ཆེན་པོ་ངོ་སྤྲོད་གསུམ་ཆར་གྲགས་པ་དང་། ཡང་སེམས་བདེ་བ་དང་། གསལ་བ་དང་། མི་རྟོག་པར་ཞེན་པའི་གོལ་ས་གསུམ་སྤྱད་དེ། བཤིགས་ལ་ཤོར་བ་དང་། བསྒོམ་དུ་ཤོར་བ་དང་། ལམ་དུ་ཤོར་བ་དང་། རྒྱས་འདེབས་སུ་ཤོར་བ་སྟེ། ཤོར་བ་བཞི་སྤངས་ནས། སོ་མ། མ་བཅོས་པ། ལྷུག་པ། འབོལ་ལེ་བཤིག་གེར་འཇོག་པ་ཉམས་སུ་ལེན་པ་སྟེ། འཇུར་པོས་བཅིང་བའི་སེམས་ཉིད་འདི། །གློད་ན་གྲོལ་བར་ཐེ་ཚོམ་མེད། །བྲམ་ཟེ་སྙད་པ་མཁལ་བ་ལྟར། །སོ་མ་མ་བཅོས་པ་ལྷུག་པར་ཞོག །ཅེས་བྲམ་ཟེ་ཆེན་པོས་གསུངས་སོ། །ཞེས་ཟེར་བའི་ད་ལྟའི་ཕྱག་རྒྱ་ཆེན་པོ་འདོད་པ་ཕལ་ཆེར་ནི་རྒྱ་ནག་ལུགས་ཀྱི་རྫོགས་ཆེན་གྱི་ཆོས་ལུགས་ཡིན་ནོ། །གཞུང་དེའི་ཚིག་རྐང་དང་པོ་གཉིས་བྲམ་ཟེའི་གསུང་ཡིན་ཀྱང་། ཕྱི་མ་གཉིས་ནི། རྫུན་མ་ཁོ་ནའོ། །འདི་ལ་ཕྱོགས་བཅུའི་སངས་རྒྱས་ཀྱི་འཕྲིན་ཡིག་ལས། །ཁ་ཅིག་དཀར་པོ་ཆིག་ཐུབ་ལ། །ཕྱག་རྒྱ་ཆེན་པོའི་ངོ་སྤྲོད་བྱེད། །ཤོར་ས་བཞི་དང་གོལ་ས་གསུམ། །སྤངས་ལ་སྣུག་མར་བསྒོམ་པར་བྱ། །བྲམ་ཟེ་སྙད་པ་མཁལ་བ་ལྟར། །སོ་མ་མ་བཅོས་ལྷུག་པར་བཞག །འདི་ལ་ཕྱག་རྒྱ་ཆེན་པོ་ཟེར། །འདི་དོན་བརྟགས་ན་འདི་ལྟར་མཐོང་། །སོ་མར་བཞག་ན་བལ་ཉིད་ཡིན། །སྙད་པར་བྱས་ན་བཅོས་པར་འགྱུར། །དེ་ཕྱིར་འདི་ལ་དཔེ་སྐྱོན་ཡོད། །དོན་གྱི་སྐྱོན་ཡང་འདི་ལྟར་མཐོང་། །གོལ་ས་གསུམ་པོ་སྤྱད་ཙམ་གྱིས། །ཕྱག་རྒྱ་ཆེན་པོར་འགྱུར་ན་ནི། །ཉན་ཐོས་འགོག་པའང་དེར་འགྱུར་རོ། །ཤོར་ས་བཞི་པོ་སྤོངས་སྣམ་པའི། །རྣམ་རྟོག་ཕྱག་རྒྱ་ཆེན་པོ་མིན། །རྟོག་པ་མེད་ན་སྤོང་མི་ནུས། །རྟོག་པ་མེད་ཀྱང་སྤོངས་ནུས་ན། །སེམས་ཅན་ཀུན་ལ་འབད་མེད་པར། །ཕྱག་རྒྱ་ཆེན་པོ་ཅིས་མི་སྐྱེ། །དེས་ན་ཕྱག་རྒྱ་ཆེན་པོ་ཉིད། །ཡིན་ན་ཤོར་ས་གོལ་ས་མེད། །ཡོད་ན་ཕྱག་རྒྱ་ཆེན་པོ་མིན། །ཞེས་སོགས་ཀྱི་སྒོ

ནས་རྒྱས་པར་བཀག་གོ །གཞན་ཡང་སེམས་སྟོང་ཉིད་ཙམ་དུ་ངོ་སྤྲོད་པ་ཕྱག་རྒྱ་ཆེན་པོ་མིན་ཏེ། སྡེ་སྣོད་གསུམ་རང་རྐང་ནས་ཕྱག་ཆེན་གྱི་ཐ་སྙད་ཙམ་ཡང་མ་བཤད་ཅིང་། གསང་སྔགས་ཀྱི་རྒྱུད་སྡེ་ལས། བདེ་སྟོང་ཟུང་འཇུག་གི་ཡེ་ཤེས་ཞིག་ལ་ཕྱག་ཆེན་དུ་བཤད་ལ། ཁྱེད་ཀྱི་དེ་ནི་སྟོང་ཀྱང་བསྒོམ་པ་ཡིན་པའི་ཕྱིར་རོ། །གཞན་ཡང་། གོལ་ས་གསུམ་སྤྱད་པའི་སྟོང་རྐྱང་བསྒོམ་པ་ལམ་དུ་མི་འགྱུར་ཏེ། དེ་ལྟ་བུའི་སྟོང་རྐྱང་བསྒོམ་པ་དེ་གོལ་ས་གསུམ་ལས་ཀྱང་དན་སོང་དུ་གོལ་བར་འགྱུར་བའི་ཕྱིར་ཏེ། ཡེ་ཤེས་གྲུབ་པ་ལས། རྨོངས་པའི་བསྒོམ་པ་གང་ཡིན་པ། །རྨོངས་པས་རྨོངས་པ་ཐོབ་པར་འགྱུར། ཞེས་གསུངས་པའི་ཕྱིར། གཞན་ཡང་། གོལ་ས་གསུམ་སྤྱད་པ་དང་། ཤོར་ས་བཞི་སྤངས་པའི་སེམས་སྟོང་རྐྱང་དུ་ངོ་སྤྲོད་ཅིང་བསྒོམ་པ་ལས་སངས་རྒྱས་མི་འབྱུང་སྟེ། དེ་ལྟ་བུའི་སྟོང་རྐྱང་བསྒོམ་པའི་འབྲས་བུ་བཟང་ཡང་ཉན་ཐོས་ཀྱི་འགོག་པར་ལྟུང་ལ། ཉན་ཐོས་དང་། རང་སངས་རྒྱས་ནི། སངས་རྒྱས་བསྒྲུབ་པ་ལ་གེགས་ཀྱི་གཙོ་བོ་ཡིན་པའི་ཕྱིར་ཏེ། ཇི་སྐད་དུ། དམྱལ་བར་འགྲོ་བ་བྱང་ཆུབ་ཀྱི། །བསྟན་གྱི་གེགས་བྱེད་མ་ཡིན་གྱིས། །ཉན་ཐོས་དང་ནི་རང་སངས་རྒྱས། །བྱང་ཆུབ་ཀྱི་ནི་བསྟན་ཀྱི་གེགས། །ཞེས་དང་། བསྟོད་པ་ལས། གལ་ཏེ་བསྐལ་པ་དུ་མར་དགེ་བའི་ལས་ལམ་བཅུ། །ཞེས་སོགས་དང་།

དཀོན་བརྩེགས་ལས། ཤཱ་རིའི་བུས་ཆོས་བཤད་ན། དགེ་སློང་ལྔ་བརྒྱ་གྲོལ་བར་འགྱུར་བ་མཐོང་ནས། འཕགས་པ་འཇམ་དཔལ་གྱིས་དེའི་སྔོན་ལ་ཆོས་ཟབ་མོ་གསུངས་པས། དགེ་སློང་དེ་དག་མ་མོས་ནས་འབར་བཞིན་དུ་སེམས་ཅན་དམྱལ་བར་ལྟུང་ངོ་། །འཇམ་དཔལ་ལ་ཤཱ་རིའི་བུས་སྨྲས་པ། ཁྱོད་ཀྱིས་ལས་མི་ཟད་པ་བྱས་སོ། །འཇམ་དཔལ་གྱིས་སྨྲས་པ། ཤཱ་རིའི་བུ་དེ་དེ་བཞིན་ཏེ། ཁོ་བོས་ལས་མི་ཟད་པ་བྱས་སོ། །དེར་བཅོམ་ལྡན་འདས་ལ་ཤཱ་རིའི་བུས་གསོལ་པ། འཇམ་དཔལ་གྱི་ལས་མི་ཟད་པ་བགྱིས་སོ། །བཀའ་སྩལ་པ་ཅི་བྱས། གསོལ་བ་བདག་གིས་ཆོས་བཤད་ན་དགྲ་བཅོམ་པ་ལྔ་བརྒྱར་འགྱུར་བ་ཞིག་ན། འཇམ་དཔལ་གྱིས་ཆོས་བཤད་པས་འབར་བཞིན་དུ་དམྱལ་བར་གྱུར་ཏོ། །བཀའ་སྩལ་པ། ཤཱ་རིའི་བུ་ཁྱོད་ཀྱིས་ཆོས་བཤད་ན་དེ་དགྲ་བཅོམ་པར་འགྱུར་མོད། གཏན་འཚང་རྒྱ་བའི་སྐལ་བ་མེད་དོ། །འཇམ་དཔལ་གྱིས་བཤད་པས། རེ་ཞིག་དམྱལ་བར་གྱུར་ཀྱང་། དེ་ནས་ཐར་ཏེ་མྱུར་དུ་མངོན་པར་རྫོགས་པར་འཚང་རྒྱ་བས། འཇམ་དཔལ་ཉིད་ཐབས་ལ་མཁས་པ་ཡིན་ནོ། །ཞེས་དང་། གཞན་ཡང་མདོ་ལས། སྙིགས་མ་ལྔའི་ནང་ནས་ལྔ་བའི་སྙིགས་མ་ཞེས་བྱ་བ་སྟོང་པ་ཉིད་ལ་དགའ་བ་ཡིན་གསུངས་པས་སོ། །གཞན་ཡང་། དེང་སང་ཚུལ་ཁྲིམས་བསྲུང་བ་དང་། ཐོས་བསམ་ལ་སོགས་པའི་ཐབས་ཟབ་མོ་སྤངས་ནས། སེམས་སྟོང་ཉིད་ཙམ་དུ་ངོ་སྤྲོད་ཅིང་བསྒོམ་པ་ལ་རིགས་པ་

རྒྱུད་འདིད་ཀྱི་ཆོས་ཟབ་ཡིན་ཞེས་དེང་སང་དགའ་ཚོ་བྱེད་པ་འདི་ཡང་མི་འཐད་དེ། མདོ་ཏིང་ངེ་འཛིན་རྒྱལ་པོ་ལས། འགྲོ་མང་ཕུང་པོ་སྟོང་པར་སྟོན་བྱེད་ཀྱང་། །ཇི་ལྟར་བདག་མེད་དེ་དག་མི་ཤེས་ཏེ། །མི་ཤེས་དེ་དག་གཞན་གྱིས་རྒྱལ་བ་ན། །བྲོ་བའི་ཟིལ་གྱིས་གནོན་ཅིང་ཚིག་རྩུབ་སྨྲ། །ཞེས་དང་། ས་ར་ཧས། སྙིང་རྗེ་ཉིད་སྤངས་སྟོང་པ་ཉིད་ཀྱིས་ཀྱང་། །

དེས་ནི་ལམ་མཆོག་རྙེད་པ་མ་ཡིན་ཏེ། །གལ་ཏེ་སྙིང་རྗེ་འབའ་ཞིག་བསྒོམ་ན་ཡང་། །འཁོར་བ་འདིར་གནས་ཐར་པ་ཡོད་དམ་ཅི། །ཞེས་དང་། མ་ཕམ་པས། རིག་པའི་གནས་ལྔ་དག་ལ་མཁས་པར་མ་བྱས་ན། །འཕགས་མཆོག་གིས་ཀྱང་ཐམས་ཅད་མཁྱེན་ཉིད་ཐོབ་མི་འགྱུར། །ཞེས་གསུངས་པའི་ཕྱིར་རོ། །

འོད་སྲུངས་ཀྱི་ཞུས་པའི་མདོ་ལས་ཀྱང་། འཇིགས་ཚོགས་ལ་ལྟ་བ་རི་རབ་ཙམ་ཡང་སླའི། མངོན་པའི་ང་རྒྱལ་ཅན་མེད་པར་འཛིན་པ་སྟོང་པ་ཉིད་དུ་ལྟ་བ་ནི་སྐད་ཅིག་ཙམ་ཡང་དེ་ལྟ་མིན། ཞེས་དང་། མདོ་ཏིང་ངེ་འཛིན་རྒྱལ་པོ་ལས། འཇིག་རྟེན་པ་དག་སྟོང་ཉིད་བསྒོམ་ན་ཡང་། །དེ་ཡིས་དངོས་པོར་འཛིན་པ་འཇིག་མི་ནུས། །དེ་ཡིས་ཉོན་མོངས་ཕྱིར་ཡང་རབ་ཏུ་བལྟ། །ལྷག་སྤྱོད་ཀྱིས་ནི་ཏིང་འཛིན་འདིར་བསྒོམ་བཞིན། །ཞེས་ལྷག་སྤྱོད་ཀྱིས་ལོ་བཅུ་གཉིས་སྟོང་ཉིད་ཀྱི་ཏིང་ངེ་འཛིན་ལ་མཉམ་པར་གཞག་པའི་མཐར། བྱི་ལར་སྐྱེས་པ་དཔེར་མཛད་པ་དང་། སློབ་དཔོན་འཕགས་པས། སྟོང་པ་ཉིད་ལ་ལྟ་ཉེས་ན། །ཤེས་རབ་ཆུང་རྣམས་ཕུང་བར་འགྱུར། །ཇི་ལྟར་སྦྲུལ་ལ་བཟུང་ཉེས་ན། །རིགས་སྔགས་ལོག་པར་བསྒྲུབ་པ་བཞིན། །ཞེས་དང་། རྒྱལ་བ་རྣམས་ཀྱིས་སྟོང་པ་ཉིད། །ལྟ་ཀུན་ངེས་པར་འབྱིན་པར་གསུང་། །གང་དག་སྟོང་པ་ཉིད་ལྟ་བ། །དེ་དག་བསྒྲུབ་ཏུ་མེད་པར་གསུངས། །ཞེས་དང་། ཡོད་པ་པོ་དེ་བདེ་འགྲོར་བགྲོད། །མེད་པ་དེ་ནི་ངན་འགྲོར་འགྲོ། །ཡང་དག་ཇི་བཞིན་ཡོང་ཤེས་པས། །གཉིས་ལ་མི་བརྟེན་ཐར་པར་འགྱུར། །ཞེས་གསུངས་པའི་ཕྱིར་རོ། ཁོ་ན་རེ་སྐྱོན་མེད་དེ། ས་ར་ཧས། སྐྱབས་སུ་འགྲོ་ཞིང་མཆོག་སེམས་བསྐྱེད། །རེ་དོགས་ཡིད་ལ་མི་བྱེད་པར། །འཁོར་གསུམ་དག་པའི་ཤེས་རབ་ཀྱིས། །འགྲོ་ཀུན་སངས་རྒྱས་ཐོབ་ཕྱིར་བསྔོ། །ཞེས་གསུངས་པས། ཁོ་བོ་ཅག་སྔོར་བ་སྐྱབས་འགྲོ་སེམས་བསྐྱེད་ལྷ་དང་བླ་མ་བསྒོམ། དངོས་གཞི་ཕྱག་རྒྱ་ཆེན་པོ་ལ་བློ་བཞག །རྗེས་བསྔོ་བ་བྱེད་པས་དཀར་པོ་ཆིག་ཐུབ་ལས་ཁྱད་པར་དུ་འཕགས་སོ་སྙམ་ན། འདི་འང་མི་འཐད་དེ། ཕ་རོལ་ཏུ་ཕྱིན་པར་ཕྱག་ཆེན་གྱི་ཐ་སྙད་མ་བཤད་ཅིང་། ཕྱག་ཆེན་ཡིན་ན། གསང་སྔགས་ཀྱི་སྨིན་གྲོལ་ལས་བྱུང་བའི་ཡེ་ཤེས་ཡིན་དགོས་ཤིང་། ཁྱེད་ཀྱི་བསྒོམ་དེ་དབང་སྟོན་དུ་མ་སོང་བར་སྟོང་ཉིད་བསྒོམ་པ་ཙམ་ཡིན་པའི་ཕྱིར་རོ། །འོན་ལམ་བསྒོམ་ཚུལ་ཇི་ལྟར་ཡིན་སྙམ་ན། མཛོད་ལས། ཚུལ་གནས་ཐོས་དང་བསམ་ལྡན་པས། །བསྒོམ་པ་ལ་

ནི་རབ་ཏུ་སྦྱོར། །ཞེས་གསུངས་པ་ལྟར། སྤྱིར་གྲུབ་མཐའ་གང་གི་ལུགས་ལའང་། གཞི་ཚུལ་ཁྲིམས་ལ་གནས་ཏེ། བཤེས་གཉེན་མཁས་པ་ལ་བརྟེན་ནས་ཐོས་བསམ་གྱིས་སྒྲོ་འདོགས་ལེགས་པར་སྤྱད་པའི་རང་རྒྱུད་པས་ཟུང་འཇུག་རབ་ཏུ་མི་གནས་པ་དང་། ཐལ་འགྱུར་པས་སྟོང་ཉིད་རབ་ཏུ་མི་གནས་པ་དང་། གནས་ལུགས་ཀྱི་དོན་ཟབ་མོ་བསྒོམ་པས་འབྲས་བུ་འགྲུབ་པར་བཞེད་དེ། གནས་ལུགས་ཀྱི་དོན་བསྒོམ་པ་ལའང་། ཉན་ཐོས་བདེན་པ་བཞི་བསྒོམ། སེམས་ཙམ་རྣམ་མེད་པ་རྩེ་གཅིག །རོ་གཅིག སྤྲོས་བྲལ། བསྒོམ་མེད་སྟེ། རྣལ་འབྱོར་བཞི་ལ་བྱེད་པ་དང་། དབུ་མ་རང་རྒྱུད་པས་ཟུང་འཇུག་རབ་ཏུ་མི་གནས་པ་དང་། ཐལ་འགྱུར་བས་སྟོང་ཉིད་རབ་ཏུ་མི་གནས་པ་དང་། གསང་སྔགས་རྙིང་མ་བས། ཐེག་པ་རིམ་དགུའི་མཐར་ཐུག་ཤིན་ཏུ་རྣལ་འབྱོར་དང་། གསར་མ་བས་དབང་བཞི་དང་རིམ་གཉིས་འབྱུང་བའི་ཡེ་ཤེས་བསྒོམ་པ་ལ་བྱེད། དེ་ཡང་རྒྱུད་ཐ་དད་ཀྱི་དགོངས་པ་གཅིག་ཀྱང་འགྲེལ་ཚུལ་གྱི་སློབ་དཔོན་མཚོ་སྐྱེས་རྡོ་རྗེས་ཕྱིན་ཅི་མ་ལོག་པའི་དེ་ཁོ་ན་ཉིད་ཅེས་གསུངས། སློབ་དཔོན་བི་རཱུ་པ་ཤིན་ཏུ་རྣམ་པར་དག་པའི་དེ་ཁོ་ན་ཉིད་དང་། སློབ་དཔོན་ཀླུ་སྒྲུབ་པས་རིམ་པ་ལྔའི་མཐར་ཐུག་ཟུང་འཇུག་ལ་བཞེད་པ་སོགས་ཡོད་ཀྱང་། སངས་རྒྱས་དང་གྲུབ་ཐོབ་རྣམས་དགོངས་པ་གཅིག་པར་གནས་ལུགས་ཕྱག་རྒྱ་ཆེན་པོ་ནི། དབང་བཞི་དང་། རིམ་གཉིས་ཀྱི་ཏིང་ངེ་འཛིན་བསྒོམ་པ་ལས་བྱུང་བའི་ཟུང་འཇུག་གི་ཡེ་ཤེས་ཞིག་ལ་བཞེད་དོ། །

བཞི་པ་ལ་བཞི་སྟེ། ནཱ་རོ་དང་མེ་ཏྲི་པའི་ལུགས་དང་མཐུན་པ། འཕགས་པ་ཀླུ་སྒྲུབ་ཀྱི་ལུགས་དང་མཐུན་པ། རྒྱུད་དང་བསྟན་བཅོས་གཞན་དང་མཐུན་པ། དེ་ལྟ་བུའི་ཕྱག་ཆེན་རྟོགས་པའི་ཕན་ཡོན་ནོ། །དང་པོ་ནི། ནཱ་རོ་དང་ནི། ཞེས་སོགས་རྐང་པ་དྲུག་སྟེ། འོན་ཀྱང་ནག་ལུགས་དང་མཐུན་པའི་ཕྱག་ཆེན་མི་འཐད་ན། ཁྱེད་ཀྱི་ཕྱག་ཆེན་གང་དང་མཐུན་ཞེ་ན། ངེད་ཀྱི་ཕྱག་ཆེན་རྒྱ་གར་བའི་ལུགས་དང་མཐུན་ཏེ། སློབ་དཔོན་ནཱ་རོ་པ་དང་ནི་མེ་ཏྲི་བའི་ཕྱག་རྒྱ་ཆེན་པོ་གང་ཡིན་པ་དེ་ནི། ལས་ཀྱི་ཕྱག་རྒྱ་དང་། ཆོས་ཀྱི་ཕྱག་རྒྱ་དང་ནི། དམ་ཚིག་གི་ཕྱག་རྒྱ་དང་ནི། ཕྱག་རྒྱ་ཆེན་པོ་ཞེས་གསང་སྔགས་བླ་མེད་ཀྱི་རྒྱུད་སྡེ་ནས་ཇི་སྐད་དུ་གསུངས་པ་དེ་ཉིད་སློབ་དཔོན་ཁོང་དག་བཞེད་ཅིང་ངེད་ཀྱང་དེ་ལྟར་དུ་འཆད་དོ། །རྒྱུད་ལས་ཇི་ལྟར་གསུངས་ན། ཕྱག་རྒྱ་བཞི་པོ་དེ་རྣམས་རིམ་པ་བཞིན་ཡི་གེ་ལ་སྦྱར་ན་ཨེ་ཝཾ་མ་ཡ་བཞིའོ། །འབྱུང་བ་བཞི་ལ་སྦྱར་ན། ས་ཆུ་མེ་རླུང་ངོ་། །ལྷ་མོ་བཞི་ལ་སྦྱར་ན། སྤྱན་མ། མཱ་མ་ཀཱི །གོས་དཀར་མོ། སྒྲོལ་མའོ། །གནས་བཞི་ལ་སྦྱར་ན། ལྟེ་བ། སྙིང་ཁ། མགྲིན་པ། སྤྱི་བོའོ། །ཚད་མེད་བཞི་ལ་སྦྱར་ན། སྙིང་རྗེ། བྱམས་པ། དགའ་བ། བཏང་སྙོམས་སོ། །ཕར་ཕྱིན་བཞི་ལ་སྦྱར་ན། ཐབས་ཀྱི། སྨོན་ལམ་གྱི། སྟོབས་ཀྱི། ཡེ་ཤེས་ཀྱི་ཕར་ཕྱིན་ནོ། །མཁའ་འགྲོ་རིགས་བཞི་ལ་

སྦྱར་ན། སྣ་ཚོགས། རྡོ་རྗེ། པདྨ། ལས་ཀྱི་མཁའ་འགྲོའོ། །འཁོར་ལོ་བཞི་དང་སྦྱར་ན་སྤྲུལ་པའི། ཆོས་ཀྱི། ལོངས་སྤྱོད་ཀྱི། བདེ་ཆེན་གྱི་འཁོར་བཞི་དང་། རིམ་པ་བཞིན་སྦྱར་ནས་གསུངས་ཏེ། ཡང་དག་སྦྱོར་བའི་རྒྱུད་ལས། ཨེ་ནི་ས་རུ་ཤེས་པར་བྱ། །ལས་ཀྱི་ཕྱག་རྒྱ་སྦྱིན་མ་ཉིད། །སྙིང་རྗེ་ཆེན་པོ་ཐབས་ཆེན་མོ། །རང་བཞིན་སྣ་ཚོགས་སྤྱོད་ཡུལ་མ། །ལྟེ་བར་བཞུགས་སོ་འདམ་སྐྱེས་མ། །སྤྲུལ་པའི་འཁོར་ལོ་རྣམ་པར་གནས། །ཞེས་པ་ནས། བདེ་ཆེན་འཁོར་ལོ་ཆེན་པོར་གནས། །ཞེས་པའི་བར་དང་། སྤྱངས་བྱ་ཉོན་མོངས་བཞི་དང་ཡང་སྦྱར་ཏེ། དེ་ཉིད་ལས། གཏི་མུག་དམ་ཚིག་ཕྱག་རྒྱ་སྟེ། །ཞེ་སྡང་ཕྱག་རྒྱ་ཆེན་པོར་བརྗོད། །ཕྲག་དོག་ལས་ཀྱི་ཕྱག་རྒྱ་སྟེ། །འདོད་ཆགས་ཆོས་ཀྱི་ཕྱག་རྒྱ་བདག །ཞེས་སོགས་གསུངས་པའི་ཕྱིར། དེ་ལྟར་གསུངས་པའི་དོན། ཏི་ལོ་པས། ནཱ་རོ་པ་ལ་གནང་བའི་ཕྱག་རྒྱ་ཆེན་པོ་གདམས་མ་ལས། ཐུགས་སུ་སྒྲུ་དང་ཕ་རོལ་ཕྱིན་པར་སྨྲ། །འདུལ་བའི་སྡེ་སྣོད་ལ་སོགས་ཆོས་རྣམས་དང་། །རང་རང་གཞུང་དང་གྲུབ་པའི་མཐའ་ཡིས་ཀྱང་། །འོད་གསལ་ཕྱག་རྒྱ་ཆེན་པོ་མཐོང་མི་འགྱུར། །ཡིད་ལ་མི་བྱེད་ཞེ་འདོད་ཀུན་དང་བྲལ། །ཞེས་དང་། མེ་ཏྲི་པའི་ཕྱག་ཆེན་བསྡུས་པ་ལས། སྣང་བ་རང་གྲོལ་ཆོས་ཀྱི་དབྱིངས། །རྟོག་པ་རང་གྲོལ་ཡེ་ཤེས་ཆེ། །གཉིས་མེད་མཉམ་པ་ཆོས་ཀྱི་སྐུ། །ཆུ་བོ་ཆེན་པོའི་རྒྱུན་ལྟར་འབབ། །ཅེས་དང་། དེ་ཉིད་ཉི་ཤུ་པ་ལས། ལས་དང་དམ་ཚིག་ཕྱག་རྒྱ་གཉིས། །འཁོར་ལོ་རྫོགས་པར་བསྒོམ་པ་ཉིད། །ཐ་མའི་བྱང་ཆུབ་ཐོབ་པ་ནི། །དག་པའི་དེ་ཉིད་ཕྱིར་ཕྱོགས་པའོ། །ཡེ་ཤེས་ཕྱག་རྒྱ་མཉམ་སྦྱོར་བས། །འཛམ་པའི་རྡོ་རྗེ་ལ་སོགས་གཙོ། །བདེན་མིན་རྫུན་མིན་རྣམ་པར་ནི། །བདག་ཉིད་བསྒོམ་པ་འབྲིང་པ་འོ། །ཞེས་དང་། ཐེག་ཆེན་ཉི་ཤུ་པ་ལས། ཟུང་འཇུག་གོ་འཕང་སྐྱོང་བ་པོའི། །རྣམ་པ་ཀུན་གྱི་མཆོག་ལྡན་པ། །མཚན་ཉིད་མེད་ཉིད་འདུས་མ་བྱས། །གཉུག་མའི་ཚུལ་ལ་བདག་ཕྱག་འཚལ། །ཞེས་གསུངས་སོ། །

ཁ་ཅིག་ནཱ་རོ་པའི་ལུགས་ཀྱི་ཕྱག་ཆེན་ནི། ཆོས་དྲུག་རྡོ་རྗེའི་ཚིག་རྐང་ལས། ཕྱག་ནི་གཉིས་མེད་ཡེ་ཤེས་ངོ་ཡི་བཟུང་། །རྒྱ་ནི་འཁོར་བའི་མདུད་པ་བྲལ་བ་སྟེ། །ཆེན་པོ་ཟུང་འཇུག་སྒྲོན་མ་མཉམ་པ་ལ། །གཞན་གྱིས་མ་རྟོག་རང་གྲོལ་ཆོས་སྐུ་འོ། །ཞེས་པའི་ལུང་དྲངས་ནས་འཆད་པ་ནི། རྒྱ་གར་གྱི་ཕྱག་རྒྱ་ཆེན་པོའི་སྐད་དོད་ལ། ཕྱག་གི་སྐད་དོད་མེད་ཅིང་། འོག་ཏུ་རྒྱ་ཆེན་པོ་བཤད་པ་ལ་ལག་པའི་སྒྲ་དོན་འཆད་པ་དང་། ཞེས་འགྲེལ་པར་བཤད་པ་དང་འགལ་བས་ཐེ་ཚོམ་གྱི་གཞིའོ། །དེས་ན་ནཱ་རོ་པའི་ལུགས་ཀྱི་ཕྱག་རྒྱ་བཞི་ནི། འཁོར་ལོ་བདེ་མཆོག་གི་རྫོགས་རིམ་ཕྱག་རྒྱ་བཞི་ལ་སྦྱོར་བའི་ཚུལ་ཡོད་པ་ལ་དགོངས་ཏེ་འདིར་མ་སྤྲོས་སོ། །ཞེས་གསུངས་སོ། །

གཉིས་པ་ནི། འཕགས་པ་ཀླུ་སྒྲུབ། ཞེས་སོགས་རྐང་པ་དྲུག་སྟེ། སློབ་དཔོན་དེ་གཉིས་སུ་མ་ཟད། འཕགས་པ་ཀླུ་སྒྲུབ་ཉིད་ཀྱིས་ཀྱང་། ལས་ཀྱི་ཕྱག་རྒྱ་དང་། ཆོས་ཀྱི་ཕྱག་རྒྱ་མི་ཤེས་ན། ཕྱག་རྒྱ་ཆེན་པོའི་མིང་ཙམ་ཡང་རྟོགས་པ་ཉིད་ནི་མི་སྲིད་པར་གསུང་ཞེས་པ་ཕྱག་རྒྱ་བཞི་པར་འདི་སྐད་དུ་གསུངས་ཏེ། ལས་ཀྱི་ཕྱག་རྒྱ་མི་ཤེས་པ་རྣམས་ཀྱིས། ཆོས་ཀྱི་ཕྱག་རྒྱའང་མི་ཤེས་ན། ཕྱག་རྒྱ་ཆེན་པོའི་མིང་ཙམ་ཡང་རྟོགས་པར་ལྟ་ག་ལ་འགྱུར། ཞེས་དང་། ལས་ཀྱི་ཕྱག་རྒྱ་ལ་བརྟེན་ནས་རྒྱུ་མཐུན་པའི་འབྲས་བུ་སྐྱེ་བར་བྱེད་དོ། །ཞེས་པ་ནས་དེ་ལ་དགའ་ཞིང་མགུ་བས། ཆོས་ཀྱི་ཕྱག་རྒྱའི་གནས་ཡང་མི་ཤེས་སོ། །ཞེས་པའི་བར་གསུངས་པའི་ཕྱིར་རོ། །

གསུམ་པ་ནི། རྒྱུད་ཀྱི་རྒྱལ་པོ། ཞེས་སོགས་ཚིགས་བཅད་གཅིག་སྟེ། རྒྱུད་ཀྱི་རྒྱལ་པོ་དགེས་རྡོར་བརྟག་གཉིས་སཾ་པུ་ཊི་གཞན་དུས་འཁོར་ལ་སོགས་པ་དང་ནི་བསྟན་བཅོས་ཆེན་པོ་གཞན་གྲུབ་པ་སྡེ་བདུན་དང་། སྙིང་པོ་སྐོར་དྲུག་ལ་སོགས་པ་ལས་ཀྱང་། བླ་མེད་ཀྱི་དབང་བཞི་བསྐུར་བ་དང་། རིམ་གཉིས་ཀྱི་ཏིང་ངེ་འཛིན་བསྒོམ་པ་དག་དང་མ་འབྲེལ་བའི་གང་ཟག་དེ་ལ་ཕྱག་རྒྱ་ཆེན་པོ་སྟོན་པ་དང་། བསྒོམ་པ་བཀག་སྟེ། བརྟག་གཉིས་ལས། དེ་ནས་རྣལ་འབྱོར་མས་ཞུས་པ། ཕྱག་རྒྱ་ཆེན་པོ་ཇི་ལྟ་བུ། །ཀུན་རྫོབ་རྣམ་པའི་གཟུགས་ཀྱིས་ནི། །བདེ་བ་སྟྱིན་པས་བཤད་དུ་གསོལ། །ཞེས་པའི་ལན་དུ། གཞན་གྱིས་བརྗོད་མིན་ལྷན་ཅིག་སྐྱེས། །གང་དུ་ཡང་ནི་མི་རྙེད་དེ། །བླ་མའི་དུས་ཐབས་བརྟེན་པ་དང་། །བདག་གི་བསོད་ནམས་ལས་ཤེས་བྱ། །ཞེས་པ་དང་། སཾ་པུ་ཊི་ལས། ནང་གི་དབྱེ་བ་འདི་ཉིད་ནི། བླ་མའི་ཞལ་ལས་བརྙེད་པར་འགྱུར། །ཞེས་དང་། དུས་འཁོར་ལས། གཞི་དམ་ཚིག་གི་ཕྱག་རྒྱ། དཔེ་ལས་ཀྱི་ཕྱག་རྒྱ། སེམས་བརྟགས་ཡེ་ཤེས་ཀྱི་ཕྱག་རྒྱ། འབྲས་བུ་ཕྱག་རྒྱ་ཆེན་པོ་སྟེ་བཞིར་གསུང་པ་དང་། གསང་བ་མཛོད་ཀྱི་མདོ་ལས། རྡོ་རྗེ་སེམས་དཔའ་ཉོན་ཅིག་དང་། གསང་སྔགས་ཀྱི་ཐེག་པ་མཆོག་གི་དབང་བསྐུར་བ་གསང་བ་ཆེན་པོ་འདིས་སངས་རྒྱས་ཐོབ་པར་ནུས་ཀྱི། ཐེག་པ་གཞན་གྱིས་ནི་བསྐལ་པ་བྱེ་བས་ཀྱང་སངས་རྒྱས་ཐོབ་པར་མི་འགྱུར་རོ། །ཞེས་དང་། ཡེ་ཤེས་གྲུབ་པ་ལས། རྟོག་པ་ཐམས་ཅད་རྣམ་སྤྲངས་པའི། །ཡེ་ཤེས་མཆོག་བཟང་ཐོབ་པ་ཡི། །རྡོ་རྗེ་ཡེ་ཤེས་དབང་བསྐུར་བས། །དངོས་གྲུབ་མཆོག་ནི་བསྒྲུབ་པར་བྱ། །ཞེས་པ་དང་། སློབ་དཔོན་ཛཱ་ཏ་དེ་ལྟས། དེ་ནི་དཔེ་ཡིས་ཉེར་མཚོན་ནས། །བླ་མའི་ཞལ་གྱི་དྲིན་གྱིས་སོ། །

ཞེས་པ་དང་། ཐབས་དང་ཤེས་རབ་རྣམ་པར་གཏན་ལ་དབབ་པ་གྲུབ་པ་ལས། བདེ་གཤེགས་གནས་ཀྱི་དཀྱིལ་འཁོར་དུ། །རྒྱུད་ཀྱི་ལམ་གྱི་རྗེས་འབྲངས་ནས། །མཁས་པ་གང་ཆེ་དབང་བསྐུར་ན། །སངས་རྒྱས་ཐམས་ཅད་མངོན་སུམ་ཡིན། །དཔག་མེད་འཇིག་རྟེན་ཁམས་དབང་ཕྱུག །བདག་བྱིན་རླབས་པའི་རིམ་པ་ཐོབ།

།ཅེས་གསུངས་སོ། །ཁ་ཅིག་འདིར་ཕྱག་ཆེན་མཆོག་གི་དངོས་གྲུབ་ཐོབ་པ་ནི། ཕར་ཕྱིན་ཐེག་པ་བ་ལྟར་ན། མཐོང་སྤངས་ཀྱི་སྒྲིབ་པ་སྤངས་པ་དང་། གསང་སྔགས་པ་ལྟར་ན། རྩ་དབུ་མའི་མདུད་པ་གྲོལ་བ་བྱེད་ཟེར་བ་མི་འཐད་དེ། གོང་དུ་དྲངས་པའི་ལུང་རྣམས་དང་། འདིར་ཡང་དབང་བསྐུར་དག་དང་མ་འབྲེལ་བ། །དེ་ལ་ཕྱག་རྒྱ་ཆེན་པོ་བཀག །ཞེས་ཕར་ཕྱིན་ཐེག་པ་བ་ཕྱག་རྒྱ་ཆེན་པོ་མེད་པར་བཤད་པ་དང་འགལ་བའི་ཕྱིར་རོ། །

བཞི་པ་ནི། དབང་བསྐུར་བ་ལས། ཞེས་སོགས་ཚིགས་བཅད་གཅིག་སྟེ། འོ་ན་དེ་ལྟ་བུའི་ཕྱག་ཆེན་རྟོགས་པའི་ཕན་ཡོན་ཇི་ལྟ་བུ་སྙམ་ན། བླ་མེད་ཀྱི་དབང་བསྐུར་བ་དང་། གྲོལ་བྱེད་ཀྱི་ལམ་བསྒོམ་པ་ལས་བྱུང་བ་ཡི་མཚོན་བྱ་དོན་གྱི་ཡེ་ཤེས་མཐོང་ལམ་གྱི་ཕྱག་རྒྱ་ཆེན་པོ་དེ་མངོན་སུམ་དུ་རྟོགས་ན། ད་གཟོད་མཚན་མ་དང་བཅས་པའི་འབད་རྩོལ་ཀུན་ལ་མི་ལྟོས་ཏེ། དེའི་ཚེ་འཁོར་ལོ་བསྐོར་བ་འཇིག་རྟེན་ལས་འདས་པའི་ལམ་ཐོབ་པའོ། །

གཉིས་པ་མོས་གུས་ཀྱིས་སེམས་བསྒྱུར་བའི་གཞི་གནས་ལྟར་སྣང་ཕྱག་ཆེན་དུ་འདོད་པ་དགག་པ་ལ་གཉིས་ཏེ། འདོད་པ་བརྗོད་པ་དང་། དེ་དགག་པའོ། །དང་པོ་ནི། དེང་སང་། ཞེས་སོགས་ཚིགས་བཅད་གཅིག་སྟེ། དུས་དེང་སང་ཕྱག་རྒྱ་བ་འགའ་ཞིག །བླ་མ་ཡི་གསོལ་འདེབས་དང་། མོས་གུས་ཙམ་གྱིས་རྟོགས་པ་ཅུང་ཟད་སྐྱེས་པས་སེམས་བསྒྱུར་ནས་རྣམ་པར་རྟོག་པ་ཅུང་ཟད་འགགས་པ་ལ། ཕྱག་རྒྱ་ཆེན་པོའི་ངོ་སྤྲོད་པར་བྱེད་དོ། །

གཉིས་པ་ནི། དེ་འདྲ་བདུད་ཀྱི། ཞེས་སོགས་ཚིགས་བཅད་གསུམ་སྟེ། དེ་ནི་མི་འཐད་དེ། རྣམ་རྟོག་ཅུང་ཟད་འགགས་པ་དེ་འདྲ་བ་བདུད་ཀྱི་བར་ཆད་ཡིན་པའང་སྲིད། ཡང་ན་རྣལ་འབྱོར་པ་ཁམས་འདུས་པ་དང་པོ་དང་། བར་པའི་དུས་འགའ་ལའང་འབྱུང་བའི་ཕྱིར་རོ། །དེ་འདྲ་བདུད་རིགས་ཀྱི་ཡིན་པའི་དཔེ་ནི། རྟོགས་ལྡན་གྱི་ཡུལ་དཔལ་མོ་དཔལ་ཐང་གི་ལྷ་མཚོ་ཁར། ཀ་རྣ་འཛིན་ཞེས་བྱ་བ་ཡི་རྫུན་བརླབ་པོ་ཆེ་བྱེད་པ་ཅན་གྱི་གྲུབ་ཐོབ་ཏུ་ཁས་ལེན་པ་གཅིག་བྱུང་། དེས་ཁ་སྐོར་དུ་ལྤགས་པ་ནག་པོས་སླ་ར་བྱས། ཉིན་མོ་མཚམས་སྦྱད། མཚན་མོ་ལོ་ཟླ་བཅུག་ནས། ཆོས་ལྟར་བཅོས་པ་འགའ་རེ་སྟོན། གཞན་ཡང་། གཡོ་སྒྱུའི་སྤྱོད་པ་སྣ་ཚོགས་སྟོན་པས་འཁོར་མང་པོ་འདུས་ཤིང་། གང་ཟག་དེ་ཡི་དགོན་པ་མཐོང་བ་ཙམ་གྱིས་སྐྱེ་བོ་འགའ་ལ་ཏིང་ངེ་འཛིན་སྐྱེས་ཞེས་ཟེར། ཕྱིས་ནས་ཀུན་ཐེ་ཚོམ་དུ་གྱུར་ཏེ། རྟོགས་ལྡན་གྱིས་མི་མང་པོའི་དཀྱིལ་དུ་ཁོའི་སླ་ར་བཤུས། དམའ་ཕབ་པས། དེ་ཡི་གྲུབ་ཐོབ་གཞིག་ཅིང་། དེ་ནས་ཁོའི་ལུགས་ཀྱི་ཏིང་ངེ་འཛིན་དེ་རྒྱུན་ཆད་པར་གྱུར་ཏོ། །ཞེས་མཁས་པ་འདུལ་བ་གཞོན་ནུ་སེང་གེའི་ཕྱོགས་སྔ་མདོར་བསྡུས་ལས་བཤད། འདུལ་སེང་གི་ཊཱི་ཀར། འདིའི་ལོ་རྒྱུས་ནི། མི་རྒན་པོ་གཅིག་གིས་འདི་རྗེ་བཙུན་གྱི་སྐུ་ཚེའི་སྨད་ཀྱི་དུས་སུ་བྱུང་གསུང་ངོ་། །ཚེ་སྟོད་ལུག་འཚོ། ཚེ་སྨད་

བགྲེས་ཤིང་འཕོངས་ནས། བུད་ཤིང་འཚོང་བ་ལ་སོང་བས། གཉའ་ལོ་སྐམ་པོའི་ཕོང་པོ་ཞིག་གི་ཁྲིད་ནས་ལུ་གུའི་ལྷགས་པ་ལ་བྱུས་པའི་ཞྭ་གཅིག་འདུག་པ་རྙེད་ནས་མགོ་ལ་གྱོན་ནས་ཕྱིན་པས་མི་རྣམས་ཀྱི་མཚན་དཔེས་བརྒྱན་པའི་སྐྱེས་བུར་མཐོང་སྟེ། དེ་ཡིས་དཔལ་མོ་དཔལ་ཐང་བྱ་བར་དགོན་པ་བརྒྱབ། དགོན་པ་མཐོང་བ་ཙམ་གྱིས་བསོད་ནམས་དམན་པའི་སྐྱེས་བུ་འགའ་ཞིག་ལ་རྣམ་རྟོག་འགག་པའི་ཏིང་ངེ་འཛིན་སྐྱེས་ཟེར་རོ། །རང་གི་ཁང་པར་ཞྭ་ཕུད་ནས་འདུག་པའི་ཚེ། སྟོན་གྱི་རྐན་པོའི་གཟུགས་སུ་གྱུར་པ་སློབ་མ་འགའ་ཞིག་གིས་མཐོང་ནས། ཞྭ་དེ་ཁྱེར་བས་ཕྱིས་གྲུབ་ཐོབ་གཞིག་སྟེ། དེ་ནས་ཏིང་ངེ་འཛིན་རྒྱུན་ཆད་ཟེར་བ་སྣང་ངོ་། །རྣམ་རྟོག་འགགས་པ་དེ་འདྲ་བའི་ཏིང་ངེ་འཛིན་སྐྱེ་བ་བདུད་རིགས་ཀྱི་འབྱུང་པོ་རྣམས་ཀྱིས་བྱེད་པར་མདོ་རྒྱུད་ལས་གསུངས། མཚན་གཞི་ནི། ནག་པོ་རོ་ཟན་བྱ་བ་གཅིག་གིས་ཀྱང་། ལ་ལ་ལ་བསྒོམ་ཐེབ་པ་བྱུང་སྟེ། དེ་ཡང་རྒྱལ་འགོང་གཅིག་ལས་བྱས་པར་འདུག་གསུངས་སོ། །དེས་ན་རྫོགས་པའི་སངས་རྒྱས་ཀྱི་གསུང་བཞིན་དུ་བསྒྲུབ་པའི་ཏིང་ངེ་འཛིན་ལ་སོགས་པའི་བྱིན་རླབས་སངས་རྒྱས་རྣམས་ཀྱིས་ཡིན་པར་གསུངས་པས་རྣམ་དབྱེ་ཤེས་དགོས་སོ། །

གསུམ་པ་ཞར་ལ་ཕྱག་ཆེན་གྱི་རྒྱུ་ལ་ལོག་རྟོག་དགག་པ་ལ་གསུམ་སྟེ། ཁས་བླངས་བརྗོད། མགོ་མཚུངས་ཀྱིས་དགག །དམད་པའི་གནས་སུ་བསྟན་པའོ། །དང་པོ་ནི། ཁ་ཅིག་སྐྱེ་བ། ཞེས་སོགས་རྐང་པ་དྲུག་སྟེ། བསྒོམ་ཆེན་པ་ཁ་ཅིག་སྐྱེ་བ་སྔ་མ་ལ། བྱང་ཆུབ་ཏུ་སེམས་བསྐྱེད་པ་དང་། གསང་སྔགས་ཀྱི་དབང་བསྐུར་བ་མ་བྱས་ན། དམ་པའི་ཆོས་དེ་དག་ལ་དད་པ་མི་སྐྱེད་པས། སྐྱེས་བུ་གང་དག་ཐེག་པ་ཆེན་པོ་ལ་དད་པ་ཐོབ་པ་དེ་དག་ཐེག་ཆེན་གྱི་ཆོས་ལ་སྔར་སྦྱང་པའི་རྟགས་ཡིན་པས་ན། ད་ལྟ་གསང་སྔགས་ཀྱི་དབང་བསྐུར་བྱ་མི་དགོས་ཟེར། ད་ལྟའང་འདི་བཞིན་ཟེར་བ་མང་བར་སྣང་ངོ་། །

གཉིས་པ་ནི། འོ་ན་སོ་སོ་ཐར། ཞེས་སོགས་རྐང་པ་དགུ་སྟེ། འོ་ན་རབ་ཏུ་བྱུང་བའི་སོ་སོ་ཐར་པ་ཡི་སྡོམ་པ་དག་ལ་མོས་པ་ཐོབ་པ་ལ་ཡང་། ད་ལྟ་མཁན་སློབ་ཀྱི་རབ་ཏུ་དབྱུང་ཅི་དགོས་ཏེ་མི་དགོས་པར་ཐལ། དེ་ལྟར་ཐོབ་པ་ཚེ་སྔ་མའི་སྡོམ་པའི་སྦྱང་བ་ཡོད་པ་ཡིན། རྟགས་ཁྱབ་ཁས། གཞན་ཡང་། བྱང་ཆུབ་སེམས་དཔའི་སེམས་བསྐྱེད་ལ་མོས་པ་ཐོབ་པ་དེས་ཀྱང་། ད་ལྟ་སེམས་བསྐྱེད་ཀྱི་ཆོ་ག་བྱ་ཅི་དགོས་ཏེ། མི་དགོས་པར་ཐལ། དེ་ལྟར་ཐོབ་པ་དེ་སྐྱེ་བ་སྔ་མའི་སེམས་བསྐྱེད་ཀྱི་སྦྱང་པ་ཡོད་པ་ཡིན། སྔ་མ་བཞིན་ཁས་སོ། །ཁོ་ན་རེ། རབ་བྱུང་དང་སེམས་བསྐྱེད་དེ་དག་ད་ལྟ་བྱ་དགོས་སོ་ཟེར་ན། འོ་ན། གསང་སྔགས་ཀྱི་དབང་བསྐུར་བ་ཡང་ནི་ད་ལྟ་བྱ་ཅི་མི་དགོས་ཏེ་དགོས་པར་ཐལ། རབ་བྱུང་དང་། སེམས་བསྐྱེད་དེ་ལྟར་བྱ་དགོས་པ་གང་ཞིག །རྒྱུ་

མཚན་མཚུངས་པའི་ཕྱིར་རོ། །

གསུམ་པ་ནི། སངས་རྒྱས་ཆོས་ལ། ཞེས་སོགས་རྐང་པ་དྲུག་སྟེ། སྤྱར་གྱི་དམ་བཅའ་ཤིན་ཏུ་མི་འཐད་དེ། དཔེར་ན་སངས་རྒྱས་པའི་ཆོས་ལ་མི་དགའ་བའི་མུ་སྟེགས་བྱེད་རྣམས་ཀྱིས་སངས་རྒྱས་པའི་ཆོས་སྤྱངས་ཤིང་འགོག་པ་དེ་ལ་མུ་སྟེགས་རྣམས་ངོ་མཚར་དུ་མི་རུ་ཡིས་ཏེ་རུ་བར་ཐལ། མུ་སྟེགས་པ་སངས་རྒྱས་པའི་དགྲ་ཡིན་པའི་ཕྱིར། མུ་སྟེགས་པས་སངས་རྒྱས་པའི་བསྟན་པ་འགོག་པ་དེ་བས་ཀྱང་སངས་རྒྱས་པའི་ཆོས་ལ་བརྟེན་བཞིན་དུ་དབང་བསྐུར་ལ་སོགས་པ་ད་ལྟ་བྱེད་མི་དགོས་ཞེས་ཟེར་བ། མདོ་རྒྱུད་ཀྱི་ཉན་བཤད་འགོག་པར་བྱེད་པ་དེ་ལ་པཎྜི་ཏ་ཀུན་དགའ་རྒྱལ་མཚན་ཁོ་བོ་ངོ་མཚར་སྐྱེས་ཞེས་པ་སྙིང་སྣང་པའི་ཚིག་གོ། །

གཉིས་པ་མཚོན་བྱ་དོན་གྱི་ཕྱག་ཆེན་ལ་འཁྲུལ་པ་དགག་པ་ལ་གསུམ་སྟེ། ཡོན་ཏན་མེད་པའི་མཐོང་ལམ་དགག །དེ་ལ་ལུང་དང་འགལ་བ་སྤྱངས། དེས་ན་འཕགས་པའི་མཁྱེན་པར་གྲུབ་པའོ། །དང་པོ་ལ་གསུམ་སྟེ། ཕྱོགས་སྔ་མ་བརྗོད་དེ་དགག །ཉེས་སྤོང་གི་ལན་དགག་པའོ། །དང་པོ་ནི། ལ་ལ་ཞི་གནས། ཞེས་སོགས་ཚིགས་བཅད་གཉིས་ཏེ། བོད་ལ་ལ་དབང་དང་རིམ་གཉིས་ལས་བྱུང་བའམ། མ་བྱུང་བ་ཡིན་ཡང་རུང་། སེམས་གནས་པའི་ཞི་གནས་ཙུང་ཟད་ཙམ་དང་སྣང་སྟོང་གི་རྟོགས་པ་ཕྲ་མོ་སྐྱེས་པ་ལ། མཐོང་ལམ་ཡིན་ཞེས་ངོ་སྤྲོད་པར་བྱེད་ཅིང་། འོན་དེ་དུས་མཐོང་ལམ་གྱི་ཡོན་ཏན་བརྒྱ་ཕྲག་བཅུ་གཉིས་འབྱུང་བར་འགྱུར་རོ་སྙམ་ན། ཡོན་ཏན་དེ་དག་མཐོང་ལམ་སྐྱེས་པའི་ཕྱིས་ནས་འབྱུང་སྟེ། དཔེར་ན་ཁྱུང་གི་ཕྲུ་གུ་སྒོང་ངའི་རྒྱས་བཅིང་ནས་འཕུར་མི་ནུས་པ་ཇི་བཞིན་དུ། རྣལ་འབྱོར་པ་དེ་རྣམ་སྨིན་གྱི་ལུས་ཀྱིས་རྒྱ་ཡིས་བཅིང་པས་ན་མཐོང་ལམ་གྱི་ཡོན་ཏན་རྣམས་ད་ལྟ་མཐོང་ལམ་སྐྱེས་དུས་མི་འབྱུང་ཡང་རྣམ་སྨིན་གྱི་ལུས་རྒྱ་ཞིག་པའི་འོག་ཤི་མ་ཐག་འབྱུང་བས་སོ། །ཞེས་ཟེར།

འདིའི་ཕྱོགས་སྔ་མ་ནི། རྗེ་བཙུན་གྱིས། མངོན་རྟོགས་ལྗོན་ཤིང་ལས། ཡེ་ཤེས་ལ་ལོག་རྟོག་དགག་པ་ལ། ལོག་པར་རྟོག་པ་དང་། དེ་དགག་པ་གཉིས་སུ་བྱས་ནས། དང་པོ་ལ་བྱང་ཆུབ་ཀྱི་སེམས་རྡོ་རྗེ་ནོར་བུའི་དཀྱིལ་དུ་གནས་པའི་ཚེ། ལྷན་སྐྱེས་སྐྱེ་བ་དང་། བྱང་ཆུབ་ཀྱི་སེམས་རྡོ་རྗེ་ནོར་བུ་དང་བྲལ་ནས་ཡུམ་གྱི་པདྨར་ལྷུང་བའི་ཚེ། ལྷན་སྐྱེས་སྐྱེ་བ་གནས་ལ་ལོག་པར་རྟོག་པ། དབང་གསུམ་པའི་ཡེ་ཤེས་མཐོང་ལམ་ཡིན་པར་འདོད་པ་ངོ་བོ་ལ་ལོག་པར་རྟོག་པ་དང་། ལྷན་སྐྱེས་དགའ་བ་གསུམ་ཆར་སྐྱེ་བ་གོ་རིམ་ལ་ལོག་པར་རྟོག་པ་གསུམ་དུ་མཛད་པའི་བར་དེ་ཉིད་ཡིན་ཞིང་། དེ་ཡང་རིན་ཆེན་རྒྱན་འདྲ་ནས་འབྱུང་བའི་རྟོག་གཞུང་པའི་དགེ་བའི་བཤེས་གཉེན་རྣམས་ཀྱིས་བཞེད་པའོ། །ཁ་ཅིག་འདི་མ་མཐོང་བར་ཕྱག་རྒྱ་བ་ལ་ལ་ཞེས་སྨྲ་བ་ནི། མཛོ་ཁལ་གླང་ལ་

སྒྲོར་བའོ། །ཞེས་གསུང་རབ་དགོངས་གསལ་ལས་གསུངས་སོ། །འདིས་ཕྱོགས་སྔ་སྨྲ་བ་ཕྲུག་རྒྱ་བའང་ཡིན་པ་འདྲ་སྟེ། འབྲི་ཁུང་པའི་དགོངས་གཅིག་ཏུ་རྡོ་རྗེའི་གསུང་། སའི་ཡོན་ཏན་འབྱུང་བའི་ཚུལ་མུ་དྲུག་བྱ་བ་འདི་བཞུགས། འདིར་ཞལ་མངའ་ནས། སའི་ཡོན་ཏན་ཡང་དེ་མ་ཐག་ཏུ་འབྱུང་བ་མིན་ཏེ། མངོན་རྟོགས་ཡོད་ཀྱང་སའི་ཡོན་ཏན་གཞོད་བསྒྲུབ་དགོས་པར་གསུངས་པས། མུ་དྲུག་གི་རིམ་པའི་མུ་འགའ་ཞིག་ཡོད་ལ། འགའ་ཞིག་མེད་པའི་མུ། ཡོད་ཀྱང་གཞན་གྱིས་མི་མཐོང་བའི་མུ། རྣལ་འབྱོར་པའི་ཉམས་ཀྱི་སྣང་བའི་མུ། ལུང་ཁུང་གི་མུ་སྟེ་དྲུག །ལུང་ཁུང་གི་མུ་ནི། ས་དང་པོ་ཐོབ་མ་ཐག་ཉི་མ་ཤར་མ་ཐག་འོད་ཟེར་དང་འགྲོགས་ནས་འོངས་བཞིན་དུ། ཡོན་ཏན་བརྒྱ་ཕྲག་བཅུ་གཉིས་འབྱུང་བར་གསུངས་པའི་ལུང་ཁུང་རྒྱལ་བའི་བཀའ་ན་མི་བཞུགས། དེས་ན་ལུང་ཁུང་འདི་མེད་པའི་ཕྱིར། འཇིག་རྟེན་མགོན་པོས་ཚོགས་ཀྱི་དཀྱིལ་དུ་འདིའི་ལུང་ཁུང་བཀའ་ནས་གསུང་པ་མཐོང་བ་ཡོད་ན། རྟ་བཟང་སེང་གེ་འདྲ་བ་ཅིག་ཐབ་མདའ་དར་ཡུག་ལ་བྱས་ཏེ་སྟེར་གསུངས་ཏེ་སུས་ཀྱང་མཐོང་བ་མ་བྱུང་གསུང་། ཡོད་ཀྱང་མི་མཐོང་བའི་མུ་ནི། ཀླུ་སྒྲུབ་ལྟ་བུ་ཡིན་ཏེ། འཕགས་པ་ཀླུ་སྒྲུབ་མདོ་རྒྱུད་ཉི་ཤུ་རྩ་གཅིག་ནས་ལུང་བསྟན། འགའ་ཞིག་ས་བརྒྱད་པ་དང་། འགའ་ཞིག་ཏུ་ས་བཅུ་པར་གསུངས་ཀྱང་། ས་དང་པོ་ཐོབ་པར་ཐམས་ཅད་མཐུན། ཡོན་ཏན་བརྒྱ་ཕྲག་བཅུ་གཉིས་སུས་ཀྱང་མཐོང་བ་མེད་ཟེར་རོ། །ཞེས་པའང་སྣང་ངོ། །

གཉིས་པ་ནི། ཐེག་པ་ཆེན་པོའི། ཞེས་སོགས་ཚིགས་བཅད་གཅིག་སྟེ། མཐོང་ལམ་སྐྱེས་དུས་དེའི་ཡོན་ཏན་མི་སྐྱེ་བ་ཕྱི་ནས་སྐྱེ་བར་འདོད་པ་མི་འཐད་དེ། སྐྱེ་ཚུལ་འདི་འདྲ་བའི་ཆོས་ལུགས་ཐེག་པ་ཆེན་པོའི་མདོ་རྒྱུད་ཚད་མ་ལས་བཤད་པ་མེད་པའི་ཕྱིར། རིགས་པས་ཀྱང་གནོད་དེ། ཁྱེད་ཀྱི་མཐོང་ལམ་གྱི་ཡོན་ཏན་སྐྱེ་ཚུལ་དེ་དཔེར་ན། ཉི་མའི་དཀྱིལ་འཁོར་དེ་རིང་ཤར་བ་ཡི་འོད་ཟེར་སང་ནང་པར་འབྱུང་བ་དང་འདྲ་བ་ངོ་མཚར་བའི་ཕྱིར་རོ། །འདི་ལ་མངོན་རྟོགས་ལྗོན་ཤིང་ལས། མི་མཁས་པ་ཁ་ཅིག །དབང་གསུམ་པའི་ཡེ་ཤེས་ཉིད་དོན་གྱི་ཡེ་ཤེས་ཡིན་ནོ། །ཞེས་འདོད་དོ། །དེ་ལ་འདི་སྐད་ཅེས་འདྲི་སྟེ། དོན་གྱི་ཡེ་ཤེས་ཞེས་བྱ་བ་དེ་རྣམ་པར་རྟོག་པ་ནུབ་ཅིང་། བརྗོད་དུ་མེད་པ་ཙུང་ཟད་གསལ་བར་བྱས་པ་མཐོང་ལམ་གྱི་ཡེ་ཤེས་དང་འདྲ་བ་ཡིན་ནམ། མཐོང་བའི་ལམ་ཉིད་སྐད་ཅིག་ཙམ་སྐྱེས་པ་ཡིན། དང་པོ་ལྟར་ན། དོན་གྱི་ཡེ་ཤེས་སུ་འདོད་ཀྱང་དཔེ་རུ་ཐལ་ལོ། །

གཉིས་པ་ལྟར་ན། མུ་སྟེགས་བྱེད་ཀྱི་ཡེ་ཤེས་དང་མཐུན་པར་འགྱུར་ཏེ། རིག་བྱེད་ཀྱི་མཐའ་གསང་བར་སྨྲ་བའི་གཞུང་ལས། གང་ཕྱིར་འབྱུང་བ་ཆེ་བདེ་བ། །དེ་ཕྱིར་བདེ་བ་དེ་ཉིད་མིན། །ཞེས་འབྱུང་བ་ལ་བརྟེན་

ནས། དོན་གྱི་ཡེ་ཤེས་སྐྱེ་བར་མི་འགྱུར་རོ། །ཞེས་བཤད་པས་སོ། །རིག་པས་ཀྱང་གནོད་དེ། དོན་གྱི་ཡེ་ཤེས་སྐྱེས་ནས་འགག་པའི་ཕྱིར། མཐོང་ལམ་གྱི་ཡེ་ཤེས་དང་། སངས་རྒྱས་ཀྱི་ས་ཐོབ་ཀྱང་ཉམས་པར་འགྱུར་རོ། །དེ་འདོད་ན། འབད་པ་དོན་མེད་པར་ཐལ་ལོ། །ཡང་མཐོང་ལམ་ནི། མ་མཐོང་བ་མཐོང་བས་མཐོང་ལམ་ཞེས་བྱ་བ་ཡིན་པས། སྔར་དབང་གི་སྐབས་སུ་མཐོང་ཟིན་པའི་ཕྱིར། མཐོང་ལམ་ཡང་མཐོང་ལམ་མ་ཡིན་པར་འགྱུར་རོ། །ཡང་དེ་དག་གི་སྐྱོན་སྤོང་ཡང་སྐད་ཅིག་ཙམ་མཐོང་ལམ་སྐྱེ་བ་ནི་གསང་སྔགས་ཀྱི་ལུགས་ཡིན་ནོ། །ཞེས་སྨྲ་ན། སྐད་ཅིག་ཙམ་མཐོང་བའི་ཚེ་ན་གླིང་བཞི་བརྒྱ་བསྐུལ་བ་ལ་སོགས་པ་རྫུ་འཕྲུལ་སྟོན་ཅིག །དེ་ལྟར་མི་ནུས་ཀྱང་མཐོང་ལམ་དུ་འདོད་ན། བསྟོན་པའི་ཚིག་བཞིན་བཞད་གད་ཀྱི་གནས་སོ། །ལོག་རྟོག་རྣམས་ལ་ནི་འདི་དམན་ནོ། །ཞེས་བཤད་དོ། །ཞེས་གསུངས་སོ། །

གསུམ་པ་ནི། ཁ་ཅིག་ཕ་རོལ། ཞེས་སོགས་ཚིགས་བཅད་ལྔ་སྟེ། དེའི་སྐྱོན་སྤོང་བར་འདོད་པ་ཁ་ཅིག་སྟེ། གསང་སྔགས་ཀྱི་མཐོང་ལམ་ཐོབ་ཀྱང་། ཡོན་ཏན་བརྒྱ་ཕྲག་བཅུ་གཉིས་མི་ཐོབ་པ་མི་འགལ་ཏེ། ཕ་རོལ་ཏུ་ཕྱིན་པ་བ་དང་། གསང་སྔགས་པ་གཉིས་ཀྱི་མཐོང་ལམ་ལ་རིམ་པ་ལྟར་ཡོན་ཏན་བརྒྱ་ཕྲག་བཅུ་གཉིས་ཀྱི་རྒྱུན་ཅན་དང་། དེའི་རྒྱུན་མེད་པ་ཡིན་ནོ་ཞེས་ཟེར། དེ་འགོག་པ་ནི། ཤེས་བྱ་ཆོས་ཅན། ཐེག་པ་ཆེན་པོའི་བསྒོམ་ཡང་རྒྱུན་ཅན་རྒྱུན་མེད་གཉིས་སུ་འགྱུར་བ་དང་། དེར་མ་ཟད་རྫོགས་པའི་སངས་རྒྱས་ཀྱང་རྒྱུན་ཅན་དང་། རྒྱུན་མེད་གཉིས་སུ་འགྱུར་བར་ཐལ། ཕ་རོལ་ཕྱིན་པ་དང་། གསང་སྔགས་པའི་མཐོང་ལམ་གཉིས་ཡོན་ཏན་བརྒྱ་ཕྲག་བཅུ་གཉིས་ཀྱི་རྒྱུན་ཅན་རྒྱུན་མེད་དེ་ལྟར་ཡིན་པའི་ཕྱིར་ནའོ། །ཉན་ཐོས་རྣམས་ཀྱི་དགྲ་བཅོམ་པ་ལ་ནི། འགོག་པའི་སྙོམས་འཇུག་ཐོབ་པའི་རྒྱུན་ཅན་དང་། དེ་མ་ཐོབ་པའི་རྒྱུན་མེད་གཉིས་ཡོད་པ། མཛོད་ལས། འགོག་ཐོབ་གཉིས་ཀ་ལས་རྣམ་གྲོལ། །ཤེས་རབ་ཀྱི་ནི་ཅིག་ཤོས་སོ། །ཞེས་གསུངས་པས་སོ། །ཚིག་རྐང་དང་པོའི་དོན་ནི། འགོག་པའི་སྙོམས་འཇུག་ཐོབ་པའི་ཉན་ཐོས་དགྲ་བཅོམ་པ་དེ་གཉིས་ཀའི་ཆ་ལས་གྲོལ་བ་ཡིན་ཏེ། དེ་བདག་མེད་རྟོགས་པའི་ཤེས་རབ་ཀྱིས་ཉོན་སྒྲིབ་དང་། བསམ་གཏན་གྱི་དངོས་གཞི་ལ་བརྟེན་ནས་འགོག་སྙོམས་ཐོབ་པས། སྙོམས་འཇུག་གི་སྒྲིབ་པ་ལས་གྲོལ་བ་ཡིན་པའི་ཕྱིར་རོ། །

གཉིས་པའི་དོན་ནི། འགོག་སྙོམས་མ་ཐོབ་པའི་ཉན་ཐོས་དགྲ་བཅོམ་དེ་ཤེས་རབ་ཀྱང་པའི་ཆ་ལས་རྣམ་པར་གྲོལ་བ་ཡིན་ཏེ། གང་ཟག་གི་བདག་མེད་རྟོགས་པའི་ཤེས་རབ་རྐྱང་པས་ཉོན་སྒྲིབ་ལས་གྲོལ་བའི་ཕྱིར། ཞེས་པའོ། །ཉན་ཐོས་དགྲ་བཅོམ་ལ་དེ་ལྟར་འཐད་ཀྱིས། ཐེག་པ་ཆེན་པོའི་འཕགས་པ་མཐོང་ལམ་པ་ལ། ཡོན་ཏན་བཅུ་གཉིས་ཀྱི་རྒྱུན་ཅན་རྒྱུན་མེད་གཉིས་མི་སྲིད་དེ། ཐེག་པ་ཆེན་པོའི་མཐོང་ལམ་ཐོབ་པའི་ཚེ། ཡོན་

ཏན་བརྒྱ་ཕྲག་བཅུ་གཉིས་པོ་ཅིག་ཆར་དུ་ཐོབ་པར་བཤད་པའི་ཕྱིར་ཏེ། མདོ་སྡེ་རྒྱན་ལས། རྒྱལ་སྲས་བྱང་ཆུབ་ཕྱོགས་མཐུན་པ། །རྣམ་པ་སྣ་ཚོགས་ཐམས་ཅད་ནི། །རྟག་ཏུ་མཐོང་བའི་ལམ་དེ་དང་། །ལྷན་ཅིག་ཏུ་ནི་ཐོབ་པར་འདོད། །ཅེས་དང་། མདོ་སྡེ་ས་བཅུ་པའི་དོན་དབུ་མ་འཇུག་པ་ལས། དེ་ཚེ་འདིས་ནི་སངས་རྒྱས་བརྒྱ་མཐོང་ཞིང་། །དེ་དག་བྱིན་གྱིས་རླབས་ཀྱང་འདི་ཡིས་རྟོགས། །དེ་ཉིད་ཚེ་ན་བསྐལ་པ་བརྒྱར་གནས་ཤིང་། །སྔོན་དང་ཕྱི་མའི་མཐར་ཡང་ཡང་དག་འཇུག །བློ་ལྡན་ཏིང་ངེ་འཛིན་བརྒྱ་ཕྲག་སྙོམས་པར་འཇུག་ཞིང་སྟོང་བྱེད་དེ། །འཇིག་རྟེན་ཁམས་བརྒྱ་འདི་ཡིས་ཀུན་ནས་གཡོ་ཞིང་སྣང་བར་ནུས། །དེ་བཞིན་རྫུ་འཕྲུལ་གྱིས་དེ་སེམས་ཅན་བརྒྱ་ཕྲག་སྨིན་བྱེད་ཅིང་། །བརྒྱ་ཕྲག་གྲངས་དང་རྗེས་འབྲེལ་ཞིང་དག་ཏུ་ཡང་འགྲོ་བར་འགྱུར། །དེས་ནི་ཆོས་ཀྱི་སྒོ་རྣམས་ཡང་དག་འབྱེད་བྱེད་ཐུབ་དབང་སྲས། །རང་གི་ལུས་ལ་ལུས་རྣམས་ཀུན་ནས་སྟོན་པར་བྱེད་པའང་མིན། །རང་གི་འཁོར་དང་བཅས་པས་མཛེས་འགྱུར་ལུས་ནི་རེ་རེ་ཞིང་། །རྒྱལ་བའི་སྲས་པོ་བརྒྱ་ཕྲག་དག་དང་རྗེས་སུ་འབྲེལ་བའང་སྟོན། །ཞེས་གསུངས་པའི་ཕྱིར། ལུང་འདི་དག་གིས་ནི། འབྲི་ཁུང་པའི་འདོད་པ་ལ་ཡང་ཤིན་ཏུ་གནོད་དོ། །ཁོ་ན་རེ། ལུང་དེ་དག་ནི་ཕ་རོལ་ཏུ་ཕྱིན་པའི་ལུགས་ཡིན་གྱི། གསང་སྔགས་ཀྱི་མཐོང་ལམ་ཐོབ་པའི་ཚེ། ཡོན་ཏན་དང་ལྡན་པའི་ལུང་དུ་མི་འགྲོའོ། །སྨྲ་ན། སཾ་པུ་ཊི་ལས། གནས་ནི་རབ་ཏུ་དགའ་བའི་ས། །ཞེས་དང་། ཕ་རོལ་ཕྱིན་བཅུའི་ས་རྣམས་ལ། །རྣལ་འབྱོར་མ་ཡི་གླུ་གློའི་སྐད། །ཞེས་ཕར་ཕྱིན་ཐེག་པའི་རབ་དགའ་སོགས་ཀྱི་ཐ་སྙད་ལ་རྡོ་རྗེ་ཐེག་པ་ནས་གནས་དང་ཉེ་བའི་གནས་སོགས་ཀྱི་ཐ་སྙད་བརྡའི་སྐད་ཀྱིས་གསུངས་པར་བཤད་པས་ཤིན་ཏུ་ཡང་འཐད་དོ། །གཞན་ཡང་དམ་བཅའ་མི་འཐད་དེ། ཉན་ཐོས་རྣམས་ལ་ཞོགས་མའི་མེ་སྟག་གནམ་དུ་ཡལ་ལ་ཁད་སྣལ་བ་དང་། ལྕུགས་ཀྱི་ཚ་ཚ་གནམ་དུ་སོང་ནས་འབབ་པར་མ་རྩམ་པ་ལ་ཡལ་བ་དང་། འབབ་པར་རྩམ་ནས་ས་ལ་མ་ལྷུང་ཙམ་དུ་ཡལ་བའི་དཔེ་རིམ་པ་བཞིན། ཚེ་འདིར་མྱ་ངན་ལས་མ་འདས་པ་བར་དོར་མྱུར་བ་དང་། མྱུར་བ་མིན་པ་དང་། ཆེས་ཡུན་རིང་མོ་ཞིག་ནས་མྱ་ངན་ལས་འདའ་བར་འགྱུར་བར་གསུང་པ་དེ་བཞིན་དུ། གསང་སྔགས་ཀྱི་ལམ་བསྒོམ་པ་ལས། ཚེ་འདིར་མཐོང་ལམ་མ་ཐོབ་པ་བར་དོར་མཐོང་ལམ་ཐོབ་པ་ཡོད་པར་རྒྱུད་ལས་གསུང་མོད་ཀྱི། ཁྱོད་ཀྱིས་ཚེ་འདིར་མཐོང་ལམ་སྐྱེས་པ་ལ། དེའི་ཡོན་ཏན་མཐོང་ལམ་པ་དེ་ཤི་ནས་འབྱུང་ཟེར་བ་ནི། སློབ་མ་བླུན་པོ་རྣམས་ཀྱིས། མགོ་སྐོར་བའི་རྫུན་རིབ་ཡིན་ཏེ། མཐོང་ལམ་ཐོབ་པར་ཁས་བླངས་ཀྱང་། དེའི་ཡོན་ཏན་སྟོན་རྒྱུ་མེད་པའི་ཕྱིར་དང་། ཐེག་ཆེན་མཐོང་པས་བསམ་བཞིན་དུ་འཆི་བ་སོགས་སྟོན་ཀྱང་། ལས་ཉོན་གྱི་འཆི་བ་སོགས་སྤྱངས་པའི་ཕྱིར། མགོན་པོ་བྱམས་པས། འཕགས་པས་འཆི་དང་ན་བ་དང་། །རྒ་བའི་སྡུག་བསྔལ་རྩད་ནས

སྨྲས། །ལས་དང་ཉོན་མོངས་དབང་གིས་སྐྱེ། །དེ་ལ་དེ་མེད་ཕྱིར་དེ་མེད། །ཞེས་གསུངས་པའི་ཕྱིར་རོ། །དེས་ན་སྣང་སྟོང་གི་རྟོགས་པ་ཕྲ་མོ་ལ་མཐོང་ལམ་དུ་ངོ་སྤྲོད་ཅིང་། མཐོང་ལམ་ཐོབ་དུས་དེའི་ཡོན་ཏན་མི་སྐྱེ་བར་བརྟེན་ཤི་ནས་ཡོན་ཏན་སྐྱེ་བ་འདི་འདྲ་བའི་ཆོས་ལུགས་མཁས་པས་སྨྲས་པར་བྱ་བ་ཡིན་ཏེ། ཐེག་པ་ཆེན་པོའི་མདོ་རྒྱུད་ཀུན་དང་མི་མཐུན་པའི་གྲུབ་མཐའ་ཡིན་པས་སོ། །

གཉིས་པ་ལ་གཉིས་ཏེ། ནཱ་རོ་པའི་ལུང་དང་འགལ་བ་སྨྲས། འཕགས་པའི་ལུང་དང་འགལ་བ་སྨྲང་བའོ། །དང་པོ་ནི། འོ་ན། མཐོང་ལམ་དང་། དེའི་ཡོན་ཏན་བརྒྱ་ཕྲག་བཅུ་གཉིས་དུས་མཉམ་དུ་ཐོབ་ན། རྗེ་བོ་ནཱ་རོ་པས། དབང་བསྐུར་གྱི་དུས་སུ་མཐོང་ལམ་སྐྱེ་ཞིང་དེ་ནི་སྐད་ཅིག་དེ་ལ་འགག་པར་གསུང་པ་དང་འགལ་ལོ་ཞེ་ན། དེའི་ལན་སྟོན་པ་ནི། རྗེ་བོ་ནཱ་རོ། ཞེས་སོགས་རྐང་པ་བདུན་ཏེ། རྗེ་བོ་ནཱ་རོ་ཏ་པ་ནི། དབང་བསྐུར་བའི་དུས་སུ་མཐོང་ལམ་སྐྱེ་ལ། མཐོང་ལམ་དེ་ནི་ཉི་ཤུ་དགུའི་ཟླ་བ་བཞིན། སྐད་ཅིག་དེ་ཉིད་ལ་འགག་ཅིང་། སྦྱོར་ལམ་ཆོས་མཆོག་གི་རྗེས་ཀྱི་མཐོང་ལམ་སྐྱེས་པ་དེ་ནི། ཆོས་གཅིག་གི་ཟླ་བ་མཐོང་བ་ལྟར། འགག་པ་མེད་ཅེས་གསུང་པར་མར་པའི་རྗེས་འབྲང་གི་རྟོག་པ་འགའ་ཞིག་གྲག་གོ །མི་འཐད་དེ། དབང་དུས་སུ་མཐོང་ལམ་སྐྱེ་བ་འདི་ན། མཚོན་བྱེད་དཔེ་ཡི་ཡེ་ཤེས་ལ་མཐོང་ལམ་པའི་ལམ་དུ་བརྟགས་པར་ཟད་ཀྱི། གཞན་དུ་ན་ཆོས་མཆོག་གི་རྗེས་ཀྱི་མཐོང་ལམ་མཐོང་ལམ་མིན་པར་ཐལ་བའི་ཕྱིར་རོ། །འདིས་ནི་དབང་དུས་སུ་སྐྱེས་པའི་མཚོན་བྱེད་དཔེའི་ཡེ་ཤེས་མཐོང་ལམ་མཚན་ཉིད་པར་འདོད་པ་བཀག་པ་ཡིན་གྱི། དབང་དུས་སུ་མཐོང་ལམ་སྐྱེ་བ་མི་འགོག་སྟེ། དེ་དུས་མཚོན་བྱ་དོན་གྱི་ཡེ་ཤེས་སྐྱེས་པ་ཡོད་པའི་ཕྱིར་ཏེ། དབང་དུས་སུ་གྲོལ་བ་ཡོད་པ་གང་ཞིག གྲོལ་བའི་མ་མཐའ་ཐེག་ཆེན་མཐོང་ལམ་ནས་འཛོག་པའི་ཕྱིར་རོ། །

གཉིས་པ་ནི། འཕགས་པ་ལྷ། ཞེས་སོགས་རྐང་པ་ལྔ་སྟེ། ཐེག་ཆེན་མཐོང་ལམ་དང་དེའི་ཡོན་ཏན་བཅུ་གཉིས་པོ་ཐོབ་པ་དུས་མཉམ་ན། སློབ་དཔོན་འཕགས་པ་ལྷ་ཨཱརྱ་དེ་ཝ་ཡི་སྤྱོད་བསྡུས་སྒྲོན་མེ་ཞེས་བྱ་བའི་བསྟན་བཅོས་སུ། སྒྲུབ་པ་པོ་འགའ་ཞིག་བདེན་པ་མཐོང་བ་ཡིན་ཡང་ཞིང་དང་ཚོང་ལ་སོགས་པའི་ལས་ཀྱི་མཐའ་འགའ་ཞིག་ལ་ཆགས་པར་གསུང་པ་དང་འགལ་ལོ་ཞེ་ན། མི་འགལ་ཏེ། དེ་ལྟར་གསུངས་པའི་བདེན་པ་མཐོང་བ་ནི། མཚོན་བྱེད་དཔེའི་ཡེ་ཤེས་རྗོགས་རིམ་གྱི་རང་བྱུང་གི་ཡེ་ཤེས་རྟོགས་པ་ཉིད་ལ་དགོངས་ནས་ནི་བདེན་པ་མཐོང་བར་གསུངས་པའི་ཕྱིར་ཏེ། འཕགས་པ་ལྷས། དེ་ནི་དཔེ་ཡི་ཉེར་མཚོན་ནས། །བླ་མའི་དྲིན་གྱིས་རྟོགས་པར་འགྱུར། །ཞེས་གསུངས་སོ། །སྤྱོད་བསྡུས་ལས་གསུང་པ་ནི། རྡོ་རྗེ་སློབ་མས་གསོལ་པ། གལ་ཏེ་སྒྲུབ་པ་པོ་བདེན་པ་མཐོང་ཡང་སྔོན་གྱི་བག་ཆགས་ལ་གོམས་པའི་སྟོབས་ཀྱིས་ཞིང་ལས་དང་། ཚོང་དང་། རྙེད་

བཀུར་ལ་སོགས་པས་གཡེང་བས་སྤྱོད་པ་རྣམ་པ་གསུམ་སྤྱོད་པར་མ་བྱེད་པ་དང་། སྐྱབ་པ་པོ་གཞན་དག་འགྱོར་པ་མ་ཚང་བས་རྒྱུད་ལས་ཇི་སྐད་གསུངས་པའི་ཆོ་ག་རྫོགས་པར་བྱེད་མི་ནུས་པའི་ཕྱིར། མི་སྤྱོད་པ་དེ་དག་འཆི་བའི་དུས་བྱས་ནས་ཡང་སྲིད་པ་གཞན་དུ་འགྲོ་བར་འགྱུར་རམ། ཡང་ན་རྡོ་རྗེ་འཆང་ཉིད་ཐོབ་པར་འགྱུར། ཞེས་དྲིས་པའི་ལན་དུ། དེ་བས་ན་དེ་ཁོ་ན་ཉིད་ཤེས་པའི་རྒྱུན་མ་ཚང་བ་ནི། ཇི་སྐད་དུ་བཤད་པའི་སྤྱོད་པ་གལ་ཏེ་མ་སྤྱད་དུ་ཟིན་ཀྱང་ལྷ་བ་ཐམས་ཅད་རྣམ་པར་སྤྱངས་ནས། འཆི་བར་འགྱུར་བ་ནི་དོན་དམ་པའི་བདེན་པ་ཡིན་ལ། སྐྱེ་བ་ནི་ཀུན་རྫོབ་ཀྱི་བདེན་པ་ཡང་དག་པར་མངོན་པར་རྫོགས་ནས། རྒྱ་ལམ་ན་འོད་གསལ་བར་ཞུགས་ནས། ཐ་མལ་པའི་ཕུང་པོ་བོར་ནས་བདག་བྱིན་གྱིས་བརླབས་པའི་རིམ་གྱིས་ལྡང་བར་བྱའོ། །ཞེས་བསྟན་པའི་སྐྱེ་མཆེད་དེ་ཡིད་ལ་བྱེད་པས་གནས་པར་བྱེད་ན། དེ་སྐྱེ་བ་གཞན་དུ་ཡིད་ལ་བྱེད་པ་དེ་འདོར་བར་མི་འགྱུར་ཏེ། དེ་བས་ན་ཐམས་ཅད་མཁྱེན་པར་འགྱུར་རོ། །ཞེས་གསུངས་སོ། །

གསུམ་པ་ནི། དེ་དང་ལམ་འབྲས། ཞེས་སོགས་ཚིགས་བཅད་གཅིག་སྟེ། འོ་ན་ཁྱེད་ཀྱི་ལུགས་ལ་མཐོང་ལམ་གྱི་ས་མཚམས་ཇི་ལྟར་ཡིན་ཞེ་ན། ངེད་ཀྱི་ལུགས་ཀྱི་མཐོང་ལམ་མཚན་ཉིད་པ་ནི་འཕགས་པ་མིན་པའི་རྒྱུད་ལ་འབྱུང་བ་སྲིད་དེ། གོང་གི་གྲུབ་ཐོབ་གཉིས་ཀས་དབང་དང་རིམ་གཉིས་ལས་བྱུང་བའི་དཔེའི་ཡེ་ཤེས་ལ་མཐོང་ལམ་དུ་བཤད་པ་མཐོང་ལམ་བཏགས་པ་བར་བཞེད་པ་དེ་དང་། རྣལ་འབྱོར་དབང་ཕྱུག་གི་ལམ་འབྲས་ལས་ཀྱང་། རིམ་གཉིས་བསྒོམ་པའི་ཉམས་མྱོང་འགའ་ཞིག་ལ་ཆོས་སྐུའི་ཉམས་ལ་སོགས་པར་བཤད་པ་ཡོད་ཀྱང་། མཐོང་ལམ་མཚན་ཉིད་པ་གྲུབ་མཐའ་དང་པོ་ནས་འཛིན་པ་ལ་སོགས་པ་གྲུབ་ཐོབ་རྣམས་ཀྱི་དགོངས་པ་མཐུན་པ་དེས་ནའོ། །

གསུམ་པ་ཞར་ལ་ཐེག་པ་གསུམ་གྱི་ལག་ལེན་ནས་འཁྲུལ་པ་དགག་པ་ལ་གཉིས་ཏེ། མདོར་བསྟན་པ་དང་། རྒྱས་པར་བཤད་པའོ། །དང་པོ་ནི། ཐེག་པ་གསུམ་གྱི། ཞེས་སོགས་ཚིགས་བཅད་གཅིག་སྟེ། གོང་དུ་བཤད་པའི་རྣམ་གཞག་དེ་དག་དུ་མ་ཟད། ཐེག་པ་གསུམ་གྱི་ལག་ལེན་གྱི་རྣམ་གཞག་ལ་ཡང་། སྡོམ་པ་བླང་བའི་ཡུལ། ལེན་པའི་གང་ཟག །ཇི་ལྟར་བླང་བའི་ཆོ་ག །མི་ཉམས་པར་བསྲུང་བའི་བསླབ་བྱ་ལ་སོགས་པ་མི་འགལ་བ་རྣམས་མཐུན་པར་ཉམས་སུ་བླངས། འགལ་བ་རྣམས་དགག་བྱ་དང་། དགོས་པ་གང་གཙོ་ཆེ་བ་དང་། རུང་མཐུན་ཙམ་ནས་ཐེག་པ་རང་རང་གི་གཞུང་ལུགས་བཞིན་ཉམས་སུ་ལེན་པར་བྱེད་ན། སངས་རྒྱས་ཀྱི་བསྟན་པ་རྣམ་དག་ཡིན་པའི་ཕྱིར། དེ་ལྟར་མི་བྱེད་ན། བསྟན་པའི་གཟུགས་བརྙན་ཙམ་ཡིན་ཞེས་བྱའོ། །

གཉིས་པ་ལ་ལྔ་སྟེ། ལམ་གྱི་རྩ་བ་བླ་མ་བརྟེན་ཚུལ། ལམ་གྱི་གོ་རིམ་ཐོད་རྒལ་དུ་སྤྱོད་པ་དགག་པ།

ལམ་གྱི་ཡན་ལག་མཚོན་གཏོར་གྱི་ཚུལ། ལམ་གྱི་དམིགས་རྟེན་སྐུ་གཟུགས་བཞེངས་ཚུལ། ལམ་གྱི་ངོ་བོ་མདོ་སྔགས་འཆོལ་བ་དགག་པའོ། །དང་པོ་ལ་གཉིས་ཏེ། བླ་མའི་མཚན་ཉིད་དང་། གསོལ་བ་བཏབ་པའི་ཚུལ་ལོ། ། དང་པོ་ནི། ཉན་ཐོས་རྣམས་ཀྱི། ཞེས་སོགས་ཚིགས་བཅད་བཞི་སྟེ། ཉན་ཐོས་རྣམས་ཀྱིས་བླ་མ་དེ་བཟང་བ་སྟོན་པ་སངས་རྒྱས་ལྟ་བུ་ཡིན་ཡང་། གང་ཟག་ཁོ་ནར་བས་ཀྱི། དགེ་འདུན་དུ་ཡང་མི་འགྱུར་ཏེ། འདིའི་ལུགས་ཀྱི་དགེ་འདུན་དུ་འགྱུར་བ་ལ། དགེ་སློང་བཞི་ཚང་དགོས་པའི་ཕྱིར་རོ། །གསུང་རབ་དགོངས་གསལ་ལས། འདིའི་ཐད་དུ། མཆོག་གི་སྤྲུལ་སྐུ་ལྟ་བུ་ཡིན་ཀྱང་གང་ཟག་ཁོ་ནར་བས་ཞེས་གསུངས་པ་ནི། ཡི་གེ་མ་དག་པ་འདྲ་སྟེ། གཞན་དུ་ན། བྱེ་སྨྲ་རྣམ་གྲོལ་ཆོས་སྐུ་དང་། །གཟུགས་སྐུ་གཉིས་འདོད་ལོངས་སྤྱོལ་གྱི། །དོན་དང་ཐ་སྙད་གང་ཡང་མེད། །ཅེས་སོགས་བྱེ་སྨྲའི་ལུགས་ལ། ལོངས་སྐུ་དང་། སྤྲུལ་སྐུའི་དོན་དང་ཐ་སྙད་མེད་པར་གསུངས་པ་དང་འགལ་ལོ། །ཡང་འདིའི་དགེ་འདུན་དུ་འགྱུར་བ་ལ། དགེ་སློང་བཞི་ཚང་དགོས་པར་གསུངས་པ་ནི། གང་ཟག་གི་ཟླས་ཕྱེ་བའི་དགེ་འདུན་ཙམ་ལ་དགོངས་པ་ཡིན་ཏེ། དགེ་འདུན་ཡིན་ན། དེ་བཞི་ཚོགས་པས་མ་ཁྱབ་སྟེ། དགེ་འདུན་དཀོན་མཆོག་ཏུ་བྱེད་པའི་ལམ་རྟེན་གྱིས་མ་ཁེགས་སོ། །ལམ་རྟེན་མ་ཡིན་པའི་དགེ་འདུན་ཡིན་ན། འཕགས་པའི་གང་ཟག་ཡིན་པས་མ་ཁྱབ་སྟེ། ལས་གྲལ་འཚོགས་པའི་སོ་སོ་སྐྱེ་བོའི་དགེ་སློང་བཞི་སྡེ་ཆོས་ཅན། དེར་ཐལ། དེའི་ཕྱིར། རྟགས་གྲུབ་སྟེ། དེ་ལྟ་བུའི་དགེ་འདུན་ལས་བསྙེན་རྫོགས་ཀྱི་སྡོམ་པ་ཐོབ་པར་བཤད་པའི་ཕྱིར་ཏེ། མཛོད་འགྲེལ་ལས། ཁ་ཅིག་ནི། དགེ་འདུན་ལས་སོ། །ཞེས་གསུངས་པའི་ཕྱིར། འདི་ནི་ཁོ་བོའི་རྟོག་པའོ། །ཐེག་པ་ཆེན་པོ་ཕ་རོལ་ཏུ་ཕྱིན་པའི་ལུགས་ཀྱི་བླ་མ་ནི། བཟང་ན་དགེ་འདུན་དཀོན་མཆོག་ཡིན་ཏེ། མཆོག་གི་སྤྲུལ་སྐུ་ལྟ་བུ་ཡང་། མཐར་ཐུག་གི་དགེ་འདུན་དཀོན་མཆོག་གི་ཁོངས་སུ་འདུ་བའི་ཕྱིར་ཏེ། རྒྱུད་བླར། དམ་པའི་དོན་དུ་འགྲོ་བ་ཡི། །སྐྱབས་ནི་སངས་རྒྱས་ཉག་གཅིག་ཡིན། །ཐུབ་པ་ཆོས་ཀྱི་སྐུ་ཅན་ཏེ། །ཚོགས་ཀྱང་དེ་ཡི་མཐར་ཐུག་ཕྱིར། །ཞེས་གསུངས་པའི་ཕྱིར་དང་། བྱང་སེམས་འཕགས་པ་ཡིན་ན། རྒྱུད་བླ་ནས་བཤད་པའི་རིགས་གྲོལ་གྱི་ཡོན་ཏན་བརྒྱད་དང་ལྡན་པའི་དགེ་འདུན་དཀོན་མཆོག་ཡིན་དགོས་པའི་ཕྱིར། རྒྱུད་བླ་ནས་བཤད་པ་ནི། ཇི་ལྟ་ཇི་སྙེད་ནང་གི་ནི། །ཡེ་ཤེས་གཟིགས་པ་དག་པའི་ཕྱིར། །བློ་ལྡན་ཕྱིར་མི་ལྡོག་པའི་ཚོགས། །བླ་མེད་ཡོན་ཏན་དང་ལྡན་ཉིད། །ཅེས་སོ། །འོ་ན་ཉན་ཐོས་པའི་ལུགས་ལ་ཡང་། ཐེག་དམན་འཕགས་པ་སློབ་མི་སློབ་ཀྱི་གང་ཟག་རེ་རེ་བ་ཡང་། དགེ་འདུན་དཀོན་མཆོག་ཏུ་མི་འགྱུར་རམ་སྙམ་ན། མི་འགྱུར་ཏེ། དགེ་འདུན་དུ་བྱེད་པའི་ཆོས་ཐེག་དམན་སློབ་མི་སློབ་ཀྱི་ལམ་རྟེན་གཉིས་ལ། དགེ་འདུན་དཀོན་མཆོག་ཏུ་འདོད་པའི་ཕྱིར་ཏེ། མཛོད་ལས། གང་ཞིག་གསུམ་ལ་སྐྱབས

འགྲོ་སྟེ། །སངས་རྒྱས་དགེ་འདུན་བྱེད་པའི་ཆོས། །མི་སློབ་པ་དང་གཉིས་ཀ་དང་། །མྱ་ངན་འདས་ལ་སྐྱབས་སུ་འགྲོ། །ཞེས་བཤད་པའི་ཕྱིར་རོ། །ཁ་ཅིག འདིར་རྒྱུད་བླར། སངས་རྒྱས་ཆོས་ཚོགས། ཞེས་དང་། མངོན་རྟོགས་རྒྱན་ལས། སློབ་པ་ཕྱིར་མི་ལྡོག་པའི་ཚོགས། །ཞེས་པའི་ཚོགས་ལ་ཡང་། གང་ཟག་བཞི་ཚོགས་དགོས་པར་འདོད་པ་ནི་ཤིན་ཏུ་འཁྲུལ་ཏེ། རིགས་གྲོལ་གཉིས་དང་ལྡན་པའི་རྒྱལ་སྲས་འཕགས་པ་ཡིན་ན། རྒྱུད་བླ་ནས་བཤད་པའི་དགེ་འདུན་དཀོན་མཆོག་ཡིན་པས་མ་ཁྱབ་པར་ཐལ་བ་དང་། ཕྱིར་མི་ལྡོག་པའི་རྟགས་ཐོབ་པའི་བྱང་སེམས་འཕགས་པ་ཡིན་ན། སློབ་པ་ཕྱིར་མི་ལྡོག་པའི་ཚོགས། ཞེས་པའི་སྐབས་ཀྱི་དགེ་འདུན་ཡིན་པས་མ་ཁྱབ་པར་ཐལ་བའི་སྐྱོན་ཡོད་པའི་ཕྱིར་རོ། །དེས་ན་དགེ་འདུན་གྱི་སྐད་དོད། སྡེབ་སྦྱོར་གྱི་དབང་གིས་ཚོགས་ལ་འཇུག་པའི་དོན་མ་རྟོགས་པར། ཚོགས་ཞེས་པའི་ཚིག་ལ་འཁྲུལ་བར་ཟད་དོ། །ཞེས་གསུངས་སོ། །

གསང་སྔགས་པ་ཡི་ལུགས་ཀྱི་བླ་མ་མཆོག །དབང་བཞི་རྫོགས་པར་བསྐུར་བ་པོ་དེ་ནི། དཀོན་མཆོག་གསུམ་དང་དབྱེར་མེད་ཡིན་ཏེ། ཧེ་རུ་ཀ་སྟོན་འབྱུང་ལས། བླ་མ་སངས་རྒྱས་བླ་མ་ཆོས། །དེ་བཞིན་བླ་མ་དགེ་འདུན་ཏེ༑ ༑བླ་མ་དཔལ་ལྡན་ཧེ་རུ་ཀ །ཀུན་གྱི་བྱེད་པོ་བླ་མ་ཡིན། །ཞེས་སོགས་དང་། ཡེ་ཤེས་གྲུབ་པ་ལས། བླ་མ་སངས་རྒྱས་ཆོས་འགྱུར་ཞིང་། །ཞེས་སོགས་གསུངས་པའི་ཕྱིར། དེ་འདྲའི་བླ་མ་མཆོག་དེ་ལ་གསོལ་བ་བཏབ་པས། དཀོན་མཆོག་གསུམ་པོ་ཆེ་འདིར་འགྲུབ་སྟེ། དེ་འདྲའི་བླ་མ་དེ་དཀོན་མཆོག་གསུམ་དང་དབྱེར་མེད་ཡིན་པ་དེས་ནའོ། །དེ་ལྟར་ཡང་སློབ་དཔོན་དྲིལ་བུ་པས། བླ་མའི་བྱིན་རླབས་ཙམ་གྱིས་ནི། །སྐད་ཅིག་ཉིད་ལ་འབྱུང་གང་ཡིན། །ཞེས་གསུངས་སོ། །

ད་ལྟའི་སོ་སོ་སྐྱེ་བོའི་རྡོ་རྗེ་སློབ་དཔོན་ལ་ནི། ཉན་ཐོས་དང་། ཕ་རོལ་ཏུ་ཕྱིན་པ་དང་། གསང་སྔགས་ཀྱི་ཐེག་པ་གསུམ་པོ་ཡི་སོ་སོའི་གཞུང་ལུགས་ནས་འབྱུང་བ་བཞིན་གྱི་བླ་མའི་མཚན་ཉིད་ཀུན་དང་མི་ལྡན་ན། བླ་མ་ཙམ་ཡིན་གྱི། བླ་མ་དམ་པ་མིན་ཏེ། བླ་མ་དམ་པའི་མཚན་ཉིད་མ་ཚང་བའི་ཕྱིར། དམ་པ་མིན་པའི་བླ་མ་དེ་ལ་གསོལ་བ་བཏབ་ན་ཡང་། འཁོར་དང་ལོངས་སྤྱོད་སོགས་བྱིན་རླབས་ཅུང་ཟད་འབྱུང་བ་དང་། རིམ་གྱིས་སངས་རྒྱས་ཀྱི་རྒྱུར་འགྲོ་མོད་ཀྱི། ཚེ་འདིའམ་བར་དོ་དང་། ལ་སོགས་པ་སྐྱེ་བ་བཅུ་དྲུག་རྣམས་སུ་སངས་རྒྱས་བཅུ་གསུམ་རྡོ་རྗེ་འཛིན་པ་ཉིད་སྦྱིན་པར་མི་ནུས་ཏེ། དེས་དབང་མ་བསྐུར་བས་སོ། །གཞུང་ཕལ་ཆེར་ལས། དེ་ལྟའི་ཞེས་འབྱུང་བ་ལྟར་ན། གཞན་སྔར་དང་འདྲ་བ་ལ། གོང་དུ་བཤད་པ་དེ་ལྟ་བུའི་ཐེག་པ་གསུམ་པོ་ཞེས་སྦྱར་རོ། །འོན་ཐེག་པ་གསུམ་པོ་སོ་སོའི་གཞུང་ལས་བླ་མའི་མཚན་ཉིད་ཇི་ལྟར་བཤད་ན། ཉན་ཐོས་ཀྱི་ཐེག་པར། ཚུལ་ཁྲིམས་ལྡན་ཞིང་འདུལ་བའི་ཆོ་ག་ཤེས། །ཞེས་སོགས་གསུངས་པ་དང་། ཕར་ཕྱིན་ཐེག་པར། རྟག་

པར་དགེ་བའི་བཤེས་གཉེན་ནི། །ཞེས་སོགས་དང་། རྡོ་རྗེ་ཐེག་པར། བླ་མ་ལྔ་བཅུ་པ་ལས། བརྟན་ཞིང་དུལ་ལ་བློ་གྲོས་ལྡན། །ཞེས་སོགས་ཀྱིས་བསྟན་ནོ། །མདོར་ན། དེ་ལྟའི་བླ་མ་དམ་པ་ལ། དེ་ལྟ་བུའི་ཐེག་པ་གསུམ་ནས་བཤད་པའི་སོ་ཐར། བྱང་སེམས། སྔགས་ཀྱི་སྡོམ་པ་གསུམ་དང་ལྡན་པ་གཅིག་དགོས་ཞེས་པའི་དོན་ཏེ། རྡོ་རྗེ་ཕྲེང་བར། ཕྱི་རུ་ཉན་ཐོས་སྤྱོད་པ་བསྲུངས། །ནང་དུ་འདུས་པའི་དོན་ལ་དགའ། །ཞེས་དང་། གུར་ལས། ཉན་ཐོས་སྤྱོད་པ་སྲུང་བ་པོ། །ཞེས་དང་། སློབ་དཔོན་འཇམ་དཔལ་གྲགས་པས། སྡོམ་གསུམ་ཚ་གར་མི་ལྡན་པས། །སྔགས་པའི་བདག་ཉིད་མི་འགྱུར་ཏེ། །ཞེས་གསུངས་པ་ལྟར་རོ། །ཞེས་གསུངས་སོ། །

གཉིས་པ་ནི། དེས་ན་དབང་བསྐུར། ཞེས་སོགས་ཚིགས་བཅད་གསུམ་སྟེ། འོ་ན་བླ་མ་ལ་གསོལ་བ་འདེབས་པའི་རིམ་པ་ཇི་ལྟ་བུ་སྙམ་ན། གསང་སྔགས་ཀྱི་དབང་བསྐུར་བ་ཐོབ་པའི་མིས་དཀོན་མཆོག་གསུམ་པོ་རང་ལ་དབང་བསྐུར་བ་པོའི་བླ་མ་རུ་འདུས་པར་མཐོང་ནས་བླ་མ་དེ་ལ་རྩེ་གཅིག་ཏུ་གསོལ་བ་བཏབ་ན། ཚེ་འདི་སོགས་ལ་དཀོན་མཆོག་གསུམ་འགྲུབ་པའི་བྱིན་རླབས་འཇུག་སྟེ། དབང་བསྐུར་བ་པོའི་བླ་མ་དཀོན་མཆོག་གསུམ་དང་དབྱེར་མེད་ཡིན་པ་དེས་ནའོ། །དབང་བསྐུར་བ་པོའི་བླ་མ་དཀོན་མཆོག་གསུམ་འདུས་པ་ཡིན་ཏེ། བཤད་རྒྱུད་རྡོ་རྗེ་ཕྲེང་བ་ནས། རྡོ་རྗེ་སློབ་དཔོན་ལུས་འདི་ལ། །རྒྱལ་བའི་སྐུ་ནི་རིམ་བཞིན་གནས། །ཞེས་སོགས་དུ་མ་གསུངས་པའི་ཕྱིར་རོ། །གལ་ཏེ་དབང་བསྐུར་བ་ཐོབ་པ་ཡིན་ན། དབང་མ་བསྐུར་བའི་བླ་མ་དེ་དཀོན་མཆོག་གསུམ་པོ་ཉིད་དུ་ཕར་ལ་བསྟུས་ནས་དཀོན་མཆོག་གསུམ་ལ་གསོལ་བ་ཐོབ་སྟེ། དེ་ལྟར་བཏབ་པས་རིམ་གྱིས་དཀོན་མཆོག་གསུམ་འགྲུབ་པའི་བྱིན་རླབས་ཅི་རིགས་པ་འཇུག་པར་འགྱུར་བའི་ཕྱིར་རོ། །འོ་ན་དབང་མ་བསྐུར་བའི་བླ་མ་དཀོན་མཆོག་གསུམ་ལ་ཕར་བསྟུ་ཚུལ་ཇི་ལྟ་བུ་སྙམ་ན། དེ་སངས་རྒྱས་དཀོན་མཆོག་ལ་བསྟུ་ཚུལ་ནི། མཆོག་གི་སྤྲུལ་སྐུ་ལྟ་བུ་སངས་རྒྱས་དཀོན་མཆོག་ལ་བསྟུ་བ་དང་། བྱང་སེམས་འཕགས་པ་ལྟ་བུ་དགེ་འདུན་དཀོན་མཆོག་ལ་དང་། དེ་དག་གི་ཐུགས་རྒྱུད་ཀྱི་སྤངས་རྟོགས་ལྟ་བུ། ཆོས་དཀོན་མཆོག་ལ་ཕར་བསྟུས་བའོ། །དབང་མ་བསྐུར་བའི་བླ་མ་དཀོན་མཆོག་གསུམ་ལ་བསྟུས་ནས། དཀོན་མཆོག་གསུམ་ཉིད་ལ་གསོལ་བ་བཏབ་པ་ཤིན་ཏུ་བཟང་སྟེ། དབང་མ་བསྐུར་བའི་བླ་མ་རྒྱུད་པ་མཁས་བཙུན་བཟང་པོ་ཡིན་སྲིད་ཀྱང་། དབང་མ་ཐོབ་པས་དེ་ལ་གསོལ་བ་བཏབ་པ་བྱིན་རླབས་ཆུང་བ་དེ་བས་སོ། །

གཉིས་པ་ནི། དབང་བསྐུར་དང་པོ། ཞེས་སོགས་ཚིགས་བཅད་ཕྱེད་དང་བཞི་སྟེ། དེང་སང་གསང་སྔགས་བླ་མེད་ལ། སྨིན་བྱེད་དབང་བསྐུར་དང་པོ་བུམ་དབང་མ་ཐོབ་པར་གྲོལ་བྱེད་བསྐྱེད་པའི་རིམ་པ་བསྒོམ་པ་དང་། རྫོགས་རིམ་གྱི་སྨིན་བྱེད་དབང་བསྐུར་བ་གཉིས་པ་གསང་དབང་མ་ཐོབ་པར་རྫོགས་རིམ་གཏུམ་མོ་

དང་རླུང་ལ་སོགས་པ་བསྒོམ་པ་དང་། སྨིན་བྱེད་ཀྱི་དབང་བསྐུར་བ་གསུམ་པ་ཤེར་དབང་མ་ཐོབ་པ་ལམ་བདེ་སྟོང་ལྷན་སྐྱེས་ལ་སོགས་པ་བསྒོམ་པ་དང་། སྨིན་བྱེད་དབང་བསྐུར་བ་བཞི་པ་ཚིག་དབང་ལ་སོགས་པ་མ་ཐོབ་པར་ངོ་བོ་ཉིད་སྐུ་ཐོབ་པའི་ཐབས་བདེ་ཆེན་ཕྱག་རྒྱ་ཆེན་པོ་ལ་སོགས་པ་བསྒོམ་པ་ནི། དཔེར་ན། གསང་སྔགས་ཟབ་མོའི་ཐབས་མེད་པར་སྦྲུལ་གདུག་གི་མགོ་ལས་རིན་པོ་ཆེ་ལེན་པ་ལྟར། རང་དང་གཞན་གཉིས་ཀ་བླག་པའི་རྒྱུ་རུ་འགྱུར་བས་ན། གསང་སྔགས་བླ་མེད་ལ་མཁས་པ་རྣམས་ཀྱིས་ལུགས་དེ་རྒྱང་རིང་དུ་སྤང་ས་པར་བྱ་སྟེ། ཨིནྡྲ་བྷཱུ་ཏིས། དཔེར་ན་སྐྱེས་བུ་ལ་ལ་ཞིག །སྔགས་དང་སྔགས་སོགས་མི་འཛིན་པར། །དུག་སྦྲུལ་མགོ་ལ་འཛིན་བྱེད་པ། །གཤིན་རྗེའི་ཁར་འགྲོ་ཁོ་ནར་ཟད། །དེ་བཞིན་དེ་ཉིད་མེད་བཞིན་དུ། །ངོ་མཚར་ཆེ་བ་ལྟར་བྱེད་པ། །ཇི་སྲིད་ནམ་མཁའ་མི་འཇིག་པ། །ཤི་བའི་འོག་ཏུ་དམྱལ་བར་སྐྱེ། །ཞེས་གསུངས་པས་སོ། །གཞན་ཡང་། རང་གིས་དགེ་སློང་གི་སྡོམ་པ་མ་ཐོབ་པར་གཞན་མཁན་སློབ་དང་། དད་དགེ་ལ་སོགས་པ་བྱེད་པ་ནི། དཔེར་ན་གསང་སྔགས་མེད་པར་ནས། རྒྱུར་བས་ཀྱི་མཐར་འདུལ་བ་ལ་མཁས་པ་རྣམས་ཀྱིས་རྒྱང་རིང་དུ་སྤངས་པར་བྱ་སྟེ། དེ་དམ་པའི་ཆོས་འདུལ་བ་དང་འགལ་བ་ཡིན་པའི་ཕྱིར་རོ། །

དགེ་སློང་སྡོམ་པ་མ་ཐོབ་པར། །ཞེས་སོགས་ལ་དྲི་བ། ཀ དགེ་སློང་སྡོམ་པ་མ་ཐོབ་པར། །མཁན་པོ་བྱས་པས་ཆོག་པ་ཞིག །འདུལ་བའི་མདོ་དང་ལུང་དག་ཏུ། །གསལ་བར་གསུངས་པ་མ་ཡིན་ནམ། །ཞེས་པའི་ལན་ནི། ཁ ལུང་ཞུ་བ་དང་མདོར་རྩ་ར། བསྙེན་པར་རྫོགས་པའི་སྡོམ་པ་མ་ཐོབ་པའམ། ཐོབ་ཀྱང་ཉམས་པས་མཁན་པོ་བྱས་པའི་ཚེ། བསྒྲུབ་བྱ་ལ་སྡོམ་པ་སྐྱེ་བར་གསུངས་མོད། གཞུང་འདི་དང་མི་འགལ་ཏེ། གཞུང་འདིར། དགེ་སློང་སྡོམ་པ་མ་ཐོབ་པར། །མཁན་སློབ་ལ་སོགས་བྱེད་པ་ནི། །གསང་སྔགས་མེད་པར་སྦྲུལ་གདུག་གི །མགོ་ལ་རིན་ཆེན་ལེན་པ་ལྟར། །རང་གཞན་བླག་པའི་རྒྱུ་རུ་བས། །ཞེས་པ་ཙམ་ཞིག་གསུངས་ཀྱིས། བསྒྲུབ་བྱ་ལ་སྡོམ་པ་མི་སྐྱེ་བར་མ་གསུངས་པའི་ཕྱིར། འོན་རང་གཞན་ལ་གནོད་པར་ཇི་ལྟར་འགྱུར་སྙམ་ན། དགེ་སློང་མིན་བཞིན་དུ་མཁན་པོ་བྱས་པས་རང་ལ་ཉེས་པ་ཆེན་པོ་འབྱུང་ཞིང་། བསྒྲུབ་བྱ་ལ་སྡོམ་པ་ཕུན་སུམ་ཚོགས་པ་མི་སྐྱེ་བས་དེ་ལ་གནོད་པའི་ཕྱིར་རོ། །འདི་ཡང་དོགས་དཔྱོད་དགོས་པའི་དྲི་བར་སྣང་སྟེ། གཞི་རྫོགས་སོ། །ཞེས་གསུངས་སོ། །

གསུམ་པ་ལ་གསུམ་སྟེ། གཏོར་མའི་མཚན་སྔགས་ལ་འཁྲུལ་པ་དགག །ཆུ་སྦྱིན་གྱི་རྫས་ལ་འཁྲུལ་པ་དགག །ཕུད་མཆོད་ཀྱི་དབྱིབས་ལ་འཁྲུལ་པ་དགག་པའོ། །དང་པོ་ནི། གཞན་ཡང་གངས་རིའི། ཞེས་སོགས་ཚིགས་བཅད་གཉིས་ཏེ། གོང་དུ་བཀག་ཟིན་པའི་འཁྲུལ་པ་དེ་དག་ཏུ་མ་ཟད། གཞན་ཡང་གངས་རིའི་ཁྲོད་

བོད་ཡུལ་འདི་ན། འཕྲུལ་གྱི་ལག་ལེན་ཙམ་ལའང་འཁྲུལ་པའི་ཚུལ་དུ་མ་ཡོད། ཇི་ལྟར་ཡོད་ན་བཀའ་གདམས་ཕྱི་རབས་པ་འགའ་ཞིག་ཡི་དྭགས་ཁ་འབར་མའི་གཏོར་མ་གཏོང་བ་ལ། དེ་བཞིན་གཤེགས་པ་རིན་ཆེན་མང་ལ་སོགས་པ་བཞི་ཡི་མཚན་སྔགས་ཀྱི་སྔོན་ལ་བརྗོད་པའི་ལག་ལེན་མཐོང་། འདི་ཡང་དེ་སྔོན་པའི་མདོ་དང་མཐུན་པ་མ་ཡིན་ཏེ། ཡི་དྭགས་ཁ་ནས་མེ་འབར་མ་ལ་སྐྱབས་མཛད་པའི་མདོ་ལས། གཟུངས་ཀྱང་ཟེར། དེ་བཞིན་གཤེགས་པ་བཞིའི་མཚན་གྱི་སྔོན་ལ་ན་མ་སརྦ་ཏ་ཐཱ་ག་ཏ་ཞེས་སོགས་རྒྱལ་ཆེན་ཤུགས་ལྡན་འོད་ཀྱི་སྔགས་བདུན་བརྗོད་ནས། འཕགས་པ་ལ་མཆོད་པ་འབུལ་ན་ལན་ཉི་ཤུ་རྩ་གཅིག་བརྗོད་པར་གསུངས། རིན་ཆེན་མང་སོགས་སངས་རྒྱས་བཞི་པོའི་མཚན་ཕྱིས་ནས་བརྗོད་པར་གསུངས་པས་སོ། །དེ་ཡང་མདོ་སྡེ་དེ་ཉིད་ལས། བཅོམ་ལྡན་འདས་ཀྱིས་དགའ་བོ་ལ་བཀའ་སྩལ་པ། རིགས་ཀྱི་བུའམ་རིགས་ཀྱི་བུ་མོ་གང་ལ་ལ་ཞིག་ཚེ་རིང་བ་དང་། བསོད་ནམས་ཆེ་ཞིང་འཕེལ་བ་དང་། སྦྱིན་པའི་ཕ་རོལ་ཏུ་ཕྱིན་པ་ཡོངས་སུ་རྫོགས་པར་འདོད་ན། རྟག་ཏུ་སྔ་དྲོའི་དུས་སམ། ཡང་ན་དུས་ཐམས་ཅད་དུ་ཡང་བྱས་ཀྱང་བར་ཆད་དུ་འགྱུར་བ་མེད་དེ། སྣོད་གཙང་མའི་ནང་དུ་ཆུ་གཙང་མ་བླུགས་ལ། ཆན་ནམ་ཕྱེའམ། འབྲུར་བ་ལ་སོགས་པ་ཅུང་ཟད་གཅིག་བླུགས་ལ་ལག་པ་གཡས་པ་སྣོད་ཀྱི་སྟེང་དུ་བཞག་ལ་གཟུངས་འདི་ལན་བདུན་སྔགས་ནས་དེ་བཞིན་གཤེགས་པ་བཞིའི་མཚན་ནས་བརྗོད་པར་བྱའོ། །དེ་བཞིན་གཤེགས་པ་རིན་ཆེན་མང་ལ་ཕྱག་འཚལ་ལོ། །དེ་བཞིན་གཤེགས་པ་རིན་ཆེན་མང་གི་མཚན་ནས་བརྗོད་པའི་བྱིན་རླབས་ཀྱིས་ཡི་དྭགས་ཐམས་ཅད་ཀྱི་སྐྱེ་བ་མང་པོར་སེར་སྣ་བྱས་པས་མི་དགེ་བའི་ལས་ཐམས་ཅད་ཟད་ནས་བསོད་ནམས་ཡོངས་སུ་རྫོགས་པར་འགྱུར་རོ། །དེ་བཞིན་གཤེགས་པ་གཟུགས་དམ་པ་ལ་ཕྱག་འཚལ་ལོ། །དེ་བཞིན་གཤེགས་པ་གཟུགས་དམ་པའི་མཚན་ནས་བརྗོད་པའི་བྱིན་རླབས་ཀྱིས་ཡི་དྭགས་མང་པོའི་བྱད་གཟུགས་མི་སྡུག་པ་བཅོམ་ཞིང་གཟུགས་དང་མཚན་མ་ཕུན་སུམ་ཚོགས་པར་འགྱུར་རོ། །

དེ་བཞིན་གཤེགས་པ་ལ་སྐུ་འབྱམས་ཀླས་ལ་ཕྱག་འཚལ་ལོ། །དེ་བཞིན་གཤེགས་པ་སྐུ་འབྱམས་ཀླས་ཀྱི་མཚན་ནས་བརྗོད་པའི་བྱིན་རླབས་ཀྱིས་ཡི་དྭགས་མང་པོའི་ལྐོག་མ་ཡངས་ཤིང་ཆེ་བར་གྱུར་ཏེ་སྦྱིན་པའི་ཟས་ཡིད་བཞིན་དུ་ཟ་བ་དང་། ཚོག་ཅིང་འགྲང་བར་འགྱུར་རོ། །དེ་བཞིན་གཤེགས་པ་འཇིགས་པ་ཐམས་ཅད་དང་བྲལ་བ་ལ་ཕྱག་འཚལ་ལོ། །དེ་བཞིན་གཤེགས་པ་འཇིགས་པ་ཐམས་ཅད་དང་བྲལ་བའི་མཚན་ནས་བརྗོད་པའི་བྱིན་རླབས་ཀྱིས། ཡི་དྭགས་མང་པོ་འཇིགས་པ་ཐམས་ཅད་བྲལ་ཏེ་ཡི་དྭགས་ཀྱི་ཁམས་ཞི་བར་འགྱུར་རོ། །བཅོམ་ལྡན་འདས་ཀྱིས་དགའ་བོ་ལ་བཀའ་སྩལ་པ། རིགས་ཀྱི་བུ་ལ་སོགས་པ་དེ་བཞིན་གཤེགས་པ་བཞི་པོའི་མཚན་ནས་བརྗོད་དེ། བྱིན་གྱིས་བརླབས་པའི་འོག་ཏུ་སེ་གོལ་ལན་བདུན་རེ་བྱས་ཏེ། གཏོར་མའི་

སྟོད་བླངས་ནས་ལག་པ་བརྐྱངས་ཏེ་ས་གཙང་མར་བླུགས་པར་བྱའོ། །ཞེས་གསུངས་པའི་ཕྱིར།

ཁ་འབར་མ་ཡི་གཏོར་མ་ལ། །ཞེས་སོགས་ལ་དྲི་བ། ༤ ཁ་འབར་མ་ཡི་གཏོར་མ་ལ། །དེ་བཞིན་གཤེགས་པ་བཞི་ཡི་མཚན། །སྔོན་ལ་བརྗོད་པ་མི་འཐད་ན། །རྗེ་བཙུན་གྲགས་པས་མཛད་དེ་ཅི། །ན་མ་ཞྭ་སརྦ་ཐམས་ཅད་ཏ་ཐཱ་ག་ཏ་དེ་བཞིན་གཤེགས་པ་སོགས། །དེ་བཞིན་གཤེགས་པ་ཐམས་ཅད་ལ། །ཕྱག་འཚལ་བ་ཡི་ཚིག་མིན་ནམ། །ཞེས་པའི་ལན་ནི། རྗེ་བཙུན་གྲགས་པས་མཛད་པའི་དེ་འདྲ་བ་ནི། ས་སྐྱ་བཀའ་འབུམ་ན་ནི་མི་བཞུགས། གང་དུ་གཟིགས་ལགས། སྔགས་དོན་གྱི་སྒོ་ནས་སྨྲུན་འབྱིན་བརྗོད་པ་ནི། བསྟན་བཅོས་རྩོམ་པ་པོ་འདིས། ཁ་འབར་མའི་གཏོར་མ་གཏོང་བའི་གང་ཟག་དེ་ཡིན་ན། ཚེ་རབས་འཁོར་བ་ཐོག་མ་མ་མཆིས་པ་ནས། ཐ་མ་ད་ལྟ་ལ་ཐུག་གི་བར་དུ། དེ་བཞིན་གཤེགས་པ་ལ་ཕྱག་འཚལ་ལོ་ཞེས་པའི་ཚིག་བརྗོད་སྒྲོང་བ་གཅིག་དགོས་ཞེས་གསུང་པ་ཨེ་ཡིན་པར་འདུག །ཞེས་སོགས་གསུངས་སོ། །

གཉིས་པ་ནི། འགའ་ཞིག་ཆུ་སྦྱིན། ཞེས་སོགས་རྐང་པ་བདུན་ཏེ། བཀའ་གདམས་པའི་དགེ་བཤེས་སྤྱན་མངའ་བ་ལ། པེ་དཀར་གྱིས་བར་ཆད་བྱ་བར་མ་ནུས་ནས། ཡི་དྭགས་ཤིན་ཏུ་བཀྲེས་ཤིང་སྡུག་བསྔལ་བའི་རྣམ་འཕྲུལ་དུ་བསྟན་ནས། ང་ཡི་དྭགས་རྣམས་ལ་ཁྱེད་ཀྱི་ཆུ་སྦྱིན་དེ་ཤིན་ཏུ་ཕན་པར་བྱུང་བ་ལ། དེ་བས་ཀྱང་ཆུ་སྦྱིན་ནང་དུ་ཟན་བཅུག་ན་ཕན་པར་འདུག་བྱས་པས། བདེན་སྙམ་ནས་དེ་བཞིན་བྱས་པས། གོ་མ་ཆོད་ཁོ་མཆོད་པའི་ སྡུགས་པ་ཟེར་བའང་སྣང་བའི་སྡུགས་པ་ཞིག་གི་དྲུང་དུ་འོང་ནས་དགེ་བཤེས་སྤྱན་མངའ་བ་ལ་བར་ཆད་གཞན་མ་ཚུགས་པ་ལ། འོན་ཀྱང་ལག་ལེན་འཁྲུལ་དུ་བཅུག་ཡོད་ཟེར་སྐད་ཅེས་པ་དང་། ཡང་སྤྱན་མངའ་བས་ཆུ་སྦྱིན་མང་དུ་མཛད་པས་མནལ་ལམ་དུ་ཡི་དྭགས་བྱུང་ནས་ཆུ་སྦྱིན་གྱི་ནང་དུ་ཟན་བཅུག་ན་བདག་ཅག་རྣམས་ལ་ཕན་པ་ཡོད་ཅེས་ཟེར་བའང་སྣང་། གང་ལྟར་ཡང་དེ་ལ་བརྟེན་ནས་བོད་འགའ་ཞིག་ཆུ་སྦྱིན་གྱི་སྣོད་ནང་དུ་ཟན་འདྲུག་པའི་ལག་ལེན་བྱེད་པ་ཐོས། དེ་འགོག་པ་ནི། ཆུ་སྦྱིན་གཏོང་བའི་སྣོད་ཀྱི་ནང་དུ་ཟན་འདེབས་པར་བྱེད་པ་ཆུ་སྦྱིན་གྱི་ཆོ་ག་ཉམས་པ་ཡིན། འཛུར་འགེགས་ཅན་གྱི་ཡི་ དྭགས་ ཀྱི་ཆུ་སྦྱིན་གྱི་ནང་དུ་ཟན་མཐོང་ན། འཇིག་པ་ཆེན་པོ་འབྱུང་བར་མདོ་ལས་གསུངས་པའི་ཕྱིར་རོ། །

གསུམ་པ་ལ་བཞི་སྟེ། ཕུད་མཆོད་གསུངས་པའི་ཚུལ། དེའི་ལག་ལེན་འཁྲུལ་ཚུལ། དེ་ཉིད་འཁྲུལ་བར་བསྟན་པ། མ་འཁྲུལ་བར་བསྒྲུབ་པར་གདམས་པའོ། །དང་པོ་ནི། ཟན་གྱི་ཕུད་ལ་ཞེས་སོགས་རྐང་པ་དགུ་དེ། ཁ་ཟས་ཟ་བའི་དུས་སུ་ཟན་གྱི་ཕུད་ལ་ལྔ་ལ་ཕུལ་བའི་ལྔ་བཤོས་དང་། འབྱུང་པོ་ལ་སྦྱིན་པའི་ཆང་བུ་བྱ་བར་རྫོགས་པའི་སངས་རྒྱས་ཀྱི་གསུངས་ཏེ། བརྟག་གཉིས་ལས། ཨོཾ་ཧྲཱི་ཧྲཱི་སྭ་ཧཱ། ལྔ་བཤོས་ཀྱིས་སྡུགས་སོ། །ཞེས

དང་། རྡོ་རྗེ་རྩེ་མོའི་རྒྱུད་ལས་ནི། ཁ་ཟས་ཀྱིས་ཕྱེད་ལ་ཚང་བུ་བྱས་ནས་སྦྱིན་པར་གསུངས་སོ། །དེ་ནས་ཟས་ཀྱི་དུས་སུ་ནི། རྣམ་པ་ཀུན་དུ་ཚང་བུ་སྦྱིན། །ཞེས་གསུངས་པ་དང་། དེ་རྨ་ཟད། གནོད་སྦྱིན་མོ་འཕྲོག་མའི་མདོ་ལས་ཀྱང་། སངས་རྒྱས་ལ་སྟོན་པར་ཁས་འཆེ་བ་ན། འཕྲོག་མ་ལ་ནི་ཚང་བུ་སྦྱིན་པར་བྱ། ཞེས་གསུངས་ཏེ། བཅོམ་ལྡན་འདས་ཀྱིས་ང་ལ་སྟོན་པར་ཁས་འཆེ་བའི་ཉན་ཐོས་རྣམས་ཀྱིས་འཕྲོག་མ་བུ་དང་བཅས་པ་ལ་ཚང་བུ་སྦྱིན་པར་བྱའོ། །ཞེས་གསུངས་པའི་ཕྱིར་རོ། །

འཕྲོག་མའི་ལོ་རྒྱུས་ནི། རྒྱལ་པོའི་ཁབ་ཏུ། གཞོན་ནུ་མང་པོས་རི་ཁྲོད་ནས་འོངས་པའི་གཞོན་ནུ་མ་བྱིས་པ་བཙའ་བའི་དུས་ལ་ཉེ་བ་ཞིག་བཟུང་སྟེ། ཀང་སྟབས་སྒྱུར་བས་ལྟོ་ནང་གི་སེམས་ཅན་ལྷུང་བས་ཆེས་ཁྲོས་པར་གྱུར་ཏེ། དགེ་སློང་བཞི་ལ་ཆོས་སྟོན་གསོལ་ནས་རྒྱལ་པོའི་ཁབ་ཀྱི་བྱིས་པ་བཅས་སོ་ཅོག་ཟ་བའི་སྨོན་ལམ་བཏབ་པས་གྲུབ་པར་གྱུར་ཏོ། །བྱིས་པ་རྣམས་ཀྱི་སྲོག་འཕྲོག་པས་འཕྲོག་མ་ཞེས་གྲགས་སོ། །གནོད་སྦྱིན་ལྔ་རྩེན་གྱི་ཆུང་མ་བྱས་ཏེ་བུ་ལྔ་བརྒྱ་བཅས་སོ། །དེའི་རྒྱལ་པོའི་ཁབ་ཀྱི་སྐྱེ་བོ་རྣམས་ཀྱིས་སངས་རྒྱས་ལ་འཕྲོག་མ་འདུལ་བར་གསོལ་བ་བཏབ་པས་གནང་སྟེ། བུ་ཆུང་ཤོས་ལྷུང་བཟེད་དུ་བཅུག་ནས་སྦས་སོ། །བུས་མ་མཐོང་ཞིང་མས་བུ་མི་མཐོང་བར་བྱིན་གྱིས་བརླབས་སོ། །བུ་ཚོལ་བའི་ཕྱིར་དུ་སུམ་ཅུ་རྩ་གསུམ་གྱི་གནས་ནས་གསེར་གྱི་ས་གཞི་ལ་ཐུག་པར་ཁོར་ཡུག་གི་རིའི་ཁོངས་ཐམས་ཅད་ཞུལ་ཀྱང་མ་རྙེད་ནས། རྒྱལ་པོ་རྣམ་ཐོས་ཀྱི་བུ་ལ་གསོལ་བས། བཅོམ་ལྡན་འདས་ལ་ཞུས་ཤིག་ཅེས་བསྒོའོ། །སྟོན་པ་ལ་ཞུས་པས། རྒྱལ་པོའི་ཁབ་ཀྱི་བྱིས་པ་སྐྱེས་སོ་ཅོག་མེད་པར་བྱེད་ན། ཁྱོད་ལ་བུ་ལྔ་བརྒྱ་ཡོད་པས་གཅིག་མ་ཚང་བ་ལ་མྱ་ངན་བྱེད་པར་མི་རིགས་ཞེས་གསུངས་སོ། །སླར་བཅོམ་ལྡན་འདས་ཀྱིས་སེམས་ཅན་ལ་འཚེ་བ་མི་བྱེད་པར་བཀའ་བསྒོས་ཤིང་། འཕྲོག་མ་ལས་དམ་བཅས་ཏེ། མེ་ཁ་ལའི་གཟུངས་ཞེས་བྱ་བ་རང་གི་སྙིང་པོ་ཕུལ་ལོ། །ལྷུང་བཟེད་བསལ་ཏེ་བུ་བསྟན་པས་དགའ་བར་གྱུར་ཏོ། །ཤ་ཁྲག་ལ་ལོངས་སྤྱོད་པ་སྤངས་པས་འཚོ་བས་འཕོངས་པར་གྱུར་པ་ལ་ཚངས་བུ་སྦྱིན་པར་གསུངས་སོ། །ཟས་ཀྱི་ཕྱེད་ལ་ལྷ་བཤོས་དང་། ཚང་བུ་བྱེད་པ་དེ་ཡི་ཚོ་ག་ནི། མེ་ཏྲི་བའི་ལྷ་བ་རྫན་སེལ་དང་། རྗེ་ཏ་རིའི་ཡི་དམ་བླངས་བ་དང་། རྗེ་བཙུན་གྱི་ལས་དང་པོའི་བྱ་བ་དང་། ཆོས་རྗེ་པའི་ཐུབ་པ་དགོངས་གསལ་སོགས་ན་གསལ་བར་བཞུགས་པ་ལ་ལྟོས་ཤིག་གོ། །

གཉིས་པ་ནི། འགའ་ཞིག་སོགས་ཚིག་ཚིགས་བཅད་གཅིག་སྟེ། དེང་སང་རྫོགས་པའི་སངས་རྒྱས་ཀྱིས་གསུངས་པའི་ཟན་གྱི་ཕྱེད་ལ་ལྷ་བཤོས་དང་། ཚང་བུ་མི་བྱེད་པར། མ་གསུངས་པའི་འགའ་ཞིག་གི་སྟེ་སྣར་ཐང་པ་དབྱིབས་འབྲངས་རྒྱས་ལྷ་བུ་དང་། འབྲི་ཁུང་པ་གྲུ་གསུམ་དང་། གན་ནས་འདྲ་འདྲ་ལ་སོགས་པ་བྱེད་པ

མཐོང་བ་ནི། གསུང་རབ་དང་མི་མཐུན་པས་མི་འཐད་དོ། །

གསུམ་པ་ནི། གསང་སྔགས་རྙིང་མ་ཞེས་རྐང་པ་བཅུ་སྟེ། གསང་སྔགས་རྙིང་མ་བ་འགའ་ཞིག་གི་ལག་ལེན་ལ། གཏོར་མ་དབྱིབས་གྲུ་གསུམ་དང་། ཁ་དོག་དམར་པོ་བྱེད་པ་ནི། དབང་ཕྱུག་ཆེན་པོའི་སྙིང་དང་། དབང་ཕྱུག་དེ་ཡི་ཤ་དང་ཁྲག་གིས་བརྒྱན་པ་མཐེབ་ཀྱུ་རྣམས་མགོ་བོའི་ཐོད་པས་བསྐོར་བ་ཆང་ལ་སོགས་པའི་བདུད་རྩི་ཡིས་སྟོད་བཀང་ནས། ཧེ་རུ་ཀ་ཁྲག་འཐུང་ལ་མཆོད་པ་བྱེད་ཅེས་ཟེར། གསང་སྔགས་གསར་མར་རྡོ་རྗེ་མཁའ་ཡི་རྒྱུད་ལས། པདྨ་འདབ་ཀྱིས་བསྐོར་བའི་གཏོར་སྙིང་ཟླུམ་པོ། རྩེ་མོ་ཅུང་ཟད་བ་བརྒྱན་དང་བཅས་པར་གསུང་གི །དབྱིབས་གྲུ་གསུམ་གྱི་གཏོར་མ་གསར་མའི་རྒྱུད་གཞུང་ཁུངས་མ་ནས་བཤད་པ་མེད་ཅིང་། ཁྱད་པར་དུ་ཁ་ཟས་ཀྱི་ཕུད་ལ་དབྱིབས་གྲུ་གསུམ་པ་བྱས་ནས་འབུལ་བ་གསུངས་པ་མེད་དོ། །དེང་སང་གསར་མའི་ཕྱག་ལེན་འགའ་ཞིག་ལ་གཏོར་མ་གྲུ་གསུམ་མཛད་པ་ནི། བླ་མ་གོང་མ་འཁྲུལ་ཟད་རྣམས་ཀྱི་མན་ངག་གིས་བརྒྱན་པའི་ཕྱག་ལེན་ཡིན་པས་འགལ་བ་མེད་དོ། །

བཞི་པ་ནི། ལག་ལེན་ཐམས་ཅད་ཞེས་སོགས་ཚིགས་བཅད་གཅིག་སྟེ། མདོར་ན་འཕྲུལ་གྱི་ལག་ལེན་ཐམས་ཅད་རྫོགས་པའི་སངས་རྒྱས་ཀྱིས་གསུངས་པ་དང་མཐུན་ན་བསྟན་པ་རྣམ་དག་ཡིན་གྱི། མི་མཐུན་ན་བསྟན་པ་རྣམ་དག་མིན་པ་དེས་ན་མདོ་སྡེ་ཟབ་མོ་མ་དགུགས་པར་ལག་ལེན་སངས་རྒྱས་ཀྱིས་གསུངས་པ་བཞིན་དུ་ཉམས་སུ་ལོངས་ཞེས་པའོ། །

བཞི་པ་ལ་གཉིས་ཏེ། ཕྱག་མཚན་ལ་འཁྲུལ་པ་དགག་པ། ཁ་དོག་ལ་འཁྲུལ་པ་དགག་པའོ། །དང་པོ་ནི། བོད་ཁ་ཅིག་ལྷུང་བཞགས་ཀྱི་སངས་རྒྱས་སུམ་ཅུ་སོ་ལྔ་རབ་ཏུ་བྱུང་བ་ཡི་རྣམ་པ་ཅན་ འགའ་ཞིག་གི་ཕྱག་ཏུ་ཕུབ་དང་རལ་གྲི་སོགས་མཚོན་ཆ་སྣ་ཚོགས་བསྐུར་བའི་རྣམ་གཞག་བྱེད་པ་མཐོང་། དེ་མི་འཐད་དེ། སངས་རྒྱས་ཁྱིམ་པའི་ཆ་ལུགས་ཅན་ལོངས་སྐུའམ། ཁྲོ་བོ་དག་ལ་རིན་པོ་ཆེ་ལ་སོགས་པའི་རྒྱན་སྣ་ཚོགས་དང་། རལ་གྲི་སོགས་མཚོན་བྱ་སྣ་ཚོགས་བྱེད་པ་སྲིད་ཀྱི། རབ་ཏུ་བྱུང་བའི་ཆ་ལུགས་ཅན་རྣམས་ལ་མཚོན་ཆ་སྣ་ཚོགས་པའི་ཕྱག་མཚན་འདི་མི་སྲིད་པའི་ཕྱིར། ཁྱད་པར་འཕགས་བསྟོད་ལས། འཁོར་ལོ་མདུང་ཐུང་ཅན་དག་གིས། །བདུད་དཔུང་དེ་ལས་རྒྱལ་མི་ནུས། །ཁྱོད་ནི་འཁོར་ལོ་མདུང་མེད་པར། །བྱམས་པའི་མཚོན་གང་ལགས་པས་རྒྱལ། །ཞེས་གསུངས།

འདིར་ཁ་ཅིག །འདིའི་སྐབས་ཐབས་ཀླུ་སྒྲུབ་ཀྱིས་མཛད་པའི་ལྟུང་བཤགས་ཀྱི་འགྲེལ་པ་ལས་བཤད་ཟེར། མི་འཐད་དེ། དེ་བོད་ཀྱིས་རྫུན་མ་ཡིན་པའི་ཕྱིར་རོ། །ཁ་ཅིག །གཟིགས་སྣང་ཡིན་ཞེས་ཟེར་བ་དང་།

མདོ་སྡེ་ན་ཇི་ལྟ་བ་བཞིན་སྣང་ངོ་ཞེར་བ་ཡང་བརྫུན་ཚིག་ཡིན། ལྷུང་བཤགས་ཀྱི་མདོ་འདི་ལ་ཕྱག་འཚལ་བའི། སྡིག་པ་བཤགས་པའི། བསྔོ་བའི་ཕུང་པོ་གསུམ་ཡོད་པའི། ཕུང་པོ་གསུམ་པའི་མདོ་ཞེས་བྱ། ཕྱག་གི་ཡུལ་གསལ་འདེབས་ཚུལ་རང་གི་མདུན་གྱི་ནམ་མཁའི་གནས་སུ། སངས་རྒྱས་སུམ་ཅུ་སོ་ལྔ་པདྨ་དང་ཟླ་བའི་གདན་ལ་བཞུགས་པ། དཀར་པོ་ལ་སོགས་པ་ཁ་དོག་ལྔའི་རྣམ་པ་ཅན་སྤྲུལ་སྐུའི་ཆ་ལུགས་ཀྱིས་བཞུགས་པ་མཚན་དཔེས་བརྒྱན་ཅིང་། ཕྱག་རྒྱ་ལྔ་དང་ལྡན་པ་སྟེ། ཆོས་འཆད་དང་། ཏིང་ངེ་འཛིན་དང་། མཆོག་སྦྱིན་དང་། བདུད་འདུལ་བ་སྟེ། ས་གནོན་དང་། སྐྱབས་སྦྱིན་གྱིས་བཞུགས་པའོ། །གང་ཟག་གི་བློ་ལ་དམིགས་པ་གསལ་བར་འདོན། དཀར་པོ་བདུན་གྱིས་ཆོས་འཆད་དང་། སྔོན་པོ་བདུན་གྱིས་བདུད་འདུལ། སེར་པོ་བདུན་གྱིས་མཆོག་སྦྱིན། དམར་པོ་བདུན་གྱིས་ཏིང་འཛིན། ལྗང་གུ་བདུན་གྱིས་སྐྱབས་སྦྱིན་གྱི་ཕྱག་རྒྱ་མཛད་པར་བཞུགས་པའོ། །དེའང་ཕྱོགས་རེར་མི་བཞུགས་པར་དཀར་པོའི་ཟུར་སྔོན་པོ་དང་། སེར་པོ་དང་། དམར་པོ་དང་། ལྗང་གུ་སྟེ་སྤྱིལ་མར་བཞུགས་པའོ། །དེང་སང་བྲི་བྱ་འགའ་ཞིག་ལ་དབུས་སུ་བཅོམ་ལྡན་འདས་ཤཱཀྱ་ཐུབ་བྲི་བ་ནི། དེ་བསྟན་པ་འདིས་གཙོ་བོ་ཡིན་པའི་རྒྱུ་མཚན་གྱི་ཡིན་ལ། སོ་ལྔ་པོའི་ནང་དུ་མ་འདུས་པའི་སྐྱོན་མེད་དོ། །

གཉིས་པ་ལ་གཉིས་ཏེ། དངོས་དང་། ལུང་འགལ་སྤོང་བའོ། །དང་པོ་ནི། བྱང་ཆུབ་མཆོག་གི །ཞེས་སོགས་ཚིགས་བཅད་བཞི་སྟེ། བཀའ་གདམས་པའི་དགེ་བཤེས་ལ་ལ། བྱང་ཆུབ་མཆོག་གི་ཕྱག་རྒྱ་དང་། སོགས་པ་ས་གནོན། མཆོག་སྦྱིན། མཉམ་གཞག །སྐྱབས་སྦྱིན་གྱི་ཕྱག་རྒྱ་སོ་སོར་མཛད་པའི་སངས་རྒྱས་རིགས་ལྔ་སྐུ་མདོག་སེར་འཇམ་དུ་བཞེད་པ་མཐོང་ཞིང་། མདོ་ལུགས་ཡིན་ཞེས་སྨྲ། ཁ་ཅིག་ཇོ་བོ་སངས་རྒྱས་མང་པོ་ཞལ་གཟིགས་པས་ཐམས་ཅད་གསེར་གཙོ་མའི་མདོག་ཅན་དུ་འདུག་གསུངས་པ་དང་། འགའ་ཞིག་སྔོན་ཇོ་བོ་རྗེས་ཡུམ་གྱི་དོན་དུ་རས་ལ་རིགས་ལྔ་གསེར་གྱིས་བྲིས་པ་མཐོང་བ་ལ་བརྟེན་ནས། སེར་འཇམ་དུ་འདོད་དོ། །བསོད་ནམས་བསོག་པའི་ཕྱིར་དཀྱིལ་འཁོར་གྱི་ལྷ་ཚོགས་བྲིམ་འཚོགས་སམ། ཞིང་ཁམས་མར་འབྲི་བ་འགལ་བ་མེད་ཅིང་། གཟིགས་སྣང་དང་། ཉམས་སྣང་ལ་གང་ཡང་འཆར་བས་གྲུབ་མཐར་འཆའ་བ་དཀའོ། །དེ་འདྲའི་རིགས་ལྔ་སེར་འཇམ་མདོ་ལུགས་ཡིན་པ་མི་འཐད་དེ། མདོ་ནས་རིགས་ལྔ་སེར་འཇམ་འདི་འདྲ་བ་གསུངས་པ་མེད་པའི་ཕྱིར་རོ། །གསང་སྔགས་རྒྱུད་སྡེའི་ལུགས་ཀྱང་མ་ཡིན་ཏེ། བྱ་བ་དང་། སྤྱོད་པ་གཉིས་ཀྱི་རྒྱུད་ལས། སངས་རྒྱས་རྡོ་རྗེའི་རིགས། པདྨའི་རིགས། དེ་བཞིན་གཤེགས་པའི་རིགས་གསུམ་དུ་བསྡུས་པ་མ་གཏོགས། སངས་རྒྱས་རིགས་ལྔར་བསྡུས་པ་སྟེ་བཤད་པ་མེད་པའི་ཕྱིར་དང་། རྣལ་འབྱོར་རྒྱུད་ཀྱི་

ལུགས་མིན་ཏེ། རྣལ་འབྱོར་གྱི་རྒྱུད་དེ་ཉིད་བསྡུས་པ་ལས་གསུངས་པ་ཡི་སངས་རྒྱས་རིགས་ལྔ་ལ། རྣམ་སྣང་དཀར་པོ། མི་བསྐྱོད་པ་ནག་པོ། རིན་འབྱུང་སེར་པོ། སྣང་མཐའ་དམར་པོ། དོན་གྲུབ་ལྗང་གུ་སྟེ། ཁ་དོག་ཐ་དད་ཅིང་། རྣམ་སྣང་བྱང་ཆུབ་མཆོག མི་བསྐྱོད་པ་ས་གནོན། རིན་འབྱུང་མཆོག་སྦྱིན། སྣང་མཐའ་ཏིང་ངེ་འཛིན། དོན་གྲུབ་སྐྱབས་སྦྱིན་ཏེ་ཕྱག་རྒྱ་ཡང་ནི་ཐ་དད་དུ་གསུངས་པའི་ཕྱིར། རྣལ་འབྱོར་རྒྱུད་འདི་ཡི་ལུགས་ཀྱི་རིགས་ལྔའི་སྐུ་མདོག་དང་ཕྱག་རྒྱ་ཐ་དད་པ་ནི་སྣང་གཞི་ཕུང་པོ་ལྔ་དང་ཉོན་མོངས་པ་ལྔ་སྦྱོང་བ་དང་། ཡེ་ཤེས་ལྔ་མཚོན་པའི་རྟེན་ཅིང་འབྲེལ་འབྱུང་གི་སྐུ་ཡིན་པ་ལ་འཐད་པ་ཡིན་གྱི། སེར་འཛམ་གྱིས་ནི་དེ་འདྲའི་རྟེན་འབྲེལ་མཚོན་མི་ནུས་སོ། །བླ་མེད་ཀྱི་ལུགས་ཀྱང་མིན་ཏེ། དུས་ཀྱི་འཁོར་ལོ་ལ་སོགས་པ་ལས། རིགས་ལྔའི་ཁ་དོག་རྣལ་འབྱོར་རྒྱུད་ལས་གཞན་དུ་མི་བསྐྱོད་པ་ལྗང་གུ། དོན་གྲུབ་ནག་པོ། རིན་འབྱུང་དམར་པོ། སྣང་མཐའ་དཀར་པོ། རྣམ་སྣང་སེར་པོར་གསུང་པ་ནི། རིམ་པ་བཞིན་དུ་འབྱུང་བ་ནམ་མཁའ་རླུང་མེ་ཆུ་ས་རྣམ་པ་ལྔ་སྦྱོང་བའི་ནང་གི་རྟེན་ཅིང་འབྲེལ་བར་འབྱུང་བའི་སྐུ་ཡིན་གྱི། སེར་འཛམ་གྱིས་ནི་དེ་དག་སྦྱོང་ནུས་པ་མིན་ནོ། །

བྱང་ཆུབ་མཆོག་གི་ཕྱག་རྒྱ་སོགས། །མཛད་པའི་རིགས་ལྔ་སེར་འཛམ་མཐོང་། །ཞེས་སོགས་ལ་དྲི་བ། ༧ རིགས་ལྔ་སེར་འཛམ་མི་འཐད་ན། །དམར་འཛམ་འཐད་པ་དཀའ་བའི་གནས། །ཞེས་པའི་ལན་ནི། གཞུང་ལས། བྱང་ཆུབ་མཆོག་གི་ཕྱག་རྒྱ་སོགས་མཛད་པའི་རིགས་ལྔ་སེར་འཛམ་མཐོང་ཞེས་པ་ཕྱོགས་སྔར་མཛད་ནས་དེ་ཕ་རོལ་ཏུ་ཕྱིན་པའི་ཐེག་པ་ནས་བཟུང་སྟེ། དུས་ཀྱི་འཁོར་བའི་བར་དུ་གང་གི་དགོངས་པ་མིན་ཞེས་གསུངས་ཀྱི། སྤྱིར་ཇོ་ཏ་རིས་བཀྲལ་བའི་ཚེ་དཔག་མེད་ལྷ་བུ་རིགས་ལྔ་དམར་འཛམ་དང་། བདག་མེད་མའི་ནང་གི་རྣལ་འབྱོར་མ་ལྔ་ལྟ་བུ་རིགས་ལྔ་ནག་འཛམ་དང་། སྦྱོང་རྒྱུད་ཀྱི་རིགས་ལྔ་ཛོ་བོ་ནས་བརྒྱུད་པ་དག་དཀར་འཛམ་དུ་བཞེད་ཅིང་རྗེ་བཙུན་གྱིས་ཀྱང་དེ་ལྟར་བར་བཞེད་པ་སོགས་མ་བཀག་སྟེ། དེ་དག་ལ་བྱང་ཆུབ་མཆོག་གི་ཕྱག་རྒྱ་སོགས་ཡོ་ག་ནས་བཤད་པ་ལྟར་མེད་པའི་ཕྱིར་རོ། །ཞེས་གསུངས་སོ། །

གཉིས་པ་ནི། སངས་རྒྱས་གསེར་མདོག་ཞེས་སོགས་རྐང་པ་ལྔ་སྟེ། འོ་ན་རིགས་ལྔ་སེར་འཛམ་མི་འཐད་ན། མདོ་ལས། སངས་རྒྱས་གསེར་མདོག་ཅེས་དང་། མགོན་པོ་བྱམས་པས། ལྷགས་པ་གསེར་མདོག་ལྷགས་པ་སྲབ་པ་དང་། །ཞེས་གསུངས་པ་དང་འགལ་ལོ། །ཞེ་ན། མི་འགལ་ཏེ། མདོ་ལས། སངས་རྒྱས་གསེར་མདོག་ཅེས་གསུངས་པ་ནི། དྲི་མ་མེད་ཅིང་དང་བའམ། སྤྲུལ་སྐུ་ཕལ་ཆེ་བའི་སྐུ་མདོག་ལ་དགོངས་ཏེ་གསུངས་པ་ཡིན་གྱི། གཞན་དུ་སྤྲུལ་སྐུ་ཐམས་ཅད་སེར་པོར་མི་རིགས་ཏེ། སངས་རྒྱས་སྨན་གྱི་བླ་ནམ་མཁའི

མདོག་སྔོན་པོ་ཉིད་དུ་ཕལ་པོ་ཆེའི་མདོ་ལས་གསུངས་པ་དང་། བཻ་ཌཱུརྻ་ཡི་འོད་ལ་ཕྱག་འཚལ་ལོ། །ཞེས་གསུངས་པ་དང་འགལ་བར་འགྱུར་བའི་ཕྱིར་རོ། །ཁ་ཅིག་བཻ་ཌཱུརྻ་ཡིན་ན་སྔོན་པོ་ཡིན་པས་ཁྱབ་པར་འདོད། དེའི་དེས་པ་མེད་དེ། སངས་རྒྱས་ཕལ་པོ་ཆེའི་མདོ་ལས། བཻ་ཌཱུརྻ་དཀར་པོ་དང་དམར་པོ་བཤད་པའི་ཕྱིར། ཞེས་མཁས་པ་ཁ་ཅིག་གསུང་ངོ་། །འོན་གསེར་འོད་དམ་པ་ལས། སངས་རྒྱས་ཐམས་ཅད་ཁ་དོག་མཚུངས། །འདི་ནི་སངས་རྒྱས་ཆོས་ཉིད་ཡིན། །ཞེས་པའི་དོན་ཇི་ལྟར་འཆད་ཅེ་ན། ཁ་དོག་གང་གིས་འདུལ་བའི་གདུལ་བྱ་དེ་ལ་ཁ་དོག་དེ་ཉིད་སངས་རྒྱས་ཐམས་ཅད་ཀྱིས་སྟོན་ཞེས་པའི་དོན་ཡིན་གྱི། སངས་རྒྱས་ཐམས་ཅད་སྐུ་མདོག་སེར་པོར་སྟོན་པའི་ལུང་མིན་ནོ། །

ལྔ་པ་ལ་གསུམ་སྟེ། རང་སྒོམ་པའི་ཡན་ལག་འཆོལ་བ་དགག་པ། གཞན་རྗེས་སུ་འཛིན་ཡན་ལག་འཆོལ་བ་དགག་པ། དེ་གཉིས་ཀ་འཆོལ་བ་དགག་པའོ། །དང་པོ་ནི། ཡི་དམ་ལྷ་ཡི། ཞེས་སོགས་ཚིགས་བཅད་གཉིས་ཏེ། དེང་སང་བཀའ་གདམས་པ་ལ་ལ། གསང་སྔགས་ཀྱི་ཆོས་ལ་མི་མོས་པར། ཡི་དམ་ལྷ་ཡི་སྒྲུབ་ཐབས་ཏེ་བསྐྱེད་ཚོག་དང་། རྩ་སྔགས་དང་། སྙིང་པོ་ལ་སོགས་པའི་སྔགས་ཀྱི་བཟླས་པའི་ཆོ་ག་དང་། མཆོག་གི་དངོས་གྲུབ་སངས་རྒྱས་དང་། ཐུན་མོང་གི་དངོས་གྲུབ་ཞི་རྒྱས་ལ་སོགས་པ་དང་། སྒྲུབ་ཐབས་ཀྱི་ཆོ་ག་གཞན་ཇི་སྙེད་པ་དང་། གཞན་ཡང་མི་གཡོ་བ་ལ་སོགས་པའི་ལྷ་བསྒོམ་པ་དང་། སྔགས་བཟློས་པ་ལ་སོགས་པ་བྱེད་པ་ཡང་། སངས་རྒྱས་ཀྱི་བསྟན་པ་དང་མཐུན་པ་མིན་ཏེ། དེ་དག་མདོ་སྡེ་ཀུན་ལས་གསུང་པ་མེད་ཅིང་། རྒྱུད་སྡེའི་ལུགས་ཁོ་ན་ཡིན་པའི་ཕྱིར་རོ། །

གཉིས་པ་ནི། གཞན་ཡང་། ཞེས་སོགས་རྐང་པ་བཅུ་གཅིག་སྟེ། གཞན་ཡང་བཀའ་གདམས་པ་ཁ་ཅིག །ཞི་བ་ལ་སོགས་པའི་སྦྱིན་སྲེག་དང་། རོ་སྲེག་དང་། བདུན་ཚིགས་དང་། སཱཙྪའི་ཆོ་ག་དང་། རབ་གནས་ལ་སོགས་པ་དེང་སང་གསང་སྔགས་ཀྱི་ལུགས་བོར་ནས། མདོ་སྡེ་ནས་གསུང་པའི་དཀོན་མཆོག་མཆོད་པའི་ཆོ་ག་ཙམ་ལ་བརྟེན་པ་ཡི་ཆོ་གའི་རྣམ་གཞག་བྱེད་པ་ཡོད་ཀྱང་མི་འཐད་དེ། དེ་དག་ཕ་རོལ་ཏུ་ཕྱིན་པའི་མདོ་སྡེ་རྣམས་དང་། དགོངས་འགྲེལ་གྱི་བསྟན་བཅོས་ཚད་མ་ཀུན་ལས་གསུངས་པ་མེད་པའི་ཕྱིར་དང་། ཆོ་ག་འདི་དག་ངན་སོང་སྦྱོང་རྒྱུད་ལ་སོགས་པའི་གསང་སྔགས་ཀྱི་རྒྱུད་སྡེ་འགའ་ཞིག་ལས་གསུང་པའི་རྗེས་སུ་འབྲང་བ་ཡི་གསང་སྔགས་ལ་མོས་ཤིང་། མཁས་པ་རྣམས་ལ་གྲགས་པའི་ལུགས་ཡིན་པའི་ཕྱིར་རོ། །སྦྱོང་རྒྱུད་ལས་ཇི་ལྟར་གསུང་ན་དྲི་ཡི་བཀུས་པའི་ཡམ་ཤིང་གི་ཆོ་ག་བཞིན་དུ་སྦྱིན་སྲེག་བྱ། ཞེས་པ་དང་། རོ་ལ་སྔགས་ཀྱིས་བཏབ་ནས་ཀྱང་། །ཆུ་མཆོག་གིས་ནི་དཀྲུས་ནས་ཀྱང་། །ཞེས་པ་དང་། དེ་ཡི་གཟུགས་བརྙན་བྲི་བ་འམ། །

ཀུར་ཀུམ་གྱིས་ནི་མིང་ཡང་བྲི། །ངན་སོང་གསུམ་གྱི་འཇིག་རྟེན་ལས། །སེམས་ཅན་རྣམས་ནི་གྲོལ་བའི་ཕྱིར། ། སྔགས་མཁན་གཞན་ལ་ཕན་བརྩོན་ཞིང་། །སྙིང་རྗེ་ཅན་གྱིས་དབང་བསྐུར་རོ། །ཞེས་སོགས་གསུངས་སོ། །

གསུམ་པ་ལ་གསུམ་སྟེ། འཕྲུལ་པ་བརྗོད་དེ་དགག །མ་འཆོལ་བར་སྒྲུབ་པར་གདམས་པའོ། །

དང་པོ་ནི། དེང་ནི་རབ་གནས། ཞེས་སོགས་ཚིགས་བཅད་གཅིག་སྟེ། སྡོང་རྒྱུད་ལས། རབ་གནས་བྱེད་པར་གསུངས་པ་དེ་བཞིན་དུ་བཀའ་གདམས་གཞུང་པ་རྣམས་རྟེན་ལ་རབ་གནས་ཀྱི་ཆོ་ག་མདོ་ལུགས་དང་། ཕྱག་ན་རྡོ་རྗེའི་སྒྲུབ་ཐབས་མདོ་ལུགས་དང་། ལྟུང་བཤགས་དང་ནི་ཤེར་སྙིང་སྒྲུབ་ཐབས་ལ་སོགས་པ་ཀླུ་སྒྲུབ་ཀྱི་གཞུང་ལ་བརྟེན་པའི་གསང་སྔགས་ཀྱི་ལུགས་ཡིན་ཞེས་འཆད་པ་ཐོས་སོ། །

གཉིས་པ་ལ་གསུམ་སྟེ། རབ་གནས་མདོ་ལུགས་དགག །ཆབ་གཏོར་མདོ་ལུགས་དགག །ལྟུང་བཤགས་སྔགས་ལུགས་དགག་པའོ། །དང་པོ་ལ་བཞི་སྟེ། མདོར་བསྟན་པ། ཞར་ལ་བྱུང་བ། རྒྱས་པར་བཤད་པ། དོན་བསྡུ་བའོ། །དང་པོ་ནི། འདི་ཡང་བརྟག་པར། ཞེས་སོགས་རྐང་པ་བཅོ་བརྒྱད་དེ། རབ་གནས་མདོ་ལུགས་ཡིན་ཟེར་བ་འདི་ཡང་བརྟག་པར་བྱ་བས་ཉོན། །ཞེས་གདམས་ནས། རབ་གནས་མདོ་ལུགས་སུ་འདོད་པ་མི་འཐད་དེ། རྒྱུད་ཀྱི་ཟླས་ཕྱེ་བའི་མདོ་ནས་རབ་གནས་ཀྱི་ཆོ་ག་བཤད་པ་མེད་པའི་ཕྱིར། བཤད་པ་མེད་པ་འོན་ཀྱང་རྟེན་ལ་མཆོད་པ་དང་། བསྟོད་པ། བཀྲ་ཤིས་བརྗོད་པ། ཕྱག་དང་མེ་ཏོག་ལ་སོགས་པ་གཏོར་ནས་ངེད་ཀྱི་མཆོད་གནས་ཡིན་ཞེས་རྒྱལ་པོ་རྒྱལ་སར་འདོན་པའི་མངའ་དབུལ་ལྷ་བུ་ལ་རབ་གནས་བྱེད་པ་ཡིན་ཞེས་སྨྲ་ན་སྨྲོས་ཏེ། རྒྱ་གར་ནའང་ཁྲིན་པ་དང་། སྐྱིད་མོས་ཚལ་ལ་སོགས་པ་ལ་མཆོད་པ་བྱེད་པ་ལ་ཡང་། རབ་གནས་སུ་མིང་འདོགས་པ་ཡོད་པས་མིང་ལ་མི་རྩོད་དོ། །དེས་ན་རབ་གནས་ཀྱི་ཆོ་ག་མཚན་ཉིད་པ་ལ། སྔ་གོན་གྱི་སྐབས་སུ་བདག་བསྐྱེད་ཡི་དམ་གྱི་ལྷ་བསྒོམ་པ་དང་། སྔགས་བཟླས་པ་དང་། ཡི་དམ་གྱི་ལྷ་བསྒོམ་པ་དང་། བུམ་པ་སྒྲུབ་པ་དང་། གང་གིས་རབ་ཏུ་གནས་པར་བྱེད་པ་ལྷ་ཡི་སྔ་གོན་དང་། རབ་ཏུ་གནས་བྱའི་རྟེན་བསྐྱེད་ནས་ཡེ་ཤེས་པ་བཅུག་སྟེ་སྐན་གསན་དབབ་པ་ལ་སོགས་པའི་ཆོས་བཅུ་གསུམ་དང་། དངོས་གཞིའི་སྐབས་སུ་རྟེན་གྱི་དམ་ཚིག་སེམས་དཔའ་བསྐྱེད་པ་དང་། དེ་ལ་ཡེ་ཤེས་ཀྱི་འཁོར་ལོ་དགུག་གཞུག་བྱ་བ་དང་། དབང་བསྐུར་ཞིང་རྒྱས་གདབ་པ། སྤྱན་དབྱེ་བ་དང་། བརྟན་པར་བཞུགས་པ་དང་། རྟེན་འབྲེལ་སྙིང་པོའི་སྔགས་ཀྱིས་བྱིན་གྱིས་བརླབས་པའི་མེ་ཏོག་རྟེན་ལ་དོར་ནས་གསོལ་བ་གདབ་པ་དང་། མཆོད་བསྟོད་རྒྱས་པས་ལེགས་པར་མཆོད་པ་ལ་སོགས་པ་དངོས་གཞིའི་ཆོས་དེ་བཅུ་གསུམ་དང་། མཇུག་གི་ཆོས་བཀྲ་ཤིས་རྒྱས་པར་བྱེད་པ་ལ་སོགས་པའི་ཆོས་བཅུ་གསུམ་ཚང་བ་ཡི་ཆོ་ག་ནི། གསང་སྔགས་ཀྱི་རྒྱུད་སྡེ་ལས་གསུངས་ཀྱི་པ་

རོལ་ཏུ་ཕྱིན་པའི་གཞུང་ལས་བཤད་པ་མ་ཡིན་ནོ། །དེ་ལ་བཀའ་གདམས་པ་ལ་ལ་ཇོ་བོ་རྗེའི་གདམས་ངག་ཡིན་ཞེས་སྨྲའོ། །འོ་ན་དེ་ཇོ་བོ་རྗེས་མདོ་སྡེ་གང་དག་ལ་བརྟེན་ནས་མཛད་པ་ཡིན་པར་སྨྲ་དགོས་ཏེ། མདོ་ལུགས་ཀྱི་གདམས་ངག་མདོ་ལ་བརྟེན་ནས་འཆད་དགོས་པའོ། །

གཉིས་པ་ནི། དེང་སང་གསང་བ། ཞེས་སོགས་ཚིགས་བཅད་གཉིས་ཏེ། དེང་སང་བཀའ་གདམས་པ་དང་། ཕྱག་རྒྱ་བ་འགའ་ཞིག གསང་བ་འདུས་པའི་ལྷ་ཞལ་གསུམ་ཕྱག་དྲུག་པ་བསྒོམས་ནས་དེ་དག་གི་སྔགས་མདོ་ལུགས་ཡིན་ཟེར། དེ་མི་འཐད་དེ། གསང་བ་འདུས་པ་ལ་སོགས་པའི་རྒྱུད་ནས་བཤད་པའི་ཆོ་ག་ལ་མདོ་ལུགས་ཀྱི་ཆོ་གའི་རྣམ་གཞག་འབྱུང་བ་ངོ་མཚར་བའི་ཕྱིར། དཔེར་ན་སེང་གེའི་ཕྲུ་གུ་གླང་པོ་ཆེ་ལས་བྱུང་ན། སྔོན་ནས་མེད་པའི་སྲོག་ཆགས་ཡིན་པས་ངོ་མཚར་བ་བཞིན་ནོ། །རྒྱུ་མཚན་དེས་ན་མཁས་པ་རྣམས་ཀྱིས་གསང་འདུས་སོགས་ཀྱི་ཆོ་ག་ལ་མདོ་ལུགས་ཀྱི་ཆོ་ག་སྦྱོར་བ་འདི་འདྲ་བ་ཡི་ཆོ་གའི་རྣམ་གཞག་སླན་ཆད་མ་བྱེད་ཅིག་སྟེ་བསྟན་པ་ལ་གནོད་པས་སོ། །

གསང་འདུས་ལ་སོགས་ཆོ་ག་ལས། །མདོ་ལུགས་ཆོ་ག་འབྱུང་བ་མཚར། །ཞེས་པ་ལ་དྲི་བ། ༤ གསང་བ་འདུས་པའི་ལྷ་ཚོགས་ལ། །མདོ་ལུགས་ཆོ་ག་མི་སྲིད་ན། །སྤྱན་རས་གཟིགས་དང་འཇམ་དབྱངས་དང་། །ཕྱག་ན་རྡོ་རྗེ་ལ་སོགས་ལ། །མདོ་ནས་བྱུང་བའི་ཆོ་ག་ཞེས། །བྱ་བ་མཁན་ཆེན་ཞི་བ་འཚོས། །འཆད་པའི་དགོངས་པ་ཅི་ཡིན་དྲངས། །ཞེས་པའི་ལན་ནི། ཀ དྲི་བ་པོའི་བསམ་པ་བསླང་པ་དང་། མགོ་མཚུངས་ཀྱི་དྲི་བས་དོགས་པ་སྤྱོད་པ་གཉིས་ལས། དང་པོ་ནི། སྤྱན་རས་གཟིགས་འཇམ་དབྱངས། ཕྱག་ན་རྡོ་རྗེ་གསུམ་པོ་གསང་བ་འདུས་པའི་ལྷ་སྣམ་ལ་བཀོད་པ་ཡིན་པས། མདོ་ལུགས་ཀྱི་ཆོ་ག་མི་སྲིད་འགྱུར་བའི་ཕྱིར། དེ་འདོད་ན། སྨན་བླའི་མདོ་ཆོག་གི་ནང་དུ་དེ་གསུམ་ལ་ཕྱག་འཚལ་བའི་ཆོ་ག་ཞི་བ་འཚོས་མཛད་པ་ཅི་ཡིན་ཞེས་པར་སྣང་ངོ༎ ༎

གཉིས་པ་ནི། འདི་འདྲ་བའི་རིགས་ཅན་མཚན་ཉིད་པའི་བློ་གསར་པ་རྣམས་ཤེས་བྱ་སྒྲོག་བཀྲུན་མར་གྲགས་ལ། དེ་ཡང་མཚོན་ན། རྒྱལ་པོའི་ཕོ་བྲང་ཁང་བཟང་ལ། །ཆུ་ཐགས་ཁང་པ་མི་སྲིད་ན། །ཀ་བ་དང་ནི་ཀ་བཞུ་དང་། །ཅམ་དང་བྲལ་མ་ལ་སོགས་པ། །ཆུ་ཐགས་པ་ཡི་ཁང་པ་ལའང་། །འདོད་པར་མཐོང་བ་འདི་ཅི་ཞིག །ཅེས་ཕར་འདྲི་སྟེ། དེའི་ལན་བྱུང་ནས་བློ་འདོགས་ཆོད་པར་འགྱུར་རོ། །ཞེས་གསུངས་སོ། །གོང་གི་ཤེས་བྱ་སྒྲོག་བཀྲུན་མར་གྲགས་པ་ནི། གསང་འདུས་ཀྱི་ལྷ་ལ་མདོ་ལུགས་ཀྱི་ཆོ་ག་སྲིད་པར་ཐལ། གསང་འདུས་ཀྱི་དཀྱིལ་འཁོར་ལ་འཇམ་དབྱངས་ལ་སོགས་པ་ཡོད་པ་གང་ཞིག །འཇམ་དབྱངས་སོགས་ལ་མདོ་ལུགས་ཀྱི་ཆོ་

ག་ཞི་བ་འཚོས་མཛད་པའི་ཕྱིར། ཞེས་ཟེར་ན། དེ་ལ་མ་ཁྲབ་ཅེས་པའི་ལན་མཛད་པར་སེམས་སོ། །

གསུམ་པ་ནི། ལྷ་ལ་རབ་ཏུ། ཞེས་སོགས་ རྐང་པ་ཉི་ཤུ་རྩ་ལྔ་སྟེ། ཤེས་བྱ་ཆོས་ཅན། རབ་གནས་མདོ་ལུགས་མི་འཐད་དེ། གཞན་དོན་དུ་ལྷ་ལ་རབ་ཏུ་གནས་པ་དང་། མི་ལ་དབང་བསྐུར་བྱ་བ་དང་། རང་དོན་དུ་རྟེན་དང་བརྟེན་པའི་རྣམ་དག་བསྒོམ་པ་སོགས་རྡོ་རྗེ་སློབ་མའི་དབང་བསྐུར་བ་ཙམ་ཐོབ་པས་ཀྱང་བྱ་བར་མ་གསུངས་ན། དབང་བསྐུར་བ་གཏན་ནས་མ་ཐོབ་པའི་གང་ཟག་རྣམས་ཀྱིས་བྱར་མི་རུང་བ་ལྟ་སྨོས་ཀྱང་ཅི་དགོས་པའི་ཕྱིར་རོ། །འོ་ན་སློབ་མའི་དབང་ཙམ་ཐོབ་ནས་ཅི་ཞིག་ལ་དབང་ཞེ་ན། རྡོ་རྗེ་སློབ་མའི་དབང་བསྐུར་བ་ཙམ་ཐོབ་ནས་རང་དོན་དུ་མི་ཏོག་གང་ལ་ཕོག་པའི་ལྷ་བསྒོམ་པ་ཙམ་དང་ནི། དེའི་རྩ་སྔགས་སྙིང་པོ་ལ་སོགས་པའི་བཟླས་བརྗོད་བྱེད་པ་དང་ནི། བཟླས་བརྗོད་དེའི་བཅུ་ཆའི་སྦྱིན་སྲེག་དང་། ལྷ་དེ་ལ་བརྟེན་ནས་ཞི་རྒྱས་ལ་སོགས་པའི་ལས་ཀྱི་ཚོགས་འགའ་ཞིག་བསྒྲུབ་པའི་ཚུལ་དང་། རིལ་བུ་དང་མིག་སྨན་ལ་སོགས་པའི་ཐུན་མོང་གི་དངོས་གྲུབ་བསྒྲུབ་པ་དང་ནི། ཕྱག་རྒྱ་ཡི་ཡེ་ཤེས་བསྒྲུབ་པའི་ཚོ་ག་བསྟན་པ་དང་། གསང་སྔགས་ཀྱི་རྒྱུད་སྡེ་འོག་མ་བྱ་སྤྱོད་འགའ་ཞིག་ཉན་པ་ལ་དབང་བ་ཡིན་གྱི། གཞན་ལ་རྒྱུད་མཐའ་དག་འཆད་པ་དང་། མི་ལ་དབང་བསྐུར་བ་དང་ནི། ལྷ་ལ་རབ་གནས་ལ་སོགས་པ་སློབ་དཔོན་གྱི་ཕྲིན་ལས་རྣམས་བྱར་མི་རུང་སྟེ། དེ་དག་རྡོ་རྗེ་སློབ་དཔོན་ཁོ་ནའི་ལས་ཡིན་པའི་ཕྱིར་རོ། །འོ་ན་རྡོ་རྗེ་སློབ་དཔོན་གྱི་དབང་ཐོབ་ནས་བྱ་དགོས་པའི་ཐུན་མོང་མིན་པའི་ལས་རྣམས་གང་ཡིན་ཞེ་ན། དཀྱིལ་འཁོར་གྱི་འཁོར་ལོ་བྱང་ཕྱོགས་སོ་བདུན་དང་སྦྱར་བ་འཁོར་ལོའི་དེ་ཁོ་ན་ཉིད་དང་། དཀྱིལ་འཁོར་གྱི་ལྷ་རྣམས་ཕུང་ཁམས་སྐྱེ་མཆེད་དང་སྦྱར་བ། ལྷའི་དེ་ཁོ་ན་ཉིད་ལ་སོགས་པ་སྣང་གཞི་སྦྱོང་བྱེད་ཀྱི་རྣམ་དག་སྦྱར་བའི་རྟེན་དང་བརྟེན་པར་བཅས་པའི་དཀྱིལ་འཁོར་བསྒོམ་པ་དང་། དབང་བསྐུར་བ་དང་ནི་རབ་གནས་ལ་སོགས་པ་རྡོ་རྗེ་སློབ་དཔོན་གྱི་ནི་ཕྲིན་ལས་དང་། སངས་རྒྱས་ཀུན་གྱི་སྐུ་གསུང་ཐུགས་ཀྱི་དམ་ཚིག་རྡོ་རྗེ་དྲིལ་བུ་ཕྱག་རྒྱ་གསུམ་དང་། ཐེག་པ་བླ་ན་མེད་པའི་སྔགས་ཀྱི་སྡོམ་པ་ཡོངས་སུ་རྫོགས་པ་བསྒོམ་པ་སོགས་ནི། རྡོ་རྗེ་སློབ་དཔོན་ཁོ་ནས་བྱ་བའི་ལས་ཡིན་གྱི། གཞན་སློབ་མའི་དབང་ཙམ་ཐོབ་པ་དང་། དབང་བསྐུར་གཏན་ནས་མ་ཐོབ་པ་རྣམས་ཀྱིས་བྱར་མི་རུང་སྟེ། རྡོ་རྗེ་སློབ་དཔོན་གྱི་དབང་གི་གསོལ་གདབ་ཀྱི་སྐབས་སུ། འཁོར་ལོ་ལྷ་ཡི་དེ་ཉིད་དང་། །སློབ་དཔོན་ཕྲིན་ལས་ཡོངས་སུ་གསུངས། །སངས་རྒྱས་ཀུན་གྱི་དམ་ཚིག་དང་། །སྡོམ་པའང་བླ་ན་མེད་པ་སྩོལ། །ཞེས་གསུངས་པའི་ཕྱིར་རོ། །རྡོ་རྗེ་སློབ་དཔོན་གྱི་ལས་འདི་དག་ནི་གཙོ་བོར་བླ་མེད་ཀྱི་དབང་དུ་བྱས་པ་ཡིན་གྱི་རྒྱུད་སྡེ་འོག་མའི་རྡོ་རྗེ་སློབ་དཔོན་གྱི་དབང་ཐོབ་པ་ཙམ་གྱིས་འདི་དག་ཐམས་ཅད་བྱར་རུང་བའི་ངེས་པ་མེད་དོ། །འོན་ཀྱང

འོག་མ་དེ་དག་ལ། དབང་བསྐུར་རབ་གནས་རྒྱུད་འཆད་པ་རྣམས་ནི་རུང་སྟེ་དེ་དག་ལ་རྡོ་རྗེ་སློབ་དཔོན་གྱི་ལས་ཡོད་པའི་ཕྱིར་རོ། །གོང་གི་ཐེག་པ་བླ་ན་མེད་པ་ཞེས་པའི་དོན། གསང་སྔགས་བླ་མེད་ཀྱི་ཐེག་པ་འདི། ཐེག་པ་བླ་ན་མེད་པ་ཡིན་ཏེ། འདི་ཐེག་པ་ཐམས་ཅད་ཀྱི་ནང་ནས་མཆོག་དང་། འདིའི་གོང་ན་ཐེག་པ་གཞན་མེད་པའི་ཕྱིར་རོ། །དེས་ན་མཐར་ཐུག་བླ་མེད་ཐེག་པ་གཅིག་ཏུ་གྲུབ་པ་དང་། སེམས་ཅན་ཐམས་ཅད་བླ་མེད་ཀྱི་ལམ་ལ་བརྟེན་ནས་སངས་རྒྱ་བར་ངེས་ཞེས་པའོ། །དེའི་སྡོམ་པ་རྫོགས་པར་བསྒོམ་པའི་དོན་ནི་བླ་མེད་ཀྱི་སྔགས་སྡོམ་རྫོགས་པར་བསྒོམ་པ་ལ་དེའི་རྡོ་རྗེ་སློབ་དཔོན་གྱི་དབང་རྫོགས་པར་ཐོབ་དགོས་ཞེས་པའོ། །

བཞི་པ་ནི། དེང་སང་རབ་གནས། ཞེས་སོགས་རྐང་པ་དྲུག་སྟེ། དེང་སང་རབ་གནས་ཀྱི་ཆོ་ག་མདོ་ལུགས་ཞེས་འཆད་པ་སངས་རྒྱས་ཀྱི་བསྟན་པ་མ་ཡིན་ཏེ། དཔེར་ན་ཁྱིམ་པས་རབ་བྱུང་གི་མཁན་སློབ་བྱེད་པ་དང་། རྡོ་རྗེ་སློབ་དཔོན་མིན་པས་དབང་བསྐུར་དང་རབ་གནས་བྱེད་པ་ནི། གཉིས་ཀ་སངས་རྒྱས་ཀྱི་བསྟན་པ་མིན་པར་མཚུངས་པའི་ཕྱིར་རོ། །

ལྷ་ལ་རབ་ཏུ་གནས་པ་དང་། །མི་ལ་དབང་བསྐུར་བྱ་བ་སོགས། །རྡོ་རྗེ་སློབ་མའི་དབང་བསྐུར་བ། །ཐོབ་ཀྱང་བྱ་བར་མ་གསུངས་ན། །ཞེས་པ་ལ་དྲིས། ཤ རྡོ་རྗེ་སློབ་མའི་དབང་ཙམ་ཞིག །ཐོབ་ནས་རབ་གནས་མི་རུང་ན། །ལྷ་བསྒོམ་པ་ནས་བརྟན་བཞུགས་བར། །རབ་གནས་དངོས་གཞིར་བཤད་པ་དང་། །འགལ་བའི་དོགས་པ་མི་འབྱུང་ངམ། །ཞེས་པའི་ལན། ག འདིར་རྡོ་རྗེ་སློབ་མའི་དབང་ཙམ་ཞིག་ཐོབ་ནས་རབ་གནས་མི་རུང་ཞེས་པའི་དོན། རབ་ཏུ་གནས་པར་བྱ་བའི་རྟེན་ལ་རྒྱུད་ནས་གསུངས་པའི་རབ་གནས་ཀྱི་ཆོ་ག་མི་རུང་ཞེས་པའི་དོན་ཡིན་གྱི། ཁྱོད་ཀྱི་འདི་ནི་བདག་བསྐྱེད་མདུན་བསྐྱེད་ཙམ་གྱི་ལྷ་བསྒོམ་སོགས་ལ་བསམ་པར་སྣང་ནས་འགལ་བའི་དོན་མེད་དོ། །ཡང་། རྡོ་རྗེ་སློབ་དཔོན་མ་ཡིན་པས། །རབ་གནས་དབང་བསྐུར་མི་རུང་ན༑ །བྱ་སྤྱོད་གཉིས་ཀྱི་དབང་བསྐུར་ཙམ། །རྒྱུད་སྡེ་དེ་དག་རང་རྐང་ལ། །རྡོ་རྗེ་སློབ་དཔོན་དབང་བཞེད་དམ། །བཞེད་ན་རྒྱུད་གཞུང་གང་ལས་བྱུང་། །ཞེས་པའི་ལན་ནི། དེང་སང་འགའ་ཞིག་བྱ་སྤྱོད་གཉིས་ལ་རྡོ་རྗེ་སློབ་དཔོན་གྱི་དབང་མེད་པར་འདོད་པ་ལྟར་ན། འདིའི་ལན་མི་ཐེབ་ཅིང་། ཁོ་བོས་ནི། རྒྱུ་མཚན་འདི་ཉིད་སྒྲུབ་བྱེད་དུ་བཀོད་ནས། དེ་གཉིས་ལ་རྡོ་རྗེ་སློབ་དཔོན་གྱི་དབང་ཡོད་པར་སྡོམ་གསུམ་སྐྱི་དོན་དུ་བཤད་ཟིན་ཏོ། །འོ་ན་རྒྱུད་གཞུང་གང་གིས་སྟོན་སྙམ་ན། དེ་ཡང་དེར་བཤད་ཟིན་ཏོ། །ཞེས་གསུངས་སོ། །

གོང་དུ་སྤྱི་དོན་ལས་བཤད་གསུངས་པ་ནི། བྱ་སྤྱོད་གཉིས་ལ་རྡོ་རྗེ་སློབ་དཔོན་གྱི་དབང་ཡོད་དེ། དེ་གཉིས་ཀྱི་དབང་གི་དངོས་གཞི་དེ། དེའི་རྡོ་རྗེ་སློབ་དཔོན་གྱི་དབང་ཡིན་པ་དང་། རྒྱུད་སྡེ་བཞི་པོ་རང་རང་གི་རྡོ་

ཧེ་སློབ་དཔོན་གྱི་དབང་ཐོབ་ནས། དབང་བསྐུར་བ་སོགས་རྡོ་རྗེ་སློབ་དཔོན་གྱི་ལས་བྱེད་དུ་རུང་བ་དང་། ལུང་ནི་ཡེ་ཤེས་གྲུབ་པ་ལས། སློབ་དཔོན་གོ་འཕང་རབ་བསྒྲུབ་ཕྱིར། །ཞེས་སོགས་འབྱིན་པར་མཛད་པ་རྣམས་ཡིན་ནོ༑ ༑གཉིས་པ་ནི། ཕྱག་ན་རྡོ་རྗེ། ཞེས་སོགས་ཚིགས་བཅད་གཅིག་སྟེ། ཁ་ཅིག་ཕྱག་ན་རྡོ་རྗེའི་སྒྲུབ་ཐབས་མདོ་ལུགས་འདོད་པ་མི་འཐད་དེ། གོས་སྔོན་ཅན་གྱི་ཕྱག་ན་རྡོ་རྗེའི་བསྒོམ་བཟླས་ཀྱང་། ཕ་རོལ་ཕྱིན་པའི་མདོ་སྡེ་རྣམས་ནས་བཤད་པ་མེད་ཅིང་། གཟུངས་འབུམ་ནས་བཤད་པའི་བསྒོམ་བཟླས་དེ་དག་ནི། བྱ་བའི་རྒྱུད་ཀྱི་ཚོགའི་རྣམ་གཞག་ཡིན་པའི་ཕྱིར་ཏེ། གཟུངས་འབུམ་བྱ་བའི་རྒྱུད་ཡིན་པའི་ཕྱིར་རོ། །གཞུང་འདིས་ནི་ཕྱག་རྡོར་གྱི་བསྒོམ་བཟླས་ཀྱི་ཚོག་མདོ་ནས་བཤད་པ་འགོག་པ་ཡིན་གྱི། ཕྱག་རྡོར་མདོ་ནས་བཤད་པ་འགོག་པ་ནི་མིན་ནོ། །

གསུམ་པ་ནི། ལྷུང་བཤགས་སངས་རྒྱས། ཞེས་སོགས་རྐང་པ་གསུམ་སྟེ། ཁ་ཅིག་ལྷུང་བཤགས་སྔགས་ལུགས་མི་འཐད་དེ། བྱང་ཆུབ་ལྷུང་བཤགས་ཀྱི་སངས་རྒྱས་ཀྱི་ཕྱག་མཚན་ལ་ཕུབ་དང་རལ་གྲི་མདུང་སོགས་འཛིན་པའི་སྒྲུབ་ཐབས་རྫོགས་པའི་སངས་རྒྱས་ཀྱིས་མདོ་རྒྱུད་གང་ལས་ཀྱང་མ་གསུངས་པའི་ཕྱིར་རོ། །

གསུམ་པ་ནི། མདོ་དང་རྒྱུད་ཀྱི། ཞེས་སོགས་ཚིགས་བཅད་གཅིག་སྟེ། འདི་ལ་མདོ་ངོས་བཟུང་བ། རྒྱུད་ངོས་བཟུང་བ། མདོ་ལས་རྒྱུད་ཁྱད་པར་དུ་འཕགས་ཚུལ་གསུམ་ལས། དང་པོ་ནི། ཕ་རོལ་ཕྱིན་པའི་ཐེག་པས་བསྡུས་པ་ཡིན་ལ། དེ་ལ་རྗོད་བྱེད་གཞུང་དང་། བརྗོད་བྱ་ལམ་ལ་མདོར་བཞག་པ་གཉིས་སོ། །

གཉིས་པ་ནི། རྡོ་རྗེ་ཐེག་པས་བསྡུས་པ་ཡིན་ཞིང་། དེ་ལ་ཡང་རྗོད་བྱེད་སྒྲའི་རྒྱུད་དང་། བརྗོད་བྱ་དོན་གྱི་རྒྱུད་གཉིས་ཡོད། གསུམ་པ་ནི། ཏྲི་པི་ཊ་ཀཱ་མ་ལའི་ཚུལ་གསུམ་སྒྲོན་མེ་ལས། དོན་གཅིག་ན་ཡང་མ་རྨོངས་དང་། །ཐབས་མང་དཀའ་བ་མེད་པ་དང་། །དབང་པོ་རྣོན་པོའི་དབང་བྱས་ནས། །སྔགས་ཀྱི་ཐེག་པ་ཁྱད་པར་འཕགས། །ཞེས་པས་བསྟན། དེ་ཡང་དོན་གཅིག་པ་ནི། རྟོགས་བྱ་ཆོས་དབྱིངས་དེ་བཞིན་ཉིད། ཐོབ་བྱ་འབྲས་བུ་སངས་རྒྱས་དང་། ཐོབ་བྱེད་ཀྱི་ཐབས་བྱང་ཆུབ་ཀྱི་སེམས་ལ་ཁྱད་པར་མེད་པ་མདོ་སྔགས་གཉིས་ཀ་མཐུན། འོན་ཀྱང་དེ་དག་བདག་གི་རྒྱུད་ལ་བསྐྱེད་པར་བྱེད་པ་ལ། ཐབས་བཞིས་ཁྱད་པར་དུ་འཕགས་པ་ཡིན་ཏེ། ལྟ་བ་རྟོགས་པའི་ཐབས་ལ་མ་རྨོངས་པ་དང་། འབྲས་བུ་འགྲུབ་བྱེད་ཀྱི་ཐབས་མང་བ་དང་། ལམ་དཀའ་བ་མེད་པར་བྱང་ཆུབ་པ་དང་། གདུལ་བྱ་དབང་པོ་རྣོན་པོ་མིན་པ་བཞི་ཡིས་རྡོ་རྗེ་ཐེག་པ་མདོ་ལས་ཁྱད་པར་དུ་འཕགས་པའི་ཕྱིར་ཞེས་པའོ། །སྐབས་འདིའི་མདོ་རྒྱུད་གཉིས་ཀྱི་ཁྱད་པར་ནི། རང་དོན་དུ་ལྷ་བསྒོམ་པ་དང་། སྔགས་བཟླ་བ་དང་། གཞན་དོན་དུ་དབང་བསྐུར་བ་དང་། རབ་གནས་སོགས་ཀྱི་ཚོགའི་བྱ་བ་ཡོད་པ་ནི

འདིའི་རྒྱུད་དང་། དེ་དག་མེད་པ་མདོ་ཡིན་པ་དེ་ལྟར་ཤེས་པར་བྱས་ནས་མདོ་སྡེ་དང་། གསང་སྔགས་ཀྱི་ལུགས་ཀྱི་ཁྱད་པར་རྣམས་ཤེས་པར་གྱིས་ལ་སོ་སོར་རྟོག་པའི་ཤེས་རབ་ཀྱིས་དཔྱོད་དེ་སློས། དེ་ལ་མདོ་ཡིན་ན་རྒྱུད་མིན་དགོས་པ་དང་། ཁྱོད་ལ་ལྷ་བསྒོམ་པ་སོགས་ཀྱི་ཆོ་ག་ཡོད་ན། མདོ་མིན་དགོས་པར་ཐལ། མདོ་རྒྱུད་ཀྱི་ཁྱད་པར་དེ་ལྟ་བུ་འཐད་པའི་ཕྱིར་ཞེ་ན། མ་ཁྱབ་སྟེ། འདིར་མདོ་རྒྱུད་གཉིས་ཀྱི་ཁྱད་པར་དེ་ལྟ་བུ་གསུངས་པ་ནི། མདོའི་ཟླས་ཕྱེ་བའི་རྒྱུད་དང་། རྒྱུད་ཀྱི་ཟླས་ཕྱེ་བའི་མདོའི་ཁྱད་པར་ལ་དགོངས་པའི་ཕྱིར། འདི་གང་ལས་ཤེས་ན། གཞན་དུ་སྔོན་ལྷ་ནམ་མཁའི་མདོག །སྔོན་པོ་ཉིད་དུ་མདོ་ལས་གསུངས། །ཞེས་པ་ལ། པཎ་ཆེན་ཤཱཀྱ་མཆོག་པས། སྔོན་པའི་རྒྱལ་པོའི་མདོ་གང་དེ། །མདོ་རྒྱུད་གཉིས་ཀྱི་ཟླས་ཕྱེ་བའི། །མདོ་རུ་བཞེད་དམ་རྒྱུད་དུ་དྲངས། །དང་པོ་ལྟར་ན་དེ་ལས་ནི། །གསང་སྔགས་ཆོག་འབྱུང་བ་ཅི། །གཉིས་པ་ལྟར་ན་སྐབས་ཀྱི་ནི། །རྩོད་པའི་ལན་དུ་ཇི་ལྟར་འགྱུར། །ཞེས་པའི་ལན་ཀུན་མཁྱེན་གོ་བོས། གཞུང་ལས་བཤད་པའི་རྩོད་པའི་ལན་ནི། སངས་རྒྱས་ཡིན་ན་སྐུ་མདོག་སེར་པོ་ཡིན་པས་མ་ཁྱབ་སྟེ། སྔོན་བླ་སྐུ་མདོག་སྔོན་པོར་མདོ་ལས་གསུངས་པའི་ཕྱིར། ཞེས་པ་ཡིན་ལ། སྔོན་བླའི་མདོ་མདོ་རྒྱུད་གཉིས་ཀྱི་ཟླས་ཕྱེ་བའི་རྒྱུད་དུ་ཁས་བླངས་ན། འདིའི་སྐབས་ཀྱི་རྩོད་པའི་ལན་དུ་མི་འགྲོ། ཞེས་པའི་རྒྱུ་མཚན་གཞན་ནི་མི་སྣང་། མདོ་ཡིན་ན། མདོ་རྒྱུད་གཉིས་ཀྱི་ཟླས་ཕྱེ་བའི་རྒྱུད་མིན་དགོས་ཞེས་པའི་དོན་ཡིན་ན་ནི་དཔྱད་བཟང་གི་རྒྱུད་ཆོས་ཅན། དེར་ཐལ། དེའི་ཕྱིར། གདན་ཚིགས་གྲུབ་སྟེ། རྒྱུད་དེ་ཉིད་ལས། གསང་སྔགས་མདོ་སྡེའི་ཚུལ་གྱིས་བཤད་ཀྱིས་ཉོན། །ཞེས་གསུངས་པའི་ཕྱིར། ཡང་རྣམ་འཇོམས་ཀྱི་རྒྱུད་ཆོས་ཅན། དེར་ཐལ། དེའི་ཕྱིར། གདན་ཚིགས་གྲུབ་སྟེ། མདོ་སྡེ་འདི་ནི་ཉན་བྱེད་ན། །ཞེས་གསུངས་པའི་ཕྱིར། གཞན་ཡང་། ཆོས་ཡིན་ན། སྐྱེ་མཆེད་དྲུག་གི་ཟླས་ཕྱེ་བའི་དང་པོ་ལྔ་གང་རུང་མ་ཡིན་དགོས་པར་ཐལ་བ་དང་། གཟུགས་ཡིན་ན་ཡུལ་ལྔའི་ཟླས་ཕྱེ་བའི་སྒྲ་མ་ཡིན་དགོས་པར་ཐལ་བ་སོགས་སྐྱོ་ཡང་བྱེ་བྲག་ལ་བཏགས་པ་ཐམས་ཅད་ལ་མཚུངས་ཤིང་། ཟླས་ཕྱེ་བ་ཞེས་པའི་ཚིག་ལ་ནུས་པ་ཡང་མེད་པར་འགྱུར་རོ། །ཞེས་གསུངས་པ་དང་།

ཡང་། ཤེར་སྙིང་སྔགས་ལུགས་བཀག་པ་ལ། ཤེར་སྙིང་སྔགས་སུ་བཀྲལ་བའི་ལུགས། །ཀླུ་སྒྲུབ་ཉིད་ཀྱིས་མ་མཛད་དམ། །ཤེས་རབ་ཕ་རོལ་ཕྱིན་པ་ཉིད། །སྔགས་ཀྱི་ལྷ་རུ་གསུང་མིན་ནམ། །ཤེར་སྙིང་སྔགས་ལུགས་མི་བཞེད་ན། །ཤེར་སྙིང་སྔགས་ལུགས་སྲིད་པ་ཅི། །ཞེས་པའི་ལན་ནི། ལྷ་བསྒོམ་པ་དང་། སྔགས་བཟླ་བ་ལ་སོགས་པའི་ཆོ་ག་ཡོད་མེད་ཀྱི་སྒོ་ནས་ཕྱེ་བའོ། །དེས་ཤེར་སྙིང་དང་། དཔལ་མཆོག་ཤེར་དུམ་རྣམས་དེང་སང་མདོ་རྒྱུད་ཀྱི་ཟླས་ཕྱེ་བའི་མདོ་ཡིན་ཀྱང་། མན་ངག་ཡོད་པ་དག་གིས་སྔགས་སུ་བཀྲལ་བ་མི་འགལ་ལོ། །

འདི་ར་སྔགས་ལུགས་ཡིན་པ་འགོག་པ་ནི་དེང་སང་མདོ་རྒྱུད་གཉིས་ཀྱི་ཟླས་ཕྱེ་བའི་རྒྱུད་ཡིན་པ་འགོག་པ་སྟེ། ད་དུང་གཞན་གྱི་བློ་ལ་ཤོང་བ་དཀའོ། །ཞེས་གསུངས་པས་གྲུབ་བོ། །ཟླས་ཕྱེ་བ་ཞེས་པ་ཐམས་ཅད་འདི་ལྟ་བུའི་ཞིབ་རྟོ་དགོས་ལགས་སོ། །

གཉིས་པ་རྟོགས་བྱ་སྦྱོར་བྲལ་གྱི་ལྟ་བ་ལ་འཁྲུལ་པ་དགག་པ་ལ། དངོས་དང་། ཞར་ལ་རྒྱུད་སྡེ་བཞིའི་བསྒྲུབ་པ་ལ་འཁྲུལ་པ་དགག་པ་གཉིས་ལས། དང་པོ་ལ་བཞི་སྟེ། ཐེག་པ་རིམ་དགུ་ལ་ལྟ་བ་ཐ་དད་ཡོད་པ་དགག །རྒྱུད་སྡེ་བཞི་ལ་ལྟ་བ་ཐ་དད་ཡོད་པ་དགག །རྣལ་འབྱོར་བཞི་ཐེག་པའི་རིམ་པར་འདོད་པ་དགག །དེས་ན་དབུ་མ་ཡན་ཆད་ལྟ་བ་གཅིག་ཏུ་བསྟན་པའོ། །དང་པོ་ནི། ལ་ལ་ཐེག་པ། ཞེས་སོགས་རྐང་པ་བཅུ་བཞི་སྟེ། གསང་སྔགས་རྙིང་མ་པ་ལ་ལ། ཉན་ཐོས་རང་རྒྱལ་བྱང་སེམས་སྟེ། ཕྱི་མཚན་ཉིད་ཀྱི་ཐེག་པ་གསུམ། ཀྲི་ཡ། ཨུ་པ། ཡོ་ག་སྟེ་ནང་སྔགས་ཀྱི་ཐེག་པ་གསུམ། མ་ཧཱ་ཡོ་ག །ཨ་ནུ་ཡོ་ག །ཨ་ཏི་ཡོ་ག་སྟེ། གསང་བ་མཐར་ཐུག་པའི་ཐེག་པ་གསུམ་སྟེ། དེ་ལྟར་ཐེག་པའི་རིམ་པ་དགུ་ལ་ལྟ་བ་ཐ་དད་པ་དགུ་ཡོད་ཅེས་ཟེར་རོ། །དེ་ནི་མི་འཐད་དེ། མཚན་ཉིད་ཐེག་པ་གསུམ་དུ་བྱས་པའི་ཉན་ཐོས་དང་ནི་ཐེག་པ་ཆེན་པོ་ལ་རིམ་པ་ལྟར་སྤྲོས་བྲལ་མ་རྟོགས་པ་དང་། རྟོགས་པའི་བྱེ་བྲག་གིས། ལྟ་བའི་རིམ་པ་ཡོད་མོད་ཀྱི། ཐེག་ཆེན་ཕ་རོལ་ཏུ་ཕྱིན་པ་དང་། གསང་སྔགས་ལ་ཐོས་བསམ་གྱི་གཏན་ལ་ཕབ་པའི་ལྟ་བའི་དབྱེ་བ་བཤད་པ་མེད་པའི་ཕྱིར་རོ། །གལ་ཏེ་གསང་སྔགས་ལ་ཕ་རོལ་ཏུ་ཕྱིན་པའི་ལྟ་བ་སྤྲོས་བྲལ་ལས་ལྷག་པའི་བདེ་སྟོང་ཟུང་འཇུག་གི་ལྟ་བ་ཡོད་ཅེས་ཟེར་ན་ནི། གསང་སྔགས་ཀྱི་ལྟ་བ་ཟུང་འཇུག་དེ་ཆོས་ཅན། ཁྱོད་ལྟ་བ་སྤྲོས་པ་ཅན་དུ་འགྱུར་བར་ཐལ། ཁྱོད་སྤྲོས་བྲལ་ལས་འདས་པའི་ལྟ་བ་ཡིན་པའི་ཕྱིར། རྡོ་རྗེ་ཐེག་པའི་ལྟ་བ་དེ་སྤྲོས་བྲལ་ཡིན་ཟེར་ན། ཤེས་བྱ་ཆོས་ཅན། བཤད་པས་བློའི་ཡུལ་དུ་གོ་བ་ཡི་ཐོས་པ་དང་། བསམ་པ་ལས་བྱུང་བའི་ཤེས་རབ་ཀྱི་ལྟ་བ་སྤྲོས་བྲལ་གཅིག་ཉིད་དུ་མཐུན་པ་མ་ཡིན་ཏེ། གསང་སྔགས་ཀྱི་ལྟ་བ་དང་། ཕ་རོལ་ཏུ་ཕྱིན་པས་གཏན་ལ་ཕབ་པའི་ལྟ་བ་གཉིས་སྤྲོས་བྲལ་ཡིན་པར་ཁྱད་པར་མེད་པ་དེས་ནའོ། །དེ་གཉིས་ཀྱི་ལྟ་བ་སྤྲོས་བྲལ་དུ་གཅིག་པ་ཡོད་ཀྱང་། ལྟ་བ་སྤྲོས་བྲལ་དེ་རྟོགས་པ་ཡི་ཐབས་ལ་ཕ་རོལ་ཏུ་ཕྱིན་པ་ལས་གསང་སྔགས་ཁྱད་པར་དུ་འཕགས་ཏེ། སྨིན་རྒྱུད་སྡེ་བཞིའམ་ཉམས་ལེན་གྱི་རིམ་པ་ཐམས་ཅད་ལྟ་བ་སྤྲོས་བྲལ་རྟོགས་པའི་ཐབས་ཡིན་པའི་ཕྱིར་དང་། ཕར་ཕྱིན་ཐེག་པ་ལ་སོ་སྐྱེའི་དུས་སུ་རྟེན་འབྲེལ་ལ་སོགས་པའི་རྟགས་ལ་བརྟེན་ནས་སྣང་བ་བདེན་མེད་དུ་རྟོགས་པའི་རིགས་ཤེས་རྗེས་དཔག་གི་རྒྱུན་བསྒོམ་པ་ལས་གཞན་མེད་ཅིང་། བླ་མེད་རྡོ་རྗེ་ཐེག་པ་ལ་དབང་དང་རིམ་གཉིས་ལས་བྱུང་བའི་མཚོན་བྱེད་དཔེའི་ཡེ་ཤེས་དང་། མཐོང་ལམ་ཐོབ་པའི་ཚེ་རླུང་སེམས་དབུ་མར་

ཞུགས་པའི་བདེ་བས་བརྒྱན་པའི་ཚུལ་གྱིས་སྤྲོས་བྲལ་མངོན་སུམ་དུ་རྟོགས་པ་ཡོད་པའི་ཕྱིར་རོ། །

གསུང་རབ་དགོངས་གསལ་ལས། གཞུང་འདི་དག་གི་དོན་ལ་གཅེས་པའི་མན་ངག་བཤད་པར་བྱ་སྟེ། སྤྱིར་ལྟ་བ་རྟོགས་བྱེད་ཀྱི་ཡེ་ཤེས་ལ་ལྟ་བར་བྱས་པ་དང་། རྟོགས་བྱའི་ཡུལ་ལ་ལྟ་བར་བྱས་པ་གཉིས་ལས། འདི་ཕྱི་མ་ཡིན་ཞིང་། དེ་ཡང་གྲུབ་མཐའ་རང་རང་གི་ལུགས་ཀྱི་རིགས་པ་ཡང་དག་གིས་དཔྱད་པའི་ཚེ་བློ་དེའི་ངོར་གནོད་པ་མེད་པར་གྲུབ་པ་ལ་ལྟ་བར་འཇོག་པ་ཡིན་པས་ཕྱི་རོལ་པ་རྣམས་ཀྱིས་ནི། རིགས་པས་དཔྱད་པའི་ཚེ། གང་ཟག་གི་བདག་གྲུབ་པ་ལ་གནོད་པ་མ་མཐོང་། ཉན་ཐོས་སྡེ་གཉིས་ཀྱིས་ནི་རྡུལ་ཕྲན་དང་། ཤེས་པ་སྐད་ཅིག་མ་བདེན་པར་གྲུབ་པ་ལ་གནོད་པ་མ་མཐོང་། སེམས་ཙམ་པ་རྣམས་ཀྱིས་ནི་གཟུང་འཛིན་གཉིས་མེད་ཀྱི་ཤེས་པ་གསལ་རིག་ཙམ་བདེན་པར་གྲུབ་པ་ལ་གནོད་པ་མ་མཐོང་བས་དེ་དག་གྲུབ་མཐའ་དེ་དང་། དེ་དག་གི་ལྟ་བར་འཛོག་གོ། །དབུ་མ་པས་ནི་གཅིག་དུ་བྲལ་ལ་སོགས་པའི་རིགས་པ་ཡང་དག་གིས་དཔྱད་པའི་ཚེ་དངོས་པོར་གྲུབ་པའི་ཆོས་ཙུང་ཟད་ཙམ་ཡང་མི་སྣེད་ཅིང་། དེ་བཀག་པའི་དངོས་མེད་ཀྱང་མི་རྙེད་དེ། དགག་བྱ་དངོས་པོ་མེད་པའི་ཕྱིར་རོ། །གཉིས་ཀའང་མི་རྙེད་དེ། རེ་རེ་བ་མེད་པའི་ཕྱིར་རོ། །གཉིས་ཀ་མིན་པ་ཡང་མི་རྙེད་དེ། བློས་བཏགས་པའི་མཐའ་ནི་དེ་གཉིས་ཟད་པའི་ཕྱིར་རོ། །དེས་ན་མཐའ་བཞིའི་སྤྲོས་པ་གང་ཡང་མ་རྙེད་པ་ལ་སྤྲོས་བྲལ་དང་། བརྗོད་བྲལ་དང་། ཟུང་འཇུག་གི་ཐ་སྙད་བཏགས་པ་ཙམ་མོ། །འོན་རིགས་པ་ཡང་དག་གི་ངོར་གནོད་པ་མེད་པར་གྲུབ་པ་ལ་ལྟ་བར་འཛོག་པ་དང་འགལ་ཏེ། དེ་དག་གི་ངོར་ཙུང་ཟད་ཙམ་ཡང་གྲུབ་པ་མེད་པའི་ཕྱིར་རོ། །སྙམ་ན། འདི་ལ་དགོངས་ནས་རྗེ་བཙུན་གྱི་མངོན་རྟོགས་ལྗོན་ཤིང་ལས། དབུ་མ་པ་ལ་ཡང་གནས་ལུགས་དང་། ལྟ་བ་མེད་པར་གསུངས་པས་དེ་དག་གི་མིང་གིས་རྟགས་པ་ཙམ་མོ། །དེས་ན་ཐོས་པའི་ལྟ་བ་ཕ་རོལ་ཏུ་ཕྱིན་པའི་དབུ་མ་ལས་ལྷག་པ་གཞན་མེད་པའི་དོན་ཡང་། མཐའ་བཞིའི་སྤྲོས་བྲལ་དུ་གཏན་ལ་ཕབ་ན་དབུ་མའི་ལྟ་བ་དེ་ཉིད་ཡིན་ཞིང་། སྤྲོས་བྲལ་དུ་གཏན་ལ་མ་ཕབ་ན། མཐའ་བཞི་གང་རུང་ལས་མ་འདས་པས་དབུ་མ་ལས་དམན་པའོ། །དེས་ན་སྤྲོས་བྲལ་དུ་གཏན་ལ་ཕབ་པའི་ཆ་ལ་ཁྱད་པར་མེད་པ་ཡིན་གྱི། ཉམས་མྱོང་ལ་ཁྱད་པར་ཡོད་པ་ནི་བཤད་ཟིན་ཏོ། །ལྟ་བའི་འཇོག་ཚུལ་འདི་བཞིན་དུ་ཤེས་ན་གོང་དུ་བཤད་པའི་མདོ་སྔགས་ཀྱི་ཐོས་པའི་ལྟ་བ་ལ་ཁྱད་པར་མེད་པ་དང་འོག་ཏུ་རིགས་གསུམ་རིགས་ལྔ་ལ་སོགས་པའི་ཁྱད་པར་བསྒོམ་པ་ཡིན་གྱི་ལྟ་བ་མིན་པར་གསུངས་པ་དང་། ཀུན་རྫོབ་ལྟ་བར་འཁྲུལ་དུ་མི་རུང་བར་གསུངས་པའི་དོན་རྣམས་ཀྱང་བདེ་བླག་ཏུ་རྟོགས་པར་འགྱུར་རོ། །ཞེས་གསུངས་སོ། །

གཉིས་ལ་གཉིས་ཏེ། འདོད་པ་བརྗོད་པ་དང་། དེ་དགག་པའོ། །དང་པོ་ནི། ཁ་ཅིག་དབུ་མའི། ཞེས

སོགས་རྐང་པ་བཅུ་གཅིག་སྟེ། སྙིང་མ་ཁ་ཅིག་དབུ་མ་ནས་རྣལ་འབྱོར་ཆེན་པོའི་བར་ལ་དོན་དམ་དང་། ཀུན་རྫོབ་ཀྱི་ལྟ་བ་གཉིས་སུ་བྱས་ནས། དོན་དམ་གྱི་ལྟ་བ་ཡོད་མེད་ལ་སོགས་པ་མཐའ་བཞིའི་སྤྲོས་པ་དང་བྲལ་བ་ཡིན་པ་ཐམས་ཅད་མཐུན་ཅིང་། ཀུན་རྫོབ་ཀྱི་ལྟ་བ་ལ། དབུ་མ་པའི་ཀུན་རྫོབ་ཀྱི་ལྟ་བ་ནི། ཡུལ་ཇི་ལྟར་སྣང་བ་བཞིན་ཡིན་པ་དང་། བྱ་བའི་རྒྱུད་ཀྱི་ཀུན་རྫོབ་ཀྱི་ལྟ་བ་ནི། སྣང་བ་སྐུ་གསུང་ཐུགས་ཀྱི་རིགས་གསུམ་གྱི་རྒྱལ་བའི་དཀྱིལ་འཁོར་ཡིན། རིགས་གསུམ་ནི། དེ་བཞིན་གཤེགས་པ། པདྨ། རྡོ་རྗེའི་རིགས་ཡིན་ཞིང་། དོན་དམ་གྱི་ལྟ་བ་སྤྲོས་བྲལ་ཡིན་པ་དབུ་མ་དང་མཚུངས་ཟེར། སྤྱོད་པའི་རྒྱུད་ཀྱི་ཀུན་རྫོབ་ཀྱི་ལྟ་བ་དང་། རྣལ་འབྱོར་རྒྱུད་ཀྱི་ཀུན་རྫོབ་ཀྱི་ལྟ་བ་ནི་སྣང་བ་ཐམས་ཅད་མི་བསྐྱོད་པ་ལ་སོགས་པ་རིགས་ལྔའི་རྒྱལ་བར་སྣང་བ་ཡིན་ལ། རྣལ་འབྱོར་ཆེན་པོའི་ཀུན་རྫོབ་ཀྱི་ལྟ་བ་ནི། ཕྱི་ནང་གི་ཆོས་ཐམས་ཅད་དམ་པ་རིགས་བརྒྱར་སྣང་བ་ཡིན་པས་ཀུན་རྫོབ་ཀྱི་ལྟ་བ་ལ་བཟང་ངན་གྱི་རིམ་པ་ཡོད་པ་ཡིན་ཞེས་ཟེར་རོ། །

གཉིས་པ་ལ་གསུམ་སྟེ། ལྟ་བསྒོམ་གྱི་ཁྱད་པར་སྤྱིར་བསྟན། བསྒོམ་པའི་ཁྱད་པར་བྱེ་བྲག་ཏུ་བཤད། དེས་ན་ཀུན་རྫོབ་ལྟ་བར་མི་འཐད་པའོ། །དང་པོ་ནི། ལྟ་བསྒོམ། ཞེས་སོགས་ཚིགས་བཅད་གཉིས་ཏེ། ཀུན་རྫོབ་ལྟ་བར་འདོད་ཅིང་། ཀུན་རྫོབ་ཀྱི་ལྟ་བ་ལ་བཟང་ངན་དེ་འདྲ་བའི་དབྱེ་བ་བྱེད་པ་འཁྲུལ་པ་ཡིན་ཏེ། ཤེས་རབ་ཀྱིས་བརྟག་བྱའི་གནས་ལུགས་རྟོགས་པ་ལྟ་བ་དང་། ལྟ་བ་དེ་རྟོགས་པའི་དམིགས་པའི་བྱེ་བྲག་རྣམས་བསྒོམ་པ་ཡིན་པའི་རྣམ་དབྱེ་མ་ཕྱེད་ཅིང་མ་ཤེས་པས་སོ། །བསྒོམ་པ་ལྟ་བ་མིན་པ་དང་། རྒྱུད་སྡེ་འོག་མ་གསུམ་ལ་སྣང་བ་ལྷ་རུ་བསྒོམ་དུ་མི་རུང་བ་འདི་ཡིས་འཐད་པ་བཤད་ཀྱིས་ཉོན། ཞེས་གདམས་ནས། འདི་ལྟར་ལྟ་བསྒོམ་པ་ལྟ་བ་མིན་ཏེ། ཏིང་ངེ་འཛིན་གྱི་སྣང་བ་རིགས་གསུམ་དང་ལ་སོགས་པ་རིགས་ལྔའི་སངས་རྒྱས་སུ་དམིགས་པ་བསྒོམ་པ་ཡིན་གྱི་ལྟ་བ་མིན་པའི་ཕྱིར། རྒྱུད་སྡེ་འོག་མར་སྣང་བ་ལྷ་རུ་བསྒོམ་པ་མི་འཐད་དེ། བྱ་བ། སྤྱོད་པ། རྣལ་འབྱོར་རྒྱུད་གསུམ་ལས། ཀུན་རྫོབ་ཀྱི་སྣང་བ་འདི་ལྷ་རུ་བསྒོམ་པར་གསུང་པ་མེད་པའི་ཕྱིར་རོ། །

གཉིས་པ་ལ་གཉིས་ཏེ། བསྒོམ་ཚུལ་དམིགས་པའི་ཁྱད་པར། བསྒོམ་གཞི་ཀུན་རྫོབ་ཀྱི་ཁྱད་པར་རོ། །དང་པོ་ནི། འོན་ཀྱང་བྱ་བའི། ཞེས་སོགས་ཚིག་རྐང་ཉེར་གཉིས་ཏེ། འོ་ན་རྒྱུད་སྡེ་འོག་མར་སྣང་བ་ལྷ་རུ་མ་གསུང་ན། ཏིང་ངེ་འཛིན་བསྒོམ་ཚུལ་ཇི་ལྟར་ཡིན་སྙམ་ན། དེ་ལྟར་གསུང་པ་མེད་པ་འོན་ཀྱང་། དེ་དག་གི་ཏིང་ངེ་འཛིན་བསྒོམ་ཚུལ་འདི་ལྟར་ཡིན་ཏེ། བྱ་བའི་རྒྱུད་རང་རྐང་དུ་ནི། རང་ཉིད་ལྷར་མི་བསྒོམ་པར་མདུན་གྱི་བྲིས་སྐུ་ལ་ལྷ་རུ་བསྒོམ་ནས་ཀྱང་། ལྷ་དེ་ལ་དངོས་གྲུབ་ལེན་པ་ཡིན་ཞིང་། དེས་ན་ཟས་སྤྱོད་པ་ལ་སོགས་པའི་

དཀའ་ཐུབ་དང་། ཁྲུས་ལ་སོགས་པའི་གཙང་སྦྲ་ཡི་སྒོ་ནས། སངས་རྒྱས་མཉེས་ནས་དངོས་གྲུབ་གནང་བ་ཡིན་པ་དང་། སྤྱོད་པའི་རྒྱུད་དུ་མདུན་གྱི་བྲིས་སྐུ་དང་། སྒྲུབ་པ་པོ་རང་ཉིད་གཉིས་ཀ་ལྷར་བསྒོམ་ནས་ཕན་ཚུན་གྲོགས་པོ་ལྟ་བུའི་ཚུལ་གྱིས་དངོས་གྲུབ་ལེན་པ་ཡིན་ལ། རྣལ་འབྱོར་གྱི་རྒྱུད་དུ་ཕྱི་རོལ་གྱི་བྲིས་སྐུ་སོགས་ལ་དམིགས་པའི་རྐྱེན་ཙམ་བྱས་ནས་ཀྱང་། གཙོ་བོར་རང་ཉིད་དམ་ཚིག་སེམས་དཔའ་རུ་བསྒོམ་ལ་ཏིང་ངེ་འཛིན་སྔགས་དང་ཕྱག་རྒྱ་ཡི་ཡེ་ཤེས་ཀྱི་འཁོར་ལོར་སྤྱན་དྲངས་ནས་བསྟིམ། ཇི་སྲིད་ཕྱག་རྒྱ་མ་དགྲོལ་བ་སྟེ་དམ་ཡེ་མ་ཕྱེ་བ་དེ་ཡི་བར་དུ་རང་ལུས་ལ་ཡེ་ཤེས་ཀྱི་སངས་རྒྱས་བཞུགས་ལ། ཕྱིས་ཕྱག་རྒྱ་དགྲོལ་ནས་སངས་རྒྱས་ཡེ་ཤེས་པ་རང་བཞིན་གྱི་གནས་སུ་གཤེགས། དེ་ནས་སྒྲུབ་པ་པོ་རང་ཉིད་ལྷ་མིན་པར་ཐ་མལ་དུ་འགྱུར་རོ། །

ཚུལ་འདི་དག་གིས་ནི་ཤེས་བྱེད་ཀྱི་ལུང་སྦྱོར་རྣམས་གཞུང་ཡི་གེ་མངས་ཀྱི་དོགས་པས་བཞག་གསུངས་པ་ནི། གུར་གྱི་འགྲེལ་པ་ལས། བྱ་བའི་རྒྱུད་ཅེས་བྱ་བ་ནི། ཕྱི་རོལ་ཧྲུང་མ་ལ་སོགས་པའི་ལྷར་དམིགས་པ་དང་གཙང་སྦྲ་དང་། སྡོམ་པ་ལ་སོགས་པ་ལྷུར་ལེན་པའོ། །བྱ་བའི་སྦྱོར་བ་ཞེས་བྱ་བ་ནི། བདག་ལས་ཕྱི་རོལ་དུ་དམིགས་པའོ། །ཞེས་དང་། དགྲ་ནག་གི་འགྲེལ་པ་ལས། བྱ་བ་དང་སྤྱོད་པའི་རྒྱུད་ལའང་བསྒྲུབ་བྱ་དང་། བསྒྲུབ་པའི་ཐབས་ཡུན་རིང་པོར་རྗེས་སུ་མི་འཇུག་སྟེ། དེ་དག་ནི་བརྟགས་པ་ལས་བྱུང་བ་ཉིད་ཡིན་ཏེ། དེས་ནི་འདི་ལྟར་རས་བྲིས་ལ་སོགས་པར་རྟོགས་པའི་ལྷའི་སྟོབས་ཀྱིས་དངོས་གྲུབ་རྫོགས་པར་བྱེད་པའི་ཕྱིར་རོ། །རྣལ་འབྱོར་གྱི་རྒྱུད་དུ་ནི། ཁྱད་པར་འདི་ཡོད་དེ། རང་གི་ལྷའི་རྣལ་འབྱོར་གྱིས་རས་བྲིས་ལ་སོགས་པར་རྟོགས་པའི་ལྷ་ལ་དམིགས་ནས་མཐུན་པར་བསྒྲུབ་པའི་དངོས་གྲུབ་སྒྲུབ་པར་བྱེད་དོ། །ཞེས་པ་དང་། འོད་ཟེར་ཅན་གྱི་རྟོག་པ་ལས། བདག་ཉིད་རྣམ་པར་སྣང་མཛད་ཀྱི་གཟུགས་པདྨའི་ལྟེ་བར་སེང་གེའི་ཁྲི་ལ་རྡོ་རྗེ་སྐྱིལ་ཀྲུང་གིས་བཞུགས་པ་གསེར་གྱི་མདོག་ཅན། བྱང་ཆུབ་མཆོག་གི་ཕྱག་རྒྱ་ཅན་ཏིང་ངེ་འཛིན་ལ་སྙོམས་པར་བཞུགས་པ། རལ་པའི་དབུ་རྒྱན་འཕྱུང་ཞིང་ཞི་བ། ཡི་གེ་མཾ་ཉིད་ཀྱིས་བརྗོད་པའི་རྣམ་པར་བསམ་པར་བྱའོ། །དེ་ནས་མདུན་དུ་ཟླ་བའི་གཟུགས་ལས་རྣམ་པར་སྣང་མཛད་ལས་བྱུང་བའི་འོད་ཟེར་ཅན་ནི། ཨོཾ་མ་རཱི་ཙྱཻ་སྭཱ་ཧཱ། ཞེས་བྱ་བས་གསེར་གྱི་མདོག་ཅན་སྐྱད་པ་དང་བཅས་པའི་ཁབ་འཛིན་པའི་ཕྱག་གིས་གདུག་པ་ཅན་གྱི་ཁ་དང་། མིག་ཡང་དག་པར་གྲུབ་པ་མདུན་དུ་རྣམ་པར་བསམ་པར་བྱའོ། །ཞེས་དང་། ཏཱ་ན་ཤཱི་ལས། ལྷག་པའི་ལྷ་མཆོག་དེ་ཡི་མདུན་དུ་ཡང་། །བདག་ཉིད་ཇི་ལྟའི་ཁྲོ་རྒྱལ་བསམ་བྱ་སྟེ། །ཞེས་དང་། དེ་ཉིད་སྣང་བ་ལས། ཕྱག་རྒྱ་གང་དང་གང་ནས་འབྱུང་བ་དེ་དང་། དེ་ཉིད་དུ་དགྲོལ་ཏེ། ཡེ་ཤེས་པ་གཤེགས་སུ་གསོལ་ལོ། །གཞན་དུ་ན་ལྷ་ལ་བརྙེས་པར་འགྱུར་ཞེས་སོགས་གསུངས་སོ། །འོན་རྣལ་འབྱོར་ཆེན་པོར་ཡང་སྣང་བ་ལྟར་མི་བསྒོམ་མམ་སྙམ་ན་དེ་ནི་

མིན་ཏེ། རྣལ་འབྱོར་ཆེན་པོ་བླ་ན་མེད་པའི་རྒྱུད་དུ་ནི། དེ་བཞིན་ཉིད་ཀྱིས་དག་ན་ཆོས་ཐམས་ཅད་རང་བཞིན་གྱིས་དག་པ་སྟོང་པ་ཉིད་ཡིན་པ་དང་། ལྷ་སོ་སོའི་དག་པ་ཀུན་རྫོབ་ཀྱི་སྣང་བ་ཐམས་ཅད་ལྷར་བསྒོམ་པ་དང་། རང་རིག་པའི་དག་པ་དེ་ཐམས་ཅད་བདེ་ཆེན་གྱི་ཡེ་ཤེས་སུ་བསྒྱུར་བ་སྟེ། མདོར་ན་གཞི་ལམ་འབྲས་བུའི་ཆོས་ཐམས་ཅད་དག་པ་གསུམ་གྱི་རང་བཞིན་དུ་བཤད་དེ། ཀྱཻ་རྡོ་རྗེ་ལས། ངེས་པར་དངོས་པོ་ཐམས་ཅད་ཀྱི། །དག་པ་དེ་བཞིན་ཉིད་དུ་བརྗོད། །ཕྱི་ནས་རེ་རེའི་དབྱེ་བ་ཡིས། །ལྷ་རྣམས་ཀྱི་ནི་བརྗོད་པར་བྱ། །ཞེས་དང་། རང་རིག་བདག་ཉིད་དག་པ་ཉིད། །དག་པ་གཞན་གྱིས་རྣམ་གྲོལ་མིན། །ཞེས་གསུངས་པས་སོ། །དོན་ཟབ་མོ་འདི་ཡི་གནད་སྟོན་པའི་ལུང་དང་རིག་པ་མན་ངག་རྣམས་དབང་བཞི་རྫོགས་པར་ཐོབ་པའི་བླ་མ་དམ་པའི་ཞལ་ལས་ལེགས་པར་བྲིས་ནས་གསང་བར་བྱ་དགོས་ཏེ། དབང་བཞི་མ་བསྐུར་བར་ཉན་བཤད་སོགས་མི་རུང་བའི་ཕྱིར་རོ། །

གཉིས་པ་ལ་གཉིས་ཏེ། རྒྱུད་སྡེ་འོག་མར་ཀུན་རྫོབ་ལྷར་མི་བསྒོམ་པ། རྣལ་འབྱོར་ཆེན་པོར་ཀུན་རྫོབ་ལྷར་བསྒོམ་པའོ། །དང་པོ་ནི། གལ་ཏེ་བྱ་བའི། ཞེས་སོགས་ཚིག་རྐང་ཉེར་གཉིས་ཏེ། གལ་ཏེ་བྱ་བའི་རྒྱུད་ཀྱི་ལུགས་ལའང་། རྫོགས་ཆེན་པ་ལྟར་ཀུན་རྫོབ་ཀྱི་སྣང་བ་ལྷ་རུ་གནས་པར་འདོད་ན། དེ་ནི་མི་འཐད་དེ། རང་ཉིད་འཛིན་བསྒོམ་པའི་ཚེ་ཟས་སྤྱོད་པ་ལ་སོགས་པའི་དཀའ་ཐུབ་དང་། ཁྲུས་ལ་སོགས་པའི་གཙང་སྦྲ་ག་ལ་འཐད་དེ་མི་འཐད་པར་ཐལ། ཀུན་རྫོབ་ལྷ་ཡིན་པ་ལ་གཙང་བ་དང་། མི་གཙང་བའི་ལྷ་གཉིས་མེད་ཅིང་། ལྷ་རྣམས་དཀའ་ཐུབ་ཀྱིས་མི་བཏྫུང་བར་མཆོད་པ་བྱེད་རིགས་པའི་ཕྱིར་རོ། །རྫོགས་ཆེན་པ་ཁ་ཅིག །སྤྱོད་པའི་རྒྱུད་ཀྱི་ལུགས་ལ་ཡང་། ཀུན་རྫོབ་ཀྱི་ལྷ་བ་རྣལ་འབྱོར་གྱི་རྒྱུད་དང་མཐུན་པར་སྣང་བ་རིགས་ལྟ་ཡིན་ཞིང་། སྤྱོད་པ་བྱ་བའི་རྒྱུད་བཞིན་དུ་གཙང་སྦྲ་འབའ་ཞིག་བྱེད་ཅེས་ཟེར་བ་འདི་ཡང་དེ་ལྟར་ངེས་པ་མེད་དེ། སྤྱོད་རྒྱུད་འདི་ནི། ཕྱིའི་བྱ་བ་དང་། ནང་ཏིང་ངེ་འཛིན་གཉིས་ཀ་སྟོན་པའི་རྒྱུད་ཡིན་པས། ལས་ཚོགས་རེས་འགའ་བསྒྲུབ་པ་ལ་གཙང་སྦྲ་གཙོད་པར་བྱེད་མོད་ཀྱི། ཕལ་ཆེར་བདག་ཉིད་ལྷར་བསྒོམ་ནས་ཅི་བདེར་སྤྱོད་པར་གསུངས་པའི་ཕྱིར། སྤྱོད་རྒྱུད་ལས། རྡོ་རྗེ་སེམས་དཔའི་གནས་འདུག་སྟེ། །ཐམས་ཅད་ཟོས་ཏེ་ཀུན་བྱས་ཀྱང་། །འགྲུབ་འགྱུར་ཉེས་པས་མི་གོས་ན། །སྙིང་རྗེ་ལྡན་པས་སློས་ཅི་དགོས། །ཞེས་གསུངས་པའི་ཕྱིར་རོ། །སྤྱོད་རྒྱུད་ཀྱི་ཀུན་རྫོབ་རིགས་ལྔར་བསྒོམ་པ་རྣལ་འབྱོར་རྒྱུད་དང་མཐུན་པའང་མི་འཐད་དེ། སྤྱོད་པའི་རྒྱུད་ལ་བསྒོམ་བྱའི་ལྷ་རིགས་ལྔ་ཡི་དོན་གྲུབ་ན་ཡང་། དེའི་ཐ་སྙད་མེད་ལ། རྣམ་སྣང་ལ་ཀུན་རིག་ལ་སོགས་པ་ལྔའི་ངོ་བོ་དང་། རྣམ་སྣང་བྱང་ཆུབ་མཆོག་ལ་སོགས་པའི་ཕྱག་རྒྱ་དང་། རྣམ་སྣང་དཀར་པོ་ལ་སོགས་པའི་སྐུ་མདོག་དང་།

དེ་དག་ཡེ་ཤེས་ལྔ་དང་སྦྱར་བའི་རྣམ་དག་ཀྱང་། རྣལ་འབྱོར་རྒྱུད་དེ་ཉིད་བསྡུས་པ་བཞིན། སྤྱོད་རྒྱུད་དེ་ར་མ་གསུངས་པའི་ཕྱིར་རོ། །འདིའི་རིགས་ལྔའི་དོན་ཡོད་གྲུབ་པའི་མཚན་གཞི་ནི། ཨ་ར་པ་ཙ་ན་ལྔ་ལྔ་མ་དང་། མི་འཁྲུགས་པ་ལྷ་དགུ་མ་ལྔ་བུ་ཡིན་པར་སེམས་སོ། །ཞེས་ཀུན་མཁྱེན་གསུངས་སོ། །རྣལ་འབྱོར་རྒྱུད་མན་ཆད་དུ་ཀུན་རྫོབ་ཀྱི་སྣང་བ་ལྷ་རུ་བསྒོམ་པ་གསུང་པ་མེད་དེ། གོང་དུ་བཤད་པ་ལྟར་ཀུན་རྫོབ་ལྷ་རུ་གནས་ན་དཀའ་ཐུབ་དང་གཙང་སྦྲ་མེད་ཅིང་། སྣང་བ་དང་ལྷ་སྦྱང་གཞི་སྦྱོང་བྱེད་སྦྱར་བ་རྣལ་འབྱོར་ཆེན་པོའི་ཁྱད་ཆོས་ཡིན་པ་དེས་ན་འོ། །ཤེས་བྱ་ཆོས་ཅན། དེ་དག་ཏུ་ཀུན་རྫོབ་ལྷར་གསུང་པ་མེད་པ་འོན་ཀྱང་། བྲིས་སྐུ་ལ་སོགས་པ་ལྷར་བསྒོམ་པ་དེ་ནི། སྐུ་མཆོག་གི་ཐབས་ཀྱི་ཁྱད་པར་གྱིས་ལྷར་འགྱུར་བ་ཡིན་ཏེ། རྒྱུད་སྡེ་འོག་མ་གསུམ་གྱི་ལུགས་ལ་ཀུན་རྫོབ་ཀྱི་སྣང་བ་ཐམས་ཅད་ནི་བྱིས་པ་ནས་མཁས་པའི་བར་ཇི་ལྟར་སྣང་བ་བཞིན་དུ་བས་སོ། །

གཉིས་པ་ནི། རྣལ་འབྱོར་ཆེན་པོའི་ཞེས་སོགས་ཚིག་རྐང་དྲུག་སྟེ། འོན་རྣལ་འབྱོར་ཆེན་པོའི་ལུགས་ལའང་ཀུན་རྫོབ་ཇི་ལྟར་སྣང་བ་བཞིན་དུ་བས་སམ་ཞེ་ན། དེ་ནི་མ་ཡིན་ཏེ། རྣལ་འབྱོར་ཆེན་པོའི་རྒྱུད་སྡེ་རྣམས་ལས་ཀུན་རྫོབ་འདི་ལྟར་སྣ་ཚོགས་སུ་སྣང་བ་འདི། བསྐྱེད་རིམ་གྱི་ཐབས་ལ་མཁས་པའི་ཁྱད་པར་གྱིས་སྦྱང་གཞི་མ་དག་པའི་སྣང་བ་རྣམས་སྦྱོང་བྱེད་ཡེ་ཤེས་ལྔར་ངོ་སྤྲོད་པ་དེ་ཡི་ཚེ། དམ་པ་རིགས་བརྒྱ་དང་། འབུམ་ལ་སོགས་པའི་དབྱེ་བ་རྒྱལ་བས་གསུངས་པའི་ཕྱིར་ཏེ། ཀླུ་བཟང་ཐིག་ལེ་ལས། རིགས་ལྔའི་རྣམ་པ་བརྒྱར་བསྟན་དང་། །མདོ་རུ་བསྡུ་ན་རྣམ་པ་ལྔ། །ལུས་དང་ངག་དང་ཡིད་སྦྱོར་བས། །གསུམ་དུ་ཡང་ནི་འགྱུར་བ་ཡིན། །ཞེས་དང་། ཀྱེ་རྡོ་རྗེ་ལས། རྒྱས་པར་རབ་ཏུ་ཕྱེ་བ་ལས། རིགས་ནི་རྣམ་པ་དྲུག་ཏུ་བརྗོད། །རྣམ་གསུམ་རྣམ་པ་ལྔ་ཉིད་ཀྱང་། །ཞེས་དང་། རིགས་ཀྱི་ཚོགས་ལ་རིགས་ནི་དུ་མ་རྣམས། །དེ་རྣམས་རིགས་ལ་རིགས་ནི་རྣམ་པ་བརྒྱ། །དེ་རྣམས་ལ་ཡང་འབུམ་ཕྲག་རིགས་ཆེན་རྣམས། །བྱེ་བའི་རིགས་ལ་གྲངས་ནི་མེད་པར་འགྱུར། །ཞེས་གསུངས་པས་སོ། །དེ་ལ་དམ་པ་རིགས་བརྒྱ་ལ་ཀྱཻ་རྡོ་རྗེའི་དགོངས་པ་ནི། སྦྱང་གཞི་འབྱུང་བ་ལྔ་པོ་རེ་རེ་ལ་སྦྱང་བྱ་ཉོན་མོངས་པ་ལྔ་ལྔ་གནས་པས་ཉེར་ལྔ། དེ་རེ་རེ་ཡང་ནང་གསེས་ཀྱིས་ཕྱེ་ན་ཤ་ཆེན་སྤྱི་ཁྱབ་ཏུ་བཏང་བའི་བདུད་རྩི་བཞི་བཞི་སྟེ་བརྒྱའོ། །སྦྱོང་བྱེད་ལམ་ལ་སྦྱར་ན་བསྐྱེད་རིམ་གྱི་རིགས་བརྒྱ་ནི། རིགས་ལྔ་པོ་རེ་རེ་ལ་མངོན་བྱང་ཡེ་ཤེས་ལྔ་ལྔས་ཕྱེ་བས་ཉེར་ལྔ། དེ་ལ་འཁོར་ཡུམ་བཞི་བཞི་དང་ལྡན་པས་བརྒྱའོ། །རྫོགས་རིམ་གྱི་རིགས་བརྒྱ་ནི། འདིར་ཐིག་ལེ་ལ་སྦྱར་ན། ཐིག་ལེ་ཕྲ་མོ་གཅིག་ཀྱང་འབྱུང་བ་ལྔ་དང་ལྡན་པ། དེ་རེ་ཡང་བདུད་རྩི་བཞི་བཞིས་ཕྱེ་བས་ཉི་ཤུ། རྟེན་ཐིག་ལེ་གཅིག་ལ་ཡང་། མཚོན་བྱེད་དཔེའི་ཡེ་ཤེས་ལྔ་ལྔ་དང་ལྡན་པས་བརྒྱའོ། །འབྲས་བུ་དམ་པ་རིགས་བརྒྱ་ནི། སྤྲུལ་པའི་སྐུ་རིགས་ལྔ་པོ་རེ་རེ་ལ་ཡེ་ཤེས་ལྔ་

ལྷས་ཕྱེ་བས་ཉེར་ལྔ། དེ་ཚད་མེད་པའམ། ལྷ་མོ་བཞི་བཞི་དང་ལྡན་པས་བརྒྱའོ། །གསང་འདུས་ཀྱི་དགོངས་པ་ནི། སྒྲོན་བསྡུས་ལས། དེ་བཞིན་གཤེགས་པ་རིགས་ལྔའམ་ཡུམ་བཞི། ས་སྙིང་། ཕྱག་རྡོར། ནམ་སྙིང་། འཇིག་རྟེན་དབང་ཕྱུག སྒྲིབ་པ་རྣམ་སེལ་ཏེ་ལྔ་གཟུགས་རྡོ་རྗེ་མ་ལ་སོགས་ལྷ་མོ་ལྔ་སྟེ། བཅུ་དགུ་པོ་རེ་རེ་ལ་རིགས་ལྔ་ལྔར་ཕྱེ་བས་དགུ་བཅུ་རྩ་ལྔ་དང་། ཡེ་ཤེས་ལྔ་སྟེ་བརྒྱ་ལ་བཤད་དོ། །གསང་སྔགས་རྙིང་མ་པ་རྣམས་ཀྱིས་ནི། བཀྲ་བཞི་བཅུ་ཞེ་གཉིས་ཁྲག་འཐུང་ལྔ་བཅུ་རྩ་བརྒྱད་ལ་དམ་པ་རིགས་བརྒྱར་འདོད་དོ། །

གསུམ་པ་ནི། དེས་ན་ཀུན་རྫོབ། ཅེས་སོགས་ཚིགས་བཅད་གཅིག་སྟེ། གསང་སྔགས་རྙིང་མ་པའི་ལུགས་ལ་རྒྱུད་སྡེ་བཞིའི་བསྒོམ་པ་བཟང་ངན་གྱི་རིམ་པ་ལ་ལྟ་བ་བཟང་ངན་གྱི་རིམ་པར་འཇོག་པའི་རྒྱུ་མཚན་ཡོད་དེ། དེ་བཞི་ལ་ཀུན་རྫོབ་སྣང་ཙམ་གྱི་ལྡོག་པ་དང་། ལྷ་བསྒོམ་པ་ཡི་ལྡོག་པ་སོ་སོར་མ་ཕྱེད་པས། ཀུན་རྫོབ་ཀྱི་སྣང་བ་ཀུན་ལྷར་བསྒོམ་པ་ལྟ་བ་དང་གཅིག་ཏུ་འཁྲུལ་པ་དེ་ལྟར་ཡིན་པའི་ཕྱིར་རོ། །བསྒོམ་པ་བཟང་ངན་གྱི་རིམ་པ་ལ་ལྟ་བར་འཇོག་པ་མི་འཐད་དེ། རྒྱུད་སྡེ་འོག་མ་གསུམ་ལ་ཀུན་རྫོབ་ཀྱི་སྣང་བ་ལྷར་བསྒོམ་པའི་རྣམ་གཞག་མེད་ཅིང་། བླ་མེད་ལ་ཀུན་རྫོབ་ལྷར་སྒོམ་པ་ཡོད་ཀྱང་། དེ་ནི་ཐབས་ཀྱི་ཁྱད་པར་ཡིན་གྱི། ལྟ་བ་མིན་པ་དེས་ནའོ། །

གསུམ་པ་ལ་བཞི་སྟེ། སྔ་འགྱུར་གྱི་ལུགས་བརྗོད། ཕྱི་འགྱུར་གྱི་ལུགས་བརྗོད། ཕྱི་འགྱུར་བའི་ལུགས་འཐད་པར་བསྒྲུབ། དེས་སྔ་འགྱུར་བའི་ལུགས་མི་འཐད་པར་གྲུབ་པའོ། །དང་པོ་ནི། གསང་སྔགས་སྔ་འགྱུར། ཞེས་སོགས་རྐང་པ་དྲུག་སྟེ། གསང་སྔགས་སྔ་འགྱུར་རྙིང་མ་པ་རྣམས་ནི། རྣལ་འབྱོར་ནི་ཡོ་ག །རྣལ་འབྱོར་ཆེན་པོ་མ་ཧཱ་ཡོ་ག་དང་། རྗེས་སུ་རྣལ་འབྱོར་ཨ་ནུ་ཡོ་ག །ཤིན་ཏུ་རྣལ་འབྱོར་ནི་ཨ་ཏི་ཡོ་ག་ཞེས་བྱ་བ་རྣམ་པ་བཞི་ནི། ཐེག་པའི་རིམ་པ་ཡིན་ཞེས་ཟེར་ཞིང་། ཤིན་ཏུ་རྣལ་འབྱོར་ཐེག་པ་རིམ་དགུའི་ཡང་རྩེ་ཡིན་པས་བཟང་བར་འདོད་དོ། །

གཉིས་པ་ནི། གསང་སྔགས་ཕྱི་འགྱུར། ཞེས་སོགས་རྐང་པ་ལྔ་སྟེ། གསང་སྔགས་ཕྱི་འགྱུར་གསར་མ་པ་རྣམས་ནི། བདག་ཉིད་ལྷ་བསྒོམ་པ་ནི་རྣལ་འབྱོར་དང་། དེ་ལ་ཡེ་ཤེས་པ་བཞུགས་པ་རྗེས་སུ་རྣལ་འབྱོར་དང་། སྔགས་རྒྱས་དབང་བསྐུར་བ་རྣལ་འབྱོར་ཆེན་པོ་དང་། དེ་ལ་སེམས་རྩེ་གཅིག་ཏུ་བསྒོམ་པ་ཤིན་ཏུ་རྣལ་འབྱོར་རོ། །རྣལ་འབྱོར་བཞི་པོ་འདི་དག་བསྐྱེད་རྫོགས་ཀྱི་ཏིང་ངེ་འཛིན་བསྒོམ་པའི་རིམ་པ་ཡིན་གྱི། རྒྱུད་སྡེའི་རིམ་པ་ཡིན་པར་མི་བཞེད་དོ། །དེ་ལྟར་ཡང་དགྲ་ནག་གི་རྒྱུད་ལེའུ་བཅུ་བདུན་པ་ལས། རྡོ་རྗེ་སེམས་དཔའ་རྫོགས་པ་ནི། །རྣལ་འབྱོར་ཡིན་པར་འདི་ལྟར་འདོད། །དེ་ཡི་རྒྱུ་མཐུན་ལྷ་ཡི་སྐུ། །རྗེས་ཀྱི་རྣལ་འབྱོར་ཡིན་

པར་གྲགས། །འཁོར་ལོ་ཐམས་ཅད་ཡོངས་རྫོགས་པར། །ཤིན་ཏུ་རྣལ་འབྱོར་ཡིན་པར་གྲགས། །སྐུ་དང་གསུང་དང་ཐུགས་རྣམས་དང་། །ལྷ་ཡི་མིག་སོགས་བྱིན་རླབས་དང་། །ཡེ་ཤེས་འཁོར་ལོ་བཞུགས་པ་དང་། །བདུད་རྩི་མྱང་བ་དག་དང་ནི། །མཆོད་དང་བསྟོད་པ་ཆེན་པོ་དང་། །རྣལ་འབྱོར་ཆེན་པོ་ཞེས་བྱའོ། །ཞེས་དང་། དཔལ་མཆོག་གི་འགྲེལ་པ་ལས། དེ་ལ་དེ་ཁོ་ན་ཉིད་རྣམ་པ་ལྔ་བསྒོམ་པས་བདག་ཉིད་རང་གི་ལྷའི་ངོ་བོ་ཉིད་དུ་བསྐྱེད་པ་བསྒོམ་པ་ནི། རྣལ་འབྱོར་ཞེས་བྱའོ། །ཡེ་ཤེས་སེམས་དཔའ་བཅུག་ནས་དེ་དང་ལྷན་ཅིག་ཏུ་གྱུར་པར་ལྷག་པར་མོས་པ་ནི། རྗེས་སུ་རྣལ་འབྱོར་ཞེས་བྱའོ། །རྒྱུ་བ་དང་མི་རྒྱུ་བ་ཐམས་ཅད་ཀྱི་ངོ་བོ་ཉིད་ཀྱི་རང་བཞིན་དུ་བདག་ཉིད་བསྒོམ་པ་ནི། ཐམས་ཅད་ཀྱི་རྣལ་འབྱོར་ཞེས་བྱའོ། །རྣལ་འབྱོར་དང་། རྗེས་སུ་རྣལ་འབྱོར་དང་། ཐམས་ཅད་ཀྱི་རྣལ་འབྱོར་རྣམ་པར་བསྒོམ་པས་སེམས་རྩེ་གཅིག་ཏུ་གྱུར་པ་གང་ཡིན་པ་དེ་ཡིན་པ་དེ་ནི་ཤིན་ཏུ་རྣལ་འབྱོར་ཞེས་བྱའོ། །ཞེས་དང་། བཤད་རྒྱུད་རྡོ་རྗེ་ཕྲེང་བའི་དགོངས་པ་འཕགས་པ་ཀླུ་སྒྲུབ་ཀྱིས་གསང་འདུས་བསྐྱེད་རིམ་ལ་རྣལ་འབྱོར་བཞི་སྦྱོར་བར་མཛད་པ་རྣམས་ཏིང་ངེ་འཛིན་གྱི་རིམ་པ་ཁོ་ན་ཡིན་པའི་ཕྱིར་རོ། །

གསུམ་པ་ནི། དེས་ན་རྒྱུད་སྡེ། ཞེས་སོགས་ཚིགས་བཅད་བཞི་སྟེ། རྣལ་འབྱོར་བཞི་དང་རྒྱུད་སྡེ་བཞི་ཐ་དད་དུ་ཡོད་པ་དེས་ན། རྒྱུད་སྡེ་བཞི་པོ་ཡི་ནང་ཚན་རྣལ་འབྱོར་གྱི་རྒྱུད་དང་། རྣལ་འབྱོར་ཆེན་པོའི་རྒྱུད་དང་། རྣལ་འབྱོར་བཞི་ཡི་ནང་གི་རྣལ་འབྱོར་གྱི་ཏིང་ངེ་འཛིན་དང་། རྣལ་འབྱོར་ཆེན་པོའི་ཏིང་ངེ་འཛིན་རྣམས་དང་། རྣལ་འབྱོར་གྱི་མིང་ཙམ་མཐུན་ཀྱང་དོན་མི་གཅིག་སྟེ། སྔ་མ་གཉིས་རྒྱུད་སྡེའི་རིམ་པ་དང་། ཕྱི་མ་གཉིས་ཏིང་ངེ་འཛིན་གྱི་རིམ་པར་འཇོག་གོ །དཔེར་ན་ཀླུ་ཆེན་པོ་པདྨ་དང་། པདྨ་ཆེན་པོ་ཞེས་བྱ་བ་གཉིས་དང་། མེ་ཏོག་པདྨ་དང་། པདྨ་ཆེན་པོ་གཉིས་རྣམ་པ་པདྨའི་མིང་ཙམ་མཐུན་ན་ཡང་། དོན་མི་གཅིག་སྟེ། སྔ་མ་གཉིས་ཀླུ་དང་། ཕྱི་མ་གཉིས་མེ་ཏོག་ཡིན་པ་བཞིན་នོ། །རྣལ་འབྱོར་ཆེན་པོ་ལས་བཟང་བའི་ཤིན་ཏུ་རྣལ་འབྱོར་མི་འཐད་དེ། གསང་སྔགས་གསར་མ་པའི་ལུགས་ལ་རྣལ་འབྱོར་ཆེན་པོའི་རྒྱུད་ཀྱི་ལྷག་ན་ནི། དེ་བས་ལྷག་པའི་རྒྱུད་སྡེ་མེད་ཅིང་། ཏིང་ངེ་འཛིན་བསྒོམ་པའི་དམིགས་པ་ཉིད་ཀྱང་ནི། རྣལ་འབྱོར་ཆེན་པོའི་ཏིང་ངེ་འཛིན་གྱི་གོང་ན་རྣལ་འབྱོར་གཞན་མེད་པ་དེས་ནའོ། །རྣལ་འབྱོར་ཆེན་པོའི་ཏིང་ངེ་འཛིན་དེ་ལས་སྐྱེས་པའི་ཡེ་ཤེས་ནི། ཡུན་གྱི་ལྟ་བ་ཡིན་གྱི། ཐེག་པའི་རིམ་པར་མི་བཞེད་དེ། བློས་སྦྱོས་པ་མེད་ཅིང་། ངག་གི་བརྗོད་པ་དང་བྲལ་བའོ། །ཁྱབ་སྟེ། ཐེག་པའི་རིམ་པ་ནི། ལྟ་བ་རྟོགས་བྱེད་ཀྱི་ཐབས་ཀྱི་ཁྱད་པར་ཡིན་པའི་ཕྱིར་རོ། །

བཞི་པ་ནི། ལུགས་འདི། ཞེས་སོགས་རྐང་པ་ལྔ་སྟེ། རྣལ་འབྱོར་བཞིའི་ཏིང་ངེ་འཛིན་གྱི་རིམ་པ་ཡིན་པ་

དང་། དེ་ལས་སྐྱེས་པའི་ཡེ་ཤེས་བརྗོད་བྲལ་གྱི་ལྟ་བ་ཡིན་པའི་ལུགས་འདི་ལེགས་པར་ཤེས་པར་གྱུར་ན། རྫོགས་ཆེན་ལུགས་ཀྱི་ཨ་ཏི་ཡོ་གའི་ལྟ་བ་ཤེན་ཏུ་རྣལ་འབྱོར་ཡང་། བརྗོད་བྲལ་གྱི་ཡེ་ཤེས་ཡིན་གྱི། ཐེག་པའི་རིམ་པ་མིན་པས་བརྗོད་བྲལ་གྱི་ཡེ་ཤེས་ལ། བརྗོད་བྱ་ཐེག་པར་བྱས་པ་ནི། མཁས་པའི་དགོངས་པ་མིན་པར་ཤེས་པར་བྱའོ། །

བཞི་པ་ནི། དེས་ན་ཐོས་པའི། ཞེས་སོགས་ཚིག་རྐང་པ་དྲུག་སྟེ། ཤེས་བྱ་ཆོས་ཅན། ཐོས་བསམ་གྱིས་གཏན་ལ་ཕབ་པའི་ལྟ་བ་ནི། དབུ་མ་ཡན་ཆད་ཐམས་ཅད་མཐུན་ཏེ། དབུ་མ་ནས་རྣལ་འབྱོར་ཆེན་པོའི་བར་ལ། རྟོགས་བྱའི་ལྟ་བ་ལ་བཟང་ངན་མེད་པ་དེས་ནའོ། །དབུ་མ་ཡན་ཆད་ཐོས་བསམ་གྱི་ལྟ་བ་མཐུན་པ་དེའི་ཕྱིར། རྡོ་རྗེ་ཐེག་པའི་སྐབས་སུ་ཡང་ལྟ་བ་སྤྲོས་བྲལ་ཡིན་པའི་ལུང་སྒྲོར་ཀུན་ཕ་རོལ་ཏུ་ཕྱིན་པའི་མདོ་སྡེ་བཞིན་དུ་མཁས་པ་ཐམས་ཅད་མཛད་དེ། རྡོ་རྗེ་མཁའ་འགྲོའི་འགྲེལ་པར་མདོ་སྡེ་ས་བཅུ་པ་དང་། དཔྱིག་གཉེན་གྱི་ཉི་ཤུ་པའི་ལུང་ཁུངས་སུ་མཛད་ནས་སྣང་བ་སེམས་སུ་སྒྲུབ་པ་དང་། སྤྱོད་བསྡུས་སྒྲོན་མེར། བརྒྱད་སྟོང་པ་དང་། ལས་སྒྲིབ་རྣམ་པར་དག་པའི་མདོ་དྲངས་ནས། ཆོས་ཐམས་ཅད་སྐྱེ་མེད་དུ་གཏན་ལ་ཕབ་པ་སོགས་དུ་མ་གསུངས་པའི་ཕྱིར་རོ། །སྤྲོས་བྲལ་གྱི་ལྟ་བ་དེ་རྟོགས་པ་ཡི་ཐབས་ལ་ནི། དབུ་མ་ནས་བླ་མེད་ཀྱི་བར་ཐེག་པའི་རིམ་པ་ཡོད་པར་གོང་དུ་བཤད་ཟིན་པ་ཡིན་ནོ། །

གཉིས་པ་ཞར་ལ་རྒྱུད་སྡེ་བཞིའི་སྒྲུབ་པ་ལ་འབྲུལ་པ་དགག་པ་ལ་གསུམ་སྟེ། འཁྲུལ་པ་དགག་པ་མདོར་བསྟན། སྤྲུལ་པའི་སྒྲུབ་པ་རྒྱས་པར་བཤད། དེ་དག་དགྲུགས་པ་སྨྲད་པས་དོན་བསྡུ་བའོ། །དང་པོ་ནི། རྒྱུད་སྡེ་བཞི་ཡི། ཞེས་སོགས་ཚིག་རྐང་པ་གཉིས་ཏེ། རྒྱུད་སྡེ་བཞི་པོ་ཡི་སྒྲུབ་པ་བྱ་ཚུལ་ཡང་སོ་སོར་མ་འཁྲུལ་བར་བྱ་དགོས་ཏེ། འཁྲུལ་པར་བྱས་ན་མཆོག་གི་དངོས་གྲུབ་ལ་རིང་བར་འགྱུར་བའི་ཕྱིར་རོ། །

གཉིས་པ་ལ་གསུམ་སྟེ། བྱ་བའི་རྒྱུད་ཀྱི་སྒྲུབ་པ། རྒྱུད་སྡེ་བར་པ་གཉིས་ཀྱི་སྒྲུབ་པ། རྣལ་འབྱོར་ཆེན་པོའི་སྒྲུབ་པ་བཤད་པའོ། །དང་པོ་ནི། བྱ་བའི་རྒྱུད་ལ། ཞེས་སོགས་ཚིག་རྐང་པ་ཉེར་གཉིས་ཏེ། འོ་ན་མ་འཁྲུལ་པའི་སྒྲུབ་པ་ཇི་ལྟར་བྱེད་ཅེ་ན། རིམ་པ་བཞིན་དུ་བཤད་ན། བྱ་བའི་རྒྱུད་ལ་བདག་ལྷར་བསྐྱེད་པ་མེད་དེ། མདུན་གྱི་བྲིས་སྐུ་ལ་མཆོད་ནས་གསོལ་བ་འདེབས་པའི་སྒོ་ནས་དངོས་གྲུབ་ལེན་པ་ཡིན་ནོ། །འོ་ན་དེ་མེད་ན། ཀླུ་སྒྲུབ་ཀྱིས་མཛད་པའི་ཕྱག་སྟོང་སྤྱན་སྟོང་གི་སྒྲུབ་ཐབས་དང་། སློབ་དཔོན་པདྨས་མཛད་པའི་ཕྱུགས་རྗེ་ཆེན་པོའི་སྒྲུབ་ཐབས་དང་། དགེ་སློང་མ་དཔལ་མོས་མཛད་པའི་བཅུ་གཅིག་ཞལ་གྱི་དང་། ཙནྡྲ་གོ་མིས་མཛད་པའི་གདུགས་དཀར་ཅན་གྱི་དང་། ཛེ་ཏ་རིས་མཛད་པའི་གྲྭ་ལྔའི་དང་། གཞན་ཡང་སྒྲུབ་ཐབས་བརྒྱ་རྩ་ལ་སོགས་

པར། བྱ་རྒྱུད་ལ་བརྟེན་པའི་ལྷ་ལ། བདག་བསྐྱེད་ཡེ་ཤེས་པ་དགུག་པ་སོགས་བཤད་པ་ཅི་ཡིན་ཞེ་ན། ཀླུ་སྒྲུབ་ཀྱིས་མཛད་པ་དེ་ནི། བྱ་རྒྱུད་བླ་མེད་དུ་བཀྲལ་བ་ཡིན་གྱི། བྱ་རྒྱུད་དུ་དཀྲལ་བ་མ་ཡིན་ཏེ། དེ་ཉིད་ལས། དེ་ནས་རྫོགས་པའི་རིམ་པ་བསྒོམ་པར་བྱ་སྟེ། ཟབ་པ་དང་། ཕྲ་བའི་རྫོགས་རིམ་ནི། ཞེས་འབྱུང་ཞིང་བྱ་རྒྱུད་ལ་བསྐྱེད་རྫོགས་ཀྱི་ཐ་སྙད་མེད་པའི་ཕྱིར་རོ། །གཞན་དེ་རྣམས་ལ་ཡང་ཚུལ་དེ་འདྲ་བ་རེ་ཡོད། དེས་ན་བྱ་རྒྱུད་ལ་བདག་བསྐྱེད་མེད་པ་དང་། དེ་རང་ངོས་ནས་ཀྱང་བདག་བསྐྱེད་མེད་དེ། བྱ་རྒྱུད་ལ་རྒྱུད་སྡེ་གོང་མ་ནས་ཀྱང་བདག་བསྐྱེད་མེད་པར་གསུངས་པའི་ཕྱིར་དང་། བྱ་རྒྱུད་རང་གི་རྒྱུད་སྡེ་བོད་ན་བཞུགས་པ་བདུན་བརྒྱ་ཙམ་སྣང་། དེ་རྣམས་ནས་བདག་བསྐྱེད་མ་གསུངས་པ་དང་། རྒྱ་གར་མཁས་གྲུབ་རྣམས་ཀྱིས་ཀྱང་། བྱ་རྒྱུད་རྒྱུད་སྡེ་གོང་མ་གསུམ་པོ་ཅི་རིགས་ཀྱི་ལུགས་སུ་བཀྲལ་བ་མ་གཏོགས་བྱ་རྒྱུད་རང་ངོས་བདག་བསྐྱེད་པར་མ་བཤད་པའི་ཕྱིར། དེ་རྒྱུད་སྡེ་གོང་མའི་ལུགས་སུ་བཀྲལ་བ་ཙམ་གྱིས་བྱ་རྒྱུད་ལ་བདག་བསྐྱེད་ཡོད་པར་མི་འགྲུབ་བོ། །

འདིའི་མཐའ་དཔྱོད་ཤིན་ཏུ་ལེགས་པ་གསུང་རབ་དགོངས་གསལ་ན་བཞུགས་སོ། །བྱ་རྒྱུད་ལ་བདག་བསྐྱེད་ཀྱི་སྒྲུབ་ཐབས་ཡོད་པ་རྣམས་ནི། རྣལ་འབྱོར་རྒྱུད་སོགས་ཀྱི་རྗེས་སུ་འབྲངས་ནས། རྒྱུད་དེ་ཡི་ལུགས་བཞིན་དུ་མཛད་པ་ཡིན་ལ། ལུགས་དེ་ལྟར་དུ་བྱེད་ན་སྒོ་གསུམ་སྟོང་བར་གནས་པ་མེད་དེ། བདག་ཉིད་ལྷ་རུ་བསྐྱེད་པ་ལ་མཆོད་པ་བྱས་ན་བསོད་ནམས་དང་། དཀའ་ཐུབ་ཀྱིས་བརླས་ན་སྡིག་པ་འབྱུང་བའི་ཕྱིར་རོ། །གལ་ཏེ་བྱ་རྒྱུད་ལ་སྟོང་གནས་བྱེད་པར་འདོད་ན། རང་ཉིད་ལྷར་མི་བསྒོམ་པར་ཐ་མལ་པའི་ང་རྒྱལ་གྱིས་བྲིས་སྐུ་གཞུང་ནས་འབྱུང་བའི་ཆོ་ག་གཞན་དུ་བྲིས་པ་ལ། རྗེ་དཔོན་ལ་འབངས་ཀྱིས་འདོད་དོན་ཞུ་བ་བཞིན་དུ་དངོས་གྲུབ་བླངས། ཚུལ་དེ་ལ་ཤ་ཆང་གི་གཏོར་མ་མེད་དེ། དོན་ཞགས་ལས། ཁྲག་མེད་པའི་གཏོར་མ་ཤ་དང་བཅས་པ། ཞེས་གསུངས་པ་དེ་འགྱུར་ཉེས་པ་ཡིན། བརྒྱ་དཔེ་དང་བསྟུན་ན། གཏོར་མ་ཤ་ཁྲག་མེད་པ་བྱ་བ་ཡོད་པས་སོ། །གླུ་རྩེ་དང་། ཆུ་སྲིན་གྱི་ཡན་ལག་ལས་བྱུང་བ་ན་གི་ལ་སོགས་པ་སྲོག་ཆགས་དང་འབྲེལ་བའི་མཆོད་པ་ཐམས་ཅད་སྤྲོངས་ཏེ། གསང་བ་སྤྱི་རྒྱུད་ལས། སྲོག་ཆགས་ལ་སོགས་པའི་ཡན་ལག་རྣམ་པར་སྤྲངས། ཞེས་གསུངས་པས་སོ། །གུ་ལངས་ཏེ་འབྱུང་པོ་མཆོད་པའི་ལྷག་མ་དང་། གཏོར་མ་ཁ་ཟས་སུ་བྱ་བའི་རྒྱུད་འདིར་མི་ཟ་བ་དང་། ལྷ་ལ་ཕུལ་བའི་མཆོད་པ་དམན་མ་སོགས་བཟའ་བ་དང་འགོམ་པ་གཉིས་ཀ་འདིར་བཀག་སྟེ། དཔུང་བཟང་ལས། གུ་ལངས་མཆོད་པའི་ལྷག་མ་མི་ཟ་ཞིང་། །ཞེས་སོགས་གསུངས་པས་སོ། །ཙོ་མ་ལ་སོགས་པའི་དཀར་གསུམ་དང་། བུ་རམ་ལ་སོགས་པའི་ཁ་ཟས་དང་། ཁྲུས་དང་གཙང་སྦྲ་ལ་སོགས་པའི་བརྟུལ་ཞུགས་ཀྱིས་བྱ་བའི་རྒྱུད་ཀྱི་གསང་སྔགས་འགྲུབ་བོ། །

གཉིས་པ་ནི། སྤྱོད་དང་རྣལ་འབྱོར། ཞེས་སོགས་རྐང་པ་བཅུ་གསུམ་སྟེ། སྤྱོད་པའི་རྒྱུད་དང་རྣལ་འབྱོར་གྱི་རྒྱུད་གཉིས་སུ་ལས་ཚོགས་བསྒྲུབ་པའི་སྐབས་འགའ་ཞིག་ལ་གཙང་སྦྲ་དང་། དཀའ་ཐུབ་བཤད་པ་ཡོད་དེ། ཕྱག་རྡོར་དབང་བསྐུར་བའི་རྒྱུད་ལས། དེས་ཟས་མི་འཚལ་བར་ལག་ན་རྡོ་རྗེ་ལ་བལྟ་ཞིང་ལན་གསུམ་བཟླས་བརྗོད་བགྱི་ན་རྒྱལ་སྲིད་ཐོབ་པར་འགྱུར་རོ། །ཞེས་དང་། རྡོ་རྗེ་ས་འོག་གི་རྒྱུད་དུ་བཅོམ་ལྡན་འདས་ཕྱག་ན་རྡོ་རྗེ་དང་། གནོད་སྦྱིན་རྣམས་ལ་དཀར་གསུམ་གྱིས་མཆོད་པར་བྱའོ། །ཚང་ནི་ཀུན་ཏུ་སྤངས་བར་བགྱིའོ། །ཤ་རྣམས་ནི་འོས་པ་དང་། ཤི་པ་དྲངས་བར་བྱའོ། །ཞེས་གསུངས་པའི་ཕྱིར། ལས་ཚོགས་བསྒྲུབ་པ་ལས་གཞན་དུ་དཀའ་ཐུབ་དང་། སྟོང་གནས་ལ་སོགས་པའི་བརྟུལ་ཞུགས་ཀྱི་ཁྱད་པར་གཙོ་བོར་མི་མཛད་ཅིང་། རང་ཉིད་ལྷ་ཡི་རྣལ་འབྱོར་བསྒོམ་པ་དང་། གླུ་རྩེ་བྲོས་པའི་རེང་བུ་ལ་སོགས་པ་སྤྲོག་ཆགས་ཀྱི་ཡན་ལག་ལས་བྱུང་བའི་མཆོད་པའི་བྱེ་བྲག་རྣམས་ཀྱང་རྒྱུད་གཉིས་པོ་འདིར་མི་འགོག་ལ། སངས་རྒྱས་མཆོད་པའི་ལྷག་མ་རྣམས་རང་གི་སྡིག་པ་སྤྱངས་བའི་ཕྱིར་བཟའོ་ཞེས་རབ་ཏུ་གནས་པའི་རྒྱུད་ལས་གསུངས་ཏེ། བདེ་གཤེགས་ལྷག་མ་འདི་དག་ནི། །ཟོས་ཞིག་སྡིག་པ་བྱང་བར་འགྱུར། །ཞེས་གསུངས་པའི་ཕྱིར་རོ། །འབྱུང་པོ་མཆོད་པའི་གཏོར་མ་ནི། རྒྱུད་འདིར་ཡང་མི་ཟ་སྟེ་རྒྱུད་སྡེ་འོག་མ་གསུམ་ལ་སྣང་བ་ལྟར་བསྒོམ་པ་མེད་པའི་ཕྱིར་རོ། །

གསུམ་པ་ནི། རྣལ་འབྱོར་ཆེན་པོའི་ཞེས་སོགས་རྐང་པ་བདུན་ཏེ། རྣལ་འབྱོར་ཆེན་པོའི་རྒྱུད་སྡེ་རྣམས་ལས་རྟོགས་པ་བསྐྱེད་པའི་ཕྱིར། ཨ་ཝ་དྷཱུ་ཏི་སྟེ། གཉིས་སྤངས་ཀྱི་སྤྱོད་པ་དང་། ཕྱོགས་ལས་རྣམ་རྒྱལ་གྱི་སྤྱོད་པ་སོགས་བྱེད་པ་ལ་འབྱུང་པོའི་གཏོར་མ་བཟའ་བའང་གནང་སྟེ་ཀྱི་རྡོ་རྗེ་ལས། བཟའ་བཅའ་དེ་བཞིན་ལྡུང་བ་ཉིད། །ཇི་ལྟར་རྙེད་པ་རབ་ཏུ་བཟའ། །ཡིད་འོང་མི་འོང་རྣམ་རྟོག་ཕྱིར། །ཞེན་པ་ཙམ་དུའང་མི་བྱའོ། །ཞེས་གསུངས་པས་སོ། །དཀའ་ཐུབ་དང་སྟོང་གནས་ལ་སོགས་པའི་བརྟུལ་ཞུགས་ཀྱི་ཁྱད་པར་འགོག་སྟེ། གསང་འདུས་ལས། དཀའ་ཐུབ་དཀའ་སྤྱད་མི་ཟད་པ། །བརྟེན་ན་འགྲུབ་པར་མི་འགྱུར་ཅིང་། །ཞེས་གསུངས་སོ། །

འཇུག་པ་བདེ་བའི་རྣལ་འབྱོར་ནི། །འདོད་པའི་ལོངས་སྤྱོད་ཐམས་ཅད། །ཅི་འདོད་པར་ནི་བརྟེན་བཞིན་དུ། །ཞེས་གསུངས་པ་ལྟར་གྱིས་བསྒྲུབ་པས། གསང་སྔགས་རྒྱལ་པོ་བཅུ་གསུམ་རྡོ་རྗེ་འཛིན་པ་རབ་ཚེ་འདི་དང་། འབྲིང་བར་དོ། ཐ་མ་སྐྱེ་བ་བཅུ་དྲུག་ན་འགྲུབ་བོ། །འདི་དག་གི་དོན་རྒྱས་པར། དབང་བཞི་རྫོགས་པར་ཐོབ་པའི་བླ་མ་མཆོག་སྙིང་རྗེ་ཆེ་ཞིང་། དམ་ཚིག་བསྲུང་བ། མན་ངག་དང་ལྡན་པ། རྒྱུད་དོན་ལ་མཁས་པའི་གསུང་ལས་ཤེས་པར་གྱིས་ཏེ། འདིར་བཤད་དུ་མི་རུང་ངོ། །

གསུམ་པ་ནི། གྲུབ་མཐའི་རྣམ་དབྱེ། ཞེས་སོགས་ཚིགས་བཅད་གཅིག་སྟེ། མུ་སྟེགས་བྱེད་ཀྱི་རྟོག་གེ་སྡེ་ལྔ་དང་། སངས་རྒྱས་པའི་གྲུབ་མཐའ་བཞིའི་རྣམ་པར་དབྱེ་བ་མི་ཤེས་ཤིང་། རྒྱུད་སྡེ་བཞིའི་དབང་དང་གྲོལ་བྱེད་ལམ་གྱི་ཁྱད་པར་མ་ཕྱེད་པར། རྒྱུད་སྡེ་བཞིའི་ཚོགས་ཐམས་ཅད་ཕན་ཚུན་དཀྲུགས་ནས་ནི། རང་གི་དབང་མ་ཐོབ་ཀྱང་སློབ་མ་མང་པོ་ལ་དབང་རྗེས་གཞན་འགྲིམ་དུ་བཅུག་ནས་དབང་བསྐུར་བ་དང་། རྣལ་འབྱོར་བླ་མེད་ཀྱི་དབང་གཅིག་ཐོབ་ན་དབང་བརྒྱ་ཐོབ་ཟེར་བ་སོགས་ནི་ལུང་དང་། བླ་མ་ལ་མ་བརྟེན་པར་རང་བཟོའི་རྣམ་ཐར་ཕྱིན་ཅི་ལོག་ཏུ་སྤྱོད་པ་ནི་མཚར་བ་སྐྱེ་སྣང་པའི་གནས་ཡིན་ནོ། །

བཞི་པ་ཕྱག་ཆེན་སྒོམ་པ་ལས་འཁོར་འདས་བསྲེ་བའི་སྤྱོད་པ་ལ་གཉིས་ཏེ། སྤྱོད་པའི་རྣམ་གཞག་སྤྱིར་བསྟན་པ། ལོག་རྟོག་དགག་པ་བྱེ་བྲག་ཏུ་བཤད་པའོ། །དང་པོ་ནི། དབང་བཞི་ཡོངས་སུ། ཞེས་སོགས་རྐང་པ་བཅོ་ལྔ་སྟེ། འོན་འཇུག་པ་བདེ་བའི་བླ་མེད་ཀྱི་ལམ་ཉམས་སུ་ལེན་པའི་རིམ་པ་ཇི་ལྟར་ཡིན་སྙམ་ན། སྨིན་བྱེད་ཀྱི་དབང་བཞི་ཡོངས་སུ་རྫོགས་པར་ཐོབ་པ་དང་། རྒྱུད་ལ་དྲོད་ཐོབ་པའི་ཕྱིར་དུ་རིམ་གཉིས་བསྒོམ་པ་བྱེད་དགོས། དེ་ཡང་དྲོད་ཀྱི་ངོ་བོ་ནི་རིམ་གཉིས་ཀྱི་ཏིང་ངེ་འཛིན་ལས་སྐྱེས་པའི་ལུས་ངག་ཡིད་གསུམ་གྱི་མཐུ་འམ། ནུས་པའི་ཁྱད་པར་ལ་དྲོད་ཅེས་བྱ། དེ་ལ་ཆུང་འབྲིང་ཆེན་པོ་གསུམ་ལས། དྲོད་ཆུང་ནི། མཉམ་བཞག་ཏུ་འཇིག་རྟེན་ཆོས་བརྒྱད་མགོ་སྙོམ་པ་མཉམ་བྱེད། ཉོན་མོངས་པ་གློ་བུར་བ་བཟློག་པ་སྐམ་བྱེད་པའོ། །འབྲིང་པོ་ནི། ཚར་གཅད་དང་རྗེས་གཟུང་གི་ལས་གང་རུང་གཅིག་ནུས་པའོ། །ཆེན་པོ་ནི། ཚར་གཅད་དང་རྗེས་གཟུང་གཉིས་ཀ་ནུས་པ་སྟེ། རྣམ་ཤེས་དང་ཡེ་ཤེས་ཀྱི་ལས་ཆ་མཉམ་པ་ཞེས་བྱའོ། །དེ་ལྟར་དྲོད་ཐོབ་པ་ལ་ལམ་རིམ་པ་གཉིས། དང་པོར་བར་ཆད་ཤུང་བས་རང་གི་ཁྱིམ་དུ་བསྒོམ་པར་བྱ་སྟེ། བརྟག་གཉིས་ལས། དང་པོ་གོམས་པར་བྱེད་དུས་ཀྱི། །གནས་ནི་གང་དུ་སྡུགས་པའི་སེམས། །གཅིག་ཏུ་མཉམ་བཞག་འགྲུབ་པ་ཡི། །གནས་ནི་བཟང་པོ་ངེས་པར་བརྟག །རང་གི་ཁྱིམ་དུ་མཚན་དུས་སུ། །རྣལ་འབྱོར་མ་བསྒོམ་ཤེས་རབ་ཅན། །ཞེས་གསུངས་པའི་ཕྱིར། རིམ་གཉིས་ལ་སེམས་བརྟན་པ་ཙུང་ཟད་ཐོབ་ནས་བརྟེན་འགྲུས་རྩོམ་པའི་ཕྱིར་དུ་དུར་ཁྲོད་དང་། ཤིང་གཅིག་པའི་གནས་དང་། ཆུ་འཕྲང་ལ་སོགས་པར་བསྒོམ་པར་བྱ་སྟེ། དེ་ཉིད་ལས། ཤིང་གཅིག་དང་ནི་དུར་ཁྲོད་དམ། །ཡང་ན་དབེན་པའམ་བས་མཐའ་རུ། །བསྒོམ་པ་བཟང་བར་བརྗོད་པར་བྱ། །ཞེས་གསུངས་པའི་ཕྱིར་རོ། །བརྟན་པ་ཆེན་པོ་དྲོད་འབྲིང་གི་རྟགས་པ་ཐོབ་ནས་ནི། གང་ཞིག་སོར་མོ་གཅིག་སྟོན་ལ། །གཉིས་ཀྱིས་ལེགས་པར་འོངས་བ་ཡིན། །ཞེས་གསུངས་པའི་ལུས་དང་ངག་གི་བརྡའ་རྣམས་ལ་ལེགས་པར་སྦྱང་ཞིང་། བླང་དོར་གཉིས་སུ་མེད་པའི་དེ་ཉིད་རྟོགས་པའི་རྣལ་འབྱོར་པས་སྤྱོད་པ་རྣམས་སྤྱད་

པར་བྱའོ། །དེས་ན་སྤྱོད་པའི་ངོ་བོ་ནི། ནང་དུ་དེ་ཁོ་ན་ཉིད་ཀྱི་རྟོགས་པས་ཀུན་ནས་བླངས་པའི་ཕྱི་རོལ་དུ་ལུས་ངག་གཡོ་ཞིང་རྒྱུ་བ་ཅི་འདོད་བཞེད་པའི་ཁྱད་པར་ལ་སྤྱོད་པ་ཞེས་བྱ་སྟེ། ལུས་དང་། བཟའ་བ་དང་། བཏུང་བ་དང་། རྒྱན་ཆ་དང་། གནས་དང་། སྣོད་དང་། སྤྱོད་པའི་དུས་དང་། གྲོགས་ལ་སོགས་པ་རྣམས་ལ་བཟང་ངན་གྱི་བླང་དོར་མེད་པར་ཅི་དགར་སྤྱོད་པའོ། །དེ་ལ་དབྱེ་ན། ཀུན་འདར་གྱི་སྤྱོད་པ་དང་། ཀུན་ཏུ་བཟང་པོའི་སྤྱོད་པ་གཉིས་ལས། དང་པོ་ལ་མིང་གི་རྣམ་གྲངས་ནི། སྨྱོན་པ་བརྟུལ་ཞུགས་ཀྱི་སྤྱོད་པ་དང་། རྒྱལ་བུའི་གཞོན་ནུའི་སྤྱོད་པ་དང་། གསང་སྤྱོད་ཅེས་བྱའོ། །

གཉིས་པ་ལ་མིང་གི་རྣམ་གྲངས། ཕྱོགས་ལས་རྣམ་རྒྱལ་གྱི་སྤྱོད་པ་དང་། རྒྱལ་ཚབ་ཆེན་པོའི་སྤྱོད་པ་དང་། འཇིག་རྟེན་པའི་མངོན་དུ་སྤྱོད་པ་ཞེས་བྱའོ། །དེ་ལྟར་སྤྱད་པའི་དགོས་པ་ནི། ནང་གི་ས་བཅུ་གསུམ་པོ་རྣམས་བགྲོད་པར་བྱ་བ་དང་། ཕྱི་ནང་གི་ཡུལ་རྣམས་དབང་དུ་བསྡུ་བའི་ཕྱིར་དུ་ཡིན་ཏེ། ཕྱི་རོལ་པུ་ལི་ར་མ་ལ་ཡ་ལ་སོགས་པའི་ཡུལ་བཞི་ན། ས་དང་པོ་ཐོབ་པའི་ཚུལ་བཟུང་བའི་མཁའ་འགྲོ་མ་གནས་པ་རྣམས་དབང་དུ་འདུས་པས་ནང་དུ་སྤྱི་བོ་ལ་སོགས་པའི་ཡུལ་བཞིའི་རླུང་སེམས་དབུ་མར་འདུས་པས་ས་དང་པོའི་རྟོགས་པ་སྐྱེ་བ་ལ་སོགས་པའོ། །གནས་གང་དུ་སྤྱོད་པ་སྤྱད་ན། གནས་དང་ཉེ་བའི་གནས་ལ་སོགས་ས་བཅུ་གཉིས་ལས་ཕྱེ་བའི་ཡུལ་སུམ་ཅུ་སོ་གཉིས་དང་། གླིང་བཞི་ཀུན་མཁྱེན་གསུང་དང་གླིང་བཞི་གཅིག་ཏུ་སྡོམ་པ་སྟེ། ཡུལ་ཆེན་སུམ་ཅུ་སོ་བདུན་དུ་སྤྱོད་དོ། །ངོ་བོ་ནི་རིགས་པ་བརྟུལ་ཞུགས་ཀྱི་སྤྱོད་པ་སྤྱད་པའི་ཕྱིར་དུ་རྒྱུའོ། །གང་ལས་གསུངས་ན། སྤྱོད་པ་སྤྱོད་ལུགས་འདི་རྒྱུད་སྡེ་བཞི་ལས། རྣལ་འབྱོར་ཆེན་པོ་ཁོ་ན་ཡི་རྒྱུད་དགྱེས་རྡོར་བདེ་མཆོག་སོགས་དང་། རྒྱུད་འགྲེལ་གྱི་བསྟན་བཅོས་རྣམས་ལས་གསུངས་སོ། །ཚུལ་འདི་འདྲ་བའི་སྤྱོད་པ་ལེགས་པར་ནི། རབ་ཚེ་འདི་ཉིད་ལ་མངོན་པར་རྫོགས་པར་འཚང་རྒྱའོ། །འདི་དག་རྒྱས་པར་ཀུན་ལ་བཤད་དུ་མི་རུང་གསུངས་སོ། །

གོང་གི་ཡུལ་སུམ་ཅུ་སོ་བདུན་ངོས་བཟུང་བ་ལ། སྡོམ་གསུམ་གྱི་རྣམ་བཤད་མཛད་པ་ལྷ་བཙུན་ཆེན་པོས། ཡུལ་སུམ་ཅུ་རྩ་བདུན་ནི། ཡུལ་སུམ་ཅུ་རྩ་གཉིས་ཀྱི་སྟེང་དུ་གླིང་བཞི་དང་བཞི་པོ་གཅིག་ཏུ་སྡོམ་པ་སྟེ་ལྔ་མནན་པ་ལ། རྗེ་བཙུན་ཆེན་པོས་ཨིནྡྲ་བྷཱུ་ཏིའི་ལམ་དུ་བཤད་དོ། །ཞེས་གསུངས། སྤྱིས་ཁང་པ། རྒྱུད་དུ་གསལ་བར་གསུངས་པའི་སུམ་ཅུ་རྩ་གཉིས་དང་། ལུས་ལ་སྦྲས་པའི་རྩ་རྣམས་ཕྱི་རོལ་དུ་གླིང་བཞི་ལྷུན་པོ་དང་བཅས་པ་སུམ་ཅུ་རྩ་བདུན་ཞེས་བླ་མ་གོང་མ་རྣམས་གསུང་ངོ་། །ཞེས་བཞེད། དགའ་སྟོང་པ། བདེ་མཆོག་ལས་གསུངས་པའི་ཡུལ་ཉེར་བཞི་དང་། དེའི་སྟེང་དུ་སྙིང་གར་པདྨ་འདབ་བརྒྱད་རིམ་པ་གཉིས་ཡོད་པའི་ནང་གི་ཕྱོགས་བཞི་དབུས་དང་བཅས་པ་ལྔ། ཕྱི་མའི་ཕྱོགས་མཚམས་བརྒྱད་དང་བཅས་པ་སུམ་ཅུ་རྩ་བདུན་ཞེས

བཞེད། ཡང་གློ་བོ་མཁན་ཆེན་བསོད་ནམས་ལྷུན་གྲུབ་ལེགས་པའི་འབྱུང་གནས་ཀྱི་ཞལ་སྔ་ནས། དེས་ན་ཕྱི་རོལ་གྱི་ཡུལ་སུམ་ཅུ་རྩ་བདུན་ནི་བཤད་པའི་ཚུལ་བཞི་སྟེ། ཨིནྡྲ་བྷཱུ་ཏིས་བཤད་པའི་ཚུལ། རྡོ་རྗེ་གསང་བས་བཤད་པའི་ཚུལ། རྡོ་རྗེ་སྙིང་པོས་བཤད་པའི་ཚུལ། པདྨ་རྡོ་རྗེས་བཤད་པའི་ཚུལ་དང་བཞིར་མཛད་པའི་ཡུལ་སུམ་ཅུ་སོ་གཉིས་པ་མན་ཆད་ཀྱི་ངོས་འཛིན་སློབ་དཔོན་དེ་དག་གི་བཞེད་ཚུལ་ནི། གནས་གསུམ་གསལ་བྱེད་ན་བཞུགས་པ་ཡི་གེ་མང་དོགས་འདིར་མ་བཀོད། ས་ལྷག་མ་ལྟའི་ངོས་འཛིན། ཨིནྡྲ་བྷཱུ་ཏིའི་དགའ་བའི་མེ་ཏོག་ལས། ལྡེ་བར་ཤར་གྱི་ལུས་འཕགས་སུ་སྒྲོག་མ། བྱང་གི་སྒྲ་མི་སྙན་དུ་མ་ལ་ན། མཐའ་མའི་ནང་དུ་བ་ལང་སྐྱོད་དུ་ར་ས་ན། བཞི་པའི་གནས་སུ་ལྷོའི་འཛམ་བུ་གླིང་དུ་ཨ་བ་དྷཱུ་ཏིའོ། །ལུང་ལས་དཔའ་བོ་ཆེན་པོ་དང་བཅས་པ་ནང་གི་འཁོར་ལོའི་རིམ་པའི་ཤེས་རབ་དང་། ཐབས་ཀྱི་རྣམ་པར་དག་པའི་ལྟས་ཏེ། དེ་ནི་ལམ་དང་། ཉེ་བའི་ལམ་མོ། །ཞེས་གསུངས་པས། འདིར་གླིང་བཞི་ནང་གི་རྩ་བཞི་དང་སྦྱར་ནས་བཤད་ལ། རྗེ་བཙུན་གྱི་ཨིནྡྲ་བྷཱུ་ཏིའི་ལམ་སྐོར་དུ་ཡང་། དགའ་བ་བཅུ་དྲུག་དང་། ཡུལ་སུམ་ཅུ་སོ་གཉིས་སྦྱོར་བའི་ཚེ། གླིང་བཞི་པོ་ཡུལ་ཉི་ཤུ་རྩ་བརྒྱད་ཀྱི་ཁ་སྐོང་དུ་བྱས་ནས་ཡུལ་ཆེན་དུ་གསུངས་སོ། །དེ་ཡང་གླིང་བཞིའི་མིང་གིས་བཏགས་པ་ཡིན་གྱི། དོན་ལ་ཧི་མ་ལ་ཡ་དང་། སོ་སོའུ་ར་ཥྚ་དང་། ཀ་ལིངྐ་དང་། ཀོ་ས་ལ་དང་བཞི་ཡིན་ནོ། །ཞེས་གསུངས་པས་འདིར་ཡང་གླིང་བཞིའི་མིང་ཅན་ནི། དེ་དག་ཡིན་པར་སེམས་སོ། །གོང་དུ་སྨོས་པ་ལྟར་ཡུལ་སུམ་ཅུ་རྩ་གཉིས་ཀྱི་སྟེང་དུ་གླིང་བཞི་ལ་སོགས་པ་མནན་ནས། ཡུལ་སུམ་ཅུ་སོ་བདུན་དུ་རྗེ་བཙུན་ཆེན་པོས་བཤད་དོ། །ཞེས་ཟེར་བ་ནི། རྗེ་བཙུན་གྱི་གཞུང་མ་མཐོང་བར་སྣང་ངོ་ཞེས་གསུངས་སོ། །

གཉིས་པ་རྡོ་རྗེ་གསང་བས་བཤད་ཚུལ་ནི། རང་བཞིན་དགའ་བའི་སྒྲོན་མེ་ལས། དཔའ་བོའི་གནས་བཅུ་དྲུག །དཔའ་མོའི་བཅུ་དྲུག །གསང་བའི་གནས་བཞི་སྟེ་སོ་དྲུག །གཙོ་བོའི་གནས་སོ་བདུན་དུ་གསུངས་ཏེ། ཇི་སྐད་དུ། ཨུ་རྒྱན་ཞེས་པ་ཟུར་གསུམ་མོ། །ཞེས་པ་ནས། འདི་ནི་དོན་དུ་གསང་བའི་གནས། །ཞེས་པའི་བར་གསུངས་པའི་མཇུག་ཐོགས་སུ། ལུས་འཕགས་པོ་ནི་སྒྲོག་ཙ་མང་། །སྒྲ་མི་སྙན་ནི་ལ་མ་ན། །བ་ལང་སྤྱོད་ནི་ར་ས་ན། །འཛམ་བུ་གླིང་ཞེས་པ་ཡི་གནས། །ཨ་ཝ་དྷཱུ་ཏི་ཞེས་པ་འོ། །ཞེས་སོགས་དྲངས་ནས། འདིར་གླིང་བཞི་པོ་ཧི་མ་ལ་ཡ་སོགས་དང་སྦྱོར་ཚུལ་ནི། གོང་དུ་བཤད་པ་དང་འདྲ་ལ། ཡུལ་སུམ་ཅུ་རྩ་བདུན་པོ་གཙོ་བོའི་གནས་ལ་ངོས་འཛིན་པ་ཡང་མཚུངས་སོ་ཞེས་གསུངས་སོ། །

གསུམ་པ་རྡོ་རྗེ་སྙིང་པོས་བཤད་ཚུལ་ནི། ཀྱཻ་རྡོའི་བྱང་ཆུབ་ཀྱིས་བསྡུས་པའི་དོན་རྣམ་པར་བཤད་པ་ཉིད་ལས། ཕྱི་ནང་གཉིས་ཀ་ལ་ཡུལ་སོ་བདུན་དུ་གསུངས་ཏེ། ད་ནི་ཕྱི་རོལ་དང་ནང་དུ་གནས་ལ་སོགས་པ

རྣལ་འབྱོར་མ་ཀུན་ཏུ་རྒྱུ་བའི་གནས་བརྗོད་པར་བྱ་སྟེ། ཞེས་སོགས་དྲངས་ནས་དུར་ཁྲོད་བརྒྱད་ཀྱི་གནས་བརྒྱད་སྟེ་སོ་གཉིས་སོ། །ཞེས་གསུངས་སོ། །ཡང་རི་གི་ཨ་ར་ལི་ལས། གླིང་བཞི་གནས་སུ་བཤད་པ་ནི། ཡུལ་ཉི་ཤུ་རྩ་བཞི་ས་བཅུ་དང་སྦྱར་བའི་སྐབས་ཏེ་ཇི་སྐད་དུ། ས་བཅུ་རྣམས་ནི་རབ་ཏུ་ཕྱེ། །གནས་ནི་ཤར་གྱི་ལུས་འཕགས་པོ། །ཞེས་གསུངས་སོ། །

བཞི་པ་སློབ་དཔོན་པདྨ་རྡོ་རྗེས་བཤད་ཚུལ་ནི། མཁའ་འགྲོ་རྒྱ་མཚོའི་འགྲེལ་ཆེན་གྲུ་གཟིངས་ལས། ཕྱི་རོལ་གྱི་ཡུལ་ཆེན་པོ་སུམ་ཅུ་སོ་བདུན་འདོད་པའི་ཁམས་ལ་སྦྱར་བ་དང་། ཁམས་གསུམ་སྤྱི་ལ་སྦྱར་བའི་ཚུལ་གཉིས་སུ་གསུངས་པ་ལས། དང་པོ་ནི། རྒྱ་གཏེར་བདུན། རི་བརྒྱད། གླིང་བརྒྱད། བ་རྡའི་རྒྱ་མཚོའི་ཕྱི་རོལ་དུ་རྡོ་རྗེའི་ལྟུགས་རི། རྒྱ་མཚོ་ཆེན་པོ། རི་རབ་ཀྱི་འོག་གི་ཆ་སྟེ་སོ་ལྔ། དེ་ཐམས་ཅད་ནམ་མཁའི་ནང་དུ་གནས་པས། ནམ་མཁའ་སྟེ་སོ་དྲུག་དང་། རི་རབ་ཀྱི་གཙུག་ཏོར་ལ་སོགས་པའི་དང་། ཇི་སྲིད་ནམ་མཁའི་བར་དུ་ས་འོག་ལ་སོགས་ཞེས་རི་རབ་ཀྱི་རྩེ་མོ་སོ་བདུན་པར་གསུངས་སོ། །

གཉིས་པ་ནི། འདོད་ཁམས་བཅུ་གཅིག གཟུགས་ཁམས་བཅུ་དྲུག །གཟུགས་མེད་བཞི། བསམ་གཏན་བཞི་པ་མན་ཆད་ལ་ཆགས་པ། འཇིགས་པ། འགྲོ་བ། འདོད་པ་ཅན་ཏེ་ལྔ་མནན་པས་སོ་དྲུག །སུམ་ཅུ་རྩ་བདུན་པ་ནི། འོག་མིན་གྱི་སའོ། །ཞེས་ཁམས་གསུམ་སྤྱིའི་ཡུལ་ཆེན་སུམ་ཅུ་རྩ་བདུན་པ་ནི། གཙོ་བོའི་གནས་ཡིན་ནོ། །ཞེས་པ་ཙམ་ལས་མ་སྨོས་པས་དེ་ཕྱི་རོལ་དུ་ཡུལ་གང་ལ་ངོས་འཛིན་ཞེ་ན། འདི་ལ་རྗེ་བཙུན་སྐུ་མཆེད་ཀྱི་གསུངས་ལས། ཕྱིའི་དབང་དུ་བྱས་ན་ཐེག་པ་ཐུན་མོང་བ་ལ་གྲགས་པ་ནི། རྡོ་རྗེའི་གདན་ཡིན་ལ། ཐུན་མོང་མིན་པ་ལ་གྲགས་པ་ནི་འོག་མིན་ཡིན་ནོ། །ཞེས་གནད་ཀྱི་གསལ་བྱེད་དང་། ལྗོན་ཤིང་ལས་བཤད་ཅིང་། དེ་ཉིད་དོན་དང་ཡང་མཐུན་པ་ཡིན་ཏེ། པཎྜི་ཏ་རྟག་པའི་རྡོ་རྗེས། ལོ་ཏི་པའི་འགྲེལ་པ་ལས། ཕྱི་རོལ་ན་ནི་རྡོ་རྗེའི་གདན་བྱང་ཆུབ་ཆེན་པོའི་མིང་ཅན་གྱི་གནས་དང་། ཞེས་སོགས་གསལ་བར་བཤད་པའི་ཕྱིར་རོ། །དེ་ལྟ་བུའི་ལུང་གི་གསལ་ཁ་མ་མཐོང་བར་རང་ཉིད་གང་དུ་སངས་རྒྱ་བའི་གནས་ཉིད་ཡུལ་སོ་བདུན་པ་ཡིན་ནོ། །ཞེས་ཟེར་བ་ནི། མིང་དོན་མ་འཕྲོད་པའི་ཟོལ་སྦྱོར་དུ་སྣང་ངོ་། །དེ་ལྟར་ན་ཁ་བོས་ལུང་དང་ཞིབ་ཏུ་སྦྱར་ནས་ཡུལ་ཆེན་རྣམས་སོ་སོར་བཤད་ཅིང་། ཁྱད་པར་དུ་འཛམ་གླིང་འདི་ཉིད་ན་ཡོད་པའི་ཡུལ་སོ་བདུན་པོ་ལུང་དུ་ལེགས་པར་བཤད་པ་འདི་ལ་རྗེ་བཙུན་ས་སྐྱ་པ་ཆོས་ཀྱི་སྤྱན་ལྡན་རྣམས་དང་། དེའི་རྗེས་སུ་འབྲང་བའི་གཟུ་བོར་གནས་པའི་སྐྱེས་བུ་དམ་པ་རྣམས་དགེས་པ་བསྐྱེད་དུ་གསོལ་ལོ། །ཞེས་གསུངས་སོ། །འདི་དག་ནི་མཁན་ཆེན་པའི་གསུང་ལས་ཉེར་མཁོ་ཙམ་ཞིག་བྲིས་པ་ཡིན་ལ། ཞིབ་ཏུ་གནས་གསུམ་གསལ་བྱེད་ཀྱི་དཔེ་དག་པ

ཞིག་ལ་གཟིགས་པར་འཚལ་ལོ། །

ཡུལ་ཆེན་སུམ་ཅུ་སོ་བདུན་དུ། །ཞེས་པ་ལ་དྲི་བས། ༄ ཕྱི་རོལ་ཡུལ་ཆེན་སོ་བདུན་ཞེས། །བྱ་བའི་རྒྱུད་གཞུང་གང་ནས་བཤད། །འཛམ་གླིང་ཙམ་པོ་ཡུལ་ཆེན་དུ། །ཁས་ལེན་ནུས་ན་རང་ལ་ཡང་། །མི་འདོད་པ་དག་མི་འབྱུང་ངམ། །ཞེས་པའི་ལན་ནི། སྤྱིར་ཕྱི་རོལ་གྱི་ཡུལ་ཆེན་ཉི་ཤུ་རྩ་བཞི་བཤད་པའི་ཚུལ་དང་། སུམ་ཅུ་སོ་གཉིས་སུ་བཤད་པའི་ཚུལ་དང་། སུམ་ཅུ་སོ་བདུན་དུ་བཤད་པའི་ཚུལ་གསུམ་ཡོད་པ་ལས་དང་པོ་ནི། བདེ་མཆོག་དང་། སཾ་པུ་ཊི་ལས། ཕ་རོལ་ཏུ་ཕྱིན་པའི་ཐེག་པ་དང་སྒོ་བསྟུན་པའི་དབང་དུ་བྱས་ནས། དངོས་བསྟན་ས་བཅུའི་རྣམ་གཞག་མཛད་པའི་སྐབས་ཡིན། པུ་ལི་ར་མ་ལ་ཡ་ལ་སོགས་ས་ཉི་ཤུ་རྩ་བཞི་གསུངས་སོ། །

གཉིས་པ་ནི། རྩ་རྒྱུད་བརྟག་གཉིས་ལས། སློབ་པའི་ས་བཅུ་གཉིས་ཀྱི་རྣམ་གཞག་མཛད་པའི་དབང་དུ་བྱས་ནས་ལེའུ་དང་པོར། ནང་རྡོ་རྗེའི་ལུས་ལ་རྩ་སུམ་ཅུ་རྩ་གཉིས་དང་། ལེའུ་བདུན་པར་ཕྱི་རོལ་ཡུལ་ཆེན་སུམ་ཅུ་རྩ་གཉིས་གསུངས་སོ། །

གསུམ་པ་ནི། དེའི་སྟེང་དུ་རི་གི་ཨ་ར་ལིའི་རྒྱུད་ལས། གནས་ནི་ཤར་གྱི་ལུས་འཕགས་པོ། །དེ་བཞིན་དུ་ནི་བ་ལང་སྤྱོད། །གནས་ནི་བྱང་གི་སྒྲ་མི་སྙན། །གནས་ནི་དེ་བཞིན་འཛམ་བུ་གླིང་། །གླིང་བཞིར་ལྷ་མོ་བཞི་དང་ནི། །རི་རབ་སྤྱི་བོ་རིག་གི་བཞུགས། །ཨ་ར་ལི་དང་མཉམ་སྦྱོར་བས། །ཞེས་གླིང་བཞི་རི་རབ་དང་ལྔ་གསུངས་པས། སུམ་ཅུ་རྩ་བདུན་དུ་འགྱུར་ལ། འགྲེལ་ཆེན་དྲི་མེད་འོད་ལས། གནས་ནི་ཕྱོགས་བཞིར་རླུང་དང་མེ་དང་ཆུ་དང་སའི་རང་བཞིན་གྱིས་གནས་པ་དེ་ཤར་གྱི་ལུས་འཕགས་དང་། འཛམ་བུ་གླིང་ཆུང་ངུ་དང་། བྱང་གི་སྒྲ་མི་སྙན་དང་། ནུབ་ཀྱི་བ་ལང་སྤྱོད་ཅེས་གསུངས་ལ། འདི་ལ་གླིང་བཞི་གཅིག་ཏུ་སྡོམ་པ་བགྲང་དགོས་པར་མཁས་པ་ཁ་ཅིག་བཞེད་དོ། །རྒྱུད་དང་འགྲེལ་པ་འདི་གཉིས་ཀྱི་ལུགས་ལ། ཡུལ་ཆེན་སུམ་ཅུ་སོ་གཉིས་ཀྱི་སྟེང་དུ་འདི་དག་མནན་པས་སོ་བརྒྱད་དུ་འགྱུར་བ་མིན་ཏེ། སྔ་མར་གནས་དང་ཉེ་གནས་སོགས་སུམ་ཅུ་གསུངས་པའི་གནས་ཀྱི་དབྱེ་བ་དང་། ཕྱི་མར་གནས་དང་ཉེ་བའི་གནས། ཞིང་དང་ཉེ་བའི་ཞིང་། མདུན་པ་དང་ཉེ་བའི་མདུན་པ། འདུས་པ་ཅན་དང་ཉེ་བའི་འདུས་པ་ཅན། ཁང་པ་དང་ཉེ་བའི་ཁང་པ། དུར་ཁྲོད་དང་ཉེ་བའི་དུར་ཁྲོད་དེ། སུམ་ཅུ་གསུངས་པའི་གནས་ཀྱི་དབྱེ་བར་འདི་དག་གསུངས་པའི་ཕྱིར་རོ། །འོན་ཀྱང་རྩ་རྒྱུད་བརྟག་གཉིས་ལྟ་བུ་གནས་སུམ་ཅུ་སོ་གཉིས་ཀྱི་དབྱེ་བར། པུ་ལི་ར་མ་ལ་ཡ་སོགས་སོ་གཉིས་གསུངས་པའི་ཚེ། སྔར་གྱི་ལྔ་པོ་དེ་དག་མནན་ནས་སོ་བདུན་དུ་ལེགས་པར་གྲུབ་སྟེ། སྔར་གྱི་རྒྱུད་འགྲེལ་གཉིས་ཀྱིས་དེ་གནས་ཆེན་དུ་གྲུབ་ཅིང་། སོ་གཉིས་སུ་མི་འདུས་པས་དེ་དག་མནན་དགོས་པར་གྲུབ་པའི་ཕྱིར

དང་། རྒྱུད་དེ་ར་ལྔ་བཅུ་གཉིས་ཀྱི་ནང་མ་ལྔ་བཞུགས་པར་གསུངས་པས་ཀྱང་ཤེས་ནུས་པའི་ཕྱིར་རོ། །རྗེ་བཙུན་གྱིས། ཨིནྡྲ་བྷཱུ་ཏིའི་ལམ་སྐོར་དུ། གླིང་བཞི་གནས་ཆེན་དུ་གསུངས། དེས་ཀྱང་གྲུབ་ཚུལ་སྔ་མ་དང་འདྲའོ། །དེར་ཡང་སོ་བདུན་དུ་བགྲང་པའི་སྐབས་ནི་མིན་ཏེ། ཉེར་བརྒྱད་ཀྱི་སྟེང་དུ་འདི་བཞི་མནན་པས་ས་བཅུ་གཉིས་པ་དང་སྦྱར་བར་མཛད་པའི་ཕྱིར་རོ། །དེ་ལྟར་ན་འཛམ་གླིང་ཙམ་པོ་གནས་ཆེན་དུ་ཁས་བླང་པས་རང་ལ་མི་འདོད་པ་དག་མི་འབྱུང་ངམ། ཞེས་པའི་དོན། ཏི་སེ་དང་རྩ་རི་ཆོས་ཅན། གནས་ཆེན་ཡིན་པར་ཐལ། འཛམ་བུ་གླིང་ཙམ་པོའི་ཁོངས་སུ་འདུས་པའི་ཕྱིར་ཞེས་པ་ཡིན་མཆི། འདི་ལ་འཇིག་རྟེན་གྱི་དཔེ་བསྟན་པའི་འཇུག་ཐོགས་སུ་བསྟན་བཅོས་ཀྱི་བརྡ་འཆད་ལ་ཡང་། སྤྱི་ཙམ་དང་ཁོངས་སུ་འདུས་པའི་རྣམ་གཞག་མི་འདྲ་བ་མང་སྟེ། མི་མཐེད་འཇིག་རྟེན་གྱི་ཁམས་ཆོས་ཅན། འོག་མིན་སྟུག་པོ་བཀོད་པའི་ཞིང་ཁམས་ཡིན་པར་ཐལ། དེའི་ཁོངས་སུ་འདུས་པའི་ཕྱིར་ཏེ། དེར་བཞུགས་པའི་རྣམ་སྣང་གངས་ཆེན་མཚོའི་ཕྱག་མཐིལ་ན་ཡོད་པའི་ཕྱིར། དེ་ལས་གཞན་པའི་མི་འདོད་པ་མ་མཐོང་ངོ་། །ཞེས་གསུངས་སོ། །གླིང་བཞི་དང་། དེ་གཅིག་ཏུ་སྡོམ་པ་ཡུལ་སུམ་ཅུ་སོ་བདུན་གྱི་ནང་ཚན་དུ་བགྲང་བ་ལ་ཁ་ཅིག །དེ་མི་འཐད་དེ། འཛམ་བུ་གླིང་གི་ཡུལ་ཆེན་ངོས་འཛིན་པའི་སྐབས་སུ། དེ་དག་འདྲེན་པ་འབྲེལ་མེད་པའི་ཕྱིར། ཞེས་སྐྱོན་བརྗོད་པ་མ་རིགས་ཏེ། དེ་ལྟར་འདྲེན་པ་པོས་གླིང་བཞི་སོགས་ཀྱི་མིང་གིས་སློས་ཀྱང་། དེ་དག་གི་མིང་ཅན་གྱི་ཡུལ་གཞན་ལ་ཐུགས་རྩེ་མ་གཏད་པ་དགའ་བའི་ཕྱིར། གཞན་དུ་ན་གོང་དུ་དྲངས་པའི་དུས་འཁོར་དང་། ཨིནྡྲ་བྷཱུ་ཏིའི་གཞུང་ལ་སོགས་པའི་བསྟན་བཅོས་དེ་དག་ལ་ཡང་སྐྱོན་བརྗོད་པར་རིགས་པར་འགྱུར་རོ། །

གཉིས་པ་ལ་གསུམ་སྟེ། གང་གིས་རྒྱུ་བའི་གང་ཟག་ལ་འཁྲུལ་པ་དགག་པ། གང་དུ་རྒྱུ་བའི་གནས་ལ་འཁྲུལ་པ་དགག་པ། དེ་གཉིས་ཀའི་མཇུག་བསྡུ་བའོ། །དང་པོ་ལ་གསུམ་སྟེ། མཛད་ཞིང་མི་ལྡན་པའི་གང་ཟག་སྤྱོད་པ་སྤྱད་པ་དགག །མཛད་ཅིང་ལྡན་པའི་གང་ཟག་སྤྱོད་པ་སྤྱད་པའི་དགོས་པ། དེས་གྲུབ་པའི་དོན་བསྟན་པའོ། །དང་པོ་ནི། དེང་སང་གསང་སྔགས། ཞེས་སོགས་ཚིགས་བཅད་ལྔ་སྟེ། དེང་སང་བོད་འདི་ན་གསང་སྔགས་ཀྱི་དབང་དང་རིམ་པ་གཉིས་ཀྱི་རྣམ་དབྱེ་མི་ཤེས་པར་གསང་སྔགས་ཀྱི་ལུགས་སུ་འཆོས་པའི་ལག་ལེན་ཕྱིན་ཅི་ལོག་བྱེད་པ་མཐོང་། ཤེས་བྱ་ཆོས་ཅན། གསང་སྔགས་ཀྱི་དབང་ཐོབ་ཅིང་། ལམ་རིམ་པ་གཉིས་པོ་མི་བསྒོམ་ན། གོང་གི་ཡུལ་ཆེན་སུམ་ཅུ་སོ་བདུན་པོ་དེ་དག་ཏུ་སྤྱོད་པའི་ཆེད་དུ་འགྲོ་བ་སངས་རྒྱས་ཀྱི་རྒྱུད་སྡེ་ལས་མ་གསུངས་ཏེ། ལམ་རིམ་པ་གཉིས་པོ་མི་བསྒོམ་པའི་བསྒོམ་ཆེན་བཟང་ཡང་ས་དང་པོ་ཡན་ཆད་ཀྱི་རྟོགས་པ་བསྐྱེད་ནུས་པ་ཕ་རོལ་ཏུ་ཕྱིན་པའི་ལུགས་ཀྱི་སེམས་ལ་གནད་དུ་བསྣུན་པའི་བསྒོམ་ཆེན་ལས་མ

འདས་ལ། ཕ་རོལ་ཏུ་ཕྱིན་པའི་མདོ་ལས། ས་ལམ་གྱི་རྟོགས་པ་བསྐྱེད་པའི་ཆེད་དུ་ཡུལ་ཆེན་དེ་དག་ཏུ་འགྲོ་བའི་ཆོག་བཤད་པ་མེད་པའི་ཕྱིར་རོ། །ཡུལ་ཆེན་དེ་དག་ཏུ་བགྲོད་ནས་ས་ལམ་གྱི་རྟོགས་པ་བསྐྱེད་པ་ནི། ནང་ལུས་ཀྱི་གནས་དེ་དང་། དེ་དག་གི་རླུང་སེམས་དབུ་མར་བཞུགས་པའི་ཆེད་ཡིན་པའི་ཕྱིར་རོ། །

སྐབས་ཀྱི་དོན་ནི། བསྒོམ་ཆེན་བཟང་པོ་ཞེས་པ་ས་དང་པོ་ཡན་ཆད་ཀྱི་རྟོགས་པ་སྐྱེས་པ་ཡིན་ལ། དེ་ལ་སེམས་ལ་གནད་དུ་བསྣུན་ནས་སྐྱེས་པ་དང་། ལུས་ལ་གནད་དུ་བསྣུན་ནས་སྐྱེས་པ་གཉིས་ལས། རིམ་གཉིས་མ་བསྒོམ་པར་སྐྱེས་པ་ནི་སེམས་ལ་གནད་བསྣུན་ནས་སྐྱེས་པ་ཡིན་པས་རྒྱུད་སྡེ་འོག་མ་གསུམ་གྱི་ས་ལམ་གྱི་རྟོགས་པ་བསྐྱེད་པའི་ཚུལ་ཡང་། སེམས་ལ་གནད་དུ་བསྣུན་པ་ལས་མ་འདས་པའི་ཕྱིར་ན། ཕ་རོལ་ཏུ་ཕྱིན་པའི་ལུགས་ཀྱི་ས་ལམ་རྟོགས་པ་བསྐྱེད་པའི་ལུགས་སུ་སྟོན་པ་ཡིན་གྱི་ཉམས་ལེན་ཐམས་ཅད་ཕ་རོལ་ཏུ་ཕྱིན་པའི་ལུགས་ཀྱི་ཉམས་ལེན་དུ་འདུས་པ་ནི་མིན་ནོ། །ཚུལ་འདི་ཇི་ལྟ་བ་བཞིན་རྟོགས་པ་ནི་དམ་པའི་མགོན་གྱིས་ཟིན་པ་ཁོ་བོ་འབའ་ཞིག་གོ། །ཞེས་གསུང་རབ་དགོངས་གསལ་ལས་གསུངས་སོ། །གལ་ཏེ་གསང་སྔགས་ཀྱི་ལམ་རིམ་པ་གཉིས་མི་བསྒོམ་ཞིང་། རྟོགས་པ་ཡོད་པར་རློམ་པ་ཡི་རྣལ་འབྱོར་པ་ཡི་ཡུལ་ཆེན་སོ་བདུན་པོ་དེ་དང་དེར་ཕྱིན་ན། བར་ཆད་འབྱུང་ཞིང་། དེ་ལྟར་རློམ་པ་དང་རྟོགས་པ་ཅི་ཡང་མེད་པའི་བསྒོམ་ཆེན་གྱིས་ཡུལ་དེར་ཕྱིན་ན་ཕན་པའི་དངོས་གྲུབ་དང་། གནོད་པའི་བར་ཆད་གང་ཡང་འབྱུང་བ་མེད་དེ། དཔེར་ན། ཨོ་ཊྱན་དང་། ཛ་ལན་དྷ་ར་དང་། གངས་ཅན་དང་། དེ་ཝི་ཀོ་ཊ་ལ་སོགས་པའི་ཡུལ་ན་གླུ་གློ་དང་། ཅི་ཡང་མི་ཤེས་པའི་བླུན་པོ་དང་། ཕྱི་རོལ་མུ་སྟེགས་བྱེད་དང་། འབྲོག་པ་རྣམས་ཀྱིས་གང་ཡོད་མོད་ཀྱང་། སྐྱེ་བོ་དེ་དག་གྲུབ་པ་ཐོབ་པམ་ཅི་སྟེ་མི་ཐོབ་པ་བཞིན་ནོ། །

གཉིས་པ་ནི། གསང་སྔགས་བསྒོམ་པའི། ཞེས་སོགས་རྐང་པ་དྲུག་སྟེ། འོ་ན་གནས་ཆེན་དེ་དག་ཏུ་འགྲོ་བའི་གང་ཟག་སུ་ཡིན་ཞེ་ན། གསང་སྔགས་ཀྱི་དབང་ལེགས་པར་ཐོབ་ཅིང་། སྨིན་གྲོལ་སྐྱོང་བྱེད་འཕྲོད་པའི་བསྐྱེད་རིམ་དང་དམིགས་བཅས་དམིགས་མེད་ཀྱི་རྫོགས་རིམ་བསྒོམ་པའི་རྟོགས་པ་དང་ལྡན་པ་ཅན་དཔའ་བོ་དང་རྣལ་འབྱོར་མ་རང་གོ་བར་བྱེད་པའི་ལུས་ངག་གི་བརྡའ་དོན་འཕྲོད་པའི་སྐལ་བར་ལྡན་པ་ཞིག་འགྲོ་བ་ཡིན་ཏེ། རྣལ་འབྱོར་པ་དེ་ལ་ཡུལ་ཆེན་དེ་དང་དེར་གནས་པ་ཡི་མཁའ་འགྲོ་མ་ས་དང་པོ་སོགས་ཐོབ་པའི་ཚུལ་བཟུང་བ་རྣམས་ཀྱིས་རྟོགས་པ་འཕེལ་བར་བྱིན་གྱིས་བརླབས་ཅིང་། དེ་ལ་བརྟེན་ནས་ནང་དུ་ས་ལམ་རྣམས་བདེ་བླག་ཏུ་བགྲོད་པའི་ཕྱིར། དེ་ལྟར་ས་བགྲོད་ཚུལ་འདིའི་དོན་རྣལ་འབྱོར་ཆེན་པོ་བླ་ན་མེད་པ་ཡི་རྒྱུད་སྡེ་ཧེ་རུ་ཀ་བརྟག་གཉིས་དང་། བཤད་རྒྱུད་སཾ་བུ་ཊི་ལ་སོགས་པ་རྣམས་སུ་ལེགས་པར་ལྟོས།

གཉིས་པ་ནི། དེས་ན་གསང་སྔགས། ཞེས་སོགས་རྐང་པ་གཉིས་ཏེ། རྒྱུ་མཚན་དེས་ན་གསང་སྔགས་ཀྱི་ལམ་ཟབ་མོ་མི་བསྒོམ་པར་ཡུལ་ཆེན་རྣམས་བགྲོད་པ་དོན་མེད་པ་ཡིན་ཏེ། པཎ་ཆེན་ཤཱཀྱ་ཤྲཱི་ལ་བསྒོམ་ཆེན་གཅིག་གིས་ཏི་སེ་དང་རྩ་ཡུལ་ཉི་ཤུ་རྩ་བཞིའི་ཕྱོགས་རེ་ལགས་སམ་ཞུས་པས། པཎ་ཆེན་གྱི་ཞལ་ནས། ཁྱོད་གསང་སྔགས་བསྒོམ་མམ་མི་བསྒོམ་གསུང་། གསང་སྔགས་མི་བསྒོམ་ཕྱག་རྒྱ་ཆེན་པོ་བསྒོམ་ཞུས་པས། གསང་སྔགས་མི་བསྒོམ་ན་ཡུལ་ཆེན་ཉི་ཤུ་རྩ་བཞིས་ཅི་བྱེད། ཕར་ཕྱིན་དང་ཉན་ཐོས་ལ་ཡུལ་ཆེན་ཉི་ཤུ་རྩ་བཞི་བཤད་པ་མེད། ཁྱེད་བོད་ཀྱི་ཆོས་པ་འདི་འདྲའི་རིགས་ཅན་འཁྲུལ་པ་མང་པོ་ཡོད་གསུངས་ནས་བོད་ལ་ཐུགས་ཀྱི་གཏིང་ནས་ཁྲེལ་ཏེ། དེ་རང་མེད་ཅེས་རྗེ་ཉིད་གསུངས་སོ། །བརྟན་པ་ཅུང་ཟད་ཐོབ་ནས་བསྒོམ་པར་བྱ་བའི་གནས་ནི། ཚོང་འདུས་ཆེན་པོ་ལ་སོགས་པར་རང་བཞིན་གྱི་རྣལ་འབྱོར་མ་སུམ་ཅུ་རྩ་གཉིས་ལ་སོགས་པའི་རིགས་ཀྱི་བུད་མེད་རྣམས་འདུ་བས་དེར་གནས་པར་བྱ་སྟེ། དེ་ལྟར་ན་འཁོར་བའི་ཚད་སྣ་ཚོགས་མཐོང་བའི་འདུས་བྱས་ཀྱི་ཆོས་ལ་སྐྱོ་བ་དང་། མི་རྟག་པ་དང་། བྱམས་པ་དང་། སྙིང་རྗེ་ལ་སོགས་བསྒོམ་མི་དགོས་པར་ཤུགས་ལ་སྐྱེ། སྣང་བའི་འཆར་ཚུལ་མི་འདྲ་བར་སྣ་ཚོགས་སུ་མཐོང་བས་སྒྱུ་མའི་རྩེ་ས་ཤུགས་ལ་ཟིན། གཟུགས་སྒྲ་སྣ་ཚོགས་མཐོང་བས་ཁྲིངས་ཁྲོད་ཤུགས་ལ་སེལ། ཕལ་པའི་གནས་སུ་གྱུར་པས་ང་རྒྱལ་སོགས་དང་གིས་ཆུང་། མཚན་མ་ལྡན་པའི་བུད་མེད་རྣམས་ཀྱི་གཟུགས་མཐོང་བའམ། སྒྲ་ཐོས་པའམ། ཚུལ་བཞིན་མིན་པའི་གཏམ་བརྗོད་པ་ཙམ་གྱིས་རྣལ་འབྱོར་པ་ལ་ཡོན་ཏན་སྐྱེ་བའི་གྲོགས་སུ་འགྱུར་རོ། །

གཉིས་པ་ལ་གཉིས་ཏེ། ཏི་སེ་གངས་ཅན་དུ་འདོད་པ་དགག་པ། ཙཱ་རི་གནས་ཆེན་དུ་འདོད་པ་དགག་པའོ། །དང་པོ་ལ་གསུམ་སྟེ། དགག་པ་སྤྱིར་བསྟན། ལུང་འགལ་བྱེ་བྲག་ཏུ་བཤད། ཉེས་སྤོང་གི་ལན་དགག་པའོ། །དང་པོ་ནི། དཔལ་ལྡན་དུས་ཀྱི། ཞེས་སོགས་རྐང་པ་བཅུ་གཅིག་སྟེ། དཔལ་ལྡན་དུས་ཀྱི་འཁོར་ལོའི་འགྲེལ་ཆེན་ཁམས་ལེར་གསུངས་པའི་རི་བོ་གངས་ཅན་དང་། ཆོས་མངོན་པའི་གཞུང་ལས་གསུངས་པ་ཡི་རི་བོ་སྤོས་ངད་ལྡན་གྱི་བྱང་ན་བྲག་གངས་རི་ཟེར་བའང་སྣང་རི་གསེར་གྱི་བྱ་སྐྱིབ་ལྔ་མ་ཡིན་གྱི་ཕུག །ཆུ་ཞེང་དཔག་ཚད་ལྔ་བཅུ། དཔངས་དཔག་ཚད་ཕྱེད་དང་བཞི་པ། བྲག་ཕུག་ལྔ་བརྒྱས་བསྐོར་བ། དེའི་བྱང་ན་ཤིང་ས་ལའི་རྒྱལ་པོ་རབ་བརྟན་ཤིང་ཕྲན་ཊཱི་ཀཱ་ཁ་ཅིག་ན་ས་ལ་ཕྲེང་བ་བདུན་རིམ་གྱིས་བསྐོར་བ་ཞེས་པ་འདུག་ལྔ་བརྒྱས་སྐོར་བ། དེའི་ཤར་ན་རྫིང་བུ་དལ་འབབ་ཅེས་བྱ་བ་མཚོ་མ་དྲོས་པ་དང་སྐྱམ་པ། རྫིང་བུ་བརྒྱ་སྟོང་མང་པོས་བསྐོར་བ་ཟེར་བའང་སྣང་ལྔ་བརྒྱས་བསྐོར་བ་ཡོད། དེར་བརྒྱ་བྱིན་གྱི་གླང་པོ་བརྒྱ་སྟོང་མང་པོས་བསྐོར་བ་ཟེར་བའང་འདུག་ཆེ་རབ་བརྟན་འཁོར་ལྔ་བརྒྱས་བསྐོར་བ་གནས་ཤིང་། དབྱར་ཟླ་བ་བཞི་ས་ལྔའི་ཚལ་དུ་ཟེར་བའང་སྣང་ལྔའི་ཚལ་དུ་འགྲོའོ། །དགུན་ཟླ་བ་བཞི་གསེར་གྱི་བྱ

སྐྱེབ་ཏུ་སྨོད། གཞན་ཡང་འཛམ་བུའི་ཤིང་དང་། གླང་པོ་ཆེ་ས་སྲུང་གི་བུ་གླང་ཆེན་ལྔ་བརྒྱ་སྐོར་བ་དང་། བཅོམ་ལྡན་འདས་དགྲ་བཅོམ་ལྔ་བརྒྱ་དང་བཅས་པ་རང་རང་ལས་ཀྱི་རྒྱུ་བ་ལུང་སྟོན་པར་མཛད་ཅིང་བཞུགས་པའི་གནས་ཡིན་པར་གསུངས་པའི་རི་བོ་གངས་ཅན་དེ་ནི། ད་ལྟ་མངའ་རིས་པུ་ཧྲང་གི་ཏི་སེར་གྲགས་པ་འདི་མིན་ཏེ། ད་ལྟའི་ཏི་སེ་ལ་གངས་ཅན་གྱི་མཚན་ཉིད་དེ་དག་མེད་པའི་ཕྱིར། ཏི་སེའི་ཤར་ཕྱོགས་ན་ཡོད་པའི་མ་ཕམ་དེ་ཡང་མ་དྲོས་རྒྱ་མཚོ་མིན་ཏེ། གླང་པོ་ཆེ་ས་སྲུང་རྣམས་ཀྱང་མ་ཕམ་དེ་ན་མེད་ལ། དེ་བཞིན་དུ་མ་དྲོས་པའི་ནང་དུ། འཛམ་བུའི་ཤིང་སྐྱེས་པ་དེའི་འབྲས་བུ་སྨིན་པ་ཆུ་ནང་དུ་ལྷུང་བའི་ཚེ། འཛམ་བུ་ཞེས་པའི་སྒྲ་སྒྲོགས་པ། འབྲས་བུ་ཆུ་ནང་དུ་ལྷུང་བ་ཀླུ་རྣམས་ཉར་སྦྲུལ་ནས་ཟོས་པས་བདུད་རྩིར་འགྱུར། ཀླུའི་མ་ཟོས་པ་རྣམས་འཛམ་བུ་ཆུ་བོའི་གསེར་དུ་འགྱུར། ཤིང་དེའི་རྩེ་མོ་ལ་ཉི་མ་ཤར་བ་དང་། འཛམ་བུ་གླིང་དུ་སྐྱ་རེངས་དང་པོ་ཤར་བ་དུས་མཉམ་དུ་འོང་གསུངས་པའི་འཛམ་བུའི་ལྗོན་པ་དང་། བྲག་གསེར་གྱི་བྱ་སྐྱིབ་ཅན་ལ་སོགས་པ་ག་ལ་ཡོད་དེ། མེད་པའི་ཕྱིར་རོ། །

གཉིས་པ་ལ་ལྔ་སྟེ། དུས་ཀྱི་འཁོར་ལོའི་དང་། མངོན་པའི་དང་། མུ་སྟེགས་བྱེད་ཀྱི་དང་། རྨ་བྱ་ཆེན་མོའི་མདོའི་དང་། ཕལ་པོ་ཆེའི་ལུང་དང་འགལ་བའོ། །དང་པོ་ནི། དེ་ཡི་གཏན་ཚིགས་ཞེས་སོགས་ཀང་པ་ཉེར་གཉིས་ཏེ། ད་ལྟའི་ཏི་སེ་དུས་འཁོར་ནས་གསུངས་པའི་གངས་ཅན་མིན་པ་དེ་ཡི་གཏན་ཚིགས་འདི་ལྟར་ཡིན་ཏེ། ད་ལྟའི་ཏི་སེའི་འགྲམ་ན་ཤམ་བྷ་ལ་མེད་པའི་ཕྱིར་དང་། ཛམྦུ་འཕྲུལ་དང་མི་ལྡན་པས་ཀྱང་ཏི་སེར་བསྐྱོད་ནུས་པའི་ཕྱིར། ཁྱབ་པ་ཡོད་དེ། དཔལ་ལྡན་དུས་ཀྱི་འཁོར་ལོ་ལས། ཆུ་བོ་སཱི་ཏའི་བྱང་ཕྱོགས་ན་རི་བོ་གངས་ཅན་ཡོད་པར་གསུངས་པའི་ཕྱིར་ཏེ། བསྡུས་རྒྱུད་ལས། ལན་ཚྭ་ཆང་དང་ཆུ་དང་འོ་མ་ཞོ་དང་མར་དང་སྦྲང་རྩིའི་རྒྱ་མཚོ་རྣམས་དང་རི་བདུན་ནི། །འོད་སྟོན་པོ་དང་མན་ཧྲ་ན་བའི་རི་སྟེ་རྩུབ་ལྡན་ནོར་འོད་ཚད་ལྡན་གྲང་བའི་རི་དོ་ཧེ། །གླིང་རྣམས་ཟླ་བ་དང་ནི་རབ་དཀར་རབ་མཆོག་ཀུ་ཤ་མི་འམ་ཅི་སྟེ་ཁྲུང་ཁྲུང་དྲག་པོ་རྣམས། །ལོངས་སྤྱོད་པ་རྣམས་ཉིད་དེ་འཛམ་གླིང་བདུན་པ་ལས་ཀྱི་ས་རྣམས་ལ་ནི་མི་རྣམས་གནས་པའོ། །ཞེས་རི་རབ་ལ་མཚོ་བདུན་དང་། རི་བདུན་དང་། གླིང་བདུན་གྱིས་ཁོར་ཡུག་ཏུ་བསྐོར་ནས་ཡོད་པའི་གླིང་ཕྱི་མ་འཛམ་གླིང་ཆེན་པོ་ཡིན་ཅིང་། དེ་ལ་དུམ་བུ་བཅུ་གཉིས་སུ་བྱས་པའི་ལྷོའི་ཆ་ནི་འཛམ་གླིང་ཆུང་དུ་ཡིན་ལ། དེའི་ཆུ་ཞེང་ཆེ་བ་ལ་ཆུ་བོ་སཱི་ཏ་ཡོད། དེའི་བྱང་ན་རི་བོ་གངས་ཅན་ཡོད་ཅིང་། རི་བོ་གངས་ཅན་གྱི་འགྲམ་ན་ཤམྦྷ་ལའི་ཡུལ་གྲོང་ཁྱེར་བྱེ་བ་དགུ་བཅུ་རྩ་དྲུག་ཡོད་པ། ས་པདྨ་འདབ་བརྒྱད་ཀྱི་རྣམ་པར་གནས་པ་དབུས་ཀྱི་སུམ་ཆ་ལྟེ་བར་བྱས་པ་ལ་ཀ་ལ་པའི་རི་བོར་གྲགས་ཤིང་། དེ་ན་རྒྱལ་པོའི་ཕོ་བྲང་མདོག་ཀཱ་ལ་པ་ཞེས་བྱ་བ་དང་། དུས་ཀྱི་འཁོར་ལོའི

གཞལ་ཡས་ཁང་ཡོད། དེ་ན་མ་ལ་ཡའི་ནགས་ཚལ་སྣ་ཚོགས་པ་དང་། བཟའ་ཤིང་གི་ར་བ་དུ་མས་བརྒྱན་པ་ཡོད། །འདབ་མ་བརྒྱད་པོ་རེ་རེ་ལ་གྲོང་ཁྱེར་བྱེ་བ་བཅུ་གཉིས་རེ་ཡོད་ཅིང་བྱེ་བ་ཕྲག་རེ་ལ་རྒྱལ་པོ་རེ་ཡོད་པས་རྒྱལ་ཕྲན་དགུ་ཅུ་རྩ་དྲུག་ཡོད་དེ། དེ་ལྟར་ཡང་། གངས་རི་མཆོག་གི་ཕྱོགས་རྣམས་མ་ལུས་ཀུན་ནས་ཡང་དག་སྐོར་བ་དེ་དག་དབུས་སུ་ཀེ་ལཱ་ཤ །ས་ལ་ཀེ་ལཱ་ཤ་ཡི་དྲུམ་བུར་གངས་རི་ལྡན་པ་དེ་ཡི་གསུམ་ཆ་ཀུན་ནས་ཤེས་བྱ་སྟེ། །ཕྱི་རོལ་དུ་ཡང་ཡུལ་རྣམས་ཉིན་བྱེད་འདབ་མ་རེ་རེའི་གླིང་རྣམས་ཀུན་གྱིས་བརྒྱན་པར་བརྗོད་པ་སྟེ། །གཡས་ཀྱི་ཕྱེད་དུ་ཐུབ་མཆོག་གནས་གྲོང་ཤམྦྷ་ལ་ཞེས་བྱ་བ་གྲོང་ཁྱེར་བྱ་བ་ཡང་དག་གནས། །ཞེས་སོགས་གསུངས་སོ། །ཕོ་བྲང་མཆོག་དེ་ན་རིགས་ལྡན་སྤྲུལ་པའི་རྒྱལ་པོ་རྣམས་རིམ་པར་བྱོན་ཏེ། ལོ་གྲངས་བརྒྱད་བརྒྱར་དུས་ཀྱི་འཁོར་ལོའི་ཆོས་གསུང་ངོ་། །ཇི་ལྟར་གསུང་ན། དེར་རྒྱལ་པོ་ཉི་མའི་འོད་ཅེས་བྱ་བ་བྱུང་བའི་སྲས་ཟླ་བ་བཟང་པོ་ལ། སྟོན་པས་འབྲས་སྤུངས་སུ། དཔལ་ལྡན་རྒྱུ་སྐར་གྱི་དཀྱིལ་འཁོར་སྤྲུལ་ནས། དུས་ཀྱི་འཁོར་ལོའི་རྩ་རྒྱུད་གསུངས་སོ། །རྒྱལ་པོ་དེས་ཤཾ་བྷ་ལར་རྩ་རྒྱུད་ལོ་གཅིག་གསུངས། དེའི་བརྒྱུད་པ་ལྷ་དབང་། གཟི་བརྗིད་ཅན། ཟླ་བས་བྱིན། ལྷའི་དབང་ཕྱུག །སྣ་ཚོགས་གཟུགས། ལྷའི་དབང་ལྡན་རྣམས་ཀྱིས་ལོ་བརྒྱ་བརྒྱ་རྩ་རྒྱུད་གསུངས་སོ། །དེ་ནས་འཇམ་དབྱངས་གྲགས་པས། ལོ་བརྒྱད་རྩ་རྒྱུད་གསུང་ནས་བསྡུས་རྒྱུད་མཛད། དེ་ནས་པདྨ་དཀར་པོས་བསྡུས་རྒྱུད་ཀྱི་འགྲེལ་པ་དྲི་མེད་འོད་མཛད་དོ། །དེ་ནས་བཟང་པོ་རྣམ་རྒྱལ། བཤེས་གཉེན་བཟང་པོ་ལ་སོགས་པ་རིགས་ལྡན་གྱི་རྒྱལ་པོ་མང་དུ་བྱུང་ངོ་། །སྙིགས་མའི་དུས་རྟགས་ཙམ་འཛིན་པར་གྱུར་པའི་དུས་སུ། ཧོར་ཡུལ་གྱི་བྱང་ཕྱོགས་ངག་སྤྲིན་ཅེས་བྱ་བར། ལྷ་མིན་གྱི་སྤྲུལ་པ་ཀླ་ཀློའི་རྒྱལ་པོ་སྟོབས་ཆེན་ཞིག་བྱུང་སྟེ། འཕགས་པའི་ཡུལ་དང་། བོད་རྣམས་འཛོམས་ཞིང་འཛམ་གླིང་ཆུང་ངུའི་ཕྱེད་དབང་དུ་བསྡུས་ཏེ། ཀླ་ཀློའི་ཆོས་ཀྱིས་གང་བར་འགྱུར། དེ་ནས་འཁོར་རྒྱལ་ཕྲན་དགུ་བཅུ་རྩ་དྲུག་ཡོད་པའི་སྟོབས་ཀྱིས་དྲེགས་ནས། ཀླ་ཀློའི་རྫུ་འཕྲུལ་གྱིས་ཤམྦྷ་ལ་རུ་དམག་འདྲེན་པར་འགྱུར་རོ། །དེའི་ཚེ་འོན་ཏེ་ཀླ་ལས་དྲག་པོ་འཁོར་ལོ་ཅན་འཇམ་དཔལ་གྱི་སྤྲུལ་པར་བཤད་པ་གཞུང་དང་དངོས་སུ་འགལ་ལོ་སྙམ་ན་དེ་འཇམ་དཔལ་དང་། ཕྱག་རྡོར་གཉིས་ཀའི་སྤྲུལ་པ་ཡིན་པས་མི་འགལ་བར་འོག་ཏྲིས་ལན་ན་གསལ་བར་བཞུགས་སོ། །ཕྱག་ན་རྡོ་རྗེ་ཡི་སྤྲུལ་པ་དྲག་པོ་འཁོར་ལོ་ཅན་ཞེས་བྱ་བ་ཡི་རིགས་ལྡན་གྱི་རྒྱལ་པོ་འབྱུང་སྟེ། ལྷ་ཆེན་བཅུ་གཉིས་དང་རྒྱལ་ཕྲན་དགུ་བཅུ་རྩ་དྲུག་གི་དཔུང་རྣམས་ཁྲིད་ནས་ཆུ་བོ་སཱི་ཏཱའི་ལྷོ་ཕྱོགས་སུ་འོངས་ཏེ། རྡོའི་མི་རྟ་ལ་ཞོན་པའི་སྤྲུལ་པའི་དམག་དཔུང་གིས་ཀླ་ཀློ་ཀུན་བཅོམ་ནས་རྒྱ་གར་འཕགས་པའི་ཡུལ་གྱི་བར་དུ་ཡང་སངས་རྒྱས་ཀྱི་བསྟན་པ་སྤེལ་བར་གསུངས་སོ། །རྒྱུ་མཚན་དེས་ན་དུས་ཀྱི་འཁོར་ལོ་ནས་བཤད་པའི་རི་བོ་གངས་ཅན་དུ་རྫུ་འཕྲུལ་མེད་པས་འགྲོ་མི་ནུས་སོ། །

གཉིས་པ་ནི། མངོན་པ་ལས་ཀྱང་། ཞེས་སོགས་ཕྲེང་པ་བཅུ་སྟེ། ཁྱེད་འདོད་པའི་ཏི་སེ་དེ་རི་བོ་གངས་ཅན་དང་། མ་ཕམ་འདི་མ་དྲོས་པར་འདོད་པ་མངོན་པའི་གཞུང་དང་འགལ་ཏེ། དུས་ཀྱི་འཁོར་ལོར་མ་ཟད། དམ་པའི་ཆོས་མངོན་པ་ལས་ཀྱང་། འདི་སྐད་དུ། མཛོད་རང་འགྲེལ་ལས། མ་ག་དྷ་ནས་བྱང་དུ་རི་ནག་པོ་གསུམ་མོ། །ཞེས་གསུངས་པས། མ་ག་དྷ་འདི་ནས་བོད་དང་རྒྱ་གར་གྱི་བར་ནས་ཆད་པ་རི་བརྒྱུད་གཉིས། བོད་དང་ཧོར་གྱི་བར་ན་ཆགས་པའི་གངས་བརྒྱུད་གཅིག་སྟེ་གསུམ་དང་། ཆུ་བོ་སི་ཏའི་བྱང་དུ་རི་རྒྱུད་དྲུག་སྟེ། རི་ནག་པོ་དགུ་འདས་པའི་ཕ་རོལ་ན། རི་བོ་གངས་ཅན་ནམ་གངས་རི་དཔལ་དང་ལྡན་པའོ། །དེ་ནས་བྱང་ཕྱོགས་ན་ནི་སྤོས་ཀྱི་ངད་དང་ལྡན་པ་ཡོད། དེའི་ཚུ་རོལ་དཔག་ཚད་བཅུ་འོངས་པ་ན་ཀླུའི་རྒྱལ་པོ་མ་དྲོས་པ་གནས་པའི་མཚོ་ཡོད། དཔག་ཚད་ཀྱི་ཚད་ནི། མཛོད་ལས། སོར་མོ་ཉི་ཤུ་བཞི་ལ་ཁྲུ། །ཁྲུ་བཞི་ལ་ནི་གཞུ་གང་ངོ་། །གཞུ་འདོམ་ལྔ་བརྒྱ་དག་ལ་ནི། །རྒྱང་གྲགས་དེ་ལ་དགོན་པར་འདོད། །དེ་བརྒྱད་དཔག་ཚད་ཅེས་བྱའོ། །ཞེས་པ་ལྟར་ཡིན། མཚོ་མ་དྲོས་པ་ནི། བསིལ་དང་ཞིམ་དང་ཡང་དང་འཇམ་དང་། །དྭངས་པ་དང་ནི་དྲི་ང་མེད། །འཐུང་ན་ལྟོ་དང་མགྲིན་པ་ལ། །མི་གནོད་ཡན་ལག་བརྒྱད་ལྡན་ཆུ། །ཞེས་པ་ལྟར་གྱི་ཡན་ལག་བརྒྱད་ཀྱི་ཆུའི་གང་བ། མེ་ཏོག་ཨུཏྤལ་ལ་དང་། པདྨ་དང་། ཀུ་མུ་ད་ལ་སོགས་པས་ཁེབ་པ། དེའི་ཆུ་ཞེང་དང་། ཟབས་སུ་དཔག་ཚད་ལྔ་བཅུ་ལྔ་བཅུ་ཡོད་པ། དབྱིབས་གྲུ་བཞི་པ། མཐར་དཔག་ཚད་ཉིས་བརྒྱུས་བསྐོར་བ། དེའི་གཡས་རོལ་ན་ཤིང་འཛམ་བུ་ཞེས་བྱ་བ་འབྲས་བུ་ཛམྦུ་ཙམ་རེ་སྨྱུང་རྗེ་འདྲ་བ་སོགས་གོང་དུ་བཤད་པའི་མཚན་ཉིད་ཅན་དང་ལྡན་པ་དང་། གཞན་ཡང་། མཚོ་དེ་ལས་གངྒཱ་ལ་སོགས་པའི་ཆུ་བོ་ཆེན་པོ་བཞི་པོ་རེ་རེ་ལ་ཆུ་ཕྲན་ལྔ་བརྒྱ་ལྔ་བརྒྱ་དང་བཅས་མ་དྲོས་པ་ལ་ལན་བདུན་བདུན་བསྐོར་ནས་ཕྱོགས་བཞིར་རྒྱ་མཚོར་འབབ་པར། གདགས་པ་ལས་གསུངས་ཏེ། ཆུ་ཀླུང་གངྒཱ་སིནྡྷུ་པཀྵུ་དང་། །སི་ཏ་ཐ་རླབས་སྦྲུ་བའི་ཕྲེང་བ་ཅན། །འབབ་ཅིང་ཐམས་ཅད་བསིལ་བའི་ཆུ་ཡིན་ཏེ། །ཕྱོགས་བཞི་ཁོ་ར་ཁོར་ཡུག་དག་ནས་འབྱུང་། །གངྒཱ་ཤར་ཕྱོགས་རྒྱ་མཚོར་འགྲོ་བ་སྟེ། །སིནྡྷུ་ལྷོ་ཕྱོགས་རྒྱ་མཚོར་འགྲོ་བ་ཡིན། །པཀྵུ་ཡང་ནི་ནུབ་ཕྱོགས་རྒྱ་མཚོར་འགྲོ། །དེ་ཡི་བྱང་ཕྱོགས་རྒྱ་མཚོར་སི་ཏ་འགྲོ། །ཆུ་ཀླུང་རབ་མཆོག་བཞི་པོ་འདི་དག་ནི། །མཆོག་ཏུ་བཟང་ཞིང་སོ་སོར་འབབ་པ་སྟེ། །རེ་རེའི་ཞེང་ཡང་ལྔ་བརྒྱར་ཁྱེར་ནས་ནི། །ཆུ་ཡི་རྒྱུན་རྣམས་རྒྱ་མཚོ་ཆེན་པོར་འགྲོ། །ཞེས་པ་ལ་སོགས་པ་རི་བོ་གངས་ཅན་དང་། མཚོ་མ་དྲོས་པའི་མཚན་ཉིད་རྒྱས་པར་གསུངས་པའི་ཕྱིར། རི་བོ་གངས་ཅན་དེ་དང་མཚོ་མ་དྲོས་པ་དེར་ནི་རྫུ་འཕྲུལ་དང་མི་ལྡན་པར་བགྲོད་པར་བྱ་བ་མིན། ཞེས་མངོན་པ་ལས་བཤད་དེ། མཛོད་འགྲེལ་ལས། དེར་ནི་རྫུ་འཕྲུལ་དང་ནི་མི་ལྡན་པའི་མིས་བགྲོད་པར་དཀའོ། །ཞེས་གསུངས་པའི་ཕྱིར།

དེས་ན་ད་ལྟའི་ཕྱུ་རུང་གི་ཏི་སེ་འདི་ལ་ནི་མངོན་པ་ནས་གསུངས་པའི་རི་བོ་གངས་ཅན་གྱི་མཚན་ཉིད་འདི་དག་གང་ཡང་མེད་དོ། །

གསུམ་པ་ནི། མུ་སྟེགས་བྱེད་པའི་ཞེས་སོགས་ཚིགས་བཅད་པ་བཅུ་བཞི་སྟེ། ད་ལྟའི་ཏི་སེ་འདི་གངས་ཅན་ཡིན་པ་མུ་སྟེགས་ཀྱི་གཞུང་དང་ཡང་འགལ་ཏེ། ཕྱི་རོལ་མུ་སྟེགས་ཀྱི་གཞུང་རྒྱས་པའི་བསྟན་བཅོས་གཞོན་ནུ་འབྱུང་བ་ཞེས་བྱ་བའི་སྐབས་དག་ལས་ཀྱང་། གླིང་འདིའི་ཤར་ནུབ་གཉིས་ཀྱི་རྒྱ་མཚོ་ལ་ཐུག་པའི་བར་རི་བོ་གངས་ཅན་གྱིས་ནི་ཁྱབ་པར་བཤད་པའི་ཕྱིར། བྱང་གི་ཕྱོགས་ན་རི་ཡི་རྒྱལ་པོ་ཡོད། །མི་གཡོའི་བདག་ཉིད་གངས་ཅན་ཞེས་བྱ་བ། །ཤར་ནུབ་གཉིས་ཀྱི་རྒྱ་མཚོར་ཁྱབ་པར་གནས། །ས་ཆེན་འདི་ནི་འབྱུལ་བའི་ཆགས་ཤིང་འདྲ། །ཞེས་བཤད་པས་སོ། །ཡང་སྦྲིའུ་ཧ་ནུ་གཞུང་ཁ་ཅིག་ཏུ་མཐྲས་ཞེས་པའང་བཞུགས་མན་ཏྲས། སྲིན་པོ་ལང་ཀ་མགྲིན་བཅུའི་ཡུལ་ནས་འཕངས་པ་ཡི་གངས་རིའི་དུམ་བུ་ལམ་དུ་འཚར་བ་ཞིག་གངས་ཏི་སེ་ཡིན་ཞེས་དྲང་སྲོང་གྲོང་མཁར་བ་སྨྲའོ། །འདིའི་གཏམ་རྒྱུད་ནི། དགའ་བྱེད་ཀྱི་འཇུག་པ་ལས། སྔོན་གྱི་རྒྱལ་པོ་ཤིང་རྟ་བཅུ་པའི་བུ་དགའ་བྱེད་ཀྱི་ཆུང་མ་རོལ་དེད་མ་སྲིན་པོ་ལང་ཀ་མགྲིན་བཅུའི་ཕྲོགས་ནས། དེ་ལ་དམག་དྲངས་ཏེ། སྲིན་པོ་ཕལ་ཆེར་བསད་པའི་ཚེ་མགྲིན་བཅུའི་སྤུན་ཟླ་བསམ་གཏན་བསྒོམ་པ་ཞིག་གིས་རླུང་དྲག་པོ་བཏབས་པས། དགའ་བྱེད་དང་། ཧ་ནུ་མན་ཏྲ་མ་གཏོགས་དམག་དཔུང་ཐམས་ཅད་ཀེང་རུས་སུ་སོང་ནས། དེ་གསོ་བའི་ཕྱིར། རི་བོ་གངས་ཅན་བླངས་ནས་དེ་ལ་ཡོད་པའི་བདུད་རྩི་གཏོར་བས་གསོས་པར་གྱུར་ཏོ། །སྦྲིའུ་ཧ་ནུ་མན་ཏྲས་སླར་གངས་རི་རང་གནས་སུ་འཕངས་པའི་དུམ་བུ་ཞིག་ལམ་དུ་ལྷུང་བ་དེ་ཏི་སེ་ཡིན་ཞེས་གྲོང་མཁར་བ་སྨྲའོ། །གཏམ་རྒྱུད་རྒྱས་པར་ལེགས་བཤད་སྙིང་འགྲེལ་ན་བཞུགས་ལགས་སོ། །རྒྱུ་མཚན་དེས་ན། དབང་ཕྱུག་ཆེན་པོའི་གནས་གླང་པོ་ཆེ་ས་བསྲུང་གི་བུ་ཡི་བརྟེན་པའི་ས་ཞེས་འདུལ་ལུང་ལས་བཤད། གདགས་པ་ལས་ནི། རབ་བརྟན་གྱི་བསྟེན་པའི་སར་བཤད། ཊཱི་ཀ་ཁ་ཅིག་ལས། ས་བསྲུང་གི་བུ་རབ་བརྟན་གྱི་བསྟེན་པའི་ས་ཞེས་བཤད་ལ་གང་ལྟར་ནའང་། འཕགས་པའི་གནས་བརྟན་ཡན་ལག་འབྱུང་དགྲ་བཅོམ་པ་ལྔ་བརྒྱས་སྐོར་ནས་བཞུགས་པའི་ཡུལ་ནི། ད་ལྟའི་མངའ་རིས་ཀྱི་ཏི་སེ་འདི་མིན་ཏེ། འདི་ལ་མཚན་ཉིད་དེ་དག་མ་ཚང་བའི་ཕྱིར་རོ། །

བཞི་པ་ནི། མ་དྲོས་ཆེན་པོ། ཞེས་སོགས་ཚིགས་བཅད་པ་གཉིས་ཏེ། གཟུངས་གྲྭ་ལྔའི་མ་དྲོས་ཆེན་མོའི་མདོ་ལས་ཀྱང་། རི་བོ་གངས་ཅན་དང་། ཏི་སེ་ཐ་དད་དུ་གསུངས་ཏེ། མདོ་དེར། རི་བོ་ཆེན་པོ་རི་རབ་ནས། རི་བོ་བཏང་འཛིན་གྱི་བར་ལ་རི་བོ་ཆེན་པོ་ལྔ་བཅུ་དང་དགུ་གསུངས་པ་ལ། རི་བོ་གངས་ཅན་རི་བོ་གཉིས་པ་དང་། རི་བོ་ཏི་སེ་བཞི་བཅུ་ཞེ་དགུ་པ་ཡིན་པར་གསུངས་སོ། །

ལྔ་པ་ནི། ཐལ་པོ་ཆེ་ཡི། ཞེས་སོགས་ཚིགས་བཅད་བདུན་ཏེ། ད་ལྟའི་མ་ཕམ་མ་དྲོས་པར་འདོད་པ་ཕལ་པོ་ཆེའི་མདོ་དང་འགལ་ཏེ། སངས་རྒྱས་ཕལ་པོ་ཆེའི་མདོ་ལས་ནི། འདི་ལྟར་མཚོ་མ་དྲོས་པའི་ཆུ་ཞེང་དུ་ཕྱོགས་རེ་ལ་དཔག་ཚད་ལྔ་བཅུ་ལྔ་བཅུ་ཡོད་པར་གསུངས་ཤིང་། འོག་གི་ས་གཞི་རིན་པོ་ཆེ་སྣ་ཚོགས་ཀྱི་སེག་མ་བརྡལ་བ་དང་། དེའི་ངོས་ནི་རིན་པོ་ཆེ་སྣ་ཚོགས་ཀྱི་ཕ་གུ་རྩིགས་པ། མཚོ་དེ་ལས་འབབ་པའི་ཆུ་བོ་བཞི་ནི། ཆུ་ཀླུང་གངྒཱ་རིན་པོ་ཆེའི་གླང་པོ་ཆེའི་ཁ་འདྲ་བ་ནས་ནི་དངུལ་གྱི་བྱེ་མ་འདྲེན་ཅིང་དངུལ་གྱི་བྱེ་མ་ལ་གནས་ཏེ་འབབ། དེ་བཞིན་དུ་ཆུ་བོ་སི་ཏ་སེང་གེའི་ཁ་འདྲ་བ་ནས་ནི། ལྷ་རྫས་ཀྱི་རྡོ་རྗེའི་བྱེ་མ་འདྲེན་ཅིང་དེ་ཉིད་ལ་གནས་ཏེ་འབབ། ཆུ་བོ་སིནྡྷུ་ལ་ལ་སིནྡྷུ་རྨ་བྱའི་ཁ་ནས་འབབ་ཟེར་བ་མདོ་ལས་མ་བཤད་པས་ནོར་བ་ཡིན་གསུངས་གླང་གི་ཁ་འདྲ་བ་ནས་ནི། གསེར་གྱི་བྱེ་མ་འདྲེན་ཅིང་དེ་ལ་གནས་ཏེ་འབབ། ཆུ་བོ་པཀྵུ་རྟ་ཡི་ཁ་འདྲ་བ་ནས་ནི། བཻ་ཌཱུརྻ་སྔོན་པོའི་བྱེ་མ་འདྲེན་ཅིང་དེ་ལ་གནས་ཏེ་འབབ། ཆུ་ཀླུང་བཞི་པོ་ཐམས་ཅད་ཀྱི་ནི་ཁ་ཞེང་དང་། འབབ་པའི་ཁ་ལ་དཔག་ཚད་རེ་རེ་ཡོད་པར་མདོ་ལས་གསུངས། ཆུ་བོ་དེ་བཞི་རེ་རེ་ལ་ཆུ་གཡོག་ལྔ་བརྒྱ་ལྔ་དང་བཅས་པས་མཚོ་མ་དྲོས་པ་ལ་ལན་གྲངས་བདུན་བདུན་གཡས་ཕྱོགས་སྐོར་ནས་ཕྱོགས་བཞིའི་རྒྱ་མཚོ་ཆེན་པོ་དག་ཏུ་འབབ་པར་བཤད། ཆུ་བོ་བཞི་ཆུ་གཡོག་དང་བཅས་པ་དེ་ཡི་བར་མཚམས་ཐམས་ཅད་དུ་ནི། ཨུཏྤལ་དང་། པདྨ་དང་། ཀུ་མུ་ཏ་དང་། པུཎྜ་རི་ཀ་ལ་སོགས་ཀྱི་མེ་ཏོག །དབྱིབས་དང་། ཁ་དོག །དྲི་བསུང་རྣམ་པ་སྣ་ཚོགས་པ་དང་། རིན་པོ་ཆེའི་ལྗོན་ཤིང་རྣམ་པ་ཐ་དད་པ་ཡལ་ག་དང་། ལོ་མ་མེ་ཏོག་འོད་ཟེར་སྣ་ཚོགས་པ་ཅན་རྣམས་ཀྱིས་རབ་ཏུ་གང་བར་གནས་པ་ཡིན་ལ། གོང་དུ་བཤད་པ་དེ་དག་ལ་སོགས་པའི་མ་དྲོས་པའི་མཚན་ཉིད་རྒྱས་པར་ནི་སངས་རྒྱས་ཕལ་པོ་ཆེའི་མདོ་སྡེ་དྲུག་དུམ་པའི་ག་པར་ཀླུའི་རྒྱལ་པོ་མ་དྲོས་པའི་གནས་ནས་ཆུ་ཀླུང་ཆེན་པོ་མ་འདྲེས་པ། རྙོག་པ་མེད་པ་དྭངས་པ་འོད་གསལ་བ། དྲི་མ་མེད་པ། དག་པ་ནམ་མཁའ་ལྟ་བུ་དྲི་མ་དང་བྲལ་བ་བཞི་འབབ་སྟེ། ཞེས་སོགས་གསུང་པ་ལ་ལྟོས་ཏེ། ད་ལྟའི་མ་ཕམ་གཡུ་མཚོ་འདི་ལ་ནི། ཕལ་པོ་ཆེ་ནས་གསུངས་པའི་མ་དྲོས་པའི་མཚན་ཉིད་དེ་དག་གང་ཡང་མེད་པའི་ཕྱིར་རོ། །

གོང་དུ་དུས་འཁོར་དང་མངོན་པ་སོགས་ལས་གངས་ཅན་དང་། ཏི་སེའི་གསུངས་ཚུལ་ལ་དྲི་བ། ཤུ མངོན་པ་ནས་གསུང་གངས་ཅན་ཏེ། །ཏི་སེ་ཡིན་པར་ཕྱོགས་སྔ་མས། །ཁས་བླངས་ཤམྦྷ་ལ་ཡི་ནི། །གངས་ཅན་ཏི་སེར་མ་སླུས་པས། །རྩོད་ལན་འབྲེལ་པ་གང་ཡིན་བརྟག །རང་གི་ལུགས་ལ་མངོན་པ་ནས། །གསུང་པའི་གངས་ཅན་རྒྱུད་སྡེ་ལས། །བཤད་པའི་གངས་ཅན་དེར་བཞེད་དམ། །གཞན་ཡང་ཀྱི་རྡོར་བདེ་མཆོག་ལས། །གསུང་པའི་གངས་ཅན་གང་ཡིན་པ། །ཤམྦྷ་ལ་ཡི་གངས་ཅན་དུ། །ངེས་པར་ཞལ་གྱིས་བཞེས་ནུས་སམ། །ཞེས

པའི་ལན་ནི། ཀ སྐབས་འདིའི་རྩོད་ལན་གྱི་རྣམ་གཞག་བཤད་པ་དང་། འབྲེལ་མེད་མི་འགྱུར་བའི་ཚུལ་དཔེས་བསྟན་པ་དང་། གངས་ཅན་གྱི་འདོད་ཚུལ་མ་འདྲེས་པར་བཤད་པ་དང་གསུམ་གྱིས་རྟོགས་པར་བྱ་བ་ལས། དང་པོ་ནི། ཕ་རོལ་པོས་དཔྱད་ལྔའི་ཏི་ཀ་འདི་གསུང་རབ་ནས་བཤད་པའི་གངས་ཆེན་དུ་འདོད་པ་ལ། བདག་ཉིད་ཆེན་པོ་འདིས་དེ་ནི་མིན་ཏེ། ཕྱིར་གངས་ཅན་ལ་དུས་འཁོར་ནས་བཤད་པ་དང་། མདོན་པ་ནས་བཤད་པ་དང་། མུ་སྟེགས་བྱེད་ཀྱི་གཞུང་ནས་བཤད་པ་དང་། རྨ་བྱ་ཆེན་མོའི་མདོ་ལས་བཤད་པ་དང་། ཕལ་པོ་ཆེའི་མདོ་ནས་བཤད་པའི་ཚུལ་རྣམས་སུ་ངེས་པ་ལས། དེ་དག་གང་ཡང་མིན་ཏེ། ཕྱིར་གངས་ཅན་ལ་དུས་འཁོར་ནས་བཤད་པ་དང་། རེ་རེ་བཞིན་དུ་དེ་དག་གི་མཚན་ཉིད་མ་ཚང་བའི་ཕྱིར། ཞེས་པའི་དོན་ཡིན་གྱི། མདོན་པ་ནས་བཤད་པའི་གངས་ཅན་མིན་ཏེ། དུས་འཁོར་ནས་བཤད་པའི་གངས་ཅན་གྱི་མཚན་ཉིད་མ་ཚང་བའི་ཕྱིར། ཞེས་པའི་དོན་ག་ལ་ཡིན། རྩོད་ལན་གྱི་ཚུལ་འདི་བཞིན་མ་ཤེས་ན་དོགས་པ་དེ་ནི་སྐྱེ་བ་ཡང་བདེན་ནོ། །

གཉིས་པ་ནི། གངས་ཅན་དེ་དག་གཅིག་པའམ་མི་གཅིག་པ་གང་ཡིན་ཀྱང་འདྲ། རྩོད་ལན་གྱི་ཚུལ་འབྲེལ་མེད་དུ་མི་འགྱུར་ཏེ། དཔེར་ན་ཕ་རོལ་པོ་ཏི་སེ་རི་རབ་ཡིན་པར་སྨྲས་པ་ལ་དེ་ནི་མིན་ཏེ། མདོན་པ་ནས་བཤད་པའི་རི་རབ་ཀྱི་མཚན་ཉིད་ཀྱང་མ་ཚང་། བདེ་མཆོག་སོགས་ནས་བཤད་པའི་རི་རབ་ཀྱི་མཚན་ཉིད་ཀྱང་མ་ཚང་། དུས་འཁོར་ནས་བཤད་པའི་རི་རབ་ཀྱི་མཚན་ཉིད་ཀྱང་མ་ཚང་བའི་ཕྱིར་ཞེས་པ་བཞིན་ནོ། །

གསུམ་པ་ནི། དུས་འཁོར་ནས་བཤད་པའི་གངས་ཅན་དང་། མདོན་པ་ནས་བཤད་པའི་གངས་ཅན་གཏན་མི་གཅིག་སྟེ། དེ་གཉིས་ཕྱིར་རི་རབ་དང་། རི་གླིང་རྒྱ་མཚོ་སོགས་ཀྱི་འཆད་ཚུལ་གཏན་མི་གཅིག་པའི་ཕྱིར་དང་། ཁྱད་པར་འཛམ་བུ་གླིང་གི་འཆགས་ཚུལ་གཏན་མི་གཅིག་པའི་ཕྱིར་དང་། དུས་འཁོར་ལས་གངས་ཅན་གྱི་འགྲམ་ན་ཤཱཀྱ་ལ་ཡོད་པར་གསུངས་ལ། མདོན་པ་ལས་ཤཱཀྱ་ལ་ཁས་མི་ལེན་པའི་ཕྱིར་རོ། །གསང་སྔགས་གཞན་ནས་གསུངས་པའི་གངས་ཅན་ནི། མདོན་པ་ནས་གསུང་པ་དང་ཅིག་ཅུ་ཁས་ལེན་དགོས་ཏེ། རི་རབ་གླིང་བཞི་སོགས་ཀྱི་འཆགས་ཚུལ་ཐམས་ཅད་མདོན་པ་ནས་གསུང་པ་དང་མཐུན་པར། རྣམ་བཤད་རིགས་པ་སོགས་ཚད་ལྡན་གྱི་གཞུང་ལུགས་མང་པོ་ལས་འབྱུང་བའི་ཕྱིར་རོ། །ཞེས་པའི་ལན་མཛད་དོ། །

དེ་ནས་ཀླུ་ཀློའི་རྫུ་འཕྲུལ་གྱིས། །ཤཱཀྱ་ལ་རུ་དམག་འདྲེན་འགྱུར། །དེ་ཚེ་ཕྱག་ན་རྡོ་རྗེ་ཡིས། །སྤྲུལ་པ་དྲག་པོ་ཞེས་བྱ་བའི། །ཞེས་སོགས་ལ་དྲི་བ། ༤ དེ་ནས་ཀླུ་ཀློའི་རྫུ་འཕྲུལ་གྱིས། །ཤཱཀྱ་ལ་རུ་དམག་འདྲེན་པའི། །བཤད་པ་གསལ་པོ་གང་ན་བཞུགས། །རིགས་ལྡན་དྲག་པོ་ཞེས་བྱ་བ། །ཕྱག་རྡོར་སྤྲུལ་པར་གང་དུ་བཤད། །ཅེས་པའི་ལན་ནི། ཀ རིགས་ལྡན་དྲག་པོ་དེ་ཕྱག་རྡོར་གྱི་སྤྲུལ་པ་ཡིན་པར་དུས་འཁོར་རྩ་རྒྱུད་ལས་བཤད་དེ།

རིགས་ལྡན་དྲག་པོ་འཇམ་དབྱངས་གྲགས་པའི་སྤྲུལ་པ་ཡིན། འཇམ་དབྱངས་གྲགས་པ་ཟླ་བ་བཟང་པོའི་སྤྲུལ་པ་ཡིན། ཟླ་བ་བཟང་པོ་ཕྱག་ན་རྡོ་རྗེའི་སྤྲུལ་པ་ཡིན་པར་དེར་བཤད་པའི་ཕྱིར། གཏན་ཚིགས་དང་པོ་གྲུབ་སྟེ། དུས་འཁོར་འགྲེལ་ཆེན་དྲི་མེད་འོད་དུ་རྩ་རྒྱུད་ཀྱི་ལུང་དྲངས་པ་ལས། རིགས་ལྡན་ཉི་ཤུ་རྩ་བཞི་པོ་རྫོགས་པའི་རྗེས་སུ། གྲགས་པ་རིགས་ལྡན་དེ་ནས་སླར། །དེ་སྲས་འཁོར་ལོ་ཆེན་པོ་ཅན། །རིགས་ལྡན་དྲག་པོ་འབྱུང་འགྱུར་ཏེ། །ཀླ་ཀློའི་ཆོས་ནི་མཐར་བྱེད་པའོ། །ཞེས་འཇམ་དབྱངས་གྲགས་པ་སླར་ཡང་རིགས་ལྡན་དྲག་པོར་སྤྲུལ་པར་བཤད་པའི་ཕྱིར་རོ། །གཉིས་པ་གྲུབ་སྟེ། དེ་ཉིད་ལས། དེའི་ཟླ་བཟང་རྩ་རྒྱུད་ལ། །ཁྱོད་ནི་བསྡུད་པར་བྱེད་པ་སྟེ། །འགྲེལ་བཤད་བྱེད་པ་པད་འཛིན་རང་། །ཞེས་བསྡུས་རྒྱུད་མཛད་པར་གྲགས་པ་དང་། འགྲེལ་བཤད་མཛད་པ་གཉིས་ཀ་ཡང་ཟླ་བ་བཟང་པོའི་སྤྲུལ་པར་བཤད་པའི་ཕྱིར་རོ། །

གསུམ་པ་གྲུབ་སྟེ། དེ་ཉིད་ལས། ཕྱག་ན་རྡོ་རྗེ་ཟླ་བཟང་ཁྱོད། །ཞེས་གསུངས་པའི་ཕྱིར་རོ། །གལ་ཏེ་རིགས་ལྡན་གྲགས་པ་ཆོས་ཅན། ཕྱག་རྡོར་གྱི་སྤྲུལ་པ་མིན་པར་ཐལ། འཇམ་དབྱངས་ཀྱི་སྤྲུལ་པ་ཡིན་པའི་ཕྱིར་སྙམ་ན། དེ་ཉིད་འདུས་པར་གསུངས་པའི་རྡོ་རྗེ་སྔོན་པོ་ཆོས་ཅན། དེར་ཐལ། དེའི་ཕྱིར། འདོད་ན། དེ་ཉིད་སྣང་ཆེན་དུ། སེམས་དཔའ་བཅུ་དྲུག་གི་བསྟོད་པ་ཚིགས་སུ་བཅད་པ་བཅུ་དྲུག་པོ་དེ་ཉིད་ལ། རྡོ་རྗེ་སེམས་དཔའ་འམ་ཕྱག་ན་རྡོ་རྗེའི་མཚན་བརྒྱ་རྩ་བརྒྱད་ཚང་བར་བཤད་པ་དང་འགལ་ལོ། །གཞན་ཡང་། གསང་སྔགས་རྒྱུད་སྡེ་བཞིའི་འཁོར་གྱི་ལྷ་ཐམས་ཅད་གཙོ་བོ་ཉིད་ཀྱི་རྣམ་འཕྲུལ་ཡིན་པ་རྒྱུད་སྡེའི་ལུགས་ཡིན་པས། ཕྱག་རྡོར་གཙོ་བོར་བྱས་ནས་འཇམ་དབྱངས་འཁོར་དུ་བྱས་པ་དང་། འཇམ་དབྱངས་གཙོ་བོར་བྱས་ནས་ཕྱག་རྡོར་འཁོར་དུ་བྱས་པ་ཐམས་ཅད་སྤྱར་གྱི་ཐལ་བ་དེ་ལ་དངོས་སྐྱོན་དུ་འགྲོ་བ་བསྐྱོན་དུ་མེད་པས། དེ་འདྲའི་ཐལ་བ་འཕངས་ནས་ཁྲུབ་པ་རང་སོར་འབུད་ན་ལོག་པར་རྟོག་པ་ཆེན་པོ་ཡིན་ཏེ། དཔེར་མཚོན་ན། གསང་བ་འདུས་པའི་ལྷ་ཐམས་ཅད་ལ་གཙོ་བོ་གོ་འཕོ་བའི་དཀྱིལ་འཁོར་འཕགས་ལུགས་པ་དང་། ཡེ་ཤེས་ཞབས་ལུགས་གཉིས་ཆར་བཞེད་པས། དེའི་ཚེ་སྔར་གྱི་རྣམ་གཞག་དེ་དག་བསྐྱོན་དུ་མེད་དོ། །འདི་དག་ཀྱང་སངས་རྒྱས་ཐམས་ཅད་ངོ་བོ་གཅིག་པ་ཙམ་ལ་བསམ་ནས་སྨྲས་པ་མ་ཡིན་གྱི། གནས་སྐབས་དེ་དང་དེའི་བརྡ་ཆད་འཇོག་མཚམས་ལ་གྲུབ་པ་སྨྲས་པ་ཡིན་ཀྱང་། དུས་ཀྱི་སྟོབས་ཀྱིས་བློ་གཟུ་བོར་གནས་པ་དཀོན་ནོ། །ཀླ་ཀློའི་ཇུ་འཕྲུལ་གྱིས་ཤམྦྷ་ལ་རུ་དམག་འདྲེན་པའི་རིགས་ལྡན་དྲག་པོས་ཀླ་ཀློ་མཐར་བྱེད་པ། རྩ་རྒྱུད་ལས་གསུངས་པ་དེ་ཉིད་ཀྱིས་གྲུབ་པར་སྣང་སྟེ། དེའི་ཚུལ་རྒྱལ་པོ་ཟླ་བ་བཟང་པོས་རྩ་རྒྱུད་ལོ་གཅིག་བསྟན། དེ་རྗེས་ལྷ་དབང་། གཟི་བརྗིད་ཅན། ཟླ་བས་བྱིན། ལྷའི་དབང་ཕྱུག །སྣ་ཚོགས་གཟུགས། ལྷའི་དབང་ལྡན་རྣམས་ཀྱིས་ལོ་བརྒྱ་རེ

བརྒྱ་བརྒྱར་རྩ་རྒྱུད་བསྟན་པ་རྣམས་ནི་ཤཱཀྱ་ལར་རིགས་བཞི་ཡོད་པའི་རྡོ་རྗེའི་རིགས་ཁོ་ན་ལ་བསྟན་གྱི། གཞན་གསུམ་ལ་བསྟན་པར་མ་ནུས་པས་རིགས་ལྡན་དུ་མི་འཛོག་ལ། དེ་ནས་འཇམ་དབྱངས་གྲགས་པས། རིགས་བཞི་རྡོ་རྗེའི་རིགས་གཅིག་ཏུ་བྱས་ནས་བསྟན་པས། རིགས་ལྡན་གྱི་རྒྱལ་པོར་འཛོག་སྟེ། རྩ་རྒྱུད་ལས། རིགས་བཞི་རིགས་གཅིག་བྱས་གང་དེས། །རིགས་ལྡན་ཚངས་པའི་རིགས་ཀྱིས་མིན། །ཞེས་གསུངས་པས་སོ། །དེ་ནས་བཟུང་སྟེ། རིགས་ལྡན་དྲག་པོའི་བར་ཤཱཀྱ་ལར་ཀླ་ཀློའི་རིགས་གཏན་མེད་ཅིང་། རིགས་ལྡན་དྲག་པོའི་ཀླ་ཀློའི་ཆོས་མཐར་བྱེད་པར་བཤད་པས་དེའི་ཚེ་ལོགས་ནས་དམག་འདྲེན་ཏེ་འོངས་པར་གསལ་སྣམ་དུ་སེམས་ཏེ་དཔྱད་པར་བྱའོ། །ཞེས་གསུངས་སོ། །

གསུམ་པ་ལ་གཉིས་ཏེ། ཉེས་སྤྱོང་བརྗོད་པ་དང་། དེ་དགག་པའོ། །དང་པོ་ནི། དེ་ལ་ཁ་ཅིག   །ཞེས་སོགས་ཚིག་རྐང་ལྔ་སྟེ། ད་ལྟའི་ཏི་སེ་གངས་ཅན་དང་། མ་ཕམ་མཚོ་ཡིན་པ་ལ་ལུང་དང་འགལ་བའི་སྐྱོན་བརྗོད་པ་དེ་ལ་ཁ་ཅིག   །ཉེས་སྤྱོང་འདི་སྐད་དུ་བརྗོད་དེ། ད་ལྟའི་ཏི་སེ་དང་། མ་ཕམ་ལ་སྔར་གྱི་མཚན་ཉིད་དེ་དག་མི་ལྡན་ཡང་། རི་བོ་གངས་ཅན་དང་མཚོ་མ་དྲོས་པ་མིན་པར་མི་འགྱུར་ཏེ། དཔེར་ན་བྱ་རྒོད་ཕུང་པོའི་རི་ལ་ཡང་དཀོན་བརྩེགས་ཀྱི་སྡོམ་གསུམ་བསྟན་པའི་གླེང་གཞི་ནས་བཤད་པ་བཞིན་དུ་མཐོ་བ་དང་། ལྷུམ་པ་དང་། ཤིང་ལྗོན་པ་སྣ་ཚོགས་དང་། འདབ་ཆགས་མཛེས་ཤིང་ཡིད་དུ་འོང་བ་དུ་མ་སྐད་སྙན་པ་སྒྲོགས་པ་དང་། ལྷ་རྫས་ཀྱི་མེ་ཏོག་དྲི་བསུང་ཞུན་སུམ་ཚོགས་པས་ཁྱབ་པ་རྣམས་ད་ལྟ་མེད་པ་བཞིན་དུ། ད་ལྟ་དུས་ཀྱི་སྟོབས་ཀྱིས་ཡུལ་ཀུན་ཡང་རྣམ་པ་འགྱུར་བར་སྣང་ཞེས་ཟེར་རོ། །

གཉིས་པ་ལ་གཉིས་ཏེ། འཆད་ཚུལ་གཉིས་ཀྱི་རང་བཞིན་བཤད། དེ་ཉིད་སྐབས་ཀྱི་ལན་ལ་སྦྱར་བའོ། །དང་པོ་ལ་གཉིས་ཏེ། སྒྲ་སྐུར་སྐྱོན་དུ་འགྱུར་མི་འགྱུར་དཔྱད། དེ་ཡི་དཔེར་བརྗོད་སོ་སོར་བཤད་པའོ། །དང་པོ་ནི། འདི་ཡང་ཕྱི་སྟེ། ཞེས་སོགས་རྐང་པ་བཅུ་བཞི་སྟེ། ཉེས་སྤྱོང་འདི་ཡང་མི་མཚུངས་པ་ཕྱི་སྟེ་བཤད་ཀྱིས་ཉོན་ཅེས་གདམས་ནས། སྤྱིར་འཆད་ཚུལ་ལ། དངོས་པོའི་གནས་ལུགས་འཆད་པ་དང་། སྐྱོན་ཡོན་བསྔགས་པའི་འཆད་ཚུལ་རྣམ་པ་གཉིས་ཡོད་པ་ལས། ཕྱི་མ་ལ་སྒྲོ་བསྐུར་སྐྱོན་དུ་མི་འགྱུར་ཏེ། དངོས་པོ་དེའི་སྐྱོན་དང་ཡོན་ཏན་སྒྲོགས་པ་ན། སྙན་ངག་མཁན་གྱི་གཞུང་ལུགས་ལས་འབྱུང་བ་བཞིན་དུ། ཡོན་ཏན་བསྔགས་པའི་སྐབས་ཡིན་པའི་ཕྱིར། དཔེར་ན། བྱ་རྒོད་ཕུང་པོའི་རི་ལ་ཡང་མཐོ་བ་དང་། ལྷུམ་པ་དང་། ཤིང་ལྗོན་པ་སྣ་ཚོགས་པས་མཛེས་པ་ལ་སོགས་པར་བཤད་པ། བོད་ཀྱི་ཡུལ་དོག་པས་རྒྱང་གྲགས་རེ་ལའང་ཐང་ཆེན་པོ་ཡིན་ཟེར་བ་ཇི་བཞིན་དུ་མ་གླ་ཏན་རི་གཞན་མེད་པས། བྱ་རྒོད་ཕུང་པོའི་རི་ཡང་། འཕགས་པའི་ཡུལ་གྱི་རི་ཆེན་པོ་ཡིན་ཞེས

དེ་ལྟར་དུ་སྐྱོན་ཡོན་བརྗོད་པའི་སྒོ་ནས་འཆད་པ་ལ་སྟོན་དག་མཁན་རྣམས་སྐྱོན་དུ་རྩི་བ་གང་ཡང་མེད་པའི་ཕྱིར་རོ། །དངོས་པོའི་གནས་ལུགས་རང་གི་མཚན་ཉིད་ཇི་ལྟར་གནས་པ་བཞིན་འཆད་པ་ན། ཡོན་ཏན་མེད་པར་ཡོད་ཅེས་ལྟག་པ་སྒྲོ་འདོགས་དང་། ཡོད་པ་ལ་མེད་ཅེས་འཆད་པ་བསྐུར་འདེབས་ཀྱི་འཁྲུལ་པ་བྱུང་བས་དེ་ལ་མཁས་པ་རྣམས་སྐྱོན་དུ་བརྩི་སྟེ། དངོས་པོའི་གནས་ལུགས་ལ་དེ་ལྟར་དུ་སྒྲོ་བསྐུར་བརྗོད་ན་གནས་ལུགས་ངོས་མི་ཟིན་པའི་ཕྱིར་རོ། །

གཉིས་པ་ནི། དཔེར་ན་བ་ལང་། ཞེས་སོགས་རྐང་པ་ཉེར་གཉིས་ཏེ། འཆད་ཚུལ་གཉིས་པོ་ལ། སྒྲོ་སྐུར་སྐྱོན་དུ་འགྱུར་མི་འགྱུར་བ་དཔེའི་སྒོ་ནས་བཤད་ན་འདི་ལྟར་ཡིན་ཏེ། དཔེར་ན་བ་ལང་ལ་བསྟགས་པ་བརྗོད་པའི་ཚེ་གངས་རིའི་ཕུང་པོ་འགྲོ་ཤེས་ཞེས་པའམ། སྤྲིན་ཆད་པའི་དུམ་བུ་ཞེས་པའམ། རྭའི་རྩེ་རྡོ་རྗེ་དང་འདྲ་བ་དང་། སྨིག་པ་ལ་ཨིནྡྲ་ནི་ལ་དང་། རྔ་མ་ལ་དཔག་བསམ་གྱི་ཤིང་ལྗོན་པ་སོགས་སུ་བརྗོད་པ་དང་། གཞན་ཡང་། སྐྱེས་བུ་ལ་བསྟགས་པ་བརྗོད་པ་ན། སྐྱེས་བུའི་བཞིན་ལ་ཉི་མ་དང་། ཟླ་བའི་དཀྱིལ་འཁོར་དང་། སོ་ལ་གངས་རིའི་ཕྲེང་བ་སོགས་སུ་བརྗོད་པ་དང་། རྒྱ་ཆེ་བ་ལ་ནམ་མཁའི་དཔེ་དང་། རྒྱ་ཆུང་བ་ལ་རྡུལ་ཕྲན་གྱི་དཔེ་སྦྱོར་བ་དང་། རགས་པ་སྟེ་ཆེན་པོའི་དཔེ་ལ་རི་རབ་དང་། སྟོབས་ཆགས་བྱེ་བ་ལ་ནི། གླང་པོ་ཆེའི་དཔེ་དང་། གང་ཟག་ཕྲུག་པོ་ལ་ནི་རྣམ་ཐོས་ཀྱི་བུ་དང་། རྒྱལ་ཕྲན་ལ་ཡང་ལྷ་དབང་བརྒྱ་བྱིན་གྱི་དཔེ་དང་། དགེ་བའི་བཤེས་གཉེན་ཕལ་པ་ལའང་། སངས་རྒྱས་ལྟ་བུར་དཔེ་སྦྱར་ནས་བསྟགས་པ་བརྗོད་པ་ནི། སྟོན་དག་མཁན་ལ་བཀག་པ་མེད་དེ། སྟོན་དག་གི་བསྟན་བཅོས་ལས། སྒྲོ་བཏགས་ཀྱི་དཔེ་འདི་ལྟར་སྦྱོར་བར་བཤད་པའི་ཕྱིར་རོ། །དངོས་པོའི་གནས་ལུགས་འཆད་པའམ། རང་གི་མཚན་ཉིད་གཏན་ལ་འབེབས་པ་ན། དེའི་གནས་ལུགས་སམ་མཚན་ཉིད་ཇི་ལྟར་ཡོད་པ་བཞིན་དུ་བརྗོད་དགོས་ཀྱི། དེ་ལྟར་མིན་པ་མེ་ལ་སིལ་བ་དང་། ཆུ་ལ་ཚ་བ་ལྟ་བུ་ཕྱིན་ཅི་ལོག་ཏུ་བཤད་ན། མཁས་པ་རྣམས་ག་ལ་དགའ་སྟེ་སྒྲོ་སྐུར་བརྗོད་པས། དངོས་པོའི་གནས་ལུགས་སམ་མཚན་ཉིད་ཇི་ལྟ་བ་བཞིན་རྟོགས་མི་ནུས་པའི་ཕྱིར་རོ། །

གཉིས་པ་ནི། དེས་ན་བྱ་རྒོད། ཞེས་སོགས་ཚིགས་བཅད་གཉིས་ཏེ། རྒྱུ་རྐྱེན་དེས་ན་བྱ་རྒོད་ཕུང་པོ་སོགས་ཀྱི་ཡོན་ཏན་བཤད་པ་ད་ལྟ་མེད་པ་དང་། གངས་ཅན་དང་། མ་དྲོས་པ་སོགས་ཀྱི་མཚན་ཉིད་བཤད་པ་ད་ལྟ་མེད་པ་མི་མཚུངས་ཏེ། བྱ་རྒོད་ཕུང་པོའི་རི་ལ་མཐོ་བ་དང་། ཟླུམ་པ་ལ་སོགས་པའི་བསྟགས་པ་མཛད་པ་ནི། མདོ་སྡེ་ལ་ངེས་པ་བསྐྱེད་པའི་ཆེད་དུ། སྟོན་ཕུན་སུམ་ཚོགས་པ་ལྷ་འཛོམས་པའི་དུས་སུ་མདོ་སྡེ་འདི་བྱུང་ངོ་ཞེས་སྟོན་དག་གི་གཞུང་ལུགས་བཞིན་ཡོན་ཏན་བསྟགས་པའི་སྐབས་ཡིན་པའི་ཕྱིར་དང་། རྣམ་པ་གཞན་དུ་ན།

བྱ་རྒོད་ཕུང་པོར་ཤེར་ཕྱིན་གྱི་མདོ་གསུངས་པའི་ཚེ། བཅོམ་ལྡན་འདས་ཀྱིས་ས་ཕྱོགས་བྱིན་རླབས་པས་འཁོར་ཐམས་ཅད་ཀྱིས་དེ་ལྟར་དུ་མཐོང་བ་ཡིན་ཏེ། དཔེར་ན་མདོ་སྡེ་གཞན་ལས་མི་མཇེད་ཀྱི་འཇིག་རྟེན་གྱི་ས་ཕྱོགས་ལག་མཐིལ་ལྟར་མཉམ་པ་སྡོང་དུམ་དང་། ཚེར་མ་དང་། མི་གཙང་བའི་ལྷན་ལྷིན་དང་། རི་ནག་པོ་མེད་པར་གྱུར་ཏོ། །ཞེས་གསུངས་པ་དང་མཐུན་པའི་ཕྱིར་དང་། རི་བོ་གངས་ཅན་དང་། མཚོ་མ་དྲོས་པ་ལ་སོགས་པའི་ཡོན་ཏན་བཤད་པ་ནི། དངོས་པོ་དེ་དང་དེའི་རང་སྤྱིའི་མཚན་ཉིད་འཆད་པའི་སྐབས་ཡིན་པས་དངོས་པོའི་གནས་ལུགས་འཆད་པ་ན་དེ་ལ་སྒྲོ་སྐུར་དུ་འབྲུལ་ན་ཀུན་མཁྱེན་ཡིན་པའི་ཕྱིར། སྙིགས་མ་ལྔ་བརྙ་བའི་དུས་ཀྱི་ཤུགས་བརྟས་པས་ཡུལ་རྣམས་ཙུང་ཟད་ངན་པར་འགྲོ་སྲིད་ཀྱི་ཆོས་མངོན་པ་སོགས་ནས་བཤད་པའི་མཚོ་མ་དྲོས་པ་དང་། ཤིང་འཛམ་བུ་ལ་སོགས་པ་ཐམས་ཅད་འབྲུལ་པ་ག་ལ་སྲིད་དེ་མི་སྲིད་དོ། །དུས་ཀྱི་ཤུགས་ཀྱིས་ཙུང་ཟད་ངན་དུ་འགྲོ་སྟེ། ཆོས་རྒྱལ་མྱ་ངན་མེད་དམག་དཔུང་དང་བཅས་ནས་ལྷོ་ཕྱོགས་སུ་ཕྱིན་པ་ན། བྱེ་མའི་རིའི་ནང་དུ། འོད་སྲུངས་ཀྱི་དུས་ཀྱི་དགྲ་བཅོམ་པ་གཅིག་བཞུགས་འདུག་པ་ལ། འོ་མ་བླངས་ནས་དྲངས་པས། ད་ལྟའི་འོ་མ་ལ་སྔོན་གྱི་ཆུའི་གྲོགས་ཙམ་ཡང་མི་འདུག་གསུངས། ཟས་འཕྲུལ་ཡ་མ་བཟུང་དང་བཅས་ཏེ་མྱ་ངན་ལས་འདས་སོ། །གསུངས།

གཉིས་པ་ཙཱ་རི་གནས་ཆེན་དུ་འདོད་པ་དགག་པ་ནི། ཙཱ་རི་ཏྲ། ཞེས་སོགས་ཚིགས་བཅད་པ་བཅུ་གཅིག་སྟེ། ཁ་ཅིག་འདོད་པའི་གོང་ཡུལ་གྱི་ཙཱ་རི་ཙཱ་གོང་ནི། གནས་ཆེན་གྱི་ཙཱ་རི་ཏྲ་དེ་མིན་ཏེ། གནས་འབྱུང་གཙོད་ཀྱི་བྱེ་བྲག་ཙཱ་རི་ཏྲ་ཞེས་བྱ་བའི་ཡུལ་ནི། ལྷོ་ཕྱོགས་རྒྱ་མཚོའི་འགྲམ་འཛམ་བུ་གླིང་གི་མཐའ་ཟད་པ་ན་ཡོད་པར་སེ་ཏི། བདེ་མཆོག་ཕྱག་ཐིག་སོགས་ལས་གསུངས་པའི་ཕྱིར། ཕྱག་རྒྱ་བ་ལ་ལ། གནས་ཞིང་གི་བྱེ་བྲག་དེ་ཁྱི་གོ་ཏ་ལ་གཉིས་ཡོད་པའི་ཆེ་ཤོས་རྒྱ་གར་ལྷོ་ཕྱོགས་ན་ཡོད། ཆུང་བའི་གནས་གཞན་ཞིག་གོང་ཡུལ་གྱི་ཙཱ་རི་ཡིན་ཞེས་སྨྲའོ། །གོང་ཡུལ་གྱི་ཙཱ་རི་དེ་ཡི་ཕྱོགས་ན་ཛྷ་ཏའི་ཤིང་ཡོད་ན། ཡུལ་ཙཱ་རི་དེ་དེ་ཁྱི་གོ་ཏ་ཡིན་པ་ལ་འགལ་བ་མེད་དེ། རྡོ་རྗེ་མཁའ་འགྲོའི་རྒྱུད་ལས་ནི། དེ་ཁྱི་གོ་ཏར་ཛྷ་ཏ་གནས། །ཞེས་གསུང་ཞིང་། གཞན་ཡང་རྒྱུད་དེ་ཉིད་ལས། བོད་ཡུལ་ལྷན་ཅིག་སྐྱེས་མ་ནི། །རྫོ་བའི་ཕུག་ན་བརྟེན་སྟེ་གནས། །ཡུལ་དེར་གནས་པའི་ལྷ་མོ་ནི། །ཛྷ་ཏའི་ཤིང་ལ་བརྟེན། ཅེས་གསུངས་པས་སོ། །

གསུམ་པ་དེ་གཉིས་ཀའི་འཇུག་བསྡུ་བ་ནི། ཧི་མ་དང་ནི་ཞེས་སོགས་ཚིགས་བཅད་པ་དགུ་སྟེ། མངའ་རིས་ཀྱི་ཧི་མ་དང་ནི། གོང་ཡུལ་གྱི་ཙཱ་རི་ལ་སོགས་པ་གལ་ཏེ་རྒྱུད་ལས་བཤད་པའི་གནས་ཆེན་ཡིན་དུ་ཆུགས་ན་ཡང་། ཡུལ་ཉི་ཤུ་རྩ་བཞི་པོ་དེ་དང་དེར་འགྲོ་བའི་གང་ཟག་ནི། གསང་སྔགས་བླ་མེད་ཀྱི་དབང་བསྐུར་ཐོབ་ཅིང་དམ

ཚིག་དང་ལྡན་པ་དང་། ལུས་ངག་གི་བརྡ་དང་བརྡའི་ལན་ཤེས་ཤིང་རིམ་གཉིས་ཀྱི་རྟོགས་པ་ལ་བརྟན་པ་ཆེན་པོ་ཐོབ་པ་ཡི་རྣལ་འབྱོར་པས་ཉམས་རྟོགས་འཕེལ་བའི་ཆེད་དུ་རྒྱུད་སྡེ་ནས་བཤད་པའི་སྤྱོད་པ་སྤྱད་པའི་དོན་དུ་རྒྱུ་བར་གསུངས་ཀྱི་ཡོན་ཏན་དེ་ལྟ་བུ་དང་ལྡན་པ་མིན་པའི་གང་ཟག་གི་གནས་ཆེན་གྱི་ཡུལ་ཉེར་བཞི་པོ་དེ་དང་དེར་འགྲོ་བ་རྒྱུད་སྡེ་ལས་བཀག་སྟེ། དཔེར་ན་གཏེར་གྱི་ཁ་བྱང་སོགས་མེད་པར་གཏེར་སྟོན་ཀྱང་ནོར་མི་ཐོབ་ཅིང་ཐོབ་ཀྱང་བར་ཆད་འབྱུང་བ་དང་འདྲ་བས་སོ། །

ལྔ་པ་དེ་ལ་བརྟེན་ནས་ས་ལམ་བགྲོད་སྟེ་འབྲས་བུ་སྟོན་དུ་བྱེད་པའི་ཚུལ་ལ་གཉིས་ཏེ། མཐར་ཐུག་པའི་འབྲས་བུ་ལ་འཁྲུལ་པ་དགག་པ། གནས་སྐབས་ཀྱི་འབྲས་བུ་ལ་འཁྲུལ་པ་དགག་པའོ། །དང་པོ་ལ་ལྔ་སྟེ། རྒྱུ་འབྲས་རིགས་མི་མཐུན་དགག་པ། རྒྱུ་འབྲས་ཕྱིན་ཅི་ལོག་དགག་པ། རྒྱུ་མེད་པར་འབྲས་བུ་འབྱུང་བ་དགག་པ། རྒྱུ་མ་ཚང་བར་འབྲས་བུ་འབྱུང་བ་དགག་པ། འབྲས་བུའི་ངོ་བོ་ལ་འཁྲུལ་པ་དགག་པའོ། །དང་པོ་ལ་གཉིས་ཏེ། ཚིག་ཐུབ་ལས་སྐུ་གསུམ་འབྱུང་བར་དགག་པ། ཚིག་ཐུབ་རང་གི་ངོ་བོ་དགག་པའོ། །དང་པོ་ནི། ཁ་ཅིག་དཀར་པོ། ཞེས་སོགས་རྐང་པ་དྲུག་སྟེ། ཞང་ཚལ་པ་ལ་སོགས་པ་ཁ་ཅིག །དཀར་པོ་ཚིག་ཐུབ་ཞེས་བྱ་བ་སྟོང་ཉིད་ཁོ་ན་བསྒོམ་པ་ལས་འབྲས་བུ་སྐུ་གསུམ་འབྱུང་ཞེས་ཟེར། །དེ་མི་འཐད་དེ། རྒྱུ་གཅིག་ཁོ་ན་ལས་འབྲས་བུ་དུ་མ་འབྱུང་མི་ནུས་པའི་ཕྱིར། དཔེར་ན་ས་བོན་གཅིག་པོས་མྱུ་གུ་བསྐྱེད་མི་ནུས་ཀྱི་ཆུ་ལུད་སོགས་རྐྱེན་ཐམས་ཅད་ཚོགས་པ་ལས་མྱུ་གུ་སྐྱེ་བ་བཞིན་ནོ། །དེ་ཡང་སྤྱོད་འཇུག་ལས། རྐྱེན་གཅིག་གིས་ནི་ཀུན་ནུས་པ། །གང་ན་ཡང་ནི་ཡོད་མ་ཡིན། །སྣ་ཚོགས་རྐྱེན་ལས་བྱུང་བ་ཡིས། །སྒྱུ་མ་དེ་ཡང་སྣ་ཚོགས་ཉིད། །ཅེས་གསུངས་པས་སོ། །གལ་ཏེ་ཚིག་ཐུབ་ཞེས་བྱ་བའི་སྟོང་ཉིད་གཅིག་བསྒོམ་པ་ལས། འབྲས་བུ་ཞིག་འབྱུང་སྲིད་ན་ཡང་འབྲས་བུ་དེ་ཡང་ཕན་གནོད་མེད་པའི་སྟོང་ཉིད་གཅིག་ཏུ་འགྱུར་ཏེ། དཔེར་ན་ཐབས་དང་བྲལ་བའི་སྟོང་ཉིད་བསྒོམ་པས་ཉན་ཐོས་ཀྱི་འགོག་པ་ཐོབ་པ་བཞིན་ནོ། །

གཉིས་པ་ལ་བཞི་སྟེ། ཚིག་ཐུབ་ཐབས་དང་བཅས་ན་ཁས་བླངས་འགལ་བ། ཐབས་དང་བྲལ་ན་ལུང་རིགས་གཉིས་དང་འགལ་བ། དེས་ན་ཐབས་མཁས་ལམ་གྱི་གཙོ་བོར་བསྒྲུབ་པ། སྟོང་ཉིད་ཁོ་ན་བསྒོམ་པའི་ཉེས་དམིགས་བསྟན་པའོ། །དང་པོ་ལ་གཉིས་ཏེ། དངོས་དང་། ལུང་འགལ་སྤྲངས་པའོ། །དང་པོ་ནི། འགའ་ཞིག་ཚིག་ཐུབ། ཅེས་སོགས་ཚིགས་བཅད་གཉིས་ཏེ། དྭགས་པོ་ལྷ་རྗེ་ལ་སོགས་པ་འགའ་ཞིག །དཀར་པོ་ཚིག་ཐུབ་བསྒོམ་པ་ཡི་རྗེས་ལ། གཞན་དོན་འོང་བའི་ཐབས་སུ། བསྔོ་བ་བྱ་དགོས་ཟེར། དེ་མི་འཐད་དེ། ཤེས་བྱ་ཆོས་ཅན། འོན་དཀར་པོ་ཚིག་ཐུབ་དེ་གཉིས་སུ་འགྱུར་བར་ཐལ། ཚིག་ཐུབ་ཀྱི་རྗེས་སུ་བསྔོ་བ་བྱ་དགོས་པའི

ཕྱིར། ཆིག་ཐུབ་ཀྱི་ཇེས་ལ་བསྒོ་བ་བྱེད་པ་དེ་ལའང་། སྐྱབས་འགྲོ་སེམས་བསྐྱེད་དང་། ཡི་དམ་གྱི་ལྷ་བསྒོམ་པ་ལ་སོགས་པའི་ཐབས་བྱེད་དགོས་སམ་མི་དགོས་དགོས་ན་ཆིག་ཐུབ་དེ་དུ་མར་འགྱུར་ལ། མི་དགོས་ན་ཆིག་ཐུབ་ཀྱི་ཇེས་སུ་བསྒོ་བའང་བྱ་མི་དགོས་པར་ཐལ། དེ་ལ་སྐྱབས་འགྲོ་སེམས་བསྐྱེད་ལ་སོགས་པའི་ཐབས་བྱེད་མི་དགོས་པ་གང་ཞིག །དགེ་བ་མ་བྱས་པར་བསྒོ་རྒྱུ་མེད་ཅིང་། ཆིག་ཐུབ་ཞེས་བྱ་བའི་སྟོང་ཀྱང་བསྒོམ་པ་ཐབས་དང་བྲལ་བ་ཡིན་པའི་ཕྱིར་རོ། །རྒྱུ་མཚན་དེས་ན་དཀར་པོ་ཆིག་ཐུབ་ཞེས་བྱ་བ་འདི་འདྲའི་ཆོས་ལུགས་རྫོགས་པའི་སངས་རྒྱས་ཀྱིས་གསུངས་པ་མེད་པས་མི་འཐད་དེ། ཐབས་གཞན་དང་བཅས་ན་ཆིག་ཐུབ་མིན་ཞིང་། ཐབས་དང་བྲལ་ན་སངས་རྒྱས་མི་ཐོབ་པའི་ཕྱིར་ཏེ། ཇི་སྐད་དུ། ཐམས་ཅད་མཁྱེན་པའི་ཡེ་ཤེས་ནི། སྙིང་རྗེའི་རྩ་བ་ཅན། བྱང་ཆུབ་ཀྱི་རྒྱུ་ལས་བྱུང་བ། ཐབས་ཀྱིས་མཐར་ཕྱིན་པ་ཡིན་ནོ། །ཞེས་གསུངས་པ་དང་འགལ་བའི་ཕྱིར་རོ། །

གཉིས་པ་ནི། ཐུབ་པས་སྟོང་ཉིད། ཅེས་སོགས་རྐང་པ་བཅུ་སྟེ། འོ་ན་གསང་བ་བསམ་གྱིས་མི་ཁྱབ་པའི་མདོ་ལས། དམ་པའི་ཆོས་ནི་འཛིན་པ་དང་། །བྱང་ཆུབ་སེམས་ཀྱི་བསོད་ནམས་དེས། །སྟོང་པ་ཉིད་ལ་མོས་པ་ཡི། །བཅུ་དྲུག་ཆར་ཡང་མི་ཕོད་དོ། །ཞེས་གསུངས་པ་དང་འགལ་ལོ་སྙམ་ན། མི་འགལ་ཏེ། ཐུབ་པས་སྟོང་པ་ཉིད་ལ་བསྟགས་པ་མཛད་པ་ནི་དངོས་པོར་འཛིན་པ་བཟློག་པའི་ཕྱིར་སྟོང་ཉིད་ཀྱི་ཆེ་བ་བརྗོད་པ་ཡིན་གྱི། སྟོང་ཉིད་ཁོ་ན་བསྒོམ་པས་འབྲས་བུ་ཐོབ་པ་མིན་ཏེ། དབུ་མ་ལས། རྒྱལ་བ་རྣམས་ཀྱིས་སྟོང་པ་ཉིད། །ལྟ་ཀུན་ངེས་པར་འབྱིན་པར་གསུངས། །ཞེས་གསུངས་པ་བཞིན་ནོ། །དངོས་འཛིན་བཟློག་པའི་ཕྱིར་སྟོང་ཉིད་ལ་བསྟགས་པ་མཛད་པ་ནི། དཔེར་ན་འབུམ་ལ་སོགས་པའི་མདོ་ལས། སངས་རྒྱས་ལ་ཕྱག་འཚལ་ཞེས་པའི་ཚིག་བརྗོད་པ་ཙམ་གྱིས་འཁོར་བ་ལས་ནི་ཐར་ཞེས་གསུངས་པ་དང་། དམ་ཆོས་པད་དཀར་ལས། མཆོད་རྟེན་དེ་ལ་གང་གིས་ཐལ་མོ་སྦྱར། །ཡོངས་སུ་ཚང་ངམ་ཐལ་མོ་ཡ་གཅིག་གམ། །ཡང་ན་མགོ་བོ་སྐད་ཅིག་བཏུད་པ་དང་། །དེ་བཞིན་ལུས་ཀྱང་ལན་གཅིག་བཏུད་པ་དང་། །གང་གི་རིང་སྲེལ་གནས་པ་དེ་དག་ལ། །གཡེང་བའི་སེམས་ཀྱིས་སངས་རྒྱས་ཕྱག་འཚལ་ཞེས། །ཚིག་གཅིག་ལན་འགའ་བརྗོད་པར་བྱེད་པ་ཡང་། །དེ་དག་ཀུན་གྱིས་བྱང་ཆུབ་མཆོག་འདི་ཐོབ། །ཞེས་དང་། དེ་བཞིན་དུ། མཆོད་རྟེན་སྐོར་བའི་གཟུངས་ལས། གཟུངས་འདི་ལན་གཅིག་བརྗོད་པས་ཕྱོགས་བཅུ་དུས་གསུམ་གྱི་དཀོན་མཆོག་གསུམ་ལ་ཕྱག་འཚལ་ཞིང་བསྐོར་བ་བྱས་པར་འགྱུར་རོ། །ཐོག་མ་མེད་པ་ནས་བསགས་པའི་སྡིག་པ་ཐམས་ཅད་དག་པར་འགྱུར་རོ། །དགེ་བ་སྟོ་གཅིག་བྱས་པ་ཡང་བྱེ་བ་ཕྲག་ཏུ་འགྱུར་རོ། །ཞེས་གསུངས་པ་དང་། རྟེན་འབྲེལ་སྙིང་པོའི་གཟུངས་ལས། སྙིང་པོ་འདི་

ལན་གཅིག་བརྗོད་པས་སྡིག་པ་ཐམས་ཅད་བྱང་བར་འགྱུར་རོ། །མི་མཐུན་པའི་ཕྱོགས་ཐམས་ཅད་ཞི་ཞིང་བཟློག་པར་འགྱུར་རོ། །ཞེས་རྟེན་འབྲེལ་སྙིང་པོའི་གཟུངས་ལན་གཅིག་ཙམ་ཞིག་ཐོས་པའི་ཕན་ཡོན་གསུང་པ། སོགས་པ་དོན་ཞགས་དང་། ཚེ་དཔག་མེད་དང་། སྒྲོང་རྒྱུད་ནས་གསུངས་པའི་སྔགས་ཀྱི་འབྲུ་འགའ་ཞིག་དྲན་པ་ཙམ་གྱིས་སྡིག་པ་ཀུན་ལས་རྣམ་པར་གྲོལ་བར་འགྱུར་རོ། །ཞེས་གསུངས་པས་དགོངས་པ་ལེགས་པར་མི་ཤེས་པར་སྟོང་ཉིད་ལ་བསྟགས་པ་མཛད་པའི་ཚིག་འབྲུ་ཙམ་ལ་བརྟེན་ནས་ཐབས་ཟབ་ཅིང་རྒྱ་ཆེ་བའི་ཆོས་རྣམས་སྤྱངས་བར་མི་བྱའོ། །

གཉིས་པ་ལ་གཉིས་ཏེ། རིགས་པ་དང་འགལ་བ་དང་། ལུང་དང་འགལ་བའོ། །དང་པོ་ནི། མདའ་རྒྱང་ལ་ནི། ཞེས་སོགས་རྐང་པ་བདུན་ཏེ། ཐབས་དང་བྲལ་བའི་སྟོང་ཉིད་རྐྱང་པས་སངས་རྒྱས་མི་ཐོབ་སྟེ། དཔེར་ན་མདའ་རྐྱང་པ་ལ་ནི་འཕོང་གི་བྱེད་པ་མེད་ལ། གཞུ་བཟང་ཞིང་སྐྱེས་བུ་འཕེན་པ་ལ་མཁས་པར་གྱུར་ན། སྐྱེས་བུ་དེ་ཡིས་འདོད་པའི་བྱ་བ་དགྲ་བསད་པ་ལ་སོགས་པ་བསྒྲུབ་ནུས་པ་དེ་བཞིན་དུ་སྟོང་པ་ཉིད་རྐྱང་པ་ལ་འབྲས་བུ་འགྲུབ་པའི་བྱེད་པ་ཅི་ཡང་ཡོད་པ་མིན་ལ། ཐབས་ཀྱི་ཁྱད་པར་དང་། སྟོང་ཉིད་རྟོགས་པའི་ཤེས་རབ་ཟུང་དུ་ལེགས་པར་འབྲེལ་ན། །གང་ཟག་དེའི་འདོད་པའི་འབྲས་བུ་རྣམས་རིམ་པ་བཞིན་ཐོབ་པས་སོ། །

གཉིས་པ་ནི། རྡོ་རྗེ་གུར་ལས། ཞེས་སོགས་ཚིགས་བཅད་དགུ་སྟེ། ཤེས་བྱ་ཆོས་ཅན། ཐབས་དང་བྲལ་བའི་སྟོང་ཉིད་ཁོ་ན་བསྒོམ་པས་སངས་རྒྱས་འབྱུང་བར་འདོད་པ་མི་འཐད་དེ། རྡོ་རྗེ་གུར་དང་། རྣམ་སྣང་མངོན་བྱང་དང་། རྣམ་འགྲེལ་གྱི་ལུང་གསུམ་དང་འགལ་བའི་ཕྱིར་རོ། །ལུང་དང་པོ་རྡོ་རྗེ་གུར་ལས་འདི་སྐད་དུ་གསུང་སྟེ། གལ་ཏེ་སྟོང་པ་ཉིད་དུ་བལྟ་བ་ཁོ་ན་སངས་རྒྱས་ཐོབ་པའི་ཐབས་ཡིན་ན། སྟོང་རྐྱང་བསྒོམ་པ་དེ་ཡིས་འབྲས་བུ་སངས་རྒྱས་ཉིད་མི་འབྱུང་སྟེ། འབྲས་བུ་འདུ་བ་སྐུ་གཉིས་ཟུང་འཇུག་གི་རྒྱུ་འདྲ་བ་ཐབས་ཤེས་ཟུང་འཇུག་ལས་གཞན་གྱིས་ཐོབ་པ་མིན་པའི་ཕྱིར། རྒྱུ་མཚན་དེས་ན། སངས་རྒྱས་འབྱུང་བའི་ཐབས་ནི། སྟོང་པ་ཉིད་ཁོ་ན་མིན་ནོ། །འོ་ན་སྟོང་ཉིད་ལ་བསྟགས་པ་གསུངས་པའི་དགོས་པ་གང་ཡིན་ཞེ་ན། གསུངས་ཞེས་པ་ཁྱད་པར་གྱི་གཞིར་བཟུང་། གང་གསུངས་ན། སྟོང་ཉིད་ཀྱི་ལྟ་བ་ལ་བསྟགས་པ་གསུངས། སུས་གསུངས་ན་རྒྱལ་བ་རྫོགས་པའི་སངས་རྒྱས་རྣམས་ཀྱིས་སོ། །དགོས་པ་ཅིའི་ཕྱིར་དུ་ཞེ་ན། བདེན་འཛིན་གྱི་ལྟ་བ་རྣམས་ལས་བཟློག་པ་དང་། མུ་སྟེགས་བྱེད་ཀྱི་བདག་གི་ལྟ་བ་འཚོལ་བ་རྣམས་ཀྱིས་བདག་ཏུ་ཞེན་པའི་བསམ་པ་བཟློག་པའི་ཕྱིར་རོ། །འོ་ན་ཐབས་གང་གིས་སངས་རྒྱས་འགྲུབ་ཅེ་ན། ཐབས་ཤེས་ཟུང་འཇུག་གིས་སངས་རྒྱས་འགྲུབ་སྟེ། སྟོང་ཉིད་ཁོ་ནས་སངས་རྒྱས་མི་ཐོབ་ཅིང་། སྟོང་ཉིད་བསྒོམ་པ་ལ་དགོས་པ་ཡོད་པ་དེའི་ཕྱིར།

དེ་ཡང་འགྲུབ་ཅེས་པ་བཤད་པའི་གཞིར་བཞག གང་ཟག་སུས་འགྲུབ་ན། བླ་མེད་རྡོ་རྗེ་ཐེག་པའི་རྣལ་འབྱོར་པས་སོ། །འབྲས་བུ་གང་འགྲུབ་ན། ཟུང་འཇུག་རྫོགས་པའི་སངས་རྒྱས་ཉིད་དུའོ། །ཐབས་གང་གིས་འགྲུབ་ན། དཀྱིལ་འཁོར་གྱི་འཁོར་ལོ་ཞེས་བྱ་བའི་རྫོགས་རིམ་གྱི་ཐབས་ནི་བདེ་བའི་སྡོམ་པ་སྟེ་ཤེས་རབ་ཡིན་ལ། སངས་རྒྱས་ང་རྒྱལ་རྣལ་འབྱོར་ནི་བསྐྱེད་རིམ་སྟེ། ཐབས་ཡིན་པས་དེ་གཉིས་ཟུང་དུ་འབྲེལ་བ་ཉིད་ཀྱིས་འགྲུབ་བོ། །དེ་ལ་སོགས་པ་རྒྱུད་སྡེ་རྣམས་སུ་ཐབས་ཤེས་ཟུང་འཇུག་གིས་སངས་རྒྱས་ཐོབ་པ་ཤིན་ཏུ་གསལ་བར་གསུངས་སོ། །ལུང་གཉིས་པ་རྣམ་སྣང་མངོན་བྱང་ལས་ཀྱང་གསུངས་པ་ནི། དཔའ་བོ་ཆེན་པོ་སངས་རྒྱས་ཀྱིས་ཐབས་ཀྱི་ཁྱད་པར་དང་མི་ལྡན་པའི་ཡེ་ཤེས་སྟོང་པ་ཉིད་དང་། སྟོང་ཉིད་དེ་དང་འབྲེལ་བའི་བསླབ་པ་གསུམ་པོ་དག་ཀྱང་གསུང་པ་ནི་ཅོས་ཅན། དགོས་པ་ཡོད་དེ། ཐབས་ཟབ་མོ་རྒྱ་ཆེན་པོ་ལ་སྐྲག་པའི་ཉན་ཐོས་ཀྱི་རིགས་ཅན་རྣམས། ཉན་ཐོས་ཀྱི་བྱང་ཆུབ་དེ་ལ་བཞུགས་པའི་ཕྱིར་དུ་གསུངས་པས་སོ། །འོ་ན་ཇི་ལྟར་ཡིན། ཟུང་འཇུག་བསྒོམ་པས་སངས་རྒྱས་སུས་ཐོབ་སྙམ་ན། ཐོབ་པོ་ཞེས་ཞེས་པ་ལ་འཕྲོས་ནས། གང་ཟག་གང་གིས་ན་ཐེག་ཆེན་གྱི་རིགས་ཅན་ཐབས་རྒྱ་ཆེན་པོ་ལ་མོས་པ་དེས་སོ། །འབྲས་བུ་གང་ན། ཟུང་འཇུག་འདུས་མ་བྱས་པ་ཡི་སངས་རྒྱས་སོ། །ལམ་གང་གིས་ན་ཐེག་པ་བླ་ན་མེད་པ་ཐབས་དང་ཤེས་རབ་ཟུང་འཇུག་ཏུ་ལྡན་པ་ལ་བསླབས་ནས་ནི་ཐོབ་བོ། །དེ་སྐད་གསུངས་ན། གང་དག་དུས་གསུམ་གྱི་མགོན་པོ་རྫོགས་པའི་སངས་རྒྱས་རྣམས་ཀྱིས་གསུངས་སོ། །ཞེས་གསུངས་པའང་། ཐབས་ཟུང་འཇུག་སངས་རྒྱས་ཀྱི་རྒྱུ་ཡིན་པའི་ལུང་དུ་ཤེས་པར་གྱིས། ལུང་གསུམ་པ་དཔལ་ལྡན་ཆོས་ཀྱི་གྲགས་པས་ཚད་མ་རྣམ་འགྲེལ་ལས་གསུངས་པ་ནི། རྣམ་པ་དུ་མར་སྙིང་རྗེའི་བདག་ཉིད་ཅན་གྱི་ཐབས་མང་པོ་ཡུན་རིང་པོའི་དུས་སུ་བསྒོམ་པ་ཡི་སྟོབས་ཀྱིས། བདེ་གཤེགས་དེ་ལ་སྐྱོན་དང་ཡོན་ཏན་གྱི་གནས་ཚུལ་དག་རབ་ཏུ་གསལ་བ་ཉིད་དུ་འགྱུར་ཏེ། དཔེར་ན་བཟོའི་གནས་ལ་གོམས་པ་བཞིན་ནོ། །སྡོན་ཐབས་ལ་གོམས་པའི་སྟོབས་ཀྱིས་ཐུགས་ཡེ་ཤེས་ཀྱང་ཤེས་བྱ་ཐམས་ཅད་ལ་ཤིན་ཏུ་གསལ་བ་ཡིན་པའི་ཕྱིར་ན། འཁོར་བའི་རྒྱུར་གྱུར་པ་ཡི་སྒྲིབ་གཉིས་བག་ཆགས་དང་བཅས་པ་སྤངས་པ་ཡིན་ཞིང་། གཞན་དོན་དཔག་མེད་མཛད་པ་ཅན་གྱི་ཐུབ་པ་ཆེན་པོ་དེ། བསེ་རུ་རང་སངས་རྒྱས་དང་། སོགས་པ་ཉན་ཐོས་དགྲ་བཅོམ་པ་གཉིས་ལས་ཁྱད་པར་འཕགས་པའི་ཆོས་ཐབས་ལ་གོམས་པ་འདི་ཡིན་ལ། དོན་དེའི་ཕྱིར་ན་རྒྱུའི་དུས་སུ་ཐབས་ལ་གོམས་པ་དེ་ཉིད་འབྲས་བུའི་དུས་ཀྱི་སྟོན་པའི་རྒྱུ་ཡིན་པས་ཚད་མ་མདོར། སྟོན་པ་ཞེས་པའི་མིང་གིས་བཏགས་པར་བཞེད། ཅེས་གསུངས་པའང་སངས་རྒྱས་ཀྱི་རྒྱུ་ལ་ཐབས་ཀྱི་ཁྱད་པར་དགོས་པ་དེ་ཉིད་ཀྱི་ལུང་ཡིན་ནོ། །

གསུམ་པ་ལ་གསུམ་སྟེ། རྣམ་གྲོལ་བཟང་ངན་ཐབས་ཀྱིས་བྱེད་པར་བསྟན། དེ་ལ་ཡིད་ཆེས་ལུང་གི་སྒྲུབ་བྱེད་འགོད། རྣམ་གྲོལ་བཟང་པོ་འདོད་པས་ཐབས་ལ་འབད་པར་གདམས་པའོ། །དང་པོ་ནི། དེས་ན་ཐབས་མཁས། ཞེས་སོགས་རྐང་པ་བཅོ་ལྔ་སྟེ། ཐབས་ཀྱི་ཁྱད་པར་ལ་མ་སྦྱང་ན། ཇི་ལྟ་ཇི་སྙེད་ཀྱི་ཤེས་བྱ་ཐམས་ཅད་མཁྱེན་པ་དང་། གཞན་དོན་གྱི་མཛད་པ་རྒྱ་ཆེན་པོ་འབྱུང་བ་མི་སྲིད་དེ། ཐབས་མཁས་སངས་རྒྱས་ཀྱི་རྒྱུའི་གཙོ་བོར་གསུངས་པ་དེས་ནའོ། །ཐབས་མི་མཁས་པའི་སྟོང་ཉིད་དུ་ལྟ་བས་དམན་པའི་མྱ་ངན་ལས་འདའ་ལ། ཐབས་ལ་མཁས་པས་སྟོང་ཉིད་རྟོགས་ན་མངོན་པར་རྫོགས་པར་འཚང་རྒྱ་སྟེ། དཔེར་ན། ཟ་འོག་ལ་སོགས་པའི་ཐགས་ཀྱི་རྒྱུ་རྣམས་ཕལ་ཆེར་མཐུན་ལ། སྨྱུན་གྱི་དབྱེ་བས་རིམོའི་བཟང་ངན་འབྱུང་བ་དེ་བཞིན་དུ། འཁོར་བ་ལས་གྲོལ་བའི་རྒྱུ་སྟོང་པ་ཉིད་ཡིན་པར་ཐེག་པ་ཕལ་ཆེར་མཐུན། འབྲས་བུ་རྣམ་པར་གྲོལ་བའི་བཟང་ངན་ཐབས་བཟང་ངན་གྱིས་བྱེད་པའི་ཕྱིར་རོ། །རྒྱུ་མཚན་དེས་ན་རྫོགས་པའི་སངས་རྒྱས་ཐོབ་པར་འདོད་ན། རྒྱུའི་གཙོ་བོ་ཐབས་མཁས་པ་ལ་ནན་ཏན་གྱིས་ཏེ། ཉན་ཐོས་དགྲ་བཅོམ་པ་དང་། རང་སངས་རྒྱས་དང་། རྫོགས་པའི་སངས་རྒྱས་རྣམ་པ་གསུམ་འཁོར་བ་ལས་རྣམ་པར་གྲོལ་བར་མཚུངས་ན་ཡང་སྤངས་རྟོགས་མཛད་པ་བཟང་ངན་ཐབས་བཟང་ངན་གྱིས་རྣམ་པར་ཕྱེ་བ་ཡིན་པའི་ཕྱིར་རོ། །

གཉིས་པ་ལ་གཉིས་ཏེ། བྱམས་པའི་ལུང་། དཔའ་བོའི་ལུང་ངོ་། །དང་པོ་ནི། དེ་ཡང་མདོ་སྡེ། ཞེས་སོགས་རྐང་པ་དྲུག་སྟེ། འབྲས་བུའི་བཟང་ངན་ཐབས་ཀྱིས་བྱེད་པ་དེ་ཡང་། མདོ་སྡེའི་རྒྱན་ལས་ནི། དཔེ་ཇི་ལྟར་ན། སྣམ་བུ་ལ་རྫས་དང་མདུད་པའི་བྱེ་བྲག་གིས་གོས་ལ་མཚོན་བཀྲ་བ་དང་།མི་བཀྲ་བ་དེ་བཞིན་དུ། སེམས་བསྐྱེད་དང་སྨོན་ལམ་ལ་སོགས་པའི་འཕེན་པའི་དབང་གིས་ན་ཐེག་པ་གསུམ་གྱི་འབྲས་བུ་རྣམ་པར་གྲོལ་བར་འདྲ་ཡང་། མཁྱེན་པའི་ཡེ་ཤེས་བཀྲ་མི་བཀྲ་འབྱུང་བ་དེ་སྐད་དུ་གསུངས་པའི་དོན་ཐེག་པ་གསུམ་གྱི་འབྲས་བུ་བཟང་ངན་ཐབས་ཀྱིས་བྱེད་པ་འདི་ཡིན་ཞེས་པའོ། །

གཉིས་པ་ནི། སློབ་དཔོན་མ་ཏྲི། ཞེས་སོགས་རྐང་པ་དྲུག་སྟེ། སློབ་དཔོན་མ་ཏྲི་ཙེ་ཏྲས་ཀྱང་། བསྟོད་པ་ལྔ་བརྒྱ་པ་ལས། རི་དྭགས་བསེ་རུའི་རྭ་དང་འདྲ་བར་གཅིག་པུར་གནས་པ་ལ་དགའ་བའི་རང་སངས་རྒྱས་གང་དང་། གང་ཡང་སྟོན་པ་ཁྱོད་ཀྱི་རྗེས་སུ་འགྲོ་ཞིང་སློབ་པའི་ཉན་ཐོས་དགྲ་བཅོམ་པ་རྣམས་ཉོན་མོངས་པ་ཞི་བ་ཙམ་གྱིས་སྟོན་པ་ཁྱོད་དང་མཚུངས་ཀྱང་། རང་དོན་སྤོབས་སོགས་ཀྱི་ཡོན་ཏན་དང་། གཞན་དོན་འབད་མེད་ལྷུན་གྲུབ་ཏུ་འབྱུང་བ་ལ་སོགས་པའི་བསམ་ཡས་ཡོན་ཏན་ཚོགས་ཀྱིས་ཁྱོད་དང་མཚུངས་པ་མིན་ཞེས་གསུངས་པ་ཡང་སྐབས་ཀྱི་དོན་འདི་ཉིད་སྟོན་པ་ཡིན་ནོ། །

གསུམ་པ་ནི། དེས་ན་སངས་རྒྱས། ཞེས་སོགས་རྐང་པ་དྲུག་སྟེ། རྫོགས་པའི་སངས་རྒྱས་ཐོབ་པར་འདོད་ན། སྟོང་པ་ཉིད་ལ་འབྲིས་པར་གྱིསཤིང་། རྒྱུའི་གཙོ་བོ་ཐབས་མཁས་སེམས་བསྐྱེད་པ་སོགས་ལ་འབད་པས་བསྒོམ་པར་བྱ་སྟེ། སྟོང་ཉིད་ཙམ་གྱིས་ཐེག་དམན་གྱི་རྣམ་གྲོལ་དང་། ཐབས་ལ་མཁས་པའི་ཁྱད་པར་གྱིས་རྫོགས་པའི་སངས་རྒྱས་ཐོབ་པ་དེས་ནའོ། །དེ་ཡང་བྱང་ཆུབ་སེམས་དཔས་སྟོང་པ་ཉིད་ལ་ནི་འབྲིས་པར་བྱ་ཡི། སྟོང་པ་ཉིད་མངོན་དུ་མ་བྱེད་ཅེསཤེས་རབ་ཀྱི་ཕ་རོལ་ཏུ་ཕྱིན་པའི་མདོ་ལས་གསུང་སྟེ། བརྒྱད་སྟོང་པར། རབ་འབྱོར། འདི་ལྟར་བྱང་ཆུབ་སེམས་དཔའ་སེམས་དཔའ་ཆེན་པོ་རྣམ་པ་ཐམས་ཅད་ཀྱི་མཆོག་དང་ལྡན་པའི་སྟོང་པ་ཉིད་ལ་རྟོག་མེད་ཀྱི་མངོན་སུམ་དུ་བྱའོ་སྙམ་དུ་མི་རྟོག་གོ། །ཡོངས་སུ་འབྲིས་པར་བྱའོ་སྙམ་དུ་རྟོག་གི །མངོན་སུམ་དུ་བྱ་བའི་དུས་འདི་ཡིན་སྙམ་དུ་མི་རྟོག་གོ །ཞེས་གསུངས་པས་སོ། །

བཞི་པ་ནི། སྟོང་ཉིད་རྐྱང་པ། ཞེས་སོགས་རྐང་པ་བཅུ་གསུམ་སྟེ། འོན་སྟོང་རྐྱང་བསྒོམ་པ་ལ་ཉེས་པ་ཅི་ཡོད་ཅེ་ན། སྟོང་ཉིད་རྐྱང་པ་བསྒོམ་ན་ནི་ཆད་ལྟར་འགྱུར་བས། སྟོང་ཉིད་ཉིད་ཀྱང་རྟོགས་པར་མི་ནུས་ལ་གལ་ཏེ་ཉི་ཚེ་བའི་སྟོང་ཉིད་རྟོགས་ན་ཡང་། འབྲས་བུ་ཉན་ཐོས་ཀྱི་ནི་འགོག་པར་ལྟུང་སྟེ། འཕགས་པ་དཀོན་མཆོག་བརྩེགས་པའི་མདོ་ལས། རི་དྭགས་རྒྱལ་པོ་སེང་གེ་གཞན་གང་ལའང་མི་འཇིགས་མོད་ནགས་ལ་མེ་ཆེན་པོ་འཆེད་པ་མཐོང་ན་འཇིགས་པ་སྐྱེ་བ་དེ་བཞིན་དུ། ཐབས་རྒྱ་ཆེན་པོ་ལ་མོས་པའི་བྱང་ཆུབ་སེམས་དཔའ་ཡང་རང་དོན་ཡིད་བྱེད་ཀྱི་ཆོས་ལས་གཞན་སེམས་ཅན་གྱི་དོན་དུ་མནར་མེད་སོགས་དམྱལ་བའི་སྡུག་བསྔལ་དག་ལའང་མི་འཇིགས་ཀྱང་། སྟོང་པ་ཉིད་ཀྱི་མཐའ་ལ་སྐྲག་ཅེས་གསུངས་པའི་ཕྱིར། དེ་ཡི་དགོངས་པ་འདི་ལྟར་ཡིན་ཏེ། ཐབས་མཁས་བྱང་ཆུབ་སེམས་དང་བྲལ་བའི་སྟོང་པ་ཉིད་ཀྱིས་དམན་པའི་མྱ་ངན་ལས་འདས་པར་གྱུར་བའི་ཕྱིར་ན། སྟོང་ཉིད་རྐྱང་པ་བསྒོམ་པར་མི་བྱའོ། །

གཉིས་པ་ནི། ལ་ལ་སྟོང་ཉིད། ཅེས་སོགས་རྐང་པ་དྲུག་སྟེ། དཀར་པོ་ཆིག་ཐུབ་འདོད་པ་ལ་ལ། སྟོང་ཉིད་ཙམ་བསྒོམ་པ་ལས་འབྲས་བུ་སྐུ་གསུམ་འབྱུང་བར་འདོད་པ་དང་། ལ་ལ་ཐབསཤེས་ཟུང་འཇུག་བསྒོམ་པ་ལས་འབྲས་བུ་འོད་གསལ་སྟོང་པ་ཉིད་དུ་འདོད་པ་ཡོད་དེ། གཉིས་ཀ་ཡང་ནི་སྐྱོན་ཅན་ཡིན་ཏེ། རྒྱུ་འབྲས་ཕྱིན་ཅི་ལོག་པ་ཡིན་པའི་ཕྱིར་རོ། །

གསུམ་པ་ནི། ཁ་ཅིག་ས་ལམ། ཞེས་སོགས་རྐང་པ་བཅུ་བཞི་སྟེ། ཞང་ཚལ་པ་བ་ལ་སོགས་པ་ཁ་ཅིག ཕྱག་རྒྱ་ཆེན་པོ་ཅིག་ཅོད་ལ། །ས་ལམ་རྩེ་བའི་རྨོངས་པ་འཁྲུལ། །ཞེས་ཟེར་ཞིང་། ས་ལམ་མི་བགྲོད་པར་མངོན་པར་རྫོགས་པར་འཚང་རྒྱ་བར་འདོད་པ་དང་། གངས་ཏི་སེ་ལ་སོགས་པ་བསྐོར་བ་དང་མཉམ་དུ་ལུས་

ལ་རྩ་མདུད་མེད་པ་སོགས་འདོད་པ་ཡང་གསང་སྔགས་རྒྱུད་སྡེའི་དགོངས་པ་མ་ཤེས་པ་ཡིན་པས། དེ་དག་གསང་སྔགས་དང་ཤིན་ཏུ་འགལ་བ་ཡིན་ཏེ། ཕྱི་རུ་ཡུལ་ཉི་ཤུ་རྩ་བཞི་པོ་རྣམས་བགྲོད་པ་དང་མཉམ་དུ་ནང་དུ་རྩའི་མདུད་པ་གྲོལ་བ་ནི། རྣལ་འབྱོར་པས་ས་བཅུ་ལ་སོགས་བགྲོད་པ་ཡི་རྟེན་འབྲེལ་ཉིད་ཀྱིས་འབྱུང་བ་ཡིན་པའི་ཕྱིར་རོ། །ཚུལ་འདིའི་དོན་རྣམས་རྣལ་འབྱོར་ཆེན་པོ་རྒྱུད་ཀྱི་ས་ལམ་གྱི་སྐབས་སུ་འབྱུང་བ་ལ་ལྟོས་ཏེ། སཾ་པུ་ཊི་ལས། གནས་དང་ཉེ་བའི་གནས་སོགས་བཅུ་རབ་དགའ་ལ་སོགས་པའི་ས་བཅུ་ལ་སྦྱར་བ་དང་། ཀྱཻ་རྡོ་རྗེ་ལས། གནས་དང་ཉེ་བའི་གནས་དང་ནི། །ཞེས་སོགས་ཀྱི་མཇུག་ཏུ། འདི་རྣམས་ས་ནི་བཅུ་གཉིས་ཏེ། །ཞེས་ཕྱི་ནང་གི་གནས་རྣམས་དང་། རབ་དགའ་ལ་སོགས་པའི་ས་རྣམས་སྦྱོར་བར་གསུངས་པས་སོ། །རྒྱུ་མཚན་དེས་ན་ནང་དུ་ས་ལམ་མི་བགྲོད་པའོ། །ཡུལ་ཉེར་བཞི་སོགས་བགྲོད་ནས་རྩ་མདུད་གྲོལ་བར་འདོད་པ་ནི། མཁས་པའི་བཞད་གད་ཀྱི་གནས་སོ། །

བཞི་པ་ནི། ལ་ལ་དབང་བཞི། ཞེས་སོགས་རྐང་པ་དྲུག་སྟེ། མར་པའི་རྗེས་འབྲང་ལ་ལ། སྨིན་བྱེད་དབང་བཞི་མི་འདོད་ཅིང་། གྲོལ་བྱེད་བསྐྱེད་རིམ་ལ་སོགས་པའི་ལམ་བཞི་པོའི་རྣམ་པར་གཞག་པ་མི་འདོད་པ། རྡོ་རྗེ་ཐེག་པའི་མཐར་ཐུག་གི་འབྲས་བུ་ནི་སྤྲུལ་སྐུ་དང་། ལོངས་སྐུ་ལ་སོགས་པ་སྐུ་བཞི་ཡིན་ཞེས་འདོད་པ་དེ་ཡང་ལོག་ཤེས་ཡིན་ཏེ། ཕ་རོལ་ཏུ་ཕྱིན་པའི་ཐེག་པར་སྐུ་གསུམ་གྱི་རྣམ་གཞག་མཛད་ཅིང་རྡོ་རྗེ་ཐེག་པར་སྐུ་བཞིའི་རྣམ་གཞག་མཛད་པའི་རྒྱུ་མཚན་ཡང་འབྲས་བུ་སྐུ་བཞི་ལ། རྒྱུ་སྨིན་བྱེད་ཀྱི་དབང་བཞི་དང་གྲོལ་བྱེད་ཀྱི་ལམ་བཞི་དགོས་པའི་ཕྱིར།

ལྔ་པ་ནི། ཁ་ཅིག་འབྲས་བུའི། ཞེས་སོགས་རྐང་པ་དྲུག་སྟེ། གསང་འདུས་པ་ཁ་ཅིག །འབྲས་བུའི་མཐར་ཐུག་པ་ནི། སེམས་འོད་གསལ་སྟོང་པ་ཉིད་ཡིན་ཞེས་སྨྲ་བ་ཐོས་པ་འདི་ནི། འཕགས་པ་ཡབ་སྲས་ཀྱི་དགོངས་པ་མིན་ཏེ། འཕགས་པ་ཀླུ་སྒྲུབ་ཀྱི་རིམ་པ་ལྔ་པ་དང་ནི་འཕགས་པ་ལྷའི་སྤྱོད་བསྡུས་སུ་སེམས་ནི་འོད་གསལ་བ་ལས། ཟུང་འཇུག་གི་སྐུར་ལྡང་བ་མཐར་ཐུག་ཡིན་པར་གསུངས་པའི་ཕྱིར་ཏེ། རིམ་ལྔ་ལས། ཡང་དག་མཐའ་ལས་ལངས་ནས་ནི། །གཉིས་མེད་ཡེ་ཤེས་ཐོབ་པར་འགྱུར། །ཟུང་འཇུག་ཏིང་འཛིན་ལ་གནས་ནས། །སླར་ཞིང་གང་ལའང་མི་སློབ་བོ། །འདི་ནི་རྫོགས་པའི་རྣལ་འབྱོར་པ། །རྡོ་རྗེ་འཛིན་པ་ཆེན་པོའང་དེ། །རྣམ་པ་ཀུན་གྱི་མཆོག་ལྡན་པའི། །ཐམས་ཅད་མཁྱེན་པར་དེ་ནས་འགྱུར། །ཞེས་དང་། རིམ་ལྔའི་གཞུང་ཁ་ཅིག་ན། འོད་གསལ་ཉི་ལས་ལངས་ནས་ནི། །ཟུང་དུ་འཇུག་པ་ཐོབ་པར་འགྱུར། །ཞེས་སོགས་བྲིས་པའང་སྣང་ངོ་། །སྤྱོད་བསྡུས་ལས། བྱང་ཆུབ་ཀྱི་ཤིང་དྲུང་ལ་བཞུགས་ནས་མཚན་ཕྱེད་ཀྱི་དུས་སུ། འོད་གསལ་མངོན

ཏུ་མཛད་དེ། སྒྱུ་མ་ལྟ་བུའི་ཏིང་ངེ་འཛིན་ལས་བཞེངས་ནས། འགྲོ་བ་རྣམས་ལ་སྟོན་པར་མཛད་པ་ཡིན་ནོ། །ཞེས་གསུངས་པས་སོ། །

གཉིས་པ་གནས་སྐབས་ཀྱི་འབྲས་བུ་ལ་འཁྲུལ་པ་དགག་པ་ལ་གསུམ་སྟེ། གྲུབ་ཐོབ་ལས་རྟོགས་ལྡན་བཟང་བ་དགག་པ། ཉམས་ལས་གོ་རྟོགས་བཟང་བ་དགག་པ། རྣལ་འབྱོར་བཞི་པོ་འཕགས་པའི་ས་ལ་སྦྱར་བ་དགག་པའོ། །དང་པོ་ལ་གཉིས་ཏེ། འདོད་པ་བརྗོད་པ་དང་། དེ་དགག་པའོ། །དང་པོ་ནི། ལ་ལ། ཞེས་སོགས་ཚིགས་བཅད་གཅིག་སྟེ། ཕྱག་རྒྱ་བ་ལ་ལ། རྟོགས་ལྡན་ལས་གྲུབ་ཐོབ་ངན་ཞེས་ཟེར་ཞིང་རྟོགས་ལྡན་གྲུབ་ཐོབ་ལས་བཟང་བ་ཡིན་ནོ་ལོ། །གྲུབ་ཐོབ་བརྒྱད་ཅུའི་ནང་ན་ཡང་རྟོགས་ལྡན་མེད་ཅེས་ཟེར་བ་ཐོས་སོ། །

གཉིས་པ་ནི། འདི་འདྲ་འཕགས་པའི། ཞེས་སོགས་རྐང་པ་ཉེར་གཉིས་ཏེ། གྲུབ་ཐོབ་ངན་ལ་རྟོགས་ལྡན་བཟང་ཟེར་བ་འདི་འདྲ་ཐེག་པ་ཆེན་པོའི་འཕགས་པའི་གང་ཟག་རྣམས་དང་། བླ་མ་གོང་མ་རྣམས་ལ་བསྐུར་པ་འདེབས་པ་ཡིན་པས། འདི་འདྲ་བའི་གྲུབ་མཐའ་འཛིན་པ་ལྟ་ཅི་སྨོས་ཚིག་ཙམ་ཐོས་པར་གྱུར་ཀྱང་རྣ་བ་དགབ་པར་བྱ་སྟེ། གྲུབ་ཐོབ་ངན་པ་མི་འཐད་པ་དེ་ཡི་འཐད་པ་བཤད་ཀྱིས་ཉོན་ཅེས་གདམས་ནས། གྲུབ་ཐོབ་ཆུང་ངུ་ཐེག་ཆེན་མཐོང་ལམ་པ་ཡིན་ལ། གྲུབ་པ་འབྲིང་པོ་ས་བརྒྱད་པ་བ་དང་། གྲུབ་པ་ཆེན་པོ་སངས་རྒྱས་ཀྱི་སར་འཛོག་པས་ན། ཐེག་ཆེན་འཕགས་པ་མིན་པ་ལ་གྲུབ་ཐོབ་མེད། དེའི་རྒྱུ་མཚན་མདོ་སྡེ་རྒྱན་ལས། འདི་སྐད་དུ་གསུངས་ཏེ། ས་རྣམས་ཐམས་ཅད་མ་གྲུབ་དང་། །གྲུབ་པ་དག་ཏུ་ཤེས་པར་བྱ། །གྲུབ་པ་དག་ཀྱང་མ་གྲུབ་དང་། །གྲུབ་པ་དག་ཏུ་ཡང་འདོད་དོ། །ཞེས་མོས་སྤྱོད་ཀྱི་ས་མ་གྲུབ་པ་དང་། ས་དང་པོ་ཡན་ཆད་གྲུབ་པ་ཡིན་ཞིང་། དེ་ལ་ཡང་ས་བདུན་པ་མན་ཆད་མ་གྲུབ་པ་དང་། ས་བརྒྱད་པ་ཡན་ཆད་གྲུབ་པ་ཡིན་ནོ། །གཞུང་ཁ་ཅིག་ལས། གྲུབ་པ་དག་དང་མ་གྲུབ་དང་། །གྲུབ་པ་དག་ཏུ་ཤེས་པར་བྱའོ། །མ་གྲུབ་པ་ཡང་གྲུབ་པ་དང་། །གྲུབ་པ་དག་ཏུ་ཡང་དག་འདོད། །ཅེས་འབྱུང་བ་ལྟར་ན། ས་དང་པོ་འཇིག་རྟེན་པ་ལ་ལྟོས་ནས་གྲུབ་པ་དང་། དག་པ་ས་ལ་ལྟོས་ནས་མ་གྲུབ་པའི་ས། ས་བརྒྱད་པ་སངས་རྒྱས་ཀྱི་ས་ལ་ལྟོས་མ་གྲུབ་པ་དང་། མ་དག་ས་མན་ཆད་ལ་ལྟོས་ནས་གྲུབ་པའི་ས་དང་། སངས་རྒྱས་ཀྱི་ས་ནི་གྲུབ་པ་མཐར་ཐུག་པའི་ས་ཡིན་ཞེས་པའོ། །ཞེས་གསུངས་པའི་དགོངས་པ་ཡང་གྲུབ་ཐོབ་ས་དང་པོ་ཡན་ཆད་ལ་འཛོག་པ་དེ་ཉིད་ཡིན་ནོ། །དེར་མ་ཟད་རྣལ་འབྱོར་གྱི་དབང་ཕྱུག་ཆེན་པོར་བི་རཱུ་པ་ཡི་ལམ་འབྲས་ཀྱི་གཞུང་ལས་ཀྱང་གྲུབ་མཐའ་བཞི་པོ་ས་དང་པོ་ཡན་ཆད་ལ་འཛོག་པ་དེ་སྐད་དུ་གསུངས་པས་ངེད་ཀྱིས་ལུགས་ཀྱི་གྲུབ་ཐོབ་ནི། ས་དང་པོ་ཡན་ཆད་ཀྱི་འཕགས་པ་ཁོ་ན་ལ་འཛོག་པ་དེ་འདྲ་བ་ཡིན་ནོ། །གྲུབ་ཐོབ་ལས་བཟང་བའི་རྟོགས་ལྡན་གྱི་མཚན་ཉིད་འདི་

ཡིན་ཞེས་མདོ་རྒྱུད་ཁུངས་མ་ཀུན་ལས་གསུངས་པ་མེད་པ་དེས་ན། རྟོགས་ལྡན་ཞེས་བྱ་བའི་མིང་མ་སྦྱང་བའི་བླུན་པོ་ལ་གྲགས་ཀྱི། མཁས་པ་རྣམས་ལ་གྲགས་པ་མ་ཡིན་ནོ། །

གཉིས་པ་ལ་གཉིས་ཏེ། འདོད་པ་བརྗོད་པ་དང་། དེ་དགག་པའོ། །དང་པོ་ནི། ལ་ལ་ཞེས་སོགས་ཚིགས་བཅད་གཅིག་སྟེ། གླིང་རས་ལ་སོགས་པ་ལ་ལ་ན་རེ། ཉམས་དང་། གོ་བ་དང་། །རྟོགས་པ་ཞེས་བྱ་བ་རྣམ་པ་གསུམ་ལས། ཉམས་ནི་ངན་ལ། གོ་བ་འབྲིང་། རྟོགས་པ་བཟང་བ་ཡིན་ཞེས་ཟེར་རོ། ཊཱི་ཀཱ་ཁ་ཅིག་ལས་དང་པོ་སྐྱེ་བའི་ཉམས་ནི་ཅི་ཡིན་མི་ཤེས་པས་ངན། གནས་ལུགས་ཀྱི་སྟེང་ནས་གོ་བ་སྐྱེས་ན་འབྲིང་། གོ་བ་དང་མཐུན་པའི་རྟོགས་པ་སྐྱེས་ན་བཟང་བ་ཡིན་ཞེས་ཟེར། ཞེས་པའང་སྣང་ངོ་། །

གཉིས་པ་ནི། འདི་ཡང་རེ་ཞིག །ཞེས་སོགས་ཚིགས་བཅད་དྲུག་སྟེ། ཉམས་སོགས་གསུམ་ལ་བཟང་ངན་དུ་འདོད་པ་འདི་ཡང་རེ་ཞིག་བརྟག་པར་བྱ་སྟེ། ཉམས་ཞེས་བྱ་བ་ཅི་རིགས་པ་ཉམས་སུ་མྱོང་བ་ལ་ཟེར་ན་སེམས་ཡོད་ཐམས་ཅད་ལ་ཉམས་སུ་མྱོང་བ་དེ་ཡང་ཡོད་པ་ཡིན་པས་ངན་པར་བཟུང་མི་ནུས། གལ་ཏེ་བསྒོམ་པའི་ཉམས་མྱོང་ལ་ཟེར་ན། ཚོགས་ལམ་ཆུང་ངུ་ནས་མཐར་ཕྱིན་མི་སློབ་ལམ་གྱི་བར་དུ་ཡོད་པས་ངན་པར་མཐའ་གཅིག་ཏུ་མི་འགྲུབ། འོན་ཏེ་སོ་སོར་རང་རིག་པའི་ཡེ་ཤེས་ལ་ཟེར་བ་ཡིན་ན། འཕགས་པའི་གང་ཟག་རྣམས་ལ་ཉམས་དེ་ཡོད་པ་ཡིན་པས་བཟང་བར་གྲུབ་བོ། །དེས་ན་ཉམས་ཞེས་བྱ་བ་དེ་འདིར་བཏགས་པའི་མཐའ་གསུམ་པོ་གང་ཡིན་ན་ཡང་། དེ་ལས་གོ་རྟོགས་བཟང་བ་མི་གྲུབ་སྟེ། གོ་རྟོགས་གཉིས་པོ་ཉམས་དེ་གསུམ་གྱི་ནང་དུ་འདུས་པའི་ཕྱིར་རོ། །གོ་བ་དང་ནི་རྟོགས་པ་གཉིས་སྒྲ་རྣམ་གྲངས་པ་ཡིན་ཀྱང་དོན་པོ་གཅིག་ཡིན་ཏེ། ག་ཏ་ཞེས་པ་དང་། ས་མ་ཡ་ཞེས་པ་གཉིས་སྐབས་ཐོབ་ཀྱིས་གོ་བ་དང་། རྟོགས་པ་གཉིས་ཀ་ལ་འཇུག་པའི་ཕྱིར་ཏེ། རྒྱ་སྐད་གཅིག་ལ་ལོ་ཙཱ་བའི་འགྱུར་གྱི་དབྱེ་བ་ཁོ་ནར་ཟད་པའི་ཕྱིར་ཏེ། རྒྱ་སྐད་ཀྱི་སྒྲ་དེ་རེས་འགའ་གོ་བར་སྒྱུར། རེས་རྟོགས་པར་སྒྱུར། རེས་ཅི་བདེ་བར་སྒྱུར་བར་མཛད་པའི་ཕྱིར་རོ། །ཡང་རྟོགས་པ་གསལ་བ་ལ་གོ་བ་དང་། མི་གསལ་བ་ལ་རྟོགས་པར་འདོགས་ན་ཐོགས་ཏེ་མིང་ལ་མི་རྩོད་དོ། །ལམ་འབྲས་ལ་སོགས་པའི་གཞུང་ལུགས་འགའ་ཞིག་ལས། རྣལ་འབྱོར་པས་བསྒོམ་པ་ཡི་ཏིང་ངེ་འཛིན་ལ་ཉམས་ཀྱི་སྣང་བ་དང་། རྗོགས་པའི་སངས་རྒྱས་ཀྱི་སྣང་བ་ལ་དག་པའི་སྣང་བར་བཤད་པ་ཡོད་དེ། ལམ་འབྲས་ལས། རྣལ་འབྱོར་པ་ལ་ཏིང་ངེ་འཛིན་ལ་ཉམས་ཀྱི་སྣང་བ། བདེ་བར་གཤེགས་པ་ལ་སྐུ་གསུང་ཐུགས་མི་ཟད་པ་རྒྱན་གྱི་འཁོར་ལོ་དག་པའི་སྣང་བ། ཞེས་གསུངས་པས་སོ། །ཡང་བསྒོམ་ཉམས་སྐྱོན་ཡོད་མེད་ཆད་པས་ས་བཅུ་གསུམ་པའོ། །ཞེས་བྱ་བ་གསུང་པ་ནི། སངས་རྒྱས་ཀྱི་ས་ལ་བཤད་པའང་མཐོང་བས་འདི་འདྲ་བའི་ཉམས

དང་། གོ་བ་དང་། རྟོགས་པ་ལ་བཟང་ངན་གྱི་རྣམ་པར་དབྱེ་བ་མེད་དོ། །

གསུམ་པ་ལ་གཉིས་ཏེ། འདོད་པ་བརྗོད་པ་དང་། དེ་དགག་པའོ། །དང་པོ་ནི། རྩེ་གཅིག་དང་ནི། ཞེས་སོགས་རྐང་པ་དྲུག་སྟེ། ཕྱག་རྒྱ་བ་རྣམས་ལ་གྲགས་པའི་བསྒོམ་རྣལ་འབྱོར་བཞི། རྩེ་གཅིག་པའི་རྣལ་འབྱོར་དང་ནི། སྤྲོས་བྲལ་གྱི་རྣལ་འབྱོར་དང་། རོ་གཅིག་གི་རྣལ་འབྱོར་དང་ནི། བསྒོམ་མེད་ཀྱི་རྣལ་འབྱོར་བཞི་ཡིན་ལ། འདི་མར་པའི་སློབ་མ་རྣམས་ལ་མེད་ཅིང་། དུས་ཕྱིས་ཀོང་ནེ་རུ་པ་ལ་དྭགས་པོ་ལྷ་རྗེས་ཕྱད་ཚོད་ནས་ཕྱག་རྒྱ་ཆེན་པོ་ལ་སྦྱར་བ་ཡིན་ལ། ངོ་སྤྲོད་པའི་ཚོན་རྩེ་གཅིག་གི་རྣལ་འབྱོར་ནི། མཐོང་ལམ་དང་། སྤྲོས་བྲལ་ནི། ས་གཉིས་པ་ནས་བདུན་པའི་བར་ཡིན་པ་དང་། རོ་གཅིག་ནི། དག་པའི་ས་གསུམ་དང་། བསྒོམ་མེད་རྣལ་འབྱོར་ནི། སངས་རྒྱས་ཀྱི་ས་ཡིན་ཞེས་ཕྱག་རྒྱ་བ་ལ་ལ་ཟེར་རོ། །

གཉིས་པ་ལ་གཉིས་ཏེ། སོ་སྐྱེ་ལ་ཆོས་མཐུན་བརྩི་ན་དཔྱད་པར་བྱ་བ། འཕགས་པའི་ས་ལ་སྦྱར་ན་མདོ་རྒྱུད་དང་འགལ་བའོ། །དང་པོ་ནི། འདི་ཡང་ཕྱི་སྟེ། ཞེས་སོགས་རྐང་པ་ཉེར་དགུ་སྟེ། རྣལ་འབྱོར་བཞི་ས་དང་སྦྱོར་བ་འདི་འང་རྣམ་པར་ཕྱེ་སྟེ་བཤད་ཀྱིས་ཉོན། རྣལ་འབྱོར་བཞི་ས་བཅུ་གཅིག་ལ་སྦྱོར་བའི་ས་བཅུ་གཅིག་པ་འདི་གལ་ཏེ་སོ་སོ་སྐྱེ་བོ་ཉིད་ཀྱི་ས་ཡིན་ཡང་། ཆོས་མཐུན་ཙམ་རྩི་འམ་འོན་ཏེ་འཕགས་པའི་ས་ཉིད་ཡིན་པའི་བདེན་པ་མཐོང་བའི་ས་ལམ་མངོན་དུ་བྱེད་པ་ཁོ་ན་ལ་སྦྱོར། དང་པོ་སོ་སོ་སྐྱེ་བོའི་གང་ཟག་གི་ས་ལ་ཆོས་མཐུན་ཙམ་ཞིག་སྦྱིག་པ་ཡིན་ན་ནི། ཆོས་ནས་གསུངས་པ་ཡིན་པས་འགལ་བ་མེད་དེ། དཔེར་ན། དཀོན་མཆོག་བརྩེགས་པའི་སྨི་ལམ་ངེས་པར་བསྟན་པའི་ལེའུ་ལས་ཐུབ་པའི་མཆོད་རྟེན་འཛིམ་པ་ལས་བྱས་པ་མཐོང་ན་ས་དང་པོ་ཡིན་པར་བལྟའོ། །རྫ་ལས་བྱས་པ་མཐོང་ན་ས་གཉིས་པ། རྡོ་ཐལ་གྱིས་བྱུགས་པ་མཐོང་ན་ས་གསུམ་པ། སྟེགས་བུ་དང་གདུགས་བྱས་པ་མཐོང་ནས་ས་བཞི་པ། རྫོ་གཞུང་ཁ་ཅིག་ན་རྫོ་ཐལ་ཟེར་བ་བྲིས་སྣམས་བྱི་དོར་བྱས་པ་མཐོང་ན་ས་ལྔ་པ། གསེར་གྱིས་སྦྲེལ་བ་མཐོང་ན་ས་དྲུག་པ། རིན་པོ་ཆེའི་དྲྭ་བས་གཡོགས་པ་མཐོང་ན་ས་བདུན་པ། དྲིལ་བུ་ཨེར་ཀའི་དྲྭ་བས་གཡོགས་པ་མཐོང་ན་ས་བརྒྱད་པ། ས་དགུ་པ་དང་ནི་ས་བཅུ་པ་ལ་རྨི་ལམ་ལོག་པར་མཐོང་བ་མེད་ཅེས་གསུངས། དེ་ལ་སོགས་པ་རྨི་ལམ་གྱི་བྱེ་བྲག་ལ་ས་ཡི་དབྱེ་བ་མཛད་པ་མཐོང་། འདི་དག་ནི་ཚོགས་ལམ་དང་སྦྱོར་ལམ་དང་པོ་གསུམ་པོ་རེ་རེ་ལ་གསུམ་གསུམ་སྟེ་མོས་པས་སྤྱོད་པ་ཡི་ས་ལ་ས་བཅུར་བྱས་ནས་སྦྱར་བ་ཡིན་གྱི། འཕགས་པའི་ས་ལ་སྦྱར་བ་མིན་པ་དེ་བཞིན་དུ། རྩེ་གཅིག་དང་། སྤྲོས་བྲལ་ལ་སོགས་པའི་རྣལ་འབྱོར་བཞི་ཡང་། གལ་ཏེ་མདོ་དང་རྒྱུད་སྡེ་ལས་མོས་པས་སྤྱོད་པའི་ས་དང་ལམ་དུ་སྦྱར་བར་གསུངས་པ་མཐོང་ན་མི་འགལ་མོད། འོན་ཀྱང་འདི་འདྲ་བའི་རྣལ་འབྱོར་བཞིའི་སྦྱར་ཚུལ་

མདོ་རྒྱུད་ཁུངས་མ་ནས་བཤད་པ་མེད་པས་མི་འཐད་དོ། །

གཉིས་པ་ནི། ཅི་སྟེ་འཕགས་པའི། ཞེས་སོགས་རྐང་པ་གཉིས་ཏེ། རྒྱུ་མཚན་ཅི་སྟེ་རྩེ་གཅིག་ལ་སོགས་པ་བཞི་ངེས་པར་འཕགས་པའི་སར་བྱེད་ན། མདོ་རྒྱུད་ཁུངས་མ་ཀུན་དང་འགལ་བར་འགྱུར་ཏེ། མདོ་རྒྱུད་རྣམ་དག་ལས་དེ་ལྟར་མ་བཤད་པའི་ཕྱིར་རོ། །དེ་རྣམས་ཀྱིས་སྡོམ་གསུམ་སོ་སོའི་དོན་རྣམས་ཞིབ་ཏུ་བཤད་ཟིན་ཏོ། །ཞེས་གསུང་རབ་དགོངས་གསལ་ལས་གསུངས་སོ། །

གཉིས་པ་རྩོད་པ་སྤོང་བ་ལ་གཉིས་ཏེ། རྩོད་པ་དང་། ལན་ནོ། །དང་པོ་ནི། ཁ་ཅིག་ཐེག་པ་ཞེས་སོགས་རྐང་པ་གཉིས་ཏེ། དམ་པ་ཕྱུར་ཆུང་ལ་སོགས་པ་ཁ་ཅིག ཐེག་པ་ཆེ་ཆུང་གི་ལྟ་བསྒོམ་སྤྱོད་འབྲས་ཐམས་ཅད་རང་རང་གི་གཞུང་ལུགས་ནས་བཤད་པ་བཞིན་རང་སར་བདེན་པ་ཡིན་པས། མདོ་རྒྱུད་ནས་མ་བཤད་པས་དེ་དག་སུན་དབྱུང་བར་མི་ནུས་སོ། །ཞེས་ཀུན་ལ་སྒྲོ་འདོགས་པར་བྱེད་དོ། །

གཉིས་པ་ལ་བཞི་སྟེ། སྨྲས་ཚད་བདེན་པ་དགག་པ། གྲུབ་མཐའ་ཐམས་ཅད་བདེན་པ་དགག་པ། གྲངས་ངེས་ཐམས་ཅད་བདེན་པ་དགག་པ། དེ་ལ་རྩོད་པ་སྤོང་བའོ། །དང་པོ་ནི། འདི་ཡང་བརྟག་པར། ཞེས་སོགས་རྐང་པ་གསུམ་སྟེ། ཐེག་པ་རང་སར་བདེན་ཟེར་བ་འདི་ཡང་བརྟག་པར་བྱ་བས་ཉོན་ཅིག །ཐེག་པ་རང་སར་བདེན་པའི་དོན། སྨྲས་ཚད་བདེན་པ་ལ་བྱེད་དམ། གྲུབ་མཐའ་ཀུན་བདེན་པ་ལ་བྱེད་དམ། སངས་རྒྱས་པའི་ཐེག་པ་ཀུན་བདེན་པ་ལ་བྱེད། ཅེས་བརྟགས་ནས། གལ་ཏེ་སྨྲས་ཚད་བདེན་པ་ལ་བྱེད་ཟེར་ན་ནི། ཤེས་བྱ་ཆོས་ཅན། རྫུན་གྱི་ཚིག་ཤེས་བྱ་ལ་མི་སྲིད་པར་ཐལ། སྨྲ་ཚད་བདེན་པ་ཡིན་པའི་ཕྱིར་རོ། །མཐའ་ཕྱི་མ་གཉིས་ལྟར་ན་འོག་ཏུ་འགོག་གོ། །

གཉིས་པ་ནི། འོན་ཏེ་གྲུབ་མཐའ། ཞེས་སོགས་རྐང་པ་བཅོ་ལྔ་སྟེ། སྨྲས་ཚད་མི་བདེན་པ་འོན་ཏེ་གྲུབ་པའི་མཐའ་ཀུན་བདེན་ནོ་ཞེ་ན། དབང་ཕྱུག་པ་སྲོག་གི་མཆོད་སྦྱིན་བྱས་པས་ཐར་པ་ཐོབ་ཅེས་འཆི་བ་ཆོས་སུ་སྨྲ་བ་དང་། རྒྱང་འཕེན་པ་འཇིག་རྟེན་ཕ་རོལ་མེད་པར་འདོད་པ་སོགས་ལྟ་ལོག་གི་གྲུབ་མཐའ་ཐམས་ཅད་བདེན་པར་འགྱུར་རོ། །གལ་ཏེ་མུ་སྟེགས་མཆོག་རྣམས་ལ་རྟག་པའི་དངོས་པོ་དང་། རང་བཞིན་གཅིག་ཅིང་གནས་སྐབས་ཐ་དད་པ་ལ་སོགས་པ་རྫུན་པ་ཡིན་པའང་དུ་མ་ཡོད་མོད་ཀྱང་། སྦྱིན་པ་དང་ཚུལ་ཁྲིམས་བཟོད་པ་བརྩོན་འགྲུས་ལ་སོགས་པ་ཆོས་བདེན་པའང་དུ་མ་ཡོད་པའི་ཕྱིར་ན། བདེན་པའི་ཆ་ནས་གྲུབ་མཐའ་ཀུན་རང་སར་ནི་བདེན་སྙམ་ན། མུ་སྟེགས་རྣམས་ལ་སྦྱིན་པ་ལ་སོགས་པ་ཕལ་ཆེར་བདེན་ཡོད་མོད་ཀྱང་སྦྱིན་སོགས་ཀྱི་ཆོས་གཞན་བཟང་ཡང་འཁོར་བ་ལས་སྐྱོབ་མི་ནུས་ཏེ། དབང་ཕྱུག་སོགས་ལ་སྐྱབས་སུ་འགྲོ་ཡི་

དཀོན་མཆོག་གསུམ་ལ་སྐྱབས་སུ་མི་འགྲོ་བས། སྐྱབས་གནས་ཀྱི་གནད་དང་ནི། རྟག་ཆད་གང་རུང་གི་མཐར་ཕྱིན་པས་ལྟ་བའི་གནད་དང་། མི་ལྟ་བརྟེན་པ་སོ་ཐར་ལམ་དུ་འདོད་པས་ཐབས་ཀྱི་གནད་རྣམས་འཁྲུལ་པས་ནོ། །

གསུམ་པ་ལ་གཉིས་ཏེ། སངས་རྒྱས་ཀྱི་གསུང་ལ་གཉིས་སུ་ཕྱེ་བ། དེ་དག་ཇི་ལྟར་ལེན་པའི་ཚུལ་ལོ། །དང་པོ་ནི། ཅི་སྟེ་སངས་རྒྱས། ཞེས་སོགས་རྐང་པ་བཅོ་བརྒྱད་དེ། སྨྲ་ཚད་དང་། མུ་སྟེགས་བྱེད་ཀྱི་གྲུབ་མཐའ་མི་བདེན་ཀྱང་། སངས་རྒྱས་ཀྱིས་གསུངས་པའི་ཐེག་པ་ཀུན་རང་ས་ན་ནི་བདེན་ཏེ་རྒྱུ་མཚན་ཅི་སྟེ་ན། སློབ་པ་ཉིད་གཟིགས་ལམ་གསུངས་པ། །འབྲས་མེད་ཕྱིར་ན་རྫུན་མི་གསུང་། །ཅེས་གསུངས་པས་སོ་ཞེ་ན། སངས་རྒྱས་ཀྱིས་གསུངས་པའི་ཐེག་པ་ཀུན་བདེན་པ་འདི་ཡང་ཙུང་ཟད་བརྟག་པར་བྱས་ན། སྤྱིར་སངས་རྒྱས་ཀྱི་གསུང་ལ་བརྗོད་བྱའི་སྒོ་ནས་དྲང་དོན་དང་། ངེས་དོན་རྣམ་པ་གཉིས་སུ་ཡོད་དེ། བློ་གྲོས་མི་ཟད་པའི་མདོ་ལས། མདོ་གང་ལས་ཀུན་རྫོབ་ཀྱི་བདེན་པ་གསུངས་པས་འདི་ནི་དྲང་བའི་དོན་ཡིན་ནོ། །ཞེས་དང་། མདོ་གང་ལས་ངེས་པའི་དོན་མངོན་དུ་བྱ་བའི་ཕྱིར་གསུང་པ་འདི་ནི་ངེས་པའི་དོན་ཏོ། །ཏིང་ངེ་འཛིན་རྒྱལ་པོའི་མདོ་ལས། སྟོང་པ་བདེ་བར་གཤེགས་པས་བསྟན་པ་ལྟར། །ངེས་དོན་མདོ་སྡེ་དག་གི་བྱེ་བྲག་ཤེས། །གང་ལ་སེམས་ཅན་སྐྱེས་བུ་གང་ཟག་བསྟན། །ཆོས་དེ་ཐམས་ཅད་དྲང་བའི་དོན་དུ་ཤེས། །ཞེས་གསུངས་པའི་ཕྱིར་རོ། །རྗོད་བྱེད་ཀྱི་སྒོ་ནས་སྒྲ་ཡང་ཇི་བཞིན་པ་དང་ནི། ཇི་བཞིན་མ་ཡིན་པ་གཉིས་སུ་གསུངས། ཡང་ཐེག་པའི་སྒོ་ནས་ནི། འཇིག་རྟེན་པ་དང་། འཇིག་རྟེན་ལས་འདས་པ་གཉིས་སུ་གནས་ཏེ། འཇིག་རྟེན་པ་རྣམས་བསྟན་པ་ལ་འཇུག་པའི་ཆེད་དུ་གསུངས་པ་དང་། བསྟན་པ་ལ་ཞུགས་པ་རྣམས་བྱང་ཆུབ་ཐོབ་པའི་ཆེད་དུ་གསུངས་པ་གཉིས་ཡོད་པའི་ཕྱིར་རོ། །ཡང་བཤད་པའི་སྒོ་ནས་ནི། དགོངས་པ་དང་། ལྡེམ་པོར་དགོངས་པ་དང་། དྲང་པོ་རུ་དགོངས་པ་ཞེས་བྱ་བ་རྣམ་པ་གསུམ་ཡོད་དེ། ཉིས་པ་བརྒྱད་ཀྱི་གཉེན་པོར་དགོངས་པ་ཅན་རྣམ་པ་བཞི་གསུངས་པ་དང་། དགོངས་གཞིའི་ཆེད་དུ་ལྡེམ་དགོངས་བཞི་གསུངས་པ་དང་། སྒྲ་ཇི་བཞིན་པའི་དོན་ཉམས་སུ་ལེན་པའི་ཆེད་དུ་དྲང་པོར་གསུང་པ་རྣམས་སུ་ཡོད་པའི་ཕྱིར་རོ། །གསུང་ཚུལ་དེ་ལ་ཡང་འཇིག་རྟེན་ཐ་སྙད་དང་མཐུན་པར་འཇུག་པ་ལ་དགོངས་ནས་ནི་སྣང་བ་ཕྱི་རོལ་གྱི་རྒྱུ་མཚན་དུ་གསུང་སྟེ། ཚད་མ་རྣམ་འགྲེལ་ལས། དེས་དེ་ཉིད་དོན་བཏང་སྙོམས་ཅན། །གླང་ཆེན་གཟིགས་སྟངས་ཉིད་མཛད་ནས། །འཇིག་རྟེན་ཐུགས་ནི་འབའ་ཞིག་གིས། །ཕྱི་རོལ་སྤྱོད་པ་འཇུག་པར་མཛད། །ཅེས་གསུངས་པའི་ཕྱིར། ཕྱི་དོན་ཐ་སྙད་ཙམ་དུ་ཡོད་ཀྱང་རྣམ་པར་དཔྱད་པའི་རིགས་པ་ལ་དགོངས་ནས་སྣང་བའི་ཆོས་རྣམས་སེམས་སུ་གསུངས་ཏེ། འཕགས་པ་ས་བཅུ་པ་

ལས། ཀྱེ་རྒྱལ་བའི་སྲས་དག་ཁམས་གསུམ་པོ་འདི་དག་ནི་སེམས་ཙམ་མོ། །ཞེས་དང་། ལང་གཤེགས་ལས། བག་ཆགས་ཀྱིས་ནི་དཀྲུགས་པའི་སེམས། །དོན་དུ་སྣང་བ་རབ་ཏུ་འབྱུང་། །དོན་ཡོད་མ་ཡིན་སེམས་ཉིད་ནི། །ཕྱི་རོལ་དོན་མཐོང་ལོག་པ་ཡིན། །ཞེས་གསུངས་པའི་ཕྱིར། གནས་ལུགས་སམ། དམ་པའི་དོན་ལ་དགོངས་ནས་ནི། །ཕྱི་ནང་གི་ཆོས་ཀུན་སྤྲོས་པའི་མཐའ་ཐམས་ཅད་དང་བྲལ་བར་གསུངས་ཏེ། ཇི་སྐད་དུ། དངོས་མིན་དངོས་པོ་མེད་པ་མིན། །ཡོད་མིན་མེད་མིན་གཉིས་ཀ་མིན། །གཉིས་མེད་མ་ཡིན་དབུས་མ་ཡིན། །སྟོང་པ་མ་ཡིན་མི་སྟོང་མིན། །བདེན་པ་མ་ཡིན་རྫུན་པ་མིན། །འཁོར་མིན་མྱ་ངན་འདས་པ་མིན། །ཞེས་དང་། ཤེས་མདོ་སོགས་དབུ་མའི་གཞུང་རྣམས་ལས་ཀྱང་རྒྱས་པར་གསུངས་པའི་ཕྱིར་རོ། །

གཉིས་པ་ནི། ངེས་ན་དྲང་བའི། ཞེས་སོགས་རྐང་པ་བཅུ་སྟེ་དེ་ལྟར་གྲངས་ངེས་སོ་སོར་ཤེས་པའི་སྒོ་ནས་སངས་རྒྱས་ཀྱི་གསུང་ལེན་པར་བྱ་ཡི་ཐམས་ཅད་རང་ས་ན་བདེན་པས་བླང་བར་བྱ་བ་མིན་ཏེ། སངས་རྒྱས་ཀྱི་གསུང་ལ་དྲང་བའི་དོན་དང་། ངེས་དོན་སོགས་ཀྱི་དབྱེ་བ་མང་དུ་ཡོད་པ་ངེས་ནའོ། །འོན་ཚུལ་ཇི་ལྟར་ལེན་ན། དྲང་བའི་དོན་དང་ནི། སྒྲ་ཇི་བཞིན་པ་མིན་པའི་དོན་དག་དང་། དགོངས་པ་དང་ནི་ལྡེམ་པོར་དགོངས་པ་དང་། འཇིག་རྟེན་པ་ཡི་ཐེག་པ་ལ་དགོངས་ཏེ་མདོ་རྒྱུད་ལས་གསུངས་པའི་ཐེག་པ་ཀུན་དེ་ལྟར་གསུངས་པ་ལྟར་བདེན་པར་མི་བཟུང་སྟེ། མདོ་རྒྱུད་ལས་དེ་ལྟར་གསུངས་པ་ནི། གདུལ་བྱ་ཁྲིད་པའི་ཆེད་ཡིན་པའི་ཕྱིར་དང་། མདོ་སྡེའི་རྒྱན་ལས། དོན་སྒྲ་ཇི་བཞིན་ཡོང་རྟོགས་ན། །བདག་ཉིད་སྙེམས་ཤིང་བློ་ཉམས་འགྱུར། །ལེགས་པར་གསུངས་པའང་སྤོང་བས་ན། །ཀླག་འགྱུར་ཆོས་ལ་ཁོང་ཁྲོ་སྐྱེབ། །ཅེས་གསུངས་པའི་ཕྱིར་རོ། །ངེས་པའི་དོན་དང་། སྒྲ་ཇི་བཞིན་པ་དང་། འཇིག་རྟེན་ལས་འདས་པའི་ཐེག་པ་དང་། དྲང་པོར་དགོངས་པ་རྣམས་ལ་ནི། མདོ་རྒྱུད་ལས་ཇི་སྐད་གསུངས་པ་བཞིན་དུ་བདེན་པར་བཟུང་དགོས་ཏེ། དེ་དག་གདུལ་བྱས་ཇི་ལྟ་བ་བཞིན་དུ་ཉམས་སུ་བླང་བར་བྱ་བ་ཡིན་པའི་ཕྱིར་རོ། །

བཞི་པ་ལ་གཉིས་ཏེ། རྩོད་པ་དང་། ལན་ནོ། །དང་པོ་ནི། གལ་ཏེ་མུ་སྟེགས། ཞེས་སོགས་རྐང་པ་དགུ་སྟེ། གལ་ཏེ་ཁོ་ན་རེ། ཕྱི་རོལ་མུ་སྟེགས་བྱེད་ལ་ཡང་བྱམས་པ་དང་། སྙིང་རྗེ་དང་། སྦྱིན་པ་དང་། ཚུལ་ཁྲིམས་ལ་སོགས་པ་བདེན་པའི་ཆོས་ཀྱང་མང་པོ་སྣང་། རྫོགས་པའི་སངས་རྒྱས་ཀྱི་གསུང་ལ་དྲང་དོན་དང་། དགོངས་པ་དང་ནི། ལྡེམ་པོར་དགོངས་པ་དང་། སྒྲ་ཇི་བཞིན་པ་མིན་པ་ལ་སོགས་པ་བདེན་པ་མིན་པའང་དུ་མ་གསུངས་པས་ན། ཕྱི་ནང་གཉིས་ཆོས་བདེན་རྫུན་གཉིས་ཀ་ཡོད་པར་མཚུངས་པ་ལ་རྫོགས་པའི་སངས་རྒྱས་ཀྱི་གསུང་རབ་གྲུབ་པས་ལེན་ཅིང་། མུ་སྟེགས་བྱེད་ཀྱི་ལུགས་སྤོང་བའི་རྒྱུ་མཚན་ཅི་ཡིན་ཞེ་ན།

གཉིས་པ་ནི། སངས་རྒྱས་དྲང་དོན་ཞེས་སོགས་རྐང་པ་བཅུ་བཞི་སྟེ། དེ་ལྟར་དྲང་ངེས་གཉིས་ཡོད་པར་མཚུངས་ཀྱང་རྫོགས་པའི་སངས་རྒྱས་ཀྱིས་གདུལ་བྱ་དང་པོར་དྲང་བའི་དོན་གྱིས་ཁྲིད་ནས། མཐར་བདེན་པ་ཉིད་ལ་སྦྱོར་བར་མཛད་ཅིང་། མུ་སྟེགས་བྱེད་ཀྱི་བདེན་པས་ཁྲིད་ནས་ནི། མཐར་རྫུན་པ་ཉིད་ལ་སྦྱོར་བར་བྱེད་པ་དེས་ན་བདག་ཅག་རྫོགས་པའི་སངས་རྒྱས་ཀྱིས་གསུངས་ལ་གུས། ལེན་པའི་རྒྱུ་མཚན་དེ་ལྟར་ཡིན་ནོ། །དེ་སྐད་དུ་ལྷ་ལས་ཕུལ་དུ་བྱུང་བའི་བསྟོད་པ་ལས། བདེ་བར་གཤེགས་པ་བདག་གི་ཕ་མ་མ་ཡིན་མུ་སྟེགས་གཞན་དག་དག་མིན་ནོ། །དེ་བཞིན་གཤེགས་དེས་པ་བདག་ནོར་མ་རྒྱལ་ཟག་ཟིན་སོགས་ཀྱིས་མ་ཕྲོགས་མོད། །འོན་ཀྱང་སངས་རྒྱས་བཅོམ་ལྡན་འདས་དེ་ནི་གཅིག་ཏུ་འགྲོ་ལ་ཕན་མཛད་གསུངས། །དྲི་མེད་དྲི་མ་ཐམས་ཅད་སེལ་བ་གང་ཡིན་དེ་ལ་བདག་དད་ལགས། །ཞེས་དང་། ཁྱད་པར་འཕགས་བསྟོད་ལས། མུ་སྟེགས་གཞན་གྱི་གཞུང་ལུགས་ལ། །ཇི་ལྟ་བར་ནི་རྣམ་པར་བསམ། །དེ་ལྟ་དེ་ལྟར་མགོན་ཁྱོད་ལ། །བདག་གི་སེམས་ནི་དད་པར་གྱུར། །ཞེས་གསུངས་པས་སོ། །དེ་བཞིན་དུ་བོད་གངས་ཅན་འདི་ན་ཡང་ལུས་ངག་ཆོས་དང་བརྟུན་པ་ལྟ་བུའི་རྣམ་ཐར་བཟང་པོ་བསྟན་ནས་ནི། གདུལ་བྱ་སྐལ་དམན་རྣམས་དཀར་པོ་ཆིག་ཐུབ་སོགས་ལོག་པའི་ཆོས་ལ་སྦྱོར་བར་བྱེད་པ་མཐོང་ནས། ཕྱི་རོལ་མུ་སྟེགས་ཀྱི་ཆོས་ལུགས་བཞིན་དུ་དེད་ཀྱིས་སྤྱངས་ཤིང་། སློབ་མའི་བློ་དང་འཚམས་པར་ཐོག་མར་ཐེག་པ་སྣ་ཚོགས་ཚུལ་བསྟན་ནས། སངས་རྒྱས་ཀྱི་རྒྱུའི་གཙོ་བོ་ཐབས་ཤེས་ཟུང་འཇུག་དང་། དབང་དང་། རིམ་གཉིས་ཀྱི་གནད་རྣམས་རྫོགས་པའི་སངས་རྒྱས་གསུང་བཞིན་དུ་ཡང་དག་སྟེ། ཕྱིན་ཅི་མ་ལོག་པར་སྟོན་པར་མཛད་པའི་བླ་མ་དེ་རྫོགས་པའི་སངས་རྒྱས་ཉིད་དུ་བདག་གི་ལེགས་པར་བཟུང་ངོ༔ ༔

གསུམ་པ་གནད་མ་འཁྲུལ་བར་བསྒྲུབ་པར་གདམས་པའི་སྒོ་ནས་མཇུག་བསྡུ་བ་ལ་གསུམ་སྟེ། མ་འཁྲུལ་བའི་གནད་བསྒྲུབ་པར་གདམས། འཁྲུལ་པའི་གྲུབ་མཐའ་སུན་དབྱུང་བར་གདམས། བློ་བུར་གྱི་ཆོས་ལ་བརྟགས་དཔྱད་བྱ་བར་གདམས་པའོ། །དང་པོ་ལ་གཉིས་ཏེ། གནད་བཅོས་པ་ཉེས་དམིགས་ཆེ་བས་སྤྲང་བར་གདམས། གནད་བཅོས་པའི་བདུད་ཤེས་ནས་སྤྲང་བར་གདམས་པའོ། །དང་པོ་ལ་གསུམ་སྟེ། ཚིག་གི་གནད་བཅོས་པ་ལ་སྟོན་བྱུང་གི་དཔེ་དང་སྦྱར། དོན་གྱི་གནད་བཅོས་པ་ད་ལྟར་གྱི་གྲུབ་མཐའ་དང་སྦྱར། དེས་ན་ཉེས་དམིགས་ཆེ་བས་སྤྲོང་བར་གདམས་པའོ། །དང་པོ་ནི། ཆོས་གཞན་ལེགས་པར། ཞེས་སོགས་ཚིགས་བཅད་བརྒྱད་དེ། སྔར་བཤད་པ་དེ་ལྟར་སྡོམ་པ་གསུམ་གྱི་ཉམས་ལེན་གྱི་གནད་རྣམས་སངས་རྒྱས་ཀྱི་གསུང་བཞིན་དུ་མ་འཆུགས་པར་བསྒྲུབ་དགོས་པའི་རྒྱུ་མཚན་ནི། ཡན་ལག་གི་ཆོས་གཞན་ལེགས་པར་སྟོན་ན་ཡང་།

དམ་པའི་ཆོས་ཀྱི་གནད་ཟབ་མོ་རྣམས་བཅོས་པ་ནི། ཁ་ཟས་བཟང་པོ་ལ་དུག་བཏབ་པ་ལྟར་ཤིན་ཏུ་འཇིགས་པ་ཆེན་པོའི་གནས་ཡིན་པར་བལྟ་སྟེ། དེ་འདྲ་བ་ལས་སྐྱོན་བྱུང་བ་མང་ངོ་། །དཔེ་ནི། སྔོན་བྱུང་བ་འདས་པའི་དུས་ན་སྲིན་པོའི་རྒྱལ་པོ་ལང་ཀ་མགྲིན་བཅུ་ཞེས་བྱ་བས། འབད་པ་ཆེན་པོས་ལྷ་དབང་ཕྱུག་ཆེན་པོ་བསྒྲུབས་པས། ལོ་གྲངས་ས་ཡ་ཁྲག་བཅུ་གཉིས་དང་། ས་ཡ་ཕྱེད་ཀྱིས་ལྷག་པའི་དངོས་གྲུབ་བྱིན་པ་ལ་ཁྲབ་འཇུག་ཕྲག་དོག་གིས་གཟིར་ནས་ལང་ཀ་མགྲིན་བཅུ་ལ་ནི་འདི་སྐད་ཅེས་སྨྲས་ཏེ། ཁྱོད་ཀྱིས་འབད་པ་ཆེན་པོ་བྱས་མོད་ཀྱི། ལྷ་དབང་ཕྱུག་གིས་ནི་དངོས་གྲུབ་ཆུང་བས། ད་དུང་དབང་ཕྱུག་ལ་སྔར་གྱི་དངོས་གྲུབ་དེ་མིན་པ་ས་ཡ་ཕྲག་ཕྱེད་ཐུབ་པ་སློངས་ཞེས་སྨྲས་པས། ལང་ཀ་མགྲིན་བཅུས་དེ་བདེན་པར་བཟུང་ནས་ནི། ལྷ་དབང་ཕྱུག་ཆེན་པོ་ལ་ནི། དོན་དེ་ཞུས་ནས་དབང་ཕྱུག་ཆེན་པོས་དངོས་གྲུབ་དེ་བྱིན་པས། སྔར་གྱི་དངོས་གྲུབ་དེ་མིན་པ་ཞེས་གནད་བཅོས་པ་ཡི་ཚིག་དེ་ཡིས་སྔར་གྱི་ལོ་གྲངས་ས་ཡ་ཁྲག་ཕྱེད་བཅུ་གསུམ་ཐུབ་པའི་དངོས་གྲུབ་ཐམས་ཅད་ཡལ་ནས། ས་ཡ་ཁྲག་ཕྱེད་ལས་མ་ཐུབ་པར་གྱུར་ཏོ། །

འདིའི་གཏམ་རྒྱུད་ནི། སྔོན་བྱུང་བ་འདས་པའི་དུས་སྲིན་པོའི་རྒྱལ་པོ་ལང་ཀ་མགྲིན་བཅུའི་འབད་པས་ལྷ་དབང་ཕྱུག་ཆེན་པོ་བསྒྲུབ་པས་གྲུབ་པའི་མཚན་མ་མ་བྱུང་བར། རང་གི་མགོ་བོ་བཅུ་སྟེ་གཙུག་ན་རྟའི་མགོ་དང་བཅུ་གཅིག་ཡོད་པ། མགོ་བོ་རེ་རེ་བྲེགས་ནས་དབང་ཕྱུག་མཆོད་པའི་ཕྱིར་སྦྱིན་སྲེག་བྱ་བར་བརྩམས་སོ། །དེ་དབང་ཕྱུག་གིས་མཐོང་ནས། རང་གི་ཆུང་མ་དབུ་མ་ལ་ཁྱོད་སོང་ལ་དངོས་གྲུབ་བྱིན་གཅིག་ཅེས་བསྐོས་པས། དབུ་མས་མགྲིན་བཅུའི་རྩར་སོང་བས། བུད་མེད་ལ་དངོས་གྲུབ་མི་འདོད་ཟེར། དབུ་མ་ཁྲོས་ཏེ། ཁྱོད་ཀྱི་རྒྱལ་སྲིད་བུད་མེད་ཀྱི་ཤིགས་པར་གྱུར་ཅིག དབང་ཕྱུག་གི་བུས་ཕྱིན་པས། སྤྲེའུ་ལྷ་བུའི་བྱིས་པ་ལ་དངོས་གྲུབ་མི་འདོད་ཟེར། འོ་ན་ཁྱོད་ཀྱི་རྒྱལ་སྲིད་སྤྲེའུས་འཇིགས་པར་གྱུར་ཅིག །ཅེས་སྨྲས་སོ། །སླར་ཡང་དབང་ཕྱུག་ཆེན་པོ་ཉིད་ཀྱིས་ཕྱིན་ནས་དངོས་གྲུབ་ཅི་འདོད་སྦྱིན་ནོ་ཞེས་བརྗོད་ཅིང་འབད་པས་དབང་ཕྱུག་ཆེན་པོ་བསྒྲུབས་པས་འགྲུབ་སྟེ། བསྲུང་བ་གསུམ་བརྩེགས་འབོ་ནི་རྒྱ་མཚོ་དང་། །དམག་ནི་སྲིན་པོ་མཛོད་ནི་གནོད་སྦྱིན་སྦྱོར། །ཞེས་དངོས་གྲུབ་དང་། ཚེ་ལོ་གྲངས་ས་ཡ་བཅུ་གཉིས་དང་། ཕྱེད་ལྷག་པའི་ཚེའི་དངོས་གྲུབ་སྦྱིན། ཁྲབ་འཇུག་ཕྲག་དོག་གིས་གཟིར་བ་སོགས་ནི་གཞུང་དོན་ན་གསལ་ལོ། །ཡང་ལྷ་མིན་གསེར་ཅན་གྱིས་ནི་དབང་ཕྱུག་ཆེན་པོ་བསྒྲུབས་ནས་ས་དང་ནམ་མཁའ་དང་ཕྱི་དང་ནང་དང་། མི་དང་མི་མིན་པས་མི་གསོད་པའི་དངོས་གྲུབ་བྱིན་ཀྱང་། ཁྲབ་འཇུག་ཕྲག་དོག་ནས། ལུས་མི། མགོ་བོ་སེང་གེ །སྡེར་མོ་ལྕགས་སུ་བྱས་ཏེ་ཐེམ་པའི་སྟེང་དུ་པང་པར་བསད་དེ་དངོས་གྲུབ་ཀྱི་གནད་བཅོས་པ་དེ་འདྲ་བའི་ཚུལ་གྱིས་རྣམ་པར་བྱས་ཞེས་ཐོས་

སོ༔ །འདིའི་ལོ་རྒྱུས་ནི། ལྷ་མ་ཡིན་གྱི་དབང་པོ་གསེར་ཅན་དང་། འགྲོ་སྐྱོང་དང་། ཆུ་སྐྱར་ཞེས་བྱ་བ་མིང་གི་རྣམ་གྲངས་ཡིན་ཏེ། དེས་དབང་ཕྱུག་ཆེན་པོ་ལྷའི་ལོ་འབུམ་ཕྲག་བཅུ་དྲུག་ཏུ་བསྙུབས་པས་གྲུབ་སྟེ། དངོས་གྲུབ་གང་འདོད་པ་སློངས་ཤིག་ཟེར་རོ། །གསེར་ཅན་གྱིས་བདག་ཁང་པའི་ནང་དང་ཕྱི་དང་། ས་དང་། ནམ་མཁར་མི་གསོད་པ་དང་། དུག་དང་། མཚོན་དང་། མི་དང་། མི་མིན་པས་མི་གསོད་པའི་དངོས་གྲུབ་ཞུ་བྱས་པས་དེ་བཞིན་དུ་བྱིན་ནོ། །དེ་ནས་གསེར་ཅན་གྱི་བུ་མང་པོ་ཡོད་པ་ཤི་ནས་བུ་གཞོན་ནུ་གཅིག་ལུས་པ་ལ། ཁྱོད་ཀྱིས་ཤེས་ན་ང་ལ་བསྟོད་པ་གྱིས། མི་ཤེས་ན་ཡུལ་གཞན་དུ་སོངས་ཤིག །ཕ་ཤི་ན་རྗེས་སུ་བུ་དགོས་པ་ལས་ང་ནི་མི་འཆིའོ་ཞེས་ཟེར་རོ། །བུས་ཕྱོགས་གཞན་དུ་འཁྲམས་པས། ཁྱབ་འཇུག་སྐྱེ་བོ་ཕལ་པའི་གཟུགས་ཀྱིས་གཞོན་ནུ་དེའི་དྲུང་དུ་འོང་སྟེ། དྲིས་པས་རྒྱུ་མཚན་དེ་རྣམས་ཞིབ་ཏུ་བཤད་དོ། །དེ་ནས་ཁྱབ་འཇུག་གིས་རང་གི་ཕའི་གམ་དུ་སོང་ནས། ཐམ་པའི་སྟེང་དུ་ཁྲི་ཕྱིག་པ་ལ་ཕ་ཞོག་ཅིག །དེའི་མདུན་དུ་བསྟོད་པ་འདི་སློས་ཤིག །རི་བོ་རི་བོ་ལ་ནི་ཐུབ་པ་བཞུགས། །ཆུ་བོ་ཆུ་བོ་ལ་ནི་ཆུ་ལྷ་བཞུགས། །བཞི་མདོ་བཞི་མདོ་ལ་ནི་ཞི་བ་བདེ། །ཀུན་ཏུ་ཀུན་ལ་དབང་བྱེད་ཁྱབ་འཇུག་ཡིན། །ཞེས་བསླབ་བོ། །བུས་དེ་བཞིན་དུ་བྱས་པས། ཕ་ཁྲོས་ནས་ཐམས་ཅད་ལ་ཁྱབ་འཇུག་གནས་ན། འདི་ལ་ཡང་ཡོད་དམ་ཞེས་ཐམ་པ་ལ་ཁུ་ཚུར་བརྡུན་པས། དེ་ནས་ཁྱབ་འཇུག་ལུས་པོ་མི། མགོ་བོ་སེང་གེ །སྡེར་མོ་ལྕགས་ལས་བྱས་པ་ཞིག་བྱུང་སྟེ། གསེར་ཅན་པང་དུ་བཞག་ནས་སྡེར་མོས་ལྟོ་བ་དྲལ་ནས་བསད་དོ། །ཞེས་འབྱུང་ངོ་། །

དེ་བཞིན་དུ་དེང་སང་། ཨོཾ་མེད་པ་ཡི་གསང་སྔགས་ལ་སྐྱེས་བུ་གཡོ་ཅན་གྱིས་ནི་ཨོཾ་བཅུག་པས། གསང་སྔགས་ཀྱི་ནུས་པ་ཉམས་པ་མཐོང་། དེ་བཞིན་དུ་སྭཱ་ཧཱ་དང་། ཧཱུཾ་ཕཊ་དང་། གུག་བསྐྱེད་ལ་སོགས་པ་སྤར་ནས་ཡོད་པ་རྣམས་ལ་ཕྲི་བ་དང་། མེད་པ་རྣམས་ལ་གསར་དུ་བསྣན་པ་དང་། ཡི་གེ་རིང་པོ་ཐུང་དུ་དང་། ཐུང་དུ་རིང་པོར་གཏོང་བ་དང་། གཞན་ཡང་མིང་གི་སྦྱིལ་ཚིག་འཇུག་པའི་མཚམས་སུ། བདག་གཞན་གྱི་མིང་འགོད་ཚུལ་ནོར་བ་དང་། ཆར་འབེབ་པ་དང་། སྦྱོད་པའི་སྔགས་ཤན་འབྱེད་མ་ཤེས་པ་དང་། ཞི་བ། ཤཱནྟིཾ་ཀུ་རུ་ཞེས་བྱས་པས། ཞི་བ་ཞི་བར་གྱིས་ཤིག་ཅེས་པ་དང་། མ་ར་ཡ་གསོད་བྱས་པས་གསོད་བྱེད་གསོད་བྱ་བར་འགྱུར་བས། གསང་སྔགས་ཀྱི་གནད་རྣམས་ལ་གང་ཟག་གཡོ་ཅན་རྣམས་ཀྱིས་ལྷག་ཆད་ནོར་པར་བཅོས་པ་ཡིས་སེར་བ་ཁྱུ་འཕང་དུ་འགྲོ་བ་དང་། ཆར་པ་ཐན་པར་འགྲོ་བ་དང་། མཐུ་ཞག་བདུན་པ་ལོ་བདུན་པར་འགྲོ་བ་སོགས་གསང་སྔགས་དག་གི་ནུས་པ་རྣམས་ཉམས་ཞིང་དངོས་གྲུབ་འགྲུབ་པ་མང་པོ་མཐོང་བས་ན་སྔགས་བཟླ་བ་དང་། སྔགས་ཀློག་ཐབས་ལ་མཁས་པར་རིགས་སོ། །

གཉིས་པ་ལ་གཉིས་ཏེ། མདོར་བསྟན། རྒྱས་བཤད་དོ། །དང་པོ་ནི། དེ་བཞིན་ཆོས་ཀྱི། ཞེས་སོགས་རྐང་པ་བཅུ་བདུན་ཏེ། ཚིག་གི་གནད་བཅོས་ན། དངོས་གྲུབ་ཉམས་ཞིང་འགྱུར་འགྲོ་བ་དེ་བཞིན་དུ། ཆོས་ཀྱི་དོན་གྱི་གནད་རྣམས་ཀྱང་། ཅུང་ཟད་ཅུང་ཟད་བཅོས་པ་ལས་དངོས་གྲུབ་རྣམས་ཉམས་པར་འགྱུར་བར་གསུངས་པ་དེའི་ཕྱིར་ན། ཆོས་གཞན་བྱམས་པ་དང་སྙིང་རྗེ་སྦྱིན་པ་ལ་སོགས་པ་ལེགས་ན་ཡང་ཟབ་ཅིང་ཕྲ་བའི་གནད་རྣམས་བཅོས་ན་ཆོས་ལེགས་པ་ཐམས་ཅད་ཀྱང་འཇིག་གོ། །དེ་ཡང་ཉན་ཐོས་ཀྱི་ཐེག་པ་ལ་ཚུལ་ཁྲིམས་ཀྱི་གནད་སྡོམ་པ་དང་ནི། ལྟ་བའི་སྐབས་སུ་བདེན་བཞིའི་གནད་བཅོས་ན། ཉན་ཐོས་ཀྱི་ཆོས་བཟང་ཡང་ཀུན་འཇིག །ཐེག་པ་ཆེན་པོ་ལ་སྡོམ་པའི་གནད་སེམས་བསྐྱེད་པ་དང་། སེམས་བསྐྱེད་དེ་ཡི་བསླབ་བྱའི་གནད་དང་། ལྟ་སྤྱོད་སོགས་བཅོས་ན་ཐེག་པ་ཆེན་པོའི་ཆོས་ཀུན་འཇིག གསང་སྔགས་ལ་ནི། སྡོམ་པའི་གནད་དབང་བསྐུར་བ་དང་། བསྒོམ་པ་ལ་རིམ་གཉིས་ཀྱི་གནད་བཅོས་ན། གསང་སྔགས་ཀྱི་ནི་ཆོས་གཞན་ཀུན་བཟང་ཡང་འཇིག་སྟེ། ཆོས་ཟབ་ཅིང་ཕྲ་བའི་གནད་བཅོས་ན་ཆོས་གཞན་ཐམས་ཅད་འཇིག་པ་དེས་ནའོ། །རྒྱུ་མཚན་དེས་ན་ད་ལྟའི་བོད་ཀྱི་ཆོས་འགའ་ཞིག་ལ་ཆོས་ཟབ་པའི་གནད་ཀྱི་གནད་རྣམས་བཅོས་པ་རྫུ་དོགས་པའི་ཆོས་ལུགས་འགའ་ཞིག་ཡོད་དོ། །

གཉིས་པ་ནི། དེ་ཡང་མདོ་ཙམ། ཞེས་སོགས་ཚིགས་བཅད་བཅུ་གསུམ་སྟེ། འདིར་གནད་བཅོས་པར་དོགས་པའི་གཞི་དགུ་ངོས་བཟུང་བ་དང་། ལུས་རྣམ་གཞག་ཏུ་ཡང་བརྗོད་བྱའི་གཙོ་བོ་རྣམས་ངོས་བཟུང་བ་ནི། ཡན་ལག་གཞན་རྣམས་འཁྲུལ་ཡང་གནད་འདི་རྣམས་མ་འཁྲུལ་བར་བྱས་ན་འབྲས་བུ་བསྒྲུབ་ནུས་ཤིང་། གནད་འདི་རྣམས་འཁྲུལ་ན། ཡན་ལག་གཞན་རྣམས་མ་འཁྲུལ་ཡང་བསྒྲུབ་པར་མི་ནུས་ཞེས་པའི་དོན་ཡིན་ལ། རྒྱས་བཤད་ཀྱི་སྐབས་སུ་འཁྲུལ་པ་ཕྲན་ཚེགས་ནས་འགོག་པ་ནི། ཡན་ལག་ཕྲན་ཚེགས་རྣམས་ཀྱང་མ་འཁྲུལ་ན། བསྒྲུབ་ཉེ་ཞིང་། འཁྲུལ་ན་གནད་རྣམས་ཀྱང་རིམ་པ་བཞིན་དུ་འཁྲུལ་བར་འགྱུར་བས་ཕྲན་ཚེགས་ཀྱང་མ་འཁྲུལ་བར་བསྒྲུབ་དགོས་ཞེས་པའི་དོན་ཡིན་གསུང་ངོ་། །ཀུན་མཁྱེན། འོ་ན་གནད་བཅོས་པ་ཇི་ལྟ་བུ་སྙམ་ན། ཆོས་ཀྱི་གནད་བཅོས་པ་དེ་ཡང་མདོར་བསྡུས་པ་ཙམ་བཤད་ཀྱིས་ཉོན་ཅེས་གདམས་ནས། སོ་སོ་ཐར་པའི་སྡོམ་པ་རིགས་བདུན་ནི། བྱང་ཆུབ་མ་ཐོབ་བར་དུ་བླངས་དགོས་ཟེར་བ་ཡོད། དེ་ལྟར་བླངས་པར་གྱུར་ན་སོ་སོ་ཐར་པའི་སྡོམ་པ་ཅི་ནས་ཀྱང་འཇིག །འདི་ཡང་ཆོས་ཀྱི་གནད་རྣམས་བཅོས་པར་དོགས་ཏེ། དེ་ལྟར་དུ་ལེན་པ་སྡེ་སྣོད་ལས་མ་བཤད་པའི་ཕྱིར། ཡང་བྱང་ཆུབ་སེམས་དཔའི་སྡོམ་པ་ལ། སེམས་ཅན་ཀུན་ལ་བྱ་བར་གསུངས་པའི་དབུ་མའི་ལུགས་ཀྱི་ཆོ་ག་བཞིན་མི་བྱེད་པར། སེམས་ཙམ་པའི་ལུགས་ཀྱི་སེམས་བསྐྱེད་ཀྱི་ཆོ་ག

ནི༑ སོ་ཐར་དང་མི་ལྡན་པའི་སྐྱེ་བོ་ཀུན་ལ་བྱ་བར་མ་གསུངས་བཞིན་དུ་བྱེད་པ་མཐོང་། འདི་ཡིས་སེམས་བསྐྱེད་ཀྱི་ཆོ་ག་ངེས་པར་འཇིག །འདི་ཡང་ཆོས་ཀྱི་གནད་རྣམས་བཅོས་པར་མཐོང་སྟེ། ཆོ་ག་ལས་འདས་ན་ལས་མི་ཆགས་པའི་ཕྱིར། ཐེག་པ་ཆེན་པོའི་སེམས་བསྐྱེད་ཀྱི་ནི་བསླབ་བྱའི་མཆོག་བདག་གཞན་བརྗེ་བ་སྟེ། བདག་བདེ་གཞན་ལ་སྟེར། གཞན་གྱི་སྡུག་བསྔལ་བདག་གིས་ལེན་པའི་བྱང་ཆུབ་ཀྱི་སེམས་བསྒོམ་དུ་མི་རུང་ཞེས་སྨྲ་བ་འདི་འང་ཆོས་ཀྱི་གནད་རྣམས་བཅོས་པར་མཐོང་སྟེ། བདག་གཞན་བརྗེ་བ་སངས་རྒྱས་ཀྱི་རྒྱུའི་གཙོ་བོར་གསུངས་པའི་ཕྱིར་རོ། །གསང་སྔགས་ཀྱི་ནི་སྨིན་བྱེད་ཀྱི་དབང་བསྐུར་བ་མེད་ཀྱང་། གསང་སྔགས་ཟབ་མོ་བསྒོམ་དུ་རུང་ཟེར་བ་འདི་འང་གནད་རྣམས་བཅོས་པར་དོགས་ཏེ། དེ་འདྲ་རྡོ་རྗེ་འཆང་གི་རྒྱུད་ལས་བཀག་པས་ནའོ། །གསང་སྔགས་གྲོལ་ལམ་གྱི་མཆོག་ཏུ་གྱུར་པ་བསྐྱེད་རྫོགས་རིམ་པ་གཉིས་ཚུལ་བཞིན་དུ་མི་བསྒོམ་པར། ལས་དང་པོ་ལ་བསྐྱེད་རིམ་སྒྲོང་བསྐྱེད་དང་། ཧྲོད་ཙམ་སྐྱེ་བའི་གཏུམ་མོ་དང་། རྟོག་པ་བཀག་ཙམ་གྱི་སྟོང་ཉིད་ཕྱག་རྒྱ་ཆེན་པོར་བྱེད་པ་སོགས་རང་བཟོའི་གདམས་ངག་ཏུ་མ་ཡིས་བླུན་པོ་ལ་ངེས་ཤེས་བསྐྱེད་པར་བྱེད་པ་ཐོས། འདི་ཡང་གནད་རྣམས་བཅོས་པར་དོགས་ཏེ། མདོ་རྒྱུད་ཀུན་ལས་འདི་འདྲ་བ་བཀག་པས་སོ། །

བསྐྱེད་པའི་རིམ་པའི་མཐར་ཐུག་པ་རང་ཉིད་ལྷར་བསྒོམ་པའི་དབུ་རྒྱན་ལ་ནི་མི་བསྐྱོད་པ་ལ་སོགས་པའི་རིགས་བདག་འཁྲུང་བ་ཡིན་ལ། རིགས་བདག་དེ་ནི་རྣམ་པ་སངས་རྒྱས་ངོ་བོ་རྩ་བའི་བླ་མ་ཡིན་པ་འདི་ནི། གལ་ཏེ་འཆོལ་བར་གྱུར་ན་མཆོག་གི་དངོས་གྲུབ་ཐོབ་པ་མེད་པར་རྒྱུད་ལས་གསུངས་ཏེ། བརྟག་གཉིས་ལས། རིགས་འཆོལ་བསྒོམ་པའི་སྦྱོར་བ་ཡིས། །དངོས་གྲུབ་མེད་ཅིང་སྒྲུབ་པོའང་མེད། །ཅེས་གསུངས་པའི་ཕྱིར་རོ། །དེ་ལྟར་གསུངས་པ་འོན་ཀྱང་། འཕོ་བའི་ཚེ་བླ་མ་སྤྱི་བོར་བསྒོམ་པ་ཡིན་པ་ལ། ད་རུང་དུས་ལ་མ་བབ་པས་སོ་སོ་སྐྱེ་བོའི་བླ་མ་སྤྱི་བོ་རུ་བསྒོམ་པར་བྱ་བ་མིན། བསྒོམ་ན་ཚེ་ལ་གནོད་ཅེས་འབྲི་ཁུང་པའི་རྗེས་འབྲང་ལ་ལ་ཟེར། འདི་ཡང་ཆོས་ཀྱི་གནད་ཟབ་མོ་རྣམས་བཅོས་པར་དོགས་ཏེ། བླ་མ་སྤྱི་བོར་བསྒོམ་པ་རྒྱུད་འགྲེལ་ལས་གསུངས་པའི་ཕྱིར་རོ། །ཡང་རྡོ་རྗེ་རྒྱལ་མཚན་གྱི་བསྔོ་བའི་ཡོད་པའི་དགེ་བ་ཞེས་བྱ་བ་ཆོས་ཀྱི་དབྱིངས་བདེ་གཤེགས་སྙིང་པོ་ལ་བསམ་ནས་ནི། ཆོས་དབྱིངས་དེ་ནི་བསྔོ་བའི་རྒྱུར་བྱེད་པ། ཡོད་མེད་གང་དུའང་དམིགས་པ་མེད་པའི་ཆོས་ཀྱི་དབྱིངས་ཡོད་པར་དམིགས་པའི་དགེ་བར་སྨྲ་བ་འདི་ཡང་གནད་རྣམས་བཅོས་པར་དོགས་ཏེ། འདི་འདྲའི་བསྔོ་བ་དམིགས་པའི་དུག་དང་བཅས་པར་མདོ་རྒྱུད་ཀུན་ལས་གསུངས་པས་སོ། །དེ་བཞིན་དུ། གསང་སྔགས་ཟབ་མོའི་གཏུམ་མོ་བསྒོམ་པ་དང་། མཆོག་བྱ་དོན་གྱི་ཕྱག་རྒྱ་ཆེན་པོ་ལ་སོགས་པ

དང་། བསྲུང་བྱའི་དམ་ཚིག་དང་ནི། རིག་པ་འཛིན་པའི་སྡོམ་པ་ཡི་གནད་ཟབ་མོ་རྣམས་མང་དུ་བཅོས་པ་ཡོད་མོད་ཀྱི་དེ་དག་འདིར་མི་བཤད་དེ། གསང་སྔགས་ཟབ་མོའི་གནད་ཡིན་པའི་ཕྱིར་རོ། །ཕྱག་རྒྱ་བ་ལ་ལ་སེམས་ངོ་འཕྲོད་ན་གཞན་ཅི་ཡང་མི་དགོས་པས། སྦྱོར་བྲལ་རྐྱང་པ་ནི། དཀར་པོ་ཆིག་ཐུབ་ཡིན་ཞེས་ཟེར། འདི་ཡང་ཆོས་ཀྱི་གནད་ཟབ་མོ་རྣམས་བཅོས་པར་དོགས་ཏེ། སངས་རྒྱས་བསྒྲུབ་པའི་ཆོས་རྣམས་ཀུན་གྱི་རྩ་བ་ནི། སྟོང་ཉིད་སྙིང་རྗེའི་སྙིང་པོ་ཅན་ཡིན་པ་ལ། དེ་ནི་ཐབས་བྱང་ཆུབ་ཀྱི་སེམས་དང་། སྟོང་ཉིད་རྟོགས་པའི་ཤེས་རབ། ཟུང་འཇུག་ཏུ་ཐེག་པ་ཆེན་པོའི་མདོ་རྒྱུད་ལས་རྒྱས་པར་གསུངས་པའི་ཕྱིར་རོ། །

གསུམ་པ་ནི། གནད་རྣམས་མིན་པའི། ཞེས་སོགས་རྐང་པ་བཅུ་བདུན་ཏེ། ཆོས་ཀྱི་གནད་ཟབ་མོ་རྣམས་མིན་པའི་ཡན་ལག་གི་ཆོས་གཞན་འགའ་ཞིག་མ་ཚང་བ་དང་། ལྷག་པ་དང་། ཅུང་ཟད་འཁྲུགས་པ་སྟེ་ནོར་པར་གྱུར་ན་ཡང་། ཉེས་པ་ཆེན་པོ་བསྐྱེད་མི་ནུས་ལ། དམ་པའི་ཆོས་ཀྱི་གནད་ཟབ་མོ་རྣམས་བཅོས་པར་གྱུར་ན། ཡན་ལག་གི་ཆོས་གཞན་བཟང་ན་ཡང་། མངོན་པར་རྫོགས་པར་འཚང་མི་རྒྱ་སྟེ། དཔེར་ན་འགྲོ་བའི་སྙིང་ལ་གནས་པའི་སྲོག་རྩ་དང་། ལྟོན་ཤིང་རྣམས་ཀྱི་སྐྱེ་བའི་གནད་རྩ་བ་དང་། ས་བོན་གྱི་ནི་མྱུ་གུ་བསྐྱེད་པ་དང་། སྨན་བུ་ལ་སོགས་པའི་ཐགས་རྣམས་ཀྱི་ནི་སྦྲོག་ཤིང་དང་། དངུལ་ཆུའི་བཅུད་ཀྱི་ལེན་གྱི་རྩ་བ་མུ་ཟེ་དང་། མིག་ལ་སོགས་པའི་དབང་པོ་རྣམས་ཀྱིས་གཟུགས་མཐོང་བྱེད་དང་། སྣ་ཐོས་བྱེད་ལ་སོགས་པའི་གནད་རྣམས་ནི་འཆུགས་ན་བྱ་བ་སྒྲུབ་ཏུ་མི་རུང་བ་བཞིན། དེས་གཞན་ཡང་རྒྱལ་པོ་གཉིས་ཀྱིས་ཡོན་བདག་བྱས་ནས་ཀླུ་སྒྲུབ་ཀྱིས་གསེར་འགྱུར་གྱི་རྩི་ལན་གསུམ་དུ་བསྒྲུབ་པ་མེ་དང་མ་བྲལ་ཚེ་རྫས་རྣམས་གསེར་དུ་སོང་བ་ལ་མེ་དང་བྲལ་དུས་གསེར་ལས་ཉམས་ནས་མ་གྲུབ་པས། གདམས་ངག་པོ་ཧི་ཁྲོན་པར་དོར་བ་བྲམ་ཟེའི་བུ་མོས་རྙེད། བལྟས་པས་བཟང་བར་མཐོང་། འདི་གྲུབ་ན་བདག་ཅག་ལའང་ཕན་པ་སྲིད་བསམ་ནས། རྒྱལ་པོ་ལ་བསྟན་ནས་འདི་བསྒྲུབ་པར་ཞུས་བྱས་པས་ཁྱོད་ཅི་ཟེར་སྔར་ཡང་ལན་གསུམ་བསྒྲུབ་པས་མ་གྲུབ་པ་ཡིན་བྱས་པས་བུ་མོས་འདི་ལྟ་བུ་བསྒྲུབ་པ་ལ་རིམ་གྲོ་ཆེན་པོ་དགོས་པས་རིམ་གྲོ་བྱས་ནས་བསྒྲུབ་པར་ཞུ་ཟེར། ཀླུ་སྒྲུབ་ལ་ཞུས་པས་སྔར་ཡང་མ་གྲུབ་པ་ཡིན། འོན་ཀྱང་དེ་བཞིན་བྱ་གསུངས་ནས་བསྒྲུབ་པས། ཐབས་ནས་མེ་སྟག་ཕར་བ་སློབ་དཔོན་གྱི་མཛོད་སྦུར་ཐོག་པས་ཚ་བ་མ་བཟོད་པས་ཕྱག་གིས་ལྕགས་ལྕམ་མཛོད་ཕུར་ཐོག་པའི་ཁྲག་གི་རྒྱུན་གསེར་འགྱུར་རྩིའི་རྫས་ཀྱི་ནང་དུ་སོང་ནས་རྫས་གཡས་སུ་འཁོར་ནས་གསེར་དུ་སོང་བས་གདམས་ངག་མཁན་པོས་གསོན་ཁྲག་དགོས་པ་ཡིག་གེར་མ་བཀོད་པས་གནད་བཅོས་པ་ལྟ་བུ་གསུངས། དཔེ་དེ་བཞིན་དུ། དམ་པའི་ཆོས་ཀྱི་གནད་རྣམས་འཆུགས་ན་གནད་མིན་པའི་ཆོས་ལེགས་ལེགས་འདྲ་ཡང་། མཆོག་གི་འབྲས་བུ་བསྒྲུབ་ནུས་སུ་མེད་དོ། །རྒྱུ་མཚན་དེས་ན་གནད་མིན་པའི་ཆོས་ལ་ལ་འཁྲུལ་ཡང་སླ་ཡི། ཆོས་ཀྱི་གནད་རྣམས་འཁྲུལ་པ་མེད་པར་དཔྱད་དགོས་སོ། །

གཉིས་པ་ལ་གསུམ་སྟེ། གནད་འཆོས་པའི་བདུད་ཇི་ལྟར་འབྱུང་བའི་ཚུལ། དེས་གནད་ཇི་ལྟར་བཅོས

པའི་ཚུལ། དེ་ཤེས་ནས་སྤངས་པར་གདམས་པའོ། །དང་པོ་ལ་གསུམ་སྟེ། རྣམ་པ་ཇི་ལྟར་སྟོན་པ། ཐབས་གང་གིས་བསླུ་བ། སྟོན་བྱུང་གི་དཔེ་དང་སྦྱར་བའོ། །དང་པོ་ནི། དེ་ལ་གནད་རྣམས། ཞེས་སོགས་རྐང་པ་དྲུག་སྟེ། འོན་གནད་འཆོས་པའི་བདུད་ཇི་ལྟར་འབྱུང་ཞེ་ན། ཆོས་ཀྱི་གནད་མ་འཁྲུལ་བར་སྤྱོད་དགོས་པ་དེ་ལ་གནད་རྣམས་འཆོས་པའི་བདུད་འདི་ལྟར་འབྱུང་སྟེ། བདུད་ལ་ལ་སངས་རྒྱས་དངོས་སུ་བསྟན་ནོ། །བདུད་ཁ་ཅིག་མཁན་པོ་དང་། སློབ་དཔོན་དང་། བླ་མའི་ཆ་ལུགས་འཛིན་པ་དང་། ཕ་མའམ་ཉེ་དུའི་ཆ་ལུགས་ཀྱིས་སེམས་ཅན་རྣམས་ལ་བསླུ་བར་བྱེད་དོ། །

གཉིས་པ་ནི། འགའ་ཞིག་རྒྱབ་མོ། ཞེས་སོགས་ཚིགས་བཅད་བདུན་དང་རྐང་པ་གསུམ་སྟེ། འོན་བདུད་དེ་དག་གིས་ཐབས་ཇི་ལྟ་བུས་བསླུ་བར་བྱེད་ཅེ་ན། བདུད་འགའ་ཞིག་གིས། ངའི་ལུགས་འདི་ལྟ་བུ་མི་བྱེད་ན་ཆད་པས་གཅོད། ཅེས་པ་ལྟ་བུ་རྒྱབ་མོར་སླ་བར་བྱེད་ཅིང་། སྡིགས་པའི་ཚུལ་གྱིས། ཆོས་པོར་ནས་ཆོས་ལོག་ཏུ་སྒྱུར་བར་བྱེད། བདུད་ལ་ལ་ཁྱོད་ཀྱི་རིགས་ལ་ཆོས་འདི་ལྟ་བུ་ཕན་ཞེས་འཛམ་པོར་སླ་བར་བྱེད་ཅིང་། བྱམས་པའི་ཚུལ་གྱིས་ཆོས་ལོག་ཏུ་བསྒྱུར་བར་བྱེད། བདུད་ལ་ལ་སངས་རྒྱས་ཀྱི་གསུང་པའི་ལུང་དྲང་དོན་ངེས་དོན་དང་། ངེས་དོན་དྲང་དོན་ལྟ་བུ་ཕྱིན་ཅི་ལོག་ཏུ་བཤད་ནས་སྒྱུར། བདུད་ལ་ལ་རིགས་པ་བཟང་པོ་ལ་ངན་པ་ཡིན་ཞེས་བཤད་ནས་སྒྱུར། ཡང་ལ་ལ་རིགས་པ་ངན་པ་ལ་བཟང་པོ་ལྟ་བུར་བཅོས་ནས་སྒྱུར། ལ་ལ་ཟས་ནོར་ཅི་འདོད་པའི་རྫས་པ་བྱིན་ནས་ངའི་ལུགས་འདི་གྱིས་ཞེས་ཆོས་ལོག་སྟོན། ལ་ལ་ཀ་ཧུ་འཛིན་ལྟ་བུ་ལུས་དང་སེམས་ལ་ནི་ཏིང་ངེ་འཛིན་ཙུང་ཟད་བསྐྱེད་ནས་ཀྱང་། ཏིང་ངེ་འཛིན་དེ་ལ་ཡིད་ཆེས་སྐྱེས་པ་དང་། ལོག་པའི་ཆོས་རྣམས་གཞན་ལ་བསྟན་ནས་བསླུ་བར་བྱེད། སངས་རྒྱས་སྣར་རྒྱལ་ལྟ་བུ་ལ་ལ་མངོན་པར་ཤེས་པ་དང་ལུས་ཀྱི་རྫུ་འཕྲུལ་ཙུང་ཟད་བསྟན་ནས་ཀྱང་། བླུན་པོ་རྣམས་ཡིད་ཆེས་སྐྱེས་ནས་ནི། ཕྱི་ནས་ཆོས་ལོག་སྟོན་པར་བྱེད། བདུད་ལ་ལ་ང་ཡི་ཆོས་འདི་ལྟར་བསྒོམ། དེ་ལ་རྟོགས་པ་འདི་ལྟ་བུ་སྐྱེས་པས། ཁྱེད་ཀྱང་ཆོས་འདི་ལྟ་བུར་གྱིས་ཤིག་ཅེས་རང་གི་ཉམས་མྱོང་ཡིན་པ་ཡི་ཚུལ་དུ་བྱས་ནས་སློབ་མ་ཆོས་ལོག་པར་འཆོས་པ་སྟེ་སྒྱུར་བར་བྱེད་དོ། །

དེ་ལྟར་བསླུ་བར་བྱེད་པ་དེ་དག་བདུད་ཡིན་པའི་རྒྱུ་མཚན་མདོར་བསྡུ་ན་རྫོགས་པའི་སངས་རྒྱས་ཀྱི་གསུང་རབ་དང་ཕལ་ཆེར་མཐུན་པར་སྟོན་པར་བྱེད་ཅིང་། ཆོས་ཀྱི་གནད་རྣམས་ལོག་པར་སྟོན་པའི་ཆོས་རྣམས་ལེགས་ལེགས་འདྲ་བ་སྟོན་ན་ཡང་། ཐབས་ལ་བསླུ་བའི་བདུད་ཀྱིས་བྱིན་རླབས་ཡིན་ནོ་ཞེས་ཡུམ་གྱི་བདུད་ལས་ཀྱི་ལེའུ་དང་། འཇམ་དཔལ་རྣམ་པར་འཕྲུལ་པའི་མདོ་དང་། འཕགས་པ་འཇིག་རྟེན་ལས་འདས

པའི་ལེའུ་དང་། མ་དྲིས་པས་ཞུས་པའི་མདོ་དང་། རྒྱུད་སྡེ་ཀུན་ལས་གསལ་བར་གསུངས་པས་ན། ཆོས་ལོག་དེ་དག་སྤང་བར་བྱའོ། །

གསུམ་པ་ནི། འདི་དག་འདི་ལྟར། ཞེས་སོགས་ཚིགས་བཅད་ཕྱེད་དང་བརྒྱད་དེ་བདུད་ཀྱི་བྱིན་རླབས་ཆོས་ལོག་སྟོན་པ་འདི་དག་བྱུང་བ་དཔེ་འདི་ལྟར་སྟོན་བྱུང་བའི་ཚུལ་མདོ་ཙམ་ཞིག་ས་སྐྱ་པཎྜི་ཏ་ཉིད་ཀྱིས་བཤད་ཀྱིས་ཉོན། ཇི་ལྟར་ཞེ་ན། ལོ་ཆེན་རིན་ཆེན་བཟང་པོ་བཞུགས་པའི་ཚེ། སྟོད་མངའ་རིས་སུ་སངས་རྒྱས་སྐར་རྒྱལ་ཞེས་བྱ་བ། དཔྲལ་བ་ནས་ནི་འོད་འབྱིན་ཅིང་། བར་སྣང་ལ་ནི་སྐྱིལ་མོ་ཀྲུང་འཆའ། དུས་རེས་འགའ་འཇིག་མའི་ཁྲི་ལ་སྡོད། ཐབས་དང་བྲལ་བའི་སྟོང་པ་ཉིད་ཀྱི་ཆོས་རྣམས་སྟོན་ཅིང་ཀུན་ལ་བྱམས་པ་དང་། སྙིང་རྗེ་ཆེ་བར་སྣང་། སྐར་རྒྱལ་དེ་ཡི་སྟོང་པའི་ཆོས་ཀྱིས་སྐྱེ་བོ་གཞན་དག་ལ་ཏིང་ངེ་འཛིན་ཡང་བསྐྱེད་པར་བྱེད། སྐར་རྒྱལ་དེ་ལ་འཇིག་རྟེན་པ་ཐམས་ཅད་མོས། ཤཱཀྱའི་རྒྱལ་པོའི་བསྟན་པ་དང་འདྲ་མིན་ཙུང་ཟད་བཅོས་པར་འཆད། སྐར་རྒྱལ་དེ་ཡི་བསྟན་པ་ཤིན་ཏུ་འཕེལ་བར་འགྱུར་པ་དེ་ཡི་ཚེ་སྐྱེས་མཆོག་རིན་ཆེན་བཟང་པོ་ཡིས་ཡི་དམ་ལྷ་ཡི་སྒྲུབ་པ་ཟླ་བ་དྲུག་མཛད་ནས། བསྐྱེད་རྫོགས་ཀྱི་ཏིང་ངེ་འཛིན་བརྟན་པས་སྐར་རྒྱལ་དེའི་དྲུང་དུ་བྱོན། སངས་རྒྱས་སྐར་རྒྱལ་བར་སྣང་ལ་སྐྱིལ་མོ་ཀྲུང་བཅས་ནས་ཆོས་འཆད་པའི་ཚེ། ལོ་ཆེན་རིན་ཆེན་བཟང་པོས་གཟིགས་པ་ཙམ་གྱིས་སྐར་རྒྱལ་ས་ལ་ལྷུང་ཞེས་གྲགས་སོ། །གལ་ཏེ་ལོ་ཆེན་རིན་ཆེན་བཟང་པོ་ཞེས་བྱ་བ་ཡི་སྐྱེས་མཆོག་དེ་དུས་དེའི་ཚེ་མི་བཞུགས་ན། སངས་རྒྱས་སྐར་རྒྱལ་ཞེས་བྱ་བའི་ཆོས་ལོག་གི་བསྟན་པ་གསར་པ་ཞིག་འབྱུང་ཞེས་སྔ་རབས་ཀྱི་མཁས་པ་རྣམས་གསུངས། དེ་ཡང་ནག་པོའི་ཕྱོགས་ལ་དགའ་བ་ཡི་སྐར་རྒྱལ་ཞེས་བྱ་བའི་ཀླུ་ཆེན་ཅིག་སྐྱེས་ངན་ལུག་རྫི་ཞིག་གཉིད་དུ་སོང་བའི་སྣ་ནས་ཞུགས་ནས་ནི་སངས་རྒྱས་ཀྱི་གཟུགས་སུ་བརྫུས་ཞེས་གསུངས་སོ། །གསུངས་པའི་ཚུལ་ཞིབ་པར་གཞུང་དོན་གྱི་སྐབས་བཞིན་ལ། ཁྱད་པར་གསུང་རབ་དགོངས་གསལ་ལས། ཁོ་ས་ལ་ལྷུང་ཞིང་བརྒྱལ་བར་གྱུར་ཏོ། །དེ་ནས་ལོ་ཙཱ་བ་ཆེན་པོའི་བླ་གོས་ཀྱིས་ཁོའི་མགུལ་པ་བཅིང་བཀའ་བསྒོ་དྲག་པོ་མཛད་པས། ཁོ་ན་རེ། མང་ཡུལ་ནུ་མའི་མཚོ་ལ་གནས་པའི་ཀླུ་ཡིན། ངས་བསྟན་པའི་ཆོས་རྣམས་བོད་ཡུལ་ཐམས་ཅད་དུ་ཁྱབ་ཡོད། གཞུང་དང་གདམས་ངག་མང་པོ་ལ་ཆུ་ལ་ཚ་བཏབ་པ་ལྟར་དབྱེར་མེད་དུ་འདྲེས་པས་ཕྱོགས་གཅིག་ཏུ་སྡུད་མི་ཐུབ། ད་ཕྱིན་ཆད་ཆོས་ལོག་མི་སྟོན་པར་ཞུ། ཞེས་ཟེར་ཞེས་པ་བཞུགས། ཡང་རྣམ་བཤད་ཁ་ཅིག་ལས། ས་ལ་ལྷུང་ནས་བརྒྱལ་ཞེས་གྲགས། དེ་ནས་རིང་ཞིག་ནས་དེའི་སྣ་བུག་ནས་སྦྲུལ་ནག་པོ་གཅིག་ཐོན་བྱུང་ནས། ལོ་ཙཱ་བ་ཆེན་པོ་བཟློད་པར་མཛད་ཅིག འོན་ཀྱང་ཆོས་ལོག་ཙམ་བསྟན་པ་མི་རྟོག་ཞེས་ཟེར་ནས་མི་སྣང་བར་སོང་ལོ། །ཞེས་བཤད་པའང་གདའོ། །

གཉིས་པ་ནི། འདི་འདྲའི་རིགས་ཀྱི། ཞེས་སོགས་ཀང་པ་ཉེར་གཉིས་ཏེ། གོང་དུ་བཤད་པའི་གླུ་སྐར་རྒྱལ་འདི་འདྲ་བའི་རིགས་ཅན་གྱི་བདུད་རིགས་འགའ་མིའམ། འཕགས་པའི་གང་ཟག་གི་གཟུགས་བཟུང་ནས་ལོག་པའི་བསྟན་པ་སྤེལ་བའི་ཕྱིར་དུ་དམ་པའི་ཆོས་དང་བསྲེས་ནས་གནད་ཟབ་མོ་རྣམས་སུ་ཆོས་ལོག་པ་བསྲེས་ནས་དངོས་སམ་རྨི་ལམ་དུ་འཆད་པ་སྲིད། དེ་འདྲའི་རིགས་ལ་ལམ་འབྲས་ནས་བཤད་པའི་རྣམ་གསུམ་རིགས་དབྱེ་སོགས་ཤེས་པར་བྱའོ། །དེ་ལྟ་བུ་མི་ཤེས་ན། ཐོས་བསམ་གྱི་སྒོ་ནས་ངོ་ཤེས་པར་བྱས་ལ་སྤྱངས་དགོས་ཏེ། དཔེར་ན་ཁ་ཟས་བཟང་པོ་ལ་སྦྱར་བའི་དུག་གིས་སྐྱེ་བོ་ཕལ་ཆེར་གསོད། དུག་ཀྱང་པ་ཡིན་པར་ཤེས་ན་ནི། གང་ཟག་འགའ་ཡང་གསད་པར་ནུས་པ་མིན་པ་དེ་བཞིན་དུ། ཆོས་བཟང་པོ་འགའ་ཞིག་ལ་ཆོས་ལོག་གྲིབ་སླད་པས་སྐྱེས་བུ་ཕ་རོལ་པོ་བསླུ་བར་བྱེད་ལ། ཆོས་ལོག་ཀྱང་པ་ཡིན་པར་གོ་ན་ནི། གང་ཟག་འགའ་ཡང་བདུད་རིགས་ཀྱིས་བསླུ་བར་མི་ནུས་སོ། །ཆོས་ལོག་སྟོན་པ་པོའི་སྤྱོད་པ་ངན་པར་མ་ངེས་ཏེ། དཔེར་ན་རི་དྭགས་རྔ་མ་བསྟན་ནས། རི་དྭགས་ཀྱི་ཤ་ཡིན་པར་བཙོས་ནས་བོང་ཤ་འཚོང་གི རི་དྭགས་ཀྱི་རྔ་མ་མ་བསྟན་ན། བོང་བུའི་ཤ་འཚོང་བར་མི་ནུས་པ་ལྟར། དེ་བཞིན་དུ་བཟང་པོའི་སྤྱོད་པ་མ་བསྟན་ན། ལོག་པའི་ཆོས་ཀྱིས་འགའ་ཡང་བསླུ་བར་མི་ནུས་སོ། །བདུད་རིགས་ཀྱི་བྱིན་རླབས་ཐམས་ཅད་ཀྱང་། ངན་པ་ཁོ་ནར་འབྱུང་བར་ངེས་པ་མིན་ཏེ། འོན་ཀྱང་ཆོས་བཟང་པོའི་ནང་ནས་ནི་གནད་རྣམས་ཅུང་ཟད་བཅོས་པ་ཡི་ཕན་པ་ལྟ་བུར་སྣང་བས་ཕ་རོལ་བསླུ་བར་བྱེད་དོ། །

གསུམ་པ་ནི། འདི་འདྲ་ཤེས་པར། ཞེས་སོགས་ཀང་པ་བཅུ་དྲུག་སྟེ། གནད་ཇི་ལྟར་བཅོས་པའི་ཚུལ་དང་། གནད་བཅོས་པའི་བདུད་རིགས་འདི་འདྲ་ཡིན་པ་ཤེས་པར་བྱས་ནས་ནི། དམ་པའི་ཆོས་ཀྱི་གནད་ཟབ་མོ་རྣམས་མདོ་རྒྱུད་ནས་ཇི་ལྟར་འབྱུང་བ་བཞིན་ལོག་པའི་ཆོས་ཀྱིས་མ་བསླད་པར་ནི་ལེགས་པར་ཟུངས་ཤིག་སྟེ། དཔེར་ན་ཤིང་རྟའི་སྲོག་ཤིང་ཆག་པར་གྱུར་ན་འཁོར་ལོ་ཇི་ལྟར་བཟང་ཡང་འགྲོ་མི་ནུས་པ་དང་། སྐྱེས་བུའི་སྲོག་གི་དབང་པོ་འགགས་པར་གྱུར་ན། མིག་སོགས་དབང་པོ་གཞན་དག་གིས་གཟུགས་མཐོང་བ་སོགས་ཀྱི་བྱ་བྱེད་མེད་པ་དེ་བཞིན་དུ། དམ་པའི་ཆོས་ཀྱི་གནད་རྣམས་འཆུགས་ན། གནད་མིན་པའི་ཡན་ལག་གི་ཆོས་གཞན་བཟང་ཡང་འབྲས་བུ་འགྲུབ་པའི་ནུས་པ་མེད་པར་གྱུར་བའི་ཕྱིར་རོ། །ཆོས་ཀྱི་གནད་མདོ་རྒྱུད་བཞིན་དུ་མ་བསླད་པར་གཟུང་དགོས་ཏེ། རྫོགས་པའི་སངས་རྒྱས་ལས་མཁས་པ་ཡི་གང་ཟག་འཇིག་རྟེན་ན་ཁམས་སུ་ན་མེད་པའི་ཕྱིར། རྒྱུ་མཚན་དེས་ན་སངས་རྒྱས་དེ་ཡི་གསུངས་པ་ཡི་མདོ་རྒྱུད་ཟབ་མོ་རྣམ་པར་དཀྲུགས་པར་མི་བྱ་ཞིང་། མདོ་རྒྱུད་དཀྲུགས་པ་སྟེ་ལོག་ཆོས་ཀྱིས་སླད་ན་ཆོས་སྤོང་གི་ལས་སུ་གྱུར་ཞིང་། འཕགས་པའི་གང་

ཟག་རྣམས་ཀུང་སྣང་པ་སྟེ་སྐུར་པ་བཏབ་པར་འགྱུར་ཞེས་མགོན་པོ་བྱམས་པས་རྒྱུད་བླ་མར་གསུངས་པ་སྟེ། གང་ཕྱིར་རྒྱལ་ལས་ཆེས་མཁས་འགའ་ཡང་འཇིག་རྟེན་འདི་ན་ཡོད་མིན་ཏེ། །མ་ལུས་དེ་ཉིད་མཆོག་རྣམས་ཀུན་མཁྱེན་གྱིས་མཁྱེན་གཞན་མིན་པ། །དེ་ཕྱིར་དྲང་སྲོང་རང་ཉིད་ཀྱིས་བཞག་མདོ་སྡེ་གང་ཡིན་དེ་མི་དཀྲུགས། །ཐུབ་ཚུལ་གཞིག་ཕྱིར་དེ་ཡང་དམ་ཆོས་ལ་ནི་གནོད་པ་བྱེད་པར་འགྱུར། །ཉོན་མོངས་རྨོངས་བདག་རྣམས་ཀྱིས་འཕགས་ལ་བསྐུར་པ་དང་། །དེས་གསུང་ཆོས་ལ་བརྙས་གང་དེ་ཀུན་ཞེན་ལྟས་བྱས། །དེས་ན་ཞེན་ལྟའི་དྲི་ཅན་དེ་ལ་བློ་མི་སྦྱར། །གོས་གཙང་མཚོན་གྱི་རྣམ་སྒྱུར་སྣུམ་གྱི་གོས་པ་མིན། །ཞེས་གསུངས་སོ། །

གཉིས་པ་འཁྲུལ་པའི་གྲུབ་མཐའ་སུན་འབྱིན་པའི་ཚུལ་ལ་གསུམ་སྟེ། སྔོན་བྱུང་མཁས་པས་འཁྲུལ་པའི་གྲུབ་མཐའ་སུན་འབྱིན་པའི་ཚུལ། རྗེས་འཇུག་མཁས་པས་འཁྲུལ་པའི་གྲུབ་མཐའ་སུན་དབྱུང་བའི་ཚུལ། དགག་སྒྲུབ་ཀྱི་ལུང་སྦྱོར་ཇི་ལྟར་བྱ་བའི་ཚུལ་ལོ། །དང་པོ་ནི། འཁྲུལ་པའི་གྲུབ་མཐའ། ཞེས་སོགས་ཚིགས་བཅད་བརྒྱད་དང་རྐང་པ་གཅིག་སྟེ། འཁྲུལ་པའི་གྲུབ་མཐའ་རྣམས་སུན་འབྱིན་པའི་རྣམ་གཞག་ཙུང་ཟད་བཤད་ཀྱིས་ཉོན་ཅིག དེ་ཡང་ཁ་ཆེའི་ཡུལ་དུ་མུ་སྟེགས་ཀྱི་སྟོན་པ་དབང་ཕྱུག་དང་། ཁྱབ་འཇུག་སོགས་ཞབས་ཀྱི་འོག་ཏུ་མནན་པའི་གཟུགས་བརྙན། བདེ་མཆོག །དུས་འཁོར་ལ་སོགས་པའི་སངས་རྒྱས་མཐོང་ནས་ནི། དེ་ལས་ལྡོག་པ་སངས་རྒྱས་མནན་པའི་དབང་ཕྱུག་གི་བྲིས་སྐུ་ཞིག་དབྱངས་ཅན་གྱིས་བྱིན་གྱིས་རླབས་པའི་མུ་སྟེགས་ཀྱི་སྟོན་པ་དབྱངས་ཅན་དགའ་བ་ཞེས་བྱ་བས། སངས་རྒྱས་པ་ལ་སྙིང་ནད་དུ་བསམ་ནས་བྱས་སོ། །དེའི་ཚེ་མཁས་པ་ཆེན་པོ་ཛྙཱ་ན་ཤྲཱིས། དབྱངས་ཅན་དགའ་བ་དེ་དང་། རྟོད་པའི་བརྩད་གྲྭ་སུ སངས་རྒྱས་པ་རང་གི་པཎྜི་ཏ་རྣམས་དང་། གཞན་མུ་སྟེགས་བྱེད་ཀྱི་པཎྜི་ཏ་རྣམས་དང་། ཕྱི་ནང་གཉིས་ཀའི་སྐྱེ་པ་དང་། རྒྱལ་པོ་དང་། བློན་པོ་སོགས་ཀྱི་དཔང་པོ་ཚོགས་པའི་གྲྭར་ཛྙཱ་ན་ཤྲཱིས། འདི་ལྟར་བརྩད་དེ། སངས་རྒྱས་མནན་པའི་དབང་ཕྱུག །དབྱངས་ཅན་དགའ་བ་ཁྱོད་རང་གི་བྱས་པའི་རང་བཟོ་ཡིན་གྱི། ཁྱེད་རང་གི་གཞུང་ལུང་མ་གང་ནས་ཀུང་བཤད་པ་མེད། དེས་ན་ཁྱོད་ཀྱི་དེ་འཁྲུལ་པ་ཡིན་ཞེས་མི་འཐད་པར་བསྒྲགས། དེ་ལ་དབྱངས་ཅན་དགའ་བ་དེས་ཀུང་། འདི་ལྟར་དུ་དབང་ཕྱུག་སོགས་མནན་པའི་སངས་རྒྱས་དགེས་རྡོར་ལ་སོགས་པ་ཁྱེད་རང་གི་བྱས་པའི་རང་བཟོ་ཡིན་གྱི། དེ་ཁྱེད་ཀྱི་གཞུང་ལུང་མ་གང་ནས་ཀུང་བཤད་པ་མེད་པས་མི་འཐད་དོ་ཞེས་མགོ་བསྒྲེས་པས། དེ་ལ་མཁས་པ་ཛྙཱ་ན་ཤྲཱིས། འདི་སྐད་དུ་བརྩད་དེ། སངས་རྒྱས་དབང་ཕྱུག་གིས་མནན་པ་མུ་སྟེགས་ཁྱེད་ཀྱི་གཞུང་ལུང་མ་རྣམས་ནས་བཤད་པ་མེད་ལ། མུ་སྟེགས་སངས་རྒྱས་ཀྱིས་མནན་པ་ངེད་ཀྱི་གཞུང་ལུང་མ་རྒྱུད་སྡེ་བཞི་པོ་རྣམས་སུ་གདོད་མ་ཉིད་ནས་བཤད་དེར་མ་ཟད་སློབ་དཔོན་ནག་པོ་པས་སྦྱོད་པ་མཛད་པའི་ཚེ་ཤར

ཕྱོགས་ཀྱི་རྒྱལ་པོ་རོལ་པའི་རླབ་ཞེས་བྱ་བའི་བློན་པོ་དགེ་བའི་མགོན་པོའི་གནས་སུ་བྱོན་ཏེ། རྒྱལ་པོ་ཕྱི་རོལ་པ་ཡིན། བློན་པོ་ནང་པ་ཡིན་པས་ཐུགས་རྗེ་ཆེན་པོའི་རྟེན་གྱི་རབ་གནས་ཞུས། མེ་ཏོག་སྤྱི་བོར་བཞག་ནས་སུ་པྲ་ཏིཥྛ་ཞེས་གསུངས་པ་དང་། བརྟེན་དེ་སུས་ཀྱང་སྐྱུལ་མི་ནུས་པར་གྱུར། དེ་ནས་བློན་པོས་འཁོར་ལོ་སྡོམ་པ་ཞུས་ཏེ། རྒྱལ་པོས་མ་ཆོར་བར་བྲིས་སྐུ་བཞེངས་སོ། །རི་ཞིག་གི་ཚེ་བྲིས་སྐུ་སྦྲས་པའི་ལོང་མེད་པས། རྒྱལ་པོས་མཐོང་ནས་འདི་ཁྱོད་དྲན་ན་ཁྱོད་གསོད། བླ་མ་དྲན་ན་བླ་མ་གསོད་བྱས་སོ། །སངས་རྒྱས་ཀྱི་རྒྱུད་ནས་བཤད་པ་ཡིན་བྱས་པས། ཆོས་ལུགས་གཉིས་སུ་བདེན་བལྟའོ་ཟེར་ཏེ་རྒྱལ་པོས་དབང་ཕྱུག་དང་། དབུ་མའི་འོག་ཏུ་བདེ་མཆོག་མནན་པ་བྲིས་ནས་གོས་ཀྱི་དཀྲིས་ཏེ་སྨོད་པོར་ནས་ཞག་བདུན་སྐུ་གཉིས་ལྷན་ཅིག་ཏུ་བཞག་གོ །དེ་ནས་ཞལ་ཕྱེ་བའི་ཚེ། རྒྱལ་པོས་བྲིས་པའི་རི་མོ་དེ་ཡང་འཁོར་ལོ་སྡོམ་པའི་ཞབས་ཀྱི་འོག་ཏུ་དབང་ཕྱུག་དང་། དབུ་མ་མནན་པའི་སྐུར་གྱུར་ཏོ། །རྒྱལ་པོ་ཤིན་ཏུ་དད་པར་གྱུར་ཏེ། ཤར་ཕྱོགས་བྷཾ་ག་ལའི་ཡུལ་ཐམས་ཅད་ལ་སངས་རྒྱས་ཀྱི་བསྟན་པ་ལ་བཀོད་དོ། །ཞེས་འབྱུང་ངོ་། །ཡོད་པ་ཡིན་པས་དེ་གཉིས་མི་མཚུངས་སོ། །དེས་ན་སངས་རྒྱས་ཀྱི་དབང་ཕྱུག་སོགས་མནན་པ་འདི་རེད་ཀྱི་རང་བཞིན་མིན་པར་ཐམས་ཅད་ཀྱིས་ཤེས་པ་ཡིན་ཞེས་བརྗོད་པས། དེ་ནས་དབྱངས་ཅན་དགའ་བ་སྤྱོབ་པ་མེད་པར་གྱུར་པའི་ཚེ། ཛྙ་ན་ཤྲིས་རྒྱལ་པོ་ལ་སྨྲས་པ། རྒྱལ་པོ་ཁྱོད་ཀྱི་ཡུལ་འདི་རྟ་འདི་འདྲ་བའི་རང་བཞིན་གྱི་ཆོས་འཕེལ་ན་ནི། རང་གཞན་གྱི་ཆོས་ཐམས་ཅད་ལ་ད་དུང་རང་བཞིན་གཞན་མང་པོ་འབྱུང་བས་སངས་རྒྱས་ཀྱི་བསྟན་པ་སྤྱི་ལ་གནོད་པ་འདི་མུ་སྟེགས་ཁོ་རང་ལ་ཡང་ཅིས་མི་གནོད་དེ། རང་བཞིན་མང་པོ་བྱུང་ན་ཁོ་རང་གི་ཆོས་ལུགས་ཀྱང་འཆོལ་བར་འགྱུར་བས་སོ། །དེས་ན་འདི་འདྲ་བའི་རང་བཞིན་གྱི་ཆོས་ལུགས་ནི་མུ་སྟེགས་པར་མ་ཟད་སངས་རྒྱས་པ་ལ་བྱུང་ན་ཡང་། སངས་རྒྱས་ཀྱི་བསྟན་པ་འཆོལ་བར་འགྱུར་བས་རྒྱལ་པོ་ཁྱོད་ཀྱིས་དགག་དགོས་སོ། །ཞེས་དེ་སྐད་བསྒྲོས་ནས་སངས་རྒྱས་མནན་པའི་དབང་ཕྱུག་གི་ཁྱིད་རིས་ཚོགས་པའི་དབུས་སུ་སྲུབ་བོ། །ཡང་དབྱངས་ཅན་དགའ་བ་ན་རེ། གཞུང་ཁུངས་མ་ནས་བཤད་པ་མེད་དུ་ཆུག །ད་གཟོད་གྲུབ་མཐའ་རྩོད་དགོས་ཟེར་ནས་དུས་བཏབ་པའི་ཚེ། ཕྱིས་དེ་ལྟར་རྩོད་དུས་བཏབ་པའི་ཚེ། ཛྙ་ན་ཤྲིའི་སློབ་མ་གཅིག་གིས་སྔར་རྩོད་པ་རྒྱལ་བས་ཚོག །ཁོ་དབྱངས་ཅན་མའི་བྱིན་གྱིས་བརླབས་པའི་མཁས་པ་ཡིན་པས་གལ་ཏེ་ཁོ་རྒྱལ་ན་བསྟན་པ་ལ་གནོད་ཤིད། ཁྱོད་པས་མཁས་པ་སངས་རྒྱས་པ་ལ་མེད་པས་རྩོད་པ་མི་བྱེད་པར་ཞུ་ཟེར་ནས་གཟིམ་ཁང་གི་སྒོ་འཕྲེད་བཅད་ནས་ཉལ་བའི་ཚེ། སློབ་དཔོན་ཁང་པའི་ཕུག་ནས་སྒོ་བྲུས་ནས་རྩོད་གྲྭར་བྱོན། སློབ་མས་ཕྱི་དྲོ་བལྟས་པས་མི་འདུག་པ་མཐོང་། ཤིན་ཏུ་སྐྲག་ཏེ་རྩོད་གྲྭར་བྱོན་པས། སློབ་དཔོན་རྒྱལ་ནས་སངས་རྒྱས་ཀྱི་བསྟན་པ་ཤིན་ཏུ་དར་བར་བྱས་གསུང་། ནས་དབྱངས་ཅན་དགའ་བ་དང་གྲུབ་མཐའ་རྩད་པ་ལའང་མུ་སྟེགས་གྲུབ་མཐའ་ཕམ་པར་མཛད་ནས་སངས་རྒྱས་ཀྱི་བསྟན་པ་ལེགས་པར་སྤེལ་ཞེས་ཐོས་སོ། །

གཉིས་པ་ལ་གསུམ་སྟེ། ལུང་རིགས་ཀྱི་གནོད་ཚུལ་སྤྱིར་བསྟན། ལུང་རིགས་ཀྱི་གནོད་ཚུལ་བྱེ་བྲག་ཏུ་བཤད། ལུང་ཁས་མི་ལེན་པ་ལ་ཇི་ལྟར་བྱ་བའོ། །དང་པོ་ནི། གལ་ཏེ་མུ་སྟེགས། ཞེས་སོགས་ཚིགས་བཅད་

ཕྱེད་དང་དྲུག་སྟེ། གལ་ཏེ་ཕྱི་རོལ་མུ་སྟེགས་བྱེད་པའི་གཞུང་དུ། གདོད་མ་ནས་གྲུབ་པའི་རིག་བྱེད་རྣམས་ལས། དབང་ཕྱུག་གིས་སངས་རྒྱས་མནན་པའི་ཆོས་ལོག་དེ་འདྲ་གལ་ཏེ་བཤད་ན་ཡང་རང་བཟོ་ཡིན་ཞེས་བྱ་བར་མི་རུང་སྟེ། ཁོ་རང་གི་གཞུང་ལས་གདོད་མ་ནས་བཤད་པའི་ཕྱིར་རོ། །འོ་ན་དེ་ཇི་ལྟར་སུན་དབྱུང་ཞེ་ན། གྲུབ་མཐའ་འཁྲུལ་བ་དང་། མ་འཁྲུལ་བའི་རྣམ་གཞག་བཟུང་ནས་ནི་རིགས་པའི་རྣམ་གྲངས་གཞན་གྱིས་སུན་དབྱུང་དགོས་ཀྱི་ལུང་འགལ་གྱིས་སུན་དབྱུང་མི་ནུས་སོ། །དེས་ན་བདག་དང་གཞན་གྱི་གྲུབ་མཐའ་ལའང་། གལ་ཏེ་དེ་ལྟ་བུའི་འགལ་བ་སྣང་ན་ནི། དངོས་སྟོབས་ཀྱི་རིགས་པ་དག་དང་འགལ་བར་གྱུར་ན། དེ་ནི་དཔེ་དང་གཏན་ཚིགས་ལ་སོགས་པའི་རིགས་པས་སུན་ཕྱུངས་ཤིག །གལ་ཏེ་ཡིད་ཆེས་ཀྱི་ལུང་དང་འགལ་བར་འགྱུར་ན་གྲུབ་མཐའ་དེ་ནི་ལུང་གི་སྒོ་ནས་ལེགས་པར་སུན་འབྱིན་པའི་གདམས་ངག་ཅུང་ཟད་བཤད་ཀྱིས་ཉོན་ཅིག །འདི་ལྟར་ཕ་རོལ་པོ་ཐུན་མོང་གི་ལུང་ཚད་མར་ཁས་ལེན་ན་ཐུན་མོང་གི་ལུང་དང་འགལ་བས་སུན་དབྱུང་བར་བྱ་སྟེ། རང་གི་ཐུན་མོང་གི་ལུང་དེ་ཚད་མར་ཁས་ལེན་ཅིང་། ལུང་དེ་དང་འགལ་བའི་ཆོས་སྤྱོད་པའི་ཕྱིར་ནའོ། །གལ་ཏེ་ཐུན་མོང་གི་ལུང་དེ་ཚད་མར་ཁས་མི་ལེན་ཅིང་། ཁས་ལེན་ཞིང་ཐུན་མོང་མིན་པའི་ལུང་གཞན་ཚད་མར་ཁས་ལེན་ན། དེ་ཁས་ལེན་པའི་ཚེ། ངེད་ཀྱི་ལུང་གིས་ནི། ཕ་རོལ་པོ་དེ་ཡིས་ཆོས་ལོག་དགག་མི་ནུས་ལ། འོན་ཀྱང་ཕ་རོལ་པོ་དེ་ཡིས་ཐུན་མོང་མ་ཡིན་པར་ཁས་བླངས་པའི་ལུང་ཉིད་ཀྱིས་ཕ་རོལ་པོ་དེ་ཡིས་ཁས་བླང་པའི་ཆོས་ལོག་དགག་དགོས་སོ། །

གཉིས་པ་ལ་བཞི་སྟེ། གཞན་གྱི་ལུང་གིས་འགོག་མི་ནུས་པ། རང་གི་ལུང་གིས་འགོག་ནུས་པ། དེའི་དཔེར་བརྗོད་གསལ་བར་བཤད་པ། དེས་རིགས་གཞན་ཡང་མཚོན་པའོ། །དང་པོ་ནི། དཔེར་ན་ཕ་རོལ། ཞེས་སོགས་རྐང་པ་བཅུ་གཅིག་སྟེ། རང་གི་ཁས་བླངས་པའི་ལུང་གིས་འགོག་ནུས་ཀྱི། ལུང་གཞན་གྱིས་འགོག་མི་ནུས་པ་དཔེར་ན། ཕ་རོལ་ཏུ་ཕྱིན་པ་བ་དག་གལ་ཏེ་ཆོས་ལོག་པ་འགའ་ཞིག་སྤྱོད་ན་ནི་དེ་གསང་སྔགས་ཀྱི་གཞུང་དང་འགལ་ལོ་ཞེས་ཆོས་ལོག་དེ་ནི་སུན་དབྱུང་ནུས་པ་མ་ཡིན་ཏེ། ཕ་རོལ་ཏུ་ཕྱིན་པ་བས་གསང་སྔགས་པ་རང་གི་ལུང་ཚད་མར་ཁས་མི་ལེན་པའི་ཕྱིར། དེ་བཞིན་དུ་གསང་སྔགས་པ་འགའ་ཞིག་དབང་ལ་སོགས་པའི་ལག་ལེན་ལོག་པར་སྤྱོད་པར་གྱུར་ཀྱང་ཕ་རོལ་ཏུ་ཕྱིན་པའི་གཞུང་དང་འགལ་ལོ་ཞེས་དེ་སུན་དབྱུང་བར་ནི་ནུས་པ་མ་ཡིན་ཏེ། གསང་སྔགས་པས་ཕར་ཕྱིན་པ་རང་གི་ལུང་ཚད་མར་ཁས་ལེན་པ་མིན་པའི་ཕྱིར། དེ་ལྟར་དུ་ཐེག་པ་ཆེ་ཆུང་གཉིས་ལའང་ཕན་ཚུན་གྱི་ནི་ལུང་འགལ་གྱིས་ཐེག་པ་ཆེ་ཆུང་སོ་སོའི་གཞུང་ལུགས་ནས་འབྱུང་བ་རིམ་པ་ལྟར་སྡོམ་པ་ཤེས་པ་དང་། སྡོམ་པ་གཟུགས་ཅན་ཡིན་པ་ལྟ་བུ་དགག་པར་མི་ནུས་ཏེ། ཉན་

ཐོས་ཀྱི་ལུང་དང་འགལ་བས་ཐེག་ཆེན་གྱི་ལུགས་དགག་མི་ནུས། ཐེག་ཆེན་གྱི་ལུང་དང་འགལ་བས་ཉན་ཐོས་ཀྱི་ལུགས་དགག་མི་ནུས་པའི་ཕྱིར་ཏེ། ཉན་ཐོས་ལུགས་ཀྱི་གྲུབ་མཐའ་དེ་ལ་ཐེག་ཆེན་གྱི་ལུང་ཚད་མར་མི་བྱེད་པའི་ཕྱིར། གཅིག་ཤོས་ལའང་འགྲེའོ། །

གཉིས་པ་ནི། ཉན་ཐོས་གཞུང་ལུགས། ཞེས་སོགས་རྐང་པ་བཅུ་བདུན་ཏེ། འོན་གྲུབ་མཐའ་གང་ཡང་ལུང་གི་འགོག་ནུས་པ་མིན་ནམ་སྙམ་ན། ཉན་ཐོས་ཀྱི་གཞུང་ལུགས་ཚད་མར་ཁས་ལེན་ཅིང་། ཉན་ཐོས་དེ་ཡི་ལུང་དང་འགལ་བར་གྱུར་ན། ཉན་ཐོས་དེ་ཡི་ལུང་གིས་དགག་པར་ནུས་ལ། ཐེག་ཆེན་གྱི་གཞུང་ལུགས་ཚད་མར་ཁས་ལེན་ཞིང་ཐེག་ཆེན་གྱི་ལུང་དང་འགལ་བར་གྱུར་ན་ཐེག་ཆེན་གྱི་ལུང་གིས་དགག་པར་ནུས་པའང་མཚུངས་སོ། །དེ་བཞིན་དུ་བཀའ་གདམས་པ་ལ་སོགས་པ་རྣམས་ཀྱང་ཇོ་བོ་རྗེའི་གཞུང་ལུགས་ཚད་མར་ཁས་ལེན་ཞིང་། ཇོ་བོ་དེ་ཡི་གསུང་དང་འགལ་བར་གྱུར་ན་བཀའ་གདམས་པ་ལ་གནོད་པ་ཡིན་ཏེ། ཇོ་བོ་རྗེའི་ལུང་། བཀའ་གདམས་པ་ལ་ལུང་ཚད་མ་ཡིན་པའི་ཕྱིར། དེ་བཞིན་དུ་ཕྱག་རྒྱ་ཆེན་པོ་པ་ཡང་ནི། གྲུབ་ཆེན་ནཱ་རོ་པའི་གསུང་ལ་མོས་པ་དང་ཚད་མར་བྱེད་ཅིང་། ནཱ་རོ་པའི་གཞུང་དང་འགལ་བར་གྱུར་ན། ཕྱག་རྒྱ་པ་ལ་གནོད་པ་ཡིན་ཏེ། ཕྱག་རྒྱ་བ་ལ་ནཱ་རོ་པའི་ལུང་ཚད་མ་ཡིན་པའི་ཕྱིར་རོ། །དེ་བཞིན་དུ། གསང་སྔགས་ཟབ་མོ་ལ་སྤྱོད་བཞིན་དུ། གསང་སྔགས་ཀྱི་རྒྱུད་སྡེ་རྣམས་དང་འགལ་ན། གསང་སྔགས་པ་ལ་གནོད་པར་འགྱུར་བ་དང་། ཉམས་ལེན་ཕ་རོལ་ཏུ་ཕྱིན་པའི་ལུགས་བཞིན་དུ་བྱེད་ཅིང་། ཕ་རོལ་ཏུ་ཕྱིན་པའི་མདོ་སྡེ་རྣམས་དང་འགལ་བར་གྱུར་ན། ཕ་རོལ་ཏུ་ཕྱིན་པ་བ་ལ་ཅིས་མི་གནོད་དེ་གནོད་པར་འགྱུར་ཏེ། གསང་སྔགས་པ་ལ་རྒྱུད་སྡེ་དང་། ཕར་ཕྱིན་པ་ལ་མདོ་སྡེ་རྣམས་ལུང་ཚད་མར་ཡིན་པའི་ཕྱིར་རོ། །

གསུམ་པ་ནི། དེ་ཡི་དཔེར་བརྗོད། ཅེས་སོགས་ཚིགས་བཅད་བཅུ་སྟེ། རང་རང་གི་ཚད་མར་ཁས་ལེན་པའི་ལུང་དང་འགལ་བར་སྤྱོད་ན། ལུང་དེས་གནོད་པ་ཡི་དཔེར་བརྗོད་མདོར་བསྡུས་པ་ཙམ་ཞིག་ལེགས་པར་བཤད་ཀྱིས་ཉན་པར་གྱིས་ཞེས་གདམས་ནས། དེ་ཡང་ཇོ་བོ་རྗེས་མཛད་པའི་བདེ་མཆོག་གསང་འདུས་ཀྱི་སྒྲུབ་ཐབས་ལ་སོགས་པ་དུ་མ་ཡོད་པས་ཇོ་བོ་གསང་སྔགས་ལ་དགྱེས་པར་སྤྱོད་བཞིན་དུ། དེའི་རྗེས་འབྲངས་རྣམས་ད་ལྟ་གསང་སྔགས་ཟབ་མོ་སྤྱོད་པའི་དུས་མིན་ཞེས་ལོ་རྒྱུས་ནི་ཇོ་བོ་བོད་དུ་བྱོན་དུས། དབང་དང་རིམ་གཉིས་ལ་སོགས་པ་གསང་སྔགས་ཀྱི་འགྲོ་བ་མང་པོ་ལ་ཕན་པར་མཛད་པའི་དགོངས་པ་ཡོད་པའི་ཚེ། འབྲོམ་སྟོན་པ་རྒྱལ་བའི་འབྱུང་གནས་ཀྱིས་སྔར་གླང་དར་མས་བསྟན་པ་བསྣུབ་ནས་རབ་བྱུང་རྣམས་སྤྱོད་པ་རྩིང་པ་དང་། གསང་སྔགས་སྤྱོད་པ་བདེ་པས་དུས་ཚུལ་ལ་གནོད་པ་སྲིད་པས་དབང་བསྐུར་མི་མཛད་པར་ཞུ་ཟེར་སྐད། ཇོ་བོ་དེ་ལ་མ་མཉེས་ཀྱང་། མི་ཆེ་བ་དང་ལོ་ཙཱ་བ་ཡིན་པས་ཁོང་མ་དགའི་དོགས་ནས་གཞན་ལ་མ་མཛད། འབྲོམ་རང་ཉེན་དགེ་བསྙེན་ཡིན་པ་དང་། དབང་ནི་

ཞུས་ཉམས་ལེན་མ་བྱས་ཟེར། འབྲོམ་གྱི་རྗེས་འབྲང་པུ་ཧོ་བའི་སློབ་མ་ཤ་ར་བ་དང་གླང་རི་ཐང་པ་ན་རེ། གསང་སྔགས་སྤྱོད་པའི་དུས་མིན། བསྲུང་ན་ཕན་ཡོན་ཆེ་ཡང་། མ་བསྲུང་ན་ཉེས་དམིགས་ཆེ་བ་དང་། དམ་ཚིག་མང་བས་བསྲུང་དཀའ་བ་དང་། དུས་སྙིགས་མ་དང་། སློབ་དཔོན་མཚན་ཉིད་དང་ལྡན་པ་མེད་དེ། སྤྲུལ་པའི་དཀྱིལ་འཁོར་སྤྲུལ་མི་ནུས། སློབ་མས་བལྟ་མི་ནུས། བལྟ་ནུས་ན་སྤྱོད་པའི་དུས་ཡིན་ཏེ། སངས་རྒྱས་ཡེ་ཤེས་ཞབས་ལྟ་བུ་ཟེར་གསུངས། སྒྲ་བ་ རྗོ་བོའི་ལུགས་ཉིད་དང་འགལ་བ་ཡིན་པར་ཤེས་པར་བྱའོ། །གཞན་ཡང་སེམས་བསྐྱེད་ཀྱི་ཆོ་ག་ཇོ་བོའི་ལུགས་བཞིན་དུ་བྱེད་ཅིང་། ཇོ་བོ་རྗེ་གདན་ནས་མི་བཞེད་པའི་སེམས་ཙམ་ལུགས་ཀྱི་འཇུག་པ་སེམས་བསྐྱེད་སྐྱེ་བོ་ཀུན་ལ་བྱེད་པ་དང་། ཇོ་བོ་མི་བཞེད་པའི་དོན་དམ་སེམས་བསྐྱེད་ལ་ཆོ་ག་བྱེད་པ་ནི། ལུང་རིགས་གཞན་དང་འགལ་བ་སྨོས་ཅི་དགོས། ཇོ་བོ་རྗེའི་རང་ལུགས་དང་ཡང་འགལ་བ་ཡིན་ཏེ། རྣམ་གཞག་དེ་དག་ཇོ་བོ་རྗེ་མི་མཛད་པའི་ཕྱིར་རོ། །གྲུབ་ཆེན་ནཱ་རོ་པས། ཆོས་ཀྱི་རྒྱ་བ་ལྟ་ནི། དབང་བསྐུར་བ་དང་། རིམ་པ་གཉིས་དང་། དམ་ཚིག་དང་། སྤྱོད་པ་རྣམས་ཆོས་ཀྱི་གཙོ་བོར་མཛད་པ་ལ། ནཱ་རོ་པའི་རྒྱུད་པ་འཛིན་བཞིན་དུ། དབང་དང་རིམ་གཉིས་མི་བསྒོམ་པ་ནི་རྒྱུད་དང་འགལ་བ་ལྟ་ཅི་སྨོས། ནཱ་རོ་པའི་རང་ལུགས་དང་ཡང་འགལ་བ་ཡིན་ནོ། །ཡང་བླ་མ་མར་པའི་རྒྱུད་པ་འཛིན་བཞིན་དུ། ཕག་མོའི་བྱིན་རླབས་ཀྱིས་གསང་སྔགས་ཀྱི་ཆོས་སྒོ་འབྱེད་པ་ནི། རྒྱུད་དང་འགལ་བར་ལྟ་ཅི་སྨོས། མར་པའི་རང་ལུགས་དང་ཡང་འགལ་བ་ཡིན་ཏེ། རྡོ་རྗེ་ཕག་མོའི་བྱིན་རླབས་ཀྱིས་ཆོས་སྒོ་འབྱེད་པ་ནི། ཀོང་ནེ་རུ་པ་ནས་རྒྱུད་པ་ཡིན་གྱི། མར་པ་ལྷོ་བྲག་པ་ལ་མེད་པའི་ཕྱིར་ན། དེའི་རྒྱུད་པ་མར་པ་ལ་འདེད་པ་འགལ་ལོ། །ནཱ་རོ་ཆོས་དྲུག་ཞེས་བྱ་བའི་ཁྲིད་ནི། མི་ལ་རས་པ་ཡན་ཆད་དུ་བྱིན་རླབས་དང་འབྲེལ་བའི་ཆོས་དྲུག་དེ་ལས་མེད་པ་ལ། ཕྱིས་བྱིན་རླབས་དང་འབྲེལ་བའི་ཆོས་དྲུག་པོར་ནས། ཀོ་བྲག་པ་དང་། ཡང་དགོན་པ་སོགས་ནས་རྒྱུད་པའི་ལམ་འབྲས་དང་། ཕྱག་རྒྱ་ཆེན་པོ་ལ་སོགས་པ་རྒྱུད་པ་གཞན་གྱི་གདམས་ངག་བསྒོམ་བཞིན་དུ། ནཱ་རོ་པའི་ཆོས་དྲུག་གི་བརྒྱུད་པ་འདེད་པར་བྱེད་པ་ནི། ལུགས་གཞན་དང་འགལ་བ་ལྟ་ཅི་སྨོས། ནཱ་རོ་པའི་རང་ལུགས་དང་ཡང་འགལ་བ་ཡིན་ཏེ། ཆོས་གཞན་ནས་བྱུང་བའི་བརྒྱུད་པ་ནཱ་རོ་པ་ལ་འདེད་པའི་ཕྱིར་རོ། །

ནཱ་རོ་ཆོས་དྲུག་ཞེས་བྱའི་ཁྲིད། །མི་ལ་ཡན་ཆད་དེ་ལས་མེད། །ཞེས་སོགས་ལ་དྲི་བ། ཀ ཧེ་བཙུན་མི་ལ་མན་ཆད་ལ། །ཆོས་དྲུག་ཡོད་དམ་མེད་ན་ནི། །གཞུང་གི་དགོངས་པ་གང་ཡིན་དྲི། །ཡོད་ན་ནཱ་རོའི་བརྒྱུད་པ་ནི། །འདེད་ན་འགལ་བ་ཅི་ཞིག་ཡོད། །མེད་ན་ཆོས་དྲུག་ལུགས་གསུམ་པོ། །གསན་ཚུལ་ཇི་ལྟར་ཡིན་པར་དྲི། །ཞེས་པའི་ལན་ནི། ཁ གཞུང་གི་དགོངས་པ་ནཱ་རོ་ཆོས་དྲུག་མི་ལ་ཡན་ཆད་དུ། ཆོས་དྲུག་དེ་ལས་མ་གཏོགས་པ་གདམས་པ་གཞན་སྣ་བསྲེས་བྱས་པ་དེ་མེད་ཅེས་པའི་དོན་ཡིན་གྱི། ཆོས་དྲུག་མི་ལ་ཡན་ཆད་ལ་ཡོད། མན་

ཆད་མེད་ཅེས་པའི་དོན་ནི་མིན་ཏེ། གཞུང་འདིའི་འཇུག་ཏུ། ཆོས་དྲུག་པོར་ནས་ལམ་འབྲས་དང་། །ཕྱག་རྒྱ་ཆེན་པོ་ལ་སོགས་པ། །གཞན་གྱི་གདམས་ངག་བསྒོམ་བཞིན་དུ། །ནཱ་རོའི་བརྒྱུད་པ་འདེད་བྱེད་པ། །གཞན་དང་འགལ་བ་ལྟ་ཅི་སྨོས། །ཞེས་གསུངས་པའི་ཕྱིར་རོ། །དེས་ན་ཆོས་དྲུག་ལུགས་གསུམ་གསན་ཚུལ་སོགས་ཀྱང་། མི་འགལ་བར་ཤེས་པར་བྱའོ། །ཡང་ཕྱག་རྒྱ་ཆེན་པོ་བསྒོམ་བཞིན་དུ། ནཱ་རོའི་བརྒྱུད་པ་འདེད་པ་ལ། །འགལ་བ་ཅི་ཞིག་ཡོད་པ་དྲི། །ཞེས་པའི་ལན་ནི། སྤྱིར་ཕྱག་རྒྱ་ཆེན་པོ་བསྒོམས་ནས་ནཱ་རོའི་བརྒྱུད་པ་འདེད་པ་ལ་འགལ་བ་ཡོད་པ་གསུང་པ་མིན་གྱི་ནཱ་རོའི་ཆོས་དྲུག་གཙང་མ་པོར་ནས། ཆོས་དྲུག་དང་། མར་པ་ལ་གདམས་ངག་མཻ་ཏྲི་པ་ནས་བརྒྱུད་པའི་ཕྱག་རྒྱ་ཆེན་པོ་བསྲེས་ནས་བསྒོམ་བཞིན་དུ། ནཱ་རོ་ཆོས་དྲུག་ཁོ་ནའི་བརྒྱུད་པ་འདེད་པ་བཀག་པའོ། །ཞེས་གསུངས་སོ། །གཞན་ཡང་གཏེར་ནས་བྱུང་བའི་གླེགས་བམ་དང་། བསྟན་བཅོས་གཞན་ནས་བཀྲུས་པའི་ཆོས་ལུགས་ལ་རང་གིས་བརྩམས་པའི་ཆོས་དང་ནི། རྨི་ལམ་དུ་མཁའ་འགྲོས་ཆོས་བསྟན་པ་ཡིན་ཞེས་སོགས་བློ་བཟུང་མ་ཡི་ཆོས་ལུགས་ལ་རྡོ་རྗེ་འཆང་ལ་བརྒྱུད་པ་སྦྱིགས་པ་དང་། རང་ལ་ལུང་མེད་པ་དེ་ལའང་གཞན་དག་ལུང་ལེན་པར་བྱེད་པ་ནི། དམ་པའི་ཆོས་དང་འགལ་བ་ལྟ་ཅི་སྨོས། རང་གི་སླུས་པའི་ཚིག་དང་ཡང་འགལ་བ་ཡིན་ནོ། །

བཞི་པ་ནི། གལ་ཏེ་འདི་འདྲའི། ཞེས་སོགས་རྐང་པ་དྲུག་སྟེ། གལ་ཏེ་སྔར་བཤད་པ་འདི་འདྲའི་རིགས་ཅན་གྱི་ཆོས་དང་། རང་ཚིག་དང་འགལ་བ་ཁས་ལེན་པའི། ལུང་རིགས་མན་ངག་སྣང་བ་སྐྱེ་བྱུང་བར་གྱུར་ན། གོང་གི་ཆོས་ལུགས་མ་དག་པ་དེ་ཡི་རིགས་སུ་ཤེས་པར་བྱའོ། །མདོར་བསྡུ་ན། དམ་པའི་ཆོས་དང་འགལ་བ་ཡི་ཆོས་ལུགས་ཞིག་ཐེག་པ་དང་། གྲུབ་མཐའ་གང་ལ་འདུག་ན་ཡང་། ཡིད་ཆེས་པའི་ལུང་དང་། དངོས་སྟོབས་ཀྱི་རིགས་པས་སུན་ཕྱུངས་ཤིག་སྟེ་བསྟན་པ་དང་། སེམས་ཅན་ལ་ཕན་ཐོགས་པར་འགྱུར་བའི་ཕྱིར་རོ། །

གསུམ་པ་ལ་གཉིས་ཏེ། ལུང་ཁས་མི་ལེན་པ་གདོད་མ་ནས་ཡོད་པ་ལ་ཇི་ལྟར་བྱ་བ། ལུང་ཁས་མི་ལེན་པ་གློ་བུར་དུ་བྱུས་པ་ལ་ཇི་ལྟར་བྱ་བའོ། །དང་པོ་ནི། གལ་ཏེ་མུ་སྟེགས། ཞེས་སོགས་རྐང་པ་བཅུ་སྟེ། འོན་ལུང་ཁས་མི་ལེན་པ་ཇི་ལྟར་སུན་དབྱུང་ཞེ་ན། གལ་ཏེ་ཕྱི་རོལ་མུ་སྟེགས་བྱེད་དང་། ལ་སོགས་པ་ནང་པ་སངས་རྒྱས་གང་ཡིན་ཡང་རུང་སྟེ། ལུང་དེ་ཚད་མར་ཁས་མི་ལེན་པ་དང་། ལུང་དང་འགལ་ཡང་ངེད་ཅག་གི་ལུགས་འདི་བླ་མ་གོང་མའི་བཀའ་སྲོལ་ཡིན་ཟེར་བ་དེ་དག་ལ། ལུང་དེ་ཚད་མར་ཁས་མི་ལེན་ཡང་། ཁྱེད་ཀྱི་ལུགས་དེ་རྩ་བའི་བརྒྱུད་པ་གང་ལས་བྱུང་བ་ཡིན་ཞེས་དྲིས་པས་མུ་སྟེགས་བྱེད་ཀྱི་རིག་བྱེད་ལ་སོགས་པ་ལྟར། གཞི་གདོད་མ་ནས་ཆོས་ལུགས་དེ་ཡོད་པ་ཡིན་ན་ནི། འཁྲུལ་པ་ཡིན་ཡང་། མཁས་པས་ཁྱོད་ཀྱི་དེ་རང་བཟོ་ཡིན་

ཞེས་བགྲང་རྒྱ་མེད་དེ། དེ་གདོད་མ་ནས་ཡོད་པའི་ཕྱིར། ལུགས་དེ་འཁྲུལ་པར་ཤེས་ནས་དཔེ་དང་གཏན་ཚིགས་ལ་སོགས་པའི་རིགས་པ་ཡང་དག་པས་སུན་དབྱུང་བར་བྱའོ། །དེ་ལྟར་མ་ཤེས་ན་ཁྲིམས་པས་ཅི་ཞིག་ཕན་ཏེ། སེམས་ཅན་ལས་ངན་པ་སྤྱོད་པ་ལ། རྫོགས་པའི་སངས་རྒྱས་རྣམས་ཀྱིས་ཀྱང་མཛད་པ་ཅི་བྱར་ཡོད།

གཉིས་པ་ནི། གལ་ཏེ་གདོད་ནས། ཞེས་སོགས་ཚིག་རྐང་བཅུ་གསུམ་སྟེ། འོན་ལུང་ཁས་ལེན་ཀྱང་། རང་བཟོ་བྱས་པ་ལ་ཇི་ལྟར་བྱེད་ཅེ་ན། མཁས་པ་ཀླུ་ཞིས། དབྱངས་ཅན་དགའ་བའི་གྲུབ་མཐའ་སུན་འབྱིན་པ་ལྟར། གལ་ཏེ་རང་རང་གི་གཞུང་དུ་གདོད་མ་ནས་བཤད་པ་མེད་པའི་ཆོས་ལུགས་སྐྱེས་བུ་རྫུན་མས་གློ་བུར་དུ་རང་བཟོ་བྱས་པ་ཡིན་ན་ནི། གང་ཟག་ཀུན་གྱིས་དེ་རང་བཟོ་ཡིན་པར་གོ་བའི་ཕྱིར་དུ། སངས་རྒྱས་པའམ་མུ་སྟེགས་བྱེད་སུ་ལ་འདུག་ཀྱང་། སུན་དབྱུང་བའི་སློ་ནས་དོར་བར་བྱ་བ་ཡིན་ཏེ། དེ་ལྟར་བྱས་པས་བསྟན་པ་དང་རང་གཞན་ལ་ཕན་པར་འགྱུར་བའི་ཕྱིར། ཇེད་ལའང་། མདོ་རྒྱུད་ནས་མ་གསུང་། ལུང་རིགས་ཀྱིས་མ་གྲུབ་པའི་རང་བཟོ་བྱས་པ་དེ་འདྲ་བ་འདུག་ན་ནི། ལུང་རིགས་ལ་མཁས་པ་རྣམས་ཀྱིས་བཤད་གད་གྱིས་ལ་དོར་ལ་ཞོག །གལ་ཏེ་ཆོས་བཞིན་སྐྱོང་བའི་རྒྱལ་པོའི་ཁྲིམས་ལུགས་ཡོད་ན། བསྟན་པ་དཀྲུགས་ནས་ཆོས་ལོག་བྱེད་པ་པོ་དེ་ཆད་པ་གཅད་པའི་ཆོས་ཡིན་ནོ། །དེའི་རྒྱུ་མཚན་ནོར་ལ་ཟོག་ཚོང་བྱས་པ་ལའང་། རྒྱལ་པོའི་ཁྲིམས་ལ་ཐུག་པར་འགྱུར་ན། བསྟན་པ་དཀྲུགས་པའི་ཆོས་ལོག་སྐྱེས་བུ་རྫུན་མས་སྤྲུར་བ་ལ། རྒྱལ་པོའི་ཁྲིམས་ལ་ཅིས་མི་ཐུག་སྟེ། ཆོས་ལོག་སུན་འབྱིན་པ་དེ། ཆོས་རྒྱལ་ཐམས་ཅད་ཀྱིས་ཁྲིམས་ཆེན་པོ་མཛད་པ་དང་། དགྲ་བཅོམ་པ་རྣམས་བཀའ་བསྡུ་བ་མཛད་པ་དང་། མཁས་པ་རྣམས་ལུང་རིགས་ཀྱི་གྲུབ་མཐའ་ངན་པ་སུན་འབྱིན་པར་མཛད་པ་རྣམས་དགོངས་པ་མཐུན་པ་ཡིན་ནོ། །

གསུམ་པ་དགག་སྒྲུབ་ཀྱི་ལུང་སྦྱོར་ཇི་ལྟར་བྱ་བའི་ཚུལ་ལ་བཞི་སྟེ། སྐབས་མ་ཕྱེ་བའི་ལུང་སྦྱོར་བླུན་པོའི་ལུགས་སུ་བསྟན་པ། སྐབས་ཕྱེ་བའི་ལུང་སྦྱོར་གྱི་དཔེར་བརྗོད་དགོད་པ། དེ་གཉིས་ཀའི་དོན་བསྡུ་བ། མཁས་རློངས་ཀྱི་འཁྲུལ་མ་འཁྲུལ་གྱི་ཁྱད་པར་དཔེས་བསྟན་པའོ། །དང་པོ་ནི། བླུན་པོ་མཁས་པར། ཞེས་སོགས་རྐང་པ་ལྔ་སྟེ། མ་སྦྱང་བའི་བླུན་པོ་མཁས་པར་འཆོས་པ་འགའ་ཞིག །ལྟ་བསྒོམ་སྤྱོད་པ་དང་། ལས་དང་པོ་པ་དང་། བརྟན་པ་ཐོབ་པ་སོགས་ཀྱིས་ལུང་སྦྱོར་གྱི་གནས་སྐབས་མི་ཤེས་པར། དོན་གང་ལའང་མདོ་རྒྱུད་ཀྱི་ལུང་སྦྱོར་བྱེད་མོད་ཀྱི་ཚུལ་དེ་ནི། བླུན་པོའི་ཁ་བཤགས་འགའ་ཞིག་དགྲ་བོའི་གྲོགས་སུ་འགྲོ་བ་ལྟར་ཕན་གནོད་གང་དུའང་འགྲོ་བ་མི་ཤེས་སོ། །

གཉིས་པ་ལ་གཉིས་ཏེ། ལྟ་བསྒོམ་སྤྱོད་པའི་ལུང་སྦྱོར། འཇིག་རྟེན་ལས་འདས་མ་འདས་ཀྱི་ལུང་སྦྱོར་

རོ༔ །དང་པོ་ནི། དཔེར་ན་ཕྱག་དང་། ཞེས་སོགས་ཚིགས་བཅད་ཕྱེད་དང་ལྔ་སྟེ། འོན་ལུང་གི་སྦྱོར་ཚུལ་ཇི་ལྟ་བུ་སྙམ་ན། གནས་སྐབས་སོ་སོར་ཤེས་དགོས་ཏེ། དཔེར་ན་ཕྱག་འཚལ་བ་དང་། མཆོད་པ་འབུལ་བ་དང་། སྦྱིན་པ་གཏོང་བ་དང་། ཚུལ་ཁྲིམས་བསྲུང་བ་སོགས་མི་དགོས་པ་དང་། སེམས་བསྐྱེད་དང་དབང་བསྐུར་བྱ་མི་དགོས། སྡོངས་བ་བསམ་གཏན་དང་། ཀློག་པ་ཐོས་བསམ་བྱ་བ་འདིར་མི་དགོས། བསྔོ་བྱའི་དགེ་བ་དང་། བཤགས་བྱའི་སྡིག་པ་གཉིས་ཀ་མེད་པ་དང་། སངས་རྒྱས་དང་སེམས་ཅན་ཡོད་པ་མིན་ཞེས་པ་སྟེ། ཀྱཻ་རྡོར་ལས། བསྒོམ་མེད་བསྒོམ་པ་པོའང་མེད། །ཅེས་དང་། དབུ་མ་ཤེས་རབ་ལ་འཇུག་པ་ལས། ཀུན་རྫོབ་མེད་ན་དོན་དམ་མེད། །སངས་རྒྱས་མེད་ན་སེམས་ཅན་མེད། །ལྟ་བ་མེད་ཅིང་བསྒོམ་པ་མེད། །ཅེས་སོགས་འདི་འདྲ་བ་གསུངས་པའི་མདོ་རྒྱུད་བསྟན་བཅོས་ཀྱི་ལུང་རྣམས་ཀུན་ལྟ་བ་སྟོན་པའི་སྐབས་ཀྱི་ལུང་ཡིན་གྱི་བསྒོམ་པ་དང་། སྤྱོད་པ་གཉིས་ཀྱི་ལུང་མིན་ནོ། །ཡང་ཕྱག་ཆེན་ཐིག་ལེ་ལས། དབང་མེད་ན་ནི་དངོས་གྲུབ་མེད། །ཅེས་སྨིན་བྱེད་ཀྱི་དབང་མེད་པ་ལ་མཆོག་གི་དངོས་གྲུབ་མེད་པར་གསུངས་པ་དང་། འདུལ་བ་ལས། ཚོ་ག་འཁྲུགས་ན་ལས་མི་ཆགས་པར་གསུང་པ་དང་། སྡོམ་པ་གསུམ་གྱི་བསླབ་པ་ལས་ལོག་པར་སྤྱད་ན་ལྟུང་བ་འབྱུང་བར་བཤད་པ་དང་། རྒྱུད་སྡེ་བཞིའི་ལྷ་བསྒོམ་པ་སོགས་འཁྲུགས་ན་བྱིན་གྱིས་མི་རློབ་པ་དང་། རྡོ་རྗེ་སྙིང་པོ་རྒྱན་གྱི་རྒྱུད་ལས་དག་པའི་ཆོས་ལ་ཐེ་ཚོམ་ཟ་ན་ཉེས་པ་སྐྱེ་བར་གསུངས་པ་དེས་ན་ཆོ་ག་ཅི་བྱེད་ཀྱང་ཤིན་ཏུ་དག་པར་བྱ་དགོས་སོ། །ཞེས་གསུང་པ་དེ་འདྲ་བའི་མདོ་རྒྱུད་ཀྱི་ལུང་ཀུན་ནི། སྤྱོད་པ་དང་བསྒོམ་པའི་ལུང་ཡིན་གྱི་ལྟ་བའི་ལུང་མིན་ནོ། །

གཉིས་པ་ནི། གཞན་ཡང་ལུང་སྦྱོར། ཞེས་སོགས་རྐང་པ་བཅུ་གསུམ་སྟེ། གཞན་ཡང་ལུང་སྦྱོར་བྱེད་པ་ལ། འཇིག་རྟེན་པ་དང་འཇིག་རྟེན་ལས་འདས་པའི་གནས་སྐབས་རྣམ་པ་གཉིས་ཡོད་པ་ལས། དབང་ལེན་པ་དང་། དམ་ཚིག་དང་སྡོམ་གསུམ་དང་། དགེ་སྡིག་ལ་བླང་དོར་སོགས་སྤྱད་ནས་བསྒྲུབ་དགོས་པར་གསུང་པ་ནི། འཁོར་བའི་རྒྱ་མཚོ་ལས་མ་རྒྱལ་བའི་འཇིག་རྟེན་པ་སོ་སོ་སྐྱེ་བོ་ལ་གསུངས་པ་ཡིན་ལ། ཀྱཻ་རྡོ་རྗེ་ལས། བརླབས་དང་དབང་ལས་རྣམ་པར་གྲོལ། །ཞེས་དབང་ལེན་པ་དང་། དམ་ཚིག་བསྲུང་བ་སོགས་མི་དགོས་པ་དང་། རྡོ་ཤིང་འཛིམ་པའི་བདག་ཉིད་ཀྱི། །ལྷ་འདི་རྣམས་ལ་ཕྱག་མི་བྱ། །ཅེས་བྱ་བ་དང་། མཆོད་པ་བྱ་བ་ཀུན་ལས་འགྲོལ་བ་དང་། བསམ་གཏན་བསྒོམ་པ་སོགས་ཀུན་སྤངས་ཏེ། ཇི་སྐད་དུ། དོན་ཤེས་པས་ནི་ཆོས་རྣམས་ཀུན། །གཟིང་དང་འདྲ་བ་ཉིད་དུ་རིག །ཅེས་ལམ་གྱི་བྱ་བ་ཀུན་ཆུ་བརྒྱལ་ཟིན་པའི་གཟིངས་བཞིན་དུ་དོར་བར་བྱ་ཞེས་སོགས་གསུངས་པ་ནི། འཁོར་བའི་རྒྱ་མཚོ་ལས་རྒྱལ་བའི་འཕགས་པའི་གང་ཟག་རྣམས་ལ་གསུངས་

པའི་ལུང་ཡིན་ནོ། །

གསུམ་པ་ནི། དེ་འདྲའི་གནས་སྐབས། ཞེས་སོགས་ཚིགས་བཅད་གཅིག་སྟེ། གོང་དུ་བཤད་པ་དེ་འདྲ་བའི་གནས་སྐབས་སོ་སོར་ཤེས་ནས་ནི། དེ་དང་འཚམས་པའི་ལུང་སྦྱོར་བྱ་དགོས་པ་ཡིན་གྱི། དེ་འདྲའི་རྣམ་གཞག་མི་ཤེས་པའི་གང་ཟག་གིས་ཡྲ་ཆོམ་དུ་ལུང་སྦྱོར་བྱེད་པ་མཁས་པའི་བཞད་གད་ཀྱི་ས་ཡིན་ནོ། །

བཞི་པ་ནི། མིག་ལྡན་ཇི་ལྟར། ཞེས་སོགས་ཚིགས་བཅད་ཕྱེད་དང་དྲུག་སྟེ། མཁས་པ་དང་བླུན་པོ་མ་འཁྲུལ་བ་དང་འཁྲུལ་པ་དཔེའི་སྒོ་ནས་འདི་ལྟར་ཡིན་ཏེ། མིག་ལྡན་སྐྱེས་བུ་ཇི་ལྟར་ལམ་ནོར་ཡང་གཡང་སར་གོལ་བ་འཛོག་མི་སྲིད་པ་དེ་བཞིན་དུ། སྐྱེས་བུ་མཁས་པ་ཇི་ལྟར་འཁྲུལ་ན་ཡང་། སངས་རྒྱས་ཀྱི་བསྟན་པ་ལས་འདའ་བར་མི་ནུས་ལ། མིག་མེད་པའི་གང་ཟག་གལ་ཏེ་ལམ་ནོར་ན་གཡང་སར་མཆོང་ནས་འཇིགས་པའི་གནས་སུ་ལྷུང་བར་འགྱུར་བ་དེ་བཞིན་དུ་གང་ཟག་བླུན་པོ་འཁྲུལ་བར་གྱུར་ན་སངས་རྒྱས་ཀྱི་བསྟན་པ་ལས་འདས་ཏེ། འཇིགས་པའི་སར་ལྟུང་ངོ་། །ཡང་མཁས་པ་ཕྱུག་ཚད་ཤེས་པའི་བཟོ་ལ་ནི་རིང་ཐུང་བྱུང་ཡང་སོར་གང་ཙམ་འཆུག་པ་ཡིན་ལ། གང་ཟག་ཕྱུག་ཚད་མེད་པའི་གཟོ་འགའ་ཞིག་ཉེས་ན་ཆ་སྙིག་རྒྱུ་མེད་པས་ཀུན་གྱི་བཞད་གད་ཀྱི་གནས་སུ་གྱུར་བ་དེ་བཞིན་དུ། གཞུང་ལུགས་ལེགས་པར་ཤེས་པའི་མི་འཁྲུལ་ཡང་ཚིག་དོན་ཙུང་ཟད་ཙམ་ལ་འཁྲུལ་བ་ཡིན་གྱི། གཞུང་ལུགས་ཀྱི་ཆ་གང་ཡང་མི་ཤེས་པའི་གང་ཟག་འཁྲུལ་ན། སངས་རྒྱས་ཀྱི་བསྟན་པ་འཇིག་པ་ལ་ཐུག་པར་འགྱུར་ཏེ། སྔར་བཤད་པའི་གནས་སྐབས་སོ་སོ་བ་དེ་ལྟ་བུའི་རྣམ་དབྱེ་ཤེས་ན་ལུང་སྦྱོར་འཁྲུལ་ཡང་འཁྲུལ་པ་ཕྲན་ཚེགས་ཙམ་འབྱུང་ལ། དེ་འདྲའི་རྣམ་དབྱེ་མི་ཤེས་པར་ལུང་སྦྱོར་བྱས་ན་ལྟ་བའི་ལུང་སྦྱོད་པ་ལ་སྦྱར་ནས་དགེ་སྡིག་གི་བླང་དོར་མི་ཕྱེད་པའམ། སྤྱོད་པའི་ལུང་ལྟ་བ་ལ་སྦྱར་ནས་ཐམས་ཅད་བདེན་པར་ལྟ་བར་འགྱུར་བས་སོ། །རྒྱུ་མཚན་དེས་ན་རྫོགས་པའི་སངས་རྒྱས་ཀྱིས་ཇི་ལྟར་བསྟན་པ་བཞིན་བསྒྲུབ་པར་འདོད་ན། གཞུང་ལུགས་ཐུན་མོང་བ་རྣམས་མི་འགལ་ཞིང་། ཐུན་མོང་མིན་པ་རྣམས་སོ་སོའི་གཞུང་ནས་འབྱུང་བ་བཞིན་རྣམ་དབྱེ་ཕྱེད་པ་ལ་འབད་པར་བྱ་དགོས་ཏེ། དཔེར་ན་མིག་མང་གི་དེའུ་བརྒྱ་དང་མ་འབྲེལ་ན་དེའུ་གཞན་མ་ཤི་བའི་རོ་ཡིན་པ་དེ་བཞིན་དུ། ཉན་ཐོས་པ་འདུལ་བའམ། ཕར་ཕྱིན་པ་མདོ་སྡེའམ། གསང་སྔགས་པ་རྒྱུད་སྡེའི་ཁུངས་དང་མ་འབྲེལ་བའི་ཆོས་ལུགས་མང་ཡང་རོ་དང་འདྲ་སྟེ། སྙིང་པོ་མེད་པའི་ཕྱིར་རོ། །

གསུམ་པ་གློ་བུར་གྱི་ཆོས་ལ་བརྟག་དཔྱད་བྱ་བར་གདམས་པ་ལ་བཞི་སྟེ། གློ་བུར་གྱི་མན་ངག་ལ་བརྟག་དཔྱད་བྱ་བ། གློ་བུར་གྱི་མདོ་རྒྱུད་ལ་བརྟག་དཔྱད་བྱ་བ། གློ་བུར་གྱི་རྟེན་ལ་བརྟག་དཔྱད་བྱ་བ། གློ་

ཕྱིར་གྱི་ལྟས་ལ་བརྟག་དཔྱད་བྱ་བའོ། །དང་པོ་ནི། སྔན་རྒྱུད་དང་ནི། ཞེས་སོགས་ཚིགས་བཅད་ཕྱེད་དང་དྲུག་སྟེ། བདེ་མཆོག་སྔན་བརྒྱུད་དང་ནི་ཕྱག་རྒྱ་ཆེན་པོ་ཐིག་རྒྱུད་དུ་གྲགས་པའི་ཆོས་ལུགས་མང་པོ་ཡོད་པ་སངས་རྒྱས་ཀྱི་རྒྱུད་དང་མཐུན་ན་ཉམས་སུ་བླང་དུ་རུང་ལ། མཐུན་པ་མིན་ན་མིང་དེ་ལྟར་དུ་བཏགས་ནས་གཞན་མགོ་བསྐོར་བའི་རྫུན་གྱི་སྡེབས་ཕྱོགས་ཡིན་པས་མི་འཐད་དོ། །གཞན་ཡང་རྨི་ལམ་གྱི་ནི་ཆོས་ལུགས་དང་། ཞལ་མཐོང་གི་ནི་ལྷ་ལ་སོགས་པ་འདི་དག་མདོ་རྒྱུད་མཐུན་ན་བླངས་ཀྱང་སྐྱོན་དུ་འགྱུར་བ་མེད་ལ། མདོ་རྒྱུད་ཀུན་དང་མི་མཐུན་ན་བདུད་ཀྱི་བྱིན་རླབས་ཡིན་པར་ཤེས་པར་བྱའོ། །དེ་ར་མ་ཟད་བླ་མའང་མདོ་རྒྱུད་དང་མཐུན་པར་མཛད་ན་དེ་ནི་བླ་མ་མཚན་ཉིད་པ་ཡིན་པར་གཟུང་བར་བྱ་ཞིང་། སངས་རྒྱས་ཀྱི་བསྟན་པ་བཞིན་མི་མཛད་མི་གསུངས་ན་སྤྱར་བླ་མ་ཡིན་པ་ཡང་བཏང་སྙོམས་སུ་བཞག་གི་དེའི་གསུང་ལ་ཚད་མར་མི་གཟུང་ངོ་། །རྒྱུ་མཚན་དེས་ན་རང་གཞན་གྱི་རྨི་ལམ་དུ་རྨིས་པའི་ཆོས་ལུགས་དང་། དངོས་སམ་ཉམས་སྣང་སོགས་སུ་ཞལ་གཟིགས་པའི་ཡི་དམ་དང་། ལུང་བསྟན་པར་མཛད་པའི་སངས་རྒྱས་དང་། བླ་མའི་གསུང་སྒྲོས་ལ་སོགས་པ་རྣམས་བརྟག་དཔྱད་བྱས་ནས་མདོ་རྒྱུད་དང་མཐུན་ན་བླང་དུ་རུང་སྟེ་སངས་རྒྱས་ཀྱི་བྱིན་རླབས་ལས་དེ་འདྲ་འབྱུང་བ་ཡོད་པའི་ཕྱིར་རོ། །མདོ་རྒྱུད་དང་མཐུན་མི་མཐུན་བརྟགས་ཤིང་མ་དཔྱད་པར་ནི་སྡོམ་འཆོལ་དུ་ཚད་མ་ཡིན་ཞེས་གཟུང་བར་མི་བྱ་སྟེ། འདི་འདྲ་བ་བདུད་ཀྱིས་བྱིན་གྱིས་རླབས་པ་ལས་འབྱུང་བ་སྲིད་པར་རྒྱལ་བས་གསུངས་པའི་ཕྱིར་ཏེ། མདོ་སྡུད་པ་ལས། མིང་གི་གཞི་ལས་བདུད་ནི་ཉེ་བར་འོངས་གྱུར་ནས། །འདི་སྐད་སྨྲ་སྟེ་འདི་ནི་ཁྱེད་དང་ཕ་མ་དང་། །ཁྱོད་ཀྱི་བདུན་ནས་བརྒྱུད་ཀྱི་བར་གྱི་མིང་ཡིན་ཞིང་། །གང་ཚེ་ཁྱོད་ནི་སངས་རྒྱས་འགྱུར་བའི་མིང་འདི་ཡིན། །སྦྱངས་སྡོམ་རྣལ་འབྱོར་ལྡན་པ་ཅི་འདྲ་འབྱུང་འགྱུར་ལ། །ཁྱོད་སྔོན་ཡོན་ཏན་ཚུལ་ཡང་འདི་འདྲའོ་ཞེས་བརྗོད་དེ། །དེ་སྐད་གང་ཐོས་རློམ་སེམས་བྱང་ཆུབ་སེམས་དཔའ་ནི། །བདུད་ཀྱི་ཡོངས་སུ་བླང་ཞིང་བློ་ཆུང་རིག་པར་བྱ། །ཞེས་གསུངས་པས་སོ། །

གཉིས་པ་ནི། དེས་ན་སངས་རྒྱས། ཞེས་སོགས་ཚིགས་བཅད་བདུན་ཏེ། ཕྱི་ཕྱིར་གྱི་ཆོས་ལ་བརྟག་དཔྱད་མ་བྱས་པར་གཟུང་དུ་མི་རུང་བ་དེས་ན། སངས་རྒྱས་ཀྱི་བསྟན་པ་ལ་ངེས་དོན་དང་དྲང་དོན་གཉིས་ཀྱི་མཆོག་ངེས་དོན་ཚད་མ་ཡིན་པར་གཟུང་བར་བྱ། ཡང་ན་དངོས་པོ་སྟོབས་ཞུགས་ཀྱི་རིགས་པས་མངོན་སུམ་དང་རྗེས་སུ་དཔག་པས་གྲུབ་པ་ཚད་མར་གཟུང་བར་བྱ་ཡི། སྐྱེས་བུ་རྫུན་མས་སྦྱར་བ་ཡི་མདོ་རྒྱུད་དུ་མིང་བཏགས་པ་ཐམས་ཅད་ཚད་མར་གཟུང་བར་མི་བྱའོ། །རྫུན་མས་སྦྱར་བ་དཔེར་ན། ཀོཽ་ཤི་ཀའི་མདོ་དང་ནི། དེ་བཞིན་དུ་འཕགས་པ་ཤིག་ཅན་དང་། བློ་གྲོས་བཟང་མོ་ཆུང་ངུ་དང་། སྡོང་པོ་བཀྲུན་ལ་སོགས་པ་བོད་ཀྱིས

སྒྱུར་བའི་མདོ་སྡེ་ཡིན། གཞན་ཡང་གསང་སྔགས་གསར་མ་ལ་དབང་བསྐུར་རྒྱལ་པོ་དང་། ལམ་ལྔ་སྐོལ་བ་དང་། དུས་འབྱུང་དང་། ཕྱག་ན་རྡོ་རྗེ་དང་། མཁའ་འགྲོ་དང་། རྣ་ལེ་ཉི་ཤུ་རྩ་བཞི་དང་། གཉིས་མེད་རྣམ་རྒྱལ་སོགས་དང་། རྙིང་མ་ལ་འང་། ཀུན་བྱེད་རྒྱལ་པོ་དང་། མདོ་དགོངས་བསྡུས་དང་། ཞི་ཁྲོ་སྒྱུ་འཕྲུལ་དང་། ལྷ་མོའི་སྙིང་རྒྱུད་དང་། བམ་རིལ་ཐོད་འཁར་ལ་སོགས་པ་བོད་ཀྱིས་སྒྱུར་བའི་རྒྱུད་སྡེ་མང་དུ་ཡོད་པ་དེ་འདྲའི་རང་བཟོའི་མདོ་རྒྱུད་ལ་མཁས་པས་ཡིད་བརྟན་མི་བྱའོ། །སྣང་བརྒྱད་དང་། ལས་དགེ་སྡིག་བསྟན་པ་ལ་སོགས་པ་རྒྱ་ནག་པས་བྱས་པ་ཡིན། གཙུག་ཏོར་ནག་མོ་དང་། བྱ་ཁྱུང་བསམ་ཡས་མ་ལ་སོགས་པ་བོད་ཀྱི་ལྷ་འདྲེས་སྒྱུར་བ་ཡོད། དེ་དག་ལ་ནད་གདོན་ཞི་བ་སོགས་འཕྲུལ་གྱི་བྱིན་རླབས་ཅུང་ཟད་འབྱུང་། འོན་ཀྱང་ལུང་ཚད་མར་སྒྱུར་དུ་མི་རུང་། ལྷ་མོ་གནས་མཁར་དང་། ནམ་མཁའ་ལྡིང་གི་རྟོག་པ་ལ་སོགས་པ་མུ་སྟེགས་བྱེད་ཀྱིས་བྱས་པའི་རྒྱུད་ཀྱང་ཡོད་དོ། །དེ་དག་ལ་ནད་གདོན་ལ་ཕན་པ་སོགས་བདེན་པའི་ཆ་ཅུང་ཟད་ཡོད་མོད་ཀྱི། དེ་ཡང་ཤེས་བྱེད་ཀྱི་ལུང་དང་སྒྱུར་དུ་མི་རུང་ངོ་། །དེ་ལྟར་མི་རུང་བ་ཡི་འཐད་པ་རྒྱུད་བླ་མར། མགོན་པོ་བྱམས་པས་འདི་སྐད་དུ་གསུངས་ཏེ། མ་རིག་ལྡོང་པའི་མུ་སྟེགས་ལའང་། །ཕྲིན་འབྱུའི་ཡི་གེ་འདྲ་བ་ཡི། །ཅུང་ཟད་བདེན་པ་ཡོད་མོད་ཀྱི། །འོན་ཀྱང་ཡིད་བརྟན་མི་བྱ་གསུངས། །དེ་ལྟར་གསུང་པའི་ཚིག་ནི། མར་པ་སློན་འགྲོ་བའི་འགྱུར་དུ། དེ་ཡང་དྲང་སྲོང་བཀའ་བཞིན་སྤྱི་བོས་བླང་། །ཞེས་པའི་འཇུག་ཏུ། མ་རིག་ལྡོང་རྣམས་ཀྱིས་ཀྱང་ཕྲིན་འབྱུའི་ཡིག་འདྲ་མུ་སྟེགས་བསྟན་བཅོས་སུའང་། །དོན་ལྡན་ཆོས་ལྡན་ཁམས་གསུམ་ཉོན་མོངས་ཟད་བྱེད་བརྗོད་གྱུར་གང་ཡིན་དང་། །འཇིག་རྟེན་སོ་སོའི་ལེགས་བཤད་གང་དེའང་བློ་ལྡན་དྲང་སྲོང་བཞིན་འཛིན་ན། །གསུང་གང་ཟག་མེད་བློ་མངའ་རྣམས་ཀྱིས་ཞལ་ནས་འབྱུང་བ་སྨོས་ཅི་དགོས། །ཞེས་འབྱུང་ངོ་། །ལུང་འདི་ད་ལྟའི་རྒྱུད་བླ་རྩ་འགྲེལ་ན་མེད་པས་ཤེས་བྱེད་དུ་མི་རིགས་སོ་སྙམ་ན། དེ་ལྟར་མེད་ཀྱང་སློབ་དཔོན་ཕྱུ་པའི་ཊཱི་ཀར། གཞུང་འདིའི་འབྲུ་མནན་བྱུང་བས། རྟོག་འགྱུར་ན་ཡོད་པར་གསལ། ཞེས་ཀུན་མཁྱེན་སོགས་ཀྱི་ཊཱིཀྐ་ཙམ་ལས་གསུངས་སོ། །

གསུམ་པ་ནི། རིང་བསྲེལ་དང་ནི། ཞེས་སོགས་རྐང་པ་ཉེར་གཅིག་སྟེ། རུས་པ་ལས་རིང་བསྲེལ་དང་ནི། མེ་ནང་ནས་ཡུལ་དེའི་ཐུགས་ལ་ལྷགས་དང་། སངས་རྒྱས་སྐུ་གཟུགས་དང་། ཡིག་འབྲུ་དང་། དུང་ལ་སོགས་པ་ཤི་བའི་རུས་པ་ལས་འབྱུང་བའི་རྒྱུ་མཚན་ལ་ཅུང་ཟད་དཔྱད་ན། སངས་རྒྱས་དང་། རང་རྒྱལ། ཉན་ཐོས་འཕགས་པ་གསུམ་གྱི་རིང་བསྲེལ་ནི་བདེན་པ་མཐོང་བ་སོགས་ཡོན་ཏན་གྱི་སྟོབས་ཀྱིས་འབྱུང་བ་ཡིན་ཏེ། ལུས་ཅན་རྣམས་ཀྱི་བསོད་ནམས་བསོག་པའི་རྟེན་དུ་འབྱུང་ཁུངས་ཀྱི་རྒྱ་མཚོ་ལས་བྱུང་བའི་རིན་པོ་ཆེ་དང་འདྲ

བར་འབྱུང་བ་ཡིན་པའི་ཕྱིར། དེ་ཡང་སངས་རྒྱས་འཕགས་པ་ལས་འབྱུང་བ་ནི། མདོ་སྡེ་བསྐལ་བཟང་ལས། སངས་རྒྱས་སྟོང་གི་སྐུ་གདུང་རྣམས་རྒྱས་པ་དང་། རིལ་པོ་གཅིག་ཏུ་འདུག་པ་གཉིས་གསུང་པ་དང་། རང་རྒྱལ་ལ་འབྱུང་བ་ཡང་། སྟོན་པ་ཤ་ར་ཆ་སེར། སངས་རྒྱས་འབྱུང་བ་ཐོས་ནས། རང་སངས་རྒྱས་རྣམས་ཀྱིས་ལུས་ལ་མེ་སྦར་ཏེ་རིང་བསྲེལ་སྤྲུལ་བར་བཤད་པ་དང་། དེ་བཞིན་དུ་ཉན་ཐོས་དགྲ་བཅོམ་པ་འགའ་ཞིག་གིས་ཀྱང་རིང་བསྲེལ་སྤྲུལ་བར་བཤད་དོ། །རིང་བསྲེལ་ལ་ལ་སྡིག་པོ་ཅེ་ལས་འབྲས་ལ་ཡིད་མི་ཆེས་པར་བྱ་བའི་ཕྱིར་རམ། གཞན་བསླུ་བའི་དོན་དུ་གདོན་གྱིས་བྱེད་པ་དང་། རིང་བསྲེལ་ལ་ལ་འབྱུང་བ་ས་ཆུ་མེ་རླུང་བཞིའི་སྟོབས་ཏེ་ནུས་པ་རྫས་པའི་ནང་དུ་འཁྱིམ་པ་ལས་འབྱུང་བ་དང་། རིང་བསྲེལ་ཁ་ཅིག་བསྟན་པ་ལ་དགའ་བའི་ལྷས་འདས་པའི་གང་ཟག་དེ་ལ་རྗེས་འཇུག་དད་པར་བྱ་བའི་ཕྱིར་སྤྲུལ་བའང་སྲིད། དུས་དེང་སང་རིང་བསྲེལ་ཕལ་ཆེ་བ་སྐྱེས་བུ་རྫུན་མས་སྟོང་བུ་བསྐྱེད་དང་། རམ་ཉེའི་འབྲས་བུ་དང་། ཉའི་མིག་དང་། རྡུས་པ་སོགས་ལ་གཟོ་བྱས་པའི་རིང་བསྲེལ་ཡིན་ནོ། །རྒྱུ་མཚན་དེས་ན་དེ་དག་རིང་བསྲེལ་རྣམ་དག་ཡིན་མིན་རྣམ་པར་དབྱེ་བ་ལ་མཁས་པས་དཔྱད་པར་བྱ་ཡི་ཀྱ་ཧོམ་དུ་མི་བཏེན་ནོ། །འོ་ན་དཀོན་བརྩེགས་ཀྱི་ཡབ་སྲས་མཇལ་བ་ལས། གྲགས་པ་མ་སྨད་དེ་དག་ནི། །རིང་བསྲེལ་དག་ཀྱང་རྒྱས་པར་འགྱུར། །དེ་དག་རྣམས་ཀྱི་རིང་བསྲེལ་ལའང་། །རྒྱལ་བའི་སྐུ་ལྔ་འབྱུང་བར་འགྱུར། །ཞེས་གསུངས་པ་དང་འགལ་ལོ། །ཞེ་ན་སྐྱོན་མེད་དེ། དེ་ནི་མ་འོངས་པ་ན་རིང་བསྲེལ་ལ་བརྟེན་པའི་སྐུ་གཟུགས་བཞེངས་པ་འབྱུང་བ་ལ་དགོངས་པས་སོ། །ཡང་མེ་ནང་ནས་ཐུགས་ལྗགས་དང་། རྡུས་པ་ལ་སྐུ་གཟུགས་ལ་སོགས་པ་འབྱུང་བ་ཆོས་ཁུངས་མ་ནས་གསུངས་པ་མེད། འོན་ཀྱང་མཚན་མ་དེ་འདྲ་བ་འབྱུང་བ་ཀུན་ཕལ་ཆེར་སྐྱེས་བུ་རྫུན་མས་ཐུགས་ལྗགས་མ་ཚིག་པར་མེ་ནང་ནས་བཏོན་པ་དང་། བཟོ་བོས་རྡུས་པ་ལ་སྐོས་བྱས་པའི་སྐུ་ཡིན་པའང་སྲིད། གལ་ཏེ་དེ་ལྟར་མ་བྱས་པར་བདེན་པར་འབྱུང་བ་ཡིན་ན་ཡང་བཟང་བ་དང་ངན་པ་གཉིས་ཀར་ལུང་བསྟན་པ་དཀའ་སྟེ། ལུང་དང་རིགས་པ་གཉིས་ཀས་བཟང་ངན་གང་དུའང་གྲུབ་པ་མེད་པའི་ཕྱིར།

བཞི་པ་ནི། ཉི་མ་དུ་མ། ཞེས་སོགས་ཚིགས་བཅད་ཕྱེད་དང་དྲུག་སྟེ། ནམ་མཁའ་ལ་ཉི་མ་དུ་མ་ཤར་བ་དང་། མཁའ་ལ་མཐོང་ཁྱུང་ལྷ་བུའི་བུ་གདོད་པ་དང་། མཚན་མོ་འཇའ་ཚོན་དཀར་པོ་འབྱུང་བ་དང་། གང་ཟག་གི་ལུས་ལ་འོད་ཟེར་འཕྲོ་བ་དང་། མ་བསྒྲུབ་པར་གློ་བུར་དུ་ལྷ་འདྲེ་མཐོང་བ་དང་། གསོན་པོའི་ལུས་ལ་རྫུན་མེད་པར་རིང་བསྲེལ་འཛག་པ་དང་། རྒྱུ་མཚན་མེད་པར་མངོན་ཤེས་ཕྲ་མོ་དང་བྱིན་རླབས་ཀྱི་རྟགས་མཚན་འབྱུང་བ་ལ་སོགས་པ་བླུན་པོ་རྣམས་ཀྱིས་བཟང་པོའི་རྟགས་སུ་བྱེད་མོད་ཀྱི། ལུང་རིགས་ལ་སྦྱར་བའི་

མཁས་པས་རྟགས་འདི་འདྲ་མཐོང་བར་གྱུར་ན། བར་ཆད་ཀྱི་རྟགས་སུ་ཤེས་པར་གྱིས་ལ་བཟློག་པའི་ཐབས་ལ་འབད་པར་བྱའོ། །གཞན་ཡང་སྐུ་གཟུགས་ལ་མཆི་མ་འཛག་པ་དང་། དེ་བཞིན་དུ་སྐུ་གཟུགས་གོམ་པ་འདོར་བས་འགྲོ་བ་དང་། སྐུ་གཟུགས་གར་བྱེད་པ་དང་། སྐད་སྣ་ཚོགས་འབྱིན་པ་དང་། ཁྲག་གིས་ཆར་པ་འབབ་པ་དང་། ས་འོག་ཏུ་བོང་བུའི་སྒྲ་སྒྲོགས་པ་དང་། དུད་འགྲོ་ཕལ་པ་མི་སྐད་སྨྲ་བ་ལ་སོགས་པ་མཐོང་ཞིང་ཐོས་ན་བླུན་པོ་རྣམས་ཤིན་ཏུ་ངོ་མཚར་བསྐྱེད་མོད་ཀྱི། མཁས་པས་རྟགས་འདི་འདྲ་བ་མཐོང་བར་གྱུར་ན་ཡུལ་དེ་ར་ཕ་རོལ་གྱི་དགྲ་བོ་གཞན་དག་འཇུག་པ་དང་། ཡང་ན་ལྷས་ངན་པ་ནང་འཁྲུགས་དང་། ཡམས་ནད་ལ་སོགས་པ་གཞན་དག་འབྱུང་ཞིང་འདི་འདྲ་བའི་རིགས་ཅན་གཞན་ཡང་། ས་གཡོ་བ་དང་། གཙོ་འབབ་པ་དང་། སྐར་མདའ་མང་པོ་ལྷུང་བ་སོགས་མཐོང་ན་ཡང་མདོ་སྡེ་རྣམས་བལྟ་བ་དང་། སྐྱེས་བུ་མཁས་པ་རྣམས་ལ་ལེགས་པར་དྲིས་ནས་སྤྱངས་བླང་ཚུལ་བཞིན་དུ་བྱའོ། །འོ་ན་མདོ་སྡེ་ལས་ཇི་ལྟར་འབྱུང་སྙམ་ན། མིག་བཅུ་གཉིས་པ་ཞེས་བྱ་བའི་མདོ་ལས། གཙུག་ལག་ཁང་གི་སྐུ་གཟུགས་འཕོས་སམ། སྤྱན་ནས་མཆི་མ་བྱུང་ན་ཡུལ་ཁམས་དེའི་མི་དཔའ་བོ། ཞེས་པ་བུ་མང་པོ་དང་བཅས་པ་ཡུལ་ཕུད་པར་འགྱུར་ཞེས་པ་དང་། འཇིག་རྟེན་པའི་ལྷ་མཆོད་པའི་ཚེ། ལྷ་སྐྲའམ། འཛུམ་ན་རྒྱལ་པོ་ལ་བགེགས་དང་གནོད་པ་འབྱུང་ཞེས་པ་དང་། ཐུབ་པ་ཆེན་པོ་དྲང་སྲོང་ཀྲ་ཀྲས་བལྟས་ཀྱི་རྣམ་པ་བསྟན་པ་ཞེས་བྱ་བའི་གཙུག་ལག་ལས། གལ་ཏེ་གང་དུ་འཇིག་རྟེན་པའི་ལྷའི་གཟུགས་གར་བྱེད་པ། རབ་ཏུ་གཡོ་བར་གྱུར་པ་དང་། སྨྲ་བར་གྱུར་པ་དང་། མིག་མཆི་མས་གང་བ་དང་། རྡུལ་བར་གྱུར་པ་དང་། གས་པར་གྱུར་པ་དང་། དུམ་བུར་གྱུར་པ་དང་། ཐམས་ཅད་ཞིག་པར་གྱུར་པ་ལ་སོགས་པས་ནི། འཇིག་པ་རྣམ་པ་དུ་མ་འབྱུང་བ་རིག་པར་བྱའོ། །དེ་ལ་ཡང་གར་གྱིས་ནི་དམག་མང་པོ་འབྱུང་ངོ་ཞེས་པ་དང་། གོམ་པ་འདོར་བས་ནི་ཡུལ་བོར་ཏེ་འགྲོ་བར་འགྱུར་ཞེས་སོགས་མང་དུ་འབྱུང་ངོ། །

གཉིས་པ་ཚིག་ལ་འཁྲུལ་པ་དགག་པ་ལ་གཉིས་ཏེ། དོར་བྱ་ནོར་བའི་བཤད་པ་དགག་པ། བླང་བྱ་མ་ནོར་བའི་བཤད་པ་བསྒྲུབ་པའོ། །དང་པོ་ལ་གཉིས་ཏེ། བོད་སྐད་ལ་བཤད་པ་ནོར་ཚུལ། རྒྱ་སྐད་ལ་བཤད་པ་ནོར་ཚུལ་ལོ། །དང་པོ་ནི། དེ་དག་དོན་ལ། ཞེས་སོགས་ཚིགས་བཅད་ཕྱེད་དང་དྲུག་སྟེ། སྔར་བཤད་པ་དེ་དག་གསུང་རབ་ཀྱི་དོན་ལ་འཁྲུལ་པ་ཡི་རྣམ་པར་དབྱེ་བ་མདོ་ཙམ་བཤད་པ་ཡིན་ལ། དེ་ནས་ཚིག་ལ་འཁྲུལ་པ་ཡི་རྣམ་པར་དབྱེ་བ་ཅུང་ཟད་བཤད་ཀྱིས་ཉོན་ཅེས་གདམས་ནས། བཅོམ་ལྡན་འདས་ཀྱི་བཤད་པ་ལ། གསང་སྔགས་སྔ་འགྱུར་བ་འགའ་ཞིག བདུད་བཞི་བཅོམ་པས་ན་བཅོམ། སྐལ་བ་དྲུག་དང་ལྡན་པས་ན་ལྡན། འཁོར་བའི་ཆོས་ལས་འདས་པས་ན་འདས་ཞེས་འཆད་པ་ནོར་ཏེ། བྷ་ག་ཝན་ཞེས་པའི་བྷ་ག་ནི་བཅོམ་པ་དང་། སྐལ

བ་དང་། ལེགས་པ་སོགས་ལ་འཇུག་ལ། ཕན་ཞེས་པ་ལ་ལྡན་པའི་དོན་ཡིན་པས་སྔ་མ་གསུམ་ཀར་ལ་སྦྱར་བར་བྱ་བ་ཡིན་པའི་ཕྱིར་དང་། འདས་པ་ལ་སྐད་དོད་མེད་པའི་ཕྱིར། གླེགས་བམ་གྱི་ནི་བཤད་པ་ལ། གླེགས་ཤིང་གི་བར་དུ་གླེགས་ཐག་གིས་བམ་པོར་གདམ་པ་ནས་གླེགས་བམ་ཞེས་བཤད་པ་ནོར་ཏེ་གླེགས་ཤིང་དང་གླེགས་ཐག་ཀྱང་གླེགས་བམ་ལ་ལྟོས་པའི་ཐ་སྙད་ཡིན་པའི་ཕྱིར་རོ། །ཡང་ཕྱག་རྒྱ་ཆེན་པོའི་བཤད་པ་ལ། ཕྱག་ལག་པར་བཟུང་ནས་ལག་པའི་སྒྲ་དོན་འཆད་པ་ནོར་ཏེ་མུ་དྲ་ཅེས་པ་རྒྱ་ལ་འཇུག་གི །ལག་པའི་སྐད་དོད་གསར་དུ་མནན་པ་ཡིན་པའི་ཕྱིར་རོ། །ཡེ་ཤེས་ཀྱི་ནི་བཤད་པ་ལ། ཡེ་གདོད་མར་ངེས་བཟུང་ནས་གདོད་མའི་ཤེས་པར་འཆད་པ་ནོར་ཏེ། ཛྙཱ་ན་ཅེས་པ་རྟོགས་པའམ། ཁོང་དུ་ཆུད་པའམ། ཡེ་ཤེས་ལ་འཇུག །གདོད་མའི་སྐད་དོད་མེད་པའི་ཕྱིར་རོ། །རྣལ་འབྱོར་གྱི་དོན་འཆད་པ་ལ། སེམས་རྣལ་མ་རིག་པས་འབྱོར་ཅེས་འཆད་པ་ནོར་ཏེ། ཡོ་ག་ཞེས་པ་སྦྱོར་བ་ལ་འཇུག་གི །རྣལ་གྱི་སྐད་དོད་མེད་པའི་ཕྱིར་རོ། །འོན་འདས་དང་། རྒྱུ་དང་། ཡེ་དང་། རྣལ་གྱི་སྒྲ་མནན་པའི་རྒྱུ་མཚན་ཅི་ཡིན་ཞེ་ན། དེ་དག་མ་མནན་ན། འཇིག་རྟེན་གྱི་ལེགས་ལྡན་དང་། འཇིག་རྟེན་གྱི་རྒྱུ་དང་། རྟོགས་པ་ཙམ་དང་། གཉིས་ཟུང་དུ་འཇུག་པ་ཙམ་ལ་འཁྲུལ་བར་འགྱུར་བས་ལོ་ཙཱ་བས་ཐབས་མཁས་ཀྱི་མནན་པའོ། །རྒྱལ་མཚན་རྩེ་མོའི་དཔུང་བརྒྱན་ལ། དམག་གི་དཔུང་དུ་འཆད་པ་ནོར་ཏེ། དེའི་སྐད་དོད་མེད་པའི་ཕྱིར་རོ། །གཏུམ་མོའི་སྒྲ་བཤད་ལ་རྣམ་རྟོག་ནི། ཆོས་ཉིད་གཏུམ་པར་འཆད་པ་ནོར་ཏེ། གཏུམ་མོའི་སྐད་དོད་ཙཎྜ་ལི་ཞེས་པ་རྣམ་རྟོག་གམ་བདག་འཛིན་གསོད་པའི་བཤན་པ་ལ་འཇུག་པའི་ཕྱིར་རོ། །ཀླུ་ཡི་སྒྲ་བཤད་བྱེད་པ་ལ། ཀ་སར་སྦྱུར་ནས་སེམས་ཅན་བསླུ་བར་འཆད་པ་ནོར་ཏེ། ས་འོག་གི་ཀླུ་ནི་ཀ་ཀླུ་དང་། སེམས་བསླུ་བར་བྱེད་པ་ནི་ས་བསླུ་ཡིན་པའི་ཕྱིར་རོ། །ཕྱི་མར་ཕྱུར་མ་རི་རབ་མཉམ་པ་ཞེས་པ་ལ་དྲི་རབ་མནན་པར་འཆད་པ་འཁྲུལ་ཏེ། རྒྱ་སྐད་མ་རུ་རི་རབ་ལ་འཇུག་གི་དྲི་རབ་ལ་མི་འཇུག་པའི་ཕྱིར་རོ། །

གཉིས་པ་ནི། ཤཱཀྱའི་བུ་མོ། ཞེས་སོགས་ཚིགས་བཅད་ཉེར་གཉིས་ཏེ། ཤཱཀྱའི་བུ་མོ་གོ་པཱ་ཡི་སྒྲ་བོད་སྐད་དུ་ས་མཚོ་ཡིན་ཏེ་རྒྱ་སྐད་གོ་པཱ་ཞེས་པ་ཡི་སྒྲའི་གོ་ནི་ས་ལ་འཇུག་པ་ཡིན་ལ། པཱ་ལི་སྒྲ་མཚོ་བའམ། སྐྱོང་བ་དང་། བསྲུང་བ་སོགས་ལ་འཇུག་པ་ལས། འདིར་མཚོ་བ་ལ་འཇུག་པ་དེས་ན་འོ། །སྒྲ་དོན་དེ་ལ་གོ་བའི་སྒྲ་བཤད་ནི་རྟོགས་པའི་དོན་དུ་བཤད་པ་ནོར་བ་ཡིན་ནོ། །ཡང་རྒྱ་སྐད་རཏྣ་ཀེ་ཏུ་ཞེས་པ་ལ། རཏྣ་ནི་རིན་ཆེན་དང་། དཀོན་མཆོག་ལ་འཇུག །ཀེ་ཏུའི་སྒྲ་ནི། དཔལ་དང་། ཏོག་དང་། གཟའ་དུ་བ་འཇུག་རིང་དང་། རྒྱལ་མཚན་སོགས་ལ་འཇུག །དེ་ཡང་སྐད་རྙིང་མ་རྣམས་ལ། ཀེ་ཏུའི་སྒྲ་དཔལ་དུ་ཡོད། སྐད་གསར་བཅད་མན་ཆད་ལ་ཀེ་ཏུའི་སྒྲ་ཏོག་ཏུ་སྒྱུར་བ་དེས་ན་འབུམ་ལས་སྐད་རྙིང་སོར་བཞག་ནས། རིན་ཆེན་དཔལ་དང་། སྐད་

གསར་སྦྱོད་ཀྱིས་ནི་ཞུས་པ་ཡི་བརྒྱད་སྟོང་པ་ལས། རིན་ཆེན་ཏོག་གི་བསླབ་པ་ལ་བསླབ་པར་བྱའོ། །ཞེས་བྱ་བར་སྒྱུར་བའི་སྒྲ་དོན་མི་ཤེས་པར་ཕག་གྲུ་བ་སོགས་རིན་ཆེན་དཔལ་དུ་བཤད་པ་ནོར་ཏེ་དེ་ལྟ་ཡིན་ན། རྒྱ་སྐད་རཏྣ་ཤྲཱི་འོང་དགོས་པ་ལས་དེ་མེད་པའི་ཕྱིར་རོ། །

ཡང་ཐུགས་རྗེ་ཆེན་པོའི་བཞུགས་གནས་རྒྱ་སྐད་པོ་ཏ་ལ་ཞེས་བྱ་བའི་སྒྲ་བོད་སྐད་དུ་ནི་གྲུ་འཛིན་ཞེས་པ་ཡིན་ལ། སྔོན་གྱི་ལོ་ཙྪ་བས། རི་བཏང་བཟུང་ཞེས་བྱ་བར་སྒྱུར་བ་ཡོད་ཅིང་། དེ་རི་བོ་གྲུ་འཛིན་ཞེས་བྱ་བར་སྒྱུར་ན་བོད་སྐད་ལ་འཐད་པ་ཡིན་མོད་ཀྱི། ལ་ལ་རྒྱ་སྐད་སོར་བཞག་ནས། པོ་ཏ་ལའི་རི་ལྟར་ཞེས་བྱ་བར་སྒྱུར། དེ་ལ་སྒྲ་སྒྱུར་ལ་ལ་ཡི་བཞེད་པས་རིའི་སྒྲ་གོང་དུ་ཕྱུང་བ་སྟེ། སྔོན་ནས་ནི། རི་པོ་ཏ་ལ་ཞེས་བྱ་བར་སྒྱུར་བ་དེའི་དོན་མ་རྟོགས་པ་རྣམས་ཀྱིས་པོ་ཏ་ར་སྒྱུར་ནས། རི་པོ་ཏ་ལར་བཤད་པ་འཁྲུལ་པ་ཡིན་ནོ། །འཁོར་གསུམ་ཡོངས་དག་ཞེས་བྱ་བ་ལ། རྒྱ་སྐད་དུ་ནི་ཏྲི་མཎྜལ་པ་རི་ཤུདྡྷ་ཞེས་བྱ་བར་ཡོད་པའི་ཏྲི་ཞེས་བྱ་བ་ནི། བོད་སྐད་དུ་གསུམ་ཡིན་ཞིང་། མཎྜལ་ཞེས་བྱ་བ་དཀྱིལ་འཁོར་ཡིན། པ་རི་ཤུདྡྷ་ཞེས་བྱ་ཡོངས་སུ་དག་པ་ཞེས་བྱ་བ་ཡིན་ལ། སྒྲ་དྲང་པོར་སྒྱུར་ན་དཀྱིལ་འཁོར་གསུམ་ཡོངས་སུ་དག་པ་ཞེས་བྱ་བར་འགྱུར་བ་ལ་མཁས་པ་རྣམས་ཀྱིས་སྒྲ་བསྡུས་ནས། འཁོར་གསུམ་ཡོངས་དག་ཅེས་བྱ་བར་སྒྱུར་བ་ཡིན་ཡང་། ཁ་ཅིག་དེ་ཡི་སྒྲ་དོན་མི་ཤེས་པར། འཁོར་གསུམ་གཡོག་ཏུ་སྒྱུར་ནས་དཔོན་པོའི་གཡོག་ལྟ་བུར་འཆད་པ་འཁྲུལ་ལོ། །

ཡང་རྒྱ་སྐད་ལང་ཀ་པུ་རི་ཞེས་བྱ་བ་ལ། པུ་རིའི་སྒྲ་ནི་གྲོང་ཁྱེར་ལ་འཇུག་པ་ཡིན་པས། དེ་བོད་སྐད་དུ་ལང་ཀའི་གྲོང་ཁྱེར་ཡིན་ཏེ། ལྷོ་ཕྱོགས་རྒྱ་མཚོའི་གླིང་ལ་ཡོད་པར་ལང་ཀར་གཤེགས་པ་ལས་གསུང་པ་འོན་ཀྱང་། དེ་འདྲའི་རྒྱ་སྐད་མི་ཤེས་པར་ཁ་ཅིག་པུ་རང་སུ་ནི་འཆད་པ་ནོར་བ་དང་། གཞུང་ཁ་ཅིག་ཏུ་ལང་ཀ་པུར་ལ་པུ་རིའི་སྒྲ་ནི། ཞེས་པའང་སྣང་སྟེ་སྡུམ་ཉིད་ལེགས་སོ། །རྒྱ་སྐད་བི་མ་ལ་མི་ཏྲ་ཞེས་པ་བོད་སྐད་དུ། དྲི་མེད་བཤེས་གཉེན་ཡིན་ཏེ། བི་དགག་ཚིག་དང་། མ་ལ་དྲི་མ་དང་། མི་ཏྲ་བཤེས་གཉེན་ཡིན་པས་སོ། །དེ་ལྟ་བུ་ཡི་སྒྲ་དོན་མི་ཤེས་པར། ཁ་ཅིག་བི་བྱེ་རུ་སྒྱུར་ནས་བྱེ་མ་ལ་དང་། མི་ཏྲ་མུ་ཏྲར་བཅོས་ནས། མུ་ཏྲའི་སྒྲ་ཕྱག་རྒྱ་ཡིན་པར་འཆད་པ་ནོར་བ་དང་། རྒྱ་སྐད་ལ་ནཱ་རོ་ཏ་ཡི་སྒྲ་བོད་སྐད་དུ་དེ་བྲམ་ཟེའུའི་རིགས་ཀྱི་བཟང་བའི་བྱེ་བྲག་ཞིག་ཡིན་པ་ལ། དེ་རྒྱ་སྐད་སོར་བཞག་ཡིན་པ་ཡི་རྒྱུ་མཚན་མི་ཤེས་པར། ཏི་ལོ་པའི་དྲུང་དུ་དཀའ་བ་སྤྱོད་པས་ཨ་ན་ན། ན་བར་མ་ཟད་རོ་རུ་སོང་ཞེས་རྒྱ་སྐད་ལ་བོད་ཀྱི་བཤད་པ་བྱས་ནས་འཆད་པ་དང་། རྒྱ་སྐད་ཏི་ལོ་ཞེས་བྱ་བ། ཏིལ་མར་རྫུང་བའི་རིགས་ཡིན་པ་ལ། དེ་ལ་ཏྲེ་ལོར་འཆད་པ་དང་། གཞུང་ཁ་ཅིག་ན། ཏྲེ་ལོ་ཞེས་པ་སྣང་ཀྱང་། ཏི་ལོ་ཞེས་པ་དག་པར་མཛད་དོ། །རྒྱ་སྐད་ལུ་ཡི་ཞེས་བྱ་བ། བོད་སྐད་དུ་ཉ་ཡི་རྒྱུ་ལྟོ་ཡིན་པ་ལ།

དེ་ཡི་སྒྲ་དོན་མི་ཤེས་པར། ཁ་ཅིག་ལུ་གླུ་རུ་བཅོས་ནས་གླུ་ཡི་ས་རུ་བཤད་པ་དང་། རྒྱ་སྐད་ཨིནྡྲ་ཧྲྀ་ཏི་ཞེས་པ་ནི་བོད་སྐད་དུ་འབྱུང་པོའི་དབང་པོ་ཡིན་ཏེ། ཧྲྀ་ཏི་འབྱུང་པོ་དང་། ཨིནྡྲ་དབང་པོ་ཡིན་པས་སོ། །དེ་ཡང་། འབྱུང་པོ་ཞེས་བྱ་སྐྱེས་བདེན་དང་། །ས་ཁམས་སོགས་དང་འདུས་བྱས་དང་། །ཡོད་དང་སེམས་ཅན་རྣམས་དང་ནི། །མི་མ་ཡིན་པ་རྣམས་ལ་ཡོད། །ཞེས་པ་ལྟར་འབྱུང་པོའི་སྒྲ་དོན་མང་པོ་ལ་འཇུག་ཀྱང་། འདིར་འབྱུང་པོ་ཞེས་པ་མིའི་དབང་པོ་ཞེས་པའི་དོན་ཡིན་ནོ། །དེ་ལྟ་བུ་ཡི་སྒྲ་སྦྱོར་མི་ཤེས་པར། ཁ་ཅིག་ཧྲྀ་ཏི་བོ་དེ་རུ་བཅོས་ནས་བརྒྱ་བྱིན་བྱང་ཆུབ་ཏུ་འཆད་པ་འཁྲུལ་ཏེ། བརྒྱ་བྱིན་བྱང་ཆུབ་ཡིན་ན་ཤ་སྦྲ་བོ་དེ་ཞེས་འོང་དགོས་པས་སོ། །

རྒྱ་སྐད་ཨ་ཥ་ཧྲྀ་ཏི་ཞེས་པའི་སྒྲ་བོད་སྐད་དུ་གཟུང་འཛིན་གཉིས་སྤྱངས་པས་ན། གཉིས་སྤྱངས་སམ་ནི་སྐྱེ་བོ་ཀུན་འདར་བར་བྱེད་པས་ན་ཀུན་འདར་ཡིན་པ་ལ་དེ་ལ་ཅི་འདོད་འདོད་འོངས་པས། འདོད་སྐྱེར་བཤད་པ་དང་། རྒྱ་སྐད་དོ་ཧ་ཞེས་བྱ་བ། བོད་སྐད་དུ་ཚིག་ལྷུག་པ་དོན་མ་བཅོས་པ་ཞེས་བྱ་བའི་དོན་ལ་འཇུག་པ་ནི། མ་བཅོས་པའི་དོན་ཐུགས་ལ་འཁྲུངས་པ་གྲུབ་ཐོབ་ཀྱི་གླུ་ཡིན་པས་དོ་ཧ་ཟེར་བ་ཡིན་མོད་ཀྱི། རྒྱ་སྐད་སོར་བཞག་པ་དེ་ཡི་རྒྱུ་མཚན་མི་ཤེས་པར་ཁ་ཅིག་དོ་ནི་གཉིས་ཡིན་ཞིང་། ཧ་གོད་པ་ཡིན་པས་གཉིས་ལ་དགོད་པར་འཆད་པ་ནོར་བ་དང་། ཊཱི་ཀ་ཁ་ཅིག་ལས། དོ་ནི་གཉིས་ཡིན་ལ་ཧ་བགོད་པ་ཡིན་པས་དེ་གཉིས་ཀ་ལ་བགོད་ཞེས་སོགས་འབྲུ་མཛོད་པའང་སྣང་ངོ་། །རྒྱ་སྐད་ཛ་བ་ཞེས་བྱ་བ་བོད་སྐད་དུ། མེ་ཏོག་དམར་པོའི་རིགས་གཅིག་ལ་འཇུག་པ་ཡིན་པ་ལ། ཛ་བ་ཞེས་རྒྱ་སྐད་སོར་བཞག་པ་དེ་ཡི་བརྡའ་དོན་མི་འཕྲོད་པར། ཁ་ཅིག་བྱམས་པ་དང་། ཕན་ཚུན་མཐུན་པའི་མཛའ་བར་འཆད་པ་དང་། པིཎྜ་པ་ལ་པིཎྜ་པར་འཆད་པ་ལ་སོགས་པ་བླུན་པོ་རྣམས་ལ་ལེགས་ལེགས་འདྲ་ཡང་། མཁས་པས་མཐོང་ན་བཞད་གད་ཀྱི་གནས་ཡིན་ཏེ། རྒྱུ་མཚན་ཅི་ཡི་ཕྱིར་ཞེ་ན། གོང་གི་དེ་དག་སཾ་སྐྲྀ་ཏ་ཡི་སྒྲ་དོན་ལ་བཤད་དུ་མི་རུང་བ་ཉིད་ཀྱི་ཕྱིར་དང་། རིགས་གཅིག་རྒྱ་སྐད་ཡིན་པ་མི་ཤེས་པར་བོད་སྐད་ཡིན་པར་འཁྲུལ་ནས་བཤད་པའི་ཕྱིར་རོ། །དེས་ན་འདིར་ལོ་ཙཱ་བའི་འགྱུར་བཟང་ངན་དང་། ལ་ལས་རྒྱ་སྐད་སོར་བཞག །ལ་ལས་བོད་སྐད་དུ་སྒྱུར་བ་དང་། སྒྲ་སྦྱོར་ལ་དོན་འགྱུར་དུ་བྱས་པ་དང་། བརྡ་གསར་རྙིང་གི་ཁྱད་པར་དང་། ཡུལ་ཕྱོགས་སོ་སོའི་སྐད་ཀྱིས་གོ་དཀའ་བ་རྣམས་ལའང་ལེགས་པར་སྦྱངས་དགོས་སོ། །རྒྱུ་མཚན་དེས་ན་དེ་འདྲ་བའི་བཤད་པ་ནོར་བ་མང་པོ་ཡོད་པ་ཀུན་བོད་ཀྱི་བླུན་པོས་རང་དགར་སྒྱུར་བས་ན་མཁས་པ་རྣམས་ཀྱིས་དོར་བར་བྱ་ཞིང་། ཚིག་མ་འཁྲུལ་བ་ལ་འབད་པར་བྱ་དགོས་ཏེ། སྡེབ་སྦྱོར་གྱི་བསྟན་བཅོས་ལས། དོན་ཉམས་པ་ནི་བླ་ཡི་ཡི་གེ་ཉམས་པ་ནི་དེ་ལྟ་མིན་ནོ། །ཞེས་གསུངས་པའི་ཕྱིར།

གཉིས་པ་ནི། དེ་བཞིན་གཤེགས་པའི། ཞེས་སོགས་རྐང་པ་བཅུ་བཞི་སྟེ། འོ་ན་ཚིག་ནོར་བའི་བཤད་པ་དོར་བར་བྱ་བ་དེ་ལྟ་ཡིན་ན། བླང་བྱ་མ་ནོར་བའི་བཤད་པ་ཇི་ལྟ་བུ་ཞེ་ན། འདི་ལྟར། དེ་བཞིན་གཤེགས་པ་ཞེས་བྱ་བའི་སྒྲ་བཤད་པ་ནི། དེ་བཞིན་ཉིད་རྟོགས་པ་ཡིན་པར་འཆད་པ་སཾ་སྐྲི་ཏའི་སྐད་ལ་འཐད་པ་ཡིན་ཏེ། རྒྱ་སྐད་ཏ་ཐཱ་ག་ཏ་ཞེས་པ་དེ་བཞིན་གཤེགས་པ་དང་། དེ་ཁོ་ན་ཉིད་རྟོགས་པ་གཉིས་ཀ་ལ་འཇུག་པའི་ཕྱིར་དང་། ཞེས་པའི་ཚིག་ཕྲད་ནི་རྣམ་གྲངས་འདྲེན་པའི་ཚིག་ཙམ་ཡིན་ནོ། །དགྲ་བཅོམ་པའི་སྒྲ་དོན་མཆོད་འོས་སུ་འཆད་པ་འཐད་དེ། དགྲ་བཅོམ་གྱི་སྐད་དོད་ལ་ཨརྷ་ཏེ་ཞེས་པའམ། ཨར་ཧན་ཞེས་པ་མཆོད་འོས་ལའང་འཇུག་པའི་ཕྱིར་རོ། །རྒྱལ་པོའི་བཤད་པ་གསལ་བ་ལ་བྱེད་པའང་འཐད་དེ། རྒྱལ་པོའི་སྐད་དོད་རཱ་ཛ་ཞེས་པ་གཟི་བརྗིད་ཆེ་བ་དང་། མཛེས་པ་དང་། གསལ་བ་རྣམས་ལ་འཇུག་པའི་ཕྱིར་རོ། །བཟོད་པའི་བཤད་པ་གནོད་པ་བྱེད་པ་ལ་ལན་གྱི་སྐྱབས་མི་འབྱེད་པའམ། རྐྱེན་ངན་པས་མི་འབྱེད་པ་ལ་འཐད་དེ། བཟོད་པའི་སྐད་དོད་ཀྵཱན་ཏི་ཞེས་པ་རྐྱེན་ངན་པས་མི་འབྱེད་པ་ལའང་འཇུག་པའི་ཕྱིར། ཕུང་པོའི་བཤད་པ་ཕྲག་པར་འཆད་པ་འཐད་དེ། ཕུང་པོའི་སྐད་དོད་སྐནྡྷ་ཞེས་པ་ཁུར་ཁྱེར་བའི་ཕྲག་པ་ལའང་འཇུག་པའི་ཕྱིར། །ཁམས་ལ་དབྱིངས་སུ་འཆད་པ་འཐད་དེ། ཁམས་ཀྱི་སྐད་དོད་དྷཱ་ཏུ་ཞེས་པ་རྒྱུ་དང་དབྱིངས་ལའང་འཇུག་པས་སོ། །བཅོམ་པའི་སྒྲ་དོན་སྐལ་བར་འཆད་པ་འཐད་དེ། བཅོམ་ལྡན་པའི་སྐད་དོད་བྷ་ག་ཞེས་པའི་སྒྲ་སྐལ་བ་ལའང་འཇུག་པས་སོ། །སྤྱང་དཀའི་སྒྲ་དོན། ཐུབ་དཀར་འཆད་པ་འཐད་དེ། ཡུ་དྷུ་རཱ་ཛ་ཞེས་པ་ཤིན་ཏུ་ངན་ཅིང་ཐུབ་པར་དཀའ་བ་ལ་འཇུག་པའི་ཕྱིར་དང་། ཡང་ན་སྤྱང་དཀའི་སྐད་དོད་དུ་རྫས་ཡེ་ཞེས་པའི་སྒྲ་ཐུབ་དཀའ་ལའང་འཇུག་པས་སོ། །པགས་ཞེས་པ་གནས་སུ་འཆད་པ་འཐད་དེ། ཨ་ནུ་ཤ་ཡ་ཞེས་པའི་སྒྲ་ཆོས་སྟོན་དུ་འགྱུར་བའི་གནས་ལའང་འཇུག་པའི་ཕྱིར་རོ། །ཤཱཀྱའི་སྒྲ་ནི་རྒྱ་སྐད་སོར་བཞག་པ་ཡིན་ལ། དེ་བོད་སྐད་དུ་སྒྱུར་ན། ཕོད་པར་འགྱུར་བ་ཡིན་ནོ། །སུ་སྟིའི་སྒྲ་འཐབ་པའམ། ཕྲད་པ་ལ་འཇུག་པའི་སྒྲ་བྲལ་བའམ། རྣམ་པ་ལ་འཇུག་པ་དང་། སུའི་སྒྲ་ལེགས་པའམ། བདེ་བའམ། བཟང་པོ་ལ་འཇུག་པས། སྐབས་ཅུང་ཟད་འཚོལ་བར་བཤད་ཀྱང་། མཁས་པ་རྣམས་ལ་སྐྱོན་ཆུང་། འདི་དག་གི་དགྲ་བཅོམ་པ་དང་། རྒྱལ་པོ་སོགས་ཀྱི་ཚིག་སྒྲ་ཇི་བཞིན་དུ་འཆད་པ་མིན་པས་བོད་སྐད་ལ་ཅུང་ཟད་མི་བདེ་ཡང་། ལེགས་པར་སྦྱར་བའི་སྒྲ་དག་ལ་ཤིན་ཏུ་འཐད་པའི་ཕྱིར་ན། མཁས་པས་བླང་བར་བྱ་བ་ཡིན་ནོ། །

གསུམ་པ་བཤད་པ་ཡོངས་སུ་རྫོགས་པའི་བྱ་བ་ལ་ལྔ་སྟེ། བསྟན་བཅོས་རྩོམ་པའི་རྒྱུ་དངོས་བཟུང་། འབྲས་བུ་བསྟན་བཅོས་གཟུང་བར་གདམས། གཟུང་བྱའི་ཆོས་ཀྱི་ཆེ་བ་བརྗོད། བརྩམས་པའི་དགེ་བ་གཞན་

དོན་དུ་བསྡུ། བཀའ་དྲིན་རྗེས་སུ་དྲན་པའི་ཕྱག་གོ །དང་པོ་ལ་གསུམ་སྟེ། དམིགས་རྐྱེན་བསྟན་པའི་འཕེལ་འགྲིབ་བྱུང་ཚུལ། ཀུན་སློང་ཟང་ཟིང་མེད་པའི་བྱ་བ། བདག་རྐྱེན་ཕྱོགས་ལྷུང་མེད་པའི་ཤེས་རབ་བོ། །དང་པོ་ལ་བཞི་སྟེ། འཕགས་པའི་ཡུལ་དུ་འཕེལ་འགྲིབ་བྱུང་ཚུལ། བོད་ཀྱི་ཡུལ་དུ་འཕེལ་འགྲིབ་བྱུང་ཚུལ། དེས་ན་ཆོས་ལོག་སུན་དབྱུང་དགོས་པ། གཏན་གྱི་བྱ་བ་བརྟགས་ནས་བླང་བའོ། །དང་པོ་ལ་གཉིས་ཏེ། ཉན་ཐོས་ཀྱི་བསྟན་པ་ལ་བཀའ་བསྡུ་བྱུང་ཚུལ། ཐེག་ཆེན་གྱི་བསྟན་པ་ལ་འཕེལ་འགྲིབ་བྱུང་ཚུལ་ལོ། །དང་པོ་ལ་གསུམ་སྟེ། བཀའ་བསྡུ་དང་པོ། གཉིས་པ། གསུམ་པ་བྱུང་ཚུལ་ལོ། །དང་པོ་ནི། སངས་རྒྱས་གསུང་རབ་དྲི་མ་མེད། །བསྡུ་བ་དང་པོ་བྱས། ཞེས་པ་སྟེ་སྟོན་པ་མི་མོ་ཡོས་ལ་ལྷུམས་སུ་ཞུགས་ནས་ས་ཕོ་འབྲུག་ལ་སྐུ་བལྟམས་ཤིང་ཆུ་ཕོ་སྟག་ལ་སངས་རྒྱས་ཏེ་ཆོས་ཀྱི་འཁོར་ལོ་བསམ་གྱིས་མི་ཁྱབ་པ་བསྐོར་བར་མཛད། མེ་མོ་ཕག་གི་དཔྱིད་ཟླ་ཐ་ཆུང་ས་ག་ཟླ་བའི་ཚེ། མྱ་ངན་ལས་འདས་པའི་ཚུལ་བསྟན་ཏོ། །

རྣམ་བཤད་ཁ་ཅིག་ལས། སྟོན་ཟླ་ཐ་ཆུང་སྨིན་དྲུག་ཟླ་བའི་ཡར་ངོའི་ཚེས་བརྒྱད་ལ་འདས་ཚུལ་བསྟན་པར་ཡང་བཤད་དོ། །མྱ་ངན་ལས་འདས་པའི་ལོ་ཕྱི་མ་ལ་རྒྱལ་པོའི་ཁབ་ཀྱི་ནགས་ཁྲོད་པི་ཛྷའི་ལྡོངས་སུ་རྒྱལ་པོ་མ་སྐྱེས་དགྲས་སྦྱིན་བདག་བྱས་ཏེ། འོད་སྲུང་ཆེན་པོ་ལ་སོགས་པ་དགྲ་བཅོམ་པ་ལྔ་བརྒྱ་འདུས་ནས་སངས་རྒྱས་ཀྱི་གསུང་རབ་དྲི་མ་མེད་པའི་བསྡུ་བ་དང་པོ་བྱས། དེ་ཡང་གང་པོས་ཛམྦུ་འཕྲུལ་གྱིས་གཎྜི་གདུང་པས་དགྲ་བཅོམ་པ་ལྔ་བརྒྱར་གཅིག་གིས་མ་ཚང་ནས། དགྲ་བཅོམ་པ་བ་ལང་བདག་སུམ་ཅུ་རྩ་གསུམ་ན་ཡོད་པ་སྤྱན་དྲངས་པས་མ་བྱོན་ཏེ་མྱ་ངན་ལས་འདས་སོ། །དེ་ནས་འོད་སྲུང་ཆེན་པོས་དགྲ་བཅོམ་པ་རྣམས་རེ་ཞིག་མྱ་ངན་ལས་མི་འདའ་བར་དམ་ཚིག་བཅས་ནས་ཀུན་དགའ་བོ་ལ་འདི་རྣམས་ནི་དགྲ་བཅོམ་པ་ཤ་སྟག་ཡིན་ལ། ཁྱོད་ནི་སློབ་པ་ཡིན་པས་ཚུགས་ཤིང་ལོངས་ཞེས་སྐྱོན་བཏགས་ཏེ་སྐྲད་པས་ཀུན་དགའ་བོས། བདག་ནི་དེ་བཞིན་གཤེགས་པའི་ཞབས་འབྲིང་པ་རྒྱུན་རིང་དུ་བགྱིས་ཏེ། འཚོ་བ་རྣམ་པར་དག་ཅིང་། བསླབ་པ་གསུམ་ལ་སྐྱོན་མ་མཆིས་ན། ཞེས་སོགས་གསོལ་ཡང་། དེ་ཙམ་ཡོན་ཏན་དུ་མི་ཆེ། སྟོན་པས་ཀུན་དགའ་བོ་གང་ཛམྦུ་འཕྲུལ་གྱི་རྐང་པ་རྟེན་ཞེས་སོགས་བཀའ་སྩལ་པ་ལ་ཁྱོད་ཀྱིས་མྱ་ངན་ལས་མི་འདའ་བར་གསོལ་ན་ད་དུང་བཞུགས་པ་ལ། དེ་ལྟར་གསོལ་བ་མ་བཏབ་པ་དང་། ལྷུང་བཟེད་ནམ་མཁར་བཟེད་ན། ལྷས་བདུད་རྩི་འབུལ་བ་ལ། ཆུ་རྙོག་མ་ཅན་ཞུས་པ་སོགས་ཀྱི་སྐྱོན་བཏགས་ནས་ཕྱུང་ངོ་། །དེ་ནས་ཀུན་དགའ་བོ་ཡིད་ཕམ་བཞིན་དུ་བྱོན་པས་རང་གི་སློབ་མ་བཛྲ་སོ་གོའུ་ཏ་མ་ཁྱོད་ནི་བག་མེད་མ་བྱེད་པར། ཞེས་སོགས་གསོལ་བ་དང་། ཀུན་དགའ་བོས་ཤིང་དྲུང་ཞིག་ཏུ་བསྒོམ་པས་དེ་མ་ཐག་དགྲ་བཅོམ་གྱི་འབྲས་བུ་ཐོབ་པར་གྱུར་ཏོ། །དེ་ནས་དགྲ་བཅོམ་པའི་མདོན་

ཤེས་ཀྱིས་བརྟགས་པས། འོད་སྲུང་ཆེན་པོ་ཐབས་ལ་མཁས་པ་ཡིན་པར་དགོངས་ཏེ་ཤིན་ཏུ་མྱུར་བར་བྱོན་པས་དགྲ་བཅོམ་པ་ལྔ་བརྒྱ་ཚང་བར་གྱུར་ཏོ། །དེ་ནས་ཐོག་མར་དགྲ་བཅོམ་པ་རྣམས་ཀྱི་སྣམ་སྦྱར་བཏིང་པ་ལ་འཕགས་པ་ཀུན་དགའ་བོ་བཞུགས་ཏེ་མདོ་སྡེ་བསྡུ་བར་མཛད། དེ་བཞིན་དུ་ཉེ་བར་འཁོར་གྱིས་འདུལ་བའི་སྡེ་སྣོད་དང་། འོད་སྲུང་ཆེན་པོས་མངོན་པའི་སྡེ་སྣོད་བསྡུས་ཏེ་ཀུན་དགའ་བོ་ལ་བསྟན་པ་གཏད་ནས། རི་བྱ་རྐང་ཅན་དུ་ཕྱག་དར་ཁྲོད་ཀྱི་སྣམ་སྦྱར་གྱིས་སྐུ་གདུང་དྲིལ་ནས། སངས་རྒྱས་བྱམས་པ་མ་བྱོན་གྱི་བར་དུ་མི་ཉམས་པར་བྱིན་གྱིས་རླབས་ཏེ་མྱ་ངན་ལས་འདས་སོ། །དེ་ནས་ཀུན་དགའ་བོས་ལོ་བཞི་ཅུའི་བར་དུ་བསྟན་པ་བསྐྱངས་ནས་དགྲ་བཅོམ་པ་ཤ་ནའི་གོས་ཅན་ལ་བསྟན་པ་གཏད། དེ་ནས་རིམ་པ་བཞིན་དགྲ་བཅོམ་པ་ཉེར་སྦས་དང་། དྷི་དྷི་ཀ་དང་། ནག་པོ་དང་། ལེགས་མཐོང་ལ་གཏད་པ་དག་ནི་བསྟན་པའི་གཏད་རབས་བདུན་དུ་གྲགས་པ་ཡིན་ནོ། །

གཉིས་པ་ནི། པའི་རྗེས། །བསྟན་པ་དག་པར་གནས་པ་ན། །ཞེས་སོགས་རྐང་པ་བདུན་ཏེ། བཀའ་བསྡུ་བ་དང་པོ་བྱུང་ཚུལ་དེ་ལྟར་ཡིན་ན་གཉིས་པ་བྱུང་ཚུལ་ཇི་ལྟ་བུ་ཞེ་ན། དེའི་ཚུལ་ཡོད་དེ། བཀའ་བསྡུ་དང་པོ་བྱས་པའི་རྗེས་སངས་རྒྱས་མྱ་ངན་ལས་འདས་ནས་ལོ་བརྒྱ་དང་བཅུ་ལོན་པའི་བར་དུ། སངས་རྒྱས་ཀྱི་བསྟན་པ་རྣམ་པར་དག་པར་གནས་པ་ནི་ཡངས་པ་ཅན་གྱི་དགེ་སློང་གིས། སངས་རྒྱས་པའི་ཉན་ཐོས་ཀྱི་བསྟན་པ་དང་འགལ་བའི། ཧུ་ལུ་ཧུ་ལུ་ཡི་རང་དང་། །ཀུན་སྤྱོད་སྔོན་དང་ལན་ཚྭ་དང་། །ལམ་དང་སོར་གཉིས་དཀྲུགས་དང་སྟེང་། །གསེར་གྱི་རུང་བ་ཞེས་བྱ་སྟེ། །འདི་དག་རུང་མིན་གཞི་བཅུ་ཡིན། །ཞེས་མི་རུང་བའི་གཞི་བཅུ་བྱ་བ་ཡིན་པའི་ཕྱིར། དེ་ཡང་ཧུ་ལུ་ཧུ་ལུ་ཞེས་བརྗོད་པས། རུང་བར་བྱེད་པ་དང་། སྟར་བཞིན་དུ་ལས་བྱས་ནས་དགེ་སློང་ཐམས་ཅད་ཀྱི་རྗེས་སུ་ཡི་རང་ངོ་ཞེས་བརྗོད་ནས་རུང་བར་བྱེད་པ་དང་། དགེ་སློང་རང་གི་ལག་པའི་ཀུན་སྤྱོད་ཀྱིས་ས་བརྐོས་ནས་རུང་བར་བྱེད་པ་དང་། ཇི་སྲིད་འཚོའི་བར་དུ་སྤྱོད་པའི་ལན་ཚྭ་དུས་རུང་ལ་བསྲེས་ནས་དུས་མིན་དུ་བཟའ་བ་དང་། ལམ་དཔག་ཚད་ཕྱེད་ཙམ་དུ་ཕྱེ་ནས་འདུས་ཤིང་ཟ་བ་དང་། ལྷག་པོར་མ་བྱས་པའི་ཟས་ཐོག་མར་སོར་མོ་གཉིས་ཀྱིས་སྤྱད་ནས་བཟའ་བ་དང་། སྲིན་འབུ་པདྨས་ཁྲག་གཞིབ་པ་ལྟར་ཆང་བླུགས་པའི་སྣོད་ནས་འཇིབ་སྟེ་འཐུང་བ་དང་། འོ་མ་དང་ཞོ་བསྲེས་ནས་དཀྲུགས་ཏེ་དུས་མིན་དུ་ལོངས་སྤྱོད་པ་དང་། གདིང་བ་རྙིང་པ་ལས་མཐོ་གང་གིས་མ་བསླན་པར་གསར་པ་ལ་སྤྱོད་པ་དང་། དྲི་ཞིམ་པོས་བྱུགས་པའི་ལྷུང་བཟེད་ཁྲིའུ་བསྟན་དང་བཅས་པ་དགེ་ཚུལ་གྱི་མགོ་བོར་བཞག་ནས་ལམ་གྱི་བཞི་མདོར་ལྷུང་བཟེད་འདིར་གསེར་དངུལ་དང་། རིན་པོ་ཆེ་བྱིན་ཅིག་ཅེས་རུང་བར་བྱེད་པ་སྟེ། ཆོས་མིན་གྱི་ལས་ཆོས་སུ་བྱེད་

པ་དེ་ལ། གྲོང་ཁྱེར་ནོར་ཅན་ནས་དགྲ་བཅོམ་པ་གྲགས་པ་འཁོར་ལྔ་བརྒྱ་དང་བཅས་པ་ཡངས་པ་ཅན་དུ་འོང་བས་མི་རུང་བའི་གཞི་བཅུ་བྱས་པར་རིགས་ནས། དགྲ་བཅོམ་པ་ཐམས་ཅད་འདོད་ཀྱི་དྲུང་དུ་གླིང་སྟེ། དམར་བུ་ཅན་གྱི་དགྲ་བཅོམ་པ་ཟླ་གྲུར་ལ་སོགས་པའི་ཕྱོགས་རྩལ་ནས་འཕགས་པ་དགྲ་བཅོམ་པ་བདུན་བརྒྱ་འདུས་པ་ཡིས། གནས་ཡངས་པ་ཅན་གྱི་ཀུ་སུམ་བུ་རའི་གཙུག་ལག་ཁང་དུ་ཆོས་རྒྱལ་མྱ་ངན་མེད་ཀྱིས་སྦྱིན་བདག་བྱས་ནས་ཆོས་ལོག་པ་མི་རུང་བའི་གཞི་བཅུ་རྣམས་ལེགས་པར་སུན་དབྱུང་ཞིང་བཀའ་བསྡུ་བ་གཉིས་པ་མཛད་ཅེས་གྲག་གོ། །

གསུམ་པ་ནི། དེ་ལྟར་དག་པར། ཞེས་སོགས་ཚིགས་བཅད་བཅུ་གཅིག་དང་རྐང་པ་གཅིག་སྟེ། བཀའ་བསྡུ་བ་གཉིས་པ་བྱུང་ཚུལ་དེ་ལྟར་ཡིན་ན། གསུམ་པ་བྱུང་ཚུལ་ཇི་ལྟ་བུ་ཞེ་ན། དེའི་ཚུལ་ཡོད་དེ། གོང་དུ་བཤད་པ་དེ་ལྟར་བཀའ་རྣམས་བསྡུས་ཏེ་བསྟན་པ་རྣམ་པར་དག་པར་བྱས་པའི་རྗེས་སུ་རྒྱ་གར་ལྷོ་ཕྱོགས་ན་དེད་དཔོན་ཞིག་ཡོད་པའི་ཆུང་མ་ལ་བུ་བཙས་པ་ལ་ལྷ་ཆེན་པོ་ཞེས་བྱ་བར་མིང་བཏགས་པའི་དགེ་སློང་དུ་ཁས་ལེན་པ་ཞིག་བསྟན་པ་འདི་ཡི་ཚོམ་རྐུན་དུ་བྱུང་བ་དེ་ཡིས་ཕ་རྒྱ་མཚོར་ནོར་བུ་ལེན་དུ་སོང་། དེའི་ཚེའི་བུ་ཆེར་སྐྱེས་ཏེ། མ་དང་ལྷན་ཅིག་འདུས་ཕ་འོང་བའི་གཏམ་ཐོས་ཏེ་མས་མངགས་པ་ལྟར། དེ་ཡི་ལམ་གོལ་བར་སོང་སྟེ། རང་གི་ཕ་བསད། མ་ཡང་སྐྱེས་པ་གཞན་དང་ཉལ་པོ་བྱེད་པ་ཤེས་ནས་ཁྲོས་ཏེ་མ་བསད། རང་གི་སློབ་དཔོན་ཡིན་པའི་དགྲ་བཅོམ་པ་ཞིག་གིས་སྡིག་པའི་རྣམ་སྨིན་བཤད་པས་འདིས་ཁོ་བོས་བྱ་བ་དེ་དག་ཤེས་སོ་སྙམ་ན་དགོངས་ཏེ། མཚམས་མེད་ཀྱི་ལས་གསུམ་བྱས་སོ། །དེ་ནས་རང་ཡང་བྱ་བ་མིན་པ་དེ་རྣམས་ལ་ཡིད་སུན་ཏེ་གཞི་དེར་འདུག་མ་འདོད་ནས་ཡོ་བྱད་རྣམས་སུ་འདོད་པ་ལ་བྱིན་ཏེ། ཡུལ་དབུས་དང་ཉེ་བའི་ཕྱོགས་གཞན་ཞིག་ཏུ་ཕྱིན་པ་དང་། དེའི་ཚེ་ཡུལ་ཕྱོགས་དེར་མུ་གེ་ཆེན་པོ་བྱུང་སྟེ། དེར་འདུག་སྙིང་མ་འདོད་ནས་ཁྱིམ་པའི་རྟེན་གྱི་འཚོ་བ་མ་རྙེད་པར་བཙུན་པའི་རྟེན་ལ་དད་ཅིང་འཚོ་བ་མོད་པར་མཐོང་ནས་དུར་ཁྲོད་སོགས་ནས་གོས་ངུར་སྨྲིག་དག་རྩལ་ནས་གྱོན། སྐྲ་བཞར། མཁན་སློབ་མེད་པའི་དགེ་སློང་ཞིག་བྱས་ཏེ། འཚོ་བ་གྲོང་ཁྱེར་དུ་བསོད་སྙོམ་བྱེད་ཅིང་། དེའི་ཚེའང་སྔར་གྱི་རྒྱུ་མཚན་ལ་བརྟེན་ནས་སྙིང་མི་དགའ་སྟེ། བཞིན་བཟློག ཕྱིས་ནས་དགོན་པར་བསྡད་ཙམ་ན་རིམ་གྱིས་མ་ཏེ་དང་། ར་ལུག་ལ་སོགས་པ་འཚོ་བའི་རྫི་འུ་རྣམས་ཀྱིས་མཐོང་ནས་ནི། དེའི་དྲུང་དུ་ཕྱིན་པས་ལྷ་ཆེན་གྱིས་བ་ལང་རྫི་ལ་སོགས་པ་དེ་རྣམས་ལ་ཆོས་བཤད་ཟབ་ཅིང་རྣ་བར་སྙན་པ་དག་གདམས། འཁོར་བ་ལ་སྐྱུག་ལོག་པའི་རྣམ་འགྱུར་བསྟན་པས་དེ་རྣམས་ན་རེ། འདི་ནི་ཡུལ་ལ་མི་སྡུག་པ་བསྒོམ་ཞིང་། སྙིང་ནས་ཆོས་བྱེད་པའི་སྐྱེས་བུ་དམ་པ་ཞིག་འདུག་ཅེས་ཟེར་ནས་དད་ཅིང་མོས་པར་གྱུར་ནས།

སྒྲོ་བཏགས་པའི་སྐད་གྲགས་ཀྱིས་གྲོང་ཁྱེར་གྱི་མི་རྣམས་ལ་སྒྲ་མཉན་པས་ཐོག་མར་བྱུད་མེད་དང་། བྱིས་པ་ལ་སོགས་པས་བསྙེན་བཀུར་བྱས། དེ་ནས་རིམ་གྱིས་སྐྱེ་བོ་ཕལ་མོ་ཆེ་འདུས་ཏེ་བསོད་སྙོམ་ཆེན་པོ་བྱུང་ངོ་། ། ལྷ་ཆེན་གྱིས་ཀུང་ཡོད་པ་རྣམས་ལ་བླང་། བསོག་འཇོག་བྱས། མེད་པ་རྣམས་ལ་བྱིན་ཞིང་ངོས་བསྲུངས་དང་། ཁ་ཟག་ལ་སོགས་པ་མིའི་ཆོས་ལུགས་དང་ཆེད་ཆེར་བསྟུན་པས་སྐྱེ་བོ་རྣམས་ན་རེ། ཆོས་དང་མི་ཆོས་གཉིས་སུ་འཛོམས་ཤིང་ཐུགས་རྗེ་ཆེ་བའི་གང་ཟག་འདི་ནི། འཕགས་པ་དགྲ་བཅོམ་པ་བས་ཀྱང་ཆེས་ཁྱད་པར་དུ་འཕགས་སོ་ཞེས་ཟེར་ནས། སྦྱིན་བདག་རྣམས་ཀྱིས་ཕུལ་བའི་དད་རྫས་རྣམས་ཟོས་གདུལ་བྱ་བླུན་པོ་རྣམས་ཀྱིས་མཁན་པོ་དང་སློབ་དཔོན་བྱས། བླུན་པོ་ལོངས་སྤྱོད་ཅན་རྣམས་ཀྱིས་ཕུལ་བའི་ཟས་ནོར་ཆར་བཞིན་དུ་བབ་ཅིང་། འཁོར་སྐལ་མེད་དད་ཅན་འདུས་པ་ཡི་དགེ་འདུན་འབུམ་ཕྲག་དུ་མས་བསྐོར་ཏེ་གནས། དེ་ནས་བླུན་པོ་རྫུན་ལབ་ཆེན་པོ་དེས། ཁོ་བོ་ནི་དགྲ་བཅོམ་པའོ། །ཟག་པ་ཟད་པའོ། །ཞེས་དགྲ་བཅོམ་པ་ཡིན་པར་ཁས་བླངས་སོ། །དེའི་ཚེ་འཁོར་གྱི་རྫུ་འཕྲུལ་སྟོན་པར་ཞུས་པ་ན་རེ། ངའི་རྫུ་འཕྲུལ་ད་ནང་ཐོ་རངས་ཉམས་ནས་མེད་ཅེས་ཟེར་རོ། །དེ་ལའང་ཉམས་པ་ཡོད་དམ་བྱས་པས་ཤིན་ཏུ་ཡོད་དེ། དགྲ་བཅོམ་པ་ཤིན་ཏུ་ཉམས་པའི་ཆོས་ཅན་བྱ་བ་ཡིན་ནོ་ཞེས་སོ། །མཚམས་མེད་ལ་སོགས་པའི་རང་གི་སྡིག་པ་དྲན་པ་ཡིས་ཀྱི་མ་སྡུག་བསྔལ་ལོ། །ཞེས་ཐོ་རངས་སྔི་བསྡུགས་ཆེན་པོ་བཏོན་པ་ལ་འཁོར་རྣམས་ཀྱིས་འཕགས་པ་སྡུག་བསྔལ་དང་བྲལ་བ་ལ་དེ་ཙམ་གྱིས་སྡུག་བསྔལ་སྐད་འདོན་པ་ཅི་ལགས། ཞེས་དྲིས་པས་སྡུག་བསྔལ་སྐད་མིན། འཕགས་པའི་བདེན་པ་བཞི་བསྒོམ་པས་སྡུག་བསྔལ་བདེན་པ་མངོན་སུམ་དུ་མཐོང་ནས་བོས་པ་ཡིན་ནོ་ཞེས་གྲགས། དེའི་ཚེ་འཁོར་རྣམས་ཐེ་ཚོམ་དུ་གྱུར་ནས། དཀོན་མཆོག་གསུམ་དང་བྱང་ཆུབ་ཀྱི་ཕྱོགས་ཀྱི་ཆོས་ལ་སོགས་པ་དྲིས་པས་ཁོ་བོས་དགྲ་བཅོམ་པར་ཁས་བླངས་ཀྱི་སྟོན་པ་ཡིན་པར་མ་སླུས་སོ། །དེ་དག་ལུང་སྟོན་པ་ནི། ཐེ་ཚོམ་དང་། སོམ་ཉི་ལས་བརྒལ་བའི་སངས་རྒྱས་འབའ་ཞིག་གོ། །ཞེས་ཟེར་བ་དེ་ལ་སོགས་པའི་རྫུན་ཚིག་གིས་ཚོགས་པ་བླུན་པོ་རྣམས་ཀྱི་མགོ་བོ་བསྐོར་རོ། །འཕགས་པའི་གང་ཟག་རྣམས་ལ་འབུལ་རྒྱུ་ཡི་དད་རྫས་རྣམས་ཀྱང་། བླུན་པོ་རྣམས་ཀྱིས་འཕགས་པ་རྣམས་བོར་ནས་ལྷ་ཆེན་དེ་ལ་འགྱུར། རབ་བྱུང་བླུན་པོ་ཕལ་ཆེར་གྱིས་འཕགས་པ་དགྲ་བཅོམ་པ་བོར་ནས་བླུན་པོ་དེའི་འཁོར་ལ་འདུས་པས་རྫོགས་པའི་སངས་རྒྱས་མྱ་ངན་ལས་འདས་པའི་འོག་ཏུ། སློབ་དཔོན་སོ་སོ་སྐྱེ་བོས་འཁོར་བསྡུས་པ་ལྷ་ཆེན་བླུན་པོ་དེ་ལས་མང་བ་མེད་ཅེས་གྲགས་སོ། །ལྷ་ཆེན་དེ་ཡིས་ཆོས་ལོག་བཤད་པ་ཡི་རྗེས་སུ་སློབ་མ་བླུན་པོ་རྣམས་འབྲངས་ནས། འཁྲུལ་པའི་གྲུབ་མཐའ་དུ་མ་བྱུང་ཞིང་། ལྷ་ཆེན་ཞེས་བྱའི་བླུན་པོ་དེ་ཤི་ནས། སེམས་ཅན་དམྱལ་བར་སྐྱེས་པར་གྱུར་ཅེས

གྲག་གོ །ལྷ་ཆེན་བླུན་པོ་དེ་ཡིས་བསྟན་པའི་ཆོས་ལོག་དེ་དག་དགྲ་བཅོམ་པ་ལྔ་བརྒྱ། བྱང་ཆུབ་སེམས་དཔའ་ལྔ་བརྒྱ། པཎྜི་ཏ་ལྔ་བརྒྱ་རྣམས་ཀྱིས་སུན་ཕྱུང་ནས། ཡུལ་ཛ་ལན་དྷ་རར་རྒྱལ་པོ་ཀ་ནི་ཀས་ཡོན་བདག་བྱས་ནས་བཀའ་བསྡུ་བ་གཉིས་པ་བྱས་ཞེས་ཐོས་པ་ཡིན་པའི་ཕྱིར་རོ། །འོན་ཀྱང་ལྷ་ཆེན་གྱིས་བསྟན་པའི་ཆོས་ལོག་དེའི་ལེ་ལན་བགྱིས། སྡེ་པ་བཅོ་བརྒྱད་པོ་རྣམས་ལའང་། འཇིག་རྟེན་འདས་པར་སྨྲ་བའི་སྡེ་པས། དགྲ་བཅོམ་པ་ལ་ཐེ་ཚོམ་དང་སོམ་ཉི་ཡོད་པར་འདོད་པ་དང་། ཐམས་ཅད་ཡོད་པར་སྨྲ་བས་དགྲ་བཅོམ་འབྲས་བུ་ལས་ཉམས་པ་ཡོད་པར་འདོད་པ་སོགས་ཅུང་ཟད་བསླད་པ་ཡོད་ཅེས་ཟེར་ཞིང་། རྒྱ་གར་མཁས་པའི་གཙུག་རྒྱན་སློབ་དཔོན་དབྱིག་གཉེན་གྱིས། རྣམ་བཤད་རིགས་པ་ལས། བླ་མ་ཀུན་དགའ་འོད་རྩེ་ལ་དང་། །སྡིག་བསྡོལ་ཕུང་སྟོན་ས་སྟོན་དང་། །འཕྲུར་ཁ་སྟོང་ཉིད་ཆུ་ལ་སྐྱེས། །གང་པོ་ས་མཆོ་ཆུ་ཤིང་དང་། །མྱ་ངན་འདས་དང་ཡུལ་འཁོར་སྐྱོང་། །འགྲོ་བའི་མདོ་དང་དེ་བཞིན་གཞན། །ཡང་དག་བསྡུས་པའི་ཉམས་ལེན་ཕྱིར། །མཐའ་དག་མིན་པར་རྟོགས་པ་ཡིན། །ཞེས་གསུངས་པའང་མདོ་དེ་རྣམས་འགའ་ཞིག་མ་ཚང་བ་དང་། ལུང་ཉམས་པ་རྣམས་བཀའ་བསྡུ་ཉམས་པའི་དབང་གིས་བྱུང་བ་ཡིན་པ་དེ་ལ་དགོངས་སོ། །བཀའ་བསྡུ་གསུམ་པ་འདི་འདུལ་བ་ལུང་ལས་གསལ་བར་མ་བཤད་པས་འདོད་པ་མི་མཐུན་པ་དུ་མ་ཡོད་པ་ལས། རྟོག་གེ་འབར་བར་ལུགས་གཉིས་གསུངས་པའི་དང་པོ་ནི། སྟོན་པ་མྱ་ངན་ལས་འདས་ནས་ལོ་བརྒྱ་དང་དྲུག་ཅུ་ན་གྲོང་ཁྱེར་མེ་ཏོག་གི་བརྒྱན་པར་རྒྱལ་པོ་མྱ་ངན་མེད་བྱུང་སྟེ། དགྲ་བཅོམ་པ་རྣམས་ཀྱི་སྐད་རིགས་མི་གཅིག་པ་བཞི་སོ་སོར་གླགས་པས་སློབ་མ་རྣམས་གྲུབ་མཐའ་སྣ་ཚོགས་སུ་གྱུར། དེ་ནས་དགྲ་བཅོམ་པ་དང་། སོ་སོ་སྐྱེ་བོའི་མཁས་པ་རྣམས་ཛ་ལན་དྷ་རའི་དགོན་པར་འདུས་ནས་བསྟན་པ་བསྡུས་སོ། །དེའི་ཚེ་སྟོན་པ་མྱ་ངན་ལས་འདས་ནས་ལོ་གསུམ་བརྒྱ་པོ་ཞེས་ཟེར་ཞིང་། འོད་ལྡན་ལས་ཀྱང་དེ་དང་མཐུན་པར་གསུངས་སོ། །

ལུགས་གཉིས་པ་ནི། སྟོན་པ་མྱ་ངན་ལས་འདས་ནས་ལོ་བརྒྱ་དང་སུམ་ཅུ་སོ་བདུན་ན། བདུད་སྡིག་ཅན་བཟང་པོ་ཞེས་བྱ་བས་བསྟན་པ་དཀྲུགས་ནས་སོ་སོར་གྱེས། དེ་ནས་ལོ་དྲུག་ཅུ་རྩ་གསུམ་ནས་གནས་བརྟན་གནས་མ་བུས་བསྡུ་བ་གསུམ་པ་བྱས་ཞེས་ཟེར་རོ། །ཊཱི་ཀཱ་ཁ་ཅིག་ལས། བཀའ་བསྡུ་གསུམ་པ་བྱས་ཚུལ་འདི་ཕྲན་ཚེགས་ཀྱི་འགྲེལ་པ་པྲ་ཁྲི་ར་མ་ལས་འབྱུང་ཞེས་གྲགས་ཀྱང་། ཕོ་བོས་དཔེ་མ་རྙེད་པས་མཁས་པ་རྣམས་ཀྱིས་བཙལ་བར་བྱའོ། །ཞེས་གསུངས། བཀའ་བསྡུའི་རིམ་པ་དེ་དག་ནི་ཉན་ཐོས་རྣམས་ཀྱི་བསྟན་པའི་དབང་དུ་བྱས་པ་ཡིན་ནོ། །

གཉིས་པ་ལ་གསུམ་སྟེ། འགྲིབ་པའི་ཚུལ། དར་བའི་ཚུལ། དེའི་རྗེས་སུ་བྱུང་ཚུལ་ལོ། །དང་པོ་ནི།

ཐེག་པ་ཆེན་པོའི། ཞེས་སོགས་རྐང་པ་བདུན་ཏེ། ཐེག་པ་ཆེན་པོའི་བསྟན་པ་མཐའ་དག་ནི། ཀུན་དགའ་བོས་བསྡུས་པར་སློབ་དཔོན་སེང་གེ་བཟང་པོས་བཞེད་ཅིང་། རྟོག་གེ་འབར་བར་ཀུན་ཏུ་བཟང་པོ་དང་། འཇམ་དཔལ་དང་། གསང་བ་པའི་བདག་པོ་དང་། བྱམས་པ་ལ་སོགས་པ་རྣམས་རྩུ་བའི་བསྡུད་པ་པོ་ཡིན་པར་བཤད་དོ། །འོན་ཀྱང་ཕྱག་ན་རྡོ་རྗེ། ཀུན་ཏུ་བཟང་པོ། ཀུན་དགའ་བོ་རྣམས་ནི་ངོ་བོ་གཅིག་ཡིན་པའི་ཕྱིར། ཐུན་མོང་མིན་པའི་གསང་བ་དང་། ཕྱག་རྡོར་དབང་བསྐུར་བར་གསུངས་པས། གང་གིས་བསྡུས་ཀྱང་འགལ་བ་མེད་ལ། ངེས་པའི་དོན་དུ་ན། འཆད་པ་པོ་ང་ཆོས་ཀྱང་ང་། །རང་གི་ཚོགས་ལྡན་ཉན་པ་ང་། །ཞེས་པ་ལྟར། འཁོར་དང་སྟོན་པ་ཐ་མི་དད་པ་ཡིན་ཀྱང་། གདུལ་བྱའི་ངོར་སོ་སོར་སྣང་ངོ་། །དེ་ཡང་ཕ་རོལ་ཏུ་ཕྱིན་པའི་སྡེ་སྣོད་ཕལ་ཆེར་དང་། བྱ་རྒྱུད་འགའ་ཞིག་ཀུན་དགའ་བོས་བསྡུས་ཤིང་། སྤྱོད་རྒྱུད་དང་རྣལ་འབྱོར་རྒྱུད་འགའ་ཞིག་ཕྱག་ན་རྡོ་རྗེས་བསྡུས་པར་བཤད། བླ་མེད་ཀྱི་རྒྱུད་ཕལ་ཆེར་ནི། རང་རང་གི་ཞུ་བ་པོས་བསྡུས་ཏེ་ཤིན་ཏུ་དར་བར་གྱུར་ནས་ཅུང་ཟད་ཉམས་པའི་ཚེ། སྟོན་པ་མྱ་ངན་ལས་འདས་ནས་ལོ་བཞི་བརྒྱ་ལོན་པ་ན། འཕགས་པ་ཀླུ་སྒྲུབ་བྱོན་ཏེ། སའི་སྟེང་དུ་རིགས་ཚོགས། བསྟོད་ཚོགས། གཏམ་ཚོགས་ཏེ་སེང་གེའི་སྒྲ་ལན་གསུམ་དུ་བསྒྲགས་ནས་ཤིན་ཏུ་དར་བར་གྱུར་ཏོ། །དེ་ནས་དུས་རེ་ཞིག་ན་ཆོས་མངོན་པ་ལ་དགྲ་ལན་གསུམ་དར་ཏེ། སངས་རྒྱས་པའི་གཏྲེའི་སྒྲ་ལ་མུ་སྟེགས་པ་སྒྲ་ལ་མཁས་པ་རྣམས་ཀྱིས་བརྟགས་པས། རྒྱུད་གསུམ་ལྷ་དང་ལྷ་མིན་ཀླུ་དབང་གིས་མཆོད་པའི། །དཀོན་མཆོག་གསུམ་གྱི་རྟོག་སྟེ་འདི་གདུང་པས། །མུ་སྟེགས་འཆལ་པའི་ཀླད་པ་རྣམ་པར་འགེམ། །ཞེས་དང་། རྟོག་ལ་འགེམ་ཞེས་པའི་སྒྲ་གསུམ་བྱུང་པས། མུ་སྟེགས་ལ་གནོད་པར་རིགས་ནས། དམག་དཔུང་བསྡུས་ཏེ་གཙུག་ལག་ཁང་མང་པོ་ཞིག་གོ །ཡང་མཐའ་ནས་རིམ་གྱིས་དར་ཏེ་བསྟན་པ་སོར་ཆུད་པ་ན། ཡུལ་དབུས་ཀྱི་ཆོས་རྒྱལ་གྱིས་མཐའ་འཁོབ་སྟག་གཟིག་གི་རྒྱལ་པོ་ལ་གོས་སྲུབ་མེད་པ་རི་མོ་ཤིན་ཏུ་བཀྲ་བ་ཞིག་སྐྱེས་སུ་བསྐུར་ནས་སྙིང་གར་རྐང་རྗེས་ལྟ་བུ་བྲིས་པ་འདི་ངན་བྱས་པ་ཡིན་ཞེས་ཟེར་ནས། ཡུལ་དབུས་སུ་དམག་དྲངས་ཏེ་བཅོམ་ནས་གཙུག་ལག་ཁང་དང་། དགེ་འདུན་གྱི་སྡེ་མང་པོ་བརླག་པར་བྱས་སོ། །ཡང་མཐའ་ནས་འཕེལ་ཏེ་ཤིན་ཏུ་དར་བར་གྱུར་པའི་ཚེ་ན། ལོ་བཅུ་གཉིས་ཀྱི་བར་དུ་ཉི་མ་བསྒྲུབ་པའི་མུ་སྟེགས་བྱེད་ཀྱི་སྤྲང་པོ་ཞིག་གིས་སངས་རྒྱས་པའི་དགེ་འདུན་གྱི་སྡེ་རྣམས་སུ་ཟས་སློང་དུ་འོང་བ་ལ་དགེ་ཚུལ་གཞོན་ནུ་རྣམས་ཀྱིས་ཐོ་འཚམས་པས་ཁོ་ཁྲོས་ཏེ་ས་འོག་ཏུ་ཞུགས་ནས། ཉི་མའི་དངོས་གྲུབ་ཁོའི་མིག་ཉི་མར་སོང་བ་བལྟས་པ་ཙམ་གྱིས་ནང་པ་སངས་རྒྱས་པའི་གཙུག་ལག་ཁང་རྣམས་སྲེགས་པའི་ཚེ། དམ་པའི་ཆོས་མངོན་པ་ལ་སོགས་པའི་སྡེ་སྣོད་ཕལ་ཆེར་སྲེགས་པས་ཐེག་པ་ཆེན་པོའི་ཆོས་མངོན་པ་གཏན་

ནས་ནུབ་ཅིང་། ཕལ་པོ་ཆེ། ལང་ཀར་གཤེགས་པ། ཟླ་བ་སྒྲོན་མ། དྲན་པ་ཉེར་བཞག་ལ་སོགས་པ་གཞུང་འབུམ་ཕྲག་རེ་ཡོད་པ་དང་། དཀོན་མཆོག་བརྩེགས་པའི་ཆོས་ཀྱི་རྣམ་གྲངས་སྟོང་ཕྲག་བརྒྱད་ཡོད་པ་སོགས་ལ། ད་ལྟ་དུམ་བུ་རེ་ལས་མེད་པའི་རྒྱུ་མཚན་དེ་ཡིན་ཞིང་། རྒྱུད་ལ་ལ་གཏན་ནས་ནུབ། ལ་ལ་དུམ་བུར་སོང་བ་ཡིན་ཞེས་གྲག་གོ། །

གཉིས་པ་ནི། དེ་ནས་འཕགས་པ། ཞེས་སོགས་རྐང་པ་གསུམ་སྟེ། ཉི་མའི་དངོས་གྲུབ་ཀྱིས་བསྟན་པ་བསྟུབ་པ་དེ་ནས། སངས་རྒྱས་མྱ་ངན་ལས་འདས་ནས་ལོ་དགུ་བརྒྱ་ལ་ཉེ་བ་ན། བྲམ་ཟེ་མོ་གསལ་བའི་ཚུལ་ཁྲིམས་ཀྱི་སྲས་ཐོགས་མེད་སྐུ་མཆེད་བྱོན་ཏེ། གཅེན་འཕགས་པ་ཐོགས་མེད་ཀྱིས་རིགས་པའི་གནས་ལྔ་ལ་ལེགས་པར་སྦྱངས། ཕྱིས་ལོ་བཅུ་གཉིས་ཀྱི་བར་དུ་བྱམས་པ་བསྒྲུབས་པས་ཞལ་གཟིགས་ཏེ་དགའ་ལྡན་དུ་བྱོན་ནས་རྒྱལ་བ་མི་ཕམ་མགོན་པོ་ལ་ཆོས་མངོན་པ་སྟོང་ཕྲག་བརྒྱ་པ་དང་། བྱམས་པའི་ཆོས་ལྔ་ལ་སོགས་པ་གསན་ནས་ནི། འཛམ་བུ་གླིང་དུ་བྱོན་ཏེ། ཐེག་པ་ཆེན་པོ་དེ་ཡི་གཞུང་ལུགས་ཤིན་ཏུ་དར་བར་མཛད་དོ། །

གསུམ་པ་ནི། དེ་ཡི་རྗེས་ལ། ཞེས་སོགས་རྐང་པ་གསུམ་སྟེ། ཐོགས་མེད་ཀྱིས་དར་བར་མཛད་པ་དེ་ཡི་རྗེས་ལ་དེའི་སློབ་མ་དབྱིག་གཉེན་གྱི་པྲ་ཀ་ར་སྡེ་བརྒྱད་ལ་སོགས་པའི་བསྟན་བཅོས་མང་དུ་མཛད་དེ་ཐེག་པ་ཆེན་པོའི་ཆོས་བཤད་པས་སློབ་མ་ལ་འདུལ་བ་འཛིན་པ་ཡོན་ཏན་འོད། མངོན་པ་འཛིན་པ་ཁ་ཆེ་བློ་བརྟན། རིགས་པ་སྨྲ་བ་ཕྱོགས་ཀྱི་གླང་པོ། ཕ་རོལ་ཕྱིན་པའི་སྡེ་སྣོད་འཛིན་པ་འཕགས་པ་གྲོལ་སྡེ་ལ་སོགས་པའི་མཁས་པ་དུ་མ་བྱོན་པ་དང་། གང་ཟག་ལྡན་པོ་རྣམས་ཀྱིས། སོ་སོའི་ལས་དང་བསོད་ནམས་ཀྱི་བྱེ་བྲག་གིས་བསྟན་པའི་འཕེལ་འགྲིབ་དུ་མ་བྱུང་བ་ཡིན་ནོ། །

གཉིས་པ་ལ་གསུམ་སྟེ། བསྟན་པ་སྔ་དར་གྱི་བྱུང་ཚུལ། ཕྱི་དར་གྱི་བྱུང་ཚུལ། སྐབས་ཀྱི་དགག་བྱའི་ཆོས་ལོག་བྱུང་ཚུལ་ལོ། །དང་པོ་ནི། ཕྱིས་ནས་གངས་རིའི། ཞེས་སོགས་ཚིགས་རྐང་ལྔ་སྟེ། དུས་ཕྱི་ནས་གངས་རིའི་ཁྲོད་འདི་རུ་བསྟན་པ་འཕེལ་འགྲིབ་བྱུང་བའི་ཚུལ་ལ། རྒྱལ་པོའི་ཐོག་མ་གཉའ་ཁྲི་བཙན་པོ་ནི། རྒྱ་གར་གྱི་རྒྱལ་རྒྱུད་ཞིག་བོད་དུ་འཕྱུགས་པ་ཡིན་ལ། དེ་ནས་གནམ་ལ་ཁྲི་བདུན། ས་ལ་ལེགས་དྲུག །བར་གྱི་སྡེ་བརྒྱད་རྣམས་རིམ་གྱིས་བྱུང་ཞིང་། དེ་ནས་བཙན་ལྔ་བྱུང་བའི་ཐ་མ་ལྷ་ཐོ་ཐོ་རི་གཉན་བཙན་གྱི་རིང་ལ་དམ་པ་ཆོས་ཀྱི་དབུ་བརྙེས་དེ་ནས་རྒྱལ་རབས་ལྔ་ན། ཁྲི་སྲོང་བཙན་སྒམ་པོ་བྱུང་བའི་དུས་སུ། ལྷ་མོ་དྲི་མ་མེད་པའི་འོད་ཀྱིས་ཞུས་པར། ང་མྱ་ངན་ལས་འདས་ནས་ལོ་ཉིས་སྟོང་ལྔ་བརྒྱ་འདས་པའི་འོག་ཏུ་གདོང་དམར་ཅན་གྱི་ཡུལ་དུ་དམ་པའི་ཆོས་འབྱུང་ངོ་ཞེས་ལུང་བསྟན་པ་དང་མཐུན་པར་དམ་པའི་ཆོས་ཀྱི་སྲོལ་བཏོད་དེ་རས

འཕྲུལ་སྣང་གི་གཙུག་ལག་ཁང་བརྩིགས། ལོ་ཙཱ་བ་ཐོན་མི་སཾ་བྷོ་ཊས་དཀོན་མཆོག་སྤྲིན་ལ་སོགས་པའི་ཆོས་མང་དུ་བསྒྱུར་རོ། །དེ་ནས་རྒྱལ་རབས་ལྔ་ན། ཁྲི་སྲོང་ལྡེའུ་བཙན་གྱི་སྐུ་རིང་ལ་དམ་པའི་ཆོས་དར་ཞིང་རྒྱས་པར་མཛད་དེ། བསམ་ཡས་ཀྱི་གཙུག་ལག་ཁང་བརྩིགས། མཁན་པོ་བོ་དྷི་སཏྭ་དང་སྔགས་འཆང་པདྨ་འབྱུང་གནས་སྤྱན་དྲངས་ནས། རྣམ་གཞག་ཁྲིམས་ཁང་གླིང་དུ་ཁྲིམས་ཡོག་སྟེ། ལོ་ཙཱ་བ་སད་མི་མི་བདུན་ལ་སོགས་པ་རྣམས་རབ་ཏུ་བྱུང་། དགའ་ལྡན་སེམས་བསྐྱེད་གླིང་དུ་ཐེག་ཆེན་སེམས་བསྐྱེད་ཀྱི་སྡོམ་པ་ཡོག །བདུད་འདུལ་སྔགས་པ་གླིང་དུ་སྔགས་ཀྱི་དབང་བསྐུར་ཏེ། སྡོམ་པ་གསུམ་གྱི་ལག་ལེན་དར་བར་མཛད། གཞན་ཡང་པཎྜི་ཏ་མང་དུ་སྤྱན་དྲངས་ཏེ། བཀའ་དང་བསྟན་བཅོས་ཀྱི་ཆོས་མང་དུ་བསྒྱུར། རྒྱལ་པོ་དེའི་སྲས་མུ་ནེ་བཙན་པོ། དེའི་སྲས་སད་ན་ལེགས་འཇིང་ཡོན། དེ་ལ་སྲས་གཙང་མ། དར་མ། རལ་པ་ཅན་གསུམ་ཡོད་པ་ལས། རལ་པ་ཅན་གྱི་རིང་ལ། འུ་ཤང་རྡོའི་གཙུག་ལག་ཁང་བཞེངས། ཆོས་སྔར་མ་འགྱུར་བ་མང་དུ་ལེགས་པར་བསྒྱུར་བ་སོགས་ཀྱི་སྒོ་ནས། སངས་རྒྱས་ཀྱི་བསྟན་པ་དར་ཞིང་རྒྱས་པར་མཛད་དོ། །དེ་ནས་སངས་རྒྱས་ཀྱི་བསྟན་པ་དར་བར་གནས་པའི་ཚེ། རྒྱལ་པོ་གླང་དར་མས་བློན་པོ་ངན་པ་དང་གྲོས་ངན་བཤམས་ཏེ། རྒྱལ་པོ་བཀྲོངས་ནས། དར་མས་རྒྱལ་སྲིད་ལོ་ལྔ་བཟུང་། རབ་བྱུང་ལ་ལ་ཕབ། ལ་ལ་བསད། དཀོན་མཆོག་གི་མཆོད་པ་རྒྱུན་བཅད། ལོ་པཎ་གྱི་འགྱུར་གྲྭ་རྣམས་བཤིག །མི་དགེ་བའི་ཁྲིམས་བཅའ་བ་ལ་སོགས་པ་བྱས་ཏེ། སངས་རྒྱས་ཀྱི་བསྟན་པ་བསྣུབ། དེ་རྗེས་སྒྲོར་སྒྲོལ་ལམ་དུ་བྱེད་པ་སོགས་ཆོས་ལོག་དུ་མ་འཕེལ་ལོ། །དེ་ནས་ལྷ་ལུང་དཔལ་གྱི་རྡོ་རྗེས། གླང་དར་མ་བཀྲོངས། དེའི་དུས་གཡོ་དགེ་འབྱུང་། གཙང་རབ་གསལ། དམར་ཤཱཀྱ་མུ་ནེ་གསུམ་མདོ་ཁམས་སུ་བྲོས། དེ་གསུམ་གྱི་སྡོམ་རྒྱུན་ལ་བླ་ཆེན་དགོངས་པ་རབ་གསལ་བྱུང་བ་ལ། དུས་ཕྱིས་ཀྱི་མཁས་པ་མི་བཟུས་སྡོམ་པ་བླངས་ཏེ། རབ་བྱུང་གི་སྡེ་བཙུག་པ་ལ་བསྟན་པ་བར་དར་དུ་སྨོན་གྱི་མཁས་པ་ཁ་ཅིག་བཞེད་ཅིང་ཕྱིས་ཀྱི་མཁས་པ་ཁ་ཅིག་བསྟན་པ་སྔ་དར་དང་། ཕྱི་དར་གཉིས་སུ་བྱས་ནས། དེ་ཕྱི་དར་ཡིན་པར་བཞེད་དོ། །

གཉིས་པ་ནི། དེ་ཚེ་བླ་མ། ཞེས་སོགས་རྐང་པ་ཉེར་གཅིག་སྟེ། དུས་དེའི་ཚེ་བསྟན་པ་ཅུང་ཟད་སོར་ཆུད་ཀྱང་། ལྷ་བ་མཐོན་པོ་བྱས་ནས་སྤྱོད་པ་ཁྲུད་དུ་བསད། སྦྱོར་སྒྲོལ་ལམ་དུ་བྱེད་པ་སོགས་ཆོས་ལོག་མང་དུ་བྱུང་བས་ལྷ་བླ་མ་ཡེ་ཤེས་འོད་ཐུགས་མ་བདེ་བར་བོད་ལ་བསྟན་པ་རྣམ་དག་ཅིག་དར་བར་བྱ་དགོས་དགོངས་ཏེ། དེའི་བྱོན་ཚུལ་ནི། རྒྱལ་པོ་དར་མ་ལ་སྲས་ཡུམ་བརྟན་དང་། འོད་སྲུང་གཉིས་ལས། འོད་སྲུང་གི་སྲས་རྗེ་དཔལ་འཁོར་བཙན། དེ་ལ་སྲས་བཀྲ་ཤིས་བརྩེགས་པ་དཔལ་དང་། ཉི་མ་མགོན་གཉིས་ལས་ཕྱི་མ་སྤུ་ཧྲང་དུ་བྱོན་ཏེ།

སྲས་གསུམ་བྱུང་བའི་ཆེ་ཤོས་དཔལ་ལྡེ་རིག་པ་མགོན་གྱིས་མང་ཡུལ་བཟུང་། བར་པ་བཀྲ་ཤིས་ལྡེ་མགོན་གྱིས་པུ་ཧྲངས་བཟུང་། ཆུང་བ་ལྡེ་གཙུགས་མགོན་གྱིས་གུ་གེ་བཟུང་། དེ་ལས་སྲས་གཉིས་བྱུང་བའི་ཆེ་བ་འཁོར་རེ་རབ་ཏུ་བྱུང་བའི་མཚན་ཡེ་ཤེས་འོད་དུ་བཏགས། གཅུང་པོ་སྲོང་ངེའི་སྲས་ལྷ་ལྡེ། དེའི་སྲས་འོད་ལྡེ། ཞི་བ་འོད། ལྷ་བཙུན་བྱང་ཆུབ་འོད་གསུམ་མོ། །

དེ་དག་ལས། ལྷ་བླ་མ་ཡེ་ཤེས་འོད་ཅེས་མཚན་གསོལ་བའི་ཆོས་ཀྱི་རྒྱལ་པོ་དེ་ཡི་སྔ་རིགས་ཀྱི་བྱིས་པ་ལོ་བཅོ་ལྔ་ནས་བཅོ་བརྒྱད་ཀྱི་བར་ཐམས་ཅད་བསྡུས་ཏེ། དེའི་ནང་ནས་སྐྱེས་བུ་ཤེས་རབ་མཆོག་ཏུ་གྱུར་པ་རིན་ཆེན་བཟང་པོ་ལ་སོགས་པ་ཉི་ཤུ་རྩ་གཅིག་རྣམ་བཤད་ལ་ལར་རྩ་བཞི་དང་རྩ་བདུན་ཟེར་བའང་སྣང་། ལ། གསེར་མང་པོ་བསྐུར་ནས་སློབ་གཉེར་ལ་བཏང་སྟེ། ཁྱེད་རང་གིས་ཀྱང་མཁས་པར་སློབ། བོད་ལ་ཕན་ཐོགས་པའི་པཎྜི་ཏ་གདན་དྲོངས་ཤིག །སྤྱན་མ་དྲོངས་ན་འདི་འདྲ་འདུག་རྩད་ཆོད་ཤོག་ཅིག་ཅེས་སོགས་ཞལ་བསྒོས་བཏུག་ནས་རྒྱ་གར་ཁ་ཆེར་བཏང་བས་པ་ལས། ཕལ་ཆེར་བར་ཆད་དུ་སོང་། ཪྙོ་པོ་རིན་ཆེན་བཟང་པོ་དང་། ལོ་ཆུང་ལེགས་པའི་ཤེས་རབ་གཉིས་བོད་དུ་བྱོན་པ་ལས། རྗེ་བཙུན་འཇམ་པའི་དབྱངས་ཀྱིས་བྱིན་གྱིས་རླབས་པའི་མཁས་པ་ཆེན་པོ་རིན་ཆེན་བཟང་པོ་དེ་ཡིས་བོད་དུ་སྔོན་མེད་པའི་དམ་པའི་ཆོས་རྣམས་ཕལ་ཆེར་བསྒྱུར་ཅིང་ལྷུས་དག་མཛད་ཅིང་ཆོས་དང་ཆོས་མིན་པ་རྣམ་པར་འབྱེད་པ་ཞེས་བྱ་བའི་བསྟན་བཅོས་མཛད་ནས་ནི། ཆོས་ལོག་ཐམས་ཅད་བསྣུབ་པར་མཛད། དེའི་སློབ་མ་རྒྱལ་པོའི་སྲས་ཞི་བ་འོད་ཅེས་བྱ་བ་དེས་ཀྱང་སྔགས་ལོག་སུན་འབྱིན་པ་ཞེས་བྱ་བའི་བསྟན་བཅོས་མཛད་ཅེས་ཟེར། སྐྱེས་ཆེན་དེ་དག་འདས་པའི་འོག་ཏུ་ཡང་ཆོས་ལོག་འགའ་ཞིག་འཕེལ་བའི་རྒྱུས། འགོས་ལྷས་བཙས་ཞེས་བྱ་བའི་ལོ་ཙྪ་དེའི་སློབ་མར་དབུས་ལ་གེ་གསར། དེའི་སློབ་མ་བླ་མ་ས་ཆེན། ཡང་འགོས་ཀྱི་སློབ་མ་ལྷ་རྗེ་རྡོ་རྗེ་སྙིང་པོ། དེ་ས་ཆེན་གྱི་སློབ་མ་འང་ཡིན། སློབ་དཔོན་ཡང་ཡིན་གསུངས་གཞུང་ཆེན་སྙིང་པ་ཞིག་ན་བཞུགས། བ་དེས་ཀྱང་ཆོས་ལོག་སུན་འབྱིན་པ་ཞེས་བྱ་བའི་བསྟན་བཅོས་མཛད་ནས་ནི། ཆོས་དང་ཆོས་མིན་པ་རྣམ་པར་ཕྱེའོ། །དེ་ནས་ཆོས་ཀྱི་རྗེ་ས་སྐྱ་པ་ཆེན་པོ་ཀུན་དགའ་སྙིང་པོ་བཞུགས་པ་ཡན་ཆད་དུ་ཆོས་ལོག་སྤྱོད་པ་ཤིན་ཏུ་ཉུང་ཞེས་ཐོས་སོ། །

གསུམ་པ་ནི། ཕྱིས་ནས་ཕག་མོའི། ཞེས་སོགས་ཚིགས་བཅད་གསུམ་སྟེ། འོན་འདིར་དགག་པར་བྱ་བའི་ཆོས་ལོག་ཇི་ལྟ་བུ་སྙམ་ན། བླ་མ་ས་སྐྱ་པ་ཆེན་པོ་ཞིང་བརྗེས་པའི་ཕྱིས་ནས། ཕག་མོའི་བྱིན་རླབས་ཀྱིས་གསང་སྔགས་ཀྱི་ཆོས་སྒོ་འབྱེད་པའང་། གོང་དུ་བཤད་པ་ལྟར། སེམས་ཙམ་ལུགས་ཀྱི་སེམས་བསྐྱེད་རྨི་ལམ་མ་ལ་སོགས་པ་དང་། ཡི་དམ་བསྒོམ་པ་སྒྲོང་བསྐྱེད་དང་། དཀར་པོ་ཆིག་ཐུབ་ལ་སོགས་པ་སངས་རྒྱས་ཀྱི་

བསྟན་པ་དང་འགལ་བ་ཡི་ཆོས་ལོག་དུ་མ་དུས་དེང་སང་འཕེལ་བ་རྣམས་སོ། །མཁས་པ་རྣམས་ཆོས་ལོག་འདི་དག་འཕེལ་བ་ལ་མི་དགྱེས་ཀྱང་། དུས་ཀྱི་ཤུགས་ཀྱིས་ཟློག་པར་མ་ནུས་ལ། བླུན་པོ་ཆོས་ལ་སྤྱོད་པ་ཆུང་བ་རྣམས་ཆོས་ལོག་འདི་འདྲ་སྤྱོད་པ་བདེན་མོད་ཀྱི་མཁས་པ་ལུང་རིགས་ལ་སྦྱང་བར་རློམ་པ་ཡང་རི་བོང་ཅལ་བཞིན་དུ་ཆོས་ལོག་འདི་དག་ལ་སྤྱོད་པར་བྱེད་དོ། །

གསུམ་པ་ལ་བཞི་སྟེ། ཕྱོགས་ཆོས་བསྒྲུབ་པ། ཁྱབ་པ་བསྒྲུབ་པ། རྟགས་འགོད་པ། དོན་བསྡུ་བའོ། །དང་པོ་ནི། འདི་འདྲའི་རིགས་ཅན། ཞེས་སོགས་ཚིག་རྐང་པ་དགུ་སྟེ། དཀར་པོ་ཆིག་ཐུབ་ལ་སོགས་པ་འདི་འདྲའི་རིགས་ཅན་གྱི་ཆོས་ལོག་འཕེལ་བར་གྱུར་ན་སངས་རྒྱས་ཀྱི་བསྟན་པ་ལ་གནོད་དམ་མི་གནོད་དཔྱོད་ལྡན་མཁས་པ་རྣམས་ཀྱིས་ལེགས་པར་དཔྱོད་ལ་སློས། གལ་ཏེ་ཆིག་ཐུབ་འདི་འདྲ་བའི་ཆོས་ལོག་གིས་སངས་རྒྱས་ཀྱི་བསྟན་པ་ལ་མི་གནོད་དོ་ཞེ་ན། ཤེས་བྱ་ཆོས་ཅན། ཕྱི་རོལ་མུ་སྟེགས་བྱེད་སོགས་ཀྱི་ཆོས་ལོག་གིས་ཀྱང་སངས་རྒྱས་ཀྱི་བསྟན་པ་ལ་ཅི་གནོད་དེ་མི་གནོད་པར་ཐལ། ཁས་བླངས་གང་ཞིག །རྒྱུ་མཚན་མཚུངས་པའི་ཕྱིར། ཆོས་ལོག་གཞན་མུ་སྟེགས་བྱེད་ཀྱི་ཆོས་ལོག་གིས་བསྟན་པ་ལ་གནོད་ན་ནི། དཀར་པོ་ཆིག་ཐུབ་སོགས་འདི་དག་གིས་ཀྱང་བསྟན་པ་ལ་མི་གནོད་དམ་སྟེ་གནོད་པར་ཐལ། ཁས་བླངས་གང་ཞིག རྒྱུ་མཚན་མཚུངས་པའི་ཕྱིར་རོ། །

གཉིས་པ་ནི། གནོད་ཀྱང་སུན་འབྱིན། ཞེས་སོགས་ཚིག་རྐང་པ་ལྔ་སྟེ། ཆིག་ཐུབ་སོགས་ཀྱི་བསྟན་པ་ལ་གནོད་ཀྱང་སུན་འབྱིན་མི་འཐད་དོ་ཞེ་ན། འོ་ན་མུ་སྟེགས་བྱེད་ཀྱི་ཆོས་ལོག་དང་། ཉན་ཐོས་སོགས་ལྟ་བ་ལོག་པ་འདི་ལའང་། རིགས་པས་སུན་དབྱུང་ཅི་བྱ་དགོས་ཏེ་མི་དགོས་སོ། །མུ་སྟེགས་བྱེད་ཀྱི་ཆོས་ལོག་སོགས་འདི་དག་སངས་རྒྱས་ཀྱི་བསྟན་པ་ལ་གནོད་པའི་ཕྱིར། མཁས་པ་རྣམས་ཀྱིས་སུན་འབྱིན་པར་མཛད་དོ་ཞེ་ན་ནི།

གསུམ་པ་ནི། བསྟན་ལ་གནོད་པའི། ཞེས་སོགས་ཚིག་རྐང་པ་གཉིས་ཏེ། མུ་སྟེགས་བྱེད་ཀྱི་ཆོས་ལོག་བསྟན་པ་ལ་གནོད་པས་མཁས་པ་རྣམས་ཀྱིས་སུན་འབྱིན་པར་མཛད་ན་ནི། དཀར་པོ་ཆིག་ཐུབ་ལ་སོགས་པ་བོད་ཀྱིས་བྱས་པའི་ཆོས་ལོག་ཀྱང་ཆོས་ཅན། མཁས་པ་རྣམས་ཀྱིས་ལུང་དང་རིགས་པས་སུན་ཕྱུངས་ཤིག་སྟེ། སངས་རྒྱས་ཀྱི་བསྟན་པ་ལ་གནོད་པའི་ཕྱིར་རོ། །

བཞི་པ་ནི། ཅི་སླད་ཅེ་ན། ཞེས་སོགས་ཚིག་རྐང་པ་ལྔ་སྟེ། བསྟན་པ་ལ་གནོད་པའི་ཆོས་ལོག་སུན་ཕྱུང་བ་རྒྱུ་མཚན་ཅིའི་སླད་དུ་ཞེ་ན། དེའི་རྒྱུ་མཚན་ཡོད་དེ། རྒྱལ་བ་ཡིས། རིན་ཆེན་ཆོས་ཀྱང་དཀོན་ལ་དེ་ལ་ནི་རྟག་ཏུ་འཚེ་བའང་མང་ཞེས་གསུངས་ཏེ། མདོ་སྡུད་པ་ལས། རིན་ཆེན་ཆོས་ཀྱང་དཀོན་ལ་རྟག་ཏུ་འཚེ་བའང་མང་། །

ཞེས་གསུངས་པའི་ཕྱིར། དོན་འདི་ལ་སོམས་ལ་མཁས་པ་རྣམས་ཀྱིས་ཐོས་བསམ་བསྒོམ་གསུམ་དང་། ཆད་རྩོད་རྩོམ་པ་སོགས་ཀྱིས་དུས་རྟག་ཏུ་བསྟན་པའི་བྱ་དོར་བྱ་སྟེ། མཁས་པའི་བྱ་བའི་གཙོ་བོ་དེ་ལས་གཞན་མེད་པའི་ཕྱིར་རོ། །

བཞི་པ་ལ་གཉིས་ཏེ། གདན་གྱི་ཉམས་ལེན་བརྟགས་ནས་བླང་བ། གདན་གྱི་སྐབས་གནས་བརྟགས་ནས་བླང་བའོ། །དང་པོ་ནི། ཉི་མ་གཅིག་གི། ཞེས་སོགས་ཚིགས་བཅད་བཞི་སྟེ། འོ་ན་ཆོས་ལོག་སྨྲ་སྨྲ་ཡུན་ཕྱུང་ནས་ཆོས་མ་ལོག་པ་བླང་ཚུལ་ཇི་ལྟར་ཡིན་སྙམ་ན། དཔེའི་སྒོ་ནས་འདི་ལྟར་ཡིན་ཏེ། དཔེར་ན་ཉི་མ་གཅིག་གི་བཟའ་བ་དང་། ལྟུང་བ་ལའང་། འདི་བཟང་འདི་ངན་ཞེས་རྟོག་དཔྱོད་སྣ་ཚོགས་གཏོང་བ་དང་། གོས་དྲ་བ་དང་མཁར་ལས་ལ་སོགས་པའི་འཕྲུལ་གྱི་བྱ་བ་གང་ལའང་། ལེགས་ཉེས་དང་། བཟང་ངན་དུ་མཁས་དང་མི་མཁས་པ་ཞེས་བླང་དོར་དང་རྟོག་དཔྱོད་སྣ་ཚོགས་བྱེད་པ་དང་། རྟ་དང་ནོར་ཕྱུ་ལ་སོགས་པའི་དངོས་པོ་ཕྲན་ཚེགས་ཙམ་གྱི་ཉོ་ཚོང་བྱེད་པ་ལའང་། གང་ཟག་ཀུན་ལ་འདྲི་ཞིང་བརྟགས་ནས་དཔྱད་དོར་བྱེད་པ་ཚེ་འདིའི་བྱ་བ་ཕྲན་ཚེགས་ལའང་། འདི་འདྲ་བའི་འབད་པ་བྱེད་པ་མཐོང་། སྐྱེ་བ་གདན་གྱི་མདུན་མ་ལེགས་ཉེས་ནི་དམ་པའི་ཆོས་ལ་རག་ལས་ཀྱང་། ཉམས་སུ་བླང་བྱའི་ཆོས་འདི་ཁྱིའི་ཟས་བཞིན་དུ་བཟང་ངན་གང་དུའང་བརྟགས་ཤིང་མི་དཔྱོད་པར་གང་འཕྲད་པ་དང་། སྙིང་པའི་ཆོས་དེ་ལ་གུས་པར་འཛིན་པ་མཐོང་སྟེ། བྱ་བའི་གཙོ་བོ་དམ་པའི་ཆོས་ལ་བརྟགས་ཤིང་དཔྱད་ནས་མ་འཁྲུལ་བ་ཉམས་སུ་བླང་དགོས་སོ། །

གཉིས་པ་ནི། ཉིན་གཅིག་གི་ནི། ཞེས་སོགས་རྐང་པ་བཅུ་གསུམ་སྟེ། ཆོས་སུ་མ་ཟད་ཆོས་སྟོན་པའི་བླ་མ་བརྟག་དཔྱད་བྱེད་ཚུལ་དཔེའི་སྒོ་ནས་འདི་ལྟར་ཡིན་ཏེ། ཉིན་གཅིག་གི་ནི་སྐྱེལ་མའམ། ཚེ་གཅིག་གི་ནི་གཉེན་དུ་འབྲེལ་བ་ལའང་འབད་དེ་མོ་དང་། རྩིས་ལ་སོགས་པས་བརྟགས་ནས་ལེན་པ་མཐོང་། དུས་དེང་ནས་བཟུམས་ཏེ། རྫོགས་པའི་སངས་རྒྱས་མ་ཐོབ་བར་གྱི་དོན་དབང་བསྐུར་བ་སོགས་ཀྱི་བླ་མ་མཆོག་ལ་རག་ལས་མོད། འོན་ཀྱང་བླ་མ་རྟོག་དཔྱོད་མི་བྱེད་པར་ཚོང་འདུས་ངན་པའི་ཟོང་ཉོ་བ་བཞིན་དུ་གཞུང་ཁ་ཅིག་ཏུ་ལན་ཅིག་གི་ནི་ཟེར་བ་སྣང་གང་ཟག་སུ་ཕྲད་རྣམས་བླ་མར་བསྟེན་ཏེ། དེ་ལས་དབང་ལ་སོགས་པ་ལེན་པ་མཐོང་བས་སྐྱེ་མ་སྐྱིགས་མའི་དུས་འདི་ངོ་མཚར་སྟེ། འབད་མི་དགོས་པ་ཚེ་འདིའི་བྱ་བ་ཕྲན་ཟད་ལ་འབད་པ་ཆེན་པོ་བྱེད། འབད་དགོས་པ་དམ་པའི་ཆོས་དང་། ཆོས་སྟོན་པའི་བླ་མ་ལ་ནི་ཅི་ཡང་རུང་བས་ཆོག་པར་སྣང་། དེས་ན་བླ་མ་བརྟགས་ཤིང་དཔྱད་དེ་མཚན་ཉིད་དང་ལྡན་པ་སྒྲོག་པས་གཅེས་པར་བསྟེན་དགོས་པའོ། །

གཉིས་པ་ཀུན་སློང་ཟང་ཟིང་མེད་པའི་བྱམས་པ་གསུམ་སྟེ། ཕན་པར་བསམ་པས་ཟང་ཟིང་མེད་པ། བྱ

བར་འོས་པས་ཟང་ཟིང་མེད་པ། གཞན་ལ་བསླུ་བས་ཟང་ཟིང་མེད་པའོ། །དང་པོ་ལ་གཉིས་ཏེ། མདོར་བསྟན་པ། རྒྱས་པར་བཤད་པའོ། །དང་པོ་ནི། བདག་ནི་སེམས་ཅན་ཀུན་ལ། ཞེས་སོགས་ཚིགས་བཅད་གཉིས་ཏེ། དེ་ལྟར་བསྟན་པའི་དགག་སྒྲུབ་བྱེད་པ་ཐམས་ཅད་ཀྱང་གཞན་ལ་སྡང་སེམས་དང་། ས་སྐྱ་པ་རང་ཉིད་མཁས་པའི་གྲགས་པ་སྒྲགས་པའི་ཆེད་དུ་ཡིན་ནམ་སྙམ་ན་མིན་ཏེ། ས་སྐྱ་པཎྜི་ཏ་བདག་ནི། སེམས་ཅན་ཀུན་ལ་བུ་གཅིག་པ་ལྟར་བྱམས་པས། གང་ཟག་ཀུན་ལ་བདག་སྡང་སེམས་དང་། ཕྲག་དོག་གིས་མི་སློང་དོ། །གལ་ཏེ་རྒྱ་ལ་མཉམ་པར་མ་བཞག་པས་སྨད་པ་དག་བྱེད་ན་དེ་ཡིས་ཐེག་པ་དེ་བླ་མ་དང་རྒྱལ་བ་སྲས་བཅས་ཀྱི་སྤྱན་སྔར་གཤེགས་སུ་གསོལ་ནས་དམ་པའི་ཆོས་འཁྲུལ་པ་འགོག་པ་དང་། མ་འཁྲུལ་བ་བསྒྲུབ་པ་སྐྱེ་བ་གདན་གྱི་འདུན་མ་ལེགས་ཉེས་ཀྱི་གྲོས་ཡིན་པས། འདི་ཡི་ལེགས་ཉེས་སྤྱོད་པ་ལ་གཞན་ལ་ཕྲག་དོག་དང་སྡང་སེམས་ཆེ་ཞེས་སྨྲ་ན། སྨྲ་བ་པོ་རང་ཉིད་རྟོག་པ་ཡིན་ནོ།འདིར་རང་མཚན་དང་འདྲེས་པའི་མཚན་སྙིང་ཞིག་ལས། བླ་མའི་གསུང་གི་བགྲོས་འདི་མགོ་སྟ་མོར་བརྩམས་ནས་ཡོད་པར་འདུག དེའི་དུས་སུ་བླ་མ་ས་སྐྱ་པ་དེ་གཞན་གྱི་གྲུབ་མཐའ་ལ་ཟུར་ཟ་ཞིག་ཡོད་པར་འདུག་ཟེར་ནས་གྲྭ་ས་འདིར་ཡོང་འདོད་ཀྱི་སློབ་མ་འགའ་རེ་གོ་འགགས་པ་བྱུང་སྐད། དེའི་སྐབས་སུ་སློབ་དཔོན་བསོད་ནམས་ཀྱིས་དབུ་ཆེ་བ་འགའ་རེ་བསགས། ཛ་སློལ་ནས་འདིའི་འགྲོ་མི་རྩོམ་པར་ཞུ་བྱས་པས། བླ་མས་དེ་ལྟར་ཞལ་གྱིས་བཞེས་ནས། རྩོམ་པའི་འགྲོ་རྩོལ་བསྡུས་པའི་ཚེ། སྨི་ལམ་དུ་འཇམ་དབྱངས་ཀྱི་སྐུ་ཤེལ་ཏུ་འཚེར་བ་གཅིག་ལྷུད་དང་མི་གཙང་བའི་ཁྲོད་ན་འདུག་པ་ཆོས་རྗེས་པས་བསལ། གཞན་གྱིས་ལྷུད་དང་མི་གཙང་བ་སྐྱུད་པ་མཐོང་བ་རྨིས་པས་འཁོར་དང་ཡོངས་སྤྱོད་ཀྱི་ཕྱིར་གྲུབ་མཐའི་དབྱེ་བ་མ་བྱས་ན་བསྟན་པ་གནོད་པར་འདུག་གསུངས་ནས། ཚིགས་བཅད་འདི་རྣམས་བྱུང་བ་ཡིན་གསུངས། །

གཉིས་པ་ལ་གསུམ་སྟེ། ཕན་པ་སྡང་སེམས་ཡིན་ན་ཧ་ཅང་ཐལ་བ། བདུད་རིགས་ཕན་པ་སྡང་སེམས་མིན་པར་བསྟན་པ། ཀུན་སློང་ཟང་ཟིང་མེད་པར་བསྟན་པ་དངོས་སོ། །དང་པོ་ལ་ལྔ་སྟེ། བསྟན་འཛིན་ལ་ཧ་ཅང་ཐལ་བ། སྟོན་པ་ལ་ཧ་ཅང་ཐལ་བ། ཡོང་ཁྲིད་ལ་ཧ་ཅང་ཐལ་བ། སྨན་པ་ལ་ཧ་ཅང་ཐལ་བ། དོན་བསྡུ་བའོ། །དང་པོ་ནི། ཀླུ་སྒྲུབ་དང་ནི། ཞེས་སོགས་རྐང་པ་ལྔ་སྟེ། གཞན་གྱི་ཆོས་ལོག་སུན་ཕྱུང་བ་གཞན་ལ་སྡང་སེམས་ཡིན་ན། འཕགས་པ་ཀླུ་སྒྲུབ་དང་ནི། སློབ་དཔོན་དབྱིག་གཉེན་དང་། རིགས་པའི་གཙུག་རྒྱན་ཕྱོགས་ཀྱི་གླང་པོ་དང་། ཆོས་ཀྱི་གྲགས་པ་དང་། ཟླ་བ་གྲགས་པ་ལ་སོགས་པའི་མཁས་པ་ཀུན་གྱིས་སངས་རྒྱས་པ་རང་དང་། གཞན་མུ་སྟེགས་བྱེད་ཀྱི་ཆོས་ལོག་ཐམས་ཅད་སུན་ཕྱུང་བ་དེ་ཡང་གཞན་ལ་སྡང་ཞེས་ཟེར་རམ་ཅི་སྟེ་ཟེར་དགོས་པར་འགྱུར་རོ། །

གཉིས་པ་ནི། རྫོགས་པའི་སངས་རྒྱས། ཞེས་སོགས་རྐང་པ་གསུམ་སྟེ། ཤེས་བྱ་ཆོས་ཅན། རྫོགས་པའི་སངས་རྒྱས་ཀུན་གྱིས་ཀྱང་། བདུད་དང་མུ་སྟེགས་པ་ཐབས་སྣ་ཚོགས་ཀྱིས་སུན་ཕྱུང་བ་དེ་ཡང་། སངས་རྒྱས

བདུད་དང་མུ་སྟེགས་ལ་སྡང་སེམས་དང་། ཕྲག་དོག་པ་ཉིད་དུ་འགྱུར་རམ་སྙེ་འགྱུར་བར་ཐལ། ཆོས་ལོག་བཀག་པ་གཞན་ལ་སྡང་སེམས་དང་ཕྲག་དོག་ཡིན་པའི་ཕྱིར་རོ། །

གསུམ་པ་ནི། མཁས་རྣམས་བླུན་པོའི། ཞེས་སོགས་ཀང་པ་དགུ་སྟེ། ཤེས་བྱ་ཆོས་ཅན། ནོར་པའི་ཆོས་འགོག་པ་དང་། མ་ནོར་པའི་ཆོས་སྒྲུབ་པའི་སྒོ་ནས་གདུལ་བྱ་ལོག་པའི་གཡང་ས་ལས་ཐར་པའི་ལམ་དུ་ལོང་ཁྲིད་ལེགས་པར་བྱས་པ་ལ། གཞན་ལ་སྡང་ཞེས་སྨྲས་ནས་སྨྲན་ཆད་མཁས་པས་སངས་རྒྱས་ཀྱི་བསྟན་པ་ཇི་ལྟར་བསྲུང་སྟེ་བསྲུང་མི་ཤེས་པར་ཐལ། སྐྱེས་བུ་མཁས་པ་རྣམས་གང་ཟག་བླུན་པོའི་ལོང་ཁྲིད་ཡིན་ཞིང་། ཆོས་འཁྲུལ་མ་འཁྲུལ་མ་ཕྱེ་ན། ཕྱིན་ཅི་ལོག་ལ་ལོག་མི་གོ། །དེ་ལྟར་ཕྱེ་ན་གཞན་ལ་ཕྲག་དོག་དང་སྡང་སེམས་སུ་འགྱུར་བའི་ཕྱིར་རོ། །གཞན་ཡང་། ལོང་བ་ཁྲིད་པར་བྱེད་པའི་སྐྱེས་བུ་རྣམས་ཀྱིས་གང་ཟག་ལོང་བ་ལ་འཇིགས་པའི་གཡང་ས་བཀག་ཅིང་། བདེ་བའི་ལམ་བཟང་པོར་ཁྲིད་པའང་ལོང་བ་ལ་ཕྲག་དོག་ཡིན་ནམ་ཅི་སྟེ་ཡིན་པར་ཐལ། ཆོས་ལོག་བཀག་པ་གཞན་ལ་ཕྲག་དོག་ཡིན་པས་སོ། །དེ་ལྟ་ཡིན་ན་འོན་མིག་ལྡན་སྐྱེས་བུས་ལོང་བ་བདེ་བའི་སར་ཇི་ལྟར་དགྲི་སྟེ་དགྲི་མི་ཤེས་སོ། །

བཞི་པ་ནི། ནད་པ་ལ་ནི། ཞེས་སོགས་ཀང་པ་ལྔ་སྟེ། གཞན་ཡང་འགྲོ་བ་ནད་པ་ལ་ནི་གནོད་པ་ཡི་ཁ་ཟས་དང་སྤྱོད་ལམ་སྤོང་ས་ཤིག །ཕན་པའི་ཟས་ལ་སོགས་པ་བརྟེན་ཅེས་དེ་སྐད་དུ་སྨན་པས་དེ་སྐད་དུ་སྨྲས་ན་ཡང་། ནད་པ་ལ་སྡང་བ་དང་། ཕྲག་དོག་ཏུ་འགྱུར་བར་ཐལ། རྟགས་གོང་བཞིན། འདོད་ན་ནི། འཚོ་བྱེད་སྨན་པ་མཁས་པས་ནད་པ་ཇི་ལྟར་གསོ་སྟེ་གསོ་མི་ཤེས་སོ། །

ལྔ་པ་ནི། ཆོས་ལོག ཞེས་སོགས་ཀང་པ་ལྔ་སྟེ། མདོར་ན་དམ་པའི་ཆོས་ཕྱིན་ཅི་ལོག་པ་དང་མ་ལོག་པའི་རྣམ་པར་དབྱེ་བ་བྱས་པ་ལ། གཞན་ལ་ཞེ་སྡང་བ་དང་། ཕྲག་དོག་ཡིན་ཟེར་ན། འོན་སྟུག་བསྔལ་འཁོར་བའི་རྒྱ་མཚོ་ལས། སེམས་ཅན་རྣམས་ནི་ཇི་ལྟར་བསྒྲལ་ཏེ་བསྒྲལ་མི་ཤེས་པར་ཐལ། ཆོས་ནོར་པ་བཤད་ན་སངས་མི་རྒྱ། མ་ནོར་པ་བཤད་ན་ཕྲག་དོག་དུ་འགྱུར་བའི་ཕྱིར་རོ། །

གཉིས་པ་ནི། སངས་རྒྱས་འཇིག་རྟེན། ཞེས་སོགས་ཀང་པ་བཅུ་བདུན་ཏེ། འོན་ཆོས་ཕྱིན་ཅི་ལོག་མ་ལོག་རྣམ་པར་ཕྱེ་སྟེ་བཤད་པས། ཆོས་ལོག་སྤྱོད་པ་ཐམ་པ་ནི། མཁས་པའི་སྐྱོན་མེད་ཏེ་རྫོགས་པའི་སངས་རྒྱས་འཇིག་རྟེན་དུ་བྱོན་ནས་ཆོས་གསུངས་པ་དང་། རྒྱ་གར་མཁས་པ་རྣམས་ཀྱིས་ཆོས་ལོག་མ་ལོག་རྣམ་པར་ཕྱེ་ནས་ལེགས་པར་བཤད་པ་བྱེད་པ་ལ། ཆོས་ལོག་སྤྱོད་སྤྱོད་པ་དང་། བདུད་ཐམ་པ་གཉིས་དང་། མཁས་པ་དགའ་བ་བསྐྱེད་པའི་འབྲས་བུ་རྣམ་པ་གསུམ་འབྱུང་བ་ནི་སངས་རྒྱས་ཀྱི་བསྟན་པའི་སྤྱི་ལུགས་ཡིན་པའི་ཕྱིར་

ཏེ༑ སློབ་དཔོན་མ་གོ་ལ་གཞུང་ཁ་ཅིག་ཏུམ་གོ་ལ་ཞེས་འབྱུང་མི་འཐད་ཏེ། ཕ་གོ་ལ་ཞེས་ཀྱང་བྱ། མ་གོ་ལ་ཞེས་ཀྱང་བྱ། མུ་སྟེགས་རྟ་དབྱངས་ཞེས་བྱ་སྟེ། མུ་སྟེགས་རྟ་དབྱངས་ཞེས་བྱ་བས། སངས་རྒྱས་པ་ལ་རྩོད་པར་རྩམ་པ་ན། ཕྱིའི་མུ་སྟེགས་རྟ་དབྱངས་ནི། །ནང་གི་སློབ་དཔོན་དཔའ་བོར་གྱུར། །ཞེས་ལུང་བསྟན་པ་ལྟར་སློབ་དཔོན་ཨཱརྱ་དེ་ཝས་མུ་སྟེགས་རྟ་དབྱངས་བཏུལ་ཏེ་རྗེས་སུ་བཟུང་བས་ནང་པའི་པཎྜི་ཏ་ཆེན་པོ་སློབ་དཔོན་དཔའ་བོར་གྲགས་པ་འདི་ཡིན་ནོ། །གྲིས་ཀྱང་། བསྔོད་པ་བརྒྱ་ལྔ་བཅུ་པ་ལས། འདི་སྐད་དུ་གསུངས་ཏེ། དཔའ་བོ་སངས་རྒྱས་ཁྱོད་ཀྱིས་བསྟན་པ་འདི། །མུ་སྟེགས་ཐམས་ཅད་ཕམ་པར་མཛད་པ་སྟེ། །བདུད་ནི་སེམས་ཁོང་ཆུད་པར་མཛད་པ་ལགས། །ལྷ་དང་མི་རྣམས་དབུགས་ཀྱང་འབྱིན་པར་མཛད། །ཞེས་གསུངས་པའི་ཕྱིར། གཞུང་དུ་ནི་འདིས་ཚིག་སྣ་བསྡུས་ནས་གསུངས་སོ། །དུས་དེང་སང་བོད་འདི་ན་ཡང་སྐྱེས་བུ་མཁས་པ་རྣམས་ཀྱིས་ཆོས་འཁྲུལ་མ་འཁྲུལ་ཕྱེ་ནས་ལེགས་པར་བཤད་ན། ཆོས་ལོག་སྤྱོད་པ་རྣམས་ཕམ་པར་བྱེད་ཅིང་། བདུད་ཀྱི་རིགས་ཐམས་ཅད་ཡིད་སྨུག་པར་འགྱུར་བ་དང་། མཁས་པ་ཐམས་ཅད་དགའ་བར་བྱེད་པའི་འབྲས་བུ་གསུམ་འབྱུང་ངོ་། །འབྲས་བུ་གསུམ་དང་ལྡན་པ་འདི་འདྲ་བའི་ཆོས་བཤད་ན། སངས་རྒྱས་ཀྱི་བསྟན་པ་འཛིན་པར་ནུས་ལ། འདི་ལས་ལྡོག་པ་སྟེ། ཆོས་འཁྲུལ་མ་འཁྲུལ་མ་ཕྱེ་ན། ཆོས་ལོག་ལ་བསྔགས་པ་བྱེད། བདུད་སྤྲོ་བ་བསྐྱེད། སྐྱེས་བུ་ཐ་ཤལ་རྣམས་དགའ་བར་བྱེད་པའི་སྐྱོན་བྱུང་བར་འགྱུར་ན་སངས་རྒྱས་ཀྱི་བསྟན་པ་ལ་གནོད་པར་ཤེས་པར་གྱིས་ལ། ཆོས་ལོག་མ་ལོག་སྤྱོད་པ་དང་། མ་ལོག་པའི་ཆོས་ཉན་བཤད་ལ་འབད་པར་བྱའོ། །

གསུམ་པ་ནི། བདག་ཀྱང་རྡོ་རྗེ། ཞེས་སོགས་ཚིགས་བཅད་ལྔ་སྟེ། འོན་འཁོར་དང་ཟང་ཟིང་བསྒྲུབ་པའི་བསམ་པས་བཤད་པ་ཡིན་ནམ་ཞེ་ན་མིན་ཏེ། ས་སྐྱ་པཎྜི་ཏ་བདག་གིས་ཀྱང་རྡོ་རྗེ་ཕག་མོ་ཡི་བྱིན་རླབས་ཙམ་རེ་ཐུབ་པ་དེ་ལ་དཀར་པོ་ཆིག་ཐུབ་ལྟ་བུའི་ཆོས་རེ་བསྟན་ནས་ཀྱང་། སེམས་སྐྱོང་བའི་སྒོང་བ་ཙུང་ཟད་རེ་སྐྱེས་པ་ལ། ཐེག་པ་ཆེན་པོའི་མཐོང་ལམ་དུ་ནི་ངོ་སྤྲད་ནས་རྩོལ་བསྒྲུབ་ཆེར་མེད་པའི་དོན་སླ་མོ་ཞིག་བསྟན་ན་འཁོར་གྱི་ཚོགས་པའང་འདི་བས་མང་བ་འདུ་ཞིང་། ལོངས་སྤྱོད་ཀྱི་དངོས་པོའི་འབུལ་བའང་ཤིན་ཏུ་མང་བར་འགྱུར་བ་དང་། གདུལ་བྱ་བླུན་པོ་རྣམས་ཀྱི་བསམ་པ་ལ་འང་རྫོགས་པའི་སངས་རྒྱས་ལྟ་བུར་མོས་པ་སྐྱེ་ཞིང་། དམ་པའི་ཆོས་ཀྱི་གནད་རྣམས་འཁྲུལ་མ་འཁྲུལ་མི་ཤེས་པའི་སྡེ་སྣོད་འཛིན་པར་ཁློམ་པ་མང་པོ་ཡང་། དེ་ལྟ་བུའི་གང་ཟག་ལ་ལྷག་པར་དད་པར་འགྱུར་བར་ས་སྐྱ་པ་བདག་གིས་ལེགས་པར་གོ་མོད་ཀྱི་འཁོར་དང་ཟང་ཟིང་བསྒྲུབ་པའི་ཕྱིར་དུ་ས་སྐྱ་པཎྜི་ཏ་བདག་གིས་སེམས་ཅན་འཁོར་དུ་བསྡུས་པ་མིན་ཏེ། སྤྱོད་འཇུག་ལས། བདག་ནི་གྲོལ་བ་དོན་གཉེར་ལ། །རྙེད་དང་བཀུར་བསྟིའི་འཆིང་མི་དགོས། །ཞེས་གསུངས་པ་ལྟར་རོ། །དེ་ལྟ་མིན་པ་འོན་ཀྱང་། སངས་རྒྱས་ཀྱི་བསྟན་པ་ལ་ཕན་པར་བསམ་ནས་ཆོས་ལོག་པ་འགོག་ཅིང་། མ་ལོག་པ

བསྒྲུབ་པའི་སྒོ་ནས་ལེགས་པར་བཤད་པ་ཡིན་ཏེ། སྐྱེས་རབས་ལས། ཕན་པར་སྨྲ་ལ་མཆོད་པ་བྱེད་པ་ནི། ། བསྒོ་བའི་ཚིག་བཞིན་གུས་པས་ཉན་པ་ཡིན། །ཞེས་པ་ལྟར་རོ། །དེས་ན་རྫོགས་པའི་སངས་རྒྱས་ཀྱི་བསྟན་པ་བཞིན་དུ་ལེགས་པར་བསྒྲུབ་ན། སངས་རྒྱས་ཀྱི་བསྟན་པ་ལ་ཕན་པར་བསམ་པ་པོ་ནའི་དབང་གི་ཡིན་གྱི། འཁོར་དང་ཟང་ཟིང་བསྒྲུབ་པའི་བསམ་པས་ནི་མིན་ནོ། །

གཉིས་པ་ནི། མུ་སྟེགས་བྱེད་དང་། ཞེས་སོགས་ཚིགས་བཅད་ལྔ་སྟེ། ཆོས་ལོག་འགོག་ན་འཕགས་པའི་ཡུལ་དུ་བྱུང་བའི་ཆོས་ལོག་ཐམས་ཅད་འགོག་གམ་ཞེ་ན། གཞུང་འདི་དག་འགོག་པ་གཙོ་བོར་མ་བཤད་དེ། འཕགས་པའི་ཡུལ་དུ་ཕྱི་རོལ་མུ་སྟེགས་བྱེད་དང་། ཉན་ཐོས་རྣམས་དང་། ཐེག་པ་ཆེན་པོ་འགའ་ཞིག་ལའང་། འཁྲུལ་པའི་གྲུབ་མཐའ་དུ་མ་ཡོད་མོད། རྒྱན་དྲུག་མཆོག་གཉིས་སོགས་མཁས་པ་རྣམས་ཀྱིས་སུན་ཕྱུང་ཟིན་པའི་ཕྱིར་ནའོ། །འོན་བོད་དུ་བྱུང་བའི་ཆོས་ལོག་ཐམས་ཅད་འགོག་གམ་ཞེ་ན། ས་སྐྱ་པ་ཆེན་པོ་བཞུགས་པ་ཡན་ཆད་དུ་བྱུང་བའི་ཆོས་ལོག་རྣམས་ཇོ་བོ་རིན་ཆེན་བཟང་པོ་སོགས་ཀྱིས་བཀག་ཟིན་པས་མི་འགོག །འོན་གང་ཞེ་ན། དུས་དེང་སང་བོད་གངས་རིའི་ཁྲོད་འདི་ན་དངོས་པོའི་སྟོབས་ལ་ཞུགས་པའི་རིགས་པས་བསྒྲུབ་པར་མི་ནུས་ཤིང་། རྫོགས་པའི་སངས་རྒྱས་ཀྱི་བསྟན་པ་དང་འགལ་བ་ཡི་འཁྲུལ་པའི་གྲུབ་མཐའ་གསར་པ་དུ་མ་བྱུང་བ་རྣམས་འགོག་གོ །འོན་རྡོ་རྗེ་ཐེག་པའི་ཟབ་གནད་ལ་འཁྲུལ་པ་རྣམས་འགོག་གམ་ཞེ་ན། མིན་ཏེ་གསང་སྔགས་རྡོ་རྗེ་ཐེག་པའི་དབང་དང་། རིམ་གཉིས་སོགས་ཀྱི་གནད་ཟབ་མོ་འཆུགས་པ་རྒྱུད་སྡེ་ཟབ་མོ་རྣམས་དང་། གྲུབ་ཐོབ་ཀྱི་དགོངས་པ་རྣམས་དང་འགལ་བའི་གནད་དཔག་ཏུ་མེད་པ་བོད་ན་ཡོད་མོད། དེ་དག་གསང་སྔགས་ཉིད་ཡིན་པའི་ཕྱིར། ས་སྐྱ་པཎ་ཆེན་པོ་བོས་གཞན་དུ་བཤད་པས་སོ། །འདིར་ཊཱི་ཀ་ཁ་ཅིག་ལས། དེ་ལྟར་གསུངས་ཀྱང་དེང་སང་ཡོངས་གྲགས་ཀྱི་བདག་ཉིད་ཆེན་པོའི་བཀའ་འབུམ་ན་གསང་སྔགས་ཀྱི་གསུང་རབ་མང་པོ་མ་བཞུགས་ཞེས་ཀྱང་གསུངས་སོ། །གཞུང་འདིར་ནི་དབང་བསྐུར་ཐོབ་མ་ཐོབ་ཀུན་ལ་བཤད་དུ་རུང་བའི་ཆོས་འཁྲུལ་ལ་རགས་རིམ་ཙི་རིགས་པ་འཕེལ་ན་སངས་རྒྱས་ཀྱི་བསྟན་པ་ལ་གནོད་པར་མཐོང་ནས་འཁྲུལ་པ་འགོག་ཚུལ་ཆེ་ལོང་ཙམ་ཞིག་བཤད་པ་ཡིན་ནོ། །ད་དུང་ཆོས་འཁྲུལ་པའི་རྣམ་གཞག་ནི། སྐྱོན་ཅན་དཔག་ཏུ་མེད་པ་སྣང་ན་ཡང་། གཞུང་ཡི་གེ་མང་དུ་དོགས་པས་རེ་ཞིག་བཞག་གོ། །

གསུམ་པ་ནི། གལ་ཏེ་ལུང་དང་། ཞེས་སོགས་རྐང་པ་བདུན་ཏེ། གལ་ཏེ་ཡིད་ཆེས་པའི་ལུང་དང་། དཔེ་དང་གཏན་ཚིགས་སོགས་དངོས་པོ་སྟོབས་ཞུགས་ཀྱི་རིགས་པའི་གནད་ཤེས་པའི་བློ་གྲོས་དང་ལྡན་པ་རྣམས་ཀྱིས་ཆོས་ལུགས་དེ་འཁྲུལ་མ་འཁྲུལ་ལེགས་པར་དཔྱོད་ལ་འཁྲུལ་པ་རྣམས་དགག་པ་དང་། མ་འཁྲུལ་བ་ཚུལ་

བཞིན་དུ་བསྒྲུབ་པར་གྱིས་ཏེ། རྒྱུ་མཚན་ནི་ལུང་རྟོགས་ཀྱི་བདག་ཉིད་ཅན་གྱི་སངས་རྒྱས་ཀྱི་བསྟན་པ་དང་འཕྲད་པ་དཀའ་ཞིང་རྟེན་དལ་བ་བརྒྱད་དང་འབྱོར་པ་བཅུ་ཚང་བའང་རྙེད་པར་དཀའ་བས། གསུང་རབ་ལ་མཁས་པ་རྣམས་ཀྱིས་གྲུབ་མཐའ་ལ་ལེགས་པར་དཔྱོད་ལ་གཟུ་བོར་ཏེ་དྲང་པོར་གནས་པའི་བློ་ཡིས་དཔྱོད་པར་རིགས་སོ། །

གསུམ་པ་བདག་རྐྱེན་ཕྱོགས་ལྷུང་མེད་པའི་ཤེས་རབ་ལ་བཞི་སྟེ། ཐ་སྙད་མང་དུ་ཐོས་པ། མདོ་སྡེ་མང་དུ་ཐོས་པ། རྒྱུད་སྡེ་མང་དུ་ཐོས་པ། མན་ངག་མང་དུ་ཐོས་པའོ། །དང་པོ་ནི། བདག་གི་སྒྲ་དང་། ཞེས་སོགས་རྐང་པ་གསུམ་སྟེ། སཾསྐྲྀ་ཏ་བདག་གིས། ཆོས་ལོག་པ་དང་མ་ལོག་པའི་རྣམ་པར་དབྱེ་བ་མི་ཤེས་བཞིན་དུ་ཤེས་སོ་ཞེས་མངོན་པའི་ང་རྒྱལ་སོགས་ཀྱིས་མིན་ཏེ། འདི་ལྟར་སྒྲ་དང་ཚད་མ་སོགས་ཤེས་བྱ་ཐམས་ཅད་ལ་ལེགས་པར་བསླབ་པས་སོ། །དེ་ཡང་སྒྲ་ནི་བརྡ་སྤྲོད་པར་བྱེད་པའི་བསྟན་བཅོས་ཡིན་ལ། དེའི་གཙུག་གི་ནོར་བུ་ལྷ་བུ་ཀཱ་ལ་པ་དང་། ཙནྡྲ་པ་དང་། དེ་དག་གི་མིང་གི་སྒྲ་བསྒྲུབ་པ་དང་། སྒྲའི་དབྱིངས་བསྒྲུབ་པ་དང་། བྱེད་པའི་ཚིག་བསྒྲུབ་པ་ལ་སོགས་པ་སྒྲའི་བསྟན་བཅོས་ཡན་ལག་དང་བཅས་པ་ལ་བསླབ། ཚད་མ་ནི། དོན་གྱི་འགལ་འབྲེལ་གཅོད་པའི་བསྟན་བཅོས་ཡིན་ལ། དེའི་གཙུག་གི་ནོར་བུ་ལྷ་བུ་ཚད་མ་ཀུན་ལས་བཏུས་པ་དང་། དེའི་ཚིག་དོན་གཏན་ལ་འབེབ་པ་རབ་ཏུ་བྱེད་པ་སྡེ་བདུན་ཡན་ལག་དང་བཅས་པ་ལ་བསླབ། ཚིག་གི་སྡེབ་སྦྱོར་ལ། རྒྱུད་འཕེལ་དང་། བསྙད་པ་གཉིས་ལས། དང་པོ་ལ་མཉམ་པ་དང་། ཕྱེད་མཉམ་པ་དང་། མི་མཉམ་པ་དང་གསུམ། ཕྱི་མ་ལ་འཕགས་པ་དང་། ཕྱི་མོ་མཉམ་པ་ལ་སོགས་ཏེ་དེ་དག་སོ་སོའི་རྣམ་གཞག་དང་བཅས་པ་རྣམས་ཀྱང་ཤེས། ཚིག་གི་རྒྱན་ལ། སྙན་ངག་གི་མཚན་ཉིད་སྟོན་པར་བྱེད་པ་དང་། དེ་དང་མི་འགལ་བར་སྟོན་པར་བྱེད་པ་གཉིས་ལས། དང་པོ་ལ་དབྱངས་ཅན་གྱི་མགུལ་རྒྱན་ལ་སོགས་པ་དང་། གཉིས་པ་ལ་སྐྱེས་རབས་ལ་སོགས་པ་ཕལ་ཆེར་དང་། མིང་གི་མངོན་བརྗོད་ནི། སོ་སོ་ཡང་དག་རིག་པའི་རྒྱུར་འགྱུར་བའི་མིང་གི་རྣམ་གྲངས། དེ་ལ་ཡང་འཆི་མེད་མཛོད་དང་། སྣ་ཚོགས་གསལ་བ་ལ་སོགས་པ་ཕལ་ཆེར་གོ། །

གཉིས་པ་ནི། འདུལ་བ་དང་ནི། ཞེས་སོགས་རྐང་པ་གཉིས་ཏེ། ཁ་ཆེ་པཎ་ཆེན་ལས་འདུལ་བ་ལུང་དང་། སོ་སོ་ཐར་པ་དང་། མདོ་རྩ་བ་དང་། འོད་ལྡན་དང་། མེ་ཏོག་ཕྲེང་རྒྱུད་ལ་སོགས་པ་དང་ནི། མངོན་པ་གོང་འོག་དང་། ཐེག་བསྡུས། རྣམ་བཤད་རིགས་པ། ཉི་ཤུ་པ། སུམ་ཅུ་པ། ཕུང་པོ་ལྔའི་རབ་བྱེད། མངོན་རྟོགས་རྒྱན་རྩ་འགྲེལ། ཤེར་ཕྱིན་བདུན་བརྒྱ་པ། བརྒྱད་སྟོང་དོན་བསྡུས་སོགས་གསན་ཅིང་། ཞུ་དོན་མོ་རི་པ་ལས། མངོན་རྟོགས་རྒྱན་མ་གཏོགས་པའི་བྱམས་ཆོས་རྩ་འགྲེལ། བསླབ་པ་ཀུན་ལས་བཏུས་པའི་འགྲེལ་བཤད། དབུ་མ་

བདེན་གཉིས་ཆེ་བ། དབུ་རྒྱན། རིགས་ཚོགས་ལ་སོགས་པ་མདོར་ན་ཕ་རོལ་ཏུ་ཕྱིན་པའི་གསུང་རབ་ཀུན་ཕལ་ཆེར་ཐོས་སོ། །

གསུམ་པ་ནི། གསང་སྔགས་རྒྱུད་སྡེ། ཞེས་སོགས་ཚིགས་བཅད་གཅིག་སྟེ། གསང་སྔགས་ཀྱི་རྒྱུད་སྡེ་བཞི་པོ་ཡང་། དེང་སང་རྒྱ་གར་དང་བོད་ན་ཉན་བཤད་ཡོད་པ་ཕལ་ཆེར་ཐོས་པའི་ཚུལ་རྣམ་ཐར་ན་གསལ་ཞིང་། ཐོས་པ་དེ་དག་ཐམས་ཅད་ཀྱང་། མིང་ཙམ་དུ་མ་བཞག་པར་བསམ་བྱུང་གི་རིགས་པས་དཔྱད་པས་དོན་གྱི་གནད་ཇི་ལྟ་བ་བཞིན་དུ་གོ་ཞིང་རྟོགས་པ་ཡིན་ཏེ། ཆོས་རྗེ་ཉིད་ཀྱི་ཞལ་སྔ་ནས། སྨྲང་རྩི་འཛིན་པ་སྨྲང་རྩིའི་བརྟུལ་ཞུགས་ཅན། །སྨྲང་བུ་མིན་པས་སྨྲང་རྩིའི་བཅུད་མ་རྙེད། །སྡེ་སྣོད་འཛིན་པ་ཀུན་དགའ་རྒྱལ་མཚན་དཔལ། །བཟང་པོ་མིན་པས་ཤེས་བྱའི་བཅུད་མ་རྙེད། །ཅེས་གསུངས་སོ། །

བཞི་པ་ནི། བྱེ་བྲག་སྨྲ་དང་། ཞེས་སོགས་ཚིགས་བཅད་བརྒྱད་དེ། བྱེ་བྲག་སྨྲ་བ་དང་། མདོ་སྡེ་པ་དང་། སེམས་ཙམ་རྣམས་བཅས་རྣམ་མེད་པ་གཉིས་དང་ནི། དབུ་མ་རང་རྒྱུད་པ་དང་། ཐལ་འགྱུར་པ་ཡི་གདམས་ངག་ཇི་སྙེད་བོད་དུ་འགྱུར་བ་ཕལ་ཆེར་ཐོས། དེང་སང་བོད་ལ་གྲགས་པ་ཡི་ཕ་དམ་པའི་ཞི་བྱེད་བརྒྱུད་པ་གསུམ་དང་། ཨ་རོའི་རྫོགས་ཆེན་ཊཱི་ཀ་ཁ་ཅིག་ལས། འདི་སྙིང་མ་བ་འདོད་པའི་རྫོགས་ཆེན་ནི་མ་ཡིན་ཞེས་དང་། དང་། ཨ་མ་ལབ་ཀྱི་སྒྲོན་ལབ་སྒྲོན་ནས་བརྒྱུད་པའི་དིང་སང་བྱེད་པའི་གཅོད་རྣམས་ནི་མ་དག་པ་འབའ་ཞིག་ཏུ་འདུག འདིར་སློས་པའི་གཅོད་ལ་སོགས་པ་ནི། བྲམ་ཟེ་ཨཱརྻ་དེ་ཝའི་གཞུང་དེའི་འགྲེལ་པ་སྐྱོ་བསོད་ནམས་བླ་མས་བྱས་པ་རྣམས་མདོ་དང་མཐུན་པ་ཡིན་ནོ་ཞེས་བཤད་དོ། །མའི་གཅོད་ལ་སོགས་པ་གདམས་པ་དང་། རྗེ་བོ་ནས་བརྒྱུད་པའི་མངོན་རྟོགས་རྒྱན་གྱི་སྐབས་བརྒྱད་ཀྱི་དོན་ཅིག་ཆར་དུ་བསྒོམ་པའི་གདམས་ངག་དང་། ཕ་རོལ་ཏུ་ཕྱིན་པའི་བློ་སྦྱོང་དོན་བདུན་མ་ལ་སོགས་པ་དང་། བཀའ་གདམས་གཞུང་པ་ཕུ་ཏོ་བ་དང་། གདམས་ངག་གི་ལུགས་གཉིས་དང་། སྣེ་བཟུར་བ་ནས་བརྒྱུད་པ་ལ་ཟེར། ས་ར་ཧ་དང་། ཏི་ལོ་པ་དང་། ནག་པོ་སྤྱོད་པའི་དོ་ཧ་དང་། རྣལ་འབྱོར་དབང་ཕྱུག་བི་རཱུ་པའི་དོ་ཧའི་སེང་གེ་ཞེས་བྱ་བ་དང་། ཐ་ག་པ་དང་། མཻ་ཏྲི་པའི་དོ་ཧ་སོགས་དོ་ཧའི་བྱེ་བྲག་མང་དུ་ཐོས། མཁན་པོ་གད་པ་ཀཱིརྟི་ནས་རྒྱུད་པའི་རིམ་ལྔ་གདན་ཐོག་གཅིག་པ་དང་། མར་པའི་སློབ་མ་མེས་སྟོན་ཚོན་པོ་དང་དྭགས་པོའི་སློབ་མ་གཙང་བཞེད་དང་། རས་ཆུང་པའི་སློབ་མ་བྱུར་བསྒོམ་ལས་ཐོས་པའི་རྨོག་ཅོག་པ་ནས་རྒྱུད་པའི་ནཱ་རོ་ཆོས་དྲུག་ལུགས་གསུམ་ཐོས། གསང་བ་འདུས་པ་ཡེ་ཤེས་ཞབས་ལུགས་ཀྱི་གདམས་ངག་ཡན་ལག་དང་བཅས་པ་དང་། དེ་བཞིན་དུ། འཕགས་སྐོར་གྱི་གདམས་ངག་འགོས་ལོ་ཙྪ་བ་དང་། །ཁ་ཆེ་པཎ་ཆེན་ནས་རྒྱུད་པ་རྣམས་དང་། དགེས་པ་རྡོ་རྗེའི་སྙིང་པོ་རྒྱུད་གསུམ་ཐིག་ལེའི་སྐོར་དང་བཅས་པ་རྣམས་དང་། གཤིན་རྗེའི་གཤེད་དམར་པོ་དང་། འཇིགས་བྱེད་དང་། དགྲ་ནག་དང་།

གདོང་དྲུག་ལ་སོགས་པ་དང་། དེའི་གདམས་ངག་གསར་རྙིང་རྣམས་དང་། འཁོར་ལོ་སྡོམ་པའི་གདམས་ངག་གསང་མཐའི་ལུགས་རྣམས་དང་། དུས་ཀྱི་འཁོར་ལོའི་སྦྱོར་དྲུག་ལ་སོགས་པ་སྦྱོར་དྲུག་གི་བྱེ་བྲག་མང་པོ་དང་། མཚན་བརྗོད་ཀྱི་བཤད་པ་སློབ་དཔོན་འཇམ་དཔལ་བཤེས་གཉེན་གྱིས་མཛད་པའི་འགྲེལ་བ་ཆེ་ཆུང་གཉིས་དང་། སྒེག་པའི་རྡོ་རྗེས་མཛད་པའི་སྔགས་དོན་རྣམས་གཟིགས་དང་། དབུ་མ་ལ་དགའ་བས་བྱས་པའི་ཡེ་ཤེས་ཞབས་ལུགས་སུ་འགྲེལ་པ་དང་། ལམ་འབྲས་ཀྱི་ལུགས་དང་། དུས་འཁོར་གྱི་ལུགས་ཧེ་དྲུག་དང་། བིརྺ་པའི་འཆི་མེད་བསྒྲུབ་པའི་གདམས་ངག་དང་། བརྟག་གཉིས་ལ་བརྟེན་པའི་བིརྺ་པས་ལམ་འབྲས་ཡོངས་སུ་རྫོགས་པའི་གདམས་ངག་ལ་སོགས་པ། སློབ་དཔོན་མཚོ་སྐྱེས་ཀྱི་བསྐྱེད་རིམ་ཟབ་པའི་ཚུལ་དགུ། རྫོགས་རིམ་མར་མེའི་རྩེ་མོ་ལྟ་བུའི་གདམས་ངག་དང་། སཾ་པུ་ཊི་ལ་བརྟེན་ནས་ཧོག་རྩེ་པས་བསམ་གྱིས་མི་ཁྱབ་ཀྱི་གདམས་ངག་དང་། བདུད་རྩི་འོད་ལ་བརྟེན་ནས་ངག་དབང་གྲགས་པས་ཕྱག་རྒྱ་ཆེན་པོ་ཡི་གེ་མེད་པ་དང་། འཁོར་ལོ་བདེ་མཆོག་ལ་བརྟེན་ནས་ནག་པོ་སྤྱོད་པས་གཏུམ་མོ་ལམ་རྫོགས་དང་། ཡོན་པོ་སྲང་བ་གཉིས་དང་། གསང་བ་འདུས་པ་ལ་བརྟེན་ནས་སློབ་དཔོན་ཀླུ་སྒྲུབ་ཀྱིས་མཆོད་རྟེན་གྱི་དྲུང་དུ་སེམས་ཐག་སྤྱད་པ་དང་། དབང་ཡོན་ཏན་རིམ་པ་ལ་རྟེན་ནས་རྒྱལ་པོ་ཨིནྡྲ་བྷུ་ཏིས། ཕྱག་རྒྱས་ལམ་ཡོངས་སུ་རྫོགས་པ་དང་། བརྟག་གཉིས་ལ་བརྟེན་ནས། ཌོཾ་བྷི་ཧེ་རུ་ཀས་ལྷན་ཅིག་སྐྱེས་གྲུབ་སྟེ། ལམ་སྐོར་དགུ་དང་། དེ་དག་ལས་འཕྲོས་པ་ལམ་སྲབ་བཤད། གྲུབ་ཆེན་བཅུ་དང་། ཕྲ་མོ་བརྒྱད་ལ་སོགས་པ་དུ་མ་དང་། གཞན་ཡང་། སྙིང་པོ་སྐོར་དྲུག་དང་། གྲུབ་པ་སྡེ་བདུན་རྣམས་ཀུང་ཐོས། སྙིང་པོ་སྐོར་དྲུག་ནི། སར་ཧའི་དོ་ཧ་མཛོད་ཀྱི་གླུ། ཧོག་རྩེ་པའི་བསམ་མི་ཁྱབ་པ། ལྷན་སྐྱེས་རྡོ་རྗེའི་གནས་པ་བསྡུས་པ། ཨ་ཝ་དྷཱུ་ཏི་པའི་སེམས་ཀྱི་སྒྲིབ་སྦྱོང་། དེ་ཁ་ཙནྡྲའི་ཤེས་རབ་ཡེ་ཤེས་གསལ་བ། འཕགས་པ་ཀླུ་སྒྲུབ་ཀྱི་ཕྱག་རྒྱ་བཞི་པ་དང་དྲུག་གོ། །གྲུབ་པ་སྡེ་བདུན་ནི། ཨིནྡྲ་བྷཱུ་ཏིའི་མཛད་པའི་ཡེ་ཤེས་གྲུབ་པ་དང་། ཡན་ལག་མེད་པའི་རྡོ་རྗེས་མཛད་པའི་ཐབས་ཤེས་རབ་གྲུབ་པ་དང་། པདྨ་བཛྲའི་གསང་བ་གྲུབ་པ་དང་། ཌོཾ་བྷི་བའི་ལྷན་ཅིག་སྐྱེས་པ་གྲུབ་པ་དང་། དཔལ་ཆེན་མོའི་གཉིས་སུ་མེད་པ་གྲུབ་པ་དང་། ཏ་རི་ཀ་པས་མཛད་པའི་གསང་བའི་དེ་ཁོ་ན་ཉིད་གྲུབ་པ་དང་། རྣལ་འབྱོར་མ་ཙི་ཏོས་མཛད་པའི་དངོས་པོ་གསལ་བའི་དེ་ཁོ་ན་ཉིད་གྲུབ་པ་དང་བདུན་ནོ། །གཞན་ཡང་། དེང་སང་བོད་ན་གྲགས་པའི་ཁ་རག་སྐོར་གསུམ་ལ་སོགས་པ་དང་། རྒྱ་གར་ལ་གྲགས་པའི་འབྲོག་མི་ལོ་ཙཱ་བས་ཤྲཱི་སྟོ་པ་སོགས་མཁས་པ་སྒོ་དྲུག་ལ་གསན་པའི་གདམས་ངག་ལ་སོགས་པ་ཕལ་མོ་ཆེ་ས་སྐྱ་པཎྜི་ཏ་བདག་གིས། ཐོས་པས་འབད་དེ་མཁས་པ་རྣམས་ལ་ལེགས་པར་ཉན་ཅིང་བསླབ་པ་དེ་དག་མིང་ཙམ་མིན་པར་སོ་སོའི་གནད་ཇི་ལྟ་བ་བཞིན་དུ

རྟོགས་པ་དེའི་ཕྱིར་ན། རྒྱ་བོད་ཀྱི་ཆོས་རྣམས་ཕལ་ཆེར་ཐོས་ཤིང་། ཚིག་དོན་ཇི་ལྟ་བ་བཞིན་དུ་རྟོགས་པ་ཡིན་ཏེ། ཆོས་རྗེ་ཉིད་ཀྱི་ཞལ་སྔ་ནས། སྒྲ་པ་ང་ཡིན་རྟོག་གེ་པ་ང་སྨྲ་བ་ངན་འཇོམ་ང་འདྲ་མེད། །སྡེབ་སྦྱོར་ང་མཁས་སྙན་ངག་ང་ཉིད་མཚོན་བརྗོད་འཆད་ལ་འགྲན་ མེད་ང་། །དུས་སྦྱོར་ངས་ཤེས་ཕྱི་ནང་ཀུན་རིག་རྣམ་དཔྱོད་བློ་གྲོས་མཚུངས་མེད་ང་། །དེ་འདྲ་གང་ཡིན་ས་སྐྱ་པ་དེ་མཁས་པ་གཞན་དག་གཟུགས་བརྙན་ཡིན། །ཞེས་རང་ཉིད་ཀྱིས་ཞལ་གྱིས་བཞེས་པ་ལ། ཆོས་དང་མཐུན་པའི་བརྒལ་བ་ མེད་པ་ཡིན་ནོ། །རྒྱུ་མཚན་དེས་ན་ས་སྐྱ་པཎྜི་ཏ་བདག་ལ་རང་གི་ཤེས་པ་བསྒྲུབ་པར་འདོད་ཅིང་། མི་ཤེས་པ་འགོག་པར་འདོད་པའི་ཕྱོགས་ལྷུང་ཡང་མེད། ཤེས་པ་རྣམས་ལ་ཡང་། མ་དག་པ་ནི་རང་གཞན་སུ་ལ་འདུག་ཀྱང་དོར་ཞིང་། དག་པ་ནི་སུ་ལ་འདུག་ཀྱང་བསྒྲུབ་པ་ཡིན་པས་བསྟན་བཅོས་འདིའི་དགག་བསྒྲུབ་ལ་ཕྱོགས་ལྷུང་མེད་དོ་ཞེས་དགོངས་སོ། །

གཉིས་པ་འབྲས་བུ་བསྟན་བཅོས་བཟུང་བར་གདམས་པ་ནི། དེ་ཕྱིར་གཟུ་བོས། ཞེས་སོགས་རྐང་པ་གཉིས་ཏེ། ཕྱོགས་ལྷུང་མེད་པ་དེའི་ཕྱིར་བདག་གིས་ཆོས་འཁྲུལ་མ་འཁྲུལ་གཟུ་བོས་དཔྱད་ནས་ལེགས་པར་བཤད་པ་འདི། དམ་ཆོས་འཁྲུལ་མ་འཁྲུལ་ཤེས་པའི་བློ་གྲོས་དང་ལྡན་ཞིང་། ཐར་པ་དང་ཐམས་ཅད་མཁྱེན་པ་ཐོབ་པར་འདོད་པ་རྣམས་ཀྱིས་ཁོ་བོའི་ལུགས་འདི་ལྟར་དུ་ཟུངས་ཞེས་གདམས་པའོ། །

གསུམ་པ་གཟུང་བྱའི་ཆོས་ཀྱི་ཆེ་བ་བསྟན་པ་ནི། ཐུབ་པའི་བསྟན་པ། ཞེས་སོགས་ཚིགས་བཅད་གཉིས་ཏེ། ཐུབ་པའི་བསྟན་པ་ནི། ལྷའི་བུ་ཉི་མའི་གཞལ་མེད་ཁང་དང་ཆོས་མཚུངས་ཏེ། དེའི་གཞལ་མེད་ཁང་ནི། རྒྱུ་རིན་ཆེན་མེ་ཤེལ་ལས་གྲུབ་ཅིང་། འོད་ཟེར་གྱིས་གླིང་བཞིའི་མུན་པ་བསལ་བ་དང་། པདྨོ་ལ་སོགས་པ་ཁ་འབྱེད་པ་ལྟར། ཐུབ་པའི་བསྟན་པ་སྡེ་སྣོད་གསུམ་དང་། རྒྱུད་སྡེ་རིན་པོ་ཆེ་བཞིའི་རང་བཞིན་ལས་གྲུབ་ཅིང་། མཁྱེན་བརྩེ་ནུས་པའི་འོད་ཟེར་གྱིས། ལོག་པར་ལྟ་བའི་མུན་ནག་གི་ཚང་ཚིང་རྣམ་པར་བསལ་བ་དང་། གདུལ་བྱ་གཟུ་བོར་གནས་པ་དང་། དོན་དུ་གཉེར་ཞིང་། བློ་གསལ་བ་རྣམས་ཀྱིས་བློ་ཡི་པདྨོ་ཁ་འབྱེད་པར་བྱེད་པའི་བསྟན་བཅོས་སྡོམ་པ་གསུམ་གྱི་རབ་ཏུ་དབྱེ་བ་ཉི་མའི་དཀྱིལ་འཁོར་གྱི་སྣང་བ། དུས་དེང་སང་དཔལ་ལྡན་ས་སྐྱའི་ཆོས་གྲྭ་ཆེན་པོ་འདིར་ཤར་རོ། །དུས་གསུམ་གྱི་རྒྱལ་བ་ཀུན་གྱི་དགོངས་པ་བདག་གིས་བཤད་པ་འདི་ཁོ་ན་ཡིན་ཞེས་གདུལ་བྱའི་འགྲོ་བ་ལ་ཕན་པའི་བསམ་པ་དག་པའི་སྒོ་ནས་ས་སྐྱ་པཎ་ཆེན་བདག་གིས་བཤད་པ་འདི། རྒྱ་བོད་མཁས་པ་ཀུན་གྱི་དགོངས་པ་འཁྲུལ་མེད་ཡིན་ནམ་མོད། ད་དུང་ཤེས་རབ་དང་། བསོད་ནམས་ཆུང་ཞིང་བློ་གཟུ་བོར་མི་གནས་པའི་གང་ཟག་བླུན་པོ་རྣམས་ཀྱིས་ཇི་ལྟ་བ་བཞིན་རྟོགས་པར་དཀའོ་ཞེས་ཆེ་བ་བསྟན་པའོ།། །།

བཞི་པ་བརྩམས་པའི་དགེ་བ་གཞན་དོན་དུ་བསྔོ་བ་ནི། ཀུན་དགའི་ཉི་མས། ཞེས་སོགས་ཚིགས་བཅད་གཅིག་སྟེ། དེ་ལྟར་ས་སྐྱ་པཎྜི་ཏ་ཀུན་དགའ་རྒྱལ་མཚན་དཔལ་བཟང་པོའི་ཉི་མས། རྫོགས་པའི་སངས་རྒྱས་ཀྱི་བསྟན་པ་སྡེ་སྣོད་གསུམ་དང་། རྒྱུད་སྡེ་བཞི་ཆ་ལག་དང་བཅས་པ་ཡི་ཚིག་དོན་གྱི་པདྨོ་རྣམ་པར་ཕྱེ་བ་ལས་བྱུང་བའི་ཞི་བའི་བཅུད་ཀྱི་སྦྲང་རྩིས་བསྐལ་བ་དང་ལྡན་པའི་འགྲོ་བའི་བུང་བ་ཀུན་ལ་དུས་རྒྱུན་དུ་ཕན་པ་དང་། བདེ་བའི་དགའ་སྟོན་འགྱེད་པར་ཤོག །

ལྔ་པ་བཀའ་དྲིན་རྗེས་སུ་དྲན་པའི་ཕྱག་ནི། གང་གི་ཐུགས་བསྐྱེས། ཞེས་སོགས་ཚིགས་བཅད་གཅིག་སྟེ། འདུད་ཅེས་པ་བཤད་པའི་གཞིར་བཟུང་། ཡུལ་གང་ལ་ན། ལྷག་པའི་ལྷ་འཇམ་དབྱངས་མགོན་པོ་དང་གཉིས་སུ་མེད་པའི་བླ་མ་རྗེ་བཙུན་གྲགས་པ་རྒྱལ་མཚན་དེ་ལའོ། །གང་ཟག་སུས་ན། རྨོངས་པ་པོ་ས་སྐྱ་པཎྜི་ཏ་བདག་གིས་སོ། །གང་གིས་སྐྱོན་ནས་ན། གང་ཞེས་པ་སྤྱི་སྒྲ་ཡིན་ཡང་ལྷག་པའི་ལྷ་དང་གཉིས་སུ་མེད་པའི་བླ་མ་དམ་པ་རྗེ་བཙུན་གྲགས་པ་རྒྱལ་མཚན་གང་གིས། ཐུགས་བསྐྱེ་བ་ཆེན་པོ་ཉེ་བར་བཟུང་བ་ལ་བརྟེན་ནས། གོང་དུ་བཤད་པ་ལྟར། ལོག་པའི་ཆོས་རྣམས་རྒྱང་རིང་དུ་སྤངས་ནས་ཀྱང་། སངས་རྒྱས་ཀྱི་བསྟན་པ་དྲི་མ་མེད་པ་དང་ལེགས་པར་སྤྱོད་པ་སོགས། བླ་མ་རྗེ་བཙུན་ཆེན་པོ་དེ་ཡི་བཀའ་དྲིན་ཡིན་པར་རྗེས་སུ་དྲན་ནས་འདུད་པ་ཡིན་ནོ། །

གསུམ་པ་བྱས་ཤེས་དྲིན་བཟོ་བསྐྱེད་པའི་ཕྱིར་མཛད་བྱང་སྨོས་པ་ནི། རྒྱལ་བའི་གསུང་རབ་ཀྱི་བཀའ་བསྡུ་བ་བཞི་པ་ལྟ་བུར་གྱུར་པ། སྡོམ་པ་གསུམ་གྱི་རབ་ཏུ་དབྱེ་བ་ཞེས་བྱ་བ། དམ་པའི་ཆོས་དང་ཆོས་མིན་པ་རྣམ་པར་འབྱེད་པར་བྱེད་པའི་བསྟན་བཅོས་ཆེན་པོ་འདི་ནི། གསུང་རབ་མང་དུ་ཐོས་པའི་ནོར་དང་ལྡན་པ། གྲུབ་པའི་མཐའ་ལ་རིགས་པ་དང་མི་རིགས་པ་རྣམ་པར་དཕྱོད་པར་ནུས་པའི་བློ་གྲོས་དང་ལྡན་པ་ཅན། སྡེ་སྣོད་འཛིན་པ་ཆེན་པོ་དཔལ་ལྡན་ས་སྐྱ་པཎྜི་ཏ་ཀུན་དགའ་རྒྱལ་མཚན་དཔལ་བཟང་པོ་ཞེས་མཚན་ཡོངས་སུ་གྲགས་པས་སྦྱར་བ་རྫོགས་སོ།། །།

བྱེ་བྲག་ཏུ་གསང་སྔགས་ཀྱི་གནད་གཏན་ལ་དབབ་པ། གསང་ཆེན་ཡིན་པས་ཁོ་བོས་ལོགས་སུ་བཤད་པར་བལྟའོ། །དེའི་དོན་ནི། བསྐྱེད་རྫོགས་ལ་སོགས་པ་གསང་སྔགས་ཟབ་མོའི་གནད་རྣམས་དབང་མ་ཐོབ་པ་སོགས་ལ་བཤད་དུ་མི་བཏུབ་པས་གཞུང་འདིར་དངོས་སུ་མ་བསྟན་ཅེས་པའོ། །

འདིར་གསུང་རབ་དགོངས་གསལ་གྱི་ཚིག་དོན་གཞིར་བཞག་ལ། གཞུང་གི་འབྲུ་ཞིབ་པ་དང་། དཀའ་གནས་ཀྱི་གཞུང་ལ། པཎྜི་ཏ་ཆེན་པོ་ཤཱཀྱ་མཆོག་ལྡན་པའི་དྲི་བའི་ལན། ཀུན་མཁྱེན་བསོད་ནམས་སེང་གེས་མཛད་པ་ཆེ་རགས་དང་། གཞན་ཡང་ཤེས་བྱེད་ཀྱི་ལུང་དང་། དཀའ་གནས་ཀྱི་དོགས་དཔྱོད་འགའ་ཞིག་གིས

མཛེས་པར་བྱས་སོ། །དེ་ལྟར་ཆོས་དང་ཆོས་མིན་པ་རྣམ་པར་འབྱེད་པའི་བསྟན་བཅོས་སྡོམ་པ་གསུམ་གྱི་རབ་ཏུ་དབྱེ་བའི་རྣམ་པར་བཤད་པ། ཐུབ་བསྟན་གསལ་བའི་སྒྲོན་མེ་ཞེས་བྱ་བ་འདི་ནི། རྗེ་བཙུན་འཇམ་པའི་དབྱངས་ཀྱི་རྣམ་པར་འཕྲུལ་པ་དཔལ་ས་སྐྱ་པའི་གདུང་བརྒྱུད་རིན་པོ་ཆེ་ངག་དབང་བསོད་ནམས་དབང་པོ་གྲགས་པ་རྒྱལ་མཚན་དཔལ་བཟང་པོ་པའི་ཞལ་སྔ་ནས་འདི་ལྟ་བུའི་རྣམ་བཤད་བྱེད་དགོས་ཚུལ་གྱི་བཀའ་ནན་ཡེབས་པ་ལ་བརྟེན་ནས། རྗེ་བཙུན་བླ་མ་རྣམས་ཀྱི་བྲན་དུ་གྱུར་པ། ཤཱཀྱའི་དགེ་སློང་ཀུན་དགའ་བཀྲ་ཤིས་ཀྱིས་སྟོན་པ་ཐུབ་པའི་དབང་པོས་གདུལ་བྱ་རྟག་འཛིན་ཅན་རྣམས་ཀྱི་རྟག་འཛིན་བཟློག་པའི་ཐབས་ཚུལ་བསྟན་པ་ནས། ལོ་གསུམ་སྟོང་བདུན་བརྒྱ་དང་། བཅུ་གཅིག་གི་སྟེང་། དབང་ཕྱུག་ཅེས་པ་མེ་མོ་གླང་གི་ལོ་སྟོན་ཟླ་ར་བའི་དཀར་ཕྱོགས་དགའ་བ་དང་པོ་ལ། དཔལ་ས་སྐྱའི་ཆོས་གྲྭ་ཆེན་པོར་སྦྱར་བའི་ཡི་གེ་པ་ནི་རྣམ་པར་དཔྱོད་པའི་བློ་གྲོས་ཤིན་ཏུ་གསལ་ཞིང་རབ་འབྱམས་སྨྲ་བ་སྦྱིན་པ་ལེགས་པས་གུས་པར་བགྱིས་སོ། །འདི་ལ་ནོངས་པ་ཅི་མཆིས་པ་རྣམས་བླ་མ་དང་མཁའ་འགྲོའི་བཟོད་པར་མཛད་དུ་གསོལ།། །།

རབ་འབྱམས་གཞུང་ལུགས་འབྱེད་མཁས་པཎྜི་ཏ། །བསླབ་གསུམ་རིན་ཆེན་མཛོད་འཛིན་བཙུན་པའི་མཆོག །གནས་ལུགས་བདེ་ཆེན་མངོན་གྱུར་བཟང་བའི་ཞལ། །ཡོངས་འཛིན་དམ་པ་རྣམས་ལ་གུས་ཕྱག་འཚལ། །དགེ་བ་འདིས་མཚོན་རབ་དཀར་དགེ་བའི་མཐུས། །བདག་དང་མར་གྱུར་མཁའ་མཉམ་འགྲོ་བ་རྣམས། །རྣམ་དག་སྡོམ་གསུམ་ཉམས་ལེན་མཐར་ཕྱིན་ནས། །རྒྱལ་བ་སྐུ་བཞིའི་གོ་འཕང་མྱུར་ཐོབ་ཤོག །བདག་སོགས་གདུལ་བྱར་གྱུར་པ་ཐམས་ཅད་ཀྱང་། །ཚེ་རབས་ཀུན་ཏུ་ཕུན་ཚོགས་རྟེན་ཐོབ་ཅིང་། །ཚུལ་གནས་ཐོས་བསམ་སྒོམ་པ་མཐར་ཕྱིན་ནས། །བསྟན་དང་འགྲོ་བའི་དོན་ཆེན་བསྒྲུབ་པར་ཤོག །འགྲོ་བའི་མགོན་པོ་རྗེ་བཙུན་ས་སྐྱ་པའི། །འཁྲུལ་མེད་བསྟན་པ་ཕྱོགས་བཅུར་དར་བ་དང་། །ཆོས་ཀྱི་རྒྱལ་པོ་བླ་ཆེན་ཡབ་སྲས་རྣམས། །སྐུ་ཚེ་རིང་ཞིང་ཕྲིན་ལས་རྒྱས་གྱུར་ཅིག །དགེ་ལེགས་གཞིར་གྱུར་ཐུབ་བསྟན་དར་ཞིང་རྒྱས། །བསྟན་འཛིན་རྣམས་ཀྱང་སྐུ་ཚེ་རབ་བརྟན་ཅིང་། །དགེ་འདུན་སྡེ་རྣམས་ཐུགས་མཐུན་ཆོས་སྤྱོད་འཕེལ། །རྒྱལ་བས་བསྔགས་པའི་དཔལ་འབྱོར་རྒྱས་པར་ཤོག །འབྱུང་བ་སྐྱོམས་ལྡན་ལོ་ཕྱུགས་ཕུན་སུམ་ཚོགས། །ནད་མཚོན་མུ་གེའི་བསྐལ་བ་རྒྱུན་ཆད་ཅིང་། །འགྲོ་རྣམས་ཕན་ཚུན་བྱམས་པའི་སེམས་དང་ལྡན། །རྩོད་མེད་རང་དབང་འབྱོར་པས་བདེ་ཐོབ་ཤོག །རྩ་བརྒྱུད་བླ་མ་ཀུན་གྱིས་ཐུགས་རྗེ་དང་། །བསླུ་མེད་དཀོན་མཆོག་གསུམ་གྱི་བྱིན་རླབས་དང་། །བསྟན་ལ་དགའ་བའི་དཔལ་མགོན་སྲུང་མ་ཡིས། །བསམ་དོན་ཆོས་བཞིན་འགྲུབ་པའི་བཀྲ་ཤིས་སྩོལ། །མསྟུ་སརྦ་ཛ་ག་ཏཾ།། །།

༄༅། །ཆོས་དང་ཆོས་མིན་པ་རྣམ་པར་འབྱེད་པའི་བསྟན་ཆོས་སྡོམ་པ་གསུམ་གྱི་རབ་ཏུ་དབྱེ་བའི་རྣམ་པར་བཤད་པ་སྡོམ་པ་གསུམ་གྱི་ཉམས་ལེན་གསལ་བའི་སྒྲོན་མེ་ཞེས་བྱ་བ་བཞུགས་སོ། །

ཀུང་རུ་ཤེས་རབ་བཟང་པོ།

ཨོཾ་སྭ་སྟི་སིདྡྷཾ། ཆོས་དང་ཆོས་མིན་པ་རྣམ་པར་འབྱེད་པའི་བསྟན་ཆོས་སྡོམ་པ་གསུམ་གྱི་རབ་ཏུ་དབྱེ་བའི་རྣམ་པར་བཤད་པ། སྡོམ་པ་གསུམ་གྱི་ཉམས་ལེན་གསལ་བའི་སྒྲོན་མེ་ཞེས་བྱ་བ། བླ་མ་ཡི་དམ་ལྷ་ཚོགས་རྣམས་དང་། ཐུན་མོང་དང་ཐུན་མོང་མ་ཡིན་པ་དང་། བླ་ན་མེད་པའི་དཀོན་མཆོག་གསུམ་ལ་ཕྱག་འཚལ་ཞིང་སྐྱབས་སུ་མཆིའོ། །མདོ་རྒྱུད་ཀུན་མཁྱེན་ལེགས་བཤད་རྒྱ་མཚོའི་ཐུགས། །སྡོམ་གསུམ་རིན་ཆེན་ཕུང་པོས་གདུལ་བྱའི་ཚོགས། །གང་ལ་ཅི་དགའི་དགོས་འདོད་བཟང་པོས་སྐྱོང་། །སྡོམ་གསུམ་སྟོལ་མཛད་རྗེ་བའི་བླ་མར་མཆོད། །སྲིད་ཞིའི་རྒྱ་མཚོ་ཆེ་ལས་སྒྲོལ་བའི་གྲུ། །ཀུན་མཁྱེན་ནོར་བུའི་གླིང་དེར་བགྲོད་པའི་ཐབས། །སྡོམ་གསུམ་ཚིག་བླང་དོར་སྟུགས་སྦྱོར་སོགས། །ཀུན་མཁྱེན་བསླབ་པ་འཆའ་བའི་སྟོན་པ་རྒྱལ། །རྒྱལ་བའི་དགོངས་པ་གསུང་རབ་ཀུན་གྱི་དོན། །སྡོམ་པ་གསུམ་གྱི་ཉམས་ལེན་ཟབ་རྒྱས་རྣམས། །རིམ་པར་སྦྱིན་མཛད་སྡོམ་གསུམ་བརྒྱུད་པ་ཡི། །དྲིན་ཅན་བླ་མ་རྣམས་ལ་གུས་པས་འདུད། །འཇམ་པའི་དབྱངས་དང་མཐུ་སྟོབས་དབང་ཕྱུག་ལས། །མདོ་རྒྱུད་རྒྱ་མཚོའི་གདམས་པ་ཟབ་མོའི་གནད། །ཐུགས་སུ་ཆུད་དེ་གངས་ཅན་བསྟན་པའི་དཔལ། །ས་སྐྱའི་རྗེ་བཙུན་ཡབ་སྲས་རྣམས་ལ་འདུད། །ཀུན་མཁྱེན་གངས་རིའི་ཁྲོད་ཀྱི་འགྲོ་བའི་མགོན། །མགོན་པོ་འཇམ་དབྱངས་དགེ་སློང་ཚུལ་བཟུང་ནས། །ཆོས་དང་ཆོས་མིན་རྣམ་འབྱེད་ཐུགས་རྗེ་ཅན། །བསྟན་པའི་ཉི་མ་ས་སྐྱ་པཎ་ཆེན་རྒྱལ། །དེ་ཡི་བཤད་རྒྱུད་ཆུ་བོའི་རྒྱུན་དང་ནི། །སྒྲུབ་རྒྱུད་གངས་རིའི་ཕྲེང་བ་ལྟར་མཐོང་བའི། །ཆོས་རྒྱལ་འཕགས་པ་དང་ནི་ཚོགས་གྲུབ་སོགས། །བཤད་སྒྲུབ་འཛིན་པའི་སྐྱེས་མཆོག་རྣམས་ལ་འདུད། །གངས་ཅན་མཁས་པའི་དབང་པོ་ཆོས་ཀྱི་རྗེ། །ཀུན་མཁྱེན་རོང་སྟོན་ཆོས་རྗེ་གཞོན་ནུ་དང་། །མཁས་གྲུབ་མུས་པ་ས་སྐྱ་པཎ་ཆུང་སོགས། །བཀའ་དྲིན་ཆེ་བའི་བླ་མ་རྣམས་ལ་འདུད། །གང་ཡང་འདུལ་བའི་མདོ་དང་བསྟན་བཅོས་སུ། །སྡོམ་པ་འབོགས་དང་ཕྱིར་བཅོས་སོགས་ལ་བརྟེན། །དེ་ཡི་ཚུལ་གནས་ཐོས

བསམ་བསྒོམ་པ་ལ། །འདུལ་བ་སྤྱི་ཡི་བསྟན་པ་གནས་པ་དང་། །དེ་ཡི་ལམ་ལ་སློབ་ཚུལ་ཡིན་པར་བཤད། ། བྱང་སེམས་སྡོམ་པའི་འབོགས་བསྲུང་སློབ་ལ་བརྟོན། །དེ་ཡི་ཚུལ་གནས་ཐོས་བསམ་བསྒོམ་པ་ནི། །ཕ་རོལ་ཕྱིན་པའི་བསྟན་པ་གནས་པ་དང་། །ཐེག་ཆེན་སྤྱི་ཡི་ལམ་ལ་སློབ་ཚུལ་ཡིན། །སྔགས་ཀྱི་འཇུག་སྒོ་དབང་བསྐུར་དམ་ཚིག་བསྲུང་། །སྔགས་ཀྱི་ཚུལ་གནས་ཐོས་བསམ་རིམ་གཉིས་བསྒོམ། །དེ་ནི་རྡོ་རྗེ་ཐེག་པའི་བསྟན་པ་དང་། །སྔགས་ཀྱི་ལམ་ལ་སློབ་ཚུལ་ཡིན་པས་ན། །སངས་རྒྱས་བསྟན་པའི་ཉམས་ལེན་མདོར་བསྡུ་ན། ། སྡོམ་པ་གསུམ་གྱི་ཉམས་ལེན་ཁོ་ནར་འདུས། །དེ་ཉིད་རིམ་གཉིས་ཟབ་མོ་ཡན་ལག་བཅས། །དཀར་ཆག་ཐེབས་པའི་གསུང་རབ་བཅུ་གསུམ་སོགས། །རྒྱུད་གསུམ་ལེགས་པར་ཤེས་ན་ཡོངས་སུ་རྫོགས། །སྙིང་པོ་ལེགས་བསྡུས་ཉམས་ལེན་ཁྱད་པར་ཅན། །སྨན་རྒྱུད་བཞི་ལྟ་མན་ངག་གཞུང་དུ་གསལ། །འདི་ནི་ཆོས་ཀྱི་རྒྱལ་པོ་པཎྜི་ཏས། །སྡོམ་པ་གསུམ་དང་སངས་རྒྱས་བསྟན་པ་ལ། །ཆོས་དང་ཆོས་མིན་རྣམ་དབྱེ་འབྱེད་པའི་གཞུང་། །སྟོན་པའི་ཕྱི་དོར་སྡོམ་གསུམ་རབ་དབྱེ་འདི། །བླུན་པོས་གོ་ཕྱིར་གསལ་བར་བྲིས་མོད་ཀྱང་། །དཀའ་གནས་ཕལ་ཆེར་མི་གསལ་རྟོགས་དཀའ་བས། །སྔོ་སྔོན་གསུམ་དང་ལུགས་འདི་རྒྱུས་ཆུང་བའི། །ད་ལྟའི་བཤེས་གཉེན་ཕལ་ཆེར་འདི་མ་ཕྱེད། །སྡོམ་གསུམ་གནས་ཚུལ་ཙམ་ཡང་ཤེས་པ་དཀོན། །བདག་གིས་མཁས་པའི་དྲུང་དུ་ལུགས་བཟང་འདིའི། །གོང་མའི་གཞུང་དང་འབྲེལ་མེད་བླ་མའི་གསུང་། །གུས་པས་ཉེར་བསྟེན་ལེགས་བཤད་ལེགས་བླངས་ཏེ། །འདི་རུ་འདི་བསྟན་གཞན་ན་དེ་ཡོད་སོགས། །གཞུང་ལུགས་འདི་ཡི་གསལ་བྱེད་བྲི་བར་བྱ། །

དེ་ཡང་ཁམས་གསུམ་ཆོས་ཀྱི་རྒྱལ་པོ་སངས་རྒྱས་བཅོམ་ལྡན་འདས་ཀྱི་གསུང་རབ་ཐམས་ཅད་ཀྱི་དགོངས་དོན་གསལ་བར་བྱེད་པའི་སྒྲོན་མེ། ཆོས་ཀྱི་གནད་ཟབ་མོ་བདེ་བླག་ཏུ་རྟོགས་པར་བྱེད་པའི་ལེགས་བཤད། ཐར་པ་དོན་གཉེར་གྱི་སྐྱེ་བོ་སྲིད་པའི་རྒྱ་མཚོ་ལས་བརྒལ་ཏེ། མྱ་ངན་ལས་འདས་པ་རིན་པོ་ཆེའི་གླིང་དུ་བགྲོད་པར་བྱེད་པའི་གྲུ་ཆེན། སྐལ་ལྡན་གྱི་སྐྱེ་བོ་མཁས་པའི་གྲོང་ཁྱེར་དུ་འཁྲིད་པའི་འཇུག་ངོགས། བསྟན་བཅོས་སྡོམ་གསུམ་རབ་དབྱེ་འདི་འཆད་པར་བྱེད་པ་ལ་ཐོག་མའི་ལོ་རྒྱུས་བཤད་པ་དང་། ལོ་རྒྱུས་དེ་ལྡན་གྱི་བསྟན་བཅོས་དངོས་བཤད་པའོ། །དང་པོ་ལ། སྤྱིའི་ལོ་རྒྱུས་དང་། བྱེ་བྲག་ཏུ་བསྟན་བཅོས་འདིའི་ལོ་རྒྱུས་སོ། ། དང་པོ་སྡོམ་པ་གསུམ་གྱི་ཉམས་ལེན། འཐོར་བ་བསྡུད་པའི་བསྟན་བཅོས་འདི་ལྟ་བུ་དགོས་པར་ལུང་རིགས་ཀྱིས་བསྒྲུབ་པ་དང་། དེ་ལྟར་བྱས་པའི་རྣམ་གྲངས་བཤད་པའོ། །དང་པོ་ནི། སྡོམ་པ་གསུམ་གྱི་ཉམས་ལེན་འཐོར་བ་བསྡུད་པའི་བསྟན་བཅོས་འདི་བཞིན་བྱེད་དགོས་པར་ལུང་རིགས་ཀྱིས་གྲུབ་པ་ཡིན་ཏེ། ཏིང་ངེ་

འཛིན་རྒྱལ་པོའི་མདོ་ལས། འཇིག་རྟེན་ཁམས་ནི་སྟོང་ཕྲག་ཏུ། །ང་ཡིས་མདོ་རྣམས་གང་བསྟན་པ། །དེ་དག་དབྱེ་བར་མི་ནུས་པས། །ཡི་གེ་ཐ་དད་དོན་གཅིག་སྟེ། །ཆོས་རྣམས་ཀུན་གྱི་བདག་མེད་ཡིན། །མི་གང་ཐབས་ལ་མཁས་པ་ཡིས། །གནས་འདི་ལ་ནི་འབད་བྱས་ན། །སངས་རྒྱས་ཆོས་ནི་རྙེད་མི་དཀའ། །ཞེས་མདོའི་དོན་ཐམས་ཅད་བསྡུས་ནས་ཉམས་སུ་ལེན་དགོས་པར་གསུངས་པ་དང་། རྒྱུད་རྡོ་རྗེ་རྩེ་མོར་ཡང་། གལ་ཏེ་དེ་དག་རབ་བྱུང་གྱུར། །སྡོམ་པ་གསུམ་དང་ཡང་དག་ལྡན། །སོ་སོ་ཐར་དང་བྱང་ཆུབ་སེམས། །རིག་འཛིན་རང་གི་ངོ་བོའོ། །ཞེས་པ་དང་། སྡོམ་པ་གསུམ་ལ་གནས་པ་ནི། །དང་པོ་ཁྲུས་སུ་བཤད་པ་ཡིན། །ཞེས་སོགས་ཀྱི་ཉམས་ལེན་བསྡུས་ནས་གསུངས་པ་དང་། བཀའ་གདམས་དོ་གོར་བས། ཆོས་རྗེ་ས་པཎ་ལ་དྲིས་པར། སངས་རྒྱས་བསྟན་པའི་ཆོས་རྣམས་ཀུན། །བསྡུ་ན་ཉམས་ལེན་ཇི་ལྟར་བྱེད། །ཞུས་པ་ལྟར། སངས་རྒྱས་ཀྱི་བསྟན་པ་རིན་པོ་ཆེའི་སྙིང་པོ་ཉམས་སུ་ལེན་འདོད་པའི་གང་ཟག་ལ། སྡོམ་པ་གསུམ་གྱི་ཉམས་ལེན་བསྡུས་ནས་སྟོན་དགོས་པའི་ཕྱིར་རོ། །གཉིས་པ་དེ་ལྟར་བྱས་པའི་རྣམ་གྲངས་ནི། སངས་རྒྱས་ཀྱི་རྒྱུད་སྡེ་མང་པོར་སྡོམ་གསུམ་གྱི་ཉམས་ལེན་གསལ་བར་གསུངས་པ་དང་། མཁས་པ་ཤན་ཏི་པའི་ཐེག་གསུམ་རྣམ་བཞག །ཏྲི་པི་ཊ་ཀ་མ་ལའི་ཚུལ་གསུམ་སྒྲོན་མེ། པི་བྷུ་ཏས་བྱས་ཟེར་བའི་སྡོམ་གསུམ་འོད་འཕྲེང་སོགས་དང་། བོད་དུ་སྡོམ་གསུམ་རབ་དབྱེ་ལས་འཕྲོས་ནས། འགྲོ་མགོན་འཕགས་པ་རིན་པོ་ཆེའི་དངོས་སློབ་མཁས་བཙུན་གཞོན་ནུ་གྲུབ་ཀྱིས། རྒྱལ་བའི་གསུང་རབ་ཐམས་ཅད་སྡོམ་པ་གསུམ་གྱི་ཉམས་ལེན་དུ་བསྡུས་ནས་སྟོན་པའི་གཞུང་ཆུང་རྩ་འགྲེལ་མཛད་པ་ལ་སོགས་པ། རང་གཞན་གྱི་སྐྱེས་བུ་མཁས་པ་དང་མི་མཁས་པ་དག་གིས་བྱས་པ་མང་པོ་བྱུང་ངོ། །

གཉིས་པ་བྱེ་བྲག་བསྟན་བཅོས་འདིའི་ལོ་རྒྱུས་ལ། མཛད་པ་པོ་གང་གིས་མཛད་པ་དང་། ཚུལ་ཇི་ལྟར་དུ་མཛད་པ་དང་། ཐར་པ་དོན་གཉེར་གྱིས་འདི་ལྟར་སྡོམ་གསུམ་གྱི་བླང་དོར་ལ་ཅིས་ཀྱང་འཇུག་དགོས་པ་བསྟན་པའོ། །དང་པོ་ནི། དུས་གསུམ་སངས་རྒྱས་ཐམས་ཅད་ཀྱི་ཡེ་ཤེས་གཅིག་ཏུ་བསྡུས་པའི་ངོ་བོ། རྗེ་བཙུན་འཇམ་པའི་དབྱངས་དང་དབྱེར་མ་མཆིས་ཤིང་། ཤེས་བྱའི་དཀྱིལ་འཁོར་མ་ལུས་པ་ལ་མཁྱེན་པའི་དཀྱིལ་འཁོར་རྒྱས་ཏེ། ནག་ཕྱོགས་ལོག་སྨྲའི་རྒྱ་སྐར་ཟིལ་གྱིས་གནོན་པའི། ཡེ་ཤེས་ཀྱི་ཉི་མ་ཆེན་པོ། མི་ཤེས་པའི་མུན་པ་དཔྱིས་ཕྱུང་བས། སྒྲིབ་མེད་མཁྱེན་པ་དང་། བརྩེ་བའི་སྤྱན་སྟོང་གིས། གནས་དང་གནས་མ་ཡིན་པ་ལེགས་པར་གཟིགས་ནས། གཞན་ལ་སྟོན་པའི་ཐུགས་རྗེ་ཅན་རང་དང་གཞན་གྱི་གྲུབ་པའི་མཐའ་རྒྱ་མཚོའི་ཕ་རོལ་ཏུ་སོན་ཏེ། ཡོན་ཏན་དང་མན་ངག་རིན་པོ་ཆེའི་མཛོད་མངའ་བས། ལྷ་དང་བཅས་པའི་འཇིག་རྟེན་ཐམས་ཅད་ཀྱི་འདྲེན་པ་ཆེན་པོ། སྐྱེ་བོ་མི་ཤེས་པའི་རབ་རིབ་ཀྱིས་མིག་ཁེབས་པས། བླང་དོར་ལ་ཕྱིན་ཅི་ལོག་ཏུ

ཞུགས་ཏེ། ངན་འགྲོའི་གཡང་སར་འཁྱམས་པ་རྣམས་ལ། ཡང་དག་པའི་གླང་དོར་གྱིས་བྱང་ཆུབ་ཀྱི་ལམ་ལ་བཙུད་དེ་ཐར་པའི་གྲོང་ཁྱེར་དུ་འཁྲིད་པའི་དེད་དཔོན་ཆེན་པོ། ད་ལྟ་དེ་བཞིན་གཤེགས་པ་དྲི་མ་མེད་པའི་དཔལ་དུ་གྱུར་ནས་ཡུན་རིང་དུ་ལོན་པར་བཤད་དེ། སྔར་བྱོན་པ་ས་སྐྱ་པཎ་ཆེན་དེས་མཛད་དོ། །དེ་ཉིད་ཀྱི་ཆེ་བའི་ཡོན་ཏན་རྒྱས་པར་ནི་རང་ཉིད་ཀྱི་རྟོགས་པ་བརྗོད་པ་ངང་བརྒྱུད་འགྲེལ་པ་དང་། རྣམ་ཐར་གྱི་ཡི་གེ་ཆེན་མོ་རྣམས་སུ་གསལ་ལོ། །

གཉིས་པ་དེས་ཇི་ལྟར་མཛད་པའི་ཚུལ་ནི། བོད་འདིར་ཆོས་ལོག་དྲི་མ་ཅན་རྣམས་ནི་འཕེལ། ཆོས་ཁུངས་མ་སྦྱོད་མཁན་ནི་དཀོན་ཏེ། བསྟན་པ་གཟུགས་བརྙན་ཙམ་དུ་གྱུར་པ་ལ། ཐུགས་ཀྱིས་མ་བཟོད་ནས། བསྟན་པ་དང་སེམས་ཅན་ལ་ཕན་པ་ཁོ་ནའི་ཆེད་དུ་མཛད་པ་སྟེ། བསྟན་བཅོས་འདིའི་མཇུག་དང་། སྤྲོ་ལུང་པའི་དཀའ་འགྲེལ་དང་། འདུལ་བ་སེང་གེའི་ཕྱོགས་སྔ་དོས་འཛིན་གྱི་ཡི་གེར་གསལ་ལོ། །དེ་ནས་བསྟན་བཅོས་འདི། ཆོས་དང་ཆོས་མ་ཡིན་པ་རྣམ་པར་འབྱེད་པར་བྱེད་པས། བསྟན་པའི་ཕྱི་དོར་དང་། རྒྱལ་བའི་བསྟན་པ་སྤྱིའི་དགོངས་པ་འགྲེལ་བའི་བསྟན་པ་སྤྱི་འགྲེལ་དང་། རྒྱལ་བའི་གསུང་རབ་ཐམས་ཅད་རྗོད་བྱེད་སྡེ་སྣོད་གསུམ་དུ་བསྡུས་པའི་དོན་སྡོམ་པ་གསུམ་གྱི་ཉམས་ལེན་དུ་བསྡུས་ནས་སྟོན་པ་བརྗོད་བྱ་མཐའ་ཡས་པ་སྟོན་པ་ཡིན་ནོ། །

གསུམ་པ་ནི། ཐར་པ་དོན་གཉེར་གྱིས་སྡོམ་པ་གསུམ་གྱི་ཉམས་ལེན་ལ་ཅིས་ཀྱང་འཇུག་དགོས་ཏེ། འདིའི་ལེའུ་དང་པོའི་བསླབ་པ་འཆའ་བའི་བྱེད་པ་པོ་རྫོགས་པའི་སངས་རྒྱས་ཁོ་ན་ཡིན་པར་སྟོན་པའི་སྐབས་ནས་འབྱུང་བ་བཞིན་འཁོར་བའི་བདེ་སྡུག་ཐམས་ཅད་སེམས་ཅན་གྱི་ལས་དགེ་སྡིག་ལས་བྱུང་ལ། དགེ་སྡིག་གི་བླང་དོར་ཐམས་ཅད་སྡོམ་པ་བསྲུང་སྡོམ་ཁོ་ན་ལ་རག་ལས་པའི་ཕྱིར་དང་། སྡོམ་གསུམ་འོད་འཕྲེང་དུ་ཡང་། སྡོམ་གསུམ་གང་ཡང་མི་ལྡན་ན། །ལྷ་མིའི་གོ་འཕངས་རྙེད་པར་དཀའ། །ཞེས་འབྱུང་ངོ་། །

གཉིས་པ་ལོ་རྒྱུས་དེ་ལྡན་གྱི་བསྟན་བཅོས་འཆད་པ་ལ། བསྟན་བཅོས་ཀྱི་སྔོན་འགྲོ། ལུས་དངོས། མཇུག་དོན་དང་གསུམ་མོ། །དང་པོ་ལ་བཞི་སྟེ། མཚན་གྱི་དོན། མཆོད་པར་བརྗོད་པ་བཤད་པར་དམ་བཅའ་བ། བརྗོད་བྱའི་གཙོ་བོ་བསྟན་ནས་ཉན་པར་གདམས་པའོ། །དང་པོ་ནི། བསྟན་བཅོས་འདི་ལ་སྡོམ་པ་གསུམ་གྱི་རབ་ཏུ་དབྱེ་ཞེས་བྱ་སྟེ། སྡོམ་པ་ནི་རང་གི་མི་མཐུན་པའི་ཕྱོགས་སྡོམ་པར་བྱེད་པའི་ལེགས་པར་སྲུང་པའི་དགེ་བ་ཡིན་ལ། གསུམ་ཞེས་པ་སྤྱིར་སོ་ཐར་ལ་ཡང་། རིགས་མང་པོ་ཡོད་ཀྱང་། ཇོ་ཇེ་རྗེ་མོར། སོ་སོར་ཐར་དང་བྱང་ཆུབ་སེམས། །རིག་འཛིན་རང་གི་ངོ་བོའོ། །ཞེས་པ་ལྟར། འདིར་སོ་སོ་ཐར་པའི་སྡོམ་པ། བྱང་ཆུབ་སེམས

དཔའི་སེམས་བསྐྱེད་ཀྱི་སྡོམ་པ། གསང་སྔགས་ཀྱི་སྡོམ་པ་གསུམ་ཡིན་ལ། རབ་ཏུ་དབྱེ་བ་ཞེས་བྱ་བ་ནི། དེ་གསུམ་གྱི་རྐང་གྲངས་ཙམ་སྟོན་པ་མིན་གྱི། སྡོམ་པ་གསུམ་ཐོབ་པར་བྱེད་པའི་ཆོ་ག་གསུང་ཚུལ་དང་། གཏོང་ཐོབ་ཀྱི་རྣམ་དབྱེ་བླང་དོར་དང་བཅས་པ་དང་། དེ་དག་ལས་འཕྲོས་པ་རབ་ཏུ་མང་པོ་སྟོན་པའི་ཕྱིར་རོ། །

གཉིས་པ་ལ། བླ་མ་དམ་པ་སྤྱི་དང་། བྱེ་བྲག་ཏུ་སྡོམ་པ་གསུམ་སྟེར་བ་པོའི་རྩ་བའི་བླ་མ་དང་། བསླབ་པ་འཆའ་བ་པོ་སྟོན་པ་ལ་མཆོད་པར་བརྗོད་པའོ། །དང་པོ་ནི། བསྟན་བཅོས་འདི་རྩོམ་པའི་ཐོག་མར་ས་སྐྱ་པཎ་ཆེན་གྱིས། བླ་མ་དམ་པའི་ཞབས་ལ་ཕྱག་འཚལ་བའི་རྒྱུ་མཚན་ཡོད་དེ། དེ་ཡང་རང་ལ་ལམ་མ་ནོར་བར་སྟོན་པའི་བླ་མ་དམ་པ་ནི་ཤིན་ཏུ་བཀའ་དྲིན་ཆེ་བའི་ཕྱིར། གཞུང་གཞན་དུ་ཐོག་མར་ལྷག་པའི་ལྷ་ལ་ཕྱག་འཚལ་བ་ཡོད་ཀྱང་། འདིར་ལམ་གྱི་བླང་དོར་སྟོན་པའི་བླ་མ་དམ་པ་ལ་དེ་གལ་ཆེ་བར་དགོངས་སོ། །

གཉིས་པ་ནི། ས་སྐྱ་པཎ་ཆེན་དེས་བསྟན་བཅོས་འདི་མཛད་པའི་ཐོག་མར། མཚུངས་པ་མེད་པའི་རྩ་བའི་བླ་མ་རྗེ་བཙུན་ཆེན་པོ་དང་། ཁ་ཆེ་པཎ་ཆེན་དེ་ལ་བདག་ཅག་དང་། ཅེས་གསུངས་པའི་རྒྱུ་མཚན་ཡོད་དེ། བླ་མ་དེ་གཉིས་རང་ལ་སྡོམ་པ་གསུམ་སྟེར་བ་པོའི་དྲིན་ཅན་ཡིན་པའི་ཕྱིར་ཏེ། སྔ་མས་ནི། དགེ་བསྙེན་སྡོམ་པ་གསུམ་ལྡན་དུ་མཛད་ལ། ཕྱི་མ་ནི། དགེ་སློང་སྡོམ་པ་གསུམ་ལྡན་དུ་མཛད་པ་ཡིན་ནོ། །རྒྱུ་མཚན་དེས་ན། ད་ལྟ་རང་ལ་སྡོམ་གསུམ་སྟེར་བ་པོའི་བླ་མ་དེ་སྐུ་དྲིན་ཤིན་ཏུ་ཆེ་བར་ཤེས་དགོས་སོ། །གཞན་ཡང་དེ་གཉིས་ལ་དད་པའི་རྒྱུ་མཚན་ཡོད་དེ། བླ་མ་དེ་དག་ནི་བདེ་གཤེགས་བསྟན་པའི་གསུང་རབ་ཀྱི་ལེགས་བཤད་སེང་གེའི་སྒྲ་དང་འདྲ་བ་དེས། ལྟ་ངན་གྱི་ཆོས་ལོག་སྨྲོང་ མཁན་རི་དྭགས་ཕྲ་མོའི་ཚོགས་དང་འདྲ་བ་མཐའ་དག་ཚར་བཅད་དེ་སྐྲག་པར་མཛད་ནས། རང་གི་བཤད་སྒྲུབ་རྣམས་སངས་རྒྱས་ཀྱི་དགོངས་པ་ཇི་ལྟ་བ་བཞིན་ལེགས་པར་བསྒྲུབ་པའི་ཕྱིར་རོ། །འདི་ནི་གཟུགས་ཅན་གྱི་རྒྱན་དུ་འདུག་ཀྱང་། གོ་བདེ་བས་དཔེར་བསྒྱུར་བའོ། །སངས་རྒྱས་ཀྱི་གསུང་རབ་སེང་གེའི་སྒྲ་དང་འདྲ་ཚུལ། རྒྱུད་བླ་མར། འཇིགས་མེད་ཕྱིར་དང་ལྡོག་མེད་ཕྱིར། །ཐུབ་པ་སེང་གེ་སེང་གེ་བཞིན། །ཞེས་གསུངས་པ་ཤེས་སོ། །

གསུམ་པ་ནི་ས་སྐྱ་པཎ་ཆེན་དེས་བསྟན་བཅོས་འདི་མཛད་པའི་ཐོག་མར། འགྲོ་བའི་བླ་མ་སྟོན་པ་སངས་རྒྱས་ཀྱི་ཞབས་ལ་ཕྱག་འཚལ་བའི་རྒྱུ་མཚན་ཡོད་དེ། སྡོམ་པ་གསུམ་གྱི་བསླབ་པ་འཆའ་བ་དང་། དངོས་གྲུབ་སྟེར་བའི་ཐུགས་སྒྱུར་བ་སོགས་ཀྱི་བྱེད་པ་པོ་རྫོགས་པའི་སངས་རྒྱས་ཉག་ཅིག་ཡིན་པས། རང་གཞན་ཐམས་ཅད་ལ་བཀའ་དྲིན་ཆེ་བའི་ཕྱིར་ཏེ། འཕགས་པ་རིན་པོ་ཆེས། དེས་སླད་ཉེས་ཀུན་སེལ་བ་དང་། །ཡོན་ཏན་ཀུན་ལ་ཉེར་སྦྱོར་བའི། །མཐུ་སྟོབས་དམ་པ་རབ་བརྙེས་ཤིང་། །མཁྱེན་དང་བརྩེ་བའི་མཐར་སོན་པ། །

རྫོགས་པའི་སངས་རྒྱས་ཁོ་ན་ཉིད། །ཅེས་གསུངས་པ་བཞིན་ནོ། །གཞན་ཡང་སྨོན་པ་ལ་དད་པའི་རྒྱུ་མཚན་ཡོད་དེ། ཉེས་སྐྱོན་གྱི་ཕྱོགས་གང་ཡང་མེད་ཅིང་།སྤངས་རྟོགས་ཀྱི་ཡོན་ཏན་ཀུན་གྱི་མཛོད་མངའ་བའི་ཕྱིར། དེ་ཡང་ཁྱད་པར་འཕགས་བསྟོད་རྩ་འགྲེལ་དུ་ཤེས་པར་བྱའོ། །ཞེས་གསུངས་ལ། སྨོན་པ་ལ་འགྲོ་བའི་བླ་མ་ཞེས་འབྱུང་བ་ཡང་མདོ་ལས། གང་གི་ཚེ་ན་ཁྱོད་ཀྱི་ཐུགས། །དང་པོ་བསྐྱེད་པ་དེ་ཡི་ཚེ། །ཁྱོད་ནི་འཇིག་རྟེན་ཐམས་ཅད་ཀྱི། །མཆོད་གནས་བླ་མར་གྱུར་པ་ལགས། །ཞེས་དང་པོར་ཐུགས་བསྐྱེད་པ་ནས་འགྲོ་བའི་བླ་མར་བཤད་དོ།། །

གསུམ་པ་བཤད་པར་དམ་བཅའ་བ་ལ་གསུམ་སྟེ། གང་ཟག་གང་གི་དོན་དུ་མཛད་པ་དང་། ཚིག་སྦྱོར་གང་གིས་སྨོན་པ་དང་། ཀུན་སློང་གང་གིས་མཛད་པའོ། །དང་པོ་ནི། དེ་ལྟར་མཆོད་པར་འོས་པ་ལ་ཕྱག་འཚལ་ནས་ཅི་བྱེད་སྙམ་ན། དོན་ཆེ་བའི་བསྟན་བཅོས་བསྟན་པ་དང་། སེམས་ཅན་ལ་ཕན་པ་འདི་རྩོམ་ཞེས་པ་སྟེ་དད་ལྡན་གྱི་གང་ཟག་ཆོས་བྱེད་ཚུལ་རང་ཉིད་ཀྱི་ཇི་ལྟ་བ་བཞིན་མི་ཤེས་ཤིང་། གལ་ཏེ་ཤེས་ན་སངས་རྒྱས་ཀྱི་གསུང་བཞིན་དུ་བསྒྲུབ་པར་འདོད་པ་དེ་དག་ལ་སྡོམ་པ་གསུམ་གྱི་རྣམ་དབྱེ་བླང་དོར་དང་བཅས་པ། ས་སྐྱ་པཎ་ཆེན་བདག་གིས་བཤད་པས་བསྟན་པ་དང་སེམས་ཅན་ལ་ཕན་པར་དགོངས་སོ། །འོན་འདིར་དད་ལྡན་གྱི་གང་ཟག་དེས་ཅི་འདྲ་བ་ཞིག་ལ་བྱེད་སྙམ་ན། གཞན་གྱི་ཟང་ཟིང་སོགས་སྟེར་ནས་འདྲེན་པར་བསྒྱུར་བ་དང་། ཞེ་སྡང་དྲག་པོའི་དབང་དུ་སོང་བ་དང་། འཇིགས་པས་སྡིགས་པ་དང་། བྱར་རུང་མི་རུང་ཕྱེ་ཚོམ་ཟོས་ཏེ་མགོ་རྨོངས་པས་ཆོས་ལས་འདས་ནས་ཆོས་མིན་མི་སྤྱོད་པ་ཅིག་ལ་ཟེར་ཏེ། དབུམ་རིན་ཆེན་ཕྲེང་བར། འདུན་དང་ཞེ་སྡང་འཇིགས་པ་དང་། །རྨོངས་པས་གང་ཞིག་ཆོས་མི་འདའ། །དེ་ནི་དད་པ་ཅན་ཞེས་བྱ། །ငེས་པར་ལེགས་པའི་སྣོད་ཡིན་ནོ། །ཞེས་གསུངས་པ་བཞིན་ནོ། །

གཉིས་པ་ནི། ས་སྐྱ་པཎྜི་ཏ་རང་ཉིད་ཀྱིས། སྒྲ་པ་ང་ཡིན་རྟོག་གེ་པ། །ཞེས་རིག་པའི་གནས་ལྔ་ལ་མཁས་པ་ཅིག་ཡིན་པ་འདྲ་ནའང་། བསྟན་བཅོས་འདི་ལ་ཡང་མཁས་པ་དགའ་བའི་སྡེབ་སྦྱོར་དང་ཚིག་རྒྱན་ཅན་དུ་རྩོམ་མམ་སྙམ་ན། དེ་ལྟར་རྒྱན་དང་སྡེབ་སྦྱོར་སོགས་ཐམས་ཅད་ལ་ཐོགས་པ་མི་མངའ་ཡང་།འདིར་ནི་ཡི་གེ་ལྷུ་ཡང་སྡེབས་པ་སོགས་ཀྱི་ཚིག་གི་སྦྱོར་བ་དང་། རྒྱན་འདོགས་ཀྱི་སྤྲོས་པ་སྤངས་ནས། མཁས་རྨོངས་ཀུན་གྱི་གོ་བར་བྱ་བའི་ཕྱིར་བཤད་དོ། །བསྟན་བཅོས་འདི་གཙོ་བོར་བླང་དོར་ལ་མི་མཁས་པའི་དད་ལྡན་གྱི་གང་ཟག་ལ་ཕན་པའི་ཕྱིར་ཡིན་ལ། མཁས་པ་རྣམས་དགའ་བའི་སྡེབ་སྦྱོར་ཡི་གེ་བགྲང་བ་དང་། ཕྱི་མོ་བགྲང་བ་དང་། སྐད་ངག་གི་རྒྱན་འདོགས་པ་ལ་སོགས་པ་རྣམས་ནི། བླུན་པོ་རྣམས་ཀྱིས་གོ་དཀའ་བས་སོ། །

གསུམ་པ་ནི། བསྟན་བཅོས་འདི་གང་ཟག་གཞན་དང་། ཆོས་ལུགས་གཞན་ལ་ཕྲག་དོག་དང་ཟྙུར་ཟའི་ཆེད་དུ་བྱས་པ་ཞིག་ཡིན་ནམ་སྙམ་ན། བསྟན་པ་ཚུལ་བཞིན་དུ་འཛིན་པའི་ཆོས་ལུགས་ལ། ཕྲག་དོག་པའི་བསམ་པས་བྱེད་པ་ནི་གཏན་ནས་མིན་ཏེ། ས་པཎ་བདག་ཉིད་ནི་སངས་རྒྱས་ཀྱི་བསྟན་པ་དང་། བསྟན་པ་ཚུལ་བཞིན་དུ་འཛིན་པ་དག་ལ་མི་ཕྱེད་པའི་དད་པ་བརྟན་པོ་ཡོད་པའི་ཕྱིར་རོ། །འོ་ན་བསྟན་བཅོས་འདི་ར་གཞན་གྱི་ཆོས་ལུགས་ལ་འཐད་མི་འཐད་ཀྱི་དགག་བསྒྲུབ་མང་དུ་འདུག་པས་ཅི་ཡིན་སྙམ་ན། དེ་ལྟར་བྱེད་པའི་རྒྱུ་མཚན་ཡོད་ཅིང་། དེ་དག་ཕྲག་དོག་དབང་གིས་བྱས་པ་མིན་ཏེ་བསྟན་པ་དང་བསྟན་པ་ཚུལ་བཞིན་འཛིན་པ་ལ་མི་ཕྱེད་པའི་དད་པ་ཡོད་པ། འོན་ཀྱང་ཤིན་ཏུ་གལ་ཆེ་བ་སངས་རྒྱས་ཀྱི་བསྟན་པ་ལ་བླང་དོར་ཕྱིན་ཅི་ལོག་གིས་འཁྲུལ་པར་སྤྱོད་ནས་རང་གཞན་ཕུང་བར་བྱེད་པ་ལ། བདག་མ་དད་ནས་བསྟན་པའི་བྱེ་དོར་བྱས་པའི་ཕྱིར་དང་། བསྟན་བཅོས་འདི་བྱེད་པའི་དགོས་པ་ཡང་།ཆོས་ལོག་སྤྱོད་པ་རང་གཞན་སུ་ལ་འདུག་ཀྱང་དགག་པར་བྱ་བ་ཡིན་ནོ། །སངས་རྒྱས་ཀྱི་བསྟན་པ་ནི་ཤིན་ཏུ་གལ་ཆེ་བ་ཡིན་ཏེ།འགྲོ་བའི་སྡུག་བསྔལ་སྨན་གཅིག་པོ། །བདེ་བ་ཐམས་ཅད་འབྱུང་བའི་གནས། །བསྟན་པ་ཞེས་འབྱུང་བ་ལྟར། སེམས་ཅན་གྱི་ཕན་བདེ་ཐམས་ཅད་བསྟན་པ་ལ་རག་ལས་པའི་ཕྱིར་རོ། །འོ་ན་བསྟན་པའི ངོས་འཛིན་གང་ལ་བྱེད་སྙམ་ན། དེ་ཡང་གསུང་རབ་དེ་ལ་འདུལ་བའི་སྡེ་སྣོད། ཕ་རོལ་ཏུ་ཕྱིན་པའི་སྡེ་སྣོད། གསང་སྔགས་ཀྱི་སྡེ་སྣོད་གསུམ་དུ་ཡོད་པ་ལས། བསྟན་པ་ཡང་ཚུལ་གསུམ་དུ་བཤད་དེ། དང་པོ་ནི་དགེ་སྡིག་གི་བླང་དོར་སློབ་པས་རང་རྒྱུད་འདུལ་བ་ལ་བཤད་དེ། སྡིག་པ་ཅི་ཡང་མི་བྱ་ཞིང་། །དགེ་བ་ཕུན་སུམ་ཚོགས་པར་སྤྱོད། །རང་གི་སེམས་ནི་ཡོངས་སུ་འདུལ། །འདི་ནི་སངས་རྒྱས་བསྟན་པ་ཡིན། །ཞེས་སོ། །

གཉིས་པ་ནི། སྟོང་ཉིད་སྙིང་རྗེའི་སྙིང་པོ་ཅན་གྱི་ཉམས་ལེན་ལ་བཤད་དེ། རྡོ་རྗེ་གུར་ལས། སྟོང་ཉིད་སྙིང་རྗེ་ཐ་དད་མེད། །གང་དུ་སེམས་ནི་རྣམ་བསྒོམ་པ། །དེ་ནི་སངས་རྒྱས་ཆོས་དང་ནི། །དགེ་འདུན་གྱི་ཡང་བསྟན་པའོ། །ཞེས་གསུངས་སོ། །

གསུམ་པ་ནི། སྨིན་བྱེད་ཀྱི་དབང་དང་གྲོལ་བྱེད་ཀྱི་ལམ་ཡན་ལག་དང་བཅས་པ་ལ་བཤད་དེ། རྡོ་རྗེ་རྩེ་མོར། སྨིན་པ་དང་ནི་གྲོལ་བའི་ལམ། །སངས་རྒྱས་བྱང་ཆུབ་བསྟན་པའི་མཆོག །ཅེས་ཐེག་པ་རིམ་གསུམ་ལ་བསྟན་པ་ཡང་རིམ་གསུམ་འབྱུང་བ་ཡིན་ནོ། །

དེ་ལྟར་སོ་སོར་གསུངས་ཀྱང་། གང་ཟག་གཅིག་གིས་ཕྱོགས་གཅིག་ཏུ་བསྡུས་ནས་བསྟན་པ་ཐམས་ཅད་འགལ་མེད་དུ་ཉམས་སུ་ལེན་པར་བཤད་དེ། ཆོས་རྗེ་ས་པཎ་གྱིས། དོ་གོར་བའི་ཞུས་ལན་དུ། སངས་

རྒྱས་བསྟན་པ་རིན་པོ་ཆེ། །མདོར་བསྡུས་ཉམས་སུ་ལེན་པའི་ཚོ། །འདུལ་བ་ཕར་ཕྱིན་གསང་སྔགས་གསུམ། །སོ་སོའི་གཞུང་དང་མི་འགལ་བར། །ཉམས་སུ་ལེན་པ་བཀའ་དང་མཐུན། །དེ་ཡང་སྟོང་ཉིད་སྙིང་རྗེ་ཡི། །སྙིང་པོ་ཅན་དུ་བསྒོམ་པར་ཞུ། །ཞེས་གསུངས་སོ། །ཡང་མཛོད་དུ། བསྟན་པ་ལ་ལུང་རྟོགས་གཉིས། བསྟན་པ་འཛིན་ཚུལ་ལ་བཤད་སྒྲུབ་གཉིས་སུ་བཤད་དེ། སྟོན་པའི་དམ་ཆོས་རྣམ་གཉིས་ཏེ། །ལུང་དང་རྟོགས་པའི་བདག་ཉིད་དོ། །དེ་འཛིན་བྱེད་པ་སྨྲ་བྱེད་པ། །སྒྲུབ་པར་བྱེད་པ་ཁོ་ནའོ། །ཞེས་གསུངས་སོ། །འོན་ཆོས་དང་བསྟན་པ་འབྲུལ་པ་དང་བཅོས་པ་དེ་གང་ཡིན་ཞེ་ན། བཤད་པ་འབྲུལ་ཞིང་བཅོས་པ་དང་། སྒྲུབ་པ་ཉམས་ལེན་འབྲུལ་ཞིང་བཅོས་པ་གཉིས་ཡོད་དེ། འཕགས་པ་ཐོགས་མེད་ཀྱིས། ཆོས་མིན་ཆོས་སུ་བཅོས་པ་ནི། །བཤད་པ་དང་ནི་སྒྲུབ་པའོ། །ཞེས་གསུངས་སོ། །དེ་བཞིན་དུ་འདུལ་བ་ལུང་དུ། ཀྱེ་རྒྱལ་བའི་སྲས་དག །གང་དག་ཞེ་སྡང་དང་གཏི་མུག་འཕེལ་བར་བྱེད་པ་དེ་དག་ཐམས་ཅད་ལམ་མིན་ཏེ། བཅོས་མའི་ལམ་གྱིས་སེམས་ཀྱི་དྲི་མ་སྦྱང་བར་མི་ནུས་ཤིང་། འཕེལ་བར་བྱེད་པ་ཆོམ་རྐུན་གྱི་ཕོ་ཉ་དང་། འཕར་བ་དང་། ཉན་རྣ་པ་ལྟར་རིམ་གྱིས་གནོད་ཀྱང་རབ་ཏུ་རྟོགས་པར་དཀའ་བ་བསླུ་བྱེད་ཆེན་པོ་དག་མ་འོངས་པའི་དུས་སུ་དེའི་ཚེ་ན་འབྱུང་བར་འགྱུར་རོ། །ཀྱེ། རྒྱལ་བའི་སྲས་དག །དེ་ལྟ་བུའི་ལམ་མིན་པ་སྤངས་ཏེ། ངའི་ལམ་རྒྱལ་པོ་ཆེན་པོ་ལྟ་བུ་འདི་ཉིད་དུ་བདེ་བར་འཇུག་པར་བྱའོ། །ཞེས་གསུངས་པ་བཞིན་ནོ། །

བཞི་པ་བསྟན་བཅོས་ཀྱི་བརྗོད་བྱའི་གཙོ་བོ་བསྟན་ནས་ཉན་པར་གདམས་པ་ནི། བསྟན་བཅོས་འདིས་བརྗོད་བྱ་ཅི་ཙམ་བསྟན་སྙམ་ན་བརྗོད་བྱ་རྒྱ་ཆེན་པོ་སངས་རྒྱས་ཀྱི་བསྟན་པའི་ཉམས་ལེན་ཐམས་ཅད་ཀྱི་བླང་དོར་བྱ་ཚུལ་བཤད་ཀྱིས་ཉོན་ཅིག །ཅེས་གསུངས་ཏེ། ཐེག་པ་ཆེ་ཆུང་གི་སོ་སོར་ཐར་པའི་སྡོམ་པ་ལུགས་གཉིས་དང་། བྱང་ཆུབ་སེམས་དཔའ་དབུ་སེམས་ཀྱི་སེམས་བསྐྱེད་ལུགས་གཉིས་གསང་སྔགས་རྒྱུད་སྡེ་བཞིའི་དབང་བསྐུར་དང་། སྡོམ་གསུམ་དེ་དག་ཐོབ་པར་བྱེད་པའི་ཆོ་ག་དང་། མ་བཤད་པ་དོན་དམ་སེམས་བསྐྱེད་ཀྱི་འབོགས་ཆོག་དགག་པ་དང་། ཐོབ་ཟིན་མི་ཉམས་པར་བྱ་བའི་ཕྱིར་དུ་སོ་སོའི་བསླབ་པར་བྱ་བ་དང་། ཐེག་པ་ཆེན་པོའི་ལམ་གྱི་གཙོ་བོ་བདག་གཞན་བརྗེ་བ་བྱང་ཆུབ་ཀྱི་སེམས་བསྐྱེད་པའི་གནད་རྣམས་དང་། དེའི་དགག་བྱ་བདག་གཞན་བརྗེ་མི་རུང་བའི་འབྲུལ་པ་དགག་པ་དང་། སྟོང་ཉིད་སྙིང་རྗེའི་སྙིང་པོ་ཅན་གྱི་སེམས་བསྐྱེད་དང་། དེའི་དགག་བྱ་ཆོས་ཉིད་ལ་ཡོད་པའི་དགེ་བ་དམིགས་བཅས་སུ་འདོད་པ་དང་། སེམས་ཅན་གྱི་རྒྱུད་ལ་བདེ་གཤེགས་སྙིང་པོ་རྟག་བརྟན་གྱི་དངོས་པོར་ཡོད་པར་འདོད་པ་དགག་པ་དང་། བླ་མེད་ཀྱི་ལམ་གྱི་ངོ་བོ། རིམ་པ་གཉིས་ཀྱི་གསང་ཚིག་མདོ་ཙམ་བསྟན་པ་དང་། དབང་བཞི་དང་རིམ་གཉིས་ལས་བྱུང་བའི་ཡེ་ཤེས་ཕྱག

རྒྱ་ཆེན་པོ་དང༌། དེའི་དགག་བྱ་དག་མ་ཐོབ་པའི་ཕྱག་རྒྱ་ཆེན་པོ་དང༌། སྟོང་པ་ཧར་སྒོམ་དང༌། དཀར་པོ་ཆིག་ཐུབ་སོགས་དགག་པ་དང༌། ཕྱི་དང་ནང་གི་སོགས་རྟེན་འབྲེལ་ལྔ་དང༌། ཐུན་མོང་དུ་རབ་དགའ་ལ་སོགས་པའི་ས་བཅུ་དང༌། ཚོགས་སྦྱོར་སོགས་ལམ་ལྔའི་རྣམ་བཞག་དང༌། ཐུན་མོང་མ་ཡིན་པ་བླ་མེད་ཀྱི་གནས་དང་ཉེ་བའི་གནས་སོགས་ས་བཅུ་གསུམ་དང༌། དྲོད་དང་རྟགས་ཀྱིས་བསྡུས་པ་སོགས་ཀྱི་ལམ་གྱི་རྣམ་པར་དབྱེ་བ་དང༌། གཞན་ཡང་དེ་དག་ལས་དགག་ཕྱོགས་དང་སྒྲུབ་ཕྱོགས་ནས་འཕྲོས་པ་རབ་ཏུ་མང་པོ་སྟོན་པའི་ཕྱིར་རོ། །

གཉིས་པ་བསྟན་བཅོས་ཀྱི་ལུས་དངོས་ལ། སྡོམ་པ་གསུམ་གྱི་ཉམས་ལེན་ལ་བླང་དོར་བྱ་ཚུལ་རྒྱས་པར་བཤད་པ་དང༌། དེ་ལྟར་སྟོན་པའི་བསྟན་བཅོས་འདི་ལ་འཁྲུལ་པའི་དྲི་མ་མེད་པའི་རྒྱུ་མཚན་བཤད་པའོ། །དང་པོ་ལ་གཉིས་ཏེ། བརྗོད་བྱ་བླ་མེད་དུ་རྟོགས་པར་བྱ་བའི་ཕྱིར་དུ་སྤྱི་དོན་གྱི་སྒོ་ནས་བཤད་པ། དེ་ཉིད་གཞུང་ཚིག་དང་སྦྱར་བ་གཞུང་དོན་བཤད་པའོ། །དང་པོ་ལ་བཅུ་གཉིས་ཏེ། སྡོམ་གསུམ་གྱི་བླ་མ་བརྒྱུད་རིམ་བཤད་པ། སྡོམ་པ་གསུམ་སྟོན་པའི་གཞུང་ངོས་བཟུང་བ། ལེན་པ་པོའི་རྟེན་གྱི་མཚན་ཉིད། སྡོམ་པ་གསུམ་གྱི་བླང་ཡུལ་བཤད་པ། ཐོབ་པར་བྱེད་པ་ཆོ་གའི་རྣམ་པར་བཞག་པ། དེ་ལས་ཐོབ་པ་སྡོམ་པ་གསུམ་སོ་སོའི་ངོ་བོ་ངོས་བཟུང་བ། སྡོམ་པ་གསུམ་གང་ཟག་གཅིག་གི་རྒྱུད་ལ་ལྡན་ཚུལ་བཤད་པ། དེ་ལ་རྩོད་པ་སྤང་བ། སྡོམ་གསུམ་གྱི་བསླབ་བྱ་བཤད་པ། ཉམས་ན་ཕྱིར་བཅོས་པའི་ཚུལ་བཤད་པའོ། །སྡོམ་པ་གསུམ་རྒྱུད་ལ་ལྡན་བཞིན་དུ་སྡོམ་པ་གསུམ་གྱི་ལམ་ལ་སློབ་ཚུལ། སྡོམ་གསུམ་ཉམས་སུ་བླངས་བའི་འབྲས་བུ་བཤད་པའོ། །དང་པོ་ལ་ཡང་གསུམ་ཡོད་པའི་དང་པོ་སོ་སོར་ཐར་པའི་སྡོམ་བརྒྱུད་ལ། སྤྱིར་རྒྱ་གར་དུ་གྲགས་ཆེ་ད་ལ། བཅོམ་ལྡན་འདས་ཀྱི་སྲས་སྒྲ་གཅན་འཛིན་དང༌། འོད་སྲུང་ཆེན་པོ་དང༌། ཉེ་བ་འཁོར་དང༌། ཉན་ཐོས་ཀ་ཏ་ཡ་ན་ཆེན་པོ་དང་བཞི་ལས་རྩ་བ་སྡེ་བཞིའི་མཁན་བརྒྱུད་དུ་འདོད་པ་ལ། ཐམས་ཅད་ཡོད་སྨྲ་དང༌། དེའི་ནང་ནས་ཀྱང༌། གཞི་ཐམས་ཅད་ཡོད་པར་སྨྲ་བའི་མཁན་བརྒྱུད་ནི། སྒྲ་གཅན་འཛིན་ལས་བརྒྱུད་དོ། །དེ་ཡང་འཕགས་པ་ཀླུ་སྒྲུབ་ལ་སོགས་པ་ཐེག་ཆེན་གྱི་དགེ་སློང་ཆེན་པོ་རྣམས་བརྒྱུད་པ་ཡོད་ཀྱི། ཉན་ཐོས་ཁོ་ན་ལ་བརྒྱུད་དགོས་པ་མིན་ཏེ། སོ་སོའི་སྡོམ་བརྒྱུད་ཀྱི་ཡི་གེར་གསལ་ལོ། །ཁྱད་པར་བོད་འདིར་བསྟན་པ་སྔ་དར་ལ། མཁན་ཆེན་ཞི་བ་འཚོས་སད་མི་བདུན་རབ་ཏུ་བྱུང་སྟེ་བསྟན་པ་དར་བར་ཡོད་པ་ལ། རྒྱལ་པོ་གླང་དར་མས་བསྣུབ་པ་བསྣུབས་ཏེ། གཙང་རབ་གསལ། གཡོ་དགེ་འབྱུང༌། དམར་ཤཱཀྱ་མུ་ནེ་སྟེ་མཁས་པ་མི་གསུམ་མདོ་སྨད་དུ་བྲོས་ནས་བཞུགས་པ་ལ། བླ་ཆེན་དགོངས་པ་རབ་གསལ་གྱིས་རབ་བྱུང་དང་བསྙེན་རྫོགས་མཛད་ཅིང༌། ཀླུ་མེས་སོགས་དབུས་པ་མི་ལྔ། ལོ་སྟོན་སོགས་གཙང་པ་མི་ལྔ་སྟེ། དབུས་གཙང་གི་མི་བཅུ་བྱོན་ཏེ། བླ་ཆེན་ལ་བསྙེན་

པར་རྫོགས་ནས་ཕྱིན་པའི་འདུལ་བ་ཡར་དར་ལ། དབུས་གཙང་དུ་དགེ་འདུན་གྱི་སྡེ་རབ་ཏུ་མང་པོ་བྱུང་ཚུལ། རྗེ་བཙུན་གྱིས་མཛད་པའི་གྲེས་མདོར་གསལ་ལོ། །ཡང་འ་འ་ཞ་གཡུ་རུང་འགྲེ་གཞོན་ཚུལ་འགྲེ་གཉིས་པོས་མར་ཕྱིན། བླ་ཆེན་གྱི་སློབ་མ་གཅིག་ལ་ཆབ་གཏོར་དང་། དེར་བས་ཀྱི་སྡོམ་པ་ཐོབ་པར་བསམ་ནས་ཡར་འོངས་པ་ལ། འ་ཚོ་དང་འདྲེ་ཚོའི་སྡེ་པ་བྱུང་བ་ནི་མི་དག་པ་ཡིན་སྐད། ཡང་སྟོད་ཞང་ཞུང་རྒྱལ་བའི་ཤེས་རབ་ལས་བརྒྱུད་པའི་འདུལ་བ་སྟོད་དར་དང་། དུས་ཕྱིས་ཁ་ཆེ་པཎ་ཆེན་ནས་བརྒྱུད་པའི་པཎ་ཆེན་ལུགས་ཏེ། པཎ་ཆེན་གྱི་སློབ་མ་མཁས་པ་བྱང་རྡོར་གཉིས་ལས་འཕེལ་བ་ཇོ་གདན་ཚོགས་སྡེ་བཞི་སོགས་བྱུང་། དེ་དག་ལ་པཎ་ཆེན་ནས་བརྒྱུད་པ་རྣམས་དག་ལ། བླ་ཆེན་ནས་བརྒྱུད་པ་རྣམས་མི་དག་པ་ཡིན་ནོ། །ཞེས་ཟེར་བ་ཡང་ཡོད་མོད་ཀྱི། ཞིབ་པར་ཆོས་འབྱུང་རྣམས་དང་། ཏི་ཀ་བསམ་ཡས་མ་སོགས་སུ་གསལ་ལོ། །ཁ་ཅིག་ན་རེ། ཆབ་གཏོར་དང་། དེར་བས་ཡིན་ཀྱང་དེ་དག་ལ་ཐོབ་ཤེས་ཀྱི་བསམ་པ་ཡོད་ན་སྡོམ་པ་ཐོབ་བོ་ཞེས་ཟེར་བ་ནི་ནོར་པ་སྟེ་སྡོམ་པ་འགོགས་པའི་རྣམ་བཞག་ཙམ་ཡང་མེད་པའི་བླུན་པོ་འཁྲུལ་པའི་ལོ་རྒྱུས་སུ་འདུག་པའི་ཕྱིར་དང་། དེ་ལྟར་ན་གཞན་ཆོ་ག་གང་ཡང་མེད་པར་སྡོམ་པ་ཐོབ་བློ་སྐྱེས་པས་ཆོག་པར་འགྱུར་རོ། །ཡང་སྐད་འདུལ་མི་དག་བྱས་ན་རྫོག་ལོ་དང་། རིན་ཆེན་བཟང་པོ་ལ་སྐུར་བ་བཏབ་པར་འགྱུར་རོ་ཟེར་བ་ནི། ཆ་མེད་པའི་འཆལ་གཏམ་སྟེ། སྔ་མས་ནི་ཁ་ཆེར་བསྙེན་པར་རྫོགས་པར་བཤད་ལ། ཕྱི་མས་ནི། སྐད་འདུལ་ལ་བསྙེན་པར་རྫོགས་པར་བཤད་པ་དེའི་རྣམ་ཐར་ཆེ་ཆུང་གང་ན་ཡང་མེད་པའི་ཕྱིར་རོ། །

གཉིས་པ་བྱང་སེམས་སྡོམ་བརྒྱུད་ལ། དབུ་མ་ལུགས་དང་། སེམས་ཙམ་ལུགས་གཉིས་ལས། དང་པོ་ནི་སངས་རྒྱས་ནས། འཇམ་དབྱངས་དང་། ཀླུ་སྒྲུབ་སོགས་ལས་བརྒྱུད་དེ། ད་ལྟ་དཔལ་ལྡན་ས་སྐྱ་པ་ལ་ཕྱག་ལེན་རྒྱས་བསྡུས་འགའ་ཞིག་བཞུགས་པ་འདི་དག་ཡིན་ནོ། །བླ་བརྒྱུད་རྣམས་བྱང་སེམས་སྡོམ་བརྒྱུད་ཀྱི་ཡི་གེར་ཤེས་སོ། །གཉིས་པ་ནི། སངས་རྒྱས་ནས་བྱམས་པ་དང་ཐོགས་མེད་སོགས་སུ་བརྒྱུད་དེ། ཇོ་བོ་རྗེས་བོད་དུ་དར་བར་མཛད་ཀྱང་། བོད་དུ་བཀའ་གདམས་ཕྱི་མ་རྣམས་སོ་ཐར་མི་ལྡན་པའི་ཁྲིམ་ཚོགས་མང་པོ་ལ་འཇུག་སྡོམ་འབོགས་པའི་ནོར་པ་བྱེད་པ་བྱུང་ངོ་། །ད་ལྟ་བླ་མ་ཁ་ཅིག །དབུ་སེམས་གཉིས་ཆོ་ག་དང་སྡོམ་པ་གཉིས་བསྲུང་ཚུལ་འདྲ་བར་བཞེད་པ་ཡང་ནོར་པ་ཡིན་པར་བཞེད་དོ། །ཁ་ཅིག་ན་རེ། བྱམས་པ་ཐོགས་མེད་དང་། ཇོ་བོ་རྗེ་དབུ་མ་པར་མཚུངས་པས། ལྟ་བ་ཐ་དད་པའི་སྡོམ་བརྒྱུད་དུ་འགལ་ལོ། །ཞེས་བྲིས་པ་ནི་མ་བརྟགས་པ་སྟེ། སྡོམ་པ་སངས་རྒྱས་དབུ་མ་པ་ཁོ་ན་ཡིན་པས། ལྟ་བ་ཐ་དད་པ་གྲུབ་མཐའ་བཞིའི་སྡོམ་བརྒྱུད་དུ་མི་རུང་བར་འགྱུར་བ་དང་། དབུ་མ་པ་ཆེན་པོ་ཀླུ་སྒྲུབ་ཞབས་ཐོས་བྱེ་སྨྲའི་སྡོམ་བརྒྱུད་དུ་མི་རུང་བར་འགྱུར

ཞིང་། སེམས་ཙམ་ཚོགས་ཞུག་ལེན་བརྒྱུད་པ་དང་། སེམས་ཙམ་ཡིན་པའི་བརྒྱུད་པ་གཉིས་མ་ཕྱེད་པར་སྣང་ངོ་། །གཞན་ཡང་ཁྱེད་རང་གི་ཀླུ་སྒྲུབ་དང་། ཐོགས་མེད་ཀྱི་གྲངས་འབྱེད་ཚུལ་ལ། དབུ་སེམས་གཉིས་ཀྱི་ཤིང་རྟའི་སྲོལ་སོ་སོར་འབྱེད་པ་མི་འཐད་པས། ཀླུ་སྒྲུབ་ཐོགས་མེད་གཉིས་ཀ་དབུ་མ་པར་མཚུངས་པའི་ཕྱིར་རོ། །གཞན་ཡང་དེ་གཉིས་མདོ་སོ་སོའི་རྗེས་སུ་འབྲང་བའི་སྲོལ་འབྱེད་སོ་སོ་མིན་པར་ཐལ། དེ་གཉིས་མདོ་སོ་སོའི་རྗེས་སུ་འབྲང་བའི་སྲོལ་འབྱེད་སོ་སོར་མི་རུང་བའི་ཕྱིར་རོ། །ཞེས་བརྗོད་ན་འཁོར་གསུམ་ཡིན་པར་ཤེས་པར་གྱིས་ཤིག །

གསུམ་པ་སྔགས་སྡོམ་གྱི་བརྒྱུད་རིམ་ནི། སངས་རྒྱས་ནས་ཕྱག་ན་རྡོ་རྗེ་དང་། རྒྱལ་པོ་རབ་གསལ་ཟླ་བ་སོགས་བརྒྱུད་པའི་གཙོ་བོ་ཡོ་གའི་སྡོམ་རྒྱུད། ཡང་སངས་རྒྱས་ནས་ཨིནྡྲ་བྷཱུ་ཏི་སོགས་ནས་བརྒྱུད་པ་བླ་མེད་ཀྱི་སྡོམ་བརྒྱུད། ཡང་སངས་རྒྱས་ཀྱི་དངོས་སློབ་རྒྱལ་པོ་ཟླ་ བ་བཟང་ པོ་ནས། བྱང་ཤམ་ བྷ་ལར་བརྒྱུད་དེ། རྒྱ་གར་དུ་ཙི་ལུ་པ་དང་། དུས་ཞབས་ཆེ་ཆུང་ནས་བརྒྱུད་པ་དུས་འཁོར་བའི་སྡོམ་བརྒྱུད། ཡང་རྡོ་རྗེ་འཆང་། བདག་མེད་མ་ནས་བརྒྱུད་པའི་གཙོ་བོར་མ་རྒྱུད་པའི་སྡོམ་བརྒྱུད་དང་། ཡང་སངས་རྒྱས་ནས་ཕྱག་ན་རྡོ་རྗེ་དང་། ས་ར་ཧ་དང་ཀླུ་སྒྲུབ་དཔོན་སློབ་ལ་བརྒྱུད་པའི་བདེ་མཆོག་གི་སྡོམ་བརྒྱུད་དེ་སོ་སོའི་བརྒྱུད་ཡིག་ཏུ་ཤེས་སོ། །བོད་དུ་བསྟན་པ་སྔ་དར་གྱི་གསང་སྔགས་བྱུང་བ་ནི། རྙིང་མ་པ་དག་གི་བརྒྱུད་པ་ཁོ་ན་ཡིན། ཕྱི་དར་གྱི་མཁས་པ་ཆེན་པོ་རིན་ཆེན་བཟང་པོ་དང་། འབྲོག་མི་ལོ་ཙྪ་བ་ནས་བརྒྱུད་པ་དང་། མར་འགོས་ནས་བརྒྱུད་པ་སོགས་མང་དུ་བྱོན་པ་ལས། རྗེ་བཙུན་ས་སྐྱ་པ་ཁུ་དབོན་ལ་རྒྱུད་སྡེ་བཞིའི་བཀའ་ལུང་དང་། ཁྱད་པར་དུ་བླ་མེད་ཀྱི་སྨིན་གྲོལ་གྱི་ལམ་ཡན་ལག་དང་བཅས་པ་མང་པོའི་བཀའ་བབས་པ་ལས་ད་ལྟ་ཡང་ཕལ་ཆེར་མ་ཆད་པར་བཞུགས་ཏེ། བདེ་དགྱེས་ཀྱི་བརྒྱུད་རིམ་སོགས་ལས་ཤེས་སོ། །མར་པའི་བཤད་བརྒྱུད་དང་། སྒྲུབ་རྒྱུད་གཉིས་ཀྱི་ཕྱི་མ་ལ། རྗེ་བཙུན་མི་ལས་མར་པ་ལ་ཁྲིད་ཞུས་ཀྱང་། དབང་བསྐུར་བ་ནི་བ་རི་ལོ་ཙྪ་བ་ལ་བླངས་ཞིང་། དྭགས་པོ་ལྷ་རྗེ་ནས་སྨིན་བྱེད་ཀྱི་དབང་བསྐུར་མེད་པར་བྱིན་རླབས་ཀྱི་ཆོས་སྒོ་ཕྱེ་ནས་ལམ་སྒོམ་པ་བྱུང་ངོ་། །གཞན་དག་ནི་རྙིང་མ་བའི་སྔགས་སྡོམ་གྱི་བརྒྱུད་པ་འདིད་པ་དང་། ལ་ལ་འཇུག་སྒོའི་དབང་དང་། རྗེས་གནང་དང་བྱིན་རླབས་ཀྱི་རྣམ་དབྱེ་ཡང་མི་ཤེས་པར་སྔགས་ཀྱི་སློབ་དཔོན་དུ་ཁས་ལེན་པ་མང་ངོ་། །

དེ་ལྟར་ན་སྡོམ་པ་གསུམ་ཀའི་བརྒྱུད་པ་སངས་རྒྱས་ལ་འདེད་དགོས་ན། སངས་རྒྱས་ཀྱི་རྒྱུད་ལ་སྡོམ་གསུམ་ཡོད་དམ་ཞེ་ན། བོད་ཁ་ཅིག་རྟེན་རིག་ལོག་པ་དང་། ཁས་བླངས་དུས་ལས་འདས། སྡོམ་པ་བསྲུང་འདོད་མེད་པས། དེ་ལྟར་སྡོམ་པ་མེད་པར་འདོད་པ་ནི། ཚིག་ལས་ཐོབ་པའི་སྡོམ་པ་ཁོ་ན་ལ་བསམ་འདུག

པས་མི་འཐད་དེ། སྔོན་པས་ཆོག་ལ་མ་ལྟོས་པར་རང་བྱུང་གི་བསྙེན་རྫོགས་མཛད་ཅིང་། ཚུལ་ཁྲིམས་ཀྱི་ཕུང་པོ་བསམ་གྱིས་མི་ཁྱབ་པ་དང་། ཕ་རོལ་དུ་ཕྱིན་པ་དྲུག་དང་། སྐུ་གསུང་ཐུགས་རྡོ་རྗེའི་རང་བཞིན་དུ་གྲུབ་པར་བཞུགས་པས་སོ་ཐར་དང་། སེམས་བསྐྱེད་དང་། རིག་འཛིན་གྱི་ཚུལ་ཁྲིམས་ནི་ངེས་པར་ཡོད་ལ། འོན་ཀྱང་ཆོས་རྗེ་ས་པཎ་གྱིས་སློན་འཇུག་གི་ངོས་འཛིན་མཛད་ནས། དེ་དག་ཀྱང་མི་མཐུན་པའི་ཕྱོགས་སྡོམ་སེམས་ཡོད་ན་སྡོམ་པར་འགྱུར་ལ། ཞེས་གསུངས་པས། ད་ལྟའི་སྡོམ་པ་འདི་འདྲ་ནི་མེད་པར་མངོན་ལ། སར་གནས་ཀྱི་འཕགས་པ་ལའང་འདི་འདྲ་རང་མེད་པ་མིན་ནོ། །

སྤྱི་དོན་གཉིས་པ་སྡོམ་གསུམ་བསྟན་པའི་གཞུང་ངོས་བཟུང་བ་ལ། སྡོམ་གསུམ་གྱི་དང་པོ་སོ་ཐར་ལ། ཐེག་དམན་དང་། ཐེག་ཆེན་སོ་ཐར་གཉིས་ཀྱི་ཐེག་དམན་སོ་ཐར་ལ་མདོའི་དབང་དུ་བྱས་ན། མཁས་པ་དབྱིག་གཉེན་གྱིས། སྡེ་པ་གཞན་དག་ལ་ལུང་དང་ལེའུ་དང་། མདོ་རྣམ་པར་བཞག་པ་ཐ་དད་པའི་ཕྱིར་རོ། །ཞེས་དང་། མངལ་འཇུག་དགའ་བྱེད་ཚེ་མཐའ་སོགས་ལུང་སིལ་བུ་འདི་དང་མི་འགལ་བའི་ཕྱིར་རོ། །ཞེས་དང་། སྡེ་པ་ཕན་ཚུན་ཐ་དད་པའི་མདོ་སྡེ་གང་དག་ཡིན་པ་དེ་དག་ཀྱང་། ཞེས་གསུངས་པས། ཉན་ཐོས་རྒྱ་བའི་སྡེ་བཞི་ལ་འདུལ་བའི་སྡེ་མདོ་རེ་རེ་ཡོད་པར་བཤད་པ་ལས། བོད་དུ་འགྱུར་བའི་སོ་ཐར་གྱི་མདོ་དང་། ལུང་སྡེ་བཞི་ནི་ཐམས་ཅད་ཡོད་སྨྲའི་འདུལ་བར་སྟོན་པར་བཞེད་དེ། མདོ་སྡེ་པ་ཡང་ཐམས་ཅད་ཡོད་སྨྲའི་ནང་ཚན་ཡིན་པར་བཤད་པས། བྱེ་མདོ་གཉིས་ཀ་ལ་བརྟེན་ཞིང་། ཐེག་ཆེན་པས་ཀྱང་རབ་བྱུང་གི་ཆོ་ག་སོགས་འདུལ་བ་བཞིན་བྱེད་པས། ལུང་སྡེ་བཞི་ནི་ཐེག་པ་ཆེ་ཆུང་གི་ཐུན་མོང་བ་སྟེ། དེ་ལྟར་བྱང་ཆུབ་སེམས་དཔའི་སྐྱེས་རབས་སོགས་ཐེག་པ་ཆེན་པོའི་ཉམས་ལེན་ཡང་མང་པོ་འབྱུང་ངོ་། །བསྟན་བཅོས་ཀྱི་དབང་དུ་བྱས་ན། སློབ་དཔོན་ཡོན་ཤཱཀ་དང་། དགྲ་བཅོམ་པ་ས་གའི་ལྷས་མཛད་པ་སོགས་ཡིན་ལ། དེ་ཡང་རྗེ་བཙུན་ཆེན་པོས་བྱེ་བྲག་བཤད་མཛོད་ཚད་མར་བྱེད་པའི་ཉན་ཐོས་རྣམས་བྱེ་བྲག་ཏུ་སྨྲ་བ། དེ་ཚད་མར་མི་བྱེད་པའི་ཉན་ཐོས་རྣམས་མདོ་སྡེ་པར་གསུངས་པས། དེ་བཞིན་དུ་ཤེས་པར་བྱའོ། །གང་ལྟར་ཡང་། མཛོད་རྩ་བ་ནི་བྱེ་བྲག་ཏུ་སྨྲ་བ་དང་། རང་འགྲེལ་དུ་མདོ་སྡེ་པའི་ལུགས་ཀྱང་སྟོན་པར་ཐམས་ཅད་འདོད་པ་མཐུན་ནོ། །

གཉིས་པ་ཐེག་ཆེན་སོ་ཐར་ལ་ཡང་མདོ་བསྟན་བཅོས་གཉིས་ཀྱི། དང་པོ་ནི། སྔར་བཤད་པ་ལྟར་ལུང་སྡེ་བཞི་ནི་ཐུན་མོང་གི་མདོ་ཡིན་ལ། ཐུན་མོང་མ་ཡིན་པའི་མདོ་ནི། བསླབ་བཏུས་དང་། མདོ་ཀུན་ལས་བཏུས་དང་། བྱང་སར་བྱང་སེམས་ཀྱི་སོ་ཐར་སྟོན་བྱེད་དུ་དྲངས་པའི་མདོ་རྣམས་ཡིན་ནོ། །

གཉིས་པ་བསྟན་བཅོས་ཀྱི་དབང་དུ་བྱས་པ་ནི། ཞི་བ་ལྷ་དང་། འཕགས་པ་ཐོགས་མེད་ཀྱི་བསྟན་

བཅོས་དེ་དག་ལས། ཐེག་པ་ཆེན་པོའི་རབ་ཏུ་བྱུང་བ་དང་། ཁྱིམ་པའི་ཕྱོགས་ཀྱི་ཚུལ་ཁྲིམས་ཀྱི་རྣམ་བཞག་མང་དུ་གསུངས་པ་དང་། ཇོ་བོ་ཨ་ཏི་ཤས་མཛད་པའི་སྡོམ་བརྒྱད་ལ་སོགས་པ་ཡིན་ནོ། །གཞན་ཡང་གསང་སྔགས་ཀྱི་རྒྱུད་དང་། བསྟན་བཅོས་སུ་སོ་ཐར་རིགས་བདུན་བཤད་པ་རྣམས་ཀྱང་། ཐེག་ཆེན་སོ་ཐར་མང་བ་ཡིན་ཏེ། རྗེ་བཙུན་ཆེན་པོས། སྡོམ་པ་ཉི་ཤུ་པའི་འགྲེལ་པར། ཇོ་རྗེ་རྩེ་མོར། གལ་ཏེ་དེ་དག་རབ་བྱུང་འགྱུར། །སྡོམ་པ་གསུམ་དང་ཡང་དག་ལྡན། །ཞེས་པའི་རབ་བྱུང་གི་སྡོམ་པ་དེ་ཐེག་ཆེན་སོ་ཐར་ལ་དགོངས་པ་ཡིན་པར་གསུངས་པ་བཞིན་ནོ། །མངོན་པ་གོང་མ་ཀུན་ལས་བཏུས་པར། སོ་ཐར་བཤད་པ་ཐམས་ཅད་ཀྱང་གཞུང་དེ་སེམས་ཙམ་ལུགས་སུ་འདོད་ན། སོ་ཐར་དེ་དག་ཐེག་ཆེན་སོ་ཐར་ཡིན་དགོས་ལ། མདོ་སྡེ་པའི་ལུགས་སུ་འདོད་ན། ཐེག་ཆེན་སོ་ཐར་དང་། གཉིས་ཀའི་ཐུན་མོང་བའི་གཞུང་ཡིན་པ་ལྟར་ན། ཐུན་མོང་བའི་སོ་སོར་ཐར་པ་ཡིན་དགོས་སོ། །འོན་ཀྱང་ཞིབ་ཏུ་ན། ཐེག་པ་ཆེ་ཆུང་གི་གཞུང་ནས་བཤད་ཀྱང་། གང་ཞིག་རྒྱུད་ལ་སྐྱེས་པའི་ཚེ་ན་རང་དོན་དང་བཅས་ན་ཐེག་དམན་སོ་ཐར་དང་། གཞན་དོན་དུ་བྱས་ན་ཐེག་ཆེན་སོ་ཐར་དུ་འགྱུར་བ་ཡིན་གྱི་གཞུང་གར་བཤད་ཀྱིས་འབྱེད་པ་མིན་ནོ། །

གཉིས་པ་བྱང་སེམས་ཀྱི་སྡོམ་པ་སྟོན་པའི་གཞུང་ལ་དབུ་སེམས་གཉིས། དང་པོ་ལ། མདོ་ནི་ནམ་མཁའི་སྙིང་པོ། བསྐལ་པ་བཟང་པོ། སྡོང་པོ་བཀོད་པ། དཀོན་མཆོག་བརྩེགས་པ་སོགས་ཡིན་ལ། བསྟན་བཅོས་ནི་འཕགས་པ་ཀླུ་སྒྲུབ་ཀྱིས་མཛད་པའི་སེམས་བསྐྱེད་ཆོ་ག་དང་། ཞི་བ་ལྷའི་སྤྱོད་འཇུག་དང་། བསླབ་བཏུས་དང་། ཛེ་ཏ་རིའི་ཡི་དམ་བླང་བའི་ཆོ་ག་རྣམས་ཡིན་ནོ། །གཉིས་པ་སེམས་ཙམ་པའི་མདོ་ནི། མདོ་སྡེ་བྱང་ཆུབ་སེམས་དཔའི་ས་ཆེན་པོ་ལ་སོགས་པ་ཡིན་ལ། བསྟན་བཅོས་ནི་ཐོགས་མེད་ཀྱིས་མཛད་པའི་བྱང་ས། ཙནྡྲ་གོ་མིས་མཛད་པའི་སྡོམ་པ་ཉི་ཤུ་པ། ཇོ་བོ་རྗེས་མཛད་པའི་བྱང་ཆུབ་ལམ་སྒྲོན་ལ་སོགས་པ་ཡིན་ནོ། །དབུ་སེམས་ཀྱི་མདོ་གཞུང་སོ་སོར་ཡོད་ཚུལ། ཆོས་རྗེ་ས་པཎ་གྱིས་མཛད་པའི་སེམས་བསྐྱེད། ལུང་སྦྱོར་དུ་ཤེས་སོ། །

གསུམ་པ་སྔགས་སྡོམ་སྟོན་པར་བྱེད་པའི་གཞུང་ལ་གཉིས་ཀྱི་དང་པོ་ནི། རྒྱུད་ཀྱི་དབང་དུ་བྱས་པ་ནི། བྱ་རྒྱུད་ལ་གསང་བ་སྤྱི་རྒྱུད་ལེགས་པར་གྲུབ་པ་ལ་སོགསཔ་མང་པོ་དང་། སྤྱོད་རྒྱུད་ལ་རྣམ་སྣང་མངོན་བྱང་ལ་སོགས་པ་མང་པོ་དང་། རྣལ་འབྱོར་ཡོ་ག་ལ་རྩ་རྒྱུད་ཀྱི་དེ་ཉིད་འདུས་པ། བཤད་རྒྱུད་དང་བཅས་པ་གཞན་ཡང་ཆ་མཐུན་གྱི་རྒྱུད་ལ་སོགས་པ་མང་པོ་དང་། བླ་མེད་ལ་གསང་འདུས་ལ་སོགས་པ་ཕ་རྒྱུད་སྡེ་གསུམ། ཀྱེ་རྡོར་དང་དུས་འཁོར་ལ་སོགས་པ་མ་རྒྱུད་སྒྲོ་དྲུག་སྟེ། དེ་དག་གི་རྒྱུད་སྡེ་བཞི་པོ་སོ་སོའི་སྔགས་སྡོམ་སྟོན་པར་བྱེད་དེ། ཞིབ་ཏུ་ན་བྱ་རྒྱུད། དཔུང་བཟང་གིས་ཞུས་པ་ལས། རིགས་དང་དམ་ཚིག་མ་ཐོབ་སྙིང་རྗེ་མེད། །དེ་ནི

བྱང་ཆུབ་སེམས་ནི་མ་བསྐྱེད་ཅིང༌། །སངས་རྒྱས་མ་དད་ལྷ་གཞན་མ་བརྟེན་པས། །ང་ཡི་གསང་སྔགས་བཟླས་ན་ཕུང་བར་འགྱུར། །ཞེས་དང༌། ཇི་ལྟར་ལོ་ཐོག་ཐམས་ཅད་ས་ལ་ནི། །བརྟེན་ནས་སྐྱོན་མེད་པར་ནི་སྐྱེ་བ་ལྟར། །དེ་བཞིན་ཚུལ་ཁྲིམས་བརྟེན་ནས་ཆོས་དཀར་མཆོག །སྙིང་རྗེའི་ཆུས་བརླན་པར་ནི་རྣམ་པར་སྐྱེ། །རྒྱལ་བ་ངས་གསུངས་སོ་སོ་ཐར་པ་ཡི། །དམ་ཚིག་དང་ནི་སྡོམ་པ་མ་ལུས་པ། །སྔགས་པ་ཁྱིམ་པས་རྟགས་དང་ཆོ་ག་སྤངས། །ལྷག་མ་རྣམས་ནི་ཉམས་སུ་བླང་བར་བྱ། །ཞེས་དང༌། སྔགས་ཀྱི་རྩ་བ་དང་པོ་ཚུལ་ཁྲིམས་ཏེ། །དེ་ནས་བརྩོན་འགྲུས་དང་ནི་བཟོད་པ་དང༌། །རྒྱལ་བ་ལ་ནི་དད་བྱ་བྱང་ཆུབ་སེམས། །གསང་སྔགས་དང་ནི་ལེ་ལོ་མེད་པའོ། །ཇི་ལྟར་མི་དབང་རིན་ཆེན་བདུན་ལྡན་པས། །སྐྱེ་བ་མེད་པར་སྐྱེ་དགུ་འདུལ་བར་བྱེད། །དེ་བཞིན་སྔགས་པས་ཡོན་ཏན་འདི་བདུན་དང༌། །ལྡན་པར་གྱུར་ནས་སྡིག་པ་འདུལ་བར་བྱེད། །ཅེས་སོགས་བཤད་པ་དང༌། སྤྱོད་རྒྱུད་འཇམ་དཔལ་རྩ་རྒྱུད་ལས། ཟློས་པ་འདི་ལ་ཚུལ་ཁྲིམས་ཉམས། །དེ་ལ་གྲུབ་པ་མཆོག་མེད་ཅིང༌། །གྲུབ་པ་འབྲིང་པོའང་མེད་དོ། །གྲུབ་པ་ཐ་མའང་ཡོད་མ་ཡིན། །ཚུལ་ཁྲིམས་འཆལ་ལ་ཐུབ་དབང་གིས། །གསང་སྔགས་གྲུབ་པར་མ་གསུངས་ཏེ། །ཞེས་སོགས་དང༌། ཆོས་གསུམ་དང་ལྡན་ན་གསང་སྔགས་ཀྱི་སྤྱོད་པ་ཡོངས་སུ་རྫོགས་པར་འགྱུར་ཏེ། གསུམ་གང་ཞེ་ན། སེམས་ཅན་ཡོངས་སུ་མི་གཏོང་བ་ཉིད་དང༌། བྱང་ཆུབ་སེམས་དཔའི་ཚུལ་ཁྲིམས་ཀྱི་སྡོམ་པ་ཡོངས་སུ་བསྲུང་བ་དང༌། རང་གི་གསང་སྔགས་ཡོངས་སུ་མི་གཏོང་བ་ཉིད་དོ། །ཞེས་བཤད་པ་དང༌། ཡོ་ག་རྡོ་རྗེ་རྩེ་མོ་ལས། སྲོག་གཅོད་རྐུ་དང་འཁྲིག་པ་དང༌། །རྫུན་དང་ཆང་འཐུང་རྣམ་པར་སྤངས། །ཁྱིམ་པའི་སྡོམ་པ་ལེགས་གནས་ནས། །གསང་སྔགས་རྒྱལ་པོ་རབ་ཏུ་བསྒྲུབ། །གལ་ཏེ་དེ་དག་རབ་བྱུང་གྱུར། །སྡོམ་པ་གསུམ་དང་ཡང་དག་ལྡན། །ཞེས་སོགས་བཤད་པ་དང༌། བརྟག་གཉིས་སུ། དང་པོ་གསོ་སྦྱོང་སྦྱིན་པར་བྱ། །དེ་རྗེས་བསླབ་པའི་གནས་བཅུ་སྦྱིན། །ཞེས་སོགས་དང༌། དུས་འཁོར་དུ། རྟེན་ལ་གསུམ་གྱི་དགེ་སློང་མཆོག །འབྲིང་ནི་དགེ་ཚུལ་ཡིན་པར་འདོད། །ཁྱིམ་ན་གནས་པ་ཐ་མའོ། །ཞེས་བཤད་པས། རྒྱུད་སྡེ་རེ་རེས་ཀྱང་སྡོམ་པ་གསུམ་ཀ་སྟོན་པ་མང་ངོ༌། །བསྟན་བཅོས་ནི་རྒྱ་གར་ནས་བསྒྱུར་བའི་དཀྱིལ་འཁོར་གྱི་ཆོ་ག་དང༌། སྒྲུབ་ཐབས་ཚད་ལྡན་རྣམས་ན་ཤིན་ཏུ་གསལ་ཆེ་སྟེ། དང་པོས་ནི་སྔགས་སྡོམ་གསར་དུ་ཐོབ་པར་བྱེད་པ་དང༌། ཉམས་པ་གསོ་བར་བྱེད་པ་སྟོན་ལ། ཕྱི་མས་ནི་སྔགས་སྡོམ་ཐོབ་ཟིན་མི་ཉམས་པར་སྐྱོང་བའི་ཐབས་དེ་སྟོན་ནོ། །འོན་ཀྱང་སྔགས་ཀྱི་བཀའ་འགྱུར་དང༌། བསྟན་འགྱུར་དུ་བཞུགས་ཚུལ་མདོ་ཙམ་བྲིས་པ་ཡིན་གྱི། དབང་བསྐུར་བཀའ་ཡོད་ཀྱི་དབང་དུ་བྱས་ན། ཕྲེང་བ་སོགས་བཀའ་མངས་དང༌། ཟུར་བཀའ་བདུན་ཅུ་རྩ་གཅིག་ཡོད་པར་གསུངས་སོ། །ཡང་ར་ལི་སུམ་ཅུ་སོ་གཉིས། གཉིས་མེད་རྣམ་རྒྱལ་ཆེན་མོ

སོགས་དང་། དེའི་ལག་ལེན་གྱི་དཀྱིལ་ཆོག་དང་། མི་ཏྲ་རྒྱ་རྩའི་དཀྱིལ་ཆོག་སོགས་ནི། རྒྱུད་དང་བསྟན་བཅོས་བཏུས་མ་ཡིན་ལ། གཞན་ཡང་སྔགས་ལོག་སྨན་འབྱིན་གྱི་གཞུང་རྣམས་སུ་བཤད་པའི་ཆོས་བཏུས་མ་མང་བ་ཡིན་ནོ། །

སྤྱི་དོན་གསུམ་པ་སྡོམ་པ་གསུམ་གང་ལ་སྐྱེ་བ་རྟེན་གྱི་མཚན་ཉིད་ལ་གསུམ་སྟེ། སོ་ཐར་སྡོམ་པའི་རྟེན། བྱང་སེམས་སྡོམ་པའི་རྟེན། སྔགས་སྡོམ་གྱི་རྟེན་ནོ། །དང་པོ་ལ་གཉིས་ཀྱི། ཐེག་དམན་སོ་ཐར་གྱི་ལུས་རྟེན་ནི། བྱེ་བྲག་ཏུ་སྨྲ་བའི་ལུགས་ཀྱི་གླིང་གསུམ་གྱི་སྐྱེས་པ་དང་བུད་མེད་དགོས་ཀྱི། འདུལ་བར། མི་མ་ཡིན་པའི་འགྲོ་བ་པ་མིན་ནམ། ཞེས་དང་། བྱང་སྒྲ་མི་སྙན་པ་མིན་ནམ། ཞེས་པས་ལྷ་དང་དུད་འགྲོ་སྒྲ་མི་སྙན་པ་བཀག་ལ། ན་ཚོད་ཀྱང་དགེ་ཚུལ་ལ། ལོ་བདུན་ལོན་པ་བྱ་རོག་སྐྲོད་ནུས་པ། དགེ་སློང་ལ་ཐ་ན་ཡང་མངལ་གྱི་ཟླ་བཤོལ་དང་བཅས་པ་བཅུ་ཅིས་པས་ཉི་ཤུ་ལོན་པ་དགོས་ཏེ། དེ་དག་གི་བར་ཆད་དྲིས་དུས་ལོ་བདུན་མ་ལོན་པ་མ་ཡིན་ནམ། ལོ་བདུན་ལོན་པ་བྱ་རོག་སྐྲོད་མི་ནུས་པ་མ་ཡིན་ནམ། ཞེས་བཤད་ཅིང་ཉི་ཤུ་མ་ལོན་པ་དེ་རེ་ཤེས་ནས། དགེ་སློང་གི་སྡོམ་པ་གཏོང་བར་བཤད་པས་སོ། །མདོ་སྡེ་པས་ནི་འདུལ་བ་ལུང་དུ་རི་བོང་གིས་བསྙེན་གནས་བསྲུང་བར་བཤད་པ་དང་། གནས་མཆོག་གིས་ཞུས་པའི་མདོར་ལྷའི་བུས་བསྙེན་གནས་བསྲུང་བར་བཤད་པས། འགྲོ་བ་གཞན་ལ་ཡང་སྐྱེ་བར་བཤད་དོ། །བྱེ་མདོ་གཉིས་གང་ཡིན་ཀྱང་སོ་སོ་ཐར་པའི་སྡོམ་པ་སྐྱེ་བའི་སེམས་རྟེན། ཀུན་སློང་གི་བསམ་པ་ནི་འཁོར་བ་མཐའ་དག་ལས་ངེས་པར་འབྱུང་བའི་ངེས་འབྱུང་གི་བསམ་པ་བརྟན་པོ་དགོས་ཏེ། དེ་མེད་པར་ཚེ་འདིའི་ཕྱིར་རམ། ཕྱི་མར་ལྷ་མིའི་གོ་འཕང་ཐོབ་འདོད་ཀྱི་བསམ་པས་ལེན་ན། སྡོམ་པ་རྣམ་དག་ཏུ་མི་འགྱུར་བའི་ཕྱིར་དང་། གཙུང་དགའ་བོས་ལྷའི་བུ་མོའི་ཕྱིར་སྡོམ་པ་བསྲུངས་པས། དགེ་སློང་རྣམས་ཀྱིས་སྨྱངས་པར་བཤད་པ་དང་། ཕྱི་རོལ་པ་ལ་སོ་སོ་ཐར་པ་ཡོད་དམ་ཞེས་སྟོན་པ་ལ་ཞུས་པས། ཚུལ་ཁྲིམས་ཙམ་ཡོད་ཀྱི་སོ་སོ་ཐར་པ་ནི་མེད་དེ། འཁོར་བ་མཐའ་དག་ལ་ངེས་པར་མི་འབྱུང་བའི་ཕྱིར་རོ། །ཞེས་གསུང་པ་དང་། མདོ་རྩ་བར་ཡང་། ངེས་པར་འབྱུང་བའི་ཚུལ་ཁྲིམས་ཀྱི་དབང་དུ་བྱས་ཏེ། ཞེས་དང་། སུམ་བརྒྱ་པར། ངེས་པར་འབྱུང་བའི་ཚུལ་ཁྲིམས་སྡུག་བསྔལ་སྤོང་ས། །འཇིགས་ཚོགས་ལྷ་བའི་གདོན་གྱི་རྩ་བ་འཛོམས། །ཞེས་གསུངས་པས་སོ། །ཉིས་པ་བསྲུང་བའི་བསམ་པ་ ཡང་། དགེ་ཚུལ་ལ་ངེས་པ་ལྷ་བྲལ་ཆ་འདྲ་དང་། དགེ་སློང་ལ་ཡུལ་དུས་ངེས་པ་ལྷ་བྲལ་གྱི་བསྲུང་སེམས་དགོས་སོ། །འོ་ན་ངེས་འབྱུང་གི་བསམ་པ་དེ་དང་པོ་ལེན་དུས་ནས་དགོས་སམ། ཕྱིས་སློབ་པས་ཆོག་སྙམ་ན་འདུལ་འཛིན་ཁ་ཅིག་ན་རེ། ཕྱིས་སྐྱེས་པས་ཆོག་སྟེ། གཙུང་དགའ་བོས་ལེགས་སྨོན་གྱི་ཚུལ་ཁྲིམས་བསྲུངས་པས། བཅོམ་ལྡན་འདས་ཀྱིས

དམྱལ་བའི་སྡུག་བསྔལ་བསྟན་ཏེ། འཁོར་བ་མཐའ་དག་ལ་ངེས་པར་འབྱུང་ནས་བསྲུངས་པས་དགྲ་བཅོམ་ཐོབ་པར་བཤད་པས་སོ། །ཞེས་འདོད་དོ། །ཁ་ཅིག་གིས་ནི་དེ་ནི་སངས་རྒྱས་ཀྱིས་བྱིན་རླབས་ཡིན་པས་བསམ་གྱིས་མི་ཁྱབ་ལ། དང་པོ་ལེན་དུས་ནས་དགོས་སོ་ཞེས་ཟེར་བ་ཡོད་ཀྱང་། དང་པོ་ནས་ཡོད་ཀྱང་ལེགས་ལ། དེ་མེད་པར་ཕྱིས་སྐྱེས་ཀྱང་ཆོག་སྟེ། དང་པོ་འཇིགས་སྐྱོབས་སམ་ལེགས་སྨོན་གྱི་ཚུལ་ཁྲིམས་ཙམ་ལས་མེད་ཀྱང་། ཕྱིས་འཁོར་བ་ལས་ངེས་འབྱུང་གི་བསམ་པས་བསྲུངས་ན། མྱ་ངན་ལས་འདས་པའི་རྒྱུ་དང་། གཞན་དོན་དུ་སངས་རྒྱས་ཐོབ་འདོད་ཀྱི་བསམ་པས་བསྲུངས་ན། མི་གནས་པའི་མྱ་ངན་ལས་འདས་པའི་སངས་རྒྱས་ཀྱི་རྒྱུར་འགྱུར་བའི་ཕྱིར་རོ། །དཔེར་ན་རང་དོན་དུ་བསྲུངས་ན། ཐེག་དམན་གྱི་སོ་ཐར། དེ་ཕྱིས་གཞན་དོན་དུ་སངས་རྒྱས་ཐོབ་འདོད་ཀྱི་བསམ་པས་བསྲུངས་ན། ཐེག་ཆེན་སོ་ཐར་དུ་འགྱུར་བ་བཞིན་ནོ། །

གཉིས་པ་ཐེག་ཆེན་སོ་ཐར་ལ། ཐེག་ཆེན་ཐུན་མོང་བ་དང་། ཐུན་མོང་མ་ཡིན་པ་གཉིས་ཀྱི་དང་པོ་ལ། སྔར་ཐེག་དམན་གྱི་སོ་ཐར་རིགས་བདུན་བླངས་པ་དེ་དག་ཕྱིས་ཐེག་ཆེན་སོ་ཐར་དུ་གནས་འགྱུར་པའི་ཐེག་ཆེན་སོ་ཐར་རིགས་བདུན་དང་། ཡང་དང་པོ་ཆོག་ལེན་དུས་ནས་ཐེག་ཆེན་སེམས་བསྐྱེད་ཀྱིས་ཟིན་པར་བླངས་པས། ཐེག་ཆེན་གྱི་སོ་ཐར་རིགས་བདུན་སྐྱེས་པ་དེ་རྣམས་ཀྱི་རྟེན་ནི། བྱེ་བྲག་ཏུ་སྨྲ་བའི་འདོད་པ་དང་མཐུན་ཏེ། འདུལ་བའི་མདོར། དེ་རྣམས་གླིང་གསུམ་གྱི་སྐྱེས་པ་བུད་མེད་ཁོ་ན་ལ་སྐྱེ་བར་བཤད་པས། རྟེན་ཐུན་མོང་བ་ཡིན་པའི་ཕྱིར་རོ། །ཐེག་ཆེན་ཐུན་མོང་མ་ཡིན་པའི་ལུས་རྟེན་ལ། མདོ་སྡེ་པ་ལྟར་འགྲོ་བ་གཞན་ལ་ཡང་སྐྱེ་བ་ཡོད་ཅིང་། ཐེག་ཆེན་སེམས་བསྐྱེད་སྐྱེ་དུས་ཐོབ་པའི་སོ་སོར་ཐར་པ་བཤད་པ་ནི། སེམས་བསྐྱེད་སྐྱེ་བའི་རྟེན་དང་འདྲའོ། །འོན་ཀྱང་ཐེག་ཆེན་སོ་ཐར་དེ་ཐམས་ཅད་ཀྱི་སེམས་རྟེན་ནི། སྙིང་རྗེ་ཆེན་པོས་ཀུན་ནས་བླངས་ཏེ། གཞན་དོན་དུ་སངས་རྒྱས་ཐོབ་འདོད་ཀྱི་བསམ་པས་ཟིན་པ་དགོས་ཏེ། དེ་མེད་ན་ཐེག་ཆེན་སོ་ཐར་དུ་མི་འགྱུར་བའི་ཕྱིར་རོ། །

གཉིས་པ་སེམས་བསྐྱེད་ཀྱི་སྡོམ་པའི་རྟེན་ལ་གཉིས་ཀྱི། དང་པོ་སེམས་ཙམ་ལུགས་ཀྱི་ལུས་རྟེན་ནི། གླིང་གསུམ་གྱི་སྐྱེས་པ་དང་བུད་མེད་དགོས་པར་བཤད་དེ། མདོ་དཀོན་མཆོག་བརྩེགས་པ་ལས། ཇི་ལྟར་ཚུལ་ཁྲིམས་ལྡན་སུམ་ཚོགས་པ་ཡིན། ཞེ་ན། སོ་སོ་ཐར་པའི་སྡོམ་པས་གདམས་པ་ཡིན། བྱང་ཆུབ་སེམས་དཔའི་བསླབ་པ་ལ་སློབ་པ་ཡིན། ཞེས་བྱ་བ་ལ་སོགས་པ་ལ་བརྟེན་ནས་སོ་ཐར་རིགས་བདུན་གང་རུང་མི་ལྡན་པ་ལ་འཇུག་སྡོམ་མི་སྐྱེ་ཞིང་། སོ་ཐར་རིགས་བདུན་འགྲོ་བ་གཞན་ལ་མི་སྐྱེ་བའི་ཕྱིར་རོ། །དེས་ན་སེམས་ཙམ་ལུགས་ཀྱི་འཇུག་སྡོམ་གྱི་སེམས་རྟེན་ལ། སོ་སོ་ཐར་པ་གང་རུང་དགོས་པར་གསུངས་ཏེ། བྱང་སའི་ཚུལ་

ཁྲིམས་ལེའུར། བྱང་ཆུབ་སེམས་དཔའི་ཁྲིམ་པའམ། རབ་ཏུ་བྱུང་བས། བྱང་ཆུབ་སེམས་དཔའི་བསླབ་པར་བྱ་བ་ཚུལ་ཁྲིམས་ཀྱི་ཕུང་པོ་རྣམ་པ་གསུམ་པོ་འདི་དག་ལ་སློབ་པར་འདོད་པས། བླ་ན་མེད་པ་ཡང་དག་པར་རྫོགས་པའི་བྱང་ཆུབ་ཏུ་སྨོན་ལམ་བཏབ་པས། ཞེས་དང་། དེ་ལ་བྱང་ཆུབ་སེམས་དཔའི་ཚུལ་ཁྲིམས་ཐམས་ཅད་པ་གང་ཞེ་ན། མདོར་བསྡུ་ན། བྱང་ཆུབ་སེམས་དཔའི་ཚུལ་ཁྲིམས་ཁྲིམ་པའི་ཕྱོགས་སུ་གཏོགས་པ་དང་། རབ་ཏུ་བྱུང་བའི་ཕྱོགས་སུ་གཏོགས་པ་ནི། ཚུལ་ཁྲིམས་ཐམས་ཅད་ཅེས་བྱའོ། །ཁྲིམ་པའི་ཕྱོགས་ལ་བརྟེན་པ་དང་། རབ་ཏུ་བྱུང་བའི་ཕྱོགས་ལ་བརྟེན་པའི་ཚུལ་ཁྲིམས་དེ་ཡང་མདོར་བསྡུ་ན་རྣམ་པ་གསུམ་སྟེ། སྡོམ་པའི་ཚུལ་ཁྲིམས་དང་། དགེ་བ་ཆོས་སྡུད་ཀྱི་ཚུལ་ཁྲིམས། སེམས་ཅན་ལ་ཕན་འདོགས་པའི་ཚུལ་ཁྲིམས་སོ། །དེ་ལ་བྱང་ཆུབ་སེམས་དཔའི་སྡོམ་པའི་ཚུལ་ཁྲིམས་ལས། སོ་སོ་ཐར་པའི་སྡོམ་པའི་ཚུལ་ཁྲིམས་ལ་ནི། ཡང་དག་པར་བླངས་པ་རིགས་བདུན་པོ་དགེ་སློང་དང་། དགེ་སློང་མ་དང་། དགེ་ཚུལ་དང་། དགེ་ཚུལ་མ་དང་། དགེ་བསྙེན་དང་། དགེ་བསྙེན་མ་དང་། དགེ་སློབ་མ་སྟེ། ཚུལ་ཁྲིམས་གང་ཡིན་པ་དེ་ཞེས་བཤད་པ་དང་། ཇོ་བོ་རྗེའི་བྱང་ཆུབ་ལམ་སྒྲོན་དུ། སོ་སོ་ཐར་པ་རིགས་བདུན་གྱིས། །རྟག་ཏུ་སྡོམ་གཞན་ལྡན་པ་ལ། །བྱང་ཆུབ་སེམས་དཔའི་སྡོམ་པ་ཡི། །སྐལ་བ་ཡོད་ཀྱི་གཞན་དུ་མིན། །ཞེས་སོ་ཐར་རིགས་བདུན་གང་རུང་མི་ལྡན་པ་ལ་འཇུག་སྡོམ་བཀག་པའི་ཕྱིར་རོ། །བྱང་སར། བསྙེན་གནས་ཡུན་ཐུང་བ་དམན་པས། རིགས་བདུན་ལ་མ་བརྩིས་པར། དགེ་སློབ་མ་བརྩིས་པའི་རིགས་བདུན་མཛད་པ་དང་། བྱང་ཆུབ་ལམ་སྒྲོན་དུ་ཡང་། རྟག་ཏུ་སྡོམ་གཞན་ལྡན་པ་ལ་ཞེས་བཤད་པ་ནི། ཐེག་ཆེན་གྱི་ལུགས་ཡིན་ཏེ། བྱེ་བྲག་ཏུ་སྨྲ་བ་ནི་དགེ་སློབ་མའི་སྡོམ་པ། དགེ་ཚུལ་མའི་སྡོམ་པ་ལས་གཞན་མིན་པས། བསྙེན་གནས་དང་བཅས་པའི་རིགས་བདུན་བྱེད་དོ། །དེས་ན་ཇོ་བཙུན་གོང་མས། གཏན་ཁྲིམས་བདུན་ཞེས་བྲིས་པ་ནི། ཐེག་ཆེན་གྱི་ལུགས་བཞིན་ཡིན་པར་ཤེས་པར་བྱའོ། །འོན་ཀྱང་བྱང་སར། བྱང་སེམས་ཀྱི་སྡོམ་པ་ཤི་འཕོས་ནས་འགྲོ་བར་བཤད་པས་གསར་དུ་སྐྱེ་བའི་རྟེན་དང་། ཚེ་འདིར་གནས་པའི་རྟེན་ལ་རིགས་བདུན་དགོས། ཞེས་བྱས་ཀྱང་། ཚེ་འདིར་རིགས་བདུན་གྱིས་རྒྱུད་སྦྱངས་པ་ལ། སེམས་བསྐྱེད་སྐྱེ་ཞེས་པའི་དོན་ཡིན་གྱི་སེམས་བསྐྱེད་ཀྱི་རྒྱུའམ་ཐམས་ཅད་དུ་གནས་པའི་རྟེན་ལ་ནི་མི་དགོས་པར་མཛོན་ནོ། །ཁ་ཅིག་ན་རེ། ལམ་སྒྲོན་དུ་རིགས་བདུན་རྟེན་དུ་དགོས་པར་བཤད་པ་ནི། བྱང་སེམས་ཀྱི་སྡོམ་པ་ཁྱད་པར་ཅན་གྱི་དབང་དུ་བྱས་ཀྱི། བྱང་སེམས་ཀྱི་སྡོམ་པ་ཙམ་གྱི་རྟེན་དུ་མི་དགོས། གལ་ཏེ་དགོས་ན་ལྷའི་བྱང་སེམས་མེད་པར་འགྱུར་ཞེས་ཟེར་རོ། །འོ་ན་བྱང་སེམས་སྡོམ་པ་ཁྱད་པར་ཅན་ལ་སོ་ཐར་རྟེན་དུ་མི་དགོས་པར་ཐལ། དགོས་ན་ལྷའི་བྱང་སེམས་ཁྱད་པར་ཅན་མེད་པར་འགྱུར་བའི་ཕྱིར་རོ། །དེ་མེད་ན་ལྷའི་བྱང་

སེམས་འཕགས་པ་མེད་པར་འགྱུར་རོ། །

གཉིས་པ་དབུ་མ་ལུགས་ཀྱི་ལུས་རྟེན་ནི། ཚོགའི་བརྡ་དོན་ཤེས་ཤིང་སངས་རྒྱས་ཐོབ་འདོད་ཀྱི་བསམ་པ་སྐྱེ་རུང་གི་འགྲོ་བ་ཐམས་ཅད་ལ་སྐྱེ་སྟེ། ལྷ་ཀླུ་དང་། ཤན་པ་དང་། བདུད་སྡིག་ཅན་ལ་སོགས་ལ་ཡང་སྐྱེ་བར་བཤད་དོ། །ཀླུའི་རྒྱལ་པོ་རྒྱ་མཚོས་ཞུས་པ་ལས། ཀླུ་ཉི་ཁྲི་ཆིག་སྟོང་གིས་བྱང་ཆུབ་ཏུ་སེམས་བསྐྱེད་པར་བཤད་པ་དང་། གཙུག་ན་རིན་ཆེན་གྱིས་ཞུས་པ་ལས། ལྷ་དང་མིའི་སྲོག་ཆགས་ཉི་ཁྲི་ཆིག་སྟོང་བྱང་ཆུབ་ཏུ་སེམས་བསྐྱེད་པར་བཤད་པ་དང་། བསྐལ་བཟང་དུ། ཤན་པ་སོགས་ཀྱིས་སེམས་བསྐྱེད་པར་བཤད་པས་སོ། །

དེ་ལ་ཁ་ཅིག་ན་རེ། འགྲོ་བ་རིགས་དྲུག་ཐམས་ཅད་ད་ལྟ་ནས་དབུ་མ་ལུགས་ཀྱི་སེམས་བསྐྱེད་ཀྱི་སྡོམ་པ་སྐྱེ་བའི་རྟེན་དུ་སྐྱེ་བ་ནི་ངོ་མཚར་ཆེ་སྟེ། གཟུགས་མེད་ཁམས་ཀྱི་ལྷ་ལ་སྡོམ་པ་འབོགས་པའི་ཚོག་སུ་ཞིག་གིས་ཇི་ལྟར་བསྒྲུབ་པར་བྱ། ཞེས་འགོག་པ་ནི་ཕྱོགས་སྔ་མ་ལོན་ཏེ། དབུ་མ་ལུགས་ཀྱི་སེམས་བསྐྱེད་སེམས་ཅན་ཐམས་ཅད་ལ་སྐྱེ་བར་ཁས་བླངས་ན། སེམས་ཅན་ཐམས་ཅད་ལ་ད་ལྟ་ནས་དབུ་མ་ལུགས་ཀྱི་སེམས་བསྐྱེད་དེ་སྐྱེ་བར་ཁས་ལེན་ཨེ་དགོས། དེ་མི་དགོས་ན་དེ་འདྲའི་སྐྱོན་དེ་སུ་ལ་བཏང་། འོན་ཏེ་དགོས་ན། གླིང་གསུམ་གྱི་སྐྱེས་པ་བུད་མེད་ཐམས་ཅད་ལ། ད་ལྟ་ནས་སོ་ཐར་སྡོམ་པ་སྐྱེ་བར་ཐལ། གླིང་གསུམ་གྱི་སྐྱེས་པ་བུད་མེད་ཐམས་ཅད་ལ་སོ་ཐར་སྡོམ་པ་སྐྱེ་བའི་ཕྱིར་རོ། །སེམས་ཅན་ཐམས་ཅད་ད་ལྟ་ནས་སངས་རྒྱས་པར་ཐལ། ཕྱིར་སེམས་ཅན་ཐམས་ཅད་སངས་རྒྱ་བའི་ཕྱིར། ཞེས་བརྗོད་ན་མི་མཚུངས་སམ། སེམས་རྟེན་ནི་རྒྱུ་སྙིང་རྗེ་ཆེན་པོ་གོམས་པ། རྩ་བ་དད་པ་བརྟན་པ། བསམ་པའི་རྟེན་གཞན་ཐེག་ཆེན་སོ་ཐར་རམ། སོ་ཐར་སྐྱི་ཙམ་པའི། ཐེག་པ་ཆེ་ཆུང་གཉིས་ཀའི་སོ་ཐར་ལ་ཁྱབ་བྱེད་དུ་ཡོད་པའི་གཞན་ལ་གནོད་པ་གཞི་དང་བཅས་ལས་ལོག་པའི་སྤོང་སེམས་ཙམ་ཞིག་ངེས་པར་དགོས་པར་བཞེད་དེ། སྙིང་རྗེ་ཆེན་པོ་གོམས་པའི་ཚད་ནི་བསྒོམ་རིམ་ལས། གང་གི་ཚེ་ཡིད་དུ་འོང་བའི་བུ་མི་བདེ་བ་བཞིན་དུ། སེམས་ཅན་ཐམས་ཅད་ལ་ཡང་སྡུག་བསྔལ་གདུང་ནས་བྱུང་བར་འདོད་པའི་རྣམ་པའི་སྙིང་རྗེ། རང་གི་ངང་གིས་འཇུག་པའི་བདག་ཉིད་ཀྱི་མཚུངས་པར་འཇུག་པར་གྱུར་པ་དེའི་ཚེ་དེ་རྫོགས་པ་ཡིན་པས་སྙིང་རྗེ་ཆེན་པོའི་མིང་འཐོབ་སྟེ། དེ་ལྟར་སྙིང་རྗེ་ཆེན་པོ་གོམས་པའི་སྟོབས་ཀྱིས་སེམས་ཅན་མ་ལུས་པ་དྲང་བར་དམ་བཅས་པས་བླ་ན་མེད་པ་ཡང་དག་པར་རྫོགས་པའི་བྱང་ཆུབ་ཏུ་སྨོན་པའི་རང་བཞིན་གྱི་བྱང་ཆུབ་ཀྱི་སེམས་བསྐྱེད་མི་དགོས་པར་སྐྱེ་སྟེ། ཞེས་གསུངས་པ་ལྟར་རོ༑ ༑

ཡང་སོ་ཐར་སྤྱི་ཙམ་པ་དགོས་པར་བཞེད་དེ། རྗེ་བཙུན་གྱི་སྡོམ་པ་ཉི་ཤུ་པའི་འགྲེལ་པར་དེ་ལ་སོ་སོ

ཐར་པའི་སྡོམ་པ་ནི་གཉིས་ཏེ། ཉན་ཐོས་ཀྱི་སོ་སོ་ཐར་པ་དང་། བྱང་སེམས་ཀྱི་སོ་སོ་ཐར་པ་གཉིས་ལས། འདིར་བྱང་ཆུབ་སེམས་དཔའི་སོ་སོ་ཐར་པ་ནི། སྡོམ་པ་ཐོབ་པ་དང་། གནས་པ་གཉིས་ཀའི་རྟེན་དུ་རུང་གི། སྔ་མ་དེ་ལྟར་མིན་པས། རྡོ་རྗེ་རྩེ་མོའི་དགོངས་པ་ནི། བྱང་ཆུབ་སེམས་དཔའི་སོ་སོ་ཐར་པའོ། །ཞེས་དང་། རྗེ་བཙུན་རྩེ་མོའི་སྤྱོད་འཇུག་གི་འགྲེལ་པར། བསམ་པའི་རྟེན་གཞན་ནི་གཞན་ལ་གནོད་པ་བྱེད་པ་ལས་ལྡོག་པའི་སོ་སོར་ཐར་པའི་སྡོམ་པ་ཡང་རྟེན་ཡིན་ནོ། །ཞེས་དང་། གཞན་ལ་གནོད་པ་བྱེད་པ་ལས་ལྡོག་པའི་བསམ་པ་དེ། གཞན་ལ་ཕན་པའི་བསམ་པའི་རྒྱུ་ཡིན་པས་སྐྱེ་བའི་རྟེན་ཡིན་ལ། ཁྱབ་བྱེད་ཡིན་པས་གནས་པའི་རྟེན་ཡང་ཡིན་ཏེ། དེ་ནི་ལྷ་ལ་སོགས་པ་ལ་ཡང་ཡོད་ཅིང་། ཤི་འཕོས་པས་གཏོང་བ་ཡང་མིན་ནོ། །ཞེས་གསུངས་ཤིང་དེ་དང་མཐུན་པར་ལྷོ་པ་ཀུན་མཁྱེན་གྱི་སྤྱོད་འཇུག་གི་འགྲེལ་པར། ཆོས་རྗེ་ས་པཎ་གྱི་གསུང་སྒྲོས་བྲིས་པར། དེས་ན་གཞན་ལ་གནོད་པ་གཞི་དང་བཅས་པ་ལས་ལོག་པ་ཙམ་ཞིག །སོ་སོར་ཐར་པ་ཙམ་ཡིན་ལ། དེ་ཉིད་སྐྱེ་བ་དང་གནས་པ་གཉིས་ཀའི་རྟེན་ཡིན་ཏེ། བསམ་པ་དེ་ཉིད་གཞན་ལ་ཕན་པའི་རྒྱུ་ཡིན་པས། སྐྱེ་བ་དང་བྱང་ཆུབ་ཀྱི་སེམས་ལ་ཡང་དེས་ཁྱབ་པས། གནས་པའི་རྟེན་ཡང་ཡིན་ནོ། །དེས་ན་རྒྱུན་ཆགས་པ་དང་། གཞན་གྱི་སེམས་རྗེས་སུ་བཟུང་བ་དང་། ཉམས་ན་གསོ་རུང་བ་ཡིན་ལ། ཉན་ཐོས་ཀྱི་དེ་ལས་ལྡོག་པ་ཡིན་པས། འདིར་ཁྱད་པར་དུ་འཕགས་སོ། །ཞེས་བཤད་པའི་ཕྱིར། འོན་དེ་འདྲའི་སོ་ཐར་སྐབས་གང་དུ་སྐྱེ་སྙམ་ན། རྗེ་བཙུན་གྱི་སྡོམ་པ་ཉི་ཤུ་པའི་འགྲེལ་པར། བྱང་ཆུབ་སེམས་དཔའི་སོ་སོ་ཐར་པ་དེ་བླང་བའི་ཆོ་ག་གཞན་ཞིག་ཡོད་དམ། སོ་སོ་ཐར་པའི་སྡོམ་པ་བླངས་པའི་ཆོ་ག་ཉིད་ཡིན་ཞེ་ན། སྔར་སོ་སོ་ཐར་པ་ཐོབ་ནས་ཕྱིས་བྱང་ཆུབ་སེམས་དཔའི་སྡོམ་པ་ཐོབ་པའི་དུས་སུ་སྔར་གྱི་དེ་བྱང་ཆུབ་སེམས་དཔའི་སྡོམ་པར་གནས་གྱུར་ལ། སྔར་མ་ཐོབ་ན་ནི། བྱང་ཆུབ་སེམས་དཔའི་སྨོན་པའི་སེམས་བསྐྱེད་ཀྱི་དུས་ཉིད་དུ། བྱང་ཆུབ་སེམས་དཔའི་སོ་སོ་ཐར་པ་ཐོབ་པ་ཡིན་ནོ། །རྣམ་པར་སྦྱོང་བས་ཆོག་གོ་ཅེས་དང་། རྗེ་བཙུན་རྩེ་མོས་ཀྱང་། བྱང་ཆུབ་སེམས་དཔའི་སོ་སོ་ཐར་པ་དེ་ཡང་མིན་པའི་ཆོ་ག་ནི་ལོགས་སུ་མི་དགོས་ཏེ། སྔར་ཉན་ཐོས་ཀྱི་བསླབ་པ་བླངས་པ་ཉིད་ཀྱིས་བསམ་པ་ཁྱད་པར་ཅན་གྱིས་ཟིན་ན། གནས་གྱུར་ནས་བྱང་ཆུབ་སེམས་དཔའི་སོ་སོ་ཐར་པར་འགྱུར་བ་ཡིན་ནོ༑ ༑དམན་པའི་བསམ་པ་བཏང་ཡང་སྡོང་བའི་སེམས་མ་དོར་བའི་ཕྱིར་རོ། །ཞེས་དང་། དེ་དང་མཐུན་པར་ཆོས་རྗེ་ས་པཎ་གྱི་གསུང་སྒྲོས་མར། དེ་ནམ་ཐོབ་ན།སྔར་སོ་སོ་ཐར་པ་མ་ཐོབ་ན། བྱང་ཆུབ་སེམས་དཔའི་སྡོམ་པའི་སྐབས་ཉིད་དུ་ཐོབ་ལ་སྔར་ཐོབ་ན་དེ་གནས་གྱུར་པ་ཡིན་ཏེ། དམན་པའི་བསམ་པ་དོར་ཡང་སྡོང་སེམས་མ་དོར་བས་སོ། །ཞེས་གསུངས་པ་ཡིན་ནོ། །དེ་ཡང་ཞིབ་ཏུན་སྡོམ་པའི་ངོ་བོར་གྱུར་བའི་སྡོང་སེམས་ལ་ཟེར་

བ་ཡིན་པས། སྡོམ་པ་སྐྱེས་དུས་དེ་ཡང་སྐྱེ་བ་ལས་འོས་མེད་པ་ཡིན་ནོ། །སྤྱོད་སེམས་དེ་སྔར་ཐེག་དམན་སོ་ཐར་བླངས་དུས་ཐོབ་པར་གསུངས་པ་དེ་དག་གིས་ནི། དགེ་སློང་གི་སྡོམ་པ་ལ་སོགས་པ་ཡང་གཟུགས་བརྙན་མིན་པར། རྗེ་བཙུན་སྐུ་མཆེད་སོགས་བཞེད་པར་གསལ་ལོ། །ཞེས་ཆོས་རྗེས་མ་ལུས་པ་གསུངས་སོ། །

ཡང་སེམས་ཙམ་པའི་བཞེད་པ་ལྟར། སོ་ཐར་རིགས་བདུན་སྡོམ་པ་གོང་མའི་རྟེན་དུ་དབུ་མ་ལུགས་པ་མི་བཞེད་དེ། བོད་ཀྱི་མཁས་པ་བསྟན་རིམ་མཁན་པོ་ལ་སོགས་པས་སོ་ཐར་རིགས་བདུན་འགྲོ་བ་གཞན་ལ་མི་སྐྱེ་བ་དང་། ཤི་འཕོས་ནས་གཏོང་བའི་རྒྱུ་མཚན་གྱིས་བྱང་སེམས་སྡོམ་པ་གསར་དུ་སྐྱེ་བ་དང་། སྐྱེས་ཟིན་གནས་པའི་རྟེན་དུ་མི་རུང་བར་བཞེད་པ་ལྟར། རྗེ་བཙུན་གོང་མས་ཀྱང་དེ་དང་མཐུན་པར་བཞེད་དེ། གོང་བཞིན་མི་རུང་བའི་རྒྱུ་མཚན་གཞན་ལུགས་བཀོད་ནས། རྗེ་བཙུན་གྱི་རང་ལུགས་འཛིན་པ་ནི། རྩ་ལྟུང་འབྲུལ་སྤོང་དུ། ཉན་ཐོས་དང་ཐུན་མོང་བའི་སོ་སོ་ཐར་པ་ནི། བྱང་ཆུབ་སེམས་དཔའི་སྡོམ་པ་ཐོབ་པ་དང་གནས་པ་གཉིས་ཀའི་རྟེན་དུ་མི་རུང་བར་ཁོ་བོ་ཅག་ཀྱང་འདོད་ལ། ཞེས་དང་། སྡོམ་པ་ཉི་ཤུ་པའི་འགྲེལ་པར། འདི་ལ་སྡོམ་པ་མ་ཐོབ་པ་ཐོབ་པར་བྱེད་པའི་ཕྱིར། སྡོམ་པ་ཡང་དག་པ་བླངས་པ་འདི་ལ་སོ་སོ་ཐར་པ་རིགས་བདུན་གང་རུང་རྟེན་དུ་དགོས་སམ་མི་དགོས་སྙམ་ན། འདི་ལ་ཁ་ཅིག་ཐོབ་པའི་རྟེན་དུའང་དགོས་ལ། གནས་པའི་རྟེན་ཡང་ཡིན་ནོ། །ཞེས་ཟེར་རོ། །

ཁ་ཅིག་ཐོབ་པའི་རྟེན་དུ་དགོས་ཀྱི་གནས་པའི་རྟེན་དུ་མི་རུང་ངོ་ཞེས་ཟེར་ཏེ། གཉིས་ཀའང་རིགས་པ་མིན་ཏེ། ཐོབ་པ་དང་གནས་པ་གཉིས་ཀའི་རྟེན་མིན་ནོ། །དེ་ཡང་དང་པོ་སྡོམ་པ་ཐོབ་པའི་རྟེན་མིན་ཏེ། སོ་སོ་ཐར་པ་ནི་གླིང་གསུམ་དུ་སྐྱེས་པའི་སྐྱེས་པ་དང་བུད་མེད་མིན་པ་ལ་མི་སྐྱེ་ལ། བྱང་ཆུབ་ཀྱི་སེམས་ནི་འགྲོ་བ་ཐམས་ཅད་ལ་ཡང་སྐྱེ་སྟེ། མདོ་ལས་ལྷའི་བུ་ལ་སོགས་པ་སོ་སོ་ཐར་པའི་སྣོད་མིན་པའང་། གང་དག་སེམས་མ་བསྐྱེད་པ་དེ་ནི་བསྐྱེད་པར་བྱའོ། །ཞེས་གསུངས་པ་དང་། བདུད་སྡིག་ཅན་བཅོམ་ལྡན་འདས་ཀྱི་དྲུང་དུ་བྱང་ཆུབ་ཏུ་སེམས་བསྐྱེད་པ་ན། བཅོམ་ལྡན་འདས་ཀྱི་ཡོངས་སུ་དག་པའི་འཇིག་རྟེན་གྱི་ཁམས་སུ་ཆོས་ཀྱི་སྣང་བ་ཐོབ་ཅེས་བྱ་བར་འཚང་རྒྱའོ། །ཞེས་ལུང་བསྟན་ནོ། །ཞེས་ནམ་མཁའ་མཛོད་ཀྱི་མདོ་ལས་གསུངས་པའི་ཕྱིར་དང་། སོ་སོ་ཐར་པ་མ་བླངས་པར་སེམས་ཅན་གྱི་དོན་དུ་བྱང་ཆུབ་འདོད་པའི་བསམ་པ་སྐྱེས་པ་ན་བྱང་ཆུབ་ཀྱི་སེམས་ཀྱི་མཚན་ཉིད་ཡོད་པའི་ཕྱིར་རོ། །བྱང་ཆུབ་སེམས་དཔའི་སྡོམ་པ་གནས་པའི་རྟེན་དུ་ཡང་མི་བཏུབ་སྟེ། སོ་སོ་ཐར་པ་ཤི་འཕོས་པས་གཏོང་ཡང་འདི་མི་གཏོང་ལ། བྱང་ཆུབ་སེམས་དཔའ་རབ་ཏུ་བྱུང་བས་ཀྱང་ཡིད་ཀྱི་གསུམ་མ་གཏོགས་པའི་ལུས་ངག་གི་བདུན་གཞན་དོན་དུ་སྤྱད་ཀྱང་ལྟུང་བའི་གཟུགས་བརྙན་དུ་གསུངས་ལ།

སྲོག་གཅོད་པ་ལ་སོགས་པ་ལྟུང་བའི་དངོས་གཞི་ཡན་ལག་ཚང་བ་སྤྱད་ཀྱང་བྱང་ཆུབ་སེམས་དཔའི་སྡོམ་པ་མི་འཆོར་བའི་ཕྱིར་དང་། བསླབ་པ་ཀུན་ལས་བཏུས་ལས་ཀྱང་། སོ་སོ་ཐར་པའི་སྡོམ་པ་སྔོན་དུ་སོང་བའི་རབ་ཏུ་བྱུང་བའི་ཕྱོགས་ལ་དགོངས་ཏེ། ཅི་སྟེ་ན་སེམས་ཅན་གྱི་དོན་དུ་འགྱུར་བ་མཐོང་ན་བསླབ་པ་འབུལ་ལོ། །ཞེས་སོ་སོ་ཐར་པའི་སྡོམ་པ་ཕུལ་ཡང་། བྱང་ཆུབ་སེམས་དཔའི་སྡོམ་པ་ཡོད་པར་གསུངས་པ་དང་། ཉེ་བ་འཁོར་གྱིས་ཞུས་པ་ལས་ཀྱང་། ཉན་ཐོས་ཀྱི་སྡོམ་པ་དང་བྱང་ཆུབ་སེམས་དཔའི་སྡོམ་པ་ཡང་གཞན་ཡིན་ནོ་ཞེས་གསུངས་པའི་ཕྱིར་རོ། །ཞེས་དང་། རྗེ་བཙུན་ཆེན་པོས་ཀྱང་། གལ་ཏེ་སོ་སོ་ཐར་པའི་སྡོམ་པ་ནི་སྐྱེ་བའི་རྟེན་དུ་མི་འཐད་དེ། ཟ་མ་དང་མ་ནིང་དང་ལྷ་ལ་སོགས་པ་སོ་སོ་ཐར་པའི་སྡོམ་པ་མེད་པ་ལ་ཡང་བྱང་ཆུབ་ཏུ་སེམས་བསྐྱེད་པ་ཡོད་པའི་ཕྱིར་རོ། །གནས་པའི་རྟེན་དུ་ཡང་མི་འཐད་དེ། ཤི་འཕོས་པས་སོ་སོ་ཐར་པའི་སྡོམ་པ་གཏོང་ཡང་། སེམས་བསྐྱེད་མི་གཏོང་བའི་ཕྱིར་ཞེ་ན། ཉན་ཐོས་ཀྱི་གྲུབ་མཐའ་ལ་གྲགས་པའི་ཐུན་མོང་མིན་པ་དེ། སྐྱེ་བ་དང་གནས་པ་གཉིས་ཀའི་རྟེན་དུ་མི་འཐད་པ་བདེན་ཏེ། ཉན་ཐོས་པའི་ལུགས་ལ། གང་སྤྱད་ན་འང་ཕམ་པར་འགྱུར་བ་དེ་བྱང་ཆུབ་སེམས་དཔའི་ལྟུང་བའི་གཟུགས་བརྙན་དུ་འགྲོ་བའི་གོ་སྐབས་ཡོད་པའི་ཕྱིར་དང་། གཞན་གྱི་དོན་མཐོང་ནས་འདོད་པ་བརྟེན་པ་ན། བསླབ་པ་ཕུལ་ནས་བརྟེན་པར་བཤད་པས། བསླབ་པ་ཕུལ་བས། ཉན་ཐོས་ཀྱི་སོ་སོ་ཐར་པ་གཏོང་ཡང་། སེམས་བསྐྱེད་མི་གཏོང་བའི་ཕྱིར་རོ། །ཞེས་དང་། ཆོས་རྗེ་ས་པཎ་གྱི་གསུང་སྒྲོས་མར། སྤྱིར་ཉན་ཐོས་ཀྱི་ཁས་བླངས་པའི་སོ་སོ་ཐར་པ་དང་། སོ་སོ་ཐར་པ་ཙམ་པོ་གཉིས་ལས། སྔ་མ་ནི་སྐྱེ་བ་དང་གནས་པ་གཉིས་ཀའི་རྟེན་དུ་མི་འཐད་དེ། སྔར་གྱི་རྒྱུ་མཚན་དེ་དག་དང་། གཞན་ཡང་ཉན་ཐོས་ཀྱི་གཞུང་ལས། གང་སྤྱད་ན་ཕམ་པར་འགྱུར་བ་དེ། འདིར་ལྟུང་བའི་གཟུགས་བརྙན་དུ་འགྲོ་བའི་གོ་སྐབས་ཡོད་དེ། བསམ་པ་དང་དུས་ལ་སོགས་པ་འགལ་བའི་ཕྱིར་རོ། །མདོ་སྡེ་རྒྱན་ལས། བསམ་པ་དང་མི་བསྟན་པ་དང་། སྦྱོར་བ་དང་ནི་སྟོན་པ་དང་། །དུས་འགལ་ཕྱིར་ན་དམན་པ་གང་། །དེ་ནི་དམན་པ་ཁོ་ནར་བཞེད། །ཅེས་གསུངས་པས། བྱང་ཆུབ་སེམས་དཔའ་རབ་ཏུ་བྱུང་བས་ཀྱང་ལུས་ངག་གི་བདུན་གཞན་དོན་དུ་སྤྱད་ན། ལྟུང་བའི་གཟུགས་བརྙན་དུ་འགྱུར་བས་སློབ་དཔོན་ཉིད་ཀྱིས་གང་ཟག་དེ་ལྟ་བུ་ལ་དགོངས་ནས། ཅི་སྟེ་སེམས་ཅན་གྱི་དོན་དུ་འགྱུར་བ་མཐོང་ན་བསླབས་པ་འབུལ། ཞེས་གཞན་དོན་དུ་བསླབ་པ་ཕུལ་ཡང་སེམས་བསྐྱེད་མི་གཏོང་ལ། སོ་སོ་ཐར་པ་གཏོང་བའི་ཕྱིར་དང་། ཉེ་བ་འཁོར་གྱིས་ཞུས་པ་ལས་ཀྱང་། ཉན་ཐོས་ཀྱི་སྡོམ་པ་དང་བྱང་ཆུབ་སེམས་དཔའི་སྡོམ་པ་བསམ་པ་ཡང་གཞན་སྦྱོར་བ་ཡང་གཞན་ནོ། །ཞེས་དྲངས་ནས་བཤད་པའི་ཕྱིར་རོ། ། སྔར་སོ་ཐར་མ་བླངས་ཀྱང་སེམས་བསྐྱེད་དུས་སྔོན་སེམས་ཐོབ་པ་དེ་ལ། ཁ་

ཅིག་ཆོས་ཉིད་ཀྱིས་ཐོབ་པའི་སོ་ཐར་ཞེས་ཟེར་ཏེ། ཆོས་ཉིད་ཀྱིས་ཐོབ་པའི་བསམ་གཏན་ཡོད་པ་དང་འདྲ་བས་ལེགས་པ་ཡིན་ནོ། །

འོ་ན་འདུལ་བར་བཤད་པའི་རིགས་བདུན་གང་ཡང་མིན་ཞིང་ཉན་ཐོས་དང་ཐུན་མོང་བའི་སོ་ཐར་དང་མི་ལྡན་པའི་རྒྱུད་ལ་འང་ཡོད་པའི་ཕྱིར། སྡོང་སེམས་དེ་སོ་ཐར་གྱི་རིགས་གང་ཡིན་སྙམ་ན། ཇོ་ཇེ་རྩེ་མོར། ཁྲིམ་པའི་སྡོམ་པ་ལེགས་གནས་ནས། །ཞེས་པ་ལྟར་བཞེད་དོ། །དེས་ན་གཞུང་དེ་དག་ཏུ། སོ་ཐར་རིགས་བདུན་ཤི་འཕོས་ནས་འགྲོ་མི་སྲིད་པ་དང་། སོ་ཐར་སྤྱི་ཙམ་ཤི་ཡང་འགྲོ་བར་བཤད་ཅིང་། རྗེ་བཙུན་རྩེ་མོས་སོ་ཐར་སྤྱི་ཙམ་པ་དེ་ཐེག་པ་ཆེ་ཆུང་གཉིས་ཀ་ལ་ཁྱབ་བྱེད་དུ་བཤད་དེ། གཉིས་ཀ་ལ་སོ་སོ་ཐར་པ་ཙམ་པོས་ཁྱབ་པས་ན། ཞེས་དང་། ཁྱབ་བྱེད་ཡིན་པས་ཞེས་དང་། ཤི་འཕོས་པས་ཀྱང་གཏོང་བ་མིན་ནོ། །ཞེས་སོགས་བཤད་པའི་རྒྱུས་མེད་ཁ་ཅིག །ཐེག་ཆེན་དགེ་སློང་གི་སྡོམ་པ་དེ་ཤི་ནས་ཀྱང་མི་གཏོང་ཟེར་བ་དང་། ཁ་ཅིག་ཤི་འཕོས་ནས་ཀྱང་མི་གཏོང་བའི་སོ་ཐར་ཡེ་མི་སྲིད་ཟེར་བ་ནི་རྒྱུས་མེད་ཀྱི་འཆལ་གཏམ་ཡིན་ནོ། །དེ་ལྟར་ན་གཞན་གནོད་སྤོང་བའི་སྤོང་སེམས་ཙམ་ཞིག་སྔར་བླངས་དུས་ནས་ཡོད་ཅིང་། ཤི་འཕོས་ནས་ཀྱང་འགྲོ་ཡང་། དགེ་སློང་ལ་སོགས་པའི་སྡོམ་པ་མིན་ཏེ། དཔེར་ན་སྔ་ཕྱི་ཀུན་ཏུ། དེ་དག་རྒྱུ་མཚན་ཙམ་རྗེས་སུ་འགྲོ་ཡང་། དེ་རབ་བྱུང་གི་སྡོམ་པར་འགྲོ་བ་མིན་པ་བཞིན་ནོ། །རྒྱུ་མཚན་དེ་དག་གི་ཕྱིར་ན། འདུལ་བའི་སོ་ཐར་རིགས་བདུན་པོ་རྣམ་པ་ཐམས་ཅད་དུ་སྡོམ་པ་གོང་མའི་རྟེན་དུ་མི་བཞེད་དོ། །འོ་ན་སོ་ཐར་རིགས་བདུན་ལྡན་པའི་རྒྱུད་ལ་སེམས་བསྐྱེད་སྐྱེ་བར་བཤད་པ་དང་འགལ་ལོ་སྙམ་ན་མི་འགལ་ཏེ། དེའི་རྒྱུད་ལ་སྐྱེ་ཡང་། རིགས་བདུན་རྟེན་དུ་མི་བྱེད་དེ། བྱང་སེམས་ཁྱིམ་པ་དང་། སྔགས་པ་ཁྱིམ་པས། དགེ་ཚུལ་དང་དགེ་སློང་གི་སྡོམ་པ་བླངས་ན་སྐྱེ་ཡང་། དེའི་སྔགས་སྡོམ་དེ་དགེ་སློང་གི་སྡོམ་པ་སྐྱེ་བའི་རྟེན་དུ་ཁས་མི་ལེན་པ་བཞིན་ནོ། །དེས་ན་ཕྲ་ཞིབ་ཤེས་དགོས་སོ་ཞེས་བདག་གི་བླ་མ་དག་གི་གསུངས་སོ། །

སྐབས་འདིར་རྗེ་བཙུན་གོང་མའི་ལུང་མང་པོ་དེ་ཙམ་བྲིས་པ་ནི། ཕྱོགས་འདི་ཁས་ལེན་ཀྱང་འདིའི་རྒྱུས་མེད་པར་མང་དུ་སྨྲ་བ་དག་གི་དོན་དུའོ། །རྗེ་བཙུན་གྱི་སྡོམ་པ་ཉི་ཤུ་པའི་འགྲེལ་པར། སོ་ཐར་རིགས་བདུན་སྡོམ་པ་གོང་མའི་རྟེན་དུ་མི་རུང་བར་བཤད་པ་དེ་ཡང་། སྤྱི་བཤད་ཀྱི་དབང་དུ་བྱས་པ་ཡིན་ནོ། །ཞེས་གསུངས་སོ༔ ༔འོན་ཀྱང་རྗེ་བཙུན་གྱིས་རྟེན་དུ་རུང་མི་རུང་བཤད་པ་ནི། རྒྱུད་དགོས་མི་དགོས་ལ་དགོངས་པ་ལ། ཆོས་རྗེ་ས་པཎ་གྱིས་ནི། རིགས་བདུན་གྱིས་རྒྱུད་སྦྱང་དགོས་མི་དགོས་ལ་དགོངས་པས་དོན་ལ་མི་འགལ་ལོ། །དེ་ལྟ་མིན་ན་རྗེ་བཙུན་གྱིས་སྐལ་དམན་རིམ་འཇུག་ཏུ་སྡོམ་པ་འོག་མ་ལ་རིམ་གྱིས་སྦྱང་དགོས་པར་བཤད་པས།

རྗེ་བཙུན་རང་ལ་ཡང་ནང་འགལ་ཡོད་པར་འགྱུར་རོ། །

གསུམ་པ་སྔགས་སྡོམ་གྱི་རྟེན་ལ། སྤྱིར་སྟོན་ཚོག་འཕགས་པའི་སྤྱོད་ཡུལ་ལ་ནི་ངེས་པ་མེད་དེ། སྟོན་པ་སངས་རྒྱས་ཀྱིས་ལྷ་དང་མི་འགྲོ་བ་རྒྱུད་ཡོངས་སུ་དག་པ་རབ་ཏུ་མང་པོ་སྔགས་ཀྱི་སྨིན་གྲོལ་ལ་བཀོད་པའི་ཕྱིར་རྒྱུད་སྡེ་ཀུན་གྱི་ཐོག་མའི་གླེང་གཞི་དང་། མཇུག་རྗེས་སུ་ཡི་རང་གི་སྐབས་སུ། ལྷ་དང་ལྷ་མིན་དང་། དྲི་ཟར་བཅས་པའི་འཇིག་རྟེན་མང་པོ་བཤད་པ་བཞིན་ནོ། །ཡང་བྱང་ཤམ་བྷ་ལར་ཕྱག་རྡོར་གྱི་སྤྲུལ་པ་རྒྱལ་པོ་ཟླ་བ་བཟང་པོས། དྲང་སྲོང་རིགས་མི་མཐུན་པ་བྱེ་བ་ཕྲག་བརྒྱ་ཚར་བཅད་རྗེས་འཛིན་གྱི་སྒོ་ནས་དུས་ཀྱི་འཁོར་ལོའི་དཀྱིལ་འཁོར་དུ་བཙུག་པར་བཤད་པ་ཡང་། འཕགས་པའི་སྤྱོད་ཡུལ་ཡིན་ནོ། །

ཕྱིས་ཀྱི་ཚོག་འདིའི་དབང་དུ་བྱས་ན། སྐལ་དམན་རིམ་གྱིས་འཇུག་པ་དང་། སྐལ་ལྡན་ཅིག་ཅར་བའོ། །དང་པོ་ནི་སོ་ཐར་བའི་སྤྱོད་ཡུལ་ཡིན་ནོ། །རིགས་བདུན་གང་རུང་ལ་བསླབ་ཀྱི། དེ་ནས་ཐེག་པ་ཆེན་པོའི་སེམས་བསྐྱེད་དང་། ལྟ་སྤྱོད་ལ་རིམ་གྱིས་བསླབ། དེ་ནས་སྔགས་ལ་འཇུག་པར་བཤད་དེ། དང་པོ་གསོ་སྦྱོང་སྦྱིན་པར་བྱ། །དེ་རྗེས་བསླབ་པའི་གནས་བཅུ་སྦྱིན། །ཞེས་སོགས་དང་། དུས་འཁོར་དུ། རྟེན་ལ་གསུམ་གྱི་དགེ་སློང་མཆོག །ཅེས་སོགས་དང་། རྒྱུད་སྡེ་འོག་མ་གསུམ་གྱི་ལུང་སྟར་དྲངས་པས་ཤེས་སོ། །དེ་ལྟར་ན་འདིའི་ལུས་རྟེན་ལ། གླིང་གསུམ་གྱི་སྐྱེས་པ་བུད་མེད་དང་། དེ་ཡང་སྡོམ་པ་འོག་མ་གཉིས་ཀྱི་རྒྱུད་སྦྱངས་ཤིང་། གསང་སྔགས་ལ་དོན་གཉེར་གྱི་བློ་ཡོད་པ་ཅིག་དགོས་སོ། །

གཉིས་པ་སྐལ་ལྡན་ཅིག་ཅར་བ་ནི། ཚེ་འདིར་ལམ་གཞན་ལ་སྦྱངས་པ་མ་བྱས་ཀྱང་། ཚེ་རབས་སྔ་མ་སྦྱངས་སྟོབས་ཀྱིས། གཞན་དོན་དུ་སངས་རྒྱས་དོན་དུ་གཉེར་བའི་གང་ཟག །ལམ་འོག་མ་ལ་སྦྱང་མི་དགོས་པར། དང་པོ་ནས་སྔགས་ཀྱི་སྨིན་གྲོལ་གྱི་ལམ་ལ་བཙུག་པས་ཆོག་ཅིང་། སྨིན་བྱེད་ལ་ཡང་དབང་གི་སྔོན་དུ་ཐུན་མོང་གི་སྨིན་བྱེད་ཐེག་པ་ཆེན་པོའི་སེམས་བསྐྱེད་སྟེར་བའི་བཤད་པ་ཕྲག་ལེན་དང་བཅས་པ་ཡོད་དོ། །ཡང་ཚེ་འདིར་ཕ་རོལ་ཏུ་ཕྱིན་པའི་སློབ་དཔོན་གཞན་གྱི་དྲུང་དུ། ལམ་གཞན་ལ་སྦྱངས་པ་བྱས་ཟིན་པའི་གང་ཟག་ཅིག་སྔགས་ཀྱི་སློབ་དཔོན་གྱི་དྲུང་དུ་དབང་བསྐུར་བ་ཞུས་ན། སློབ་དཔོན་དེ་ལ་ལྟོས་ཏེ་སྐལ་ལྡན་ཅིག་ཅར་བ་ཞེས་བཤད་དོ། །དེ་དག་གི་རྣམ་བཞག་ནི་ཞིབ་ཏུ་དབང་ཆུ་ཆེན་མོའི་སློབ་མ་རྗེས་འཛིན་གྱི་སྐབས་དང་། མངོན་པར་རྟོགས་པ་རིན་པོ་ཆེའི་ལྗོན་ཤིང་དུ་ཤེས་པར་བྱའོ། །

ཁ་ཅིག་ན་རེ། དེ་ལྟར་བཤད་པ་མི་འཐད་དེ། དེ་འདྲའི་སྐལ་ལྡན་ཅིག་ཅར་བ་དེས་སྔར་སྦྱངས་པ་སྟོན་དུ་སོང་ན་ནི། དེ་རིམ་གྱིས་པར་འགྱུར་ལ། ཞེས་སོགས་ཀྱི་སྐྱོན་བརྗོད་ནས་སྐལ་དམན་རིམ་འཇུག་པ་དང་།

སྐལ་ལྡན་ཅིག་ཅར་བ་ཡིན་ན། གསང་འདུས་སུ་བཤད་པ་ལྟར་དང་པོར་སངས་རྒྱས་པའི་ཐེག་པའི་བསམ་པ་ནས་རིམ་གྱིས་སྦྱོང་པ་དང་། ས་བཅུ་པ་མན་ཆད་ཕར་ཕྱིན་རྒྱུད་པས་བགྲོད་ནས་དེ་རྗེས་སྔགས་ལ་འཇུག་པ་ཞིག་ཡིན་དགོས་ཞེས་བྲིས་པ་ནི། ནོར་བ་སྟེ། དེ་ལྟ་བུའི་ས་བཅུའི་བྱང་སེམས་དེ་ཡང་། སྔགས་ལམ་ལ་རིམ་གྱིས་བསླབས་པ་ཞིག་ཡིན་ན། དེ་རིམ་གྱིས་པར་འགྱུར་བ་སོགས་སྐྱོན་དུ་མ་ཡོད་པའི་ཕྱིར་རོ། །དེ་ལྟར་ན་སྐལ་དམན་རིམ་གྱིས་པ་དང་། སྐལ་ལྡན་ཅིག་ཅར་བ་གཉིས་ཀྱི་གང་ཟག་ལ། སྔ་མ་ནི་སེམས་ཙམ་པ་དང་། ཕྱི་མ་ནི་དབུ་མ་པའི་འཇུག་ཚུལ་དང་ཆ་མཐུན་པར་མངོན་ནོ། །ཡང་སྔགས་ལ་གསར་དུ་ཞུགས་ནས་ཚེ་གཅིག་ལུས་གཅིག་དེ་ཉིད་ལ་གྲོལ་བའི་རྟེན་ཡིན་ན། ལྷོ་འཛམ་བུ་གླིང་པ་ཡིན་དགོས་པར་བཤད་དེ། གྲུབ་ཆེན་དྲིལ་བུ་པ་དང་། ཧཱུཾ་ཀྲ་ར་ཀ་བཞིན་ནོ། །ཡང་སྔགས་ལ་བརྟེན་ནས་སངས་རྒྱས་པའི་རྟེན་ཐམས་ཅད་ལ་དེ་རམ་ངེས་ཏེ། འོག་མིན་ལྷའི་རྟེན་ལ་སངས་རྒྱས་པར་བཤད་པ་བཞིན་ནོ། །

ཁ་ཅིག་ན་རེ། སྔགས་ཀྱི་གདུལ་བྱ་ཡིན་ན། འཛམ་བུ་གླིང་པའི་མི་མངལ་སྐྱེས་ཁོ་ན་ཡིན་དགོས་ཀྱི། རྫུས་སྐྱེས་མི་རུང་ངོ་། །ཞེས་ཟེར་བ་ནི། བརྫུས་སྐྱེས་སུ་བྱོན་པའི་གྲུབ་ཆེན་ཨཙ་དེ་ཝ་དང་། གྲུབ་ཆེན་གུ་རུ་སོགས་སྔགས་ཀྱི་སྣོད་མིན་པར་འགྱུར་བས། ཧ་ཅང་ཐལ་བའི་གྲུབ་མཐའོ། །

སྤྱི་དོན་བཞི་པ་སྡོམ་པ་གསུམ་གྱི་བླང་ཡུལ་བཤད་པ་ལ་གསུམ་གྱི་དང་པོ་ནི། སོ་ཐར་ལ་ཡང་། ཐེག་དམན་སོ་ཐར་གྱི་བླང་ཡུལ་དང་། ཐེག་ཆེན་སོ་ཐར་གྱི་བླང་ཡུལ་གཉིས་ལས། དང་པོ་ལ། ཉན་ཐོས་བྱེ་བྲག་ཏུ་སྨྲ་བའི་ལུགས་ནི། བསྙེན་གནས་ནས་དགེ་སློང་གི་བར་ཐམས་ཅད་ཡུལ་དགེ་སློང་ལས་ལེན་ཏེ་འདུལ་བའི་ལས་རིགས་བརྒྱ་རྩ་ཐམས་ཅད་དགེ་སློང་ཁོ་ནའི་ལས་ཡིན་པའི་ཕྱིར་དང་། དགེ་ཚུལ་སོགས་ནི་ཞུགས་ལ་ཡོངས་སུ་མ་རྫོགས་པ་སོགས་ཡིན་པས། རང་རང་གི་བྱ་བ་དང་། དགེ་སློང་ལ་ཞུ་དགོས་ཀྱི་སྡོམ་པ་འབོགས་པ་སོགས་ལ་མི་དབང་བར་བཤད་པའི་ཕྱིར་རོ། །དེ་ཡང་དགེ་བསྙེན་ཕ་མ་དང་། བསྙེན་གནས་ནི་དགེ་སློང་གཅིག་ལ་ལེན་པས་ཆོག་ལ། དགེ་ཚུལ་ནི་ཞུ་བའི་དུས་སུ་དགེ་འདུན་གྲངས་ཚང་བ་དང་། དངོས་གཞིའི་དུས་སུ་མཁན་སློབ་གཉིས་ལ་ལེན་པའམ། མཁན་པོ་རང་གིས་ཕོག་ཀྱང་སྡོམ་པ་སྐྱེ་ལ། མཁན་པོ་ལ་ཉེས་བྱས་གཅིག་ནི་འོང་ངོ་ཞེས་ཟེར་ཏེ་འགྲེལ་པར། དགེ་ཚུལ་ནི་གཞན་ལ་ཐོབ་པ་ཁོ་ན་ཡིན་པས། ཞེས་གསུངས་པ་ལ་བརྟེན་ནོ། །མིང་འདོགས་དུས་ནི། སྐྱད་འདུལ་བས། དགེ་བསྙེན་གྱི་དུས་སུ་དང་། སྟོད་འདུལ་བས། རབ་བྱུང་དུས་བྱེད་དེ། ཕྱི་མ་ཕྱུག་ལེན་ཏེ། བསྙེན་རྫོགས་ནི་ཡུལ་དབུས་སུ་དགེ་སློང་བཅུ་དང་། མཐའ་འཁོབ་ཏུ་ལྔའམ། མེད་ན་འདུལ་བ་འཛིན་པ་དང་ལྔ་ལ་ལེན་ཏེ། མདོ་རྩ་བར། མཐའ་འཁོབ་ཏུ་ནི་མེད་ན་འདུལ་བ་འཛིན་པ་དང་

ལྟ་ལ་སོགས་པའོ། །ཞེས་པའི་རྒྱ་ཆེར་འགྲེལ་དུ། དགེ་སློང་བཅུ་ལ་སོགས་པ་མེད་ན། འདུལ་བ་འཛིན་པ་ལ་སོགས་པ་ཞེས་བྱ་བ་ལས་བྱེད་པ་ཉིད་གཏོགས་པའི་ལྟ་ལ་སོགས་པ་དགེ་འདུན་ཉིད་ཡིན་ནོ་ཞེས་སོ། །

མདོ་སྡེ་པའི་ལུགས་ནི། བསྙེན་གནས་ཀྱི་སྡོམ་པ་དགེ་སློང་མིན་པ་ལ་ཡང་ལེན་དུ་རུང་སྟེ། འདུལ་བ་ལུང་དུ། ཁྱིམ་བདག་མགོན་མེད་ཟས་སྦྱིན་གྱིས་ཀྱང་། བསྙེན་གནས་ཕོག་པར་བཤད་པས་སོ་ཞེས་འདོད་དོ། །ཁ་ཅིག་གིས་ནི་དེ་བྱེ་བྲག་སྨྲ་བའི་ལུགས་ཡིན་པར་བྲིས་པ་ནི་ནོར་བའོ། །

གཉིས་པ་ཐེག་ཆེན་སོ་ཐར་ལ། དགེ་སློང་ལ་སོགས་པ་ད་ལྟའི་རིགས་བདུན་ནི་འདུལ་བ་དང་མཐུན་པར་མཁན་པོ་དང་སློབ་དཔོན་དུ་འོས་པ་སོགས་ལས་ལེན་ནོ། །བྱེ་བྲག་ཏུ་ཐེག་ཆེན་ཁོ་ནའི་སྡེ་སྣོད་དུ་བཤད་པའི་དགེ་བསྙེན་དང་། བསྙེན་གནས་ཀྱི་སྡོམ་པ་ནི། བྱང་ཆུབ་སེམས་དཔའ་གཅིག་ལ་ལེན་པས་ཆོག་ལ། གསོ་སྦྱོང་རྒྱུན་དུ་ལེན་པ་ཡང་ཡོད་དོ། །འཕགས་པ་ཐོགས་མེད་ཀྱིས་ས་སྡེར་དགེ་ཚུལ་མན་ཆད་རང་གིས་བླངས་པས་སྐྱེ་བར་བཤད་པ་ནི། ཐེག་ཆེན་ཐུན་མོང་མིན་པའི་སོ་ཐར་ཡིན་པར་འདུག་ཀྱང་། དེའི་ཆོག་ནི་མི་གསལ་ལོ༎ ༎

གཉིས་པ་སེམས་བསྐྱེད་བླང་ཡུལ་ལ། ཐེག་ཆེན་དུ་ངེས་པར་འཇུག་དགོས་ཚུལ་དང་། འཇུག་སྒོའི་སེམས་བསྐྱེད་དེའི་བླང་ཡུལ་བཤད་པའོ། །དང་པོ་ནི། བསླབ་བཏུས་སུ་དཀོན་མཆོག་སྤྲིན་གྱིས་མདོ་དྲངས་པར། འདི་ལ་བྱང་ཆུབ་སེམས་དཔའ་འདི་ལྟར་སྤྱོད་ལམ་སོ་སོར་ཐར་པའི་སྡོམ་པ་ཙམ་གྱིས་བདག་བླ་ན་མེད་པར་ཡང་དག་པར་རྫོགས་པའི་བྱང་ཆུབ་ཏུ་མངོན་པར་རྫོགས་པར་འཚང་རྒྱ་བར་མི་ནུས་ཀྱང་། དེ་བཞིན་གཤེགས་པས། གང་འདིར་མདོ་སྡེ་དང་། དེ་དག་ལས་བྱང་ཆུབ་སེམས་དཔའི་སྤྱོད་པ་དང་། བྱང་ཆུབ་སེམས་དཔའི་བསླབ་པའི་གནས་བཅས་པ་དེ་དག་ལ་བསླབ་པར་བྱའོ། །ཞེས་གསུངས་པ་ལྟར་རང་གཞན་གྱི་དོན་གཉིས་མཐར་ཕྱིན་པ་རྫོགས་པའི་སངས་རྒྱས་ཐོབ་པ་ལ། ཆེན་པོ་བདུན་ལྡན་གྱི་ཐེག་ཆེན་ལ་ངེས་པར་འཇུག་དགོས་ཏེ། རྒྱས་པར་གཞན་དུ་ཤེས་པར་བྱའོ། །

གཉིས་པ་སེམས་ཙམ་པ་དང་། དབུ་མ་ལུགས་གཉིས་ཀྱི་དང་པོ་ནི། མགོན་པོ་བྱམས་པས། བཤེས་གཉེན་དུལ་བ་ཞི་བ་ཉེར་ཞི་བ། །ཡོན་ཏན་ལྷག་པར་བརྩོན་བཅས་ལུང་གིས་ཕྱུག །དེ་ཉིད་རབ་ཏུ་རྟོགས་ལ་སྨྲ་མཁས་ལྡན། །བརྩེ་བའི་བདག་ཉིད་སྐྱོ་ངལ་སྤངས་ལ་བརྟེན། །ཞེས་གསུངས་པ་དེ་མ་འབྱོར་ན། བླ་མ་སྡོམ་ལ་གནས་ཤིང་མཁས། །ནུས་དང་ལྡན་ལ་བླང་བར་བྱ། །ཞེས་གསུངས་ལ། སློབ་དཔོན་ཀླུ་སྒྲུབ་ཀྱིས། དགེ་བའི་བཤེས་གཉེན་དེ་དག་གི། །མཚན་ཉིད་མདོར་བསྡུས་མཁྱེན་པར་མཛོད། །ཚོགས་ཤེས་སྙིང་རྗེ་ཚུལ་ཁྲིམས་ལྡན། །

ཉོན་མོངས་སེལ་བའི་ཤེས་རབ་མཆོག །དེ་དག་གིས་ཁྲིད་བསྟེན་ན། །ཁྲིད་ཀྱིས་མཁྱེན་ཞིང་གྲུབ་པར་མཛོད། །ཅེས་གསུངས་པ་བསྡུ་ན། རྟག་པར་དགེ་བའི་བཤེས་གཉེན་ནི། །ཐེག་ཆེན་དོན་ལ་མཁས་པ་དང་། །བྱང་ཆུབ་སེམས་དཔའི་བརྟུལ་ཞུགས་མཆོག །སྲོག་གི་ཕྱིར་ཡང་མ་བཏང་ངོ་། །ཞེས་འབྱུང་བས། ལེན་ཡུལ་སོ་སོར་ངེས་པར་བྱས་ཏེ། དེ་གཉིས་ཀྱིས་རྟེན་གྱི་ཁྱད་པར་སོགས། ཆོས་རྗེ་ས་པཎ་གྱི་སེམས་བསྐྱེད། ཆོ་ག་དང་ལུང་སྦྱོར་དུ་ཤེས་སོ། །འོན་ཀྱང་དཀོན་མཆོག་གི་སྤྱན་སྔར་རང་ཉིད་ཀྱིས་བླངས་པས་སྐྱེ་བར་བཤད་ཅིང་། དང་པོར་གཞན་ལ་ཐོབ་ནས། ཕྱིས་རང་གིས་བླངས་པས་ངེས་པར་ཆོག་གོ། །

གསུམ་པ་སྔགས་སྡོམ་ལེན་ཡུལ་ལ་གཉིས་ཏེ། སྔགས་ལ་འཇུག་དགོས་པའི་རྒྱུ་མཚན་དང་། ཇི་ལྟར་འཇུག་པའི་ཚུལ་ལོ། །དང་པོ་ནི། མྱུར་དུ་སངས་རྒྱས་ཐོབ་པར་འདོད་པའི་གང་ཟག་གིས། ལམ་རིང་བ་ཕར་ཕྱིན་ཐེག་པ་ཙམ་གྱིས་མི་ཆོག་པར་ལམ་མྱུར་ཞིང་ཟབ་པ་སོགས་ཁྱད་ཆོས་བཞི་ལྡན་གྱི་གསང་སྔགས་ལ་འཇུག་རིགས་ཏེ། དཔེར་ན་ཐར་པ་དོན་གཉེར་གྱི་གང་ཟག་བློ་ལྡན་དག་ནི་མ་ཚང་བ་དང་འགལ་བ་དང་། ཞེས་པའི་ལམ་དམན་པ་ཐེག་ཆེན་ཙམ་གྱི་མི་ཆོག་པར། ཆེན་པོ་བདུན་ལྡན་གྱི་ཐེག་ཆེན་ལ་འཇུག་པ་སྐལ་པ་བཟང་བ་བཞིན་ནོ། །དེ་ཡང་སྔར་སྔགས་ལ་མ་ཞུགས་པའི་ས་བཅུའི་བྱང་ཆུབ་སེམས་དཔའ་རྣམས་ཀྱང་མཐར་སྔགས་ལ་འཇུག་དགོས་པར་བཤད་པ་དང་། སངས་རྒྱས་པའི་ཚེ་ན་ཡང་སྔགས་ལ་བརྟེན་ནས་བདུད་བཏུལ་བར་བཤད་པས། དུས་གསུམ་རྒྱལ་བའི་གཤེགས་ཤུལ་ཟབ་མོ་ཡིན་པ་དང་། དུས་གསུམ་གྱི་དེ་བཞིན་གཤེགས་པ་ཐམས་ཅད་ཀྱི་དམ་པའི་ཆོས་ཀྱི་སྙིང་པོ་ཡིན་པར་བཤད་པ་དང་། དུས་གསུམ་གྱི་རྒྱལ་བ་རྣམས་ཀྱིས་གསང་སྔགས་ཀྱི་ཆོས་ནི་དུས་རེས་འགའ་ནི་སྐལ་ལྡན་གྱི་གང་ཟག་ལ་དུས་རེས་འགའ་ཙམ་གསུངས་ཤིང་ཡུལ་དུས་ཐམས་ཅད་དུ་ཡང་མི་གསུངས་པར་བཤད་པས། ཤིན་ཏུ་དཀོན་ལ་དོན་ཆེ་བར་བཤད་པ་དང་།རིག་འཛིན་གྱི་དཔའ་བོ་དང་དཔའ་མོ་གྲངས་མེད་པའི་ཐུགས་དམ་བསྐུལ་བ་ཟབ་མོ་ཡིན་པར་བཤད་པ་དང་། རྒྱ་གར་གྱི་གྲུབ་ཆེན་བརྒྱད་ཅུ་ལ་སོགས་པས་ཀྱང་། གསང་སྔགས་ཐུགས་ཉམས་སུ་བཞེས་པ་ཁོ་ནས་གྲོལ་བར་གསུངས་པ་དང་། དམ་པའི་ཆོས་དང་འཕྲད་པ་སོགས་དལ་འབྱོར་གྱི་ཆོས་བཅོ་བརྒྱད་ཚང་བ་ཐོབ་ན་ཅིས་ཀྱང་ཆོས་ལ་འབད་དགོས་པར་བཤད་ལ། ཆོས་དེ་ཡང་ཤིན་ཏུ་ཟབ་པས་གསང་སྔགས་དང་འཕྲད་ན་ཅིས་ཀྱང་འཇུག་རིགས་པ་དང་། ཀུན་སྤྱོད་ཀྱི་རྒྱུད་ལས། གཞན་ཡང་ཕྱི་མའི་དུས་ཀྱི་ཚེ། །དུས་མཐར་དངོས་གྲུབ་མི་ཐོབ་སྟེ། །དཀའ་ཐུབ་ཀྱིས་ནི་གདུངས་པ་ན། །བློ་ནི་གཞན་དུ་གཡེང་ཕྱིར་རོ། །ཧེ་རུ་ཀ་ཡི་གཟུགས་བྱས་ལ། །སྙིགས་མའི་དུས་སུ་འང་འགྲུབ་པར་འགྱུར། །ཞེས་གསུངས་པས་དུས་མཐའ་རྩོད་དུས་འདིར་ནི། ཕ་རོལ་དུ་

ཕྱིན་པའི་ལམ་ཉམས་སུ་བླངས་ཀྱང་མི་འགྲུབ་པར་བཤད་ཅིང་། གསང་སྔགས་ནི་སྙིགས་དུས་སུ་ཡང་འགྲུབ་པར་གསུངས་པ་ཡོད་པས། གསང་སྔགས་ཀྱི་ཚུལ་འདི་ལ་མཆོག་ཏུ་དད་པར་བྱའོ། །ཞེས་རྗེ་བཙུན་ཆེན་པོས་གསུངས་སོ། །འོ་ན་ས་བཅུ་པའི་བྱང་ཆུབ་སེམས་དཔའ་དེ་ལ་དབང་ཅི་ཙམ་ཞིག་བསྐུར་དགོས་སྙམ་ན། རྒྱ་གར་བ་ཁ་ཅིག་དབང་གི་དངོས་གཞི་ཐམས་ཅད་བསྐུར་བ་འདོད་པ་བྱུང་ཟེར་ཡང་། ཀྱེ་རྡོར་སོགས་སུ་སློབ་དཔོན་གྱི་དབང་ཡན་ཆད་དང་། གསང་འདུས་སུ་གསང་དབང་ཡན་བསྐུར་བར་གསལ་ལོ། །ཞེས་ལུང་ཡང་སོ་སོར་གསུངས་སོ། །དེས་ན་ད་ལྟའི་གང་ཟག་འགའ་ཞིག་ཁོ་བོ་ནི་སྟེ་སྣོད་འཛིན་པ་ཆེན་པོ་ཡིན་པས། ཕ་རོལ་ཏུ་ཕྱིན་པས་ཆོག་གི་གསང་སྔགས་མི་དགོས་ཞེས་ཟེར་བ་ནི། རྫོགས་པའི་སངས་རྒྱས་མངོན་དུ་བྱེད་པ་གསང་སྔགས་ལ་ལྟོས་དགོས་སོ། །ཞེས་ཟེར་བ་ལ་ཕྲག་དོག་བྱེད་པ་དག་ནི། ཁོ་བོ་ཅག་ལྟོ་ཁེངས་པ་ཙམ་གྱིས་ཆོག་ལ། ཟས་བཟང་པོ་མི་དགོས་སོ་ཟེར་བ་ལྟར་རམ། ནད་པ་སྨྲོན་པས་རང་ལ་ཕན་པའི་སྨན་ལ་ཕྲག་དོག་བྱེད་པ་དང་མཚུངས་ཤིང་། བསྟན་པ་ཡོངས་རྫོགས་ལ་བློ་མ་ཕྱོགས་པར་སངས་རྒྱས་ཀྱི་གསུང་རབ་ཆོས་ཟབ་མོ་དག་ལ་སྤང་སྐུར་བྱེད་པའི་སྐལ་ངན་ནོ། །

གཉིས་པ་སྔགས་ལ་ཇི་ལྟར་འཇུག་ཚུལ་ལ་ལེན་པའི་དཀྱིལ་འཁོར་དང་། སྟེར་བ་པོ་སློབ་དཔོན་གྱི་མཚན་ཉིད་དོ། །དང་པོ་ནི་རྒྱུད་སྡེ་བཞི་ལས། སོ་སོའི་དཀྱིལ་ཆོག་ཕལ་ཆེ་བར་ས་ཆོག་དང་། སྟ་གོན་སྔོན་དུ་སོང་ནས། རྡུལ་ཚོན་གྱི་དཀྱིལ་འཁོར་བྲིས་ཏེ། དབང་བསྐུར་བར་བཤད་ལ། དེ་ལ་དགོངས་ཏེ། འདིའི་ལེའུ་གསུམ་པར། དེང་སང་གང་ཟག་རབ་འབྲིང་ཀུན། །རྡུལ་ཚོན་གྱི་ནི་དཀྱིལ་འཁོར་དུ། །དབང་བསྐུར་བྱ་བར་གསུངས་མོད་ཀྱི། །གཞན་གྱི་སྨིན་བྱེད་རྒྱུད་ལས་བཀག །ཅེས་གསུངས་ཤིང་། དུས་ཀྱི་འཁོར་ལོར། དབང་བསྐུར་བདུན་པོ་འདི་དག་ནི། །དཀྱིལ་འཁོར་བྲིས་ལ་སྦྱིན་པར་བྱ། །ཞེས་པའི་འགྲེལ་པར་ནཱ་རོ་པས། དཀྱིལ་འཁོར་བྲིས་ལ་སྦྱིན་པར་བྱ། །ཞེས་པ་ནི་རྡུལ་ཚོན་གྱི་དཀྱིལ་འཁོར་ལ་ཡིན་གྱི། གཞན་རས་བྲིས་ལ་སོགས་པ་ནི་མིན་ནོ། །ཞེས་སོགས་བཤད་པས། ད་ལྟའི་གང་ཟག་དབང་པོ་རབ་འབྲིང་ཐམས་ཅད་ཀྱི་འཇུག་སྒོ་དང་པོ་སྨིན་བྱེད་ཀྱི་དབང་ཞུས་ནས། སྔགས་སྡོམ་ལེན་ཡུལ་གྱི་དཀྱིལ་འཁོར་ནི་རྡུལ་ཚོན་ཁོ་ན་ཡིན་ལ། དེ་ལ་ཡང་ལྟའི་མཚན་མ་འགོད་ལུགས་ཀྱི་དབྱེ་བ་མང་པོ་བཤད་དོ། །དང་པོ་སྔགས་སྡོམ་ཐོབ་ནས་རས་བྲིས་ཀྱི་དཀྱིལ་འཁོར་དུ་དབང་གི་འབོགས་ལེན་བྱེད་པ་ནི་རུང་སྟེ། མངོན་བརྗོད་བླ་མའི་རྒྱུད་དུ། རས་བྲིས་ཀྱི་དཀྱིལ་འཁོར་མང་དུ་གསུངས་པ་དང་། སློབ་དཔོན་དྲིལ་བུ་པ་སོགས་ཀྱིས་བཤད་ཅིང་། རྒྱ་གར་དུ་ཡང་ཕྱག་ལེན་དུ་ཡོད་པ་དང་། བླ་མ་གོང་མའི་ཕྱག་ལེན་ལ་ཡང་མཛད་པས་ཤིན་ཏུ་ལེགས་པ་ཡིན་ནོ། །ཞེས་དབང་ཆུ་ཆེན་མོར་

གསུངས་པའི་ཕྱིར་དང་། དཀྱིལ་ཆོག་རྡོ་རྗེ་ཕྲེང་བར་ཡང་། དཀྱིལ་འཁོར་ཞེ་གཉིས་པོ་ལ་རས་བྲིས་ཀྱི་དཀྱིལ་འཁོར་དུ་དབང་བསྐུར་བར་ཡང་བཤད་དེ། གཞན་ཡང་རྫོགས་ཀྱི་དཀྱིལ་འཁོར་དང་། བསམ་གཏན་གྱི་དཀྱིལ་འཁོར་དང་། ཡེ་ཤེས་ཀྱི་དཀྱིལ་འཁོར་དུ་དབང་བསྐུར་བ་བཤད་པ་ནི། བསྐྱེད་རིམ་ལ་བརྟན་པ་ཐོབ་པའི་གང་ཟག་དང་། བདེན་པ་མཐོང་བའི་འཕགས་པ་དང་། ས་བཅུ་པའི་བྱང་སེམས་ཀྱི་དབང་དུ་བྱས་ཏེ། འཇམ་དབྱངས་ཀྱི་སློབ་དཔོན་ཡེ་ཤེས་ཞབས་ལ། ཡེ་ཤེས་ཀྱི་དཀྱིལ་འཁོར་དུ་དབང་བྱིན་པ་དང་། སངས་རྒྱས་ཀྱིས་རྒྱལ་པོ་ཨིནྡྲ་བྷུ་ཏི་ལ་ཡེ་ཤེས་ཀྱི་དཀྱིལ་འཁོར་དུ་སྤྲུལ་ནས་དབང་བྱིན་པ་དང་། བརྟག་གཉིས་ལས། འབར་བའི་ཕྲེང་བ་འཁྲིགས་པ་ཡིས། །དཀྱིལ་འཁོར་དམ་པ་བཞེངས་ནས་ནི། །ཐིག་ལེ་མཆོག་ལ་དགུག་པ་དང་། །རྡོ་རྗེ་སེམས་དཔའ་དབང་སྦྱིན་ལྟར། །ཞེས་གསུང་ངོ་། །གལ་ཏེ་སྔར་སྔགས་ལ་མ་ཞུགས་པ་ས་གནས་ཀྱི་འཕགས་པ་དབང་བསྐུར་བ་དེ་སྔགས་སྡོམ་ཐོབ་པར་བྱེད་པའི་དབང་དུ་བྱེད་དམ་ཞེ་ན། བྱེད་དེ་རྒྱུ་ལམ་འབྲས་གསུམ་གྱི་དབང་བསྐུར་མུ་བཞི་གསུངས་པས་ཤེས་སོ། །འོ་ན་འཁོར་བའི་རྒྱ་མཚོ་བརྒལ་བའི་འཕགས་པའི་གང་ཟག་རྣམས་ལ་དམ་ཚིག་བསྲུང་སྡོམ་ལས་གྲོལ་བར་གསུངས་པ་དང་མི་འགལ་ལམ་སྙམ་ན་མི་འགལ་ཏེ། དེའི་དོན་ནི། ལས་དང་པོ་པའི་དམ་ཚིག་རྩ་བ་དང་། ཡན་ལག་གི་ལྟུང་བ་སོགས་བསྲུང་བ་ལས་གྲོལ་ཞེས་ཟེར་བ་ཡིན་གྱི། གཞན་དུ་ན་བརྟན་པ་ཐོབ་པ་དང་། ཆེར་ཐོབ་ཀྱི་དམ་ཚིག་བཤད་པ་དང་། ས་གནས་ཀྱི་འཕགས་པ་ལ། ངན་སོང་དུ་འཕེན་པའི་ཉེས་ལྟུང་འབྱུང་མི་སྲིད་ཀྱང་། རྫོགས་པ་གོང་འཕེལ་ལ་གེགས་བྱེད་པའི་ཉེས་ལྟུང་འབྱུང་བར་བཤད་པ་དང་འགལ་ཞིང་། ས་དང་པོ་ཡན་ཆད་ལ་དམ་ཚིག་དང་སྡོམ་པ་མེད་པར་འགྱུར་རོ། །ཡང་བོད་ཁ་ཅིག །འཕགས་པ་རྣམས་ལ་ཡང་འདུལ་བའི་བཅས་པ་དང་འགལ་བའི་ཉེས་པ་ཕྲ་མོས་ཀྱང་ཐུགས་རྒྱུད་དང་ཡོན་ཏན་དང་ལམ་གྱི་རྟོགས་པ་གོང་མ་སྐྱེ་བའི་གེགས་བྱེད་པར་བཤད་པ་ཡང་སྣང་ངོ་། །

གཉིས་པ་སྔགས་ཀྱི་སྡོམ་པ་སྟེར་བ་པོ་སློབ་དཔོན་གྱི་མཚན་ཉིད་ནི། དབང་བསྐུར་བ་ཐོབ་ཅིང་དམ་ཚིག་དང་སྡོམ་པར་ལྡན་པ་ལྷའི་གྲངས་བསྙེན་སོང་བ་དང་། དཀྱིལ་འཁོར་བྲི་བའི་ལས་ལ་མཁས་པ་ལ་སོགས་པ་དབང་བསྐུར་བའི་ཆོ་ག །བླ་མ་བརྒྱད་པའི་ཕྱག་ལེན་མཐོང་མཁས་པ་ཞིག་དགོས་ཏེ། འདུལ་བའི་མཁན་པོའི་མཚན་ཉིད་དུ། བསྙེན་པར་རྫོགས་པ་སྡོམ་པ་དང་ལྡན་པ་བསྙེན་པར་རྫོགས་ནས་ལོ་བཅུ་བར་མ་ཆད་དུ་ལོན་པ། ཆོས་ལྔ་ཚན་དུ་སྦྱར་བ་ཉེར་གཅིག་ལས་ལྔ་ཚན་གང་རུང་དང་ལྡན་ཞིང་། འདུལ་བའི་ཆོ་ག་ལ་མཁས་པ་ཞིག་དགོས་པ་བཞིན་ནོ། །

གཞན་ཡང་རྒྱུད་སྡེ་རྣམས་སུ་རྡོ་རྗེ་སློབ་དཔོན་གྱི་མཚན་ཉིད་རབ་ཏུ་མང་པོ་གསུངས་ཀྱང་། བླ་མ་ལྔ་

བཅུ་པར། དེ་ཉིད་བཅུ་ནི་ཡོངས་སུ་ཤེས། །ཞེས་སོགས་གསུངས་པའི་དེ་ཉིད་བཅུ་ཤེས་ནས་ལག་ཏུ་བླང་བར་བྱ་བ་རྡོ་རྗེ་སློབ་དཔོན་ལ་མཁོ་བའི་དེ་ཉིད་བཅུ་ནི་ཉམས་ལེན་གྱི་ཆོ་ག་དེ་དག་ཀྱང་དེ་ཁོ་ན་ཉིད་ཀྱི་ངེས་དོན་ཤེས་པ་གལ་ཆེ་བས། དེ་ཁོ་ན་ཉིད་ཀྱི་དེ་ཁོ་ན་ཉིད་བཅུའོ། །དང་པོ་ལ་ཡང་ཡོ་ག་མན་ཆད་གསང་སྔགས་ཕྱི་མར་བཤད་པ་ཕྱིའི་དེ་ཁོ་ན་ཉིད་བཅུ་དང་། ནང་བླ་མེད་ལ་བཤད་པ་ནང་གི་དེ་ཁོ་ན་ཉིད་བཅུའི་དང་པོ་ནི། རབ་གནས་ཀྱི་རྒྱུད་ལས། དཀྱིལ་འཁོར་ཏིང་འཛིན་ཕྱག་རྒྱ་དང་། །སྟང་སྟབས་སྟུགས་དང་འདུག་སྟངས་དང་། །ལས་ལ་སྦྱར་དང་སླར་བསྡུ་བ། །ཕྱིའི་དེ་ཉིད་བཅུ་ཡིན་ནོ། །ཞེས་སོ། །

གཉིས་པ་ནི་བླ་མེད་རྡོ་རྗེ་སྙིང་པོ་རྒྱན་གྱི་རྒྱུད་ལས། ཕྱིར་བཟློག་གཉིས་ཀྱི་ཆོ་ག་དང་། །གསང་བ་ཤེས་རབ་ཡེ་ཤེས་དང་། །ཁ་སྦྱོར་འབྱེད་པའི་ཆོ་ག་དང་། །གཏོར་མ་རྡོ་རྗེའི་བཟླས་པ་དང་། །དྲག་ཤུལ་བསྒྲུབ་པའི་ཆོ་ག་དང་། །རབ་གནས་དང་ནི་དཀྱིལ་འཁོར་བསྒྲུབ། །གསང་བའི་དེ་ཉིད་བཅུ་ཡིན་ནོ། །ཞེས་གསུངས་ཏེ། གསང་བ་ནི་ནང་བླ་མེད་ལ་ཟེར་ཏེ། སྡོམ་འབྱུང་དུ། ཕྱི་ནང་གསང་བ་ཞེས་པའི་གསང་བ་དེ་བླ་མེད་ལ་ཟེར་བ་བཞིན་ནོ། །རྡོ་རྗེ་སློབ་དཔོན་ལ་ཉེ་བར་མཁོ་བའི་དེ་ཉིད་བཅུ་ནི། ཧཱུཾ་ཧྲི་ཧེ་རུ་ཀའི་དེ་ཉིད་བཅུའི་གཞུང་དུ། བསྲུང་བ་དབང་བསྐུར་གཏོར་མ་བཟླས་གར་དང་། །ཕྱིར་ཟློག་པ་དང་དཀྱིལ་འཁོར་བསྒྲུབ་པ་དང་། །སྡིག་སྦྱོང་བ་དང་གཤེགས་སུ་གསོལ་བ་སྟེ། །དེ་ཉིད་བཅུ་ཞེས་རྒྱལ་བ་རྣམས་ཀྱིས་གསུངས། །ཞེས་འབྱུང་བ་སྟེ་རྡོ་རྗེ་གུར་གྱི་དགོངས་པ་ཡིན་གསུངས་སོ། །དེ་ཁོ་ན་ཉིད་ཀྱི་དེ་ཁོ་ན་ཉིད་བཅུ་ནི། དཔལ་པོ་རྡོ་རྗེ་རིན་ཆེན་འབར་བར། རྡོ་རྗེ་དྲིལ་བུ་ཡེ་ཤེས་དང་། །ལྷ་དང་དཀྱིལ་འཁོར་སྦྱིན་སྲེག་དང་། །སྔགས་དང་རྟུལ་ཆོན་གཏོར་མ་དང་། །དབང་བསྐུར་དེ་ཉིད་བཅུ་རིགས་པས། །ཞེས་འབྱུང་སྟེ། རྒྱུད་འབུམ་ལྟའི་དགོངས་པ་ཡིན་གསུངས་སོ། །དེ་དག་ལས། ཆོ་གའི་དེ་ཉིད་བཅུའི་ནང་གི་དཀྱིལ་འཁོར་ཞེས་འབྱུང་བ་ནི། ནང་ཏིང་ངེ་འཛིན་གྱི་དཀྱིལ་འཁོར་དང་། རྟུལ་ཆོན་དང་རས་བྲིས་ཀྱི་དཀྱིལ་འཁོར་བྲིས་བསྒྲུབ་ཐམས་ཅད་ལ་ཟེར་ལ། སློབ་དཔོན་ལ་ཉེ་བར་མཁོ་བ་དཀྱིལ་འཁོར་བསྒྲུབ་ཅེས་འབྱུང་བ་ནི། དཀྱིལ་འཁོར་བདུན་བསྲེས་བསྒྲུབ་པ་ལ་སོགས་པའི་ཚུལ། དེ་ཁོ་ན་ཉིད་ཀྱི་དེ་ཁོ་ན་ཉིད་ནི། རྡོ་རྗེའི་དེ་ཉིད་མི་ཤེས་ན། །བརྒྱ་བྱིན་ལག་གི་རྡོ་རྗེ་བཞིན། །དྲིལ་བུའི་དེ་ཉིད་མི་ཤེས་ན། །གླང་གི་མགུལ་གྱི་དྲིལ་བུ་བཞིན། །ཕྲེང་བའི་དེ་ཉིད་མི་ཤེས་ན། །བུད་མེད་ཀྱི་ནི་དོ་ཤལ་བཞིན། །ཞེས་འབྱུང་བ་ལྟར། དེ་དག་གི་ངེས་དོན་ཤེས་དགོས་ཏེ། གཞན་དུ་ན། ཆོ་ག་བྱས་ཀྱང་། གཟུགས་བརྙན་ཙམ་དུ་འགྱུར་ལ། ཡེ་ཤེས་ཞེས་པ་ནི་འཕོ་བ་ལ་ཟེར་ཏེ། རྡོ་རྗེ་གདན་བཞིར་གསུངས་སོ། །དེ་ལྟར་ན་གསང་སྔགས་པས། དེ་ཉིད་བཞི་བཅུ་པོའི་དོན་ཤེས་པ་གལ་ཆེ་གསུངས་སོ། །དེ་ནས་དབང་བསྐུར་བའི་ཆོ་ག་རྣམ་པར་དག

པ་ཤེས་དགོས་པར་མ་ཟད་བྱང་ཆུབ་ཀྱི་སེམས་དང་ལྡན་ཞིང་རྙེད་བཀུར་ལ་མི་ལྟ་བའི་བླ་མ་བཟང་པོ་བསྟེན་དགོས་ཏེ། རྟག་པར་དགེ་བའི་བཤེས་གཉེན་ནི། །ཐེག་ཆེན་དོན་ལ་མཁས་པ་དང་། །ཞེས་སོགས་ཐེག་པ་ཆེན་པོའི་སློབ་དཔོན་གྱི་མཚན་ཉིད་ཚང་དགོས་པ་དང་། རྙེད་བཀུར་ལ་སྲེད་པ་ནི་ཤིན་ཏུ་སྨད་ཅིང་ངན་འགྲོའི་རྒྱུར་བཤད་ལ། ཆོས་ལོག་པར་སྟོན་པའི་བླ་མ་ནི། བདུད་རིགས་ཀྱི་སློབ་དཔོན་ཡིན་པར་བཤད་པའི་ཕྱིར་རོ། །དེ་ལྟར་ཡིན་ཀྱང་ད་ལྟ་མཚན་ཉིད་དེ་དག་ལས་བཟློག་སྟེ། ལས་འབྲས་ལ་མི་འཛེམ་པར་ཚིག་ནོར་པ་དང་། ཆོས་ལོག་པར་བཤད་ནས་རྙེད་བཀུར་སོགས་ཚེ་འདིའི་ཡོ་ལང་འབའ་ཞིག་དོན་དུ་གཉེར་བས་རང་གཞན་བསླུ་བར་བྱེད་པ་མང་དུ་སྣང་ངོ་། །དེས་ན་སྡུགས་ལ་འཇུག་ཚུལ་མ་ནོར་བའི་སྨིན་བྱེད་གལ་ཆེ་སྟེ་འཆད་པར་འགྱུར་རོ། །

སྤྱི་དོན་ལྔ་པ་སྡོམ་གསུམ་ཐོབ་པར་བྱེད་པའི་ཆོ་ག་ལ་གསུམ་གྱི། དང་པོ་ཐེག་དམན་གྱི་ལམ་ལ། སྔོན་གྱི་ཆོ་ག་ནི་ཅིག་ཆར་རབ་ཏུ་བྱུང་བ་དང་། བསྙེན་པ་རྫོགས་པ་ལ་བྱེད་པ་ཀརྨ་ཤ་ཏམ་ལས་བཤད་ལ། དེ་ལ་སྔོན་དུ་རབ་བྱུང་གི་བསྙེན་རྫོགས་སོགས་ལ། སྔོན་གྱི་ཆོ་ག་ཞེས་ཟེར་ཀྱང་། སྦྱོར་དངོས་དང་བཅས་པའི་ཆོ་ག་ནི་མིན་ཏེ། དེས་ན་ད་ལྟའི་ལུགས་ནི། ཐུབ་མོང་གི་སྐྱབས་འགྲོ་སྔོན་དུ་བཏང་བ་ལས། སོ་ཐར་གྱི་སྡོམ་པ་སྐྱེ་བས་ན། ཡུལ་གྱི་མདུན་དུ་དགོངས་སུ་གསོལ་དང་། རང་གི་མིང་སྨོས་ཏེ། དུས་ད་ནས་བཟུང་སྟེ། ཇི་སྲིད་འཚོའི་བར་དུ་རྐང་གཉིས་རྣམས་ཀྱི་མཆོག །ཅེས་སོགས་ནས། བདག་ཇི་སྲིད་འཚོའི་བར་དུ་དགེ་བསྙེན་དུ་ཞེས་སོགས་དང་། དགེ་ཚུལ་དུ་བཟུང་དུ་གསོལ་ཞེས་སོགས་བརྗོད་པ་གསུམ་གྱི་ཆོ་གས། དགེ་བསྙེན་དང་དགེ་ཚུལ་གྱི་སྡོམ་པ་ཐོབ་ལ། དེ་ཡང་དགེ་ཚུལ་ལེན་པའི་སྔོན་དུ་བར་མ་རབ་བྱུང་དང་། དེའི་སྔོན་དུ་བར་ཆད་དྲི་བ་སོགས་དང་། དགེ་བསྙེན་དགོས་ལ། དེ་ཡང་དགེ་ཚུལ་དང་སྦྲེལ་ན། དགེ་བསྙེན་དུས་ནས་བར་ཆད་དྲིས་ཆོག་སྟེ། རྗེས་བསླབ་བྱ་སོགས་གཞན་དུ་ཤེས་སོ། །བསྙེན་གནས་ནི་ཡུལ་དགེ་སློང་གི་མདུན་དུ། ད་ནང་ནས་སང་ཉི་མ་མ་ཤར་གྱི་བར་དུ་ཞེས་པའི་ཚུལ་གྱིས་ལེན་ཏེ། མདོ་ལས། དམའ་བར་འདུག་སྨྲས་བཟླས་པ་ཡིས། ། མི་བརྒྱན་ནམ་ནི་ནང་པར་དུ། །བསྙེན་གནས་ཡན་ལག་ཚང་བར་ནི། །ནང་པར་གཞན་ལས་ནོད་པར་བྱ། ། ཞེས་ལེན་པ་པོ་གདན་དམའ་བར་འདུག་ལ། རྒྱན་ཆ་གསར་པ་སྤངས་ཏེ། ད་ནང་ནས་སང་ནང་མོའི་བར། ཉིན་ཞག་གཅིག་བསྲུང་བར་བཤད་པས། བསྙེན་གནས་ཆོག་ཁྲོལ་མ་དང་། ཉིན་ཕྱེད་ལེན་པ་སོགས་བཀག་པ་ཡིན་ནོ། །རང་འགྲེལ་དུ། གང་གིས་ཆོས་བརྒྱད་ལ་རྟག་ཏུ་བསྙེན་གནས་ལ་གནས་པར་བྱའོ། །ཞེས་སོགས་ཡང་དག་པར་ཁས་བླངས་པ་དེས་ནི། ཟས་ཟོས་ནས་ཀྱང་ནོད་པར་བྱའོ། །ཞེས་བརྗོད་པ་ནི། སློབ་དཔོན་ལ་ལེན་དུས། ཇི་སྲིད་འཚོའི་བར་དུ། ཟླ་བ་བྱུང་ངོ་ཅོག་གི་ཚེས་བརྒྱད་དང་། བཅོ་བཞི་དང་། བཅོ་ལྔ་ལ་ཡན་ལག

བརྒྱད་དང་ལྡན་པའི་གསོ་སྦྱོང་ལ་གནས་པར་བཟུང་དུ་གསོལ། ཞེས་བླངས་ལ། དེ་ནས་ཆོས་བརྒྱད་ལ་སོགས་པའི་ཚེ་ན། གཞན་ལ་མ་བླངས་ཀྱང་། བསྲུང་བའི་བདུན་པ་བྱས་ན་སྔར་གྱི་འཕེན་པའི་དབང་གིས། སྡོམ་པ་མངོན་དུ་གྱུར་པའི་ཚུལ་གྱིས་སྐྱེ་ལ། འོན་ཀྱང་ཡིད་ཆེས་པའི་ཕྱིར།ཟས་ཟོས་པའི་གོང་འོག་གང་རུང་དུ་ལེན་ཡུལ་ལེགས་པོ་གཅིག་དང་འཕྲད་ན་གཞན་ལས་བླང་བར་བྱའོ། །ཞེས་པའི་དོན་ཡིན་ཏེ། འགྲེལ་བཤད་དུ་རྒྱལ་པོ་སྲས་ཀྱིས། དེ་ནི་ཟས་ཟོས་ནས་ཀྱང་ནོད་པར་བྱའོ། །ཞེས་བྱ་བའི་སྡོམ་པ་ནི་སློང་བར་བྱེད་པ་ཡང་དག་པར་ལེན་པར་ངེས་པའི་སེམས་ཡིན་པའི་ཕྱིར་རོ། །ཉི་མ་འཆར་བའི་ཚེ་ཁོ་ན་སྐྱེའོ། །ཟས་ཟོས་ནས་ནོད་པ་ནི་གསལ་བའི་ཕྱིར་རོ། །ཞེས་བཤད་པས་སོ། །དེ་ནི་མདོ་སྡེ་པའི་ལུགས་ཡིན་གྱི། བྱེ་སྨྲའི་ལུགས་མིན་ཏེ། མཛོད་རྩ་བར་ནམ་བསྲུང་དུས་ངེས་པར་ལེན་དགོས་པར་བཤད་པ་དང་འགལ་བའི་ཕྱིར་རོ། །དེ་ནས་ཁ་ཅིག་གིས། བྱེ་སྨྲའི་ལུགས་སུ་བྲིས་པ་ནི་ནོར་བའོ། །ཁྱད་པར་དུ་དགེ་སློང་གི་སྡོམ་པ་ལེན་པ་ལ། མཁན་སློབ་དགེ་འདུན་དང་བཅས་པ་ལས་གྲལ་དུ་མ་འདུས་པའི་གོང་ནས་ལྟུང་བ་སོ་སོ་བ་རྣམས་ལྟུང་བ་རིགས་མཐུན་གྱི་མ་གོས་པའི་དགེ་སློང་ཕན་ཚུན་བཤགས་སྡོམ་བྱས་ནས་ལས་ལ་འདུས་པའམ། ཡང་ན་ལས་གྲལ་དུ་འདུས་ནས་ལྟུང་བ་ཐུན་མོང་བ་རྣམས་དགེ་འདུན་གྱི་ལས་ལ་མི་སྒྲིབ་པའི་ཕྱིར། བྱིན་བརླབས་བྱས་ནས་ལས་ལ་འཇུག་སྟེ། འོན་ཀྱང་ལྟུང་བ་ཐུན་མོང་བ་བྱིན་གྱིས་བརླབས་པ་ཡིན་གྱི། ཐུན་མོང་མིན་པའི་དབང་དུ་བྱས་པ་ནི་མིན་នོ། །

དེ་ལྟར་ན་གསང་སྔགས་པས་ཉེས་ལྟུང་ཕྲ་མོ་རྣམས་ཐོག་མར་ཡི་གེ་བརྒྱ་པའི་བསྒོམ་བཟླས་ཀྱིས་དག་པར་བྱས་ནས། བསྙུབ་མཆོད་ལ་འཇུག་པ་དང་ཚུལ་འདྲའོ། །དངོས་གཞི་གསོལ་བཞིའི་ཆོགས་ཐོབ་ཚུལ་དང་། དུས་འཁོར་བསྙུབ་བརྗོད་དང་བཅས་པ་གཞན་དུ་ཤེས་སོ། །འོ་ན་དགེ་སློང་གི་སྡོམ་པ་ལེན་པ་ལ་སྐྱབས་འགྲོ་དང་། ཇི་སྲིད་འཚོའི་བར་གྱི་དུས་ཀྱི་ངེས་པ་མ་བྱུང་ངོ་སྙམ་ན་སྐྱོན་མེད་དེ། བསྙེན་པར་རྫོགས་པ་ཞེས་པའི་དོན་དྲང་པོར་བསྒྱུར་ན། རྫོགས་པ་ལ་བསྙེན་པ་ཞེས་པ་ཡིན་པས། རྫོགས་པ་མྱ་ངན་ལས་འདས་པ་ལ་བསམ་པ་དང་སྦྱོར་བས་བསྙེན་པ་སྟེ། སྐྱབས་འགྲོའི་ཚིག་མེད་ཀྱང་དོན་གྱིས་སྐྱབས་སུ་འགྲོ་བ་ཚང་བར་བཤད་ལ། དུས་ཀྱི་ངེས་པ་ཡང་བསྙུབ་པ་བརྗོད་པའི་སྐབས་སུ། ཇི་སྲིད་འཚོའི་བར་དུ་ཞེས་པ་ཡང་དང་ཡང་དུ་བཤད་དོ། ། མདོ་སྡེ་པའི་ལུགས་ལ་བསྙེན་གནས་ལེན་པའི་ཁྱད་པར་མ་གཏོགས་པ་འདྲ་བར་བཤད་དོ། །

གཉིས་པ་ཐེག་ཆེན་སོ་ཐར་གྱི་ཆོ་ག་ལ་ཐུན་མོང་བའི་རིགས་བདུན་ལེན་ཚུལ་ནི། ཐུན་མོང་བའི་སྐྱབས་འགྲོ་སོགས་ཆོ་ག་ཉན་ཐོས་དང་འདྲ་བ་ལས། ལེན་སེམས་ཁྱད་པར་ཐེག་ཆེན་སེམས་བསྐྱེད་ཀྱིས་ཀུན་ནས་བསླངས་ནས་ཡང་དག་པར་བླངས་ན། ཐེག་ཆེན་སོ་ཐར་རྒྱུད་ལ་སྐྱེ་བ་ཡིན་ཏེ། ཆོ་གའི་སྟོབས་ཀྱིས་སོ་ཐར་གྱི

སྡོམ་པ་སྐྱེ་ལ། ཀུན་སློང་གི་སྟོབས་ཀྱིས་ཐེག་ཆེན་སོ་ཐར་དུ་འགྱུར་བའི་ཕྱིར་རོ། །འོན་ཀྱང་ཐེག་ཆེན་གྱི་རིགས་ཅན་སྙིང་རྗེ་བཅོས་མ་མིན་པ་དང་། སེམས་ཅན་གྱི་དོན་དུ་སངས་རྒྱས་ཐོབ་འདོད་གཉིང་ནས་ཡོད་པ་གཅིག་དགོས་ཀྱི། སེམས་བསྐྱེད་ཀྱིས་ཟིན་པར་བྱེད་ཟེར་བ་ལ་ནི་ངེས་པ་མེད་དོ། །དེས་ན་གཞུང་དུ། བསམ་པ་སེམས་བསྐྱེད་ཀྱིས་ཟིན་པའི། །ཚིག་ཉན་ཐོས་ལུགས་བཞིན་གྱིས། །ཞེས་གསུངས་པའི་རྒྱུ་མཚན་ཡོད་དེ། དེ་འདྲའི་ཚིག་དེ་འདུལ་བའི་མདོ་ལས་བཤད་པའི་ཐུན་མོང་བ་ཡིན་པའི་ཕྱིར་རོ། །ཚིག་ཉན་ཐོས་དང་འདྲ་ན་སྡོམ་པ་གཟུགས་བརྙན་དུ་བྱེ་སྨྲས་འདོད་པ་ལྟར་འདོད་དགོས་སོ་སྙམ་ན། དེའི་ངེས་པ་མེད་དེ། བྱེ་མདོ་གཉིས་ཀ་ཐམས་ཅད་ཡོད་སྨྲའི་སྡེ་ཡིན་པས་ཚིག་ཐུན་མོང་དུ་ཁས་ལེན་ཀྱང་། མདོ་སྡེ་པས། སྡོམ་པ་གཟུགས་ཅན་དུ་མི་འདོད་པ་བཞིན་ནོ། །ཡང་འདུལ་བའི་བསྟན་བཅོས་སུ་སྡོམ་པ་ལེན་པའི་དུས་སུ་རྫོགས་པའི་སངས་རྒྱས་ཐོབ་འདོད་ཀྱི་བསམ་པས་ལེན་པའི་བཤད་པ་མེད་པ་ཡང་མིན་ཏེ། མཛོད་ཀྱི་མདོ་ཊཱི་ཀཱ་ཏུ། བླ་ན་མེད་པའི་བྱང་ཆུབ་ཏུ་སེམས་བསྐྱེད་ཅིང་། རབ་ཏུ་བྱུང་ངོ་ཞེས་བཤད་པའི་ཕྱིར་རོ། །སུམ་བརྒྱ་པར། རྫོགས་པའི་བྱང་ཆུབ་དཔལ་ནོད་དབང་བསྒྱུར་ཡིན། །ཞེས་དང་། འོད་ལྡན་དུ། རྫོགས་པའི་བྱང་ཆུབ་ཉིད་དཔལ་ཡིན་ཏེ་ཆོས་ཀྱི་རྒྱལ་པོ་མཛད་པ་པོའི་རྒྱུ་ཡིན་པར། དེ་ཐོབ་པར་བྱ་བའི་ཕྱིར་དབང་བསྒྱུར་བ་ཡིན་ཏེ། ཞེས་དང་། ལྔ་བཅུ་པར། བྱང་ཆུབ་དམ་པ་ཐོབ་པར་འགྱུར། །ཞེས་དམ་པའི་སྒྲས་སངས་རྒྱས་ཐོབ་པར་བཤད་པས་སོ། །དེས་ན་སྡོམ་གསུམ་འོད་ཕྲེང་དུ། སོ་ཐར་ལེན་པ་ལ་རང་དོན་གྱི་བསམ་པ་དགོས་ཞེས་བྲིས་ཤིང་། དེ་འཐད་པར་འདོད་པ་མང་ཡང་། ནོར་པ་སྟེ། བྱང་སེམས་ཁྱིམ་པ་དང་། སྔགས་པ་ཁྱིམ་པས་སོ་ཐར་ལེན་མི་རུང་བར་འགྱུར་བའི་ཕྱིར་རོ། །ཐེག་ཆེན་ཐུན་མོང་མིན་པའི་སོ་ཐར་ལ་བསྙེན་གནས་རང་གི་ལེན་པ་བཤད་ལ། སོ་ཐར་སྤྱི་ཙམ་པ་གང་སྐྱེ་ནི་སྔར་བཤད་ཟིན་ཏོ། །ཡང་བྱམས་པ་འཇམ་དབྱངས་སོགས་ཀྱིས་འགྲོ་བ་མང་པོ་བསྙེན་པར་རྫོགས་པ་དང་། ཐོགས་མེད་ཀྱི་དགེ་ཚུལ་སོགས། རང་གིས་བླངས་པས་སྐྱེ་བ་ཡོད་པར་གསུངས་ཀྱང་། ཚིག་མ་བཤད་པར་བསླབ་བྱ་དང་བཅས་པའང་མི་ཤེས་སོ། །

གཉིས་པ་སེམས་བསྐྱེད་འབོགས་པའི་ཆོ་ག་ནི་ཆོས་རྗེ་ས་པཎ་གྱིས་སེམས་བསྐྱེད་ཀྱི་ཆོ་གར། བདག་གི་དཔལ་ལྡན་བླ་མ་ས་སྐྱ་པའི་ཞལ་སྔ་ནས། སྨོན་འཇུག་གཉིས་ཀ་ལ། སྨོན་པའི་སེམས། སྨོན་པའི་སེམས་བསྐྱེད་པ། སྨོན་པ་མི་ཉམས་པར་བསྲུང་བ་དང་གསུམ་དང་། འཇུག་པའི་སེམས། འཇུག་པ་སེམས་བསྐྱེད་པ། འཇུག་པ་མི་ཉམས་པར་བསྲུང་བ་གསུམ་ཡོད་དོ། །ཅེས་གསུངས་པ་ནི། མདོ་སྡེ་པའི་དགོངས་པ་ཕྱིན་ཅི་མ་ལོག་པར་ངེས་སོ། །ཞེས་སྨོན་སེམས་དང་། སྨོན་པ་སེམས་བསྐྱེད་ལ། ཁྱད་པར་ཕྱེ་ནས་གསུངས་པའི་དང་པོ་

ལ་ཚོག་མེད་ཀྱང་། ཕྱི་མ་ལ་ཚོག་བཞེད་ཅིང་། ཞི་བ་ལྷ་ནི། སྡོམ་པས་མ་ཟིན་པའི་སྨོན་པ་རྐྱང་པ་ལ་བསོད་ནམས་རྒྱུད་ཆགས་མི་བཞེད་པ་ཡིན་ནོ། །ཞེས་གསུངས་སོ། །ཚོགས་ལེན་པའི་ཚུལ་ནི། ཐུན་མོང་མིན་པའི་སྐྱབས་འགྲོ་དང་བཅས་ཏེ་ལེན་ལ། སེམས་ཙམ་པ་དང་དབུ་མ་པའི་ཕྱག་ལེན་མི་འདྲ་བར་བཞེད་དེ། དེ་ཡང་སྔོར་བ་ལ་སློབ་དཔོན་ཐོགས་མེད་སོ་སོ་ཐར་པ་རིགས་བདུན་གྱིས་དག་ཟིན་པ་ཞིག་སེམས་དག་པ་ལ་སྐྱེ་བའི་དབང་དུ་བྱས་ནས་ཕྱག་དང་མཆོད་པ་ཙམ་བྱས་ནས། སེམས་ཙམ་པ་ལྟ་བ་ཅུང་ཟད་དམའ་བས་སྤྱོད་པའང་ཅུང་ཟད་དོགས་པས། ཉན་ཐོས་ཀྱི་སྡོམ་པ་ལྟར་བསླབས་པ་བརྗོད་པ་དང་། བར་ཆད་འདྲི་བ་ལ་སོགས་པ་མཛད་ལ། སློབ་དཔོན་ཀླུ་སྒྲུབ་ནི་ལྟ་བ་དབུ་མ་མཐོ་བས། སྤྱོད་པ་ཡང་ཡངས། གང་ཟག་སྡིག་པ་ཅན་སུ་རུང་རུང་། སོ་སོ་ཐར་པ་རིགས་བདུན་དང་མ་འབྲེལ་བ་ཡང་སེམས་བསྐྱེད་སྐྱེ་བ་ལ་དགོངས་ནས། སྡིག་པ་བཤགས་པ་ལ་སོགས་པ་ཡན་ལག་བདུན་མཛད་ལ། བསླབ་པ་བརྗོད་པ་དང་། བར་ཆད་འདྲི་བ་ལ་སོགས་མི་མཛད་དོ། །དངོས་གཞི་ལ་ཡང་། སློབ་དཔོན་ཐོགས་མེད་ཀྱི་སྨོན་པ་བླངས་ནས་ཕྱིས་འཇུག་པ་མཛད་ལ། འཕགས་པ་ཀླུ་སྒྲུབ་སྨོན་འཇུག་སྟབས་གཅིག་ཅིང་། སྡོམ་པ་འབོགས་པའི་བརྗོད་ཚུལ་ཡང་མི་འདྲའོ། །འཇུག་ཀྱང་སློབ་དཔོན་ཐོགས་མེད་ཀྱི་མཁྱེན་པར་གསོལ་བ་ལ་སོགས་པ་མཛད་ལ། འཕགས་པ་ཀླུ་སྒྲུབ་རང་གཞན་དགའ་བ་བསྐྱེད་པ་ལ་སོགས་པ་མཛད་པས་མི་འདྲའོ། །ཞེས་གསུངས་སོ། །ཁ་ཅིག་དབུ་སེམས་གཉིས་ཀས་སྨོན་འཇུག་སྟབས་གཅིག་ཏུ་ལེན་པས་ཆོག་པས། ལུགས་སོ་སོར་མི་དགོས་ཞེས་ཟེར་བ་ནི་རྒྱུས་མེད་པ་འམ། བསྟན་པ་དཀྲུག་པའི་ཚིག་ཡིན་ཏེ། སེམས་ཙམ་པས་འཇུག་སྡོམ་འབོགས་དུས། ཁྱོད་བྱང་ཆུབ་སེམས་དཔའ་ཡིན་ནམ། ཞེས་སོགས་སྨྲར་སྨོས་པས། སེམས་བསྐྱེད་དེ་ཐོབ་པ་གཅིག་དགོས་པར་བཤད་ཅིང་། སྔོར་དངོས་རྗེས་གསུམ་གྱི་ཆོ་ག་མི་འདྲ་བ་ཆེན་པོ་ཡོད་པས་ཕན་ཚུན་བསྲེས་པར་མི་བྱའོ། །

ཡང་ཁ་ཅིག །སྤྱོད་འཇུག་ཏུ། ཇི་ལྟར་སྔོན་གྱི་བདེ་གཤེགས་ཀྱིས། །ཞེས་སོགས་ཀྱི་སྨོན་འཇུག་སྟབས་གཅིག་ཏུ་ལེན་པར་འདོད་ན། ཇི་ལྟར་དུས་གསུམ་མགོན་པོ་རྣམས། །ཞེས་སོགས་ཀྱིས་ཀྱང་སེམས་བསྐྱེད་དང་སྔགས་སྡོམ་ལྷན་ཅིག་ལེན་པའི་ཆོ་གར་འགྱུར་ལ། དེའི་གོང་མ་དེ་མ་ཐག་ཏུ་ཡན་ལག་བདུན་པས་སེམས་བསྐྱེད་བླངས་ཟིན་ཞེས་བཀག་ནས། རང་ལུགས་སུ་ཡང་རིགས་ལྔའི་སྡོམ་བཟུང་གི་སྐབས་སུ་སེམས་བསྐྱེད། སྔགས་སྡོམ་ལྷན་གཅིག་ལེན་པར་འགྱུར་བ་སོགས་ལུང་དུ་མས་བསྒྲུབ་པ་ནི།རང་ལ་ཙོ་འདྲི་བའི་འཁོར་གསུམ་མོ། །

གསུམ་པ་སྔགས་སྡོམ་ཐོབ་པའི་ཆོ་ག་ནི། རྒྱུད་གཞུང་རྣམས་སུ། རྣམ་དག་སློབ་མ་འདི་རྣམས་ནི། །

བྱང་ཆུབ་སེམས་ནི་ཡོངས་འཛིན་ཞིང་། །གསང་བའི་དལ་འདིར་ཞུགས་ནས་སུ། །དམ་ཚིག་དང་ནི་སྡོམ་པ་འཚལ། །ཞེས་དང་། མི་ལྡོག་འཁོར་ལོའི་དབང་བསྐུར་བ། །མགོན་པོས་བདག་ལ་བསྩལ་ནས་ཀྱང་། །ཞེས་སོགས་ནས། སངས་རྒྱས་ཀུན་གྱི་དམ་ཚིག་དང་། །སྡོམ་པ་འདའ་བླ་ན་མེད་པ་སྩོལ། །ཞེས་གསུངས་པ་དང་། གལ་ཏེ་ལྟུང་བ་བྱུང་གྱུར་ན། །སླར་ཡང་དཀྱིལ་འཁོར་འདི་རུ་ནི། །དག་པའི་རྒྱུ་རུ་འཇུག་པར་བྱ། །ཞེས་གསུངས་པའི་དོན། སྔར་སྔགས་སྡོམ་ཐོབ་ཟིན་ཉམས་པ་གསོ་བ་ལ་ཡང་དཀྱིལ་འཁོར་དུ་ཞུགས་ནས་དབང་ཞུ་དགོས་པར་གསུངས་པས། སྔགས་སྡོམ་གསར་དུ་ཐོབ་པ་ལ་ཅིས་ཀྱང་དཀྱིལ་འཁོར་དུ་ཞུགས་ནས་དབང་ཞུ་དགོས་པ་དང་། དེ་ལ་དགོངས་ནས་སྡོམ་གསུམ་རབ་དབྱེར། རིགས་འཛིན་སྔགས་ཀྱི་སྡོམ་པར་ཡང་། །དབང་བསྐུར་མེད་ན་ཐོབ་མི་ནུས། །ཞེས་གསུངས་པ་ལྟར། རྒྱུད་སྡེ་བཞིའི་དབང་ཚོག་རྣམ་པར་དག་པ་ཚང་ལ་མ་ནོར་བ་དེ་ཐོབ་པ་ལ་བརྟེན་ནས་རྒྱུད་སྡེ་བཞི་པོ་སོ་སོའི་སྔགས་སྡོམ་དེ་ཡང་རྒྱུད་སྡེ་འོག་མ་གསུམ་དུ། ནད་གདོན་ཞི་བའི་ཆོ་ག་ཙམ་དང་། ཚེ་དབང་སོགས་འཇིག་རྟེན་པའི་དགེ་ལེགས་བྱེད་པའི་དབང་བསྐུར་རྣམས་དང་། སློང་རྒྱུད་དུ་བཤད་པའི་རྒྱལ་པོ་བཞི་དང་། ཕྱོགས་སྐྱོང་བཅུའི་དཀྱིལ་འཁོར་སོགས་སུ་དབང་བསྐུར་བ་ཙམ་གྱིས་མ་ཆོག་པར། མཆོག་བསྒྲུབ་པའི་དབང་བསྐུར་བ་དགོས་སོ། །ཞེས་གསུངས་སོ། །

ཁྱད་པར་དུ་བླ་མེད་ཀྱི་ལུགས་ལ། བླ་ན་མེད་པའི་དཀོན་མཆོག་གསུམ། །ཞེས་འབྱུང་བ་ལྟར། བླ་ན་མེད་པའི་སྐྱབས་འགྲོ་སྔོན་དུ་སོང་བའི་དབང་ཆོག་རྣམ་པར་དག་པ་ཚར་བ་ལས་བླ་མེད་ཀྱི་སྔགས་སྡོམ་སྐྱེའོ། །འོན་ཀྱང་ལུས་དཀྱིལ་རྐྱང་པའི་དབང་ཆོག་ལྟ་བུ་ཡང་དང་པོར་སྔགས་སྡོམ་ལེན་པའི་ཆོ་གར་མི་རུང་སྟེ། དེ་ཉིད་ལ་ཡང་ཕྱི་དཀྱིལ་དུ་སྨིན་ཚར་བ་ཞིག་ལ་བྱ་བར་བཤད་པའི་ཕྱིར་རོ། །དེ་བཞིན་དུ་རྡོ་རྗེ་ཕག་མོའི་བྱིན་རླབས་རྣམ་པར་དག་པ་ལ་ཡང་མཚུངས་སོ། །དེ་ལྟ་བུའི་རྣམ་བཞག་ལ་བློ་ཁ་མ་ཕྱོགས་པའི་སྐྱེ་བོ་དག་རྗེས་སྣང་ཙམ་དང་། རང་བཟོའི་དབང་ཆོག་རེ་བྱས་ནས་བསྐྱེད་རྫོགས་ཀྱི་ལམ་བསྒོམ་པར་འདོད་པ་ནི། རང་གཞན་ཕུང་བའི་འཁྲུལ་པའོ། །དེའི་རྒྱུ་མཚན་ཡང་བསྐྱེད་རྫོགས་ཀྱི་ལམ་བསྒོམ་པ་ནི། དབང་དུས་སུ་ལམ་དེ་དག་གི་གཞི་ཆེན་པོ་བཞག་པའི་རྒྱུན་སྐྱོང་བར་བྱེད་པ་ཡིན་མིན་དབང་བསྐུར་བྱས་བློ་ཙམ་དང་། ཆོས་སྒོ་འབྱེད་པ་ཙམ་ལ་ཡིན་པས་སོ། །དེ་དག་གི་དོན་མ་ཤེས་པར་དབང་བསྐུར་དང་། ཁྲིད་སྟོན་པ་ཐམས་ཅད་ཆར་ཆབ་ཏུ་བསྒྲེ་བ་མང་དུ་འདུག་པས། བདག་ལེགས་སུ་འདོད་པའི་གང་ཟག་དབང་རྔོན་དག་གིས་དཔྱོད་ཅིག །

སྤྱི་དོན་དྲུག་པ་ཆོ་ག་དེ་རྣམས་ལས་ཐོབ་པའི་སྡོམ་གསུམ་སོ་སོའི་ངོ་བོ་ངོས་བཟུང་བ་ལ་གསུམ་གྱི། དང་པོ་སོ་ཐར་ལ་ཡང་། སྤྱིར་གྲུབ་མཐའ་སོ་སོའི་འདོད་ཚུལ་དང་། བདག་གི་བླ་མ་མཁས་པའི་གསུང་ཚུལ་ལོ། །

དང་པོ་ནི། འདུལ་བའི་མདོ་གཞུང་རྣམས་སུ་མི་གསལ་ཡང་། མཛོད་རྩ་བར། རྣམ་རིག་མིན་རྣམ་གསུམ་ཞེས་བྱ༑ ༑སྡོམ་དང་སྡོམ་པ་མིན་དང་གཞན། །ཞེས་སྡོམ་པ་དང་། སྡོམ་མིན་དང་། བར་མའི་དགེ་སྡིག་སྟེ། གསུམ་ཀ་ཡང་རྣམ་པར་རིག་བྱེད་མིན་པའི་གཟུགས་སུ་བཤད་པས། ཉན་ཐོས་བྱེ་སྨྲའི་ལུགས་ནི། འཚལ་ཚུལ་གྱི་གཉེན་པོ་སྡོང་བ་བདུན་ལྡན་ངོ་བོ་རྣམ་པར་རིག་བྱེད་མིན་པའི་གཟུགས་རྫས་ཡོད་ཀྱི་དགེ་བ་གཅིག་ཡིན་པར་འདོད་དོ། །

དེ་ལྟར་སྡོམ་པ་གཟུགས་ཅན་ཡིན་དགོས་ཏེ། དེ་མིན་ན་དགེ་སློང་གཉིད་པ་དང་། བརྒྱལ་བའི་སྐབས་སུ་སྡོམ་པ་མེད་པའི་སྐྱོན་ཡོད་དོ་ཅེས་ཟེར་ཏེ། བསམ་གཏན་གྱི་སྡོམ་པ་དང་། ཟག་མེད་ཀྱི་སྡོམ་པ་སོགས་ཐམས་ཅད་གཟུགས་ཅན་དུ་འདོད་དོ། །རྫས་ཡོད་དུའང་འདོད་དེ། ཆོས་ཐམས་ཅད་ཤེས་བྱ་གཞི་ལྔར་བསྡུས་ནས་རྫས་སུ་སྨྲ་བའི་ཕྱིར་རོ། །སྡོམ་པ་ནི་ལེགས་སྤྱད་དགེ་བར་ཡང་འདོད་དེ། མཛོད་དུ། ཚུལ་ཁྲིམས་དང་ནི་ལེགས་སྤྱད་དང་། ལས་དང་སྡོམ་པ་ཞེས་བྱའོ། །ཞེས་རྣམ་གྲངས་བཤད་དོ། །གང་གི་རྒྱུད་ལ་ལྡན་ལུགས་ཡང་། ཤེས་རྒྱུད་དང་ཐོབ་པའི་ཐག་པས་སྦྲེལ་བའི་ཚུལ་གྱིས་གནས་ལ། ཤི་འཕོས་པ་སོགས་གཏོང་རྒྱུ་བྱུང་ན། ཐོབ་པའི་ཐག་པ་ཆད་པའི་ཚུལ་གྱིས་གཏོང་བར་འདོད་དོ། །མདོ་སྡེ་པ་ནི་སྡོམ་པ་རྣམས་སྤོང་སེམས་སུ་འདོད་དེ། མཛོད་རང་འགྲེལ་གྱི་མདོ་སྡེ་པའི་གྲུབ་མཐའ་འཆད་པའི་སྐབས་སུ། སེམས་པ་གང་གིས་མི་མཐུན་ཕྱོགས་འགོག་པར་བྱེད་པ་ཞེས་སོགས་བཤད་པ་དང་། དབྱིག་གཉེན་གྱི་རང་ལུགས་སུ། གཟུགས་དགེ་མི་དགེར་འདོད་པ་ནི་ཤཱཀྱའི་སྲས་མིན་ནོ། །ཞེས་སྡོམ་པ་གཟུགས་ཅན་བཀག་པ་ཡིན་ནོ། །མདོ་སྡེ་པས་སྡོམ་པ་སེམས་བྱུང་སེམས་པར་འདོད་པ་ལྟར་ན། སེམས་བྱུང་ལྔ་བཅུ་རྩ་གཅིག་ལས་ཀུན་འགྲོ་ལྔའི་ནང་གི་སེམས་པ་དང་། དགེ་བར་བྱེད་ན་དགེ་བ་བཅུ་གཅིག་གི་ནང་དུ་འདུས་དགོས་ཏེ། དེའི་ནང་ནས་དུག་གསུམ་མེད་པ་དང་བག་ཡོད་པའི་ཕྱིར་ཏེ། ཆོས་མངོན་པར། བག་ཡོད་པ་གང་ཞེ་ན། མ་ཆགས་པ་དང་། ཞེ་སྡང་མེད་པ་དང་། གཏི་མུག་མེད་པ་དང་། བརྩོན་འགྲུས་དང་བཅས་པ་ལ་གནས་ནས། དགེ་བའི་ཆོས་རྣམས་བསྒོམ་ཞིང་། ཟག་པ་དང་བཅས་པའི་ཆོས་རྣམས་ལ། སེམས་བསྲུང་བ་སྟེ། ཞེས་བག་ཡོད་ནི། སྤང་གཉེན་ལ་བླང་དོར་ཕྱིན་ཅི་མ་ལོག་པར་བྱེད་པའི་གཙོད་པ་ལྟར་ལེན་པ་ལ་བཤད་པས་སོ། །འོན་ཀྱང་ཤི་འཕོས་པས་གཏོང་བ་ནི། གཟུགས་ཅན་ཡིན་པའི་རྒྱུ་མཚན་གྱིས་གཏོང་བ་མིན་པར་ལེན་དུས་ཇི་སྲིད་འཚོ་ལས་ཁས་མ་བླངས་པས་གཏོང་བ་ཡིན་ནོ་ཞེས་འདོད་དོ། །

གལ་ཏེ་སྡོམ་པ་གཟུགས་ཅན་དུ་མི་འདོད་ན། གཉིད་དང་བརྒྱལ་བའི་སྐབས་སུ་སྡོམ་པ་མེད་པའི་སྐྱེན་

ཟྟེ་བྲག་སྣ་བས་ཟེར་བ་བཞིན་དུ་འགྱུར་རོ་སྙམ་ན་མི་འགྱུར་ཏེ། སྡོམ་པ་ལྡན་ཚུལ་ལ་ཞེས་རྒྱུད་དུ་དབང་ལྡན་གྱི་ཚུལ་དུ་གནས་པ་ལ་བཞེད་ཀྱི། ས་བོན་ལྡན་པ་དང་། མངོན་གྱུར་ཁོན་ལ་མི་བྱེད་དེ་དང་པོ་ལྟར་ན། སྐྱེས་ཐོབ་ཏུ་འགྱུར་བ་དང་། བཏང་བའི་ཚེ་ས་བོན་བཏང་བར་འགྱུར་བ་དང་། གཉིས་པ་ལྟར་ན། ཡིད་གཞན་དུ་ཡེངས་པ་སོགས་སུ་སྡོམ་པ་མེད་པར་འགྱུར་བའི་ཕྱིར་དང་། བསམ་གཏན་དང་ཟག་མེད་ཀྱི་སྡོམ་པ་སོགས་ཀྱང་གཟུགས་སུ་འདོད་པ་ཧ་ཅང་ཐལ་ལོ། །དེས་ན་མདོ་དཔང་པོར་བྱེད་དགོས་ལ། འདུལ་བ་ལུང་སྡེ་བཞི་སོགས་ལ་སྡོམ་པ་གཟུགས་ཅན་དུ་མ་གསུངས་པས། །ཁ་ཆེ་བྱེ་བྲག་ཏུ་སྨྲ་བ་དག་གི་གྲུབ་མཐའ་ངན་པའོ། །ཞེས་མདོ་སྡེ་པ་ཟེར་རོ། །

ཐེག་པ་ཆེན་པོ་དབུ་སེམས་ཀྱི་ལུགས་ལ་ནི། སྡོམ་པ་གཟུགས་ཅན་མི་འདོད་དོ། །མདོ་སྡེ་པ་ཡན་སྡོམ་པ་གཟུགས་ཅན་མི་བྱེད་པའི་ལུང་རིགས་མང་དུ་གསུངས་པ་ལས་ཤེས་པར་བྱའོ། །རིགས་བདུན་སོ་སོའི་དོན་ལྡོག་ནི། མཛོད་ལས། སྤང་བྱ་ལྔ་བརྒྱད་བཅུ་དང་ནི། །ཐམས་ཅད་སྤོང་བ་མནོས་པ་ལས། །དགེ་བསྙེན་དང་ནི་བསྙེན་གནས་དང་། །དགེ་ཚུལ་དང་ནི་དགེ་སློང་ཉིད། །ཅེས་གསུངས་པ་ལྟར། རྩ་བ་ཕྱེད་བཞི་ཆང་དང་བཅས་པ་སྤོང་བའི་ཚུལ་ཁྲིམས་དང་། རྩ་བ་བཞི་དང་ཡན་ལག་བརྒྱད་ཉིན་ཞག་གཅིག་ལ་བསྲུང་བའི་ཚུལ་ཁྲིམས་དང་། རྩ་བ་བཞི་ཡན་ལག་དྲུག་སྡེ་རགས་པ་རྫོག་པོ་བཅུ་བསྲུང་བའི་ཚུལ་ཁྲིམས་དང་། ལྟུང་བ་སྡེ་ལྔ་མ་ལུས་པར་སྤྲངས་ཤིང་ཁྲིམས་ཉིས་བརྒྱ་ལྔ་བཅུ་རྩ་གསུམ་མ་ལུས་པ་བསྲུང་བའི་ཚུལ་ཁྲིམས་ནི། རིམ་པ་བཞིན་དུ། དགེ་བསྙེན། བསྙེན་གནས། དགེ་ཚུལ། དགེ་སློང་གི་སྡོམ་པ་ཡིན་ལ། དགེ་སློང་མ་ནི་ཁྲིམས་སུམ་བརྒྱ་དྲུག་བཅུ་རྩ་བཞི་བསྲུང་དགོས་སོ། །དགེ་བསྙེན་གྱི་སྡོམ་པ་སོགས་ནི། ཕ་མ་སོ་སོས་བསྲུང་བ་ལ། དགེ་བསྙེན་ཕ་མ་སོགས་སུ་བརྗོད་དོ། །དེ་ལྟར་ན་སྡོམ་པའི་ངོ་བོ་གཟུགས་སེམས་གང་ཡིན་ལ་མི་མཐུན་ཡང་། སྤང་བྱ་དེ་དག་སྤང་བའི་ཚུལ་ཁྲིམས་ལ། སྡོམ་པ་དེ་དག་ཏུ་འཇོག་པ་ནི། ཐེག་པ་ཆེ་ཆུང་ཐམས་ཅད་མཐུན་ལ། དེ་རྣམས་ཐེག་ཆེན་སོ་ཐར་དང་། ཐེག་དམན་སོ་ཐར་དུ་འགྱུར་ཚུལ་ཡང་། ཀུན་སློང་བསྲུངས་སེམས་ལས་རང་དོན་དམན་སེམས་དང་བཅས་པ་དང་། གཞན་དོན་གྱི་བསམ་པ་ཁོ་ནས་བསྲུང་བའི་ཁྱད་པར་ལས། ཐེག་ཆེན་གྱི་སྡོམ་པ་དང་། ཐེག་དམན་གྱི་སྡོམ་པར་འགྱུར་བ་ཡིན་ཏེ། སྡོམ་པ་དེ་དག་ཚེ་འདིའི་ཆེད་དུ་བསྲུང་ན། འཇིགས་སྐྱོབས་ཀྱི་ཚུལ་ཁྲིམས་དང་། ཕྱི་མར་ལྷ་མིའ་ཐོབ་པའི་ཆེད་དུ་བསྲུང་ན་ལེགས་སྨོན། ཐར་པའི་ཆེད་དུ་བསྲུངས་ན། ངེས་འབྱུང་གི་སྡོམ་པར་འགྱུར་བ་བཞིན་ནོ། །དེ་ལྟར་དུ་ཡང་། ཐུབ་པ་དགོངས་གསལ་གྱི་བྱང་ཆུབ་སེམས་དཔའི་ཚུལ་ཁྲིམས་འཆད་པའི་སྐབས་སུ། རབ་ཏུ་བྱུང་བའི་ཚུལ་ཁྲིམས་དང་། དགེ་སློང་གི་བསླབ་པར་བྱ་བ་ནི།

འདུལ་བ་ནས་འབྱུང་བ་བཞིན་དུ་ཤེས་པར་བྱའོ། །འདི་དག་ཀྱང་བྱང་ཆུབ་ཀྱི་སེམས་དང་། འཁོར་གསུམ་ཡོངས་སུ་དག་པས་མ་ཟིན་ན། ཉན་ཐོས་ཀྱི་ཡིན་ཡང་། དེ་དག་གིས་ཟིན་ཞིང་གཞན་དོན་དུ་སྤྱད་ན། བྱང་ཆུབ་སེམས་དཔའི་སོ་སོར་ཐར་པར་འགྱུར་རོ། །ཞེས་གསུངས་པས་ཤེས་སོ། །དེ་བཞིན་དུ་ཐེག་ཆེན་གྱི་གཞུང་ནས་བཤད་པའི་བསྙེན་གནས་ལ་ཡང་། སེམས་ཅན་ཐམས་ཅད་ལ་ཕན་པར་བྱ་བའི་ཕྱིར་དང་། ཞེས་སོགས་ཀྱི་ཆོ་གའི་ཚིག་ཏུ་གཞན་དོན་གྱི་དགོས་ཆེད་མང་པོ་འབྱུང་བ་དང་། ལེན་ཡུལ་གྱི་ཁྱད་པར་ཐུན་མོང་མིན་ཡང་བསྲུང་བྱ་བརྒྱད་པོ་འདྲ་བར་བཤད་དོ། །

ཡང་ཐེག་ཆེན་གྱི་མདོ་སྡེ་ར་བཤད་པའི་བྱམས་པ་སོགས་ཀྱིས་བསྙེན་རྫོགས་ཐོབ་ཅེས་པ་དང་། ལྷ་ལྷས་ཀྱི་འཇིག་རྟེན་ན་དགེ་སློང་དཀར་པོ་བརྒྱན་དང་ལྡན་པ་ཡོད་ཅེས་པ་དང་། དགེ་ཚུལ་སོགས་རང་གིས་བླངས་པས་སྐྱེ་བར་བཤད་པ་ལ་ནི། ཆོ་གའི་སྦྱོར་དངོས་རྗེས་གསུམ་བསླབ་བྱ་འདི་ཡིན་དང་བཅས་པ་གང་ཡང་བཤད་པ་མེད་པས།སྡོམ་པ་དེ་ཡང་འདི་ལྟ་བུ་ཞིག་ཡིན་ཞེས་བརྗོད་མི་ནུས་སོ།།འོན་ཀྱང་དེ་དག་ཐེག་ཆེན་ཐུན་མོང་མིན་པའི་སོ་ཐར་ཡིན་པར་གདོན་མི་ཟའོ། །

ཡང་གཞན་གནོད་གཞི་བཅས་སྤོང་བའི་བསམ་པ་ལ་སོ་ཐར་དུ་བྱས་པ་ནི་ཐོབ་འཚམས་དང་བཅས་པ་སྐུར་ལྟར་གསུང་ལ། དེ་ཡང་། སྤོང་བའི་སེམས་ནི་ཐོབ་པ་ལས།། ཚུལ་ཁྲིམས་ཕ་རོལ་ཕྱིན་པར་བཤད།། ཅེས་དང་།དེ་བཤད་པ་ཡང་། བློ་གྲོས་རྒྱ་མཚོས་ཞུས་པའི་མདོ་ལས། ཚུལ་ཁྲིམས་ཀྱི་ཕ་རོལ་ཏུ་ཕྱིན་པ་གང་ཞེ་ན།ཞེས་སོགས་བཤད་པ་དང་མཐུན་ནོ། །

གཉིས་པ་བདག་གི་བླ་མ་མཁས་པ་དག་གི་བཞེད་ཚུལ་ནི། དེ་ལྟར་བྱེ་བྲག་ཏུ་སྨྲ་བས་སོ་ཐར་དང་། བསམ་གཏན་དང་། ཟག་མེད་ཀྱི་སྡོམ་པ་ཐམས་ཅད་གཟུགས་སུ་འདོད་ཀྱང་། མདོ་སྡེ་པ་ཡན་ཆད་ཀྱིས་དེ་བཀག་ནས་གཟུགས་ཅན་ཁས་མི་ལེན་པས། དོན་ལ་སྡོམ་པ་གང་ཡིན་ཀྱང་གཟུགས་སུ་མི་འཐད་དེ། མཛོད་དུ་སྡོམ་པ་དགེ་བར་བཤད་པ་དང་། ཆོས་རྫེ་ས་པཎ་གྱིས། དེས་ན་སྡོམ་པ་དགེ་བ་ཡིན། །ཞེས་དང་། མདོ་རར་ན་སེམས་ཀྱི་འཕེན་པ་ལས། །གཞན་པའི་དགེ་སྡིག་ཡོད་པ་མིན། །ཞེས་དང་། འཕགས་པ་རིན་པོ་ཆེ་ལ། སྡེ་སྣོད་འཛིན་པ་གྲགས་པ་རིན་ཆེན་གྱི་དྲིས་ལན་དུ།ཉན་ཐོས་ཀྱི་ལུགས་ཀྱི་སོ་སོ་ཐར་པའི་སྡོམ་པ།ལུས་ངག་ལ་རྣམ་པར་རིག་བྱེད་མིན་པའི་ཚུལ་གྱིས་གནས་པར་འདོད། ཐེག་པ་ཆེན་པོས་སེམས་ལ་བག་ཆགས་དགེ་བའི་ཚུལ་གྱིས་བསྒོ་བར་འདོད་པ་ཡིན་པས་ཤེས་ན། ཐེག་པ་ཆེན་པོའི་ལུགས་ཀྱིས་གཞལ་ན། ཉན་ཐོས་ཀྱི་སྡོམ་པ་ཉིད་ཀྱང་སེམས་ཀྱི་ཁྱད་པར་གྱི་ཆོས་ཡིན་པས་ཞེས་སོགས་གསུངས་པ་བཞིན་ཁོང་རང་གི་འདོད་པ་ཙམ་དུ་ཟད་དེ།

རང་རྒྱུད་ལ་ཡང་གཟུགས་ཅན་སྐྱེ་བ་མི་སྲིད་དེ། དཔེར་ན་སེམས་ཙམ་པས་ཀྱང་། རང་གི་སེམས་དང་སེམས་བསྐྱེད་སོགས་བདེན་གྲུབ་ཏུ་སྐྱེ་བར་འདོད་ཀྱང་། དེ་ལྟར་མི་འཐད་པ་དང་། ཕྱི་རོལ་པས་འདུས་བྱས་རྟག་པར་འདོད་ཀྱང་། རྟག་པའི་འདུས་བྱས་མི་སྲིད་པ་ཡིན་ནོ། །ཡང་ཆོ་ག་ཉན་ཐོས་དང་འདྲ་བས་ལུས་ངག་གི་རྣམ་རིག་ལ་སྐྱེ་ཚུལ་དང་། གཟུགས་ཅན་དུ་ཐོབ་ལུགས་བྱེ་སྨྲ་ལྟར་ཁས་ལེན་དགོས་སམ་སྙམ་ན་མིན་ཏེ། བྱེ་མདོ་གཉིས་ཡོད་སྨྲའི་ཆོ་གར་མཐུན་ཡང་། སྐྱེ་ཚུལ་ངོ་བོ་མི་མཐུན་པའི་ཕྱིར་དང་། ཆོ་ག་དེ་ཉན་ཐོས་ཀྱིས་བྱས་དུས་གཟུགས་ཅན་དང་། ཐེག་ཆེན་གྱིས་བྱས་དུས་གཟུགས་ཅན་མིན་པ་ཅིག་སྐྱེ་བའི་ཁྱད་པར་ཡང་མེད་པའི་ཕྱིར་རོ༑ ༑ཡང་སྤྱིར་སྡོམ་པ་གཟུགས་ཅན་མིན་ཡང་། བྱེ་སྨྲས་འདོད་པ་ལྟར་གཟུགས་ཅན་དུ་གྲུབ་པ་ཞིག་ཀྱང་ཡོད་དམ་སེམས་པར་ཡང་མི་བྱ་སྟེ། སྤྱིར་འདུས་བྱས་མི་རྟག་ཀྱང་། མུ་སྟེགས་པས་འདོད་པའི་རྟག་དངོས་གཅིག་ཀྱང་ཡོད་དམ་ཞེས་པ་དང་། སྤྱིར་སེམས་བདེན་པར་མ་གྲུབ་ཀྱང་། སེམས་ཙམ་པས་འདོད་པའི་སེམས་བདེན་དངོས་གཅིག་གྲུབ་པའོ། །ཞེས་པ་དང་མཚུངས་སོ། །གལ་ཏེ་དེ་དང་དེའི་ལུགས་སུ་གྲུབ་པོ་ཞེས་པ་དང་། དེའི་ངོར་གྲུབ་པ་ཞེས་ཟེར་ན་དེ་ཡིན་ཀྱང་། དེ་འདྲ་ཞིག་དོན་ལ་གྲུབ་པ་མིན་ཏེ། གྲུབ་མཐའི་བློ་སྐྱོན་དང་། དོན་སྐྱོན་མ་བྱེད་པའི་ངོར་པའོ། །ཁྱད་པར་དུ་སྡོམ་པ་གཟུགས་ཅན་དུ་འདོད་ན། སྡོམ་པ་གོང་མ་དག་དང་། སྡོམ་པ་གཉིས་ལྡན་གསུམ་ལྡན་དུ་ངོ་བོ་གཅིག་པར་སོང་བ་ཁས་ལེན་ན། གཟུགས་སེམས་ངོ་བོ་གཅིག་དང་། བེམ་རིག་ངོ་བོ་གཅིག་པར་སོང་བས། ལུས་སེམས་རྫས་གཅིག་ཏུ་འདོད་པ་མུ་སྟེགས་ལུགས་ལ་ཡོད་པ་དང་འདྲའོ་གསུངས་སོ། །ཡང་ཤི་འཕོས་དུས་བཏང་བར་བཤད་པས། སྡོམ་པ་གཟུགས་ཅན་ཡིན་དགོས་སམ་སྙམ་ན། དེ་ནི་རྟེན་ཁོག་པ་བོར་དུས་དེ་ལ་ཡོད་པའི་སྡོམ་གཟུགས་ཀྱང་བོར་བ་དེ་ཁོ་ན་ལྟར་ཡིན་དགོས་སོ་སྙམ་པའི་བློ་སྐྱོན། གཞུང་དུ། མདོ་སྡེ་པ་ཡི་ལུགས་བཞིན་དུ། །ཇི་ལྟར་འདོད་ཆེ་ལེན་ན་ཡང་། །ནང་པར་ཕན་ཆད་བསྲུང་བ་ཡི༑ ༑བསམ་པ་མེད་ཕྱིར་སྡོམ་པ་གཏོང་། །ཞེས་གསུངས་པ་ལྟར། མདོ་སྡེ་པ་གཟུགས་ཅན་མི་འདོད་ཀྱང་གཏོང་ཚུལ་བྱེ་སྨྲ་ལྟར་འདོད་པའི་ཕྱིར། བསླབ་པ་ཕུལ་ནས་འདུན་པ་བཏང་བ་ཙམ་གྱིས་སྡོམ་པ་གཏོང་བ་ལ་སོགས་པ་ཡོད་པའི་ཕྱིར་རོ། །དེས་ན་གཞུང་འདིར། སྡོམ་པ་གཟུགས་ཅན་ཡིན་པའི་ཕྱིར་ཞེས་གསུངས་པ་ནི། བྱེ་སྨྲའི་རང་ལུགས་བྲིས་པ་ཡིན་པས། ལུགས་དེ་ལ་མོས་པའི་ཉན་ཐོས་བྱེ་སྨྲའི་སྡེ་པར་གཏོགས་པ་གཅིག་ཡིན་ན། སྡོམ་པ་གཟུགས་ཅན་དུ་ཁས་ལེན་དགོས་ཀྱི། མདོ་སྡེ་ཡན་ཆད་ཀྱི་གྲུབ་མཐའ་ཁས་ལེན་ན་སྡོམ་པ་གཟུགས་ཅན་ཁས་ལེན་དོན་མེད་དོ། །ཞེས་གསུངས་སོ། །

གཉིས་པ་བྱང་ཆུབ་སེམས་དཔའི་སེམས་བསྐྱེད་ལ། ཆོས་རྗེ་ས་པཎ་གྱིས་སེམས་བསྐྱེད་ཀྱི་ཆོ་གར་གོང་

ལྟར་སྨོན་སེམས་དང་སྨོན་པ་སེམས་བསྐྱེད། འཇུག་སེམས་དང་། འཇུག་པ་སེམས་བསྐྱེད། དེ་དག་གི་སྡོམ་པ་དང་བཅས་པའི་ཁྱད་པར་ཞིབ་ཏུ་གསུངས་ཏེ། གཞན་དོན་དུ་སངས་རྒྱས་ཐོབ་པར་འདོད་པ་དང་། དེའི་དོན་སྒྲུབ་པ་བསྒྲུབ་པར་འདོད་པའོ། །ཞེས་སྨོན་སེམས་དང་། འཇུག་སེམས་ངོས་བཟུང་ལ། འཕགས་པ་རིན་པོ་ཆེས་ཀྱང་། སངས་རྒྱས་ཀྱི་ཡོན་ཏན་བརྗོད་ནས། དེ་ཡང་སེམས་ཅན་ལས་བྱུང་བས། །བདག་ཀྱང་དེ་འདྲ་བྱའོ་ཞེས། །སྨོན་པ་སྨོན་པའི་སེམས་ལགས་ཏེ། །དེ་ཉིད་དགེ་བའི་བཤེས་གཉེན་ལ། །བརྟེན་ནས་ཡན་ལག་ཕུན་སུམ་ཚོགས། །ཚོགས་དེ་ལྟར་དམ་བཅའ་བ། །སྨོན་པའི་བྱང་ཆུབ་སེམས་བསྐྱེད་ལགས། །སངས་རྒྱས་ཉིད་དུ་འགྲུབ་བྱེད་པའི། །ཐབས་ཚུལ་མཐའ་དག་སྤྱོད་དོ་ཞེས། །འདུན་པ་འཇུག་པའི་སེམས་ལགས་ཏེ། །དམ་བཅས་འཇུག་པའི་སེམས་བསྐྱེད་ལགས། །ཞེས་གསུངས་ཤིང་། ཡང་སེམས་བསྐྱེད་ཚོགར་སྨོན་འཇུག་གི་སེམས་བསྐྱེད་རྐྱང་པ་སྡོམ་པ་མིན་ལ། སྨོན་འཇུག་གི་སེམས་བསྐྱེད་པ་ལ་མི་མཐུན་པའི་ཕྱོགས་གཞི་དང་བཅས་པ་སྤོང་སེམས་ཡོད་ན་གཉིས་ཀ་ཡང་སྡོམ་པར་འགྱུར་ཏེ། སྡོམ་པའི་མཚན་ཉིད་དང་ལྡན་པའི་ཕྱིར་རོ། །སྡོམ་པའི་མཚན་ཉིད་དང་ལྡན་ཡང་སྡོམ་པར་མི་འགྱུར་ན། སྡོམ་པ་གཞན་ཐམས་ཅད་ཀྱང་སྡོམ་པ་མིན་པར་འགྱུར་རོ། །ཞེས་དང་།

སློབ་དཔོན་ཛེ་ཏ་རི་ནི། སེམས་ཅན་ཐམས་ཅད་ལ་ཕན་བདེ་བསྒྲུབ་པའི་དོན་དུ་སེམས་བསྐྱེད་པར་ཁས་འཆེ་བ་ནི་སྨོན་པ། དེ་དུས་རྒྱུན་དུ་མི་ཉམས་པར་བསྲུང་བར་ཁས་འཆེ་བ་ནི་འཇུག་པ། བྱང་ཆུབ་སེམས་དཔའི་བསླབ་པ་མཐའ་དག་བཟུང་བར་ཁས་འཆེ་བ་ནི་སྨོན་པའི་སྡོམ་པ། ཇི་ལྟར་བཟུང་བ་ལྟར་སྤྱོད་པར་ཁས་འཆེ་བ་འཇུག་པའི་སྡོམ་པར་བཞེད་པ་ཡིན་ནོ། །ཞེས་དང་། སེམས་བསྐྱེད་པའི་མཚན་ཉིད་ནི། མགོན་པོ་བྱམས་པས། སེམས་བསྐྱེད་པ་ནི་གཞན་དོན་ཕྱིར། །ཡང་དག་རྫོགས་པའི་བྱང་ཆུབ་འདོད། །ཅེས་གསུངས་པས། ཡུལ་གཞན་དོན་དུ་རྣམ་པ་སངས་རྒྱས་ལ་དམིགས་ནས་བསམ་པ་དེ་ཐོབ་པར་འདོད་པ་སྟེ། ཆོས་གསུམ་ལྡན་ནི། འདི་ཡང་དག་པར་བླངས་པ་བརྡ་ལས་བྱུང་བའི་སེམས་བསྐྱེད་ལ་དགོངས་ནས་གསུངས་ཀྱི། སེམས་བསྐྱེད་སྤྱིའི་མཚན་ཉིད་དུ་བྱེད་ན་དོན་དམ་སེམས་བསྐྱེད་དང་། དོན་དམ་པ་ཆོས་ཉིད་ཀྱིས་ཐོབ་པ་དང་། སྦྲིབ་པ་སྤྱངས་པའི་སེམས་བསྐྱེད་ལ་མ་ཁྱབ་པའི་ཕྱིར་རོ། །

དེས་ན་སེམས་བསྐྱེད་སྤྱིའི་མཚན་ཉིད་ནི། རྫོགས་པའི་བྱང་ཆུབ་ཀྱི་སྒྲུབ་པ་ཁྱད་པར་བ་ཞེས་བྱ་སྟེ་ཞེས་དང་། དེས་དོན་དམ་སེམས་བསྐྱེད་ལ་ཡང་ཁྱབ་ཅིང་། སངས་རྒྱས་ཀྱི་སར་ཡང་རྫོགས་པའི་བྱང་ཆུབ་ཀྱི་བསྒྲུབ་པ་ལ་བྱ་བྱེད་གཉིས་སུ་བྱས་པའི་བསྒྲུབ་པར་བྱ་བ་ཡོད་པས་ཁྱབ་སྟེ། སངས་རྒྱས་ཀྱི་སར་ཐེག་པ་ཡོད་དོ་ཞེས

པ་ཡང་། བགྲོད་པར་བྱེད་པ་མེད་ཀྱང་། བགྲོད་པར་བྱ་བ་ཡོད་པས། དེར་འཇོག་པ་བཞིན་ནོ། །ཞེས་གསུངས་སོ།། །།

ཁ་ཅིག་ན་རེ། སངས་རྒྱས་ཀྱི་སར་ཡང་ཤེས་པ་སྔ་མ་ལས་ཤེས་པ་ཕྱི་མར་བརྒྱུབ་པར་བྱ་བར་ཡོད། ཅེས་བཤད་ན་བདེའོ་ཞེས་ཟེར་རོ། །ཡང་ཚོག་ལ་མ་ལྟོས་པར་ཡང་སེམས་བསྐྱེད་དང་སེམས་བསྐྱེད་ཀྱི་སྡོམ་པ་སྐྱེ་བ་མང་དུ་ཡོད་པར་གསུངས་ཤིང་། སོ་ཐར་ལ་ཡང་རང་བྱུང་དང་ཚུར་ཤོག་སོགས་ཆོ་ག་མེད་པར་སྐྱེ་བ་མང་ངོ་། །

དེ་ལྟར་བྱང་སེམས་ཀྱི་སྡོམ་པ་ལྡན་ཚུལ་ཡང་ཕལ་ཆེར་མངོན་འགྱུར་དུ་འབྱུང་ཡང་། རྒྱུན་དུ་ནི་དབང་ལྡན་དུ་ལྡན་པ་ལ་བྱའོ། །གནས་པའི་དུས་ཡང་གཏོང་རྒྱུ་མ་བྱུང་ན། ཚ་གའི་སྐབས་སུ་ཁས་བླངས་པ་བཞིན། ཤི་འཕོས་ནས་ཀྱང་རྗེས་སུ་འབྲང་སྟེ། མདོ་སྡེ་རྒྱན་ལས། ཚུལ་ཁྲིམས་གསུམ་དག་བླངས། ཞེས་དང་། བསླབ་བཏུས་སུ་འདི་ལ་དུས་ཐམས་ཅད་པའི་སྡོམ་པ་བཟུང་བས། ཚེ་རབས་གཞན་དུ་ཡང་ལྟུང་བ་འབྱུང་བར་དོགས་པ་ཡང་མི་བྱ་སྟེ། མདོ་འདི་ཉིད་ལས་མི་འཁྲུགས་པའི་སྨོན་ལམ་སྣང་བའི་ཕྱིར་རོ། །ཞེས་སོགས་རྒྱ་ཆེར་གསུངས་པ་དང་།

འོད་བསྲུངས་ཀྱིས་ཞུས་པ་ལས། འོད་བསྲུངས་བྱང་ཆུབ་སེམས་དཔའ་ཆོས་བཞི་དང་ལྡན་ན། སྐྱེས་མ་ཐག་ཏུ་བྱང་ཆུབ་ཀྱི་སེམས་མངོན་དུ་གྱུར་ཏེ། བྱང་ཆུབ་ཀྱི་སྙིང་པོ་ལ་མ་ཐུག་གི་བར་དུ་བར་མ་དོར་བརྗེད་པར་མི་འགྱུར་རོ། །བཞི་གང་ཞེ་ན། འདི་ལྟ་སྟེ། སྲོག་གི་ཕྱིར་རམ། ཐ་ན་བཞད་གད་ཀྱི་ཕྱིར་ཡང་ཤེས་བཞིན་དུ་རྫུན་གྱི་ཚིག་མི་སྨྲ་བ་དང་། ཞེས་སོགས་ནག་པོའི་ཆོས་བཞི་སྤྱོངས་པ་དང་། སེང་གེས་ཞུས་པ་ལས། ཆོས་ཀྱི་སྦྱིན་པས་སྐྱེ་བ་དྲན་ཏེ། ཕྱོགས་ཐམས་ཅད་དུ་སེམས་ཅན་རྣམས་བྱང་ཆུབ་ལ་འཛུད་པས། རྨི་ལམ་ན་ཡང་བྱང་ཆུབ་ཀྱི་སེམས་མི་འདོར་རོ། །ཞེས་དང་། བྱང་སར་ཡང་། བྱང་ཆུབ་སེམས་དཔའ་གང་གིས་སྨོན་པ་མ་བཏང་ཞིང་། ཕམ་པ་ལྟ་བུར་མ་སྤྱད་ན་ཚེ་བརྗེས་ཏེ། འགྲོ་བ་གང་དུ་འཁོར་ཡང་བྱང་ཆུབ་སེམས་དཔའི་ཚུལ་ཁྲིམས་ཡང་དག་པར་བླངས་པ་སྤྱངས་པར་མི་འགྱུར་རོ། །ཞེས་གསུངས་པས་སོ། །འོ་ན་ཕྱི་མར་སེམས་བསྐྱེད་ལེན་མི་དགོས་སམ་སྙམ་ན། དགོས་ཏེ། ཉམས་ན་གསོ་བ་དང་། མ་ཉམས་ན་ཡང་བརྟན་པར་བྱ་བའི་ཕྱིར་དུ་ལེན་ཏེ། བྱང་སར། བྱང་ཆུབ་སེམས་དཔའ་ཚེ་བརྗེས་ནས་བདག་དགེ་བའི་བཤེས་གཉེན་ལ་བསྟེན་ནས་དྲན་པ་གསོ་བའི་ཕྱིར་རོ། །ཡང་དག་པར་ནོད་པར་ཟད་ཀྱིས་གསར་དུ་ལེན་པ་ནི་མིན་ནོ། །ཞེས་གསུངས་སོ། །

གསུམ་པ་སྔགས་སྡོམ་གྱི་ངོ་བོ་ནི། བླ་མས་དབང་བསྐུར་དུས། སྔགས་དང་ཕྱག་རྒྱ་དང་ཏིང་འཛིན་དང་

ལྡན་པའི་ཚོགས་སློབ་མའི་ལུས་ངག་ཡིད་གསུམ་སངས་རྒྱས་ཀྱི་སྐུ་གསུང་ཐུགས་འགྲུབ་རུང་གི་དམ་ཚིག་ཅན་དུ་བྱིན་གྱིས་བརླབས་པ་ལས་མི་འདའ་ཞིང་། རང་རང་གི་དབང་དུས་སུ་བཅས་པའི་ཉེས་པ་སྤོང་བར་བྱེད་པའི་ཚུལ་ཁྲིམས་ལ་བྱ་སྟེ། དེས་རྒྱུད་སྡེ་བཞི་ཀ་ལ་ཁྱབ་ཅིང་། སྤྱོད་རྒྱུད་མན་ཆད་ཀྱི་སྔགས་སྡོམ་ནི། རང་གི་ལུས་ངག་ཡིད་གསུམ་སངས་རྒྱས་ཀྱི་སྐུ་གསུང་ཐུགས་རྡོ་རྗེའི་བརྟུལ་ཞུགས་དང་ལྡན་པའི་དམ་ཚིག་སྟེ། སྤྱོད་རྒྱུད་དུ། སློབ་མ་ལྟར་བསྐྱེད་པའི་དབང་ཆོག་ཡོད་པ་དང་། ཡོ་ག་དཔལ་མཆོག་གི་རྒྱུད་དུ་ཡང་། རྟག་ཏུ་རང་གི་དམ་ཚིག་བསྲུངས། །ཞེས་པའི་འགྲེལ་པར་ཀུན་སྙིང་གིས་རྟག་ཏུ་རང་གི་དམ་ཚིག་བསྲུངས་ཞེས་བྱ་བ་ནི། རང་གི་ལྷག་པའི་ལྷ་རྡོ་རྗེ་སེམས་དཔའི་སྐུ་གསུང་ཐུགས་རྡོ་རྗེ་གསུམ་གྱི་བརྟུལ་ཞུགས་དང་མི་འབྲལ་བའོ། །ཞེས་གསུངས་ལ། ཁྱད་པར་དུ་བླ་མེད་ཀྱི་སྔགས་སྡོམ་གྱི་གཙོ་བོ་ནི། རང་གི་ལུས་ངག་ཡིད་གསུམ་སྐུ་གསུང་ཐུགས་རྡོ་རྗེ་གསུམ་གྱི་བརྟུལ་ཞུགས་དང་ལྡན་པར་མ་ཟད་སྣང་གྲག་རིག་གསུམ་ལྷ་སྔགས་ཡེ་ཤེས་གསུམ་དུ་བྱིན་གྱིས་བརླབས་པ་ལ་བཤད་དེ། འདུས་པའི་རྒྱུད་ཕྱི་མར། མཆ་ཏ་ཞེས་པའི་སྔགས་དོན་འཆད་པ་ན། དབང་པོ་གང་དང་གང་ལམ་ཉིད། །རྒྱེན་ལ་གང་དང་གང་བྱུང་བ། །མ་ནི་ཡིད་ཅེས་བྱ་བ་སྟེ། །ཏྲ་ནི་སྐྱོབ་པར་བྱེད་པའི་དོན། །འཇིག་རྟེན་སྤྱོད་ལས་རྣམ་གྲོལ་བར། །རྡོ་རྗེ་གསུམ་གྱིས་བསྲུང་བ་ནི། །གང་བཤད་དམ་ཚིག་སྡོམ་པ་སྟེ༑ །སྔགས་ཀྱི་སྤྱོད་པ་ཞེས་བཤད་དོ། །ཅེས་གསུངས་པའི་ཕྱིར་རོ། །

དེ་དག་གི་དོན་རྒྱས་པར་བཤད་ན། གསང་སྔགས་ཀྱི་ཀུན་སྤྱོད་མཐའ་དག་ཤེས་པར་འགྱུར་ཏེ། རྒྱུད་སྡེ་སྤྱི་རྣམ་སོགས། རྗེ་བཙུན་གོང་མའི་གསུང་རབས་ལས་ཤེས་པར་བྱའོ། །དེ་ལྟར་རྒྱུད་སྡེ་བཞི་ལ་ཐ་མལ་པའི་སྣང་ཞེན་འགོག་ཚུལ་རྒྱ་ཇེ་ཆེར་བཤད་པ་ནི། འདུལ་བར་དགེ་བསྙེན་དགེ་སློང་གི་བར་ཉེས་པ་སྤོང་ཚུལ་རྒྱ་ཇེ་ཆེར་བཤད་པ་དང་ཚུལ་མཚུངས་ཏེ། བརྗེ་བ་རྣམ་གསུམ་བྱས་པའི་རབ་བྱུང་གིས། རང་ཉིད་ལ་སྔར་ཁྱིམ་པའི་དུས་ཀྱི་སྣང་ཞེན་བྱར་མི་རུང་བ་བཞིན་དུ། བྱ་རྒྱུད་པའི་རྣལ་འབྱོར་བས་ཀྱང་རང་གི་ལུས་ངག་ཡིད་གསུམ་སྔར་དབང་མ་ཐོབ་པའི་དུས་ཀྱི་ཐ་མལ་པའི་སྣང་ཞེན་དེ་མིན་པའི་རིག་པ་འཛིན་པའི་དམ་ཚིག་ཅན་དུ་ལྟ་དགོས་ཏེ། བྱ་རྒྱུད་སྤྱི་རྣམ་སོགས་སུ་བཤད་པ་བཞིན་ནོ། །

དེ་ལྟར་སྔགས་སྡོམ་ལྡན་ཚུལ་ཡང་དབང་ལྡན་ལ་བྱ་སྟེ། རེས་འགའ་སྡོམ་པ་གསུམ་ཀ་མངོན་གྱུར་དང་། རེས་འགའ་གང་རུང་རེ་གསལ་བ་ཡང་སྲིད་དོ། །འོ་ན་ཤི་འཕོས་པའི་རྗེས་སུ་སྔགས་སྡོམ་འགྲོའམ་ཞེ་ན། གཏོང་བ་དང་ཉམས་པའི་རྒྱུ་མ་བྱུང་ན་འགྲོ་སྟེ། ལེན་པའི་སྐབས་སུ་ཧེ་སྲིད་བྱང་ཆུབ་སྙིང་པོའི་བར། །ཞེས་སོགས་བྱུང་བ་དང་། དབང་བསྐུར་ཡང་དག་སྨིན་ལྡན་ན། །སྐྱེ་ཞིང་སྐྱེ་བར་དབང་བསྐུར་འགྱུར། །ཞེས་ཀྱང

བཤད་དོ། །དེས་ན་སྡོམ་གསུམ་གྱི་ཆོ་གའི་སྐབས་སུ། ཇི་སྲིད་འཚོ་དང་བྱང་ཆུབ་མ་ཐོབ་བར་དུ་ཁས་བླངས་པ་འགལ་རྐྱེན་མ་བྱུང་ན་དེ་དག་གི་བར་དུ་འགྲོ་ཞེས་པའི་ཕྲ་ཞིབ་མ་ཤེས་པས། སོ་ཐར་ཡིན་ན་ཇི་སྲིད་འཚོ་བར་དང་། ཐེག་ཆེན་གྱི་སྡོམ་པ་ཡིན་ན་སངས་མ་རྒྱས་བར་དུ་འགྲོ་བས་ཁྱབ་པར་སྨྲ་བ་ནི། སྒྲ་ཐོས་དོན་མ་དཔྱད་པའི་བློ་རྩིང་ཡིན་ཏེ། སྡོམ་པ་གསུམ་ཀ་ལ་སྔར་ཉིན་བླངས་པ་ཕྱིར་ཉིན་གཏང་བ་སོགས་ཡོད་པས་སོ། །འོན་སྔགས་སྡོམ་དེ་དབང་ཆོག་གི་སྐབས་གང་དུ་སྐྱེ་སྙམ་ན། སྤྱིར་རྒྱུད་སྡེ་བཞི་ལ། དབང་ཆོག་རྒྱས་བསྡུས་ཀྱི་ཁྱད་པར་ཆེན་པོ་ཡོད་ཀྱང་རང་རང་གི་རྡོ་རྗེ་སློབ་དཔོན་དུ་བྱེད་པའི་ཆོ་ག་རེ་ཡོད་པས། དེ་རྣམས་ཀྱི་སྐབས་སུ་རང་རང་གི་དབང་ལ་ལྟོས་པའི་སྔགས་སྡོམ་རྫོགས་ལ། དེ་རྣམས་ཀྱི་སྔ་རོལ་དུ་ཡང་། ཁས་བླངས་པས་ཐོབ་པའི་དམ་ཚིག་ཀྱང་སོ་སོ་ཡོད་དེ། བྱ་སྤྱོད་གཉིས་ལ་ཡན་ལག་བདུན་པའི་སྐབས་སུ་བཤད་པའི་དམ་ཚིག་རྣམས་དང་། རྒྱུད་སྡེ་གོང་མ་གཉིས་ལ་རིགས་ལྔའི་སྡོམ་བཟུང་གི་སྐབས་སུ་བཤད་པའི་རིགས་ལྔ་སྤྱིའི་དམ་ཚིག་ཚུལ་ཁྲིམས་གསུམ། སོ་སོའི་དམ་ཚིག་བཅུ་གཅིག་བཤད་པས་སོ། །

ཁ་ཅིག་ན་རེ། བྱ་སྤྱོད་གཉིས་ལ་སྨོན་འཇུག་གི་སྡོམ་པ་ཙམ་ལས་སྔགས་སྡོམ་མེད་དོ། །ཅེས་ཟེར་བ་ནི་ཤིན་ཏུ་མི་འཐད་དེ་དེ་གཉིས་ལ་དབང་བསྐུར་བ་ལ་ལྟོས་པའི་རྩ་ལྟུང་བསྲུང་རྒྱུ་མང་དུ་བཤད་པའི་ཕྱིར་དང་། རང་ཉིད་ཀྱིས་ཀྱང་སྔགས་སྡོམ་གྱི་ངོ་བོ་སངས་རྒྱས་ཀྱི་སྐུ་གསུང་ཐུགས་རྡོ་རྗེ་གསུམ་གྱི་བརྟུལ་ཞུགས་ལ་བཤད་ཅིང་། བྱ་རྒྱུད་ལ་བདག་ཉིད་ལྷར་བསྐྱེད་པར་འདོད་ན། སངས་རྒྱས་ཀྱི་སྐུ་གསུང་ཐུགས་རྡོ་རྗེ་གསུམ་གྱི་བརྟུལ་ཞུགས་དང་ལྡན་པ་ཡོད་པ་ལེགས་པར་གྲུབ་པ་དང་། བྱ་སྤྱོད་ལ་སྔགས་ཀྱི་དམ་ཚིག་མང་པོ་ཡོད་པར་འདོད་པའི་ཁས་བླངས་ནང་འགལ་བའི་ཕྱིར་རོ། །ཁྱད་པར་དུ་བླ་མེད་ཀྱི་སྔགས་སྡོམ་ལ་ཁས་བླངས་ཀྱི་ཐོབ་པའི་དམ་ཚིག །དབང་ཆོག་ལ་ལྟོས་པའི་དམ་ཚིག་གཉིས་ཀྱི་དང་པོ་ནི། ཡན་ལག་བདུན་པ་དང་། རིགས་ལྔའི་སྡོམ་བཟུང་གི་སྐབས་སུ་བཤད་པ་རྣམས་དང་། བླ་མས་དམ་ཚིག་མང་པོ་བསྒྲགས་ཏེ། སློབ་མས་དེ་དག་བསྲུང་བའི་བསམ་པས། གཙོ་བོས་ཇི་ལྟར་བཀའ་བསྩལ་པ། །དེ་དག་ཐམས་ཅད་བདག་གིས་བགྱི། །ཞེས་ཁས་བླངས་པ་རྣམས་སོ། །

གཉིས་པ་ནི་སྟ་གོན་གྱི་སྐབས་སུ། སློབ་མའི་ལུས་ངག་ཡིད་གསུམ་སྐུ་གསུང་ཐུགས་རྡོ་རྗེ་གསུམ་དུ་བྱིན་གྱིས་བརླབས་ཏེ། དངོས་གཞིའི་དུས་སུ་རིགས་ལྔའི་སྡོམ་པ་བཟུང་བ་དང་། ཡེ་ཤེས་ཕབ་པ་དང་། རྡོ་རྗེ་སློབ་མའི་དབང་དྲུག་གིས་ཞུང་ཁམས་སྐྱེ་མཆེད་སྦྱང་བསྒྱུར་བྱིན་གྱིས་བརླབས་ནས་རྡོ་རྗེ་སློབ་དཔོན་གྱི་དབང་དུས་སུ་དམ་ཚིག་གསུམ་སྟེར་བའི་རྗེས་ལ་རྫོགས་པ་ཡིན་ཏེ། ཆོས་རྗེ་ས་པཎ་གྱིས། དེས་ན་སྙིང་གཏམ་འདི་

ལྟར་ཡིན། །དབང་བསྐུར་ཆོས་སྒོ་ཙམ་མ་ཡིན། །གསང་སྔགས་རྟེན་འབྲེལ་ལམ་བྱེད་པས། །རྟེན་འབྲེལ་བསྒྲིག་པའི་གདམས་ངག་ཡིན། །ཕུང་པོ་ཁམས་དང་སྐྱེ་མཆེད་ལ། །སངས་རྒྱས་ས་བོན་བཏབ་ནས་ནི། །ཚེ་འདིར་སངས་རྒྱས་བྱེད་པ་ཡི། །ཐབས་ལ་དབང་བསྐུར་ཞེས་སུ་བཏགས། །ཞེས་གསུངས་པ་དང་། དབང་ཆུར་སློབ་མའི་དབང་རྫོགས་ནས། ངོ་སྤྲོད་ཀྱི་བཤད་པ་མང་དུ་གསུངས་ཤིང་། སློབ་དཔོན་གྱི་དབང་གི་གསོལ་གདབ་ཏུ། སྡོམ་པའང་བླ་ན་མེད་པར་སྩོལ།། ཞེས་དང་། སྔགས་སྡོམ་གྱི་ངོ་བོ་ཡང་དམ་ཚིག་གསུམ་ལ་བཤད་ཅིང་། དམ་ཚིག་གསུམ་སྟེར་བའི་ཚིག་ཡང་སློབ་དཔོན་གྱི་དབང་གི་སྐབས་སུ་རྫོགས་པར་བྱུང་བས་སོ། །

དེར་སྡོམ་པ་བླ་ན་མེད་པར་བཤད་པས། སྔགས་སྡོམ་ཐོབ་པ་དབང་གོང་མ་ལ་མི་ལྟོས་ཏེ། སྔགས་སྡོམ་གྱི་བསྲུང་ཆ་རྩ་བ་དང་ཡན་ལག་གི་ལྟུང་བ་རྣམས་བུམ་དབང་ཁོ་ནའི་བསྲུང་ཆར་བཤད་པ་ཡིན་ནོ། །འོན་ཀྱང་དབང་གོང་མ་གསུམ་བསྐུར་བ་ལ་དགོས་པ་ཡོད་དེ། རྫོགས་རིམ་གྱི་ལམ་གྱི་གཞི་ཆེན་པོ་འཛིན་པ་དང་། དེ་གསུམ་གྱི་དམ་ཚིག་མང་པོ་ཡང་ཡོད་དོ། །དེ་ལྟར་ན་འདུལ་བའི་སོ་ཐར་དང་། བྱང་སེམས་ཀྱིས་སྡོམ་པ་དག་ལ་ཁས་བླངས་ཀྱིས་ཐོབ་པ་དང་། ཆོགས་ཐོབ་པ་ཚུལ་གཉིས་བཤད་པ་ལྟར། སྔགས་ལ་ཡང་ཁས་བླངས་ཀྱིས་ཐོབ་པ་དང་། ཆོགས་ཐོབ་པའི་ཚུལ་གཉིས་ཡོད་ལ། འོན་ཀྱང་རྡོ་རྗེ་སློབ་དཔོན་གྱི་དབང་མི་སྟེར་བ་ལ་རིགས་ལྔའི་སྡོམ་བཟུང་མི་སྟེར་བར་བཤད་པའི་ཕྲ་ཞིབ་ཤེས་དགོས་སོ། །

དེ་ནས་རྩ་ལྟུང་བཅུ་གཅིག་ཡང་། སྔགས་སྡོམ་རྫོགས་པར་ཐོབ་པའི་བསྲུང་བྱ་ཡིན་གྱི། རིགས་ལྔའི་སྡོམ་བཟུང་གི་སྐབས་སུ་ཁས་བླངས་པའི་བསྲུང་བྱ་མ་ཡིན་ནོ། །འོན་རྩ་ལྟུང་འབྲུལ་སྤོང་དུ། རྩ་ལྟུང་དེ་དག་བསྲུང་བར་ཁས་བླངས་དུས་སྟོན་པ་ན། སྔར་རིགས་ལྔའི་སྡོམ་བཟུང་གི་སྐབས་དང་། དམ་བཞག་གི་སྐབས་སུ་ཁས་བླངས་པ་དང་སྦྲུར་ཞིང་། དབང་ཆུར་སློབ་མའི་དབང་རྫོགས་ནས། དབང་འདི་རྣམས་བསྐུར་བས་ནི། རིགས་ལྔ་སྤྱིའི་དམ་ཚིག་གསུམ་དང་། ཁྱད་པར་གྱི་དམ་ཚིག་རྣམས་བསྲུང་བ་ལ་དབང་ཞེས་བཤད་པ་དང་འགལ་ལོ་སྙམ་ན། མི་འགལ་ཏེ། དང་པོའི་དོན་ནི། ཕྱིས་དབང་གི་ཆོག་ལས་ཐོབ་པའི་སྡོམ་པ་རྣམས་སྔར་གྱི་རིགས་ལྔའི་སྡོམ་པའི་ནང་དུ་བསྡུ་རུང་བ་ལ་དགོངས་ཏེ། རིགས་ལྔའི་དམ་ཚིག་རྣམས་ཀྱང་གོང་གི་ཡན་ལག་བདུན་པའི་ནང་དུ་འདུས་པར་གསུངས་པ་བཞིན་ནོ། །

གཉིས་པ་ནི་དཔེ་མ་དག་པ་རྣམས་ལ་དེ་ལྟར་སྣང་ཡང་དག་པ་རྣམས་ལ་སྤྱིའི་དམ་ཚིག་ཚུལ་ཁྲིམས་གསུམ་ཞེས་པ་མ་གཏོགས་ཁྱད་པར་གྱི་དམ་ཚིག་མེད་གསུང་ངོ་། །གཞན་ཡང་སྔར་ཁས་བླངས་པ་འགའ་ཞིག །ཕྱིས་དབང་ཐོབ་དུས་རྩ་ལྟུང་དུ་འགྱུར་བ་མང་སྟེ། སྔར་ཁས་བླངས་པའི་སེམས་ཅན་ལ་བྱམས་པ་དང་སྙོན་

སེམས་རྣམས་ཕྱིས་དབང་ཐོབ་ནས་ཉམས་ན། སྔགས་ཀྱི་རྩ་ལྟུང་དུ་བཤད་པ་བཞིན་ནོ། །

དུས་འཁོར་བ་ཁ་ཅིག །དབང་བཞི་རྫོགས་དང་སྔགས་སྡོམ་རྫོགས་པ་ཡིན་ཞེས་པ་སྟེ། དུས་འཁོར་དུ། དབང་བཞི་རྫོགས་ནས་སྔགས་སྡོམ་ཐོབ་པའི་དུས། བགོ་བ་དང་བཅས་པ་བཤད་པས་སོ་ཟེར་ཡང་། དེར་རྡོ་རྗེ་སློབ་དཔོན་གྱི་དབང་དེ་མཐའ་མར་ཡོད་པས། རྡོ་རྗེ་སློབ་དཔོན་གྱི་དབང་རྫོགས་ནས་སྔགས་སྡོམ་རྫོགས་པའི་ལུགས་ཡིན་གྱི། སྔགས་སྡོམ་དབང་གོང་མ་ལས་ཐོབ་པའི་ལུགས་མིན་ནོ་གསུངས་སོ། །དེ་བཞིན་དུ་སྡོམ་གསུམ་རབ་དབྱེར། བླ་མ་བཙལ་ལ་དབང་བཞི་བླངས། །དེ་ཡི་སྡོམ་པ་གསུམ་ལྡན་འགྱུར། །ཞེས་པའི་དོན་ཡང་སྔགས་ཀྱི་འཇུག་སྒོ་སྨིན་བྱེད་ཀྱི་དབང་རྫོགས་པར་ཞུས་ལ་བསྐྱེད་རྫོགས་བསྒོམས་ཤིག་ཅེས་པའི་སྐབས་ཡིན་གྱི། སྔགས་སྡོམ་ཐོབ་འཚམས་རང་སྟོན་པ་མིན་ནོ། །ཡང་དཔེ་ཁ་ཅིག་ཏུ། ཆོས་རྗེ་ས་པཎ་གྱིས་རིགས་ལྔའི་སྡོམ་བཟུང་གི་སྐབས་སུ་སྔགས་སྡོམ་རྫོགས་པར་གསུངས་ངོ་། །ཞེས་གཏམ་རྒྱུད་དང་བཅས་པ་བྲིས་པ་ནི་མི་བདེན་ཏེ།སྐྱེས་བུ་དམ་པ་རྣམས་ལ་སྨྲིང་ཡིག་ཏུ། སྔགས་སྡོམ་དབང་བསྐུར་གྱི་སྐབས་སུ་ཐོབ་པར་བཤད་པ་དང་། འདིར་ཡང་། རིགས་འཛིན་སྔགས་ཀྱི་སྡོམ་པ་ཡང་། །དབང་བསྐུར་མེད་ན་ཐོབ་མི་ནུས། །ཞེས་སོགས་གསུངས་པ་དང་འགལ་བའི་ཕྱིར་རོ། །ཡང་ཁ་ཅིག་ན་རེ། གྲུབ་ཆེན་ཀུན་སྙིང་གིས། སྡོམ་པ་གསུམ་ལ་ལེགས་བཀོད་ནས། །དེ་ལ་དཀྱིལ་འཁོར་བསྟན་པར་བྱ། །ཞེས་ཡེ་ཤེས་ཞབ་ནས་དཀྱིལ་འཁོར་བསྟན་དུས་སྔགས་སྡོམ་སྐྱེས་པར་བཤད་པས། སྔ་གོན་གྱི་དུས་སུ་རིགས་ལྔའི་སྡོམ་བཟུང་བྱས་པས་སྔགས་སྡོམ་རྫོགས་སོ་ཞེས་ཟེར་བ་ནི་མི་འཐད་དེ། ལུང་དེའི་དོན་ནི། ཡོ་གའི་ལུགས་ཀྱི་དངོས་གཞི་དབང་བསྐུར་བ་དང་། མཇུག་ལྷ་དང་དཀྱིལ་འཁོར་གྱི་གསང་བ་བསྟན་པ་ཞེས་སློབ་དཔོན་གྱི་དབང་རྫོགས་པའི་རྗེས་སུ་ལྷ་དང་དཀྱིལ་འཁོར་གྱི་གསང་བ་སྟོན་པ་ལ་ཟེར་བས། སྔར་བཤད་པ་དང་མཐུན་པ་ཡིན་གྱི། ལྷ་ངོ་བསྟན་དུས་ལ་ཟེར་བ་མིན་པས། ཡོ་གའི་དཀྱིལ་འཁོར་གྱི་རྒྱུས་ཆུང་བའི་སྐྱོན་ཅན་ཡིན་ནོ། །

གཞན་ཡང་ཁྱེད་རང་གིས་ཚད་མར་བྱེད་པའི་ཨ་བྷྱས་མན་ངག་སྙེ་མར། སྔགས་ཀྱི་སྡོམ་པ་དབང་བཞིས་ཐོབ་པ་བཤད་པ་དང་འགལ་བ་དང་། གོང་དུ་བཤད་པ་ལྟར་རྒྱུད་གཞུང་རྣམས་སུ་སྔགས་སྡོམ་གསར་དུ་ལེན་པ་དང་། ཐོབ་ཟིན་ལ་ལྟུང་བ་བྱུང་ནས། ཉམས་པ་གསོ་བ་ལ་དཀྱིལ་འཁོར་དུ་ཞུགས་ནས་དབང་ལེན་དགོས་པར་བཤད་པས་ཀྱང་། ཁྱེད་ཀྱི་གྲུབ་མཐའ་དང་ཤིན་ཏུ་འགལ་བ་ཡིན་ནོ། །གཞན་ཡང་སྔགས་སྡོམ་ཐམས་ཅད་ཁས་བླངས་ཀྱི་དམ་ཚིག་ཁོ་ནས་ཐོབ་པར་འདོད་པ་ནི། རྒྱུད་སྡེ་ནས་བཤད་པའི་སྔགས་སྡོམ་གྱི་གཙོ་བོ་ངོས་མ་ཟིན་པར་ཟད་དེ། གོང་དུ་བཤད་པ་ལྟར་རྒྱུད་ལས། སློབ་མའི་ལུས་ངག་ཡིད་གསུམ་རྡོ་རྗེ་

གསུམ་དུ་ཕྱིན་གྱིས་བརླབས་པ་ལ་བཤད་ཅིང་། ཁྱེད་ཀྱིས་ཁས་བླངས་པའི་རིགས་ལྔའི་དམ་ཚིག་རྣམས་སྐུ་གསུང་ཐུགས་ཀྱི་དམ་ཚིག་གསུམ་དུ་བསྡུས་པ་ཙམ་ལ་ཟེར་བ་འདུག་གི། སློབ་མའི་ལུས་ངག་ཡིད་གསུམ་ཚོགས་འི་སྦྱོང་རྒྱུར་དགོས་ཚུལ་བློ་ལ་མ་ཤར་བར་སྣང་བའི་ཕྱིར་དང་། དེས་ན་སྡོམ་པ་གསུམ་ལྡན་གྱི་དུས་འོག་མ་གཉིས་སྔགས་སྡོམ་དུ་བསྒྱུར་ཚུལ་བློར་མ་ཆུད་འདུག་པ་དང་། སྡོམ་པ་གསུམ་ཀ་ལ་ཁས་བླངས་ཀྱི་ཐོབ་པ་དང་། ཚོགས་ཐོབ་པ་ཅི་རིགས་པར་ཡོད་ཚུལ་མ་ཕྱེད་པར་སྣང་བ་དང་། རྒྱུད་སྡེ་འོག་མ་གཉིས་རིགས་ལྔའི་སྡོམ་བཟུང་འདྲ་བས། བསྲུང་བྱའི་རྩ་ལྟུང་བཅུ་བཞི་པོ་བླ་མེད་དང་འདྲ་བར་འདོད་ཅིང་ཞིབ་དུ་མི་འདྲ་བར་སྨྲས་པ་རྣམས་མི་འཐད་དེ། རྒྱས་པར་གཞན་དུ་ཤེས་པར་བྱའོ། །གལ་ཏེ་རིགས་ལྔའི་སྡོམ་པ་བཟུང་བ་ཙམ་གྱིས། བླ་མེད་ཀྱི་རྩ་ལྟུང་བཅུ་བཞི་བསྲུང་བར་མི་འདོད་ན། རིགས་ལྔའི་སྡོམ་པ་བསྒྲགས་པའི་སྐབས་སུ། དེ་ལས་གཞན་པ་བཅུ་བཞི་ནི། །ཕས་ཕམ་པར་ནི་རབ་ཏུ་བསྒྲགས། །སྤངས་ཤིང་དོར་བར་མི་བྱ་སྟེ། །རྩ་བའི་ལྟུང་བ་ཞེས་བཤད་དོ། །ཅེས་རྡོ་རྗེ་རྩེ་མོའི་རྒྱུད་ལས་བཤད་པ་དེ་གང་ཡིན་སྙམ་ན། འདི་ལ་ཡོ་ག་སྨད་ལུགས་པ་ཁ་ཅིག །དེ་ལ་གཞན་པ་ཞེས་རིགས་ལྔའི་སོ་སོའི་དམ་ཚིག་བཅུ་གཅིག་པོ་ལས་གཞན་མིན་པར་བཤད་པ་དང་། ཁྱེད་ཀྱི་གྲོགས་ཆགས་བསད་མི་བྱ། །ཅེས་སོགས་མང་དུ་གསུངས་པ་རྣམས་བཅུ་བཞིར་བསྡུས་ནས་འཆད་དོ། །

ཐུ་སྟོན་རིན་པོ་ཆེ་ན་རེ། དེ་ལས་གཞན་པ་ཞེས་བཤད་ཀྱང་། སྔར་གྱི་རིགས་ལྔ་སོ་སོའི་དམ་ཚིག་བཅུ་བཞི་པོ་དེ་ལ་ཟེར་དགོས་ཏེ། དེ་ཉིད་འདུས་པའི་འགྲེལ་བར། ཀུན་སྙིང་གིས། དེ་བཞིན་གཤེགས་པ་ཐམས་ཅད་ཀྱི་ཚུལ་ཁྲིམས་ཀྱི་དམ་ཚིག་ནི། ཇི་ལྟར་དུས་གསུམ་མགོན་པོ་རྣམས། །ཞེས་བྱ་བ་ལ་སོགས་པས། ཕས་ཕམ་པ་བཅུ་བཞི་ལས་ལྡོག་པའི་མཚན་ཉིད་ཅན་ནོ། །ཞེས་གསུངས་པས་སོ། །ཞེས་བཞེད་དོ། །ཁ་ཅིག་ན་རེ། བླ་མེད་ལྟར་རྩ་ལྟུང་བཅུ་བཞི་པོ་དེ་ལ་ཟེར་ཏེ། གོང་གི་ལུང་དེས་རིགས་ལྔའི་དམ་ཚིག་དེ་ལྡོག་པ་གང་ལས་ལྡོག་པའི་ཚུལ་ཁྲིམས་དེ་བསྟན་པ་ཡིན་ནོ། །ཞེས་ཟེར་ཡང་། དེ་དག་གིས་ནི་བཤེས་གཉེན་མཁས་པ་ལ་མ་ཐུག་པར་རྒྱུད་སྡེའི་དོན་ལ་ཕོ་ཆོད་ཐོག་ཏུ་སོང་བའི་དོན་མེད་དུ་འདུག་གོ། །དེས་ན་མདོ་རྒྱུད་ཀུན་མཁྱེན་རྗེ་བཙུན་རྩེ་མོས། འཇུག་པའི་ཚུལ་ཁྲིམས་གསུམ་བཤད་ནས། བསླབ་པ་ཐམས་ཅད་འདི་གསུམ་དུ་འདུས་པའི་སེམས་བསྐྱེད་པའོ། །འདི་ལས་ཕྱེ་བས་རྡོ་རྗེ་རྩེ་མོས། ཕས་ཕམ་བཅུ་བཞི་ཞེས་གསུངས་པ་ཡོད་དོ་ཞེས་དང་། ཡང་དེ་ལས་གཞན་པ་བཅུ་བཞི་ནི། །ཕས་ཕམ་པར་ནི་རབ་ཏུ་བཤད། །ཅེས་བྱ་བ་ལ་སོགས་པ་བསྒྲགས་པ་གསུངས་པ་དེ་ལ་བསླབ་པ་འདི་གསུམ་མིན་པའི་གཟུང་བ་གང་ཡང་མེད་དོ། །ཞེས་གསུངས་པའི་ལེགས་བཤད་བདག་ཅག་གི་ཆོས་རྗེ་རིན་པོ་ཆེ་ཁོ་ནའི་ཐུགས་ཀྱི་སྤྱོད་ཡུལ་དུ་གྱུར་པ་ནི། རིགས་ལྔ་སྤྱིའི་དམ་ཚིག །

འཇུག་སེམས་ཀྱི་སྡོམ་པ། ཚུལ་ཁྲིམས་གསུམ་གྱི་བསྲུང་བྱ། མདོ་ནམ་མཁའི་སྙིང་པོ་ནས་བཤད་པའི་དབུ་མ་ལུགས་ཀྱི་རྩ་ལྟུང་བཅུ་བཞི་ལ་ཟེར་ཏེ། གོང་གི་ཀུན་སྙིང་གིས་གསུངས་པའི་དོན་ཡང་། ཇི་ལྟར་དུས་གསུམ་མགོན་པོ་རྣམས། །ཞེས་པ་ནས། སེམས་ཅན་དོན་བྱེད་ཚུལ་ཁྲིམས་གསུམ། །ཞེས་པ་ཡན་ཆད་ཀྱིས། དེ་བཞིན་གཤེགས་པ་ཐམས་ཅད་ཀྱི་ཚུལ་ཁྲིམས་ཀྱི་དམ་ཚིག་སྤྱིའི་སྡོམ་པའོ། །ཞེས་བསྟན་པ་ཡིན་གྱི། དེ་མན་ཆད་ལ་ཟེར་བ་མིན་ནོ། །ཞེས་གསུངས་པ་ལྟར་རོ། །

དེས་ན་འདིར་ཁས་བླངས་ཀྱི་སྔགས་སྡོམ་གྱི་སྐབས་སུ་བྱང་སེམས་དབུ་མ་ལུགས་ཀྱི་རྩ་ལྟུང་རྣམས་ཀུང་བསྲུང་བར་བཤད་ལ། དབང་བསྐུར་ལས་ཐོབ་པའི་སྔགས་སྡོམ་གྱི་བསྲུང་བྱ་རྩ་ལྟུང་བཅུ་བཞིའི་བདེ་གཤེགས་བཀའ་འདས་ཀྱི་རྩ་ལྟུང་གི་སྐབས་སུ་ཉན་ཐོས་དང་ཐུན་མོང་བའི་ཕམ་པ་བཞི་དང་། སེམས་ཙམ་ལུགས་ཀྱི་ཕམ་འདྲ་བཞི་དང་བཅས་པ་བསྲུང་བར་བཤད་པས་སྔགས་སྡོམ་གྱི་བསྲུང་བྱ་ལ། སྡོམ་པ་འོག་མ་གཉིས་ཀྱི་བསྲུང་བྱ་མཐའ་དག་ལ་སློབ་དགོས་པར་བཤད་པས་ཤེས་ལྡན་རྣམས་ལེགས་པར་དཔྱོད་ལ་སློས་ཤིག །

སྤྱི་དོན་བདུན་པ་གང་ཟག་གཅིག་གི་རྒྱུད་ལ་སྡོམ་པ་གསུམ་ལྡན་ཚུལ་བཤད་པ་ལ་བཞི་སྟེ། རྗེ་བཙུན་གོང་མས་གཙོ་བོར་རྡོ་རྗེ་རྩེ་མོའི་ལུང་དང་བསྟུན་ནས། ཐེག་ཆེན་སོ་ཐར་སྡོན་དུ་མ་སོང་ཡང་། ཐེག་ཆེན་གྱི་སྡོམ་པ་ངོ་བོ་གཅིག་ལ་གསུམ་ལྡན་གསུངས་ཚུལ། རྒྱུད་འབུམ་པའི་ལུང་དང་བསྟུན་ནས། འོག་མ་གསུམ་སྡོམ་པ་གོང་མར་གནས་གྱུར་ཚུལ་གསུངས་ཚུལ། བྱང་ཆུབ་སེམས་དཔའི་སྤྱོད་པ་རྒྱ་ཆེ་བའི་རྒྱ་མཚན་གྱིས་ངོ་བོ་གཅིག་ཏུ་གསུངས་ཚུལ་བཤད་པ། དེས་ན་སྤྱི་བྱེ་བྲག་དང་། ཁྱབ་བྱ་ཁྱབ་བྱེད་ཀྱི་རྒྱ་ཆེ་ཆུང་གི་རྣམ་དབྱེ་བཤད་པའོ། །དང་པོ་ནི། རྗེ་བཙུན་ཆེན་པོས་སྡོམ་པ་ཉི་ཤུ་པའི་འགྲེལ་པར་ཉན་ཐོས་སོ་ཐར་སྡོམ་པ་གོང་མའི་རྟེན་དུ་བཀག་ནས། དེ་ལྟར་ན་རྡོ་རྗེ་རྩེ་མོ་ལས། སྡོམ་པ་གསུམ་ལ་གནས་པར་ནི། །དང་པོའི་ཁྲིམས་སུ་བཤད་པ་ཡིན། །ཞེས་གང་ཟག་གཅིག་གི་རྒྱུད་ལ་སོ་སོ་ཐར་པ་དང་། བྱང་ཆུབ་སེམས་དཔའ་དང་། རིག་པ་འཛིན་པའི་སྡོམ་པ་གསུམ་དང་ལྡན་པར་གསུངས་པ་དང་འགལ་ལོ། །ཞེ་ན། དེའི་དོན་ནི་འདི་ཡིན་ཏེ། སྤྱིར་སོ་སོ་ཐར་པ་ཞེས་བྱ་བའི་རང་གི་ངོ་བོ་གཞན་ལ་གནོད་པ་གཞི་དང་བཅས་པ་ལས་ལོག་པ་ཡིན་ནོ། །དེའི་སྟེང་དུ་ཕན་འདོགས་པར་འདོད་ཅིང་ཞུགས་པ་ནི། བྱང་ཆུབ་སེམས་དཔའི་སྡོམ་པ་ཡིན་ཞིང་། དེའི་སྟེང་དུ་རིག་པ་འཛིན་པ་ནི། རིག་པ་འཛིན་པ་ཡིན་ནོ། །ཞེས་དང་། རྗེ་བཙུན་རྩེ་མོས་ཀྱང་། འོན་སོ་ཐར་ཙམ་པོ་དེ་བྱེ་བྲག་བྱང་ཆུབ་སེམས་དཔའི་སོ་སོ་ཐར་པའི་མཐར་ཐུག་པའི་རྟེན་དང་བརྟེན་པའི་དབྱེ་བའང་མི་འཐད་ལ། སྡོམ་པ་གསུམ་དང་ལྡན་པར

བཤད་པ་དང་འགལ་ལོ་ཞེ་ན་མིན་ཏེ། རྟེན་དང་བརྟེན་པ་ཆོས་ཐ་དད་ནི། དཀོན་མཆོག་སྤྲིན་ལས། ཇི་ལྟར་ཚུལ་ཁྲིམས་ཕུན་སུམ་ཚོགས་པ་ཡིན་ཞེ་ན། སོ་སོ་ཐར་པའི་སྡོམ་པས་བསྡམས་པ་ཡིན། བྱང་ཆུབ་སེམས་དཔའི་བསླབ་པ་ལ་སློབ་པ་ཡིན། ཞེས་གསུངས་པའི་ཕྱིར་རོ། །

སྡོམ་པ་གསུམ་དང་ལྡན་པར་བཤད་པ་ཡང་། བྱང་ཆུབ་སེམས་དཔའི་སོ་སོ་ཐར་པས་ཀྱང་འོག་མ་བསྲུང་བར་བྱ་བས་བཏགས་པའམ། རིམ་གྱིས་པ་ལ་དགོངས་པའམ། དེ་ལྟར་མིན་ན་འགལ་བར་འདུག་པའི་ཕྱིར་རོ། །ཞེས་དང་། འཕགས་པ་རིན་པོ་ཆེས་ཀྱང་། སྡོམ་པ་གསུམ་གྱི་ངོ་བོའི་མཚན་ཉིད་ནི། ཇི་སྲིད་འཚོའི་བར་དུ། གཞན་ལ་གནོད་པ་གཞི་དང་བཅས་པ་ལས་ལོག་པ་སོ་སོ་ཐར་པའི་སྡོམ་པ། བྱང་ཆུབ་སྙིང་པོའི་བར་དུ་གཞན་ལ་གནོད་པ་ལས་བཟློག་པའི་སྟེང་དུ་སེམས་ཅན་ཐམས་ཅད་ལ་ཕན་པ་བསྒྲུབ་པ་ལ་ཞུགས་པའི་སེམས་པ་རྒྱུན་ཆགས་པ་ཅན་བྱང་ཆུབ་སེམས་དཔའི་སྡོམ་པའོ། །བཅུ་གསུམ་རྡོ་རྗེ་འཛིན་པའི་གོ་འཕངས་མ་ཐོབ་ཀྱི་བར་དུ་འབྲས་བུའི་སྐུ་གསུང་ཐུགས་རྡོ་རྗེའི་བརྟུལ་ཞུགས་ལ་ཉེ་བར་ཞུགས་པ་དང་། བསྒྲུབ་པའི་སེམས་པ་རྒྱུན་ཆགས་པ་ཅན་རིག་པ་འཛིན་པའི་སྡོམ་པ་ཡིན་ནོ། །ཞེས་སོགས་དང་།གང་ཟག་ཅིག་ཅར་དུ་འཇུག་པ་ལ་ཅིག་ཅར་དུ་ཐོབ་པའང་ཡོད་དོ། །ཅེས་སྔ་མ་དང་མཐུན་པར་གསུངས་ལ། རྗེ་བཙུན་ཆེན་པོས་རྩ་ལྟུང་འགྲེལ་སྤྱོད་དུའང་། ཐེག་ཆེན་སོ་ཐར་སྡོམ་པ་གོང་མའི་རྟེན་དུ་བཀག་ནས། འོན་ཁྱོད་ཀྱི་སོ་སོ་ཐར་པ་སྟོན་དུ་མ་སོང་བའི་སྡོམ་པ་གསུམ་གང་ཡིན་ཞེ་ན། འདིར་སོ་སོར་ཐར་པའི་རང་བཞིན་ནི། གཞན་ལ་གནོད་པ་བྱེད་པ་གཞི་དང་བཅས་པ་ལས་ལོག་པ་ཡིན་ལ། བྱང་ཆུབ་སེམས་དཔའི་སྡོམ་པ་ནི་དེའི་སྟེང་དུ་གཞན་ལ་ཕན་འདོགས་པར་ཞུགས་པ་ཡིན་ཞིང་། རིག་པ་འཛིན་པ་ནི་དེ་དག་ཀྱང་ལྷའི་རྣམ་པའམ་ཡེ་ཤེས་ཀྱིས་བྱིན་གྱིས་བརླབས་པས་ལོངས་སྤྱོད་པས་ན། འདི་ལ་འགལ་བ་ཅི་ཡང་ཡོད་པ་མིན་ནོ། །ཞེས་གསུངས་ཏེ། འདིར་སྔགས་ཀྱི་སྐབས་ཡིན་པས། རིག་པ་འཛིན་པའི་སྡོམ་པར་བསྒྱུར་ཚུལ་གསལ་བར་གསུངས་ལ། སྡོམ་པ་ཉི་ཤུ་པར་ནི། དེའི་སྟེང་དུ་རིག་པ་འཛིན་པ་ནི་རིག་པ་འཛིན་པ་ཡིན་ནོ། །ཞེས་གསལ་བར་མ་གསུངས་སོ། །

དེ་ལྟར་གསུངས་པ་དེ་དག་གིས། གཙོ་བོར་བྱང་སེམས་དང་། སྔགས་སྡོམ་གཉིས་ལྡན་ལ་སོ་ཐར་ཡང་ཚང་བའི་གསུམ་དུ་གསུངས་པ་ལ། འོན་ཀྱང་དང་པོར་དགེ་སློང་གི་སྡོམ་པ་བླང་བའི་རྟེན་ལ་སེམས་བསྐྱེད་དང་། སྔགས་སྡོམ་རིམ་ཅན་དུ་བླངས་པའི་སྡོམ་པ་གསུམ་ལྡན་ཡོད་དེ། རྒྱུད་དུ། དང་པོར་གསོ་སྦྱོང་སྦྱིན་པར་བྱ། །ཞེས་སོགས་སྡོམ་པ་གསུམ་རིམ་ཅན་དུ་ལེན་པར་བཤད་ཅིང་། དང་པོར་བླང་བའི་སོ་ཐར་དང་སེམས་བསྐྱེད་གཏོང་བའི་རྒྱུ་མ་བྱུང་བས་ཚང་བར་ཡོད་པའི་ཕྱིར་དང་། སྔར་ཐེག་ཆེན་གྱི་སྡོམ་པ་རྣམས་བླངས་པ་ཡིན་ན།

སེམས་བསྐྱེད་ཐོབ་པའི་ཚེ་ཐེག་ཆེན་སོ་ཐར་དུ་གནས་འགྱུར་བར་བཤད་པའི་ཕྱིར་དང་། མདོར་ན་དགེ་ཚུལ་རྡོ་རྗེ་འཛིན་པ་དང་། དགེ་སློང་རྡོ་རྗེ་འཛིན་པར་བཤད་པའི་ཕྱིར་རོ། །

གཉིས་པ་ནི། རྗེ་བཙུན་གྱི་རྩ་ལྟུང་འགྲེལ་སྦྱོང་དུ། འོན་ནྟགས་སོ་སོ་ཐར་པའི་སྡོམ་པ་དགེ་སློང་གི་སྡོམ་པའི་བར་ཐོབ་པ་ཞིག་གིས་ཕྱིས་བྱང་ཆུབ་ཏུ་སེམས་བསྐྱེད་ནས་སླར་ཡང་དབང་ནོད་པར་འགྱུར་ན། འདི་ལ་སྡོམ་པ་ཇི་ལྟར་ལྡན་ཞེ་ན། དགེ་སློང་གི་སེམས་བསྐྱེད་པའི་ཚེ། སོ་སོ་ཐར་པའི་སྡོམ་པ་ཐམས་ཅད་བྱང་ཆུབ་སེམས་དཔའི་སྡོམ་པར་འགྱུར་ལ། དཀྱིལ་འཁོར་དུ་ཞུགས་པའི་ཚེ་ནི་སྡོམ་པ་ཐམས་ཅད་ཀྱང་རིག་པ་འཛིན་པ་ཞེས་བྱ་བའི་སྡོམ་པ་ཡིན་ནོ། །དེ་སྐད་དུ་ཡང་རྒྱུད་འབུམ་པའི་ལུང་། དེ་ཁོ་ན་ཉིད་གྲུབ་པའི་ལེའུ་ཞེས་བྱ་བ་ལས་བྱུང་བ། རྡོ་ཡི་རིགས་ཀྱི་བྱེ་བྲག་གིས། །བཞུ་བས་ལྕགས་དང་ཟངས་དངུལ་འབྱུང་། །གསེར་འགྱུར་རྩི་ཡི་དངོས་པོ་ཡིས། །ཀུན་ཀྱང་གསེར་དུ་བསྒྱུར་བར་བྱེད། །དེ་བཞིན་སེམས་ཀྱི་བྱེ་བྲག་གིས། །རིགས་ཅན་གསུམ་གྱི་སྡོམ་པ་ཡང་། །དཀྱིལ་འཁོར་ཆེན་པོ་འདིར་ཞུགས་ན། །རྡོ་རྗེ་འཛིན་པ་ཞེས་བྱའོ། །ཞེས་གསུངས་སོ། །དཔེ་དེ་ཡང་རྡོ་ནི་ཐལ་པ་ཡིན་ལ་ལྕགས་ནི་ཉན་ཐོས་ཀྱིས་བསླབ་པར་བྱ་བ། ཟངས་ནི་རང་རྒྱལ་གྱི་བསླབ་པར་བྱ་བ། དངུལ་ནི་བྱང་ཆུབ་སེམས་དཔའི་བསླབ་པར་བྱ་བ་ཡིན་ཞིང་། གསེར་འགྱུར་རྩི་ནི་རྡོ་རྗེ་ཐེག་པའི་བསླབ་པར་བྱ་བ་ཡིན་པར་མངོན། ཞེས་དང །རྗེ་ས་ཆེན་གྱིས་དེ་ལ་ཉན་ཐོས་ཀྱིས་ནི་ཉོན་མོངས་པའི་སྐྱོན་ཤེས་པར་བྱས་ནས་མྱུར་དུ་སྤངས། བྱང་ཆུབ་སེམས་དཔས་བསྐལ་པ་གྲངས་མེད་གསུམ་དུ་སྐྱོན་ཡོན་ལ་འདྲིས་པར་བྱས་ནས་གནས་གྱུར། སྔགས་པས་ཉོན་མོངས་པ་གང་སྐྱེས་པ་དེའི་ཆོས་ཅན་དང་ཆོས་དབྱིངས་དང་ཡེ་ཤེས་གཉིས་སུ་མེད་པས་གཟུགས་ཀྱི་སྐུ་དང་། ཆོས་ཀྱི་སྐུར་ངེས་པར་བྱས་ནས་ལྷུན་གྲུབ་དང་གནས་གྱུར་གྱི་སྐུ་འགྲུབ་པར་བྱེད་དོ་ཞེས་གསུངངོ། །དེ་ལ་དཔེ་ལྕགས་ཟངས་དངུལ་གསུམ་ལ། གདམས་ངག་བཟང་པོ་གསེར་འགྱུར་གྱི་དངོས་པོས་གསེར་དུ་བསྒྱུར་བ་ལྟར། དོན་སེམས་ཀྱི་བྱེ་བྲག་སོ་སོ་རིགས་ཅན་གསུམ་གྱི་སྡོམ་པ་གསུམ་པོ་ཐབས་ཁྱད་པར་ཅན་དབང་བསྐུར་བས། རིག་པ་འཛིན་པའི་སྡོམ་པར་གནས་གྱུར་ཞེས་པ་སྟེ། རྗེ་རྩེ་མོས་ཉན་ཐོས་ཀྱི་བསླབ་པ་བླངས་པ་ཉིད་ཕྱིས་བསམ་པ་ཁྱད་པར་ཅན་གྱིས་ཟིན་ན། གནས་གྱུར་ནས་བྱང་ཆུབ་སེམས་དཔའི་སོ་སོ་ཐར་པར་འགྱུར་བ་ཡིན་ནོ། །ཞེས་དང་། སྡོམ་གསུམ་རབ་དབྱེའི་གཞུང་དུ་ཡང་། བསམ་པ་སེམས་བསྐྱེད་ཀྱིས་ཟིན་པའི་ཞེས་སོགས་གསུངས་པ་དང་། གཞུང་གཞན་དུ། ཚོགས་ཐམས་ཅད་པོ་ལ་བསམ་པས་ཡར་འཕེན་ཞེས་སོགས་འབྱུང་བ་ལྟར། རང་དོན་དམན་སེམས་དང་ཐ་མལ་གྱི་སྣང་ཞེན་གཉིས་ཀ་དང་བཅས་པ་ཉན་རང་གི་སྡོམ་པ་དང་། རང་དོན་གྱི་སེམས་མེད་ཀྱང་ཐ་མལ་སྣང་ཞེན་དང་བཅས་པའི་བྱང་སེམས

ཀྱི་སྡོམ་པ་གསུམ་པོ་དེ། བླ་མེད་ཀྱི་སྔགས་སྡོམ་ལྡན་དུ་སྔར་གྱི་རང་དོན་གྱི་སེམས་དང་ཐ་མལ་གྱི་སྣང་ཞེན་གང་ཡང་མི་ལྡན་པར་ལྷ་དང་ཡེ་ཤེས་སུ་བྱིན་གྱིས་བརླབ་པ་ལ་དགོངས་སོ། །ཞེས་པའི་དོན་ཡིན་ནོ། །བླ་མེད་ཀྱི་དབང་དུ་བྱས་པ་ཡིན་པར་ཡང་། དཀྱིལ་འཁོར་ཆེན་པོ་འདིར་ཞུགས་ནས། །ཞེས་སོགས་ཀྱི་ཁུངས་ནི། གསང་འདུས་ཀྱི་རྒྱུད་རྒྱས་པ་ལས་བྱུང་བ་ཡིན་ནོ། །

དེ་ལྟར་སྡོམ་པ་འོག་མ་གོང་མར་གནས་གྱུར་པའི་ཚེ་ན། རྗེ་བཙུན་རྩེ་མོས། དམན་པའི་བསམ་པ་བཏང་ཡང་སྡོང་སེམས་མ་དོར་བའི་ཕྱིར་རོ། །ཞེས་དང་ཆོས་རྗེ་ས་པཎ་གྱི་གསུང་སྒྲོས་མར། སྔར་ཐོབ་ན་དེ་གནས་འགྱུར་བ་ཡིན་ཏེ། དམན་པའི་བསམ་པ་བཏང་ཡང་། སྡོང་སེམས་མ་དོར་བས་སོ་ཞེས་གསུངས་པ་ལྟར་རོ༑ ༑སྐྱོན་གྱི་ཆ་ནས་ཉན་རང་སོ་ཐར་ལ་ཡོད་པའི་རང་དོན་དམན་སེམས་དང་། བྱང་སེམས་སྡོམ་པ་ལ་ཡོད་པའི་ཐ་མལ་སྣང་ཞེན་གྱི་སྐྱོན་དེ་བཏང་བ་ཡིན་གྱི། ཡོན་ཏན་གྱི་ཆ་ནས་སོ་ཐར་དང་། སེམས་བསྐྱེད་ཀྱི་སྡོམ་པ་ནི་བཏང་བ་མིན་ཏེ། བསླབ་པ་འཕོས་པས་འོག་མའི་ཉེས་སྐྱོན་རྣམས་བོར་ཡང་། སོ་ཐར་དང་སེམས་བསྐྱེད་ཀྱི་གཏོང་རྒྱུ་མ་བྱུང་བས་སྡོམ་པ་མ་དོར་བའི་ཕྱིར་རོ། །

གལ་ཏེ་དཔེ་ལྕགས་ཟངས་དངུལ་གསུམ་གསེར་དུ་འགྱུར་དུས་སྔར་གྱི་ཟངས་ལྕགས་དངུལ་གསུམ་མེད་པ་ལྟར། སྔགས་སྡོམ་ཐོབ་དུས་རིགས་ཅན་གསུམ་གྱི་སྡོམ་པ་མེད་པར་འགྱུར་ལ། དེ་ལྟར་མིན་ན་དཔེ་དོན་མ་འགྲིག་གོ་སྙམ་ན། སྐྱོན་མེད་དེ། དེའི་ཚེ་ན་སྔར་གྱི་རང་དོན་གྱི་སེམས་དང་། ཐ་མལ་སྣང་ཞེན་དང་བཅས་བཞིན་པའི་རིགས་ཅན་གསུམ་གྱི་སྡོམ་པ་ཇི་ལྟ་བ་བཞིན་དུ་མེད་པས་དཔེ་དོན་ལེགས་པར་འགྲིག་པ་ཡིན་ནོ། །འོན་ཀྱང་སྔར་གྱི་ཉན་རང་གི་སྡོམ་པ་དེ། གནས་གྱུར་ནས་མེད་ཀྱང་། སྔར་གྱི་ཉན་རང་གི་སྡོམ་པ་གཏོང་བའི་རྒྱུ་མ་བྱུང་བས། བཏང་ཞེས་མི་བརྗོད་དེ། དགེ་སློང་དགེ་སློང་མ་རུ་མཚན་གྱུར་པའི་ཚེ་དགེ་སློང་གི་སྡོམ་པ་དེ་དགེ་སློང་མའི་སྡོམ་པར་འགྱུར་ཞེས་བྱའི། གཏོང་རྒྱུ་མ་བྱུང་བས། དགེ་སློང་གི་སྡོམ་པ་བཏང་ཞེས་མི་བྱ་བར། མཁས་པ་དབྱིག་གཉེན་གྱིས་མཛོད་ཀྱི་རང་འགྲེལ་དུ་གསུངས་པ་བཞིན་ནོ། །

མངོན་པར་རྟོགས་པ་ལྗོན་ཤིང་ལས། དེ་ལྟ་བུའི་ཚུལ་ཁྲིམས་དེ་ཡང་གང་ཟག་གི་བསམ་པའི་བྱེ་བྲག་གིས་རྣམ་པ་བཞིར་འགྱུར་ཏེ། ཚེ་འདིའི་འཚོ་བ་དང་། རྒྱལ་པོ་ལ་སོགས་པའི་འཇིགས་པ་དང་། ཕྱི་མ་ངན་སོང་གིས་འཇིགས་པའི་སྒོ་ནས་ཚུལ་ཁྲིམས་བསྲུང་བ་རྣམས་ནི་འཇིགས་སྐྱོབས་ཀྱི་ཚུལ་ཁྲིམས་ཞེས་བྱའོ། །ཚེ་འདིའི་བདེ་བ་དང་། ཕྱི་མའི་མཐོ་རིས་ཀྱི་བདེ་བ་དོན་དུ་གཉེར་བའི་སྒོ་ནས། ཚུལ་ཁྲིམས་བསྲུང་བ་རྣམས་ནི། ལེགས་སྨོན་གྱི་ཚུལ་ཁྲིམས་ཞེས་བྱའོ། །འཁོར་བའི་རྒྱ་མཚོ་ལས་ཐར་པ་དོན་དུ་གཉེར་བའི་སྒོས་བསྲུང་བ

རྣམས་ནི། བྱང་ཆུབ་ཀྱི་ཡན་ལག་གི་ཚུལ་ཁྲིམས་ཞེས་ཀྱང་བྱ། ངེས་པར་འབྱུང་བའི་ཚུལ་ཁྲིམས་ཞེས་ཀྱང་བྱ། སོ་སོ་ཐར་པའི་སྡོམ་པ་ཞེས་ཀྱང་བྱའོ། །བདེན་པ་མཐོང་བ་ལ་ནི་ཟག་པ་མེད་པའི་ཚུལ་ཁྲིམས་ཞེས་བྱ་བ་ཡིན་ནོ། །ཞེས་གསུངས་པས་ཀྱང་། གཉེན་པོ་ཚུལ་ཁྲིམས་འདྲ་བ་ལ་བསྲུང་སེམས་ཀྱི་བྱེ་བྲག་གིས་མཐོ་དམན་མང་པོ་བྱུང་བ་ཡིན་ནོ། །

དེ་ལྟར་ན་ཐུན་མོང་བ་ཡོན་ཏན་ལ་ལྟོས་ན་མི་འགལ་བའི་ཚུལ་དང་། ཐུན་མོང་མིན་པའི་སེམས་ཀྱི་བྱེ་བྲག་རྣམས་མ་འདྲེས་པར་སོ་སོར་ཕྱེད་པ་གལ་ཆེའོ། །དེང་སང་ནི། དེ་བཞིན་སེམས་ཀྱི་བྱེ་བྲག་གིས། །ཞེས་པའི་དོན་སྟོན་ཚུལ་ལ་བློ་ཁ་མ་ཕྱོགས་པར། གསེར་འགྱུར་གྱི་རྩིའི་དཔེ་ཕྱོགས་ཙམ་ཞིག་བློ་ཡུལ་དུ་ཉེ་བར་བཟུང་སྟེ། རྩ་བ་མེད་པར་མང་དུ་སྨྲའོ། །ཡང་ཟངས་ལ་སོགས་པ་གསེར་འགྱུར་གྱི་རྩིས་གསེར་དུ་བྱས་པ་དེ་རྐྱེན་གྱིས་བཟློག་པར་བཤད་པ་ལྟར། སེམས་བསྐྱེད་དང་སྔགས་ཀྱི་ཀུན་སློང་གིས་གོང་མར་བསྒྱུར་བ་ཡང་། གོང་མའི་བསམ་པ་དེ་དག་ཉམས་ན་གོང་མའི་སྡོམ་པར་གྱུར་པ་ཡང་མར་ལྡོག་པ་སྲིད་དེ། ཐེག་ཆེན་གྱི་གང་ཟག་ལ་རང་དོན་གྱི་བསམ་པ་སྐྱེས་པའི་ཚེ། ཐེག་དམན་དུ་ལྡོག་པར་བཤད་པ་བཞིན་ནོ། །ཉན་ཐོས་ཐེག་པ་དམན་པའི་སེམས། །རྣམ་པ་ཀུན་ཏུ་དགག་ཏུ་གསོལ། །ཞེས་དང་། ཀུན་རྨོངས་ཀུན་དཀྲུགས་ཀུན་ནས་དཀྲིས། །ང་རྒྱལ་དང་ནི་ཕྲག་དོག་ཀུན། །ཞེས་སོགས་ཉོན་མོངས་པ་རྣམས་སྨོས་ནས། མགོན་པོ་ཁྱོད་ཀྱི་མཐུ་ཆེན་གྱིས། །ཡེ་ཤེས་ཆེན་པོར་བསྒྱུར་དུ་གསོལ། །ཞེས་པ་ཡང་། གནས་གྱུར་སྟོན་ནོ། །

ཡང་འཁོར་འདས་དབྱེར་མེད་དུ། རང་བཞིན་རྒྱུ་ལ་ལྟོས་ན་ལྷུན་གྲུབ་སྟེ། །མཐའ་ཡས་ཡོན་ཏན་ཚོགས་ནི་གནས་གྱུར་ཞིང་། །ཞེས་གསུངས་པ་ནི། དབྱིག་གཉེན་གྱིས། ཉོན་མོངས་པ་དང་ཤེས་བྱའི་སྒྲིབ་པ་ཐམས་ཅད་སྤངས་པའི་ཕྱིར། གནས་གྱུར་པ་བསམ་གྱིས་མི་ཁྱབ་པ་བརྙེས་པ་དང་། ཞེས་གསུངས་པ་དང་མཐུན་ནོ། །དེས་ན་གང་ཟག་རིམ་གྱིས་སྔགས་ལ་འཇུག་ཚུལ་ལ། དང་པོར་གསོ་སྦྱོང་སྦྱིན་པར་བྱ། །དེ་རྗེས་བསླབ་པའི་གནས་བཅུ་སྦྱིན། །ཞེས་གསུངས་པ་ལྟར། དང་པོ་རིགས་ཅན་གསུམ་གྱིས་བསླབ་པས་རྒྱུད་སྦྱངས་ནས་མཐར་སྔགས་ལ་ཞུགས་ནས་དབང་བསྐུར་བའི་རིམ་ཅན་པ་ལ་སྔགས་ཀྱི་རིགས་ཅན་གསུམ་གྱི་སྡོམ་པ་ཡང་། རིག་འཛིན་སྡོམ་པར་གནས་གྱུར། ཞེས་གསལ་བར་གསུངས་པ་ཡིན་གྱི། རིམ་གྱིས་བླངས་པ་མ་ཡིན་པའི་སྡོམ་གསུམ་གནས་གྱུར་ཚུལ་དངོས་སུ་གསུངས་པ་མེད་ཅིང་། རིགས་ཅན་གསུམ་གྱི་སྡོམ་པ་ཡང་། །དཀྱིལ་འཁོར་ཆེན་པོ་འདིར་ཞུགས་ནས། །ཞེས་སོགས་ཀྱི་སོ་ཐར་དང་། སེམས་བསྐྱེད་དང་སྔགས་སྡོམ་གསུམ་པོ་གནས་གྱུར་གསུངས་པ་མིན་ལ། འོན་ཀྱང་རྡོ་རྗེ་རྩེ་མོའི་ལུང་དང་བསྟུན་ནས་སྡོམ་པ་གསུམ་ངོས

འཛིན་མཛད་ཚུལ་གྱི་ཐེག་པ་ཆེན་པོའི་སྡོམ་གསུམ་ནི། སྔགས་སྡོམ་གྱི་ངོ་བོར་ལྡན་ཚུལ་ནི་འོག་ནས་འབྱུང་བ་བཞིན་གསུངས་པས། གནས་གྱུར་ཡོད་མེད་ཀྱང་ཤེས་པ་ཡིན་ནོ། །

ཡང་རྒྱལ་བ་ཡང་མགོན་པས། ས་སྐྱ་པཎྜི་ཏའི་བཞེད་པ་བྲིས་པའི་ལུགས་ནི། ངེས་པར་ཉོན་མོངས་པ་དང་མི་དགེ་བའི་སྡོམ་པས་ནི་སེམས་ལ་ཉོན་མོངས་པ་མི་རྒྱུ་ཞིང་སྒོ་གསུམ་གྱི་མི་དགེ་བ་དང་བྲལ་བ་དེ་སོ་སོ་ཐར་བའི་སྡོམ་པ། དེ་རུ་ཙི་བྱས་སེམས་ཅན་གྱི་དོན་དུ་འགྱུར་ཞིང་། དགེ་བ་རྒྱུན་མི་འཆད་པ་བྱང་ཆུབ་སེམས་དཔའི་སྡོམ་པ། དེ་རུ་ཐ་མལ་གྱི་སྒོ་གསུམ་དང་བྲལ་ནས་ཧེ་རུ་ཀའི་སྐུ་གསུང་ཐུགས་ཀྱིས་སེམས་ཅན་གྱི་དོན་བྱེད་པ། གསང་སྔགས་ཀྱི་སྡོམ་པའོ་གསུང་ཞེས་བྲིས་འདུག་སྟེ། ཧེ་རུ་ཀའི་གཟུགས་ཀྱིས་སྣིགས་དུས་སུ་འགྲུབ་པར་བཤད་པ་དང་བསྟུན་པ་འདྲའོ། །རྒྱུ་མཚན་དེ་དག་གི་ཕྱིར་ན། རང་གཞན་གང་གིས་ཀྱང་སྔར་གྱི་གཞུང་དེ་རྣམས་སུ་ཇི་ལྟར་གསུངས་དོན་ཟིན་པར་བྱས་ནས་སླུ་བ་རིགས་སོ། །

ཡང་སྒྲོ་ལུང་པ་ན་རེ། སྤྱིར་སྡོམ་པ་གསུམ་ངོ་བོ་གཅིག་ལ་ལྡོག་པས་ཕྱེ་བ་དང་། གནས་གྱུར་འདོད་པ་གཉིས་ལས། ཆོས་རྗེ་ཁུ་དབོན་སྔ་མ་འཐད་པར་བཞེད། རྗེ་བཙུན་གོང་མས་སྡོམ་གསུམ་གནས་གྱུར་དུ་བཞེད། ལེགས་པར་བརྟགས་ན་འདི་གཉིས་དོན་གཅིག་པར་མཐོང་སྟེ། སྡོམ་པ་གོང་མ་ཐོབ་ན། འོག་མ་ཡང་དེའི་ངོ་བོར་གྱུར་པ་ཡིན་ལ། དེ་ཉིད་གནས་གྱུར་ཡིན་ཞིང་། ལྡོག་པ་ཐ་དད་པ་ནི་རིག་པ་འཛིན་པའི་སོ་ཐར་ལོག་པ་ལྡོག་ཆོས་སོ་སོར་གནས་གྱུར་པའོ། །ཞེས་ཟེར་ཡང་འོག་ནས་འབྱུང་བ་བཞིན་བཞེད་ཚུལ་ཁྱད་པར་མེད་པ་ཡིན་ནོ། །ཡང་རྗེ་བཙུན་གྱི་དངོས་སློབ་དཀར་ཤཱཀྱ་གྲགས་ཀྱི་རྩ་ལྟུང་གི་འགྲེལ་པར། གང་ཟག་གཅིག་གི་རྒྱུད་ལ་སྡོམ་གསུམ་ལྡན་ཚུལ་རྒྱ་གར་བའི་ལུགས་བཞི་བཀོད་པའི་ནང་ནས་གནས་གྱུར་ངོ་བོ་གཅིག་པ་ནཱ་རོ་པའི་ལུགས་ཡིན་པར་བཤད་ཅིང་། སྒྲོ་ལུང་པ་ན་རེ། རྡོ་རྗེ་སྙིང་པོས་ཀྱང་འགྲེལ་པར་གནས་གྱུར་དུ་གསུངས་ཞེས་ཟེར་རོ། །

དེ་ལྟར་ན་མདོ་རྒྱུད་ཀུན་མཁྱེན་ས་སྐྱ་པས་རྒྱུད་གཞུང་དེ་དག་དང་མཐུན་པར་བཤད་པ་ཡིན་གྱི། གང་ནས་ཀྱང་མ་བཤད་པའི་གྲུབ་མཐའ་ལོགས་པ་གཅིག་བཞག་པ་མིན་པར་ཤེས་པར་བྱའོ། །དེས་ན་སྔགས་རིམ་མཁན་པོས། དྲིལ་བུ་རིམ་ལྔའི་རང་འགྲེལ་ཟེར་བའི་གཞུང་དེ་ཚད་ལྡན་མ་ཡིན་ཏེ། དེར་སྡོམ་གསུམ་གནས་གྱུར་ངོ་བོ་གཅིག་བཤད་པའི་ཕྱིར་རོ་ཞེས་ཟེར་བ་ནི་རང་གཞུང་ཚད་ལྡན་མང་པོ་ལ་གནོད་པའི་གཏན་ཚིགས་སུ་འདུག་གོ། །

གསུམ་པ་ནི། དེ་ལྟར་འོག་མ་གོང་མར་གནས་གྱུར་དུ་བཤད་འདུག་ཀྱང་། དེའི་ཚེ་གོང་མ་དང་ངོ་བོ

གཅིག་པར་མི་བཞེད་དམ་སྙམ་ན་ཤིན་ཏུ་ཡང་བཞེད་དེ། རྗེ་བཙུན་རྩེ་མོས། སྡོམ་པ་གསུམ་དང་ལྡན་པར་བཤད་པ་ཡང་། བྱང་ཆུབ་སེམས་དཔའི་སོ་ཐར་ལས་ཀྱང་། འོག་མ་བསྲུང་བ་ལ་བརྟགས་པའམ། ཞེས་དང་། རྗེ་བཙུན་གྱི་སྡོམ་པ་ཉི་ཤུ་པའི་འགྲེལ་པ་དང་། རྩ་ལྟུང་འབྲུལ་སྤོང་དུ། རྒྱུད་རྡོ་རྗེ་རྩེ་མོར། གལ་ཏེ་དེ་དག་རབ་བྱུང་གྱུར། །སྡོམ་པ་གསུམ་དང་ཡང་དག་ལྡན། །སོ་སོ་ཐར་དང་བྱང་ཆུབ་སེམས། །རིག་འཛིན་རང་གི་ངོ་བོའོ། །ཞེས་པའི་སྡོམ་པ་གསུམ་ལྡན་གྱི་དོན་ཤེས་པ་ངོ་བོ་གཅིག་ལ་སྡོམ་པ་གསུམ་གྱི་ལྡོག་པ་རྩི་བ་ལྟ་བུར་གསུངས་ཤིང་། སྡོམ་པ་འོག་མ་གཉིས་སྔགས་སྡོམ་དུ་བསྒྱུར་ཚུལ་དུ། རིག་པ་འཛིན་པ་ནི་དེ་དག་ཀྱང་ལྔའི་རྣམ་པའམ། ཡེ་ཤེས་ཀྱིས་བྱིན་གྱིས་བརླབས་ནས་ལོངས་སྤྱོད་པས་ན། འདི་ལ་འགལ་བ་ཅི་ཡང་ཡོད་པ་མིན་ནོ། །ཞེས་དང་། རྗེ་ས་ཆེན་གྱིས་མཚན་མ་དང་རྣམ་རྟོག་ཡེ་ཤེས་སུ་བསྒྱུ་བའི་ཕྱིར་འདི་ལྟར་བསྒོམ་སྟེ། དཔེར་ན་བདག་ལ་འདོད་ཆགས་སྐྱེས་ནས། གཉེན་པོས་འདོད་ཆགས་ཀྱི་དབང་དུ་མི་བཏང་བ་ནི། སོ་སོ་ཐར་པའི་སྡོམ་པའོ། །དེས་ན་བདག་དང་སེམས་ཅན་ཐམས་ཅད་ཀྱི་ལས་དང་ཉོན་མོངས་པ་བག་ཆགས་དང་བཅས་པ་བྲལ་ནས་མངོན་པར་རྫོགས་པར་སངས་རྒྱ་བར་གྱུར་ཅིག །ཅེས་བྱང་ཆུབ་ཀྱི་སེམས་སྒོམ་པ་ནི་བྱང་ཆུབ་སེམས་དཔའི་སྡོམ་པའོ། །དེ་ནས་རང་ཡི་དམ་གྱི་ལྟར་བསྒོམ། བླ་མ་སྤྱི་བོ་སྙིང་ཁར་བསྒོམས་པ་ལ་མོས་གུས་བྱ། སེམས་རྫོགས་རིམ་གྱི་ཡེ་ཤེས་སུ་དྲན་པར་བྱ་སྟེ། རང་གི་ལུས་ངག་ཡིད་གསུམ་སངས་རྒྱས་ཀྱི་ཆོས་སྐུ་དང་། གཟུགས་སྐུར་བསྒོམ་པ་ནི་རིག་འཛིན་སྔགས་ཀྱི་སྡོམ་པའོ། །དེ་ནས་དགེ་བས་སངས་རྒྱས་ཐོབ་པར་གྱུར་ཅིག །ཅེས་བསྔོ་བ་དང་། དེ་མ་རྟོགས་པའི་སེམས་ཅན་ལ་སྙིང་རྗེ་བསྒོམ་པ། ཆོས་ཐམས་ཅད་རྨི་ལམ་ལྟ་བུའི་ངང་ནས་སྤྱོད་ལམ་བྱ་བ་ནི། སྡོམ་པ་གསུམ་སྦྱར་དུ་སྐྱིན་པར་བྱེད་པའོ། །

ཡང་དགེ་བའི་རྩ་བ་ཐམས་ཅད་ཀྱང་ཡེ་ཤེས་ཀྱི་དབང་དུ་བྱ་བའི་ཕྱིར། འདི་ལྟར་བསྒོམ་སྟེ། སྦྱིན་པ་ལ་སོགས་པ་ཐམས་ཅད་ཀྱང་དམིགས་པ་དང་བཅས་ན་དབང་དུ་མི་འདུ་བས། སྡོམ་པ་གསུམ་གྱི་རིམ་པ་ལྟར་ཞིང་དང་བསམ་པ་དང་དངོས་པོ་གསུམ་ཤེས་པར་བྱས་ལ། འཁོར་གསུམ་ཡོངས་སུ་དག་པའི་ཚུལ་ཁྲིམས་ཀྱིས་སྤྱོད་དེ། དེ་ལྟ་བུའི་ངང་ལ་དགེ་བ་སྤྱད་པས་ཞེས་སོགས་གསུངས་པའི་ཕྱིར་རོ། །ཚུལ་འདི་ནི་ལོག་རྟོག་པ་དག་ལ་བསྟན་པའི་འོས་མིན་ཀྱང་། དེང་སང་སྡོམ་གསུམ་གནས་ཚུལ་ཙམ་ཡང་ངོས་མི་ཟིན་པ་མང་བར་སྣང་བས་འདིར་བྲིས་པའོ། །

འཕགས་པ་རིན་པོ་ཆེས་སྡེ་སྣོད་འཛིན་པ་གྲགས་པ་རིན་ཆེན་གྱིས་དྲིས་ལན་དུ། གྲུབ་མཐའ་སོ་སོའི་རྗེས་སུ་འབྲངས་ནས་རྩི་ན། ཐ་དད་འོང་བ་ཡིན། ཐེག་པ་ཆེན་པོའི་ལུགས་ཀྱིས་གཞལ་ན། ཉན་ཐོས་ཀྱི་སྡོམ་

པ་ཉིད་ཀྱང་སེམས་ཀྱི་ཁྱད་པར་གྱི་ཆོས་ཡིན་པས། གནས་པའི་ཚེ་སེམས་ཀྱི་ངོ་བོ་གཅིག་ལ། བག་ཆགས་ཐ་དད་དུ་ཕྱེ་བར་འདོད་དེ། དེ་ཉིད་སོ་སོའི་གནས་ལུགས་སུ་འདུག་གོ། །ཞེས་གསུངས་པ་དང་། ཡང་རྗེ་བཙུན་གྱི་དག་ལྡན་དུ་སྔགས་ཀྱི་དམ་ཚིག་དང་སྡོམ་པའི་ནང་དུ་ཆོས་ཐམས་ཅད་འདུས་ཏེ། ཚུལ་ཁྲིམས་ཀྱི་ཕ་རོལ་ཏུ་ཕྱིན་པའི་ནང་དུ་ཕ་རོལ་ཏུ་ཕྱིན་པ་དྲུག་ག་འདུས་པ་བཞིན་ནོ། །ཞེས་གསུངས་པ་དང་། རྩ་ལྟུང་འགྲེལ་སྤྱོང་དུ། ཆོས་ཀྱི་རྩ་བ་བྱང་ཆུབ་ཀྱི་སེམས་སྤངས་པ་རྩ་ལྟུང་ལྔ་པར་འགྱུར་བའི་དོན། འཇུག་པའི་སེམས་བསྐྱེད་སྤངས་པ་ལ་སྔ་རབས་པ་ཁ་ཅིག་གིས་འདོད་པ་ལ། རྗེ་བཙུན་ཆེན་པོས་དེ་ལྟར་ན་གོང་འོག་གི་ལྟུང་བ་ཐམས་ཅད་རྩ་ལྟུང་ལྔ་པ་གཅིག་པོར་འདུས་པ་འགྱུར་རོ། །ཞེས་གསུངས་ལ་དེའི་དོན་ཡང་། གོང་འོག་གི་ལྟུང་བ་བསྲུང་བའི་ཚུལ་ཁྲིམས། འཇུག་པའི་སེམས་བསྐྱེད་ཀྱི་ནང་དུ་འདུས་གསུང་བའི་དོན་ཡིན་པའི་ཕྱིར་དང་། བསླབ་ཐབས་སུ་རྒྱུན་བཞག་ས་དང་། རིགས་ལྔའི་སྡོམ་བཟུང་བྱས་པའི་འོག་གི་རིགས་ལྔའི་དམ་ཚིག་རྣམས་གོང་གི་ཡན་ལག་བདུན་པའི་ནང་དུ་འདུ་བར་གསུངས་ལ། དེའི་དོན་ཡང་། གོང་དུ་བྱང་ཆུབ་སྤྱོད་མཆོག་ཡིད་འོང་སྤྱད་པར་བགྱི། །ཞེས་སེམས་བསྐྱེད་ལ་གནས་ནས་བྱང་སེམས་ཀྱི་སྤྱོད་པ་རྒྱ་ཆེན་ལ་སློབ་པར་ཁས་བླངས་པས་དེའི་ནང་དུ་འདུ་བ་ལས་འོས་པ་མེད་པའི་ཕྱིར་དང་། དེས་ན་སྔགས་པས་དབང་བསྐུར་གྱི་སྔོན་དུ། བྱང་སེམས་ཀྱི་སྤྱོད་པ་ཟབ་པ་དང་རྒྱ་ཆེ་བ་ཉེས་སྤྱོད་སྡོང་བ་དང་། དགེ་བ་ཆོས་བསྡུ་དང་། སེམས་ཅན་དོན་བྱེད་སོགས་ལ་བརྩོན་པར་བྱེད་པར་ཁས་བླངས་དམ་བཅས་ཤིང་དེས་དབང་བསྐུར་བ་ཞུས་ཏེ། གསང་སྔགས་ཀྱིས་ཉེས་ལྟུང་མཐའ་དག་སྤང་བ་དང་། སྔར་རྒྱུད་ལ་ཡོད་པའི་སྡོམ་པ་དག་ལྷ་དང་ཡེ་ཤེས་སུ་བསྒྱུར་ནས། སྔགས་ཀྱི་ལམ་བསྒོམ་པ་དང་། རྡོ་རྗེ་སློབ་དཔོན་གྱི་ལས་དབང་བསྐུར་བ་སོགས་སེམས་ཅན་གྱི་དོན་བྱེད་པ་ཐམས་ཅད་ནི། ཉེས་སྤྱོད་སྡོང་བ་དང་། དགེ་བ་ཆོས་སྡུད་དང་། སེམས་ཅན་དོན་བྱེད་ཀྱི་ཚུལ་ཁྲིམས་སུ་འདུས་པ་ཡིན་ལ། དེ་དག་ཀྱང་ཕར་ཕྱིན་ཐེག་པ་ལ་མ་ལྟོས་པར་སྔགས་ཀྱི་རྒྱུད་གཞུང་ཐམས་ཅད་དུ་བཤད་པས་སྔགས་པའི་རྒྱུད་ཀྱི་སྨོན་འཇུག་གི་ཚུལ་ཁྲིམས་གང་ཡིན་ཐམས་ཅད་ཕར་ཕྱིན་ཐེག་པར་ཞུགས་ནས་རིམ་གྱིས་བླངས་པའི་སེམས་བསྐྱེད་ཁོ་ན་ཡིན་ག་ལ་དགོས། མདོར་ན་དང་པོར་སེམས་བསྐྱེད་བླངས་པ་ནས་བཙམས་ཏེ། རྫོགས་པའི་བྱང་ཆུབ་མ་ཐོབ་ཀྱི་བར་གྱིས་སྦྱིན་པ་སྣ་གཅིག་བཏང་བ་ནས་བཙམས་ཏེ། དགེ་བའི་རྩ་བ་ལྷ་བསྒོམ་སྔགས་བཟླས་ལ་སོགས་པ་ཐམས་ཅད་འཇུག་པའི་སེམས་བསྐྱེད་ཀྱི་སྡོམ་པར་འདུས་པ་ཡིན་ཏེ། མན་ངག་སྙེ་མར། རབ་དགའ་ལ་སོགས་པ་ས་བཅུ་བཤད་ནས། ས་འདི་རྣམས་ཀྱང་བྱང་ཆུབ་སེམས་ཀྱི་རབ་ཏུ་དབྱེ་བ་རྣམས་སོ། །ཅེས་དང་། འདིར་དབང་བསྐུར་བ་རིན་པོ་ཆེའི་སེམས་བསྐྱེད་ནས་རྒྱ་ཆེ་བའི་རང་གཞན་གྱི་དོན་ཕུན་སུམ

ཚོགས་པར་བྱེད་པའི་ཕྱིར་སྨྲད་དེ། བྱང་ཆུབ་ཀྱི་སེམས་བསྒོམ་པར་བྱའོ། །ཞེས་པའི་དོན་ཏེ། འདིས་ནི་འཆད་པར་འགྱུར་བའི་བསྒོམ་པ་མདོར་བྱས་པའོ། །ཞེས་དང་།

ཇོ་རྗེ་མོས། འཇུག་པའི་སེམས་བྱ་བ་ནི་དེ་ལྟར་སངས་རྒྱས་ཐོབ་པའི་ཐབས་སུ་བྱང་ཆུབ་སེམས་དཔའི་བསླབ་པ་ལ་སློབ་པ་ཡིན་ནོ། །བསླབ་པ་དེ་ཡང་ཚུལ་ཁྲིམས་གསུམ་སྟེ། ཚུལ་ཁྲིམས་ལ་བསླབ་པ་ཞེས་བྱ་བ་ནི། སེམས་ཅན་ལ་གནོད་པ་གཞི་དང་བཅས་པ་སྤོང་བའི་ཚུལ་ཁྲིམས་སོ། །དགེ་བ་ཆོས་བསྡུད་ཀྱི་ཚུལ་ཁྲིམས་ནི། ཕ་རོལ་ཏུ་ཕྱིན་པ་དྲུག་ལ་སོགས་པའི་སྤྱོད་པ་ལ་སློབ་པའོ། །ཞེས་དང་། དེ་བཞིན་དུ་གསང་ཆེན་ཐབས་ལ་མཁས་པའི་མདོ་སྡེ་ལས། བྱང་ཆུབ་སེམས་དཔའ་ཆེན་པོའི་ཐབས་ལ་མཁས་པ་ནི། གང་གི་ཚེ་དུད་འགྲོའི་སྐྱེས་གནས་སུ་གྱུར་པ་ལ་ཟས་ཁམ་གཅིག་ཙམ་སྦྱིན་པར་བྱེད་ན་དེ་ཡང་རྣམ་པ་ཐམས་ཅད་མཁྱེན་པ་ཉིད་དང་ལྡན་པའི་སེམས་ཀྱིས་སྦྱིན་པར་བྱེད་ཅིང་། དགེ་བའི་རྩ་བ་དེ་ཡང་སེམས་ཅན་ཐམས་ཅད་ཀྱི་སངས་རྒྱས་ཀྱི་ཆོས་ཡོངས་སུ་རྫོགས་པར་བྱ་བར་ཡོངས་སུ་བསྔོ་བའི་ཕྱིར་རོ། །ཞེས་སོགས་དང་། བསླབ་བཏུས་སུ། ཤེར་ཕྱིན་གྱི་མདོ་དྲངས་པར། རབ་འབྱོར་བྱང་ཆུབ་སེམས་དཔའ་སེམས་དང་པོ་བསྐྱེད་པ་ནས་ཉེ་བར་བཟུང་སྟེ། བསམ་གཏན་གྱི་ཕ་རོལ་ཏུ་ཕྱིན་པ་ལ་སྤྱོད་ཅིང་། རྣམ་པ་ཐམས་ཅད་མཁྱེན་པ་ཉིད་དང་ལྡན་པའི་ཡིད་ལ་བྱེད་པས་བསམ་གཏན་ནས་སྙོམས་པར་འཇུག་སྟེ། ཅེས་སོགས་རྒྱས་པར་བྱ་ཞིང་། དེ་བས་ན་ཏིང་འཛིན་གྱི་སྤྱོར་བ་གང་ཅི་ཡིན་པ་དེ་དག་ནི་ཚུལ་ཁྲིམས་ཀྱི་ནང་དུ་འདུས་པར་ཤེས་སོ། །ཞེས་གསུངས་པ་དང་། བྱང་ཆུབ་སེམས་དཔའི་སའི་ཚུལ་ཁྲིམས་ལེའུར། དེ་ལ་དགེ་བ་ཆོས་སྡུད་པའི་ཚུལ་ཁྲིམས་ནི། བྱང་ཆུབ་སེམས་དཔའི་སྡོམ་པའི་ཚུལ་ཁྲིམས་ཡང་དག་པར་བླངས་པའི་འོག་ཏུ་བྱང་ཆུབ་ཆེན་པོའི་ཕྱིར་ལུས་ངག་གི་དགེ་བ་བསགས་པ་གང་ཅི་ཡང་རུང་བ་དེ་དག་ཐམས་ཅད་ནི། མདོར་བསྡུ་ན། དགེ་བ་ཆོས་སྡུད་པའི་ཚུལ་ཁྲིམས་ཞེས་བྱའོ། །དེ་ཡང་གང་ཞེ་ན། འདི་ལ་བྱང་ཆུབ་སེམས་དཔའ་ནི། ཚུལ་ཁྲིམས་ལ་བརྟེན་ཞིང་ཚུལ་ཁྲིམས་ལ་གནས་ནས། ཐོས་པ་དང་། བསམ་པ་དང་། ཞི་གནས་དང་། ལྷག་མཐོང་དང་། གཅིག་པུར་དགེ་བ་ལ་བརྩོན་པར་བྱེད་དོ། །ཞེས་དང་། ཡང་བླ་མ་དང་དཀོན་མཆོག་ལ་ཕྱག་འཚལ་བ་སོགས་རྒྱས་པར་བཤད་ནས། དེ་ལྟ་བུ་དང་མཐུན་པའི་དགེ་བའི་ཆོས་རྣམས་བསྒྲུབ་པ་དང་། བསྲུང་བ་དང་། རྣམ་པར་འཕེལ་བར་བྱེད་པའི་ཚུལ་ཁྲིམས་གང་ཡིན་པ་དེ་ནི་བྱང་ཆུབ་སེམས་དཔའ་དགེ་བ་ཆོས་བསྡུད་པའི་ཚུལ་ཁྲིམས་ཞེས་བྱའོ། །ཞེས་པའི་བར་རྒྱས་པར་གསུངས་སོ། །

གཞན་ཡང་བྱང་ཆུབ་སེམས་དཔའི་རྒྱུད་ཀྱི་སོ་ཐར་རིགས་བདུན་ཐམས་ཅད་བྱང་སེམས་ཀྱི་ཉེས་སྤྱོད་སྡོམ་པའི་ཚུལ་ཁྲིམས་ཀྱི་ནང་དུ་འདུས་པར་ཡང་གསུངས་ཏེ། དེ་ལ་བྱང་ཆུབ་སེམས་དཔའི་སྡོམ་པའི་ཚུལ་

ཁྲིམས་ནི། སོ་སོ་ཐར་པའི་སྡོམ་པ་ཡང་དག་པར་བླངས་པའི་རིགས་བདུན་པོ་དགེ་སློང་དང་། དགེ་སློང་མ་དང །དགེ་ཚུལ་དང་། དགེ་ཚུལ་མ་དང་། དགེ་བསྙེན་དང་། དགེ་བསྙེན་མའི་ཚུལ་ཁྲིམས་གང་ཡིན་པ་སྟེ། ཞེས་དང་། དེ་དང་མཐུན་པར་ཐུབ་པ་དགོངས་གསལ་གྱི་ཚུལ་ཁྲིམས་ཀྱི་ཕ་རོལ་ཏུ་ཕྱིན་པའི་སྐབས་སུ། བྱང་སེམས་ཀྱི་སོ་ཐར་ཐམས་ཅད་ཀྱང་བྱང་སེམས་ཀྱི་ཉེས་སྤྱོད་སྡོམ་པའི་ཚུལ་ཁྲིམས་ཀྱི་བྱེ་བྲག་ཏུ་གསུངས་པ་དང་། སྡོམ་གསུམ་རབ་དབྱེའི་གཞུང་དུ། དེ་ཕྱིར་ཕ་རོལ་ཕྱིན་པ་ལ། །སེམས་བསྐྱེད་མིན་པའི་ཆོས་གཞན་མེད། །ཞེས་སོགས་གསུངས་པས། བྱང་ཆུབ་སེམས་དཔའི་རྒྱུད་ཀྱི་སྡོམ་པ་གང་ཡིན་ཀྱང་སེམས་བསྐྱེད་ཀྱི་ཚུལ་ཁྲིམས་སུ་ངོ་བོ་གཅིག་པར་གྲུབ་ལ། གཞན་ཡང་། དགེ་བཤེས་འོད་འཛིན་པའི་ལམ་རིམ་དུ་གསལ་བ་ལྟར་ཐེག་པ་ཆེན་པོའི་ཉམས་ལེན་ཐམས་ཅད་ཐེག་ཆེན་སྐྱབས་འགྲོའི་ནང་དུ་འདུས་པར་མགོན་པོ་བྱམས་པས་གསུངས་པ་ཡང་ཡོད་དོ། །

རྒྱུད་རྡོ་རྗེ་རྩེ་མོར། རྡོ་རྗེ་སློབ་དཔོན་གྱི་མཚན་ཉིད་ལ། ཕྱི་རུ་ཉན་ཐོས་སྤྱོད་པ་བསྲུངས། །ནང་དུ་འདུས་པའི་དོན་ལ་དགའ། །ཞེས་གསུངས་པའི་དོན་ཡང་དགེ་སློང་རྡོ་རྗེ་འཛིན་པས་ཕྱིའི་ཆ་ལུགས་དང་ཀུན་སྤྱོད་འདུལ་བ་དང་མ་འགལ་ཞིང་། ནང་སེམས་སྙིང་ནས་སེམས་བསྐྱེད་དང་བསྐྱེད་རྫོགས་ཀྱི་དོན་ལ་མཉམ་པར་འཇོག་དགོས་པར་གསུངས་ཏེ། དཔེར་ན་ཁ་ཟས་ཀྱི་རྣལ་འབྱོར་ལ་ཡང་ལྟུང་བཟེད་དུ་ཟས་འདུལ་བ་དང་མཐུན་པ་གཅིག་ལ་ཡིད་སྙིངས་སུ་ནང་གི་ཁ་ཟས་ཀྱི་རྣལ་འབྱོར་དགོས་པ་བཞིན་ནོ། །ཕྱག་རྫོར་བསྟོད་འགྲེལ་དུ། གལ་ཏེ་ཆོས་གོས་འཛིན་པ་ཡིན་ན། དབང་གི་དུས་སུ་ཅོག་གི་ངོ་སྤྲོད་པར་བྱ་བ་ཡི། དངོས་སུ་སྟེར་བར་མི་བྱ་སྟེ། དེ་རྣམས་ནི་སེམས་ཐེག་པ་ཆེན་པོར་བསྐྱེད་པ་ཡིན་ལ། ལུས་ངག་ནི་ཉན་ཐོས་ཀྱི་བསླབ་པར་བྱ་བ་ལ་གནས་པས་ཏེ། གཞན་དུ་ན་རྡོ་རྗེ་སློབ་དཔོན་ཉམས་པར་འགྱུར་རོ་ཞེས་གསུངས་པ་བཞིན་ནོ། །དེས་ན་སྡོམ་གསུམ་རབ་དབྱེའི་ཊཱི་ཀ་བྱེད་པ་ཁ་ཅིག་གིས། སྤྲོ་ལུང་པས་རིག་པ་འཛིན་པའི་སོ་ཐར་ལ་སོགས་པ་ལྷོག་ཆོས་སོ་སོ་ན་གནས་པའོ་ཞེས་པ་དང་། རྩ་ལྟུང་འགྲེལ་སྤྱོང་ལས་སྡོམ་པ་འོག་མ་གོང་མར་གནས་འགྱུར་བར་གསུངས་པའི་ཕྱོགས་ཙམ་ཅིག་ལས་མ་བལྟས་ཤིང་། བྱང་སེམས་ཀྱི་ཚུལ་ཁྲིམས་རྒྱ་ཆེན་པོའི་སྤྱོད་པ་སོགས་ལ་མ་བསམས་པར། མྱུར་དུ་ཁ་ཚོན་གཅད། རྩ་ལྟུང་འགྲེལ་སྤྱོང་སོགས་སུ་སྐྱ་བའི་ལུགས་ལ་སྡོམ་གསུམ་གནས་གྱུར་ཁས་ལེན་རྒྱུ་ཡིན་ཀྱང་། ངོ་བོ་གཅིག་པ་ས་སྐྱ་པའི་ལུགས་མིན་ལ། གལ་ཏེ་ཡིན་ན། དེ་ལྟར་ཡིན་ན་ཉན་ཐོས་དང་། །ཐེག་ཆེན་སྡོམ་པ་ཁྱད་མེད་འགྱུར། །ཞེས་སོགས་ཀྱི་ཐལ་འགྱུར་གསུམ་པོ་དེ་ངེས་པར་རང་ལ་ལོག་པར་མཐོང་ངོ་། །ཞེས་སོགས་རིངས་པ་རིངས་པར་ཡི་གེར་བཀོད་པ་ནི་སྒྲི་དགོས་ཀྱི་བསྟན་པ་ལ་གནོད་པའི་ཕོ་ཆོད་དུ

སྣང་ཞིང་། རང་གི་ཁས་བླངས་དང་ཡང་འགལ་ཏེ། དེ་ཕྱིར་ཕ་རོལ་ཕྱིན་པ་ལས། །སེམས་བསྐྱེད་མིན་པའི་ཆོས་གཞན་མེད། །ཅེས་པའི་འབྲུ་སྣོན་དུ། སེམས་བསྐྱེད་བླངས་ནས་བསྲུང་བ་མིན་པའི་ལམ་གྱིས་ཆོས་གཞན་མེད་པ་ཤེས་བྱེད་དང་བཅས་པ་བསམ་ཡས་པའི་ཊཱི་ཀ་བྲིས་བཤུས་སུ་བྱས་འདུག་པ་དང་འགལ་བ་དེའི་ཕྱིར་དང་། བྱང་སེམས་སོ་ཐར་རྣམས་ལམ་གྱི་ཆོས་མིན་པ་ཡང་མི་འཐད་ཅིང་། འབྲུལ་སྤོང་དུ། སྡོམ་གསུམ་ལྡོག་པའི་སྒོ་ནས་བརྩི་བར་གསུངས་པ་མ་མཐོང་བར་སྣང་ལ། བོད་ཁ་ཅིག །ཉན་ཐོས་ཀྱི་སྡོམ་པ་སེམས་ཇི་སྲིད་འཚོ་བ་སངས་མ་རྒྱས་ཀྱི་བར་དུ་ཁས་ལེན་པ་སེམས་བསྐྱེད་རྐྱ་ཐབས་མར་འདོད་པ་ལ། དེ་ལྟ་ཡིན་ན་ཉན་ཐོས་དང་། །ཐེག་ཆེན་སྡོམ་པ་ཁྱད་མེད་འགྱུར། །ཞེས་སོགས་གསུངས་པའི་གནོད་བྱེད་རྣམས། རྗེ་བཙུན་གོང་མས། ཐེག་ཆེན་གྱི་རྒྱུད་ཀྱི་སྡོམ་གསུམ་གནས་སྐབས་ངོ་བོ་གཅིག་ཏུ་བཞེད་པ་ལ་གནོད་པར་མཐོང་བའི་ཚུལ་དེ་ནི། མགོན་པོ་བྱམས་པས། གང་གི་ཡོད་པ་མི་མཐོང་མེད་པ་མཐོང་། །ཞེས་གསུངས་པའི་ཚུལ་དུ་སྣང་ངོ་། །

ཡང་བྱང་ཆུབ་སེམས་དཔའི་རྒྱུད་ཀྱི་སོ་ཐར་རྣམས་བྱང་སེམས་ཀྱི་སྡོམ་པ་ཡིན་ཀྱང་། དེ་བྱང་སེམས་ཀྱི་སེམས་བསྐྱེད་ཀྱི་སྡོམ་པ་མིན་ཞེས་པའི་ཞིབ་ཆ་བྱེད་པ་ཡང་མི་འཐད་དེ། ཐེག་པ་གསུམ་རང་རང་གི་བྱང་ཆུབ་ལ་དམིགས་པའི་སེམས་ཀྱི་ཀུན་སློང་གིས། རང་རང་གི་སྡོམ་པ་རྣམས་བསྲུང་བ་དེ། རང་རང་གི་སེམས་བསྐྱེད་ཀྱི་སྡོམ་པ་ཡིན་ཚུལ་མ་ཤེས་ན། ཆོས་རྗེ་ས་པཎ་གྱི་སྐྱེས་བུ་ལ་སྤྲིངས་ཡིག་ཏུ། ཉན་ཐོས་སྡེ་པ་བཞི་ལ་རང་རང་གི་སེམས་བསྐྱེད་ལེན་པའི་ཆོ་ག་མི་འདྲ་བ་བཞི་སྣང་། ཞེས་གསུངས་པ་སོགས་ཀྱི་དོན་མ་གོ་བ་ཡིན་ནོ། །ཡང་རིག་པ་འཛིན་པའི་སོ་ཐར། རིག་པ་འཛིན་པའི་སེམས་བསྐྱེད། རིག་པ་འཛིན་པའི་སྔགས་སྡོམ་ཞེས་སོགས་རྫས་ཐ་དད་དུ་ཡོད་པར་འདོད་པ་ནི། སྔར་གྱི་སྒྲོ་ལུང་པའི་ཚིག་དེ་མཐོང་བས་འཁྲུལ་གཞི་བྱས་འདུག་གོ། །

ཡང་བཟང་རིངས་ཀྱི་སྡོམ་གསུམ་གནད་ཀྱི་ལྟུགས་ཀྱུ་དང་། ཡང་དགོན་པའི་རི་ཆོས་སུ། ཆོས་རྗེ་ས་པཎ་གྱི་སྡོམ་གསུམ་བཞེད་ལུགས་བྲིས་པ་དང་། དེ་ཉིད་སྙིང་པོ་ཕྱོགས་སྤར་བཀོད་ནས། དགག་བསྒྲུབ་བྱས་པ་ཐམས་ཅད་ཕྱོགས་སྔའི་འདོད་ལུགས་ཇི་ལྟ་བ་བཞིན་མ་ཤེས་པ་ཁོ་ནར་སྣང་ངོ་། །

ཡང་ད་ལྟའི་སྡེ་སྣོད་འཛིན་པ་དག །ཉན་རང་རང་དོན་ཡིད་བྱེད་ཀྱི་བསམ་པ་དོར་ནས། ཐེག་ཆེན་གྱི་ལམ་དུ་འཇུག་ལྡོག་གི་རྣམ་བཞག་ཀྱང་བྱེད། ཟག་བཅས་ཀྱི་རྣམ་ཤེས་ཚོགས་བརྒྱད་གནས་གྱུར་ཏེ། ཟག་མེད་ཀྱི་ཡེ་ཤེས་ལྔར་འགྱུར་ཚུལ་དང་། ཕར་ཕྱིན་གྱི་འགྲེལ་པ་དོན་གསལ་ལས། ལམ་ཤེས་པ་ཉིད་ལ་སོགས་པ་སྔར་བཤད་པ་དག་ཀྱང་ཡིན་ཏེ། ཞེས་སོགས་ཀྱི་དོན། ཟག་བཅས་གནས་གྱུར་པས་ཟག་མེད་དུ་གྱུར་པ་ཞེས་ཟག་བཅས་ཀྱི་མཁྱེན་པ་འོག་མ་གཉིས་གནས་གྱུར་ནས་རྣམ་མཁྱེན་དུ་གྱུར་པའི་མཁྱེན་གསུམ་ངོ་བོ་གཅིག་པ་

ཁས་ལེན་བཞིན་དུ། སྡོམ་གསུམ་གནས་གྱུར་པ་ངོ་བོ་གཅིག་ཅེས་གྲོས་པ་ལ་གསུང་རབ་དང་མི་མཐུན་པའི་མི་རུང་བ་ཆེན་པོ་བྱེད་པ་མང་ལ།

ཡང་འགའ་ཞིག་ནི། རང་ཉིད་བྱང་སེམས་དང་། སྔགས་ཀྱི་འཇུག་སྒོ་སེམས་བསྐྱེད་དང་། དབང་བསྐུར་ཙམ་ཡང་ཐོབ་པར་མ་བྱས་ཤིང་། སྔགས་སྡོམ་ལྟ་ཞོག །སྡོམ་པ་གཉིས་ལྡན་གྱི་ཚུལ་ལ་ཡང་བློ་གཏོད་མེད་པར་སྡོམ་གསུམ་གནས་གྱུར་ངོ་བོ་གཅིག་གོ། །ཞེས་གྲོས་མ་ཐག་རང་ལུགས་འཛུག་པ་ལ་རིངས་ནས་མུ་ཅོར་སྨྲ་བ་མང་ཡང་། དེ་དག་གིས་ནི། ཐེག་པ་ཆེན་པོའི་གོ་ཆའི་བསྒྲུབ་པ་ལ། ཕ་རོལ་ཏུ་ཕྱིན་པ་དྲུག་པོ་རེ་རེའི་ནང་དུ། ཕར་ཕྱིན་དྲུག་ཀ་ཚང་བར་ཉམས་སུ་ལེན་ནོ། །ཞེས་ཁ་ རུ་འདོན་པའི་དོན་ལ་བསམ་དགོས་སོ། །ཞེས་ཆོས་རྗེ་དག་གསུངས་སོ། །

གསུམ་པ་ནི་དེ་ལྟར་ན་བྱང་སེམས་ཀྱི་རྒྱུད་ཀྱི་སྡོམ་པ་གསུམ་ལས། སེམས་བསྐྱེད་ནི་ཁྱབ་བྱེད་དམ། སྤྱི་ཡིན་ལ། དེའི་རྒྱུད་ཀྱི་སོ་ཐར་རིགས་བདུན་གང་ཡོད་དང་། གསང་སྔགས་ཀྱི་སྡོམ་པ་དག་ནི། ཁྱབ་བྱའམ་བྱེ་བྲག་ཏུ་འབྱུང་བ་ཡིན་ཏེ། དེའི་རྒྱུད་ཀྱི་སོ་ཐར་རིགས་བདུན་གང་ཡོད་ནི། གཙོ་བོར་བྱང་སེམས་ཀྱི་ཉེས་སྤྱོད་སྡོམ་པའི་ཚུལ་ཁྲིམས་དང་། སྔགས་སྡོམ་ནི་གཙོ་བོར་དགེ་བ་ཆོས་བསྡུད་ཀྱི་ཚུལ་ཁྲིམས་སུ་གྱུར་པ་སྟེ། སྔགས་སྡོམ་དེ་སྔགས་པ་བྱང་ཆུབ་སེམས་དཔའ་དེའི་རྒྱུད་ཀྱི་སེམས་བསྐྱེད་ཀྱི་ནང་དུ་འདུ་བའི་རྒྱུ་མཚན་ཡང་། རྗེ་རྩེ་མོ་སོགས་མཁས་པ་སྔ་རབས་དག་ཕར་ཕྱིན་གྱི་ཉམས་ལེན་དང་། སྔགས་ཀྱི་ཉམས་ལེན་གྱི་ཁྱད་པར་ལ། ཟབ་དང་ཟབ་ཞུམ་ལྟར། སྤྱི་བྱེ་བྲག་གི་ཁྱད་པར་ཡོད་པར་གསུངས་པའི་དོན་ཤེས་པ་ཤིན་ཏུ་གལ་ཆེ་སྟེ། བླ་མ་མཁས་པའི་ཞལ་ལས་ཤེས་སོ། །

ཡང་རྗེ་རྩེ་མོས་རྒྱུད་སྡེ་སྤྱི་རྣམ་དུ། ཟབ་མོ་རྡོ་རྗེ་ཐེག་པ་ནི་ཐེག་པ་ཆེན་པོ་སྤྱིའི་ནང་དུ་འདུས་པར་གསུངས་པ་དང་། མདོ་སྔགས་གཉིས་ཀ་ཐེག་ཆེན་དུ་དོན་མཐུན་པར་བསྒྲུབ་པའི་སྐབས་སུ། རྡོ་རྗེ་གུར་ལས། སྟོང་ཉིད་སྙིང་རྗེ་ཐ་དད་མེད། །གང་དུ་སེམས་ནི་རྣམ་བསྒོམས་པ། །དེ་ནི་སངས་རྒྱས་ཆོས་དང་ནི། །དགེ་འདུན་གྱི་ཡང་བསྟན་པའོ། །ཞེས་པ་འདིས་ཐེག་པ་ཆེན་པོ་མཐའ་དག་བསྡུས་པ་མིན་ནམ། ཞེས་གསུངས་པ་དང་། རྩ་ལྟུང་འགྲེལ་སྤྱོང་དུ། རྡོ་རྗེ་ཐེག་པ་ནི་ཐེག་པ་ཆེན་པོ་སྤྱི་དང་བྱེ་བྲག་གིས། ཐུན་མོང་དང་ཐུན་མོང་མིན་པ་ཙམ་གྱི་ཁྱད་པར་ལས་མེད་དེ། ཐེག་པ་ཆེན་པོ་ཉིད་ཀྱི་ཁོངས་སུ་འདུས་པ་ཡིན་པའི་ཕྱིར་རོ། །ཞེས་གསུངས་པ་དང་། མདོ་སྡུད་པར། ཅིའི་ཕྱིར་འདི་ནི་ཐེག་པ་ཆེ་ཞེས་བྱ་ཞེ་ན། །དེ་གང་ཞོན་ནས་སེམས་ཅན་ཐམས་ཅད་མྱ་ངན་བཟློ། །ཞེས་སོགས་ཀྱི་སེམས་ཅན་ཐམས་ཅད་མྱ་ངན་ལས་འདས་པའི་ལམ་ཡིན་པ་ཐེག་ཆེན་གྱི་འཇོག

བྱེད་དུ་བཤད་ཅིང་། མདོ་སྔགས་གཉིས་ཀ་ལ་དེའི་རྒྱུ་མཚན་ཚང་བ་དང་། རྩ་ལྟུང་འབྲུལ་སྤྱོད་དུ། སེམས་ཙམ་པའི་ལམ་འདྲ་བཞི་དང་། དབུ་མ་པའི་རྩ་ལྟུང་བཅུ་བཞི་པོ་སྔགས་ཀྱི་རྩ་ལྟུང་གཉིས་པ་དང་། བཅུ་བཞི་པོ་ཅི་རིགས་པར་འདུ་ཚུལ་གསུངས་པས། སྡོམ་པའི་ངོས་ནས་ཉེས་པ་དེ་དག་ཚང་བར་གསུངས་པའི་སྔགས་སྡོམ་དེ་ཡང་བྱང་སེམས་ཀྱི་ཉེས་པ་རྣམས་སྤྱོང་བའི་བྱེ་བྲག་ཡིན་པའི་ཕྱིར་དང་། ཆོས་རྗེ་ས་པཎ་གྱིས་སེམས་བསྐྱེད་སྐྱེའི་མཚན་ཉིད་དུ། རྫོགས་པའི་བྱང་ཆུབ་ཀྱི་བསྒྲུབ་པ་ཁྱད་པར་བ་ཞེས་གསུངས་པ་སངས་རྒྱས་མ་ཐོབ་ཀྱི་བར་གྱི་ཐེག་ཆེན་གྱི་བསྒྲུབ་པ་ཐམས་ཅད་ཐེག་ཆེན་སེམས་བསྐྱེད་དུ་བཞེད་པ་ཡིན་ནོ། །འོན་ཀྱང་གཞན་ལ་གནོད་པ་གཞི་བཅས་ལས་ལྡོག་པའི་སོ་ཐར་སྐྱེ་ཙམ་པ་ནི། ཐེག་པ་ཆེ་ཆུང་གཉིས་ཀ་ལ་ཁྱབ་བྱེད་དུ་གསུངས་པས། སོ་ཐར་རིགས་བདུན་དང་གསུམ་ཀ་ལ་ཁྱབ་པ་ཡིན་ནོ། །

དེ་ལྟར་ན། གང་ཟག་གཅིག་གི་རྒྱུད་ལ་སོ་ཐར་རིགས་བདུན་དང་། སྔགས་སྡོམ་བཏང་ཡང་སེམས་བསྐྱེད་ཀྱི་སྡོམ་པ་མི་བཏང་བའི་སྐབས་ སྲིད་ཀྱང་། སེམས་བསྐྱེད་ཀྱི་སྡོམ་པ་བཏང་བ་དེ་གཉིས་པ་མི་གནས་ཏེ། སྤྱིར་ཁྱབ་བྱ་དང་། བྱེ་བྲག་བཏང་བས་ཁྱབ་བྱེད་སྤྱི་མི་གཏོང་ལ། ཁྱབ་བྱེད་བཏང་ན་བྱེ་བྲག་མི་གནས་པའི་ཕྱིར་རོ། །དེ་ལྟར་དུ་འཕགས་པ་རིན་པོ་ཆེས། ཉན་ཐོས་སྡོམ་པ་བཏང་བའི་རྒྱུ་ཕལ་ཆེར་གྱིས་བྱང་ཆུབ་སེམས་དཔའ་དང་། རིག་པ་འཛིན་པའི་སྡོམ་པ་མི་གཏང་བའི་སྐབས་ཀྱང་སྲིད། ཅེས་དང་། སྔགས་ཀྱི་སྡོམ་པ་བཏང་བས་བྱང་ཆུབ་སེམས་དཔའི་སྡོམ་པ་མི་གཏང་བའི་སྐབས་ཀྱང་སྲིད། བྱང་ཆུབ་སེམས་དཔའི་སྡོམ་པ་དངོས་གཞི་བཏང་བས། སྔགས་ཀྱི་སྡོམ་པ་མི་གཏོང་བ་མི་སྲིད། ཅེས་གསུངས་པ་བཞིན། དེ་ཡང་རིམ་བཞིན་དུ་བླངས་པའི་སྡོམ་གསུམ་ནི་ཚིག་ལས། ཇི་སྲིད་འཚོ་སོགས་དུས་སོ་སོར་ཁས་བླངས་ཤིང་། གཏོང་རྒྱུ་སོ་སོར་བཤད་པས། གཏོང་ཐོབ་སོ་སོར་བྱེད་ལ་ཤས་ཆེ་ཡང་། ལྟུང་བ་ཐུན་མོང་བ་དང་ཐུན་མོང་མིན་པའི་དབང་གིས་མཉམ་དུ་བཏང་བ་དང་། མི་བཏང་བ་མི་སྲིད་དེ། རྩ་ལྟུང་གཉིས་པ་དང་། བཞི་པ་ལྔ་པ་རྣམས་སྤྱད་ན། སྡོམ་པ་འོག་མ་ལ་ཡང་གནོད་ཅིང་བརྒྱད་པ་དང་། བཅུ་པ་དང་། བཅུ་བཞི་ལྷ་བུས་འོག་མ་ལ་མི་གནོད་པས་སོ། །དེ་ཡང་གཉིས་པའི་ཕྱོགས་གཅིག་དང་། བཞི་ལྔ་གཉིས་སྤྱད་ན་སྔགས་སྡོམ་བཏང་བའི་དོན་ཡང་། སེམས་བསྐྱེད་ལ་གནོད་པའི་ཚུལ་གྱིས་སྔགས་སྡོམ་བཏང་བ་ཡིན་ལ། དེ་ཡང་གཉིས་པའི་ཕྱོགས་གཅིག་སོ་ཐར་གྱི་བཅས་པ་ལ། སྔགས་ཀྱི་བཅས་པ་ཁྱད་གསོད་དུ་ཞུགས་པ་འབྱུང་བ་ཉེ་བའི་གནད་ཀྱིས་སོ། །

དེ་ལྟར་ཡང་འཕགས་པ་རིན་པོ་ཆེས། བྱང་ཆུབ་སེམས་ལས་འདས་ནས་སྦྱོར་དངོས་རྗེས་གསུམ་ཚང་བས། རྡོ་རྗེ་སྤུན་བསད་པ་ལྟ་བུ་ལ་མཐར་ཐུག་གྲུབ་པའི་ཚེ། གཉིས་ཀ་དུས་གཅིག་ཏུ་བཏང་བ་ཡིན་ཞེས

གསུངས་པ་དང་། དེ་བཞིན་དུ་སྡོམ་པ་གསུམ་ལྡན་ལ། གཞན་གྱིས་མཁོན་ཕྱུར་བཤགས་པ་ན། དེ་དང་དུ་ལེན་དགོས་པར་བཤད་པ་ཡང་ཁྱད་དུ་བསད་ནས་སླར་ཡང་དེ་ལ་ཁྲོས་ཏེ། བརྡེག་པ་དང་གསོད་པའི་བར་དུ་སྦྱོར་དངོས་རྗེས་གསུམ་ཚང་ན། སྲོག་གཅོད་པའི་ཕས་ཕམ་པ་དང་། གཞན་གྱིས་བཤགས་ཀྱང་མི་ཉན་པར་ཁྲོས་ནས་བརྡེག་ཅིང་འཁྲོག་པའི་བྱང་སེམས་ཀྱི་ཉེས་པ་དང་། བདེ་གཤེགས་བཀའ་འདས་ཀྱི་རྩ་ལྟུང་གསུམ་ཀ་དུས་གཅིག་ལ་ཚང་བ་ཡོད་དོ། །དེ་ཡང་ལྟུང་བ་གཅིག་པོ་དེས། སྡོམ་པ་གསུམ་ཉམས་པར་བྱས་པ་ཙམ་མིན་པར། ལྟུང་བ་དོན་གཅིག་ལ་སྡོམ་པ་གསུམ་ཀའི་ཕམ་ལྟུང་གི་མཚན་ཉིད་ཚ་ཚང་གསུམ་ཀ་ཚང་བ་འགྱུར་བས། ཞེས་གཅིག་གི་སྡོམ་པ་གསུམ་པོ་ངོ་བོ་གཅིག་པར་གྲུབ་པ་ཡིན་ཞེས་གསུངས་སོ། །

དེ་ལྟར་ན་ཡང་ཞེས་རྒྱུད་གཅིག་གི་སྡོམ་གསུམ་གནས་སྐབས་ངོ་བོ་གཅིག་ཏུ་ལྡན་ཞེས་པའི་དོན་ནི། རང་གི་ཉམས་ལེན་ཐམས་ཅད་གསང་སྔགས་ཀྱི་ཐབས་ཀྱིས་ཟིན་པ་དང་། ཐེག་ཆེན་སྤྱིའི་སེམས་བསྐྱེད་བདག་གཞན་བརྗེ་བས་དབང་བྱས་ཏེ། འདུལ་བ་སྤྱིའི་སྤྱོད་པ་དང་མི་འགལ་བར་ཐུགས་དམ་དུ་བྱེད་པའི་གང་ཟག་བཟང་པོ་གཅིག་ལ་ལྡན་པ་ཡིན་ཏེ། སློན་གྲོལ་གྱི་སྐབས་གང་དང་གང་དུ་གལ་ཆེ་ཚུལ་ཞལ་ལས་ཤེས་སོ། །

ཡང་དགོན་པའི་སྡོམ་གསུམ་རྣམ་བཞག་ཏུ། ཆོས་རྗེ་ས་པཎ་གྱི་གསུང་བསྒྲོས་བྲིས་པར། སྔགས་ལ་ཞུགས་ཏེ་སྔགས་ཚུལ་བཞིན་དུ་སྤྱོད་པ་ཞིག་ཡིན་ན། དེའི་ལྟ་བ་ཐམས་ཅད་སྔགས་ཀྱི་ལྟ་བ། སྤྱོད་པ་ཐམས་ཅད་སྔགས་ཀྱི་སྤྱོད་པ། ཚུལ་ཁྲིམས་དང་སྡོམ་པ་ཐམས་ཅད་སྔགས་ཀྱི་ཚུལ་ཁྲིམས་དང་སྡོམ་པར་འགྱུར་དགོས་ཞེས་བྲིས་འདུག་པ་ནི། སྡོམ་གསུམ་གྱི་གནད་ཤེས་པའི་གཏམ་ཡིན་པས་ལེགས་སོ། །

དེ་ཡང་ཆོས་རྗེ་ས་པཎ་གྱིས་ནམ་མཁའ་འབུམ་གྱི་དྲིས་ལན་དུ། སྤྱིར་འདུལ་བ་སྤྱིའི་དམ་ཚིག་ཕ་རོལ་དུ་ཕྱིན་པ། བྱེ་བྲག་གི་དམ་ཚིག་གསང་སྔགས་ཁྱད་པར་ཅན་གྱི་དམ་ཚིག་བྱ་བ་ཡིན་པས། འོ་སྐོལ་ཆོས་པ་རྣམས་ཀྱིས། སྤྱོད་པ་འདུལ་བ་དང་མཐུན་པ། བསྒོམ་པ་མདོ་སྡེ་དང་མཐུན་པ། བཤད་པ་མངོན་པ་དང་མཐུན་པ། གསང་སྔགས་བྱེད་ན་རྒྱུད་སྡེ་དང་མཐུན་པ་ཞིག་བྱེད་དགོས་ཏེ། དེ་ཚོ་དང་མི་མཐུན་པའི་ཆོས་པ་བཟང་ཟེར་བ་བྱུང་ཡང་། ཅིར་འགྲོ་མི་ཤེས་པར་གདའ། ཞེས་སོགས་གསུང་བ་ཡིན་ནོ། །

ཞིབ་ཏུ་ན་སྡོམ་གསུམ་རིམ་བཞིན་དུ་བླངས་པས། ཐོབ་བསྒྱུར་རིམ་གསུམ་གྱིས་དབང་གིས་འོག་མ་གོང་མ་གོང་མར་བསྒྱུར་བ་ཡིན་ཀྱང་། སྡོམ་པ་གསུམ་རང་རང་གི་ཚེ་གའི་སྐབས་སུ་གཙོ་བོར་སྐྱེ་ཞིང་། དེ་གསུམ་གནས་གཏོང་གི་དུས་ཀྱང་སོ་སོར་ཡོད་ལ། དབང་བསྐུར་ལས་ཐོབ་པའི་སྔགས་སྡོམ་དེ། སྤྱིར་ཐེག་ཆེན་གྱི་སྡོམ་པའི་ནང་ཚན་ཡིན་པ་དང་། གསུམ་ལྡན་རྒྱུད་ཀྱི་དགེ་སློང་གི་སྡོམ་པ་དེ། སེམས་བསྐྱེད་ཀྱི་བསླབ་བྱ་

ཡིན་པས། དེ་བྱང་སེམས་སྡོམ་པའི་བྱེ་བྲག་ཡིན་ཀྱང་། དེའི་རྒྱུད་ཀྱི་དགེ་སློང་གི་སྡོམ་པ་དེ་སེམས་བསྐྱེད་ཆོག་ལས་གཙོ་བོར་ཐོབ་པའི་བྱང་སེམས་ཀྱི་སྡོམ་པ་བྱང་ཆུབ་མ་ཐོབ་བར་དུ་འགྲོ་བའི་བྱེ་བྲག་གམ། དེ་དང་གཞི་མཐུན་དུ་ཁས་མི་ལེན་པའི་ཞིབ་ཆ་ཤེས་དགོས་ཏེ། དཔེར་ན་ཀ་བ་དེ་ཤེས་བྱ་ཡིན་པས། ཀ་བ་དེ་ཤེས་བྱའི་བྱེ་བྲག་ཡིན་ཀྱང་། ཀ་བ་དེ་ཤེས་བྱ་ཡང་ཡིན། རྟག་པ་ཡང་ཡིན་པའི་གཞི་མཐུན་དུ་ཁས་ལེན་མི་དགོས་པ་བཞིན་ནོ༎ ༎

ཡང་དབང་བསྐུར་ཁོ་ནས་ཐོབ་པའི་སྡོམ་གསུམ་ཀྱང་ཡོད་དེ། སྐལ་ལྡན་གཅིག་ཅར་པའི་སྡོམ་གསུམ་དེ་ཡིན་ལ། དེ་གསུམ་གཏོང་ཐོབ་གཅིག་པས་དེ་བཏང་དུས། དབང་ལས་ཐོབ་པའི་ཉེས་སྤྱོད་སྤོང་བ་དང་། དགེ་བ་ཆོས་བསྡུད་བཏང་རྗེས་དགེ་བ་ཙམ་དང་། སེམས་བསྐྱེད་ཙམ་ཡོད་ཀྱང་སྡོམ་པ་མིན་ལ། རིམ་ཅན་པ་ལ་སྡོམ་པ་འོག་མ་གཉིས་ཡོད་པ་མི་སྲིད་དེ། དེས་ན་བྱང་སེམས་སྡོམ་པ་དང་སྔགས་སྡོམ་རྣམས་ལ་རང་རང་གི་ཆོག་ཐུན་མོང་མིན་པས་ཐོབ་པའི་སྡོམ་པ་ཐུན་མོང་མིན་པ་རེ་དང་། ཐུན་མོང་བ་རེ་ཡོད་པའི་དང་པོ་ནི། གཏོང་ཐོབ་སོ་སོར་བྱེད་པ་ཤས་ཆེ་ལ། སྐབས་འགའ་ཞིག་ཏུ་དུས་གཅིག་ཏུ་གཏོང་བ་ཡང་སྲིད་དེ། སྔགས་ཀྱི་རྩ་ལྟུང་གཅིག་ལ་གསུམ་ཀའི་ཕམ་ལྟུང་མཚན་ཉིད་ཚང་བ་སྲིད་པས་ཞིབ་ཆ་ཤེས་དགོས་སོ། །

ཡང་བྱང་ཆུབ་སེམས་དཔའི་རྒྱུད་ལ་ཡོད་པའི་དགེ་སློང་ལ་སོགས་པའི་སྡོམ་པ་དེ་བྱང་སེམས་དེའི་བསླབ་བྱའི་ཚུལ་ཁྲིམས་ཡིན་ཀྱང་། དགེ་སློང་གི་སྡོམ་པ་དེ་བྱང་སེམས་དེའི་སྡོམ་པ་ལ་མེད་ཁ་མེད་ཀྱི་བསླབ་བྱ་ནི་མིན་ཏེ། བྱང་སེམས་ཁྱིམ་པ་ཡོད་པས་སོ། །དཔེར་ན་བྱང་ཆུབ་སེམས་དཔའ་རྒྱལ་སྲིད་འཛིན་པ་ཞིག་ཡིན་ན། དེས་རྒྱལ་སྲིད་ཆོས་བཞིན་དུ་སྐྱོང་བ་དེ་རྒྱལ་པོ་བྱང་སེམས་དེའི་བསླབ་བྱ་ཡིན་ཀྱང་། སྤྱིར་བྱང་སེམས་ཀྱི་བསླབ་བྱ་ལ་རྒྱལ་སྲིད་ཆོས་བཞིན་དུ་སྐྱོང་མི་དགོས་པ་བཞིན་ནོ། །

ཡང་ལེགས་པར་བརྟགས་ན་སྙིང་རྗེ་གསུམ་པོ་ཡང་། མི་རྟག་པར་རྟོགས་པས་ཟིན་མ་ཟིན་དང་། བདག་མེད་རྟོགས་པ་ཡོད་མེད་ཀྱི་ཁྱད་པར་ཡོད་ཀྱང་། གསུམ་ཀ་ཡང་སེམས་ཅན་སྡུག་བསྔལ་དང་བྲལ་འདོད་ཀྱི་བློར་མཚུངས་པས། གསུམ་ཀ་ཡང་སྙིང་རྗེར་བཤད་པ་ལྟར། ཉན་ཐོས་རང་དོན། བྱང་སེམས་གཞན་དོན། གསང་སྔགས་ལྷ་དང་ཡེ་ཤེས་ཀྱི་སྣང་བ་ཅན་གསུམ་ཀར་གཞན་གནོད་གཞི་བཅས་སྤངས་པས་སོ་ཐར་ཚང་ཞིང་། ཕྱི་མ་གཉིས་ཀར་སེམས་ཅན་གྱི་དོན་དུ་སངས་རྒྱས་ཐོབ་པའི་ཆེད་ཡིན་པས། སེམས་བསྐྱེད་ཀྱི་སྡོམ་པའི་མཚན་ཉིད་ཚང་བ་ཡིན་ལ། ཡང་ཐེག་པ་གསུམ་གྱི་གང་ཟག་གིས་རང་རང་གི་བྱང་ཆུབ་ཐོབ་པའི་ཆེད་དུ། རང་རང་གི་བྱང་ཆུབ་ཏུ་སེམས་བསྐྱེད་ནས་སྡོམ་པ་བླངས་ཏེ། བསྲུང་བའི་སྡོམ་པ་དེ། རང་རང་གི་སེམས་

བསྐྱེད་ཀྱི་སྡོམ་པར་བཤད་པས། བྱང་སེམས་ཀྱི་དགེ་སློང་གི་སྡོམ་པ་དེ་སེམས་བསྐྱེད་ཀྱི་སྡོམ་པ་མིན་ནོ། ། ཞེས་བྲིས་པའི་དོན་ལ་མ་སྤྱད་པ་ཡིན་ནོ། །

དེང་སང་ནི་ཉན་ཐོས་སོ་ཐར་དུས་ནས་དགོས་པའི་འཁོར་བ་ལ་ངེས་འབྱུང་དང་། སེམས་བསྐྱེད་ཀྱི་རྒྱུའི་དུས་ནས་དགོས་པའི་སྙིང་རྗེ་བཙོས་མ་མ་ཡིན་པ་ཡང་མེད་ཅིང་། སྔགས་ཀྱི་འཇུག་སྒོ་དབང་བསྐུར་གང་ཡིན་ཆ་མེད་པར། སྡོམ་གསུམ་གྱི་བཤད་པ་ཅི་ཙམ་ཞིག་བྱས་ཀྱང་ཇི་ལྟ་བ་བཞིན་མི་གོ་བ་ཡིན་ནོ། །

འགའ་ཞིག་ན་རེ། སྡོམ་གསུམ་ངོ་བོ་གཅིག་ཚུལ་དེ་བཞིན་ཡིན་ན། སྡོམ་གསུམ་ཕན་ཚུན་རེ་ལ་པོ་གཅིག་ཏུ་སོང་བའོ། །ཞེས་ངེད་ཅག་བསམ་མནོ་ལ་ཡོད་པ་བཞིན་དུ་མི་འདུག་པས་མ་བདེའོ་ཞེས་སྨྲ་བ་ནི། རང་ཉིད་ཕྱོགས་གང་གི་ཆོས་ལུགས་ཁས་ལེན་པ་ལ། དེའི་གཞུང་དག་ལས་ཇི་ལྟར་བཤད་ལ་རག་ལས་པས་མི་ཤེས་པར། རང་གི་ངན་རྟོག་ལ་གང་ཤར་གྱི་མུ་ཅོར་སྨྲ་བས་མི་ཆེ་ཕྱིད་པ་དག་གི་ལུགས་སོ། །

ཡང་བི་རྦ་ཧེས་བྱས་ཟེར་བའི་སྡོམ་གསུམ་འོད་ཕྲེང་དུ། ནམ་མཁར་ཉི་ཟླ་སྐར་གསུམ་གྱི་ཕྱི་མ་ཕྱི་མ་འཆར་བའི་ཚེ། སྔ་མ་སྔ་མའི་འོད་ཟེར་ཟིལ་གྱིས་མནན་པ་ལྟར། གང་ཟག་གཅིག་གི་སྡོམ་གསུམ་ཕྱི་མ་ཕྱི་མ་བླངས་པ་ན། སྔ་མ་སྔ་མ་ཟིལ་གྱིས་མནན་ནས་བག་ལ་ཞ་ཞིང་། གང་ཟག་དེའི་ཀུན་གཞིའི་བག་ཆགས་ཐ་དད་པའི་ཚུལ་གྱིས་གནས་ལ། རྒྱུད་དུ་གསེར་འགྱུར་གྱི་དཔེ་གསུངས་པ་ཡང་། སྡོམ་པ་གོང་མས་འོག་མ་ཟིལ་གྱིས་གནོན་པའི་དཔེར་འཆད་དེ། རིག་འཛིན་སྡོམ་པ་ཐོབ་པ་ན། །འོག་མ་གཉིས་ཀ་བག་ལ་ཉལ། །ཞེས་པ་དང་། དང་པོ་དེ་ནི་ཀུན་གཞི་ལ། །བག་ལ་ཉལ་བའི་ཚུལ་དུ་གནས། །ཞེས་དང་། གསེར་འགྱུར་རྩི་ཞེས་གསུངས་པའི་དོན། །ཟིལ་མནོན་ཡོན་ཏན་མཆོག་ལ་དགོངས། །ཞེས་འབྱུང་ཞིང་དོན་མ་གོ་བ་རྣམས་ཀྱིས་ཀྱང་ལུགས་དེ་བདེའོ་ཞེས་སྨྲ་ཡང་མི་འཐད་པ་ཡིན་ཏེ། འཕགས་པ་ཀླུ་སྒྲུབ་ལ་སོགས་པ་དགེ་སློང་རྡོ་རྗེ་འཛིན་པའི་རྒྱུད་ལ། སོ་ཐར་དང་སེམས་བསྐྱེད་ཀྱི་བག་ལ་ཉལ་དང་། བག་ཆགས་ཙམ་ལས་མེད་པ་མི་འཐད་པའི་ཕྱིར་དང་། སོ་ཐར་དེ་ཙམ་ལས་མི་ལྡན་ན། རབ་བྱུང་གི་མཁན་པོ་སོགས་མི་རུང་བའི་ཕྱིར་དང་། གཞན་ཡང་དགེ་སློང་གི་སྡོམ་པའི་བག་ཆགས་དགེ་སློང་མིན་ན་ནི། གསུམ་ལྡན་གྱི་དགེ་སློང་རྡོ་རྗེ་འཛིན་པ་མི་སྲིད་པར་འགྱུར་ལ་ཡིན་ན་ནི་དགེ་སློང་ཤི་འཕོས་ནས་ལྷ་དང་བྱིས་པ་གང་དུ་སྐྱེས་པ་དེའི་རྒྱུད་ལ་དགེ་སློང་གི་སྡོམ་པ་ཡོད་པར་འདོད་དགོས་པའི་སྐྱོན་དང་། རྒྱུད་དུ་གསེར་འགྱུར་གྱི་དཔེ་གསུངས་ནས། དེ་བཞིན་སེམས་ཀྱི་བྱེ་བྲག་གིས། ཞེས་སོགས་ཀྱི་དོན་མ་ཤེས་པར་དཔེ་ལ་མགོ་རྨོངས་པར་སྣང་བ་དང་། གཞན་ཡང་བྱེ་སྨྲས་འདོད་པའི་སྡོམ་པ་གཟུགས་ཅན་ཙམ་ཞིག་མཐོང་ནས། སྡོམ་གསུམ་རྫས་ཐ་དད་པ་ཁོ་ན་ཁས་བླངས་པ་དང་། ཡང་མཁས་པ་ཧྲ

དབྱུངས་དང་། སློབ་དཔོན་སྙེགས་པའི་རྡོ་རྗེ་སོགས་སྡོམ་གསུམ་གྱི་དོན་ལ་མཁས་པ་རྣམས་ཀྱིས་སྡོམ་པ་གསུམ་པོ་བྱང་སེམས་ཀྱི་སྡོམ་པ་དོན་གཅིག་ལ་ལྡོག་པས་ཕྱེ་བར་བཞེད་དོ། །ཞེས་བྲིས་པ་དང་། ཡང་སྡོམ་པ་གསུམ་གནས་གྱུར་ངོ་བོ་གཅིག་པ་བཀག་པ་དང་། ནང་འགལ་བ་སོགས་ནོར་པ་མང་བས་གཞུང་དེ་བི་ཧྲུ་ཏིས་བྱས་པ་མིན་པ་འདྲའོ། །

ཡང་བུ་སྟོན་ཆོས་རྗེས་ཟླུལ་ཕྱུར་གྱིས་དྲིས་ལན་དུ། སོ་ཐར་གྱི་ངོ་བོ་ནི་ཉན་ཐོས་ལྟར་ན་རྣམ་པར་རིག་བྱེད་མིན་པའི་གཟུགས་སམ། ཐེག་ཆེན་ལྟར་ན་ཡང་དག་པར་བླངས་པ་ལས་བྱུང་བའི་ལས་དགེ་བ་རྒྱུན་ཆགས་ཞེས་དང་། ཡང་སོ་ཐར་གྱི་སྡོམ་པ་ནི་ཇི་སྲིད་འཚོའི་བར་དུ་གནས་སོ། །ཞེས་སོགས་དམ་ཚིག་བསྡུས་པ་ཟེར་བའི་གཞུང་ཐེ་ཚོམ་ཅན་དེ་ཚད་མར་བྱས་ནས། སྣ་ཚོགས་པ་ཅིག་བཤད་ཅིང་། གོང་མའི་སྡོམ་པ་ལ་ཉེས་པས་མ་ཡོག་ན་སོ་ཐར་ཉམས་པ་ཡང་གོང་མས་སྐྱོབ་ནུས་ཏེ། ཞེས་སོགས་འོད་འཕྲེང་ཚད་མར་བྱས་ནས་བྲིས་སོ༎ ༎

ཡང་སྟག་རིམ་མཁན་པོས། སྡོམ་གསུམ་གནས་གྱུར་ངོ་བོ་གཅིག་པ་མི་འཐད་དེ། དེ་ལྟར་ན་སྡོམ་པ་གོང་མ་ཐོབ་པས་འོག་མའི་འཇིག་རྒྱུར་སོང་ངོ་། །ཞེས་སོགས་གནས་གྱུར་གྱི་དོན་ལ་ཅུང་ཟད་ཀྱང་མ་དཔྱད་པར་སྣྲ་ཐོས་ལ་བརྟེན་པའི་དགག་པ་བྱས་སོ། །

ཡང་རྗེས་འབྲང་ཁ་ཅིག་གིས་སྡོམ་པ་གསུམ་ལྡན་གྱི་གང་ཟག་གི་རྒྱུད་ཀྱི་སྡོམ་པ་རང་རང་གི་ཐོག་མའི་རྒྱུ་ཚོགས་ལས་སྐྱེ་བར་ངེས་ཤིང་། མཐར་གཏོང་རྒྱུ་ཡང་སོ་སོར་ངེས་ལ། འོན་ཀྱང་གནས་སྐབས་འོག་མ་བསྲུང་བ་གོང་མའི་ཀུན་སློང་གིས་ཟིན་པར་བྱས་ནས་བསྲུངས་པས། རྐྱེན་དང་མ་བྲལ་ཞིང་འོག་མ་གོང་མའི་ཡན་ལག་ཏུ་འབྱུང་བ་ཡིན་གྱིས། གྲུབ་བདེ་དབྱེར་མེད་ཕན་ཚུན་གཅིག་བཀག་ན་གཅིག་ཤོས་ཁེགས་པའི་ཡན་ལག་ཏུ་འགྱུར་བ་མིན་ཏེ། དཔེར་ན་སྣོད་དྭངས་ཤིང་དྲི་མ་མེད་པར་ཆུ་ཤེལ་ཏུ་དྭངས་པའི་ནང་དུ་རིན་པོ་ཆེ་མར་གད་སོགས་བཅུག་པ་ནི། དེ་སྲིད་ཆུའི་མདོག་ཀྱང་རིན་པོ་ཆེའི་ཁ་དོག་གི་ཡན་ལག་ཏུ་འགྱུར་མེད་ཀྱི་ཆུ་དང་རིན་པོ་ཆེ་དེ་དག །གཅིག་བཀག་ཀྱང་གཅིག་ཤོས་མི་ཁེགས་པ་བཞིན་ནོ། །ཞེས་བྲིས་སོ། །

དཔེ་དེ་དག་ནི་རྨོངས་པ་མཚར་བསྐྱེད་དུ་འདུག་གི། དཔེ་དོན་མ་འགྲིག་པ་དང་། རང་གི་ཁས་བླངས་དང་འགལ་བའི་སྐྱོན་དང་བཅས་པ་སྟེ། འདི་ལྟར་རིན་པོ་ཆེའི་སྣོད་དེ་ཉིད་ཞིག་ན་དེའི་ནང་གི་ཆུ་དེ་མི་གནས་པ་བཞིན་དུ་སོ་ཐར་གཏོང་ན་སྡོམ་པ་གོང་མ་མི་གནས་པར་འགྱུར་བས་སོ་ཐར་གཏོང་ཡང་སྡོམ་པ་གོང་མ་མི་གཏོང་ཞེས་ཁས་བླངས་དང་འགལ་ལ། གཞན་དུ་ན་དཔེ་དོན་མ་མཚུངས་པའི་ཕྱིར་དང་། གཞན་ཡང་རང་ཉིད་

ཀྱི་དགེ་སློང་གི་སྡོམ་པ་དང་བྱང་ཆུབ་སེམས་དཔའི་ཚུལ་ཁྲིམས་གཞི་མཐུན་དུ་སོང་བ་དེ་ཉིད་ནི་ཞེས་དང་། དགེ་སློང་བྱང་ཆུབ་སེམས་དཔའ་སྡོམ་ལྡན་བྱང་ཆུབ་ཀྱི་སེམས་ཀྱིས་ཟིན་པའི་སྒོ་ནས་དགེ་སློང་གི་སྡོམ་པ་ལེགས་པར་བསྲུང་བ་ཡང་སྡོམ་པའི་ཚུལ་ཁྲིམས་ཡིན་མོད་ཀྱི། ཞེས་སོགས་ཁས་བླངས་པ་དང་། དཔེ་དོན་གཉིས་ཀའི་སྒོ་ནས། སྡོམ་གསུམ་མཐའ་གཅིག་ཏུ་རྫས་ཐ་དད་ཁས་བླངས་ནང་འགལ་མ་དྲན་པའི་བློ་རྩིངས་ཡིན་ནོ། །

སྤྱི་དོན་བརྒྱད་པ་དེ་ལ་རྩོད་པ་སྤང་བ་ནི། པི་ཧྲུ་ཏིས་བྱས་ཟེར་བ་ཁ་ཅིག་གིས། གནས་གྱུར་ངོ་བོ་གཅིག་ཅེས་ཟེར། །གོང་མའི་ལྟུང་བ་བྱུང་བ་ན། །འོག་མ་གཏོང་ཞེས་སྒྲོག་པ་ཡོད། །ཅེས་པའི་ཕྱོགས་སྔ་བཀོད་ནས། གསུམ་ལྡན་གསུངས་པའི་དགོངས་པའི་དོན། གཅིག་ལྡན་སྐྱོང་བ་དགོངས་པ་མིན། །ཞེས་པས་དགག་པ་མདོར་བསྟན། རིགས་པས་ཀྱང་ནི་འདི་མི་འཐད། །བུད་མེད་ལ་སྨོད་ལྟུང་བ་ཡིས། །རིག་བསྲུངས་སྡོམ་པ་གཏོང་ངམ་ཅི། །དེ་ལྟ་ཡིན་ན་ཏ་ཅང་ཐལ། །མཁའ་ལ་སྤྱིན་ཆེན་འཁྲིགས་པ་ཡིས། །ས་ཡི་ལོ་ཐོག་སྐེམས་ཞེས་བསྒྲེ། །འདི་འདྲའི་འགལ་བ་ལྟག་སྤྱོད་ལ། །གནས་འགྱུར་བསྒྲེ་བ་འཐད་མ་ཡིན། །འཐད་ན་ཉི་མའི་དཀྱིལ་འཁོར་འདིར། །གཏྨའི་ཀླུང་ལ་འགྱུར་ཞེས་བསྒྲེ། །སྡོམ་གསུམ་ལྡན་ཞེས་གསུངས་པའི་དོན། །ཤེས་རྒྱུད་གཅིག་ལ་བརྟེན་ན་ནི། །གཅིག་ཏུ་འདོད་ཀྱང་གསུམ་དུ་འགྱུར། །ལྡན་ཆོས་རྫས་གཞན་ཐ་དད་ཕྱིར། །འོན་ཏེ་སྤྱི་ལ་བརྟེན་ན། །གསུམ་ལྡན་ཞེས་པའི་སྒྲ་དོན་མེད། །འོན་ཏེ་སྡོམ་གསུམ་རྫས་གཅིག་ཏུ། །ཤེས་རྒྱུད་གཅིག་ལ་བརྟེན་ན་ནི། །གཏོང་ཐོབ་ཆ་གཅིག་ཏུ་འགྱུར། །ཞེས་སོགས་དགག་པ་རྒྱས་པར་བྲིས་ཤིང་། སྡོམ་གསུམ་གྱི་ཉམས་ལེན་ལ་རྒྱུས་ཆུང་བའི་སྐྱེ་བོ་མང་པོས་ཀྱང་འདི་ཉིད་བདེན་པར་མཐོང་ངོ། །

དེ་བཞིན་དུ་ཕྱིས་ཀྱི་མཁས་པར་གྲགས་པ་དག་གིས། སྡོམ་གསུམ་གནས་གྱུར་མི་འཐད་པར་བྱས་པ་ཡང་གཞུང་འདིའི་སྒྲ་ཐོས་ཐླུན་པོའི་ཁ་རྒྱུགས་ལ་ཚད་མར་བྱས་འདུག་གོ། །དེ་ལྟར་སྡོམ་གསུམ་གནས་གྱུར་ངོ་བོ་གཅིག་ཏུ་ཁས་བླངས་པས། སྡོམ་པ་གཅིག་ལྡན་དུ་སོང་བ་སྐྱོན་ཡོད་པ་མིན་ཏེ། གནས་གྱུར་ནས་སྡོམ་གསུམ་ངོ་བོ་གཅིག་ཏུ་ཁས་ལེན་པའི་ཕྱིར་དང་། དེའི་ཚེ་ན་གཅིག་རྒྱུའི་སྡོམ་གསུམ་གྱི་ངོ་བོ་ཡོད་དགོས་པའི་ཕྱིར་དང་། གཞན་དག་གི་སྡོམ་གསུམ་ས་ཆུ་གྲུབ་འདྲའི་རྟེན་བརྟེན་པར་འདོད་པ་ལ་དེ་ནི་བྱང་སེམས་སྡོམ་པ་དོན་གཅིག་ལ་ཁྱབ་བྱ་ཁྱབ་བྱེད་རྫས་གཅིག་པར་བགླང་ཐེིས་ཀྱིས་ཀྱང་མི་གོའམ། ཞེས་ཁས་བླངས་པ་ལ་མི་གནོད་དམ་སོམས་ཤིག་ཡང་གོང་མའི་ལྟུང་བ་བྱུང་བས་འོག་མ་གཏོང་བ་ཡོད་ན། བུད་མེད་ལ་སྨོད་པ་གོང་མའི་རྩ་ལྟུང་གིས་འོག་མའི་རིག་བསྲུང་བཏང་བར་འགྱུར་བ་དང་། མཁའ་ལ་སྤྱིན་ཆེན་འཁྲིགས་པས་སའི་ལོ་

ཐོག་སྐྱེམས་པའི་སྐྱོན་བརྗོད་པ་ཡང་མི་འཐད་དེ། གོང་མའི་རྒྱ་ལྟར་གཉིས་པ་བདེ་གཤེགས་བཀའ་འདུས་ཀྱི་སྐབས་དང་རྒྱ་ལྟར་ལྔ་བཞི་གཉིས་ནི་སྐབས་སུ་ལྟང་བ་བྱུང་བ་ལ་བརྟེན་ནས་སྡོམ་པ་གསུམ་ཀ་བཏང་བ་དང་། གོང་མ་གཉིས་ཀ་བཏང་བ་སོགས་ཅི་རིགས་པ་ཡོད་པར་སུས་ཀྱང་ཁས་ལེན་དགོས་ཏེ། བྱམས་པ་དང་སེམས་བསྐྱེད་བཏང་བ་སྔགས་ཀྱི་རྒྱ་ལྟར་དུ་སངས་རྒྱས་ཀྱིས་བཅས་པའི་ཕྱིར་དང་། ཐུན་མོང་མིན་པའི་རྒྱ་ལྟར་བརྒྱད་པ་དང་བཅུ་བཞི་ལྟ་བུས་འོག་མ་གཏོང་བ་སུས་ཀྱང་ཁས་མི་ལེན་པའི་ཕྱིར་དང་། རང་ཉིད་ཀྱིས་ནི་སྔགས་སྡོམ་ཡོད་ན་འོག་མ་གཏོང་ཡང་ཉེས་པ་མེད་དེ་ཅེས་བྲིས་པས་རྒྱ་ལྟར་བཞི་པ་དང་། ལྔ་པ་ཪྨ་ཤེས་པར་འདུག་པ་དང་། སྔགས་ལ་ཞུགས་ནས་འོག་མའི་བཅས་པ་ལ་བག་ཡངས་སུ་བྱེད་པའི་སྔགས་རྙིང་མའི་འདོད་ཚུལ་དང་མི་མཐུན་པར་སྨྲ་བ་སངས་རྒྱས་ཀྱི་རྒྱུད་སྡེ་དང་འགལ་ཞིང་། བསྟན་པ་ལ་གནོད་པའི་གསང་ཚིག་ཏུ་འདུག་པས། གཞུང་དེ་རྙིང་མ་བ་གཅིག་གིས་བྱས་ཀྱང་སྲིད་དོ། །

གཞན་ཡང་སྡོམ་པ་གོང་མ་ཐོབ་པས་འོག་མའི་སྡོམ་པ་མངོན་དུ་གྱུར་པ་ཡང་ཟིལ་གྱིས་མནན་ནས་བག་ལ་ཉལ་དུ་བྱས་པ་རང་ཉིད་ཀྱིས་ཁས་བླངས་པ་མཁའ་ལ་སྤྲིན་ཆེན་འཁྲིགས་པས་སའི་ལོ་ཐོག་སྐྱེམས་པའི་སྐྱོན་གང་ཡོད་ཐམས་ཅད་རང་ཉིད་ལ་འབབ་པོ། །ཡང་འགལ་བ་ལྷག་སྤྲོད་ལ་གནས་གྱུར་རྩེ་ར་མི་འཐད། །ཅེས་སྨྲ་བ་ཡང་ནོར་པ་སྟེ། མཁས་པ་ཤན་ཏི་པས། གནས་ནི་སྒྲིབ་པའོ། །གྱུར་པ་ནི་སྤངས་པ་ལའོ། །ཞེས་གསུངས་པ་དང་། ཟས་ཀྱི་རྣམ་ཤེས་ཚོགས་བརྒྱད་ཟག་མེད་ཀྱི་ཡེ་ཤེས་ལྔར་གནས་གྱུར་པར་བཤད་པ་དང་། རིག་པའི་དབང་ལྔའི་སྐབས་སུ། ཉོན་མོངས་ལྔ་ཡེ་ཤེས་ལྔར་གནས་བསྒྱུར་བར་རྒྱུད་གཞུང་ཚད་ལྡན་ལས་བཤད་པ་ཐམས་ཅད་མི་འཐད་པའི་ཕྱིར་ཏེ། དེ་རྣམས་ཀྱང་གནས་འགྱུར་རྒྱུ་དང་། གྱུར་པ་དག་འགལ་བ་ལྷག་སྤྲོད་ཡིན་པའི་ཕྱིར་རོ། །

ཡང་སོ་ཐར་དེ་རང་ཉིད་འཁོར་བ་ལས་བསྒྲལ་དོན་དུ་ལེན་པའི་བྱེ་སྨྲའི་འདོད་པ་ཇི་ལྟ་བ་བཞིན་དུ་ཁས་བླངས་པ་ཡང་། བྱང་སེམས་སྔགས་པ་དང་། སྔགས་པ་ཁྱིམ་པས་དགེ་སློང་གི་སྡོམ་པ་བླང་དུ་མི་རུང་བར་འགྱུར་ཏེ། དེ་ཉིད་ཀྱི་རྒྱུད་ལ་རང་དོན་ཡིད་བྱེད་ཀྱི་སོ་ཐར་མི་སྐྱེ་བའམ། སྐྱེས་ན་བྱང་སེམས་ཀྱི་སྡོམ་པ་གཏོང་བར་འགྱུར་ཏེ། རང་དོན་བློ་དང་ནག་པོའི་ཆོས་བཞི་སོགས་ཀྱི་བྱང་སེམས་ཀྱི་སྡོམ་པ་གཏོང་བར་ཁས་བླངས་པའི་ཕྱིར་རོ། །

འདོད་ན་རིག་འཛིན་གྱི་གང་ཟག་གིས་དགེ་སློང་གི་སྡོམ་པ་བླངས་ན་སྐྱེ་བར་རང་གིས་ཁས་བླངས་པ་དང་འགལ་ལོ། །ཡང་གསུམ་ལྡན་གྱི་དོན་ཞེས་རྒྱུད་གཅིག་ལ་བརྩི་ན། ལྡན་ཆོས་རྫས་གཞན་ཐ་དད་ཡིན་པས།

གཅིག་ཏུ་འདོད་ཀྱང་གསུམ་དུ་འགྱུར་ཟེར་བ་ཡང་མི་འཐད་དེ། གསུམ་ལྡན་འདོད་པ་ཡིན་གྱི། གཅིག་ཏུ་མི་འདོད་པ་དང་། ལྡན་ཆོས་རྫས་གཞན་གཉིས་ཀ་མ་གྲུབ་བའི་ཕྱིར་རོ། །

རང་ཉིད་ཀྱིས་ནི་གཞན་གྱི་སྡོམ་གསུམ་རྟེན་བརྟེན་པར་འདོད་པ་ལ་བྱང་སེམས་སྡོམ་པའི་ཤེས་རྒྱུད་གཅིག་ལ་བསྐྱེས་པ་དེའང་གཅིག་ཏུ་འདོད་ཀྱང་གསུམ་ལྡན་དུ་འགྱུར་བར་མཚུངས་སོ། །

ཡང་གསུམ་ལྡན་གྱི་དོན་སྔ་ཕྱི་ལ་སྐྱེ་བའི་སྐྱོན་ཡང་འདིར་མི་འཇུག་སྟེ། དོན་མ་གོ་བ་མང་པོས་གནས་གྱུར་གྱི་འོ་མ་ཞོ་དང་། ཞོ་ཆུ་བར་གྱུར་པ་ལྟར་སོ་ཐར་ལས་བྱང་སེམས་བྱང་སེམས་ལས་སྔགས་སྡོམ་དུ་གྱུར་བའི་གཅིག་གྱུར་ལྡན་གཅིག་ཡིན་ནོ། །སྨྲ་པ་འདུག་ཀྱང་འདིར་སྡོམ་པ་འོག་མ་གནས་གྱུར་ནས་གསུམ་ལྡན་འདོད་པས་སོ། །

ཡང་སྡོམ་གསུམ་རྫས་གཅིག་ཏུ་ཞིས་རྒྱུད་གཅིག་ལ་ལྡན་ན། གཏོང་ཐོབ་ཚོ་ག་གཅིག་པར་འགྱུར། ཞེས་པའི་སྐྱོན་བརྗོད་པ་ནི་མི་འཐད་དེ། ཐེག་ཆེན་རྒྱུད་ཀྱི་ཐུན་མོང་བའི་སྡོམ་པ་གསུམ་ལ་ཟེར་ན་ནི། བླ་མེད་ཀྱི་དབང་གི་ཚོ་ག་ཡན་ལག་དང་བཅས་པ་གཅིག་ལ་བརྟེན་ནས་ཐོབ་པ་གཅིག་ཡོད་པའི་ཕྱིར་དང་། གལ་ཏེ་རང་གིས་བྲིས་པ་ལྟར་རང་དོན་གྱི་བློ་ཅན་བྱེ་སྨྲའི་སོ་ཐར་སོགས་གསུམ་ལ་ཟེར་ན་ནི། དེ་འདྲའི་ཐེག་པ་གོང་འོག་གི་སྡོམ་པ་གསུམ་སོ་སོ་བ་དག་ཤེས་རྒྱུད་གཅིག་ལ་ལྡན་པར་ཁས་མི་ལེན་པའི་ཕྱིར་དང་། ངོ་བོ་རྫས་གཅིག་ཡིན་པས་ཀྱང་གཏོང་ཐོབ་གཅིག་པས་མ་ཁྱབ་ཏེ་མཛོད་རྩ་འགྲེལ་ལས། སོ་ཐར་རིགས་བརྒྱད་རྟེན་དང་མིང་ཚིག་གི་སྒྲས་བརྒྱད་དུ་ཡོད་པ་རྫས་སུ་བསྡུན་བཞིར་འདུས་པའི་ཚེ། དགེ་ཚུལ་ཕ་མའི་སྡོམ་པ་རྫས་གཅིག་པར་བཤད་པ་དང་། དགེ་སློང་ཕ་མའི་སྡོམ་པ་རྫས་གཅིག་ཏུ་བཤད་པས། དེ་དག་ཀྱང་གཏོང་ཐོབ་ཚོ་ག་གཅིག་ཏུ་འགྱུར་བ་དང་། ཀ་བུམ་སོགས་དངོས་པོ་བྱེ་བྲག་པ་རྣམས་དངོས་པོ་དང་ངོ་བོ་རྫས་གཅིག་ཡིན་ཀྱང་། དེ་རྣམས་དངོས་པོ་སྐྱེ་དགག་དུས་གཅིག་མི་དགོས་པའི་ཕྱིར་རོ། །གཞན་ཡང་བརྗོད་པར་བྱ་བ་མང་དུ་ཡོད་ཀྱང་ཡི་གེ་མངས་སུ་དོགས་པས་མ་བྲིས་སོ། །

ཡང་ཁ་ཅིག་གིས་སྡོམ་པ་འོག་མ་འོག་མ་གོང་མ་གོང་མར་གནས་གྱུར་ཏེ། མཐར་གསང་སྔགས་སུ་འགྱུར་རོ། །ཞེས་པའི་ཕྱོགས་སྔ་བཀོད་ནས། དེ་ནི་ཕྱེས་མི་རིགས་ཏེ། དེ་ལྟར་ན་དགེ་སློང་བྱང་ཆུབ་སེམས་དཔས་སྔགས་སྡོམ་ཐོབ་པའི་ཚེ་དེའི་རྒྱུད་ཀྱི་སྔར་ཡོད་ཀྱི་སྡོམ་པ་གཉིས་པོ་གནས་གྱུར་ནས་སྔགས་སྡོམ་འབའ་ཞིག་ཏུ་སོང་བའི་ཕྱིར། སྡོམ་པ་གསུམ་ལྡན་མི་སྲིད་པར་འགྱུར་བ་དང་། གོང་མ་ཐོབ་པའི་དབང་གི་འོག་མ་བཏང་ན། གོང་མ་འོག་མའི་གཏོང་རྒྱུར་ཁས་ལེན་པ་ལས་ཐ་ཆད་པ་ཅི་ཞིག་ཡོད། ཅེས་བྲིས་པ་ནི། རང་ཉིད་

ཐེག་པ་ཆེན་པོའི་དགེ་བའི་བཤེས་གཉེན་གྱུས་པས་མ་བསྟེན་ཏེ། ཐེག་པ་ཆེན་པོའི་སྡེ་སྣོད་སྤྱི་དང་། གསང་སྔགས་ཟབ་མོའི་དོན་ལ་བློ་མ་ཞུགས་པས། རང་ཉིད་ཀྱི་ཕོ་རྐྱོད་ཙམ་དང་། ཕྱོགས་སྔ་ངོས་མ་ཟིན་པར་བླངས་པའི་ཚེ་ན་སོ་ཐར་རིགས་བདུན་བྱང་སེམས་ཀྱི་ཚུལ་ཁྲིམས་སུ་འགྱུར། འོག་མ་གཉིས་ཀའི་བཅས་པ་སྔགས་ཀྱི་བཅས་པར་སོང་ནས་མཐར་སྔགས་ཀྱིས་བཅས་པ་འབའ་ཞིག་ལས་མེད་པར་ཐལ། སྡོམ་པ་རིམ་ཅན་དུ་བླངས་པའི་ཚེ། འོག་མའི་བསླབ་བྱ་གོང་མ་གོང་མའི་བསླབ་བྱར་འགྱུར་བའི་ཕྱིར་ཏེ། རང་ཉིད་ཀྱིས་ཀྱང་དགེ་སློང་བྱང་ཆུབ་སེམས་དཔའི་སྡོམ་ལྡན་གྱིས་བྱང་ཆུབ་སེམས་ཀྱིས་ཟིན་པའི་སློ་ནས་དགེ་སློང་སྡོམ་པ་ལེགས་པར་བསྲུང་བ་ཡང་སྡོམ་པའི་ཚུལ་ཁྲིམས་ཡིན་མོད། ཅེས་ཁས་བླངས་པ་དང་། བྱང་སེམས་བཏང་བ་རྩ་ལྟུང་བཞི་པར་བཅས་པའི་ཕྱིར་དང་། སྡོམ་པ་འོག་མ་གཉིས་ཀྱི་བཅས་པ་མཐའ་དག་ལ་ཁྱད་གསོད་ཀྱི་འདས་ན་བདེ་གཤེགས་བཀའ་འདས་ཀྱི་རྩ་ལྟུང་དང་། ཁྱད་གསོད་མེད་པར་དགོས་མེད་དུ་འདས་ན་ཡན་ལག་གི་ལྟུང་བར་བཤད་པའི་ཕྱིར་རོ། །

གཞན་ཡང་སངས་རྒྱས་ཀྱི་ས་ན་གཞི་ཤེས་དང་ལམ་ཤེས་མེད་པར་ཐལ། མཁྱེན་པ་འོག་མ་གཉིས་གནས་གྱུར་ནས་ཆོས་སྐུར་འགྱུར་བའི་ཕྱིར་ཏེ། ལམ་ཤེས་པ་ཉིད་ལ་སོགས་པ་སྔར་བཤད་པ་དག་ཀྱང་ཡིན་ཏེ་ཅེས་བཤད་པའི་ཕྱིར། གཞན་ཡང་སངས་རྒྱས་ཀྱི་ས་ན་སྒོ་ལྔའི་ཤེས་པ་མེད་པར་ཐལ། རྣམ་ཤེས་ཚོགས་བརྒྱད་གནས་གྱུར་ནས་སངས་རྒྱས་ཀྱི་ཡེ་ཤེས་སུ་འགྱུར་བར་བཤད་པའི་ཕྱིར་རོ། །

འདོད་ན་སངས་རྒྱས་ལ་དྲན་ཤེས་མེད་པར་འདོད་པ་དེ་ལས་ཐ་ཆད་པ་ཅི་ཞིག་ཡོད་དེ། གལ་ཏེ་སྒོ་ལྔའི་ཤེས་པ་གནས་གྱུར་པར་བཤད་པའི་དོན་སྒྲིབ་པའི་ཆ་དེ་དོར་ནས། ཤེས་པའི་ངོ་བོ་སངས་རྒྱས་ཀྱི་སར་ཡང་མི་གཏོང་སྙམ་ན། འདིར་ཡང་སྡོམ་པ་འོག་མ་གནས་གྱུར་པའི་དོན་རང་དོན་གྱི་བསམ་པ་སོགས་དོར་ནས་གཉེན་པོ་སོ་ཐར་དང་། བྱང་སེམས་མ་ཉམས་པར་ཡོད་ཚུལ་གྱི་ཕྲ་ཞིབ་དང་། ཕྱོགས་སྔའི་འདོད་ཚུལ་ཤེས་ནས་སྨྲ་བར་གྱིས་ཤིག །

གཞན་ཡང་སྡོམ་པ་འོག་མ་གོང་མར་གནས་གྱུར་པའི་ཚེ། སྡོམ་པ་འོག་མ་བཏང་བར་སེམས་ནས་གོང་མ་འོག་མའི་གཏོང་རྒྱུར་འགྱུར་ཟེར་བ་ཡང་བློ་རྩིང་བ་སྟེ། དགེ་སློང་དགེ་སློང་མར་གྱུར་པའི་ཚེ། དགེ་སློང་གི་སྡོམ་པ་གཏོང་བར་ཐལ། དེའི་ཚེ་དགེ་སློང་གི་སྡོམ་པ་དགེ་སློང་མའི་སྡོམ་པར་འགྱུར་བའི་ཕྱིར་རོ། །འདོད་ན་མཛོད་འགྲེལ་དུ། གཏོང་རྒྱུ་མ་བྱུང་བ་གཏོང་ཞེས་མི་བྱའོ། །ཞེས་གསུངས་པ་དང་འགལ་ལོ། །

གཞན་ཡང་ཉན་རང་ཐེག་ཆེན་གྱི་ལམ་དུ་འཇུག་དུས་སུ་སྔར་ཡོད་ཀྱི་སྡོམ་པ་དང་བསམ་པ་རྣམས

འགྱུར་ལུགས་ཅི་འདྲ་ཞིག་ཏུ་འགྱུར་ལེགས་པར་སོམས་ཤིག །ཡང་ཆུའི་ནང་དུ་རིན་པོ་ཆེ་མར་གད་བཙུག་པ་བཞིན་ཞེས་སྔགས་སྡོམ་གྱི་དཔེ་ནི་ཆུ་ནང་དུ་རྡོ་བཙུག་པ་ལྟ་བུ་བྱས་འདུག་པ་ནི། ཆུ་ནང་དུ་རྡོ་བཙུག་རང་དུ་སྣང་སྟེ། སྔགས་སྡོམ་ཡང་ཁས་ལེན་ཙམ་མིན་པའི་རྒྱུད་སྡེ་ནས་ལེགས་པར་བཤད་པ་དེ་ངོ་མ་ཤེས་པ་གྲུབ་མཐའ་ངན་པའི་རྗེས་སུ་ཞུགས་ནས། སྔགས་ལམ་དུ་ཞུགས་ཀྱང་། སྔགས་ཀྱི་ཐབས་ཟབ་མོའི་སྒྲུང་བསྒྱུར་བློ་ཡུལ་དུ་མ་ཤར་བ་སྣང་ཞིང་། གཞན་ཡང་བསྒྱུར་དཀའ་བ་དུག་ལྔ་ཡེ་ཤེས་ལྔར་བསྒྱུར་བ་ཁས་ལེན་ལ་བསྒྱུར་སླ་བ་སོ་ཐར་དང་། སེམས་བསྐྱེད་ཡེ་ཤེས་ཆེན་པོར་བསྒྱུར་བ་ཁས་མི་ལེན་པ་ནི། ཁོ་བོ་ཅག །ལྟུགས་ཟ་བར་ནུས་ཀྱི་ཟན་མི་ཆོད་དོ། །ཅེས་ཟེར་བ་དང་མཚུངས་སོ། །འོན་ཀྱང་སྔར་གྱི་མདོན་པ་བ་ཁ་ཅིག་དང་། བཀའ་གདམས་པ་འགའ་ཞིག་གིས། སྡོམ་པ་གོང་མ་ཐོབ་པ་ན་འོག་མ་བསླབས་པ་འཕོས་པས་གཏོང་ཞེས་བྲིས་པ་ཡང་འདུག་ཅིང་། ལྷོག་ལྷབ་དང་། ལྕེར་བསྒོམ་དང་། འབའ་ར་བའི་ཐར་གྲུ་རྣམས་སུ་ཡང་དེའི་ལུགས་བྲིས་པ་འདུག་གོ། །

སྤྱི་དོན་དགུ་པ་སྡོམ་གསུམ་གྱི་བསླབ་བྱ་བཤད་པ་ལ། སྡོམ་པ་གསུམ་བསླབ་བྱ་སོ་སོར་བཤད་པ་དང་། ཁྱད་པར་དུ་སྡོམ་པ་གསུམ་ལྡན་བཤད་པས་དེ་དག་ལ་སློབ་ཚུལ་ལོ། །དང་པོ་ལ། སྡོམ་གསུམ་གྱི་ཉེས་ལྟུང་གི་གྲངས་བཤད་པ་དང་། དེ་དག་གིས་མ་གོས་པར་སྡོམ་གསུམ་བསྲུང་ཚུལ་ལོ། །དང་པོ་སོ་ཐར་གྱི་ཉེས་ལྟུང་ནི་སྔར་བཤད་པ་ལྟར། དགེ་བསྙེན་གྱི་སྤང་བྱ་ལྔ་པོ་ནས། དགེ་སློང་གི་ལྟུང་བ་སྡེ་ལྔ་ལ་སོགས་པའོ། །བྱང་སེམས་ལ་དབུ་མ་ལུགས་ནི། མདོ་སྡེ་ནམ་མཁའི་སྙིང་པོར་རྩ་ལྟུང་བཅུ་བཞི་གསུངས་པས། བསླབ་བཏུས་ལས། ཚིགས་བཅད་དུ་མཛད་པ་ནི། དཀོན་མཆོག་གསུམ་གྱི་ནོར་ཕྲོགས་པས། །ཕམ་པམ་པ་ཡི་ལྟུང་བར་འདོད། །དམ་པའི་ཆོས་ནི་སྤོང་བྱེད་པ། །གཉིས་པར་ཐུབ་པས་གསུངས་པ་ཡིན། །ཚུལ་ཁྲིམས་འཆལ་བའི་དགེ་སློང་ལ། །ངུར་སྨྲིག་འཕྲོག་དང་བརྡེག་པ་དང་། །བཙོན་རར་འཇུག་པ་བྱེད་པ་དང་། །རབ་ཏུ་བྱུང་ལས་འབེབས་པ་དང་། མཚམས་མེད་ལྔ་པོ་བྱེད་པ་དང་། །ལོག་པར་ལྟ་བ་འཛིན་པ་དང་། །གྲོང་ལ་སོགས་པ་འཇོམས་པ་དང་། །རྩ་བའི་ལྟུང་བར་རྒྱལ་བས་གསུངས། །བློ་སྦྱངས་མ་བྱས་སེམས་ཅན་ལ། །སྟོང་པ་ཉིད་ནི་བརྗོད་པ་དང་། །སངས་རྒྱས་ཉིད་ལ་ཞུགས་པ་དག །རྫོགས་པའི་བྱང་ཆུབ་བཟློག་པ་དང་། །སོ་སོ་ཐར་པ་ཡོངས་སྤངས་ཏེ། །ཐེག་པ་ཆེ་ལ་སྦྱོར་བ་དང་། །སློབ་པའི་ཐེག་པས་ཆགས་སོགས་དང་། །སྤོང་བར་འགྱུར་བ་མིན་ཞེས་འཛིན། །ཕ་རོལ་དག་ཀྱང་འཛིན་འཇུག་དང་། །རང་གིས་ཡོན་ཏན་བརྗོད་པ་དང་། །རྙེད་པ་དང་ནི་བཀུར་སྟི་དང་། །ཚིགས་བཅད་རྒྱུ་ཡི་གཞན་སྨོད་དང་། །བདག་ནི་ཟབ་མོ་བཟོད་པ་ཞེས། །ལོག་པ་ཉིད་ནི་སྨྲ

བ་དང་། །དགེ་སློང་ཚད་པས་གཅོད་འཇུག་དང་། །དཀོན་མཆོག་གསུམ་གྱི་སྦྱིན་བྱེད་དང་། །སྦྱིན་པ་ལེན་པར་བྱེད་པ་དང་། །ཞི་གནས་འདོར་བར་བྱེད་པ་དང་། །ཡང་དག་འཛོག་གི་ལོངས་སྤྱོད་རྣམས། །ཁ་ཏོན་བྱེད་ལ་སྦྱིན་པ་རྣམས། །དེ་དག་རྩ་བའི་ལྟུང་བ་སྟེ། །སེམས་ཅན་དམྱལ་བ་ཆེན་པོའི་རྒྱུ། །ཞེས་གསུངས་པ་དེ་དག་ཀྱང་བསྡུ་ན་བཅུ་བཞིར་འདུ་ལ། ཕྱི་ན་བྱང་ཆུབ་སེམས་དཔའ་རྒྱལ་པོ་ལ་ལྟུང་བ་ལྔ། བློན་པོ་ལ་ལྔ། ཕལ་པ་ལ་བརྒྱད། ཐུན་མོང་དུ་སྨོན་པའི་སེམས་བཏང་བ་དང་བཅུ་དགུར་བཞེད་དེ། བྱང་ཆུབ་སེམས་དཔའི་ས་ལས། རྒྱུ་གཉིས་པོ་ནས་བྱང་ཆུབ་སེམས་དཔའི་ཚུལ་ཁྲིམས་ཀྱི་སྡོམ་པ་ཡང་དག་པར་བླངས་པ་གཏོང་བར་འགྱུར་ཏེ། བླ་ན་མེད་པ་ཡང་དག་པར་རྫོགས་པའི་བྱང་ཆུབ་ཏུ་སྨོན་པ་ཡོངས་སུ་བཏང་བ་དང་། ཕམ་པ་ལྟུང་བའི་ཆོས་ཀུན་ནས་དཀྲིས་པ་ཆེན་པོས་ཀུན་ཏུ་དསྤྱོད་པའོ། །ཞེས་འབྱུང་བ་སྨོན་སེམས་བཏང་བ་སེམས་བསྐྱེད་ཀྱི་གཏོང་རྒྱུར་གསུངས་སོ། །

སེམས་ཙམ་ལུགས་ལ་ཕམ་འདྲ་བཞི་དང་། ཉེས་བྱས་ཞེ་དྲུག་ཡོད་དོ། །གསང་སྔགས་བྱ་རྒྱུད་ལ་རྩ་ལྟུང་བཅུ་གསུམ་སྟེ། རྟག་པར་རང་གི་ལྷ་ལ་ཁྱད་དུ་གསུས་པ་དང་། བྱ་རྒྱུད་ཀྱི་སྒོར་ཞུགས་པའི་གང་ཟག་ལ་གུས་པ་དང་། སྦྱིར་བསྟན་པ་ལ་ཞུགས་པ་ལ་གུས་པ་དང་། རང་གི་བླ་མ་ལ་གུས་པ་དང་། ལྷ་གཞན་ལ་མི་དབབ་པ་དང་། དུས་བཟང་རྣམས་སུ་ལྷ་དང་དཀོན་མཆོག་མཆོད་པ་དང་། སྟོན་པ་གཞན་ཕྱི་རོལ་པའི་གཞུང་མི་མཆོད་པ་དང་། གློ་བུར་བའི་མགྲོན་ལ་ཁ་ཟས་སྦྱེར་བ་དང་། སྲོག་ཆགས་ཐམས་ཅད་ལ་བྱང་སེམས་བསྐྱེད་པ་དང་། བཟླས་བརྗོད་དང་སྡོམ་པ་བཟུང་བ་ལ་ནན་ཏན་བསྐྱེད་པ་དང་། བཟླས་བརྗོད་སྤྱོད་ལམ་དང་ལྡན་པར་བྱ་བ་དང་། དམ་པའི་ཆོས་མི་སྤོང་བ་དང་། སྔོད་མིན་ལ་གསང་བ་མི་སྟོན་པ་སྟེ། དེ་དག་ལས་བཟློག་པའི་ཉེས་པ་བཅུ་གསུམ་པོ་རྣམས་ཡིན་ཏེ། གསང་བ་སྤྱི་རྒྱུད་ལས་གསུངས་སོ། །སྤྱོད་རྒྱུད་ལ་རྩ་ལྟུང་བཞི་སྟེ། དམ་པའི་ཆོས་སྤངས་པ་དང་། བྱང་ཆུབ་ཀྱི་སེམས་བཏང་བ་དང་། སེར་སྣ་བྱེད་པ་དང་། སེམས་ཅན་ལ་གནོད་པ་བྱེད་པ་སྟེ། རྣམ་སྣང་མངོན་བྱང་ལས་གསུངས་སོ། །

ཡོ་གར་རྩ་ལྟུང་བཅུ་གཅིག་གམ་བརྒྱད་ཡོད་དེ། སྨོན་འཇུག་གི་སེམས་བཏང་བ་གཉིས་དང་། ཁྱད་པར་དུ་བླ་བ་རྡོ་རྗེ་སོགས་མཉམ་སྦྱོར་གྱི་སེམས་བཏང་བ་དང་། ཆོས་སྤང་བ་དང་། དམ་པའི་ཆོས་སྲུན་དབྱུང་བ་དང་། ཆོས་ལ་སྨད་པ་དང་། རང་གི་ཕུང་པོ་གདུང་བ་དང་། རྡོ་རྗེ་དྲིལ་བུ་སྤང་བ་དང་། ཕྱག་རྒྱ་བཞི་སྤང་བ་དང་། སློབ་དཔོན་ལ་བརྙས་པ་དང་། གསང་བ་སྒྲོག་པ་དང་། བཅུ་གཅིག་པོ་བསྡུ་ན་བརྒྱད་དེ། དང་པོ་གཉིས་ཕྱོགས་གཅིག་དང་། ཆོས་སྤོང་སོགས་གསུམ་ཕྱོགས་གཅིག་པ་སྟེ། དཔལ་མཆོག་ཏུ་བཤད་དོ། །

བླ་མེད་ལ་རང་གི་རྩ་ལྟུང་བཅུ་བཞི་ཡན་ལག་བརྒྱད་དང་བཅས་པ་ཡོད་ལ། ཡང་གསང་འདུས་སུ་དགོངས་ཏེ་གསུངས་པའི་དམ་ཚིག་བཞི་དང་། བདེ་མཆོག་ཏུ་གནས་སྐབས་ཀྱི་དམ་ཚིག་མི་འདྲ་བ་རེ་དང་། དུས་འཁོར་དུ་བརྟུལ་ཞུགས་ཉི་ཤུ་རྩ་ལྔ་སོགས་ལྷག་པོར་བཤད།

གཉིས་པ་ལ་ལྟུང་བ་འབྱུང་བའི་རྒྱུ་བཞི་སྤོང་ཚུལ་དང་། དེ་ནས་བསླབ་བྱ་ལ་སློབ་ཚུལ་ལོ། །དང་པོ་ནི། དེ་ལྟར་ཉེས་ལྟུང་དེ་དག་བསྲུང་བ་ལ། ལྟུང་བ་འབྱུང་བའི་རྒྱུ་རྣམས་ཤེས་པས་སྤང་དགོས་ཏེ། འཕགས་པ་ཐོགས་མེད་ཀྱིས། དེ་ཡི་རྒྱུ་ཡང་རྣམ་བཞི་སྟེ། །མི་ཤེས་པ་དང་མ་གུས་དང་། །བག་མེད་པ་དང་ཉོན་མོངས་མང་། །ཞེས་པ་ལྟར་བཞི་ལས། མི་ཤེས་པ་ལྟུང་བ་འབྱུང་བའི་རྒྱུ་སྟེ། ལས་འབྲས་ཀྱི་བླང་དོར་དང་། སྡོམ་པ་གསུམ་གྱི་བསྲུང་མཚམས་ཕྲ་ཞིབ་དང་བཅས་མི་ཤེས་ན་ལྟུང་བ་འབྱུང་བས། དེ་རྣམས་ཞིབ་ཏུ་ཤེས་པ་ལ་འབད་པར་བྱའོ། །

གཉིས་པ་མ་གུས་པ་ལྟུང་བ་འབྱུང་བའི་རྒྱུ་ནི་ལས་འབྲས་དང་། འཁོར་བའི་ཉེས་དམིགས་དང་། འཆི་བ་མི་རྟག་པ་མ་གོ་བ་མི་ནུས་པས་ལྟུང་བ་འབྱུང་སྟེ། འཁོར་བའི་ཉེས་དམིགས་སེམས་པ་སོགས་ལ་བརྟེན་ནས་ཆོས་དང་བླ་མ་ལ་གུས་པ་བྱའོ། །

གསུམ་པ་བག་མེད་པ་ལྟུང་བ་འབྱུང་བའི་རྒྱུ་ནི། ལས་འབྲས་ལ་མི་འཛེམ་པར་བག་མེད་བྱེད་ན་ལྟུང་བ་འབྱུང་བས། བླང་དོར་ལ་གཟབ་པ་ལྟར་ལེན་པའི་བག་ཡོད་པར་བྱའོ། །བཞི་པ་ཉོན་མོངས་པ་མང་བ་ལྟུང་བ་འབྱུང་བའི་རྒྱུ་ནི། ཉོན་མོངས་པ་ཆེན་པོའི་དབང་དུ་བཏང་ན་ལྟུང་བ་འབྱུང་བས། འདོད་ཆགས་ཀྱི་གཉེན་པོར་མི་སྡུག་པ། ཞེ་སྡང་ལ་བྱམས་པ། གཏི་མུག་ལ་རྟེན་འབྲེལ་ཤེས་པ་སྟེ།ཐོས་བསམ་བྱས་ནས་གང་ལའང་མཁས་པར་བྱའོ། །

གཉིས་པ་ནི། དེ་དག་ཤེས་པར་བྱ་སྟེ། འདུལ་བའི་སྒོར་ཞུགས་པས་རང་གིས་ཁས་བླངས་པའི་སྡོམ་པའི་ཉེས་ལྟུང་རྣམས་ངོ་ཤེས་པ་དང་དྲན་ཤེས་བརྟེན་ནས་སྤོང་བ་དང་། གཞན་རྐྱེན་དང་། བདེ་བར་གནས་པའི་ཡོ་བྱད། གསོ་སྦྱོང་སོགས་བསླབ་པ་ཡོངས་སྦྱོང་གི་སྒོས་བསྲུང་དགོས་ཏེ། ཞིབ་ཏུ་ནི་འདུལ་བའི་ཀུན་སྤྱོད་སྡེ་གསུམ་ལྟར་སྤྱོད་དགོས་ལ། དེ་ཡང་ཉིན་ཞག་གཅིག་གི་ཀུན་སྤྱོད་ནི་དགེ་ཚུལ་ལ་གཙོ་ཞིང་དགེ་སློང་གི་ཐྲལ་གྱི་ཀུན་སྤྱོད་དང་། ཚེ་གང་གི་ཀུན་སྤྱོད་ཉམས་པ་རྣམ་བཞི་སྤང་ཚུལ་གལ་ཆེ་སྟེ། འདུལ་བའི་བསླབ་བྱ་དག་ལ་ཤེས་པར་བྱའོ། །

བྱང་སེམས་ཀྱི་བསླབ་བྱ་ལ་སློབ་ཚུལ་ཡང་། དབུ་སེམས་ཀྱི་གཞུང་དང་། རྗེ་བཙུན་སྐུ་མཆེད། ཆོས་རྗེ་ས་པཎ་གྱི་གསུང་རབ་ལས་ཤེས་པར་བྱའོ། །གལ་ཏེ་ཤི་འཕོས་པའི་འོག་ཏུ་བྱང་སེམས་ཀྱི་བསླབ་བྱ་ལ་མ་

བསླབས་ན་སེམས་བསྐྱེད་ཉམས་པར་འགྱུར་རམ་ཞེ་ན། དེ་ལ་རྗེ་རྩེ་མོས། འགྲེལ་པ་གསུང་སྒྲོས་ལ་གཉིས་ཀར་གཞན་གྱི་འདོད་པ་བརྗོད་ནས། དགག་སྒྲུབ་འདི་ལྟར་མཛད་དེ། ཁ་ཅིག་ན་རེ། འགྲོ་བ་གཞན་གྱི་རྣམ་པ་དགེ་སློང་གི་འདུ་ཤེས་མེད་པ་ལ་སྲོག་གཅོད་པ་ལ་སོགས་པ་ཕམ་པར་མི་འགྱུར་བ་ལྟར། བསླབ་པ་ལ་དམིགས་པའི་བསམ་པ་མངོན་དུ་རྒྱུ་མེད་ན་ལྟུང་བས་ཉམས་པར་མི་འགྱུར་ཞིང་། འབྲས་བུ་མི་འབྱིན་པ་ཡིན་ཏེ། ཐལ་བས་གཡོགས་པའི་མེ་བཞིན་ནོ། །ཞེའོ། །དེ་ནི་མིན་ཏེ། དེས་སྡོམ་པའི་བྱ་བ་མི་བྱེད་ན། དོན་བྱེད་པའི་ནུས་པ་གཏོང་བའི་ཕྱིར་སྡོམ་པ་མི་འཐད་ལ། བྱ་བ་བྱེད་ན་འགལ་རྐྱེན་གྱིས་མི་ཉམས་པ་མི་འཐད་དེ། འདུས་བྱས་ཡིན་པའི་ཕྱིར། འགྲོ་བ་གཞན་གྱི་རྣམ་པ་བརྟེན་པ་ཡང་ཤེས་པ་རང་བཞིན་དུ་མི་གནས་པས་ལྟུང་བར་མི་འགྱུར་བ་ཡིན་གྱི། བསླབ་པ་ལ་དམིགས་པའི་བསམ་པ་མེད་པས་ལྟུང་བར་མི་འགྱུར་བ་མིན་ཏེ། ཡིན་ན་ཉེར་དགས་བསླུས་པའི་དགེ་སློང་རྣན་ལུགས་བསླབ་པ་ཡོད་པར་མི་ཤེས་པས། ཁྲིམ་ཐབ་དང་འཁྲིག་པའང་ལྟུང་བ་མེད་པར་ཐལ་བའི་ཕྱིར་རོ། །ཞེས་གསུངས་པ་སྟེ། སྡོམ་པ་མངོན་གྱུར་དུ་མེད་ཀྱང་དབང་ལྡན་དུ་ཡོད་ན་སྡོམ་པ་ཡོད་པ་དང་། དགེ་སློང་འགྲོ་བ་གཞན་དག་ཏུ་སྨྲུལ་ནས་མི་བཤད་པའི་ཚེ། ཤེས་པ་རང་བཞིན་དུ་མི་གནས་ཏེ། བསམ་པའི་ཡན་ལག་མ་ཚང་བས། ཕམ་པར་མི་འགྱུར་བར་བཞེད་དོ། །

ཡང་ཁ་ཅིག་ན་རེ། དབུ་སེམས་གཉིས་ཀྱི་ལྟུང་བ་ཐ་དད་དུ་བྱེད་པ་མི་འཐད་དེ་སེམས་ཙམ་པའི་ཚོགས་ཐོབ་པའི་སྡོམ་ལྡན་དེས་དབུ་མ་ལུགས་ཀྱི་ལྟུང་བ་བསྲུང་དགོས་ན། ལུགས་དེ་ཐ་དད་མིན་པར་འགྱུར་ལ། བསྲུང་མི་དགོས་ན་དེ་ལ་དབུ་མའི་ལྟུང་བས་ལྟུང་བར་འགྱུར་ཏེ། དེ་བྱང་སེམས་ཡིན་པ་གང་ཞིག །དཀོར་འཕྲོག་པའི་ལྟུང་བ་ཡིན་ན་བྱང་སེམས་ཀྱི་ལྟུང་བ་ཡིན་དགོས་པས་སོ། །

དེས་ན་འདི་ནི་བྱང་སེམས་སྡོམ་ལྡན་ཡིན་ཡང་། བྱང་སེམས་ཀྱི་སྡོམ་པ་རྩ་བ་ནས་གཅོད་པར་བྱེད་པའི་ལྟུང་བ་དུ་མ་ཞིག་ལ་འཇུག་པ་མི་འགོག་པར་ཤིན་ཏུ་དོན་མིན་པ་བསྐྱེད་པའི་གཡང་ས་ལ་སྦྱོར་བའོ། །ཞེས་ བྲིས་པ་ནི་མི་འཐད་དེ། འདི་ལྟར་ཕྱིས་ཀྱི་ཚིག་ལ་བཅས་པའི་ལྟུང་བ་སྡེ་ལྔ་པོ་དེ། ཚིག་མེད་པར་ཡེ་ཤེས་ཁོང་དུ་ཆུད་པས་བསྙེན་པར་རྫོགས་པའི་འཁོར་ལྔ་སྡེ་བཟང་པོ་ལ་ལྟུང་བར་འགྱུར་རམ། མི་འགྱུར། འགྱུར་ན། བཅས་ལྡན་ཡིན་མིན་གྱི་ཁྱད་པར་མེད་པར་འགྱུར་བ་དང་། སྔོན་པས་བཅས་པ་མ་མཛད་པའི་དུས་ཀྱི་དགེ་སློང་རྣམས་ལ་ལྟུང་བ་མེད་པར་བཤད་པའི་མཐོང་ཐོས་གང་ཡང་མེད་པར་ཟད་དོ། །གལ་ཏེ་མི་འགྱུར་ན་ཤེས་བྱ་ཆོས་ཅན། ལྟུང་བ་སྡེ་ལྔས་འཁོར་ལྔ་སྡེ་བཟང་པོ་ལ་ལྟུང་བར་འགྱུར་བར་ཐལ། ལྔ་སྡེ་བསྙེན་རྫོགས་སྡོམ་ལྡན་གྱི་དགེ་སློང་ཡིན་པ་གང་ཞིག །ལྟུང་བ་སྡེ་ལྔ་དགེ་སློང་གི་ལྟུང་བ་ཡིན་པའི་ཕྱིར་རོ། །དེས་ན་དགེ་སློང་

སྡོམ་ལྡན་ཡིན་ཡང་དགེ་སློང་གི་སྡོམ་པ་རྩ་བ་ནས་གཅོད་པའི་ཕམ་ལྟུང་དྲུ་མ་ཞིག་ལ་འཇུག་པ་མི་འགོག་པའི་གཡང་ས་ལ་སྤྱོར་བར་མཚུངས་སོ། །

གཞན་ཡང་བྱང་སེམས་ཀྱི་རྩ་ལྟུང་རྣམས་གསང་སྔགས་རྡོ་རྗེ་འཛིན་པ་ལས་ལྟུང་བར་འགྱུར་མི་འགྱུར། འགྱུར་ན་མདོ་སྔགས་གཉིས་ཀྱི་སྡོམ་པ་འབོགས་པའི་ཆོ་ག་དང་། ལྟུང་བ་ལུགས་ཐ་དད་མིན་པ་མཚུངས་ལ། མི་འགྱུར་ན་དེ་འགྱུར་བར་ཐལ། རྡོ་རྗེ་འཛིན་པ་དེ་བྱང་སེམས་སྡོམ་ལྡན་ཡིན་པ་གང་ཞིག །དགོར་འཕྲོག་པ་སོགས་བྱང་སེམས་ཀྱི་རྩ་ལྟུང་རྣམས་ཡིན་ན་བྱང་སེམས་ཀྱི་ལྟུང་བ་ཡིན་དགོས་པའི་ཕྱིར་རོ། །དེས་ན་འདི་ཡང་བྱང་སེམས་སྡོམ་ལྡན་ཡིན་ཀྱང་། བྱང་སེམས་ཀྱི་སྡོམ་པ་རྩ་བ་ནས་གཅོད་པའི་ལྟུང་བ་དྲུ་མ་ཞིག་ལ་འཇུག་པ་མི་འགོག་པ་གཡང་ས་ལ་སྤྱོར་བར་མཚུངས་སོ། །

རྡོ་རྗེ་འཛིན་པ་དེ་བྱང་སེམས་ཀྱི་སྡོམ་ལྡན་ཡིན་པ་ཡང་། སྔགས་སྡོམ་ལྡན་ན་བྱང་སེམས་ཀྱི་སྡོམ་པ་ལྡན་དགོས་པར། རང་ཉིད་ཀྱིས་བྲིས་པ་མ་དྲན་ནམ། གཞན་ཡང་ཉན་ཐོས་སྡེ་པ་བཅོ་བརྒྱད་པོ་གཞན་གྱི་ལྟུང་བ་ཐམས་ཅད། ཡོད་སྨྲའི་སྡེ་པ་འདི་ལ་ལྟུང་བར་འགྱུར་རམ་མི་འགྱུར། དང་པོ་ལྟར་ན་ལུགས་ཐ་དད་མིན་པར་མཚུངས་ལ། གཉིས་པ་ལྟར་ན་ཡང་སྔར་བཞིན་མཚུངས་པས། སྡེ་པ་ཐམས་ཅད་ཡེ་བཀག་ཡེ་གནང་ཁས་ལེན་པའི་ངན་རྟོག་ཐ་ཆད་དུ་ཤེས་པར་བྱའོ། །

ཡང་ཁོ་ན་རེ། ཐེག་ཆེན་གྱི་སྡེ་སྣོད་དུ། ཤ་བཀག་པ་སྲིད་པས་མི་ཟ་ཟེར་བ་ཡིན་གྱི། སྤྱིར་མི་ཟ་ཟེར་བ་མིན་པར་འདོད་པ་ནི། ཆང་དང་བུད་མེད་ལ་ཡང་མཚུངས་པས། ལོག་པའི་གཡང་ས་དེ་ལས་ཆེ་བ་ཅི་ཞིག་ཡོད། ཡང་དབུ་མ་ལུགས་ལ་བྱང་སེམས་ལ་དང་བས་དགེ་བ་ཅི་ནུས་དང་། སྡིག་པ་ཅི་ནུས་ཀྱི་སྤྱོང་བར་རུང་ན། ཉན་ཐོས་ཀྱི་སྐྱབས་འགྲོའི་བསླབ་བྱ་ལས་ལྷག་པ་མེད་པར་སོང་ཞེས་བྲིས་པ་ཡང་མི་འཐད་དེ། རང་ཉིད་ཀྱི་ཐེག་ཆེན་གྱི་སྨོན་པ་སེམས་བསྐྱེད་ལ་སྡོམ་པ་མེད་པར་འདོད་པས། ཉན་ཐོས་སྐྱབས་འགྲོའི་བསླབ་བྱ་ལས་ལྷག་པ་མེད་པ་མཚུངས་པའི་ཕྱིར་རོ། །

ཡང་ཁ་ཅིག་ན་རེ། དབུ་མ་ལུགས་ཀྱི་སེམས་བསྐྱེད་སེམས་ཙམ་ལུགས་ཀྱི་སེམས་བསྐྱེད་གཉིས་ལྟ་བ་ཡངས་དོག་གིས་སྤྱོད་པ་ཡངས་དོག་ཏུ་འགྱུར་བར་སྨྲ་བ་ནི། སྟོང་ཉིད་རྟེན་འབྲེལ་ཕྱུན་ཚོགས་ངེས་ཤེས་འདྲེན་པ་གྲོགས་སུ་སོང་ནས་ཇི་ཙམ་སྟོང་ཉིད་ལ་ངེས་ཤེས་རྙེད་པ་དེ་ཙམ་གྱིས་བླང་དོར་གྱི་གནས་ལ་ངེས་པ་ཇེ་ཆེར་སོང་སྟེ། སྤྱོད་པ་ལ་ཇེ་ཞིབ་ཏུ་འགྲོ་དགོས་ཟེར་རོ། །

འོ་ན་ལས་དང་པོ་པ་ལས་གྲུབ་པ་ཐོབ་པའི་ས་ལ་གནས་པ་རྣམས་དང་། དེ་ནས་ཀྱང་མངོན་པར

རྫོགས་པར་སངས་རྒྱས་ཀྱི་བར་སྤྱོད་པ་ཇི་དོག་ཏུ་འགྲོ་བར་ཐལ་བ་དང་། སྤྱོད་པ་ཞིབ་པ་ལ་སློབ་དགོས་པར་འགྱུར་ཏེ། དེ་དག་ཏུ་ལྟ་བ་ཇི་མཐོ་དང་ཇི་ཡངས་དང་། སྟོང་ཉིད་ལ་ངེས་ཤེས་ཇི་ཆེར་འགྲོ་བའི་ཕྱིར་རོ། །དེ་ལྟར་འདོད་ན་སངས་རྒྱས་ནས་སྡོམ་པ་ལ་སློབ་པ་མེད་པར་ཁས་བླངས་པ་དང་འགལ་ལོ། །

ཡང་དབུ་མ་ལུགས་ལ་རྩ་ལྟུང་བཅུ་དགུ་ཁས་ལེན་པས། དེ་ཉིད་སྤྱོད་པ་ཡངས་པ་དང་། སེམས་ཙམ་ལུགས་ལ་རྩ་ལྟུང་བཞི་བཤད་པས། སྤྱོད་པ་དོག་པར་ཁས་བླངས་འགལ་ཏེ། སྤང་བྱ་མང་བ་སྤོང་དགོས་པས་སྤྱོད་པ་ཡངས་པ་དང་། སྤང་བྱ་ཉུང་ངུ་ཙམ་ཞིག་སྤངས་པས་ཆོག་པ་ནི་སྤྱོད་པ་དོག་པའོ། །ཞེས་ཤེས་རིག་དང་ལྡན་པ་སུ་ཞིག་སྨྲ་ཞེས་བྲིས་པ་ནི། ཤེས་རིག་ཞིབ་མོ་དང་མི་ལྡན་པའི་གཏམ་སྟེ། སྤང་བྱ་མང་བས་སྤྱོད་པ་དོག་པ་དང་། སྤང་བྱ་ཉུང་བས་སྤྱོད་པ་ཡངས་པ་ཡིན་ན། ས་ཇི་མཐོ་ཇི་མཐོར་སོང་བ་ཙམ་གྱིས་སྤྱོད་པ་ཡངས་སུ་ཡངས་སུ་འགྲོ་བར་ཐལ། སྤང་བྱ་ཉུང་དུ་འགྲོ་བའི་ཕྱིར། །འདོད་ན། དེའི་ཚེ་སྤྱོད་པ་དོག་ཏུ་འགྲོ་བར་ཐལ། སྟོང་ཉིད་ལ་ངེས་ཤེས་ཇི་ཆེར་འགྲོ་བའི་ཕྱིར། འཁོར་གསུམ་སྟེ། སྟོང་ཉིད་ལ་ངེས་ཤེས་ཇི་ཆེར་སོང་བ་ཙམ་གྱིས་སྤྱོད་པ་ཡང་ཞིབ་ཏུ་འགྲོ་བར་ཁས་བླངས་པས་སོ། །གཞན་ཡང་བསྲུང་བྱ་མང་བ་དང་། ཉུང་བས་འཛོག་པ་མིན་པར་ཐལ། བསྲུང་དཀའ་སླའི་སྒོ་ནས་འཛོག་པའི་ཕྱིར་དང་། གྲངས་ཉུང་བ་སེམས་ཙམ་པའི་རྩ་ལྟུང་བཞི་པའི་ནང་དུ། གྲངས་མང་ལ་དབུ་མའི་རྩ་ལྟུང་བཅུ་བཞི་པོ་འདུས་པར་རང་གི་ཁས་བླངས་པའི་ཕྱིར་དང་། གསང་སྔགས་བླ་མེད་དང་། བྱ་རྒྱུད་གཉིས་ལ་རྩ་ལྟུང་བཅུ་བཞི་རེ་བཤད་པར་འདྲ་ཡང་བསྲུང་དཀའ་བར་ཡོད་པའི་ཕྱིར་རོ། །

གཞན་ཡང་གསང་སྔགས་ཀྱི་རྩ་ལྟུང་བཅུ་བཞི་ལས། དགེ་སློང་གི་ཁྲིམས་ཉིས་བརྒྱ་ལྔ་བཅུ་རྩ་གསུམ་གྲངས་མང་བས་དེ་བསྲུང་དཀའ་བར་ཁས་ལེན་ནམ། ཡང་འདུལ་བར་ཤ་གནང་བར་བཤད་པ་དགོངས་པ་ཅན་དུ་འཆད་ན། སྡོམ་པ་གསུམ་གང་གི་ཡང་དགག་སྒྲུབ་གནང་གསུམ་གྱི་བསླབ་པའི་བཅས་པ་སྒྲ་ཇི་བཞིན་དུ་བཟུང་བར་མི་རུང་བར་གསུངས་ན། གླང་དོར་གྱི་བཅས་མཚམས་མི་ཟིན་པར་ཞེས་བྲིས་པ་ཡང་མི་འཐད་དེ། རང་ཉིད་ཀྱིས་ལང་ཀར་གཤེགས་པར་ཤ་མི་ཟ་བའི་རྒྱུ་མཚན་བསམ་གྱིས་མི་ཁྱབ་པ་བཤད་པའི་དོན་དུ་བསྒྱུར་ཏེ་གསོད་པས་མི་ཟ་བ་ཡིན་གྱི། ཤ་ཟ་བ་བཀག་པ་མིན་པར་ཁས་བླངས་པས། གླང་དོར་གྱི་བཅས་མཚམས་མི་ཟིན་པར་མཚུངས་པའི་ཕྱིར་དང་། བསླབ་བཏུས་སུ་འདུལ་བར་ཤ་གནང་བ་དགོངས་པ་ཅན་དུ་གསུངས་པས། ཞི་བ་ལྷས་མ་ཤེས་པར་འགྱུར་བའི་ཕྱིར་དང་། ཡོན་ཏན་འོད་དང་རྒྱ་ཆེར་འགྲེལ་གྱི་དགོངས་པ་ཅན་དུ་མ་བྱས་སྒྲ་ཇི་བཞིན་དུ་བྱས་ཟེར་བ་ཡང་མ་ངེས་པའི་སྐྱོན་ཡོད་པའི་ཕྱིར་དང་། དེ་ལྟར་ཡིན་ཀྱང་ཚད་མར་བྱེད་དགོས་ན།

རང་ཉིད་ཀྱིས་ཉན་ཐོས་པས་འདུལ་བའི་དགོངས་པ་སྡོམ་པ་གཟུགས་ཅན་དུ་བྱས་ཀྱང་། ཚད་མར་མི་རུང་བར་ཁས་བླངས་པ་དང་འགལ་ལོ། །

དེས་ན་རྒྱ་གར་དུ་མི་ཕྱུག་པོ་འདུག་ཤུལ་ཞིག་ཏུ། ཟན་པོ་ཞིག་བསྔད་པ་ན། མཚན་མོ་རྐུན་པོ་ཞུགས་ཏེ་ནོར་བཅོལ་བའི་ནོམ་སྒྱུག་བྱས་པའི་སྒྲ་ཟན་པོས་ཚོར་ནས་ངས་ཉིན་པར་མི་ཚྭེད་པ་ལ་ཁྱོད་ཀྱིས་མཚན་མོ་མི་ཚྭེད་དོ་ཞེས་ཟེར་བ་ལྟར། གསུང་རབ་ཀྱི་དོན་ལ་ཚད་མར་གྱུར་པ། བྱང་ཆུབ་སེམས་དཔའ་རྒྱལ་སྲས་ཞི་བ་ལྷས་མ་ཚྭེད་པ་གཅིག །གསུང་རབ་ལ་ཕྱོ་ཚོད་བྱེད་པ་དག་གིས་མི་ཚྭེད་པ་ཡིན་ནོ། །

དེས་ན་འདུལ་བའི་དངོས་བསྟན་དུ་ཤ་གནང་བའི་དོན་ནི་བདག་གི་བླ་མ་རྗེས་མཛད་པའི་སློབ་སྤྱིང་ལྟར་ཤེས་པར་བྱའོ། །དེ་ལ་འདུལ་བའི་དངོས་བསྟན་ཤ་གནང་བ་ལྟ་བུར་གསུངས་ནས། དེ་ཡང་ཤ་སྤྱངས་པ་ཙམ་གྱིས་གྲོལ་བའི་ལོག་རྟོག་དགག་པ་དང་། རྒྱལ་པོ་ཀྲང་ཁྲ་ལྟ་བུ་རྗེས་སུ་བཟུང་བའི་ཕྱིར་ཡིན་པར་གསུངས་ལ། དེ་ཡང་ཐེག་ཆེན་གྱི་གཞུང་དེ་དག་ཏུ་སངས་རྒྱས་ཀྱི་སྟེར་འདུལ་བར་ཤ་གནང་བ་དེ་དྲང་དོན་དུ་བཤད་པར་མ་ཟད། གཞན་ཡང་ཤའི་གཞུང་འདུལ་བ་རང་ལ་ལྟོས་ཀྱང་དྲང་དོན་ཡིན་ཏེ། དཔེར་ན་འདུལ་བའི་མདོར། སངས་རྒྱས་ཀྱི་ཞབས་ལ་སེང་ལྡེང་གི་ཚལ་བ་ཟུག་ནས་ཁྲག་རྒྱུན་བབས་པས། སྔོན་པའི་སྔོན་གྱི་ལས་ངན་སྨིན་པར་གསུངས་པ་དེ། ཐེག་ཆེན་གྱི་མདོ་སྡེའི་གསང་ཆེན་ཐབས་ལ་མཁས་པར་དྲང་དོན་དུ་བཤད་ལ། དེ་ལྟར་སངས་རྒྱས་ལ་ལས་ངན་སྨིན་པར་གསུངས་པ་དེ། དང་པོར་གསུངས་པ་འདུལ་བའི་མདོ་ལ་ལྟོས་ན་དྲང་དོན་ཡིན་པ་བཞིན་ནོ། །

ཐེག་ཆེན་གྱི་མདོ་སྡེར་ཤ་ཟ་མི་རུང་བའི་རྒྱུ་མཚན་རྒྱས་པར་གསུངས་ན་གང་ཟག་ཁྱད་པར་ཅན་དགེ་སློང་བློ་གྲོས་ལྟ་བུ་བསྟན་པ་འཛིན་མཁན་དེ་མི་བཞུགས་ན་བསྟན་པ་ནུབ་པར་འགྱུར་བ་ལ་གླང་ནད་ཀྱིས་ཚེའི་དུས་བྱེད་པ་གྱུར་ན། དེའི་གླང་ནད་ཕན་པར་བྱ་བའི་ཕྱིར་དུ། ཤ་བསྟན་པར་གསུངས་པས། འདུལ་བར་སྤྱིར་བཏང་ལ་ཤ་གནང་། དམིགས་བསལ་དུ་ཤ་བཀག །ཐེག་ཆེན་དུ་སྤྱིར་བཏང་ལ་ཤ་བཀག །དམིགས་བསལ་དུ་ཤ་གནང་ངོ་། །ཞེས་མཁས་གྲུབ་ཆོས་རྗེ་གཤོན་ནུས་གསུང་ངོ་། །

ཡང་མཁས་པ་དག་འདུལ་བར་ཤ་གནང་བ་ལྟ་བུར་བྱུང་བ་ནི། ཉན་ཐོས་པས་ངེས་དོན་དུ་འདོད། ཞི་བ་ལྟ་སོགས་ཐེག་ཆེན་པས་དྲང་དོན་དུ་བཀྲལ་འདུག་གོ། །ཞེས་གསུངས་པ་ཡང་ཐོས་སོ། །གསང་སྔགས་བྱ་སྤྱོད་གཉིས་ཀྱི་བསླབ་བྱ་ནི། བྱ་སྤྱོད་སྤྱི་རྣམ་དུ་བཤད་པ། ཡོ་གའི་བསླབ་བྱ་ནི། དཔལ་མཆོག་གི་འགྲེལ་པ་ལས་ཤེས་སོ། །བླ་མེད་ཀྱི་བསླབ་བྱ་ནི། རྩ་ལྟུང་འབྲུལ་སྤོང་དུ་ཤེས་པར་བྱ་སྟེ། དེ་ཡང་སྤང་བྱའི་དམ་ཚིག་ལ་རྩ་བ

དང་ཡན་ལག་གི་ལྟུང་བ་རྣམས་སྤངས་ནས། མི་འབྲལ་བའི་དམ་ཚིག་དང་། བཟའ་བའི་དམ་ཚིག་དང་། བསྲུང་བའི་དམ་ཚིག་བསྐྱེད་རྫོགས་ཀྱི་ལམ་བསྒོམ་པ་ལ་འབད་པར་བྱ་སྟེ། དམ་ཚིག་གཞན་རྣམས་ཀྱང་འདིའི་ཡན་ལག་ཏུ་འགྱུར་ཚུལ་ཤེས་པར་བྱའོ། །

གཉིས་པ་སྡོམ་གསུམ་གྱི་བསླབ་བྱ་དེ་དག་ལ་སྡོམ་པ་གསུམ་ལྡན་གྱི་གང་ཟག་གིས་ཇི་ལྟར་བསླབ་པའི་ཚུལ་ལ་གཉིས་ཏེ། སྤྱིར་ཐམས་ཅད་ལ་འགལ་མེད་དུ་སློབ་ཚུལ། དགོས་པའི་དབང་གི་བསླབ་བྱ་ཕན་ཚུན་འགལ་བ་བྱུང་བའི་དུས་ཇི་ལྟར་བྱ་བའི་ཚུལ་ལོ། །དང་པོ་ནི། སྤྱིར་སྡོམ་པ་གསུམ་ཀའི་བཅས་པ་ལ་འགལ་མེད་དུ་བསྲུང་དགོས་ཏེ། སྡོམ་པ་གསུམ་བསྟན་པའི་མདོར། ཇི་སྐད་དུ་བསྟན་པའི་སོ་སོ་ཐར་པ་དང་མཐུན་པར་བྱའོ། །འོད་བསྲུངས་གང་དག་སོ་སོ་ཐར་པ་དང་མི་མཐུན་པར་བྱ་བ་སེམས་དཔའ་དེ་དག་ནི་སངས་རྒྱས་ཀྱིས་སྐྱོབས་དང་། མི་འཇིགས་པ་དང་། མི་མཐུན་པར་བྱ་བར་སེམས་པར་བྱའོ། །གང་དག་སངས་རྒྱས་ཀྱི་སྐྱོབས་དང་། མི་འཇིགས་པ་དང་། མི་མཐུན་པར་སེམས་པར་བྱ་བ་དེ་དག་ནི། འདས་པ་དང་མ་བྱོན་པ་དང་། ད་ལྟར་བྱུང་བའི་སངས་རྒྱས་བཅོམ་ལྡན་འདས་རྣམས་ཀྱི་བྱང་ཆུབ་དང་མི་མཐུན་པར་བྱ་བར་སེམས་པ་ཏེ། དེའི་རྣམ་པར་སྨིན་པ་ནི་སྟོང་གསུམ་གྱི་སྟོང་ཆེན་པོ་འཇིག་རྟེན་གྱི་ཁམས་ཀྱི་སེམས་ཅན་ཇི་སྙེད་པས་སེམས་ཅན་དམྱལ་བའི་སྡུག་བསྔལ་གྱི་ཚོར་བ་མྱོང་བའི་ཚོར་བ་དེ་དག །དེའི་ཚོར་བ་དེའི་བརྒྱའི་ཆར་ཡང་ཉེ་བར་མི་འགྲོའོ། །ཞེས་སོགས་ནས་བྱེ་བ་བརྒྱ་སྟོང་གི་ཆ་ཙམ་གྱི་དཔེར་ཡང་མི་རུང་བར་གསུངས་ནས། སྤྱོད་པ་འདི་ལྟ་བུ་དེ་དག་དཔག་ཚད་སྟོང་བས་ཀྱང་དེ་དག་རིང་དུ་ཡོངས་སུ་སྤོང་བར་བྱེད་དེ། དེ་སྐད་བཟློག་པའི་སྒྲ་ཡང་ཡོངས་སུ་སྤང་བར་བྱ་ན། བལྟ་བ་དང་ཉན་པ་ལྟ་ཅི་སྨོས་ཏེ། དེ་དག་ཡོངས་སུ་སྤང་བར་བྱའོ། །ཞེས་དང་མཁས་པ་རྫོང་ནག་ཕྲིས། རང་བྱུང་སྡོམ་པ་བཏང་ནས་ནི། སྔགས་ཀྱི་སྡོམ་པ་བྱང་སེམས་ཀྱི་སྡོམ་པ་ཡང་ནི་བཟུང་མི་བྱ། ཞེས་དང་། སློབ་དཔོན་འཇམ་དཔལ་གྲགས་པས། སྡོམ་གསུམ་ཚོགས་མི་ལྡན་ན། །སྔགས་པའི་བདག་ཉིད་མི་འགྱུར་སྟེ། །ཞེས་དང་། གཞན་ཡང་འདུལ་བ་ཐུན་མོང་དུ་བསྲུང་དགོས་ཚུལ་བྱང་སའི་སྟོད་འགྲེལ་དུ། སོ་སོ་ཐར་པ་ལ་ཉན་ཐོས་རྣམས་དང་ཐུན་མོང་བ་དང་། ཐུན་མོང་མིན་པའི་བསླབ་པ་རྣམ་པར་བཞག་པ་བསྟན་པའི་ཕྱིར་སོ་སོ་ཐར་པ་ཞེས་བྱ་བ་ལ་སོགས་ཏེ་སོ་སོ་ཐར་པའི་མདོ་ནི་མ་མོའི་མདོ་ཡིན་ནོ། །འདུལ་བ་ནི་དེའི་རྣམ་པར་དབྱེ་བའོ། །ཞེས་བཤད་པ་དང་། ཡང་འཇིག་རྟེན་པ་མི་གུས་པའི་རྒྱུར་གྱུར་པའི་ཉེས་པ་རྣམས་ནི། ཉན་ཐོས་དང་བྱང་སེམས་གཉིས་ཀ་སྤོང་དགོས་པར་གསུངས་ཏེ། བྱང་སར་ཉན་ཐོས་རང་དོན་ཁོ་ན་ཅན་གྱིས་གཞན་མ་དད་པ་སྤོང་ན། བྱང་ཆུབ་སེམས་དཔའ་གཞན་འགྲུབ་ཁོ་ན་ཅན་གྱིས་གཞན་མ་དད་པ་སྤོང་བ་ལྟ་ཅི

སྨྲོས་ཞེས་བཤད་ལ།

བཀའ་གདམས་དོ་སྣོར་བས། ཆོས་རྗེ་ས་པཎ་ལ། སངས་རྒྱས་བསྟན་པ་རིན་པོ་ཆེ། །བསྟུ་ན་ཉམས་ལེན་ཇི་ལྟར་བྱེད། །ཅེས་ཞུས་པའི་ལན་དུ། སངས་རྒྱས་བསྟན་པའི་ཆོས་རྣམས་ཀུན། །མདོར་བསྡུས་ཉམས་སུ་ལེན་པའི་ཚེ། །འདུལ་བ་ཕར་ཕྱིན་གསང་སྔགས་གསུམ། །སོ་སོའི་གཞུང་དང་མི་འགལ་བར། །ཉམས་སུ་ལེན་པ་བཀའ་དང་མཐུན། །དེ་ཡང་སྟོང་ཉིད་སྙིང་རྗེ་ཡི། །སྙིང་པོ་ཅན་དུ་བསྒོམ་པར་ཞུ། །ཞེས་གསུངས་པ་དང་། སྡོམ་པ་འོག་མའི་བཅས་པ་མཐའ་དག་ལ། དགོས་མེད་དུ་མི་འདའ་བ་སྔགས་ཀྱི་ཡན་ལག་ཏུ་བཅས་པ་ལ་སོགས་པས་ཤེས་སོ། །

གཉིས་པ་ནི། སྡོམ་པ་གསུམ་ལྡན་གྱི་གང་ཟག་གིས་སྡོམ་གསུམ་གྱི་བསླབ་བྱ་ཕན་ཚུན་འགལ་བ་བྱུང་དུས་ཇི་ལྟར་བྱ་སྙམ་ན། དེའི་ཚེ་དགག་བྱ་དང་དགོས་པ་བརྩིས་ནས་གང་གཙོ་ཆེ་བའི་དབང་དུ་བྱ་དགོས་ཏེ། དོ་སྣོར་བས། སྡོམ་གསུམ་རྒྱུད་ལྡན་གང་ཟག་གིས། །སྤྱང་བླང་འགལ་བ་བྱུང་བའི་ཚེ། །སྡོམ་གསུམ་གང་གི་དབང་དུ་བགྱི། །ཞེས་ཞུས་པའི་ལན་དུ། དགག་བྱ་དང་ནི་དགོས་པ་གཉིས། །གཙོ་གང་ཆེའི་དབང་དུ་བགྱི། །ཞེས་གསུངས་པ་དང་། དགེ་སློང་རྡོ་རྗེ་འཛིན་པས་འབྲས་བུའི་སྦྱིན་སྲེག་བྱེད་པ་སོགས་ལ། དུས་དྲན་པ་ལ་སོགས་པའི་མན་ངག་ཀྱང་ཡོད་དོ། །

ཡང་ལས་དང་པོ་པའི་དུས་སུ་སོ་སོ་ཐར་པའི་སྡོམ་པ་དང་། བརྟན་པ་ཅུང་ཟད་ཐོབ་ནས་བྱང་སེམས་ཀྱི་སྡོམ་པ་དང་། བརྟན་པ་ཆེར་ཐོབ་ནས་སྔགས་སྡོམ་ལ་གཙོ་བོར་བྱེད་དོ། །ཞེས་ཆོས་རྗེ་རིན་པོ་ཆེའི་དྲིས་ལན་ལས་བྱུང་བའི་ལེགས་བཤད་ཆེན་པོ་ཡིན་ནོ། །ཡང་དགག་བྱ་དང་དགོས་པ་མཉམ་དུ་བྱུང་ན་ཇི་ལྟར་བྱ་བ་ཡང་། འཕགས་པ་རིན་པོ་ཆེས་སྡེ་སྣོད་འཛིན་པ་བརྩོན་འགྲུས་ཀྱི་དྲིས་ལན་དུ། དེ་ལ་གང་ཟག་གཅིག་གི་རྒྱུད་ལ་སྡོམ་པ་གསུམ་ལྡན་པས། ནང་འགལ་བར་སྣང་བ་བྱུང་ན་དགག་བྱ་དང་དགོས་པ་བལྟས་ལ། གང་དགག་བྱ་ཤས་ཆེ་བ་དེ་མ་སྤྱད་པར་བྱ། དགག་དགོས་ཆ་མཉམ་ན་འོག་མ་འོག་མ་བཏང་སྙོམས་སུ་བཞག་ཅིང་། གོང་མ་གོང་མ་གཙོ་བོར་སྤྱད་དེ། སྤྱོད་འཇུག་ལས། ཆུང་ངུའི་དོན་དུ་ཆེ་མི་གཏང་། །ཞེས་དང་། སྦྱིན་པའི་ཕ་རོལ་ཕྱིན་ལ་སོགས། །གོང་ནས་གོང་དུ་ཁྱད་ཞུགས་སྤྱད། །ཅེས་པ་དང་། རྣལ་འབྱོར་པ་ཡང་བློ་ཁྱད་ཀྱིས། །གོང་མ་གོང་མ་རྣམས་ཀྱིས་གནོད། །ཅེས་འབྱུང་ངོ་། །དེ་ཡང་འོག་མའི་བཅས་པ་ལས། གོང་མ་གལ་ཆེ་བའི་དུས་ཀྱང་བྱང་ཆུབ་སེམས་དཔའ་གཞན་དོན་དུ་སྲོག་གཅོད་པ་ལྟ་བུ་སྟེ། རྗེ་བཙུན་ཆེན་པོས་སྡོམ་པ་ཉི་ཤུ་པའི་འགྲེལ་པར། བྱང་ཆུབ་སེམས་དཔའ་རབ་ཏུ་བྱུང་བས་ཀྱང་ཡིད་ཀྱི་གསུམ་མ་གཏོགས་པའི་ལུས་ངག་གི་བདུན་གཞན་དོན་དུ

སྤྱོད་ཀྱང་ལྟུང་བའི་གཟུགས་ཅན་དུ་གསུངས་ལ། ཞེས་གསུངས་པ་ལྟར་རོ། །དེ་ཡང་བསམ་པའི་ཡན་ལག་སོགས་ཚང་བ་ནི། གཞན་དོན་དུ་བྱས་ཀྱང་ལྟུང་བར་འགྱུར་ཏེ། ཡང་གཞུང་དེར། སྲོག་གཅོད་པ་ལ་སོགས་པ་ལྟུང་བའི་དངོས་གཞི་ཡན་ལག་ཚང་བར་སྤྱད་པས། རབ་བྱུང་གི་སྡོམ་པ་བཏང་ཡང་། བྱང་ཆུབ་སེམས་དཔའི་སྡོམ་པ་མི་འཚོར་བའི་ཕྱིར་དང་། བསླབ་པ་ཀུན་ལས་བཏུས་པ་ལས་ཀྱང་། སོ་སོ་ཐར་པའི་སྡོམ་པ་སྔོན་དུ་སོང་བའི་རབ་ཏུ་བྱུང་བའི་ཕྱོགས་ལ་དགོངས་ཏེ། ཅི་སྟེ་གཞན་དོན་དུ་འགྱུར་བ་མཐོང་ན་བསླབ་པ་འབུལ་ལོ་ཞེས་སོ་སོ་ཐར་པའི་སྡོམ་པ་ཕུལ་ཡང་། བྱང་ཆུབ་སེམས་དཔའི་སྡོམ་པ་ཡོད་པར་གསུངས་པ་དང་། ཞེས་གསུངས་སོ༑ ༑

དེས་ན་ཁ་ཅིག་གིས་འོག་མའི་རྒྱ་བར་བཅས་པའི་སྲོག་གཅོད་ཀྱི་ལྟུང་བ་སྡོམ་པ་གོང་མར་གནང་བ་ཡོད་ཟེར་བ་ནི་སྲོག་གཅོད་གནང་བ་དང་། སྲོག་གཅོད་ཀྱི་ལྟུང་བ་གནང་བ་ལ་ཕྱེད་ཅིང་། སྲོག་གཅོད་ཡིན་ཚད་མི་དགེ་བར་སེམས་པའི་བློ་རྩིང་ངོ་། །སྲོག་གཅོད་དེ་ཡང་གནོད་སེམས་མེད་པར་ཕན་སེམས་སུ་མོས་པ་ཙམ་གྱིས་མི་ཆོག་པར། བྱང་ཆུབ་སེམས་དཔའི་ཐབས་མཁས་ཆེན་པོས་ཟིན་པ་དགོས་ཏེ། གཞུང་དུ། མི་མཁས་པ་ཡི་བྱམས་སྙིང་རྗེ། །ངན་འགྲོའི་རྒྱུ་རུ་ཐུབ་པས་གསུངས། །ཞེས་དང་། མུ་སྟེགས་པ་བསད་པས་མཐོ་རིས་སམ་ཐར་པ་ཐོབ་པ་སྨྲ་བ་ནི་མུ་སྟེགས་ཏེ། ལས་འབྲས་ཕྱིན་ཅི་ལོག་ལ་མངོན་པར་ཞེན་པའི་ཕྱིར་རོ། །བདག་ལས་འདིས་མཐོ་རིས་སུ་འགྲོ་བར་འགྱུར་རོ་སྙམ་པ་ནི་གཏི་མུག་གམ་ཆགས་པའོ། །ཞེས་དབྱིག་གཉེན་གྱིས་གསུངས་པའི་ཕྱིར་དང་། གཞུང་དུ་ཐབས་ལ་མཁས་པའི་སྙིང་རྗེ་ལ། །དགོངས་ནས་དགེ་བར་གསུངས་པ་ཡིན། །ཞེས་དང་། ཐབས་ལ་མཁས་པའི་མདོ་སྡེར། མ་ཆགས་པ་ལ་སོགས་པ་ལས་བྱུང་བའི་སྲོག་གཅོད་པ་ཁ་ན་མ་ཐོ་བ་མེད་པའོ། །ཞེས་གསུངས་ལ། དེ་སྐྱོན་དུ་མི་འགྱུར་བ་མ་ཟད། དགེ་བ་ཆེན་པོ་འཕེལ་བ་ཡང་། རྗེ་བཙུན་གྱི་སྡོམ་པ་ཉི་ཤུ་པའི་འགྲེལ་པར། དེ་ཡང་སེམས་ཅན་གཞན་མཚམས་མེད་པ་ལ་སོགས་པ་ཉེས་པ་ཆེན་པོ་ལ་འཇུག་པ་མཐོང་ནས་དེ་ལས་བཟློག་པའི་ཐབས་གཞན་མེད་ན། རང་སྡིག་པས་ངན་འགྲོར་འཇུག་པའི་སྡིག་ཁྱད་དུ་བསད་ནས། གལ་ཏེ་གཞན་སྡིག་པ་ལས་བཟློག་པའི་ཕྱིར་དེ་བསད་ན་དེད་དཔོན་སྙིང་རྗེ་ཆེན་པོ་བཞིན་བསོད་ནམས་འཕེལ། ཞེས་དང་། མཁས་པ་དབྱིག་གཉེན་གྱིས། གཞན་མཚམས་མེད་པའི་ལས་བྱེད་པ་ལ་མངོན་དུ་ཕྱོགས་པར་མཐོང་ན། ལས་དེ་ནི་ཡུན་རིང་པོར་རྣམ་པར་སྨིན་པ་དྲག་པོར་འགྱུར་བར་རིག་ནས།གཞན་སྡིག་པ་ལས་བཟློག་པའི་ཕྱིར།སེམས་ཅན་ཆེན་པོ་བསད་ན་བདག་ཉིད་སེམས་ཅན་དམྱལ་བར་སྐྱེ་བ་ཡང་ཁས་བླངས་ནས་དེ་ཡོངས་སུ་བསྐྱབས་པའི་ཕྱིར།དགེ་བའམ་ལུང་མ་བསྟན་པའི་སེམས་ཀྱིས་གནས

སྐབས་སྦྱར་ཏེ།བདག་སེམས་ཅན་དམྱལ་བ་རྣམས་སུ་སྐྱེས་ཀྱང་བླའི། དེ་སྡུག་བསྔལ་གྱི་ཕུང་པོ་ཆེན་པོ་དང་འབྲེལ་བར་འགྱུར་ན་མི་རུང་ངོ་སྙམ་ནས་གསོད་པར་བྱེད་པ་སྟེ། དེ་ལྟ་བུ་ནི་དགེ་བའི་སེམས་ལས་བྱུང་བའི་ཕྱིར། འདི་ལྟར་དགེ་བའི་སེམས་ཀྱང་མ་ཆགས་པ་ལ་སོགས་པ་དང་མཚུངས་པར་ལྡན་པ་ཡིན་ནོ། །ཞེས་སོགས་དང་། འདི་སྡུག་བསྔལ་གྱི་རྒྱུ་བོ་ཆེན་པོ་ལས་ཡོངས་སུ་བསྐྱབ་པར་འདོད་པས་བདག་ལ་བྱམས་པ་བས་ཀྱང་ལྷག་པར་བྱམས་པས། དེར་ངེས་པར་སྨྱོང་བར་འགྱུར་བའི་ལས་བྱེད་པ་ལ་མངོན་དུ་ཕྱོགས་པའི་ལུས་པས། ཕྲལ་དུ་བྱུང་བའི་ལུས་གང་ཐོབ་པར་བྱེད་པས་ན་ཞེས་དང་། འཆི་རྐྱེན་བྱས་པ་ཙམ་སྡིག་པར་འགྱུར་ན། མདོ་ལས་ཆོས་ཀྱི་རྣམ་གྲངས་འདི་བཤད་པ་ན།དགེ་སློང་དྲུག་ཅུ་ཁ་ནས་ཁྲག་དྲོན་མོ་བྱུང་སྟེ་གནོད་པ་དེ་ཉིད་ཀྱིས་དུས་བྱས་སོ། །ཞེས་དང་། བཅོམ་ལྡན་འདས་ཀྱི་དགེ་སློང་དག་མི་སྡུག་པ་བསྒོམ་བཙུག་པས། དེ་དག་གིས་རང་མི་སྡུག་པ་བཅོག་པར་མཐོང་ནས་ཕན་ཚུན་གསོད་པར་བྱེད་པ་དེ་དག་ཀྱང་། བཅོམ་ལྡན་འདས་ལ་སྡིག་ཏུ་མི་འགྱུར་རོ། །ཞེས་དང་།

ཇོ་རྗེ་མོས་ཀྱང་། ཐེག་ཆེན་དང་། ཉན་ཐོས་ལ་སྲོག་གཅོད་སོགས་གནང་བའི་བཤད་པ་ཡོད་མེད་ཀྱི་ཚུལ་རྒྱས་པར་གསུངས་ཏེ། དེ་ལ་གཞན་གནོད་གཞི་བཅས་སྤོང་བའི་བསམ་པ་དེ། ཉན་ཐོས་དང་བྱང་སེམས་ལ་ཁྱབ་བྱེད་དུ་ཡོད་པར་ཁས་བླངས་ནས་ཡང་གཞན་དོན་དུ་སྲོག་གཅོད་པ་དེ་བྱང་སེམས་ཀྱིས་རུང་ལ། ཉན་ཐོས་ཀྱིས་མི་རུང་བའི་ཁྱད་པར་གང་ཡིན་སྙམ་ན། དེ་གཉིས་ཀྱིས་གཞན་གནོད་སྤོང་བར་འདྲ་ཡང་། བསམ་པ་རྒྱ་ཆེ་ཆུང་གི་རུང་མི་རུང་ཡོད་དེ། དཔེར་ན་གནས་བརྟན་པ་དང་། དགེ་སློང་གསར་བུ་གཉིས་བསྲུང་ཆ་འདྲ་ཡང་། མ་ཞུས་པར་འགྲོ་བར་རུང་མི་རུང་མི་འདྲ་བ་བཞིན་ནོ། །

དེ་ལྟར་དུ་ཡང་ཇོ་རྗེ་མོས། འོན་སྤོང་བའི་བསམ་པ་མ་དོར་ན། ཉན་ཐོས་པས་གཞན་དོན་དུ་སྲོག་གཅོད་སྤོང་བ་ཡིན་ཀྱང་། བྱང་ཆུབ་སེམས་དཔའི་ལྷུང་བའི་གཟུགས་ཅན་ཡིན་པས། སྤོང་བ་མི་འགལ་ལམ་ཞེ་ན་མི་འགལ་ཏེ། བསམ་པ་རྒྱ་ཆུང་བ་ཅན་ལ་གཞན་དོན་དུ་གསད་པ་གནོད་པའི་སེམས་དང་འདྲེས་པས་སྤང་བྱ་ཡིན་ཡང་། རྒྱ་ཆེ་བ་གནོད་པའི་བསམ་པ་དང་མ་འདྲེས་པས་སྤང་བྱ་མིན་ཏེ། དཔེར་ན། བསྙེན་པར་རྫོགས་པ་དང་གནས་བརྟན་པར་གྱུར་པ་ལ་བསྲུངས་བྱ་ཐ་དད་མེད་ཀྱང་མ་ཞུས་པ་དང་། གནས་པ་དང་མ་གནས་པ་ཡང་ཉེས་པ་ཡོད་མེད་ཐ་དད་པ་བཞིན་ནོ། །ཞེས་གསུངས་སོ། །

དེ་ལྟར་ཉན་ཐོས་དང་བྱང་སེམས་དགེ་སློང་རྣ་བའི་ཕམ་པ་བཞི་བསྲུང་བར་བསམ་ཞིང་། གཞན་ལ་གནོད་པ་གཞི་བཅས་སྤོང་བར་འདྲ་བ་ལ་ཉན་ཐོས་དགེ་སློང་གི་འདུ་ཤེས་མ་འཁྲུལ་བས་མི་བསད་ན་ཕམ་པར

འགྱུར་ལ། བྱང་སེམས་རབ་བྱུང་གི་གཞན་དོན་དུ་སྲོག་གཅོད་སོགས་ལུས་ངག་གི་བདུན་པོ་སྤྱད་ན་ལྟུང་བའི་གཟུགས་བརྙན་དུ་འགྱུར་བའི་ཁྱད་པར་མི་རིགས་སོ་ཞེ་ན། དུག་གསུམ་ཆར་གཏོགས་དང་བཅས་པས་མི་ཚངས་པ་སྤྱོད་པ་སོགས་བྱས་ན། ཉན་ཐོས་དང་བྱང་སེམས་རབ་བྱུང་གཉིས་ཀ་ལ་ཕམ་པར་འགྱུར་བར་མཚུངས་ཀྱང་། ཉན་ཐོས་ནི་སྲོག་གཅོད་སོགས་རྣམ་པ་ཀུན་ཏུ་མི་རུང་ལ། བྱང་སེམས་ཀྱིས་གཞན་དོན་དུ་རུང་བའི་ཁྱད་པར་ཡོད་དེ། ཉན་ཐོས་ནི་བསམ་པ་རྒྱ་ཆུང་བས་དུག་གསུམ་གང་རུང་ཆ་བཅས་དང་། མ་འབྲེལ་བའི་སྲོག་གཅོད་སོགས་མི་སྲིད་ལ། བྱང་སེམས་ནི། ཐབས་མཁས་ཀྱི་དུག་གསུམ་མེད་པའི་དགེ་སེམས་སམ། ཐ་ན་ལུང་མ་བསྟན་གྱིས་སེམས་གཞན་དོན་དུ་སྲོག་གཅོད་པ་སོགས་བྱེད་པ་ལ་ཉེས་པ་མེད་པ་མ་ཟད། དེས་དགེ་བ་རྒྱ་ཆེན་པོ་འཕེལ་བ་ཡོད་དེ། དགེ་སློང་གི་བསླབ་པ་བཞི་བརྗོད་པ་ཕམ་བཞི་འཆད་པ་ན། མི་ཚངས་སྤྱོད་མ་བྱིན་ལེན་གཉིས་སུ་དུག་གསུམ་གང་རུང་གིས་སླུར་ནས་འདོད་ཆགས་ཀྱིས་མཐར་ཕྱིན་པ་དང་། སྲོག་གཅོད་དུག་གསུམ་གང་རུང་གིས་སླུར་ན་ཞེ་སྡང་གིས་མཐར་ཕྱིན་པ་དང་། རྫུན་སྨྲ་དུག་གསུམ་གང་རུང་གིས་སླུར་ནས་གང་རུང་གིས་མཐར་ཕྱིན་པ་སྡོང་དགོས་པར་བཤད་པ་དང་། བྱང་སའི་འགྲེལ་པར་ཡང་། མི་དགེ་བའི་ལས་ཀྱི་རྣམ་སྨིན་སྤྱིའི་མཚན་ཉིད། བཅོམ་ལྡན་འདས་ཀྱིས་རྣམ་པར་བཞག་པ་ནི་དགེ་སློང་དག་སྲོག་གཅོད་པ་རྣམ་པ་གསུམ་སྟེ། ཆགས་པ་ལས་བྱུང་བ་དང་། གཏི་མུག་ལས་བྱུང་བ་དང་། ཞེ་སྡང་ལས་བྱུང་བའོ། །དེ་བཞིན་དུ་ལོག་པར་ལྟ་བའི་བར་དུ་ཡང་དེ་བཞིན་ནོ། །ཞེས་པས་མདོ་དྲངས་ནས། ཉན་ཐོས་ཀྱི་བསླབ་པ་ལས་རྩ་བའི་ཉེས་པའི་ཁྱད་པར་བསྟན་པ་དང་། བསླབ་པའི་ཁྱད་པར་བསྟན་པའི་ཕྱིར། ཕམ་པའི་གནས་ལྟ་བུའི་ཆོས་བཞི་ཡོད་ཅེས་སློས་ཏེ། ཉན་ཐོས་འདོད་ཆགས་དང་གཏི་མུག་ལ་གནས་ནས་འཁྲིག་པའི་འདོད་ཆགས་ཀྱིས་གཉིས་སྤྱོད་པའི་སྦྱོར་བ་དང་། ཕོ་བྱད་ཀྱི་འདོད་ཆགས་ཀྱིས་གཞན་གྱི་ནོར་རྐུ་བ་དང ། སེམས་ཅན་ལ་ཀུན་ནས་མནར་སེམས་ཀྱིས་ཀུན་ནས་དཀྲིས་པས་མི་བསད་པ་དང་། གཏི་མུག་གི་ཀུན་ནས་དཀྲིས་པས། བདག་ལ་མེད་བཞིན་དུ་འཛིན་རྟེན་ལས་འདས་པའི་ཆོས་བཞི་སླུས་ན་སྐལ་བ་མེད་པར་འགྱུར་བ་དེ་དང་འདྲ་བར། བྱང་ཆུབ་སེམས་དཔའི་ཕམ་པའི་གནས་ལྟ་བུའི་ཆོས་གཞན་བཞི་ཡོད་པར་ཤེས་པར་བྱ་སྟེ། ཞེས་གསུངས་པས་ནི། ཉན་ཐོས་ཀྱི་ཕམ་པ་ལ་དུག་གསུམ་གང་རུང་ཀུན་སློང་དུ་ཡོད་པར་བཤད་ནས། བྱང་སེམས་རབ་བྱུང་གིས་གཞན་དོན་དུ། སྲོག་གཅོད་སོགས་ལ་དུག་གསུམ་གང་རུང་གིས་ཀུན་དཀྲིས་ཡོད་ན་ལྟུང་བར་འདྲ་ཡང་། དེ་ལ་དུག་གསུམ་མེད་པ་དགོས་པར་གསུངས་ཏེ། དེ་ཉིད་ལ། དེ་བས་ན་དགེ་བའི་སེམས་ལས་བྱུང་བའི་ཕྱིར་དགེ་བ་ཡོད་དེ། སེམས་དེ་ནི་ཆགས་པ་མེད་པ་ལ་སོགས་པ་དང་མཚུངས་པར་ལྡན་པའི་ཕྱིར་རོ། །ཞེས་དང་།

བྱང་སའི་ཚུལ་ཁྲིམས་ལེའུར། རང་བཞིན་གྱི་ཁ་ན་མ་ཐོ་བ་དང་བཅས་པ་ལ་བྱང་ཆུབ་སེམས་དཔའི་ཐབས་ལ་མཁས་པ་དེ་ལྟ་བུས་ཀུན་ནས་སྤྱད་ན། དེས་ཉེས་པར་ཡང་མི་འགྱུར་བ་ལ་བསོད་ནམས་མང་པོར་འཕེལ་བ་ཡང་ཡོད་དེ། འདི་ལྟར་ཆོམ་པོ་དང་རྐུན་པོས་སྲོག་ཆགས་ཆེ་བའི་བདག་ཉིད་ཅན་ཉན་ཐོས་དང་། རང་སངས་རྒྱས་དང་། བྱང་ཆུབ་སེམས་དཔའི་བརྒྱ་ཕྲག་མང་པོ་དག་ཟང་ཟིང་ཅུང་ཟད་ཀྱི་ཕྱིར་གསོད་པར་བཅད་དེ། མཚམས་མེད་པའི་ལས་མང་པོ་བྱེད་པ་ལ་ཞུགས་པས་བྱང་ཆུབ་སེམས་དཔས་མཐོང་ལ། མཐོང་ནས་ཀྱང་འདི་སྙམ་དུ་སེམས་ཀྱི་མངོན་པར་འདུ་ཤེས་ཏེ། སྲོག་ཆགས་དེ་བསད་ན་བདག་སེམས་ཅན་དམྱལ་བ་རྣམས་སུ་སྐྱེ་མོད་ཀྱི། བདག་སེམས་ཅན་དམྱལ་བར་སྐྱེ་བ་ནི་མདོ་མེད་དེ། སེམས་ཅན་འདིས་མཚམས་མེད་པའི་ལས་བྱས་ནས་དམྱལ་བར་འགྲོ་བ་མི་རུང་ངོ་སྙམ་སྟེ། དེ་ལྟ་བུའི་བྱང་ཆུབ་སེམས་དཔའ་དགེ་བའི་སེམས་སམ། ལུང་མ་བསྟན་པའི་སེམས་སུ་རིག་ནས། འཛེམ་བཞིན་དུ་ཕྱི་མ་ལ་སྙིང་བརྩེ་བའི་སེམས་ཁོ་ནས་སྲོག་ཆགས་དེ་བསད་ན་ཉེས་པར་མི་འགྱུར་ལ། བསོད་ནམས་མང་པོ་ཡང་འཕེལ་བར་འགྱུར་རོ། །ཞེས་སོགས་གསུངས་སོ། །

ཡང་དམིགས་བསལ་དུ་བྱང་ཆུབ་སེམས་དཔའ་ཁྲིམ་པ་དགེ་བསྙེན། གཞན་དོན་དུ་མི་ཚངས་སྤྱོད་པར་བཤད་ནས། བྱང་སེམས་རབ་བྱུང་བསྟན་པ་འཛིན་པས་གཞན་དོན་དུ་མི་རུང་གསུངས་ཏེ། བྱང་ཆུབ་སེམས་དཔའ་རབ་ཏུ་བྱུང་བ་ཉན་ཐོས་ཀྱི་བསྟན་པ་མི་འཇིགས་པར་རྗེས་སུ་བསྲུང་བས་ནི་མི་ཚངས་པར་སྤྱོད་པར་བརྟེན་པ་རྣམ་པ་ཐམས་ཅད་དུ་མི་བྱའོ། །ཞེས་གསུངས་སོ། །

དེ་བཞིན་དུ་རྗེ་བཙུན་ཆེན་པོས་ཀྱང་། བྱང་ཆུབ་སེམས་དཔའ་རབ་ཏུ་བྱུང་བས་ཀྱང་། ཡན་ལག་མ་ཚང་བའི་སྲོག་གཅོད་པ་སོགས་སྤྱད་ན་ལྟུང་བའི་གཟུགས་ཅན་དང་། ཚངས་པར་སྤྱད་ན་རབ་བྱུང་གི་སྡོམ་པ་བཏང་ཡང་སེམས་བསྐྱེད་ཀྱི་སྡོམ་པ་མི་གཏོང་ངོ་། །ཞེས་གསུངས་པ་ཡང་། བསམ་པའི་ཡན་ལག་དུག་གསུམ་གང་རུང་དང་བཅས་པས་མ་བཅས་པའི་ཁྱད་པར་དེ་བཞིན་ལ་དགོངས་པའོ། །དེ་ལྟར་ན་དུག་གསུམ་མེད་པའི་མི་ཚངས་སྤྱོད་སོགས་ནི་ཕམ་པར་མི་འགྱུར་ལ། དུག་གསུམ་དང་བཅས་པའི་སྲོག་གཅོད་སོགས་བྱང་ཆུབ་སེམས་དཔས་ཀྱང་མི་རུང་བ་འདུག་ན། གཞུང་དུ། གཞན་གྱི་དོན་དུ་སེམས་བརྟན་པས། །ཕམ་པ་བཞི་པོ་སྤྱད་ན་ཡང་། །བྱང་ཆུབ་སེམས་དཔའི་དགེ་ཆེན་ཏེ། །ཉན་ཐོས་རྣམས་ཀྱི་སྡིག་པ་ལྟ། །ཞེས་སོགས་ཀྱི་དོན་གང་ཡིན་ཞེ་ན། དེའི་དོན་ནི་མི་ཚངས་སྤྱོད་སོགས་ཉན་ཐོས་ལ་རྣམ་པ་ཀུན་དུ་ཕམ་པར་གྲགས་ཀྱང་། བྱང་ཆུབ་སེམས་དཔའི་ཉོན་མོངས་པ་མེད་པའི་ཐབས་མཁས་ཀྱིས་གཞན་དོན་དུ་དགེ་ཆེན་འཕེལ་བ་ཡོད་ཅེས་དོན་གོང་དུ་དྲངས་པ་བཞིན་

ཡིན་གྱི། བྱང་ཆུབ་སེམས་དཔའ་དུག་གསུམ་གྱི་དབང་གིས་གཞན་དོན་བྱེད་པ་གང་ལ་སྲིད། ཡང་གཞན་དོན་དུ་དུག་གསུམ་མེད་པའི་སྲོག་གཅོད་སོགས་ལ་འཇུག་ཚུལ་ཡང་། ཐབས་གཞན་ཡོད་བཞིན་དུ་བྱེད་ན་མི་རུང་ཞིང་། ཐབས་གཞན་མེད་ཀྱང་བསླབ་པ་ཕུལ་བའི་གོ་སྐབས་ཡོད་བཞིན་དུ་མ་ཕུལ་བར་སྲོག་གཅོད་སོགས་ལ་འཇུག་ན། བསླབ་པ་ལ་བག་ཡངས་ཀྱིས་ཉེས་པར་འགྱུར་ལ། དེར་སོང་ན་ཉོན་མོངས་པ་བག་མེད་ཀྱི་ཆར་གཏོགས་སུ་འགྱུར་བས། མི་འགྱུར་བའི་ཕྲ་ཞིབ་ཤེས་དགོས་སོ། །

དེས་ན་བྱང་སེམས་དགེ་སློང་གིས་ཀུན་དཀྲིས་དང་བཅས་པས་མི་བསད་ན་ཕམ་པར་འགྱུར་ཏེ་བྱང་ཆུབ་སེམས་དཔའ་ཉོན་མོངས་པའི་ཀུན་དཀྲིས་ཀྱི་རྙེད་བཀུར་ལ་ཆགས་ཏེ། བདག་བསྟོད་གཞན་སྨོད་བྱེད་པ་དང་། རང་གི་རྫས་ལ་ཆགས་ནས་སྡུག་བསྔལ་ཞིང་མགོན་མེད་པར་གྱུར་པ་ལ། སེར་སྣས་ཆོས་ནོར་མི་སྟེར་བ་དང་། ཞེ་སྡང་གི་གཞན་གྱི་བཤགས་ཀྱང་ཁྲོས་ནས་རྡེག་བཙོག་བྱེད་པ་དང་། ཐེག་ཆེན་གྱི་ཆོས་སྤངས་ནས་དམ་ཆོས་ལྟར་སྣང་སྟོན་པའོ། །དེ་བཞི་པོ་ཆགས་པས་བུད་མེད་ལ་སྤྱོད་པ་དང་། གཞན་ནོར་རྐུ་བ་དང་། གཞན་གསོད་པ་དང་། རྫུན་གྱིས་གཞན་བསླུ་བའི་རྫས་ཕམ་པ་བཞི་དང་འདྲ་བར་བཤད་པས་བྱང་སེམས་རང་རྫས་ལ་ཆགས་པའི་སེར་སྣ་བྱེད་པ་ཉན་ཐོས་གཞན་རྫས་ལ་ཆགས་པའི་སེར་སྣ་བྱེད་ལས། ཉན་ཐོས་གཞན་ལ་ཆགས་པ་རྐུ་བའི་ཕམ་པ་ལས་ལྕི་བར་གསུངས་པས། སྡོམ་པ་གོང་མ་གོང་མ་ལྕི་བ་དང་ཕྲ་ཞིབ་ཆེ་བ་ཡིན་ནོ། །

དེས་ན་སྡོམ་པ་ཉི་ཤུ་པ་དང་། དེའི་ལུང་རྩ་ལྟུང་འགྲེལ་སྙིང་དུ་དྲངས་པར། སྡུག་བསྔལ་ཡིན་ཡང་གང་ཕན་དང་། །ཕན་དང་བདེ་བ་རྣམས་བྱ་སྟེ། །བདེ་ཡང་མི་ཕན་མི་བྱའོ། །ཞེས་དང་། སེམས་ཅན་དོན་བྱེད་ཀྱི་ཚུལ་ཁྲིམས་ནི། བྱང་ཆུབ་སེམས་དཔའི་སེམས་ཅན་ལ་ཕན་པ་དང་བདེ་བ་གཉིས་བྱེད་ཅིང་། དེ་གཉིས་འགལ་བའི་ཚེ་ན་ཕན་པ་ཁོ་ན་བྱེད་པའོ། །ཞེས་འབྱུང་བའི་ཚུལ་གྱིས་དེད་དཔོན་སྙིང་རྗེ་ཆེན་པོས་མི་ནག་པོ་བསད་པ་ནི། སྡུག་བསྔལ་ཡིན་ཡང་གང་ཕན་གྱི་བྱ་བ་ཡིན་གྱིས། གནོད་པ་བྱས་པ་མིན་ཏེ། དཔེར་ན་ནད་ལ་ཕན་པར་བྱ་བའི་ཕྱིར་དུ། གཏར་བསྲེགས་བྱས་པ་བཞིན་ནོ། །ཚད་ནད་ཅན་ལ་ཆང་སྟེར་བ་ལྟ་བུ་ནི། བདེ་ཡང་མི་ཕན་པའི་ལས་ཡིན་པས་ཞིབ་ཏུ་ཤེས་པར་བྱའོ། །ས་མ་ཐོབ་པའི་བྱང་ཆུབ་སེམས་དཔའ་ལས་དང་པོ་པས་ནི། གཞན་དོན་ཡིན་ཡང་སྲོག་གཅོད་སོགས་ལ་དངོས་སུ་འཇུག་ཏུ་མི་རུང་སྟེ། བསླབ་བཏུས་སུ། ས་མ་ཐོབ་པར་ཕ་རོལ་ཏུ་ཕྱིན་པ་དྲུག་སྤྱོད་པ་ལ། འདི་བསམ་པར་བྱ་བའི་གཞན་ལ་ནི་མིན་ནོ། །ཞེས་གསུངས་སོ། །

ཡང་སྔང་སླས་ཅན་ཁ་ཅིག་ན་རེ། སྡོམ་གསུམ་རབ་དབྱེར། སོ་ཐར་ཤི་བའི་ཚེ་གཏོང་སྟེ། ཉན་ཐོས་སྡོམ་པ་གཟུགས་ཅན་ཡིན་པའི་ཕྱིར། བྱང་སེམས་སྡོམ་པ་ཤི་ཡང་མི་གཏོང་སྟེ། ཐེག་པ་ཆེན་པོ་པའི་ལུགས་ལ་སྡོམ

པ་གཟུགས་ཅན་མིན་པར་སེམས་ལ་སྐྱེ་བ་ཡིན་པས་ཇི་སྲིད་སེམས་མ་ཉམས་ཀྱི་བར་དུ་མི་གཏོང་བའི་ཕྱིར་ཟེར། དེ་ཤིན་ཏུ་མི་རིགས་ཏེ། ཐེག་ཆེན་པས་བྱང་སེམས་ཀྱི་སྡོམ་པ་མིན་པའི་སོ་ཐར་ཁས་མི་ལེན་ན། སྡོམ་པ་གསུམ་ལྡན་མི་སྲིད་པར་འགྱུར་ལ། ལེན་ན་ཤི་བས་མི་བཏང་ན། ལྷའི་དགེ་བསྙེན་སོགས་སྲིད་པར་འགྱུར། ཞེས་བྲིས་པ་ནི་མ་ཕྱེད་པའི་སྐྱོན་ཏེ། སྡོམ་གསུམ་རབ་དབྱེར་གསུངས་པའི་དོན་དེ་ལྟར་མིན་པར་རིགས་བདུན་པོ་རང་རང་ཁས་བླངས་ཀྱི་དུས་བཞིན་བཏང་བར་གསུངས་ཀྱི་གཟུགས་ཅན་ཡིན་པ་རྟགས་སུ་མ་བཀོད་པའི་ཕྱིར་དང་། སྡོམ་པ་གཟུགས་ཅན་ཡིན་པའི་ཕྱིར། ཤི་བའི་ཚེ་ན་སྡོམ་པ་བཏང་ངོ་། །ཞེས་གསུངས་པ་ནི་སྡོམ་པའི་ངོ་བོ་དང་། གཏོང་དུས་བྱེ་སྨྲའི་ལུགས་བཞིན་གསུངས་པ་ཡིན་པར་ཤེས་པར་བྱའོ། །

སྤྱི་དོན་བཅུ་པ་སྡོམ་པ་གསུམ་ཉམས་པ་ཕྱིར་བཅོས་བཤད་པ་ལ། གསུམ་གྱི་སོ་ཐར་གྱི་ཚུལ་ནི་གཞན་དུ་ཤེས་པར་བྱ་ལ། འོན་ཀྱང་འཆབ་བཅས་ཀྱི་ཕམ་པ་བཞི་པོ་གང་རུང་བྱུང་ན་སླར་ཡང་བླང་དུ་མེད་པར་གསུངས་ཏེ། གཞུང་དུ། ཉམས་ནས་འཆབ་སེམས་སྐྱེས་པ་ལ། །སླར་ཡང་བླང་དུ་མེད་པར་གསུངས། །ཞེས་དང་། ཕམ་པ་བཞི་ལས་གང་ཡང་རུང་བ་བྱུང་བ་ཞིག་མ་ཡིན་ནམ། ཞེས་པའི་རྒྱ་ཆེ་འགྲེལ་དུ། གང་ཡང་རུང་བ་གཅིག་ཅེས་སྨྲས་པ་ནི། གཅིག་གིས་ཀྱང་སྐྱེ་བའི་ཆོས་ཉིད་མེད་པ་ཡིན་ནོ། །ཞེས་བྱ་བར་སྟོན་ཏོ། །ཞེས་བཤད་དོ༑ ༑

གཉིས་པ་སེམས་བསྐྱེད་ཀྱི་སྡོམ་པའི་ཕྱིར་བཅོས་ལ། དབུ་སེམས་གཉིས་མི་འདྲ་བ་ཡིན་ཏེ། ཆོས་རྗེ་ས་པཎ་གྱིས། ཕྱིར་བཅོས་མི་འདྲ་སྡེ་སློབ་དཔོན་ཐོགས་མེད་ཀྱིས་ཉན་ཐོས་དང་བསྟུན་ནས། སྡོམ་པ་སླར་ཡང་བླང་བར་བྱ། །ཟག་པ་འབྲིང་ནི་གསུམ་ལ་བཤགས། །གཅིག་ནི་བདུན་དུ་ལྟག་མ་རྣམས། །ཞེས་བཞེད་ལ། འཕགས་པས་ནི། ནམ་མཁའི་སྙིང་པོ་ལ་སོགས་པ་གསོལ་བ་གདབ་པ་དང་། དེ་བཞིན་གཤེགས་པ་ཡི་གེ་བརྒྱ་པ་ལ་སོགས་པས་ལྟུང་བ་འདག་པར་མཛད་པས་སོ། །ཞེས་གསུངས་ཏེ། ཞིབ་ཏུ་སེམས་བསྐྱེད་ཀྱི་གཞུང་དུ་ཤེས་པར་བྱའོ། །

ཁ་ཅིག་ན་རེ། ཉེ་བ་འཁོར་གྱིས་ཞུས་པའི་མདོར། ཉན་ཐོས་ཀྱི་སོ་ཐར་སླར་ཡང་བླང་དུ་མེད་པ་དང་། བྱང་ཆུབ་སེམས་དཔའི་སྡོམ་པ་སླར་ཡང་བླང་དུ་ཡོད་པར་གསུངས་པས། ཐེག་ཆེན་དགེ་སློང་ལ་ཕམ་པ་བྱུང་ཡང་སླར་བླང་དུ་ཡོད་དོ། །ཟེར་བ་ནི་ཆེས་མི་རིགས་ཏེ། མདོ་དེར་བྱང་སེམས་ཀྱི་སྡོམ་པ་བཅོས་སུ་ཡོད་པར་བཤད་པ་དེ་དགེ་སློང་གི་སྡོམ་པ་ལ་ཟེར་ན། བྱང་སེམས་ཀྱི་སྡོམ་པ་སླར་ཡང་རྗེས་འབྲང་བར་བཤད་པས། ཐེག་ཆེན་གྱི་དགེ་སློང་གི་སྡོམ་པ་ཤི་བའི་འོག་ཏུ་འགྲོ་བར་འགྱུར་བ་དང་། ཐེག་ཆེན་གྱི་དགེ་སློང་ལེན་པའི་ཚོ

ག་ནི་འདུལ་བ་ནས་བཤད་པ་བཞིན་བྱེད་དགོས་ལ། འདུལ་བར་ཕམ་པ་གང་རུང་བྱུང་བས་གླང་དུ་མེད་པར་གསུངས་པ་སོགས་གཏོང་ཐོབ་ཀྱི་ཚུལ་དེ་བཞིན་དུ་བྱེད་དགོས་པའི་ཕྱིར་དང་། འདུལ་བའི་ཚིག་མིན་པར་གཞན་ཐེག་ཆེན་དགེ་སློང་འབོགས་པའི་ཚིག་ཅི་འདྲ་ཞིག་བྱེད་སློས་ཤིག །

ཡང་དེའི་རྗེས་འབྲང་ཁ་ཅིག་ན་རེ། ཉན་ཐོས་འདུལ་བར་ཕམ་པ་གླང་དུ་མེད་པར་གསུངས། ཐེག་ཆེན་པས་ཕམ་པ་གླང་དུ་ཡོད་པར་གསུངས་ཀྱང་། ཐེག་ཆེན་གྱི་དགེ་སློང་ཕམ་པར་གྱུར་པ་སླར་གླང་དུ་ཡོད་པ་སྨོན་སེམས་ཀྱི་ནུས་པ་ཡིན་པས། ཐེག་ཆེན་གྱི་དགེ་སློང་ཕམ་པ་གླང་དུ་རུང་བ་དང་། ཐེག་ཆེན་གྱི་ལུགས་ལ་སླར་ཡང་གླང་དུ་ཡོད་པ་ཕྱེད་པར་བྱའོ། །ཞེས་ཟེར་བ་ནི་ནོར་བ་སྟེ། དགེ་སློང་ཉམས་པ་སླར་གླང་དུ་ཡོད་པར་བསྟན་པའི་དམ་འཅའ་ཉམས་ལ། གཞན་ཡང་དགེ་སློང་ཉམས་པ་གླང་བ་ཐེག་པ་ཆེ་ཆུང་སུའི་ལུགས་ལ་ཡང་མ་བཤད་ཀྱང་། ཁོ་བོ་ཅག་འདོད་པས་དམ་བཅའོ། །ཞེས་འདུལ་བའི་བཅས་པ་དང་མི་མཐུན་པའི་བག་མེད་པའི་ཉེས་པ་ཆེན་པོ་ལ་སྤྱོར་བ་མ་བྱེད་ཅིག །

གསུམ་པ་གསང་སྔགས་ཀྱི་ཕྱིར་བཅོས་ནི། སྔར་སྨོས་པའི་གཞུང་རྣམས་དང་། རྒྱ་ལྟུང་འཁྲུལ་སྤོང་ལས་ཤེས་པར་བྱའོ། །

སྤྱི་དོན་བཅུ་གཅིག་པ་སྡོམ་པ་གསུམ་རྒྱུད་ལ་ལྡན་བཞིན་དུ་སྡོམ་པ་གསུམ་གྱི་ལམ་ལ་སློབ་ཚུལ་ནི། སོ་ཐར་སྡོམ་ལྡན་གྱི་སྡོམ་པ་བསྲུང་ཚུལ་རྣམ་པ་ལྔ་སྟེ། དེའི་ནང་ནས་བསླབ་པ་ཡོངས་སུ་སྦྱང་བའི་སྒོས་བསྲུང་བའི་གསོ་སྦྱོང་ལ་ཡང་། ཞི་གནས་ཀྱི་གསོ་སྦྱོང་དང་། མཐུན་པའི་གསོ་སྦྱོང་གཉིས་ཀྱི་དང་པོ་ནི། བསླབ་པ་གསུམ་གྱི་ནང་ནས་ཏིང་ངེ་འཛིན་གྱི་བསླབ་པ་དང་། ཤེས་རབ་ཀྱི་བསླབ་པ་སྦྱར་བར་བཤད་ལ། ཕྱི་མ་ཚུལ་ཁྲིམས་ཀྱི་བསླབ་པ་སྦྱར་བའི་ཕྱིར་དུ་ཡིན། བྱང་སེམས་སྡོམ་ལྡན་གྱི་ཚུལ་ཁྲིམས་རྣམ་གསུམ་དང་། སྔགས་པ་སྡོམ་ལྡན་གྱི་སྒྲུབ་པའི་དམ་ཚིག་ཆ་ལག་དང་བཅས་པ་ལ་འབད་དགོས་ཏེ། བསྒྲུབ་པའི་དམ་ཚིག་ལ་ཡང་ཞིབ་ཏུ་ན། མཉམ་བཞག་གི་དམ་ཚིག་དང་། རྗེས་ཐོབ་ཀྱི་དམ་ཚིག་གཉིས་སུ་ཡོད་ཅིང་། དེ་ཡང་སྡོམ་གསུམ་རབ་དབྱེའི་གཞུང་དུ། དེས་ན་དབང་བསྐུར་ཐོབ་པ་དེ། །བསྲུང་ཞིང་འཕེལ་བར་བྱེད་པ་ལ། །བསྒོམ་པ་ཞེས་ནི་བཏགས་པ་ཡིན། །ཞེས་གསུངས་པ་བཞིན་བསྟན་པའི་ཐབས་ཤེས་དགོས་ཏེ། མཁས་མཆོག་དབྱིག་གཉེན་གྱིས། ཚུལ་གནས་ཐོས་དང་བསམ་ལྡན་པ། །བསྒོམ་པ་ལ་ནི་རབ་ཏུ་སྦྱོར། །ཞེས་ཐེག་ཆེན་གྱི་ལམ་ལ་སློབ་ཚུལ་གྱི་རིམ་པ་གསུངས་པ་ལྟར། སྡོམ་པ་གསུམ་ཀའི་ལམ་ལ་སློབ་ཚུལ་དེ་བཞིན་ཏེ། ལུང་དེ་ཉིད་རྗེ་བཙུན་གྱིས་རྒྱ་ལྟུང་འཁྲུལ་སྤོང་དུ་དྲངས་ནས་གསུངས་པ་བཞིན་ནོ། །

ཆོས་རྗེ་ས་པཎ་གྱིས་སྐྱེས་བུའི་སྙིང་ཡིག་ཏུ་ཉན་ཐོས་ཀྱི་སྡོམ་པ་གཉེན་པོ་ལམ་བདེན་གྱི་སྒྲུང་བ་བྱས་པས། མྱ་ངན་ལས་འདས་པ་ཐོབ་ཚུལ་དང་། བྱང་སེམས་ཀྱི་སྡོམ་པ་ཚོགས་གཉིས་ཀྱི་སྒྲུང་བ་བྱས་པས་སངས་རྒྱས་ཐོབ་ཚུལ་དང་། གསང་སྔགས་ཀྱི་སྡོམ་པ་རིམ་གཉིས་ཀྱིས་སྒྲུང་བ་བྱས་པས་རྡོ་རྗེ་འཆང་ཐོབ་ཚུལ་གསུངས་པ་དོན་སྟ་མ་དང་འདྲའོ། །

གཞན་ཡང་འཕགས་པ་ཐོགས་མེད་ཀྱིས། འདི་ལ་བྱང་ཆུབ་སེམས་དཔའ་ནི། ཚུལ་ཁྲིམས་ལ་བརྟེན་ཞིང་ཚུལ་ཁྲིམས་ལ་གནས་ནས། ཐོས་པ་དང་། བསམ་པ་དང་། ཞི་གནས་དང་། ལྷག་མཐོང་བསྒོམ་པ་དང་། གཅིག་པུར་དགེ་བ་ལ་བརྩོན་པར་བྱའོ། །ཞེས་སོགས་ནས། དེ་ལྟ་བུ་དང་མཐུན་པའི་དགེ་བའི་ཆོས་རྣམས་བསྒྲུབ་པ་དང་། བསྲུང་བ་དང་། རྣམ་པར་འཕེལ་བར་བྱེད་པའི་ཚུལ་ཁྲིམས་གང་ཡིན་པ་དེ་ནི། བྱང་ཆུབ་སེམས་དཔའི་དགེ་བ་ཆོས་སྡུད་པའི་ཚུལ་ཁྲིམས་ཞེས་བྱའོ། །ཞེས་སོགས་གསུངས་པ་ཡིན་ནོ། །

དེ་ལྟར་ན་སྟོན་པ་ཡང་དག་པར་རྫོགས་པའི་སངས་རྒྱས་ཀྱིས་བཀའ་དང་པོའི་སྐབས་སུ་གསུངས་པ་རྣམས་ནི། ཐོག་མར་སོ་སོ་ཐར་པའི་སྡོམ་པ་ནས་བརྩམས་ཏེ། ཐོས་པ་དང་། བསམ་པ་དང་། བསྒོམ་པའི་ཚུལ་ལ་ཞི་གནས་དང་ལྷག་མཐོང་གིས་བསྡུས་པ། འཇིག་རྟེན་དང་འཇིག་རྟེན་ལས་འདས་པའི་ལམ་བསམ་གཏན་དང་ཟག་པ་མེད་པའི་ཏིང་ངེ་འཛིན་དང་། བྱང་ཆུབ་ཀྱི་ཕྱོགས་ཀྱི་ཆོས་སུམ་ཅུ་རྩ་བདུན་དང་། མཐར་འབྲས་བུ་མྱ་ངན་ལས་འདས་པའི་བར་དུ་གསུངས་པ་དང་། ཐེག་ཆེན་གྱི་མདོ་སྡེ་རྣམས་སུ། ཐོག་མར་སེམས་བསྐྱེད་ནས་བརྩམས་ཏེ། ཐེག་པ་ཆེན་པོའི་ཐོས་བསམ་དང་བསྒོམ་པའི་ཚུལ་ལ་བྱང་ཆུབ་སེམས་དཔའི་ཚུལ་ཁྲིམས་རྣམ་པ་གསུམ་དང་། ཚོགས་གཉིས་ཀྱིས་བསྡུས་པའི་སྤྱོད་པ་མཐའ་ཡས་དང་། མཐར་འབྲས་བུ་སངས་རྒྱས་ཀྱི་བར་དུ་གསུངས་པ་དང་། རྡོ་རྗེ་ཐེག་པའི་རྒྱུད་སྡེ་རྣམས་སུ་ཐོག་མར་སྔགས་ཀྱི་ཚུལ་ཁྲིམས་ནས་བརྩམས་ཏེ། སྔགས་ཀྱི་ཐོས་བསམ་དང་བསྒོམ་པའི་ཚུལ་ལ། མཚན་བཅས་དང་མཚན་མེད་ཀྱི་རྣལ་འབྱོར་དང་། ལམ་རིམ་པ་གཉིས་ཆ་ལག་དང་བཅས་པ་མཐར་འབྲས་བུ་རྡོ་རྗེ་འཆང་གི་བར་དུ་གསུངས་པ་ཐམས་ཅད་ཀྱང་སྡོམ་པ་གསུམ་གྱི་ཉམས་ལེན་དེ་དང་དེར་མ་འདུས་པ་མེད་པས། རྒྱལ་བའི་གསུང་རབ་དགོངས་འགྲེལ་དང་བཅས་པ་ཐམས་ཅད་ཀྱི་དོན་བསྡུས་ནས་ཉམས་སུ་ལེན་ན་སྡོམ་པ་གསུམ་གྱི་ཉམས་ལེན་དུ་འདུས་པར་ཤེས་པར་བྱའོ། །

སྤྱི་དོན་བཅུ་གཉིས་པ་སྡོམ་པ་གསུམ་ཉམས་སུ་བླངས་པའི་འབྲས་བུ་བཤད་པ་ལ་གསུམ་སྟེ། ཐེག་པ་ཆེ་ཆུང་སོ་སོའི་སྡོམ་པའི་འབྲས་བུ། སྡོམ་པ་གཉིས་ལྡན་བྱང་སེམས་སྡོམ་པའི་འབྲས་བུ། སྡོམ་པ་གསུམ་ལྡན་སྔགས་སྡོམ་གྱི་འབྲས་བུའོ། །དང་པོ་ནི། ཐེག་ཆེན་སོ་ཐར་ལ་གནས་སྐབས་དང་མཐར་ཐུག་གི་འབྲས་བུ

གཉིས་ལས་དང་པོ་ནི་ལྷ་མི་སོགས་ཀྱི་གོ་འཕང་ཐོབ་ལ། གཉིས་པ་ནི་ཉན་ཐོས་ཀྱི་རིགས་ཅན་དབང་རྣོན་ཞིག་གིས་སྲིད་པ་གསུམ་གྱི་ཐ་མ་ལ་ཉན་ཐོས་དགྲ་བཅོམ་གྱི་འབྲས་བུ་ཐོབ་ལ། རང་སངས་རྒྱས་ཀྱི་རིགས་ཅན་དབང་རྣོན་ཞིག་གིས་བསྐལ་པ་བརྒྱའི་རྗེས་སུ་རང་རྒྱལ་དགྲ་བཅོམ་ཐོབ་སྟེ།སའི་འབྲས་བུ་ཐོབ་སྟེ། མཛོད་ལས། མྱུར་བ་སྲིད་པ་གསུམ་གྱི་མཐར། །ཞེས་དང་། བསེ་རུ་བསྐལ་པ་བརྒྱའི་རྒྱུས། །ཞེས་གསུངས་པའི་ཕྱིར་རོ། །

བྱང་སེམས་སྡོམ་པའི་འབྲས་བུ་ལ་ཡང་གཉིས་ལས། དང་པོ་གནས་སྐབས་འབྲས་བུ་ནི། གཟུགས་སུ་གྲུབ་ན་ནམ་མཁའི་ཁམས་སུ་མི་ཤོང་བ་ཙམ་གྱི་འབྲས་བུ་འབྱུང་བར་བཤད་ལ། གཉིས་པ་མཐར་ཐུག་གི་འབྲས་བུ་ནི། མྱུར་ན་བསྐལ་པ་གྲངས་མེད་གསུམ་གྱི་མཐར་འཚང་རྒྱ་བ་བརྒྱད་སྟོང་འགྲེལ་ཆེན་དུ་བཤད་དོ། །འབྲིང་བསྐལ་པ་གྲངས་མེད་སུམ་ཅུ་རྩ་གསུམ་གྱི་མཐར་འཚང་རྒྱ་བར་སློབ་དཔོན་དབྱིག་གཉེན་གྱིས་མདོ་སྡེ་རྒྱན་གྱི་འགྲེལ་པར་བཤད་དོ། །མཐའ་མ་བསྐལ་པ་གྲངས་མེད་བྱེ་བ་སོགས་ཀྱི་མཐར་འཚང་རྒྱ་བར་སམ་བུ་ཊི་ར་བཤད་དོ། །

བྱ་རྒྱུད་ཀྱི་སྔགས་སྡོམ་གྱི་འབྲས་བུ་ནི། མྱུར་ན་ས་བཅུ་པ་ལ་སངས་རྒྱས་སུ་བྱས་པ་དེ་ཚེ་འདི་ཉིད་ལ་འགྲུབ་པར་བཤད་དོ། །སྤྱོད་རྒྱུད་ལ་ཐོབ་བྱའི་ཡུལ་དང་། ཚེ་འདི་ཉིད་ལ་འགྲུབ་པར་འདུ་ཡང་། སྔར་ལས་མྱུར་བར་གསུངས་སོ། །ཡོ་ག་རྣལ་འབྱོར་རྒྱུད་ལ་བཤད་ཚོད་ལ། ཚེ་འདི་ཉིད་ལ་རྣམ་སྣང་ཆེན་པོའི་གོ་འཕངས་ཐོབ་པར་བཤད་ཀྱང་། དོན་ལ་མི་འཐོབ་སྟེ། རྣམ་སྣང་ཆེན་པོའི་གོ་འཕང་ཐོབ་པར་བྱེད་པ། སྔགས་བླ་མེད་ལ་བརྟེན་དགོས་པའི་ཕྱིར། དཔེར་ན། ཕར་ཕྱིན་ཐེག་པར་གསང་སྔགས་ལ་བརྟེན་མི་དགོས་པར་འཚང་རྒྱ་བར་བཤད་ཀྱང་། རྫོགས་པའི་སངས་རྒྱས་ཀྱི་གོ་འཕངས་ཐོབ་པར་བྱེད་པ་ལ་གསང་སྔགས་བླ་མེད་ལ་བརྟེན་དགོས་པ་བཞིན་ནོ། །དེས་ན་ཡོ་ག་རང་རྐང་ལ་ས་བཅུ་མན་ཆད་ཚེ་གཅིག་ཏུ་སྤྱོད་རྒྱུད་ལས་ཀྱང་དུས་མྱུར་བར་ཐོབ་པ་ཡིན་ནོ། །

སྔགས་བླ་མེད་སྡོམ་པའི་འབྲས་བུ་ནི། རབ་ཚེ་འདི་དང་། འཆི་ཁ་བར་དོ། ཐ་མ་སྐྱེ་བ་བདུན་ནམ་བཅུ་དྲུག་ཙམ་ལ་འགྲུབ་པར་བཤད་དོ། །དེ་ལ་ཡང་སྦྱོང་བ་བཞི། ཡན་ལག་བཞི་ལ་སོགས་པ་དགོས་ཏེ། གོང་མའི་གསུང་རབས་ལས་ཤེས་སོ། །རྒྱུད་སྡེ་བཞི་ཀའི་གནས་སྐབས་ཀྱི་འབྲས་བུ་ནི། ཞི་རྒྱས་ལ་སོགས་པའི་ཐུན་མོང་གི་དངོས་གྲུབ་བསམ་གྱིས་མི་ཁྱབ་པ་འགྲུབ་བོ། །

གཉིས་པ་སྡོམ་པ་གཉིས་ལྡན་བྱང་སེམས་སྡོམ་པའི་འབྲས་བུ་ནི། བྱང་ཆུབ་སེམས་དཔའི་རྒྱུད་ཀྱི་སོ་

ཐར་རིགས་བདུན་གང་ཡིན་པ་དེའི་ཐེག་དམན་མྱང་འདས་ཐོབ་བྱེད་ཀྱི་རྒྱུ་ནི་མིན་ཏེ། མྱུར་ན་བསྐལ་པ་གྲངས་མེད་གསུམ་ནས་འཚང་རྒྱ་རྒྱུ་ཡིན་པའི་ཕྱིར་དང་། བྱང་ཆུབ་སེམས་དཔའི་ཉམས་ལེན་ཡིན་པའི་ཕྱིར་རོ། །

སྡོམ་པ་གསུམ་ལྡན་གྱི་སྔགས་སྡོམ་གྱི་འབྲས་བུ་ནི། སྡོམ་པ་གསུམ་ལྡན་རྒྱུད་ཀྱི་སོ་ཐར་རིགས་བདུན་གང་ཡིན་དང་། བྱང་སེམས་ཀྱི་སྡོམ་པ་ནི་ཐེག་ཆེན་གྱི་མྱང་འདས་ཐོབ་བྱེད་ཀྱི་རྒྱུ་མིན་ལ། མྱུར་ན་བསྐལ་པ་གྲངས་མེད་གསུམ་སོགས་ཀྱི་མཐར་འཚང་རྒྱ་བའི་རྒྱུ་ཡང་མིན་ཏེ། མྱུར་ན་ཚེ་འདི། བར་དོ་སོགས་སུ་བཅུ་གསུམ་རྡོ་རྗེ་འཛིན་པ་ཐོབ་པའི་རྒྱུ་ཡིན་པའི་ཕྱིར་རོ། །དེས་ན་ཐེག་པ་ཆེན་པོའི་ཆོས་བསྒྲུབ་པའི་རྟེན་ལ་སྡོམ་པ་གསུམ་ལྡན་ལས་བཟང་བ་མེད་ཅིང་། གཞུང་དུ། སྡོམ་པ་གསུམ་དང་ལྡན་པ་ཡི། །རིམ་གཉིས་ཟབ་མོའི་གནད་ཤེས་ན། །ཚེ་འདི་ཉིད་ལ་སངས་རྒྱས་འགྲུབ། །ཅེས་གསུངས་པ་ཡིན་ནོ། །

དེ་ལྟར་ན་ཐོག་མར་དོན་ཚན་བཅུ་གཉིས་སུ་གཏན་ལ་ཕབ་པས། གཞུང་དོན་གྱི་གཙོ་བོ་རྣམས་བདེ་བླག་ཏུ་རྟོགས་པར་నུས་ལ། དེ་རྣམས་ལས་འཕྲོས་ཏེ་ཞིབ་ཏུ་ཤེས་པར་འདོད་ན། གཞུང་དོན་གྱི་སྙིང་དུ་འབྱུང་ཞིང་། དེའང་རྒྱས་པར་ནི་མདོ་རྒྱུད་དགོངས་འགྲེལ་གྱི་བསྟན་བཅོས་དང་བཅས་པ་ཐམས་ཅད་འདིའི་རྒྱབ་ཆོས་སུ་འགྱུར་ཚུལ་ཤེས་དགོས་སོ།། །།

སྡོམ་གསུམ་ཉམས་ལེན་དེ་བཞིན་བྱའོ་ཞེས། །ཀུན་མཁྱེན་ཆོས་རྗེ་ཡབ་སྲས་ཞལ་སྔ་ནས། དོན་དེ་ཇི་བཞིན་མངོན་དུ་མཛད་ནས་གསུངས། །ཁོ་བོས་ཐོས་ནས་ཐོས་པ་ཇི་བཞིན་བྲིས། །བྲིས་པ་ཇི་བཞིན་རང་ལ་མི་ལྡན་ཀྱང་། །གཞན་གྱིས་བསྐུལ་ནས་གཞན་གྱི་ཆེད་དུ་སྨྲ། །ལོང་བས་མར་མེ་འཛིན་པ་ཇི་བཞིན་དུ། །གཞན་ལ་ཕན་པར་འགྱུར་ཞེས་དཔྱིག་གཉེན་གསུངས། །རྒྱལ་བའི་བསྟན་པ་མདོ་རྒྱུད་མ་ལུས་པའི། །སྙིང་པོ་ལེགས་བསྡུས་ཉམས་ལེན་ཁྱད་པར་ཅན། །སྡོམ་གསུམ་ཉམས་ལེན་ཟབ་རྒྱས་འདི་འདྲ་བའི། །བཤད་སྒྲུབ་ཚུལ་བཞིན་ཤེས་པ་གང་དེ་མཁས། །གཞུང་དོན་གཞུང་བཞིན་མི་ཤེས་རང་འདོད་དག །རང་དགར་སྨྲ་བའི་མཁས་འདོད་སྐྱེ་བོ་རྣམས། །ཁྱེ་སྨྲའི་སྡོམ་གསུམ་ཉན་ཐོས་སོ་ཐར་དང་། །གྲུབ་མཐའ་ཕྱུན་ཚོགས་ཐེག་པ་ཆེ་ཆུང་སོགས། །ལེགས་པར་མ་ཕྱེད་སྣ་ཚོགས་བློས་སྐྱོན་གྱིས། །སྐྱོན་མེད་ལམ་ལ་སྐྱོན་ཅན་མ་བྱེད་པར། །བསྟན་པ་ཡོངས་རྫོགས་སྐྱོན་མེད་ཉམས་སུ་ལོངས། །ཆོས་རྗེ་རྣམས་ཀྱི་སྐུ་དྲིན་ལས། །ན་ཚོད་ལྡན་གྱི་ལོ་ལ་ནི། །ས་ཚོད་ངོར་གྱི་དགོན་པ་རུ། །བློ་ཚོད་བཞིན་དུ་ཀུང་རྒྱས་བྲིས།། །།ཤུ་བྷཾ།། །།

༄༅། །སྡོམ་གསུམ་རབ་དབྱེའི་ས་བཅད་དོན་གསལ་སྒྲོན་མེ་ཞེས་བྱ་བ་བཞུགས་སོ། །

ཀུང་རུ་ཤེས་རབ་བཟང་པོ།

ཨོཾ་སྭསྟི་སིདྡྷཾ། ཀུན་མཁྱེན་ཀུན་དགའི་མཚན་ཅན་ཆོས་ཀྱི་རྗེ། །སྙིང་པོ་རྒྱལ་མཚན་བཟང་པོའི་མཐའ་ཅན་ཏེ། །ལྷག་པར་ངོ་མཚར་ཆེ་བ་རྣམ་གསུམ་ལ། །སྙིང་ནས་འདུད་དོ་བདག་རྒྱུད་བྱིན་གྱིས་རློབས། །མདོ་རྒྱུད་ཀུན་གྱི་ཚིག་དོན་མ་ལུས་པ། །སྡེ་སྣོད་གསུམ་དང་སྡོམ་གསུམ་ཉམས་ལེན་དུ། །བསྡུས་ནས་ཆོས་དང་ཆོས་མིན་རྣམ་འབྱེད་པའི། །བསྟན་ཆོས་འདི་དོན་འདི་ལྟར་ཤེས་པར་བྱ། །

འདིར་བསྟན་ཆོས་སྡོམ་པ་གསུམ་གྱི་རབ་ཏུ་དབྱེ་བ་འཆད་པ་ལ། ཐོག་མའི་ལོ་རྒྱུས་དང་། ལོ་རྒྱུས་དེ་ལྡན་གྱི་བསྟན་བཅོས་སོ། །དང་པོ་ལ་སྤྱིའི་ལོ་རྒྱུས་དང་། བྱེ་བྲག་བསྟན་བཅོས་འདིའི་ལོ་རྒྱུས་སོ། །དང་པོ་ལ། འཁོར་བ་སྤྱོད་པའི་བསྟན་བཅོས་འདི་བཞིན་བྱེད་དགོས་པ་ལུང་རིགས་ཀྱིས་བསྒྲུབ་པ་དང་། དེ་ལྟར་བྱས་པའི་རྣམ་གྲངས་བཤད་པའོ། །བྱེ་བྲག་བསྟན་བཅོས་འདིའི་ལོ་རྒྱུས་ལ། མཛད་པ་པོའི་ཆེ་བ། དེས་བསྟན་བཅོས་འདི་མཛད་པའི་ཚུལ། ཐར་པ་དོན་གཉེར་གྱི་བསྟན་བཅོས་འདི་ནས་བཤད་པ་ལྟར་ཉམས་སུ་ལེན་དགོས་པར་གདམས་པའོ། །ལོ་རྒྱུས་དེ་ལྡན་གྱི་བསྟན་བཅོས་བཤད་པ་ལ། སྟོན་འགྲོ། དངོས་གཞི། མཇུག་དོན་དང་གསུམ་མོ། །དང་པོ་ལ་གསུམ་སྟེ། མཚན་དོན་སྡོམ་པ་གསུམ་གྱི། མཆོད་བརྗོད། བཤད་པར་དམ་བཅའ་བའོ། །

གཉིས་པ་མཆོད་བརྗོད་ལ། བླ་མ་དམ་པ་སྤྱི་ལ་བླ་མ་དམ་པའི་དང་། རང་ལ་སྡོམ་གསུམ་སྟེར་བ་པོ་རྩ་བའི་བླ་མ་ལ་བདེ་གཤེགས་དང་། སྡོམ་གསུམ་གྱི་བསླབ་པ་འཆའ་བ་པོ་སྟོན་པ་དེ་ལ་མཆོད་པར་བརྗོད་པསྒྲོན་མེད་འོ༑ ༑གསུམ་པ་ལ་གང་ཟག་གང་གི་དོན་དད་ལྡན་དང་། ཚིག་གང་གི་སྒྲོས་མཁས་རྣམས་དང་། ཀུན་སློང་གང་གི་སྒྲོས་བཤད་པ་བདག་ཉིད་དང་། བསྟན་བཅོས་འདིའི་བརྗོད་བྱའི་གཙོ་བོ་ངོས་བཟུང་ནས་མཉན་པར་གདམས་པ་སོ་སོ་ཐར་པའི་སྡོམ་པ་དང་འོ། །

གཉིས་པ་དངོས་གཞི་ལ་གཉིས་ཏེ། སྡོམ་པ་གསུམ་གྱི་ཉམས་ལེན་ལ་བླང་དོར་བྱ་ཚུལ་དང་། བླང་དོར་སྟོན་པའི་བསྟན་བཅོས་འདི་ལ་འཁྲུལ་པ་མེད་པའི་རྒྱུ་མཚན་བཤད་པའོ། །དང་པོ་ལ་བརྗོད་བྱ་བདེ་བླག་ཏུ

རྟོགས་པའི་ཕྱིར་དུ་སྤྱི་དོན་གྱི་སྒོ་ནས་བཤད་པ་དང་། གཞུང་དོན་བཤད་པའོ། །འདི་ལ་ལེའུ་གསུམ་གྱི་དང་པོ་ལ། དངོས་བསྟན་སོ་སོ་ཐར་པ་བཤད་པ་དང་། དེ་ལས་འཕྲོས་དོན་རྒྱས་པར་བཤད་པ་དང་། ཐོས་བསམ་བསྒོམ་གསུམ་མ་ནོར་བས་འཇུག་བསྡུ་བ་ དེ་ནས་སངས་རྒྱས་འོ། །དང་པོ་ལ་གྲངས་ཀྱི་སྒོ་ནས་མདོར་བསྟན་པ་སོ་སོ་ཐར་པའི་སྡོམ་པ་ལ་དང་། སོ་སོའི་རང་བཞིན་རྒྱས་པར་བཤད་པའོ། །འདི་ལ་གཉིས་ཏེ། གཙོ་བོར་ཐེག་ཆེན་སོ་ཐར་བཤད་པ་དང་། ཐེག་ཆེན་སོ་ཐར་བཤད་པའོ། །དང་པོ་ལ་གསུམ་སྟེ། སྡོམ་པ་གནས་གཏོང་གི་དུས་བཤད་པ། དུས་ལ་ལོག་རྟོག་དགག་པ། བསླབ་གནས་བྱེ་བྲག་ཏུ་བཤད་པའོ། །དང་པོ་ལ་གཉིས་ཏེ། ཐུན་མོང་གི་ཤེས་བྱེད། ཐུན་མོང་མིན་པའི་རིགས་པ་ལུང་གིས་བསྒྲུབ་པའོ། །འདི་ལ་གཉིས་ཏེ། བྱེ་སྨྲ་རང་འདོད་ཀྱི་རིག་པ་ཉན་ཐོས་དང་། རང་གཞུང་ཚད་མ་འདི་ནི་དང་། བྱང་སེམས་ལ་འཐད་རིགས་པ་བྱང་ཆུབ་སེམས་དཔའི། ལུང་མདོ་རྒྱུད་དོ། ། དུས་ལ་ལོག་རྟོག་དགག་པ་ལ། སོ་ཐར་རིགས་བདུན་ཤི་ཡང་མི་གཏོང་བའི་ལོག་རྟོག་དང་། སེམས་བསྐྱེད་ཀྱིས་ཟིན་པའི་དགེ་སློང་གི་སྡོམ་པ་སོགས་ཤི་ཡང་མི་གཏོང་བའི་ལོག་རྟོག་དགག་པ་ དེ་ལ་ཁ་ཅིག་འོ། །དང་པོ་ལ་གཉིས་ཏེ། འདོད་པ་བརྗོད་པ་དེ་ལ་ཁ་ཅིག་དང་། དེ་དགག་པ་འདི་ལ་གཉིས་ཏེ། ལུང་དེ་འདྲ་དང་། རིག་པ་ དེ་འདྲ་ཡིན་ནའོ། །བསླབ་གནས་བྱེ་བྲག་ཏུ་བཤད་པ་ལ་གཉིས་ཏེ། རྣམ་བཞག་སྤྱིར་བཤད་པ་བྱེ་བྲག་སྨྲ་བའི་དང་། ལོག་རྟོག་དགག་པ་ ལ་ལའོ། །

གཉིས་པ་ཐེག་ཆེན་སོ་ཐར་ལ་གཉིས་ཏེ། མཉན་པར་གདམས་པ་སྔེ་སྣོད་ལས་དང་། རྒྱས་པར་བཤད་པའོ། །འདི་ལ་གཉིས་ཏེ། རྣམ་བཞག་སྤྱིར་བསྟན་པ་བྱང་ཆུབ་སེམས་དཔའི་དང་། ཐུན་མོང་བའི་ཆོ་ག་ལ་རྟེན་ནས། ཐུན་མོང་གི་ཐེག་ཆེན་སོ་ཐར་ཉམས་སུ་ལེན་ཚུལ་ལོ། །འདི་ལ་གསུམ་སྟེ། ཐུན་མོང་བའི་དེ་ནས་ཆོ་གས། ཐུན་མོང་གི་ཐེག་ཆེན་སོ་ཐར་རིགས་བརྒྱད་ལེན་ཚུལ། ཐེག་ཆེན་སོ་ཐར་དེའི་བསླབ་བྱའི་ཁྱད་ དེ་ནས་བྱང་ཆུབ་པར། དེ་གཏོང་བའི་་དུས་བསྟན་པ་ཐེག་ཆེན་སོ་ཐར་འོ། །

གཉིས་པ་དེ་ལ་འཕྲོས་དོན་རྒྱས་པར་བཤད་པ་ལ་གཉིས་ཏེ། ལས་འབྲས་ཀྱི་རྣམ་དབྱེ་སྤྱིར་བསྟན། དགེ་སྡིག་རྣམ་དབྱེ་བྱེ་བྲག་ཏུ་བཤད་པའོ། །དང་པོ་ལ་གཉིས་ཏེ། མཉན་པར་གདམས་པ་དང་། རྒྱས་པར་བཤད་པའོ། །འདི་ལ་གཉིས་ཏེ། རང་ལུགས་བཞག་པ་མདོར་བསྟན། གཞན་ལུགས་དགག་པ་རྒྱས་པར་བཤད་པའོ། །དང་པོ་ལ། ལས་རང་གི་ངོ་བོའི་སྒོ་ནས་དབྱེ་བ་སོགས་བཞི་ལས་ལའོ། །གཉིས་པ་གཞན་ལུགས་དགག་པ་རྒྱས་པར་བཤད་པ་ལ་གསུམ་སྟེ། ཕྱོགས་སྔ་བརྗོད་པས་མདོར་བསྟན་མུ་སྟེགས། དགག་པ་རྒྱས་པར་བཤད། བསྔོ་བའི་དབྱེ་བས་མཇུག་བསྡུ་བབསྔོ་བ་དེ་ཡང་འོ། །དེའི་གཉིས་པ་ལ་བཞི་སྟེ། སྤྱིར་ཆོས་དབྱིངས་དགེ

བ་ཡིན་པ་དགག །ཁྲེ་བྲག་བསྔོ་རྒྱུའི་དགེ་བ་ཡིན་པ་དགག །སེམས་ཅན་གྱི་ཁམས་ཉིད་བདེ་གཤེགས་སྙིང་པོར་འདོད་པ་དགག །བསྔོ་བའི་ལག་ལེན་འཁྲུལ་པ་གཞན་ཡང་དགག་པ འགའ་ཞིག་གོ། །དང་པོ་ལ་གཉིས་ཏེ། ལུང་རིགས་ཀྱིས་དགག་པ་དངོས། ཞར་ལ་མདོ་དོན་ལེགས་པར་བཤད་པའོ། །དང་པོ་ལ་གཉིས་ཏེ། ལུང་གིས་དགག །རིགས་པས་དགག་པ་རིགས་པས་ཀྱང་ངོ་ཞེ་ན། །དང་པོ་ལ་གཉིས་ཏེ། འགོག་བྱེད་ཀྱི་ལུང་དྲང་བདེ་གཤེགས་པ། ལུང་གཞན་དང་འགལ་བ་མཇོན་པའི་གཞུང་།སྤྱང་བའོ། །གཉིས་པ་ལ་ཞར་ལ་མདོ་དོན་ལེགས་པར་བཤད་པ་ལ་གཉིས་ཏེ། གཞན་གྱི་འདོད་པ་ཅི་ནས་ཆོས་དབྱིངས་འགོག །རང་གི་བཤད་པ་འགོད་པའོ། །གཉིས་པ་ཁྲེ་བྲག་བསྔོ་རྒྱུའི་དགེ་བར་འདོད་པ་དགག་པ་ལ་གསུམ་སྟེ། དགག་པ་དངོས། དེའི་ལན་དགག་པ། ནང་འགལ་བསྟན་པའོ། །

གསུམ་པ་སེམས་ཅན་གྱི་ཁམས་བདེ་གཤེགས་སྙིང་པོར་འདོད་པ་དགག་པ་ལ་གཉིས་ཏེ། གཞན་ལུགས་བརྟགས་ནས་དགག་པ་དང་། རང་ལུགས་ཕྱེ་སྟེ་བཤད་པའོ། །དང་པོ་ལ་གཉིས་ཏེ། དགག་པ་དངོས་ལ་ལ་དང་། དེའི་ལན་དགག་པ གལ་ཏེ་འོ། །གཉིས་པ་རང་ལུགས་ཕྱེ་སྟེ་བཤད་པ་ལ་གཉིས་ཏེ། སེམས་ཅན་ལ་ཡོད་པར་གསུངས་པའི་བདེ་གཤེགས་སྙིང་པོ་སྟོང་ཉིད་དུ་བསྟན་པ་དེས་ན་དེ་བཞིན་དང་། ལུང་གཞན་དགོངས་པ་ཅན་དུ་འོན་ཀྱང་། བསྒྲུབ་པའོ། །སྤྱི་དོན་གཉིས་པ་དགེ་སྡིག་གི་རྣམ་དབྱེ་ཁྱེ་བྲག་ཏུ་བཤད་པ་ལ་གཉིས་ཏེ། རང་ལུགས་བཞག་པ་མདོར་བསྟན་པ་དེས་ན། གཞན་ལུགས་དགག་པ་རྒྱས་པར་བཤད་པའོ། །འདི་ལ་གཉིས་ཏེ། དཀར་ནག་ཟླང་ཐལ་དགག་པ་དཀར་ནག་ཟླང་། ཡི་བཀག་ཡི་གནང་དགག་པའོ། །འདི་ལ་གཉིས་ཏེ། དགག་པ་དངོས་དང་དེ་ལ་རྩོད་པ་སྤོང་བའོ། །དང་པོ་ལ་གཉིས་ཏེ། ལུང་གིས་དགག་པ་ཡི་བཀག་དང་། རིགས་པས་དགག་པ ཁ་ཅིག་རབ་ཏུ་བྱུང་འོ། །

གཉིས་པ་རྩོད་པ་སྤོང་བ་ལ་གཉིས་ཏེ། ཐབ་པས་རབ་བྱུང་ལ་སྙིང་ནད་བྱུས་པའི་སྐྱོན་སྤང་བ་གལ་ཏེ་སྡོམ་པ་མ་བླངས་དང་། ལས་བྱེད་པ་པོ་སངས་རྒྱས་སུ་འགྱུར་བའི་སྐྱོན་སྤང་བའོ། །འདི་ལ་གཉིས་ཏེ་ཕྱོགས་སྔ་ཁ་ཅིག་འགོད་པ་དང་དེའི་ལན་ནོ། །འདི་ལ་གཉིས་ཏེ། མགོ་མཚུངས་ཀྱི་ལན་དང་མགོ་སྙོའི། རྣལ་ལན་ནོ། །འདི་ལ་གསུམ་སྟེ། བསླབ་པ་མི་འདྲ་བ་སངས་རྒྱས་ཀྱིས་བཅས་པའི་རྒྱུ་མཚན་གཤིས་ལས། དེས་བཅས་པའི་བསླབ་པ་ལ་གུས་པར་གདམས་པ སྨྲག་གུ་ཅན། ཞར་ལ་སྡེ་སྣོད་དང་མི་མཐུན་པའི་བྱ་བ་དགག་པ་འོ། །འདི་ལ་གཉིས་ཏེ། འདུལ་བ་དང་མི་མཐུན་པའི་མདོ་སྐྱལ་དགག་པ་མདོ་སྐྱལ་དང་། སྡེ་སྣོད་དང་མི་མཐུན་པའི་ཐོས་བསམ་དགག་པ་ལ་ལའོ། །

ལེའུ་གཉིས་པ་ལ་ཐོག་མར་ཐེག་ཆེན་ལ་འཇུག་རིགས་པར་བསྟན་པ་དང་། གཞུང་དངོས་སོ། །འདི་ལ་གསུམ་སྟེ། དབྱེ་བའི་སྒོ་ནས་མདོར་བསྟན་སེམས་བསྐྱེད་ལ་ནི། སོ་སོའི་རང་བཞིན་རྒྱས་པར་བཤད་པ། བསྟན་པའི་རྣམ་བཞག་གིས་མཇུག་བསྡུ་བ་མདོར་ན་འོ། །གཉིས་པ་ལ་གཉིས་ཏེ། དང་པོར་ཆོ་གའི་རྣམ་དབྱེ་བཤད་པ། བར་དུ་བསྲུང་བའི་ཚུལ་ལོ། །དང་པོ་ལ་གཉིས་ཏེ། སེམས་ཙམ་པ་དང་། དབུ་མ་པའི་སེམས་བསྐྱེད་ཀྱི་ཆོ་ག སེམས་ཅན་ཀུན་ལ་བྱུར་མི་རུང་སེམས་ཙམ་པའི་བ་དང་། རུང་བའི་ཚུལ་བཤད་དབུ་མ་ལུགས། དོན་དམ་སེམས་བསྐྱེད་ཆོགས་ལེན་པ་དགག་པའོ། །

གཉིས་པ་བར་དུ་བསྲུང་ཚུལ་ལ་གཉིས་ཏེ། ལྟུང་བའི་རྣམ་བཞག་སྤྱིར་བསྟན་འོན་ཀྱང་། འཇུག་པ་སེམས་བསྐྱེད་ཀྱི་བསླབ་བྱར་བྱེ་བྲག་ཏུ་བཤད་པའོ། འདི་ལ་གཉིས་ཏེ། བདག་གཞན་བརྗེ་མི་རུང་བ་དགག་པ་དང་། ཐབས་ལ་མི་མཁས་པའི་སྤྱོད་པ་སངས་རྒྱས་ཀྱི་རྒྱུ་ཡིན་པ་དགག་པ་སངས་རྒྱས་ཀྱི་དགོངས་པའོ། །དང་པོ་ལ་གཉིས་ཏེ། རིག་པས་དགག་པ་ཁ་ཅིག་པ་དང་། ལུང་གིས་དགག་པའོ། །

ལེའུ་གསུམ་པ་ལ། སྔགས་ལ་འཇུག་པ་རིགས་པར་བསྟན་པ་དང་། གཞུང་དངོས་སོ། །འདི་ལ་གསུམ་སྟེ། མ་འཁྲུལ་བའི་ཉམས་ལེན་མདོར་བསྟན་པ་རྡོ་རྗེ་ཐེག་པའི། འཁྲུལ་པ་དགག་པ་རྒྱས་པར་བཤད། བསྟན་པའི་བྱེ་དོར་དགོས་ཚུལ་གྱིས་མཇུག་བསྡུ་བའོ། །གཉིས་པ་ལ་གཉིས་ཏེ། དོན་ལ་འཁྲུལ་པ་དགག་པ་རྒྱས་པར་བཤད། ཚིག་ལ་འཁྲུལ་པ་དགག་པ་བསྡུས་ཏེ་བསྟན་པའོ། །དེའི་དང་པོ་ལ་གསུམ་སྟེ། སྨིན་བྱེད་དབང་ལ་འཁྲུལ་པ་དང་། ལམ་ལ་འཁྲུལ་པ་དང་། འབྲས་བུ་ལ་འཁྲུལ་པ་དགག་པའོ། །དང་པོ་ལ་གསུམ་སྟེ། ཆོག་ཉམས་པ་སྨིན་བྱེད་དུ་འདོད་པ་དགག་པ། དབང་བསྐུར་མེད་པ་དགག །དབང་མུ་བཞིར་འདོད་པ་དགག་པའོ། །དེའི་དང་པོ་ལ་བཞི་སྟེ། བྱིན་རླབས་དབང་དུ་འདོད་པ་དགག་དེང་སང་།རང་བཟོའི་དབང་ཆོག་དགག་འགའ་ཞིག །སློབ་མ་གྲངས་ངེས་མེད་པའི་དབང་དགག་དེ་ནས་ཉན་ཐོས།དཀྱིལ་འཁོར་མེད་པའི་དབང་དགག་དེ་བཞིན་པའོ། །གསུམ་པ་སློབ་མ་གྲངས་ངེས་མེད་པའི་དབང་དགག་པ་ལ་གཉིས་ཏེ། ལུང་འདི་ནི་དང་སྦྱར་བ། དེ་གཞན་ལ་ཡང་འཇུག་པར་བསྟན་པ་གཞན་རྣམས་འོ། །གཉིས་པ་དབང་བསྐུར་མེད་པ་དགག་པ་ལ་བདུན་ཏེ། དབང་མེད་པར་ལམ་ཟབ་མོ་བསྒོམ་པར་དགག་དབང་བསྐུར་མེད་པར་ལམ། སེམས་བསྐྱེད་ཆོས་སྒོར་འདོད་པ་དགག དབང་ཕྱི་ནས་ཁས་ལེན་བྱེད་པ་དགག་འགའ་ཞིག །སེམས་རྟོགས་ན་དབང་མི་དགོས་པ་དགག་ལ་ལ་སེམས་ཉིད། །ཚིག་མེད་པའི་དབང་དགག་ཁ་ཅིག །དབང་ཆོག་འཁྲུགས་པ་དགག །མོས་པ་ཆོས་སྒོར་འདོད་པ་དགག་པའོ། །དང་པོ་ལ་གཉིས་ཏེ། དབང་མེད་པ་ལ་ལམ་ཟབ་མོ་བསྒོམས་པའི་ཉེས་དམིགས་དབང་བསྐུར་མེད་ཀྱང་། དབང་པོ་རབ་བྱིན

བསླབས་ཙམ་གྱིས་སྨིན་པ་དགག་པའོ། །གཉིས་པ་སེམས་ཙན་བསྐྱེད་ཆོས་སྒོར་འདོད་པ་ལ་དགག་པ་གཉིས་ཏེ། འདོད་པ་བརྗོད་པ་ལ་ལ་དང་། དེའི་ལན་ནོ། །འདི་ལ་གཉིས་ཏེ། བྱ་རྒྱུད་དུ་རྣམ་པར་ཕྱེས་ཏེ་བསྟན་པའདི་ནི། རྒྱུད་ལྷག་མ་གསུམ་ལ་དབང་དགོས་པར་བསྟན་པལྷག་མའོ། །ལྔ་པ་ཆོག་མེད་པའི་དབང་ལ་གཉིས་ཏེ། འདོད་པ་ལ་ལ་བརྗོད་པ་དང་། དེ་དགག་པའོ། །འདི་ལ་གཉིས་ཏེ། མགོ་མཚུངས་ཀྱི་ལན་དང་། རྣལ་ལན་དེའི་ཕྱིར་དམ་པའི་ཆོས་ནོ། །བདུན་པ་མོས་པ་ཆོས་སྒོར་འདོད་པར་དགག་པ་ལ་གཉིས་ཏེ། འདོད་པ་བརྗོད་པ་ལམ་དབང་དང་། དེ་དགག་པའོ། །འདི་ལ་གཉིས་ཏེ། མགོ་མཚུངས་ཀྱི་ལན་དང་། རྣལ་ལན་སྙིང་གཏམ་དུ་གསུངས་པའོ། །འདི་ལ་གསུམ་སྟེ། དབང་གི་དགོས་པ་དེསན་སྙིང་།ཁཤད། དེ་ཉིད་གྲོལ་བྱེད་ལམ་གྱི་ངོ་བོར་བསྟནདེསན། ལམ་གཞན་དེའི་ཡན་ལག་ཏུ་བསྟན་པདེསན་དབང་བསྐུར་ཐོབ་པ་སྔོ་འོ། །

སྤྱི་དོན་གཉིས་པ་ལམ་ལ་འཁྲུལ་པ་དགག་པ་ལ་གསུམ་སྟེ། གཞི་དམ་ཚིག་ལ་འཁྲུལ་པ་དགགཁཅིག །ལམ་རང་གི་ངོ་བོ་ལ་འཁྲུལ་པ་དགག །ལམ་བསྒོམ་པའི་གནས་ལ་འཁྲུལ་པ་དགག་པའོ། །གཉིས་པ་ལ་དྲུག་སྟེ། འཁྲུལ་པའི་ལམ་དགག །མ་འཁྲུལ་བའི་ལམ་བསྒྲུབ་པར་གདམས། སྡོམ་པ་གསུམ་དང་མི་ལྡན་པའི་དགེ་བ་རྣམ་གྲོལ་གྱི་རྒྱུ་མིན་པར་བསྟན། མ་དག་པའི་ཐབས་ལམ་སངས་རྒྱས་ཀྱི་རྒྱུ་མིན་པར་བསྟན། ཐེག་པ་གསུམ་གྱི་ཉམས་ལེན་འཆོལ་པ་དགག །ལམ་གྱི་ཡན་ལག་ལྔ་བ་ལ་འཁྲུལ་པ་དགག་པའོ། །དང་པོ་གཉིས་ཏེ། འདོད་པ་བརྗོད་པཁཅིག་དང་། དེའི་ལན་འདིའིནོ། །གཉིས་པ་མ་འཁྲུལ་བའི་ལམ་བསྒྲུབས་པར་གདམས་པ་ལ་བཞི་སྟེ། ཕར་ཕྱིན་ལམ་གྱི་འབྲས་བུ་བསྒྲུབ་ཚུལསྟོང་ཉིད། གསང་སྔགས་ལམ་གྱི་འབྲས་བུ་བསྒྲུབ་ཚུལཕ་རོལ་ཕྱིན། དེ་དག་མདོ་རྒྱུད་དང་མཐུན་པར་ཉམས་ལེན་དགོས་ཚུལགང་གི་སངས་རྒྱས། དེ་དག་དང་མི་མཐུན་ན་སངས་རྒྱས་ཀྱི་བསྟན་པར་མི་རུང་བ་དཔེ་དང་བཅས་ཏེ་བསྟན་པདལྔའིའོ། །

གསུམ་པ་སྡོམ་གསུམ་དང་མི་ལྡན་པའི་དགེ་བ་རྣམ་གྲོལ་གྱི་རྒྱུ་མིན་པར་བསྟན་པ་ལ་གཉིས། རྒྱ་བོད་བླུན་པོའི་འདོད་པ་བརྗོད་པམུསྟེགས་དེ་བཞིན་དང་། དེའི་ལན་ནོ། །འདི་ལ་གསུམ་སྟེ། སྡོམ་པ་མེད་པས་མུ་སྟེགས་ཀྱི་དགེ་བ་ཐར་ལམ་མིན་པམུསྟེགས་བྱེད་ལ། དབང་མ་ཐོབ་པའི་ཉམས་ལེན་སྔགས་ལམ་མིན་པདེ་བཞིན། སྡོམ་པ་གསུམ་ལྡན་གྱི་རིམ་གཉིས་བསྒོམས་ན་མྱུར་དུ་གྲོལ་བར་བསྟན་པའོ། །བཞི་པ་མ་དག་པའི་ཐབས་ལམ་སངས་རྒྱས་ཀྱི་རྒྱུ་མིན་པར་བསྟན་པ་ལ་དགུ་སྟེ། སོ་ཐར་སེམས་བསྐྱེད སེམས་བསྐྱེད། བསྒོམ་པ་གསང་སྔགས་དབང་བསྐུརགལཏེ་དབང་། བསྐྱེད་རིམཀྱལ། གཏུམ་མོ གཏུམ་མོ། ཡེ་ཤེས ཡེ་ཤེས། མོས་གུསབླམ། ཕྱག་ཆེན་མ་དག་པའོ། །འདི་ལ་གསུམ་སྟེ། རྟོག་པ་ཁ་ཆོམ་ཕྱག་ཆེན་དུ་འདོད་པ། རྣམ་རྟོག་རགས་རིམ་འགག་པ་

ཕྱག་ཆེན་དུ་འདོད་པ། ཞི་གནས་ཕྲ་མོ་མཐོང་ལམ་དུ་ངོ་སྤྲོད་པ་དགག་པའོ། །དང་པོ་ལ་བཞི་སྟེ། བསྒོམ་དེ་ཕྱག་ཆེན་མིན་པར་བསྟན་པཕྱག་རྒྱ། དེའི་འབྲས་བུ་འཁོར་འདས་སུ་ལྟུང་བའམ་མིན་ཀྱང་སྔགས་ཀྱི་ཕྱག་ཆེན་མིན་པབསླུན་པོ། རང་ལུགས་ཀྱི་ཕྱག་ཆེན་ངོས་བཟུང་བདེ་ཀྱི་ཕྱག་རྒྱ། ད་ལྟའི་ཕྱག་ཆེན་རྒྱ་ནག་ལུགས་དང་འདྲ་བར་བསྟན་པའོ། །འདི་ལ་གཉིས་ཏེ། མདོར་བསྟན་པ་དང་ད་ལྟའི། རྒྱས་པར་བཤད་པའོ། །འདི་ལ་ལྔ་སྟེ། སྔོན་བྱུང་གི་ལོ་རྒྱུས་བཤད་ཆོས་ལུགས། དེ་བོད་ཀྱི་ཕྱག་ཆེན་འདྲ་བར་བསྟན་ཕྱི་ནས། དེ་གྲུབ་ཐོབ་ཀྱི་དགོངས་པ་དང་འགལ་བར་བསྟན་ནས་སོ། དབང་དང་མ་འབྲེལ་བའི་ཕྱག་ཆེན་རྒྱུད་དང་འགལ་བརྒྱད་ཀྱི། དབང་ལས་བྱུང་བའི་ཡེ་ཤེས་ཕྱག་ཆེན་དུ་བསྟན་པདབང་བསྐུར་འོ། །གཉིས་པ་རྣམ་རྟོག་རགས་རིམ་འགགས་པ་ཕྱག་ཆེན་དུ་འདོད་པ་དགག་པ་ལ་བཞི་སྟེ། ཕྱོགས་སྔ་དགོད་པདེ་ངས། དེ་དགག་པདེ་འདྲ། ཞར་ལ་ཐེག་ཆེན་ལ་དད་ན་དབང་མི་དགོས་པར་དགག་པཁ་ཅིག ། སངས་རྒྱས་པར་ཁས་འཆེ་བས་བཤད་ཉན་འགོག་པ་མི་རིགས་པསངས་རྒྱས་ཆོས་འོ། །གསུམ་པ་ཞི་གནས་ཕྲ་མོ་མཐོང་ལམ་དུ་ངོ་སྤྲོད་དགག་པ་ལ་བཞི་སྟེ། ཕྱོགས་སྔ་དགོད་པ། དེ་དགག་པཐེག་པ་ཆེན་པོ། རྩོད་པ་སྤང་བཟློ། དོན་བསྡུ་བདེས་ནའོ། །

ལྔ་པ་ཐེག་པ་གསུམ་གྱི་ལག་ལེན་ལ་འཁྲུལ་པ་དགག་པ་ལ་གཉིས་ཏེ། སྤྱིར་དགག་པ་དང་། བྱེ་བྲག་ཏུ་གསང་སྔགས་ལ་འཁྲུལ་པ་དགག་པའོ། །དང་པོ་ལ་ལྔ་སྟེ་རང་གཞུང་དང་མི་མཐུན་པའི་ལག་ལེན་དགག་པཉན་ཐོས། ཐེག་པ་དང་མི་མཐུན་པའི་གསོལ་འདེབས་དགག་པ ཉན་ཐོས། དབང་དང་མི་མཐུན་པའི་ལམ་དགག་པདབང་བསྐུར་དང་པོ། བསྙེན་པར་མ་རྫོགས་པའི་མཁན་སློབ་བྱེད་པ་དགག་པདགེ་སློང་། རྒྱུན་གྱི་ལག་ལེན་གཞན་ཡང་གཏོར་མ་སོགས་ལ་འཁྲུལ་པ་དགག་པའོ། །གཉིས་པ་བྱེ་བྲག་ཏུ་གསང་སྔགས་ལ་འཁྲུལ་པ་དགག་པ་ལ་གཉིས་ཏེ། ལྷ་ལ་འཁྲུལ་པ་དགག་པསངས་རྒྱས་དང་། ཚིག་ལ་འཁྲུལ་པ་དགག་པའོ། །འདི་ལ་གཉིས་ཏེ། སྔགས་མདོ་ལུགས་སུ་འཆོས་པའི་དགག་ཡུལ་ཕྱིར་བསྟན། དེ་དག་བཏགས་ཏེ་དགག་པའོ། །འདི་ལ་གསུམ་སྟེ། རབ་གནས་མདོ་ལུགས། ཕྱག་རྡོར་མདོ་ལུགསཕྱག་ན་རྡོ་རྗེ། ལྟུང་བཤགས་སྔགས་ལུགས་དགག་པལྟུང་བཤགས་འོ། །དང་པོ་ལ་བཞི་སྟེ། མདོ་མཆོད་ཙམ་རབ་གནས་མིན་པར་བསྟན་པའདི་ཡང་། རབ་གནས་དངོས་རྒྱུད་ནས་བཤད་པལྷ་སྒོམ་པ། དེ་མན་ངག་ཡིན་པར་འདོད་པ་དགག་ལ་ལ། སློབ་དཔོན་གྱི་དབང་མ་ཐོབ་པར་སློབ་མའི་དབང་ཐོབ་པས་ཀྱང་བྱར་མི་རུང་བར་བསྟན་པའོལྟ་ལ། །དྲུག་པ་ལྟ་བ་ལ་འཁྲུལ་པ་དགག་པ་ལ་གཉིས་ཏེ། ཐེག་པ་རིམས་དགུ་ལ་ལྟ་བ་ཐ་དད་དགག་པ་དང་། རྣལ་འབྱོར་བཞི་ཐེག་པའི་རིམ་པར་འདོད་པ་དགག་པའོ། །དང་པོ་ལ་གསུམ་སྟེ། འདོད་པ་བརྗོད་པ་ལ་ལ། དེ་དགག་པཉན་ཐོས། དེའི་ལན་དགག་པའོ། །

འདི་ལ་གཉིས་ཏེ། ཁས་བླངས་བརྗོད་ཁ་ཅིག་པ་དང་། དེ་དགག་པའོ། །འདི་ལ་གཉིས་ཏེ། མདོར་བསྟན་པ་ལྷ་བསྒོམ་དང་། རྒྱས་པར་བཤད་པའོ། །འདི་ལ་བཞི་སྟེ། ལྷ་བསྒོམ་མི་འདྲ་བར་ལྷ་བར་མི་འཐད་པའདིའི། རྒྱུད་སྡེ་འོག་མ་གསུམ་དུ་སྣང་བ་ལྷར་མ་གསུངས་པ། བསྒོམ་བསྒྲུབ་ཀྱི་བྱེ་བྲག་སོ་སོར་ཕྱེས་ཏེ་བཤད་པའོན་ཀྱང་།དེ་ལ་འཁྲུལ་པ་དགག་པའོ། །འདི་ལ་གསུམ་སྟེ། བྱ་རྒྱུད་ཀྱི་ཀུན་རྫོབ་ཏུ་འདོད་པ་དགག་པགལ་ཏེ། བྱ་སྤྱོད་གཉིས་སྤྱོད་པ་མཐུན་པར་འདོད་པ་དགག་པཁ་ཅིག། དེ་དག་གི་དོན་བསྡུ་བདེ་ནསའོ། །གཉིས་པ་རྣལ་འབྱོར་བཞི་ཐེག་པའི་རིམ་པར་འདོད་པར་དགག་པ་ལ་བདུན་ཏེ། སྔ་འགྱུར་བའི་ལུགས་དགོད་པགསང་སྔགས། ཕྱི་འགྱུར་བའི་ལུགས་དགོད་པགསང་སྔགས་ཕྱི། སྔ་འགྱུར་བ་མིང་གིས་འཁྲུལ་པར་བསྟན་པདེསན། དེས་ན་རྣལ་འབྱོར་ཆེན་པོའི་གོང་ན་རྒྱུད་སྡེ་གཞན་མེད་པར་བསྟན་པ། ཨ་ཏི་ཡོ་གའི་ལྟ་བ་ཡང་ཐེག་པ་མིན་པར་བསྟན་པ། དེས་ན་ཐེག་པ་ཆེན་པོ་ཐམས་ཅད་ཐོས་བསམ་གྱི་ལྟ་བ་མཐུན་པར་བསྟན་པདེསན། བསྒོམ་པ་དང་སྤྱོད་པ་མི་མཐུན་པར་བསྟན་པརྒྱུད་སྡེའོ། །འདི་ལ་གསུམ་སྟེ། སྤྱིར་བསྟན་པ། སོ་སོར་བཤད་པ། དེ་དག་དགུགས་པའི་ཚིག་དགག་པགྲུབ་མཐའའོ། །

གསུམ་པ་སྒོམ་པའི་གནས་ལ་འཁྲུལ་པ་དགག་པ་ལ་གསུམ་སྟེ། ལས་དང་པོ་པས་བསྒོམ་པའི་དབང་བཞི་གནས། བརྟན་པ་ཐོབ་པས་བསྒོམ་པའི་གནས བརྟན་པ། བརྟན་པ་ཆེར་ཐོབ་པས་བསྒོམ་པའི་གནས་སོ། །འདི་ལ་བཞི་སྟེ། གནས་ཆེན་ཀྱུ་བའི་གང་ཟག་ངོས་བཟུང་བབརྟན་པ་ཆེན་པོ། གནས་ཆེན་ཀྱུ་བའི་དགོས་པ་བཤད་པསརྣམས། དེ་རྒྱུད་ཀྱི་དགོངས་པར་བསྟན་པལུགས་འདི། དེ་ལ་འཁྲུལ་པ་དགག་པའོ། །འདི་ལ་གཉིས་ཏེ། གང་ཟག་ལ་འཁྲུལ་པ་དགག་པ་དང་། གནས་ལ་འཁྲུལ་པ་དགག་པའོ། །དང་པོ་ལ་ལྔ་སྟེ། དབང་དང་རིམ་པ་གཉིས་བསྒོམ་པས། གནས་ཆེན་ཀྱུ་བར་མི་རིགས་པ་དེང་སང་དང་། དབང་དང་སྔགས་ལམ་མི་ཤེས་པའི་གང་ཟག་དེ་བཟང་ཡང་ཕར་ཕྱིན་གྱི་བསྒོམ་ཆེན་དུ་བསྟན་པརིམ་གཉིས། མདོ་ལས་གནས་ཆེན་ཀྱུ་བར་མ་གསུངས་པ། བསྐྱེད་རྫོགས་མི་བསྒོམ་པར་དེར་ཕྱིན་ཡང་དོན་མེད་པར་བསྟན་པ། རྟོགས་པ་ཅན་ལ་བྱིན་རླབས་འབྱུང་བར་བསྟན་པགསང་སྔགས་འོ། །དེའི་བཞི་པ་ལ་གཉིས་ཏེ། རྟོགས་པ་ཡོད་པར་རློམས་ན་བར་ཆད་འབྱུང་བགལ་ཏེ། ཅི་ཡང་མེད་ན་ཕན་གནོད་མེད་པ་ཅིཡང་འོ། །

གཉིས་པ་གནས་ལ་འཁྲུལ་པ་དགག་པ་ལ་གསུམ་སྟེ། ཏི་སེ་གངས་ཅན་དུ་འདོད་པ་དགག །ཙ་རི་གནས་ཆེན་དུ་འདོད་པ་དགག །གནས་ཆེན་ཀྱུ་བའི་གང་ཟག་ངོས་བཟུང་བཏི་སེ་དང་འོ། །དང་པོ་ལ་གསུམ་སྟེ། མིན་པར་བསྟན་པ་དངོསདཔལལྡན། དེའི་རྒྱུ་མཚན་ལྟ་བཤད་པདེའིགཏན་ཚིགས། དེ་ལ་རྩོད་པ་སྤོང་བའོ། །འདི་

ལ་གཉིས་ཏེ། རྩོད་པ་དང་དེ་ལས། ལན་ནོ། །འདི་ལ་གསུམ་སྟེ། མདོར་བསྟན་འདི་ལ། རྒྱས་པར་སྤྲོན་དང་བཤད། དོན་བསྡུ་བའོ། །

སྤྱི་དོན་གསུམ་པ་འབྲས་བུ་ལ་འཁྲུལ་པ་དགག་པ་ལ་གཉིས་ཏེ། རྒྱུ་འབྲས་ཀྱི་འབྲེལ་པ་ལ་འཁྲུལ་པ་དགག་པ་དང་། འབྲས་བུ་རང་གི་ངོ་བོ་ལ་འཁྲུལ་པ་དགག་པའོ། །དང་པོ་ལ་གཉིས་ཏེ། དཀར་པོ་ཆིག་ཐུབ་ལ་སྐུ་གསུམ་འབྱུང་བ་དགག་པ་དང་། རྒྱུ་འབྲས་འཁྲུལ་པའི་རྣམ་བཞག་གནང་བ་དགག་པ་ལ་ལ་སྟོང་ཉིད་འོ། །དང་པོ་ལ་གསུམ་སྟེ། རིགས་པས་དགག་པ་ཁ་ཅིག། ལུང་གིས་དགག་པ་རྡོ་རྗེ་གུར་གྱི། དོན་བསྡུ་བ་དེས་ན་འོ། །གཉིས་པ་འབྲས་བུ་རང་གི་ངོ་བོ་ལ་འཁྲུལ་པ་དགག་པ་ལ་གཉིས་ཏེ། མཐར་ཐུག་གི་འབྲས་བུ་ལ་འཁྲུལ་པ་དགག་པ་ཁ་ཅིག་འབྲས་བུ་དང་། གནས་སྐབས་ཀྱི་འབྲས་བུ་ལ་འཁྲུལ་པ་དགག་པའོ། །འདི་ལ་གསུམ་སྟེ། གྲུབ་ཐོབ་ལས་རྟོགས་ལྡན་བཟང་བར་འདོད་པ་ལ་ལ། ཉམས་ལས་རྟོགས་པ་བཟང་བར་འདོད་པ་ལ་ལ། རྣལ་འབྱོར་བཞིས་བཅུའི་རིམ་པར་འདོད་པ་དགག་པའོ་ལ་ལ་རྩེ་གཅིག །

སྤྱི་དོན་གཉིས་པ་འཕྲོས་དོན་འཁྲུལ་པ་གཞན་ཡང་དགག་པ་ལ་བཞི་སྟེ། ཐེག་པ་རང་ས་ན་བདེན་པ་དགག་པ། འཁྲུལ་པའི་གྲུབ་མཐའ་སུན་འབྱིན་ཚུལ་བཤད། མི་ཤེས་པའི་ལུང་སྦྱོར་དགག །རིང་བསྲེལ་སོགས་ཀྱི་རྒྱུ་མཚན་དཔྱད་པའོ། །དང་པོ་ལ་གསུམ་སྟེ། དགག་པ་དངོས་ཁ་ཅིག། རྩོད་པ་སྤང་བ་གལ་ཏེ། གྲུབ་མཐའ་ལ་བླང་དོར་བྱེད་པའི་འཐད་པའོ། །འདི་ལ་གཉིས་ཏེ། དང་པོ་དོན་དང་། འཕྲོས་དོན་ནོ། །འདི་ལ་གསུམ་སྟེ། ཆོས་ཀྱི་གནད་བཅོས་པའི་ཉེས་དམིགས། གནད་བཅོས་པའི་བདུད་ངོས་བཟུང་བ། དེ་དག་གི་དོན་བསྡུ་བའོ། །དང་པོ་ལ་གཉིས་ཏེ། ཉེས་དམིགས་དངོས་ཆོས་གཞན་ལེགས་དང་། གནད་བཅོས་པའི་ཆོས་ངོས་བཟུང་བ་དེས་ན་འོ། །གཉིས་པ་གནད་བཅོས་པའི་བདུད་ངོས་བཟུང་བ་ལ་གཉིས་ཏེ། དངོས་དང་དེ་ལ་གནད་དེའི་བསྒྲུབ་བྱེད་དོ། །འདི་ལ་གསུམ་སྟེ། ལུང་མདོར་ན་དང་སྟོན་བྱུང་གིས་ལོ་རྒྱུས་བཤད་པ་འདི་དག་དང་། དཔེའི་སྒོས་སྒྲུབ་པ་དཔེར་ན་འོ། །

གཉིས་པ་འཁྲུལ་པའི་གྲུབ་མཐའ་སུན་འབྱིན་ཚུལ་ལ་གསུམ་སྟེ། རིག་པས་སུན་འབྱིན་ཚུལ་འཁྲུལ་པའི་དང་། ལུང་གིས་སུན་འབྱིན་ཚུལ་གལ་ཏེ་དང་། དེ་དག་གི་དོན་བསྡུ་བ་མདོར་ན་འོ། །གསུམ་པ་མི་ཤེས་པའི་ལུང་སྦྱོར་དགག་པ་ལ་གཉིས་ཏེ། དངོས་ལྷུན་པོ་དང་། འཕྲོས་དོན་ནོ། །འདི་ལ་གཉིས་ཏེ། རིག་པས་གྲུབ་པའི་ལུང་ལ་ཡིད་ཆེས་བྱ་བ་མིག་ལྡན། རྫུན་མས་བྱས་པའི་ལུགས་ལ་ཡིད་ཆེས་མེད་པ་རྫུན་སྨྲས་བུའོ། །བཞི་པ་རིང་བསྲེལ་སོགས་ཀྱི་རྒྱུ་མཚན་དཔྱད་པ་ལ་གཉིས་ཏེ། མདོར་བསྟན་པ་རིང་བསྲེལ་དང་། རྒྱས་པར་བཤད་པའོ། །འདི་ལ་

བཞི་སྟེ། ཡིད་བརྟན་རུང་བའི་རིང་བསྲེལ་ངོས་བཟུང་བའཕགས་པ། གཞན་ལ་ཡིད་བརྟན་མི་རུང་བར་བསྟན་པརིང་བསྲེལ་ལ་ལ། ཐུགས་ལྟུགས་སོགས་འགྲོན་པར་མ་བཤད་པདིང་སང་ལ་ལ། ངན་པའི་ལྟས་གཞན་བསྟན་པ་ཉི་མ་དུམ་འོ། །

སྤྱི་དོན་གཉིས་པ་ཚིག་ལ་འཁྲུལ་པ་དགག་པ་བསྡུས་ཏེ་བསྟན་པ་ལ་ཉན་པར་གདམས་པ་དང་དེ་ནས་ཚིག དོན་དངོས་སོ། །འདི་ལ་གཉིས་ཏེ། མ་དག་པ་དོར་བྱར་བསྟན། དག་པ་བླང་བྱར་བསྟན་པ་དེ་བཞིན་གཤེགས་པའི་འོ། །དང་པོ་ལ་གཉིས་ཏེ། བོད་སྐད་ལ་བཤད་པ་ནོར་ཚུལ་བཅོམ་ལྡན།རྒྱ་སྐད་ལ་བསྒྱུར་བ་ནོར་ཚུལ་ལཱོཀཱའི། །

སྤྱི་དོན་གསུམ་པ་བསྟན་པའི་ཕྱི་དོར་བྱ་བས་མཇུག་བསྡུ་བ་ལ་གཉིས་ཏེ། སྟོན་བྱུང་དམ་པ་རྣམས་ཀྱིས་བསྟན་པའི་ཕྱི་དོར་བྱས་ཚུལ། རྗེས་འཇུག་མཁས་པས་དེའི་རྗེས་སུ་བསླབ་པར་རིགས་པའོ། །དང་པོ་ལ་གཉིས་ཏེ། རྒྱ་གར་དུ་བྱུང་ཚུལ་དང་། བོད་དུ་བྱུང་ཚུལ་ལོ། །དང་པོ་ལ་གཉིས་ཏེ། ཐེག་ཆེན་གྱི་བསྟན་པ་ལ་འཕེལ་འགྲིབ་བྱུང་ཚུལ་སངས་རྒྱས་བསྟན་པ་དང་། ཐོགས་མེད་སྐུ་མཆེད་ཀྱིས་ཐེག་ཆེན་གྱི་ཆོས་དར་བར་མཛད་ཚུལ་ལོཐེག་པ་ཆེན་པོའི། །

གཉིས་པ་བོད་དུ་བྱུང་ཚུལ་ལ་གཉིས་ཏེ། སྔ་དར་གྱི་ཚུལ་དང་ཕྱི་ནས། ཕྱི་དར་གྱི་ཚུལ་ལོ། །འདི་ལ་གཉིས་ཏེ། མཚམས་སྦྱར་བ་དེ་ནས་དང་། དོན་དངོས་སོ། །འདི་ལ་གཉིས་ཏེ། བསྟན་པའི་མེ་རོ་སླད་ནས་བླངས་པ་དང་། སྟོད་ནས་བླངས་ཚུལ་ལོདེ་རྗེས་ཆོས་ལོག། །གཉིས་པ་རྗེས་འཇུག་མཁས་པས་དེའི་རྗེས་སུ་བསླབ་པར་རིགས་པ་ལ་བཞི་སྟེ། ཆོས་ལོག་པ་ཇི་ལྟར་བྱུང་ཚུལཕྱི་ནས་ཕག་མོ། དེས་བསྟན་པ་ལ་གནོད་པས་དགག་དགོས་པའི་རྒྱུ་མཚན་གལ་ཏེ་འདི་ལྟར། དེའི་རིག་པ་བསྟན་པ་ལོག་པའི་ལམ་དགག་པ་ལ་ཁྲོ་བར་མི་རིགས་པ་ཉི་མ་གཅིག་འོ། །འདི་ལ་ལྔ་སྟེ། བསམ་སྦྱོར་དག་པས་ཁྲོ་བར་མི་རིགས་པབདག་ནི། ནོར་པ་དགག་པ་ཆགས་སྡང་ཡིན་ན་ཏ་ཙང་ཐལ་བཟླ་སྒྲུབ། ཆོས་བཤད་ཉན་རྣམ་དག་ལ་འབྲས་བུ་གསུམ་འབྱུང་བར་བསྟན་པསངས་རྒྱས། དེ་དཔའ་བོའི་ལུང་དང་སྦྱར་བམཁོལ། དེ་ལྟ་བུས་བསྟན་པ་འཛིན་ནུས་པར་བསྟན་པདིང་སང་འདི་ན་འོ། །

སྤྱི་དོན་གཉིས་པ་བླང་དོར་བསྟན་པའི་བསྟན་བཅོས་འདི་ལ་འཁྲུལ་པའི་དྲི་མ་མེད་པར་བསྟན་པ་ལ་གསུམ་སྟེ། གཞན་ཕན་གྱི་བློས་བྱས་པས་ཆེད་དུ་ལེགས་པར་མི་སྟོན་པ་དང་། ཤེས་བྱ་ལ་མཁས་པར་སྦྱངས་པས་ལོག་པར་འཆོར་བའི་རྒྱུ་མེད་པ་བདག་གིས་དང་། བདག་ཐམས་ཅད་ལ་སྦྱངས་པས་ཕྱོགས་འཛིན་གྱི་འཆིང་བ་མེད་པདེ་ཕྱིར་འོ། །དང་པོ་ལ་གསུམ་སྟེ། སྙིང་བརྒྱར་དོན་དུ་མི་གཉེར་བ་བདག་ཀྱང་དང་། བསྟན་པ་ལ་ཕན་

པར་འདོད་པ་འོན་ཀྱང་སངས་རྒྱས་དང་། དགག་པ་གཞན་མི་སྟོན་པའི་འཐད་པའོ། །འདི་ལ་བཞི་སྟེ། མུ་སྟེགས་དང་ཉན་ཐོས་ཀྱི་འཁྲུལ་པ་དགག་པ་འདིར་མི་སྟོན་པའི་རྒྱུ་མཚན་མུ་སྟེགས་བྱེད། རྡོ་རྗེ་ཐེག་པའི་གནད་འཁྲུལ་པ་དགག་པ་འདིར་ཞིབ་པར་མི་སྟོན་པའི་རྒྱུ་མཚན་དིང་སངས་གངས་རིའི། འཁྲུལ་པ་དགག་པ་གཞང་ཞིབ་པར་མི་སྟོན་པའི་རྒྱུ་མཚན་དང་དུང་། ཕྱི་རབས་མཁས་པས་ཀྱང་དཔྱད་དེ་དགག་པར་བསྟན་པགལ་ཏེ་ལུང་དང་འོ། །

སྤྱི་དོན་གསུམ་པ་བསྟན་བཅོས་ཀྱི་མཇུག་དོན་ལ་ལྔ་སྟེ། བསྟན་བཅོས་ཀྱི་ཆེ་བ་བརྗོད་པཐུབ་པའི་བསྟན་པ། དེ་བླུན་པོས་རྟོགས་དཀའ་བར་བསྟན་པརྒྱལ་བ། བརྩམས་པའི་དགེ་བ་གཞན་དོན་དུ་བསྔོ་བཀྲུན་དགའི། བཀའ་དྲིན་དྲན་པས་བཏང་རག་གི་ཕྱག་འཚལ་བ་གང་གི་ཐུགས། བསྟན་བཅོས་ཀྱི་མཛད་བྱང་སྨོས་པ་ སྡོམ་གསུམ་གྱི་འོ། །བསྟན་བཅོས་འདིའི་དབུ་ཞབས་ཐམས་ཅད་ཀྱི། གནས་སྐབས་སོ་སོར་འདི་དང་འདི་སྟོན་ཞེས་སོ་སོར་ཕྱེ་བའང་དགོས་པ་ཆེར་མཐོང་ནས། མཐོང་ཐོས་དོན་ལ་ཞུགས་པ་འདི་བྱས་སོ། །

གལ་ཏེ་འདི་ལས་ཞིབ་པར་ཤེས་འདོད་ན། །སྒྲོ་ལུང་པ་ཡི་ས་བཅད་ཞིབ་མོར་ལྟོས། །འདི་ཡི་དགེ་བས་རྟག་ཏུ་དམ་པའི་ཆོས། །མི་ནུབ་བསྟན་པའི་རྒྱལ་མཚན་འཛིན་པར་ཤོག །ཅེས་པ་འདི་ཡང་། རྗེ་བཙུན་ཀུན་དགའི་མཚན་ཅན་ཡབ་སྲས་ཀྱི་བཀའ་དྲིན་ལས། ཀུང་རུས། ཤིང་མོ་ཕག་གི་ལོ་ལ་རྫོར་དགོན་པར་བྲིས་པའོ། །འདིས་བསྟན་པ་དང་སེམས་ཅན་མང་པོ་ལ་ཕན་ཐོགས་པར་གྱུར་ཅིག །

༄༅། །སྡོམ་གསུམ་གྱི་ཊཱི་ཀ་ཁོལ་བུ་བ་གཅིག་བཞུགས་སོ། །

གུང་རུ་ཤེས་རབ་བཟང་པོ།

གསུམ་པ་ནི། གསང་བ་འདུས་པ་ལས། དཀའ་ཐུབ་དཀའ་སྤྱད་མི་ཟད་པ། །བསྟེན་ན་གྲུབ་པར་མི་འགྱུར་ཞིང་། །ཞེས་སོ། །འཇུག་པ་བདེ་བའི་རྣལ་འབྱོར་ནི། །འདོད་པའི་ལོངས་སྤྱོད་ཐམས་ཅད་ནི། །ཅི་འདོད་པར་ནི་བསྟེན་བཞིན་དུ། །ཞེས་པ་ལྟར་རོ། །བླ་མེད་དུ་འཇུག་པ་བདེ་བའི་རྣལ་འབྱོར་འདི་དག་རྒྱས་པར་སོགས་སོ། །གསུམ་པ་ནི་གྲུབ་མཐའི་རྣམ་དབྱེ་ཞེས་སོགས་ཚིགས་བཅད་གཅིག་གོ། །

བཞི་པ་ཕྱག་རྒྱ་ཆེ་གོམས་པས་འཁོར་འདས་བསྲེ་བའི་སྤྱོད་པ་ལ་གཉིས་ལས། སྤྱིའི་དོན་དང་། གཞུང་གི་དོན་ནོ། །དང་པོ་ལ་གཉིས་ཏེ།སྤྱོད་པའི་སྔོན་དུ་འགྲོ་བ་དྲོད་དང་། དྲོད་ཐོབ་པས་སྤྱད་པའི་སྤྱོད་པ་དངོས་སོ། །དང་པོ་ལ་དྲུག་གོ། །ངོ་བོ། དབྱེ་བ་སོ་སོའི་མཚན་ཉིད། མ་ཐོབ་པས་ཐོབ་པར་བྱེད་པའི་ཐབས། ཐོབ་པ་བརྟན་པར་བྱེད་པའི་དུས། དྲོད་དང་སྤྱོད་པ་མཚམས་སྦྱོར་བའོ། །དང་པོ་ནི། ཏིང་ངེ་འཛིན་ལས་སྐྱེས་པའི་ལུས་ངག་ཡིད་གསུམ་གྱིས་མཐུ་འམ། ནུས་པའི་ཁྱད་པར་ལ་དྲོད་ཅེས་བྱའོ། །གཉིས་པ་ནི། དྲོད་ཆུང་འབྲིང་ཆེན་པོ་གསུམ་མོ། །གསུམ་པ་ལ་དྲོད་ཆུང་བ་ནི། མཉམ་བཞག་ཏུ་འཇིག་རྟེན་ཆོས་བརྒྱད་མགོ་སྙོམས་པ་སྙམ་སྟེ། ཉོན་མོངས་པ་བློ་བུར་བ་བཟློག་པ་སྙམ་བྱེད་པའོ། །དྲོད་འབྲིང་པོ་ནི་ཚར་བཅད་དང་རྗེས་བཟུང་གིས་ལས་གཉིས་ནུས་པ་སྟེ། རྣམ་ཤེས་དང་ཡེ་ཤེས་ཀྱི་ལས་ཆ་མཉམ་པ་ཞེས་བྱའོ། །བཞི་པ་ནི། དྲོད་ཆུང་དུམ་ཐོབ་པ་ཐོབ་པར་བྱེད་པ། ཐབས་རིམ་པ་གཉིས་བསྒོམ་པ་ཉིད་ཡིན་ལ། འབྲིང་མ་ཐོབ་པ་ཐོབ་པར་བྱེད་པ་ནི་ཀུན་འདར་གྱིས་གསང་སྤྱོད་ཡིན་ཞིང་། ཆེན་པོ་མ་ཐོབ་པ་ཐོབ་པར་བྱེད་པ་ནི་དྲག་ཤུལ་གྱི་ལས་སོ། །ལྔ་པ་ནི། བླ་བ་ཕྱེད་དུ་ནུར་གྱིས་དེ་ལ་གོམ་པར་བྱེད་ཅིང་གནས་པར་བྱེད་པའོ། །དྲུག་པ་ནི་དྲོད་ཆུང་ངུ་ཐོབ་ནས་ཀུན་འདར་གསང་གནས་སྤྱོད་ལ། འབྲིང་ཐོབ་ནས་འཇིག་རྟེན་པའི་མངོན་དུ་སྤྱོད་ཅིང་། ཆེན་པོ་ཐོབ་ནས་ཀུན་ཏུ་བཟང་པོ་སྤྱོད་དོ། །

གཉིས་པ་ལ་དྲུག་སྟེ། ངོ་བོ། དབྱེ་བ། མཚན་ཉིད། སྤྱངས་པའི་དུས། རྟེན་གྱི་གང་ཟག །དཔྱད་པའི་དགོས་པའོ། །དང་པོ་ནི། ནང་དུ་དེ་ཁོ་ན་ཉིད་ཀྱིས་རྟོགས་པས་ཀུན་ནས་སྣང་བའི་ཕྱི་རོལ་ཏུ་ལུས་ངག་གཡོ་

ཞིང་བསྒྱུར་ཅི་འདོད་བྱེད་པའི་ཁྱད་པར་ལ་སྤྱོད་པ་ཞེས་བྱ་སྟེ། ལུས་དང་། གཟའ་བ་དང་། གཏུང་བ་དང་། རྒྱན་ཆ་དང་། གནས་དང་། སྣོད་དང་། སྤྱོད་པ་བྱེད་པའི་དུས་གང་།གྲོགས་ལས་སོགས་པ་རྣམས་ལ། བཟང་ངན་གྱིས་བླང་དོར་མེད་པར་ཅི་དགར་སྤྱོད་པ་དང་། གཉིས་པ་ལས་ཀུན་འདར་གྱིས་སྤྱོད་པ་དང་། ཀུན་ཏུ་བཟང་པོའི་སྤྱོད་པ་གཉིས་ལས། དང་པོ་ལ། མིང་གི་རྣམ་གྲངས། བརྟོན་པ་བརྟུལ་ཞུགས་ཀྱིས་སྤྱོད་པ་དང་། རྒྱལ་བུ་གཞོན་ནུའི་སྤྱོད་པ་དང་། གསང་སྤྱོད་ཅེས་བྱའོ། །གཉིས་པ་ལ་མིང་གི་རྣམ་གྲངས། ཕྱོགས་ལས་རྣམ་པར་རྒྱལ་བའི་སྤྱོད་པ་དང་། རྒྱལ་ཚབ་ཆེན་པོའི་སྤྱོད་པ་དང་། འཇིག་རྟེན་པའི་མངོན་དུ་སྤྱོད་པ་ཞེས་བྱའོ། །གསུམ་པ་ནི་ཅིའི་ཕྱིར་མིང་དེ་སྐད་དུ་བརྗོད་ཅེ་ན། འཇིག་རྟེན་པ་རྣམས་འཇིགས་ཤིང་འདར་བས་ཀུན་འདར་རམ། ཀུན་འདར་གྱིས་སྒྲ་ཨ་ཝ་དྷཱུ་ཏི་ཞེས་པ་གཉིས་སྤྱངས་ཞེས་བྱ་བར་གསང་བསྒྱུར་བས་ན། བཟའ་བྱ་དང་བཟའ་བྱ་མ་ཡིན་པ་སོགས་བླང་དོར་གཉིས་སུ་མེད་པར་སྤྱོད་པས་གཉིས་སྤངས། བརྟོན་པར་རྫས་ཏེ་རིགས་ལ་སོགས་པ་གང་ནས་སྤྱོད་པས་ན་བརྟོན་པ་བརྟུལ་ཞུགས་ཀྱིས་སྤྱོད་པ་དང་།རྒྱལ་ཚབ་ཆེན་པོ་དྲོད་ཆེན་པོ་མ་ཐོབ་པས་ན།རྒྱལ་བུ་གཞོན་ནུའི་སྤྱོད་པ་དང་།རྣལ་འབྱོར་པར་ཁས་མི་ལེན་པར་གསང་སྟེ་སྤྱོད་པས་ན། གསང་སྤྱོད་ཅེས་བྱའོ། །

གཉིས་པ་ལ་སྣང་བ་ཐམས་ཅད་རང་གིས་རྟོགས་པའི་ཡེ་ཤེས་ཀྱིས་ངོ་བོར་ཀུན་ཏུ་བཟང་པོར་རྟོགས་པས་ན་ཀུན་ཏུ་བཟང་པོ་དང་། རྣམ་ཤེས་དང་ཡེ་ཤེས་ཆ་མཉམ་པས་གཞན་དོན་ཐོགས་མེད་དུ་ནུས་པས་ན་རྒྱལ་ཚབ་ཆེན་པོ་དང་། འཇིག་རྟེན་པའི་མངོན་ཏུ་སྤྱོད་པས་ན་མངོན་སྤྱོད་ཅེས་བྱའོ། །

བཞི་པ་ནི། དྲོད་ཆུང་དུ་ཐོབ་ནས་ཀུན་འདར་གསང་སྟེ་སྤྱོད་པ་ཞེས་བྱ་བ་མཚན་མོའི་དུས་སུ་བཟའ་བྱ་དང་། བཟའ་བྱ་མ་ཡིན་པ་གཉིས་སུ་མེད་པ་ལ་སོགས་པ་སྤྱོད་པ། ཉིན་མོ་རང་གི་རིགས་དང་མཐུན་པར་སྤྱོད་དོ། །དེས་དྲོད་འབྲིང་པོ་སྐྱེས་པ་ན་ཀུན་འདར་མངོན་དུ་སྤྱོད་པ་ཞེས་བྱ་བ་རང་གི་ཡུལ་འཁོར་སྤངས་ཏེ། རིགས་ལ་སོགས་པ་གསང་གནས་བསྐྱོད་པ་ཞེས་བྱ་བར་བརྫུས་ཏེ་སྤྱོད་པ་ཡིན་ནོ། །དེས་དྲོད་ཆེན་པོ་འཇིག་རྟེན་ལས་འདས་པའི་ཟག་པ་མེད་པའི་ཡེ་ཤེས་ཐོབ་པ་ན། ཀུན་ཏུ་བཟང་པོའི་སྤྱོད་པ་སྤྱོད། ལྔ་པ་ནི། དྲོད་ཐོབ་ཅིང་སེམས་ཅན་གྱིས་དོན་དུ་ཚེ་འདི་ཉིད་ལ་མཆོག་གི་དངོས་གྲུབ་འདོད་པའི་ཆོས་གཉིས་དང་ལྡན་པ་ཞིག་གིས་སྤྱོད་པ་སྤྱོད་པ་ཡིན་གྱི། གང་ཡང་རུང་བ་གཅིག་མན་ཆད་ནི་མ་ཡིན།

དྲུག་པ་ལ་གསུམ་ལས། ཀུན་འདར་གསང་ནས་སྤྱོད་པའི་དགོས་པ་ནི། རང་གི་སེམས་ཀྱི་བརྟན་གཡོ་བརྟག་པའི་ཆེད་ཡིན་ལ། ཀུན་འདར་མངོན་དུ་སྤྱོད་པའི་དགོས་པ་ནི། གྲུབ་པའི་ས་དང་གྲོགས་དབང་དུ་བྱེད་

པའི་ཆེད་ཡིན་ཞིང་། ཀུན་ཏུ་བཟང་པོའི་སྤྱོད་པའི་དགོས་པ་ནི། སེམས་ཅན་ཡོངས་སུ་སྨིན་པར་བྱེད་པའི་ཕྱིར་ཡིན་ནོ། །དེ་ལྟར་སྤྱོད་པ་གཉིས་ལས། གཞུང་བཞིན་ཀུན་འདར་གྱི་སྤྱོད་པ་སྟོན་པ་ཡིན་ཞིང་། དེ་ལ་ཡང་གསང་སྤྱོད་དང་། མངོན་སྤྱོད་གཉིས་ལས། ཕྱི་མ་སྟོན་ཏེ། གང་ཟག་དང་གནས་ལ་སོགས་པར་རྟོག་པའི་གཞི་ནི་དེ་ཉིད་ཡིན་པའི་ཕྱིར་རོ། །

གཉིས་པ་གཞུང་གི་དོན་ལ་གཉིས་ལས། སྤྱོད་པའི་རྣམ་བཞག་སྤྱིར་བསྟན་པ། ལོག་རྟོག་དགག་པ་བྱེ་བྲག་ཏུ་བཤད་པའོ། །དང་པོ་ནི། དབང་བཞི་ཡོངས་སུ་ཞེས་སོགས་བཅོ་ལྔ་སྟེ། དབང་བཞི་རྫོགས་པར་ཐོབ་ཅིང་། རིམ་གཉིས་ཤེས་པའི་གང་ཟག་དེས། དང་པོར་བར་ཆད་ཞུང་པས་རང་གིས་ཁྲིམ་དུ་བསྒོམ། བརྟན་པ་ཅུང་ཟད་ཐོབ་ནས་བརྩོན་འགྲུས་བརྩམས་པས་དུར་ཁྲོད་སོགས་སུ་བསྒོམ། བརྟན་པ་ཆེན་པོ་དྲོད་འབྲིང་གི་རྟགས་པ་ཐོབ་ནས། གང་ཞིག་སོར་མོ་གཅིག་སྟོན་དང་། །གཉིས་ཀྱིས་ལེགས་པར་འོངས་པ་ཡིན། །ཞེས་སོགས་ལུས་བརྡ་དང་། མ་དྭ་ན་ཆང་བ་ལ་ཤ་ཞེས་སོགས་ངག་གི་བརྡ་རྣམས་ལས་ལེགས་པར་སྤྲངས་ཤིང་། གླང་དོར་གཉིས་སུ་མེད་པའི་དེ་ཉིད་རྟོགས་པའི་གང་ཟག་དེས་སྤྱོད་པ་སྤྱད་དོ། །དགོས་པ་ནི། ནང་གི་ས་རྣམས་བགྲོད་པར་བྱ་བ་དང་། ཕྱི་ནང་གི་པུ་ལི་ར་མ་ལ་ཡ་ལས་སོགས་པའི་ཡུལ་རྣམས་དབང་དུ་བསྡུ་བའི་ཕྱིར་ཡིན་ཏེ། དེ་ཡང་ཕྱི་རོལ་པུ་ལི་ར་མ་ལ་ཡ་ལ་སོགས་པའི་ཡུལ་བཞི་ན། ས་དང་པོ་ཐོབ་པའི་ཚུལ་བཟུང་བའི་མཁའ་འགྲོ་མ་གནས་པ་རྣམས་དབང་དུ་འདུས་པ། ནང་དུ་སྤྱི་བོ་ལ་སོགས་པའི་ཡུལ་བཞིའི་རླུང་སེམས་དབུ་མར་འདུས་པ། ས་དང་པོའི་རྟོགས་པ་སྐྱེ་བ་ལ་སོགས་པའོ། །གནས་གང་དུ་སྤྱོད་པ་སྤྱད་ན། གནས་དང་ཉེ་བའི་གནས་ལས་སོགས་པ་བཅུ་གཉིས་ལས་ཕྱེ་བའི་ཡུལ་སུམ་ཅུ་སོ་གཉིས་དང་། གླིང་བཞི་དང་། གླི་བཞི་གཅིག་ཏུ་བསྡོམས་པ་སྟེ་སུམ་ཅུ་སོ་བདུན་དུའོ། །ངོ་བོ་ནི་རིག་པ་བརྟུལ་ཞུགས་ཀྱིས་སྤྱོད་པའོ། །གང་ལས་གསུངས་ན་ལུགས་འདི་སོགས་སོ། །མཐར་ཐུག་གི་དགོས་པ་ནི། འདི་འདྲའི་སོགས་སོ། །

གཉིས་པ་ལ་གསུམ་སྟེ། གང་གིས་རྒྱུའི་གང་ཟག་ལ་འཁྲུལ་པ་དགག་པ། གང་དུ་རྒྱུ་བའི་གནས་ལ་འཁྲུལ་བ་དགག་པ། དེ་གཉིས་ཀའི་མཇུག་བསྡུའོ། །དང་པོ་ལ་གསུམ་སྟེ། །མཚན་ཉིད་དང་མི་ལྡན་པའི་གང་ཟག་སྤྱོད་པ་སྤྱད་པ་དགག་པ། མཚན་ཉིད་དང་ལྡན་པའི་གང་ཟག་སྤྱོད་པ་སྤྱད་པའི་དགོས་པ། དེས་གྲུབ་པའི་དོན་བསྟན་པའོ། །དང་པོ་ནི། དེང་སང་གསང་སྔགས་ཞེས་སོགས་ཚིགས་བཅད་ལྔ་སྟེ། དེང་སང་རིམ་གཉིས་མི་བསྒོམ་པར་ཡུལ་ཅན་སུམ་ཅུ་སོ་བདུན་དུ་སྤྱོད་པའི་ཆེད་དུ་འགྲོ་བ་ནི་སངས་རྒྱས་ཀྱིས་མ་གསུངས་ཏེ། རིམ་པ་གཉིས་པོ་མི་བསྒོམ་པའི་བསྒོམ་ཆེན་བཟང་ཡང་ས་དང་པོ་ཡན་ཆད་ཀྱིས་རྟོགས་པ་བསྐྱེད་ནུས་པ་ཡང་ཕ་

རོལ་ཏུ་ཕྱིན་པའི་ལུགས་ཀྱི་སེམས་ལ་གནད་དུ་བསྣུན་པའི་བསྒོམ་ཆེན་ལས་མ་འདས་ལ། མདོ་ལས་ས་ལམ་གྱིས་རྟོགས་པ་བསྐྱེད་པའི་ཆེད་དུ་ཡུལ་ཆེན་དེ་དག་ཏུ་འགྲོ་བའི་ཆོ་ག་བཤད་པ་མེད་པའི་ཕྱིར། ཡུལ་ཆེན་བགྲོད་ནས་ས་ལམ་གྱིས་རྟོགས་པ་བསྐྱེད་པ་ནི། ནང་ལུས་ཀྱི་གནས་དེ་དང་། དེ་དག་གི་རླུང་སེམས་དབུ་མར་ཞུགས་པའི་ཆེད་ཡིན་པའི་ཕྱིར། འདིར་ཁ་ཅིག་རིམ་གཉིས་མི་བསྒོམ་པའི་ཉམས་ལེན་ཐམས་ཅད་ཕ་རོལ་ཏུ་ཕྱིན་པའི་ཉམས་ལེན་དུ་བྱས་ནས། རྒྱུད་སྡེ་བཞི་ལ་རིམ་པ་གཉིས་ཡོད་པར་འདོད་པ་ནི། སྐབས་ཀྱི་དོན་མ་རྟོགས་པ་སྟེ། འདི་ལ་བླ་མེད་ཀྱི་ཉམས་ལེན་མེད་པས་སྤྱོད་པ་བྱེད་པ་དགག་པའི་སྐབས་ཡིན་པས། རྒྱུད་སྡེ་འོག་མ་གསུམ་གྱི་ཉམས་ལེན་བྱེད་པ་ལ་ཡང་སྤྱོད་པ་སྤྱད་པ་མེད་པར་འཆད་དགོས་པའི་ཕྱིར་རོ། །ཁ་ཅིག་ཕ་རོལ་ཏུ་ཕྱིན་པའི་བསྒོམ་ཆེན་བདག་འཛིན་སྤོང་པ་དང་། སྙིང་རྗེ་ཆེན་པོ་བསྒོམ་པ་ཙམ་ལ་འཆད་པ་ནི། རྒྱུད་སྡེ་འོག་མ་གསུམ་གྱིས་ཉམས་ལེན་བྱེད་པ་ལ་ཡང་དེ་ཙམ་ལས་མེད་པའམ། རིམ་གཉིས་ཡོད་པར་འདོད་དགོས་པས་མི་འཐད་དོ། །

དེས་ན་སྐབས་ཀྱི་དོན་ནི། བསྒོམ་ཆེན་བཟང་པོ་ཞེས་པ། ས་དང་པོ་ཡན་ཆད་ཀྱིས་རྟོགས་པ་སྐྱེལ་བ་ཡིན་ལ། དེ་ལ་སེམས་ལ་གནད་དུ་བསྣུན་པས་སྐྱེས་པ་དང་། ལུས་ལ་གནད་དུ་བསྣུན་ནས་སྐྱེས་པ་གཉིས་ལས། རིམ་གཉིས་མ་བསྒོམས་པར་སྐྱེས་པ་ནི་སེམས་ལ་གནད་དུ་བསྣུན་ནས་སྐྱེས་པ་ཡིན་པས། རྒྱུད་སྡེ་འོག་མ་གསུམ་གྱིས་ལམ་གྱི་རྟོགས་པ་བསྐྱེད་པའི་ཚུལ་ཡང་། སེམས་ལ་གནད་དུ་བསྣུན་པ་ལས་མ་འདས་པའི་ཕྱིར་ན། ཕ་རོལ་ཏུ་ཕྱིན་པའི་ལུགས་ཀྱི་ས་ལམ་གྱི་རྟོགས་པ་བསྐྱེད་པའི་ལུགས་སུ་སྟོན་པ་ཡིན་གྱི། ཉམས་ལེན་ཐམས་ཅད་ཕ་རོལ་ཏུ་ཕྱིན་པའི་ཉམས་ལེན་དུ་འདུས་པ་ནི་མ་ཡིན་ནོ། །ཚུལ་འདི་ཇི་ལྟ་བ་བཞིན་རྟོགས་པ་ནི་དམ་པའི་མགོན་གྱིས་ཟིན་པ་ཁོ་བོ་འབའ་ཞིག་གོ། །

གལ་ཏེ་གསང་སྔགས་མི་བསྒོམ་ཞིང་། །རྟོགས་པ་ཡོད་པར་རློམས་པ་ཡིས། །ཡུལ་དེར་ཕྱིན་པར་ཆད་དབྱུང་ཞིང་། །རློམས་པ་དང་། རྟོགས་པ་ཅི་ཡང་མེད་པའི་བསྒོམ་ཆེན་གྱིས། ཕྱིན་ཡང་ཕན་གནོད་གང་ཡང་མེད་དེ། དཔེར་ན་ཨུ་རྒྱན་སོགས་སོ། །གཉིས་པ་ནི། གསང་སྔགས་བསྒོམ་པའི་ཞེས་སོགས་དྲུག་སྟེ། མཚན་ཉིད་དེ་དག་དང་ལྡན་པའི་གང་ཟག་ལ་ཡུལ་དེར་གནས་པའི་མཁའ་འགྲོ་མ་ས་དང་པོ་ཐོབ་པའི་ཚུལ་བཟུང་བ་རྣམས་ཀྱིས་བྱིན་གྱིས་བརླབས་ནས། ནང་དུ་ས་རྣམས་བགྲོད་པ་འདིའི་དོན་སོགས་སོ། །གསུམ་པ་ནི། དེས་ན་གསང་སྔགས་ཞེས་སོགས་གཉིས་སོ། །

གཉིས་པ་ལ་གཉིས་ཏེ། ཏི་སེ་གངས་ཅན་དུ་འདོད་པ་དགག་པ། ཛཱ་རི་གནས་ཆེན་དུ་འདོད་པ་དགག་

པ་དགག་པའོ། །དང་པོ་ལ་གསུམ་སྟེ། དགག་པ་སྤྱིར་བསྟན། ལུང་འགལ་བྱེ་བྲག་ཏུ་བཤད། ཉེས་སྤོང་གིས་ལན་དགག་པའོ། །དང་པོ་ནི། དཔལ་ལྡན་དུས་ཀྱི་ཞེས་སོགས་བཅུ་གཅིག་སྟེ། དུས་འཁོར་གྱི་འཇིག་རྟེན་ཁམས་ལས་གསུངས་པའི་རི་བོ་གངས་ཅན་དང་། མངོན་པའི་གཞུང་ལས་གསུངས་པའི་རི་བོ་སྤོས་ངད་ལྡན་གྱི་བྱང་ན། བྲག་རི་གསེར་གྱི་བྱ་སྐྱིབས་ལྔ་མ་ཡིན་གྱི་ཕུག་ཆུ་ཞེང་དཔག་ཚད་ལྔ་བཅུ། དཔངས་དཔག་ཚད་ཕྱེད་དང་བཞི། བྲག་ཕྲན་ལྔ་བརྒྱས་བསྐོར་བ། དེའི་བྱང་ན་ཤིང་སཱ་ལའི་རྒྱལ་པོ་རབ་བརྟན་ཤིང་བྲག་ལྔ་བརྒྱས་བསྐོར་བ། དེའི་ཤར་ན་རྫིང་བུ་དལ་འབབ་མཚོ་མ་དྲོས་པ་དང་མཉམ་པ་རྫིང་བུ་བརྒྱས་བསྐོར་བ་ཡོད། དེར་གླང་པོ་ཆེ་རབ་བརྟན་འཁོར་ལྔ་བརྒྱས་བསྐོར་བ་གནས་ཤིང་། དབྱར་ཟླ་བ་བཞི་སཱ་ལའི་ཚལ་དུ་འགྲོ །དགུན་ཟླ་བ་བཞི་གསེར་གྱི་བྱ་སྐྱིབས་སུ་སྡོད། རི་སྤོས་ངད་ལྡན་པའི་ཚུར་རོལ་ན་མཚོ་མ་དྲོས་པ་ཡོད་ལ། དེའི་ཚུར་རོལ་ན་རི་བོ་གངས་ཅན་ཡོད་པར་གསུངས་ཤིང་། མཚོ་མ་དྲོས་པ་བཅོམ་ལྡན་འདས་དགྲ་བཅོམ་ལྔ་བརྒྱ་དང་བཅས་པ། རང་རང་གི་ལས་ཀྱི་རྒྱུ་བ་ལུང་སྟོན་པ་མཛད་པའི་གནས་ཡིན་པར་གསུངས་པའི་རི་བོ་གངས་ཅན་དེ་ནི་མངའ་རིས་ཀྱི་ཏི་སེ་འདི་མ་ཡིན་ཞིང་། མ་དྲོས་པའི་རྒྱ་མཚོ་ཡང་མ་ཕམ་གཡུ་མཚོ་མ་ཡིན་ཏེ། གླང་པོ་རྣམས་ཀྱང་གསུངས་སོ། །

གཉིས་པ་ལ་ལྔ་སྟེ། དུས་ཀྱི་འཁོར་ལོའི་དང་མངོན་པའི་དང་། མུ་སྟེགས་བྱེད་ཀྱི་དང་། རྨ་བྱ་ཆེན་མོའི་མདོའི་དང་། ཕལ་པོ་ཆེའི་ལུང་དང་འགལ་བའོ། །དང་པོ་ནི། དཔལ་ལྡན་དུས་ཀྱི་ཞེས་སོགས་ཉེར་གཉིས་ཏེ། ད་ལྟའི་ཏི་སེ་འདི་དུས་ཀྱི་འཁོར་ལོ་ནས་བཤད་པའི་རི་བོ་གངས་ཅན་མ་ཡིན་ཏེ། དེའི་འགྲམ་ན་ཤམ་བྷ་ལ་མེད་པའི་ཕྱིར་དང་། རྫུ་འཕྲུལ་དང་མི་ལྡན་པས་ཀྱང་བགྲོད་ནུས་པའི་ཕྱིར། ཁྱབ་པ་ཡོད་དེ། དཔལ་ལྡན་དུས་ཀྱི་འཁོར་ལོ་ལས་སོགས་སོ། །དེ་ལྟར་ཡང་བསྡུས་བརྒྱུད་ལས། ལན་ཚྭ་ཆང་དང་ཆུ་དང་འོ་མ་ཞོ་དང་མར་དང་སྦྲང་རྩིའི་རྒྱ་མཚོ་རྣམས་དང་རི་བདུན་ནི། །འོད་སྡོན་པོ་དང་མཆྭ་ར་བའི་རི་སྟེ་རྩུབ་ལྡན་ནོར་འོད་ཚད་ལྡན་གྲང་ནི་རི་རྡོ་རྗེ། །གླིང་རྣམས་ཟླ་བ་དང་ནི་རབ་དཀར་རབ་མཆོག་ཀུ་ཤ་མི་འམ་ཅི་སྟེ་ཁྲུང་ཁྲུང་དྲག་པོ་རྣམས། །ལོངས་སྤྱོད་པ་རྣམས་ཉིད་དམ་འཛམ་གླིང་བདུན་པ་ལས་ཀྱི་ས་རྣམས་ལ་ནི་མི་རྣམས་གནས་པའོ། །ཞེས་རི་རབ་ལ་མཚོ་བདུན་དང་། རི་བདུན་དང་། གླིང་བདུན་གྱིས་ཁོར་ཡུག་ཏུ་བསྐོར་ནས་ཡོད་པའི་གླིང་ཆེན་ཕྱི་མ་འཛམ་གླིང་ཆེན་པོ་ཡིན་ཞིང་། དེ་ལ་དུམ་བུ་བཅུ་གཉིས་སུ་བྱས་པའི་ལྷོའི་ཆ་ནི་འཛམ་གླིང་ཆུང་དུ་ཡིན་ལ། དེའི་ཆུ་ཞེང་ཆེ་བ་ལ་ཆུ་བོ་སི་ཏ་ཡོད། དེའི་བྱང་ན་རི་བོ་གངས་ཅན་ཡོད་ཅིང་། རི་བོ་གངས་ཅན་གྱིས་བསྐོར་བའི་དབུས་ན་ཤམ་བྷ་ལའི་ཡུལ། ས་པད་མ་འདབ་བརྒྱད་རྣམ་པར་གནས་པ་དབུས་ཀྱི་སུམ་ཆ་ལྟེ་བར་བྱས་པ་ལ་ཀ་ལ་པའི་རི་བོར་གྲགས་ཤིང་། དེ་ལ་རྒྱལ་

པོའི་ཕོ་བྲང་ཀ་ལ་པ་དང་། དུས་ཀྱི་འཁོར་ལོའི་གཞལ་ཡས་ཁང་དང་། མ་ལ་ཡའི་སྐྱེད་མོས་ཚལ་དང་། འདབ་མ་བརྒྱད་པར་རལ་གྲོང་ཁྱེར་བྱེ་བ་བཅུ་གཉིས་པ་ཡོད་ཅིང་། བྱེ་བ་ཕྲག་རེ་ལ་རྒྱལ་པོ་རེ་ཡོད་པས་རྒྱལ་ཕྲན་དགུ་བཅུ་རྩ་དྲུག་ཡོད་དེ། དེ་ལྟར་ཡང་། གངས་རི་མཆོག་གི་ཕྱོགས་རྣམས་མ་ལུས་ཀུན་ནས་ཡང་དག་བསྐོར་བ་དེ་དག་དབུས་སུ་ཀེ་ལ་ཤ་ཡ་དུམ་བུར་གངས་རི་ལྡན་པ་དེ་ཡི་སུམ་ཆ་ཀུན་ནས་ཤེས་བྱ་སྟེ། །ཕྱི་རོལ་ཏུ་ཡང་ཡུལ་རྣམས་ཉིན་བྱེད་འདབ་མ་རེ་རེའི་གླིང་རྣམས་ཀུན་གྱིས་བརྒྱན་པར་བརྗོད་དེ་གཡས་ཀྱི་ཕྱེད་དུ་ཐུབ་མཆོག་གནས་བགྲོད་ཤམ་བྷ་ལ་ཞེས་བྱ་བར་གྲོང་ཁྱེར་བྱེ་བ་ཡང་དག་གནས། །ཞེས་སོགས་སོ། །

དེར་རྒྱལ་པོ་ཉི་མའི་འོད་ཅེས་བྱ་བ་བ་བྱུང་བའི་སྲས་ཟླ་བ་བཟང་པོ་ལ་སྟོན་པས་འབྲས་སྤུངས་གསུང་པ་དཔལ་ལྡན་རྒྱུ་དཀར་གྱི་དཀྱིལ་འཁོར་སྤྲུལ་ནས་དུས་ཀྱི་འཁོར་ལོའི་རྩ་རྒྱུད་གསུངས་སོ། །དེས་ཤམ་བྷ་ལར་རྩ་རྒྱུད་ལོ་གཅིག་གསུངས། དེའི་བརྒྱུད་པ་ལྷ་དབང་། གཟི་བརྗིད་ཅན། ཟླབས་བྱིན། ལྷའི་དབང་ཕྱུག །སྣ་ཚོགས་གཟུགས། ལྷའི་དབང་ལྡན་རྣམས་ཀྱི་ལོ་བརྒྱད་རྩ་བརྒྱད་གསུངས་སོ། །དེས་ནས་འཇམ་དབྱངས་གྲགས་པས་ལོ་བརྒྱ་རྩ་བརྒྱད་གསུངས་ནས་བསྡུས་བརྒྱུད་མཛད། དེ་ནས་པད་མ་དཀར་པོས་བསྡུས་རྒྱུད་ཀྱིས་འགྲེལ་པའི་དྲི་མེད་འོད་མཛད་དོ། །དེ་ནས་བཟང་པོ་རྣམ་རྒྱལ། བཤེས་གཉེན་བཟང་པོ་ལ་སོགས་པ་རིགས་ལྡན་གྱི་རྒྱལ་པོ་མང་དུ་བྱུང་ངོ་། །སྙིགས་མའི་དུས་རྟགས་ཙམ་འཛིན་པར་གྱུར་པ་ན། ཧོར་ཡུལ་གྱི་བྱང་ཕྱོགས་དག་སྦྱིན་ཞེས་བྱ་བར་ལྷུམ་ཡིད་ཀྱིས་སྤྲུལ་པ་ཀླུ་ཀློའི་རྒྱལ་པོ་རྟོགས་ལྡན་ཞིག་བྱུང་སྟེ། ཡུལ་དབུས་དང་། བོད་རྣམས་འཇོམས་ཤིང་། འཛམ་གླིང་ཆུང་ངུའི་ཕྱེད་དབང་དུ་བསྡུས་ཤིང་། འཁོར་རྒྱལ་ཕྲན་དགུ་བཅུ་རྩ་དྲུག་ཡོད་པ་སྟོབས་ཀྱིས་དྲེགས་ནས་ཤམ་བྷ་ལར་དམག་འདྲེན་པར་རྩོམ་མོ། །དེའི་ཚེ་འཇམ་དཔལ་གྱིས་སྤྲུལ་པ་དྲག་པོ་འཁོར་ལོ་ཅན་ཞེས་བྱ་བའི་རྒྱལ་པོ་སོགས་སོ། །

གཉིས་པ་ནི། མདོན་པ་ལས་ཞེས་སོགས་བཅུ་སྟེ། ད་ལྟའི་མ་ཕམ་འདི་མ་དྲོས་པར་འདོད་པ་མངོན་པའི་གཞུང་དང་འགལ་ཏེ། མངོན་པ་ལས་ཡུལ་དབུས་འདི་ནས། བྱང་དུ་རི་ནག་པོ་དགུ་འདས་པ་ན། རི་བོ་གངས་ཅན་ཡོད་ལ། དེ་ནས་རི་སྤོས་ངད་ལྡན་པ་ཡོད་པའི་ཚུར་རོལ་དཔག་ཚད་བཅུ་འོངས་པ་ན། མཚོ་མ་དྲོས་པ་ཆུ་ཞེང་དང་ཟབས་སུ་དཔག་ཚད་ལྔ་བཅུ་ལྔ་བཅུ་ཡོད་པ་ཡན་ལག་བརྒྱད་ལྡན་གྱི་ཆུས་གང་བ་ཡོད་ལ། དེའི་གཡས་རོལ་ན་ཤིང་འཛམ་བུ་ཞེས་བྱ་བ་འབྲས་བུ་ཛ་མ་ཙམ་རེ་སྨྲང་རྩི་འདྲ་བ་ཆུ་ནང་དུ་ལྷུང་བའི་ཉ་རྣམས་ཀྱིས་ཟོས་པའི་ལྷག་མ་འཛམ་བུ་ཆུ་བོའི་གསེར་དུ་འགྱུར་བ་ཡོད་དོ། །ཞེས་སོགས་ཀྱིས་མཚན་ཉིད་རྒྱས་པར་གསུངས་པའི་ཕྱིར་དང་། མཛོད་འགྲེལ་ལས། དེར་ནི་རྫུ་འཕྲུལ་དང་མི་ལྡན་པའི་མིས་བགྲོད་པར་དཀའོ། །

ཞེས་བཤད་ཅིང་ད་ལྟའི་ཏེ་སེ་སོགས་སོ། །

གསུམ་པ་ནི། མུ་སྟེགས་བྱེད་པའི་ཞེས་སོགས་བཅུ་བཞི་སྟེ། རྒྱས་པའི་བསྟན་བཅོས་གཞོན་ནུ་འབྱུང་བ་དང་། ཆྭ་ར་ཆྭ་ཀ་ལས། གླིང་འདིའི་ཤར་ནུབ་གཉིས་ཀྱི་རྒྱ་མཚོ་ལ་ཐུག་གི་བར་རི་བོ་གངས་ཅན་གྱིས་ཁྱབ་པར་བཤད་པ་དང་། སྔོན་རྒྱལ་པོ་ཤིང་རྟ་བཅུ་པའི་བུ་དགའ་བྱེད་ཀྱི་ཆུང་མ་རོལ་རྙེད་མ་མགྲིན་བཅུས་འཕྲོགས་ནས་དེ་ལ་དམག་དྲངས་ཏེ། སྲིན་པོ་ཕལ་ཆེར་བསད་པའི་ཚེ་མགྲིན་བཅུའི་སྤུན་ཟླ་བསམ་གཏན་བསྒོམ་པ་ཞིག་གིས་རླུང་དྲག་པོ་རྫུབས་པས་དགའ་བྱེད་དང་། ཧ་ནུ་མནྟ་མ་གཏོགས་དམག་དཔུངས་ཐམས་ཅད་ཀེང་རུས་སུ་སོང་ནས་དེ་གསོ་བའི་ཕྱིར་རི་བོ་གངས་ཅན་བླངས་ནས་དེ་ལ་ཡོད་པའི་བདུད་རྩི་གཏོར་བས་སོས་པར་གྱུར་ཏེ། སླར་ཧ་ནུ་མནྟས་སླར་ཡང་གངས་རི་རང་གི་གནས་སུ་འཕངས་པའི་དུམ་བུ་ཞིག་ལ་མདུང་མཚར་བ་དེ་ཏེ་སེ་ཡིན་ཞེས།གྲོགས་མཁར་བ་སླ་བ།དེས་ན། ཕྱི་ནང་གི་ལུགས་ལ་ཡང་དབང་ཕྱུག་ཆེན་པོའི་གནས་སོགས་སོ། །གླང་པོ་ས་བསྲུངས་ཀྱིས་བུས་བསྟེན་པ་ནི་འདུལ་བ་ལུང་ལས་བཤད་ལ། གདགས་པ་ལས་ནི་རབ་བརྟན་གྱིས་བསྟེན་པར་བཤད་དོ། །

བཞི་པ་ནི། རྨ་བྱ་ཆེན་མོའི་ཞེས་སོགས་གཉིས་ཏེ། མདོ་དེ་ལས་ཀྱང་རིའི་རྒྱལ་པོ་གངས་ཅན་དང་། རིའི་རྒྱལ་པོ་ཏེ་སེ་དང་ཞེས་ཐ་དད་དུ་གསུངས་པ་དང་འགལ་ལོ། །ལྔ་པ་ནི། ཕལ་པོ་ཆེ་ཡིས་ཞེས་སོགས་ཚིགས་བཅད་བདུན་ཏེ། ད་ལྟའི་མ་ཕམ་འདི་ལ་ནི། །ཕལ་པོ་ཆེ་ནས་གསུངས་པ་ཡི། །མཚན་ཉིད་འདི་དག་གང་ཡང་མེད་པས་མ་ངྲིས་པ་ཡིན་པར་འགལ་ལོ། །

གསུམ་པ་ལ་གཉིས་ཏེ། ཉེས་སྤོང་བརྗོད་པ། དེ་དགག་པའོ། །དང་པོ་ནི། དེ་ལ་ཁ་ཅིག་ཅེས་སོགས་ལྔ་སྟེ། སྔར་བཤད་པ་དེ་དག་དང་སྐྱོན་སྤོང་བར་འདོད་པ་ཁ་ཅིག །ད་ལྟ་མཚན་ཉིད་དེ་དག་དང་མི་ལྡན་ཡང་གངས་ཅན་དང་མ་ངྲིས་པ་མ་ཡིན་པར་མི་འགྱུར་ཏེ། བྱ་རྒོད་ཕུང་པོའི་རི་ལ་ཡང་དགོན་བརྩེགས་ཀྱིས་སྡོམ་གསུམ་བསྟན་པའི་གླིང་བཞིར་མཐོ་བ་དང་།ཆླུམ་པ་དང་ཤིང་ལྗོན་པ་སྣ་ཚོགས་དང་། འདབ་ཆགས་མཛེས་ཤིང་ཡིད་དུ་འོང་བ་དུམ་སྐད་སྙན་པ་སྒྲོགས་པ་དང་། ལྷ་རྫས་ཀྱི་མེ་ཏོག་དྲི་བསུང་ཞུན་སུམ་ཚོགས་པས་ཁྱབ་པར་བཤད་པ་རྣམས་ད་ལྟ་མ་ངྲིས་པས། དུས་སྙིགས་མའི་སྟོབས་ཀྱིས་ས་ཡུལ་ཀུན་ཡང་ཉམས་པར་འགྱུར་བར་སྣང་བའི་ཕྱིར་ཞེས་སོ། །

གཉིས་པ་ལ་གཉིས་ཏེ། འཆད་ཚུལ་གཉིས་ཀྱིས་རང་བཞིན་བཤད། ངོ་བོ་ཉིད་སྐབས་ཀྱི་ལན་ལ་སྦྱར་བའོ། །དང་པོ་ལ་གཉིས་ཏེ། སྒྲ་སྐྱུར་དུ་འགྱུར་མི་འགྱུར་དཔྱད།དེ་ཡི་དཔེར་བརྗོད་སོ་སོར་བཤད་པའོ། །དང་

པོ་ནི། འདི་ཡང་དབྱེ་སྟེ་ཞེས་སོགས་བཅུ་བཞི་སྟེ། སྤྱིའི་འཆད་ཚུལ་དངོས་པོའི་གནས་ལུགས་འཆད་པ་དང་། སྐྱོན་ཡོན་བསྡུགས་པའི་སྐབས་གཉིས་ཡོད་པ་ལས། དང་པོ་ལ་སྒྲོ་སྐུར་བརྗོད་ན་གནས་ལུགས་ངོས་མི་ཟིན་པས་སྐྱོན་དུ་འགྱུར་ལ། ཕྱི་མ་ལ་སྒྲོ་སྐུར་སྐྱོན་དུ་མི་འགྱུར་ཏེ། ཡོན་ཏན་བསྡུགས་པའི་སྐབས་ཡིན་གྱི་གནས་ལུགས་འཆད་པའི་སྐབས་མ་ཡིན་པའི་ཕྱིར་རོ། །གཉིས་པ་ནི། དཔེར་ན་བ་གླང་ཞེས་སོགས་ཉེར་གཉིས་ཏེ། འཆད་ཚུལ་གཉིས་པོ་ལ་སྒྲོ་སྐུར་སྐྱོན་དུ་འགྱུར་མི་འགྱུར་དཔེའི་སྒོ་ནས་བཤད་པའོ། །

གཉིས་པ་ནི། དེས་ན་བྱ་རྒོད་ཅེས་སོགས་ཚིགས་བཅད་གཉིས་ཏེ།།བྱ་རྒོད་ཕུང་པོ་སོགས་ཀྱི་ཡོན་ཏན་བཤད་པ་དཔལ་མེད་པ་དང་། གངས་ཅན་དང་། མ་དྲོས་པ་སོགས་ཀྱི་མཚན་ཉིད་བཤད་པ་དཔལ་མེད་པ་མི་མཚུངས་ཏེ། སྡུ་མ་ནི་མདོ་སྡེ་ལ་ངེས་པ་བསྐྱེད་པའི་ཆེད་དུ་སྟོན་ཕུན་སུམ་ཚོགས་པ་ལྔ་འཛོམ་པའི་དུས་སུ་མདོ་སྡེ་འདི་འབྱུང་ངོ་། །ཞེས་སྟན་དག་གི་གཞུང་བཞིན་དུ་ཡོན་ཏན་བསྡུགས་པའི་སྐབས་ཡིན་པའི་ཕྱིར་དང་རྣམ་པ་གཞན་དུ་ཐེག་ཆེན་གྱི་མདོ་སྡེ་གསུངས་པའི་ཚེ། བཅོམ་ལྡན་འདས་ཀྱིས་ས་ཕྱོགས་བྱིན་གྱིས་བརླབས་པས་འཁོར་ཐམས་ཅད་ཀྱི་དེ་ལྟར་མཐོང་བ་ཡིན་ཏེ། མདོ་སྡེ་གཞན་ལས་ཀྱང་མི་མཛེད་ཀྱི་འཇིག་རྟེན་གྱི་ཕྱོགས་ལག་མཐིལ་ལྟར་མཉམ་པ། སྡོང་དུམ་དང་། ཚེར་མ་དང་། མི་གཙང་བའི་ལྷན་ལྷིན་དང་། རི་ནག་པོ་མེད་པར་གྱུར་ཏོ། །ཞེས་གསུངས་པ་དང་མཐུན་པའི་ཕྱིར་དང་། ཕྱི་མ་ནི་ཆོས་རྣམས་ཀྱི་རང་སྤྱིའི་མཚན་ཉིད་འཆད་པའི་སྐབས་ཡིན་པས་དངོས་པོའི་གནས་ལུགས་འཆད་པ་ཡིན་ཞིང་། དེ་ལ་འཁྲུལ་ན་སོགས་སོ། །

གཉིས་པ་ནི། ཙ་རི་ཏྲ་ཞེས་སོགས་བཅུ་གཅིག་སྟེ། གནས་འབྱུང་སྤྱོད་ཀྱི་བྱེ་བྲག་ཙཱ་རི་ཏྲ་ནི། ལྷོ་ཕྱོགས་རྒྱ་མཚོའི་འགྲམ་ན་ཡོད་པར་གསུངས། གངས་ཡུལ་གྱི་ཙཱ་རི་ཙ་གོང་ནི་དེ་མ་ཡིན་ནོ། །ཁ་ཅིག་གནས་ཞིང་གི་བྱེ་བྲག་དེ་ཐེ་ཀོ་ཊ་ལ་གཉིས་ཡོད་པའི། ཆེ་ཤོས་རྒྱ་སྐར་ལྷོ་ཕྱོགས་ན་ཡོད། ཆུང་བ་གཞན་ཞིག་གངས་ཡུལ་གྱི་ཙཱ་རི་ཡིན། ཞེས་པ་ལ་བལྟ་བ་ནི། དེའི་ཕྱོགས་ཟླ་ཏྲའི་ཤིང་ཡོད་ན་ཡུལ་དེ་དེ་ཐེ་ཀོ་ཊ་ཡིན་པ་ལ་སྐྱོན་མེད་དེ། རྡོ་རྗེ་མཁའ་འགྲོའི་རྒྱུད་ལ་སོགས་སོ། །དེ་ཡང་རྒྱུད་དུ། གྲེན་དུ་འབར་ཊ་ཞེས་བྱ་བ། །ཀོ་ཊ་ས་མ་བརྩེགས་པ་ཆེ༑ །དེ་ཐེ་ཀོ་ཊ་སྣ་ཆེན་མོ། །སྟོབས་པོ་ཆེ་ནི་སྐྱེ་གནས་འབྱུང་། །ལྷ་མོ་ལག་ན་མདུང་ཅན་དེ། །རྣལ་འབྱོར་དབང་ཕྱུག་ཀུན་གྱི་མཆོག །གནས་དེར་ལྷ་མོ་དྲེད་ཆེན་མོ། །ཟླ་ཏའི་ཤིང་ལ་རྟེན་ཏེ་གནས། །བོད་ཡུལ་དུ་ནི་ལྷན་སྐྱེས་ཏེ། །རང་བྱུང་གིས་ནི་སྐྱེ་གནས་འབྱུང་། །ཆུ་སྲིན་རྒྱལ་མཚན་ལག་ན་ཐོགས། །ཞི་ཞིང་གསལ་བའི་གཟུགས་ཅན་དེ། །ཡུལ་དེར་གནས་པའི་ལྷ་མོ་དེ། །བྲག་གིས་ཁྲིམ་ལ་བརྟེན་ཏེ་གནས། །ཞེས་སོ། །དགེའོ།། །།

༄༅། །སྡོམ་གསུམ་རབ་དབྱེ་ལ་ཡིག་ཆ་དགོངས་ཚུལ་གྱི་སྡོམ་ཚིག་བཞུགས་སོ། །

ཀུང་རུ་ཤེས་རབ་བཟང་པོ།

ཨོཾ་སྭ་སྟི། བསྟན་པའི་བྱི་དོར་སྡོམ་གསུམ་རབ་དབྱེ་ལ། །ས་པཎ་ཉིད་ཀྱི་རང་མཚན་རང་མཚན་ཡོད་ཚུལ་བསམ་ཡས་པ་དང་ལྷ་འབྲི་གཉིས་ཀྱི་ཊཱི་ཀར་གསལ། མདོར་བསྡུས་ཡོད། །ཆག་ལོ་ཞང་ལོ་གློ་བོ་ལོ་ཙཱ་སོགས། །ཆོས་རྗེ་ཁུ་དབོན་གཉིས་ཀྱི་དྲིས་ལན་ལ། །སྡོམ་གསུམ་རབ་དབྱེར་དགོས་པ་མང་པོ་ཡོད། །ཆོས་རྗེའི་དངོས་སློབ་ལྷ་འབྲི་ན་རེ། མདོ་སྟེ་དཔལ་གྱིས་བྱས་ཟེར་བ་མི་དག །ཁང་སྟོན་ས་བཅད་དེ། །འཕགས་པའི་དངོས་སློབ་སྦྲ་ལུང་ཀུན་སློན་གྱི། །མཚན་དང་བཀའ་འགྲེལ་ས་བཅད་ཞིབ་མོར་མཛད། །གསུམ་པོས་སྡོམ་གསུམ་རབ་དབྱེ་ཕྱེད་པའི་ལུགས། །ས་ལུགས་ཀྱི་ཆོས་གཞན་ལ་རྒྱུད་པ་ཡོད་ན་དེས་ཆོག་པ་ཡིན། དེ་ཡི་ཉིང་སློབ་སློབ་མའི་སློབ་མ་སེང་གེ་དཔལ་གྱིས་ཀྱང་། །ས་བཅད་བཀའ་འགྲེལ་ཤིན་ཏུ་ཞིབ་མོ་བྱས། །འཕགས་པའི་དངོས་སློབ་འདུལ་བ་སེང་གེས་ཀྱང་། །འདི་ལེགས་པོ་ཞིག་ཡོད། ས་བཅད་བསྡུས་དང་ཕྱོགས་སྔ་རྒྱས་པར་བཀོད། །འཕགས་པའི་དངོས་སློབ་གཞོན་ནུ་གྲུབ་ཀྱིས་ཀྱང་། །སྡོམ་གསུམ་སྤྱི་དོན་རྒྱས་པར་བྲིས་པ་ཡིས། །གཞུང་ཆུང་རྩ་འགྲེལ་བཟང་པོ་བྱས་པ་ཤིན་ཏུ་གལ་ཆེ་བ་གཅིག་ཡོད་དོ། །དེས། །དབུས་པ་ཟླ་སྟོན་ཞེས་པ་བྱུང་བས་ཀྱང་། །འཕགས་པའི་གསུང་ལ་མཆན་བུ་བསྒྲིགས་པ་ཡོད། །ཆོས་རྗེའི་དངོས་སློབ་དང་ནི་ཉིང་སློབ་དང་། །དམར་དང་ཡོན་ཏན་དཔལ་གྱི་མཆན་ཡང་ཡོད། །དེ་དག་སྔར་གྱི་རྩ་བའི་དཔེ་ཆ་སྟེ། །བདག་གི་ཆོས་རྗེ་ཡབ་སྲས་མ་གཏོགས་པ། །ཕྱིས་ཀྱི་ཊཱི་ཀཱ་བྱས་པས་མཐོང་བ་ཙམ། །གཞན་ཡང་གནས་གྱུར་ངོ་བོ་གཅིག་པ་ཡི། །དགག་སྒྲུབ་ཟིན་བྲིས་ཡི་གེར་བྲིས་པའང་འདིས་སྡོམ་གསུམ་འོད་ཕྲེང་གི་གྲུབ་མཐའ་ལེགས་པོར་བཤིག་པ་ཞིག་འདུག་སྣང་། །

དཔལ་ལྡན་བླ་མའི་དངོས་སློབ་བསམ་ཡས་པས། །རྣམ་བཤད་བཟང་པོ་རབ་འབྱམས་བྲིས་མོད་ཀྱང་། །གོང་མའི་གསུང་རབ་རྒྱུད་གསུམ་མན་ངག་སོགས། །རྒྱུད་སྡེའི་དོན་ལ་མཁྱེན་པ་མ་རྒྱས་པའི། །བཤད་པ་ཅི་རིགས་བྲིས་པ་མང་པོ་ཡོད། །འཛམ་དབྱངས་རིན་ཆེན་རྒྱལ་བའི་ཊཱི་ཀར་ཡང་། །ལུང་སྦྱོར་མང་ཡང་རྩ་བར་འགྱུར་བ་ཙམ། །ཁ་ཅིག་ཉང་བསྟོད་མཁན་པོ་དེ་དང་འོད་ཕྲེང་ལ་བརྟེན་ནས། །རང་གི་རང་འདོད་རང་གར་བྲིས་པ་ལ། །སྐབས་དོན་གནས་གྱུར་ངོ་བོ་གཅིག་པ་དཀའ་བས། བོར་དང་གོང་འོག་འགལ་བ་སོགས། །གཞུང་དོན་གཞུང་

གི་དོན་བཞིན་མ་རྟེད་དོ། །བུ་སྟོན་སློབ་མ་དཀོན་གྲགས་བྱང་པ་སྐྱེ་མཁན་ཆེན་གཡག་པའི་བླ་མ་ཡང་ཡིན། ཊཱི་ཀར་ཡང་། །ས་ལུགས་མིན་པའི་རང་ལུགས་བྲིས་པ་མང་སྡོམ་གསུམ་ངོ་བོ་ཐ་དད་སངས་རྒྱས་སྟུར་ལ་མི་ལྟོས་པ་དང་། །

དེ་ཡི་འགའ་ཞིག་བྲིས་པའི་ཊཱིཀྐ་ཆུང་ངུ། ཆོས་ལུང་བ། །ཆོས་རྗེ་གཞོན་ནུ་སེང་གེའི་ཊཱིཀྐ་ནི། །མདོ་སྔགས་ཀུན་མཁྱེན་ས་སྐྱ་པ་ཡི་ལུགས། །དོན་གྱི་ཆར་འདི་བས་བཟང་བ་མེད། ཕྱིས་ཀྱི་བཤེས་གཉེན་མཁས་པ་ཁ་ཅིག་ལྷ་འབྲི་ཅིག་གིས། །རང་གི་ཡོངས་འཛིན་དངོས་སློབ་ཡིན་པས། ཆོས་རྗེ་གཞོན་ནུ་སོགས། །རྩ་བའི་དཔེ་ཆ་བཟང་པོ་མ་བལྟས་པར། །ཊཱིཀྐ་དེ་ཡང་ཊཱིཀྐ་དེ་ལ་ནོར་བ་གང་ཡོད་རང་ལུགས་ལ་བྲིས་པ་དང་། ཚིག་འཇུག་གི་ཚིགས་བཅད་རྣམས་ཀྱང་གོང་འོག་བསྒྱུར་བ་སོགས། བསམ་ཡས་མ་དེ་མཆོག་ཐོས་ནས། །བྱ་རྒྱུད་ལ་བདག་བསྐྱེད་ཡོད་པ་དང་དོན་དམ་སེམས་བསྐྱེད་ལ་ཆོ་ག་ཡོད་ཟེར་བ་སོགས། གཞུང་དོན་ཕལ་ཆེར་དེ་ཉིད་བྲིས་བཤུས་བྱས། །གནས་གྱུར་ངོ་བོ་གཅིག་པའི་ལེགས་བཤད་ས་ལུགས་ལ་མིན་ཟེར་ནས་བོར། །སྤྱི་གཞུང་འགལ་དང་ཐག་ཆོད་བསྟུས་པ་ཡོད། །ཡང་འདྲེན་པ་ཡི་ཊཱིཀྐ་ལེགས་པོ་དང་། །གཙང་གི་བློ་གྲོས་སེང་ཁམས་བག་སྟོན་གྱིས། །ཊཱིཀྐ་ཆུང་ངུ་རེ་ཡང་ཡོད་ཅེས་ཟེར། །བསྟན་པའི་བྱི་དོར་སྡོམ་གསུམ་རབ་དབྱེ་སོགས། །ཆོས་རྗེའི་གསུང་རབ་ལེགས་བཤད་སེང་གེའི་སྒྲ། །ཀློལ་ངན་ཕ་ཚོགས་སྙིང་གི་རང་གི་གྲུབ་མཐའ་ལ་གནོད་ནས་མ་བཟོད་པས། །རང་རང་སྒྲ་སྐད་ཙ་ཙོར་བསྒྲགས་པ་ནི། །མ་སྦྱངས་སྐྱེ་བོ་མགུ་བའི་འོད་ཕྲེང་དང་། །རྒྱལ་བ་འཕགས་ཡུལ་བློ་སེང་དེ་ཡང་སྦྱོར་པ་དང་། །བུ་སྟོན་པ་ཡི་ཐུལ་ཕུད་དྲིས་ལན་དང་། །འབྲི་གུང་པ་ཡི་ཐུབ་པ་དགོངས་གཅིག་འགྲེལ་བ་དང་བཅས་པ་ཆེན་པོ་ཡོད་དང་། །སྡོམ་གསུམ་ཐོ་བར་གྲགས་པའི་དྲིས་ལན་དང་། །སྡོམ་གསུམ་རྣམ་བཞག་ཅེས་པའི་གཞུང་ཡང་དགོན་པ་དང་ཡར་ལུང་པ་གསུམ་གྱི་གསུམ་དང་། །ཅིག་རོ་སྟོན་པའི་ས་འབྲི་ཤན་འབྱེད་དང་། །སྡོམ་གསུམ་གཏན་འབེབས་རིན་ཆེན་བརྟག་པ་དང་། །སྡོམ་གསུམ་ཐེམ་སྐས་ཟེར་བའི་དཔེ་ཆུང་དང་། །ཕྱོགས་ལྷའི་ཚུལ་དང་སྨིན་བྱེད་བྱིན་རླབས་སོགས། །ཕྱེད་པའི་མཚུར་ཕུ་གུ་ཤྲི་བློ་མེད་སྐྱེ་བོ་འགའ་ཞིག་གིས། །འབྲེལ་མེད་མུ་ཅོར་སྣ་ཚོགས་བྲིས་པ་དང་། །ཅེར་སྒོམ་ལུགས་ཀྱིས་མན་ངག་རིན་སྤུངས་དང་། །ལེགས་བཤད་རྡོ་རྗེ་ཐོ་བ་ལ་སོགས་པ། །འཇམ་དབྱངས་མགོན་པོའི་ཞང་བསྟོད་པ་ཐོ་བ་སྐོར་གསུམ་དང་། །འཇད་ཊཱིཀ་ལ་སོགས་མཛོན་པའི་གཞུང་ལུགས་དང་། །བཀའ་གདམས་པ་ཡི་ཡིག་ཆ་མང་པོ་སོགས། །སྡོམ་གསུམ་གནས་ལུགས་སྣ་ཚོགས་བྲིས་པ་མཐོང་། །བཟོད་པ་རིང་མོའི་སྡོམ་གསུམ་ལུགས་ཀྱང་དང་། །རྒྱལ་བ་ཡང་དགོན་པ་ཡི་རི་ཆོས་དང་། །ལྟ་བ་ལྡོག་གི་གཟེ་མ་ར་མགོ་དང་། །བོ་དོང་པ་ཡི་དེ་ཉིད་སྙིང་པོ་སོགས། །དེ་ལྟར་མཁས་དང་མི་མཁས་དུ་མ་ཡི། །ལེགས་ཉེས་མང་པོ་རབ་ཏུ་བྲིས་པ་མཐོང་། །ད་ལྟའི་མཁས་འདོད་བཤེས་གཉེན་ཕལ་པོ་ཆེ། །གཞུང་ལ་ཕོ་ཆོད་བྱེད་པ་མ་གཏོགས་པ། །རང་

གཞན་འདོད་རྒྱལ་ཞིབ་མོར་ཤེས་པ་དགོན། །

ཞེས་པ་སྡོམ་གསུམ་རབ་དབྱེ་ལ། །ཉེ་བར་མཁོ་བའི་ཚིགས་བཅད་འདི། །རྗེ་བཙུན་ཀུན་དགའ་བཟང་པོ་ཡིས། །དྲིན་ལས་གྱུང་རུས་བྲིས་པའོ། །དགེའོ། །མངྒ་ལཾ།

༄༅། །སྡོམ་གསུམ་རྣམ་བཤད་ཕུལ་བྱུང་བ། །ཚུལ་དང་ཚུལ་མིན་འབྱེད་པའི་ཆོས། །ཡོངས་རྫོགས་བསྟན་པའི་ཕྱི་མོ་ཆེ། །སྟག་ཚང་ལོ་ཙཱས་མཛད་པ་བཞུགས། །

སྟག་ཚང་ལོ་ཙཱ་བ་ཤེས་རབ་རིན་ཆེན།

ན་མོ་མཉྫུ་ཤྲཱི་ཡེ། དགེ་ལེགས་གསེར་གྱི་ས་འཛིན་དབང་། །ཐུགས་རྗེའི་ཆུ་འཛིན་མཆོག་གིས་འཁྲུད། །ལེགས་བཤད་ཆར་རྒྱུན་རྟག་ཏུ་འབེབས། །ཐུབ་དབང་ཤཱཀྱའི་གཙོ་ལ་འདུད། །རྒྱལ་བའི་ཡེ་ཤེས་གསེར་སྦྱངས་མཚན་དཔེའི་གཟུགས། །དང་པོའི་སངས་རྒྱས་ལང་ཚོ་གསར་པའི་དཔལ། །འགྲོ་ཀུན་གཉེན་གཅིག་ཕྱི་ནང་གཤིན་རྗེའི་དགྲ། །ཐུགས་རྗེ་ཀུན་སློམས་བདག་གི་སྐྱབས་དེར་འདུད། །མགོན་ཁྱོད་འཛམ་གླིང་བྱང་ཕྱོགས་བསྐྱངས་ཕྱིར་དུ། །ཆོས་འཁོར་འགྲན་ཟླ་མེད་པའི་ས་སྐྱ་པ། །བདུན་བརྒྱུད་ཚང་བར་བྱོན་པའི་རྣམ་འཕྲུལ་གྱི། །ཤར་ཕྱོགས་རྒྱ་མཚོའི་བར་དུ་བསྐྱངས་ལ་འདུད། །ཁྱད་པར་ལྔ་རིག་མཐར་སོན་བསྙེན་པར་རྫོགས། །སྨྲ་བའི་ཁྱུ་མཆོག་གདུག་རྩུབ་བྱམས་པས་བཏུལ། །ཆོས་དང་ཆོས་མིན་འབྱེད་ལ་ལྷག་པར་དགྱེས། །པཎ་ཆེན་ཐུགས་རྗེའི་གཏེར་ལ་སྙིང་ནས་འདུད། །དད་པའི་ཆུ་གཏེར་ལས་འོངས་པའི། །བསྔོད་ཚིག་མེ་ཏོག་འདིས་མཆོད་ནས། །མགོན་དེའི་ལེགས་བཤད་བླ་ན་མེད། །སྡོམ་གསུམ་རབ་དབྱེ་འདིར་བཤད་བྱ། །འདི་ན་འདུལ་བ་མངོན་པ་དང་། །ཤིན་ཏུ་རྒྱས་པའི་མདོ་སྡེ་དང་། །རིག་འཛིན་གཞུང་ལ་མ་སྦྱངས་པར། །ལུང་རིགས་ཕྱོགས་རེའི་ང་རྒྱལ་གྱི། །གཞུང་འདི་འཆད་པའི་ཁུར་ཁྱེར་བས། །འདུལ་བ་མདོ་སྡེ་གསང་སྔགས་ཀྱི། །གདུལ་བྱའི་གཙོ་བོ་མ་ཕྱེ་ནས། །སྤྱང་བྱ་སོ་སོའི་ཁྱད་པར་དང་། །དེ་ལ་བརྟེན་པའི་བཅས་མཚམས་དང་། །ཐོབ་གཏོང་འདྲེས་པའི་རྣམ་གཞག་གིས། །ཐུབ་བསྟན་འཁྲུགས་པ་མ་བཟོད་ཅིང་། །དོན་གཉེར་མཆོག་གིས་བསྐུལ་བ་ཡིན། །ཡོངས་རྫོགས་མཁས་པས་མཛད་པའི་ཡོངས་རྫོགས་གཞུང་། །ཕྱོགས་རེའི་མཁས་པས་བཤད་ལ་མཁས་པས་ཁྲེལ། །དེ་ཕྱིར་གཞུང་མཛད་དེ་ཡི་ལུགས་འཛིན་པ། །ཕྱོགས་ལས་རྣམ་རྒྱལ་ཕྱོགས་འདིར་ཅིས་མི་འབབ། །

དེ་ཡང་བདག་ཅག་གི་སྟོན་པ་འཇིག་རྟེན་ཐམས་ཅད་ཀྱི་སྐྱབས་མགོན་ཐུབ་པའི་དབང་པོ་དེ་ཉིད་ཀྱིས། སྐྱོབ་པ་ཉིད་གཟིགས་ལམ་གསུངས་པ། །ཞེས་པའི་ཚུལ་གྱིས་རང་ཉིད་གང་ནས་གཤེགས་པའི་ལམ་ནས་འགྲོ་

བ་མཐའ་དག་ཉེ་རིང་མེད་པ་འདྲེན་པར་མཛད་པའི་ཐུགས་རྗེ་ཆེན་པོས་བསྐྱོད་ཅིང་། རེ་ཞིག་རང་རང་གི་སྐལ་བ་དང་མཚམས་པར་འཁྲིད་པའི་ཐབས་ལ་མཁས་པས། མདོ་སྡེ་རྒྱན་དུ། ཐ་ཆད་འབྲིང་དང་མཆོག་ཆོས་ཉིད་གནས་ལ། །ལེགས་པར་སྟོན་དང་མགུ་བྱེད་འཇུག་པ་དང་། །ཞེས་སོགས་གཞན་དོན་གྱི་རིམ་པ་གསུངས་པ་ལྟར། དང་པོ་གདུལ་བྱ་ཐ་ཆད་ཕྱི་རོལ་མུ་སྟེགས་ལ་སོགས་པ་མ་དད་པ་རྣམས་དད་ནས་འཇུག་པར་བྱ་བ་དང་། རེ་ཞིག་ཤེས་སྒྲིབ་རགས་པ་སྤྱངས་ཤིང་ཉེར་མཁོས་རྗེས་སུ་བཟུང་བར་བྱ་བའི་དོན་དུ་རིག་གནས་ཐུན་མོང་བ་བཞི་དང་། ལས་འབྲས་ལ་ཡིད་ཆེས་པའི་དད་པས་དགེ་སྡིག་ལ་བླང་དོར་བྱེད་པ་སྐྱེས་བུ་ཆུང་ངུའི་ལམ་རྣམས་སྟོན་པར་མཛད་དོ། །

དེ་རྗེས་གདུལ་བྱ་འབྲིང་པོ་ཉན་རང་གི་རིགས་ཅན་ལ་རང་ཉིད་འཁོར་བ་ཙམ་ལས་ཐར་བའི་ཐབས་སུ་ངེས་འབྱུང་གི་བསམ་པ་བསྐྱེད་པའི་སོ་སོར་ཐར་པ་ལྔ་བུ་ལུས་ངག་གི་ཉེས་སྤྱོད་གཙོ་བོར་གདུལ་བའི་ཚུལ་ཁྲིམས་དང་། ཐུན་མོང་གི་ཞི་ལས་དང་། ཉོན་སྒྲིབ་ཐུན་མོང་བའི་ས་བོན་འཇོམ་བྱེད་བདག་མེད་རགས་པ་མི་རྟག་ལ་སོགས་བཅུ་དྲུག་གི་ལམ་ཡོངས་རྫོགས་འབྲས་བུ་དང་བཅས་པ་སྡེ་སྣོད་ཐུན་མོང་བ་གསུམ་གྱི་སྒོ་ནས་བསྟན་པར་མཛད་དོ། །

དེ་རྗེས་གདུལ་བྱ་མཆོག་ཐེག་ཆེན་པ་ལ་རང་གཅེས་འཛིན་གྱི་གཉེན་པོར་གཞན་གཅེས་པའི་ལྷག་བསམ་བྱང་ཆུབ་ཀྱི་སེམས་ཀྱིས་ཡིད་ཀྱི་ཉེས་སྤྱོད་གཙོ་བོར་སྡོམ་པ་བྱང་སེམས་ཀྱི་སྡོམ་པས་བསྡུས་པའི་སྡོམ་པའི་ཚུལ་ཁྲིམས་དང་། ཕྱིན་དྲུག་གཙོ་བོར་སྤྱོད་པ་དགེ་བ་ཆོས་སྡུད་ཀྱི་ཚུལ་ཁྲིམས་དང་། བསྡུ་བཞིས་གཙོ་བོར་སྡུད་པ་སེམས་ཅན་དོན་བྱེད་ཀྱི་ཚུལ་ཁྲིམས་ཏེ་ཚུལ་ཁྲིམས་གསུམ་གྱིས་བསྡུས་པའི་བྱང་སེམས་ཀྱི་སྤྱོད་པ་སྤྱི་དང་། ཁྱད་པར་ཐུན་མོང་མ་ཡིན་པའི་ཞི་ལྷག་ཁྱད་པར་ཅན་དང་། སྒྲིབ་གཉིས་ཕྲ་བའི་ས་བོན་སྤོང་བྱེད་བདག་མེད་ཕྲ་མོ་གཉིས་ཀྱི་ཤེས་རབ་ཁྱད་པར་ཅན་ཐུན་མོང་མིན་པའི་སྡེ་སྣོད་བསྟན་ནས་བསྐྱེད་པར་མཛད་དོ། །

གདུལ་བྱ་མཆོག་ལམ་ཐུན་མོང་པ་དེ་དག་ཀྱང་མྱུར་དུ་སྐྱེད་ཅིང་། ཐུན་མོང་མིན་པའི་སྒོམས་འཇུག་སྒྲིབ་པར་བཞག་དགོས་ཐེམ་ཆོས་ལུས་ཀྱི་སྒྲིབ་པ་ཕྲ་མོའི་ས་བོན་སྤོང་བར་འདོད་པ་ལ། བདག་མེད་ཕྲ་མོའི་ཕྲ་མོ་བདེ་ཆེན་ཡེ་ཤེས་ཀྱིས་མྱུར་དུ་རྟོགས་པར་བྱེད་པའི་ཐབས་མཁས་རྨད་དུ་བྱུང་བ་སྐལ་བ་མཆོག་ཏུ་གྱུར་པ་ཕལ་ཆེར་གྱིས་ཀྱང་མ་མྱངས་ཤིང་བློར་མི་ཤོང་བའི་ཟབ་ལམ་མཐར་ཐུག་རིག་པ་འཛིན་པའི་སྡེ་སྣོད་ཐབས་དང་ཤེས་རབ་ཀྱི་མཐར་ཐུག་གཉིས་ཀ་བློ་རྫས་གཅིག་ལ་འདུ་བས་རྡོ་རྗེའི་དོན་ལེགས་པར་ཚང་བ་ཟབ་མོ་རྡོ་རྗེ་

ཐེག་པ་སྟོན་པར་མཛད་དོ། །

དེ་དག་གི་ཉམས་ལེན་མདོར་བསྡུས་པ་ནི། སྡོམ་པ་གསུམ་སྟེ་ཐུན་མོང་དང་ཐུན་མོང་མ་ཡིན་ཞིང་མདོ་སྔགས་མཐའ་དག་གི་ཐུན་མོང་བ་སོ་སོ་ཐར་པའི་སྡོམ་པ། སྡེ་སྣོད་གསུམ་གྱི་ནང་ནས་འདུལ་བའི་སྡེ་སྣོད་ཐུན་མོང་མིན་ཞིང་། ཐེག་ཆེན་གྱི་མདོ་སྔགས་སྤྱིའི་ཐུན་མོང་བ་བྱང་སེམས་ཀྱི་སྡོམ་པ། རྒྱུད་སྡེ་འོག་མ་གཉིས་མན་ཆད་ཐུན་མོང་མིན་ཞིང་། རྒྱུད་སྡེ་གོང་མ་གཉིས་ཀྱི་ཐུན་མོང་བ་རིག་འཛིན་སྔགས་ཀྱི་སྡོམ་པ་རྣམས་སོ། །འདི་གསུམ་གསུང་རབ་མཐའ་དག་གི་བླང་བྱ་ཡོངས་སུ་རྫོགས་པར་གཟིགས་ནས། རྗེ་བཙུན་འཇམ་པའི་དབྱངས་མིའི་གཟུགས་ཀྱི་སྐྱེ་དགུ་མཐའ་ཡས་པའི་མགོན་སྐྱབས་སུ་བྱོན་པ། རྗེ་བཙུན་ས་སྐྱ་པའི་ནང་ནས་ཀྱང་གནས་ལྔ་རྫོགས་པར་མཁྱེན་པ་དང་བསྟན་པ་རིན་པོ་ཆེ་ལ་ཞུགས་ལ་ཡོངས་སུ་རྫོགས་པས་དྲུར་སྒྲིག་གི་རྒྱལ་མཚན་བསྒྲེངས་པ་དང་། ལྷག་པར་སྡེ་བདུན་གྱི་རྣམ་འགྲེལ་དར་ཞིང་རྒྱས་པར་མཛད་པ་དང་། མུ་སྟེགས་ཀྱི་སྟོན་པ་འཕྲོག་བྱེད་བཅུལ་བ་དང་། སྒྲ་དང་སྙན་ངག་སོགས་ཐ་སྙད་ཀྱི་གཙུག་ལག་མཐའ་དག་གི་སྒྲོལ་བཀོད་པ་དང་། ཡ་རབས་དང་མ་རབས་ཀྱི་ཁྱད་པར་དང་། རིགས་པ་དང་མི་རིགས་པ་རྣམ་དབྱེ་དང་། ཆོས་དང་ཆོས་མིན་གྱི་ངང་ཚུལ་ལ་རྨོངས་ནས་བླང་དོར་མི་ཤེས་པའི་ཚེ། དེ་དག་ཤིན་ཏུ་གསལ་བར་མཛད་པ་དང་། རང་ཕྱོགས་དང་གཞན་ཕྱོགས་སུ་འཛིན་པའི་ཆགས་སྡང་གི་མེ་འབར་བ་ལ་རང་རང་གི་ཆོས་ལུགས་སྐྱོང་དུ་འཇུག་པའི་སྤྱི་སློམས་ཀྱི་ཆར་རྒྱུན་འབེབས་པ་དང་། དགེ་སྡིག་ངོ་མི་ཤེས་ཤིང་ཞེ་སྡང་གི་སྦྱོར་བ་ཕོ་ནས་སྲིད་འཚོ་བ་ལ་ཞུགས་པའི་རྒྱུ་རྡོར་གྱི་གདུག་རྩུབ་བཅོམས་ནས་ཞི་བདེ་ལ་བཀོད་པ་སོགས་ཀྱི་འཕྲིན་ལས་རྨད་དུ་བྱུང་བ་འཛམ་གླིང་བྱང་ཕྱོགས་ཀྱི་འགྲོ་བ་ལ་བཀའ་དྲིན་མཚུངས་པ་མེད་པ་ཆོས་ཀྱི་རྗེ་ས་སྐྱ་པཎྜི་ཏ་ཀུན་དགའ་རྒྱལ་མཚན་དཔལ་བཟང་པོ་ཞེས་སྙན་པའི་བ་དན་ས་གསུམ་ན་ལྷག་པར་གཡོ་བ་དེ་ཉིད་ཀྱིས་སྡོམ་པ་གསུམ་གྱི་རབ་ཏུ་དབྱེ་བ་ཞེས་བྱ་བའི་བསྟན་བཅོས་ཆེན་པོ་འདི་མཛད་དོ། །ཞེས་བྱ་བ་ནི་རེ་ཞིག་བསྟན་བཅོས་གང་ལས་འོངས་པའི་འགྲེལ་པ་དང་བརྗོད་བྱ་དང་དགོས་པ་བསྡུས་པའང་ཡིན་ནོ། །

བསྟན་པ་སྤྱི་སྒོས་ཀྱི་བྱུང་ཚུལ་ནི་གཞན་ནའང་གསལ་ཞིང་འོག་ཏུའང་འཆད་ལ། གདུང་རབས་སྤྱི་དང་། ཁྱད་པར་ཆོས་རྗེའི་རྣམ་ཐར་ཡང་མཁས་པ་སྔ་མ་མང་པོས་བཤད་ཟིན་ཅིང་། ཁོ་བོས་བྱས་པའི་གདུང་རབས་ཀྱི་ཡི་གེ་ན་ཤིན་ཏུ་གསལ་བ་ལས་དེར་བལྟ་བར་བྱ་ཞིང་། བཀའ་དྲིན་དྲན་པའི་གསོལ་འདེབས་ཀྱི་ཡིག་ཆུང་ཡང་ཟུར་ན་ཡོད་དོ། །

འདི་འཆད་པ་ལ་གཉིས་ཏེ། སྤྱི་དོན་དོགས་དཔྱོད་ཀྱི་དང་། གཞུང་དོན་ས་གཅོད་ཀྱི་སྒོ་ནས་གཏན་ལ་

དབབ་པའོ། །དང་པོ་ལ་དཀའ་གནད་དང་། བརྗོད་བྱའི་དོགས་དཔྱོད་དོ། །དང་པོ་ནི། འོན་རང་ལུགས་ཀྱི་སྡོམ་གསུམ་རྣམ་བཞག་ཤིན་ཏུ་གསལ་ཞིང་སྒྲུབ་བྱེད་དང་ལྡན་པ་ཞིག་མཛད་པས་ཆོག་མོད་གཞན་དག་འགོག་པ་ལ་གཙོ་བོར་ཞུགས་པ་ལྟར་སྣང་བ་ཅི་ཞེ་ན། རྣམ་པར་རྟོག་པ་འདི་ནི་རྗེ་ཉིད་ཀྱི་གཙུང་ཟངས་ཚ་བསོད་རྒྱལ་ལ་ཡང་འཁྲུངས་ནས། དེ་ལྟ་བུའི་རྩོམ་པ་མཛད་ན་མི་མང་པོ་མི་དགའ་ན་སྡིག་པ་གསོག་པས་མི་རྩོམ་པར་ཞུས་པ་དང་། རེ་ཞིག་བཞོལ་བར་བཞེད་པའི་མནལ་ལམ་དུ། ཐུབ་དབང་གི་སྐུ་གཟུགས་ངན་སྐྱུགས་ཀྱི་གོས་པ་ལ་བྱི་དོར་བྱེད་མཁན་མེད་པ་དང་། ཀླུ་སྒྲུབ་དང་ཕྱོགས་གླང་སོགས་ཤིང་སྐམ་ལ་རྒྱབ་བརྟེན་ནས་སྐུ་བསྙེལ་བ་ལྟར་གནང་བ་སོགས་གཟིགས་ནས། བརྩམས་ན་མི་མི་དགའ་བ་ཙམ་དུ་ཟད་ལ། མ་བརྩམས་ན་རྒྱལ་བ་སྲས་བཅས་མི་དགྱེས་པར་མཁྱེན་ནས་ནན་གྱིས་བརྩམས་ཞེས་གྲགས་ལ། ཚུལ་འདི་དང་རྗེས་སུ་མཐུན་པ་ཞིག་ཁོ་བོའི་གྲུབ་མཐའ་ཀུན་ཤེས་ལའང་བྱུང་ངོ་། །

གཙོ་བོར་སློབ་དཔོན་དཔའ་བོས། དཔའ་བོ་ཁྱོད་ཀྱི་བསྟན་པ་ནི། །མུ་སྟེགས་ཐམས་ཅད་སྐྲག་མཛད་ཅིང་། །བདུད་རྣམས་སེམས་ཁོངས་ཆུད་པ་དང་། །ལྷ་དང་མི་རྣམས་དབུགས་ཀྱང་འབྱིན། །ཞེས་གསུངས་པ་དང་། འཆད་པས་སྐལ་ལྡན་རྗེས་སུ་འཛིན་པ་དང་། རྩོད་པས་ལོག་སྨྲ་ཚར་གཅོད་པ་དང་། རྩོམ་པས་མཁས་པ་མགུ་བ་སྐྱེད་པ་གསུམ་ནི། ཤིན་ཏུ་བཙུན་པ་དང་བཟང་བ་དང་། གྲུབ་པ་ཐོབ་པས་ཀྱང་སྒྲུབ་མི་ནུས་ལ། མཁས་པ་ཁོ་ནའི་མཛད་པ་ཡིན་པས། ཀླུ་སྒྲུབ་ཡབ་སྲས་དང་། ཕྱོགས་གླང་ཆོས་གྲགས་སོགས་ཤིང་རྟ་ཀུན་གྱི་རྣམ་ཐར་དང་། ཁྱད་པར་བོད་དུ་འོག་ནས་འཆད་པ་ལྟར། སྟགས་ལོག་སུན་འབྱིན་རིམ་པར་ཕྱིན་པའི་སྲོལ་བསྐྱངས་པ་སྐབས་སུ་བབ་ནས། འོན་ཀྱང་སངས་རྒྱས་བསྟན་པ་ལ། །ལོག་པར་འཆད་ལ་བདག་མ་དད། །ཅེས་དང་། རིན་ཆེན་ཆོས་ཀྱང་དཀོན་ལ་ནི། །རྟག་ཏུ་འཚེ་བའང་མང་ཞེས་གསུངས། །འདི་ལ་བསམས་ནས་མཁས་རྣམས་ཀྱིས། །རྟག་ཏུ་བསྟན་པའི་བྱི་དོར་བྱ། །ཞེས་པ་ལྟར། བསྟན་པ་རིན་པོ་ཆེའི་དྲི་མ་བསལ་བར་བྱ་བའི་ལྷག་བསམ་ཁྱད་པར་ཅན་ལས་བྱུང་བའི་རྒྱུ་མཚན་དེ་ཉིད་ཀྱི་མཆོག་ཏུ་གྱུར་པའོ། །

གཞུང་འདིའི་ཚིག་དོན་བསྟན་ནི། ཀུན་གྱིས་གོ་བར་བྱ་ཕྱིར་བཤད། །ཅེས་གསུངས་པ་ལྟར། ཚིག་སྦྱོར་ཤིན་ཏུ་ལེགས་ཤིང་ཚིག་སྣ་ཤིན་ཏུ་རིང་བས། མདོ་སྔགས་ཀྱི་བརྡ་ཆད་རགས་པ་ཡོད་པ་ཞིག་གིས། འགྲེལ་གྱི་དངོས་བསྟན་ལ་མི་གོ་བ་ཚིག་གཅིག་ཀྱང་མེད་པ་ལྟ་བུ་ཡིན་པས། དུས་ཕྱིས་ཊཱི་ཀཱ་བྱེད་པ་དང་བཤད་པ་མཛད་པ་མང་པོ་སྣང་མོད། ཕུགས་ལེགས་པར་གཏུགས་པའི་ཚེ་ཤིན་ཏུ་འཆད་དཀའ་བ་མང་པོ་ཡོད་དེ། འདི་ལྟར་གཞུང་ལུགས་སྤྱི་དང་བསྟུན་ན་འཆད་དཀའ་བ་དང་། དེང་སང་གི་ཆོས་སྐད་དང་བསྟུན་ན་དང་། གཞུང་

ཉིད་ཀྱི་སྤྱི་ཕྱི་དང་བསྟུན་ན་འཆད་དཀའ་བའོ། །དེ་ཡང་འདིར་སོ་སོ་ཐར་པ་ལུགས་གཉིས་ཀྱི། ཐེག་ཆེན་སོ་ཐར་ངོས་འཛིན་མཛད་པ་ན། དེས་ན་དཔལ་ལྡན་འོད་ཀྱི་ཚིག་གི་ནི། །བསམ་པ་སེམས་བསྐྱེད་ཀྱིས་ཟིན་པའི། །ཚིག་ཉན་ཐོས་ལུགས་བཞིན་གྱིས། །སོ་སོ་ཐར་པ་རིགས་བརྒྱད་པོ། །བྱང་སེམས་སོ་སོ་ཐར་པར་འགྱུར། །ཞེས་སོ་ཐར་གྱི་སྡོམ་པ་མཚན་ཉིད་ལ་ཐེག་ཆེན་སེམས་བསྐྱེད་ཀྱིས་ཟིན་པ་འདི་ཉིད་ཐེག་ཆེན་སོ་ཐར་བྱང་སེམས་སོ་ཐར་དུ་མཛད་པ་ནི། དཀོན་བརྩེགས་ཀྱི་ཉེ་བ་འཁོར་གྱིས་ཞུས་པ་ལས། བྱང་ཆུབ་སེམས་དཔའི་སོ་སོ་ཐར་པ་ནི་བྱང་ཆུབ་ཀྱི་བར་དུ་ཐེར་ཟུག་འཇུག་པ་དང་། སྡོམ་པ་འདི་ལ་འདོད་ཆགས་ལས་བྱུང་བའི་ལྟུང་བ་ལ་ལྟུང་བར་ང་མི་སྨྲའོ། །ཞེས་སོགས་རྒྱ་མཚན་དུ་མས་སྡོམ་པ་གསུམ་གྱི་ནང་ནས་བྱང་སེམས་སྡོམ་པར་གསུངས་པ་དང་མི་མཐུན་ལ། བྱང་སེམས་ཀྱི་རྒྱུད་ལ་ཡོད་པའི་སྡོམ་པ་ཡིན་པས་བྱང་སེམས་སྡོམ་པར་འཇོག་ན་ནི་དགེ་སློང་གི་རྒྱུད་ལ་ཡོད་པའི་དགེ་བསྙེན་དང་དགེ་ཚུལ་གྱི་སྡོམ་པ་ཡང་དགེ་སློང་གི་སྡོམ་པར་ཐལ་བ་དང་། ཚོགས་ལམ་པའི་རྒྱུད་ལ་ཡོད་པའི་ལམ་ཡིན་ན་ཚོགས་ལམ་ཡིན་པས་ཁྱབ་པར་འགྱུར་ཞིང་། དེ་ལྟ་ན་དམན་ལམ་སྔོན་སོང་གི་འཕགས་ལམ་ཚོགས་ལམ་དུ་འགྱུར་བ་སོགས་མང་། ལེན་ཚིག་ཉན་ཐོས་ལུགས་བཞིན་བྱས་ཏེ་ང་། སྡོམ་པའི་ངོ་བོ་དང་གཏོང་ཚུལ་སོགས་ཀྱང་ཉན་ཐོས་ལུགས་ལས་མ་འདས་ལ། དེ་ལྟ་ན་གོང་དུ་བྱང་སེམས་ཀྱི་སྡོམ་པ་སེམས་ལས་སྐྱེ་བས་གཟུགས་ཅན་མིན་པ་དང་། ཚེ་འཕོས་པས་མི་གཏོང་བར་གསུངས་པས། གཞུང་ཡང་སྤྱི་ཕྱི་འགལ་བ་ལྟ་བུ་ཤིན་ཏུ་བཤད་པར་དཀའ་འོ། །

གཞན་ཡང་། གཞུང་འདི་རིགས་ལ་བརྟེན་ནས་སྔེ་སྣོད་སོ་སོའི་སྡོམ་པ་སོ་སོ་རྣམས་ཀྱི་གང་ཟག་དང་། ལེན་ཚིག་དང་། བཅས་འགལ་སོགས་ལ་མི་མཁས་པ་དག་གིས། སོ་ཐར་ཐེག་ཆེན། སེམས་བསྐྱེད་ཀྱིས་ཟིན་ན་བྱང་སེམས་སྡོམ་པར་འགྱུར་ལ་དེ་སྔགས་ཀྱི་བསམ་སྦྱོར་གྱིས་ཟིན་ན་སྔགས་སྡོམ་དུ་འགྱུར་བས་སྡོམ་གསུམ་མི་འགལ་བ་དང་། འགལ་ཡང་ངོ་བོ་གཅིག་པར་འདོད་པའི་ལོག་རྟོགས་རྣམས་ཀྱང་བྱུང་ཞིང་། རྗེ་བཙུན་ཅོང་ཁ་པ་ལྟ་བུ་འདུལ་བ་ལ་མཁས་པས་ཀྱང་། སྨོན་སེམས་ཀྱིས་ཟིན་པའི་དགེ་སློང་གི་ཕམ་པ་འཆབ་བཅས་གསོར་རུང་བས་ཚུལ་ཁྲིམས་ལེའུའི་ཊཱི་ཀ་ཆེན་དུ་བྲིས་པ་ལྟ་བུའི་འཁྲུལ་པ་རྣམས་བྱུང་ངོ་། །

འདི་དག་ལ་ནི་གཞུང་འདི་ཉིད་དུ། དེས་ན་སོ་སོ་ཐར་པ་ཡི། །སྡོམ་པ་ཤི་ཡང་ཡོད་དོ་ཞེས། །སྨྲ་བའི་སྐྱེས་བུ་དེ་ལ་ནི། །སྡེ་སྣོད་རྣམ་དབྱེ་མེད་པར་ཟད། །ཅེས་གསུངས་པ་ཉིད་ཀྱིས་ལེགས་པར་གནོད་དེ། སྡོམ་གསུམ་ནང་ཚན་གྱི་སོ་ཐར་སྡོམ་པ་ནི་སྡེ་སྣོད་གསུམ། རིག་འཛིན་སྡེ་སྣོད་དང་བཅས་པའི་ནང་ནས་འདུལ་བའི་སྡེ་སྣོད་ཁོ་ནའི་བསྟན་དོན་ཡིན་གྱི། གཞན་ན་ལེན་ཚིག་དང་གཏོང་ཚུལ་སོགས་ཅུང་ཟད་ཀྱང་མི་གསལ་བའི་

ཕྱིར་རོ། །འོན་ཕྱོད་རང་ཇི་ལྟར་འཆད་ཅེ་ན། འདིར་ནི་བྱང་སེམས། ཐེག་ཆེན་གྱི་མིང་ཅན་སོ་ཐར་དངོས་ཡིན་ལ། དགོན་བརྩེགས་ཀྱི་ནི་དེ་ལས་བཟློག་ཅིང་། དེང་སང་སོ་ཐར་ཐེག་ཆེན་ལུགས་ཤིག་བྱེད་ན་འདི་ལས་མ་འདས་ཏེ། སོ་ཐར་དངོས་ཀྱང་ཡིན། ཐེག་ཆེན་པས་ལེན་པ་ཡང་ཡིན་པས་འདི་ལས་མེད་དོ། །རྒྱས་པར་གཞུང་ལ་སྦྱར་ནས་བཤད་པར་བྱའོ། །

དེ་བཞིན་དུ་ཆོས་ཉིད་དམ་བདེ་གཤེགས་ཀྱི་སྙིང་པོ་དགེ་བ་མ་ཡིན་པར་ལན་མང་དུ་གསུངས་པ་ཡང་། ངོ་བོ་ཉིད་སྐུ་ཆོས་ཉིད་དུ་འདོད་པ་དང་། བདེ་གཤེགས་སྙིང་པོ་གཞིའི་ཟག་མེད་ཀྱི་ཤེས་རིག་ཏུ་འདོད་པ་དག་གིས་ཤིན་ཏུ་བཤད་པར་དཀའ་སྟེ། ཆོས་དགོན་མཆོག་གི་གཙོ་བོར་རྣམ་དཀར་བདེན་པའི་མཐར་ཐུག་སྟེ་ལུང་མ་བསྟན་དུ་འདོད་དགོས་པ་དང་། ཟག་པ་མེད་པའི་ཤེས་པ་སྦྲང་མའི་རྩི་དང་འདྲ་ཞེས་སོགས་བདེ་གཤེགས་སྙིང་པོ་དགེ་བ་ཟག་མེད་དུ་བཤད་པ་མང་པོ་དང་འགལ་ཞིང་། སྔགས་ལ་བརྟེན་པའི་སངས་རྒྱས་ཀྱི་སྒྲུབ་གཞི། ཤིན་ཏུ་ཕྲ་བའི་རླུང་སེམས་དང་། རང་བཞིན་ལྷན་ཅིག་སྐྱེས་པའི་ཡེ་ཤེས་དང་། རྣམ་ཀུན་མཆོག་ལྡན་གྱི་སྟོང་གཟུགས་གཞི་ནས་ཡོད་པར་གསུངས་པ་རྣམས་འཆད་མི་ཤེས་པར་འགྱུར་རོ། །

འོན་ཀྱང་ཆོས་རྗེ་ཉིད་ཀྱི་བཞེད་པ་ནི། སྐུ་ལྔག་མ་གསུམ་པོ་ཆོས་ཅན་གྱི་སྐུར་གསུངས་པ་ཙམ་གྱིས། ངོ་བོ་ཉིད་སྐུ་ལ་ཆོས་ཉིད་ཀྱི་སྐུའི་སྒྲ་སྦྱར་དགོས་ཙམ་འགྲུབ་དགོས་པ། ཆོས་ཉིད་དུ་མི་འགྲུབ་སྟེ། ཆོས་གཅིག་གི་ཆོས་ཉིད་ཡིན་ན། ཆོས་ཐམས་ཅད་ཀྱི་ཆོས་ཉིད་ཡིན་པར་ཐེག་པ་གོང་མའི་གཞུང་མཆོག་མང་པོར་གསུངས་ཤིང་གཅིག་གི་ཆོས་ཉིད་མཐོང་ན་ཐམས་ཅད་ཀྱི་ཆོས་ཉིད་མཐོང་བར་ལུང་རིགས་དུ་མས་གྲུབ་པའི་ཕྱིར་རོ། །རིགས་སམ་བདེ་གཤེགས་སྙིང་པོ་ཡང་འཁོར་ལོ་བར་པའི་དངོས་བསྟན་ཆོས་ཉིད་མེད་དགག་ཉིད་དུ་གསལ་བ་ལ་དགོངས་སོ། །

ཡང་རིགས་སམ་ཁམས་དེ་དངོས་པོ་དང་དངོས་མེད་གང་ཡིན་གྱི་བརྟག་པ་མཛད་པའི་སྐབས་ན། དངོས་པོ་ལ་བེམ་རིག་གང་རུང་དང་རིག་པ་ལ་རྣམ་ཤེས་ཚོགས་བརྒྱད་གང་རུང་ལས་མ་འདས་པར་གསུངས་པ་ཡང་། འདུ་བྱེད་ཕུང་པོའི་ཕྱོགས་གཅིག་ལྡན་མིན་འདུ་བྱེད་ཐམས་ཅད་བེམ་རིག་གང་ཡང་མིན་པའི་དངོས་པོ་ཡིན་པ་དང་། སེམས་བྱུང་མཐའ་དག་རྣམ་ཤེས་ཚོགས་བརྒྱད་གང་ཡང་མིན་ལ། སངས་རྒྱས་ཀྱི་ས་ན་རྣམ་ཤེས་ཐམས་ཅད་གནས་གྱུར་ནས་ཡེ་ཤེས་འབའ་ཞིག་ལས་མེད་པས་དངོས་བསྟན་སྒྲས་ཟིན་འཆད་པར་དཀའ་ཡང་། བེམ་རིག་གང་རུང་གི་ཧྲས་ལས་མ་འདས་པ་དང་། སེམས་སེམས་བྱུང་རྫས་གཅིག་པའི་ཕྱོགས་རིགས་གཏེར་རང་འགྲེལ་དུ་བཀོད་ཅིང་སངས་རྒྱས་ཀྱི་ས་ན་ཡིད་ཀྱི་རྣམ་ཤེས་ཡོད་པར་བཞེད་པའི་ཕྱོགས་ཡིན་པས

རང་གི་གྲུབ་པའི་མཐའ་དང་མི་འགལ་ལོ། །

ཡང་། འདོད་ཆགས་ཞེ་སྡང་གཏི་མུག་གསུམ། །དེས་བསྐྱེད་ལས་ནི་མི་དགེ་བ། །ཞེས་རིན་ཆེན་འཕྲེང་བའི་ཚིག་སོར་བཞག་མཛད་པའང་། མ་རིག་པ་ལ་སྤྱིར་ཉོན་མོངས་ཅན་དང་དེ་མིན་གཉིས། ཉོན་མོངས་ཅན་ལའང་ལས་འབྲས་ལ་དང་། དེ་ཁོ་ན་ཉིད་ལ་རྨོངས་པའི་མ་རིག་པ་གཉིས་ཀྱི་ལས་འབྲས་ལ་རྨོངས་པ་དང་། ཞེ་སྡང་གིས་བསྐྱེད་པའི་ལས་ལ་མི་དགེ་བས་ཁྱབ་ཀྱང་། དེ་ཁོ་ན་ཉིད་ལ་རྨོངས་པ་དང་། འདོད་ཆགས་ཀྱིས་བསྐྱེད་པ་ལ་མ་ཁྱབ་སྟེ། ཟག་བཅས་ཀྱི་དགེ་བ་ཐམས་ཅད་དེས་བསྐྱེད་པའི་ཕྱིར་རོ། །དེས་ན་རྨོངས་པ་སྡུ་མ་གྲོགས་སུ་ཡོད་པའི་འདོད་པར་ཆགས་པ་ལ་དགོངས་སོ། །སྐབས་འདིའི་སྟོད་སྨད་མང་པོར་དགེ་སྡིག་ལུང་མ་བསྟན་ལ་སྤྱིར་འདུས་བྱས་ཀྱིས་ཁྱབ་པ་དང་། དེའི་ནང་ནས་ཀྱང་ལས་ཡིན་པས་ཁྱབ་པ་དང་། ལས་ཡིན་ན་སེམས་པ་ཡིན་པས་ཁྱབ་པ་ལྟར་གསུངས་པ་ནི། ཆོས་མངོན་པ་གོང་འོག་ཀུན་ཏུ། འདོད་ཁམས་ཀྱི་འཇིགས་ལྟ་མཐར་ལྟ་ལྷན་སྐྱེས་དང་འབའ་ཞིག་པའི་མ་རིག་པ་རྣམས་མ་གཏོགས་པའི་འདོད་ཉོན་ཐམས་ཅད་མི་དགེ་བ་ཡིན་ཞིང་། དེ་གསུམ་དང་ཁམས་གོང་གི་ཉོན་མོངས་ཐམས་ཅད་སྒྲིབས་ལ་ལུང་མ་བསྟན་དང་། དབང་པོ་གཟུགས་ཅན་སོགས་རྣམ་སྨིན་སྐྱེས་ཀྱི་ཆོས་བེམ་རིག་མཐའ་དག་དང་། ཟོར་གནས་དང་། སྤྲུལ་སེམས་དང་སྤྱོད་ལམ་པ་སོགས་མ་སྒྲིབས་ལུང་མ་བསྟན་དུ་ལན་གཅིག་མིན་པར་གསུངས་པ་དང་། ལུས་དང་ངག་གི་རིག་བྱེད་དགེ་སྡིག །ལུང་མ་བསྟན་ཡོད་པས་ཕྱིའི་སྐྱེད་བྱེད་གཟུགས་ཅན་ལྟའི་ཐོག་མ་གཉིས་ལ་དགེ་སྡིག་གིས་བསྡུས་པ་མང་པོ་ཡོད་པར་གསུངས་པ་དང་ཤིན་ཏུ་འགལ་ཡང་ཕར་ཚད་རྒྱང་བའི་དགེ་བཤེས་མང་པོ་འདིའི་དངོས་བསྟན་ལྟར་དེ་ངེས་ཡང་འདོད་དོ། །དགེ་བ་ལ་འདུ་བྱས་ཀྱིས་ཁྱབ་པ་ལ་ནི། ངོ་བོ་ཉིད་སྐུ་སྐྱོན་དུ་བཏང་ནས་སེང་གེ་ཆེན་པོ་ཞ་སྐད་མ་འབྱིན་ཞིག་ཅེས་ཚིག་ཉམས་དང་བཅས་སྨྲ་བར་བྱེད་དོ། །

བདག་ཉིད་ཆེན་པོ་འདིའི་བཞེད་པ་ནི། དེ་ནས་ལས་དང་རྣམ་སྨིན་གྱི། །རྣམ་པར་དབྱེ་བ་བཤད་ཀྱིས་ཉོན། །ལས་ལ་དགེ་སྡིག་ལུང་མ་བསྟན། །ཞེས་སོགས་སྤྱིར་ལས་འཆད་པའི་སྐབས་ཡིན་པས། ལས་སུ་འགྱུར་བའི་དགེ་སོགས་ཡིན་ན་འདུས་བྱས་དང་། ཁྱད་པར་བསྔོ་བ་འཆད་པའི་སྐབས་ཡིན་པས་བསྔོ་རྒྱུའི་དགེ་བ་ལ་འདུས་བྱས་ཀྱིས་ཁྱབ་པར་སྟོན་པས་རྣམ་དཀར་དམ་ཆོས་ཀྱི་གཙོ་བོ་འགོག་བདེན་དགེ་བ་མིན་པར་མི་བཞེད་པས་དགེ་བ་ལ་ལས་ཀྱིས་ཁྱབ་པར་མ་བསྟན་ལ། ལས་ཀྱི་གཙོ་བོ་སེམས་པ་ཡིན་པ་ནི་གཞུང་ལུགས་ཁུངས་ཐུབ་ཀུན་མཐུན་ཡང་ལུས་ངག་གི་ལས་གཟུགས་ཅན་མི་བཞེད་པ་ནི་གཏན་མིན་ཏེ། ཡིན་ན་འདི་ཉིད་དུ། སེམས་པ་ཡིད་ཀྱི་ལས་ཡིན་ཏེ། །བསམ་པ་དེ་ནི་ལུས་ངག་གོ །ཞེས་གསུངས་པ་དང་འགལ་ཞིང་ལས་ལ་

སེམས་པས་ཁྱབ་པ་གཞུང་འདིར་གསལ་ཁ་ཡང་མ་བྱུང་ངོ། །

དེ་བཞིན་དུ། སྙིང་པོ་མདོ་བཅུ་དང་རྒྱུད་བླ་ཕྱ་འགྲེལ་སོགས་སུ་གསུངས་པའི་བདེ་གཤེགས་སྙིང་པོ་ནི། དགོངས་གཞི་དང་དགོས་པ་དང་དངོས་ལ་གནོད་བྱེད་ཀྱི་སྒོ་ནས་དྲངས་དོན་ཉིད་དུ་གཞུང་འདིར་གསལ་བར་བཤད་པ་ནི། ཕྱིར་ངོ་བོ་ཉིད་སྐུའི་སྒྲུབ་གཞི་གཅིག་གཞི་དུས་ནས་དགོས་ཤིང་ཡོད་ན། སྐུ་གཞན་ལའང་དགོས་པར་མཚུངས་པའི་རིགས་པ་དང་། འཁོར་ལོ་ཐ་མ་ཀུན་དང་ཁྱད་པར་གསང་སྔགས་རྒྱུད་སྡེ་བཞི་དང་ཡང་སྒོས་བླ་མེད་རྒྱུད་སྡེ་རིགས་གསུམ་དང་བྱེ་བྲག་ཐེག་པའི་མཐར་ཐུག་དང་པོའི་སངས་རྒྱས་སུ་གསལ་བར་གསུངས་པའི་ལུང་གིས་གནོད་མོད་ཀྱི། འདིར་གཞུང་ལུགས་པ་ཀུན་གྱི་རྒྱབ་རྟེན་གྱི་གཙོ་བོ་བཀའ་འཁོར་ལོ་བར་པ་དང་དགོངས་འགྲེལ་གྱི་གཙོ་བོ་དབུ་མ་རིགས་ཚོགས་རྗེས་འབྲངས་དང་བཅས་པ་དང་། མངོན་རྟོགས་རྒྱན་དུ་ཡང་། སྒྲུབ་པ་ཡི་ནི་རྟེན་གྱུར་པ། ཆོས་ཀྱི་དབྱིངས་ཀྱི་རང་བཞིན་དང་། །ཞེས་སོགས་གཙོ་བོར་མཛད་ཅིང་། སྙིང་པོ་མདོ་བཅུ་སོགས་སུ་རྟག་བརྟན་ཐེར་ཟུག་བདེན་གྲུབ་ལྟར་གསུངས་པ་རྣམས་སྒྲ་ཇི་བཞིན་དུ་འདོད་པ་དགག་པའི་ཕྱིར་དུ་མཛད་པའི་མཁས་པ་ཁ་ཅིག །བདེ་གཤེགས་སྙིང་པོ་དྲང་དོན་དུ་རྒྱུད་བླ་ཉིད་ཀྱིས་བསྟན་ཏེ། སྔར་ནི་དེ་ལྟར་རྣམ་བཞག་ནས། །སླར་ཡང་བླ་མའི་རྒྱུད་འདིར་ནི། །ཉེས་པ་ལྔ་དག་སྤང་བའི་ཕྱིར། །ཁམས་ཡོད་ཉིད་ཅེས་བསྟན་པ་ཡིན། །ཞེས་ཉེས་པ་ལྔ་སྤང་བའི་ཕྱིར་དུ་གསུངས་པའི་དགོས་པ་ལ་ལྟོས་པའི་དྲང་དོན་དུ་གསུངས་པའི་ཕྱིར་རོ་ཞེས་ཟེར་རོ། །དེ་ནི་མི་འཐད་དེ་སྤྲིན་དང་རྨི་ལམ་རྒྱུ་བཞིན་དེ་དང་དེར། །ཤེས་བྱ་ཐམས་ཅད་རྣམས་ཀུན་སྟོང་པ་ཞེས་གསུངས་ནས་ཡང་འདིར་རྒྱལ་རྣམས་སེམས་ཅན་ལ། སངས་རྒྱས་སྙིང་པོ་ཡོད་ཅེས་ཅི་སྟེ་གསུངས། །ཅེས་འཁོར་ལོ་བར་པར་ཆོས་ཐམས་ཅད་བདེན་སྟོང་བསླུ་ཆོས་སུ་གསུངས་ནས། སླར་ཡང་འཁོར་ལོ་ཐ་མ་འདིར་བསླུ་མེད་ཀྱི་བདེ་གཤེགས་སྙིང་པོ་གསུངས་པས་བཀའ་སྔ་ཕྱི་འགལ་གསུང་བའི་ཕྱོགས་སྔ་བསུས་ནས་ཡང་དག་མཐའ་ནི་འདུས་བྱས་ཀྱི། །རྣམ་པ་ཐམས་ཅད་དབེན་པ་སྟེ། །ཉོན་མོངས་ལས་དང་རྣམ་སྨིན་དོན། །སྤྲིན་ལ་སོགས་པ་ཤིན་ཏུ་བརྗོད། །ཅེས་ཡང་དག་མཐའ་བདེ་གཤེགས་སྙིང་པོ་ནི་ཐོག་མེད་ནས་གྲུབ་པས་གློ་བུར་བའི་རྐྱེན་གྱི་འདུས་བྱས་པའི་ཁྱད་ཆོས་ཀྱི་རྣམ་པ་ཐམས་ཅད་དབེན་པས་སྤྲིན་སོགས་ཀྱི་དཔེས་མ་བསྟན་ལ། དཔེས་བསྟན་པ་ནི་ཉོན་མོངས་པ་དང་ལས་དང་། དེའི་རྣམ་སྨིན་རྣམས་ཡིན་ཞེས་བརྗོད་དོ་ཞེས་མདོར་བསྟན་ནས། ཉོན་མོངས་སྤྲིན་འདྲ་བྱ་བ་ཡི། །ལས་ནི་རྨི་ལམ་ལོངས་སྤྱོད་བཞིན། །ཉོན་མོངས་ལས་ཀྱི་རྣམ་སྨིན་དོན། །ཕུང་སོགས་སྒྱུ་མ་སྤྲུལ་པ་བཞིན། །ཞེས་འཁོར་ལོ་བར་པར་སྒྱུ་མ་ལྟ་བུ་སོགས་སུ་གསུངས་པའི་དགོངས་གཞི་དང་། ཡང་དག་མཐའ་ལ་སྒྱུ་སོགས་ཀྱི་དོན་མ་ཚང་བར་བསྟན་པ་དངོས

ལ་གནོད་བྱེད། གློ་བུར་དྲི་མའི་ཆོས་རྣམས་བརྗུན་པར་རྟོགས་པའི་དགོས་པ་ཤུགས་ལ་བསྟན་པ་ཆོས་ཐམས་ཅད་སྒྱུ་མ་ལྟ་བུར་འཁོར་ལོ་བར་པ་ལས་གསུངས་པ་དྲང་དོན་དུ་གསལ་བར་བཤད་དོ། །

འོ་ན་ཉེས་པ་ལྔ་དག་སྤང་བའི་ཕྱིར་ཞེས་པ་ཅི་ཞེ་ན། དེ་ནི་བདེ་གཤེགས་སྙིང་པོ་མེད་བཞིན་དུ་ཡོད་པ་ལྟར་གསུངས་པའི་དགོས་པ་མིན་གྱི་དེ་འཁོར་ལོ་དང་པོ་གཉིས་སུ་སྟོས་པ་འདིར་གསལ་བར་སྟོན་པའི་དགོས་པ་ཕྱུན་སུམ་ཚོགས་པའོ། །ཉན་ཐོས་ཀྱི་དགེ་བ་བྱང་སེམས་ལ་སྡིག་པར་འགྱུར་བའི་དཔེ། བསྐལ་པ་དུ་མར་དགེ་སྤྱད་ཀྱང་། །ཉན་ཐོས་ས་རུ་སེམས་བསྐྱེད་ན། །ཞེས་པའང་། ཐེག་ཆེན་དུ་སེམས་བསྐྱེད་ནས་སློན་སེམས་བཏང་བ་དང་། སེམས་ཅན་བློས་སྤོངས་སོགས་ཀྱི་རྩ་ལྟུང་འབྱུང་བས་བྱང་སེམས་ལ་ལ་སྡིག་པར་འགྱུར་མོད་ཀྱི། བསྐལ་པ་དུ་མར་བསགས་པའི་དགེ་བ་རྣམས་སྡིག་པར་འགྱུར་བ་མི་སྲིད་ཅིང་། འདོད་པའི་ཡོན་ཏན་ལྔ་སྤྱད་ཀྱང་། །ཐབས་མཁས་བྱང་ཆུབ་སེམས་ལྡན་ན། །བྱང་ཆུབ་སེམས་དཔའི་དགེ་བ་སྟེ། །ཉན་ཐོས་རྣམས་ཀྱི་སྡིག་པ་ཡིན། །ཞེས་པའང་ཐབས་མཁས་བྱང་སེམས་ཀྱིས་མ་ཟིན་ན་ནི་བྱང་སེམས་ལའང་སྡིག་པར་འགྱུར་ལ་ཟིན་ན་ཉན་ཐོས་ལའང་སྡིག་པར་ཇི་ལྟར་འགྱུར། གཞན་གྱི་དོན་གྱི་སེམས་བསྐྱེད་ན། ཕམ་པ་བཞི་པོ་སྤྱད་ན་ཡང་། །བྱང་ཆུབ་སེམས་དཔའི་དགེ་བ་སྟེ། །ཞེས་པའང་། གཞན་དོན་གྱི་སེམས་བསྐྱེད་པའི་བྱང་སེམས་ལ་སོ་ཐར་གྱི་ཕམ་པ་བཞི་ཀ་འབྱུང་མི་རིགས་ཏེ་སྲོག་གཅོད་ལ་ནི། ཕན་པའི་སེམས་ཀྱིས་སླན་མ་ཡིན་པ་བྱིན་པ་ན་སླད་པ་མེད་པར་བཤད་པས། ཕམ་པ་འབྱུང་བའི་ཕྱིར་ལྷ་ལུང་དཔལ་གྱི་རྡོ་རྗེས་ཀྱང་ལས་ཀྱི་ཁ་བསྐོང་མ་རུང་བར་གྲགས་མོད་ཀྱི། གཞན་གསུམ་པོ་ནི་རང་དོན་དུ་བྱེད་པའི་ཀུན་སློང་དང་སྦྱོར་བ་ཅན་ཡིན་པའི་ཕྱིར་རོ། །ཞེས་པའི་དགོས་པ་ཡང་གཞུང་གི་དངོས་བསྟན་ལ་འཇུག་གོ། །

འོ་ན་ཅི་ཞེ་ན། འདི་དག་ཤེར་ཕྱིན་དང་། ཉེ་བ་འཁོར་གྱིས་ཞུས་པའི་མདོ་ཡི་དངོས་བསྟན་ཡིན་པས་སུས་ཀྱང་དགག་མི་ནུས་པའི་ཕྱིར་དགོངས་པ་བཤད་དགོས་ལ། དགོངས་པ་ནི་བསྐལ་པ་མང་པོའི་དགེ་བ་ཡང་ཐེག་ཆེན་དུ་སེམས་བསྐྱེད་ན་རྫོགས་བྱང་གི་ལམ་ལ་མི་ཕན་གྱི་སྟེང་དུ་རྟོགས་པ་བུལ་བ་སོགས་ཀྱི་སྒོ་ནས་གནོད་པ་སོགས་དང་། ཐབས་མཁས་ཅུང་ཟད་དང་ལྡན་ཡང་། འདོད་ཡོན་ལ་ཆགས་པ་ནི་ཉན་རང་ལམ་གྱི་གེགས་ཡིན་པ་དང་། ཕམ་པར་འགྱུར་བའི་གཞི་དང་སྦྱོར་བ་ལ་ཞུགས་པ་ཙམ་ལ་དགོངས་པས་སྐྱོན་མེད་དོ། །སངས་རྒྱས་ཀྱི་མཆོག་གི་སྤྲུལ་སྐུ་ནི་སངས་རྒྱས་དངོས་མིན་གྱི་སྤྲུལ་པ་ཙམ་ཡིན་ལ། དངོས་ནི་སྟུག་པོ་བཀོད་པར་སངས་རྒྱས་པའི་ལོངས་སྐུ་ཉིད་ཡིན་པར་གསུངས་པ་ཡང་། དེང་སང་གི་མཁས་པ་ཕལ་མོ་ཆེའི་བློ་ངོར་མ་ཤོང་བར། རྒྱས་འབྲིང་བསྡུས་གསུམ་སངས་རྒྱས་ཀྱི་བཀའ་མ་ཡིན་པར་ཐལ་བ་དང་། དཔེ་བསྟན་པའི་ལུང་

རྟོགས་རྣམས་སངས་རྒྱས་ཀྱི་བསྟན་པ་མ་ཡིན་པར་ཐལ་བ་དང་། དེ་དག་ཉམས་སུ་ལེན་པ་རྣམས་སངས་རྒྱས་ཀྱི་ཉན་ཐོས་མིན་པར་ཐལ་བ་སོགས་གནོད་བྱེད་དུ་མ་རྗོད་པར་བྱེད་མོད། དྲང་སྲོང་རྣམས་ཀྱི་བདྷ་ཡི་སྐྱ། །ཞེས་སོགས་དང་། ཆུ་དང་ནམ་མཁའ་ཟླ་གཟུགས་བཞིན། །དེ་མཐོང་བ་ནི་རྣམ་པ་གཉིས། །ཞེས་སྤྲུལ་སྐུ་ཆུ་ནང་གི་ཟླ་བའི་དཔེས་གསུངས་པ་དང་། སྤྲུལ་པ་ནི་སྐྱུ་མ་རྨི་ལམ་སོགས་དང་ལྡན་ཅིག་བསླུ་ཆོས་བརྗུན་པར་གསུངས་པས། ཉན་རང་དང་བྱང་སེམས་སོ་སྐྱེ་མན་ཆོད་མ་དག་ལས་སྣང་ཅན་འདུལ་བྱེད་ཐ་མལ་ཚུལ་གྱིས་འགྲོ་བའི་དོན་མཛད་ཀྱི་སངས་རྒྱས་ཡིན་གྱི། དག་པ་རྣམ་བྱང་གི་ལས་སྣང་ཅན་བྱང་སེམས་འཕགས་པ་ཡན་ཆད་འདུལ་བྱེད་ཀྱིས་སངས་རྒྱས་མིན་ནོ། །དེས་ན་སངས་རྒྱས་ལ་གཞན་སྣང་དྲང་དོན་བཏའི་དང་རང་སྣང་ངེས་དོན་དངོས་ཀྱི་སངས་རྒྱས་གཉིས་སུ་གནས་པའི་སྤྲུལ་སྐུ་རྣམ་ལྔ་ལ་དང་། ལམ་འགོག་དང་ལོངས་སྐུ་ནི་ཕྱི་མ་ཡིན་པ་ལ་ལེགས་པར་དགོངས་སོ། །འོན་ཀྱང་སེང་ལྡེང་གི་ཚལ་པ་ཟུག་པ་སོགས་སྣང་ཚུལ་བསྟན་པའི་འཕྲུལ་སྣང་འབའ་ཞིག་ཡིན་ན་དེ་དུས་ཀྱི་འགྲོ་བ་དུ་མ་ལ་འཕྲལ་གྱི་འཕྲུལ་རྒྱུས་མ་བསླད་པའི་ལས་སྣང་ཐུན་མོང་མིན་པར་ཐལ་བ་དང་། དགའ་བ་ལོ་དྲུག་སྤྱད་པ་སོགས་མཛད་པ་གཞན་ལ་ཡང་མཚུངས་པ་དང་། དྲང་དོན་གྱི་གསུང་དང་མཛད་པ་མཐའ་དག་ལ་དགོངས་གཞི་ཁྱད་པར་ཅན་དགོས་པས་དགོངས་གཞི་གང་ཡིན་དཔྱད་དཀའ་བ་སོགས་དབུ་མ་རང་རྒྱུད་པ་མན་ཆད་ཐ་སྙད་བདེན་པ་ལ་འཐད་པ་བཙུག་ནས་འཇོག་པ་དག་ལ་ཤིན་ཏུ་དཀའ་བའི་གནས་སུ་སྣང་མོད་མཁས་པར་གྲགས་པ་སུས་ཀྱང་རྟོག་པ་མ་ཞུགས་པར་སྣང་ངོ་། །འདི་དག་དཔྱད་མི་བཟོད་པ་ཉིད་ཀྱི་ཐ་སྙད་བསླུ་ཆོས་བརྫུན་པ་འཕྲུལ་ངོ་འབའ་ཞིག་ལ་འཇོག་པའི་དབུ་མ་ཆེན་པོ་ཉིད་ཆེས་ལེགས་པ་ཉིད་དོ། །

གཞན་ཡང་འོག་སྔགས་ཀྱི་སྐབས་སུ། དབང་བཞི་དང་རིམ་གཉིས་བླ་མེད་ཁོ་ནའི་ཁྱད་ཆོས་སུ་བྱས་ནས་རྒྱུད་སྡེ་འོག་མ་གསུམ་ག་ལ་དབང་བཞི་དང་རིམ་གཉིས་མེད་པར་ཤིན་ཏུ་གསལ་བ་དང་། དཔལ་ལྡའི་ཆོས་པ་ཕལ་ཆེར་ལ། །དབང་དང་རིམ་གཉིས་མི་ལྡན་པས། །རྡོ་རྗེ་ཐེག་པའི་བསྟན་པ་མིན། །ཞེས་པ་སྔ་ཕྱི་འགལ་བ་ལྟར་སྣང་ཞིང་། འདི་རིགས་ཀྱིས་འཕྲུལ་ནས། ས་སྐྱ་པའི་བསྟན་འཛིན་མཆོག་ཏུ་རློམ་ཞིང་བླུན་པོ་མང་པོ་ལ་དེ་ལྟར་གྲགས་པ་དག་གིས་རྒྱུད་སྡེ་འོག་མ་གསུམ་ཀ་ལ་རང་རང་དང་འཚམས་པའི་དབང་བཞི་དང་རིམ་གཉིས་ཡོད་ཅིང་། བྱ་སྤྱོད་ལའང་རང་ལ་དཔེས་པའི་སྔགས་སྡོམ་ཡོད་དོ་ཞེས་སྒྲོག་པར་བྱེད་དོ། །འདི་ནི་གསུང་རབ་ཚིག་རིས་མི་གསལ་བའི་དགོངས་པ་ལེན་ཉེས་པས་དངོས་སུ་གསལ་ཁ་ཐོན་པ་ལས་འགོངས་པས་ན་གཞུང་ལུགས་སྤྱིའི་དགོངས་འགྲེལ་མཁན་པོ་མཁས་པ་ལས་ལྡོག་པའི་འཆད་ཚུལ་དུ་སོང་སྟེ། མཁས་པ་དེ་དག་ནི་

དངོས་བསྟན་གསལ་ཁ་ཐོན་པ་སོར་བཞག་ནས་མི་གསལ་བ་རྣམས་གསལ་བ་དེ་དང་མཐུན་པར་འབྲེལ་བའི་ཕྱིར་རོ། །

དེས་ན། དབང་དང་རིམ་གཉིས་མི་ལྡན་པས། །ཞེས་པ་ཚོགས་པ་མིན་གྱི་གང་རུང་དང་མི་ལྡན་པ་ཞེས་དགོངས་ལ། དབང་ལའང་བཞིའི་ཚིག་མེད་པས། རྒྱུད་ཀྱི་དབང་བསྐུར་མཚན་ཉིད་ཚང་བའམ། རིམ་གཉིས་རྫོགས་པ་གང་རུང་དང་མི་ལྡན་ན་རྡོ་རྗེ་ཐེག་པའི་བསྟན་པ་མིན་ཏེ་ཕག་མོའི་རྗེས་གནང་བཞིན་ནོ་ཞེས་རྡོ་རྗེ་ཐེག་པའི་བསྟན་པ་ཡིན་ན་དབང་དང་རིམ་གཉིས་གང་རུང་དགོས་ཞེས་པའོ། །ཐེག་པ་གསུམ་གྱི་ལག་ལེན་ཡང་། །རང་རང་གཞུང་ལུགས་བཞིན་བྱེད་ན། །སངས་རྒྱས་བསྟན་བཞིན་མི་བྱེད་ན། །བསྟན་པའི་གཟུགས་བརྙན་ཡིན་ཞེས་བྱ། །ཞེས་པ་ལ། ཐེག་པ་གསུམ་ནི། ཉན་རང་ཐེག་ཆེན་གསུམ་ལ་གྲགས་ན། རང་རྒྱལ་ཚིག་ཟུར་པ་མེད་པར་མཁས་པ་ལ་གྲགས་ཤིང་། བྱང་ས་སོགས་ནས་གསལ་བར་གསུངས་པས་རང་རྒྱལ་གྱི་ཚིག་ཇི་ལྟ་བུ་སྙམ་ན། འདིའི་ཐེག་པ་གསུམ་ནི་དེ་གསུམ་མ་ཡིན་གྱི། སྡེ་སྣོད་གསུམ་གྱི་ནང་ན་འདུལ་བ་ནས་འབྱུང་བ་ལ་ཉན་ཐོས་ཀྱི་ཐེག་པའི་ཚིག་དང་། ཐེག་ཆེན་མདོ་སྡེ་ནས་འབྱུང་བ་བྱང་སེམས་སྡོམ་པའི་ཚོ་གའི་ཆ་ལ་ཐེག་ཆེན་མདོའི་ཚོ་ག་དང་། སྔགས་ནས་འབྱུང་བ་སྔགས་སྡོམ་འཁོར་བཅས་ཀྱི་ཚོ་ག་ལ་རྡོ་རྗེ་ཐེག་པའི་ཚོ་ག་སྟེ་དེ་གསུམ་རང་རང་གི་གཞུང་ལུགས་བཞིན་དུ་བྱེད་ན་ཞེས་དགོངས་པས་ཐེག་པ་གོང་འོག་གི་དད་པ་དང་ངེས་འབྱུང་སོགས་ཐུན་མོང་པ་མང་པོ་འོག་ནས་གོང་དུ་འགྲོ་ཡང་འོག་མའི་སེམས་བསྐྱེད་དང་དུས་འཚམས་དང་སྤང་བྱའི་ཚད་ངེས་སོགས་གོང་དུ་མི་འགྲོ་ཞིང་གོང་མའི་ཁྱད་ཆོས་ཐུན་མོང་པ་མིན་པ་རྣམ་པ་འོག་ཏུ་བླང་དུ་མི་རུང་བས་ཚོ་ག་མ་འདྲེས་པ་ཉིད་ལ་ནན་ཏན་དུ་མཛད་པས་མཁས་མི་མཁས་ཀྱི་ཁྱད་དང་སྤྱང་པོའི་སྤྱང་ཆོས་ཡིན་གྱི་བླུན་པོའི་མཁས་དང་གླེན་པའི་སྤྱང་ཆོས་མིན་ནོ། །

འོན་འདུལ་བའི་སྐབས་སུ་རྫོགས་བྱང་གི་སེམས་བསྐྱེད་ཀྱི་སྡོམ་པ་བླང་དུ་མི་རུང་བར་འགྱུར་ཏེ། དེ་ནི་ཐེག་ཆེན་གྱི་བསམ་པ་ཡིན་པའི་ཕྱིར་རོ་ཞེ་ན། འདི་ནི་འདུལ་བའི་སྡེ་སྣོད་རྣམས་ཐེག་པ་ཐུན་མོང་བའི་གསུང་རབ་ཏུ་མ་གོ་ཞིང་འདུལ་བ་པ་ཡིན་ན་ཉན་ཐོས་པ་དང་ཐེག་ཆེན་པ་ཡིན་པས་ཁྱབ་པར་བཟུང་ནས་གནས་ལ་མི་དད་པར་བྱེད་པ་རྣམས་ཀྱི་ལོག་རྟོག་ཆེན་མོ་ཡིན་ཏེ། འདུལ་བ་ལས། རྫོགས་པའི་བྱང་ཆུབ་དཔལ་ནོད་དབང་བསྐུར་ཡིན། །ཞེས་དང་། བྱང་ཆུབ་གསུམ་ཆར་དུ་སེམས་བསྐྱེད་པ་དང་འབྲས་བུ་ཐོབ་པའི་རྣམ་གཞག་མང་དུ་འབྱུང་ལ་འདུལ་མངོན་གྱི་གདུལ་བྱའི་གཙོ་བོ་ཉན་ཐོས་སྡེ་གཉིས་ཀྱང་ཐེག་ཆེན་གྱི་སྡེ་གཉིས་དང་སྟོང་གསུམ་རྡུལ་ཕྲན་དུ་སྡུད་པ་སོགས་ཀྱི་རྨད་དུ་བྱུང་བའི་སྤྱོད་པ་སྟོན་པའི་གསུང་རབ་བློ་ངོར་མི་ཤོང་བས་ཐེག་ཆེན་ཁས

མི་ལེན་ཞེས་བྱ་ཡི། རྫོགས་པའི་སངས་རྒྱས་དང་དེའི་སེམས་བསྐྱེད་ཕྱིན་དྲུག་བསྡུ་གཞི་སོགས་ནི་ཤིན་ཏུ་འང་འདོད་ཅིང་། ཐེག་ཆེན་ལ་ཅུང་ཟད་སློན་དུ་བལྟ་བའི་བྱང་སེམས་ཆེན་པོ་དང་རིག་འཛིན་ཆེན་པོ་དག་གིས་ཀྱང་འདུལ་བ་ལ་གཅེས་སྤྲས་སུ་མཛད། བྱང་སེམས་ཀྱི་ཚུལ་ཁྲིམས་ལེའུར་བྱང་སེམས་ཀྱི་སྤྱོད་པ་མང་པོ་འདུལ་བའི་ནང་ཁྲིམས་བསྲུང་ན་ཉེས་པ་མེད་དོ་ཞེས་ཡང་ཡང་གསུངས་ཤིང་། བླ་མེད་ཀྱི་རྒྱུད་སྡེ་གོང་མའི་གོང་མ་ཀུན་ཏུ། ཉན་ཐོས་སྤྱོད་པ་སྐྱོང་བར་བྱེད་ཅེས་དང་། ཕྱི་རུ་ཉན་ཐོས་སྤྱོད་པ་སྐྱོངས། །ནང་དུ་གསང་བ་འདུས་ལ་དགའ། །ཞེས་སོགས་ཡང་ཡང་གསུངས་པའི་ཕྱིར་རོ། །འདི་དག་ནི་དགོས་པའི་གནས་གཙོ་ཆེ་བར་སྣང་བས་སྔོན་དུ་ནག་འཛམ་སྤྱི་དོན་གྱི་ཚུལ་དུ་ཅུང་ཟད་བཤད་ཀྱི། ཕལ་ཆེར་ནི་གཞུང་སོ་སོའི་སྐབས་སུ་བརྗོད་པར་བྱའོ། །

གཉིས་པ་ནི། ད་ནི་སྐབས་སུ་བབ་པ་གཏན་ལ་དབབ་བྱའི་གཙོ་བོ། སྡོམ་པ་གསུམ་གྱི་རྣམ་གཞག་བཤད་པར་བྱ་བ་ལས། འདི་གསུམ་སོ་སོའི་དང་པོར་མ་ཐོབ་པ་ཐོབ་པར་བྱེད་པ་དང་། བར་དུ་ཐོབ་པ་མི་ཉམས་པར་བསྲུང་བ་དང་། ཐ་མར་ཉམས་པ་ཕྱིར་འཆོས་པའི་ཚུལ་རྣམས་ནི། ཁོ་བོའི་འདུལ་བ་མདོའི་རྣམ་བཤད་ཀྱི་སྤྱིར་བསྟན་གྱི་མགོ་ལ་སོགས་པ་དང་། སྡོམ་པ་ཉི་ཤུ་པ་དང་། རྩ་ལྟུང་བཅུ་བཞི་པའི་རྣམ་བཤད་དུ་གསལ་བར་བཀོད་པས་དེ་དག་ཏུ་ཤེས་པར་བྱ་ལ། འདི་ནི་སྡོམ་གསུམ་ངོ་བོ་གཅིག་པ་དང་ཐ་དད་པ་ལ་དེང་སང་། རྩོད་པ་ཆེ་བར་སྣང་བས་དེའི་ཚུལ་བརྗོད་པར་བྱའོ། །དེ་ཡང་སྤྱིར་འདུལ་བ་དང་མངོན་པའི་གཞུང་ལུགས་རྣམས་སུ། སྡོམ་པ་དང་སྡོམ་པ་མིན་པ་དང་བར་མ་སྟེ་གསུམ་དུ་བཤད་ལ། དེ་གསུམ་ནི་རིམ་པ་བཞིན་སྤང་བྱ་སྤོང་བའི་དང་། སྤང་བྱ་ལ་སྤྱོད་པའི་སེམས་པ་རྒྱུན་བསྟེན་པ་དང་། གཉིས་ཀའི་སེམས་པ་རྒྱུན་མི་བསྟེན་པས་ཀུན་ནས་བླང་བ་ངོ་བོ་ལུས་ངག་ཏུ་ཐོན་པའི་རིག་བྱེད་དང་དེས་བཞག་པའི་རིག་བྱེད་མིན་པས་བསྡུས་པའི་གཟུགས་ཅན་ནོ། །དེས་ན་སྡེ་སྣོད་ཆེན་པོ་གཉིས་ནས། སྡོམ་པ་སེམས་པའི་སྟེང་དུ་གཞག་པ་གཏན་མེད་དེ། སྡེ་སྣོད་དེ་གཉིས་སུ་བྱང་སེམས་དང་གསང་སྔགས་ཀྱི་སྡོམ་པའི་རྣམ་བཞག་ཙམ་ཡང་མེད་པའི་ཕྱིར་རོ། །

དེ་གསུམ་གྱི་ཐ་མ་གཉིས་ནི། མུ་སྟེགས་དང་ཡང་ཐུན་མོང་བ་ཡིན་ལ། གཅེར་བུ་པ་ལ་སྡོམ་པ་ལྔ་དང་བརྟུལ་ཞུགས་བཅུ་གསུམ་ལ་སོགས་པའི་མིང་ཡོད་ཀྱང་བར་མ་དགེ་བ་ཙམ་ཡིན་གྱི་སྡོམ་པ་ནི་མིན་ཏེ། འཁོར་བ་ལས་གཏན་ཐར་བའི་ཐར་པ་མཚན་ཉིད་པ་མེད་ལ་དེ་མེད་པས་དེ་ལ་སྐྱབས་སུ་འགྲོ་བ་མེད་ཅིང་། དེ་མེད་པས་སྡོམ་པའི་རྒྱ་བ་དང་རྟེན་མེད་པའི་ཕྱིར་ཏེ། དཔལ་ལྡན་ཟླ་བས། དེ་ནི་སྡོམ་བརྒྱུད་རྒྱ་བ་ཡིན། །ཞེས

གསུངས་པའི་ཕྱིར་རོ། །དེས་ན་སྡོམ་པ་ནི་ནང་པ་སངས་རྒྱས་པ་ཁོ་ནའི་ཁྱད་ཆོས་དང་མཐའ་གཅིག་ཏུ་དགེ་བ་ཡིན་ལ། སྡོམ་མིན་མི་དགེ་བ་ཁོ་ན་དང་། བར་མ་ནི་དགེ་སྡིག་གཉིས་ཀ་ཡོད་ཀྱི་ལུང་མ་བསྟན་མེད་དེ། རྣམ་རིག་མིན་ལུང་བསྟན་མིན་མེད། །ཅེས་རིག་མིན་ལ་ལུང་མ་བསྟན་མི་སྲིད་པའི་ཕྱིར་རོ། །སྡོམ་པ་ལ་ནི། འདུལ་མདོན་གྱི་སྡེ་སྣོད་དུ་སོ་ཐར་དང་། བསམ་གཏན་དང་ཟག་མེད་ཀྱི་སྡོམ་པ་སྡེ་གསུམ་དུ་གསུངས་ཤིང་ཀུན་སློང་ངོ་བོ་སྔར་བཤད་པ་བཞིན་དང་སྤང་བྱའི་གཙོ་བོ་ལུས་ངག་གི་མི་དགེ་བ་བདུན་སྤོང་བའི་རྫས་གཟུགས་ཅན་བདུན་དང་། ཕྱི་མ་གཉིས་ལ་རེ་རེ། སྔ་མ་ལུས་དང་ཕྱི་མ་གཉིས་སེམས་ཀྱི་རྗེས་སུ་འབྲངས་བས་ཤི་འཕོས་པས་གཏོང་བ་དང་མི་གཏོང་བའི་ཁྱད་པར་སོགས་ཁྱད་ཆོས་ཕྲ་མོ་མང་པོ་གསུངས་ཤིང་། གསུམ་ཀ་འང་སེམས་ཅན་དང་ཡུལ་དང་དུས་དང་ཚེ་དང་སྤང་བྱའི་ཡན་ལག་སྟེ་ངེས་པ་ལྔ་བྲལ་དགོས་པར་སྐྱེར་བཏང་དུ་འདྲ་བ་དང་། དམིགས་བསལ་སོ་ཐར་གྱི་དགེ་ཚུལ་མན་ཆད་དག་གི་བརྗེན་ལས་གཞན་གསུམ་ལྟུང་བ་འབྱུང་བའི་སྤང་བྱར་མི་བྱེད་པས་ཡན་ལག་ངེས་པ་དང་བྲལ་ཡང་སྡོམ་པ་སྐྱེ་བའོ། །འདི་དག་གཟུགས་ཅན་དུ་བཤད་པ་ནི། བྱེ་བྲག་སྨྲ་བའི་རྟོག་བཏགས་ཡིན་གྱི་མདོ་སྡེ་པས་དེ་ལེགས་པར་འགོག་པའི་ཕྱིར་དང་། ཐེག་ཆེན་པ་རྣམས་ནི། སྤོང་བའི་སེམས་ནི་ཐོབ་པ་ལས། །ཚུལ་ཁྲིམས་ཕ་རོལ་ཕྱིན་པར་བཤད། །ཅེས་སྤྱོད་འཇུག་དང་། རྩ་བ་སེམས་པ་ལ་བརྟེན་དང་། །ཞེས་མདོ་སྡེ་རྒྱན་གྱི་སྦྱིན་པའི་ངོ་བོ་རྒྱུ་འབྲས་སོགས་ཀྱི་ནང་ནས་རྒྱུའི་སྐབས་སུ་བཤད་པ་སོགས་མང་བས་གཟུགས་ཅན་དུ་མི་བཞེད་དོ། །ཞེས་བོད་གངས་ཅན་པ་རྣམས་མགྲིན་གཅིག་ཏུ་སྒྲོག་གོ། །

འཐད་པ་ནི་མ་ཡིན་ཏེ། རྒྱན་དང་སྤྱོད་འཇུག་སོགས་ནི་བྱང་སེམས་ཀྱི་སྡོམ་པ་དང་ཚུལ་ཁྲིམས་ལ་དགོངས་ལ། སོ་ཐར་གྱི་དབང་དུ་བྱས་ན། མདོ་སྡེ་པས་ཀྱང་བྱེ་བྲག་སྨྲ་བའི་རིག་མིན་སྒྲུབ་པའི་ལུང་རིགས་ལ་མ་ངེས་པ་བསྟན་ཞིང་། མ་བྱས་པའི་ལས་ལམ་སོགས་ནི་སེམས་རྒྱུད་འགྱུར་བའི་ཁྱད་པར་ལ་ཡང་གཞག་ཏུ་རུང་ཞེས་བསྟན་པ་ཡིན་གྱི་སྡོམ་པ་གཟུགས་ཅན་དུ་མི་འདོད་པ་ནི་མིན་ཏེ། ཡིན་ན་འོག་ཏུ་འཆལ་པའི་ཚུལ་ཁྲིམས་མི་དགེའི་གཟུགས། །དེ་སྤོངས་ཚུལ་ཁྲིམས་རྣམ་གཉིས་སོ། །སངས་རྒྱས་ཀྱི་ནི་སྤྱོད་པ་ཡང་། །ཞེས་སྡོམ་ལྡང་གཉིས་ཀ་གཟུགས་ཅན་དུ་གསལ་བར་རྩ་བས་བཤད་པ་ལ་འགྲེལ་པར་དགག་པ་དངོས་དང་སྔར་གྱི་དགག་པ་ལ་ཁ་འཕངས་ཙམ་ཞིག་བྱེད་རིགས་པ་ལས་མ་བྱས་པའི་ཕྱིར་རོ། །

ཐེག་ཆེན་སེམས་ཙམ་གྱི་གཞུང་གི་གཙོ་བོ་ནི་མངོན་པ་ཀུན་བཏུས་དང་། ཕུང་པོ་ལྔའི་རབ་བྱེད་ཡིན་ལ། སྔ་མར་སོ་ཐར་སྡོམ་པ་ལ་ཡང་དག་པར་བླངས་པ་ལས་བྱུང་བ་ཞེས་བརྟགས་ནས་གཟུགས་ཕུང་གི་ནང་དུ་བསྡུས་ཤིང་། ཕྱི་མས་རིག་བྱེད་མིན་པའི་མཚན་ཉིད་གསལ་བར་བཤད་པའི་ཕྱིར་དང་། མདོ་སྡེ་རྒྱན་དུ་ཡང

སེམས་པ་ཕར་ཕྱིན་གྱི་ངོ་བོར་མ་བཤད་ཀྱི་རྒྱུར་བཤད་པའི་ཕྱིར་དང་། དབུ་མའི་གཞུང་ཟླ་གྲགས་ཀྱིས་མཛད་པའི་ཕུང་པོ་ལྔ་པ་ཡང་རིག་བྱེད་མིན་པའི་གཟུགས་གསལ་བར་བཤད་པས་དཔལ་མགོན་ཀླུ་སྒྲུབ་ཀྱི་དགེ་སློང་སྡོམ་པ་དེ་ཡང་གཟུགས་ཅན་གྱི་རྗེས་སུ་བྱེད་པ་སྐྱ་ཚེ་བརྗེས་པའི་ཚེ་གཏོང་བར་བཞེད་པའི་ཕྱིར་རོ། །

འོ་ན་རིག་བྱེད་མིན་པའི་གཟུགས་དེ་གཟུགས་ཀྱི་ཁྱད་པར་ཇི་ལྟ་བུ་ཞིག་ཡིན་ཞེ་ན། གཟུགས་ལ་གསུམ་སྟེ། གཟུགས་རགས་པ་མིག་གི་སྤྱོད་ཡུལ་དུ་གྱུར་པ་གཟུགས་ཀྱི་སྐྱེད་བྱེད་ལྟ་བུ་བརྟེན་ཡོད་ཐོགས་བཅས་དང་། འབྲིང་པོ་སྒྲ་དྲི་རོ་རེག་དབང་པོ་གཟུགས་ཅན་ལྔ་ལྟ་བུ་བརྟེན་མེད་ཐོགས་བཅས་དང་། ཕྲ་བ་རིག་བྱེད་མིན་པའི་གཟུགས་ལྟ་བུ་བརྟེན་མེད་ཐོགས་མེད་གསུམ་སྟེ། དེ་ལྟ་བུའི་རྣམ་དབྱེ་ཤེས་པ་ལ་ཆོས་མངོན་པའི་སྡེ་སྣོད་ལེགས་པར་ཤེས་དགོས་མོད་ཀྱི། བོད་ཀྱི་རྟོག་གེ་པ་རྣམས་ཀྱི་གཙུག་གི་ནོར་བུ་ཆ་པ་ཆོས་ཀྱི་སེང་གེས་ཀྱང་དངོས་པོ་ལ་བེམ་རིག་གང་རུང་གི་ཁྱབ་པ་སོགས་ཀྱི་གྲུབ་མཐའ་མང་དུ་བཞག་པ་ནི་དོན་འདི་ལ་བློ་ཆོས་ཧམ་ཤུར་མཛད་པའི་སྐྱོན་ཡིན་ནོ། །

དེས་ན་འདུལ་བ་དང་མངོན་པ་མི་ཤེས་པས་སོ་ཐར་སྡོམ་པའི་བཤད་པ་བྱེད་པ་ནི་དམུས་ལོང་གི་ཁ་དོག་དཀར་དམར་གྱི་བཤད་པ་བྱེད་པ་ལས་ཀྱང་མཚར་ཆེའོ། །དེ་ར་མ་ཟད་གཞུང་ལུགས་འདི་དག་ལ་ལེགས་པར་སྦྱངས་པའི་ཆེན་པོ་དག་ལ་ཡང་འཁྲུལ་པ་ཅུང་ཟད་མཐོང་སྟེ། བུ་སྟོན་ཆོས་ཀྱི་རྒྱལ་པོས་མདོ་རྩའི་ཊཱི་ཀ་ཆེན་དུ་སོ་ཐར་སྡོམ་པའི་མཚན་ཉིད་ཆོས་འདི་པ་དག་གི་འདོད་པ་ན་སྤྱོད་པའི་ཚུལ་ཁྲིམས་ཞེས་བཞག་པ་ཡང་། ཆོས་འདི་པའི་ལེགས་སྨོན་དང་འཇིགས་སྐྱོབ་ཀྱི་ཚུལ་ཁྲིམས་སོ་ཐར་གྱི་སྡོམ་པར་ཐལ་ལ། འདོད་མི་ནུས་ཏེ། དེ་གཉིས་ངེས་འབྱུང་གི་བསམ་པ་ཉམས་པས་སོ་ཐར་སྡོམ་པར་མི་འགྱུར་ཞེས་ཉིད་ཀྱི་ལས་ཆོག་ཏུ་བྲིས་ཤིང་ལུང་རིགས་དུ་མས་ཀྱང་འགྲུབ་པའི་ཕྱིར་རོ། །དེས་ན་ཚུལ་ཁྲིམས་ཙམ་ལ་འཇིགས་སྐྱོབ་ལེགས་སྨོན་ངེས་འབྱུང་ཚུལ་ཁྲིམས་ཏེ་གསུམ་དབྱེར་རུང་ཡང་སྡོམ་པ་ལ་མི་རུང་དང་པོ་གཉིས་ཚུལ་ཁྲིམས་དང་ལེགས་སྤྱད་ཙམ་ཡིན་གྱི་སྡོམ་པ་མིན་པའི་ཕྱིར་རོ། །

སོ་ཐར་སྡོམ་པ་ལ་དབྱེ་ན། དགེ་སློང་ཕ་མ། དགེ་ཚུལ་ཕ་མ་དགེ་སློབ་མ་སྟེ་རབ་བྱུང་ཕྱོགས་ཀྱི་ལྔ། དགེ་བསྙེན་ཕ་མ་དང་བསྙེན་གནས་ཏེ་ཁྱིམ་པའི་ཕྱོགས་ཀྱི་སྡོམ་པ་གསུམ་སྟེ་སོ་ཐར་རིགས་བརྒྱད་ཡིན་ཏེ། དབྱིག་གཉེན་ཞབས་ཀྱིས། སོ་སོ་ཐར་ཞེས་བྱ་རྣམ་བརྒྱད། །ཅེས་གསུངས་པའི་ཕྱིར་རོ། །ཇོ་བོས་སོ་སོར་ཐར་པ་རིགས་བདུན་ཞེས་གསུངས་པ་ནི། བསྙེན་གནས་ཞག་རེ་བའི་སྡོམ་པ་ཡིན་པས་མ་བགྲངས་པའམ། དགེ་སློབ་མ་དགེ་ཚུལ་མའི་རྗེས་སུ་འདུ་བ་ལ་དགོངས་པ་སྟེ་ཕལ་ཆེན་པའི་ལུགས་ཡིན་ང་ཅུང་ཟད་མ་གོ་བའི་གོང

དུ་ཁོ་བོས་མདོ་རྩའི་རྣམ་བཤད་དུ་ཡང་དགེ་སློབ་མའི་སྡོམ་པ་ནི་བར་མ་ལ་སྡོམ་པར་བཏགས་སོ་ཞེས་བྲིས་མོད་ཀྱི། ཡོད་སྨྲའི་ལུགས་ནི་རིགས་བརྒྱད་དུ་བྱེད་པར་གསལ་ལོ། །དེ་དག་ལས་ཁྱིམ་པའི་འཆལ་ཚུལ་ལ་ནི། ལྟུང་བའི་ཐ་སྙད་མེད་དེ། ཁྱིམ་པ་ལ་ནི་བསོད་ནམས་མིན་པའམ་ཉེས་པ་ཙམ་གྱི་ཐ་སྙད་བྱ་ལ་རྩ་བའི་ཉེས་པས་སྡོམ་པ་ཉམས་ནའང་སྡོམ་ལྡན་གྱི་དྲུང་དུ་བསྐྱར་ཆོག་བྱས་པས་སྐྱེ་ཡང་རབ་བྱུང་ཕྱོགས་ལ་ནི། རྩ་ལྟུང་གི་སྡོམ་པ་ཞིག་ནས་འཆབ་སེམས་མ་སྐྱེས་ན། བསླབ་པ་སྦྱིན་པ་ཞེས་བྱ་བའི་གསོལ་བཞིའི་ལས་ཟུར་པ་བསྐྱར་ཆོག་དང་ཡེ་མི་འདྲ་བ་ཞིག་བྱས་ནས་བསླབ་བྱ་ལ་ལེགས་པར་བསླབས་པས་དགྲ་བཅོམ་ཐོབ་པ་ན་སྡོམ་པ་སོར་ཆུད་པས་སྔར་གྱི་ གྲལ་སོར་སྐྱེལ་མ་ཐོབ་ན་དགེ་སློང་ཡིན་ཚད་ཀྱི་གྲལ་གཤམ་དུ་འཛོག་པ་སོགས་ཀྱི་རྣམ་གཞག་ནན་གྱིས་གསུངས་པས་ན་བསྐྱར་ཆོག་བྱེད་པ་ཐམས་ཅད་མཁས་པས་ཁྲེལ་བའི་གནས་སོ། །

དེ་ལྟར་ན་སོ་ཐར་སྡོམ་པ་ནི་སྤོང་བའི་སེམས་པས་ཀུན་ནས་སློང་ཞིང་གྲོགས་སུ་ཡང་ཡོད་མོད་ཀྱི་ངོ་བོ་བཤད་པ་ལྟར་གཟུགས་ཅན་ཡིན་པས་རྒྱུའི་གཙོ་བོ་ཡང་རང་གཞན་གྱི་ལུས་ངག་གཉིས་ཀའམ་གང་རུང་གི་རིག་བྱེད་ཀྱི་བསྐྱེད་པས་ཁྱབ་སྟེ། སངས་རྒྱས་རང་འབྱུང་གི་བསྙེན་རྫོགས་ལ་ཡང་། ཉིད་ཀྱི་དབུ་སྐྲ་ཉིད་ཀྱིས་བཅད་པ་དང་། མཆོད་རྟེན་རྣམ་དག་གི་དྲུང་དུ་ཐལ་མོ་སྦྱར་བ་སོགས་དགོས་ལ། ལྔ་སྡེ་ངེས་པ་ལ་འཇུག་པའི་བསྙེན་པར་རྫོགས་པ་ལ་ཡང་སྟོན་པས་བདེན་བཞིའི་ཆོས་གསུངས་པས་སྐྱེ་དགོས་པ་འབྱུང་བའི་ཕྱིར་རོ། །གཏོང་རྒྱུའི་འབུལ་ཆོག་ལ་ཡང་ལུས་ངག་ཏུ་ཐོན་པ་དགོས་ཤིང་། ལྟུང་བ་ལ་ཡང་སོ་སོ་ཐར་པའི་འཆལ་ཚུལ་ལ་ལུས་ངག་ཏུ་ཐོན་པས་ཁྱབ་སྟེ། མ་ཐོན་པ་ལ་བསྡོམ་བྱ་ཡིད་ཀྱི་ཉེས་བྱས་ཞེས་པའི་ཐ་སྙད་ལས་མ་མཛད་པའི་ཕྱིར་རོ། །ལེན་པ་དང་གཏོང་བའི་དུས་ཀྱང་། ཉིན་ཞག་གི་མཐའ་དང་ཚེའི་མཐའ་གང་རུང་གི་དུས་ངེས་ལས་གཞན་པ་ཟུར་ཙམ་ཡང་མ་བཤད་པས་སོ་ཐར་ཚེ་འཕོས་ཀྱང་མི་གཏོང་བར་འདོད་པ་ལ་ནི། གཞུང་འདིར་སྡེ་སྣོད་རྣམ་དབྱེ་མེད་པར་ཟད། ཅེས་གསུངས་པ་ཉིད་གནད་ལ་བསྣུན་པ་ཡིན་ཞིང་། འདུལ་བ་མི་ཤེས་པར་བསྒྲགས་པའི་ཕྱིར་རོ་ཞེས་གསུངས་པས་སོ། །

བྱང་སེམས་ཀྱི་སྡོམ་པ་ནི་སྡེ་སྣོད་གསུམ་གྱི་ནང་ནས་འདུལ་བ་མངོན་པ་གཉིས་སུ་མ་བཤད་ཀྱི་མདོ་སྡེའི་སྡེ་སྣོད་ཀྱི་ནང་ཚན་ཐེག་ཆེན་ཐུན་མོང་མིན་པའི་མདོ། དཀོན་བརྩེགས་ཀྱི་ཉེ་བ་འཁོར་གྱིས་ཞུས་པ་དང་། ནམ་མཁའི་སྙིང་པོ་དང་གསང་ཆེན་ཐབས་ལ་མཁས་པ་ལ་སོགས་པ་ཤིན་ཏུ་རྒྱས་པའི་སྡེ་སྣོད་ནས་བྱུང་བ། ཡུལ་སངས་རྒྱས་བྱང་སེམས་སོགས་སམ་སྡོམ་ལྡན་ཆོ་ག་ལ་མཁས་པའམ། མ་རྙེད་ན་རྟེན་གསུམ། དེ་ཡང་ན་ཡིད་ཀྱིས་བསམ་པའི་དྲུང་དུའང་། རྒྱུ་ཚོགས་མཆོད་པ་དང་ཡོན་མཆོག་ཏུ་གྱུར་པ་རྙེད་ན་རབ། མ་རྙེད་ན་སློན་

སེམས་དང་ལྡན་པའི་དད་པ་བརྟན་པོས། ལེན་ཚུལ། སྦྱོར་དངོས་མཇུག་གི་ཆོ་ག་ཚང་ན་རབ། མ་ཚང་ན་ཡིད་འབའ་ཞིག་གིས་བླང་ཡང་སྐྱེར་རུང་བ། སྤང་བྱ་ལུས་ངག་གི་བདུན་བྱ་གཞན་དོན་ཁྱད་པར་ཅན་དུ་འགྱུར་ན་སྣང་བས་གཙོ་བོ་མིན་གྱི་ཡིད་ཀྱི་ཉེས་པ་གཉིས་པོ་སྤང་བྱའི་གཙོ་བོར་བྱེད་པ། དུས་སྤྱིར་བཏང་བླ་མེད་བྱང་ཆུབ་ཀྱི་བར་དང་ཞིན་ཏུ་ལས་དང་པོ་པས་ལོ་ཚིགས་སུ་བཅད་པ་ཡང་། བསླབ་བཏུས་སོགས་སུ་གསུངས་ཤིང་། གཏོང་རྒྱུའི་རྩ་ལྟུང་ཡང་ལུས་ངག་ཏུམ་ཐོན་པའི་ཡང་བཤད་པས་སྡོམ་པའི་ངོ་བོ་ཡང་སྤོང་བའི་སེམས་པ་ཉིད་གཙོ་བོར་གྱུར་པའོ། །རྒྱུ་ཚོགས་དང་ཡན་ལག་འདི་དག །བྱང་སེམས་ཀྱི་སྡོམ་པ་ཐོབ་ཟིན་ཉམས་པ་བསྐྱར་ནས་གསོ་བ་ལ་ནི་ཤིན་ཏུ་འཐད་རུང་ལ། སྔར་མེད་གསར་དུ་བསྐྱེད་པ་ལ་ཡང་སྤྱིར་བཏང་དུ། བླ་མ་སྡོམ་ལ་གནས་ཤིང་མཁས། །ནུས་དང་ལྡན་ལས་བླང་བར་བྱ། །ཞེས་པ་ལྟར་དགོས་ཀྱང་གང་ཟག་ཐེག་ཆེན་གྱི་སྡེ་སྣོད་ལ་ཐོས་བསམ་བྱས་པས་རིགས་སད་ཅིང་བློ་འབྱོངས་པས་ནི། བླང་ཡུལ་གྱི་བླ་མ་མ་རྙེད་ན་སྤྱོད་འཇུག་གི་ཆོ་ག་ལྟ་བུས་ཀྱང་ངེས་པར་སྐྱེ་བར་བྱང་སའི་ཕྱོགས་ནས་ཀྱང་གསུངས་སོ། །སྡོམ་པ་འདི་ལ་དབྱེ་ན་དབུ་མ་ལུགས་དང་སེམས་ཙམ་ལུགས་གཉིས་དང་། སོ་སྐྱེ་དང་འཕགས་རྒྱུད་ལ་འབྱུང་བ་གཉིས་ཞེས་གསུངས་པ་ཡོད་མོད་ངོ་བོའི་དབྱེ་བ་མ་ཡིན་ཞིང་སྤང་བྱ་སོགས་ཀྱི་སྒོ་ནས་དབྱེ་བ་མེད་དོ། །

རིག་འཛིན་སྔགས་ཀྱི་སྡོམ་པ་ནི། སྡེ་སྣོད་གསུམ་དང་བྱ་སྤྱོད་གཉིས་ནས་ཟུར་ཙམ་ཡང་མི་འབྱུང་སྟེ། མཁས་མཆོག་ཤཱཀྱ་པས་རྡོ་རྗེ་སློབ་དཔོན་གྱི་སྡོམ་པ་ཞེས་དང་། སློབ་དཔོན་དབང་གི་སྡོམ་པར་བཤད་ཅིང་། སློབ་དཔོན་དབང་གི་གསོལ་འདེབས་སུ། འཁོར་ལོ་ཕྱིར་མི་ལྡོག་པའི་དབང་། །དམ་པ་བདག་ལ་སྩལ་ནས་ནི། །མགོན་པོ་འཁོར་ལོ་ལྔ་དག་གི །དེ་ཉིད་སློབ་དཔོན་འཕྲིན་ལས་དང་། །སངས་རྒྱས་ཀུན་གྱི་དམ་ཚིག་དང་། །གསང་མཆོག་སྡོམ་པ་བཤད་དུ་གསོལ། །ཞེས་རྡོ་རྗེ་སློབ་དཔོན་གྱི་ཕྱིར་དུ་གསང་སྔགས་སྡོམ་པ་སྩལ་ཏུ་གསོལ་ཞེས་གསལ་བ་བྱུང་ལ། བྱ་སྤྱོད་མན་ལ་རྡོ་རྗེ་སློབ་དཔོན་གྱི་དབང་མེད་པར་མཁས་པ་ཀུན་ལ་གྲགས་ཤིང་གྲུབ་པའི་ཕྱིར་དང་། སྔགས་སྡོམ་གྱི་ངོ་བོ་ནི་རིགས་ལྔ་རིགས་དྲུག་གི་སྡོམ་པ་ཡིན་ལ། བྱ་སྤྱོད་ལ་རིགས་ལྔའི་རྣམ་གཞག་གཏན་མེད་པའི་ཕྱིར་རྒྱུད་འབུམ་རྙིང་པ་རྣམས་སུ་བྱ་རྒྱུད་ཀྱི་ནང་ན་བཞུགས་པའི་སྒྲོལ་མ་ལས་སྣ་ཚོགས་འབྱུང་བའི་རྒྱུད་ལ་རིགས་ལྔའི་རྣམ་གཞག་དང་ས་བོན་གྱི་སྙིང་ཆོག་སོགས་ཡོད་པ་ནི། ཡོ་གའི་རྒྱུད་སྟེར་འཛུག་རྒྱ་བཙོམ་རལ་སོགས་རྒྱུད་འབུམ་སྟོད་མཁན་རྣམས་ཀྱིས་ནོར་རོ་ཞེས་ཀུན་མཁྱེན་བུ་གསུངས་པ་ལྟར་ཡིན་པས་ཁ་བོས་བསྒྲིགས་པའི་རྒྱུད་འབུམ་གྱི་ཡོ་གའི་ནང་དུ་བཙུད་དོ། །

འདིའི་རྟེན་གྱི་གང་ཟག་ནི། དགེ་བསྙེན་ནས་དགེ་སློང་གི་བར་གྱི་སོ་ཐར་སྡོམ་པ་གང་རུང་དམ་ཡོངས་

རྫོགས་དང་ལྡན་ཡང་རབ་སྟེ། མེད་ན་ཡང་མི་དགེ་བཅུ་སྤོང་གི་ཚུལ་ཁྲིམས་ཙམ་ལ་གནས་པ་བྱང་ཆུབ་སེམས་དཔའི་སྡོམ་པ་སྔར་ནས་ལྡན་པའམ་གསར་དུ་མདོར་བསྡུས་ནས་བླངས་ནས་ཐོབ་པ་རྒྱུད་སྔ་གོང་མ་གཉིས་ཀྱི་རྣལ་འབྱོར་ལ་བརྟེན་པས་རྡོ་རྗེ་སློབ་དཔོན་གྱི་ཁུར་ཁྱེར་བའོ། །ཡུལ་ནི་སྔར་མེད་གསར་དུ་ལེན་ན་རྡོ་རྗེ་སློབ་དཔོན་མཚན་ཉིད་དང་ལྡན་པ་སྡོམ་པ་ཐོབ་ལ་མ་ཉམས་པའམ་ཉམས་ཀྱང་བདག་འཇུག་སོགས་ཀྱི་སོར་ཆུད་པ་འབོགས་ཆོག་ལ་མཁས་པ་སྟེ། ཉམས་པ་གསོ་བ་ནི་ཡིད་དེའི་རྡོ་རྗེ་སློབ་དཔོན་གྱིས་ཀྱང་གྲུབ་བོ། །

ཆོ་ག་ནི། རིགས་ལྔའམ་དྲུག་གི་སྡོམ་བཟུང་རྗེས་བཟློས་དག་པ་ལན་གསུམ་བྱས་པའི་གསུམ་པའི་ཚིག་ཕལ་ཆེར་རྫོགས་པའི་ཚེ་སྐྱེ་བ་སྡོམ་པ་གཞན་གཉིས་དང་མཚུངས་ཀྱི་དབང་རྫོགས་པར་མ་ཐོབ་ཀྱི་བར་དུ་སྡོམ་པ་མི་ཐོབ་བོ་ཞེས་སྨྲ་བ་ནི་མི་འཐད་དེ། འོན་བྱང་སེམས་ཀྱི་སྡོམ་པ་ཡང་འཇུག་ཚིག་མ་རྫོགས་ཀྱི་བར་དང་། སོ་ཐར་ཡང་གདམས་ངག་བཅུ་གཅིག་སོགས་བརྗོད་པ་མ་རྫོགས་ཀྱི་བར་དུ་མི་ཐོབ་པར་སྨྲན་ཅིས་འགོག །དེ་ནི་བརྗོད་པ་ཐ་མ་གང་ཡིན་པའི་ཆ་གསུམ་པ་ལ་གྲུབ་པ་ཉིད་དོ་ཞེས་བཤད་པས་དེར་ཐོབ་ཀྱང་གདམས་ངག་བརྗོད་པ་དང་བསླབ་བྱ་སློབ་པ་སོགས་ནི་སྡོམ་པ་རྣམ་པར་དག་ཅིང་ཁྱད་པར་དུ་འགྱུར་བའི་ཐབས་ཙམ་མོ་ཞེ་ན་འདིར་ཡང་དེ་བཞིན་ནོ། །

གཞན་དུ་ན་དབང་རྫོགས་པར་ཐོབ་པ་ནི་སངས་མ་རྒྱས་བར་དུ་མི་འབྱུང་ལ་སངས་རྒྱས་ནས་སྡོམ་པས་ཅི་ཞིག་བྱེད། རྡོ་རྗེ་སློབ་དཔོན་གྱི་དབང་ཐོབ་ནས་གསང་དབང་མ་ཐོབ་པ་ལ་སྔགས་ཀྱི་རྩ་ལྟུང་མི་འབྱུང་བར་འགྱུར་ཏེ་སྡོམ་པ་མ་ཐོབ་པའི་ཕྱིར་རོ། །འདོད་མི་ནུས་ཏེ། རྩ་ལྟུང་བཅུ་བཞི་ནི་བུམ་དབང་གི་རྩ་ལྟུང་ཡིན་པའི་ཕྱིར། གཞན་ཡང་སྔགས་སྡོམ་རྫོགས་པར་མི་ལྡན་པའི་རིམ་གཉིས་བསྒོམ་པ་པོ་ཡོད་པར་འགྱུར་བ་སོགས་ཉེས་པ་མཐའ་ཡས་སོ། །སྡོམ་པའི་ངོ་བོ་ནི་རིགས་ལྔ་རིགས་དྲུག་སྤྱི་དང་སོ་སོའི་དམ་ཚིག་བསྲུང་ཞིང་ཉེས་སྤྱོད་སྡོམ་པའི་སེམས་པ་གཙོ་ཆེ་ཡང་། བྱང་སེམས་སྡོམ་པ་དང་མི་འདྲ་སྟེ། དེ་ནི་ངོ་བོ་ཀུན་རྫོབ་སེམས་བསྐྱེད་གྲོགས་དོན་དམ་སེམས་བསྐྱེད་ཀྱི་རྩིས་ཟིན་པ་ཙམ་ཡིན་ལ་འདིར་དེ་ཙམ་ལས་མེད་ན་རྡོ་རྗེའི་དོན་མི་ཚང་བས་མདོ་སྔགས་ཀྱི་ཁྱད་པར་མི་ཕྱེད་པའི་ཕྱིར་ན། བདེ་སྟོང་ཡེ་ཤེས་ཀྱི་ཡུལ་ཅན་བདེ་བའི་རྫས་སུ་སྐྱེས་ཤིང་འཛིན་སྣངས་སྟོང་ཉིད་རྟོགས་པའི་རྣམ་ལྡན་དུ་ཐོག་མར་མོས་ཤིང་མཐར་དེ་ཁོ་ན་ལྟར་འགྲུབ་པའི་ཐབས་བློ་རྫས་གཅིག་པ་སྟེ། བདེ་བ་ནི་སྟུག་བསྔལ་ཡོངས་སུ་སྐྱོབ་པས་ཐབས་སྙིང་རྗེ་ཆེན་པོ་ཉིད་ཡིན་ལ་དེས་སྟོང་ཉིད་རྟོགས་པའི་ལམ་དུ་མདུན་དུ་རྡོ་རྗེ་ཐེག་པའི་ལམ་དུ་འགྲོ་མི་སྲིད་པའི་ཕྱིར་རོ་ཞེས་ཁོ་བོས་གསལ་བར་བསྒྲགས་ཀྱི་རྒྱ་བོད་ཀྱི་རྡོ་རྗེ་འཛིན་པ་ཆེན་པོ་དག་གི་ཤུགས་བསྟན་ལ་གྲུབ་ཀྱང་དངོས་བསྟན་ལ་མི་གསལ་

བས་མཁས་རློམ་མང་པོའི་བློར་མི་ཤོང་ངོ་། །དུས་མཐའ་ནི། ཇི་སྲིད་བྱང་ཆུབ་སྙིང་པོའི་བར། །ཞེས་མཐར་ཐུག་གི་སངས་རྒྱས་མ་ཐོབ་ཀྱི་བར་དུ་ལེན་ཞིང་བླང་པ་ལྟར་རྗེས་འབྲང་གི་རང་སྣང་ངེས་དོན་གྱི་སངས་རྒྱས་ན་སེམས་བསྐྱེད་དང་སྡོམ་པ་དང་སྦྱོར་བ་དང་རྟོལ་བ་ཡོད་དོ་ཞེས་སྒྲོག་པ་ནི། མི་འཐད་པར་སེམས་བསྐྱེད་ཀྱི་སྤྱི་དོན་སོགས་སུ་རྒྱ་ཆེར་བཤད་ཟིན་ཏོ། །

སྡོམ་པ་གོང་མ་གཉིས་ཀྱི་ལུས་རྟེན་ནི། འདོད་གཟུགས་ཀྱི་ལྷ་མི་དང་སར་གནས་ཀྱི་ཀླུའི་རྒྱལ་པོ་སོགས་ཏེ་བྱང་སྒྲ་མི་སྙན་དུ་ཡང་སྤྱང་བྲ་ཀླུ་གློ་དང་གཉེན་པོ་རིགས་ལྡན་གྱི་ཆོས་གཉིས་ཀ་འཇུག་པར་གསུངས་པས་སྒྲ་མི་སྙན་པ་ཡང་ཡིན་ནོ། །སྔགས་སྡོམ་གྱི་སྤྱང་བྱའི་གཙོ་བོ་ནི། ཡིད་ཀྱི་མི་དགེ་བ་གསུམ་གྱི་ནང་ཚན་ནམ་ཁྱད་པར་ཡིན་ཏེ། འདི་ལྟར་ལུས་ངག་གི་བདུན་ནི་བྱང་ཆུབ་སེམས་དཔའ་ལྟར་ཤིན་ཏུ་ཡང་སྣང་ལ། ཡིད་ཀྱི་གསུམ་པོའི་ཡང་ཅི་ཙམ་ལ་གནང་བ་ཡོད་པའི་ཕྱིར་ཏེ། དུག་གསུམ་ལམ་དུ་བསྒྱུར་བའི་ཕྱིར་རོ། །དེས་ན་བརྟན་པས་སེམས་ཁྱད་པར་བ་བླ་མའི་རྗེས་དང་ཕྱག་རྒྱ་ལ་ཆགས་པ་ལྟ་བུ་དང་གནོད་སེམས་ཁྱད་པར་བ་ལོག་ལྟ་ཁྱད་པར་བ་གཞིའི་སྟེང་གཟུགས་སོགས་སངས་རྒྱས་ཀྱི་སྒྲུབ་གཞི་འདུས་བྱས་བློར་མི་ཤོང་ལྟ་བུ་བ་རྣམས་ཡིན་ཏེ། དཀྱིལ་ཆོག་བཞི་བརྒྱ་ལྔ་བཅུ་པའི་ཤེར་དབང་གི་སྐབས་སུ། གཞི་ཡི་དོན་ལ་བདག་འབྲུལ་བས། །གཡང་ས་འདི་རུ་ཡུན་རིང་འཁྱམས། །ཅེས་བཤད་པ་ནི། ལམ་ཐུན་མོང་པས་རྒྱུད་སྦྱངས་པ་ལ་བདག་མེད་གཉིས་ལྟ་བུ་ལས་འབྲུལ་པ་རགས་པ་འོང་དོན་མེད་པའི་ཕྱིར་རོ། །

སྔགས་སྡོམ་གྱི་དབྱེ་བ་ནི། རྣལ་འབྱོར་རྒྱུད་ཀྱི་དང་། བླ་མེད་སྤྱིའི་དང་། དུས་ཀྱི་འཁོར་ལོའི་སྔགས་སྡོམ་ཞེས་པ་གསུམ་ཡིན་ཏེ། རིགས་ལྔའི་སྔགས་སྡོམ་གཉིས་དང་རིགས་དྲུག་པའི་སྔགས་སྡོམ་གཅིག་ཡིན་པའི་ཕྱིར་རོ། །

དེས་ན་དེ་དག་གི་རྩ་ལྟུང་ཡང་རིགས་གསུམ་དུ་ཤེས་དགོས་ཏེ། རྩ་ལྟུང་རྣམ་བཤད་དུ་གསལ་བར་བཤད་ཟིན་པས་དེར་བལྟའོ། །དེ་ལྟར་ན་སྡོམ་གསུམ་ཙམ་ལ་ནི་ངོ་བོ་གཅིག་པའི་དགོས་པ་འོང་དོན་མེད་དེ། གང་ནས་འབྱུང་བའི་ལུང་ཁུངས་འགལ། དེ་བཞིན་དུ་གང་ལས་ལེན་པའི་ཡུལ། གང་གིས་ལེན་པའི་གང་ཟག །ཇི་ལྟར་ལེན་པའི་ཆོ་ག །གང་ཞིག་གཏོང་བའི་རྩ་ལྟུང་། ནམ་གྱི་ཚེ་གཏོང་བའི་དུས་རྣམས་འགལ་བའི་ཕྱིར་རོ། །ཅི་སྟེ་ཁྱོད་ཀྱི་བཤད་པའི་སོ་ཐར་ནི་ཉན་ཐོས་དང་ཐུན་མོང་མིན་ལ། དེ་དང་སྡོམ་པ་གོང་མ་གཉིས་འགལ་བར་རྗེ་བཙུན་ཆེན་པོའི་རྩ་ལྟུང་འགྲེལ་སྟོང་དུ་ཡང་བཤད་པ་བདེན་དུ་ཆུག་ཀྱང་སོ་ཐར་ཙམ་པོ་ཞིག་དང་མི་འགལ་ཞིང་སྡོམ་པ་གོང་མ་གཉིས་ནི་ཤིན་ཏུ་ཡང་མི་འགལ་བར་འགྲེལ་སྟོང་དུ་བཤད་དོ་ཞེ་ན་བཤད་མོད། འདུལ་བ་

ནས་མ་བཤད་པའི་སོ་ཐར་དེ་གང་ཡིན། ལུང་གང་ནས་བཤད། དེ་ནི་གཞན་ལ་གནོད་པ་བཞི་བཅས་སྤོང་བའི་ཚུལ་ཁྲིམས་ཙམ་ཡིན་ལ། ཉེ་བ་འཁོར་གྱིས་ཞུས་པའི་དཀོན་བརྩེགས་ལས་བྱང་ཆུབ་སེམས་དཔའི་སོ་སོ་ཐར་པ་ཞེས་གསུངས་སོ་ཞེ་ན། འོ་ན་མུ་སྟེགས་གཅེར་བུ་པའི་རྒྱུད་ལ་ཡང་སོ་སོ་ཐར་པའི་སྡོམ་པ་ཡོད་པར་འགྱུར་ཏེ། དེ་ལ་གཞན་གྱི་ལུས་སྲོག་ལ་གཏན་མི་འཚེ་བའི་བརྟུལ་ཞུགས་ཡོད་ལ་བོད་ཀྱི་བོན་པོར་གྲགས་པ་ལའང་དེ་བཞིན་ནོ། །

དེ་བཞིན་དུ་ལྷའི་དགེ་སློང་དང་བྱིས་པའི་དགེ་སློང་སྲིད་པར་ཐལ་བའི་ཐལ་འགྱུར་ནན་གྱིས་གཞུང་འདིར་གསུངས་པ་ཐམས་ཅད་འགོག་པའི་སྡོམ་གསུམ་རབ་དབྱེའི་བསྟན་འཛིན་རེ་མཚར། ཉེ་བ་འཁོར་གྱིས་ཞུས་པའི་མདོ་ལས་གསུངས་པའི་བྱང་སེམས་སོ་ཐར་ནི་བྱང་སེམས་ཀྱི་སྡོམ་པ་ཡིན་ཏེ། འདོད་ཆགས་ལ་ལྟུང་བ་ཆུང་བ་དང་སླར་བཅོས་སུ་ཡོད་པར་གསུངས་པ་སོགས་སྡོམ་གསུམ་ནང་ཚན་གྱི་སོ་ཐར་ལ་མེད་ཅིང་བྱང་སེམས་ལ་ཡོད་པའི་ཁྱད་པར་གྱི་ཆོས་དང་ལྡན་པར་གསུངས་པའི་ཕྱིར་རོ། །འདིས་ནི་སོ་ཐར་གྱི་སྒྲ་བཤད་དང་བྱེད་ལས་རགས་པ་ཚང་བ་ཙམ་ལ་དེའི་མིང་གི་བཏགས་པ་ཙམ་མོ། །དེ་ལྟ་ན་ནི་གཞུང་ཤེར་ཕྱིན་གཞན་དོན་རྗེས་དཔག་དང་། མི་འགྱུར་ལྡན་ལ་ལྷ་དང་བླུན་པོ་དང་བ་ལང་དུ་བཏགས་པ་སོགས་ཀྱང་དེ་དང་དེར་འགྱུར་བ་ཧ་ཅང་ཐལ་ལོ། །ཅི་སྟེ་རྒྱུད་ཐ་དད་ཀྱི་སྡོམ་གསུམ་ངོ་བོ་ཐ་དད་ཀྱང་གང་ཟག་གཅིག་གི་རྒྱུད་ཀྱི་རྣམ་པ་ངོ་བོ་གཅིག་སྟེ། འབྲུལ་སྤོང་དུ། འོ་ན་སྔར་སོ་སོར་ཐར་པའི་སྡོམ་པ་དགེ་སློང་གི་བར་ཐོབ་པ་ཞིག་གིས་ཕྱིས་བྱང་ཆུབ་ཏུ་སེམས་བསྐྱེད་ནས་སླར་ཡང་དབང་ནོས་པར་གྱུར་ན་འདི་ལ་སྡོམ་པ་ཇི་ལྟར་ལྡན་ཞེ་ན། དགེ་སློང་གི་བྱང་ཆུབ་ཏུ་སེམས་བསྐྱེད་པའི་ཚེ་སོ་སོར་ཐར་པ་བྱང་ཆུབ་སེམས་དཔའི་སྡོམ་པར་འགྱུར་ལ། དཀྱིལ་འཁོར་དུ་ཞུགས་པའི་ཚེ་ན་སྡོམ་པ་ཐམས་ཅད་ཀྱང་རིག་པ་འཛིན་པའི་སྡོམ་པ་ཞེས་བྱ་བ་ཡིན་ནོ། །

དེ་སྐད་དུ་རྒྱུད་འབུམ་པའི་ལུང་། དེ་ཁོ་ན་ཉིད་ཀྱི་ཡེ་ཤེས་གྲུབ་པ་ཞེས་བྱ་བ་ལས་འབྱུང་བ། རྡོ་ཡི་རིགས་ཀྱི་བྱེ་བྲག་གིས། །བཞུ་བས་ལྕགས་དང་ཟངས་དངུལ་འབྱུང་། །གསེར་འགྱུར་རྩི་ཡི་དངོས་པོ་ཡིས། །ཐམས་ཅད་གསེར་དུ་སྒྱུར་བར་བྱེད། །དེ་བཞིན་སེམས་ཀྱི་བྱེ་བྲག་གིས། །རིགས་ཅན་གསུམ་གྱི་སྡོམ་པ་ཡང་། །དཀྱིལ་འཁོར་ཆེན་པོ་འདིར་ཞུགས་ན། །རྡོ་རྗེ་འཛིན་པ་ཞེས་བྱའོ། །ཞེས་གསུངས་སོ། །དཔེའི་རྡོ་ནི་ཕལ་པ། ལྕགས་ཉན་ཐོས། ཟངས་རང་རྒྱལ། དངུལ་བྱང་སེམས། གསེར་ནི་རྡོ་རྗེ་ཐེག་པའི་བསླབ་པ་ཡིན་པར་མངོན་ནོ༑ ༑ཞེས་གསུངས་པའི་ཕྱིར་རོ་ཞེ་ན། གསུང་དེ་དག་གསལ་མོད་ཀྱི་དགོངས་པ་མ་བླངས་པར་སྒྲ་བྲང་ཐད་དུ་ཁས་བླངས་ན་རིག་ལམ་དུ་མི་ཚུད་དེ། དེས་ནི་ལྕགས་སོགས་གསེར་འགྱུར་གྱི་རྩིས་གསེར་དུ་བསྒྱུར་ཟིན་པའི་

གོང་བུ་གསེར་ཕོན་ཡིན་ནམ་མ་ཡིན་ན། ཐམས་ཅད་གསེར་དུ་སྒྱུར་བར་བྱེད་དང་ཅེས་པའི་ཚིག་ཉམས་ཤིང་། དོན་ལ་སྡོམ་པ་ཐམས་ཅད་རིག་འཛིན་སྡོམ་པ་ཡིན་ཞེས་གསལ་བར་དམ་བཅས་པའི་དཔེར་མི་རུང་། ཡིན་ན་དེ་ལ་ལྕགས་ཟངས་སོགས་མེད་པ་བཞིན་དུ། དོན་ལའང་སྔགས་སྡོམ་ཐོབ་པའི་ཚེ་གཞན་གཉིས་མེད་པར་འགྱུར་ཞིང་དེ་ལྟར་ན་སྡོམ་པ་གསུམ་ལྡན་ཇི་ལྟར་ཡིན། སྡོམ་པ་གསུམ་ལྡན་མ་ཡིན་ན། འོན་ཁྱེད་ཀྱི་སོ་ཐར་སྡོམ་པ་སྔོན་དུ་སོང་བའི་སྡོམ་པ་གསུམ་ལྡན་གང་ཡིན་ཞེ་ན། ཞེས་པའི་ལན་དུ་ཇི་ལྟར་འགྲོ། གཞན་ཡང་དེ་འདྲའི་སྔགས་སྡོམ་ཅན་དེས་མི་ཚངས་སྤྱོད། རྙེད་བཀུར་ལ་ལྷག་པར་ཆགས་པས་བདག་བསྟོད་གཞན་སྨོད་བྱས་པས་སོ་ཐར་དང་བྱང་སེམས་ཀྱི་རྩ་ལྟུང་མི་འབྱུང་བར་འགྱུར་ཏེ་དེ་གཉིས་མེད་པའི་ཕྱིར་དང་། གཞི་དེ་དག་སྔགས་སྡོམ་གྱི་རྩ་ལྟུང་དུའང་མི་རུང་བའི་ཕྱིར་རོ། །

ཅི་སྟེ་སྔགས་སྡོམ་དེ་སྡོམ་པ་གཞན་གཉིས་ཀྱང་ཡིན་ནོ་ཞེ་ན། དགེ་སློང་བྱང་ཆུབ་ཏུ་སེམས་བསྐྱེད་པས་སོ་ཐར་བྱང་སེམས་ཀྱི་སྡོམ་པར་འགྱུར་ཞེས་སོགས་དང་དངོས་སུ་འགལ་ཏེ་མ་འགྱུར་བའི་ཕྱིར་རོ། །གཞན་ཡང་དེ་འདྲའི་སྔགས་སྡོམ་དེ་ཆོས་ཅན། མི་ཚངས་སྤྱོད་བྱས་པས་གཏོང་བར་འགྱུར་ཏེ་སོ་ཐར་སྡོམ་པ་ཡིན་པའི་ཕྱིར། བྱང་སེམས་ཀྱི་རྩ་ལྟུང་གི་གཏོང་བར་འགྱུར་ཏེ། བྱང་སེམས་ཀྱི་སྡོམ་པ་ཡིན་པའི་ཕྱིར། ཁྱོད་རྩ་ལྟུང་གིས་བཏང་ན་དེ་གཉིས་བཏང་བར་འགྱུར་ཏེ། ཁྱོད་སྡོམ་པ་དེ་གཉིས་ཡིན་པའི་ཕྱིར། གནས་འགྱུར་དུ་འདོད་པའང་མི་འཐད་པར་འགྱུར་ཏེ། མ་འགྱུར་བར་རང་སོར་གནས་པའི་ཕྱིར་རོ། །འདིའི་སོ་ཐར་ནི་ཉན་ཐོས་དང་ཐུན་མོང་བའི་སོ་ཐར་མིན་ནོ་ཞེ་ན། ཉན་ཐོས་དང་ཐུན་མོང་བ་ཞེས་པའི་ཚིག་ལ་ནུས་པ་མེད་པར་འགྱུར་ཏེ། ཉན་ཐོས་དང་ཐུན་མོང་བའི་སོ་ཐར་མི་སྲིད་པའི་ཕྱིར་ཏེ། བྱང་སེམས་ཀྱི་སྡོམ་པ་ཐོབ་ནས་དེ་ཟློག་པའི་སྒོ་ནས་བྱང་སེམས་ཀྱི་རྒྱུད་ལ་དེ་འབྱུང་མི་སྲིད་པའི་ཕྱིར་རོ། །

དེ་ལྟར་ན་རྗེ་བཙུན་ཆེན་པོའི་གསུང་འདི་དག་ནི་ཁ་བ་ཅན་ན་བསྟན་པའི་རྩ་བ་སོ་སོར་ཐར་པ་ལ་ཤིན་ཏུ་མི་མོས་པས་རབ་ཏུ་འབྱུང་མི་ནུས་པར་མ་ཟད། དགེ་བསྙེན་གྱི་སྡོམ་པ་ཙམ་ཡང་མི་འཛིན་པར་རྡོ་རྗེ་འཛིན་པ་ཆེན་པོར་རློམ་པ་མང་དུ་བྱུང་ཞིང་འབྱུང་བ་རྣམས་སྒྲོ་བསྐྱིང་ཞིང་ཞུམ་པ་བསལ་བའི་ཕྱིར་དུ་སྡོམ་པ་གསུམ་ལྡན་ཡིན་ནོ་ཞེས་དགོངས་ཏེ་གསུངས་པའི་དྲང་དོན་ཡིན་ནོ། །ཞེས་བརྗོད་པར་བྱའོ། །

ཡང་གཞུང་འདིའི་རྣམ་བཤད་རྒྱས་པ་ཐོག་མ་བྱེད་པ་པོ་དག་གིས། སྡོམ་གསུམ་ངོ་བོ་གཅིག་པའི་སྒྲུབ་བྱེད་དང་ཐ་དད་ལ་གནོད་བྱེད་འགོད་པར་འདོད་ནས། སྡོམ་གསུམ་གྱི་ངོ་བོ་བེམ་པོ་ཡིན་ནམ་རིག་པ་ཡིན། དང་པོ་མི་རིགས་ཏེ་མཁས་མཆོག་དབྱིག་གཉེན་གྱིས་བཀག་པའི་ཕྱིར་རོ། །གཉིས་པ་ལྟར་ན་སེམས་བྱུང་དམ་

སེམས་པ་ཡིན་པས་གཙོ་བོ་རྣམ་ཤེས་ཀྱི་འཁོར་དུ་འབྱུང་དགོས་ལ། དེ་ཡང་དབང་ཤེས་ལྔའི་འཁོར་དུ་མི་འབྱུང་སྟེ་དབང་ཤེས་དགེ་བ་མེད་པའི་ཕྱིར། ཀུན་གཞི་ཉོན་ཡིད་གཉིས་ནི་ལུང་མ་བསྟན་ཡིན་པས་མི་རུང་བའི་ཕྱིར། ཡིད་ཀྱི་རྣམ་ཤེས་ལས་མ་འདས་ལ། རྣམ་ཤེས་གཅིག་གི་འཁོར་དུ་སེམས་པ་གསུམ་བྱུང་ན་རྫས་མཚུངས་ཉམས་པར་འགྱུར། གལ་ཏེ་ས་བོན་ལ་འདོག་ནའང་དེ་བེམ་རིག་གང་རུང་ལས་མ་འདས་པས་སྔར་གྱི་ཉེས་པ་ལས་མ་གྲོལ་ལོ་ཞེས་བཀག་ནས་རྗེ་བཙུན་ཆེན་པོའི་དགོངས་བསྟན་ཇི་བཞིན་ཁས་བླངས་པ་དང་ཕྱིས་ཀྱི་མཁས་པར་གྲགས་པ་དག་ཀྱང་སེམས་པ་དང་ངོ་བོ་དང་འཛིན་སྟངས་མི་འདྲ་བ་གསུམ་ཡང་གང་ཟག་གཅིག་གི་རྒྱུད་ལ་གཅིག་པར་བྱུང་མི་སྲིད་པས་སྡོམ་གསུམ་ནི་ངོ་བོ་གཅིག་པ་ལས་མ་འདས་སོ་ཞེས་འཁོར་མང་པོའི་ནང་ན་གད་རྒྱངས་དང་བཅས་ཏེ་སྒྲོག་གོ་ཞེས་གྲག་གོ། །

འདི་དག་ཀྱང་མི་འཐད་དེ། མཁས་མཆོག་དབྱིག་གཉེན་གྱི་བཀར། མ་གྲུབ་སྟེ། འཆལ་པའི་ཚུལ་ཁྲིམས་མི་དགེའི་གཟུགས། །དེ་སྤོང་ཚུལ་ཁྲིམས་རྣམ་གཉིས་ཀྱང་། །ཞེས་གཟུགས་ཅན་དུ་གསལ་བར་གསུངས་པའི་ཕྱིར་རོ། །དབང་ཤེས་ལ་དགེ་བ་མི་སྲིད་ཅེས་སྨྲས་པ་ནི། ཆོས་མངོན་པ་གཏན་མི་ཤེས་པའམ་ཅུང་ཟད་ཤེས་ཀྱང་བརྗེད་པར་གསལ་ཏེ། ཐོགས་དང་བཅས་པ་གཟུགས་ཅན་བཅུ། །ལུང་མ་བསྟན་བརྒྱད་དེ་དག་ཉིད། །གཟུགས་སྒྲ་མ་གཏོགས་གཞན་རྣམ་གསུམ། །ཞེས་དབང་པོ་གཟུགས་ཅན་ལྔ་དང་ཕྱིའི་གཟུགས་སྒྲ་བོར་བའི་གཟུགས་ཅན་གྱི་ཁམས་གསུམ་སྟེ་བརྒྱད་པོ་མཐའ་གཅིག་ཏུ་ལུང་མ་བསྟན་ཡིན་གྱི་གཞན་ཁམས་བཅུ་ག་ལ་དགེ་སྡིག་ལུང་མ་བསྟན་གསུམ་ག་ཡོད་དོ་ཞེས་དབྱིག་གཉེན་གྱིས་གསལ་བར་གསུངས་པ་བཞིན་ཐོགས་མེད་ཀྱིས་ཀྱང་ལེགས་པར་གསུངས་པའི་ཕྱིར་རོ། །ས་བོན་བེམ་རིག་གང་རུང་དུ་འདོད་པ་ཡང་། ཆོས་མངོན་པ་ལས་ཕུང་པོ་ལྔ་གསུངས་པའི་གཟུགས་ཕུང་བེམ་པོ་དང་། ཚོར་འདུ་རྣམ་ཤེས་གསུམ་རིག་པ་དང་། འདུ་བྱེད་ཕུང་པོའི་ཕྱོགས་གཅིག་སེམས་བྱུང་རྣམས་རིག་པ་ཡིན་ཡང་ཕྱོགས་གཉིས་ལྡན་མིན་འདུ་བྱེད་མངོན་པ་གོང་མ་ལས་ཉི་ཤུ་རྩ་གསུམ་དང་འོག་མར་བཅུ་བཞི་སོགས་བཤད་པ་རྣམས་གཟུགས་སེམས་གང་ཡང་མིན་པའི་འདུས་བྱས་སུ་གསུངས་པ་རྣམས་རྒྱུས་མེད་པ་དང་། ཚད་མ་རྐྱང་པ་རང་ལ་གྲགས་པའི་དངོས་པོ་ཙམ་པོ་རེ་བེམ་རིག་གང་ཡིན་ཡང་དཔྱད་པ་ཅུང་ཟད་ཀྱང་མ་བྱས་པར་བསྒོས་སྙིང་རྣམས་སུ་དངོས་པོ་ལ་བེམ་པོ་དང་རིག་པ་གཉིས་ཞེས་པ་ཙམ་སེམས་ལ་ཡོད་པའི་ཆོས་སྐད་དོ། །

གཞན་ཡང་སྔ་ཕྱི་ཐམས་ཅད་ཀྱི་སྡོམ་པ་ལ་སེམས་པ་མངོན་གྱུར་གྱི་ཁྱད་པར་བཟུང་བས་ནོངས་ཏེ། དེ་ལྟ་ན་གཉིད་འཐུག་པའི་ཚེ་སྡོམ་མེད་དུ་འགྱུར་ཞིང་དེ་ལྟ་ན་གཉིད་ཀྱིས་བསྐྱེད་པའི་ལྟུང་བ་མི་སྲིད་པ་དང་།

གཉིད་སད་པའི་ཚེ་སྡོམ་པ་གསར་དུ་སྐྱེ་ན་སྡོམ་པ་བསྐྱེད་ཚོག་རྒྱལ་བས་མ་གསུངས་པ་དུ་མ་ཁས་བླངས་དགོས་པར་འགྱུར་བས་འདུལ་བ་མངོན་པ་མ་ཚོར་བར་སྡོམ་པའི་བཤད་པ་བག་ཡངས་སུ་བྱེད་པ་ལ་ཉན་མཁན་དང་རྗེས་འབྲངས་མང་དུ་བྱུང་བ་ནི་རྒྱལ་བའི་བསྟན་པ་བསྣུབས་པར་གསལ་ལོ། །དེས་ན་སེམས་པ་རིགས་མི་མཐུན་ཅིག་ཅར་དུ་འབྱུང་དགོས་པའི་ལུང་རིགས་གཉིས་ཀ་མེད་ཅིང་ངེས་པར་དུ་ཤེས་པ་རྣམས་ཀྱི་བཅུག་ཡིག་ཀྱང་མ་བྱུས་ལ། གཉིད་འཐུག་སོགས་ཀྱི་ཚེ་ཡང་། སོ་ཐར་གྱི་ནི་རིག་བྱེད་མིན་པ་བརྟན་པར་ཡོད་ཅིང་གཞན་གཉིས་ཀྱི་ཡང་སྲུང་བྱ་གཟུགས་ཅན་སྡོང་བ་རྣམས་དེ་དང་འདྲ་ལ། ཡིད་ཀྱི་སྡོང་བ་ནི་སེམས་པ་དང་དེས་བཞག་པའི་ས་བོན་དང་ཐོབ་པ། དབང་དང་རྒྱུན་ཆགས་སོགས་ཡོད་པས་གཏོང་རྒྱུའི་རྒྱ་ལྟུང་སོགས་མ་བྱུང་ན་ཚེ་དེ་སྲིད་འཚོའི་བར་དུ། སྡོམ་པ་གསུམ་ལྡན་ཉེས་ལྟུང་དྲི་མ་མེད། །དགེ་སློང་མཆོག་གྱུར་རྒྱལ་སྲས་རྡོ་རྗེ་འཛིན། །ཞེས་པ་རྟོགས་པའི་བསྟན་པ་མཐའ་དག་གི་སྙིང་པོ་སོ་སོ་སྐྱེ་བོའི་དུས་ནས་རྫོགས་པར་འཛིན་དུ་ཡོད་པས་ཤིན་ཏུ་སྤྲོ་བ་འཕེལ་ཞིང་ངེས་དྲངས་པའི་དོན་གཉེར་དང་བླང་དོར་ལ་འབད་པ་དྲག་པོ་བསྐྱེད་པར་བྱའོ། །

གཉིས་པ་གཞུང་དོན་ལ། གཞུང་དཀའ་བ་རྣམས་ཅུང་ཟད་སྤྲོས་ཏེ་འཆད་ལ། སླ་བ་ཕལ་མོ་ཆེ་ནི། བསྡུས་དོན་ཁྱད་པར་ཅན་གྱིས་བསྡུས་ནས་གཞུང་སོགས་ཁོངས་ནས་སྟོན་ཏེ་ཡི་གེ་ཉུང་བའི་ཐབས་ཀྱིས་བཤད་པར་བྱ་སྟེ། གཞུང་རེ་རེ་ཙམ་ལས་མི་འཆད་ན་གཞན་དུ་དབང་འདུས་པའི་ཕྱིར་དུ་རྒྱ་ཆེར་སྤྲོ་བར་རིགས་ཀྱང་། སྤྱིར་ཚིག་རིགས་མང་པོ་ལ་རྩེས་ཆུང་ཁྱད་པར་མདོ་སྔགས་ཀྱི་ཡི་གེ་མང་པོ་ཞིག་བྲིས་ཟིན་པས་ཡི་གེ་མང་ན་སྣག་ཤོག་དང་བྲིས་པ་ཡང་སྐྱུབ་དཀའ་བའི་ཕྱིར་རོ། །འོན་ཀྱང་རྟོགས་དཀའ་ཞིང་གལ་ཆེ་བ་ལ་རང་བཟོ་དང་གཟུ་ལུམ་དུ་མ་སོང་བའི་གནད་ལ་བསྟུན་པ་ཉིད་ཀུན་ཏུ་བྱས་ཤིང་བྱེད་པར་འདོད་པ་ཉིད་དོ། །

འདི་ལ་མཚན་དང་གཞུང་དང་མཇུག་གི་དོན་ནོ། །དང་པོ་ལ་མཚན་སྨོས། ཕྱག་འཚལ་བའོ། །དང་པོ་ནི། ཤཱཀྱ་ཐུབ་ཀྱི་བསྟན་པ་མཐའ་དག་ཡོངས་སུ་རྫོགས་པའི་རྩ་བའི་སྙིང་པོ་ནི། སོ་ཐར་བྱང་སེམས་གསང་སྔགས་ཀྱི་**སྡོམ་པ**་ཡིན་ལ་དེ་**གསུམ་གྱི**་རང་བཞིན་ཆ་ལག་དང་བཅས་པ་ལ་ལོག་རྟོག་སེལ་བ་གཙོ་བོར་བྱས་པའི་སྒོ་ནས་**རབ་ཏུ་དབྱེ་བ་ཞེས་བྱ་བ།** གཙོ་བོར་བརྗོད་བྱ་ལས་མཚན་དུ་བཏགས་པ་གླེགས་བམ་བཙལ་སླ་ཞིང་དོན་གྱི་སྤྱི་འཆར་བའི་ཕྱིར་དུ་ཐོག་མར་བཀོད་པའོ། །

གཉིས་པ་ནི་**བླ་མ**་སོགས་ཏེ། གུ་རུའི་སྒྲ་ལ་དྲངས་ན་ལྕི་བ་སྟེ། དགེ་སློང་མའི་ལྕི་བའི་ཆོས་བརྒྱད་ལ་བླ་མའི་ཆོས་བརྒྱད་ཅེས་བསྒྱུར་བ་ལྟར་ཏེ། ཡོན་ཏན་གྱི་ཁུར་གྱིས་ནོན་པའོ། །འོན་ཀྱང་རང་གི་ཆོས་མ་ཐོབ་པ་ལ་

བླ་མ་ཞེས་མི་བྱ་སྟེ། མངོན་པ་ཀུན་བཏུས་སུ་བླ་མ་དང་འདྲ་བ་རྣམས་ལ་ང་རྒྱལ་བཅག་པའི་ཕྱིར་རོ་ཞེས་ཡོན་ཏན་ཆེ་ཡང་ཆོས་མ་མཐོང་ན་བླ་མ་དང་འདྲ་ཞེས་བཤད་པའི་ཕྱིར་རོ། །ཆོས་ཐོབ་ན་དབང་མ་ཐོབ་ཀྱང་བླ་མར་གསུངས་ཏེ། འདུལ་བར་ཡང་བླ་མ་གནས་པའི་སྒོ་གླེགས་ལ། །ལག་པས་དལ་གྱིས་བརྡུང་བར་བྱ། །ཞེས་སོགས་ཤིན་ཏུ་མང་བའི་ཕྱིར་རོ། །དེས་ན་གང་དག །དབང་མ་བསྐུར་ལ་བླ་མ་མེད། །ཅེས་སོགས་ཀྱི་འཕྲུལ་ནས་ཆེ་གེ་མོ་དེ་ངེད་ཀྱི་སློབ་དཔོན་ཡིན་གྱི་བླ་མ་མིན་ཞེས་སོགས་སྒྲོགས་པ་ནི་གཞུང་འདིའི་དགོངས་པ་མིན་ཏེ། ཡིན་ན། ཕ་རོལ་ཕྱིན་པའི་བླ་མ་ནི། །ཞེས་པ་དང་དེ་མ་ཐག་ཏུ་འགལ་བའི་ཕྱིར་རོ། །**དམ་པ**་དང་དེ་མིན་ནི་དྲི་མེད་འོད་དུ། རང་གི་བསྙེན་བཀུར་ཉམས་པས་ཐུགས་འཁྲུགས་པ་ནི་དམ་པ་མིན་པ་དང་དེས་མི་འཁྲུགས་ཀྱི་སློབ་པའི་ལམ་ཉམས་པས་འཁྲུག་པ་ནི་དམ་པའོ། །ཞེས་བཤད་པས། དེ་འདྲའི་སྐྱུའི་དམའ་ཤོས་ཞབས་ལ། འདུད་པའི་མཐོ་ཤོས་མགོ་བོས་གཏུགས་པའི་ཚུལ་གྱི་**གུས་པས་ཕྱག་འཚལ་ལོ།** །དགོས་པ་བསོད་ནམས་སྐྱེས་ནས་དང་པོར་རྩོམ་པ་མཐར་ཕྱིན་པའི་ཆེད་དེ། མདོ་ལས་བསོད་ནམས་ལྡན་པའི་བསམ་པ་རྣམས་ཀྱང་འགྲུབ། །ཅེས་སོ། །ཕྱིས་ནི་ཁ་ཏོན་བྱེད་པ་ཡན་ཆད་ཀྱང་དད་པ་དང་བསོད་ནམས་འཕེལ་བའི་དོན་ནོ། །

གཉིས་པ་ལ་བཤད་པ་ལ་འཇུག །བཤད་པ་ཉེ་བར་འགོད། བཤད་པ་མཐར་ཕྱིན་པའི་བྱ་བའོ། །དང་པོ་ལ་མཆོད་བརྗོད་དང་དམ་བཅའའོ། །དང་པོ་ལ་ཕྱག་འཚལ་བའི་རྒྱུ་དང་ཡུལ་དང་ཚུལ་ལོ། །དང་པོ་ནི། ལེགས་པར་དང་། མི་རྟོག་པར་དང་། མ་ལུས་པར་སྤྱངས་ཤིང་རྟོགས་པའི་སྤངས་རྟོགས་ཁྱད་པར་གསུམ་ལྡན་གྱི་**བདེ་གཤེགས**་ནི་སངས་རྒྱས་བཅོམ་ལྡན་འདས། དེའི་བསྟན་པ་ནི་བསླབ་པ་གསུམ་ཐུན་མོང་བ་དང་དེ་མིན་ཏེ། དེ་སྟོན་པའི་**གསུང་རབ**་ནི། སྡེ་སྣོད་གསུམ་དང་རྒྱུད་སྡེ་བཞིའོ། །དེ་བག་མི་ཚ་བར་སྒྲོག་པའི་**སེང་གེའི་སྒྲ**འོ། །བྱེད་ལས་མུ་སྟེགས་**ལྷ**་བུའི་ལྷ་སོགས་**མཛད།** འོག་ནས་འགོག་པའི་ལོག་པར་བསྒྲུབ་པ་སྤྱངས་ཏེ་**སངས་རྒྱས**་སོགས་**དད**་པའི་རྒྱུ་བྱས་ནས་ཕྱག་འཚལ་ལོ། །ཡུལ་ནི་ཆགས་སོགས་ཀྱི་**སྐྱོན་མེད**་ཅིང་དད་སོགས་ཀྱི་**ཡོན་ཏན**་སོགས་**མངའ་བ། འགྲོ་བའི**་ནི་བློའི་ཡུལ་དུ་དང་སྐད་ཅིག་སོ་སོར་དང་། ལས་དང་མཐུན་པར་འགྲོ་བ་ཤེས་བྱ་ཙམ་དང་དངོས་པོ་ཙམ་ལས་ཕྱི་མའི་ལམ་སྟོན་པའི་**བླ་མ**་རྗེ་བཙུན་ཆེན་པོ་གཙོ་བོར་བྱས་པའོ། །ཚུལ་ནི་བརྗོད་མ་ཐག་པ་ལྟར་རོ། །

གཉིས་པ་ལ་གདུལ་བྱ་གང་ལ། བརྗོད་ཚུལ་གང་གིས། རྒྱུ་མཚན་གང་ལས། བརྗོད་བྱ་གང་ཞིག་བཤད་པའོ། །དང་པོ་ནི། འཆད་པ་པོ་ས་པཎ་**བདག་གིས**་འཆད་བྱེད། བསྟན་པ་ཡོངས་རྫོགས་ཀྱི་ཉམས་ལེན་**སྡོམ**་པ་**གསུམ**་དུ་**དབྱེ་བ**འི་གཞུང་གིས་བཤད་ཡུལ་**དང**་སོགས་**དེ་ལ**་སྟེ། གཟུར་གནས་བློ་ལྡན་དོན་གཉེར་ལ། །

ཉན་པོ་སྐྱོད་ཅེས་བྱ་བར་བཤད། །ཅེས་པའི་གཟུར་གནས་ནི་འཆད་པ་པོ་དང་གཞུང་ལ་སྟང་བའི་ཕྱོགས་ལྷུང་མེད་པར་དད་པ་དང་ལྡན་པས་སོ། །དོན་གཉེར་ནི། ལོག་ཆོས་དོར་ནས**སངས་རྒྱས**སོགས་**པའོ**། །བློ་ལྡན་མི་གསལ་བ་ནི། གཞུང་འདི་གྲུས་པའི་ཉན་པས་རིག་གནས་ཀུན་ལ་བློ་གྲོས་རྒྱས་པར་འགྱུར་བས་སྔ་མ་གཉིས་ཚང་ན་དཔྱ་བློ་གྲོས་རྫོགས་པ་མེད་ཀྱང་གདུལ་བྱར་རུང་བས་སོ། །

གཉིས་པ་ནི། རྗེ་ཉིད་ཀྱིས། སྒྲ་པ་ང་ཡིན་རྟོག་གེ་པ་ང་སླུ་བ་ང་འཛེམས་ང་འདྲ་མེད། །སྡེབ་སྦྱོར་ང་མཁས་སྙན་ངག་ངས་ཤེས་མངོན་བརྗོད་འཆད་ལ་འགྲན་མེད་ང་། །དུས་སྦྱོར་ངས་ཤེས་ཕྱི་ནང་ཀུན་རིག་རྣམ་དཔྱོད་བློ་གྲོས་འགྲན་མེད་ང་། །དེ་འདྲ་གང་ཡིན་ས་སྐྱ་པ་སྟེ་མཁས་པ་གཞན་དག་གཟུགས་བརྙན་ཡིན། །ཞེས་དང་། འདི་དག་མངོན་པའི་ང་རྒྱལ་གྱིས་མ་བཀོད་པའི་རྒྱུ་མཚན་རྒྱས་པར་བརྗོད་པའི་རང་འགྲེལ་དང་བཅས་པ་མཛད་པས། འདིར་ཡང་རྒྱ་གར་སྐད་ལ་སྦྱོར་བའི་ཡི་གེ་ལྷི་ཡང་དང་ངལ་གསོ་གཅོད་འཚམས་སོགས་ཀྱི་སྡེབ་སྦྱོར་བོད་སྐད་ལ་སྦྱར་དུ་མེད་ཀྱང་སྙན་དངགས་ཀྱི་ཉམས་དང་འགྱུར་བ་དང་རོ་དང་སྒྲ་དོན་གྱི་རྒྱན་ལ་སོགས་པ་ལེགས་པར་སྦྱར་ནས་མཁས་པ་མགུ་བ་བསྐྱེད་པའི་ཡན་ལག་གི་རྩོམ་ལུགས་མི་འཛིན་པ་ཅི་ཞེ་ན། དེའི་རྒྱུ་མཚན་ཡོད་དེ**མཁས་རྣམས**སོགས་**བཤད**་པའི་ཕྱིར། འོན་སྙན་ངག་མེ་ལོང་དུ། དོན་བྲལ་དོན་ཉམས་དོན་ལྷོས་དང་། །ཐེ་ཚོམ་ཅན་དང་རིམ་པ་ཉམས། །སྒྲ་ཉམས་གཅོད་འཚམས་ཉམས་པ་དང་། །སྡེབ་སྦྱོར་ཉམས་དང་མཚམས་སྦྱོར་བྲལ། །ཡུལ་དུས་སྒྱུ་རྩལ་འཇིག་རྟེན་དང་། །ལུང་རིགས་དག་དང་འགལ་བ་སྟེ། །སྐྱོན་བཅུ་འདི་དག་ཚིགས་བཅད་ལ། །སྙན་ངག་མཁན་གྱིས་སྤང་བར་བྱ། །ཞེས་པའི་སྒྲ་དང་སྡེབ་སྦྱོར་ཉམས་པ་སོགས་ཀྱི་སྐྱོན་མི་འབྱུང་ངམ་ཞེ་ན་མི་འབྱུང་སྟེ། ཚིག་གི་སྡེབ་དང་གཅོད་འཚམས་ཤིན་ཏུ་ལེགས་ཤིང་། ཟུར་ཕྱིན་པས་མཁས་རློངས་ཀུན་གྱིས་བརྗོད་པ་བདེ་ཞིང་གོ་སླ་བས། སྤྱིར་རྒྱ་ཆེ་ཐེ་ཚོམ་སྤོང་བ་དང་། །བཟུང་འོས་དེ་ཉིད་གཉིས་སྟོན་པ། །དེ་མདོར་སེམས་དཔའ་མཆོག་རྣམས་ཀྱིས། །ཡི་གེ་ཕྲུན་ཚིགས་ཡིན་ཞེས་བྱ། །ཞེས་དང་། ཁྲིད་པར། རྒྱལ་སྲས་ཚིག་ནི་མི་ཞན་པ། །སྙན་ཞིང་ལེགས་བཤད་གྲགས་པ་དང་། །ཅི་རིགས་པ་དང་ཟང་ཟིང་མེད། །རན་ཞིང་དེ་བཞིན་ཡངས་པ་ཡིན། །ཞེས་སོགས་ཀྱི་དོན་ཚང་བས་ཤིན་ཏུ་ངོ་མཚར་རོ། །

གསུམ་པ་ནི། **བདག**་སོགས་ཏེ། བསྟན་བཅོས་རྩོམ་པའི་རྒྱུ་ཁྱད་པར་ཅན་ནི་གསུམ་སྟེ། **སངས་རྒྱས** བཅོམ་ལྡན་འདས་ཀྱི་མདོ་དང་སྔགས་ཀྱི་**བསྟན**་པ་རིན་པོ་ཆེ་**ལ**་ཕན་བདེ་ཀུན་གྱི་འབྱུང་གནས་སུ་ཤེས་ནས་བདུད་རིགས་ཀྱིས་གཏན་**མི་ཕྱེད་པ་ཡི་དད་པ་ཡོད**་པས་ཀུན་ནས་བླངས་ཏེ་ཉམས་སུ་དགོས་པའི་ལྷག་བསམ་དང་། **འོན་ཀྱང**་སོགས་**མ་དད**་པས་དེ་དག་ལ་ལྷག་པར་བརྩེ་བའི་སྙིང་རྗེ་དང་། དེ་དག་ཀྱང་སྐྱོན་ཡོན་ལེགས

པར་ཤེས་པའི་ཤེས་རབ་ཀྱིས་བསྐྱེད་པའི་ཕྱིར་རོ། །

གཉིས་པ་ནི། འོན་བཤད་བྱ་ཆོས་གང་ཞེ་ན། **སོ་སོ**་སོགས་རྐང་པ་དང་པོ་གསུམ་ནི་སྡོམ་གསུམ་གྱི་ངོ་བོ་དང་། **དེ་དག་གི**་སོགས་ལྷག་མ་རྣམས་ནི་ཁྱད་པར་གྱི་ཆོས་རྣམས་ཏེ། འདི་དག་ལུས་རྣམ་གཞག་ལྟ་བུའང་ཡིན་མོད་ཀྱི་**བཤད་ཀྱིས་ཉོན**་ཞེས་པ་བཤད་པར་དམ་བཅའ་གཙོ་ཆེའོ། །དེ་ཡང་ངོ་བོ་ལ་འོག་ནས་ཉན་ཐོས་ལུགས་ཞེས་པ། ལྟ་བ་སྨྲ་བའི་ཉན་ཐོས་སྡེ་གཉིས་ཀྱི་རྟོག་པས་བརྟགས་པའི་ལུགས་ཞེས་གསུངས་པ་མིན་གྱི། ཉན་ཐོས་དང་ཐུན་མོང་བ་འདུལ་བ་དང་མངོན་པའི་སྡེ་སྣོད་ལུགས་ཀྱི་སྡོམ་པ་གཟུགས་ཅན་དང་། ཐེག་ཆེན་ཐུན་མོང་མ་ཡིན་པའི་མདོ་སྡེ་དང་རྒྱུད་སྡེའི་ལུགས་ཀྱི་སྡོམ་པ་སྤྱོད་སེམས་གཙོ་བོར་བསྟན་པ་རྣམས་ཡིན་ལ། སོ་སོའི་བསླབ་བྱ་ནི་རྒྱས་པ་དཀྲུས་གཅིག་ལ་བཤད་པ་མེད་ཀྱང་། འདི་ལ་སྡིག་ཏོ་མི་དགེའི་ཕྱོགས། །ཅེས་སོགས་ཐོར་བུ་འགའ་རེ་དང་། སྡོམ་པ་གསུམ་ཀའི་བསླབ་བྱའི་གཙོ་བོ་ནི། དགེ་སྡིག་གི་ལས་འབྲས་དང་། ལག་ལེན་འཁྲུལ་པ་རྣམས་བཀག་པའི་མ་འཁྲུལ་བ་རྣམས་སོ། །**སེམས་བསྐྱེད་ཀྱི་གནད**་ཅེས་པ་ནི། བདག་གཞན་བརྗེ་བ་མི་འདོད་པ་ལ་དགག་པ་མཛད་པ་སོགས་སོ། །**སྟོང་ཉིད་སྙིང་རྗེའི་སྙིང་པོ**་ནི། སྟོང་ཉིད་རྟོགས་པའི་ཤེས་རབ་ལ་སྙིང་རྗེས་ཟིན་པ་དང་།རྡོ་རྗེ་ཐེག་པའི་སྐབས་སུ་ཡུལ་ཅན་བདེ་བ་ཆེན་པོ་ཉིད་སྙིང་རྗེས་གྲུབ་པའོ། །གསང་ཚིག་ནི་དངོས་སུ་མ་གསུངས་ཀྱང་ལོགས་སུ་འཆད་པ་ལ་ཞལ་འཕངས་སོ། །**ཕྱི་ནང་གི་རྟེན་འབྲེལ་ནི།** ལམ་འབྲས་པའི་རྟེན་འབྲེལ་ལྔ་ལ་འཆད་མཁན་ཡོད་ཀྱང་ཞལ་འཕངས་ལ་སྦྱར་ན་རུང་མོད། དངོས་སུ་ནི་ས་བོན་ལས་མྱུ་གུ་སོགས་ཕྱི་དང་། མ་རིག་པ་ལས་འདུ་བྱེད་སོགས་ནང་དང་། དེ་གཉིས་ཀ་ཕྱི་དང་། རིམ་གཉིས་བསྒོམས་པས་དྲོད་རྟགས་འབྱུང་བ་སོགས་ནང་སྟེ་དངོས་དང་དོན་ཐོབ་ཅི་རིགས་པར་གསུངས་སོ། །**ས**་ནི་ཕྱིའི་ས་བཅུ་དང་ནང་གི་བཅུ་གསུམ། **ལམ**་ཚོགས་སྦྱོར་མཐོང་སྒོམ་རྣམས་ཀྱང་ཚིག་ཟུར་ལ་ཐོན་པ་སློབ་དཔོན་མཁས་པས་འབྲེལ་བཙལ་ནས་འཆད་པར་རིགས་ཤིང་ནུས་པ་རྣམས་འོག་ནས་ཀྱང་བཏོན་པ་རྣམས་སོ། །

གཉིས་པ་ལ་བསྟན་པའི་སྙིང་པོ་རྒྱས་པར་བཤད། བསྟན་ལ་འཕེལ་འགྲིབ་བྱུང་ཚུལ་བརྗོད། །དེས་ན་བྱེ་དོར་བྱ་བར་འོས། །དེ་ཕྱིར་གཞུང་འདི་བཟུང་བར་གདམས་པའོ། །དང་པོ་ལ་འདུལ་བ་མངོན་པའི་སྙིང་པོ་སོ་ཐར། ཐེག་ཆེན་མདོ་སྡེའི་སྙིང་པོ་བྱང་སེམས། རྡོ་རྗེ་ཐེག་པའི་སྙིང་པོ་རིག་འཛིན་སྡོམ་པ་བཤད་པའོ། །དང་པོ་ལ་སྡོམ་པའི་རང་བཞིན་བསྡུས་ཏེ་བསྟན། །བླང་དོར་གཙོ་བོར་རྒྱས་པར་བཤད། །ཉམས་སུ་བླང་བྱ་ཉེ་བར་བསྡུ་བའོ། །དང་པོ་ལ་སོ་ཐར་མིང་ཅན་གྱི་སྡོམ་པ་ལ་གཉིས་སུ་དབྱེ། དེ་གཉིས་ཀྱི་རང་བཞིན་དང་སྒྲུབ་བྱེད

བསྡུས་ཏེ་བསྟན། སོ་ཐར་ཚེ་བརྗེས་ཀྱང་འབྲང་བ་རྒྱུས་པར་དགག །བྱང་སེམས་སོ་ཐར་བྱེ་བྲག་ཏུ་བཤད་པའོ། །དང་པོ་ནི། བསྟན་པ་འདི་ལ་**སོ་སོ་ཐར་པའི་སྡོམ་པ**་ཞེས་མིང་བཏགས་པ་**ལ**་ཚིག་དང་ངོ་བོ་དང་གཏོང་ཚུལ་སོགས་ཀྱི་སྒོ་ནས་རིགས་མི་འདྲ་བ་གཉིས་ཡོད་དེ། **ཉན་ཐོས**་དང་ཐུན་མོང་པ་འདུལ་བ་ནས་འབྱུང་བའི་སོ་ཐར་དངོས་དང་། ཉེ་བ་འཁོར་གྱི་ཞུས་པའི་དཀོན་བརྩེགས་སོགས་མདོ་སྡེ་ནས་འབྱུང་བའི་**ཐེག་ཆེན**་གྱི་**ལུགས**་ཀྱི་སོ་ཐར་བཏགས་པ་**གཉིས་སུ་ཡོད**་པའི་ཕྱིར་རོ། །འདི་བཏགས་པ་བར་བྱ་དགོས་ཏེ། ད་ལྟ་ཉིད་དུ་འདི་སེམས་ལ་སྐྱེ་བའི་ཕྱིར་བྱང་སེམས་སྡོམ་པར་མཛད་ནས་སོ་ཐར་ཤི་ནས་འབྲང་བ་ལ་དམིགས་ཕྱུག་པའི་དགག་པ་མཛད་པའི་ཕྱིར་རོ། །བྱང་སེམས་སྡོམ་པ་ལ་སོ་སོ་ཐར་པའི་མིང་འདི་མདོ་སྡེ་དག་ཏུ། བྱང་ཆུབ་སེམས་དཔའི་སོ་སོ་ཐར་པ་ཞེས་ལན་མང་དུ་གསུངས་པའི་ཕྱིར་རོ། །སོ་ཐར་དངོས་མིན་པ་ཡང་མདོ་འདི་ཉིད་དུ་འདི་ཚེ་འཕོས་པ་མི་གཏོང་བ་དང་འདོད་ཆགས་ཀྱི་ལྟུང་བ་ཡང་བ་སོགས་གསུངས་པའི་ཕྱིར་རོ། །

གཉིས་པ་ལ། དམ་བཅའ་བ་དང་སྒྲུབ་བྱེད་དོ། །དང་པོ་ནི། **ཉན་ཐོས་སྡེ་པ་རྣམས་ཀྱི**་ལུགས་ལ་གཙོ་བོ་གྲགས་ཤིང་ཐུན་མོང་དུ་ཁས་བླངས་པར་བྱ་བའི་སོ་ཐར་དངོས་ནི་**སྐྱབས**་སོགས་**ཡིན་ཏེ**། སྐྱབས་འགྲོ་ཡང་བྱང་ཆུབ་ཀྱི་བར་དུ་ཁས་མི་ལེན་པར་ཚེ་ཇི་སྲིད་འཚོའི་བར་དུ་ལེན་ལ། བསྙེན་གནས་ནི་ཞག་ཇི་སྲིད་འཚོ་བ་དང་། དགེ་བསྙེན་ཕ་མ། དགེ་ཚུལ་ཕ་མ། དགེ་སློང་ཕ་མ་ཐམས་ཅད་ཚེ་ཇི་སྲིད་འཚོའི་བར་ངེས་པའི་ཕྱིར། བྱང་ཆུབ་སེམས་དཔས་ཀྱང་སྡོམ་པ་འདི་ལེན་ཕྱིན་ཆད། ཚིག་ཐད་སོ་བ་ལ་བསམ་པ་ཡར་འཕེན་ཞེས་གྲགས་པ་ལྟར་འདིར་ཡང་བཞེད་དེ། བསམ་པ་སེམས་བསྐྱེད་ཀྱིས་ཟིན་པའི། ཚིག་ཉན་ཐོས་ལུགས་བཞིན་གྱིས། །ཞེས་གསལ་བར་གསུངས་པའི་ཕྱིར་རོ། །

དེ་དག་ནི་ལེན་ཚད་དངོས་སུ་སྨོས་པས་ཚིག་མདོར་བསྟན་ལ། ངོ་བོ་ནི་སེམས་ཀྱི་རྗེས་སུ་མི་འབྲང་བར་ལུས་ཀྱི་རྗེས་སུ་འབྲངས་ཏེ་**ཤི**་སོགས་**གཏོང**་བའི་ཕྱིར་ཏེ། **འབྲས་བུ**་སོགས་**འགྱུར**་ཏེ། རྣམ་སྨིན་གྱི་འབྲས་བུ་ལྷ་མིའི་ལུས་འགྲུབ། བདག་པོའི་འབྲས་བུ་ཚོགས་རྫོགས། བྱེད་པའི་འབྲས་བུ་གཞན་ལ་ཕན། རྒྱུ་མཐུན་གྱི་འབྲས་བུ་སྡོམ་པ་དོན་དུ་གཉེར། བྲལ་བའི་འབྲས་བུ་མི་མཐུན་ཕྱོགས་ཇེ་སྲབ་ཏུ་འགྱུར་བའི་ཕྱིར། གང་དག་མཉམ་པར་མ་བཞག་པའི་ས་ཡིན་པས་བྲལ་འབྲས་མེད་ཅེས་ཟེར་བ་ནི། བྲལ་བ་བློ་ཡི་ཟད་པའོ། །ཞེས་བྲལ་འབྲས་ལ་སྤྱངས་པ་དངོས་ཀྱི་ཁྱབ་པ་ལ་བསམ་མོད་ཀྱི། རྒྱལ་ཚབ་དམ་པས་ཚད་མེད་དང་ཁྲེལ་སྤྱོང་སོགས་ལ་འང་བྲལ་འབྲས་གསུངས་པ་མ་དྲན་པར་ཟད་དོ། །**བྱང**་སོགས་**ནི**་དེ་དང་མི་འདྲ་སྟེ། **ཤི**་སོགས་ནི་**འབྲང**་བའི་ཕྱིར།

གཉིས་པ་ནི། སོ་ཐར་སྡོམ་པ་ཤི་འཕོས་པས་གཏོང་ཞིང་དེའི་མིང་ཅན་བྱང་སེམས་སྡོམ་པ་ཤི་འཕོས་པས་མི་གཏོང་བ**དེ་དག་གི་ནི**་ལུང་རིགས་ཀྱི**རྒྱུ་མཚན**་ཡང་སོ་སོར་ཡོད་དེ། དང་པོའི་རིགས་པའི་རྒྱུ་མཚན་ནི། **ཉན་ཐོས**་དང་ཐུན་མོང་བའི་སོ་ཐར**སྡོམ་པ་ཤི་བའི་ཚེ་ན་གཏོང་སྟེ**། **སྡོམ་པ**་དེ**་གཟུགས་ཅན་ཡིན་པའི་ཕྱིར**་ཏེ། ངོ་བོ**་རྣམ**་པར**་རིག**་བྱེད**་མིན**་པ་ཡིན། རྒྱུ་སེམས་པ་དང**་ལུས་ངག་གི**་རིག་བྱེད**་ལས་ནི་སྐྱེ་བར་འདོད**་པ་ལྟར་འཐད་པའི་ཕྱིར། ཁ་ཅིག་ལུས་ངག་ལ་སྐྱེ་བ་མིན་གྱི་ལུས་ངག་གི་དགེ་བ་ཙམ་ཡིན་པ་ལ་དགོངས་ཞེས་ཟེར་བ་ནི་སྡོམ་པ་འདིའི་རྒྱུ་ཚོགས་མ་རྟོགས་པར་ཟད་དོ། །

འདིའི་ལུང་གི་རྒྱུ་མཚན་ནི། **ཆོས་མངོན**་སོགས**་ཚད་མ་ཡིན**་ཞེས་ཏེ། མི་བཟད་ཕྲད་པའི་དྲུང་དུ་ལུས་ངག་གང་རུང་དུ་ཐོན་པ**་བསླབ**་སོགས**་དང་།** **མཚན་གཉིས་དག་ནི**་གཅིག་ཅར་དུ**་བྱུང་བ་དང་།** དགེ་བའི**་རྩ་བ་ཆད**་པ་རྣམས་ཀྱི་སྤྱི**་དང་།** **མཚན**་མོ**་འདས**་པས་བསྙེན་གནས་གཏོང་བར་བཤད་པ་རྣམས་མདོ་སྡེ་པ་ཡན་ཆད་ཀྱང་འདི་བཞིན་ཁས་ལེན་པའི་ཕྱིར་རོ། །གཉིས་པའི་རྒྱུ་མཚན**་བྱང**་སོགས**་ནི།** **རྗེ་སྲིད**་གཙོ་བོ**་སེམས་མ་ཉམས**་སོགས་ཡོད་པ་དེ་ཉིད**་མདོ**་སོགས**་ཡིན་ཏེ།** དེ་ནི་ལུས་ངག་ལ་རག་མ་ལས་པར**་སེམས**་སོགས**་དེས**་ནའོ། །འདིའི་སེམས་ཤེས་རིག་ཙམ་ལ་བྱས་ནས་སངས་རྒྱས་ལ་ཡང་སྡོམ་པ་ཡོད་པར་འདོད་པ་ནི་སྦྱོར་གཞི་དང་སློབ་ལམ་མེད་པར་འདོད་པ་དང་མི་མཚུངས་པ་བསྒྲུབ་དཀའ་བས་མི་རིགས་སོ། །

གསུམ་པ་ལ་དགག་པ་དངོས་དང་། ཉེས་སྤོང་དགག །བཀག་དོན་བསྡུད། བསྙེན་གནས་བཤད་པའོ། །དང་པོ་ནི། བོད**་ཁ་ཅིག**་འདིའི**་རྗེ་སྲིད་འཚོའི་སྒྲ**་ནི། **ལུས**་རྗེ་སྲིད་འཚོ**་དང་སེམས**་རྗེ་སྲིད་འཚོ**་ལ་དགོངས**་པས་སངས་རྒྱས་མ་ཐོབ་ཀྱི་བར་ལ་སོ་ཐར་ཡང་ལེན་གྱི་ཚེ་རྗེ་སྲིད་འཚོ་ལ་འདོད་པ་རྣམས་ནོར**་ཞེས**་ཆོས་རྒྱུས་ཆུང་ལ་ཧམ་ཤུར་ཆེ་བར**་ཟེར**་རོ། །འདི་ནི་མི་རིགས་ཏེ། ཤེས་བྱེད་ཀྱི་ལུང་མེད་ལ་གནོད་བྱེད་ཡོད་པའི་ཕྱིར། ལུང་མེད་སྟེ་འདུལ་མངོན་སོགས་ནས་མ་གསུངས་པས**་སངས་རྒྱས**་སོགས**་མིན**་ཞིང་ཐོགས་མེད་སྐུ་མཆེད་ལྟ་བུ**་མཁས**་སོགས**་མ་བཤད**་པའི་ཕྱིར། གནོད་བྱེད་ཡོད་དེ། **དེ་ལྟ**་སོགས**་འགྱུར**་ཞིང་། འདུལ་བར་གསུངས་པ་དང་མདོ་སྔགས་སུ་གསུངས་པ་ལྟ་བུའི**་ཐུན་མོང**་སོགས**་མི་རུང**་ལ། ཉན་ཐོས་དང་ཐེག་ཆེན་གྱི**་སྡོམ**་སོགས**་འགྱུར**་བའི་ཕྱིར་དང་། **ཤི་ཡང**་སོགས**་མི་སྲིད**་པས་ཧ་ཅང་ཐལ་བར**་འགྱུར**་བའི་ཕྱིར་རོ། །

གཉིས་པ་ནི། དེ་ལྟར་བཀག་པ་དེ་ལ་སོགས་ཐེག་ཆེན**་སེམས་བསྐྱེད**་སོགས**་ལོ**་ཞེས་པ་མ་རངས་པའི་གསུང་ངོ་། །སོ་ཐར་ཐེག་ཆེན་གྱིས་ཟིན་པས་གཏོང་མི་སྲིད་པ**་ངོ་ན**་སོགས**་འགྱུར**་ལ། འདོད་པ**་དེ་ལྟ**་སོགས**་འགྱུར**་ཏེ་ཕྱུལ་ཡང་མ་ཉམས་པར་ཡོད་པའི་ཕྱིར་རོ། །**མ་སྲུངས**་སོགས**་འགྱུར**་ཏེ། སྡོམ་པ་ཡོད་པ་མ་བསྲུངས

དགོས་པའི་ཕྱིར་རོ། །དེ་ལྟ་བུ་**ཤི**་སོགས་**འགྱུར**་ལ་དེ་ལྟ་ན་**གལ་ཏེ**་སོགས་**བྱིས**་པའི་**དགེ་སློང་དུ་འགྱུར།** འདོད་ན་**དེ་ལ**་སོགས་**འགྱུར**་ལ། འདོད་ན་ཚེ་དེ་ལ་བླངས་པས་མི་སྐྱེ་བར་འགྱུར་ཏེ། **ཉམས**་སོགས་**མེད་པ**་ཤིང་ཏ་ལའི་མགོ་བོ་བཅད་པའི་དཔེས་གསལ་བ**ར་གསུངས**་པའི་ཕྱིར། **ལྟ་དང་བྱིས་པའི་དགེ་སློང**་ཁས་བླང་དུ་མི་རུང་སྟེ། དེ་འདྲ་**ནི**་སོགས་**བཀག**་པའི་ཕྱིར་རོ། །མི་མིན་པའི་འགྲོ་བ་པ་དང་བྱང་གི་སྒྲ་མི་སྙན་པ་སྡོམ་པའི་ཞིང་མ་ཡིན་ནོ་ཞེས་དང་ལོ་ཉི་ཤུ་མ་ལོན་པ་ལ་དེར་ཤེས་ནས་སྡོམ་པ་མི་སྐྱེ་བས་དེ་ལ་བསྙེན་རྫོགས་སྒྲིན་པའི་མཁན་པོ་ལ་ལྟུང་བྱེད་འབྱུང་བ་སོགས་བྱ་ཆེར་གསུངས་སོ། །དེ་བཞིན་དུ་**སེམས་བསྐྱེད**་སོགས་**འགལ**་ལོ། །

གསུམ་པ་ནི་རྒྱུ་མཚན་རྣམས་རྒྱས་པར་བརྗོད་པ་**དེས་ན**་སོགས་**དེ་ལ་ནི།** སོ་ཐར་འདུལ་མདོན་དང་གཞན་གཉིས་ཐེག་ཆེན་མདོ་སྔགས་ནས་གསུངས་པའི་**སྡེ་སྣོད**་སོགས་**ཟད**་པས་བྱུང་རྒྱལ་དུ་རང་དབང་གི་སྒྲ་བའོ། །འདིར་སྡེ་སྣོད་ཅེས་གསུངས་པ་འདིས་ནི། བོད་དག་སྡོམ་པ་གཟུགས་ཅན་དུ་འདོད་པ་བྱེ་བྲག་སྨྲ་བའི་རྟོག་བཟོ་འབའ་ཞིག་ཡིན་གྱི་སྡེ་སྣོད་ནས་མ་བཤད་དོ་ཞེས་ཟེར་བ་རྣམས་ཁ་མཐུན་དུ་བཀག་སྟེ། དེ་ལྟ་ན་གྲུབ་མཐའི་རྣམ་དབྱེ་མེད་པར་ཟད་ཅེས་གསུངས་རིགས་ཀྱི་སྡེ་སྣོད་ཅེས་གསུངས་མི་རིགས་ཏེ་སྡེ་སྣོད་ཐམས་ཅད་སྡོམ་པ་སེམས་ལ་འཇོག་པར་མཚུངས་པའི་ཕྱིར་རོ། །

བཞི་པ་ནི་རབ་བྱུང་དུ་མ་ཟད་**བསྙེན་གནས**་ཀྱང་ཡུལ་རྟེན་གྱི་འདོད་ཚུལ་བྱེ་མདོ་མི་མཐུན་ཏེ་**བྱེ་བྲག་སྨྲ་བ**་ནི་དགེ་ཚུལ་མན་ཆད་བསྙེན་པ་ལ་ཞུགས་ཀྱང་མ་རྫོགས་དགེ་སློང་ཕ་མའི་གཡོག་ཙམ་ཡིན་གྱི་མིག་འཆི་མས་གང་བ་དང་འདྲ་ལ་བསྙེན་པའི་གསང་ལ་སྤྱོད་དུ་མ་གནང་བས་སྡོམ་པ་བླང་ཡུལ་དུ་མི་རུང་བས་**དགེ་སློང**་རྣམ་དག་ཁོ་ན་**ལས་ལེན**་ཞིང་ལེན་པ་པོའི་**གང་ཟག**་ནི་ཤར་ནུབ་ལྷོ་སྟེ་གླིང་གསུམ་གྱི་སྐྱེས་པ་བུད་མེད་ལས་གཞན་པའི་**འགྲོ་བ་ལ་སྡོམ་པ་བཀག**་སྟེ། མཛོད་ལས་ཟ་མ་མ་ནིང་སྒྲ་མི་སྙན། །མཚན་གཉིས་མ་གཏོགས་མི་རྣམས་ལ། །སྡོམ་མིན་སྡོམ་པའང་དེ་བཞིན་ལ། །ཞེས་བཤད་པ་ལྟར་འདོད་ལ། **མདོ་སྡེ**་སོགས་**གསུངས**་པའི་ཕྱིར་ཏེ། གནས་འཇོག་གི་མདོ་ལས། ཁྱིམ་པ་འམ་རབ་བྱུང་གང་རུང་ཆོ་ག་ཤེས་པ་ཞིག་ལས་བླང་ཞེས་དང་། མགོན་མེད་ཟས་སྦྱིན་གྱིས་མང་པོ་ལ་བསྙེན་གནས་ཕོག་པར་ལུང་ལས་བཤད་པ་དང་། ཀླུ་མང་པོ་གསོ་སྦྱོང་ལ་གནས་པར་གསུངས་པ་སོགས་སྒྲ་ཇི་བཞིན་དུ་འདོད་ཅིང་བྱེ་བྲག་སྨྲ་བ་དེ་དག་བར་མ་ཙམ་ལ་དགོངས་པར་འདོད་པའི་ཕྱིར་རོ། །ཉན་ཐོས་དང་ཐེག་ཆེན་བསྙེན་གནས་ལེན་ཆོག་མི་མཚུངས་ཏེ། **ཉན་ཐོས**་སོགས་**འགྲོ་བ**་རྗོམ་བྱེད་དུ་བྱས་ནས་ཁས་ལེན་ལན་གསུམ་དུ་བྱས་པའི་**ཚུལ་གྱིས**་སློབ་དཔོན་གྱིས་**འབོགས**་ཤིང་རྒྱུད་**དོན་ཡོད**་སོགས་**གསུངས**་པ་**དེས་ན**་སོགས་**ཡོད**་པའི་ཕྱིར་རོ། །ཉམས་མེད་**ལ་ལ**་སོགས་**ཟེར**་བ་མི་འཐད་དེ།

བསྙེན་གནས་སོགས་**མི་དགོས**་པའི་ཕྱིར་རོ། **ལ་ལ**་ནི་**བསྙེན་གནས**་དེ་རིང་བླངས་པ་ལ་ནང་པར་**འཆོལ**་སོགས་**མེད**་པས་གཟུ་ལུམ་མོ། །ཡང་སྔགས་དང་བསྲེ་བ་**ཞིག**་སོགས་**ཟེར་བ་འདི་ཡང**་རིགས་པས་**རེ་ཞིག**་**བརྟག**་ཅིང་དཔྱད་**པར་བྱ**་ལ་བརྟགས་ན་མི་འཐད་དེ། **བསྙེན་གནས**་ནི་**སོ་སོ**་སོགས་**འགྱུར་བ་མེད**་པའི་ཕྱིར། **འོན་ཀྱང**་སོགས་**ན**་བསྙེན་གནས་ཉན་ཐོས་ཀྱི་གཞུང་བཞིན་བླངས་ནས་**ཡི་དམ**་སོགས་**ཆེ**་བ་བྱའོ། །

བཞི་པ་སོ་ཐར་བཏགས་པ་བ་བྱང་སེམས་སྡོམ་པ། བྱང་སེམས་བཏགས་པ་བ་སོ་ཐར་སྡོམ་པ། དེ་གཉིས་ཀྱི་བསླབ་བྱ་དང་གཏོང་ཚུལ་ལོ། །དང་པོ་ལ་ད་ལྟ་བྱར་རུང་བའི་ཚིག་མི་གསལ། སྔོན་ཚིག་གསལ་ཡང་ད་ལྟ་མི་རུང་བའོ། །དང་པོ་ནི། མདོ་སྡེ་ཤིན་ཏུ་རྒྱས་པའི་**ཐེག**་སོགས་**ཉོན**། ཉན་ཐོས་དང་ཐུན་མོང་བར་མ་ཟད་**བྱང**་སོགས་**ཐར་པ**་བཏགས་པ་བ་བྱང་སེམས་སྡོམ་པ་**འབོགས་པའི་ཆོ་ག**་སྟོན་པའི་མདོ་**འགའ་ཞིག་ཡོད་མོད་ཀྱི་དེའི་ཆོ་ག**་སྟོན་པའི་མདོ་**ཕལ་ཆེར**་དེང་སང་**ནུབ**་ཀྱང་མདོ་ནས་བཏུས་པའི་ཆོ་ག་ནི་ཐོགས་མེད་སྐུ་མཆེད་ཀྱིས་བྱང་སར་གསུངས་པ་རྗེས་འབྲངས་དུ་མ་དང་བཅས་པ་སེམས་ཙམ་ལུགས་དང་། ཀླུ་སྒྲུབ་ཀྱིས་གསུངས་པ་བསླབ་སྤྱོད་སོགས་ཀྱི་རྗེས་འབྲངས་དུ་མ་དང་བཅས་པ་ད་དུང་ཡོད་པ་རྣམས་ནི་སྤྱིར་ལ་ཡུལ་གྱི་གང་ཟག་ལ་བླངས་པའི་ཆོ་ག་འོ། །

དཀོན་བརྩེགས་ཀྱི་ཆོ་འཕྲུལ་བསྟན་པའི་མདོར། སྔོན་བསྐལ་པ་མངོན་པར་དགའ་བ་ལ་འཇིག་རྟེན་གྱི་ཁམས་བདེ་བ་ཞེས་བྱ་བར་སངས་རྒྱས་རི་རབ་ལྟ་བུ་ལ་རྒྱལ་པོ་དགེ་བའི་བཀོད་པས་ལོ་འབུམ་ཕྲག་དུ་མར་བསྙེན་བཀུར་བུ་སྟོང་དང་བཅས་པས་ཆོས་ལ་བཟོད་པ་ཐོབ། དགེ་སློང་ཆོས་ཀྱི་རྒྱལ་མཚན་གྱིས་བསྐུལ། རྒྱལ་བུ་སྙིང་རྗེ་ཆེར་སེམས་ལ་རྒྱལ་སྲིད་གཏད་དེ་རྒྱལ་པོ་བུ་གཞན་ཀུན་དང་བཅས་པ་རབ་ཏུ་བྱུང་བ་ན། སྙིང་རྗེ་ཆེར་སེམས་ཀྱིས། རབ་བྱུང་ཡོན་ཏན་དུ་མ་བསྔགས་པ་ཞེས། །དེ་བཞིན་གཤེགས་པ་རྣམས་ཀྱིས་གསུངས་མོད་ཀྱི། །དེ་ལྟར་ལེགས་ཀྱང་སྙིང་རྗེར་གྱུར་པས་ན། །འགྲོ་ལ་ཕན་ཕྱིར་བདག་གི་རྒྱལ་སྲིད་བསྐྱབས། །བདག་ནི་ཇི་སྲིད་འཚོ་བར་ཚངས་སྤྱོད་ཅིང་། །གསོ་སྦྱོང་ཡན་ལག་བརྒྱད་པ་བླང་བར་བྱ། །ཞེས་པ་ལྟ་བུ་**གསོ་སྦྱོང་རང་གིས་བླང་བ**་དང་། དགེ་བསྙེན་གྱི་སྡོམ་པ་བརྒྱད་པ་ནས་བཤད་པའི་གོ་མིའི་དགེ་བསྙེན་རང་གིས་ལེན་པ་ལྟ་བུ་**ཚིག**་སོགས་**ཡོད**་དོ། །

གཏན་ལ་དབབ་པ་བསྡུ་བ་ལས་དགེ་སློང་གི་སྡོམ་པ་མ་གཏོགས་དགེ་ཚུལ་སོགས་རང་གིས་བླང་བས་སྐྱེ་ཡང་། གཞན་ལས་ལེན་པ་ནི་ངོ་ཚ་ཁྲེལ་ཡོད་སྐྱེ་སླ་བའི་ཆེད་དུ་ཡིན་པར་གསུངས་པ་ནི་ཐེག་ཆེན་སོ་ཐར་གྱི་མཚན་ཉིད་མ་ཡིན་གྱི། ཉན་ཐོས་སྡེ་པ་གཞན་གྱིས་འདོད་པར་མངོན་ནོ། །

གཉིས་པ་ནི། **རྒྱལ་སྲས**་སོགས་**གསུང་**སྟེ། དཀོན་བརྩེགས་ཀྱི་དྲག་ཤུལ་ཅན་གྱི་ཞུས་པ་ལས་ཁྲིམ་པ་དང་རབ་བྱུང་གི་ཁྱད་པར་བརྒྱ་རྩ་བརྒྱད་གསུངས་པ་ཁྲིམ་པ་སྟོང་ཕྲག་དུ་མས་རབ་བྱུང་བསྙེན་རྫོགས་ཞུས་པས་བཅོམ་ལྡན་འདས་ཀྱིས་རྒྱལ་སྲས་བྱམས་པ་དང་སྒྲོད་པ་རྣམ་དག་གཉིས་ལ་འདི་དག་རབ་ཏུ་བྱུང་ཞིང་བསྙེན་པར་རྫོགས་ཤིག་ཅེས་བཀའ་སྩལ་པས་སྔ་མས་ཁྲིམ་པ་དགུ་སྟོང་དང་ཕྱི་མས་བདུན་སྟོང་རབ་བྱུང་བསྙེན་རྫོགས་ལ་བཀོད་པར་གསུངས་པའི་ཕྱི་མ་ནི་འཇམ་དབྱངས་ཡིན་པ་དང་། **ཙོན་ཀྲུང་**སོགས་**མ་མཐོང་**ལ། ཁྲིམ་པའི་ཆ་བྱད་ཅན་གྱི་མཁན་པོ་སྒྲུབ་བྱེད་དགེ་འདུན་མེད་ཅིང་བསྒྲུབ་བྱ་ཚོགས་སུ། ཡོངས་པའི་བསྙེན་རྫོགས་**འདི་འདྲ་**སོགས་**ཡིན་**པས། ད་ལྟ་**སོ་སོར་སྐྱེ་བོས་བྱར་མི་རུང་**ངོ་། །

གཉིས་པ་ནི་སོ་ཐར་དངོས་ཀྱང་ཡིན། བྱང་སེམས་ཀྱི་ལེན་པ་ཡང་ཡིན་པས་**ད་ལྟའི་ཚིག**་ནི། ཀུན་སློང་གི་**བསམ་པ**་ཐེག་ཆེན་**སེམས་བསྐྱེད་ཀྱིས་ཟིན་པའི**་སྒོ་ནས་**ཚིག་ཉན་ཐོས**་ཀྱི་**ལུགས**་ཏེ་འདུལ་བ་ནས་བཤད་པ་ཇི་**བཞིན་གྱིས**་ཤིག །དེ་ལྟར་བྱས་པས་ཐོབ་པའི་དགེ་བསྙེན་ནི་བྱང་སེམས་ཀྱི་དགེ་བསྙེན་སོ་སོ་ཐར་པར་འགྱུར་བ་ལྟ་བུ་**སོ་སོ**་སོགས་**འགྱུར**་བ་ཡིན་གྱི། སྡོམ་པ་གོང་མ་གཉིས་ཀྱི་ཉེས་སྤྱོད་སྤོང་བའི་བཟློག་པ་ནས་སོ་ཐར་དངོས་ཡིན་ཞེས་དེང་སང་རྒྱ་ཆེར་སྒྲོག་པ་རྣམས་ནི་རྩ་ལྟུང་འབྲུལ་སྤོང་གི་དངོས་བསྟན་ལ་འཁྲུལ་ནས་གཞུང་འདི་ལ་དགག་པ་བྱེད་པ་ཁོ་ནའོ། །

གསུམ་པ་ལ་སོ་ཐར་མིང་ཅན་གཉིས་ཀྱི་བསླབ་བྱའི་དང་། གཏོང་ཚུལ་གྱི་ཁྱད་པར་རོ། །དང་པོ་ནི། སོ་ཐར་དངོས་ཀྱི་བྱང་སེམས་ཀྱི་སྡོམ་པ་ཐོབ་ཚུལ་བརྗོད་པའི་རྗེས་**དེ་ནས་བྱང་ཆུབ་སེམས་དཔའི་སོ་སོ་ཐར**་པ་དངོས་དང་དེའི་མིང་ཅན་བྱང་སེམས་སྡོམ་པ་དངོས་ཀྱི་**བསླབ་བྱའི་ཁྱད་པར**་འདུལ་བ་དང་མདོ་སྡེ་ནས་གསུང་ཚུལ་མི་འདྲ་བ་**རུང་ཟད་བཤད་ཀྱི་ཉོན**་ཞིག །གཉིས་པོ་**འདི་ལ**་སྲོག་གཅོད་མ་བྱིན་ལེན་ལྟ་བུ་ལ་**སྡིག**་སོགས་**བསྲུང**་དགོས་ཏེ། གཞན་དོན་ཁྱད་པར་ཅན་དུ་མི་འགྱུར་ན་སྲོག་དང་བསྡོ་དགོས་པའི་ཕྱིར་རོ། །ཕལ་ཆེར་ཞེས་པ་དེར་འགྱུར་ན་སྙིང་རྗེར་ཞེས་ན་མི་དགེ་མེད་ཅེས་ལུས་ངག་གི་བདུན་ག་ལ་སྣང་བ་རྒྱས་པར་གསུང་མོད་ཀྱི། ལྷ་ལུང་དཔལ་གྱི་རྡོ་རྗེ་བཞིན་དུ་དགེ་སློང་ལ་ཕམ་པའི་ཐ་སྙད་འབྱུང་བས་འབུལ་ཚོག་བྱས་ནས་ཞུགས་ན་སླར་ཡང་བླང་བས་ཆོག་པ་སོགས་ཀྱི་ཕན་ཡོན་ཡོད་དོ། །གསེར་དངུལ་ལེན་པ་དང་། ཕྱི་དྲོའི་ཁ་ཟས་ལྟ་བུ་**འདོད**་སོགས་**བསྲུང**་དགོས་སྟེ། འདུལ་བའི་བཅས་པ་ཕལ་ཆེར་རང་དོན་དུ་ཞེས་སྒྲུར་དགོས་ལ་བྱང་སེམས་མཚན་ཉིད་པ་ལ་དེ་མི་རུང་བའི་ཕྱིར་རོ། །**འཇིག་རྟེན**་སོགས་**བསྲུང**་དགོས་ཏེ། འདུལ་བར་མ་ཟད། སྤྱོད་འཇུག་སོགས་སུ་ཡང་། འཇིག་རྟེན་མ་དད་གྱུར་པ་གང་། །མཐོང་དང་དྲིས་ནས་སྤང་བར་བྱ། །ཞེས་གསུངས་པའི་ཕྱིར

རོ༔ ༑**འཇིག་རྟེན་འཇུག**་སོགས་**གནང་**སྟེ། ཐུགས་རྗེ་མངའ་བས་རིང་གཟིགས་པས། །བཀག་པ་རྣམས་ཀྱང་དེ་ལ་གནང་། །ཞེས་གསུངས་པའི་ཕྱིར་རོ། །འདི་དག་ལ་རྣམ་པ་གསལ་བའི་དཔེ་ཡོད་དེ། **དཔེར་ན**་སོགས་**གསུངས**་པའི་ཕྱིར་ཏེ། བྱང་ས་ལས། བྱང་ཆུབ་སེམས་དཔའ་གོས་དང་སྟན་དང་། ལྷུང་བཟེད་དམ་སོགས་བརྒྱད་སྟོང་། གཞན་དོན་དུ་ཁྲིམ་པ་ཉེ་དུ་མ་ཡིན་པ་ལས་བཙལ་ཞིང་བདག་གིར་བྱ་ལ། གོས་རྒྱུ་སྐུད་པ་ཡང་དེ་བཞིན་དང་དེ་འཐག་ཏུ་དང་འཐག་པ་བསྐྱེད་དུ་བཞུག་ཅིང་། གསེར་དངུལ་སྲང་བྱེ་བ་ཕྲེད་དང་འབུམ་ལས་ལྷག་པ་ཡང་བདག་གིར་བྱའོ་ཞེས་གསུངས་སོ། །འདོད་ཆེན་པ་ནི། བྱང་ཆུབ་སེམས་དཔའི་མཚན་ནོ། །དེ་ལྟར་**སོ་སོར**་སོགས་**ཤེས་པར་བྱ**་སྟེ་ཉམས་སུ་བླང་ངོ་། །

གཉིས་པ་ནི། འདིར་**ཐེག་ཆེན་སོ་སོ་ཐར**་པའི་མིང་ཅན་དུ་འདུ་བ་**ཡིན་ཡང**་གཏོང་དུས་མི་འདྲ་སྟེ། སོ་ཐར་དངོས་དགེ་སློང་སོགས་ལྡོག་པའམ་རྫས་ནི་**ཤི་བའི་ཚེ་ན་གཏོང**་ལ་**བྱང་ཆུབ་སེམས་ཀྱི**་སྡོམ་པ་**ལྡོག་པ**འམ་རྫས་**དང་དེ**་གཉིས་ཀ་**འམ་འབྲས་བུ**་ནི་**ཤི་ཡང་འབྱུང**་ཞིང་རྗེས་སུ་འབྲང་བའི་ཕྱིར་རོ། །འདིར་སྡོམ་གསུམ་གྱི་རང་བཞིན་ལ་མི་མཁས་ཤིང་རྗེས་འབྲངས་མང་པོའི་ལས་བསགས་པ་འགའ་ཞིག །དགེ་སློང་གི་སྡོམ་པའི་ལྡོག་པ་ཞེས་གསུངས་པ་འདིས་སྡོམ་པའི་རྫས་ནི་ཤི་ཡང་མི་གཏོང་སྟེ། སོ་སོ་ཐར་པ་རིགས་བརྒྱད་དོ། །ཐེག་ཆེན་སོ་སོ་ཐར་པར་འགྱུར། །ཞེས་ཐེག་ཆེན་སེམས་བསྐྱེད་ཀྱིས་ཟིན་པར་བླངས་པས་དགེ་སློང་སོགས་ཀྱི་སྡོམ་པ་དེ་སྡོམ་གསུམ་ནང་ཚན་གྱི་བྱང་སེམས་སྡོམ་པར་འགྱུར་ཟིན་ལ། དེ་ནི་ཤི་འཕོས་པར་ནི་གཏོང་བར་ཀུན་ལ་གྲགས་ཤིང་གསུང་རབ་ཀྱི་ཡང་དགོངས་པ་ཡིན་པའི་ཕྱིར་རོ་ཞེ་ན། དགེ་སློང་གི་སྡོམ་པ་ཐེག་ཆེན་སེམས་བསྐྱེད་ཀྱི་བླང་པ་ཙམ་གྱི་སྡོམ་གསུམ་ནང་ཚན་གྱི་བྱང་སེམས་སྡོམ་པར་མི་འགྱུར་ཏེ། དེར་འགྱུར་བ་ལ། སྡོམ་པའི་དང་། དགེ་བ་ཆོས་སྡུད་ཀྱི་དང་སེམས་ཅན་དོན་བྱེད་ཀྱི་ཚུལ་ཁྲིམས་གསུམ་ག་ངེས་པར་ཚངས་དགོས་ལ། དགེ་སློང་སྡོམ་པ་ནི་ཇི་ལྟར་བཟང་ཡང་སྡོམ་པའི་ཚུལ་ཁྲིམས་ཙམ་དུ་གནས་ཤིང་ཚུལ་ཁྲིམས་གཞན་གཉིས་ཀྱི་ལེན་ཚོག་གང་ཡང་མ་བྱས་པའི་ཕྱིར་རོ། །དཔེར་ན་དགེ་སློང་སྡོམ་པ་ཐོབ་ལ་མ་ཉམས་པས་ཀྱང་བྱང་སེམས་ཀྱི་སྡོམ་པ་གསར་དུ་ལེན་པའི་ཚོ་ག་རྣམས། མདོ་དང་བསྟན་བཅོས་ཚད་ལྡན་ལས་གསུངས་པའི་ཕྱིར་རོ། །ཁྱེད་ལྟར་ན་དེ་དག་དོན་མེད་ཀྱི་ཚོ་གར་འགྱུར་རོ། །ཐེག་ཆེན་སེམས་བསྐྱེད་ཀྱི་ནུས་པས་ཚུལ་ཁྲིམས་གཞན་གཉིས་ཀྱང་གསར་དུ་སྐྱེ་འོ་ཞེ་ན། དེ་ལྟ་ན། ཐེག་ཆེན་སེམས་བསྐྱེད་ལྡན་པའི་ཕྱག་རྡོག་པོ་གཅིག་བཙལ་བ་དང་། ཡིག་དྲུག་རྡོག་པོ་གཅིག་བགྲངས་པས་ཀྱང་བྱང་སེམས་སྡོམ་པ་སྐྱེ་བར་འགྱུར་ཏེ་ཧ་ཅང་ཐལ་ལོ། །དེས་ན་དེ་འདྲ་བ་དེ་ལ་བྱང་ཆུབ་སེམས་དཔའི་རྒྱུད་ཀྱི་སྡོམ་པ་གཅིག་སྐྱེ་ཡང་དེ་ལ་བྱང་སེམས་སྡོམ་པས་མ་ཁྱབ་སྟེ།

དགེ་སློང་གི་རྒྱུད་ཀྱི་སྡོམ་པ་ལ་དགེ་སློང་སྡོམ་པས་མ་ཁྱབ་ཅིང་། ཚོགས་ལམ་པའི་རྒྱུད་ཀྱི་མངོན་རྟོགས་ལ་ཚོགས་ལམ་གྱིས་མ་ཁྱབ་པ་བཞིན་ནོ། །

གཉིས་པ་ལ་ལས་འབྲས་ཀྱི་རྣམ་དབྱེ་སྤྱིར་བསྟན། དགེ་སྡིག་གི་རྣམ་དབྱེ་བྱེ་བྲག་ཏུ་བཤད་པའོ། །དང་པོ་ལ་རང་ལུགས་མདོར་བསྟན། གཞན་ལུགས་རྒྱས་པར་དགག །བསྡོ་བ་ལ་གཉིས་སུ་དབྱེ་བའོ། །དང་པོ་ལ་དབྱེ་བ་དང་ཕན་ཡོན་བཤད་པའོ། །དང་པོ་ལ་དགེ་སྡིག་ལུང་མ་བསྟན་གསུམ། སེམས་པ་དང་བསམ་པའི་ལས་གཉིས། ལས་དཀར་ནག་སོགས་ཀྱི་དབྱེ་བ། འཕེན་བྱེད་རྫོགས་བྱེད་ཀྱི་དབྱེ་བ། དཀར་ནག་འདྲེས་པའི་དབྱེ་བའོ། །དང་པོ་ནི། **དེ་ནས**་སོགས་ཀྱི་འཚམས་སྦྱར་ཏེ། སོ་ཐར་ནི། ལས་དང་བྱ་བའི་རང་བཞིན་དུ་མངོན་པ་གཉིས་ཀ་ལས་གསུངས་པ་ལ་འཁྲིས་ཤིང་ལས་དང་པོ་པས་དགེ་སྡིག་གི་བླང་དོར་གཙོ་བོར་བྱ་དགོས་པའོ། །དེ་ཡང་ཐོག་མར་**ལས་ལ**་དབྱེ་སྒོ་དུ་མ་ཡོད་པ་ལས་ངོ་བོས་དབྱེ་ན་**དགེ**་སོགས་གསུམ་**ཡིན་ཞེས་རྒྱལ་བ**་བཅོམ་ལྡན་འདས་ཀྱི**ས། མདོ་ལས་གསུངས**་ཏེ། མཛོད་འགྲེལ་ལས་དགེ་བ་དང་མི་དགེ་བ་དང་ལུང་མ་བསྟན་ཞེས་འབྱུང་བ་དེ་ལ་ཞེས་བཤད་པས་སོ། །གསུམ་པོའི་ནང་ཚན་**དགེ**་བའི་ལས་ནི། ངོ་བོ་སྒོ་གསུམ་གང་རུང་གི་**ལེགས་པར་སྤྱད་པ**འི་དམ་པས་བསྔགས་པ། **རྣམ་མིན**་གྱི་འབྲས་བུས་ཚོར་བ་**བདེ་བ་བསྐྱེད**་པའི་ལས་**ཡིན**་ལ། **སྡིག་པ**འི་ལས་ནི་སྔ་མ་ལས་བཟློག་སྟེ་**ཉེས**་སོགས་**བྱེད**་པའོ། །**བཏང་སྙོམས**་ཏེ་ལུང་མ་བསྟན་གྱི་ལས་ནི། ལེགས་སྤྱད་ཉེས་སྤྱད་**གཉིས**་སོགས་**ཡིན་པས**་ཚོར་བ་བཏང་སྙོམས་རྣམ་སྨིན་སྐྱེས་བསྐྱེད་པའི་ཕྱིར་རོ། །འདིར་ཆོས་དབྱིངས་དགེ་བར་འདོད་པ་འགོག་པ་ལ་གཙོ་བོར་ཞུགས་ཏེ། **ཆོས་ཀྱི་དབྱིངས་ནི**་ཆོས་ཅན། **དགེ་དང་སྡིག་པ**འི་ལས་**མིན་ཏེ། འདུས་བྱས་ཡིན་པ་དེས་ན**འོ། །ཁྱབ་སྟེ། ལས་གསུམ་པོ་**འདི་དག**་སོགས་**བྱ**་བ་ཡིན་པའི་ཕྱིར།

གཉིས་པ་ནི། **ལས་ལ**་སོགས་**གསུང་**སྟེ། **སེམས་པ**འི་ལས་**དང་བསམ་པ**འི་ལས་སོགས། དེ་གཉིས་ངོ་བོ་ངེས་ཏེ། **སེམས**་སོགས་**ངག་གི་ལས**་ཡིན་པའི་ཕྱིར། **ཆོས་ཀྱི་དབྱིངས་ནི་དགེ་སྡིག་ལས**་ཡིན་པ་**ལས་གྲོལ**་ཏེ། སེམས་བསམ་གྱི་ལས་གཉིས་ཀ་མིན་པ་དེའི་ཕྱིར་རོ། །

གསུམ་པ་ནི། གཞན་སོགས་གསུང་སྟེ། ལས་དཀར་སོགས་སོ། །བཞི་པོ་མཚན་གཞི་སོ་སོར་ངེས་ཏེ། **བསམ་པ་དག**་སོགས་ནས་**སྤྲང**་བའི་བར་ཡིན་པའི་ཕྱིར། །

བཞི་པ་ནི། **གཞན་ཡང**་སོགས་ཚིག་དོན་རྟོགས་སླ་མོད། མདུག་གི་**གནས་སྐབས་དགེ་བས་འཕངས་པར་གསུངས**་ཞེས་པ་ནི་ཡི་གེ་བ་མ་དག་པ་སྟེ་རྫོགས་པར་གསུངས་ཞེས་དགོངས་པའི་ཕྱིར་རོ། །

ལྔ་པ་ནི། **གཞན་ཡང་**སོགས་**གསུངས**་པ་རྣམས་བྱེད་ལས་སོ་སོར་ངེས་ཏེ་**གཅིག་ཏུ**་སོགས་**འདྲེས་མ་བསྐྱེད་པར**་གསུངས་པའི་ཕྱིར། འདིར་འདྲེས་མ་ནི། དཀར་ནག་ངོ་བོ་འདྲེས་པ་མི་སྲིད་ཀྱང་། གང་ཟག་གཅིག་རྒྱུད་ལ་འདྲེས་མ་འམ་བྱ་བའི་རྒྱུན་གཅིག་ལ་དགེ་སྡིག་གཉིས་ཀ་འགྲུབ་པ་ལྟ་བུའོ། །འདི་ཡང་མདོ་དང་ལུང་ལས་དགེ་སློང་དག་ལས་གཅིག་ཏུ་དཀར་བ་རྣམས་ཀྱི་རྣམ་པར་སྨིན་པ་ཡང་གཅིག་ཏུ་དཀར། གནག་པ་བཟློག །འདྲེས་མ་རྣམས་ཀྱི་རྣམ་པར་སྨིན་པ་ཡང་འདྲེས་མ་ཡིན་པས་དེ་ལྟ་བས་ན། གཅིག་ཏུ་གནག་པ་རྣམས་དང་འདྲེས་མ་རྣམས་སྤངས་ཏེ་གཅིག་ཏུ་དཀར་བ་རྣམས་ལ་བརྩོན་པར་བྱའོ། །ཞེས་གསུངས་པའི་དོན་ཀུན་བཏུས་སུ་དང་པོ་ན་མི་དགེ་བའོ། །གཉིས་པ་ནི་ཁམས་གསུམ་གའི་དགེ་བའོ། །གསུམ་པ་ནི་འདོད་ཁམས་ཀྱི་འདྲེས་མ་སྟེ། བསམ་པས་གནག་ལ་སྦྱོར་བས་དཀར་བ་འམ། སྦྱོར་བས་གནག་ལ་བསམ་པ་དཀར་བའོ། །ཞེས་སྙིང་རྗེས་བསད་པ་ལ་འང་བསམ་པའི་འབྲས་བུ་ནི་ཚོགས་མང་དུ་བརླམས་པ་ལ་སོགས་པ་ཡིན་ཡང་བསད་བྱ་སྡུག་བསྔལ་བར་བྱས་པ་སོགས་ཀྱིས་སྡུག་བསྔལ་ཅུང་ཟད་བསྐྱེད་ཅེས་པས་སོ། །

གཉིས་པ་ནི། ཇི་སྐད་བཤད་པ་**འདི་འདྲའི**་སོགས་**འགྱུར་ན**་ཕན་ཡོན་ཆེ་སྟེ། **དགོངས**་དེ་ལྟར་ཤེས་ཟིན་ནས་**ལས་ཀྱི**་སོགས་**འགྱུར**་ཞིང་མཐར་ལས་དང་རྣམ་སྨིན་མཐྱེན་པའི་སྟོབས་སྟོན་དུ་བྱེད་པས་ན། འདི་དག་ལྟེ་མིག་ལྟ་བུ་བྱས་ནས་ཆོས་མངོན་པ་ལ་བསླབ་པར་བྱའོ། །

ཁོ་བོས་ཀྱང་མངོན་པ་གཉིས་ཀྱི་རྣམ་བཤད་སྤྱི་དོན་རྣམས་སུ་ལེགས་པར་བྱས་ཟིན་མོད། འདིར་ཡང་སྤང་བྱའི་གཙོ་བོ་མི་དགེ་བ་བཅུ་གཉེན་པོ་དང་བཅས་པའི་ངོ་བོ་རྒྱུ་འབྲས་ཙམ་མདོར་བསྡུས་བརྗོད་ན། ངོ་བོ་ནི་མཛོད་ལས། སྲོག་གཅོད་པ་ནི་བསམ་བཞིན་དུ། །མ་ནོར་བར་ནི་བསད་པའོ། །མ་བྱིན་ལེན་པ་གཞན་གྱི་ནོར། །མཐུ་དང་འཇབ་བུས་བདག་གིར་བྱེད། །བགྲོད་མིན་བགྲོད་པར་འདོད་པ་ཡིས། །ལོག་པར་གཡེམ་པ་རྣམ་པ་བཞི། །བརྫུན་ཚིག་འདུ་ཤེས་གཞན་བསྒྱུར་བའི། །ཚིག་དོན་མངོན་པར་གོ་བའོ། །ཕྲ་མ་ཕ་རོལ་དབྱེ་བའི་ཕྱིར། །ཉོན་མོངས་ཅན་གྱི་སེམས་ཀྱི་ཚིག །ཚིག་རྩུབ་པོ་ནི་མི་སྙན་པ། །ཉོན་མོངས་ཅན་ཀུན་ཀྱལ་པ་ཉིད། །གཞན་ནི་དེ་ལས་གཞན་ཉོན་མོངས། །ཁ་གསགས་གླུ་དང་ཟློས་གར་བཞིན། །བསྟན་བཅོས་ངན་བཞིན་བརྣབ་སེམས་ནི། །ལོག་པས་གཞན་གྱི་ནོར་ལ་ཆགས། །གནོད་སེམས་སེམས་ཅན་ལ་སྡང་བ། །དགེ་དང་མི་དགེ་མེད་ལྟ་བ། །ལོག་པར་ལྟ་བ་ཡིན་འདི་ལ། །གསུམ་ལམ་བདུན་གྱི་ལས་ཀྱང་ཡིན། །ཞེས་པ་རྣམས་གཞུང་ཤིན་ཏུ་གསལ་བས་ངོ་བོ་རགས་རྟོགས་པར་ནུས་ལ། ལོག་སེམས་བཞི་ནི། བགྲོད་བྱ་མ་ཡིན་པ་བཞི་ལ་འདོད་སྲེད་ཀྱིས་བགྲོད་པ་སྟེ། །བཞི་ནི་ཡུལ་དང་། །ཡན་ལག་དང་གནས་དང་དུས་སོ། །ཡུལ་མིན་ནི། འཇིག་རྟེན་མ

རབས་ལ་རང་གི་ཆུང་མར་གྲགས་པ་ལས་གཞན་པའི་བུད་མེད་ཐམས་ཅད་དོ། །ཡན་ལག་མ་ཡིན་པ་ནི། དེའི་ཡང་ཁ་དང་བཤང་ལམ་མོ། །གནས་མ་ཡིན་པ་ནི་དཀོན་མཆོག་དང་ཕ་མའི་དྲུང་ངོ་། །དུས་མིན་ནི། རང་གི་ཆུང་མ་ཡིན་ཡང་ན་བ་དང་སྦྲུམ་མ་དང་གསོ་སྦྱོང་སོགས་ལ་གནས་པའོ། །གསུམ་ལམ་སོགས་ནི་བྱེ་སྨྲའི་ལུགས་ཀྱི། ཡིད་ཀྱི་གསུམ་ནི་ལས་ཀྱི་ལམ་ཡིན་གྱི་ལས་མིན་ཏེ། སེམས་དཔའི་དང་བསམ་པའི་གཉིས་ཀ་མ་ཡིན་པའི་ཕྱིར། བདུན་ནི་ལས་ཀྱང་ཡིན་ཏེ། བསམ་པའི་ལས་ཡིན་པའི་ཕྱིར་ཞེས་ཟེར་ལ། གཞན་དག་དེ་ལ་དགག་པ་བྱེད་མོད། གསུམ་ག་དང་གཉིས་ཀ་ཚང་བ་ཡང་སྲིད་དོ། །

དུས་ཀྱི་ཀུན་སློང་ནི། མཐར་ཕྱིན་གཅིག་རྫོགས་པར་བྱེད་པའི་རྒྱུ་སྟེ། གསོད་དང་གནོད་སེམས་ཚིག་རྩུབ་བོ། །ཞེ་སྡང་གིས་ནི་མཐར་ཕྱིན་བྱེད། །བརྣབ་སེམས་ལོག་སེམས་མ་བྱིན་ལེན། །ཆགས་པ་ཡིས་ནི་རྫོགས་པར་བྱེད། །ལོག་པར་བལྟ་བ་གཏི་མུག་གི། །ལྷག་མ་གསུམ་ཀས་རྫོགས་པར་བྱེད། །ཅེས་སོ། །འབྲས་བུ་ནི། ཐམས་ཅད་བདག་པོ་རྒྱུ་མཐུན་དང་། །རྣམ་སྨིན་འབྲས་བུ་འབྱིན་པར་བྱེད། །ཅེས་སོ། །རྣམ་སྨིན་ངན་སོང་གསུམ་དུ་སྐྱོང་སྟེ། ཆེ་འབྲིང་ཆུང་དུས་དམྱལ་བ་ཡི་དྭགས་དུད་འགྲོ་རྣམས་སུ་འོང་། རྒྱུ་མཐུན་ལ་བྱེད་པ་རྒྱུ་མཐུན་ནི། མི་རུ་སྐྱེས་ཀྱང་སྲོག་གཅོད་སོགས་ལ་དགའ་བའོ། །མྱོང་བ་རྒྱུ་མཐུན་ནི། རིན་ཆེན་ཕྲེང་བར། གསོད་པ་ཡིས་ནི་ཚེ་ཐུང་ཞིང་། །རྣམ་པར་འཚེ་བས་གནོད་པ་མང་། །བརྐུ་བ་ཡིས་ནི་ལོངས་སྤྱོད་འཕོངས། །བྱི་བོ་བྱེད་པས་དགྲ་དང་བཅས། །བརྫུན་དུ་སྨྲ་བས་སྐུར་བ་མང་། །ཕྲ་མ་ཡིས་ནི་བཤེས་དང་འབྱེད། །ཚིག་རྩུབ་པོས་ནི་མི་སྙན་ཐོས། །མ་འབྲེལ་སྨྲ་བས་ཚིག་མི་བཙུན། །བརྣབ་སེམས་ཡིད་ལ་རེ་བ་འཇོམས། །གནོད་སེམས་འཇིགས་པ་སྦྱིན་པར་བྱེད། །ལོག་པར་ལྟ་བས་ལྟ་ངན་ཉིད། །ཅེས་སོ། །བདག་འབྲས་ནི། སྣོད་ཀྱི་འཇིག་རྟེན་པ་ཉམས་པ་སྟེ། མདོ་ལས་ཐོར་བུར་བྱུང་བ་བསྡུ་ན། གསོད་པས་གཟི་ཆུང་བརྐུ་བ་ཡིས། །སེར་བ་རྡུལ་ཆར་འདོད་ལོག་གིས། །རྡུལ་འཁྲིག་ཅན་འགྱུར་བརྫུན་གྱིས་ནི། །དྲི་ང་ཕྲ་མས་མཐོ་དམན་ཅན། །ཚིག་རྩུབ་ཚ་སྒོ་ཅན་དང་ནི། །དགོན་བརྟུང་ཐ་ཆད་སྡིག་པ་ཅན། །ཀྱལ་པས་དུས་ལོག་བརྣབ་སེམས་ཀྱིས། །འབྲས་བུ་ཕྲ་དང་གནོད་སེམས་ཀྱིས། །འབྲས་བུས་ཁ་དང་ལོག་བལྟས་ནི། །འབྲས་བུ་ཆུང་བའི་འབྲས་བུ་མེད། །ཅེས་སོ། །དེ་གསུམ་འབྱུང་བའི་རྒྱུ་མཚན་ནི། སྲོག་གཅོད་ལ་མཚོན་ན། སྡུག་བསྔལ་ཕྱིར་དང་བསད་ཕྱིར་དང་། །གཟི་བྱིན་མེད་ཕྱིར་འབྲས་རྣམ་གསུམ། །ཞེས་གསུངས་སྟེ་གཞན་ལ་འང་སྦྱར་རོ། །

གཉེན་པོ་དགེ་བ་བཅུ་ནི། སྲོག་གཅོད་སྤོང་བ་ནས་ལོག་ལྟ་སྤོང་བའི་བར་གྱི་སེམས་དང་དེས་བསྐྱེད་པའི་བར་གྱི་སེམས་པ་དང་དེས་བསྐྱེད་པའི་ལུས་ངག་གི་ལས་དགེ་བ་རྣམས་ནི་ངོ་བོ་དང་། དུག་གསུམ་མེད་

པའི་དགེ་རྩ་བསྐྱེད་ཅིང་རྫོགས་པར་བྱེད་པ་ནི་རྒྱུ་དང་། རྣམ་སྨིན་མཐོ་རིས་ཀྱི་བདེ་བ་སྒྲོང་། རྒྱུ་མཚན་དེ་དག་ལ་སྤྲོ་ཞིང་ཆེ་རིང་། ལོངས་སྤྱོད་ཆེ་བ་སོགས་དང་། བདག་འབྲས་ས་ཕྱོགས་ཉམས་དགའ་བ་སོགས་ཏེ། འདི་དག་ཁྱམ་འདུས་པའི་དགེ་སྡིག་ཀུང་ཡོད་མོད། ལས་དང་པོ་པས་ཐོག་མར་འདི་དག་ལ་བླང་དོར་དགོས་པས་ཙུང་ཟད་སྤྲོས་སོ། །

གཉིས་པ་ལ་འདོད་པ་བརྗོད་པ་དང་། དེ་དགག་པའོ། །དང་པོ་ནི། ཤེས་བྱ་གྲངས་ཉེར་ལྔར་བཅད་ནས་ཁས་ལེན་པའི་**མུ**་སོགས་ནི་**འདོད**་དེ། དེ་རང་གི་གཞུང་ལས། དགེ་དང་སྡིག་པ་ཇི་སྙེད་དང་། །ཐར་བ་དང་ནི་གྲོལ་བ་ཡང་། །གཙོ་བོའི་ནང་ན་གནོད་ནས་གནས། །འོན་ཀུང་ཐབས་ཀྱིས་གསལ་བར་འབྱིན། །ཞེས་དང་། འོ་མའི་དུས་ན་ཞོ་དང་ནི། །ཞོ་ཡི་དུས་ན་མར་ཡོད་ཅེས། །དྲག་པོ་ལེན་གྱིས་བཤད་པ་སྟེ། །འབིགས་བྱེད་གནས་པའང་དེ་དང་འདྲ། །ཞེས་འབྱུང་ཞིང་། རྣམ་འགྲེལ་ལས། རྩྭ་སོགས་རྩེ་ན་གླང་ཆེན་བརྒྱ། །སྔོན་ཆེ་མ་མཐོང་ཡོད་དོ་ཞེས། །དེ་སྐད་གྲངས་ཅན་ཕྱུགས་མས་གཞན། །ངོ་མཚར་ཞེས་པ་སུ་བརྗོད་སྨྱོལ། །ཞེས་བཤད་པའི་ཕྱིར་རོ། །དེ་ར་མ་ཟད་**བོད་ཀུང**་རྫོགས་ཆེན་པ་དང་འཁོར་ལོ་ཐ་མའི་སྙིམས་ཟིན་གྱི་འབྲུལ་པ་**ལ་ལ་དེའི**་**རྗེས་སུ་འབྲངས**་ཏེ། རྒྱུ་ཡི་དུས་ན་འབྲས་བུ་ཡོད། །ལས་འཕྲོ་ཅན་གྱི་རྟོགས་པར་འགྱུར། །ཞེས་རང་བཟོའི་ལུང་སྦྱོར་དང་བཅས་ནས་འདོད་དོ། །

ཁྱད་པར་སངས་རྒྱས་ཞལ་པོ་ཆེའི་**རྡོ་རྗེ་རྒྱལ་མཚན་བསྡོ**་བའི་ལེའུ་**ལས་འགྲོ**་སོགས་**བཞིན་དུ།** ཡོད་པ་ཞེས་བྱ་བའི་དོན་དུ་བསམ་ནས་གནོད་ནས་**ཡོད་པའི་དགེ་བ་ཞེས་བྱ་བ**་རྐྱེན་ལ་མ་ལྟོས་པར་**རང་སོགས་འདོད**་ཅིང་གཞི་**དེ་སོགས་ཟེར**་རོ། །འདི་ཡང་དངོས་པོ་ཡིན་ན་རང་བྱུང་དུ་གྲུབ་པ་འདི་མི་རུང་ཞིང་། བཀའ་བར་པ་མན་ཆོད་དུ་རིགས་སམ་བདེ་གཤེགས་སྙིང་པོ་ཆོས་ཉིད་དེ་བཞིན་ཉིད་ཡིན་ཞིང་། དེ་ཐམས་ཅད་ལ་ཁྱབ་པས་དགེ་བ་ཙམ་དུ་ཡང་མི་རུང་ལ་འདུས་མ་བྱས་ཡིན་པས་བསྔོ་རྒྱུའི་དགེ་བར་གཏན་མི་རུང་བ་ལ་དགོངས་ནས་འགོག་པར་མཛད་ཀྱིས། བཀའ་འཁོར་ལོ་ཐ་མར་དང་། རྒྱུད་སྡེར་གསུངས་པའི་ཐོག་མཐའ་མེད་པའི་བྱང་ཆུབ་ཀྱི་སེམས་ལ་སོགས་པ་ནི་འདིར་སྐབས་མིན་པས་རྩོད་གཞིར་མི་མཛད་དོ། །

གཉིས་པ་ལ་དམ་བཅའ་བསྟན། འགོག་བྱེད་བཤད་པའོ། །དང་པོ་ནི། འདིར་བསྟན་ཕྱོགས་སྔའི་འདོད་**འདི་ལུང་དང་རིགས་པས་དགག་པར་བྱ་སྟེ།** **མི་འཐད**་པའི་ཕྱིར། **གྲངས་ཅན**་གྱི་**ལུགས**་སྐྱོན་ཅན་ཡིན་**པས་སོ།** །

གཉིས་པ་ལ། སྤྱིར་ཆོས་དབྱིངས་དགེ་བ་ཡིན་པ། ཁམས་དེ་ཉིད་བདེ་གཤེགས་སྙིང་པོ་ཡིན་པ་ལག

ལེན་འཁྲུལ་པ་གཞན་ཡང་དགག་པའོ། །དང་པོ་ལ། དགག་པ་དངོས། མདོ་དོན་བཤད་པའོ། །དང་པོ་ལ་ལུང་གི་དང་རིགས་པས་དགག་པའོ། །དང་པོ་ལ་འགོག་བྱེད་ཀྱི་ལུང་དྲངས། ལུང་གཞན་དང་འགལ་བ་སྤང་བའོ། །དང་པོ་ལ་ཡང་དགག་པ་དངོས་དང་། སྙིང་པོ་བྱང་ཆུབ་ཀྱི་སེམས་སུ་འདོད་པ་དགག་པའོ། །དང་པོ་ལ་ཆོས་ཉིད་འགྱུར་མེད་ཀྱི།ཀུན་ཁྱབ་ཀྱི་དེ་ལ་དགེ་སྡིག་མེད་པའི་ལུང་ངོ་། །དང་པོ་ནི། ཆོས་དབྱིངས་ཆོས་ཅན། དགེ་བ་མི་འཐད་དེ། ཀུན་གྱི་ངོ་བོར་ཁྱབ་ཅིང་འགྱུར་མེད་ཡིན་པའི་ཕྱིར། འགྱུར་མེད་དུ་ལུང་རྣམ་དག་གི་གྲུབ་སྟེ། དཔལ་ཕྲེང་གི་མདོ་སོགས་ལས་བྱུང་བའི་བདེ་གཤེགས་སྙིང་པོ་ཞེས་བྱ་བའང་ཆོས་དབྱིངས་དེ་བཞིན་ཉིད་འགྱུར་མེད་ལ་གསུངས་པའི་ཕྱིར། **དེ་སྐད་**སོགས་**འགྱུར་མེད་དུ་གསུངས**་པའི་ཕྱིར། ཇི་ལྟར་སྔར་བཞིན་ཕྱིས་དེ་བཞིན། །འགྱུར་བ་མེད་པའི་ཆོས་ཉིད་དོ། །ཞེས་སོགས་མང་དུ་གསུངས་ཤིང་། སེམས་ཀྱི་རང་བཞིན་འོད་གསལ་ཡང་མ་ཡིན་དགག་ཏུ་མི་འཐད་དེ། ཆོས་ཉིད་དུ་ཡང་ཡང་གསུངས་པའི་ཕྱིར་རོ། །ཞེས་པ་འཁོར་ལོ་བར་པ་དང་། མངོན་རྟོགས་རྒྱན་དང་། དབུ་མ་རིགས་ཚོགས་གཙོ་བོར་བྱས་པའི་འཆད་ལུགས་ཏེ། འདི་ལ་རྒྱུད་ཀྱི་མཐར་ཐུག་དང་སེམས་འགྲེལ་ལ་སོགས་པའི་ལུང་རིགས་ཀྱིས་མི་གནོད་དེ། དེ་དག་ཏུ་གསལ་བ་རྣམས་འཁོར་ལོ་བར་པ་མན་ཆད་དུ་སྦས་པའི་ཕྱིར་ན། ཐེག་པ་གཞན་ལ་བརྟེན་ནས་ནི་གང་དུ་ཡང་སྨུན་འབྱིན་པ་བརྗོད་པར་མི་བྱའོ། །རྒྱུད་བླ་མའི་རྒྱབ་རྟེན་གྱི་**མདོ་ལས**་ཀྱང་སོགས་**བཤད**་དེ་དཔལ་ཕྲེང་གིས་ཞུས་པ། བཅོམ་ལྡན་འདས་དེ་བཞིན་གཤེགས་པའི་སྙིང་པོ་ནི། སྐྱེ་བ་འམ། འཆི་བ་འམ། སྐྱེ་བ་དང་འཆི་འཕོ་བ་མ་ལགས་ཏེ། དེ་ནི་འདུས་བྱས་ཀྱི་མཚན་ཉིད་ལས་འདས་པ་རྟག་པ་བརྟན་ཞི་བ་གཡུང་དྲུང་ཞེས་སོགས་གསུངས་པའི་ཕྱིར་རོ། །སྙིང་པོ་མ་ཡིན་དགག་ཏུ་འདོད་པས་ཀྱང་། རྒྱུན་གྱི་སྐྱེ་འཇིག་མེད་པས་རྟག་བརྟན་ཡིན་ཞེས་བྱ་ཡི། སྐད་ཅིག་གིས་སྐྱེ་འཇིག་མེད་པར་འདོད་ན་རྟག་དངོས་ཁས་བླངས་པར་འགྱུར་རོ། །འོ་ན་འདུས་མ་བྱས་སུ་བཤད་པ་ཅི་ཞེ་ན། མངོན་པ་ཀུན་བཏུས་སུ། འདུས་བྱས་ལ་རྐྱེན་གྱིས་དང་། ལས་ཉོན་གྱིས་འདུས་བྱས་པ་གཉིས་གསུངས་པའི་ཕྱི་མ་མིན་ཞེས་པའོ། །

གཉིས་པ་ནི། ཆོས་ཉིད་དམ་སྙིང་པོ་ནི་ཀུན་ལ་ཁྱབ་སྟེ། **ཀླུ་**སོགས་**མེད་ཅེས་གསུངས་པ**་འང་ཆོས་ཐམས་ཅད་ལ་རང་བཞིན་ལ་དབྱེ་བ་མེད་པ་**འདི་ཉིད**་ལ་དགོངས་ཤིང་ཤེར་ཕྱིན་གྱི་མདོ་ལས་ཀྱང་རབ་འབྱོར་གྱི་དེ་བཞིན་ཉིད་གང་ཡིན་པ་དེ་ནི་དེ་བཞིན་གཤེགས་པའི་དེ་ཉིད་ཅེས་སོགས་མང་ཞིང་། བཞི་བརྒྱ་པར། དངོས་པོ་ཀུན་གྱི་དངོས་མེད་ལ། །རྣམ་པར་དབྱེ་བ་ཡོད་མིན་ཏེ། །རྫས་རྣམས་ཀུན་ལ་གང་མཐོང་བ། །དེ་ནི་རྣམ་དབྱེར་མི་རུང་ངོ་། །ཞེས་དང་། འཇུག་པ་ལས། ཇི་ལྟར་སྣོད་ཀྱི་དབྱེ་བས་མཁའ་ལ་དབྱེ་བ་མེད་དེ་བཞིན། །

དངོས་བྱས་དགེ་བ་འགའ་ཡང་དེ་ཉིད་ལ་མེད་དེ་ཡི་ཕྱིར། །རོ་མཉམ་ཉིད་དུ་ཡང་དག་ཐུགས་སུ་ཆུད་པར་འཛད་གྱུར་ནས། །མཁྱེན་བཟང་ཁྱོད་ཀྱིས་སྐད་ཅིག་གིས་ནི་ཤེས་བྱ་ཐུགས་སུ་ཆུད། །ཅེས་གསུངས་པ་ལྟར་རོ། །

འདི་ལ་ནི་དཔེའི། གསེར་བུམ་ནང་གི་ནམ་མཁའ་ཡིན་ན། དངུལ་བུམ་ནང་གི་ནམ་མཁའ་མིན་པ་བུད། ཅེས་པ་འདི་ཀློར་ཤོང་དགོས་ཀྱི། བྱེ་བྲག་སྨྲ་བ་དང་བོད་ཀྱི་ནམ་མཁའ་དངོས་འཛིན་ལ་ནི་འདི་མི་ཤོང་ངོ་། །དེ་མ་ཤོང་བས་དོན་ཡང་ཀློར་མི་ཤོང་བས་འདི་དག་འཆད་པོ་ཀུན་གྱི་ཟེར་འགྲོས་འབའ་ཞིག་བྱས་སོ། །འོ་ན་དྲི་མེད་སེམས་ཀྱི་ཆོས་ཉིད་ཡིན་ན། དྲི་བཅས་སེམས་ཀྱི་ཆོས་ཉིད་ཀྱང་ཡིན་དགོས་པས་སངས་རྒྱས་ཀྱི་སེམས་ན་རིགས་ཡོད་པར་འགྱུར་རོ་ཞེ་ན་སངས་རྒྱས་ཀྱི་ས་ན་སེམས་ཀྱང་མེད་ཅིང་རིགས་ཀྱི་མཚན་ཉིད་དུ་ཡང་། སེམས་ཀྱི་ཆོས་ཉིད་དྲི་མ་དང་བཅས་པ་ཞེས་འཇོག་པས་སྐྱོན་མེད་དོ། །འདི་ལྟར་མ་རྟོགས་ན་ཆོས་གཅིག་གིས་ཆོས་ཉིད་རྟོགས་པས་ཆོས་ཐམས་ཅད་ཀྱི་ཆོས་ཉིད་རྟོགས་སོ་ཞེས་གད་རྒྱང་དུ་བསྒྲགས་ཀྱང་ཚིག་ཙམ་དུ་ཟད་དེ། ཆོས་ཉིད་ཙམ་གཅིག་པ་ལ་བྱེད་ན་ཤེས་བྱ་ཙམ་དུ་གཅིག་པ་དང་དངོས་པོ་ཙམ་དུ་གཅིག་པ་སོགས་ཤིན་ཏུ་མང་ངོ་། །

གསུམ་པ་ནི། ཆོས་ཀུན་ལ་ངོ་བོར་ཁྱབ་པའི་ཆོས་དབྱིངས་ལ་དགེ་སྡིག་མེད་དེ། **ཤེས་རབ་**སོགས་རྒྱས་འབྲིང་བསྡུས་གསུམ་**ལ་**སོགས་གསལ་བར་**གསུངས་པ་དེས་ན་**སོགས་**བཤད་**དེ། འབུམ་ལས་ཆོས་ཀྱི་དབྱིངས་ལ་བསྔོ་བ་མེད་དོ་ཞེས་སོ། །དེ་བཞིན་དུ་རྒྱུད་ལས་ཀྱང་བཤད་དེ། སམ་བུ་ཊི་ར་གྲགས་པ་ཡང་སོགས་གསུང་སྟེ། དགེ་སྡིག་ཆ་གཉིས་སུ་དབྱེ་བ་སོགས་ནི་རྣམ་རྟོག་དང་ཐ་སྙད་ཀྱི་བཞག །ཆོས་ཉིད་ནི་ཐ་སྙད་ལས་འདས་པས་སོ། །**དེ་བཞིན་དུ་གསང་འདུས་**རྩ་རྒྱུད་ལས་ཆོས་ཐམས་ཅད་ནི་ནམ་མཁའ་རྡོ་རྗེའི་དམ་ཚིག་ཏུ་མཚུངས་པའི་ཕྱིར་ཕུང་ཁམས་སྐྱེ་མཆེད་དུག་གསུམ་དང་ཆོས་དང་ཆོས་མིན་སོགས་མ་ཡིན་ནོ། །ཞེས་དང་**སོགས་**པས་བརྟག་གཉིས་ལས། སྒོམ་མེད་སྒོམ་པ་པོ་འང་མེད། །ལྷ་མེད་སྔགས་ཀྱང་ཡོད་མ་ཡིན། །གུར་ལས་ཀྱང་། སེམས་པ་མེད་ཅིང་སྒོམ་པ་མེད། །ཅེས་སོགས་དང་། ཕྱག་རྡོར་དབང་བསྐུར་བའི་རྒྱུད་ལས་རིགས་ཀྱི་བུ་ཆོས་ཉིད་གང་ཡིན་པ་དེ་ལ་ནི་གདགས་པ་མེད་ཅིང་རྣམ་པར་རིག་པ་མེད་ཅེས་སོགས་**རྒྱུད་སྡེ་ཀུན་ལས་གསུངས་སོ།** །དེ་བཞིན་དུ་**འཕགས་པ་**སོགས་**ལུང་ཡིན་ནོ།** །བཀོལ་བ་ནི་ཉན་ཐོས་ཀྱི་གྲུབ་མཐའ་ལས་ཟུར་དུ་བཀོལ་བའོ། །དགེ་སྡིག་མེད་པར་ཤེས་པ་**དེ་ཡིས་བདེ་**སོགས་གྲོལ་ལ་གྲོལ་བ་**དེ་**ལྟ་བུ་**ནི་ཐར་པ་**མཚན་ཉིད་པར་**དམ་པ་**སངས་རྒྱས་བཅོམ་ལྡན་འདས་**བཞེད་དོ།** །

གཉིས་པ་ནི། **ཁ་**སོགས་**སྙིང་པོ་**ཅན་གྱི་བྱང་ཆུབ་ཀྱི་སེམས་ཡིན་པ**ར་འདོད།** **འདི་ནི་ཁམས་དངོས་མིན་**ཏེ་**བདེ་**སོགས་**སྒྱུར་བྱེད་**ཀྱི་ལམ་**ཡིན་**པའི་ཕྱིར། **དེ་སྐད་**སོགས་གསུངས་**དེ་བཞིན་**དུ་སོགས་**གསུང་**སྟེ་སྟུད་

པར། དེ་བཞིན་ཐབས་དང་ཤེས་རབ་མཆོག་གི་ཡོངས་ཟིན་ན། །མི་ཉམས་དེ་བཞིན་གཤེགས་ཀྱི་བྱང་ཆུབ་རེག་པར་འགྱུར། །ཞེས་སོགས་དང་། །དུས་འཁོར་དུ། སྟོང་ཉིད་སྙིང་རྗེ་དབྱེར་མེད་པའི། །བྱང་ཆུབ་སེམས་ནི་འགྱུར་མེད་གང་། །དབང་བསྐུར་དེ་ཡིས་བདག་ལ་ནི། །མགོན་པོ་དེ་ནི་བཀའ་དྲིན་སྩོལ། །ཞེས་སོགས་དང་རྒྱུད་གཞན་ལས་ཀྱང་། སྟོང་ཉིད་སྙིང་རྗེ་དབྱེར་མེད་བྱང་ཆུབ་སེམས། །ཅེས་སོགས་ཡང་དང་ཡང་དུ་གསུངས་སོ༑ ༑

གཉིས་པ་ནི། **མངོན་པའི་གཞུང་ལས**་ཞེས་སོགས་ཏེ། **ཉན་ཐོས་རྣམས**་ཞེས་པ་མངོན་པ་འོག་མ་ལ་བྱེད་ན་དགེ་བ་བཅུ་གཅིག་ཏུ་མ་བཤད་དེ། དགེ་བའི་ས་ཡང་བཅུ་ལས་མི་འདོད་པའི་ཕྱིར་དང་། དེ་བཞིན་ཉིད་དགེ་བར་ཡང་མ་བཤད་དེ། ཐར་པ་དམ་པའི་དོན་དུ་དགེ །ཞེས་དང་། གོང་དུ་ཐར་པ་དམ་པའི་དོན་དུ་དགེ་རྒྱ་བ། ངོ་ཚ་ཁྲེལ་ཡོད་བདག་ཉིད་ཀྱི། །དེ་དག་དང་ལྡན་མཚུངས་ལྡན་གྱི། །བྱ་བ་ལ་སོགས་ཀུན་སློང་བས། །ཅེས་དང་། སྤྱིར་དགེ་བ་ལ་དོན་དམ་པས་དང་། བདག་ཉིད་ཀྱིས་དང་། མཚུངས་ལྡན་གྱིས་དང་། ཀུན་སློང་གི་དགེ་བ་སྟེ་བཞིར་བྱས་ནས་མི་དགེ་བ་དང་ལུང་མ་བསྟན་ལའང་དེ་བཞིན་དུ་དབྱེ་བ་ཡིས། དོན་དམ་པའི་དགེ་བ་ནི་ཐར་པ་འགོག་བདེན་ལ་བཤད་པའི་ཕྱིར་རོ། །ཀུན་བཏུས་སུ། དགེ་བ་བཅུ་གཅིག་ཏུ་བཤད་ཅིང་། དོན་དམ་དགེ་བ་གང་ཞེ་ན། དེ་བཞིན་ཉིད་དོ་ཞེས་བཤད་པས་ཀུན་བཏུས་ཉན་ཐོས་ཀྱི་གཞུང་དུ་བཞེད་དོ་ཞེ་ན། ཀུན་གཞི་དང་ཉོན་ཡིད་དང་བདེན་གཉིས་རྒྱས་པར་བཤད་པའི་ཉན་ཐོས་ཀྱི་གཞུང་ནི་ཤིན་ཏུ་མཚར་རོ། །

འོན་ཀྱང་འདི་ནི་དགེ་སོགས་འདོད་ཚུལ་ཉན་ཐོས་དང་ཐུན་མོང་པ་ཙམ་ལ་དགོངས་སོ། །དེ་ཡང་དང་སོགས་ངོ་བོ་ཉིད་དམ་བདག་ཉིད་ཀྱི་དགེ་བར་མངོན་པ་གོང་འོག་མཐུན་ལ། དེ་ཡང་དད་པ་དང་། བརྩོན་འགྲུས། བག་ཡོད། ཤིན་སྦྱངས། བཏང་སྙོམས། ངོ་ཚ། ཁྲེལ་ཡོད། རྣམ་པར་མི་འཚེ་བ། འདོད་ཆགས་མེད་པ། ཞེ་སྡང་མེད་པ་སྟེ་བཅུ་མཐུན་ལ། གཏི་མུག་མེད་པ་གོང་མས་ལོགས་སུ་བགྲངས་ཤིང་། མཛོད་དུ། སེམས་ཀྱིས་མང་གི་ཤེས་རབ་ལས་ལོགས་སུ་མ་བགྲངས་སོ། །འདིར་**གསུངས**་ཞེས་པས། ཆོས་ཉིད་དགེ་བར་འདོད་པ་རྣམས་འགོག་པ་ལ་དྲངས་པ་འང་ཡིན་ཏེ། དེ་དགེ་བ་ཡིན་ན་ངོ་བོ་ཉིད་ཀྱི་དགེ་བར་འདོད་དགོས་ལ་དེ་ལྟར་ན་ཆོས་མངོན་པ་ལས་ངོ་བོ་ཉིད་ཀྱི་དགེ་བ་དད་སོགས་བཅུ་གཅིག་ལས་མ་གསུངས་པས་གནོད་ཅེས་སོ། །

ལུང་འགལ་སྤང་བ་དངོས་ནི། མངོན་པ་ལས**་དོན་དམ**་སོགས་ཏེ། ཆོས་ཉིད་དེ་བཞིན་ཉིད་ནི་དགེ་བ་ཙམ་དུ་འང་མི་རུང་སྟེ། ཀུན་ལ་ངོ་བོས་ཁྱབ་པའི་འདུས་མ་བྱས་དགེ་བར་རུང་ན་ཤེས་བྱ་གཞལ་བྱ་སོགས་ཀྱང་དགེ་བར་རིགས་ཤིང་། དེར་མ་ཟད་དངོས་པོ་ཙམ་ཡང་དགེ་བར་ཐལ་བ་སོགས་ཀྱི་ཕྱིར་རོ། །དེ་བཞིན་དུ་མི་

དགེ་བ་ལ་འང་མཚུངས་ལ།ལུང་མ་བསྟན་ནི་ཤེས་བྱ་ཐམས་ཅད་དགེ་སོགས་གསུམ་པོ་གང་རུང་དུ་སྡུད་ན་མི་མཚུངས་ཤིང་། མི་སྡུད་ན་ནི་མཚུངས་སོ། །དགག་པ་མཐར་སོང་གི་ལུང་མ་བསྟན་ཙམ་ནི་གཞི་མ་གྲུབ་རྣམས་ཀྱང་ཡིན་མོད་ཀྱི། ཆོས་གཞིར་བྱས་ལ་གསུམ་པོ་གང་རུང་གི་ཁྱབ་པར་བྱེད་ན་ཆོས་ཉིད་ཤེས་བྱ་སོགས་ཀྱང་ལུང་མ་བསྟན་ཡིན་ནོ། །ཆོས་ཉིད་འགོག་བདེན་ནི་མི་མཚུངས་ཏེ་ཐར་པ་དམ་པའི་དོན་དུ་དགེ་དང་ཞེས་སོགས་དང་། དབུས་མཐར་ཡང་དགེ་གཉིས་ཐོབ་པར་བྱ་བའི་ཕྱིར་ཞེས་སོགས་གསུངས་ཤིང་ཆོས་དཀོན་མཆོག་གི་གཙོ་བོ་ཡིན་པས་སྐྱབས་གནས་མཐར་ཐུག་པའི་ཕྱིར། འདི་ནི་གློ་བུར་དྲི་བྲལ་གསར་ཐོབ་ཡིན་པས་ཐམས་ཅད་ལ་ཁྱབ་པ་ཡང་མ་ཡིན་ནོ། །ཆོས་ཉིད་**དེ་བཞིན་ཉིད་ལ**་དོན་དམ་པའི་**དགེ་བར་གསུངས་པའི་དགོངས་པ་ནི་འདི་ལྟར་ཡིན**་ཏེ། **ཆོས་ཀྱི་དབྱིངས་ལ་ཡང་དགེ་བ་ཡིན**་ཞེས་ཐ་སྙད་**བཏགས་པར་ཟད**་ཀྱི་དགེ་བ་དངོས་མིན་ཏེ། **སྡིག**་སོགས་**མེད་ཀྱི**་སྡིག་པ་མིན་ཞིང་དེ་ཞི་བ་ཙམ་ལ་དགེ་བར་བཏགས་པའི་ཕྱིར་རོ། ། **དཔེར་ན**་སོགས་**གྲགས་པ་དེ་བཞིན**་ནོ། །གཞན་ཡང་དོན་དམ་པའི་དགེ་བ་ཡིན་པས་དགེ་བར་འགྱུར་ན་དོན་དམ་པའི་དགེ་སློང་ཡིན་ན་དགེ་སློང་ཡིན་དགོས་ལ། དེ་ལྟ་ན་ལྷའི་དགེ་སློང་སྲིད་པར་འགྱུར་ཏེ།ལྷ་དགྲ་བཅོམ་པ་དེ་དོན་དམ་པའི་དགེ་སློང་ཡིན་པའི་ཕྱིར་རོ། །**གཞན་ཡང**་དེར་བཤད་ཀྱང་དེ་མ་ཡིན་པ་ཡོད་དེ། **མཛོན**་སོགས་**མ་ཡིན**་ནོ། །**དེ་བཞིན**་དུ་**ཆོས**་སོགས་**མ་ཡིན་ནོ**། །

གཉིས་པ་ལ་ཧ་ཅང་ཐལ་བ་དང་གཤིས་ཀྱི་དགེ་བ་དགག་པའོ། །དང་པོ་ནི། ཅི་ནས་སོགས་འགྱུར་ཏེ་སྡིག་སོགས་**འགྱུར**་བའི་ཕྱིར་ཏེ། ཆོས་ཀྱི་དབྱིངས་ལས་མ་རྟོགས་པར། །གང་ཕྱིར་ཆོས་ཡོད་མ་ཡིན་ཏེ། །ཞེས་གསུངས་པ་ལྟར་**ཆོས་ཀྱི**་སོགས་**ཆོས་གཞན**་དོན་ཆོས་རྫས་ཡོད་དུ་གྲུབ་པ་**མེད**་པའི་**ཕྱིར**། འདོད་པ་**དེ་ལྟ**་སོགས་**མི་སྲིད**་པས་ཀྱང་ཧ་ཅང་ཐལ་ལོ། །

གཉིས་པ་ནི། མི་མཁས་པ་**ལ་ལ**་གཉེན་ལ་**བྱམས**་པ་**དང**་བུ་ལ་བརྩེ་བའི་**སྙིང་རྗེ**་སོགས་**ཟེར**། **འདི་ཡང་དེ་ལྟར**་མཐའ་གཅིག་ཏུ་**ངེས་པ་མེད་དེ**། ལི་ཏ་ཞེས་བྱ་བའི་དགེ་སློང་གིས་རང་གི་ཉེ་དུ་ལ་བྱམས་བརྩེས་དགེ་འདུན་གྱི་ལོངས་སྤྱོད་བྱིན་པས་རང་ཉིད་ལྡོན་ཤིང་ལྟ་བུའི་སེམས་ཅན་དམྱལ་བ་དང་ཉེ་དུ་རྣམས་དེ་ལ་ཟ་བའི་ཉེ་ཚེ་བའི་དམྱལ་བར་སྐྱེས་ཞེས་གསུངས་པ་ལྟ་བུ་**མི་མཁས**་སོགས་ལ་**ཐབས**་སོགས་**གསུངས་པའི**་ཕྱིར་རོ། །

གཉིས་པ་མདོ་དོན་བཤད་པ་ནི། དམ་བཅའ་མདོར་བསྟན། འཆད་ཚུལ་གཞན་དག་དགག །རང་ལུགས་རྒྱས་པར་བཤད་པའོ། །དང་པོ་ནི། ཆོས་དབྱིངས་དགེ་བ་མིན་པ་**དེས་ན**་རྡོ་རྗེ་རྒྱལ་མཚན་གྱི་བསྔོ་བ

ལས་**འགྲོ་**སོགས་**གསུངས**་པའི་བསྟན་བྱ་གཞན་ཡོད་པ་**ཡིན་ཏེ**། **འགྲོ་བ་**སོགས་**དགོངས་ནས་**དེ་གསུངས་པའི་ཕྱིར་རོ། །

གཉིས་པ་ནི། གལ་ཏེ་ཆོས་དབྱིངས་སོགས་ཏེ། འདི་ལ་བསྟན་བཤད་དོ། །དང་པོ་ནི།**གལ་ཏེ་**ཡོད་ཅེས་པའི་ཚིག་ཟུར་གྱིས་བསྟན་དོན་**ཆོས་ཀྱི་དབྱིངས་**དེ་བཞིན་ཉིད་**ཡིན་**ན་སྐྱོན་གཉིས་ཏེ། **ཇི་**སོགས་**མི་འཐད་**པ་དང་། **ཡོད་**སོགས་**འགལ་**བའི་ཕྱིར། རྒྱས་བཤད་ལ། ཇི་སྐད་ཀྱི་སྒྲ་མི་འཐད་པ་དང་།ཡོད་སྒྲ་འགལ་བའོ། །དང་པོ་ནི། **དེའི་**སོགས་**ཡིན**། ཆོས་དབྱིངས་**དེ་ནི་**ཆོས་ཅན། ཁྱོད་ལ་ཇི་སྐད་ཅེས་པའི་སྒྲ་དོན་མཐུན་སྦྱོར་མི་འཐད་པར་ཐལ། **ཇི་**སོགས་**སྒྲ་**ཡིན་ལ་ཁྱོད་**ལ་མང་ཉུང་མེད་**པའི་ཕྱིར་ཏེ་**སྦྱོར་ཐལ་ཡིན་ཕྱིར་རོ**། །དེ་ཡང་དུ་མ་རོ་གཅིག་ཅེས་ཀུན་ལ་གྲགས་པ་ལྟར་འཁོར་བའི་ཆོས་ཉིད་ཡིན་ན་མྱང་འདས་ཀྱི་ཡང་ཆོས་ཉིད་ཡིན་དགོས་པའོ། །དེས་ན་མཁས་རློམ་མང་པོ་ཆོས་ཉིད་ལ་བརྟེན་གྱི་ཆ་ཤས་ཕྱེ་ནས་འགོག་པ་སོགས་ནི་གསུང་རབ་དང་མི་མཐུན་ནོ། །

གཉིས་པ་ལ་ཡོད་ན་མི་རྟག་པར་འགྱུར། མཐར་འཛིན་དུ་འགྱུར། རིགས་པས་ཀྱང་འགྲུབ། ཐེམ་རིག་ཀུན་ལ་ཧ་ཅང་ཐལ་བའོ། །དང་པོ་ནི་**ཆོས་དབྱིངས་**ནི་**ཡོད་པའི་**སྒྲུབ་པ་**འཐམ་ཡིན་ཏེ**། **མདོ་**སོགས་**གསུངས**་པའི་ཕྱིར་ཏེ། འཇིག་ལ་འབྲས་དང་ཡོད་ཉི་བཞིན། །ཞེས་སོ། །

གཉིས་པ་ནི། ཆོས་དབྱིངས་ཡོད་ངོས་སུ་བཟུང་ན་མཐར་འཛིན་དུ་འགྱུར་ཏེ། **ཀླུ་**སོགས་**ལུང་**ཡིན་པའི་ཕྱིར་རོ། །**སངས་རྒྱས་**སོགས་**ཤིག་**སྟེ། ཡོད་མེད་དུ་བཟུང་ན་མཐར་འཛིན་དུ་འགྱུར་བ་**དེས་ན**འོ། །

གསུམ་པ་ནི། བསྒྲུབ་པར་ཡོད་ན་བྱ་བྱེད་ཅན་དུ་འགྱུར་བ་**འདི་རིགས་པས་ཀྱང་**འགྲུབ་སྟེ། **ཡོད་**སོགས་**ཕྱིར་རོ**། །འདོད་མི་ནུས་ཏེ། **ཆོས་**སོགས་**ཕྱིར་རོ**། །

བཞི་པ་ནི། **གཞན་ཡང་**སོགས་**ཅི་དགོས་**ཏེ་མི་རིགས་པར་ཐལ་དེ་ཡིན་ན་**ཐེམ་**སོགས་**ཅིས་མི་བསྒོ་**སྟེ་བསྒོ་རིགས་པའི་ཕྱིར་ཏེ་**ཐམས་ཅད་**སོགས་ཕྱིར་རོ། །

གསུམ་པ་ལ་མཚམས་སྦྱོར་ནི། **དེས་ན་**རྡོ་རྗེ་རྒྱལ་མཚན་གྱི་མདོའི་**གཞུང་**སོགས། དོན་བཤད་པ་ལ་དུས་གསུམ་ལ། རང་གཞན་ལ། བསྟན་བཤད་ལ། མདོ་ཉིད་ལ་སྦྱར་བའོ། །དང་པོ་ནི། **འགྲོ་བ་**སོགས། གཉིས་པ་ནི། **ཡང་ན་**སོགས། གསུམ་པ་ནི། **ཡང་ན་མདོར་**སོགས། དེ་ཡང་**དཔེར་**སོགས། བཞི་པ་ནི། མདོ་**རྡོ་རྗེ་**སོགས་**པར་གསུངས་**པ་པས་ཆོས་ཉིད་མེད་དགག་ལ་གཏན་མི་འབྱོར་རོ། །གཉིས་པ་ལ་འགྱུར་མི་འགྱུར་བརྟགས་ལ་དགག །བློ་སྦྱོང་ལ་ཡང་ཉེས་པ་བསྟན། རང་ཚིག་སྔ་ཕྱི་འགལ་བར་གྲུབ་པའོ། །དང་པོ་ནི། **ཆོས**

དབྱིངསསོགས་**བྱེད་པ**་མི་འཐད་དེ། དེ་**བསྒོམས་པས**་འགྱུར་རམ་**མི་འགྱུར**་མི་འགྱུར་ན་**བསྒོ་བ་དོན་མེད་པ་ཡིན**་ལ་**འགྱུར་ན**་དེ་**འདུས་བྱས་སུ་འགྱུར**་ཞིང་མདོ་བསྟོད་དང་འགལ་ཏེ། **མདོ་སྡེ**་སོགས་**ལུང་རིགས་རྣམས**་ཀྱི་**ཆོས་དབྱིངས**་སྒྱུར་**དགེ་བ**་དང་ཁྱད་པར་འགྱུར་བ་**མིན་པར་གསུངས**་པའི་ཕྱིར་རོ། །

གཉིས་པ་ལ་བསྟན་བཤད་དོ། །དང་པོ་ནི། **གལ་ཏེ**་སོགས་སྨྲས་ན། ཉེས་མེད་མིན་ཏེ། **འདི་ལ་འང་ཉེས་པ་ཡོད**་པའི་ཕྱིར་རོ། །འདི་ལ་**དམིགས**་སོགས་ཕྱིར་ན་བསྒོ་སོགས་འགྱུར་ཞིང་འདི་འདྲའི་སོགས་འགྱུར་བའི་ཕྱིར་རོ། །**ཆོས་ཉིད**་ཡོད་མཐར་མི་འཛིན་པར་**སྤྲོས་བྲལ**་སོགས་**ཡིན**་གྱི་**ཆོས་ཉིད**་དེར་བཟུང་ནས་**བསྒོ**་སོགས་**མི་རུང**་བའི་ཕྱིར་རོ། །རྒྱས་བཤད་ནི། ཆོས་ཉིད་ཡོད་པར་བཟུང་ནས་བདེན་ཞེན་གྱིས་བསྒོ་ན་བློ་སྦྱོང་འཐད་ལྡན་དུ་མི་རུང་བ་**དེའི་རྒྱུ་མཚན་འདི་ལྟར་ཡིན**་ཏེ། **ཆོས་དབྱིངས**་སོགས་ཐམས་ཅད་**མཐུན**་པའི་ཕྱིར་དེ་འདྲའི་བསྒོ་བ་པོ་ནི་དངོས་འཛིན་ཤིན་ཏུ་ཆེ་སྟེ། **གང་དག**་སོགས་**ལྟ་ཅི་སྨོས**་པའི་ཕྱིར། དཔེར་ན་**བྱི་བས**་སོགས་སོ༔ ༔

གསུམ་པ་ནི། སྐབས་འདིར་སྨྲ་བ་པོ་ངག་**གོང་འོག་འགལ་བ་ཡིན་ཏེ།** **གཞན**་སོགས་**ཞེས་ཟེར**་བའི་ཕྱིར། རྒྱུ་མཚན་**དེས་ན**་ད་དུང་དུའང་སངས་རྒྱས་ཀྱི་བསྟན་པ་གནས་པས་ལུང་རིག་འཐད་ལྡན་མཁྱེན་པ་མང་བའི་ཕྱིར་བབ་ཆོལ་མ་སྨྲ་**ལེགས**་སོགས་**སྨྲོས**་ཤིག །ཅེས་བརྩེ་བས་གདམས་སོ། །

གསུམ་པ་ལ་དགག་པ་དངོས་དང་། རྩོད་པ་སྤང་བའོ། །དང་པོ་ལ་འདོད་པ་བརྗོད་པ་ནི། བདེ་གཤེགས་སྙིང་པོ་མ་ཡིན་དགག་ཏུ་འདོད་པ་**ལ་ལ**་ནི་སོགས་**འདོད**་དེ། རྒྱུད་བླར། སེམས་ཅན་རྣམས་ལ་དེ་བཞིན་ཁམས་དེ་གནས། །ཞེས་དང་། རིགས་ཁམས་སྦྲང་རྩི་དང་འདྲ་འདི་གཟིགས་ནས། །ཞེས་དང་། ཟག་པ་མེད་པའི་ཤེས་པ་སྦྲང་མའི་རྩི་དང་འདྲ།། ཞེས་སོགས་མང་དུ་གསུངས་པས་སོ་ཞེ་ན། དེ་དགག་པ་ལ་ཁམས་དེ་ཆོས་གསུམ་དུ་བརྟག །གསུམ་པོ་གང་དུའང་མི་འཐད་པའོ། དང་པོ་ནི། **སེམས་ཅན**་གྱི་རིགས་སམ་**ཁམས་དེ**་རིག་པས་**བརྟག་པར་བྱ**་སྟེ། **ཁམས་དེ**་སོགས་**སྤྲོས་བྲལ**་གསུམ་གང་རུང་**ཡིན**་དགོས་ཏེ། **རྣམས**་སོགས་**མི་སྲིད**་པའི་ཕྱིར་རོ། །

གཉིས་པ་ལ། དངོས་པོར་དང་། དངོས་མེད་དུ་དང་སྤྲོས་བྲལ་དུ་དང་། ཆོས་དབྱིངས་ཆ་བཅས་སུ་མི་འཐད་པའོ། །དང་པོ་ནི། **དངོས་པོ་ཡིན་ན**་སོགས་**འདོད་པ**་མི་འཐད་དེ། དེ་**མུ་སྟེགས**་རྒྱང་འཕེན་**པའི་ལུགས་ཡིན**་པའི་ཕྱིར་ཏེ། ཐེམ་པོ་སེམས་ཀྱི་ཉེར་ལེན་དུ་འདོད་པས་སོ། །དེས་ན་ལུགས་དེ་**སངས་རྒྱས་པ་ལ་མེད**་དོ། །དེ་ཡང་ཐེམ་རིག་གང་རུང་གི་རྫས་གཉིས་སུ་ཁ་ཆེམ་ཆོད་ཅེས་སྒྲོར། །དེ་བཞིན་དུ་**རིག**་སོགས་བརྒྱད་གང་རུང

གི་རྗེས་ལས་འདའ་བ་མེད་ལ། ཚོགས་བརྒྱད་ཆོས་ཅན། བདེ་སོགས་མི་འཐད་དེ། ཁྱོད་འདུས་བྱས་ཡིན་པར་སོགས་མདོ་སོགས་ཕྱིར་རོ། །གཞུང་འགའ་སོགས་ཡིན་ལ་ཀུན་གཞི་དེ་ནི་ཆོས་ཅན། དགེ་བའི་ཐ་སྙད་མེད་དེ། མདོ་སོགས་ཕྱིར་རོ། །འོན་ཏེ་སོགས་ཡོད་ཅེ་ན་ནི། ཚོགས་སོགས་མི་འཐད་དེ། འཐད་པ་དེ་ཚེ་སོགས་འགྱུར་ལ་ཚོགས་བརྒྱད་ལས་ལྷག་པ་སྐྱ་མཆེད་གཉིས་ཀྱི་གཞུང་དུ་མི་འབྱུང་བ་དེས་ནའོ། །གཞིའི་ཡེ་ཤེས་སྒྲ་དྲང་ཐད་འདོད་པས་ཀྱང་། ངོ་བོ་རྣམ་ཤེས་མིན་གྱི་གཞིའི་ཡེ་ཤེས་ཡིན་ཡང་རྗེས་ནི་ཚོགས་བརྒྱད་གང་རུང་ལས་མ་འདས་པར་འདོད་དགོས་སོ། །

གཉིས་པ་ནི། ཁམས་དེ་དངོས་མེད་ཡིན་ནའང་། དེ་ལ་བསྔོ་སྒྲུའི་དགེ་སྡིག་འཐད་པ་མིན་པར་ཐལ། དོན་བྱེད་པ་མེད་པའི་ཕྱིར།

གསུམ་པ་ནི། གལ་ཏེ་སོགས་ཡིན་པར་འདོད་ན། ཆོས་ཀྱི་སོགས་གསུངས་ཤིང་། གཅིག་རྟོགས་ན་མཐའ་དག་རྟོགས་དགོས་ལ་མ་རྟོགས་ན་ཐུག་མེད་དུ་ཐལ་བའི་རིག་སོགས་གྲུབ་པའི་ཕྱིར་རོ། །རྒྱུ་མཚན་དེས་ན། སེམས་ཅན་སོགས་འཐད་པའི་རྒྱུ་ཡོད་དེ། དེ་བཞིན་གཤེགས་པའི་སྙིང་པོ་ནི་སྟོང་ཉིད་དམ། སྤྲོས་བྲལ་ཡིན་པའི་རྒྱུ་མཚན་གྱི་དེ་འཐད་པའི་ཕྱིར་ཏེ། འཕགས་སོགས་གསུངས་པའང་། སྟོང་ཉིད་ལ་འཁོར་འདས་རུང་བའི་དོན་འདི་ཡིན་པའི་ཕྱིར་དང་། ཐེག་སོགས་གསུངས་པའང་སེམས་ཀྱི་སྟོང་ཉིད་ཁམས་སུ་མེད་ན་ཞེས་པ་འདི་ཉིད་ཡིན་པའི་ཕྱིར་ཏེ། ཉེར་ལེན་ཕུང་པོ་ལྔ་ནི་སྡུག་བསྔལ་ཡིན་ཞིང་མྱ་ངན་ལས་འདས་པ་ནི་དེ་མེད་པའི་བདེ་བ་ཡིན་པས་ན་སེམས་ཅན་ནི་རང་གི་གནས་སམ་རྟེན་སྟོང་པ་ཉིད་སྙིག་པའི་ཕྱིར་ན་མེའི་སྒྲུབ་བྱེད་དམ་རང་བཞིན་ཚ་བ་ཡིན་པ་ལྟར་དུ་བདེ་གཤེགས་ཁམས་ཀྱི་སྒྲུབ་བྱེད་དམ་རང་བཞིན་སྟོང་པ་ཉིད་དུ་འཐད་དོ། །གཞུང་འདི་དག་ནི་ཤིན་ཏུ་མི་བླང་མོད་ཀྱི་ལེགས་པར་བཤད་དོ། །འདི་དོན་སོགས་ནི། ལེའུ་དེར་རིགས་ཀྱི་བུ་སྟོང་པ་ཉིད་ལ་ནི་འོངས་པའམ་འགྲོ་བ་མེད་དེ། སྟོང་པ་ཉིད་གང་ཡིན་པ་དེ་ནི་དེ་བཞིན་གཤེགས་པའོ་ཞེས་སོགས་ཀྱི་སེམས་ཅན་སྟོང་ཉིད་ཁོ་ན་གཞིའི་དེ་བཞིན་གཤེགས་པ་ཡིན་པས་སེམས་ཅན་སངས་རྒྱས་སུ་འགྱུར་གྱི་གཞན་དུ་འབད་པ་དོན་མེད་དོ་ཞེས་དགོངས་སོ། །

གཉིས་པ་ནི། དེ་ལྟར་ཡིན་པ་འོན་ཀྱང་དེ་བཞིན་གཤེགས་པའི་སྙིང་པོའི་མདོ་དང་། བུ་མོ་རིན་ཆེན་དང་། དཔལ་འཕྲེང་སེང་གེ་དང་། གཟུངས་ཀྱི་དབང་ཕྱུག་རྒྱལ་པོ་སོགས་ཀྱི་ཞུས་པ་དང་། ཡེ་ཤེས་སྣང་བ་རྒྱན་ལ་སོགས་པ་མདོ་སྡེ་སོགས། གོས་རྫུལ་ཅན་པའི་ནང་ན་རིན་ཆེན་གྱི་སྐུ་གཟུགས་སོགས་ལྟར་དཔེ་དགུའི་སྒོ་ནས་སེམས་ཅན་རྣམས་ལ་སངས་རྒྱས་ཀྱི་སྙིང་པོ་རྟག་བརྟན་ཐེར་ཟུག་བསྒྲུབ་པ་རང་དབང་བ་ཡོད་པར

གསུངས་པ་དང་འགལ་ལོ་ཞེ་ན། མི་འགལ་ཏེ། དེ་ལྟར་གསུངས་པ་ནི་དྲང་དོན་**དགོངས་པ**་ཅན་**ཡིན་པར་ཤེས་པར་བྱ**་བའི་ཕྱིར། འོ་ན་ཆོས་གསུམ་གང་ཞེ་ན། **དེའི་དགོངས་གཞི**་ནི་སེམས་ཀྱི་**སྟོང་ཉིད**་ཡིན་ལ། **དགོས་པ**་ནི། སེམས་ཞུམ་སེམས་ཅན་དམན་ལ་བརྙས་པ་དང་། ཡང་དག་མི་འཛིན་ཡང་དག་ཆོས་ལ་སྐུར། །བདག་ཆགས་ལྷག་པའི་**སྐྱོན་ལྔ**་གང་དག་ལ། །ཡོད་པ་དེ་དག་དེ་**སྤང་**དོན་**ཕྱིར་གསུངས།** །ཅེས་སོགས་རྒྱས་པར་གསུངས་ཤིང་། །རྟག་བརྟན་བདེན་དངོས་ལྟར་གསུངས་པའི་སྐབས་ཟིན་**དངོས**་སོགས་**ཕྱིར་དང་**ཤེར་ཕྱིན་སོགས་**ངེས**་པའི་སོགས་**ཕྱིར་རོ**། །**འདིའི་དོན་རྒྱས**་པ་ནི། **དེ་བཞིན**་སོགས་**མདོ་སྡེ**་སོགས་སྙིང་པོ་མདོ་བཅུར་གྲགས་པ་དང་དེ་དག་གི་དོན་བསྡུས་པ་ཐེག་ཆེན་རྒྱུད་བླ་མ་ལེགས་པར་**ལྟོས**་ཤིག །དེ་དག་རྒྱས་པར་བྲིས་ན་ཡི་གེ་དུ་མ་དགོས་སོ། །**སློབ་དཔོན**་སོགས་**ཀྱིས**་ཏེ། ལང་གཤེགས་ཀྱི་མདོ་དྲངས་ནས་སྟོང་ཉིད་ལ་བདེ་གཤེགས་སྙིང་པོར་བསྟན་པས་མུ་སྟེགས་བདག་ཏུ་ཞེན་པ་རྣམས་དྲང་བར་གསུངས་སོ། །

དེ་དག་ཀྱང་འཁོར་ལོ་བར་པ་གཙོ་བོར་འཆད་པའི་ཚེ་མ་ཡིན་དགག་ཙམ་ཡང་དྲང་དོན་དུ་འཆད་པའི་དབང་དུ་མཛད་དོ། །འཁོར་ལོ་ཐ་མ་ཡན་ཆད་དང་བསྟུན་ན། བདེན་དངོས་སྐད་ཅིག་གིས་མི་འཇིག་པའི། རྟག་བརྟན་དང་དོན་དམ་བདེན་པར་གསུངས་པ་རྣམས་དྲང་དོན་ཡིན་གྱི། །དངོས་པོ་ཙམ་དུ་གསུངས་པ་དྲང་དོན་དགོངས་པ་ཅན་དུ་མི་བྱ་སྟེ། དེ་ལྟར་ན་སངས་རྒྱས་ཀྱི་སྒྲུབ་གཞི་གཞི་དུས་ནས་ཡོད་པར་གསུངས་པའི་མདོ་རྒྱུད་ཐམས་ཅད་དྲང་དོན་ཁོ་ནར་འགྱུར་ཞིང་སངས་རྒྱས་ཀྱི་སྒྲུབ་གཞི་ཕྱི་ནས་འཚོལ་དགོས་པར་འགྱུར་རོ། །

བཞི་པ་ནི། བོད་**འགའ་ཞིག**་སོགས་**གྲགས**་ཏེ། ཡོན་མཆོད་ཕན་ཚུན་གཅིག་གིས་གཅིག་ལག་ཏུ་ཆུ་སྦྱིན་པར་བྱེད་དོ། །ལག་ལེན་**འདི**་འདྲ་**ནི**། **མུ་སྟེགས**་སོགས་**ཡིན**་གྱི་**སངས་རྒྱས་པ་ལ**་ལག་ལེན་འདི་འདྲ་**མེད**་པའི་ཕྱིར་ཏེ། སྦྱིན་པ་པོ་རང་ཉིད་ཀྱི་ལག་པ་བཀྲུས་ནས་ལེན་པ་པོ་ལ་ལག་ཆུ་འགྲིམ་པ་ཙམ་ལས་མེད་པའི་ཕྱིར་རོ། །**ངེས**་ན་སོགས་**བསླབས**་ཤིག །གསུམ་པ་ནི། **བསྔོ་བ**་སོགས་**གཉིས**་ཡིན་ཏེ། **གནས**་སོགས་**གསུངས**་ལ་**གནས་མིན**་སོགས་**མི་འགྱུར**་བའི་ཕྱིར། **འདི**་སོགས་**གསུངས**་སྟེ། **འཇམ**་སོགས་**གནས་ལ་དགོངས་ལ**་བུ་མོ་**དྲི་མེད**་སོགས་**དགོངས་པ་ཡིན**་པའི་ཕྱིར། དོན་བསྡུ་བ་ནི། **བསྔོ་རྒྱུའི**་སོགས་**མོད**་ཀྱི་འདུས་**མ་བྱས་ལ**་བསྔོ་རྒྱུའི་**དགེ་སྡིག**་གཏན་མེད་དེ། དེ་ལྟར་དུ་རྒྱ་ཆེར་བསྒྲུབ་པས་ཟིན་པ་**ངེས་ན**་འོ། །

གཉིས་པ་ལ་རང་ལུགས་བཤད་པ་མདོར་བསྟན། གཞན་ལུགས་དགག་པ་རྒྱས་པར་བཤད་པའོ། །དང་པོ་ནི། དགེ་སྡིག་**དེའི**་སོགས་**ཉེན**་ཞེས་མཚམས་སྦྱར་ནས། རིན་ཆེན་ཕྲེང་བར་**འདོད་ཆགས**་སོགས་**དཔྱད་པར་བྱ**་སྟེ། གཞུང་གི་དངོས་བསྟན་ནི་ལས་གསུམ་འཆད་པའི་སྐབས་ཡིན་པས་སེམས་དང་བསམ་པའི་ལས

དུག་གསུམ་གྱིས་བསྐྱེད་པ་མི་དགེ་བ་དང་དུག་གསུམ་མེད་པས་བསྐྱེད་པ་དགེ་བ་ཡིན་ལ། དེ་ཡང་དུག་གསུམ་གང་རུང་གིས་བསྐྱེད་པ་ལ་མི་དགེ་བས་མ་ཁྱབ་སྟེ། སྤྱིར་དགེ་བ་ཟག་བཅས་ཐམས་ཅད་དེ་ཁོ་ན་ཉིད་ལ་རྨོངས་པའི་མ་རིག་པ་དང་སྲེད་པས་བསྐྱེད་ཅིང་ཁམས་གོང་ན་མི་དགེ་བ་མེད་པའི་ཕྱིར། འདིར་མཁས་རློམ་ཚད་ཀྱང་མང་པོས། དགེ་སྡིག་ལུང་མ་བསྟན་ལ་ལས་ཀྱིས་ཁྱབ་པ་དང་། ལས་ལ་སེམས་པས་ཁྱབ་པ་དང་སེམས་པ་ཡིན་ན་སེམས་ཡིན་པས་ཁྱབ་ཅིང་སྤྱིར་དངོས་པོ་ལ་སེམས་ཀྱིས་ཁྱབ་སྟེ། ཁམས་གསུམ་པོ་འདི་ནི་སེམས་ཙམ་མོ་ཞེས་གསུངས་པའི་ཕྱིར་ཞེས་དང་། སེམས་སེམས་བྱུང་རྫས་ཐ་དད་དུ་མངོན་སུམ་གྱི་གྲུབ་ན་དེ་གཉིས་རྫས་གཅིག་ཏུ་འཛིན་པའི་ལོག་རྟོག་མི་སྲིད་པར་ཐལ་ཞེས་འཕངས་མ་ཐག་ཏུ། དེ་གཉིས་རྫས་གཅིག་ཏུ་མངོན་སུམ་གྱི་གྲུབ་ཅེས་གསལ་བར་སླུས་པ་རྣམས་ནི། ཆོས་མངོན་པ་དང་། སེམས་སེམས་བྱུང་སོགས་ཀྱི་མཚན་ཉིད་མཛད་པ་པོ་ཐོགས་མེད་སྐུ་མཆེད་ཀྱི་དགོངས་པར་མ་ཟད། ཚད་མའི་རིགས་པ་ཡང་བོར་ཏེ། འོ་ན་དེ་གཉིས་རྫས་ཐ་དད་དུ་འཛིན་པའི་ལོག་རྟོག་མི་སྲིད་པར་ཐལ།རྫས་གཅིག་ཏུ་མངོན་སུམ་གྱི་གྲུབ་པའི་ཕྱིར། ཆོས་མངོན་པ་ལས་ནི། ལུང་མ་བསྟན་བརྒྱད་དེ་དག་ཉིད། གཟུགས་སྒྲ་མ་གཏོགས་གཞན་རྣམས་གསུམ། །ཞེས་དེ་གསུམ་གྱི་མཚན་ཉིད་གསལ་བར་གསུངས་སོ། །དེ་ལྟར་དཔྱད་པ་ན་དགེ་སྡིག་ཡུལ་ངོས་ནས་མཐའ་གཅིག་ཏུ་ངེས་པ་མེད་དེ། ཉན་ཐོས་སོགས་**གསུངས**པའི་ཕྱིར་ཏེ། **བསྐལ**སོགས་**ལྟི**་སྟེ། སེམས་བསྐྱེད་དེ་ནི་ཕས་ཕམས་པས་ཀྱང་ཤིན་དུ་ལྟི་ཞེས་གསུངས་ལ་བྱང་ཆུབ་ཏུ་སེམས་བསྐྱེད་པ་**དེ་ནི**་སོགས་**ཡིན**་པའི་ཕྱིར་དང་། འདོད་སྲེད་ཀྱིས་**འདོད**་སོགས་**ཡིན**་ལ་འདོད་སྲེད་དེ་ནི་**ཉན**་སོགས་**གསུངས**་པའི་ཕྱིར་རོ། །གཞན་ཡང་**གཞན**་སོགས་**ཤེས་པར་བྱ**་བའི་ཕྱིར་རོ། །

གཉིས་པ་ལ། ལས་འབྲས་གཤིས་ལ་གྲུབ་པ་གཞིའི་ལོག་རྟོག །གནང་བཀག་གཅིག་ཏུ་ངེས་པ་བཅས་འཚམས་ཀྱི་ལོག་རྟོག །རང་རང་གང་དྲན་བྱེད་པ་ལག་ལེན་གྱི་ལོག་རྟོག་དགག་པའོ། །དང་པོ་ལ་མདོར་བསྟན། རྒྱས་པར་བཤད་དོ། །དང་པོ་ནི། བོད་ཀྱི་ཆོས་པ་ལས་འབྲས་ལ་ལེགས་པར་མ་སྦྱངས་པ་ཁ་ཅིག །བྱང་སེམས་ལ་དགེ་བར་འགྱུར་ཉན་ཐོས་ལ་སྡིག་པར་འགྱུར་བ་སོགས་མི་འཐད་དེ། **དཀར་ནག་ཟང་ཐལ**་ཡིན་པའི་ཕྱིར་ཏེ། སྦྱིན་པ་ཚུལ་ཁྲིམས་སོགས་ནི་འཇིགས་སྐྱོབ་སོགས་ཀྱི་ཀུན་སློང་ངན་པས་བླངས་ཀྱང་འབྲས་བུ་བདེ་བ་ཁོ་ན་སྐྱིན་པའི་ཕྱིར། དཔེར་ན་བདུད་སྡིག་ཅན་གྱི་བསྟན་པ་མེད་པའི་མཆོད་སྦྱིན་གྱིས་འདོད་ཁམས་ཀྱི་དབང་ཕྱུག་དམ་པ་བཞིན་དང་། སྲོག་གཅོད་སོགས་ནི་བྱམས་སྙིང་རྗེས་ཀུན་བླང་ཡང་འབྲས་བུ། སྡུག་བསྔལ་ཁོ་ན་འབྱིན་པའི་ཕྱིར། དཔེར་ན་དེད་དཔོན་ཐབས་ལ་མཁས་པས་མི་ནག་མདུང་ཐུང་ཅན་སྙིང་རྗེས་བསད་

ཀྱང་དམྱལ་སོགས་སྨྲོང་ཞིང་སངས་རྒྱས་ནས་ཀྱང་ཞབས་ལ་སེང་ལྡེང་གི་ཚལ་པ་ཟུག་པའི་ཕྱིར་**ཞེས་བྱ་བ**་ལྷ་བུའི་**ཚོས་སྐད**་མཁས་པས་བཤད་གང་བྱ་བར་འོས་པས་**ངོ་མཚར་ཆེ་བར་གྲགས་པ**་ནི་མི་རིགས་ཏེ། **དེ་དག**་གི་སོགས་**ཟད**་པའི་ཕྱིར་རོ། །

རྒྱས་བཤད་ལ་ལས་ལྷག་ལུས་པ་དྲང་དོན་དུ་བསྟན། ངེས་དོན་ཡིན་ན་ཧ་ཅང་ཐལ། དེའི་རྒྱས་པ་འཐད་པར་བཤད། ལུང་རིགས་གཞན་ལ་ཞལ་འཕངས་མཛད་པའོ། །དང་པོ་ནི། སྟོན་པ་འདི། **དེད་དཔོན་སྙིང་རྗེ་ཆེན་པོ**་ཐབས་ལ་མཁས་པར་གྱུར་ཏེ་རྒྱ་མཚོར་ཞུགས་པ་ན་**མཚོང་བ་གཡོ་ཅན**་མི་ནག་མདུང་ཐུང་ཅན་ཞེས་པས་བསྐལ་བཟང་གི་བྱང་སེམས་ལྔ་བརྒྱ་གསོད་པར་བརྩམས་པ་ན་ཐུགས་བརྩེ་བས་དེ་**བསད་པ**འི་རྣམ་སྨིན་དམྱལ་བ་སོགས་བརྒྱུད་པའི་**ལས་ཀྱི**་ལྷག་མ**ས་ཟེགས**་སོགས་**ཟུག་པ་དང་།** བྲམ་ཟེའི་ཁྱེའུ་བླ་མར་གྱུར་པ་རྫ་མཁན་དགའ་སྐྱོང་གི་རྒྱལ་བ་འོད་སྲུངས་ཀྱི་དྲུང་དུ་ཁྲིད་པ་ན་དགེ་སློང་མགོ་རེག་ལ་བྱང་ཆུབ་ག་ར་ཡོད་ཅེས་སྨྲས་པས་བྱང་ཆུབ་མྱུར་དུ་མ་གྲུབ་པར་**ལོ་དྲུག**་སོགས་**དང་།** བྲམ་ཟེ་ལྔ་བརྒྱའི་སློབ་དཔོན་དུ་གྱུར་པས་རྒྱལ་བ་རྣམ་གཟིགས་འཁོར་བཅས་ལ་རྟ་ཆས་རུལ་པ་དྲང་བར་འོས་སོ་ཞེས་སྨྲས་པས་ན་སློབ་མ་གཞན་ཀུན་གྱི་དེ་བཞིན་ནོ་ཞེས་སྨྲས་ཤིང་གཉིས་ཀྱི་ལྔའི་བདུད་རྩི་དྲང་བར་འོས་སོ་ཞེས་སྨྲས་པས་མཆོག་ཟུང་གི་དེའི་བར་ལ་བདུད་རྩི་གསོལ། གཞན་དགྲ་བཅོམ་བཞི་བརྒྱ་གོ་བརྒྱད་དང་ལྷན་ཅིག་ཡུལ་སྦྲ་བཅས་སུ་**རྟ**་སོགས་**དང་།** བྲམ་ཟེ་མཆོག་ལ་འཁྲིག་པས་སྐུར་ཞིང་། གཡོན་ཅན་བད་མའི་རྒྱ་ལག་གིས་སྨད་འཚོང་བཟང་མོ་བསད་པའི་རལ་གྲི་ཁྲག་ཅན་དགེ་སློང་གི་དྲུང་དུ་སྐྱུར་ནས་བྲོས་པས་སངས་རྒྱས་ནས་ཀྱང་རྒྱ་མི་ཞེས་པའི་**བྲམ**་སོགས་དང་། དྲང་སྲོང་གཞན་གྱིས་འཁོར་ཕྱེ་བས་**དགེ**་སོགས་**སྐུར**་སོང་བ་དང་། **ལ་སོགས**་པ། རང་རྒྱལ་གྱི་བསོད་སྙོམས་པོ་ཞིང་བརྗེས་པས་ས་ལའི་གྲོང་ཁྱེར་ནས་ལྷུང་བཟེད་སྟོང་པར་ལོག་པ་དང་། ནད་པའི་ནད་ལན་གསུམ་གསོས་པ་ལ་རྔན་པ་མ་བྱུང་ནས་འཁྲུ་སྨན་བཏང་བས་སྐྱ་འཁྲུས་པ་དང་། ཉ་ཆེན་པོའི་ཤ་འབྲེག་པ་ན་སྐད་ངན་འབྱིན་པ་ལ་གད་མོ་བགད་པས་དབུ་བསྙུང་བ་དང་། གྱད་ཀྱི་རྐེད་པ་བཅག་པས་སྐུ་རྒྱབ་སྙུང་བ་དང་། ནུ་བོ་རྗེ་བས་བསད་པས་ཞབས་ཀྱི་མཐེ་བོང་ལ་ལྷ་སྦྱིན་གྱི་སྒྲོགས་ཀྱི་ཐོར་མས་སྐུ་མཚལ་ཕྱུང་བ་སོགས་**ཐུབ**་སོགས་**རྣམ་སྨིན**་དམྱལ་སོགས་བརྒྱུད་ནས་རྒྱུ་མཐུན་སྐུ་སྐྱེ་ལྔ་བརྒྱའི་བར་དང་མཐར་སངས་རྒྱས་ནས་ཀྱང་ལས་ཀྱི་ལྷག་མ་ཡིན་ཞེས་འདུལ་བ་ལུང་ལས་**གསུངས་པ**་རྣམས་ཅི་ཞེ་ན། **དེ་འདུལ**་སོགས་**གསུངས་པ**འི་དྲང་དོན་དགོངས་པ་ཅན་**ཏེ། དྲང་བའི་དོན་ལ་**སྒྲ་ཇི་བཞིན་པར་**ཡིད་མ་རྟོན**་ཞིག །དེ་དག་དྲང་དོན་ཡིན་མིན་གསང་ཆེན་ཐབས་ལ་མཁས་པའི་མདོ་སྡེ་ནས་གསལ་བར་བཤད་པ་དེ་**ལྟོས**་ཤིག །

དེ་ཡང་དྲང་དོན་ཡིན་ནམ་སྙམ་ན། མ་ཡིན་ཏེ། **དེ་ནི**་སོགས་**ཡིན**་པས་སོ། །དེ་ཡང་དགོངས་གཞི་ནི། དོན་ལ་མེད་ཀྱང་སྣང་བ་དེས་འདུལ་དགོས་པའི་སྐྱེ་བོ་ལ་མཐུན་སྣང་ཤར་བ་ཉིད་ཡིན་ལ། དགོས་པ་ནི་སྤྱིར་སྡིག་པ་ལས་ལྡོག་པའི་ཕྱིར་དང་། བྱེ་བྲག་སོ་སོའི་དགོས་པ་ནི། སེང་ལྡེང་ཟུག་པར་བསྟན་པས་མཉན་ཡོད་ན་སྲིད་པ་ཐ་མ་པའི་མི་ཉི་ཤུ་དགྲ་བོ་ཉི་ཤུས་གྲོགས་སུ་བརྫུས་ཤིང་གསོད་པར་བརྩམས་པ་དེའི་རྐྱེན་གྱིས་ལྡོག་ཅིང་། བཞི་བཅུ་པོ་དེ་དང་སྲོག་ཆགས་ཁྲི་ལ་ཆོས་བསྟན་པས་བདེན་པ་མཐོང་། དགའ་ཐུབ་མཛད་པས་དགའ་ཐུབ་ལ་དགའ་བ་འབུམ་ཕྲག་བཞི་བཅུ་རྩ་བཞིའི་དེའི་རྗེས་སུ་ཞུགས་པས་སེམས་ལས་སུ་རུང་ཞིང་ཆོས་བསྟན་པས་བདེན་པ་མཐོང་ངོ་། །

ཁྲི་འུ་བླ་མ་མུ་སྟེགས་ཀྱི་ཁྲི་འུ་ཤིན་ཏུ་མང་པོའི་ངོ་བསྲུང་བའི་ཕྱིར་དུ་སླུས་པ་ན་དགའ་སྐྱོང་གིས་ནན་གྱི་ཁྲིད་པའི་རྗེས་སུ་གཞན་རྣམས་ཀྱི་ཡང་ཕྱིན་པས་སངས་རྒྱས་ལ་དད་ནས་རྫོགས་བྱང་དུ་སེམས་བསྐྱེད་དོ། །གཞན་ཡང་བྱང་སེམས་ལྔ་བརྒྱ་བསླབ་པ་འཆལ་ནས་རྟར་སྐྱེས་པ་དྲང་བའི་ཕྱིར་དུ་བྱང་སེམས་ཉི་མའི་སྙིང་པོའམ་བསམ་པ་བཞིན་དུ་རྟ་ཅང་ཤེས་སུ་སྐྱེས་པའི་རྟ་ཆས་བཞེས་པས་དེ་དག་དགའ་ལྡན་གྱི་ལྷར་སྐྱེས་པ་ལ་ཆོས་བསྟན་པས་ཕྱིར་མི་ལྡོག་ཐོབ་ཅིང་། རྟ་རྗེ་རང་རྒྱལ་དུ་ལུང་བསྟན་ནོ། །སྐྱུར་འདེབས་དང་བསོད་སྙོམས་མ་རྙེད་པ་ནི་ཕྱི་དུས་ཀྱི་དགེ་སློང་སྲོ་བསྲིང་བ་དང་། དེ་དག་ལ་ཐུགས་མ་ཞུམ་པ་མཐོང་ནས་ལྷ་མི་མང་པོ་ཤིན་ཏུ་དད་ནས་བདེན་པ་མཐོང་། ལྷས་སྦྱིན་གྱིས་ཐབས་སྣ་ཚོགས་ཀྱི་སྟོན་པ་ཟིལ་གྱིས་མ་ནོན་པ་མཐོང་བའི་རྐྱེན་གྱིས་ལྷ་མི་ཤིན་ཏུ་མང་པོ་ཆོས་ལ་བཀོད། འབྲུ་བ་སོགས་ལ་སྟོན་པའི་སྨན་བསྟེན་པས་དགེ་སློང་ནད་པ་སྨན་མི་བསྟེན་པ་འཆི་བ་མང་པོས་ཀྱང་བསྟེན་པས་ཞག་བདུན་གྱི་དགྲ་བཅོམ་ཐོབ། སྡིག་ཅན་འཕགས་སྐྱེས་པོས་ཤཱཀྱ་རྣམས་གསོད་པར་བརྩམས་པ་ན་དབུ་བསྣུང་བར་བསྟན་པས་ཉེ་དུ་ལ་མི་རྩི་འོ་ཞེས་པའི་དོགས་པ་ལྡོག་ཅིང་།ཚད་པར་སླུ་བའི་ལྷ་སུམ་སྟོང་དང་། སྲོག་གཅོད་བྱེད་འདོད་པའི་མི་མང་པོ་སྡིག་པ་ལས་ལྡོག་ཅིང་ལྷ་མི་ཁྲི་ཕྲག་བདེན་པ་ལ་འགོད་པ་སོགས་མདོ་དེ་དང་ཆོས་བཅུ་པའི་མདོར་ཡང་གསུངས་སོ། །

གཉིས་པ་ནི། **གལ་ཏེ**་སོགས་**བདེན་ན**་ཧ་ཅང་ཐལ་ཏེ། **ཚོགས**་སོགས་**མི་རུང**་བའི་ཕྱིར་ཏེ། ཚོགས་གཉིས་རྫོགས་ནས་སྡིག་པའི་ས་བོན་ཟད་དགོས། ཉན་རང་དགྲ་བཅོམ་ལ་ལས་ལྷག་ཡོད། ལོངས་སྐུ་ལ་འབྱུང་ལུས་མེད་པའི་ཕྱིར།

གསུམ་པ་ནི། སངས་རྒྱས་དངོས་ལ་རྣག་ཁྲག་འབྱུང་ན་སྐུ་གསུམ་མི་རུང་བ་**དེའི**་སོགས་ཏེ། ལོངས་སྤྱོད་**རྫོགས་པ**འི་ཡེ་ཤེས་ཀྱི་**སྐུ་ཉིད་ཡིན**་པས་འབྱུང་ལུས་མེད་ལ། **དེའི**་སོགས་**སྟོན་པ་ནི**། གདུལ་བྱ་ཐལ་པ་ལ་སྣང་

བའི་**སྤྲུལ་པ**་ཙམ་**ཡིན་གྱི**་རང་སྣང་**རང་རྒྱུད**་པའི་སངས་རྒྱས་**མིན**་པའི་ཕྱིར་རོ། །དེས་ན་**གལ་ཏེ**་སོགས་རང་བཟོའི་**སྨན་སྤྲུལ་ཡིན་ཏེ། དཔེར**་སོགས་**བཞིན**་ཡིན་པའི་ཕྱིར། **དེས་ན**་མཁས་པའི་ལུང་གི་**དགོངས**་སོགས་**དགོས**་ཀྱི་སྦྲ་ཧི་བཞིན་པར་བཟུང་ནས་སྐྱོན་འགྱུར་ཤིན་ཏུ་མང་ངོ། །

བཞི་པ་ནི། བཤད་པ་**འདིའི**་སོགས་**ཀྱིས**་ཤིག་སྟེ། དབྱིག་གཉེན་གྱི་རྣམ་བཤད་རིག་པར་སྦྲ་ཧི་བཞིན་དུ་འཛིན་ན་ཉེས་པ་ལྔ་སྟེ། མི་མོས་པར་འགྱུར། རྩོལ་བ་ཉམས་པར། གཞན་བསླུ་བར། སྟོན་པ་ལ་སྐུར་བར། ཆོས་སྤོང་བར་འགྱུར་བའི་ཉེས་པའོ། །ཞེས་པའི་བཞི་ནི། འདིར་སྟོན་པ་བསྟུང་བ་དང་སྐུ་ཚེ་ཐུང་བ་དང་བསོད་སྙོམས་མ་རྙེད་པ་སོགས་ཏེ། འཕགས་པ་བ་ཀུ་ལས་ནད་པ་ལ་ཨ་རུ་གཅིག་བྱིན་པའི་ཕན་ཡོན་གྱི་ལོ་བརྒྱད་ཅུར་མགོ་བོ་ཙུང་ཟད་ན་བ་ཙམ་ཡང་མ་དྲན་ན་སངས་རྒྱས་སྦྱིན་ཚུལ་ཡོངས་སུ་རྫོགས་པ་ལ་ག་ལ་ཞིག་ཅེས་སོགས་ཀྱི་དོན་རྒྱས་པར་དེ་དང་རྟོག་གེ་འབར་བ་གཉིས་ཙར་དུ་རྒྱ་ཆེར་གསུངས་པས་དེ་དག་ཏུ་བལྟའོ། །

གཉིས་པ་ལ་གནང་བཀག་གཅིག་ཏུ་ངེས་པ་མེད། དེ་ལ་ཧ་ཅང་ཐལ་བ་སྤང་བའོ། །དང་པོ་ལ། བསྟན། བཤད། བསྡུ་བའོ། །དང་པོ་ནི། དྭགས་པོ་བཀའ་བརྒྱུད་པར་གྲགས་པ་མང་པོ་རྒྱལ་བས་བཅས་པ་མཛད་ནས་གཅིག་ལ་བཀག་པ་དེ་ཀུན་ལ་བཀག་པས་**ཡེ་བཀག**་དང་། གཅིག་ལ་གནང་བ་དེ་ཀུན་ལ་གནང་བས་**ཡེ་གནང་ཞེས་བྱ**འི། འགའ་ཞིག་ལ་གནང་ཞིང་གཞན་ལ་བཀག་ན་བསླབ་པ་འཆའ་བ་ཐུགས་མ་སྙོམས་པའི་སྐྱོན་དུ་འགྱུར་རོ་སྙམ་ནས་སྨྲའོ། །དེ་སྐད་སྨྲ་**བ**་འདི་**འང་སངས་རྒྱས**་ཀྱི་**བསྟན་པ**་རྣམ་དག་**དང་མཐུན་པ་མིན**་ཏེ། **ཉན་ཐོས**་སོགས་**མེད་པ་དེས་ན**་སོགས་**འགྱུར**་བའི་ཕྱིར།

གཉིས་པ་ལ་སྡེ་པ་སྐྱ་བཙུན། ཐེག་པ་རྣམས་གནང་བཀག་གཅིག་ཏུ་མ་ངེས་པའོ། །དང་པོ་ལ་དངོས་དང་ཉེས་སྤོང་དགག་པའོ། །དང་པོ་ནི། གནང་བཀག་གཅིག་ཏུ་མ་ངེས་པ་**དེའི**་སོགས་**ཉོན**་ཞེས་མཚམས་སྦྱར་ནས་སྤྱིར་**ཉན་ཐོས**་ལ། ཇོ་བོ་ཆེན་པོས། ཉན་ཐོས་རྣམ་གཞི་སྤྲུལ་པ་དང་། །རྫོགས་པའི་བྱང་ཆུབ་འགྱུར་བ་དང་། །ཞི་བགྲོད་གྲུབ་མཐའ་འཛིན་པའོ། །ཞེས་བཞིར་གསུངས་པའི་ཐ་མ་ལ་**རྩ་བའི་སྡེ་བཞི**་སྟེ། གཞི་ཐམས་ཅད་ཡོད་པར་སྨྲ་བ། གནས་བརྟན་པ། དགེ་འདུན་ཕལ་ཆེན་པ། མང་བཀུར་བའོ། །དེ་བཞི་**ལ་འདུལ་བ**འི་ལུང་ཡང་**མི་འདྲ་བ་རྣམ**་པ་**བཞི་ཡོད**་དེ། **སྐད་ཀྱང**་རིམ་པ་བཞིན་དུ་སྐད་སཾ་སྐྲི་ཏ་དང་། པྲ་ཀྲི་ཏ་དང་། ཨ་པ་བྷྲཾ་ཤི་ཏ་དང་། པི་ཤ་ཙ་ཞེས་པ་བོད་སྐད་**ལེགས་སྦྱར་དང་རང་བཞིན་དང་ཟུར་ཆག་དང་ཤ་ཟའི**་སོགས་**ཡིན**་པས་འདུལ་ལུང་རྣམས་སྐད་དེ་བཞི་སོ་སོར་གནས་པའི་ཕྱིར། བཞི་པོ་**དེ་ལས**་སོགས་**ཡོད་དེ**། དགྲ་བཅོམ་དབྱིག་བཤེས་ཀྱིས་མཛད་པའི་སྡེ་པ་ཐ་དད་བཀླག་པའི་འཁོར་ལོ་ལས་བསྡུས་པ་སྡེ་པ་ཐ་དད་བསྟན་པ་ཞེས་བྱ་བ།

སློབ་དཔོན་དུལ་བ་ལྷས་མཛད་པ་ལས། ཤར་དང་ནུབ་དང་གངས་རི་ར་གནས། །འཇིག་རྟེན་འདས་པར་སྣླ་བ་དང་། །རྟག་པར་སྣླ་བའི་སྟེ་པ་སྟེ། །ལྔ་ཚན་དགེ་འདུན་ཕལ་ཆེན་པ། །གཞི་ཀུན་པ་དང་འོད་སྲུངས་སྡེ། །ས་བོན་སྡེ་དང་ཆོས་བསྲུངས་སྡེ། །མང་ཐོས་གོས་དམར་སློབ་མ་པ། །རྣམ་པར་ཕྱེ་སྟེ་སྣླ་བ་རྣམས། །ཐམས་ཅད་ཡོད་པར་སྣླ་བ་བདུན། །རྒྱལ་བྱེད་ཚལ་གནས་འཇིགས་མེད་གནས། །གཙུག་ལག་ཁང་གནས་གནས་བརྟན་པ༑ །ས་སྒྲོགས་རིས་དང་བསྲུང་བ་དང་། །གནས་མ་བུ་ཡི་སྡེ་རྣམས་ནི། །ཀུན་གྱིས་བཀུར་བ་རྣམ་པ་གསུམ། །ཡུལ་དོན་སློབ་དཔོན་བྱེ་བྲག་གིས། །ཐ་དད་རྣམ་པ་བཅོ་བརྒྱད་ཡོད། །ཅེས་འབྱུང་ལ་རྟོག་གེ་འབར་བ་ལས་ཚུལ་གཞན་དུ་འབྱུང་སྟེ་ཁོ་བོས་གྲུབ་མཐའ་ཀུན་ཤེས་ཀྱི་འགྲེལ་པར་ཞིབ་ཏུ་བྲིས་པ་ལྟར་རོ། །དེ་དག་གི་ལུང་གི་བརྗོད་བྱ་ཡང་**དང་པོ་**སོགས་**ཚུལ་**འོག་ཏུ་འཆད་པ་ལྟར་**སྡེ་པ་**སོགས་**གནང་**ངོ་། །

གཉིས་པ་ནི། འདུལ་བ་འོད་ལྡན་ནས་གཞི་ཐམས་ཅད་ཡོད་པར་སྨྲ་བ་གཙོ་བོར་བཤད་པ་ལྟ་བུ་**གལ་ཏེ་**སོགས་**ཡིན་**ནོ་ཞེ་**ན**། མི་འཐད་དེ་རྒྱལ་བ་འོད་སྲུངས་ཀྱི་སྐྱིན་བདག་**རྒྱལ་པོ་**སོགས་**གསུངས**་པའི་ཕྱིར་ཏེ་མི་བཅོ་བརྒྱད་ཀྱིས་རས་ཡུག་གཅིག་ལ་ཡུན་རིང་དུ་བཅད་པས་རེ་རེས་རས་ཡུག་རེ་རེ་ཐོབ་པར་མཐོང་བ་ཤཱཀྱ་ཐུབ་ཀྱི་ཉན་ཐོས་བཅོ་བརྒྱད་དུ་ཕྱེས་ཀྱང་རྣམ་གྲོལ་གྱི་རས་ཡུག་ཁྱད་མེད་དུ་ཐོབ་པས་ཐམས་ཅད་སངས་རྒྱས་ཀྱི་བསྟན་པར་གཅིག་གོ་ཞེས་ལུང་བསྟན་པའི་ཕྱིར་རོ། །

དེའི་རྨི་ལམ་བཅུ་ནི། གླང་ཆེན་ཁྲོན་པ་ཆེ་ཙནྡན།། ཚལ་དང་གླང་ཕྲུག་སྤྲེ་དབང་བསྐུར། །མི་གཙང་སྤྲེའུས་རས་ཡུག་འཐབ། །རྒྱལ་པོ་ཀྲི་ཀྲིའི་རྨི་ལམ་བཅུ། །ཞེས་བྱ་སྟེ། གླང་ཆེན་ཞིག་བུག་པ་ལ་ལུས་ཐོང་ནས་མཇུག་མ་འཐོགས་པ་དང་། ཁྲོན་པ་ཞིག་མི་ཁ་སྐོམ་པའི་རྗེས་སུ་འབྲངས་ནས་འཕྱུངས་ཞེས་བསྐྱིག་པ་དང་། ཕྱེ་དང་མུ་ཏིག་བརྗེ་བ་དང་། རྒྱལ་པོའི་སྐྱེད་མོས་ཚལ་ལ་སྤྱང་པོས་ལོངས་སྤྱོད་པ་དང་། གླང་ཕྲུག་གིས་གླང་ཆེན་སྤྱོད་པ་དང་། སྤྲེའུས་མི་ལ་དབང་བསྐུར་བ་དང་། སྤྲེའུས་མི་གཙང་བ་གཞན་ལ་དགོད་པ་དང་། རས་ཡུག་ལ་རྩོད་པ་དང་། མི་མང་པོ་འཐབ་མོ་རྟག་ཏུ་བྱེད་པར་རྨིས་པ་རྣམས། ཤཱཀྱ་ཐུབ་པའི་བསྟན་པ་ལ་ཁྱིམ་ཆེན་སྤངས་ནས་ཁྱིམ་ཆུང་འཛིན་པ་དང་། སློབ་དཔོན་གྱིས་སློབ་མ་ལ་གསོལ་བ་འདེབས་པ་དང་། ཆོས་དང་ཟང་ཟིང་བརྗེ་བ་དང་། ཡ་རབས་ལས་མ་རབས་ལ་ རྩིས་ཆེ་བ་དང་། དགེ་འདུན་གྱི་གཙུག་ལག་ཁང་ལ་ཁྱིམ་པས་ལོངས་སྤྱོད་པ་དང་། ཚུལ་འཆལ་གྱིས་ཚུལ་ལྡན་སྤྱོད་པ་དང་། རྡོ་རྗེ་སློབ་དཔོན་མཚན་ཉིད་དང་མི་ལྡན་པས་དབང་བསྐུར་བྱེད་པ་དང་། ངན་པའི་སྐྱོན་བཟང་པོ་ལ་དགོད་པ་དང་། སྡེ་པ་བཅོ་བརྒྱད་གསུང་རབ་ལ་རྩོད་པ་དང་། མི་ཕལ་ཆེར་རྙེད་བཀུར་ལ་འཐབ་པ་རྣམས་ཀྱི་ལྟས་སུ་ལུང་བསྟན་ནོ། །འདིའི་ཐད་ནས་ཚིག་རྐང་

གསུམ་གྱི་ཏི་ཀཱ། ཕྲན་ཚེགས་མ་ཚང་བ་དཔྱད་འཚལ།

ཡང་ཉེས་སྤྱོད་གཅིག་ནི། **སྡེ་པ**་བཅོ་བརྒྱད་པོ་**ཀུན**་སོགས་**ཞེན**། མི་འགྱུར་ཏེ། **ཤེས་ཀྱང**་སོགས་**ཡིན**་པའི་ཕྱིར། **དཔེར་ན**་སོགས་ཀྱི་ཚིག་དོན་ཕལ་ཆེར་གོ་སླ་ཞིང་**ལ་ལ་ཞེས་པ་ལ**་སྡེ་པ་སོ་སོའི་མིང་སྦྱོར་བ་རྣམས་ཤེས་བྱེད་རྟེན་སོ་མ་རྙེད་ཅིང་། ཇོ་བོས་མཛད་པར་གྲགས་པའི་སྡེ་པ་སོ་སོའི་སྣམ་སྦྱར་གྱི་མཚན་མ་སོགས་བཤད་པའི་གཞུང་ལའང་བུ་སྟོན་རིན་པོ་ཆེ་ལ་སོགས་པ་ཡིད་ཆེས་ཀྱི་གནས་རང་དུ་མི་བཞེད་པས་རྗེ་འདིས་ཁུངས་གཟིགས་པ་གང་ཡིན་མ་ངེས་ནའང་སྡེ་པ་རྣམས་ཕྲན་ཚེགས་འདི་ཙམ་ལ་འདོད་མི་མཐུན་པར་ཡོད་པར་ངེས་སོ། །ཕལ་ཆེན་པ་ཆང་འཐུང་བ་ལ་རྩ་ལྟུང་དུ་བྱས་ནས་མི་ཚང་སྤྱོད་ལ་མི་བྱེད་པར་གྲགས་པ་ལྟ་བུ་ནི་ཤིན་ཏུ་མི་རིགས་ཏེ། རྩ་ལྟུང་མ་ཡིན་ན་ཐར་པ་ཐོབ་པ་ལ་མི་སྒྲིབ་པར་འདོད་དགོས་ན་དང་འདོད་པས་བར་དུ་གཅོད་པར་གསུངས་པ་ཁས་ལེན་པས་བསྒྲིབ་པར་འདོད་པ་སོགས་ཀྱི་ཕྱིར་རོ། །

གཉིས་པ་ནི། གཅིག་ལ་དགག་པ་ཀུན་ལ་བཀག་ན། **བྱིན་ལེན་མ་བྱས་ཟ་བའི་ལྟུང་བ་མི་སྐྱུ་ལ**་འང་**འབྱུང**་དགོས་ལ་དེ་ལྟར་**ན་མི་སྐྱུ་ལ**་སོགས་**སྦྱར་བར་གྱིས**་ཤིག་དེ་བཞིན་དུ་མཁས་རློམ་**ཁ་ཅིག**་སོགས་**ཟེར**། གྲུབ་མཐའ་**འདི་ནི**་སོགས་མིན་ཏེ་ཅིའི་ཕྱིར་སོགས་ཕྱིར་བཅས་པ་ཕན་ཆད་འབྱུང་བ་དེས་ན་སོགས་གསུངས། དེ་ལྟ་མིན་སོགས་ན། **འགྲོ་ཀུན**་ཆོས་ཅན་**ཐར**་སོགས་**སྐྲན**་ཏེ། རྟག་ཏུ་**ལྟུང་བ་དང་བཅས་པས་སོ།** །དགེ་སློང་ལ་ལྟུང་བར་བཅས་པའི་ནང་ནས་འཆང་འབྲལ་འཇོག་གསུམ་དང་། བྱིན་ལེན་མ་བྱས་པར་ཟ་བ་དང་། གསོག་འཇོག་སོང་བ་ཟ་བ་སོགས་ཕྱེད་དང་བཅོ་བརྒྱད་དགེ་ཚུལ་ལ་མི་འབྱུང་ལ། དགེ་བསྙེན་ལ་བཅས་འགལ་ཡིན་ཡང་ལྟུང་བའི་ཐ་སྙད་མི་ཐོབ་ལ། དགེ་ཚུལ་ལ་བཅས་པ་མང་པོ་ཡང་མི་འབྱུང་སོགས་ལྟུང་བ་ནི་བཅས་པའི་རྗེས་སུ་འབྲང་བས་རྒྱལ་བས་བཅས་པ་ཇི་ལྟར་མཛད་ཀྱི་རྣམ་དབྱེ་ཤེས་ནས་སྡིག་པ་དང་ལྟུང་བའི་དབྱེ་བ་སོགས་སློབ་པར་བྱ་ཡིས། དད་ཐོབ་ཏུ་རློམ་པའི་འཁོར་ཚོགས་མང་པོའི་དབུས་སུ་ཆ་མེད་ཀྱི་རྒྱུས་གཏམ་མང་པོ་སྨྲས་ན་རང་གཞན་མང་པོ་བསླུ་བའི་ཉེས་དམིགས་ཡོད་པས་བཅས་པ་ལ་གུས་པར་བྱའོ། །

གསུམ་པ་ནི། ཐེག་པ་ཆེ་ཆུང་གནང་བཀག་གཅིག་ཏུ་མ་ངེས་ཏེ། **ཉན་ཐོས་རྣམ་གསུམ**་སོགས་**ཇི་ལྟར་རྩེ**་སྡེ་ཅིར་མི་རུང་བའི་ཕྱིར་རོ། །འདིར་རྣམ་གསུམ་དག་པའི་ཤའི་ངོས་འཛིན་ལ། བླུན་པོ་མཁས་ཁྱད་འདོད་པ་འགའ་རེ། རོ་བཅུད་མདོག་གསུམ་ཤིན་ཏུ་ངན་པ་ལ་བྱེད་ཟེར་བ་ནི་ཤིན་ཏུ་འང་རང་བཟོ་ཡིན་ལ། འདུལ་འཛིན་ལ་ལ་སྤྱིར་འདུལ་བར་གནང་བ། སྐྱོས་དམིགས་ཤ་མིན་པ། ཡང་སྐྱོས་གསོག་འཇོག་སོགས་མ་སོང་བ་གསུམ་ཟེར་བའང་དང་པོའི་ནང་དུ་ཐམ་གཉིས་འདུས་པས་འདུལ་བ་མི་མཁས་པར་མཚོན་པས་འདུལ་བར་ནི། རང་

དོན་དུ་བཤད་པར་མཐོང་ཐོས་དོགས་པ་གསུམ་གྱི་དགོས་པ་ཉིད་དོ། །

མདོ་སྡེ་ནི། ལང་གཤེགས་ལས།རྣམ་གསུམ་དག་པའི་ཤ་རྣམས་ནི། །མ་བསླུས་པ་དང་མ་སྐུལ་དང་། །མ་བརྟགས་པ་ཡང་རྙེད་དཀའ་བས། ཞེས། ང་ལ་ཤ་བྱིན་ཞིག་ཅེས་ངག་གིས་མ་བསླུས། ལས་ཀྱི་བརྡས་མ་བསྐུལ། ཡིད་ཀྱི་མ་བསམ་པར་ཐོབ་པ་ལ་བཞེད་པར་ཁ་ཅིག་གིས་བཤད་མོད་ཀྱི། མདོའི་དོན་ནི། འདུལ་བའི་རྣམ་གསུམ་དག་པའི་ཤ་ལའང་དེ་གསུམ་མ་ཚང་ན་བཟའ་རུང་དུ་ཆུག་ཀྱང་དེ་ཡང་རྙེད་དཀའ་བས་གཏན་བཟར་མི་རུང་ཞེས་པར་གསལ་ལོ། །དེས་ན་འདུལ་བ་ནས་རྣམ་གསུམ་དག་པ་མ་ཟོས་ན་ལྷ་སྦྱིན་གྱི་བརྟུལ་ཞུགས་སུ་འགྱུར་ལ། མདོ་སྡེ་ནས་བཀག་ཀྱང་བཟར་མི་རུང་བས་དེ་གཉིས་ཀ་གནང་བཀག་གཅིག་པ་ཇི་ལྟར་བྱ་ཞེས་དགོངས་ཤིང་འཐད་པས། དེང་སང་འདུལ་བ་ནས་ཀྱང་གཏན་མ་གནང་ངོ་ཞེས་ཟེར་བ་ནི། བསྟན་འཛིན་ཆེན་པོ་དག་ལ་སྐུར་སྐྱུས་བྱས་པར་མ་ཟད་གཞུང་འདི་ཡང་དགག་པའོ། །ལྷ་སྦྱིན་གྱི་བརྟུལ་ཞུགས་ལྔ་ནི། དགེ་སྦྱོང་གོའུ་ཏ་མ་ནི་ཤ་ཟ་ཡི། འོ་བུ་ཅག་ནི་མི་ཟ་བ་སྟེ། སེམས་ཅན་གྱི་སྲོག་ལ་གནོད་པའི་ཕྱིར་རོ། །དེ་བཞིན་དུ་འོ་མ་འཐུང་མི་འཐུང་། ལན་ཚྭ་ཟ་མི་ཟ། གོས་དྲས་ཤིང་གྲུབས་པ་གྱོན་མི་གྱོན། དགོན་པར་གནས་མི་གནས་ལ་སྦྱར་ཏེ། བེའུ་ལ་གནོད། དབང་ཕྱུག་གི་ཁྲུ་བ་ཡིན། སྦྱིན་བདག་གི་རྫས་ཆུད་ཟ། སྦྱིན་བདག་གི་ཚོགས་མི་རྫོགས་པའི་ཕྱིར་རོ་ཞེས་འགོད་དོ། །

གསུམ་པ་ནི། རྒྱུ་མཚན་**དེས་ན་ཡེ**་སོགས་**མི་རུང་སྟེ**། **དཔེར**་སོགས་**འཐད**་པ་**མ་ཡིན**་པ་བཞིན་ནོ། ། **དེས་ན**་སོགས་**དཀའ**་བ་**དེ་བཞིན**་དུ་བཅས་འཚམས་**གནང**་སོགས་**འགྲུབ**་པས་བཅས་འཚམས་ཤེས་ཤིང་བསྲུང་བར་བྱའོ། །གཉིས་པ་ལ། རབ་བྱུང་ལ་སྙིང་ནད་མཛད་པར་ཐལ་བ་སྤྱངས། སངས་རྒྱས་དངོས་པོ་ཀུན་གྱི་བྱེད་པོར་ཐལ་བ་སྤྱངས་པའོ། །དང་པོ་ལ། འདོད་པ་བརྗོད་པ་ནི། **གལ་ཏེ**་སོགས་མི་མཁས་པ་དག་**ཟེར**་རོ། །འདི་དགག་པ་ལ་འགོ་མཚུངས་ནི། **འདི་འདྲའི**་སོགས་**ཡིན**་ཏེ། འདི་འདྲ་འཐད་པ་**འོན་ཞིང་བཟང**་སོགས་**འགྱུར**་ཏེ། **ཞིང་ཡོད**་སོགས་**མི་འབྱུང་བས**་སོ། །རྣལ་ལན་ནི། **རབ་ཏུ་བྱུང་བ་ལ**་ཁྱིམ་པ་ལ་མི་འབྱུང་བའི་**ལྷུང་བ་སྲིད་མོད**་ཁྱིམ་པས་བསྐལ་པར་བསྒྲུབས་ཀྱང་མི་འགྲུབ་པའི་ཕན་ཡོན་དེ་ལྟས་སྡོམ་བརྩོན་ཁྱིམ་པ་ཡི། བྱང་ཆུབ་སེམས་དཔའ་ལ་ཁྱད་འཕགས། །ཞེས་སོགས་དང་། དེ་ལྟར་དགེ་ཚུལ་གྱུར་མ་ཐག །འདི་ལ་ཁྱིམ་པ་ཐམས་ཅད་ཀྱི། །ཕྱག་འཚལ་སྨོན་པར་འགྱུར་བ་སྟེ། །གང་ཕྱིར་ཁྱིམ་གྱི་འཆིང་གྲོལ་ཕྱིར། །ཞེས་སོགས་དང་། འཛངས་བླུན་གྱི་དཔལ་སྐྱེས་ཀྱི་ལེའུ་དང་། ཟླ་བ་སྒྲོན་མེ་དང་། རིན་པོ་ཆེའི་ཕུང་པོའི་མདོ་སོགས་ནས་གསུངས་པའི་**ཕན་ཡོན**་ཤིན་ཏུ་**ཆེ**་བར་ཡོད་དེ། **ཞིང་ལ**་སེར་བ་སོགས་ཀྱིས་**དགྲ**་སོགས་**དེ་བཞིན**་ཏེ། རྒྱུ་

མཚན་གོང་དུ་བརྗོད་པ་**དེསན**འོ། །**དཔེར་ན**་སོགས། **དེསན**་བཅས་ལྟུང་ནི་མ་བཅས་པ་ལ་མི་འབྱུང་སྟེ། **མདོ་དང་**སོགས་**བཅས་པ་ཕྱིན་ཆད་ལྟུང་བར་འགྱུར་བའི་**ཕྱིར། གཞན་དུ་ཧ་ཅང་ཐལ་བ་ནི། **དེ་ལྟ་མིན་**སོགས་**འགྱུར་**ཏེ། རབ་བྱུང་ལ་བཀག་པ་རྣམས་ལ་སྤྱོད་པས་**གཤིས་ཀྱི་མི་དགེ་བ་སྤྱོད་ཕྱིར་**རོ། །ཙནྡན་སོགས་དང་ལྷས་ལྷས་ཀྱི་འཇིག་རྟེན་ཞེས་པ་རྣམ་གྲངས་ཏེ། དགོན་བརྩེགས་ཀྱི་བྱང་ཆུབ་སེམས་དཔའི་སྡེ་སྣོད་ལས་གསལ་བར་གསུངས་སོ། །དེ་བཞིན་དུ། **དགེ་བསྙེན་**སོགས། **དགེ་སློང་གི་ལྟུང་བ་**ཕལ་ཆེ་བ་**ཐམས་ཅད་འབྱུང་**བའི་**ཕྱིར་རོ**། །རང་གི་རང་ལ་གནོད་དེ། **འདི་འདྲ་གང་ཟག་**སོགས་**ལྟུང་བ་ཐམས་ཅད་སྤྱོད་**པར་འགྱུར་བའི་**ཕྱིར་རོ**། །

འཇུག་སྡུད་པ་ནི། ཆ་ལུགས་ཙམ་ལས་དགེ་སྡིག་ཏུ་མི་འགྱུར་བ་**དེསན་མདོ་ལས**་སྡོམ་པ་མེད་པའི་**བརྟུལ་ཞུགས**་ཙམ་**ལ་དགེ་སྡིག་གཉིས་ཀ**་མཐའ་གཅིག་ཏུ་ངེས་པ་**མེད་པར་གསུངས**་ཏེ། ལོ་ཏོག་གི་ཚེར་རིབ་ལྟ་བུ་**ཞིང་གི**་སོགས་**ཟད**་པའི་ཕྱིར། **དེསན**་རང་གི་བུ་དང་ཆུང་མ་ཡང་སྤྱང་བ་**འདོད**་སོགས་**དང**། ལོག་གཡེམ་སོགས་རང་བཞིན་གྱི་ཁ་ན་མ་ཐོ་བ་སྤྱོང་བ། **སྡིག**་སོགས་**གསུངས**་པས་**ཐུབ**་སོགས་**ཟུངས**་ཤིག །དེའི་གཞུང་འཇུག་པ་ནི་མདོ་ལས་**བུ་མོ**་སོགས་**སྨོན**་ཏེ་ངེས་པར་སྨོན་རིགས་སོ། །འདི་ཡང་རབ་ཏུ་བྱུང་ན་དེ་ལས་ལྷག་པའི་དགེ་བ་ཉམས་སྲིད་པ་དང་དུར་ཁྲིག་ཙམ་གྱིས་མཆོག་འཛིན་དགག་པའོ། །དེར་མ་ཟད་སྡོམ་པ་ལ་མཆོག་འཛིན་མི་རུང་སྟེ་འོད་སྲུངས་ཀྱིས་ཞུས་པའི་**དགོན་མཆོག**་སོགས་**ལུང་བསྟན**་པའི་ཕྱིར་རོ། །འོན་ཀྱང་སྡོམ་པ་ནི་དགེ་བ་ཡིན་གྱི་ཆ་སོགས་མེད་དེ་གསེར་མཆོག་གི་རྣམ་ཐར་**དེསན**འོ། །རབ་བྱུང་གི་ཆ་ལུགས་ཙམ་ལ་མཆོག་ཏུ་འཛིན་པ་**འདི་འདྲའི**་སོགས་**མིན**་ཏེ། **སྡོམ**་སོགས་**བཀག**་པའི་ཕྱིར་ཏེ། ཆ་ལུགས་ཙམ་བཟུང་བས་**གཤིས་ལ**་སོགས་**མི་བཟུང**་སྟེ་བཟུང་རིགས་པའི་ཕྱིར་རོ། །

གཉིས་པ་ལ་འདོད་པ་བརྗོད། དེ་རྒྱས་པར་དགག །དེསན་བཅས་པ་ལ་གུས་པར་གདམས་པའོ། །དང་པོ་ནི། དགག་པ་དེ་ལྟར་བརྗོད་པ་**དེ་ལ**་ཧམ་ཤུར་ཆེ་བ་**ཁ་ཅིག**་སོགས་**ཞེན**།

གཉིས་པ་ལ་འགོ་བསྒྲི་དངོས་ལན། དོན་བསྡུ་བའོ། །དང་པོ་ནི། **འགོ**་སོགས་**མུ་སྟེགས**་རྒྱུད་འཕེན་**འགའ་ཞིག**་སོགས་**འགྱུར**་རོ། །

གཉིས་པ་དངོས་ལན་ནི། **གཤིས**་སོགས་**བདེ་སྡུག**་སངས་རྒྱས་ཀྱིས་དབང་ཆེ་བྱས་པ་མིན་ཏེ། སྤྱོང་བ་པོ་རང་རང་གི་**ལས་ཀྱིས**་སོགས་**བདེ་སྡུག་འབྱུང**་བའི་ཕྱིར་རོ། །འོ་ན་བསླབ་པ་འཆལ་བ་དོན་མེད་དོ་ཞེས་ན་བདེ་སྡུག་ལས་དགེ་སྡིག་གི་བྱེད་པ་ཉིད་ཀྱིས་བསླབ་པ་འཆལ་བ་རིགས་ཏེ། དགེ་སྡིག་**དགེ་བླང་དོར**་སོགས

ཡིན་ལ་ཆ་ལུགས་བསྒྱུར་བའི་**བརྟུལ་ཞུགས**་ནི་**ཚུལ་ཁྲིམས**་དེ་**བསྲུང་བའི་ཐབས**་ཏེ་དྲན་ཤེས་འབྱུང་བའི་སྒོ་ཡིན་ཞིང་**དེ་ལ**་སོགས་**ཡིན**་པའི་ཕྱིར་རོ། །དགེ་སློང་ཕ་མ་ལྟ་བུ་བསམ་པའི་སོགས་**དེ་ལྟར་ཡིན**་ཏེ། དགེ་སྡིག་བསམ་པས་བྱེད་ཅིག་བསམ་པ་སོ་སོ་ལ་བརྟེན་པའི་གཉེན་པོ་སོ་སོར་རྟེན་དགོས་པ་**དེས་ན**འོ། །

གསུམ་པ་ནི། **བདེ་དང**་སོགས་**གསུངས**་ཏེ། བདེ་སྡུག་ལས་ཀྱིས་བྱེད་ལ་བླང་དོར་དེས་གསུངས་པ་**དེས་ན**འོ། །གསུམ་པ་ནི། རབ་ཏུ་བྱུང་བས་གོས་ཡན་ལག་གི་**སྣུ་གྱུ**་སོགས་**ལེགས་པར་བྱ**་དགོས་ཏེ། **དགེ**་སོགས་**ཡིན**་པའི་ཕྱིར་དང་**རབ་ཏུ**་སོགས་**ཅི་ལ་གནོད**་ཅིང་**རང་གིས**་སོགས་**བསྟན་ལ**་གནོད་པ་**མིན**་པའི་ཕྱིར་རོ། །**གལ་ཏེ**་སོགས་**གཤེགས**་པར་བྱ་དགོས་ཏེ། **འདི་དག**་སོགས་**གནོད**་པའི་ཕྱིར་རོ། །རྒྱུ་མཚན་རྒྱས་པ་**དེས་ན**་སོགས་**གནོད**་པར་**མི་བྱ**འོ། །

གསུམ་པ་ལ་འདུལ་བ་དང་། འཆད་ཉན་གྱི་ལག་ལེན་གང་དྲན་དགག་པའོ། །དང་པོ་ནི། **མདོ་བསྐུལ**་བ་དང་ཉི་མ་བརྗོད་པ་**ལ་སོགས**་པ་རབ་བྱུང་གི་**བྱ་བ་ཀུན**་གསོ་སྦྱོང་གཞི་ལྟ་བུ་**འདུལ**་སོགས་**མཐུན**་པར་ལེགས་པར་བསླབས་ནས་ལག་ལེན་དུ་**གྱིས**་ཤིག་ཅེས་རབ་བྱུང་གི་འདུལ་བ་གཙོ་བོར་བྱ་བར་གསུངས་པས་གདིང་ལྷུང་ཐོགས་པ་དང་གསོ་སྦྱོང་བྱེད་པ་ལ་ཐན་ལྟས་བྱེད་པ་ནི་རང་གཞུང་ཁྱད་པར་ཅན་འདི་ཡང་འགལ་ལོ། །དེས་ན་འདུལ་བ་པར་སློམ་པ་འགའ་རེས་ཀྱང་། འདུལ་བ་ལས། དེ་ནི་ཡར་གྱི་ངོའི་ཚེས་གཅིག་ལགས་ཏེ། གཙུག་ལག་ཁང་གི་བདག་པོ་དང་དེའི་ལྷ་རྣམས་ཀྱི་སྐད་དུ་ཚིགས་སུ་བཅད་པ་རེ་བགླག་ཏུ་གསོལ་ཞེས་གསུངས་པ་དོར་ནས། ཀྱེ། གསོན་ཞིག་དགེ་འདུན་བཙུན་པ་རྣམས། །ཚངས་པ་བརྒྱ་སྦྱིན་རྒྱལ་ཆེན་དང་། །ཕྱོགས་སྐྱོང་གཙུག་ལག་བསྲུངས་མ་དང་། །ཞེས་སོགས་ཚིགས་བཅད་མང་པོ་སྦྱོར་བའི་**མདོ་བསྐུལ**་སོགས་**མཐོང**་བ་ནི་མི་འཐད་དེ། **མདོ**་སོགས་**མ་གསུངས**་པས་**འདི་འདྲའི**་སོགས་**འགྱུར**་བའི་ཕྱིར། དེས་ན་**སངས་རྒྱས**་སོགས་མཚར་རོ། །འདི་འདྲའི་སོགས་འགྱུར་བ་འགྲུབ་སྟེ། སངས་རྒྱས་**གསུངས**་སོགས་**བྱར་མི་རུང**་བའི་ཕྱིར་དང་། **མུ**་སོགས་**ནུས**་པ་**མ་ཡིན**་པའི་ཕྱིར་རོ། །

གཉིས་པ་ནི། ཉན་བཤད་རྒྱལ་བའི་བཞེད་པ་དང་མི་མཐུན་པ་བྱེད་པའང་སྣང་སྟེ། སློམ་ཆེན་པར་ཁས་འཆེ་མང་པོ་**ལ་ལ**་སོགས་**ཟེར**་ནས། རྗོད་བྱེད་**ཚིག་རྐྱང**་སོགས་**ཁྲིམས་པ**འི་དཔེ་ཆུང་**ལ**་བསྟན་བཅོས་སོགས་**བྱེད**་པའི་ཕྱིར། འཐད་པ་ནི་མ་ཡིན་ཏེ། དེ་འདྲ་**བླུན**་སོགས་**འགྱུར**་བའི་ཕྱིར། **ཀྱེ་མ**་སོགས་ནི། བསྟན་པ་དང་སེམས་ཅན་ལ་ཐུགས་བརྩེ་བས་མ་བཟོད་པའི་སྨྲེ་སྔགས་སོ། །**དེས་ན་སངས་རྒྱས་གསུང་རབ**་མདོ་རྒྱུད་གང་རུང་**དང**་རྒྱན་དྲུག་མཆོག་གཉིས་སོགས་**མཁས**་སོགས་**ཡོད**་པས་ན་**འདི་འདྲ**་སོགས་**ཤེས་པར་བྱས**་ནས་**ཐོས**

སོགས་དེ་ལྟར་ཅི་ནས་**གྱིས**་ཤིག་སྟེ། བསྟན་པ་རྣམ་དག་ལ་བཤད་སྒྲུབ་ཚུལ་བཞིན་བྱེད་པ་**འདི་ནི་སངས་རྒྱས**་ཀྱི་**བསྟན་པ་ཡིན**་པའི་ཕྱིར་རོ། །**སོ་སོར**་སོགས་**དང**་པོ་ལེགས་པར་བཤད་པའོ།། །།

གཉིས་པ་བྱང་སེམས་ཀྱི་སྡོམ་པ་བཤད་པ་ལ། སྤྱིར་སེམས་བསྐྱེད་ལ་ཐེག་པ་གཉིས་སུ་དབྱེ། སློབ་ཐེག་ཆེན་ལ་དབུ་སེམས་གཉིས་སུ་དབྱེ། དེ་གཉིས་ཀྱི་ལེན་བསྲུང་ལ་འཁྲུལ་པ་དགག །བསྟན་པའི་རྣམ་བཞག་གི་མཇུག་བསྡུ་བའོ། །དང་པོ་ནི། སྤྱིར་རྫོགས་བྱང་དུ་**སེམས་བསྐྱེད**་པ་**ལ་ནི**་འདུལ་བ་ལུང་ནས་འབྱུང་བ་**ཉན་ཐོས**་སྡེ་པ་ལ་གྲགས་པའི་ལུགས་**དང**། ཐེག་ཆེན་མདོ་སྡེ་ལས་འབྱུང་བ་**ཐེག་པ་ཆེན་པོ**་ལ་གྲགས་པའི་**ལུགས་གཉིས་ཡོད**་དེ། ཕྱི་མ་ནི་ཀུན་ལ་གྲགས་ཤིང་། **ཉན་ཐོས**་སྡེ་པ་**རྣམས**་ལ་གྲགས་པའི་**སེམས་བསྐྱེད་གསུམ**་སྟེ། ཉན་ཐོས་**དགྲ་བཅོམ**་གྱི་**རང་རྒྱལ**་གྱི་བླ་ན་མེད་པའི་བྱང་ཆུབ་རྫོགས་པའི་**སངས་རྒྱས**་ཐོབ་པར་བྱའོ་སྙམ་དུ་སེམས་བསྐྱེད་པ་གསུམ་ཡོད་པའི་ཕྱིར། དེ་ཡང་སྟོན་པ་འདི་ཉིད་རྒྱལ་པོ་འོད་ལྡན་དུ་གྱུར་པ་ན། གླང་ཆེན་སྐྱོན་པའི་རྫི་བོ་ལས་སངས་རྒྱས་ཀྱི་ཡོན་ཏན་ཐོས་ནས་སྦྱིན་པ་རྒྱ་ཆེར་བཏང་ནས། སྦྱིན་པ་ཆེན་པོར་གྱུར་པ་འདི་ཡིས་ནི། །ཞེས་སོགས་སེམས་བསྐྱེད་པ་དང་། རྒྱལ་པོ་གསལ་རྒྱལ་གྱི་སྟོན་པ་འཁོར་བཅས་ཟླ་བ་གསུམ་དུ། ཡོ་བྱད་ཐམས་ཅད་ཀྱི་བསྙེན་བཀུར་ནས་མཐར་དགེ་སློང་རེ་རེ་ལ་གོས་ཀཏྣ་པ་ན་འབུམ་རི་བ་ཟུང་རེ་ཕུལ་བ་མཐོང་ནས་དབུལ་མོ་གྲོང་ཕྱི་ཉུལ་མས་ཀྱང་སློང་མོ་བྱས་པས་རྙེད་པའི་མར་མེ་ཙུང་ཟད་ཕུལ་ཏེ་སྨོན་པ་དང་ཡབ་ཡུམ་སྐུ་ཚེ་ཡོན་ཏན། འཁོར་ལ་སོགས་པ་ཇི་ལྟར་འཚང་རྒྱ་བར་སེམས་བསྐྱེད་པ་ལྟར་ལུང་བསྟན་པ་སོགས་འདུལ་བ་ལུང་ན་རྒྱ་ཆེར་བཞུགས་སོ། །འོན་ཀྱང་སེམས་བསྐྱེད་འདི་དག་ལེན་པ་ཆོ་ག་སོགས་ནི་ལུང་ནའང་མི་གསལ་ཞིང་དེ་ལེན་ཚུལ་གྱི་**ཉན་ཐོས**་ལུགས་ཀྱི་**བསྟན་པ**་ནི་དེང་སང་**ནུབ**་པས་ན་ད་ལྟའི་**དེ**་སོགས་**ལུང**་ཞེས་བྱའི་ཉན་ཐོས་ཀྱི་བསྟན་པ་འདུལ་བ་ལུང་ནས་འབྱུང་བའི་ཆོ་ག་དང་ཉན་ཐོས་སྡེ་གཉིས་ཀྱི་ལྟ་བ་ཙམ་ལ་བྱེད་ན་ནི་མ་ནུབ་པའོ། །

གཉིས་པ་ནི། **ཐེག**་སོགས་**གཉིས**་ཡོད་དེ། འཇམ་དབྱངས་ནས་ཀླུ་སྒྲུབ་ལ་བརྒྱུད་པ་ཞི་བ་ལྷས་བསླབ་སྤྱོད་དུ་རྒྱས་པར་བཤད་པ་སྐྱེ་བོ་དམན་འདྲེན་མཆོག་གསུམ་ག་ལ་བྱར་རུང་བ་དབུ་མ་ལུགས་དང་། བྱམས་པ་ནས་ཐོགས་མེད་ལ་བརྒྱུད་པ་ཙནྡྲ་གོ་མིས་སྡོམ་པ་ཉི་ཤུ་པར་བསྡུས་ཤིང་ཡོན་ཏན་འོད་དང་ཞི་འཚོ་དང་བྱང་བཟངས་ཀྱིས་བཀྲལ་བ་འདྲིང་པོ་ཁོ་ན་ལ་བྱ་དགོས་པ་སེམས་ཙམ་ལུགས་སུ་གྲགས་པ་གཉིས་བོད་ན་ཡོད་པའི་ཕྱིར་རོ། །**དེ་གཉིས**་གཙོ་བོར་**ལྟ་བ་ཐ་དད**་ཅིང་ཐབས་ལ་མཁས་མི་མཁས་ཀྱི་དབང་གིས་དང་པོར་ལེན་ཚུལ་གྱི་**ཆོ་ག་ཡང་ནི་ཐ་དད་ཡིན**་ཏེ། སྔ་མ་ལ་ཡན་ལག་བདུན་པ་རྒྱས་པ་སོགས་ཀྱི་རྒྱུད་སྨིན་པར་བྱེད་ལེགས

པར་བྱུང་ནས་བར་ཆད་འདྲི་བ་དང་གསོལ་བ་གདབ་པ་སོགས་མེད་པར་སློན་འཇུག་ལྷན་ཅིག་ཏུ་བླ་མའམ་རྟེན་གྱི་དྲུང་དུ་ལེགས་པར་བླངས་པས་གང་ཟག་འབྲིང་ལ་སྟར་མེད་གསར་དུ་སྐྱེ་ཞིང་ཉམས་པ་འང་གསོ། རབ་ལ་སྟར་ཡོད་གོང་འཕེལ་དུ་འགྱུར་ཞིང་། ཐ་མ་ལའང་ཡིད་དགའ་བྱས་པས་རྒྱུད་སྦྱོང་བྱེད་དུ་ངེས་པར་འགྲོ་བས་ཐབས་མཁས་ལ། ཕྱི་མ་ལ་ནི་གང་ཟག་སློན་སེམས་དང་ལྡན་ཞིང་བྱང་ས་སོགས་ལ་བསླབས་ནས་ལེན་ནུས་པའི་བློ་སྐྱེས་པ་རེ་རེ་ཙམ་ལ་ཡན་ལག་བདུན་པ་རྒྱས་པ་མེད་ཀྱང་བར་ཆད་དྲི་བ་དང་གསོལ་བ་ལན་གསུམ་གདབ་པ་སོགས་བྱས་པ་འཇུག་སྡོམ་ཉིད་སྒྲིན་པའི་ཆོ་ག་བྱེད་པའི་ཕྱིར་རོ། །བར་དུ་ཉམས་པའི་རྒྱ་བའི་**ལྟུང་བ**འི་གྲངས་ཐ་དད་དེ། སྔ་མ་ནམ་མཁའི་སྙིང་པོའི་མདོ་ལས་བྱུང་བ་རྒྱལ་པོ་དང་བློན་པོ་ལ་འབྱུང་བ་ལྔ་ལྔ། ལས་དང་པོ་པ་ལ་འབྱུང་བ་བརྒྱད། གསང་ཆེན་ཐབས་ལ་མཁས་པའི་མདོ་ནས་བྱུང་བའི་བྱང་ཆུབ་སེམས་མདོར་གཞུང་གཞན་ནས་འབྱུང་བའི་སེར་སྣས་ཆོས་ནོར་མི་སྟེར་བ། ཁྲོས་པས་འཐོལ་གཤེགས་མི་ལེན་པ། ཉོན་མོངས་པས་ཆོས་ལྟར་བཅོས་པ་སྟོན་པ་སྟེ་གྲངས་ཉེར་གཉིས། རྒྱལ་བློན་གྱི་དང་པོ་བཞི་གཞི་གཅིག་པས་རྫས་བཅོ་བརྒྱད་གསུངས་ལ། ཕྱི་མས་ཚུལ་ཁྲིམས་ལེའུར་ཤིན་ཏུ་གསལ་བའི་རྩ་ལྟུང་བཞི་ལས་མི་བཞེད་པའི་ཕྱིར་རོ། །ཉམས་ན་**ཕྱིར་འཆོས**་ཚུལ་ཡང་ཐ་དད་དེ། སྔ་མ་ལ་རྨི་ལམ་དུ་བྱང་སེམས་ནམ་མཁའི་སྙིང་པོའི་དྲུང་དུ་གཤེགས་པར་བཤད་ལ། ཕྱི་མ་ལ་སྡོམ་པ་སླར་ཡང་བླང་བར་བྱ། །ཟག་པ་འབྲིང་ནི་གསུམ་ལས་བཤགས། །གཅིག་གི་མདུན་དུ་ལྷག་མ་རྣམས། །ཉོན་མོངས་མི་མོངས་བདག་སེམས་བཞིན། །ཞེས་བཤད་པའི་ཕྱིར་རོ། ། **བསླབ**་སོགས་**ཡོད**་དེ། སྔ་མ་ལ་ཤིན་ཏུ་ལས་དང་པོ་པས་སྲོག་གཅོད་སྤོང་བ་སྣ་རེ་ཙམ་ནས་ཀྱང་བསླབ་ཏུ་རུང་ལ་ཕྱི་མ་ལ་ཚུལ་ཁྲིམས་གསུམ་ག་ལ་རྫོགས་པར་སློབ་དགོས་པས་སོ། །རྒྱས་ཤིང་གསལ་བར་ནི་སྡོམ་པ་ཉི་ཤུ་པའི་རྣམ་བཤད་རྒྱལ་སྲས་ལམ་ཆེན་དུ་བཤད་ཟིན་པ་ལ་བསླབ་པར་བྱའོ། །

གསུམ་པ་ལ་ལེན་ཚུལ་ལ་དང་། བསྲུང་ཚུལ་ལ་འཁྲུལ་པ་དགག་པའོ། །དང་པོ་ལ་སེམས་ཙམ་ལུགས་སེམས་ཅན་ཀུན་བྱེད་པ་དགག །དོན་དམ་སེམས་བསྐྱེད་ཆོགས་ལེན་པ་དགག་པའོ། །དང་པོ་ལ་དེ་ལྟར་བྱེད་པ་གནོད་པ་བརྗོད། དབུ་མ་ལུགས་ལ་མི་མཚུངས་པར་བསྟན། དེས་ན་ལེན་ཚུལ་སོ་སོར་བཤད་པའོ། །དང་པོ་ནི། ཇི་སྐད་བཤད་པའི་**སེམས་ཙམ**་སོགས་**མི་རུང**་སྟེ། དེ་འདྲའི་**ལུགས་དེ་སངས་རྒྱས་བསྟན་པ་མིན**་པའི་ཕྱིར་ཏེ། ཐོགས་མེད་ཀྱི་**བྱང**་སོགས་དང་། སོ་ཐར་རིགས་བདུན་དང་མི་ལྡན་པ་དེ་འདྲའི་སྐལ་བ་མེད་ཅེས་མར་མེ་སོགས་དང་།སྡོམ་པའི་**ཆོ་ག་ལས་ཀྱང**། ཁྱོད་བྱང་ཆུབ་སེམས་དཔའ་ཡིན་ནམ་བྱང་ཆུབ་སེམས་དཔའི་སྨོན་ལམ་ལེགས་པར་ཤེས་སམ་སོགས་ཀྱི་ཀུན་ལ་**གསལ་བ**འི་ཕྱིར། བོད་**ལ་ལ་སྐྱེ་བོ**་བཟང་པོར་གྲགས་པ་**འགའ་ཞིག**

གི་རྨི་ལམ་དུ་ཁྲོམ་ཆེན་པོ་ལ་སྡོམ་པ་འབོགས་པ་རྨིས་པའི་**རྗེས་སུ་འབྲངས**་སོགས་**བྱེད**་པ་མི་འཐད་དེ། དེ་འདྲའི་**རྨི**་སོགས་**རུང་སྟེ**་ཡིན་སྲིད་པའི་ཕྱིར། ཡང་ཆོས་ཉམས་ཆུང་ལ་སྙིང་ཁམས་ཆེ་བ་དད་ཐོབ་མང་བ་**ཁ་ཅིག**་ནི། ཐེག་ཆེན་སེམས་བསྐྱེད་ཀྱི་བྱིན་རླབས་ཀྱི་གནས་**དེར**་སེམས་བསྐྱེད་ཞུ་བ་ལ་**ཚོགས**་པ་**ཐམས་ཅད**་དོན་ལ་**བླུན་པོ་སྡིག་པ་ཅན་ཡིན་ཡང**་དེ་ར་ཚོགས་པའི་ཕན་ཡོན་ཙམ་གྱི་**སོ་སོ**་སོགས་**སོ**། །ཨེ་མ་མེད་ཀྱང་ཡོད་དོ་ཟེར་བ་འདི་འདྲའི་ཚིག་ལའང་བདེན་པར་འཛིན་ཞིང་རྗེས་སུ་འབྲང་བ་**ཡོད**་པ་ནི་ཤིན་ཏུ་མི་བཟད་པ་ཆེན་པོ་ཡིན་པས་**སེམས**་སོགས་**དཔྱོད**་ལ་**ཆོས**་ཀྱི་སོགས་**སྦྱོངས**་ཤིག་སྟེ་**གལ་ཏེ**་སོགས་**ཡོད**་དེ་མེད་པ་**དེས་ན**འོ། །

གཉིས་པ་ནི། སེམས་བསྐྱེད་ལུགས་གཉིས་ཚོ་ག་མི་མཚུངས་ཏེ། སེམས་ཙམ་ལུགས་ནི་གང་ཟག་ཁྱད་པར་བ་འགའ་དེ་ལས་གཞན་ལ་མི་རུང་ལ། **དབུ**་སོགས་**གསུངས**་པའི་ཕྱིར། **དེ་ཡང་སྡོང་པོ་བཀོད་པ**་ལས། འཕགས་པ་འཇམ་དཔལ་གྱི་གྲོང་ཁྱེར་སྐྱིད་པའི་འབྱུང་གནས་ཀྱི་ཤར་ཕྱོགས་ནགས་ཚལ་པ་ལ་སྣ་ཚོགས་ཀྱི་རྒྱལ་མཚན་དུ་ཆོས་དབྱིངས་ཀྱི་ཚུལ་སྣང་བ་ཞེས་བྱ་བའི་ཆོས་ཀྱི་རྣམ་གྲངས་བསྟན་པས་ཀླུ་སྟོང་ཕྲག་བཅུ་རྫོགས་བྱང་དུ་སེམས་བསྐྱེད་པར་བཤད་གཞོན་ནུ་ནོར་བཟང་གིས་ཕྱི་རོལ་པའི་དྲང་སྲོང་ལ་སེམས་བསྐྱེད་ནོད་པར་བཤད། མདོ་སྡེ་**བསྐལ་བཟང**་ལས། རྒྱལ་བ་ཕན་བཞེད་གྲོང་དཔོན་གྱུར་པའི་ཚེ། །ཞེས་སོགས་མང་དུ་བཤད། **ནམ་མཁའི་སྙིང**་པོའི་མདོ་ལ་རང་རང་གི་བློ་ནུས་དང་འཚམས་པའི་སྡོམ་པ་བླང་བར་བཤད། **དཀོན་བརྩེགས**་ཀྱི་གཙུག་ན་རིན་པོ་ཆེས་ཞུས་པ་ལས། ཤེར་ཕྱིན་བསྟན་པས་ལྷ་མི་ཁྲི་ཉིས་སྟོང་རྫོགས་བྱང་དུ་སེམས་བསྐྱེད། **རྒྱལ་པོ**་གསལ་རྒྱལ་ལ་**གདམས་པ**་ལས། རྒྱལ་པོ་བྱ་བ་མང་བས་ཕྱིན་དྲུག་ལ་བསླབ་པར་མི་ནུས་ཀྱི། སྨོན་སེམས་དང་ལྡན་པས་སྐྱེ་འཕགས་ཀུན་གྱི་དགེ་རྩ་ལ་ཡིད་རང་བསྒོམས་ཏེ་བྱང་ཆུབ་ཏུ་བསྔོ་ན་རྒྱལ་པོ་བྱ་བ་མི་ཉམས་ཤིང་བྱང་ཆུབ་ཀྱི་ཚོགས་ཀྱང་ཡོངས་སུ་རྫོགས་པར་བཤད། གཞན་ཡང་ཀླུའི་རྒྱལ་པོ་རྒྱ་མཚོས་ཞུས་པ་ལས་ཀླུ་ཁྲི་ཉིས་སྟོང་གི་རྫོགས་བྱང་དུ་སེམས་བསྐྱེད་པར་གསུངས་པ་**སོགས**་ཀྱི་ཐེག་ཆེན་**མདོ་སྡེ་རྣམས་སུ**་ལྟོས་ཤིག །གཞན། **འཕགས**་སོགས་**བསྟན་བཅོས་ཡོགས**་པ་ཛེ་ཏ་རི་བསྟན་བཅོས་སོགས་ལས། རང་གི་ཇི་ལྟར་ནུས་པ་བཞིན་རིམ་གྱིས་བསླབ་པར་**གསུངས**་ལ་དེ་ཙམ་ནི་སྡིག་ཅན་ཕལ་པས་ཀྱང་ནུས་པའི་ཕྱིར་རོ། །ལུགས་དེ་གཉིས་ཐ་དད་པ་དཔེས་གྲུབ་སྟེ། **ཇི་ལྟར**་སོགས་**སྐྱེའོ**། །**གལ་ཏེ**་སོགས་**སྙམ་ན**། **དེ་ནི**་ལུང་དོན་ལ་**འཁྲུལ་པ་ཡིན**་ཏེ་**རྒྱལ་བ**་སོགས་**མིན**་ཏེ། ཡིན་ན་བསྙེན་གནས་པ་ཡིན་དགོས་ཀྱང་མ་ཡིན་ཏེ། ཡན་ལག་བརྒྱད་མ་ཚང་བའི་ཕྱིར། **དེ་ལ་སོགས་པའི**་སོ་ཐར་ཡོད་དེ་ཀུན་ལ་སྐྱེ་བར་གསུངས་པའི་**འཐད**་སོགས་**མིན**་པས་སོ། །

གསུམ་པ་ནི། **དེས་ན**་མཁས་པས་དེ་གཉིས་སོ་སོར་སྦྱིན་ཞིང་བླང་སྟེ། **སེམས་ཙམ**་སོགས་**བཞིན་གྱིས**་ལ་བསྟན་པའི་ལག་ལེན་མ་འཁྲུལ་བར་མཛོད་ཅིག་ཅེས་གདམས་སོ། །གཉིས་པ་ལ་དོན་དམ་སེམས་བསྐྱེད་ལ་ཆོ་ག་མེད་ཚུལ། ཆོ་ག་བྱས་པའི་ཉེས་དམིགས། དོན་དེ་དཔེས་སྒྲུབ་པ། བྱའོ་ཞེས་པ་དམ་བཅའ་ཙམ་ཡིན་པའོ། །དང་པོ་ནི། **དོན་དམ་སེམས་བསྐྱེད་ཅེས་པ**་ནི་འཕགས་པའི་མཉམ་གཞག་ཡིན་པས་དེ་ནི་**བསྒོམ**་སོགས་**མི་སྐྱེ**་བ་ཡིན་ཏེ། **གལ་ཏེ**་སོགས་**འགྱུར**་ལ་འདོད་མི་ནུས་ཏེ། **འདི་ནི**་སོགས་**ཡིན**་པའི་ཕྱིར་དང་**འདི་ལ**་སོགས་**མི་རུང**་བའི་ཕྱིར་རོ། །གཉིས་པ་ནི། **དེས**་ན་སོགས་**མིན**་པས་ཉེས་དམིགས་ཆེའོ། །གསུམ་པ་ནི། **དཔེར་ན**་སོགས་**ཆོགས་མིན**་ཏེ་རྒྱུ་མཚན་**འདི་དག**་སོགས་**འབྱུང**་བའི་ཕྱིར། དགོངས་པ་ངེས་འགྲེལ་གྱི་མདོ་སྒོམ་རིམ་དུ་དྲངས་པ་ལས། དོན་དམ་པའི་བྱང་ཆུབ་ཀྱི་སེམས་དེ་ནི། འཇིག་རྟེན་ལས་འདས་པ། སྤྲོས་པ་མཐའ་དག་དང་བྲལ་བ། ཤིན་ཏུ་གསལ་བ་དོན་དམ་པའི་སྤྱོད་ཡུལ་དྲི་མ་མེད་པ་མི་གཡོ་བ། རླུང་མེད་པའི་མར་མེ་ལྟ་བུ་སྟེ། རྟག་ཏུ་གུས་པས་ཞི་ལྷག་གི་རྣལ་འབྱོར་གོམས་པ་ལས་འགྱུར་རོ་ཞེས་དང་། བྱམས་པས། རྫོགས་པའི་སངས་རྒྱས་རབ་བསྟེན་བྱས། །བསོད་ནམས་ཡེ་ཤེས་ཚོགས་རབ་བསགས། །ཆོས་ལ་མི་རྟོག་ཡེ་ཤེས་ནི། །སྐྱེས་ཕྱིར་དེ་ནི་དམ་པར་འདོད། །ཅེས་དང་། དབྱིག་གཉེན་གྱིས་དེའི་འགྲེལ་པར་དོན་དམ་པའི་སེམས་བསྐྱེད་དེ་ཡང་པ་རབ་ཏུ་དགའ་བ་ལ་ཡིན་ཞེས་དང་། གླུ་སྒྲུབ་ཀྱིས་དེ་ལྟར་ཀུན་རྫོབ་ཀྱི་རྣམ་པས་བྱང་ཆུབ་ཏུ་སེམས་བསྐྱེད་པ་བསྟན་ནས། བྱང་ཆུབ་སེམས་དཔའ་སྔགས་ཀྱི་སྒོའི་སྤྱོད་པ་རྣམས་ཀྱི་དོན་དམ་པའི་བྱང་ཆུབ་ཀྱི་སེམས་བསྒོམ་པའི་སྟོབས་ཀྱིས་བསྐྱེད་པར་བྱ་བ་ཡིན་པས་ཞེས་སོ། །

བཞི་པ་ནི། དཔང་སྐོང་ཕྱག་རྒྱ་པ་ལས། **དོན་དམ**་པའི་བྱང་ཆུབ་ཀྱི་**སེམས་བསྐྱེད**་པར་**བྱའོ་ཞེས**་གསུངས་པ་ཅི་ཞེ་ན། དེ་འདྲ་**རྒྱལ**་སོགས་**སྐྱེ་བ་མིན**་ཏེ། **ཡིན་ན**་སངས་རྒྱས་སུ་འགྱུར་བར་བྱའོ་ཞེས་པ་ཙམ་གྱི་ཆོ་གར་འགྱུར་བ་སོགས་**ཧ་ཅང་ཐལ**་ཞིང་སོ་ནམ་བྱའོ་ཚོང་བྱའོ་ཞེས་སོགས་ཀྱང་ཆོ་གར་འགྱུར་བས། **ཆོ**་སོགས་**འགྱུར་རོ། ཀྱི**་མ་སོགས་ཀྱང་སྔར་བཞིན་ནོ། །

གཉིས་པ་ལ་སྤང་བྱ་ལྟུང་བའི་དབྱེ་བ་བཤད། གཉེན་པོའི་གཙོ་བོ་ལ་ལོག་རྟོག་དགག་པའོ། །དང་པོ་ནི། **དེ་ལྟར**་སོགས་**གསུང་སྟེ། ལྟུང་མེད་དང་ལྟུང་བའི་གཟུགས་བརྙན་དང་ལྟུང་བ་མེད་པའི་གཟུགས་བརྙན**་སོགས་**བཞི**་སྟེ། བཞི་པོའི་མཚན་ཉིད་ནི། **བསམ**་སོགས་**ཡིན**་ནོ། །དེ་ལྟར་འཇོག་པའི་རྒྱུ་མཚན་ཡོད་དེ། **མདོར་ན**་སོགས་མ་**ཡིན**་པའི་ཕྱིར་ཏེ། **འཕགས**་སོགས་**དེ་ལྟར་གསུངས**་པའི་ཕྱིར། མདོ་དཀོན་མཆོག་སྤྲིན་ལས། དགེ་བའམ་འོན་ཏེ་མི་དགེ་བའི་ལས་ནི་སེམས་ཀྱིས་བསགས་པ་ཡིན། ཆོས་ཡང་དག་པར་སྡུད་པའི་

མདོ་ལས་ཀྱང་ཆོས་ཐམས་ཅད་ནི་སེམས་ལ་རག་ལས་པ་ཡིན་ནོ་ཞེས་དང་། སྒྲུབ་ཐབས་ཀུན་བཟང་ལས། དེ་བས་ལུས་སོགས་དགེ་དང་མི་དགེ་བའི། །རྣམ་པའི་ལས་ནི་སེམས་ཀྱི་དབང་ལས་བྱུང་། །དེ་ཕྱིར་རྟོག་པ་མ་ལུས་སྤྱངས་པ་ཡི། །སེམས་ནི་ནག་པོའི་ལས་སུ་ག་ལ་འགྱུར། །ཞེས་སོགས་ཤིན་ཏུ་མང་ངོ་། །

གཉིས་པ་ལ་བདག་གཞན་བརྗེ་བ་སྒོམ་དུ་མི་རུང་བ་དགག །ཆོས་ལྟར་བཅོས་པས་འཇིག་རྟེན་བསླུ་བ་དགག་པའོ། །དང་པོ་ལ་འདོད་པ་བརྗོད་པ་ནི། སྤྱིར་**བྱང་**སོགས་**གསུངས**ཏེ། བདག་དང་གཞན་དུ་མཉམ་པ་ནི༑ ༑དང་པོ་ཉིད་དུ་འབད་དེ་བསྒོམས། །ཞེས་སོགས་དང་། བདག་དང་གཞན་དུ་བརྗེ་བྱ་བ། །གསང་བའི་དམ་པར་སྤྱད་པར་བྱ། །ཞེས་སོགས་རྒྱ་ཆེར་གསུངས་སོ། །འདི་ལ་བོད་བླུན་པོ་**ཁ་ཅིག་**སོགས། འདི་འདྲ་**ནོར་**སོགས་**སོ།** །དེ་དགག་པ་ལ་དགེ་སྡིག་གང་ཡིན་བརྟགས་ལ་དགག །སྨོན་ལམ་འགའ་ཞིག་མཐའ་མི་བཙན། བདག་གཞན་བརྗེད་པ་འཐད་པས་བསྒྲུབས་པའོ། །དང་པོ་ནི། **འདི་དོན་**སོགས་**འགྱུར་**བ་ལས་**བརྗེ་བ་**སོགས་**པས་**ན་**དེ་ལ་**སོགས་**འབྱུང་**སྟེ་མི་འབྱུང་བར་ངེས་སོ། །

གཉིས་པ་ནི། **བྱང་**སོགས་**མི་བཙན་**ཏེ། **གལ་ཏེ་**སོགས་**འགྱུར་**བའི་ཕྱིར་ཏེ། སེམས་ཅན་ཐམས་ཅད་ཀྱི་གླུད་ནད་བདག་ལ་སྨིན་པར་གྱུར་ཅིག་ཅེས་སྨོན་ལམ་བཏབ་པའི་ཕྱིར་རོ། །གཞན་ཡང་བདག་གཞན་བརྗེ་བའི་སེམས་བསྐྱེད་བསྒོམས་པས་སྡུག་བསྔལ་ཏ་ཅང་ཐལ་ཏེ། **རྫོགས་**སོགས་**དེས་ན**འོ། །འདོད་པ་འདི་འདྲ་ལ་རྣ་བ་གཏད་པར་ཡང་མི་བྱ་སྟེ། **འདི་འདྲ**འི་སོགས་**མི་ཤེས**་པར་འགྱུར་བའི་ཕྱིར་རོ། །

གསུམ་པ་ལ་ལུང་གི་དང་རིགས་པས་གྲུབ་པའོ། དང་པོ་ནི། བདག་གཞན་བརྗེ་དགོས་པར་ལུང་གིས་གྲུབ་སྟེ། དེ་མི་རུང་ངམ་སྙམ་པའི་ཐེ་ཚོམ་བྱུང་སྲིད་ན་འང་དེའི་ཚེ་**ཐབས་**སོགས་**དྲན་པར་**བྱ་ཞིང་། **བདག་གཞན་**སོགས་**གསུངས་**ཞེས་དང་། **དེ་ལ་སོགས་**པ་སེམས་ཅན་ཁམས་ནི་ཚད་མེད་ལ། ཕན་འདོད་དེ་ནི་དེ་འདྲའོ། །ཞེས་པས་བསོད་ནམས་ཚད་མེད་ཀྱི་གཏན་ཚིགས་**གསུངས་**པའི་ཕྱིར་དང་། **སྤྱོད་འཇུག་**སོགས་**གསུངས་**པའི་ཕྱིར་ཏེ། གསང་ཆེན་ཐབས་ལ་མཁས་པ་ལས། བྱང་ཆུབ་སེམས་དཔའ་ཕྱོགས་བཅུ་མུ་མེད་པའི་སེམས་ཅན་གྱི་སྡུག་བསྔལ་བསྡུས་ནས་བདག་ལ་འབབ་པར་གྱུར་ཅིག་སེམས་ཅན་དེ་ཐམས་ཅད་བདེ་བར་གྱུར་ཅིག་ཅེས་སོགས་དང་། བྱང་ཆུབ་སེམས་འགྲེལ་ལས། གལ་ཏེ་བསྒོམས་པས་བརྟན་པར་ནི། །འགྲོ་བའི་སྡུག་བསྔལ་གྱིས་འཇིགས་རྣམས། །བསམ་གཏན་བདེ་བ་ཡལ་བོར་ནས། །མནར་མེད་པར་ཡང་འཇུག་པར་འགྱུར། །འདི་ནི་ངོ་མཚར་འདི་བསྔགས་སོ། །འདི་ནི་དམ་པའི་སྤྱོད་ཚུལ་མཆོག །ཅེས་སོགས་གསུངས་པའི་ཕྱིར་རོ། །

གཉིས་པ་ནི། **དེས་ན་བདག་གཞན་བརྗེ**་བའི་བྱང་ཆུབ་ཀྱི་སེམས་ཀྱི་གནད་**ཤེས**་ནས་འབད་པས་བསྒོམ་དགོས་ཏེ། དེ་ལྟར་བསྒོམ་པ་**དེ་ནི**་སོགས་**གསུངས**་ལ་**བྱང**་སོགས་**མི་རྒྱ**་བའི་ཕྱིར། སྟོང་ཉིད་ཙམ་ནི་**ཉན་ཐོས་རྣམས་ཀྱང་བསྒོམ**་པ་**དེའི་འབྲས་བུ**་ཕུང་པོ་འགགས་པའི་**འགོག་པ**་ཙམ་ཞིག་**འཐོབ**་ཀྱི་རྫོགས་བྱང་མི་ཐོབ་པའི་ཕྱིར་དང་ཐབས་ཀྱི་ཆ་ལའང་། སོ་སོ་ཐར་པ་བརྟེན་པ་ཡི། །བསོད་ནམས་གྲུབ་པ་གང་ཡིན་པ། །དེ་ཡི་སྐྱེ་བོ་ཐམས་ཅད་ཀྱིས། །ཐུབ་དབང་གོ་འཕང་ཐོབ་པར་ཤོག །ཅེས་**སོ་སོ**་སོགས་**བཞིན་དུ་སེམས་ཅན་གྱི**་དོན་དུ་**བསྔོ**་སོགས་**བྱེད**་པའི་ཕྱིར་ཏེ། **འདུལ་བ**་སོགས་**མ་གསུངས**་པའི་ཕྱིར། **འོན་ཀྱང**་སོགས་**མི་ནུས**་པ་**དེའི་ཕྱིར**་བདག་གཞན་བརྗེ་བའི་**ཐབས**་སོགས་**ཡིན**་པས་འབད་པར་བྱའོ། །

གཉིས་པ་ལ་བསྟན་བཤད། བསྡུ་བའོ། །དང་པོ་ནི། རྒྱས་བཤད་དུ་འཆད་འགྱུར་**འདི་འདྲ**་མང་དུ་**ཡོད**་པ་རྣམས་ནི་ཆོས་ཅན། བྱར་མི་རུང་སྟེ། **སངས་རྒྱས**་སོགས་**འགྱུར**་བའི་ལས་ཡིན་པའི་ཕྱིར། རྒྱས་བཤད་ལ་སྦྱོར་བའི་གཙོ་བོ་ཕྱིན་དྲུག་བསམ་པའི་གཙོ་བོ་དད་སོགས། ཉམས་ལེན་ཉེར་མཁོ་གཞན་ཡང་མ་དག་པའོ། །དང་པོ་ནི། **ཚང**་སོགས་**སྟེར་བ་སོགས**་ཆེན་པོ། **མ་དག་པའི་སྦྱིན་པ**་འམ་སྦྱིན་པ་ལྟར་སྣང་**ཡིན**་ཏེ། དྲང་སྲོང་རྒྱས་པས་ཞུས་པའི་**མདོ་ལས**་མ་དག་པའི་སྦྱིན་པ་སོགས་གཉིས་སུ་ཕྱེ་ནས་**བཀག་པས་ན**འོ། །དེ་བཞིན་**ཚུལ་ཁྲིམས**་ལྟར་སྣང་ཡོད་དེ། **ཉན་ཐོས**་སོགས་**ཡིན**་པའི་ཕྱིར། དེ་བཞིན་དུ་སྦྱར་ཏེ། བརྩོན་འགྲུས་ཡིན་ན་དགེ་བ་ཡིན་པས་ཁྱབ་པས་**འབད་རྩོལ་ཆེན་པོ་བྱེད་པ**་སོགས་ཞེས་སྦྱར། གཉིས་པ་ནི། **བླ་མ་ངན**་ལ་སོགས། གསུམ་པ་ནི། **མདོ་རྒྱུད་ཀུན་ལས**་སོགས། **འཁོར**་བ་དང་དམན་པའི་མྱང་**འདས་གཉིས་ལ**་སོགས། **ངོ་མཚར**་དུ་ལྟ་བ་སྟེ་སློབ་དཔོན་སེམས་པའོ། །གཞན་རྣམས་ཚིག་དོན་ཤིན་ཏུ་སླའོ། །དོན་བསྡུ་ནི། **དེ**་དག་**ལ་སོགས་པ་མཐའ་ཡས**་པ་མཁས་བཙུན་བཟང་གསུམ་ཐོས་བསམ་སྒོམ་གསུམ་འཆད་རྩོད་རྩོམ་གསུམ་སྐབས་ཀྱི་སྡེ་སྣོད་གསུམ་ལ་སོགས་ལ་**སངས་རྒྱས་གསུང**་གི་**གནད་འཆུགས་པས**་དག་པའི་**དགེ་བ་བྱེད**་པ་ལྟར་**སྣང་ན་འང**། གསུང་རབ་ལ་སྦྱངས་ནས་**མ་དག་པ་རྣ་ཤེས་པར་གྱིས**་ཤིག་ཅེས་བརྩེ་བས་གདམས་པའོ། །

གསུམ་པ་ནི། **མདོར**་ན་སོགས་**གསུམ**་གསུང་རབ་རྣམ་དག་ལ། ངོམས་མེད་ཐོས་པས་ཚིག་ལ་ཆགས་ཐོགས་མེད། །བསམ་བྱུང་རིག་པའི་དོན་ལ་སྒྲོ་འདོགས་ཆོད། །རྩེ་གཅིག་བསྒོམས་པས་བསམ་དོན་ཉམས་སུ་མྱོང་། །ཞེས་པའི་ཚུལ་གྱིས་**བསམ**་པ་སོགས་**ཤེས་པར**་བྱ་སྟེ། དེ་ཡང་གཞི་སྡོམ་པ་གསུམ་གྱི་ཚུལ་ཁྲིམས་རྣམ་པར་དག་པས་བཟུང་སྟེ་བྱས་པས། ཚུལ་གནས་ཐོས་དང་བསམ་ལྡན་པས། །སྒོམ་པ་ལ་ནི་རབ་ཏུ་སྦྱོར། །ཞེས་གསུངས་པའི་བསྟན་པ་རིན་པོ་ཆེའི་འདུག་རིམ་མཚན་ཉིད་ཚང་བ་ཡོངས་སུ་རྫོགས་པར་འགྱུར་བས་རྒྱལ་ཅི་

ཡོད་ཀྱིས་འབད་པར་བྱའོ། །**བྱང་**སོགས་**གཉིས་པ་**ལེགས་པར་བཤད་པའོ།། །།

གསུམ་པ་རིག་འཛིན་སྔགས་ཀྱི་སྡོམ་པ་བཤད་པ་ལ། རང་ལུགས་ཀྱི་རྣམ་གཞག་མདོར་བསྟན། དེ་ལ་འཁྲུལ་པ་དགག་པས་རྒྱས་པར་བཤད་པའོ། །དང་པོ་ལ་སྤྱི་དང་ཡན་ལག་གི་དོན་ནོ། །དང་པོ་ལ་ཐེག་པ་ལོགས་སུ་འཛོག་པའི་རྒྱུ་མཚན། དེ་གསུང་བའི་གནས་དུས་ཀྱི་ཁྱད་པར། དེའི་ནང་ཚན་གྱི་དབྱེ་བ། ཕྱེ་བ་སོ་སོའི་དོན། སྔགས་སྡོམ་གང་ལ་གཞག་པ། དེ་ཡི་རང་བཞིན་གཏན་ལ་ཕབ་པའོ། །དང་པོ་ནི་སྤྱིར་གསང་འདུས་རྩ་རྒྱུད་དང་དུས་འཁོར་འགྲེལ་ཆེན་དུ། མར་མེ་མཛད་ནས་ཤཱཀྱ་ཐུབ་པའི་བར་དུ་སངས་རྒྱས་གཞན་གྱིས་མ་གསུངས་པར་བཤད་པས་སངས་རྒྱས་འཇིག་རྟེན་དུ་འབྱུང་བ་བས་གསང་སྔགས་འཇིག་རྟེན་འབྱུང་བ་དཀོན་པར་གསུངས་པས་འཁྲུལ་ནས་སངས་རྒྱས་རེ་རེ་གཅིག་གི་སློབ་ཚོས་ལྷ་བུར་སླ་བ་ནི་མི་འཐད་དེ། འདས་པའི་སངས་རྒྱས་རྣམས་ཀྱིས་གསུངས། །མ་འོངས་རྣམས་ཀྱང་གསུང་འགྱུར་ལ། །ཞེས་སོགས་གསང་སྔགས་མི་གསུང་བའི་སངས་རྒྱས་མེད་པས་སོ། །འོན་ཀྱང་ལུགས་སྔ་མ་ནི། ཨུར་ཡན་དང་ཤམྦྷ་ལ་ལྷ་བུའི་ལྷ་མིའི་ཡུལ་དུ་སྤྲུལ་སྐུའི་ཚུལ་གྱིས་གསུང་བའི་སངས་རྒྱས་ནི་རེ་རེ་ཙམ་ལས་མེད་པ་ལ་དགོངས་སོ། །དགོས་པ་ཡང་རྒྱ་བོད་ཕལ་ཆེ་བ་ཞིག་ནི། ཕར་ཕྱིན་ཐེག་པ་རྐྱང་པས་ཀྱང་མཐར་ཐུག་གི་སངས་རྒྱས་ཐོབ་པར་ནུས་མོད་གྲངས་མེད་གསུམ་ལ་སོགས་པས་དུས་འགྱངས་ལ་ཐབས་མི་མཁས་ཀྱི། རྡོ་རྗེ་ཐེག་པ་ནི་སྙིགས་དུས་ཀྱི་ཚེ་གཅིག་ལ་ལམ་བདེ་བས་འགྲུབ་པས་ཉེ་ལམ་དང་མྱུར་ལམ་དང་བདེ་ལམ་ཡིན་པས་ཁྱད་པར་འཕགས་སོ་ཞེས།ཚུལ་གསུམ་སྒྲོན་མེའི་དོན་གཅིག་ན་ཡང་མ་རྨོངས་དང་། །ཐབས་མང་དཀའ་བ་མེད་པ་དང་། །དབང་པོ་རྣོན་པོའི་དབང་བྱས་པས། །སྔགས་ཀྱི་ཐེག་པ་ཁྱད་པར་འཕགས། །ཅེས་པའི་དོན་འཐད་པར་བྱས་ནས་སླ་ཞིང་རྗེ་བཙུན་གོང་མའི་གསུང་ལས་ཀྱང་འབྱུང་བཞིན་གཞུང་འདིའི་དངོས་བསྟན་ལ་ཡང་བཞེད་པ་ལྟར་བུ་སྟོན་རིན་པོ་ཆེ་དང་རྗེ་ཙོང་ཁ་པའི་སྔགས་རིམ་ལས་ཀྱང་བཤད་མོད། ཕྱིས་རིམ་ལྔ་གསལ་སྒྲོན་དུ་སྔགས་ཀྱི་སྟོན་པ་མེད་ན་ཕར་ཕྱིན་རྐྱང་པས་སངས་རྒྱས་མི་འགྲུབ་པར་ལེགས་པར་བསྒྲུབས་པས་གྲུབ་འབྲས་ཕར་ཕྱིན་ཐེག་པའི་རང་ལམ་ལས་སངས་རྒྱས་མེད་པར་བཤད་པ་ནི་ཕྱིས་ལེགས་བཤད་བླ་ན་མེད་པར་བྱེད་ནའང་ཁོ་བོས་གཞན་དུ་རྒྱས་པར་བཀག་ཟིན་ཏེ། སྔགས་ལམ་བསྟན་ནས་སྤྱོང་དགོས་པའི་སྤྱང་བྱ་དེ་ཕར་ཕྱིན་ཐེག་པའི་སྤྱང་བྱ་ཕྲ་ཤོས་ཉིད་དུ་ཁས་བླངས་པའི་སྐྱོན་འབའ་ཞིག་ཡིན་ལ། ཕར་ཕྱིན་དུ་སྨྲས་པའི་གཉེན་པོ་བདེ་ཆེན་གྱི་ཡེ་ཤེས་དེ་སྔགས་ལམ་དུ་གསར་དུ་སྟོན་པར་འདོད་བཞིན་དུ་སྤྱང་བྱ་ཕར་ཕྱིན་དུ་མ་སྨྲས་པར་འདོད་པ་ཤིན་ཏུ་མི་རིགས་པའི་ཕྱིར། འོན་ཀྱང་སྤྱང་བྱ་རྗོགས་པར་སྤྱོང་བ་ལ་སྔགས་ལམ་སྟོན་དགོས་པར་བཤད་པ་ནི་ཤིན་ཏུ་ལེགས་ཏེ།

དུས་གསུམ་འབྱུང་བའི་སངས་རྒྱས་རྣམས། །རྡོ་རྗེ་སྔགས་ཀྱི་མཐུ་ཡིས་ནི། །ཡེ་ཤེས་མཉམ་མེད་ཡང་དག་བརྙེས། །ཅེས་དང་། དབང་བསྐུར་འདི་ནི་རྗེ་ལྟ་བར། །བྱང་ཆུབ་སྤྱོད་གཞན་དེ་བཞིན་དུ། །དགེ་བའི་ཚུལ་ནི་གཞན་གསུངས་པ། །ཀུན་གྱི་སངས་རྒྱས་མཆོག་མི་འགྲུབ། །ཅེས་སོགས་ཐེམ་ཆོས་ཕྲ་མོ་ཡང་སྤྱངས་པའི་འཇའ་ལུས་ཀྱི་སྐུ་ཡབ་ཡུམ་ཞལ་སྦྱོར་དང་ཐུགས་བདེ་སྟོང་ཞལ་སྦྱོར་གྱི་སངས་རྒྱས་ནི་ཕར་ཕྱིན་ཐེག་པས་བསྒྲུབ་མི་ནུས་ཏེ་དེའི་ལམ་མེད་པའི་ཕྱིར་རོ་ཞེས་སོགས་ཀྱི་ལུང་རིགས་ཀྱིས་འགྲུབ་པ་ལྟར་ཆོས་རྗེ་བསོད་ནམས་རྩེ་མོའི་རྒྱུད་སྡེ་སྤྱི་རྣམས་ཀྱི་འཇུག་ནའང་ཞིབ་ཏུ་བརྟགས་པས་གསལ་བར་བཞུགས་སོ། །

དེས་ན་ཉན་རང་ལ་རང་ལམ་གྱི་དགྲ་བཅོམ་དང་རྣམ་གྲོལ་མྱང་འདས་མཚན་ཉིད་པ་ཡོད་པ་ལྟར་ཕར་ཕྱིན། ཐེག་པ་རྒྱུད་པ་ལའང་རང་ལམ་གྱི་ཚོགས་གཉིས་ཡོངས་སུ་རྫོགས་ཤིང་སྒྲིབ་གཉིས་བག་ཆགས་དང་བཅས་པ་སྤྱངས་པའི་རྫོགས་པའི་སངས་རྒྱས་དང་མི་གནས་མྱང་འདས་ཡོད་མོད་ཀྱི། རང་ལམ་གྱི་སྤང་བྱ་མ་ཡིན་ཡང་རང་ལམ་ལས་མཐོ་བའི་སྤང་བྱ་ནི་དེ་ཉིད་ཀྱི་ལམ་གྱི་སྤངས་དགོས་པས་དེ་ལས་ཐེག་པ་ལོགས་སུ་གྲུབ་པའི་རྡོ་རྗེའི་ཐེག་པ་ལ་ནི། སངས་རྒྱས་དེས་ཀྱང་འཇུག་དགོས་པར་གསུངས་ཏེ། དེ་བས་སངས་རྒྱས་སེམས་དཔའ་མཆོག །སྔགས་ཀྱི་སྤྱོད་མཆོག་སྤྱོད་པ་རྣམས། །འདོད་པ་ཐམས་ཅད་བསྟེན་པ་ཡི། །འགྱུར་མེད་མཆོག་གི་ཆོས་བརྙེས་སོ། །ཞེས་སེམས་དཔའ་མཆོག་ནི་ས་བཅུའི་བྱང་སེམས་ཡིན་ལ་དེའི་རླབས་དྲངས་པའི་སངས་རྒྱས་ནི་ཕར་ཕྱིན་ཐེག་པའི་རྫོགས་པའི་སངས་རྒྱས་ལས་མ་འདས་པའི་ཕྱིར་རོ། །འོན་སངས་རྒྱས་དང་སེམས་ཅན་གྱི་གཞི་མཐུན་ཡོད་པར་འགྱུར་རོ་ཞེ་ན། དགྲ་བཅོམ་དང་དགྲ་ལྡན་གྱི་གཞི་མཐུན་ཡོད་པ་དང་འདྲའོ། །སྐྱོན་འདི་གཅིག་པུ་ལ་འཛེམ་ནས་ཕར་ཕྱིན་ཐེག་པ་ལ་རྫོགས་པའི་སངས་རྒྱས་མེད་པར་སྨྲས་པའི་སྐྱོན་ནི་ཉན་རང་ལ་རྣམ་གྲོལ་མཚན་ཉིད་པ་ཡོད་ལ་ཕར་ཕྱིན་ཐེག་པ་ལ་དེ་མེད་པར་ཁས་བླངས་པས་འཕགས་ལམ་ལ་སྐུར་བཤིན་ཏུ་ཆེན་པོ་བཏབ་པོ། །ཅི་སྟེ། མི་མཚུངས་ཏེ། ཉན་རང་དང་ཐེག་ཆེན་གཉིས་ཐེག་པ་ཐ་དད་པས་སོ་ཞེ་ན། འོན་ཕར་ཕྱིན་ཐེག་ཆེན་དང་རྡོ་རྗེ་ཐེག་པ་ཡང་ཐ་དད་དུ་གྲུབ་ཅིང་རང་གི་ཁས་ཀྱང་བླངས་པས་སོ། །དེ་གཉིས་ཐེག་ཆེན་དུ་གཅིག་གོ་ཞེ་ན། ཉན་རང་དང་ཡང་སངས་རྒྱས་ཀྱི་ཐེག་པར་ཐེག་གོ །དེ་ཙམ་དུ་གཅིག་ཀྱང་དམིགས་ཡུལ་བྱང་ཆུབ་དང་དེ་ལ་དམིགས་པའི་སེམས་བསྐྱེད་དང་། །དེས་ཟིན་པའི་ཐབས་ཤེས་སོགས་ཐ་དད་དོ་ཞེ་ན། འདིར་ཡང་དེ་བཞིན་ནོ། །

དེས་ན་མདོ་སྔགས་ཀྱི་ཁྱད་པར་གཙོ་བོ་ནི། དབང་ཤེས་སུ་གྱུར་པའི་ཚོར་བ་བདེ་བས་སྟོང་ཉིད་འཛིན་སྟངས་ཀྱི་ཡུལ་དུ་བྱས་ནས་གོམས་པ་མེད་པ་དང་ཡོད་པ་ཁོ་ན་ཡིན་ཏེ། འདི་ལ་ཐབས་ཤེས་བློ་རྫས་གཅིག་ལ་

འདུས་པས་རྡོ་རྗེའི་དོན་ཚང་བ་དང་། གང་ཤར་བདེ་སྟོང་དུ་འཆར་བས་ལམ་བདེ་བས་བརྒྱན་པ་དང་ཐོབ་བྱའི་མཐར་ཐུག་ཀྱང་བདེ་སྟོང་གི་ཡེ་ཤེས་ཉིད་ཡིན་པས་འབྲས་བུ་དང་རྣམ་པ་མཐུན་པར་སྒོམ་པ་དང་། དབང་ཤེས་རྟོག་མེད་ཡིན་པས་སྟོང་ཉིད་མྱུར་དུ་མངོན་སུམ་གྱི་རྟོགས་པ་དང་། འདི་ལེགས་པར་གོམས་པའི་སྣང་བའི་དམིགས་ཡུལ་དུ། ཕར་ཕྱིན་ཐེག་པ་ལ་མི་འཆར་བའི་སྟོང་གཟུགས་སམ་སྒྱུ་ལུས་མྱུར་དུ་འཆར་བའི་སྐྱ་གཉིས་འགྲུབ་སླ་བ་སོགས་ཡོད་མོད། སྔོན་ཆད་གངས་རིའི་ལྗོངས་འདིར་གསལ་བར་མ་བྱུང་ཞིང་། བསྟན་པའི་མཐར་ཐུག་ཡིན་པ་དང་རྗེས་འཇུག་ཀྱང་དཀོན་པས་དུད་ཡང་སྦས་པའི་ཚུལ་དུ་བཞུགས་པར་དགོས་སོ། ། སྐལ་མེད་ཀྱི་ནི་མ་ཐོས་པ་བཟང་སྟེ། གནད་ཀྱི་མཐར་ཐུག་པའི་གསང་སྔགས་ཡིན་པའི་ཕྱིར་རོ། །

གཉིས་པ་ནི་ངེས་དོན་གྱི་གནས་དང་དུས་ནི་སྤྱིར་བསམ་གྱིས་མི་ཁྱབ་ཅིང་། ཁྱད་པར་བླ་མེད་རྣམས་ནི། ཐོག་མ་མེད་པ་ནས་ཐ་མ་མེད་པའི་བར་དུ་རྡོ་རྗེ་བཙུན་མོའི་བྷ་ག་དང་ཆོས་དབྱིངས་སེང་གེའི་ཁྲི་ལ་སོགས་པར་གསུངས་ལ། ངེས་དོན་གྱི་ཟུང་ཟད་དྲང་དོན་དུ་ཡང་རྡོ་རྗེ་ར་བའི་ནང་དུ་ཚུད་པའི་གཞལ་མེད་ཁང་ཆེན་པོར་གསུངས་པ་ཤ་སྟག་གོ །དྲང་དོན་ཉིད་དུ་ནི།དུས་སངས་རྒྱས་ནས་མྱ་ངན་ལས་བཟླ་ཁའི་བར་དུ་གནས། བྱ་རྒྱུད་འཇམ་དཔལ་རྩ་རྒྱུད་སོགས་གནས་གཙང་སོགས་སུ་གསུངས་པའང་ཟུང་ཟད་ཡོད་མོད། ཕལ་ཆེར་མཉན་ཡོད་ལ་སོགས་པར་ཉན་ཐོས་ཀྱི་འཁོར་དང་ལྷན་ཅིག་གསུངས་པ་མང་ངོ་། །སྤྱོད་རྒྱུད་ཀྱི་གཙོ་བོ་དང་རྣལ་འབྱོར་རྒྱུད་ནི་རི་རབ་ཀྱི་སྟེང་དང་གནས་གཙང་དང་འོག་མིན་དུ་གསུངས་ཤིང་། བླ་མེད་ཀྱི་རྩ་བ་གསང་འདུས་ནི་ཨུ་རྒྱན་དུ་དང་རྩེ་མོ་དུས་ཀྱི་འཁོར་ལོ་ནི་ལྷོ་ཕྱོགས་དཔལ་ལྡན་འབྲས་སྤུངས་སུ་གསུངས་སོ། །

གསུམ་པ་ནི། ཡོ་གའི་འགྲེལ་པ་མང་པོར་བྱ་སྤྱོད་རྣལ་འབྱོར་རྒྱུད་གསུམ་དུ་བཤད་པ་ནི། བླ་མེད་ཀྱི་རྣམ་གཞག་མི་མཛད་པའི་དབང་དུ་བྱས་ལ། གཞུང་ལ་ལར་ལྔ་དང་ལ་ལར་བདུན་དུ་བཤད་པ་སོགས་ཡོད་ཀྱང་། དགོས་པ་ལ་ལྟོས་པའི་དབྱེ་བ་སོགས་ཡིན་ཞིང་། གུར་དུ། དམན་པ་རྣམས་ལ་བྱ་བའི་རྒྱུད། །བྱ་མིན་རྣལ་འབྱོར་དེ་ལྷག་ལ། །རྣལ་འབྱོར་མཆོག་ནི་སེམས་ཅན་མཆོག །རྣལ་འབྱོར་བླ་མེད་དེ་ལྷག་ལ། །ཞེས་གསུངས་པ་ལྟར་གདུལ་བྱ་ལ་ལྟོས་ནས་བཞིར་དབྱེ་བ་ནི། རྒྱ་བོད་ཀྱི་མཁས་པ་ཕལ་ཆེར་ཞལ་མཐུན་ཞིང་འདིར་ཡང་བཞི་ཉིད་དུ་འཆད་དོ། །

བཞི་པ་ནི། ཁོ་བོས་དུས་འཁོར་གྱི་སྤྱི་དོན་དང་བསྐྱེད་རིམ་རྣམ་བཤད་དུ་བཤད་ཅིང་གཞུང་དུའང་འཆད་པར་འགྱུར།

ལྔ་པ་ནི། རྩ་ལྟུང་རྣམ་བཤད་དུ་བཤད་ཟིན་པ་ལྟར་རྡོ་རྗེ་སློབ་དཔོན་གང་ལ་ཡོད་པ་ནས་ཡོད་དེ། སློབ་

དཔོན་གྱི་སྡོམ་པ་ཞེས་མཁས་མཆོག་ཤཱནྟི་པས་བཤད་པའི་ཕྱིར་རོ། །

དྲུག་པ་ནི། སྡོམ་ལྡུང་ཐམས་ཅད་སེམས་ལ་གཙོ་བོར་འཛོག་པ་དང་། སྡོམ་པ་སེམས་ཀྱི་རྗེས་སུ་འབྲང་བ་དང་། རིགས་ལྔ་པ་དང་དྲུག་པའི་སྔགས་སྡོམ་གཉིས་དང་། དང་པོ་ལ་ཡང་གཉིས་སྦྱོར་ཁྱད་པར་ཅན་གྲོགས་སུ་ཡོད་མེད་གཉིས་ཏེ་སྔགས་སྡོམ་རིགས་གསུམ་དུ་གནས་པ་སོགས་ཀྱང་སྔོན་ཆད་གསལ་བར་མ་གྲགས་པ་ཁོ་བོས་རྒྱ་ལྡུང་རྣམ་བཤད་དུ་གསལ་བར་བཤད་ཟིན་པས་དེ་དག་ཏུ་བལྟ་བར་བྱའོ། །

གཉིས་པ་ཡན་ལག་གི་དོན་ནི། ཇི་སྐད་བཤད་པའི་**རྡོ**་རྗེའི་དོན་ཚང་བའི་**ཐེག་པ**་ཆེན་པོའི་ཆེན་པོ་དབང་པོ་ཡང་རབ་ཀྱི་**ལམ**་དེ་ར་**ཞུགས་ཏེ**། ཚེ་འདི་ཉིད་ལ་བུ་དུས་**མྱུར་དུ**་མཐར་ཐུག་གི་**སངས་རྒྱས་ཐོབ**་པར་**འདོད་ན་སློབ**་བྱེད་དབང་དང་**གྲོལ**་བྱེད་ལམ་**གཉིས་ལ་འབད་པར་བྱ**་སྟེ། དེ་གཉིས་ལམ་གྱི། འཇུག་སྒོ་དང་ངོ་བོ་ཡིན་པའི་སྒོ་ནས་རྡོ་རྗེ་ཐེག་པའི་ལམ་མཐའ་དག་དེ་གཉིས་སུ་འདུས་པའི་ཕྱིར། དེ་ཡང་བྱ་རྒྱུད་ལ་ཆུ་དང་ཅོད་པན། སྤྱོད་རྒྱུད་ལ་དེ་གཉིས་ཀྱི་སྟེང་དུ་རྡོ་རྗེ་དྲིལ་བུ་མིང་། རྣལ་འབྱོར་རྒྱུད་ལ། དེ་ལྔའི་སྟེང་དུ་རྡོ་རྗེ་སློབ་དཔོན་གྱི་དབང་གི་གཙོ་བོ་འཕྲུད་པའི་བདེ་སྟོང་རྗེས་གནང་། གསང་དབང་ཤེས་རབ་ཡེ་ཤེས་རྗེས་མཐུན་པ་དང་བཅས་པ། བླ་མེད་ལ་མཆོག་དབང་གཉིས་རྒྱས་ཤིང་བཞི་པ་བསྡུས་པ་ནི་ཕ་མ་སོ་སོ་བ་དང་། དུས་འཁོར་ལ་གཞན་གྱི་བུམ་དབང་དྲུག་པའི་ཚབ་ཏུ་བྱིས་པའི་དབང་བདུན། མཆོག་དབང་ཉིད་ལ་བུམ་གསང་ཤེས་རབ་བཞི་པ་སྟེ་དེ་བཞི་ལ་ལམ་ཉན་པ་ལ་དབང་བ་དྲང་དོན་དབང་བཞི་འཆད་པ་ལ་དབང་བ་ངེས་དོན་དབང་བཞི། ཁྱད་པར་བཞི་པ་ཤིན་ཏུ་གསལ་བ་རྣམས་བསྐུར་ནས་རྗེས་གནང་ཆེན་མོ་རྡོ་རྗེ་སློབ་དཔོན་བདག་པོའི་དབང་རྣམས་ཡིན་པ་འོག་ནས་ཅུང་ཟད་གསལ་ལ།

འདིར་མདོར་བསྟན་ནི། **སློབ**་སོགས་**ཡང**། **བླ་མ**་རྡོ་རྗེ་འཆང་ནས་རང་གི་རྩ་བའི་བླ་མའི་བར་དུ་དམ་ཚིག་ལ་སེམས་ཙུང་ཟད་ཀྱིས་ཀྱང་མ་ཉམས་པ་ཟམ་མ་ཆད་པས་བ**རྒྱུད་པ་མ་ཉམས**་ཤིང་། ས་ཆོག་སྟ་གོན་དངོས་གཞི་སོགས་སྦྱོར་དངོས་འཇུག་གི་**ཆོ་ག**་ལྷག་ཆད་ནོར་གསུམ་དང་བྲལ་བས་**འཁྲུགས་པར་མ་གྱུར་པ**། **ཕྱི**་ལུས་ངག་ཡིད་ཡེ་ཤེས་བཞི་ལ། **ནང**་བསྐྱེད་རིམ་རྩ་རླུང་ཐིག་ལེ། ཟུང་འཇུག་གི་སྣོད་དུ་རུང་བའི་ཕྱིར་དུ་བུམ་གསང་ཤེར་ཡེ། བཞི་པའི་དབང་གི་**རྟེན་འབྲེལ་བསྒྲིག་མཁྱེན་ཅིང་སྒྲུ**་སོགས་**པས**་གོམ་འགྲིས་དང་ལྡན། རང་ཉིད་བསླབ་གསུམ་དང་དབང་བཞིའི་ལམ་ཐུགས་ཉམས་སུ་བཞེས་པས་**སངས་རྒྱས**་ཀྱི་**གསུང་བཞིན་མཛད**་པས་རང་དོན་སྤངས་རྟོགས་དང་ལྡན་པའི་**བླ་མ**། དཔའ་བོས་དང་པོར་སློབ་དཔོན་དང་། །སློབ་མའི་འབྲེལ་པ་བརྟག་པར་བྱ། །ཞེས་པ་ལྟར་སྐྱོན་ཡོན་ལེགས་པར་ཤེས་པར་བརྟག་ཅིང་**བཙལ་ལ**། རྙེད་ནས་ལུས

དང་ཡོངས་སྤྱོད་ཀྱི་བསྙེན་བཀུར་རིམ་གྲོ་སོགས་ཀྱི་མཉེས་པར་བྱས་ལ་སྐབས་སུ་གང་བབ་ཀྱི་དབང་དང་། ཁྱད་པར་བླ་མེད་ཀྱི་**དབང་བཞི**་ཡོངས་སུ་རྫོགས་པར་**བླང**་བར་བྱ་སྟེ། **དེ་ཡིས་སྡོམ་པ་གསུམ་ལྡན**་དངོས་སམ་ཐ་སྙད་དང་ལྡན་པར་ངེས་པར་**འགྱུར**་བའི་ཕྱིར་ཏེ། སྔགས་སྡོམ་གྱི་རྟེན་དུ་བྱང་སེམས་ནི་ངེས་པར་བླང་དགོས་ཤིང་ལྷའི་རིག་པ་འཛིན་པ་སོགས་ལའང་སྐྱེ་ལ། སོ་ཐར་དགེ་བསྙེན་ཡན་ཆད་ཡིན་ན་དངོས་དང་ལྷ་ལ་སོགས་པ་ལ་མི་དགེ་བཅུ་སྤོང་གི་ཚུལ་ཁྲིམས་སྐྱེ་བའི་སྒོ་ནས་རྗེས་མཐུན་པ་སྐྱེ་བའི་ཕྱིར་རོ། །

གཉིས་པ་ལ། དོན་ལ་འཁྲུལ་པ་རྒྱས་པར་དགག །ཚིག་ལ་འཁྲུལ་པ་བསྡུས་ཏེ་དགག་པའོ། །དང་པོ་ལ་དངོས་དོན་རྡོ་རྗེ་ཐེག་པ་ལ་དང་། འཕྲོས་དོན་དེ་ལས་གཞན་ལ་ཡང་འཁྲུལ་པ་དགག་པའོ། །དང་པོ་ལ་སྨིན་བྱེད་དབང་ལ་དང་། གྲོལ་བྱེད་ལམ་ལ་དང་། ཐོབ་བྱའི་འབྲས་བུ་ལ་འཁྲུལ་པ་དགག་པའོ། །དང་པོ་ལ། དབང་བསྐུར་གྱི་གཟུགས་བརྙན་དགག །གཟུགས་བརྙན་ཡང་མི་དགོས་པ་འགོག །དབང་བསྐུར་མུ་བཞི་དགག་པའོ། །དང་པོ་ལ་བྱིན་རླབས་ཙམ་གྱི། གྲངས་ངེས་མེད་པའི། དཀྱིལ་འཁོར་མེད་པའི་དབང་བསྐུར་དགག་པའོ། །དང་པོ་ལ་ལུང་རིགས་ཀྱིས་དགག །ཧ་ཅང་ཐལ་བས་དགག་པའོ། །དང་པོ་ལ་ལུང་གི་རིགས་པས་ཁེགས། དམ་ཚིག་ཉམས་ཉེས་སྤོང་མི་འཐད་པའོ། །དང་པོ་ནི། **དེང་སང**་བཀའ་གདམས་པ་དང་ཕྱག་ཆེན་པར་གྲགས་པ་ལ་ལ་རྡོ་རྗེ་ཕག་མོའི་རྗེས་གནང་གི་**བྱིན་རླབས**་ཙམ་**དབང་བསྐུར་ཡིན་ཞེས་ཟེར་འདི་ཡི**་རིམ་གཉིས་བསྒོམ་པའི་**ཆོས་ཀྱི་སྒོ**་སོགས་**མཐོང་བ་འདི་འདྲ**་མི་འཐད་དེ། རྣམ་དག་གི་**རྒྱུད**་སོགས་ཤིན་ཏུ་**བསྟན**་སོགས་**མེད་ལ་རྡོ་རྗེ**་སོགས་**ཉིད**་ཀྱི་རྒྱ་གཞུང་**ལས་ཀྱང**། སོགས་**གསུངས**་པའི་ཕྱིར་ཏེ། རྣལ་འབྱོར་པ་དབང་ཐམས་ཅད་ཐོབ་ཅིང་དམ་ཚིག་དང་ལྡན་པས་ཡིད་རྗེས་སུ་མཐུན་པའི་གནས་སུ་ཞེས་སོགས་བདེ་མཆོག་སོགས་ལ་ཇི་ལྟར་འཆད་པ་བཞིན་གསུངས་པའི་ཕྱིར།

གཉིས་པ་ནི། ཕག་མོ་བླ་མེད་ཡིན་པས་**ཐོག་མར**་རྡོ་རྗེ་ཕག་མོའི་དཀྱིལ་འཁོར་དུ་བླ་མེད་ཀྱི་**དབང་བསྐུར་བླང**་ཞིང་**དེ་ནས་རྡོ་རྗེ་ཕག་མོའི**་བྱིན་རླབས་**སྦྱིན**་དགོས་ཏེ། **དབང་མ་བསྐུར་བར་བྱིན་རླབས་བཀག**་པའི་ཕྱིར་ཏེ། བྱ་རྒྱུད་ལས་ཀྱང་དབང་མ་བསྐུར་ལ་རྗེས་གནང་མིན་ཞེས་རྗེས་གནང་དབང་གི་མཐར་རྟེན་དུ་གསུངས་པའི་ཕྱིར། **དཔེར་ན**་དངུལ་ཆུའི་བཅུད་ལེན་བྱེད་ན་ཐོག་མར་**སྨུ**་སོགས་**འཇུ**་བར་བྱ་སྟེ་**དེ་ནས**་སོགས་**དེ་བཞིན**་ནོ། །གཞན་ཡང་ཕག་མོའི་རྗེས་གནང་**འདི་ནི་བྱིན་རླབས་ཙམ་ཡིན་གྱིས་སྨིན་པར་བྱེད**་པའི་དབང་དངོས་**མིན་ཏེ། རྡོ་རྗེ་ཕག**་སོགས་**དེའི་ཕྱིར་རོ**། །

གསུམ་པ་ནི། ཀྲང་པ་གཉིས་གཞུང་ཚུང་ཟད་བཀུག་སྟེ་སྦྱར་རོ། །**དབང་བསྐུར་མེད**་པར་སོགས་**གསུང**་སྟེ།

ཐུབ་པས་དེ་ཉིད་འདུས་པ་སོགས་ཀྱི་**རྒྱུད་**སོགས་**གསུང་**པའི་ཕྱིར་རོ། །

བཞི་པ་ནི། བོད་**འགའ་ཞིག་**ཕག་མོའི་བྱིན་བརླབས་**འདི་ལའང་ཕག་མགོ་**དང་མདའ་གཞུ་གཏོད་པ་**ལ་སོགས་པའི་**དབང་བསྐུར་ཡོད་ཅེས་དབང་གི་རང་བཞིན་ལ་མི་མཁས་པ་དག་ཟེར་མདའ་གཞུ་གཏོད་པ་སོགས་**འདི་འདྲ་དབང་བསྐུར་**དངོས་**ཉིད་མ་ཡིན་ཏེ།** ཡིན་པར་**རྒྱུད་**སོགས་**མིན་**པའི་ཕྱིར། མདའ་གཞུ་དང་མེ་ལོང་མིག་སྨན་སོགས་སྦྱིན་པ་ལ་མདའ་གཞུའི་དབང་ཞེས་པའི་མིང་ཡོད་ཀྱང་རྗེས་གནང་ལ་དབང་དུ་བཏགས་པ་ཡིན་པའི་ཕྱིར། ཡང་**ལ་ལ་**སོགས་**ཐོས་**པ་ནི་མི་རིགས་པ་ཆེན་པོ་ཡིན་ཏེ། རྒྱུད་དང་རྒྱ་གཞུང་གི་ཁུངས་མེད་པའི་**རང་**སོགས་**མི་སྲིད་**པའི་ཕྱིར། དབང་དང་འདུལ་བའི་ཆོ་ག་ནི་སངས་རྒྱས་ཁོ་ནའི་སྤྱོད་ཡུལ་ཡིན་པའི་ཕྱིར་རོ། །དཔེར་ན། ཁྲིམ་སོགས་**མི་འགྱུར་**བའི་ཕྱིར་ཏེ། རྡོ་རྗེ་སློབ་དཔོན་གྱི་དབང་མེད་པ་ལ་སྔགས་སྡོམ་མི་སྲིད་པའི་ཕྱིར་རོ། **།དེས་ན་འཆད་**སོགས་**གསུངས་**ཏེ་**ཆོ་ག་ཅུང་ཟད་**སོགས་**སྙན་**པའི་ཕྱིར་རོ། །

གཉིས་པ་ནི། **གཞན་ཡང་**སོགས་**མེད་**པས་**དེ་**འདྲ་བྱེད་པ་**བས་དགེ་སློང་**སོགས་**བླང་**བར་རིགས་ཏེ། **འཕྲུལ་**སོགས་**བཤད་**པས་ད་ལྟ་མི་རུང་ཡང་སྔོན་བྱུང་བའི་ཕྱིར་རོ། །

གཉིས་པ་ནི། དེ་རྣམས་རྒྱལ་བས་གསུངས་ཀྱང་སྟོན་ཆོག་ཡིན་པ་རྒྱུ་མཚན་དུ་བྱས་ད་ལྟ་བྱེད་མི་ནུས་པ་**དེས་ན་**སོགས་**མི་སྣང་**ངོ་། །རྒྱུ་མཚན་ནི། **བླུན་**སོགས་**རང་བཟོར་སྤྱོད་**པའི་ཕྱིར། **དཔེར་**སོགས་**བྱེད་**པའི་ཕྱིར། ཁྱབ་སྟེ། **འདི་**སོགས་**བཀག་**པའི་ཕྱིར་ཏེ། རྣམ་སྣང་མངོན་བྱང་ལས། བཅུ་འམ་བརྒྱད་དམ་བདུན་ནམ་ལྔ། །གཅིག་གཉིས་བཞི་ལས་ལྷག་པ་འང་རུང་། །དཔྱད་མི་དགོས་པར་བཟུང་བར་བྱ། །ཞེས་དང་། ཕྱག་རྡོར་དབང་བསྐུར་བ་ལས་ཀྱང་། ཡང་ན་སློབ་མ་བཞི་ཞིག་བཟུང་། །ཞེས་**སྤྱོད་**སོགས་**གསུངས་**ཀྱང་དེ་**དམིགས་བསལ་**དུ་**མཛད་པ་ཡིས་ལྷག་མའི་སློབ་**སོགས་**ཡོད་**པའི་ཕྱིར། **འདི**འི་ཤེས་བྱེད་**ནི།** བྱ་བ་སྤྱིའི་ཆོ་ག་སྟོན་པ་**གསང་བ་**སོགས་**འདི་ནི།** བྱ་བ་སྤྱིའི་དཀྱིལ་འཁོར་སྟོང་ཕྲག་ཕྱེད་དང་བཞི་པོ་**ཀུན་ལ་འཇུག་**ཅིང་། གཞན་ཡང་རྒྱུད་དེར། རྣམ་དཔྱད་དང་པོ་ས་གཞི་བཟུང་། །

གཉིས་པ་ལ་ནི་སྔ་གོན་བྱ། །ནུབ་གསུམ་པ་ལ་འཇུག་པ་ཤེས། །ཅེས་ཞག་གསུམ་ལ་རྫོགས་ཤིང་། །ཁྲིད་པར་འཇུག་པ་དང་དབང་ཆོག་ནུབ་གཅིག་ལ་ཚར་བའི་དཀྱིལ་འཁོར་ཀུན་ལ་སྦྱར་དུ་རུང་བས་དེ་དག་ལ་ནི་ཉེར་ལྔ་པོ་**དེ་ལས་ལྷག་**སོགས་**མི་ནུས་**ལ། **དེའི་མཚན་**སོགས་**གསུངས་**པའི་ཕྱིར་ཏེ། **དེ་ཡང་**སོགས་**ཤིས་**ཞེས་གསུངས་པའི་ཕྱིར། གསང་བ་སྤྱི་རྒྱུད་**འདི་ནི།** བྱ་བ་སྤྱིའི་རྒྱུད་ལ་མངོན་རྟོགས་སྟོན་པ་ལེགས་གྲུབ་དང་དཔུང་བཟངས། དཀྱིལ་ཆོག་སྟོན་པ་འདི་ཡིན་པས། **བྱ་བའི་**སོགས་སྐམ་དུ་དགོས་**ན།** དཀྱིལ་འཁོར་**གཞན་རྣམས**

སོགས་**གསུང་**སྟེ། དཀྱིལ་འཁོར་**གང་དུ་**དབང་བསྐུར་གྱི་ལས་ནི་ཡོད་པར་གྱུར་ལ། ལས་ཀྱི་ཚོ་ག་ས་ཆོག་སྟ་གོན་འཇུག་སོགས་གསལ་པོ་**མེད་པ་དེ་ར་ནི་སྤྱི་ཡི་**སོགས་**བསྟེན་**ཞེས་**དེ་སྐད་**སོགས་ཡིན་ནོ། །དེ་ཡང་ནུབ་གསུམ་པ་དག་གི་དབང་དུ་བྱས་ཀྱི། གཞན་དུ་དཀྱིལ་འཁོར་ཀུན་ལ་སྦྱོར་ན། ཡོ་གའི་དཔལ་རྩེ་སོགས་དང་།དུས་འཁོར་དང་། མཁའ་འགྲོ་རྒྱ་མཚོ་སོགས་ལ་ས་ཆོག་ནས་དངོས་གཞིའི་བར་ལ་ཞག་མང་པོ་དགོས་ཤིང་དགོས་པ་ལྟར་བྱ་བར་རྒྱུད་དེ་དག་ཏུ་གསལ་བར་གསུངས་པས་རྣམ་དཔྱད་དང་པོ་ས་གཞི་བཟུང་ཞེས་སོགས་སྦྱར་དུ་མི་རུང་བས་སློབ་མའི་གྲངས་ཀྱང་དེ་བཞིན་ནོ། །གཞན་ཡང་འདི་དག་ནི་རྒྱུད་སྡེ་ལ་མ་ཧེན་པར་རང་དགར་འཇུག་པ་དགག་པའི་ཕྱིར་གསུངས་པར་ཟད་ཀྱི། གཞན་དུ་ན་འདུལ་བ་དང་མཚུངས་པ་འང་མི་འགྲོ་སྟེ། འདུལ་བར་ཚོགས་ཀྱི་ཚོགས་ལ་མི་བྱའོ་ཞེས་བསྒྲུབ་བྱ་བཞི་ཡན་ཆད་གཅིག་ཅར་བསྙེན་རྫོགས་བྱས་ན་ལས་མི་ཆགས་པས་སྡོམ་པ་མི་སྐྱེ་ལ། འདིར་དབང་ཆོག་མི་འཆགས་པར་གང་ནས་ཀྱང་མ་གསུངས་ཤིང་། འཇམ་དཔལ་རྩ་རྒྱུད་དུ་སློབ་མ་བརྒྱད་ཀྱི་གྲངས་ངེས་མཛད་ལ། མཁས་མཆོག་ཨ་བྷ་ཡས་ཀྱང་གཅིག་གམ་གཉིས་སམ་མང་པོ་དག་ཀྱང་རུང་སྟེ་ཞེས་སོགས་མང་དུ་འབྱུང་བའི་ཕྱིར། དེས་ན་གྲངས་ལས་ཀྱང་མཚན་ཉིད་ཚང་མ་ཚང་གཙོ་བོར་བརྟག་ཅིང་མཚན་ཉིད་མ་ཚང་ན་གཅིག་ལའང་མི་རུང་ངོ། །

གསུམ་པ་ནི། **དེང་སང་**ཟེ་ས་གནང་ཙམ་གྱི་**བྱིན་**སོགས་**གསུངས་པ་ཡི།** །གྲུ་བཞི་སྒོ་བཞི་སོགས་ཀྱི་**དཀྱིལ་འཁོར་**ཐིག་དང་ཚོན་གྱི་བྲི་བ་དང་བསྒྲུབ་ཅིང་མཆོད་པ་སོགས་ཀྱི་**ཆོ་ག་སོགས་ཐོས་པ་**ནི་ཤིན་ཏུ་མི་འཐད་དེ། **འདི་འདྲ་**སོགས་**ཉོན་**ཞིག །**ཕྱི་**ལུས་འདོམ་གང་གྲུ་བཞི་ལ་སོགས་པའི་སྟོབས་ཀྱི་བུམ་དབང་གང་དུ་བསྐུར་བའི་དཀྱིལ་འཁོར་གྲུ་བཞི་སྒོ་བཞི་སོགས་**དང་ནང་**ཡི་གེའི་སྟོབས་ཀྱི་བྷ་གའི་དང་། གསང་བ་ཁམས་བདུད་རྩི་དང་། དེ་ཁོ་ན་ཉིད་ཀྱི་སྙིང་པོ་རླུང་གི་**རྟེན་འབྲེལ་གྱི་སྟོབས་ཀྱིས་**ཀུན་རྫོབ་དང་དོན་དམ་བྱང་ཆུབ་ཀྱི་སེམས་ཀྱི་**དཀྱིལ་འཁོར་བྱུང་བ་ཡིན་**པས་གཡུ་དྲུང་རིས་དང་པད་འདབ་སོགས་འདི་ལ་དེ་འདྲའི་ཕྱི་ནང་གི་རྟེན་འབྲེལ་བསྒྲིག་མི་ནུས་པ་དེས་ན་སོགས་**བཀག་**པའི་ཕྱིར། མདོར་ན་**དབང་བསྐུར་**སོགས་**སྒྲུབ་**པ་རྣམས་བྱར་མི་རུང་སྟེ། བྱིན་རླབས་སུ་རློམ་པ་བྱས་པས་སློབ་མ་**དེ་ཡི་**སོགས་**མང་**བའི་ཕྱིར་ཏེ། **དཔལ་ལྡན་དམ་པ་དང་པོ་**དུས་འཁོར་ལས། ཡི་ཤེས་འབེབས་པའི་བསྙེན་པ་མ་སོང་བ་དང་ཏིང་ངེ་འཛིན་མི་གསལ་བ་ལྟ་བུ་**ཆོག་**སོགས་**གསུངས་**ཤིང་**ཆོག་**སོགས་**ཡིན་**པའི་ཕྱིར་རོ། །

གཉིས་པ་ལ། དབང་བསྐུར་གཏན་མེ་དགག་པ་ལ། དབང་མེད་ལམ་ཟབ་ཙམ་གྱི་ཆོག་པ་དགག །དེ་བཞིན་དུ་སྦྱར་ཏེ་སེམས་བསྐྱེད། །ཁས་ལེན་སེམས་རྟོག་ལུས་དཀྱིལ་མོས་གུས་ཙམ་གྱི་ཆོག་པ་དགག་སྟེ་དྲུག་གོ། །

དང་པོ་ནི། ཁ་ཅིག་ན་རེ། **དབང་བསྐུར**་ལ་དེ་ཙམ་དུ་གཅེས་སྤྲས་མི་དགོས་ཏེ། དེ་**མེད་ཀྱང**་རིམ་གཉིས་ཀྱི་**ལམ**་སོགས་**གྲུབ་པོ་སྙམ་ན**་ཤིན་ཏུ་མི་འཐད་དེ། **དབང**་སོགས་**གསུངས**་པའི་ཕྱིར་ཏེ། རྒྱུད་**ཕྱག་རྒྱ**་སོགས་**འབད་པར་བྱ**་བ་ཡིན་ཏེ་བཤད་རྒྱུད་རྡོ་རྗེ་ཕྲེང་བ་ལས། དབང་བསྐུར་མེད་པར་རྒྱུད་འཆད་པ། །བསྒྲུབ་པོས་སྔགས་ཀྱི་དོན་བཤད་ཀྱང་། །སློབ་དཔོན་སློབ་མ་མཚུངས་པར་ནི། །ཤི་ནས་དུ་འབོད་ཆེན་པོར་ལྟུང་། །ཞེས་དང་། དུས་འཁོར་དུ་ཡང་དེ་བཞིན་དང་གཞན་ཡང་ཤིན་ཏུ་མང་བའི་ཕྱིར་རོ། །**ཁ་ཅིག**་སོགས་**ཟེར**་བ་ཡང་མི་འཐད་དེ། **གང་ཟག**་སོགས་**མེད**་པའི་ཕྱིར་རོ། །**འཕགས**་སོགས་**ནི**་ད་ལྟ་མི་རུང་བའི་**སྟོན་གྱི**་སོགས་**ཡིན**་ལ། **དེང་སང་གང་ཟག་རབ་འབྲིང**་ཐ་མ་**ཀུན**་ལ། སྒྲུབ་གཞི་རྫུལ་ཚོན་ལས་བསྒྲུབ་པ་**རྫུལ་ཚོན་གྱི་ནི་དཀྱིལ་འཁོར**་དང་དཔེ་མཚོན་ནས་རས་བྲིས་དང་ལུས་དཀྱིལ་ཡོད་པ་རྣམས་ལ་བླ་མའི་ལུས་བསྒྲུབ་གཞིར་བྱས་པའི་ལུས་ཀྱི་དཀྱིལ་འཁོར་དང་བསྒྲུབ་གཞི་མ་རྙེད་ཅིང་དཔོན་སློབ་གཉིས་ཀ་ཏིང་ངེ་འཛིན་གསལ་ཞིང་དགོས་པ་ཁྱད་པར་ཅན་དང་འབྲེལ་ན་སྒྲུབ་གཞི་མེད་པའི་བསམ་གཏན་གྱི་དཀྱིལ་འཁོར་རྣམས་སུ་ཚོག་ཚང་བའི་**དབང**་སོགས་**མོད**་ཀྱི་རྗེས་གནང་ཙམ་**གཞན**་སོགས་**བཀག**་པའི་ཕྱིར་རོ། །

གཉིས་པ་ནི། **ལ་ལ**་ན་རེ། དབང་མ་ཐོབ་ཀྱང་འཇུག་པ་སེམས་**བསྐྱེད་སོགས**་འབུལ་ལམ་ཐབས་མཁས་ཏེ་སེམས་བསྐྱེད་ཀྱི་ཕན་ཡོན་ནམ་ནུས་པ་**ཡིན་ལོ་འདི་ཡང**་སོགས་**ཉེན**་ཞིག་**བྱ**་སོགས་**ཡོད་དེ**་སེམས་བསྐྱེད་ཙམ། ཡང་མ་བྱས་ཀྱང་ལམ་གྱི་ཆ་ཤས་ཉམས་སུ་ལེན་དུ་རུང་བ་སེམས་བསྐྱེད་ཐོབ་ན་དབང་མ་ཐོབ་ཀྱང་ཉུང་ཟད་རུང་བ། དབང་ཡང་ངེས་པར་ཐོབ་དགོས་པ་རྣམས་སུ་ཡོད་པའི་ཕྱིར། འདི་དག་རྒྱུད་ཀྱི་ཁྱད་པར་ལྟ་བུར་མཛད་སྣང་ནའང་། བྱ་རྒྱུའི་ལས་ཀྱི་དབྱེ་བར་བྱེད་དགོས་ཏེ།བྱ་རྒྱུད་ལ་སྤྱི་དང་སོ་སོ་བ་གཉིས་ལས་སྤྱི་ནི་ལེགས་གྲུབ་སོགས་དང་། སོ་སོ་བ་ལ་འཇིག་རྟེན་ལ་འདས་པའི་རིགས་གསུམ། འཇིག་རྟེན་པའི་རིགས་གསུམ། དང་པོ་ལ། དམ་ཚིག་གསུམ་བཀོད་དང་འཇམ་དཔལ་རྩ་རྒྱུད་སོགས་དེ་བཞིན་གཤེགས་པའི་རིགས། ཚེ་དཔག་མེད་དང་དོན་ཞགས་སོགས་པདྨའི་རིགས། མི་འཁྲུགས་པ་དང་ཕྱག་རྡོར་གྱི་རིག་པ་མཆོག་སོགས་རྡོ་རྗེའི་རིགས་ཡིན་པས་སྔ་མར་དབང་ཐོབ་ན་གསུམ་ག་དང་། བར་མར་ཐོབ་ན་གཉིས་དང་། ཐ་མར་ཐོབ་ན་རང་ཉིད་ལས་གཞན་དུ་དབང་མི་ཐོབ་པར་བཤད་པས། དོན་ཞགས་ཀྱི་དབང་མ་ཐོབ་ཀྱང་འཇམ་དཔལ་གྱི་ཐོབ་ན་ལྷ་སྒྲུབ་ཏུ་རུང་བ་ལྟ་བུ་སྲིད་ཀྱང་དབང་མེད་པའི་ལམ་རྫོགས་པར་ཉམས་སུ་ལེན་པ་སྟེར་མང་དུ་བཀག་པ་རྣམས་དང་འགལ་འདུ་འོང་ངོ་། །དེས་ན་**དོན་ཡོད**་སོགས་བསྒོམ་བཟླས་མེད་ཀྱང་ཟས་གཙོད་པའི་**སྨྱུང་གནས་ལ་སོགས་བྱེད**་སོགས་**གསུང་སྟེ**། དུད་འགྲོའི་རྣ་ལམ་དུ་ཡང་སྔགས་ཤིག་ཅེས་དང་། སེམས་ཅན་རྣམས་ལ་ནུས་

དང་མི་ནུས་དྲིས་ཏེ་སྨྲིན་ཞེས་སོགས་གསུངས་པའི་ཕྱིར་**དམ་ཚིག**་སོགས་**གནང**་སྟེ། དེ་ལས་གང་ཞིག་བྱང་ཆུབ་སེམས་བརྟན་ཞིང་། བློ་གྲོས་ཆགས་པ་མེད་པ་དང་། །ཐེ་ཚོམ་དག་ཀྱང་མི་བྱེད་པ། །དེ་ནི་དེས་པར་འགྲུབ་པར་འགྱུར། །ཞེས་སོ། །མི་གཡོ་བའི་རྟོག་པ་ལས་ཀྱང་དེ་མཐུན་དུ་གསུངས་སོ། །དཔུང་བཟང་པ་དང་**ལེགས**་སོགས་**མི་སྨྲིན**་ཞེས་དང་། དཔུང་བཟངས་ལས་ཀྱང་། གང་དག་རིགས་དང་ཚོ་ག་ཀུན་མེད་པ། །གང་དག་དཀྱིལ་འཁོར་དུ་ནི་མ་ཞུགས་དང་། །གང་དག་བྱང་ཆུབ་སེམས་ནི་མ་བསྐྱེད་པས། །ང་ཡི་གསང་སྔགས་བཟླས་ན་ཕུར་བུར་འགྱུར། །**ཞེས་སོགས**་སོགས་**ལྟོས**། བྱ་རྒྱུད་ལ་གསུམ་དེ་ལྟར་ཡོད་པས་དེའི་**ལྷག་མ**་སྤྱོད་རྒྱུད་རྣལ་འབྱོར་རྒྱུད་བླ་མེད་**རྒྱུད་སྡེ**་སོགས་**མེད**་དེ། **དབང་བསྐུར**་ནི་**ནང**་གསང་སྔགས་ཀྱི་**རྟེན་འབྲེལ**་ཁྱད་པར་བ་**ཡིན**་ཞིང་**སེམས་བསྐྱེད**་ཙམ་**ལ**་ནི་སོགས་**གསུངས་སོ**། །དེའི་ཕྱིར་**མདོ་སྔགས**་ཀྱི་**རྣམ་དབྱེ་ཤེས**་ནས་བླང་དོར་བྱ་**དགོས་སོ**། །དེ་བཞིན་དུ། **གཏོར**་སོགས་**མེད་པས**་དེ་དག་བྱིན་རླབས་ཙམ་ཡིན་ནོ། །

གསུམ་པ་ནི། བླུན་པོ་**འགའ་ཞིག་སྔགས་ཀྱི**་རིམ་གཉིས་**ད་ལྟ**་སྒོད་ལྡན་གཞན་སྟེར་དབང་ཐོབ་པ་རྣམས་དང་ལྷན་ཅིག་**སྤྱོད**་ཅིང་སློམ་ལ་**དབང་བསྐུར**་སྟེར་མ་ཐོབ་ཀྱང་**ཕྱིས་ནས**་ཞུའོ་ཞེས་**ཁས་ལེན**་པར་**བྱེད**་ཅིང་ཁས་ལེན་དེ་ཙམ་གྱི་སྟོད་དུ་རུང་ཟེར་བ་**འདི་ཡང**་སོགས་**མིན**་ཏེ། **དབང**་སོགས་**སྔོན**་དུ་རྒྱུད་སྟོད་རུང་**ཉམས**་གསུངས་ཏེ། འདུལ་བ་ལས་ཀྱང་སྙ་ཐབས་སུ་གནས་པ་ལ་སྡོམ་པ་མི་སྐྱེ་བར་གསུངས་པ་སོགས་ཀྱི་ཕྱིར་རོ། **མདོར་ན**་སོགས་**ཀྱིས**་ཞེས་འདོམས་སོ། །

བཞི་པ་ནི། བོད་**ལ་ལ**་སོགས་**ལོ**་ཤིན་ཏུ་མི་རིགས་ཏེ། **འོན**་སོགས་**མཚུངས**་པའི་ཕྱིར། **དེས**་ན་སོགས་**སླ་བ**་འདི་ཆོས་ཅན། **གསང**་སོགས་**ཡིན**་ཏེ། གསང་སྔགས་ཉམས་ལེན་གྱི་གཙོ་བོ་དབང་བསྐུར་འབའ་ཞིག་ལ་སླ་ཆོས་བྱེད་པའི་ཕྱིར་རོ། །འདིས་ནི་བསྟན་འཛིན་ཆེན་པོ་དག་ཀྱང་དཀྱིལ་ཆོག་ཆེན་པོ་དག་ཀྱང་དཀྱིལ་ཆོག་ཆེན་པོ་དག་གི་ཚིག་རིས་འཛིན་སྐྱོངས་ལ་རྩེགས་ནས། དབང་གཞན་དུ་ཞུར་འཇུག་པ་རྣམས་ལ་འང་ཟུར་གྱིས་གནོད་དོ། །

ལྔ་པ་ལ་དངོས་དང་། རྒྱུད་སྡེའི་དབང་འཆོལ་བ་དགག་པའོ། །དང་པོ་ལ་འགོ་མཚུངས་ཀྱིས་དགག །བཤད་ཟིན་དྲན་པ་ལ་སྦྱར། བདེན་གཉིས་སོ་སོར་ཕྱེ་ནས་གདམས་པའོ། །དང་པོ་ནི། བོད་**ཁ་ཅིག**་འདུག་པ་དང་རིག་པའི་དབང་ལྷ་སྨྲིན་པ་སོགས་**ཚིག**་སོགས་**ཟེར**། བླ་མའི་ལུས་དཀྱིལ་ལས་དབང་ལེན་པ་མི་འགོག་གི། ཚོ་ག་མེད་ཀྱང་བྱིན་རླབས་ཙམ་གྱིས་འགྲུབ་པར་འདོད་པ་འགོག་སྟེ། **འོན**་སོགས་**ཚིག**་པས་ན་**རྫོགས**་སོགས་**སྤོངས**་ཤིག །སྤོང་མི་ནུས་ཏེ། **གལ་ཏེ**་སོགས་**མི་ནུས**་པའི་ཕྱིར། གཉིས་པ་ནི། **དེས་ན**་སོགས་**དྲན་པར་བྱས**

ནས་དོར་ཞིག །

གསུམ་པ་ནི། དབང་བསྐུར་ལ་སོགས་པ་ནི་རྫོགས་པའི་སྦྱོར་བ་ཡིན་ལ་དེ་སྤང་དགོས་པས་དབང་ལ་ཆེད་གཉེར་མེད་དོ་ཞེ་ན་ངེས་དོན་དེ་ལྟར་ཡིན་པ་**དེའི་ཕྱིར**། **དམ**་སོགས་**ཡིན**་པས་དོན་དམ་**དེ་ལ**་སོགས་**མེད**་དེ་དོན་དམ་དུ་**སངས་རྒྱས**་སོགས་**དགོས**་ཏེ། **རྒྱུ**་སོགས་**ཡིན**་པའི་ཕྱིར། བདེན་གཉིས་**དེ་འདྲའི**་སོགས་**ཕྱེས**་ཤིག་སྨྲ། **སོ་སོ་ཐར་དང**་སོགས་**དོན་དམ་ཡིན་པའི**་ཕྱིར། **ཚིག་ལ་ལ**་སོགས་**གནས**་ཡིན་ཏེ། ཚུལ་འདི་འདྲ་**སངས་རྒྱས**་སོགས་**གསུངས**་པའི་ཕྱིར་རོ། །

གཉིས་པ་ནི། བོད་**ཁ་ཅིག**་སོགས་**ཐོས**་པ་**འདི་ཡང**་སོགས་**མིན**་ཏེ། **དེའི**་སོགས་**ཡིན**་པའི་ཕྱིར། **བྱ**་སོགས་**མེད**་པར་བསྒྲུབས་ཟིན་པའི་ཕྱིར་དང་**གལ་ཏེ**་སོགས་**འགྱུར**་ཏེ། **དབང**་སོགས་**ཡིན**་པའི་ཕྱིར། འདི་ལྟར་གསལ་ཁ་བྱུད་བཞིན་དུ་རྗེས་འབྲང་དུ་རློམ་པ་དག །རྒྱུད་སྡེ་འོག་མ་གཉིས་ལའང་རང་རང་ལ་དབེན་པའི་དབང་བཞི་དང་སྔགས་སྡོམ་དང་རིམ་གཉིས་ཡོད་ཅེས་སྨྲ་བ་ནི། ཕྱོགས་སྔ་བྱེད་པར་གསལ་ལོ། །མདོར་ན་ཕྱི་དང་ནང་དང་དེ་སོ་སོའི་**གྲུབ**་སོགས་**ཡིན**་པ་**དེས་ན་རྒྱུད**་སོགས་**ཡོད**་པར་འོག་ནས་འཆད་པས་**རང་རང**་སོགས་**འབྱུང**་བའི་ཕྱིར་རྣམ་དབྱེ་ལ་མཁས་པར་བྱ་དགོས་སོ། །

དྲུག་པ་ལ་འགོ་མཚུངས་ནི། **ལ་ལ**་སོགས་**མནོ་སྙམ་བྱས**་པ་ཡིན་གྱི་གསུང་རབ་ལས་མི་སྣང་ངོ་། །དེ་ལྟར་ཡིན་པ་འོ་ན་སོགས་ཅི་སྐྱེ་ཡོད་པར་འགྱུར་རོ། །རྣལ་ལན་ནི་རྒྱུ་མཚན་**དེས་ན**་སོགས་**མ་ཡིན**་ཏེ། **གསང**་སོགས་**ཡིན་པའི་ཕྱིར**་ཏེ། རྡོ་རྗེ་འཆང་གིས་གསུངས་པའི་ཚིག་འདི་རྟེན་འབྲེལ་ཁྱད་པར་ཅན་གྱི་སློབ་མའི་**ཕྱུང**་སོགས་**ཞེས**་སངས་རྒྱས་རྣམས་ཀྱི་ཐ་སྙད་བཏགས་པའི་ཕྱིར་རོ། །དེས་ན་ཆོས་རྒྱལ་ཤི་བྲ་ཧྲུ་ཏི་ལྟ་བུའི་གང་སོགས་གསུངས་ལ་དབང་སོགས་**བཏགས་པ་ཡིན**་པས་དབང་དུ་མ་འདུས་པའི་སྔགས་ལམ་མེད་དོ། །རྒྱུ་མཚན་**དེའི་ཕྱིར**་སོགས་**ཆོས་མེད**་དགོས། **དེས་ན་ཐུབ**་སོགས་**བསྔགས་པ**་ཡིན་ཏེ། དེ་བས་འབད་པ་ཐམས་ཅད་ཀྱིས། །བླ་མ་ལ་ནི་དབང་ནོད་ཞུས། །དབང་མེད་ན་ནི་དངོས་གྲུབ་མེད། །ཅེས་སོགས་རྒྱ་ཆེར་གསུངས་པའི་ཕྱིར་རོ། །**མཁས་པ་རྣམས**་ཅི་ནས་ཀྱང་**དབང་བསྐུར་ལ་གུས**་ཤིང་བུ་སྟོན་རིན་པོ་ཆེ་སོགས་ཉིན་མཚན་ཀུན་ཏུ་དབང་བསྐུར་ལ་བརྩོན་པར་མཛད་**པའི་རྒྱུ་མཚན**་སྟར་བརྗོད་པ་**དེ་བཞིན་ཡིན**་པས། དབང་བསྐུར་རྒྱུད་སྡེ་བཞིན་དུ་བྱེད་པ་ལ་སྤང་སླས་བྱེད་པ་དག་གིས་སྔགས་ལམ་གྱི་གནད་མ་རྟོགས་པ་ཁོ་ནར་ཟད་དེ། སློབ་མ་གྲངས་མང་བ་སོགས་ཀྱི་ཉེས་དམིགས་བཅས་འགལ་ཅུང་ཟད་སྲིད་ཀྱང་རྡོ་རྗེ་ཐེག་པའི་ལམ་གྱི་གཙོ་བོ་རྒྱུན་མི་གཙོད་པའི་ཕན་ཡོན་ལྷག་པར་ཆེའོ། །

དབང་བསྐུར་སུ་བཞི་དགག་པ་ནི། **ལ་ལ་**སོགས་**འདོད་**དེ། **དབང་**སོགས་དང་། བྱས་མ་བྱས་གཉིས་ཀས་མ་ཐོབ་པ་སྟེ་རྣམ་པ་བཞིར་འདོད་ཅིང་། དེ་དབང་བསྐུར་རྒྱལ་པོ་ཞེས་བྱ་བའི་རྒྱུད་ལས་བཤད་དོ་ཞེས་སྙིང་མ་པ་ཟེར་བ་ཤིན་ཏུ་མི་འཐད་དེ། ཁུང་དེ་ནི་བོད་མ་ཡིན་ལ། ལུགས་**འདི་འདྲ་**རྒྱུད་ལུང་རྣམ་དག་**གང་**སོགས་**མེད་**པས་**བསྟན་**སོགས་**ཟེར་**བའི་ཕྱིར་རོ། །**འོན་ཀྱང་**སོགས་རིགས་པས་**བརྟག་པར་བྱ་**སྟེ། **སོ་སོ་**སོགས་**ཅིས་མི་མཚུངས་**ཏེ། **བསྒོམས་ཀྱང་**སོགས་**ཡོད་**དགོས་སོ། །དེས་ན་**སུ་བཞི་**སོགས་**དགོས་**ཏེ། ཡོད་སྙམ་ལ་ཡོད་སྙམ་དུ་མི་འདོད་པས་སོ། །**གལ་ཏེ་**བསྒོམས་སོགས་ལ་**སུ་**སོགས་**མི་ནུས་**ཞིང་**ཅི་སྟེ་**སོགས་**དགོས་**སོ། །**སྨྲས་ཀྱང་**སོགས་**མེད་**དེ་ལུང་རྣམ་དག་ལས་འདི་འདྲ་གཏན་མ་བཤད་པའི་ཕྱིར་རོ། །**གལ་ཏེ་**སོགས་ན་གཞན་སོགས་མི་དགོས་ཏེ། དེ་དེའི་གདུལ་བྱ་ཡིན་པའི་ཕྱིར་རོ། །གཞན་སོགས་ན། ནད་སོགས་**སྤྱོང་ངམ་ཅིས་ཏེ་**སྤྱང་རིགས་སོ། །དེས་ན་དོན་བསྡུ་བ་ནི་གོང་དུ་དགག་པ་**འདི་**སོགས་**བྱས་**ཏེ་སྤྱང་བར་བྱའོ། །

གཉིས་པ་གྲོལ་བྱེད་ལམ་ལ་འཁྲུལ་པ་དགག་པ་ལ། ལམ་གྱི་གཞི་བསྟན་དམ་ཚིག་ལ་དང་། ལམ་གྱི་ངོ་བོ་བསྐྱེད་རྫོགས་ལ། ལམ་གྱི་བོགས་འདོན་སྤྱོད་པ་ལ་འཁྲུལ་པ་དགག་པའོ། །དང་པོ་ནི། གསང་སྔགས་སྔ་འགྱུར་**ཁ་ཅིག་གསང་སྔགས་**ཀྱི་**གསང་བ**འི་གནད་**ལ་ཡེ་**ནས་**གསང་**བ་ཞེས་བྱ་བའི་**ཐབས་ཀྱིས་**གསང་ཡུལ་དང་བར་**ཆོད་པའི་ཕྱིར་གསང་སྒྲོགས་**ཞེས་བྱ་བའི་**ལྟུང་བ་**མི་འབྱུང་སྟེ། གོ་བ་ནི་སྣོད་ལྡན་ཡིན་པས་གསང་མི་དགོས། མི་གོ་བ་ནི་སྣོད་མིན་ཡིན་ཡང་ཡེ་ནས་གསང་བ་ཡིན་པའོ་**ཞེས་ཟེར་འདི་**སོགས། **ཟེར་**བར་སྨྲས་ཟིན་ཏོ་ཞེ་**ན**། དེ་བདེན་དུ་ཆུག་ཀྱང་**གོ་བའི་གང་ཟག་**དབང་མ་ཐོབ་པ་དང་མ་དད་པ་ལ་གོ་བ་མེད་པས་**ཡེ་**སོགས་**འགྱུར་**རོ། །**གལ་ཏེ་**སོགས་ཞེ་**ན**། ཁྱོད་ཀྱི་**དམ་ཚིག་བདེན་པར་གོ་ན་**སོགས་**གསུངས་**ཏེ། དམ་གཞག་རྒྱས་པར་འབྱུང་བ་བཞིན་ནོ། །**དེས་ན་**སོགས་**ཚིག་**ཡིན་ཏེ། ཁྲུངས་མེད་པའི་རང་བཟོ་ཡིན་པའི་ཕྱིར་རོ། །

གཉིས་པ་ལ། གཉིས་ཀ་དང་འབྲེལ་བ་ལམ་ཕྱོགས་རེ་བ་དགག །བསྐྱེད་རིམ་དང་འབྲེལ་བ་ལག་ལེན་འཁྲུལ་པ་དགག །རྫོགས་རིམ་དང་འབྲེལ་བ་ལྟ་བ་ལོག་པ་དགག་པའོ། །དང་པོ་ནི། ཕྱོགས་རེ་བའི་སྒྲུབ་བྱེད་མང་པོ་སྤྱིར་དགག །བསྒྲུབ་བྱ་དཀར་པོ་ཆིག་ཐུབ་བྱེ་བྲག་ཏུ་དགག་པའོ། །དང་པོ་ལ་འདོད་པ་བརྗོད། ལུང་དེ་རིགས་པས་དགག །ཡང་དག་ལམ་ལ་སྦྱར། ཚུལ་མིན་སྤྱོད་ལ་སྨད་པའོ། །དང་པོ་ནི། བོད་**ཁ་ཅིག་**ལམ་ལ་མཐའ་གཅིག་ཏུ་**འཁྲུལ་**བ་**དང་མ་འཁྲུལ་**བ་**མེད་**དེ། ཁྱེད་རང་གིས་ཉན་རང་བྱང་སེམས་ལ་བཤད་པ་ལྟར། ལ་ལའི་འཁྲུལ་པ་ལ་ལ་ལ་ལའི་མ་འཁྲུལ་བར་འགྲོ་སྲིད་པའི་ཕྱིར། སངས་རྒྱས་བསྒྲུབ་པའི་**ཐབས་**ཀྱི་**ལམ་**ཡང་**གཅིག་**ཉིད་**དུ་ངེས་པ་མེད་**དེ། དཔལ་མགོན་**ཀླུ་སྒྲུབ་**ནི་མཐའ་བྲལ་གྱི་**ལྟ་བ་རྟོགས་པ་**རྒྱུད་

པས་གྲོལ་ལ། དེ་བཞིན་དུ་མི་གཞན་གྱི་གྲོགས་མེད་པར་སློབ་དཔོན་**པདྨ་འབྱུང་གནས་བསྐྱེད་རིམ**་ཉིད་**ཀྱིས**། ཉའི་རྒྱ་ལྟོ་གསོལ་བའི་**དགའ**་སོགས། **སྤྱོད་པ**་ཅུང་ཟད་མ་རན་པར་སྤྱད་པས་ཚེ་དེ་རར་མ་གྲོལ་ཡང་དེ་སྤྱད་པ**འི་སྟོབས་ཀྱིས་ནག་པོ**་སྤྱོད་པ་བར་དོར་གྲོལ། **རླུང**་སྦྱོར་བསྒོམ་པའི་**སྟོབས་ཀྱིས་གོ་རཀྵ**་སྟེ་བ་ལང་བསྲུང་གྲོལ་སོགས། ལྷ་དང་བླ་མའི་**བྱིན**་སོགས། ཆོས་རྒྱལ་**ཨིནྡྲ་བྷཱུ་ཏི**་བཙུན་མོ་སྲས་འཁོར་དང་བཅས་ཏེ་**འདོད་ཡོན**་སྤྱད་པ་ཉིད་**ཀྱིས**་སོ། །ཕྱི་ནང་གསང་བ་ཁོ་ན་ཉིད། མཐར་ཐུག་སྟེ་**རྟེན་འབྲེལ**་ལྔ་པོ་**ཐམས་ཅད**་སོགས་**བྱུང**་བའི་ཕྱིར་རོ། །དེས་ན་**དེ་འདྲའི**་སོགས་**ལ**་མཐའ་གཅིག་ཏུ་འཁྲུལ་ཞེས་**སྐུར**་སོགས་**ཟེར**་རོ། །

གཉིས་པ་ནི། འདོད་པ་**འདི**་དགག་**པ**་ཡང་སོགས། ཀླུ་སྒྲུབ་དང་ཤ་བ་རི་ལ་སོགས་པའི་**གྲུབ་ཐོབ**་སོགས་**ཡེ་ཤེས**་ཕྱག་ཆེན་**སྐྱེས་པས་གྲོལ་བ**་ཤ་སྟག་**ཡིན་ཏེ**། ཁྱད་པར་ཅན་གྱི་ཐབས་དང་ཤེས་རབ་གཉིས་ཚང་བ་**མིན**་སོགས་**མེད**་པ་**དེས་ན**་འོ། །མདོར་ན་**ལྷ**་སོགས་**དེ་དག**་རེ་རེ་བ་**རྐྱང་པས་གྲོལ་བ་མིན**་ཏེ། **དབང**་བཞི་**བསྐུར**་སོགས་འཇིག་རྟེན་ལས་འདས་པའི་**ཡེ་ཤེས**་རྟོགས་ཤིང་ཐོབ་**པས་གྲོལ་བ་ཡིན**་པའི་ཕྱིར་ཏེ་**བསྐྱེད**་སོགས་**མ་ཡིན**་པར་རིམ་གཉིས་དངོས་མིན་ཞིང་། བྱིན་རླབས་ནི་རིམ་གཉིས་དེ་ལས་བྱུང་བའི་ཕན་ཡོན་ཡིན་ལ་ལྟ་བ་ནི་རིམ་གཉིས་དེའི་དུག་འབྱིན་པའི་**ཡན་ལག་ཡིན**་ལ། ལྷན་སྐྱེས་**ཕྱག་རྒྱ་ཆེན་པོ**་ནི་རྫོགས་རིམ་མཐར་ཐུག་**དེའི་ཡེ་ཤེས**་དང་། །སྤྱོད་པ་ནི་རིམ་གཉིས་དེའི་བོགས་འདོན་ཡིན་པས་ཐམས་ཅད་ལ་ཐམས་ཅད་གྲོགས་སུ་དགོས་པའི་ཕྱིར་རོ། །རིམ་གཉིས་**དེའི**་སྤྱོད་པ་ལ་གསུམ་ལས་**སྤྲོས**་སོགས་**ཡིན**་ཏེ། ཕོ་བྲང་གཞལ་ཡས་ཁང་། རང་ཉིད་གཙོ་བོ་རྒྱལ་ཕྲན་བཞི་རིགས་བཞི། བཙུན་མོ་རྣམས་ཡུལ་བཞི། སྲས་རྣམས་སེམས་དཔའ་སེམས་མ། ཞི་འབྲིང་རྣམས་ཁྲོ་བོར་བྱས་ནས་འདོད་ཡོན་ལ་དགྱེས་པར་སྤྱད་པའི་ཕྱིར་**དེའི་སྤྲོས་མེད**་ཀྱི་**སྤྱོད་པ་ལ**་ནི་ཟ་ཉལ་འཆག་གི་མིང་གི་ཟུར་བསྡུས་ནས་**བྷུ་སུ་ཀུ**་ཞེས་མིང་**སངས་རྒྱས་གསུངས**་ཏེ། ཟླ་བ་གཅིག་ཏུ་གསང་སྟེ་སྤྱོད། ཅེས་སོགས་ཀྱི་སྟན་དོན་ཡིན་པའི་ཕྱིར། **དེའི་ཤིན་ཏུ་སྤྲོས་མེད**་ནི། **རིམ་གཉིས**་ཀྱི་རྟོགས་པ་ཐོན་ཟིན་ཤིན་ཏུ་**བརྟན་པར་བྱ་བའི་ཕྱིར**་ཏུ་བི་རུ་པ་ལ་སོགས་པའི་**གྲུབ་ཐོབ་རྣམས་ཀྱི་མཛད**་པས་ཡུལ་ཕྱོགས་གནས་མིང་རྒྱུས་མི་ཤེས་པའི་སར་སྐྱོ་བྱེད་པ་ལྟ་བུ་གསང་སྤྱོད་མངོན་སྤྱོད་གཉིས་ཅར་དུ་འགྲོ་བ་སྤྱད་ནས་ནུས་པ་ཐོབ་པ་ན་ཆུ་བོ་གྱེན་དུ་བཟློག་པ་སོགས་མཛད་པ་**ནི་ཀུན་ཏུ་བཟང**་པོ་དང་ཕྱོགས་ལས་རྣམ་རྒྱལ་དང་རྒྱལ་ཚབ་ཆེན་པོའི་**སྤྱོད་པར་བརྟ**ག་གཉིས་དང་། སམ་བུ་ཊ་སོགས་སུ་**བཤད**་ལ། གསང་འདུས་སུ་ནི་དཀྱིལ་འཁོར་གྱི་ལྷ་གྲངས་དང་མཉམ་པའི་རིག་མ་དང་འདུས་པ་དང་། རིག་མ་གཅིག་དང་འདུས་པ་དང་། ཡེ་ཤེས་ཀྱི་རིག་མ་ཙམ་དང་འདུས་པ་གསུམ་ལ་སྤྲོས་བཅས་སྤྲོས་མེད་ཤིན་ཏུ་སྤྲོས་མེད་དུ་བཤད་དོ། །**དེས་ན**

རྒྱུ་སོགས་**མོད**་ཀྱང་། རེ་རེས་གྲོལ་བ་ལྟར་སྣང་བ་ནི། **སྔ་མའི**་སོགས་**གསུངས**་པ་ལ་དགོངས་སོ། །**དཔེར་ན**་སོགས་**བཞིན**་ནོ། །**དེ་ཕྱིར་ཐབས་ཀྱི་ཁྱད་པར་ལ**་འདི་མི་དགོས་ཞེས་**སྐུར**་སོགས་**ཡིན**་མོད་ཀྱི་**འོན་ཀྱང**་སོགས་**བཤད**་པ་**དེས་ན**་སོགས་**ཀྱིས**་ཏེ། དེ་གཉིས་རྫོགས་པ་མེད་པར་མཐར་ཐུག་གི་སངས་རྒྱས་མི་སྲིད་པའི་ཕྱིར།

གསུམ་པ་ལ། བསྟན། བཤད། བསྡུ་བའོ། །དང་པོ་ནི། འདིར་དངོས་བསྟན་ལ་མདོ་སྔགས་གང་ལ་བསླབས་ཀྱང་མཐར་ཐུག་གི་སངས་རྒྱས་འགྲུབ་ཀྱང་མྱུར་བུལ་ཡོད་དེ། དཔེར་ན་**བསོད་ནམས**་སོགས་**འཚང་རྒྱ**་ལ་**སྔགས**་སོགས་**མིན**་པ་ལྟར་**རྡོ་རྗེ**་སོགས་**འགྲུབ**་པའི་ཕྱིར་རོ། །རྒྱས་བཤད་ལ། ཕར་ཕྱིན་གྱི་དང་། གསང་སྔགས་ཀྱི་ལམ་རིམ་རྣམ་དག་བཤད་པའོ། །དང་པོ་ལ་ཡང་མདོར་བསྟན་ནི། བདག་མེད་ཕྲ་མོའི་**སྟོང་ཉིད**་རྟོགས་པའི་ཤེས་རབ་དང་། དེ་ལ་རྟོགས་ཤིང་ཕ་མར་གྱུར་པའི་འགྲོ་དྲུག་ལ་ཕུགས་ཕན་གྱི་དོན་དུ་བརྩེ་བའི་**སྙིང་རྗེ**་དང་བྱང་ཕྱོགས་**སོགས་བསྒོམ**་སོགས་**དགོས་པས**་རིང་བ་ཞེས་བྱའོ། །རྒྱས་བཤད་ནི། ཕར་ཕྱིན་ཐེག་པའི་ལམ་དེ་ནི། དུས་གསུམ་ཐམས་ཅད་གཤེགས་པས་**རྫོགས**་སོགས་**ཆེ**་ཡིན་ཏེ། ཐེག་ཆེན་པ་ཀུན་ལ་མཐུན་སྣང་དུ་གྲུབ་པས་**རྩོད**་སོགས་**བསྟན**་པའི་ལམ་ཆེན་པོ་ཡིན་པས་འབད་པར་རིགས་ལ་**གལ་ཏེ**་སོགས་**མི་བཞེད**་པས་སྔགས་ནས་འབྱུང་བ་ཀུན་མི་དགོས་མོད་**འོན་ཀྱང**་རྒྱུ་ཕ་རོལ་ཏུ་ཕྱིན་པའི་མདོ་སྡེ་བྱང་སེམས་ཀྱི་སྤྱོད་པ་རླབས་པོ་ཆེ་སྟོན་པའི་**ཐེག**་སོགས་**རྣམས་ལས་འབྱུང་བ་བཞིན**་དུ་དང་པོར་སློན་འཇུག་**བྱང་ཆུབ་མཆོག་ཏུ་སེམས་བསྐྱེད**་ནས་བར་དུ་བསྐལ་པ་ཆེན་པོ་**གྲངས་མེད་གསུམ་དུ**་གང་ཟག་འབྲིང་པོ་གཅིག་གི་བསགས་པའི་བསོད་ནམས་དང་ཡེ་ཤེས་ཀྱི་**ཚོགས་གཉིས་བསགས་ཤིང**་སློན་ལམ་ཡོངས་སུ་རྫོགས་པ་དང་**སེམས་ཅན**་རྣམས་སྨིན་པ་དང་གཉེན་པོ་མངོན་སུམ་སྣང་རུང་དུ་**ཡོངས་སུ་སྨིན་པར**་བྱས། ཡེ་ཤེས་ལ་དབང་ཐོབ་པ་ཇི་ལྟར་འདོད་ཡོན་དུ་བསྟེན་ནུས་པའི་ཚུལ་དུ་**སངས་རྒྱས**་སོགས་**སྦྱོངས་ཤིག**་དེས་ན་**ས་བཅུའི་ཐ་མ**་ལ་བབ་**པར**་ཉོན་མོངས་པ་དང་ཕུང་པོ་དང་འཆི་བདག་དང་ལྷའི་བུའི་བདུད་སྟེ་སྡེ་**བདུད**་བཞི་**བཅོམ**་ཞིང་བཅོམས་**ནས**་སྒྲིབ་གཉིས་བག་ཆགས་དང་བཅས་པ་ཟད་པར་སྤངས་ཤིང་། རང་ལམ་གྱི་ཚོགས་གཉིས་ཡོངས་སུ་**རྫོགས་པའི་སངས་རྒྱས**་ནི་**ཐོབ་པར་གསུངས**་ཞེས་ཀྱང་བཤད་དུ་རུང་མོད་ཀྱི་རྩ་བའི་དངོས་བསྟན་ནི། མཐར་ཐུག་གི་སངས་རྒྱས་ཉིད་ཐོབ་པར་བཞེད་དོ། །

འདིར་བསྐལ་པ་གྲངས་མེད་གསུམ་གྱི་ཡུན་ཚད་ཚང་བར་ཚོགས་གསོག་དགོས་པར་བྱས་ན། ཚོགས་གསོག་ཚུལ་ཁྱད་པར་རེ་རེས་བསྐལ་པ་འབུམ་དང་ཁྲི་ལ་སོགས་པའི་ཚོགས་འདུལ་བར་གསུངས་པ་མི་འཐད་

པས་ཇི་སྐད་བརྗོད་པ་བཞིན་བྱ་ལ། དེ་ཡང་མདོ་སྡེ་རྒྱན་དང་བྱང་ས་ལ་སོགས་པར་གྲངས་མེད་གསུམ་ཉིད་དུ་བྱས་ནས་ཚོགས་སྦྱོར་དང་མ་དག་ས་བདུན་དང་། དག་པ་ས་གསུམ་རྣམས་ལ་རེ་རེ་སྦྱར་ནས་གསུངས་ལ། བརྒྱད་སྟོང་འགྲེལ་ཆེན་སོགས་སུ་དེ་གང་ཟག་རབ་ཀྱི་དབང་དུ་བྱས་ཀྱིས་འབྲིང་དང་ཐ་མས་གྲངས་མེད་བཅུ་གསུམ་དང་པོ་གསུམ་དུ་ཡང་བཤད་ཅིང་། ཇོ་བཙུན་གོང་མས་རབ་སྟུ་མ་བཞིན་དུ་དང་འབྲིང་གི་སོ་གསུམ། ཐ་མས་བསམ་མི་ཁྱབ་པར་ཡང་བཤད་དོ། །

བསྐལ་པའི་ཚད་ནི། མཛོད་ལས་བསྐལ་པ་རྣམ་པ་མང་བཤད་པས། །འཇིག་པའི་བསྐལ་པ་དམྱལ་བ་ཡི༔ །སྲིད་པ་མེད་ན་སྣོད་ཟད་པ། །ཆགས་པ་དང་པོའི་རླུང་ནས་ནི། །དམྱལ་བའི་སྲིད་པའི་བར་དུའོ། །བར་གྱི་བསྐལ་པ་དཔག་མེད་ནས། །ཚེ་ལོ་བཅུ་པའི་བར་དུའོ། །དེ་ནས་ཡར་སྐྱེ་མར་འགྲིབ་པའི། །བསྐལ་པ་གཞན་ནི་བཅོ་བརྒྱད་དོ། །ཡར་སྐྱེ་བ་ནི་གཅིག་ཡིན་ཏེ། །དེ་དག་ཚེ་ནི་བརྒྱད་ཁྲིའི་བར། །དེ་ལྟ་འཇིག་རྟེན་ཆགས་པ་ནི༔ །བར་གྱི་བསྐལ་པ་ཉི་ཤུར་གནས། །ཆགས་པ་དང་ནི་འཇིག་པ་དང་། །ཞིག་ནས་འདུག་པ་དག་མཉམ་མོ། །དེ་དག་བརྒྱད་ཅུ་ལ་བསྐལ་ཆེན། །དེ་གྲངས་མེད་གསུམ་ལ་སངས་རྒྱས། །ཞེས་པས་གསལ་བར་བསྟན་ལ། དེ་འདྲའི་བསྐལ་ཆེན་ལ་ལོ་དུ་ཡོད་དང་གྲངས་ཀྱི་གནས་གཞན་ལ་སོགས་པ་ཁོ་བོས་གཞན་དུ་རྒྱས་པར་བཤད་པས་འདིར་མི་སྤྲོའོ། །

གཉིས་པ་ནི། ཇི་སྐད་བཤད་པའི་**ཕ་རོལ་**སོགས་**བཅུ་གསུམ་རྡོ་རྗེ་འཛིན་**པའི་**ས་ནི་ཐོབ་པར་འགྱུར་**ཞེས་པ་ལམ་འབྲས་སོགས་དང་བསྟུན་ལ། དུས་འཁོར་དུ་སངས་རྒྱས་ཀྱི་ས་ཀུན་དུ་འདོད་ནས་བགྲངས་པའི་ས་བཅུ་གཉིས་ཡོངས་སུ་རྫོགས་ནས། ས་རེ་རེ་ལ་ལས་རླུང་གི་ས་བོན་ནམ། ཐིམ་ཆོས་ཀྱི་ས་བོན་སྟོང་བརྒྱད་བརྒྱ་པ་ཕྲག་རེ་ཟད་པས་རྡོ་རྗེ་འཛིན་པའི་དབང་ཕྱུག་ཏུ་འགྱུར་བར་གསུངས་སོ། །དེ་འདྲའི་ལམ་**འདི་ནི་**སོགས་**ཤེས་པར་བྱས་**ནས་དབང་པོ་ཡང་རབ་སྐལ་བཟང་སྐྱེ་བོས་ཉམས་སུ་བླང་བར་བྱའོ། །

གསུམ་པ་ནི། མདོར་ན་གང་ཟག་སོགས་འཆད་འགྱུར་འདི་བཞིན་དཔྱད་པར་བྱ་སྟེ། ཡང་ན་སོགས་ལོང་ཞིག་སྟེ་**འདི་གཉིས་**སོགས་**མེད་པའི་ཕྱིར་**རོ། །བཞི་པ་ལ། བསྟན་པ་ལ་མི་ཐེ་བར་བསྟན། གླང་དོར་ཙམ་བསྟན་པ་མིན་པར་བསྒྲུབ། བསྟན་པའི་སྙིང་པོ་ངོས་བཟུང་། ཆོས་ལྟར་སྣང་གི་མཚན་ཉིད་བསྟན། དེ་དག་ལ་སློད་ཚིག་བསྡུས་ཏེ་བརྗོད་པའོ། །དང་པོ་ནི། **ད་ལྟའི་ཆོས་པ་ཕལ་ཆེ་བ**འི་ལུགས་འདི་ཆོས་ཅན། ཀྱེ་མ་སངས་རྒྱས་**གང་གི་བསྟན་པར་འགྱུར་ཏེ་**མི་འགྱུར་བར་ཐལ། **བསྒྲུབ་**སོགས་**མིན་**ལ། **དབང་དང་རིམ་གཉིས་**གང་རུང་དང་**མི་ལྡན་**སོགས་**མིན་**པ་**དོན་ཀུན་**སོགས་**ཁས་འཆེ་བ**འི་ཕྱིར་རོ། །ཁྱབ་སྟེ། **ཕ་མེད་**སོགས་**མིན་**པའི་

ཕྱིར་ཏེ། དག་**དུག་**སོགས་**མི་ཀྲུ་**བའི་ཕྱིར་རོ། །

གཉིས་པ་ནི། **སུ་སྟེགས་**སོགས་**ཅི་ཕན་**ལོ། མདོ་རྒྱུད་དང་མི་མཐུན་པའི་གཏུམ་མོ་སོགས་**གསང་སྔགས་ཐབས་ལམ་**ཆོས་ཅན་**རབ་ཏུ་ཟབ་**མོར་རློམ་**ཀྱང་**ཁྱོད་ཀྱི་**འཆང་**སོགས་**གསུང་**སྟེ་ཁྱོད་**སྡོམ་པའི་དགེ་**བ་ལ་བརྟེན་པ་**མ་ཡིན་**པའི་ཕྱིར་**ནའོ**། །ཡིན་ན། སྔགས་སྡོམ་ལ་བརྟེན་དགོས་པ་ལས་སྔགས་སྡོམ་མེད་པའི་ཕྱིར་ཏེ། དབང་མ་ཐོབ་པའི་ཕྱིར་རོ། །དཔེར་ན་**སུ་སྟེགས་**སོགས་**དེ་བཞིན་**དུ་**དབང་བསྐུར་**སོགས་**མིན་**པའི་ཕྱིར་རོ། །

གསུམ་པ་ནི། སྡོམ་སོགས་**ཤེས་**པ་འདི་ཆོས་ཅན། ཁྱོད་ལ་**མཁས་པ་རྣམས་**ཤིན་ཏུ་**གུས་**ཏེ། ཁྱོད་དང་ལྡན་ན་**དེ་ནི་**སོགས་**དེའི་ཕྱིར་**རོ། །

བཞི་པ་ལ་སྡོམ་གསུམ་དབང་བསྐུར། བསྐྱེད་རིམ་རྫོགས་རིམ་མོས་གུས་རྣམས་ལྟར་སྣང་ངོ། །དང་པོ་ནི། **གང་དག་**སོགས་**དགག་**པས་དེ་འདྲ་སོ་ཐར་ལྟར་སྣང་། **སེམས་བསྐྱེད་**སོགས་**ཡིན་**པས་བྱང་སེམས་ལྟར་སྣང་། **གསང་**སོགས་**ཟད་**པས་གསང་སྔགས་ལྟར་སྣང་ངོ། །

གཉིས་པ་ནི། **གལ་ཏེ་དབང་བསྐུར་**སོགས་**ལེན་**པ་དབང་བསྐུར་ལྟར་སྣང་།

གསུམ་པ་ནི། **རྒྱལ་**སོགས་**ཟད་**པས་བསྐྱེད་རིམ་ལྟར་སྣང་ངོ། །

བཞི་པ་ནི། **གཏུམ་མོ་**སོགས་**ལམ་**དུ་**མི་འགྱུར་**བས་རྫོགས་རིམ་ལྟར་སྣང་ངོ། །ལྔ་པ་ནི། ལྟར་སྣང་དེ་དག་སྟོན་པའི་**བླ་མ་ལ་ནི་སོགས་མིན་**ཏེ། **དཔོན་**སོགས་**ཕྱིར་**རོ། །**དཔེར་ན་**སོགས་**མི་གུས་**པས་རང་ཡུལ་ཡིན་པ་ལ་མོས་པ་མོས་གུས་ལྟར་སྣང་ཡིན་ཏེ། **ཕ་རོལ་**སོགས་**ཡིན་**པས་དབང་ལ་རྩིས་མི་བྱེད་པའི་སློབ་དཔོན་ཐམས་ཅད་ལ་མྱུར་ལམ་མེད་དོ། །

ལྔ་པ་ནི། **རབ་བྱུང་**སོགས་**མིན་**པས་ལྟར་སྣང་བ་རྣམས་ཆོས་མིན་ཞིང་བསྟུན་ན་**དགེ་སྦྱོང་**སོགས་**ཡིན་**པས་ཐོག་མར་སྡོམ་གསུམ་ལ་གུས་ཤིང་ནན་ཏན་དུ་བྱའོ། །

གཉིས་པ་ལ། སྨྲ་ཚུལ་ལ་དང་། ངོ་སྤྲོད་ལ་འཁྲུལ་པ་དགག་པའོ། །དང་པོ་ལ་རྟོག་པ་འགོག་པ་དུད་འགྲོའི་རྒྱུར་བསྟན། རྟོག་པ་འགོག་པ་ཧྭ་ཤང་གི་ལུགས་སུ་བསྟན་པའོ། །དང་པོ་ལ་དངོས་དང་། ལེགས་སྲིད་ཀྱང་ཕྱག་ཆེན་དུ་མི་རུང་བའོ། །

དང་པོ་ནི། ཕྱག་རྒྱ་ཆེན་པོ་པར་གྲགས་པ་དག །སོ་སོར་རྟོགས་པའི་ཤེས་རབ་ཀྱི་བདེན་སྟོང་རྟགས་ཆེན་ལྔ་ལ་སོགས་པའི་རྟགས་ཀྱིས་རྙེད་པའི་རིག་ཤེས་རྗེས་དཔག་གི་རྒྱུན་ལ་རྟོག་མེད་དུ་གསུངས་པའི་སྒོམ་རྣམས་དོར་ནས་རྟོག་པ་སྤང་བྱར་ཤེས་པ་ཙམ་ཞིག་གིས། དེའི་རང་གི་ངོ་བོ་གསལ་རིག་རྗེན་པ་ཙམ་ལ་རྟོག་པ

བཀག་ནས་བཞག་པའི་བདེ་གསལ་མི་རྟོག་པ་ཙམ་ཞིག་འཁོར་བའི་རྩ་བ་གཅོད་པ་དང་ཡེ་ཤེས་ཀྱི་ཚོགས་ཀྱི་གཙོ་བོ། དེ་ར་མ་ཟད་ལྷན་ཅིག་སྐྱེས་པའི་ཡེ་ཤེས་ཕྱག་རྒྱ་ཆེན་པོ་ཡིན་ནོ་ཞེས་ལེགས་པར་བསྔགས་པ་བརྗོད་པས་རྗེས་འཇུག་ཤིན་ཏུ་མང་པོ་དག་དེ་དག་ལ་བཀོད་ནས་སེམས་ཀྱི་ཡིན་ལུགས་འདི་རྟོགས་ན་འདི་གཅིག་པུས་སྤང་བྱ་ཐུབ་ཅིང་ཡོན་ཏན་ཐམས་ཅད་རྫོགས་པར་སྨྲའོ། །དེ་ལྟ་བུའི་**ཕྱག་རྒྱ**་སོགས་**མི་ཤེས**་པས་ཕྱག་རྒྱ་ཆེན་པོ་ངོས་མ་ཟིན་པའི་**བླུན**་པོ་ཡིན་པ་དེས་**ཕྱག་རྒྱ**་སོགས་**གསུང**་སྟེ། དྲང་སྲོང་ལྷག་སྤྱོད་ཀྱི་ལོ་བཅུ་གཉིས་སྟོང་པ་ཉིད་བསྒོམས་པས་བྱི་ལར་སྐྱེས་པར་གསུངས་པའི་ཕྱིར། དེ་**མིན་ན་གཟུགས་མེད་ཁམས་སུ་སྐྱེ**་སྟེ། གཟུགས་ཅན་དང་ནམ་མཁའ་དང་རྣམ་ཤེས་ཙམ་དུ་འཛིན་པ་བཀག་པས་གཟུགས་མེད་མུ་བཞིར་སྐྱེ་བའི་ཕྱིར། ཡང་**ཉན་ཐོས**་ཀྱི་ཕུང་པོ་འགགས་པའི་**འགོག**་པ་ལྷག་མེད་མྱང་འདས་སུ་**ལྟུང**་སྟེ། ཐབས་མེད་ཤེས་རབ་བྲལ་བས་ཉན་ཐོས་ཉིད་དུ་ལྟུང་། །ཞེས་པའི་དོན་ཚང་བའི་ཕྱིར་ཏེ། ཐབས་མི་དགོས་ཞེས་སྨྲོང་ཞིང་ཤེས་རབ་རྟོག་པ་བཀག་པ་ཙམ་ཡིན་པའི་ཕྱིར་རོ། །

གཉིས་པ་ནི། **གལ་ཏེ**་རྟོག་པ་རང་དགར་མི་འགོག་གི་བདག་གཉིས་སུ་འཛིན་པའི་ཡུལ་སུན་ཕྱུང་ནས་བདག་མེད་ཚུལ་བཞིན་དུ་སྒོམ་མོ་ཞེ་ན། སྒོམ་**དེ་ནི་ལེགས**་མོད་**ཀྱང**་ཕྱག་རྒྱ་ཆེན་པོ་མ་ཡིན་ཏེ། **དབུ**་སོགས་**འོན་ཀྱང**་ཐབས་མེད་ན་**གྲུབ་པ་ཤིན་ཏུ་དཀའ**་སྟེ། **རྗེ་སྲིད**་སོགས། **མི་ཕྱིན**་པའི་ཕྱིར་དང་། དབུ་མ་**འདིའི**་སོགས་**གསུངས**་པའི་ཕྱིར་རོ། །ཁྱབ་སྟེ་གསུང་རབ་དང་མཐུན་པའི་**ངེད**་ཀྱི་སོགས་བྱུང་བའི་གཞིའི་ཡེ་ཤེས་དང་མའུ་ཕྲད་པས་**རང་བྱུང**་ལྷན་ཅིག་སྐྱེས་པའི་**ཡེ་ཤེས་ཡིན**་པའི་ཕྱིར། ཁྱེད་**ཕྱག་རྒྱ་ཆེན་པོ་ལ་མོས་ན**་ལམ་གྱི་ལྷན་སྐྱེས་གསལ་བར་བསྟན་པའི་**གསང**་སོགས། **སླབས**་ཤིག་སྟེ། ལྷན་སྐྱེས་མཚན་ཉིད་པ་**འདི་ཡི**་སོགས་**འགྲུབ**་ཅིང་**དེ་ལས**་སོགས་**ངེས་ན**་འོ། །གཉིས་པ་ལ་དངོས་དང་རྩོད་སྤོང་ངོ་། །དང་པོ་ལ་བསྟན་བཤད་བསྡུ་བའོ། །

དང་པོ་ནི། **དཔྱེའི**་སོགས་རྣམ་པར་**དབྱེ་བ་མེད**་དེ་རྒྱུ་མཚན་གཞན་མེད་པར་དགེ་བའི་རྟོག་པ་ཡང་འགོག་པའི་ཕྱིར་རོ། །

གཉིས་པ་ནི། **ཆོས་ལུགས་འདི་འདྲ**་རྒྱ་ནག་མཁན་པོ་ཤི་བའི་རྗེས་ལ་**འབྱུང**་སོགས་**བབ**་པའོ། །ལུང་བསྟན་དེ་ཡང་སོགས་**མིང་བསྒྱུར་ནས**་དེང་སང་དོན་ཤིན་ཏུ་འཕེལ་ལོ། །དེ་ཡང་མཁན་ཆེན་མྱ་ངན་ལས་འདས་རྗེས་ཧྭ་ཤང་བྱུང་ནས། ཚིག་ལ་སྙིང་པོ་མེད། ཐ་སྙད་ཀྱི་ཆོས་ཀྱི་འཚང་མི་རྒྱ། སེམས་རྟོགས་ན་དཀར་པོ་ཆིག་ཐུབ་ཡིན་ཟེར་ནས། དེའི་བསྟན་བཅོས་བསམ་གཏན་ཉལ་ཚོག་གི་འཁོར་ལོ། བསམ་གཏན་གྱི་ལོན་དང་ཡང་ལོན། ལྟ་བའི་རྒྱབ་ཤ །མདོ་སྡེ་བརྒྱད་ཅུ་ཁུངས་ལ་སོགས་པ་བརྩམས་པས་ལུགས་དེ་བསྒྲུབ་སླ་ཞིང་འཕྲལ་དུ

བདེ་ལ་སྣང་བ་སྐྱིད་པས་བོད་ཕལ་ཆེར་རྗེས་སུ་འབྲངས་ཤིང༌། བཙུན་མོ་འབྲོ་བཟའ་བྱང་ཆུབ་སྒྲོན་དང་གཟིམས་མལ་བ་ཙོ་རྨ་རྨེ་སོགས་ཀྱང་ལུགས་དེ་ལ་ཀུན་སྤྲོར་བའི་བརྩོན་པར་བྱས་སོ། །རྒྱ་གར་ལུགས་དང་མ་མཐུན་པས་རྒྱལ་པོ་ཐུགས་མ་བདེ་ནས་སད་མི་མི་བདུན་གྱི་གཙོ་བོ་སློབ་དཔོན་ཧ་དབྱངས་ཀྱི་རྣམ་འཕྲུལ་དབས་དཔལ་དབྱངས་རབ་ཏུ་བྱུང་བའི་ཡེ་ཤེས་དབང་པོ་ལྷོ་བྲག་མཁར་ཆུ་ནས་སྤྱན་དྲངས་ཏེ་དྲིས་པས་མཁན་ཆེན་གྱི་ལུང་བསྟན་བསྟད་ནས་མཁས་པ་ཀ་མ་ལ་ཤཱི་ལ་སྤྱན་དྲངས་ཏེ། རྩོད་པའི་ཁྲི་རྣམས་བཤམས། རིགས་པའི་བརྒལ་བརྟག་གིས་གཏན་ལ་ཕབ་ལ་སུ་རྒྱལ་བའི་ཕྱག་ཏུ་ཕམ་པས་མེ་ཏོག་ཕུལ་ལ་རྗེས་སུ་ཞུགས་ཤིག་ཅེས་རྒྱལ་པོས་བཀའ་སྩལ་བ་ན། སློབ་དཔོན་ན་རེ། ཁྱོད་ཀྱི་ལུགས་བརྗོད་ཅིག །ཧྭ་ཤང་ན་རེ། རྒྱ་གར་བའི་ཆོས་ལུགས་ནི་སེམས་བསྐྱེད་ནས་གཟུང་སྟེ་རིམ་གྱི་སློབ་སྟེ། སྤྲེའུ་ཤིང་ལ་མས་འཛེག་པ་ལྟ་བུ་ཐབས་མི་མཁས་ཤིང་དཀའ་བ་ཡིན་ལ། ངེད་ཀྱི་ལུགས་ནི་ལྟ་བའི་མཐར་ཐུག་བསྐྱེད་ནས་ཁྱུང་ཆེན་ཤིང་རྩེ་ནུ་ཡས་བབས་པ་ལྟ་བུ་ཐབས་མཁས་ཤིང་བསྒྲུབ་སླ་བ་ཡིན་ནོ། །

སློབ་དཔོན་ན་རེ། དཔེ་ཁྱུང་དེ་རྒྱ་མེད་དུ་ནམ་མཁའ་ནས་བྱུང་ན་དཔེར་རུང་དུ་ཆུད་ཀྱང་མི་སྲིད། བྲག་ཁྱུང་སོགས་སུ་སྒོ་ང་ལས་རིམ་གྱི་ཚར་དགོས་པས་གཅིག་ཅར་བའི་དཔེར་མ་གྲུབ་བོ་ཞེས་གསུངས་པའི་ལན་མ་ཐེབས། དཔེ་མི་འཐད་པར་མ་ཟད། དོན་ཡང་མི་འཐད་དེ། རྟོག་པ་ཕྱོགས་རེ་འགོག་གམ་མཐའ་དག་འགོག །དང་པོ་ལྟར་ན་བརྒྱལ་བ་དང་གཉིད་འཐུག་སོགས་རྒྱུན་དུ་འོང་བས་སེམས་ཐམས་ཅད་འབད་མེད་དུ་གྲོལ་ཟིན་པར་འགྱུར། རྟོག་པ་འགག་གོ། །བཀག་གོ། །དེ་བཟང་ངོ་སྙམས་པ་ཀུན་ཡང་འགག་དགོས་ན་དཀར་པོ་ཆིག་ཐུབ་མ་ཡིན་ནོ་ཞེས་གསུངས་པས་ལན་མེད་དོ། །རྒྱལ་པོས་ལན་ཡོད་ན་སྨྲོས་ཤིག །མགོར་ཐོག་བབས་པ་བཞིན་དུ་བཙོམས་པས་ལན་མེད་དོ་ཞེས་ཧྭ་ཤང་གིས་དྲང་པོར་སྨྲ་བས་ཏེ། མེ་ཏོག་ཕུལ་ནས་རྒྱ་ནག་ཏུ་སོང་ཞིང་རྗེས་འབྲངས་འགའ་ཞིག་ལྕེབ་པ་ལ་སོགས་པ་བྱས་ནས་ལུགས་དེ་ནུབ་པར་བྱས་མོད་ཀྱི། ཧྭ་ཤང་གི་ལྷམ་ལུས་པའི་རྟེན་འབྲེལ་གྱི་ཡུན་རིང་པོར་མིང་གསང་བའི་དོན་བྱུང་ལ་དེང་སང་ནི་མིང་ཡང་ཤིན་ཏུ་གསལ་བར་སྟོན་ཏེ་རང་གཞན་ལོག་པའི་ལམ་དུ་འགྲོ་བར་སྣང་སྟེ། ལུགས་དེ་ལ་གཙོ་བོར་བྱེད་པ་དག་ལས་འཕྲུལ་གྱི་བདེ་འབྲས་ཡ་རབས་དང་མཐུན་པ་ཙམ་ཡང་མི་སྣང་བའི་ཕྱིར་རོ། །དོན་བསྡུ་ནི། **དལྷའི་**སོགས་**ཡིན་**ནོ། །

གཉིས་པ་ནི། ཁྲིད་ཕྱག་ཆེན་འགོག་པ་མི་འཐད་དེ། ན་རོ་མཻ་ཏྲི་ཀླུ་སྒྲུབ་ཀྱིས་གསུངས་པའི་ཕྱིར་རོ། །ཞེ་ན། ཁྲིད་འདོད་པའི་ཕྱག་ཆེན་དགག་པ་ནི་དེ་དག་དང་མི་འགལ་ཏེ། **ན་རོ་**སོགས་**ཕོང་བཞེད་**ཀྱི་ཁྲིད་ཀྱི་ཕྱག་ཆེན་འགོག་པའི་ཕྱིར་ཏེ་འཕགས་སོགས་གསུངས་པས་ལས་རྒྱ་ཆོས་རྒྱ་དམ་རྒྱ། ཕྱག་ཆེན་བཞི་འམ། ལས་རྒྱ་ཡེ་རྒྱ་

ཕྱག་ཆེན་གསུམ་དུ་བཤད་པ་འང་ཡོད་དེ། ལས་རྒྱ་ནི་ཤེས་རབ་མ། ཆོས་རྒྱ་ནི་དཔེའི་ཡེ་ཤེས། ཕྱག་ཆེན་ནི་དོན་གྱི་ཡེ་ཤེས་ཡིན་པར་བཞེད་དོ། །**རྒྱུད་ཀྱི་རྒྱལ་པོ་གཞན**་བདེ་དགྱེས་སོགས་དང་གྲུབ་པ་སྡེ་བདུན་ལྷ་བུའི་**བསྟན་བཅོས**་སོགས་**བཀག**་པས་རྟོག་མེད་ཕྱག་ཆེན་དུ་ག་ལ་རུང་། དེས་ན་**དབང་བསྐུར**་སོགས་**མི་ལྡོས**་པར་མཚན་མེད་ཀྱི་རྣལ་འབྱོར་འབྱུང་བས་མཚན་མེད་རང་བྱུང་དུ་མི་འཆར་རོ། །

གཉིས་པ་ལ། རྟོག་པ་ཙུང་ཟད་འགགས་པ་ཕྱག་ཆེན་དུ་ཕྱུགས་ལ་དད་པ་སྙེད་པ་དབང་ཐོབ་ཏུ། ཞི་ལྷག་རྟོག་པ་ཕྲ་མོ་ལྷག་མཐོང་དུ་ངོ་སྤྲོད་པ་དགག་པའོ། དང་པོ་ནི། **དེང་སང**་སོགས་**བྱེད**་པ་མི་འཐད་དེ། ཚུལ་**དེ་འདྲ**་སོགས་**འབྱུང**་བའི་ཕྱིར་རོ། །དཔེར་**ན་ག་རུ**་སོགས་**བྱུང**་སྟེ་མི་ཤན་གཅིག་གི་ཤིང་ཐུ་རུ་ཕྱིན་པས་ཞྭ་དཀར་གཅིག་རྙེད། དེ་མགོ་ལ་གོན་པས་མཐོང་ཚད་ཀྱི་མཚན་དཔེས་བརྒྱན་པའི་སངས་རྒྱས་རང་བྱོན་དུ་བཟུང་བས་**དེའི**་སྐུ་དང་**དགོན**་སོགས་**ཟེར།** ཕྱིས་ཤན་པོ་ཉལ་བར་ཚད་པ་ཚ་ནས་ཞྭ་ཕུད་ནས་བསྡད་པ་སློབ་མ་ཞིག་གི་སྒོ་སེང་ནས་མཐོང་བས་སྤུར་གྱི་མི་ཤན་དུ་ངེས་ནས་ཀུན་ལ་བཤད་པའི་**ཕྱི་ནས**་སོགས་**ཚད་པ**་ལྷ་བུ་**དེ་འདྲའི**་སོགས་གསུང་པས། **སངས་རྒྱས**་སོགས་**ཡིན་པས**་བྱིན་རླབས་སུ་བྱས་ནས་རྟོག་པ་ཙུང་ཟད་འགགས་པ་སོགས་ནི་འཚང་ཆེ་བས་ན། འདི་འདྲའི་རྐྱེན་གྱི་ཞུགས་ཆོས་དང་མཐུན་དུ་སོང་ན་དཀོན་མཆོག་གི་དང་མ་སོང་བར་བློ་ལྡན་ན་བདུད་ཀྱིས་བྱིན་རླབས་ཡིན་ནོ། །

གཉིས་པ་ནི། **ཁ་ཅིག**་སོགས་**ཟེར།** **འོ་ན**་སོགས་**མི**་དགོས་ཏེ་མཚུངས་སོ། དེས་ན་**སངས་རྒྱས**་སོགས་**སྐྱེ**་སྡེ་མུ་སྟེགས་ལས་ཀྱང་སྣང་བའི་ཕྱིར་རོ། །

གསུམ་པ་ལ་ལུང་རིགས་དང་འགལ། དེའི་ཉེས་སྤོང་དགག །ནྭ་རོའི་ལུགས་དང་མི་འགལ་བའོ། །དང་པོ་ནི། བོད་**ལ་ལ**་མུན་ཁང་སོགས་སུ་བསྒོམས་པས་རྟོག་མེད་དུ་ཡུན་རིང་རབ་སེམས་གནས་པའི་**ཞི་གནས**་ཕྲ་མོ་དང་། །སྟོང་གཟུགས་རྗེས་མཐུན་པའི་གསལ་སྣང་འགའ་ཞིག་ཤར་བའི་**སྣང་སྟོང**་སོགས་**ཟེར**་རོ། །**འདི་འདྲའི་ཆོས་ལུགས**་ནི་ཤིན་ཏུ་མི་འཐད་དེ། མཐོང་སྣངས་མངོན་གྱུར་ཡང་མ་སྣངས། ཡོན་ཏན་བརྒྱ་ཕྲག་བཅུ་གཉིས་སོགས་ཀྱི་མཚན་མ་ཙམ་ཡང་མེད་པར་མཐོང་ལམ་ཐོབ་པ་འདི་འདྲ་**ཐེག་པ་ཆེན་པོ་མདོ་རྒྱུད**་གང་**ལས་ཀྱང་བཤད་པ་མེད་པ**་ལུང་མེད་ཅིང་། **ཉི་མ**་སོགས་**མཚར**་བས་རིགས་པས་གནོད་པའི་ཕྱིར།

གཉིས་པ་ནི། **ཁ་ཅིག**་སོགས་**རྒྱུན་མེད**་ཀྱི་ཁྱད་པར་ཡོད་པ་**ཡིན**་པས་སྐྱོན་མེད་དོ་**ཞེས་ཟེར**་རོ། **དེ་ལྟ**་སོགས་**བསྒྱུར།** འདོད་མི་ནུས་ཏེ། **ཉན་ཐོས**་སོགས་**ལ།** འགོག་སྙོམས་ཐོབ་མ་ཐོབ་ཀྱི་**རྒྱུན**་སོགས་**མི་སྲིད**་པའི་ཕྱིར་ཏེ། མདོ་སྔགས་སོ་སོས་མཐར་ཐུག་གི་སངས་རྒྱས་རྫོགས་པར་ཐོབ་པ་ཀུན་ལ་གྲགས་པའི་ཕྱིར།

ཉན་ཐོས་འཕགས་པ་ནི་**ཚེ་འདི་ར་མྱ་ངན་**ལས་**མ་འདས་པ་ལྷགས་ཀྱི་ཚ་ཚ་**འཁྲོ་ཚུལ་གསུམ་གྱི་**དཔེས་བར་དོར་**སོགས་**གསུངས་**པ་**དེ་བཞིན་དུ་གསང་**སོགས་**ཡིན་**པས་ཤེས་རབ་ལྡན་པའི་**མཁས་པས་འདི་འདྲའི་ཆོས་ལུགས་སྤྲང་**བར་བྱ་སྟེ། **མདོ་**སོགས་**པས་**སོ། །

གསུམ་པ་ནི། **ཇོ་བོ་**སོགས་**གྲགས་**ཀྱང་དེ་འདྲ་མཐོང་ལམ་དངོས་མིན་ཏེ། **འདི་ནི་**སོགས་**ཟད་པས་**སོ། ། དེ་མཐུན་དུ་**འཕགས་**སོགས་**མཐུན་**པར་བཏགས་པ་བ་ལ་དགོངས་སོ། །**དེས་ན་**མདོ་རྒྱུད་དང་བསྟུན་པ་**དེད་ཀྱི་**སོགས་**མི་སྲིད་**པས་མཐོང་ལམ་ཐོབ། སངས་རྒྱས་ནས་ཀྱང་ཉོན་མོངས་མངོན་གྱུར་བ་མ་སྤངས་པ་ནི་རང་གི་རང་མ་རིག་པ་ཁོ་ནའོ། །

གཉིས་པ་ལ་ཐེག་གསུམ་གྱི་ལག་ལེན་འཁྲུལ་པ་སྤྱིར་དགག ། བསྐྱེད་རིམ་གྱི་ཉམས་ལེན་ལོག་པ་བྱེ་བྲག་ཏུ་དགག་པའོ། །དང་པོ་ལ་དགག་པ་དངོས། ལག་ལེན་བསྡུས་ཏེ་གདམས་པའོ། །

དང་པོ་ནི། འདིར་ཐེག་གསུམ་ཉན་རང་ཐེག་ཆེན་གསུམ་མིན་ཏེ། རང་རྒྱལ་ཉན་ཐོས་ཀྱི་ལག་ལེན་ལས་ཟུར་དུ་མེད་པའི་ཕྱིར་རོ། །དེས་ན་འདུལ་བ་དང་། ཐེག་ཆེན་མདོ་དང་། སྔགས་ཀྱི་**ཐེག་པ་གསུམ་གྱི་**སོགས་ཞེ**ས་བྱའོ**། །རྒྱུ་མཚན་ནི་**ཉན་ཐོས་**སོགས་**པས་**ཏེ། ཉན་ཐོས་ཀྱི་དགེ་འདུན་ལ་ཚོགས་སུ་ལོང་ངེས་པའི་ཕྱིར་རོ། །**ཕ་རོལ་**སོགས་**ཡིན་**ཏེ། བྱང་སེམས་ཕྱིར་མི་ལྡོག་པ་ཡིན་པའི་ཕྱིར། **གསང་**སོགས་**ཡིན་**ཏེ། སྐྱབས་གནས་མཐའ་དག་དེར་བསྡུ་དགོས་པས་སོ། །**དེས་ན་**སོགས་**འགྲུབ་**སྟེ། ཕར་ཕྱིན་ཐེག་པ་ལ་སངས་རྒྱས་སོ་སོའི་དྲུང་དུ་ཕྱིན་ནས་ཚོགས་གསོག་དགོས་པའི་ཕྱིར་རོ། ། འདུལ་བ་ནས་རྟེན་མཁས་བཙུན་བཟང་གསུམ་ལྷ་ཕྲུགས་ཀྱི་སྐབས་ནས་བཤད་པ་དང་། བྱང་སེམས་ཀྱི་བཤེས་གཉེན་དུལ་བ་ཞི་བ་ཉེར་ཞི་བ་སོགས་དང་། སྔགས་ནས། བརྟན་ཞིང་དུལ་ལ་བློ་གྲོས་ལྡན། །ཞེས་སོགས་**དེ་ལྟ་བུའི་ཐེག་**སོགས་**མཚན་ཉིད་**རྫོགས་པའམ་ཤས་ཆེ་བ་**མི་ལྡན་**ན་སོགས་**མི་ནུས་**ཏེ་བླ་མ་**དམ་པ་མིན་པའི་**ཕྱིར་རོ། །

གཉིས་པ་ནི། རྒྱུ་མཚན་**དེས་ན་དབང་བསྐུར་**རྫོགས་པར་**ཐོབ་**སོགས་**ཅི་རིགས་འཇུག་**སྟེ། དབང་མ་ཐོབ་པའི་**བླ་མ་རྐྱང་**སོགས་**བཟང་**བའི་ཕྱིར་ཏེ། **དབང་བསྐུར་**སོགས་**པས་**པའི་ཕྱིར་ན་**མཁས་**སོགས་**སྤང་བར་བྱའོ**། །

གཉིས་པ་ལ་ཐུན་འཚམས་ལ་དང་། ཐུན་གྱི་དངོས་གཞི་ལ་འཁྲུལ་པ་དགག་པའོ། །དང་པོ་ནི། **གཞན་ཡང་**སོགས་**ཡོད་**པས་དགག་པར་བྱའོ་ཞེས་པ་མཚམས་སྦྱར་ནས་གང་ཞེ་ན། **ཁ་འབར་**སོགས་**མཐོང་**བ་མི་འཐད་དེ། འདི་སོགས་**མ་ཡིན་**པའི་ཕྱིར། **མདོ་ལས་**སོགས་**གསུངས་**པའི་ཕྱིར། ཡི་དྭགས་ཁ་ལ་མེ་འབར་མ

བསྐྱབས་པའི་གཟུངས་ལས། ལག་པ་གཡས་པ་སྣོད་ཀྱི་སྟེང་དུ་བཞག་ལ་གཟུངས་འདི་ལན་བདུན་བཟླས་ནས་དེ་བཞིན་གཤེགས་པ་བཞིའི་མཚན་བརྗོད་པར་བྱའོ། །ཞེས་གསུངས་པའི་ཕྱིར་རོ། །བཞི་པོ་ནི། རིན་ཆེན་མང་། གཟུགས་དམ། སྐུ་འབྱམས་ཀླས། འཇིགས་པ་ཐམས་ཅད་དང་བྲལ་བའོ། །གཟུངས་ནི། ན་མཿསརྦ་ཏ་ཐཱ་ག་ཏ་ཨ་བ་ལོ་ཀི་ཏེ་ཨོཾ་སམ་བྷ་ར་སམ་བྷ་ར་ཧཱུྃ་ཞེས་པའོ། །**འགའ་ཞིག**་སོགས་**ཐོས**་པའང་མི་འཐད་དེ། **འཇུར**་སོགས་**གསུངས**་པའི་ཕྱིར་ཏེ། མཆོག་ཟུང་གི་བསོད་སྙོམས་ལ་བྱིན་པའི་ཕྱིར་ལམ་དུ་ཡི་དྭགས་མང་པོ་ལ་གཟན་བྱིན་པས་སྨྲ་རྨམ་པ་ལྟ་སློག་ཅིང་བྲོས་སོ། །ལྟ་ནི། དགོས་ན། མེད་ན། མ་སྟེར་ཞིག །སྟེར་ནའང་མ་ཆེ་ཞིག་ཆེས་ན་ཕྲི་ཞིག་ཅེས་པ་ལྟའོ། །དེ་ནས་ཆོས་སྟོན་བཞེངས་ནས། ཨོཾ་ཛ་ལ་མི་དམ་སརྦ་པྲེ་ཏེ་བྷྱ་སྭཱ་ཧཱ། ཞེས་ཆུ་གཙང་བྱིན་པས་བྲོས་ཏེ་སྔར་བཞིན་བྱེད་པ་བཅོམ་ལྡན་འདས་ལ་ཞུས་པས། དེ་དག་ནི་སྔོན་གཞན་གྱི་ཡོ་བྱད་སྟེར་བ་ཐམས་ཅད་བཀག་པས་ཟས་སོགས་བཟར་མེད། །ཆུ་གཅིག་པོ་མ་བཀག་པས་བཏུང་དུ་ཡོད་ཀྱང་ཟས་འདྲེས་ན་མི་ཐོབ་པ། ལས་ཁྱེད་ཀྱི་སེལ་བར་དུ་ཕྱེ་ཙུང་ཟད་ཡུས་པས་ཉེས་སོ། །ཞེས་གསུངས་པའི་ཕྱིར། **དེས་ན**་སོགས་**ཡིན**་ནོ། །གཞན་**གཟན**་སོགས་གསུངས་ཏེ། **རྡོ་རྗེ**་སོགས་**ཞེས**་གསུངས་པའི་ཕྱིར། **དེའི་ཚིག**་ནི། སློབ་དཔོན་མེ་ཏྲི་པས་མཛད་པའི་**ལྟ་བ་ངན་སེལ**་ལ་དང་། ཇོ་ཏྲ་རིས་ཡི་དམ་བླང་བ། རྗེ་བཙུན་ཆེན་པོའི་ལས་དང་པོ་པའི་བྱ་བ་**སོགས་ལྟོས**། ཡང་བོད་**འགའ་ཞིག**་སོགས་**མཐོང**་བ་མི་རིགས་ཏེ། **གསང**་སོགས་**ཞེས**་ཟེར་མོད་ཀྱི་**གསང་སྔགས་གསར**་སོགས་**མེད**་པའི་ཕྱིར། དེས་ན་བསྒྲེ་བས་གདམས་པ་ནི། **ལག་ལེན**་སོགས་**ཉམས་སུ་ལོངས**་ཤིག །ཅེས་སོ། །

གཉིས་པ་ལ་ལྷའི་མདོག་དབྱིབས་ལ་དང་། ཚིག་ལ་འཁྲུལ་པ་དགག་པའོ། །དང་པོ་ནི། **སངས་རྒྱས**་སོགས་**མཐོང་བ**་འང་མི་འཐད་དེ། ཀྱེ་རྡོར་སོགས་**ཁྲིམ**་སོགས་**སྲིད**་ཀྱི་ཤཱཀྱ་ཐུབ་ལྟ་བུ་**རབ**་སོགས་**མི་སྲིད**་པའི་ཕྱིར། **བྱང**་སོགས་**མཐོང**་ཞིང་འདི་**མདོ**་སོགས་**སྨྲ**་བའི་རིགས་ལྟ་མདོ་ལུགས་མི་འཐད་དེ། །**མདོ**་སོགས་**མེད**་པའི་ཕྱིར་ཏེ། སྤྱིར་བྱ་རྒྱུད་ལ་འཇིག་རྟེན་པའི་རིགས་གསུམ་དང་འདས་པའི་རིགས་གསུམ། འདས་པ་ལ་རིགས་ཀྱི་གཙོ་བོ་ཤཱཀྱ་ཐུབ་ཚེ་དཔག་མེད་མི་འཁྲུགས་པ། འཁོར་ལོ་བསྒྱུར་བའི་རིགས་ཀྱི་བདག་པོ་ལ་རིགས་གསུམ་མགོན་པོར་གྲགས་པ་ཙམ་ལས་མེད་ཅིང་། སྤྱོད་རྒྱུད་ནི་དེ་གསུམ་གྱིས་ནང་ནས་ཐོག་མཐའ་གཉིས་ཀྱི་རྒྱུད་ཕྱི་མ་ལྷ་བུ་ཡིན་པའི་ཕྱིར་རོ། །**རྣལ་འབྱོར**་སོགས་**ཁ་ཅིག**་རྣམ་སྣང་མི་བསྐྱོད་རིན་འབྱུང་འོད་དཔག་མེད་དོན་གྲུབ་རྣམས་རིམ་བཞིན་དཀར་སྔོ་སེར་དམར་ལྗང་བའི་**ཐ་དད་ཅིང་ཕྱག་རྒྱ་ཡང**་རིམ་པ་བཞིན་བྱང་ཆུབ་མཆོག །ས་གནོན། མཆོག་སྦྱིན། མཉམ་གཞག །སྐྱབས་སྦྱིན་རྣམས་**ཐ་དད་དུ་གསུངས**་པ་**འདི**་སོགས་**ནི**་ཡེ་

ཞེས་ཀྱི་**རྟེན་**སོགས་**ཡིན་**ལ། **དུས་ཀྱི་འཁོར་ལོ་**སོགས་**གཞན་**མི་བསྐྱོད་པ་དོན་གྲུབ་རིན་འབྱུང་འོད་དཔག་མེད་རྣམ་སྣང་རྣམས་རིམ་བཞིན་ལྗང་ནག་དམར་དཀར་སེར་བ་ནི། ནམ་མཁའ་རླུང་མེ་ཆུ་སའི་**འབྱུང་**སོགས་**ཡིན་**ལ་ཕུང་པོ་ཡང་རྣམ་ཤེས་འདུ་བྱེད་ཚོར་བ་འདུ་ཤེས་གཟུགས་ཕུང་རྣམས་སྦྱོང་ཞིང་དེ་རྣམས་རིམ་བཞིན་ནམ་མཁའ་རླུང་མེ་ཆུ་སའི་ཁམས་སུ་ཡོ་གའི་སྣང་སྟོང་རྡོ་རྗེ་སོགས་ཀྱིས་ཀྱང་རྣམ་སྣང་དང་མི་བསྐྱོད་པ་བརྗེ་བ་མ་གཏོགས་འདོད་པས་དུས་འཁོར་ནི་གཞན་དང་ཡེ་མི་བསྟུན་པས་བསྟན་པ་ཟུར་པའི་སྐབས་སུ་འཛིན་པ་མང་སྟེ་དེ་དག་མ་གོ་བར་ཟད་དོ། །རྣལ་འབྱོར་རྒྱུད་དུ་རྣམ་སྣང་དང་བླ་མེད་དུ་མི་བསྐྱོད་པ་གཙོ་བོར་བྱེད་པ་ནི་སྐུ་འམ་ལུས་དང་ཐུགས་སམ་སེམས་གཙོ་བོར་བྱེད་པའི་རྒྱུད་སྡེ་ཐ་དད་ཀྱིས་ཡིན་ནོ། །པགས་པ་གསེར་མདོག་པགས་པ་སྲབ་པ་དང་ཅེས་**སངས་རྒྱས་**སོགས་**གསུངས་པའི་**དགོངས་པ་ནི། **དྲི་མ་**སོགས་**གསུངས་**པ་ཡིན་གྱི་མ་ངེས་ཏེ། **གཞན་དུ་**ངེས་ན་སྨན་སོགས་གསུངས་པས་གནོད་དེ། བི་ཌཱུར་ཅི་འདྲ་བ་ཞེས་སོགས་སོ། །

གཉིས་པ། བསྟན། བཤད། བསྡུ་བའོ། དང་པོ་ནི། བསྐྱེད་ཆོག་དང་སྔགས་དང་ཕྱག་རྒྱ་ཉིད་དེ་འཛིན་གསུམ་བྱ་བ་རེ་རེ་ལ་ཚང་བའི་**ཡི་དམ་**སོགས་**གསུངས་པ་མེད་**པས་མདོ་ལུགས་སྨན་བླ་དང་སྤྱན་ཆེན་པོའི་ཆོ་ག་ལྷ་བུ་ལ་དེ་དག་གཏན་མི་རུང་བས་ན་**དེང་སང་སྔགས་**བསྒྲུབ་པའི་དུས་མིན་ཞེས་**མི་མོས་པར་**བཀའ་གདམས་ལྷ་བཞི་སོགས་ལ་མདོ་ལུགས་ཡིན་ཟེར་བའི་**ལྷ་བསྒོམ་**སོགས་མིན་པས་སྤང་བར་བྱ་སྟེ། དེའི་གཞུང་ཉིད་ལས་ཀྱང་གནས་སྐབས་ཀྱི་ཡའི་ལྷ་ལྔ། བཞིན་ཞེས་མ་མཐའ་བྱ་རྒྱུད་ཀྱི་དབང་བླངས་ནས་དེ་དང་མཐུན་པར་བྱ་བར་གསུངས་པའི་ཕྱིར་རོ། །**གཞན་ཡང་**སོགས་**ཡོད་**པའང་མི་རིགས་ཏེ། **ཕ་རོལ་**སོགས་**ཀུན་ལས་**ལྷ་བསྒོམས་སྔགས་བཟླས་ལ་བརྟེན་པའི་སྦྱིན་བསྲེག་སོགས་**གསུངས་པ་**མེད་པའི་ཕྱིར་ཏེ། **འདི་དག་ནི་ངན་སོང་སྦྱོང་རྒྱུད་**དང་རབ་གནས་ཀྱི་རྒྱུད་**ལེགས་པའི་**སོགས་**ཡིན་**པས་སོ། །

རྒྱས་བཤད་ལ་རབ་གནས། མདོ་ལུགས་གསང་འདུས་མདོ་ལུགས། ཕྱག་རྡོར་མདོ་ལུགས། ལྷུང་བཤགས་སྔགས་ལུགས་རྣམས་དགག་པའོ། །དང་པོ་ནི། དེ་བཞིན་དུ་རབ་སོགས་ཐོས་པ་འདི་ཡང་འཐད་མི་འཐད་བརྟག་པར་**བྱ་བས་ཉོན་**ཞིག །**མདོ་ལས་**ལྷ་སྒོམ་སྔགས་བཟླས། བཀྲུ་དབྱེ་སོགས་ཀྱི་**རབ་**སོགས་**སྨྲོས་**ཤིག་ཤིས་བརྗོད་ལ་རབ་གནས་སུ་བཏགས་པ་ཙམ་མོ། །དེ་འདྲས་ཆོ་ག་ཡིན་པ་མི་འགྲུབ་སྟེ། ཆོ་ག་ནི་བདག་མདུན་གྱི་**ལྷ་**སོགས་**སྔ་གོན་དང་།** རྟེན་ལ་སྦྱང་བཀྲུ་དབྱེ་གསུམ་རྒྱས་པ་དང་**དངོས་གཞི་**སོགས་**བཀྲ་ཤིས་རྒྱས་པར་**བྱེད་པ་དང་། འཇུག་ཆོས་སྐྱོངས་དང་ཡོན་བདག་བསྔོ་བའི་**ཆོ་ག་**ནི་**སྔགས་**སོགས་**མིན་**པའི་ཕྱིར་རོ། །ཞེས་ཏེ་ཇོ་བོ་རྗེ་སོགས་ཀྱི་**མན་ངག་**ལ་བརྟེན་ནས་མདོ་ལུགས་བྱེད་པ་**ཡིན་ཞེས་ལ་ལ་**སྨྲའོ། །**འོན་**སོགས་**སྨྲ་**

དགོས་སོ། །འོན་ཀྱང་ཁྱུངས་མེད་དོ། །

གཉིས་པ་ནི། **དེང་སང་**སོགས་**ཟེར་**ཞ་ཅང་མི་འཐད་དེ། **གསང་**སོགས་**ཡིན་**པའི་ཕྱིར་རོ། །དེས་ན་མདོ་སྔགས་རྣམ་དབྱེ་ལ་**མཁས་**པར་བྱ་སྟེ། **དེ་རྣམས་ཀྱིས་**སོགས་**མ་བྱེད་ཅིག** །དེ་ལྟར་མི་རུང་བའི་རྒྱུན་རྒྱུས་པ་ཡོད་དེ། **ལྷ་ལ་**སོགས་**ཅི་དགོས་**པའི་ཕྱིར་ཏེ། **རྡོ་རྗེ་**སོགས་**བྱར་མི་རུང་**བའི་ཕྱིར་རོ། །འདིར་ཡང་རབ་གནས་མདོ་ལུགས་བཀག་པའི་དོན་བསྡུ་ནི། **དེང་སང་**སོགས་**མིན་**ཏེ། **ཁྱིམ་པས་**སོགས་**མཚུངས་**པའི་ཕྱིར།

གསུམ་པ་ནི། **ཕྱག་**སོགས་**ཀྱང་**མདོ་ལུགས་བྱེད་པ་མི་འཐད་དེ། དེ་འདྲ་**མདོ་**སོགས་**མེད་**ཅིང་**གཟུངས་**འདུས་**ནས་བཤད་**སོགས་**ཡིན་**པའི་ཕྱིར།

བཞི་པ་ནི། བྱང་ཆུབ་**ལྟུང་བཤགས་**སོགས་**བསྒྲུབ་ཐབས་**མི་འཐད་དེ། དེ་འདྲ་**སངས་རྒྱས་ཀྱིས་མ་གསུངས་**པའི་ཕྱིར། ཀླུ་སྒྲུབ་ཀྱིས་མཛད་པར་གྲགས་པ་ནི་རྫུན་མ་སྟེ། དེ་ལྟ་ན་ཆོས་གོས་ཀྱི་ཡུན་བསྟུམས་པའི་ཐུབ་པ་ཡུན་ཅན་དུ་གྲགས་པ་དང་ཆོས་གོས་ཀྱི་སྟེང་དུ་ཕོད་ཀ་གྱོན་པའི་ཆ་ལུགས་སོགས་ཀྱང་དགག་པར་མི་ནུས་ཤིང་། རྒྱུད་སྡེ་མཐོ་ས་རང་དུ། ཕྱི་རུ་ཉན་ཐོས་སྤྱོད་པ་སྒྲོངས། །ཅེས་གསུངས་པའི་ཆ་ལུགས་ཀྱི་ཚད་ཀྱང་སུས་འཛིན། དོན་བསྡུ་བ་ནི། དེ་ལྟར་ན་མང་དུ་བརྗོད་པའི་གྲུབ་འབྲས་ནི། **མདོ་རྒྱུད་ཀྱི་ཁྱད་པར་**བརྗོད་པ་ཡིན་ལ། དེ་མདོར་བསྡུས་པ་ནི། སྔགས་ཡོངས་གྲགས་ལས་བྱུང་བའི་**བྱ་བའི་ཆོག** །བྱ་བ་རེ་རེ་ལ་ཡང་སྔགས་དང་ཕྱག་རྒྱ་དང་ཏིང་ངེ་འཛིན་གསུམ་གསུམ་ཚང་བ་བྱ་རྒྱུད་ལགས་གྲུབ་སོགས་ནས་བཏུས་ཏེ་རྒྱ་ཆེར་འབྱུང་བ་རྣམས་**ཡོད་**པ་ནི་སྔགས་དང་**མེད་**པ་རྣམས་མདོ་**ཡིན་**ཞེས་བྱ་ཡི། ལྷ་སྒོམ་པ་ཡོད་མེད་ལ་བྱས་ན། ཐམས་ཅད་རྒྱལ་བ་དག་གི་གང་བས་མོས། །ཅེས་སོགས་དང་། སྔགས་ཡོད་མེད་ལ་བྱས་ན་འདུལ་བ་ལུང་ལས་དགེ་སློང་ས་རིའི་དུག་སེལ་བའི་སྔགས་མང་དུ་འབྱུང་བ་དང་། ཚིག་ཡོད་མེད་ལ་བྱས་ན། མཆོད་པའི་སྤྲིན་བ་ནི་ཀུན་དགའ་བོ་ཞེས་སོགས་རྒྱས་པ་དང་། སྤྲིན་ཆེན་པོའི་ཆར་དབབ་པ་སོགས་ལ་ཚིག་མང་དུ་གསུངས་ཤིང་། དཀྱིལ་འཁོར་ཡོད་མེད་ལ་བྱས་ན། སྨན་ལ་གྲུ་བཞི་སྒོ་བཞི་ལྷ་རྣམ་གསུམ་རིམ་སོགས་དང་། གནས་བརྟན་བཅུ་དྲུག་ལ། རིན་ཆེན་ལས་གྲུབ་གྲུ་བཞི་སྒོ་བཞི་པ། །ཞེས་སོགས་ཀྱིས་གནོད་དོ། །

འོན་ཀྱང་མདོའི་དཀྱིལ་འཁོར་ལ་མཐའ་རིན་པོ་ཆེའི་ཕ་གུ་གྲུ་བཞིར་བརྩིགས་པ་ཙམ་ཡིན་གྱི་རྡོ་རྗེ་ར་བ་མེད་དེ། སྒྲུབ་ཐབས་ཀུན་བཟང་ལས། རྡོ་རྗེའི་ཐིག་དང་ཡང་དག་ལྡན་པ་ནི། །རྡོ་རྗེ་ཐིག་ཆོས་འཁོར་ལོ་རབ་བསྐོར་བའོ། །ཞེས། རྡོ་རྗེའི་ཐིག་པ་ཡིན་མིན་རྡོ་རྗེའི་ཐིག་ཡོད་མེད་ཀྱིས་བཞག་པའི་ཕྱིར་རོ། །འདིར་ནི་མདོ་སྔགས་ཀྱི་ཁྱད་པར་ཆོགའི་སྒོ་ནས་བཞག་གི་ལམ་གྱི་གཙོ་བོའི་སྒོ་ནས་ནི་གོང་དུ་མང་དུ་བཤད་ཟིན་ཏོ། །

ཁྱད་པར་**དེ་ལྟར་**སོགས་མ་འཆོལ་བར་མཁས་པ་ཚོགས་པའི་མདུན་དུ་འཛིགས་པ་མེད་པར་**སྨྲོས་**ཤིག །

གསུམ་པ་ལ། ཐེག་པ་རིམ་དགུའི་དང་། རྒྱུད་སྡེ་བཞིའི་ལྟ་བ་ལ་དམན་མཆོག་དགག །འོན་ཀྱང་རྒྱུད་སྡེ་བཞིའི་བསྒྲུབ་ཚུལ་སོ་སོར་ངེས་པའོ། །དང་པོ་ནི། སྔགས་རྙིང་མའི་རྫོགས་ཆེན་པ་**ལ་ལ་**སོགས་**ཟེར**། རིམ་དགུ་ནི་མཚན་ཉིད་སྡེ་གསུམ། ཀྲི་ཡོག་སྡེ་གསུམ། བསྐྱེད་རྫོགས་སྡེ་གསུམ་སྟེ། ཉན་རང་བྱང་སེམས་གསུམ། བྱ་སྤྱོད་ཡོ་ག་གསུམ། བསྐྱེད་པ་མ་ཧཱ་ཡོ་ག །རྫོགས་པ་ཨ་ནུ་ཡོ་ག །རྫོགས་པ་ཆེན་པོ་ཨ་ཏི་ཡོ་གའོ། །དེ་ཡང་དང་པོ་བརྒྱད་ལ་རྒྱུ་འབྲས་ཀྱི་ཐེག་པ་བརྒྱད། ཐ་མ་ལ་རྒྱུ་འབྲས་ལས་འདས་པ་ཞེས་ཟེར། འདིས་འགྲུལ་ནས་རྫོགས་ཆེན་པས་རྒྱུ་འབྲས་ཀྱི་བླང་དོར་མི་དགོས་ཞེས་སྨྲས་སོ། །འདིས་ནི་ཐེག་པའི་ཡང་རྩེར་སྨྲས་པ་བཀག་སྟེ། ཡང་རྩེར་འཕུར་མི་ཐུབ་པས་ཐེག་པ་འོག་ནས་འཛེག་དགོས་པའི་ཕྱིར། མི་དགོས་ན་རིམ་དགུ་ཡིན་པ་འགལ་ལོ། །རིམ་པ་དགུའི་ལྟ་བ་འཛིན་སྟངས་ལ་དམན་མཆོག་མི་འཐད་དེ། **ཉན་ཐོས་**སྡེ་གཉིས་**དང་ཐེག་ཆེན་**དབུ་སེམས་**ལ་**སོགས་**ལྟ་བའི་**འཛིན་སྟངས་དམན་མཆོག་གི་**དབྱེ་བ་**ལུང་རྣམ་དག་གང་ནས་ཀྱང་**བཤད་པ་མེད་**པའི་ཕྱིར། **ཕ་རོལ་**སོགས་**ལྟ་བ་**ཨ་ཏི་ཡོ་ག་ལ་**ཡོད་ན་**སོགས་**འགྱུར་**ལ་**སྤྲོས་**སོགས། **དེས་ན་**ཚིག་གི་**བཤད་པས་གོ་བ་ཡི་ཐོས་**བསམ་ལ་བརྟེན་**པའི་ལྟ་བ་**ནི་མདོ་སྔགས་**གཅིག་**པ་**ཉིད་ཡིན་**པའི་ཕྱིར་**འོན་ཀྱང་**སོགས་**འཕགས་**ཏེ། ཕར་ཕྱིན་ལ་ཚོགས་ལམ་དུ་སྟོང་ཉིད་ལ་སྒོམ་བྱུང་གི་གསལ་སྣང་མི་སྲིད་ཀྱང་། སྔགས་ལ་ལུས་ལ་གནད་དུ་བསྣུན་པའི་ཐབས་མཁས་ཀྱིས་གསལ་སྣང་རྟོག་མེད་འབྱུང་བའི་ཕྱིར་དེ་ལྟ་ན་ཡང་ཆོས་ཉིད་མངོན་སུམ་གྱི་རྟོགས་པར་མི་འཇོག་སྟེ། མཐོང་ཡང་འབྲུལ་རྒྱུས་བསླད་པས་མ་རྟོགས་པའི་ཕྱིར།

གཉིས་པ་ལ་འདོད་པ་བརྗོད་པ་ནི། འདིར་ཡང་ལོ་ཙཱ་བ་བན་རྒྱེ་དཔལ་བརྩེགས་ཀྱིས་མཛད་པར་གྲགས་པའི་ལྟ་བའི་རིམ་པ་དང་། གཙང་ནག་པའི་སློབ་མ་ཇོ་སྲས་རྗོ་རྗེ་འོད་ཀྱིས་བྱས་པའི་ཐེག་པ་སྤྱི་བཤད་སོགས་གཙོ་བོར་བྱེད་པའི་རྙིང་མ་བ་**ཁ་ཅིག་**སོགས་**ཀུན་རྫོབ་**ཕལ་པ་**ཇི་ལྟར་**སོགས། **རིགས་བརྒྱད་ཡིན་**ལ་དོན་དམ་བྱ་རྒྱུད་ལ་སྦྱར་བ་ལྟར་དབུ་མ་དང་མཚུངས་ཞེས་**ཟེར།** དགག་པ་ལ། བསྟན་བཤད། བསྡུ་བའོ། །དང་པོ་ནི། ལྟ་བ་ནི་དོན་དམ་གྱི་དང་སྒོམ་པ་ཕལ་ཆེར་ནི་ཀུན་རྫོབ་ཀྱི་ཡུལ་ཅན་ཡིན་པའི་**ལྟ་**སོགས་**མ་བྱེད་ཅིང་**སྒོམ་པ་དང་སྤྱོད་པ་**ཐབས་དང་**ལྟ་བ་**ཤེས་རབ་**ཡིན་པ་**མ་ཤེས་པས་**རིགས་བརྒྱ་རིགས་ལྔ་སོགས་བསྒོམ་པ་ལ་བལྟ་བར་བྱས་པ་**འདི་**སོགས་**ཡིན་**པས་དགག་པར་བྱའོ། །

གཉིས་པ་ལ་དགག་པ་མདོར་བསྟན། རང་ལུགས་གསལ་བར་བཤད། གཞན་ལ་གནོད་བྱེད་བརྗོད། དེ་དག་གི་དོན་བསྡུ། རྣལ་འབྱོར་བཞིའི་ཁྱད་པར་བཤད་པའོ། དང་པོ་ནི། **འདིའི་**སྒྲུབ་བྱེད་ཀྱི། **འཐད་པ་**

བཤད་ཀྱི་ཉོན་ཞིག་གོ །**རིགས་གསུམ**་དང་ལྷ་**ལ་སོགས**་པ་**སངས་རྒྱས་སུ།** ཡིད་ལ་བྱེད་པ་ནི་ཆོས་ཅན་དོན་དམ་ལ་དམིགས་པའི་**ལྟ་བ་མིན**་ཏེ། ཀུན་རྫོབ་ལ་དམིགས་པའི་**སྒོམ་པ་ཡིན**་པའི་ཕྱིར་རོ། །དེ་ར་མ་ཟད། རྣལ་འབྱོར་པ་གང་སྣང་གི་སྣང་བ་ལྷ་རུ་བསྒོམ་པ་ནི་རྒྱུད་སྡེ་འོག་མ་གསུམ་གྱི་རྣམ་པར་འཐད་ལྡན་མ་ཡིན་ཏེ། **བྱ**་སོགས་**གསུངས་པ་མེད**་པའི་ཕྱིར།

གཉིས་པ་ནི། འོན་**ཀྱང**་སོགས་**བསྒོམས**་ཤིང་རང་དམ་ཚིག་པ་ཙམ་དུ་ཡང་མ་བསྐྱེད་པར་རྗེ་བྲན་གྱི་ཚུལ་དུ་བྲིས་སྐུའི་ལྷ་**དེ་ལས**་སོགས་**ལེན**་ཏེ། བྱ་རྒྱུད་སུ་སྡེ་ཤིན་ཏུ་མང་ཡང་རང་ལྷ་རུ་བསྒོམ་པ་ཟུར་ཙམ་ཡང་མེད་ཅིང་བྲིས་སྐུ་སྒྲུབ་ཚུལ་འཇམ་དཔལ་རྩ་རྒྱུད་སོགས་ན་ཤིན་ཏུ་རྒྱས་པའི་ཕྱིར་རོ། **།དེས་ན**་ལྷས་ཀྱང་དངོས་གྲུབ་གནང་སྟེ། སྒྲུང་གནས་ལྷ་བུའི་**དཀའ**་སོགས་ཀྱིས་**མཉེས་པར**་འགྱུར་བས་**ན**འོ། **།སྤྱོད**་སོགས་**ལེན་ཏེ**་རྣམ་སྣང་སྔོན་བྱང་དུ་ཕྱི་ནང་སོ་སོའི་བཟླས་བརྗོད་ཡན་ལག་བཞི་ལྡན་གསལ་བར་གསུངས་པ་ཁོ་བོས་སྒྲུབ་ཐབས་བྱས་པ་བཞིན་ཡིན་པའི་ཕྱིར། རྫོག་དབྱིབས་ལ་སོགས་པའི་**རྣལ་འབྱོར**་སོགས་**རང་ཉིད**་ཐ་མལ་པ་**དམ་ཚིག**་པ་ཙམ་དུ་**འགྱུར**་བར་གསུངས་ཏེ་**འདི**་སོགས་**བཞག**་པའི་ཕྱིར་རྒྱུད་སྡེ་དེ་དག་ཏུ་བལྟ་བར་བྱ་ཞིང་། སློབ་དཔོན་ལྷའི་རིགས་ཀྱི་བློས་གྲོས་ཀྱིས་གྲུར་འགྲེལ་དུ་ཡང་། བྱ་བའི་རྒྱུད་ཅེས་བྱ་བ་ནི། ཕྱི་རོལ་བཟུངས་མ་ལ་སོགས་པའི་ལྟར་དམིགས་པ་དང་གཙང་སྦྲ་དང་སྡོམ་པ་ལྟར་ལེན་པའོ། །བྱ་བའི་རྣམ་པར་ཞེས་བྱ་བ་ནི། བདག་ལ་ཕྱི་རོལ་དུ་དམིགས་པའོ། །ཞེས་དང་། དཔལ་འཛིན་གྱིས་དགྲ་ནག་འགྲེལ་པར་ཡང་། བྱ་སྤྱོད་ལ་རས་བྲིས་ལ་སོགས་པར། རྫོགས་པའི་ལྷའི་རྣལ་འབྱོར་གྱི་དངོས་གྲུབ་ལེན་པ་ལ་རྣལ་འབྱོར་རྒྱུད་ལ་ནི། རས་བྲིས་སོགས་ཀྱི་ལྷ་ལ་རང་གི་ལྷའི་རྣལ་འབྱོར་གྱི་དམིགས་ནས་དངོས་གྲུབ་བསྒྲུབ་པར་གསལ་བར་གསུངས་སོ། **།རྣལ་འབྱོར་ཆེན་པོའི**་སོགས་**བཤད**་དེ། དེ་བཞིན་ཉིད་ཀྱི་ལྷ་སོ་སོའི། རང་རིག་པའི་དག་པ་སྟེ། གསུམ་བརྟག་གཉིས་རྩ་བཤད་དུ་གསུངས་པའི་ཕྱིར། བླ་མེད་**འདིའི**་སོགས་**དྲིས**་ཤིག་སྟེ། རྒྱས་པར་གསང་སྔགས་སུ་འགྱུར་བས་སོ། །

གསུམ་པ་ནི། **གལ་ཏེ**་ཁྱེད་དང་ཕྱིས་ཀྱི་མཁས་པའི་ལུགས་ལྟར་**བྱ**་སོགས་**ག་ལ་འཐད**་དེ། སློན་ཀུན་བཟང་གི་**ལྟ**་ལ་སོགས་**མི་གདུང**་བའི་ཕྱིར། བོད་**ཁ་ཅིག**་སོགས་**བྱེད**་ཅེས་ཟེར་བ་**འདི**་སོགས་**མེད**་དེ། སྤྱོད་རྒྱུད་**འདི**་ནི་བྱ་བ་དང་རྣལ་འབྱོར་**གཉིས་ཀའི་རྒྱུད་ཡིན་པ**ས་ལས་བསྒྲུབ་པ་**རིས**་སོགས་**གསུངས**་པའི་ཕྱིར་དང་། ཁྱེད་རང་ལྟར་གྱི་ལྟ་བ་ཡང་རྣལ་འབྱོར་རྒྱུད་དང་མི་མཐུན་ཏེ། **སྤྱད**་པའི་སོགས་**དེ་ར་མ་གསུངས**་པའི་ཕྱིར། འདིར་སྤྱོད་རྒྱུད་སྤྱོད་རྒྱུད་ཡིན་ཏེ། རིགས་ལྔའི་དོན་གྲུབ་ཀྱང་ཐ་སྙད་སྤྱོང་བའི་རྒྱལ་པོ་སོགས་བཤད་

པའི་ཕྱིར་ཞེས་བཀོད་ནས་ཆོས་རྗེའི་བཞེད་པ་ཡིན་པར་སྨྲ་བ་ནི། བདེ་མཆོག་སོགས་ཀྱང་སྤྱོད་རྒྱུད་དུ་ཐལ་བ་དང་སྦྱོར་རྒྱུད་དུ་ཡེ་ཤེས་དགུག་གཞུག་དང་དབང་བསྐུར་རྒྱས་གདབ་ཤིན་ཏུ་གསལ་བས་གྲོགས་པོ་ལྟ་བུའི་དངོས་གྲུབ་ལེན་པར་ཡང་ཡང་གསུངས་པ་དང་འགལ་ལོ། །

བཞི་པ་ནི། རྒྱུ་མཚན་**དེས་ན་རྣལ་འབྱོར་རྒྱུད་མན་ཆད་**དུ་ཕྱི་རོལ་གྱི་སྣང་བ་ལྷ་རུ་སྒོམ་པར་གསུངས་པ་མེད་མོད་**འོན་ཀྱང་**སོགས་**བཞིན་དུ་**བསམ་པར་**བས་**ལ་**བྲིས་སྐུ་**སོགས་**ཡིན་**པས་འགལ་བ་མེད་དོ། **།རྣལ་འབྱོར་ཆེར་**སོགས་**རིགས་བརྒྱ་ལ་སོགས་པར་**ནན་གྱིས་བསྒོམས་པས་དེ་ར་འཆར་བའི་**དབྱེ་བ་རྒྱལ་བས་གསུངས་པ་དེས་ན་ཀུན་རྫོབ་**ཡུལ་གྱི་**ལྡོག་པ་**དང་། ཡུལ་ཅན་**ལྟར་**བསྒོམ་པའི་**ལྡོག་**སོགས་**ཡིན་**ནོ། །

ལྔ་པ་ནི། གསང་སྔགས་གསར་རྙིང་རྣལ་འབྱོར་བཞིའི་འདོད་ཚུལ་མི་མཐུན་ཏེ། **གསང་**སོགས་**མི་བཞེད་**པའི་ཕྱིར་རོ། **།དེས་ན་**རྒྱུད་སོགས་**མི་**གཅིག་སྟེ། དང་པོའི་གཉིས་ནི་ཡོ་ག་དང་བླ་མེད་ཡིན་ལ། ཕྱི་མའི་གཉིས་ནི་ཏིང་ངེ་འཛིན་དང་པོ་དང་ཐ་མ་ཡིན་པའི་ཕྱིར་རོ། **དཔེར་**སོགས་**མི་གཅིག་**པ་བཞིན་ནོ། **།དེས་ན་**སོགས་ལ་**རྒྱུད་སྡེ་**བཞིའི་རྣལ་འབྱོར་སོགས་**མེད་**ལ། ཏིང་ངེ་འཛིན་**སྒོམ་**སོགས་**མེད་**ཅིང་རྣལ་འབྱོར་ཆེན་པོ་**དེ་ལས་སྐྱེས་པའི་ཡེ་ཤེས་**ནི་ཡུལ་གྱི་གནས་ལུགས་དང་ཆུ་ལ་ཆུ་གཞག་བཞིན་སོང་བས་སྤྲ་རྟོག་གི་**སྤྲོས་**སོགས་**མི་བཞེད་**དོ། །ལུགས་འདི་སོགས་ན་ཐེག་པ་རིམ་དགུའི་རྣམ་གཞག་འོང་དོན་མེད་དེ། **ཨ་ཏི་**སོགས་**མིན་**ལ་**བརྗོད་བྲལ་**གྱི་ཡེ་ཤེས་མཐར་ཐུག་ལ་བརྗོད་བྱ་སོགས་**ཞེས་བྱ་**བའི་ཕྱིར་རོ། །

གསུམ་པ་ནི། **དེས་ན་**ཐོས་ཤིང་བསམ་པའི་**ལྟ་བ**འི་འཛིན་སྟངས་ཀྱི་གནས་ནི་ཕར་ཕྱིན་གྱི་**དབུ་མ་ཡན་ཆད་**མདོ་སྔགས་**ཐམས་ཅད་མཐུན་**པར་ངེས་ཏེ་སྔགས་ཀྱི་སྐབས་སུ་ཡང་**ལྟ་བའི་**སོགས་**མཛད་**པ་**དེའི་ཕྱིར་**ཏེ། ཤེར་ཕྱིན་གྱི་མདོ་དང་ཀླུ་སྒྲུབ་ཡབ་སྲས་ཀྱི་ལུང་ཉིད་འདྲེན་པའི་ཕྱིར་རོ། །

གསུམ་པ་ལ་མདོར་བསྟན། རྒྱས་པར་བཤད། ལུང་འཚོལ་བ་སྨད་པའོ། །དང་པོ་ནི། **རྒྱུད་སྡེ་བཞི**འི་ཉམས་ལེན་གྱི་**སྒྲུབ་པ་ཡང་**རང་རང་མ་འཚོལ་བར་བྱེད་དགོས་ཏེ། **འཁྲུལ་**སོགས་**རིགས་**པའི་ཕྱིར། འདི་ཡང་བྱ་རྒྱུད་ཀྱི་དབང་ཙམ་ལས་མ་ཐོབ་པའི་བྱ་རྒྱུད་རྐྱང་པའི་རྣལ་འབྱོར་པས་ནི་བྱ་རྒྱུད་ཉིད་ནས་ཇི་ལྟར་བཤད་པའི་ཁྲུས་དང་གཙང་སྦྲ་དང་ལྷ་རྗེ་བྲན་ལྟར་བསྒྲུབས་པ་སོགས་བྱ་བ་ནས་བླ་མེད་ཀྱི་རྣལ་འབྱོར་པས་ནི་ལྷ་ཐམས་ཅད་བླ་མེད་ཀྱི་ཚོགས་ཕྱི་རོལ་ལྟར། གཞན་ཐམས་ཅད་སྤྱངས་ནས་བླ་མ་རིགས་བདག་ཏུ་བཞུགས་པ་ཙམ་མ་གཏོགས་ལྷ་ཐམས་ཅད་རང་ཉིད་དང་དབྱེར་མེད་དུ་བསྒྲུབས་དགོས་ལ་དེ་ལྟར་མ་བྱས་པར་རང་ལས་རྒྱུད་ཐ་དད་པའི་ཡི་དམ་ཡོད་པར་བཟུང་ན་དམ་ཚིག་ཉམས་པར་ཡང་ཡང་གསུངས་པས་རྣལ་འབྱོར་པ་སོ་སོས

ཞེས་སྦྱར་ཞིང་ཡང་ན་མདུན་བསྐྱེད་ཀྱི་ཚུལ་དུ་སྒྲུབ་ན་ཞེས་སྦྱར་དགོས་སོ། །དེ་ལྟ་མིན་པར་བླ་མེད་ཀྱི་རྣལ་འབྱོར་པ་ལོ་ཆེན་རིན་བཟང་ལྟ་བུས་བྱ་རྒྱུད་ཀྱི་ལྷ་བསྒྲུབ་པའི་ཚེ་རང་ཐ་མལ་དུ་བབས་ནས། ཕྱི་རོལ་རས་བྲིས་ཀྱི་ལྷ་དང་རྗེ་བྲན་བྱས་ནས། གསང་འདུས་རྩ་རྒྱུད་ལས། སངས་རྒྱས་རྡོ་རྗེ་སེམས་དཔའ་འམ། །ཡང་ན་ཆོས་ཀྱི་སེམས་དཔའ་རུ། །གལ་ཏེ་འདས་པར་བྱས་ན་ནི། །འགགས་པར་འགྱུར་བར་གདོན་མི་ཟ། །ཞེས་རྡོ་རྗེ་གསུམ་པོ་གང་རུང་གི་ང་རྒྱལ་དང་བྲལ་ན་འགགས་ཤིང་འཆི་བར་བཤད་པ་ཇི་ལྟར་དྲང་། དེས་ན་བྱ་རྒྱུད་ལ་ཡང་རང་ལྟར་བསྒོམ་པ་དེང་སང་གྲགས་པ་ལྟར་བྱེད་པ་ལེགས་སོ་ཞེ་ན། རྒྱུད་སྡེ་བཞི་ཀ་ལ་རང་ཉིད་ལྷ་སྐུ་ཕྱག་ལེན་བྱེད་ན། བྱ་སྤྱོད་གཉིས་ལ་སློབ་དཔོན་གྱི་དབང་མེད་པས་དམ་ཚིག་གསུམ་སྦྱིན་མེད་པར་གསུངས་ཤིང་ཁས་བླངས་དང་འགལ་ལ། དམན་པ་རྣམས་ལ་བྱ་བའི་རྒྱུད། །ཅེས་སོགས་ཀྱི་མཆོག་དམན་ཡང་གང་གི་འབྱེད་བསམས་དགོས་སོ། །དེས་ན་རྗེ་བོ་ཆེན་པོ་དང་ལོ་ཆེན་དཔོན་སློབ་ཀྱི་ཞུས་ལན་ཡང་རྗེ་བོའི་གཞུང་ཉིད་རྒྱུད་དོན་ལ་ཞུགས་ཀྱིས། དེང་སང་གི་མཁས་སྙོམ་མང་པོ། རྗེ་བོས་དེ་ལྟར་མ་གསུངས། གསུང་ན་རྗེ་བོ་རུལ་ཞེས་སླབ་དག་གི་རྒྱུད་སྡེ་སོ་སོའི་རྣལ་འབྱོར་པའི་རྣམ་དབྱེ་མ་ཕྱེད་པ་ཁོ་ནའོ། །

གཉིས་པ་ལ་བྱ་རྒྱུད་ཀྱི། བར་པ་གཉིས་ཀྱི། བླ་མེད་ཀྱི་ཚོགའོ། །དང་པོ་ནི། **བྱ་བའི་**སོགས་**མེད་**པར་རང་ཐ་མལ་གྱི་ངང་ནས་**བྲིས་**སོགས་**འདེབས་**སོ། །ཀྱི་གར་བ་དང་བླ་མ་གོང་མས་གདུགས་དཀར་རྣམ་རྒྱལ་སོགས་ལ་**བདག་**སོགས་གསུངས་པ་ནི། **རྣལ་འབྱོར་རྒྱུད་ཀྱི་**དབང་ཐོབ་པའི་རྣལ་འབྱོར་པ་དེའི་**རྗེས་**སོགས་**སྡིག་**པ་འབྱུང་བའི་ཕྱིར་རོ། །གལ་ཏེ་བྱ་རྒྱུད་ཀྱི་**སྲུང་གནས་**སོགས། **བརྟུལ་ཞུགས་ཀྱི་**བསྒྲུབས་ན་**བྱ་**སོགས་**འགྲུབ་**པས་བྱ་རྒྱུད་རྐྱང་པའི་རྣལ་འབྱོར་པའི་དེ་ཁོ་ན་ལྟར་བྱ་དགོས་པར་བྱ་རྒྱུད་ཀྱི་ཕུ་ཏི་ཤིན་ཏུ་མང་བར་བཞུགས་པ་ལ་ཞིབ་ཏུ་བལྟས་པས་ཤེས་སོ། ། **ཀྱུ་ལང་**ནི་དབང་ཕྱུག་གི་མིང་ངོ་། །

གསུམ་པ་ནི། **སྤྱོད་དང་རྣལ་འབྱོར་**སོགས་**ཡོད་**ལ་**གཞན་**དུ་ལྷ་བསྒྲུབ་པ་ཙམ་ལ་**དཀའ་ཐུབ་**སོགས་**གནང་**མོད་འོན་ཀྱང་འབྱུང་སོགས་**མི་ཟ**འོ།

གསུམ་པ་ནི། **རྣལ་འབྱོར་ཆེན་པོ**འི་སོགས་ཏེ། **ཤེས་པར་**གྱིས་ཏེ། །སྡུག་བསྔལ་མ་ཡིན་བདག་བདེ་བས། །འདོད་པའི་ཡོན་ཏན་ལྔ་རྣམས་བསྟེན། །ཞེས་སོགས་གྲགས་ཆེ་ཞིང་། ཏ་ཙང་ཞིབ་པར་སྦྱར་ན་གསང་སྒྲོགས་སུ་འགྱུར་བས་བཞག་གོ། །

གསུམ་པ་ནི། རང་གཞན་དམན་མཆོག་གི་**གྲུབ་**མཐའི་སོགས་**མཚར་**ཞིང་མཁས་པས་ཁྲེལ་བ། རང་བཟོ་ཕྲ་མོ་ཡང་སྤངས་ཏེ་གསུང་རབ་ཀྱི་ལུང་འཚོལ་བ་ལ་ཤིན་ཏུ་བརྩོན་པར་བྱའོ། །

གསུམ་པ་བོགས་འདོན་སྤྱོད་པ་ལ་རྒྱས་པར་བཤད་དོན་བསྡུ་བའོ། །དང་པོ་རྣམ་གཞག་བཤད། འབྲེལ་པ་སྦྱར་བའོ། །དང་པོ་ནི། དང་པོར་གསོ་སྦྱོང་སྦྱིན་པར་བྱ། །ཞེས་སོགས་ལམ་ཐུན་མོང་བས་རྒྱུད་སྦྱངས། སྔགས་ཀྱི་རིམ་པ་ཀུན་ཤེས་ནས། །ཞེས་པ་ལྟར་རྒྱུད་སྡེ་འོག་མའི་ལམ་གྱིས་ཀྱང་རྒྱུད་སྦྱངས་པའམ། བླ་མེད་ཀྱི་དཀྱིལ་ཆོག་ཚད་ལྡན་དུ་ཡང་སྟ་གོན་གྱི་ཚེ། ཚེ་འདི་དོན་གཉེར་གྱི་ཀུན་སློང་འཆོས་པར་གསུངས་པས་མ་སྦྱངས་པའང་རུང་སྟེ་བླ་མེད་ཀྱི་**དབང་བཞི་ཡོངས་སུ་རྫོགས་པ་དང་**དམ་ཚིག་ཤིན་ཏུ་གཙང་བས་རིམ་གཉིས་ཀྱི་རྣལ་འབྱོར་**དང་པོར་རང་གི་**སོགས་**ལེགས་པར་སྦྱངས་ཤིང་**དཔེའི་ཡེ་ཤེས་ཀྱི་**དེ་**ཁོ་ན་**ཉིད་རྟོགས་པ་**ནི་གང་ཟག་ཡིན་ལ། ཐུན་མོང་ཡིན་མིན་གྱི་**ས་**རྣམས་སོགས་དང་**ཡུལ་**གྱི་བདེ་བ་**རྣམས་**ལ་བརྟེན་པ་ཐོབ་ཅིང་**དབང་དུ་བསྡུ་བའི་ཕྱིར་**ནི་དགོས་ལ། གནས་དང་ཉེ་བའི་གནས་ལ་སོགས་པ་ཞིང་དང་ཉེ་བའི་ཞིང་། ཚན་དྷོ་ཧ་དང་ཉེ་བའི་ཚན་དྷོ་ཧ་སྟེ་དྲུག་པོ་རེ་ལ་བཞི་བཞི། འཐུང་སྤྱོད་དུར་ཁྲོད་གཉིས་གཉིས། ཉེ་བ་གཉིས་གཉིས་ཏེ་སོ་གཉིས། གླིང་བཞི་སོ་སོ་དང་ཕྱི་སྟེ་**ཡུལ་**སོགས་**རྒྱ་**ཞེས་པ་གཙོ་བོར། བརྟག་གཉིས་ཀྱི་རྒྱུད་ནས་གསུངས་པ་ལྟར་ཡིན་ལ། གཞུང་གཞན་དུ་ཡུལ་སུམ་ཅུ་སོ་གཉིས། གནས་ཉི་ཤུ་རྩ་བཞི་ཞེས་མང་དུ་འབྱུང་ལ། ཕྱི་མ་ལྟ་བོ་མ་བགྲངས་པ་ཀྱེ་རྡོར་ནས་འབྱུང་བ་དང་། སྒྲ་མཚམས་པུ་ལི་ར་མ་ལ་སོགས་པ་ཉེར་བཞི་བདེ་མཆོག་ནས་གསུངས་ཏེ་གང་དུ་སྤྱོད་པའི་གནས་སོ། །**ལུགས་**འདི་སོགས། **སངས་རྒྱ་**བ་ནི་མཐར་ཐུག་གི་དགོས་པའོ། །སྤྱོད་པའི་རང་བཞིན་དང་དབྱེ་བ་སོགས་ནི་གོང་དུ་བརྗོད་པ་ལྟར་རོ། །

གཉིས་པ་ལ་གདམས་ངག་དང་། གནས་ལའོ། །དང་པོ་ནི། **དེང་སང་**སོགས་**མཐོང་**སྟེ། དབང་བཞི་མ་ཐོབ་པའི་གཏུམ་མོ་སོགས་ཅུང་ཟད་བསྒོམས་ནས་ཏེ་མ་ལའམ་གདངས་ཅན་དང་ཙ་རི་ཏྲ་ཡིན་ཟེར་ནས་ཏེ་སེ་དང་ཙ་རི་ཙ་གོང་བསྐོར་བ་སོགས་ཀྱི་ཕྱིར་རོ། །འདི་ནི་མི་འཐད་དེ། རིམ་**པ་གཉིས་པ་**སོགས། མ་**གསུངས་**པའི་ཕྱིར་ཏེ་**རིམ་པ་**སོགས་**བཟང་ཡང་**རྒྱུད་སྡེ་འོག་མ་དང་**ཕ་རོལ་**སོགས་**མ་འདས་**ལ། **མདོ་**རྒྱུད་དེ་དག་**ལས་ཡུལ་**སོགས་**བཤད་པ་**ཟུར་ཙམ་ཡང་མེད་པའི་ཕྱིར་རོ། །རིགས་པས་ཀྱང་གྲུབ་སྟེ། **གལ་ཏེ་**སོགས་**མེད་**པའི་ཕྱིར། ཕྱི་མ་གྲུབ་སྟེ། **ཨུ་རྒྱན་**སོགས་**ཅི་**སྟེ་མ་ཐོབ་པའི་ཕྱིར་རོ། །དེས་ན་སྤྱོད་པ་བྱེད་པའི་གང་ཟག་ནི། **གསང་སྔགས་**ལེགས་པར་**བསྒོམས་པའི་**རིམ་གཉིས་ཀྱི་**རྟོགས་པ་ཅན།** རྣལ་འབྱོར་ཕོ་མོ་**བརྡ་**སོགས་**ལྡན་**པ་ཡིན་ཏེ། **དེ་ལ་**སོགས་**རྙོབ་**པའི་ཕྱིར་རོ། །**འདི་**སོགས་**ལྟོས་**ཏེ་གཞན་ནས། མ་བཤད་པའི་ཕྱིར་རོ། །**དེས་ན་**སོགས་**ཡིན་**པས་གནས་སྐོར་བ་རྣམས་གཟབ་འཚལ་ལོ། །

གཉིས་པ་ལ་བསྟན་བཤད་དོ། །དང་པོ་ནི། ད་ལྟར་བོན་པོ་དང་ཕྱག་ཆེན་པ་རྣམས་བསྐོར་དུ་འགྲོ་བའི་

མངའ་རིས་སྨད་ཀྱི་གངས་**ཏི་སེ**་ནི་ཆེན་པོ། **དཔལ་ལྡན**་སོགས་**གསུངས་པའི**་རི་བོ་**གངས་ཅན**་དེ་མིན་ཏེ། དེར་གསུངས་པའི་**གངས་རི**་དང་བྲག་**གསེར་གྱི་བྱ་སྐྱིབས**་དང་། **ཛམྦུའི་ཤིང**་བྲི་ཀྵ་དང་ལྗོན་ཤིང་ས་ལ་རབ་བརྟན་དང་། བརྒྱ་བྱིན་གྱི་སྐྱེད་མོས་ཚལ་དུ་སྤྱོད་པའི་གླང་ཆེན་**ས་བསྲུངས་བུ་གླང**་སོགས་**གནས**་རྣམས་ཀྱི་མཚན་ཉིད་མེད་པའི་ཕྱིར། དེ་བཞིན་དུ་ཏི་སེ་དང་ཉེ་བའི་**མ་ཕམ**་གཡུ་མཚོ་ནི་ཀླུ་རྒྱལ་**མ་དྲོས**་པ་གནས་པའི་ཆུ་གཏེར་ཆེན་པོ་མ་དྲོས་པ་**མིན**་ཏེ། མ་དྲོས་པ་ལ་ཡོད་པའི་**གླང**་པོ་སོགས་**ག་ལ་ཡོད**་དེ་མེད་པའི་ཕྱིར་རོ། །

རྒྱས་པར་བཤད་པ་ལ། ཏི་སེ་གངས་ཅན་ཡིན་པ་དགག །མ་ཕམ་མ་དྲོས་ཡིན་པ་དགག །གཉིས་པོ་དེ་ལ་རྩོད་པ་སྤངས། ཙ་རི་ཏྲ་ལ་འཁྲུལ་པ་སྤངས། གནས་ཆེན་ཡིན་ཡང་གང་ཟག་དགག་པའོ། །དང་པོ་ལ་དུས་འཁོར་གྱི་དང་། ཆོས་མངོན་པའི། མུ་སྟེགས་ཀྱི་ལུང་གིས་དགག་པའོ། །དང་པོ་ནི། **དེའི**་སོགས་**ཡིན**་ཞེས་མཚམས་སྦྱར་ནས། གངས་ཏི་སེ་ནི་**དཔལ་ལྡན**་སོགས་**ལས**་གསུངས་པའི་རི་བོ་གངས་ཅན་མིན་ཏེ། ཏི་སེར་བྱ་བྲལ་འབྲུམས་པོ་ཀུན་གྱི་སླེབ་ལ་དུས་འཁོར་ནས་འབྱུང་བའི་**རི་བོ་གངས་ཅན་དུ་རྫུ་འཕྲུལ་མེད་པས་བསྒྲོད་མི་ནུས**་པའི་ཕྱིར་ཏེ། དུས་འཁོར་ལས་**ཆུ**་བོ་སོགས་**གསུངས**་ཏེ། དེར་སྤྱིར་ལྗོན་པོ་མ་གཏོགས་པའི་རི་གླིང་མཚོ་རྣམས་བདུན་བདུན་གསུངས་པའི་རི་བོ་ནི། འོད་སྔོན་མན་ཆད་ར་རི་ནི་ཀྵ་ཏ་དང་ནོར་བུའི་འོད་དང་དྲོ་ཎ་བསིལ། རི་རྗེ་རྗེའོ། །ཞེས་གསུངས་པའི། འོད་སྔོན་སོགས་ལྔ་ནི་རི་རབ་ཀྱི་སྨད་ཕྲ་བའི་ནང་ཁོངས་སུ་གླིང་དྲུག་དང་བཅས་ཏེ་བསྐོར་ནས་ཆུད་པའི་ཕྱི་རོལ་རི་དྲུག་པ་གསེར་རི་ནི་འདི་པའི་ལུགས་ཀྱི་གངས་ཀྱི་རི་ཡིན་ལ་དེ་དང་རི་རབ་ཀྱི་སྟེང་གི་ར་ལྡའི་ཕྱི་མ་ཁ་འཕྱུངས་ཀྱི་ཚུལ་དུ་ཡོད་པ་གཉིས་འབྱར་བའི་ནང་ན་གླིང་དྲུག་གི་མི་ཐམས་ཅད་ལོངས་སྤྱོད་ཀྱི་ས་པ་ལྷ་དང་མཚུངས་པས་ཉི་ཟླའི་འོད་ལ་མི་ལྟོས་པ་རྣམས་གནས་ཤིང་། གངས་རི་**དེའི**་ཕྱི་**འགྲམ་ན**་འཛམ་གླིང་ཆེན་པོ་ལས་ཀྱི་ས་པ་ནམ་མཁའ་ལ་ཁྱིམ་བཅུ་གཉིས་ས་གཞི་ལ་གླིང་དུམ་བུ་བཅུ་གཉིས་ཡོད་པའི་ལྷོ་གླིང་དབུས་མའི་བྱང་གི་ས་ལ་**ཤམྦྷ**་ལ། ས་པདྨ་འདབ་མ་བརྒྱད་ཀྱི་རྣམ་པར་གནས་པའི་མདབ་མ་རེ་རེ་ལ་གྲོང་ཁྱེར་བྱེ་བ་ཕྲག་བཅུ་གཉིས་ཏེ་བསྡོམས་པས་**གྲོང**་སོགས། **དེའི**་ལྷོ་བའི་བྱང་གི་ཆ་**ལ**་རྒྱལ་པོ་སོགས་ཡོད་ཅིང་ལྷོ་ན་མ་ལ་ཡའི་སྐྱེད་མོས་ཚལ་དང་དེས་ན་དུས་ཀྱི་འཁོར་ལོའི་བློས་བསླང་སོགས་བཞུགས་པ་**དེ་ན**་ས་བཅུའི་བྱང་སེམས་ཀྱི་**སྤྲུལ**་སོགས་**གསུངས**་སོ། །འདི་**ལ**་ཆོས་རྒྱལ་ཤཱཀྱ་རིགས་བདུན་དང་རིགས་ལྡན་ཉི་ཤུ་རྩ་ལྔ་སྟེ་སོ་གཉིས་འཛིན་པའི་ཤཱཀྱ་རིགས་དང་པོ་ཟླ་བཟང་གི་ལོ་གཉིས་ལས་མི་གསུང་ཡང་གཞན་དྲུག་དང་དེ་ནས་རིགས་ལྡན་དགུང་ལོ་བརྒྱ་བརྒྱ་སྐྱོང་བ་ཤིན་ཏུ་གསལ་ཞིང་། ཐ་མ་རིགས་ལྡན་དྲག་པོ་འཁོར་ལོ་ཅན་གྱི་ལོ་བརྒྱ་ཡང་ཤིན་ཏུ་གསལ་བས། གཞན་རྣམས་ཀྱང་བརྒྱ་བརྒྱར་དེ་དག་གིས་ཤུགས་ལ་འགྲུབ་ལ།

བསྒོམས་པས་བརྒྱ་ཕྲག་སོ་གཉིས་བསྟན་པ་སྔ་དར་ལ་བྱུང་ཞིང་འཁོར་ལོ་ཅན་གྱི་ཀླ་ཀློ་བཅོམ་རྗེས་ཀྱི་བསྟན་པ་ལོ་བརྒྱ་ཕྲག་བཅོ་བརྒྱད་པོ་ཕྱི་དར་དུ་བྱས་པས་འཛམ་གླིང་ཆུང་ངུའི་བསྟན་པའི་གནས་ཚད་ལོ་ལྔ་སྟོང་ཡང་ཤིན་ཏུ་འགྲིག་པའི་ཕྱིར་ན། ཁ་ཅིག་རིགས་ལྡན་གཉིས་པ་མན་དང་། ཁ་ཅིག་བཅུ་པ་མན་གྱི་ལོ་དྲུག་ཅུ་རེ་ལས་ཆོས་མི་སྟོན་པར་འདོད་པ་དང་། ཁ་ཅིག་བཅུ་པ་དང་བཅུ་གཅིག་པ་བསྒོམས་པས་མི་མཁའ་རྒྱ་མཚོ་ཡིན་ལ་གཞན་ཐམས་ཅད་ལོ་བརྒྱ་བརྒྱར་ངེས་སོ་ཞེས་ཟེར་བ་ཐམས་ཅད་ནི། འདིར་བྱེ་བྲག་མེད་པར་བརྒྱ་བརྒྱར་བསྟན་པས་ཀྱང་བཀག་སྟེ་རྒྱས་བཤད་དུས་འཁོར་སྤྱི་དོན་དུ་བཤད་ཟིན་ཏོ། །ཤཱཀྱ་ལ་**དེ་ན་**སོགས། **དམག་འདྲེན་པར་**རྫོམ་པར་**འགྱུར་**ལ་**དེ་ཚེ་ཕྱག་ན་རྡོ་རྗེ་**དང་ངོ་བོ་གཅིག་པའི་འཇམ་དབྱངས་ཀྱི་**སྤྲུལ་**སོགས་གསལ་བར་**གསུངས་པ་དེས་**ན་འོ། །

གཉིས་པ་ནི། ཅེས་ཏེ་**ད་ལྟ་**གྲགས་པའི་གངས་**ཏི་སེ་**འདི་དུས་འཁོར་ནས་འབྱུང་བའི་རི་བོ་གངས་ཅན་མ་ཡིན་མོད། །མངོན་པ་ནས་བཤད་པའི་གངས་ཅན་ཡིན་ཞེ་ན། དེ་མིན་པར་ཐལ། ཁྱོད་**ལ་**དེ་ནས་བཤད་པའི་**མཚན་ཉིད་**སོགས་**མེད་**པའི་ཕྱིར་ཏེ། **མངོན་**སོགས་**གསུངས་**པ་རྣམས་མ་ཚང་ཞིང་**དེར་**ནི་སོགས་**བཤད་**ལ། ཁྱོད་མི་འདོད་ཚད་ཀྱིས་བསྒྲོད་ནུས་པའི་ཕྱིར་རོ། །

གསུམ་པ་ནི། **ད་ལྟའི་**སོགས་**འདི།** **མུ་སྟེགས་**སོགས་**ལས་**ཀྱང་གངས་ཅན་མིན་པར་གྲུབ་སྟེ། མུ་སྟེགས་བྷ་ར་ཏའི་གཞུང་ལས་**ཤར་**སོགས་**བཤད་**ཅིང་**ཧ་ལུ་**སོགས་**སྨྲ་**སྟེ། མུ་སྟེགས་གྲོག་ལཁར་གྱི་གཞུང་ལས་སྟོན་རྒྱལ་པོ་ཤིང་རྟ་བཅུ་པའི་བུ་དགའ་བྱེད་ཀྱི་ཆུང་མ་སྲིན་པོ་ལང་ཀ་མགྲིན་བཅུས་ཁྱེར་བ་ན་སྤྲེའུ་ཧ་ལུ་མན་ད་ལ་སློབ་དཔོན་བཅོལ་ནས་དཔུང་དང་བཅས་ཏེ་སྲིན་ཡུལ་དུ་ཕྱིན་པ་ན། ལང་ཀ་མགྲིན་བཅུའི་སྲུན་བླ་བསམ་གཏན་ཞིག་གིས་དབུགས་ནང་དུ་རྡུབས་པས་རྒྱལ་བློན་གཉིས་ལས་གཞན་པ་ཐམས་ཅད་ཀེང་རུས་སུ་བཏང་དེ་དག་གསོ་བའི་ཕྱིར་དུ་རི་བོ་གངས་ཅན་སྲིན་ཡུལ་དུ་རྫུ་འཕྲུལ་གྱིས་བླངས་ཏེ་དེ་ལ་སྨན་གྱི་བདུད་རྩི་བསྒྲུས་པས་ཀེང་རུས་རྣམས་གསོས་ཏེ་གངས་ཅན་རང་གནས་སུ་རྫུ་འཕྲུལ་གྱིས་འཕངས་པའི་དུམ་བུ་ལམ་དུ་འཆར་བ། ཧ་ལུ་མན་དས་མངའ་རིས་སྨད་དུ་འཕངས་པ་ནི་ཏི་སེ་ཡིན་ནོ་ཞེས་གསུང་བས་རི་བོ་གངས་ཅན་གྱི་དུམ་བུ་ཕྲ་མོ་ལ་གངས་ཅན་དུ་འདོད་པ་ནི་རྫ་བུམ་གྱི་དུམ་བུ་རྫ་བུམ་དུ་འདོད་པ་དང་འདྲའོ། །གཞན་ཡང་གངས་ཅན་ནི་**དབང་ཕྱུག་**སོགས་**ཡུལ་**དུ་མུ་སྟེགས་ཀྱི་གཞུང་ལས་བཤད་པས་ཀྱང་དེ་ལྟར་རོ། །ལུང་གཞན་ལས་ཀྱང་འགྲུབ་སྟེ། **རྨ་བྱ་**སོགས་**གསུང་**སྟེ་རིའི་དབྱེ་བ་མང་དུ་གསུངས་པར་ཐ་དད་འབྱུང་བའི་ཕྱིར།

གཉིས་པ་ནི། **ད་ལྟ་**གྲགས་པའི་**མ་ཕམ་**འདི་ནི་ཆུ་གཏེར་མ་དྲོས་པ་མིན་ཏེ། **འདི་ལ་ནི་**དེའི་**མཚན་ཉིད་**

དེ་དག་གང་ཡང་མེད་པའི་ཕྱིར་ཏེ། མདོན་པར་མ་ཟད་སངས་རྒྱས་**ཕལ་པོ་ཆེའི་**ཏིང་ངེ་འཛིན་བཅུའི་ལེའུ་ལས་ཀྱང་སོགས་**ལྷོས་ཤིག་**དང་གསལ་བར་བཞུགས་པའི་ཕྱིར་རོ། །

གསུམ་པ་ནི། དགག་པ་དེ་ལྟར་བྱས་པ་**དེ་ལ་**སོགས་**ཟེར་**བ་**འདི་ཡང་**སོགས། **བསྟི་**བ་ནི་དཔེའི་རིགས་པས་ལེགས་པར་གྲུབ་སྟེ། **དཔེར་ན་**སོགས་**བཀག་པ་མེད་**ཀྱང་རང་རང་སྤྱིའི་**དངོས་པོའི་**སོགས་**ག་ལ་དགའ་**སྟེ། སྟོད་བཅུ་དབྱིབས་ཚད་ངེས་པ་སོགས་བཤད་པ་དོན་མེད་དུ་འགྱུར་བའི་ཕྱིར། **དེས་ན་བྱ་རྐྱོད་**སོགས་**ཡིན་**ཞིང་། སངས་རྒྱས་ཀྱིས་བྱིན་གྱིས་བརླབས་པའང་ཡིན་ཏེ། འཇམ་དཔལ་ཞིང་བཀོད་ལས་དེ་ཚེ་བྱ་རྐྱོད་ཕུང་པོའི་རི་བོ་ཡང་སྟོང་གསུམ་གྱི་སྟོང་དང་མཉམ་པར་བྱིན་གྱིས་བརླབས་སོ། །ཞེས་འབྱུང་བ་ལྟར་དཀོན་བརྩེགས་ཀྱི་གླིང་བཞི་ཡང་དེ་བཞིན་ཡིན་ལ་རི་བོ་**གངས་**སོགས་**མིན་**པའི་ཕྱིར་དང་**སྐྱེགས་**སོགས་ག་ལ་**སྲིད་དེ་**མི་སྲིད་པའི་ཕྱིར་རོ། །

བཞི་པ་ནི། ཡུལ་གྱི་ནང་ཚན་**ཙ་རི་ཏྲ་**སོགས་ཡོད་པར་གསུངས་ལ། གོང་པོ་**ཙ་རི་ཙ་**གོང་ནི་**དེ་མ་ཡིན་**ཏེ། རྒྱ་མཚོའི་འགྲམ་ན་མེད་པའི་ཕྱིར། **དེ་པི་ཀོ་ཊའི་གནས་**ལ་གཉིས་ཡོད་པའི་ཆེ་བ་རྒྱ་གར་ཤར་ཕྱོགས་ན་ཡོད་ཀྱང་**གཞན་**ཆུང་བ་**ཞིག་**གོང་པོ་**ཙ་རི་**སོགས་**སྨྲ་**བའང་ཙ་རི་**དེའི་ཕྱོགས་ན་**སོགས་**མེད་**དེ་**རྡོ་རྗེ་སོགས་རྟེན་ཞེས་**གསུངས་པའི་ཕྱིར། འོན་ཀྱང་ཧྲ་དྲའི་ཤིང་མེད་པས་མི་འཐད་དོ། །

ལྔ་པ་ནི། **གལ་ཏེ་ཏི་སེ་**སོགས་ཡིན་དུ་ཆུག་ན་**ཡང་**སོགས་**གསུངས་**ཀྱི་**དེ་ལྟ་མིན་**པས་དབང་མ་ཐོབ་ཅིང་རིམ་གཉིས་མེད་པས་**གང་གིས་**གནས་ཆེན་གྱི་**ཡུལ་དེར་**སོགས་**བཀག་**སྟེ། གང་ཞིག་གི་དེ་གཉིས་མེད་བཞིན་དུ། །ངོ་མཚར་ཆེ་བ་ལྟར་བྱེད་པ། །ཇི་སྲིད་ནམ་མཁའ་མི་འཇིག་བར། །ཤི་བའི་འོག་ཏུ་དམྱལ་བར་སྐྱེ། །ཞེས་གསང་བ་གྲུབ་པར་རྒྱུད་དྲངས་ནས་བཤད་པའི་ཕྱིར་རོ། །དཔེར་ན་གཏེར་གྱི་ཁ་བྱང་དང་མིང་མེད་པར་གཏེར་འདོན་པ་དང་འདྲའོ། །

གསུམ་པ་ཐོབ་བྱ་འབྲས་བུ་ལ་འཁྲུལ་པ་དགག་པ་ལ། སྤྱིར་རྒྱུ་འབྲས་ཀྱི་རྣམ་གཞག་ལ་དང་། བྱེ་བྲག་འབྲས་བུའི་རང་བཞིན་ལ་འཁྲུལ་པ་དགག་པའོ། །དང་པོ་ལ་རྒྱུ་གཅིག་ལས་འབྲས་བུ་དུ་མ་འབྱུང་བ་དང་། རྒྱུ་འབྲས་ལ་འཁྲུལ་པ་གཞན་ཡང་དགག་པའོ། །དང་པོ་ལ་རིགས་པས་དང་ལུང་གིས་དགག །དོན་བསྡུ་བའོ། །

དང་པོ་ནི་བོད་**ཁ་ཅིག་དཀར་པོ་ཆིག་ཐུབ་**སྟེ་སེམས་ངོ་འཕྲོད་པ་གཅིག་པུ་**ལས་འབྲས་བུ་སྐུ་གསུམ་**ག་སྟེ། སེམས་ཀྱི་གསལ་ཆ་ནི་གཟུགས་སྐུ། སྟོང་ཆ་ནི་ཆོས་སྐུ། དེ་གཉིས་ཟུང་འཇུག་ནི་ངོ་བོ་ཉིད་སྐུ་ཡིན་པས་སོ་**ཞེས་ཟེར་**མི་འཐད་དེ། རྐྱེན་གྱི་གྲོགས་མེད་པའི་ཉེར་ལེན་གྱི་རྒྱུ་**གཅིག་ལས་འབྲས་བུ་**གང་ཡང་**འབྱུང་མི་ནུས་**ཏེ། སྐྱེས་རབས་ལས། རྒྱུ་གཅིག་གི་ནི་ཀུན་གྲུབ་པའི། །འབྲས་བུ་གང་ནའང་ཡོད་མ་ཡིན། །ལྷ་རྣམས་ཀྱིས་ནི་བྱས

པ་ཡང་། །རྒྱུ་རྐྱེན་གཞན་ལ་ལྟོས་པ་ཡིན། །ཞེས་དང་། སྤྱོད་འཇུག་ལས་ཀྱང་། རྐྱེན་གཅིག་གིས་ནི་ཀུན་ནུས་པ། །དེ་ནི་གང་ནའང་ཡོད་མ་ཡིན། །ཞེས་སོགས་མང་པོ་དང་། དབུ་མ་རང་རྒྱུད་པ་ཡང་། མུ་བཞི་སྐྱེ་འགོག་གི་གཅིག་གིས་གཅིག་དང་། གཅིག་གིས་དུ་མ་བྱེད་པ་འགོག་པ་གཉིས་ལ་དོན་དམ་པར་ཞེས་པའི་ཁྱད་པར་ཡང་སྦྱོར་མི་དགོས་པར་བཞེད་པའི་ཕྱིར་རོ། །**གལ་ཏེ་**སོགས་**འགོག་པ་**ལྷག་མེད་མྱང་འདས་**བཞིན་དུ་འབྲས་བུ་**སོགས་**འགྱུར་**གྱི། འདུས་བྱས་དང་འདུས་མ་བྱས་ཀྱི་ཆ་གསུམ་ལ་སོགས་པར་འགྱུར་མི་སྲིད་དོ། །**འགའ་ཞིག་**ན་རེ། གཙོ་བོ་**ཚིག་ཐུབ་**ཡིན་གྱི་ཕལ་པའི་ཚུལ་དུ་ནི་དེ་བསྒོམ་སོགས་དུ་མར་འགྱུར་བས་གཅིག་ཁོ་ནས་ཐུབ་པའི་མིང་དོན་ལེགས་པར་ཉམས་སོ། །དེས་ན་སོགས་**གསུངས་པས་**གཏན་**མེད་**དེ་ཚོགས་རེ་རེ་ཡང་སྒོ་དུ་མ་ནས་གསོག་དགོས་པར་གསུངས་པའི་ཕྱིར་རོ། །**ཐུབ་པས་**གསང་བ་བསམ་གྱིས་མི་ཁྱབ་པའི་མདོར། སེམས་བསྐྱེད་ཀྱི་བསོད་ནམས་ནམ་མཁར་མི་ཤོང་། དེས་དམ་པའི་ཆོས་འཛིན་པ་དང་། དེས་ཀྱང་སྟོང་ཉིད་ལ་མོས་པ་ཙམ་གྱི་ཆར་མི་ཕོད་པ་དང་། སྟོང་ཉིད་ལྟ་བས་གྲོལ་འགྱུར་གྱི། །བསྒོམ་པ་ལྷག་མ་དེ་དོན་ཡིན། །ཞེས་སོགས་**སྟོང་ཉིད་**ཁོ་ན་**གསང་སྔགས་**པ་ཅི་ཞེ་ན། དེ་**ནི།** འཁོར་བའི་རྒྱུ་བ་**དངོས་པོ་**མཚན་**མར་འཛིན་**པ་མ་སྤངས་ན་འཁོར་བ་རགས་པ་ལས་ཀྱང་མི་གྲོལ་བ་དེ། **ལྡོག་**པ་གཙོ་བོར་བྱ་དགོས་སོ་ཞེས་པའི་**ཕྱིར་**དུ་གསུངས་མོད་ཀྱི། བསྒོམ་པ་ལྷག་མ་དེ་དོན་ཡིན། ཞེས་དང་། ཡན་ལག་འདི་དག་ཐམས་ཅད་ནི། །ཐུབ་པས་ཤེས་རབ་དོན་དུ་གསུངས། །ཞེས་དང་། ཇི་སྲིད་དགེ་བའི་རྩ་བ་ཡོངས་སུ་མ་རྫོགས་པ། །དེ་སྲིད་སྟོང་ཉིད་པ་དེ་ནི་ཐོབ་མི་སྲིད། །ཅེས་སོགས་ལུང་དེ་དག་ཉིད་ཀྱིས་ཐབས་ཀྱི་གྲོགས་དགོས་པར་ཚིག་ཟུར་གྱིས་གསུངས་ཤིང་མ་གསུངས་པ་རྣམས་ཀྱང་། སངས་རྒྱས་ཆོས་ལ་མ་མཉེས་དང་། །ལེ་ལོ་ཅུང་ཟད་མཆོག་འཛིན་དང་། །ང་རྒྱལ་འདོད་ཆགས་སྤྱོད་པ་དང་། །འགྱོད་དང་མ་ངེས་ཟློག་པ་ནི། །སེམས་ཅན་རྣམས་ཀྱི་སྒྲིབ་པ་སྟེ། །དེ་ཡི་གཉེན་པོར་ཐེག་མཆོག་གསུངས། །ཞེས་པའི་ལེ་ལོ་ཅན་དྲང་བའི་ཕྱིར་དུ། **སངས་རྒྱས་**སོགས་**གསུངས་པ་**ལྟ་བུ་ཡིན་ནོ། །དེ་འདྲའི་**དགོངས་**སོགས་**མི་བྱ་**སྟེ། བརྟེན་ན། མདས་མི་བསད་ཅེས་གྲགས་པས་**མདའ་བསྒྱུར་**བས་མི་གསོད་ཐུབ་དགོས་ནའང་**མདའ་**སོགས་**འགྲུབ་**པ་**དེ་བཞིན་དུ་སྟོང་ཉིད་**སོགས་ཐོབ་བོ། །

གཉིས་པ་ནི། **རྡོ་རྗེ་གུར་**སོགས། **སྟོང་པ་**ཁོ་ན་**ཐབས་ཡིན་ན་**སོགས་**མི་འབྱུང་**སྟེ། འབྲས་བུ་རྒྱུ་ལས་རིགས་**གཞན་མིན་**ལ་འབྲས་བུ་སངས་རྒྱས་ནི་དོན་གཉིས་ཟུང་འབྲེལ་དུ་བཞུགས་**པའི་ཕྱིར་རོ།** །དེ་བཞིན་དུ་**ཐབས་**ཁོ་ན་ཤེས་རབ་**སྟོང་པ་ཉིད་མ་ཡིན་ནོ།** །འོན་སྟོང་ཉིད་ལྷག་པར་བསྔགས་པ་ཅི་ཞེ་ན། དངོས་འཛིན་གྱི་**ལྟ་བ་**སོགས་གསུངས་པ་**ཡིན་ནོ།** །སྟོང་ཉིད་རྐྱང་པ་ལས་སངས་རྒྱས་མི་འབྱུང་བ་དེའི་ཕྱིར་དེའི་གྲོགས་ཀྱི་

ཐབས་ནི་དཀྱིལ་འཁོར། **འཁོར་ལོ་ཞེས**་བྱ་བའི་བསྐྱེད་རིམ་དང་། ཡུལ་ཅན་**བདེ**་སོགས་**འགྲུབ**་ཅེས་དང་། **དེ་སོགས་ཤིན་ཏུ**་སོགས་**གསུངས**་ལ། སྤྱོད་རྒྱུད་**རྣམ་སྣང**་སོགས་ནི། ཐེག་ཆེན་སེམས་བསྐྱེད་ཀྱི་**ཐབས**་སོགས་ནི། སངས་རྒྱས་**དཔའ་བོ**་སོགས་**ཤེས་པར་གྱིས**་ཤིང་། **ཆོས་ཀྱི**་སོགས་པའང་**དོན་དེ་ཉིད**་སྟོན་པ་**ཡིན**་པ་**དེས་ན་ཐབས**་སོགས་**མི་སྲིད**་དེ། དེ་གཉིས་ཐབས་ཁོ་ནའི་བྱེད་ལས་ཡིན་པར། མདོར་ན་**སངས་རྒྱས་ཐོབ**་སོགས་**ཀྱིས**་ཏེ། ཟ་འོག་ལྟ་བུའི་**ཐགས**་སོགས་**དེས་ན**་འོ། །ཉན་ཐོས་**དགྲ་བཅོམ**་སོགས་**གསུམ་རྣམས**་སོགས་**མཚུངས**་ཏེ། ཐ་མ་གཉིས་ཀྱང་འདུན་པ་ལ་འདོད་ཆགས་དང་བྲལ་ཞིང་ལྷག་མེད་དུ་རྟེན་ཟད་པས་འབྱུང་ལུས་རགས་པ་སྤང་བའི་ཕྱིར་རོ། །དེ་ལྟ་ན་**ཡང་རྫོགས**་པའི་ཡོན་ཏན་**བཟང་ངན**་སོགས་**ཡིན**་ནོ། །དོན་**དེ་ཡང་**སོགས་**འདི་ཡིན**་ལ་**སློབ་དཔོན་མ་ཏི་ཙི་ཏྲ**་ནི་བློ་གྲོས་ཕྲ་མོ་སྟེ་དཔའ་**བོས་ཀྱང**་། སོགས་**སློབ**་མ་ཀུན་**ཞི**་སོགས་**ཡིན་ནོ**། །

གསུམ་པ་ནི། རྒྱ་མཚན་**དེས་ན**་སོགས་**བསྒོམས་ཞེས**་ལམ་ཡོངས་རྫོགས་ལ་ཐུགས་བརྩེ་བས་གདམས་སོ། །གཞན་སྟོང་ཉིད་རྐྱང་པ་བཀག་སྟེ། ཤེར་ཕྱིན་ལས་རྫོགས་སྨིན་སྦྱངས་གསུམ་མ་བྱས་བར་དུ་**སྟོང**་སོགས་**གསུངས**་པའི་ཕྱིར། ཁྱབ་སྟེ། **སྟོང་ཉིད་རྐྱང**་སོགས་**ལྡང**་བའི་ཕྱིར་དང་། འཕགས་སོགས་**གསུངས**་པ་**དེའི་དགོངས་པའང་སྟོང་ཉིད**་རྐྱང་པ་འགོག་པ་**འདི་ལྟར་ཡིན**་ཏེ་**ཐབས**་སོགས་ཀྱིས་ཆད་པའི་མྱུ་ངན་སོགས་ཕྱིར་རོ། །

གཉིས་པ་ནི། བོད་**ལ་ལ་སྟོང**་ཉིད་རྐྱང་པ་**བསྒོམས**་སོགས་**དང**་། ཡང་**ལ་ལ**་ཚོགས་གཉིས་སམ་ཐབས་ཤེས་**ཟུང་འཇུག**་སོགས་**འོད་གསལ**་ཆོས་སྐུ་འབའ་ཞིག་ཐོབ་པར་**འདོད**་ཀྱི་གཟུགས་སྐུ་མི་ཐོབ་ཟེར་བ་**ཡོད་རྒྱུ**་སོགས་**ཡིན**་ཏེ། སྔ་མ་བཀག་ཟིན། ཕྱི་མ་ལ་ཐབས་དོན་མེད་དུ་ཐལ་བས་སོ། །**ཁ་ཅིག**་ཕྱག་རྒྱ་ཆེན་པོ་ཚིག་ཚོད་ལ། །ས་ལམ་བཅུ་བའི་རྫོངས་པ་འཁྲུལ། །ཞེས་**ས་ལམ**་སོགས་**བསྒྲོར་བ**་ཙམ་གྱིས་གྲོལ་ཟེར་བ་**དང**་། ལུས་ལ་**རྩ་མདུད་མེད**་པ་དང་། ཡོད་ཀྱང་བསྒོམ་པས་མི་གྲོལ་བ་སོགས་**འདོད་པ་ཡང**་མི་འཐད་དེ་**རྒྱུད**་སོགས་**འགལ་བ་ཡིན**་ཕྱིར་ཏེ།རྒྱུ་མེད་ཀྱི་འབྲས་བུ་དང་ལུས་ཀྱི་གནས་ལུགས་ལས་འཁྲུལ་བའི་ཕྱིར་ཏེ། **ཕྱི་རུ**་གནས་དང་ཉེ་བའི་གནས་སོགས་**ཡུལ**་སོགས་ནི་ནང་གི་**ས་བཅུ**་སོགས་**ལྟོས་ཤིག** །འདིར་གསལ་བར་མི་བྲིའོ། །**དེས་ན**་སོགས་**གནས**་ཡིན་ཏེ་ཟས་མི་ཟའི་གཡོས་ལ་འབད་པར་གྱིས་ཤིག་ཅེས་པ་ལྟ་བུ་ཡིན་པའི་ཕྱིར་རོ། །**ལ་ལ**་སོགས་**ལོག་ཤེས་ཡིན**་ཏེ། རྒྱུ་མེད་ཀྱི་འབྲས་བུ་འདོད་པའི་ཕྱིར་རོ། །ལམ་བཞི་ནི་ཀྱེ་རྡོར་ལ་གྲགས་ལ། བསྐྱེད་རིམ་བདག་བྱིན་རླབས། དཀྱིལ་འཁོར་འཁོར་ལོ། རྡོ་རྗེ་ཐ་རླབས་ཏེ་རིམ་བཞིན་དབང་བཞིའི་ལམ་མོ། །

གཉིས་པ་ལ་མཐར་ཐུག་གི་དང་། གནས་སྐབས་ཀྱི་འབྲས་བུ་ལ་འཁྲུལ་པ་དགག་པའོ། །དང་པོ་ནི།

གསང་འདུས་འཕགས་ལུགས་པར་རློམ་པ་**ཁ་ཅིག**་སྔགས་ཀྱི་**འབྲས་བུའི་མཐར་ཐུག་ནི་འོད་གསལ**་ཆོས་སྐུ་འབབ་ཞིག་ཡིན་ཞེས་སྨྲ་བ་ཐོས་སོགས། **དེ་ནི**་སོགས་མིན་ཏེ། མི་སློབ་པའི་ཟུང་འཇུག་གི་འོད་གསལ་ནི་ཐུགས་དང་དག་པའི་སྒྱུ་ལུས་ནི་སྐུ་ཡིན་པས་སྐུ་ཐུགས་གཉིས་ཀ་མཐར་ཐུག་གི་འབྲས་བུ་ཡིན་པ་དང་། འཕགས་ལམ་གྱི་ཐོག་མ་ཡིན་པས་རིམ་པ་བཞི་པའི་འོད་གསལ་ལ་བྱེད་ན་དེ་ལ་ནི་མངོན་པར་བྱང་ཆུབ་པ་དང་ཡང་དག་པའི་མཐའ་དང་དོན་དམ་པའི་བདེན་པ་སོགས་མིང་གི་རྣམ་གྲངས་མང་དུ་གསུངས་པ་དེ་ལས་སློབ་པའི་སྒྱུ་ལུས་སུ་ལྡང་དགོས་ཏེ། **རིམ་ལྔ་སྒྲོན་བསྡུས**་ལས། ཡང་དག་མཐའ་ལས་ལངས་ནས་ནི། གཉིས་མེད་ཡེ་ཤེས་ཐོབ་པར་འགྱུར། །ཟུང་འཇུག་ཉིད་འཛིན་ལ་གནས་ནས། །སླར་ཞིང་གང་ལའང་མི་སློབ་པོ། །ཞེས་གསུངས་པའི་ཕྱིར་རོ། །དེས་ན་**འོད**་སོགས་**གསུངས**་པས་སོ། །

གཉིས་པ་ལ་གྲུབ་ཐོབ་ལས་རྟོགས་ལྡན་བཟང་བ་དགག །གོ་ཉམས་ལས་རྟོགས་པ་བཟང་བ་དགག །རྣལ་འབྱོར་པ་བཞི་ས་བཅུར་འདོད་པ་དགག་པའོ། །དང་པོ་ནི། **ལ་ལ**་སོགས་**ཐོས**་སོ། །**འདི་འདྲ**་སོགས་དང་རང་གི་བརྒྱུད་པའི་**བླ་མ**་སོགས་**དགའ་བར**་བྱའོ། །**དེའི**་སོགས་**ཉེན།** གྲུབ་ཐོབ་ཅེས་པ་འཇིག་རྟེན་པའམ་འདས་པའི་ཡིན། དང་པོ་ལྟར་ན་རྟོགས་ལྡན་ལ་ཡང་མཚུངས། གཉིས་པ་ལྟར་ན། **གྲུབ་ཐོབ**་སོགས་**མེད**་པར་**མདོ་སྡེ་རྒྱན་ལས། སེམས་ཅན་ཐམས་ཅད་མ་གྲུབ་དང་། །གྲུབ་པ་དག་ཀྱང་ཤེས་པར་བྱ། །གྲུབ་པ་དག་ཀྱང་མ་གྲུབ་དང་། །གྲུབ་པ་དག་ཀྱང་ཡང་དག་འདོད།** །ཅེས་པར་བཤད་དགོས་ཀྱི། འདི་རྩ་བར་བྲིས་པ་ནི་ཡི་གེ་མ་དག་གོ། །དེའི་མ་གྲུབ་པ་ནི་ཚོགས་སྦྱོར། གྲུབ་པ་ནི་མཐོང་ལམ་ཡིན་ནོ། །དེ་ལ་ཡང་མ་དག་ས་བདུན་མ་གྲུབ། དག་པ་ཡན་གྲུབ་པའོ། །**རྣལ་འབྱོར**་སོགས་**གསུང**་སྟེ། འཇིག་རྟེན་ལས་འདས་མ་འདས་ཀྱི་དབང་བཞིའི་ལམ་རིམ་རེ་རེ་ལ་ལྔ་གྲུབ་བཞི་བཞི་ཡོད་ཀྱང་འདས་པ་ནས་གྲུབ་མཐའ་སློགས་ཞེས་གསུངས་པས་སོ། །དེས་ན་**ངེད་ཀྱི**་སོགས་**མིན**་ནོ། །

གཉིས་པ་ནི། **ལ་ལ་ཉམས**་སོགས། **བརྟག་པར་བྱ**་སྟེ། ཉམས་ཉིད་ལ་བཟང་ངན་ཐམས་ཅད་ཡོད་དེ། **ཉམས**་སོགས་**ཡོད་པ**་ཡིན་ལ། **གལ་ཏེ་བསྒོམ་པ**་སོགས་**ཉམས་དེ་ཡོད**་པས་སོ། །**གོ་བ་དང་ནི་རྟོགས་པ་གཉིས**་དོན་གྱི་**ངོ་བོ**་གཅིག་ལ་**སྒྲ་རྣམ་གྲངས**་པ་**ཡིན**་ཏེ། **རྒྱ་སྐད**་ག་ཏི་ཞེས་པ་**གཅིག་ལ**་སོགས་**ཟད་པའི**་ཕྱིར། འོན་ཀྱང་**རྟོགས**་སོགས་ཐོགས་**ཤིག** །བརྡ་འདོད་པའི་སྦྱོར་བས་མི་དགག་གོ། །ལམ་འབྲས་རྡོ་རྗེའི་ཚིག་རྐང་སོགས་**གཞུང**་སོགས་**བཤད་པ་ཡོད**་དེ། རྣལ་འབྱོར་པ་ལ་ཉམས་ཀྱི་དང་རྗོགས་པའི་སངས་རྒྱས་ལ་དག་པའི་སྣང་བ་ཞེས་སོ། །དེ་བཞིན་དུ་བསྒོམ་ཉམས་སོགས་**མཐོང**་བས་ཁྱེད་འདོད་པ་**དེ་འདྲའི**་སོགས་**མེད**་པས་རང་

དགའི་གཟུ་ལུམ་མོ། །

གསུམ་པ་ནི། ཕྱག་ཆེན་པའི་ནང་ཚན་**ལ་ལ་**ན་རེ། བསྒོམ་གྱི་གནས་སྐབས་སམ་སེམས་ཀྱི་འཇོག་ཚུལ་ལ་**རྩེ་གཅིག་**སོགས་**བཞིར་**དབྱེ་བའི་ནང་ནས་**རྩེ་གཅིག་**སོགས་པ་སོགས་ཡིན་**ཞེས་ཟེར་**རོ། །**འདི་ལའང་**གཅིག་ཏུ་**ཕྱེ་**སོགས། **དངོས་སུ་བྱེད་**བརྟག་གྲང་། གལ་ཏེ་**སོ་སོ་**སོགས་**མེད་དེ། དཔེར་ན་སྨི་ལམ་ངེས་**པར་**བསྟན་**པའི་**མདོ་**ལས། སྨི་ལམ་དུ་**ཐུབ་**སོགས་**ལོག་པར་མཐོང་**བ་**མེད་དོ་**ཞེས་དང་། རྡོ་རྗེ་རབ་འཇོམས་གཞན་ཡང་བྱང་ཆུབ་སེམས་དཔའ་གང་གི་སྨི་ལམ་དུ་བདག་ཉིད་དེ་བཞིན་གཤེགས་པའི་སྐུར་མཐོང་ན་ས་དང་པོ་དང་། དེ་བཞེངས་པ་དང་། བཞུགས་པ་དང་། བཀོད་པ་ཕུང་པོ་དང་། གཉེར་འདབས་ཀྱི་བསྐོར་བ་དང་། སྐྱི་བོ་མང་པོས་བསྐོར་བ་དང་། སྐོམས་པར་ཞུགས་པ་དང་། བསྟོད་པ་མཛད་པ་དང་། ཆོ་འཕྲུལ་མཛད་པ་རྣམས་ལ་བསོད་སྐོམས་འབུལ་བར་མཐོང་བ་དེ་ནི་ས་དང་པོ་ནས་དགུ་པའི་བར་སྟེ་ཐམས་ཅད་ལ་བདུད་ཀྱི་ལས་ནི་མ་གཏོགས་སོ་ཞེས་པ་**དེ་སོགས་སྨི་ལམ་**སོགས། **མཐོང་**ན་ལུང་དང་**མི་འགལ་མོད་འོན་ཀྱང་འདི་འདྲ་**མདོ་རྒྱུད་ཁུངས་མ་གང་ནས་ཀྱང་**བཤད་པ་མེད་པས་**ཁྱེད་ཀྱི་རང་བཟོ་འབའ་ཞིག་ཡིན་ནོ། །**ཅི་སྟེ་**སོགས་**འགྱུར་**ཏེ། འཕགས་པའི་ས་ཐོབ་ནས་ཉོན་མོངས་པ་ཁམ་བྲི་བར་རང་རང་གི་སྨོང་བས་གྲུབ་པའི་ཕྱིར་དང་། ཚིག་ཚོད་ལ་ས་ལམ་མི་བརྩི་བར་དམ་བཅས་ནས་ཡང་བརྩི་བའི་ཕྱིར་རོ། །

འཕྲོས་དོན་འཕྲུལ་པ་གཞན་དགག་པ་ལ། གཞུང་ལུགས་རང་ས་ན་བདེན་པ་སྤྱིར་དགག །འདྲ་བས་འཕྲུལ་པ་བྱེ་བྲག་ཏུ་དགག །དེས་ན་ཆོས་ལྟར་བཅོས་པ་རྒྱས་པར་སྤྱངས། སྤོང་བྱེད་ཀྱི་སྨན་འབྱིན་རྒྱ་ཆེར་བཤད། བླུན་པོའི་འཕྲུལ་གཞི་གཞན་ཡང་དགག་པའོ། །

དང་པོ་ནི། བོད་**ཁ་ཅིག་ཐེག་**པའི་གཞུང་ལུགས་ཐམས་ཅད་**རང་ས་ན་བདེན་པ་ཡིན་**པས་གོང་མའི་རིགས་པས་འོག་མ་ལ་གནོད་པ་སོགས་མི་རིགས་སོ། །**ཞེས་ཀུན་ལ་སྒྲོགས་**ཤིང་འཆད་དོ། །**འདི་**སོགས་**ཉོན་**བདེན་པའི་རྒྱ་མཚན་བཞི་པོ་འདི་ལས་མ་འདས་ཏེ། ཚིག་སླས་ཚད་དམ་གྲུབ་མཐའ་ཀུན་བདེན་ནམ། ཕྱོགས་རེ་བདེན་པས་སམ། ནང་པ་ཡིན་པས་བདེན། དང་པོ། **གལ་ཏེ་**སོགས་**མི་སྲིད་པར་**འགྱུར་རོ། །གཉིས་པ་**འོན་ཏེ་གྲུབ་མཐའ་**ཞེས་རང་རང་གི་དཔྱད་པས་དག་པའི་མཐའ་ཡིན་པས་**ཀུན་བདེན་**ཟེར་ན་མུ་སྟེགས་སྤྱིའི་**འཆི་**སོགས་དང་།རྒྱུད་འཕེན་གྱི་**འཇིག་རྟེན་**སོགས་**འགྱུར།**

གསུམ་པ། **གལ་ཏེ་**སོགས་**སྙམ་ན།** དེ་ཡང་འཐད་པ་མ་ཡིན་ཏེ། གཅེར་བུ་པ་ལྷ་བུའི་**སྦྱིན་**སོགས་**མི་ནུས་**པས་སོ། །རྗེ་བོའི་སློབ་མ་རཏྣ་ཨཱ་ཀ་རས་རེས་ནང་པ་རེས་ཕྱི་པ་བསླབས་ཏེ་ཁྲིད་ཆེན་པོ་མི་འདུག་ཅེས

སླུས་པས་ཇོ་བོས་སྐྱབས་གནས་དང་འཁོར་བའི་རྩ་བ་གཅོད་པས་བདག་མེད་དང་། སྲིད་པ་མཐའ་དག་ལ་ངེས་པར་འབྱུང་བ་ཡོད་དེ་སོགས་རྒྱས་པར་བཤད་པས་ཕྱིས་གྲུབ་མཐའ་བྱེད་པ་ལ་ཨ་ཏི་ཤའི་དྲིན་གྱིས་ང་མཁས་ཟེར་བ་ཞིག་བྱུང་ངོ་། །བོད་ནའང་རཏྣ་ཨཱ་ཀ་རའི་ཚེ་སྟོད་པ་མང་བར་སྣང་ངོ་། །བཞི་པ་**ཞེས**་ཏེ། ནང་པ་**སངས**་རྒྱས་པའི་གྲུབ་མཐའ་བཞི་སོགས། **བརྟག་པར**་བྱའོ། །**སངས་རྒྱས་གསུང་ལ**་བརྗོད་བྱ་**དྲང**་སོགས་**ཡོད**་དེ། བརྗོད་བྱ་ལ་བརྟེན་ནས་ཀུན་རྫོབ་དོན་དམ་པ་སྟོན་པ། རྗོད་བྱེད་ལ་བལྟོས་ནས་སྒྲས་ཟིན་ལ་རིགས་པས་གནོད་པ་ཡོད་དེ། འདི་ལའང་ཐ་སྙད་པའི་དང་དོན་དམ་པའི་རིགས་པ་གཉིས་དགོས་པ་ལ་ལྟོས་ནས། །གདུལ་བྱ་སྨིན་པའི་ཕྱིར་དུ་དང་། གྲོལ་བའི་ཕྱིར་དུ་གསུངས་པ་རྣམས་རིམ་བཞིན། དྲང་ངེས་ཡིན་པའི་ཕྱིར། རྗོད་བྱེད་**སྒྲ**་སོགས་**གསུངས**་ཏེ། ལས་གཅིག་ཏུ་དཀར་བའི་འབྲས་བུ་ཡང་གཅིག་ཏུ་དཀར་རོ་ཞེས་སོགས་དང་། ཕ་དང་མ་ནི་བསད་བྱ་ཞིང་། །ཞེས་སོགས་སོ། །**ཐེག**་སོགས་**གནས**་ཏེ། མངོན་མཐོ་དང་ངེས་ལེགས་སྟོན་པ་གཉིས་རིམ་བཞིན་ནོ། །**བཤད་པ**འི་ཚུལ་**ཡང**་ནི་སོགས་**གསུམ་ཡོད**་པར་གསུངས་ཏེ། མཉམ་པ་ཉིད་དང་དོན་གཞན་དང་། དེ་བཞིན་དུ་ནི་དུས་གཞན་དང་། །གང་ཟག་གི་ནི་བསམ་པ་ལ། །དགོངས་པ་རྣམས་བཞི་པ་ཞེས་བྱ། །ཞེས་པས་དང་པོ་དང་ཉན་ཐོས་དང་ནི་ངོ་བོ་ཉིད། །དེ་བཞིན་ཉེས་པ་འདུལ་བ་དང་། །བརྗོད་པ་ཟབ་པ་ཉིད་ལ་ནི། ལྡེམ་པོར་དགོངས་པ་འདི་རྣམས་བཞི། ཞེས་པས་གཉིས་པ་བསྟན་མོད་ཀྱི། གསུམ་པའི་བཤད་པ་མ་མཐོང་མོད། དེ་གཉིས་ལས་གཞན་སྒྲ་ཇི་བཞིན་དུ་ཁས་བླང་དུ་རུང་བ་ལ་དགོངས་པ་འདྲ་སྙམ། རྒྱུད་སྡེ་རྣམས་སུ་དྲང་དོན་དང་ངེས་དོན། སྒྲ་ཇི་བཞིན་པ་ཡིན་མིན། དགོངས་པར་བཤད་པ་དང་དེ་མིན་པ་སྟེ་མཐའ་དྲུག་ཏུ་གསུངས་པའི་ཐ་མའོ། །དེ་ལྟར་བཤད་ཚུལ་དུ་མ་ཡོད་པ་དེ་ལ། འཇིག་རྟེན་ཐུགས་ནི་འབའ་ཞིག་གིས། །ཕྱི་རོལ་སྤྱོད་ལ་འཇུག་པར་མཛད། །ཅེས་སོགས་**འཇིག་རྟེན**་སོགས། རྟུལ་ཕྲན་བཅད་ན་མི་འགྲུབ་པས་ཁམས་གསུམ་པོ་འདི་ནི་སེམས་ཙམ་མོ་ཞེས་**ཐ་སྙད**་སོགས། གཅིག་དང་དུ་མའི་རང་བཞིན་དང་། །བྲལ་བས་ནམ་མཁའི་པདྨོ་བཞིན་དང་ཞེས་**དོན་དམ**་སོགས་གསུངས་སོ། །གསུང་ཚུལ་གཉིས་གཉིས་ཡོད་པ་**དེས་ན**་སོགས་ཀུན་དངོས་བསྟན་སྒྲ་ཇི་བཞིན་**དེ་ལྟར**་སོགས་**མི་བཟུང**་ལ་**ངེས**་སོགས་བདེན་ཞིང་ཁས་བླང་དུ་རུང་བར་**བཟུང**་དགོས་པས་སངས་རྒྱས་གསུང་ལའང་དངོས་བསྟན་ལ་བདེན་རྫུན་ཡོད་དོ། །འོན་ཀྱང་དྲང་དོན་རྣམས་ཀྱང་སྐྱེ་བོ་ཕལ་པ་ལྟར་འདུ་ཤེས་བསྒྱུར་བའི་རྫུན་ནི་མ་ཡིན་ཏེ། དགོངས་གཞི་ཁྱད་པར་ཅན་ཡོད་པའི་ཕྱིར་རོ། །

གཉིས་པ་ནི། **གལ་ཏེ**་ཁྱེད་རང་གི་ཇི་ལྟར་བཤད་པ་ལྟར་**མུ་སྟེགས**་སོགས་**ཅི་ཞེ་ན**། འདྲ་བ་ལྟར་སྣང་ཡང་མི་འདྲ་བའི་རྒྱུ་མཚན་ཁྱད་པར་ཅན་ཡོད་དེ། **སངས་རྒྱས**་སོགས་**དེས་ན**འོ། །**བདག་ཅག་མུ་སྟེགས་ལ**་ཞེ

སྟོང་**མི་སྐྱེ**་མོད་ཀྱི་**སངས་རྒྱས**་ལ་རྩེ་གཅིག་ཏུ་**གུས་པའི་རྒྱུ་མཚན**་ནི། དེས་འཕྲུལ་དུ་རང་རང་གི་བློ་དང་མཐུན་པར་ཁ་དྲངས་ནས་ཕྱུགས་ཕན་པ་འབའ་ཞིག་ལ་སྦྱོར་ལ་ཅིག་ཤོས་ནི་ལྡོག་པ་**དེ་ལྟར་ཡིན་པའི**་ཕྱིར་རོ། །ཚུལ་**དེ་བཞིན་དུ་གདངས་ཅན**་སོགས་**བདག་གིས་བཟུང**་སྟེ། ཕྱུགས་ཀྱི་བློ་གཏད་མི་ཐུབ་པ་དང་ཐུབ་པས་སོ། །

གསུམ་པ་ལ། གནད་བཅོས་པའི་ཉེས་དམིགས་གཏམ་རྒྱུད་ཀྱིས་བཤད། གནད་བཅོས་པའི་ཆོས་ཀྱི་མཚན་ཉིད་བསྟན། གནད་འཆོས་པ་པོའི་བདུད་ངོས་བཟུང་། དེ་དག་གི་དོན་བསྡུས་ཏེ་སྤང་བར་གདམས་པའོ། །དང་པོ་ནི། མངོན་མཚར་ཆེ་བའི་སྦྱིན་ཚུལ་སོགས་ཀྱི་**ཆོས་གཞན**་སོགས་**གནད**་བདག་མེད་ངེས་འབྱུང་**རྣམས**་སོགས་**བལྟ**་བར་བྱ་སྟེ། **དེ**་སོགས་**བྱུང**་བའི་གཏམ་རྒྱུད་མཐོང་བའི་ཕྱིར་ཏེ། **འདས**་སོགས་**དེ་བྱིན་པས**་སྔར་གྱི་མ་ཡིན་པ་ཞེས་**གནད་བཅོས་པའི་ཚིག་དེ་ཡིས་སྔར་གྱི་དངོས་གྲུབ**་ལོ་གྲངས་ས་ཡ་ཕྱེད་དང་བཅུ་གསུམ་པོ་**ཐམས་ཅད་ལ**་ལོང་དེ་བཞིན་དུ་ལྷ་མིན་དབང་པོ་འགྲོ་བ་སྐྱོང་**གསེར་ཅན་གྱིས**་ཀྱང་དབང་ཕྱུག་གྲུབ་ནས། ས་དང་ནམ་མཁའ་ཕྱི་དང་ནང་། ཉིན་དང་མཚན་མོར་མི་དང་མི་མིན། མཚོན་ཆ་ཡིན་མིན་ཀུན་གྱི་མི་གསོད་པའི་**དངོས་གྲུབ**་བསླངས་པས་བྱིན་ནའང་། ཁྱབ་འཇུག་གིས། ལུས་མི་མགོ་སེང་གེ་སྡེར་མོ་ལྕགས་ལས་བྱས་ཏེ། ཐེམ་པའི་སྟེང་དུ་ཉིད་མ་ནུབ་འཚམས་སུ་ཡང་དུ་བླངས་ཏེ་བསད་པས་དེའི་དངོས་གྲུབ་ཀྱང་གནད་བཅོས་པ་**དེ་འདྲའི**་སོགས་**ཐོས**་ཏེ། གཏམ་རྒྱུད་འདི་དག་ཀྱང་དགའ་བྱེད་ཀྱི་འཇུག་པ་སོགས་མུ་སྟེགས་རང་གི་གཞུང་ལས་འབྱུང་ངོ་། །དེ་བཞིན་དུ་**ཨོཾ**་སོགས་**གཡོན་ཅན་རྣམས་ཀྱིས**་བཀའ་བསྒོས་པར་གང་བཅུག་པ་སོགས་**གནད་བཅོས**་སོགས་**མཐོང**་སྟེ། ཀླུ་དང་གནོད་སྦྱིན་འཁོར་ལོ་སོགས་ལ་མངོན་སུམ་ལྟར་སྣང་ཚད་མར་བཟུང་ནས་རང་བཟོའི་གཅོད་རྣམས་མང་དུ་བྱས་པས་རྒྱུད་ལས་དྲག་པོའི་ལས་ལ་བྱ་བར་གསུངས་པ་ཐམས་ཅད་ཞི་རྒྱས་ཀྱི་ལས་ལ་སྒྱུར་བར་སོང་བ་སོགས་ཀྱི་འཐབ་རྩོད་ལྷག་པར་འཕེལ་བ་སོགས་དང་། གཞན་ཡང་ངན་སྔགས་ལ་ཤིན་ཏུ་རྩིས་ཆེ་ཞིང་དེ་དག་གི་སྔགས་མ་དག་པ་ལ་སོགས་པའི་སྐྱོན་གྱིས་ཡར་ལུང་སོགས་ན་རྗེས་ངན་ཤིན་ཏུ་གསལ་ཞིང་རྒྱུན་རིང་བར་སྣང་བ་ལྟ་བུའོ། །སྔགས་འཆུགས་ན་སྐྱོན་འབྱུང་བ་དེ་བཞིན་དུ་བསྒོམ་དང་ཐོས་བསམ་ལ་སོགས་པའི་ཆོས་ཀྱི་སོགས་**གསུངས**་སོ། །དེ་བཞིན་ཡི་གེ་མ་དག་པས་དེས་ན་ཞེས་འཆོས་པ་དག་གིས་ནི་གཞུང་མ་གོའོ། །ཆོས་ཀྱི་གནད་གལ་ཆེ་བ་**དེ་ཕྱིར**་སོགས། **འཇིག**་གོ་རྒྱུ་མཚན་**དེས་ན**་སོགས་**འཇིག**་སྟེ་ཐེག་པ་དེ་གསུམ་ལ་དེ་དག་གཙོ་བོ་ཡིན་པའི་ཕྱིར་རོ། །

གཉིས་པ་ལ། བཤད་རུང་རྒྱས་པར་བཤད། མི་རུང་བ་བསྡུས་ཏེ་བསྟན། ཉེས་དམིགས་བསྟན་ནས་དཔྱད་པར་གདམས་པའོ། །དང་པོ་ནི། **དེས་ན**་སོགས། **ཅི་ནས་འཇིག**་སྟེ། སོ་ཐར་ཇི་སྲིད་འཚོ་བའི་ཕྱིར།

འདིས་ཀྱང་ཤི་བའི་རྗེས་སུ་ལྷའི་དགེ་སློང་སོགས་ལེགས་པར་བཀག་གོ ། **འདི་ཡང་**སོགས་**དགོས་ཞེ**ས་པ་ཐེ་ཚོམ་མ་ཡིན་གྱི། ངེས་ཀྱང་གཞན་ངོར་མཛད་པའོ། །**དེ་བཞིན་དུ་བྱང་**སོགས་**མཐོང་སྟེ**། སེམས་ཙམ་ལུགས་ཀྱི་ཚོ་ག་ནི་གང་ཟག་ཁྱད་པར་བའི་དབང་དུ་བྱས་པའི་ཕྱིར་རོ། །ཐེག་ཆེན་**སེམས་བསྐྱེད་**སོགས་**མཐོང་སྟེ**། དེའི་ཉམས་ལེན་གྱི་གཙོ་བོ་བཀག་པའི་ཕྱིར་རོ། །**གསང་སྔགས་**སོགས་**བསྡོ་རྒྱུ་**ལ་འཁྲུལ་པ་འདི་ཡང་སོགས་ཀྱི་བར་ནི་རྒྱུ་མཚན་གཞུང་ཉིད་གསལ་ལོ། །

གཉིས་པ་ནི། དེ་བཞིན་སོགས་འདིར་གསལ་བར་མ་བཤད་དེ་གསང་སྔགས་བླ་མེད་ཀྱི་ཟབ་དོན་ཁྱད་པར་བ་ཡིན་པའི་ཕྱིར་རོ། །

གསུམ་པ་ནི། **ཆོས་**སོགས་**སྟོང་ཉིད་**སོགས་**གསུངས་**པས་ན་ཕྱག་ཆེན་པ་**ལ་ལ་**སོགས་**དགོས་**ཤིང་ངེས་སོ། །**གནད་**རྣམས་སོགས་**འཚང་མི་རྒྱ་**བ་དཔེས་གྲུབ་བོ། །**དཔེར་ན་**སོགས་**བཞིན་**ཏེ་དཔེ་**དེ་བཞིན་དུ་ཆོས་ཀྱི་**སོགས་**མེད་**པའི་ཕྱིར་རོ། །མདོར་བསྡུ་ན་ཆོས་ཀྱི་གནད་མ་ཡིན་པ་ལ་ལ་སོགས་དགོས་ཏེ། རྒྱུ་མཚན་རྒྱས་པར་བཤད་ཟིན་པ་**དེས་**ནའོ། །

གསུམ་པ་ལ་དངོས་དང་སྒྲུབ་བྱེད་དོ། །དང་པོ་ནི། ཆོས་ཀྱི་གནད་གལ་ཆེ་བ་**དེ་ལ་**སོགས་**བདུད་**ནི་ཤིན་ཏུ་མང་བར་འབྱུང་སྟེ། བདུད་**ལ་ལ་**སོགས་ཀུན་ལ་སྦྱར་ཏེ་**ལོག་པར་འཆོས་**ཞེས་པའི་བར་ཚིག་དོན་གོ་སླའོ། །

གཉིས་པ་ལ། ལུང་གི་དང་རིགས་པས་བསྒྲུབ་པའོ། །དང་པོ་ནི། **མདོར་ན་**སོགས་**གསུངས་**ཏེ། མདོ་ལས་བདུད་སྡིག་ཅན་དེ་བཞིན་གཤེགས་པའི་ཆ་བྱད་དང་དགེ་སློང་གི་ཆ་བྱད། ཕ་དང་མའི་ཆ་བྱད་ཀྱིས་ཞེས་སོགས་དང་། སྡོང་པོ་བཀོད་པ་ལས། བྱང་ཆུབ་ཀྱི་སེམས་ཉམས་པར་བྱེད་པའི་དགེ་བའི་རྩ་བ་སྒོམ་པར་བྱེད་ན་ནི་བདུད་ཀྱི་ལས་སོ་ཞེས་དང་། འཇམ་དཔལ་རྣམ་པར་འཕྲུལ་པ་ལས། ལྷའི་བུ་བྱང་ཆུབ་སེམས་དཔའ་རྣམས་ཀྱི་བདུད་ཀྱི་ལས་ནི་བརྩོན་འགྲུས་ལས་འབྱུང་སྟེ། ཅིའི་ཕྱིར་ཞེ་ན་མི་བརྩོན་པ་ནི་དེ་ཉིད་བདུད་ཀྱི་ལས་ཡིན་པའི་ཕྱིར་རོ་ཞེས་དང་། དུས་འཁོར་ལས་སེམས་ཅན་རྣམས་ཀྱི་སྡིག་པའི་སེམས་ནི་བདུད་ཀྱི་མཐུ་ཞེས་སོགས་གསུངས་ཏེ། གང་དང་ཕྲད་ཅིང་དེས་བསྒྱུར་བ་ལ་སོགས་པའི་རྐྱེན་གྱི་གོང་དུ་བརྗོད་པའི་ཆོས་ཀྱི་གནད་ལས་ཉམས་པར་གྱུར་ན། བདུད་ཀྱི་ནུས་པ་ཡིན་ལ། མ་ཉམས་ཤིང་ངེས་པ་རྟེན་དུ་སོང་ན་སངས་རྒྱས་ཀྱི་བྱིན་རླབས་ཡིན་ནོ། །བདུད་**འདི་དག་**སོགས་**ཉོན**། སློན་ལོ་ཆེན་**རིན་ཆེན་བཟང་པོ་**སོགས་**བསྟུས་ཞེས་གསུངས**་རྒྱུན་ལས་འབྱུང་ཞེས་པའི་བར་གོ་སླ། དཔེ་**འདི་འདྲའི་**སོགས་**འཆད་པ་སྲིད་**པས་ཡ་མཚན་ལྟར་སྣང་ལ་འཁྲུལ་བར་མི་བྱའོ། །

གཉིས་པ་ནི། ཆོས་ཀྱི་གནད་བཅོས་པས་བསླུ་བ་དཔེ་ལ་བརྟེན་པའི་རིགས་པས་གྲུབ་ཏེ། **དཔེར་ན་ཁ་ཟས**་སོགས། **ཕ་རོལ་བསླུ**་བའི་ཕྱིར་རོ། དེས་ན་**འདི་འདྲ**་སོགས་ལེགས་པར་**བརྫུང**་འཚལ་ཏེ། གནད་བཅོས་ནས་བསླུ་བ་ལུང་རིགས་ཀྱིས་གྲུབ་པའི་ཕྱིར་རོ། །བཞི་པ་ནི། **ཆོས་ཀྱི་གནད**་སོགས་**འགྱུར**་ཏེ། **ཤིང་རྟ**འི་སོགས་**དེ་བཞིན**་ཡིན་པའི་ཕྱིར་རོ། །མདོར་ན་**རྫོགས**་པའི་**སངས་རྒྱས**་སོགས་**དཀྲུག**་པར་**མི་བྱ**་སྟེ། **མདོ**་སོགས་**གསུངས**་པའི་ཕྱིར་ཏེ། གང་ཕྱིར་རྒྱལ་ལས་ཆེས་མཁས་འགའ་ཡང་འཇིག་རྟེན་འདི་ན་ཡོད་མིན་ཏེ། མ་ལུས་དེ་ཉིད་མཆོག་ནི་ཚུལ་བཞིན་ཀུན་མཁྱེན་དེའི་མཁྱེན་གཞན་མིན་པ། །དེ་ཕྱིར་དྲང་སྲོང་རང་ཉིད་ཀྱི་བཞག་མདོ་སྡེ་གང་ཡིན་དེ་མི་དཀྲུག །ཐུབ་ཚུལ་བཤིག་ཕྱིར་དེ་ཡང་དམ་ཆོས་ལ་ནི་གནོད་པ་བྱེད་པར་འགྱུར། །ཞེས་སོགས་ཚིགས་བཅད་བཞི་གསུངས་སོ། །

བཞི་པ་ལ་ལུང་རིགས་ཀྱི་སུན་འབྱིན། བྱེད་ཚུལ་ཡང་དག་བཤད། ལུང་སྦྱོར་ལྟར་སྣང་གི་སུན་འབྱིན་ལེགས་པར་དགག་པའོ། །དང་པོ་ལ་རིགས་པ་དང་། ལུང་དང་དོན་བསྡུ་བའོ། །དང་པོ་ནི། **འཁྲུལ་པའི་གྲུབ་མཐའ**་སོགས་ཉོན། ནང་པའི་རྒྱུད་ལས་**མུ་སྟེགས**་སྟོན་སོགས་**སངས་རྒྱས**་བདེ་མཆོག་གི་སྐུ་སོགས་མཐོང་སོགས་བྱས། དེ་གཟིགས་ནས་ཁ་ཆེའི་མཁས་པ་ཆེན་པོ་སོགས་**སངས་རྒྱས་བསྟན་པ་སྤྱི་ལ་ཞེས་ཐོས**་པ་ནི། རང་བཟོ་གསར་པ་སུན་འབྱིན་པའི་རིགས་པ་ཤིན་ཏུ་བཟང་སྟེ། **གལ་ཏེ**་སོགས་**མི་རུང**་བས་སྒྲ་མི་རྟག་བསྒྲུབ་པ་ལྟ་བུའི་**གྲུབ་མཐའི**་སོགས་**དགོས**་པའི་ཕྱིར། དེས་ན་**བདག**་དང་སོགས་**སུན་ཕྱུངས་ཤིག**་རིགས་པ་དེ་ནི་དབུ་ཚད་ལ་མ་སྦྱངས་པར་ཤེས་ཐབས་མེད་དོ། །

གཉིས་པ་ནི། གལ་ཏེ་ལུང་དང་སོགས་བྱའོ། །གལ་ཏེ་ཕྱིར་རྒོལ་ནི་སྔར་རྒོལ་གྱི་ལུང་དེ་ཁས་མི་ལེན་རང་ཕྱིར་རྒོལ་**རང་གི་ལུང་གཞན་ཁས་ལེན་ན**་ནི། **དེའི་ཚེ**་སྔར་རྒོལ་**དེད་ཀྱི་ལུང་གིས་ནི**་ཕྱིར་རྒོལ་**དེའི**་སོགས་**དགོས**་ཏེ། **དཔེར་ན་སོགས་ནུས་མ་ཡིན**་ཚུལ་**དེ་ལྟར་དུ་ཐེག**་པ་སོགས། **དགག་མི་ནུས**་ཀྱི་རང་རང་གི་དགག་དགོས་ཏེ། **ཉན་ཐོས**་སོགས་ཅེས་**མི་གནོད**་དེ་ཅེས་ཀྱང་གནོད་པའི་ཕྱིར་རོ། །**དེའི་དཔེར**་བརྗོད་སོགས་ནི་གོ་སླའོ། །འོན་ཀྱང་**ན་རོའི་ཆོས་དྲུག་ཅེས་བྱ་བའི་འཁྲིད**་གཙང་མ་གཞན་དང་མ་འདྲེས་པ་ནི་རྗེ་**མི་ལ**་སོགས་སོ། །

གསུམ་པ་ནི། **མདོར་ན་ཆོས་དང་**སོགས་**ཅིས་མི་ཐུབ**་སྟེ། ཐུག་ངེས་པས་བསྟན་པའི་བདག་རྐྱེན་བྱེད་པ་རྣམས་ཀྱིས་ཀྱང་ལུང་རིགས་ལ་ལེགས་པར་སྦྱངས་པའི་བློ་ལྡན་གཟུར་གནས་ཀྱི་མཁས་པ་ལ་ཤིན་ཏུ་གུས་པར་བྱས་སྟེ་རྒྱལ་བའི་བསྟན་པ་རྣམ་དག་བཅལ་བ་ལ་འབད་པ་ཆེར་བྱའོ། །

གཉིས་པ་ལ། དངོས་དང་འཕྲོས་དོན་ནོ། །དང་པོ་ནི། ལུང་གི་ཤེས་བྱེད་དང་གནོད་བྱེད་སྦྱར་བའང་

སྐབས་ལ་མཁས་པར་བྱ་དགོས་ཏེ། **ལྷུན་**སོགས་**མི་ཤེས་པར་**རང་ལ་གནོད་པ་སྲིད་པའི་ཕྱིར་རོ། **།དཔེར་ན།** བརྟག་གཉིས་ལས། སྒོམ་མེད་བསྒོམ་པ་པོ་ཡང་མེད། །ལྷ་མེད་སྔགས་ཀྱང་ཡོད་མ་ཡིན། །ཞེས་སོགས་དང་། མདོ་ལས་གཟུགས་མེད་ཚོར་བ་མེད་སོགས་ཏེ། **ཕྱག་དང་**སོགས་**ཀུན་**དོན་དམ་གཙོད་པའི་**ལྟ་བ་**སྟོན་པའི་ལུང་**ཡིན་གྱི་བསྒོམ་**སོགས་**མ་ཡིན་**ལ། **དབང་མེད་**སོགས་**ཀུན་**ཀུན་རྫོབ་གཙོ་བོར་བྱས་པ་**སྤྱོད་པ་དང་བསྒོམ་པ་**སྟོན་པ་**ཡིན་གྱི་ལྟ་བའི་**ལུང་**མིན་**པས་ཕན་ཚུན་ལ་དྲངས་ན་རང་འཚང་བསྟན་པའི་ཕྱིར་རོ། **།གཞན་**ཡང་སོགས་རྣམ་གཉིས་ཡོད་དེ། **དབང་དང་**སོགས་**གསུངས་པ་ཡིན་**ལ། **དབང་དང་**སོགས་**རྣམས་ལ་**དགོངས་ནས་**གསུངས་**པའི་ཕྱིར་རོ། །འདས་མ་འདས་སོགས་གདུལ་བྱ་ལ་ལྟོས་པ་**འདི་འདྲ་**འི་སོགས་**གནས་**སུ་འགྱུར་ཏེ། **མིག་ལྡན་**སོགས་འདས་**ཏེ་ལྡང་**བའི་ཕྱིར་དང་། **ཆག་**ཚད་སོགས་**ཐུག་**པའི་ཕྱིར་རོ། །

གཉིས་པ་ལ་རིགས་པས་གྲུབ་པའི་ལུང་བླང་། རྫུན་མས་སྦྱར་བའི་ལུང་དོར་བའོ། །དང་པོ་ནི།**རྒྱུ་མཚན་དེས་ན་སངས་རྒྱས་**སོགས་**འདོད་ད་ན་**མདོ་རྒྱུད་རྣམ་དག་དང་རྒྱན་དྲུག་མཆོག་གཉིས་ལྟ་བུའི་**གཞུང་བཞིན་**ཅི་ནས་ཀྱང་བྱ་དགོས་ཏེ། **མིག་མང་**སོགས། གཞུང་ལུགས་རྣམ་དག་དང་མཐུན་མི་མཐུན་**མ་དཔྱད་པར་**ནི་སོགས་**མི་**བྱ་སྟེ། རྨི་ལམ་ཆོས་ལུགས་**འདི་འདྲ་**སོགས་**གསུངས་**པའི་ཕྱིར་ཏེ། སྔར་བཤད་པའི་རྨི་ལམ་དེས་བསྟན་གྱི་ལེའུ་ལས། བདུད་ཀྱི་བྱིན་གྱིས་བརླབས་པ་མ་གཏོགས་པར་ཞེས་སྦྱར་ནས་གསུངས་ཤིང་ཤེར་ཕྱིན་གྱི་སྐྱོན་གྱི་སྐབས་དང་རྡོར་ཀྱི་རྩེ་སྦྱོར་གྱི་སྐབས་གཉིས་ཅར་དུ་བདུད་ཀྱིས་སྤྲུལ་ཚུལ་རྒྱ་ཆེར་གསུངས་པའི་ཕྱིར་རོ། **།དེས་ན་**ཇི་སྐད་བརྗོད་པའི་**སངས་རྒྱས་**སོགས་བཟུང་ཞིང་**ཡང་ན་**ལུང་དུ་དངོས་བསྟན་མི་འགལ་ཡང་དངོས་པོ་སོགས་བཟུང་བར་བྱའོ་ཞེས་བརྩེ་བས་གདམས་སོ། །

གཉིས་པ་ནི། སྐྱེས་བུ་སོགས་མི་བྱ་སྟེ། མཚན་ནི་**ཀེའུ་**སོགས་**ཚུང་ཚུ་**དང་སྟོང་པོ་རྒྱན་དང་རྡོ་རྗེ་སྙེར་མོ་**སོགས་ཡིན།** **གཞན་ཡང་**གསང་སྔགས་**གསར་**མ་ལ། གཉིས་མེད་རྣམ་རྒྱལ་དང་། ར་ལི་ཉི་ཤུ་དང་། པདྨ་དྲ་བ་ལ་སོགས་པ་དང་། བཅོམ་རལ་གྱིས་རྒྱུད་འབུམ་སྡུད་པའི་ཚེ་བཏོན་པ་མང་པོ་དང་། **རྙིང་**མ་པ་**ལ།** ཀུན་བྱེད་རྒྱལ་པོ་དང་ཁྲག་འཐུང་རོལ་པ་དང་། ལྷ་མོའི་སྐྱེ་རྒྱུད་དང་བམ་རིལ་ཐོད་པ་འཁར་ལ་སོགས་པ་ཕལ་ཆེ་བ་**བོད་**སོགས་**མང་།** སྣང་བརྒྱད་དང་མདོ་སྡེ་སྡུག་སྣ་ལ་སོགས་པ་རྒྱ་ནག་པས་བརྩམས་པ། ཤིན་ཏུ་མང་བ་**དེ་འདྲ་**འི་སོགས་**མི་བྱའོ།** །བྱ་ཁྱུང་བསམ་ཡས་མ་དང་**གཙུག་ཏོར་**སོགས་**མི་བྱའོ།** །མཁའ་ལྡིང་རྟོག་པ་དང་**ལྷ་མོ་**སོགས་ལུང་རྣམ་དག་ཏུ་**བྱར་མི་རུང་**ངོ་། **།དེའི་ཐད་**སོགས་**གསུངས་**ཞེས་པ་ད་ལྟའི་རྒྱུད་བླ་རྩ་འགྲེལ་ལ་ཚིག་གསལ་བ་མི་སྣང་ཡང་། དེ་ཡང་དྲང་སྲོང་བཀའ་བཞིན་སྤྱི་བོས་བླང་གི་མཐའ་དཔྱོད་ལ་དོན་གྱི་འཐོབ་པོ། །

ལྔ་པ་ནི། **རིང་བསྲེལ**་སོགས་**དཔྱད**་པར་བྱའོ། ཐེག་གསུམ་**འཕགས**་སོགས་**འདྲ**་བས་ཡིད་ཆེས་པར་བྱའོ། །གཞན་**རིང་བསྲེལ**་དུ་བྱས་པ་**ལ་ལ**་སོགས་**སྲིད**། **དེང་སང**་གི་**རིང་བསྲེལ་ཕལ་ཆེ་བ**་མི་**རྫུན་མས**་ཆུ་ཚན་ཁའི་རྡེའུ་དང་ཉའི་མིག་ལ་སོགས་པ་ལ་བྱས་པའི་**རིང་བསྲེལ་ཡིན་པས**་ཡིད་རྟོན་མི་བྱ། **དེས་ན**་རྣམ་དག་ཡིན་མིན་གྱི་རྣམ་དབྱེ་**མཁས་པས**་བརྟགས་ཤིང་**དཔྱད**་ནས་ཐེ་ཚོམ་ཟ་ན་བཏང་སྙོམས་སུ་བཞག་པར་བྱའོ། །**ཐུགས**་སོགས་**ཕལ་ཆེར**་ཐུགས་ལྷུགས་མིག་མི་འཚིག་པའི་ཐབས་དང་སྐུ་གཟུགས་བཅོས་ནས་འཇུག་པ་སོགས་**རྫུན**་སོགས་**ཡིན**། **གལ་ཏེ**་སོགས་**དཀའ**་བས་དད་པས་བཅོས་ཏེ་བསྒོམ་པ་སོགས་བྱའོ། །གཞན་ཡང་དུས་གཅིག་ཅར་**ཉི་མ**་སོགས་**བླུན་པོ**་བཟང་**རྟགས**་སོགས་**ཀྱིས**། གནང་**སྐུ**་སོགས་**མདོ་ཙམ**་བསྟན་ཟིན་**ཡིན**ནོ།། །

གཉིས་པ་ཚིག་ལ་འཁྲུལ་པ་བསྡུས་ཏེ་དགག་པ་ལ། འཁྲུལ་པ་དོར། ཡང་དག་བླང་། དང་པོ་ལ་བོད་སྐད་ཀྱི་དང་། རྒྱ་སྐད་ཀྱི་སྒྲ་བཤད་འཁྲུལ་པ་དགག་པའོ། །དང་པོ་ནི། **དེ་ནས**་སོགས་**ཉོན**་ཞིག །**བཅོམ**་སོགས་ལ། བདུད་བཅོམ་པ་དང་ལྡན་པའམ། ཡང་ན་བཅོམ་པ་དང་སྐལ་བ་སྐད་དོད་གཅིག་པས་སྐལ་བ་དང་ལྡན་ཞེས་པ་གང་རུང་གི་ཚིག་པ་ལ་གཉིས་ཀ་བརྩེགས་ནས། **བཞི་བཅོམ**་སོགས་**དང**། **གླིགས་བམ་གྱི་སྒྲ་བཤད**་པ་ལ། གླིགས་བུར་དྲས་བམ་པོ་བྱས་ཞེས་པ་ཙམ་གྱིས་ཚིག་པ་ལ། **གླིགས་ཤིང**་ནང་དུ་**གླིགས་ཐག**་གིས་བམ་པོར་བསྡམས་ཞེས་འཆད་**པ**་དང་། **ཕྱག་རྒྱ**་སོགས་**ལ**། མུ་དྲ་རྒྱ་ལ་འཇུག་རྒྱ་ནི་ཐེལ་རྩེར་གྲགས་པ་ཡིན་ཞིང་ཕྱག་ཅེས་པ་སྐད་དོད་མེད་ཀྱང་ལོ་ཙཱ་བས་བསྣན་པ་ཙམ་ཡིན་པ་མི་ཤེས་པར། **ལག་པ**་བསྒོལ་བའི་**སྒྲ**་སོགས་དང་། **ཡེ**་སོགས་ལ་ཡེ་ནས་གྲུབ་པའི་**གདོད**་སོགས་འཆད་པ་ནོར་ཏེ། མཐོང་ལམ་གསར་སྐྱེས་ཡིན་པས་ཡེ་ཤེས་མིན་པར་ཐལ་བས་ཕྱིར། སེམས་རྣལ་དུ་འགྱུར་བས་**རྣལ་འབྱོར**་ཞེས་འཆད་རྒྱུ་ལ། **སེམས་རྣལ**་མའི་དོན་ལ་**རིགས་པས་འགྱུར**་སོགས་དང་། ཕྲག་པ་དང་གཅིག་པའི་**རྒྱལ་མཚན**་སོགས་དང་། **གཏུམ་མོའི**་སྐད་དོན་ཙཎྜ་ལི་ཞེས་པ་དྲག་པོའི་**སྒྲ་བཤད**་དགོས་པ་ལ། **རྣམ་རྟོག**་གི་ཆོས་ཉིད་**གཏུམ་པར་འཆད**་པ་དང་། གླུ་གར་གྱི་**གླུའི**་སོགས་**དང**། དྲི་བཟང་གཏུབས་པའི་**ཞུར**་མ་སོགས་དང་། ཞེས་ཕྱེ་མ་སྤྱད་པ་སྟེ་དེ་ལྟ་བུ་ལ་སོགས་པ་བོད་སྐད་ཀྱི་སྒྲ་ལོག་པར་འཆད་པ་ཐམས་ཅད་དོར་བར་བྱའོ། །

གཉིས་པ་ནི། **ཤཱཀྱ**་སོགས་**འཆད་པ**་སོགས་ཤིན་ཏུ་འཁྲུལ་པ་དང་། **རྒྱ་སྐད་རཏྣ**་སོགས་**རིན་ཆེན་དཔལ**་དུ་འཆད་པ་དང་། **པོ་ཏ་ལ**་སོགས་**མ་རྟོགས་པའི**་བླུན་པོ་སྙིང་ཕོད་ཅན་གྱི་པི་ཁ་བསུབས་ནས་**རི་པོ**་སོགས་**འཁྲུལ**། བོད་སྐད་**འཁོར**་སོགས་**མི་ཤེས་པར་འཁོར**་ཞེས་པ་**གཡོག**་ཏུ་གོ་ནས་གཡོག་གསུམ་ཡོངས་དག་**ཏུ**

འཆད་པ་དང་། **རྒྱ་སྐད་ལམ་ག་**སོགས། **འོན་ཀྱང་**སུ་རི་ཞེས་པ་**རྒྱ་སྐད་དུ་མགོ་བར་སུ་རངས་**སོགས། **རྒྱ་སྐད་བི་མ་ལ་**སོགས། **མི་ཤེས་པར་**ཆོས་བྱེ་མའི་ལ་ཙམ་བསྒྱུར་བས་**བྱེ་མ་ལ།** མི་ཏྲ་མ་ཏྲར་བསྒྱུར་ན་**མུ་ཏྲའི་**སོགས་**དང་།** སློབ་དཔོན་འདི་རྒྱལ་པོའི་བུ་མོ་སྐྱེས་པ་དང་མ་འགྲོགས་པ་ཞིག་ལ་འཕྲུངས་པ་ངོ་ཚ་ནས་བྱེ་མ་ལ་སྦས་པས་ཕྱིས། ལྷ་རུ་ཕྱིན་པས་མིག་བཀྲ་ཧྲི་གེ་འདུག་པས། བྱེ་མ་ལ་མི་བཀྲ་ཟེར་བ་སོགས་ནི་ཤིན་ཏུ་ཡང་འཕྲུལ་ལོ༔ །**རྒྱ་སྐད་ན་ར་ཧྟོ་**སོགས་**མི་ཤེས་པར་**གཡང་ལ་མཆོངས་པ་སོགས་ཀྱི་**དཀའ་**སོགས་**དང་།** **ཧྟོ་**སོགས་གོ་སླ་ཞིང་། **བརྒྱ་བྱིན་བྱང་ཆུབ་**ནོར་ཏེ། བརྒྱ་བྱིན་གྱི་སྐད་དོད་ལ་ཤ་ཀྲ་ཞེས་ཟེར་བས་སོ། །**རྒྱ་སྐད་ཨ་བ་**སོགས་ཏེ་འདོད་སྟེར་བས་འདོད་སྟེར་དུ་འཆད་པ་འང་ནོར་རོ། །**རྒྱ་སྐད་དོ་ཧ་**སོགས་གཉིས་ལ་དགོད་དུ་འཆད་པ་འཁྲུལ་ཏེ། **གཉིས་ལ་**དྭི་དང་དྭ་སོགས་འབྱུང་ལ་དོ་ཧའི་དོ་ནི་དའི་ན་རོ་ཡིན་ལ་ཧ་ཧ་དགོད་པ་ཞེས་པ་ལ་ཧ་ཧ་ཀ་ར་ལ་ཞེས་པ་ཡོད་པས་ཁྱེད་ལྟར་ན་དགོད་གསུམ་སྦྲིགས་སུ་འགྱུར་ཞིང་ཧ་ཧ་ནི་བོད་སྐད་ཀྱི་དགོད་པས་དོན་ཙམ་ཡིན་པས་སོ། །**རྒྱ་སྐད་ཛ་**སོགས་**དང་སོགས་**པས་ཛམྦུ་བྲི་ཀྵ་ཞེས་པ་ཛམྦུའི་ཤིང་ཟེར་རྒྱུ་ཛམྦུ་བྲི་ཤར་འཆད་པ་སོགས་ཤིན་ཏུ་མང་པོ་རྣམས་**བླུན་**སོགས་**ངོར་བར་བྱའོ།** །

གཉིས་པ་ནི། **དེ་བཞིན་**སོགས་**འཆད་པ་**འཐད་དེ། གཤེགས་པ་རྟོགས་པའི་དོན་ཕྱིར་ཏེ་ཞེས་གསུངས་ཤིང་། ག་ཏ་རྟོགས་པ་ལ་འཇུག་པའི་ཕྱིར་རོ། །**དགྲ་བཅོམ་**སོགས་འཐད་དེ། ཨརྷ་མཆོད་པ་ལའོ་ཞེས་པའི་བྱིང་ལས་བསྒྲུབས་པའོ། །**རྒྱལ་**སོགས་འཐད་དེ། རཱ་ཛཱི་གསལ་བ་ལའོ་ཞེས་པ་ལས་བསྒྲུབས་པས་སོ། །དེ་བཞིན་དུ་**བཙོད་**སོགས་**ཕོད་པར་འཆད་**པ་སོགས་ཀྱང་ཕལ་ཆེར་སྐད་དོད་གཅིག་པ་དང་ཤཱཀྱ་ནི་ཕོད་པའི་རྒྱ་སྐད་ཡིན་པའི་ཕྱིར་རོ། །**སོགས་**ནི། སུ་དང་བི་དང་ཨཱ་ལ་སོགས་པའི་ཉེར་བསྒྱུར་རྣམས་དོན་དུ་མ་ལ་འཇུག་ཅིང་བྱིང་དང་འབྲེལ་བས་རྣམ་པ་མང་པོར་འགྱུར་བའི་ཕྱིར་ན་སྐད་དོད་ཅུང་ཟད་རེ་ཤེས་པ་རྣམས་ཀྱི་མཐའ་གཅིག་ཏུ་བཟུང་**མི་བདེ་**ཡང་དེར་འཆད་པ་ནི་ལེགས་སྦྱར་བླང་བར་བྱའོ། །རྒྱས་པར་ནི་ལེགས་སྦྱར་གྱི་གཞུང་ལུགས་སུ་ཅི་ནུས་ཀྱིས་བསླབས་ནས་རྟོགས་པར་བྱའི་འདིར་མང་དུ་བརྗོད་ཀྱང་ཡི་གེ་མང་བར་འགྱུར་ཞིང་ཕལ་ཆེར་གྱིས་རྟོགས་པར་དཀའ་བས་མ་བརྗོད་དོ། །

གཉིས་པ་ལ་བསྟན་པ་ལ་འཕེལ་འགྲིབ་བྱུང་ཚུལ་ནི། **སངས་རྒྱས་གསུང་རབ་དྲི་མ་མེད།** །ཅེས་པ་ནས་བཅུམས་པ་ལ། འདིའི་**སངས་རྒྱས་ནི་**སྟོན་མཆོག་ཤཱཀྱའི་རྒྱལ་པོ་སྟེ། འདིས་དང་པོར་ཐུགས་བསྐྱེད། བར་དུ་ཚོགས་བསགས། མཐའ་མར་སངས་རྒྱས། དེ་ནས་ཆོས་གསུངས། དེ་ལ་འཕེལ་འགྲིབ་བྱུང་ཚུལ་ལོ། །དང་པོ་ལ་ལུང་ལས་རྒྱལ་པོ་འོད་ལྡན་གྱིས་དང་། སྙིང་རྗེ་པད་དཀར་ལས་བྲམ་ཟེ་རྒྱ་མཚོའི་རྡུལ་གྱི་རང་གི་སྲས་རིན་

ཆེན་སྙིང་པོའི་དུང་དུ་དང་། ཕུང་པོ་གསུམ་པ་ལས། ཚོང་དཔོན་སྟོན་དགས་མཛེས་ཆེན་གྱི་དུང་དུ་དང་། མདོ་གཞན་ལས་ཛ་མཁན་གྱི་ཁྱེའུ་སྣང་བྱེད་ཀྱི་ཤཱཀྱ་ཐུབ་ཆེན་པོའི་དུང་དུ་སེམས་བསྐྱེད་པར་བཤད། ཐོག་མར་རང་གིས་དང་དེ་ནས་སླར་ཡང་བསྐྱར་བ་སོགས་ཀྱི་ཀུན་ཀྱང་རུང་ངོ་། །

གཉིས་པ་ནི། འདུལ་ལུང་ལྟར་ན་ཤཱཀྱ་ཐུབ་ནས་ཡུལ་འཁོར་སྐྱོང་གི་བར་དང་། མར་མེ་མཛད་ནས་དབང་པོའི་རྒྱལ་མཚན་གྱི་བར་དང་། ལེགས་མཛད་ནས་འོད་སྲུང་གི་བར་རྣམས་ལ་བདུན་ཁྲི་བཞིར་བྱས་ཀྱི་བདུན་སྟོང་དྲུག་སྟོང་ལྔ་སྟོང་བསྙེན་བཀུར་བས་རིམ་བཞིན་གྲངས་མེད་གསུམ་རྫོགས་པར་གསུངས་ལ། མཛོད་དུ་རྣམ་གཟིགས་མར་མེ་རིན་ཆེན་གཙུག །གྲངས་མེད་གསུམ་གྱི་ཐ་མར་བྱུང་། །ཞེས་མདོ་ལུང་ཐ་དད་ཀྱི་དབང་གིས་ཅུང་ཟད་མི་འདྲ་བར་བཤད་དོ། །དེ་ཡང་སྐར་རྒྱལ་བསྟོད་པས་གྲངས་མེད་དགུའི་ཚོགས་འདུམས་པ་ལས་གཞན་མ་བཤད་དོ། །ཐེག་ཆེན་མདོ་ལས་མི་ནག་བསད་པས་བསྐལ་པ་འབུམ་དང་བྲམ་ཟེའི་བུ་མོ་ལ་བསྙོད་པས་ཁྲིའི་ཚོགས་འདུམས་ཞེས་པ་ཙམ་ལས་མི་འབྱུང་ཡང་ཐབས་མཁས་གྲངས་མང་བས་གོང་དུ་བརྗོད་པ་ལྟར་བསྐལ་པའི་རྒྱང་བགྲང་མི་དགོས་ལ་སངས་རྒྱས་ནི་གྲངས་མེད་སྐད་དུ་མེད་པ་སྟེ། ཚོགས་ཆེན་པོ་ནས་ཆོས་རྒྱུན་ཏིང་ངེ་འཛིན་ཐོབ་པས་འཇིག་རྟེན་གྱི་ཁམས་མུ་མེད་པར་སངས་རྒྱས་གྲངས་མེད་པ་ལ་གདམས་ངག་ནོད་ཅིང་བསྙེན་བཀུར་བའི་ཕྱིར་རོ། །གྲངས་མེད་རེ་རེའི་ཐོག་མའི་སངས་རྒྱས་ནི་དཀོན་བརྩེགས་ལས། ཕོ་བྲང་རྣམ་པར་རྒྱལ་བའི་རྒྱལ་མཚན་དུ་རྒྱལ་པོ་ཚེ་རྣམ་པར་རྒྱལ་བའི་སྲས་གཞོན་ནུ་བརྩོན་འགྲུས་སྙོད་དུ་གྱུར་པས།རྣམ་འདྲེན་ཕུང་པོ་ཆེན་པོའི་དང་།གྲོང་ཁྱེར་འཛམ་བུ་ཆུ་བོའི་གསེར་དུ་རྒྱལ་པོ་མཛེས་པར་སྣང་བའི་སྣང་ཆེན་ཚོང་དཔོན་ཤེས་རབ་བཟང་དུ་གྱུར་པས་རྒྱལ་བ་དཀོན་མཆོག་ཡན་ལག་དང་།ཡུལ་དབུས་ཀྱི་རྒྱལ་པོ་དགྲ་ཐུལ་གྱི་ཕོ་བྲང་པདྨ་ཅན་གྱི་ཚོང་འདུས་ཀྱི་དབུས་སུ་བྲམ་ཟེའི་ཁྱེའུ་གཞོན་ནུ་སྦྱིན་དུ་གྱུར་པས་སངས་རྒྱས་མར་མེ་མཛད་རྣམས་སོ། །གསང་སྔགས་ལུགས་ཀྱི་ཚེ་གཅིག་ཏུ་ལུས་གཅིག་ལ་འཚང་རྒྱ་བ་ལ་ནི། སངས་རྒྱས་ཀྱི་མཚན་དང་གྲངས་ཅི་ཞིག་དགོས་ཏེ། སངས་རྒྱས་ཐམས་ཅད་བླ་མར་བསྡུས་ནས་ཚོགས་གསོགས་པས་སོ། །འོན་ཀྱང་སྟོན་པ་འདིས་ནི་གྲངས་མེད་གསུམ་པོ་ཕར་ཕྱིན་ལམ་གྱིས་བསྒྲོད་ནས་ཐུན་མོང་མ་ཡིན་པའི་སྤྱང་བྱ་སྔགས་ལམ་གྱི་སྤྱོད་ཚུལ་ཡོ་གའི་རྩ་རྒྱུད་དུ་ཟུར་གྱི་གོ་བ་ཞིག་འབྱུང་བ་རིམ་ལྔ་སྤྱོད་བསྡུས་དང་ཞལ་ལུང་དུ་འབྱུང་བ་ལྟར་རོ། །

གསུམ་པ་ནི་ཉན་ཐོས་སྡེ་པ། བྱང་ཆུབ་ཤིང་དྲུང་དུ་བཞུགས་ཀྱི་བར་ལ་སོ་སྐྱེ་སྟེ་འོན་ཀྱང་དཀའ་སྤྱད་ཀྱི་ཚེ། ཞི་རགས་ཀྱི་རྣམ་པའི་ལམ་གྱི་ཅི་ཡང་མེད་མན་ཆད་ཀྱི་སྙོམ་སྤྱངས་ཟིན་པའི་ཆགས་བྲལ་སྔོན་སོང་། རྟེན་དེ་

ཉིད་ལ་མཐོང་སྣང་དང་སྲིད་རྩེའི་སྙོམ་སྣངས་སྣངས་ནས་སངས་རྒྱས་པར་འདོད། ཐེག་པ་ཆེན་པོ་ཁ་ཅིག །དགའ་ལྡན་དུ་སྐྱེ་བ་གཅིག་གི་ཐོགས་པ་དང་། རྒྱལ་པོ་དོན་གྲུབ་སྲིད་པ་ཐ་མལ་པའི་བྱང་སེམས་ས་བཅུ་པར་བྱས་ནས་བྱང་ཆུབ་ཤིང་དྲུང་དུ་རྡོ་རྗེ་ལྟ་བུའི་ཏིང་ངེ་འཛིན་མངོན་དུ་མཛད་ཟེར། ཕལ་ཆེར་ནི་འོག་མིན་དུ་སངས་རྒྱས་ནས་མཛད་པ་བཅུ་གཉིས་ཀྱི་ཚུལ་ཐོག་མར་བསྟན་ཟེར། སློབ་དཔོན་ཟླ་གྲགས་སོགས་ནི། ཡབ་སྲས་མཇལ་བ་ལས་སྟོན་བསྐལ་པ་དཔག་མེད་ཀྱི་གོང་དུ་རྒྱལ་བ་དབང་པོའི་ཏོག་ཏུ་འཚང་རྒྱ་ཚུལ་ཡང་བསྟན་ཟིན་པ་སོགས་བྱང་ཆུབ་མཆོག་རབ་དམ་པར་གཤེགས་པའི་བསྐལ་པའི་གྲངས་ཀྱང་སངས་རྒྱས་ཀྱི་ཞིང་མང་པོའི་རྡུལ་དང་མཉམ་པ་སོགས་གསུངས། སྔགས་ལས་ནི་སྔར་བཤད་མ་ཐག་པ་དང་། དུས་འཁོར་དུ་སྔར་ས་བཅུ་གཉིས་ཀྱི་དབང་ཕྱུག་ཏུ་གྱུར་ཟིན་པ་ཟས་སྲས་སུ་སྤྲུལ་ཞེས་གསུངས་སོ། །

བཞི་པ་ལ། མདོ་དང་སྔགས་གསུང་ཚུལ་ལོ། །དང་པོ་ལ། ཉན་ཐོས་སྡེ་གཉིས་ནི་ཆོས་འཁོར་རིམ་པ་གསུམ་ལ་སོགས་པ་མི་འདོད་དེ། ཆོས་འཁོར་ལ་མཐོང་ལམ་གྱིས་ཁྱབ་པ་དང་དེའི་དུས་ཆེན་ཉིན་ཞག་གཅིག་དང་དེའི་མཆོད་རྟེན་དུས་མཆོད་དང་བཅས་པ་ཡང་ཝ་ར་ཎ་སེ་ལས་གཞན་ན་མེད་པ་དང་ཐེག་ཆེན་བཀར་མི་འདོད་པའི་ཕྱིར་རོ། །དེས་ན་ཆོས་འཁོར་སྟོན་པའི་གསུང་རབ་ནི་འདུལ་བའི་ལུང་སྡེ་དེ་ལ་ཆོས་ཕུང་བརྒྱད་ཁྲིར་བྱས་པའི་རེ་རེའི་ཚད་ལ་སོགས་པ་ཐུན་མོང་དུ་དང་ངོ་བོ་ནི་བྱེ་མདོ་མི་མཐུན་པ་མཛོད་ན་གསལ་བ་ལྟར་རོ། །ཐེག་ཆེན་དབུ་སེམས་ནི། མདོ་དགོངས་འགྲེལ་ལས། གནས་དང་དུས་ཐ་དད་པར་རིམ་པ་གསུམ་བསྐོར་བར་གསུངས་པ་ནི་ཐུན་མོང་དུ་ཁས་ལེན་ཏེ། ཝ་ར་ཎ་སིར་བདེན་བཞིའི་ཆོས་འཁོར་བསྐོར་བའི་བར་ནི་ཀུན་མཐུན་ལ་བྱ་རྒོད་ཕུང་པོར་ཤེར་ཕྱིན་གསུངས་པ་ན་གཞི་ཤེས་བྱའི་མདོའི་སྐབས་སུ་ཆོས་འཁོར་གཉིས་པ་བསྐོར་རོ་ཞེས་གསལ་བར་ཐོན་པའི་ཕྱིར་ཡང་ངོ་། །དེ་ཡང་ཆོས་གསུང་ཚད་ལ་ཆོས་འཁོར་དུ་མི་བརྗོད་ཀྱི། བདག་མེད་ཕྲ་རགས་གསར་དུ་རྟོགས་པའི་རྟོགས་པ་ཁྱད་པར་བ་མངོན་མཚན་ཆེ་བར་སྐྱེས་པ་ལ་དེར་བརྗོད་པ་ཡིན་ལ། རིམ་པ་དེ་གསུམ་ལ་ཉན་ཐོས་དང་ཐུན་མོང་པ་གང་ཞིག་བདག་མེད་དང་། ཐུན་མོང་མ་ཡིན་པ་དོན་དམ་གནས་ལུགས་སྤྲོས་པ་ཉེར་ཞིའི་དབྱིངས་དང་། ཐ་སྙད་གནས་ལུགས་བདེ་གཤེགས་སྙིང་པོའི་སེམས་གསར་སྐྱེས་གདུལ་བྱ་སྤྱི་ལ་མཐུན་སྣང་དུ་གྲུབ་པས་སོ། །འཁོར་ལོ་དེ་གསུམ་ལ་གནས་དང་ལོ་གྲངས་ཀྱི་ངེས་པ་བྱེད་པ་རྣམས་ཀྱང་འཁོར་དང་བཅས་པའི་དབང་དུ་བྱས་ཤིང་ཡུལ་ཡང་ཤས་ཆེ་བ་ཙམ་ལ་འཇོག་ན་ཕྱོགས་མཐུན་ཡོད་དོ། །

དེ་ལྟར་ན་ཡང་ཐེག་ཆེན་པ་ཡང་གདུལ་བྱ་ལ་ཐུན་མོང་པ་དང་ཁྱད་པར་བ་གཉིས་སུ་ཕྱེ་བའི་སྔ་མ་ལ་

བསྒོས་ཏེ་ཞག་བདུན་ཕྲག་བདུན་དུ་ཆོས་མ་གསུངས་པ་དང་ལོ་དྲུག་གི་བར་དུ་ཡབ་སྲས་མ་མཇལ་བས་རྒྱལ་པོའི་ཁབ་དང་སེར་སྐྱའི་གྲོང་དུ་མ་བྱོན་པ་དང་། ཆོས་འཁོར་ཡང་གསུམ་རིམ་ཅན་དུ་བསྐོར་བར་མཐུན་ལ། འོན་ཀྱང་དགོངས་འགྲེལ་དུ་འཁོར་ལོ་བར་པ་དྲང་དོན་དུ་གསུངས་པ་ནི་དབུ་སེམས་གཉིས་དྲང་ངེས་སོ་སོར་འདོད་དོ། །ཕྱི་མ་ལ་ལྟོས་ཏེ་སངས་རྒྱས་ཚུལ་མ་བསྟན་པའི་གོང་ནས་ཀྱང་མང་པོ་གསུངས་ཤིང་། བདུན་ཕྲག་གཉིས་པ་ལས་སངས་རྒྱས་ཕལ་པོ་ཆེ་དང་གསུམ་པ་ལ་མདོ་སྡེ་པ་བཅུ་པ་དང་།

ལྔ་པ་ལ་རི་སྟངས་བཟུང་དུ་སྟོབས་པོ་ཆེ་སོགས་གསུངས་ཤིང་། སྐད་ཅིག་རེ་རེ་ལ་ཡང་མཁའ་ཁྱབ་ཀྱི་འཇིག་རྟེན་དུ་བརྗོད་ཀྱིས་མི་ལང་བ་གསུངས་མོད་ཀྱི་འདིས་ནི་སྟེ་མ་དགག་པར་མི་ནུས་ཏེ་ངེས་དོན་གཙོ་བོར་བྱས་ན་ཐ་སྙད་ཀྱི་རྣམ་གཞག་ཐམས་ཅད་ནུབ་པར་འགྱུར་རོ། །གསང་སྔགས་ཀྱང་བྱ་རྒྱུད་ཕལ་ཆེར་མཉན་ཡོད་སོགས་སུ་མདོ་དང་ལྷན་ཅིག་གསུངས་ཤིང་། འཇམ་དཔལ་རྩ་རྒྱུད་སོགས་གནས་གཙང་དུ་གསུངས་པ་དག་ཀྱང་ཡོད་དོ། །སྤྱོད་རྒྱུད་ཀྱི་གཙོ་བོ་གཉིས་གཞི་མི་ཏོག་གིས་བརྒྱན་པར་དང་། རྣལ་འབྱོར་རྒྱུད་སུམ་ཅུ་རྩ་གསུམ་དང་དགའ་ལྡན་དང་གནས་གཙང་སོགས་སུ་གསུངས་ཤིང་། བླ་མེད་ཕལ་ཆེར་བཙུན་མོའི་ཆོས་དབྱིངས་ཧྲ་གར་གསུངས་ལ། ཨོ་རྒྱན་དང་དཔལ་ལྡན་འབྲས་སྤུངས་སོགས་སུ་གསུངས་ཤིང་། དུས་ནི་གདུལ་བྱ་ཁྱད་པར་ཅན་ལ་བརྗོད་པ་ཉིད་གཙོ་ཆེ་ཡང་ཐུན་མོང་པ་ལ་ནི། རྒྱལ་མོས་པ་རྒྱུ་ཆོས་ཀྱི། །འཁོར་ལོ་རབ་ཏུ་བསྐོར་ཟིན་ནས། །རྡོ་རྗེ་ཐེག་པའི་ཉེ་ལམ་ཞིག །མ་འོངས་དུས་སུ་འབྱུང་བར་འགྱུར། །ཞེས་དང་། དུས་འཁོར་ལས་རྒྱུད་བསྟན་པའི་ལོ་དང་མྱ་ངན་ལས་འདས་ཀའི་ལོ་གཅིག་པ་ལྟར་གསུངས་པ་སོགས་དང་བསྟུན་དགོས་པས་བླ་མེད་ཀྱི་གཙོ་བོ་དག་སྐུ་ཚེའི་སྨད་ལ་གསུངས་པ་དག་ཡིན་ཏེ་འཁོར་ལོ་གསུམ་པར་སྡུད་དགོས་པའི་ཕྱིར་རོ། །

ལྔ་པ་ལ་རྒྱ་གར་དུ་དང་། བོད་ཡུལ་དུ་འཕེལ་འགྲིབ་བྱུང་ཚུལ་ལོ། །དང་པོ་ནི། དེ་ལྟར་གསུངས་པའི་**གསུང་རབ་དྲི་མ་མེད**་པ་དེ་ལ་བཀའ་བསྡུ་བ་རིམ་པ་གསུམ་དུ་བྱས་པར་གྲགས་པའི་**བསྡུ་བ་དང་པོ་ནི**། སངས་རྒྱས་མྱ་ངན་ལས་འདས་པའི་ཕྱི་ལོ་དགྲ་བཅོམ་རྣམས་ཀྱིས་བཀའ་ལ་སྐྱོར་བརྗོད་མ་བྱས་པས་གནས་གཙང་མའི་ལྷས་འཕྲུལ་སྐྱོད་བྱུང་བའི་རྐྱེན་གྱིས། གནས་རྒྱལ་པོའི་ཁབ་ཏུ་སྦྱིན་བདག་རྒྱལ་པོ་མ་སྐྱེས་དགྲས་བྱས། ཉན་ཐོས་ལུགས་ཀྱི་རྒྱལ་ཚབ་ནི་འོད་སྲུངས་ཆེན་པོ་ཡིན་པས་དེས་དགེ་བསྐོས་པ་གང་པོ་དགྲ་བཅོམ་སྟོང་དུ་བཅུག་པས་ལྔ་བརྒྱར་གཅིག་གི་མ་ཚང་ནས་བ་ལང་བདག་སུམ་ཅུ་རྩ་ན་བཞུགས་པ་བསྡུར་ཕྱིན་པས་སྟོན་པ་འདས་པའི་གདམ་ཚོར་བས་ལྟོད་དུ་འདས། དེའི་ཆོས་གོས་སོགས་ཁྱེར་ཏེ། འོད་སྲུངས་ཆེན་པོ་ལ་ཞུས་པས

དེས་དགྲ་བཅོམ་རྣམས་བཀའ་བསྡུ་མ་ཚར་བར་དུ་མི་འདའ་བའི་ཁྲིམས་བཅས། དགྲ་བཅོམ་ཀྱི་གྲངས་བསྐངས་ཤིང་ཁྱད་པར་མདོ་སྡེ་ཀུན་དགའ་བོས་བསྡུ་དགོས་པར་མཁྱེན་ནས་དེ་ལ་སྤྱོ་བ་བརྒྱད་ཀྱིས་བཅོས་པས་བྲི་ཛིའི་གྲོང་དུ་ངེས་འབྱུང་ཟད་བསྒོམས་པའི་རྐྱེན་གྱིས་དགྲ་བཅོམ་ཐོབ། དགྲ་བཅོམ་བཞི་བརྒྱ་གོ་དགུའི་ བླ་གོས་བཏིང་བའི་སྟེངས་སུ་བཞུགས་སུ་བཅུག་ནས་མདོ་སྡེ་བསྡུ་བར་གསོལ་བ་བཏབ་པས། གདོད་འཆི་མ་དང་བཅས་བཞིན་དུ་འདི་སྐད་བདག་གི་ཐོས་པའི་དུས་གཅིག་ན་ཞེས་སོགས་ཀྱི་དགྲ་བཅོམ་རྣམས་དབང་དུ་བཙུགས་ཤིང་ཀུན་གྱི་སྟོན་པ་དྲན་བཞིན་པས་གྲུས་པར་ཉན་ཏེ་མདོ་སྡེའི་སྡེ་སྣོད་ཚར་གཅིག་དག་པར་སྟོན། དེ་བཞིན་དུ་འོད་སྲུངས་ཆེན་པོས་མངོན་པ་དང་ཉེ་བ་འཁོར་གྱིས་འདུལ་བ་བསྡུས་ཏེ་རྩ་བའི་སྡུད་པ་པོ་གསུམ་གྱིས་ཚར་རེ་དག་པར་སྟོན་ཅིང་ཀུན་གྱི་མངོན་དུ་ཕྱུར་པར་བྱས་པ་ནི་བཀའ་བསྡུ་བ་དང་པོའོ། །

བཀའ་བསྡུ་གཉིས་པ་ནི། དེའི་**རྗེས་སུ**་འོད་སྲུངས་དང་ཀུན་དགའ་བོ་ཡང་རིམ་གྱིས་འདས། འོན་ཀྱང་**བསྟན་པ་དག་པར་གནས་པ་ན**། དུས་སྟོན་པ་འདས་ནས་ལོ་བརྒྱ་དང་བཅུ་ན། གནས་ཡངས་པ་**ཅན**་དུ་དེ་ན་གནས་པའི་སྐྱིང་ཡོད་ཅན་གྱི་**དགེ་སློང**་མང་པོ་**དག་གིས་སངས་རྒྱས**་སོགས་**བྱས**་ཏེ། ཧུ་ལུ་ཧུ་ལུ་ཡིད་རངས་དང་། །ཀུན་སྤྱོད་སྣ་ཚོགས་དང་ལན་ཚྭ་དང་། །ལམ་དང་པོར་གཉིས་དགྱུགས་དང་གདིང་། །གསེར་གྱི་རུང་བ་ཞེས་བྱའོ། །ཞེས་མདོ་རྩའི་རྒྱ་ཆེ་འགྲེལ་དུ་སྡོམ་ཚིག་མཛད་པ་ལྟར་རོ། །དེ་ཡང་ཆོས་མི་མཐུན་གྱི་ལས་བྱས་ནས་དགེ་སློང་ཐམས་ཅད་ཀྱི་ཐལ་མོ་སྦྱིབ་ཅིང་ཧུ་ལུ་ཧུ་ལུ་ཞེས་བརྗོད་ན་ལས་དེ་འཆགས་པར་རུང་བར་འགྱུར་རོ་ཞེས་དང་། །དེ་བཞིན་དུ་ཉེ་འཁོར་གྱི་དགེ་སློང་རྣམས་ཀྱིས་ཡིད་རང་བྱས་ནས་འཆགས་ཞེས་དང་། ཀུན་སྤྱོད་རང་གི་ལག་པ་བརྐྱངས་པས་ས་བརྐོས་ན་རུང་ཞེས་དང་། སྣོད་དུ་ཆང་སྲིན་བུ་བསད་པ་ལྟར་དལ་བུས་གཞིབས་ནས་མཐུང་ན་རུང་དང་། ལན་ཚྭ་དང་ཟྱེ་བསྲེས་ན་ཕྱི་དྲོ་ཡང་རུང་དང་། ལམ་རྒྱང་གྲགས་སུ་ཕྱིན་ན་འདུས་ཟ་ཡང་རུང་། སོར་མོ་གཉིས་ཀྱི་རྩེ་ལ་བླངས་ན་ལྷག་པོར་མ་བྱས་པར་ཟོས་ཀྱང་རུང་། ཞོ་དང་འོ་མ་བྲེ་རེ་བསྲེས་ནས་དགྱུགས་ན་ཕྱི་དྲོ་རུང་། གདིང་བ་གསར་པ་ལ་སྙིང་བའི་དུམ་བུ་བསྣན་ཡང་རུང་། ལྷུང་བཟེད་རིན་པོ་ཆེས་སྤྲས་པར་གསེར་དངུལ་བླངས་ཀྱང་རུང་། ཞེས་པའོ། །དེའི་ཚེ་ན་དགྲ་བཅོམ་ཐམས་ཅད་འདོང་། ཡངས་པ་ཅན་ན་སྐྱིང་ལས་ཆུང་དུར་བཞུགས་པས་མ་གསན་གྲོང་ཁྱེར་ནོར་ཅན་ན་དགྲ་བཅོམ་གྲགས་པ་འཁོར་ལྔ་བརྒྱ་ཁོ་བོས་གྲོགས་བྱའོ་ཞེས་བགྲོས་ནས། གྲགས་པས་ཕྱོགས་བཙལ་བས་བདུན་བརྒྱར་གཅིག་གི་མ་ཚང་བས། དགྲ་བཅོམ་ཟླ་བསྐྱུར་འགོག་པ་ལས་བསླངས་པས་ཚང་ནས། ཐོག་མར་ཡངས་པ་ཅན་པ་རྣམས་མ་སྨྲན་པར་གཞི་འདི་ལྟ་བུ་མི་རུང་བར་བདག་གིས་ངོར་བར་བྱའོ་ཞེས་གྲོས་བསྡུར་ཏེ་རྗེས་དེ་དག་ཀྱང་གཏྲིས་བསྡུས

ནས་དེ་བཞིན་དུ་ཡང་དག་པར་བཟླས་ཏེ་བརྗོད་པས་དེ་དག་སྦྱོབས་པ་མེད་ནས་རུང་བ་ཡང་དག་པར་བརྗོད་པས་བསྒྱུ་བདག་གཉིས་པར་གྲགས་པས་ན་**དེ་ལ་འཕགས**་སོགས་**གྲགས**་ཞེས་པའོ། །

བསྒྱུ་བ་གསུམ་པ་ལ་ནི། རྒྱ་གར་གྱི་གཞུང་ལུགས་ཐུབ་ཏུ་ཡང་བཤད་ཡམས་གསུམ་བྱུང་སྟེ། རྟོག་གེ་འབར་བར། ཁ་ཅིག་ན་རེ། སྟོན་པ་འདས་ནས་ལོ་བརྒྱ་དྲུག་ཅུ་ན་གྲོང་ཁྱེར་མེ་ཏོག་རྒྱས་པར་ཆོས་རྒྱལ་མྱ་ངན་མེད་ཀྱི་དུས་སུ་དགྲ་བཅོམ་རྣམས་སྐད་རིགས་སོ་སོར་མདོ་འདོན་པས་སློབ་མ་རྣམས་སོ་སོར་ཛ་ལནྡྷ་རའི་དགོན་པར་དགྲ་བཅོམ་དང་མཁས་པ་རྣམས་འཚོགས་ནས་བསྡུས་ཞེས་དང་། ཁ་ཅིག །སྟོན་པ་འདས་ནས་ལོ་བརྒྱ་སོ་བདུན་ན་རྒྱལ་པོ་དགའ་བོ་དང་པད་ཆེན་གྱི་གནས་བརྟན་འོད་སྲུངས་དང་བླ་མ་སོགས་བཞུགས་ཀྱང་བདུད་སྡིག་ཅན་གྱི་དགེ་སློང་དུ་སྤྲུལ་ནས་བསྟན་པ་དཀྲུགས་པས་འཕགས་པ་ཀླུའི་སྡེ་དང་ཡིད་འོང་གི་དུས་སུ་ཡང་སྡེ་པ་སོ་སོར་གྱེས་ནས་ལོ་རེ་གསུམ་སོང་བ་ན་གནས་བརྟན་མའི་བུས་བསྟན་པ་བསྒྱུ་བ་གསུམ་པ་བྱས་སོ་ཞེས་ཟེར་རོ། །ཞེས་རྟོག་གེ་འབར་བར་བཤད་ཡམས་གཉིས་དང་། འོད་ལྡན་ལས་རྒྱལ་པོ་མྱ་ངན་མེད་ཤི་བ་ན་སྐད་རིགས་ཐ་དད་དུ་བཏོན་པས་སྡེ་པ་བཅོ་བརྒྱད་དུ་གྱེས་ནས་རྩོད་པ་མང་པོ་བྱུང་བ་ཞི་བའི་ཕྱིར་དུ་བསྒྱུ་བ་གསུམ་པ་བྱས་སོ་ཞེས་སོ། །

བོད་དག་སྟོན་པ་འདས་ནས་ལོ་སུམ་བརྒྱ་ན་རྒྱལ་པོ་ཀ་ནི་ཀས་སྦྱིན་བདག་བྱས་ཁ་ཆེའི་དགོན་པ་ཀུཎ་ཌར་གང་པོ་སོགས་དགྲ་བཅོམ་ལྔ་བརྒྱ། བ་སུ་མི་ཏྲ་སོགས་བྱང་སེམས་ལྔ་བརྒྱ། སོ་སྐྱེ་མཁས་པ་མང་པོ་འདུས་ནས་སྡེ་སྣོད་གསུམ་གླེགས་བམ་དུ་ཕྱར་མེད་པ་དེ་རེས་བཀོད་དེ་བསྒྱུ་བ་གསུམ་པ་བྱས་ཟེར་ཡང་གླེགས་བམ་ཕྱར་ནས་ཡོད་ཅིང་། ཀ་ནི་ཀ་ནི། ཀླུ་སྒྲུབ་ཡབ་སྲས་ཀྱི་དངོས་སློབ་མཁས་མཆོག་དཔའ་བོ་ཤིན་ཏུ་བགྲེས་པའི་ཚེ་ན་རྒྱལ་བུ་གཞོན་ནུར་ཡོད་པར་ཀ་ནི་ཀ་ལ་གདམས་པའི་སྤྲིངས་ཡིག་ན་ཤིན་ཏུ་གསལ་བས། རྟོག་གེ་འབར་བའི་བཤད་སྔ་མ་སྐྱོར་འདོད་ཀྱང་མ་འཁྲུར་བ་ཞིག་གིས་བཀོད་པར་གསལ་ལོ། །

འདིར་ནི་གཞུང་ཆེན་པོ་རྣམས་སུ་མི་གསལ་ཡང་། རྒྱ་གར་མཁས་པའི་གསུང་བགྲོས་བརྒྱུད་པ་ལས། དེ་ལྟར་བསྒྱུ་བ་གཉིས་པས་**དག་པར་བྱས**་སོགས། **དགེ་སློང**་རྫུན་མ་ཞིག་སོགས་ཕ་རྒྱ་མཚོར་སོང་ནས་ཡུན་རིང་འགོར་བ་ན་མའི་ཁྲོ་བྱས། **ཕ**་སླེབ་པ་ལམ་དུ་ཕྱིན་ནས་**བསད**། ཕྱིས་**མ**་ཡང་སྐྱེས་པ་གཞན་དང་འགྲོགས་པ་མཐོང་ནས་**བསད**། ཕ་མའི་མཆོད་གནས་དང་རང་གི་**སློབ་དཔོན་ཡིན་པའི་དགྲ་བཅོམ**་ཡང་དེས་རང་གི་ཉེས་པ་བསྒྲགས་ཀྱི་དོགས་ནས་**བཀྲོངས**་ཏེ་འཚམས་མེད་གསུམ་བྱས། དེ་ཤིན་ཏུ་བསྣོངས་ནས་ཡུལ་ཕྱོགས་གཞན་དུ་འབྲམས་ཏེ། རང་རྟགས་རང་གི་བླངས་ཏེ་**མཁན**་སོགས་**ཉམས་ཞེས་ཟེར་བ**འི་བར་གྱི་བརྫུན་བྱས།

རང་གི་ཕྱིག་སོགས་**པོས**་པ་ཁྱེད་ཀྱི་ཐོས་པར་ཟད་དོ་**ཞེས་བསྒྲགས**་སོགས། **དེ་ལ་སོགས་པ་རྫུན**་སོགས་**བྱས་ཞེས་ཐོས**་ལ། དེ་ལྟར་དག་པར་བྱས་པ་**འོན་ཀྱང**་སོགས་**ཟེར**་ཏེ། སྡུག་བསྔལ་སྨོས་ཤིང་སྡུག་བསྔལ་ཚིག་ཏུ་བརྗོད་པ་ལས་ལམ་སྐྱེ་བར་འགྱུར་རོ་ཞེས་སོགས་འཇིག་རྟེན་ལས་འདས་པར་སྨྲ་བའི་སྡེ་པའི་གཞུང་དུ་འབྱུང་བ་ལྟ་བུའོ། །སྡེ་པའི་གཞུང་རང་ལས་གཞན་རྣམས་བཀའ་མ་ཡིན་ནོ་ཞེས་རྩོད་པ་ལས། རྒྱལ་པོ་ཀྲི་ཀྲིའི་རྨི་ལམ་ལུང་བསྟན་གྱི་མདོ་རྙེད་ནས་ཐམས་ཅད་བཀར་མཐུན་སྣང་དུ་གྲུབ་པ་ནི་བསྡུ་བ་གསུམ་པའི་གཙོ་བོར་བྱ་དགོས་སོ། །འོན་ཀྱང་ལུང་གཅིག་ནས་འཕྲོས་པ་ལ་བརྒྱའི་བར་དུ་ཡོད་པ་ལས་སྡེ་པའི་བརྩོད་པས་གླེགས་བམ་བརླག་ནས་ད་ལྟ་བཅུའི་བར་ལས་མེད་པས་ན་མཁས་སོགས་**དགོངས**་སོ། །**དེ**་དག་**ནི**་སོགས་**ཡིན**་ནོ། །**ཐེག**་སོགས་**ཆེ**་ཞེས་པ་ཐོག་མར་བཀའ་བསྡུ་བ་ནི། བོད་དག་གི་བརྗོད་པ་ལ་ཁུངས་མ་མཐོང་ཡང་རྟོག་གེ་འབར་བར་ཀུན་བཟང་འཇམ་དཔལ་ཕྱག་རྡོར་བྱམས་པ་རྣམས་རྩ་བའི་སྡུད་པ་པོར་བྱས་ནས་དེད་ཀྱི་ཐེག་ཆེན་ཉན་ཐོས་མ་བསྡུས་ཞེས་བཤད་ཅིང་། ཀུན་དགའ་བོས་ཤེར་ཕྱིན་བསྡུས་པ་ནི་དེ་ཉིད་ཐེག་ཆེན་མདོ་རྒྱུད་དུ་ཕྱག་རྡོར་དུ་བཤད་པས་མི་འགལ་ལོ། །རྒྱུད་རྣམས་ནི་ཕལ་ཆེར་ཞུ་བ་པོ་སོ་སོས་བསྡུས་པ་ཡིན་ནོ། །དེ་རྗེས་འོད་སྲུངས་ཉེ་འཁོར་ཀུན་དགའ་ཤ་གོས་ཅན། ཉེར་སྦས་དྷཱི་ཏཱི་ནག་པོ་སྡེ་བསྟན་པ་གཏད་རབས་བདུན་དང་། ཤཱ་རིའི་བུ་ནས་སྲས་སྒྲ་གཅན་ཟིན་དང་དེས་བྲམ་ཟེའི་སྒྲ་གཅན་འཛིན་ཏེ། ས་ར་ཧ་དང་དེས་ཀླུ་སྒྲུབ་ཡབ་སྲས་ལ་སོགས་པའི་བར་ལ་བསྟན་པ་སྤྱི་དང་ཁྱད་པར་ཐེག་ཆེན་ཤེར་ཕྱིན་དང་ཆོས་མངོན་པ་རྒྱ་གར་ལྷོ་ཕྱོགས་ན་ཤིན་ཏུ་དག་ཅིང་དར་བར་བཞུགས། འོན་ཀྱང་ཀླུ་སྒྲུབ་ཀྱི་ཐུགས་བཞེད་དབུ་མ་ཆེན་པོ་ནི་སངས་རྒྱས་བསྐྱངས་ལས་གཞན་པའི་ཐུགས་སུ་མ་ཤོང་བར་འདུག་པ་ཚིག་གསལ་གྱི་འདུག་ན་ཤིན་ཏུ་གསལ་ལོ། །འོན་ཀྱང་རང་རྒྱུད་སོགས་ཤིན་ཏུ་དར་བ་ལས་ལོ་རྒྱུས་གྲུབ་མཐའ་ཀུན་ཤེས་སོགས་སུ་བཀོད་པ་ལྟར་**ཉི་མ**་སོགས་དར་བར་**མཛད་དོ**། །གཙུང་དབྱིག་གཉེན་གྱིས་ཀྱང་ཐེག་པ་དམན་མཆོག་གི་གཞུང་མཛོད་རྩ་འགྲེལ་དང་རབ་ཏུ་བྱེད་པ་སྡེ་བརྒྱད་སོགས་མཛད་ཅིང་། འདུལ་བ་རང་ལས་མཁས་པ་ཡོན་ཏན་འོད་ནས་བརྒྱུད་དེ་འདུལ་བ་དང་། དེ་བཞིན་དུ་བློ་གྲོས་བརྟན་པ་ནས་བརྒྱུད་པ་མངོན་པ་དང་། འཕགས་གྲོལ་ནས་བརྒྱུད་པ་ཕར་ཕྱིན་དང་། ཕྱོགས་གླང་ནས་བརྒྱུད་པས་ཚད་མ་སྟེ་བསྟན་པ་སྤེལ་བའི་འཕྲིན་ལས་ནི་སྐུ་མཆེད་ཁྱད་པར་གཙུང་ཉིད་ལྷག་པ་ལྟ་བུ་སྟེ་དེ་དག་གི་རྣམ་ཐར་དང་བརྩམ་ཆོས་སོགས་ནི་ཟུར་དུ་བཀོད་པས་འདིར་མི་སྤྲོའོ། །

གཞན་ཡང་དཔལ་མགོན་ཀླུ་སྒྲུབ་ཀྱི་སྟོ་ཚར་མཁས་མཆོག་ལེགས་ལྡན་འབྱེད་ནས། དཔལ་སྦས་དང་ཡེ་ཤེས་སྙིང་པོ་དང་ཞི་བ་འཚོ་ཡབ་སྲས་སོགས་རང་བརྒྱུད་པ་དང་། སངས་རྒྱས་བསྐྱང་གི་རྣམ་འཕྲུལ་ཕྱི་ཚར

ཟླ་བ་གྲགས་པ་ནས། རིག་པའི་ཁུ་བྱུག་གཉིས་དང་། ཨ་བ་དྷུ་ཏི་པ་དང་། རྡོ་བོ་ཆེན་པོ་དང་དབུ་མ་སེང་གེ་ལ་སོགས་པ་ཐལ་འགྱུར་བ་དང་། ཞི་མཚོའི་སྔ་ཚར་སེང་བཟང་ནས། སངས་རྒྱས་ཡེ་ཤེས་ཞབས་རྗེས་འབྲངས་མཁས་པ་དུ་མ་དང་། ཀླུ་སྒྲུབ་ཀྱི་སྡོམ་བརྒྱུད་ཡིན་ཡང་ཐོགས་མེད་མཆེད་ཀྱི་ལྟ་བ་ཐོག་མར་འཛིན་པ་དཔལ་ལྡན་ཆོས་སྐྱོང་བི་རུ་པ་དང་། གཞན་ཡང་སེམས་ཙམ་གྱི་མཁས་པ་ཆེན་པོ་ཤན་ཏི་པ་ལ་སོགས་པ་དང་། རྡོ་རྗེ་ཐེག་པའི་འཇམ་དབྱངས་སྒྱུལ་པ་དང་དུས་ཞབས་པ་གཉིས་ལ་སོགས་པ། ཀྱེ་རྡོ་རྗེའི་མི་ཐུབ་ཟླ་བ་དང་མཚོ་སྐྱེས་རྡོ་རྗེ་སོགས་དང་། བདེ་མཆོག་ལོ་ནག་དྲིལ་གསུམ། གཤིན་རྗེ་གཤེད་ཀྱི་ལ་ལི་ཏ་དང་དཔལ་འཛིན་སོགས་དང་། ཡོ་གའི་མཁས་པ་མི་གསུམ་དང་འཇམ་དཔལ་བཤེས་གཉེན་འཇམ་དཔལ་གྲགས་པ། སྙིག་པའི་རྡོ་རྗེ་ལ་སོགས་པ་ཡོངས་རྫོགས་པཎྜིཏའི་ཐ་མ་ཨ་བྷ་ཡའི་བར་དུ་བྱོན་པའི་མཁས་པ་དང་། མི་མཁས་ཀྱང་བསྟན་པ་ལ་དབང་ཙུང་ཟད་ཟབ་ཡང་འགའ་རེ་བྱུང་བས་འཕེལ་འགྲིབ་ཅི་རིགས་པ་བྱུང་ཞིང་། དེ་དག་ཀྱང་བསྟན་པའི་བདག་རྐྱེན་རྒྱལ་པོ་བཟང་ངན་གྱི་དབང་གིས་བྱུང་བས། འཇམ་དཔལ་རྩ་རྒྱུད་སོགས་སུ་བསྟན་པའི་བདག་རྐྱེན་གྱི་རྒྱལ་པོ་དུ་མ་ལུང་བསྟན་ཞིང་། ཁྱད་པར་སྟོན་པ་འདས་ནས་ལོ་བརྒྱའི་འཚམས་སུ་བྱོན་པའི་ཆོས་རྒྱལ་མྱ་ངན་མེད་ཀྱི་བསྟན་པ་ལ་བྱ་བ་ཤིན་ཏུ་སྟོབས་ཆེ་བར་བྱས། དེ་ནས་རྒྱལ་པོ་ཙནྡྲ་བདུན། པཱ་ལ་བདུན། སེ་ན་བཞི་འམ་བརྒྱད་ལ་སོགས་པས་རིམ་པར་བྱས་ཤིང་ཁྱད་པར་རྣམ་པཱ་ལས། ཧི་ཀ་ཏུ་འམ་རིན་ཆེན་སྤྲས་པའི་གཙུག་ལག་ཁང་དང་བི་ཀ་མ་ལ་ཤཱི་ལའི་གཙུག་ལག་ཁང་ལ་སོགས་པ་བཞེངས་ཏེ་མཁས་པ་དུ་མ་བསྡུས་ནས་འཆད་རྩོད་རྩོམ་པ་མཛད་པར་གྲགས་ལ། རབ་བྱུང་བསྙེན་རྫོགས་ཀྱི་ལོ་ཚིགས་ཀྱང་རྒྱལ་པོ་འདི་ཞེས་བྱ་བས་རྒྱལ་སྲིད་བཟུང་ནས་ལོ་གྲངས་འདི་ཙམ་འགྲོ་བའི་ཚེ་ཞེས་བརྗོད་དགོས་པ་དང་། ཆོས་བོད་དུ་བསྒྱུར་བ་ལ་ཡང་ཁ་ཆེའི་རྒྱལ་པོ་དཔལ་འཕགས་པ་ལྷའི་སྐུ་རིང་ལ་ཞེས་སོགས་བརྗོད་དགོས་པས་རྒྱ་གར་གྱི་ཆོས་ཀྱི་རྒྱལ་པོ་རྣམས་ཀྱི་བཀའ་དྲིན་ཡང་དྲན་པར་བྱ་བ་ཡིན་པས་**དེའི་རྗེས**་སོགས་**བྱུང**་བ་ཡིན་ནོ། །

གཉིས་པ་བོད་དུ་བྱུང་ཚུལ་ལ་སྔ་དར་དང་ཕྱི་དར་རོ། །དང་པོ་ནི། དུས་**ཕྱི་ནས**་སོགས་**ལེགས་པར་རིམ**་གྱིས་**བསྒྱུར**་ཏེ། སྤྱིར་བོད་ཀྱི་མི་ཚང་ནི། སྤྲེའུ་དང་བྲག་སྲིན་ལས་ཆད་པར་གྲགས་པ་ཡང་ཆ་ཤས་འགའ་ཞིག་སྲིད་ཀྱང་།སྟོན་རྒྱལ་པོ་སྐབས་སེང་བུ་ལྔ་བརྒྱས་དགྲ་དན་དཔུང་ཚོགས་བཅུ་གཉིས་ཕལ་ཆེར་ཕམ་པར་བྱས་པའི་དུས་བུ་ཕོ་མོ་བྲོས་པ་ལས་ཆད་པར་ལྷ་ལས་ཕྱུལ་བྱུང་གི་འགྲེལ་པར་འབྱུང་བ་ལྟར་ཡིན་པས་མི་རབས་ཤིན་ཏུ་མང་པོ་རྒྱལ་པོ་མེད་ལ། བོད་ཀྱི་རྒྱལ་པོ་ལ་སྔ་བ་ནི་རྗེ་གཉའ་ཁྲི་བཙན་པོ་སྟེ། དེ་ནི་སངས་རྒྱས་དང་ཞག་མཉམ་པོར་འཁྲུངས་པའི་རྒྱལ་ཕྲན་བཞི་ལ་ཤར་པའི་བུ་ཐ་ཆུང་མཚན་ལྟས་ཤིན་ཏུ་བཟང་བ་ཞིག་མཚན་

མཁན་གྱི་རྟག་མ་ཤེས་པར་གང་གར་བསྒྱུར་བ་ཞིང་པས་རྙེད་ནས་གསོས་ཤིང་སྤར་གྱི་བྱུང་ཚུལ་བཤད་པས་སྒྲོ་ནས་བྱུང་གི་རི་བྲག་ཏུ་བྲོས་པ་ཁོ་རང་བོད་འབངས་སྐྱིའི་བསོད་ནམས་ཀྱི་ལས་ཀྱི་རྫུ་འཕྲུལ་དང་འོད་ཀྱི་ལུས་ལ་སོགས་པ་ཐོབ་ནས་ཡར་ལུང་གི་རི་ལ་བབས། ཕྱུགས་རྫིས་རྙེད་དེ་གང་ནས་འོངས་དྲིས་པས་ནམ་མཁའ་ལ་འཛུག་གུ་བཙུགས་པས་གནམ་གྱི་ལྷ་ལས་བབས་པར་སྒྲོ་བཏགས་ཀྱི། མི་མཁས་པ་གང་དག་རོ་མ་བྱུང་བ་སོགས་ཀྱི་ལྷ་དངོས་ཡིན་ཡང་ཟེར། གསེར་གྱི་སྒོང་ནས་འཐོན་པས་སྒོང་སྐྱེས་ཀྱང་ཡིན་ཞེས་བདེན་ཞེན་གྱིས་འདོད་པ་ནི། བོན་པོའི་གཏམ་རྒྱུད་འཁྲུལ་པོའོ། །དེ་ནས་བརྒྱུད་དེ་གནམ་ལ་ཁྲི་བདུན། དེ་ནས་གྲི་གུམ་བཙན་པོ་དང་སྤུ་དེ་གུང་རྒྱལ་གཉིས་སྟོད་ཀྱི་སྟེང་གཉིས། དེ་ནས་སའི་ལེགས་དྲུག །ལོགས་ཀྱི་ལྡེ་བརྒྱད། དེ་ནས་རྒྱལ་ཏོ་རེ་ལོང་བཙན། ཁྲི་སྒྲ་དཔུང་བཙན་ཁྲི་ཐོག་རྗེ་ཐོག་བཙན་ཏེ་རྒྱལ་རབས་ཉི་ཤུ་རྩ་བཞི་འམ། སྟེང་གཉིས་བགྲངས་ན་རྩ་དྲུག་གི་བར་ལ། བོད་ན་དམ་པའི་ཆོས་ནི་དཀོན་མཆོག་གསུམ་གྱི་མཚན་ཙམ་ཡང་མེད་ལ། མི་རྣམས་ཀྱི་ཐབ་གཞོབ་སོགས་བྱས་པས་ལྷ་འདྲེ་ལ་ན་ཚ་བྱུང་ནས་འཆོས་ཐབས་ཀྱི་ཡས་དང་གྱེར་བ་སོགས་ལྷ་འདྲེ་རང་གིས་མི་དབང་པོ་གསལ་ཤེས་ལ་བསླབས་པས་འཕྲུལ་དུ་ཕན་པོ་བྱུང་བའི་ཕྱིར་ན་ཆབ་སྲིད་བོན་གྱིས་བསྐྱངས་པར་གྲགས་པས་སྣང་བཤན་ནི་བོད་དུ་ཆོས་ལ་སྔ་བས་ན་བོན་ཕོ་བོ་ཡིན་ཞེས་དང་རྒྱལ་བྱེད་དེ་ཁྲི་ཐོག་རྗེ་ཐོག་བཙན་གྱི་སྲས་ལ་ཀུན་ཏུ་བཟང་པོའི་རྣམ་འཕྲུལ་ལྷ་ཐོ་ཐོ་རི་གཉན་བཙན་ཏེ། འདི་རིང་ལ་དམ་པ་ཆོས་ཀྱི་དབུ་བརྙེས་ཏེ། ཕོ་བྲང་ཡུམ་བུ་བླ་སྒང་གི་རྩེ་མོར་ནམ་མཁའ་ལས་ཟ་མ་ཏོག་གཅིག་བབས་པ་ཁ་ཕྱེ་བས། མདོ་དཔང་སྐོང་ཕྱག་རྒྱ་པ་དང་ཟ་མ་ཏོག་བཀོད་པ་ཙིནྟ་མ་ཎིའི་གཟུངས་གསེར་གྱི་མཆོད་རྟེན། ཁ་ཅིག་སྨན་བླའི་མདོ་ཡང་བྱུང་ཟེར། ཆོས་བོན་གང་ཡིན་ངོ་མ་ཤེས་ནའང་མཚན་གཉན་པོ་གསང་བར་བཏགས་གསོལ་བ་བཏབ་པས་ཤིན་ཏུ་བཀྲ་ཤིས་པར་བྱུང་། རྒྱལ་པོའི་དགུང་ལོ་བརྒྱ་ཉི་ཤུ་ཐུབ་བོ། །

འདི་ལ་ཁ་ཅིག །ཀུན་བཟང་གི་སྤྲུལ་པས་ཆོས་བོན་ངོ་མ་ཤེས་པ་མི་འཐད་ཅིང་། བཤད་སྒྲུབ་གང་ཡང་མེད་པས་ཆོས་ཀྱི་དབུ་བརྙེས་པ་མི་འཐད་ཅེས་ཟེར། འོ་ན་རྒྱལ་པོ་དོན་གྲུབ་ལོངས་སྐུར་སངས་རྒྱས་ནས་གློག་ཡིག་དང་རྩིས་སློབ་པ་མི་འཐད་དོ། །དེ་ཚུལ་སྟོན་ནོ་ཞེ་ན་འདིར་ཡང་མཚུངས་ཤིང་། སྲོང་བཙན་སྒམ་པོའི་རིང་ལ་དབུ་བརྙེས་པ་ཡང་མི་འཐད་པར་འགྱུར་ཏེ། སྡོམ་པ་མེད་པས་བཤད་སྒྲུབ་མཚན་ཉིད་པ་མེད་པའི་ཕྱིར་རོ། །དེ་ལ་དཀོན་མཆོག་གི་རྟེན་ཁྱད་པར་ཅན་ཡོད་དོ་ཞེ་ན་འདིར་ཡང་དེ་བཞིན་ཏེ་གཞན་ཙུང་ཟད་ཀྱང་ཡོང་མ་སྨོང་བའི་དར་གཞན་གོང་གཅིག་རྙེད་ན་གཞན་གྱི་དབུ་བརྙེས་སོ། །དེའི་སྲས་ཁྲི་གཉན་བཟུང་བཙན། དེ་བཞིན་དུ་འབྲོ་གཉན་ལྡེ་རུ། སྟག་རི་གཉན་གཟིགས། གནམ་རི་སྲོང་བཙན། སྲོང་བཙན་སྒམ་པོ་སྟེ་རྒྱལ་རབས་ལྔ་

ནས་དམ་པའི་ཆོས་ཀྱི་སྒྲོལ་ལེགས་པར་བཏོད་དེ། འདིས་བལ་པོའི་རྒྱལ་པོ་འོད་ཟེར་གོ་ཆའི་སྲས་མོ་ཁབ་ཏུ་བཞེས་པས། ལྷ་མི་བསྐྱོད་རྡོ་རྗེ། བྱམས་པ་ཆོས་ཀྱི་འཁོར་ལོ། ཙནྡན་གྱི་རྗེ་མོ་སྒྲོལ་མ་རྣམས་སྤྱན་དྲངས་ཏེ། རྒྱའི་རྒྱལ་པོ་ཐང་ཐའི་ཙུང་གི་སྲས་མོ་ཁབ་ཏུ་བཞེས་པས་ཇོ་བོ་ཤཱཀྱ་མུ་ནེ་བོད་དུ་ཕེབས་སོ། །དེ་དག་གི་གཙུག་ལག་ཁང་བཞེངས་པའི་ས་འདུལ་དུ་རུ་བཞིའི། མཐའ་འདུལ་བཞིའི་ཡང་འདུལ་བཞི་གཙུག་ལག་ཁང་རྣམས་བཞེངས་ཏེ། དབུས་ཀྱི་གཡོན་རུ་རུ་ཕྲི་འབྲུག །དབུ་རུ་རུ་ཀ་ཚལ། གཙང་གི་གཡས་རུ་རུ་གཙང་འགྲམ་རུ་ལག་གྲོམ་པ་རྒྱང་གི་ལྷ་ཁང་སྟེ་བཞི་དང་། ཀོང་པོ་བུ་ཆུ། ལྷོ་བྲག་ཁོམ་མཐིང་ཀ་བྲག་སྦྲ་དུམ་རྩེ་སྟེ་བཞི་དང་། བྱང་ཚལ་གྱི་ཀླུང་གནོན། ལྡན་གྱི་ཀློང་ཐང་སྒྲོན་མ། མང་ཡུལ་བྱ་སྦྲིན། མོན་ཡུལ་གྱི་བུམ་ཐང་སྟེ་བཞིའོ། དེ་ཉིད་བལ་མོས་ར་ས་འཕྲུལ་སྣང་དང་རྒྱ་མོས་ར་མོ་ཆེ་བཞེངས། རྒྱ་གར་གྱི་སློབ་དཔོན་ཀུ་ས་ར་དང་། བལ་པོ་ཤཱི་ལ་མཉྫུ་དང་ཧ་ཤང་མ་ཧཱ་དེ་བ་ཆེ་ལ་སོགས་པ་སྤྱན་དྲངས། ལོ་ཙྪ་བ་ཐོན་མི་སམ་བྷོ་ཊ་ས་མདོ་ཟ་མ་ཏོག་དང་དཀོན་མཆོག་སྤྲིན་ལ་སོགས་པ་བསྒྱུར། འདི་དུས་ཀྱི་ལོ་ཙྪ་བ་ལྷ་ལུང་དཔལ་གྱི་རྡོ་རྗེ་བགྲོང་བ་ནི་ཧ་ཅང་འཕྲུལ་ལོ། །ཆོས་དགེ་བ་བཅུའི་ཁྲིམས་བཅས། ལོ་དྲུག་ཅུ་རྩ་དགུར་རྒྱལ་སྲིད་བཟུང་ངས། བརྒྱད་ཅུ་རྩ་གཉིས་ལ་བཙུན་མོ་གཉིས་དང་བཅས་པ་འཕགས་པ་རང་བྱུང་ལྔ་ལྡན་གྱི་ཐུགས་ཁར་ཐིམ། འདི་ནི་སྤྱན་རས་གཟིགས་དངོས་སུ་གྲགས་སོ། །

དེ་ནས་གུང་སྲོང་གུང་བཙན། མང་སྲོང་མང་བཙན། འདུས་སྲོང་མང་པོ་རྗེ། ཁྲི་ལྡེ་གཙུག་བརྟན། འདི་ལ་ཕྱིས་མེས་ཨག་ཚོམ་དུ་ཡང་གྲགས། འདིས་ལྷ་ས་མཁར་བྲག་སོ་ལྷ་ཁང་ལྔ་བཞེངས། སློབ་དཔོན་སངས་རྒྱས་གསང་བ་དང་སངས་རྒྱས་ཞི་བ་སྤྱན་དྲངས་པས་མ་འབྱོངས་ཀྱང་ལོ་ཙྪ་བ་བྲན་ཀ་དང་སྙིགས་ལ་སོགས་པས་མདོ་སྡེ་ལས་རྣམ་འབྱེད་དང་གསེར་འོད་དམ་པ་ལ་སོགས་པ་བསྒྱུར་རོ། །དེའི་སྲས་ཆོས་རྒྱལ་ཁྲི་སྲོང་ལྡེ་བཙན་ནི་རྗེ་བཙུན་འཇམ་དབྱངས་ཀྱི་སྤྲུལ་པ་སྟེ། མ་ཞང་གྲོམ་པ་སྐྱེས་དང་མས་ཏ་ར་ཀླུ་གོང་སོགས་ཀྱིས་ལྷ་སའི་ཇོ་བོ་རྒྱ་གར་དང་རྒྱ་ནག་ལ་སྐྱེལ་བར་བརྩམ། ཆོས་ཐམས་ཅད་བསྣུབས། ལྷ་སའི་སྒོ་ལ་འདག་ཞལ་བརྒྱབ་མི་ཤི་བ་ལ་དགེ་བ་བྱེད་པ་མེད་པ་དང་། རྒྱ་གར་སོགས་སུ་ཆོས་སློབ་ཏུ་འགྲོ་བ་རྣམས་བཀག་སྟེ་སྡིག་བློན་གྱི་བོད་ལ་ཁ་བསྒྱུར་བ་རྣམས། ཆོས་བློན་དབས་དཔལ་དབྱངས་སྦ་གསལ་སྣང་སོགས་ཀྱིས་གཞོན་སྐྱེས་དང་ལྐོག་གྲོས་མཛད་ནས་ཐབས་ཀྱིས་བཏུལ། མཁན་ཆེན་ཞི་བ་མཚོ་དང་སློབ་དཔོན་པདྨ་འབྱུང་གནས་དང་། ཀ་མ་ལ་ཤཱི་ལ་བི་མ་ལ་མི་ཏྲ་ལ་སོགས་པ་རིམ་གྱིས་སྤྱན་དྲངས། ཞབས་འོག་གི་འབངས་བླའི་མཆོད་གནས་སུ་བྱ་བའི་ཕྱིར་དུ། ལོ་ཙྪ་བ་སད་མི་མི་བདུན་ལ་སོགས་པ་ཚབ་འོག་གི་ཕྱིས་པ་ཤེས་རབ་ཆེ་བ་སུམ་བརྒྱ་རབ་ཏུ

བྱུང་། འཛམ་བུའི་གླིང་ན་འགྲན་ཟླ་དང་བྲལ་བའི་གཙུག་ལག་ཁང་ཆེན་པོ་བསམ་ཡས་ལྷུན་གྱིས་གྲུབ་པ་དགུང་ལོ་བཅུ་གསུམ་པ་ལ་རྨངས་བཏིང་ནས་ཉེར་ལྔ་པ་ལ་ཡོངས་སུ་རྫོགས་པར་བཞེངས། མདོ་སྔགས་ཀྱི་བཀའ་དང་བསྟན་བཅོས་གྲངས་མེད་པ་བསྒྱུར་ཏེ། ཁ་བ་ཅན་དུ་རྒྱལ་བའི་བསྟན་པ་བཤད་སྒྲུབ་གཉིས་ཀས་དར་ཞིང་རྒྱས་པར་མཛད་པ་དང་། དཀོན་མཆོག་གསུམ་ཀའི་རྟེན་ཡོངས་སུ་རྫོགས་པ་མཛད་པ་ཡིན་ནོ། །དེ་ནི་དགུང་ལོ་རེ་དགུ་ལ་གཤེགས་པར་གྲགས་སོ། །དེའི་སྲས་མུ་ནེ་བཙན་པོས་རྒྱལ་སྲིད་ལོ་གཉིས་ཙུང་མེད་བཟུང་སྟེ་སྐྱོད་གསུམ་གྱི་མཆོད་པ་བཙུགས་སོ། །བོད་འབངས་དབུལ་ཕྱུག་ལན་གསུམ་མཉམ་ཟེར་ཏེ་ལོ་ངོ་གཉིས་ལ་ཙུང་དཀའོ། །དགུང་ལོ་བཅུ་བདུན་ལ་གཤེགས། སྲས་ཁྲི་ལྡེ་སྲོང་བཙན་སད་ན་ལེགས་ཀྱིས་སྐར་ཆུང་རྡོ་རྗེ་དབྱིངས་ཀྱི་གཙུག་ལག་ཁང་བཞེངས། ལོ་པཎ་ཀྱི་ཞབས་ཏོག་མཛད་དོ། །དེ་ལ་སྲས་གཙང་མ་དར་མ་རལ་པ་ཅན་གསུམ་རྩོད་མེད་ཁྲི་སྲོང་ལྡེ་བཙན་ལྷ་རྗེ་ལྷུན་གྲུབ། ཁྲི་ཆེན་པོ་ཞེས་གསུམ་བསྟན་ནས་སྲས་ལྷ་བྱེད་པ་ནི་ཡིག་ཚངས་མ་དག་པའོ། །ཆུང་བ་རལ་པ་ཅན་རྒྱལ་སར་བསྐོས་སོ། །འདིས་ཨུ་ཤང་རྡོ་དཔེ་མེད་ཀྱི་གཙུག་ལག་ཁང་བཞེངས། ཁ་ཆེ་ཛི་ན་མི་ཏྲ་དང་དཱ་ན་ཤཱི་ལ་སོགས་མང་དུ་སྤྱན་དྲངས་ལོ་ཙཱ་བ་སྐ་ཅོག་ཞང་གསུམ་ལ་སོགས་པས་སྔར་མེད་གསར་དུ་བསྒྱུར་བ་དང་། །སྔར་ཡོད་སྐད་གསར་བཅད་ཀྱིས་ལེགས་པར་བཅོས། །ཟླ་སྒོ་དང་པོ་རབ་བྱུང་ལ་ཕུལ། དབུའི་དར་ཐོད་གདན་དུ་བཏིང་། རབ་བྱུང་རེ་རེ་ལ་འབངས་མི་ཁྱིམ་བདུན་བདུན་ཕུལ། འཛམ་གླིང་སུམ་གཉིས་ལ་དབང་བསྒྱུར་བ་བྱུང་། ཕྱག་ན་རྡོ་རྗེའི་སྤྲུལ་པར་གྲགས་སོ། །

བསྟན་པ་ཕྱི་དར་ནི། **དེ**་ལྟར་བྱུང་**ནས**་སོགས་**ཚེ**། བོད་ཀྱི་བསོད་ནམས་ཟད། སྡིག་བློན་རྣམས་ཀྱིས་རྒྱལ་པོ་ཧང་ཆོས་སྣང་ཆེས་པས་རྒྱལ་སྲིད་འཚོར་རོ་ཞེས་བགྲོས་ནས་བློན་པོ་དབས་རྒྱལ་ཏོ་རེ་དང་། ཅོག་རོ་ལེགས་སྒྲ་གཉིས་ཀྱིས་བཙན་པོ་རལ་པ་ཅན་དགུང་ལོ་སོ་དྲུག་པ་ལ་བགྲོངས་སོ། །གཙང་མ་རབ་ཏུ་བྱུང་བ་བྲོ་མོར་སྤྱུགས། **རྒྱལ་པོ་དར་མ**་རྒྱལ་སར་བསྐོས། དེས་ལོ་གསུམ་ཟེར་ཡང་ཟླ་བ་བདུན་ཙམ་རྒྱལ་སྲིད་ཆོས་བཞིན་བསྐྱངས། དེ་རྗེས་སྡིག་བློན་དང་བགྲོས་ན**ས་བསྟན་པ་བསྣུབས**་ཏེ། རབ་བྱུང་ཕལ་ཆེར་ཕབ། མི་འབབ་པ་རྣམས་མདའ་གཞུ་བསྐུར་ནས་ཁྱི་ར་ལ་བཏང་། ཇོ་བོ་བྱེ་ཐེམས་སུ་སྦས། ར་མོ་ཆེ་དང་བསམ་ཡས་ཀྱི་སྒོ་ལ་འདག་ཞལ་བྱས། གསུང་རབ་ཕལ་ཆེར་བྲག་ལ་སྦས་སོ། །དེ་ལྟ་ལུང་དཔལ་གྱི་རྡོ་རྗེས་དགོངས་ནས་ཁམས་སུ་བྲོས་སོ། །རྒྱལ་པོའི་བཙུན་མོ་ཚན་ཆུན་གཉིས་ལ་ལྷོ་བར་གྱི་སྲས་རེ་སྐྱེས་པ་ལ་ཡུམ་བརྟན་དང་འོད་སྲུངས་སུ་གྲགས་སོ། །འོད་སྲུངས་ཕྱོགས་པ་འགའ་རེ་ཡུམ་བརྟན་གྱི་སྐྲ་བཤད། ཚན་མས་བུ་གཡར་པོ་བྱས་ཏེ་བསྟན་པས། མདང་སྐྱེས་ཀྱི་བུ་ལ་སོ་མི་ཡོད་ནའང་ཡུམ་གྱི་བཀའ་བརྟན་དུ་ཆུག་ཅེས་བྱས་པས་ཡུམ་བརྟན་ནོ་ཞེས

ཟེར་བ་མི་འཐད་དེ། དེ་གོང་དུ་བཙུན་མོ་དཔལ་གྱི་དང་ཚུལ་དང་བློན་ཆེན་བྲང་ཁ་དཔལ་ཡོན་འགྲོགས་པའི་འཕྲུར་ཁ་བྱུང་ནས་བཙུན་མོ་སྨྲུམ་མ་ལྟེབས་ཏེ་ཤི་བ་ཁོག་པའི་བུ་ཆུང་ལ་དུང་སོ་འཁོར་མ་འདུག་ནས་སྟོན་རྗེ་གཉའ་ཁྲི་བཙན་པོ་ལ་དེ་ལྟར་ཡོད་པས་རྒྱལ་རིགས་མ་འཆུགས་པ་ལ་མངལ་ནང་ནས་སོ་ཡོང་བས་བཙུན་མོ་ལ་སྐྱོན་མེད་པར་ཐག་ཆོད་ཅེས་ཁྲིས་པ་དེ་མ་ཐག་ཏུ་བརྗོད་པའི་གཏམ་ཡིན་ནོ། །

དེ་ནས་ཡུམ་བརྟན་ཁྲི་མགོན་གཉེན། ཉི་འོད་དཔལ་མགོན། ཁྲི་མགོན་སྒྱིད། ཚ་ལ་ན་ཡེ་ཤེས་རྒྱལ་མཚན། འདིས་དབུས་གཙང་གི་མི་བཙུ་ཁམས་སུ་བཏྫངས་པ་དང་སླེབ་ནས་བསྟན་པའི་བདག་རྐྱེན་བྱས་སོ། །དེ་ནས་མངའ་བདག་ཁྲི་པ། ལྷ་བཙུན་པོ་ཧྲི་ར་ཛ། འདི་ཇོ་བོའི་སྦྱིན་བདག་གོ །དེ་ནས་མངའ་བདག་མགོན་པོ། དེ་ལ་སྲས་བཞི་བྱུང་བའི་ཆུང་བ་དབང་སྡེ། དེའི་སྲས་ལྔའི་གཉིས་པ་འོད་ལྡེ་མགོན་གྱི་སྲས་ལྷ་ཞི་འོད་དེའི་སྲས་འོད་ཁྲི། མགོན་ནེའི་སྲས་གསུམ་པ་དགེ་འོད་ཀྱི་སྲས་བཀྲ་ཤིས་ལྡེ་དང་འོད་ཁྲི་ཁུ་དབོན་གྱིས་ཆོས་འཁོར་གྱི་སྦྱིན་བདག་མཛད། དེ་ནས་རིམ་པར་བརྒྱུད་པས་ཆོས་རྗེ་བླ་མ་དམ་པ་སོགས་ཀྱི་སྦྱིན་བདག་དང་ཆོས་འཁོར་ཆེན་པོ་བསམ་ཡས་ཀྱི་འཛིན་སྐྱོངས་ནི་ད་ལྟའི་བར་དུ་ཡུམ་བརྟན་བརྒྱུད་ཀྱི་ལོགས་པར་མཛད་དོ། །མངའ་བདག་འོད་སྲུངས་ཀྱི་སྲས་ནི་དཔལ་འཁོར་བཙན་ཏེ། འོད་སྲུངས་འབངས་ཀྱིས་བཀྲོངས། སྲས་ཉང་སྟོད་དུ་བྱོན། སྲས་བཀྲ་ཤིས་བརྩེགས་པ་དཔལ་དང་། སྐྱིད་ལྡེ་ཉི་མ་མགོན། སྔ་མས་གཙང་བསྐོར་དུ་བཞུགས་པ་ལ་སྲས་དཔལ་ལྡེ་འོད་ལྡེ་སྐྱིད་ལྡེ་གསུམ་བྱུང་བས་སྨད་ཀྱི་ལྡེ་གསུམ་དུ་གྲགས་པས། བར་པས་དབུས་སུ་བྱོན་པའི་སྲས་ཇོ་བོ་གཡུས་ཅན་ནས་བརྒྱུད་པ་རྣམས་ཇོ་བོ་བསྐོར་དུ་གྲགས་སོ། །ཉི་མ་མགོན་གྱི་མངའ་རིས་སྟོད་དུ་བྱོན། སྲས་བཀྲ་ཤིས་མགོན་དང་། དཔལ་གྱི་མགོན། ལྡེ་བཙུག་མགོན་ཏེ་སྟོད་ཀྱི་མགོན་གསུམ་དུ་གྲགས་ཆེ་བའི་སྲས་འཁོར་རེ་དང་སྲོང་ངེ། འཁོར་རེ་རབ་ཏུ་བྱུང་བ་ལྷ་བླ་མ་ཡེ་ཤེས་འོད་དང་སྲོང་ངེའི་སྲས་ལྷ་ལྡེ། དེའི་སྲས་ཞི་བ་འོད། བྱང་ཆུབ་འོད། འོད་ལྡེ་སྟེ། དེ་རྣམས་ལ་མངའ་རིས་སྟོད་ཀྱི་མངའ་བདག་རྣམས་རིམ་གྱིས་བརྒྱུད་པ་རྣམས་རིགས་གསུམ་མགོན་པོ་དང་། སྟར་དར་གྱི་རལ་པ་ཅན་ནི་ཕྱག་རྡོར་ཡིན་ལ། གཞན་མེས་དབོན་ཚན་ཆེ་བ་ཀུན་སྤྱན་རས་གཟིགས་ལ་གཉའ་ཁྲི་བཙན་པོའི་ཚེ་སྤྲུལ་སེལ་དང་། དེ་བཞིན་དུ་ཀུན་བཟང་དང་འཇམ་དབྱངས་ཀྱི་བསྐྱལ་མཁན་བྱས་པས་དེ་དག་གི་སྤྲུལ་པར་གྲགས་ཀྱི་ངོ་བོ་ནི་སྤྱན་རས་གཟིགས་ཉིད་ཡིན་ནོ་ཞེས་ཇོ་བོ་ཡབ་སྲས་ཀྱི་གསང་བའི་རྣམ་ཐར་བཀའ་གདམས་གླེགས་བམ་ལས་འབྱུང་སྟེ། བོད་ཡུལ་སྤྱན་རས་གཟིགས་ཀྱི་ཞིང་ཁམས་སུ་མཁས་རྨོངས་ཀུན་ལ་གྲགས་པ་དང་མཐུན་ཞིང་དེ་ཐམས་ཅད་ཀྱང་འབྲོམ་ཆོས་ཀྱི་རྒྱལ་པོ་ཉིད་དང་མཁན་ཆེན་སྣ་ཕྱི་ཐམས་ཅད་ཇོ་བོ་ཉིད་ཀྱི་རྣམ་འཕྲུལ་དུ་གསུངས་ཏེ་ཁོ་རང་གི་

བསྟན་པ་ལ་ཁོང་རང་ཉིད་ཐུགས་རྗེས་ཆེ་བས་ཅིས་ཀྱང་དེ་ལྟར་རིགས་སོ། །

དེ་ལྟར་དར་མས་བསྟན་པ་བསྣུབས་པའི་སྐབས། འཛད་ཀྱི་གཙང་རབ་གསལ། བོ་དོང་པ་གཡོ་དགེ་འབྱུང་། སྟོད་ལུང་པ་དམར་ཤཱཀྱ་མུ་ནེ་རྣམས་ཆུ་བོ་རི་ལ་བཞུགས་པས་གསན་ནས། འདུལ་བ་དྲེའུ་ཁལ་གཅིག་བཀལ་ཏེ། སྟོད་དུ་བྲོས་ཧོར་ཡུལ་དུ་བསྟན་པ་དར་བར་བཞེད་ནའང་མ་གྲུབ་ནས་མདོ་སྨད་སྨ་ལུང་རྡོ་རྗེའི་བྲག་ར་ཨན་ཆུང་གནམ་རྫོང་དན་ཏིག་ཤེལ་གྱི་ཡང་དགོན་དུ་བསྒོམ་གྱི་བཞུགས་པས། བོན་པོའི་བུ་ཤེས་རབ་ཅན་མུ་གཟུ་གསལ་འབར་དང་མཇལ་བས་དད་ནས་རབ་བྱུང་ཞུས་པས་སྟ་མ་གཉིས་ཀྱི་མཁན་པོ་དང་སློབ་དཔོན་མཛད་ནས་རབ་ཏུ་བྱུང་། དགེ་བ་རབ་གསལ་དུ་བཏགས་ཕྱིས་ཐུགས་རབ་ཆེ་བས་དགོངས་པ་རབ་གསལ་དུ་གྲགས། ཡང་སྟར་གྱི་མཁན་སློབ་དང་། དམར་གྱི་གསང་སྟོན། རྒྱའི་ཧྭ་ཤང་ཀེ་དབང་དང་གྱི་འབིག་ཁ་བསྐོངས་བྱས་ཏེ་བསྙེན་པར་རྫོགས། གཞན་ཡང་གྲུབ་ཡེ་ཤེས་རྒྱལ་མཚན་དང་སྣུབས་བྱང་ཆུབ་རྒྱལ་མཚན་སོགས་ཀྱང་བསྙེན་པར་རྫོགས་ཏེ། ཁམས་སུ་དགེ་འདུན་གྱི་སྡེ་དང་འདུལ་མདོན་གྱི་བཤད་པ་ཅུང་ཟད་ཚུགས་པས་ཤིན་ཏུ་ངོ་མཚར་རོ། །

དེ་དག་གི་སྐབས་སུ་ཡུམ་བརྟན་དང་། འོད་སྲུངས་ནས་རྒྱལ་རབས་གསུམ་གྱི་བར་ལ་བོད་དབུས་གཙང་ན་སྡོམ་པ་འབོགས་ལེན་ལྟ་ཞོག །རབ་བྱུང་གི་གཟུགས་བརྙན་ཙམ་བ་ཡང་མེད་ཉན་བཤད་ལྟ་ཞོག །ནད་པའི་རིམ་གྲོ་ལ་གློག་འདོན་རེ་ཙམ་བྱེད་པ་ན། དམར་པོ་འདི་རྣམས་ནག་པོ་འདི་རྣམས་ཀྱི་འཆད་པ་འདྲ་ཞེས་པ་ལས་མེད་པ་ལོ་བདུན་ཅུ་བྱུང་ངོ་ཀྱེ་མ་ཀྱེ་ཧུད། དེ་རྗེས་སྨད་ན་བསྟན་པ་ཅུང་ཟད་ཚུགས་པའི་སྐབས་ཆ་དབུས་གཙང་དུ་སླེབ། མངའ་བདག་ཚ་ལ་ན་ཡབ་སྲས་སོགས་ལ་སངས་རྒྱས་ཀྱི་འཕྲིན་ལས་ཅུང་ཟད་ཞུགས་ནས། ཀླུ་མེས་ཚུལ་ཁྲིམས་ཤེས་རབ། འབྲི་ཡེ་ཤེས་ཡོན་ཏན། ཐ་ཚུལ་ཁྲིམས་བློ་གྲོས། རག་ཤི་ཚུལ་ཁྲིམས་འབྱུང་གནས། སུམ་པ་ཡེ་ཤེས་བློ་གྲོས་ཏེ་དབུས་པ་ལྔ་མདོ་སྨད་དུ་བཏང་ངས། དེའི་སྐབས་གཙང་གི་བཙན་པོ་རྣམས་ཀྱིས་ཀྱང་གསན་ཏེ། ལོ་སྟོན་རྡོ་རྗེ་དབང་ཕྱུག །ཚོང་བཙུན་ཤེས་རབ་སེང་གེ །མངའ་རིས་འོ་བརྒྱད་སྤྱུན་གཉིས། བོ་དོང་པ་ཨུ་པ་དེ་ཀར་རྣམས་བཏང་ངས། གཙང་གཡོ་དམར་གསུམ་བགྲེས་པས་མཁན་བུ་མི་སྐྱོངས་གསུངས་ནས་སློབ་དཔོན་དང་། བླ་ཆེན་དགོངས་པ་རབ་གསལ་གྱི་མཁན་པོ་མཛད་དེ་རབ་བྱུང་བསྙེན་རྫོགས་གནང་འདུལ་བ་བསླབས་ཏེ་ཡར་ཕེབས་ནས་བཙན་པོ་རྣམས་ཀྱི་བླ་མཆོད་དུ་ཁུར། །གཙུག་ལག་ཁང་རྣམས་ཕྱུལ། བོད་འབངས་ལ་ཁྲལ་དམག་གིས་གནེར་མཁན་མེད་ཅིང་རྗེ་རྣམས་ཀྱིས་བསྐྱལ་བའི་རབ་བྱུང་གི་སྡེ་ཉིན་རེ་བཞིན་ཡང་ཤིན་ཏུ་མང་བར་འཕེལ་ལོ། །ཁྱད་པར་ཀླུ་མེས་ལ་གནས་གཞི་འཛིན་པའི་སློབ་མ་ཀ་བ་བཞི

གདུང་དྲུག་ལ་སོགས་གྲགས་པའི་ཀ་བ་བཞི་ནི། གྲུབ་ཞང་རྡོག་གླན་ཏེ་གྲུ་མེར་ཚུལ་འབྱུང་། ཞང་སྣ་ནམ་རྡོ་རྗེ་དབང་ཕྱུག །རྡོག་བྱང་འབྱུང་། གླན་ཡེ་ཤེས་ཤེས་རབ་བོ། །དེ་བཞིས་རིམ་བཞིན། སེལ་ནག་ཐང་ཆེན།སྒོད་ལུང་ར་ཙག །ཡེར་པ་བ་རང་། རྒྱ་པར་སྣང་སོགས་བརྩིགས་ནས་མང་དུ་འཆད་པས་ཐང་སྡེ། ཞང་སྐོར་རྡོག་ཚོ་གླན་སྐོར་དུ་གྲགས་སོ། །འབྲིང་གི་ནི་དན་ལམ་སྐྱི་མོ་བརྩིགས་པ་ནས་འཆད་པ་འབྲིང་ཚོ་ཟེར་ཏེ། གསང་ཕུ་སྣེ་ཐང་སོགས་ཀྱང་དེ་ཡིན་ནོ། །སྦས་ལུང་གྲུར་ལྔ་ཁང་བརྩིགས་པ་ནས་འཆད་པ་ལ་སྦ་ཚོ་ཟེར་ཏེ། རག་ཤིས་ཀ་ཚལ་བཟུང་བ་ནས་འཆད་པ་ལ་རག་ཚོའོ། །གཙང་དུ་ལོ་སྟོན་གྱིས་ཞ་ལུ་རྒྱན་གོང་བརྩིགས་པ་ནས་འཆད་པ་ལ་ལོ་ཚོ། ཚོང་བཙུན་གྱིས་བརྩེས་ཀྱི་ཡང་དབེན་བཟུང་བ་ནས་འཆད་པ་ལ་ཚོང་ཚོ་སྟེ་དེ་གཉིས་ཤིན་ཏུ་མང་། གཙང་པ་གཞན་གསུམ་དང་སུམ་པ་ལས་འཆད་མ་ཐུབ་པས་དབུས་གཙང་གི་མི་དྲུག་ཏུ་འཚང་བྱེད་དོ། །འ་ཞ་ཡེ་ཤེས་གཡུང་དྲུང་དང་འདྲེ་གཞོན་ཚུལ་གཉིས་ཀྱིས་ཁམས་སུ་ཕྱིན་ནས་རིམ་བཞིན་སྤྲོའི་མཆོག་བླ་དང་ཡ་ཟེ་བོན་སྟོན་ལ་མཁན་པོ་ཞུས་པས་དོན་གྲུབ་པ་ལ་འདས་ནས་ཆབ་གཏེར་མ་དང་དེར་བས་མར་གྲགས་པ་བྱུང་སྟེ། དེ་གཉིས་ཀྱི་རབ་བྱུང་བསླེན་རྫོགས་ཀྱི་མཁན་པོ་རང་ནི་མ་བྱུས་ལས་ཆེ་ནའང་འཚོ་དང་འདྲེ་ཚོའི་སྡེ་པ་ནི་ཤིན་ཏུ་མང་བར་གྲགས་པས་སྡེ་པ་བརྒྱད་དུ་སོ། །བཙན་པོ་རྣམས་དང་ཅུང་ཟད་མ་མཐུན་པས་སྡེ་ཚོད་ཀྱི་འཕྲུགས་པར་གྲགས་སོ། །

དེ་དག་གི་ནང་ནས་གཙོ་ཆེར་གླུ་མེས་ནས་གྲེས་པ་ནི། དངོས་སློབ་ཀ་ཆུ་བ་གཟུས་རྡོ་རྗེ་རྒྱལ་མཚན་ལ་འདུལ་བའི་བཀའ་བབས། དེ་ལ་བུ་བཞི་སྟེ་གླན་ཚུལ་བྱང་སྐྱ་ཆུ་བ་ཚུལ་བྱུང་། སྣེ་པོ་གྲགས་རྒྱལ་འཛིམ་པ་ཤེར་འོད། ཕྱི་མ་གསུམ་ལ་རིམ་པ་བཞིན། ཉང་འཚམས་རིན་ཆེན་བློ་གྲོས་སོག་ཚུལ་ཁྲིམས་བླ་མ། གོ་ཁྲིམ་པ་ཡེ་ཤེས་བླ་མའོ། །དེ་གསུམ་དང་འཛིམ་པ་ལས་གཞན་གསུམ་ལ་རྒྱ་འདུལ་བ་འཛིན་པ་དབང་ཕྱུག་ཚུལ་ཁྲིམས་ཀྱིས་གསན་ནས་དམ་ཆོས་འདུལ་བའི་བསྟན་པ་ཕྱོགས་བཅུར་རྒྱས་པར་མཛད། སྟ་ཚར་ཕྱི་ཚར་བར་ཚར་གྱི་སློབ་མ་བྱུང་། སྟ་ཚར་ལ་དབུས་ཀྱི་ཀ་བ་མཆོ་བྱང་རྡོར་དང་ནག་པོ་དར་ཚུལ། གཙང་གི་ཀ་བ་མཐའ་བཞི་བརྩོན་འགྲུས་འབར་དང་མདར་འདུལ་འཛིན། བར་ཚར་གྱི་པོ་ཚུལ་འཕགས། ཕྱི་ཚར་ས་སྐྱའི་བྲག་དམར་རྡོ་རྗེ་ཕུར་བུ་སྟེ། ཟླ་ཚོ་ནས་བྱ་འདུལ་སོགས་དང་། དར་འདུལ་ནས་ཤ་མི་ཕྱོགས་དང་། ཀྱི་སོ་རྣམས་ལ་བྱ་ཀྱི་ཤ་གསུམ་ལ་སོགས། འདུལ་བ་འཆད་ཅེས་གྲགས་སོ། །ཕར་ཕྱིན་དང་མདོན་པ་གོང་མ་ནི། སྐ་ཅོག་ཞང་གསུམ་གྱི་ཇོ་ན་མི་ཏྲ་ལ་གསན་པ་ནས་བརྒྱུད་དེ། ནམ་ནད་ཟླ་བའི་རྡོ་རྗེ། ལྷ་ལུང་དཔལ་གྱི་རྡོ་རྗེ་ཐས་རྒྱལ་བ་ཡེ་ཤེས་ཅོག་གྲུ་མཆོག་གི་ཡེ་ཤེས། དེས་གྲུམ་གྱི་མཁན་བུ་སེ་བཙུན་དབང་ཕྱུག་གཞོན་ནུ། འདི་ལ་ཁུ་རྡོག་འབྲོམ་

གསུམ་སོགས་མང་པོས་གཏུགས། ཁྱུས་བཤད་པ་གཙོ་བོར་མཛད་པས་སྐྱ་ཆེ་སྟོད་ལ་ར་ཁྲི་བཟང་འབར་རྒྱ་རྒྱལ་བུ་ཚུལ་ལེ། ལི་ཆོས་གྲགས་གསུམ་ལ་ར་རྒྱ་ལི་གསུམ་དུ་གྲགས། སྨད་ལ་བྲང་ཧེ་དར་མ་སྙིང་པོ་ཀོ་ཡེ་འབྱུང་སྟེ་བྲང་ཀོ་གཉིས་སུ་གྲགས། དེ་དག་ནས་བརྒྱུད་དེ། འབན་དཀོན་མཆོག་རྡོ་རྗེ། རོག་ཆོས་དབང་ཁྲོ་ཀུན་དགའ་རྡོ་རྗེ་སྟེ། འབན་རོག་ཁྲོ་ལ་སོགས་པ་མདོན་པ་འཆད་ཅེས་གྲགས་སོ། །

རྔོག་ལེགས་ཤེའི་དཔོན་པོ་རྔོག་བློ་ལྡན་ཤེས་རབ་ཀྱི་རྒྱ་གར་ནས་ཆོས་མང་དུ་བླངས་ཤིང་དག་པར་བྱས། ཁྱད་པར་ཚད་མ་རྒྱལ་དུ་སྟོན་པ་ནས་བརྒྱུད་པའི་འབྲེ་ཤེས་རབ་འབར་དང་ཨར་བྱང་ཆུབ་ཡེ་ཤེས་ཀྱི་ཕར་ལ་རྒྱལ་དུ་བཏོན། ཕྱ་གཙང་དན་གསུམ་སོགས་ཀྱིས་ཚད་མ་དང་དབུ་མ་རང་རྒྱུད་ལ་རྒྱལ་དུ་བཏོན་ནོ། །འཕན་ཡུལ་པ་ཚབ་ཉི་མ་གྲགས་ཀྱིས་རྒྱ་གར་གྱི་མཁས་པ་དྲུག་ཙམ་ལ་གཏུགས་ནས་ཟླ་གྲགས་ཀྱི་དབུ་མ་ལ་རྒྱལ་དུ་བཏོན་ནོ། །བསྟན་པ་ཕྱི་དར་བྱུང་བ་དེའི་རྗེས་སུ་ལོ་བཞི་བཅུའི་ནང་དུ་དེ་ལྟར་ཁ་ཕྱིར་བལྟས་ཀྱི་འཆད་ཉན་མང་དུ་བྱུང་ཡང་བྱང་ཆུབ་ཀྱི་སེམས་དང་ལས་འབྲས་ཀྱི་ཞིབ་ཆ་ཙུང་མེད་ཅི། ཁྱད་པར་སྔགས་པ་དག་གིས་**ཆོས་ལོག་**སྤྱོད་པ་**དུ་མ་འཕེལ་**བ་མ་བཟོད་ནས་དེའི་ཚེ་མངའ་རིས་སྟོད་ཀྱི་ལྷ་**བླ་མ་སོགས་ནུབ་པར་མཛད།** དེས་ཀྱང་ཐུགས་མ་ཞིམ་པར་ལྷ་བཙུན་ཁུ་དབོན་གྱིས་དཀའ་བ་བརྒྱ་ཕྲག་དུ་མའི་རྫོལ་བས། ཇོ་བོ་ཆེན་པོ་སྤྱན་དྲངས་ཏེ། ཆོས་ཐམས་ཅད་སེམས་རྒྱུད་འདུལ་ཞིང་ལུས་ངང་འཚོས་པའི་ལག་ལེན་དུ་དྲིལ་བས་ཁུ་རྔོག་འབྲོམ་གསུམ་ལ་སོགས་པ་སྐྱེ་བ་མི་ཆེན་ཐམས་ཅད་བལ་འདབ་ཆུར་བསྒྱུར་བ་ནས་བསྟུད་དེ་པོ་ཤར་འཆད་གསུམ་སོགས་ནམ་མཁའི་སྐར་ཚོགས་ལྟར་འཕེལ་ཞིང་། རབ་བྱུང་ཡང་ཤ་ར་བ་ཡོན་ཏན་གྲགས་ནས་དཔོན་པོ་ཞང་སྟོན་དར་མ་གྲགས་ཀྱི་བཀའ་གདམས་ཀྱི་གྲྭ་པ་མང་དུ་བཙུགས་པ་ནས་བརྒྱུད་དེ། ལོ་ཙྪ་བ་གྲགས་པའི་མིང་ཅན་བཅུ་ལ་སོགས་པ་གྲགས་པའི་མཐའ་ཅན་གྱིས་སྙིང་ཁྱབ་པ་ལྟ་བུར་མཛད་པས་འཕེལ་ཚུལ་བརྗོད་ཀྱིས་མི་ལང་ལ། སྡེ་འབྲུགས་སོགས་ཀྱི་འགྲིབ་རྐྱེན་ཡང་མང་དུ་བྱུང་བས་ཞིབ་ཏུ་བརྗོད་ན་ཡི་གེ་མང་དུ་དོགས་པས་མདོ་ཙམ་མོ། །རིན་ཆེན་བཟང་པོ་**དེའི་སློབ་མ**་ལྷ་བླ་མ་**ཞི**་སོགས་**ཟེར**། དུས་ཕྱིས་འགོས་ཁུག་པ་**ལྷས་བཙས**་སོགས་**ཀྱིའོ**། །འདི་དང་དུས་མཉམ་ཙུང་སྔ་བ་ལ། ལོ་ཙྪ་བ་འབྲོག་མི་ཤཱཀྱ་ཡེ་ཤེས་དང་། ལྷོ་བྲག་མར་པ་ཆོས་ཀྱི་བློ་གྲོས་ཏེ་འདི་གསུམ་ལ་འབྲོག་འགོས་མར་གསུམ་དུ་གྲགས་ཤིང་། སྔ་མ་རྒྱ་གར་གྱི་མཁས་པ་སྒོ་དྲུག་ཏུ་གྲགས་པ་ལ་གཏུགས། ཁྱད་པར་རྗེ་ག་ཡ་དྷ་ར་རིན་པོ་ཆེ་ཡོན་གྱིས་ལེགས་པར་མཉེས་པར་བྱས་ཏེ། མདོ་སྔགས་སྤྱི་དང་ཁྱད་པར་ཀྱེ་རྡོ་རྗེ་རྒྱུད་གསུམ་མན་ངག་ལམ་སྐོར་དང་བཅས་པས་བོད་ཡུལ་མཐའ་ཉི་མ་ཤར་བ་ལྟར་མཛད་དོ། །ཁར་པས་ཀྱང་རྗེ་ག་ཡ་དྷ་ར་དང་རྒྱ་གར་དུ་བླ་མ་མངོན་ཤེས་ཅན་དང་བཙུན་མོ་ཅན་ལ་སོགས་

པ་བསྟེན་ཏེ། གསང་འདུས་འཕགས་ལུགས་ཀྱི་བཤད་པས་ཀྱང་དེ་བཞིན་ནོ། །གསུམ་པས་མཁས་མཆོག་ནཱ་རོ་པ་དང་མངའ་བདག་མེ་ཏྲི་པ་ལ་སོགས་པ་མང་དུ་བསྟེན། རྒྱ་གར་དུ་ལན་གསུམ་བྱོན། གསང་སྔགས་མང་དུ་གསན། འཕགས་ལུགས་ཀྱི་རྫོགས་རིམ་གཙོ་བོར་གྱུར་པའི་བདེ་དགྱེས་དང་རྒྱུ་ཐོད་གདན་གསུམ་ལ་སོགས་པས་སློབ་མ་བཀའ་ཆེན་བཞིར་གྲགས་པ་དང་ཁྱད་པར་རྗེ་མི་ལ་ནས་བརྒྱུད་པ་སྟོན་ནམ་དྭངས་པའི་སྐར་ཚོགས་ཙམ་མོ། །

གཞན་ཡང་མར་པ་དོ་པ་ཆོས་དབང་དང་། མལ་གྱི་བློ་གྲོས་གྲགས་ཀྱི་འཁོར་ལོ་བདེ་མཆོག་དང་། རྭ་རྡོར་གྲགས་དང་སྐྱི་འོད་འབྱུང་གིས་གཤིན་རྗེ་སྐོར་རྭ་ཆོས་རབ་དང་འབྲོ་ལོ་ཙཱ་བས་དམ་པ་དང་པོའི་སངས་རྒྱས། ལོ་ཆེན་ཡབ་སྲས་ནས་བརྒྱུད་པའི་ཀྱང་པོ་ཆོས་འབར་དང་གསུམ་པ་ཡེ་འབར་ལ་སོགས་པས་འདུས་པ་ཞབས་ལུགས་དང་རྣལ་འབྱོར་རྒྱུད། བ་རི་རིན་ཆེན་གྲགས་ལ་སོགས་པས་བྱ་སྤྱོད་གཙོ་བོར་གྱུར་པ་ལ་སོགས་པ་འཛིན་སྐྱོངས་སྤེལ་བ་རྣམས་ལེགས་པར་མཛོད། འགོས་ཀྱིས་སྔགས་ལོག་སུན་འབྱིན་མཛད་པའི་རྗེས། **དེ་ནས་ཆོས་རྗེ་ས་སྐྱ་པ་ཆེན་པོ་**ཀུན་དགའ་སྙིང་པོ་ཡབ་སྲས་**བཞུགས་**སོགས་**ཐོས་**མོད་ཀྱི་དེའི་**ཕྱི་**མི་རབས་གཅིག་ཙམ་**ནས་**སྤྱར་བརྗོད་པའི་**ཕག་མོའི་**སོགས་**དེང་སང་འཕེལ་**ལོ། །**མཁས་**པ་ཆོས་རྗེ་ཉི་དང་། གཞན་ཡང་དུས་མཚུངས་ཀྱི་ཆོས་རྗེ་འཛམ་གསར་དང་། ཁྲི་ལོ་གསལ་ལོ་སོགས་**རྣམས་འདི་ལ་**སོགས་**མ་ནུས་**སོ། །**བླུན་**སོགས་**རློམ་པ་**གསང་ཕུ་བ་བློ་གྲོས་སེང་གེ་དང་བཟེད་རིངས་ལྷ་བུ་མི་ཚེ་གསུང་རབ་ཀྱི་འཆད་ཉན་ལ་བསྐྱལ་ནས་ཀྲས་ཁར་བླུན་པོ་རེའི་ཙར་ལོག་ཆོས་འདི་ལ་སྤྱོད་པ་ནི་སྟོན་ཁྲིན་པ་གཅིག་གི་འགྲམས་ན་རི་བོང་གནས་པ་ལས། ཤིང་ལོ་གཅིག་ཆུ་ནང་དུ་ལྷུང་བ་ལ་**ཆལ་**ཞེས་པའི་སྒྲ་གཅིག་བྱུང་བ་ལ་ཙུང་ཟད་ཞེད་ནས་གཅིག་གིས་བྲོས་སོ། །ཙི་བྱུང་ཆལ་བྱུང་ཞེས་སླས་པས་རྒྱ་མཚན་རྩད་མ་བཅད་པར་གཞན་དག་གིས་ཀྱང་བྲོས་ཏེ། དེ་བཞིན་དུ་རི་དྭགས་ཀུན་གྱིས་བྲོས་པ་ལ་མ་བརྟགས་པར་སེང་གེ་དག་ཀྱང་རིང་དུ་བྲོས་པ་**བཞིན་**ནོ། །

གསུམ་པ་དེས་ན་ཕྱི་དོར་བྱ་བར་རིགས་པ་ལ། རིགས་པ་དང་ལུང་དང་དཔེའི་སྒོ་ནས་རིགས་པའོ། དང་པོ་ནི། ཆོས་ལོག་**འདི་འདྲ**འི་སོགས་གཟུ་བོར་གནས་པའི་ཤེས་རབ་ཀྱིས་**ལེགས་པར་དཔྱོད་**ལ་ལན་**སློས་**ཤིག །**གལ་ཏེ་**སོགས་**ན་**ནི་**མུ་**སོགས་**གནོད་དེ་**མི་གནོད་དོ། །**ཆོས་ལོག་**སོགས་**མི་གནོད་དམ་**སྙེ་ཤིན་ཏུ་གནོད་དོ། །**གནོད་ཀྱང་**སོགས་**ཙི་སྙེ་བྱ་**སྙེ་བྱར་མི་རིགས་སོ། །**འདི་དག་**སོགས་**ཕྱུང་**བ་ལ་འབད་པར་གྱིས་**ཤིག** །

གཉིས་པ་ནི་ཆོས་ལ་གནོད་པ་བྱུང་ན་ཀློག་དགོས་པ་རྒྱ་མཚན་**ཅིའི་སླད་དུ་ཞེ**་ན་སོགས་**ཞེས**་མདོ་སྡུད་པར་**གསུངས**་ཤིང་རྒྱས་འབྲིང་བསྡུས་པ་གཞན་དུ་ཡང་། བུ་མང་པོ་དག་གིས་རང་གི་མ་བསྲུང་བ་བཞིན་དུ

སངས་རྒྱས་ཐམས་ཅད་རང་ཉིད་བསྒྲུབ་པར་མཛད་པའི་ཆོས་ལ་གཙེས་སྤྲས་མཛད་ཚུལ་རྒྱ་ཆེར་གསུངས་པ་འདི་ལ་སོགས་བྱ་དགོས་ཏེ་ལུང་རིག་གི་དེ་ལྟར་གྲུབ་པའི་ཕྱིར་རོ། །

གསུམ་པ་ནི། **ཉི་མ་**སོགས་**ཚིམ་པར་སྣང་**བའི་ཕྱིར་ན་བསྟན་པའི་བྱི་དོར་ལ་འབད་དགོས་པར་ངེས་པར་གྲུབ་བོ། །གཉིས་པ་དེའི་ཕྱིར་གཞུང་འདི་བཟུང་བར་གདམས་པ་ལ། སྙིང་རྗེས་ཕན་པར་བསམས་ཕྱིར་ཤེས་རབ་ཀྱིས་རྟོགས་པར་ཤེས་ཕྱིར་བཟུང་བར་འོས་པའོ། །དང་པོ་ལ་སྟོང་ཤུགས་དང་ཕྲག་དོག་མེད། ཟང་ཟིང་དང་གྲགས་པ་མི་འདོད་འདི་ཙམ་ལས་ལ་བཤད་པའི་རྒྱུ་མཚན་ནོ། །དང་པོ་ལ་མེད་པའི་རྒྱུ་མཚན་བསྟུས་ཏེ་བརྗོད། ཡོད་པར་སླུ་བ་རང་སྐྱོན་ཡིན། དེའི་རྒྱུ་མཚན་རྒྱས་པར་བརྗོད་སངས་རྒྱས་དང་མཁས་པའི་བྱེད་ལས་བརྗོད་པའོ། །དང་པོ་ནི། **བདག་**སོགས་**དེ་**འཐོལ་ཞིང་གཤེགས་སོ། །

གཉིས་པ་ནི། **དམ་ཆོས་**སོགས་**ཡིན**། གསུམ་པ་ནི། **ཀླུ་**སོགས་**ཇི་ལྟ་བསྒྲལ་**ཏེ། སྒྲོལ་ཐབས་མེད་པ་དཔེ་དེ་རྣམས་ཀྱིས་གྲུབ་བོ། །

བཞི་པ་ནི། **སངས་རྒྱས་**སོགས་**རྣམ་གསུམ་**ནི། མུ་སྟེགས་འཇོམས། ལན་བདུད་ལས་སྐྱོངས་སེམས་ཅན་དབུགས་འབྱིན་པའོ། །དེ་སྐད་དུ་**མ་ཁོལ་**སོགས། **ཤེས་པར་གྱིས་**ཤིག །**བདག་**ཀྱང་སོགས། **བཤད་པ་ཡིན་**ཏེ། བསྟན་པ་དང་མི་ཐུན་པ་བཀག །མཐུན་པར་བཤད་པ་གང་ཞིག །**སངས་རྒྱས་**སོགས་**བསམ་**པར་འགྱུར་བའི་ཕྱིར་རོ། །གསུམ་པ་ལ་མཁས་པས་བཤད་ཚར། གཞན་དུ་བཤད་ཟིན། མཁས་པ་ཕྱིས་འབྱུང་ལ། གདམས་པས་མ་བཤད་པའོ། །དང་པོ་ནི། **མུ་**སོགས་**ཡོད་མོད།** རྟོག་གེ་འབར་བ་དང་། སྨྱུན་རས་གཟིགས་ཀྱི་བརྟུལ་ཞུགས་དང་རྣམ་བཤད་རིམ་པ་སོགས་**མཁས་**སོགས་**མ་བཤད་**དོ། །

གཉིས་པ་ནི། **དེང་སང་**སོགས་**གཞན་**མངོན་རྟོགས་ལྗོན་ཤིང་དང་ཚོགས་འཁོར་སོགས་ཀྱི་གཞུང་དུ་**བཤད་**ཟིན་པས་འདིར་རྒྱས་པར་མ་བཤད་དོ། །**འདིར་**ནི་སོགས་**བཤད་པ་ཡིན་**ནོ། །

གསུམ་པ་ནི། **ད་དུང་**སོགས་ལེགས་པར་**དཔྱོད་**ཅིག་ཅེས་གདམས་སོ། །གཉིས་པ་ལ། མཐའ་དག་ཤེས་པས་ཕྱོགས་ལྷུང་མེད། དེས་ན་ནན་གྱི་བཟུང་བར་གདམས་པའོ། །དང་པོ་ནི། ཁྱེད་རང་ཕྱོགས་རེའི་མིག་གིས་རང་གི་གང་མཐོང་ལ་ཞེན་ནས་དེ་དང་མི་མཐུན་པ་དང་འགོག་པ་མ་ཡིན་ཞེ་ན། དེ་ལྟ་བུ་མ་ཡིན་ཏེ། བསྟན་པ་མཐའ་དག་རྟོགས་པ་དཔྱིས་ཕྱིན་པ་ཁོང་དུ་ཚུད་པའི་ཕྱིར་ཏེ། **གང་གིས་**སོགས་ནས་**དེ་ཕྱིར་**རྒྱ་བོད་ཀྱི་**ཆོས་རྣམས་ཕལ་ཆེར་**ཐོས་ཤིང་ཤེས་དགོས་པ་རྣམས་མཐའ་དག་**ཐོས་**པའི་ཕྱིར། དེ་ལ་**རྒྱན་དང་མངོན་བརྗོད་**ནི་སྐད་ངག་གི་དོན་རྒྱན་སྙན་རྒྱན་མིང་གི་མངོན་བརྗོད་དོ། །**བྱེ་བྲག་སྨྲ་**བ་**དང་མདོ་སྡེ་**པའི་**གདམས་ངག་**ནི།

མཛོད་ཀྱི་གནས་དྲུག་པ་དང་ཉན་པ་ནས་འབྱུང་བའི་མི་སྡུག་པ་དང་དབུགས་**འབྱུང་རྔུབ་**དྲན་པ་ཉེར་གཞག་བདེན་བཞིའི་སྒོམ་རིམ་སོགས་སོ། །**སེམས་ཙམ་**པའི་ནི་ཐོགས་མེད་ཀྱིས་བསམ་གཏན་སྒྲོན་མེ་ཕྱོགས་གླང་གིས་རྣམ་པར་སྒོམ་པ། ཤཱནྟི་པས་ཤེར་ཕྱིན་མན་ངག་སོགས་སོ། །**དབུ་མ་**པའི་ནི། ཇོ་དབྱངས་ཀྱིས་བྱང་ཆུབ་སེམས་གཉིས་བསྒོམ་པ་དང་། ཀ་མ་ལས་སྒོམ་རིམ་གསུམ་ལ་སོགས་པ་ཤིན་ཏུ་མང་ངོ་། །ཕར་ཕྱིན་གྱི་**སྐབས་བརྒྱད་**ཀྱི་དོན་**གཅིག་ཅར་སྒོམ་**པ་ཇོ་བོའི་རྒྱུད་**ཟེར་ཡང་**ཞི་བྱེད་པ་ལ་གྲགས་སོ། །**བཀའ་གདམས་གདམས་ངག་ལུགས་གཉིས་ནི**། རྣལ་འབྱོར་བསྒོམ་པས་དང་སྤྱི་ཏོ་བ་ནས་བརྒྱུད་པ་གཉིས་སོ། །**དོ་ཧའི་བྱེ་བྲག་དྲུ་མ་ནི**། མི་ཏྲི་པ་དང་ཐ་ག་པས་མཛད་པ་སོགས་སོ། །འཕགས་ལུགས་ཀྱི་མཁན་ཆེན་གད་པ་གཱིཏྟི་ནས་བརྒྱུད་པའི་**རིམ་ལྔ་**སོགས། ན་རོ་ཆོས་དྲུག་ལུགས་གསུམ་ནི། མེས་སྟོན་ཚོན་པོ། དྭགས་པོའི་སློབ་མ་གཙང་བཞེར། རྨོག་ལྕོག་པ་ནས་བརྒྱུད་པའོ། །**ཡི་ཤེས་ཞབས་ཀྱི་**འགྲེལ་པ་ཙི་ལུ་པ། དྲི་མེད་སྦས་པ། སྙིང་པོའི་མི་ཏོག་རྣམས་དང་། **འཕགས་སྐོར་**ལ། འགོས་དང་སྣང་ཁའུ་པ་ནས་བརྒྱུད་པའམ། པཎ་ཆེན་དང་།ཛེ་བཙུན་ཆེན་པོ་ནས་བརྒྱུད་པའོ། །**དགྱེས་པ་རྡོ་རྗེ་**རྒྱུད་གསུམ་ཡོངས་རྫོགས། **གསར་སྙིང་**གི་སྙིང་མ་ནི་གཤིན་རྗེ་ཆེ་བདག་གི་ལས་ཚོགས་སུ་གྲགས་པའོ། །**འཁོར་ལོ་སྡོམ་པ་**གཉིས་མེད་ལུགས་ནི་ཕྱག་རྡོར་སྟོང་འགྲེལ། མ་རྒྱུད་དངོས་ནི་ལོ་དྲིལ། ཕ་རྒྱུད་སྒོ་བསྟུན་ནི་ནག་པོ་པ་དང་མཁའ་འགྲོ་རྒྱ་མཚོ་སོགས།**དུས་ཀྱི་འཁོར་ལོའི་སྦྱོར་དྲུག་**དང་། སོགས་གསང་འདུས་སྦྱོར་དྲུག །ཀྱེ་རྡོར་སྦྱོར་དྲུག་ནི་ཀྱེ་རྡོར་གཉིས་མེད་ལུགས་རྡོ་རྗེ་སྙིང་འགྲེལ་ཏེ་དེར་བྱུང་བ་དུས་འཁོར་དང་གཅིག་ལ་ཕྱག་རྡོར་སྟོད་འགྲེལ་ཡང་དེ་བཞིན་ནོ། །**མཚན་བརྗོད་བཤད་པ་ལུགས་དྲུག་ལ**། མཚན་འགའ་རེ་ལས་བོད་ཀྱི་བླ་མ་དྲུག་ནས་བརྒྱུད་པ་ཟེར། ཊཱིཀྐ་མཁན་པོ་ལ་ལས། འཇམ་དཔལ་བཤེས་གཉེན་གྱི་འགྲེལ་པ་ཆེ་ཆུང་གཉིས། འགྲེལ་པ་བར་མར་གྲགས་པ་སྙེ་སྙིག་རྡོར་ལུགས། ལམ་འབྲས་ལུགས་ཏེ་བཞི། དུས་འཁོར་ལུགས་དང་དབུ་མ་ལ་དགའ་བའི་བྱས་པས་འགྲེལ་པ་སྙེ་དྲུག་གི་སྤྱི་མ་བཞི་རྗེ་བཙུན་ཕྱི་མ་གཉིས་པཎ་ཆེན་ལས་གསན་ཞེས་ཟེར་ཡང་། སྤྱིར་མཚན་བརྗོད་ཡོ་གར་བཀྲལ་བའི་འགྲེལ་པ་དྲུག་ཙམ་འབྱུར་ཡང་། འཇམ་དཔལ་གྲགས་པའི་རྒྱ་ཆེར་འགྲེལ་དང་བསྟུན་པའི་ནམ་མཁའ་དྲི་མེད་ཆེ་ཆུང་གཉིས་ཏེ་ཆོས་དབྱིངས་གསུངས་དབང་དང་། འགྲེལ་པ་བར་མའི་ལུགས། འཇམ་དཔལ་གསང་ལྡན་དང་། འཇམ་དཔལ་བཤེས་གཉེན་གྱི་འགྲེལ་ཆུང་ལུགས་ཏེ་བཞིར་འདུས་ལ་བླ་མེད། ཏཾ་ཧྲི་ཧེ་རུ་ཀ་བདེ་མཆོག་ཏུ་བཀྲལ་བ་དང་གཅིག་དང་། དྲི་མེད་འོད་ཀྱིས་དུས་འཁོར་དུ་བཀྲལ་བ་སྙེ་དྲུག་ཡིན་སྙམ་ཏེ་རྩ་བའི་དགོངས་པ་དཔྱད་པར་དཀའ་འོ། །**འཆི་མེད་གྲུབ་པ་**ནི་རྣལ་འབྱོར་དབང་ཕྱུག་གི་གདམས་ངག་ཏུ་བྱེད་པ་དང་བྱེད་པ་དང་། རྣལ་འབྱོར་དབང་ཕྱུག་གི་

ལམ་འབྲས། **ལགས**་པ་ཨིན་དྲ་བྷཱུ་ཏིའི་ཕྱག་རྒྱ་བཞི་པ། ཀླུ་སྒྲུབ་ཀྱི་མཆོད་རྟེན་དྲུང་ཐོབ། པདྨ་བཛྲའི་ཚུལ་དགུས་ཟབ་པ། ཊོམ་བྷིའི་ལྷན་ཅིག་བསྐྱེད་རྫོགས། ནག་པོ་པའི་གཏུམ་མོ་ལམ་རྫོགས་དང་། ཡོན་པོ་བསྲུང་བ་གཉིས། ངག་དབང་གྲགས་པའི་ཕྱག་ཆེན་ཡི་གེ་མེད་པ། རྟོག་རྩེ་པའི་བསམ་མི་ཁྱབ་སྐོ་བརྒྱད་དང་བཅས་པས་ལམ་**སྐོར་དགུའོ**། **།དེ་ལས་འཕྲོས་པ**་ལམ་སྦས་བཤད་དང་ཕྲ་མོ་བརྒྱད་ལ་སོགས་པ་**དུམ**་དང་། **གཞན་ཡང**་ཁ་རག་སྐོར་གསུམ། དམར་ཁྲིད་སོགས་དང་། བི་ཀ་མ་ལ་ཤཱི་ལའི་མཁས་པ་སྒོ་དྲུག་གི་གདམས་ངག་སོགས་**དེང་སང**་སོགས་སོ། །

གཉིས་པ་ནི། མདོར་ན་གཞུང་**འདི་བློ་ལྡན**་གཟུར་གནས་**རྣམས་ཀྱིས**་ཇི་སྐད་བཤད་པ་**འདི**་ཁོ་ན་**ལྟར**་ལེགས་པར་**ཟུངས**་ཤིག་སྟེ། གོང་དུ་བརྗོད་པ་དེ་ལྟར་ན་རྟོམ་པ་པོ་བདག་ལ་ཕྱོགས་ལྷུང་མེད་པ་**དེའི་ཕྱིར**་ཀུན་ཤེས་**གཟུ་བོའི་བློས**་ལེགས་པར་**དཔྱད**་ནས་བརྟམས་**པའི**་ཕྱིར་རོ། **།རིག་པ་འཛིན་པའི་སྡོམ་པའི་སྐབས་ཏེ་གསུམ་པའོ**། །ཞེས་པ་སྐབས་འདིར་ངེས་པར་ཐོབ་བོ། །

བཤད་པ་མཐར་ཕྱིན་པའི་བྱ་བ་ལ། བརྩམ་བྱ་ཆོས་ལ་བསྔགས། བརྩམས་པའི་དགེ་བ་བསྔོ། བཀའ་དྲིན་དྲན་པའི་ཕྱག་གོ་དང་པོ་ནི། བསྟན་བཅོས་འདི་**ཉི་མའི་སྣང་བ**་དང་མཚུངས་ཏེ་རྒྱ་**ཐུབ་པའི་བསྟན་པ་རིན་ཆེན**་གྱི་རྒྱ་ལས་འབྱུངས་པའི་**གཞལ་མེད་ཁང**་གཟི་འོད་འབར་བ་ཡིན། བྱེད་ལས་དོར་བྱ་**ལ**་སོགས་**བསལ**་བླང་བྱ་**བློ**་སོགས་**ཁ་འབྱེད**་པས་སོ། །དེ་ལྟ་བུའི་ཉི་མ་ནི་**དེང་སང**་བོད་**འདིར་བཤད**་དོ་ཞེས་སྤྲོ་བ་བསྐྱེད་པས་སོ༔ །འོན་ཀྱང་མཐའ་དག་ལ་ཕན་ངེས་མེད་དེ། རྒྱལ་བ་སོགས་དཀའ་བའི་ཕྱིར་རོ། །གཉིས་པ་ནི། བསྔོ་རྒྱུ་**ཀུན**་སོགས་**དམ་པའི**་ཆོས་ཀྱི་**སྣང་རྩེ**་རྒྱ་ཆེར་བསགས་པ་**འདིས།** ཆེད་དུ་བྱ་བ་མཁའ་མཉམ་**འགྲོ**་སོགས་**ཀུན།** བསྔོ་བ། མདོ་སྡེ་རྒྱན་དུ། དམ་ཆོས་ཐོག་མ་བར་མཐར་དགེ་བའི་སྒྲུབ་བྱེད། དགའ་དང་དད་དང་བློ་རྣམས་ཀྱི། །རྒྱུ་ཕྱིར་ཆོས་ནི་དགེ་བ་ཡིན། །ཞེས་དང་པོ་ཐོས་པས་དགའ། བར་དུ་བསམས་པས་དད། མཐར་བསྒོམས་པས་རྣམ་གྲོལ་གྱི་བློ་སྐྱེ་བས་སྐབས་གསུམ་དུ་དགེ་ཞིང་བདེ་བར་བསྐྱེད་པར་གསུངས་པ་ལྟ་བུའི་**བདེ**་སོགས་**ཤོག** །

གསུམ་པ་ནི། བླ་མ་**གང**་སོགས་འཇམ་མགོན་དང་ངོ་བོ་གཅིག་པའི་བླ་མ་རྗེ་བཙུན་ཆེན་པོ་དེ་ལ་གཙོ་བོར་**འདུད།** །ཅེས་པ་རྩ་ཤེ་དང་སྤྱོད་འཇུག་སོགས་མང་པོར་བཀའ་དྲིན་དྲན་པས་ཕྱག་མཛད་པ་ལྟར་རོ། །འཇུག་གི་དོན་ནི། **སྡོམ**་སོགས་སྦྱར་བ་**འདི་ཡོངས་སུ་རྫོགས**་སོ། **།བྱེ་བྲག་ཏུ**་སོགས་**བལྟའོ**་ཞེས་གསུངས་པ་བཤད་ཟིན་པ་ལྟར་སྣང་བ་ཟུར་པ་ཡོད་པ་ནུབ་པར་གསལ་ལ། གོང་དུ་བརྗོད་པ་ལྟར་གཞན་དང་ལྷན་ཅིག་པ་ལ་དགོངས་པ་འང་སྲིད་དོ། །ཡོངས་རྫོགས་བསྟན་ལ་མངའ་བསྒྱུར་མཁས་མཆོག་གི །ཡོངས་རྫོགས་བསྟན་པའི་སྙིང་པོ་བཤད་པ་

འདི། །ཡོངས་རྫོགས་བསྟན་པ་ཤེས་པས་འཆད་དགོས་ཕྱིར། །ཡོངས་རྫོགས་བསྟན་འཛིན་བདག་གིས་གསལ་བར་བཤད། །སྤྲོས་ནས་བཤད་ན་མདོ་སྔགས་མ་ལུས་པ། །བརྗོད་པར་ནུས་ཤིང་སྐབས་སུ་བབ་མོད་ཀྱང་། །སྙིགས་དུས་སྐྱེ་བོ་ཀློག་པ་འདང་དཀའ་བ་དང་། །ཡི་གེ་མང་ལ་འཇིགས་ནས་བསྡུས་ཏེ་བཀོད། །དེ་ལས་ཐོབ་པའི་དགེ་བས་འགྲོ་བ་ཀུན། །རྣམ་དག་སྡོམ་པ་གསུམ་གྱིས་རྒྱུད་སྦྱངས་ནས། །སྒྲོ་སྐུར་མེད་པའི་དྲི་མེད་བཤད་སྒྲུབ་ཀྱིས། །ཕན་བདེའི་ཉི་མས་ཕྱོགས་ཀུན་སྣང་བྱེད་ཤོག །གཅིག་བསྒྲིམས་ཏེ་ཞུས་དག་བགྱིས། ཤུ་བྷཾ་ བྷ་ཝནྟུ་མངྒ་ལཾ།། །།སླར་ཡང་བསྐྱར་ཏེ་མདོག་སྒྲོན་འགྲོ་བ་ཆེ་དབང་དོན་གྲུབ་ཀྱིས་བརྡ་དག་དང་བསྟུན་བསྒྲིམས་ཏེ་ཞུས་དག་པ་འདིའི་དགེ་བས་སངས་རྒྱས་ཀྱི་བསྟན་པ་རིན་པོ་ཆེ་ཡུན་རིང་དུ་གནས་པ་དང་འགྲོ་བ་མཐའ་ཀླས་པར་ཕན་པ་དང་བདེ་སྐྱིད་འབྱུང་བའི་རྒྱུར་གྱུར་ཅིག །

༄༅། །སྡོམ་གསུམ་རབ་དབྱེ་ལ་དྲིས་ལན་བརྒྱ་རྩ་བརྒྱད་པའི་ལན་མཁན་པོ་སེང་བཟང་གིས་བཏབ་པའི་གོང་འོག་གཉིས་ཀྱི་ཚིགས་བཅད་ལགས།

མཁན་པོ་སེང་གེ་བཟང་པོ།

ཨོཾ་བདེ་ལེགས་སུ་གྱུར་གཅིག །རྒྱལ་བའི་མཁྱེན་རབ་གཅིག་བསྡུས་འཇམ་པའི་དབྱངས། །གདུལ་བྱའི་དབང་གིས་མི་ཡི་ཚུལ་འཛིན་པ། །ས་སྐྱ་པཎ་ཆེན་ཞབས་ཀྱི་པད་མོ་ལ། །གུས་པས་འདུད་དོ་བརྩེ་བས་བསྐྱང་དུ་གསོལ། །ཁྱེད་ཀྱི་གསུང་རབ་དཔྱད་གསུམ་རྣམ་དག་ཅིང་། །འགལ་དང་ནོར་བའི་སྐྱོན་དང་བྲལ་ན་ཡང་། ། རྟོག་ངན་ནླབས་ཕྲེང་གཡོ་བ་འགའ་ཡི་ངོར། །འགལ་དང་མ་ངེས་མ་གྲུབ་ལྟར་སྣང་བ། །དོན་ལ་མེད་ནའང་བར་ཆད་དབང་གིས་བྱུང་། །

བཤེས་གཉེན་ཆོས་ཀྱི་གནད་རྣམས་མི་ཤེས་འགའ། །དྲི་ཚིག་འདི་ལས་ཁ་ཤགས་འཕེལ་བའི་ཕྱིར། ། ལེགས་བཤད་མཁས་པའི་དགོངས་དོན་མི་དཔྱོད་པར། །ལོག་རྟོག་འདི་ལ་གཅེས་འཛིན་མང་པོ་གྲག །རང་ཕྱོགས་བསྟན་འཛིན་ཡིན་པར་གྲགས་པའི་ཕྱིར། །སྐྱེས་མཆོག་འགོག་པའི་བསམ་ངན་མེད་སྲིད་ནའང་། །མ་དད་གཞན་ཕྱོགས་པ་དང་སྐལ་དམན་འགའི། །ལོག་རྟོག་སླར་ཡང་འཕེལ་བར་མ་བྱས་སམ། །དེ་བས་ལེགས་བཤད་རྣམ་དག་བྱ་བའི་ཕྱིར། །བཞད་གད་གནས་ཀྱི་དྲི་བ་བཞི་བཅུ་བདུན། །དགོས་པ་ཆེར་མེད་གཡས་ཀྱུང་ཉེར་བརྒྱད་དང་། །རྟག་པར་བྱ་བ་ཉི་ཤུ་རྩ་གསུམ་དང་། །ཚུང་ཟད་བདེན་པར་འདྲར་སྣང་ཉག་བཅུ་སྟེ། །དྲི་བ་སྣ་ཚོགས་རགས་རིམ་ལན་འགའ་ཞིག །གོ་རིམ་བཞིན་དུ་འདེབས་པར་བྱེད་པ་ལ། །མཁྱེན་ལྡན་གཟུའ་བོར་གནས་རྣམ་གསན་མཛོད་དང་། །སྤྱིར་ཀྱི་དམ་ཆོས་ཡོན་ཏན་བརྗོད་པ་ན། །ཐོག་མ་བར་དང་ཐར་མར་དགེ་བས་བསྔོད། །དྲི་བ་ཚིག་ལེར་བཅས་འདི་དམ་པའི་ཆོས། །མིན་པས་བར་དུ་དགེ་སོགས་ཡོད་མིན་ནའང་། ། ཐོག་མར་བཅམ་བྱའི་ངོ་བསྟོད་འདི་སྐད་ལོ། །ཟེར་མོད་འཇམ་དབྱངས་ས་སྐྱ་པའི། །རྗེས་འཇུག་མཁས་པའི་ཚོགས་རྣམ་ཀུན། །བསྟན་པའི་དགྲ་བོ་དགཟོད་བྱུང་། །བརྩོན་པས་ཆོས་ལོག་སུན་ཕྱུང་ཤིག ། གསུང་རབ་དོན་ལ་སྤྱོད་པ་དང་། །གཞན་ལ་དྲི་བས་ཐེ་ཚོམ་དག །སེལ་བར་བྱེད་པ་ལུགས་ཡིན་མོད། །ཆོས་རྗེའི་དགོངས་པ་དང་འགལ་བའི། །འགལ་བ་ལྟག་སྤྲོད་ཕན་ཚུན་དུ། །སྤེབས་ནས་གནོད་བྱེད་བརྗོད་པ་ལ། །བཀག་པ་ཆེ་བ

གཞན་ཅི་ཡོད། །གངས་ཅན་ཐུབ་དབང་བསྟན་པ་ཡི། །མངའ་བདག་འཁྲུལ་མེད་ས་སྐྱ་པའི། །བསྟན་པའི་སྦྱིན་བདག་སྤྲུལ་པའི་སྐུ། །ཆོས་ཀྱི་རྒྱལ་པོ་བརྒྱད་པ་ཡིས། །སྟོན་པ་འདྲ་བའི་སྐྱེས་མཆོག་རྣམ། །རིམ་པར་སྤྱན་དྲངས་བསྙེན་བཀུར་བསྒྲུབས། །སངས་རྒྱས་བསྟན་པ་དར་བར་མཛད། །ཆོས་ཀྱི་སྒྲོན་མེ་གསལ་བར་མཛད། ། མི་ཤེས་རབ་རིབ་དྭངས་ནས་ཕྱུང་། །མངའ་འབངས་དགེ་བཅུའི་ལམ་ལ་བཀོད། །ཕས་རྒོལ་དགྲ་དཔུང་མ་ལུས་བཅོམ། །ད་དུང་ཆོས་རྒྱལ་སྐུ་འཁོར་གྱི། །ཞབས་བརྟན་དབུ་རྨོག་བཙན་པ་དང་། །ཆབ་སྲིད་འཛམ་དར་ཆེ་བ་དང་། །ཐུགས་དགོངས་གོང་དུ་འཕེལ་བའི་ཕྱིར། །ལོག་རྟོག་ངན་པའི་མཚོན་རྩེ་རྣམས། །ལྕང་རིགས་རྡོ་རྗེའི་དཔལ་གྱིས་བཅོམ། །དེ་ཚེ་བླ་མ་ལྷར་བཅས་དང་། །བསྟན་འཛིན་མཁས་པའི་ཚོགས་རྣམས་དང་། །བསྟན་སྲུང་སྦྱིན་བདག་སྐུ་འཁོར་རྣམས། །དགྱེས་པ་ཆེན་པོའི་སྒོ་ཕྱེ་ནས། །མཆོག་དང་ཐུན་མོང་དངོས་གྲུབ་སྩོལ། ། ཅེས་པ་འདི་ནི་ས་སྐྱ་པའི། །རྗེས་འཇུག་ཐ་ཆུང་སེང་བཟང་གིས། །འདི་འདྲ་ཡོད་པ་མཆོག་ལྡན་གྱིས། །དྲིས་པའི་ལན་དུ་ཅུང་ཟད་བྲིས། །དགེ་འདིས་མར་གྱུར་འགྲོ་བ་རྣམས། །ལམ་ལོག་མུན་པའི་མཐའ་སྤངས་ཏེ། ། ལམ་བཟང་ཆོས་ཀྱི་སྒྲོན་མ་ཡིས། །ཐར་པའི་གྲོང་ཁྱེར་མཐོང་བར་ཤོག །

ཅེས་པ་འདི་ནི་སློབ་དཔོན་ཤཱཀྱ་མཆོག་ལྡན་གྱིས། ལོག་པར་རྟོག་པའི་དྲི་བའི་ལན་དུ། མངའ་རིས་ཡོངས་ཀྱི་བཤེས་གཉེན་ཐ་ཆུང་། སེང་གེ་བཟང་པོས་སྦྱར་བའོ།། །།

བཤེས་གཉེན་ལ་ལ་སྙིང་བཀུར་ཊ་འཇུར་རེ་ཙམ་ཕྲ་མོའི་ཕྱིར། །གཞན་ངོར་བལྟ་ཞིང་རྣམ་དག་གྲུབ་མཐའ་རྣམ། །ཡལ་བར་འདོར་ཞིང་ལོག་པའི་རྗེས་འབྲང་བ། །བླང་དོར་མཁྱེན་པའི་རྣམ་ཐར་ཡིན་ལགས་སམ། །ལ་ལ་བར་ཆད་དབང་གིས་ཟབ་ཆོས་ལ། །རང་དབང་མེད་བཞིན་སྒྲོ་སྐུར་སྣ་ཚོགས་བྱེད། །མུ་སྟེགས་ཅན་ཞུགས་པ་དག་ཇི་བཞིན་དུ། །བསྟན་འཛིན་ཚུལ་ཡང་བསྟན་ལ་གནོད་བྱེད་པ། །རང་གཞན་ལེགས་འདོད་རྣམས་ཀྱིས་རིང་དུ་སྤོངས། །དགེ། །།